2022世界交通运输大会（WTC2022）论文集

（运输规划与交叉学科篇）

世界交通运输大会执委会　编

人民交通出版社股份有限公司

北京

内 容 提 要

本书为2022世界交通运输大会(WTC2022)论文集　运输规划与交叉学科篇,是由中国公路学会、世界交通运输大会执委会精选的164篇论文汇编而成。此论文集重点收录了运输规划与交叉学科领域的前沿研究及创新成果,可供从事交通运输工程等领域的人员参考,也可供院校相关师生学习。

图书在版编目(CIP)数据

2022世界交通运输大会(WTC2022)论文集：运输规划与交叉学科篇/世界交通运输大会执委会编. —北京：人民交通出版社股份有限公司，2022.8

ISBN 978-7-114-18288-4

Ⅰ.①2… Ⅱ.①世… Ⅲ.①交通运输—文集 Ⅳ.①U-53

中国版本图书馆CIP数据核字(2022)第194350号

2022 Shijie Jiaotong Yunshu Dahui(WTC2022) Lunwenji　Yunshu Guihua yu Jiaocha Xueke Pian

书　　名：**2022世界交通运输大会(WTC2022)论文集　运输规划与交叉学科篇**
著 作 者：世界交通运输大会执委会
责任编辑：韩亚楠　郭晓旭
责任校对：席少楠　赵媛媛
责任印制：刘高彤
出版发行：人民交通出版社股份有限公司
地　　址：(100011)北京市朝阳区安定门外外馆斜街3号
网　　址：http://www.ccpcl.com.cn
销售电话：(010)59757973
总 经 销：人民交通出版社股份有限公司发行部
经　　销：各地新华书店
印　　刷：北京建宏印刷有限公司
开　　本：889×1194　1/16
印　　张：73.25
字　　数：2213千
版　　次：2022年8月　第1版
印　　次：2022年12月　第2次印刷
书　　号：ISBN 978-7-114-18288-4
定　　价：330.00元

目 录

运输规划篇

交叉学科篇

运输规划篇

交通强国战略下广西交通运输科技创新研究

赵光辉*[1] 林 昕[2]

(1. 贵州财经大学公共管理学院;2. 上海交通大学继续教育学院)

摘 要 目前,广西交通运输科技创新在科研项目技术、重大示范工程、科技创新能力、科技成果推广四个方面取得新进展和成效,同时存在前沿引领技术研发有待加强、科技创新活力有待进一步激发、科技成果转化应用链条仍然不畅、科技创新能力有待进一步提升四大短板问题。对此,本文提出广西交通科技创新应加强交通科技创新供给、突出交通企业创新主体地位、健全交通科技成果转化机制、提升交通科技创新能力和实力水平等政策建议。

关键词 交通强国 交通科技 政策创新 广西

0 广西交通运输科技创新发展现状

广西作为国家首批13个交通强国建设试点之一,"十三五"以来,交通运输科技创新建设不断取得新成果。本文选取广西交通投资集团有限公司、广西交通设计集团有限公司、广西路建集团、中国铁路南宁局集团有限公司等17家样本单位,围绕科研项目技术、重大示范工程、科技创新能力、科技成果推广四个方面对广西交通运输科技创新进行分析。广西交通运输发展模式已经由速度规模型向质量效益型转变,由依靠传统要素驱动向注重创新驱动转变。

0.1 重大科研项目技术取得突破

在道路运输项目方面,广西交通运输材料结构、施工工艺、养护管理方面科研技术国内领先,材料结构优势较为突出,21项材料结构重大科技研究项目获得省部级以上奖励;在桥梁研究方面,自有立项项目23项,社会经济效益显著,部分研究已发表EI、SCI学术论文,申报2项发明专利;在轨道交通科技方面,累计开展56项科研项目,产生专利37项,累计发表论文超过120篇,取得工法12项、软件11个,通过审批的地方标准3个、技术改造项目7个;在水上运输业项目方面,以绣江复航工程白马枢纽船闸省水关键技术研究为代表的交通运输项目较为集中,提升了长洲原有船闸的通过能力,解决了西江黄金水道建设工程中的节点性关键问题;在铁路运输项目方面,5项科研项目获得铁道学会三等以上科技奖项,高铁无轨站模式研究已在广西开通14个高铁无轨站,实现了成网运营;在管道交通领域,部分项目为北部湾及相邻海域应对溢油事故的应急决策提供了科学依据,也为之后研究其他海洋污染物的输运规律提供了理论基础;在智慧交通领域,数据融合与智能AI科技交通应用集中呈现,重点开展了交通运输云数据、交通行业养护大数据平台、北斗智能过闸、智能养护等技术研发与集成应用。在综合交通大数据、船联网、车联网、物流信息平台、出行信息服务、码头监管智能化、铁路货运等方面取得了显著进展,带动了智能化水平的提升。

0.2 重大示范工程卓有成效

样本单位取得重大示范工程项目24项,其中高速公路示范工程12项。柳州至南宁高速公路改扩建工程开展了《高速公路改扩建工程既有资源再利用等关键技术研究》课题,根据研究成果对项目就地热再生进行充分利用,施工过程全线边坡利用表土绿化面积约45万m^2,减少约0.6万t碳排放;《山区高速公路绿色建造与使用者需求保障关键技术研究及示范》课题以绿色建造技术和用户者需求保障技术为主要研究方向,采用三维GIS及虚拟驾驶平台技术,确保广西第一个"双示范"高速公路项目的顺利实施。

1. 基金项目:广西壮族自治区政府《广西交通运输科技创新"十四五"发展规划》(GXZC2020-C3-002447-JGJD);广西社会科学界智库重点课题《推进交通强国建设广西试点研究》(SKZKPY202104);贵州省交通运输厅科技项目《贵州建设交通强国试点省人力资源保障体系研究》(2021-321-048);广西哲学社会科学规划研究课题《广西城市交通新业态的社会影响与治理研究》(21FSH022)。

0.3　科技创新能力不断提升

0.3.1　创新平台引领作用得到发挥

科技创新平台41个,集中在智慧交通和服务管理领域❶。交通安全应急信息技术国家工程实验室东盟(广西)分实验室重点开展了高新技术在安全生产监管领域的研发与应用,打造省部级示范点,全面提升东盟(广西)交通安全应急服务保障能力和水平,树立了西南智慧交通标杆。一批创新平台形成了机制化的协同创新模式❷,夯实了广西交通科技可持续发展的基础。

0.3.2　专家队伍建设不断强化

样本单位上报专业科技人才专家35人(其中3位专家荣获国务院特殊津贴)、部级专业领域专家14人、自治区级专家16人,围绕山区高等级公路路基修筑、大跨径桥梁施工、超高性能混凝土应用、智慧路网信息化建设技术等施工工艺、材料结构、智慧交通领域建设了11个创新人才团队,为广西交通运输发展提供了更加有力的人才保障。

0.4　科技成果推广迈向新台阶

样本单位共计推广科技成果27项,其中材料结构类科技成果占75%。橡胶沥青路面施工技术规范已推广应用于在建或待建普通路网20多个项目、1200多公里路面;机制砂高性能水泥混凝土技术创新及应用成果已成功应用实施,创造了较高的经济效益;超500米跨径钢管混凝土拱桥关键技术已推广应用于500多座钢管混凝土拱桥,节约工程造价3.13亿元,取得直接经济效益1.19亿元,具有重大推广意义。

1　广西交通科技创新发展存在的四大问题

1.1　前沿引领技术研发有待加强

与发达地区相比,广西已有研究较偏重于基础设施建造技术、交通运输装备应用、节能环保技术,全区目前仅钢管混凝土拱桥建造技术、橡胶沥青混凝土技术等少数成果达到国内领先水平,交通科技产业仍处于价值链的中低端,科技创新能力特别是原创能力还存在很大差距,基础科学研究实力仍比较薄弱,支撑产业高质量发展的源头创新能力仍显不足,基础研究和应用基础研究水平低、技术创新能力不强的现状还没有从根本上改变,与智慧交通、"互联网+"的融合度不深,前瞻性引领不够,需要加强新一代信息技术与交通运输的融合发展。

1.2　科技创新活力有待进一步激发

以企业为主体、产学研结合的技术创新体系尚未形成,存在"重生产轻研究开发,重引进轻消化吸收,重模仿轻创新"的现象[1]。受科技体制改革影响,全区科研项目立项数量大幅下降,工程配套的科研经费仅为工程造价的1%。科研人员自主权不强和激励机制不完善,科研项目经费支出、研究方向、研究内容等多为行政领导决定,市场导向体现不足,工资总额控制降低了科研积极性[2]。同时,自主产权意识不强,部分重大工程的科技成果归属权不清晰。

1.3　科技成果转化应用链条仍然不畅

创新平台建设还缺乏强有力的机制撬动,科技创新链条存在机制关卡,创新和转化各个环节衔接不够紧密[3]。从数量上看,自治区交通运输新技术、新知识、新科学、应用科研等科学技术成果的储备还未到一定量级,科技成果转化政策的出台并不能促使自治区交通科技成果转化尽快落地,导致研究成果转化难、转化率低。在行业内新技术、新材料的应用方面缺乏激励措施、制度保障及容错制度,严重影响科研成果的工程推广和应用[4]。

1.4　科技创新能力有待进一步提升

智慧交通重大工程、信息化关键技术等方面的人才不均衡、不充分问题较为突出,全区交通领域仅有1位院士,交通运输青年科技英才不足10人,全国勘察设计大师、交通行业科技领军人才、创新团队尚无。行业科技领军人才较为缺乏,相应的创新团队也较为滞后,大部分科技研发人员为

❶2018年"广西特种机器人工程研究中心"获中华全国总工会授予的"全国职工教育培训示范点";ETC数据中心发挥行业标杆引领作用,以ETC设备蓝牙发行在国内属于首创。

❷南宁市筑路技术与筑路材料工程技术研究中心各类各级科研项目30余项,完成各种区级工法申报与撰写80余项,申报和获得各种专利30多项,完成成果转化12项,年直接创造利润近2000万元。

企业生产人员，投入科技创新的时间和精力难以保证，导致科研进度滞后和研究达不到预期目标。

2 广西交通运输科技创新发展的对策建议

广西交通运输发展应以“安全、便捷、高效、绿色、经济”为目标导向，服务于“推进交通运输高水平对外开放、打造多层次国际枢纽、推动国际运输便利化、推进智慧交通发展、提升科技兴安水平”五大试点方向，充分发挥平台作用，汇聚各方资源，不断创新发展模式，以科技赋能交通、以科技塑造交通运输发展新优势，提升交通发展潜力和活力。

2.1 加强交通运输科技创新供给

2.1.1 推进重点领域技术创新

聚焦制约交通运输产业转型升级的突出短板，瞄准基础设施、交通服务、智慧交通领域、安全应急领域、节能环保领域五大领域，结合自治区交通运输科技在大型拱桥、内河船闸、港口建设，岩溶、沿海腐蚀等特殊地质条件下道路等基础设施建设和养护方面的技术优势，组织实施重大科技专项，开展前沿技术攻关，统筹布局大健康、大数据(数字经济)、大物流、新制造、新材料、新能源六个重点产业领域与交通技术的创新融合。

2.1.2 加快“互联网+交通”深度融合

积极借鉴“互联网+”思维，利用移动互联网、5G、大数据等技术，推进信息化和人工智能与自治区传统交通产业深度融合。以物联网、大数据、云计算为手段(新技术)，全面整合信息资源，创新智慧路网投资运营和管理模式(新模式)，实现业务流程优化(新机制)，全面提升政府管控能力和科学决策水平，运用行业监管手段和部门间协调联动手段(新机制)，重点推动自治区智慧出行服务、智慧物流、智能信息化运营与决策管理等技术创新应用，提高公众信息服务的水平。

2.1.3 支持重大交通运输基础研究和原始创新

深入贯彻《广西加强“从0到1”基础研究的实施意见》，围绕自治区交通基础前沿领域和关键核心技术重大科学问题，加强基础研究前瞻布局，组织开展基础设施、运输组织、智能交通、交通安全与应急保障、节能环保等领域原创性研究。聚焦自治区交通发展中的关键科学问题开展基础研究和应用基础研究。加强科研条件平台建设，推动大型科研仪器和科研基础设施开放共享。

2.2 突出企业创新主体地位

2.2.1 引导企业加大研发投入

推动规模以上交通运输企业加强研发机构建设，建立研发准备金制度，规范研发费用核算。按照企业上年度研发投入强度及增量增幅给予财政资金奖补。完善突出创新导向的国有企业考核与激励机制，提高创新指标考核权重，将企业研发投入视同利润进行加回。

2.2.2 培育交通运输科技领域独角兽企业

紧抓数字工程、融合工程、创新工程发展契机，梯次培育科技型企业。完善科技型企业和高新技术企业培育机制，形成科技型中小企业、高新技术企业、瞪羚企业梯次培育体系；打造“产、学、研”联动的技术创新合作机制，鼓励企业牵头承担科技计划项目，支持企业和高校、科研院所共建重点实验室等创新平台，支持高校、科研院所在企业建立研发和成果转化基地、博士后科研工作站。对产学研结合紧密的创新平台优先给予政策支持，以科技培育核心竞争力，培育交通运输行业“独角兽”。

2.2.3 推动交通运输科技与金融深度融合

鼓励金融机构创新金融产品，优化信贷流程，加大对科技型企业的信贷投放。成立自治区科技投资集团，统筹管理科技创新类基金。健全科技型企业融资担保平台体系，加大科技成果质押融资补偿力度，对科技型企业贷款给予一定比例贴息支持。推动科技成果资产证券化发展，对在科创板上市的科技型企业给予一次性奖补。对金融支持科技创新情况进行专项统计、专项考评，将贡献突出的金融机构纳入自治区金融工作奖励范畴。

2.3 健全交通运输科技成果转化机制

2.3.1 转化推广自有优势科技成果

向市场大力推广先进适用的科技成果：推广旧水泥混凝土再生集料、超高性能混凝土、花岗岩沥青混凝土、生态排水沥青等一系列新一代高性能绿色环保的公路工程建设材料；推广交通养护大数据平台、北斗智能过闸系统、智能交通信息服务系统及公路工程建设智慧管理平台等一批信息化管理和服务平台；推广桥梁标准化装配、BIM、大地电磁法、岩溶区隧道设计与施工、地铁明暗挖结合法、混凝土病害快速修复等交通基础设施建造关键技术。

2.3.2 优化创新平台建设

依托现有综合交通大数据应用技术国家工程实验室广西中心、交通安全应急信息技术国家工程实验室广西(东盟)分实验室、广西智慧交通大数据应用技术工程研究中心、广西综合交通大数据研究院等科研平台的建设基础,将自治区各类交通创新平台优化整合为科学与工程研究、技术创新与成果转化、基础支撑与条件保障三类,加快创建国家级和自治区级创新平台,重点围绕基础设施性能观测、基础设施建养、车路协同、智能运营与管理等基础性、前瞻性领域,加强创新平台建设的支持力度。对处于创建期的国家级创新平台给予资金、土地、用能等方面的支持;批准建设后,可连续对国家技术创新中心、重点实验室和工程研究中心给予经费支持,并支持省部共建创新平台;对各类创新平台实行动态管理,有进有出,择优支持。

2.3.3 加强协同创新和技术转移机构建设

支持科研机构、企业研发机构等合作搭建产学研用相结合的平台,促进跨行业、跨部门、跨区域技术协同,争取在养护装备、工程材料、智能交通等多层面实现协同创新[5];鼓励和支持专业化技术转移服务机构建设,对新认定的国家级技术转移服务机构、人才培养基地和绩效突出的职业经理人给予一次性支持和奖励。

3 提升交通运输科技创新能力和实力水平

3.1 大力引进和培养交通运输领域高层次人才

充分发挥广西面向东盟的"桥头堡"优势,通过"东盟杰出青年科学家来华入桂工作计划""港澳台英才聚桂计划",积极吸引东盟国家和港澳台优秀青年科学家来桂参与交通运输产业工作,加快引进交通运输领域重点行业、重点领域创新型领军人才和创新团队,采取"一事一议"方式予以支持。探索"研发在北上广、转化在广西"引才模式,积极构建"人才飞地"。落实和完善高层次人才奖励制度,健全相关配套政策[6]。将带人才、带项目、带技术来广西创新创业的企业纳入科技金融项目贷款贴息范围,同时着力培养自治区创新人才。加大高层次后备人才和领军人才培养力度,给予其专项资助用于开展科研活动。支持国际知名高校、科研院所、企业开展定向合作,培养具有国际视野的高层次科技人才。推动产教融合、校企联合,培养一批实用型技能人才,大力培养创新型企业家。

3.2 强化交通运输科技人才激励

对广西交通运输领域获得国家科学技术奖的第一完成单位及相关人员,给予一定数额的科研经费支持和奖励。鼓励企业对科研人员实施股权、期权和分红激励,国有企业对科研人员的股权激励或现金分红激励支出不纳入工资总额基数。设置自治区高校、公益性科研院所基本科研业务费。

3.3 深化交通运输科研体制机制改革

一是推进科研机构体制改革。大力发展新型研发机构,允许高校、科研院所设立企业性质的技术转移机构或委托国有资产管理公司开展科技成果转化活动。二是赋予科研人员更大的自主权和技术路线决策权,项目负责人可按规定自主调整科研团队,在不改变研究目标的前提下调整研究方案和技术路线,报项目主管单位和归口管理单位备案。开展项目经费使用"包干制"试点,不设科目比例限制,由科研团队自主决定使用。

参考文献

[1] 张涛,陈珺,张弛,等."十三五"创新驱动交通运输高质量发展[J].中国水运,2020(11):6-9.

[2] 赵光辉."十四五"时期中国交通服务发展战略展望[J].改革与战略,2021(9):105-115.

[3] 刘三超,石良清.新一轮科技革命对公路交通运输发展的影响[J].交通标准化,2020(4):76-85.

[4] 张华勤.关于科技创新支撑交通强国建设水运篇的思考[J].交通运输部管理干部学院学报,2019(4):9-11.

[5] 赵光辉,李莲莲,单丽辉.科技在交通社会服务中应用研究[J].综合运输,2015(12):46-50.

[6] 卞雪航,费文鹏,杨雪英,等.交通运输科技创新驱动发展关键制约及发展策略研究[J].交通标准化,2019(4):55-63.

基于区块链技术的跨境物流信息追溯研究

王　茜　汤银英*　陈　思
(西南交通大学交通运输与物流学院)

摘　要　传统物流信息追溯系统数据库由核心企业管理,信息的真实性和安全性无法得到有效保障。跨境物流流程长,商品出现问题难以定位负责人。为解决这些问题,本文设计了将以太坊作为开发平台的跨境物流信息追溯系统,该系统实现了跨境物流多环节信息的录入和查询功能,消费者可通过该系统查询商品的全流程信息。验证结果表明:将区块链技术应用于跨境物流信息追溯是完全可行的,区块链技术的去中心化、不可篡改等特性可以有效解决跨境物流信息造假、安全性较差等问题。

关键词　未来交通新技术与应用　信息追溯　区块链　跨境物流　系统设计

0　引言

随着“一带一路”倡议的深入实施,中国与“一带一路”沿线国家之间的贸易往来更加频繁,中欧班列的开行更是开创了跨国贸易的新模式,极大地推动了中国跨境物流的高速发展[1]。《2020 年跨境电商市场发展报告》数据显示,2020 年我国跨境电商交易规模达到了 12.5 万亿元,跨境贸易的飞速发展给跨境物流业务带来了更大的挑战[2]。由于跨境物流流程长,环节多,商品物流信息获取难度较大,更新速度较慢,无法满足消费者对商品信息全流程掌握的需求。利用商品信息追溯系统可以得到商品的全部信息[3],从而在一定程度上避免这些问题。现有的商品信息追溯系统的数据库由核心企业管理并控制,这种中心化的管理模式无法满足消费者对追溯信息真实性的需求。区块链作为当前的热门技术之一,具有安全可靠、不可篡改等特性,在解决信息追溯系统数据不可信方面具有巨大优势。

目前国内外对区块链技术做了大量的研究。在商品信息追溯领域,Surasak T 等[4]利用区块链和物联网技术设计开发泰国农产品追溯系统,实时收集信息以显示产品的跟踪信息;Liu S K[5]将区块链技术应用在商品追溯过程中,通过改进的加密算法对商品信息进行加密以提高信息的安全性;董鹏等[6]指出目前我国基于区块链技术的药品追溯服务平台的上线解决了医药产品溯源技术中存在的信息不对称和溯源失真等问题;禹忠等[7]提出了一种基于区块链的医药防伪溯源系统,该系统保证了信息的隐私性,同时为消费者提供溯源信息查询服务;李航等[8]构建了食品冷链物流追溯体系,在任意环节都可实现食品信息的双向追溯。

在跨境物流领域,多数学者通过定性分析同时研究区块链技术的多个应用场景,如利用区块链技术优化跨境支付结算流程、简化跨境物流通关流程、提高跨境物流效率、进行跨境物流商品追溯,还包括利用区块链技术构建服务评价体系来提高跨境物流服务质量等[9-13]。这些研究以区块链的特征优势来说明区块链在跨境物流领域的应用模或适当给出应用建议,但并未详细构建相关的框架和系统进行验证说明。

本文在已有的商品信息追溯研究的基础上构建区块链技术在跨境物流信息追溯系统中的应用框架,之后基于 Truffle 框架开发跨境物流信息追溯系统并进行系统的部署与测试,将跨境物流的参与主体作为节点加入该系统,消费者可以通过此系统进行信息追溯查询,从而实现跨境物流全流程的信息追溯功能。

1　“区块链+跨境物流”分析

1.1　跨境物流业务流程分析

跨境物流的主要模式分为三类:国际直邮模式、转运模式和保税仓(海外仓)模式。本文以保税仓模式为例研究区块链技术在跨境物流信息追

1. 基金项目:国家铁路局技术服务项目(TYFH202036);四川省科技计划项目(2021JDR0269)。

溯方面的应用。

跨境物流业务流程的复杂性体现在横向层面和纵向层面。横向层面指从出口国到进口国的国际运输,纵向层面指在单一国家内进行的物流活动。跨境物流的主要业务流程如图1所示。

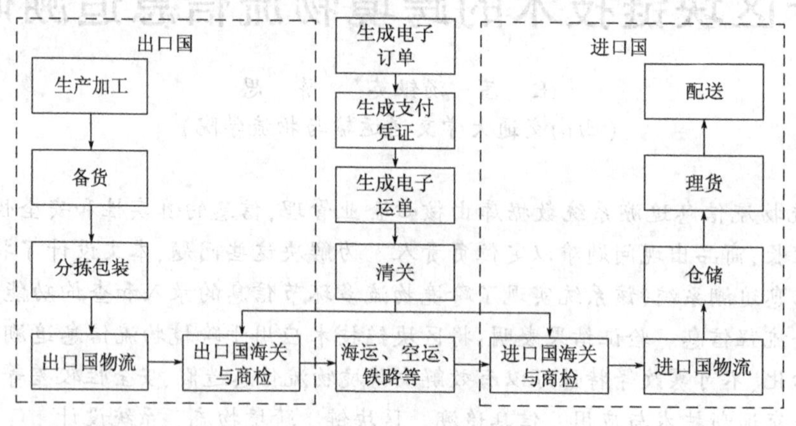

图1　跨境物流的主要业务流程图

1.2　跨境物流信息流程分析

1.2.1　跨境物流境外端信息流程

跨境物流境外端包括生产环节、物流运输环节和海关商检环节。商品生产后,需要记录商品的生产信息,包括生产国、生产地、生产时间、生产批次等,抽检合格的商品出厂;出厂时需要记录的信息包括商品的出厂时间、出厂批次等;商品出厂后,进入物流运输环节,运输过程中涉及在中转地的集散换装等,需要记录的物流运输信息包括运输时间、车辆信息、司机信息、接收人信息、换装信息等;商品运输到海关商检时需要记录的信息包括商品的品质、数量、单证信息等;海关和商检部门检查合格准予放行的商品出口进行国际运输。境外端信息流程如图2所示。

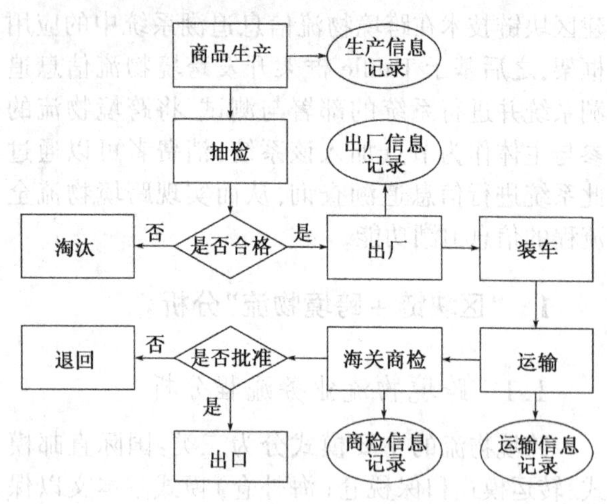

图2　跨境物流境外端信息流程图

1.2.2　跨境物流境内端信息流程

跨境物流境内端包括海关和商检环节、保税仓仓储环节、国内物流配送环节。商品在国际运输时,随车记录商品的信息;到达境内后,海关和商检部门对商品进行检查,检查合格的商品在保税仓进行存储,商品入库需要记录的信息包括入库时间、库房信息、仓位信息、入库时的商品状态等;商品在保税仓存储时受到海关的严格监管,消费者下单后,商品出库,出库信息包括出库时间、理货人员、商品出库时的状态等;出库后的商品进入物流配送环节,需要记录的信息包括运输车辆信息、运输人员、中转信息等;商品最后抵达消费者手中,完成整个跨境物流活动。境内端信息流程如图3所示。

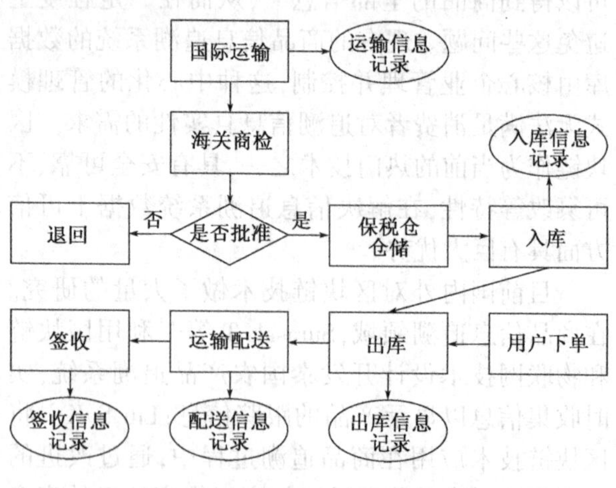

图3　跨境物流境内端信息流程图

1.3　区块链技术用于跨境物流信息管理的可行性分析

现行跨境物流信息系统中的信息交换网络是串联单链式结构,如图4a)所示。单链式信息交换网络中信息流向单一,网络中任意一个数据互换环节出现差错都会引起整个网络数据交换的不通畅,使得下游节点无法得到完整数据,导致系统缺乏一定的信息追溯功能。区块链技术可以通过各物流节点相互间的信息交换实现更有效的信息共享。基于区块链技术的跨境物流信息系统中不同物流关系方的信息交换网络是并联网状式结构,如图4b)所示。这种网状式结构的信息共享网络极大提高了系统的稳定性,即使某个环节出现数据丢失问题,也不会影响其他节点,充分保障了跨境物流数据的完整性和稳定性。

同时,在区块链网络中,"去中心化"的数据分布模式避免了数据被操作的可能,保证了数据的真实性,数据经加密后上传到网络中,数据的安全性得到进一步加强。区块链技术消除了"信息孤岛"和"价值孤岛",满足了各物流节点对数据真实性和安全性的需求。基于以上分析,区块链技术在跨境物流信息追溯中的应用是可行的。

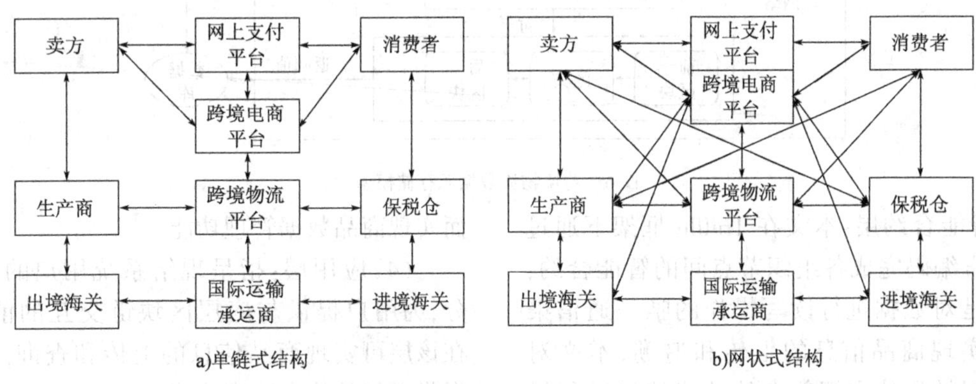

图4 跨境物流信息交换网络结构

2 基于区块链技术的跨境物流信息追溯系统设计

2.1 系统功能需求分析

本系统的目的是实现跨境物流信息的可追溯。根据实际需求,本系统的用户分别是生产企业、运输企业、仓储企业、物流企业和消费者。生产企业、运输企业、仓储企业和物流企业可实现信息的录入和查询功能,消费者可实现信息的追溯查询和投诉功能。

2.2 跨境物流信息追溯系统架构

根据系统功能需求,本文设计了基于区块链的信息追溯系统层次结构图,如图5所示。该结构由下至上分为四层,即数据层、智能合约层、业务层和应用层。

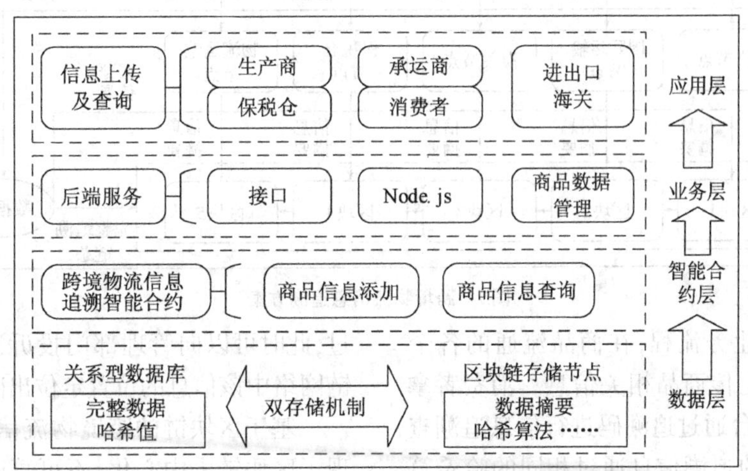

图5 跨境物流信息追溯系统层次结构

(1)数据层:数据层负责数据的采集和存储。跨境物流各环节的数据信息同时存储在区块链和数据库中。区块链网络中只存储通过哈希算法计算得到的信息摘要,从而与关系型数据库中存储各环节的详细数据信息以及各数据经哈希处理返回的哈希值形成对照关系。数据层的双存储模型如图6所示。

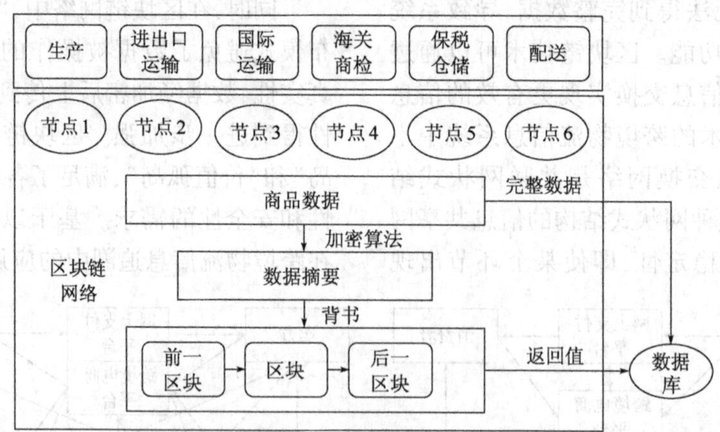

图6 跨境物流数据双存储模型

(2)智能合约层:本文在Truffle框架下通过Solidity语言编码完成各组织节点间的智能合约,智能合约是对数据进行读写操作的唯一通信渠道。为了实现商品信息的上传和追溯,本文对商品的数据结构体和智能合约功能接口进行设计,实现商品生产信息、运输信息、海关商检信息、仓储信息和物流配送信息等智能合约调用功能。

(3)业务层:指系统的后端服务,通过给前端提供接口供其调用处理前端的业务请求;通过封装以太坊的通信API接口与区块链进行交互,从而实现商品数据管理功能。

(4)应用层:指呈现给系统用户的可视化部分,为用户提供与底层区块链交互的前端界面。在该层可实现商品信息的上传和查询,为消费者提供良好的信息追溯功能。

2.3 追溯方案设计

信息追溯方案仍采用双存储模型,数据由区块链网络和数据库共同存储。区块链网络由跨境物流信息追溯系统的各参与方共同维护,实现区块链去中心化的特征。如图7所示。

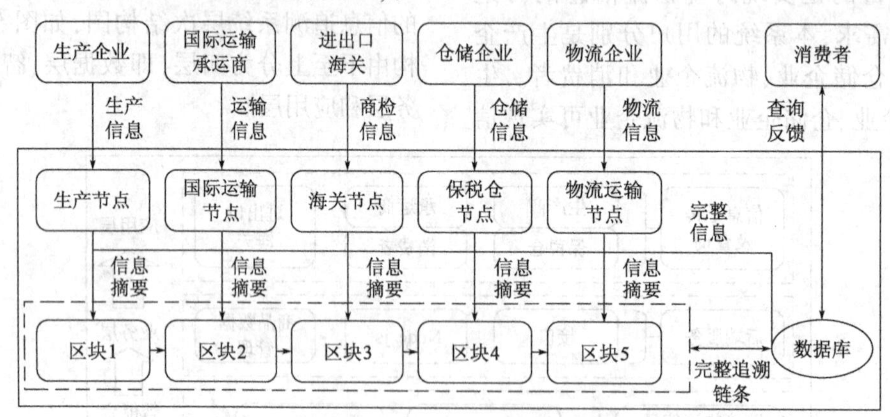

图7 跨境物流信息追溯方案

按照跨境物流业务流程,在商品流通的各个环节由相关负责人上传商品相关信息。消费者拿到商品后,在追溯平台通过追溯码进行信息追溯查询。将搜索查询到的追溯信息通过相同的哈希算法计算得到信息摘要,与区块链网络中该商品的信息摘要进行对比,即可验证追溯信息的真实性。如果对比结果不一致,证明数据库中的信息被更改过,此时可以向管理部门投诉,管理部门通过区块链网络中该信息的位置定位出问题的环节。

基于区块链的跨境物流信息追溯方案设计实现了区块链去中心化、不可篡改等特性,保证了数据的真实性和完整性,各环节负责人通过访问交互界面即可完成记录、查询等功能,操作简便且能快速搜索查询,同时具备精准定位的功能。

3 跨境物流信息追溯系统的实现

3.1 信息追溯系统部署

3.1.1 工具准备

本文搭建的跨境物流信息追溯系统用到的相关软件如下：

(1) Ganache：Ganache 相当于一个私有链，是创建在本地环境中的个人以太坊区块链，可用于开发程序和测试，并且可以使消费者直观浏览账户、交易等数据。

(2) METAMASK：METAMASK 是一款轻量级的以太坊钱包，在谷歌浏览器添加扩展程序后即可使用，通常和 Ganache 搭配使用。

(3) Truffle：Truffle 集成了以太坊的开发框架、Solidity 合约、前端视图、个人模拟区块链等要素，可以使以太坊的开发变得更加简单。

3.1.2 环境搭建

上述软件安装之后，将智能合约放入 Truffle 框架中，之后通过命令行启动跨境物流信息追溯系统。第一步，编译合约，编译的目的是将用 solidity 编写好的智能合约代码进行处理，得到二进制的可执行文件，供计算机识别；第二步，部署合约，使用 Truffle 部署智能合约，部署的目的是将各种配置文件、帮助文档等进行收集、打包、安装、配置并发布；第三步，运行智能合约，启动 web 服务器，在命令行输入 npm run dev，提示 compile successfully 表示系统启动成功。

3.2 系统主要功能测试

本系统包括两个功能模块，分别是商品信息上传录入功能模块和商品信息追溯查询功能模块。

(1) 商品信息上传录入功能模块。商品信息上传录入功能模块为跨境物流的成员节点提供信息上传功能，包括商品生产信息上传、跨境运输信息上传、保税仓仓储信息上传以及物流配送信息上传。

商品生产信息由商品生产企业上传，是跨境物流信息追溯系统的基础信息。后续的节点在上传信息时，需要根据“商品追溯编号”对商品的追溯信息进行补充完善，并且在查询商品信息时也要根据追溯编号进行查询操作。商品生产信息上传的界面如图 8 所示。

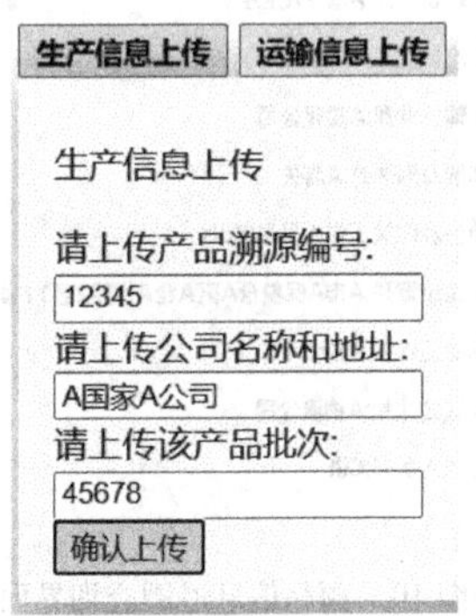

图 8 商品生产信息上传界面

点击“确认上传”后，商品的生产信息就被上传到跨境物流信息追溯系统中，并通过智能合约接口传入相关参数。上传成功后，商品信息写入区块链账本并形成区块。上传成功的结果如图 9 所示。

图 9 商品信息上传测试结果展示

后续的国际运输、保税仓储、配送等环节信息上传录入过程与生产信息上传录入过程类似，在此不赘述。

(2) 商品信息追溯查询功能模块。商品信息追溯查询功能模块为各成员节点提供信息查询功能并为消费者提供信息追溯功能，输入商品追溯码，点击“查询”后合约接口传入商品的追溯码并将其作为查询索引值，实现对区块链账本读取数据的操作，成功后将查询到该商品的详细数据。商品信息追溯查询界面如图 10 所示。

4 结束语

本文从“区块链 + 物流”的角度设计了基于区块链技术的跨境物流信息追溯系统。在对跨境物流业务流程和信息流程进行分析的基础上设计跨境物流信息追溯方案以及整个系统的架构和功能模块,并使用以太坊、Truffle等平台和工具设计了跨境物流信息追溯系统以实现信息的录入和查询。通过对系统中的节点单位进行测试,表明基于区块链技术的信息追溯系统可以使得系统内部的数据不可篡改和可追溯,区块链技术对跨境物流信息追溯体系的建设具有重要意义。本文设计的跨境物流信息追溯系统相对简单,后续研究可以考虑更为复杂的应用场景和功能。

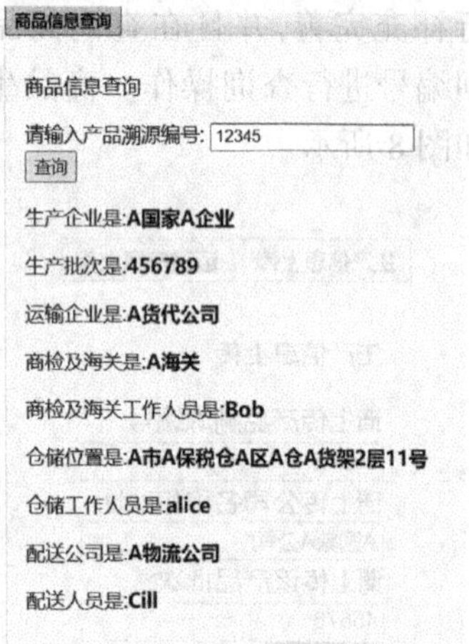

图10　商品信息追溯查询界面

参考文献

[1] 吴刚,陈兰芳,郭茜,等."一带一路"战略下中欧班列可持续发展对策研究[J].交通运输工程与信息学报,2017,15(4):1-10+43.

[2] 王明严.基于区块链技术的跨境物流痛点解决方案及其机理解析[J].对外经贸实务,2020(12):88-92.

[3] 陈飞,叶春明,陈涛.基于区块链的食品溯源系统设计[J].计算机工程与应用,2021,57(2):60-69.

[4] Surasaka T,Wattanavichean N,Preuksakarn C,et al. Thai agriculture products traceability system using blockchain and Internet of Things[J]. International Journal of Advanced Computer Science and Applications (IJACSA),2019,10(9)578-583.

[5] Liu S K. Research on high-security product traceability method based on blockchain[J]. International Core Journal of Engineering,2020,6(3).

[6] 董鹏,覃新强,聂梓茜.区块链技术破解医药追溯之痛[J].上海信息化,2018(7):22-25.

[7] 禹忠,郭畅,谢永斌,等.基于区块链的医药防伪溯源系统研究[J].计算机工程与应用,2020,56(3):35-41.

[8] 李航,董瑞.后疫情时代基于区块链技术的食品冷链物流追溯体系构建[J].食品与机械,2021,37(5):134-138+155.

[9] 汪普庆,杨赛迪.区块链视角下我国跨境电商的发展困境及应用路径分析[J].对外经贸实务,2021(10):48-52.

[10] 张茜,金春阳.国际贸易中区块链应用的场景与法律风险管控[J].长安大学学报(社会科学版),2020,22(5):20-28.

[11] 李旭东,王耀球,王芳.区块链技术在跨境物流领域的应用模式与实施路径研究[J].当代经济管理,2020,42(7):32-39.

[12] 杨德军.基于区块链促进跨境电商发展的应用研究[D].北京:北京邮电大学,2021.

[13] Wu S N. Ecological integration of cross-border e-commerce and logistics in Southeast Asia from the perspective of blockchain[P]. The Second International Symposium on Management and Social Sciences (ISMSS 2020),2020.

网约车出行移动模式特征对比及分析

刘丹丹*[1]　焦宇帆[2]
(1.北京交通大学交通运输学院;2.长安大学运输工程学院)

摘　要　网约车作为新兴的城市出行方式,其丰富的轨迹数据不仅承载着乘客出行信息,还可以体现网约车车辆自身的移动模式特征,研究网约车的时空移动模式对其运力配置、运输规划具有重要意义。本文基于成都市网约车轨迹数据和人类移动性的相关理论,采用实证分析的方法,从时间和空间两个角度探究了网约车车辆的移动模式规律。本文首先根据网约车订单数量对车辆进行分类,对比分析其空间移动模式,结果表明不同接单数量的车辆位移、回转半径分布是不同的;同时,网约车移动模式的时间特征对比分析结果表明车辆在工作日与非工作日的移动模式没有明显差异。利用人类移动性理论刻画网约车移动模式并进行多角度的对比分析,有利于对网约车的时空移动规律有更深刻的理解,也为优化网约车运输资源配置、运输需求预测提供支持。

关键词 城市交通 移动模式 人类动力学 网约车 时空特征

0 引言

网约车是共享出行的代表之一,以提倡"同程合乘"的方式调动了闲置的汽车资源,逐渐成为城市出行不可或缺的交通方式。有研究证实了网约车对于缓解城市拥堵有着持续性的作用[1],并有潜力引导人们逐步减少购买私人小汽车[2],但也有研究认为网约车会造成交通拥堵[3],这通常是运输供需不平衡造成的空驶情况导致的,进而网约车服务出行需求预测、订单匹配系统优化等研究逐渐成为热点[4,5]。然而网约车数据所呈现出的运输需求,不仅体现了乘客的出行特征,还能够体现车辆的移动特征。相比于直接进行运输需求预测,理解网约车车辆本身的移动模式能够为运输需求预测提供更多的思路和支持,有助于更好地发挥共享出行的优势。

网约车移动模式是其出行轨迹记录在时间、空间等维度上呈现出来的分布特征,与人类移动模式研究密不可分。人类移动模式揭示了个体出行的相关特征[6,7],2010 年 Barabasi 等人研究发现,人类移动行为大约具有 93% 的可预测性[7],对移动模式的深入理解对于城市管理[8]、运输规划[9]均具有重要意义。已有研究表明空间尺度对于移动模式有显著影响,人类在城市内部(例如出租汽车出行[10]、公共汽车出行[11])和城际出行(例如手机通话位置的改变[12]、航空旅客出行[13])呈现出不同的移动模式;各城市的交通情况和空间结构以及城市中主要吸引点(例如机场)对移动模式存在影响[14,15];除空间移动模式外,工作日与非工作日的时间模式对比说明了尽管不同时段的出行量上有所不同,但二者移动模式并没有显著差异,间接解释出行目的对移动模式的影响[16]。已有的人类移动性研究主要是通过描述基本统计指标(例如位移[10-16]、回转半径[10])的分布特征来解析移动模式。利用人类移动性相关理论来理解网约车移动模式的研究较为少见,文献[17]基于北京市滴滴顺风车数据研究了拼车的相关统计特征,并且发现了顺风车的接单数量是服从幂律分布的,说明网约车的车辆接单存在明显的异质性。尽管针对网约车的需求分布及预测、网约车服务对比等研究已经非常丰富了,但更多的研究关注的是订单即乘客的出行特征[5],因此对网约车车辆的移动模式研究还存在空白,而从人类移动性角度来描述网约车移动模式有利于更深刻地体现其移动特征的内在机理。

根据上述的文献梳理结果,本文将基于网约车轨迹数据,从网约车车辆角度出发、利用人类移动性理论,对网约车移动模式的时空特征进行对比及分析。本文首先根据网约车订单数量定义了车辆的活跃程度并依此分类,探究不同活跃程度的车辆的空间移动模式。同时,进一步对比了网约车在工作日与非工作日的移动模式。研究结果能够为网约车时空移动规律提供更深刻的理解,为网约车管理、城市运输规划提供参考和决策支持。

1 研究区域及数据

1.1 研究区域

本文的研究区域位于四川省成都市,经纬度范围为 104°04′E ~ 104°12′E,30°65′ ~ 30°72′N,涉及成都市的五个行政区,面积约为 100km^2。这个范围涵盖了成都市火车站等多个交通枢纽,地铁 1、2、3 号线均从中穿过,包含天府广场、春熙路等多处景点及商业圈,是整个城市出行的热点区域。

1.2 研究数据

本文数据来自滴滴出行盖亚数据开放计划,涵盖了研究区域内所有快车的出行轨迹数据。本文选择了 2016 年 10 月 10 日(周一)—2016 年 10 月 23 日(周日)共两个完整星期的数据进行分析。如表 1 所示为 2016 年 10 月 10 日的数据样例,轨迹数据集包含5个字段,平均采样间隔为2s,每条记录表示每一订单在当前记录时刻的位置。

数据字段说明　　表1

字段名	内容	说明
driverid	9effc807952754882f6c0d2ab31f95	司机编号
orderid	80a3c5a709e2bec13992cedbf63c7956	订单编号
timestamp	1476605910	时间戳(转换后为2016-10-10 16:18:30)
longitude	104.06602	经度
latitude	30.65519	纬度

1.3　数据分组

本文计算了每个司机每日的接单数量并绘制了累积百分比曲线(图1),结果表明,接单最多的车辆每日可以完成37单,而近7000辆车每日只完成了1单,有90%的车辆每日接单数量少于10单,这也与通常认知的网约车司机多数为兼职司机是相符的。

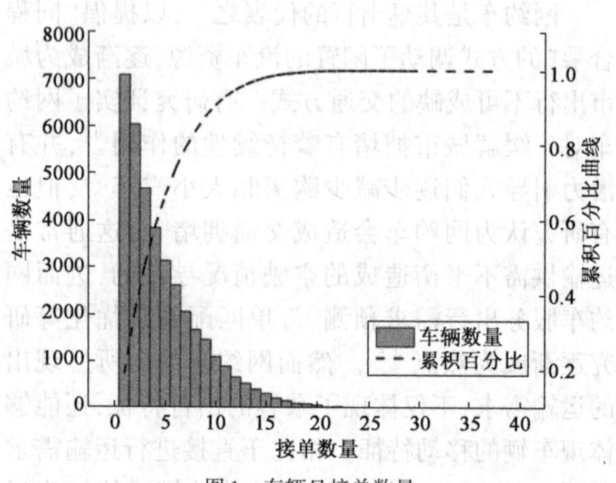

图1　车辆日接单数量

由于存在这一明显的差异,不同接单数量的车辆也可能存在不同的移动模式。基于这一假设,本研究利用车辆的接单数量来定义车辆的活跃程度,即接单数量越多,车辆活跃程度越高。首先将所有车辆按照其接单数量由大到小进行排序,然后对接单数量进行累加处理,分别提取出前10%和后10%的车辆轨迹数据,可以理解为每一类车辆的所服务的订单数和对于每日总订单数量的贡献率均为10%。

表2展示了以10月10日为例的两类车辆的基本统计信息。两类车辆的车辆总数和服务订单数量均有明显的差异,因此十分有必要分别探究其移动模式。

两类车辆基本统计信息　　表2

车辆	车辆总数	订单总数	最大接单数量	最小接单数量	平均接单数量
全体车辆	36714	178156	37	1	4.9
前10%车辆	1432	17815	37	10	12.4
后10%车辆	13011	17816	3	1	1.4

2　网约车移动模式空间特征

2.1　位移分布

在人类移动性相关研究中,空间位移d是最直观的描述指标,这是因为位移能够反映移动行为而又不受路径细节的影响。本文首先分别计算前10%车辆、后10%车辆和全体车辆的所有订单的位移,然后以车辆为单位计算每一车辆所有订单位移的平均值,以此作为车辆的移动位移,分别统计订单的位移分布和车辆的位移分布并绘制位移d的概率分布$p(d)$散点图(图2)。结果显示,不同活跃程度的车辆位移分布具有明显的差异。

根据分布拟合结果,全体车辆、前10%车辆和后10%车辆的车辆位移分别近似服从指数截断的幂律分布$p(d) \sim (d+d_0)^{\alpha} \cdot e^{-d/\tau}$($d_0=1.14, \alpha=0.68, \tau=8.68$)、正态分布$p(d) \sim a \cdot e^{-[(d-b)/c]^2}$($a=0.07, b=1.89, c=0.83$)和指数分布$p(d) \sim e^{-\gamma d}$($\gamma=1.76$)。三者的订单位移分布均近似服从指数分布$p(d) \sim e^{-\gamma d}$($\gamma_{后10\%}=1.71, \gamma_{前10\%}=1.95, \gamma_{全体}=2.13$)

不同活跃程度的车辆表现出不同的位移分布，而订单位移呈现相似的分布特征，虽然网约车车辆的移动模式是不同的，但其服务的订单即乘客出行特征是类似的。不同类别主体的移动模式的差异性使得网约车出行的移动模式与以往的移动模式研究的特征有所不同。除此之外，从出行特征角度来理解，统计结果还表明了网约车更倾向于短距离移动。

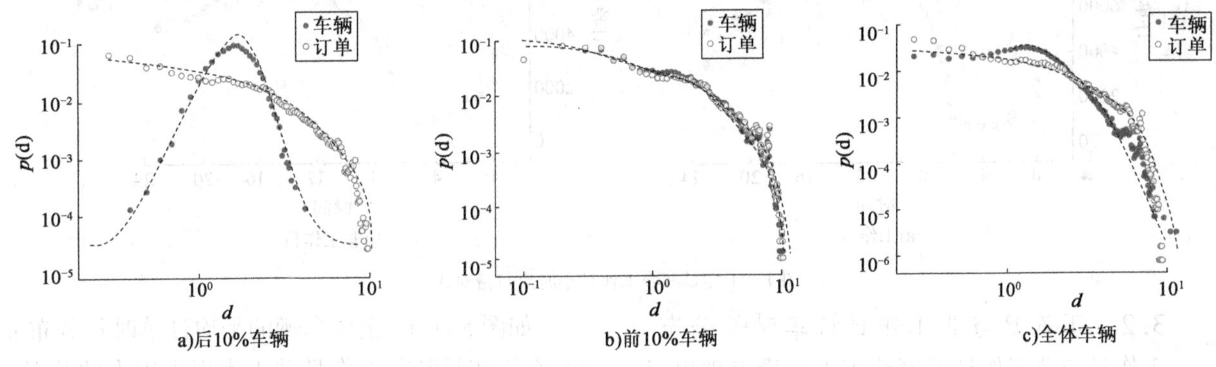

图2 不同活跃程度车辆及订单位移分布

2.2 回转半径分布

回转半径(Radius of Gyration, ROG)是人类动力学中另一个重要指标，表征移动范围的大小。本文利用公式(1)计算了每个订单的轨迹对应的回转半径：

$$\text{rog} = \sqrt{\frac{1}{N}\sum_{i=1}^{N}(r_i - r_0)^2} \tag{1}$$

式中：r_i——N个轨迹点的坐标(位置)；

r_0——轨迹点集中心的坐标(位置)。

以每辆车所有订单回转半径的平均值作为该车辆的回转半径。如图3所示，全体车辆、前10%车辆和后10%车辆的车辆回转半径分别近似服从指数截断的幂律分布 $p(\text{rog}) \sim (r+r_0)^{\alpha} \cdot \mathrm{e}^{-r/\tau}$ ($r_0 = 0.61, \alpha = 0.96, \tau = 3.18$)、正态分布 $p(\text{rog}) \sim a \cdot \mathrm{e}^{-[(r-b)/c]^2}$ ($a = 0.15, b = 1.56, c = 1.02$)和指数分布 $p(\text{rog}) \sim \mathrm{e}^{-\gamma r}$ ($\gamma = 2.13$)。而订单回转半径分布均近似服从指数分布 $p(\text{rog}) \sim \mathrm{e}^{-\gamma r}$ ($\gamma_{后10\%} = 2.41$, $\gamma_{前10\%} = 1.98$, $\gamma_{全体} = 2.56$)。

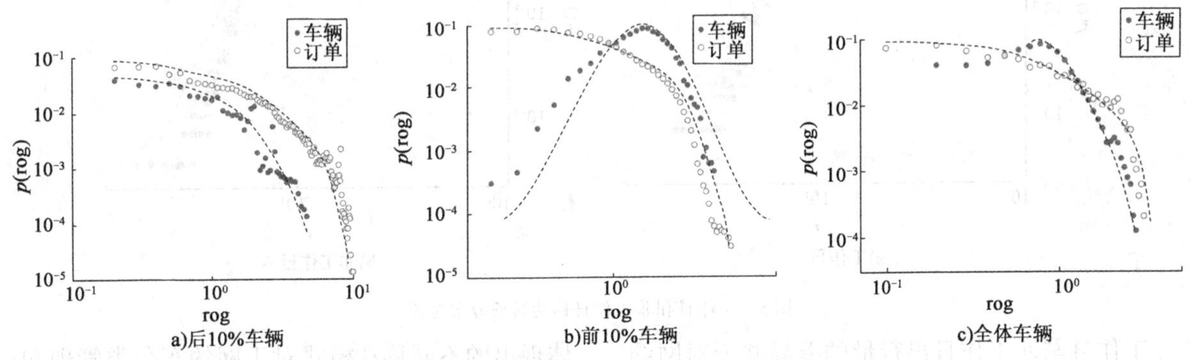

图3 不同活跃程度车辆及订单回转半径分布

回转半径的统计结果显示网约车车辆行驶具有高度的有界性特征，可以进一步辅助证明网约车的移动半径很小。此外，不同活跃程度的车辆的回转半径服从不同的分布律，这与上一节位移分布的结论是一致的。

3 网约车移动模式时间特征

3.1 工作日与非工作日出行量差异

图4展示了工作日与非工作日的出行量。结果表明，工作日的订单数量和车辆数量均比非工作日的要高，且车辆数量与订单数量的波动趋势基本保持一致。工作日呈现出明显的早、午、晚三个高峰，而非工作日的高峰主要表现在午后。相比于工作日，非工作日人们的出行目的更加多样化，出行时间弹性也较大，二者出行量有明显的差异。

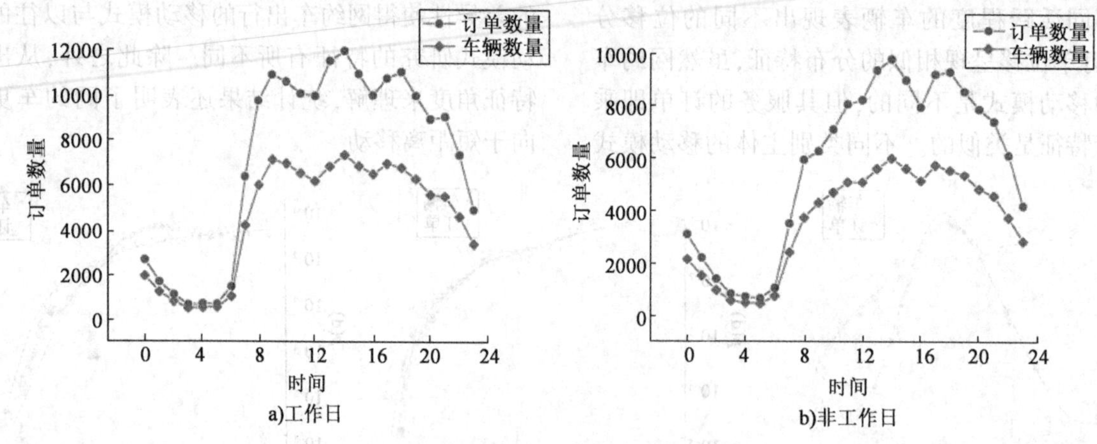

图4 工作日和非工作日小时出行量对比

3.2 工作日与非工作日订单时长分布

工作日与非工作日的网约车出行量表现出了明显差异,这种差异是否会对网约车移动模式造成影响也是一个值得关注的问题。本文选择移动时长来刻画网约车移动模式的时间特征,并进行工作日与非工作日的对比。从出行角度来理解,车辆的平均接单时长也能够反映乘客选择网约车出行的时间偏好。此处,同样以每辆车的平均订单时长作为该车辆的移动时长 t。

如图5所示,全体车辆的平均订单时长分布 $p(t)$ 在工作日和非工作日并未表现出很大的差异,呈现先增长后下降的趋势,下降段均近似服从指数截断的幂律分布 $p(t) \sim (t+t_0)^{\alpha} \cdot e^{-t/\tau}$(其中工作日 $t_0 = 11.67, \alpha = 3.56, \tau = 1.52$,非工作日 $t_0 = 10.33, \alpha = 4.05, \tau = 1.96$)。尾部表现出明显的胖尾分布,说明了车辆在行驶的订单时长上的异质性,再次说明了乘客在选择网约车出行时更倾向于短途行程。

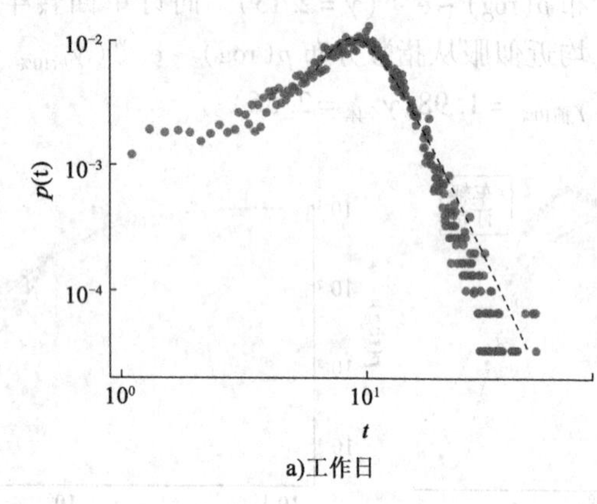

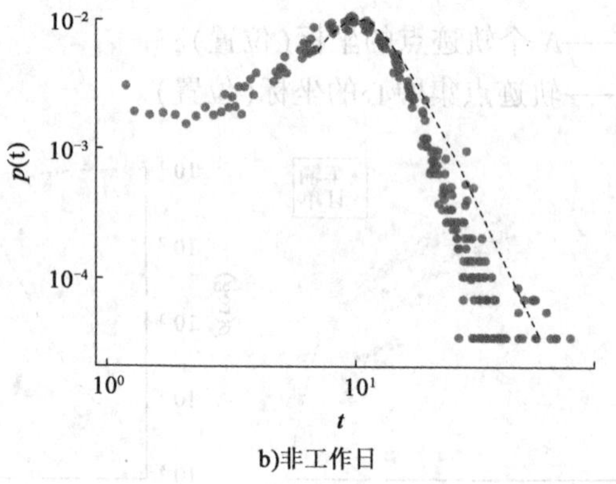

图5 工作日和非工作日移动时长分布对比

工作日与非工作日出行量的差异并未对网约车的移动模式产生较大影响,这一结论与已有文献[16]中工作日与非工作日出租汽车移动模式的对比结论是类似的。通常来讲,乘客在工作日与非工作日的出行目的是不同的,这也使得工作日与非工作日的出行量不同,但并未对车辆移动模式造成较大影响。

4 结语

本文利用人类移动性理论对网约车移动模式的时空特征进行了描述,不同活跃程度的车辆所体现出的不同移动模式对于网约车分类管理和运输资源配置都具有重要的意义。本文以滴滴出行的成都市网约车轨迹数据为实证研究对象,首先根据每个车辆的订单数量定义了车辆活跃程度,位移及回转半径的分布结果显示不同活跃程度的车辆有着不同的空间移动模式,而这些车辆的订单即其所服务的乘客的移动模式是相类似的,同时也说明了网约车主要服务城市交通中的短途出行。其次,网约车出行总量在工作日与非工作日具有明显的差异,但网约车车辆在工作日与非工作日的移动时长分布是类似的,即网约车出行移动模式在工作日与非工作日并没有差异。

本文对于网约车移动模式特征的探究方法可进一步应用于其他交通方式。深刻理解各种运输方式移动模式特征的内在机理有利于更好地进行交通需求预测、运输资源规划。在今后研究中,可以根据对各种运输方式移动模式的对比研究,合理地规划运输资源,进一步提升出行效率。

参考文献

[1] Luis M. Martinez, José Manuel Viegas. Assessing the Impacts of Deploying a Shared Self-Driving Urban Mobility System: An Agent-based Model Applied to the City of Lisbon[J]. International Journal of Transportation Science and Technology, 2017, 6(1): 13-27.

[2] S. Feigon, C. Murphy. Shared Mobility and the Transformation of Public Transit [J]. Transportation Research Board: Transit Cooperative Research Program Report, 2016, 2073: 86-93.

[3] Erhardt Gregory D, Roy Sneha, Cooper Drew, et al. Do Transportation Network Companies Decrease or Increase Congestion? [J]. Science Advance, 2019, 5: eaau2670.

[4] Xiqun Micheal Chen, Majid Zahiri, Shuaichao Zhang. Understanding Ridesplitting Behavior of On-Demand Ride Services: An Ensemble Learning Approach[J]. Transportation Research Part C, 2016, 76: 51-70.

[5] Tirachini A. Ride-hailing, travel behaviour and sustainable mobility: an international review [J]. Transportation, 2019: 1-37.

[6] 周涛,韩筱璞,闫小勇等.人类行为时空特性的统计力学[J].电子科技大学学报,2013,42(04):481-540.

[7] M. C. Gonzalez, C. A. Hidalgo, A. L. Barabasi. Understanding Individual Human Mobility Patterns [J]. Nature, 2008, 453 (7196): 779-782.

[8] Louail Thomas, Lenormand Maxime, Cantu Ros Oliva G, et al. From mobile phone data to the spatial structure of cities[J]. Scientific Reports, 2014, 4(1): 5276.

[9] Wang Pu, Hunter Timothy, Bayen Alexandre M, etal. Understanding road usage patterns in urban areas[J]. Scientific reports, 2012, 2(1): 1001.

[10] Xiao Liang, Xudong Zheng, Weifeng Lv, etal. The scaling of human mobility by taxis is exponential [J]. Physica A: Statistical Mechanics and its Applications, 2012, 391 (5): 2135-2144.

[11] 王明生,黄琳,闫小勇.探索城市公交客流移动模式[J].电子科技大学学报,2012,41(01):2-7.

[12] Kang Chao-gui, Stanislav Sobolevsky, Liu Yu, et al. Exploring Human Movements in Singapore: A Comparative Analysis Based on Mobile Phone and Taxicab Usages[J]. SIGKDD explorations, 2013: 2128-2135.

[13] 黄飞虎,彭舰,由明阳.航空旅客群体移动行为特性分析[J].物理学报,2016,65(22):321-328.

[14] Liu Er-Jian, Yan Xiao-Yong. A Universal Opportunity Model for Human Mobility [J]. Scientific reports, 2020, 10(1): 118-126.

[15] Wenjun Wang, Lin Pan, Ning Yuan, et al. A Comparative Analysis of Intra-city Human Mobility by Taxi [J]. Physica A: Statistical Mechanics and its Applications, 2015: 420-429.

[16] Jinjun Tang, Fang Liu, Yinhai Wang, et al. Uncovering Urban Human Mobility from Large Scale Taxi GPS Data[J]. Physica A: Statistical Mechanics and its Applications, 2015 (11), 438-450.

[17] Yongqi Dong, Shuofeng Wang, Li Li, et al. An empirical study on travel patterns of internet based ride-sharing[J]. Transportation Research Part C, 2018, 86: 1-22.

流动空间视角下城市群城际出行分布模型预测研究综述

韩紫鹃 彭 辉* 姬 萱 田 凯 陈 龙

(长安大学运输工程学院)

摘 要 交通出行分布预测是交通需求预测的核心组成部分,而基于流空间视角来构建于城际出行特征相贴合的出行分布模型对提高工程效率、增强交通规划能力具有重要意义。本文在分析国内外文献的基础上,系统性地总结了近年来关于空间联系强度和城际分布预测的研究内容,说明目前已有方法的亮点和缺点,最后讨论了该研究内容的深层次方向。

关键词 城际交通系统 交通需求预测 城市群空间结构 出行分布模型

0 引言

交通出行分布预测是交通需求预测的核心组成部分,现阶段城市群在城际出行交通需求方面的分析与预测的基本研究和方向还不是很完善,研究不够深入,在一些项目上一般是直接使用城市内需求预测的办法来完成,这就会使最后的效果存在一些误差。

基于流动空间视角下的城市群城际出行交通出行预测研究,通过挖掘城市网络的流动空间要素,用网络和流来具体诠释空间和各要素流之间的作用方式,从而来搭建成熟的出行分布模型来迎合分布特征,对改进城际交通需求预测的模型与方向、提高规划的效率,完善工程实践的严谨性具有长远的价值。

1 空间联系理论研究

1.1 空间要素分析

伴着时代科技的进步,当今人们的生活、活动联系都是搭构在各种空间流、空间连接和空间节点之上的。城市流是城市群内各个城市之间通过一系列空间流进行不断交换、空间要素不断移动现象,而城市群内各个城市之间也因各个要素之间的联系变得更加紧密。

人流指的是城市之间商贸者、劳动力、技术人才等的流动,反映了城市间联系的强弱;物流是指城市内部和城市与城市之间物质交换、转移的一种现象;资金流指的是城市内部和城市与城市之间资金交换、转移,它包括现金的交换、银行之间的资金转账、贷款、股票、基金等多要素之间的移动现象,人们依靠此来进行必要的经济交流;信息流可以说是人们之间的信息交流,商贸以此交换、知识以此交流,信息流促进了人们知识的传播和技术的扩散,它是城市间联系强调的体现。

1.2 空间联系理论研究现状

国内外学者围绕区域城市空间结构展开了广泛研究。在符合经济发展角度来看,栾强等认为都市圈以后可能慢慢会变成促进当地区域发展的最主要形式。Dadashpoor 等人细致描述了影响都市圈不断发展、变化的一系列要素。根据悉尼都市圈不断发展变化的情况,A. S. Moghadam 等人得出了都市圈内部就业的好坏对城市群内部空间发展产生的影响程度。而国内学者更多关注都市圈空间结构的演变及圈层结构划分。钮心毅等人根据城市间的上下班情况进行数据分析,根据城市的不同职能关系进一步来解读上海城市都市圈空间分布特征;罗成书等人应用万有引力模型、场强模型等模型,根据城市圈层的变化,将杭州分为四个组成部分。

随着互联网的广泛运用及高速铁路时代的来临,城市与城市之间物质、商贸、知识、资金等多种空

1. 基金项目:国家自然科学基金(52072044)。

间流要素正在不断地交流着,“流空间”要素开始不断占据着人们的生活,变成各城市进行空间联系的最重要内容。目前研究国内研究者主要认为“空间流”支撑了研究范围内的城市空间,层面主要集中于经济流、交通流、信息流、企业联系流等,一般只集中于某一方面研究,见表1。

区域城市空间格局研究视角分类 表1

研究视角	研究内容
经济流	崔万天等采用修正引力模型和社会网络分析法对京津冀13个城市间经济联系强度进行测算,对京津冀区域经济网络结构进行分析
交通流	马学广等基于环渤海地区44个城市的铁路客运数据,运用社会网络分析、可达性分析、GIS(地理信息系统)空间分析等方法,揭示了该地区城市网络的空间形态、整体联系和局部联系特征
	宗会明等基于成渝城市群51个城市单元间的铁路、公路客流,从联系强度和节点等级两个角度分析成渝城市群城市网络特征
信息流	王启轩等利用“百度指数”来模拟城际信息流联系,分析成渝城市群3个时段的区域城市网络演化特征
	郝修宇等利用传统地理学引力模型法和百度指数法绘制城市网络,并对比分析京津冀城市群中的网络结构特征和城市层级分布
企业联系流	王艳茹依据全国经济普查企业数据,构建长三角地区企业总部-分支机构联系的有向加权城市网络,分析城市网络结构特征及演变

一些研究者在探讨城市空间格局的层面上,也开始对城市空间的时空演变、组织模式、影响因素和作用机制等层面开展分析,他们研究发现城市间某一个方面的空间要素不足以系统的呈现城市间的紧密关系,从而基于此,从多空间视角下研究不同维度空间流要素一起影响下的区域空间联系体系,并对之前的城市空间流模型进行不断的探索改正,使其更加符合各区域的吸引力系统。

从整体上,目前现有的关于区域空间联系的研究方向有一些不全面,一般是根据区域内单一方面的空间指标来分析,多空间维度下区域结构的研究比较匮乏,没有办法得出使城市群城市间联系强度更加周密的分析,因此根据多种因素来进行空间联系强度的研究分析是势在必行的。

2 出行分布模型研究

2.1 出行分布模型概述

交通分布预测模型按照预测范围可以分成两大类:一类是增长系数模型,主要适用于预测中短期交通分布;另一类是构造模型预测,主要适用于中长期交通分布。交通出行分布预测模型理论体系框架如图1所示,模型优缺点比较见表2。

出行分布模型优缺点比较 表2

模型分类		优点	缺点
增长系数模型		模型简便易行、易于理解,适用于稳定区域短时交通分布预测	需要完整的基础矩阵,考虑因素较少,预测精度低
构造模型	重力模型	形式直观、计算简单,不需要完整基年OD矩阵,适用于中长期需求预测	难以准确预测小区内出行分布量
	熵模型	模型比较简单实用	理论依据不足,说服力度不强
	介入机会模型	形式简单,当交通小区之间的OD交通量为零时,也可进行预测	吸引概率的值在全区必须取一个定值,与实际情况有出入

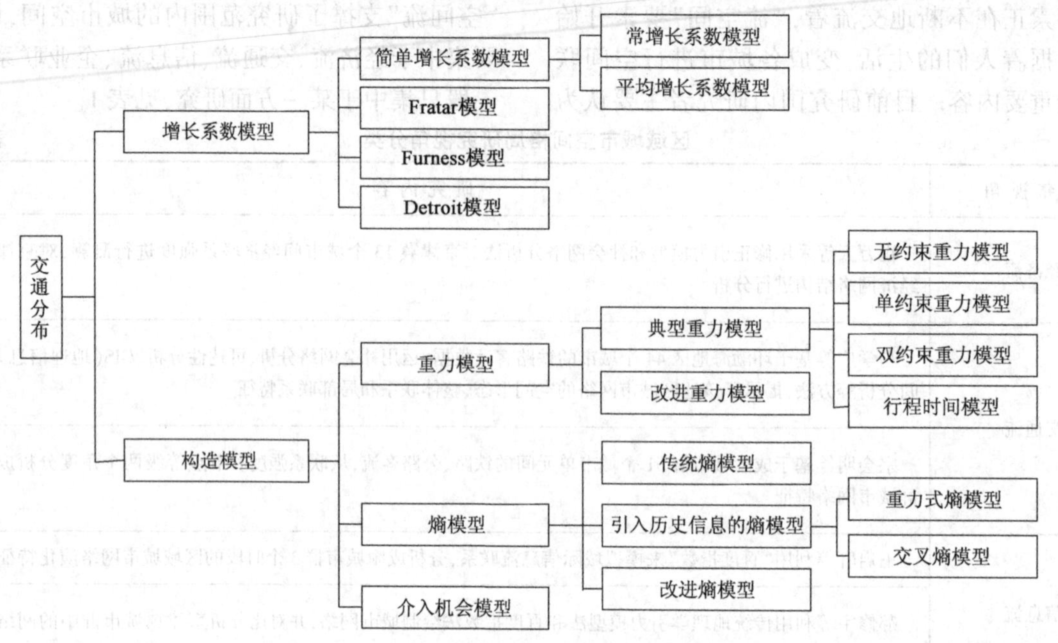

图 1　交通出行分布预测模型理论体系框架

2.2　构造模型的改进及应用

现有国内外交通分布预测模型的分析主要有重力模型、熵模型和其改进的模型这几种类型,具体内容如下:

(1)在几种重力模型来进行组合预测层面上,王炜等人根据 Fratar 模型对无约束重力模型参数进行标定修改,通过数据获取交通 OD,考虑了目前的交通出行数据,同时考虑影响因素,如道路路网变化和研究区域土地利用数据等,结果证明与实际情况比较接近。

(2)在重力模型的改进及参数标定层面,也有人进行了研究。邓明君、王铁中考虑几个重要因素的影响作用,主要运用了回归分析法、模糊数学法来进行传统重力模型参数的标定,建立模型,证明分析的适用性。

(3)在熵模型的改进层面,部分学者也采取了研究,取得显著成果。王炜、孙俊针对在交通调查中和交通分配中所产生的部分偏差,改进模型,应用实例交通量数据进行分析、实例验证,证明结果的有效性。

3　流动空间视角下城市群城际出行交通分布预测研究

目前研究分析主要是研究城市内部出行的,而对于城际间模型研究还是比较少的,其实城际内交通出行与城市内部存在很大差异,城市间相互影响的因素也跟城市内也不相同,因此传统交通分布预测方法适用性大大降低。

城市群的发展方向将是层次鲜明、协同发展的整体,作用城市间交通联系的因素在传统分析研究中使用得不多。朱鸿国分析了城市群内部不同因素对交通分布的作用,根据区位理论对重力模型进行修正,构建城际间出行矩阵来进行研究;陶思然等探讨各企业总部与分支机构之间的关联性对城际客运出行所带来的影响,通过引入母子公司关联因素,构建了城际客运出行分布预测模型以提高模型预测能力。王威将空间联系分为三类:商务联系、旅游联系、其他联系,并考虑产业关联度、母子公司关联系数、旅游联系系数等参数,建立城际多模式组合的联系强度模型,通过多源数据分析城市群流空间视角下的空间联系强度关系。

现在针对城际出行对于城市群城际交通需求研究与预测的分析还不是很完善,项目中一般是使用城市交通需求预测的办法来进行,城市群城际出行交通分布的研究引入的模型参数各异,如城市的经济、人口、产业、就业等,并没有建立统一的关联性因素的指标体系,城市群城际出行交通分布的研究仍需进一步改善。

4　结语

本文在综合中外研究成果基础上,对空间联

系强度和城际分布预测的研究方法进行了综述，得到以下结论：

(1)通过研究国内外文献，对空间联系理论体系有了更深了解。

(2)综述出行分布模型的分类、优缺点，并总结构造模型的改进方法。

(3)指出流动空间视角下城市群城际出行交通分布预测研究未来发展方向，后续将进一步完善各关联性因素的关系，改进模型参数各异的问题，建立优化更加完备的量化指标，分析多种因素在城市群城际出行交通分布中的作用，从而建立更加完善的城市群城际出行分布预测模型。

参考文献

[1] 陆大道. 大都市区的发展及其规划[J]. 经济地理，2009，29(10)：1585-1587.

[2] 朱英明. 城市群经济空间分析[M]. 北京：科学出版社，2004.

[3] 卖强，罗守贵，郭兵. 都市圈中心城市经济辐射力的分形测度及影响因素——基于北京、上海、广州的实证研究[J]. 地域研究与开发，2016，35(04)：58-62.

[4] Dadashpoor H, Malekzadeh N. Driving Factors of Formation, Development, and Change of Spatial Structure in Metropolitan Areas: A Systematic Review [J]. Journal of Urban Management, 2020, 9(3): 286-297.

[5] Moghadam A S, Soltami A, Parolin B. Investigating the Spatio-temporal Changes in Major Activity Centres in the Sydney Metropolitan Area[J]. Internation- al Journal of Sustainable Built Environment, 2017, 6(2): 574-586.

[6] 钮心毅，王垚，刘嘉伟，等. 基于跨城功能联系的上海都市圈空间结构研究[J]. 城市规划学刊，2018(05)：80-87.

[7] 罗成书，程玉申. 杭州都市圈空间结构与演进机理[J]. 城市发展研究，2017，24(06)：30-38.

[8] Taylor P J, Derudder B. World City Network: A Global Urban Analysis [M]. London: Routledge, 2015.

[9] 李芝倩，樊士德. 长三角城市群网络结构研究——基于社会网络分析方法[J]. 华东经济管理，2021，35(06)：31-41.

[10] 崔万田，王淑伟. 京津冀区域经济联系强度与网络结构分析[J]. 技术经济与管理研究，2021(04)：117-121.

[11] 马学广，李鲁奇. 基于铁路客运流的环渤海城市空间联系及其网络结构[J]. 经济地理，2017，37(05)：66-73.

[12] 宗会明，黄言，胡佯佯. 基于多元城际客流的成渝城市群城市网络特征研究[J]. 地域研究与开发，2018，37(05)：60-65，82.

[13] 王启轩，肖宏伟，张捷. 信息流视角下成渝城市群城市网络演化及启示[J]. 城乡规划，2021(Z1)：143-154.

[14] 郝修宇，徐培玮. 基于百度指数和引力模型的城市网络对比——以京津冀城市群为例[J]. 北京师范大学学报(自然科学版)，2017，53(04)：479-485.

[15] 王艳茹，谷人旭. 长三角地区城市网络结构及其演变研究——基于企业联系的视角[J]. 城市发展研究，2019，26(06)：21-29，78.

[16] 冯兴华，修春亮，刘志敏，等. 东北地区城市网络层级演变特征分析——基于铁路客运流视角[J]. 地理科学，2018，38(09)：1430-1438.

[17] 孟德友，冯兴华，文玉钊. 铁路客运视角下东北地区城市网络结构演变及组织模式探讨[J]. 地理研究，2017，36(07)：1339-1352.

[18] 冯兴华，修春亮，白立敏，等. 基于公路交通流视角的吉林省城镇中心性及影响因素[J]. 经济地理，2019，39(01)：64-72.

[19] 郑龙飞，顾伟男，龙奋杰，等. 不同流视角下的贵州省空间网络结构及形成机制分析[J]. 地理科学，2020，40(06)：939-947.

[20] 王宁宁，陈锐，赵宇. 基于网络分析的城市信息空间与经济空间的综合研究[J]. 地理与地理信息科学，2018，34(04)：60-68.

[21] 郭源园，胡守庚，金贵. 基于改进城市引力模型的湖南省经济区空间格局演变研究[J]. 经济地理，2012，32(12)：67-72，90.

[22] 田志立，周海涛. 引力模型预测交通分布量的误差分析[J]. 公路交通科技，1994(02)：47-51.

[23] 田志立，周海涛. 交通分布修正引力模型的

应用[J].公路交通科技,1996(01):48-53.

[24] 李旭宏.城市交通分布预测模型研究——系统平衡模型及其应用[J].东南大学学报,1997(S1):154-157.

[25] 姚荣涵,王殿海.居民出行分布的熵模型及其参数标定[J].交通运输工程学报,2005(04):106-110.

[26] 王炜,黄蓉,华雪东,等.一种结合重力模型Fratar模型的交通分布预测方法:CN106504535B[J].2018.

[27] 邓明君,王铁中.居民出行分布预测的改进模型研究[J].交通信息与安全,2010,28(03):35-37,50.

[28] 王炜,孙俊.大型交通网络OD矩阵推算方法研究[J].东南大学学报,1996(S1):49-56.

[29] 李涵.组团城市出行分布模型优化研究[D].重庆:重庆交通大学,2012.

[30] 朱鸿国,张祎祎,等.城际间出行分布量预测方法[J].长安大学学报(自然科学版),2017,37(05):104-112.

[31] 陶思然,叶霞飞.引入母子公司关联因素的城际客运出行分布预测模型[J].同济大学学报(自然科学版),2020,48(09):1319-1327.

[32] 王威.基于空间联系强度的城市群城际出行分布模型研究[D].西安:长安大学,2021.

随机延误对早高峰地铁通勤者出行行为的影响

曹佳楠*

(北京交通大学交通运输学院)

摘 要 本文探讨了随机延误对早高峰地铁通勤者的出行行为的影响。考虑通勤者乘坐地铁还需要换乘公交车完成剩下的旅程,而乘坐公交的旅程存在随机延误的情况,假设随机延误T在$0 \leqslant T \leqslant b$区间内服从均匀分布。均衡分析表明,随着$b$值的增加,高峰期地铁通勤者的到达状态存在三种情形。解析分析给出了三种情形下高峰期的开始时间和结束时间、出行成本的期望值,以及出行者在地铁站的排队时间。分析表明,随着b的增加,高峰时段开始时间单调减小(即开始时间越来越早),出行成本单调增加。

关键词 随机延迟 出行行为 用户均衡 高峰时段 通勤模型

0 引言

地铁作为一种舒适、准时的交通工具,越来越受到人们尤其是上班族的欢迎。然而,随着通勤者数量的增加,地铁在高峰时段也变得越来越拥挤。地铁高峰期通勤者的出行行为也需要研究和引导。

自从Vickrey在1969年[1]提出了经典的瓶颈模型来表征通勤行为以来,很多学者在此基础上进行了大量的扩展和应用[2-4],如弹性需求[5-7]、通行能力的不确定性研究[8-9]。该瓶颈模型也被用于研究地铁的通勤行为。例如,Kraus和Yoshida[10]研究了最优票价和服务频率,希望最小化系统成本。Yang和Tang[11]提出了一种收费反馈机制,以管理高峰时段的客流,并在确保当局获得相同的收入的前提下将系统成本降至最低。但是这些研究都是只考虑了地铁这段旅程,而忽略了其他在途时间。

然而,在绝大多数情况下,地铁并不直接通往通勤者的工作地点。乘客通常乘坐地铁后还需换乘公交才能到达上班地点。在早高峰时间,公共汽车发生随机延误是很常见的。基于这一事实,本文研究了随机延误对通勤者出行行为和出行成本的影响。

本文其他部分内容如下:第二节简单介绍了考虑随机延误的地铁瓶颈模型,并且推导出了用户均衡下通勤者的出行成本;第三节讨论了随机延误对高峰期起始时刻和出行成本的影响；第四节对全文进行了总结。

1 考虑随机延误的交通瓶颈模型

1.1 符号定义

α:排队的单位时间成本；

β:早到工作地点的单位时间成本；

γ:晚到工作地点的单位时间成本；

ε:乘坐公交的随机延迟的单位成本；

$q(t)$:t 时刻通过瓶颈的通勤者的排队时长；

$e(t)$:t 时刻通过瓶颈的通勤者的早到延误时长；

$l(t)$:t 时刻通过瓶颈的通勤者的晚到延误时长；

t:高峰期通勤者通过瓶颈的时刻；

N:通勤者的总人数；

s:单位时间内的载客量；

L:高峰期的时长；

T:乘坐公交的随机延迟；

b:随机拥堵的最大时长($b>0$)；

t^*:通勤者工作开始的时刻；

t_1:通勤者一定早到的最后时刻；

$E[C(t)]$:通勤者出行成本的期望值；

TTC:系统的期望成本；

AEC:个人出行总成本；

p_0:统一的地铁收费；

p_1:公交票价。

1.2 模型简介

假设城市轨道交通线路连接单一起点和终点，由于早高峰时段地铁站的客流量不均衡，假设该线路将会出现一个交通瓶颈。假设每天的早高峰时段都有 N 名通勤者通过这个瓶颈从居住地到上班地点进行通勤(通勤者的工作开始时间用 t^* 来表示)，又假定高峰期的列车都是满载的，且每辆列车的容量是一定的，可以假定单位时间内通过瓶颈的人数为 s(由于高峰期地铁发车间隔很小，故而将单位时间内通过瓶颈的数据也作连续化处理以简便后续的运算)。因此，早高峰所有通勤者通过该瓶颈所需的时长为 $L=\dfrac{N}{s}$，地铁早高峰时长也可以用 $\dfrac{N}{s}$ 来表示。

假定通勤者乘坐地铁之后，不能直接到达上班地点，而是需要换乘公交才能到达。乘坐公交的这段时长可以表示为 T_0+T，其中 T_0 是公交自由行驶时长，而 T 是公交随机延误时长。不失一般性，我们只考虑随机延误 T，故设定 $T_0=0$。并且，假设 T 在 $0\leqslant T\leqslant b$ 上服从均匀分布。

因为该模型中忽略了通勤者的所有在途时间，所以通勤者从家到上班地点这整个过程之中，只有在地铁站排队和在公交车上等待堵车两部分的时长被我们考虑在内，其他时长都设置为0。

在该模型中，在 t 时刻通过瓶颈的通勤者，他的排队时长为 $q(t)$，早到的时长为 $e(t)$，迟到的时长为 $l(t)$，随机拥堵为 T，统一的地铁收费为 p_0，乘公交费用为 p_1。他的个人出行总成本可以用式(1)表示：

$$c(t)=\alpha q(t)+\beta e(t)+\gamma l(t)+\varepsilon T+p_0+p_1 \tag{1}$$

式中：α、β、γ、ε——在地铁站排队的单位时间成本、早到工作地点的单位时间成本、晚到工作地点的单位时间成本和在公交上的随机延误的单位时间成本。假定 $\beta<\alpha<\varepsilon<\gamma$。

1.3 出行成本

在用户均衡情况下，高峰期首尾两端的通勤者在地铁车站不遭遇排队。并且因为假定通勤者是同质的，所以均衡状态下他们的出行成本的期望值应该是相同的。由于乘坐公交导致的随机延误，高峰期的通勤者可能有三种到达状态：总是早到、总是晚到、可能早到可能晚到。总是早到是指，即使公交车在路上发生了最大延误，通勤者仍然是提前到达工作地点的；总是晚到是指，即使公交车在路上没有发生延误，通勤者仍然是延后到达工作地点的；可能早到可能晚到是指，这部分通勤者可能提前也可能延后到达工作地点，要看当天公交在道路上的延误情况。上述三种状态的通勤者的旅行费用可以用式(2)~式(4)表示(为了简便计算，本文将 t^* 设定为0)：

总是早到的通勤者出行成本的期望值为：

$$E[C(t)]=\int_0^b\beta(t^*-t+T)\frac{1}{b}\mathrm{d}t+\int_0^b\varepsilon\frac{T}{b}\mathrm{d}t+\alpha q(t)+p_0+p_1$$

$$= -\beta t - \beta \frac{b}{2} + \varepsilon \frac{b}{2} + \alpha q(t) + p_0 + p_1 \tag{2}$$

总是晚到的通勤者出行成本的期望值为：

$$E[C(t)] = \int_0^b \gamma(t + T - t^*) \frac{1}{b} \mathrm{d}t + \int_0^b \varepsilon \frac{T}{b} \mathrm{d}t + \alpha q(t) + p_0 + p_1$$
$$= \gamma t + \gamma \frac{b}{2} + \varepsilon \frac{b}{2} + \alpha q(t) + p_0 + p_1 \tag{3}$$

可能早到可能晚到的通勤者出行成本的期望值为：

$$E[C(t)] = \int_0^{-t} \frac{\beta}{b}(t^* - t + T)\mathrm{d}t + \int_{-t}^{b} \frac{\gamma}{b}(t + T - t^*)\mathrm{d}t + \int_0^b \frac{\varepsilon}{b} T\mathrm{d}t + \alpha q(t) + p_0 + p_1$$
$$= \frac{\beta + \gamma}{2b} t^2 + \gamma t + \frac{b}{2}(\varepsilon + \gamma) + \alpha q(t) + p_0 + p_1 \tag{4}$$

2　随机延迟对通勤者出行行为的影响

2.1　均衡状态下通勤者到达状态的三种情形

在用户均衡状态下，最大延迟值 b 对于行人出行行为有显著的影响。随着 b 的增加，整个高峰期的通勤者到达情况出现了三种情形。当 b 值较小时，首先影响到的就是整个高峰期中间时段的通勤者，他们首先会因为拥堵状况的不同呈现不同的到达状态。此时出现的是情形1。

(1)当 $0 \leqslant b < \frac{2\beta}{\beta + \gamma} \frac{N}{s}$ 时，出现了情形1。情形1中，$t \in [t_s, t_1]$ 的通勤者总是早到，$t \in [t^*, t_e]$ 的通勤者总是晚到，$t \in (t_1, t^*)$ 的通勤者可能早到或者晚到。为了简便计算，本文将 t^* 设定为0。因此 t_1、t^* 的取值分别为：$t_1 = -b$，$t^* = 0$。

在用户均衡状态下，情形1的高峰期的起止时刻为：

$$\begin{cases} E[C(t_s)] = E[C(t_e)] \\ t_e - t_s = \dfrac{N}{s} \end{cases} \rightarrow \begin{cases} t_s = -\dfrac{\gamma}{\beta + \gamma} \dfrac{N}{s} - \dfrac{b}{2} \\ t_e = \dfrac{\beta}{\beta + \gamma} \dfrac{N}{s} - \dfrac{b}{2} \end{cases} \tag{5}$$

情形1的系统期望成本和通勤者的期望出行成本为：

$$\mathrm{TTC} = \theta \frac{N^2}{s} + \varepsilon \frac{b}{2} N \tag{6}$$

$$\mathrm{AEC} = \theta \frac{N}{s} + \varepsilon \frac{b}{2} + p_0 + p_1 \tag{7}$$

这里 $\theta = \beta\gamma/(\beta + \gamma)$ 是常数。情形1中，整个高峰期的通勤者的排队时长如式(8)所示。对情形1中的通勤者的排队时长进行绘制，其高峰期排队时长随 t 时刻的变化如图1所示。

$$q(t) = \begin{cases} \dfrac{\beta}{\alpha} t + \dfrac{\beta}{2\alpha} b + \dfrac{\theta N}{\alpha s}, t \in (t_s, -b] \\ -\dfrac{\beta + \gamma}{2\alpha b} t^2 - \dfrac{\gamma}{\alpha} t - \dfrac{\gamma}{2\alpha} b + \dfrac{\theta N}{\alpha s}, t \in (-b, 0) \\ -\dfrac{\gamma}{\alpha} t - \dfrac{\gamma}{2\alpha} b + \dfrac{\theta N}{\alpha s}, t \in [0, t_e) \end{cases} \tag{8}$$

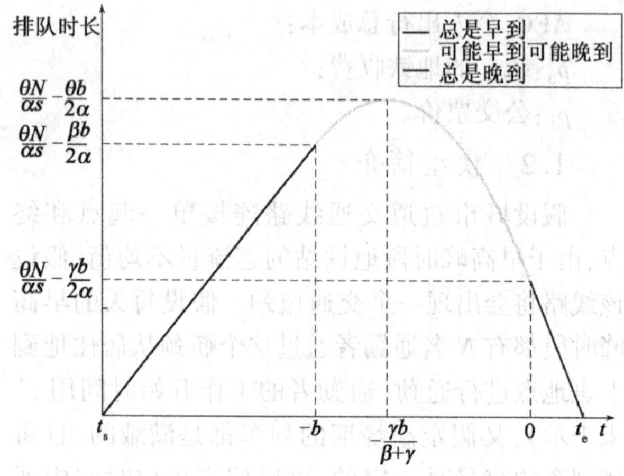

图1　情形1下高峰期通勤者的排队时长

随着 b 值继续增加，高峰期的首尾两端的通勤者也会受到影响。这里有个问题需要讨论，随机延误是影响首车还是尾车。如果先影响到首车，那么整个高峰期的通勤者到达状态应该是：一部分早到，一部分可能早到可能晚到，如果先影响到尾车，那么整个高峰期的通勤者到达状态应该是:一部分可能早到可能晚到,一部分晚到。

$$t_1 - t_s = \frac{\gamma N}{(\beta + \gamma)s} - \frac{b}{2} \tag{9}$$

$$t_e - t_2 = \frac{\beta N}{(\beta + \gamma)s} - \frac{b}{2} \tag{10}$$

由于 $t_1 - t_s > t_e - t_2$,所以随着 b 的增大是尾部的通勤者先受到影响,所以一部分通勤者可能早到可能晚到,一部分通勤者晚到这种情况是不可能出现的。

(2)当 $\frac{2\beta N}{(\beta + \gamma)s} \leqslant b < \frac{(\beta + \gamma)N}{2\beta s}$ 时,出现了情形2。在情形2中,$t \in [t_s, t_1]$ 的通勤者总是早到,$t \in (t_1, t_e]$ 的通勤者可能早到或者晚到,并且 t_1 的取值为:$t_1 = -b$。

在用户均衡状态下,情形2的高峰期的起止时刻为:

$$\begin{cases} t_s = -b + \sqrt{\frac{2\beta Nb}{(\beta + \gamma)s}} - \frac{N}{s} \\ t_e = -b + \sqrt{\frac{2\beta Nb}{(\beta + \gamma)s}} \end{cases} \tag{11}$$

情形2的系统期望成本和通勤者的期望出行成本为:

$$\text{TTC} = \left[\beta \frac{N}{s} - \beta \sqrt{\frac{2\beta Nb}{(\beta + \gamma)s}} + \frac{\beta + \varepsilon}{2} b\right] N \tag{12}$$

$$\text{AEC} = \beta \frac{N}{s} - \beta \sqrt{\frac{2\beta Nb}{(\beta + \gamma)s}} + \frac{\beta + \varepsilon}{2} b + p_0 + p_1 \tag{13}$$

情形2中,整个高峰期的通勤者的排队时长如式(14)所示。该情形中,b 的取值也取本情形下 b 的区间的中间值。其余数值的取值与情形1中取值相同。情形2的高峰期排队时长随 t 时刻的变化如图2所示。

$$q(t) = \begin{cases} \frac{\beta}{\alpha}\left(t + b - \sqrt{\frac{2\beta Nb}{(\beta + \gamma)s}} + \frac{N}{s}\right), t \in (t_s, -b] \\ -\frac{\beta + \gamma}{2\alpha b} t^2 - \frac{\gamma}{\alpha} t - \frac{\gamma - \beta}{2\alpha} b - \frac{\beta}{\alpha} \sqrt{\frac{2\beta Nb}{(\beta + \gamma)s}} + \frac{\beta N}{\alpha s}, t \in (-b, t_e) \end{cases} \tag{14}$$

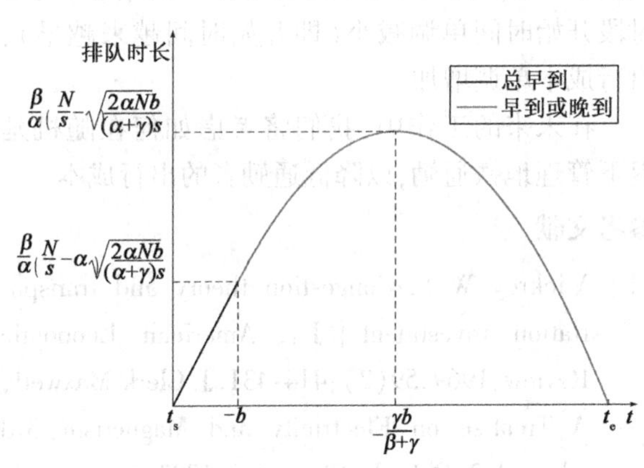

图2 情形2下高峰期通勤者的排队时长

(3)当 $b \geqslant \frac{(\beta + \gamma)N}{2\beta s}$ 时,出现了情形3。在情形3中,高峰期内所有的通勤者都是可能早到或者晚到的。

在用户均衡状态下,情形3的高峰期的起止时刻为:

$$\begin{cases} t_s = -\frac{\gamma}{\beta + \gamma} b - \frac{N}{2s} \\ t_e = -\frac{\gamma}{\beta + \gamma} b + \frac{N}{2s} \end{cases} \tag{15}$$

情形3的系统期望成本和通勤者的期望出行成本为:

$$\text{TTC} = \left[\frac{(\beta + \gamma)}{8b} \frac{N^2}{s^2} - \frac{\gamma^2 b}{2(\beta + \gamma)} + \frac{b}{2}(\gamma + \varepsilon)\right] N \tag{16}$$

$$\text{AEC} = \frac{(\beta + \gamma)}{8b} \frac{N^2}{s^2} - \frac{\gamma^2 b}{2(\beta + \gamma)} + \frac{b}{2}(\gamma + \varepsilon) + p_0 + p_1 \tag{17}$$

情形3中,整个高峰期的通勤者的排队时长如式(18)所示。该情形中,b 的取值为 $\frac{(\beta + \gamma)N}{2\beta s}$。其余数值的取值与情形1中取值相同。情形3的高峰期排队时长随 t 时刻的变化如图3所示。

$$q(t) = -\frac{\beta + \gamma}{2\alpha b} t^2 - \frac{\gamma}{\alpha} t + \frac{\beta + \gamma}{8\alpha b} \frac{N^2}{s^2} - \frac{\gamma^2}{2\alpha(\beta + \gamma)} b \tag{18}$$

2.2 高峰期起始时刻与系统总成本的变化趋势

根据以上公式,可以对 t_1 和 TTC 随 b 值的变化趋势做一个简单的分析。

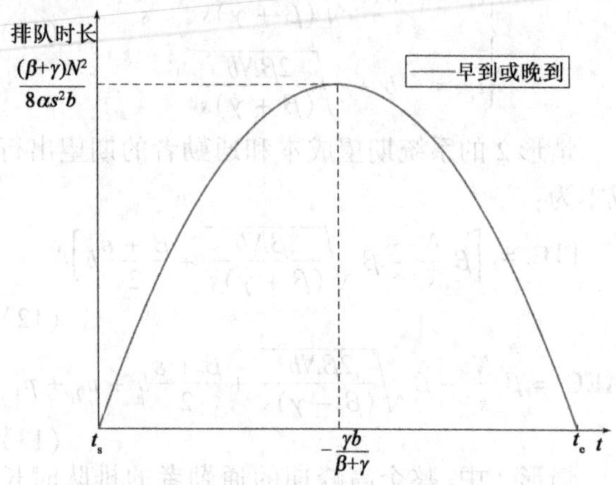

图3 情形3下高峰期通勤者的排队时长

(1)当$0 \leqslant b < \frac{2\beta}{\beta+\gamma}\frac{N}{s}$时，$\frac{dt_s}{db} = -\frac{1}{2} < 0$，$\frac{d(TTC)}{db} = \frac{\varepsilon N}{2} > 0$。所以在情形1中，高峰期的起始时刻$t_s$随$b$值的增加而单调减小，系统总成本TTC随$b$值的增加而单调增大。

(2)当$\frac{2\beta N}{(\beta+\gamma)s} \leqslant b < \frac{(\beta+\gamma)N}{2\beta s}$时：

$$\frac{dt_s}{db} = -1 + \sqrt{\frac{\beta N}{2(\beta+\gamma)sb}} \tag{19}$$

$$\frac{d(TTC)}{db} = \frac{\beta+\varepsilon}{2}N - \beta N\sqrt{\frac{\beta N}{2(\beta+\gamma)sb}} \tag{20}$$

通过简单的推导证明发现：只要$b > \frac{\beta N}{2(\beta+\gamma)s}$，式(19)就小于0，所以当$\frac{2\beta N}{(\beta+\gamma)s} \leqslant b < \frac{(\beta+\gamma)N}{2\beta s}$时，$\frac{dt_s}{db} < 0$。只要$b > \frac{2\beta^3 N}{(\beta+\varepsilon)^2(\beta+\gamma)s}$，式(20)就大于0，而$\frac{2\beta^3 N}{(\beta+\varepsilon)^2(\beta+\gamma)s} - \frac{2\beta N}{(\beta+\gamma)s} = \frac{2\beta N}{(\beta+\gamma)s}\left[\frac{\beta^2}{(\beta+\varepsilon)^2} - 1\right] < 0$。所以当$\frac{2\beta N}{(\beta+\gamma)s} \leqslant b < \frac{(\beta+\gamma)N}{2\beta s}$时，$\frac{d(TTC)}{db} > 0$。所以在情形2中，高峰期的起始时刻$t_s$随$b$值的增加而单调减小，系统总成本TTC随$b$值的增加而单调增大。

(3)当$b \geqslant \frac{(\beta+\gamma)N}{2\beta s}$时，$\frac{dt_s}{db} = -\frac{\gamma}{\beta+\gamma} < 0$。所以在情形3中，高峰期的起始时刻$t_s$随$b$值的增加而单调减小。

$$\frac{d(TTC)}{db} = -\frac{(\beta+\gamma)N^3}{8s^2b^2} + \frac{N}{2}(\theta+\varepsilon) \tag{21}$$

通过简单的推导证明发现：当$b > \frac{N}{2s}\sqrt{\frac{\beta+\gamma}{\theta+\varepsilon}}$时，式(21)大于0，而$\frac{N}{2s}\sqrt{\frac{\beta+\gamma}{\theta+\varepsilon}} - \frac{(\beta+\gamma)N}{2\beta s} = \frac{(\beta+\gamma)N}{2s}\left[\frac{\beta - \sqrt{\beta(\gamma+\varepsilon)+\varepsilon\gamma}}{\beta\sqrt{\beta(\gamma+\varepsilon)+\varepsilon\gamma}}\right] < 0$。所以当$b \geqslant \frac{(\beta+\gamma)N}{2\beta s}$时，$\frac{d(TTC)}{db} > 0$。所以在情形3中，系统总成本TTC随$b$值的增加而单调增大。

3 结语

本文将瓶颈模型拓展应用于高峰期地铁通勤者的出行行为研究。该拓展模型认为通勤者在乘坐地铁以后还要经历一个可能的随机延误T才能到达上班地点，其中T在$[0,b]$上服从均匀分布。结果表明，随着b的增加，整个高峰期通勤者的到达状态出现了三种不同的情形。推导了三种情形下高峰期的开始时间和结束时间、出行成本的期望值和排队时长。最终发现随着b的增加，高峰时段开始时间单调减小(即开始时间越来越早)，出行成本单调增加。

在未来的工作中，我们将考虑如何在随机延迟下管理地铁通勤，以降低通勤者的出行成本。

参考文献

[1] Vickrey W S. Congestion theory and transportation investment [J]. American Economic Review, 1969, 59(2): 414-431. J. Clerk Maxwell, A Treatise on Electricity and Magnetism, 3rd ed., vol. 2. Oxford: Clarendon, 1892.

[2] Arnott R, DE P A, Lindsey R. Economics of a bottleneck. Journal of Urban Economics, 1990, 27 (1): 111-130.

[3] Lainh C, Effects of the optimal step toll scheme on equilibrium commuter behaviour. Appl. Econ. 2004, 36 (1): 59-81.

[4] Lindsey R, Van D B, Verhoef E T. Step tolling with bottleneck queuing congestion. J. Urban Econ. 2012, 72 (1): 46-59.

[5] Braid R M. Uniform versus peak-load pricing of a bottleneck with elastic demand. J. Urban Econ. 1989, 26 (3): 320-327.

[6] Arnott R, De Palma A, Lindsey R. A structural model of peak-period congestion: a traffic bottleneck with elastic demand. Am. Econ. Rev. 1993(83):161-179.

[7] Yang H, Meng Q, Departure time, route choice and congestion toll in a queuing network with elastic demand. Transp. Res. Part B, 1998, 32(4):247-260.

[8] Xiao L L, Huang H J, Liu R H. Congestion Behavior and Tolls in a Bottleneck Model with Stochastic Capacity[J]. Transportation Science, 2015, 49(1).

[9] Zhu Z, Li X W, Liu W, et al. Day-to-day evolution of departure time choice in stochastic capacity bottleneck models with bounded rationality and various information perceptions [J]. Transportation Research Part E, 2019(131).

[10] Kraus M, Yoshida, Y, The commuter's time-of-use decision and optimal pricing and service in urban mass transit. J. Urban Econ. 2002, 51(1): 170-195.

[11] Yang H, Tang Y L. Managing rail transit peak-hour congestion with a fare-reward scheme [J]. Transportation Research Part B, 2018(110).

[12] Tang Y, Gao S, Eran B. An Exploratory Study of Instance-Based Learning for Route Choice with Random Travel Times [J]. Journal of Choice Modelling, 2017.

后疫情时代公共交通需求变化及预测方法的综述

杨思宇　陈　红*

（长安大学运输工程学院）

摘　要　受新冠疫情及防疫政策的影响，城市公共交通的服务能力大幅下降，为了总结前人有关新冠疫情对公众出行影响的研究，优化公共交通出行需求预测模型，本文分析了国内外近3年（2018—2021年）七十余篇相关研究文献。结果表明：全球各大城市在疫情暴发阶段均采取了出行控制措施导致出行量骤减，疫情得到有效控制后，防控政策逐渐放松，出行量随之恢复。但是相较于疫情暴发前出现了城市居民出行次数减少、出行方式更倾向于私人交通、出行总量减少等变化。受到出行特征变化和公众心理变化的影响，之前的出行需求预测模型的适用性改变，预测精度降低。根据前人关于疫情在公共交通中的传播风险、防疫管控措施、后疫情时代出行需求预测三方面的研究结果，本文从修正出行特征、明确使用阶段、优化模型指标的角度提出未来出行需求预测领域的研究方向。提高公共交通服务满意度，减少城市私人化交通出行比例，减少拥堵，减少排放污染，为达成“双碳目标”奠定基础。

关键词　交通工程　需求预测　研究综述　公共交通　出行特征　后疫情时代

0　引言

2019年底新型冠状病毒引起的肺炎疫情（简称新冠疫情，COVID-19）迅猛来袭，截至2020年12月，中国境内累计确诊人数近十三万人，全球累计确诊超过两亿五千万人次。疫情暴发初期，全国各个城市普遍采取延长春节假期、居家办公、上网课等措施减少人员流动，高风险地区甚至控制进出地区通道的措施以达到大规模限制人员的流动和聚集的目的。特别地，新冠肺炎疫情对通勤者出行产生了严重的影响，在新冠肺炎发生后引起了公众对病毒传播的强烈恐慌，即使在恢复城市交通系统正常运行之后，公众出行频次和交通方式较疫情前发生明显变化。部分问卷结果显示，疫情期间选择步行、私人小汽车及出租车出行的人数明显增多，而选择自行车、网约车、公交车等公共交通工具的出行比例明显降低[1]。

公共交通系统作为城市内部主要的高载客量

交通系统是城市内疫情扩散的重要途径之一[2,3]。当疫情集中爆发时,公众会选择减少出行次数及避开高载运量交通工具出行的方式降低感染风险。受到出行特征改变的影响,以往的预测模型精度降低,同时随着深度学习、集成学习等方法逐渐应用于出行需求预测领域,传统预测模型的运算速度与预测精度受到挑战。后疫情时代针对公共交通出行需求的研究需要面对和解决的问题主要体现在以下几个方面:

(1)已知在阻碍疫情扩散的过程中,公共交通系统运行过程中存在传播风险,目前实施的政策是否存在效果,实施效果如何?

(2)如何在已有影响公共交通出行需求因素的基础上分析疫情发展的不同阶段对公众出行选择的影响?

(3)如何在已有的公共交通出行需求预测模型的基础上提高预测精度,除了模型选择,是否还存在影响因素考虑不足的情况?以及在新冠流行的背景下,传统预测模型研究成果是否仍可保持较好的适用性?

围绕上述问题与挑战,本文主要论述在新冠肺炎流行背景下,公共交通需求影响因素及预测模型的研究进展与有代表性的研究成果,总结针对新冠流行时期适用的预测方法,结合现存的不足,对未来可能的发展方向进行展望。

1 疫情在公共交通中的传播风险及管控措施

2011年就已有学者通过仿真模型证实流感病毒会在地铁中传播速度更快[4],后来先后有学者证实SARS病毒[5]、埃博拉病毒[6]等均在城市公共交通中有更高的感染率,航空出行是病毒远距离传播的重要渠道之一[7,8]。在2020年新冠疫情在全球爆发的过程中,公共交通在新冠病毒从武汉传播到中国其他城市中发挥了重要作用[9],通过公共交通输入的病例在新冠肺炎疫情传播中发挥了重要作用[10]。且当车辆中携带空气循环装置时,乘客感染病毒概率增加[11]。由于乘坐公共交通有更大的传播风险,部分城市要求出行减少到只有必要的出行,实行居家办公,减少所有形式的旅行[12,13],初步统计在中国、伊朗、美国的部分城市公交客流量下降高达80%以上[14],费城和底特律的公交客流量减少60%~67%[15],新加坡减少80%[16]。

出于切断传播途径的考虑,一些城市选择完全停滞公共交通服务(如中国武汉[17]、印度[18]),或者只允许在有重要出行需求时使用公共交通(如美国加州、亚欧部分国家)[19]。世界各地的公共交通系统大多采取限制服务范围、关闭部分车站等措施对客流量急剧减少、政府管制和切断传播途径的需要:伦敦交通局取消地铁夜间服务,并关闭了40个非换乘站[20]。华盛顿大都会区采取关闭10%的地铁站、降低高峰期发车频率、缩短运营时间等措施[21]。在意大利的罗马和那不勒斯也采取了降低发车频率、缩短运营时间的措施[22]。但也有部分地区未做出变化,如香港捷运,即使每天的客流量显著减少,但仍保持原有的运行频次[23]。

2 后疫情时期公共交通出行需求预测

2.1 新冠流行对出行的影响

新冠肺炎疫情对通勤者出行产生了严重的影响。从出行量来看,2020年2月至3月期间北京市内日出行量同比下降了约40%[24],2020年上半年西安市中心城区出行量同比下降51%[25];从出行方式来看,2020年2月至3月期间,中国通勤者市内出行主要以步行和小汽车为主,公共交通占用率不到7%,中短距离出行中,共享单车的骑行订单增长超过3倍。与私家车和其他交通方式相比,公共交通受到的影响尤为严重,流行病部门的初步估计表明,在中国、伊朗、美国的主要城市中,封锁期内客流量下降高达80%~90%,英国则多达70%[26]。费城和底特律客流量分别减少60%和67%[27],新加坡下降80%[28]。多伦多、纽约[29]、布达佩斯[30]、荷兰[31]、里昂和尼斯[32]、旧金山和华盛顿特区[33]地铁客运量降幅位于85%~95%之间。在中国,以西安市为例,2020年上半年中心城区公共交通出行比例下降约4%,2020年下半年西安市中心城区公共出行比例回升不足1%,出租车(包含网约车)出行比例回升2%[34]。

当政府颁布严格的管控政策(如大规模居家隔离、封城等)时,公众出行活跃性骤降甚至降为0;当实施常态化防控政策时,公众出行次数与出行距离不会产生明显变化,但是出现方式的选择较往常有明显变化。在其他国家,有研究表明,当地居家隔离人数增加直接减少40.2 km以下短距离出行次数，单日新增确诊病例和死亡病例增加导致40.2～402.3 km出行次数减少，402.3 km以上长距离出行次数与疫情相关性较差。[35]

高强度的公共交通管控（关闭公共交通或停运部分公共交通）最多可减少67.2%的感染患者[36]，且公交车站和公交车内是新冠疫情传播的高风险环境之一[37]。大多数政府和卫生组织认为，人与人保持1.5～2m的间距可以减少病毒传播，表1中展示了不同安全距离下轨道交通运量及满意度变化。但是即使在疫情已经得到控制的地区，乘客对公共交通卫生的担忧程度高于新冠疫情发生之前[38]。公众的恐惧心理可能对封锁后、甚至可能在大流行之后的公共交通客流量水平产生重大影响。

不同距离下轨道交通运量及满意度对比 表1

乘客间间距(m)	实际运量占总运量[39]	上座率[40]	满意度[41]
1	—	11.6%	19%
1.5	18%	8.7%	23%
2	10%	6.5%	43%

已有研究结果表明，疫情不同时期公众出行特征和影响居民出行方式选择的显著性因素发生了明显变化，而且同一因素在不同疫情时期下的影响程度也存在差异[42]。并且新冠疫情极大地改变了我国人群的出行频次和出行方式选择行为[43]，前一周的出行模式和确诊数的变化也会严重影响下一周当地的出行行为[44]。在公共交通服务恢复正常运行后，部分地区的公交乘客由于担心污染而不愿使用[45]导致客流减少[46]。

综上所述，新冠疫情对不同地区的公众出行次数、出行距离、出行方式选择等出行特征都造成了较大改变，主要表现为非必要、短距离出行次数减少；平均出行距离降低；公共交通出行比例降低，个性化、私人化出行方式比例增加。公众对风险的感知导致出行时不仅需在出行成本、舒适度之间权衡，还需考虑到疫情防控需求，这种顾虑将对大流行之后的公共交通的客流量水平产生重大影响。因此，在新冠疫情发展的不同阶段，出行需求预测存在很大的不确定性。

2.2 公共交通需求预测方法

目前针对疫情时期的预测方法研究较少，因此本文从目前学术研究中常用的预测方面入手，摸索适合用于疫情期间公共交通出行预测的方法，为后续研究做铺垫。

2.2.1 传统预测方法

居民出行需求预测研究开始较早，早期研究以“四阶段法”为基础，往往采用离散选择模型，如Logit模型及其变形[47-55]。但这类模型对原始数据及模型中的效用函数有一定要求（如要求样本呈正态分布，效用函数中变量呈线性关系），否则将会产生较大偏差。因此学者提出使用非参数模型进行预测，如ARIMA模型[56,57]、BP神经网络[58,59]、卡尔曼滤波[60,61]等方法，这类方法在保证一定预测精度的前提下减少了模型参数输入，修正Logit模型存在的弊端，但是由于缺少相关交通参数输入，非参数模型从原理上缺少内在解释。

2.2.2 机器学习预测方法

本文研究的需求短时预测是典型的时间序列问题，针对此类问题常见的智能模型包括循环神经网络（RNN）、长短期记忆模型（LSTM）等神经网络。大量研究结果表明卷积神经网络（CNN）[62]、LSTM相较于传统预测方法有更好的预测精度[63-66]。除去单独使用以上模型外，还有大量研究选择使用组合模型进行预测，如LSTM模型与RNN模型[67]、LSTM模型和GRU（门循环单元）模型[68]、LSTM模型与CNN模型[69]等，两种模型取长补短，以达到更好的预测效果。LSTM模型原理示意如图1所示，多种模型优缺点对比见表2。

关于站点相关性对出行需求预测结果影响的相关研究较少。李高盛等[70]基于LSTM同时对同一段公交的多个站点进行预测，考虑临近车站的相关性及潜在关系。相比较于对独立站点的出行需求预测，效果有明显改进。在进行站点选址研究中也会考虑停靠站间间距[71,72]，且在其他领域的已有的研究结果表明在空气污染预测[73,74]、水环境污染预测[75]、交通流量预测[76]等领域中已证实：监测站点间的时空相关性都会对预测结果产生影响，且多以使用LSTM模型及其变种模型预测为主。

综上所述，目前主流对公共交通客流预测中以使用机器学习方法为主，机器学习预测依赖于往期数据进行学习后开展预测。但是在疫情反复变化的情况下，公共交通客流变化受外界影响大，预测模型难以从以往的数据中进行“学习”，导致预测结果失真。因此需搭建可根据疫情发展灵活变化的预测模型,考虑建立多模型组合预测,多模块复合预测等模型以适应情况多变的疫情发展阶段。

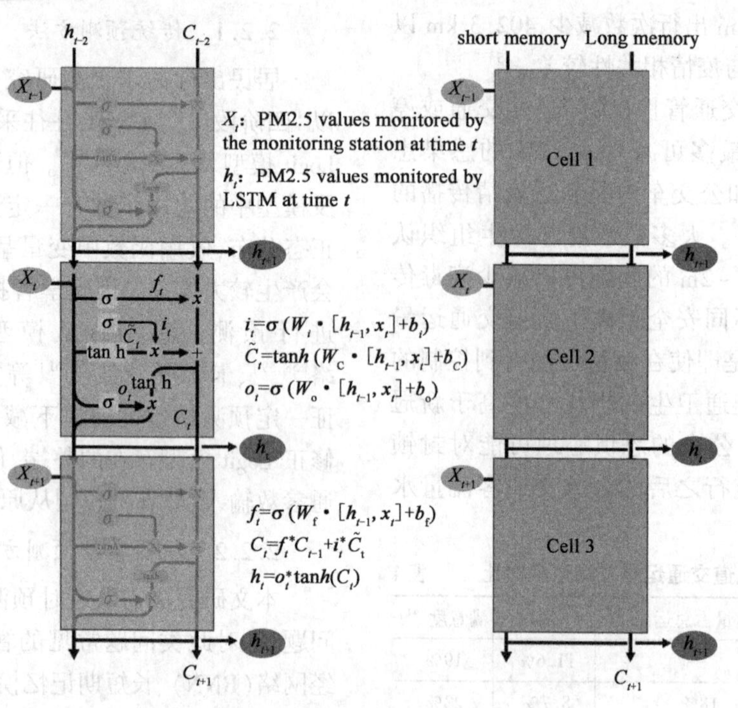

图1　LSTM 模型原理示意图

预测模型对比　　表2

分类	模型类型	优点	缺点
传统预测方法	Logit 模型(多项 Logit 模型、巢式 Logit 模型)	方法简单,研究方法成熟	样本数据间需呈正态分布
	交互式多模型算法(IMM)[77]	消除了旅客需求特征与预测模型之间的差异引起的预测误差	未能避免时间序列数据的季节波动对预测结果的影响
	ARIMA、SARIMA(seasonal ARIMA)	不需大量参数	内在解释力有限
机器学习预测方法	非集计模型(支持向量机[78][79][80][81][82]、最小二乘支持向量机[83][84])	适合小数量样本数据,可以解决高维问题,理论基础比较完善	处理大量数据较慢
	循环神经网络(RNN)	输入数据的判别和预测与相邻数据有关	存在无法解决长时依赖的问题
	长短期记忆模型(LSTM)	解决了 RNN 存在的长时依赖的问题	多点预测效果不好
	卷积神经网络(CNN)	自动进行特征提取	可能出现运算较慢的情况
组合预测	—	视组成模型不同而不同	

3　思考与展望

根据前文的回顾与总结可知,前人已经确认公共交通环境下新冠疫情的传播效率且肯定了部分防疫政策对疫情防控的作用,但是部分政策对公众出行方式的选择造成影响,直接影响了公众出行特征指标。除相关政策的影响外,疫情发生后公众出行心理发生变化,造成公众对公共交通的满意度降低,倾向性减少,私人化出行比例上升,长此以往,多年来城市推进的缓堵减排手段达成的成果将化为乌有。因此,在当前处于后疫情时代的特殊背景下,基于前人在公共交通出行需求预测方法的研究可知:基于机器学习方法的出行需求预测方法的优势在于精度高、速度快且通用性更强，得到的算法模型具有很强的迁移性可以用于不同预测场景、不同需求。综上，本文从后疫情时期公众出行需求影响因素中增加疫情相关思考的角度出发，在此前研究成果的基础上，对未来出行需求预测模型的研究方向进行讨论：

(1)增加考虑管控措施对出行方式的影响。出于减少集聚的考虑，在疫情发展的部分时期可能会出台减少公共交通频次及限制乘车人数等政策，由此影响出行方式的出行比例，对预测模型的预测精度造成影响。同时还需增加因疫情对公众出行心理带来的变化，考虑公众出行时的“避众”心理，因此后续的研究中需考虑防疫管控措施和出行心理对出行行为的影响。

(2)分阶段预测。疫情发展的不同时期，管控政策与出行心理存在较大差距，这将直接导致不同阶段的出行行为之间的差距，因此不能用一种单一的训练集对基于机器学习的出行需求预测模型进行训练。为达到更好的预测效果，后续的研究中应考虑预测模型分段建模、分段训练，以适应多种运用场景。

(3)考虑站点相关性。已有研究成果表明，多站点的 LSTM 神经网模型的预测精度优于单站点的 LSTM 模型，后续研究中建立预测模型时应考虑站点客流量之间的相关性以提高建模精度。

4 结语

新冠流行背景下的公共交通需求预测具有很重要的研究价值和很广阔的应用场景，同时也面临着很多困难与挑战。本文从疫情在公共交通中的传播风险及目前国际上采取的预防措施出发，以历年具有代表性的需求预测方法为主线，综述了公共交通需求预测模型的发展、思考以及对未来的展望，最后讨论了新冠流行背景下公共交通需求预测模型建立存在的困难，并对未来的几个主流发展趋势进行了讨论与展望。在以后的工作中需要对新冠流行背景下公共交通需求预测理论进行完善，逐步解决预测领域的挑战，提高预测的精度和适用性。通过展望预测领域未来的发展方向，有理由对新冠流行背景下公共交通需求预测模型进一步的发展充满信心。

参考文献

[1] 姜楠，李赛，曹素珍，等. 新冠肺炎疫情期间我国人群交通出行行为分析[J]. 环境科学研究，2020，33(07)：1675-1682. DOI：10.13198/jissn.1001-6929，2020.

[2] World Health Organization. Global alert and response: severe acute respiratory syndrome (SARS): multi-country outbreak [EB/OL]. Geneva: World Health Organization, 2003-04-30[2020-03-29]. http://www.who.int/csr/don/2003_04_30/en.

[3] World Health Organization. Global alert and response: Pandemic (H1N1) 2009[EB/OL]. Geneva: World Health Organization, 2010-08-06[2020-03-29]. http://www.who.int/csr/don/2010_08_06/en.

[4] Cooley P, Brown S, Cajkaj, et al. The Role of Subway Travel in an Influenza Epidemic: A New York City Simulation [J]. Journal of Urban Health, 2011, 88 (5): 982-995.

[5] 杨华，李小文，施宏，等. SARS 沿交通线“飞点”传播模型[J]. 遥感学报，2003(04)：251-255.

[6] Sun Y. The model of Ebola disease control and optimization algorithm of pharmaceutical logistics path[C]. //Bai L, Wang L, Shao L, Sun J, Tao Z, Lin S. 2015 8th International Conference on Biomedical Engineering and Informatics, Shenyang, OCT 14-16, 2015. 2015: 826-831.

[7] Mangili A, Gendreau M A. Transmission of Infectious Diseases During Commercial Air Travel [J]. The Lancet, 2005, 365 (9463): 989-996.

[8] Weiss H, H Ertzberg V, Dupont C, et al. The Airplane Cabin Microbiome [J]. Micro bial Ecology, 2019, 77 (1): 87-95.

[9] Zheng R, Xu Y, Wang W, et al. Spatial transmission of COVID-19 via public and private transportation in China[J]. Travel medicine and infectious disease, 2020, 34: 101626.

[10] Zheng R, Xu Y, Wang W, et al. Spatial transmission of COVID-19 via public and private transportation in China [J]. Travel medicine and infectious disease, 2020, 34: 101626.

[11] Shen Y, Li C, Dong H, et al. Community

outbreak investigation of SARS-CoV-2 transmission among bus riders in eastern China [J]. JAMA internal medicine, 2020, 180 (12): 1665-1671.

[12] Agha R. The socio-economic im-plications of the coronavirus and Covid-19 pandemic: a review [J]. International Jour-nal of Surgery,2020.

[13] Greenhalgh T, Schmid M B, Czypionka T, et al. Face masks for the public during the covid-19 crisis[J]. Bmj,2020,369.

[14] UITP. (2020b). Public transport authorities and COVID-19: impact and response to a pandemic. Retrieved, from https://www.lek.com/sites/default/files/PDFs/COVID19-public-transport-impacts

[15] UITP. (2020b). Public transport authorities and COVID-19: impact and response to a pandemic. Retrieved from https://www.lek.com/sites/default/files/PDFs/COVID19-public-transport-impacts

[16] Chong, C. (2020). Train ridership down by 80% since coronavirus outbreak started, says Transport Minister Khaw. Straitstimes.

[17] Parohan M, Yaghoubi S, Seraji A. Liver injury is associated with severe coronavirus disease 2019 (COVID - 19) infection: a systematic review and meta - analysis of retrospective studies [J]. Hepatology Research, 2020, 50 (8): 924-935.

[18] Gettleman, J., & Schultz, K. (2020). Modiorders 3-week total lockdown for all 1.3 billion Indians. New York Times. Retrieved from https://www.nytimes.com/2020/03/24/world/asia /india-coronavirus-lockdown.html.

[19] Rodríguez-Morales A J, MacGregor K, Kanagarajah S, et al. Going global-Travel and the 2019 novel coronavirus [J]. Travel medicine and infectious disease, 2020, 33: 101578.

[20] TfL. (2020). Check the latest travel information andfind out how we're responding to coronavirus. Retrieved from https://tfl.gov.uk/campaign/coronavirus-covid.

[21] WMATA. (2020). Customers should wear cloth face coverings on Metro. Retrieved from https://www.wmata.com/service/status/details/covid-face-covering.cfm

[22] UITP. (2020b). COVID-19 Pandemic - Resuming public transport services post-lockown. Retrieved from https://www.uitp.org/sites/default/files/cck-focus-papers-files/Knowledge_ Brief _Covid19_0.pdf

[23] UITP. (2020a). COVID-19 Pandemic - Resuming public transport services post-lockown. Retrieved from https://www.uitp.org/sites/default/files/cck-focus-papers-files/Knowledge_ Brief _Covid19_0.pdf

[24] 盛冬冬.突发公共卫生事件影响下的出行方式选择[D].北京交通大学,2021. DOI:10.269 44/d.cnki.gbfju.2021.000391.

[25] 西安市自然资源和规划局. 2020西安市城市交通发展年度报告[R].西安,2020.

[26] UITP. (2020b). Public transport authorities and COVID-19: impact and response to a pandemic. Retrieved from https://www.lek.com/sites/default/files/PDFs/COVID19-public- transport-impacts.pdf

[27] Hughes, T. Poor, essential and on the bus: Coronavirus is putting public transportation riders at risk. USA TODAY. Retrieved from https://eu.Usatoday.com/story/news/nation/2020/04/14/public-transportation-users-risk-coronavirus-spreads-across-us/2979779001/

[28] Chong, C. (2020). Train ridership down by 80% since coronavirus outbreak started, says Transport Minister Khaw. Straitstimes. Retrieved from https://www.straitstimes.com/ singapore/train-ridership-fell- 80-since-coronavirus-outbreak started-but-upside-was-good-safe.

[29] Jeffords, S. (2020). Transit ridership, revenue in steep decline during COVID-19 pandemic.

Toronto: The Canadian Press. Retrieved from https://nationalpost.com/pmn/news-pmn/canada-news-pmn/go-transit-ridership-down-90-percent-as-people-stay-home-during-pandemic

[30] Bucsky P. Modal share changes due to COVID-19: The case of Budapest[J]. Transportation Research Interdisciplinary Perspectives, 2020, 8: 100141.

[31] de Haas M, Faber R, Hamersma M. How COVID-19 and the Dutch ´intelligent lockdown´change activities, work and travel behaviour: Evidence from longitudinal data in the Netherlands[J]. Transportation Research Interdisciplinary Perspectives, 2020, 6: 100150.

[32] Chivers, C. (2020). How COVID-19 is affecting public transit use. Retrieved from https://www.cbc.ca/news/canada/coronavirus-covid19-public-transit-1.5509927

[33] Hughes, T. (2020). Poor, essential and on the bus: Coronavirus is putting public transportation riders at risk. USA TODAY. Retrieved from https://eu.usatoday.com/story/news/nation/2020/04/14/public-transportation-users-risk-coronavirus-spreads-across-us/2979779001

[34] 西安市自然资源和规划局. 2020 西安市城市交通发展年度报告[R]. 西安, 2020.

[35] 李洁. 新型冠状病毒肺炎疫情对纽约市交通出行的影响[J]. 公路工程, 20 20, 45(06): 91-98. DO I: 10.19782/j.cnki.1674-0610.2020.06.015.

[36] 姬杨蓓蓓, 莫世杰, 成枫. 公共交通管控对新冠肺炎病毒(COVID-19)疫情爆发期的影响分析[J]. 重庆交通大学学报(自然科学版), 2020, 39(08): 20-28.

[37] Jenelius E, Cebecauer M. Impacts of COVID-19 on public transport ridership in Sweden: Analysis of ticket validations, sales and passenger counts [J]. Transportation Research Interdisciplinary Perspectives, 2020, 8: 100242.

[38] Beck M J, Hensher D A. Insights into the impact of COVID-19 on household travel and activities in Australia-The early days of easing restrictions [J]. Transport policy, 2020, 99: 95-119.

[39] Krishnakumari, P., & Cats, O. (2020). Virus spreading in public transport networks: The alarming con-sequences of the business as usual scenario. Delft: TU Delft.

[40] Gkiotsalitis, K., & Cats, O. (2020). Optimal freq-uency setting of metro services in the age of COVID-19 distancing meas mres. https:/www.research-gate.net/publication/341567884_Optimal frequency_setting_of_metro_services_in_the_age_of_COVID-19_distancing_measur-es?channel = doi&linkId = 5ec791ef928 51c11a87dbc98&show Fulltext = true

[41] Gkiotsalitis, K., & Cats,. Optimal frequency setting of metro services in the age of COVID-19 distancing measures. (2020) https://www.research-gate.net/publication/341567884 _ Optimal _ frequency _ setting _ of _ metro _ services_in_the_age_of_COVID-19_distancing_mea- sures? channel = doi&link Id = 5ec791ef928 51c11a87dbc98&showFulltext = true.

[42] 胡三根, 王润鸿, 王小霞, 等. 新冠肺炎疫情不同阶段居民出行方式选择行为建模分析[J]. 广东工业大学学报, 2021, 38(01): 32-38.

[43] 姜楠, 李赛, 曹素珍. 新冠肺炎疫情期间我国人群交通出行行为分析[J]. 环境科学研究, 2020, 33(07): 1675-1682.

[44] Jiao J F, Bhat M, Azimian A. Measuring travel behavior in Houston, Texas with mobility data during the 2020 COVID-19 outbreak [J]. Transportation Letters, 2020, 13(05): 461-472.

[45] Qiu J, Shen B, Zhao M, et al. A nationwide survey of psychological distress among Chinese people in the COVID-19 epidemic: implications and policy recommendations[J]. General psychiatry, 2020, 33(2).

[46] Gkiotsalitis K, Eikenbroek O A L, Cats O. Robust network-wide bus scheduling with transfer

synchronizations [J]. IEEE transactions on intelligent transportation systems,2019,21(11):4582-4592.

[47] 杜影.基于感知成本的低收入人群通勤交通方式选择研究[D].南京:东南大学,2015. 13-22.

Du Ying. Research on Low-income People´s Choice of Commuting Mode Based on Perceived Cost [D]. Nanjing: Southeast University,2015. 13-22.

[48] Pinjari, A. R, Pendyala, R. M. Bhat, C. R. Waddell,EA. Modeling the choice continuum: an integrated model of residential location,auto ownership, bicycle ownership, and commute tour mode choice[J]. Transportation,201 1, 38(6):933-958.

[49] Wen,C. H. Wang,w. C. Fu,C. Latent class nested logit model for analyzing high-speed rail access mode choice[J]. Transportation Research Part E:Logistics and Transportation Review,2012,48(2):5 45-554.

[50] Habib,K. M. Swait, J. Salem, S. Using repeated cross-sectional travel surveys to enhance forecasting robustness: accounting for changing mode preferences [J]. Transportation Research Part A: Policy and Practice,2014,67:1 10-126.

[51] Habib,K. Mahmound,M. Coleman,J. Effects of parking charges at transit stations on park-and-ride mode choice: lessons learned from stated preference survey in Greater Vancouver Canada [J]. Transportation Research Record: Journal of the Transportation Research Board, 2013,2351:163- 170.

[52] Dissanayake D, Morikawa T. Investigating household vehicle ownership, mode choice and trip sharing decisions using a combined revealed preference/stated preference Nested Logit model: case study in Bangkok Metropolitan Region[J]. Journal of Transport Geography, 2010, 18(3): 402-410.

[53] Lu,X. S. ,Liu,T. L. ,Huang,H. J. Pricing and mode choice based on nested logit model trip cha in costs[J]. Transport Policy,2015,44:76-88.

[54] Flugel,. ,Halse,A. H,Ortuzar,J. D. ,Rizzi,L. I. Methodological challenges in modeling the choice of mode for a new travel alternative using binary stated choice data: the case of high-speed rail in Norway[J]. Transportation Research Part A: Policy and Practice, 2015, 78:438-451.

[55] Hess,. ,Ryley,T,Davison L,Adler,T. Improving the quality of demand forecasts through cross nested logit: a stated choice case study of airport,airline and access mode choice [J]. Transpormetrica A: Transport Science, 2013, 9(4):358-384.

[56] Sun D,Kondyli A. Modeling vehicle interactions during lane-changing behavior on arterial streets [J]. Computer-Aided Civil and Infrastructure Engineering,2010,25(8): 557-571.

[57] Karlaftis M G,Vlahogianni E I. Statistical methods versus neural networks in transportation research: Differences, similarities and some insights [J]. Transportation Research Part C: Emerging Technologies,2011,19(3): 387-399.

[58] Tsai T H,Lee CK,Wei C H . Neural Network Based Temporal Feature Models For Short-term Railway Passenger Demand Forecasting[J]. Expert systems with applications,2009,36(2p2) :3728-3736.

[59] Smith B L ,Demetsky M J . Short-term traffic flow prediction: neural network approach[J]. Transportation Research Record Journal of the Transportation Research Board, 1994, 1453(1453):98-104.

[60] 杨高飞,徐睿,秦鸣,等.基于ARMA和卡尔曼滤波的短时交通预测[J].郑州大学学报:工学版,2017(38):40.

[61] 王均,关伟.基于Kalman滤波的城市环路交通流短时预测研究[J].交通信息与安全,2006,24 (5):16-19.

[62] Ran X, Shan Z, Shi Y, et al. Short-Term Travel Time Prediction: A Spatiotemporal Deep Learning Approach[J] International Journal of Information Technology & Decision Making, 2019, 18(04): 1087-1111.

[63] 张威威,李瑞敏,谢中教. 基于深度学习的城市道路旅行时间预测[J]. 系统仿真学报, 201 7, 029(010): 2309-2315, 2322.

[64] Zhao Zheng, CHEN Wei-hai, WU Xingming, et al. LSTM network: a deep learning approach for short term traffic forecast[J]. IET Intelligent Transport Systems, 2017, 11(2): 68-75.

[65] Ma Xiaorlei, TAO Khi-min, WANG Yin-hai, et al. Long-short- term memory neural network for traffic speed prediction using remote microwave sensor data. [J]. Transportation Research Part C: Emerging Technologies, 2015, 54: 187-197.

[66] Ma X, Tao Z, Wang Y, et al. Long short-term memory neural network for traffic speed prediction using remote microwave sensor data [J]. Transportation Research Part C Emerging Technologies, 2015, 54: 187-197.

[67] Tian Y, Pan L. Predicting Short-Term Traffic Flow by Long Short-Term Memory Recurrent Neural Network[C]//IEEE International Conference on Smart City/socialcom/sustaincom. IEEE, 2016.

[68] Fu R, Zhang Z, Li L. Using LSTM and GRU neural network methods for traffic flow prediction[C]//2016 31st Youth Academic Annual Conference of Chinese Association of Automation (YAC). IEEE, 2016.

[69] Wu Y, Tan H. Short-term traffic flow forecasting with spatial-temporal correlation in a hybrid deep learning framework[J]. 2016.

[70] 李高盛,彭玲,李祥,等. 基于 LSTM 的城市公交车站短时客流量预测研究[J]公路交通科技, 2019 (02): 128-135.

[71] Angel Ibeas, Dell' Olio L, Alonso B, et al. Optimizing bus stop spacing in urban areas [J]. Transportation Research Part E, 2016, 46 (3): 446-458.

[72] S. C. Wirasinghe, S. Ghoneim. Spacing of Bus-Stops for Many to Many Travel Demand [J]. Transportation Science, 1981, 15 (3): 210-221.

[73] Zhao J, Deng F, Cai Y, et al. Long short-term memory-Fully connected (LSTM-FC) neural network for PM2. 5 concentration prediction [J]. Chemosphere, 2019, 220: 486-492.

[74] Wen C, Liu S, Yao X, et al. A novel spatiotemporal convolutional long short-term neural network for air pollution prediction[J]. Science of the total environment, 2019, 654: 1091-1099.

[75] Lee S, Lee D. Improved prediction of harmful algal blooms in four Major South Korea' s Rivers using deep learning models [J]. International journal of environmental research and public health, 2018, 15(7): 1322

[76] Xie P, Li T, Liu J, et al. Urban flow prediction from spatiotemporal data using machine learning: A survey [J]. Information Fusion, 2020, 59: 1-12.

[77] Xue R, Sun D J, Chen S. Short-term bus passenger demand prediction based on time series model and interactive multiple model approach [J]. Discrete Dynamics in Nature and Society, 2015, 2015.

[78] Zhang Y, Liu Y. Traffic forecasting using least squares support vector machines [J]. Trans - port metrical, 2009, 5(3): 193-213.

[79] 汪政,邵良杉. 多类支持向量机分类算法-DDAG[J]. 计算机 系统应用, 2010, 19(07): 87-90.

[80] 牛靠,顾宏斌,孙瑾,等. 有向无环图-双支持向量机的多类分类方法[J]. 计算机应用与软件, 2015, 32(11): 167-170 + 184.

[81] 李荣雨,程磊. 基于 SVM 最优决策面的决策树构造电子测量与仪器学报, 2016, 30(3): 342 -351.

[82] 单玉刚,王宏,董爽.改进的一对一支持向量机多分类算法[J].计算机工程与设计,2012,33(05):1837-1841.

[83] 邓琼华,何继宏.基于LS.LSVM的居民出行方式选择预测模型及影响因素研究[J].武汉理工大学学报(交通科学与工程版),2015(4):892-896.

[84] 曹雄赳,贾洪飞,伍速锋,等.基于DAG-SVM的居民出行方式选择模型.交通信息与安全,2016,34(5):108-114.

基于贝叶斯法估计OD矩阵的层次最优化问题

程 琳*[1] 李 岩[1] 张蔓苑[2] 张晨皓[1] 赵汗青[1]

(1.东南大学交通学院;2.成都设计咨询集团全过程设计总控中心)

摘 要 为提高OD矩阵估计在中大型网络中的效率,本文假定OD需求服从伽马分布。根据历史OD矩阵和路段流量的样本信息,将传统OD矩阵估计问题转化为贝叶斯框架下的层次最优化问题。模型包含具有明确层次关系的三层数学规划模型:下层——UE-最小方差分配模型;中层——最小二乘法;上层——贝叶斯后验众数估计。设计了多层迭代算法进行模型求解,对中型Sioux-Falls路网进行算例研究。实验结果表明,本文所构建模型在OD需求估计和路段流量估计上均具有较好的预测效果和精度,且优于经典的双层规划模型。

关键词 交通运输规划与管理 层次最优化 贝叶斯法 OD矩阵估计 伽马分布

0 引言

交通OD矩阵(Origin-Destination Matrix)是对交通出行空间分布特征的描述,考虑现实中的规划和决策问题复杂性的提升,Bracken等[1,2]提出层次最优化问题的概念,在拥堵的交通网络中,OD量与路段流关系不一定能用线性表示。Yang等[3]首次提出OD估计的双层规划模型。双层规划问题的求解都十分复杂[4]:这个最优化和它的局部最优解都是NP-hard问题[6],也是非凸的[5],因此算法求得的解可能落入局部最优而非全局最优。实际交通网络连通性很强,OD对数远大于路段数量,为了得到唯一解,通常会使用一个参考(历史)OD矩阵,通过构建数学规划模型,在约束条件下最优化一定目标函数,如:①最小二乘法、广义最小二乘法,Cascetta最先提出估计OD矩阵的最小二乘模型[6];②最大熵法、最小信息法。Willumsen[7]、Van Zuylen等[8]首次将最大熵和最小信息法应用于OD估计问题,Wu等[9]、陈森发等[10]在动态OD矩阵估计中拓展了基于最大熵的方法;③基于马尔科夫链的方法,将路段流量、交叉口转向数据等多源数据联系起来,推导出最终OD矩阵估计值[11]。

通常基于最优化模型的方法只输出单点信息,无法获知估计变量的随机信息。统计学方法提供了流量估计的变化信息,如:①经典统计方法,Spiess等[12,13]首先提出OD估计的最大似然模型;②贝叶斯法、贝叶斯网络法,根据样本信息和先验分布推导出后验分布,给出估计值和相应的置信区间[14]。

综上,OD需求估计现存一些不足:①最小二乘法、最大熵法往往不能给出方差、置信区间等体现其变化性质的信息;②双层规划模型为获取OD-路段关联比例,需在交通分配步骤枚举路径,在中大型网络中效率低精度差;③贝叶斯法估计OD矩阵后验分布形式求解困难。本研究根据历史OD矩阵和路段流量的样本信息,创新性地加入交通网络均衡模型、最大似然估计等模型,充分利用观测路段信息和历史信息,将传统OD矩阵估计问题转化为贝叶斯框架下的层次最优化问题。建立无须路径列举的具有唯一全局最优解的用户均

1.基金项目:国家自然科学基金项目号52172318、52131203。

衡网络分配方法，提高 OD 需求估计模型的精度和预测效果。

论文其余部分结构如下：第一节在贝叶斯框架下分别构建三个最优化模型；第二节给出嵌套后的基于贝叶斯法估计 OD 矩阵的层次最优化问题及算法；第三节应用 Sioux-Falls 路网实例以说明模型效果及优缺点；第四节是总结与展望。

1 三个最优化模型的构建

1.1 伽马分布的贝叶斯参数估计

1.1.1 伽马分布的共轭先验及超参数更新

贝叶斯统计推断（Bayesian inference）利用样本更新对待估变量的历史认知，从而得到估计值。本文假设在 OD 对 ks 间选择路径 r 的随机用户数即路径流量 f_r^{ks}，服从伽马分布 $f_r^{ks}G(\theta_r^{ks},\lambda_{ks})$。

（1）对 OD 需求 $q_{ks}G(\theta_{ks},\lambda_{ks})$ 的参数 θ_{ks} 和 λ_{ks} 进行贝叶斯估计，其中，θ 为形状参数，λ 为率参数；$\theta_{ks}=\sum_r\theta_r^{ks}$ $\Gamma(\theta)$ 为伽马函数，$\Gamma(\theta)=\int_0^{+\infty}x^{\theta-1}e^x\mathrm{d}x$。概率密度函数为：

$$f(x\mid\theta,\lambda)=\frac{\lambda^{\theta}x^{\theta-1}e^{-\lambda x}}{\Gamma(\theta)}=\frac{1}{x}e^{\theta\ln x-\lambda x-[\ln\Gamma(\theta)-\theta\ln\lambda]}$$

$$x>0\quad \theta,\lambda>0$$

（2）在样本量为 n 的样本 $\{X=x_1,x_2,\cdots,x_n\}$ 下，似然函数为：

$$f(X\mid\theta,\lambda)=\prod_{i=1}^{n}f(x_i\mid\theta,\lambda)=\frac{1}{\prod_{i=1}^{n}x_i}e^{\theta\sum_{i=1}^{n}\ln x_i-\lambda\sum_{i=1}^{n}x_i-n[\ln\Gamma(\theta)-\theta\ln\lambda]}$$

（3）在统计学中，属于指数型分布族的伽马分布存在共轭先验为：

$$f(\theta,\lambda\mid\eta)=f(\eta)e^{\theta\eta_1-\lambda\eta_2-\eta_3[\ln\Gamma(\theta)-\theta\ln\lambda]}\propto e^{\theta\eta_1-\lambda\eta_2-\eta_3[\ln\Gamma(\theta)-\theta\ln\lambda]}$$

$\eta=\{\eta_1,\eta_2,\eta_3\}$ 为参数 θ 和 λ 分布的先验超参数，可由先验 OD 量表示，$f(\eta)$ 为归一化常数。

（4）根据贝叶斯定理，参数 θ 和 λ 的后验分布概率密度函数为：

$$f(\theta,\lambda\mid X,\eta)\propto f(X\mid\theta,\lambda)f(\theta,\lambda\mid\eta)$$

$$\propto e^{\theta(\eta_1+\sum_{i=1}^{n}\ln x_i)-\lambda(\eta_2+\sum_{i=1}^{n}x_i)-[\eta_3+n][\ln\Gamma(\theta)-\theta\ln\lambda]}$$

$$\propto e^{\hat{\eta}_1\theta-\hat{\eta}_2\lambda-\hat{\eta}_3[\ln\Gamma(\theta)-\theta\ln\lambda]}$$

后验分布与先验分布同属于一个分布族，后验超参数 $\hat{\eta}=\{\hat{\eta}_1,\hat{\eta}_2,\hat{\eta}_3\}$ 更新规则为：

$$\hat{\eta}_1=\eta_1+\sum_{i=1}^{n}\ln x_i=\sum_{i=1}^{m}\ln x_i^0+\sum_{i=1}^{n}\ln x_i$$

$$\hat{\eta}_2=\eta_2+\sum_{i=1}^{n}\ln x_i=\sum_{i=1}^{m}\ln x_i^0+\sum_{i=1}^{n}\ln x_i$$

$$\hat{\eta}_3=\eta_3+n=m+n$$

式中：m——先验信息的大小；

n——样本大小，即路段流量；

x_i^0——先验 OD 量；

x_i——与样本对应的 OD 需求。

1.1.2 后验分布参数估计

为避免计算后验数学期望的复杂积分，考虑贝叶斯推断中常见的后验众数作为点估计[14,15]，即概率密度最大原则，求解后验分布函数值最大时参数 θ 的 λ 值作为其点估计。考虑指数函数在定义域内是单调的，故后验分布可简化为：

$$\max_{\theta,\lambda}[\hat{\eta}_1\theta-\hat{\eta}_2\lambda-\hat{\eta}_3(\Gamma(\theta)-\theta\ln\lambda)]$$

得到参数 θ_{ks} 和 λ_{ks} 点估计后，即可根据伽马分布性质得到 OD 估计（数学期望）$E(x_{ks})=\dfrac{\theta_{ks}}{\lambda_{ks}}$ 及 OD 需求的方差 $D(x_{ks})=\dfrac{\theta_{ks}}{\lambda_{ks}^2}$。

1.2 无须路径列举的用户均衡模型

1956 年，Beckmann 等[16]首次提出一种满足 Wardrop 第一原则的最优化模型。本文更多信息来说明路段流是如何分解于各 OD 对上的，即路段层流 v_{ijks} OD 对 ks 间经过路段 l_{ij} 的流量）。典型的基于路段层流的用户均衡 UE 模型式可得路段流量 w_{ij} 的唯一解，但路段层流 v_{ijks} 解是不唯一的。考虑在目标函数中加入最小方差原则[17]，形成 UE-最小方差模型，其对应的数学规划为：

$$\min Z(v)=\sum_{l_{ij}}\int_0^{\sum_{ks}v_{ijks}}t_{ij}(v)\mathrm{d}v+\lambda\frac{\sum_{l_{ij}}\sum_{ks}(v_{ijks}-\mu)^2}{m}\tag{1}$$

$$q_{ks}(\delta_{ik}-\delta_{is})=\sum_{l_{ij}}v_{ijks}-\sum_{l_{ij}}v_{jiks}\tag{2}$$

s. t. $\quad\forall i,\forall k\neq s$

$$\mu=\frac{1}{m}\sum_{l_{ij}}\sum_{ks}v_{ijks}\quad\forall k,s\quad k\neq s\tag{3}$$

$$v_{ijks}=q_{ks}\beta_{ijks}\tag{4}$$

$$v_{ijks}\geqslant 0\quad\forall i,j,k,s\tag{5}$$

模型假设路段费用只取决于路段流量，目标

函数为 UE 模型的目标函数和路段层流 v_{ijks} 的方差;$\lambda>0$ 为权重因子,表示两个目标的层次关系。约束条件式(2)为交通网络中所有结点的流量守恒条件,其中 δ_{ik} 为狄拉克 δ 函数,当 $i=k$ 时,$\delta_{ik}=1$,否则 $\delta_{ik}=0$。μ 是路段层流 v_{ijks} 的均值;m 是路段层流 v_{ijks} 的个数。式(4)通过 OD-路段关联比例 β_{ijks}(即 OD 量 q_{ks} 中经过路段 l_{ij} 的比例)计算路段层流 v_{ijks}。易知目标函数是严格凸函数,约束集为凸集,该最优化模型是凸规划,具有唯一全局最优解。

1.3　最小二乘法

使用最小二乘法,先将观测路段流量 $\{\overline{w_{ij}}|l_{ij}\}$ 转化为对应的辅助 OD 量,再使用贝叶法计算后验分布。

$$\min Z(d,w)=\sum_{ks}\left(\frac{d_{ks}-q_{ks}^0}{q_{ks}^0}\right)^2+\rho\sum_{l_{ij}}\left(\frac{w_{ij}-\overline{w_{ij}}}{\overline{w_{ij}}}\right)^2$$

$$\text{s.t.}\quad w_{ij}=\sum_{ks}\beta_{ijks}d_{ks}$$

$$d_{ks}\geqslant 0\quad\forall k,s$$

决策变量为样本对应的辅助 OD 量 d_{ks}、交通网络中所有路段的估计路段流量 w_{ij}。约束条件为 OD 量与路段流量的关系,体现交通分配的结果,OD-路段关联比例 β_{ijks} 可由 1.2 节模型给出。目标函数为估计的辅助 OD 量与先验 OD 量之间误差的平方和、估计路段流量与观测路段流量之间误差的平方和。权重因子 $\rho\geqslant 0$ 表示两个目标的层次关系。

将部分路段观测流量转化为 OD 量 d_{ks} 后,后验超参数更新可改写为:

$$\hat{\eta}_{ks_1}=\eta_{ks_1}+n\ln d_{ks}$$

$$\hat{\eta}_{ks_2}=\eta_{ks_2}+nd_{ks}$$

$$\hat{\eta}_{ks_3}=\eta_{ks_3}+n$$

2　基于贝叶斯法估计 OD 矩阵的层次最优化问题及算法

2.1　基于贝叶斯法估计 OD 矩阵的层次最优化问题

根据以上研究,本文构建基于贝叶斯法 OD 需求估计模型如下,包含三个最优化问题:

(1)式(6)~式(9)为 UE-最小方差分配模型,为下层最优化问题。将先验 OD 量分配到交通网络中,对权重因子 λ 赋一个极小的正值可以保证分配达到 UE 状态,且避免了复杂的路径列举即得路段层流 v_{ijks} 的唯一最优解。

(2)式(10)~式(12)为最小二乘法,为中层最优化问题。其约束条件式(11)为下层 UE-最小方差分配模型的结果,在交通分配矩阵约束下将路段观测流量样本转换为辅助 OD 量;

(3)式(19)为贝叶斯后验众数估计,为上层最优化问题。通过贝叶斯定理可得到 OD 分布的参数的后验概率密度函数。$\frac{m}{n}$ 体现了历史数据与观测数据所提供信息的权重。

$$v=\operatorname{argmin}\left[\sum_{l_{ij}}\int_0^{\sum_{ks}v_{ijks}}t_{ij}(v)\mathrm{d}v+\lambda\frac{\sum_{l_{ij}}\sum_{ks}(v_{ijks}-\mu)^2}{m}\right]\tag{6}$$

$$q_{ks}^0(\delta_{ik}-\delta_{is})=\sum_{l_{ij}}v_{ijks}-\sum_{l_{ij}}v_{jiks}\quad\forall i,\forall k\neq s\tag{7}$$

$$\mu=\frac{1}{m}\sum_{l_{ij}}\sum_{ks}v_{ijks}\quad\forall k,s\quad k\neq s\tag{8}$$

$$v_{ijks}\geqslant 0\quad\forall i,j,k,s\tag{9}$$

$$(d,w)=\operatorname{argmin}\left[\sum_{ks}\left(\frac{d_{ks}-q_{ks}^0}{q_{ks}^0}\right)^2+\rho\sum_{l_{ij}}\left(\frac{w_{ij}-\overline{w_{ij}}}{\overline{w_{ij}}}\right)^2\right]\tag{10}$$

$$w_{ij}=\sum_{ks}\beta_{ijks}d_{ks}=\sum_{ks}\frac{v_{ijks}}{q_{ks}^0}d_{ks}\tag{11}$$

$$d_{ks}\geqslant 0\quad\forall k,s\tag{12}$$

$$\eta_{ks_1}=m\ln q_{ks}^0\tag{13}$$

$$\eta_{ks_2}=mq_{ks}^0\tag{14}$$

$$\eta_{ks_3}=m\tag{15}$$

$$\hat{\eta}_{ks_1}=\eta_{ks_1}+n\ln d_{ks}\tag{16}$$

$$\hat{\eta}_{ks_2}=\eta_{ks_2}+nd_{ks}\tag{17}$$

$$\hat{\eta}_{ks_3}=\eta_{ks_3}+n\tag{18}$$

$$(\theta,\lambda)=\operatorname{argmax}[\hat{\eta}_{ks_1}\theta_{ks}-\hat{\eta}_{ks_2}\lambda_{ks}-\hat{\eta}_{ks_3}(\Gamma(\theta_{ks})-\theta_{ks}\ln\lambda_{ks})]\tag{19}$$

$$E(q_{ks})=\frac{\theta_{ks}}{\lambda_{ks}}\tag{20}$$

$$D(q_{ks})=\frac{\theta_{ks}}{\lambda_{ks}^2}\tag{21}$$

2.2　求解层次最优化模型的算法

运用迭代算法框架求解上述最优化问题,流程见图 1。

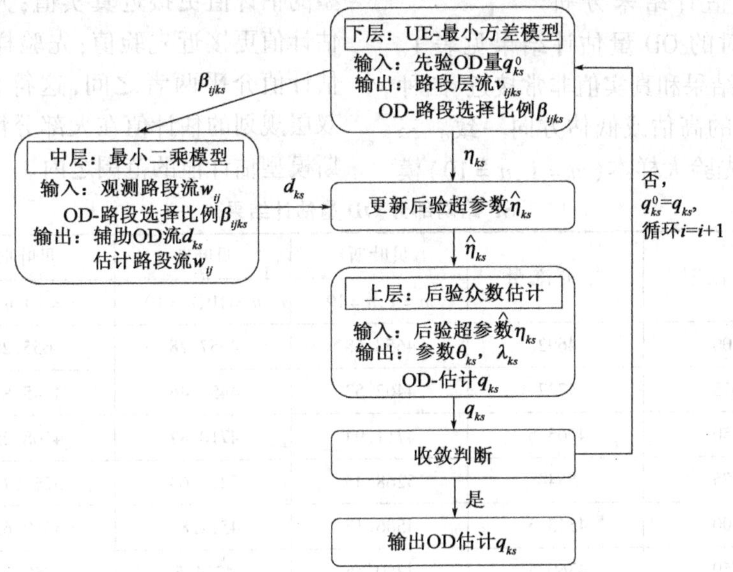

图 1　基于贝叶斯法估计 OD 矩阵层次最优化问题流程图

3　Sioux-Falls 路网算例分析

选用中型 Sioux-Falls 路网，在 GAMS23.8.2 平台软件中进行建模和迭代求解。根据先验信息和样本信息的信息量权重，设置三种基于贝叶斯法的模型：①小先验大样本（$m=1, n=10$）模型②先验样本权重相等（$m=10, n=10$）模型③大先验小样本（$m=10, n=1$）模型，还有④经典双层规划模型。求解器为 CONOPT，非线性优化（NLP），在配置为 Intel(R) Core(TM) i7 CPU 3.40GHz，8GB 内存的笔记本电脑上测试。

本算例选择其中 8 个结点作为路网中的发生点和吸引点，考虑 56 个非零 OD 对。网络拓扑结构如图 2 所示，虚线段路段为观测路段。采用随机抽样方法抽选 15 条为观测路段。

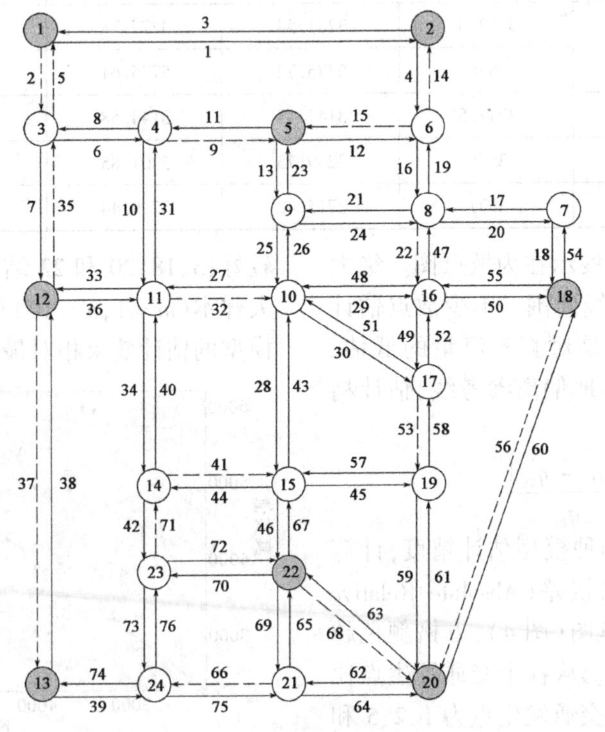

图 2　SF 路网拓扑构

3.1 OD需求估计结果分析

节选20个OD对的OD量估计结果见表1。大多数OD量的估计结果和真实值非常接近,四种模型对同一个OD量的高估或低估方向一致。三种贝叶斯模型中:小先验大样本($m=1,n=10$)模型的估计值更接近真实值;大先验小样本模型的估计值更接近先验值;先验样本相同权重模型的估计值介乎两者之间,这符合本文的模型设定。双层规划的估计值在大部分情况下处于三种贝叶斯模型估计值的范围之内。

SF路网部分OD量估计结果 表1

ODX	先验流量	真实流量	贝叶斯 $m=1,n=10$	贝叶斯 $m=10,n=10$	贝叶斯 $m=10,n=1$	双层规划
1-2	4500	4692	4658.68	4657.28	4655.28	4654.68
1-13	3675	4737	4462.53	4458.46	4445.81	4459.98
1-18	3750	4705.5	4711.94	4710.87	4708.25	4710.94
1-20	4275	5544	5268.45	5229.64	5264.77	5266.45
2-1	4500	4543.5	4506.12	4514.82	4512.65	4505.59
2-13	3750	4360.5	4280.15	4274.5	4269.14	4277.68
2-18	3825	4789.5	4843.86	4802.52	4799.92	4840.66
2-20	3075	3571.5	3516.22	3518.07	3518.92	3517.19
13-1	3675	3855	3943.95	3928.47	3922.81	3926.71
13-2	3750	3961.5	3750.57	3751.7	3758.78	3750.3
13-18	4650	4671	4712.91	4703.28	4691.75	4650.91
13-20	3075	3243	3351.52	3307.4	3281.54	3135.93
18-1	3750	4108.5	4027.08	4027.59	4028.06	4053.27
18-2	3825	4659	4668.78	4652.81	4640.02	4633.78
18-13	4725	5470.5	5129.08	5131.55	5133.41	5189.54
18-20	3225	3763.5	3281.54	3277.78	3275.08	3227.45
20-1	5775	5886	5775.72	5775.61	5775.38	5775.34
20-2	3075	3247.5	3147.43	3144.58	3142.58	3187.43
20-13	3075	3558	3299.75	3301.85	3310.27	3296.18
20-18	3225	3837	3715.42	3710.44	3708.41	3795.42

图3将OD估计结果展示在为散点图。绝大多数点都围绕在45°参考线周围。不少散点估计值分布在参考线的上方,是对真实流量的低估。代表双层模型的散点更多地偏离参考线,估计精度略逊于其他模型。

$$\mathrm{ARE}_{ks} = \frac{|q_{ks} - q_{ks}^{'}|}{q_{ks}^{'}}$$

为了更具体地表现四种模型估计精度,计算每一个OD对的绝对相对误差(Absolute Relative Error,ARE)并展示为棋盘图(图4),方格颜色越接近红色,说明ARE越大。从各个交通发生点比较各种估计方法的精度。交通发生点为1、2、5和12结点的OD对ARE呈现亮黄色,整体估计效果较好;3、18、20和22结点估计效果稍次。小先验大样本($m=1,n=10$)模型和先验样本相同权重模型的估计效果相对最好。

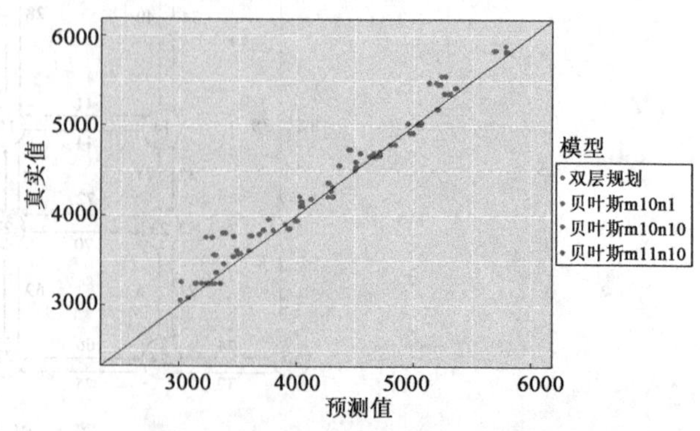

图3 SF路网OD真实值与估计值散点图

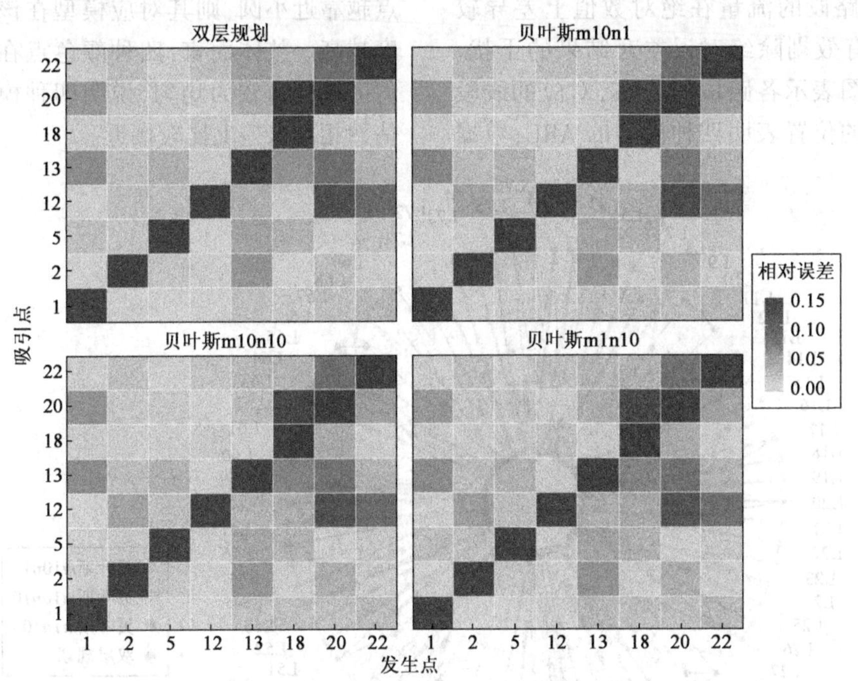

图4 SF路网OD需求估计精度比较

3.2 路段流量估计结果分析

表2展示了15条观测路段的先验流量、真实流量、观测流量以及四种模型的估计路段流量。考虑存在观测误差,SF路网中观测流量为泊松分布输入。绝大多数路段流的估计结果和真实值较接近,与先验流量距离较远。四种模型对同一路段流的高估或者低估方向一致。整体而言,四个模型的效果与OD需求估计结果分析具有一致性。

SF路网部分路段流量估计结果 表2

路段	历史流量	真实流量	观测流量	贝叶斯 $m=1$ $n=10$	贝叶斯 $m=10$ $n=10$	贝叶斯 $m=10$ $n=1$	双层规划
2	24525	28842	28571	28129.5	28147.45	28163.01	28127.39
5	26166.86	30218.49	30021	29732.85	29689.69	29669.82	29745.07
9	12675	15721.5	15680	15423.6	15458.13	15484.21	15399.17
14	21983.14	22944.51	22902	22862.5	22845.77	22834.56	22839.72
15	7950	8709	8664	8671.68	8660.41	8641.56	8669.31
22	10361.24	11039.44	10967	10984.4	10963.04	10979.29	10962.33
32	5299.09	5993.25	6013	6255.71	6210.12	6162.72	5977.09
35	24525	28071.1	27755	27960.25	27910.04	27877.83	27516.78
37	13431.64	15506.01	15334	15102.23	15100.99	15093.03	15126.29
41	3075	3087	3053	3075.98	3075.25	3075.64	3078.27
53	13911.68	16559.03	16322	15916.99	15903.64	15922.14	15952.23
56	12124.56	13732.91	13509	13279.59	13271.49	13272.78	13248.33
66	11366.71	11947.75	11766	11677.43	11679.28	11684.14	11731.77
68	7500	8784	8709	8666.88	8651.36	8636.45	8654.19
71	7341.77	8312.92	8238	8155.85	8144.49	8133.91	8108.41

由于每条路段的流量在绝对数值上差异较大,ARE 可以有效剔除绝对误差对结果的干扰。图 5 使用雷达图表示各路段的 ARE,对应的线段上不同数据点的位置表明四种模型的 ARE,数据点越靠近小圆,则其对应模型在该路段的估计精度越高。整体而言,四种颜色点在大圆小圆之间的区域分布较为均匀,说明四种模型在路段流的估计相对误差上比较接近。

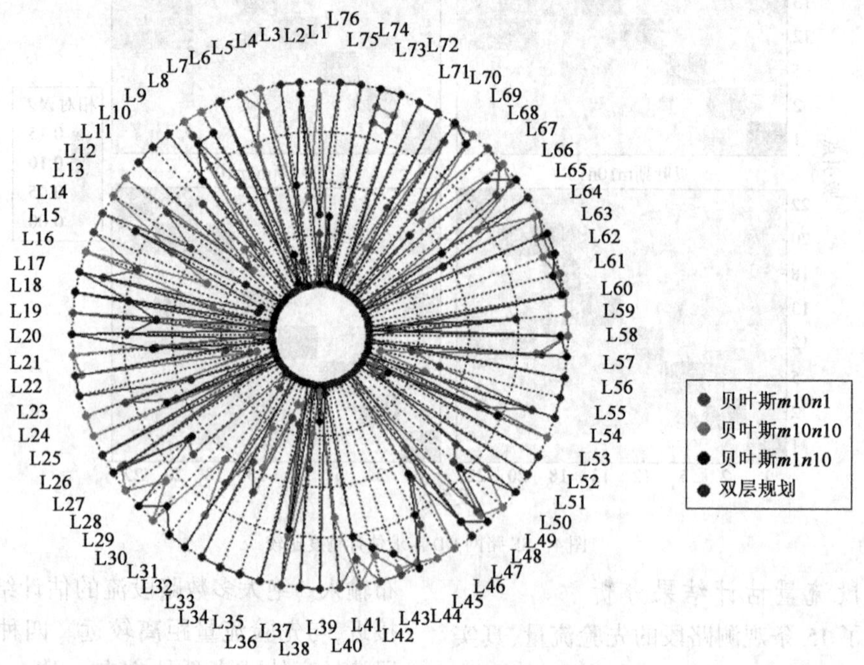

图 5 SF 路网路段流量估计结果

3.3 模型估计精度分析

使用的统计量为相对均方根误差(relative RMSE,rRMSE),比较 61 条非观测路段和 56 个 OD 对,结果见表 3。从 OD 需求估计来看,四种模型的估计精度非常接近,三种贝叶斯模型略优于双层规划模型。从非观测路段的估计精度来看,双层规划模型略优于贝叶斯模型。其中大先验小样本($m=10,n=1$)的模型有着最低的 rRMSE。总体而言,在中型 SF 网络中贝叶斯模型具有优秀的估计精度;在对 OD 矩阵的估计上,其估计效果优于双层规划模型。

SF 路网模型效果比较 表 3

模型	非观测路段 rRMSE(%)	OD 量 rRMSE(%)
贝叶斯 $m=1,n=10$	4.01	3.56
贝叶斯 $m=10,n=10$	4.03	3.57
贝叶斯 $m=10,n=1$	4.00	3.51
双层规划	3.80	3.59

$$r\mathrm{RMSE}_{\mathrm{linkSF}} = \frac{\mathrm{RMSE}_{\mathrm{linkSF}}}{\frac{\sum_{l_{ij}} (w'_{ij})^2}{61}} \times 100\%$$

$$r\mathrm{RMSE}_{\mathrm{ODSF}} = \frac{\mathrm{RMSE}_{\mathrm{ODSF}}}{\frac{\sum_{ks} (q'_{ks})^2}{56}} \times 100\%$$

4 结语

本文构建了由三个最优化问题嵌套而成的层次最优化问题,主要成果总结如下:

(1)提出 OD 需求服从双参数的伽马分布,构建具有三个超参数的分布描述伽马分布参数的分布,简化贝叶斯定理后验分布的求解。

(2)提出无须路径列举的用户均衡模型,在网络流模型中考虑路段层流作为决策变量,避免复杂网络中的路径列举即可获得 OD-路段关联比例。

(3)构建基于贝叶斯法估计 OD 矩阵的层次最优化模型,充分考虑历史先验信息,彼此嵌套三个最优化问题,设计效率型的迭代算法。

在今后的研究中仍需继续探讨:对参数的先验分布进行主观假定,存在较大人为干预,可深化敏感度分析,降低主观因素对估计结果的影响;随着检测技术革新,考虑基于路段流量、路径流量、转向流量等多类型数据的贝叶斯 OD 估计模型。

参考文献

[1] Bracken J, Falk J E, Mcgill J T. Mathematical programs with optimization problems in the constraints[J]. Operations Research,1973,21:37-44.

[2] Bracken J,Falk J E,Mcgill J T. The Equivalence of Two Mathematical Programs with Optimization Problems in the Constraints [J]. Operations Research,1974,22(5):1102-1104.

[3] Yang H, Sasaki T, Iida Y, et al. Estimation of origin-destination matrices from link traffic counts on congested networks[J]. Transportation Research Part B Methodological,1992,26(6):417-434.

[4] Sinha A, Malo P, Deb K. A Review on Bilevel Optimization: From Classical to Evolutionary Approaches and Applications[J]. IEEE Transactions on Evolutionary Computation,2017,PP(99):1-1.

[5] Vicente L, Savard G, Judice J. Descent approaches for quadratic bilevel programming [J]. Journal of Optimization Theory and Applications,1994,81(2): 379-399.

[6] Cascetta, E. Estimation of trip matrices from traffic counts and survey data: a generalized least squares estimation [J]. Transportation research part B: methodological, 1984, 18 (4-5): 289-299.

[7] Willumsen L G. Estimation of OD matrix from traffic counts- A review[D]. Institute of Transportation Studies,University of Leeds,1978.

[8] Van Zuylen H J,Willumsen L G. Network tomography: the most likely trip matrix estimated from traffic-counts [J]. Transportation research part B: methodological,1980,14(3): 291-293.

[9] Wu J. A real-time origin-destination matrix updating algorithm for on-line applications[J]. Transportation Research Part B Methodological,1997,31(5):381-396.

[10] 陈森发,周振国,于栋华. 一种动态 OD 矩阵估计算法的理论及应用[J]. 东南大学学报(自然科学版),2003,33(1):106-110.

[11] Takayama J. Absorbing Markov process estimation and a transportation network simulation model [C]. Simulation Approaches in Transportation Analysis,Part 2. Istanbul: The World Conference on Transport Research Society,2005: 167-182.

[12] 杨晓光,刘斌,张晔. 城市道路网络 OD 估计模型及算法研究[J]. 同济大学学报(自然科学版), 2011,39(9): 1292-1296.

[13] Spiess H. A maximum likelihood model for estimating origin-destination matrices[J]. Transportation research part B: methodological, 1987, 21 (5): 395-412.

[14] Castillo E, Menéndez J M, Súnchez-Cambronero S, et al. A hierarchical optimization problem: Estimating traffic flow using Gamma random variables in a Bayesian context[J]. Computers & Operations Research,2014,41(41):240-251.

[15] 朱森来. 基于贝叶斯统计的城市路网 O-D 矩阵估计[D]. 东南大学,2017.

[16] Beckmann M, McGuire C B, Winsten C B. Studies in the Economics of Transportation [M]. New Haven: Tale University Press,1956.

[17] Castillo E, Menéndez J M, Súnchez-Cambronero S. Traffic Estimation and Optimal Counting Location Without Path Enumeration Using Bayesian Networks [J]. Computer - aided Civil & Infrastructure Engineering,2008,23(3):189-207.

非常态轨道交通出行选择行为及应急接驳研究

邹小川 王亚飞 肖奇波 熊志华*

(北京交通大学交通运输学院)

摘 要 轨道交通系统环境较为封闭、客流量大、受到网络化运营制约,因此一旦遭受到外界恶意破坏、系统设备故障、非设备故障或是突发性的客流,异常交通状态可能在网络中迅速传播与扩散。为保障非常态下轨道交通运营,服务2022年北京冬奥会,本文首先在典型的非常态情景下,利用SP调查分析乘客路径选择的影响因素,然后基于多项Logit(MNL)模型构建延误情况下乘客出行选择模型,最后根据非常态下出行选择行为估计公交接驳客流,以乘客延误时间成本和派出车辆成本之和最小为目标,确定不同情景下对应的接驳方案。研究表明,当疏运需求较少时,常规公交运行可以满足疏运需求;一旦疏运需求增大,优先从最近的公交枢纽调车然后再考虑从次近的公交枢纽调车可使广义费用最小。

关键词　交通出行行为　出行选择模型　非集计模型　应急接驳

0　引言

城市轨道交通非常态事件是指在运营阶段因不可预见或不可控制的因素而发生的影响列车正常运行的事件,如设备故障、突发性灾害、人身伤亡事故等[1-2]。一旦轨道交通出现非常态事件,乘客会产生不同程度的恐慌,路径选择行为也就变得更加复杂。李臣等[3]对突发事件下乘客出行选择影响因素研究,发现年龄、职业和收入对乘客选择有显著影响。李伟等[4]利用仿真技术研究了城市轨道交通突发事件乘客的出行行为。刘莎莎、姚恩建等[5]基于突发事件下乘客出行方案选择模型和多方式出行备选路径集的构造,预测突发事件下城市轨道交通车站间客流的重分布。北京2022年冬奥会即将来临,为了应对赛事期间轨道交通非常态的发生,需要对乘客的路径选择行为进行调查并研究,掌握客流的分布,为应急处置提供基础。公交接驳是城市轨道交通突发情况下客流疏运的有利联动方式,宋吉鹏[6]对地铁运营中断时所需接驳公交车数量的计算方法进行了理论分析及公式推导。杨越迪[7]通过建立路径生成和车辆资源分配模型然后综合考虑应急公交满载率、运力、乘客总出行时间,制定应急接驳服务方案。

国内外围绕重大赛事期间的突发事件下乘客出行行为选择研究较少并且缺乏相应应急公交接驳方案的设计。因此,本文在冬奥会背景下,首先运用陈述偏好(SP)问卷调查采集突发事件后受影响的乘客路径选择数据,然后基于传统的MNL模型,描述并分析了地铁突发事件影响下乘客出行选择行为,最后在现有的公交服务能力上考虑公交接驳的车辆分配数量和发车间隔,制定了应急公交接驳方案用来疏散受影响的客流,从而尽可能地降低突发事件的影响,减少乘客的总延误时间。

1　情景设计和调查分析

1.1　冬奥情景设计

乘客从【西直门】出发前往【奥体中心】,得知由于西直门地铁站发生突发事件,经过该换乘地铁站的地下地铁的运营均受影响,发生延误(图1中间断线表示)。

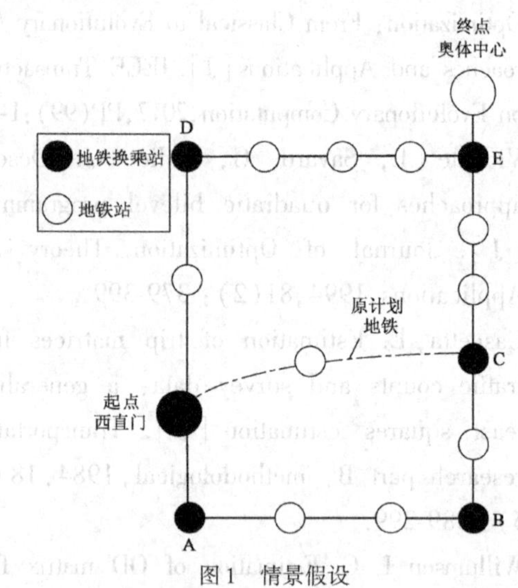

图1　情景假设

本文根据具体的调整情况可将列车延误后乘客出行方案分为3类,共7种[8],见表1。

1.2　问卷数据分析

问卷内容由个人基本信息调查和突发情景下乘客出行选择调查两部分构成。该问卷回收期26天。共收集问卷469份,问卷有效率约为70%。由调查数据可知,备选方案选择占比最高的为“方案5”;乘客可接受等待时间占比最高的为“10～30min”,该结果为随后进行的接驳方案研究提供了研究背景。出行选择调查还分别考虑延误时间和距离比赛开始时间对方案选择的影响。数据显示,随着延误时间的增加,人们逐渐倾向选择耗时更短的方案;而越接近比赛开始的时间,人们就越有可能选择耗时短的方案。

基金项目:国家重点研发计划资助/National Key R&D Program of China(2019YFF0301403)

方案集合 表1

方案	交通方式	具体方案	全程时间(min)	全程费用(元)	换乘次数(次)
原计划	地铁	乘坐地铁至【C】→换乘地铁至【奥体中心】	40	4	1
1	地铁	乘坐地铁至【D】→换乘地铁至【E】→换乘地铁至【奥体中心】	45	4	2
2	公交+地铁	乘坐公交至【C】→换乘地铁至【奥体中心】	60	5	1
3	骑行+地铁	骑行至【A】→换乘地铁至【B】→换乘地铁至【奥体中心】	55	5.5	2
4	出租汽车+地铁	乘坐出租汽车至【C】→换乘地铁至【奥体中心】	35	20	1
5	公交	公交车	50	4	1
6	出租汽车	出租汽车	20	30	0

2 受影响乘客出行选择模型构建及标定

2.1 模型构建

分析城市轨道交通乘客路径选择行为时，一般以 MNL 形式的离散选择模型为主，该模型可以表达成：

$$P_{in} = e^{U_{in}} / \sum_{i=1}^{N} e^{U_{in}} \quad (1)$$

各个出行方案的效用函数分别如下：

$$U_1 = \alpha_1 T + \alpha_2 C + \alpha_3 N + \alpha_4 T_{delay} \quad (2)$$

$$U_n = \alpha_1 T + \alpha_2 C + \alpha_3 N (n = 2,3,\cdots,7) \quad (3)$$

式中：P_{in}——个体不同出行方式的选择概率；

U_{in}——不同出行方式的效用；

T、C、N——每个出行方案的出行时间、出行费用和换乘次数；

T_{delay}——轨道交通运营方发布的列车延误时间；

α——第 i 个特征属性在模型中的系数。

2.2 模型标定

本文利用 TransCAD 标定[9]乘客出行选择模型结果，见表2。

模型参数估计结果 表2

变量名	标定结果	T 值
行程时间(T)	-0.074	-11.20
行程费用(C)	-0.084	-8.81
换乘次数(N)	-0.017	-0.22
延误时间(T_{delay})	-0.054	-9.30

在本次模型标定时，当模型变量 $|T| > 1.96$ 时，认为有 95% 的把握说明该变量是影响方式选择的重要因素。换乘次数变量的 T 检验值为 -0.22，认为该变量无效，分析是因为各方案间换乘次数差别不大，在人们进行方案选择时的风险考量影响不大。此处经拟合获得的效用函数可以用来后续的客流预测工作。

由此，可以得到效用函数：

$$U_1 = -0.074 \times T - 0.084 \times C - 0.054 T_{delay} \quad (4)$$

$$U_n = -0.074 \times T - 0.084 \times C (n = 2,3\cdots,7) \quad (5)$$

3 应急公交接驳方案研究

3.1 情景假设

根据对公交接驳服务的启动条件的分析[10]，本文讨论的对象为城市轨道交通发生重大等级事故，造成线路双向发生延误且延误时间持续 30min 的情形，满足公交接驳服务的启动条件。

本文考虑到了最坏的情况，即西直门枢纽的地铁系统完全失效（方案 1 不存在），然后设定延误 30min 的情况。利用已标定的模型可以得到选择有关公交系统方案的占比约为 33.5%，占比最高。因此，在公交接驳方案设计中，本文主要研究【西直门】枢纽站至【C 地铁站】的公交接驳方案设计，减少冬奥观众滞留时间，降低突发事件造成的负面影响。

3.2 常规公交能力分析

现有的公交服务能够疏散一定的乘客，因此在研究公交接驳时需要考虑现有的公交服务能力。在西直门地铁站周围的公交站点中，西直门南站有较方便的公交服务疏散乘客，本文选取西直门南站作为接驳站点。常规运营的两种公交车的基本运行参数见表 3。

公交参数　　表3

公交线路	参数			
	座位(个)	可承载人数(人)	发车间隔(min)	平均满载率(%)
44 路内环	70	100	10	40
200 路内环	70	100	12	50

根据公交车运行参数,结合下面的公式,对常规公交进行疏散能力的量化。通过计算,可知现有的公交服务能力能够疏散300人左右。当疏运需求小于300人时,常规公交运行能够在一定时间内满足需求;若需求增大,则需考虑接驳方案的设计。

疏散人数=[车辆可承载人数×(100%-平均满载率)×(延误时间/发车间隔)]　　(6)

3.3　接驳方案研究

3.3.1　备车点确定

在选取备选车站时,应从两个方面考虑:

(1)在城市轨道交通突发中断事件,可迅速响应到达疏运站点进行疏运工作;

(2)所有备选车站可承担的交通量可满足疏运需求。

从西直门交通枢纽附近筛选出满足上述两个要求的公交枢纽站作为备选车站,具体信息见表4[10]。

备车点派接驳车辆在中断点与接驳目的地间循环,按原轨道交通线路运行,充当临时轨道交通角色,以恢复网络的连通性,场景如图2所示。

应急公交备车点名称及相关参数　　表4

公交备车点编号	名　称	与接驳站点间的距离(m)	已有应急公交数量
B1	动物园公交枢纽	1600	10
B2	西直门公交场站	3300	10

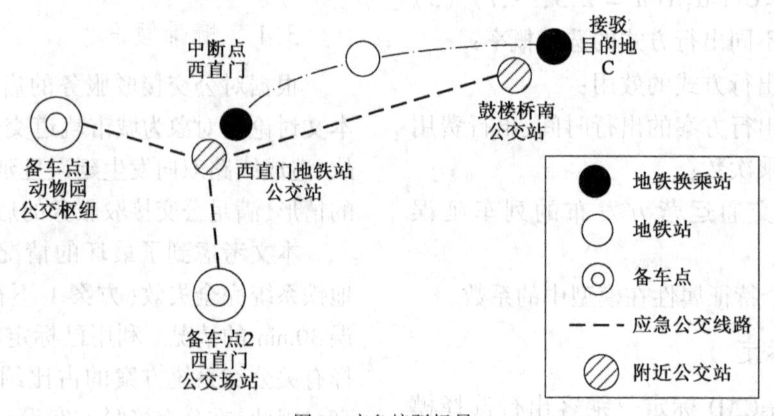

图2　应急接驳场景

3.3.2　目标函数

公交接驳模型确定派车点的总派车数与派出车辆的循环次数。公交接驳阶段派出车辆的广义费用计算公式如下:

$$C=\theta_1\sum_{k\in\Omega}S(k)\times t^{\mathrm{b}}+\theta_2\times x \tag{7}$$

式中:$\theta_1\sum_{k\in\Omega}S(k)\times t^{\mathrm{b}}$——在轨道交通中断时间内,所有乘客在接驳站点总等待时间成本广义费用;

θ_1——时间成本广义费用系数;

θ_2——车辆运行广义费用系数;

x——派车点总派车数;

C——广义费用。

目标函数的表达式为:

$$\text{Min } C \tag{8}$$

3.3.3　符号说明

模型中符号及意义见表5。

模型中符号及意义 表5

符号	意义	单位
T^s	轨道交通预估中断时间	min
X	备车点可用车辆数	辆
f	发车间隔时间	min
t	车辆从派车点到中断点的行驶时间	min
t^b	车辆从中断点到接驳目的地的行驶时间	min
N	单辆公交车额定载客量	人
Q	等待乘客数	人
$S(k)$	第 k 时间窗,接驳站点尚未被接驳公交搭载的乘客人数	人
$y(k)$	第 k 时间窗,接驳站点被接驳公交疏散乘客人数	人
x	派车点的总派车数	辆
K	派出车辆最大循环次数	次
C	广义费用	元
θ_1	时间成本广义费用系数	—
θ_2	车辆成本广义费用系数	—

3.3.4 参数确定

在选择接驳车辆时,通常情况下选取10m级单机车,其额定载客量 N 通常为80人。公交平均行驶速度21km/h,因此计算得到从动物园枢纽站到西直门地铁站时间大约为4.5min,从西直门公交场站到西直门地铁站时间大约为9min,从西直门地铁站到鼓楼大街地铁站的时间 t^b 大约为10.5min。此外,根据相关资料[11-12],个人时间费用 θ_1 设定为0.825元,每辆接驳公交车的费用 θ_2 设为765.9元。发车间隔时间设为1.5min。

3.3.5 约束条件

$$x \leqslant X \tag{9}$$

$$x \leqslant 2 \times \frac{t^b}{f} + 1 \tag{10}$$

$$(x-1) \times f + t \leqslant T^s \tag{11}$$

$$N \times (x-1) \leqslant Q \tag{12}$$

$$N \times \left\{x + \frac{[T^s - (2 \times t^b + t)]}{f} + 1\right\} \geqslant Q \tag{13}$$

$$S(k) = Q - y(k), k \in \Omega \tag{14}$$

$$x \in N^+ \tag{15}$$

约束式(3-4)保证派车点派出的车辆总数不超过其可用车辆数。

约束式(3-5)保证接驳公交数量不会多余循环车辆数。

约束式(3-6)保证最后一辆接驳公交车能在地铁恢复之前到达接驳站点。

约束式(3-7)保证接驳公交能力不会冗余。

约束式(3-8)保证接驳公交能力能够在轨道交通中断时间内疏散完所有待疏散乘客。

约束式(3-9)计算第 k 时间窗内尚未被公交车疏散的人数。

约束式(3-10)保证物理意义存在。

3.4 接驳方案应用

可知赛事举办场馆之一的水立方观众席位为4500人,假设有表6所列三种情景,根据方案2的选择比例,可以得到不同情景下公交接驳的需求量。对于情景1,常规公交可以满足疏运需求,因此不单独为其设计应急调度方案;对于情景2、3,常规运营公交均不能满足疏运需求,因此对其应用公交接驳方案。利用MatLab求解,结果见表6。

不同情景设置下的疏运需求及方案设计结果 表6

情景	前往赛场人数(人)	公交接驳需求数(人)	调车点	调车数量/辆	广义费用(元)
情景1	4500×10%	138	—	—	—
情景2	4500×50%	690	动物园公交枢纽	8	12327.08
情景3	4500×100%	1380	动物园公交枢纽	10	21741.75
			西直门公交场站	7	

4 结语

本文基于突发事件下乘客出行行为特征变化的分析,构建了突发事件下乘客路径选择模型,并根据标定结果制定延误情景下的应急公交接驳方案,发现在少量冬奥观众延误下,现有常规公交能够满足疏运需求;在中等数量的冬奥观众延误的情况下,从动物园枢纽站派出8辆公交接驳车去疏散受影响人群能使得广义成本费用最低;在大量冬奥观众延误的情况下,从动物园枢纽站派出10辆、从西直门公交场站派出7辆公交接驳车去疏散受影响人群能使得广义成本费用最低。

标定结果能较为真实地反应突发事件下城市轨道交通网络客流分布情况,可为城市轨道交通应急处置、列车运行方案调整等提供辅助决策依据。接驳场景设计可拓展至多个公交场站、多种交通方式的组合,后续可进一步优化研究。

参考文献

[1] 宋亮亮. 城市地铁系统运行的脆弱性仿真研究及应用[D]. 南京:东南大学,2017.

[2] 聂乐晓. 外部冲击下西安城市地铁网络的脆弱性研究[D]. 西安:西安理工大学,2018.

[3] 李臣,陈艳艳,周雨阳,等. 城市轨道交通突发事件下乘客出行选择影响因素研究[J]. 铁道运输与经济,2021,43(07):105-111.

[4] 李伟,徐瑞华. 突发事件下地铁网络乘客出行行为仿真模型[J]. 华东交通大学学报,2015,32(02):46-53.

[5] 刘莎莎,姚恩建,李斌斌,等. 基于行为分析的突发事件下城轨站间客流分布预测[J]. 铁道学报,2018,40(09):22-29.

[6] 宋吉鹏. 地铁运营中断时所需接驳车数量快速计算方法研究[J]. 现代城市轨道交通,2021(06):81-84.

[7] 杨越迪. 城市轨道交通突发中断事件下公交接驳优化设计研究[D]. 北京:北京交通大学,2017.

[8] 杨志强,李俊铖,史丰收,等. 城轨列车延误情况下受影响乘客出行选择建模[J]. 铁路计算机应用,2020,29(03):60-64.

[9] 柳英杰,魏连雨. 基于TransCAD的MNL模型应用[J]. 科技展望,2015,25(24):124-125.

[10] 兴妍. 城市轨道交通应急公交接驳优化设计研究[D]. 北京:北京交通大学,2020.

[11] 潘义强. 城市轨道交通突发中断下的应急公交接驳研究[D]. 哈尔滨:哈尔滨工业大学,2019.

[12] 瞿何舟. 城市公交线路组合服务模式优化研究[D]. 成都:西南交通大学,2017.

Estimation and Evaluation on Sectional Passenger Flow in Metro Networks Based on Train Weighing System

Yongsheng Zhang Zihe Wang* Enjian Yao
(School of Traffic and Transportation, Beijing Jiaotong University)

Abstract The sectionalpassenger flow volumes in metro networks are important basic data for the operation plan compilation and dispatch of trains. Traditional methods of sectional passenger flow estimation were mainly derived from traffic assignment based on surveyed data or fare clearance system based on smart card data. In those traditional methods, Origin-Destination (OD) distributions and passenger's path choice behavior are entered into the models to estimate sectional passenger flow volumes, leading to modelling errors since it is impossible to accurately model each passenger's path choice behavior. The train weighing system provides a new data source for sectional passenger flow estimation by inferring each train's loading passengers from weights. This paper presents an estimation method of sectional passenger flow based on train weighing system and an evaluation method by comparing to outputs from official fare clearance system, where the evaluation model is a convolutional neural network combined with temporal correlation analysis of passenger flow. By evaluation, the differences of sectional passengers' flows between two data sources and corresponding potential reasons are derived. Finally, the proposed methods are verified in Guangzhou Metro system. The findings will benefit accurate and delicacy operation and management of metro systems.

Keywords Metro network Sectional passenger flow Convolutional neural network Train weighing system Temporal correlation

0 Introduction

The sectional passenger flow is fully considered the spatial and temporal distribution of passenger flow. It plays a vital role in organizing fast and slow trains, optimizing traffic routes, and alleviating the time and space imbalance of passenger flow by combining line conditions, signal capacity and station operation organization capacity. Accurate calculation of sectional passenger flow can help the operation management department to make a reasonable train operation plan to avoid the change of passengers' choice of travel route due to high train load factor and overcrowding, or even the change of travel mode[1]. The characteristics of short-term variation of passenger flow in metro sections need further study and analysis[2].

At present, the calculation ofpassenger flow is based on the total passenger flow of Automatic.

Fare Collection (AFC) in and out of all railway stations and the train running chart to allocate clear passenger flow of the whole rail transit network. The train time schedule can be made or modified according to the calculation results of passenger flow of each section based on the metro clearance probability model [3]. At present, there is no more accurate method to directly grasp the real-time sectional passenger flow. Therefore, sudden large passenger flow caused by large-scale events is difficult and even dangerous in terms of metro operation and organization[4]. Sudden events may lead to sudden changes in passenger flow in a short time, which will spread in the urban rail transit network. Therefore, it is very important to grasp the real-time sectional passenger flow in time for the temporary train scheduling plan.

In this paper, we study the historical data of metro and build a real-time calculation system for sectionalpassenger flow. First of all, the biggest characteristic of this study is that the data selected is the result of the weighing data of the mobile train vehicle weighing system. This weighing system can be used accurately with the development of science and technology in recent years[5]. At present, the load deviation is basically controlled within a small range of influence on the actual results. Although the weighing system can send back weighing parameters in time. However, due to the lack of direct calculation relationship between weighing results and passenger flow, the temporal correlation of passenger flow is intermittent change. In this study, the convolutional neural network is studied for the weighing data, and the parameters of the convolutional kernel and the learned data are uniformly processed in combination with the characteristics of the actual sectional passenger flow, so that the results and the actual situation can meet the substitutability. Finally, this method is successfully applied to the calculation of sectional passenger flow of metro.

The following sections unfold as follows. Section 2 mainly describes the domestic and foreign studies onsectional passenger flow in recent years, especially the calculation of sectional passenger flow. Section 3 describes the characteristics of passenger flow of Guangzhou metro section and analyzes it. Section 4 presents an improved convolutional neural network method to process vehicle weighing data. In section

5, this paper uses the method proposed in this study to calculate the passenger flow of Guangzhou Metro Line 14 section and compare it with the statistical results of clearance. The final conclusion is summarized in section 6.

1 Related Work

In the past decade, there are numerous studies onmetro sectional passenger flow[6]. In particular, the calculation of passenger flow between stations has become a research important area in recent years[7]. Technology has made it easier to access more and more types of data to solve problems in various fields. Ding et al. [8] abopt video recognition algorithm and combine with internet positioning technology to accurately calculate sectional passenger flow. At present, the passenger flow data of metro mostly comes from the AFC system data of passengers entering and leaving the station, which is the data type of inbound and outbound data. In fact, however, the operation and organization of the metro is focused on the trains. Because the full capacity of the train has more impact on passengers' travel experience and train operation efficiency. Therefore, Horcher et al. [9] establish a set of models that combine the train running diagram, the time of passengers in and out of the station, and the time of passengers in and out of the station to calculate the relationship between the passenger flow in and out of the station and the passenger flow in the section, and achieved certain practical results. Xu [10] et al. establish a passenger path selection model of improved Logit model based on passenger entry and exit data of AFC system and train operating schedule. This model has high precision in calculating sectional passenger flow. Zhou and Xu [11] study the passenger flow allocation model and designed an algorithm process to calculate the possibility of each feasible route choice based on the train operation plan and passenger exit and exit time. At the same time, they also calculate the probability of passengers choosing each route and designed a method to calculate the sectional passenger flow.

The use oftrain vehicle weighing system is of great significance to the calculation of sectional passenger flow, which can only be obtained by calculation before. Zhang [12] et al. use the weighing equipment on the London underground train to estimate the sectional passenger flow and predict the future passenger flow, which proved to be sufficient. However, the current studies all assume that the passenger flow is based on simple linear processing of weighing data, which is obviously not in line with the actual situation. The method proposed in this paper focuses on the relationship between the weighing data of vehicles and the actual passenger flow. On this basis, the accuracy of weighing data in different time periods and the average weight of passengers and items are studied.

2 Sectional Passenger Flow Estimation Based on Train Weighing System

The research data in this study is the weighing data of trains. In addition, there is the train time schedule, train number and vehicle number, as well as the direction of the train. At present, the train weighing system adopted by countries around the world including China is basically developed and provided by the German railway measuring instrument manufacturer, as shown in Fig. 1. The system has high precision, small error, powerful data analysis ability and high degree of automation. For example, most vehicle weighing equipment can only manage an error of 2-3%. And the weighing equipment to ensure accurate measurement, the error is not more than 0.5%, in the similar products far ahead. The weighing data is collected by software and processed automatically. The weight of each train in the weighing system is obtained from the measurement results of the secondary suspension pressure sensors of the 6 vehicles. It is preliminarily assumed that the average weight of each passenger is 68kg, and the calculation of weighing passenger flow is shown in equation (1):

$$\text{weighing passenger flow} = \frac{m(t) - m_c}{68kg} \quad (1)$$

where, $m(t)$ refers to the train weighting data at time t, m_c is the train empty weighting data.

Fig. 1 Train Weighing Equipment

The weighing data has advantages over the traditional fare clearance statistics data. First of all, weighing data is real-time data, which is helpful for the command center to arrange temporary train scheduling in the case of metropassenger flow mutation. However, fare clearance statistics are calculated based on the route choice model based on the day's passenger entry and exit data, so they are not time-sensitive. Secondly, the weighing data are real measurement data, while the statistical data are calculated, so the weighing data are more convincing. In the end, the error of weighing data is smaller than that of clearance statistics when passenger flow changes greatly. Weighing passenger flow also has disadvantages that the measurement accuracy of weighing equipment will be affected when the speed is high.

For the accuracy of initial modeling and analysis, we count thepassenger flow of each section at an initial time interval of 15 minutes. Trains run at all sections at every interval. Our statistical standard is to carry out passenger flow statistics according to the time period of arrival time, as shown in Fig. 2.

The steps of sectional passenger flow statistics are as follows:

Step1: Section $i=1$, time period $t=1$. Find the numbers of all trains running in this section and time period according to the train operation schedule and input the numbers to step 2.

Step2: Input the train number and get the

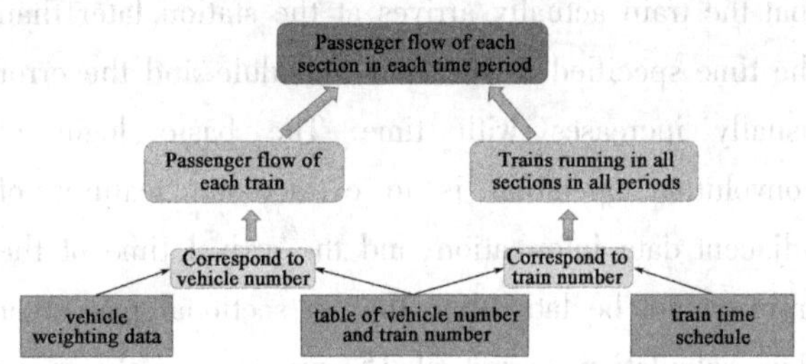

Fig. 2 Statistical Structure of Sectional passenger flow

corresponding vehicle number according to the train and vehicle number comparisontable.

Step3: Input the vehicle number to the weighing passenger flow table to output passenger flow and add them together, which is the sectional passenger flow of the period t.

Step4: $t=t+1$, return to step 1 until the end of all periods and enter step 5.

Step5: $i=i+1$, return to the step 1 until all sections are finished.

3 Evaluation Method

In this study, in order to transform the weighing passenger flow into the actual passenger flow better, this paper proposes a sectional passenger flow calculation model based on convolutional neural network. In the convolution operation, the model combines the characteristics of load drift and the different average weight of passengers in different time periods. In this model, passenger flow of each section in each time period can be calculated according to real-time weighing data information, as shown in Fig. 3.

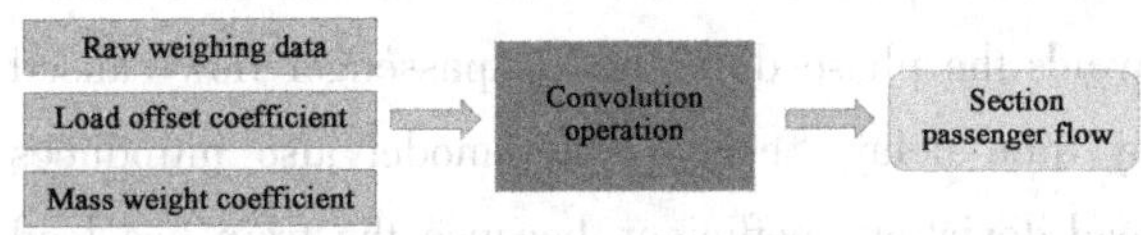

Fig. 3 The Basic Idea of the Model Presented

In this study, the results of weighing data are converted intopassenger flow and then the improved convolutional neural network is used for data processing. The passenger flow processed by this model has the following three advantages compared with the direct conversion of weighing data into passenger flow. First of all, the model takes full account of the fact that the train actually arrives at the station later than the time specified in the train schedule and the error usually increases with time. The basic logic of convolution operation is to extract the features of adjacent data information, and the arrival time of the train cannot be later than the set sectional passenger flow calculation period of 15 minutes, as shown in Fig. 4. The black line indicates the specified running time of the train, and the red line indicates the actual running schedule of the train. It is obvious that the actual running time of the train is later than the stipulated running time, and the delay will become bigger.

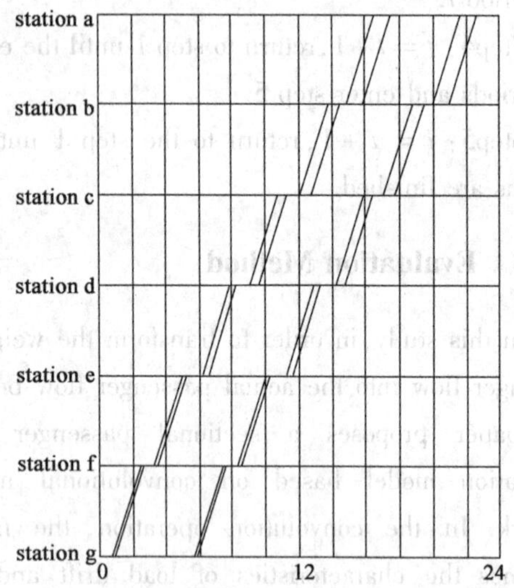

Fig. 4　Comparison of Train Running Time

In this study, after convolution of adjacent time intervals, the passenger flow at the section of one time period can be calculated after the passenger flow at the other time period is known. This method successfully avoids the phase difference of passenger flow caused by train delay. Secondly, the model also introduces load deviation coefficient, because the train has load measurement error at high speed, leading to a certain floating error between the weighing passenger flow and the real mass of the weighing system. This kind of load error has different influence with different base measurement quality[13]. The heavier the base weight is, the smaller the load error is. The number of passengers in the morning and evening rush hours is much larger than at other times and varies from station to station. Therefore, load errors cannot be treated with fixed load coefficients. The method proposed in this paper determines the load coefficient according to different groups of passenger flow and obtains good results in training. The last advantage is that the model takes into account the characteristics of passenger flow, and the average quality of passengers and items carried by different groups is different in different time periods, so it also has a certain temporal correlation. For example, there is a large passenger flow and a large number of students in the morning peak, so the average weight of passengers in this period is lower than that in the evening peak.

As mentioned in the previous article, one of the thorny problems in the statistics ofpassenger flow between stations is that trains actually arrive at stations a little later than the scheduled time. However, the statistics of passenger flow in section are made in accordance with a certain time period, so it is possible that the actual arrival time of the train and the actual arrival time of the train operation chart are in two time periods. Such time lag will cause phase difference in the statistics of passenger flow of section, and data alternation with the real value is shown in Fig. 4. Therefore, the basic idea of convolutional neural network is introduced in this study, that is, data information of adjacent time intervals is extracted through the convolution kernel. The purpose of such extended time interval is that as long as the passenger flow of one initial time interval is known, the passenger flow of another time interval can be directly obtained. The problem caused by time lag can be solved by convolution neural network combined with metro passenger flow characteristics, as shown in Fig. 5. t periods of section$i$are convolved with adjacent periods. The model is based on one-dimensional convolutional neural network, but the convolution kernel is not a simple feature single value, but combines the drift coefficient of mobile weighing load, the fixed error of mobile weighing load and the average mass timing coefficient as the convolution kernel for data characteristic extraction, and its calculation method is shown in equation (2).

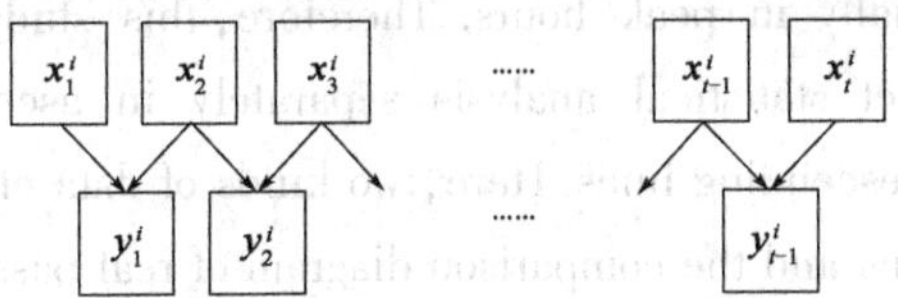

Fig. 5 passenger flow Diagram of One-Dimensional Convolution Processing Section

$$y_{t-1}^i = e^{a_i}(k_{t-1}x_{t-1}^i + k_t x_t^i) + b_i \tag{2}$$

where y_t^i is the total passenger flow of section i in larger period after convolution of the calculated passenger flow of period $t-1$ and period t. x_t^i is the preliminary weighing and converted passenger flow of section$i$in time period$t$. z_t^i is the real passenger flow of section$i$in time period$t$. k_t is the average mass change coefficient of passengers and articles carried in time period t. a_i is the drift coefficient of mobile weighing load of section i. b_i is the fixed error of mobile load on section i.

Then calculating time series coefficient analysis. Thepassenger flow sequence of each time period is $\{x_t^1, x_t^2, \cdots x_t^i \cdots\}$. It has been analyzed above that the average mass of passengers and items carried in different time periods is different, so it is necessary to accurately study the time sequence coefficient $k_t$of the average mass in different time period t. The equation for calculating time sequence coefficient $k_t$is as follows:

$$k_t = \frac{\sum_{i=1}^{n} z_t^i}{\sum_{i=1}^{n} x_t^i} \tag{3}$$

After calculating the time series coefficients of mass in different time periods, the calculation of train load deviation can be carried out after the introduction of the time series coefficients. The train load deviation is generally composed of two components[14], one of which is related to and proportional to the mass of the weighing object itself, and the other is a fixed numerical error caused by the speed of the train or the mobility of passengers on the train[15]. The load deviation coefficient fluctuates less within a certain range. The calculation of coefficients is shown in equation (4) and equation (5). The logarithmic function is used in equation (4) to ensure that the positive and negative values of a_i reflect whether the mass error caused by the load error increases or decreases. At the same time, the constant positive value of e^{a_i} also ensures that the real passenger flow is always positively correlated with the weighing passenger flow.

$$a_i = \ln\left(\frac{\sum_{t=1}^{n} z_t^i}{\sum_{t=1}^{n} k_t x_t^i}\right) = \ln\left(\sum_{t=1}^{n} z_t^i\right) - \ln\left(\sum_{t=1}^{n} k_t x_t^i\right) \tag{4}$$

$$b_i = \frac{\sum_{t=1}^{n} z_t^i - \sum_{t=1}^{n} k_t x_t^i}{n} \tag{5}$$

where n is the number of section of metro lines.

Convolution operation has unique advantages in feature extraction for data with phase difference. On this basis, this study combines two kinds of coefficient adjustment to deal with the error of weighingpassenger flow as the core of convolution operation. After this optimization, the convolutional neural network is used to process the sectional weighing data to train the model and better training results are obtained.

4 Case Study

This paper takes the weighing data of Guangzhou Metro Line 14 and its branch line from 7:00 to 23:00 on three consecutive working days in July 2021 as the research object, and the update accuracy of the data is 1 second. Line 14 only intersects with other lines at the terminal station, and only the first and last two stations of Line 14 are transfer stations, as shown in Fig. 6. The biggest advantage of selecting the data of this line is that the line has less intersection with other lines. Therefore, the traditional fare clearance statistical model in the calculation of sectional passenger flow in the whole rail transit network can be approximately considered as real data. Considering that Line 14 is the line connecting the northern suburbs of Guangzhou and the largest transfer station Jiahewanggang, passenger flow of Line 14 has obvious commuting characteristics. This characteristic is not only reflected in the travel time of passengers, but also the average quality of passengers and their luggage. The collected data covered 3.93 million pieces of real-time weighing data information of 30 trains running on the line. The time accuracy of the data is very high, which is helpful for further research and in-depth analysis of the model. In addition, the input model also has the train running schedule and the comparison table of the train under the train.

The model proposed in this paper is devoted to the calculation and analysis of metro sectional passenger flow and provides an important reference for the organization planning of train operation of urban rail transit operation enterprises. The optimization of the calculation results of the model data proposed in this study is shown in Table 1. It is worth noting that the passenger flow of metro lines has completely different characteristics in ascending and descending lines, especially in peak hours. Therefore, this study will conduct statistical analysis separately in ascending and descending lines. Here, two kinds of data of some sections and the comparison diagram of real passenger flow are selected for display as shown in Fig. 7.

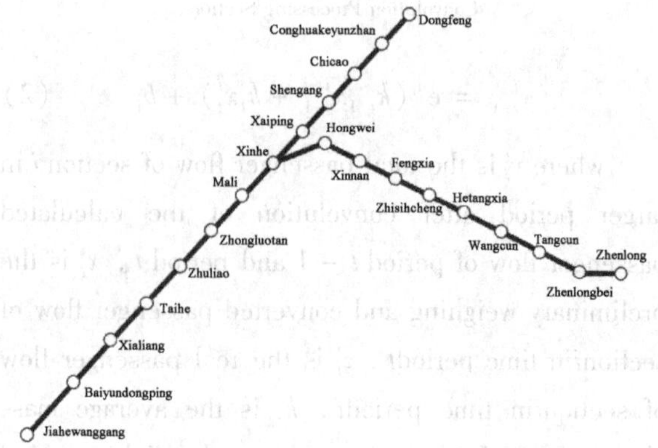

Fig. 6 Map of Guangzhou Metro No. 14 and its Branch Line

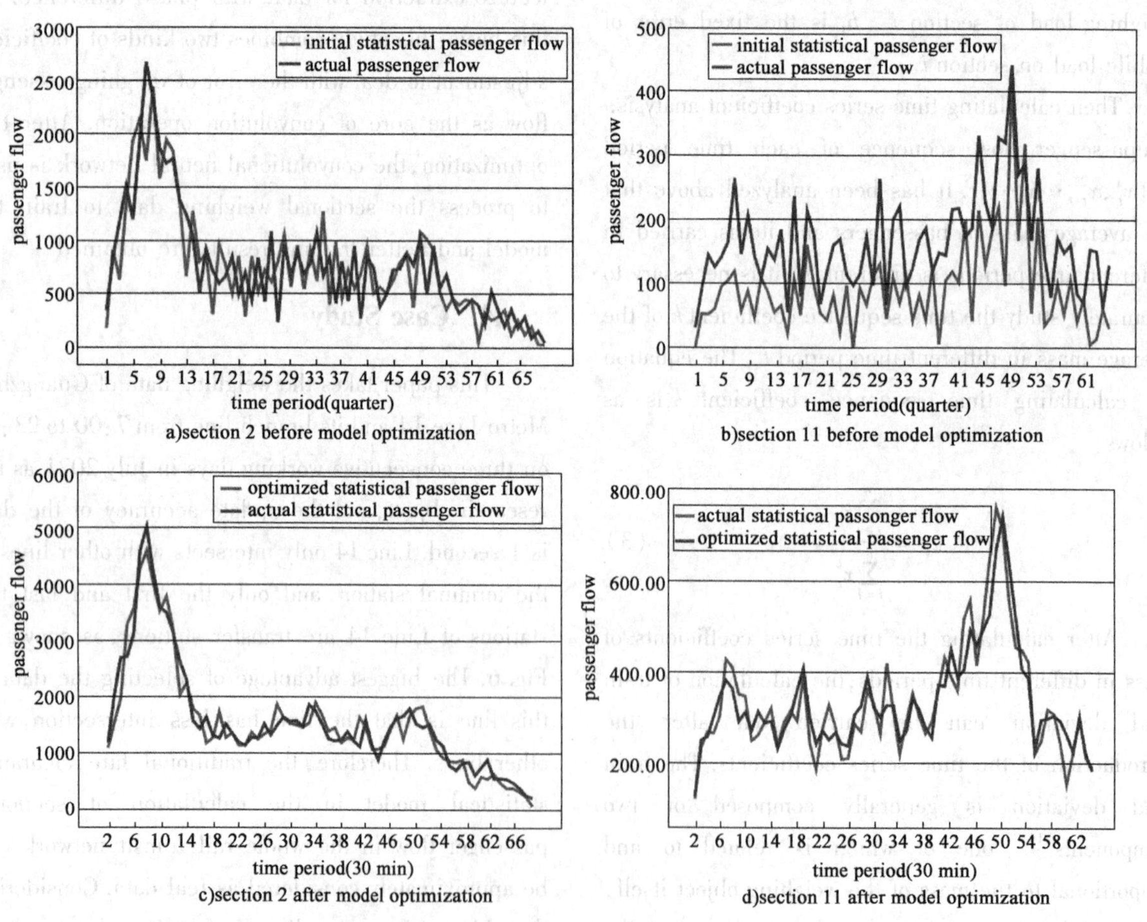

Fig. 7 Comparison between Real Data and Initial passenger flow Data before and after Model Optimization

From the data analysis in Table 1, it is concluded that the calculation accuracy of passenger flow between stations optimized by the model is much higher than the initial passenger flow that is not processed. In addition, the calibrated parameters in this example have practical explanatory significance as shown in Tab. 2 and Tab. 3. The average quality time series coefficient k_c reflects the quality changes of passengers and items carried in different time periods. The drift coefficient of mobile weighing load a_i reflects the relative error rate of mobile weighing system under different passenger flow levels, and the fixed error of mobile weighing load b_i represents the absolute error under different passenger flow levels.

Correlation Analysis between Model Optimization Results and Initial Results Tab. 1

Section of the station	Initial uplink data analysis	Initial downlink data analysis	optimized uplink data analysis	optimized downlink data analysis
Pearson's	0.6891	0.6513	0.9194	0.8635
Spearman's	0.5052	0.4935	0.8873	0.8262
MAPE	43.27%	45.91%	13.10%	14.53%

Variation of average mass coefficient of passengers in each time period Tab. 2

Mass timing coefficient	k_1	k_2	k_3	k_4
Period of time	7:00—23:00	7:00—8:30	11:30—13:30	17:00—19:00
quality change	1.000	0.932	1.017	1.131

Error of load at different passenger flow levels Tab. 3

Average sectionalpassenger flow level	a_i	b_i
1-144	0.415	24.326
145-288	0.017	64.125
289-432	0.014	76.687
433-576	-0.012	53.285
577-720	-0.007	68.284
721-864	-0.002	55.524
865-1000	0	35.717

From the parameters calibrated in thetable, we can further analyze the characteristics of metro passenger flow and weighing system. According to Table 2, if the average quality of all day passengers and items carried is taken as the basic value, the average quality of items carried by passengers in the morning peak is slightly less than that in the evening peak. The mass parameters calculated by this method play an important role in the organization planning of train operation and traction force analysis of train traction system. In Tab. 3, the absolute value of drift coefficient of mobile weighing load decreases with the increase of passenger flow. Although the fixed error of mobile weighing load has no obvious trend of change, it is not difficult to find that the absolute error has less and less influence on the overall passenger flow of section with the increase of the passenger flow base. Therefore, the weighing system has a good passenger flow detection effect when the passenger flow is large.

In this study, thepassenger flow directly converted from weighing passenger flow trained by the model proposed in this paper is compared with the real passenger flow. Compared with the data before optimization, MAPE of the model after optimization decreased from 44.12% to 13.91%, Pearson's test coefficient and Spearman's coefficient increased from 0.6721 and 0.5021 to 0.8873 and 0.8542, respectively.

The sectional weighing passenger flow processed by this model can be regarded as true sectional passenger flow.

5 Conclusions

This paper presents a calculation method of metro sectional passenger flow based on weighing data. The data of weighing system installed by metro train is easy to obtain and the data frequency is high. However, the data of the weighing system cannot be used directly due to the load error and some characteristics of metro passenger flow. Therefore, this paper proposes a calculation method of passenger flow based on convolutional neural network. The model also considers the characteristics of metro passenger flow and load errors of weighing system and minimizes these errors as far as possible. The model proposed in this study has obtained good experimental results by training the data of Guangzhou metro and can calculate the passenger flow of section more accurately.

Case studies show that the average quality of passengers varies at different times. The average quality of luggage carried by passengers during the evening rush hour is slightly higher than that during the morning rush hour. This may be because people bring groceries or food home at night. The relative error rate of load error of weighing system will decrease with the increase of passenger flow. This kind of error belongs to system error and accords with engineering principle of weighing equipment. The load errors of different passenger flow ranges have been calibrated in this paper. In addition, this case also reflects that the actual running time of the train is a little later than the scheduled time. Such time lag will become more and more serious with the operation of the train and may eventually lead to phase difference in passenger flow timing analysis when the staff conducts passenger flow statistics and calculation. The model proposed in this paper uses the passenger flow data of adjacent time periods to carry out convolution operation to completely eliminate the error caused by this problem.

There are some shortcomings in this work. In this paper, when studying the sectional passenger flow, only the data of weighing system are used, but the data of passengers′ entering and leaving stations are not combined. On the basis of the model proposed in this paper, if the model can be further optimized by using the inbound and outbound data of passengers, it can achieve higher accuracy. In addition, this paper assumes the statistical data of metro fare clearance as the real passenger flow for model establishment and parameter calibration. In fact, there are some errors in the actual passenger flow and fare clearance statistics of Guangzhou Metro Line 14 studied in this paper.

6 Acknowledgements

This research is supported by the National Natural Science Foundation of China (No. 52102387).

References

[1] Pel, A. J., Bel, N. H. and Pieters, M. (2014). Including passengers' response to crowding in the Dutch national train passenger assignment model. Transp. Res. Part A 66, pp. 111-126.

[2] Melo, P. C., Sobreira, N., Goulart, P., 2019. Estimating the long-run metro demand elasticities for Lisbon: A time-varying approach. Transp. Res. Part A 126, 360-376.

[3] Milenkovi'c, M., Svadlenka, L., Melichar, V., Bojovi'c, N., Avramovi'c, Z., 2018. SARIMA modelling approach for railwaypassenger flow forecasting. Transport 33 (5), pp. 1113-1120.

[4] Kangqi Zhao, Yihui Wang, Songwei Zhu, Di Sun and Guodong Wei (2021). Integrated Train Timetabling and Rolling Stock Circulation Planning for a Metro Line with Multiple Depots. Transportation Research Record, doi: 10.1177/03611981211031910.

[5] Hainan Huang, Rongjie Zhang, Chengguang Xie and Xiaofeng Li (2021). Identifying metropassenger flow under large-scale events using symbolic aggregate approximation algorithm. Transportation Research Record, doi: 10.1177/036119812027815.

[6] CHEN Y R, YI B, JIANG Y S, et al. Inter-arrival time distribution of passengers at service facilities in underground metro stations: A case study of the metropolitan city of Chengdu in China. Transportation Research Part A: Policy and Practice, Vol. 111, pp. 227-251.

[7] XUE G, LIU S F, REN L, et al. Forecasting the metropassenger flow under event occurrences with multivariate disturbances. Expert Systems with Applications, Vol. 188 (Cover date: February 2022) article 116057.

[8] CHEN F, WU Q B, ZHANG H H, et al. Relationship Analysis on Station Capacity andpassenger flow: A Case of Beijing metro Line 1. Journal of Transportation Systems Engineering and Information Technology, Vol. 9, pp. 93-98.

[9] DING X B, LIU Z G, XU H B. Thepassenger flow status identification based on image and WiFi detection for urban rail transit stations, Journal of Visual Communication and Image Representation, Vol. 58, pp. 119-129.

[10] HORCHER D, GRAHAM D J, ANDERSON R J. Crowding cost estimation with large scale smart card and vehicle location data. Transp. Res. Part B 95, pp. 105-125.

[11] XU X Y, XIE L P, LI H Y, et al. Learning the route choice behavior of metro passengers from AFC data. Expert Systems with Applications, Vol. 95, pp. 324-332.

[12] ZHOU F, XU R H. Model of passenger flow Assignment for Urban Rail Transit Based on Entry and Exit Time Constraints. Transportation Research Record , Vol. 2284, 1. pp. 57 -61.

[13] ZHANG Q, LIU X X, SARAH S, et al. A two-layer modelling framework for predictingpassenger flow on trains: A case study of London underground trains. Transportation Research Part A: Policy and Practice, Vol. 151, pp. 119-139.

[14] Faruk N M, LIU W T, LEE S, et al. Traffic volume and load data measurement using a portable weigh in motion system: A case study. International Journal of Pavement Research and Technology, Vol. 9, pp. 202-213.

[15] CEBON D. Design of Multiple-Sensor Weigh-in-Motion Systems. Proceedings of the Institution of Mechanical Engineers, Part D: Journal of Automobile Engineering , Vol. 204 , 2 . pp. 133 -144.

[16] RICARDO P, DIOGO R, LUIS M, et al. Bridge Weigh-in-Motion system for the identification of train loads using fiber-optic technology. Structures 11, Vol. 30. pp. 1056-1070.

宁波轨道二号线客流提升分析

贾　梓　刘　涛*　卫南宇　张　钊　张亚勤

（上海海事大学交通运输学院）

摘　要　宁波轨道交通二号线客流量小的问题限制了宁波市的综合发展，轨道交通无法有效地发挥社会效益。因此本文的目的是对客流进行分析，探讨客流的影响因素，研究提高宁波轨道客流量的方法。本文通过研究宁波轨道交通二号线客流变化，对可能影响轨道交通客流各个影响因素进行分析，然后使用决策树模型对影响显著的因素进行验证，模型在测试集上进行每日客流数据的验证，验证结果的准确度达到了70.9%。因此，本文得到宁波轨道二号线的客流量主要由轨道站点周围的开发强度、公交线路数、公共停车场数决定这一结论。最后，本文按照得到的客流主要影响因素提出宁波轨道二号线客流提升方法。

关键词　交通行为与出行需求预测　轨道客流量提升　决策树　宁波轨道二号线

0　引言

为了提出可以有效提高宁波轨道二号线客流量的方法,需要针对轨道客流的主要影响因素进行提取与分析。研究者们进行轨道交通客流的影响因素的研究,影响因素包括:站点的不同类型[1]、天气因素[2]、节假日与工作日的差别[3][4]、搭配的公共交通设施[5]。本文重点展开站点类型、节假日因素、站点建成环境、公共交通设施、天气等因素对宁波轨道二号线客流的影响。

Briand A S[6]通过智能卡显示的客流情况,分析交通乘客的行为习惯,建立具有现实交通网络移动性模式的仿真模型,通过混合模型进行客流研究。Bai Y[7]提出了一种深度信念网络和多模式深度融合的客运需求预测模型。Wenbo Lu[8]基于灰狼优化算法提出样本贡献组合算法对各个站点的贡献度进行研究,拟合效果良好。Yang X[9]在使用Long Short-Term Memory的同时,使用小波分析减少数据波动的影响。黄海超[10]为了减少数据噪声对模型拟合效果的影响,使用了变分模态分解对输入到LSTM的数据进行处理。Yang D[11]使用LSTM进对客流的长时间特性进行研究。Chen E[12]提出了预测客流的框架,框架使用自回归移动平均模型和多种异方差模型组成混合模型。Liu Y[13]使用深度神经网络对南京市的公共交通数据进行了拟合,充分利用了多种数据信息。虽然深度学习方法虽然拟合效果较好,但是可解释性差。决策树作为一种模型方法可以帮助研究者进行各阶段决策的分析,适用于多种情况,可解释性强。钱慧敏[14]使用决策树算法,对体育赛事周边轨道站点的Auto Fare Collection数据进行客流预测。林少毅[15]使用Classification and Regression Tree算法对两个城市间的客流量进行预测。Wu W[16]使用改进的Gradient Boosting Decision Tree算法对公交数据进行测试,预测效果较好。

本文首先通过初步分析,得到宁波轨道客流的可能影响因素。然后,验证这些影响因素是否会对宁波轨道二号线的客流造成显著影响,在构建合理的验证模型的基础上,通过模型对各个因素进行分析,得到客流预测量,与实际客流量对比,判断影响因素是否分析准确。本文通过决策树模型对轨道客流量进行拟合验证,得到对宁波轨道客流的主要影响因素,然后针对这些主要因素,提出能够有效提高宁波轨道二号线地铁客流量的方法。本文研究有利于发挥地铁整体的先进运载能力,及发挥出整条线路的社会及综合效益,满足市民出行需求,高质量地完成居民的日常出行、优化地铁站点的建设和整个站点的配置和运行。

1　宁波轨道二号线客流分析

1.1　数据获取

本文通过二号线各站点的进出记录获得了2017年各个站点的客流情况,通过对站点的实地调查和宁波市城市规划获得有关站点性质、建成环境等有关数据,得到的数据见表1。

各站点信息　　表1

轨道站点名称	站点性质	800m停车场数	800m公交线路数	800m公共自行车站点数	商业用地建筑面积(m^2)	居住用地建筑面积(m^2)
栎社国际机场	终点	3	2	0	0.00	0.00
栎社	普通	0	15	0	9.32	82.10
鄞州大道	普通	4	15	1	29.60	110.86
石碶	普通	12	26	1	27.29	76.56
轻纺城	普通	1	23	0	23.09	66.25

续上表

轨道站点名称	站点性质	800m停车场数	800m公交线路数	800m公共自行车站点数	商业用地建筑面积(m^2)	居住用地建筑面积(m^2)
藕池	普通	4	13	1	27.90	57.03
客运中心站	普通	5	18	2	12.22	137.86
丽园南路	普通	4	6	0	37.93	167.32
云霞路	普通	6	14	6	69.96	97.30
宁波火车站	普通	15	31	8	53.08	92.28
城隍庙	普通	33	30	23	194.10	127.87
鼓楼	换乘	35	63	23	142.15	111.01
外滩大桥	普通	22	36	16	96.41	128.70
正大路	普通	17	35	18	26.29	102.59
倪家堰	普通	7	27	12	24.73	97.60
压赛堰	普通	2	20	0	79.13	116.34
大通桥	普通	3	16	4	71.07	81.44
孔浦	普通	8	18	8	9.36	142.81
路林	普通	7	14	0	32.75	3.75
三官堂	普通	1	12	1	19.42	14.35
宁波大学	普通	2	12	1	5.48	5.10
清水浦	终点	1	8	0	0.00	0.00

1.2 站点客流量分析

为了获得轨道客流变化的有关信息，我们使用轨道二号线全年的客流量对轨道交通站点变化情况进行先行分析，包括站点特性影响分析、站点建成环境影响分析和其他因素影响分析（季节分析和温度分析）。

站点的性质影响了各站点不同的服务能力，我们根据站点位置以终点站、换乘站、普通站来划分不同的站点性质，以相同性质站点的日均流量为研究对象，研究结果如图1所示。

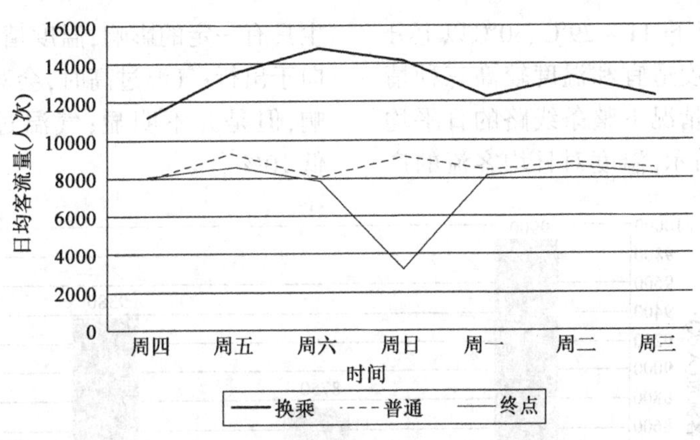

图1　站点性质对应的客流变化

由图1我们可以得出，换乘站作为轨道交通重要的一环，可以方便人群进行快速换乘，拥有极强的服务性，所以在三种站点中流量遥遥领先；普通站点流量一般，均值只有9000人次；终点站由于位置不佳，客流量最小。

各站点的建成环境对客流形成也具有一定的影响，我们对不同站点800m内公交线路数的进行周均客流量排列，结果如图2所示。

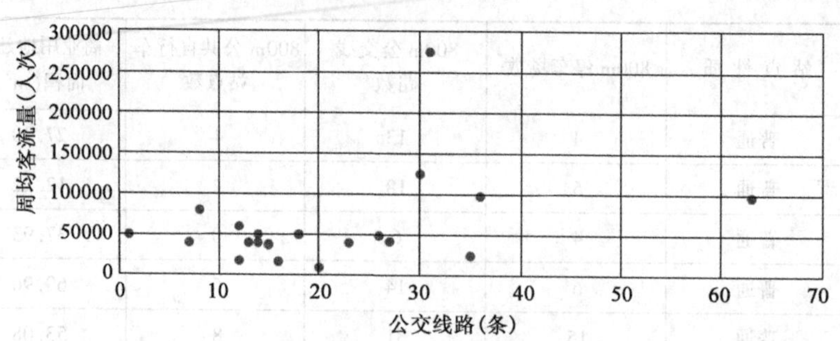

图2　公交线路相关的客流改变情况

图2中的客流波动较大,随着公交线路数量的增加,客流总体并不一定会上升,部分站点的其他因素影响过大,干扰了流量的变化趋势。

客流是有着季节性变化趋势的,将四个不同季节的整天线路的一周内的流量变化趋势作为研究对象,由图3可以得到在天气比较舒适的秋季和春季客流量最大,尤其是秋季在夏季的酷暑结束后,周末出行量有着明显的提升。而在炎热的夏季和寒冷的冬季,工作日的出行量超过了休息日,相较其他两个个季度,周末出行量最小。春季的客流比较稳定,休息日出行有少许提升。

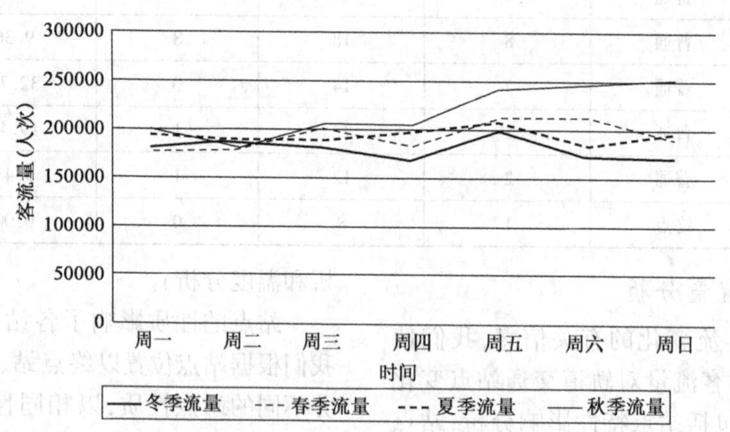

图3　季节性客流变化趋势

本文对温度10℃以下、11～29℃、30℃以上分别设置为温度较低、温度适宜和温度较高三种情况,并列出了不同温度情况下整条线路的日平均客流的变化。如图4所示,温度对日均客流的产生具有一定的影响,温度情况较好的时候,人们倾向于出行;气温过高时,会对轨道客流造成一定影响,但是并不明显;气温过低时,也只是大约降低10%。

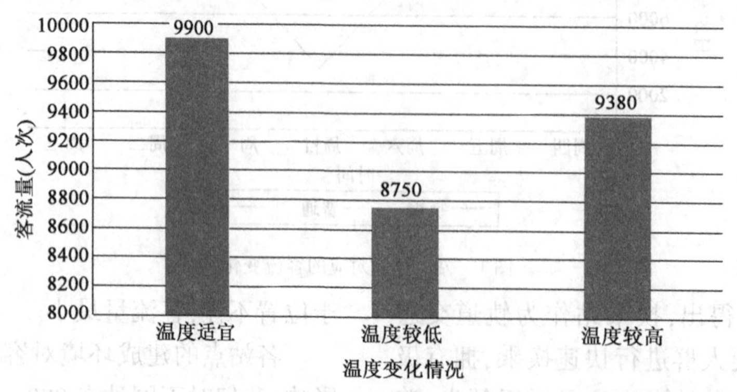

图4　气温影响下客流变化趋势

2 轨道二号线客流提升

2.1 客流量影响因素分析模型

在各种不同的决策因素中,往往需要进行多级决策,层层递进,在上个阶段的决策之后,可能会得到不同的环境变化,每种变化下,我们都可以再次进行新的决策,并面对选择后产生不同的结果,反复推进直至产生结果。

决策树模型就是由决策点、各选择分支、参数状态和决策结果共同组成的柱状图形,树上各条树杈代表各种参数状态。CART 决策树通过基尼系数划分数据集,选择划分效果好的特征即基尼系数较小的特征,作为节点,生成树模型,计算各特征的基尼系数[式(1)],而每个划分的数据集的基尼值可以用公式(2)计算:

$$\mathrm{Gini}(D,T)=\frac{|D_1|}{|D|}\mathrm{Gini}(D_1)+\frac{|D_2|}{|D|}\mathrm{Gini}(D_2) \quad (1)$$

式中: T——数据的某个特征;

D——样本;

D_1、D_2——根据特征 T 对样本 D 划分的两部分样本;

$|D|$、$|D_1|$、$|D_2|$——样本中的样本数量。

$$\mathrm{Gini}(A)=\sum_{i=1}^{n}p(x_i)\times[1-p(x_i)] \quad (2)$$

式中: A——需要计算基尼值的样本;

n——样本中的样本类别;

$p(x_i)$——样本中第 i 个类别的占比。

2.2 数据处理

在进行决策树模型预测前,由于此模型是在内部关键点处进行数值的比较,并根据不同情况进行划分和切割,所以先对因变量流量进行区间的划分,结果见表2。

流量区间划分 表2

流量区间	流　量 x
1	$x<2000$
2	$2000<x<4000$
3	$4000<x<6000$
4	$6000<x<8000$
5	$8000<x<10000$
6	$10000<x<12000$
7	$12000<x<14000$
8	$x>14000$

输入数据,对各个因素进行决策、状态等进行划分,将75%的数据用于构建树状决策模型,方便模型间的比较,分析节点,得到模型。现在使用宁波轨道二号线的历史客流数据来进行影响因素分析,首先对样本数据进行说明,见表3。

数据说明 表3

影响因素	说　明
节假日	节日=1,工作日=2
天气	晴、多云、阴=0,有时有雨=1,雨、雪=2
温度	10℃以下=0,11~29℃=1,30℃以上=2
公交线路数	站点800m内公交线路数
公共自行车站点数	站点800m内公共自行车站点数
站点性质	首末站=0,换乘站=1,普通站=2
停车场数	站点800m内停车场数量
工业用地面积	车站周围800m范围内工业用地面积
建筑用地面积	车站周围800m范围内建筑用地面积
商业用地面积	车站周围800m范围内商业用地面积
公共管理与服务用地面积	车站周围公共管理与服务用地面积
降雨量	降雨量多少

2.3　客流量主要影响因素模型分析

输入数据,对各个因素进行决策、状态等进行划分,将75%的数据用于构建树状决策模型,分析节点,得到模型(图5)。

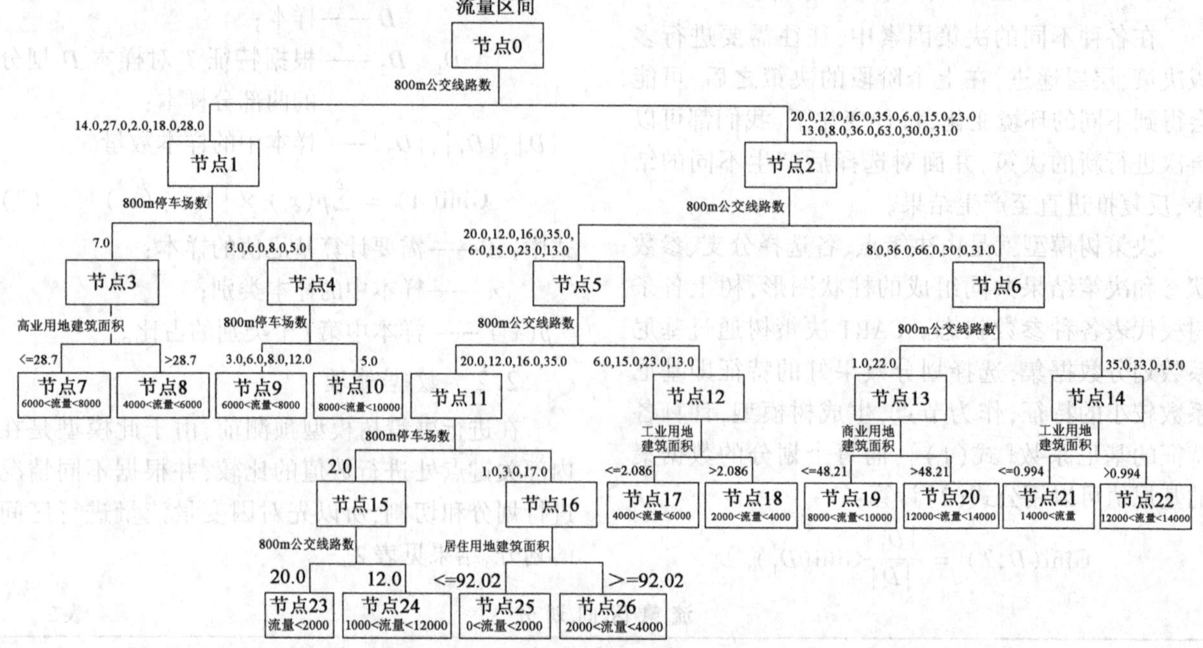

图5　决策树状图

通过图5,根据不同站点的公交线路数、停车场数、节假日情况等可以得到站点相应客流所处的大致区间情况。模型构建完毕后,还需要检验模型的准确性,利用未参与模型构建的25%的数据进行模型验证,验证结果见表4。

验证情况　　表4

样　本	实　测	正确百分比
检验	1	56.3%
	2	85.3%
	3	78.3%
	4	72.5%
	5	35.7%
	6	84.2%
	7	28.6%
	8	80.0%
总体百分比		70.9%

检验模板的检验正确率为70.9%,处于较高水平,模型准确度较高。大部分区间都拥有相当高的准确度,误差较小,仅有区间5和区间7误差较大,拉低了整体的准确度。根据检验结果,由轨道站点周围的开发强度、公交线路数、公共停车场数三个主要因素得到的检验结果准确度较高,因此,我们可以得出结论、宁波轨道二号线的客流量主要由轨道站点周围的开发强度、公交线路数、公共停车场数决定。

2.4　轨道二号线客流量提升方法

根据上文分析得到的主要影响因素,提出以下轨道二号线客流量提升方法:

(1)优化公交接驳。二号线终点站清水浦站点可以作为优化的主要站点之一,此站点可以通过数条公交线路进行大范围的区域覆盖增加潜在客流,成为较大区块的客流接驳地铁站点。二号线换乘站鼓楼站,不仅是一号线与二号线的交接站点,同时位于中心城区,且在站点近距离内拥有商业广场、大型居民区、办公区域等人流密集区域,对此站点公交接驳优化可以有效发挥换乘功能。

(2)加强站点周围开发强度,提高站点周围商业服务用地面积和公共设施用地面积,增加客流需求。

(3)宁波二号线中心区域为市中心,车流量巨大,在高峰时间经常发生一定程度的拥堵,P+R停车场作为接驳系统的重要补充,在停车场设置的位置较好时,可以吸引相当一部分的小汽车,提高轨道客流量,减少车流量。

3 结语

本文通过分析和验证宁波轨道二号线客流可能的影响因素,得到了二号线客流量的主要影响因素。针对主要影响因素,本文提出提高轨道二号线客流量的方法,对于提高轨道客流量,发挥轨道交通运输优势,减少小汽车出行量有着重要意义。本文通过上文的研究得到以下结论:

(1)宁波轨道客流在工作日较低,节假日较高。

(2)宁波轨道二号线各站点的客流主要由站点建成环境和站点性质、公交线路数、停车场数、周围地区开发强度决定,因此,提升站点客流的研究要从多个方面着手。

(3)提高客流措施包括优化公交接驳体系,提高市民的整体出行效率,促进公共交通资源的有效利用;在轨道周边建立P+R停车场,减少汽车出行,增加地铁的使用量;加强站点周围开发强度,提高站点周边吸引力。

参考文献

[1] 袁发涛,陈通箭,魏剑波.基于AFC数据的轨道站点分类研究[J].交通工程,2021,21(01):48-52,57.

[2] Guo Y,Wang X,Xu Q,et al. Weather impact on passenger flow of rail transit lines[J]. Civil Engineering Journal,2020,6(2):276-284.

[3] 刘维源,戈悦淳,李磊,等.苏州轨道交通节假日客流预测研究[J].都市快轨交通,2021,34(05):66-73.

[4] 刘若鸿,吴海燕.节假日城市轨道交通客流特征分析——以北京市为例[J].智能城市,2017,3(03):343-345,347.

[5] 王子甲,贾慧慧,朱亚迪,等.基于智能卡数据的轨道与公交复合网络通勤方式选择行为研究[J].交通运输系统工程与信息,2022,1-10.

[6] Brland A S, Come E, Trepanier M, et al. Analyzing year-to-year changes in public transport passenger behaviour using smart card data [J]. Transportation Research Part C: Emerging Technologies,2017,79:274-289.

[7] Bai Y,Sun Z,Zeng B,et al. A multi-pattern deep fusion model for short-term bus passenger flow forecasting[J]. Applied Soft Computing,2017,58:669-680.

[8] Lu W,Ma C,Li P. Research on Sample Selection of Urban Rail Transit Passenger Flow Forecasting Based on SCBP Algorithm[J]. IEEE Access,2020(8):89425-89438.

[9] Yang X,Xue Q,YANG X,et al. A novel prediction model for the inbound passenger flow of urban rail transit[J]. Information Sciences, 2021(566):347-363.

[10] 黄海超,陈景雅,孙睿.基于VMD-LSTM轨道交通客流预测模型[J].华东交通大学学报,2021,38(01):95-99.

[11] Yang D, Chen K, Yang M, et al. Urban rail transit passenger flow forecast based on LSTM with enhanced long-term features[J]. IET Intelligent Transport Systems,2019,13(10):1475-1482.

[12] Chen E,Ye Z,Wang C,et al. Subway passenger flow prediction for special events using smart card data[J]. IEEE Transactions on Intelligent Transportation Systems, 2019, 21(3):1109-1120.

[13] Liu Y, Lyu C, Liu X, et al. Automatic feature engineering for bus passenger flow prediction based on modular convolutional neural network [J]. IEEE Transactions on Intelligent Transportation Systems, 2020, 22(4):2349-2358.

[14] 钱慧敏,徐海辉,翁剑成,等.基于AFC数据的体育赛事周边轨道站点短时客流预测[J].交通工程,2020,20(06):30-36.

[15] 林少毅.基于决策树算法的广州南至珠海旅

客发送量预测[J].电子技术与软件工程,2020(15):189-190.

[16] Wu W,Xia Y,Jin W. Predicting Bus Passenger Flow and Prioritizing Influential Factors Using Multi-Source Data: Scaled Stacking Gradient Boosting Decision Trees[J]. IEEE Transactions on Intelligent Transportation Systems,2020,22(4): 2510-2523.

Commuting Mode Choice Analysis Considering the Affect of Boat Commuting: A Case Study in London

Xu Zhao[1*] Claire Papaix[2] Xiaobin Zheng[1] Shuochen Zhang[3] Wenbo Guo[4] Petros Ieromonachou[5]

(1. Energy & Environment Center, Beijing Transport Institute;
2. Information Systems and Diversity Department, Montpellier Business School;
3. Beijing Zhicheng Xianda Transport Technology Co., Ltd;
4. Transport Studies Unit, University of Oxford;
5. Department of Systems Management and Strategy, University of Greenwich)

Abstract Commuting activities-accessing to work-now consumes a significant proportion of financial resources (e. g. commuting cost can impact the choice of mode), as well as social ones (e. g. inactivity crisis due to highly relying on cars) and environmental ones (e. g. air pollution). Wellbeing outcomes are critical indicators of social sustainability, but little attention from research and policy has been paid to the impacts of transportation on wellbeing. Therefore, improving the wellbeing should be the ultimate goal of transport planning. To investigate which wellbeing variables (e. g. commuting cost, comfort level and commuting time) could affect mode choice behaviour in London, a survey is distributed. Using discrete choice modelling techniques, survey results indicate that commuters prefer to choose a mode with less commuting cost and time, especially for boat commuting, but they do not pay that much attention to comfort levels during commuting.

Keywords Commuting behaviour Boat commuting Wellbeing variable Mode choice Multinomial Logit (MNL) model

0 Introduction

Public and active travel both conducive to reducing the environmental externalities of modern transport systems, and these activities stimulate improved quality of life and societal wellbeing (Clark *et al.*, 2019). In modern societies, commuting behaviour, plays a large role in the everyday life of individuals (Lorenz, 2018a). Owing to the rapid urbanization and increasingly mobile behaviour of people (Ye and Titheridge, 2017), commuting has become a physically demanding, and a mentally exhausting activity for many commuters in megacities (e. g., LondonChanging the commuting behaviour of individuals has been identified to promote sustainable transport. To further elaborate behaviour change, e. g., shifting from motorized transport to public transport (PT), is one way of reducing the negative transport effects (e. g. impacts of car traffic) (Ettema *et al.*, 2016), as well as coping with the unsustainable transport impacts (e. g., air pollution) (Reardon and Abdallah, 2013). Therefore, it is crucial to balance energy efficiency improvements and physical changes which are advanced by sustainable transport planning. Sustainable transport has been assessed by considering the needs of the transport users within the transport system (e. g. travel times, crashes, and environmental degradation) (Abreu, Papaix and Chen, 2018). Thence, the subjective experience of transport, including the manner in which it contributes to overall wellbeing, is of growing interest (Clark *et al.*, 2019). Wellbeing relates to what individuals think, feel and believe, therefore, improving the wellbeing of people has been on the political agendas of many governments, such as the UK (Reardon and Abdallah, 2013). Several recent studies have called for an investigation as to whether, how, and to what extent wellbeing can be influenced by modifying the travel context, such as changes of travel mode and changes in the level-of-service of public (Ettema *et al.*, 2010; Ramirez-Llodra *et al.*, 2011). Currently, though London has a large road transport system subject to complex governance arrangements, Londoners have to face the stress of dealing with the longest commute in the country (74 minutes) (Transport for London (TfL), 2018). TfL is the local government body which is responsible for the transport system in Greater London, it also controls the Underground, Buses, and the Docklands Light Railway (DLR, an automated light metro system) services. Apart from that, trains - primarily operated by Southern Railway-and boats-by the Thames Clippers - are also available to commuters. The policy ambition is about creating a city where Londoners would be healthier and more productive. It is also about improving the public transport experience, and making London a more pleasant place to live, work, and study.

The aim of this research is to explore the existing evidence base and identify gaps in research on the relationship and linkages between commuting behaviour and wellbeing research, and to generate a better understanding of individual commuting decisions to contribute towards improving commuting satisfaction and promoting the usage of public and active travel in London. The objective of this paper is to identify the wellbeing variables that could affect choosing London public commuting mode the most; in particular, to test if an increase in the following three wellbeing factors (e. g., commuting cost, comfort level and commuting time) would depress the willingness to use public transport; and finally to seek for policy recommendations for improving public services in that case. To achieve that, a survey in London is distributed. Mode choice models are developed using the Multinomial Logit (MNL) model (Hess, 2010) to predict travel mode selection and gain insight into traveller preferences behaviour. In the present study, stated preference (SP) and revealed preference (RP) mode choice data are combined for model creation to obtain results with as little behavioural bias as possible (Louviere, Hensher and Swait, 2000).

The paper starts with a review of the literature oncommuters' subjective experience and mode choice. Section 3 then outlines the data collection and research methods. Next, Section 4 presents the results of the primary analysis of the data. Section 5 concludes the paper with a discussion of major conclusions drawn from this study.

1 LITERATURE REVIEW

1.1 Activity-based travel-demand models involving wellbeing

Commuting journeys can significantly influence the health of commuters and their wellbeing. In any case, there's a need of a further understanding and credible evidence on the wellbeing results of commuting behaviour, and the affect modes have on moods, and in this way, it is possible to assess how well individuals are performing in their daily commuting activities (Mahoney, 2015).

Commuting experience related to a specific mode of travel can alter, in terms of emotional response or subjective wellbeing, which is an imperative marker for assessing the social benefits of travel mode and modular shift. Past transportation studies have fundamentally relied on random utility theory (Hausman *et al.*, 1984), which accepts that individuals make travel choices to save money and to maximise the utility. In transportation field, once commuter chooses one commute mode, the decision process, commuting experience and etc are all related to their mode choice, and further influence their wellbeing. Utility theories based on interactions between mode choice and wellbeing are frequently alluded to as experienced utility (Kahneman, Wakker and Sarin, 1997).

A commuter deciding on a mode of travel to work by choosing from a variety of commuting options, is an instance of a choice problem. Regardless of whether an individual is mindful of all the possibilities. Also, choice can be affected by the following factors, which are travel time, travel cost, and comfort. The commuter applies a decision, which takes after a particular grouping of calcu lations such as selecting the quickest mode that costs less, independent of comfort. Following that, the decision-making process is about the trip to work itself utilizing the chosen mode. The utility theory is related to four components, the individual who decides, alternatives, attributes of alternatives, and decision rules.

1.2 Wellbeing attitudinal effects on commuting mode choice

The relationship between travel and subjective wellbeing is to a great extent "unexplored in research pertaining to travel behaviour" (Ettema *et al.*, 2010). Agreeing to (Lorenz, 2018b), people may for the most part be able to accurately assess the genuine costs of commuting for their general wellbeing, while, they may not be able to precisely estimate the result of their choices with regards to specific domains of life. Subsequently, wellbeing attitudinal impacts ought to be considered in researches. Some factors affecting the mode of commuting is discussed in detail below.

1.2.1 Commuting cost

Individuals in the UK spend more than 360 hours per year commuting to work, this number is equal to more than two weeks of annual leave, a study involving 26, 500 laborers found that, the normal commuter's travel costs have risen by fair over three per cent (Mattison, 2016). The increment implies that buyers considering on leaving London in search of a lower-priced home may end up sinking more of their hard-earned cash into paying for the benefit of getting to work. London commuters are enduring from a high commuting cost (Chng et al., 2016). Commuting cost ought to be considered in the current paper, this explores the satisfaction of commuters with regards to distinctive modes of commuting.

1.2.2 Comfort level

As UK's transport system is crowded by the increase of users, commute times are increased. The 'rush hour' is synonymous with crowding, dissatisfaction, and stress. A few studies have investigated this connection (Fellesson and Friman, 2008; Márquez, Cantillo and Arellana, 2014; Allen, Muñoz and Ortúzar, 2019). These studies have demonstrated that crowding, perceived lack of control, and unpredictability are all major components. Comfort level ought to be considered, it is helpful in examining the satisfaction of commuters towards diverse modes of commuting.

1.2.3 Connectivity and commuting time

Commuting drains finances and impacts the amount of free time left for laborers, with an enduring effect on their stress levels and wider effects on the wellbeing before reaching work or returning to their homes. Connectivity or commuting time, should be considered when exploring the satisfaction of commuters towards different commuting modes.

This study combines revealed preference (RP) survey and stated preference (SP) survey[❶] Fig. 1 shows the study content. Firstly, socio demographics

❶Generally, mode choice surveys take two forms, namely, revealed preference (RP) survey and stated preference (SP). The RP survey refers to real choices made by individuals. For instance, commuters might be faced with choosing all of the five-public transport (PT) modes in London. However, in real life, it is most likely for them to use only one main PT mode for their commutes. The reason for choosing a particular mode may be based on information which may have been revealed to commuters. In reality, the main purpose of the RP survey is to gather data on the current behaviour which includes personal information (socio-demographics) and characteristics of trips. As an example, it is possible for commuters to have chosen a different mode based on their age, young commuters may not mind using the crowded tube while the elderly may prefer quitter modes of transport, such as the boat. Another factor which is related to trip characteristics, is that commuters who live further away from piers may not have easy access to take the boat. In this study, the revealed information only consists of the age of participants, their gender, education level, population density, and employment status. The SP surveys facilitates quasi-experiments. These experiments are related to the choices which are made by users when they are presented with hypothetical situations. These situations include a new version of an existing public transport service using variables. For example, the comfort level, commuting cost, and the time spent from home to the pier/station. Briefly stated, SP surveys collect replies to the hypothetical situations which are presented to users. For example, if London commuters are able to use all the PT modes, while each mode has its unique characteristics, they will choose a particular commuting mode based on their experiences.

are required, including gender, age, employment status, and population density. This information is included in the RP survey. The application of stated choice experiments involves creating a design which combines the attribute levels in a specific manner. In this paper, three attributes (e. g., comfort level, commuting time, and commuting cost) consisting of two levels (e. g., low and high) were calculated in a full factorial experimental design. It comprises of all the combinations which are possible for attribute levels. In order to reduce this number, an orthogonal fractional factorial involving a subset of 15 attribute profiles was selected. Choice sets were created by randomly combining these 15 attribute profiles. The 15 choice sets were organized into three blocks.

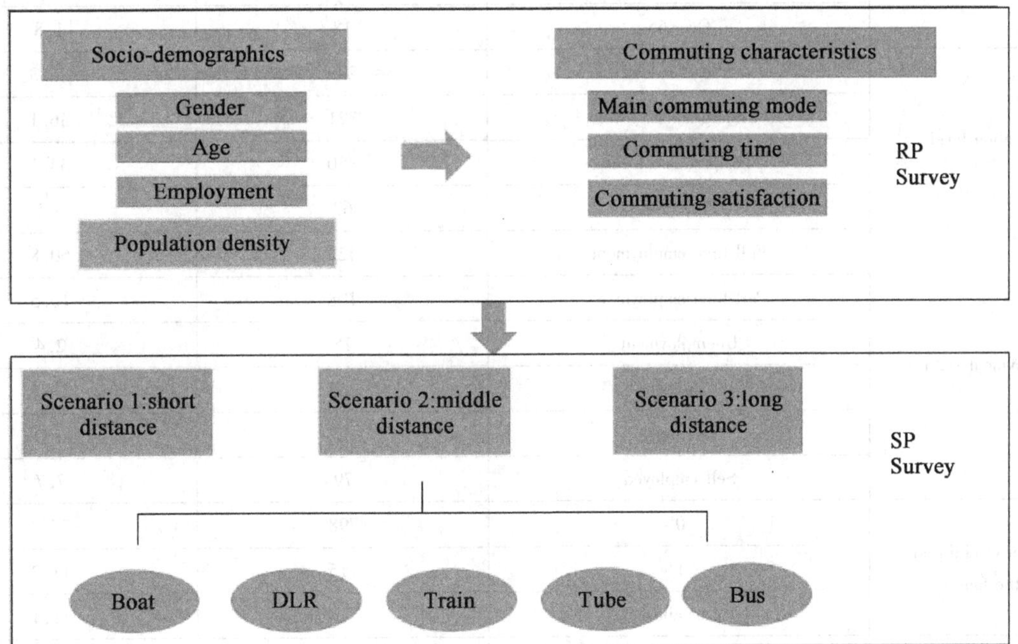

Fig. 1 Mode choice content

2 Research design and methodology

2.1 Research design

Thispaper focuses on London commuters in the United Kingdom. River Thames flows across London, from Putney to Royal Arsenal Woolwich. This area has an extensive and well-developed transport network. The transport network includes both private and public services. It has been reported that in 2017, the public transport system (PT) accounted for 45% of the trips made by Londoners, while the private services accounted for 32% of the trips, it is operated by TfL.

A survey is designed and distributed in June 2019. The structure of the survey considered in this present paper can be divided into six segments, which are mode choice (scenarios), commuting satisfaction in different commuting modes, life satisfaction, personality traits, travel habits and socio demographics. Respondents are requested to select a preferred mode from the card corresponding to each group/scenario. In accordance with the plan, the three preferred modes will be either presented to participants for a final choice in a separate scenario, or the selected alternative travel modes can be combined with the revealed preference survey questions, which include socio demographics, travel mode, travel, and life satisfaction. Following the cleaning of the data cleaning, 1027 observations were collected, and the descriptive statistics are reported below (Tab. 1).

Descriptive statistics of the sample ($N=1027$). Tab. 1

Individual characteristics		Observations	Percentage (%)
Gender	Male	456	44.4
	Female	571	55.6
Age	18 ~ 24	377	36.7
	25 ~ 34	380	37.0
	35 ~ 54	211	20.5
	55 ~ 64	41	4.0
	Over 65	18	1.8
Education level	College or lower	239	23.3
	Undergraduate level	371	36.1
	Postgraduate level	350	34.1
	PhD level	67	6.5
Employment status	Full-time employment	522	50.8
	Part-time employment	108	10.5
	Unemployment	25	2.4
	Student	262	25.5
	Retired	31	3.0
	Self-employed	79	7.7
Number of children in the family	0	798	77.7
	1	115	11.2
	2 or above	114	11.1
Main commuting modes	Boat	112	10.9
	DLR	104	10.1
	Train	176	17.1
	Tube	246	23.9
	Bus	145	14.1
	Bike	39	3.8
	Walk	113	11.0
	Car	92	9.0
	Non-commuters	28	2.7

2.2 Multinomial logit model

Multinomial logit models is used to add error components which simultaneously addresses the aforementioned inter-alternative correlation and panel effect. However, arguments which support the use of a mix of nested logit has arisen. When introducing more than one type of error component, it is regarded to be the most effective for avoiding any potentially confounding effects (Hess*et al.*, 2004; Ortúzar and Willumsen, 2011). Hence, the mixed NL approach was followed to develop the mode choice models for this paper.

The mathematical equations used to specify the model areprovided below (Eq. (1) -Eq. (2)) (for more information see: (Hess, 2010)). The overall utility of an alternative is presented as U_i, where I refer to a specific alternative. For example, I could be the selection of a boat, train, DLR, tube and bus. The overall utility associated with the ith alternative can be divided into the contributions that are observed and those that are not observed. These sources of (relative) utility are respectively denoted by V_i and ε_i. Details about V_i and ε_i will be discussed in the next paragraph. Generally, V_i is often referred to as the " representative component of utility", and could take the form of linear regression. Epsilon (ε) is a common notation which referred to the unobserved influences as an error. In the choice analysis, both V_i and ε_i are treated as of great relevance, and these two components are independent and additive. The first expression is:

$$U_i = V_i + \varepsilon_i \tag{1}$$

To better understand Eq. (1), the next task is to decide on how Vi and ε_i are to be represented. Vi is also referred to as the "*representative portion of utility*," because it is here that the set of attributes observed and calculated (for a representative person q) resides. Their citizenship is followed by a set of weights specifying the relative contribution of each person Link to observed relative utility sources. The representative component of utility in its simplest form was defined as a linear expression in which each attribute is weighted by a unique weight (called a parameter or coefficient) to account for the marginal utility input of that attribute. Formally, Eq. (2) was presented, using f as a generalised notation for functional form, but recognising that the functional form can be different for each attribute:

$$V_i = \beta_{0i} + \beta_{1i} f(X_{1i}) + \beta_{2i} f(X_{2i}) + \beta_{3i} f(X_{3i}) + \cdots + \beta_{Ki} f(X_{Ki}) \tag{2}$$

where: β_{1i}——the weight (or parameter) associated with attribute X_1 and alternative i;

β_{0i}——a parameter not associated with any of the observed and measured attributes, called the *alternative-specific constant*, which represents on average the role of all the unobserved sources of utility.

This term included subscriptions on each variable to understand that the weights, the levels of attributes and the constant are unique to the *ith* alternative. The inclusion of $f(\cdots)$ is the notation for indicating that how the attributes enter the utility expression are many and varied. For instance, if each attribute was treated as linear, then $f(X) = X$. However, each attribute can be specified in a logarithmic form (e. g. the natural log of X), or as a quadratic (i. e. X_2), or even as a linear and a quadratic term (e. g., $\beta_{2i} X_{2i} + \beta_{2i} X_{2i}^2$). Interactions between attributes, for instance, could be $\beta_{5i} X_{2i} X_{3i}$.

2.3 Data

Socio demographics and travel habits, as shown from Tab. 2, were entered into the indirect utility functions in two ways. Only the interactions of the following social demographics and travel habits with wellbeing attribute levels turned out to be significant: gender, age, annual income, and population density in the home area.

Explanations of the selected socio demographics and travel habits Tab. 2

Abbreviation	Explanations of socio demographics and travel habits
Gender	What is your gender?
Age	What is your age (in years)?
Education level	What is the highest education level have you completed?
Employment status	What is your current employment status?
Annual income	What is your approximate annual income before tax?

continued

Abbreviation	Explanations of socio demographics and travel habits
Living status	Do you live: by yourself; with friends; with partner/family; and other?
Numbers of children	How many children (under 18) are living in your family/household?
Commuting frequency	Currently, how many times per week do you commute?
Commuting cost in reality	How much of your wage goes towards your commuting cost?
Green space	Currently, how far is the nearest green space (e. g. park) from your home?
Commuting time in reality	Door to door, how long did your last school or work trip take?
Population density in the home area	What is the population density in the home area?
Population density in the workplace area	What is the population density in the workplace area?
Main commuting mode	What is your main commuting mode on your journey to work? Please choose one option only

Besides the variables of socio-demographics and travel habits, three blocks make up the SP section of the survey, and each block contains five scenarios. Each scenario includes up to five public commuting modes, often named as alternatives, which are boat, train, DLR, tube and bus. The three attributes in the SP exercise cover commuting time (the duration from home to pier/station), comfort level (the crowded situation in each commuting mode) and commuting cost (the imaginary cost spent on each commuting mode). Every attribute has two levels, and corresponds to categories, coded as 1 or -1. The significance test implies testing whether an estimated effect differs from the mean utility for that attribute more than random(Fig. 2).

19. Suppose the following public transport modes take the same time for your daily commuting to work/school, which ONE will you choose?

	Boat	Train	DLR	Tube	Bus
Main commuting mode					
Travel cost	£4.00	£12.00	£2.00	£2.00	£3.00
Comfort					
Walking time to pier/station	5-10 min	5-10 min	5-10 min	5-10 min	20-30 min

- Boat
- Train
- DLR
- Tube
- Bus

Fig. 2 Example of Stated preference sections of the survey

Since the results of the first and third block experiment are insignificant, the MNL model only adopts the second block, which contains 350 observations. Tab. 3 is the sample descriptions of the second block experiment. From Tab. 3, around 76% commuters mainly use public transport (PT) modes, while 8.6% of them are car users and 14.6% of them use active commuting modes, including bike and walk. Though 23.2% of the commuters do not use PT for commuting purpose, most of them admitted that they also used PT in daily life. Their average commuting time is around 46 minutes per trip, which is similar to London commuters' official commuting time (Transport for London, 2017).

Sample descriptions of the second block experiment Tab. 3

Individual characteristics		Observations	Percentage (%)
Gender	Male	160	45.6
	Female	190	54.4
Age	18 ~ 24	125	35.7
	25 ~ 34	142	40.6
	35 ~ 54	68	19.4
	55 ~ 64	13	3.7
	Over 65	2	.6
Annual income	Less than£ 15000	87	24.9
	£ 15000 ~ £ 25999	113	35.1
	£ 25999 ~ £ 35999	38	10.9
	£ 35999 ~ £ 49999	43	12.3
	More than £ 50000	59	16.8
Population density at the home area	1	55	15.7
	2	33	9.4
	3	137	39.1
	4	41	11.7
	5	62	17.7
	6	22	6.3
Commuting mode in reality	Boat	30	8.6
	Train	51	14.6
	DLR	33	9.4
	Tube	85	24.3
	Bus	67	19.1
	Bike	24	6.9
	Walk	30	8.6
	Car	30	8.6

To estimate the MNL model, NLOGIT Software was used. Choice elasticities are the common device for this computation. These models capture the influence of attributes and characteristics on the commuters' preference, and the logic is shown in Fig. 3, based on the mode choice framework.

3 Results and discussion

The model contains four socio-demographic variables (e. g., gender, age, annual income and population density at home area), and three attributes of the SP scenarios (e. g., commuting cost, comfort level and commuting time). Using the combined SP and RP data, Tab. 4 shows the model estimation results. Specifically, this global model shows that the coefficients for the commuting cost, comfort level and commuting time, as well as for the socioeconomic variables present the expected signs. A model for five travel modes (Boat, Train, DLR, Tube and Bus) defines the probability that an individual will choose one of the five. The dataset is composed of 8750 observations from 350 individuals times five repetitions (as stated, the 'wide form' survey data is a panel) times five choices (Boat, Train, DLR, Tube and Bus).

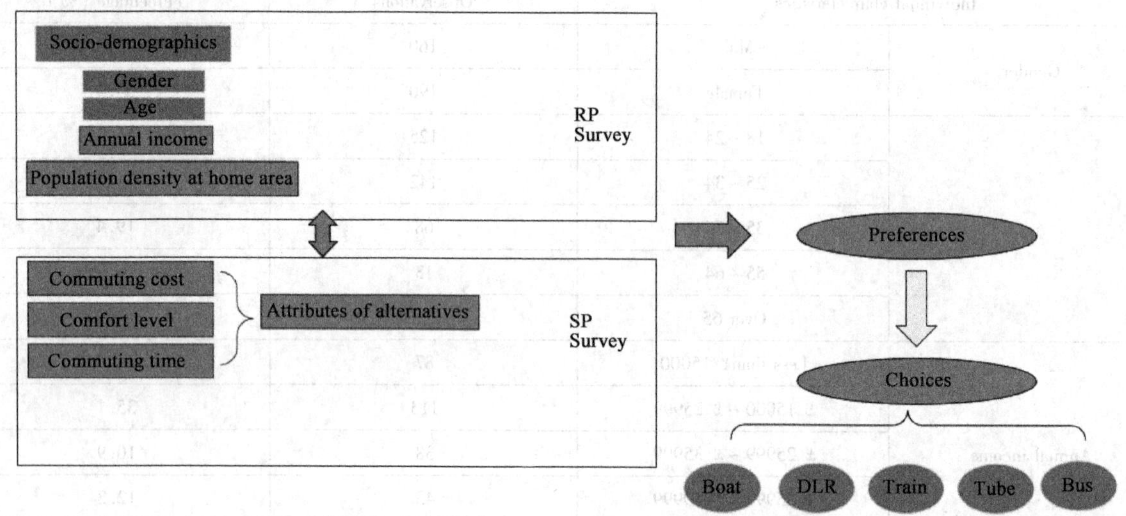

Fig. 3 Mode choice specifications

Multinomial mode choice model estimation results Tab. 4

Mode	Model parameters	Coefficients	Standard errors	t-test
Boat	Gender	-1.07720 * * *	0.1328	-8.11
	Age	0.54563 * * *	0.08531	6.4
	Income	0.07733 *	0.04545	1.7
	Population density at home area	0.03644	0.05092	0.72
	Commuting cost	0.33944 * * *	0.01017	33.38
	Comfort level	0.08398 * * *	0.00251	33.45
	Commuting time	0.11354 * * *	0.00546	20.81
Train	Gender	-0.21250 *	0.11095	-1.92
	Age	0.07869	0.08039	0.98
	Income	0.05555	0.04048	1.37
	Population density at home area	-0.12871 * * *	0.04643	-2.77
	Commuting cost	0.51033 * * *	0.01005	50.76
	Comfort level	0.13069 * * *	0.00255	51.19
	Commuting time	0.41685 * * *	0.0051	81.69
DLR	Gender	0.04567	0.12579	0.36
	Age	-0.13077	0.09402	-1.39
	Income	0.11128 * *	0.04506	2.47
	Population density at home area	-0.12858 * *	0.05262	-2.44
	Commuting cost	0.35840 * * *	0.01055	33.96
	Comfort level	0.13113 * * *	0.00259	50.63
	Commuting time	0.11481 * * *	0.00549	20.91

continue

Mode	Model parameters	Coefficients	Standard errors	t-test
Tube	Gender	-0.0865	0.10301	-0.84
	Age	-0.01634	0.07559	-0.22
	Income	0.04128	0.03758	1.1
	Population density at home area	-0.01161	0.04249	-0.27
	Commuting cost	0.43488 * * *	0.00889	48.91
	Comfort level	0.06687 * * *	0.00207	32.27
	Commuting time	0.37429 * * *	0.00494	75.72
Bus	Gender	-0.38049 * * *	0.04013	-9.48
	Age	-0.16007 * * *	0.03025	-5.29
	Income	-0.04894 * * *	0.01507	-3.25
	Population density at home area	-0.09107 * * *	0.01677	-5.43
	Commuting cost	0.43515 * * *	0.00861	50.52
	Comfort level	0.11688 * * *	0.00231	50.70
	Commuting time	0.37589 * * *	0.00472	79.69

Log likelihood function -2513.3605 4

Inf. Cr. AIC = 5064.7 AIC/N = 2.894

Constants only -2722.3435 .0768 .0743

Note: * * *, * *, * = = > Significance at 1%, 5%, 10% level.

Log likelihood function for Choice modelequal to -2513.3, which indicates that the overall model is statistically significant (Spencer-Cotton, 2016). Generally, the signs of all coefficients are consistent with this paper's priori assumptions. More specifically, positive signs for the three attributes mean that, a decrease of the commuting cost, of the level of congestion during the commute experience and a lower commuting time for a given mode would extend the utility (and thus the chosen probability) of that modal alternative. If other attributes are equal, train and DLR are the most preferable options for respondents.

3.1 Model estimation results for boat commuting

Though only 8.6% of the commuters use boat for commuting, a much higher proportion (14%) would choose it based on the SP scenarios. This specifically concerns elderly and commuters with high salaries. Female showed less interested in using boat in the SP scenarios, which is similar to the reality. In London, females travelling on boats are less 20% than males (Transport for London, 2017). Interestingly, commuters who live in high population densities prefer to use boats.

Regarding the three attributes, commuting costs play the most significant role when choosing boats. Yet, comfort levels did not emerge as a significant attribute for boat-related modes. Though participants would like to use boats if these were less-crowded, comfort level is not a dominant factor to attract boat commuters. Instead, participants pay particular attention to commuting costs. The lower the cost, the higher the willingness for using boats. London's rivers and waterways form an important part of London's transport network. In 2018 river services carried 9.8 million passengers and the latest figures show that 12.83 million tonnes of cargo was moved on the Thames in 2017. Besides tourists, Thames Clippers also caters for commuters. A growing literature points out that people's commuting mode, which means the ways they travel to and from work, can significantly affect their health and wellbeing (Chng *et al.*, 2016). For instance, using public transport (e. g. boat) rather than driving cars, can help commuters to do physical exercise, and also promote health benefits (Tanko and Burke, 2015).

Commuting time, also called connectivity, is the second most important factor which may affect boat commuters' choice. As Heidi Alexander, the Deputy Mayor for Transport, puts it "*London was founded on the Thames and the river continues to play a key part in the city's success today… For many commuters, a comfortable, uncongested and affordable boat ride would be the ideal end to a busy day… London's passenger piers are the gateways to the river and are integral to delivering our vision.*" However, a number of commuters could not use boats even if they would like to, the main reason being that the River Thames only has limited piers so that many people's homes are far away from the piers, which force them to use other commuting modes. For instance, during the data collection of this paper, Thames Clippers owned 22 piers across the capital, revealing a gap with commuters' travelling needs. The Thames Clippers included a brand-new Royal Wharf Pier which started serving The Royal Docks in October 2019. Developing London's network of piers is central to their ambitions and this Passenger Pier Strategy sets out their vision for the future to improve the experience of using the city's piers, making them safer, more accessible and better integrated into the wider transport network (Transport for London, 2017).

3.2 Model estimation results for train and DLR commuting

Regarding the three attributes, the situation of the train is similar to that of boats. Commuters mainly care about commuting cost, and connectivity comes next. Comfort level is also significant when participants make choices, but less so when comparing it with others. In the SP survey group, 14.6% of the participants mainly use train. When answering the SP questions, females seem likely to use trains.

Demand for rail services into London has increased by 12% over the last six years and is forecasted to remain the same by early 2030's (Transport for London, 2018). In the SP scenarios, lower incomers showed less interests to choose train. In 2017 alone, rail fares rose by an average of 3.4%, the largest increase since 2013 (Transport for London, 2018). Cheap train tickets now seem to be a thing of the past as train fares have risen twice as fast as salaries over the past decade (Special and Statistics, 2014). Many people are slowly deserting trains and opting to work from home, while Londoners are changing the way they work to avoid the use of the railway. Females particularly tried to get rid of using trains, in the SP scenarios. Commuters are becoming frustrated with the long commutes, high fares and often unreliable services of rail travel. Commuters who live in high populated areas, prefer to choose trains.

The trend for travelling by DLR since its initial opening in 1987 shows a steadily growing patronage, as the network has progressively expanded. Yet, only around 9% of the survey population treat DLR as the main commuting mode, because DLR is established in southeast London only. The DLR is already fully accessible, as is LondonTramlink (Transport for London, 2017). DLR, as part of the underground, accounted for 40 percent of trips between central and Outer London ('Travel in London', no date). In the surveyed SP scenarios, males and young people tend to choose DLR. Unlike the situation of boat and train, the sensitives to the three different attributes for choosing DLR were found to be as follows: Commuting cost > comfort level > commuting time.

3.3 Model estimation results for tube and bus commuting

The bus and tube are key modes of public transport for those on low incomes, this may be in part due to cost and partly because some areas are better served by buses compared to other travel modes ('People on low incomes', no date). In the surveyed population, 24.3% use tube while 19.1% use bus respectively. These two modes are attractive for low incomes, because they are not only cheap, but also convenient. For instance, DLR holds the same price as tube, but commuters prefer to use the tube, because the speed of DLR is slower, and because there are not so many DLR stations either. Some of the tube and bus services also operate at night.

By the introduction of Night Tube and the London Overground Night Service on Friday and Saturday nights, commuters tend to have habits to choose tube and bus (Transport for London, 2017). The impacts of Night Tube and the London Overground Night Service on night bus demand can be further explored by grouping bus routes according to their alignment and seeing the different impacts of demand on each of the groups in the survey. Males, young groups and lower incomes prefer to choose tube and bus. In the SP scenarios, participants focus on commuting cost. They would like to choose the two modes if the cost is cheap. They also focus on connectivity, but commuting cost is prioritised. Comfort is comparatively less important for participants.

4 Conclusion

This paper focused on five public commuting modes, delivered a mode choice study particular emphasis was placed on three wellbeing factors (commuting cost, commuting time, and comfort level). Based on the combination of the SP and RP survey data, a MNL model was developed. Potential impacts of a number of policy recommendations were highlighted to promote commuting by boat. The paper filled a gap in the field of Random utility-based discrete choice models (DCMs). Several authors have investigated the influential factors associated with mode choice (De Vos *et al.*, 2016), however, most of these studies do not make a connecting mode choice with wellbeing outcomes (Liu *et al.*, 2019). Besides, in the DCM field, only a few researches have investigated inland waterways transportation (Tanko and Burke, 2015). Hence, this study investigates ways to encourage the use of public transport modes (e. g., boat commuting), and in doing so to effectively control the use of private cars. It found that commuters tend to choose boats as a commuting method. Commuters prefer to choose a mode with less commuting cost and time but pay less attention to comfort level during commuting. The results also revealed that, commuting time and cost were the main determinants which influenced the modal choice of people, comfort level is not a dominant factor when commuters choose a mode of commuting.

Though this study used MNL model to predict which wellbeing variables play dominant roles of mode choosing, it did not deeply understand commuters' travel behaviour and wellbeing outcomes. Future work can test the results by using machine learning techniques, such as random forest (Brondeel, Kestens and Chaix, 2017), by more clearer survey questions.

References

[1] Abreu J D, PAPAIX C, CHEN G, 2018. ScienceDirect The influence of information-based Transport Demand Management The influence of information-based Transport Demand measures on commuting mode choice . Comparing web Management Comparing web face surveys face surveys. Transportation Research Procedia 32, 363-373. https://doi. org/10. 1016/j. trpro. 2018. 10. 066

[2] Allen J, Munoz, J C, Ortu ZAR J D., 2019. Understanding public transport satisfaction: Using Maslow's hierarchy of (transit) needs. Transport Policy 81, 75-94. https://doi. org/10. 1016/j. tranpol. 2019. 06. 005

[3] Brondeel R, Kestens Y, Chaix B, 2017. An evaluation of transport mode shift policies on transport-related physical activity through simulations based on random forests. International Journal of Behavioral Nutrition and Physical Activity 14, 1-9. https://doi. org/10. 1186/s12966-017-0600-1

[4] Chang S, White M, Abraham, C., Skippon, S., 2016. Commuting and wellbeing in London: The roles of commute mode and local public transport connectivity. Preventive Medicine.

https: // doi. org/10. 1016/j. ypmed. 2016. 04. 014.

[5] Clark, B, Chatterjee K, Martin A, Davis A, 2019. How commuting affects subjective wellbeing. Transportation 1-29. https: // doi. org/10. 1007/s11116-019-09983-9.

[6] Ettema D, Friman, M, Gärling T, et al. Travel Mode Use, Travel Mode Shift and Subjective Well-Being: Overview of Theories, Empirical Findings and Policy Implications. Mobility, Sociability and Well-being of Urban Living 129-150.

[7] Ettema D, Gärling T, Olsson L E, et al Out-of-home activities, daily travel, and subjective well-being. Transportation Research Part A: Policy and Practice 44, 723-732. https: // doi. org/10. 1016/j. tra. 2010. 07. 005.

[8] Fell E M, Friman M. Perceived satisfaction with public transport service in Nine European cities. The Transportation Research Forum. https: // doi. org/10. 5399/osu/jtrf. 47. 3. 2126.

[9] Hausman J A, Mcfadden D L, Hausman J, MCFADDEN D. Specification Tests for the Multinomial Logit Model. Econometrica 52, 1219-40.

[10] Hess S. Conditional parameter estimates from Mixed Logit models: Distributional assumptions and a free software tool. Journal of Choice Modelling 3, 134-152. https: // doi. org/10. 1016/S1755-5345(13)70039-3.

[11] Kahneman D, Wakker P P, Sarin R. Back to Bentham? Explorations of Experienced Utility Author (s): Daniel Kahneman, Peter P. Wakker, Rakesh Sarin. Quarterly Journal of Economics. https : // doi. org/ 10. 1080 / 027249803430002 42.

[12] Lorenz O. Does commuting matter to subjective well-being? ☆. Journal of Transport Geography 66, 180-199. https: // doi. org/10. 1016/j. jtrangeo. 2017. 11. 019.

[13] LORENZ O. Does commuting matter to subjective well-being? ☆. Journal of Transport Geography 66, 180-199. https: // doi. org/10. 1016/j. jtrangeo. 2017. 11. 019.

[14] Louviere J, Hensher D, SWAIT J. Stated choice methods: analysis and applications.

[15] Mahoney L. Investigating the Interactions of TravelBehaviour and Wellbeing: A Mixed-methods Case Study of Penarth and Cardiff, Wales.

[16] Márquez L, Cantillo V, Arellana J. How are comfort and safety perceived by inland waterway transport passengers? Transport Policy 36, 46-52. https: // doi. org/10. 1016/j. tranpol. 2014. 07. 006.

[17] MATTISON K. Commuting, Health, and Wellbeing (Mode and duration matters).

[18] Ramirez-Llodra E, Tyler, P A Baker M C., Bergstad, O. A., Clark, M. R., Escobar, E., Levin, L. A., Menot, L., Rowden, A. A., Smith, C. R., van Dover, C. L., 2011. Man and the last great wilderness: Human impact on the deep sea. PLoS ONE. https: // doi. org/10. 1371/journal. pone. 0022588.

[19] Rea R L, Abdallah S. Well-being and Transport: Taking Stock and Looking Forward. Transport Reviews 33, 634- 657. https: // doi. org/10. 1080/01441647. 2013. 837117.

[20] Tanko M, Burke M. Why busways? Styles of planning and mode-choice decision-making in Brisbane's transport networks. Australian Planner 52,, 229-240. https: // doi. org/10. 1080/07293682. 2015. 1047873 Transport for London, 2018. The London Health Inequalities Strategy.

[21] Ye R, Titheridge H. Satisfaction with the commute: The role of travel mode choice, built environment and attitudes. Transportation Research Part D: Transport and Environment 52, 535-547. https: // doi. org/10. 1016/j. trd. 2016. 06. 011.

市域快线影响下既有城轨车站客流预测方法研究

于丁原[1] 姚恩建*[1] 张永生[1] 吴兆斌[2] 罗启祥[2] 高 巍[1]
(1. 北京交通大学综合交通运输大数据应用技术交通运输行业重点实验室;
2. 广州地铁集团有限公司)

摘 要 为分析市域快线接入对既有地铁线网客流影响,本文以既有地铁站进站量预测模型为载体,通过既有地铁站进站量预测揭示其客流所受影响。首先,选取后疫情时期既有地铁站客流数据并进行修正,利用指数平滑模型预测既有地铁站自然变化进站量。其次考虑市域快线与既有地铁线路的竞合关系,开展出行者在常规地铁与市域快线间的路径选择行为调查,建立路径选择模型,确定既有车站客流修正系数,最后在自然变化客流上进行修正,形成市域快线接入下的既有地铁站进站量预测模型。本文一方面考虑后疫情时期历史客流数据修正,使新线接入后两个月的既有车站自然变化客流预测 MAPE 分别达到 6.52% 和 6.38%;另一方面通过路径选择模型对市域快线接入后受影响最大的既有地铁站点自然变化客流进行修正,修正后相应既有地铁站点进站预测 MAPE 降低 1.39%。

关键词 城市轨道交通 市域快线 新线接入 既有站 进站客流预测

0 引言

市域快线新线接入将改变既有传统地铁网络结构,使得地铁线网客流规模扩大,对既有地铁站点客流产生影响,而此类影响显著体现于地铁车站进站量的变化。

目前对于市域快线接入下的既有地铁线网客流预测及影响分析研究较少,主要研究集中在传统地铁网络新线运营衔接模式或单一制式轨道交通客流需求预测分析等内容上。

现有研究中,彭其渊[1]将轨道交通不同制式间的协同程度分为四个等级,提出了多制式轨道交通一体化运输中五种运输组织协同模式。Vigrass[2]研究了市郊铁路与城市轨道交通直通运行的制式问题。而在客流需求预测分析相关研究上,针对常规单一制式轨道交通的进出站客流预测,目前已得到了较为充分的研究。吕高腾[3]将城际轨道交通客流分为趋势客流、转移客流、诱增客流,分别采用四阶段法进行预测。Ding[4]将动态波动引入地铁短期客流量预测过程,构建了四种综合的 ARIMA 和 GARCH 模型,建立了短期客流量预测模型。Bai[5]研究了现有的综合预测方法和计算模型体系,提出时间序列模型和回归模型相结合的客流预测方法。而对于新站客流预测,Liu[6]将新站进出站量分为基本客流、分流客流和诱增客流,分别采用三种方法进行预测。光志瑞[7]提出将车站可达性指标作为模糊化特征指标,建立接入新线条件下轨道交通网络新站进出站客流预测模型。姚恩建[8]提出基于改进的非参数回归客流预测方法,进行新站开通初期的实时客流预测。此外,Wei[9]、崔洪涛[10]等也分别基于深度学习方法进行了站点进出站客流量预测。

综上所述,现有研究对市域快线新线接入背景下的客流预测研究较少,现有研究主要集中在单一制式网络下的轨道交通站点客流预测。然而,现有客流预测分析方法并不能完全适用于不同制式轨道交通新线接入下的客流预测研究。基于此,本文将出行行为决策与传统客流预测方法相结合,刻画出市域快线接入后的乘客出行选择行为,分析既有地铁乘客向市域快线的转移趋势,构建市域快线接入条件下的轨道交通网络路径选择模型,提出基于指数平滑法和路径选择行为建模的进站量预测模型。

1. 基金项目:国家自然科学基金(52172312)。

1　防疫常态化背景下既有站点客流情况分析

市域快线开通前既有地铁站点的客流情况是对其开通后既有地铁线网客流影响分析的关键。此外，受2020年初新冠肺炎疫情影响，居民的交通出行模式发生较为明显的变化，地铁出行量急剧下降，故还需分析疫情影响下的地铁客流突变及后疫情时期历史客流数据的修正。

1.1　既有地铁站点进站量时序规律分析

基于广州市轨道交通自动检票系统 AFC (Automatic Fare Collection System)自动采集的数据，以广州市地铁6号线一德路站2020年7月1日至2021年9月30日进站量为例，进行时间序列数据分析，一德路进站量如图1所示。

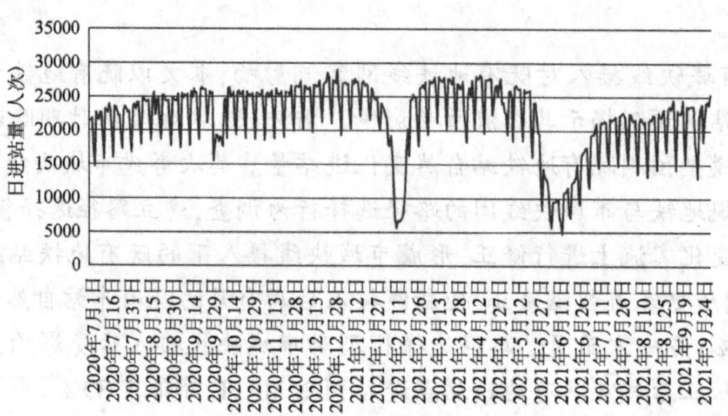

图1　一德路站日进站量时间序列图

由图1日进站量的序列图可以清楚地发现，2020年7月至2021年9月一德路站日进站量的变化是不平稳的，整体上可划分为几部分且大致是以7天为一个周期。此外，分析其月进站量时间序列图如图2所示。

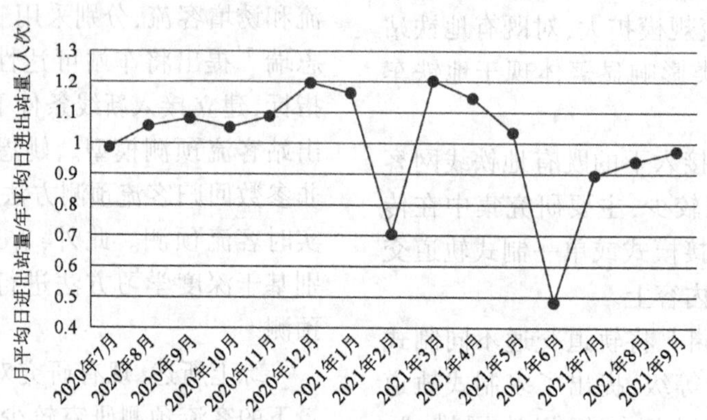

图2　一德路站月进站量时间序列图

从图2中可以看出，一德路站月进站量整体存在着较大变化，且2021年的2月及6月相较其他月份进站客流量明显减少。

1.2　考虑疫情影响的地铁异常客流数据修正

根据图2显示2021年的2月及6月客流数据急剧下降，对此时段的客流变化情况进行分析。由于2021年2月11日至17日为法定春节假期，大批务工人员返乡及居民过节等原因导致地铁客流量减少，且与2019年等年份客流量比对可知，2月平均日客流量较小为正常现象。2021年6月客流数据的急剧减少与疫情相关，由于2021年5月底广州出现感染变种新冠病毒病例，故6月上旬部分地铁站点封锁。受此轮疫情影响，2021年6月广州公共交通客流量急剧减少。

因此需对后疫情时期历史客流数据修正，将5月及6月疫情期间即2021年5月21日至6月20日的数据剔除，保留剩余日期中非节假日数据，对剔除后日期采用疫情管控后客流恢复时期客流进行补充，计算修正后的5月及6月月平均日进站量，如图3所示。修正结果显示修正后的5月及6月客流数据较修正前有所增加，但由于疫情影响具有持续性，6月底疫情基本结束后居民出行方式上仍一定程度避免选择公共交通方式，故之后的进站量仍较前几月减少20%以上，仍有恢复趋势。

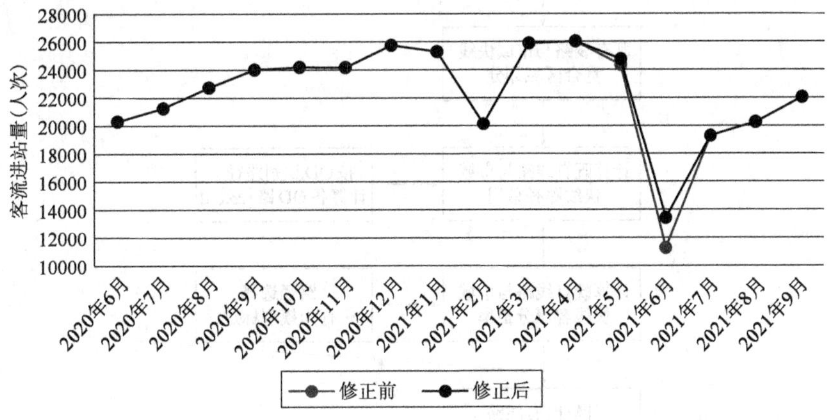

图3 非节假日一德路站2020年6月至2021年9月进站量折线图

2 市域快线接入下的既有站点进站量预测模型

2.1 既有站点进站量情况分析

市域快线的开通导致既有地铁线网客流发生复杂变化，其原因主要为两方面：一方面，随着地铁线网的发展，既有地铁站点有其自身发展规律，存在自然变化客流；另一方面，市域快线与既有地铁线路具有一定的竞合关系，市域快线开通将吸引部分既有地铁站点客流，使既有地铁站点客流发生变化。

基于上述考虑，本文决定将市域快线接入后的既有地铁站进站客流分为自然变化客流和修正客流两部分，其中修正客流体现市域快线接入对地铁线网的影响，其效果通过修正系数表现，将修正系数作用于自然变化客流以分析市域快线接入对既有地铁线网的影响，即既有地铁站点进站量计算式为：

$$Q'_{ini} = \alpha_i \cdot Q_{ini} \tag{1}$$

式中：Q'_{ini}——修正后的既有地铁站点进站量；

α_i——修正系数；

Q_{ini}——自然变化客流进站量。

2.2 基于时间序列模型的自然变化客流预测

自然变化客流指市域快线未接入前既有地铁站的常规客流，具有趋势性及周期性变化特征。因此可通过分析既有地铁站点客流历史数据，建立基于时间序列模型的自然变化客流预测模型。

指数平滑法作为时间序列预测模型，所需数据资料少，能够通过权重的指数衰减，对各期数据按时期的远近赋予不同的权重，更好地反映需求的波动情况。

其主要计算公式如下：

$$S_t = \alpha y_t + (1-\alpha) S_{t-1} \tag{2}$$

式中，S_t——在t时刻的平滑值(预测值)；

y_t——在t时刻的实际值；

S_{t-1}——在$(t-1)$时刻的平滑值(预测值)；

α——平滑系数，取值范围为$[0,1]$。

受疫情影响，目前仅有广州既有地铁线网2020年6月到2021年9月共15个月的有效历史客流数据，数据量少且预测时间跨度较小，而使用指数平滑法预测中短期趋势往往能得到较好效果，故指数平滑法适用于本文研究。

2.3 基于非集计理论的既有站客流修正

市域快线新线开通对既有地铁线网进站客流量有一定的影响，其对既有地铁线路有一定的分担作用。本文分析居民轨道交通出行的路径选择行为，通过出行调查分析出行者在既有地铁路径和市域快线新线路径间的选择概率，剖析市域快线与既有地铁线路的竞合关系，分析市域快线新线接入对既有地铁线网的影响并提出修正系数，对既有地铁站点自然变化客流进行修正。

市域快线开通条件下既有地铁站点进站客流量修正流程如图4所示。

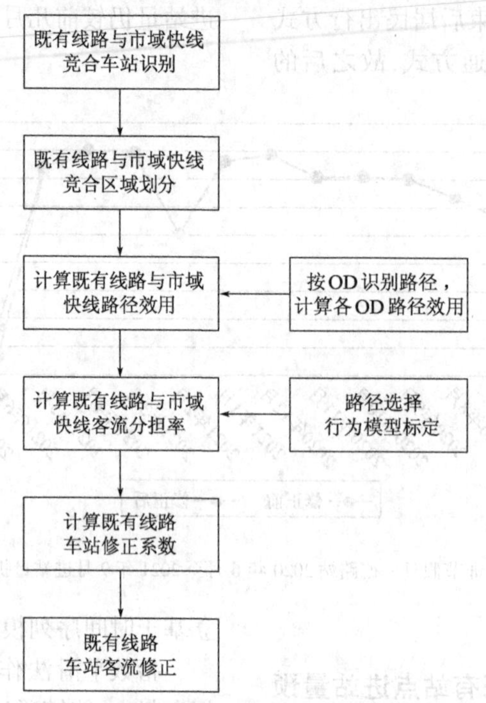

图4　既有线站点进站客流量修正基本流程图

首先识别与市域快线具有竞合关系的既有地铁站，划分受影响车站的吸引范围与市域快线车站吸引范围，本文根据地铁线路客流预测过程中的轨道交通吸引范围确定。在线路两侧，取垂直距离800m划出一次吸引范围，垂直距离3km划出二次吸引范围。

将二者吸引范围重叠区域作为受市域快线竞合影响区域，该区域乘客出行不再限制于既有地铁线路，部分乘客受市域快线吸引转移至市域快线出行。在吸引范围重叠区域建立地铁乘客路径选择模型，通过已标定的路径选择模型效用函数计算既有站客流分担率 P_{exit}。重叠区域地铁乘客出行路径如图5所示。

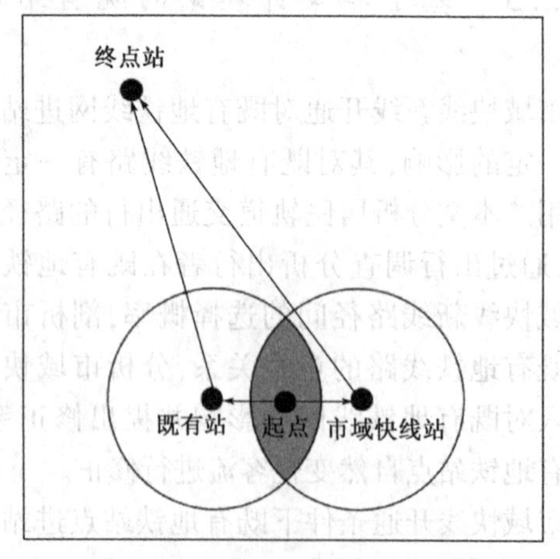

图5　重叠区域地铁乘客出行路径

本文选用的路径选择模型需计算各出行方式的效用进而计算各方式的选择概率，因此选取MNL模型实现。在具体形式上，本文采用线性函数作为效用函数的表达形式，即：

$$V_{in} = \sum_{k=1}^{K} \theta_k X_{kin} \tag{3}$$

式中：X_{kin}——出行者 n 的选择肢 i 的第 k 个变量值；

θ_k——待定系数。

MNL模型以随机效用最大化理论作为理论基础，并基于该理论将出行者 n 决策选择第 i 种选择枝的概率确定为：

$$P_{in} = \frac{\exp(V_{in})}{\sum_{j \in A_n} \exp(V_{jn})} (i \in A_n) \tag{4}$$

式中：P_{in}——出行者 n 选择方案 $i(i = 1,2,3,\cdots,in)$ 的概率；

V_{in}——出行者 n 的选择方案 i 的效用函数的固定项；

A_n——出行者 n 的选择方案的集合。

为简化模型计算，选取以既有线路车站为起点客流量前10的OD对作为该车站的实际出行场景。以重叠区域质心为起点，计算各OD间既有路径和市域快线路径的选择比例。以各OD对的OD客流量作为权重，计算既有线路车站客流修正系数，车站 i 的修正系数 α_i 计算方法为：

$$\alpha_i = 1 - \frac{S_{lapi}}{S_i} + \frac{S_{lapi}}{S_i} \cdot \left(\frac{q_1}{\sum_j q_j} \cdot P_{\text{exit1}} + \frac{q_2}{\sum_j q_j} \cdot P_{\text{exit2}} + \cdots + \frac{q_j}{\sum_j q_j} \cdot P_{\text{exitj}} \right) \tag{5}$$

$$P_{\text{exitj}} = \frac{e^{V_{\text{exit}}}}{e^{V_{\text{exit}}} + e^{V_{\text{new}}}} \tag{6}$$

式中：α_i——既有线路车站 i 的修正系数；

S_i——既有线路车站 i 的服务范围面积；

S_{lap}——既有线路车站 i 与市域快线服务范围重叠部分面积；

q_j——以车站 i 为起点的第 j 个 OD 客流量；

P_{exitj}——以车站 i 为起点的第 j 个 OD 乘客选择既有线路路径出行概率；

V_{exit}——既有线路路径效用；

V_{new}——市域快线线路路径效用。

3 案例分析

3.1 SP 出行问卷调查

SP(Stated Preference Survey)调查即基于假设条件的意向调查,其假定某一选择场景,了解被调查者在这一选择状态下的选择结果。由于计算市域快线新线与既有地铁线路的选择概率时,新线车站尚未开通,被调查者尚未进行过此类出行,因此开展市域快线开通后的选择行为 SP 调查,分析市域快线客流分担率。

调查以广州地铁市域快线 18 号线新线开通为背景开展 SP 调查,通过电子地图识别与市域快线形成竞争的路径信息,并根据各变量的实际值通过 D 最优模型交叉形成多个场景。考虑市域快线站间距大、车站相对稀疏、车辆运行速度快的特征,将市域快线路径特征表设置为接驳时间较长,换乘次数较多但乘车时间缩短。设置市域快线接入下的出行路径 SP 场景 12 个,每位被调查者随机分配 3 个场景,场景示例如图 6 ~ 图 8 所示。

本次调查时间为 2021 年 7 月至 10 月,发放地点为广州市地铁站及广州地铁官方微信公众号,发放时间覆盖出行高峰与平峰期,问卷发放数量的确定参考既有研究并结合本研究需要,共计发放 8323 份问卷,最终收到有效问卷 8255 份,有效率达 99.18%。

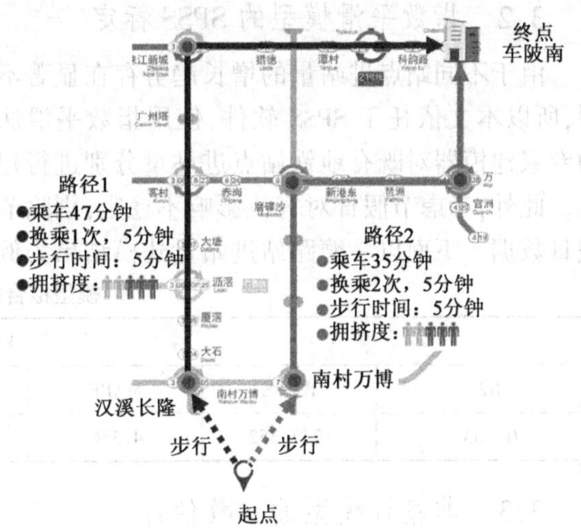

图 6 市域快线接入下的路径选择场景 1

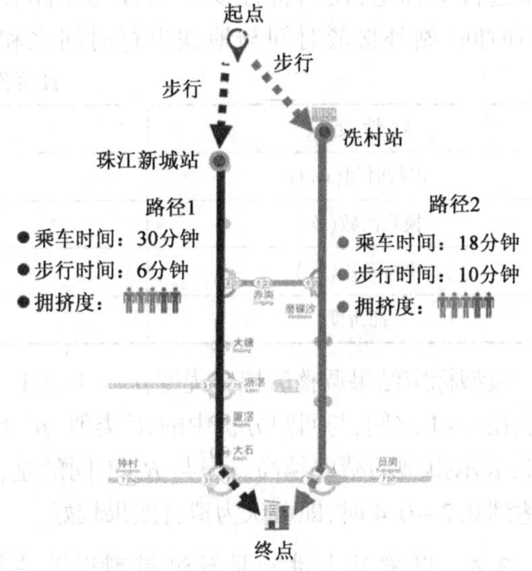

图 7 市域快线接入下的路径选择场景 2

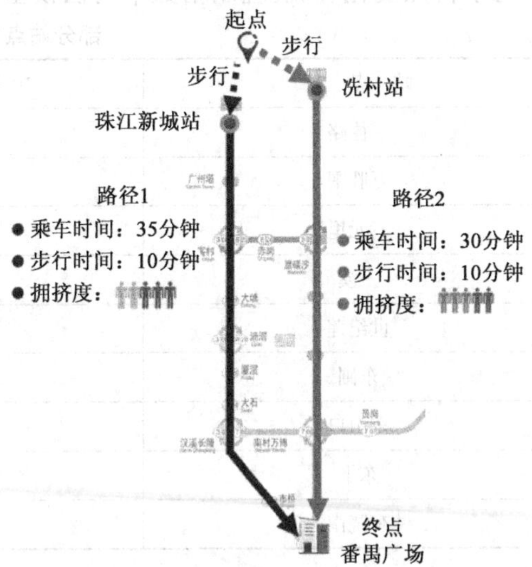

图 8 市域快线接入下的路径选择场景 3

3.2　指数平滑模型的SPSS标定

由于不同站点进站量的增长趋势存在显著不同,所以本文依托于SPSS软件,使用指数平滑法的专家建模器对既有地铁站点进站量分别进行建模。此外,考虑节假日对客流影响不稳定,剔除节假日数据。下面以一德路站进站量建模结果为例进行说明。

表1是模型拟合的各项统计指标,可以直观地看出此指数平滑模型对其时间序列的拟合效果较好,其拟合优度达到0.903,可以很好地应用到自然变化客流的进站量预测中。

模型拟合的各项统计指标　　表1

Fit Statistic						
R2	RMSE	MAPE	MaxAPE	MAE	MaxAE	Normalized BIC
0.903	1244.352	4.356	784.752	23.525	2650.196	14.773

3.3　非集计模型的参数估计

采用非集计模型中的MNL模型对路径选择模型进行了标定,模型特性变量选择每条路径的出行时间(站外接驳时间与地铁出行时间之和)、换乘次数、出行费用和拥挤度。

利用Python语言的Biogeme功能包标定,标定结果如表2所示。

路径选择模型标定结果　　表2

特性变量	标定值	t值
出行时间(min)	-0.0675	-5.57
换乘次数(次)	-0.25	-2.17
出行费用(元)	-0.221	-4.27
拥挤度	-0.0609	-1.41

模型标定结果调整后拟合优度$\rho^2 = 0.221$,ρ^2的值在0~1之间,与回归分析中的R^2类似,ρ^2越接近1,表示模型的精度越高。但与R^2不同的是,ρ^2值达到0.2~0.4时,即可认为拟合效果较好。

3.4　既有站点进站量预测模型误差分析

对于自然变化客流,应用指数平滑法模型,对各个既有地铁站点自然变化进站量进行预测。本研究采用2020年6月至2021年9月修正后剔除节假日的数据预测2021年10月及11月各个站点进站量,如表3所示为部分站点自然变化进站量预测结果。

部分站点自然变化进站量预测值　　表3

站点名	10月进站预测(人次)	11月进站预测(人次)
一德路	20918	20903
万胜围	49361	51384
三元里	40713	40878
三溪	25194	25454
世纪莲	6284	5328
东圃	18651	18788
东山口	36211	37298
东平	2903	3016
东晓南	31997	32114

如表4所示,将预测的自然变化客流进站量与实际进站量进行对比,结果显示预测效果较好。

部分站点自然变化进站量预测误差 表4

站点名	10月进站误差	11月进站误差
一德路	8.74%	10.15%
万胜围	1.2%	1.55%
三元里	2.27%	4.74%
三溪	4.14%	5.98%
世纪莲	18.32%	2.17%
东圃	1.37%	3.91%
东山口	8.39%	6.93%
东平	3.1%	4.27%
东晓南	6.56%	9.55%

为清晰既有地铁线网自然变化进站量预测的整体效果,引入平均绝对百分比误差 MAPE(Mean Absolute Percentage Error):

$$\text{MAPE} = \frac{1}{n}\sum_{k=1}^{n}\left|\frac{\text{AM}_k - A_k}{A_k}\right| \tag{7}$$

式中:A_k——进出站量的实际值;

AM_k——进出站量的预测值;

k——所预测站点序号。

计算可得2021年10月及11月既有地铁线网自然变化进站量预测 MAPE 分别为6.52%、6.38%,如表5所示。

既有地铁线网自然变化进站量预测 MAPE 表5

时间	2021年10月	2021年11月
MAPE	6.52%	6.38%

对市域快线18号线接入后受竞合影响的既有地铁3号线进站量进行修正,根据3号线各车站吸引范围及车站分布情况,识别受竞合影响的车站为岗顶站、石牌桥站、珠江新城站、沥滘站,根据修正系数公式计算各站修正系数,如表6所示。

受影响的既有车站修正系数 表6

车站	修正系数
岗顶站	0.975
石牌桥站	0.977
珠江新城站	0.972
沥滘站	0.928

由表6修正系数均小于1可知,市域快线的接入对既有地铁线网的客流产生了分担作用,使客流产生了转移,出现从既有地铁站向市域快线的转移趋势,使受影响的既有地铁站均产生不同程度的客流缩减。此外,根据公式(1)计算修正后的受影响站点最终进站量,修正结果及修正前后误差如表7所示。

受影响的既有车站修正结果及误差分析 表7

车站	修正结果(人次)	修正前误差(稳定期)	修正后误差(稳定期)
岗顶站	45578	1.94%	0.61%
石牌桥站	34563	1.39%	0.943%
珠江新城站	99666	8.20%	5.18%
沥滘站	17200	4.13%	3.37%

从表7可以看出,经过修正,受新线接入影响的既有地铁站点进站量预测误差均得到改善,修正后较修正前相应既有地铁站点进站预测 MAPE 降低1.39%,证明本文研究方法的进步性及开拓性。

4　结语

本文通过分析既有地铁车站进站量的时间序列数据,提出市域快线接入下的既有地铁站进站量预测模型。本文对广州市后疫情时期小规模疫情影响的历史客流数据进行了修正,利用指数平滑模型预测出既有站自然变化客流量,既有站自然变化客流预测 MAPE 达到6.52%(2021年10月)、6.38%(2021年11月)。同时考虑市域快线与既有地铁线路的竞合关系,开展出行者在常规地铁与市域快线间的路径选择行为调查,建立路径选择模型,确定受影响车站及其修正系数,对自然变化客流量预测结果进行修正,使受影响既有地铁站点预测 MAPE 降低1.39%。但是,本文未进行市域快线新站点的进出站量预测,且未研究既有地铁出站量预测模型,未来可着手依托上述问题进行进一步研究。

参考文献

[1] 彭其渊,罗洁,文雯,等.区域多制式轨道交通运输组织协同模式研究[J].交通运输工程与信息学报,2020,18(04):1-10.

[2] Vigrass J W. Alternative forms of motive power for suburban rail rapid transit[C]//ASME/IEEE Joint Conference on Railroads. IEEE, 1990: 65-77.

[3] 吕高腾.城际轨道交通客流量预测方法研究[D].兰州交通大学,2013.

[4] Ding C, Duan J, Zhang Y, et al. Using an ARIMA-GARCH Modeling Approach to Improve Subway Short-Term Ridership Forecasting Accounting for Dynamic Volatility[J]. IEEE Transactions on Intelligent Transportation Systems, 2018, 19(4): 1054-1064.

[5] L. Bai, "Research on the Computer Algorithm Application in Urban Rail Transit Holiday Passenger Flow Prediction," [C]// 2016 International Conference on Network and Information Systems for Computers (ICNISC), 2016: 233-236.

[6] Liu S, Yao E, Cheng X, et al. Evaluating the impact of new lines on entrance/exit passenger flow of adjacent existing stations in urban rail transit system[J]. Transportation Research Procedia, 2017, 25: 2629-2642.

[7] 光志瑞.基于土地利用和可达性的城市轨道交通进出站客流量预测[D].北京交通大学,2013.

[8] 姚恩建,周文华,张永生.城市轨道交通新站开通初期实时进出站客流量预测[J].中国铁道科学,2018,39(02):119-127.

[9] Wei Y, Chen M-C. Forecasting the Short-Term Metro Passenger Flow with Empirical Mode Decomposition and Neural Networks[J]. Transportation Research Part C: Emerging Technologies, 2012, 21(1): 148-162.

[10] 崔洪涛,陈晓旭,杨超等.基于深度长短期记忆网络的地铁进站客流预测[J].城市轨道交通研究,2019,22(09): 41-45.

参数解释表

Q'_{ini} 为修正后的既有地铁站点进站量;

α_i 为既有线路车站 i 的修正系数;

Q_{ini} 为自然变化客流进站量;

S_t 为在 t 时刻的平滑值(预测值);

y_t 为在 t 时刻的实际值;

S_{t-1} 为在 $(t-1)$ 时刻的平滑值(预测值);

α 为平滑系数,取值范围为 $[0,1]$;

X_{kin} 为出行者 n 的选择肢 i 的第 k 个变量值;

θ_k 为待定系数;

P_{in} 为出行者 n 选择方案 $i(i=1,2,3,\cdots,in)$ 的概率;

V_{in} 为出行者 n 的选择方案 i 的效用函数的固定项;

A_n 为出行者 n 的选择方案的集合;

S_i 为既有线路车站 i 的服务范围面积;

S_{lap} 为既有线路车站 i 与市域快线服务范围重叠部分面积;

q_j 为以车站 i 为起点的第 j 个 OD 客流量;

P_{exitj} 为以车站 i 为起点的第 j 个 OD 乘客选择既有线路路径出行概率;

V_{exit} 为既有线路路径效用;

V_{new} 为市域快线线路路径效用;

A_k 是进出站量的实际值;

AM_k 是进出站量的预测值;

k 是所预测站点序号。

城市 P + R 停车场库交通影响分析方法研究

蔡传慈*[1] 朱鸿章[2] 刘 洋[1] 秦逸飞[1] 姚广铮[1]
(1. 南京市城市与交通规划设计研究院股份有限公司北京分公司;
2. 北京市政建设集团有限责任公司)

摘 要 为了促进基础设施交通影响分析研究,进一步规范其内容,为规划部门提供决策依据,对 P + R 停车场库交通影响分析方法进行了研究。首先,阐述了城市 P + R 停车场库作为公共停车设施的特殊性以及 P + R 停车场库交通影响分析的意义和作用,分析了 P + R 停车场库停车的时间和空间分布特征。然后,对 P + R 停车场库交通影响分析中的路段、交叉口以及出入口分析方法进行了研究,运用排队论分析了进口道长度并创新性地提出了出口服务水平系数。最后,结合北京某 P + R 停车场库进行了交通影响实例分析。

关键词 运输规划 交通影响分析 排队论 P + R 停车场库

0 引言

随着交通的发展和城镇化进程的推进,我国城市在大规模建设的同时,交通问题日益突出。在城市规划建设中,按照规划协调好城市土地利用与交通的关系成为我国城市发展过程中的主要任务之一。我国实施建设项目交通影响评价已有多年经验,该项工作已经成为城市建设阶段协调交通与土地利用关系的重要环节。现状城市建设项目交通影响分析研究主要集中于商业设施、大型娱乐设施、大型交通枢纽、住宅小区、公共停车设施[1-3]。公共停车设施通常设置在商业活动中心、城市出入口以及公共交通换乘枢纽附近,P + R 停车场库作为公共停车设施一般设置在城市外围与公共交通枢纽衔接,2010 年我国在上海建立了首批 P + R 试点停车场,旨在通过其低廉的费用和换乘友好性实现个体交通向公共交通转移,改变进城交通结构,降低中心城机动车使用强度[4,5]。因此 P + R 停车厂库停车需求的时间和空间分布以及周转率等特征均与传统公共停车设施有很大不同,现有针对公共停车场库的交通影响分析方法并不完全适用于 P + R 停车场库的交通影响分析。本文通过对城市 P + R 停车场库停车特性进行研究,试图在现有停车厂库交通影响分析方法体系的基础上探索一套适用于城市 P + R 停车场库交通影响分析方法。

1 P + R 停车场库停车特征

P + R 停车场库以服务通勤出行为主,具有较高的停车换乘需求。公共交通的便捷性、目的地停车收费水平、目的地停车资源供给都是影响出行者选择 P + R 出行方式的重要因素。从时间分布特征来看,车辆入场时间集中在 6:00—9:00,离场时间集中在 17:00—20:00,车辆的停放时长主要集中在 9 ~ 14h 之间[6],停车周转率为 1 ~ 1.1。从空间分布特征来看,P + R 停车场库距离中心城区越远,其服务半径范围外延的趋势越明显,反之,其服务半径范围越小。北京市 P + R 停车场库的平均服务范围半径为 6.3km,约 75% 的使用者在 P + R 停车场周边 8km 半径范围内;上海市中心城区 P + R 停车场库服务半径约 6km,中心城区以外区域约为 8km[7]。

2 交通影响分析方法

P + R 停车场库交通影响分析是在有确定场站位置基础上进行的。对于已有 P + R 停车场库,在分析论证的基础上可做进一步交通组织改进或重新选址。对于规划的 P + R 停车场库则是一个滚动的过程,如果项目建设对于区域交通影响较大,就应重新考虑选址;如果影响在可接受的范围内,则可进行交通组织设计,其研究年限为正常投入使用的初年[8]。具体工作流程见图 1。

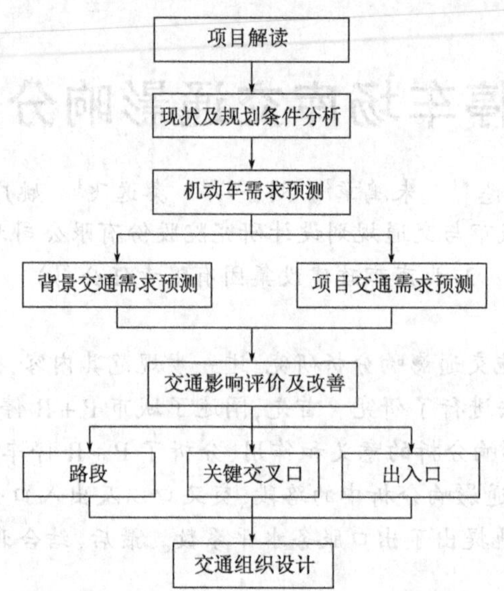

图1 P+R停车场库交通影响分析工作流程图

2.1 道路设施

2.1.1 路段

分析研究年限研究时段P+R停车场库生成交通量占研究范围内主要路段通行能力的比重和路段服务水平变化情况。如果路段服务水平在D级及以上,则影响不显著;如果路段服务水平在D级以下,则影响显著。

2.1.2 关键交叉口

根据项目建设前后交叉口服务水平的变化情况判定项目对该交叉口有无显著影响。当背景交通服务水平和叠加项目后的服务水平符合《建设项目交通影响评价技术标准》对于信号交叉口和无信号交叉口的任一规定时,判定该P+R停车场对研究范围内交通系统有显著影响,见表1。

交叉口机动车交通显著影响判定标准[9] 表1

交叉口类型	背景交通服务水平	叠加项目后交通服务水平
信号交叉口	A	D、E、F
	B	
	C	
	D	E、F
	E	F
	F	F
无信号交叉口	一级	二级、三级
	二级	三级
交织区、厂路段、匝道	一级	四级
	二级	
	三级	
	四级	四级

2.2 出入口

2.2.1 出入口设置

停车场出入口不应直接与城市快速路相连接,且不宜直接与城市主干路相连接。出入口和车道数量应符合表2规定。双向行驶时宽度不应小于7m,单向行驶时不应小于4m[10]。

表2 机动车库出入口数量

车位数	特大型	大型		中型		小型	
	>10000	501 - 1000	301 - 500	101 - 300	51 - 100	25 - 50	<25
出入口数量	≥3	≥2		≥2	≥1	≥1	

2.2.2 入口处交通影响分析

进行入口交通影响分析时主要考虑入口道的长度。若入口道的设计长度大于入口道最小长度,则停车场入口满足设计要求,否则认为入口设计不合理。车辆进入停车场可视为 M/M/1 的"单通道服务"系统。因此,可利用排队论分析停车场入口道设置的合理性[11]。假设车辆到达率 λ 服从泊松分布,服务率为 μ,则入口道利用系数 $\rho = \lambda/\mu$。定义入口道对路段交通流不会发生干扰的概率为0.95。由式(3)、式(4)可计算得到入口道的最小设置长度。

入口道无车辆驶入的概率:

$$P_0 = 1 - \rho \tag{1}$$

入口道有 n 辆车进入的概率:

$$P_n = \rho^n(1 - \rho) \tag{2}$$

入口道设计长度:

$$L \geqslant NL_1 + (N - 1)L_2 \tag{3}$$

$$P_{>N} = 1 - P_{\leqslant N} = 1 - \sum_{i=0}^{N} P_i \leqslant 1 - 0.95 \tag{4}$$

式中:N——入口道排队车辆数;

L_1——驶入车辆平均长度,通常取 5.8 ~ 7.0m;

L_2——驶入车辆平均车头间距,通常取3.0 ~ 5.0m。

2.2.3 出口处交通影响分析

进行出口交通影响分析时,主要考虑停车场出口高峰小时服务水平[12]。定义 θ 为出口道服务水平系数。

$$\theta = \frac{k}{C_a} \tag{5}$$

式中:k——在 t_a 时间段内驶出的车辆数;路段车流车头时距大于一定时间间隔时,驶离车辆才会获得通过机会;

C_a——t_a 时段内允许出口驶出的车辆数。

若 $\theta < 1$ 则停车场出口服务水平满足要求,若 $\theta \geqslant 1$,则认为出口服务水平不满足要求。

$$C_a = t_a q \int_0^{+\infty} f(t) g(t) \mathrm{d}t \tag{6}$$

式中:t_c——允许车辆通过主要道路的最小间隙,通常右转车辆取 4 ~ 6s,左转车辆取 6 ~ 8s;

t_f——出口处排队车辆连续插入路段时相邻车辆的时间间隔;

t_a——驾驶员最大等待时间,通常取3 ~ 5min;

q——路段车流平均到达率;

$f(t)$——路段车头时距概率密度分布函数,一般情况下服从负指数分布;

$g(t)$——路段车头时距为 t 时允许驶离的车辆数,当 $t_c + (n-1)t_f \leqslant t \leqslant t_c + nt_f$ 时,$g(t) = n$。

当 $f(t)$ 为负指数分布时:

$$C_a = \frac{t_a q \mathrm{e}^{-qt_c}}{1 - \mathrm{e}^{-qt_f}} \tag{7}$$

出口处高峰小时平均车辆驶出率为:

$$\lambda_1 = \frac{N\alpha}{3600} \tag{8}$$

式中:N——泊位数;

α——高峰小时泊位平均周转率,P + R 停车场取 $\alpha = 1$。

通常驶出车流符合泊松分布,可计算在 t_a 时间段内有 x 辆车驶离的概率 P_x:

$$P_x = \frac{\mathrm{e}^{-\lambda_1 t_a}(\lambda_1 t_a)^x}{x!} \tag{9}$$

满足置信度为95%的驶出车辆数 k 计算公式如下:

$$P_{>k} = 1 - P_{\leqslant k} = 1 - \sum_i^k P_i \leqslant 1 - 0.95 \tag{10}$$

2.3 交通组织原则

对 P + R 停车场库的交通组织设计包括内部

交通组织设计和外部交通组织设计。内部交通组织设计是对机动车、行人出入线路的设计；外部交通组织设计是停车场外部接口的交通组织。

2.3.1　内部交通组织

机动车交通组织方面，内部交通组织流线应能够循环贯通机动车从入口、车道、泊位、车道至出口整个流程并且减少车辆进出车位的次数。行人交通组织方面，应尽量设置最短人流路径，步行流线的设置应该能够连贯畅通的连接人行步道、停车场出入口及其他目的地出入口。此外，在步行通道和场站进、出口处均应设置引导标志。

2.3.2　外部交通组织

外部交通组织主要是停车场外部接口的交通组织，既要减少车辆排队对城市道路的影响，又要保证道路的服务水平。此外，应结合停车场衔接路段的交通流状况，综合分析停车场交通组织范围内的行车方向、道路等级、路网结构等进行不同等级诱导屏的布设。

3　实例分析

上清桥地铁站P+R停车场位于北京地铁27号线二期(昌平线南延)工程，五环和六环之间，紧邻京藏高速辅路，设有停车泊位254个，现状处于建设阶段。根据第1章P+R停车场库停车特征分析，选取工作日早高峰7:30—8:30以及晚高峰17:30—18:30作为研究时段，停车场8km半径区域为交通影响分析研究范围，对该P+R停车场进行了交通影响分析。

3.1　交通影响分析

由于该停车场高峰时段吸引流量较少，周边路段服务水平变化不显著且均处于D级以上。研究范围内关键交叉口均为信号控制交叉口，服务水平变化不显著。

停车场入口朝向次干路京藏高速辅路，出口朝向支路清河二街，满足规范要求，如图2所示。停车场闸机的平均服务效率 μ = 9 s/pcu，即400pcu/h，车辆到达率即高峰小时停车场服务车辆数 λ = 150 pcu/h，则入口道利用系数 ρ = 0.375。根据式(3)、式(4)计算得到入口道对路段交通流不会发生干扰的概率为0.95时入口道的排队车辆数为4，入口道的最小设置长度为36m。根据停车场设计图，入口道长度50m，满足要求。

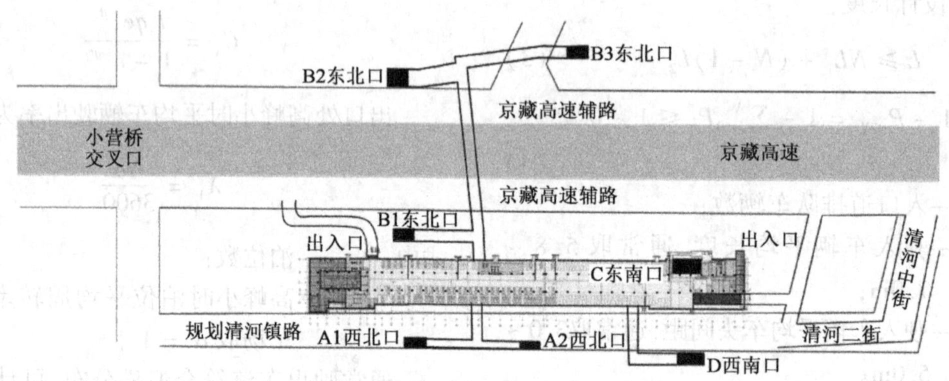

图2　上清桥P+R停车场布局示意图

清河二街路段流量为100pcu/h，路段车辆平均到达率 q = 1.7 pcu/min，驾驶员最大等待时间 t_a = 3 min，右转车辆 t_c = 4 s，左转车辆 t_c = 6 s，t_f =5 s，车辆驶出服从泊松分布。根据公式(7)可以计算得到3min内允许出口右转驶出车辆数 C_a =34pcu，允许左转驶出车辆数 C_a = 33pcu。根据式(8)～式(10)计算得到置信度为95%时3min内驶出车辆数 k = 7，出口道服务水平系数 θ =0.1，满足要求。

3.2　交通组织设计

为了减小P+R停车场对于城市交通的影响，结合停车场设计，对内组织机动车单向通行；对外入口处右转进入，出口处分三个方向疏散驶离车辆，并在京藏高速公路西三旗出口、小营桥交叉口以及停车场入口处按规范增加停车诱导标志，如图3所示。

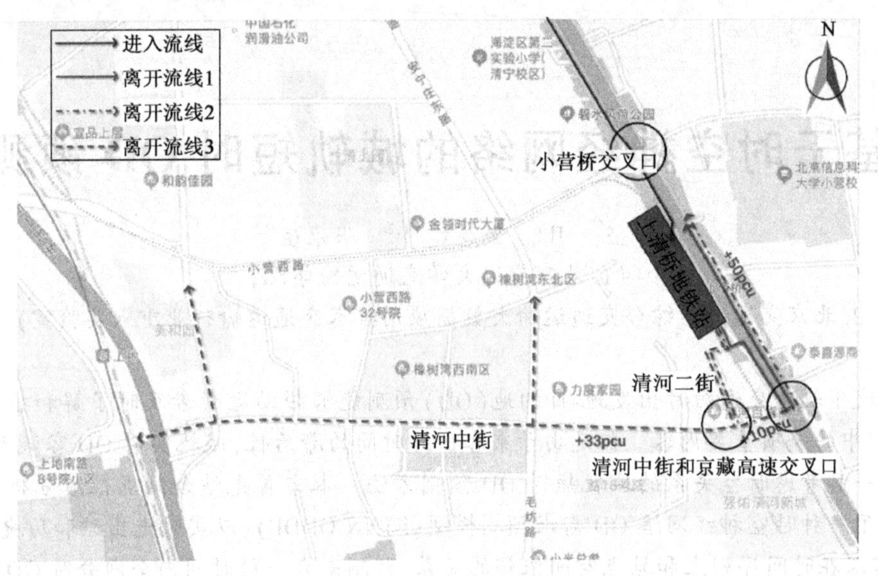

图3 出入口交通组织图

4 结语

P+R停车场库旨在引导人们采用公共交通方式出行,是城市交通重要的基础设施,有其自身的停车特性。P+R停车场库设置不当将会对其周边的城市道路网络产生较大影响。因此,有必要对城市P+R停车场库进行交通影响分析和交通组织设计。本文通过研究城市P+R停车场库停车特性,提出了城市P+R停车场库交通影响分析方法,运用排队论分析了进口道长度并创新性提出了出口服务水平系数。通过实例验证,该方法对P+R停车场交通影响分析具有一定的参考价值。

参考文献

[1] 陈峻,王炜,黄艳君.城市客运场站交通影响分析及设计[J].中国公路学报,2004,17(2):78-81.

[2] 蒋应红.立体停车库出入口的交通影响分析[J].静态交通,2016(12):109-111.

[3] 何林儒,艾明岩,李振.城市公共加油站交通影响分析方法研究[J].山西建筑,2018,44(02):19-21.

[4] 李洁琦.深圳P+R停车换乘设施实施分析及限行政策下相关性研究初探——以其他城市为比对样本[D].深圳大学,2020.

[5] 刘涛.轨道交通小汽车停车换乘(P+R)规划与布局研究[J].城市建筑,2019,331(26):91-92.

[6] 李媛,张秀媛.北京市地铁5号线天通苑地区停车换乘需求预测[J].城市交通,2010,008(005):57-64.

[7] YU Jun-hao. Research on the Development Strategy of P + R Parking Lot in Shanghai [C]// Academic Committee of urban traffic planning of China Urban Planning Society. Innovation driven and intelligent development Proceedings of 2018 China Urban Transportation Planning Annual Conference. Beijing: China Construction Industry Press,2018: 15.

[8] 王晓宁,裴玉龙.交通影响分析中的交通产生量预测[J].城市交通,2004,4(2):45-47.

[9] CJJ/T 141-2010,建设项目交通影响评价技术标准[S].

[10] JGJ 100-2015,车库建筑设计规范[S].

[11] 覃峰.排队论在停车场设计中的应用[J].科技管理,1997(03):38-41.

[12] 陈峻,王炜.城市路外停车场出入口交通组织分析[J].东南大学学报(自然科学版),2004,34(1):100-103.

基于时空神经网络的城轨短时 OD 预测

王　月[1]　姚恩建*[1,2]　张永生[1,2]
(1. 北京交通大学交通运输学院;
2. 北京交通大学综合交通运输大数据应用技术交通运输行业重点实验室)

摘　要　城市轨道交通短时出发地-目的地(OD)预测能够帮助运营者及时了解和推演网络运行状态,是运营管理中的一项重要内容。但是由于乘客出站时间的滞后性,城轨实时 OD 客流无法被获取,为此本文提出了一种考虑时空关系的城轨短时 OD 预测方法。本文首先结合站点性质分析了客流时空特征;其次,提出了一种时空神经网络 OD 需求预测模型(STNN-ODDP),以实时进出站和历史 OD 量作为输入,构建 OD 需求在时间序列上和站点空间依赖的关系,预测未来一段时间内全网分时 OD 分布量;最后,以广州市轨道交通客流量数据进行实例验证。结果表明,在预测未来 1h 时间内,每个 15min 粒度下,全网 OD 客流平均绝对误差仅为 0.76 人,各站点间平均绝对误差不超过 20 人,模型有效性得到较好的验证。

关键词　交通需求管理与优化　OD 需求预测　时空神经网络　城市轨道交通　短时客流预测

0　引言

城市轨道交通作为一种低碳的公共出行方式,凭借其快速性、可靠性在城市居民日常出行中占据了关键性地位。在网络规模庞大、客流分布广泛、变化多样的情况下,高精度、小粒度的客流预测是城市轨道运营管理重点关注的问题。相比于进、出站量的预测,OD 预测结果更能够准确掌握客流需求,为把握线网运营的变化趋势、区间车开行方案设计、实时网络客流加载、诱导信息发布等调控措施提供参考依据。

在城市轨道交通中,自动刷卡(Automatic Fare Collection,AFC)系统能够实时采集进站和出站乘客信息,以一定的时间间隔(如 15 分钟)打包上传,构成实时进(出)站量。然而由于 AFC 系统的数据收集机制无法获取进站乘客的预期目的地,特别是对于大规模的轨道交通网络,乘客从进站到出站存在较长的时间延迟,在实时采集中无法及时匹配,因此轨道交通的 OD 量往往在每日运营结束后,根据乘客刷卡信息按照一定的时间(进站时间或出站时间)统计,处理得到当日分时 OD 客流量,即历史 OD 量。为此,本文将城轨网络实时 OD 预测定义为:通过实时进出站量和历史 OD 量实现在未来一段时间内全网的各时段的 OD 客流矩阵预测。

Wu 等[1]证明了 CNN 网络在时间序列处理中的优势,并在节点间空间关系采用图卷积对邻域信息进行聚合和变换,从而实现时空神经网络模型构建和预测。Guo 等[2],以流量、速度和占用率三个特征,分别在时间和空间上采取注意力和卷积操作,以当前状态、日前状态和周前状态构建了三个通道的图卷积神经网络,实现了 5 分钟粒度的交通流预测。Ziat 等[3]通过动态因子对多序列间的时间依赖和空间依赖进行学习,通过状态转移和状态解码实现对未来状态的预测。针对网约车的 OD 预测,Liu 等[4]采取了一种网格划分的方式应对 OD 的稀疏性。Wang 等[5]构建了一个多任务的图网络模型,对网约车 OD、离开和到达量进行预测。在网约车 OD 预测中,提出订单时的出行的起点和终点往往是确定的。在轨道客流预测中,深度学习的方法也被证明是具有很好的适用性。姚恩建等[6]考虑了站点的空间相关关系,比如土地利用的匹配性、站点规模等,构建乘客目的地选择模型,以各站点吸引效用将进站客流划分到各出站站点中,实现 OD 客流预测。蒋熙等[7]

1. 基金项目:中央高校基本科研业务费专项基金(2021YJS089),国家自然科学基金(No. 52102387)。

基于LSTM网络构建OD状态转移模型,利用递归贝叶斯估计结合实时AFC数据对进行迭代估计,获得O站点去往其他各站点客流分离率,从而实现实时OD预测。赵小超[8]将OD客流视为时间序列数据,结合实时数据与历史同期数据重构了输入序列,从而增强LSTM模型对长期序列的捕捉能力。Zhang[9]等构建了城轨OD预测的深度学习模型,并通过设置不同大小的卷积核应对OD矩阵的稀疏特征,在轨道的OD预测中获得较好的预测效果。

基于图卷积的时空神经网络在交通流预测中得到了较为广泛的验证和应用,流量状态往往不仅取决于当前位置,与空间各节点存在一定的影响,可以借由周边节点状态进一步提升客流预测精度。而在轨道交通中,由于其网络拓扑结构的特殊性以及目的地站点获取的延迟性,仍需融合实时与历史客流数据,捕捉轨道OD客流的时空规律,实现轨道交通网络OD客流预测。

1 客流特征分析

基于模糊聚类方法,根据早晚高峰进出站分时系数进行站点聚类,并根据站点客流规律识别其土地利用模式,各类型站点聚类中心如表1所示。办公类站点有着明显的早出站和晚进站高峰,而居住类站点相反,有明显的早进站和晚出站高峰。

各类型站点分时系数的聚类中心 表1

站点类型	早进	早出	晚进	晚出
综合类	1.17	0.98	1.75	1.81
办公类	0.96	2.79	2.56	1.16
办公占优类	1.41	1.75	2.14	1.59
居住类	3.10	0.70	1.15	2.21
居住占优类	2.27	1.11	1.63	2.00

受到分时进(出)站量的影响,在早、晚高峰期间居住类与办公类站点间的OD客流趋势也有着类似的变化,如图1所示。与进(出)站量相似,每对OD客流拥有较强的时序性和规律性,工作日的OD客流具有相似性较高,而与周末(或节假日)存在较大的差异。OD客流趋势与同一时间内的O站的进站客流和D站的出站客流具有相同的趋势,在分时OD客流无法实时获取的情况下,实时进出站客流的补充能够帮助掌握客流的动态信息,从而提高实时OD预测精度。

统计各类别站点间的OD分布,构建各类型站点间日均客流分布量,如图2所示,用于描述各类型间的吸引关系。

$$\overline{\mathrm{od}}_{ij} = \frac{\mathrm{od}_{ij}}{N_{ij}}$$

式中:od_{ij}——i类型站点与j类型站点间的日均出行OD总量;

N_{ij}——i类型与j类型站点间总OD对数。

工作日期间,站点间日均客流分布量如图2所示,办公(办公占优)类和居住(居住占优)类站点间OD分布量最高;同种类型站点间的OD量较低(特别是居住类站点间),15分钟粒度下的OD量几乎为0,仅在少部分时间下有无规律的个别出行。

由于站点自身性质和客流生成模式差异,各站点进(出)站量和站点间OD量在时间和空间上存在一定关联性,通过识别进(出)站客流序列间关系以及站点间OD客流的转移模式,能够帮助预测未来站点间客流分布。另外,实时获取的进出站量能够为OD预测提供动态更新,适应实时客流预测需要。

2 STNN-ODDP预测模型

城市轨道OD需求预测时空神经网络(Spatial-Temporal Neural Network for Origin and Destination Demand Prediction, STNN-ODDP)模型框架如图3所示,模型包含两个模块,分别是以准实时进出站为输入的图卷积模块和以历史OD客流为输入的时空卷积模块。

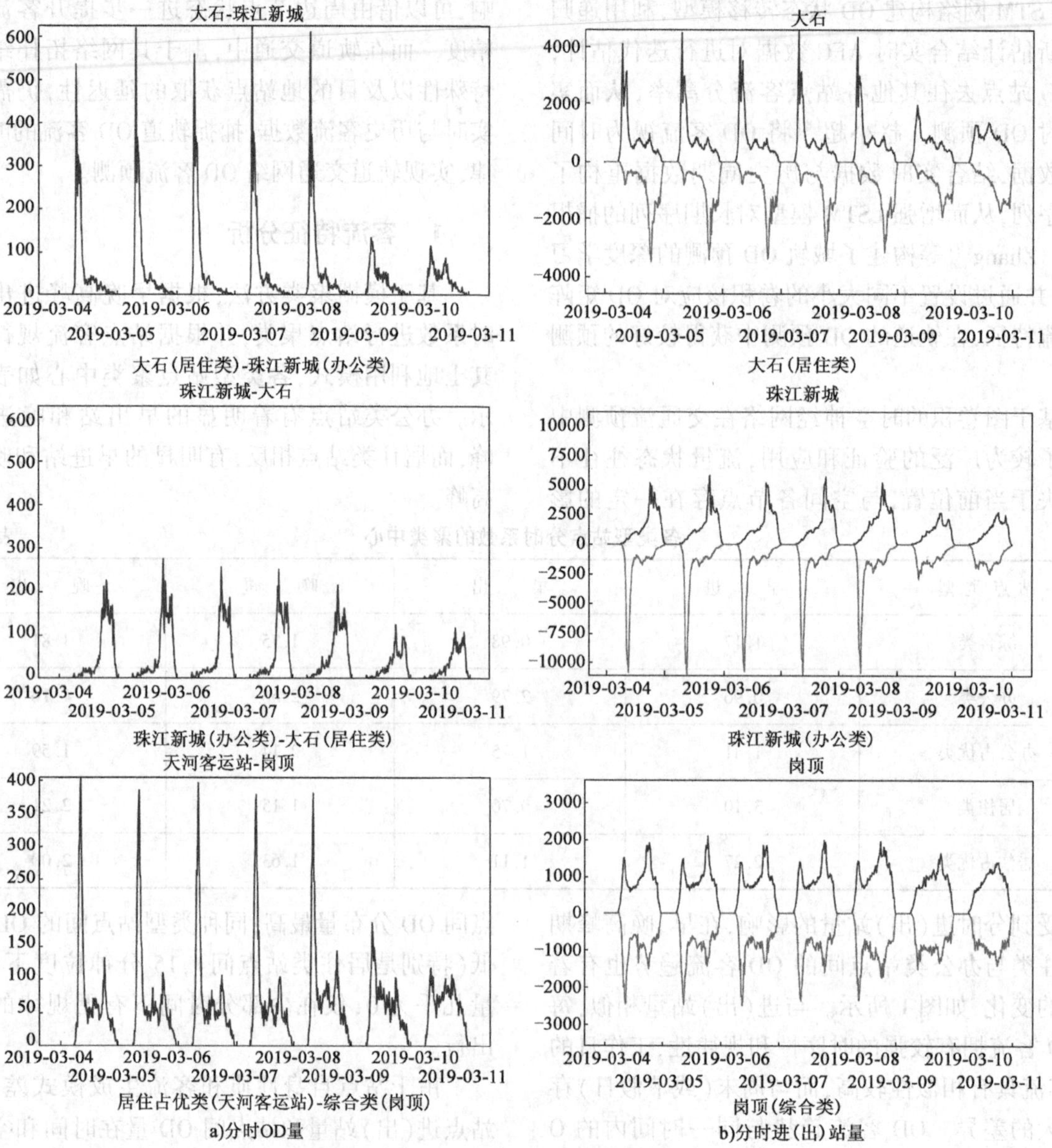

大石-珠江新城

大石(居住类)-珠江新城(办公类)

大石

大石(居住类)

珠江新城-大石

珠江新城(办公类)-大石(居住类)

珠江新城

珠江新城(办公类)

天河客运站-岗顶

居住占优类(天河客运站)-综合类(岗顶)

a)分时OD量

岗顶

岗顶(综合类)

b)分时进(出)站量

图1　分时OD量与进出站量客流变化图

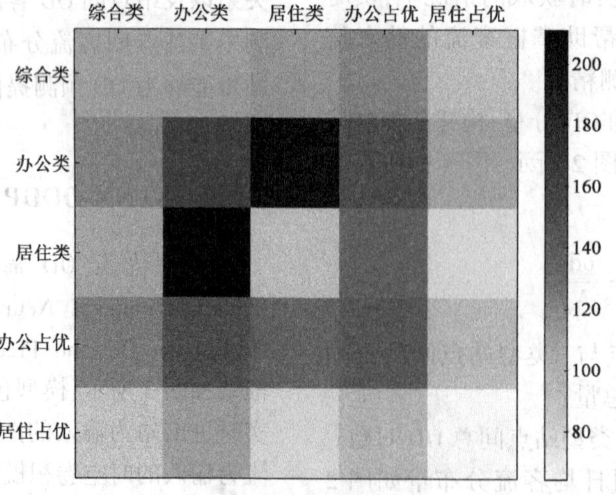

图2　各类型站点间日均客流分布量

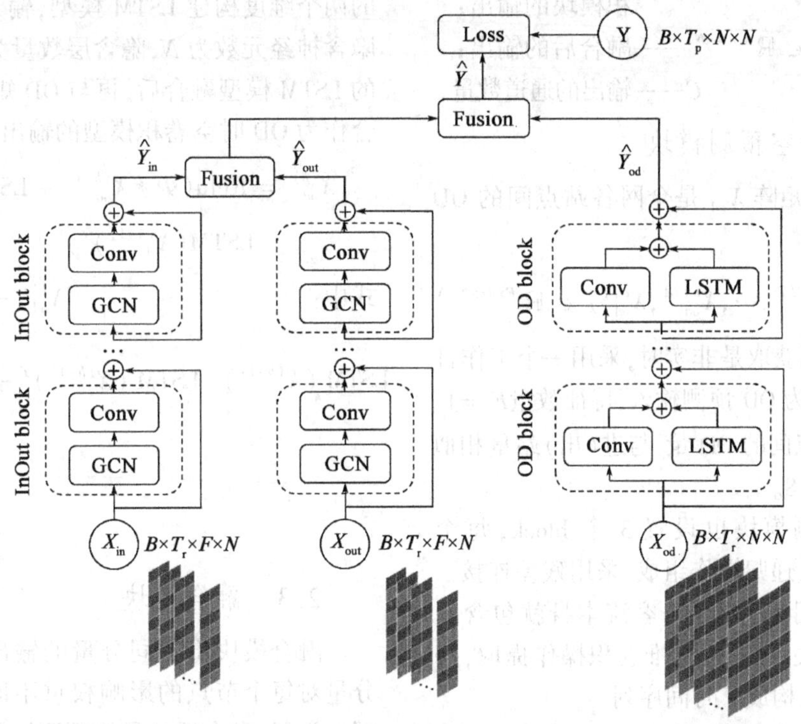

图 3 STNN-ODDP 预测模型结构

2.1 进(出)站图卷积模块

设城市轨道交通网络 $G = (V,E,A)$, V 为城市轨道交通车站集合, E 为线路区间集合, A 是邻接矩阵。输入进站量客流特征矩阵 X_{in} 和出站客流矩阵 X_{out} 分别为:

$$X_{\rm in} = (X_{\rm in}^{r},\ X_{\rm in}^{d}) = [(x_{\rm in}^{t-Tr},\dots,x_{\rm in}^{t-1},\ x_{\rm in}^{t}),(x_{\rm in}^{t-Td-Tr},\dots,x_{\rm in}^{t-Td-1},x_{\rm in}^{t-Td})] \in \mathbb{R}^{F\times Tr\times N}$$

$$X_{\rm out} = (X_{\rm out}^{r},\ X_{\rm out}^{d}) = [(x_{\rm out}^{t-Tr},\dots,x_{\rm out}^{t-1},\ x_{\rm out}^{t}),(x_{\rm out}^{t-Td-Tr},\dots,x_{\rm out}^{t-Td-1},x_{\rm out}^{t-Td})] \in \mathbb{R}^{F\times Tr\times N}$$

式中: $X_{\rm in}^{r}$, $X_{\rm in}^{d}$, $X_{\rm out}^{r}$, $X_{\rm out}^{d}$——当前状态和一个工作日前的进站和出站客流序列,由于扩展序列特征维度,输入的特征数 $F = 2$;

$x_{\rm in}^{t}$ 和 $x_{\rm out}^{t}$——t 时段各站点的进站量和出站量;

Tr——序列长度,本文取 $Tr = 8$,即当前客流状态依赖于前 2h 的客流状态。

进出站图卷积模块层数设置为 block = 3,每个 block 由时空卷积操作、时间卷积操作组成,并采用残差连接方式用于解决梯度消散问题,其传播方式可表示为:

$$X_{in}^{(h)} = \mathrm{Relu}(\Phi * (\mathrm{Relu}(g_\theta *_G X_{in}^{(h-1)})))$$

$$X(h)_{out} = \mathrm{Relu}(\Phi * (\mathrm{Relu}(g_\theta *_G X_{in}^{(h-1)})))$$

$$g_\theta *_G x = g_\theta(L)x = \sum_{k=0}^{k-1}\theta_k T_k(\tilde{L})x$$

$$\tilde{L} = \frac{2}{\lambda_{\max}}L - I_N = \frac{2}{\lambda_{\max}}(I_N - D^{-\frac{1}{2}}AD^{-\frac{1}{2}}) - I_N$$

式中: $X_{in}^{(h)}$、$X_{out}^{(h)}$——第 h 层的特征矩阵,激活函数采用 $Relu$ 函数;

Φ——时间维度的卷积核;

$g_\theta *_G x$——图卷积操作,为了简化计算复杂度,采用 K 阶切比雪夫图卷积(取 $K = 3$)近似求解;

L、D、A——网络 G 的拉普拉斯矩阵、度矩阵和邻接矩阵。

为实现 OD 间的预测融合二者预测输出:

$$Y_{\rm inout} = Y_{\rm in}^{\rm block}\mathbb{R}(Y_{\rm out}^{\rm block})^{\rm T}$$

式中: $Y_{\rm in}^{\rm block}$、$Y_{\rm out}^{\rm block} \in \mathbb{R}^{C\times 1\times N}$——进站和出站图卷

积模块的输出；

$Y_{\text{inout}} \in \mathbb{R}^{C\times N\times N}$——融合后的输出；

C——输出的通道数量。

2.2　OD时空预测模块

OD客流特征矩阵 X_{od} 是全网各站点间的OD分布矩阵：

$$X_{\text{od}} = X_{\text{od}}^{d} = (X_{\text{od}}^{t-Td-Tr},\cdots,X_{\text{od}}^{t-Td-1},X_{\text{od}}^{t-Td}) \in \mathbb{R}^{F\times Tr\times N\times N}$$

由于OD数据获取是非实时，采用一个工作日前的OD量 X_{od}^{d} 作为OD预测输入，特征数量 $F=1$。x_{od}^{t} 为 t 时段各站点间的OD量，与进(出)站量相似的，序列长度 $Tr=8$。

OD时空预测模块也设置3个block，每个block由卷积操作、递归操作组成，采用残差连接。

由于每个时间步上的OD客流本身就包含了各站点间的空间关系，通过标准卷积操作提取，每个时段OD客流又构成了时间序列。

在时间序列操作中采用长短期记忆神经网络(LSTM)，h_{t-1} 为 t-1时间步的隐藏状态，与 t 时间步的输入 x_t 结合做线性变换后，经过Sigmoid激活函数，将结果映射到0-1作为记忆的衰减系数，记作 f_t：

$$f_t = \sigma(W_f[h_{t-1},x_t] + b_f)$$

Sigmoid函数称为输入门，决定要更新什么值，tanh层创建一个新的候选值向量 $\tilde{c}_t$ 被加入到状态中。

$$i_t = \sigma(W_i[h_{t-1},x_t] + b_i)$$

$$C_t = \tanh(W_c[h_{t-1},x_t] + b_l)$$

当前时刻的单元状态 c_t 是由上一个单元状态 c_{t-1} 按原元素乘以遗忘门 f_t，再用当前输入的单元状态 $\tilde{c}_t$ 乘以输入门 i_t，再将二者加和产生的。

$$c_t = f_t * c_{t-1} + i_t * c_t$$

输出门控制了长期记忆对当前输出的影响，由输出门和单元状态共同确定。

$$o_t = \sigma(W_o[h_{t-1},x_t] + b_o)$$

$$h_t = o_t * \tanh(c_t)$$

为避免在大规模的城市轨道网络中，过多的OD对数导致的模型复杂度过高，分别对OD矩阵的两个维度构建LSTM模型，输入特征维数为 N，隐含神经元数为 N，隐含层数量为2。将两个维度的LSTM模型融合后，再与OD矩阵的卷积输出融合作为OD时空卷积模型的输出：

$$X_{\text{od}}^{(h)} = \text{Relu}(\Phi * X_{\text{od}}^{(h-1)} + \text{LSTM}(X_{\text{o}}^{(h-1)}) * \text{LSTM}(X_{\text{d}}^{(h-1)})^{T})$$

式中：$X_{\text{od}}^{(h)}$——第 h 层的OD特征矩阵；

$\text{LSTM}(X_{\text{o}}^{(h-1)})$、$\text{LSTM}(X_{\text{o}}^{(h-1)})^{T}$——OD输入数据在起始站点和到达站点维度上LSTM模型输出。

2.3　融合模块

融合模块将不同分量的输出进行融合，三个分量对每个节点的影响权重不同，需要从历史数据中学习，融合后的最终预测结果为：

$$\hat{Y} = W_{\text{inout}} \odot \hat{Y}_{\text{inout}} + W_{\text{od}} \odot \hat{Y}_{\text{od}}$$

式中：$\odot$——Hadamard乘积；

W_{inout}、W_{od}——学习参数，反映两个分量对预测目标的影响程度。

3　案例分析

以广州地铁2019年2月25日至2019年3月8日期间(共10个工作日)客流数据作为案例，包括全网15min进出站量和15minOD量。在此期间，广州地铁正常运营217个站点，设置允许采集数据的时间为5:30至第二日0:30，共计19h运营时间。

按滑动时间窗的方式构建数据集合，训练集、验证集和测试集的划分比例为0.6:0.4:0.4，loss采用MSE误差，设置迭代次数设置200次，选取在验证集上表现最好的作为预测模型。

由于15min全网大部分站点间OD量很小(接近90%的OD量小于2人)，因此相对性预测指标难以反映全网OD预测的真实效果，故预测指标选取均方根误差(RMSE)和平均绝对误差(MAE)：

$$\text{RMSE} = \sqrt{\frac{1}{n}\sum_{t}(P_t - V_t)^2}$$

$$\text{MAE} = \frac{1}{n}\sum_{t}|P_t - V_t|$$

式中：P_t、V_t——t 时段的预测值；

n——预测的数量，对全网每步预测中 $n = Tp \cdot N \cdot N$，Tp 为预测时长，本文中 $Tp = 4$，即未来1h内的15min分时OD量。

模型在测试集上的误差表现如表2所示，计算全网所有站点在预测时段内各误差指标，但由于大量无规律OD存在，选取代表性较高4对关键OD计算预测误差指标。关键OD对预测值与真实值对比图如图4所示。

模型预测误差　　表2

预测范围	日均OD量(人次)	15min粒度下未来1h预测误差	
		RMSE	MAE
全网OD(47089对)	108	2.50	0.76
75%总量OD对(7060对)	170～6420	4.88	2.38
大石—珠江新城	4697	28.84	12.22
珠江新城—大石	4183	17.34	9.43
天河客运站—岗顶	5235	27.25	14.38
广州火车站—广州南站	6240	31.60	19.85

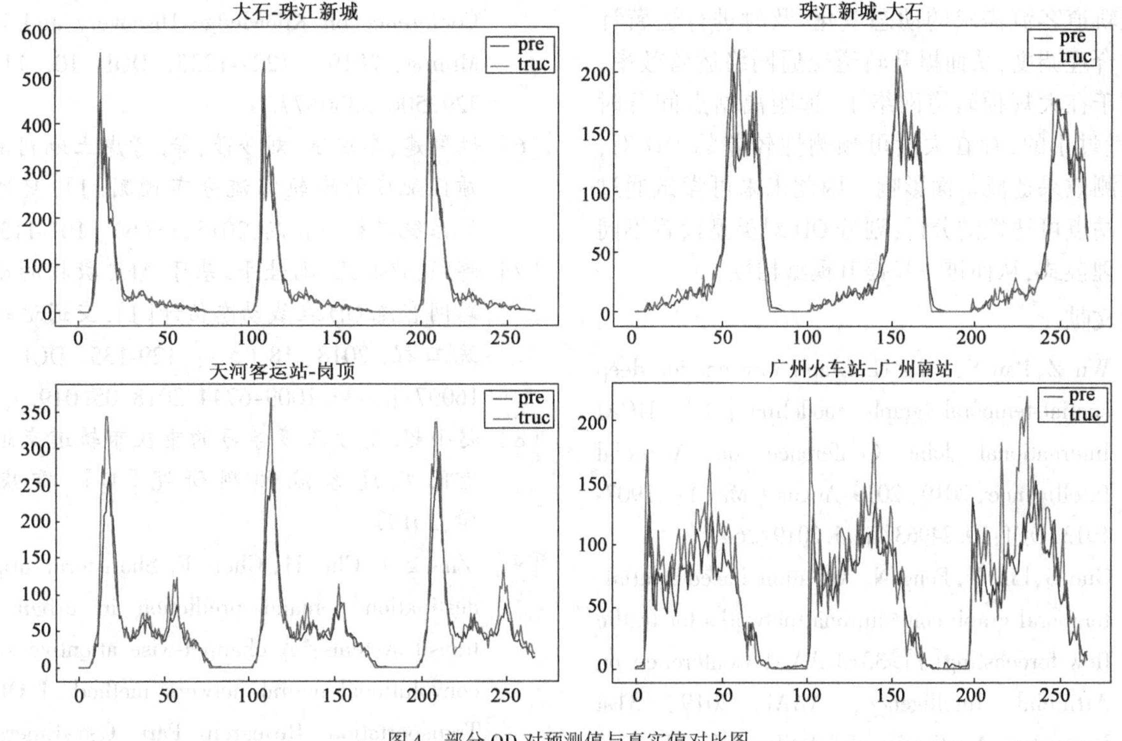

图4　部分OD对预测值与真实值对比图

大石站位于3号线南段番禺区，全天进(出)站人次约40万，是典型的居住类型站点；珠江新城站位于3号线与5号线换乘位置，位于天河CBD区域，全天进站人次约76万，全天出站人次约83万，属于典型办公类型站点；两个站点相隔6站，直线距离约12km。在大石与珠江新城这对OD中，大石—珠江新城OD客流有集中且明显的早高峰通勤客流，珠江新城—大石则由于较为分散的下班活动，晚高峰OD客流波动性较为明显。本文预测模型对集中峰值和分散波动均取得了较好的预测效果，特别是能够很好地捕捉居住类型站点到办公类型站点的早高峰大量快速聚集客流。模型在其他类型的站点间(如居住占优类天河客运站和综合类岗顶)OD预测也取得了较好的预测效果。广州火车站至广州南站是整个轨道网络中日均OD量最高的一对OD,全天OD分布均较高且规律性较差,本文预测模型也能够学习到站点间OD客流的变化趋势,给出较为准确的预测,具备应用价值。

4 结语

本文研究了轨道交通短时OD需求预测问题,设计了STNN-ODDP模型,从时间和空间维度预测全网OD未来一段时间内的动态分布,分别构建进出站时空图卷积模块和OD时空预测模块,通过实时进出站量弥补了OD数据采集的延迟性。结果表明,15min粒度下全网OD预测平均绝对误差不超过1人,关键OD对间模型能够准确学习到客流规律实现小粒度高精度的短时OD预测。

本文提出的预测模型在OD规模较高的站点间获得很好的表现效果,能够帮助从业人员及时掌握轨道客流需求的动态变化,及时进行运营计划的合理调度,从而提升轨道交通网络运营效率。但由于在大规模轨道网络下,远距离站点间分时OD量过小的,存在大量可预测性较差的OD对,对预测效果造成负面影响。因此未来可尝试通过基于站点可达性的分析,划分OD对类型设置不同的处理模式,从而进一步提升模型精度。

参考文献

[1] Wu Z, Pan S, Long G. Graph wavenet for deep spatial-temporal graph modeling [J]. IJCAI International Joint Conference on Artificial Intelligence, 2019, 2019-Augus (May): 1907-1913. DOI:10.24963/ijcai.2019/264.

[2] Guo S, Lin Y, Feng N. Attention based spatial-temporal graph convolutional networks for traffic flow forecasting[J]. 33rd AAAI Conference on Artificial Intelligence, AAAI 2019, 31st Innovative Applications of Artificial Intelligence Conference, IAAI 2019 and the 9th AAAI Symposium on Educational Advances in Artificial Intelligence, EAAI 2019, 2019: 922-929. DOI:10.1609/aaai.v33i01.3301922.

[3] Ziat A, Delasalles E, Denoyer L. Spatio-temporal neural networks for space-time series forecasting and relations discovery[J]. Proceedings - IEEE International Conference on Data Mining, ICDM, 2017, 2017-Novem: 705-714. DOI:10.1109/ICDM.2017.80.

[4] Liu L, Qiu Z, Li G. Contextualized Spatial-Temporal Network for Taxi Origin-Destination Demand Prediction[J/OL]. IEEE Transactions on Intelligent Transportation Systems, 2019, 20(10): 3875-3887. DOI: 10.1109/TITS.2019.2915525.

[5] Wang Y, Wo T, Yin H. Origin-destination matrix prediction via graph convolution: A new perspective of passenger demand modeling[J]. Proceedings of the ACM SIGKDD International Conference on Knowledge Discovery and Data Mining, 2019: 1227-1235. DOI: 10.1145/3292500.3330877.

[6] 姚恩建,李斌斌,刘莎莎,等.考虑土地利用性质匹配度的城轨客流分布预测[J].交通运输系统工程与信息,2015,15(6):107-113.

[7] 蒋熙,贾非凡,冯佳平.基于AFC数据的城轨路网客流OD在线动态估计[J].交通运输系统工程,2018,18(5):129-135. DOI:10.16097/j.cnki.1009-6744.2018.05.019.

[8] 赵小超.基于深度学习的重庆市轨道交通多空间尺度客流预测研究[D].重庆大学,2019.

[9] Zhang J, Che H, Chen F. Short-term origin-destination demand prediction in urban rail transit systems: A channel-wise attentive split-convolutional neural network method[J/OL]. Transportation Research Part C: Emerging Technologies, 2021, DOI: 10.1016/j.trc.2020.102928.

“双循环”背景下综合立体交通网规划研究

刘 蛟 蔡红兵 兰慧慧 刘歆余*
(浙江数智交院科技股份有限公司综合运输研究所)

摘 要 交通作为全面建设社会主义现代化国家的“先行官”,在“双循环”的新发展格局要求下,综合立体交通网规划编制工作迅速开展。本文以浙江丽水为例,利用多源数据,定性与定量结合,提出了一套适用综合立体交通体系构建方案,以高水平供需平衡为指导,创造性构筑了丽水市综合立体交通新格局,为国内其他城市综合立体交通网规划研究提供了有益借鉴。

关键词 “双循环” 综合立体交通网 多源数据 浙江丽水

0 引言

2021年3月,《中华人民共和国国民经济和社会发展第十四个五年规划和2035年远景目标纲要》明确提出加快构建以国内大循环为主体、国内国际双循环相互促进的新发展格局。而交通运输作为经济社会发展的基础性、先导性、战略性和服务性产业,是畅通国内国际经济循环的重要支撑和强力保障,对构建新发展格局具有重要的引领和先导作用。因此,在“双循环”新发展格局背景下,如何布局城市群内、城市群之间、都市圈内、都市圈之间、城市内、城乡之间的交通走廊与通道网络,交通相关的装备、服务、技术与产业等如何促进内需是当前交通规划从业者面临的一个重要命题。因此,本文重点研究市域范围内的交通走廊与通道网络布局规划如何紧扣“双循环”新发展格局,打通“大动脉”、畅通“微循环”,推动各种要素畅通流动,为高质量发展提供保障。

1 综合立体交通网规划方法研究

1.1 综合立体交通网

综合立体交通网是交通基础设施最高层次的空间网络,涵盖多种交通方式,突出高效组合、网络效应、重视增量、存量优化,从而推进各种运输方式统筹融合发展。

1.2 规划方法研究

传统的综合交通规划主要以政策为导向,以定性分析为主,缺乏实践性,而新一轮的综合立体交通网规划,从“双循环”内外部实际需求出发,与国土空间有效结合,加强定量分析方法的应用,使规划效果更具实践性。

1.2.1 发展要素剖析

(1)外部环境分析

在构建以国内大循环为主体、国际国内双循环相互促进的新发展格局背景下,交通作为经济社会发展的“先行官”,在构建新发展格局中必须发挥好开路先锋作用。对中小城市而言,必须聚焦“卡脖子”问题,把握好运输和衔接两个关键环节,以扩大循环规模、提高循环效率为着力点,保障重要节点畅通,更好服务新发展格局。大城市、特大城市专注于外交通枢纽、航空新城、高铁新城、市域轨道网络等的构建,中小城市则更需关注与上位交通网络的规划协同以及自身新的整体发展需求。一方面,上位规划涉及的机场定位、铁路线位与车站选址、高速线位及互通位置等对城市整体区位与结构体系等产生影响,需要综合交通配合调整;另一方面,城市自身的功能结构、空间形态变化需要与综合交通网络布局之间有个规划互动过程。

(2)内部要素分析

交通需求。“双循环”背景下,强调以满足人民群众对美好生活的向往,服务百姓个性化、多样化的出行需求特征。根据出行时空分布、需求强度、出行距离、交通方式构成以及不同性别、年龄、职业、收入的出行群体的交通需求等特征值,综合分析交通出行需求,为综合立体交通体系构建提供依据。

交通发展现状。综合分析交通基础设施存量与不足,最大化利用现状交通资源,突出高效组合、网络效应、重视增量、存量优化,提高地上、地下、水上、空中各种运输方式立体互联水平。

1.2.2　美好图景构建

(1)发展策略

与国土空间互动反馈。国土空间规划构建的城市网络指导综合交通网络布局,其“三区三线”的统筹划定、集约高效的土地利用方针对交通发展模式和规模起约束作用,而不同交通方式的特点吸引了不同的产业集聚和空间形态,现代化、智能化的交通对国土空间组织和空间结构的演化产生强烈的反馈和塑造作用。

体系构建,分层落实。全力打造一体化的综合立体交通网,构建快速骨干网、普通干线网、基础服务网。

构筑新格局。建设多向连通的综合交通运输通道网络,着力实现综合交通主骨架更高水平的网络化,构建高标准的对外运输通道网、一体化的综合立体交通网和衔接高效的综合枢纽网。

满足分散化的运输需求。城市居民出行需求的多样化要求交通体统从集中性运输向分散式、多元化方面转变,形成多层次、高配置的综合立体交通系统,满足居民工作、购物、就医、上学、探亲访友、游玩、办事等个性化需求。

数据科学导向。受诸多因素制约,城镇出行偏向于出行费用低、出行距离短、出行时耗短,通过问卷调查、居民出行调查以及全量出行数据,获取居民各出行方式、出行时间、出行目的比例等要素,经过各方式、各时段出行期望分析,提出交通基础设施的控制导向:一方面要加快出行速度,打造全方位交通时空圈;另一方面要提高出行深度,提高公交覆盖率且满足个性化出行需求。

(2)技术路线

根据上述分析结论,在多源数据条件下剖析交通系统供需两端发展水平,并根据宏观发展策略,采用弹性优化供给的具体策略,促进综合立体交通系统的高水平供需平衡,如图1所示。

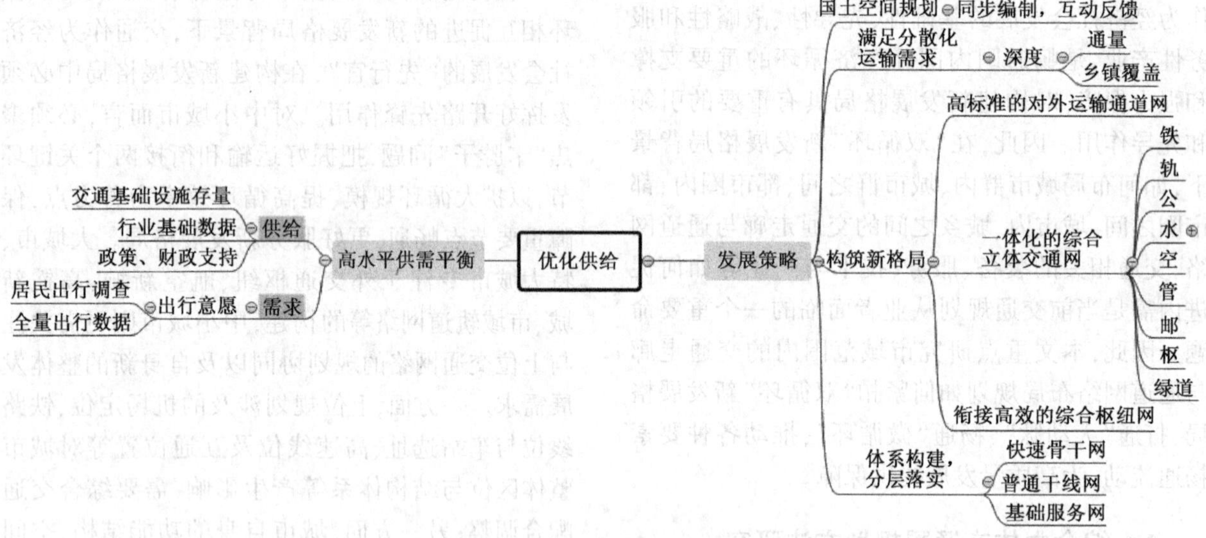

图1　技术路线图

2　浙江丽水的实践

以浙江省丽水市为实例,将本文提出的“双循环”新发展格局背景下的市域综合立体交通网规划研究思路和方法应用于丽水市的综合立体交通网规划实践中,验证本文提出的布局规划方法可行性。

2.1　丽水区位

丽水地理区位优势优越,位于浙江省西南与浙闽两省结合部,是长三角地区与海峡西岸经济区交汇地带;交通区位地位突出,是连接长三角地区与海峡西岸经济区通道的重要枢纽节点。

2.2 要素剖析

2.2.1 经济社会发展

2020年,丽水全市实现地区生产总值1540.02亿元,增长3.4%;城乡居民人均可支配收入分别达到48532元和23637元,分别增长4.5%和7.8%。丽水市已形成了以可食用菌种植、生态旅游业、化工制造、金属冶炼等为主导的特色产业,未来将着眼于生态经济化、经济生态化,全面实施创新驱动发展战略。

2.2.2 空间布局

丽水市积极构建"一带三区"的发展新格局,逐步缩小区域间、城乡间差距,目标为形成莲青缙"一带"人口超百万、GDP达千亿的市域发展核心带;发展龙泉庆元的经典文创聚落区、遂昌松阳的乡村振兴聚落区、云和景宁的特色风情聚落区。

2.2.3 综合交通基础设施

2020年丽水交通基础设施建设突飞猛进,交通运输服务水平显著提升,全市公路总里程达到15686km,其中高速公路419km。公路和港航完成货物周转量93.87亿吨公里,比上年增长13.8%;公路和港航旅客周转量10.76亿人公里,增长0.4%。铁路客运量1162.57万人,增长5.2%;货运量226.54万t,增长9.2%。

2.2.4 存在问题

交通枢纽城市地位有待提升。丽水紧靠浙中城市群和温州都市圈,长三角地区与海峡西岸经济区带动能力和辐射能力不强,缺乏对接闽赣、接轨海西经济区的快速通道,枢纽城市地位有待进一步提升。

综合立体交通短板仍需补齐。从"跨山统筹""一带三区"的角度来看,各县(市、区)之间统筹不足;以公路为主导,民用航空、城际铁路、市域轨道交通处于空白,铁路尚未成网,内河航道里程处于省内下游水平。

运行效能有待提高。高速公路整体交通量未达到饱和,交通拥挤度不高,现状当量交通量较低,平均行驶速度、服务水平及通行效率相对较高,其中龙浦高速公路(S36)吸引交通量亟待提高。

多种运输方式之间换乘、衔接还有待进一步优化。各种运输方式互联互通水平较低,除丽水城区外,大多数县(市、区)没有形成集中多种运输方式和城市公共交通的综合立体交通系统,且港口集疏运能力不足,航空发展滞后,管道发展需要进一步加强。

2.3 规划方案

2.3.1 发展定位

结合丽水地域特色和经济社会发展要求,定位为浙江连闽通粤的区域综合交通枢纽。

2.3.2 发展目标

规划更注重一带三区间以及丽水市域与省内、长三角、海西经济区等主要城市的交通联系,提出丽水至主要城市交通时距、覆盖发展基本实现"3111"目标(国内主要城市3h航空通达,长三角主要城市及省内各地市1h高铁通达,市域内各县市区所在地1h铁路及轨道通达,重点乡镇基本实现15min上高速100%、30min至火车站100%)。

2.3.3 构筑现代化综合立体交通新格局

在"双循环"背景下,聚焦丽水通道能力不足、路网衔接不畅等"卡脖子"问题,重点打通丽水连接周边城市群、都市圈重要经济节点的大动脉,畅通市域内民族特色与红色文化等景区资源的旅游交通、覆盖乡镇村的城乡交通微循环,创造性提出构筑现代综合立体交通新格局,即高标准的对外运输通道网、一体化的综合立体交通网和衔接高效的综合枢纽网。

根据"一带三区"新格局,围绕通道扩容、路网完善、省市际衔接,着力实现综合交通主骨架更高水平的网络化,强化畅通跨区域交通运输出入口和跨山统筹,规划布局形成"三纵两横"通道布局。

为全力打造一体化的综合立体交通网,构建快速骨干网、普通干线网、基础服务网,见图2。

根据"一带三区"总体布局,结合各县(市、区)客货运站布局和相应集疏运交通线分布,本规划提出"一主三副"综合枢纽场站布局。

2.3.4 布局多网融合的综合立体交通网

本文以OD数据、POI路网数据、公共车辆GPS数据等大量数据分析结果为基础,结合上位规划相关要求和丽水产业特色,围绕"交通+",提出涵盖"铁路、轨道、公路、水运、航空、油气管道、邮政网、枢纽、绿道网"九大要素的综合立体交通网络,见表1。

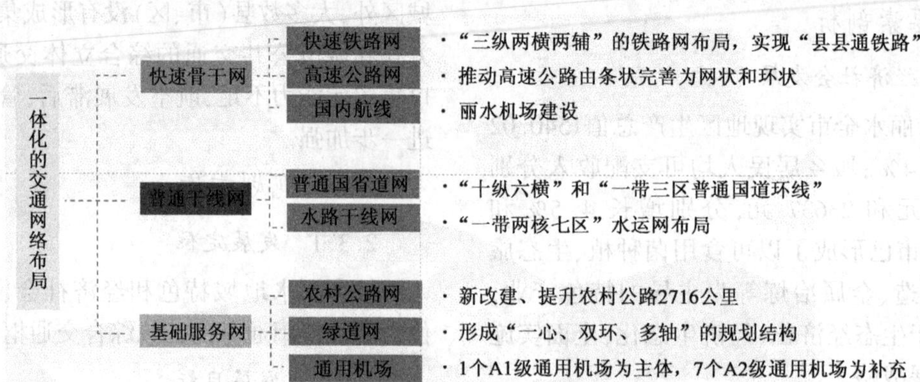

图2　一体化综合立体交通网络布局

综合立体交通网络要素　　表1

类别		布局方案	备注
铁路网		“三纵两横两辅”	在四大组团间形成小环线，同时向外辐射
轨道交通网			构建覆盖主要城镇的绿色轨道交通链
公路网	高速公路	“四纵、三横”	实现人口三万以上的乡镇全覆盖
	普通国省道	“十纵、六横”	实现人口两万以上的乡镇全覆盖
	农村公路	“二十一连”	进一步提升丽水城市的集聚、辐射功能
内河水运		“一带两核七区”	形成港口、航运、物流、旅游联动发展
民用机场		“1+4+4+N”	形成对外空中交通走廊
油气管网		“四纵三横”	增强浙西南地区成品油供应能力和浙江省向内陆省份输送能力
邮政网		快递配送网络	打造浙西南快递物流节点城市
客货枢纽	客运	“两主八辅助多点”	实现区域之间、省际、城际、城乡公路旅客运输一体化
	货运	“一主多点”	—
绿道网		“一心、双环、多轴”	整合市域景观旅游资源

2.3.5　重大工程设想

文章结合丽水发展要求，提出多项特色工程设想，引导丽水交通高质量发展。特色工程项目有沪杭磁悬浮延伸线、金龙城际、中闲观光轨道、丽金衢轻型高速公路、景区化高速公路、江海联运大通道和智慧高速等。通过重大工程的建设，推动丽水全面融入长三角“半小时交通圈”，促进杭丽、沪丽同城化发展，营造“工作在沪杭、生活休闲在丽水”的未来高品质出行服务，打造丽水全域旅游特色名片。

2.4　小结

“双循环”背景要求下，丽水市综合立体交通网规划编制运用多源数据（OD数据、POI路网数据、公共车辆GPS数据等）、数学模型、GIS信息处理技术等，对交通发展现状进行剖析，综合平衡交通供给与需求，构筑了现代化综合立体交通新格局，布局了多网融合的综合立体交通网，提出了重大工程设想，为构建现代化高质量综合立体交通网奠定规划基础。

3　结语

在“双循环”新发展格局下，综合立体交通网规划不仅关注基础设施布局以及相关技术指标，更是政策导向，与国土空间规划结合，发挥刚性管控、约束和导引作用。丽水市综合立体交通网规划基于新提出的规划思路和研究方法，从而基本实现交通功能配置的合理性，系统层次的多样性，整体交通品质有所提升。未来综合立体交通规划应以数据为导向，以政策为主旨，向控制型转变，规划的论证方法应更具可靠性、客观性。

参考文献

[1] 国家发展和改革委员会.《中华人民共和国国民经济和社会发展第十四个五年规划和2035年远景目标纲要》[EB/OL]. http://www.gov.cn/xinwen/2021-03/13/content_5592681.htm.

[2] 刘鹤.加快构建以国内大循环为主体、国内国际双循环相互促进的新发展格局(学习贯彻党的十九届五中全会精神)[N].人民日报,2021,1125.

[3] 马同金.构建综合立体交通体系思考[J].交通企业管理,2020,360(2):7-9.

[4] 姚晓霞,荣朝和.我国综合立体交通网规划性质及作用分析[J].城市规划,2020,44(5):104-110.

基于云技术的多式联运信息共享平台的构建

苏 宁 刘英舜*

(南京理工大学自动化学院)

摘 要 针对国内多式联运发展滞后、各运输模式组织独立、运输主体信息管理系统不协同、运输过程中缺乏信息共享等问题,本文提出建立一种基于云技术的多式联运信息共享平台。首先阐述了我国多式联运发展现状,介绍了多式联运的业务流程。其次,分析了多式联运信息的双向流通机制,构建了多式联运信息共享平台的总框架。最后,依托互联网+——云技术,基于JAVA仿真设计,搭建多式联运信息共享平台,实现信息管理、实时传输、信息抽取等功能。其中,仿真设计以实际案例为基础,展示了平台对运输单的管理和更新过程。研究结果表明,文章提出的基于云技术的多式联运信息共享平台构建的新思路,有利于构建我国多式联运信息共享机制,促进我国多式联运向信息化、电子化高速发展。

关键词 综合交通 多式联运 信息共享平台 云技术 系统仿真

0 引言

21世纪以来,我国采取全面开放的发展战略,开放各运输市场,促进多式联运的发展。2011年3月,我国开通中欧班列,跟紧国际多式联运的脚步。“十三五”规划期间,国务院、交通运输部发布《关于进一步鼓励开展多式联运工作的通知》一系列政策、规划[1]。“十四五”规划中,我国提出加快建设交通强国,完善交通枢纽和物流网络的口号[2]。各地区积极响应,逐步发展以多式联运为重点的交通运输体系,建设完善的多式联运业务体系,加快集装箱业务的发展,搭建多式联运业务中的信息共享平台[3]。以多式联运的发展推动“一带一路”“长江经济带”等的实施[4]。在经济一体化和经济全球化的大趋势下,国内各地区、国际间贸易的发展越来越紧密,随着多式联运在货物长距离运输中的优势日益明显,多式联运逐渐成为各国运输业关注的重点,我国对多式联运的要求也越来越高。

多式联运是指由两种及两种以上的不同运输方式相互衔接、转运而共同完成的一种复合运输[5],以实现跨运输方式的无缝衔接和快速转运。它与使用单种运输工具分段运输的传统空空、海海等形式的联运有着本质的区别。多式联运是涉及多部门的一项综合性工程,其核心在于“联”与“运”,多式联运过程中各系统主体间的互联互通是多式联运发展的前提,是提高业务协同、运输效率的重要保障[6]。为了应对多式联运需求日益增长的现状,提高多式联运运输的效率,各部门分别建立了信息管理系统。但各系统主体相互独立,信息共享程度低,数据缺乏统一的规范,因此建立一个统一的数据信息共享平台是至关重要的。依托互联网+发展起来的分布式计算技术——云技术,作为计算机信息领域的技术革新,将其引入多式联运信息共享平台的建设,对多式联运信息的资源共享、完善的数据化共享体系的搭建具有十分重要的意义。多式联运将不同的运输方式结合,通过标准化货柜,签发货运提单,以满足长距离、国际货物的运输。多式联运运输方式的优点主要有缩短运输时间、简化运输程序、降低运输成本、提高运输效率等。然而,随着我国多式联运运输业的快速发展[7],多式联运业务过程中的缺点也逐渐暴露出来,其中,制约我国多式联运现代化发展的最大问题是多式联运信息共享系统的缺失。

当前,我国学者逐渐提出多式联运信息共享平台的建设、设计方案。刘艳琴以国内电子数据交换(Electronic Data Interchange,EDI)的发展为切入点,提出公海联运信息交换模型,研究了集装箱公海联运系统的信息共享问题;李玮在梳理多式联运、铁运、海运相关规则及公约基础上,提出了铁水联运运输链条模型;尹传忠构建基于区块链技术的多式联运信息平台。综上所述,文章在现有的多式联运业务框架和各运输主体的信息平台的基础上,利用计算机技术,搭建多式联运信息共享平台,结合JAVA语言、数据库及界面仿真技术,设计多式联运提单、铁路运输单,实现了多式联运信息共享过程中信息实时传输、用户权限设定等方面的仿真设计。在多式联运过程中引入云技术,为多式联运的发展创造了电子化、自动化的环境。

1　多式联运业务分析

1.1　多式联运业务流程

多式联运业务执行过程中涉及的参与者包括各运输方式的运输主体(铁路、公路、水陆等承运人)、中转负责人、发货人、收货人、多式联运经营人、保险公司、海关等。多式联运过程包括货物申请、货物运输及运输结束三个阶段。货物运输包括货物装卸、费用支付、货物运输等步骤。多式联运业务执行涉及的部门多、范围广。以集装箱多式联运为例,多式联运的业务通用流程[8]如图1所示。

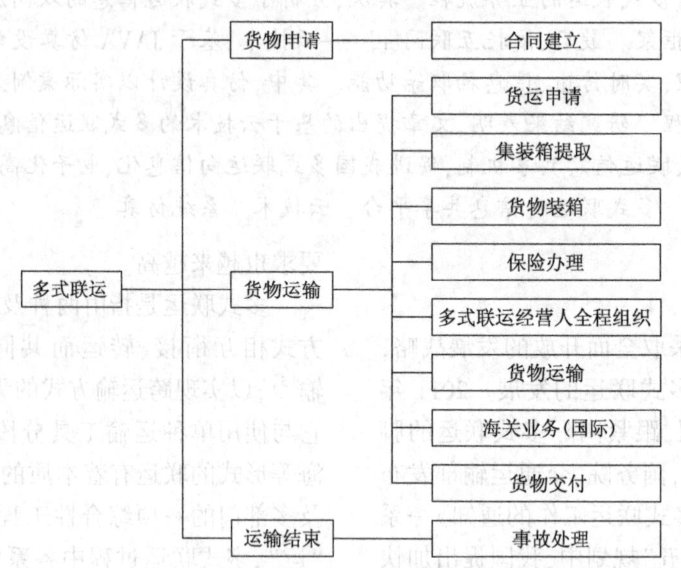

图1　多式联运业务流程图

1.2　多式联运节点信息分析

梳理多式联运业务流程,各系统主体在多式联运业务执行的各个节点产生的信息,这些信息在多式联运信息共享平台的各用户主体间实现收发、共享等功能。多式联运业务过程中的信息节点分析如图2所示。

在多式联运业务执行过程中,发货人、收货人、多式联运经营人、各运输方式的承运人以及保险公司等主体组成了多式联运信息共享平台的用户群体。各用户主体在货物的运输过程中产生各类需要共享的信息,在多式联运业务流程、节点信息的基础上,提出多式联运信息共享平台的构建框架。

2　多式联运信息共享平台的设计思路

信息通信技术的发展极大地影响着多式联运的运输效率及运营方式。多式联运作为一种由多种交通方式形成的综合运输系统,各个子系统的主体都建有各自的信息系统,但各系统间的数据规范、信息编码方式不同,导致各系统间缺乏数据信息的交互,缺乏一个信息共享平台实现信息的共享。目前我国正在大力发展基于多式联运领域的 EDI 技术。EDI 作为电子文件中的规范与标准,在国外贸易运输领域已经非常成熟,但在我国仍有很大的发展空间。EDI 技术针对于运输过程各贸易方文件的处理与传输,采用了国际公认的 EDI 标准报文格式,通过专门的网络,自动实现信息的发送接收与处理[9]。图 3 展示了 EDI 工作的标准流程。

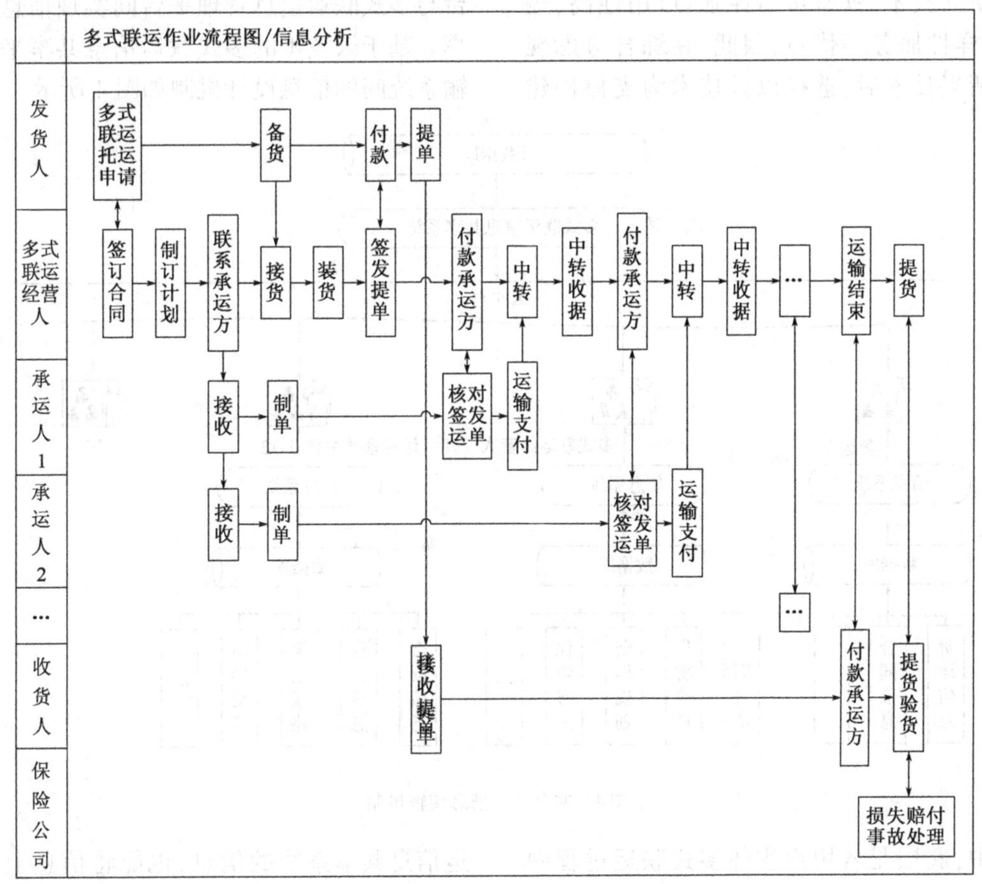

图 2　多式联运业务信息节点

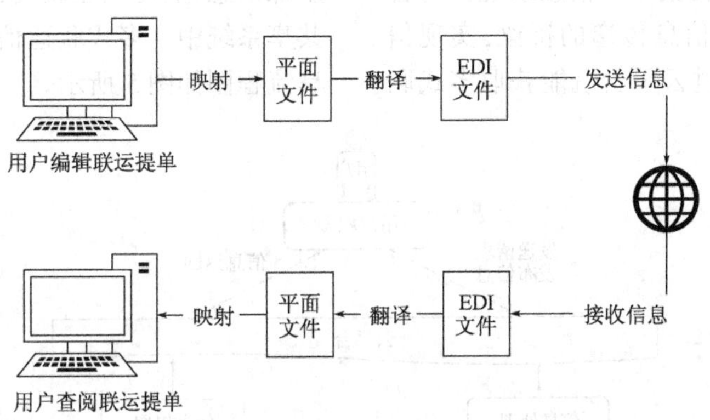

图 3　EDI 标准工作流程

2.1　基于云技术的信息传输机制

云技术是指在局域网或广域网内将软件、硬件、网络等资源统一起来,实现数据信息的收发、处理、存储、共享的一种技术[10]。云计算是一种分布式计算模式,它作为一种按使用量付费的商业计算机模式[11],只需要投入很少的管理工作,便能为用户提供可靠的、便捷的、按需的网络访问,快速地提供所需资源,是一种新兴的计算模式[12]。云平台是一种分布式承载平台,根据功能,它可以分为数据处理、数据存储以及云存储平台。云平台允许开发者们将写好的程序放在“云”里运行,或者使用“云”里提供的服务[13]。云技术作为一种新兴技术,具有可靠性强、可用性高、经济便捷、多样性服务等优点,因此,在综合考虑现有的各类新兴技术后,选择以云技术为支撑构建多式联运信息共享平台。多式联运信息共享平台的用户主体包括托运人、收货人、多式联运经营人、各运输方式主体及海关等[14]。云技术基于云计算商业模式应用的网络技术、信息技术、整合技术等技术的总称,利用其组成资源池,按需搭建信息共享平台,使得各用户在各自信息系统管理平台与多式联运信息管理平台间实现信息的交互共享。基于云技术的多式联运信息共享平台与各运输系统间的信息设计机制如图4所示。

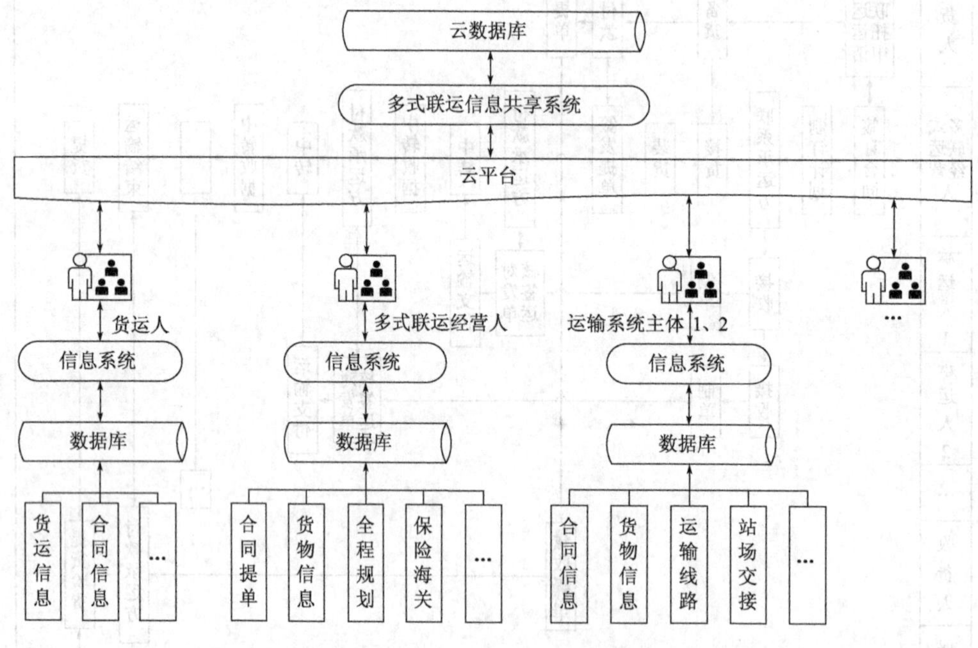

图4　共享平台信息传输机制

图4中,底层是各用户主体多式联运过程中产生的信息,将信息存入到各自的信息库中,例如MySQL、Oracle等数据存储技术。信息系统作为各用户主体与数据库之间信息传递的桥梁,实现信息的双向流通。用户通过云平台既能获取多式联运信息共享系统的信息,也能将信息上传至该系统,云数据库作为顶层模块,既能整合各系统间的杂糅信息,上传至互联网,也能将更新及时反馈到共享系统中。多式联运信息共享云平台的信息共享流程图如图5所示。

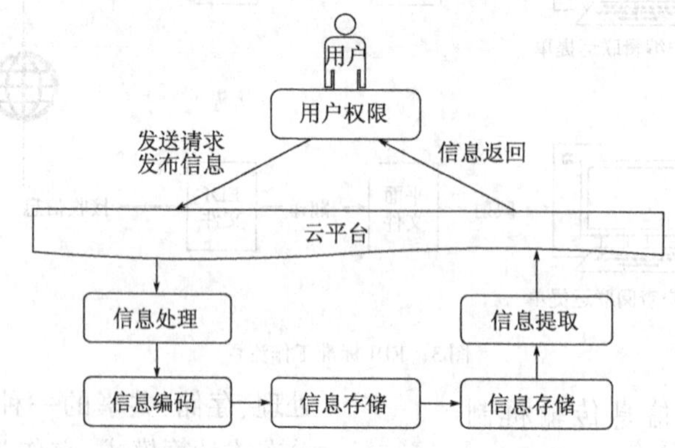

图5　云平台信息共享流程

2.2 多式联运信息共享平台总构架

多式联运信息共享平台是通过网络将硬件资源连接形成共享基础资源池。在现有SOA架构和EDI技术的基础上[15]，实现信息共享、交换、存储等功能。随着数据规模的扩大，通过云技术、云平台构建的基础资源池，能够实现大规模数据的交换共享，避免出现传统信息共享平台构建中数据库、服务器或总线服务压力过大等问题。基于云技术的信息共享平台的核心是云技术的信息存储共享机制。各系统间相互连接，构建综合平台，在平台上最终实现信息的共享，实现多式联运的全程监控。基于云技术的多式联运信息共享平台总体构架如图6所示。

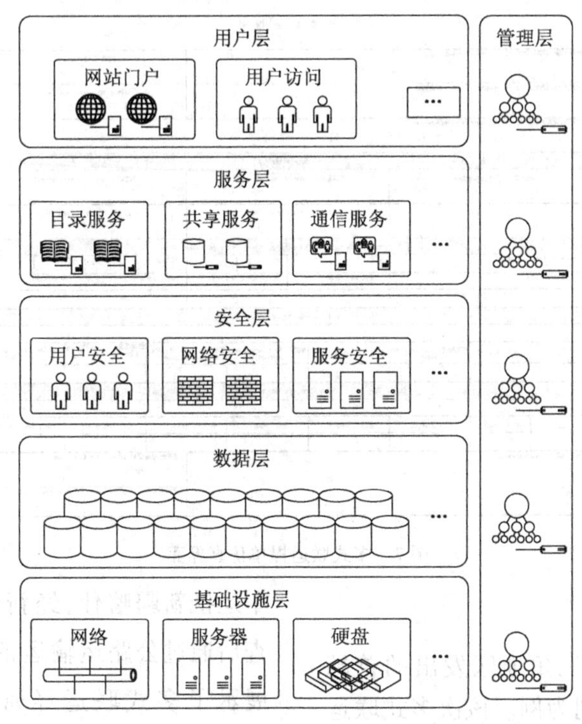

图6 平台总体构架

图6中，基于云技术的多式联运信息共享平台的总构架包括六层[16]，分别是基础设施层、数据层、安全层、服务层、应用层以及管理层。其中，基础设施层为最底层建设，管理层贯穿始终，而应用层则面向用户，为用户提供服务。每层的具体介绍如下。

(1)基础设施层。当前多式联运信息共享平台各用户主体已经建立各自的信息平台，因此多式联运信息共享平台的基础设施层的建设包括现有的可利用的基础设施，以及支撑云平台运行的基础设施[17]。

(2)数据层。数据层作为多式联运信息共享平台的核心[18]，需要建立信息共享平台的数据信息中心，制定统一的标准，规范数据传输、存储的格式，对信息进行编码加密等，实现多式联运过程中共享信息的基本管理。

(3)安全层。安全层应当建设一套完整的多式联运信息共享平台的防护体系，使得整个平台能够平稳安全地运行，保障用户的权益、数据的私密性、基础设施的可靠性。

(4)服务层。服务层涵盖了多式联运信息共享平台建设中的软件模块，提供运行环境、通信服务，以便更好地面向用户。

(5)用户层。应用层面向用户，通过客户终端为用户提供多式联运过程中的运输信息。

(6)管理层。管理层贯穿始终，协调多式联运信息共享平台的资源配置、监控信息的流通、平台的安全私密，优化整体的运行效率。

3 基于云技术的多式联运信息共享平台的仿真设计

在现有信息共享平台的基础上，文章基于

JAVA语言,对提出的多式联运信息共享平台的构建框架进行仿真,验证方案的可靠性,仿真设计的重点在于信息的传输与交互。

3.1　多式联运信息提交页面设计

以我国多式联运提单为例,设计多式联运提单页面。用户可以登录多式联运信息共享平台,根据多式联运业务执行的实际信息,在线填写多式联运提单。图7中展示了多式联运提单仿真界面。

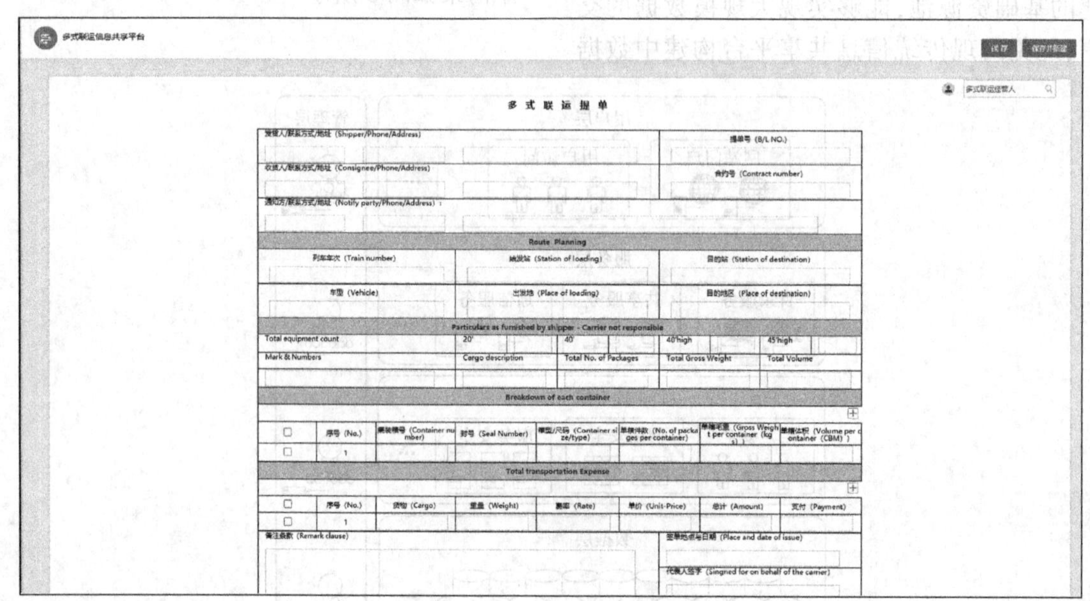

图7　多式联运提单仿真界面

3.2　案例分析

以2021年7月1日长三角地区发出的首趟"中吉乌"公铁联运中欧班列为例。该次多式联运业务由中铁国际多式联运有限公司作为全程经营人,以义乌西站为起点,出口货物搭乘X9018次列车运抵新疆喀什,经新疆伊尔克什坦口岸海关检查后通过公路运输运抵乌兹别克斯坦等国。图8展示了多式联运经营人在线填写提单信息的界面。

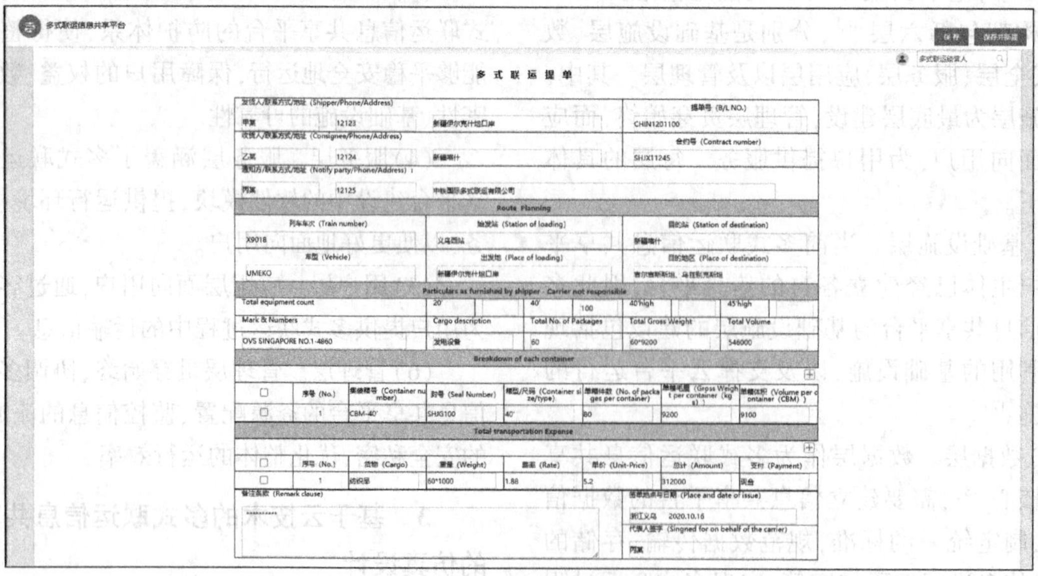

图8　多式联运提单信息填写界面

3.2.1 信息共享平台数据库

数据库作为多式联运信息共享平台的核心，需要建立共享平台的数据信息中心，通过制定统一的标准、规范数据传输、存储的格式等，实现多式联运过程中共享信息的基本管理。多式联运经营人填写多是联运提单，提交页面，信息保存至数据库中。图 9 和图 10 分别展示了案例中多式联运提单提交后的提单列表和数据库存储信息列表。

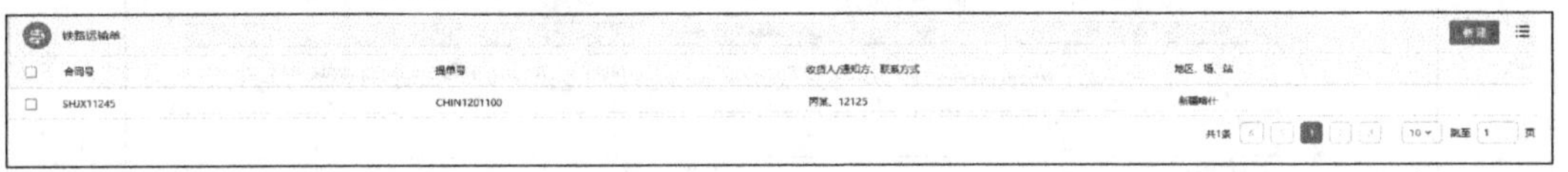

图 9　多式联运提单列表

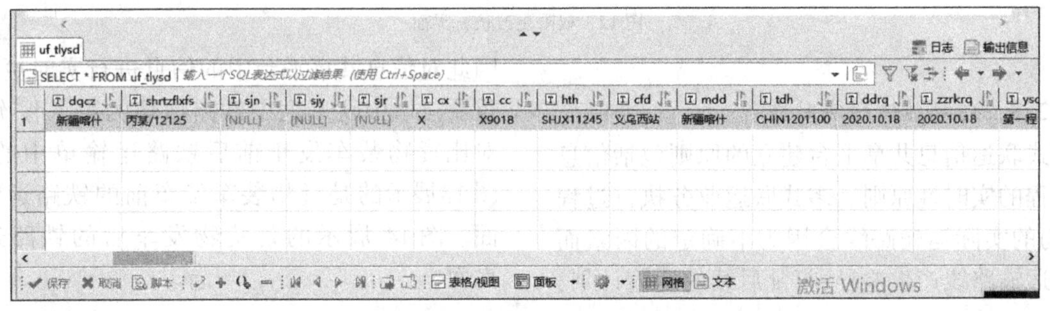

图 10　多式联运提单数据库

3.2.2 信息共享平台用户权限的设定

作为应用于业务执行过程中的各主体间的信息共享平台，多式联运信息共享平台应当建设一套完整的多式联运信息共享平台的防护体系，使得整个平台能够平稳安全地运行，保障用户的权益、数据的私密性、基础设施的可靠性。在多式联运信息共享平台的设计中，为了保证数据的安全性与私密性，需要对用户的权限限定。以案例中的运输路线信息的填写为例，演示多式联运信息共享平台中用户权限的设定。以发货人为作为用户视角，在线查看铁路运输单，其界面仿真如图 11 所示。

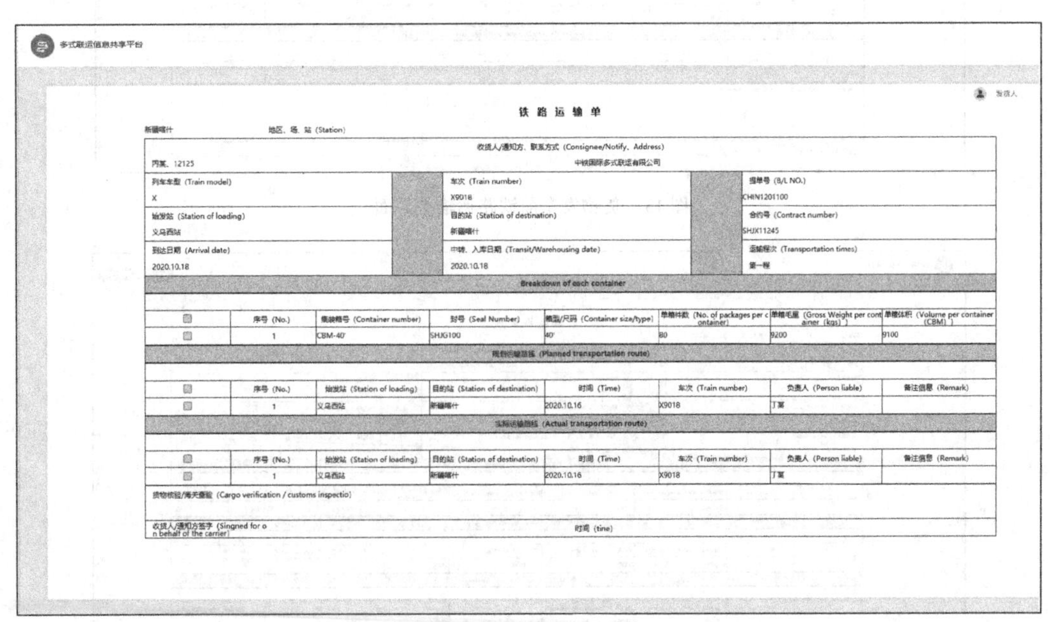

多式联运信息共享平台

发货人

铁路运输单

新疆喀什　　地区、场、站 (Station)

收货人/通知方、联系方式 (Consignee/Notify、Address)

丙某、12125　　中铁国际多式联运有限公司

列车车型 (Train model)	车次 (Train number)	提单号 (B/L NO.)
X	X9018	CHIN1201100
始发站 (Station of loading)	目的站 (Station of destination)	合约号 (Contract number)
义乌西站	新疆喀什	SHJX11245
到达日期 (Arrival date)	中转、入库日期 (Transit/Warehousing date)	运输程次 (Transportation times)
2020.10.18	2020.10.18	第一程

Breakdown of each container

	序号 (No.)	集装箱号 (Container number)	封号 (Seal Number)	箱型/尺码 (Container size/type)	单箱件数 (No. of packages per container)	单箱毛重 (Gross Weight per container (kgs))	单箱体积 (Volume per container (CBM))
	1	CBM-40'	SHJG100	40'	80	9200	9100

规划运输路线 (Planned transportation route)

	序号 (No.)	始发站 (Station of loading)	目的站 (Station of destination)	时间 (Time)	车次 (Train number)	负责人 (Person liable)	备注信息 (Remark)
	1	义乌西站	新疆喀什	2020.10.16	X9018	丁某	

实际运输路线 (Actual transportation route)

	序号 (No.)	始发站 (Station of loading)	目的站 (Station of destination)	时间 (Time)	车次 (Train number)	负责人 (Person liable)	备注信息 (Remark)
	1	义乌西站	新疆喀什	2020.10.16	X9018	丁某	

货物核验/海关查验 (Cargo verification / customs inspectio)

收货人/通知方签字 (Singned for on behalf of the carrier)　　时间 (tine)

图 11　铁路运输单查看界面

以发货人作为用户视角，对其权限进行变更。假设在多式联运执行过程中，取消发货人查看铁路运输单中运输路线的权限，系统设定后验证发货人查看到的界面仿真如图 12 所示。

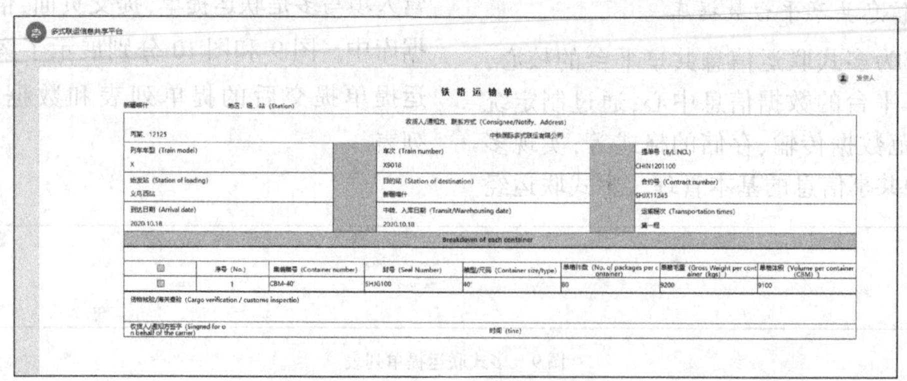

图12　权限更改仿真界面

3.2.3　信息传输的实时更新

多式联运信息共享平台建立的原则包括信息共享过程的实时性原则。多式联运业务执行过程中,货物的实际运输路线会因为不确定的因素而与实际运输路线产生差异,打乱后续的运输计划,因此对信息共享平台中的信息进行实时更新尤为重要。以中欧班列中铁路运输的第一程次为例,对比货物装车发车前后铁路运输单中的信息。图13展示的是货物装车发车前的铁路运输单界面。图14展示的是货物发车后的铁路运输单界面。

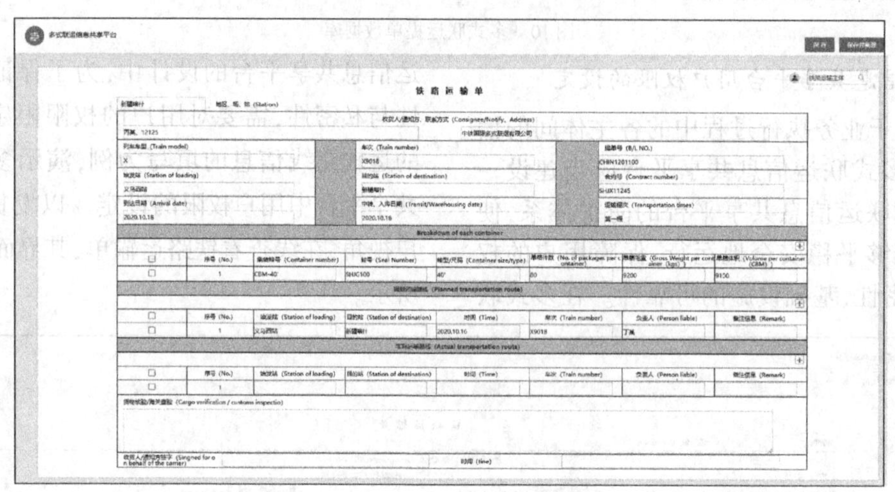

图13　货物发车前铁路运输单界面

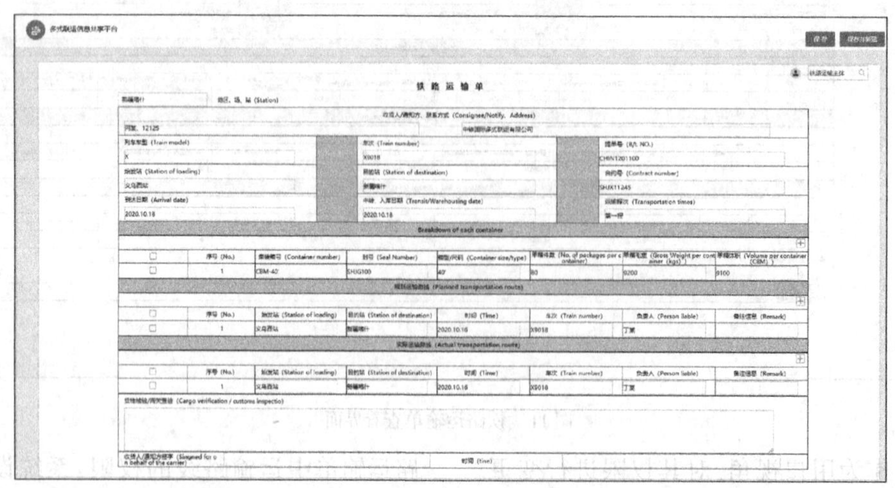

图14　货物发车后铁路运输单界面

4 结语

文章在当前多式联运信息共享建设现状的基础上,提出利用云技术,建立多式联运信息共享平台。文章阐述了我国多式联运业务流程,分析了多式联运业务过程的信息传输机制,进而提出基于云技术的多式联运信息共享平台的总框架。最后,利用Java及界面仿真,搭建多式联运信息共享的环境框架,对提出的构想进行实际验证,实现了案例信息的填写、提交、保存,以及用户权限的设定、信息的实时传输等功能,证明了文章所提的信息共享平台的可行性及可操作性。搭建多式联运信息共享平台,不仅能实现监管部门对全程运输的监控,更有助于获取多式联运各运输环节中的信息,使各运输主体间互联互通、互相协作,提高运输的效率。文章的研究有助于整合大时代大背景下的市场需求,为推进我国多式联运在全球范围的运输业、贸易行业的大发展献言献策。在未来的平台仿真设计中,研究需要继续分析多式联运业务执行过程中的安全性,并考虑将仿真设计的系统应用于信息共享的实际平台中。

参考文献

[1] 何黎明.我国物流业2016年发展回顾与2017年展望[J].中国流通经济,2017,31(3):3-7.

[2] Flanagan K, Uyarra E, Laranja M. Reconceptualizing the 'Policy mix' for Innovation[J]. Research Policy,2011,40(5):702-713.

[3] 杨晓强.集装箱多式联运路径与运输方式组合优化模型及算法研究[D].甘肃:兰州财经大学,2016.

[4] 王国保,王肖艳,宋志刚.基于战略地图思维的我国多式联运政策体系研究[J].北京交通大学学报(社会科学版),2018,17(3):112-120.

[5] 方杨杨,段燕飞.多式联运的新趋势助推武汉港口发展的升级换代[J].中国水运,2014,14(1):32-33.

[6] Lyons W M. Policy Innovations of the Us Intermodal Surface Transportation Efficiency Act and Clean Air Act Amendments [J]. Transportation,1995,22(3):217-240.

[7] 朱荣荣.多式联运网络枢纽的定位一分配问题[D].西安:长安大学,2013.

[8] 潘常虹.集装箱多式联运系统仿真及优化方法研究[D].辽宁:大连海事大学,2015.

[9] Christidis K, Devetsikiotis M. Blockchains and Smart Contracts for the Intemet of Things[J]. IEEE Access,2016(4):2292-2303.

[10] 董爱龙.城市轨道交通云综合监控系统应用探讨[J].现代城市轨道交通,2018(5):64-66,70.

[11] 袁祥梦.基于云平台的TaaS调度子系统的研究[D].石家庄:河北工程大学,2014.

[12] 黄小权.基于云平台的地铁综合监控系统[D].杭州:浙江工业大学,2017.

[13] Jesse Y H, Deokyoon K, Sujin C, et al. Where Is Current Research on Blockchain Technology?: A Systematic Review[J]. PLOS ONE,2016,11(10):1-24.

[14] 孙淑洁.基于扩展Petri网的多式联运流程优化与仿真[D].长沙:中南大学,2013.

[15] Peter Mell. The NIST definition of cloud computing[J]. Communications of the ACM, 2011,53(6):50-51.

[16] 张莉艳.基于云计算的铁路信息共享平台及关键技术研究[D].北京:中国铁道科学研究院,2013.

[17] 林克,谭华,杨少龙,等.基于物联网技术的智能物流公共服务平台设计[J].电信技术,2014(10):78-82.

[18] 尹传忠,谢毅峰,武中凯,等.基于区块链技术的多式联运信息平台构建[J].铁道运输与经济,2020,42(8):33-38.

Research on Optimization of Low-Carbon Cold Chain Logistics Distribution Path

Wang Haodong Wang Li*
(School of Traffic and Transportation, Beijing Jiaotong University)

Abstract The rapid development of China's economy has continuously improved the quality of life of the people, and people's demand for cold chain products is also increasing. When cold chain goods are distributed, they are equipped with ice making equipment, which will emit more carbon dioxide than ordinary vehicles. In response to the country's "carbon neutrality and carbon peaking", carbon emission reduction in cold chain logistics is even more important. This paperanalyzes various costs in the cold chain distribution process on the basis of consulting data and literature, constructs an objective function with the smallest total costs, and conducts research on urban cold chain logistics route distribution. In the analysis process, various costs were considered, including fixed cost of the vehicle, transportation costs, refrigeration costs due to refrigeration, cargo damage costs due to the characteristics of the goods themselves, and carbon emission costs in the distribution process. According to the "Management Measures for Carbon Emission Trading" I established a low-carbon cold chain logistics distribution path optimization model, and verified its effectiveness through calculation examples.

Keywords Low-carbon Path optimization Cold-chain logistic Delivery model

0 Introduction

With the steady growth of my country's economy and the continuous improvement of people's living standards, people's demand for fresh cold chain products such as fruits and vegetables, meat, and dairy products has increased year by year. According to the statistics of the Cold Chain Committee of the China Federation of Things in 2019, China's food cold chain logistics demand was 233 million tons, and the market size reached 339.1 billion yuan, an increase of 44 million tons from 2018, a year-on-year increase of 23.52%. It can be seen from Fig. 1 that the demand for cold chain logistics in my country has been increasing year by year in the past few years. In 2020, due to the new crown epidemic, most people have increased demand for fresh agricultural products after working at home, while the flow of physical stores has decreased, and the fresh food e-commerce plus cold chain home delivery model will usher in explosive development. In addition, the circulation of vaccines and other medical supplies is also indispensable to the role of cold chain logistics. Coupled with the acceleration of the pace of life and the change in people's perception of frozen food, more people choose to store an appropriate amount of cold chain products to save time. These factors have beneficially stimulated the development of the cold chain logistics industry.

Since 2020, the national level has introduced various cold-chain logistics-related policies to guide and promote the healthy development of the cold-chain logistics industry from multiple dimensions. In the 14th Five-Year Plan issued by the state in 2021, Chapter 12 also clearly mentioned that "deepen the reform of the circulation system, unimpeded the circulation channels of goods and services, improve the circulation efficiency, and reduce the transaction costs of the whole society.", "Build a modern logistics system and accelerate the development of cold-chain logistics".

China's cold chain transportation methods mainly

include roads, railways, water transportation, and aviation. Road cold chain transportation accounts for 90% of thetotal, is the most important mode of transportation supporting my country's cold chain transportation. In recent years, the number of refrigerated trucks in my country is shown in Fig. 2.

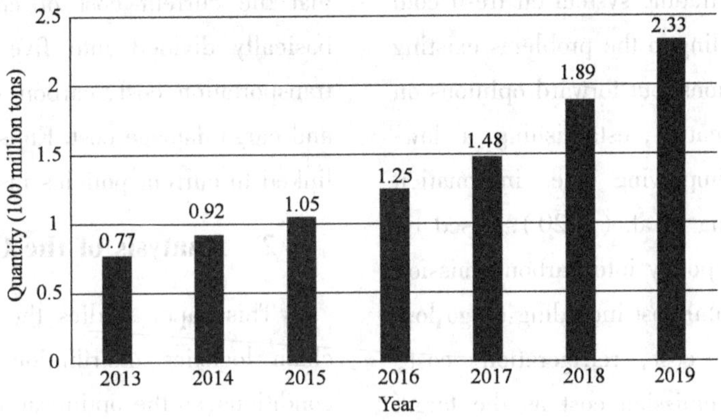

Fig. 1 2013-2019 China's Total Cold Chain Logistics Demand

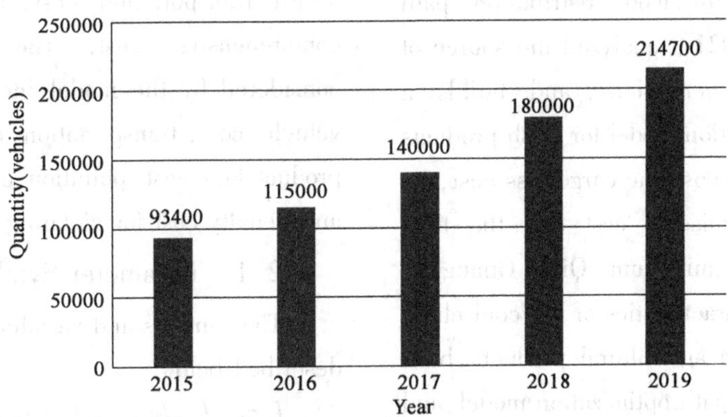

Fig. 2 2015-2019 China's Refrigerated Truck Ownership

At present, the model technology of new energy refrigerated vehicles is not mature, with high cost, and the battery technology is backward. More enterprises still use the refrigerated vehicles launched by ordinary fuel. The main emission gas of refrigerated vehicle is carbon dioxide.

With the increasing awareness of environmental protection, low carbon has become a hot topic around the world. In China's 14th Five-Year Plan, special emphasis is placed on "carbon peak" and "carbon neutral". The Measures for the Administration of Carbon Emission Trading (Trial) was also deliberated and adopted on December 25, 2020, and will officially come into force on February 1, 2021. The "Measures for the Administration of Carbon Emission Trading (Trial)" will allocate carbon emission allowances for each carbon emission company in the new year, and the part that exceeds the emission allowances will be purchased through market transactions. At present, this method is only used for Key carbon emission companies have been established.

This article is based on the application of the "Measures for the Management of Carbon Emissions Trading (Trial)" in the cold chain transportation industry. From the perspective of cold chain distribution, it selects cold chain logistics path optimization research, introduces customer time window restrictions, and constructs the cost of carbon emissions. The path optimization model of the distribution project takes the minimum sum of vehicle fixed cost, transportation cost, cargo damage cost, cooling cost and carbon emission cost as the objective function to find the optimal path to reduce the distribution cost while minimizing carbon emissions.

1 Literature Review

Xu Song. (2020). analyzed the impact of China's carbon emission trading system on fresh cold chain logistics, and according to the problems existing in reducing carbon emissions, put forward opinions on optimizing resource allocation, establishing a low-carbon concept and improving the information network. Wang Changqiong et al. (2020). based on the carbon quota trading policy into carbon emission cost, with the minimum total cost including cargo loss cost, fuel consumption cost, refrigeration cost, punishment cost, carbon emission cost as the target function, established a comprehensive carbon emissions and cold chain food distribution path model. Shen Li et al. (2021). analyzed the source of cargo loss and carbon emissions, and builds a distribution path optimization model for fresh products with the goal of the fixed cost, the cargo loss cost, the fuel cost, the carbon emission cost and the time punishment cost as the minimum. Qian Guangyu. (2016) analyzed the characteristics of the cold chain distribution mode of fresh agricultural products, built a cold chain distribution path optimization model, and used genetic algorithm to solve the model to verify the effectiveness of the model. Kangkai et al. (2019). comprehensively takes into account the costs of fixation, transportation, cargo loss and refrigeration to build the distribution path optimization model of fresh agricultural products considering carbon emissions, and put forward an improved ant colony algorithm combining the 2-opt local search mechanism to solve this problem. Liu Bo (2018) combined with the characteristics of cold chain logistics and operation flow, made clear the cold chain logistics distribution cost calculation, fixed cost, vehicle fixed cost, cargo cost, refrigeration cost and time window punishment cost, established the distribution assembly logistics with the cold chain logistics distribution dynamic vehicle path optimization model. Ren Teng et al (2020) by considering the customer satisfaction of cold chain distribution, builds a cold chain vehicle path optimization model with minimum carbon emission within the target of customer service time. Through the reading of relevant domestic and foreign literature and literature retrieval, it can be concluded that the current cost of cold chain distribution is basically divided into five categories: fixed cost, transportation cost, carbon emission cost, time cost and cargo damage cost. Emission costs are not closely linked to current policies in China.

2 Analysis of the Objective Functions

This paper studies the optimization of the cold chain logistics distribution path under low-carbon conditions, so the optimization goal of the established model is not only the minimum carbon emission or the lowest transportation cost, but also the minimum comprehensive cost. The comprehensive costs considered by the model include: fixed cost of the vehicle cost, transportation cost, refrigeration cost, product loss cost, pollution cost of carbon emissions and penalty cost for violating the time window.

2.1 Parameter Symbol Description

The symbols and variables used in the model are described below.

$L = \{L_0, L_1, ..., L_n\}$ represents the collection of the distribution center and customers, L_0 is the distribution center;

$k = \{1, 2, ..., K\}$ representative collection of delivery vehicles;

i, j represents the demand point, in which $i, j \in \{1, 2, ..., n\}$;

f_k represents the fixed cost of distribution for the kth vehicle

c_{ij}^k represents the transportation cost per kilometer of the k-th car traveling from customer point i to customer point j;

d_{ij} represents the distance between customer i and customer j;

Q represents the maximum load weight of the vehicle;

Q_j represents the load before the delivery vehicle is delivered to point j;;

q_i represents the demand of each customer point;

P_1 represents unit refrigeration cost;

t_{si} represents the service time of point i;

t_0^k represents the time from the delivery center;

t_i^k represents the k car time at customer point i;

t_f^k represents the return to the delivery center;

θ represents the amount of unit time loss of cold chain products in the distribution process;

G represents carbon emissions per unit distance from refrigeration;

e_0 represents the carbon emission coefficient;

c_0 on behalf of carbon tax;

α represents carbon emission quotas;

$[ET_i, LT_i]$ time window represents customer point i, the delivery time is within this range, no penalty;

$[EET_i, ELT_i]$ time window represents a time range that requirement point i can accept;

x_{ij}^k for 0-1 variable, when the delivery vehicle k passes through the road section (i,j), the value is 1;

y_i^k for 0-1 variables, the value is 1 when the delivery vehicle k serves the customer point i;

s_k for 0-1 variables are, and a value is 1 when the delivery vehicle k is used;

$m_{e-\alpha}$ for 0-1 variables are, and the value is 1 when the emission is greater than the quota;

s_k is 0-1 variable, when the delivery car k delivery service, the value is 1;

β represents constant, indicating the wear of the body;

S represents the area of the vehicle under solar radiation in m^2;

S_w represents the vehicle exterior area;

S_n represents the internal surface area of the vehicle;

R represents the heat transfer rate in K Cal/(h · m^2 · °C);

T_w represents the external temperature of the car body, namely the external temperature;

T_n represents the inner car temperature, that is, the product storage temperature;

ρ represents fuel consumption per unit distance;

Q_0 represents the vehicle body weight;

X represents the load weight of the vehicle.

2.2 Analysis

2.2.1 Fixed cost of the vehicle

The fixed cost of the vehicle is generally constant, which has nothing to do with the customer location and demand, mainly with the loss of the vehicle, the driver' s salary, vehicle rental rent, etc. The distributioncenter has K vehicles, and the fixed cost of the kth car is f_k, so the fixed cost of the vehicle during the whole distribution process is:

$$C_{\text{cost}} = \sum_{k=1}^{K} f_k s_k \tag{1}$$

2.2.2 TransportationCosts of the Vehicles

The transportation cost of vehicles mainly refers to the fuel cost and vehicle maintenance costs. Usually the transportation costs is related to the mileage of the vehicle, the longer the mileage, the higher the transportation costs. The transportation cost of the vehicle can be expressed as:

$$C_{\text{transport}} = \sum_{k=1}^{K} \sum_{i,j=0}^{n} c_{ij}^k x_{ij}^k d_{ij} \tag{2}$$

2.2.3 Damage Cost of Cold Chain Products

In the delivery process, the product quality will inevitably decline with the longer transportation time and the impact of the temperature, so it will produce a certain degree of cargodamage cost. This paper assumes that other factors do not affect the product quality, and that the damage of the product is only related to the length of transportation time. Damage cost can be expressed as:

$$C_{\text{waste}} = \sum_{k=1}^{K} \sum_{i=1}^{n} y_i^k \theta q_i (t_i^k - t_0^k) \tag{3}$$

2.2.4 Refrigeration Cost

The refrigerant consumed during the driving process is determined by calculating the heat load of the refrigerated vehicle, which mainly refers to the heat load of the heat transmitted by the external sun and the heat load caused by the air leakage in the vehicle. Therefore, the heat load generated by the kth car during transportation is:

$$G_K = (1+\beta) SR(T_w - T_n) \tag{4}$$

Usually, $S = \sqrt{S_w \times S_n}$, Therefore, the refrigeration cost of the vehicle can be expressed as

$$C_{\text{cold}} = \sum_{k=1}^{k} P_1 G_K (t_f^k - t_0^k) \tag{5}$$

2.2.5 Cost of Carbon Emissions

Carbon emissions during vehicle driving are related to driving distance and vehicle load weight. Some scholars have analyzed the linear relationship between fuel consumption and vehicle load, and the formula is as follows:

$$\rho(X) = a(Q_0 + X) + b \tag{6}$$

When the vehicle is the maximum load weight Q, its carbon emission is set to ρ^*, when the vehicle is no load, namely X is 0, its carbon emission is set to ρ_0, it can be concluded that:

$$\rho_0 = aQ_0 + b \tag{7}$$

$$\rho^* = a(Q_0 + Q) + b \tag{8}$$

Then we can make it,

$$a = \frac{\rho^* - \rho_0}{Q} \tag{9}$$

In conclusion, the fuel consumption per unit distance can be expressed as:

$$\rho(X) = \rho_0 + \frac{\rho^* - \rho_0}{Q} X \tag{10}$$

Following the above formula, we can calculate the carbon emissions during the vehicle driving:

$$E_1 = \sum_{k=1}^{K} \sum_{i=0}^{n} \sum_{j=0}^{n} e_0 x_{ij}^k \rho(Q_j) d_{ij} \tag{11}$$

The carbon emissions generated by refrigerant consumption of refrigeration equipment are also related to driving distance and load volume, and the formula is expressed as follows:

$$E_2 = \sum_{k=1}^{K} \sum_{i=0}^{n} \sum_{j=0}^{n} G x_{ij}^k d_{ij} Q_j \tag{12}$$

According to the " Carbon Emission Trading Management Measures (Trial)" implemented in China in early 2021, it can be seen that the country has a certain quota for carbon emissions in the industry, that is, the emissions do not need to pay taxes within this scope. Therefore, the cost is the excess part.

In sum, the costs arising from carbon emissions are

$$C_{energy} = (E_1 + E_2 - \alpha) c_0 m_{e-\alpha} \tag{13}$$

When the delivery vehicle serves the last customer point, to return to the distributioncenter, when there are no longer products on the car, so there is no longer a need to open the refrigeration equipment, the carbon emissions at this time is 0, only the carbon emissions caused by driving. The carbon emissions calculations still meet the formula (11).

2.2.6 Punishment Cost

Due to the perishable nature of cold chain products themselves, their product quality will decline with the passage of time, and the decline of product quality will affect customer satisfaction. Therefore, customers have restrictions on the time of delivery of products. Beyond this time range, customers will no longer accept the service, which is the hard time window constraint.

Considering the characteristics of the timeliness of cold chain logistics, and the time delivery time affects both product quality but also customer satisfaction and the development of the enterprise, the distributioncenter should consider the punishment cost into the total cost. This paper sets a large penalty cost when the distribution time is no longer within the expected time window, and not when the distribution time is within the expected time window. Penalties costs can be expressed as:

$$\eta(t_i^k) = \begin{cases} Y_1(ET_i - t_i^k) & t_i^k < ET_i \\ 0 & ET_i < t_i^k < LT_i \\ Y_2(t_i^k - LT_i) & t_i^k > LT_i \end{cases} \tag{14}$$

Y_1 is the early arrival penalty coefficient; Y_2 is the late penalty coefficient; t_i^k is the time when the kth car reaches the customer point i; $[ET_i, LT_i]$ expected service time window for the ith customer.

So, the total penalty cost is:

$$C_{\text{punish}} = \sum_{k=1}^{K} \sum_{i=1}^{n} \eta(t_i^k) \tag{15}$$

3 Low-Carbon Cold-Chain Logistics and Distribution Path Optimization Model

3.1 Problem Description

This paper studies a low-carbon cold-chain distribution path optimization model, which can be described as: a known cold chain distribution center,

$\{1, 2, \cdots, n\}$ cold chain distribution services, a certain number of refrigerated vehicles, known location coordinates and demand of each customer, and its own acceptable time window, all vehicles from the distribution center, according to the planned route, return to the task. Under the vehicle rated load weight, customer demand and service time window, comprehensively consider the fixed cost, transportation cost, cooling cost, cargo loss cost and the penalty cost, build the minimum total cost of low carbon cold chain logistics distribution path optimization model, in order to seek to ensure product quality and freshness, and ensure the minimum carbon emissions distribution path and transportation scheme.

3.2 Assumptions and Constraints

3.2.1 Conditional Assumptions

In order to build a better model, this paper makes the following assumptions:

(1) This model is a single cold chain logistics distribution center to provide distribution services to multiple customers;

(2) The distribution vehicles in this distribution center are all refrigerated vehicles with the same model;

(3) The vehicle has a constant speed during delivery;

(4) Location coordinates and requirements for all customer points are known;

(5) All delivery vehicles are out of the delivery center and return to the delivery center after providing customers in the route.

(6) The departure time is the business hours of the delivery center, when the delivery vehicle is used.

3.2.2 Constraints

The constraints of the model in this paper are as follows:

(1) The load weight of each vehicle shall not exceed the maximum load weight of the vehicle;

(2) Each customer point is served only once;

(3) Delivery vehicles are served within the customer-requested time window or punished.

3.2.3 Model Building

In conclusion, the model of low-carbon cold-chain logistics distribution path optimization can be expressed as follows:

$$
\begin{aligned}
Cost = \mathrm{Min}\Big[& \sum_{k=1}^{K} f_K s_k + \sum_{k=1}^{K}\sum_{i,j=0}^{n} c_{ij}^k x_{ij}^k d_{ij} + \sum_{k=1}^{K}\sum_{i=0}^{n} y_i^k \theta q_i (t_i^k - t_0^k) + \sum_{k=1}^{k} s_k P_1 G_K (t_f^k - t_0^k) + \\
& \Big(\sum_{k=1}^{K}\sum_{i=0}^{n}\sum_{j=0}^{n} e_0 x_{ij}^k \rho(Q_j) d_{ij} + \sum_{k=1}^{K}\sum_{i=0}^{n}\sum_{j=0}^{n} G x_{ij}^k d_{ij} Q_j - \alpha\Big) c_0 m_{e-\alpha} + \sum_{k=1}^{K}\sum_{i=1}^{n} \eta(t_i^k) \Big]
\end{aligned}
\tag{16}
$$

$$\sum_{i=1}^{n} x_{i0}^k = \sum_{i=1}^{n} x_{0i}^k \leqslant 1, k = 1,2,\cdots,K \tag{17}$$

$$s_k = \sum_{i=1}^{n} x_{0i}^k, k = 1,2,\cdots,K \tag{18}$$

$$x_{ii}^k = y_i^k, k = 1,2,\cdots,K; i = 1,2,\cdots,n \tag{19}$$

$$\sum_{k=1}^{K} y_i^k = 1, i = 1,2,\cdots,n \tag{20}$$

$$\sum_{k=1}^{K} y_0^k = K \tag{21}$$

$$\sum_{k=1}^{K}\sum_{i=1}^{n} y_i^k = n \tag{22}$$

$$\sum_{i=0}^{n} y_i^k q_i < Q, k = 1,2,\cdots,K \tag{23}$$

$$\mathrm{EET}_i \leqslant t_i^k \leqslant \mathrm{ELT}_i, \quad k = 1,2,\cdots,K; i = 0,1,\cdots,n \tag{24}$$

$$t_j^k = \sum_{i=0}^{n}\sum_{k=1}^{K} x_{ij}^k \left(t_i^k + t_{si} + \frac{d_{ij}}{V}\right), \quad j = 1,2,\cdots,n, i \neq j \tag{25}$$

$$t_f^k = \sum_{i=1}^{n}\sum_{k=1}^{K} x_{i0}^k (t_i^k + t_{si}), k = 1,2,\cdots,K \tag{26}$$

$$
m_{e-\alpha} = \begin{cases} 0 & \sum_{k=1}^{K}\sum_{i=0}^{n}\sum_{j=0}^{n} e_0 x_{ij}^k \rho(Q_j) d_{ij} + \sum_{k=1}^{K}\sum_{i=0}^{n}\sum_{j=0}^{n} G x_{ij}^k d_{ij} Q_j \leqslant \alpha \\ 1 & \sum_{k=1}^{K}\sum_{i=0}^{n}\sum_{j=0}^{n} e_0 x_{ij}^k \rho(Q_j) d_{ij} + \sum_{k=1}^{K}\sum_{i=0}^{n}\sum_{j=0}^{n} G x_{ij}^k d_{ij} Q_j > \alpha \end{cases}
\tag{27}
$$

Among them, (17) represents the vehicles departing from the distribution center must return to the distribution center after serving the supermarkets they are responsible for; (18) represents that if the vehicle departs from the distribution center, it means that the vehicle is used.; (19) represents the relationship between two variables; (20)-(21) means that the distribution center has a total of K vehicles, and each demand point has only one vehicle for delivery services; (22) represents the total number of supermarkets served by the distribution center as n; (23) represents the vehicle shall not exceed the maximum weight of the vehicle; (24) represents the limitation of the time window; (25) Represents the continuity of the distribution process; (26) represents that the time to leave the last demand point is equal to the sum of the previous delivery time and service time; (27) are calculated only when carbon emissions exceed the quota.

4 The Example Analysis

4.1 Parameter Setting

We set up a distribution center and five demand points. Vehicles also start from the distribution, because it is a short distance delivery, and the required delivery time basically avoids the maximum traffic flow, so the situation of traffic congestion is not considered in this paper. The distance between each demand point is shown in Fig. 3, and the information of demand and service time between each demand point is shown in Tab. 1.

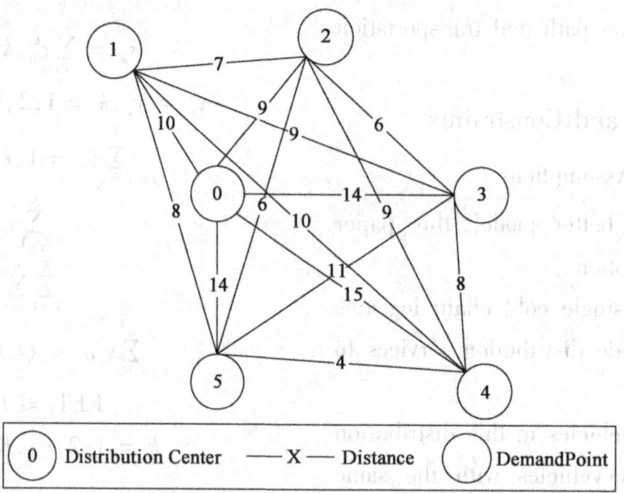

Fig. 3 Distance between Distribution Center and Demand Point

Demand Information of Demand Point Tab. 1

SerialNumber	Quantity Dmanded(t)	SpecifiedTime Window	AcceptableTime Window	ServiceTime(h)
0	0	[7:00,23:59]	[7:00,23:59]	0
1	2	[7:12,7:30]	[7:06,7:36]	0.2
2	2.5	[7:18,8:06]	[7:05,8:30]	0.3
3	3	[7:18,8:30]	[7:12,9:00]	0.4
4	1.5	[7:06,7:24]	[7:00,7:30]	0.2
5	2.5	[7:12,8:12]	[7:06,8:30]	0.3

According to Qian's parameter setting in the reference, we assume that the vehicle runs at a constant speed of 50km/h, the transportation cost per unit mile is 3 yuan/km, and the fixed use cost of each delivery vehicle is 200 yuan/car. Since fresh goods are generally shipped in the morning, it is assumed that the external temperature is 21℃ and the internal temperature is 4℃, and the maximum carrying capacity of the transport vehicle used is 9t. See Tab. 2 for other parameters.

Parameter Values Tab. 2

Parameter	Parameter Values
P_1	1.5yuan/kCal
S_w	9.99×2.49×3.85m

continued

Parameter	Parameter Values
S_w	7.4×2.28×2.4m
β	0.08
R	2.49kCal/(h·m²·℃)
e_0	2.63kg/L
G	0.0066g/kg·km
ρ^*	0.377L/km
ρ_0	0.165L/km
θ	1
Y_1	600yuan/h
Y_2	600yuan/h

4.2 Analysis of Simulation Results

In this paper, the solver is used to solve the problem, and the influence of the carbon emission cost on the distribution route planning of fresh agricultural products is analyzed.

In the case that carbon emission cost is not considered, only vehicle use cost, transportation cost, goods damage cost and refrigeration cost are considered in the distribution process, and the path layout under the constraints of vehicle load and demand point time window is shown in Tab. 3

Vehicle Routes without Carbon Emissions Tab. 3

TheVehicle Number	Access Sequence
1	0-1-3-0
2	0-4-2-5-0

As can be seen from the above table, the distribution center needs to send two vehicles to provide services for the five demand points, in which vehicle 1 serves customers 1 and 3 in turn, and vehicle 2 serves customers 4, 5 and 2 in turn, and finally returns to the distribution center. The total service cost of the distribution process is 16269.10 yuan, including 400 yuan for the use of vehicles. The total transportation mileage is 71km and the carbon dioxide emission is 34.28397kg.

According to the proportion of the allocation of carbon dioxide quota, we set a to 30kg, and when the excess is charged at100 yuan per kilogram, the distribution path obtained is the same as the distribution path without considering carbon dioxide emissions. The total cost at this time is 16697.50 yuan. Therefore, during the operation of the program, the carbon tax price is too low so that the carbon emission cost accounts for too low a proportion of the total cost, which has no effect on the choice of delivery route.

If the carbon tax price is increased to 500 yuan/kg, the distribution route will be as shown in Tab. 4. At this time, the carbon emission is 32.27448 kg, the carbon emission cost is 1137.24 yuan, the total transportation mileage is 70km, and the total distribution cost is 18367.52 Yuan.

Vehicle Routes with Carbon Emissions Tab. 4

TheVehicle Number	Access Sequence
1	0-4-5-0
2	0-1-2-3-0

If carbon emission factors are considered in the cold chain logistics path optimization model, that is, route planning is carried out according to the model built in this article, the total cost will be lower than when carbon emission factors are not considered. Therefore, in the process of cold chain logistics distribution path planning, carbon emission factors, refrigeration, cargo damage and other factors should be integrated into the planning path, which can effectively reduce carbon emissions generated during the distribution process and reduce environmental pollution. Under the implementation of the carbon taxsystem It can also effectively reduce the operating costs of the enterprise.

5 Conclusions

The perishability of fresh agricultural products causes damage costs due to product corruption during the distribution process. In order to ensure the quality of agricultural products, fresh agricultural products need to be distributed in a suitable low-temperature environment, which will incur certain cooling costs. Therefore, cold chain logistics and room temperature logistics are very different in terms of distribution costs and distribution strategies. The research on the optimization of cold chain logistics distribution routes often takes into account the cost of goods damage and cooling costs caused by the perishability of products during distribution. However, with the development of " low-carbon economy", the difference between cold chain logistics and low-carbon logistics There is a contradictory relationship between development. If cold chain logistics is to achieve a " cold chain", it must have high energy consumption and high carbon emissions, which contradicts the requirements of low-carbon logistics. Therefore, under the voice of " carbon neutrality and carbon peak", the development of cold chain logistics must consider carbon emission factors.

In accordance with the " Measures for the Management of Carbon Emissions Trading (Trial)" implemented at the beginning of this year, this paper divides the carbon emissions of cold chain logistics companies into the parts within and beyond the quota, and proposes an optimization model for the cold chain distribution path of fresh agricultural products that takes into account carbon emission factors. According to the characteristics of cold chain logistics and distribution, analyze the factors that affect carbon emissions during the distribution process, provide a basis for the calculation of carbon emission costs in the cold chain logistics distribution process, and discuss the cost of cargo damage, cooling costs and vehicles during the distribution of fresh agricultural products. Using cost and transportation cost, under the constraints of soft time window and vehicle load, a low-carbon cold chain distribution path optimization model for fresh agricultural products is constructed with the minimum total cost as the optimization goal.

In the verification process of the calculation examples, the distribution routes were planned with and without carbon emissions. The results show that, due to the high proportion of refrigeration costs in the distribution process, if the carbon trading price is set low, the proportion of carbon emission costs to the total cost is very small, which has no influence on the planning of the distribution route. However, when the price of carbon trading is high, the route planning with carbon emission factors will generate smaller carbon emissions and cost less than the route without carbon emission planning, which verifies the rationality of the model.

Acknowledgments

This work was supported bythe Joint Funds of the National Natural Science Foundation of China (No. U2034208) and the Fundamental Research Funds for the Central Universities (No. 2020JBM027).

References

[1] Xu Song. (2020). Research on Cold-chain Logistics. Southern Agricultural Machinery, 51(10): 77 + 181.

[2] Wang Changqiong. and Sun Yijia. (2020). Food cold-chain logistics distribution path

optimization model based on carbon quota trading. Logistics Technology,39 (07): 97-102.

[3] Shen Li. and Li Chengyu. and Gan Yan. and Zhao Gang. (2021). Optimization of the distribution path for fresh products considering cargo loss and carbon emissions. Journal of Shanghai Maritime University, 2021, 42 (01): 44-49 + 70.

[4] Qian GuangYu. (2016). Research on cold chain distribution path optimization of fresh agricultural products considering carbon emission. Beijing Jiaotong University.

[5] Kang Kai. and Han Jie. and Pu Wei. and Yanfang Ma. (2019). Research on low-carbon distribution path optimization of fresh agricultural products cold chain logistics. Computer Engineering and Application, 55 (02): 259-265.

[6] Liu Bo. (2018) Research on Dynamic Vehicle Path Optimization Method of Cold Chain Logistics Distribution with Time Window. Beijing Jiaotong University.

[7] Ren Teng. and Chen Yue. and Xiang Yingchun. and Xing Lenin. and Li Sisi. (2020). Low-carbon cold-chain vehicle path optimization considering customer satisfaction. Computer Integrated Manufacturing System, 26 (04): 1108-1117.

Impact of Rail Transit Systems on Transport Accessibility under Road Congestion

Bo Zhan [1] Hui Zhang[1] Min Ouyang [*1,2]

(1. School of Artificial Intelligence and Automation, Huazhong University of Science and Technology;

2. Key Lab. for Image Processing and Intelligent Control, Huazhong University of Science and Technology, Ministry of Education)

Abstract Investment inrail transit systems is widely advocated in large, high-density cities on the basis of its purported role in reducing road congestion, but the impact of rail transit systems on congestion remains a mystery. This paper provides a method for evaluating the impact of rail transit systems on road congestion in terms of transport accessibility, and applies the method to 43 Chinese cities that have opened rail transit systems. Results show that the rail transit systems can reduce road congestion in most cities, but their performance largely depends on the congestion speed and the rail transit network size. Furthermore, the structural properties analysis of rail transit networks in two typical cities (Dalian and Changchun) indicates that rail transit lines with longer length, smaller detour factor, and larger population coverage rate tend to perform better in congestion reduction. The findings in this paper provide guidance for city authorities regarding current and future investment in rail transit systems.

Keywords Rail transit system Congestion reduction Accessibility Rail transit network size Congestion speed Structural properties

0 Introduction

In the modern world, road congestion is becoming a serious problem due to the growth of population and the expansion of cities, and it can cause huge economic loss, exacerbate environmental pollution and result in road rage (Zeng et al., 2019, 2020). Therefore, alleviating congestion has become the basis for building a sustainable city under the Sustainable Development Goals of the United Nations (Web-1). Rail transit system is viewed as a potential mean to mitigate road congestion (Yang et al.,2018; Fageda et al., 2021), which includes metros, light rails and trams. In comparison to the driving mode, rail transit can provide a low-cost, energy-efficient, less pollution, and socially equitable travel alternative. Investment in rail transit systems is hence advocated in large, high-density cities on the basis of its purported role in reducing road congestion (Beaudoin et al.,2015). However, the construction of rail transit systems is very complicated, costly and usually covers a long-time span (Cats, 2017). Evaluating the impact of rail transits on congestion hence becomes one of the most significant problems faced by rail transit operators and city authorities in the world.

A large number of studies have emergedto estimate the impact of rail transits on road congestion. Some researches provide clear evidence that metro and other public transportations alleviate road congestion (Bauernschuster et al., 2017; Yang et al., 2018; Fageda, 2021). Using a regression-discontinuity framework, Yang et al. (2018) examined the effect of six metro lines openings on congestion in Beijing between 2009 and 2015. They concluded that the opening of each metro line decreased congestion delay time by an average of 15% in the short run. Similar regression frameworks were applied to analyze the effect of light rail system on congestion in 98 European cities for the period 2008 to 2019 (Fageda, 2021), and the results showed that an increase in the supply of light rail systems leads to less congestion. Furthermore, some studies exploited labor strikes in public transportation and find a substantial increase in road congestion in Los Angeles (Anderson,2014), Rotterdam (Adler & Van Ommeren, 2016) and German cities (Bauernschuster et al.,2017) in the period in which labor strikes stopped the supply of public transport. On the contrary, some studies draw conclusions that metro investment does not reduce congestion levels (Beaudoin and Lawell,2018). Particularly, Duranton and Turner (2011) analyzed 228 Metropolitan Statistical Areas across the U. S. for the three years 1983, 1993 and 2003, and found that the level of public transits service did not affect the volume of auto travel, indicating that public transits had no effect on congestion. These conflicted results suggest that there is no consensus on the relationship between rail transit and congestion (Beaudoin et al.,2015).

Note that in addition torail transit, some factors that vary by city or time, such as car ownership, congestion charging, bicycle-sharing and bus use, population density and income, also affect the congestion (Fageda,2021), making the findings from the above studies conflicted. To isolate the contribution of rail transit construction to congestion reduction, this paper compares the accessibility via the road network and via the integrated road and rail transit network under road congestion, where accessibility is defined in terms of travel time (Chen et al., 2020; Weiss et al., 2018). Accessibility is regarded as a significant factor affecting travel demand and land use (Hansen, 1959), and it can explain metro network growth (Levinson et al., 2016). Some studies explored the relationship between accessibility and metro network investment (Levinson et al.,2016), and found that accessibility played a critical role in the decision to approve or reject metro construction proposals. Inspired by this, some studies formulated the complex metro network designing as an optimization problem by maximizing accessibility to population as an objective, and designed multiple algorithms to search for a 'good' metro network (Canca et al.,2016; Marín & García-Ródenas, 2009). Furthermore, accessibility changes over time and space, which can well capture the dynamic congestion phenomenon in transport networks (Ben-Akiva, 1985). Previous studies have shown the heterogeneous impact of congestion on the spatial distribution of accessibility (Moya-Gómez and García-Palomares, 2017). Using congestion data from TomTom, Owen and Murphy (2020) compared the impact of congestion on accessibility during morning peak hours in 50 main cities of the USA. In this context, it is of great significance to estimate the impact of metro system on congestion from the accessibility perspective.

This paper provides a method for evaluating the impact ofrail transit system on road congestion. The proposed method first models the integrated road and rail transit system as a two-layer network with the consideration of their interdependencies. The accessibility via road network and the integrated road and rail transit network under road congestion is then calculated, respectively. And their accessibility difference is calculated to quantify the impact of rail transit system on road congestion. The proposed method is applied to 43 cities that have opened rail transit systems in China. The remainder of this paper is organized as follows. Section 2 introduces our methodology, including the data collection and the method for evaluating the impact of rail transit system on road congestion. Section 3 shows the results in 43 cities. Section 4 provides conclusions of our work.

1 Methodology

This section first introduces the data collection method. Then, a two-layer network model for the integrated road andrail transit system is built. Several travel time-based accessibility metrics are introduced, as well as the performance assessment method of the rail transit systems on reducing congestion.

1.1 Data collection

By the March of 2021,45 cities have openedrail transit systems in mainland China. This paper selects 43 of them (Tianshui and Zhuzhou are excluded due to lack of congestion data) as the study area. To support the analysis of the impact of rail transit system on road congestion, four types of data are required including the urban road network data, rail transit network data, the real congestion data, and the spatial population data. Note that, the urban road network data and rail transit network data is obtained for the march of 2021. The acquisition time of the remaining data is shown as follows.

The urban road network in each city is extracted from the Open Street Maps (OSM) database of the roads (Web-2). This paper takes the road network of each city within a bounding box circumscribing a rectangular area of 30 km radius from the city center for empirical analysis (Lee et. al.,2017). Each urban road network is represented and saved using a hypergraph data structure. Road nodes with degree as two are regarded as hypergraph nodes in the resulted road edges, and then each road edge is described by a curve consisting of a series of straight road segments. The resulted road network in each city is a weighted, undirected graph with intersections as nodes and road segments as edges. For simplification each road is assigned with the same congestion speed for accessibility analysis under congestion.

Rail transit network data includes rail transit station data and rail transit line data. The rail transit station data is available from Baidu Map (Web-3), including the coordinate and the name of each rail transit station. The rail transit line data is gathered from Wikipedia (Web-4), including the route (station sets in a line) and the opening data. The average speed for each rail transit line is from Hong et al. (2020).

For the congestion data, the China Urban TransportationReport (2020) released by Baidu (Web-5) provides the congestion speed for each city, where the congestion speed denotes the average travel speed in road network during peak hours (7:00-9:00 & 17:00-19:00).

The population data in each cityare extracted from the European Commission's GHS-POP (Global Human Settlement Population) dataset (latest in 2015), which includes the world-wide spatial distribution data of population at different resolutions (e.g.,250m, 1km). By using the population residing in each 1km × 1km cell in the urban area, the number of people around road node i is simply calculated as the ratio of the population in the cell where node i is located to the number of nodes covered by the cell.

1.2 Two-layer network description

In order to build the multi-layer network model of an integratedroad and rail transit system, it first needs to give the network description of each system, and then models their interdependencies. This paper models a road network by $G^R = (N^R, E^R)$, where N^R is the set of road intersections, E^R is the set of road edges. $G^M = (N^M, E^M, L^M)$ denotes the physical layout of a rail transit network (with each rail transit station as a node and two stations connected by an edge if they are physically directly connected with no rail transit station in between), where N^M is the set of rail transit stations; E^M is the set of rail segments or tracks between rail transit stations; L^M describes the rail transit lines information, including the route, and the average speed.

Based on the above network description on single transportation networks, the next step is to model their interdependencies. Note that rail transit stations are usually surrounded or served by well-constructed road networks, their interdependency relationships are thus described by inter-links between road network and rail transit network. Each rail transit station connects with its nearest road node, with N^M recording the connections or interlinks between the road network and the rail transit network; for each rail transit station $x \in N^M$, the road node that is geographically closest to x is denoted by $C^{RM}(x) \in N^R$. Finally, the integrated road and rail transit system can be modelled as a two-layer network $G = \{G^R, G^M, C^{RM}\}$, as shown in Fig. 1.

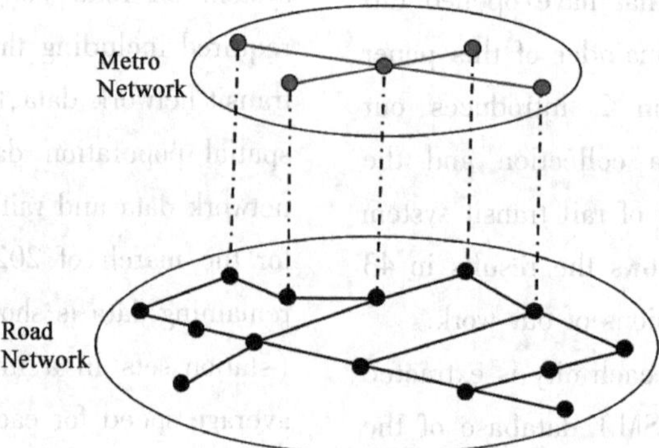

Fig. 1　The Network Description of the Integrated Road and Rail Transit System

1.3　Performance assessment method of rail transit system on reducing congestion

This paper evaluates the impact of rail transit systems on road congestion in terms of transport accessibility. The accessibility is defined based on travel time as it is readily interpretable, can feasibly be calculated at large scales, and is known to be a predictive metric in many research domains (Hansen et al., 1959; Weiss et al., 2018). The accessibility a_{ij}^R a_{ij}^I records the minimum travel time from road node i to j via the road network and via the integrated road and rail transit system, respectively, and they can be directly computed using the Dijkstra algorithm. For each road node i, its accessibility a_i^R, a_i^I is calculated with respect to destination nodes, as shown in Eq. (1) and (2), where p_j refers to population of destination node j. The values of system accessibility a^R, a^I are then calculated as the average value weighted by the population, according to Eq. (3) and (4).

$$a_i^R = \sum_{j \in N^R} p_j a_{ij}^R / \sum_{j \in N^R} p_j \tag{1}$$

$$a_i^I = \sum_{j \in N^R} p_j a_{ij}^I / \sum_{j \in N^R} p_j \tag{2}$$

$$a^R = \sum_{j \in N^R} p_j a_i^R / \sum_{j \in N^R} p_j \tag{3}$$

$$a^I = \sum_{j \in N^R} p_j a_i^I / \sum_{j \in N^R} p_j \tag{4}$$

In order to assess the impact ofrail transit system on road congestion, this paper compares the accessibility via the road network and via the integrated road and rail transit system under road congestion. AM represents the system-level accessibility change when considering rail transit network, as shown in Eq. (5).

$$AM = a^I - a^R \tag{5}$$

2　Results

This section first introduces theperformance of rail transit systems on congestion reduction in 43 cities. Then, the determinant factors, that is the rail transit network size and the congestion speed, which effect on the performance of rail transit systems are discussed. Later, the paper chooses two typical cities to do comparison analysis to uncover the role of the structural properties of rail transit networks.

2.1 The performance of rail transit systems on congestion reduction in 43 cities

This section first analyzes the relationship ofrail transit construction and congestion speed in China. Note that the large and congested cities are more likely to have rail transit systems (Roth et al., 2012; Daganzo, 2010). In order to unveil the relationship of rail transit and congestion speed, we calculate the proportion of cities with rail transit system in all Chinese cities that have the congestion speed smaller than a given threshold ε. Fig. 2 shows this proportion as a function of ε. From the figure, the more congested a city is, the more likely it is to open a rail transit system, indicating that the rail transit is widely taken as a potential means to mitigate road congestion by city authorities. This finding further illustrates that an understanding of whether the rail transits affect road congestion is critical for informing policy debates regarding current and future investment in rail transit system.

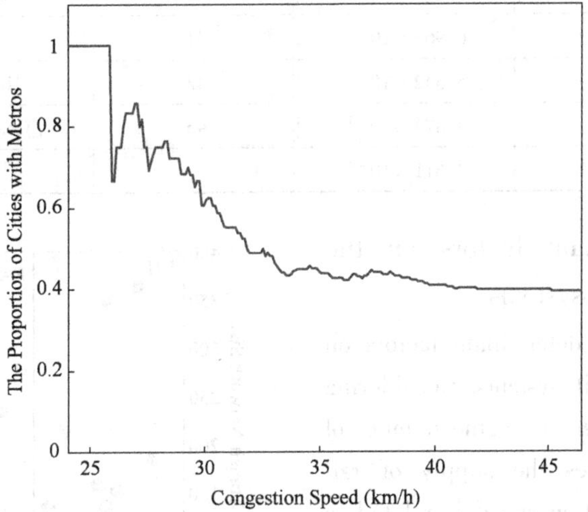

ig. 2 The Proportion of Cities with Rail Transit Systems in All Chinese Cities that Have the Congestion Speed Smaller than a Given Threshold

Based on our proposed performance assessment method, this section then estimates the effect of rail transit systems on congestion alleviation in 43 cities, with the performance AM for each city shown in Tab. 1. From the table, the rail transit system in Shanghai and Chongqing are the most effective in congestion reduction, and they decrease the system accessibility under congestion by 1.44min and 1.32min, respectively. Whereas some rail transit systems perform poor in reducing congestion, with $AM = 0$ for three cities including Sanya, Huai'an, and Changzhou. This indicates that rail transit systems in different cities perform differently in decreasing accessibility under road congestion.

The Value of *AM* in 43 Cities Tab. 1

Id	City Name	AM(min)	Id	City Name	AM(min)
1	Shanghai	1.445	8	Yibin	8.535×10^{-2}
2	Chongqing	1.315	9	Hangzhou	7.191×10^{-2}
3	Dalian	4.919×10^{-1}	10	Guangzhou	4.673×10^{-2}
4	Xian	2.430×10^{-1}	11	Kunming	4.239×10^{-2}
5	Beijing	2.232×10^{-1}	12	Changchun	2.205×10^{-2}
6	Qingdao	1.510×10^{-1}	13	Wuhan	1.153×10^{-2}
7	Nanjing	1.115×10^{-1}	14	Shenyang	9.375×10^{-3}

continued

Id	City Name	AM(min)	Id	City Name	AM(min)
15	Haerbin	7.696×10^{-3}	30	Zhuhai	3.441×10^{-4}
16	Nanchang	7.560×10^{-3}	31	Chengdu	2.665×10^{-4}
17	Hefei	6.086×10^{-3}	32	Fuzhou	2.278×10^{-4}
18	Changsha	3.194×10^{-3}	33	Lanzhou	2.177×10^{-4}
19	Xiamen	2.256×10^{-3}	34	Guiyang	1.676×10^{-4}
20	Suzhou	1.529×10^{-3}	35	Wenzhou	1.057×10^{-4}
21	Shenzhen	1.369×10^{-3}	36	Foshan	4.710×10^{-5}
22	Shijiazhuang	1.182×10^{-3}	37	Dongguan	2.815×10^{-5}
23	Ningbo	9.832×10^{-4}	38	Jinan	2.248×10^{-5}
24	Xuzhou	9.508×10^{-4}	39	Wuxi	9.127×10^{-6}
25	Zhengzhou	8.713×10^{-4}	40	Urumqi	2.531×10^{-6}
26	Nanning	6.963×10^{-4}	41	Sanya	0
27	Taiyuan	5.542×10^{-4}	42	Huai'an	0
28	Hohhot	3.872×10^{-4}	43	Changzhou	0
29	Tianjin	3.611×10^{-4}			

2.2 The determinant factors on the performance of rail transit systems

This sectionanalyzes the determinant factors on the performance of rail transit systems. Considering that the rail transit network size (i. e., the number of rail transit stations) measures the supply of rail transit system, and the congestion speed is related to the congestion level, this section chooses these two factors and analyzes their effect on AM. Fig. 3 shows the rail transit network size as a function of the congestion speed in 43 cities. The color of points indicates the value of normalized Log10(AM) (0-1 normalization), and these hollow points represent cities with $AM = 0$. The cities are divided into four groups by their value of rail transit network size and congestion speed: Low-Low (LL), Low-High (LH), High-Low (HL), High-High (HH). From the figure, cities in LH group generally have higher value of AM, while most cities in HL group perform bad and three cities with $AM = 0$ all locate in the HL group. Besides, cities with bigger rail transit network and smaller congestion speed tend to have better performance in congestion reduction. The above findings indicate that both the congestion speed and the rail transit network size affect the congestion alleviation effect of rail transit systems.

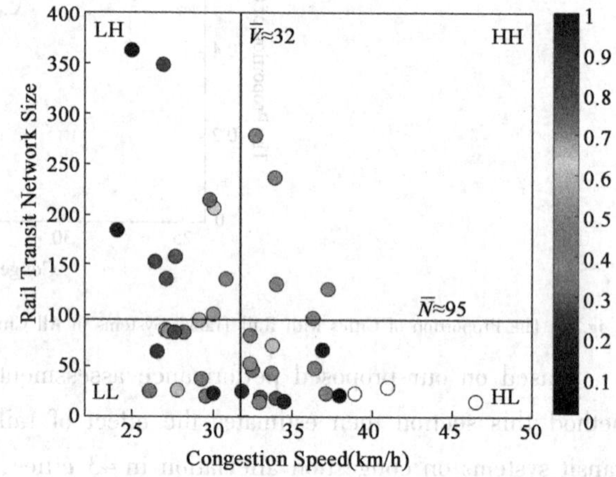

Fig. 3 The Four Groups of Rail Transit Systems

In order to isolate the impact of congestion speed on the performance of rail transit systems, this section calculates the performance of rail transit system AM under different congestion speed for each city. The AM as a function of congestion speed for 43 cities is shown in Fig. 4a), where the congestion speed varies from 20 km/h to 35 km/h with an interval of 1 km/h. From the figure, AM decreases with the increase of congestion speed for any city, and it shows an exponential decay. In order to display this relationship more intuitively, the experiments draw a box plot as shown in Fig. 4b), where the diamond represents the average value of AM among 43 cities under each congestion speed. From the figure, both the average value and the variant of *AM* decrease with the increase of the congestion speed. To estimate this decrease, the average *AM* is fitted, with the curve shown in the inset of Fig.4b) and the fitting curve is shown in the inset figure of Fig. 4b). The fitting function appears as follows: $AM = 5960e^{-0.386V}$, where V represents the congestion speed. This means that for every 1 km/h increase in congestion speed, the performance of the rail transit system decreases to 0.68 (i. e., $e^{-0.386}$) times. This suggests that the congested cities gain more benefits from rail transit construction in comparison to the less congested cities. Urban planners can use the above function to estimate the potential benefit of rail transit construction in reducing congestion. If the expected goal cannot be achieved, other congestion reduction methods, such as widening main roads, to reduce congestion, can also be considered.

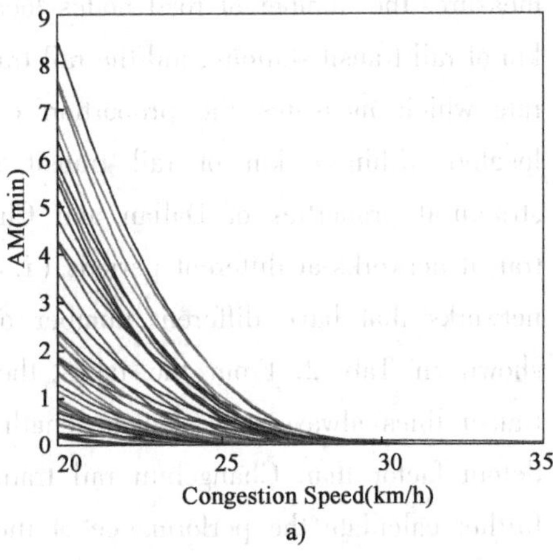

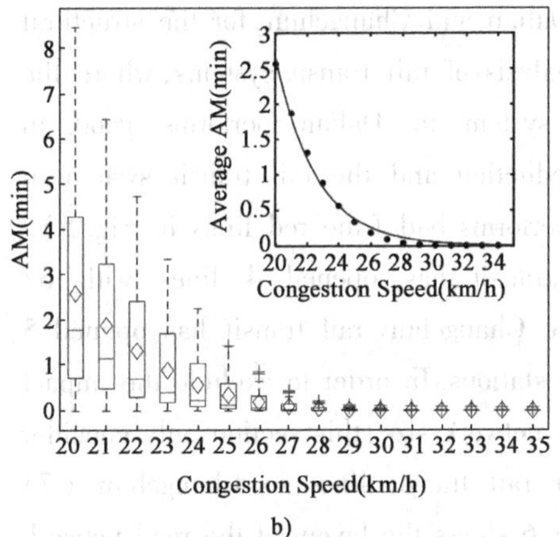

Fig. 4 The Impact of Congestion Speed on the Performance of Rail Transits

In order to isolate the impact of rail transit network size on the performance of rail transit systems, the experiments control the congestion speed as 20 km/h and explore the change of *AM* with the opening of rail transit lines in 43 cities. Fig. 5 shows the *AM* as a function of rail transit network size, where each line denotes a city, and each node in this line represents a snap of the rail transit network in this city when a new line opens. From the figure, the performance of rail transit systems increases with the rail transit network size. Nevertheless, with the increase of the rail transit network size, the increase rate of *AM* decreases. This suggests that the investment in small rail transit networks will have a bigger benefit in terms of congestion reduction, whereas the investment in mature rail transit network tends to have a smaller benefit.

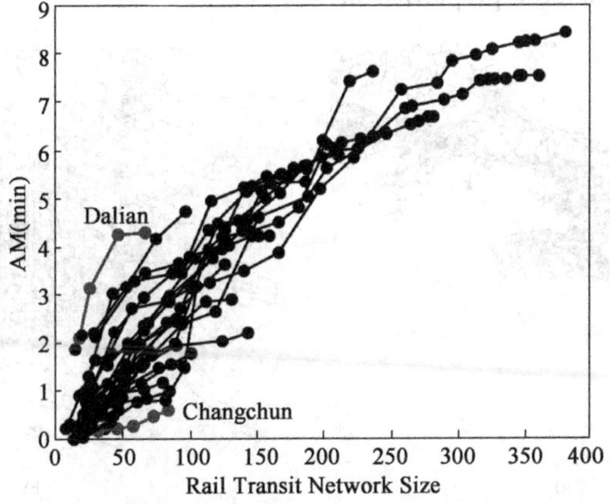

Fig. 5 The Impact of Rail Transit Network Size on the Performance of Rail Transit

2.3 Comparison Analysis on Two Typical Cities

It is worthy noted that the performance of differentrail transit systems in reducing congestion still differs a lot when the two external determinant factors (congestion speed and rail transit network size) are controlled (Fig. 6), this is mainly caused by the difference in the structural properties of rail transit networks. This section selects two typical cities, i. e., Dalian and Changchun, for the structural properties analysis of rail transit systems, where the rail transit system in Dalian performs good in congestion reduction and the rail transit system in Changchun performs bad (the red lines in Fig. 5). Dalian rail transit has opened 4 lines with 67 stations, while Changchun rail transit has opened 5 lines with 84 stations. In order to exclude the impact of rail transit network size, this section only consider the first four rail transit lines in Changchun (73 stations). Fig. 6 shows the layout of the road network and the rail transit network in Dalian and Changchun, where the lines colored red, blue, green, and yellow represent the first, second, third, and fourth opened rail transit lines, respectively. These two systems are close in the number of stations and lines, but are totally different in the spatial layout of rail transit and road networks. Therefore, this section next makes a comparison analysis between Dalian and Changchun to unveil the impact of rail transit network structural properties on congestion reduction.

To uncover whether the structural properties of rail transit networks influence the performance of rail transit networks, this section calculates the Pearson correlation coefficient between different types of indicators and the *AM*. The structural properties of rail transit networks include the total length of rail transit lines, the average network distance between any two stations, the detour factor which measures the average extent to which the shortest-distance paths between two stations deviate from their geodesic distance, the rail transit coverage range which measures the number of road nodes located within 1 km of rail transit stations, and the rail transit coverage rate which measures the proportion of road nodes located within 1 km of rail transit stations. The structural properties of Dalian and Changchun rail transit networks at different periods (i. e., rail transit networks that have different number of lines) are shown in Tab. 2. From the table, the Dalian rail transit lines always have longer length and smaller detour factor than Changchun rail transit lines. We further calculate the performance of these eight rail transit networks and the Pearson correlation coefficient between different indicators and *AM*, as shown in Tab. 3. From the table, the length of rail transit lines, the average network distance, the detour factor, and the rail transit coverage rate are all highly correlated with *AM*. Specifically, rail transit networks with longer length, smaller detour factor, and larger coverage rate tend to perform better in congestion reduction. This indicates that the rail transit networks should focus on creating long and straight lines and serving more popolation at the early stage.

Fig. 6 The Road Network and Rail Transit Network in Dalian and Changchun

The Structural Properties of Dalian and Changchun Rail Transit Networks Tab. 2

	Total Rail Transit Length	Average Rail Transit Distance	Rail Transit Detour Coefficient	Rail Transit Coverage Range	Rail Transit Coverage Rate
Dalian-Line1	58.960	3.468	1.168	985	0.108
Dalian-Line1 +2	93.836	3.910	1.148	1150	0.126
Dalian-Line1 +2 +3	119.096	2.647	1.138	2374	0.260
Dalian-Line1 +2 +3 +4	142.558	2.193	1.241	3580	0.392
Changchun-Line1	30.753	0.992	1.214	1342	0.090
Changchun-Line1 +2	45.725	1.016	1.312	1883	0.127
Changchun-Line1 +2 +3	63.353	1.074	1.264	2765	0.186
Changchun-Line1 +2 +3 +4	83.390	1.097	1.255	3353	0.226

The Pearson Correlation Coefficient Between Rail Transit Structural Properties and *AM* Tab. 3

Total Rail Transit Length	Average Rail Transit Distance	Rail Transit Detour Coefficient	Rail Transit Coverage Range	Rail Transit Coverage Rate
0.870	0.714	0.651	0.126	0.608

3 Conclusions

This paper provides a method for evaluating the impact ofrail transit system on road congestion in terms of transport accessibility, and applies the method to 43 Chinese cities that have opened rail transit systems. Results show that the rail transit systems can reduce road congestion in most cities, but their performance largely depends on the rail transit network size and the congestion speed. Furthermore, the structural properties analysis in Dalian and Changchun rail transit systems indicates that rail transit lines with longer length, smaller detour factor, and larger population coverage rate tend to perform better in congestion reduction. The findings in this paper provide guidance for city authorities regarding current and future investment in rail transit system.

4 Acknowledgements

The authors would like to thank the reviewers for their valuable comments and suggestions which helped to improve the paper. This research is jointly supported by National Natural Science Foundation of China (51938004, 71821001, 72071088 and 72074089). Any opinions, findings, and conclusions or recommendations expressed in this material are those of the authors and do not necessarily reflect the views of the sponsors.

References

[1] Adler, M. W., & van Ommeren, J. N. (2016). Does public transit reduce car travel externalities? Quasi-natural experiments' evidence from transit strikes. Journal of Urban Economics, 92, 106-119.

[2] Anderson, M. L. (2014). Subways, strikes, and slowdowns: The impacts of public transit on traffic congestion. American Economic Review, 104(9), 2763-96.

[3] Bauernschuster, S., Hener, T., & Rainer, H. (2017). When labor disputes bring cities to a standstill: The impact of public transit strikes on traffic, accidents, air pollution, and health. American Economic Journal: Economic Policy, 9(1), 1-37.

[4] Beaudoin, J., Farzin, Y. H., & Lawell, C. Y. C. L. (2015). Public transit investment and

sustainable transportation: A review of studies of transit's impact on traffic congestion and air quality. Research in Transportation Economics, 52,15-22.

[5] Beaudoin, J., &Lawell, C. Y. C. L. (2018). The effects of public transit supply on the demand for automobile travel. Journal of Environmental Economics and Management, 88, 447-467.

[6] Ben-Akiva, M. (1985). Dynamic network equilibrium research. Transportation Research Part A: General, 19(5-6), 429-431.

[7] Canca, D., De-Los-Santos, A., Laporte, G., & Mesa, J. A. (2016). A general rapid network design, line planning and fleet investment integrated model. Annals of Operations Research, 246(1), 127-144.

[8] Cats, O. (2017). Topological evolution of a metropolitan rail transport network: The case of Stockholm. Journal of Transport Geography, 62, 172-183.

[9] Chen, Z., Li, Y., & Wang, P. (2020). Transportation accessibility and regional growth in the Greater Bay Area of China. Transportation Research Part D: Transport and Environment, 86, 102453.

[10] Daganzo, C. F. (2010). Structure of competitive transit networks. Transportation Research Part B: Methodological, 44(4), 434-446.

[11] Duranton, G., & Turner, M. A. (2011). The fundamental law of road congestion: Evidence from US cities. American Economic Review, 101(6), 2616-52.

[12] Fageda, X. (2021). Do light rail systems reduce traffic externalities? Empirical evidence from mid-size european cities. Transportation Research Part D: Transport and Environment, 92, 102731.

[13] Hansen, W. G. (1959). How accessibility shapes land use. Journal of the American Institute of planners, 25(2), 73-76.

[14] Hong, L., Ouyang, M., Xu, M., & Hu, P. (2020). Time-varied accessibility and vulnerability analysis of integrated metro and high-speed rail systems. Reliability Engineering & System Safety, 193, 106622.

[15] Lee, M., Barbosa, H., Youn, H., Holme, P., & Ghoshal, G. (2017). Morphology of travel routes and the organization of cities. Nature communications, 8(1), 1-10.

[16] Levinson, D. M., Giacomin, D., & Badsey-Ellis, A. (2016). Accessibility and the choice of network investments in the London Underground. Journal of Transport and Land Use, 9(1), 131-150.

[17] Marín, Á., & García-Ródenas, R. (2009). Location of infrastructure in urban railway networks. Computers & Operations Research, 36(5), 1461-1477.

[18] Moya-Gómez, B., & García-Palomares, J. C. (2017). The impacts of congestion on automobile accessibility. What happens in large European cities? Journal of transport geography, 62, 148-159.

[19] Owen, A., & Murphy, B. (2020). Access Across America: Auto 2018.

[20] Roth, C., Kang, S. M., Batty, M., & Barthelemy, M. (2012). A long-time limit for world subway networks. Journal of The Royal Society Interface, 9(75), 2540-2550.

[21] Weiss, D. J., Nelson, A., Gibson, H. S., Temperley, W., Peedell, S., Lieber, A., . . . & Gething, P. W. (2018). A global map of travel time to cities to assess inequalities in accessibility in 2015. Nature, 553(7688), 333-336.

[22] Yang, J., Chen, S., Qin, P., Lu, F., & Liu, A. A. (2018). The effect of subway expansions on vehicle congestion: Evidence from Beijing. Journal of Environmental Economics and Management, 88, 114-133.

[23] Zeng, G., Li, D., Guo, S., Gao, L., Gao, Z., Stanley, H. E., &Havlin, S. (2019). Switch between critical percolation modes in city traffic dynamics. Proceedings of the National Academy of Sciences, 116(1), 23-28.

[24] Zeng, G., Gao, J., Shekhtman, L., Guo, S., Lv, W., Wu, J., . . . & Havlin, S. (2020). Multiple metastable network states in urban traffic. Proceedings of the National Academy of

Sciences,117(30),17528-17534.

Web-1:https://sdgs. un. org/2030agenda, consulted 31 December 2021.

Web-2:https://www. openstreetmap. org/, consulted 31 March 2021.

Web-3: https://lbsyun. baidu. com/, consulted 31 March 2021.

Web-4: https://zh. wikipedia. org/, consulted 31 Match 2021.

Web-5: https://jiaotong. baidu. com/cms/reports/traffic/2020annualtrafficreport/index. html, consulted 31 December 2021.

市域综合运输通道规划研究

——以温州市为例

陈坤杰* 刘 蛟 胡晶涛 裴 彦

(浙江数智交院科技股份有限公司)

摘 要 综合运输通道是综合立体交通网的主骨架,承担区域主要客货运输需求,综合运输通道布局的合理与否直接决定着整个区域综合交通网的服务质量和效能。本文结合宏观枢纽城市与综合运输通道的共生关系,提出城市综合运输通道布局规划的总体思路,并以浙江省温州市为例,提出了"一轴五通道"的通道布局方案。

关键词 交通工程 区域交通规划 综合运输通道 枢纽城市 区域发展战略

0 引言

综合运输通道是综合立体交通网的主骨架,由两种或两种以上交通方式线路组成,承担区域主要客货运输需求,是区域综合交通立体网络的主骨架和对外联通的主廊道[1]。多种运输方式共同组成通道综合运输系统既是通道地区社会经济发展的要求,也是交通运输发展的必然结果。通道内各种运输方式的高效协作是综合交通多样性和集约性的充分体现,有利于促进以优势互补为基础的综合立体交通体系的形成,充分提高整体运输组织效率,促进资源的合理配置,有效带动城市和区域的发展[2]。因此,规划和布局好综合运输通道具有极其重要的意义和作用。本文以温州市为例,联系综合运输通道对城市和区域发展的意义和作用,重点分析市域综合运输通道布局规划问题。

1 市域综合运输通道布局规划的总体思路

市域综合运输通道布局规划的总体思路是以现有综合交通网络为基础,充分考虑自然地理特征和经济空间布局特点,以未来经济社会发展和生产力布局结构调整为重要指向,全面统筹铁路、轨道、公路、水运、民航、管道等交通方式的中长期发展,规划对交通运输全局有重要影响、沟通区域联系作用显著、多种运输方式合理配置的综合运输通道[3]。因此,综合运输通道必然布局在区域客货运需求较大的方向上,也就意味着通道连接的主要节点城市必须是具有一定辐射能级的枢纽城市,并覆盖客货流的主要生成地和集散地[4-5]。所以,综合运输通道的规划离不开枢纽城市的空间布局,综合运输通道与宏观综合枢纽是一种相互依存、相互促进的发展关系,枢纽城市是综合运输通道的基础支撑[6],而枢纽城市真正融入区域发展大格局、提高城市能级,也需要依赖相应能级运输通道的联结。

因此,在综合运输通道布局规划中,应当首先规划不同等级层次的综合运输枢纽,其次考虑用不同级别的运输通道进行连通,同时结合既有交通运输方式、客货运流向等,形成运输通道的空间布局规划。如图1所示。

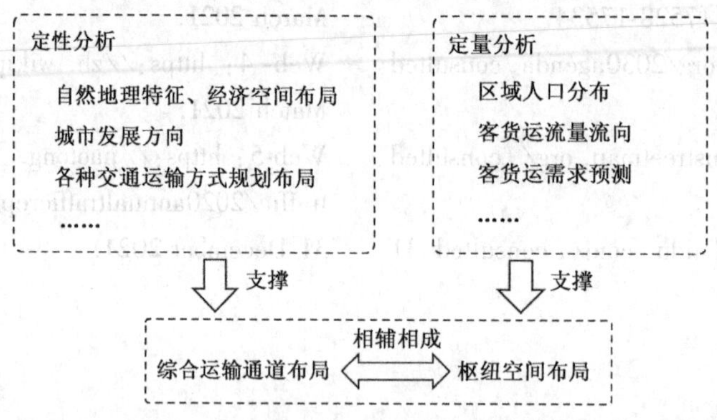

图1　运输通道空间布局规划的总体思路

2　温州市综合运输枢纽的布局方案

打造枢纽上的温州，构建“一主一副两极多节点”的都市区格局。充分发挥主枢纽的引擎作用，强化城区间的交通联系，加快中心城区能级，支撑温州作为浙江省域第三极的城市地位；加快发展都市区南部副枢纽，推动重大交通基础设施建设，加强对沿海大通道的支撑；培育文成、泰顺两大西部节点枢纽，带动西部综合交通体系完善，推动区域协同发展。温州市域枢纽网络如图2所示。

都市区主枢纽：指温州市区与瑞安、乐清、永嘉共同构成的交通功能核心区，是温州都市区一体化发展的核心，也是全市国际化和高端服务功能集聚的中心。未来重点发挥和提升空港、海港、信息港的门户枢纽作用，打造连接国际国内综合运输通道的核心节点。

南部副枢纽：指平阳、苍南、龙港共同构成的温州都市区南部中心枢纽。南部副枢纽位于温州沿海交通走廊的南翼，是沿海大通道上的重要节点，能够积极推动高速铁路、高速公路等高速度、高品质运输方式与市域城镇空间的耦合，提高沿海通道沿线客流、商流、信息流效率，加速新型廊道经济的形成。

西部节点枢纽：指文成、泰顺的交通功能核心区。打造引领城乡交通运输一体化的两大“极核”，有效促进西向综合运输通道功能的发挥，助力构筑多向联通的通道网络，高质量推进市域综合交通网络一体化，是实现区域协同发展的重要引擎。

3　温州市综合运输通道的布局原则

围绕“接轨大上海、融入长三角、联动闽台赣”，服务“将温州打造成长三角南大门区域中心城市和构建新发展格局的战略支点”总体发展目标，温州市综合运输通道布局应注重与上位规划、区域发展相协调，与周边区域中心城市以及相邻城市互联互通，实现市域内部各枢纽城市间的便捷衔接，与现实基础和未来发展趋势相适应[7-8]。综合运输通道布局原则如下：

(1)与国家、区域和省级交通运输规划相协调，符合国家、区域和浙江省交通运输规划在温州境内的总体布局，支撑浙江省“六纵六横”综合运输通道建设，合理对接周边省市交通网络规划。

(2)服务“国际国内双循环”和浙江省“大湾区大花园大通道大都市区建设”，促进温州与上海、杭州、宁波等区域中心城市的联系，增强与金华、丽水、台州、福州等周边城市的连接，强化区位优势，支撑温州全国性综合交通枢纽城市建设。

(3)服务温州市的城镇、产业布局，促进中心城区对各县(市)的辐射，加强相邻县(区、市)之间的联系，高质量实现枢纽城市间的多路衔接，加强对重点城镇、产业组团的覆盖，促进温州城市与产业发展空间格局的完善。

(4)与通道现状格局及交通需求发展趋势相衔接，充分利用现有交通设施，维持通道格局的相对稳定，支撑交通运输未来发展格局。

4　温州市综合运输通道的布局方案

依据长三角地区、海西经济区和浙江省的相关规划，以及温州市经济城镇发展格局的相关规划，结合温州区位特征、交通运输现实基础及发展趋势，规划温州市“一轴五通道”的综合运输通道总体格局，全面打造“融杭、接沪、达闽、通赣”交通网络。其中，“一轴”为沿海大通道，“五通道”分别为宁杭温通道、合金温通道、温衢景通道、温丽吉通道、海空通道。

4.1 沿海大通道

沿海大通道起自江苏、上海,经嘉兴、宁波、舟山、台州、温州至福建,连接京津冀、上海大都市圈、苏锡常都市圈、宁波都市圈、粤闽浙城市群、粤港澳大湾区,是温州发挥国家沿海经济带中的增长极作用、打造长三角联动闽台赣桥头堡的重要战略通道。在市域内部,沿海大通道走向与温州市沿海城镇发展带重合,串联都市区主枢纽与南部副枢纽。该通道覆盖人口、产业众多,对串联市域主、副中心,发挥辐射城镇密集区的沿海先进产业基地的核心功能区,促进市域网络化发展有重要作用。

沿海大通道的主要运输干线包括甬台温福高铁、杭深铁路、沈海高速、甬莞高速、104 国道、228 国道等。如图 4 所示。

4.2 宁杭温通道

宁杭温通道起自温州,经台州、义乌、绍兴、杭州、湖州至江苏南京,是温州连接浙中城市群、杭州都市圈、南京都市圈,对接京津冀—长三角主轴的重要通道。宁杭温通道经杭州继续向北可接通国家"沿江通道""京沪通道",融入"长三角经济带",客货运交通需求巨大。宁杭温通道的建设有利于高质量实现省会城市"一小时交通圈",衔接环杭州湾城市群,有机融入长江经济带。

宁杭温通道的主要运输干线包括杭温铁路、诸永高速、208 省道等。

4.3 合金温通道

合金温通道起自温州,经丽水、金华、杭州、安徽绩溪至合肥,是温州连接浙中城市群、杭州都市圈、合肥都市圈,对接京津冀—粤港澳主轴的重要通道。合金温通道向外与宁杭温通道共同衔接浙江省"六纵六横"综合运输通道中的苏浙通道,链接"杭州都市区""温州都市区"以及"金义都市区"三大都市区,共串联 28 个县级行政单位,带动区域人口密集,覆盖总人口约 5000 万,占浙江省人口的 41%,也是全省的一条重要运输通道。

合金温通道的主要运输干线包括合肥至温州高速、211 省道等。如图 5 所示。

4.4 温衢景通道

温衢景通道起自温州,经丽水、衢州、江西九江至湖北武汉,是温州连接衢丽大花园、环鄱阳湖城市群、长江中游城市群,对接长三角—成渝主轴的重要通道。温衢景通道连接金义都市区与浙西大花园,是温州向西进入内陆的主通道。在市域内部,温衢景通道是温州市沿瓯江发展城市带的延伸,对拓展中心城区空间结构、带动城市发展有重要意义。该通道也是温州港沟通内陆腹地的主要通道,有效服务浙西南、闽北、赣东、皖南等经济腹地发展。

温衢景通道的主要运输干线包括金丽温铁路、金温货线铁路、温丽高速、330 国道、瓯江航道等。如图 6 所示。

4.5 温丽吉通道

温丽吉通道起自温州,经丽水、福建南平至江西吉安,是温州连接衢丽大花园、环鄱阳湖城市群,对接京津冀—粤港澳主轴的重要通道。在市域内部,温丽吉通道串联都市区主枢纽与西部节点枢纽,向外是联系浙中、闽北、赣东地区的主要通道,串联京港、京福、沿海三大国家综合运输大通道。温丽吉通道沿线地区旅游资源丰富,覆盖由赣州、吉安、南昌等组成的红色旅游带,由资溪、武夷山、楠溪江等组成的山水生态旅游带,由抚州、龙泉、景宁、鹰潭等组成的人文文化旅游带。贯通提升温丽吉通道能够有效促进浙闽赣地区旅游资源的开发,推进交通与旅游产业深度融合,培育发展沿线地区新的经济增长点,激发发展新活力。

温丽吉通道的主要运输干线包括温武吉铁路、龙丽温高速、溧宁高速、235 国道等。如图 7 所示。

4.6 海空通道

海空通道起自温州,经温州龙湾机场、温州港主要航线辐射国内、国际主要城市和主要海港、空港,是温州发挥空港、海港枢纽功能的重要通道。温州龙湾机场是长三角世界级机场群的重要机场之一,也是全国重要的区域性枢纽机场,面向亚太、通达欧美的大型国际机场,华东地区重要的通用航空基地。温州港是全国沿海 25 个主要港口之一,国家重要枢纽港,浙南、浙西南、赣东、闽北、皖南等地区的重要出海口,区域性大宗散货中转港、产业配套港、集装箱辅枢纽港。"两港"国际航线通达欧洲、美洲、东南亚、东亚等区域,是温州及其周边区域的重要国际通道,更是"海上丝绸之路”的起点,可充分发挥温州作为“一带一路”节点城市的功能。

5 结语

本文在认识市域综合运输布局规划重要意义的基础上,分析了运输枢纽和运输通道体系的相互关系,提出了市域综合运输布局规划的总体思路和原则;结合温州交通区位条件、综合交通运输发展特点及需求,提出了温州市“一轴五通道”的综合运输布局方案。

参考文献

[1] 耿彦斌,杨霞,杨伯,等.市域综合运输通道布局规划研究——以烟台市为例[J].综合运输,2017,39(11):84-88.

[2] 李红启,常馨玉,李嫣然.国外典型运输通道发展概况与启示[J].综合运输,2014,(9):70-75.

[3] 刘云,温旭丽,刘秋霞.浅析综合运输通道规划[J].公路交通科技(应用技术版),2016,12(2):229-231.

[4] 何霖,孙辉泰.“一带一路”背景下广东省对外综合运输大通道规划研究[J].北方交通,2017,(11):86-89+94.

[5] 耿彦斌,孙颖.基于供需平衡的综合运输通道网络布局方法[J].综合运输,2016,38(1):42-48.

[6] 罗红刚.区域性综合运输大通道的规划与发展[J].公路,2008,(4):126-130.

[7] 张迦南.综合运输通道客运供给结构规划理论[D].北京:北京交通大学,2012.

[8] 蒲之艳.区域对外综合运输通道布局规划[J].交通科学与工程,2014,30(2):84-88.

多层次的道路客运转型发展对策研究

——以苏北地区为例

朱治邦 周 涛 曹 璐*

(华设设计集团股份有限公司)

摘 要 在综合交通运输结构优化调整的背景下,全国铁路发展迅猛,而且多层次轨道交通网络成为全国发展的重点,不同层次的轨道交通对道路客运产生了较大的冲击。本研究结合铁路运量、道路客运班线运量、调查问卷和企业座谈等数据,利用多源数据深入分析铁路网络对不同层次的道路客运的影响,剖析县内班线、县际班线、市际班线和省际班线客流影响,探讨面对多层次轨道的冲击下道路客运运输组织模式的变化情况、道路客运量和道路客运企业变化及发展建议。

关键词 多层次轨道 道路客运 客运班线 组织模式

0 引言

随着综合交通运输结构优化不断优化调整,全国各地铁路建设迅速,多层次轨道交通网络日益完善,旅客更愿意选择铁路出行;覆盖网络广、通达性高、日趋完善的道路客运网络受到了巨大的冲击,各地开始为客运企业转型发展献计献策。

深入把握高速铁路竞争下道路客运出行选择行为,改善道路客运服务模式,制定科学合理的运营管理策略,协助道路企业成功转型并持续健康发展是当前紧迫的任务[1]。牛强、陈引社等人以陕西线纺织城客运站为例研究高速铁路对该站客流量变化及方向的影响[2]。梅伟、林浚恺等人对比分析了广州、南京、杭州地区,高速铁路建成运营对道路客运造成的影响[3]。牛强等人主要从客流结构、路网规模、运输质量、服务水平这四个因素分析了高速铁路对道路客运的影响[4]。Agostino Nuzzolo等通过模型中长途铁路的运行时刻表、客运时间和票价对旅客选择列车服务等级和运行效率的影响的选择模型[5]。Enjian Yao T. Morikawa等分析新建高速铁路与原有客运方式的客流分担率变化,建立巢式Logit模型[6]。刘佳鑫、唐秋生等人主要从社会、公路企业、出行者等角度方面分析了高速铁路对道路客运的影响[7]。何宇强、毛宝华等人以北京至太原运输通道为例，运用 Logit 模型研究了客运专线的开通对其他运输方式的影响[8]。付慧敏结合协同学原理，对通道公铁系统的协调发展进行描述[9]。已有文献更多地是探讨高速铁路成网对整个道路客运体系的影响，分层次分类型的针对性影响分析及对策研究较少。本文结合江苏的多层次铁路的建设影响，详细分析道路客运县内班线、县际班线、市际班线和省际班线不同的影响，探讨不同层次的道路客运运输组织模式的变化及发展对策。

1 道路客运和铁路客运出行分析

研究取江苏省 2015—2021 年公路客运联网数据统计数据、铁路运量数据和 2019 年、2021 年的手机信令数据和企业调查等数据开展分析；其中苏北地区的铁路主要在 2020 年建成，青盐铁路（区域铁路）在 2019 年初通车运营，徐宿淮盐（城际铁路）和连淮扬镇（城际铁路）铁路 2020 年开通运营，其开通后淮宿段车站发送量变化情况如图 1 所示。

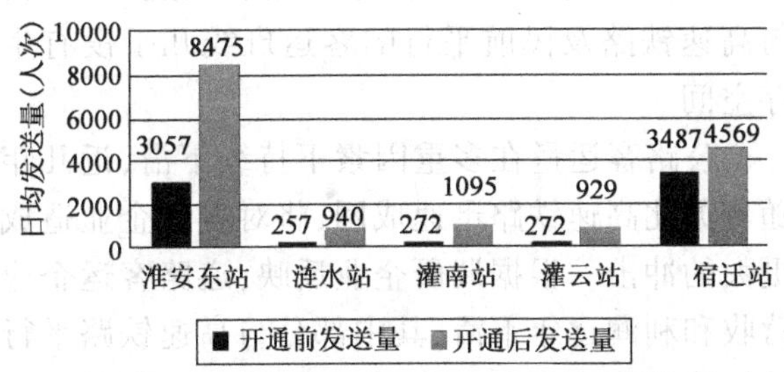

图 1 2021 年江苏省淮宿段铁路开通后发送量变化情况

淮扬镇铁路淮镇段开通运营后，既有高速铁路站客发量增长明显，其中沿线铁路客流增长了 1.1 倍，淮安东站由 3000 人次/日增长到 1.6 万人次/日。而且铁路现状发车班次约 20 对/日，普遍大于省内市区间道路客车线路 4 班/日，沿线的道路客运班线难以竞争。与铁路的竞争中，道路客运全面落入下风，班次、班线、上座率、舒适度、票价都不具竞争力。从历年苏北地区的班线条数来看，班线条数下降较少，班次萎缩严重。班线条线近 2 年下降了 7%，其中市际班线条数下降趋势最明显。班线次数近 2 年下降了 33%，市际班次和县内班次下降最明显，市际和县内班线客流不足，班次减少严重。班线条数下降幅度远低于班次和客流下降的幅度，如图 2 所示。

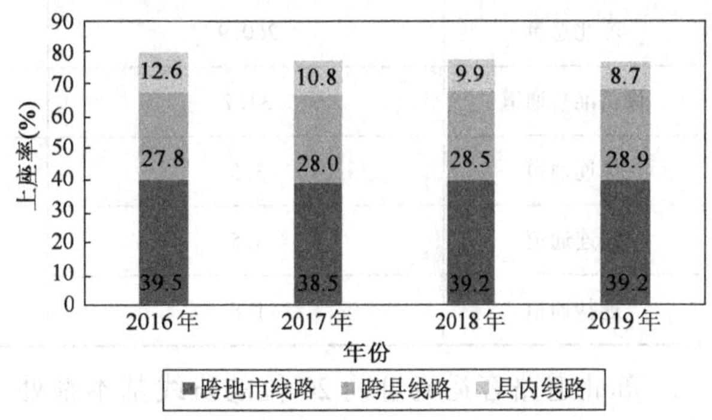

图 2 历年苏北地区不同类型班线上座率变化图

从苏北地区道路客运总量来看，2021 客运发送总量达 160 万人次，其中以跨地市线路出行和跨县线路出行为主。苏北地区各班线客流量持续下降，高速铁路开通加剧了市际和省际班线的萎缩。道路班线客流以市际和跨县班线为主，占 81%，高速铁路成网前，客流下降 8%，其中县内客运量下降 40%，省外客运量下降 27%；省内、省外和市际受新冠肺炎疫情和高速铁路成网的影响最大，下降均超过 45%，如图 3 所示。

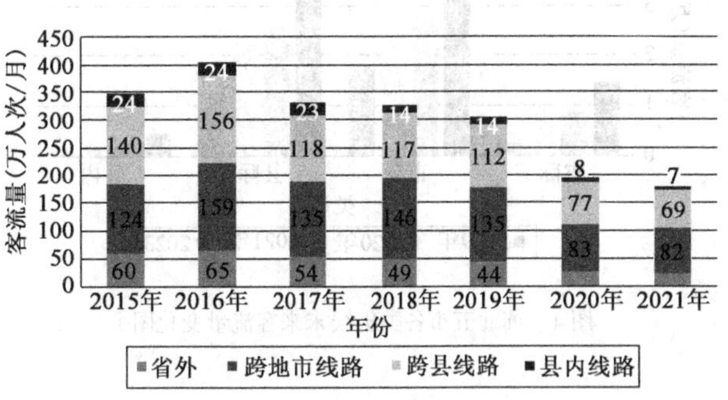

图 3 苏北地区不同类型客流量变化图

2 不同层次的铁路对道路客运影响分析

苏北铁路开通后，苏北道路客运总量下降了约 40%，主通道中城市间道路客流下降了 57% 左右；徐宿淮盐是客流主通道，目前已下降了 56% 左右，连盐通道间城市客流下降约 70%。从开通前后的方向来看，2019 年道路客运的主要通道运输量受到铁路影响下降严重（表 1），苏北地区的道路客运主要呈现与南京的联系。

2019 及 2021 年高速铁路通道内客流量以及下降比例　　表1

通　道	2019 年(万人次/月)	2021 年(万人次/月)	下降比例(%)
苏北总量	260.9	157.9	39.5
徐宿淮盐通道	34.7	15.3	56.0
徐连通道	3.5	1.9	45.6
淮连通道	4.5	1.6	65.0
连盐通道	1.8	0.6	68.9

苏北道路客运流量前20位的班线基本都处于铁路通道中，受高速铁路和新冠肺炎疫情影响严重。其中市际的影响大于县际的影响；通过测算，受到高速铁路冲击，沿线的市区到县区的客运班线客流下降40%左右。2023年和2021年客运量预测较2019年分别下降66%和40%，2023年道路客流主要以市际客流和县际客流为主，占比达89%以上；省际客流和县内客流较少；省际客流将下降最大，预测将下降83%，县内客流预测下降70%，县际客流预测将下降2/3(图4)。

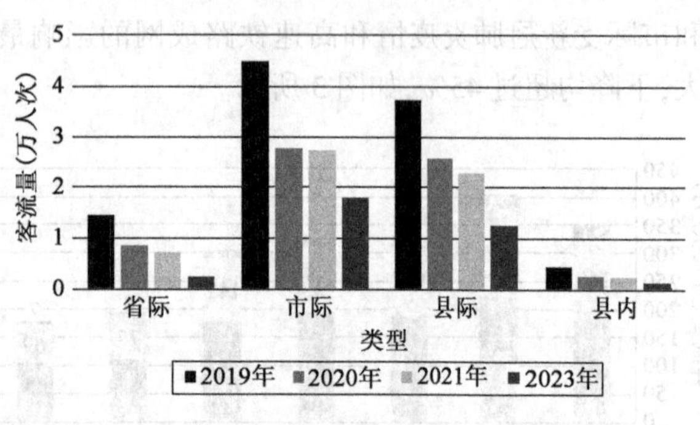

图4　苏北五市各类班线未来客流量变化图

3　客运企业面临的问题分析

县内班线受轨道交通和公交冲击大。近几年随着城市扩张，郊区变市区，部分县内班线被调整为公交线路，而且未来随着城市地铁、公交逐步拓展覆盖县内主要区域，县内客运班线将持续减少，客流量下降严重。

私家车、网约车对县内班线、县际班线影响大。据统计，有车的家庭在从事商贸活动、探亲访友或学生放假、自助旅游时首先使用的是私家车。据统计，苏北地区已达到570万辆，近5年私家车每年增长率约为6%，人均家庭小汽车拥有率超过0.75；私家车快速增长使得中短途公路客运流失严重。活跃在城际之间的网约车一直在各个城市以各种形式存在，经营方式多变，价格灵活、实行门到门服务，借助于互联网模仿“嘀嘀专车”模式，不仅会抢夺巡游出租汽车客源，同时也会对县际、县内班线客流产生较大的影响。

高速铁路和航空发展对道路客运省际、市级出行影响大。随着国家综合交通运输体系的深度构建，高速铁路、民航等运输方式快速发展。动车、高速铁路以其速度快、时间准、密度大、正点正班、风雨无阻的优势，把和道路客运并行的班线冲击的溃不成军，在同线路上道路客运已无招架之力，而航空客运也保持着15%以上的增长速度，随着高速铁路和民航的发展，与高速铁路及民航平行的客运班线几乎没有生存空间。

公路客运量在多重因素下持续下滑，近几年随着苏北高速铁路迅速成网，将对客运企业造成更大的冲击。根据调研企业反映，道路客运企业营收和利润逐年下滑，其中部分与高速铁路平行的线路班线利润出现负增长后停止运营或改为定制班线，在营班线营收和利润多数下降超过60%；由于企业营收能力下降，省内多家龙头骨干企业已开始裁撤员工，如泰州市飞鹿客运有限公司，在宁启铁路开通至今，客流量下降约65万人次，年利润下降332万元，裁撤员工94人，企业富余人员不断增多，企业转岗安置压力一直较重。

以前许多客运企业可以通过盈利较高的高速客运线路以及收取线路承包费实现丰厚盈利，但是面对铁路、民航的强势竞争，原本许多属于黄金线路的班线客源持续萎缩，市场份额不断被蚕食，总体经营效益无法令人满意，已不能完全适应运输新的发展形势，竞争能力已处于明显弱势。一是简政放权的效果不显著。由于国家、省级部门关于道路客运转型发展有关事项的操作程序、办法未明确,使得企业在具体操作上缺少统一标准。比如高校直通车、景区直通车、短途驳载运、县际县内定制客运、班线闲置运力转为包车等方面缺少统一标准。二是道路客运经营模式难以适应发展需要。目前苏北地区道路客运行业以承包等低层次经营方式占据主导,市场集约化、规模化经营程度不高,经营者之间的相互压低价格、不规范经营等恶性竞争行为制约了客运市场的可持续发展;县内农共班线均享受国家燃油补助,虽经营困难但仍可维持经营,承包人不愿退出经营。三是现有的服务品质不能满足群众出行需求。近几年随着居民出行水平的不断提升,出行需求品质也不断发生变化,部分县内客运班车普遍存在车辆年限长、技术条件不高、安全投入不足等问题,也影响了农村群众的出行。

4 客运企业转型的经验与思考

在综合交通运输体系日益完善的背景下,道路客运生存艰难,上到政府,下到企业,都应积极采取应对措施;面对不同的道路班线建议采取不同的转型发展的经验,为企业模式转型升级提供参考依据。

4.1 县内班线转型发展的经验

随着全面城市化的实现,毗邻城镇的吸引日益增强,区县内部、城乡接合部间的短距离交通需求逐年增长,亟需对现有短途道路客运实施公交化改造。采用公交线路的发车模式,实现同一线路运营方式的统一,包括定线、定班、定站、定票价,统一营运车型、统一营运标识和编号、统一调度排班、统一服务标准。沈阳、抚顺、铁岭、本溪、鞍山、营口、辽阳等城市是道路客运"公交化"的代表。此外,"互联网+"已快速渗入道路运输各个领域和各项服务之中,实现"互联网+道路班线客运""互联网+道路包车客运""互联网+旅游客运""互联网+旅游服务""互联网+汽车租赁""互联网+汽车服务"等的深度融合,基于互联网所带来的新业态发展将会给道路运输业发展带来革命性的创新。江苏省鼓励推广使用"巴士管家"App、微信公众号,不断提高网购车票比例;支持客运企业运用"巴士管家"互联网平台,加快整合道路客运的车辆、场站、线路等资源;推进联程联运票务一体化发展,逐步实现客票联网、一票到底,并加快"江苏交通一卡通"与班线客运的互联互通。

4.2 县际班线转型发展的经验

组建规模较小的道路客运公司,对运输市场影响较小,形成多家经营模式。"多家经营模式"的特点是在江苏省交通运输厅的统一规划、宏观调控下,由社会各界组织投放运力、分散经营,确定运力投入、线路、班次数量,统一制定技术标准和管理标准。运输市场面向社会适度开放,形成以国有专业运输企业为主、社会车辆为辅的道路客运市场。在不打破现有运输市场格局的前提下,通过省的统一规划,加大道路客运市场的宏观调控力度,进一步规范和明确道路客运的管理、技术、服务等要素的标准,可迅速筹措资金,组织运力,形成道路客运市场规模。但经营主体过于分散会导致效率不高、效益不好、不良竞争较为严重、难以迅速提高道路客运集中度,并最终导致宏观调控难以到位。

4.3 市际班线转型发展的经验

道路客运公司化经营模式是由专业客运企业以现代企业制度为运作基础,遵循有序、公平竞争和优质安全服务的经营规范,是具有先进的运输设备和先进管理水平的经营。以黑龙江省龙运(集团)股份有限公司为代表,该公司以高等级公路为依托、以长途快速客运为起步、以股份制为主要形式、以资金为纽带,按照"集团控股、多家参股、统一管理、集中经营、线路考核、公司核算、按股分红"的原则,组建线路有限责任公司。此外,无锡客运有限公司、常州公路运输有限公司和南通汽运实业集团有限公司以共同组建苏锡常通客运企业联盟,客运联盟组建了定制客运服务市级公司,采用统一线上平台进行管理。联合开发"G-BOS 智慧运营系统",通过该系统科学安排线路、降低单车油耗等,有效提升了综合效益。

4.4 省际班线转型发展的经验

通过整合现有道路客运经营主体多、小、散、弱的状况,走集约化经营之路,加快由数量型向质量型的转变,发挥公路主干线的通道性作用。

2000年4月,由交通部批准成立新国线运输有限公司,这是全国首家跨省市、跨地区的股份制道路客运企业,按照市场经济的规律,以企业为主体,以资产为纽带,以市场为导向,强强联合,走集约化、规模化经营道路的一次积极探索,打破了以地域为界限划分运输市场的传统封闭作法,打破地区封锁和市场分割,为国内其他运输企业提供了投资多元化、企业规模化、经营集约化、管理科学化、生产专业化的新模式,对加快运输组织结构调整步伐、引导民族产业向主要经济增长点和优势领域集中、实现资源优化配置,具有良好的导向作用。

4.5　国内道路客运转型具体实践总结

为缓解客运企业的转岗压力,以"科学施策、分类安置"为准则,提出以下策略以供参考。通过层层分解目标、岗位优化设计、全员竞聘上岗、政策引导,动员鼓励有意愿的职工到更合适的岗位;积极争取政策,用足用好政策,为居家休养等离岗安置职工提供保障;离岗安置分流一批、协商一致合同解除一批、腾空岗位转岗一批、产业发展吸纳一批、外部市场输出一批的方式分流。也可以效仿南京市中央门汽车站——调整用地,为员工创造就业机会。调整现状车站用地,在保留客运站的功能的基础上新增停车场、快递分拣中心、酒店床品市场,通过招商创造就业岗位,妥善安置员工。

国内企业纷纷做出了各种创新调整,应对当前严峻的形势,见表2。

道路客运转型创新实践总结　　表2

不同层次	创新领域	创新实践措施	实践地区或主体
县内	公交化	定制公交线路7条,以观光旅游为主的定制包车试点线路2条	浙江省嘉兴市海宁大元公司
		"如约"定制公交线路122条	广东省广州市第二公共汽车公司
	定制	定制城际客运线路	福建省闽北地区
		"易加易出行"App平台医疗专线定制服务	舟山市汽车运输有限公司
县际	接驳	接驳班车无缝衔接机场、高速铁路站	浙江省杭州长运集团、江苏省常运集团、黑龙江龙运客运股份有限公司、广西凌云县
	多家经营	细分旅客目的地,将杭州班车线分别开往杭州的汽车南站、北站、中心站等地	浙江省宁波公运集团
市际	公司化	"江苏快客"服务品牌	江苏省
		"小红帽"服务品牌	湖北道路客运集团有限公司
	企业联盟	客运企业联合组建江苏大运交通运输集团	江苏省苏州、无锡、常州、南通的专业客运企业
		客运企业联合组建江苏长运交通运输有限公司(2013年)	江苏省13个设区市的专业客运企业
省际	新国线	定制客运平台"省客驾到·帮邦行"	湖北道路客运集团有限公司
		运游融合的"黄山模式",开通高铁、黄山机场直通黄山直达班线	新国线运输公司
		景区直通车	陕西省宝鸡宝运汽车运输集团、成都东站汽车客运站

5 结语

本文深入分析高速铁路开通运营对区域道路客运的影响，剖析县内班线、县际班线、市际班线和省际班线不同的影响程度和影响的方向，深刻思考不同层次的道路客运如何调整发展思路、发展策略、工作重点及创新经营模式，以便在激烈的客运市场竞争中谋求新的发展，研究结果可以深入推动苏北运输结构调整优化，为制定高速铁路时代苏北道路客运发展战略提供经验借鉴，促进苏北道路客运企业转型升级。

参考文献

[1] 方建红，王丽，王元庆，等. 高速铁路开通后对走廊内公路运输的影响[J]. 交通标准化，2012(20):56-58.

[2] 牛强，陈引社. 高速铁路客运对道路班线客运影响实证[D]. 西安：长安大学. 2016.

[3] 梅伟，林浚恺. 高快速铁路冲击下大城市道路客运发展趋势及对策分析[J].

[4] 牛强. 高速铁路客运对道路班线客运影响实证分析[D]. 西安：长安大学，2017.

[5] Agostino Nuzzolo, Crisalli, Francesca Gangemi. A behavioural choice model for the evaluation of rail supply and pricing policies [J]. Transportation Research Part A, 2000, V(34): 395-404.

[6] Enjian Yao T, Morikawa, Kurauchi S, et al. A study on nested logit mode choice model for intercity high-speed rail system with combined RP/SP data [J]. Proceedings of the Conference on Traffic and Transportation Studies, ICTTS, 2002(3):612-619.

[7] 刘佳鑫. 多维视角下高速铁路开通对道路客运的影响激励及对策研究[D]. 重庆：重庆交通大学，2018.

[8] 何宇强，毛保华. 高速客运专线客流分担率模型及其应用研究[J]. 铁道学报，2006，20(2):55-56.

[9] 付慧敏. 运输通道公铁系统协调发展研究[D]. 西安：长安大学，2006.

基于机场复杂空间多源数据融合的室内精准定位研究

邢 健*[1] 梁 旭[1] 白黎明[1] 张德辉[2] 王雪锋[2]

(1. 北京首都国际机场股份有限公司；2. 北京博能科技股份有限公司)

摘 要 为了提高机场室内定位精度，实现对室内区域的全覆盖、全流程定位与监管，本文针对首都机场航站楼楼内特有复杂室内空间环境，利用航站楼旅客 Wi-Fi、蓝牙 Beacon 与网关设备，通过建立指纹数据库，借助 Wi-Fi、蓝牙、行人航位推算的多源数据融合技术，建立了一套适用于机场室内的高精度定位系统，解决了定位跨层漂移、精度不高等问题，定位精度由 10～15m 提高到 3～5m，为航站楼资源关联以及旅客导航提供高精度位置数据支持，为机场信息化建设奠定了技术基础，也为同行业提供借鉴意义。

关键词 Wi-Fi 蓝牙 行人航位推算 融合定位 室内定位

0 引言

位置服务是机场服务的重要组成部分，全球定位系统(GPS)在室外拥有良好的定位精度，但切换到室内环境后，由于电磁波干扰或者障碍物遮挡导致信号衰减与反射，损失定位精度，因此，室内定位一直发展更新适用于室内的技术。目前常用的室内定位技术有超宽带(UWB)、射频识别(RFID)、Wi-Fi、行人航位推算(PDR)及蓝牙等。不同的室内定位技术有不同的特点，UWB 能耗低，能抵抗多路径效应，但成本高；RFID 设备小易于安装，但覆盖范围小，系统兼容性不强；Wi-Fi 通信距离远,覆盖面积大,但精度有限;蓝牙成本低,能耗低,但通信距离短,容易发生跳变;PDR不受传播场景、信号强度等外部条件影响,但定位时间短,时间长会导致定位误差累积、航向偏移等问题[1-4]。

单一传感器往往难以适应复杂多变的系统,因此众多学者提出了基于多源数据融合的多传感器系统。多源数据融合技术的提出可以追溯到20世纪70年代左右,到现在已经积累了较多基础的理论体系和完善的融合算法。目前,学者们的研究主要集中在提升融合系统的精度、鲁棒性、适应性等方面。Bingbing Gao等[5]提出了基于卡尔曼滤波的融合算法,该算法对多种传感器组成的随机系统,具有良好的自适应性。Guiling Sun等[6]针对无线传感器网络数据融合精度低、稳定性差等问题,将遗传算法与多源数据融合结合,提出基于信任度的多传感器算法,实验结果证明,与常用的数据融合算法如算术平均法和自适应加权法相比,基于信任度和改进遗传的数据融合算法具有更高的融合精度。王宝晶[7]研究了基于Wi-Fi的KL刻度函数和蓝牙指纹定位算法,通过K-means进行融合定位,提高了定位精度。王睿[8]采用欧氏空间距离和网格合并得到蓝牙与Wi-Fi各自的定位结果,并在决策级上进行多模融合,提高了定位精度和鲁棒性。Byoung-Suk Choi等[9]结合RFID与超声定位,将数据使用协方差进行融合定位,提高了精度,但是实施起来比较困难。杨帆[10]利用惯性传感器进行航机推算,Wi-Fi辅助校正,可以消除累计误差,但是对设备有特定需求。Wei Ma等[11]提出了基于蓝牙(BLE)和行人航位推算(PDR)的融合室内定位算法,该算法采用粒子滤波技术融合用户的位置数据和运动数据,实现了室内复杂场景下的高精度定位。Jiawei Chen等[12]针对全球导航卫星系统(GNSS)在信号受阻的区域(如室内),很难提供可靠的定位结果的问题,提出一种基于智能手机的多传感器(GNSS、加速度计、陀螺仪、磁力计、气压计)融合定位算法。该方法综合利用GNSS、行人航位推算(PDR)和姿态航向参考系统(AHRS)、姿态约束模型和气压高度约束模型,生成了可靠的定位解决方案。该方案不但可以提高室内定位的精度与可靠性,而且可以提高室内外无缝导航的精度。Miguel Martínez del Horno等[13]提出了一个多传感器跟踪系统,该系统通过逐步集成最先进的Wi-Fi接口模型以及智能手机的加速度计、陀螺仪和磁力计等传感器而构建。Yue Yu等[14]提出了一种结合众包Wi-Fi指纹识别和微机电系统传感器(3D-CSWS)的自主3D室内定位算法,通过将多传感器数据与外部加速度和准静态磁场的检测相结合,应用增强型互补滤波器来提供准确的姿态信息。

首都机场是中国最繁忙的机场,2021年全年旅客吞吐量达到1.4亿人次,并处于持续上升的趋势。如何保障旅客出行服务、提高机场运行效率,是一个需要持续优化解决的问题。首都机场从2012年开始研究室内位置服务相关技术,主要采取Wi-Fi、蓝牙定位,取得一定效果,但是室内定位精度始终没有达到理想的水平。同时,首都机场在加快建立智慧机场的步伐,机场和旅客对于室内定位的需求,不再是只满足于提升定位精度,而是根据采集到的定位数据,结合首都机场大数据平台,如何实现与机场的业务进行时空交叉分析,进一步提升机场运行效率;如何实现精准定位引导合理出行、快捷换乘、商铺信息提醒等,进一步提升机场服务水平。

本文针对首都机场开阔区域较多、跨层无封闭结构分隔等复杂的空间环境,采用Wi-Fi、蓝牙、行人航位推算三种方法,实现室内高精度融合定位,并基于此研发出针对首都机场吞吐量大、物理空间庞大复杂特点的室内高精度定位系统,该系统在Web端、巡检App端、行人移动设备端实现了精准定位、路径导航、统一位置管理、巡检管理等主要功能,可以为旅客定位引导、安全巡查管理、运行管理监控等业务提供高精度的定位能力支撑。

1　首都机场物理空间具有其特殊性和复杂性

通过对首都机场物理空间进行整体布局分析,发现具有以下特点:

(1)机场物理空间规模较大。

首都机场是世界超大型机场,物理空间上划分为T1、T2、T3C、T3D、T3E共5个单体楼和GTC停车楼、二号停车楼,共7座单体建筑,占地面积广大,建筑面积共约141万m^2,旅客吞吐量长期位于亚洲第一、国际第二位。

(2)物理空间结构复杂。

机场内部存在较多高挑空、大面积开阔空间、钢浮岛等结构,很多区域跨层空间无封闭结构分隔,结构较为复杂。

(3)物理空间内要素多。

航站楼物理空间内存在较多要素,如大量的旅客、设备、服务资源等要素,分布于航站楼各处。

2 部署方案研究

根据首都机场物理空间的特殊和复杂性,先将机场根据物理空间划分为T1、T2、T3、GTC4个区域,其中监测区域广泛分布于T1、T2航站楼内,具有面积广、位置连续的特点,并结合定位的特点,对现场布局进行了部署和反复测试。

首先根据机场CAD平面图确定部署区域,进行定位信标和蓝牙网关部署的点位规划。其次,信标的部署需要考虑到部署的密度,密度过高可能造成信号相互干扰,密度过低,会影响到定位的精度和稳定性。需要尽量部署在楼内的建筑主体之上,避开二次装修的建筑结构,禁止安装于广告牌上,但允许安装在航站楼目标指示牌上,安装在电梯附近的信标需要增加L形支架以及亚格力版。总体呈现蜂窝状均匀部署,并且在原则上要求相邻的信标之间的间距在6m以内,支撑精准度要求达到5m以内。将楼内资源和设施进行整合,在AP附近寻找可安装点,基本原则为蓝牙网关与交换机要组成星形网络,以保障定位的覆盖度和准确性。

3 关键技术研究

首都机场内部物理空间规模较大,楼层众多,时常导致定位漂移问题,同时,首都机场旅客众多,需求庞杂,在物理空间复杂和旅客需求众多的情况下,使用1种或者2种定位方法无法满足首都机场的需求,因此本文提出基于Wi-Fi、蓝牙以及行人航位推算三种方法进行融合实现楼内精准定位,将三种方法融合起来,达到定位范围更广、定位精度更高、响应速度更快的目的,其中Wi-Fi与蓝牙采用基于RSSI的指纹定位算法,行人航位推算以IMU传感数据为基础,运用PDR算法对移动目标进行短时间精准定位,三种算法的结果分别进行卡尔曼滤波优化后,得到最终的加权平均定位结果,用于旅客实时导航,引导旅客精准出行,实现不同交通方式便捷换乘,并通过快速定位与数据库比对,对旅客进行实时商店信息提醒。而三种定位方法各有所长,在不窃取旅客隐私数据的情况下,将定位数据传输到首都机场大数据平台进行时空分析,可以计算出机场的人流密度,拥堵空间、旅客出行习惯等信息,方便机场根据分析结果调整设备位置和数量,实现交通疏解。

3.1 指纹定位算法

指纹定位算法在RSSI基础上实现,分为离线和在线两个阶段(图1)。

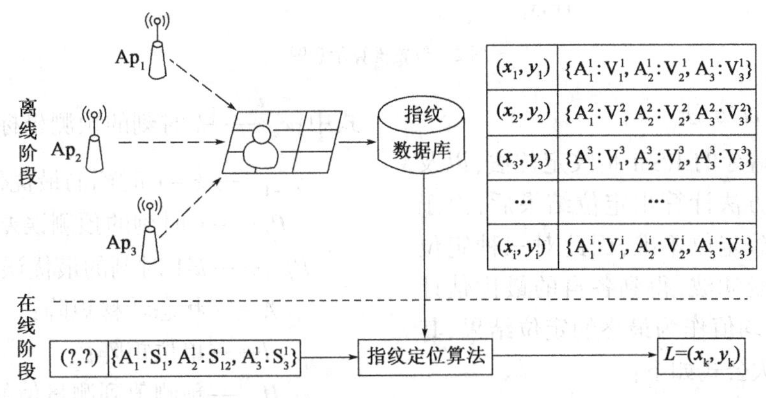

图1 指纹定位原理

在离线阶段,移动设备在同一位置会接收到多个蓝牙与Wi-Fi基站周期性发送的信号,同一位置接收到不同AP基站的信号强度不同,Mac地址和信号强度指示RSSI都具有唯一性,因此可以获取唯一的RSS序列作为参考指纹,建立指纹数据库[15]。在线阶段,主要通过在线感知AP信号强度与指纹库匹配。对于移动设备来说,不同位置的AP信号误差不同,一般距离目标位置越近的AP信号准确性越高,权重越高,基于此选用加权KNN(K-Nearest Neighbour)算法计算位置信息,本文选用三个AP值进行加权计算[9,16]。权重w_i计算公式如下:

$$\mathrm{Dis}_i = \sum_{j=1}^{3} \sqrt{(\mathrm{s}_j - \mathrm{r}_j^i)2} \tag{1}$$

$$w_i = \frac{\frac{1}{\mathrm{Dis}_i}}{\sum_{i=1}^{3} \frac{1}{\mathrm{Dis}_i}} \tag{2}$$

式中:Dis_i——RSS 与子类中第 i 个最邻近指纹点 AP 强度向量间的欧氏距离;

s_j——在线阶段测量的第 j 个 AP 的 RSS 样本;

r_j^i——指纹数据库中第 i 个参考点上来自第 j 个 AP 的 RSS 均值。

最终的定位坐标(x_k, y_k)为:

$$(x_k, y_k) = \sum_{j=1}^{3} w_j(x_j, y_j) \tag{3}$$

3.2 行人航位推算

行人航位推算以 IMU 的传感数据测量为基础,由步态检测、步长估计、航向估算三部分组成。步态检测方法目前较为成熟,本文利用手机加速度计数据,将一对波峰波谷作为一个数据周期,采用平滑区域检测、波峰检测方法对步态进行检测;行人的实时加速度由三轴加速度计获取,行进方向由陀螺仪获取,通过计算得到采样时间内的行人步长[17]。

图 2 是 PDR 算法原理,假设行人沿 ABC 的方向从初始位置 A 出发,若想获取位置(点 C)的坐标,则需计算出点 C 相对于上一次位置(点 B)的方向角θ_k,以及两个位置点间的距离d_k,通过公式计算可得到得到点 C 坐标(x_{k+1}, y_{k+1}),如式(4)所示:

$$(x_{k+1}, y_{k+1}) = (x_k + d_k\cos\theta_k, y_k + d_k\sin\theta_k) \tag{4}$$

式中:d_k——行人步长;

θ——一个行进方位角。

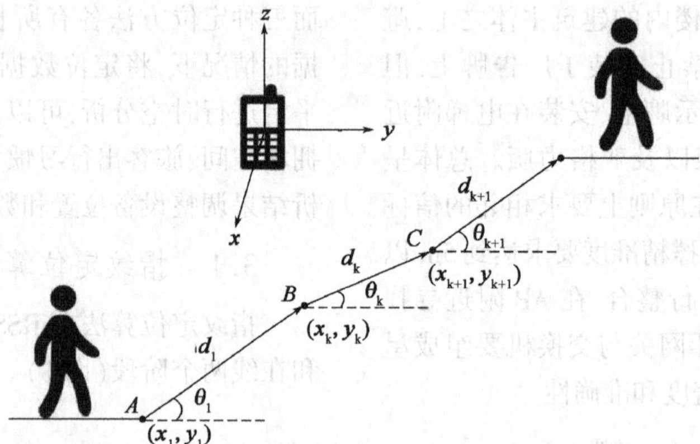

图 2 位置推算示意图

3.3 融合定位方法

在基于 Wi-Fi、蓝牙的 RSSI 指纹定位法,以及行人航位推算三种方法计算出定位结果后,由于噪声的影响往往导致定位不准,因此对三种定位结果分别进行卡尔曼滤波,得到各自的最优估计值,然后采用加权平均值作为最终的定位结果,其中卡尔曼滤波的五大公式如下:

$$\begin{cases} \hat{x}_k^- = A\hat{x}_{k-1} \\ \hat{x}_k = \hat{x}_k^- + K_k(z_k - H\hat{x}_k^-) \\ P_k^- = AP_{k-1}A^T + Q \\ K_k = \dfrac{P_k^- H^T}{HP_k^- H^T + R} \\ P_k = (I - K_kH)P_k^- \end{cases} \tag{5}$$

式中:$\hat{x}_k^-$——k 时刻的预测坐标;

$\hat{x}_{k-1}$——$k-1$ 时刻的最优估计坐标;

P_k^-——k 时刻的预测误差协方差阵;

P_{k-1}——k-1 时刻的最优误差协方差阵;

A——状态转移矩阵;

I——单位矩阵;

H——预测值到测量值的转移矩阵;

Q、R——系统噪声和测量噪声,均呈高斯分布;

z_k——测量值。

第 i 种设备经过卡尔曼滤波后,得到在 k 时刻最优估计值与最优估计方差分别为$\hat{x}_{ik}$、P_{ik},基于此经过加权平均后得到的在 k 时刻定位结果$\hat{x}_{(k)}$为:

$$\widehat{x}_{(k)} = \sum_{i=1}^{n} \frac{P_{ik}^{-1}\ \widehat{x}_{ik}}{\sum_{i=1}^{n} P-1_{ik}} \tag{6}$$

在本次融合定位中，选取 Wi-Fi、蓝牙、航位推算三种定位设备，因此 $n=3$。

4 系统总体设计和应用

整个系统的架构包括数据层、支撑层、平台层和应用层 4 个部分，通过对数据层的空间数据进行清理和转换，将转换结果传输到支撑层——ArcGIS Enterprise，由 ArcGIS Enterprise 将数据转化为可供开发调用的服务，用于支持相关空间数据分析，支撑平台基于快捷开发平台和地理信息共享平台框架开发；再由共享平台发送数据到应用层，应用层根据平台层提供的共享数据，依照每个模块不同的功能需求完成数据分析结果的可视化工作，架构图如图 3 所示。

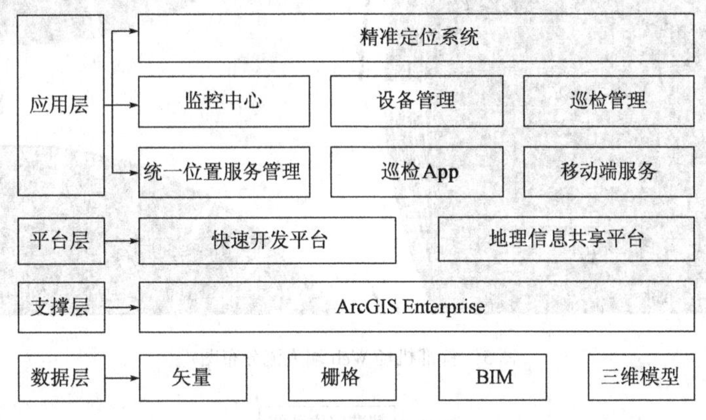

图 3 系统逻辑架构图

4.1 Web 监控端

精准定位系统 Web 端由监控中心、设备管理、巡检管理、统一位置管理、系统管理 5 个主要模块组成。监控中心负责掌控设备运行态势，通过不同维度分析不同品牌设备的故障情况，以热力图形式实时展示机场客流量变化，也可通过筛选不同建筑物或楼层，分析客流峰值区域或旅客长时间逗留地点，并保留历史客流密度数据；设备管理可根据实施点位图和移动端定位引擎，安装网关、Beacon，对后期已安装的设备进行维护；巡检管理将巡检区域责任制，显示巡检轨迹，并记录巡检内容和异常信息；统一位置管理是位置分发总线，基于 Kafka 集群支持高并发、高可用数据分发，实现可视化监控位置服务的运行状态，包括数据延时、数据流量统计、服务宕机等，并对所有插件运行过程中产生的异常进行记录[17-19]。精准定位系统 Web 端的功能架构如图 4 所示。首都机场 Web 端人流分布图如图 5 所示。

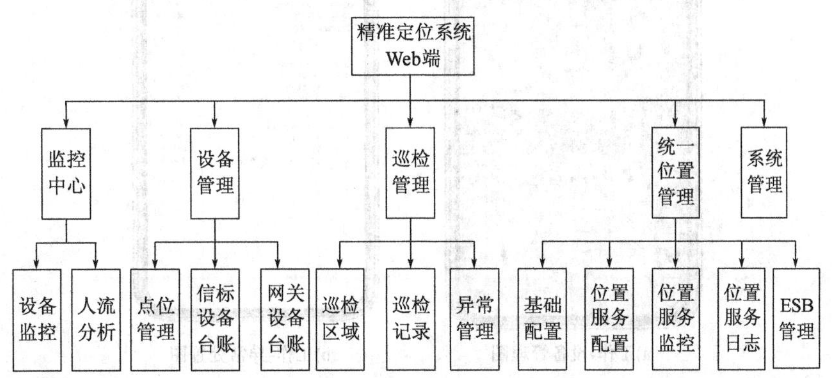

图 4 Web 端功能结构

4.2 巡检 App

巡检 App 用于设备维护及巡检管理，由设备管理、设备台账、巡检、异常处置、个人中心组成。通过个人模块进入 App 后，可进行密码修改与本机信息查看。进入工作模块后，可根据 Web 端点位图和自身定位引擎，安装蓝牙网关、

Beacon,具有新增、绑定、移动、修改、删除设备等操作,并以表格形式展示定位设备台账,可以通过关键字输入、选择建筑物或楼层模糊查询符合条件的设备信息,对网关管理不到的Beacon进行巡检,若发现设备异常,则在App内生成设备异常记录,并回传到Web端,精准定位系统巡检App功能结构如图6所示。巡检App使用界面如图7所示。

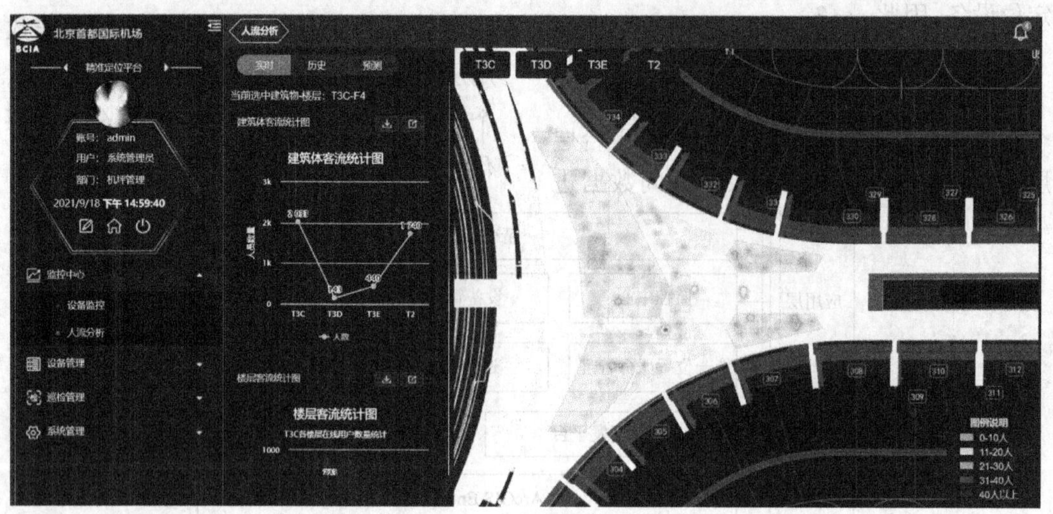

图5　首都机场Web端人流分布图

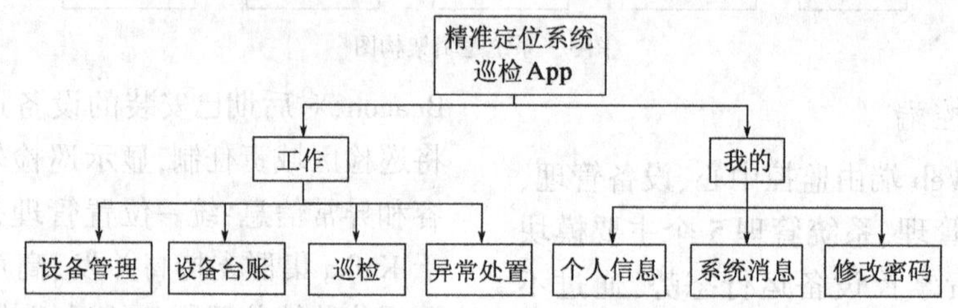

图6　精准定位系统巡检App功能结构图

a)工作-设备管理图　　b)工作-异常处置图

图7　巡检App使用界面

4.3　移动端服务

移动端搜索模块可以通过关键字、选择分类、地图直接查找三种方式获取兴趣点(POI)详细信息。对于用户选定的POI,可选用常规、模拟、AR(增强现实)三种模式,基于路径规划算法进行导航,返回的路径规划结果包含路径经过的坐标点集、路径文字描述、预计步行时长、预计步行距离等信息,并支持跨楼层路径规划,支持偏移规划路线后自动重新规划,支持离线规划。位置共享模块可将当前位置以链接形式分享给微信好友,可在地图上点击实时共享,进入链接人员的位置,选择好友位置后可进行路径规划,精准定位系统移动端服务功能结构如图8所示,精准定位系统移动端服务界面如图9所示。

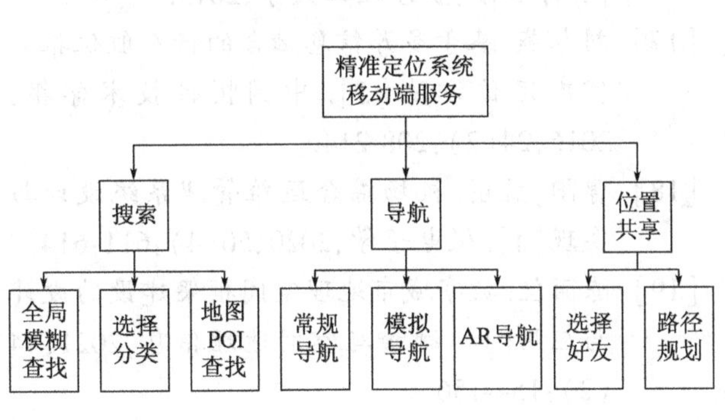

图8 精准定位系统移动端服务功能结构

a)导航图

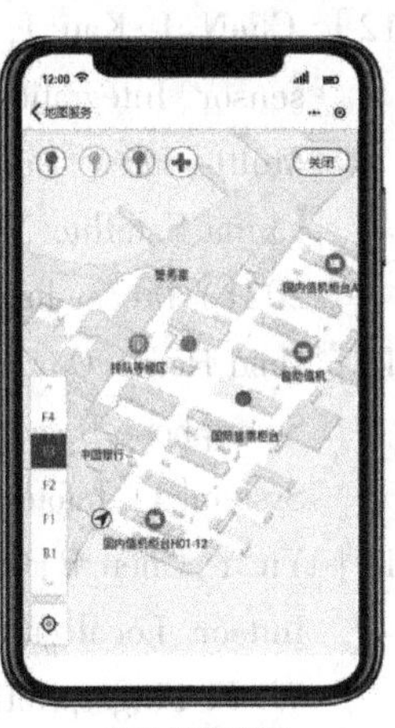
b)位置共享图

图9 精准定位系统移动端服务界面

5 展望

智慧机场的建设是未来机场发展的方向。为了积极贯彻国家发展要求,首都机场积极开展智慧改革。基于室内导航和位置服务,可以促进机场智慧交通的发展,将机场智能规划提高到一个更高的设备能级与实践水准,若仅使用一种定位技术,无法使精度与设备成本得到很好的平衡。本文通过Wi-Fi、蓝牙以及行人航位推算三种定位方法,结合卡尔曼滤波以及加权平均法进行融合精准定位,即减少PDR定位过程中的误差累积,也改善了RSSI指纹定位过程中的不稳定误差,最终实现了基于三种方法的室内融合定位算法,并基于此设计了首都机场室内高精度定位系统,实现实时定位、巡检、路径规划等服务,加快机场智能导航交通的实践应用,推动智慧机场的全面升级优化。

参考文献

[1] 赵雨境. 基于蓝牙技术的室内定位系统设计[J]. 物联网技术,2020,10(01):51-55.

[2] 李彩虹. 室内精准定位方法及应用研究[D]. 重庆:重庆理工大学,2018.

[3] 华海亮. 基于Wi-Fi和蓝牙的室内定位技术研究[D]. 锦州:辽宁工业大学,2016.

[4] 冯昆,何涛,汪云甲. 一种基于智能手机的室内融合定位方法[J]. 测绘通报,2019(S2):6-10.

[5] Gao B, Hu G, Gao S, et al. Multi-Sensor Optimal Data Fusion Based on the Adaptive Fading Unscented Kalman Filter[J]. Sensors, 2018, 18(2).

[6] Sun, Zhang, Zheng, et al. Multi-Sensor Data Fusion Algorithm Based on Trust Degree and Improved Genetics[J]. Sensors, 2019, 19(9): 2139-2153.

[7] 王宝晶. 基于Wi-Fi/蓝牙融合的室内定位算法及实现[D]. 上海:华东师范大学,2015.

[8] 王睿,赵方,彭金华,等. 基于Wi-Fi和蓝牙融合的室内定位算法[J]. 计算机研究与发展,2011,48(S2):28-33.

[9] Choi B S, Lee J W, Lee J J, et al. A Hierarchical Algorithm for Indoor Mobile Robot Localization Using RFID Sensor Fusion [J]. IEEE Transactions on Industrial Electronics, 2011, 58(6): 2226-2235.

[10] 杨帆. 基于RSSI位置指纹与惯性定位技术的室内定位系统[D]. 上海:上海交通大学,2016.

[11] Ma W, Zhang S, Huang J. Mobile augmented reality based indoor map for improving geo-visualization[J]. PeerJ Computer Science, 2021(7):e704.

[12] CheN J, Kan J, Gao Z. Research on Multi-sensor Integration Algorithm Based on the Multi-source Data of Smart-Phone[C]// China Satellite Navigation Conference (CSNC 2021) Proceedings. 2021.

[13] Mmd Horno, Orozco-Barbosa L, I García-Varea. A Smartphone-based Multimodal Indoor Tracking System[J]. Information Fusion, 2021, 76(6).

[14] Yu Y, Chen R, Chen L, et al. Autonomous 3D Indoor Localization Based on Crowdsourced Wi-Fi Fingerprinting and MEMS Sensors[J]. IEEE Sensors Journal, 2020.

[15] 王娜娜,付强,刘泽龙. 基于RSSI实时精确定位系统设计与实现[J]. 传感技术学报, 2017, 30(7):1095-1099.

[16] 陈顺明. 基于RSS指纹的室内定位算法研究[D]. 长沙:长沙理工大学, 2015.

[17] 刘春燕. 基于多源信息融合的行人航位推算室内定位方法[J]. 中国惯性技术学报, 2016, 24(2):208-214.

[18] 曹阳,孟茁. 机场综合运维管理系统设计与实现[J]. 微电子学, 2020, 50(4):611-614.

[19] 陈丽佳. 数字城市地理空间框架建设的设计与应用[J]. 测绘与空间地理信息, 2021, 44(2):154-156.

A Study of Game Theory Applied on Pricing Strategy for Container Road-Rail Transport

Shuge Yao*[1] Essau Kumwembe[2,3] Zixuan Zhu[1] Xiaoyan Lin[1]

(1. School of Economics and Management, Beijing Jiaotong University;
2. School of Traffic and Transportation, Beijing Jiaotong University;
3. Operations Department, Tanzania Zambia Railway Authority.)

Abstract Road-rail intermodal transportation is a more cost efficient logistics service developing rapidly with the higher demand, and to utilize the combined advantages of several transportation modes. The weakness of infrastructure and equipment, especially incomplete market mechanisms including entity missing, improper price competition, and poor pricing mechanism of rail, is the key constraints to the development of the road-rail transport system in China. Currently, the existence of China Railway, together with the road carrier company, is not capable of handling the road-rail intermodal transport service because both of them are under significant transformation with different limits. Another entity in this service is Road-Rail company, which is defined here as an intermediate agent to provide the whole road-rail intermodal transportation service. This paper tends to identify the players involved in the road-rail intermodal transport system, by putting up "Three Entities Assumption" including Carrier company, China Railway, and Road-Rail company, and analyzes the interactions among them. Firstly, based on the Three-entities assumption, the paper uses a game model to investigate the pricing competition of those three entities. Furthermore, the static non-cooperative game model with complete information is developed and validated by a real case study. The sensitivity analysis of demand to price and price bounds are investigated in this study, and to obtain a better understanding of the pricing strategy of those three entities. Finally, some managerial insights for relevant enterprises and government are proposed to develop road-rail intermodal transport in China.

Keywords Road-Rail Intermodal Freight Transportation Pricing Strategy Game Theory

0 Introduction

Intermodal freight transportation refers to a multimodal chain of container-transportationservices[1]. By integrating the advantages of different transportation modes, intermodal transportation plays an important role in saving the whole society logistics cost. The research found intermodal transportation can save the logistics cost in terms of reducing emissions by up to 77.4%, improving fuel efficiency by up to 43.48%, and lowering cost by up to 80% compared to the operation solely with road transport[2]. Europe and the America have started to build an intermodal transportation system since the 1980s. Intermodal transportation, particularly container-based, is steadily growing and will continue to grow in the foreseeable future[1].

China has vast territory but imbalanced resource distribution and area development. Rail and road transportation are important for carrying raw material, energy and product in China. With higher demand for more cost-efficient logistics service and full utilization of the combined advantages of several transportation modes, rail-road transportation is clearly beneficial for improving social logistics efficiency and realizing door-door service. Although China started intermodal transportation early, the complete system hasn't been formed yet, which is still far behind from developed countries like America especially for road-rail transportation. On one hand, from the perspective of production, the problem of equipment connection between road and rail is serious. On the other hand, from the perspective of management, the business entity is ambiguous in the road-rail transportation market, and the rationality and orderliness of market price competition is unsatisfactory. The following are the main challenges existing in China road-rail transportation system:

(1) The weakness of equipment and infrastructure for road-rail transportation. The under-developed infrastructure facility including the insufficient quantity of containers, the lack of container handling equipment in the railway yard, etc., has hindered the development of the road-rail transportation system.

(2) The unclear business entity in the road-rail transportation market. In history, rail and roadgoods transportation systems were operated independently in China. Currently, both China State Railway Group Co. (or China Railway, for short) and road carrier company are under significant transformation in functionality and scale of operation which means these two are not yet capable of handling the road-rail intermodal transportation service.

(3) The unsatisfactory price competition between road and rail in the market. China's road transportation market has come into existence since the era of planned economy. The carrier companies are with easy market access but poor governmental supervision of the road market, which leads to the unfair price competition in the freight market.

(4) The low management concept and unsatisfactory pricing mechanism of the rail department. Railway transportation in China has been in the environment of planned economy for a long time. As a result, the railway department mainly pays attention to satisfactorily fulfilling the assignment directed by the government who have lack of market sensitivity, which causes the rail department not actively participating in intermodal transportation. On the other hand, the price of rail transportation is made by the government with poor market pricing flexibility. As a result, it is hard for rail to compete on price with carrier company.

In China, the weakness of infrastructure and equipment, especially unsatisfactory market mechanisms limit the development of road-rail transportation, and some efforts are being taken to solve them. As for the external environment, under the Belt and Road Initiative, containers transportation demand is increasing rapidly. Besides, after reform and opening up in 1978, the transportation industry has changed from the planned economy to the market economy gradually. As for the mechanism, China's Ministry of Railways was separated into two parts in 2013, including a state enterprise, the China State Railway Group Co., and a government department, which was incorporated into China's Ministry of Transport to integrate the management of different transportation modes. In addition, multiple policies have been carried out in recent years. The China State Council drew up medium and long-term planning of the logistics industry (2014—2020) to promote the equipment connection and freight transfer between different transportation modes[3]. The China State Council made a three-year action plan for the Blue Sky Protection Campaign to promote the construction of intermodal transportation hub based on rail logistics parks. China's Ministry of Transport made guidance on the healthy development of the logistics industry to improve the structure of intermodal market entities[4]. It also made the notice with other 18 departments to further encourage the development of multimodal transportation by improving governmental supervision on the road market and promoting reform of rail pricing mechanism[5]. China's National Development and Reform Commission and China's Ministry of Transport jointly made a developmental plan for container multimodal transport during the 13th five-year plan period to encourage rail department to adopt a floating pricing mechanism according to demand and supply and market competition[6]. Government documents suggest that, nowadays, China has undergone fast construction of the intermodal transportation system[3]. However, it's still vital for China to improve the market mechanism to manage intermodal transportation[4][5][7]. Therefore, road-rail transportation has huge opportunities though still facing problems. How to identify intermodal transportation entities clearly, how to manage price competition between road and rail are urgent problems to solve now. On one hand, road freight market is still in the excessive price competition with small and scattered entities, which don't have the capability to integrate intermodal transportation. Additionally, the rail market is still at transformation period from government management to industrial enterprise, which is difficult to integrate in a short time. Therefore, it's important to set up a new entity that is capable of providing a comprehensive rail-road intermodal transportation service. Based on the above discussion, this paper tends to clearly identify the players involved in the road-rail intermodal transportation system, by putting up "Three Entities Assumption" including Carrier company, China Railway, and Road-Rail company. Road-Rail company is defined here as an intermediate agent to provide the whole road-rail intermodal transportation service.

As for the structure of this paper, Section 1 covers literature review about related research. In Section 2, we put up "Three Entities Assumption" in the intermodal transportation market and then analyze the interaction among three entities. Regarding three entities as players, this paper introduces game theory to describe their non-cooperative pricing behaviors. To build up the game model, demand distribution is described by a Logit-based model. Payoff functions based on the relationship among the three is proposed. A static none-cooperative game model with complete information is then built. In Section 3, we introduce the solution method. In Section 4, we solve the game model in a case study and then choose two factors to see how the game process acts when the two changes. In Section 5, we propose some suggestions to the three entities and government about pricing strategy and supervision. In Section 6, we summarize the study.

1 Literature Review

Concerning intermodal transportation competition, which is now one of the most important issues in transportation economics, several types of papers are found. The first type of study is to analyze the organization process of intermodal transportation. For example, Wang[7] found intermodal transport efficiency could be realized by improving trading efficiency between economic entities in the chain. Li[8] analyzed the key factors of road-rail transportation including the similarity of transportation conditions between road and rail, and proposed an improvement direction of the road-rail transportation system. Hanssen[9] found the advantageous distance of intermodal transportation would change with some factors changing such as the transfer operation cost, total transportation distance, railway and road marginal cost, etc. Song[10] used a non-cooperative game model to describe a two-ports-one-ocean carrier system. Xu[11] developed a game-theoretical model of port competition with environmental concerns. Wang[12] used three kinds of game models to analyze the competition between the two carriers.

The second type of study is to apply game-theoretical models to investigate the pricing competition in the intermodal transportation market. Shashikumar[13] found that the classical competition models (contestability model, normal-cost price model) were insufficient for real-world analysis of the liner shipping. The game-theoretical model is regarded as one of the most effective approaches to analyze the competitive behaviors for liner shipping[14]. Two game models (Nash equilibrium and Stackelberg game) are typically used to characterize the market competition. Luo[15] developed a two-stage Nash game model to derive the pricing and port capacity expansion decisions. They also identified and discussed the credibility and effectiveness of the preemptive pricing of the incumbent who planned to prevent the smaller player from gaining sufficient market share. Song[16] used a two-stage non-cooperative game model to depict the horizontal and vertical game relations among liners and ports and solved the pricing strategy of liner and port under the Nash equilibrium. Zhang[17] developed a game-theoretical model of port competition for the intermodal network design and pricing strategy problem. Feng[18] analyzed the competitive behavior of railway and road freight and established a game model to analyze the influence on competition from transportation price and service quality. Wang[19] described competition between the shippers and carriers on an intermodal transport network using the Stackelberg game model. Kaselimi[20] examined the effect of two-person inter-port competition on port charge selection with time-dependent port capacity and deduced some propositions from the Nash equilibrium. Ishii[21] proposed a two-person Nash game model to examine the inter-port competition under stochastic demand. Similarly, competition among different carriers, such as ocean carriers, land carriers, and terminal operators, can be perfectly modeled in Nash equilibrium by a multi-level hierarchical approach[22][23]. For example, Arbatskaya[24] provided a competition analysis between the road and maritime sectors by taking into account economies of scale and product differentiation in the shipping line market. In addition to the competition model, a cooperative game model is applied to examine the strategy alliance among liner shipping carriers, such as the horizontal integration of the shipping line[25]. However, game-theoretical competition analysis has some challenges. It is difficult to determine a combinatorial optimization strategy in competition analysis because Nash equilibrium points probably don't exist. Another difficult is to quantitatively determine the market share for each entity[12]. In the previous studies([14][19][21]), demand function was assumed to follow the price equilibrium concerning freight rate and various handling times. However, as independent individuals, shippers may have utility perception errors of choices that cannot be reflected in the model. So, a tangible market share determination approach should be developed, such as a discrete choice model[12].

Game theory is a well-known mathematical framework that describes interactions between multiple rational agents to achieve optimal payoffs. However, research related to the application of game theory to road-rail transportation pricing strategy studies is very limited. Besides, the existing research regarding different transportation modes as market entities ignoring the unclear entities problem in the road-rail transportation market in China. To fill up the gap in the existing literature, this paper identifies three business entities and studies the relationship among them to deal with the unclear entity problem, and then investigates the game model to analyze the road-rail transportation pricing strategy in the market.

2 Three Entities Assumption and Model Formulation

Aiming at entity problems, the paper puts up "Three Entities Assumption" in the intermodal transportation market. Except for road and rail departments, the paper assumesthat there is another intermediate agent (road-rail department) existing in the market. This entity integrates road-rail intermodal transportation by connecting road and rail department together. Taking three entities as players, this paper introduces game theory to describe their pricing behaviors. The demand distribution is derived by a Logit-based model before introducing the static non-cooperative game model with complete information.

2.1 Three-Entities Assumption

Assume that there are three entities and three kinds of transportation service in intermodal market. Three entities include China Railway, carrier company and Road-Rail company, which respectively provides rail transportation, road transportation and road-rail transportation service.

Firstly, we make a definition of three transportation services including rail direct transportation, road direct transportation, and road-rail transportation.

(1) Rail direct transportation is a station-to-station service that needs road transportation to finish the door-station distance left.

(2) Road direct transportation is a door-door service.

(3) Road-rail transportation is a door-door service.

For the rail network, the economies of scale exist in railway trunk line transportation, and capacity limitation exists in the railway branch line. Assume that road-rail transportation only uses rail in thepart of main rail line from marshaling station to marshaling station, and uses the road to finish the part of rail branch line. There are some assumptions about three transportation companies (Fig. 1):

(1) China Railway has rail transportation capacity and can provide rail transportation services independently.

(2) Carrier company has road transportation capacity and can provide road transportation services independently.

(3) Road-Rail company plays asan intermediate without transportation capacity, but can also provide transportation service by buying capacity from rail and carrier company.

Based on all the above, the interactions among the three entities are (Fig. 1):

(1) China Railway provides direct transportation service (station-station), meanwhilecreating door-station (and station-door) customers to the carrier company. Besides, it sells capacity to the Road-Rail company.

(2) Carrier company provides door-door road direct transportation service and takes door-station transportation left by rail train. Besides, it sells capacity to the Road-Rail company.

(3) Road-Rail company provides door-door road-rail transportation services by buying capacity from rail and road.

In the market, three entities maximize profit by choosing appropriate pricing strategy respectivelybut will affect each other. The pricing strategies changed by any entities would result in different game equilibrium, which means different equilibrium prices, market share, and profit.

2.2 Model Basic Assumption

The following arethe basic assumptions about the game model and Tab. 1 presents all notations used in this article:

(1) Absolute competition market without cooperation.

(2) Information is complete and open.

(3) The service remains same for all companies except price.

(4) There only exist road, rail, Road-Rail company as defined in Section 2.1.

(5) There only existroad direct transportation, rail direct transportation and road-rail transportation as defined in Section 2.1.

(6) Road direct transportation is only carried by carrier company, rail direct transportation by China Railway, road-rail transportation by Road-Rail company.

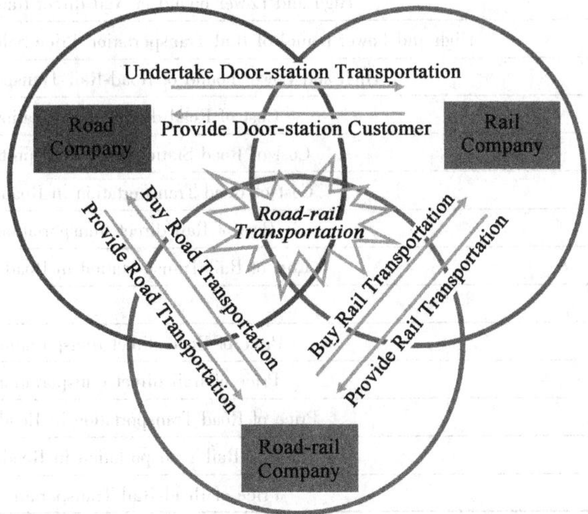

Fig. 1 Relation Mechanism of Three Entities.

Parameter List Tab. 1

Parameter List	
Design Parameter:	
A	Price Weight Factor
B	Logit Model Coefficient
i	Entity, $i \in \{1$(carriercompany), 2(ChinaRailway), 3(road-ChinaRailway)$\}$
j	Transportation Means, j? $\{road, rail, road\text{-}rail\}$
J	Set of Transportation Means
$P(j)$	Probability of Choosingj
Q	Demand
Q_j	Market Share of Meanj
R_i^j	Profit of Entity i from Mean j
π_i	Total Profit of Entityi
p_i^j	Price of Entity i in Mean j
$p_i^{(j)*}$	Equilibrium Price of Entity i in Means j
$p_{i,\min}^j, p_{i,\max}^j$	High andLower bound of Price of Entity i in Mean j
c_i^j	Marginal Cost of Entity i in Mean j
s_n	Distance in part n
Parameters Given:	

continued

Parameter List	
Q	Demand
s_1, s_3	Distance of Railway Branch Line
s_2	Distance of Railway Trunk Line
s_4	Distance of Station-Door
p_1^{rail}	Price of Road for Station-Door Service
$p_{1,min}^{road}, p_{1,max}^{road}$	High and Lower bound of Road direct transportation
$p_{1,min}^{road\text{-}rail}, p_{1,max}^{road\text{-}rail}$	High and Lower bound of Road Transportation Price Sold to Road-Rail company
$p_{2,min}^{rail}, p_{2,max}^{rail}$	High and Lower bound of Rail direct transportation
$p_{2,min}^{road\text{-}rail}, p_{2,max}^{road\text{-}rail}$	High and Lower bound of Rail Transportation Price Sold to Road-Rail company
$p_{3,min}^{road\text{-}rail}, p_{3,max}^{road\text{-}rail}$	High and Lower bound of Road-Rail Transportation Price
c_1^{road}	Cost of Road direct transportation
c_1^{rail}	Cost of Road Station-Door Transportation
$c_1^{road\text{-}rail}$	Cost of Road Transportation in Road-Rail
c_2^{rail}	Cost of Rail direct transportation
$c_2^{road\text{-}rail}$	Cost of Rail Transportation in Road-Rail
Decision Variables:	
$p_1^{road}(p1)$	Price of Road direct transportation
$p_2^{rail}(p2)$	Price of Rail direct transportation
$p_1^{road\text{-}rail}(p3)$	Price of Road Transportation in Road-Rail
$p_2^{road\text{-}rail}(p4)$	Price of Rail Transportation in Road-Rail
$p_3^{road\text{-}rail}(p5)$	Price of Road-Rail Transportation

2.3 Logit-based Model

Transportation demand distribution process is astrategy-making issue. The paper proposes a logit-based model to identify the shippers' decisions on freight transportation modes. The logit-based choice model has been used in many studies on intermodal transportation[26-28]. We choose it due to its advantages in characterizing the randomness of the utility caused by unobserved factors[11][12][29]. The logit-based model implies that people make a decision depending on the utility of different transportation means. The utility of different means is described by a function:

$$U_j = V_j + e_j \tag{1}$$

U_j is total utility. V_j is a fixed utility which could be expressed by transportation quality (including timeliness, safety, accessibility, etc.), price, and so on. e_j is a random utility which obeys Gambel distribution. The probability of these three means could be described as follows:

$$P(j^*) = P[e_{j^*} < V_{j^*} - V_j + e_{j^*}, \forall j(\neq j^*) \in J] = \frac{\exp V(j^*)}{\sum_j \exp V(j)} \tag{2}$$

This paper only considers price factors in $V(j)$. All price factors are expressed by the price rate Yuan/(TEU * km), and TEU is short for twenty-feet equivalent unit, where 1TEU represents twenty-feet equivalent unit, 2TEU represents forty-feet equivalent unit. Transportation companies make prices by adjusting the price rate and calculate the total price by multiplying the price rate by distance to maximize the profit. Hence, demand distribution can be calculated using Eq. (2)(3):

$$Q_j = P(j) \times Q \tag{3}$$

(1) Road direct transportation

$$P(\text{road}) = \frac{\exp V_{road}}{\exp V_{road} + \exp V_{rail} + \exp V_{road-rail}} = \frac{e^{-(\beta_{road} + \alpha p_1^{road} \times (s_1 + s_2 + s_3))}}{\sum_j \exp V_j} \tag{4}$$

$$Q_{road} = P(\text{road}) \times Q = \frac{\exp V_{road}}{\sum_j \exp V_j} Q \tag{5}$$

(2) Rail direct transportation

$$P(\text{rail}) = \frac{\exp V_{rail}}{\exp V_{road} + \exp V_{rail} + \exp V_{road-rail}} = \frac{e^{-(\beta_{rail} + \alpha(p_2^{rail} \times s_1 + s_2 + s_3 + p_1^{rail} \times 2 s_4))}}{\sum_j \exp V_j} \tag{6}$$

$$Q_{rail} = P(rail) \times Q = \frac{\exp V_{rail}}{\sum_j \exp V_j} Q \quad (7)$$

(3) Road-Rail Transportation

$$Q_{road-rail} = P(road-rail) \times Q = \frac{\exp V_{road-rail}}{\sum_j \exp V_j} Q \quad (8)$$

$$P(road-rail) = \frac{\exp V_{road-rail}}{\exp V_{road} + \exp V_{rail} + \exp V_{road-rail}} = \frac{e^{-[\beta_{road-rail} + \alpha p_3^{raod-rail} \times (s_1+s_2+s_3)]}}{\sum_j \exp V_j} \quad (9)$$

2.4 Payoff Function

Based on the relationship of three entities assumed in Section 2.1 and demand distribution result in Section 2.3, put up pay off functions of the three[Eq(13)、Eq(15)、Eq(17)].

(1) Carrier company:

$$R_1^{road} = Q_{road}(p_1^{road} - c_1^{road}) \times (s_1 + s_2 + s_3) \quad (10)$$

$$R_1^{road-rail} = Q_{road-rail}(p_1^{raod-rail} - c_1^{raod-rail}) \times (s_1 + s_3) \quad (11)$$

$$R_1^{rail} = Q_{rail}(p_1^{rail} - c_1^{rail}) \times 2s_4 \quad (12)$$

$$\pi_1 = R_1^{road} + R_1^{road-rail} + R_1^{road-rail} \quad (13)$$

(2) China Railway:

$$R_2^{rail} = Q_{rail}(p_2^{rail} - c_2^{rail}) \times (s_1 + s_2 + s_3) \quad (14)$$

$$R_2^{raod-rail} = Q_{road-rail}(p_2^{raod-rail} - c_2^{raod-rail}) \times s_2 \quad (15)$$

$$\pi_2 = R_2^{rail} + R_2^{rail} \quad (16)$$

(3) Road-Rail company:

$$\pi_3 = Q_{road-rail}[(p_3^{raod-rail} - p_1^{raod-rail}) + (p_3^{raod-rail} - (p_2^{raod-rail})] \times (s_1 + s_2 + s_3) \quad (17)$$

2.5 Static None-Cooperative Game Model with Complete Information

2.5.1 *Decision Variables*

Players in the game are: Carrier company, China Railway, and Road-Rail company. Decision variables are price factors p_i^j managed by three entities. Considering the price of door-station transportation (p_1^{rail}) as constant, there are 5 price decision variables.

2.5.2 *Game Model*

$$\text{Max}\pi_i = \sum_{j \in J} R_i^j \quad (18)$$

$$s.t. \quad \sum_{j \in J} Q_j = Q \quad (19)$$

$$p_{i,\min}^j \leqslant p_i^j \leqslant p_{i,\max}^j \quad (20)$$

$$j \in J \quad (21)$$

$$i \in \{1,2,3\} \quad (22)$$

Eq. (18) indicates that three entities aim to maximize their profits. Equation (20) specifies the upper and lower bounds for prices. p_i^j is important here in terms of results interpretation and will be derived from a wide range of the literature review and from interviews with transportation authorities. The solution of the game model provides the equilibrium price, market share, and profit. It is noted here that the bounds of the price of each entity might be different, that is $p_1^j \neq p_2^j \neq p_3^j$, which means the players of the game have different competitive powers.

3 Solving Method

Thispaper proposes an enumeration-based algorithm for the solution. The algorithm was developed based on the definition of Nash equilibrium[30]. Assume (S, f) is a game with n players, where S_i is the strategy set for player i. Assume $f = (f_1(x), f_2(x), f_3(x) \cdots f_n(x))$ is the payoff function when $x \in S$. A strategy profile $x^* \in S$ is Nash equilibrium if no unilateral deviation in strategy by any single player is profitable for that player, that is:

$$\forall i, x_i \in S_i : f_i(x_i^*, x_{-i}^*) \geqslant f_i(x_i, x_{-i}) \quad (23)$$

Taking the carrier company as an example, equilibrium could be found when Eq. (24) holds. For the carrier company, the equilibrium is obtained when the payoff function of the carrier company is maximized when the decision variables of the carrier company are identified as $p_1^{road}, p_1^{road-rail}$.

$$\pi_1^*(p_1^{(road)*}, p_1^{(road-rail)*}, p_2^{(rail)*}, p_2^{(road-rail)*}, p_3^{(road-rail)*}) \geqslant \pi_1(p_1^{road}, p_1^{road-rail}, p_2^{(rail)*}, p_2^{(road-rail)*}, p_3^{(road-rail)*}) \quad (24)$$

The proposed enumeration-based algorithm is implemented inMATLAB R2016a. The enumeration algorithm was implemented on a PC (2.40 GHz CPU and 8.00 GB RAM). It takes 20 seconds to find an equilibrium solution. A detailed procedure is explained here.

Step 1: Identify a 5 dimensional vector (p_1^{road}, $p_1^{road\text{-}rail}$, p_2^{rail}, $p_2^{road\text{-}rail}$, $p_3^{raod\text{-}rail}$);

Step 2: Give the bound for variables (p_1^{road}, $p_1^{road\text{-}rail}$, p_2^{rail}, $p_2^{road\text{-}rail}$, $p_3^{raod\text{-}rail}$) as input;

Step 3: Determine step size for enumeration, represented by $\omega_1, \omega_2, \omega_3, \omega_4, \omega_5$ for variables (p_1^{road}, $p_1^{road\text{-}rail}$, p_2^{rail}, $p_2^{road\text{-}rail}$, $p_3^{raod\text{-}rail}$) respectively;

Step 4: Calculate all possible results, and the scale is:

$$\frac{p_{1,max}^{raod} - p_{1,min}^{raod}}{\omega_1} \times \frac{p_{2,max}^{rail} - p_{2,min}^{rail}}{\omega_2} \times \frac{p_{1,max}^{road-rail} - p_{1,min}^{road-rail}}{\omega_3} \times \frac{p_{2,max}^{road-rail} - p_{2,min}^{road-rail}}{\omega_4} \times \frac{p_{3,max}^{raod-rail} - p_{3,min}^{raod-rail}}{\omega_5} \tag{25}$$

Step 5: Verify if every solution is equilibrium solution. If all the following constraints are satisfied, then ($p_1^{(road)*}$, $p_1^{(road\text{-}rail)*}$, $p_2^{(rail)*}$, $p_2^{(road\text{-}rail)*}$, $p_3^{(road\text{-}rail)*}$) is equilibrium solution.

$$\pi_1^*(p_1^{(road)*}, p_1^{(road-rail)*}, p_2^{(rail)*}, p_2^{(road-rail)*}, p_3^{(road-rail)*}) \geqslant \pi_1(p_1^{road}, p_1^{(road-rail)*}, p_2^{(rail)*}, p_2^{(road-rail)*}, p_3^{(road-rail)*}) \tag{26}$$

$$\pi_1^*(p_1^{(road)*}, p_1^{(road-rail)*}, p_2^{(rail)*}, p_2^{(road-rail)*}, p_3^{(road-rail)*}) \geqslant \pi_1(p_1^{(road)*}, p_1^{road-rail}, p_2^{(rail)*}, p_2^{(road-rail)*}, p_3^{(road-rail)*}) \tag{27}$$

$$\pi_2^*(p_1^{(road)*}, p_1^{(road-rail)*}, p_2^{(rail)*}, p_2^{(road-rail)*}, p_3^{(road-rail)*}) \geqslant \pi_2(p_1^{(road)*}, p_1^{(road-rail)*}, p_2^{rail}, p_2^{(road-rail)*}, p_3^{(road-rail)*}) \tag{28}$$

$$\pi_2^*(p_1^{(road)*}, p_1^{(road-rail)*}, p_2^{(rail)*}, p_2^{(road-rail)*}, p_3^{(road-rail)*}) \geqslant \pi_2(p_1^{(road)*}, p_1^{(road-rail)*}, p_2^{(rail)*}, p_2^{road-rail}, p_3^{(road-rail)*}) \tag{29}$$

$$\pi_3^*(p_1^{(road*)}, p_1^{(road-rail)*}, p_2^{(rail)*}, p_2^{(road-rail)*}, p_3^{(road-rail)*}) \geqslant \pi_3(p_1^{(road)*}, p_1^{(road-rail)*}, p_2^{(rail)*}, p_2^{(road-rail)*}, p_3^{raod-rail}) \tag{30}$$

The algorithm isused to calculate all the possible pricing strategies and locate the equilibrium one. Certain assumptions and values of some parameters need to be made, before solving the equilibrium,

3.1 Assumed values for $p_{i,min}^j$, $p_{i,max}^j$

The values of price bounds are important here and are derived from a wide range of annual reports andsome interviews with transportation authorities. Assume the original lower bound of the price is marginal cost and the upper bound is 1.5 times of current equilibrium price. Based on the interview results, the current price (p_1^{road}, p_2^{rail} $p_3^{raod\text{-}rail}$) is 6.67 Yuan/(TEU * km), 4.95 Yuan/(TEU * km), 5.52 Yuan/(TEU * km) respectively. Assume the price bound given to market and the bound given to Road-Rail company by road or China Railway are the same, so Eq. (33) (34) hold. Besides, assume the lower bound of road-rail transportation price is the price given by rail to Road-Rail company, that is Eq. (35).

$$p_{1,min(max)}^{road} = p_{1,min(max)}^{road-rail} \tag{31}$$

$$p_{2,min(max)}^{rail} = p_{2,min(max)}^{road-rail} \tag{32}$$

$$p_{3,min}^{road-rail} = p_2^{(raod-rail)*} \tag{33}$$

3.2 Assumed values for c_i^j

Assume the marginal cost of the road orChina Railway in through transportation equals the cost in intermodal transportation, so Eq. (34) (35) hold.

$$c_1^{road} = c_1^{rail} = c_1^{road-rail} \tag{34}$$

$$c_2^{rail} = c_2^{road-rail} \tag{35}$$

Based onthe interview result, the price of 93# oil is 8 Yuan/L, fuel consumption per hundred km of truck for 20ft TEU is 39.77L/100km, percent of fuel cost is 49%. We calculate $c_1^j = 39.7727 \times 8 \times 0.01 \div 49\% = 6.5$ Yuan/ (TEU * km).

Froma confidential data source, the cost of rail freight transportation is 0.11 Yuan/ (ton * km) and the international standard load weight of 20ft TEU is 30480 kg. So, we could calculate $c_2^j = 0.11 \times 30480 \times 0.001 = 3.4$ Yuan/ (TEU * km).

3.3 Assumed values for $s_1, s_2, s_3, s_4, Q, p_1^{rail}$

s_1, s_2, s_3, s_4, Q are given as input. Assume s_1 = 150km, s_2 = 2200km (s_2 = 2000km in Section 5.4.1, Section 5.4.2), s_3 = 150km, s_4 = 20km. Assume during a period, Q = 1000TEU. p_1^{rail} is the price of road station-door transportation. Based on interview result, p_1^{rail} is 25 Yuan/(TEU * km)

3.4 Assumed values for α

α reflects the sensitivity of demand to price change and the larger α is, the bigger sensitivity is. α will change in the different market situations and should be comparatively small from a computational perspective. However, very few researches were undertaken to estimate this parameter. Since the dispersion parameter has not received sufficient attention in the previous game-theoretical studies in road-rail transportation, our research undertakes a sensitivity analysis and suggests appropriate values. In this paper, we adopt 0.0004 for the original solution in Section 4.2. Detailed sensitivity analysis of α ranging from 0.0001 to 0.0015 is conducted in Section 4.3.

3.5 Assumed values for $\beta_1, \beta_2, \beta_3, \omega_1, \omega_2, \omega_3, \omega_4, \omega_5$

$\beta_{road}, \beta_{rail}, \beta_{road\text{-}rail}$ reflect the uncertain sense of freight owner to different transportation means. This study regards price as the only factor affecting choosing behavior, so $\beta_{road} = \beta_{rail} = \beta_{road\text{-}rail} = 0$. $\omega_1, \omega_2, \omega_3, \omega_4, \omega_5$ affect efficiency and accuracy of the solving process. It is assumed here that $\omega_1 = \omega_2 = 0.5, \omega_3 = \omega_4 = \omega_5 = 0.2$. (For accuracy, $\omega_1 = 0.2$ in Section 5.4.2)

4 Case Study

4.1 Assumption of the Case

We create a case to test the model. The following are the basic assumptions:

(1) There are city A (Zhang Jia Kou, which is in Hebei province and closed to Beijing) and B (Hui Zhou, which is in Guangdong province and closed to Guangzhou), both locating at the end of the branch rail line, and Node 1 (Beijing West Railway Marshalling Station) and Node 2 (Guangzhou Jiang Cun Railway Marshalling Station) both locating at the connection point of main and branch rail line.

(2) The route ofroad direct transportation is A-B (door-door), operated by the carrier company.

(3) The route of rail direct transportation is A-B (station-station), operated by China Railway, and the door-station distance left is taken by the carrier company.

(4) Theroute of road-rail transportation is A-Node1-Node2-B (door-door), operated by Road-Rail company. In this process, railway trunk line transportation (Node1-Node2) is taken by rail, and railway branch line transportation (A-Node1, Node2-B) taken by road.

4.2 Original Equilibrium Solution

The original equilibrium price, share, and profit of three entities could be calculated. Table 2 suggests that with the upper price bound 10, 10, 7.4, 7.4, 8.3, and lower price bound 6.5, 6.5, 3.4, 3.4, $p_2^{(road\text{-}rail)}$ for $p_1^{road}, p_1^{road\text{-}rail}, p_2^{rail}, p_2^{road\text{-}rail}, p_3^{raod\text{-}rail}$ respectively, each entity will choose a higher price compared to current equilibrium to compete in the market and gain profit. Besides, two inner prices ($p_1^{road\text{-}rail}$, $p_2^{road\text{-}rail}$) will be derived initially (Tab. 2).

Original Equilibrium Solution Tab. 2

Price Type	$p_1^{(road)*}$	$p_1^{(road-rail)*}$	$p_2^{(rail)*}$	$p_2^{(road-rail)*}$	$p_3^{(road-rail)*}$
Current Price	6.67	—	4.95	—	5.52
PriceLower bound	6.5	6.5	3.4	3.4	$p_2^{(road\text{-}rail)}$
PriceUpper bound	10	10	7.4	7.4	8.3
Equilibrium Price	8	10	7	7.4	8.2
Entity	Carrier company		China Railway		Road-Rail company
Share of Market(%)	27.46		50.04		22.48
Profit (Hundred Thousand Yuan)	1.63		6.48		0.27

4.3 Sensitivity Analysis of α

In order to test the impact of α on equilibrium results, a range of values are tested here with results presented in Fig. 2. Fig. 2a) suggests that all prices ($p1$, $p3$, $p5$) will decline as demand sensitivity increases. When α increases from 0.0004 to 0.002, $p1$ declines to 7.0, $p3$ to 6.2 and $p5$ to 7.0. The price of three entities reduces as α increases. When α decreases from 0.0004 to 0.0001, $p1$ will increase to 10, $p3$ to 7.4 and $p5$ stays constant. As α decreases, road and China Railway will raise price, and Road-Rail company keeps price stable. Fig. 2b) suggests that as α increases to 0.0015 from 0.0004, price factor will have a bigger effect on market share. As a result, rail enlarges market share mainly by low price, with share increasing to 78.8% from 50.05%. Under the effect from rail, road's share shrinks to 10.65%, and road-rail to 10.65%. As to profit, Fig. 2b) suggests that as α increases all three entities maintain or improve share by reducing price, which causes profit to keep stable or even decline. For rail, the benefit from bigger share is offset by reduced price, which keeps final profit almost unchanged. But for the other two entities, their profit decreases obviously under the effect of reducing price and shrinking share. As α decreases to the low level 0.0001 from 0.0004, Fig. 2b) suggests that equilibrium share almost constant and profit increases along with increasing price.

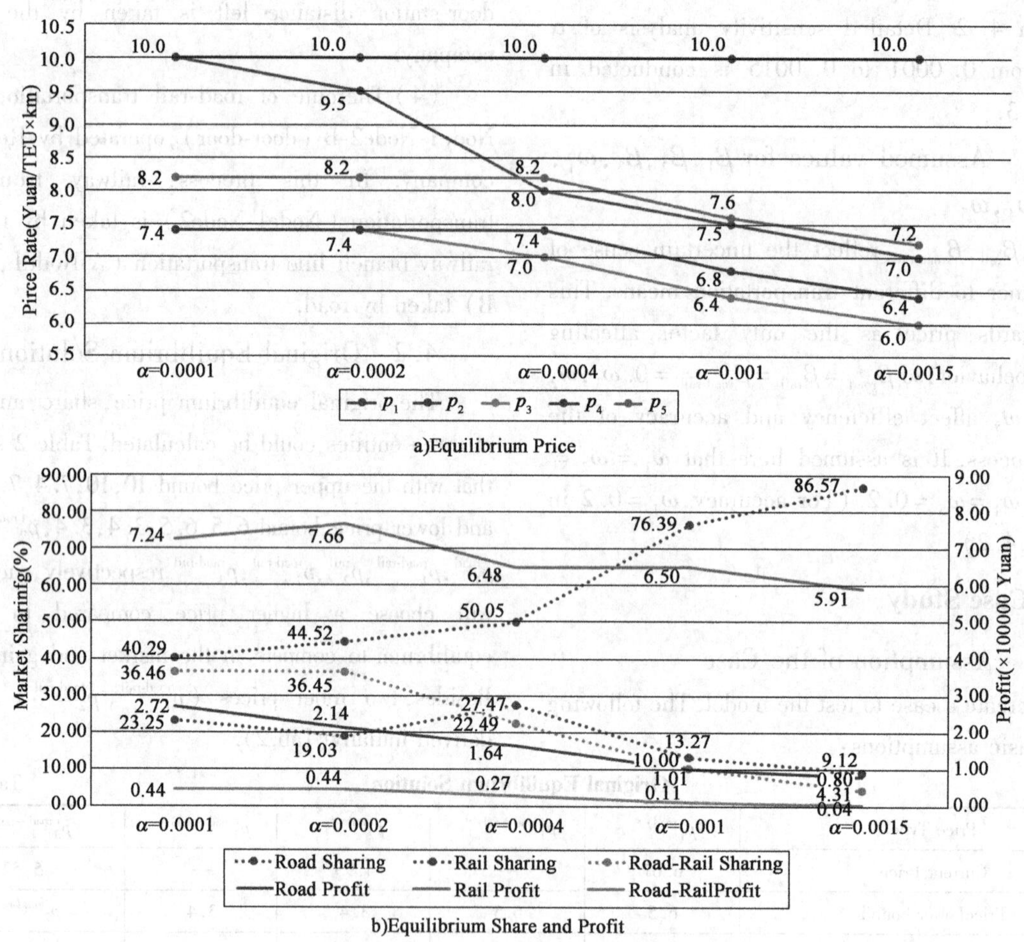

Fig. 2 Impact of α on the Equilibrium Results.

4.4 The Effect from Price Bound of Three Entities

In order to test the impact of price bounds and pricing strategy of each player on equilibrium results, a range of values are tested and three scenarios are applied. To further study the impact of pricing strategy, with one entity changing pricing strategy, we analyze the pricing reaction of the other two.

4.4.1 *Bound of Rail direct transportation Price*

Underthe condition that $\alpha = 0.0002$, $s3 = 2000$km, change upper bound of $p3$. Fig. 3a) suggests that the change of $p_{2,\max}^{\text{rail}}$ has affected $p3$. As $p_{2,\max}^{\text{rail}}$ increases to 10, $p3$ will increase to 8.8 and then keep stable. Fig. 3b) confirms, as $p3$ increases to 8.8, share of road and rail-road increases first and then keep stable at 25.33%, 46.06%, and share of rail shrinks and then keep stable at 25.33%. Higher $p3$ will transfer more share of rail to road and road-rail, which promotes the development of road-rail transportation. Meanwhile, the generalized share of rail doesn't decrease because the service of Road-Rail company is also provided by China Railway, but during this process the capacity of railway branch line will be released. Furthermore, Fig. 3b) suggests that profit of three entities will increase to 2.44(rail), 7.12(road), 0.49 (road-rail) respectively and then keep stable, and shows the process to Pareto optimality as $p3$ increases to 8.8.

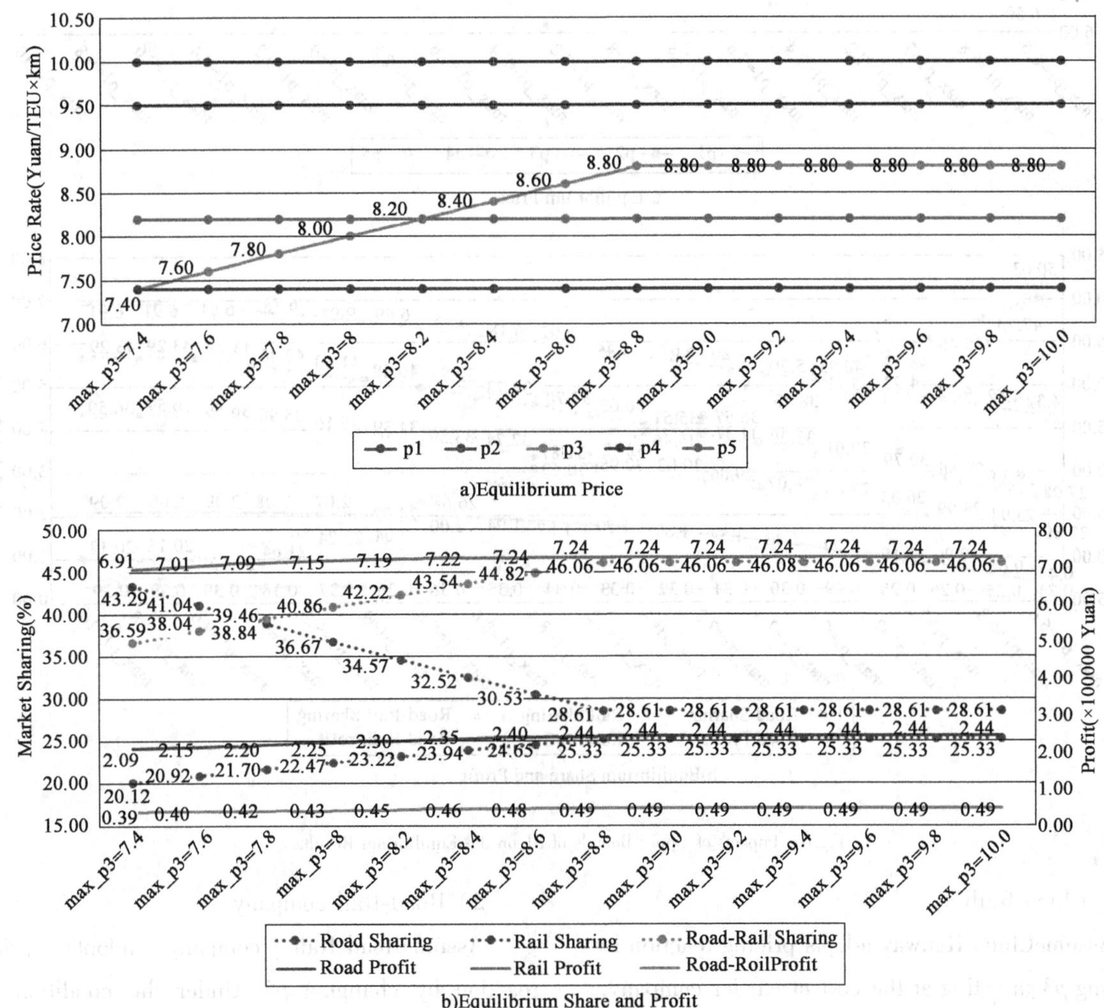

a)Equilibrium Price

b)Equilibrium Share and Profit

Fig. 3 Impacts of Upper Bounds of p3 on the Equilibrium Results.

4.4.2 *Bound of Road direct transportation Price*

Under the condition thatα = 0.0002, s_2 = 2000km, ω_1 = 0.2, change upper bound of $p1$. Fig. 4a) suggests that $p1$ decreases from 9.5 to 6.5 as $p_{1,\max}^{\text{road}}$ decreases to 6.6, while other equilibrium prices don't change. Fig. 4b) confirms under low price strategy of road, share of road would increase largely from 20% to 50% as $p1$ decreases to 6.5, meanwhile rail and road-rail share shrinks accordingly from 43.29% to 27.08% and from 36.59% to 22.89% respectively. However, Fig. 4b) suggests that the profit of all three entities will decrease together as $p1$ decreases. As a result, carrier company gains market share by taking low price strategy, but it will cause unfair price competition, resulting in profit loss to all entities including road itself. Facing this, rail and Road-Rail company can take pricing reaction accordingly to avoid loss.

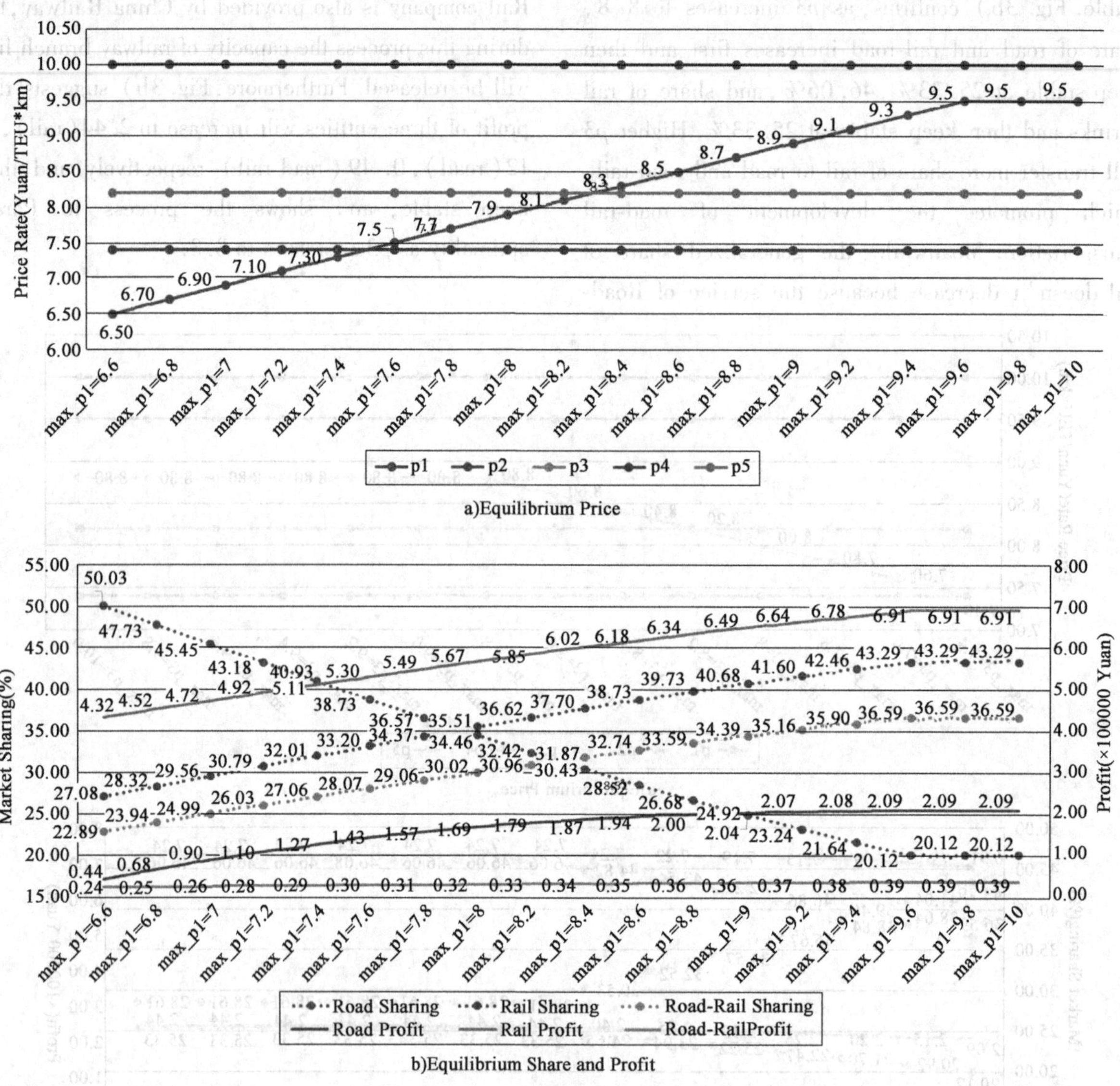

Fig. 4 Impacts of Upper Bounds of p1 on the Equilibrium Results.

1) China Railway

AssumeChina Railway adopts pricing reaction by changing $p3$ targeting at the cost of carrier company. Under the condition that $p_{1,\max}^{\text{road}} = 7.4$, we change the upper bound of $p3$. Fig. 5 suggests as $p3$decreases, share of rail will increase with a loss in profit. Meanwhile, as p3 decreases from 6.4 to 6, share of road will shrink from 40.93% to 31.75% and profit will decrease from 1.27 to 1.15. In this way, the pricing reaction of rail can erase the motivation of road to take low price and will prevent unfair price competition.

2) Road-Rail company

AssumeRoad-Rail company adopts pricing reaction by changing $p5$. Under the condition that $p_{1,\max}^{\text{road}} = 7.4$, $p_{2,\max}^{\text{rail}} = 7.4$, we change upper bound of $p5$. Fig. 5 suggests that as p5 decreases, share of road-rail will increase with a loss in profit. Meanwhile, as p5 decreases from 8.2 to 7.8, share of road will shrink from 40.93% to 38.81%, and its profit decreases from 1.27 to 1.26. In this way, the pricing reaction of Road-Rail company can deter road company from increasing shares and forcing road to go back to original price, then, gain more profit.

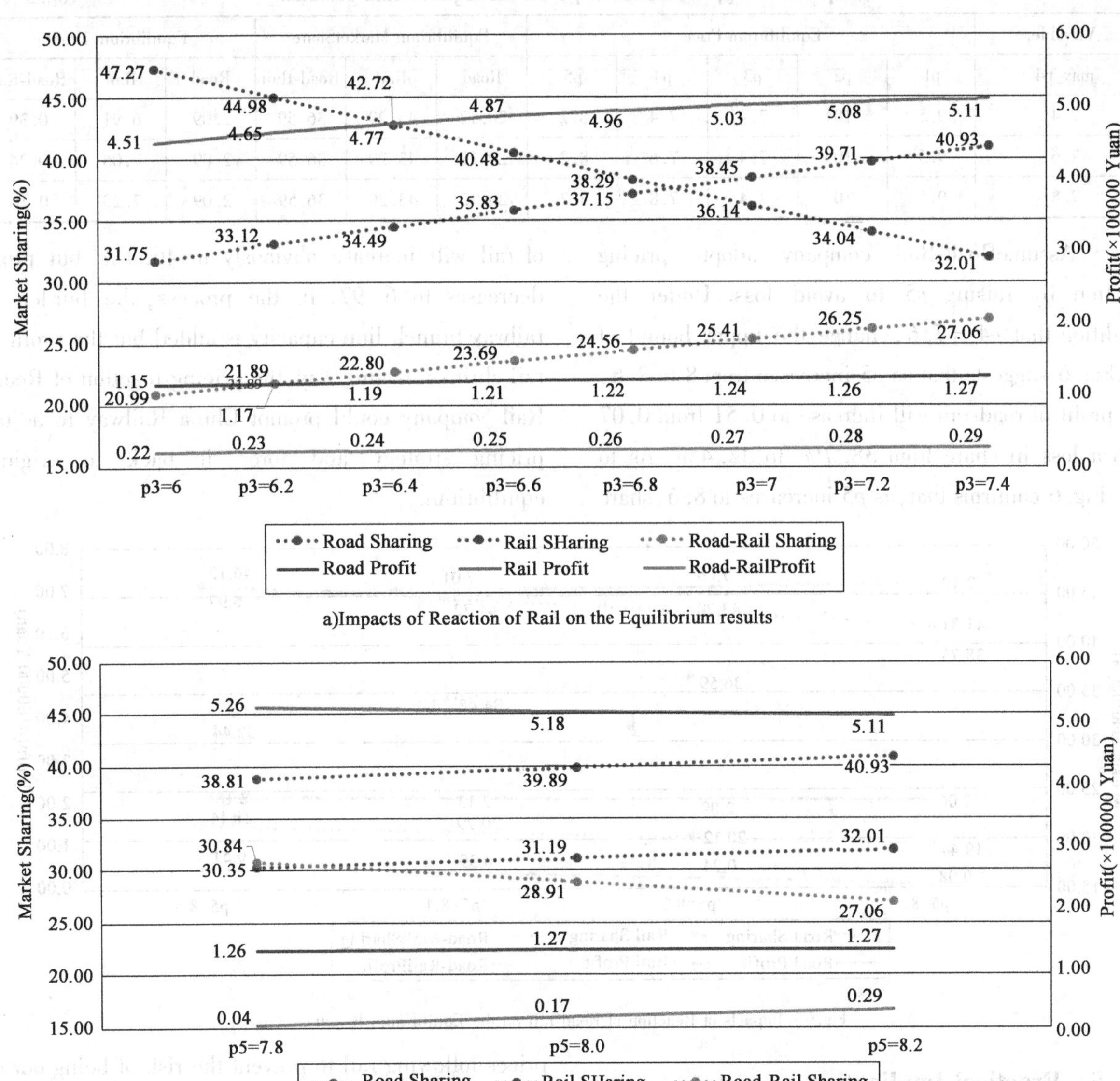

a)Impacts of Reaction of Rail on the Equilibrium results

b)Impacts of Reaction of Rail-rail on the Equilibrium results

Fig. 5 Impacts of Reaction on the Equilibrium Results.

4.4.3 Bound of Rail Price in Intermodal Transportation

The pricing strategy of Road-Rail company relies on two inner prices from road and China Railway. $p_1^{\text{road-rail}}$, $p_2^{\text{road-rail}}$ will affect the change range of $p5$ resulting in different prices eventually. For Road-Rail company, the transportation percent taken by road is rather small, so we just analyze the effect from $p_2^{\text{road-rail}}$.

Under the condition that $\alpha = 0.0002$, $s_2 = 2200$, change upper bound of $p4$. Tab. 3 suggests, as $p_{2,\max}^{\text{road-rail}}$ increases to 7.8 from 7.4, only $p4$ changes to 7.8 accordingly without difference on other outside prices. In this process, the equilibrium share won't change at all. As to profit, Tab. 3 confirms that as $p4$ increases to 7.8 from 7.4, profit of rail will increase to 7.2, while road-rail decreases to 0.1 and road remains constant. Tab. 3 suggests Road-Rail company has great dependence on rail and China Railway can gain profit by raising $p4$ but will cause loss to road-rail.

Impacts of Upper Bounds of $p4$ on the Equilibrium Results. Tab. 3

Variable	Equilibrium Price					Equilibrium MarketShare			Equilibrium Profit		
max_p4	p1	p2	p3	p4	p5	Road	Rail	Road-Rail	Road	Rail	Road-Rail
7.4	9.5	10	7.4	7.4	8.2	20.12	43.29	36.59	2.09	6.91	0.39
7.6	9.5	10	7.4	7.6	8.2	20.12	43.29	36.59	2.09	7.06	0.24
7.8	9.5	10	7.4	7.8	8.2	20.12	43.29	36.59	2.09	7.20	0.10

AssumeRoad-Rail company adopts pricing reaction by raising $p5$ to avoid loss. Under the condition that $p4 = 7.6$, change the upper bound of $p5$. Fig. 6 suggests that as $p5$ increases from 8 to 8.6, the profit of road-rail will increase to 0.51 from 0.07 with a loss in share from 38.7% to 32.4%. As to rail, Fig. 6 confirms that, as $p5$ increases to 8.6, share of rail will increase obviously to 46.1% but profit decreases to 6.97. In the process, the burden of railway branch line capacity is added but the profit of rail shrinks. In this way, the pricing reaction of Road-Rail company could prompt China Railway to adjust pricing strategy and force it back to original equilibrium.

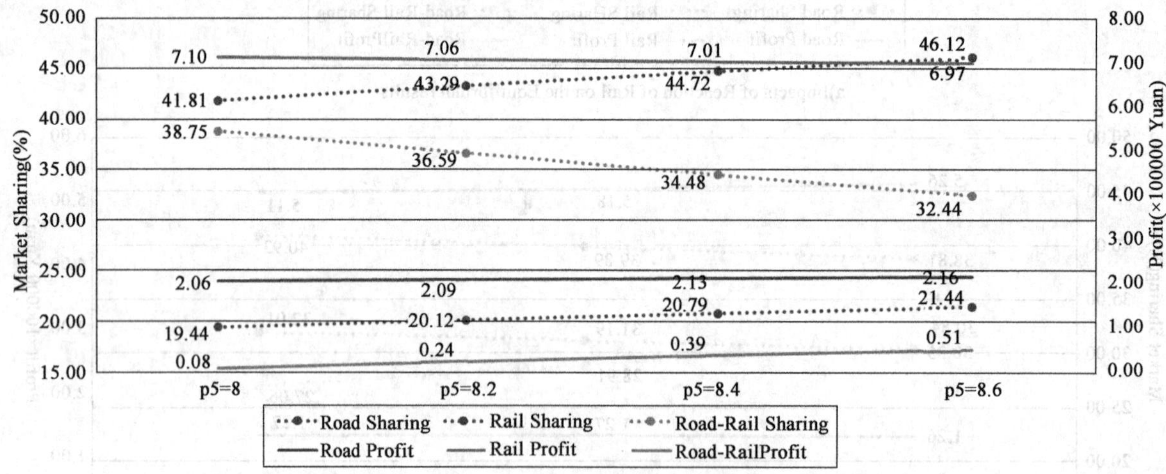

Fig. 6 Impacts of Reaction of Road-rail on the Equilibrium Results.

5 Practical Implication

The problem investigated in this study is todevelop game-theoretical models to quantitatively analyze the possible competition between three entities by only considering the price factor. Several managerial insights can be extracted from this study.

α reflects the sensitivity of demand to price change. When the level of homogenization of non-price features of transportation products is high, the sensitivity will also be high. On the contrary, when the difference of products is obvious, freight owners could choose high-quality products at a higher price, then the sensitivity will be low. When α is large, rail will be a dominant role and can adjust prices to control market. Road and road-rail should adjust prices following rail to prevent the risk of being out of market. When α is small, the strength of rail will be faded and each entity has to adjust price largely to gain strength by pricing strategy. On other hand, each entity can gain strength by improving product service. So, non-price features of transportation products are important for each entity, because only with similar product quality the pricing strategy is powerful and meaningful.

With oneparticular α, each entity can adjust pricing strategy for a larger profit, but meanwhile facing possible reactions from other entities. The following are some suggestions extracted from analysis results:

Regarding carrier company, low price strategy enlarges market share largely, but decreases profit of all entities, resulting in unfair price competition, which should be avoided. On the other hand, freight transfer from rail to road-rail can happen in the rail system which will leave branch transportation unfinished. The road should make preparations for this market. Therefore, the road entity should avoid taking a low-price strategy unilaterally and should absorb the railway branch line transportation demand left by the Road-Rail company.

With respect to China Railway, facing the low-price strategy of a carrier company, rail can take a low-price reaction to keep share and then command road back. Besides, rail transportation of the Road-Rail company is bought from the rail which could be considered as a generalized rail share, so the inner price of rail to Road-Rail company should be moderate to give road-rail more pricing flexibility to absorb market share. In addition, higher rail direct transportation prices would promote freight from rail to road-rail. Furthermore, such freight transfer from rail to road-rail will release the capacity of the railway branch line. Hence, the rail entity should keep profit by keeping shares and avoiding unfair price competition caused by the road. On the other hand, China Railway should promote the freight transfer in the rail system by giving reasonable prices to the Road-Rail company and increasing rail direct transportation prices reasonably.

Pertainingto Road-rail, as an intermediate role, the Road-Rail company has delayed pricing strategy, so it should be more sensitive to market fluctuation and can adjust price flexibly. Besides, it can improve competitiveness by non-price factors such as higher service level, the efficiency of collecting demand to be competitive. Therefore, Road-Rail company should be sensitive to the market, improve strength by non-price factors, meanwhile, seeking cooperation with rail and road to avoid being out of the market.

During the development of road-rail transportation, the government alsoplays a vital role in improving market mechanisms, supervising unfair price competition, and maintaining competition order. The analysis in the study suggests that when the road takes a low-price strategy, the share of the road will increase largely which can attract more suppliers, worsening the price competition, and authority should avoid this. Besides, the Road-Rail company plays as a buffer in market competition, which avoids unfair price competition by pricing reaction, absorbs freight to rail, and promotes freight transfer in the rail system. However, the Road-Rail company has a great dependence on the other two and will be affected by its pricing strategy. Authority can give appropriate support to guarantee the existence of the Road-Rail company. Therefore, relevant government departments should normalize market access of roads to avoid unhealthy price competition and provide proper support to the intermodal company.

6 Conclusions

Aiming at the unclear entity problem in China road-rail transportation market, the paper puts up three entities assumption and analyze the relationship among them. Then, based on assumption, we describe the pricing competition behaviors of three entities by using a game model. By solving model in a case, we analyze how α and price bounds affect the game process, and find that:

(1) Asα increases, rail and road-rail will be more advantageous than the road.

(2) An inner freight transfer will happen in the rail system from rail to road-railtransportation when rail direct transportation price rises.

(3) Thelow-price strategy of carrier companies can enlarge the market share of the road, but will cause unfair price competition which harms the profit for all three entities.

(4) Rail and Road-Rail companycan prevent unfair price competition brought from the road by adopting a low pricing reaction.

(5) Road-Rail company highly depends on China Railway. When rail increases $p4$, the profit of road-rail will be reduced. However, Road-Rail company can reduce loss by raising road-rail transportation prices.

Regarding this research, limitations include: ①

non-price factors are not considered in the logit-based model; ② lack of accurate description of transportation cost. For example, the model doesn't reflect the fact that the marginal cost in the railway trunk line and in the branch line would be different; ③do not consider the effect from lower bound. The lower bound is considered as the marginal cost of each entity. In reality, entities could also adopt pricing strategies by adjusting lower price bound. Furthermore, based on non-cooperative analysis, the following research could analyze the cooperative alliance behavior and acquisition process among these three entities, and the key point is to propose and describe the profit distribution mechanism of cooperation by models.

References

[1] Crainic, T G, Kim K H, Intermodal Transportation. In Handbooks in Operations Research and Management Science, C. Barnhart and G. Laporte, C. Barnhart and G. Laporte Editors, 2007, Elsevier. 467-537.

[2] Pinto, J T D M, et al., Road-rail intermodal freight transport as a strategy for climate change mitigation. Environmental Development, 2018 (25): 100-110.

[3] China State Council, Medium and long-term development plan of logistics industry (2014-2020), http://www.gov.cn/zhengce/content/2014-10/04/content_9120.htm, Accessed Oct. 4, 2014.

[4] China's Ministry of Transport, guidance of Ministry of Transport on transport to promote the healthy development of logistics industry, http://xxgk.mot.gov.cn/jigou/zhghs/201811/t20181115_3128872.html, Accessed June. 6, 2013.

[5] China's Ministry of Transport, The notice of Ministry of Transport and other 18 departments to further encourage the development of multimodal transport work, http://www.mot.gov.cn/2018wangshangzhibo/gxbshncl/xiangguanziliao/201802/t20180207_2988774.html, Accessed Jan. 4, 2018.

[6] China National Development and Reform Commission, development plan of railway container multimodal transport during the 13th five-year plan period, http://www.ndrc.gov.cn/gzdt/201705/t20170512_847292.html, Accessed April. 19, 2017.

[7] Wang Y K, Analysis on the efficiency of container multimodal transport. China Comprehensive Transportation, 2012 (1): 69-72.

[8] Li G, Tamura, K, Muto, M, et al, Fundamental Analyses for Constructing Road-rail Intermodal Freight Transport System, Journal of Transportation Systems Engineering and Information Technology, 2014, 14(6): 1-7.

[9] Hanssen, T S, Mathisen T A, Jørgensen F. Generalized Transport Costs in Intermodal Freight Transport. *Procedia- Social and Behavioral Sciences*, 2012(54): 189-200.

[10] Song D, Lyons A, Li D, et al, Modeling port competition from a transport chain perspective, Transportation Research Part E: Logistics and Transportation Review, 2016 (87): 75-96.

[11] Xu X, Zhang Q, Wang W. et al, Modelling port competition for intermodal network design with environmental concerns, Journal of Cleaner Production, 2018(202): 720-735.

[12] Wang H, Meng Q, Zhan, X, Game-theoretical models for competition analysis in a new emerging liner container shipping market, Transportation Research Part B: Methodological, 2014. 70: 201-227.

[13] Shashikumar, N, Competition and models of market-structure in liner shipping. Transport Reviews, 1995, 15 (1): 3-26.

[14] Álvarez- SanJaime Ó, Cantos-Sánchez P, Moner-Coionques R, et al, Competition and horizontal integration in maritime freight transport. Transportation Research Part E, 2013(51): 67-81.

[15] Luo M, Liu L, Gao F. Post-entry container port capacity expansion. Transportation Research Part B, 2012, 46 (1): 120-138.

[16] Song L Y, Dong Y, Anthony T H C, et al, A game-theoretical approach for modeling competitions in a maritime supply chain, Maritime Policy & Management, 2016. 43(8): 976-991

[17] Zhang, T, Mao B H, Zeng W, et al, Pricing Strategy of Container Rail-road Intermodal Transport Based on Game Theory. Journal of Transportation Systems Engineering and Information Technology, 2018, 18 (6): 209-214.

[18] Feng F L, Li J L, Price and service competition between rail and road freight transportation based on Hoteling model. Journal of Railway Science and Engineering, 2017, 14(2): 388-394.

[19] Wang, Y A. A Bi-level Programming Approach for the Shipper-carrier Network Problem. Ph. D. Dissertation, New Jersey Institute of Technology, 2001: 160.

[20] Kaselimi E N, Notteboom T E, De Borger B. A game theoretical approach to competition between multi-user terminals: the impact of dedicated terminals. Maritime Policy and Management 2011, 38 (4): 395-414.

[21] Ishii M, Lee P T W, Tezuka K, et al, A game theoretical analysis of port competition. Transportation Research Part E, 2013. 49 (1): 92-106.

[22] Lee, T C, Lee, P T W, South-South trade liberalization and shipping geography: a case study on India, Brazil, and South Africa. International Journal of Shipping and Transport Logistics, 2012, 4 (4): 323-338.

[23] Boile M, Lee, H, Theofanis S. Hierarchical interactions between shippers and carriers in international maritime freight transportation networks. Procedia - Social and Behavioral Sciences, 2012(48): 3651-3660.

[24] Arbatskaya, M. Can low-price guarantees deter entry? International Journal of Industrial Organization, 2001, 19 (9): 1387-1406.

[25] Barbot C. Can low cost carriers deter or accommodate entry? Transportation Research Part E, 2008, 44 (5): 883-893.

[26] Rich J, Holmblad P M, Hansen C O. A weighted logit freight mode-choice model. Transportation Research Part E-Logistics and Transportation Review, 20090(45): 1006-1019.

[27] Lüer- Villagra A, Marianov, V. A competitive hub location and pricing problem. European Journal of Operational Research, 2013(231): 734-744.

[28] Maia L C, Do Couto, A F, An innovative freight traffic assignment model for multimodal networks. *Computers and Industrial Engineering.*, 2013(64): 121-127.

[29] Malchow M B, Kanafani A. A disaggregate analysis of port selection. Transportation Research Part E-Logistics and Transportation Review, 2004(40): 317-337

[30] Nash J F. Non-cooperative Games [M]. Princeton University Press, 1950.

一种考虑截单情景的网约车效率动态评估模型

王政焯[1] 潘昊轩[1] 王雨芊[2] 马丽千[2] 付 鑫[*1,3]

(1. 长安大学运输工程学院;2. 长安大学信息工程学院;
3. 道路基础设施数字化教育部工程研究中心)

摘 要 随着共享出行蓬勃发展,网约车空驶问题越来越受到政府和网约车公司的重视。打破车辆-乘客的“锁定”关系,减少车辆接客途中的空驶仍有潜力。本文主要研究为如果乘客-车辆间响应关系改变(已匹配的乘客与另一个更近的车辆重新匹配),网约车整体服务效率是否会提高。作者提出了一个启发式方法以及其在网约车调度应用上的算法。结果表明,截单算法可将乘客的平均等待时间缩短26.7%,参与截单的乘客等待时间缩短54.5%。该算法也将车队利用率提高11.5%。

关键词　客运规划　截单　派单策略模拟　网约车

0　引言

得益于优步、滴滴等网约车公司的发展,全球网约车相关行业发展迅速。网约车调度被广泛研究:Yu等人提出了一种分布式拼车算法,利用乘客和车辆之间的异步本地化通信来解决车辆拓扑的动力学问题[1]。Mao等人定义并研究了一种新的解决出租车调度问题的无模型深度强化学习框架,该框架可用于交通网络中出行需求和出租车供给在空间或时间上不平衡时的车辆再分配[2]。Bimpikis等人提出,当整个网络位置的需求模式达到平衡时,可以利用平台最优定价和补偿政策对应的均衡利润来调整司机决定服务哪位乘客[3]。

然而,目前网约车队运力仍未被充分利用,空驶在车辆行驶总里程中的占比很大。这一数据被统计为:旧金山超过20%[4]、洛杉矶36%[5]、奥斯汀37%[6]、西雅图45%[5]。空驶对交通造成了如拥堵、事故等负面影响;其约占车辆生命周期排放的30%,这对网约车的环保性能至关重要[7];同时,空驶对汽车燃油经济性也有很大影响[8]。现有研究将空驶归纳为四个方面:从司机住所通勤、巡游、接客以及轮班结束时的通勤[9]。由于其固定性,从司机住所到上下班的通勤里程以及下班后的通勤里程很难进行优化。巡航是最常被研究的空驶形式:如果司机选择趴窝而不是巡航,可以减少30%的乘客请求等待时间[10];Wang等人通过GPS数据模拟网约车巡游里程比例在2.12%~44.58%之间,显著影响排放[11]。然而,很少有人从减少车辆接客里程方面入手减少空驶,进而提高网约车服务水平。

本文研究动机基于网约车调度中一个不合理的现象:空车可能会从等待被接到的乘客旁边经过,也就是说,乘客本可以更早被接到。这种现象在出行高峰时期尤为显著,此时会产生大量网约车订单[12],乘客等待时间为4.5min[13],7.4min[14],甚至多达15min[15]。排除车辆隶属于不同网约车公司外,另一种解释是:空车与另一名乘客"锁定"并正在接取。这一现象说明网约车调度仍然存在改进的可能性。基于此,作者提出一种简单的启发式方法及其在网约车中的应用算法。这种启发式方法采用解构合成策略,被描述为两步迭代关系。截单算法将这一启发式方法应用于叫车服务,将车辆重新分配到等待被呼叫的队列中。

1　方法论

1.1　变量定义

我们定义路网集为 $G=\{G_V,G_S,G_W\}$,分别表示节点、弧段及道路权重。乘客集被定义为 $R=\{r_1,r_2,\cdots,r_n\}$,n 表示乘客数,$r_i=\{O_i,D_i,t_i\}$,分别表示乘客出行需求出发点,终点和产生出行需求的时间。任意两点被给出,模拟器将通过迪杰斯特拉算法给出两点间的最短路 $\text{Route}=[((p_0,p_1),w_0),((p_1,p_2),G_{W1}),((p_2,p_3),G_{W2})\cdots,((p_n,p_{n+1}),w_n)]$,当需要确定乘客起点终点之间的最短路时,$p_0=O_i,p_{n+1}=D_i$。如图1和表1所示。

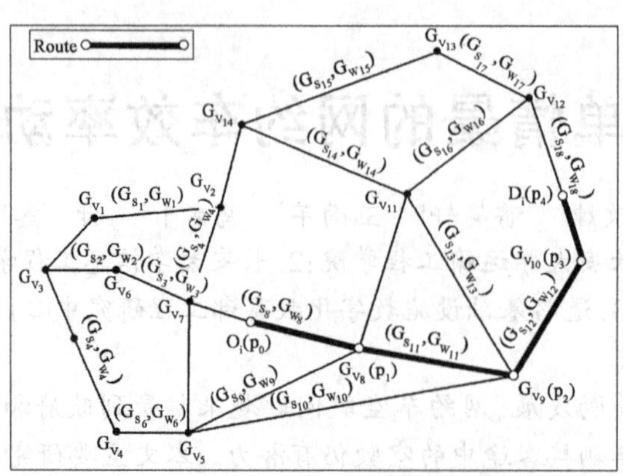

图1　模拟器路网解释

变量解释 表1

变量	定义
Z	乘客总出行时间
Z_{0,r_i}	乘客等待车辆响应时间
Z_{1,r_i}	如果乘客不参与截单,其从与车辆匹配到被接到的时间,如参与此项为0
Z_{2,r_i}	如果乘客参与截单,其从与车辆匹配到截单的时间,如不参与此项为0
Z_{3,r_i}	如果乘客参与截单,其从截单到被接到的时间,如不参与此项为0
Z_{4,r_i}	乘客从 O_i 到 D_i 所花费的时间
R_1	参与截单的乘客集
R_2	不参与截单的乘客集
w_{ij}	(p_i, p_j) 两点间的路径权重
x_{ij}	路径决策变量
U	路段速度集合
u_i	车辆所处路段 i 下的速度
$route_{1\text{-}4,r_i}$	对于任意乘客请求,车辆从某一点到另一点的最短权值路径的集合
$d_{1\text{-}4,r_i}$	对应 $Z_{1\text{-}3,r_i}$ 时,车辆的行驶距离
Fo	一辆车参与截单的次数

1.2 车辆定义

车辆状态 $V_s \in (0,1,2)$ 被引入来对车辆分类:$V_s = 0$ 为车辆未与乘客匹配,处于静止状态;$V_s = 1$ 为车辆正在接乘客;$V_s = 2$ 为车辆正在送乘客。网约车只会与附近的乘客配对,研究[16]将其限定为以车辆为圆心,搜索距离为半径 R_s 的圆的外切正方形,在模拟器中我们使用上述方法。网约车车辆数为 Vn,其中允许参与截单的车辆数为 Vn_I,不允许参与截单的车辆数为 Vn_n。

"车辆-乘客"配对关系的变化会导致车辆重新规划路线,为了匹配另一个乘客,车辆有可能行驶更远的距离。因此我们引入距离控制系数 Dcc_1 与 Dcc_2 来减少上述情况带来的负面影响。它们表示截单对"距离"这一条件的宽恕程度,系数越大,距离对截单判定的影响越小。

1.3 模型建立

1.3.1 截单模型

在传统的网约车调度过程中,只有 $V_s = 0$ 时才能实现车辆与乘客的匹配。但是,当 $V_s = 1$ 时,载客车辆的订单可以被拦截,这是启发式方法能够达到最优化的根本原因。图2和表2说明采用和不采用启发式截单方法时,车辆与乘客的配对关系。

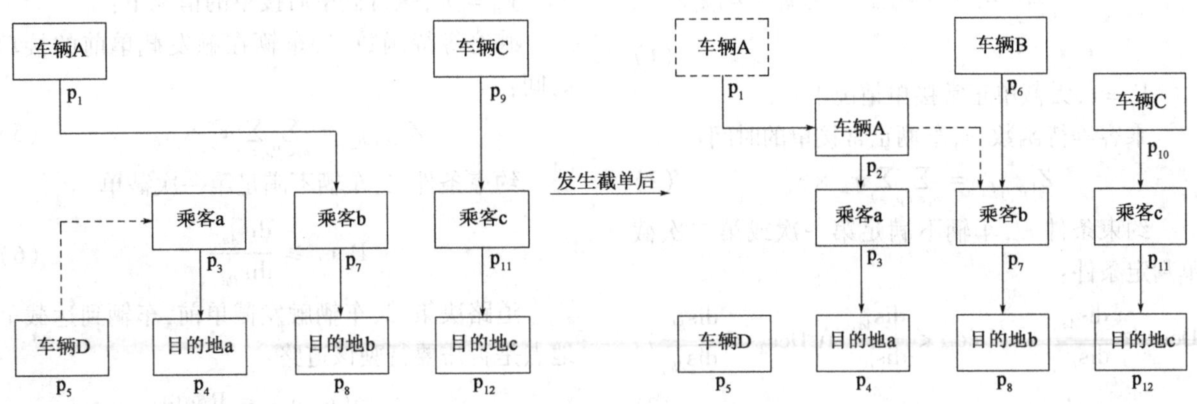

图2 启发式方法

截单前后车辆-乘客匹配关系　　表 2

	A 车	B 车	C 车	D 车
截单前	b 客	待命	c 客	a 客
截单后	a 客	b 客	c 客	待命

启发式方法分为两步,第一次判定与第二次判定:①在满足一定条件的情况下,已接受订单的车辆不再去接 b 乘客,而接更近的 a 乘客;②如果可以实现前一步,满足给定条件的可用车辆 B 拦截现有订单,接 b 乘客。若两次判定同时满足即存在更优的调度方案,执行截单对网约车进行调度,启发式方法在网约车调度中的应用算法(截单算法)如伪代码 1 中所示。

截单前后乘客与车辆匹配关系如表 2 所示,在之后的仿真中,我们将每次截单中的“乘客 a”定义为 a 类乘客,“乘客 b”定义为 b 类乘客,“乘客 c”定义为 c 类乘客,车辆定义同理。A 类车辆和 B 类车辆因算法获益,而 D 类车辆因失去潜在乘客。考虑到每辆车成为 A,B,D 类车的概率相同,所以从长远的角度看无论对整体还是对司机,算法都能带来正向影响。见表 3。

伪代码 1:截单算法　　表 3

伪代码 1:截单算法
时间点 t 乘客 a 出现
时间迭代直到乘客 a 与车辆匹配
if 如果乘客 a 在一辆或几辆 $\boldsymbol{V}_s \in \{0,1\}$ 车的搜索半径 $4Rs^2$ 内 **then**
计算这些网约车与乘客 a 的权值并排序定义权值最小且 $\mathbf{V}_s = 0$ 的车辆为车辆 D
if 权值最小的车辆 $\mathbf{V}_s = 1$ **then**
定义该车为车辆 A
if $\mathbf{dis}_{Aa} \leqslant \mathbf{Dcc}_1 \times \mathbf{dis}_{Da}$ **then**
完成第一次截单判定定义之前与车辆 A 配对的乘客为乘客 b 寻找距离乘客 b 最近的车($V_s = 0$),定义为车辆 **B**
if 乘客 **b** 在车辆 **B** 的搜索范围$4Rs^2$内 **and** $\mathbf{dis}_{Ba} \leqslant \mathbf{Dcc}_2 \times \mathbf{dis}_{Ab}$ **then**
完成第二次截单判定执行截单,A 车去接 **a** 客,**B** 车去接 **b** 客
else 车辆 **D** 正常接单
else 车辆 **D** 正常接单
else 车辆 **D** 正常接单
else 乘客原地等待

基于伪代码 1,乘客等待时间量化计算公式如下:

$$Z = \sum_{r_i \in R_1} (Z_{0,R_1} + Z_{1,R_1} + Z_{4,R_1}) + \sum_{r_i \in R_2} (Z_{0,R_1} + Z_{2,R_1} + Z_{3,R_1} + Z_{4,R_1}) \tag{1}$$

$V_s = 1$,无截单正常接单情况下:

乘客等待函数一,车辆正常接单的时间:

$$Z_{1,r_i \in R_1} = \sum_{p_i \in P} \sum_{p_i \in P} w_{ij} \times x_{ij} \tag{2}$$

约束条件一,车辆不满足第一次或第二次截单判定条件:

$$\mathrm{Dcc}_1 \geqslant \frac{\mathrm{dis}_{Aa_{ri}}}{\mathrm{dis}_{Da_{ri}}} \vee \left(\mathrm{Dcc}_1 < \frac{\mathrm{dis}_{Aa_{ri}}}{\mathrm{dis}_{Da_{ri}}} \wedge \mathrm{Dcc}_2 < \frac{\mathrm{dis}_{Bb_{ri}}}{\mathrm{dis}_{Ab_{ri}}}\right) \tag{3}$$

道路决策一,未截单情况下,车辆到达乘客所在地是否需要行驶该道路:

$$x_{ij} = \begin{cases} 0 & (p_i, p_j) \in \mathrm{Route}_{1,r_i} \\ 1 & \text{otherwise} \end{cases} \tag{4}$$

$V_s = 1$,执行截单后接单的情况下:

乘客等待函数二,车辆在触发截单前的接单时间:

$$Z_{2,r_i \in R_2} = \sum_{p_i \in P} \sum_{p_i \in P} w_{ij} \times x_{ij} \tag{5}$$

约束条件二,车辆不满足第一次截单:

$$\mathrm{Dcc}_1 \geqslant \frac{\mathrm{dis}_{Aa_{ri}}}{\mathrm{dis}_{Da_{ri}}} \tag{6}$$

道路决策二,车辆触发截单前,车辆到达截单地点是否需要行驶该道路:

$$x_{ij} = \begin{cases} 0 & (p_i, p_j) \in \mathrm{Route}_{2,r_i} \\ 1 & \text{otherwise} \end{cases} \tag{7}$$

乘客等待函数三，车辆在触发截单后的接单时间：

$$Z_{3,r_i \in R_2} = \sum_{p_i \in P} \sum_{p_j \in P} w_{ij} \times x_{ij} \quad (8)$$

约束条件三，车辆满足两次截单判定：

$$\mathrm{Dcc}_1 < \frac{\mathrm{dis}_{Aa_{ri}}}{\mathrm{dis}_{Da_{ri}}} \wedge \mathrm{Dcc}_2 < \frac{\mathrm{dis}_{Bb_{ri}}}{\mathrm{dis}_{Ab_{ri}}} \quad (9)$$

道路决策三，车辆在触发截单后，车辆到达乘客出发点是否需要行驶该道路：

$$x_{ij} = \begin{cases} 0 & (p_i, p_j) \in \mathrm{Route}_{3,r_i} \\ 1 & \text{otherwise} \end{cases} \quad (10)$$

$V_s = 2$ 情况下：

乘客等待函数四，乘客从 O_i 到 D_i 所用时间：

$$Z_{4,r_i \in R_{1,2}} = \sum_{p_i \in P} \sum_{p_j \in P} w_{ij} \times x_{ij} \quad (11)$$

道路决策四，车辆送客时，车辆到达乘客所在地是否需要行驶该道路：

$$x_{ij} = \begin{cases} 0 & (p_i, p_j) \in \mathrm{Route}_{4,r_i} \\ 1 & \text{otherwise} \end{cases} \quad (12)$$

1.3.2 评价模型

作者从乘客等待时间的变化与车辆有效行驶里程的变化评价算法。本文定义：加入截单算法后全部乘客的平均等待时间为 $\bar{t}^{I}_{abc}$；加入截单算法后参与截单乘客本应等待的平均等待时间为 $\bar{t}^{I}_{ab}$；未加入截单算法时全部乘客的平均等待时间 $\bar{t}^{N}_{abc}$；未加入截单算法时参与截单乘客的本应等待的平均时间为 $\bar{t}^{N}_{ab}$。我们将加入截单算法前后乘客时间变化的比率定义为乘客时间优化比率，参与截单乘客的时间优化比率如公式(13)所示，全部乘客的时间优化比率如公式(14)所示。

$$\mathrm{Rate}^{t}_{ab} = \frac{\overline{t^{N}_{ab}} - \overline{t^{I}_{ab}}}{\overline{t^{N}_{ab}}} \quad (13)$$

$$\mathrm{Rate}^{t}_{ab} = \frac{\overline{t^{N}_{abc}} - \overline{t^{I}_{abc}}}{\overline{t^{N}_{abc}}} \quad (14)$$

因为司机的利润与载客行驶里程与总行驶里程的比有关，基于里程的车辆利用率是评价车队效率的重要指标[9]，这一比例由公式(15)计算：

$$\mathrm{Rate}^{\mathrm{dis}}_{ABC} = \frac{d_{4,r_i}}{d_{1,r_i} + d_{2,r_i} + d_{3,r_i} + d_{4,r_i}} \quad (15)$$

2 实验条件

2.1 仿真场景

作者依据中国陕西省西安市的真实情况，选取西安市一处重要的商业中心及其周边路网，并对其进行拓扑化处理，构造了一块区域来进行仿真。该区域共有 $G_V = 61$ 个节点和 $G_S = 100$ 条边，道路总长 32.3km，如图 3 所示。表 4 展示了对其按照城市道路等级进行划分后的结果。

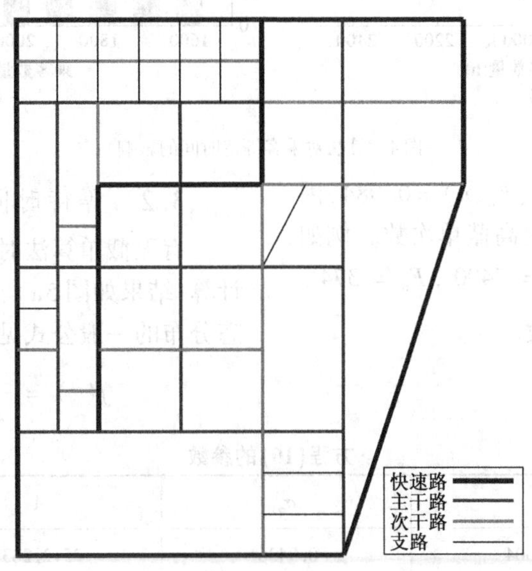

图 3 路网拓扑

道路等级　　表4

道路等级	道路速度(km/h)	道路总长(km)	占总路段比例
快速路	50	11.9	36.8%
主干路	40	10.2	31.6%
次干路	35	6.6	20.4%
支路	30	3.6	11.1%

仿真参数设置以模拟高峰时期城市某一订单密集出现区域,如果不另外作说明,则为:$Dcc_1 = Dcc_2 = 3$;$Vn = 40$;$n = 2400$;$R_s = 1000$ m,仿真时间为2h。

2.2　相关假设

本文做出以下假设:

(1)不考虑交通管制对车速的影响;

(2)不考虑多次截单,即车辆在截单过程中不会再次截单;

(3)不考虑乘客下车后结算费用所损失的时间;

(4)司机和乘客无条件地执行拦截;

(5)如果车辆只在接到订单后才行驶,其他时刻趴窝等待订单。

3　算法对乘客等待时间的影响

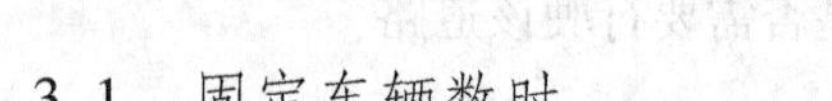

3.1　固定车辆数时

当加入截单算法后乘客平均等待时间降低,$Rate^t_{abc} = 26.7\%$,$Rate^t_{ab} = 54.5\%$。作者也在 $n = [1600,2400 \mid$ 间隔为 $100]$ 条件下进行仿真,算法同样缩短了乘客等待时间[图4a)]。在车辆数不变的情况下,乘客越多,算法对服务水平的影响越大。随着 n 的不断增加,$\bar{T}^N_{abc}$ 与 $\bar{T}^t_{abc}$ 之间的差值越大,$Rate^t_{abc} = [7.8\%, 10.8\%, 11.4\%, 13.8\%, 14.6\%, 16.8\%, 18.8\%, 23.2\%, 26.7\%]$。

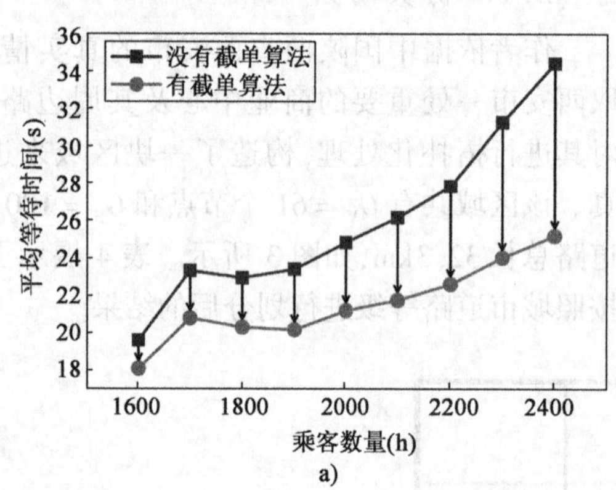

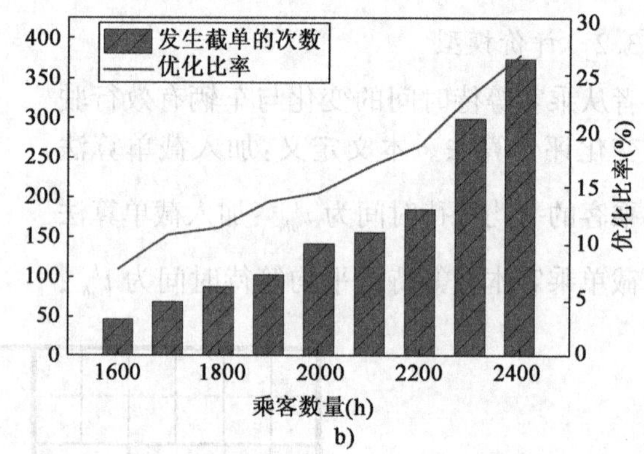

图4　算法对乘客等待时间的影响

n 和 F_o 有很强的联系,$r(F_o, n) = 0.984$,因为更多的乘客出行需求带来更高截单次数。例如当 $n = 1600$,$F_o = 47$,当 $n = 2400$,$F_o = 374$。算法在订单密集的区域更有效。

3.2　等待时间变化探究

有无截单算法时乘客等待时间的频率分布被计算,结果如图5a)、d)和表5、表6所示,对数正态分布的一般公式见式(16):

$$f(x) = \frac{A}{\sqrt{2\pi}\sigma x} \times e^{\frac{-(\ln x-\mu)^2}{2\sigma^2}} \tag{16}$$

方程(16)的参数　　表5

项目	μ	σ	A	R^2
未使用截单算法	3.4304	0.9436	2512.2837	0.9511
使用截单算法	3.1438	0.8317	2517.1349	0.9592

x 符合对数正态分布，则 $\ln x$ 符合正态分布，我们将上述方程转换为正态分布进行研究，对 $\ln x$ 进行拟合：

$$f(\ln x) = \frac{A}{\sqrt{2\pi}\sigma} \times e^{\frac{-(\ln x-\mu)^2}{2\sigma^2}} \tag{17}$$

方程(17)的参数 表6

项目	μ	σ	A	μ-σ	$\mu+\sigma$	R^2
未使用截单算法	3.4018	0.8718	239.7903	2.5300	4.2736	0.9537
使用截单算法	3.1183	0.7344	235.9295	2.3839	3.8527	0.9570

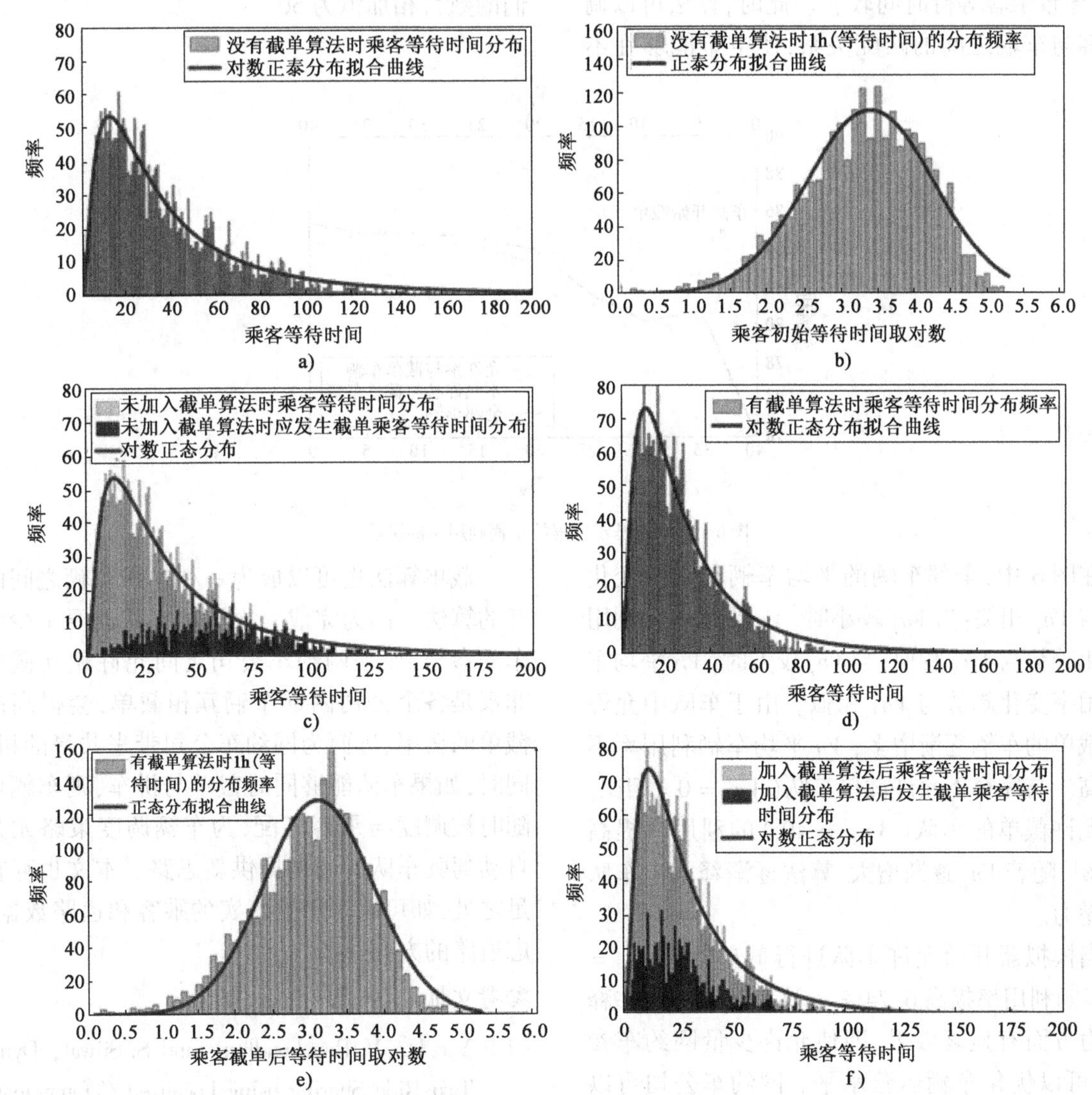

图5 乘客等待时间分布

在式(17)中，正态分布的对称轴为 $\ln x = \mu$，对应的最高点的值为 $\frac{A}{\sqrt{2\pi}\sigma}$。使用算法前，分布方程的最高点 $f(\mu) = 109.7299$，小于使用截单算法后分布方程的最高点 $f(\mu) = 128.1619$，说明截单算法使乘客等待时间更趋近于分布中值。

由于可以忽略未参与截单乘客的等待时间变化，为了进一步研究截单算法的优化效果，参与截单乘客的等待时间被研究研究。图7c)、f)表示其截单前后平均等待时间的频率分布，并与全部乘客的平均等待时间进行比较。结果发现，参与截单乘客的等待时间中位数为58.32s，所有乘客的等待时间中位数28.37s。由正态函数 sigma 原则可知：$\ln x$ 分布在 $(\mu-\sigma, \mu+\sigma)$ 中的概率为65.26%，即等待时间 x 分布在 $(e^{\mu-\sigma}, e^{\mu+\sigma})$ 中的概率为65.26%。使用截单算法前，有65.26%的乘客的等待时间分布在12.55 ~ 71.78s；使用截单算法后，有65.26%的乘的等待时间分布在10.85 ~ 47.12s。

参与截单的乘客本身等待时间较长，而加入算法后 $\text{Rate}_{ab}^{t}=54.5\%$，显著降低其等待时间。当某一特定区域需要大量订单时，受路网、时间等因素的限制，运输能力供给相对较少，而运输需求较大，导致乘客等待时间较长。此时，算法可以调整乘客与车辆之间的匹配关系，使空车能够在不缩短前一乘客等待时间的情况下，再次与附近的乘客进行匹配，从而更好地释放车队运输潜力。

4 算法对车辆利用率的影响

本文将车队中划分为允许截单和不允许截单两类车。在图6中，下轴表示不允许参与截单车辆的数目，上轴表示允许参与截单车辆的数目，它们的数目相加恒为50。

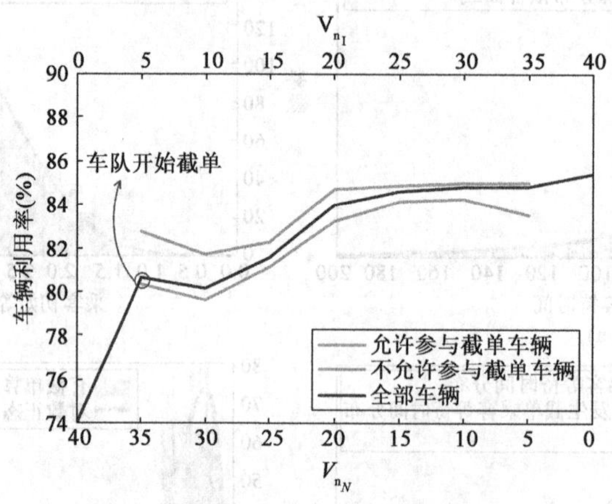

图6 算法对基于里程的车辆利用率的影响

在图6中，全部车辆的平均车辆利用率变化趋势与 Vn_I 相关：当 Vn_I 较小时，Vn 平均车辆利用率变化趋势与 Vn_N 相似；当 Vn_I 较大时，Vn 平均车辆利用率变化趋势与 Vn_I 相似。由于车队中允许参与截单的车辆逐渐增多，Vn 平均车辆利用率不断提高。与完全不允许截单车队（$Vn_I=0$）相比，完全允许截单的车队（$Vn_I=40$）的利用率提高11.5%，随着 Vn_I 逐渐增大，算法逐渐释放出车队运输潜力。

当模拟器开始允许车队进行截单时（$Vn_I=5$），车辆利用率提高6.74%。这表示该算法在释放运力方面有显著效果，即使允许少量网约车参与，也可以优化车辆运营水平。网约车公司可以尝试允许一小部分车队进行截单，不仅可以测试算法的效果，而且对网约车系统本身影响较小。

5 结语

本文提出了一种启发式方法及其在网约车领域的应用算法以缩短网约车接客距离。该算法可以有效提高不同规模车队的服务水平，有效减少乘客的等待时间，特别是那些本应等待较长时间的乘客。

截单算法也可以成为一种加强车辆之间的交互的算法。因为完成一次订单拦截需要至少三辆车的参与，如果网约车公司之间允许相互截单而非仅是各个公司内部车辆互相截单，会提高产生截单的概率，进而为网约车公司带来共赢的机会。同时，如果车队能够同时截单与拼车，则车辆可以随时被调度与乘客匹配，为车辆调度策略尤其是自动驾驶车队的调度提供新思路。本文也存在不足之处，如可以采用更真实的乘客和道路数据，考虑道路的方向等。

参考文献

[1] Yu, H., V. Raychoudhury, and S. Silwal, Dynamic Taxi Ride Sharing using Localized Communication, inProceedings of the 21st International Conference on Distributed Computing and Networking. 2020. p. 1-10.

[2] Mao, C., Y. Liu, and Z.-J. Shen, Dispatch of autonomous vehicles for taxi services: A deep reinforcement learning approach. Transportation Research Part C-Emerging Technologies, 2020. 115.

[3] Bimpikis, K., O. Candogan, and D. Saban,

Spatial Pricing in Ride-Sharing Networks. Operations Research, 2019. 67(3): p. 744-769.

[4] San Francisco County Transportation Authority. TNCs Today: A Profile of San Francisco Transportation Network Company Activity. 2017; Available from: https://www.sfcta.org/sites/default/files/content/Planning/TNCs/TNCs_Today_112917.pdf.

[5] Cramer, J., et al., Disruptive Change in the Taxi Business: The Case of Uber. American Economic Review, 2016.

[6] Komanduri, A., et al., Assessing the Impact of App-Based Ride Share Systems in an Urban Context: Findings from Austin. Transportation Research Record, 2018. 2672(7): p. 34-46.

[7] Sun, S. and M. Ertz, Environmental impact of mutualized mobility: Evidence from a life cycle perspective. Sci Total Environ, 2021. 772: p. 145014.

[8] Wenzel, T., et al., Travel and energy implications of ridesourcing service in Austin, Texas. Transportation Research Part D: Transport and Environment, 2019. 70: p. 18-34.

[9] Henao, A. and W. E. Marshall, The impact of ride-hailing on vehicle miles traveled. Transportation, 2018. 46(6): p. 2173-2194.

[10] Henao, A. and W. E. Marshall, An analysis of the individual economics of ride-hailing drivers. Transportation Research Part a-Policy and Practice, 2019. 130: p. 440-451.

[11] Wang, Y. X., et al., GPS Data in Urban Online Car-Hailing: Simulation on Optimization and Prediction in Reducing Void Cruising Distance. Mathematical Problems in Engineering, 2020.

[12] Acheampong, R. A., et al., Mobility-on-demand: An empirical study of internet-based ride-hailing adoption factors, travel characteristics and mode substitution effects. Transportation Research Part C-Emerging Technologies, 2020.

[13] Fagnant, D. J. and K. M. Kockelman, Dynamic ride-sharing and fleet sizing for a system of shared autonomous vehicles in Austin, Texas. Transportation, 2016. 45(1): p. 143-158.

[14] Farhan, J. and T. D. Chen, Impact of ridesharing on operational efficiency of shared autonomous electric vehicle fleet. Transportation Research Part C: Emerging Technologies, 2018. 93: p. 310-321.

[15] Vosooghi, R., et al., Shared autonomous vehicle simulation and service design. Transportation Research Part C-Emerging Technologies, 2019. 107: p. 15-33.

[16] Xin, F., Y. Yang, and H. Sun, Structural Complexity and Spatial Differentiation Characteristics of Taxi Travel Trajectory Networks. Journal of Traffic and Transportation Engineering, 2017: p. 106-116.

基于多源数据的枢纽间联运客流实时辨识

李义罡[1] 姚恩建*[1,2] 杨 扬[1]

(1. 北京交通大学交通运输学院;

2. 北京交通大学综合交通运输大数据应用技术交通运输行业重点实验室)

摘 要 针对城市群枢纽间联运客流的时空特性,本文提出了一种基于多因素 LSTM 的枢纽间联运客流实时辨识模型。首先,利用枢纽间联运客流捕捉从手机信令数据中获取历史联运客流数据;然后,分析联运客流与枢纽进出站通道客流的时空关系,构建基于多因素 LSTM 的枢纽间联运客流实时辨识模型;之后,分别采用 FCN 模型与多因素 LSTM 模型对北京南站—天津站—滨海机场通道与北京南站—首都机场通道的联运客流量进行实时辨识,并对辨识结果的误差进行了比较分析。经过对比分析表明,基于多因素LSTM的枢纽间联运客流实时辨识模型在两场景下的MPAE误差分别为9.2%与9.7%,辨识效果优于FCN模型,可为枢纽间运力优化与协同运营提供参考意见。

关键词　交通运输规划与管理　联运客流　实时辨识　多因素LSTM　多源数据

0　引言

随着我国经济社会的不断发展与城市化进程的深入推进,越来越多的地区开始以城市群的形态相互联系,以城市群为载体的区域协同发展逐渐成为主流。旅客联程运输作为最能体现区域一体化交通发展的代表,其客流变化情况对城市群枢纽间的运力调配与衔接优化至关重要[1]。目前,受困于现行法规和各运输企业的体制机制制约,不同运输方式的票务数据无法互相关联,直接通过各出行方式票务数据匹配得出联运客流存在相当的困难。因此,为支撑城市群客运枢纽高效能协同运营的运输组织,研究城市群枢纽间联运客流实时辨识具有重要的现实意义。

旅客联程运输是通过对旅客不同运输方式的行程进行统筹规划和一体化运输组织,实现旅客便捷高效出行的运输组织模式。目前,国内外学者针对枢纽间联运客流实时辨识的研究较少,现有研究主要以获取单一运输方式的客流量为目标进行短时客流预测,形成了较为完整的理论体系。总体而言,面向单一运输方式的短时客流预测方法可以分为基于参数模型的预测方法、基于非参数模型的预测方法与基于深度学习的预测方法三类。应用参数模型的客流预测研究需假设客流服从一定的数学分布,以时序的历史客流数据为基础进行相应的模型参数标定。常用方法如移动平均自回归(Autoregressive Integrated Moving Average,ARIMA)模型[2],贝叶斯网络(Bayesian Network,BN)[3],季节性差分自回归滑动平均模型(Seasonal Autoregressive Integrated Moving Average,SARIMA)[4]、指数平滑模型(Exponential Smoothing,ES)[5]等。与基于参数模型的预测方法相比,基于非参数模型的预测方法更倾向于以数据为驱动进行建模,无须对客流分布情况做预先假设。常用方法包括K近邻算法(K-Nearest Neighbor,KNN)[6]、支持向量机(Support Vector Machine,SVM)[7]、径向基函数(Radial Basis Function,RBF)[8]等。而随着数据量的不断增大与深度学习技术的不断完善,应用深度学习基础处理短时客流预测问题逐渐成为新的研究热点。例如,Bai[9]等先将客流数据序列分为不同的聚类,再利用深度信念网络(Deep Belief Nets,DBN)建立了针对公交客流的短时预测模型;Wang[10]等使用动态时空图卷积神经网络(Dynamic Spatial-Temporal Graph Convolutional Neural Networks,DST-CNN)从历史客流数据中提取时空特征,预测流量随时间的变化;赵阳阳[11]等分别使用ARIMA、SVM、反向传播(Back Propagation,BP)神经网络和长短时记忆神经网络(Long Short-term Memory Networks,LSTM)对地铁进出站客流量构建了预测模型,证明了LSTM客流预测模型具有更高地预测精度。

总的来说,国内外学者的研究主要集中在铁路、公交及城市轨道交通等单一运营主体的客流预测方面,对城市群枢纽间联运客流的相关研究还不足。一方面,现有研究均未对联运旅客作单独区分,未从乘客联程出行全过程角度出发,对枢纽间的联运客流量变化情况进行研究分析。另一方面,既有研究主要基于视频监控、票务、手机信令等数据中的某一单项数据进行研究,未能将多源数据有效融合,实现客流的精细化组分划分。基于此,本文以2019年5月的京津冀联运出行为研究对象,提出以多因素LSTM神经网络为基础框架,融合手机信令数据、枢纽进出站通道数据的城市群客运枢纽间换乘客流辨识方法,为枢纽间运力调度与协同运行方案制定提供了理论支撑。

1　联运客流分析

1.1　基于手机信令数据的枢纽间历史联运客流捕捉

手机信令数据包括出行人数据与基站数据两部分,出行人数据包含用户编码、出行时间、关联基站和用户类别等个人属性与时空信息;基站数据包含基站编码、基站位置、基站类型等空间信息和基站属性信息。对两类数据进行了冗余、异常和

1.基金项目:中央高校基本科研业务费(2021YJS099)。

缺失数据的清洗处理后,通过将个人出行数据与基站数据进行匹配,可得出相应的出行链信息作为基础数据。

城市群联运客流以换乘枢纽为节点进行联运出行,为捕捉历史联运客流,采用基于时空距离模型的联运客流捕捉算法。以某运营商的用户 s 为例,其出行链 $s(\mathrm{lat}_w,\mathrm{lon}_w,w) = (s_1,\cdots,s_w,\cdots,s_W)$,枢纽站 A、B 的空间范围 $A(\mathrm{lat}^A_{\min},\mathrm{lat}^A_{\max},\mathrm{lon}^A_{\min},\mathrm{lon}^A_{\max})$,$B(\mathrm{lat}^B_{\min},\mathrm{lat}^B_{\max},\mathrm{lon}^B_{\min},\mathrm{lon}^B_{\max})$,其中,$W$ 为出行链时间长度,s 为时段 w 的出行链时空位置坐标,$\mathrm{lat}^A_{\min},\mathrm{lat}^A_{\max},\mathrm{lon}^A_{\min},\mathrm{lon}^A_{\max}$ 分别为枢纽站的经纬度空间范围,联运客流捕捉过程如下。

步骤1:基于先验交通信息分别调整枢纽站 A、B 的空间范围,单次调整满条件

$$l = \mathrm{dis}(\mathrm{lat}^A_{\min},\mathrm{lon}^A_{\min},\mathrm{lat}^{A'}{}_{\min},\mathrm{lon}^{A'}{}_{\min}) \tag{1}$$

$$l \leqslant \frac{\text{所在城市基站密度}}{2} \tag{2}$$

式中:A'——调整后空间范围且调整后更新 A 的范围为 A' 的范围;

dis——地球两点间距离计算公式。

步骤2:重复步骤1直至满足先验交通信息,满足后转入步骤3。

步骤3:基于枢纽站 A、B 的空间范围遍历搜索出行链 x 满足条件,

$$\mathrm{lat}^A_{\min} < \mathrm{lat}_{w1} < \mathrm{lat}^A_{\max} \tag{3}$$

$$\mathrm{lon}^A_{\min} < \mathrm{lon}_{w1} < \mathrm{lon}^A_{\max} \tag{4}$$

$$\mathrm{lat}^B_{\min} < \mathrm{lat}_{w2} < \mathrm{lat}^B_{\max} \tag{5}$$

$$\mathrm{lon}^B_{\min} < \mathrm{lon}_{w2} < \mathrm{lon}^B_{\max} \tag{6}$$

$$\zeta \leqslant w1 - w2 \leqslant 2\delta + \zeta \tag{7}$$

式中:$w1$——出行链 s 在 A 空间范围内的最早出现时间;

$w2$——出行链 s 在 B 空间范围内的最晚出现时间;

ζ——基于先验交通信息的枢纽间最短行程时间;

δ——电信公司设定的手机位置信息自动上报时间阈值。

步骤4:重复步骤3直至以遍历所有的出行链,将所有出行链中满足步骤3条件的时空位置坐标存入联运客流信息表,并按设定的时间间隔进行统计,得到时间间隔内由枢纽站 B 前往枢纽站 A 的用户数 m。

步骤5:依据如下公式计算用户扩样系数 ε,并计算得到扩样后的历史联运客流 n。

$$\varepsilon_s = \frac{\text{用户登记区县的运营商用户数}}{\text{用户登记区县的总人口数}} \tag{8}$$

$$n = \sum^{m}\varepsilon_s \tag{9}$$

1.2 城市群枢纽间联运客流规律分析

根据联程出行的定义,可将位于城市群内部的联程出行部分抽象表示为相应的联程通道。选取京津冀城市群范围内具有代表性的北京南站—天津站—天津滨海机场联运通道(京津通道)与北京南站—首都机场(京内通道)为研究对象。以中国联通公司手机信令数据为基础,基于上文所述枢纽间历史联运客流捕捉算法计算得到2019年5月1—31日该联运通道上的时变客流量。为检验并排除部分日期可能存在的异常客流情况,引入拉依达准则对上述客流的日客流量进行检验,去除不符合准则的日期。检验结果如图1所示,除京内通道5月1—3日外,其余日客流量均在拉依达准则规定的限界之内,得到两通道时变客流量如图2所示。观察图2可以发现,城市群联运客流数据在全日的变化表现出一定的时间规律,但考虑到基于手机信令数据获得的联运客流数据为联运出行的事后数据,数据取得需在联运出行完成之后,因此该数据仅可用于构建历史数据库,不可作为联运客流辨识的时间序列输入量。枢纽进出站通道客流数据是以车站客流采集系统为依托,通过对各进出站通道监控装置所摄视频的自动识别和统计所获得的各进出站通道实时进出站客流数据。对联运出行而言,进出站通道的实时监测数据为联运出行的事前数据,具备成为联运客流辨识中时间序列输入量的基本条件。

2 模型构建

2.1 基于相关系数法的时空辨识因子选择

在联运客流实时辨识中,输入属性的好坏对辨识的准确度和效率有着重大影响。若输入属性不足或不恰当,则会降低辨识准确度;反之,若输入属性过多或包含影响力过低的输入属性,则会增加模型求解时间且增大对联运客流辨识的干扰。因此为确保输入属性适当,本文引入 Pearson 相关系数以确定时空维度的辨识因子。Pearson 相关系数 ρ 满足如下计算公式:

$$\rho = \frac{\sum_{j=1}^{k}(u_j - \bar{u})(v_j - \bar{v})}{\sqrt{\sum_{j=1}^{k}(u_j - \bar{u})^2 (v_j - \bar{v})^2}} \tag{10}$$

式中：u_j、v_j——所选的两个相关变量的第 j 个样本；

$\bar{u}$、$\bar{v}$——所选相关变量的平均值；

k——样本总数。

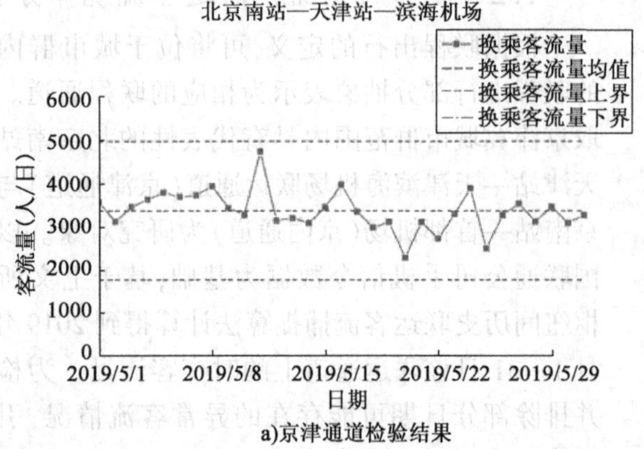

a)京津通道检验结果

b)京内通道检验结果

图1　联运客流检验结果

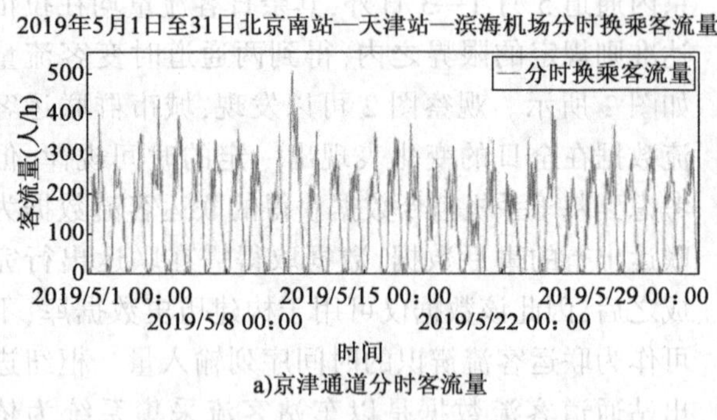

a)京津通道分时客流量

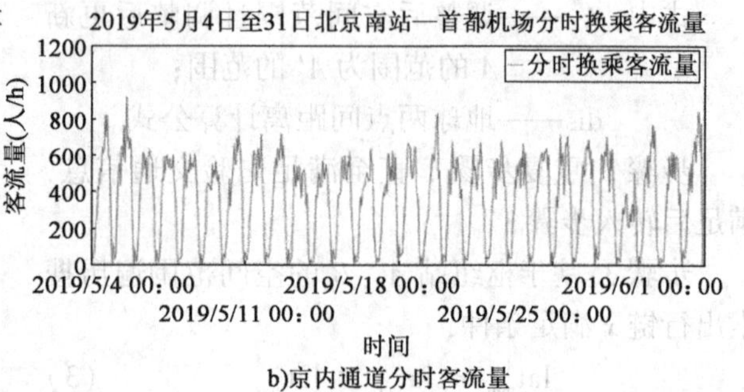

b)京内通道分时客流量

图2　分时联运客流量

2.2 多因素条件下基于LSTM的联运客流辨识模型构建

LSTM网络是一种改进循环神经网络，它在循环神经网络(Recurrent Neural Networks，RNN)基础上对网络隐藏层进行了改进，相比较于标准RNN网络，LSTM网络可以很好地解决梯度消失的问题，更加适用于联运客流实时辨识。所有RNN网络都具有一种重复神经网络模块的链式形式，在标准的RNN网络中，重复模块只有一个比较简单的结构。LSTM网络对RNN网络的改进是通过增加一个状态来保存长期的状态。新增加的状态 c，称为细胞状态(cell stat)，LSTM使用忘记门、输入门与输出门控制长期状态。在LSTM模型结构中，单元状态按如下公式更新：

$$i_t = \sigma(\psi_{xi} \cdot x_t + \psi_{hi} \cdot h_t + \psi_{ci} \cdot c_t + b_i) \tag{11}$$

$$f_t = \sigma(\psi_{xf} \cdot x_t + \psi_{hf} \cdot h_t + \psi_{cf} \cdot c_t + b_f) \tag{12}$$

$$o_t = \sigma(\psi_{xo} \cdot x_t + \psi_{ho} \cdot h_t + \psi_{co} \cdot c_t + b_o) \tag{13}$$

$$c_t = f_t \cdot c_{t-1} + i_t \cdot \tanh(\psi_{xi} \cdot x_t + \psi_{hi} \cdot h_{t-1} + b_c) \tag{14}$$

$$h_t = o_t \cdot \tanh(c_t) \tag{15}$$

$$y_t = \sigma(\psi_{hy} + b_y) \tag{16}$$

式中：x_t、h_t、c_t、y_t——t 时刻的输入变量、隐藏层输出、细胞状态与输出量；

i_t、f_t、o_t、c_t——LSTM单元中输入门、忘记门、输出门、细胞状态在 t 时刻的输出值；

ψ_{xi}、ψ_{xf}、ψ_{xo}、ψ_{xc}——输入 x_t 与输入门、忘记门、输出门、细胞状态间的权重；

ψ_{hi}、ψ_{hf}、ψ_{ho}、ψ_{hc}——隐藏层输出 h_t 与输入门、忘记门、输出门、细胞状态间的权重；

ψ_{ci}、ψ_{cf}、ψ_{co}——细胞状态 c_t 与输入门、忘记门、输出门间的权重；

ψ_{hy}——隐藏层输出 h_t 与输出门间的权重；

b_i、b_f、b_o、b_c——输入门、忘记门、输出门、细胞状态的偏差；

σ——sigmoid 函数；tanh 为双曲正切激活函数。

基于以上的 LSTM 单元结构，提出如图 3 所示的城市群枢纽间换乘客流辨识模型。其中基于历史换乘数据与历史通道客流数据可以完成 LSTM 模型的训练和参数标定，输入数据为枢纽实时通道客流数据，输出数据为实时的换乘客流数据。

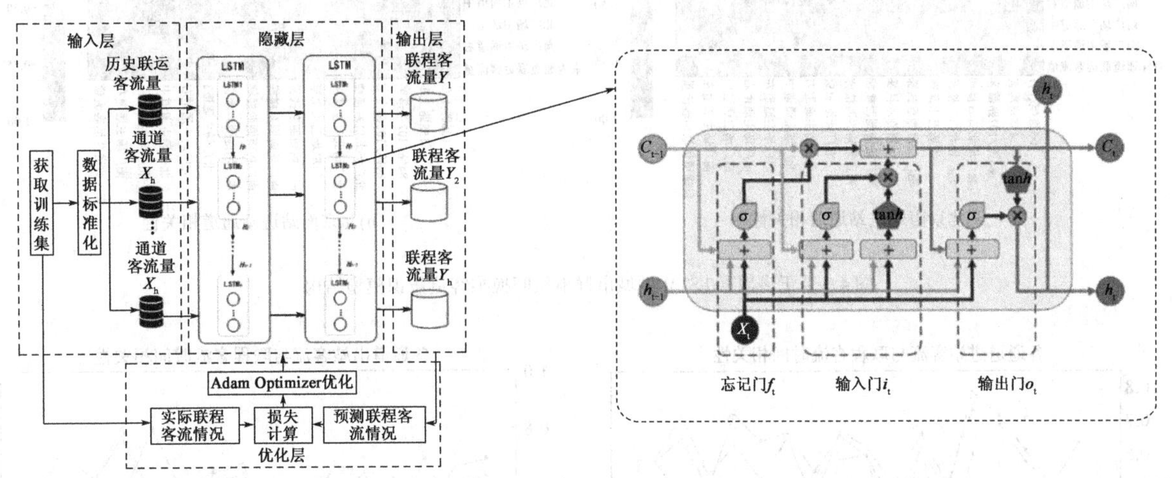

图 3　基于多因素 LSTM 的城市群枢纽间换乘客流辨识模型结构

3　实例分析

3.1　试验数据

本文以 2019 年 5 月 1 日至 31 日的京津、京内通道联运出行为研究实例，基于前文的历史联运客流捕捉方法获得全研究时段的历史联运客流量，基于北京南站进出站客流采集系统获得全研究时段 28 个进出站通道的实时进站客流量。综合考虑到运力调度需求及联运客流变化规律，本文的联运客流实时辨识步长取 1 小时，辨识时间范围为全天 24h，即每日有 24 个联运客流辨识值。本文共有京津（京内）通道辨识值 744（672）个，样本量相对较小，因此验证样本约取总样本量的 1/10，即 2019 年 5 月 1（3）—28 日的数据用于模型训练，2019 年 5 月 29—31 日的数据用于模型验证。

3.2　进出站客流数据时空选择

在空间数据选择方面，考虑各进出站通道空间位置的不同，各通道与联运客流间的空间关系不同，需排除对联运客流贡献较小的通道。因此，基于前文的时空辨识因子选择方法对京津（京内）通道上北京南站各进站通道上的客流数据进行选择。计算 28 个进站通道与联运客流间的 Pearson 相关系数，从 28 个通道进站客流数据中剔除与换乘客流相关性较低的 11（12）个通道，得到剩余 17（16）个通道客流量间的两两相关性如图 4 所示，处理后的数据满足预测输入条件要求。

在时间数据选择方面，各进出站通道检测客流的统计时间为出行人越过车站检测器的时间，而基于手机信令数据获得的联运客流产生时间为出行人离开枢纽空间检测范围的时间，进出站检测时间往往先于联运客流产生时间，且不同进站通道的进出站检测时间与联运客流产生时间的领先时间不一。因此，需基于前文的时空辨识因子选择方法对京津（京内）通道上北京南站各进站通道上的客流数据进行时间偏移。以半小时为步长，计算选取的 17（16）个进站通道上进站客流与联运客流的时间相关性，得出各点位参数时间参数变化情况如图 5 所示。对各进站通道选取与联运客流相关性最大的偏移时间对进站客流数据作时间偏移，并处理为辨识模型所需的输入格式。

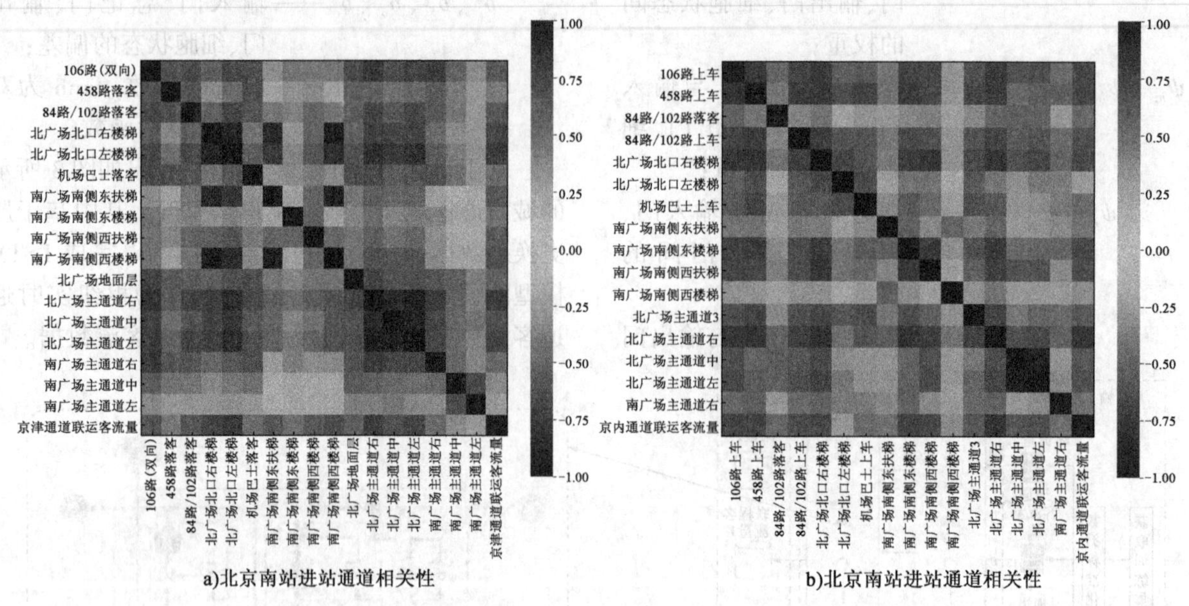

a)北京南站进站通道相关性　　b)北京南站进站通道相关性

图4　基于多因素LSTM的城市群枢纽间换乘客流辨识模型结构

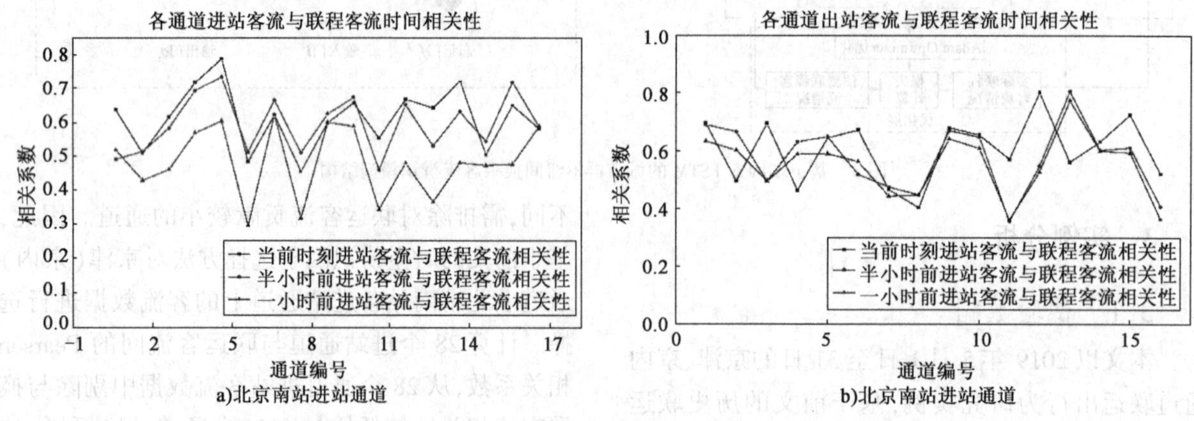

a)北京南站进站通道　　b)北京南站进站通道

图5　基于多因素LSTM的城市群枢纽间换乘客流辨识模型结构

3.3　辨识结果分析

为了检验实验的辨识精度，使用了两种不同的统计指标：平均绝对百分比误差(Mean Absolute Percentage Error，MAPE)，均方根误差(Root Mean Square Error，RMSE)，计算公式分别为：

$$\mathrm{MAPE} = \frac{1}{\phi}\sum_{r=1}^{r}\frac{\left|d_r - \hat{d}_r\right|}{d_r} \tag{17}$$

$$\mathrm{RMSE} = \left[\frac{1}{\phi}\sum_{r=1}^{r}(d_r - \hat{d}_r)^2\right]^{\frac{1}{2}} \tag{18}$$

式中：d_r、$\hat{d}_r$——第 r 个实际联运客流值和辨识值；

ϕ——样本总数。

选取全连接神经网络(FCN，Fully Connected Neural Network)作为对比模型，分别得到京津、京内联运通道上的模型预测结果如图6所示。多因素LSTM模型与FCN模型的精度指标比较见表1，可知多因素LSTM模型的MAPE与RMSE均显著小于FCN模型，显示出多因素LSTM模型在辨识城市群联运客流方面的优越性，辨识结果可为城市群枢纽间一体化运营提供数据支撑。

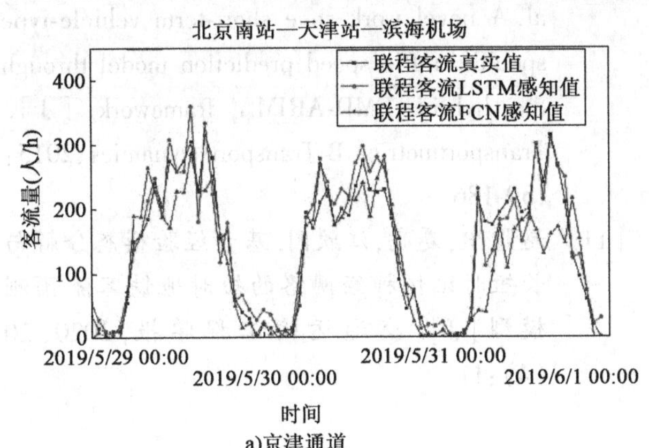

a)京津通道

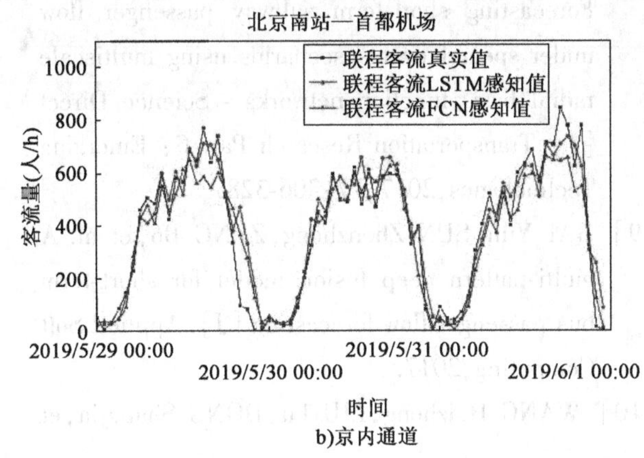

b)京内通道

图6 FCN 模型与多因素 LSTM 模型对比

预测误差对比 表1

模型	北京南站—首都机场		北京南站—天津站—天津滨海机场	
	RMSE	MAPE/%	RMSE	MAPE/%
FCN	93.95	24.8	53.28	25.6
LSTM	85.42	9.2	27.45	9.7

4 结语

(1)本文运用枢纽间历史联运客流捕捉算法得到历史联运客流量,使用相关系数法选出与联运客流相关性较高的联运客流时空辨识因子,基于多因素 LSTM 构建了联运客流实时辨识模型,从枢纽进出站通道检测数据中实时辨识出联运客流,为枢纽间运力优化提供支撑。

(2)分别以北京南站—滨海机场、北京南站—首都机场的联运出行为例进行论证,相比于传统的 FCN 方法,多因素 LSTM 将两联运场景下的实时辨识精度分别提升 15.6% 与 15.9%,能够取得比较理想的联运客流实时辨识结果,可为未来联运客流实时辨识方向提供新的研究思路。

(3)影响联运出行需求的因素较多,本文仅从与枢纽进出站通道客流相关的角度出发,忽略了其他影响因素,如天气情况、航班情况、列车班次等因素的影响,未来还需考虑多种影响因素进行进一步研究。

参考文献

[1] 陈琳,姚恩建,杨扬,等.联程中转旅客的城市枢纽间换乘行为建模[J].北京交通大学学报,2021,45(4):10.

[2] Zhu Haiyan. N days average volume based ARIMA forecasting model for Shanghai metro passenger flow [C]// 2010 International Conference on Artificial Intelligence and Education (ICAIE). IEEE,2010.

[3] Roos J ,Bonnevay S ,Gavin G . Dynamic Bayesian networks with Gaussian mixture models for short-term passenger flow forecasting [C]// International Conference on Intelligent Systems & Knowledge Engineering. IEEE,2018.

[4] Milenkovi cM, Švadlenka L, Melichar V, et al. SARIMA modelling approach for railway passenger flow forecasting [J]. Transport, 2018,33(5): 1113-1120.

[5] Wang Yanhui, Jin Jun, Li Man. Forecasting the Section Passenger Flow of the Subway Based on Exponential Smoothing [J]. Applied Mechanics and Materials, 2013, 409-410:1315-1319.

[6] Saba E, Kalwar I, Unar M, et al. Fuzzy Logic-Based Identification of Railway Wheelset Conicity Using Multiple Model Approach [J]. Sustainability, 2021, 13.

[7] Sun Yuxing, Leng Biao, Guan Wei. A novel wavelet-SVM short-time passenger flow prediction in Beijing subway system [J]. Neurocomputing, 2015, 166(oct. 20):109-121.

[8] LI Yang, WANG Xudong, SUN Shuo, et al.

Forecasting short-term subway passenger flow under special events scenarios using multiscale radial basis function networks - Science Direct [J]. Transportation Research Part C: Emerging Technologies, 2017, 77:306-328.

[9] BAI Yun, SUN Zhenzhong, ZENG Bo, et al. A multi-pattern deep fusion model for short-term bus passenger flow forecasting [J]. Applied Soft Computing, 2017.

[10] WANG Haizhong, LIU Lu, DONG Shangjia, et al. A novel work zone short-term vehicle-type specific traffic speed prediction model through the hybrid EMD-ARIMA framework [J]. Transportmetrica B Transport Dynamics, 2015: 159-186.

[11] 赵阳阳,夏亮,江欣国.基于经验模态分解与长短时记忆神经网络的短时地铁客流预测模型[J].交通运输工程学报,2020,20(4):11.

基于SWOT的河南省交通枢纽发展策略研究

张菁菁*[1,2] 龙志刚[1,2] 郭文奇[1,2]

(1.河南省交通规划设计研究院股份有限公司;2.河南省枢纽经济与产业发展研究中心)

摘 要 随着《国家综合立体交通网规划纲要》《现代综合交通枢纽体系“十四五”发展规划》等一系列规划的出台,交通枢纽发展迎来新机遇。本文结合SWOT宏观分析模型,总结梳理出河南省交通枢纽发展的优劣势,以及面临的机遇和挑战,并提出交通枢纽自身,以及交通枢纽与产业、经济等协同发展对策。一是四路并举,构建辐射全球的丝绸之路网,包括拓展空中丝绸之路,畅通陆上丝绸之路,完善海上丝绸之路和创新网上丝绸之路;二是双核驱动,全力打造国际综合交通枢纽,包括加快打造国际航空货运枢纽,加速提升国际铁路枢纽功能和完善辐射全国的立体集疏网络;三是跨界连通,推动枢纽优势转变为经济优势,包括探索创新多式联运组织模式,打造枢纽型产业高地和搭建综合服务信息平台。

关键词 交通运输经济 发展策略 SWOT模型 综合交通枢纽

0 引言

综合交通枢纽是各种运输方式高效衔接和一体化组织的主要载体,可激发综合交通网络上物流链、产业链、供应链及价值链流动交汇,从而推动资源要素聚集,赋能产业、城市和区域发展,是构建新发展格局的重要战略支撑[1]。目前,在我国综合交通枢纽的研究中,大多是针对单个综合交通枢纽的规划或设计[2-5],交通枢纽与产业、经济协同发展的策略研究较少。本文以河南省交通枢纽为研究对象,通过SWOT分析,提出符合河南省省情的交通枢纽自身,及其与产业、经济等协同发展的策略。

1 发展现状

河南位于我国中部地区和黄河流域交汇地带,是全国重要的综合交通中枢和人流、物流、信息流中心。改革开放以来,河南积极发挥交通先行官作用,加快推进综合交通枢纽建设,有力支撑了对外开放格局和省域城镇空间发展。全省各市依托高铁或铁路客运站,辅以公路客运站和城市公共交通形成综合交通枢纽。此外,郑州市还依托新郑国际机场,形成了“空、铁、网”三轴联动、多式联运协同发展的国际综合交通枢纽。

2 交通枢纽发展SWOT分析

2.1 优势

2.1.1 国际综合交通枢纽功能持续增强

2020年郑州机场成为国内唯一航空电子货运试点机场,机场客货运吞吐量分别居全国第11位和第6位,稳居中部“双第一”。郑州北站是亚洲最大的铁路编组站,圃田西站是全国最大的零担货物中转站,郑州站是全国铁路最大的旅客中转站和行包中转站之一,郑州东站是亚洲规模最大的高铁站之一,全国唯一的米字形高铁枢纽。

2.1.2 国际骨干物流通道更加畅通

郑州—卢森堡航空“双枢纽”合作不断深化,郑州机场航线网络越织越密。中欧班列(郑州)覆盖全球30多个国家130多个城市,开行质量、市场化程度、信息化程度和国内国际双向物流枢纽网络布局等方面在全国63家开行班列中保持领先。全省先后启动建设22个省级多式联运示范工程,开通郑州、洛阳、新乡直达欧洲、中亚的货运班列以及至沿海港口的铁海联运班列。

2.1.3 国内立体集疏网络日趋完善

铁路方面,在全国率先形成以省会城市为中心、覆盖所有省辖市、跨区域间高效互联互通的米字形高速铁路网大格局,6h高铁圈可覆盖全国主要经济区域。公路方面,公路总里程全国排名第5,高速公路里程居全国第8,高速公路网连通所有县城。民航方面,郑州机场已开通郑州至上海、广州、深圳、乌鲁木齐、昆明等空中快线,2h航空圈可覆盖全国95%的人口和经济总量。水运方面,沙颍河、淮河实现通江达海,建成以货运为主的周口港、信阳港、漯河港、平顶山港和以旅游为主的洛阳港、南阳港、许昌港。

2.2 劣势

2.2.1 综合交通枢纽要素整合能力有待提升

全省超半数货运枢纽(物流园区)仅有一种运输方式,货物多式联运水平亟待提升。郑州交通枢纽更多承担过境集疏功能,引流、驻流能力不足,其他省辖市交通枢纽仍处在单一运输向综合交通运输转换的过渡阶段,不同交通运输方式衔接水平有待提高。

2.2.2 综合运输通道与重要城市群联系有待加强

南北向联系京津冀、粤港澳的综合运输通道容量不足,陇海铁路、京广铁路枢纽内部分区段列车通过能力紧张,京港澳、连霍高速公路等主通道车流量日趋饱和,急需建设分流通道。东向联通长三角地区综合运输通道不足,副中心城市南阳缺失东向高铁通道。

2.2.3 综合交通网络辐射国际能力有待增强

空中丝绸之路、陆上丝绸之路联动全球的广度和能级仍需进一步提升。江海联运航道等级较低,铁海联运主要线路运输能力趋于饱和,向东融入海上丝绸之路能力较为薄弱。

2.3 机会

2.3.1 中枢区位优势得天独厚

河南省位于我国经济地理中心,承东启西、连南贯北。国家“6轴7廊8通道”综合立体交通网主骨架中有“1轴1廊1通道”经过河南。米字形高铁全部开通后在4h内可直接连通我国大陆主要城市群,交通圈覆盖全国半数人口与经济总量,具备汇聚各方要素资源的有利条件。

2.3.2 多重国家战略叠加下的政策利好不断释放

郑州航空港经济综合实验区被确定为空港型国家物流枢纽,河南自贸试验区开放引领、制度创新、复制推广、政策联动作用进一步彰显,郑洛新自主创新示范区集聚创新引领型企业、人才、平台、机构总数均占全省半数以上,全省跨境电商综合试验区建设水平稳居中西部首位,国家大数据(河南)综合试验区形成“1+18”大数据发展空间格局,“五区联动”建设成效显著。

2.3.3 腹地经济和人口规模可观

2020年,河南全省生产总值54997.07亿元,稳居全国第五位、中部六省第一位,其中,投资、消费、出口为主第三产业仍对经济增长的贡献率最高。年末总人口9937万人,居全国第三位。经济和人口规模位于全国第一梯队,可有力支撑交通枢纽建设和发展。

2.4 挑战

2.4.1 省会郑州与邻省省会武汉、西安的竞争日益激烈

在国际化枢纽的网络拓展过程中,郑州与武汉、西安之间面临激烈的定位与腹地竞争。在相近区位、均质化政策平台背景下,郑州在国际航空货运网络发展具有先发优势,但在基地航空公司、航线和通航城市数量、覆盖广度等方面与西安和武汉比较仍处于弱势。

2.4.2 产业对交通枢纽发展的支撑能力不足

省辖市货运场站多为自发建设,货运枢纽与产业发展、空间开发尚未形成合力,链式协同不足。机场腹地航空支撑产业薄弱,基地航空公司

能力有限,缺少大型物流集成商。

2.4.3 城市与交通枢纽的融合发展水平较低

城市区域性服务中心与枢纽布局相互脱离,高铁、机场的时空压缩效应在城市内部交通转换过程中损失较多,枢纽对城市服务功能支撑不足。高铁站等主枢纽周边配套有限,枢纽经济尚未真正意义形成。

3 发展策略

3.1 四路并举,构建辐射全球的丝绸之路网

统筹推进以郑州—卢森堡双枢纽为主体的"空中丝绸之路",以中欧班列为主体的"陆上丝绸之路",以铁海联运为主体的"海上丝绸之路",以跨境电商为主体的"网上丝绸之路",形成海、陆、空、网"四位一体"的通道枢纽,加快形成枢纽发展新优势。

3.1.1 拓展空中丝绸之路

深化郑州、卢森堡"双枢纽战略合作",加快郑欧、郑美等航空货运快线建设,拓展国际航空邮件直达和中转专线,打造畅通国内国际、服务全球贸易、自主可控的航空货运大通道。开辟加密连接全球主要枢纽机场的客货运航线,打造以郑州为中心的轮辐式国际航线网络。

3.1.2 畅通陆上丝绸之路

畅通国际陆路运输通道,高水平建设中欧班列郑州集结中心示范工程,促进郑欧班列开行由"点对点"向"枢纽对枢纽"转变,加快形成中部地区连接亚欧大陆的铁路国际集装箱运输中转枢纽。积极推动西部陆海新通道新乡集散中心建设,促进线路互补协同发展,提升中欧班列整体竞争力。

3.1.3 完善海上丝绸之路

加强与东部沿海重要海港联动协作,构建海铁联运和海江河联运两大出海运输通道体系。加快沙颍河、淮河、唐河等通江达海的高等级航道升级改造,推进内河水运与沿海港口无缝衔接。拓展铁海联运班列线路,促进铁海联运班列常态化、定期运行。

3.1.4 创新网上丝绸之路

积极探索创新跨境电商发展"郑州模式",高水平建设EWTO核心功能集聚区,引领建立全球E国际贸易制度和规则体系,加快构建跨境电商产业生态圈,打造全球跨境电商交易示范区[6]。

3.2 双核驱动,全力打造国际综合交通枢纽

突出郑州国际性综合交通枢纽的核心带动作用,以国际航空枢纽为主体、国际铁路枢纽为支撑,加快融入全球枢纽体系,构建更具竞争力影响力的国际综合交通枢纽。

3.2.1 加快打造国际航空货运枢纽

适时启动郑州第二机场规划研究,打造双机场发展格局。加快郑州全球性国际邮政快递枢纽、全国重要的航空国际邮件枢纽口岸建设。全面开展郑州机场航空电子货运试点建设,培育壮大基地航空公司。对标国际领先枢纽机场提升货运专业能力和效率,增强郑州国际空港枢纽承载能力、服务保障能力和集疏中转能力。

3.2.2 加速提升国际铁路枢纽功能

加快建设集多式联运、口岸通关、保税仓储、供应链服务等功能于一体的国际铁路港,提升承载集聚和辐射能级。推进利用郑欧国际货运班列运输国际水陆路邮件,全面开展国际邮件运输业务。完善高铁快件大型集散分拨中心,积极发展高铁快件运输。依托郑州和汉堡双枢纽,加强境外分拨集散中心和海外仓等建设。

3.2.3 完善辐射全国的国内立体集疏网络

以跨省通道和中原城市群核心圈加密路段、紧密圈联通路段为重点,建设京港澳高速东、西复线等省际高速公路构建以郑州为中心的500km范围公路集疏圈。拓展郑州至国内主要城市的"空中快线",提高郑州至省会城市、重点旅游和沿海开放城市的航线密度,构建国内中转经停网络,发展重点区域货运航线,打造以郑州为中心的2h航空集疏圈。

3.3 跨界连通,推动枢纽优势转变为经济优势

对标国际领先水平,聚焦聚力多式联运制度标准制定、通关机制创新、信息互联互通共享、口岸服务对接等关键环节,以重点突破带动全局发展,打造成本最低、效率最高、服务最优的开放发展环境。

3.3.1 探索创新多式联运组织模式

深化与国内外大型物流集成商和运输公司合作,培育壮大本土一体化运营公司,推进多式联运的安全、设施、服务、智能的“四个统一”,实现多式联运各链条匹配对接。完善铁路集装箱中心站、铁路物流基地等进出站场配套道路设施,加快机场快速集疏运通道和大型综合物流园区铁路专用线建设,畅通微循环,着力破解多式联运“最先、最后一公里”瓶颈制约。

3.3.2 打造枢纽型产业高地

突出发展与枢纽密切相关的航空物流、冷链物流、跨境贸易、精密机械、信息服务等核心产业,大力发展对物流体系高度敏感的高端装备制造业、电子信息、电子商务、航空租赁等产业。依托综合交通枢纽,新建和改造一批具有分拨转运、交易展示、金融保险等功能的综合性产业园区,吸引关联产业聚集和链式发展,努力形成品牌效应和规模效益,打造枢纽型产业高地。

3.3.3 搭建综合服务信息平台

积极应用5G、大数据、云计算、物联网等技术,推动多种运输方式无缝衔接、信息共享和互联互通,打通集信息、支付、保险、金融于一体的物流信息链,促进产品供应方、需求方和运输服务方高效优质对接。

4 结语

本文基于河南省枢纽发展现状,结合SWOT模型对交通枢纽发展进行了分析,并提出了发展策略,对河南省枢纽下一步发展重点和方向具有一定的参考价值。但本文模型为宏观分析模型,具有一定的主观性,缺少定量的模型测算。下一步,可构建河南省交通枢纽发展定量评价模型,量化河南省交通枢纽发展情况,并与其他省份数据进行对比,在此基础上提出河南省交通枢纽发展重点任务。

参考文献

[1] 张国强.交通枢纽与经济发展[J].综合运输,2021,43(9):1.

[2] 莫飞,张亚男,席洋,等.站城融合背景下综合交通枢纽发展策略研究[J].城市规划,2021,45(9):95-101.

[3] 张介诚.中心城区综合交通枢纽发展研究——以美国西海岸旧金山跨海湾交通枢纽为例[J].交通与运输.2021,34(S1):174-180.

[4] 邱俊兴,谭国威.深圳坪山综合交通枢纽站城一体化规划方案[J].交通与运输.2021,37(4):56-60.

[5] 刘谦,肖亮.综合交通枢纽的场站布局研究——以江门站为例[J].交通运输工程与信息学报.2021,19(3):123-132.

[6] 周勍.中国跨境电商政策的影响效应研究——基于国内视角[D].北京:对外经济贸易大学,2020.

国家电价改革对通行费价格改革的启示与建议

耿 蕤*

(交通运输部公路科学研究院)

摘 要 电力与公路均属于国民经济发展中的重要公用事业。在国务院推进价格机制改革要求下,电力价格逐渐由政府定价向市场定价转变,真正建立起“能跌能涨”的市场化电价机制。2020年收费公路统计公报显示,收费公路收支缺口成倍扩大,债务风险急剧上升,价格改革势在必行。本文借鉴电价改革经验,结合收费公路价格特点,提出通行费价格改革建议。

关键词 公共政策 通行费 价格 改革 交通运输

0 引言

2021年9月下旬以来,全国多个省份拉闸限电,山东、江苏、浙江、广东和东北三省等地相关企业被限产,甚至停产。被限制的不仅是工业用电,也包括居民用电,并引发各行各业的连锁反应。

例如,交通信号灯无法正常运行,排风系统停运导致高炉煤气中毒,医院监护设备停电,居民用水断供等,对经济社会造成极大影响。此次“限电”的主要原因是供需失衡,一方面,受全国性煤炭紧缺、煤价高企、煤电价格倒挂影响,电厂发电意愿低迷;另一方面,外贸订单增多,制造业用电需求猛增。2021年10月12日,国家发展改革委印发《关于进一步深化燃煤发电上网电价市场化改革的通知》(发改价格〔2021〕1439号),于10月15日起正式实施。具体措施包括将燃煤发电的上网电价全部改革为政府指导价,扩大市场交易电价上下浮动范围,对工商业用户的电价全部实行市场定价。

据不完全统计,截至2021年10月27日,上海、重庆、广东、浙江、山东等25个省区市已下发关于调整销售电价有关事项的通知,正式取消了一般工商业销售电价,并发布了新的销售电价表。

1 电力与公路价格异同

1.1 均属于重要公用事业,改革前均实行政府定价

电力和路网均属于网络型自然垄断的重要公用事业。2015年《中共中央国务院关于推进价格机制改革的若干意见》明确,政府定价范围主要限定在重要公用事业、公益性服务、网络型自然垄断环节。从电力和公路的价格均列入中央和省级定价目录可以看出,电力和公路均是关系国计民生的重要公用事业、公益性服务、网络型自然垄断环节。

1.2 上下游产业均已市场化

电力系统的上游产业主要是煤炭,煤炭实行市场定价,今年1—8月煤炭供需持续趋紧,煤炭供给量同比增加4.4%,而全国煤炭消费量增加了11%,形成了较大的煤炭供需缺口,导致价格大幅上涨。1—8月煤炭长协和现货加权平均价格同比上涨约20%,9月份以来煤炭现货价格已上涨至1200元以上,燃煤发电企业“买不到煤”“买不起煤”的矛盾凸显,从而导致煤电企业缺煤停机并引发部分地区限电,给经济社会发展带来了较大影响。电力系统的下游产业是各生产制造业、企事业单位、居民,随着我国40多年来市场经济的发展,生产制造业和商业早已完全实行市场定价。

同样,收费公路系统的上游产业主要是钢筋、水泥等建材、机电设备和劳动力,也是实行市场定价。2021年受到后疫情时代的影响,全球大宗商品价格上升,导致国内建材价格出现快速上涨,以钢材为首的价格突破6000元/吨,每吨上涨幅度100元左右,水泥也再次调价,逼近1000元/吨。收费公路系统的下游是客货运输企业、私人小客车等。其中,公路货运已完全实行市场定价,公路客运中班车客运、城市公交和巡游出租车为政府定价,包车、租车等也已实行市场定价。

1.3 价格僵化导致运营企业入不敷出

当前火电仍占据我国电力70%以上,在上游市场定价的煤炭价格上涨,发电成本上升,供电价格受政府定价上调空间受限的影响,导致煤电价格倒挂,“发一度电,赔一毛钱”,越发越亏,火电企业发电意愿低迷,是此次多地尤其是东北地区出现电力缺口的主要原因。

根据《2020年全国收费公路统计公报》,2020年末,全国收费公路里程17.92万公里,全国收费公路通行费收入4868.2亿元,支出总额12346.4亿元,通行费收支缺口高达7478.2亿元,收支缺口是收入的1.5倍。虽然2020年收支缺口急剧增大主要是受疫情期间免费不免服务的影响,但收费公路行业自2013年就已出现收支倒挂,并且收支缺口逐年增大,2020年受疫情影响收支缺口更是成倍增长,债务风险急剧上升。电力仅是价格倒挂就出现了限电措施,并推动电力价格市场化改革,因此收费公路价格改革势在必行。

1.4 价格体系不同

电价分为面向供给侧的上网电价、供给侧之间的输配电价和面向消费侧的销售电价三种类型。上网电价又分为燃煤发电、新能源发电等类型,输配电价分为跨省输配电价和省级以下输配电价,销售电价分为工商业电价、居民生活电价和农业生产电价等。

通行费仅是面向消费侧的价格,并且只有收费公路收取通行费,普通公路免费使用。收费公路通行费价格按收费车型划分为四类客车和六类货车,对绿通车辆、节假日小客车和军车等个别类型实施免费。

1.5 定价模式不同

电价改革后,燃煤发电的上网电价全部改为政府指导价,面向工商业用户的销售电价全部改为市场定价,此次改革未涉及输配电价格,输配电

仍实行政府定价。

通行费均为政府定价。虽然自2017年部分省份探索高速公路差异化收费,但优惠后的差异化收费价格仍需要举行听证会,由省级人民政府批复后实施,因此仍是政府定价方式。

1.6 资金性质不同

《销售电价管理暂行办法》(发改价格[2005]514号)第六条规定,销售电价由购电成本、输配电损耗、输配电价及政府性基金四部分构成。因此,销售电价的单价中既含有电网公司的企业收入,又含有政府性基金。政府性基金中包含农网还贷资金、重大水利工程建设基金及大中型水库移民后期扶持基金及可再生能源电价附加等用途。

通行费资金性质是政府性基金或企业收入,政府性收费公路通行费收入属于政府性基金,经营性收费公路通行费收入属于企业收入。

从电价收入构成中可以看出,收入中有没有或者是不是政府性基金,并不影响其价格的市场化改革。

1.7 定价主体不同

电力价格由中央和省级分级制定,根据现行《中央定价目录》和各省定价目录,省及省以上电网输配电价由国务院价格主管部门指导,其他上网电价、销售电价等由省级物价管理部门制定。

公路通行费由省级政府批准。根据《收费公路管理条例》,省内政府还贷公路(含桥梁、隧道)车辆通行费标准由省交通运输主管部门会同省价格主管部门、省财政部门制定,省内经营性公路(含桥梁、隧道)车辆通行费标准由省交通运输主管部门会同省价格主管部门制定,均需报省人民政府批准后实施。

因此,电价改革的事权分级在国家或省级物价管理部门,而通行费价格改革的事权在省级人民政府或其授权部门。虽然上网电价和销售电价事权均在省级物价管理部门,但国家发改委仍可印发"通知"的形式,推进改革实施。

1.8 付费方式不同

销售电价主要是通过提前购置的方式一次性购买,按需使用,按量计费。

通行费是按照一次出行,现场结算的方式。虽然在2019年取消省界收费站专项工作中,原收费系统技术方案将现场结算方式改为"按次计费,事后结算"的方式,但投入使用后引发"费用不明"的强烈社会舆论,在2020年"费显"工程中又改为现场结算方式。收费系统现场结算的即时性要求价格不宜频繁变动。

2 电价改革启示

2.1 市场化是价格改革的大方向

2015年10月《中共中央国务院关于推进价格机制改革的若干意见》明确指出,价格机制是市场机制的核心,市场决定价格是市场在资源配置中起决定性作用的关键。2015年国家发改委公布的《中央定价目录》大幅缩减定价范围,中央政府定价项目从100种减少为20种,保留项不到3%。发改委批复了30个省级政府的定价目录,平均缩减范围为55%。2018年,全国29个省份、自治区、直辖市完成新一轮地方定价项目修订工作,在2015年基础上,将定价项目缩减到32项,缩减幅度达到30%。2020年,国家发改委对《中央定价目录》(2015年版)进行了修订,修订后的定价项目缩减近30%。我国现已形成以市场调节为主的价格机制,市场调节价的比重超过97%。

2.2 重要公用事业也可以进行市场化改革

同样是重要公用事业的电力的市场化改革由来已久。2002年,国务院印发《电力体制改革方案》(国发〔2002〕5号),开始分布推进电力体制改革。2004年,国家发改委印发《关于建立煤电价格联动机制的意见的通知》,开始实施煤价联动机制。2015年3月,国务院印发《关于进一步深化电力体制改革的若干意见》,提出"管住中间、放开两头"的体制架构。2016年12月,为规范各地电力现货市场启动前的电力中长期交易,国家发改委联合国家能源局印发《电力中长期交易基本规则(暂行)》。2019年9月,国家发改委印发《关于深化燃煤发电上网电价形成机制改革的指导意见》,提出取消煤电联动机制,将煤电标杆电价改为"基准电价+浮动电价"的市场化价格机制。2021年国内煤炭、电力供需持续偏紧,在一些地方出现限电限产的背景下,国家发改委印发《关于进一步深化燃煤发电上网电价市场化改革的通知》,进一步深化燃煤发电上网电价市场化改革,真正建立起"能跌能涨"的市场化电价机制,标志着电力市场化改革又迈出了重要一步。

2.3 改革应未雨绸缪,避免发生严重后果再改革的被动局面

此次电价改革是在各地发生限电限产,甚至是居民断电的情况下才实施的改革,给各地生产企业和居民生活造成了极大不利影响,引发社会强烈反响。而收费公路的债务风险已然严峻,2020年末,全国收费公路债务余额70661.2亿元,比上年增长14.8%,通行费收支缺口7478.2亿元,比上年增加增长54.2%,支出是收入的2.5倍。同时,从2013年以来收支缺口持续增大,收费公路经营企业长期入不敷出,不得不拆东墙补西墙,借新还旧,各种金融工具已经极尽所用。若不及时推行价格改革,等到企业资金链断裂,引发系统性债务,后果不堪设想,再推行价格改革也将于事无补。(电厂价格倒挂就引发断电的极端情况,公路企业支出已是收入的2.5倍,仍在提供正常的通行服务,还被不断要求提高服务水平)

3 通行费改革建议

3.1 尽快推动将通行费定价模式改革为政府指导价

从各省收费公路发展实际以及电力行业价格改革实践来看,直接从政府定价改革为市场定价尚不具备条件,建议先改革为政府指导价。虽然2021年《差异化方案》中亦提出探索定价方式改革,规定"各地可结合实际,在具备条件的地区,选择部分经营性收费高速公路开展通行费定价方式改革试点,将现行政府定价调整为指导价"。但结合收费公路实际情况,《差异化方案》提出的改革试点在改革的广度、深度和力度方面均不能满足收费公路发展的实际需要,收费公路价格改革不是可有可无、可早可晚的试探性改革,而是迫在眉睫的全面深化改革。鉴于通行费价格改革的事权在省级政府,建议交通运输部以"通知"的方式指导并推动各省开展通行费价格改革。

3.2 定价模式改为"基准价+上下浮动"

目前,在国家降费减税的政策环境下,我国收费公路实施的差异化收费政策绝大部分是降费,2021年《差异化方案》中也强调"以现有政府定价收费标准为上限,赋予高速公路经营管理单位一定的定价自主权""要坚持以现行收费标准为基础、差异化下浮的原则",即差异化收费"只能降,不能涨"。而此次电价改革的最大亮点就是真正建立"可降可涨"的政府指导价。因此,收费公路也没有必要背负"重要公共事业"的思想负担,对"涨价"讳莫如深,应摒弃"只降不涨"的桎梏,按照市场化原则,建立"可降可涨"的"基准价+上下浮动"的定价模式,浮动范围也可参考电力改革20%的幅度。

3.3 探索普通公路收费改革

此次电力改革对居民和农业生产等仍实行政府定价,其基础费率比工商业用户的基础费率更低,但绝非免费,而公路系统中普通国省干线公路和农村公路却是免费使用的。鉴于政府财政负担过重,普通公路也面临资金投入严重不足的情况,建议深入开展全国里程费改革研究,将普通公路纳入收费体系,以促进公路事业长期可持续发展。

参考文献

[1] 邓郁松.进一步推进我国能源价格改革的重点与建议[J].国际石油经济,2019,27(2):60-64.

[2] 李佳,收费公路制度改革后高速公路通行费收费模式研究——以河南省高速公路为例[J].交通财会,2021(8):71-74.

中欧班列运输市场景气指数构建与研究

董庆元　李浩男　武　旭*
(北京交通大学交通运输学院)

摘　要　中欧班列经历十余年的发展,运输市场已初具规模,欲追求更高质量的发展,建立与中欧班列运输市场发展相匹配的监测体系尤为重要。本文对中欧班列发展相关报告和跨境铁路运输产业链条

进行梳理,筛选出中欧班列运输市场主要影响指标。运用格兰杰因果关系分析方法对指标分类、AHP-熵值法确定指标权重,建立中欧班列运输市场景气指数模型,设计景气监测系统,并基于2018年1月—2021年6月年实绩数据,进行实证分析。结果显示,先行景气指数具有预测运输市场趋势的作用,景气指数具有监测中欧班列运输市场实际发展情况的作用。

关键词 运输经济 景气指数 格兰杰因果关系 中欧班列

0 引言

中欧班列开辟了欧亚大陆"一带一路"沿线国家新的国际贸易通道,推动"一带一路"建设向更深层次发展。但由于中欧班列运输市场缺少监测,难以准确了解市场状态,使得相关部门无法及时地作出相应调整,不利于中欧班列服务质量提升[1]。

关于中欧班列运输市场研究,韩兆洋[2]分析中欧班列运输需求量主要影响因素,通过残差分析各影响因素,认为宏观经济环境与航海运输价格对中欧班列运输需求量影响较大。陈振江等[3]梳理中欧班列发展影响因素,将中欧班列发展系统分为出境货运量、沿线国家合作机制建设、基础设施及配套服务建设以及班列间竞争四个子系统,建立系统动力学模型分析研究。刘畅等[4]分析中欧班列影响因素与开行列数的关系,构建逻辑斯蒂模型,预测中欧班列开行数量及未来的开行趋势。但以上对于中欧班列运输市场运行状态分析多或为定性研究,或仅依靠中欧班列运量数据分析,缺少综合经济社会发展形势下,研究分析中欧班列运行状况。本研究基于数据运用定量研究的方式,建立一套动态反映中欧班列运输市场景气状况的指数系统,对运输需求企业的生产销售计划调整、运输供给企业的运营和管理调整、各级政府的运输政策制定有重要参考意义。

1 景气指标构建

1.1 景气指标选取

构建中欧班列市场景气指数,首先需选择景气指标,所选指标不仅应反映中欧班列市场自身的运行状态,也需反映与中欧班列市场具有互相影响关系的其他情况[5]。综合考虑中欧班列市场影响因素,基于景气指标全面性、灵敏性、代表性、可操作性选取原则,参考经济对交通运输的影响因素的相关研究[6],本文从宏观经济、对外贸易、行业运行、社会舆情四个方面选取30余项备选指标。实际生产经验及现有研究表明"中欧班列开行列数"是最直接反映中欧班列运行状况的指标,可较强反映运输生产情况,且具有明显波动性,故选取该指标为基准指标[7]。

在将"中欧班列开行列数"选取为基准指标后,将基准指标的循环周期作为基准循环[8]。根据其他指标与"中欧班列开行列数"基准循环出现波动的先后顺序,确定其他指标是先行指标、同步指标或滞后指标。本研究采用其他指标与基准指标的因果关系判断先行滞后性,确定指标分类。在进行格兰杰因果关系检验前,采用增广迪基-富勒检验(ADF)对各指标进行单位根检验,验证序列的平稳性。

1)数据稳定性ADF检验

采用有常数均值、有线性趋势的 m 阶自回归估计式,对自回归系数 ρ 为零进行假设检验:

$$\Delta y_t = a + bt + \rho y_{t-1} + \sum_{i=1}^{m}\gamma_i \Delta y_{t-i} + \varepsilon_t \quad (1)$$

式中:Δy_t——t 时间 x 的差分算子;

ε_t——白噪声;

(1)如果 $b \neq 0$ 且 $-1 < \rho < 0$,或 $b = 0$ 且 $\rho = 0$,则 y 为平稳序列;

(2)如果 $b = 0$ 且 $-1 < \rho < 0$,则 y 为非平稳数列。

如果指标数据为非平稳数列可对数据进行一阶差分再次验证平稳性。

数据差分公式为:

$$\Delta y_t = y_t - y_{t-1} \quad (2)$$

2)Granger因果关系检验

对平稳处理后的指标数据进行Granger因果关系检验,从而检验并确定先行滞后关系。设置原假设:X 不是引起 Y 变化的Granger原因,即 $\beta_{T+1} = \beta_{T+2} = \beta_{T+3} \cdots \beta_{T+m} = 0$。

利用Granger因果关系检验自回归检验模型:

无约束自回归模型(u):

$$y_t = \alpha_0 + \sum_{i=1}^{m}\alpha_i y_{t-i} + \sum_{j=T+1}^{m+T}\beta_j x_{t-j} + \varepsilon_t \quad (3)$$

有约束自回归模型(r):

$$y_t = \alpha_0 + \sum_{i=1}^{m}\alpha_i y_{t-i} + \varepsilon_t \quad (4)$$

式中：α_0——常数项；

α_i、β_j——计算参数；

m——计算期数；

T——滞后期；

ε_t——白噪声。

利用两回归模型的残差平方和 RSS_r、RSS_u 构造 F 统计量：

$$F = \frac{(RSS_r - RSS_u)/m}{RSS_u/(n - 2m - 1)} \cdot F(m, n - 2m - 1) \tag{5}$$

分别带入滞后期交叉计算，经验证具有因果关系且 F 值最大期确定为最佳滞后阶数，并将指标划分为先行、同步、滞后组。通过计算备选指标与基准指标的相关及因果关系，综合考虑各指标对中欧班列运输市场的影响，最终筛选出15项指标并分组，建立中欧班列景气监测指标体系。

1.2 景气指标权重

同一类指标中，由于指标特性差异，因此其权重也各有不同，本文运用层次分析-熵值组合方法确定指标权重，从而减少层次分析法主观因素影响，弱化熵值法赋权偏差[9]。首先基于宏观经济、对外贸易、社会舆情、行业运行指标类别对中欧班列运输市场景气的重要程度，构造两两判断矩阵，计算被比较因素的相对权值。然后根据各指标同基准指标波动程度确定熵值。最后运用乘数合成归一法将层次分析法与熵权法的权值耦合，从而得出最终权重，景气指标体系见表1，指标类别如图1所示。

中欧班列运输市场景气指标 表1

编　号	指标名称	权　重
a	国内生产总值	0.0882
b	居民消费价格指数	0.0672
c	粮油食品类商品零售值	0.0147
d	汽车商品零售类值	0.0399
e	进出口贸易总额	0.0928
f	服饰、服装出口交货值	0.0203
g	电气机械出口交货值	0.0377
h	电子设备出口交货值	0.0696
i	相关百度搜索指数	0.0696
j	相关原创微博发布量	0.0342
k	集装箱生产量	0.0558
l	中国出口集装箱运价指数	0.0287
m	“海上丝路”进出口贸易指数	0.0738
n	欧亚铁路运输成指数	0.1312
o	中欧班列开行列数	0.1763

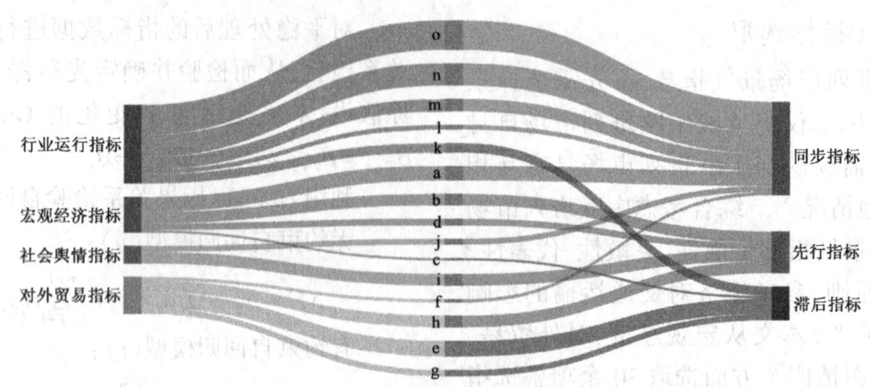

图1 中欧班列运输市场景气指标类别图

2 景气指数建模

本文构建中欧班列运输市场景气指数包括扩散指数与合成指数,并设计划分景气状态区间。其中,扩散指数反映中欧班列运输市场波动方向及转折点,合成指数反映中欧班列运输市场变动程度及速度[10]。

2.1 景气扩散指数

中欧班列运输市场景气扩散指数的计算模型可由下式表示:

$$\mathrm{DI}_i(t) = \frac{\sum_{j=1}^{N} I[X_{i,j}(t), X_{i,j}(t-1)] \times W_{i,j}}{\sum_{j=1}^{N} W_{i,j}} \times 100\% \tag{6}$$

式中:$X_{i,j}(t)$——第 i 指标组第 j 个指标在第 t 时期的值,$i=1,2,3$ 分别代表先行、同步、滞后指标组;$j=1,2,3,\cdots,N$,N 为本指标组指标总数;$t=1,2,3,\cdots,K$,K 为所选历史时期包含的月度总数;

$W_{i,j}$——第 i 指标组 j 指标的权数。

结合中欧班列运输市场景气指标的具体情况,比较中欧班列运输市场景气扩散指数指标,确定其示性函数 $I[X_{i,j}(t), X_{i,j}(t-1)]$。

$$I[X_{i,j}(t), X_{i,j}(t-1)] = \begin{cases} 1 & ,[X_{i,j}(t) - X_{i,j}(t-1)]/X_{i,j}(t-1) \geqslant \delta_{i,1} \\ 0.5 & ,[X_{i,j}(t) - X_{i,j}(t-1)]/X_{i,j}(t-1) \geqslant \delta_{i,2} \\ 0 & ,[X_{i,j}(t) - X_{i,j}(t-1)]/X_{i,j}(t-1) < \delta_{i,2} \end{cases} \tag{7}$$

式中:$\delta_{i,1}$——第 i 组第 j 项中欧班列运输市场景气指标在示性函数取 1 时的分界点;

$\delta_{i,2}$——第 i 组第 j 项中欧班列市场景气指标在示性函数取 0.5 时的分界点。

根据前文划分的先行、同步、滞后指标分别计算先行、同步、滞后扩散指数。

2.2 景气合成指数

中欧班列运输市场景气合成指数的计算模型建模计算如下,

(1)计算单个指标的对称变化率:

$$C_{ij}(t) = \frac{200[d_{ij}(t) - d_{ij}(t-1)]}{d_{ij}(t) + d_{ij}(t-1)}, t = 2,3,\cdots,n \tag{8}$$

式中:$C_{ij}(t)$——第 i 指标组第 j 指标在第 t 时期的对称变化率;

$d_{ij}(t)$——第 i 指标组第 j 指标在第 t 时期的值,当 $d_{ij}(t)$、$d_{ij}(t-1)$ 本身为零或负值时,$C_{ij}(t) = d_{ij}(t) - d_{ij}(t-1)$,$t=2,3,\cdots,n$。

(2)计算标准化平均变化率:

$$A_{ij} = \sum |C_{ij}(t)| / (N-1)$$
$$S_{ij}(t) = C_{ij}(t) / A_{ij}, t = 2,3,\ldots,n \tag{9}$$

式中:A_{ij}——第 i 指标组第 j 指标对称变化率时间序列的平均数,N 为期数;

$S_{ij}(t)$——第 i 指标组第 j 指标在第 t 期对称变化率的标准化值。

(3)计算指标综合变化率:

$$R_i(t) = \frac{[\sum_{j=1}^{k_i} S_{ij}(t) \times W_{ij}]}{\sum_{i=1}^{k_i} W_{ij}}, j = 1,2,3; \quad t = 2,3,\cdots,n \tag{10}$$

式中:k_i——第 i 指标组组内指标数;

W_{ij}——第 i 指标组第 j 个指标的权重;

$R_i(t)$——第 i 指标组在第 t 期综合变化率数值。

(4)计算初始合成指数:

$$I_i(t) = \frac{I_i(t-1)[200 + R_i(t)]}{[200 - R_i(t)]}, t = 2,3,\cdots,n$$
$$\mathrm{CI}_i(t) = [I_i(t)/I_{i,0}] \times 100 \tag{11}$$

式中:$\mathrm{I}_i(t)$——t 时期初始合成指数,令 $I_i(1) = 100$,$I_{i,0}$ 为所选基准年份 $I_i(t)$ 均值;

$\mathrm{CI}_i(t)$——t 时期最终合成指数,$i=1,2,3$ 分别表示先行、同步、滞后指标组。

2.3 景气状态

同步合成指数可以较为客观地反映中欧班列运输市场现期景气状况,选择同步合成指数作为景气信号警示系统的监测指数,根据中欧班列运输市场景气状况以及指标变动幅度,确定指标的临界点,将指标的变动幅度划分为若干区间。假设同步指数样本服从 t 分布,计算同步景气指数数据的平均值和样本标准差,通过样本数据计算指数置信度为 80%、50% 的置信区间[11],状态临界值见表 2。比对区间临界值,确定景气指数所处状态。景气状态划分为不景气、微弱不景气、景气、较为景气、非常景气 5 种状态,依次表示景气热度上升。

中欧班列运输市场景气状态区间　　表 2

状态	不景气 10%	微弱不景气 15%	景气 50%	较为景气 15%	非常景气 10%
下限	$-\infty$	$\bar{x}-t_{0.1}(n-1)\frac{s}{\sqrt{n}}$	$\bar{x}-t_{0.25}(n-1)\frac{s}{\sqrt{n}}$	$\bar{x}+t_{0.25}(n-1)\frac{s}{\sqrt{n}}$	$\bar{x}+t_{0.1}(n-1)\frac{s}{\sqrt{n}}$
上限	$\bar{x}-t_{0.1}(n-1)\frac{s}{\sqrt{n}}$	$\bar{x}-t_{0.25}(n-1)\frac{s}{\sqrt{n}}$	$\bar{x}+t_{0.25}(n-1)\frac{s}{\sqrt{n}}$	$\bar{x}+t_{0.1}(n-1)\frac{s}{\sqrt{n}}$	$+\infty$

3　实证分析

根据前文表述的研究方法,本文基于 2018 年 1 月—2021 年 6 月实绩数据进行实证分析验证景气指数有效性。扩散指数主要反映中欧班列运输市场的变动方向,观察发现其具有较强波动性,先行、同步、滞后指数具有较强相关关系。如图 2 所示,2018 年 8 月先行扩散指数达到峰值,同年 11 月同步扩散指数达到峰值,次年 3 月滞后扩散指数达到峰值。2019 年 12 月先行扩散指数进入低谷,次年 2 月同步扩散指数进入低谷,次年 4 月滞后扩散指数进入低谷,观察其他时期扩散指数也具有此特征。分析总结发现同步指数滞后先行指数 2~3 月,滞后指数滞后同步指数 2~3 期,波动规律具有相似性。

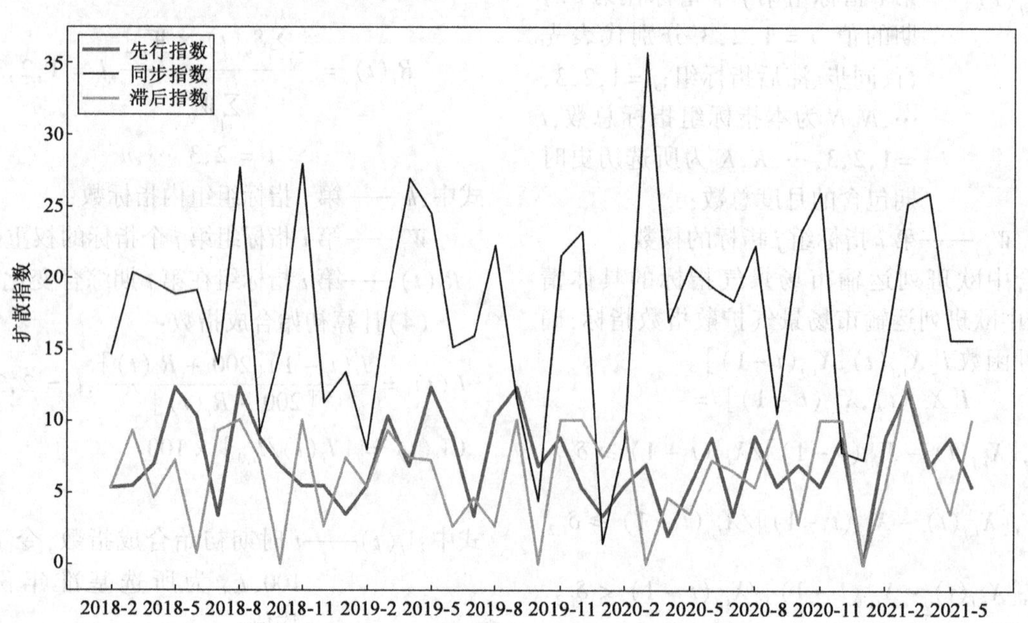

图 2　中欧班列运输市场景气扩散指数

合成指数主要反映中欧班列运输市场景气变化的幅度,因此相比扩散指数通过先行、同步和滞后指数综合考量发展趋势,利用同步合成指数研究景气变化幅度最为适当。如图 3 所示,相比扩散指数,合成指数的波动更加平缓,趋势更加明显,合成指数总体呈现上升趋势,这也与中欧班列实际蓬勃发展情况相吻合。

综合分析中欧班列景气合成指数,每年前两月同步指数值均较低,分析此时间段为中国春节假期。此时国内企业放假停工、中欧间运输需求减少,随着春节假期结束,中欧班列运输市场迅速恢复。2020 年初新冠肺炎暴发,国内众多工厂停工停产,中欧班列运输需求急剧下降。且口岸检疫更加严格,中欧班列通关时间延长,中欧班列运输市场迅速收缩,同时先行、同步合成指数均急速下滑,成为研究时段的最低点,这也与实际情况相符。2020 年第二季度以后,中国防疫形势好转,但新冠病毒在全球蔓延,中欧之间空运、海运难以维持原有规模。中欧班列逆势增长,成为防疫物资运输的“生命通道”,同时也保障了中欧之间正常的贸易往来,此时整体景气指数也处于上升趋势。2021 年上半年,先行合成指数整体处于较低水平,4 月后同步指数也随之下降,与中欧班列运输通道拥挤,运输时效性难以保证,运量增长出现瓶颈的运输现状相吻合。综合分析研究计算得出的"中欧班列运输市场景气指数"可以准确全面地反映中欧班列运输市场景气状况。

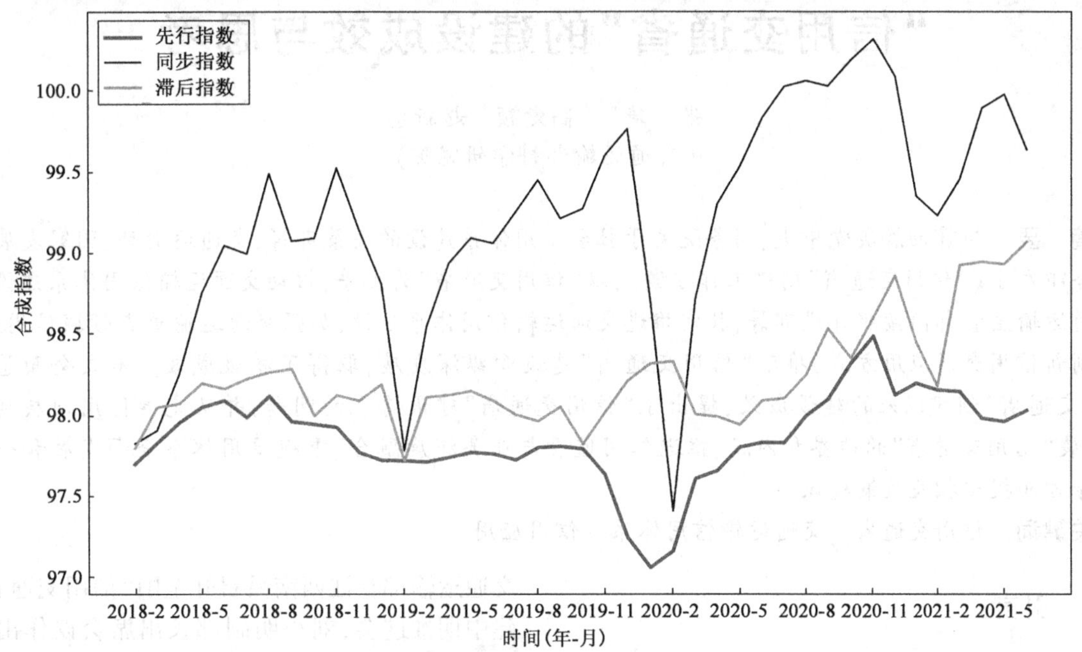

图3 中欧班列运输市场景气合成指数

4 结语

本文针对中欧班列运输市场,提出基于经济周期理论的中欧班列运输市场景气指数构建方法,定量动态监测中欧班列运输市场发展状态。经验证先行景气指数对于中欧班列运输市场状态具有一定预测作用,同步景气指数可较强描述中欧班列运输市场发展情况。论文成果对于中欧班列运输市场监测具有一定的参考意义。但中欧班列运输发展影响因素复杂,本文考虑的影响因素有所欠缺,从运输枢纽发展、国际贸易促进、运输机制创新、运输金融发展、运输绿色发展等多方面建立分项指数,构建中欧班列综合发展指数,监测中欧班列运行是下一步研究的重点。

参考文献

[1] Zhijia Z J, Li X H, Zhang Z W. Analysis on the Developing Situation of CHINA RAILWAY Express[J]. IOP Conference Series: Materials Science and Engineering, 2019, 612(3):

[2] 韩兆洋. 中欧班列市场需求分析与仿真研究[J]. 铁道运输与经济, 2020, 42(02):56-61.

[3] 陈振江, 龚英. 基于系统动力学的中欧班列发展趋势分析[J]. 重庆理工大学学报(社会科学), 2016, 30(08):46-53.

[4] 刘畅, 秦胜, 张文. 基于逻辑斯蒂模型的中欧班列开行数量预测探讨[J]. 铁道运输与经济, 2019, 41(05):110-114.

[5] 张志佳. 基于系统动力学的中欧班列质量评价研究[D]. 北京:北京交通大学, 2020.

[6] 谢雨蓉, 王庆云, 高咏玲. 基于模糊 DEMATEL 的中欧班列发展影响因素研究[J]. 学习与探索, 2020(06):135-141.

[7] Li Q L, Rezaei J, Tavasszy L, et al. Customers' preferences for freight service attributes of China Railway Express[J]. Transportation Research Part A, 2020:142.

[8] 张宇昕. 基于经验模态分解的中国金融周期与经济周期的关联性研究[D]. 济南:山东财经大学, 2021.

[9] 张文, 秦胜, 彭乾, 等. 关于建立中欧班列质量评价指标体系的探讨[J]. 铁道运输与经济, 2019, 41(03):85-89.

[10] 冷媛, 孙俊歌, 傅蔷, 等. 经济景气指数研究的比较与思考[J]. 统计与决策, 2017(02):5-8.

[11] 周德全, 真虹. 中国干散货海运景气监测及预警指标与模型研究[J]. 交通运输系统工程与信息, 2017, 17(05):186-192.

"信用交通省"的建设成效与思考

张　琦*　高爱颖　赵新惠
(交通运输部科学研究院)

摘　要　为贯彻落实党中央、国务院关于社会信用体系建设的决策部署,交通运输部、国家发展改革委联合印发了《"信用交通省"创建工作方案》,以"信用交通省"为抓手,推动交通运输信用体系建设。各级交通运输主管部门按照建设部署,扎实推进交通运输信用体系建设,加强交通运输重点领域信用监管,积极创新信用交通应用方式,推动"信用交通省"建设向纵深发展,取得了积极成效。本文全面总结了"信用交通省"创建以来的建设成效,提出了"信用交通省"建设存在的问题,并从完善信用顶层制度体系、拓展"信用交通省"的边界和内涵、推进信用监管与业务深度融合、重视信用体系全面发展和全流程构建等方面提出相关政策建议。

关键词　信用交通省　交通运输信用体系　信用应用

0　引言

交通运输部重视交通运输信用体系建设工作,杨传堂书记、李小鹏部长多次作出指示批示,要求加快推进交通运输信用体系建设"有所作为、走在前列"。2017年,交通运输部联合国家发展改革委印发《"信用交通省"创建工作方案》,具体提出了2017年—2020年交通运输信用体系建设基本思想、创建目标和五大具体任务,明确提出通过创建工作,推动形成一批"信用交通省",为实现交通运输治理体系和治理能力现代化、建设交通强国提供有力支撑。自"信用交通省"创建以来,各省(区、市)交通运输部门按照工作方案,积极推进行业信用体系建设,培树了一批行业典型示范,聚集了行业共识,形成了可复制可推广的经验和做法,促进交通运输信用监管体系的构建,信用正在成为行业监管和治理的新形式。

1　"信用交通省"建设成效

信用在进一步加强行业事前事中事后监管、规范公平市场秩序、营造良好营商环境等方面正在发挥着更重要、更突出的作用,有力促进了交通运输行业信用体系建设"有所作为、走在前列",有力支撑了各地社会信用体系建设,有力服务了当地经济社会发展。

1.1　强化组织领导,培树行业典型示范

一是加强前期动员,明确创建任务。2018年,交通运输部在江西南昌召开全国"信用交通省"创建中期推进会,刘小明副部长出席会议作出工作部署,要求坚持"内容为王""应用是生命力",全面落实好"六项任务",推动"信用交通省"建设工作取得新成效、迈上新台阶。

二是加强中期宣传,引导观摩学习。2019年,交通运输部联合国家发展改革委共同召开全国"信用交通省"创建阶段总结暨现场观摩交流会,刘小明副部长出席会议,并要求做到"四个转变""四个融合",会上公布了江苏、天津、湖南、河南四家第一批"信用交通省"典型省份。

三是加强后期总结,形成一批典型示范。2020年,交通运输部联合国家发展改革委召开全国"信用交通省"建设总结推进视频会,总结三年建设成效,分析形势、部署工作。杨传堂书记、李小鹏部长和国家发展改革委连维良副主任出席会议,公布了10个"信用交通省建设典型省份",即江苏、浙江、北京、江西、天津、河南、河北、广东、山东、云南。

1.2　加强指标引领,凝聚行业共识

一是发挥指标体系的引领作用。为加快推动"信用交通省"建设,2018年交通运输部联合国家发展改革委印发《"信用交通省"建设指标体系》,为突出信用交通建设的重点,每年对指标体系进行动态调整。通过以指标为引领,全行业对于"信用交通省"建设重要性、紧迫性和艰巨性的认识显著提高,运用信用开展市场监管的主动性明显提

升,推动了行业诚信秩序建立,凝聚了行业信用发展共识,实现"信用交通省"建设的良好开局,取得了较好成效。

二是强化建设中的考核评估。通过考核评估,督促"信用交通省"工作落实。每年各省、市交通运输主管部门按照《"信用交通省"建设指标体系》开展自评估,交通运输部邀请三方机构,通过互联网查询、数据联网核查等方式,结合各地自评情况进行第三方综合评估。为保证严谨和客观,交通运输部组成专项调研组,随机选择部分省(区、市)进行现场调研,深入实地了解各地建设成效。

1.3 加强重点环节,信用成为行业监管和治理的新形式

一是信用法律政策制度方面。各省(区、市)交通运输厅成立交通运输信用体系建设领导小组,加强政策法规保障,建立信用体系建设的任务台账,明确责任分工。同时,20余省(区、市)将在当地的交通运输法规规章中加入信用的相关条款,交通运输信用建设制度体系已初步形成,各相关工作机制不断完善,全行业信用工作合力进一步增强。

二是信用信息数据归集共享方面。按照"内容为核心"的原则,初步形成了标准化归集、系统化应用的交通运输信用大数据管理模式。截至2020年底,建成部省联通的交通运输信用平台,累计归集全行业信用数据33.7亿余条,与国家信用平台共享21.2亿条,建立805.2万家经营业户、2200万从业人员的"一户式"信用档案,河南、江苏、湖北、黑龙江共享信息超过1000万条。

三是信用信息公示公开方面。各省(区、市)"信用交通"地方网站(网页)陆续建成并向社会公众开放,提供政策文件查询、"双公示"信息公开、"红黑名单"公开、典型奖惩案例等内容。部省两级"信用交通"网站对外公示1.7亿条信息,提供9320万条信息的一站式查询服务,广东、江苏、山东、浙江、江西发布信息超过300万条。

四是加强信用评价与奖惩方面。安徽、北京、贵州、吉林、江苏、新疆、云南、浙江8个省(区、市)已全面开展行业五大重点领域信用评价,浙江省开展道路运输领域信用综合监管试点,构建两客一危、普货、维修、驾培企业和从业人员等评价模型,实施分级分类监管。广东省增加网约车评价,制定了建设市场、运输市场红黑名单制度,并推动信用评价的落地应用。

五是诚信文化建设方面。各省级交通运输主管部门积极开展"信用交通宣传月"及"一把手谈信用"活动,在春运、"十一"黄金周等重要时段,开展诚信春运、诚信兴商宣传月等活动。各地广泛开展信用培训,加快培育行业信用管理人才,形成部省联动的人才培养体系。

1.4 推动创新应用,形成可复制可推广的经验和做法

一是工程建设领域。江苏省出台公路水运建设单位、服务类单位信用评价制度,建立公路水运建设市场信用管理"1+6"制度体系,实现了交通工程建设领域全覆盖。天津市在公路工程建设领域实施"信用+招投标",在水运工程建设领域实施"信用+免缴农民工工资保证金"等措施。

二是运输服务领域。北京、天津限制失信被执行人参与小汽车摇号。河北省在高速公路推行"二维码+诚信救援执法"模式,不断规范路政管理,助力破解高速公路救援监管难题。厦门市建立港航生产经营人"守信红名单"和"失信黑名单"管理制度,确定港航生产经营人诚信等级。浙江省加快推进信用承诺制,推动信用承诺"四化",即制度化、规范化、数字化、清单化,实施容缺受理和告知承诺审批平均时间压缩80%以上。天津市对巡游出租汽车驾驶员实行信用积分管理,通过智能顶灯"亮星"方式显示考核结果。典型省(区、市)信用交通应用案例见表1。

典型省(区、市)信用交通应用案例 表1

省(区、市)	建设典型案例	成　效
北京市	实施"信用+地铁智慧安检",乘客信用体系的安检新模式,实现乘客快速进站。	在20个车站实施"信用+智慧安检"新模式,有效提升安检效率
	制定《关于限制失信被执行人参与本市小客车指标配置的工作意见》(京高法发〔2018〕74号),限制失信被执行人参加小客车摇号	截至2021年3月,有近9.02万人次被限制参加小客车指标摇号

续上表

省(区、市)	建设典型案例	成效
天津市	开展“信用+出租汽车管理”应用,对巡游出租汽车驾驶员实行信用积分管理,通过智能顶灯“亮星”方式显示信用考核结果	全市巡游出租汽车每万趟次运营投诉量同比下降50%以上
河北省	开展“二维码+路政信用执法”应用,有效解决一线执法人员和管理相对人之间、救援企业和受助驾乘之间信息不对称,以及执法依据、收费政策、工作程序不公开、不透明的问题。管理相对人用手机扫描二维码,就能在现场对路政执法和车辆救援行为进行监督评价	实施后河北路政执法满意度从73%上升到98%,车辆救援满意度从55%上升到95%,投诉数量同比减少63%。司法部将其作为河北省全面推行行政执法三项制度的典型经验
江苏省	实施“信用+船舶过闸”应用,对船舶进行全覆盖的信用评价,推动船舶过闸自动化,根据船舶评价星级提供差异化服务	船闸通行率明显提高,船民过闸违章记录同比下降27.6%,船民过闸满意度达99.4%以上
福建省	实施“厦门港+信用第三方公益评价”应用。建立港航生产经营人信用管理制度,确定港航生产经营人诚信等级,用信用评价体系建设提升港口管理,促进航运业走向规范化发展	2019年4月国务院批准为自贸试验区第五批改革试点经验,在全国复制推广。至2019年上半年,为企业减税降费7282万元
上海市	推动“交通运输信用承诺制”应用,推动信用承诺制度化,信用承诺规范化信用承诺数字化信用承诺清单化	简化了审批程序,提高了办事效率,特别是新冠肺炎疫情期间实施信用承诺办证,累计发放“免通证”3.4万张,实施容缺受理和告知承诺审批,较平均时间压缩80%以上
山东省	推动交通“信易行”应用,在城市公共交通领域,日照五莲县、威海荣成市相继推出“诚信公交卡”公交卡,市民可根据不同信用等级享受相应乘车优惠;在出租汽车领域,威海荣成市出台出租汽车行业信用管理制度,在共享单车、机动车维修和驾驶员培训等领域,潍坊和威海等市落实激励措施	“诚信公交卡”公交卡根据不同等级有“免费乘坐公交车”“5折乘坐公交车”的优惠政策。荣成市5家驾培企业已为290名市民减免培训费7万余元

2 存在的问题

2.1 配套的政策法规需要进一步完善

行业内部信用工作开展得不够平衡,尚未形成普遍共识和自觉行为,现实中有些地方、单位在实际工作中对于信用工作的重要性和紧迫性认识不到位,工作积极性不高、主动性不强,信用理念有待进一步提升。究其原因主要是交通运输信用体系建设的法规制度与标准规范体系尚未健全,行业顶层制度设计有待进一步加强,信用管理制度体系框架仍需完善,信用承诺、分级分类监管、联合奖惩、信用修复等关键制度仍存在缺失。交通运输管理部门对行业的信用约束力较弱,在行业管理上对信用工作缺乏相应的法规制度约束,在应用上缺乏相应的标准规范。

2.2 发展基础差异性大,系统性、全面性不足

行业内不同领域之间的发展基础差异性较大。如目前信用工作重点在工程建设领域,而在交通出行与物流领域,针对扰乱行业秩序、失信突出等问题的管理方法、方式上相对缺乏信用手段。此外,交通运输行业信用管理在政务诚信、行政执法、安全生产、污染防治等领域仍然存在不少空白。不同地区的重视程度和工作基础不同。如江苏、浙江起步早发展快,已经制定了交通运输行业制定多项信用管理制度,积极推进推动信用应用等工作,交通运输信用体系建设工作有了明显的成效。整体来看,经济发达区域要快于经济次发达区域。

2.3 信用与行业业务融合不够紧密

信用与业务融合不够情况依然存在,行业监管的基础性作用还没有很好发挥,部分重点领域信用建设仍然存在缺失,运输服务领域信用建设有待提升,信用评价仍存在标准不统一、要求不统一等问题。在行政审批、招投标、PPP(Pubiic Private Partnership,政府和企业资本合作)项目申请、助力新冠肺炎疫情防控、纾困行业中小微企业、有效降低交易成本、促进交通运输高质量发展提供有力支撑的作用还没有完全发挥。

2.4 信用信息应用与信用市场化服务水平亟待提升

部分省(区、市)的信用信息化基础不牢,信用

平台数据归集共享功能仍不完善,部分地区尚未完全实现“一网归集”和“一窗公开”。行业基于信用数据的挖掘开发能力不足,信用报告、信用产品等应用较少,信用服务行业发展的深度和广度还不够。交通运输行业各领域子系统之间、地方与省属信息系统之间信用信息共享交换不畅通,不利于信用数据的应用和价值挖掘。

3 政策建议

3.1 完善信用顶层制度体系

进一步加强信用顶层制度设计,积极推动出台《交通运输信用管理规定》和省级交通运输信用管理办法或实施细则,明确信用管理机构、职责、人员等。结合行业发展实际和形势需求,坚持问题导向和目标导向,研究制定科学、合理的交通运输信用体系建设测评指标体系。完善行业信用建设制度框架体系,推进在行业及地方法律法规制定中纳入交通运输信用监管内容,为行业信用体系发展提供制度保障。

3.2 拓展“信用交通省”的边界和内涵

拓展“信用交通省”的边界,鼓励有条件的城市结合自身优势和特点,先行先试、积极创建。鼓励长三角、珠三角、京津冀地区开展区域信用交通一体化创建等,完善交通区域协调发展,探索统一区域信用信息目录、奖惩依据、奖惩手段、管理机制等制度标准。拓展“信用交通省”的内涵,聚焦发力构建新发展格局,加强“信用交通省”部省共建,推动在公路建设、水运建设、道路运输、安全生产、海事等重点领域的信用监管应用。

3.3 推进信用监管与业务深度融合

按照“谁监管,谁负责”的总体要求,谁负责行业监管、谁负责推进信用建设,推动信用与网约车、共享单车等交通运输新业态领域,工程建设、两客一危、驾培维修等传统领域业务发展同规划、同部署、同推进、同考核,创新信用监管举措,丰富信用应用场景,充分发挥信用新型监管的实效。

3.4 重视信用体系全面发展和全流程构建

全面推进信用体系建设体制机制、法规制度、标准规范、信息归集共享、信用评价、联合奖惩、信用修复、创新应用、诚信宣传等主要任务,使信用成为行业治理体系现代化的重要途径和方式。推进事前、事中、事后全环节信用监管,促进各领域信用监管全覆盖。根据新形势新要求,建议将行业信用体系建设和“放管服”深化改革、交通强国建设紧密结合起来。

参考文献

[1] 高茜.“十四五”时期我国社会信用体系建设高质量发展的特征与推进举措[J].征信,2021(5):9-12.

[2] 张雨涵.有信者,行天下[N].北京:中国交通报,2020-09-30.

[3] 何玲.加快构建信用监管机制 为交通强国建设提供有力支撑——访交通运输部政策研究室主任刘鹏飞[J].中国信用,2021(5):10-13.

[4] 陆永泉.高质量建成信用交通省 坚实支撑强富美高新江苏[N].北京:中国交通报,2020-10-12(001).

[5] 沈尚.以“信用交通省”创建为统领 推进交通运输信用体系建设[N].北京:中国水运报,2018-08-31.

Analysis of Congestion Charge in Singapore and Stockholm

Zhang Siyue*

(Professional Qualification Authority of Ministry of Transport)

Abstract Congestion charge is one potential tool for addressing the challenges of congestion, emissions, and equity. Large congestion charge projects have been implemented in a lot of countries, like U. K., US,

Sweden, Singapore, and Australia over the past four decades. To further understanding of congestion charge, this article draws lessons from a sample of projects with the most relevant and richest experience, focusing on two comprehensive area wide projects: Singapore and Stockholm. Each received in-depth attention during planning, implementation and operational phases and have been evaluated carefully. The research methodology steps applied to this article consisted of four sequential actions. First, collect information of congestion charge scheme in London, Singapore, Stockholm and New York City. Second, analyze the similarities and differences of the congestion charge schemes in four cities, then decide to focus on Singapore and Stockholm's program. Third, identify and analyze the congestion charge schemes in five aspects: cost and revenue, mobility, equity, economic and environmental, and public acceptance. Fourth, develop of a list of recommendations and good practices for governments and private investors, and road stakeholders: ①A congestion charge pilot project is essential before implementing it in large-scale. ②Implementing congestion charge combine with other infrastructure programs. ③After congestion charge is implemented, periodically evaluation is needed to identify areas for improvement and to realize the goals more efficiently. ④Vary the congestion charge to ensure it is well communicated and easy to understand. With this list of recommendations and good practices, it is expected that the implementation efficiency of new congestion charge program will improve.

Keywords Congestion charge Transport pricing Mobility Traffic congestion International experiences Transportation planning

0 Introduction

Globally, there are several existing pricing mechanismsthat can bring road transport pricing in line with actual cost, road pricing is one of them. Road pricing includes user fees for vehicles' usage of roads and streets. Several reasons and methods for implementing charges exist. Systems are able to use fees to assist with transport demand management, such as through area pricing and cordon pricing mechanisms. Area pricing and cordon pricing require fees to be paid for usage in a particular geographical zone, which are typically already congested commercial centers that undergo an additional surge during peak hours. Cordon pricing is charged upon entry or exit while area pricing is charged for use within the zone as well.

Cities like Singapore, London, Stockholm and New York are implementing a congestion charge scheme for road users on its most highly congested roads. A lot of cities around world began exploring this scheme to generate much needed revenues for public transport and mitigate various pressures on urban public space. Congestion charge programs in Singapore and Stockholm are representative because they have been in place for years and hadreceived positive feedback from the public. The experience of these two cities provides opportunities to learn about the influence and benefits that could be expected in other metropolitan cities over the world.

This research is a continued work of a teaching case that author wrote whilestudying at University of Pennsylvania. Case study theory was applied to this research with Yin (2009), the most relevant author in this area. A case study was defined by Yin as "an empirical inquiry that investigates a contemporary phenomenon in depth and within its real-life context, especially when the boundaries between phenomenon and context are not clearly evidence". This research is classified as illustrative case studies due to the descriptive studies. By taking a comprehensive look at the congestion charge scheme in Singapore and Stockholm, the audience will get a common sense about the congestion charge.

The research methodology steps applied to this article consisted offour sequential actions: ①collection of information for the congestion charge scheme in London, Singapore, Stockholm and New York City; ② analysis the similarities and differences of the congestion charge schemes in four cities, then decide to scale down and focus on Singapore and Stockholm's program; ③ identification and analysis of the congestion charge in five aspects: cost and revenue, mobility, equity, economic and environmental, and public acceptance; ④ development of a list of recommendations and good practices for governments, private investors, and road stakeholders.

1 Singapore

1.1 Background

Singapore became the first city to adopt congestion charge, a city-state with 3.9 million people on a small island nation with land area of 647.5km^2 of the Malay Peninsula. Congestion charge policy was developed in Singapore during a period of rapid economic development, when the country transformed from low income to high income within the space of a generation. It is different from many other developed cities where congestion charge plan has been prepared in the contest of a population where vehicle ownership is mature. Its population has grown from 2.3 million in 1975 to 4.5 million in 2005. Singapore's GDP per capita was US $2500 (RMB 82319, inflation adjusted) in 1975 when the Area Licensing Scheme was carried out, and was about US $22,000 (RMB239,098, inflation adjusted) in 1998 when Electronic Road Pricing was carried out.

This dramatic increase in population income was accompanied by blooming demand for private vehicle ownership. From 1965 through 1998, when the vehicle quota system (VQS) was imposed to strictly limit vehicle growth, the number of privately owned passenger vehicles more than doubled from 104729 to 430000. Private passenger vehicle ownership as of 2019 stood at 515036 vehicles, a ratio of about 90 cars per thousand population. Singapore's vehicle ownership rates stay low compared to most of developed countries, but its accelerated vehicle growth rate has taken place in this land-constrained island, rural development, road building, and land reclamation, has limited ability to accommodate motor vehicle use without extreme congestion. Singapore started pursuing automobile demand management strategies in the early 1970s, since its central business area has experienced heavy congestion and limited street capacity back then.

1.2 Congestion Charge Program

1.2.1 Phase 1: Area Licensing Scheme (1975—1998)

The Road Transport Action Committee (RTAC) of Singapore recognized the heavy congestion generated by privately owned vehicles as a main factor behind the poor performance of public transport services. In 1975, The Area Licensing Scheme (ALS) was implemented as a major component of traffic management and emissions reduction in Singapore. It was a cordon pricing system that operated from 1975 to 1998, demarcated by 28 overhead gantry signs. An imaginary cordon was set around the most congested part of the central area known as the "restricted zone". In order to enter the restricted zone from 7:30AM to 9:30AM on workdays, people need to purchase and display a pre-purchased daily windshield license, which cost SGD 3 per day (RMB 14.1) at the beginning. Police vehicles, buses, high-occupancy passenger cars (with at least four persons) and motorcycles were initially excluded from charges.

The gantries were monitored manually by traffic wardens who carried out visual checks and recorded any violations. To discourage violations, heavy fines were set up. Introduction of congestion pricing was accompanied by: expanded bus service (33% increase); a decrease of 30% in "restrictedzone" parking rates; and provision of new Park-and-Ride lots with shuttle service into "restricted zone".

The ALS has gone through several expansions and modifications since introduction. The charging time was prolonged to 10:15AM soon after the scheme was implemented, to reduce travel shifts from 9:30AM to 10:15AM. During the consecutive thirteen years, modifications were also made to the extent of the downtown priced zone and the daily license. By 1988, the rate of daily license had gone up to SGD 3.4 (RMB 16). In 1989, the morning peak period ALS was expanded to cover trips in the evening peak period and exemption for taxis and 4 +

carpools were excluded. In 1994, all day congestion charges were introduced for travel within the priced zone with mid-day trips paying a discounted rate of SGD 2 (RMB 9.4), and windshield license-based pricing was introduced on three motorways outside of the central business zone.

1.2.2 Phase 2: Electronic Road Pricing (1998—Ongoing)

In 1998, the imposition of Electronic Road Pricing (ERP) was introduced in 9 locations along major expressways. ERP gantries using a dedicated short-range radio communication system, and each of them contained license plate recognition cameras and sensors. ERP with charges varying by location, time of day and types of vehicles for vehicles entering the central priced zone and at three points along three motorways. Afterwards, pricing has been expanded to many more points on all motorways.

The ERP has been fully automated and charges are now collected electronically at more than 50 charge points spread across the city. At the beginning, the ERP program operated from 7:00 AM to 7:00 PM Monday through Friday. The charges are adjusted every calendar quarter to maintain the traffic free flowing within the central business zone and to maintain speeds on the arterials and principal expressways within the "golden scope" (45 ~ 65 KPH on expressways and 20 ~ 30 KPH on other streets). The number of charge points were expanded over time by the operating authority as traffic conditions grow.

The charge rates in the central restricted zone vary from zero to roughly SGD2.7 (RMB 13) per crossing at a charge point. The situation is different on expressways, the prices are in effect Monday to Friday from 7:00AM to 9:30AM and charge rates vary from zero to approximately SGD5.5 (RMB26). Also, there are a few of arterial streets are priced differently from 7:00AM to 9:30AM on weekdays, the prices vary from zero to about SGD1 (RMB4.7). A functioning "In Vehicle Unit-IU" (a transponder) is required fitted on the dashboard with a stored value smart card for any vehicle traveling through a pricing location, sufficient monetary amount need to be stored on the smart card. IUs have audio signals and visual displays to inform the driver about low balance or deducted charges. Drivers are able to get the smart cards in a consortium of banks and can top off at banks or ATMs.

At the pricing locations, the overhead gantries are installed to identify the functioning of the IU and IU class to recognize type of vehicle, and then deduct the appropriate charge amount from the smart card. The gantries are able to detect malfunctions and violations at which time enforcement cameras are triggered to capture the license plate number for citation by mail. For vehicles with no IUs, a fine of SGD67 (RMB315) will be charged; for those smart cards with insufficient money, an administrative charge of SGD8 (RMB38) will be collected. The violation rates have been kept at around 0.3 percent. The technology allows charging and identification to take place at full freeway speeds (up to 120 KPH) in a multilane open system without lane restrictions or tollbooths and without a need to slow down.

As of 2019, Singapore has 78 ERP gantries. They are located along arterial roads and expressways with heavy traffic to discourage usage during peak hours. According to the Land Transport Authority (LTA) report, the next-generation ERP system is now in development and the current IUs will be replaced with new on-board units (OBUs) around 2023 depending on the availability of microchip. By using the Global Navigation Satellite System (GNSS) will allow new ERP system to manage congestion in real time. Additionally, OBUs will notify drivers about special zones with reduced speeds and current traffic patterns, among other information.

1.3 Key Findings

1.3.1 Cost and Revenue Impacts

The revenues were about 11 times the costs. Initial capital costs of the ALS program in 1975 were estimated to be SGD500,000 (~ RMB2.35 million). The annual operating costs were estimated to be SGD600,000 (~ RMB2.82 million) during the period 1975—1988. Estimated annual revenues during the period were about SGD6.8 million (~RMB31.97 million). Capital costs of the ERP System at the time of implementation in 1998 have been estimated to be SGD200 million (RMB940 million), half of which was installation and purchase of about 1.1 million IU units. In the early 2000s, nearly 300,000 daily transactions were generating suggesting annual revenues of more than SGD150 million (RMB 705 million).

1.3.2 Mobility Impacts

The introduction of ALS program in 1975 worked smoothly with low violations (1% ~ 2%). Vehicles entering the restricted zone decreased from 74000 to 41200 (about 44% reduction), with car entries decreasing by 73% (from 42,800 to 11400). The congestion charge led to in shifts to bus and HOV, shift in some route changing and trip departure times. Bus share went up from 33% to 46% and HOV 4+ share increased from 8% to 19%. Congestion inside the restricted zone was essentially improved. Vehicle speeds in the AM peak went up by 20% or more (including for buses). On most congested streets, the speeds increased from 15 ~ 18 KPH to 30 KPH. From 1975 to 1988, the vehicle population in Singapore raised 72%, but the volume of traffic entering the restricted zone in AM peak only increased 24%. In the post-1998 Electronic Road Pricing Phase, weekday traffic entering the restricted zone has declined 24 % from 271000 vehicles to 206000 vehicles per day. This decrease has resulted in average speeds within the restricted zone increasing from 30 ~ 35 KPH to 40 ~ 45 KPH.

1.3.3 Equity Impacts

According to attitudinal surveysconducted after the introduction of ALS charging program provide indications respecting to equity across different dimensions. Residents, taxi riders, and pedestrians outside of restricted zone discovered the influence of the ALS as neutral or negative while bus passengers, cyclists and residents within the restricted zone found the ALS as positive. Passengers and vehicle drivers considered the ALS as mildly unfavorable. In general, middle-income travellers felt negatively affected by the ALS.

1.3.4 Economic and Environmental Impacts

Cost-benefit analysis conducted by World Bank economists in 1978 suggested that the ALS pricing produced net benefits. From 1975 to 1998, the pricing not only decreased congestion dramatically, but also kept the restricted zone mostly free of congestion over the entire period even as the business activities, employment and income were increasing greatly. Therefore, the ALS pricing has granted Singapore to cancel or defer major investments for streets. The savings have been estimated to be around SGD1.5 billion (RMB7.05 billion).

In the public transportation sector, revenues of bus operators went up because of the significant increase in ridership. Also, the employment in the central area went up by 34% compare to the 32% increase in the entire state of Singapore over several years. Overall, the business community responded positively to thecongestion charge scheme, possibly believing that the combined package of actions by the government was imperative and beneficial from long term perspective.

Singapore ' scongestion charge has realized significant environmental benefits. According to Singapore ' s National Environment Agency, "measures adopted to control vehicular emissions, which include both land transport and environmental policies, have worked well in Singapore." Reduced traffic in the charging zone led to a 79378.7 kg reduction in carbon dioxide emissions and a 10kg reduction in particulate matter.

1.3.5 Public Acceptance

Since the introduction of ALS pricing in 1975, the government has continued to expand and modify the pricing program incrementally. To increase the public acceptability, the government packaged congestion charge reforms with major expansion in ownership taxes, reductions in certain vehicle purchase and public transportation modes and services. Besides that, the government also took actions on housing projects, such as large-scale arrangement of new, modern, subsidized housing outside the central area replace old damaged housing in the center. The ALS pricing changed constantly with the major developments of light rail, rapid transit and deluxe bus services.

In general, people in Singapore had positive attitude towards the pricing and accompanying package of developments. On-ground experience and information has addressed effectively to eliminate early skepticism. The public has come to respect and acceptbold policy initiative like congestion pricing and have broadly believed that authorities as administrator of effective public services.

2 Stockholm

2.1 Background

The government of Stockholm has been considering implementcordon pricing for over thirty years. By studying and proposing the pricing, the goal was to improve the environment, reduce congestion and generating revenues for transportation developments. The Green Party came into power in 2002, declared to introduce a full-scale congestion charge program. In 2004, the law authorizing congestion taxes was enacted with focus on environmental protection and demand management.

Abouttwo-thirds of residents opposed congestion charge. In order to achieve public support and political consensus, a seven-month pilot project would be carried out at first, then a referendum would be hold to make the decision about permanent program after evaluating the result of the pilot application. The seven-month pilot project was operated from January through July of 2006 and detailed evaluation was carried out. As congestion decreased by 30% ~50% during pilot project, two-thirds of residents voted by referendum in favor of making the pricing program permanent.

2.2 Congestion Charge Program

In 2006, thecongestion charge pilot project was implemented for a total of seven months. The pilot project contained three aspects: congestion pricing in the city center, constructing park-and-ride facilities, and expanding public transit. Stockholm extended the its public transit system to support alternatives to driving while carrying out the pilot project, by expanding service on existing routes, purchasing 197 new buses, and adding 16 new bus lines. The congestion charge combined with extended public transit led to a significant decline of traffic congestion. In the next 10 years, Stockholm's traffic levels decreased by 22% while the city's population increased by 10%.

The permanent program launched in January 2007 within a 35km^2 zone, the capital of Sweden with 2 million people on the south of Sweden, with charges directed toward public transit improvements and bridge maintenance. The purpose of the program was to reduce traffic congestion, improve travel time for car users, public health and air quality. The system comprises overhead gantries, street signage, pavement markings and cameras at every entrance. Vehicles enter the charging zone during charging hours are captured automatically by cameras of their license plates. The system runs from Monday to Friday from 6AM to 6:30PM. Vehicles are not charged on weekends, during nights, public holidays and the month of July. Prices vary based on time of day. During peak hours (7:30AM—8:30AM and 4:00PM—5:30PM), each passage is charged 35 krona (RMB25). Outside of these periods, the charge is in between 11 ~ 25 krona (RMB7.8 ~ 18). Drivers receive a monthly invoice indicates total charge they need to pay, and they are able to make the payments by mail or online. Motorbikes, emergency vehicles, mopeds, and buses with a total weight of at least 14 tons do not need to pay. The Swedish Tax Agency allows persons with a Swedish parking permit for people with disabilities to apply to exempt their vehicles.

2.3 Key Findings

2.3.1 Cost and Revenues Impacts

The capital investment for thecongestion charge

program was SEK 3 billion (RMB2. 1 billion) in total, and the operating costs were incurred at the annual rate of SEK 220 million (RMB 154million). Initial capital costs were approximately EUR 200 million (RMB1. 45 billion), included operating costs during the first year and the initial cost for planning and commissioning of the system. The revenues were running at rate of SEK760 million (RMB532 million) annually indicating profit rate of annual operation was SEK500 million (RMB350 million). Thus, the investment costs were recovered in financial terms in 3.3 years.

2.3.2 Mobility Impacts

Thecongestion charge program met expectations in traffic reduction. Overall traffic from and to the inner city reduced by 10% ~ 15%. Traffic speeds went up and congestion was reduced dramatically. The biggest decrease was during the PM peak hour, and the worst queues near and in the city center declined by 30% and more. The vehicle miles traveled (VMT) in the charged zone was reduced by 14%, and 1% decrease in VMT outside the zone. Traffic volumes on most congested streets declined by 20 to 25%, there was a raise in travel time reliability, and road safety improved as well. There was also a 6 to 9% increase in public transportation use, but no evidence found this increase could be all attributed to congestion charge program.

2.3.3 Equity Impacts

Researchers examined results ofcongestion charge varying income levels of Stockholm residents and nonresidents, mode share, travel times, and number of trips found out that travel times in the central areas of the city were shorter and with a lower percentage by vehicle; low-income and young individuals benefited from lower transit fees; low-income individuals were less affected than high-income individuals; higher-income individuals took more priced trips since than lived near or in the central areas. People travel by public transit would not pay the congestion charge. In addition, the revenues generated from the congestion charge program that was contributed to public transit led to reduction in fares for all users benefiting low-income people and the youth the most.

2.3.4 Economic and Environmental Impacts

Environmentally, carbon Dioxide has declined 10% ~ 14% in the inner city and 2% ~ 3% in the County, particulates declined 9% and nitrogen oxides (NOX) decreased 7%. In addition, emissions dropped near population centers, but there was no measurable change in noise impacts. Surveys of business leaders suggested that congestion charges are likely to be a minor factor in influencing these dimensions. Also, no identifiable impacts on household purchasing power or retail business were identified.

2.3.5 Public Acceptance

Numerous feasibility studies oncongestion charge were conducted and pricing proposals were abandoned and modified several times before the program was implemented. Commuters working in Stockholm's city center heavily criticized it as unfair. The government finally implemented it on a trial basis in 2006 and then made it permanent program in 2007. A few weeks after the end of the pilot project, the government held a referendum with the people voting in favor of the congestion charge. Overall, as the result showed, congestion charge program proved a success, 51.3% of people support for it.

3 Recommendations

The benefits and challenges of implementing congestion charges are following. First of all, Singapore and Stockholm had implemented this scheme, and it went quite successful. Both of them had shown significant reduction in motor vehicle trip, 22% in Stockholm and 44% initially and additional 15% with new technology in 1998 in Singapore. Second, the scheme generates substantial amount of revenues. In Singapore, the net revenue generated by congestion charge is RMB650 million per year. Singapore has expended the bus and rail system using this revenue. Other benefits include improvements in travel time, increasing ridership for public transit, combat climate change, reduce local air pollution and finance new infrastructure. Thus, congestion charges work, instantly and over time, and can be recommended for implementation in congested metropolitan areas.

First of all, a congestion charge pilot project is essential before implementing it in large-scale. Stockholm's congestion pricing program demonstrates the importanceand effectiveness of pilot projects. Public acceptance is a major challenge, policy makers can study how the public react to the pilot project and then decide whether make the charge permanent. In this way, when the pilot project launch, the government is able to learn rapidly if the public support it or not, then make corresponding adjustment to it. Also, in engaging the community during the pilot and providing them benefits for using transit compared to driving, will help the city to reduce traffic congestion in the pricing area and gain public acceptance.

Second, implementing congestion charge combine with other infrastructure programs, such as public transit expansion, infrastructure improvements and increase of transit service is necessary. Both Singapore and Stockholm show that implementation of congestion charge help them reduce traffic congestion. However, congestion charge alone is not able to reduce traffic time and ease traffic congestion. Transit demand is likely to increase significantly after implementing the charge, leading to the need for investment in additional capacity to serve existing transit routes as well as additional routes to further increase the benefits of the congestion charging system. An efficient, comprehensive, and convenient public transit is necessary and should be developed with congestion charge. One the congestion charge scheme is in place; revenues generate from the charge are potential source of funding for continuing transit improvements and other transportation projects including bicycling and pedestrian facilities to provide improved mobility options. Thus, it is important for policy makers to figure out the relation among different transport modes and how to manage them.

Third, after congestion charge is implemented, periodically evaluation and adjustments are needed to identify areas for improvement and to realize the goals more efficiently. Reoccurring analysis to assess traffic patterns, greenhouse gas emissions, transit ridership, and annual net revenues help cities track the effectiveness of their programs and identify areas for adjustment and improvement. Congestion charge operational outcomes and metrics should be sufficiently detailed and transparent to inform future adjustments to the policy, including the variability and level of the charge and exemptions, to allow the public to monitor the program. These adjustments should be examined at regular intervals, quarterly or annually to ensure the program is meeting its congestion, emissions and revenue goals.

Fourth, vary the congestion charge to ensure it is well communicated and easy to understand. The congestion charge should vary by time of day and day of week to alleviate travel between peak and off-peak times, minimize peak hour gridlock and reduce overall trips into the charging zone. Communicating the various charges clearly will enable drivers to know how much they need to pay for different trip times and change their trips accordingly. Also, these will reduce congestion and emissions due to fewer vehicle miles travelled.

4 Conclusions

This research analyzed the performance of congestion charge program in Singapore and Stockholm. This study has required the application of an illustrative case study approach. The purpose of this research was to develop a list of recommendations and good practices that can serve as a tool for governments and private investors to help them make the best and most efficient decisions in terms of new congestion charge program implementation. To that end, the article presents the following recommendations and good practices: ① A congestion charge pilot project is essential before implementing it in large-scale. ② Implementing congestion charge combine with other infrastructure programs, such as public transit expansion, infrastructure improvements and increase of transit service is necessary. ③ After congestion charge is implemented, periodically evaluation is needed to identify areas for improvement and to realize the goals more efficiently. ④Vary the congestion charge to ensure it is well communicated and easy to understand. With this list of recommendations and good practices, it is expected that the implementation efficiency of new congestion charge program will improve.

Policy makers should learn the lessons fromSingapore and Stockholm ' s congestion charge scheme, and realize that congestion charge is just one of the road pricing mechanisms. There are many other methods to ease the traffic congestion, so policy makers need to decide whether congestion charge is the most adequate one to implement. It is important to be kept in mind when develop congestion charge scheme that the scheme should reflect the local community needs and characteristics of the cities, since every city has their own demands and challenges on transport and mobility. Also, a thorough in-depth feasibility study is needed and the equity issues should be addressed as well. Besides these, it is necessary to visit or get contact with cities that have already implemented the congestion charge, get to know more of the details in areas like model and policy design , charging technologies, payment channels, public.

References

[1] Walter. T. Congestion Control in Singapore[J]. International Transport Forum, 2020: 1-27.

[2] Eliasson J. A cost-benefit analysis of the Stockholm congestion charging system [J]. Transp. Res. Part Policy Pract., 2009 (43): 468-480.

[3] Maria B. Long-Term Effects of the Swedish Congestion Charges[J]. International Transport Forum, 2018: 1-29.

[4] Agarwal S K Km, Sing, Tf. Impact of Electronic Road Pricing on Real Estate Prices in Singapore [J]. SSRN, 2015: 1-34.

[5] San Francisco County Transportation Authority. Downtown Congestion Pricing Study [J]. San Francisco County Transportation Authority, 2020: 1-6.

[6] Dr M, Dr J. The Stockholm Congestion Charging System: An Overview of the Effects After Six Months[J]. Association for European Transport and Contributors, 2006: 1-20.

[7] World Economic Forum. Sustainable Road Transport and Pricing White Paper[J]. World Economic Forum, 2021: 1-25.

[8] Provonsha. Emily, Nickolas S. Road Pricing in London, Stockholm and Singapore: A Way Forward for NewYork City [J]. Tri-State Transportation Campaign, 2018: 6-9.

[9] Chin, K. Road Pricing-Singapore's 30 Years of Experience[J]. CESifo DICE Report 3/2005, Center for Economic Studies ifo Institute, 2005: 1-6.

[10] Cohen, Stuart, Alan H. Pricing Roads, Advancing Equity[J]. TransForm, 2019: 8-9.

基于熵权法—灰色模糊法的中缅通道风险评估研究

——以缅甸皎漂港为例

边航锦[1,2] 关宏志*[1,2] 朱俊泽[1,2]

(1. 北京工业大学城市建设学部；2. 交通工程北京市重点实验室)

摘 要 马六甲海峡是我国通向东南亚及欧洲海上运输的唯一通道，战略地位十分重要。因为国际形势变化，该通道也面临着一些风险。为了降低我国远洋运输的风险，开辟经由缅甸仰光港或者皎漂港直接进入印度洋的出海通道十分必要。打通中缅出海通道是一项十分复杂的系统工程，面临着诸多不确定风险因素,其中既有经济性风险,又有政治性风险,因此对项目进行风险评估研究非常必要。缅甸皎漂港作为通道建设的关键一环,亟须利用科学的方法开展风险评估,以更好地指导通道建设。本文通过专家问卷调查、国际工程案例分析构建了风险清单,总结出9类一级指标和29个二级指标;构建了基于熵权法-灰色模糊法的风险评估模型,并对皎漂港建设项目进行风险评估分析。经研究得出项目整体处于中等风险水平,且要重点防范竞争风险、业主支付能力风险、政府腐败风险。本研究为中缅出海通道及其相关项目的风险评估研究提供了可资借鉴的信息和有益探索。

关键词　交通运输经济与政策　风险评估　熵权法-灰色模糊法　中缅通道　皎漂港

0　引言

马六甲海峡是我国通向东南亚及欧洲海上运输的唯一通道,战略地位十分重要,因为国际形势变化,该通道也面临着一些风险。例如,我国是油气进口第一大国,2020年石油与天然气对外依存度已经达到73%和43%[1],且能源运输主要依赖于马六甲海峡,目前中国通往中东与欧洲的远洋运输主要依靠上海港及北部湾港为出海口经过南海及马六甲海峡进入印度洋的运输通道。马六甲海峡作为控制中国及韩国、日本等东亚国家远洋运输的咽喉要地,对我国对外开放战略的实施有着重要影响。中缅出海通道是我国马六甲海峡以外的出海通道,具有十分重要的战略价值。这一战略性解决方案,为提升我国对外贸易防范重大风险能力,为"一带一路"向西南发展连接孟中印缅市场具有十分重要的意义。

所谓中缅出海通道指从我国西南城市(如成都、重庆)出发,经过云南临沧进入缅甸,最终以缅甸皎漂及仰光为出海口到达印度洋的运输通道。其中,皎漂港线路包括国内路段和缅甸路段两部分。国内路段建设项目主要包括:大理—临沧铁路、大理—瑞丽铁路、临沧—清水河高速公路。缅甸路段建设项目主要包括:瑞丽—曼德勒铁路、曼德勒—皎漂铁路、皎漂港项目。通道建设涉及面广、项目众多,风险评估工作艰巨复杂,本文拟以皎漂港项目为例,综合考虑其政治、经济等方面风险,进行风险评估。

皎漂港项目位于孟加拉湾东北部、缅甸若开邦的兰里岛北端,是"一带一路"沿线重点项目和中缅出海通道的支点项目。皎漂港指兰里岛和大陆构成的狭长海港,有着外航道很深、港内风浪小的天然优良条件。项目总占地1736公顷,港口规划共10个泊位,分三期建设,特区项目总投资约95亿美元,预计建成年吞吐量达700万TEU。

皎漂港作为中缅出海通道建设的关键一环,在技术可行、经济保障、安全为先的假设前提下,建立系统的风险评估体系,进而科学评估皎漂港项目建设的潜在风险,对成功打通中缅出海通道有着重要意义。

针对建设项目风险评估问题,近年来众多学者选取了不同角度和方法做出了大量研究。金晶以中欧班列为例,建立了BP神经网络模型对铁路建设的总体风险进行了评价[2];Dong以中蒙俄高速铁路建设为例,运用因子分析法确定指标权重,采用最大差分归一化进行量化构建了评估模型,针对两条路线选择进行了风险量化研究[3];王经略通过把DEMATEL和ANP方法相结合,建立用于海外铁路项目风险评估模型,通过实证研究发现,市场风险的重要程度最高,自然风险的重要程度最低[4];Gao针对风险指标的评价和度量问题,通过问卷调查和模糊评价,构建了风险评价指标体系和单因素的三个风险系数,通过层次分析法得到分类和组合风险指数[5];李素英基于铁路不同阶段,采用层次分析法明确因素的指标权重,构建基于模糊综合评判法的风险评估模型[6],以石济高速铁路为例进行了分析;吴倩倩基于AHP-熵权法对房地产开发项目进行评价研究,评价结果与实际情况相符合,并针对薄弱环节提出了具体建议[7];莫俊文构建了基于熵权-二维云模型的评价模型,以兰州铁路项目为例进行了系统韧性评价,结果显示项目整体良好,并针对风险指标提出了相关措施[8]。

总体来看,目前我国大型基础建设项目建设风险评估方法尚不成熟,学术界对于项目风险评估研究多以单一角度切入且没有形成共识。考虑到中缅通道建设项目风险涉及因素广,难以运用单一

1. 基金项目:国家自然科学基金(71971005);北京市自然科学基金(8202003)。

评估方法进行定量研究与分析，因此本文采用案例分析法和工作分解结构法对国际工程案例筛选项目风险清单，设计专家调查问卷收集项目风险指标重要性和发生可能性数据，运用熵权法与灰色模糊法构建风险指标的量化评估模型。通过计算评估皎漂港项目风险程度，总结分析重要风险因素的产生原因，文章的成果为皎漂港及中缅通道建设提供了参考案例和有益探索。

1 研究方法

皎漂港建设风险评估需要建立多层次、多目标的综合项目建设风险评估指标体系。针对相关问题，对于风险指标筛选有故障树分解法、工作分解结构法、案例分析法等方法；对于指标权重确定及风险评价有层次分析法、主成分分析法、熵权法等方法。通过比较各种方法的优缺点，本文拟采用建设风险评估模型[9-10]对皎漂港项目进行风险评估研究。评估流程如下所示。

第一步：案例分析法进行指标筛选。

第二步：通过设计专家调查问卷获取数据。

第三步：熵权法确定指标权重。

(1)专家对指标重要性进行评分，得到矩阵 $\boldsymbol{A}$。

(2)计算第 j 个评价指标下第 i 个评价对象的评价值所占比重 P_{ij}。

(3)计算第 j 个指标的熵值 E_j；计算第 j 个指标的熵权 W_j。

$$\boldsymbol{A}=\begin{bmatrix} a_{11} & a_{12} & a_{13} & \cdots & a_{1n} \\ a_{21} & a_{22} & a_{23} & \cdots & a_{2n} \\ a_{31} & a_{32} & a_{33} & \cdots & a_{3n} \\ \vdots & \vdots & \vdots & \ddots & a_{4n} \\ a_{m1} & a_{m2} & a_{m3} & \cdots & a_{mn} \end{bmatrix}_{m\times n} \tag{1}$$

式中：$\boldsymbol{A}_{ij}$——第 j 个评价指标下第 i 个评价对象的评价值。

$$P_{ij}=\frac{a_{ij}}{\sum_{i=1}^{m}a_{ij}} \tag{2}$$

$$E_j=-\frac{1}{\ln m}\sum_{i=1}^{m}P_{ij}\cdot\ln P_{ij} \tag{3}$$

$$W_j=\frac{1-E_j}{\sum_{j=1}^{n}(1-E_j)} \tag{4}$$

第四步：灰色模糊评价法确定指标发生概率。将风险发生的概率分为 5 个等级，分别为一类、二类、三类、四类、五类，评价分数为 $Q=(9,7,5,3,1)$，具体含义见表 1。

风险概率分级 表 1

风险发生概率等级	发生的可能性
一类风险(9 分)	该风险极有可能发生
二类风险(7 分)	该风险较高可能发生
三类风险(5 分)	该风险一般可能发生
四类风险(3 分)	该风险较低可能发生
五类风险(1 分)	该风险极低可能发生

根据设置的风险概率评估等级，建立风险概率评估矩阵，在提供较为详细的背景资料条件下，邀请专家对风险指标发生可能性评估打分，打分范围为 1～9 分。

(1)专家对指标发生概率进行评分，形成矩阵 $\boldsymbol{R}$。

(2)确定白化权函数。白化权函数是指在直角坐标系中的一条直线，它可以定量地描述某一灰类的大小变化关系。常用白化权函数有两种，结合本文风险因素评估标准，建立适用于本文的五类白化权函数 f_1, f_2, f_3, f_4, f_5。

(3)计算灰色统计权重矩阵，用白化权函数对样本矩阵 $\boldsymbol{R}$ 进行计算得到各个指标的灰色系数，得出总灰色统计值 v_k、权重值 n_{kj}。

(4)总结各指标权重向量得到灰色模糊权重矩阵 $\boldsymbol{N}$。

(5)将灰色模糊权重矩阵 $\boldsymbol{N}$ 和风险评估等级 $Q=[9,7,5,3,1]$ 相乘得到灰色风险评估等级矩阵 $\boldsymbol{W}$。

$$\boldsymbol{R}=\begin{bmatrix} r_{11} & r_{12} & r_{13} & \cdots & r_{1k} \\ r_{21} & r_{22} & r_{23} & \cdots & r_{2k} \\ r_{31} & r_{32} & r_{33} & \cdots & r_{3k} \\ \vdots & \vdots & \vdots & \ddots & a_{4k} \\ r_{n1} & r_{n2} & r_{n3} & \cdots & r_{nk} \end{bmatrix}_{n\times k} \tag{5}$$

式中：r_{nk}——第 n 个专家对第 k 个元素的评分。

对于 $x\in[d_1,\infty))$，其白化权函数为：

$$f=\begin{cases}x/d_1, & x\in[0,d_1))\\1, & x\in[0,\infty))\\0, & x\in((-\infty,0]\end{cases}\tag{6}$$

对于 $x\in[d_1,\infty))$,其白化权函数为:

$$f=\begin{cases}x/d_2, & x\in[0,d_2))\\((10-x))/((10-d_2)), & x\in[d_2,2d_2]\\0, & x\notin[0,2d_2]\end{cases}\tag{7}$$

五类白化权函数 f_1,f_2,f_3,f_4,f_5 分别为:

$$y_1=\begin{cases}x/9, & x\in[0,9)\\1, & x\in[9,10]\\0, & x\notin[0,10]\end{cases}\tag{8}$$

$$y_2=\begin{cases}x/7, & x\in[0,7)\\(10-x)/3, & x\in[7,10]\\0, & x\notin[0,10]\end{cases}\tag{9}$$

$$y_3=\begin{cases}x/5, & x\in[0,5)\\(10-x)/5, & x\in[5,10]\\0, & x\notin[0,10]\end{cases}\tag{10}$$

$$y_4=\begin{cases}x/3, & x\in[0,3))\\((10-x))/7, & x\in[3,10]\\0, & x\notin[0,10]\end{cases}\tag{11}$$

$$y_5=\begin{cases}1, & x\in[0,1))\\((10-x))/9, & x\in[1,10]\\0, & x\notin[0,10]\end{cases}\tag{12}$$

$$v_{kj}=f_j(r_{1k})+f_j(r_{2k})+f_j(r_{3k})+\cdots+f_j(r_{nk})\tag{13}$$

$$v_k=v_{k1}+v_{k2}+v_{k3}+v_{k4}+v_{k5}\tag{14}$$

$$n_{kj}=v_{kj}/v_k\tag{15}$$

$$\boldsymbol{N}=(n_{kj})_{n\times 5}\tag{16}$$

$$\boldsymbol{W}=\boldsymbol{N}\cdot\boldsymbol{Q}^T\tag{17}$$

式中:v_{kj}——第 k 个指标的第 j 类函数的灰色统计值;

f_j——第 j 类白化权函数;

r_{nk}——第 n 位专家对第 k 项指标的评分;

矩阵 $\boldsymbol{Q}$——评分分级矩阵,$Q=[9,7,5,3,1]$。

第五步:风险评估结果。综合考虑指标权重及指标发生概率,将熵权法得到的指标权重与灰色理论得到的风险概率相结合,计算出各指标风险程度及风险程度评估结果 P。

$$P=M\cdot W\tag{18}$$

2　实例分析

2.1　建设风险指标筛选

国际投资项目,不同国家和地区有着不同的风险,本文以尼日利亚铁路项目、印尼雅万铁路项目、缅甸仰光环城铁路项目等[11]为例,整理相关项目风险情况,并结合工作分解结构法总结得到项目建设风险指标清单,详见表2。

皎漂港建设项目风险指标清单　　表2

项目	一级指标	二级指标	代号	项目	一级指标	二级指标	代号
皎漂港项目建设风险指标清单	经济风险 U1	经济发展状况	U11	皎漂港项目建设风险指标清单	人力资源风险 U5	卫生健康风险	U51
		基础建设	U12			当地人才匮乏	U52
		通货膨胀	U13		自然环境风险 U6	不良地质风险	U61
		汇率变动	U14			自然环境保护	U62
	政治风险 U2	投资政策	U21			恶劣气候	U63
		政局动荡	U22		财务风险 U7	税务风险	U71
		双边关系	U23			业主支付能力	U72
		政府腐败	U24			建设用材成本	U73
	社会风险 U3	社会稳定	U31		法律风险 U8	政策法律壁垒	U81
		宗教文化	U32			法律不健全	U82
		征地风险	U33			司法不公正	U83
	市场风险 U4	市场前景风险	U41			知识产权	U84
		市场容量风险	U42		技术风险 U9	规划资料不完全	U91
		竞争风险	U43			建设标准	U92
		投资融资风险	U44				

2.2 问卷设计及数据获取

本文通过收集到的缅甸和皎漂港项目信息，根据表2所列风险指标清单设计了专家调查问卷，问卷内容见附录。本文对国家交通运输部等具有多年工作经验的共11名专家进行问卷调查。

共计发放问卷11份，回收问卷11份，经检验得有效数据10份。

2.3 熵权法确定指标权重

整理专家对项目风险指标权重评分数据，得到初始矩阵 $\boldsymbol{A}$。

$$\boldsymbol{A}=\begin{bmatrix}5 & 3 & & 3 & 3\\ 4 & 4 & & 3 & 3\\ \vdots & \vdots & \cdots & \vdots & \vdots\\ 4 & 5 & & 1 & 1\\ 4 & 2 & & 1 & 2\end{bmatrix}_{10\times 29}$$

根据式(1)～式(4)计算得到各项指标熵权 $W_j=[0.015,0.019,0.009,0.049,0.011,\cdots,0.066]$。

2.4 项目风险概率灰度评估

整理专家对项目风险发生概率评分数据，得到初始矩阵 $\boldsymbol{R}$。

$$\boldsymbol{R}=\begin{bmatrix}3 & 3 & & 1 & 1\\ 5 & 5 & & 7 & 5\\ \vdots & \vdots & \cdots & \vdots & \vdots\\ 1 & 3 & & 1 & 1\\ 5 & 1 & & 3 & 3\end{bmatrix}_{10\times 29}$$

根据式(5)～式(17)计算各项指标发生概率 $W=[4.444,4.639,4.695,4.707,4.679,\cdots,4.3412]$。

2.5 项目风险等级评估及建议

根据式(18)计算得出最终该项目风险得分等级 $P=4.8571$，$P\in[1,9]$。项目各项指标风险程度见表3，各指标对比图如图1所示。根据结果显示，项目风险等级处于中等水平，这表明项目的建设和管理活动存在诸多问题，应针对采取相应的风险应对措施以控制风险水平。

项目指标风险统计表 表3

一级指标	二级指标	指标权重	指标发生概率	指标风险程度
经济风险 U1	经济发展状况	0.015	4.444	0.067
	基础建设	0.019	4.639	0.088
	通货膨胀	0.009	4.695	0.041
	汇率变动	0.049	4.707	0.229
政治风险 U2	投资政策	0.011	4.679	0.050
	政局动荡	0.049	5.752	0.280
	双边关系	0.052	5.126	0.264
	政府腐败	0.063	4.796	0.304
社会风险 U3	社会稳定	0.034	4.819	0.163
	宗教文化	0.021	4.629	0.097
	征地风险	0.036	4.752	0.170
市场风险 U4	市场前景风险	0.049	4.796	0.233
	市场容量风险	0.027	4.756	0.128
	竞争风险	0.066	5.156	0.341
	投资融资风险	0.013	5.177	0.068
人力资源风险 U5	卫生健康风险	0.048	4.588	0.221
	当地人才匮乏	0.039	4.687	0.181
自然环境风险 U6	不良地质条件风险	0.028	4.593	0.128
	自然环境保护	0.018	4.639	0.085
	恶劣气候	0.039	4.412	0.172
财务风险 U7	税务风险	0.036	4.687	0.168
	业主支付能力	0.063	5.228	0.327
	建设用材成本	0.061	5.098	0.313

续上表

一级指标	二级指标	指标权重	指标发生概率	指标风险程度
法律风险 $U8$	政策法律壁垒	0.018	4.819	0.087
	法律不健全	0.019	5.033	0.096
	司法不公正	0.048	4.908	0.236
	知识产权	0.028	4.500	0.128
技术风险 $U9$	规划资料不完全	0.031	4.428	0.138
	建设标准	0.012	4.341	0.054

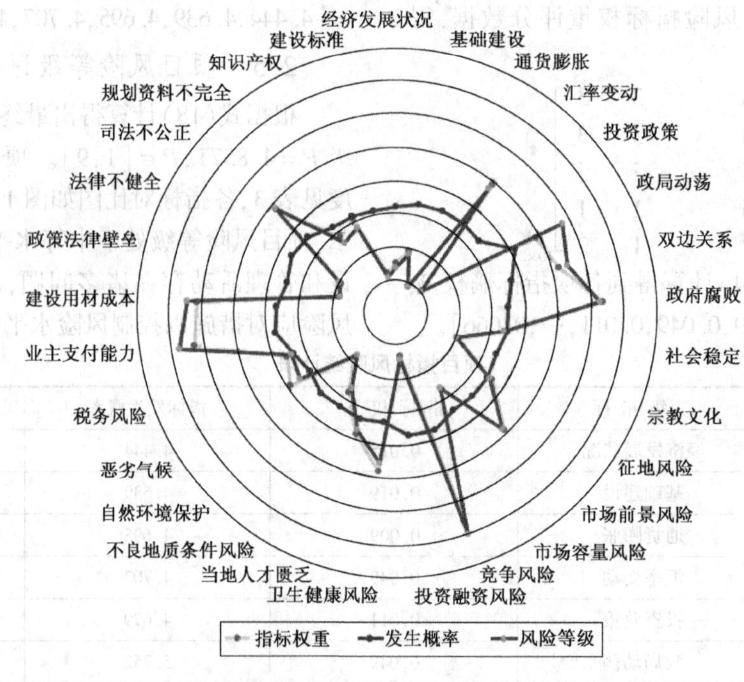

图 1　项目风险概率及风险程度雷达分布图

从指标权重来看,竞争风险、政府腐败风险、业主支付能力风险重要性程度明显高于其他指标;从指标发生概率来看,专家根据缅甸及皎漂港项目条件信息结合自身工作经验认为政局动荡风险、业主支付能力风险、竞争风险发生可能性较高,综合结果来看竞争风险、业主支付能力风险、建设用材成本风险、政府腐败风险处于较高水平。

竞争风险主要源自近年来部分东盟国家及部分发达国家持续对缅甸投资,导致缅甸投资竞争压力加大。业主支付能力风险主要源于目前缅甸方面在基础建设方面有较大的资金缺口。根据缅甸国家交通总体规划,到 2030 年预算为 200 亿美元,但亚洲银行估算缅甸需投资约 600 亿美元。且缅甸方面于 2018 年签署皎漂深水港项目框架协议时提出占股提升至 30%,由此需要额外承担项目 11 亿美元的资金。建设用材成本风险主要源于缅甸基础工业水平落后,建筑材料依靠从中国和泰国进口,建筑材料价格高昂,交通条件差,运输成本高。政府腐败风险主要源于政局不稳,且缅甸地方势力庞大,政策实施难度大。

中方应重点关注解决竞争风险、业主支付能力风险、建设用材成本风险、政府腐败风险所带来的相关问题。因项目整体处于中等风险水平,也应对其余风险做好防范准备。

3　结语

开拓马六甲海峡以外的印度洋出海通道对我国经济具有战略意义。本文评估了中缅出海通道及其相关项目的风险,为政府决策提供了有益的初步探索。针对多重风险的特性,文章采用问卷调查等方法收集数据,并开发了基于熵权法和灰色模糊法的评估模型。对分析结果的深入阐释,以及对类似案例的对比分析,能够进一步提高文章的现实指导意义。

参考文献

[1] 刘文华.《中国能源统计年鉴2020》[M],北京:中国统计出版社,2020.

[2] 金晶,李宗昊,朱亮,等.BP神经网络在铁路建设风险评估中的应用[J].铁道工程学报,2019(3):7.

[3] Dong S C, Yang Y, Li F J, et al. Economic, Social and Ecological Risk Assessment and Countermeasures of China-Mongolia-Russia High-speed Railway Construction[J]. Journal of Geographical Sciences,2018(07):33-51.

[4] 王经略,周国华,彭新艳.基于DEMATEL和ANP的海外铁路项目风险评估模型[J].科技管理研究,2018(11):9.

[5] Gao W, HONG K. The Portfolio Balanced Risk Index Model and Analysis of Examples of Large-Scale Infrastructure Project[J]. Complexity, 2017:1-13.

[6] 李素英,田崖,吴永立.基于FAHP模型的铁路工程项目风险评估研究[J].铁道工程学报,2019(7):8.

[7] 吴倩倩.基于改进AHP-熵权法的H房地产开发项目运营管理评价研究[D]:杭州:杭州电子科技大学,2021.

[8] 莫俊文,滕仓国,李甲,等.基于熵权-二维云模型的高铁建设工程系统韧性评价[J].铁道科学与工程学报,2021(12):1-9.

[9] 张宏,朱佳伟.基于熵权-模糊综合评价法的PPP项目社会资本退出方式选择研究[J].项目管理技术,2021,(12):6-13.

[10] 金晶."一带一路"国际铁路通道建设风险评估研究[D].北京:中国铁道科学研究院,2019.

[11] 鲁涓涓.中国高速铁路"走出去"实践探析[D].南京:南京大学,2019.

附录 皎漂港项目风险因素专家调查问卷

尊敬的专家:

您好!我是北京工业大学的一名硕士研究生,因为研究需要,邀请您结合工作经验对中缅通道皎漂港项目的风险研究问卷进行打分。烦请您在百忙中协助我们完成这份问卷的填写。本研究的数据只用于科学统计分析,没有任何商业用途,且严格保密所有信息。真诚希望得到您的帮助。十分感谢!

请您对以下两方面进行评分,表中指标重要性指该项风险因素对于本项目的重要性程度;指标发生概率指该风险因素在本项目建设过程中发生的可能性程度。

指标评价表

一级指标	二级指标	指标重要性评分(1~5)	指标发生概率评分(1~9)
经济风险	经济发展状况		
	基础建设		
	通货膨胀		
	汇率变动		
政治风险	投资政策		
	政局动荡		
	双边关系		
	政府腐败		
社会风险	社会稳定		
	宗教文化		
	征地风险		
市场风险	市场前景风险		
	市场容量风险		
	竞争风险		
	投资融资风险		

续上表

一级指标	二级指标	指标重要性评分(1~5)	指标发生概率评分(1~9)
人力资源风险	卫生健康风险		
	当地人才匮乏		
自然环境风险	不良地质条件风险		
	自然环境保护		
	恶劣气候		
财务风险	税务风险		
	业主支付能力		
	建设用材成本		
法律风险	政策法律壁垒		
	法律不健全		
	司法不公正		
	知识产权		
技术风险	规划资料不完全		
	建设标准		

我国新能源汽车产业扶持政策演进路径分析

侯　言[1]　于　茜[2]　冯苏苇*[3]

(1.上海财经大学金融学院;2.上海汽车工业销售有限公司;3.上海财经大学公共经济与管理学院)

摘　要　新能源汽车行业已成为低碳经济背景下汽车行业主要发展方向,也推动了传统汽车行业转型升级。近年来,中国新能源汽车产业飞速发展,而其发展的原动力正是产业扶持政策。本文对我国新能源汽车产业扶持政策进行梳理,采用PEST分析法探讨产业发展过程中的问题及成因,着重对产业和政策的互动关系进行分析,为政策决策提供参考。

关键词　运输规划　扶持政策　PEST分析　新能源汽车产业

0　引言

中国发展清洁能源汽车行业始于21世纪初期。2001年“863”计划正式将新能源汽车纳入重点项目,提出关于“三纵三横”的战略发展格局,从而确立了我国发展清洁能源汽车行业的战略发展计划与蓝图。《国务院办公厅关于印发新能源汽车产业发展规划(2021—二零三五年)的通知》中明确指出科技创新有待加强、质量体系亟待建立、基础设施建设水平仍显落后、行业生态体系尚不完整、全球汽车市场竞争日趋激烈等问题,因此,做好政府对清洁新能源行业扶持政策的解释,积极开展清洁能源在我国汽车行业优惠政策调研,挖掘当前汽车产业政策体系存在的新问题,有利于新能源汽车产业健康、绿色、可持续发展。

我国新能源汽车产业发展扶持政策的现有研究主要集中在政策评估方面,周亚虹等对新能源产业“促进生产”与“补贴需求”两类政策进行评估,在发展起步阶段,政府补贴扶持能通过补贴企业产能带来高利润的可能,进而释放潜在产能,而产业扩张后,传统政策很难引导需求和技术的同步成长,会造成同质化和产能过剩的问题。赵世佳等对国家和地方充电基础设施政策进行了梳理,认为国家、地方对于充电基础设施建设缺乏清晰的商业模式规划和核心技术的掌控,政府需要制定充电基础设施的合理布局规划。张厚明以国

1.资助课题:国家自然科学基金项目“一体化交通需求管理组合策略作用机制研究”(No. 71871131)。

内新能源汽车动力电池产业为视角,认为国内新能源汽车动力电池产业存在着产能过剩、先进技术与专利不足等问题,需由目前的普惠补贴转为奖优扶强,制定动力电池产业化激励政策与措施,提高整体行业竞争力。

上述研究针对现有政策进行评述,然而缺少对新能源汽车产业发展扶持政策的演进路径分析。本文利用 PEST 分析方法,探讨新能源汽车产业发展过程中的问题及成因,着重对产业和政策的互动关系进行分析。为政策决策提供参考。

1 政策演进路径分析

1.1 政策发展综述

纵观整个新能源汽车行业扶持政策的演进过程,大致可以分为五个方面,即:基础设施建设、财政补贴、销售扶持、研发技术扶持和道路法规(图 1)。

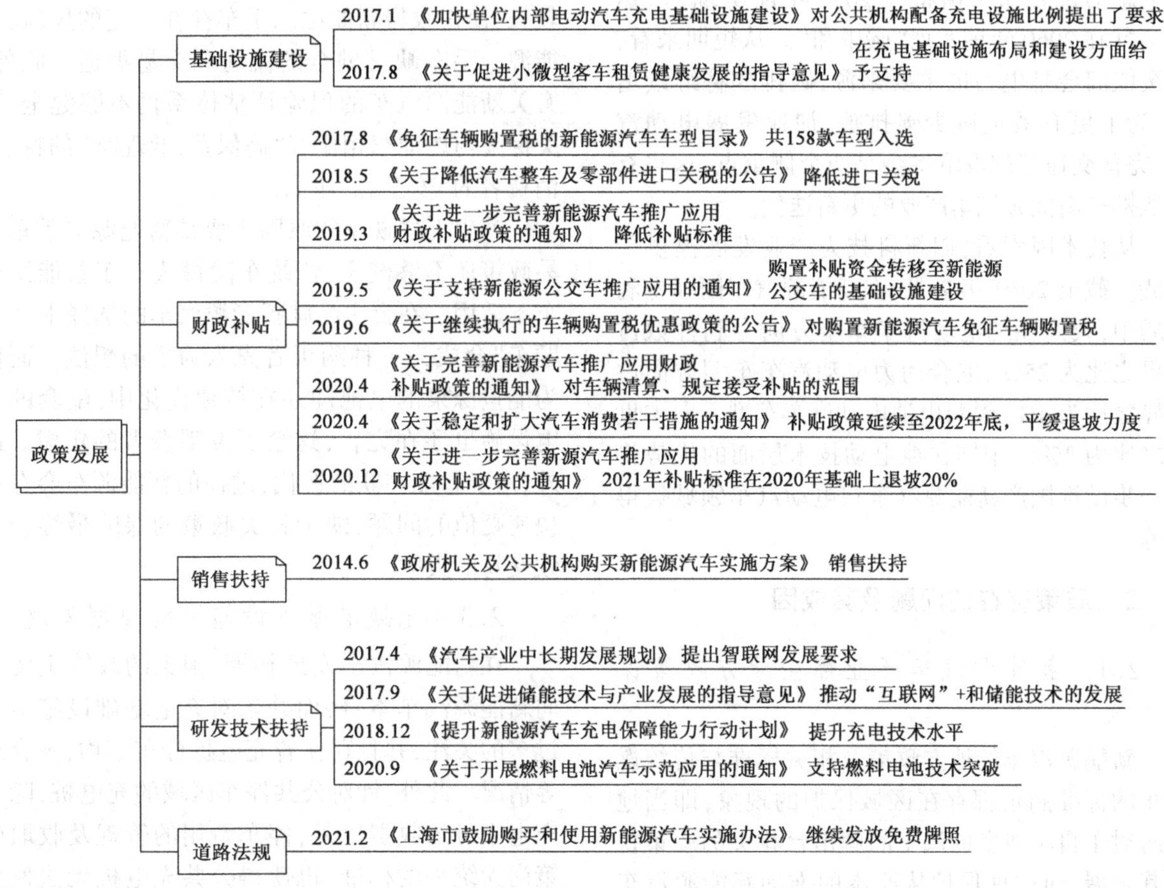

图 1 新能源汽车产业扶持政策演进

1.2 产业 PEST 分析

PEST 分析法考虑政治因素、经济因素、社会因素和技术因素等宏观环境因素。从整体来看,我国新能源汽车产业转型所在的宏观环境对其发展过程起到了很大的影响及推动作用,具体分析如下。

从政治因素看,国家相关政策强有力地推动了新能源汽车产业的发展。自《国家“863”计划电动汽车重大专项》发布以来,我国政府针对新能源汽车产业的鼓励、监管以及布局方面推出了 100 多项政策,尤其从 2016 年起,国家政策的扶持促使新能源汽车在产量和销量上都有了明显增长。工业和信息化部也出台了多项政策,明确了新能源汽车产业未来 15 年内的发展目标和重点任务,初步创建了传统汽车节能与新能源汽车协调发展的长效机制。

从经济因素看,持续的经济增长为新能源汽车产业提供了发展保障。2021 年上半年,大量汽车企业的营业收入和净利润均明显减少,抛开新冠肺炎疫情因素,行业发展滞胀是比较严重的问题。汽车工业对于一个国家的国内生产总值具有不可忽视的意义。在新冠肺炎疫情的冲击下,国内外的经济情况均呈下行趋势。为促进经济全面复苏,带动市场发展重新步入正轨,国家以新能源汽车为切入,对汽车行业的困境给予了充分关注和战略考量。

从社会因素看,碳排放约束为产业发展提供了机会。2015年11月,在巴黎召开了第十五届联合国世界气候大会,我国明确了2030年后的规划,即我国单位GDP的二氧化碳排放量将达到峰值并尽早达峰。在第七十五届联合国大会上,习近平总书记宣布中国将在2030年前实现"碳达峰",并在2060年前实现"碳中和"。从短期来看,煤炭依旧会是电力的主要来源,碳排放将继续增长,为了更有效地减少碳排放,加速发展电动汽车,完善交通基础设施将会是两个侧重点,这将有力地推动新能源汽车产业的更新迭代。

从技术因素看,创新科技为产业发展提供了支持。截至2019年7月,在新能源汽车国际专利布局中,我国在纯电动汽车车型方向专利件数占世界之比为25%、混合动力电动汽车车型方向占世界之比为4%、燃料电池电动汽车车型方向占世界之比为2%。中国在纯电动技术层面的优势将进一步助推国产新能源汽车在电动汽车领域拔得头筹。

2 政策存在的问题及其成因

2.1 新能源汽车产业存在地方政策保护主义

新能源汽车的地方政策及相关标准与传统燃料车的标准制定都存在区域保护的现象,即当地政府对于自主研发的汽车品牌出台相关的政策扶持其发展,而这种保护从原本的推动新能源汽车发展本身演变为了市场恶性竞争,容易造成技术较差的产品赢过技术较好的产品的现象。这一现象随着时间的推移,积累形成的地方标准干扰了国家扶持新能源汽车发展的主干线,影响了新能源汽车产业的整体布局,造成了汽车市场混乱的局面。

就汽车行业而言,汽车消费税、购置税等都是国家税,没有地方收入。汽车在使用过程中的燃油费也属于中央财政收入,与地方税收无关。因此地方政府只有在汽车制造环节才能够有一定的税收补贴,这也从根本上导致了各地方政府对本地的汽车企业制定差异化标准,从而形成非良性的汽车企业竞争环境。

2.2 新能源二手车交易政策、保险评估体系不健全

汽车业界对新能源汽车的电池寿命和安全性能有不同的规定及要求,这导致了在评价新能源汽车的保值率方面存在许多不稳定的因素。此外,新能源汽车可参考的历史置换数据并不多,而新能源二手车的买家同样也要符合征信、充电桩安装资质等要求,办理购买汽车手续的周期相对较长,使得收售新能源二手车存在一定的风险,新能源二手车缺乏健全的流通和交易渠道。此外,有关新能源汽车的保险评估体系仍不够健全,相关保险与燃油车相比有"高保费,低理赔"的特点,消费者的"安全感"不高。

产生上述现象的原因主要是新能源二手车交易政策还不够健全,传统车险模式对于新能源汽车不适用。在自主品牌新能源汽车的选择中,"问题车"会成为一种购买者先入为主的想法。而作为能量源泉的电池却还在持续优化中,配套的充电设施也还在完善,这会引发消费者的焦虑。此外,由于智能网联的迭代,过往的新能源车会存在快速贬值的问题,缺少相关政策的保障最终会导致交易的失败。

2.3 充换电基础设施网络规划欠缺

在新能源汽车发展初期,国家的政策主要面向新能源汽车本身,而并未对充电基础设施给予过多的关注,并且存在着充电桩分布不均、不合理等情况。此外,针对公共停车区域的充电桩,除了充电本身的收费以外,停车费用的管理及收取政策尚无统一的标准,也使得公共充电桩无法发挥其自身的价值。

连年亏损极大地降低了企业建设充电设施的热情。土地费用、相应的电缆线等设备使前期投入巨大、回本不易。此外,电网初建时,未考虑大量充电设施接入电网,使之难以承受当前大量充电设施同时工作的负荷。虽有相关政策的对于充电基础设施建设的支持,但对于政策的实施却仍存在着滞后性,使得配套设施跟不上新能源汽车的发展需要。

3 对策和建议

2015—2020年是我国新能源汽车产业快速发

展的时期,无论是在产量、销量还是电池技术的创新发明上都有着不小的进步。新能源汽车产业的进一步发展还需要政策的辅助与支持。我国在新能源汽车产业的各项政策上仍需要改进,现针对各地区的特点,将其分为国画、山水、白纸三类,提出如下对策与建议。

对于北京、上海、广州、深圳这样的新能源汽车应用程度较强的城市,即"国画",首先要利用政策鼓励当地实力较强的企业率先进行技术研发和创新研究,不断提升新能源汽车的性能,为进一步的发展与销售开创前路。同时,对其现有的基础设施建设进行完善和适当扩充,对已经建成的充电桩、充电站等进行及时的维护和修理。此外,对于当地的保险公司,应尽快完善其保险评估体系,为新能源汽车的销售提供保障。在现有市场版图的基础上,不断深化对外开放合作,为新能源汽车市场提供一个公平、公正、合作共赢的交流范例,推动新能源汽车市场环境逐步国际化。加快融入全球价值链,指导企业制定国际发展战略,不断提高国际竞争力,加大对外开放力度,促进产业合作。支持鼓励国内自主品牌研发企业,充分利用信贷资金消费制度建立完整的国内外新能源汽车营销服务标准,同时将海外仓储服务和新能源汽车售后维修中心作为一体化网络营销服务中心提供技术保障。

对于省会城市及城市群这样的未规模化应用的城市,即"山水",加快各大汽车企业在当地开设4S店的速度,不断扩大其规模,完善基础设施体系,大力推动充换电网络建设,实现居民区、市中心公共区域充电桩全覆盖,尽量减少潜在消费者的焦虑情绪。同时,投入研发换电、移动换电等技术,有规划性地提升基础设施建设,提高充电站、换电站等基础设施的服务水平。鼓励创新型城市建设模块,结合旧区改造、居民区改造等一系列改建工程,将新能源汽车充电设施建设与地产开发规划相结合。进一步完善充电桩安装流程的规范制度,在土地面积不足的地区考虑共享充电桩位的模式,建设一体化充电服务站。对于地方保护主义,建议从改变税收结构来根治问题。

对于还没有开展示范应用新能源汽车的城市,即"白纸",加强宣传效果,提高消费者对新能源汽车的了解程度和信心,提前规划好4S店地理位置和基础设施布局,为新能源汽车产业的进驻做好筹划。

共同将"国画"填补色彩,"山水"勾勒形状,"白纸"打好草稿,描绘出新能源汽车产业的大好前景。

新能源汽车是我国实现可持续性发展的必然要求,相较传统的燃油汽车,新能源汽车对环境保护、能源安全、节能减排等方面的重要性不言而喻,发展新能源汽车已成为汽车行业大势所趋。本文分析了我国新能源汽车产业发展扶持政策演进路径,剖析产业在适应政策时产生的问题和原因,可为政策和新能源汽车产业进一步发展提供思路和参考。

参考文献

[1] 周亚虹,蒲余路,陈诗一,等.政府扶持与新型产业发展——以新能源为例[J].经济研究,2015(6):147-161.

[2] 赵世佳,赵福全,郝瀚,等.中国新能源汽车充电基础设施发展现状与应对策略[J].中国科技论坛,2017(10):97-104.

[3] 张厚明.我国新能源汽车动力电池产业发展面临的问题与建议[J].科学管理研究,2018,36(6):58-61.

新时期我国主要城市群交通发展建议

熊 琦*[1] 韦功鼎[1] 赵 轩[2] 杨 涵[1] 闫慧丽[3]

(1.交通运输部公路科学研究院;2.中路公科(北京)咨询有限公司;
3.北京交科公路勘察设计研究院有限公司)

摘 要 我国城镇化快速发展以及京津冀、粤港澳大湾区、长三角、成渝等四大城市群先后上升为国家战略,对城市群交通发展提出了新的要求。本文对四大城市群交通发展的关键问题进行了梳理归纳,提出了新时期主要城市群交通一体化高质量发展的思路及相关发展政策建议。

关键词　城市群　交通一体化　问题　政策建议

0　引言

城市群是新型城镇化主体形态,在推动形成优势互补高质量发展的区域经济布局进程中,现代化城市群发挥着重要作用。作为一个国家经济社会综合实力在空间形式上的集中呈现,城市群日益成为参与国际分工和体现国家竞争能力的重要标志。2019年中央财经委员会第五次会议提出,当前我国区域发展形势是好的,同时经济发展的空间结构正在发生深刻变化,中心城市和城市群正在成为承载发展要素的主要空间形式。

2021年3月,《中华人民共和国国民经济和社会发展第十四个五年规划和2035年远景目标纲要》提出要"发展壮大城市群和都市圈,形成疏密有致、分工协作、功能完善的城镇化空间格局""优化城市群内部空间结构,构筑生态和安全屏障,形成多中心、多层级、多节点的网络型城市群""坚持产城融合,完善郊区新城功能,实现多中心、组团式发展"。城市群是城市化发展到一定程度的相对成熟阶段,推动城市群一体化建设将是实现社会主义现代化强国的重要空间组织形态,以城市群一体化发展作为新阶段的主要发展方式,将成为赢得国际竞争力和推进我国城市高质量发展发挥的关键举措。城市群的发展离不开安全、高效、便捷、经济的交通运输服务与支撑。交通运输体系是城市群区域一体化发展的动脉,也是区域之间合理配置资源、提高经济运行质量和效率的重要基础。2019年9月党中央、国务院发布的《交通强国建设纲要》明确提出,构建便捷顺畅的城市群一体化交通网。在"十四五"城市群的发展进程中,交通如何寻求和把握好作为国家重大战略先行的使命与定位,着力提升城市群交通运输能力与效率,全面补齐短板,增强服务国家发展大局能力,充分体现先行作用,也成为行业亟需思考的重要命题。

1　四大城市群交通发展现状

伴随着我国城镇化快速发展以及京津冀、粤港澳大湾区、长三角、成渝等四大城市群先后上升为国家战略,在区域经济中功能不断扩展、地位迅速提升,已成为我国经济的重要增长极。2020年,四大城市群以8.45%的国土面积,承载了全国36.34%的常住人口,共创造了全国50.59%的经济总量,人均GDP达9.99万元,是全国平均水平的1.39倍,是支撑全国经济增长的主导地区(表1)。

国内四大城市群的经济和人口发展现状(2020年)　　表1

城市群	面积(km^2)	城市数量(个)	常住人口(万人)	GDP(万亿元)
京津冀	21.6	11	11040	8.6
粤港澳	5.65	11	6260.4	11.6
长三角	35.4	41	22517	24.5
成渝	18.5	15	11499	6.6
合计	81.15	86	51316.4	51.3
全国	960	685	141212	101.4
全国占比(%)	8.45	12.55	36.34	50.59

数据来源:根据《中国统计年鉴2021》整理。

党的十八大以来,在党中央的一系列重大决策部署下,城市群交通运输事业取得了举世瞩目的成就。一方面,城市群交通一体化协同机制逐步建立。交通运输部牵头组建了包括行业有关部门、地方政府和企业的京津冀雄安新区交通建设领导小组、推进粤港澳大湾区交通运输发展工作组等议事协调机制,持续推进京津冀城市群交通法治协同、标准规范对接、信息共享、执法联动等。另一方面,城市群交通规划有力支撑京津冀、粤港澳、长三角等国家重大区域战略,先后出台《京津冀协同发展交通一体化规划》《长江三角洲地区交通运输更高质量一体化发展规划》《粤港澳大湾区

1. 基金项目:2020年中央级公益性科研院所基本科研业务费专项资金项目《新时期城市群和都市圈交通发展趋势研究》(2020-9038);2018年交通运输部交通规划战略政策项目《城市群交通运输一体化规划研究》(2018-16-7)。

基础设施互联互通规划》,《成渝地区双城经济圈综合交通运输体系发展规划》正在编制中。总体来看,四大城市群交通基础设施网络已基本形成,区域干线铁路营业里程约2.4km,路网密度是全国平均水平的2.6倍;城市轨道交通营业里程约3400km,占全国的61.2%,运输服务能力大幅提升,为国家城市群和重大区域发展战略实施提供了有力支撑。

2 城市群交通发展的主要问题

当前城市群交通发展仍然存在一些问题,具体包括以下几个方面。

(1)城市群交通运输一体化管理体制机制有待完善。

一是常态化、制度化的城市群交通一体化管理体制尚未建立。多数协商机制均采用"一事一议"的形式,统筹规划和监督管理等职能有待加强,相关的协议或备忘录缺乏约束力和执行力,尚未建立稳定统一的规划与资金保障机制。二是缺乏城市群跨地区、跨部门、多方式的综合交通全领域的规划管制政策和共建共享实施机制,基础设施缺乏整体的统筹、协调和衔接。各城市交通网络规划尚处在各谋利益、各自为政的状态在省际城市群交通规划方面,目前尚未有相关的规划管理制度或条例。省际城市群综合交通规划制定、审批、实施、评估的主体并不明确。三是城市群内各城市在政策、法规、标准不统一,区域统一的交通运输市场尚未形成,交通运输管理的联动性和协同性较差,在道路管控、联合惩戒、安全信息共享、应急指挥等方面的机制有待加强。

(2)城市群轨道交通网络承载能力有待提升。

城市群轨道交通一体化规划建设存在明显不足。一是市域快线及市郊铁路是城市群轨道交通的短板,存在规模体量偏低、与地铁衔接不够、对站点周边带动作用不足等问题,制约了城市群人口、产业等要素的自由流动。国外发达城市群均以市际铁路为主体,运营里程超1000km,占全部轨道交通的80%以上,而截至2019年,北京市郊铁路仅有3条,运营里程为242km,分担城市客流比例不足1%。粤港澳大湾区市郊铁路里程仅占轨道交通总里程的1.1%,与日本、欧洲等发达城市群相比存在很大差距。

二是城市群干线铁路、城际铁路、市郊铁路、城市轨道等不同层次的轨道交通联通性差。仅高速铁路系统实现了较好的互联互通网络化运营,城市轨道交通系统内部及其与高速铁路系统之间的互联互通运营模式仍处于摸索阶段,尚未构建各层次轨道交通互相直通运营机制,缺少跨线运营、慢车运营等多种运营组织模式。

三是传统依靠政府财力为主的市郊铁路发展模式在未来几年将面临巨大挑战。据测算,到2025年,轨道交通规模前十的城市年均为轨道交通项目出资占一般公共预算收入比例平均达到12.7%,占政府性基金收入比例平均达到17.0%,远远超出了各城市实际承受能力。

(3)城市群毗邻省市间基础设施协同规划及共建共享程度较低。

城市群内各交通枢纽缺乏分工协作和有机整合,枢纽间协同效应不明显,部分地区不同方式的枢纽在规划、建设、运营、管理中难以实现统筹,尚未充分实现运力衔接和组织协同。以长三角为例,虽然各省已就推进长三角跨区域公交一体化形成共识,但在探索发展的过程中,无论是在规划引导、基础设施共建共享方面,还是联合审批、站点布局以及安全管理运营上都存在较大差异,协调难度较大。例如博望区至S9石湫站、和县至S3高家冲站专线,均因为地铁建设时未考虑到跨省公交衔接,造成地铁站附近没有公交停靠调度站场,经过双方多次协商,才实现两条线路开通。

(4)城市群交通方式间的衔接和转换效率不高、综合运输服务水平有待提高。

同一城市交通枢纽内不同交通方式间的衔接与换乘效率较低、换乘等候无效时间较长,面向公众提供交通信息服务的力度不够,居民出行换乘体验较差。如浦东机场未配套高速铁路和城际轨道,造成旅客前往长三角其他城市时,需要多次换乘。新建的高速路车站多位于城市郊区,公共交通设施衔接不足,旅客换乘不便利。城市群内票制互通、安检互认、信息共享、支付兼容等尚需突破,出行服务管理和安全监管缺乏联动,干线运输、城市物流配送、城市末端配送等货运系统衔接不足,提高了物流成本。

(5)毗邻省市间公交线路开通相关法律法规和许可方式滞后。

现阶段毗邻省市公交的开辟、调整缺乏明确的法律法规规范的流程。传统城际道路客运"车进站、人归点”以及直达运输为主的组客模式与城际公交化客运服务沿途通勤出行需求已不适应。目前行业没有关于毗邻公交客运的明确定位,执法监管方面也没有相关上位法或管理规定支撑。各地对于线路开行和日常监管的依据,均基于现有法律法规体系自行理解,管理和执法口径不统一,监管模式各有不同。城际公交化客运日常经营过程中的调整和变更事项较多,对时效性要求高,现行许可管理模式,与城际公交化客运经营和服务特征已不相适宜。

(6)城市群交通一体化政策法规体系亟待建立健全。

一是城市群交通一体化监督政策体系仍然没有建立。城市群交通一体化发展实绩考核制度不健全,行业管理相对粗放,管理方式和手段未能满足城市群交通一体化发展的需求,有效的创新性举措不多。二是城市群交通一体化管理法规政策发展滞后。城市群交通一体化管理方面的法律法规层次不高,相关责任和义务存在不清晰问题,相关法律、部门规章和规范性文件衔接不畅的问题有待解决。

3 城市群交通发展相关建议

(1)加快完善城市群交通一体化管理体制机制。

建立强有力的城市群交通一体化的管理体制机制是城市群交通一体化发展的前提。建议以机制优化和制度创新为着力点,探索建立横向协调与纵向协调相结合的交通协调体制机制。一是强化类似“长三角区域合作办公室”跨区域治理机构或跨区域交通治理机构的交通决策与管理职责,制定城市群交通相关用地、财税及转移支付政策,完善利益协调机制和联合监督机制。二是进一步完善现有城市群交通一体化领导小组工作机制,主导跨区域交通一体化重大决策中的规则制定。以重大交通基础设施规划为抓手,建立城市群交通规划、建设与管理的评估和监控机制,促进区域交通基础设施统一规划和建设。三是建立城市群区域协调统一的运输管理政策及标准体系。对区域内市场准入、运营服务、管理规范等事项进行统一规定。

(2)加强城市群重大交通基础设施的一体化规划建设与监管指导。

在现有城市群交通一体化领导小组工作机制的基础上,构建由交通运输部牵头的政府、企业、社会参与的城市群现代化治理体系,建立由交通运输部管理的跨市域国际航空、航运中心建设委员会,加强一体化规划指导,进一步整合城市群机场群和港口群资源,推进世界级机场群和港口群建设。二是加强城市群综合交通枢纽、轨道交通线网等重大交通基础设施体系的规划协同与一体化建设,构建与城市交通相匹配的综合交通网络体系,加速城市群内实现不同交通方式的资源互用、信息共享、分工协作及互利共赢,统筹城际网络、运力与运输组织,提升运输服务效率。

(3)加快实现跨制式轨道交通路网一体化运营。

轨道交通是支撑城市群紧凑发展的关键性因素。一是要加快城市群内城际轨道交通系统尤其是市郊铁路的建设。作为城市群轨道交通网络的重要组成部分,市郊铁路的主要功能是承担大城市半径100km以内市中心与市郊之间通勤交通客流的快捷交通方式。随着城市群的发育与生长,市郊铁路在承担大城市通勤客流以及城市与郊区之间交通出行方面发挥着越来越重要的作用。二是借鉴国外先进经验,大力研究多制式共性技术,实现跨制式轨道交通路网网络化运营。虽然京津冀、长三角、粤港澳等各大城市群都在探讨轨道交通“三网融合”,但城市轨道交通、市域铁路、城际及干线铁路跨方式的网络互联互通仍停留在探讨阶段。三是加强城市群轨道交通网络的规划与建设。由于管理体制的原因,在我国轨道交通规划方面,干线铁路通常由国家层面进行统一规划,城际铁路由国家统一规划逐渐转变为地方层面规划,规划时难以做到统筹协同、资源整合。缺少统一的部门从城市群区域轨道交通角度出发,对网络进行统一管理。若能从全局进行多层次轨道交通网络规划,可提高轨道交通路网利用率和各层次轨道交通路网的协同度,避免多个建设主体各自为政。四是重点推进市际运行线路的共享和共治,突破市郊铁路网与城市轨道网两网融合发展的体制机制和技术标准障碍,加快推进实现各轨道制式交通出行票制、安检、信息服务的融合,提高城际铁路、市郊铁路与城市交通的换乘便捷程度。

(4)强化综合交通网络跨区域、跨方式融合发展。

城市群内各城市间的相互联系的强化与发达

的交通网络建设的加强是城市群发育成熟的重要标志。在基础设施方面，一是加强城市群综合通道、综合交通枢纽的共建共享，建立城市群多种交通方式布局合理、规模适宜、优势互补的综合交通体系。二是做强城市群核心城市综合交通体系，推进京津冀、长三角及粤港澳大湾区城市群在更高层次参与世界级城市群建设。三是提升区域枢纽网络功能及韧性，强化核心城市全球供应链话语权、配置力。增强国际枢纽与全球供应链的功能叠加，提升包括枢纽型产业在内的现代产业竞争力。四是重点推进一批重大交通基础设施项目建设，最大限度发挥区域资源合理配置优势，共同提升资源配置能力。五是加强各种运输方式的衔接，提高换乘便捷性及换乘服务质量和水平，从而提高城市群交通网络效率。

(5)构建城市群交通一体化政策与标准体系。

一是建立城市群交通一体化规划评估与监督政策体系。从我国目前的情况来看，城市群发展最需要加强规划的是跨行政区的区域发展，而恰恰是这类“合作区”的规划最难实施，而城市群交通一体化规划管制政策相对缺乏。建议从国家层面出台相应的评估技术指南，建立评估考核机制，对跨区域交通规划实施开展评估，同时，在国家层面规定地方政府在评估中行使的权力和义务，如强调评估过程的公开公正，强调地方政府在评估过程中的配合等，增强城市群交通规划的约束性和连贯性。二是建立城市群区域协调统一的运输管理政策及标准体系。规范区域内各城市各部门的职能管理、技术管理、政策法规管理、价格管理政策。客运方面，加快制定或完善有关城际毗邻公交的法律法规。尽快明确跨区域毗邻公交界定、跨区域毗邻公交的定位、跨区域毗邻公交财政补贴方面、管理职能机构职责方面、跨区域毗邻公交企业享受的权利和义务等。进一步明确跨省毗邻客运在乘客安检、实名制等方面的操作要求为城市群居民跨城出行提供更便捷的运输服务。货运方面，规范区域内车辆环保要求、通行、停靠政策，在各运输方式之间建立统一协调的联运组织经营系统。

参考文献

[1] 傅志寰，孙永福. 交通强国战略研究[M]. 北京：人民交通出版社股份有限公司，2019.

[2] 马小毅. 新时期大城市综合交通规划编制工作的思考[J]. 城市交通，2016，14(03)：9-13.

[3] 冯垚. 城市群理论与都市圈理论比较[J]. 理论探索，2006，(3)：96-98.

[4] 陆化普，王晶，叶桢翔. 城市群结构及其交通需求特性研究[J]. 综合运输，2014(10)：14-22.

[5] 李建平. 粤港澳大湾区协作治理机制的演进与展望[J]. 规划师，2017，33(11)：53-59.

[6] 姚江春，池葆春，刘中毅，等. 粤港澳大湾区规划治理与协作策略[J]. 规划师，2018，34(4)：13-19.

[7] 董艳华. 城市群交通规划的理论分析与政策建议[J]. 综合运输，2010，(9)：21-26.

[8] 刘勇. 交通运输与城市群空间结构演化：作用机制及其协同发展[D]. 天津：南开大学，2007.

[9] 韩彪，等. 城市群道路客运组织创新[M]. 北京：人民出版社，2007.

[10] 董治，吴兵，王艳丽，等. 中国城市群交通系统发展特征研究[J]. 中国公路学报，2011，24(2)：83-87.

[11] 鞠志龙，霍娅敏. 交通运输系统对城市群发展支撑作用的探讨[J]. 城市交通，2009，31(3)：39-42.

[12] 牛雄. 城市群发展呼唤便捷交通[N]. 北京：中国经济时报，2013-03-13.

[13] 徐宪平. 我国综合交通运输体系构建的理论与实践[M]. 北京：人民出版社，2012.

[14] 汪光焘. 中国城市交通问题、对策与理论需求[J]. 城市交通，2016(6).

[15] 刘振国，常馨玉，贺明光，等. 国土空间新形势下综合交通规划的问题与对策[J]，交通运输研究，2019，4(04)：46-68.

[16] 马小毅，江雪峰. 大城市国土空间规划中交通规划编制方法探索——以广州市为例[J]. 城市交通，2019，17(04)：11-16.

[17] 何小洲，钱林波，傅鹏明. 国家战略下特大城市中心综合交通体系规划研究——以西安市为例[J]. 交通与港航，2019，6(04)：38-47.

[18] 张乔，黄建中，马煜箫. 国土空间规划体系下的综合交通规划转型思考[J]. 华中建筑，2020，38(01)：87-91.

考虑换电渗透率的电动汽车充换电站联合选址规划

熊康俊 詹 斌* 袁 野 盛 涛
(武汉理工大学交通与物流工程学院)

摘 要 目前电动汽车产业迅速发展而换电汽车相关统计资料较为匮乏,为此引入换电渗透率描述换电式纯电动汽车在纯电动汽车中的占比,建立模型求解换电渗透率不确定条件下使社会综合成本最低、企业利润最高的城市电动汽车充换电站联合选址方案。首先结合广义离散灰色预测模型、蒙特卡洛模型等方法预测规划年城市各分区的充/换电需求。随后建立二层规划模型,上层优化模型基于社会综合成本最小的目标,求解规划换电渗透率下的城市充/换电站选址方案;下层模型基于充/换电站建设企业日利润最高的目标,通过返回最优规划换电渗透率对上层模型运行产生影响。应用层次粒子群算法求解二层规划模型,得到充换电站布局方案。最后以武汉市为例进行研究,并与常规城市充/换电站规划方法进行对比。结果表明:考虑换电渗透率的电动汽车充换电站联合选址规划方法,采用最优换电渗透率为 0.3,此时社会综合成本为 4.2093 万元/天,企业平均日利润为 9.1718 万元/天;而常规规划方案采用的换电渗透率为 0.5,此时社会综合成本为 6.8775 万元/天,企业平均日利润为 7.6401 万元/天。由此验证,本文所提方法较常规规划方案对充换电站建设企业盈利更有利,产生的社会综合成本更低。

关键词 电动汽车 充、换电站规划 负荷预测 层次粒子群算法 兴趣点数据

0 引言

近年来,中国大力推广新能源汽车,国家高度重视城市充换电配套设施建设。探索城市充换电站联合规划方法,对科学布局城市充电站、换电站,满足城市居民电动汽车充/换电需求,降低社会综合成本,提升投资企业利润都具有重大意义。

早期对于城市充换电站规划的研究聚焦于充电需求预测与充电站布局,以电动汽车保有量、停车生成率或道路交通网络的车流量[1]、用户充电行为特征[2]等数据为基础,采用时间序列预测[3]、蒙特卡洛模型[4]以及构建时空图谱注意力网络[5]等方法预测一段时间后的电动汽车充电需求,以包括充换电设施建设维护成本与用户损耗成本在内的社会综合成本最小为目标,结合路网拓扑、地图划分、中心地理论的六边形理论[6]等方法建立模型并求解。随着时代发展,电动汽车市场规模越来越大,全球开始广泛推进充换电设施建设,对于充换电站规划的研究开始向着电动汽车入网(V2G)[7]、充换电站联合规划[8]以及用户的充电决策等方向转变。Bai, Xingzhen, Wang 等通过对电动汽车用户出行规律的分析,提出了充电需求的动态预测方法,并综合考虑电动汽车的行驶特性、充电成本和电网的稳定运行,提出了多目标规划模型[9]。DongH, WangL 等研究电动汽车用户的策略行为及其对 RCS 规划效率的影响,将问题转化为一个基于博弈论的双层规划模型,其中 RCS 的最优容量规划及其运行/定价方案在上层确定,下层规划确定电动汽车用户的充电决策[10]。近几年,对于城市充换电站规划的研究更趋向于以充换电站建设企业与充换电服务用户两者中的某一方的利益最大化为目标,研究方法也更加多样化[11]。Guschinsky Nikolai, Kovalyov Mikhail Y. 等研究了城市电动公交车快速充电的决策问题,通过建立模型分析电动公交车队充电基础设施的布局方案,以使社会生态价值最大化[12]。Morro-Mello 等从配电公司的角度出发,研究确定快速充电站的候选连接点,用图论分析可能的连接点,找到代价最小的连接,以减少新安装和网络加固投资,并建立模型评估网络的运行极限[13]。徐素秀、谢冰等基于国内电动汽车充、换电模式发展现状,立足于电动汽车制造商和换电站投资商的视角,研究影响电动汽车充、换电价格及投资商对换电站投资建设水平的主要因素[14]。

Houqi Dong, Liying Wang 等建立双层鲁棒规划模型,研究用户行为不确定性的充电站容量规划和定价设计,旨在通过同时优化配置和定价方案来最大化充电站投资方总利润[15]。

上述文献对于城市充换电站联合规划的视角偏向于社会综合成本,综合考虑不同约束条件下投资企业成本与用户成本之和最小的城市充换电站联合规划,没有进一步研究换电渗透率不同水平下使充换电站建设企业利润最大的方案,缺乏一定的实际意义[16]。本文采用广义灰色预测方法及蒙特卡洛模型建立城市充换电站需求预测模型,随后将规划城市地图划分为边长相等的正方形网格,基于区间数 DEMATEL 矩阵评估方法结合 POI 数据得到城市各网格区域的电动汽车充/换电需求,建立二层规划模型,应用层次粒子群算法求解换电渗透率不确定条件下使社会综合成本最低、企业利润最高的城市电动汽车充换电站联合布局方案,并在与常规城市充换/电站联合规划方法的对比中验证了本文方法在提升充换电站建设企业盈利、降低社会综合成本方面的优越性。

1 问题描述

城市充换电站联合选址规划是为了满足不同场景下城市电动汽车的充/换电需求,鉴于近年来换电式纯电动汽车在电动汽车市场中的占有率迅速上升,对于电动汽车充电站与换电站的选址规划研究也愈发重要,目前国内主流研究倾向于将区域电动汽车充电需求直接当作换电式纯电动汽车的换电需求,此类方法对城市电动汽车换电需求的预测不够准确,由此进行的充换电站联合规划也就缺乏合理性。

为此,本文引入换电渗透率这一参数表示换电式纯电动汽车在纯电动汽车中的占比,结合城市电动汽车充/换电需求预测模型,得到规划年电动汽车的充电需求与换电需求。随后研究实际换电渗透率波动条件下的电动汽车充换电站联合规划问题,求解满足城市居民充电需求条件下,使充换电站建设企业利润最高、社会综合成本最低的城市充换电站选址方案,流程如图 1 所示。

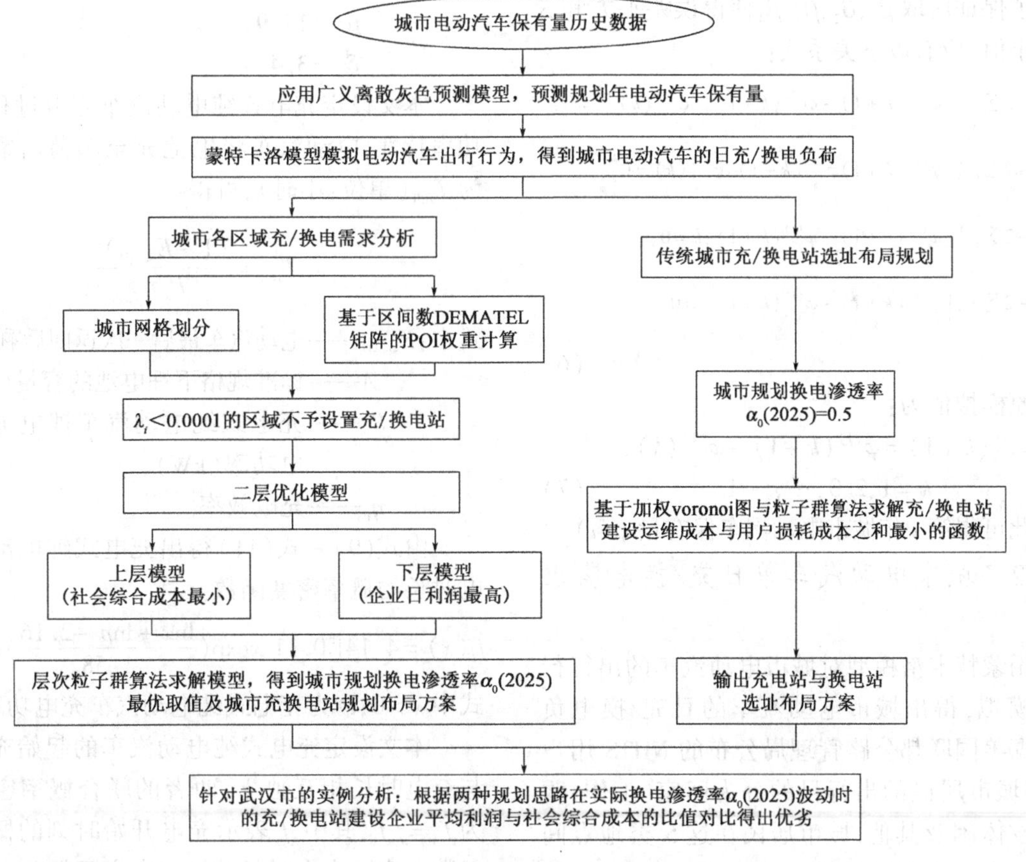

图 1　城市电动汽车充换电站联合选址规划流程

2 电动汽车充/换电分区需求预测

2.1 城市电动汽车保有量预测

应用广义离散灰色预测模型对中远期城市电动汽车保有量 $\varphi(t)$(单位:辆)进行分析[17],其观测值为:

$$\varphi^{(0)}=(\varphi^{(0)}(1),\varphi^{(0)}(2),\varphi^{(0)}(3),\cdots,\varphi^{(0)}(t)) \tag{1}$$

其一次累加序列为:

$$\varphi^{(1)}=(\varphi^{(1)}(1),\varphi^{(1)}(2),\varphi^{(1)}(3),\cdots,\varphi^{(1)}(t)) \tag{2}$$

$$\varphi^{(1)}(k)=\sum_{i=1}^{k}\varphi^{(0)}(i),k=1,2,\cdots,t \tag{3}$$

引入广义离散灰色预测模型,并由 $\varphi^{(1)}(1)=\varphi^{(0)}(1)$ 可得:

$$\varphi^{(1)}(k+1)=\beta_1(\varphi^{(1)}(k))^2+\beta_2\varphi^{(1)}(k)+\beta_3k+\beta_4,k=1,2,\cdots,t-1 \tag{4}$$

式中:$\beta_1,\beta_2,\beta_3,\beta_4$——广义离散灰色预测模型的参数。

预测值与实际值的误差平方和 S 为:

$$S=\sum_{k=1}^{t-1}[\varphi^{(1)}(k+1)-\varphi^{(1)}(k+1)]^2 \tag{5}$$

为了保证所取 $\beta_1,\beta_2,\beta_3,\beta_4$ 使得误差平方和 S 取到极小值,应有以下关系式:

$$\begin{cases}\frac{\partial S}{\partial\beta_1}=-2\sum_{k=1}^{t-1}[\varphi^{(1)}(k+1)-\varphi^{(1)}(k+1)][\varphi^{(1)}(k)]^2=0,\\ \frac{\partial S}{\partial\beta_2}=-2\sum_{k=1}^{t-1}[\varphi^{(1)}(k+1)\varphi^{(1)}(k+1)]\varphi^{(1)}(k)=0,\\ \frac{\partial S}{\partial\beta_3}=-2\sum_{k=1}^{t-1}[\varphi^{(1)}(k+1)-\varphi^{(1)}(k+1)]k=0,\\ \frac{\partial S}{\partial\beta_4}=-2\sum_{k=1}^{t-1}[\varphi^{(1)}(k+1)-\varphi^{(1)}(k+1)]=0\end{cases} \tag{6}$$

还原模拟值为:

$$\varphi^{(0)}(k+1)=\varphi^{(1)}(k+1)-\varphi^{(1)}(k),\quad k=1,2,3,\cdots,t-1 \tag{7}$$

据此可得第 t 年城市电动汽车保有量 $\varphi(t)$。

2.2 城市电动汽车单日充/换电需求预测

应用蒙特卡洛模型对城市电动汽车的出行行为进行模拟,得出城市电动汽车的日充/换电负荷。根据美国联邦公路管理局公布的 NHTS 用户指南,将城市居民的出行目的分为回家、工作、购物、社交/休闲及其他,城市居民在这 5 类地点间的出行行为视为出行链[18]。本文基于出行链,结合 2018 年的 NHTS 数据及相关文献研究结论,得城市居民日行驶里程 θ 的概率密度函数[19]:

$$f_\theta(x)=\frac{8}{5x\sigma_\theta\sqrt{2\pi}}\exp\left\{-\frac{[\ln(5x)-3\ln2-u_\theta]^2}{2\sigma_\theta^2}\right\} \tag{8}$$

电动汽车电池余量 SOC(State of Charge)的概率密度函数:

$$f(E_{soc})=\frac{1}{Y^{-1}(E_{soc})\sigma_\theta\sqrt{2\pi}}\exp\left\{-\frac{[\ln Y^{-1}(E_{soc})-\mu_\theta]^2}{2\delta_\theta^2}\right\} \tag{9}$$

本文设定开始充/换电时刻就是最后一次出行的返回时刻,且起始充/换电时刻满足正态分布,其概率密度函数[20]:

$$f_s(x)=\begin{cases}\frac{1}{\delta_s\sqrt{2\pi}}\exp\left[\frac{(x-\mu_s)^2}{2\delta_s}\right],\mu_s-12<x\leqslant24\\ \frac{1}{\delta_s\sqrt{2\pi}}\exp\left[\frac{(x+24-\mu_s)^2}{2\delta_s}\right],0<x\leqslant\mu s-12\end{cases} \tag{10}$$

其中,$\mu_\theta=3.58$,

$\delta_\theta=0.89$;

$\mu_s=17.9$,

$\delta_d=3.4$。

本文设定充电式纯电动汽车充电过程近似恒功率特性,电动汽车将电池充至满荷所需的时间为 T_{full}(单位:小时),可得:

$$T_{full}=\frac{(1-E_{soc\text{-}D})^A}{P_c\eta_c} \tag{11}$$

式中:$E_{soc\text{-}D}$——电动汽车最后一次返回后剩余 SOC;

A——标准规格下锂电池的容量(kW. h);

P_c——充电式纯电动汽车锂电池额定充电功率(kW);

η_c——充电效率。

由式(9)~式(11)得出充电式纯电动汽车充电时长的概率密度函数:

$$f_t(x)=4.14\int_2^3 0.11\ x\exp\left(\frac{\ln x+\ln p-2.16}{1.58}\right)\mathrm{d}P \tag{12}$$

式中 $x>0$;P 为充电式纯电动汽车充电功率。

本文设定充电式纯电动汽车的起始充电时刻与充电时长相互独立,两者的联合概率密度函数为 $f_{st}=f_sf_t$,其中,f_s 表示充电开始时刻的概率密度函数;f_t 表示充电时长的概率密度函数。

居民区单辆充电式纯电动汽车在 t_0 时刻的充

电功率需求 $P_{(1)t0}$ 见式(13):

$$P_{(1)t_0}=d_{(1)t_0}P_C \tag{13}$$

式中:$d_{(1)t_0}$——t_0时刻充电式纯电动汽车的充电状态,由f_{st}确定。

若某车 t_0 时刻正在充电,则 $d_{(1)t_0}=1$,反之 $d_{(1)t_0}=0$。

居民区单辆换电式纯电动汽车在 t_0时刻的换电功率需求 $P_{(2)t_0}$见式(14):

$$P_{(2)t_0}=d_{(2)t_0}P_d \tag{14}$$

式中:P_d——换电电池的额定充电功率;

$d_{(2)t_0}$——t_0时刻换电式纯电动汽车的换电状态,由f_s确定。

若某车在 t_0时刻正在充电,则 $d_{(2)t_0}=1$,反之 $d_{(2)t_0}=0$。

引入变量 $\alpha_0(t)$表示规划中第 t 年换电汽渗透率,应用蒙特卡洛模拟法得到 $P_{(1)t_0}$、$P_{(2)t_0}$在一天中各时刻的期望与标准差,各时间点取[$\varphi(t)(1\text{-}\alpha_0(t))$]、[$\varphi(t)\alpha_0(t)$]个样本([ ]表示向上取整函数),重复 5 次试验后得到城市电动汽车充电/换电功率需求的期望曲线,取其最大值 $P_{(1)\max}$与 $P_{(2)\max}$。

规划中的城市第 t 年单日电动汽车充/换电需求 $W(t)$(kmh)为:

$$W(t)=24(p_{(1)\max}+p_{(2)\max}) \tag{15}$$

2.3 城市网格划分及分区充/换电需求分析

本文将规划区域划分为边长相同的 m 个正方形小区域,并令这些小区域的集合为 U,编号为 i ($i=1,2,\cdots,m$)。根据专家建议,本文设定某一区域的充换电站数量与区域内居住类场所、商业服务类场所、学习工作类场所以及旅游休闲场所的分布有关。根据专家问卷调查反馈,得出第 t 年城市区域 i 的电动汽车充电需求 $w_i(t)$为[21]:

$$w_i(t)=W(t)\lambda_i \tag{16}$$

式中:λ_i——区域 i 电动汽车充电需求系数,与区域内商务住宅、停车场、餐饮服务等建筑的数量有关,计算过程见式(17)~式(19)。

$$\lambda_i=\xi_1\rho_1(i)+\xi_2\rho_2(i)+\xi_3\rho_3(i)+\xi_4\rho_4(i)+\xi_5\rho_5(i)+\xi_6\rho_6(i)+\xi_7\rho_7(i)+\xi_8\rho_8(i)+\xi_9\rho_9(i)+\xi_{10}\rho_{10}(i) \tag{17}$$

以商业住宅为例,式中 $\rho_1(i)$为区域 i 商业住宅 POI 占城市商业住宅 POI 的比例,ζ_1为商业住宅 POI 指标的权重;本文邀请20 位专家对商业住宅、停车场等 10 个指标间的相互影响关系进行评估,得指标间的直接影响矩阵E_j($j=1,2,\cdots,20$),应用区间信息下的大规模群体 DEMATEL 指标权重确定方法对评分矩阵进行计算,得到各 POI 指标权重 ξ_i($i=1,2,\cdots,10$)计算流程见图 2[22],结果见表 1。

由专家给出的 DEMATEL 评分矩阵经过三维密度加权算数平均算子(TIDWAA 算子)集结后规范化,得到直接影响矩阵 U:

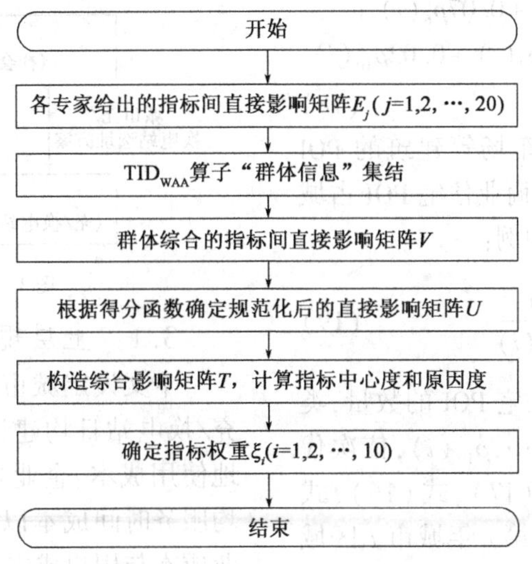

图2 基于区间数的 DEMATEL 的权重计算流程

城市建筑 POI 占比及其权重系数 表1

建筑 POI 类别	POI 占比	权重系数
商业住宅	$\rho_1(i)$	ζ_1
停车场	$\rho_2(i)$	ζ_2
餐饮服务	$\rho_3(i)$	ζ_3
购物服务	$\rho_4(i)$	ζ_4
专科医院	$\rho_5(i)$	ζ_5
公司企业	$\rho_6(i)$	ζ_6
学校	$\rho_7(i)$	ζ_7
政府机构	$\rho_8(i)$	ζ_8
公园广场	$\rho_9(i)$	ζ_9
风景名胜	$\rho_{10}(i)$	ζ_{10}

$$U=\begin{pmatrix} 0 & 0.0100 & \cdots & 0.0080 \\ 0.0150 & 0 & \cdots & 0.0104 \\ 0.0100 & 0.0130 & \cdots & 0.0080 \\ 0.0158 & 0.0195 & \cdots & 0.0112 \\ 0.0090 & 0.0117 & \cdots & 0.0039 \\ 0.0110 & 0.0143 & \cdots & 0.0088 \\ 0.0130 & 0.0169 & \cdots & 0.0104 \\ 0.0070 & 0.0091 & \cdots & 0.0006 \\ 0.0040 & 0.0052 & \cdots & 0.0048 \\ 0.0080 & 0.0104 & \cdots\ 0.0120 & 0 \end{pmatrix}$$

进一步计算确定各指标权重,可得:

$$\lambda_i=0.20\rho_1(i)+0.22\rho_2(i)+0.14\rho_3(i)+0.08\rho_4(i)+0.10\rho_5(i)+0.07\rho_6(i)+0.06\rho_7(i)+0.06\rho_8(i)+0.05\rho_9(i)+0.02\rho_{10}(i) \tag{18}$$

将各区域的商业住宅、停车场等建筑的 POI 数据进行归一化处理,以 i 区域商业住宅 POI 占城市商业住宅 POI 的比例 $\rho_1(i)$ 为例:

$$\rho_1(i)=\frac{\sigma_1(i)}{\sum_{i=1}^{m}\sigma_1(i)} \tag{19}$$

式中:$\sigma_1(i)$——i 区域中商业住宅 POI 的数量,类似可得 $\rho_1(i),\cdots,\rho_{10}(i)$,依次代入式(19)、式(17)、式(16)、式(15)可以得到第 t 年城市 i 区域的电动汽车日充/换电需求 $w_i(t)$ $(i=1,2,\cdots,m)$。

3 二层优化模型

(1)上层模型:基于社会综合成本最小的目标,以规划建设的充/换电站满足城市各分区电动汽车充/换电需求为约束,求解规划换电渗透率 $\alpha_0(t)$ 下的城市充/换电站选址方案,并传递给下层规划问题。

(2)下层模型:下层模型作为上层模型的约束条件,以充/换电站建设企业日利润最高为目标,通过第 t 年实际换电渗透率 $\alpha(t)$ 在[0,0.5]间波动对城市充/换电站选址方案利润产生影响。下层模型通过返回规划换电渗透率 $\alpha_0(t)$ 对上层模型运行产生影响(图3)。

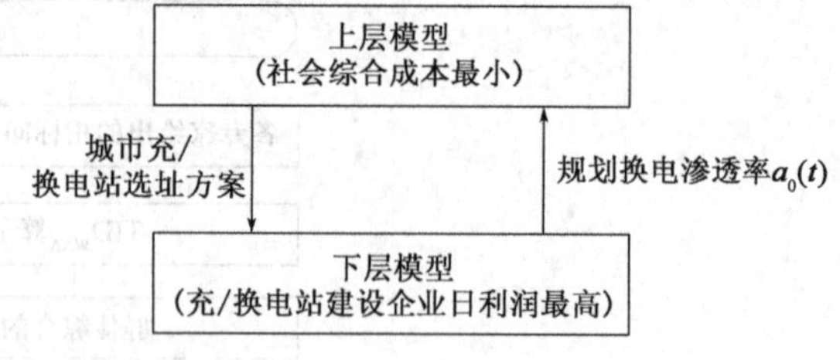

图3 二层规划模型框架图

3.1 上层规划模型

本文设定城市充/换电站社会综合成本包括充/换电站日均建设成本、日均维护成本、日均土地使用成本、企业日均购电成本、用户充/换电日均服务时间成本以及用户日均购电成本,分为企业成本与用户成本。上层规划模型目标函数为:

$$z=\min\sum_{i=1}^{m}[z_1(i)+z_2(i)+z_3(i)+$$

$$z_4(i)+z_5(i)+z_6(i)] \quad (20)$$

城市 i 区域充换电站日均建设成本 $z_1(i)$ 计算过程见式(21)：

$$z_1(i)=[\sum_{w=1}^{n_1}(x_{i1w}B_{1w})+\sum_{w=1}^{n_2}(x_{i2w}B_{2w})]\times \frac{1}{365}\frac{R(1+R)^{Y1}}{(1+R)^{Y1}-1}+\sum_{w=1}^{n_3}(x_{i3w}B_{3w})\times\frac{1}{365}\frac{R(1+R)^{Y2}}{(1+R)^{Y2}-1} \quad (21)$$

式中：x_{i1w}——i 区域慢充 w 级站的个数；

x_{i2w}——i 区域快充 w 级站的个数；

x_{i3w}——i 区域换电 w 级站的个数；

B_{1w}——慢充 w 级站建设成本；

B_{2w}——快充 w 级站建设成本；

B_{3w}——换电 w 级站建设成本；

Y_1——充电站使用年限；

Y_2——换电站使用年限；

R——贴现率。

城市 i 区域充换电站日均维护成本 $z_2(i)$ 计算过程见式(22)：

$$z_2(i)=\sum_{w=1}^{n_1}(x_{i1w}H_{1w})\frac{1}{365}+\sum_{w=1}^{n_2}(x_{i2w}H_{2w})\frac{1}{365}+\sum_{w=1}^{n_3}(x_{i3w}H_{3w})\frac{1}{365} \quad (22)$$

式中：H_{1w}——慢充 w 级站年均运营维护成本；

H_{2w}——快充 w 级站年均运营维护成本；

H_{3w}——换电 w 级站年均运营维护成本。

城市 i 区域充换电站日均土地使用成本 $z_3(i)$ 计算过程见式(23)：

$$z_3(i)=[\sum_{w=1}^{n_1}(x_{i1w}F_{1w})+\sum_{w=1}^{n_2}(x_{i2w}F_{2w})]\times\frac{1}{365}k_i+\sum_{w=1}^{n_3}(x_{i3w}F_{3w})\times\frac{1}{365}k_i \quad (23)$$

式中：F_{1w}——慢充 w 级站占地面积；

F_{2w}——快充 w 级站占地面积；

F_{3w}——换电 w 级站占地面积；

k_i——i 区域土地年均租赁成本。

城市 i 区域企业日均购电成本 $z_4(\mathrm{i})$ 计算过程见式(24)：

$$z_4(i)=[g_1(i)+g_2(i)]\times C_1\times10^{-4} \quad (24)$$

式中：$g_1(i)$——规划方案中 i 区域充电站设计日供电量；

$g_2(i)$——规划方案中 i 区域换电站设计日供电量；

G_{1w}——慢充 w 级站日服务车辆数；

G_{2w}——快充 w 级站日服务车辆数；

G_{3w}——换电 w 级站日服务车辆数；

L——电动汽车单车电池满电时电量；

SOC——电动汽车充电时的平均水平；

C_1——企业单位电量供电成本。

$$g_1(i)=[\sum_{w=1}^{n_1}(x_{i1w}G_{1w})+\sum_{w=1}^{n_2}(x_{i2w}G_{2w})]\times\frac{L}{1-\mathrm{SOC}} \quad (25)$$

$$g_2(i)=[\sum_{w=1}^{n_3}(x_{i3w}G_{3w})]\times\frac{L}{1-\mathrm{SOC}} \quad (26)$$

城市 i 区域用户充换电日均服务时间成本 $z_5(i)$ 计算过程见式(27)：

$$z_5(i)=[\sum_{w=1}^{n_1}(x_{i1w}G_{1wI1})+\sum_{w=1}^{n_2}(x_{i2w}G_{2wI2})]\times 10^{-4}J++\sum_{w=1}^{n_3}(x_{i3w}G_{3wI3})\times10^{-4}\mathrm{J} \quad (27)$$

式中：J——用户等待服务的单位时间成本；

I_1——慢充充电站车均服务时间；

I_2——快充充电站车均服务时间；

I_3——换电站车均服务时间。

本文设定建设充换电站满负荷运行，城市 i 区域用户日均购电成本 $z_6(\mathrm{i})$ 计算过程见式(28)：

$$z_6(i)=[g_1(i)\times C_{21}+g_2(i)\times C_{22}]\times10^{-4} \quad (28)$$

式中：C_{21}——单位电量用户充电成本；

C_{22}——单位电量用户换电成本。

要求 i 区域充电站设计日供电量 $g_1(i)$ 大于 i 区域电动汽车用户日充电需求；i 区域换电站设计日供电量 $g_2(i)$ 大于 i 区域电动汽车用户日换电需求，可得约束条件：

$$\begin{cases} g_1(\mathrm{i})\geqslant w_{\mathrm{i}}(\mathrm{t})[1-\alpha_0(t)] \\ g_2(\mathrm{i})\geqslant w_{\mathrm{i}}(\mathrm{t})\alpha_0(t) \\ \alpha_0(t)\in[0,0.5] \\ x_{i1w},x_{i2w},x_{i3w}\text{均为非负整数} \\ i=1,2,3,\cdots,m \end{cases} \quad (29)$$

3.2 下层规划模型

以充换电站建设企业日利润最高为目标函数，建立下层优化模型。企业日利润 Q 由充电站、换电站日售电利润与换电站日均政府补贴金额 $z_7(i)$ 减去充换电站日均建设成本、日均维护成本、日均土地使用成本得到。前一步建模计算得到规划换电渗透率 $\alpha_0(t)$ 下的城市电动汽车充换电站联合选址方案，进一步计算实际换电渗透率 $\alpha(t)$ 下的充换电站建设企业日利润，公式为：

$$Q=\max\{\sum_{i=1}^{m}[\Gamma_1(i)\times(C_{21}-C_1)+\Gamma_2(i)\times(C_{22}-C_1)]+\sum_{i=1}^{m}[z_7(i)-z_1(i)-$$

$$z_2(i)-z_3(i)]\}\quad(30)$$

式中:$z_7(i)$——规划方案中i区域换电站日均政府补贴金额,计算过程见式(31);

O_w——建设w级换电站政府补贴金额;

$\Gamma_1(i)$——实际换电渗透率$\alpha(t)$下i区域充电站实际充电量;

$\Gamma_2(i)$——实际换电渗透率$\alpha(t)$下i区域换电站实际充电量,$i=1,2,\cdots,m$。设定实际换电渗透率$\alpha(t)$服从$[0,0.5]$间均匀分布。

$$z_7(i)=\sum_{i=1}^{n3}(x_{i3w}O_w)\frac{R(1+R)^{Y2}}{(1+R)^{Y2}-1}\quad(31)$$

$$\Gamma_1(i)=\begin{cases}w_i(t)[1-\alpha(t)],w_i(t)(1-\alpha(t))\leqslant g_1(i)\\ g_1(i),w_i(t)[1-\alpha(t)]>g_1(i)\end{cases}\quad(32)$$

$$\Gamma_2(i)=\begin{cases}w_i(t)\alpha(t),w_i(t)\alpha(t)\leqslant g_2(i)\\ g_2(i),w_i(t)\alpha(t)>g_2(i)\end{cases}\quad(33)$$

$$\alpha(t)\in[0,0.5]\quad(34)$$

3.3 层次粒子群算法求解二层规划模型

应用层次粒子群算法对模型进行求解[23],粒子群的速度与位置更新见式(35)、式(36)。

$$v_i(t+1)=b\times v_i(t+1)+\zeta_1\times \mathrm{rand}_1\times(p_i-x_i(t))+\zeta_2\times \mathrm{rand}_2\times(p_g-x_i(t))\quad(35)$$

$$x_i(t+1)=x_i(t)+v_i(t+1)\quad(36)$$

式中:$x_i(t)$——粒子的位置;

$v_i(t+1)$——粒子的速度;

$\mathrm{rand}_1,\mathrm{rand}_2$——$[0,1]$之间的随机数;

p_i——粒子i的最佳位置;

p_g——种群的最佳位置;

ζ_2——惯性权重。

层次粒子群算法从两决策者间进化博弈思想出发,博弈双方由历史策略产生新的策略,通过粒子群优化算法的函数逼近能力模拟博弈参与者的策略选取过程。算法实施步骤:

(1)根据上层规划决策变量的取值范围,将决策变量初始化为一个种群(x_{i11}、x_{i12}、x_{i13}、x_{i21}、x_{i22}、x_{i23}、x_{i31}、x_{i32}、x_{i33}),并设置迭代次数;

(2)针对上层初始种群的每个个体,利用粒子群算法求解下层规划问题的最优解规划换电渗透率$\alpha_0(t)^*$;

(3)针对下层规划的最优解$\alpha_0(t)^*$,利用粒子群算法求得上层规划的最优解x_{i11}^*、x_{i12}^*、x_{i13}^*、x_{i21}^*、x_{i22}^*、x_{i23}^*、x_{i31}^*、x_{i32}^*、x_{i33}^*;

(4)基于上下层种群个体适应度函数,对上下种群的笛卡尔积和进行非支配排序;

(5)保留种群进化过程中的优秀个体进入下一代种群集合;

(6)判断是否达到最大迭代次数,若达到,则算法终止,获得最优解集合;否则,继续循环。

种群个体非支配的排序算法流程如图4所示。

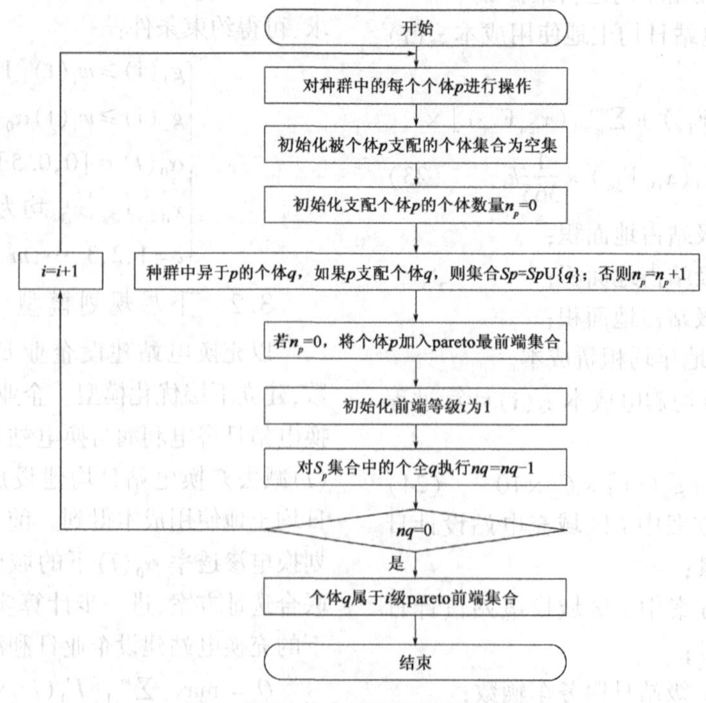

图4 种群个体非支配的排序算法流程

4 武汉市充/换电站选址研究

4.1 武汉市规划区域网格划分

根据武汉市的行政区划、城市面积以及自然资源分布，将武汉市划分为边长2km的矩形，共3107个小区域，即$m=3107$。并按从上往下，从左往右顺序进行编号。结合武汉市2020年城镇建设用地地价标定图，与武汉市路网分布，将武汉市地价按区域分为五级，据此得到武汉市各网格区域土地单位面积价格，如图5所示。

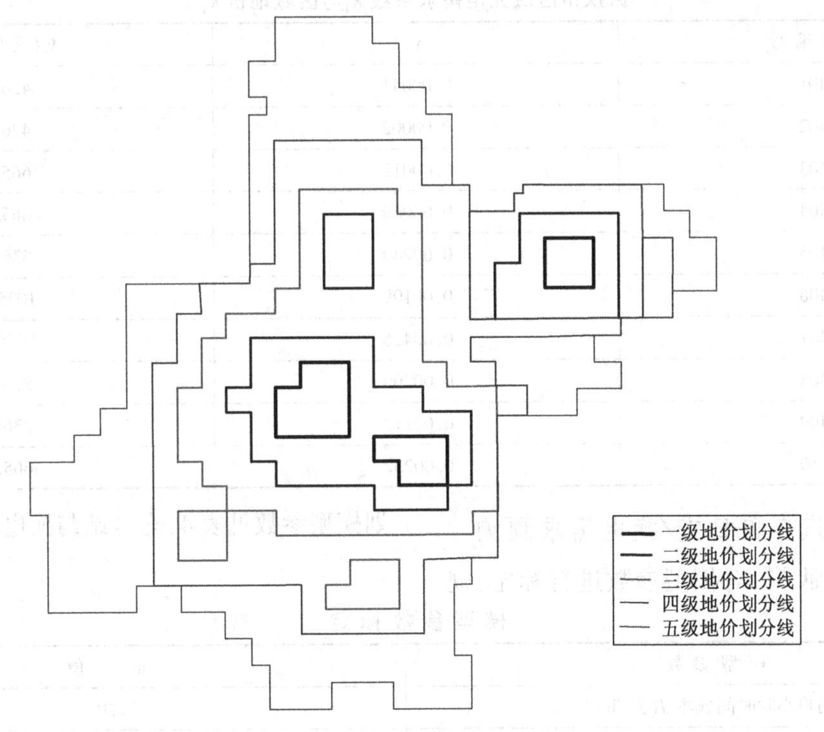

图5 武汉市地价划分图

4.2 电动汽车单日充/换电需求预测

根据新能源汽车国家大数据联盟、武汉市新能源汽车监管平台以及武汉市统计局等统计平台研究得到武汉市近10年电动汽车保有量，见表2。

武汉市电动汽车保有量 表2

年份	武汉市电动汽车保有量(辆)
2011	421
2012	772
2013	3676
2014	7472
2015	12638
2016	19451
2017	28273
2018	40037
2019	53350
2020	69798
2021	87631

应用式(1)~式(7)，结合表2中数据，可得武汉市电动汽车保有量$\varphi(t)$的广义灰色预测模型：

$$\varphi^{(1)}(k+1)=-2.8\times10^{-7}(\varphi^{(1)}(k))^2+1.4\varphi^{(1)}(k)+2.6\times10^3k-2.0\times10^3 \quad (37)$$

$$\varphi^{(1)}(1)=421 \quad (38)$$

由式(35)、式(36)可得2025年武汉市纯电动汽车保有量为135721辆,结合式(8)~式(15),基于文献16中的电动汽车参数设置应用蒙特卡洛模型对武汉市电动汽车用户的出行行为进行模拟,可得规划中的2025年武汉市电动汽车日充/换电需求。

由地图网站获取武汉市各类型建筑的地理兴趣点数据,依次代入式(19)、式(18),结合区域土地价格,得各区域电动汽车充电需求系数λ_i见表3(限于篇幅,只列出10组数据)。

武汉市区域充电需求系数λ_i与区域地价k_i　　表3

网格编号	λ_i	k_i(元/m^2)
1401	0.00041	4262
1402	0.00002	4262
1403	0.00012	6652
1404	0.00069	6652
1405	0.00249	8361
1406	0.00199	10258
1407	0.00426	10258
1408	0.00299	8361
1409	0.00113	8361
1410	0.00232	6652

4.3　电动汽车单日充/换电需求预测

参考相关文献[24],对模型参数进行标定,规划模型参数见表4,充电站与换电站参数见表5。

模型参数标定　　表4

模型参数	取　值
用户小时时间成本J(元/h)	20
折现率(贴现率)R	0.07
电动汽车需要充电时的平均$SOC_{均}$	0.2
电动汽车单车满电量L(kwh)	100
企业单位电量购电成本C_1(元/kwh)	0.8
单位电量用户充电成本C_{21}(元/kwh)	1.23
单位电量用户换电成本C_{22}(元/kwh)	1.7
充电站使用年限Y_1(年)	15
换电站使用年限Y_2(年)	20
慢充充电站车均服务时间I_1(h)	3
快充充电站车均服务时间I_2(h)	1
换电站车均服务时间I_3(h)	0.5

充换电站参数　　表5

充/换电站等级	占地面积(m^2)	建设成本(万元)	日服务车辆数(辆/天)	运维成本(万元/年)	建站补贴(万元/座)
慢充一级站	100	60	50	7	0
慢充二级站	200	110	100	11	0
慢充三级站	400	220	200	18	0
快充一级站	150	80	120	10	0
快充二级站	250	170	250	15	0

续上表

充/换电站等级	占地面积（m^2）	建设成本（万元）	日服务车辆数（辆/天）	运维成本（万元/年）	建站补贴（万元/座）
快充三级站	500	250	500	30	0
换电一级站	200	150	250	17	30
换电二级站	400	230	500	25	40
换电三级站	700	300	800	32	50

将2025年武汉市电动汽车日充/换电需求代入二层规划模型，结合模型参数与充/换电站参数进行求解，结果：实际换电渗透率 $\alpha(2025)$ 在[0，0.5]间波动时，武汉市规划换电渗透率 $\alpha_0(2025)$ 最优取值为0.3，此时社会综合成本为4.2093万元/天，企业利润为10.4642万元/天。共建设慢充一级站103座，慢充二级站78座，慢充三级站20座；快充一级站67座，快充二级站1座，快充三级站26座；换电一级站50座，换电二级站196座，换电三级站6座。根据文献27提出的城市电动汽车充电站与换电站选址规划方法[25]，在基于式(1)～式(15)得出规划城市日充电需求 $W(2025)$ 后，认为换电式纯电动汽车的换电需求与充电式纯电动汽车的充电需求各取一半，随后应用自适应粒子群算法，求解满足居民充换电需求下，使企业建设维护成本与用户损耗成本最小的武汉市充换电站联合规划方案，以换电站计算流程为例，见图6。

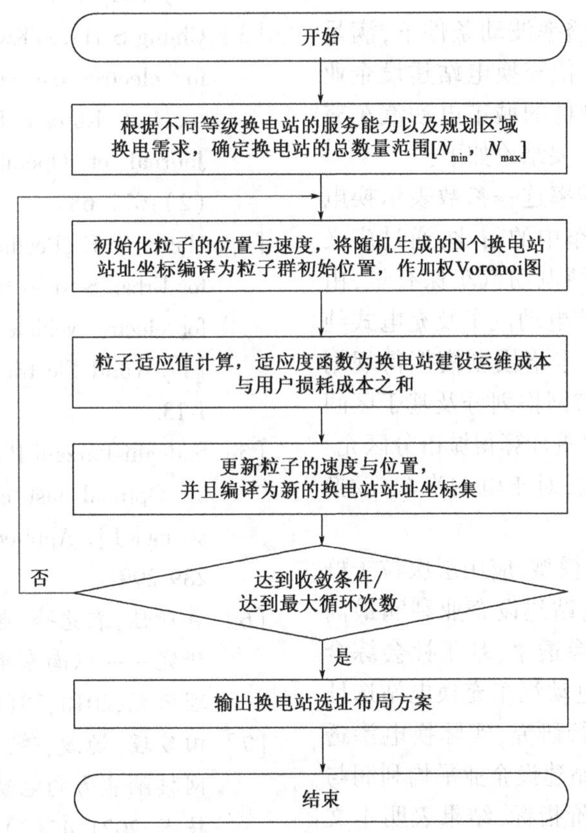

图6　常规城市换电站选址布局规划流程

应用常规规划方法结合模型参数与充/换电站参数进行求解，结果：武汉市规划换电渗透率 $\alpha_0(2025)$ 为0.5，此时社会综合成本为6.8775万元/天，企业日利润为7.8748万元/天。共建设慢充一级站101座，慢充二级站46座，慢充三级站8座；快充一级站57座，快充二级站61座，快充三级站12座；换电一级站47座，换电二级站228座，换电三级站16座。

实际换电渗透 $\alpha(2025)$ 在[0，0.5]间波动时，将本文与常规规划下充换电站布局方案代入式

(30)~式(34),求出企业利润,见图7。

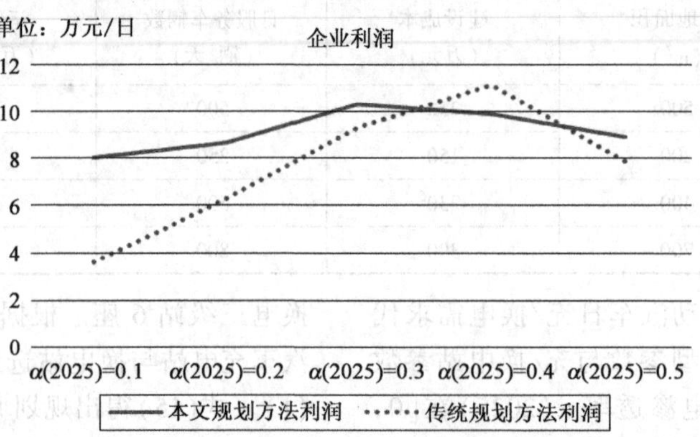

图7　布局方案企业利润对比图

将实际换电渗透 α(2025) 变化时的充/换电站建设企业平均利润与社会综合成本比值作为评价指标,结果表明本文方法更优。

5　结语

本文研究实际换电渗透率波动条件下,满足城市居民充电需求条件,并使充换电站建设企业利润最高、社会综合成本最低的城市电动汽车充换电站选址方案。得到的主要结论如下:

(1)本文引入换电渗透率这一参数表示换电式纯电动汽车在纯电动汽车中的占比,通过广义离散灰色预测规划年城市纯电动汽车保有量,由规划换电渗透率得换电式纯电动汽车及充电式纯电动汽车保有量,应用蒙特卡洛模型模拟得规划年城市充/换电需求,由城市网格划分及基于区间数 DEMATEL 矩阵的 POI 权重计算得城市分区充/换电需求,相较于常规方法,对于电动汽车充/换电需求的分析更合理。

(2)本文建立二层规划模型,应用层次粒子群算法求解模型,基于充换电站建设企业利润最高的目标得到最优规划换电渗透率,基于社会综合成本最低的目标得到城市电动汽车充换电站选址方案。以武汉市为实例进行研究,实际换电渗透 α(2025)变化时的充/换电站建设企业平均利润与社会综合成本比值作为评价指标,结果表明本文方法相较于常规方法更优

参考文献

[1] Amoc A ,Haga B ,et al. Optimal electrical fast charging stations by enhanced descent gradient and Voronoi diagram - ScienceDirect [J]. Computers & Electrical Engineering,2020,83:1-13.

[2] Baharin N ,Abdullah T . Challenges of PHEV Penetration to the Residential Network in Malaysia [J]. Procedia Technology, 2013, 11 (1):359-365.

[3] Chung S H , Kwon C . Multi-period planning for electric car charging station locations: A case of Korean Expressways [J]. European Journal of Operational Research, 2015, 242 (2):677-687.

[4] Hatton C E ,Beella S K ,et al. Charging Stations for Urban Settings the design of a product platform for electric vehicle infrastructure in Dutch cities [J]. World Electric Vehicle Journal,2009,1(1):1-13.

[5] Sadeghi-Barzani P , Rajabi-Ghahnavieh A ,et al. Optimal fast charging station placing and sizing [J]. Applied Energy, 2014, 125 (15): 289-299.

[6] 贾斯佳,袁竞峰. 电动汽车基础设施选址定容研究——以南京市河西新城为例[J]. 科技管理研究,2018,38(1):223-232.

[7] 田梦瑶,汤波,等. 综合考虑充电需求和配电网接纳能力的电动汽车充电站规划[J]. 电网技术,2021,45(2):498-509.

[8] 严俊,严凤. 基于两步规划的电动汽车充换电服务设施选址方法[J]. 电力系统保护与控制,2018,46(14):48-56.

[9] Bai, Xingzhen, Wang , et al. Electric vehicle charging station planning with dynamic prediction of elastic charging demand: a hybrid

particle swarm optimization algorithm [J]. Complex & Intelligent Systems,2021:1-13.

[10] DONG H, WANG L. Capacity planning and pricing design of charging station considering the uncertainty of user behavior [J]. International Journal of Electrical Power & Energy Systems,2021,125:1-13.

[11] 陶冶,黄妙华,等.电动汽车充电设施优化布局研究综述(英文)[J]. Journal of Central South University,2021,28(10):3268-3278.

[12] GUSCHINSKY N, KOVALYOV M Y, et al. Fleet and charging infrastructure decisions for fast-charging city electric bus service [J]. Computers and Operations Research,2021,16(4):81-93.

[13] MORRO-MELLO I, Padilha-Feltrin A, et al. Spatial connection cost minimization of EV fast charging stations in electric distribution networks using local search and graph theory [J]. Energy,2021,235:1-13.

[14] 徐素秀,谢冰,等.电动汽车充电与换电模式定价及投资策略[J].交通运输系统工程与信息,2021,21(5):183-189.

[15] DONG H Q, WANG L Y. Capacity planning and pricing design of charging station considering the uncertainty of user behavior [J]. International Journal of Electrical Power and Energy Systems,2021,17(4):125-137.

[16] ZHOU G, ZHU Z. Location optimization of electric vehicle charging stations: Based on cost model and genetic algorithm[J]. Energy, 2022,247:1-13.

[17] 邹国焱,魏勇.广义离散灰色预测模型及其应用[J].系统工程理论与实践,2020,40(3):736-747.

[18] ZHAO L, SONG Y, ZHANG C, et al. T-GCN: A Temporal Graph Convolutional Network for Traffic Prediction [J]. IEEE Transactions on Intelligent Transportation Systems,2019(99): 1-11.

[19] 段雪,张昌华,等.电动汽车换电需求时空分布的概率建模[J].电网技术,2019,43(12):4541-4550.

[20] 郭创新,刘洞宇,等.电动汽车居民区充电负荷建模分析[J].电力自动化设备,2020,40(1):1-9.

[21] TANG D, WANG P. Probabilistic Modeling of Nodal Charging Demand Based on Spatial-Temporal Dynamics of Moving Electric Vehicles [J]. IEEE Transactions on Smart Grid,2016,7(2):627-636.

[22] 王伟明,徐海燕,等.区间信息下的大规模群体 DEMATEL 决策方法[J].系统工程理论与实践,2021,41(6):1585-1597.

[23] 李昌兵,杜茂康,等.基于层次粒子群算法的非线性双层规划问题求解策略[J].系统工程理论与实践,2013,33(9):2292-2298.

[24] 顾博,李凤婷,等.基于 GA-PSO 的电动汽车换电站时空双层充电优化策略[J].电力系统保护与控制,2019,47(14):116-124.

[25] 董彦君,闫志杰,等.基于加权 Voronoi 图和自适应 PSO 算法的电动汽车充换电站联合规划[J].电源学报,2018,16(4):71-79.

基于MARS模型的出行仿真分析:以北京的自动驾驶发展为例

毛 玮 徐 猛*

(北京交通大学轨道交通控制与安全国家重点实验室)

摘 要 自动驾驶汽车作为一种新型交通工具,其对城市交通可持续发展的影响备受关注。本文结合自动驾驶未来发展方向,构建完全驾驶自动化、不完全驾驶自动化、无驾驶自动化的自动驾驶汽车应用场景。通过绘制系统内部因果关系,综合动力学模型,设计仿真工具并进行实验。以北京市为例,结合居民出行特征,以取车、停车时间及车内时间价值为参数,探究不同等级自动驾驶汽车的应用对居民出行选择、城市交通发展等方面的影响。结果显示,不同等级的驾驶自动化系统对居民出行的吸引力具有差异性。在完全驾驶自动化场景中,居民活动范围与出行次数增长明显,此时,公共交通出行模式分担率有所下降。而在其他场景中,这一表现并不显著。另外,输出数据显示城市整体碳排放量减少,这表明自动驾驶汽车的应用对城市交通可持续发展产生积极作用。

关键词　自动驾驶汽车　系统动力学　可持续发展　城市交通

0　引言

自动驾驶汽车(Autonomous Vehicles,AV)正在影响城市出行,特别是高等级自动驾驶汽车对居民出行选择的影响。根据国际汽车工程师学会(Society of Automotive Engineers,SAE)制定的自动驾驶汽车分级标准,将驾驶自动化划分为6个等级:0级,无驾驶自动化,完全由驾驶员操控汽车行驶。1级,驾驶员辅助,驾驶员与系统共同执行驾驶任务。2级,部分驾驶自动化,系统执行驾驶任务但需与驾驶员共同响应事件。3级,有条件的驾驶自动化,系统执行全部驾驶任务,用户需对系统介入请求做出响应。4级,高度驾驶自动化,系统在设计运行范围下执行驾驶任务与最小风险策略。5级,完全驾驶自动化,系统在任何可行驶条件下持续执行驾驶任务。

为了研究自动驾驶汽车对城市交通的影响,本文以系统动力学为基础,综合土地利用及人口迁移变化,梳理城市交通系统内部要素及变量间的反馈关系,模拟交通出行工具及居民出行情况。在建立北京的综合交通仿真模型(Metropolitan Activity Relocation Simulator,MARS)基础上[1],根据不同等级下自动驾驶汽车运行特征,设置仿真场景,对区域交通发展进行研究,讨论自动驾驶汽车应用对城市可持续发展的影响。

1　基于自动驾驶汽车的仿真分析

自动驾驶汽车对城市交通出行影响显著,目前已有相关研究基于驾驶自动化,使用AV会缩短居民出行时间,对通勤者的出行方式选择产生影响[2]。结合按需服务模拟AV运营后发现,满足出行需求下的汽车数量不及现有规模的三分之一[3]。将汽车租赁与AV应用结合后发现,当城市提供共享AV服务后,AV车队可减少约十倍的汽车数量[4]。这些研究为AV对解决城市交通拥堵与汽车尾气排放问题提供了依据。但随着车辆行驶里程的增加,城市存在着潜在扩张趋势[5]。此外,自动驾驶汽车应用于电动汽车基础上。通过对AV充电活动进行研究,发现AV车队规模高度依赖汽车续驶能力和充电基础设施[6]。基于这一问题引申出,关于AV的使用对城市供电与充电停车场的需求增加。因此,AV在城市中的应用,既要从居民出行需求角度,对其出现带来的新因素、新环境进行分析,还要从出行模式、道路网络等其他方面,对整个城市交通发展进行系统分析。

关于城市交通系统仿真,Pfaffenbichler等[7]综合多个土地利用与交通发展预测模型,构建基于系统动力学的交通仿真模型——MARS模型。该模型用于模拟不同政策下,城市交通及人口迁移变化情况,通过在系统动力学软件Vensim PLE上搭建可视化模型,使得决策者能够直观地观测到仿真结果。MARS模型已用于奥地利维也纳和英国利兹[5,7]等城市的交通演化分析。通过建立城市交通系统模型,根据使用性质进行区域划分,结合居民通勤/非通勤出行差异,构建城市MARS模型,分析在不同决策,如城市中心迁移,公共交通服务与定价,发展电动汽车、自动驾驶等情景下的城市交通、环境、人口变化,对比中长期发展差异,为政府或企业提供相应的策略和建议。

2　自动驾驶汽车仿真场景构建

根据驾驶自动化分类,4级与5级驾驶自动化区别在于系统运行范围,而3级驾驶自动化与两者之间的差距在于用户介入响应。仿真忽略驾驶自动化系统的设计运行范围,仅从自动驾驶系统执行驾驶任务差异将自动驾驶汽车进行划分为不完全自动驾驶汽车(3级驾驶自动化)与完全自动汽车

1.基金项目:国家自然科学基金国际合作项目(71961137005)。

(4级/5级驾驶自动化)。基于此,讨论仿真场景。

2.1 影响因素

为了探究自动驾驶汽车对区域交通影响,从宏观视角对引入自动驾驶汽车的出行结构变化进行分析。随着驾驶自动化水平的变化,用户出行中的取车、驾驶、停车这三个阶段受到影响,如图1所示。

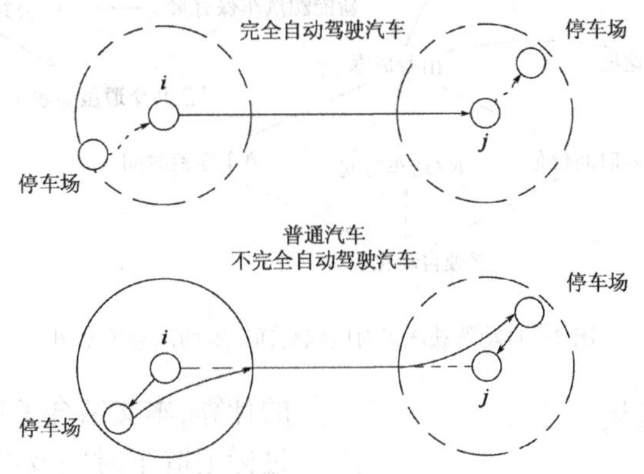

图1 用户出行示意图

i,j-用户出行的起讫点;普通汽车表示无驾驶自动化系统的汽车。

在不同驾驶自动化系统下,用户在取车、驾车、停车各阶段的出行时间均发生变化。完全自动驾驶汽车出行依赖驾驶系统,有很高的车内时间利用率,当用户采用预约的形式出行时,还可忽略由取车和停车带来的时间损失,节约出行时间成本。不完全自动驾驶汽车在特定情景下需要驾驶员做出反应,汽车在行驶过程中需要有驾驶员在车内,汽车无法自主行驶到指定地点,存在取/送车的步行时间。此时,车内时间的利用率有限。

2.2 仿真场景

参考用户出行变化设计仿真场景。实验中三种仿真场景,分别为搭载完全自动化、不完全自动化、无自动化驾驶系统下自动驾驶汽车,探究其对区域交通影响。仿真场景及参数设计见表1。

场景与参数设计 表1

序号	场 景	自动驾驶汽车市场份额	取车时间	车内时间价值	停车时间
1	完全自动化	AV市场份额	无	增加	无
2	不完全自动化	AV市场份额	有	增加	有
3	无自动化	—	有	无	有

场景1:理想状态下的自动驾驶汽车,用户出行通过网络预约即可实现取车,无须从停车场取车或路边等待,且车辆具有自主寻找停车位的功能。在行驶过程中,用户可自由支配车内时间。

场景2:对不完全自动驾驶汽车来说,用户需要步行至停车位完成取车、停车活动。行驶过程中,系统接管汽车时,用户可在车内进行其他活动。

场景3:作为实验的对照组,不考虑自动驾驶汽车加入以及用户出行时间与成本变动。

3 基于MARS的北京市自动驾驶汽车影响分析

3.1 基于北京市的MARS仿真

北京MARS模型根据人口密度、行政边界等因素将北京市划分为68个区域,并对各区域居民出行进行模拟[1]。通过在模型中引入自动驾驶汽车模块,探究自动驾驶汽车对区域交通影响。自动驾驶汽车作为一种出行模式,与系统中各要素之间的反馈关系如图2所示。

在因果关系图中,AV市场份额影响新能源汽车保有量。新能源汽车作为一种私人交通工具,与公共交通工具之间相互制约。不同交通工具的使用、车辆行驶里程、居民出行量的变化影响尾气排放。驾驶自动化等级变化影响用户取车、车内、停车各阶段出行时间,造成不同出行成本。不同市场份额通过对道路通过能力影响,造成车辆行驶速度变化同样影响居民出行成本。

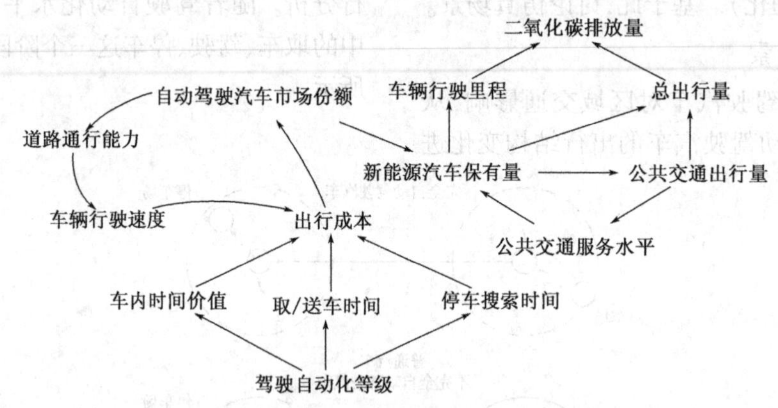

图2　自动驾驶汽车对区域交通影响的因果关系图

3.2　自动驾驶汽车模块

3.2.1　出行时间

关于自动驾驶汽车出现对居民出行取车部分的计算,本文结合了现有的取车步行时间矩阵,通过标记取车时间及减少量,根据系统中的自动驾驶汽车数量,对取车时间进行计算,如图3所示。

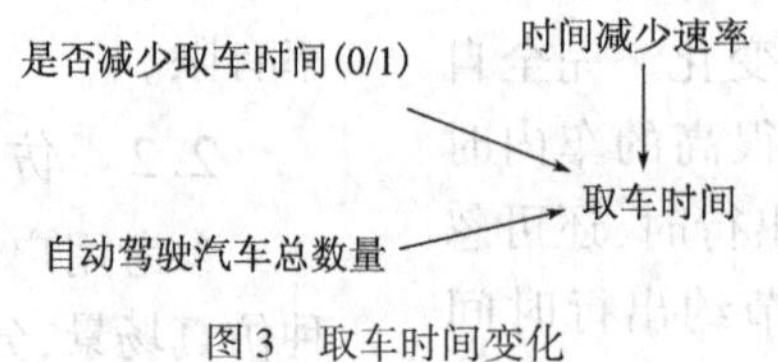

图3　取车时间变化

模型中,对汽车行驶的车内时间价值的计算与取车部分相似。通过获取AV车辆数和时间减少速率,以乘积的形式计算取车时间。模型整合了用户到达目的地后的停车搜索时间和从停车场到目的地的步行时间,通过标记不同驾驶自动化下汽车停车状态,对停车及步行时间进行计算,如图4所示。

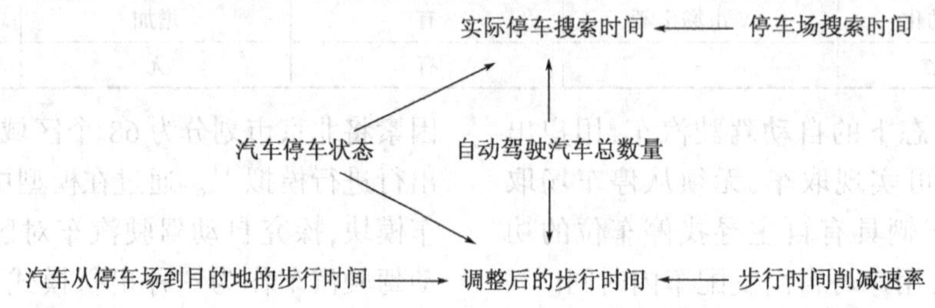

图4　停车时间变化

3.2.2　实验数据

仿真实验以年为迭代单位,预测2014—2050年北京市的城市交通发展变化。自动驾驶汽车作为一种新的出行方式,出现在仿真实验后期。引入自动驾驶汽车市场份额能有效衡量自动驾驶汽车在城市的发展与使用。由于目前北京市的自动驾驶汽车仍处于区域试验阶段,因此,仿真中自动驾驶汽车市场份额参考我国智能网联汽车发展的顶层设计进行估计,预计自动驾驶汽车于2024年投入使用;2035年的市场份额约为20%;到2040年市场份额达到75%,实现大规模应用;2044年达到100%。此外,场景中的取/停车时间、时间价值等参数设定,见表2。

不同场景下的参数值 表2

场景	自动驾驶汽车应用	取车时间	停车时间	车内时间价值
1	推广私人自动驾驶汽车应用,其市场份额于2044年达到100%	-100%	-100%	+100%
2	同场景1	—	—	+50%
3	不发展自动驾驶汽车	—	—	—

场景中的参数变化如下。场景1:完全自动驾驶汽车,取/停车时间在现有基础上减少100%,车内时间利用率增加100%;场景2:不完全自动驾驶汽车,取车与停车时间不变,车内时间利用率增加50%;场景3:不发展自动驾驶汽车,取/停车时间以及车内时间利用率均保持不变。

3.3 结果与分析

3.3.1 模型检验

以2014年作为基准年进行仿真,比较不同模式下的高峰/非高峰时期分担率,对仿真结果进行检验,结果见表3。

模型检验结果 表3

2020年	高峰	预测值	误差	非高峰	预测值	误差
公交	21.70%	21.68%	-0.02%	18.50%	18.47%	-0.03%
地铁	16.90%	16.86%	-0.04%	8.10%	8.06%	-0.04%
汽车	27.80%	27.79%	-0.01%	24.80%	24.76%	-0.04%

对比模型输出的2020年各出行模式在高峰和非高峰时期的分担率与北京市高峰/非高峰模式分担率后发现,模型输出值与真实值之间的误差较小且不超过0.04%,故该模型可以用来模拟北京市的城市交通发展变化。

3.3.2 实验结果

实验结果表明,自动驾驶汽车的应用会增加居民出行距离,特别是对完全自动驾驶汽车来说,在2035年后,居民出行距离增加幅度明显,如图5所示。

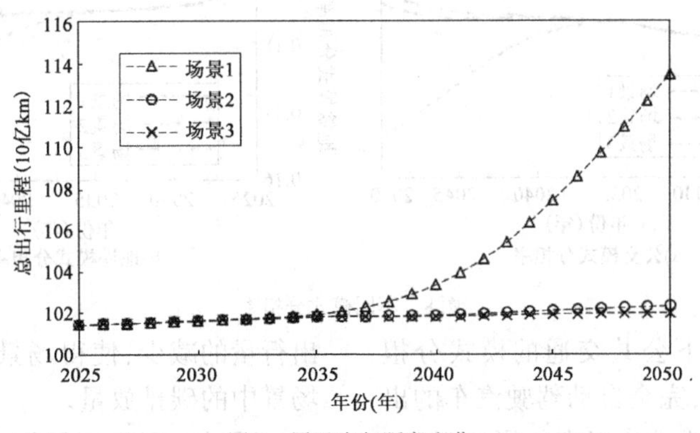

图5 居民出行距离变化

同样,在每日人均出行量指标中AV的影响较为显著,但场景2的居民出行量与场景3相比无较大差异,这说明出行时间成本的减少对居民出行选择有影响,如图6所示。

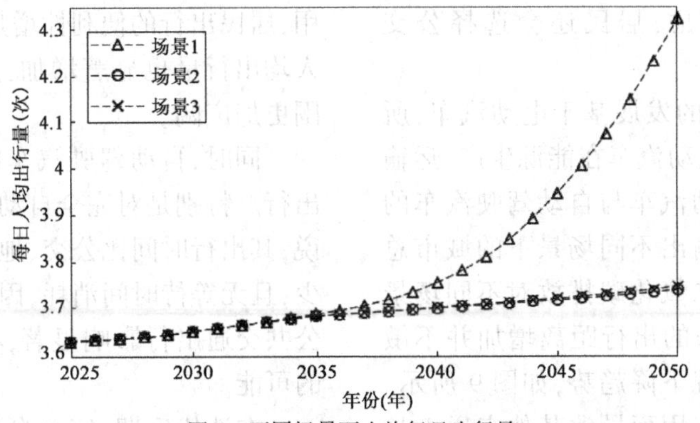

图6 不同场景下人均每日出行量

基于AV应用对居民出行的显著影响,研究在完全自动驾驶汽车场景中,不同交通工具的模式分担率,发现在2045年,AV分担率将超过公交且数值接近40%,如图7所示。这说明城市居民出行总里程将近一半来自AV出行,此时自动驾驶出行在扩大居民出行范围的同时,也逐渐成为居民出行的首选。

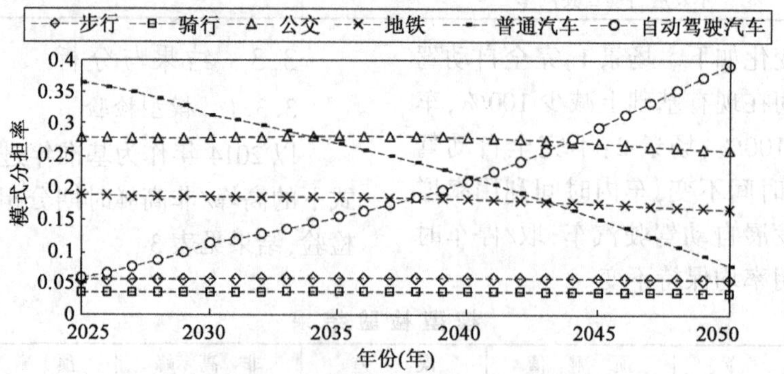

图7　基于出行里程的模式分担率(场景1)

通过对居民出行距离、出行量以及不同出行方式模式分担率的比较,发现AV出行在影响居民活动范围的同时,可能会对其他交通方式产生影响。为了探究AV对公共交通出行影响,输出不同场景下公交/地铁模式分担率的变化情况,如图8所示。

图8a)展示了公交模式分担率的变化情况,在场景1中公交模式分担率在后期显著下降,但对场景2和场景3而言,公交使用量总体呈上升趋势。图8b)展示了地铁模式分担率的变化情况,此时三个场景中的地铁模式分担率均呈现下降趋势,但场景1的下降幅度明显。

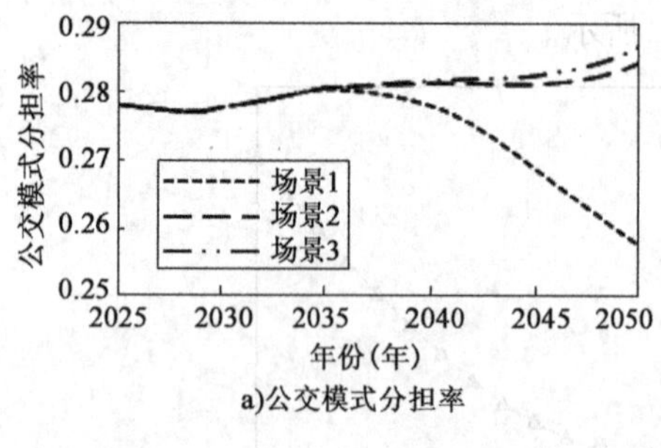

a)公交模式分担率

b)地铁模式分担率

图8　不同模式分担率

通过对比不同场景下公共交通的模式分担率,发现对北京地区来说,完全自动驾驶汽车的出现及应用对公交与地铁模式分担率的影响显著。但是,由于北京市公交覆盖面广,且公交出行本身具有便利性,所以当汽车搭载不完全自动化系统时,出于时间成本的考虑,居民还会选择公交出行。

由于自动驾驶汽车的发展基于电动汽车,所以在排放模型中,忽略电动汽车在能源生产、运输等过程中的排放,将电动汽车与自动驾驶汽车的排放因子设定为零,并输出不同场景下的城市总排放量。此时,城市总二氧化碳排放对不同场景下,基于AV应用而带来的出行距离增加并不敏感,二氧化碳排放量呈现下降趋势,如图9所示。但此时,由于自动驾驶应用而导致其他交通工具出行量的减少,使得场景1中碳排放量低于其他场景中的碳排放量。

通过对实验结果综合分析,发现整个区域的尾气排放呈下降趋势,这表示清洁能源的使用对尾气排放影响显著。伴随着驾驶自动化系统的应用,居民出行的便利性增加,区域内总出行里程与人均出行量也显著增加,人们在区域内的活动范围更加广阔。

同时,自动驾驶汽车的应用影响着公共交通出行。特别是对完全自动化系统下的私人汽车来说,其出行时间比公交、地铁等交通工具的时间更少,且无等待时间消耗,因此,在大规模应用后,对公共交通出行影响显著,存在替代公共交通出行的可能。

在迭代后期,完全自动驾驶汽车的模式分担

率仍在增加,暗示着人们对自动驾驶依赖度增加,也引申出对私人自动驾驶汽车未来发展模式的思考。因此,在鼓励发展自动驾驶汽车的同时,应当思考依赖驾驶自动化对城市交通的潜在影响。在发展自动驾驶技术的同时,不能忽略公共交通的发展,要关注城市交通可持续发展。

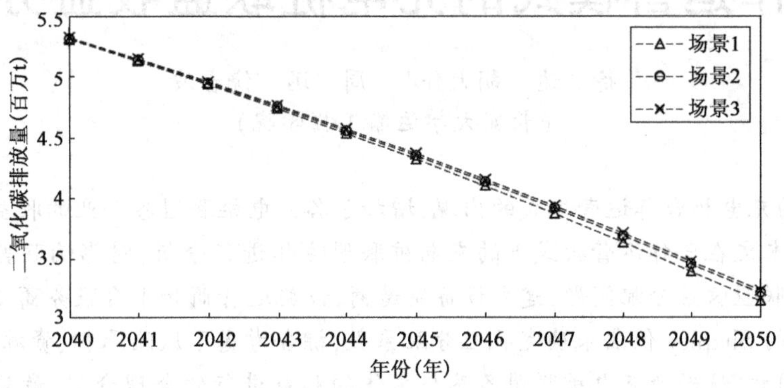

图9 不同场景下二氧化碳排放量

4 结语

本文以北京MARS模型为基础,综合驾驶自动化水平对居民出行影响,构建自动驾驶汽车模块,模拟自动驾驶汽车在城市交通系统中的应用。结果表明,自动驾驶汽车对城市居民出行方式选择产生影响。特别是在高等级驾驶自动化场景下,居民出行距离与出行量显著提高。由于私人自动驾驶汽车出行不受取车与停车时间的束缚,可以充分利用汽车行驶时间,自动驾驶汽车成为居民主要出行选择。这也造成了公交、地铁出行量的减少。但是,当自动驾驶出行存在取车与停车过程时,居民出行数据与无自动驾驶场景下的数据更为相近。这表明,取车与停车时间成本、自动驾驶便利性影响居民出行选择,为研究共享自动驾驶汽车提供思路。另外,自动驾驶汽车应用后城市二氧化碳总排放减少,对城市可持续发展存在积极作用。本实验是对自动驾驶汽车在MARS模型中应用的初步探索,存在仿真场景设定理想化,自动驾驶汽车市场份额单一、乐观化等问题。后续研究将在此基础上,丰富自动驾驶汽车应用场景,改进输入参数,优化自动驾驶汽车服务模式,如共享自动驾驶汽车,综合城市可持续发展,考虑多种服务机制下的城市交通系统,为城市交通发展规划提供仿真平台与政策建议。

参考文献

[1] 田杭. 基于MARS的北京交通发展仿真研究[D]. 北京:北京交通大学,2022.

[2] Steck F, Kolarova V, Bahamonde B F, et al, Lenz B. How Autonomous Driving May Affect the Value of Travel Time Savings for Commuting [J]. Transportation Research Record, 2018, 2672(46):11-20.

[3] Spieser K, Treleaven K, Zhang R, et al. Toward a Systematic Approach to the Design and Evaluation of Automated Mobility-on-Demand Systems: A Case Study in Singapore [M]. Road Vehicle Automation. 2014: 229-245.

[4] Fagnant D J, Kockelman K M. The travel and environmental implications of shared autonomous vehicles, using agent-based model scenarios [J]. Transportation Research Part C: Emerging Technologies, 2014, 401-413.

[5] May A D, Shepherd S, Pfaffenbichler P, et al. The potential impacts of automated cars on urban transport: An exploratory analysis [J]. Transport Policy, 2020: 98127-98138.

[6] Chen T D, Kockelman K M, Hanna J P. Operations of a shared, autonomous, electric vehicle fleet: Implications of vehicle & charging infrastructure decisions [J]. Transportation Research Part a-Policy and Practice, 2016, 94243-94254.

[7] Pfaffenbichler P, Emberger G, Shepherd S. A system dynamics approach to land use transport interaction modelling: the strategic model MARS and its application [J]. System Dynamics Review, 2010, 26(3):262-282.

基于合作运营模式的充电桩联盟收益分配研究

徐　达　胡大伟*　周　迅　饶春波
(长安大学运输工程学院)

摘　要　新型的充电桩合作运营模式的出现,增加了各充电桩联盟各企业的收益。为了有效地分配各参与主体的收益,本文在合作运营模式下的充电桩联盟主体进行分析,对影响联盟成员收益的因素进行讨论,针对充电桩联盟收益分配问题,建立设备制造商、设施运营商和平台服务商之间的三方合作博弈模型,通过使用改进的 Shapley 值法来确定收益分配系数,综合考虑了风险承担、资源投入、业务执行度和政府补贴四种影响因素,从而使充电桩联盟各参与主体的利益进行的合理分配,最后通过实际的算例进行分析验证。结果表明,本文研究的收益分配策略能够为充电桩联盟的利益分配提供决策和支持作用。

关键词　合作博弈　充电桩　修正 Shpley 值法　收益分配

0　引言

随着我国新能源汽车产业的蓬勃发展,充电桩作为新能源汽车的补能设施将会大范围应用必然也是趋势。在国家的新基建政策的加持下,充电桩市场拥有巨大的潜力并且受到广泛关注。充电桩供应链的上下游企业采用不同的商业模式,合作运营模式是最主要的模式,逐渐形成了充电桩联盟。目前我国新能源汽车充电桩产业整体上呈较好的发展趋势,越来越多的企业涌入充电桩行业。

合作运营模式下的充电桩联盟的利益分配问题从实质上来讲是一个多方的合作博弈问题。学术界目前有很多关于利益分配的问题的研究。张学龙等人运用 Shapley 值法研究补贴政策对新能源汽车供应链上的各参与主体的收益分配的影响[1]。张菁菁运用博弈的方法,建立两两之间的博弈模型,构建定价模型[2]。刘娟娟利用 Shapley 值法设计充电桩联盟的各参与企业之间的成本分摊机制[3]。马露建立在不同发展阶段适合运用的合作运营模式,按照西安市的现状确定其适合发展的合作运营模式[4]。杨倩倩等人在考虑企业整体实力和风险承担能力两个影响因子并构建改进的 Shapley 值分配模型[5]。邵双双研究了充电桩运营商、物业和消费者在内的三方非合作博弈过程,研究证明充电桩建设的重要影响因素是政府补贴[6]。为了整合末端配送资源,蔡榕等人对比了 Shapley 值法和 Owen 值法对多个自提点联盟的企业收益分配的影响[7]。童宇在运用 Shapley 值法提出了充电桩第三方运营平台的商业模式下的合作收益分配模型[8]。安鑫山等人以一致许可值法构建了共享单车参与的城市公租单车的三方合作博弈模型[9]。岳为众等人构建了三方博弈模型,运用逆向归纳法求得子博弈精炼纳什均衡解[10]。高俊国等人文章以中俄木业供应链实际运作为背景,考虑利益分配不公平问题。对传统 Shapley 值法进行修正,构建利益分配模型[11]。白晓娟等在传统 Shapley 值法的基础上,考虑 3 个影响因子来构建改进的 Shapley 值算法[12]。魏帅等人综合考量五方面影响的因素,建立了修正 Shapley 值的矿产企业联盟的利益分配模型[13]。武士超等人以快递行业组建末端配送联盟为研究背景,通过 Shapley 值法和熵值法得到收益最终分配结果,并通过算例进行验证[14]。

综上所述,将合作博弈理论与充电桩联盟收益分配问题结合起来的研究还不是很多,但是通过合作博弈理论来研究收益分配问题是一个常见思路。由于目前缺乏文献考虑使用合作博弈的方法研究基于合作运营模式下的充电桩联盟收益分配问题,本文通过分析合作运营模式下的主体,以 Shapely 值模型为基础,考虑资源投入、风险承担、企业贡献程度、政府补贴四个影响因素,使用灰色关联度法来确定各修正因子的比例权重,构建了一种合理和公平的利益分配模型。

1　合作运营模式下的充电桩联盟

1.1　合作运营模式下主体分析

随着新能源产业的快速发展,充电桩联盟的

各参与主体独立进行充电桩的建设与服务可能会陷入发展规模有限,且需要很高的投入、承担较大的风险的困境。为整合优势资源,实现更大规模的建设与发展,就需要进行合作来保证更高更快的经济效益。在整个充电桩联盟中,设备制造商、设施运营商、平台服务商三者缺一不可。下面对合作运营模式下运营主体进行分析,充电桩联盟的代表企业如图1所示。

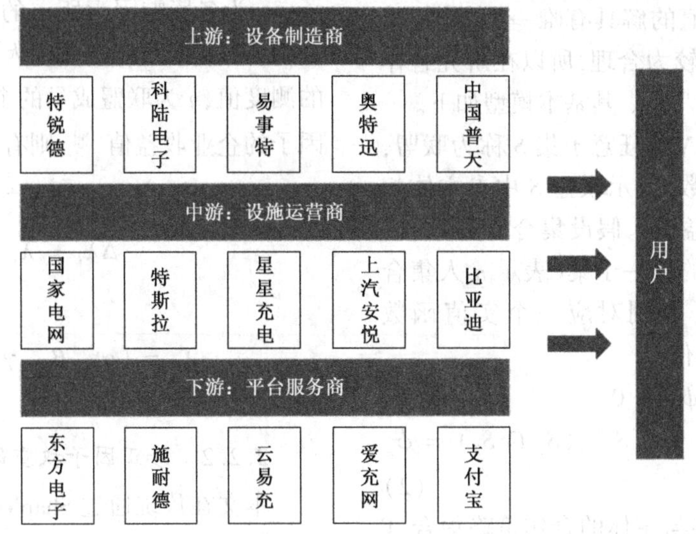

图1 充电桩联盟代表企业

(1)设备制造商。

充电桩联盟上游位置的设备制造商主要的盈利方式是销售自主开发的充电设施。目前,设备制造商在行业的技术研发和标准制定方面有着非常关键的作用,充电桩联盟的建设离不开设备制造商的支持。目前设备制造商主要有奥特迅、青岛特锐德等企业。

(2)设施运营商。

充电桩联盟中游位置的设施运营商主要负责运营和维护充电桩以及其他充电设施,目前发展众筹商业模式,但该类型的企业盈利能力较差,因此需要新的合作模式来带动设施运营商的相关企业的发展。设施运营商主要有特来电、特斯拉、比亚迪等。

(3)平台服务商。

充电联盟下游位置的平台服务商主要提供场地支持、供电支持等其他运营方面的支持,能够统筹联盟上游企业及客户的需求,可以为客户提供充电桩位置服务和支付等服务。目前的平台服务商主要有星星充电、爱充网、国家电网支付宝、微信支付等企业。

1.2 影响新充电桩联盟利益分配的要素

(1)风险承担。

参与主体在充电联盟中承担的任务角色不同,因此各企业的风险因素会因角色的不同产生差异。在联盟运作过程中,都会伴随着很多的不确定因素,从而导致联盟利益受到影响。按照风险共担的原则,在其他影响因素相同的情况下,参与主体所承担的风险越大,所分配的收益越大。

(2)资源投入。

在充电桩联盟运作过程中,需要投入大量的创新资源,比如人才、技术等,在不同的任务角色下,各参与主体的投入资源比例也是不同的,因此各参与主体对联盟的创新资源的贡献水平是必须要考虑的影响因素。

(3)贡献程度。

在充电桩联盟运作过程中,各参与主体都会把自身企业利益放在第一位,从而参与联盟的运作,因为联盟运作交叉性的特点,各企业都会投入不同的积极性,因此各参与主体的贡献程度会有所不同,企业的贡献程度越大,所获得的收益越大。

(4)政府补贴。

国家为鼓励“新基建”的发展,发布了一系列充电桩相关的补贴政策。在充电设施建设运营的过程中,充电设施运营的模式在不断探索,主要以政策为导向发展充电设施。而政府主导构建充电桩网络,目前已投入巨额资金,用于补贴相关企业。

2　合作博弈模型

2.1　Shapley 值法

Shapley 值法常常被学者们用来求解利益分配问题,因为 Shapley 值的解具有唯一性、计算模式也很规范、分配结果较为合理,所以在研究合作博弈时,通常会被采用[15-17]。其基本模型如下。

在 N 人的博弈中,N 的任意子集 S 称为联盟,$V(S)$ 是对应的特征函数,表示联盟 S 中参主体相互合作所能得到的利益值。假设集合 $N=\{1,2,\cdots,n\}$,对于集合 N 中的任一子集(表示 n 人集合中的任意一种组合),分别对应一个实值函数 $V(S)$,必须满足以下条件:

$$V(\phi)=0 \tag{1}$$

$$V(S_1\cup S_2)\geqslant V(S_1)+V(S_2),(S_1\cap S_2)=\phi \tag{2}$$

称 $[N,V]$ 为 n 个参与主体的合作策略集合,V 为各参与主体对策的特征函数,联盟 S 的收益值为 $V(S)$。若记 $\varphi=[\varphi_1(v),\varphi_2(v),\varphi_3(v),\cdots,\varphi_n(v)]$ 为合作联盟的分配向量,$\varphi_i(v)$ 表示合作联盟中各成员分配到的利润值,则具体的计算公式如下:

$$\varphi_i(v)=\sum_i w(|S|)[v(S)-v(S\backslash i)],\quad i=1,2,\cdots,n \tag{3}$$

$$w(|S|)=\frac{(n-|S|)!(|S|-1)!}{n!} \tag{4}$$

式中:$v(S\backslash i)$——联盟中的成员 i 对联盟 S 的贡献;

n——联盟中企业成员的数量;

$|S|$——充电桩联盟集合 S 中成员的数量;

$w(|S|)$——形成联盟后收益分配的因子。

利益分配的过程中还应满足以下定理。

(1)无序性:参与主体的利益与利益分配过程中的无关。

(2)无贡献者不分配:对充电桩联盟无贡献的成员不参与利润分配。

2.2　改进的 Shapley 模型

本文将引入四个影响因子对传统 Shapley 值法进行修正,关键是通过灰色关联度法确定修正因子的权重,构建基于改进 Shapley 值法的充电桩联盟的利益分配模型。

2.2.1　改进 Shapley 值法利益分配模型的构建

在传统 Shapley 值法基础上,引入综合因子进行修正。设 $\Delta\lambda_i$ 为第 i 个成员企业的综合影响因子,m_i 为各影响因素所占的权重大小,$\alpha_i,\beta_i,\gamma_i,\rho_i$ 分别为风险承担、资源投入、贡献程度、政府补贴的测度值,n 为联盟成员的个数,$\varphi_i'(v)$ 为考虑综合因子的企业收益值[18],则有:

$$\varphi_i'(v)=\varphi_i(v)+V(N)\cdot\Delta\lambda_i \tag{5}$$

$$\Delta\lambda_i=\lambda_i-\frac{1}{n} \tag{6}$$

$$\lambda_i=(\alpha_i\quad\beta_i\quad\gamma_i\quad\rho_i)\begin{pmatrix}m_1\\m_2\\m_3\end{pmatrix} \tag{7}$$

2.2.2　修正因子权重的确定

本文在传统通过 Shapley 值法的基础上,利用灰色关联度法求解四个修正因子的权重,改进方法的具体步骤如下。

(1)构建指标评价矩阵:

$$\begin{pmatrix}V_{11} & \cdots & V_{14}\\ \vdots & \vdots & \vdots\\ V_{n1} & \cdots & V_{n4}\end{pmatrix} \tag{8}$$

(2)确定参考序列,从评价矩阵中找到最大值作为公共参考值:

$$V^0:V^0=[\max V_{ij}(1),\max V_{ij}(2),\max V_{ij}(3),\max V_{ij}(4)] \tag{9}$$

(3)计算指标序列到参考序列的距离:$d_i=\sum_i^{10}(V_{ij}-\max V_j)^2$　(10)

且满足 $D=(d_1,d_2,\cdots,d_n)$

(4)计算各指标的权重 $W_i=\dfrac{1}{1+d_i}$,且满足 $W=(W_1,W_2,\cdots,W_n)$。　(11)

(5)归一化各指标权重:$W_i^*=\dfrac{W_i}{\sum_{i=1}^n W_i}$。　(12)

(6)得到标准化的修正因子权重向量。

$$W^*=(W_1^*,W_2^*,W_3^*)\text{ 且 } 0\leqslant W_i^*\leqslant 1\text{ 且}\sum_{i=1}^n W_i^*=1 \tag{13}$$

其中,$\begin{pmatrix}m_1\\m_2\\m_3\end{pmatrix}=(W_1^*,W_2^*,W_3^*)^{\mathrm T}$。

3 算例分析

在合作运营模式下，各参与主体独立进行充电桩的建设与服务可能会陷入发展规模有限，且需要很高的投入、承担较大的风险的困境。三个主体企业的企业布局见表1。

企业布局 表1

企业	投资规模	网络布点	收益值
设备制造商	相对较小，主要以设备技术作为投入，与政府或企业合作建设	相对较少	40亿元
设施运营商	投资最多	最多，抢占充电桩市场	50亿元
平台服务商	较少	较少，建设少量充电桩	30亿元

来源：中国充电基础设施促进联盟。

假设设备制造商A、设施运营商B、平台服务商C单独运营建设充电桩产业得到的收入分别为40亿元、50亿元、30亿元，设备制造商A和设施运营商B联盟运营的收入为80亿元，设备制造商A和平台服务商C联盟运营的收益为70亿元，设施运营商B和平台服务商C联盟运营的收益为75亿元，三者联盟运营的收益为110亿元，具体收益见表2。

收益值(亿元) 表2

序号	联盟形式	收益值
1	{A}	40
2	{B}	50
3	{C}	30
4	{A,B}	80
5	{A,C}	70
6	{B,C}	75
7	{A,B,C}	110

3.1 Shapley 值法

首先，根据传统的Shapley值法计算出联盟中设备制造商A、设施运营商B、平台服务商C的初始收益分配，见表3～表5。

设备制造商A的收益分配(亿元) 表3

S	A	A∪B	A∪C	A∪B∪C
$V(S)$	40	80	70	110
$V(S/A)$	0	50	30	70
$V(S)-V(S/A)$	40	30	40	30
$\|S\|$	1	2	2	3
$(\|S\|-1)!\ (n-\|S\|)/n!$	1/3	1/6	1/6	1/3
$\varphi_A(V)$	40/3	30/6	40/6	10

因此，设备制造商A的收益为：

$$\varphi_A(v) = \sum_{S \subseteq N \setminus i} \frac{(|S|-1)!(n-|S|)!}{n!} \times [V(S) - V(S \setminus A)] = 35(\text{亿元})$$

设施运营商B的收益分配(亿元) 表4

S	B	A∪B	B∪C	A∪B∪C
$V(S)$	50	80	75	110
$V(S/B)$	0	40	30	70
$V(S)-V(S/B)$	50	40	45	40

续上表

S	B	A∪B	B∪C	A∪B∪C
$\|S\|$	1	2	2	3
$(\|S\|-1)!\ (n-\|S\|)/n!$	1/3	1/6	1/6	1/3
$\varphi_B(V)$	50/3	40/6	45/6	40/3

因此,设施运营商B的收益为:

$$\varphi_B(v)=\sum_{S\subseteq N\backslash i}\frac{(|S|-1)!(n-|S|)!}{n!}\times[V(S)-V(S\backslash B)]=44.167(亿元)$$

平台服务商C的收益分配(单位:亿元)　表5

S	C	A∪C	B∪C	A∪B∪C
$V(S)$	30	70	75	110
$V(S/C)$	0	40	50	80
$V(S)-V(S/C)$	30	30	25	20
$\|S\|$	1	2	2	3
$(\|S\|-1)!\ (n-\|S\|)/n!$	1/3	1/6	1/6	1/3
$\varphi_C(V)$	10	10	25/6	20/3

因此,平台服务商C的收益为:

$$\varphi_C(v)=\sum_{S\subseteq N\backslash i}\frac{(|S|-1)!(n-|S|)!}{n!}\times[V(S)-V(S\backslash C)]=30.833(亿元)$$

则总分配额为:$\sum\varphi_i(v)=35+44.167+30.833=110$(亿元)

因此Shapley值法得到的收益分配方案是:在设备制造商A、设施运营商B、平台服务商C合作的基础上,设备制造商A分配收益为35亿元;设施运营商B分配收益44.167亿元;平台服务商C分配收益为30.833亿元。

3.2　计算引入修正的Shapely值

为了合理地对设备制造商A、设施运营商B和平台服务商C三者的收益进行分配,引入资本投入、风险承担、贡献程度和政府补贴四个影响因素。通过查阅相关资料,各因子权重的原始数据见表6。本研究通过引进修正因子改进Shapley值模型,具体步骤如下。

原始数据表　表6

企　业	资本投入因素	风险承担因素	贡献程度因素	政府补贴
设备制造商A	0.15	0.2	0.45	0.6
设施运营商B	0.35	0.3	0.35	0.25
平台服务商C	0.5	0.5	0.2	0.15

(1)首先采用德尔菲法计算各修正因子的权重,该方法是由10位专家分别对四个影响因子的权重进行判断打分,具体见表7,确定参考的序列为:$V^0=(0.50,0.70,0.60,0.40)$。

判断矩阵　表7

专　家	资本投入因素	风险承担因素	贡献程度因素	政府补贴
1	0.18	0.64	0.19	0.16
2	0.22	0.61	0.23	0.3
3	0.17	0.7	0.18	0.25
4	0.21	0.6	0.5	0.17
5	0.31	0.52	0.23	0.24
6	0.5	0.4	0.5	0.25
7	0.35	0.45	0.6	0.4

续上表

专　家	资本投入因素	风险承担因素	贡献程度因素	政府补贴
8	0.4	0.65	0.43	0.23
9	0.25	0.55	0.6	0.2
10	0.2	0.45	0.5	0.15

(2)计算指标序列到参考序列的距离为 $D = (0.5949, 0.2941, 0.6772, 0.3225)$。

(3)计算各个指标的权重为 $W_i = (0.6270, 0.7727, 0.5962, 0.7561)$。

(4)得到标准化的修正因子权重向量 $W^* = (0.2278, 0.2808, 0.2166, 0.2748)$。

(5)计算综合评价值：$\lambda_i = (\alpha_i, \beta_i, \gamma_i, \rho_i)\begin{pmatrix} m_1 \\ m_2 \\ m_3 \end{pmatrix} = (0.3527, 0.3085, 0.3388)$。

(6)再计算综合修正因子：$\Delta\lambda_i = \lambda_i - \frac{1}{n} = (0.0193, -0.0248, 0.0055)$。

(7)计算改进修正因子后的利益分配值：

$$\varphi_I'(v) = \varphi_i(v) + V(N) \cdot \Delta\lambda_i$$

①设备制造商 A 修正后的收益分配：$\varphi_A'(v) = 37.123$(亿元)。

②设施运营商 B 修正后的收益分配：$\varphi_B'(v) = 41.439$(亿元)。

③平台服务商 C 修正后的收益分配：$\varphi_C'(v) = 31.438$(亿元)。

由分配结果可以看出，在影响联盟收益分配的因素中，影响显著的是企业的资源投入，影响最小的是企业的风险分担能力。因此，充电桩联盟的企业的资源投入的多少会在很大程度上影响的相关收益分配。

经检验，$\sum\varphi_i'(v) = 37.123 + 41.439 + 31.438 = 110$(亿元)，即修正 Shapley 值分配前后总的收益值保持不变，修正前后收益值见表 8。

收益分配结果对比(亿元)　　表 8

类　别	设备制造商 A	设施运营商 B	平台服务商 C	收益总和
不参与联盟	40	50	30	—
修正前	35	44.167	30.833	110
修正后	37.123	41.439	31.438	110

通过分析，设备制造商 A、设施运营商 B 和平台服务商 C 进行在传统 Shapley 法和修正的 Shapley 法的收益分配对比有一些差距，如图 2 所示。

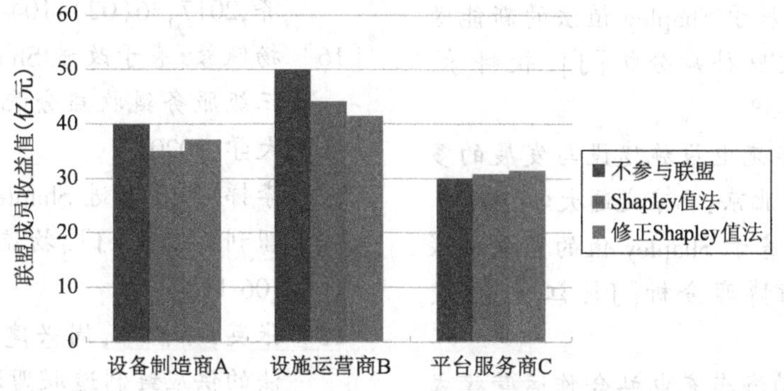

图 2　收益分配结果对比

经过对比分析，经过修正的收益分配结果会使充电桩联盟中的某些企业的收益降低，但也使某些企业的收益提高，因为修正的收益分配结果考虑了影响企业收益的四个因素。充电桩联盟积极性和稳定性的提高离不开各企业达成合作时利益的合理分配，利益合理和公平分配可以最大限度地保护企业实现收益。

4　结语

在“新基建”风口下，新能源汽车充电桩作为七大新基建方向之一正备受关注。国家正在积极支持充电商业模式创新,推动充电服务平台整合发展,能够提高充电设施建设运营的整体经济效益,实现充电设施的规模化、集约化发展。本文从合作博弈理论出发,在合作运营模式下将参与充桩联盟建设的各个企业作为决策单元,提出一种基于 Shapley 值法的收益分配模型,并考虑了风险承担、资源投人、贡献程度、政府补贴四个影响因素,通过案例验证改进的 Shapley 值法可以用于解决充电桩联盟的收益分配的合理性。本文主要结论如下:

(1)在充电桩联盟的各种运营模式中,"设备制造商+设施运营商+平台服务商"成为核心的合作运营模式,逐渐发展为一种趋势。

(2)政府主导着充电桩联盟发展的方向,因此需要完善充电桩建设运营的配套政策,为联盟各企业的操作提供有力的支撑。

(3)利用改进的 Shapley 值法可以有效解决充电桩联盟的收益分配问题,考虑除贡献程度之外的其他因素也很重要,可以保证联盟中企业收益的合理性和公平性。

本文的研究提出了一种合理的充电桩联盟收益分配方案,对充电桩供应链的上下游企业进行收益分配的决策有借鉴意义。但是,本文只是讨论了合作运营模式下的充电桩联盟博弈,没有考虑其他运营模式的收益分配问题,这是未来可拓展研究的方向。

参考文献

[1] 张学龙,王军进. 基于 Shapley 值法的新能源汽车供应链中政府补贴分析[J]. 软科学, 2015,29(09):54-58.

[2] 张菁菁. 电动汽车充电设施建设与发展的多方博弈分析[D]. 北京:北京交通大学,2011.

[3] 刘娟娟,曹胜兰. 基于 Shapley 值的充电桩联盟建设成本分摊博弈分析[J]. 江苏商论, 2015(09):15-18.

[4] 马露. 西安市电动汽车充电站合作运营模式设计及投资决策研究[D]. 西安:西安理工大学,2017.

[5] 杨倩倩,胡大伟,褚宏帆. 共享汽车和共享单车的合作博弈研究[J]. 交通信息与安全, 2018,4(36):126-132.

[6] 邵双双. 基于纳什均衡的充电桩建设博弈分析[J]. 现代商贸工业, 2016, 37 (14): 208-211.

[7] 蔡榕,胡大伟. 基于合作博弈的快递终端服务联盟构建及利益分配研究[J]. 物流科技, 2019,42(10):9-14.

[8] 童宇. 商业模式视角下充电桩第三方运营平台博弈研究[D]. 北京:北京交通大学,2020.

[9] 安鑫山,许佳莹. 共享单车参与的城市公租单车合作博弈[J]. 交通运输研究, 2020, 6 (02):60-67.

[10] 岳为众,刘颖琦,童宇,等. 政府补贴在新能源汽车充电桩产业中的作用:三方博弈视角[J]. 中国人口·资源与环境, 2020, 30 (11):119-126.

[11] 高俊国,刘立军,杜志平. 基于改进 Shapley 值法的中俄木业供应链利益分配研究[J]. 供应链管理,2021,2(04):79-87.

[12] 白晓娟,张英杰,靳杰. 基于改进 Shapley 值法的新零售下供应链的利益分配策略[J]. 数学的实践与认识,2019,49(14):88-96.

[13] 魏帅,黄光球,聂兴信. 多因素影响贡献度视角下矿产资源开发利益分配研究[J]. 煤炭工程,2019,51(01):147-151.

[14] 武士超,王梅月,马欣. 基于改进的 Shapley 值法的物流联盟利益分配问题研究[J]. 项目管理技术,2020,18(10):73-77.

[15] 高更君,黄芳. 基于云重心 Shapley 值的供应链融资联盟收益分配研究[J]. 工业技术经济,2017,36(02):104-109.

[16] 杨佩蓉. 基于改进 Shapley 值法的航空物流三级服务链收益分配研究[D]. 西安:长安大学,2020.

[17] 李锑. 基于改进 Shapley 值法的动态物流联盟利益分配[J]. 物流技术,2020,39(03): 106-110.

[18] 张英,徐伊平,周兴建. 基于改进 Shapley 值法的供应链制造联盟利益分配研究[J]. 武汉理工大学学报(信息与管理工程版), 2019,41(05):503-508.

[19] 滕郑,谭勇. 基于改进 Shapley 值模型的农产品智慧供应链利润分配机制[J]. 武汉轻工大学学报,2019,38(03):56-62.

智慧高速公路交通状态感知设备适用性研究

范栋男[*]　黄群龙　梁昭伟
（中国公路工程咨询集团有限公司）

摘　要　随着智慧高速公路建设的发展，高速公路对交通运行状态感知的需求更加丰富，但高速公路物联网感知设备的适用性尚不清晰，导致智慧高速公路感知系统建设缺乏科学指导。因此，本研究主要选定高清摄像机、毫米波雷达、激光雷达三类设备对体现交通运行状态的交通事件、交通参数、车辆轨迹三类八项指标的检测能力进行实测。构建真实实验环境，选定评价指标，进行实地测试，处理大样本测试数据。通过研究发现，毫米波雷达检测停车、逆行、拥堵事件、车速、交通量、车辆轨迹方面效果较好，检测行人、抛洒物效果较差。高清摄像机检测停车、逆行、拥堵、行人及抛洒物事件效果较好，检测交通量、车速及车辆位置的精度明显弱于毫米波雷达及激光雷达。激光雷达对所有交通事件及交通参数、车辆位置的检测效果都比较好。

关键词　智慧高速　交通运行状态　感知设备　适用性

0　引言

“十四五”阶段，我国高速公路建设以交通强国战略为指导，全面向智慧高速公路发展。智慧高速公路具有“有感觉”“能思考”“有反应”三大特性，智慧高速公路对高速公路信息化提出了更高的要求。“有感觉”主要是指具备智能化的感知能力，是实现智慧高速公路安全、高效、绿色等新型应用的基础。在智慧高速公路目前建设阶段，涌现出大量不同种类不同性能的物联网感知设备，但智慧高速公路对感知的需求以及物联网感知设备的适用性尚不明确，仍有待研究。因此，本文从智慧高速公路应用角度，面向智慧高速公路交通运行状态感知设备适用性开展试验与研究。

高速公路车路协同感知技术一直是行业研究的热点问题。穆柯楠开展了基于路侧视频的车辆检测与跟踪方法研究，提出基于非采样高斯差分多尺度边缘融合的车辆检测方法，实验结果表明该方法能够较好地实现不同天气条件下的车辆检测[1]。隋靓提出了新的阴影去除算法能够有效地消除阴影，异常事件检测模型能够有效地检测逆行、停车车辆，正确检测率可以达到91%[2]。李旭等人研究基于视频分析的高速公路异常事件检测，利用目标检测SSD算法进行运动目标的检测，再结合卡尔曼滤波算法跟踪车辆，得到检测车辆的运动路径，通过车辆的行驶速度及运动路径建立判别模型，从而有效地检测逆行、违停等车辆[3]。麻景翔研究了道路交通环境中，在特定车路条件下基于毫米波雷达与单目相机的目标检测方法。在基于毫米波雷达的道路目标检测方面，提出了利用道路宽度及车辆速度约束进行雷达数据处理及目标特征量分析的目标检测方法；在基于单目相机的道路目标检测方面，利用深度神经网络对单目相机图像序列进行像平面目标识别，通过设定车辆、行人目标与道路水平面之间的约束条件，实现单目相机对道路目标距离及空间位置的检测。实车实验验证了上述方法在智能车道路目标检测中的有效性[4]。彭堉斌从技术层面分析了交通监测领域的研究现状，通过比较基于视频、基于激光雷达和基于毫米波雷达三种技术各自的优缺点，提出了在智能交通检测系统中使用FMCW毫米波雷达技术的优越性[5]。张毅等提出了车路协同环境下交通状态协同感知研究框架，指出交通状态协同感知主要由原始数据输入层、多模态传感器信息融合层及交通状态统一表征层构成，其中多模态传感器信息融合层包含对多模态感知信息在数据级、特征级以及决策级的融合[6]。

目前大多数学者对于高速公路感知技术的研究停留在算法层面，对于摄像机、毫米波雷达、激光雷达等感知设备性能、适用范围等没有进行深入的研究，对于感知设备在高速公路上交通事件的识别缺乏实际案例验证支撑。本文将通过高速公路真实场景实验,对不同感知设备性能进行全面系统评估,为感知设备在智慧高速中的选型、应用提供理论依托和支撑。

1　感知需求及设备范围界定

1.1　交通运行状态感知需求

高速公路对交通运行状态的感知需求主要来自高速公路管理、运营及服务三方面的应用。随着智能管控、车路协同、数字孪生技术在高速公路中的应用,高速公路对感知的需求主要体现在交通事件、交通参数、车辆轨迹三类检测内容,包括逆行事件检测、停车事件检测、行人事件检测、拥堵事件检测、抛洒物事件检测、最高车速检测、交通量检测、车道占有率检测、车辆位置(轨迹)检测八项指标,每个指标项具体说明见表1。

指标项及说明　　表1

分　类	指标项	指标项说明
交通事件	停车事件检测	停车事件检测是指对车辆在道路上由行驶改变为静止状态,且静止时间不小于某一设定值的交通事件进行检测
	逆行事件检测	逆行事件检测是指对车辆在道路上的行驶方向与规定方向相反,且行驶距离不小于某一设定值的交通事件进行检测
	行人事件检测	行人事件检测是指对行人进入机动车道或其他禁止进入的区域,且行走时间或行走距离不小于某一设定值的交通事件进行检测
	拥堵事件检测	拥堵事件检测是指对道路上出现单车道或多车道拥堵状况,影响道路畅通的交通事件进行检测
	抛洒物事件检测	抛洒物事件检测是指对车道上物体从行驶车辆上遗落、干扰车道通行,且其状态持续时间不小于某一设定值的交通事件进行检测
交通参数	最高车速检测	最高车速检测是指车辆在道路上行驶,对车辆瞬时速度最高值进行检测
	交通量检测	交通量检测是指检测单位时间内,通过道路上的某一地点或者某一断面实际参与交通的参与者的数量
车辆轨迹	车辆位置检测	车辆的实时位置,可以是经纬度坐标,也可以是在笛卡儿坐标下的 x、y 值

1.2　感知设备实验范围选取

综合考虑目前物联网感知设备在成本、基本检测能力及高速公路外场环境下的使用的耐久性,本研究主要选取具有代表性的三类设备:高清摄像机、毫米波雷达及激光雷达,进行检测能力及适用性测试。

摄像头是构建路侧系统视觉感知能力的重要传感单元,其优势在于能够从道路环境中获取丰富的纹理色彩和语义信息,实现精细化的目标类型识别,在智能交通和智能驾驶领域,摄像头对识别车道线和交通标志具有明显优势,也更能满足视频监控、图像抓拍等场景需求。本研究主要选取像素值为400万的高清摄像机。

毫米波雷达是工作在毫米波波段(通常指30~300GHz频域)的探测雷达,具有精准捕获目标速度、宽探测角度、长探测距离、多目标跟踪、全天候全天时(不受光照条件及雨雪雾等恶劣天气影响)、低成本等优势,其劣势在于对目标类型的识别能力较弱,且被测物体由于行驶姿态的变化,造成有效回波的不确定引入的误检漏检。本研究主要选取频段为80G的定向毫米波雷达。

激光雷达与毫米波雷达的探测原理相似,通过激光主动探测成像,不受环境光影响,直接测量物体的距离方位、深度信息、反射率等信息,在探测稳定性、响应速度、测距精度、环境信息获取等方面具有明显优势,能够精准捕获目标运动状态,对于实现交通环境精细化感知具有重要的支撑作用。本研究主要选取32线全向激光雷达。

2　实验设计

2.1　实验方案

2.1.1　实验场地部署

模拟路段:选取长度达250m,宽度为3.75m的路段,模拟高速公路行车道。在实验路段起点处部署6m高L形杆,在立杆横臂安装高清摄像机及毫米波雷达感知设备，间隔10cm。在实验路段150m处部署Ⅰ型立杆，6m高度处安装激光雷达。用于检测交通事件、最高车速及车辆轨迹。

真实路段：在高速公路门架上安装高清摄像机、毫米波雷达设备，用于检测交通量。

2.1.2 实验方案

(1)交通事件检测。

在模拟路段测试，组织实验车辆，随机选取距离设备安装位置不同距离的断面，模拟停车、逆行、拥堵交通事件。实验人员模拟行人，随机选取距离设备安装位置不同距离的断面，模拟行人事件。采用体积不大于60cm×60cm×26cm的立方体物品金属和非金属两种材质，采用人抛的方式，在不同断面位置，模拟抛洒物事件。

(2)交通参数检测。

①最高车速检测。

在模拟路段测试，测试车辆全程驶过，感知设备连续检测，获取测试线路上的最高车速。

②交通量检测。

在真实路段测试，检测上午8时至下午6时的交通量。

(3)车辆轨迹检测。

在模拟路段测试，使过往车辆驶过实验段，感知设备采集车辆位置数据输出车辆轨迹，轨迹信息包括时间戳及车辆的横纵坐标。

2.2 评价指标

2.2.1 交通事件检测评价指标

(1)检测率：检测的正确目标数或正确事件数与应该被检测的目标数或事件数的百分比。检测率=正检数/(漏检数+正检数)。

(2)漏报率：检测的目标或事件中，漏检目标数或事件数所占应检出目标或事件总数的百分比。漏报率=漏检数/(漏检数+正检数)。

(3)虚报率：检测的目标或事件中，误检目标数或事件数所占检出目标或事件总数的百分比。虚报率=虚报数/(虚报数+正检数)。

(4)误报率：检测到实际发生的事件，但事件附带的位置或时间信息出现较大误差，包含时间信息误报率和位置信息误报率两个指标。

①时间信息误报率：指检测到事件或目标后，检测时间与实际停车发生时间相差绝对值大于1min的事件或目标数与总检测事件或目标数的百分比。时间信息误报率=时间信息误报事件数/总检测数。

②位置信息误报率：指检测到事件或目标后，检测停车纵向位置与实际停车纵向位置相差绝对值大于10/××m(雷达/摄像机)的事件或目标数与总检测事件或目标数的百分比。位置信息误报率=位置信息误报事件数/总检测数。

(5)检测范围：在观察范围内，对于某种事件类型和目标对象能够以一定的检测率进行检测的范围。

2.2.2 交通参数检测评价指标

(1)最高车速检测评价指标。

①最高车速检测准确率：1-(|实际最高车速值-检测最高车速|)/实际最高车速值×100%。

②最高车速检测平均准确率：各样本最高车速检测准确率之和与样本总量的比值。

③最高车速检测达标率：达到标准最高车速检测准确率的检测数所占总样本量的百分比。

(2)交通量检测评价指标。

①断面交通量准确率：1-(|实际断面交通量-检测断面交通量|)/实际断面交通量×100%。

②小时断面交通量准确率：1-(|实际小时断面交通量-检测小时断面交通量|)/实际小时断面交通量×100%。

③小时断面交通量检测达标率：达到小时断面交通量准确率的检测数所占检测总数的百分比。

2.2.3 车辆轨迹检测

(1)纵向(X轴)平均误差：所有样本检测的车辆纵向(X轴)坐标值与实际纵向(X轴)差值绝对值的平均值。

(2)横向(Y轴)平均误差：所有样本检测的车辆横向(Y轴)坐标值与实际横向(Y轴)差值绝对值的平均值。

(3)检测范围：在观察范围内，对于某种事件类型和目标对象能够以一定的检测率进行检测的范围。

3 实验结果

3.1 交通事件检测实验结果统计

3.1.1 停车事件检测

停车事件检测实验结果统计见表2。

停车事件检测实验结果统计　　表2

检测设备	样本量	检测率	漏报率	虚报数	误报率		检测范围(m)
					时间信息误报率	位置信息误报率	
毫米波雷达	30	96.67%	3.33%	0	0.00%	0.00%	≤200
激光雷达	30	100.00%	0.00%	0	0.00%	0.00%	半径50
高清摄像机	30	100.00%	0.00%	0	0.00%	30.56%	≤200

3.1.2　逆行事件检测

逆行事件检测实验结果统计见表3。

逆行事件检测实验结果统计　　表3

检测设备	样本量	检测率	漏报率	虚报数	误报率		检测范围(m)
					时间信息误报率	位置信息误报率	
毫米波雷达	30	100.00%	0.00%	0	0.00%	0.00%	≤250
激光雷达	30	100.00%	0.00%	0	0.00%	0.00%	半径50
高清摄像机	30	96.15%	3.85%	0	0.00%	12.00%	≤200

3.1.3　拥堵事件检测

拥堵事件检测实验结果统计见表4。

拥堵事件检测实验结果统计　　表4

检测设备	样本量	检测率	漏报率	虚报数	误报率		检测范围(m)
					时间信息误报率	位置信息误报率	
毫米波雷达	20	100.00%	0.00%	0	0.00%	0.00%	≤250
激光雷达	20	100.00%	0.00%	0	0.00%	0.00%	半径50
高清摄像机	20	90.00%	10.00%	0	0.00%	0.00%	≤200

3.1.4　行人事件检测

行人事件检测实验结果统计见表5。

行人事件检测实验结果统计　　表5

检测设备	样本量	检测率	漏报率	虚报数	误报率		检测范围(m)
					时间信息误报率	位置信息误报率	
毫米波雷达	30	80.00%	20.00%	0	0.00%	0.00%	≤130
激光雷达	30	100.00%	0.00%	0	0.00%	0.00%	半径50
高清摄像机	30	100.00%	0.00%	0	4.00%	48.00%	≤200

3.1.5　抛洒物事件检测

主要对毫米波雷达及高清摄像机两种设备进行实验,只有高清摄像机可检测。检测结果如下:

(1)阴天天气,采用据标准最小抛洒物测试尺寸——60cm×60cm×26cm,当抛洒物平躺于地面时,可测范围在70m左右。

(2)阴天天气,采用据标准最小抛洒物测试尺寸——60cm×60cm×26cm,当抛洒物直立于地面时,可测范围在80m左右。

(3)阴天天气,采用小于标准最小抛洒物测试尺寸——60cm×60cm×26cm近一半大小抛洒物时,可测范围为60m左右。

(4)当测试环境为晴天时,整体测试范围可增加20m左右。

3.2　交通参数检测结果统计

3.2.1　最高车速检测

最高车速检测实验结果统计见表6。

最高车速检测实验结果统计 表6

检测设备	评价指标值		
	样本量	最高车速检测平均准确率	最高车速检测达标率
毫米波雷达	20	99.30%	100.00%
激光雷达	20	96.34%	84.62%
高清摄像机	20	83.61%	76.47%

3.2.2 交通量检测

交通量检测实验结果统计见表7。

交通量检测实验结果统计 表7

检测设备	评价指标值		
	样本量	断面交通量准确率	小时断面交通量检测达标率
毫米波雷达	507	100.00%	80%
高清摄像机	507	97.24%	80%

3.3 车辆轨迹检测结果统计

车辆轨迹检测实验结果统计见表8。

车辆轨迹检测实验结果统计 表8

检测设备	评价指标值		
	纵向(X轴)平均误差(m)	横向(Y轴)平均误差(m)	检测范围(m)
毫米波雷达	0.51	0.41	280
激光雷达	0.24	0.53	半径50
高清摄像机	15.22	1.08	120

4 适用性分析

通过以上实验数据分析可知:毫米波雷达检测停车、逆行、拥堵事件、车速、交通量、车辆轨迹方面效果较好,检测行人、抛洒物效果较差;高清摄像机检测停车、逆行、拥堵、行人及抛洒物事件效果较好,检测交通量、车速及车辆位置的精度明显弱于毫米波雷达及激光雷达;全向激光雷达对所有交通事件及交通参数、车辆位置的检测效果都较好。各设备对交通运行状态检测的适用性见表9。

不同类型设备对交通运行状态检测指标适用性对比 表9

分类	指标项	检测能力		
		毫米波雷达	高清摄像头	激光雷达
交通事件	停车事件检测	较强	强	强
	逆行事件检测	强	较强	强
	拥堵事件检测	强	较强	强
	行人事件检测	弱	强	强
	抛洒物事件检测	弱	强	强
交通参数	最高车速检测	强	弱	强
	交通量检测	强	弱	—
车辆轨迹	车辆位置检测	强	弱	强

5 结论

本研究对智慧高速公路高清摄像机、毫米波雷达、激光雷达三种物联网设备对交通运行状态的感知适用性进行研究,从交通事件、交通参数、车辆轨迹三个方面开展真实测试实验,发现激光雷达的检测能力最强,但其检测范围较低、耐久性较差、成本较高,在高速公路大规模应用价值较低。毫米波雷达和高清摄像机的检测能力基本呈互补状态,因此,未来高速公路感知系统当以毫米波雷达与摄像机结合使用为主要趋势。本研究为以目前物联网传感器发展阶段为前提,以应用为导向对感知设备适用性进行研究,随着智慧高速公路建设的发展,未来可能涌现更多智慧化交通状态感知设备,因此,智慧高速公路交通状态感知设备适用性研究要随着感知技术的发展而发展,不断为智慧高速设计、建设提供指导。

参考文献

[1] 穆柯楠.基于车-路视觉协同的行车环境感知方法研究[D].西安:长安大学,2016.

[2] 隋靓,党建武.基于运动目标轨迹的高速公路异常事件检测算法研究[J].计算机应用与软件,2018,35(01):246-252.

[3] 李旭,张秀杰.基于视频分析的高速公路异常事件检测[J].公路交通科技(应用技术版),2019,15(07):299-302.

[4] 麻景翔.基于毫米波雷达和相机信息融合的智能车辆目标跟踪方法研究[D].重庆:重庆邮电大学,2020.

[5] 彭堉斌.基于 FMCW 毫米波雷达的车辆轨迹跟踪和车型识别系统[D].哈尔滨:哈尔滨工业大学,2020.

[6] 张毅,姚丹亚,李力,等.智能车路协同系统关键技术与应用[J].交通运输系统工程与信息,2021,21(05):40-51.

低碳视角下公铁联运系统的三方演化博弈研究

孙启鹏*[1]　王潇悦[2]　徐　达[2]

(1.长安大学经济与管理学院;2.长安大学运输工程学院)

摘　要　在"双碳"发展目标的战略背景下,公铁联运拥有成本低、货运效率高和碳污染程度弱的优点,能够合理发展低碳运输。本文基于演化博弈理论,建立了一个三方演化博弈的模型,博弈主体分别是政府、公铁联运企业以及托运人。通过研究博弈系统中各主体的策略选择及其博弈均衡问题、求解演化均衡策略并进行数值仿真分析,进而分析各主体在其他两个主体的选择策略意愿的影响下的演化趋势。最后得出政府应通过建立低碳补贴机制和客户奖励机制,完善惩罚机制,加大对公铁联运企业的监管力度,转变运输方式,创新低碳技术,以促进低碳运输的持续发展。

关键词　低碳　公铁联运　演化博弈　复制动态方程

0　引言

公铁联运,顾名思义,指的是公路、铁路两种运输方式的共同运输,这样的联运形式能够有效汲取不同运输方式的长处,具有运输效率高和低碳排放的优点,可以有效促进低碳运输与绿色交通的发展。目前,在《综合运输服务"十三五"发展规划》规划中提到了公路—铁路联合运输的体系具有极强的意义。在该联运体系中,政府、公铁联运企业和托运人的三个参与人的意愿也是促进公铁联运快速发展的重要因素。

在公铁联运博弈方面,徐新扬等学者基于建立关于公铁联运系统的演化博弈模型,这要针对政府的一系列行为进行了剖析[1]。张桐等学者利用博弈对比分析了不同运输模式的定价策略[2]。Athena 利用流动博弈理论预测了未来使用公铁联运进行运输的潜力[3]。Mosert 等人认为多式联运具有经济高效益、低碳排放量的发展趋势。学者们通过构建规划模型比较了公路运输和多式联运的各优势后,得出公铁联运具有极大的发展优势,公铁联运成为未来运输方式的主流[4]。陈雷等学者比较了不同运输方式的运输特点,通过建模探寻实现低碳交通运输目标的最优途径[5]。在三方演化博弈方面,陈恒等人分析了政府—企业—学研机构在动态环境中联盟主体行为策略演化规律以及影响联盟稳定性的关键因素,最后通过数值仿真分析论证了模型的有效性[6]。杜志平等人应用仿真对跨境电商、国内外物流企业三方间的信息流动建立演化博弈模型[7]。陈洪转在有限理性条件下构建演化博弈模型来研究政府对新能源车企的监管动态性[8]。彭频等人通过演化博弈模型研究政府决策对新能源汽车发展的影响,从而提出不同主体的优化策略[9]。田晓芳等人构建了地铁盈利模式下各参与主体的博弈均衡并建立博弈模型,并利用数值仿真对模型进行演化分析[10]。

目前对公铁联运策略研究大多是基于单个或双边策略的定价或离散数学模型,而从系统的角度进行的研究较少。本文基于"双碳"目标政策背景,研究公铁联运博弈系统的稳定性及参与者之间的互动关系,构建由政府、公铁联运企业和托运人三个博弈主体的公铁联运体系,判断公铁联运体系内部是否稳定,总结各博弈主体发展趋势,基于低碳政策研究公铁联运体系在什么情况下能够顺利进行低碳运作。

1 三方演化博弈模型

1.1 参与人主体

在低碳政策下,参与人主体主要是由政府、公铁联运企业和托运人构成。假设在不考虑其他约束条件的"自然"环境下,博弈主体均符合有限理性,三方主体间的博弈信息互不对称,该博弈具随机性、交互性。

1.2 基本假设

(1)博弈主体有三个,分别为政府、公铁联运企业和托运人。

(2)对于三方主体的行为策略,用 G 来表示政府策略集的是否主动监管公铁联运企业,$G=\{g_1, g_2\}=\{$主动监管,被动监管$\}$;公铁联运企业策略集 E 用于表示是否实施低碳行为,$E=\{e_1,e_2\}=\{$低碳行为,非低碳行为$\}$;托运人的策略集 P 表示是否选择认真监督,$P=\{p_1,p_2\}=\{$认真监督,消极监督$\}$。

(3)参与博弈的三方选择其行为均有一定概率,假定在初始情况下,政府采取积极态度去监管的概率为 x,反之被动监管概率就为 $1-x$;公铁联运企业决定低碳行为的概率为 y,非低碳行为的概率为 $1-y$,这里的低碳行为主要指运输方式的变化、低碳技术的进步与创新;托运人选择认真监督的概率为 z,选择消极监督的概率为 $1-z$。

(4)政府在主动监管时,进行低碳行为的企业被政府给予补贴。公铁联运企业进行低碳行为,会提高政府形象带来收益,进行非低碳行为的企业虽然会由额外的收益,但是也会收到主动监管政府的惩罚。

1.3 收益矩阵

根据前文各条件的描述与假设,计算得出三方博弈的收益矩阵,见表1。相关参数研究各主体在不同决策选择中的收益情况,参照田晓芳、彭频等人研究中的博弈参数,并根据研究情景适当改进。博弈的三个参与主体的收益矩阵见表1,表1中各参数的含义见表2。

收益矩阵 表1

政府部门	企业	托运人	
		积极监督(z)	消极监督($1-z$)
主动监管(x)	低碳行为(y)	$(S-C_g-M+P-B, E-C_e+M-A, A+B-C_p)$	$(S-C_g-M+P, E-C_e+M, 0)$
	非低碳行为($1-y$)	$(S+\alpha Q-M-C_g-B-V, E+M+R-\alpha Q-A, A+B-C_p)$	$(S+\alpha Q-C_g-M-V, E+M+R-\alpha Q, 0)$
被动监管($1-x$)	低碳行为(y)	$(P, E-C_e-A, A-C_p)$	$(P, E-C_e, 0)$
	非低碳行为($1-y$)	$(\alpha Q-V, E+R-\alpha Q-A, A-C_p)$	$(\alpha Q-V, E+R-\alpha Q, 0)$

表1中各参数及其含义 表2

符号	参数的意义
x	政府监管企业运营的概率为 x,则政府不监管概率为 $1-x$,$0\leqslant x\leqslant 1$
y	企业提供低碳的运输服务概率为 y,则企业提供非低碳运输服务概率为 $1-y$,$0\leqslant y\leqslant 1$

续上表

符　号	参数的意义
z	托运人认真监督概率为 z,则托运人监督不足概率为 $1-z, 0\leqslant z\leqslant 1$
S	政府进行主动监管时基本收益
C_g	政府部门对公铁联运企业进行积极监管的成本
M	政府在主动监管时,对公铁联运企业的补贴
α	企业进行低碳行为是被主动监管的政府发现的概率
Q	政府部门对公铁联运企业不按规定提供服务开出的处罚
E	公铁联运企业为托运人提供低碳运输服务带来的基本收益
C_e	公铁联运企业为托运人提供低碳运输服务所产生的运输成本
P	公铁联运企业进行低碳行为时,给政府带来的效益
R	公铁联运企业进行非低碳行为时,给企业带来的额外收益
V	公铁联运企业非低碳行为对政府形象与环境带来的损失
C_p	托运人认真监督运输企业所付出的成本
A	托运人为公铁联运企业提供有效建议时获得的奖励
B	托运人检举公铁联运企业进行非低碳行为时政府部门的奖励

2　政府、公铁联运企业及托运人三方博弈模型演化分析

由表1可知,政府有两种策略集合{主动监管,被动监管},$f(g_1)$ 和 $f(g_2)$ 作为政府采取两种策略的期望收益,则政府的平均期望收益为 $f(\bar{g})$。

$$f(g_1) = yz(S - C_g - M + P - B) + y(1 - z)(S - C_g - M + P) + (1 - y)z(S + \alpha Q - M - C_g - B - V) + (1 - y)(1 - z)(S + \alpha Q - C_g - M - V) \tag{1}$$

$$f(g_2) = yzP + y(1 - z)P + (1 - y)z(\alpha Q - V) + (1 - y)(1 - z)(\alpha Q - V) \tag{2}$$

$$f(\bar{g}) = xf(g_1) + (1 - x)f(g_2) \tag{3}$$

$$F(x) = \frac{\mathrm{d}x}{\mathrm{d}t} = x[f(g_1) - f(\bar{g})] = x(1 - x)[f(g_1) - f(g_2)] \tag{4}$$

公铁联运企业进行低碳行为的策略时的期望收益为 $f(e_1)$,进行非低碳策略时的期望收益为 $f(e_2)$,企业的平均期望收益为 $f(\bar{e})$,则有:

$$f(e_1) = xz(E - C_e + M - A) + x(1 - z)(E - C_e + M) + (1 - x)z(E - C_e - A) + (1 - x)(1 - z)(E - C_e) \tag{5}$$

$$f(e_2) = xz(E + M + R - \alpha Q - A) + x(1 - z)(E + M + R - \alpha Q) + (1 - x)z(E + R - \alpha Q - A) + (1 - x)(1 - z)(E + R - \alpha Q)$$

$$f(e) = yf(g_1) + (1 - y)f(g_2) \tag{6}$$

$$f(\bar{e}) = yf(g_1) + (1 - y)f(g_2) \tag{7}$$

$$F(y) = \frac{\mathrm{d}y}{\mathrm{d}t} = y[f(e_1) - f(\bar{e})] = y(1 - y)[f(e_1) - f(e_2)] \tag{8}$$

托运人的策略集合也有两种分别是{积极监督,主动监督},托运人对企业采取积极监督策略时的期望收益为 $f(p_1)$,托运人采取消极监督策略时的期望收益为 $f(p_2)$,托运人采取策略的平均期望收益为 $f(\bar{p})$,则有:

$$f(p_1) = xy(A + B - C_p) + x(1 - y)(A + B - C_p) + (1 - x)y(A - C_p) + (1 - x)(1 - y)(A - C_p) \tag{9}$$

$$f(p_2) = 0 \tag{10}$$

$$f(\bar{p}) = zf(p_1) + (1 - z)f(p_2) = zf(p_1) \tag{11}$$

$$F(z) = \frac{\mathrm{d}z}{\mathrm{d}t} = z[f(p_1) - f(\bar{p})] = z(1 - z)[f((p_1) - f(p_2))] \tag{12}$$

根据复制动态方程的求解方法,令各参与主体的复制动态方程等于0,即式(4)、式(8)和式

(12)结果为0,可得出三方演化博弈的均衡点,联立公式如下:

$$\begin{cases} F(x) = 0 \\ F(y) = 0 \\ F(z) = 0 \end{cases} \tag{13}$$

查阅文献[11]中的求解方法,求解式(13),最终求解得出8个特殊均衡点,分别是(0,0,0)、(0,0,1)、(0,1,0)、(0,1,1)、(1,0,0)、(1,0,1)、(1,1,0)、(1,1,1)。目前只需要讨论这这些均衡点对三方演化博弈的稳定性的影响,其余的点都是非渐近稳定状态,可以不做详细研究。

$$\begin{cases} \dfrac{\partial F(x)}{\partial x} = (1-2x)(S-\alpha Q-C_g-M-zB+yV) \\ \dfrac{\partial F(y)}{\partial y} = (1-2y)(\alpha Q-C_e-R+xM) \\ \dfrac{\partial F(z)}{\partial z} = (1-2z)(A-C_p+xB) \end{cases} \tag{14}$$

其中,对三个参与主体的复制动态方程进行求偏导,令$\dfrac{\partial F(x)}{\partial (x)}=0$,$\dfrac{\partial F(y)}{\partial (y)}=0$,$\dfrac{\partial F(z)}{\partial (z)}=0$,经过计算可以得出演化系统的局部均衡点即(0,0,0)、(0,0,1)、(0,1,0)、(0,1,1)、(1,0,0)、(1,0,1)、(1,1,0)、(1,1,1)。

为了判断三方演化博弈系统的渐近稳定性,本文构建雅可比矩阵$\boldsymbol{J}$为:

$$\boldsymbol{J} = \begin{pmatrix} \dfrac{\partial F(x)}{\partial x} & \dfrac{\partial F(x)}{\partial y} & \dfrac{\partial F(x)}{\partial z} \\ \dfrac{\partial F(y)}{\partial x} & \dfrac{\partial F(y)}{\partial y} & \dfrac{\partial F(y)}{\partial z} \\ \dfrac{\partial F(z)}{\partial x} & \dfrac{\partial F(z)}{\partial y} & \dfrac{\partial F(z)}{\partial z} \end{pmatrix} = \begin{pmatrix} J_{11} & J_{12} & J_{13} \\ J_{21} & J_{22} & J_{23} \\ J_{31} & J_{32} & J_{33} \end{pmatrix} \tag{15}$$

$$= \begin{bmatrix} (1-2x)(S-2\alpha Q-C_g-M-zB-2yV) & -2x(1-x)V & -x(1-x)B \\ 2y(1-y)M & (1-2y)(\alpha Q-C_e-R+2xM) & 0 \\ z(1-z)B & 0 & (1-2z)(A-C_p+xB) \end{bmatrix}$$

判定博弈系统的均衡点是否具有稳定性可由李雅普诺夫稳定性条件来判定,由式(15)可计算出对应特征值,见表3。

各均衡点的特征值 表3

均衡点	特征值 θ_1	特征值 θ_2	特征值 θ_2
(0,0,0)	$S-\alpha Q-C_g-M$	$\alpha Q-C_e-R$	$A-C_p$
(0,0,1)	$S-\alpha Q-C_g-M-B$	$\alpha Q-C_e-R$	$-(A-C_p)$
(0,1,0)	$S-\alpha Q-C_g-M+V$	$-(\alpha Q-C_e-R)$	$A-C_p$
(0,1,1)	$S-\alpha Q-C_g-M-B+V$	$-(\alpha Q-C_e-R)$	$-(A-C_p)$
(1,0,0)	$S+\alpha Q+C_g+M$	$\alpha Q-C_e-R+M$	$A-C_p+B$
(1,0,1)	$S+\alpha Q+C_g+M+B$	$\alpha Q-C_e-R+M$	$-(A-C_p+B)$
(1,1,0)	$S+\alpha Q+C_g+M-V$	$-(\alpha Q-C_e-R+M)$	$A-C_p+B$
(1,1,1)	$S+\alpha Q+C_g+M+B-V$	$-(\alpha Q-C_e-R+M)$	$-(A-C_p+B)$

根据相关理论可以得知,均衡点是否为稳定点和特征值的正负有关。特征值$\theta<0$时,均衡点被称为渐稳定点;相反,特征值$\theta>0$时,均衡点被称为不稳定点;当出现特征值正负都有的情况,则被称为鞍点。具体稳定性条件见表4。

稳定性条件 表4

均衡点	稳定性条件	条件序号
(0,0,0)	$S-2\alpha Q+C_g-M<0,\alpha Q-C_e-R<0,A-C_p<0$	1
(0,0,1)	$S-\alpha Q+C_g-M-B<0,\alpha Q-C_e-R<0,A-C_p>0$	2
(0,1,0)	$S-\alpha Q+C_g-M+V<0,\alpha Q-C_e-R>0,A-C_p<0$	3
(0,1,1)	$S-\alpha Q+C_g-M-B+V<0,\alpha Q-C_e-R<0,A-C_p>0$	4
(0,1,1)	$S+\alpha Q+C_g+M>0,\alpha Q-C_e-R+M<0,A-C_p<0$	5
(1,0,1)	$S+\alpha Q-C_g+M+B>0,\alpha Q-C_e-R+M<0,A-C_p>0$	6
(1,1,0)	$S+\alpha Q-C_g+M-V>0,\alpha Q-C_e-R+M>0,A-C_p+B<0$	7
(1,1,1)	$S+\alpha Q-C_g+M+B-V<0,\alpha Q-C_e-R+M>0,A-C_p+B>0$	8

为了满足表 3 的稳定性条件，通过详细分析，可以得出 6 个条件下的策略可能是进化稳定策略，分别是(0,0,0)、(0,1,0)、(0,1,0)、(1,0,1)、(1,1,0)、(1,1,1)。

3　数值仿真分析

3.1　演化路径分析

根据分析可得，8 个均衡点都有可能是稳定策略，其中有 6 个均衡点为进化稳定策略。为了促进低碳运输的发展，观察各参与主体的演化路径，下文采用具有代表性的理想策略集合{积极监管，低碳行为，认真监督}，使用 Matlab 等软件进行演化分析。

根据稳定性条件 8，即 $S+\alpha Q-C_g+M+B-V<0,\alpha Q-C_e-R+M>0,A-C_p+B>0$，根据文献查找分析，本文采取相关的假设数据，设参数取值 $S=2$，$\alpha=0.5,Q=1,C_g=1,M=1,V=2.5,C_e=0.5,R=1$，$C_p=0.5,A=1,B=1,x=0.5,y=0.5,z=0.5$。演化结果如图 1 所示。

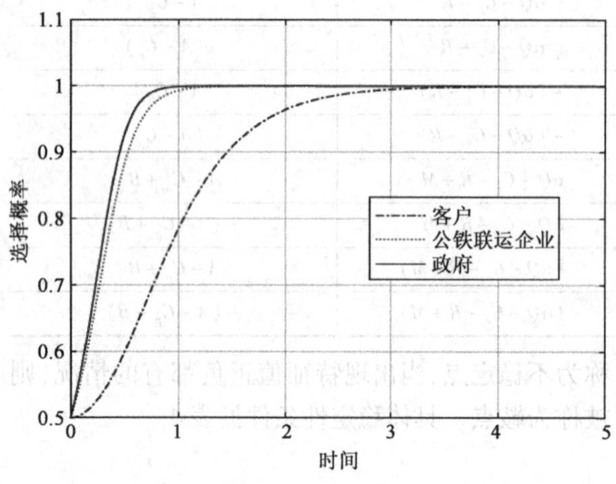

图 1　公铁联运博弈系统在第 8 个稳定性条件下的演化路径

由图 1 可知，当 $S+\alpha Q+M+B<C_g+V,\alpha Q+M>C_e+R,A+B>-C_p$ 时，即当政府的基本收益和主动监管时对公铁联运企业的补贴小于公铁联运企业非低碳行为对政府形象与环境带来的损失时，企业的基本收益和非低碳行为带来的额外收益小于政府对政府的企业和政府对企业非低碳行为做出的惩罚；托运人选择认真监管策略时，认真监管的成本之和小于托运人为公铁联运企业提供反馈意见时所获得的奖励与向政府部门举报企业的非低碳行为所获得的奖励之和。在这种情况下，在第 8 个稳定性性条件下的均衡点符合条件，即(1,1,1)的特征值均为负，对应的三方博弈系统的策略集合为{积极监管，低碳行为，认真监督}，该策略为进化稳定策略。

3.2　各参与主体的选择意愿对演化路径的影响

根据复制动态方程的特点可知，公铁联运系统的三方演化博弈的某一参与主体的演化路径可能受其他两个主体的策略意愿的影响，为了研究博弈系统的演化路径的变化，将 x、y、z 的值都定为 0.5，变化其他的参数值，判断博弈主体的初始意愿对系统演化结果的影响。

3.2.1　y、z 变化对政府演化影响

为了研究公铁联运企业和托运人的初始意愿是否影响政府的演化路径，根据参考相关参考文献，取中间值 0.5 为初始意愿，高意愿代表着高于 0.5，否则为低意愿，公铁联运企业和托运人初始意愿的概率组合一共有四种：(高意愿，高意愿)、(低意愿，低意愿)、(高意愿，低意愿)、(低意愿，高意愿)。本文为了表示客观性，将初始意愿值为 0.9 表示为高意愿，0.1 表示为低意愿。演化结果如图 2 所示。

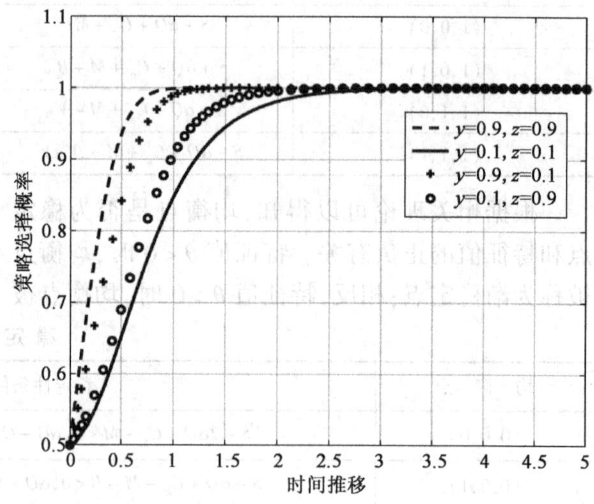

图 2　y、z 变化对政府演化影响

由图 2 可知，无论公铁联运企业和托运人的选择意愿 y、z 的概率组合如何变化，政府进行主动监管策略的选择概率最终都将演化至 1。不同的 y、z 的初值组合会影响政府选择主动监管的收敛速率，当公铁联运企业和托运人的初始意愿的概率组合为(高意愿，高意愿)时，政

府向1演化的速率最快。由此结果可以知道,政府最终都会积极的意愿进行监管,提高与公铁联运企业和托运人的有效合作,促进低碳运输的发展。

3.2.2 x、z 变化对企业演化结果影响

研究政府与托运人的4种概率组合方式对公铁联运企业演化路径的影响,其演化趋势如图3所示。

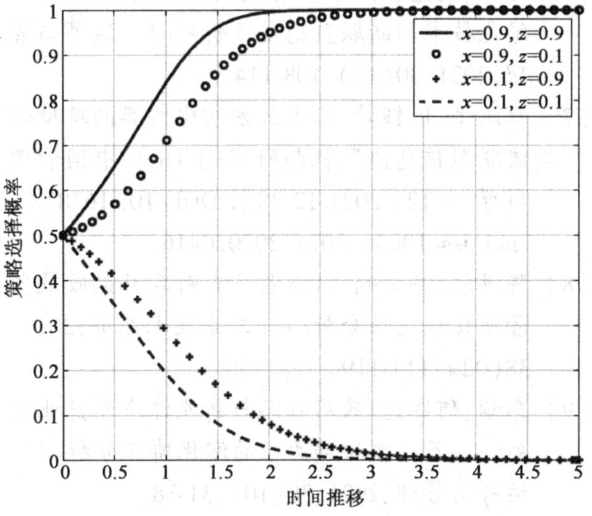

图3 x、z 变化对企业演化的影响

从图3中可以看出,当其他两个参与主体的初始意愿的组合为(高意愿,高意愿)、(高意愿,低意愿)时,公铁联运企业进行低碳行为的选择概率趋向于1;当政府与托运人的初始意愿组合为(低意愿,高意愿)、(低意愿,低意愿)时,公铁联运企业进行低碳行为的选择概率趋向于0。这说明公铁联运企业进行低碳行为主要要靠政府的引导和指引。当政府采取高意愿主动监管时,公铁联运企业向低碳行为的方向收敛;当政府采取较低的意愿进行主动监管时,公铁联运企业的行为策略向非低碳行为演化。然而托运人的意愿高低无法影响公铁联运企业的行为策略的演化趋势。

3.2.3 x、y 变化对托运人演化影响

政府与公铁联运企业对于初始意愿的概率组合有(高意愿,高意愿)、(低意愿,低意愿)、(高意愿,低意愿)、(低意愿,高意愿),图4展示了组合对公铁联运企业演化路径的影响。

从图4中易看出,不同的 x、y 组合均会对托运人的选择产生影响,若双方初始意愿组合为(高意愿,高意愿)、(高意愿,低意愿)、(低意愿,高意愿),托运人会选择认真监督策略,不同的概率组合影响着托运人选择概率趋向1的速率;只有当政府和公铁联运企业的意愿都为低意愿时,托运人选择认真监督的概率会逐渐下降,最后变为0。

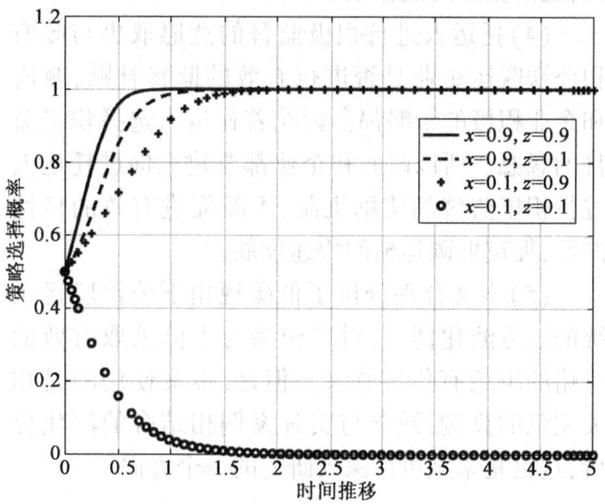

图4 x、y 变化对托运人演化影响

当政府采取积极监管的意愿越高时,随着公铁联运企业采取低碳运输行为的意愿变化,托运人向认真监督策略演化的速率越快。

由此可知,当政府或者企业都采用积极的态度,托运人也会愿意采取积极监管的态度。如果政府和企业的积极性不高,那么托运人也会随之越来越有较低的意愿去认真监督。其主要原因是但是因过低的补贴力度会导致托运人做出消极监管的决策。

4 结语

本文构建低碳视角下公铁联运系统的三方博弈模型,着重研究各主体的初始策略意愿对整体博弈系统演化的影响,经过分析可以得出以下结论:

(1)公铁联运三方博弈系统具有8个稳定条件下的均衡点,达到理想的策略集(主动监管,低碳行为,认真监督)的稳定性条件为:$S+\alpha Q+M+B<C_g+V,\alpha Q+M>C_e+R,A+B>-C_p$。

(2)政府选择主动监管的初始意愿决定着公铁联运企业是否进行低碳行为,当政府对监管展现出高意愿时,企业和托运人的意愿会向积极的方向演化。所以政府要对公铁联运企业加大监管力度,提高企业进行非低碳行为时的处罚,促进低碳运输的发展;加强与托运人的合作,使其进行积

极的监督。

(3)公铁联运企业进行低碳行为的意愿会受政府意愿的影响,所以政府要制定相关的政策,公铁联运企业需要在政策的引导下进行低碳运输行为,提高企业的运输效率。

(4)托运人进行积极监督的意愿取决与政府和公铁联运企业是否进行有效的监督补贴,政府和企业积极的策略都会影响着托运人选择积极监督的意愿。所以政府和企业都要建立促进托运人进行积极监督的奖励机制,不断促进有效的良性循环,促进低碳运输的快速发展。

(5)本文合理分析了低碳视角下公铁联运系统的三方演化博弈,对三位参与主体采取有效的策略的决策有借鉴意义。但是,本文使用的是相关文献的算例,缺乏与实际案例相结合的演化分析,这也是未来可以深入研究的一个方向。

参考文献

[1] 徐新扬,杨扬.政府主导下公铁联运系统三方演化博弈研究[J].交通运输系统工程与信息,2021,21(02):7-15.

[2] 张桐,毛保华,曾玮,等.集装箱公铁联运定价策略的博弈分析[J].交通运输系统工程与信息,2018,18(06):209-214,256.

[3] Athena R. Predicting Intermodal Transport Changes Through a Flow Game Framework[J]. Transportation Research Procedia,2014,1(1):57-66.

[4] Mostert M, Caris, Limbourg S. Road and intermodal transport performance: the impact of operational costs and air pollution external costs [J]. Research in Transportation Business & Management,2017(23):75-85.

[5] 陈雷,林柏梁,温旭红,等.低碳运输下陆路运输系统货流转移及流量分配综合优化[J].东南大学学报(自然科学版),2016,46(03):671-674.

[6] 陈恒,杨志,祁凯.多方博弈情景下政产学研绿色技术创新联盟稳定性研究[J].运筹与管理,2021,30(12):108-114.

[7] 杜志平,区钰贤.基于三方演化博弈的跨境物流联盟信息协同机制研究[J/OL].中国管理科学:1-12[2021-12-28]. DOI:10.16381/j.cnki.issn1003-207x.2020.0416.

[8] 陈洪转,齐慧娟.新能源汽车财政补贴政策监管演化稳定性分析[J].工业技术经济,2019,38(02):114-119.

[9] 彭频,何熙途.政府补贴与新能源汽车产业发展——基于系统动力学的演化博弈分析[J].运筹与管理,2021,30(10):31-38.

[10] 田晓芳,李慧慧,吴翊恺,等.基于三方演化博弈的城市地铁盈利仿真分析[J].交通科技与经济,2021,23(06):72-80.

[11] 王岩.基于演化博弈的碳减排三方参与人行为研究[D].桂林:桂林电子科技大学,2021.

A Unified Real-time Detection Framework Using Improved SORT for Typical Traffic Incidents

Huipeng Zhang Honghui Dong* Tongtong Liu Limin Jia Yong Qin

(State Key Lab of Rail Traffic Control and Safety, Beijing Jiaotong University, Beijing Engineering Research Center of Urban Traffic Information Intelligent Sensing and Service Technologies)

Abstract In modern expressway management, abnormal traffic incidents have become the main factor affecting traffic. In abnormal traffic incidents, (1) illegal parking, (2) traffic congestion, (3) vehicle retrograde and (4) pedestrian intrusion occur more. Traditionally, the traffic incident detection methods could only detect a single traffic incident at a time. They consumed a lot of manpower, and failed to make full use of the information provided by the traffic detector, thus the real-time performance of traffic incident detection was degraded. In this paper, we improved SORT, a multi-object tracking method, by combining it with the detection framework YOLOv5. To ensure real time, IOU matching based on motion features is adopted to match objects between frames. Based on trajectory and in light of the proposed determination rules for traffic incidents, we use a unified real-time detection framework to detect various typical traffic incidents. This framework can also be applied to detect other traffic incidents with new determination rules. We experimented with the self-made abnormal expressway incident detection dataset in different expressway scenarios, such as sunny, rainy, day and night, to verify the effectiveness of this framework. The results show that the unified real-time traffic incident detection framework proposed in this paper achieves higher accuracy and faster speed, and can detect various traffic incidents efficiently at the same time.

Keywords traffic incident detection object detection SORT traffic management

0 Introduction

In recent years, the rapid development of road traffic allowed the amount of automobile to boom. While the increase of vehicles has led to more traffic accidents. Due to the limited road capacity, traffic accidents caused by violations such as illegal parking and vehicle retrograde will lead to traffic congestion, and threaten the safety of traffic participants. Fast incident response is essential on expressways, since it helps to relieve congestion and reduce potential secondary events. As the main part of road traffic, vehicles are detected and tracked for timely detection and treatment of traffic incidents, so as to reduce the impact of accidents on road traffic capacity.

The traffic incident detection based on object detection and tracking aim to monitor the trajectory of each vehicle in the video to detect specific incidents. Object detection and object tracking can be divided into traditional machine learning and deep learning methods. The object detection algorithm has experienced three stages: moving object detection (Yang and Johnson, 2017), feature-based classification (Abe, 2005) and deep learning. The method based on moving object performs poor in object classification, thus limiting its use in road traffic applications. The method based on feature classification relies on the feature extractor which is manually involved in advance, and uses the features to train the classifier for object detection. However, the generalization performance of the object feature designed manually is poor and the computational complexity is high. The method of object detection based on deep learning uses CNN to learn object features from the image. Deep learning object detection has far exceeded the traditional algorithm in real-time performance and detection accuracy. It includes a two-stage object detection algorithm: R-CNN (Girshick, 2015) (Ren et al., 2016) series and a one-stage object detection algorithm: YOLO (Redmon et al., 2016) (Redmon and Farhadi, 2017) (Redmon and Farhadi, 2018) (Bochkovskiy, et al., 2020) series. Meanwhile, the object tracking algorithm is not limited to the traditional machine learning method. The deep learning tracking methods, such as SORT proposed by Alex Bewley et al. (2016) and DeepSORT proposed by Nicolai Wojke et al. (2017) can ensure real-time performance and tracking accuracy, and achieve the overall tracking performance at high FPS.

The traditional methods for vehicle detection and tracking include Camshift and Kalman filter (Kalman, 1960) vehicle tracking method, optical flow density Hungarian Kalman filter algorithm (Soleh et al., 2018), real-time vehicle detection and tracking method based on improved gradient feature histogram and Kalman filter and so on. Although they can solve some missed and false detection caused by environmental changes, the traditional methods can not meet the real-time requirements of traffic incident detection because of their low running speed and offline tracking only. The deep learning vehicle tracking method is combines efficient vehicle detection and tracking. For example, K-YOLOv3 (Zhang et al., 2020), a multi-object vehicle detection and tracking method based, can generate vehicle trajectory information;

Vishal Mandal et al. (2020) adopted a variety of advanced object detection and tracking methods to detect and track different types of vehicles. In addition, some researches have further improved the detection and tracking methods by combining the two to achieve better detection and tracking effect. Yaoming Zhang et al. (2020) proposed some new ideas for YOLOv3. And they combined it with a tracking algorithm to build a vehicle detection and tracking model. M. Hassaballah et al. (2020) added a visibility enhancement program on the vehicle detection and tracking method based on YOLOv3 architecture.

Traffic incident detection uses image processing methods and computer intelligent optimization methods to process the video image which can automatically detect various traffic incidents, such as fire, pedestrian, illegal parking, traffic congestion, etc. In this paper, we select the most typical four types of traffic incidents in road traffic: illegal parking, traffic congestion, vehicle retrograde and pedestrian intrusion for research. These four kinds of traffic incidents are the most common in traffic incident, and are the main causes of traffic accidents. Traffic incident detection technology can be categorized into manual detection and automatic detection. Manual detection is easy to implement, and the detection accuracy is high, but it costs a lot of manpower and material. Automatic detection can be divided into indirect detection based on traffic detector data and direct traffic incident detection based on video processing. Its algorithms include pattern recognition (Ball, 1997), statistical forecast (Black and Sreedevi, 2001) neural network and video processing technology. Since video is more straightforward, and video data can be obtained from the camera on the road, it is more suitable for the development of intelligent transportation, it is necessary to study video processing technology as a traffic incident detection method.

In detecting illegal parking, how to determine the position of the vehicle is the most important problem to be solved. In this process, it matters to distinguish the slow-moving vehicle from the stopped one, and the normal driving area of the vehicle. Traffic congestion is caused by multiple vehicles stopping. When there is congestion, multiple stopped vehicles will appear in the video, and there will beocclusion between these vehicles. How to solve the occlusion problem and accurately detect the stopped vehicles is an urgent problem to be solved in traffic congestion detection. When detecting the vehicle retrograde, what is necessary is to specify the driving direction of the normal driving area, and to track the trajectory of the vehicle. Pedestrians are individuals different from vehicles and have more characteristics than them. In pedestrian intrusion detection, accurate modeling and detection of pedestrians are required to improve the accuracy of pedestrian detection. In the current video-based traffic incident detection models, no framework can detect these typical traffic incidents at the same time. Most models detect only one traffic incident. The unified traffic incident detection framework proposed in this paper can expand the detection to multiple traffic events at the same time. The use of a unified framework to detect different traffic incidents facilitates the management and control of traffic managers, greatly reduces the cost of calculation, and shortens the time to resolve abnormal traffic incidents.

Contributions. In this paper, we design a unified framework for real-time detection to detect multiple typical traffic incidents at the same time. The dataset of the incident detection experiment is from the Chinese expressway surveillance video. In addition, the incident detection framework in this paper is also suitable for other road traffic scenes and can detect other traffic incidents by new determination rules. First, we use COCO and Chinese expressway data to train the object detection model to detect the objects on the expressway. Secondly, by improving the SORT multi-object tracking algorithm and combining it with motion feature matching, we implement the vehicle detection and tracking algorithm. Finally, based on the tracking trajectories, in line with the determination rules for abnormal traffic incidents, the unified real-time detection of four incidents is realized, and the framework ensure both accurate and online detection.

1 Methods

The following methods constitute the core components of the unified real-time traffic incidents detection framework, which uses improved SORT to track vehicles and pedestrians. We improve the SORT by introducing YOLOv5, and referring to the rule of motion matching in the tracking matching process, this way the SORT improves the tracking speed. On this basis, we refer to determination rules for typical traffic incidents to achieve a unified framework to detect various traffic incidents online.

1.1 Vehicle and Pedestrian Detection with YOLOv5

In the field of deep learning, the deeper network model has better feature description ability. We select YOLO for the real-time traffic incident detection framework. YOLO removes the operation of generating candidate boxes, while integrates features extraction, candidate box regression, object classification and other operations into the same network, simplifying the network hierarchy (Bochkovskiy et al., 2020). The YOLO series algorithm has been developed and updated to the fifth-generation YOLOv5 (Fig. 1). Compared with the previous version of the model, YOLOv5 is smaller, faster, and more accurate. Most importantly, since the vehicle and pedestrian targets in our experiment are relatively small, YOLOv5 is better in small object detection compared with the previous version.

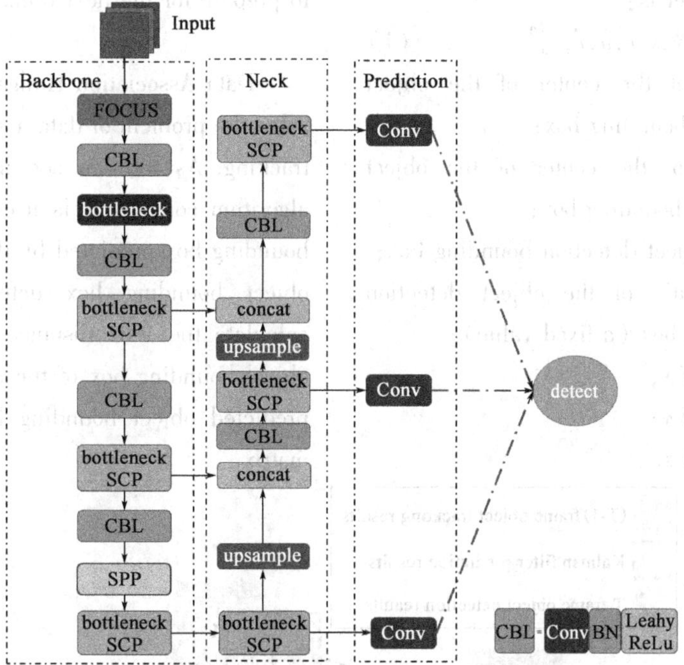

Fig. 1 YOLOv5 Structure

1.2 Vehicle and Pedestrian Tracking

Multi-object tracking (MOT) refers to tracking different objects in a video. It is realized by extracting each frame from the video sequence for object detection to obtain the information, and using it in the process of object tracking. By associating all object detection results from frame to frame, each detection of the same target is assigned the same ID.

As shown in Fig. 2, SORT (Alex Bewley et al., 2016) is a Tracking-by-Detection multi-object tracking method that can realize online. In the previous SORT, Faster R-CNN was adopted as the detector. This paper improves it and adopts the lightweight YOLOv5s detection model.

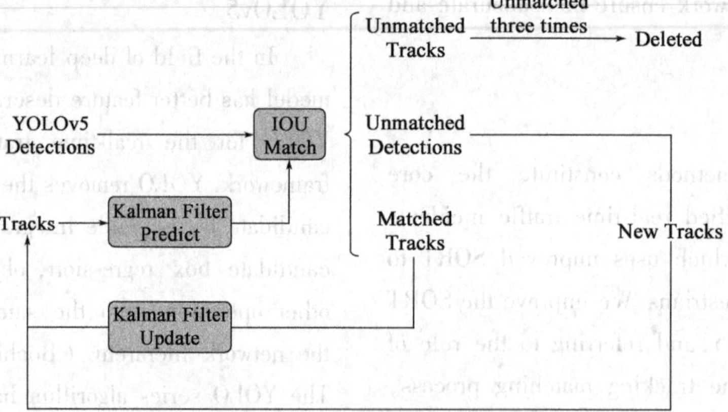

Fig. 2　Improved SORT

Object State Prediction The prediction of the vehicle state is based on the Kalman filter. In the experiment, we assume that the inter-frame displacement of each object in the monitoring video range can be represented by a linear constant velocity model, which is independent of other objects. The state model of each target is:

$$X = [x, y, s, r, \dot{u}, \dot{v}, \dot{s}]^{\mathrm{T}} \tag{1}$$

where: x——abscissa of the center of the object detection bounding box;

y——ordinate of the center of the object detection bounding box;

s——area of object detection bounding box;

r——aspect ratio of the object detection bounding box (a fixed value);

$\dot{u}$——velocity of x;

$\dot{v}$——velocity of y;

$\dot{s}$——velocity of s.

When there is a correlation between the object bounding box and the Kalman filter prediction bounding box, the detected object bounding box information will be used to update the Kalman filter object state. In the new object state, the optimal velocity component is generated by the Kalman filter to prepare for the next frame prediction.

Data Association Hungarian algorithm is used to solve the problem of data association in multi – object tracking. As we can see in Fig. 3, the Hungarian algorithm component is used to associate the target bounding box predicted by the Kalman filter with the object bounding box detected by YOLOv5. We calculate the IOU distance between each detection object bounding box of the current frame and all the predicted object bounding boxes to obtain the cost matrix.

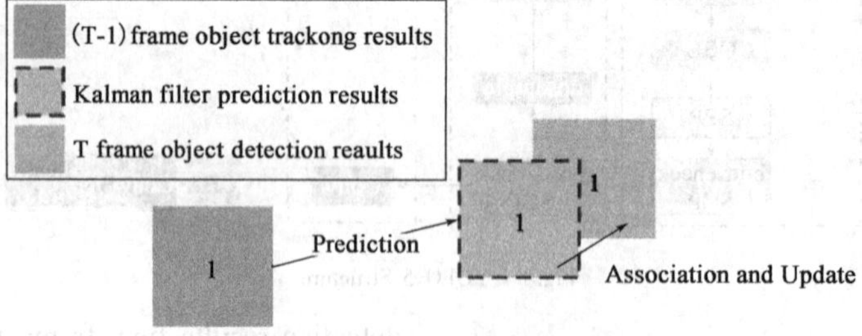

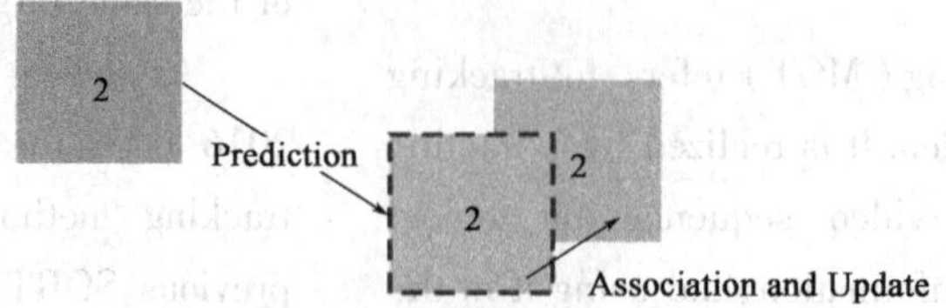

Fig. 3　Data Association Process

Creating and Deleting ID When the tracking target enters or leaves the video area, the target ID needs to be created or deleted accordingly. For creating a new target tracker, we prescribe that when the detection bounding box whose overlap area with the prediction bounding box is below the IOU_{min}, there will be an untracked target, and at this time a new ID creates. We use an object with velocity of 0 to initialize the tracker, and also initialize the covariance of the velocity to a larger value to highlight the uncertainty caused by unobserved velocity.

The tracking process is shown in Fig. 4.

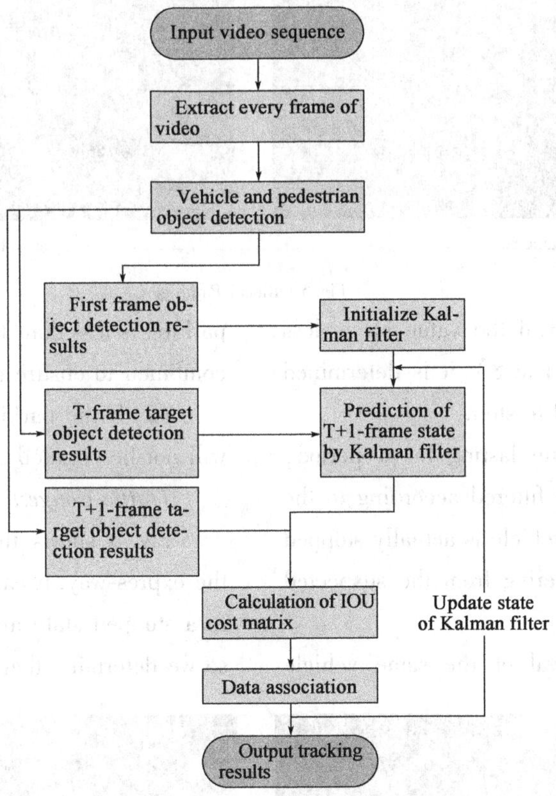

Fig. 4 Tracking Process

1.3 Determination rules for traffic incidents

Since the shooting angle and the position of expressway surveillance cameras are fixed, so there is no need to discuss the background change in this study, and only the moving objects such as vehicles and pedestrians are studied. In the video of the same scene, the center line of up and down lane division and the normal driving direction of each lane are fixed. In different traffic incidents, the driving state of the vehicle has specific motion features, which can be extracted from the vehicle trajectory.

In this paper, the judgment of the target trajectory and time filtering are consideredwhen determining traffic incidents. The purpose is to eliminate the interruption of incident detection caused by discontinued tracking.

Illegal Parking

The illegal parking incident on expressways is presented in Fig. 5, where the positions of the red truck in two frames are within the normal driving area but remain unchanged. At this time, the illegal parking occurs.

The steps to determine the suspected stopped vehicle:

(1) Calculate the center coordinate position (x,y) of the tracking frame in the previous 10 frames:

$$(X,Y) = \{(x_i,y_i) \mid i = 0,1,2,\cdots 9\} \quad (2)$$

(2) Calculate the distance

$$D = \{d_i \mid d_i = (x_{i+1},y_{i+1}) - (x_i,y_i), \quad i = 0,1,2,\cdots 8\} \quad (3)$$

between the center coordinates of the tracking bounding box of every two frames in the total 10 frames;

(3) Accumulate these distancesD to obtain the total displacement

$$s = \sum_{i=0}^{8} d_i \tag{4}$$

a) Frame 80

b) Frame 156

Fig. 5 Illegal Parking

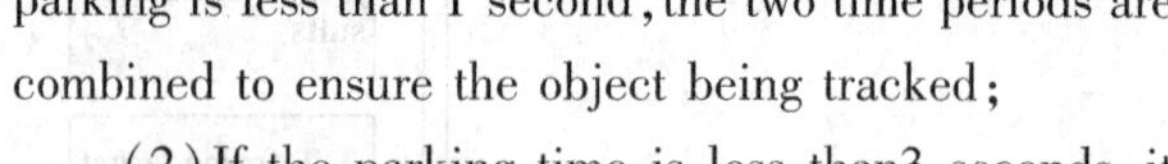

during a certain period, if the value of$s$ is less than a certain threshold (set at 8), it is determined that the vehicle is suspected to stop.

Since parking is a state lasting for a period, theframes of parking can be filtered according to the time duration. Whether the vehicle is actually stopped is distinguished by time filtering from the suspected stopped vehicles:

(1) If the time interval of the same vehicle parking is less than 1 second, the two time periods are combined to ensure the object being tracked;

(2) If the parking time is less than3 seconds, it will not be counted as parking.

Traffic Congestion

Fig. 6 shows the traffic congestion incident on the expressway. It can be seen that many vehicles are in a stopped state and present dense characteristics, so we determine that there is a traffic congestion.

a) Frame 1

b) Frame 85

Fig. 6 Traffic Congestion

Traffic congestion detection is based on illegal parking detection. If 6 or more stopped vehicles in the same direction are detected at the same time and every two adjacent vehicles have overlap, it is suspected as congestion.

Since congestion isalso a state, the number of suspected congestion frames will be filtered based on the time duration:

(1) If the time interval of a certain congestion period is less than 1 second, the two time periods are combined to avoid the interruption of vehicle tracking;

(2) If the duration of congestion is less than3 seconds, it is not categorized into traffic congestion.

Vehicle Retrograde

The retrogradeincidents is shown in Fig. 7. The normal driving direction in the figure is from top to bottom. According to the running states in the two frames, it can be judged that the silver white vehicle is retrograde.

a) Frame 64

b) Frame 140

Fig. 7 Vehicle Retrograde

The suspected retrograde vehicle is determined based on its trajectory. Specifically, it is determined according to whether the moving direction of the vehicle tracking bounding box is opposite to the normal direction, which is specified by the advance marking. The steps are as follows:

(1) Take the position of the tracking bounding box of the previous 20 frames, and take the center point (x,y) every 5 frames from the 20 frames,

$$(X,Y) = \{(x_i,y_i) \mid i = 0,1,2,3,4\} \quad (5)$$

(2) According to the position of the tracking bounding box(x,y), the left or right side of the road is specified, so is the normal driving direction;

(3) Calculate the direction of vehicle movement:

$$\vec{v_i} = (x_{i+1},y_{i+1}) - (x_i,y_i), i = 0,1,2,3 \quad (6)$$

(4) If all $\vec{v_i}$ is opposite to the specified driving direction, the vehicle is suspected to retrograde in the current frame.

The suspected retrograde frames can be filtered according to the time duration.

(1) If the time interval of the same vehicle retrograde is less than 1 second, the two time periods are combined to avoid the interruption of vehicle tracking;

(2) If the retrograde duration is less than3 seconds, it will not be counted as retrograde.

Pedestrian Intrusion

Fig. 8 shows the pedestrian intrusion incident. From the three images in the video, we can see that a pedestrian appears in the road area, that is, there is a pedestrian intrusion incident.

a) Frame 55

b) Frame 95

Fig. 8

c) Frame 106

Fig. 8 Pedestrian Intrusion

Pedestrian intrusion detection includes determining whether the detected object is a pedestrian through object detection, and tracking it.

Since pedestrian intrusion is also a state lasting for in a period, the pedestrian frames obtained from tracking can be filtered based on the time duration. If the time interval between the occurrences of the same pedestrian is less than 1 second, the twotime periods are combined to solve the problem of missed detection of target tracking.

1.4 Traffic Incidents Detection Framework

According to the improvedSORT and the determination rules proposed above, traffic incident detection at the frame level can be realized. The pseudo code of the framework proposed is as follows:

```
Input: Image Sequence I_1, I_2, …, I_t
Output: Are there any traffic incidents in the image sequence
for k = 1 to t
    Detection = YOLOv5(I_k)
    if k = 1
        initialize each Tracker
    else
        for each vehicle and pedestrian in Detection
            estimate state x
            associate x to existed vehicle and pedestrian in I_{k-1}
            update Kalman filter for x
            update state of each Tracker
            return estimated position of each vehicle and pedestrian
        end for
    end if
    extract trajectory from each Tracker
    detect traffic incidents by the determination rules
end for
```

2 Datsaet

2.1 Object Detection Dataset

In this paper, the objects studied are vehicles and pedestrians on the expressway. The source of the dataset is COCO and manually annotated highway scene images. COCO has 80 categories, among which the car, truck, and bus categories are recategorized into the vehicle category, and people arelabeled as the pedestrian category. The original four categories contained in the COCO are extracted.

To meet the detection requirements of the expressway, some images areintercepted from the collected expressway traffic incident detection dataset (mentioned in the next section) for image annotation of the vehicle and pedestrian.

The manually annotated highway scene dataset and the dataset extracted from COCO are combined as the expressway object detection dataset. There are 76820 images in the dataset.

2.2 Traffic Incident Dataset

This paper selects different traffic surveillance videos of acertain expressway in China as the dataset of traffic incident detection. The video frame rate is 8 FPS. The dataset consists of 16 different traffic scenes. 719 fixed-view videos at different times are used as the dataset. The duration of each video is between 20 and 40 seconds.

The 719 videos data are manually marked with illegal parking, traffic congestion, vehicle retrograde and pedestrian intrusion. The contents of annotation include whether there are traffic incidents in the video, the number of driving directions of each video (one-way or two-way), the center line of up and down lanes of the two-way, the driving directions of different lanes of two-way, etc. The occurrence times of various traffic incidents are 274 illegal parking, 10 traffic congestions, 60 vehicle retrogrades and 470 pedestrian intrusions.

3 Experiments and Results

The experiment consists of three parts, the vehicle pedestrian detection, improved multi-object tracking experiment and traffic incident detection. Their respective purposes are to demonstrate the advantages of the selected detection algorithm, to explicitly observe the effect of vehicle tracking, and to realize traffic incident detection by referring to the determination rules.

3.1 Vehicle and Pedestrian Detection

ExperimentalSetup

YOLOv5 model is used for vehicle and pedestrian detection. We adjust epoch, batch size and input image size to detect the object on the expressway. This experiment is carried out in the environment of 4 NVIDIA GTX1080Ti.

Experimental results and model evaluation

To make the model detect the vehicle and pedestrian better, a total of five model training experiments were carried out to determine the influence of different parameters on the model. The performance evaluation of the model under different parameters is shown in Tab. 1.

Model Comparison and Evaluation Tab. 1

a) Models with Different Parameters

	image size	batch size	epoch	precision	recall	mAP@0.5
1	640	64	100	0.967	0.898	0.867
2	640	32	100	0.965	0.913	0.881
3	1280	32	50	0.972	0.901	0.883
4	640	32	50	0.905	0.899	0.878
5	640	64	50	0.916	0.821	0.803

b) Detection Results

	Precision	Recall	mAP@0.5
All	0.913	0.858	0.881
Vehicle	0.924	0.896	0.886
Pedestrian	0.883	0.838	0.856

It can be seen from Tab. 1a) that increasing the input image size can improve the precision and recall. However, if the input image size is too large, it will affect the real-time performance of the model. Finally, the second group of the training result model with the best comprehensive performance is selected as the vehicle and pedestrian detection model.

We use the trained YOLOv5s model to detect the test images captured in the expressway video, and the detection results are shown in Tab. 1b). In the output results, most of the detection targets have confidence greater than 0.9. In a single NVIDIA RTX1080Ti, the model takes an average of 5.2ms to detect each frame. According to Tab. 1b), the precision of the object detector model trained in this paper is 91.3%, and the recall reaches 85.8%. The reason for the low recall is that tiny vehicles are also manually labeled, but they have little effect on the subsequent traffic incident detection.

3.2 Vehicle Tracking

ExperimentalSetup

In this paper, three states are set for tracking target, namely, tentative, confirmed and deleted. The initial state of each object is tentative. If the target is detected in the first frame, the target state is "Tentative", and the target is put into the target set to be confirmed, waiting for the next tracking prediction. If the target is tracked in the next frame of the video sequence, the state is set to "Confirmed". Otherwise, if the target is missing in three consecutive frames, its state is set to "Deleted" and the target tracking stops, to prevent problems such as unlimited growth of trackers, the increase of calculation and positioning errors caused by long-term prediction, etc. Specifically, if the target is lost in two consecutive frames and reappears in the third frame, the state is set to "Confirmed" to continue tracking the target.

The specificvehicle tracking parameters are shown in Tab. 2.

Vehicle Tracking Parameters Tab. 2

Parameters	Meaning	Default Value
F_a	Number of matched frames	0
F_d	Number of unmatched frames	1
T_{Appear}	After matching at least T_{Appear} times, the target is determined as a confirmed target	1
T_{Lost}	The maximum number of frames that the target frame is allowed to disappear	3
IOU_{min}	IOU matching threshold	0.3

Vehicle Tracking Results

Since the annotations of the expressway surveillance video we collected are not as detailed as the MOT standard dataset that costs a lot of manpower (for a 30 seconds 8FPS video to annotate 20 targets, it requires nearly 4800 lines of annotation), in our experiment, we test the tracking effect of the improved SORT by directly observing the vehicle tracking bounding box and trajectory. Fig. 10 shows the tracking effect of different intervals in the experimental results.

As can be seen from Fig. 9, each vehicle is assigned a separate ID, and after tracking for a period of time, the ID does not change, indicating that the improved SORT framework can accurately track the same target vehicle. This framework can generate the continuous trajectory of the vehicle, reflecting the movement characteristics of the vehicle. However, there are some tracking failures caused by the high speed of vehicles. For example, the black bounding box in the figure above indicates only the vehicle target is detection succeeds, but the matching fails. Such failure is also inevitable for current tracking algorithms.

a)

b)

Fig. 9

Fig. 9 Vehicle Tracking Results

It can be seen fromFig. 9c) that the tiny vehicles in the upper part of the image cannot be detected and tracked. This is partly due to the camera′s far viewing angle and the small size of the vehicles in the distance. The YOLOv5s cannot detect vehicles with unobvious features, so they cannot be captured and tracked by the detector when they are extremely far away. In the expressway monitoring, the effective range of video monitoring lies in the bottom 1/2 to 2/3 of the image, so the fact that tiny vehicles cannot be detected has little impact on practical application. When the tiny vehicle in the distance approaches the camera, its pixel size gradually grows larger, so the object detector is triggered, and it enters the tracking vehicle queue.

From the above visual effect of multi-object tracking, the tracking framework can stably and accurately capture and track the moving vehicles in the video, which proves that the proposed tracking framework is qualified for vehicle tracking task on the expressway.

3.3 Traffic Incident Detection

Based on technology of object detection and tracking in accordance with the determination rules, a series of traffic incidents can be detected by the unified framework. In this experiment, we use this framework to test 719 traffic incident videos.

Parameters Setup

The experimental parameters are divided into two groups. One is detection and tracking parameters, the other is traffic incident parameters. The main parameters of the experiment are shown in Tab. 3.

Parameters of Traffic Incident Detection Tab. 3

Incident	Parameters	Meaning	Default Value
Illegal parking	*stop_dist*	The threshold of cumulative distance of the vehicle for 10 consecutive frames.	8
Traffic congestion	*traffic_thre*	The threshold of illegal parking vehicles.	6
Vehicle Retrograde	*center_line*	Center line of lanes.	width/2
	left_dierction	Direction of the left lane.	top2down
	right_dierction	Direction of the right lane.	down2top

Detection of illegal parking

As shown in Fig. 10a), our traffic incident detection framework can correctly detect illegal parking incidents, and can determine the left or right lane where the vehicle stops by comparing to the lane centerline. In the left side of the image, the cumulative absolute value of the silver-white vehicle's (whose tracking ID is 3) displacement within 5 consecutive seconds does not exceed the threshold, so its state can be determined as illegal parking.

Detection of traffic congestion

According to the incident determination rules, when the number of stopped vehicles is greater than the threshold 6 and every two adjacent vehicles have overlap, the road is in the state of traffic congestion. As shown in Fig. 10b), the proposed framework can correctly detect vehicle stopping and determine the traffic congestion state.

Detection of vehicle retrograde

The results of vehicle retrograde detection are shown in Fig. 10c). It can be seen from the figure that the yellow vehicle (whose tracking ID is 3) on the right side of the figure, its direction of movement within 5 consecutive seconds is opposite to the prescribed direction.

Detection of pedestrian intrusion

The detection results of pedestrian intrusion detection are shown in Fig. 10d). The unified framework can detect the pedestrian and track him/her, and detect it as a pedestrian intrusion incident. However, since the method used for pedestrian detection and tracking is same as that for vehicles, and there is a lack of state distinction and feature extraction of the pedestrian, the object bounding box size of detecting the same pedestrian between different frames changes.

Fig. 10 Traffic Incident Detection

4 Result Analysis

Using the real-time traffic incident detection framework proposed in this paper, the incident detection is performed in all expressway surveillance videos in the dataset. The results are summarized in Tab. 4 on average, the inference time of each frame is 33ms and the frame rate is 31FPS, which perfectly meets the real-time requirements.

It can be seen from Tab. 4 that the accuracy of the four traffic incidents detection is above 0.89, and the recall is above 0.8. In the detection of illegal parking and traffic congestion, the accuracy of 0.96 is achieved, which is surpass that of manual detection. The low precession and recall of vehicle retrograde is due to the wrong detection of some slow vehicles. The lower recall of pedestrian intrusion is because that the result of pedestrian detection is given by object detection. The size and deformation of the pedestrian will adversely affect the object detection, resulting in the weak robustness of the detector. In general, the proposed unified framework can simultaneously detect various traffic incidents in real time.

Traffic Incident Detection Results Tab. 4

Traffic incident	Precession	Recall	Accuracy	TP	FP	FN	TN	Actual quantity
Illegal Parking	0.94	0.96	0.96	263	17	11	428	274
Traffic Congestion	0.99	0.90	0.99	9	0	1	709	10
Vehicle Retrograde	0.88	0.86	0.98	52	7	8	652	60
Pedestrian Intrusion	0.95	0.89	0.89	416	23	54	226	470

5 Conclusion

Targetingat the complex traffic incident detection in road traffic, we propose a unified real-time traffic incident detection framework based on the improved SORT. Comparing with traditional detection frameworks that could detect only one type of incident, this framework unifies various traffic incidents detection, and realizes the real-time application. In this framework, YOLOv5 is adopted for the vehicle and pedestrian detection, and the improved SORT is used to track vehicles and pedestrians in traffic videos. The complex traffic incident detection task is completed by the trajectory generated by the framework in accordance with the traffic incident determination rules. Finally, the experiment on traffic incident detection is carried out taking the surveillance videos on the expressway. The experimental results reveal that the proposed unified real-time traffic incident detection framework delivers great performance and practicability. The proposed unified detection framework has the advantages of low cost and high stability. More importantly, it requires no massive adjustment, construction or installation of the existing monitoring equipment. In addition, the object detection model in this framework also applies to detect other incidents on expressways, such as scattered objects and fire. Lastly, this framework can be expanded in accordance with different incident determination rules for detecting other traffic incidents.

In future research, it is suggested that the expressway surveillance camera can be further calibrated to obtain the internal and external parameters, and this way the location information of the vehicle trajectory will be transformed from the image coordinate system to the world coordinate system. Based on the unified traffic incident detection framework proposed in this paper, we can calculate the speed, traffic flow and other information, and detect the slow-moving incidents, speeding incidents, and others to obtain more abundant traffic information.

6 Acknowledgments

This research is supported by the Graduate Innovation Project of BeijingJiaotong University (Grant No. 2021YJS093), Beijing Research Center of Urban Traffic Information Sensing and Service Technologies (Grant No. Z191100002819003), the National 32 Natural Science Foundation of China (Grant No. 61973027).

References

[1] Abe S. Support vector machines for pattern classification[M]. 2. Springer 2005.

[2] Ball A. Development and testing of operational incident algorithms: Executive summary [J]. Transportation Research Part C, 1997, 7: 185-203.

[3] BewleyA, Ge Z, Ott L, et al. Simple online and realtime tracking[C]. 2016 IEEE International Conference on Image Processing (ICIP), 2016: 3464-3468.

[4] Black J, Sreedevi I. Automatic incident detection algorithms. ITS Decision Report, 2001.

[5] Bochkovskiy A, Wang C-Y, Liao H-Y M. YOLOv4: Optimal Speed and Accuracy of Object Detection [J]. arXiv preprint arXiv:2004.10934, 2020.

[6] Hassaballah M, Kenk M A, Muhammad K, et al. Vehicle Detection and Tracking in Adverse

Weather Using a Deep Learning Framework [J]. IEEE Transactions on Intelligent Transportation Systems, 2020: 1-13.

[7] GIRSHICK R. Fast r-cnn[C]. Proceedings of the IEEE international conference on computer vision, 2015: 1440-1448.

[8] KALMAN R E. A new approach to linear filtering and prediction problems[J], 1960.

[9] MANDAL V, Adu-Gyamfi Y. Object Detection and Tracking Algorithms for Vehicle Counting: A Comparative Analysis[J]. Journal of Big Data Analytics in Transportation, 2020.

[10] REDMON J, DIVVALA S, GIRSHICK R, et al. You only look once: Unified, real-time object detection [C]. Proceedings of the IEEE conference on computer vision and pattern recognition, 2016: 779-788.

[11] REDMON J, FARHADI A. YOLO9000: better, faster, stronger[C]. Proceedings of the IEEE conference on computer vision and pattern recognition, 2017: 7263-7271.

[12] REDMON J, FARHADI A. Yolov3: An incremental improvement [J]. arXiv preprint arXiv: 1804.02767, 2018.

[13] REN S, HE K, GIRSHICK R, et al. Faster r-cnn: Towards real-time object detection with region proposal networks[J]. IEEE transactions on pattern analysis and machine intelligence, 2016, 39(6): 1137-1149.

[14] SOLEH M, JATI G, HILMAN M H. Multi Object Detection And Tracking Using Optical Flow Density-Hungarian Kalman Filter (Ofd-Hkf) Algorithm For Vehicle Counting[J]. Jurnal Ilmu Komputer dan Informasi, 2018, 11(1): 17-26.

[15] WOJKE N, BEWLEY A, PAULUS D. Simple online and realtime tracking with a deep association metric [C]. 2017 IEEE international conference on image processing (ICIP), 2017: 3645-3649.

[16] YANG Z, JOHNSON M. Hybrid particle image velocimetry with the combination of cross-correlation and optical flow method[J]. Journal of Visualization, 2017, 20(3): 625-638.

[17] ZHANG K, REN H, WEI Y, et al. Multi-target vehicle detection and tracking based on video [C]. 2020 Chinese Control And Decision Conference (CCDC), 2020.

[18] ZHANG Y, SONG X, WANG M, et al. Research on visual vehicle detection and tracking based on deep learning [C]. IOP Conference Series: Materials Science and Engineering, 2020: 012051.

考虑区域动态异质性的生鲜冷链物流运输中断风险评估

肖　浩*　周红梅　涂　敏　王文文
(武汉理工大学交通与物流工程学院)

摘　要　针对疫情常态化下的生鲜冷链物流运输环节风险问题,考虑不同区域风险划分不确定性带来的运输中断风险,提出考虑区域动态异质性的风险评估方法,弥补以往基于风险区域固定假设的不足。首先分析了疫情影响下的新型生鲜冷链物流运作模式并设计了三种典型运输中断场景,结合场景识别出可能导致运输中断的风险因素,最后结合 Leaky Noisy-or gate 模型,运用 BN-OWA 混合算子方法对风险因素进行综合评估,计算出风险因素综合属性值。结果显示"驾驶员被隔离""运输路线被截断"以及"供货商供应中断"风险的综合属性值最大,为企业和政府在疫情常态化控制生鲜冷链物流运输环节"温控+

湿控+防疫”在内的大安全提供了依据。

关键词 交通运输风险 风险评估 Leaky Noisy-or gate BN-OWA 混合算子 生鲜冷链物流 运输中断 疫情常态化

0 引言

新冠病毒变异毒株“奥密克戎”已经成为全球主要流行株,国内疫情形势进入常态化,近日国内有些地区不断爆出小范围新冠病毒感染,不同地区风险划定也有所差异,同时这些差异具有动态性、随机性,带来不同地区运输管制政策的动态异质性。传统的生鲜冷链物流运输中断风险并没有考虑到疫情带来的不同地区管制措施的动态异质性。在这种背景下,本研究主要考虑到不同风险等级地区,对驾驶员以及车辆的管制措施不同而带来的运输中断风险。

徐丹(2021)从内生风险和外生风险两个角度研究分析了蔗糖供应链风险,在此基础上构建了蔗糖供应链风险指标体系,并进行了合理性验证。Xiao Hui Zhao(2014)将状态空间法引入供应链风险评估中,给出了基于状态空间的供应链风险模型,然后讨论了系统的预测误差。张丽(2020)考察了食品供应链特征及其基于供应链视角的食品安全关键环节风险形成机制,论述了后疫情时期食品安全风险管理的对策,提出了强化食品安全风险管理,需建立食品安全供应链信息共享平台、优化食品安全组织协调机制和完善食品安全风险监测体系。Shoufeng Cao(2019)提出了一种基于风险传播本体的贝叶斯网络(BN)模型来度量 SCr 的动态传播,将该模型应用于具有上游澳大利亚集成种植者和出口商以及下游中国集成进口商和在线零售商的两层澳大利亚中国表葡萄供应链(ACTGSC),利用风险传播本体中固有的知识和推理能力,生成一个基于本体的 BN 来准确地表示感兴趣的风险域。张林清(2021)将风险系统的分为外部环境风险、内部整体风险以及内部运作风险三个方面,通过 SCOR 模型实现对生鲜农产品供应链风险的初步识别。然后根据风险识别结果运用系统动力学再次识别分析,通过构建的反馈图模型分析风险产生的原因和后果,明确各风险因素间的相互作用关系,为生鲜农产品供应链上的相关企业识别关键风险因素提供参考依据。Dilupa Nakandala(2016)提出了一种由模糊逻辑(FL)和层次全息建模(HHM)技术组成的混合模型,该模型首先用 HHM 方法识别风险,然后利用定性风险评估模型(称为风险过滤、排序和管理框架)和基于模糊的风险评估方法(名为 FL 方法)对风险进行评估。本文比较了两种不同方法的风险评估结果,并在确定响应策略之前,采用均方计算法计算了各风险的总体风险水平。

1 疫情常态化下的生鲜冷链物流运输环节分析

1.1 疫情常态化下的新型生鲜冷链物流运作模式

冷链物流作为供应链的一种,传统的由龙头企业、批发市场、第三方物流企业主导的以及农超对接模式下的生鲜供应链运作模式,由于其断续不贯通的特性,造成了流通过程中信息化水平低且信息不对称,一旦某一环节受到疫情影响,就会导致生鲜产品的安全不可控。针对传统生鲜供应链运作模式存在的问题,在疫情常态化的背景下,借助物联网技术提出一种信息全程弥合的新型生鲜供应链运作模式,此运作模式可以让检疫信息互通透明,上下游企业无缝衔接,抗风险能力更高,可追溯性更高。具体如图 1 所示。

1.2 考虑区域动态异质性的典型运输中断场景设计

生鲜冷链物流运输中断是指可能发生在运输的各个环节,导致内部供应链或外部供应链无法进行货物传递,进而导致货物不能在规定的时间内和规定的条件下送到指定的地点,造成了运输中断的风险。在疫情的影响下,考虑不同地区风险等级不同、运输管制政策的不同,设计以下典型运输中断场景。

(1)典型运输中断场景一。

供货商地区因为突发疫情,被划分为高风险地区。为避免疫情向其余地市蔓延,特采取封城措施,那么相应的运输路线就会被截断,货物没法运输出去,要么换供货商,要么承担运输路线被截断而带来的损失。具体场景如图 2 所示。

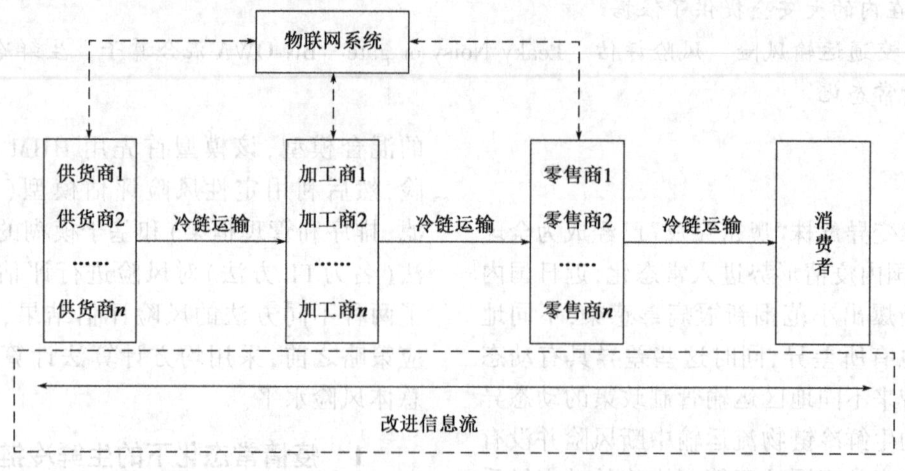

图 1　新型生鲜冷链物流供应链运作模式

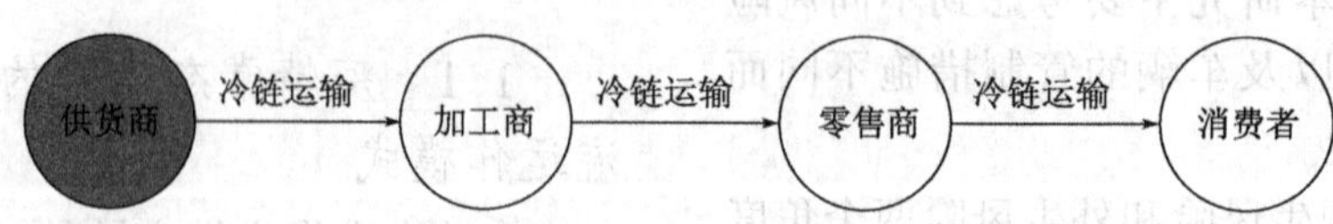

图 2　典型运输中断场景一

(2)典型运输中断场景二。

加工商地区因为突发疫情,被划分为高风险地区。但是此时冷藏车驾驶员已经驾驶货车离开加工商地区,在到达零售商地区时,行程码显示为红码,那么此时按照零售商地区的管制措施,对有高风险地区 14 天内旅居史入境人员,一律实施集中隔离医学观察 14 天措施,规范进行核酸检测。对有中风险地区 14 天内旅居史入境人员,一律实施居家隔离医学观察 14 天措施,规范进行核酸检测。隔离期满后按照有关标准解除隔离。上述情况导致冷藏车没人驾驶,进而导致运输中断。具体场景如图 3 所示。

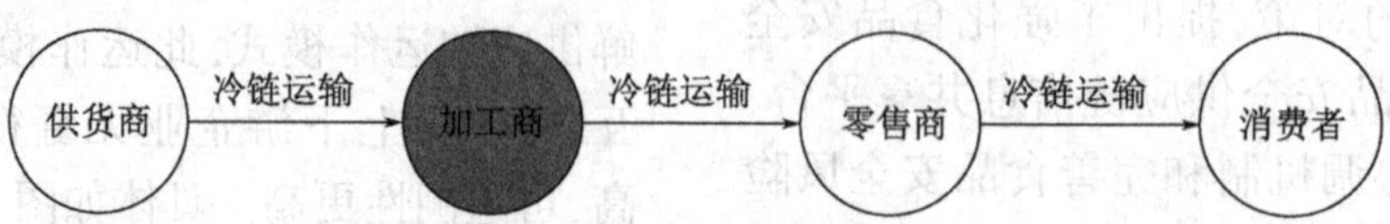

图 3　典型运输中断场景二

(3)典型运输中断场景三。

零售商地区因为突发疫情,被划分为高风险地区,为使疫情隔离达到好的效果,特采取封城措施。此时驾驶员已经驾驶货车前往零售商地区,由于零售商地区封城管理导致运输路线被截断,货物运送不进去,此时要么更换零售商,要么承担运输中断带来的损失。具体场景如图 4 所示。

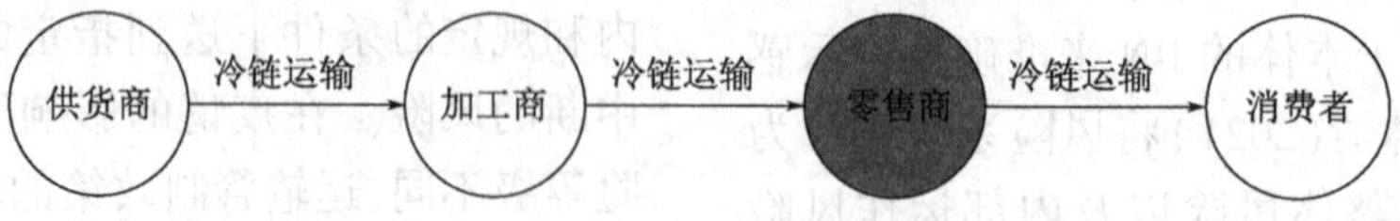

图 4　典型运输中断场景三

2　考虑区域动态异质性的生鲜冷链物流运输中断风险识别

2.1　传统生鲜冷链物流运输中断风险识别

通过查阅大量相关文献,得知在传统的生鲜冷链物流运输中断风险识别中,主要从“人—机—环境—管理”四大方面进行风险因素的识别。

(1)人的方面。驾驶员疲劳驾驶、超速行驶、酒后驾车、开车打电话等不安全行为可能会导致交通事故的发生,驾驶员请假、离职可能会导致运输人员不足,这些因素都会导致货物运输中断。

(2)运输车辆方面。车辆故障、检修、维护导致运输车辆不足等,都会导致货物运输中断。

(3)运输环境方面。一些突发事件,比如在运输途中发生撞车、翻车等交通事故。一些恶劣天气,比如暴风、暴雪、台风、严重的雾霾等极端天气,甚至有可能遇到恐怖袭击、暴动战争等重大公共事件。这些都可能导致货物损毁,运输中断。

(4)管理方面。物流公司对运输路线规划不合理、对车辆调度不合理、对驾驶员的管理不当都可能会导致运输中断。

2.2 考虑区域动态异质性的生鲜冷链物流运输中断风险识别

传统的对生鲜冷链物流运输中断风险因素的识别并没有考虑到疫情下不同地区对人员以及车辆的管制政策不同,那么这些管制政策的不同也会带来不一样的风险。基于上述对考虑区域动态异质性的典型运输中断场景设计,需要考虑驾驶员被隔离的风险、供货商供应中断风险以及运输路线被截断风险。

货车驾驶员风险(以陕西省为例):对目的地是陕西省的入境人员实施14天集中隔离+7天居家隔离+7天居家健康监测、核酸检测及"点对点"闭环转运措施;对中、高风险地区及其所在县(市、区、旗)来陕返陕人员,落实集中隔离观察14天的措施(14天隔离时间从离开上述地区时间计算),期间开展4次核酸检测。

供货商供应中断风险:供货商地区因为疫情蔓延,导致不能正常发货。

运输路线被截断风险:零售商地区因为疫情蔓延,导致货车驾驶员在前往零售商地区时无法运送至目的地。具体风险因素见表1。

生鲜冷链物流运输中断风险因素表 表1

风险事件	风险因子
驾驶员风险	驾驶员被隔离
	疲劳驾驶
运输车辆风险	车辆故障
	车辆运力不足
运输环境风险	恶劣天气
	交通事故
	运输路线被截断
管理风险	车辆调度不合理
	运输路线规划不合理
	供货商供应中断

3 基于BN-OWA混合算子的生鲜冷链物流运输中断风险评估

3.1 BN-OWA混合算子算法步骤

传统的贝叶斯网络只能推理出风险事件发生的概率,但是在现实中,一个风险事件发生概率大;不代表带来的损失就大;一个风险事件发生概率小,反而带来的损失可能会很大。在对生鲜冷链物流运输中断的风险评估中,既要重视风险事件发生的概率大小,也要重视风险事件发生所带来的损失大小。因此,本研究在贝叶斯网络推理的基础上引入OWA算子决策方法,以风险事件发生的概率以及风险事件发生造成的损失作为OWA算子的两个属性,对生鲜冷链物流运输中断风险进行综合评估。假设生鲜冷链物流导致运输中断的风险有n种,设为$C=(C_1,C_2,\cdots,C_n)$,$i=1,2,\cdots,n$,每个风险有m个指标集表述,风险C_i的属性值为a_{ij}。$U_1,U_2,\cdots,U_m$是目标节点C的父节点,$V_1,V_2,\cdots,V_n$是目标节点的子节点,$P(C\mid U_1,U_2,\cdots,U_n)$、$P(C\mid V_1,V_2,\cdots,V_n)$表示经专家或数据学习后的概率化表示形式,$\lambda$、$\pi$分别是诊断性和因果性参数。BN-OWA混合算子算法步骤为:

(1)初始化。$P(U_i)\leftarrow\pi$,$P(V_i)\leftarrow\lambda$。

(2)证据生成。if$C_e=e$,then$\pi(C_e)=1$,$\lambda(C_e)=0$;else$\pi(C_e)=0$,$\lambda(C_e)=0$。

(3)计算目标节点信息及更新。$\lambda_{V_i}^{C_i}(C)$表示$V\overset{\lambda}{\leftarrow}C$,$\pi_{U_i}^{C_i}(C)$表示$C\overset{\pi}{\leftarrow}U$,则$\lambda(C)=\prod_{i=1}^{m}\lambda_{V_i}^{C_i}(C)$,

$\pi(C)=\sum_{U_i}P(C\mid U_1,U_2,\cdots,U_n)\prod_{i=1}^{n}\pi_{U_i}^{C_i}(C)$。$C_{pi}\leftarrow\lambda(C)$，$C_{fi}\leftarrow\pi(C)$，则 $\lambda_{C_{pi}}(C)=\sum_{V_j}\lambda(V_j)\sum_{V_i}P(C\mid V_1,V_2,\cdots,V_n)\prod_{n\neq i}\pi_C(C_{pi})$。

(4)计算每个目标节点的后验概率分布。$P(C_i)=\partial\lambda(C_i)$，其中$\partial$为归一化常数。

(5)决策矩阵规范化。在本研究中，衡量的标准是在特定风险下所造成的损失，因此采用属性值为成本型的OWA算子公式。输入决策矩阵$\boldsymbol{A}=(a_{ij})_{n\times m}$，$d_{ij}=\dfrac{\min\limits_i a_{ij}}{a_{ij}}$，$i\in N$，则 $\boldsymbol{A}=(a_{ij})_{n\times m}\rightarrow D=(d_{ij})_{n\times m}$。

(6)计算综合属性值并排序。$Z_i(w)=\mathrm{OWA}_w(d_{i1},d_{i2},\cdots,d_{im})=\sum_{j=1}^{m}w_jb_j$。

3.2　贝叶斯网络节点及节点值域的确定

本研究的目标节点“生鲜冷链物流运输中断风险”为C，值域为$\{0,1\}$。$C=0$时表示该目标节点风险不发生；$C=1$时表示该目标节点风险发生。

中间节点“驾驶员风险”为C_1，“运输车辆风险”为C_2，“运输环境风险”为C_3，“管理风险”为C_4，值域分别为$\{0,1\}$，表示中间节点风险“发生”和“不发生”。

证据节点“驾驶员被隔离”为C_{11}，值域为$\{0,1\}$，分别表示疫情下驾驶员“未隔离”和“被隔离”；“疲劳驾驶”为C_{12}，值域为$\{0,1\}$，分别表示驾驶员“未疲劳驾驶”和“疲劳驾驶”。“车辆故障”为C_{21}，值域为$\{0,1\}$，分别表示车辆“正常”和“故障”；“车辆运力不足”为C_{22}，值域为$\{0,1\}$，分别表示车辆运力“充足”和“不足”。“恶劣天气”为C_{31}，值域为$\{0,1\}$，分别表示天气状况“正常”和“恶劣”；“交通事故”为C_{32}，值域为$\{0,1\}$，分别表示交通事故“未发生”和“发生”；“运输路线被截断”为C_{33}，值域为$\{0,1\}$，分别表示运输路线“未截断”和“截断”“车辆调度不合理”为C_{41}，值域为$\{0,1\}$，分别表示车辆调度“合理”和“不合理”；“运输路线规划不合理”为C_{42}，值域为$\{0,1\}$，分别表示运输路线规划“合理”和“不合理”；“供货商供应中断”为C_{43}，值域为$\{0,1\}$，分别表示供货商供应“未中断”和“中断”。

3.3　贝叶斯网络结构构建

本文所研究的生鲜冷链物流运输中断风险评估贝叶斯网络，由于缺乏大量的数据统计，因此主要结合大量文献以及专家经验手动建立。具体的贝叶斯网络结构如图5所示。

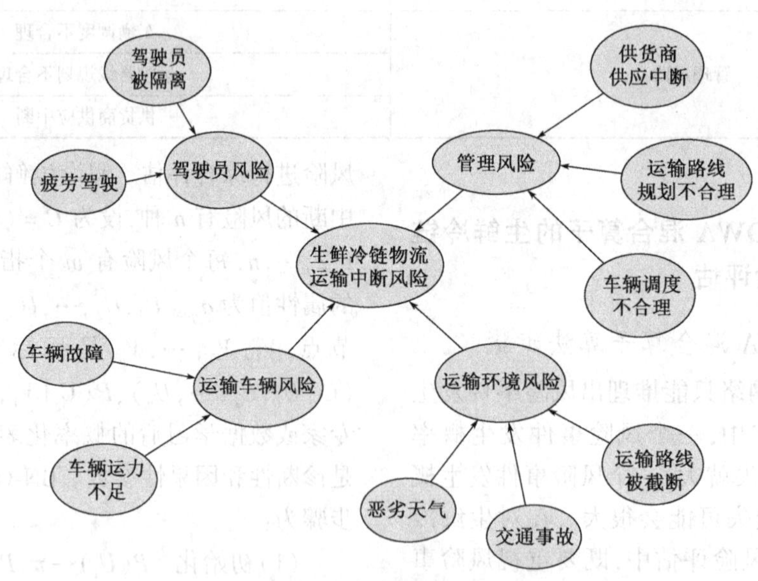

图5　生鲜冷链物流运输中断风险贝叶斯网络拓扑结构

3.4　贝叶斯网络节点概率拟定

3.4.1　节点概率拟定方法

在贝叶斯风险网络评估模型初步建立后，需要对先验概率和条件概率进行设置，可以利用实际数据进行参数学习获得，但在实际数据难以获取的情况下，则根据专家知识与经验来设置。本文采用联合国政府间气候变化专门委员会

(Intergovernmental Panel on Climate Change,IPCC)提出的7级风险概率表述方式,方便专家打分时统一概率表述。具体见表2。

IPCC 的概率定性描述 表2

概率范围	表述语句
(0,0.01]	几乎不可能发生
(0.01,0.10]	很小可能发生
(0.10,0.33]	较小可能发生
(0.33,0.66]	中等可能发生
(0.66,0.90]	较大可能发生
(0.90,0.99]	很大可能发生
(0.99,1.00]	肯定发生

由于疫情时期生鲜冷链物流运输中断风险案例库比较缺少、可用数据不多而且人类对风险的识别也存在一定的局限性,而 Leaky Noisy-or gate 模型可以在数据不充分的条件下,考虑未知或者遗漏的因素,根据历史经验和专家知识确定网络参数。在 Leaky Noisy-or gate 模型中,设事件 C 的父节点为 C_m 和 C_n,其中 C_m 为除了 C_n 外所有因素的总和,其连接概率分别为 P_m 和 P_n,$\overline{C}_m$ 为 C_m 的对立事件,则有:

$$P(C \mid C_m)P_m + P_n - P_mP_n \tag{1}$$

$$P(C \mid \overline{C}_m) = P_a \tag{2}$$

两式联立可得:

$$P_m = \frac{P(C \mid C_M) - P(C \mid \overline{C}_m)}{1 - P(C \mid \overline{C}_m)} \tag{3}$$

将各事件父节点中所有未考虑到的因素综合为一个未知因素 C_l,设其连接概率为 P_l,考虑实际情况,P_l 的值应满足 $P_l \leqslant P_m \leqslant 1 - P_l$,未考虑到的风险因素一般服从高斯概率密度,设置信度为0.95,则$P_l = 0.05$。则节点 C 的条件概率为:

$$P(C = c) = 1 - (1 - P_l) \prod_{m:C_m \in C_p} (1 - P_m) \tag{4}$$

3.4.2 节点概率的拟定

在查阅相关文献及资料的基础上,组织专家对贝叶斯网络模型中各节点的先验概率、条件概率进行估值,并运用 Leaky Noisy-or gate 模型,将未知因素考虑在内,进一步提高条件概率的准确性。证据节点的先验概率见表3。

证据节点先验概率分布表 表3

证据节点	State0	State1
驾驶员被隔离 C_{11}	0.64	0.36
疲劳驾驶 C_{12}	0.37	0.63
车辆故障 C_{21}	0.66	0.34
车辆运力不足 C_{22}	0.39	0.61
恶劣天气 C_{31}	0.35	0.65
交通事故 C_{32}	0.45	0.55
运输路线被截断 C_{33}	0.65	0.35
车辆调度不合理 C_{41}	0.68	0.32
运输路线规划不合理 C_{42}	0.55	0.45
供货商供应中断 C_{43}	0.85	0.15

由于篇幅所限,本文只呈现贝叶斯网络中间节点"驾驶员风险"的概率计算,具体见表4。

驾驶员风险条件概率分布表 表4

C_{11}	C_{12}	$C_1=0$	$C_1=1$
0	0	0.79	0.21
0	1	0.88	0.12
1	0	0.62	0.38
1	1	0.73	0.27

3.5　贝叶斯网络推理计算

在上面的描述中,贝叶斯网络结构及参数都已经确定,接下来利用 GeNIe2.0 软件中的团树传播算法进行节点信念的更新,使贝叶斯网络达到全局一致,从而实现后验概率推理计算,得到在生鲜冷链物流运输中断风险发生时,其他风险的发生概率。更新后的风险发生概率见表 5。

更新后的风险后验概率分布表　　表 5

风险变量	后验概率	风险变量	后验概率
驾驶员被隔离 C_{11}	0.40	交通事故 C_{32}	0.60
疲劳驾驶 C_{12}	0.70	运输路线被截断 C_{33}	0.32
车辆故障 C_{21}	0.42	车辆调度不合理 C_{41}	0.28
车辆运力不足 C_{22}	0.55	运输路线规划不合理 C_{42}	0.51
恶劣天气 C_{31}	0.70	供货商供应中断 C_{43}	0.20

3.6　基于 BN-OWA 混合算子的风险值计算

3.6.1　信息更新前的风险值计算

通过对物流企业相关人员以及该领域的相关专家进行咨询,确定风险事件发生后所造成的损失(损失值按损失大小标记为 0 ~ 100),由表 3 可知信息更新前的风险事件发生概率,因此得到风险事件的发生概率以及损失值,具体见表 6。

信息更新前的风险损失　　表 6

风险事件	损失值	发生概率
驾驶员被隔离 C_{11}	20	0.36
疲劳驾驶 C_{12}	40	0.63
车辆故障 C_{21}	40	0.34
车辆运力不足 C_{22}	30	0.61
恶劣天气 C_{31}	50	0.65
交通事故 C_{32}	55	0.55
运输路线被截断 C_{33}	25	0.35
车辆调度不合理 C_{41}	30	0.32
运输路线规划不合理 C_{42}	30	0.45
供货商供应中断 C_{43}	30	0.15

首先根据表 6 中的风险因素,将风险损失值以及风险发生的概率转化为矩阵 $\boldsymbol{A}$,再根据公式将 $\boldsymbol{A}$ 转化为 $\boldsymbol{D}$,即:

$$\boldsymbol{A}=\begin{bmatrix}200.36\\400.63\\400.34\\300.61\\500.65\\550.55\\250.35\\300.32\\300.45\\300.15\end{bmatrix}\Rightarrow\boldsymbol{D}=\begin{bmatrix}1.000.42\\0.500.24\\0.500.44\\0.670.25\\0.400.23\\0.360.27\\0.800.43\\0.670.47\\0.670.33\\0.671.00\end{bmatrix}$$

对专家进行问卷调查,构造判断矩阵 $\begin{bmatrix}10.5\\21\end{bmatrix}$,求得损失值与发生概率的权重向量 $W=(0.65,0.35)^{\mathrm{T}}$。接下来,利用 OWA 算子对于各个风险事件进行风险值计算。由此求出风险的综合属性值 $Z_i(w)$,得到如下计算结果:

$$Z_1(w)=\mathrm{OWA}_w(r_{11},r_{12})=1.00\times0.65+0.42\times0.35=0.80$$

同理可以计算出 $Z_2(w)=0.41$, $Z_3(w)=0.48$, $Z_4(w)=0.52$, $Z_5(w)=0.34$, $Z_6(w)=0.33$, $Z_7(w)=0.67$, $Z_8(w)=0.60$, $Z_9(w)=0.55$, $Z_{10}(w)=0.79$。由此得出风险重要性排序为:

$$C_{11}>C_{43}>C_{33}>C_{41}>C_{42}>C_{22}>$$

$$C_{21} > C_{12} > C_{31} > C_{32}$$

3.6.2 信息更新后的风险值计算

参照上一小节的计算步骤,将信息更新后的风险事件后验概率以及风险事件发生造成的损失作为 OWA 算子的两个属性,计算出综合属性值$Z'_i(w)$,计算可得:$Z'_1(w)=0.83$,$Z'_2(w)=0.43$,$Z'_3(w)=0.49$,$Z'_4(w)=0.56$,$Z'_5(w)=0.36$,$Z'_6(w)=0.33$,$Z'_7(w)=0.74$,$Z'_8(w)=0.68$,$Z'_9(w)=0.57$,$Z'_{10}(w)=0.79$。由此可以得出风险重要性排序为:

$$C_{11} > C_{43} > C_{33} > C_{41} > C_{42} > C_{22} > C_{21} > C_{12} > C_{31} > C_{32}$$

3.6.3 信息更新前后的风险对比分析

对比信息更新前后生鲜冷链物流运输中断风险的贝叶斯网络模型中各节点的风险值排序,如图 6 所示。

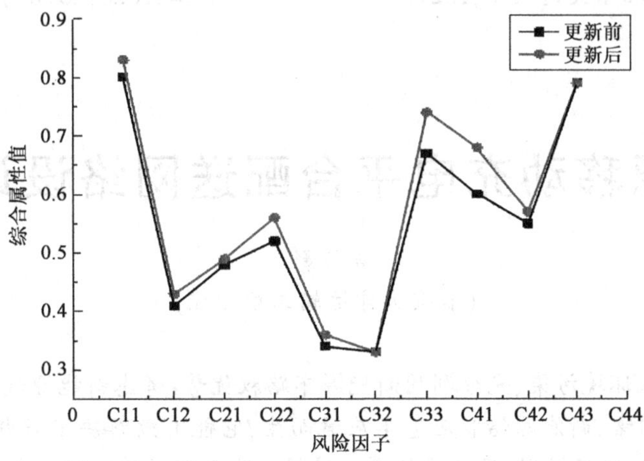

图 6 更新前后风险排序对比

根据信息更新前后风险排序的变化对比可知,排在首位的依旧是"驾驶员被隔离""运输路线被截断"以及"供货商供应中断"这三个风险因子,恰好这三个风险因子都跟疫情有很大的关系,可见疫情的影响波及范围非常广。因此,在疫情常态化时期要格外重视这三个风险因素,提前做好防范措施,尽量避免风险的发生。

4 结语

目前全球疫情形势依旧严峻,近日国内疫情虽有小范围新增病例,但是总体形势平稳,局部地区疫情短时间内能有效控制,受疫情的影响,不同地区风险划定等级也不同,带来的运输管制政策也不同,给生鲜冷链物流的运输也带来了更多不确定的风险。此背景下本研究首先提出了一种基于物联网技术的新型生鲜供应链运作模式,根据三种典型运输中断场景识别出考虑区域动态异质性的风险因素,运用 BN-OWA 混合算子方法考虑风险发生的概率以及风险发生造成的损失两个决策属性,计算出各风险因素的综合属性值并进行排序,为政府以及相关企业制定风险管控措施提供了一定依据。

参考文献

[1] 交通运输部. 公路、水路进口冷链食品物流新冠病毒防控和消毒技术指南[J]. 中国水运,2020(12):28-31.

[2] 万玉龙. 后疫情时代生鲜产品冷链物流的区间结构和信息体系构建[J]. 商业经济研究,2020(24):86-90.

[3] 徐丹. 蔗糖供应链风险影响因素研究[J]. 河北企业,2021(03):55-56.

[4] ZHAO X H, LI P P, DUAN X, et al. Supply Chain Risk Identification Based on State Space [J]. Advanced Materials Research,2014:3140.

[5] 张丽. 供应链视角下的后疫情时期食品安全风险管理[J]. 食品与机械,2020,36(12):53-55,170.

[6] CAO S F, KIM B, DAMIAN H. An Ontology-based Bayesian network modelling for supply chain risk propagation [J]. Industrial Management & Data Systems,2019,119(8).

[7] 张林清,赵忠. 生鲜农产品供应链风险识别与防范研究[J]. 物流工程与管理,2021,43(02):52-55.

[8] DILUPA N, HENRY L, LI Z. Development of a hybrid fresh food supply chain risk assessment model[J]. International Journal of Production Research, 2016, 55(14).

[9] 王宗韩,白思俊,郭云涛."一带一路"基础设施PPP项目投资风险研究——以东南亚三国为例[J].工程管理学报,2021,35(05):1-6.

[10] 任翔宇.疫情下北京蔬菜供应风险评估与控制研究[D].北京:北京交通大学,2021.

[11] 褚超.基于SCOR模型的生鲜农产品供应链风险管理研究[D].福州:福州大学,2017.

[12] 申孟平.运输中断对供应链整合影响的实证研究[D].重庆:重庆大学,2015.

[13] 吴景泰,席永鹏.物流中断风险分析与对策研究[J].物流科技,2014,37(11):81-83.

[14] 曹武军,张靖晗.基于故障树和贝叶斯网络的冷链配送系统的可靠性分析[J].保鲜与加工,2020,20(03):196-203.

新能源移动充电平台配送网络设计研究

周长影*

(长安大学运输工程学院)

摘　要　为有效降低环境污染、充分利用新能源车路权优势,考虑新能源汽车里程限制、配套基础设施数量和布局不完善等因素,新能源储能应急车应运而生,它能有效解决里程焦虑问题。本文构建了移动充电平台的两阶段选址-路径模型,设计遗传算法对第一阶段配送路径问题求解,使用LINGO软件对第二阶段选址问题求解,确定了最终的选址和配送路径,并对车辆最大服务能力和行驶里程进行了敏感性分析,结果表明:移动充电平台选址距离需求点近能有效降低企业运营成本,配送车辆最大服务能力和行驶里程增加能减少企业车辆调度数量和配送路径长度,为移动充电平台提供合理的路线规划和决策价值。

关键词　运输规划　网络设计　遗传算法　储能应急车　新能源车

0　引言

新能源汽车既是全球产业发展和升级的主要方向,又是促进经济稳定和增长的重要动力。随着新能源汽车充电服务需求增加,充电基础设施数量和布局不完备,新能源储能应急车作为电量补充应运而生,既能解决充电等待、停车费等问题,还能有效节约时间、消除里程焦虑。移动充电平台全部为新能源储能应急车,收到顾客需求后,调运车辆到固定地点为顾客提供移动上门充电并收取相关费用。

随着我国经济水平发展,物流供需急剧增加,配送问题得到越来越多的重视,选址作为物流企业决策问题,对企业运营具有重要作用,合理选址和路径规划直接关系企业经营效益与战略布局,对成本控制与服务水平也有决定作用。选址-路径问题最早由Watson-Gandy和Dohrn在1973年提出,本文将从以下三个方面对已有文献进行综述:一是考虑电动汽车的路径优化问题,高敏[1]提出为降低物流配送成本,减少环境污染,构建基于云计算的低碳模式物流配送网络路径优化模型。Liu和Wang[2]综合考虑不同充电技术,以最小化社会成本为目标为不同类型充电站提供决策模型。王琪瑛等[3]考虑服务时间窗、新能源车核载容量和续驶里程等因素,建立总成本最小的选址-路径模型,对续驶里程、服务时间窗和客户分布集散程度做敏感性分析。二是考虑电动汽车充/换电选址问题,胡悦等[4]提出考虑固定投资、物流和库存成本等因素构建选址模型,用遗传和贪婪算法求解,证明模型和算法的可行性。刘娟娟等[5]考虑电动汽车电池回收量、回收技术水平等参数的不确定性,以总利润最大和环境影响最小为目标进行逆向物流网络设计,同时对回收量和决策者偏好系数等进行灵敏度分析。何亚伟等[6]针对我国公共快速充电网络建设亟待完善的问题，对服务途中充电需求的快速充电站建立分布决策模型。三是考虑新能源车移动充电问题，陈萍等[7]考虑松弛时间窗、最大服务能力及里程限制等因素建立数学规划模型，设计蚁群改进算法验证模型和算法的可行性。肖凯超等[8]提出基于模糊机会约束的储能应急车优化调度模型，以总停电损失最小为目标，有效降低了停电损失。

综上所述，尽管国内外学者在选址-路径方面已取得一定研究，但尚未有人研究移动充电平台网络设计优化问题。鉴于以往研究不足，本文将构建移动充电平台两阶段选址-路径模型，利用启发式算法和精确算法进行求解，将新能源储能应急车应用到现实生活中，有效解决新能源车电力不足的问题，为移动充电平台提供合理决策价值。

1 模型构建

1.1 问题描述

移动充电平台配送车辆全部为新能源汽车，建立移动充电平台选址-路径两阶段模型。第一阶段：考虑新能源车最大服务能力和行驶里程，运用配送路径模型确定各备选配送中心完成配送所需的最短路径；第二阶段：根据单位配送距离成本、配送中心商品存储成本、配送中心建设成本和第一阶段计算的各备选配送中心最短路径，运用选址模型得到总成本最小的备选配送中心作为最终配送中心。

1.2 车辆路径模型

1.2.1 符号说明

模型所含变量及参数见表1。

模型变量及参数说明　　表1

符号	定义
	集合
N	需求点集合
O	配送中心集合
M	配送中心和需求点集合，$M=N\cup O$
V	车辆集合
	参数
L	车辆续驶里程
W	车辆最大服务能力
i,j	编号，其中需求点编号集合为 N，配送中心编号集合为 O
q_i	需求点 i 的需求量，$i\in N$
d_{ij}	点 i 到点 j 的距离，$i,j\in M$
x_i	点 i 的横坐标，$i\in M$
y_i	点 i 的纵坐标，$i\in M$
	决策变量
z_k	0-1 变量，使用车辆 k 时值为1，否则为0，$k\in V$
y_{ik}	0-1 变量，需求点 i 为车辆 k 配送时值为1，否则为0，$k\in V,i\in N$
x_{ijk}	0-1 变量，车辆 k 从 i 到 j 的路径规划为1，否则为0，$k\in V,j\in M$

1.2.2 模型假设

(1)新能源储能应急车为同一车型；

(2)最大服务能力确定；

(3)最大续驶里程 150km；

(4)单配送中心最多有 7 辆新能源储能应急车；

(5)每辆新能源汽车只用一次；

(6)储能应急车可为多个需求点服务，但每个需求点最多只被一辆车服务；

(7)需求点和备选配送中心相关信息已知(只考虑一个配送中心)。

1.2.3 模型构建

第一阶段模型如下:

$$\min = \sum_{k \in V}\sum_{i \in M}\sum_{j \in M} x_{ijk} \cdot d_{ij} \quad (1)$$

$$d_{ij} = \sqrt{(x_i - x_j)^2 + (y_i - y_j)^2}, \forall i,j \in M \quad (2)$$

$$\sum_{i \in N} q_i \cdot y_{ik} \leq W, \forall k \in V \quad (3)$$

$$\sum_{k \in V} y_{ok} \leq 7 \quad (4)$$

$$\sum_{i \in M}\sum_{j \in M, i \neq j} x_{ijk} \cdot d_{ij} \leq L, \forall k \in V \quad (5)$$

$$\sum_{k \in V} y_{ik} = 1, \forall i \in N \quad (6)$$

$$y_{ok} = z_k, \forall k \in V \quad (7)$$

$$y_{ik} \leq z_k, \forall k \in V, \forall i \in N \quad (8)$$

$$\sum_{j \in M, i \neq j} x_{ijk} = \sum_{j \in M, i \neq j} x_{jik} = y_{ik}, \forall k \in V, \forall i \in M \quad (9)$$

$$x_{ijk} \in \{0,1\}, \forall i,j \in M, \forall k \in V \quad (10)$$

$$y_{ik} \in \{0,1\}, \forall i \in N, \forall k \in V \quad (11)$$

$$z_k \in \{0,1\}, \forall k \in V \quad (12)$$

目标函数式(1)表示总配送距离最小;式(2)计算 i j 两点距离;约束式(3)表示车辆最大服务能力限制;约束式(4)表示新能源储能应急车数量限制;约束式(5)表示车辆里程限制;约束式(6)表示一个顾客只由一辆储能应急车服务;约束式(7)表示储能应急车必从配送中心O出发;约束式(8)表示只有当车辆 k 被启动才能服务此需求点;约束式(9)表示车辆在需求点流量平衡;约束式(10)、式(11)和式(12)代表0-1变量。

1.3 配送中心选址模型

1.3.1 符号说明

模型所含变量及参数见表2。

变量及参数说明 表2

符号	定义
集合	
O	配送中心集合
参数	
i	编号,配送中心集合编号为 O
s_i	配送中心 i 配送路径距离
c_i	配送中心 i 单位商品处理年所需费用
m	配送中心年处理商品量
h	单位配送距离成本
z_i	配送中心 i 建设成本
决策变量	
x_i	0-1变量,建设配送中心 i 时为1,否则为0

1.3.2 模型假设

(1)备选配送中心地址、建设成本和存储成本均已知;

(2)只选一个配送中心;

(3)配送中心配送路径长度由上个模型确定。

1.3.3 模型构建

第二阶段模型如下:

$$\min = \sum_{i \in O} (z_i + h \cdot s_i + c_i \cdot m) \cdot x_i \quad (13)$$

$$\sum_{i \in O} x_i = 1 \quad (14)$$

$$x_i = \{0,1\}, \forall i \in O \quad (15)$$

目标函数式(13)表示总成本最小化;式(14)表示只能选择一个配送中心;式(15)为0-1变量。

2 算法设计

本文采用遗传算法和精确算法对新能源储能应急车选址-路径模型求解。遗传算法借鉴生物遗传和进化的基础所形成,在函数改进、组合优化、生产调度、自动控制等领域已有广泛应用;Lingo软件是求解选址模型的特定软件,求解器功能极其强大,能够确定新能源移动充电平台的位置,使得逆向物流网络合理化。

2.1 遗传算法要素

(1)编码:采用长度一定的二进制符号串代表种群中的个体,其等位基因由{0,1}构成,群体基因初始值随机生成,如 $X=01010011$ 表示长度 $n=8$ 的一个染色体个体。

(2)适应度评价:通过与个体适应度成正比的概率判断当前群体中各个体遗传到下一代种群的机会大小。

(3)遗传算子:包括比例选择算子、单点交叉算子和基本位变异算子。

(4)运行参数如下:

M——群体大小,一代群体中个体数量,一般为 20~100;

T——运算代数,根据问题规模确定遗传代数;

P_c——交叉概率,一般选取 0.4~0.99;

P_m——变异概率,一般选取 0.001~0.1。

2.2 遗传算法过程

步骤一:初始化。设置初始进化代数 $t=0$,最大进化代数 T,每代种群数 M,随机生产 M 个个体作为初始群体 $P(0)$。

步骤二:个体评价。计算群体 $P(t)$ 各个体适应度。

步骤三:选择运算。对群体进行选择算子,选出个体进行下一步操作。

步骤四:交叉运算。对群体进行交叉算子,将相应遗传片段进行交叉。

步骤五:变异运算。群体基因突变的获得是采用变异算子,群体 $P(t)$ 通过选择、交叉和变异后进化到下一代群体 $P(t+1)$。

步骤六:终止条件。如果进化代数到达设置最大代数则停止,否则返回步骤二。

遗传算法过程如图 1 所示。

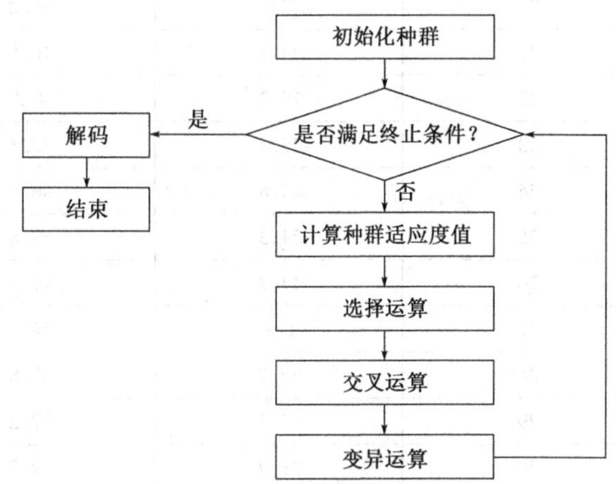

图 1 遗传算法过程图

2.3 Lingo 软件

Lingo 软件适合小规模算例求解,录入数据和输出数据也很方便,拥有一套内建的求解器安装包,包含线性求解器、非线性求解器、二次约束求解器和整数规划求解器四大模块。Lingo 软件能够根据模型结构和复杂度自动选择最佳的求解器进行求解,还提供 DLL 和 OLE 功能方便在建模时进行调用。

3 算例研究

本文在调研北京市"e 约充电"基础上,构造了一个 100km×100km 区域范围的移动充电平台配送网络算例,需求点和备选配送中心相关信息见表 3 和表 4。

需求点相关信息 表 3

种类	编号	横坐标(x)	纵坐标(y)	需求量(kW·h)
需求点	1	73.3	99.5	1.8
	2	52.9	88	3.4
	3	12.4	89.6	3.2
	4	44.4	76.8	4.2
	5	86.2	81.6	1.5
	6	33.5	5.8	1.2

续上表

种　类	编　号	横坐标(x)	纵坐标(y)	需求量(kW·h)
需求点	7	16.9	12.8	1.4
	8	26.7	9.4	1.4
	9	35.7	18.2	1.3
	10	76.2	80.6	4.5
	11	2.6	32.3	5
	12	87.6	24.2	2.4
	13	23.9	1.4	2.5
	14	27.3	91.9	1.2
	15	79.7	50.6	1
	16	10.2	47.4	4.1
	17	75.9	58.7	1.5
	18	62.3	46	3.7
	19	75.3	8.4	1
	20	24	35.2	4
	21	23.1	46.5	3.3
	22	18.2	4.2	1.2
	23	27.7	77.3	1
	24	43.8	66.6	4.5
	25	24.3	69.8	1.2
	26	47.2	17.8	2.8
	27	1.8	74.1	1.1
	28	90.7	43.8	4
	29	94.4	67.2	3.7
	30	71.9	89.7	3.8

备选配送中心相关信息　　表4

种　类	编　号	横坐标(x)	纵坐标(y)	单位商品年需费用(元)	建设成本(元)
备选配送中心	1	34.4	37.3	911	171675
	2	47.2	39.5	903	186541
	3	83.4	82.3	951	134295
	4	48.3	54.5	940	193779
	5	61.8	25.7	966	163422
	6	37	63.6	1058	173398
	7	37.1	40.9	1020	177959

3.1　配送路径求解

3.1.1　遗传算法求解

第一阶段采用遗传算法求解,以配送路径最短为目标,设置车辆最大服务能力为15kW·h、行驶距离为150km、种群数M为100、交叉概率P_c为0.9,变异概率P_m为0.09,进化代数T为20000。配送路径见表5。

备选配送中心配送路径 表5

配送中心	使用车辆数	配送路径	配送路径长度(km)
1	7	0-21-25-2-4-0	960.83
		0-11-7-22-13-8-6-9-0	
		0-18-15-29-28-0	
		0-10-5-17-0	
		0-12-19-26-0	
		0-23-14-3-27-16-20	
		0-24-1-30-0	
2	6	0-20-11-16-27-0	809.40
		0-21-25-3-14-23-24-0	
		0-19-12-28-15-18-0	
		0-30-1-2-4-0	
		0-17-29-5-10-0	
		0-26-6-13-22-7-8-9-0	
3	—	—	—
4	6	0-17-29-5-10-0	774.49
		0-9-8-7-22-13-6-26-0	
		0-19-12-28-15-18-0	
		0-21-27-3-14-23-24-0	
		0-30-1-2-4-0	
		0-20-11-16-25-0	
5	—	—	—
6	7	0-9-6-8-13-22-7-20-0	863.05
		0-21-11-16-0	
		0-24-10-5-29-0	
		0-23-14-3-27-25-0	
		0-19-26-0	
		0-18-12-28-15-17-0	
		0-4-2-1-30-0	
7	6	0-21-16-11-7-0	804.99
		0-19-12-28-15-18-0	
		0-17-29-5-10-0	
		0-30-1-2-4-0	
		0-25-27-3-14-23-24-0	
		0-20-8-22-13-6-9-26-0	

3.1.2 结果分析

备选配送中心3中每辆新能源储能应急车由于无法在行驶里程150km内往返造成无解；备选配送中心5由于无法在一个配送中心仅调动7辆车的情况下完成配送造成无解，在能够求出结果的备选配送中心中，备选配送中心4路径最短，为774.49km。

3.2 选址求解

3.2.1 Lingo求解

第二阶段运用Lingo软件，根据第一阶段计算所得数据和已知数据进行选址求解，目标是总成本最小化,假设配送中心处理商品量是 76.9 个单位,单位配送成本取 0.5 元。求解备选配送中心 7 为总成本最小 403308.1 元。选址结果如图 2 所示。

```
Global optimal solution found.
Objective value:                    403308.1
Objective bound:                    403308.1
Infeasibilities:                    0.000000
Extended solver steps:                     0
Total solver iterations:                   0
Elapsed runtime seconds:                0.14

        Variable        Value        Reduced Cost
           Z( 7)     1.000000            403308.1
```

图 2　选址结果

3.2.2　结果分析

备选配送中心 7 达到总成本最小为 403308.1 元,其配送中心建设成本和运营成本得到较好协调。详细信息见表 6。

备选配送中心详细信息　　表 6

备 选 点	建设成本(元)	处理商品成本(元)	配送成本(元)	总成本(元)
1	171675.5	70055.9	175351.4	417082.8
2	186541.1	69440.7	147715.5	403697.3
3	134295.4	73131.9	—	—
4	193779.7	72286	141344.4	407410.1
5	163422.6	74285.4	—	—
6	173398.9	81360.2	157506.6	412265.7
7	177959.4	78438	146910.6	403308.1

3.3　敏感性分析

将配送车辆最大服务能力和行驶里程进行更改,各备选配送中心配送路径长度和使用车辆数见表 7。由表 7 可知:在配送车辆行驶距离不变情况下,车辆最大服务能力增加可显著减少车辆使用数目,部分情况下还可降低配送路径长度;在配送车辆最大服务能力不变的情况下,配送车辆行驶距离增加,可有效减少配送路径总长度,这对位置偏僻的备选点尤为明显。

配 送 中 心 变 化　　表 7

备选配送中心	配送路径长度			
	行驶距离 150km	行驶距离 150km	行驶距离 200km	行驶距离 200km
	最大服务能力 15kW · h	最大服务能力 20kW · h	最大服务能力 15kW · h	最大服务能力 20kW · h
1	960.83(7)	941.66(7)	788.56(6)	686.17(4)
2	809.4(6)	798.92(6)	790.65(6)	680.16(5)
3	—	—	—	—
4	774.49(6)	718.77(5)	761.38(6)	673.45(5)
5	—	—	889.89(6)	776.72(5)
6	863.05(7)	842.3(6)	769.53(6)	683.09(4)
7	804.99(6)	749.05(6)	783.86(6)	680.8(5)

注:( )中的数字表示使用车辆数。

4　结论

本文对移动充电平台选址-路径问题进行了研究,考虑新能源储能应急车里程限制、最大服务能力等因素,为移动充电平台选出最佳建设位置和最优路线规划,提出的遗传算法和精确算法能有效解决本文构建的两阶段选址-路径模型。选择备选配送中心 7 能够最大限度降低企业运营成本,其服务所有需求顾客点最短行驶里程为804.99km,总运营成本为403308.1元。通过对车辆里程限制和最大服务能力进行敏感性分析,得出结论:移动充电平台可适当增加储能应急车的最大服务能力或行驶里程范围,减少车辆调度数量,为企业前期经营降低成本,提高平台知名度,后期获得一定盈利。未来可从以下两方面拓展:①本文模型中为同种车型,配送中心仅选择一个,今后可建立多类型车辆和多配送中心选点模型。②可将动态需求和时间窗考虑进来。

参考文献

[1] 高敏.基于云计算的低碳物流配送网络路径优化设计[J].哈尔滨商业大学学报(自然科学版),2018,34(05):560-563.

[2] Liu H X, Wang D. Locating multiple types of charging facilities for battery electric vehicles[J]. Transportation Research Part B: Methodological, 2017(103):30-55.

[3] 王琪瑛,李英,李惠.带软时间窗的电动车换电站选址路径问题研究[J].工业工程与管理,2019,24(03):99-106.

[4] 胡悦,罗亚波,李霞.基于混合算法的不确定环境下逆向物流网络设计研究[J].工业工程与管理,2018,23(01):90-95.

[5] 刘娟娟,郭炎可.考虑不确定性的电动汽车动力电池逆向物流网络设计[J].上海海事大学学报,2021,42(02):96-102.

[6] 何亚伟,董沛武,陈翔.基于路网的电动汽车快速充电站布局决策研究[J].运筹与管理,2020,29(05):125-134.

[7] 陈萍,董文哲,于信尧.新能源移动充电车路径优化问题研究[J].运筹与管理,2020,29(02):12-18.

[8] 肖凯超,邱伟强,陶以彬,等.储能应急车优化调度的模糊机会约束方法[J].高压电器,2021,57(02):116-124.

多模式下的高铁快捷货物运输组织优化

李斯乔　朱晓宁*　王　力

(北京交通大学交通运输学院)

摘　要　针对高铁快捷货物运输缺乏多种运输组织模式协同优化的问题,考虑快运业务应避免对客运业务产生较大影响的现实需要,结合现有的四种高铁快运产品和不同运输组织模式的特点,综合分析“需求—产品—模式”匹配关系,以运输总成本最小化为目标建立多模式综合优化的高铁快捷货物运输决策模型,以哈大高铁为背景设计算例进行验证,结果表明本文提出的模型能够在满足高铁快运时效性要求的同时,综合运用几种运输组织模式,有效利用列车载运能力,实现高铁线网能力的充分利用。

关键词　高速铁路　运输方案　运输决策模型　快捷货物运输　运输组织模式

0　引言

高速铁路是我国铁路运输发展的重要方向,截至2020年末,我国高铁营业里程已达到3.79万km,高铁网络化发展的特点日益凸显,运能和运力大幅提升。同时,我国快捷货物运输市场快速发展,不断增长的高附加值货物需求对运输速度提出了更高要求。相应的,我国高铁网络在满足客运需求的同时,逐渐承担快捷货物运输业务,在快捷货物运输市场中发挥日益重要的作用。然而我国高铁快捷货物运输的理论研究和实践正处于起步阶段,如何在不影响客运业务的同时充分利用高铁线网能力开展快捷货物运输、在满足货物时效性的同时保证铁路部门收益成为高铁快捷货物运输组织的关键问题。

1.基金项目:中央高校基本科研业务费专项资金(2021YJS086);国家自然科学基金“联合基金项目”(U2034208)。

较高铁快捷货物运输而言,围绕铁路货物运输的研究更为丰富且深入。王莹等[1]围绕铁路行包专列快捷运输,研究了在需求和编组均不固定情况下的开行方案优化。文献[2-5]针对铁路快捷货物班列开行方案进行研究。张玉召[2]分析了铁路快捷货物运输产品,并基于货主需求,针对一站直达和有换挂作业的铁路快捷货物列车开行方案研究其优化模型和算法。刘艳[3]针对快运货物班列编成辆数,构建了单一类型班列与多类型班列的编成辆数优化模型并求解。孙敏[4]从运输服务网络的角度,利用节点拆分添加服务弧,将快捷货物班列开行方案设计转化为服务网络设计问题并求解。李新毅等[5]利用多层服务网络,针对班列开行方案与车底周转进行一体化优化。陈舒芮[6]提出以铁路集装箱班列的形式承担快递货物运输,以客车化开行方式建立铁路集装箱班列开行方案编制模型,实现路网箱小时最小化的目标。

文献[7-8]针对高铁货运动车组展开研究。田睿琪[7]考虑了高铁快运直达动车组和中途作业动车组两种形式,设计了货运动车组开行方案。于雪峤[8]通过建立列车备选集模型和货流分配模型,利用两阶段法针对高铁货运动车组的开行方案设计进行研究。姚玉莹[9]针对客车捎带模式,研究了单O多D和多O多D输送模式下的高铁快递输送方案。Liang等[10]从市场潜力的角度,对四种运输组织模式的适用性和应用挑战进行分析,并给出了成本和收益对比。王昕[11]围绕四种运输组织模式,建立了动车组列车分配模型和运输方案模型。刘启钢等[13]从高铁快递业务的层面,对高铁快运市场定位及产品谱系设计进行探讨。

在以上围绕高铁快运的相关研究中,大多文献仅考虑单一运输组织模式,未利用客运动车组捎带、高铁确认车等模式灵活满足运输需求,不能充分发挥我国高铁线网能力。同时,以上研究未在把握高铁快运区别于铁路货运的需求特征的基础上,从运输组织的角度出发,进一步明确高铁快捷货物运输需求与快运产品和运输组织模式的匹配关系。此外,高铁快捷货物运输网络是以高铁物理运输网络为依托,受高铁客运网络高度影响和约束,结合实际高铁快运需求,而形成的多节点多交叉的复杂网络,应充分考虑高铁客运业务对高铁快运的影响和约束,以便适应高铁客货运耦合条件下的高速铁路快捷货物运输组织要求。

本文针对以上问题,从供需协同的角度分析高铁快运需求和运输组织模式特点,结合目前推出的高铁快运产品,进行"需求—产品—模式"匹配,并基于匹配结果,考虑高铁客运约束下的高铁快捷货物运输方案,建立高铁快运决策模型,以运输成本最小化为目标实现货流和车流的匹配。

1　基于"需求—产品—模式"匹配的高铁快捷货物运输方案

与铁路货物运输不同,高铁快捷货物运输是基于现有高铁客运网络的货物运输,其优先级次于旅客运输,因此在运输组织中受到高铁客运的约束和限制。同时,高铁快捷货物运输面向高附加值货物,需要保证货物在最晚送达时间前完成运输。

定义高铁快捷货物运输需求由起讫点、送达时间、货运量唯一确定,其中送达时间体现为高铁快运的产品类型。高铁快捷货物运输决策首先需要基于城市间的高铁快运需求,考虑货物时效性要求,进行产品与运输组织模式的匹配优化。本文选取目前高铁快运的当日达、次晨达、次日达和隔日达四种服务产品类型,结合客运动车组捎带、客货混编、高铁确认车和高铁货运动车组专列四种组织模式,考虑货物运送时效性要求和运输距离,将其匹配关系表示为表1所示。其中,高铁确认车在凌晨四点后开行,无法满足当日达产品的集运时间;此外,高铁货运动车组专列能否满足当日达产品的集货和送达时间应依据线网空余能力和具体专列开行情况而定,客运列车能否满足次晨达产品的送达时间与实际可用的动车组有关。

高铁快运"需求—产品—模式"匹配关系　　表1

高铁快运产品	服务需求特点		组织模式			
	运输时效	服务范围(km)	客运动车组捎带	客货混编	高铁确认车	高铁货运动车组专列
当日达	当日22:00前	≤1000	○	○	——	|
次晨达	次日11:00前	≤1600	|	|	○	○

续上表

高铁快运产品	服务需求特点		组织模式			
	运输时效	服务范围(km)	客运动车组捎带	客货混编	高铁确认车	高铁货运动车组专列
次日达	次日 18:00 前	≤2400	○	○	○	○
隔日达	隔日 18:00 前	≥2400	○	○	○	○

注:○表示可进行匹配;——表示不可匹配;|表示匹配情况需具体分析。

同时,高铁快捷货物运输决策需要基于"需求—产品—模式"匹配关系,考虑有限的运输资源及高铁客运对货运的约束,一方面,确定不同需求对应的快运产品及运输组织模式,另一方面,确定不同运输组织模式对应的列车开行数量、运行径路及承担的货运量,从而以运输组织模式为衔接,实现货流与车流的匹配,该过程如图 1 所示。

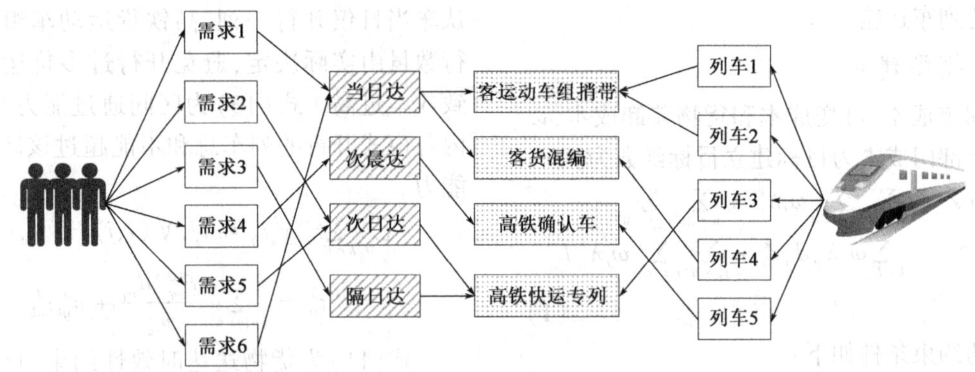

图 1　高铁快捷货物运输决策过程

2　高铁快捷货物运输决策模型

2.1　模型假设

(1)货流不拆分、不中转。具有相同起讫点和产品类型的货物采用同一种运输组织模式、利用同一列高铁运输,同时考虑高铁快运对货物送达时间的要求,假设全部货物在运输过程中不进行中转。

(2)客货不干扰。在高铁列车停站期间,货物装卸与旅客上下不产生干扰,货运作业不影响客运作业。

(3)车站能力满足。办理货运业务的高铁站点均具备货运作业设备和条件,满足货物装卸要求。

(4)货流单向运输。本文仅针对单向货流的运输进行研究,不考虑双向货流影响。

(5)运输时间。本文的货物送达时间仅考虑高铁站间运行时间和停站时间,不考虑中途停站作业额外所需的装卸时间和两端集配时间。

2.2　参数解释

(1)集合与元素。

高铁快运网络用有向图 $G=(N,A)$ 表示,其中 N 表示节点集合,A 表示站间区间集合,$(p,q)\in A$。

$S=\{s\mid s=1,2,3,4\}$、$M=\{m\mid m=1,2,3,4\}$ 分别为高铁快运产品集合和运输组织模式集合,其中 $s=1,2,3,4$、$m=1,2,3,4$ 分别表示当日达、次晨达、次日达和隔日达四种产品,以及客运动车组捎带、客货混编、高铁确认车和高铁货运动车组专列模式。

$W=\{(i,j)\mid i\in N,j\in N\}$ 为全部需求 OD 集合。K_{ij} 为 (i,j) 间的可行路径集合。

(2)参数。

d_{pq} 和 v_{pq} 分别为 (p,q) 的站间距离和列车平均运行速度。

t_s 为 s 快运产品的送达时间要求,(i,j) 间对 s 快运产品的需求量为 Q_{ij}^{s}。

ω_f^m、ω_v^m、ω_l^m 分别为 m 运输组织模式的固定成本、可变成本和装卸作业成本,T_m 为 m 组织模式的列车的最大载货量。

L_{ij}^{m} 为 (i,j) 间 m 运输组织模式的列车的实际装载量。

d_{ij}^{k} 为 (i,j) 间的第 k 条路径的运行距离,n_{ijk}^{d} 和 t_{ijk}^{d} 分别为第 k 条路径的停站次数和停站时间,0 - 1

变量 $\xi_{pq}^{i,j,k}$ 表示其是否包含(p,q)区段。

C_{pq}^{m} 为(p,q)区间内 m 组织模式的列车的最大开行数量,C_{pq} 为该区间的通过能力。

M 是一个极大的正数。

(3)决策变量。

x_{ij}^{m} 为0-1整数变量,表示(i,j)间是否开行 m 组织模式的列车;y_{ij}^{k} 为0-1整数变量,表示(i,j)间开行的列车是否选择的第 k 条路径;λ_{ij}^{m} 为整数变量,表示(i,j)间开行 m 组织模式的列车数;z_{ij}^{ms} 为0-1整数变量,表示(i,j)间 s 产品是否选择 m 组织模式的列车运输。

2.3　模型建立

考虑固定成本、可变成本和货物装卸成本,以最小化铁路部门成本为目标建立目标函数为:

$$\min Z = \sum_{m\in M}\sum_{(i,j)\in W}\omega_f\lambda_{ij}^{m} + \sum_{m\in M}\sum_{(i,j)\in W}\sum_{k\in K_{ij}}\omega_v\lambda_{ij}^{m}d_{ij}^{k}y_{ij}^{k} + \sum_{m\in M}\sum_{(i,j)\in W}\omega_l\lambda_{ij}^{m}L_{ij}^{m} \tag{1}$$

模型的约束条件如下:

$$\sum_{s\in S}Q_{ij}^{s} = \sum_{m\in M}L_{ij}^{m}, \forall(i,j)\in W \tag{2}$$

式(2)为需求满足约束,要求OD间的各种产品通过相应运输组织模式全部运输完毕。

$$\sum_{m\in M}z_{ij}^{ms} \leqslant 1, \forall(i,j)\in W, s\in S \tag{3}$$

$$\sum_{m\in M}z_{ij}^{ms} \leqslant MQ_{ij}^{s}, \forall(i,j)\in W, s\in S \tag{4}$$

$$M\sum_{m\in M}z_{ij}^{ms} \geqslant Q_{ij}^{s}, \forall(i,j)\in W, s\in S \tag{5}$$

式(3)为货流不拆分约束,保证起讫点和产品类型相同的货物采用同种模式和相应的列车运输。式(4)和式(5)保证运输的有效性,只有存在需求量时才进行货流和运输组织模式、车流的匹配。

$$\sum_{k\in K_{ij}}y_{ij}^{k} = 1, \forall(i,j)\in W \tag{6}$$

式(6)为单一路径约束,同一OD只选择一条路径运输。

$$L_{ij}^{m} \leqslant T_m\lambda_{ij}^{m}, \forall(i,j)\in W, m\in M \tag{7}$$

式(7)为列车载运能力约束,不同运输组织模式的列车载运能力不同,相应模式的列车装载量不能超过对应的载运能力。

$$\sum_{(i,j)\in W}\sum_{k\in K_{ij}}\lambda_{ij}^{1}y_{ij}^{k}\xi_{pq}^{i,j,k} + \sum_{(i,j)\in W}\sum_{k\in K_{ij}}\lambda_{ij}^{2}y_{ij}^{k}\xi_{pq}^{i,j,k} \leqslant C_{pq}^{12}, \forall(p,q)\in A \tag{8}$$

$$\sum_{(i,j)\in W}\sum_{k\in K_{ij}}\lambda_{ij}^{m}y_{ij}^{k}\xi_{pq}^{i,j,k} \leqslant C_{pq}^{m}, \forall m = 3,4;(p,q)\in A \tag{9}$$

$$\sum_{m\in M}\sum_{(i,j)\in W}\sum_{k\in K_{ij}}\lambda_{ij}^{m}y_{ij}^{k}\xi_{pq}^{i,j,k} \leqslant C_{pq}, \forall(p,q)\in A \tag{10}$$

式(8)和式(9)为列车开行数量约束,其中利用客运动车组捎带模式和客货混编模式运输的列车最大数量由高铁客运列车运行图决定,高铁确认车当日仅开行一列,高铁货运动车组的最大开行数量由实际决定,避免开行过多货运动车组导致成本过高。式(10)为区间通过能力约束,区间内各模式开行的列车总和不能超过该区间的通过能力。

$$\sum_{m\in M}\sum_{k\in K}z_{ij}^{ms}y_{ij}^{k}t_{ij}^{k} \leqslant t_s, \forall(i,j)\in W, s\in S \tag{11}$$

$$t_{ij}^{k} = \sum_{(p,q)\in A}\frac{\xi_{pq}^{i,j,k}d_{pq}}{v_{pq}} + n_{ijk}^{d}t_{ijk}^{d} \tag{12}$$

式(11)为货物送达时效性约束,货物到站时间不晚于产品时间要求。其中 t_{ij}^{k} 为(i,j)间第 k 条路径的时间,其计算公式见式(12)。

$$\lambda_{ij}^{m} \leqslant Mx_{ij}^{m}, \forall(i,j)\in W, m\in M \tag{13}$$

$$x_{ij}^{m} \leqslant \lambda_{ij}^{m}, \forall(i,j)\in W, m\in M \tag{14}$$

式(13)和式(14)为某一运输组织模式下,列车开行与否和列车开行数量之间的逻辑约束。

3　案例分析

选取哈大高铁上行方向设计本文算例,将哈尔滨、长春、沈阳、大连四个主要城市作为高铁快运需求OD点,城市间主要距离如表2所示,线路允许的运行速度取300km·h^{-1}。参考文献[8]给出的主要城市间高铁快运需求量,结合文献[13]给出的高铁快运服务四种产品的业务所占比例,将哈大线主要城市间快运需求按照8%、6%、76%和10%的比例划分为不同产品作为算例,日均总需求与日均各快运产品需求量如表3和表4所示。

哈大线上行方向主要城市间距离(km)　　表2

OD	长春	沈阳	大连
哈尔滨	234	543	921
长春	—	309	687
沈阳	—	—	378

总快运需求(t·天$^{-1}$) 表3

日均需求	长春	沈阳	大连
哈尔滨	33	65	96
长春	—	36	46
沈阳	—	—	112

各快运产品需求(t·天$^{-1}$) 表4

产品类型编号	OD	长春	沈阳	大连
1	哈尔滨	2.64	5.2	7.68
2	哈尔滨	1.98	3.9	5.76
3	哈尔滨	25.08	49.4	72.96
4	哈尔滨	3.3	6.5	9.6
1	长春		2.88	3.68
2	长春		2.16	2.76
3	长春		27.36	34.96
4	长春		3.6	4.6
1	沈阳			8.96
2	沈阳			6.72
3	沈阳			85.12
4	沈阳			11.2

根据目前哈大高铁上行方向的客运动车组开行情况,选取4列动车组作为客运动车组捎带模式与客货混编模式所用的列车备选集,另外,结合文献[8]给出的哈大高铁上行方向货运列车备选集,设计三种停站方案的货运动车组各1列用于高铁货运动车组专列模式,以上7列动车组与1列高铁确认车共同构成算例的列车备选集如表5所示。

高铁快运列车备选集 表5

列车类型	开行频率(列·天$^{-1}$)	停站方案			
		哈尔滨	长春	沈阳	大连
客运动车组	4	1	1	1	1
货运动车组	1	1	1	1	1
货运动车组	1	1	1	0	1
货运动车组	1	—	—	1	1
高铁确认车	1	1	1	1	1

注:1表示停站,0表示通过,—表示不经过。

参考文献[11]和文献[12],本文算例所用的四种运输组织模式的相关参数如表6所示。运用Gurobi求解器对模型进行求解,匹配快运需求、快运产品类型、运载列车与运输组织模式,各列承担高铁快运业务的高铁动车组如表7所示,具体的运输决策方案如表8所示。

该决策方案共需利用1列高铁确认车、开行2列货运动车组运输全部快运产品,采用高铁确认车模式和高铁货运动车组专列模式,总成本为335770元,且均可满足全部产品的时效性要求。在该运输决策方案中,各列车的装载能力得到充分利用,除一列货运动车组在"哈尔滨—长春"断面的装载率未达60%外,其余列车的各区间装载率均在70%以上,如表9所示。

四种运输组织模式相关技术参数　表6

相关技术参数	运输组织模式			
	客运动车组捎带	客货混编	高铁确认车	高铁货运动车组专列
ω_f^m(元·列$^{-1}$)	152.2	2346	5263	18770
ω_v^m(元·km^{-1})	0	18.6	0	148.9
ω_l^m(元·吨$^{-1}$)	35.5	58.8	34.7	49.7
载运能力(吨·列$^{-1}$)	3.01	6.24(2车)	21.84	120

高铁快运业务所需列车　表7

列车序号	列车类型	运输组织模式	开行频率(列·天$^{-1}$)	停站方案			
				哈尔滨	长春	沈阳	大连
1	高铁确认车	高铁确认车	1	1	1	1	1
2	货运动车组	高铁货运动车组专列	1	1	1	0	1
3	货运动车组	高铁货运动车组专列	1	1	1	1	1

高铁快捷货物运输决策方案　表8

需求序号	需求OD	需求量	快运产品类型	运载列车序号	运输组织模式
1	哈尔滨—长春	2.64	1	2	高铁货运动车组专列
2	哈尔滨—沈阳	5.2	1	3	高铁货运动车组专列
3	哈尔滨—大连	7.68	1	2	高铁货运动车组专列
4	哈尔滨—长春	1.98	2	1	高铁确认车
5	哈尔滨—沈阳	3.9	2	1	高铁确认车
6	哈尔滨—大连	5.76	2	3	高铁货运动车组专列
7	哈尔滨—长春	25.08	3	2	高铁货运动车组专列
8	哈尔滨—沈阳	49.4	3	3	高铁货运动车组专列
9	哈尔滨—大连	72.96	3	2	高铁货运动车组专列
10	哈尔滨—长春	3.3	4	1	高铁确认车
11	哈尔滨—沈阳	6.5	4	1	高铁确认车
12	哈尔滨—大连	9.6	4	3	高铁货运动车组专列
13	长春—沈阳	2.88	1	3	高铁货运动车组专列
14	长春—大连	3.68	1	2	高铁货运动车组专列
15	长春—沈阳	2.16	2	1	高铁确认车
16	长春—大连	2.76	2	3	高铁货运动车组专列
17	长春—沈阳	27.36	3	3	高铁货运动车组专列
18	长春—大连	34.96	3	2	高铁货运动车组专列
19	长春—沈阳	3.6	4	1	高铁确认车
20	长春—大连	4.6	4	3	高铁货运动车组专列
21	沈阳—大连	8.96	1	3	高铁货运动车组专列
22	沈阳—大连	6.72	2	1	高铁确认车
23	沈阳—大连	85.12	3	3	高铁货运动车组专列
24	沈阳—大连	11.2	4	1	高铁确认车

列车装载情况　表9

<table>
<tr><th rowspan="2">列车序号</th><th rowspan="2">列车类型</th><th rowspan="2">装载指标</th><th colspan="3">区间</th></tr>
<tr><th>哈尔滨—长春</th><th>长春—沈阳</th><th>沈阳—大连</th></tr>
<tr><td rowspan="2">1</td><td rowspan="2">高铁确认车</td><td rowspan="2">分OD的货物运载量(t)</td><td colspan="2">10.4</td><td rowspan="2">17.92</td></tr>
<tr><td>5.28</td><td>5.76</td></tr>
</table>

续上表

列车序号	列车类型	装载指标	区间		
			哈尔滨—长春	长春—沈阳	沈阳—大连
1	高铁确认车	断面载货量(t)	15.68	16.16	17.92
		装载率	71.79%	73.99%	82.05%
2	货运动车组	分 OD 的货物运载量(t)	80.64		
			27.72	38.64	
		断面载货量(t)	108.36	119.28	
		装载率	90.30%	99.40%	
3	货运动车组	分 OD 的货物运载量(t)	54.6		94.08
			15.36		
				7.36	
			30.24		
		断面载货量(t)	69.96	107.56	116.8
		装载率	58.30%	89.63%	97.33%

为了体现综合考虑多种运输组织模式的优势,本文进一步对常规单一模式与多模式下的运输决策方案进行对比分析。首先,由于客运动车组捎带模式与客货混编模式相较于货运动车组专列模式而言,承载能力过小,如果单一运用其中任一模式,都会导致需要使用的列车数远超过可用的列车数,对客运业务造成极大影响。其次,由于高铁确认车一日只开行一次,若全部承担本例的货运需求,按照最大需求断面"沈阳—大连"的需求总和 254t 与确认车满载能力相除粗略估计,则至少需要 8 列确认车在 8 天完成全部运输任务,显然无法满足快运时效性要求。最后,本文选取站站停开行方案的货运动车组,进行运输决策方案的对比。

在高铁货运动车组专列单一模式下,完全全部运输任务共需 3 列货运动车组,其停站方案和承担的需求如表 10 所示,该运输决策方案共计需要 487004.3 元,比多模式下的决策方案增长 45.04%。单模式与多模式的列车装载率对比如图 2 所示,其中多模式的列车装载率整体高于单模式,且较为均衡,而单模式下的列车 3 的断面装载率波动较大,"哈尔滨—长春"和"长春—沈阳"断面的装载率不足 30%。

高铁快运业务所需的货运动车组 表 10

列车序号	停站方案				承担的快运需求序号
	哈尔滨	长春	沈阳	大连	
1	1	1	1	1	2、3、5、6、9、14、16
2	1	1	1	1	8、10、11、12、18、19、20、24
3	1	1	1	1	1、4、7、13、15、17、21、22、23

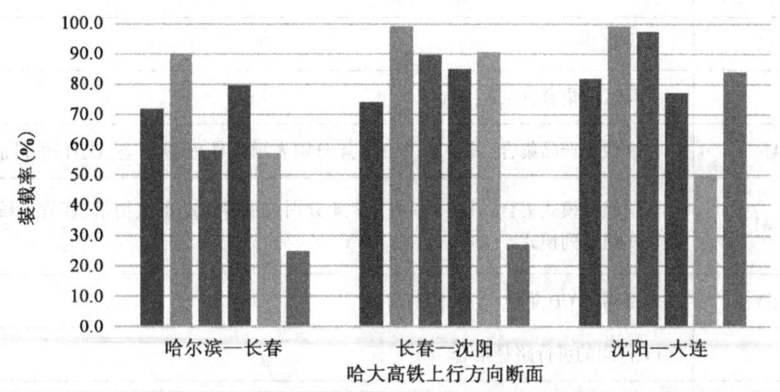

图 2 不同运输组织方案对比

综合上述对比分析,多模式下的高铁快捷货物运输决策方案能够在避免对客运业务产生较大影响的前提下,在快运货物时效性范围内充分利用列车承载能力,以更低的成本完成运输任务。

4 结语

本文通过分析高铁快运产品与高铁快捷货物四种运输组织模式的特点,研究了高铁快运需求—高铁快运产品—组织模式之间的匹配关系,建立了以总运输成本最小化为目标的高铁快捷货物运输决策模型,设计了以哈大高铁为背景的算例对模型进行验证。算例表明本文提出多运输组织模式下的高铁快捷货物运输组织方法与单模式相比,可以在保证高铁快运的时效性要求、降低运营成本的同时,有效利用高铁列车装载能力,实现了高铁成网条件下对高铁线网能力的充分利用。但本文并未对以高铁为主骨架的全程运输方案进行探讨,未来可针对面向“门—站—站—门”全程运输的多环节协同优化进行深入研究。

参考文献

[1] 王莹,刘军. 铁路行包快运专列开行方案优化编制方法的研究[J]. 交通运输系统工程与信息,2007,7(3):5.

[2] 张玉召. 基于货主需求的铁路快捷货物运输组织优化研究[D]. 西南交通大学,2014.

[3] 刘艳. 铁路快运货物班列编成辆数优化研究[D]. 北京交通大学,2016.

[4] 孙敏. 铁路快捷货物班列开行方案优化研究[D]. 北京交通大学,2018.

[5] 李新毅,李海鹰,王莹,等. 铁路快运班列开行方案与车底周转一体化优化研究[J]. 铁道学报,2020,42(10):7.

[6] 陈舒芮. 基于快递物流企业合作的铁路集装箱班列运输组织方案研究[D]. 北京交通大学,2018.

[7] 田睿琪. 高铁快运需求分析及开行方案设计研究[D]. 北京交通大学,2017.

[8] 于雪峤. 基于竞争力分析的高铁货运列车组织方案优化研究[D]. 北京交通大学,2019.

[9] 姚玉莹. 客车捎带模式下高铁快递输送方案优化研究[D]. 兰州交通大学,2020.

[10] Liang X H, Tan K H. Market potential and approaches of parcels and mail by high speed rail in China[J]. Case Studies on Transport Policy,2019,7(3).

[11] 王昕. 高速铁路快捷货物运输组织模式研究[D]. 兰州交通大学,2020.

[12] 张超. 基于不同运输组织模式的高铁货物运输决策研究[D]. 西南交通大学,2018.

[13] 刘启钢,丁小东,周凌云,等. 高铁快运市场定位及产品谱系设计[J]. 铁道运输与经济,2016,38(2):5.

参数解释表

参　数	参数解释
$G=(N,A)$	高铁快运网络有向图
N	节点集合
A	站间区间集合,$(p,q)\in A$
$S=\{s\mid s=1,2,3,4\}$	高铁快运产品集合,其中 $s=1,2,3,4$ 分别表示当日达、次晨达、次日达和隔日达四种产品
$M=\{m\mid m=1,2,3,4\}$	运输组织模式集合,其中 $m=1,2,3,4$ 分别表示客运动车组捎带、客货混编、高铁确认车和高铁货运动车组专列模式
$W=\{(i,j)\mid i\in N,j\in N\}$	全部需求 OD 集合
K_{ij}	(i,j)间的可行路径集合
d_{pq}	(p,q)的站间距离

续上表

参数	参数解释
v_{pq}	(p,q)间列车平均运行速度
t_s	s快运产品的送达时间要求
Q_{ij}^{s}	(i,j)间对s快运产品的需求量
ω_f^m	m运输组织模式的固定成本
ω_v^m	m运输组织模式的可变成本
ω_l^m	m运输组织模式装卸作业成本
T_m	m组织模式的列车的最大载货量
L_{ij}^m	(i,j)间m运输组织模式的列车的实际装载量
d_{ij}^k	(i,j)间的第k条路径的运行距离
n_{ijk}^d	第k条路径的停站次数
t_{ijk}^d	第k条路径的停站时间
$\xi_{pq}^{i,j,k}$	0－1变量,表示第k条路径是否包含(p,q)区段
C_{pq}^m	(p,q)区间内m组织模式的列车的最大开行数量
C_{pq}	(p,q)区间的通过能力
M	一个极大的正数
x_{ij}^m	0－1整数变量,表示(i,j)间是否开行m组织模式的列车
y_{ij}^k	0－1整数变量,表示(i,j)间开行的列车是否选择的第k条路径
λ_{ij}^m	整数变量,表示(i,j)间开行m组织模式的列车数
z_{ij}^{ms}	0－1整数变量,表示(i,j)间s产品是否选择m组织模式的列车运输

自动化码头U形堆场AGV指派与调度优化

刘文茜　朱晓宁*　迟美燕

（北京交通大学交通运输学院）

摘　要　近年来,我国高度重视智慧港口、绿色港口建设。2021年10月钦州港完成自动化集装箱码头改造,与传统的垂直式自动化码头不同,该项目首次采用U形堆场布局,能够减少场吊的移动距离和能耗,有效提高堆场作业效率。本文考虑U形堆场布局下AGV路径规划的新需求和新要求,建立了AGV指派与调度优化模型。本文通过构建拓扑网络,从时间、空间维度对路径冲突进行检测和疏解,基于滚动策略设计了AGV指派-调度算法。算例实验表明,算法能在20s内求得AGV调度方案,且能够有效避免冲突。最后,通过灵敏度分析对AGV数量配置的影响进行了量化分析。

关键词　运输规划　自动化码头　AGV调度　时空网络　U形堆场

0　引言

十九届五中全会提出“碳达峰、碳中和”目标,需要各个行业进行科技攻关,交通运输作为能耗和碳排放的三大行业之一,是碳减排潜力最大、难度最高的领域。推动集装箱港口、场站的自动化、智能化、绿色集约化建设势在必行。

1. 基金项目:中央高校基本科研业务费专项资金(2021YJS100)、国家自然科学基金“联合基金项目”(U2034208)/the Fundamental Research Funds for the Central Universities(2021YJS100) and the Joint Funds of the National Natural Science Foundation of China(U2034208)。

自动化码头主要有岸桥作业区、AGV(Automated Guided Vehicle)走行区以及堆场作业区三个核心作业区域，AGV负责各区域的衔接。自动化码头多采用垂直式布局,AGV和外集卡不进入堆场各箱区,仅在箱区两端完成作业交接,此时AGV行驶路径较短,但堆场轨道门吊需要完成集装箱一部分的水平运输作业,大大增加了其移动距离和能耗,且AGV和外集卡等待时间较长,容易造成拥堵。

2020年10月,钦州港集装箱自动化码头建设项目正式启动,于2021年9月完成改造。该项目采用U型堆场布局,是全球范围内的首次应用。相比于传统的垂直式布局,在U形布局下,AGV直接到达箱区指定位置,缩短了轨道门吊走行距离,有利于提高堆场作业效率。然而此种布局增加了AGV的行驶距离,可能产生新的冲突或拥堵问题,且AGV的作业时间受集卡作业的影响,需要进一步对AGV指派和路径问题进行研究。

对于自动化码头水平运输设备调度问题,当前学者开展了多方面的优化研究。张素云等[1](2017)针对AGV冲突问题,提出位向量交集运算法进行检测,通过控制AGV在冲突节点的行驶速度解决问题。郭保青等[2](2018)分别对单AGV和多AGV路径规划方法进行研究,对于相向冲突,采取重新规划路径的方法来避免相撞。李静等[3](2021)以最小化AGV能量消耗为目标建立了AGV调度模型,通过容量限制及冲突预测对路径进行优化,最后分析了集装箱任务组合对作业的影响。滕浩等[4](2021)基于并行机调度问题,研究了自动化码头AGV任务指派及路径规划问题,设计了改进人工蜂群算法求解问题并通过实际运营数据验证了算法的高效性。陈珲等[5](2021)考虑了AGV实际作业过程中的充电需求及耗电量,提出了AGV运行中四种充电方案并对比分析了其在作业完成时间和充电利用率方面的效果。AGV调度需要考虑其他设备作业,两者相互配合才能实现效率的最大化。LUO等[6](2015)同时考虑了装卸和卸载作业过程,基于设备调度与集装箱堆存位置之间的关联性,研究了AGV调度与集装箱堆场箱位分配的综合问题,使得船舶停泊时间最小。田宇等[7](2020)首先分析了集装箱箱流在岸侧与堆场间的流动特征及AGV作业特点,对AGV与场桥两种设备进行集成调度优化,通过启发式算法进行求解。Zhong等[8](2020)将自动化码头AGV路径规划问题与起重机调度问题相结合,研究多AGV无冲突路径规划与集成调度问题,在任务分配已知条件下使得AGV延迟时间最小。Chen[9]等(2020)基于离散网络和多商品网络流思想,建立了AGV和场吊协同优化模型,同时考虑了流量平衡约束及设备间交叉干扰约束。通过交替方向乘子法(ADMM)求解问题。Yang[10]等(2018)考虑到自动化码头运行环境中存在诸多不确定因素,提出了岸桥、AGV和门吊的综合调度问题,根据AGV路径规划条件实现动态调度,减少AGV冲突和拥堵现象。

综上,针对AGV调度的研究,当前在避免冲突和路径规划方面成果较为丰富,但都是基于垂直布局模式,AGV走行区域有限,且限制了堆场轨道门吊的作业效率,增加了设备能耗。本文针对U型堆场的新布局模式,提出AGV调度与路径规划策略,能够有效避免作业冲突和拥堵,同时提高轨道门吊作业效率。除此以外,大多数已有研究规定AGV均为匀速行驶,且忽略了门吊或岸桥与AGV交接时间,本文分别对AGV负载、空载及转向时的速度做出了不同设置。

1　问题描述与建模

1.1　问题描述

在自动化码头作业中,AGV负责完成集装箱在船舶与堆场之间的水平运输,具体可分为进口箱运输任务和出口箱运输任务。进口集装箱从船舶卸至AGV后,再运输至堆场指定箱区;出口集装箱则由堆场门吊取出,经由AGV送往码头前沿。AGV调度问题实质为给集装箱指派AGV进行运输作业并确定具体走行路径,在有限的空间内多台AGV任务可能发生冲突和堵塞,另外,若AGV完成进口任务后返回码头前沿,而不是接续出口任务,则会产生较多的空驶距离,从而影响转运效率,因此需要确定合理的设备指派与调度方案。

本文基于新的U形堆场布局,如图1所示,对AGV任务指派、AGV运行路径进行研究,主要解决的问题为:

(1)路径冲突识别:AGV调度的关键在于需要从时、空两个维度对各AGV运行路径中可能出现的冲突进行描述,避免同一时段内多个AGV对某路段同时占用情况。在自动化码头实际运营中,为确保作业效率和作业秩序,对 AGV 的运行方向和规则有严格的约束。AGV 在相同车道只能单向行驶,相邻车道行驶方向则相反,除此以外,AGV 交接与行驶道路分离,避免因等待装卸设备而造成道路长时间占用,引起拥堵。

(2)方案关联调整:基于路径冲突识别结果,本问题需要对相互冲突的 AGV 走行路径进行重新规划,确定新的 AGV 时空路径,然而新路径在时空方面有所变化,对于其他任务可能再次产生新的冲突,影响其他任务进行,因此需要综合考虑关联任务,并对 AGV 路径做出合适调整。

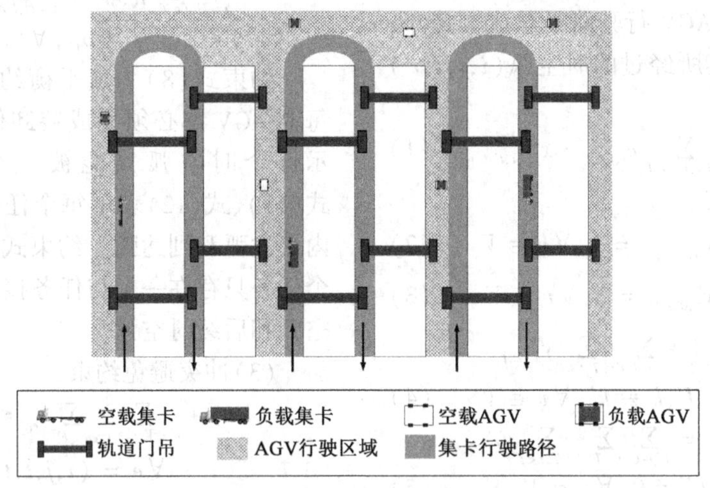

图 1 自动化码头堆场 U 形布局

针对上述问题,本文采用基于时空网络的"指派—路径"模型对 AGV 调度问题进行描述。具体而言,首先从时空角度对 AGV 指派方案进行描述,并初步确定其运行路径;其次,分别从时、空两个维度对 AGV 路径进行拆解,采用时空网中的弧来表示 AGV 的作业与走行过程,在保证作业接续的基础上,通过时空网中的弧占用约束来避免各 AGV 间的路径选择冲突,同时也能确定其精确时空位置。

1.2 模型假设

(1)AGV 行驶路径与装卸作业线分离。AGV 在箱区内行驶路径上不能进行装卸作业,只能在交接区停留等待门吊作业。

(2)不同 AGV 行驶速度参数相同,但根据各自负载、空载等状态,其对应速度不同。

(3)AGV 一次只能装载一个集装箱。

(4)AGV 具有占用范围,即当一个 AGV 占用某一节点时,其一定范围内不能有其他 AGV 靠近。

(5)所有任务的起点位置及目标位置已知,岸桥的装卸顺序已知。

1.3 符号定义

本文中涉及的符号及变量定义如下。

参数	定义
U:	进口集装箱任务集合;
L:	出口集装箱任务集合;
C:	全部任务集合,$C=U\cup L$;
N:	节点集合;
A:	时空弧集合;
A^P:	时空网络中作业弧集合,$\{(i,i,t,t+1)\mid i=\{o_k,d_k\},t\in T,k\in U\}$;
T:	离散时间集合;
V:	AGV 集合;
E_v:	AGV 车辆 v 的时空弧集合;
E_e^0:	时空弧 e 的冲突弧集合;
k,k':	$k,k'\in U$;
i,j:	节点索引,$i,j\in N$;
v,v':	AGV 车辆索引,$v,v'\in V$;
t,t':	离散时间点,$t,t'\in T$;
o_k:	任务 k 的初始点;
d_k:	任务 k 的终点;
$(i,t),(j,t')$:	节点的时空索引;
(i,j,t,t'):	弧的时空表示,$(i,j,t,t')\in A$;
e:	时空弧的索引;
e_0:	时空弧 e 的冲突弧,$e_0\in E_e^0$;
(k,k',t,t'):	任务接续索引;
$c_{i,j,t,t'}$	弧(i,j,t,t')的成本。

决策变量 定义

$x^v_{i,j,t,t'}$: AGV车辆 v 是否在时空弧 (i,j,t,t') 上运行，=1则在，=0则不在；

$y^v_{k,k',t,t'}$: AGV车辆 v 是否执行 (k,k',t,t') 的任务接续，=1则是，=0不是。

1.4 模型构建

本文目标函数为AGV行驶路径总成本最小，即每个AGV车辆在其所经过的时空弧 (i,j,t,t') 上的成本相加总和。

$$\min Z = \sum_{v \in V} \sum_{(i,j,t,t') \in E_v} c_{i,j,t,t'} \cdot x^v_{i,j,t,t'} \tag{1}$$

(1)任务接续约束。

$$\sum_{k' \in U} \sum_{t \in T} \sum_{t' \in T, t<t'} y^v_{0,k',t,t'} = 1, \forall v \in V \tag{2}$$

$$\sum_{k \in U} \sum_{t \in T} \sum_{t' \in T, t<t'} y^v_{k,0,t,t'} = 1, \forall v \in V \tag{3}$$

$$\sum_{t \in T} \sum_{t' \in T, t<t'} y^v_{k,k',t,t'} + \sum_{t \in T} \sum_{t' \in T, t<t'} y^v_{k',k,t,t'} \leqslant 1, \forall k,k' \in U, k \neq k', \forall v \in V \tag{4}$$

$$\sum_{k \in U} \sum_{t \in T} \sum_{t' \in T, t<t'} y^v_{k,k',t,t'} = \sum_{k'' \in U} \sum_{t \in T} \sum_{t' \in T, t<t'} y^v_{k',k'',t,t'}, \forall k' \in U, k' \neq 0, \forall v \in V \tag{5}$$

$$\sum_{v \in V} \sum_{k' \in U, k' \neq k} \sum_{t \in T} \sum_{t' \in T, t<t'} y^v_{k,k',t,t'} = 1, \forall k \in U \tag{6}$$

$$\sum_{v \in V} \sum_{k \in U, k \neq k'} \sum_{t \in T} \sum_{t' \in T, t<t'} y^v_{k,k',t,t'} = 1, \forall k' \in U \tag{7}$$

约束式(2)、式(3)表示每辆AGV有且仅有一个起始任务和一个结束任务，约束式(4)表示属于一个AGV的任意两个任务之间只存在一种作业先后顺序。约束式(5)为任务连贯性约束，约束式(6)、式(7)为任务平衡约束，表示AGV每个任务有且仅有一个前序任务和一个后续任务。

(2)时空路径约束

$$\sum_{t \in T} \sum_{(j,t')} x^v_{(i,j,t,t')} - \sum_{t \in T} \sum_{(j,t')} x^v_{(j,i,t',t)} = \begin{cases} 1, i = o_k \\ 0, 其他 \\ -1, i = d_k \end{cases}, \forall v \in V \tag{8}$$

$$\sum_{(i,j,t,t') \in A^P} x^v_{(i,j,t,t')} = 1, i = j \in U, \forall v \in V \tag{9}$$

$$\sum_{v \in V} x^v_{(i,j,t,t')} \leqslant 1, \forall (i,j,t,t') \in A \tag{10}$$

$$\sum_{j \in U} \sum_{t' \in T} x^v_{i,j,t,t'} = \sum_{t' \in T} y^v_{k,k,t,t'}, \forall v \in V, i = o_k, \forall k \in U, \forall t \in T \tag{11}$$

$$\sum_{i \in U} \sum_{t \in T} x^v_{i,j,t,t'} = \sum_{t \in T} y^v_{k,k,t,t'}, \forall v \in V, j = d_k, \forall k \in U, \forall t' \in T \tag{12}$$

$$\sum_{j \in U} \sum_{t' \in T} x^v_{i,j,t,t'} = \sum_{k' \in U, k' \neq k} \sum_{t \in T} y^v_{k,k',t,t'}, \forall v \in V, i = d_k, \forall t \in T, \forall k \in U \tag{13}$$

$$\sum_{i \in U} \sum_{t \in T} x^v_{i,j,t,t'} = \sum_{k \in U, k \neq k'} \sum_{t \in T} y^v_{k,k',t,t'}, \forall v \in V, j = o_{k'}, \forall t' \in T, \forall k' \in U \tag{14}$$

约束式(8)为流平衡约束。约束式(9)表示每辆AGV都必须完成装卸作业。约束式(10)表示每个时空弧只能被一个AGV占用。约束式(11)、式(12)表示每个任务只存在一个与任务内出发弧和到达弧。约束式(13)、式(14)表示每个任务只存在一个与任务接续关系对应的前序时空弧和后续时空弧。

(3)冲突避免约束

$$x^v_e + \sum_{v' \in V, v' \neq v} \sum_{e_0 \in E^0_e} x^{v'}_{e_0} \leqslant 1, \forall v \in V, \forall e = (i,j,t,t') \in E_v \tag{15}$$

约束式(15)表示AGV车辆 v 在弧 $e = (i,j,t,t')$ 上运行时，该弧的所有冲突弧上不允许其他AGV运行。

(4)其他约束

$$x^v_{i,j,t,t'} \in \{0,1\}, \forall (i,j,t,t') \in E_v, \forall v \in V \tag{16}$$

$$y^v_{k,k',t,t'} \in \{0,1\}, \forall k,k' \in U, \forall t,t' \in T, t < t', \forall v \in V \tag{17}$$

约束式(16)、式(17)表示决策变量为0-1变量。

2 AGV指派-调度算法

2.1 拓扑网络构建

本文采用单向拓扑网络对U形堆场AGV走行区进行描述。考虑AGV在节点转弯处缓行特征，需要在既有路径节点的基础上，对交叉口衔接方案进行处理，通过引入额外的转弯节点，对额外的时间消耗进行描述，如图2所示。

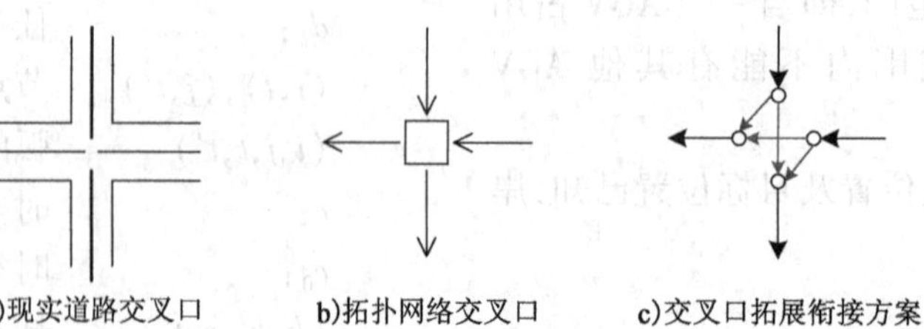

图2 交叉口拓扑结构

2.2 冲突疏解策略

本文按照任务时间顺序依次为各任务指派AGV并进行路径规划,对于路径冲突采用两种解决策略。

(1)绕路避让。在此策略下,对正在规划的AGV当前任务路径进行调整,已规划完成的AGV路径不做变更。即增加冲突路段的成本,重新寻找当前任务的最短路。

(2)等待避让。当冲突路段无法绕行时,即为必要通过路段,则AGV进行等待避让。先到达该路径的任务路径不变更,对于后到达的任务,使其在前一节点等待避让,直至前一AGV顺利通过。

2.3 算法流程

本文针对多AGV运行特点,设计了基于滚动策略的AGV指派与调度算法。具体思路如下:

(1)滚动策略。AGV指派与调度问题具有连续性和传递性的特点,故采用滚动策略以提高路径方案的动态适应性。算法以5分钟为周期更新任务列表,依次对当前周期内的任务安排作业,直至完成全部任务。

(2)AGV指派。为每个任务指派AGV,选择当前距离任务最近的空闲AGV或者到达该任务起始点最早的AGV。

(3)路径规划与冲突检测。根据已知任务起讫点,以最短路原则为AGV规划走行路径,分别从时间、空间维度进行冲突检测。

(4)冲突疏解。对于存在冲突的任务路径,按照冲突疏解策略进行疏解,调整对应AGV路径并重新进行冲突检测,直至不存在冲突。

算法的流程如图3所示。

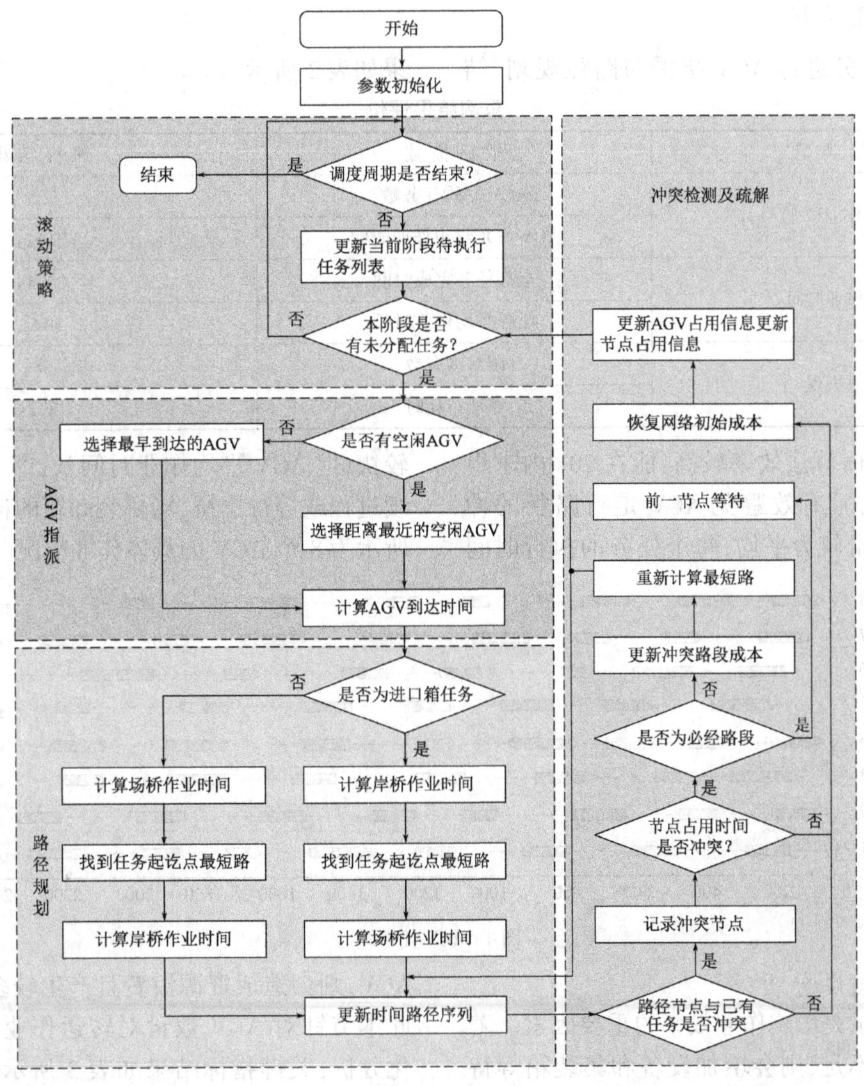

图3 算法流程图

3 算例分析

3.1 参数设置

本文中自动化码头配置8台AGV,3台岸桥,4个箱区,共需完成60个任务的水平运输作业,其中30个出口箱任务,30个进口箱任务。算例中关键技术参数取值如表1所示。

算例关键技术参数取值表　　表1

参　数	取　值
AGV空载行驶速度	4.0m/s
AGV负载行驶速度	3.0m/s
AGV长度	13m
AGV宽度	3m
AGV作业区长度	200m
AGV作业区宽度	300m
场桥单箱作业时间	DiscreteU(100,150)
岸桥单箱作业时间	DiscreteU(100,150)
路径惩罚系数	2

3.2 结果分析

对60个任务进行AGV指派与路径规划,结果如表2所示。

算例结果评价　　表2

指标类型	指标描述	评价结果
AGV作业效率	AGV平均任务数	7.5
	AGV平均结束作业时间	2162s
任务作业时间	全部任务完成时间	2374s
	任务平均作业时长	114s
算法表现	疏解冲突数	58
	算法总耗时	18.2s

由表2可知,算法效率较高,能在20s内求得AGV调度方案,且有效避免AGV走行路径的冲突。AGV任务量较为平均,每个任务的执行时间较快,但AGV平均作业时间长,即AGV在任务接续过程或等待岸桥、场桥装卸箱的耗时较长。图4所示为8个AGV的具体作业情况。

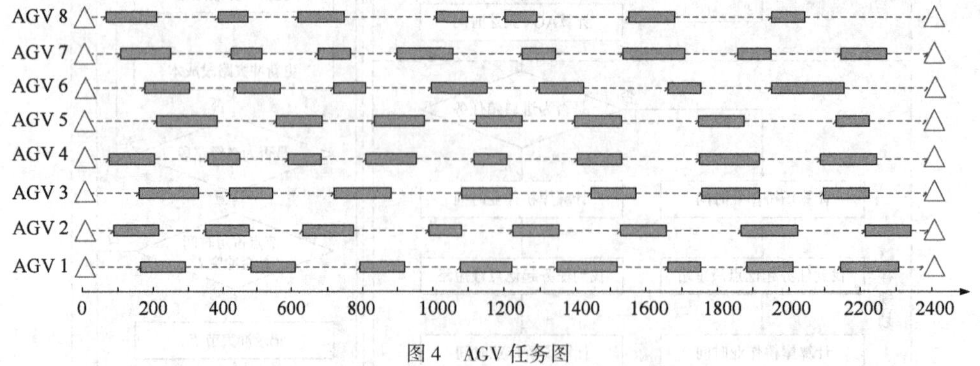

图4　AGV任务图

3.3 灵敏度分析

AGV的数量是影响作业效率的重要因素。若AGV配置数量不足,则会增加设备和集装箱等待时间,从而影响码头作业效率,若配置尽可能多的AGV,则会造成资源浪费且产生较多干扰问题,因此本节针对AGV数量对转运作业的影响进行量化分析,关键指标结果如表3所示。如图5所示为AGV最晚结束作业时间、最早结束作业时间与平均作业时间在不同 AGV 数量配置下的变化情况。

AGV 数量对作业效率的影响 表3

AGV 数量	总作业完成时间	AGV 平均作业时长	疏解冲突数	AGV 总空置时间
6	2611s	2584s	39	0
8	2374s	2162s	58	362s
10	2246s	1985s	73	1273s

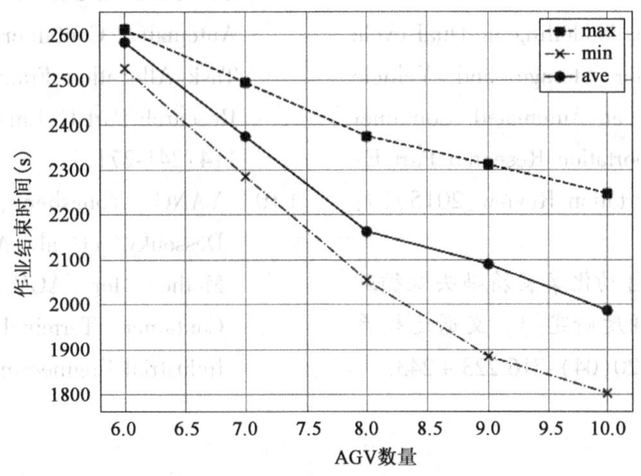

图5 AGV 数量与作业结束时间关系图

由表可知,当减少 AGV 数量时,作业完工时间延长,每辆 AGV 负责任务增加,因此 AGV 平均作业时长增加,然而路网中 AGV 的分布密度降低,使得产生冲突的可能性降低,故需疏解冲突数量减少,AGV 数量较少时各任务衔接紧密,此时 AGV 不会出现闲置状态,但过少的 AGV 可能造成门吊作业效率的降低。当增加 AGV 数量时,作业完工时间有所提前,但受限于岸桥装卸作业时间,故变化不大。AGV 平均作业时长减少,空置时间增加,AGV 利用率有所下降,且路网中 AGV 数量的增加使冲突情况增多,需要进行多次疏解。

由图5可知,随着 AGV 数量的增加,AGV 任务分配发生改变,由于作业量的不同以及岸桥、场吊装卸时间等影响,各 AGV 结束作业的时间差异增加。在实际作业中,可根据 AGV 配置及运行成本、作业量、时间窗等要求确定其配置方案。

4 结语

港口作为交通运输行业重要组成部分,既是能源消耗和碳排放的重要来源,也是推动绿色发展、实现碳中和的关键领域。自动化码头相对于传统集装箱码头在能耗方面具有很大的优势。本文针对自动化码头当前布局在作业效率方面的局限性,提出了 U 形堆场布局下的 AGV 指派与调度优化方法,考虑了岸桥与场桥对任务的不同作业时间,以及 AGV 空载、负载、转向时的不同速度,从时空维度建立了 AGV 调度优化模型,并设计了基于滚动策略的启发式算法求解该问题。实验结果表明,本文提出的方法能够有效避免 AGV 运行冲突,且能够在 20s 内求得调度方案。最后,本文从总作业完成时间、AGV 平均作业时长、疏解冲突数及 AGV 空置时间四个方面对 AGV 数量配置变化产生的影响进行分析,同时对比了不同设备数量下 AGV 最早、最晚、平均作业结束时间的差异。

在实际作业中,AGV 充电需求、任务时间窗要求、任务堆存位置等也会影响 AGV 的指派与调度方案,未来可做进一步研究。

参考文献

[1] 张素云,杨勇生,梁承姬,等.自动化码头多 AGV 路径冲突的优化控制研究[J].交通运输系统工程与信息,2017,17(2):83-89.

[2] 郭保青,郝树运,朱力强,等.基于改进蚁群算法的多 AGV 泊车路径规划[J].交通运输系统工程与信息,2018,18(6):55-62,80.

[3] 李静,朱小林.集装箱码头上多自动引导车的调度和路径规划[J/OL].计算机集成制造系

统:1-22.

[4] 滕浩,庄子龙,黄子钊等. 自动化码头水平运输调度的改进人工蜂群算法[J/OL]. 计算机集成制造系统:1-20.

[5] 陈珲,韩晓龙. 考虑充电策略的自动化码头 AGV 调度[J]. 上海海事大学学报,2021,42(02):20-25+74.

[6] Luo Jiabin, WU Yue. Modelling of Dual-cycle Strategy for Container Storage and Vehicle Scheduling Problems at Automated Container Terminals[J]. Transportation Research Part E: Logistics and Transportation Review,2015,79:49-64.

[7] 田宇,周强,朱本飞. 自动化集装箱码头双循环 AGV 与场桥的集成调度研究[J]. 交通运输系统工程与信息,2020,20(04):216-223+243.

[8] Zhong Meisu,Yang Yongsheng,Yasser Dessouky, et al. Multi-AGV Scheduling for Conflict-free Path Planning in Automated Container Terminals[J]. Computers & Industrial Engineering, 2020, 142 (Apr.):106371.1-106371.11.

[9] Chen Xuchao,He Shiwei,Zhang Yong-xiang,et al. Yard Crane and AGV Scheduling in Automated Container Terminal: A Multi-robot Task Allocation Framework[J]. Transportation Research Part C:Emerging Technologies,2020, 114:241-271.

[10] YANG Yongsheng, Zhong Meisu, Yasser Dessouky, et al. An Integrated Scheduling Method for AGV Routing in Automated Container Terminals [J]. Computers & Industrial Engineering,2018,126:482-493.

集装箱固定车底循环班列开行方案研究

李思雨[1]　郎茂祥*[1]　张蕴泽[1]　杨凯丽[2]

(1. 北京交通大学交通运输学院;2. 郑州铁路职业技术学院)

摘　要　立足"公转铁"和"散改集"货源,基于集装箱运输需求的变化性和区域的不均衡性,为实现集装箱和车辆的均衡发展、改善集装箱运输组织模式,从而充分利用铁路运输能力、提升铁路货运服务质量,本文围绕一种新型集装箱班列组织模式——固定车底循环班列探讨其开行条件、车流径路等问题,建立集装箱固定车底循环班列车流组织的点—弧模型,构造基于贪心算法思想的两阶段求解框架。最后以35t 通用箱的运单数据作为实证研究,求解集装箱固定车底循环班列的开行方案,验证了模型和算法的有效性。

关键词　运输规划　开行方案　贪心算法　集装箱循环班列　点—弧模型

0　引言

随着我国经济发展进入新常态,铁路货运面临着增量提质的压力。同时,国家高度重视大气污染防治,积极推进运输结构调整,为铁路货运发展提供了新的契机。由于集装箱具有适合公铁联运、利于开展"门到门"运输等优势,铁路集装箱运输成为货运量增长的重要方向。其中,集装箱直达班列作为一种先进的运输组织方式,具有相对固定的运行径路,能够缩短车辆周转时间,节约货主的时间成本,铁路部门正大力推进集装箱直达班列的客车化开行。

然而集装箱货源多为零散货源,其运输需求具有不确定性,双向货源往往不能达到均衡,空箱供应和车辆调度制约了集装箱直达班列的客车化

1. 基金项目:基本科研业务费研究生创新项目(2021YJS085)、国铁集团科技研发项目(N2020X026)/the Fundamental Research Funds for the Central Universities(2021YJS085) and Science And Technology Project of China Railway(N2020X026)。

开行。固定车底、固定线路的集装箱循环班列具有直达班列“直达化、集中化、快捷化”等特性,并能合理调配空箱和车辆,在符合条件的车站间开行更有利于提升运输组织效率。

铁路车流径路问题作为运输组织的重要组成部分,专家和学者对此做了大量研究。文献[1]基于点—弧模型和弧—路模型求解有虚拟弧的铁路车流分配问题;文献[2]引入车种代用因素探讨空重车流的转换关系,研究空重车流径路整体优化;文献[3]针对不同货流将其分配至不同车流组织形式;文献[4]对点—弧模型进行改进,使得优化结果能体现车流径路。

铁路货运列车开行方案方面,文献[5]梳理了频率作为决策变量和导出量的开行方案模型;文献[6]提出新型集装箱系统中箱流可直接转化为列流,并建立了运输企业成本最小的开行方案优化模型;文献[7]构造了基于高铁货运列车备选集的两阶段开行方案求解方法。

结合上述研究成果,循环班列开行方案问题可以归结为基于点、弧和路径建立数学模型求解货流分配、车流径路和频度等要素,其主要特点是路径的起点和终点相同,即路径皆为环路。文献[8]和[9]提出了基于环的服务网络设计模型;文献[10]论述了集装箱循环班列的开行条件,分析车站节点构成环状链的概率;文献[11]分别设计了敞车和集装箱的循环列车产品。

目前,铁路货运列车开行方案已形成了完善的成果体系,但极少有学者研究集装箱循环班列的开行方案问题,本文基于点—弧模型设计集装箱固定车底循环班列车流组织模型,构建基于贪心算法思想的两阶段求解体系,结合35t通用集装箱的运输数据提出循环班列开行方案,具有实际应用价值。

1 集装箱固定车底循环班列组织形式描述

1.1 开行条件分析

集装箱班列根据车底是否固定和循环分为固定车底循环的列车和不固定车底的列车。固定车底循环的集装箱列车,既可以采用在两站间对开的循环方式,即两站间双向箱流均衡的情况,可以开行重去重回循环班列,若只有一个方向有大量运输需求且两站间距离较短,可以开行重空循环班列;也可以采用在三站(或多站)间开行的三角(或多角)循环方式,即三站(或多站)间存在循环箱流的情况,可以开行三角或多角空重循环班列。固定车底循环的列车形式有利于集装箱车的集中配置,提高集装箱车的使用效率,也便于实现集装箱车的跟踪管理。

运输需求不足以开行固定车底循环列车的车站间可以开行一站直达列车,发出车站的空箱需求和到达车站产生的空箱由管内调运。

集装箱固定车底循环班列和直达班列的开行条件见表1。

集装箱固定车底循环班列和直达班列开行条件 表1

产品类型	开行条件
重去重回循环班列	两站间双向箱流均衡
空重循环(双向)班列	只有一个方向有大量运输需求且两站间距离较短
空重三角循环班列	三站间存在循环箱流且空箱走行里程较短
空重多角循环(四角)班列	多站间存在循环箱流且空箱走行里程较短
一站直达班列	两站间箱流不足以开行固定车底循环列车

1.2 运输网络构建

将车站抽象为节点,运输路径抽象为有向弧段,将集装箱运输网络描述为物理网络 $G=(V,A)$,如图1所示。V 为车站节点集合,车站数量为 n,其中车站节点拆分为出发节点和到达节点,O 和 D 分别为出发节点和到达节点集合,i 表示出发节点,j 表示到达节点,每个车站节点既可以作为出发节点也可以作为到达节点;A 为节点之间的有向弧集合,a_{ij} 表示方向为由节点 i 到节点 j 的弧,如 a_{13} 表示出发节点为1、到达节点为3的运输路径。

运输网络中的货流根据起讫点分配于弧段上,在图中出发节点为1、到达节点为3的货流可以通过弧段 a_{13} 运输,即在车站1和3之间开行直达班列。本文暂不考虑中转运输。

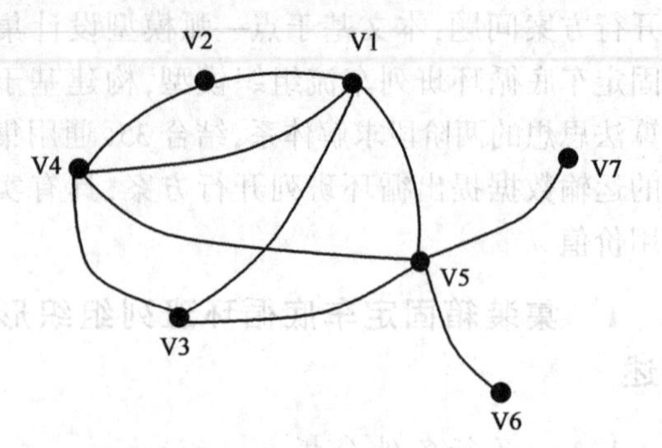

图1 运输网络示意图

1.3 车流径路形式分析

将弧段划分为重箱弧和空箱弧,x_{ij}表示弧 a_{ij}是否被选中为重箱弧,y_{ij}表示弧 a_{ij}是否被选中为空箱弧;相应的货流划分为重箱流和空箱流,q_{ij}表示弧 a_{ij}上分配的重箱流,p_{ij}表示弧 a_{ij}上分配的空箱流。

重箱弧的产生是为了满足运输需求,有明确的始发车站和到达车站,而空箱弧的产生取决于重箱的到达和下一个重箱弧的选择。重去重回循环班列和空重双向循环班列皆在两站间循环开行,前者双向皆为重箱流,后者为重去空回;空重三角循环班列在三站间循环开行,三段箱流中仅有一段为空箱流;而一站直达班列为点对点开行,产生的空箱流按运输需求调运至其他车站。集装箱循环班列和一站直达班列以点—弧形式表现如图2所示。

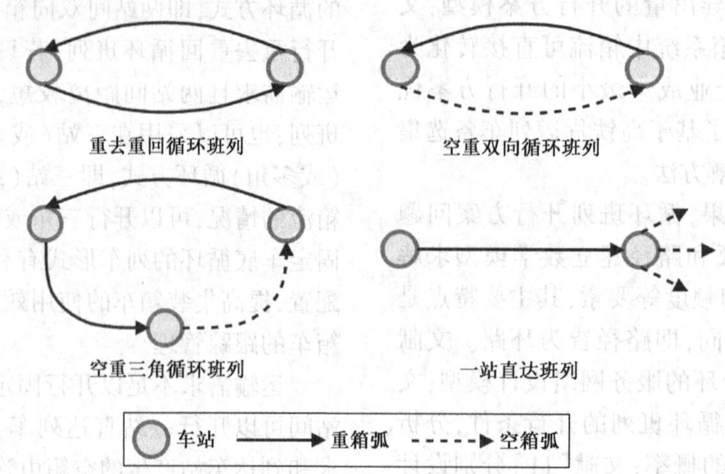

图2 循环班列和直达班列点—弧示意图

以一车装2个集装箱计算,将箱流转化为车流,根据集装箱固定车底循环班列车流径路对应的弧的接续形式见表2。

车流径路对应弧的接续形式 表2

班列组织模式	车流径路形式
重去重回	重车弧—重车弧
双向空重循环	重车弧—空车弧
空重三角循环	重车弧—空车弧—重车弧 重车弧—重车弧—空车弧
空重四角循环	重车弧—空车弧—重车弧—空车弧 重车弧—空车弧—重车弧—重车弧 重车弧—重车弧—空车弧—重车弧
一站直达	重车弧—空车弧(管内)

2 集装箱固定车底循环班列车流组织模型构建

2.1 模型假设

(1)固定车底循环列车运行中不进行改编,只进行装卸作业,班列到达车站节点后全部卸下;

(2)在任一车站节点,重车流只能全部转换为重车流或空车流,不存在空重混编情况;

(3)任一运输需求可以进行拆分;

(4)任一区段最大运输能力相同;

(5)全路平车数量和空箱数量充足。

2.2 变量和参数设定

2.2.1 集合

见表3。

模型集合表示 表3

集合符号	集合含义
V	车站节点集合
O	出发节点集合
D	到达节点集合
A	有向弧集合

2.2.2 参数

见表4。

模型参数表示 表4

参数符号	参数含义
i,j,h	车站节点
n	车站节点数量
a_{ij}	方向为 $i \to j$ 的有向弧
Q_{ij}	由车站 i 到车站 j 的运输需求
d_{ij}	车站 i 与车站 j 间的距离
u_{ij}	弧段 a_{ij} 的最大运输能力

2.2.3 决策变量

见表5。

决策变量表示 表5

决策变量符号	变量含义
x_{ij}	0-1变量,表示弧 a_{ij} 是否被选中为重车弧;若选中,则取值为1,若未选中,则取值为0
y_{ij}	0-1变量,表示弧 a_{ij} 是否被选中为空车弧;若选中,则取值为1,若未选中,则取值为0
q_{ij}	正整数,表示弧 a_{ij} 上分配的重车流
p_{ij}	正整数,表示弧 a_{ij} 上分配的空车流

2.3 模型构建

以网络中空车总走行距离最短为优化目标,考虑运输需求满足、线路运输能力、车流平衡等因素构建循环班列车流组织模型如下所示:

$$\min Z = \sum_{i \in O} \sum_{j \in D, i \neq j} p_{ij} y_{ij} d_{ij} \tag{1}$$

s. t.

$$\sum_{i \in O} \sum_{j \in D, i \neq j} q_{ij} x_{ij} = \sum_{i \in O} \sum_{j \in D, i \neq j} Q_{ij} \tag{2}$$

$$\sum_{i\in O}\sum_{j\in D,i\neq j}p_{ij}y_{ij}\leqslant\sum_{i\in O}\sum_{j\in D,i\neq j}Q_{ij}\quad(3)$$

$$q_{ij}x_{ij}+p_{ij}y_{ij}\leqslant u_{ij}\ \forall i\in O,\forall j\in D,i\neq j\quad(4)$$

$$x_{ij}\leqslant q_{ij}\leqslant Mx_{ij}\qquad\forall i\in O,\forall j\in D,i\neq j\quad(5)$$

$$y_{ij}\leqslant p_{ij}\leqslant My_{ij}\qquad\forall i\in O,\forall j\in D,i\neq j\quad(6)$$

$$\sum_{j\in D,i\neq j}(q_{ij}x_{ij}+p_{ij}y_{ij})=\sum_{h\in O,h\neq j}(q_{hi}x_{hi}+p_{hi}y_{hi})\quad\forall i\in V\quad(7)$$

$$x_{ij}\in\{0,1\}\qquad\forall i\in O,\forall j\in D,i\neq j\quad(8)$$

$$y_{ij}\in\{0,1\}\qquad\forall i\in O,\forall j\in D,i\neq j\quad(9)$$

$$q_{ij}\in N\qquad\forall i\in O,\forall j\in D,i\neq j\quad(10)$$

$$p_{ij}\in N\qquad\forall i\in O,\forall j\in D,i\neq j\quad(11)$$

其中,式(2)保证必须满足运输需求;式(3)对空车数量进行了限制;式(4)为能力限制约束,保证分配给弧段 a_{ij} 的重空车流必须在区段能力范围内;式(5)和式(6)表示重空车流与 0-1 变量间的关系,弧 a_{ij} 被选中才能分配相应车流,M 表示很大的正数;式(7)为任一节点的流平衡约束,即从该节点出发的重空车流等于到达该节点的重空车流;约束式(8)~式(11)为决策变量的取值范围约束。

3　集装箱固定车底循环班列开行方案案例分析

3.1　模型参数

35t 通用箱是一种新型集装箱,相较 20ft 通用标准箱体积提升,还未形成成熟的产品体系。以 35t 通用箱的实际运输数据为基础。

案例的运输需求统计为一周的车流量,数据来源于中铁集装箱公司信息系统 2021 年一季度 35t 通用箱运单,案例城市间 OD 车流量如图 3 所示。

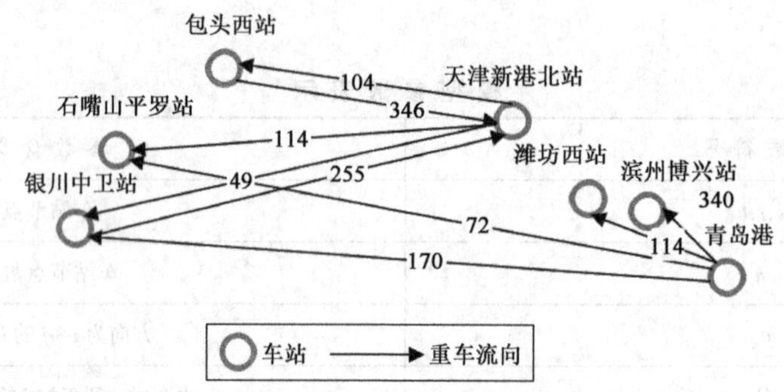

图 3　案例城市间 OD 车流量(单位:车/周)

案例城市间的铁路里程见表 6。

城市间铁路里程表(km)　表 6

车站	滨州博兴站	潍坊市潍坊西站	青岛青岛港	石嘴山平罗站	包头包头西	天津新港北	银川中卫站
滨州博兴站	—	135	195	2111	1559	612	1868
潍坊市潍坊西站		—	330	2064	1512	565	1821
青岛青岛港			—	2306	1754	807	2063
石嘴山平罗站				—	441	1427	223
包头包头西					—	986	664
天津新港北						—	1650
银川中卫站							—

模型假设任一区段最大运输能力相同,本案例中 u_{ij} 取值为 10000 箱。

3.2　径路集预处理

本模型的决策变量分别为弧段是否被选用的 0-1 变量和弧段上分配的车流量,由此可以根据决策变量特性对模型进行两阶段求解,第一阶段先生成可供选择的径路集,第二阶段以一定的优先度为径路分配车流。

3.2.1 径路集生成和预处理

尽管案例网络中车站节点较少,但每个车站节点产生的可行环路数量较多,所以针对本案例在求解之前先做径路集的预处理。

分别将天津市、包头市、中卫市、石嘴山市、青岛市、滨州市、潍坊市编号为1-7,基于集装箱固定车底循环班列开行条件的分析,对比OD表和里程表,发现青岛—滨州和青岛—潍坊符合空重循环(双向)班列的开行条件,有关滨州和潍坊的所有运输需求已完成,在OD表中剔除滨州和潍坊两个城市。此外,由于多角循环班列开行并不经济且线路跨多个铁路局,在本章案例中不设计多角循环班列产品。

以天津为例,产生的环形车流径路集合见表7。

由天津出发的初始环形车流径路集合　　表7

环路类型	环形径路
双向循环	1-2-1、1-3-1、1-4-1
三角循环	1-2-3-1、1-2-4-1、1-3-2-1、1-3-4-1、1-4-2-1、1-4-3-1

3.2.2 剔除不必要的径路

将径路集与OD表相对应,与表2对比,剔除不符合车流径路形式的径路。以径路1-2-4-1为例,弧2-4和弧4-1上皆没有运输需求,则在此径路中产生了两段空车弧,不符合空重三角循环班列的开行条件,剔除此径路;对于径路1-4-2-1,只有弧4-2上没有运输需求,在此径路中只有一段空车弧,符合空重三角循环班列的开行条件,保留此径路,过程如图4所示。

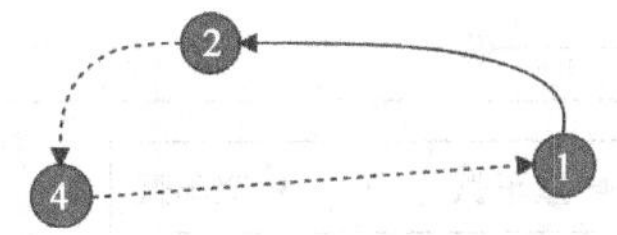

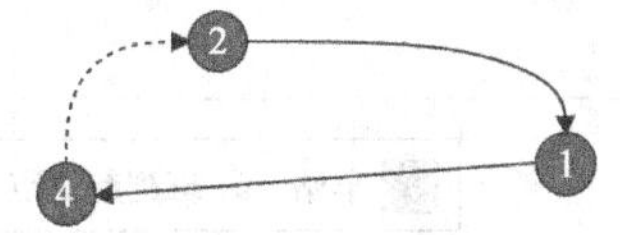

图4 径路处理过程示意

由此天津产生的环形车流径路集合更新为表8,经预处理和不必要径路剔除后,径路集规模大幅缩小。

由天津出发的环形车流径路集合更新　　表8

环路类型	环形径路
双向循环	1-2-1、1-3-1、1-4-1
三角循环	1-2-3-1、1-3-2-1、1-4-2-1、1-4-3-1

3.3 基于贪心算法求解

结合班列的组织特点,本文基于贪心算法设计模型第二阶段的求解算法。贪心算法是指在求解问题时,总是做出在当前看来是最好的选择。贪心算法没有固定的算法框架,算法设计的关键是贪心策略的选择。

3.3.1 算法设计思路

模型的目标为空箱走行距离最少,根据表2,在三种固定车底的运输产品中,重去重回循环班列不会产生空箱弧,即不会产生空车流,成为使目标函数最优的组织方式;空重三角循环班列和空重循环(双向)班列皆会产生一段空车弧,但就两者的开行条件和经济性而言,空重三角循环班列的空车弧里程通常较短,即开行空重三角循环班列比开行空重循环(双向)班列目标函数更优,而且空重循环(双向)班列的开行条件比较特殊,在本章案例中已经做了优先处理;一站直达班列产品为不固定车底班列,优先级排在最后。

3.3.2 算法步骤

步骤1:在OD表中筛选具有双向货流的OD对,在径路集中筛选双向循环径路,将OD对中较少的箱流量分配给对应的双向循环径路,径路中的弧选中为重车弧,分配的车流量为重车流。

步骤2:分配完成后在OD表中相应扣除已分配的车流量。

步骤3:在径路集中筛选三角循环径路,对照当前的OD表,找出满足空重三角循环班列形式的径路,并按可分配重车流量大小的顺序为三角循环径路分配车流,若存在相等流量则按空车弧最短的径路优先分配,径路中分配了重车流的弧被选中为重车弧,分配了空车流的弧被选中为空车弧,分配的车流量为该路径可分配的最小重车流量。

步骤4:重复步骤2,直至找不到循环班列形式的径路,转步骤5。

步骤5:由于空重循环径路已经做预处理,对于当前OD表中未分配的需求,判断是否开行一站直达班列。

步骤6:输出结果。

3.4 案例求解结果

基于径路集预处理和上述算法步骤进行模型求解,35t通用箱固定车底循环班列车流组织方案如图5所示。

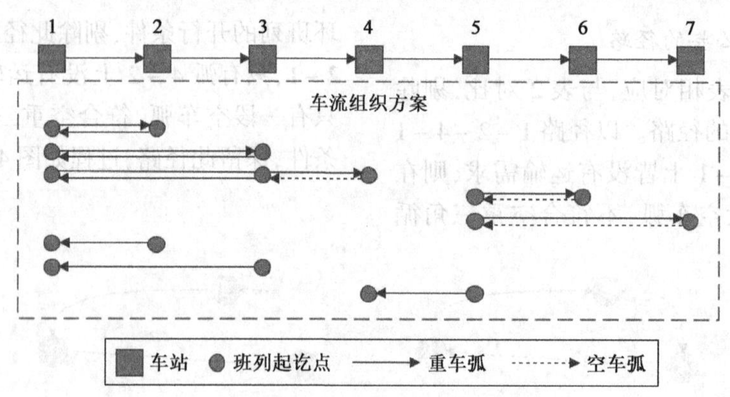

图5 35t通用箱固定车底循环班列车流组织方案

设列车编组为50车/列,将车流转化为列流,得到35t通用箱循环班列的开行方案结果见表9。

35t通用箱循环班列开行方案 表9

开行径路	产品类型	开行频次(列/周)
天津—包头	重去重回循环班列	3列
天津—中卫	重去重回循环班列	1列
天津—石嘴山—中卫—天津	空重三角循环班列	3列
青岛—滨州	空重循环(双向)班列	6列
青岛—潍坊	空重循环(双向)班列	2列
包头—天津	一站直达班列	5列
中卫—天津	一站直达班列	2列
青岛—石嘴山	一站直达班列	2列

循环班列开行方案与全部开行直达班列的方案对比,其成本虽无法量化,但循环班列在组织和经济性等方面都更具优势,在符合条件的站间开行有利于提升集装箱运输效率。

4 结语

本文针对集装箱固定车底循环班列开行方案问题,构建了空车走行距离最小为目标的点—弧模型,设计了两阶段求解算法,基于35t通用箱的实际运输路网和数据,验证了模型和算法的有效性,为丰富铁路货运产品提供参考。此外,点—弧模型虽能够简化模型和求解规模,结果只能输出弧上的总流量,若设计弧—路模型能够同时输出车流分配和路径选择结果,但也会增大求解规模和难度,如何求解大规模路网的循环班列开行方案问题,需要进一步研究。

参考文献

[1] 田亚明,林柏梁,纪丽君.基于多商品流和虚拟弧的铁路车流分配点-弧,弧-路模型研究[J].铁道学报,2011,33(4):7-12.

[2] 王龙,马建军,林柏梁,等.铁路网重空车流径路整体优化模型[J].北京交通大学学报,2014,38(6):12-18.

[3] 赵娟.考虑车流组织模式的铁路车流径路优化模型研究[J].铁道学报,2017,39(7):18-24.

[4] 高明瑶,石红国.基于改进点—弧模型的铁路网车流径路优化模型研究[J].铁道运输与经济,2020,42(07):40-44.

[5] 沈睿.铁路行包快运服务网络设计理论与方法研究[D].北京:北京交通大学,2006.

[6] 夏阳,魏玉光,赖艺欢,等.铁路集装箱旅客化运输系统开行方案研究[J].交通运输系统工程与信息,2019,19(2):146-152.

[7] 于雪峤.基于竞争力分析的高铁货运列车组织方案优化研究[D].北京:北京交通大学,2019.

[8] Branch and Price for Service Network Design with Asset Management Constraints [J]. Transportation Science,2011,45(1).

[9] TEODOR G C, MIKE H, MICHEL T, et al. Service Network Design with Resource Constraints[J]. Transportation Science, 2014, 50 (4).

[10] 吕达.集装箱循环班列开行方案研究[D].北京:北京交通大学,2006.

[11] 孙仁杰.铁路货物运输循环列车产品设计研究[D].北京:北京交通大学,2021.

改进离散灰狼算法求解带软时间窗车辆路径问题

康熙沛* 杨家其

(武汉理工大学交通与物流工程学院)

摘 要 以配送距离成本、车辆启用成本、时间窗成本之和最小为优化目标,构建带软时间窗的车辆路径优化模型。针对离散灰狼算法求解时易陷入局部最优的问题,设计了自适应变异扰动策略,使每代狼群中适应度最高的狼有概率脱离精英狼影响,在全局范围内进行搜索,并使用局部搜索技术,提升离散灰狼算法局部寻优能力,得到改进的离散灰狼算法。通过设计案例实验,应用离散灰狼算法、改进离散灰狼算法、遗传算法、粒子群算法同时对案例计算,结果表明改进离散灰狼算法具有更强的综合求解能力。

关键词 车辆路径问题 算法改进 灰狼算法 软时间窗

0 引言

车辆路径问题(VRP)是运筹学领域的经典问题,主要求解一队车辆在若干约束条件下服务多个客人的最优路径。带软时间窗的车辆路径问题(VRPSTW)相较于标准VRP问题,由于加入了对配送时效的要求,故早于或晚于时间窗口均会产生额外成本。因此,该问题更加适用于实际的配送场景,学者在零售配送[1]、生产配送[2]等对时间有要求的场景中多有研究。

因为VRP问题及其衍生问题都是NP-hard问题,所以这类问题的算法研究多是启发式算法。带

1.基金项目:吉林省交通运输厅交通运输科技计划项目(103-46160101)。

时间窗VRP问题的求解算法目前已经许多研究成果。邓丽娟[3]定义了自适应挥发因子改进蚁群算法,以NSGA-Ⅱ指导择优过程,有效解决了双目标时间窗VRP问题。蒲兵[4]建立了同时寄货与配送的时间窗车辆路径优化模型,并用自适应遗传算法求解该问题。DING[5]引入了调整信息素的方法和灾害因子,解决了蚁群算法易早熟、速度慢的问题,通过计算验证了改进蚁群算法求解带时间窗的车辆路径问题的高效性。Utama[6]研究带时间窗的绿色车辆路径问题,并应用人工蜂群算法求解。Moradi[7]应用机器学习算法和帕累托进化算法构建多目标离散可学习演化模型求解带时间窗车辆路径问题。学者们关于算法的研究主要集中在新算法的应用以及老算法的改进。

灰狼优化算法(grey wolf optimizer,GWO)是由学者Mirjalili[8]等人于2014年提出的群智能优化算法,该算法具有收敛能力强、所用参数少、容易实现等显著特点,具有应用求解VRP问题的价值。Sopto[9]等人通过引入交换算子(swap operator,SO)、交换序列(swap sequence,SS)和局部搜索(partial search,PS)技术对原始灰狼算法进行改进,使灰狼算法可以求解旅行商问题(traveling salesman problem,TSP)。

康熙沛[10]在Sopto研究的基础上,应用离散灰狼算法求解了VRPSTW问题,并证明了离散灰狼算法求解VRPSTW的有效性。但离散灰狼算法收敛速度快,容易陷入局部最优,极易错过全局最优解。因此,本文主要通过设计符合离散灰狼算法运算规则的自适应变异扰动(adaptive mutation disturbance,AMD)策略,提升原始离散灰狼算法的全局寻优能力。同时为加快局部寻优的过程,使用了局部搜索策略(partial search,PS)。最后使用改进离散灰狼算法、离散灰狼算法、粒子群算法、遗传算法对同一案例进行求解,通过比较和分析求解结果,验证改进离散灰狼算法的有效性、高效性。

1　问题描述与模型构建

1.1　问题描述

带时间窗的车辆路径问题(VRPTW)指车队从仓库出发,将货物送往多个客户。每个客户对于接收货物的时间有要求。硬时间窗要求是:车辆早于时间窗到达则等待,车辆晚于时间窗到达则不予接收货物。软时间窗要求是:车辆早于或晚于时间窗送货给客户,会受到一定惩罚,只有在时间段内送达才没有惩罚。带软时间窗车辆路径问题(VRPSTW)需要同时考虑车辆行驶距离成本以及时间窗惩罚成本,通过合理调整不同车辆配送客户的路线,使配送总成本最小。

本模型有如下假设:①仓库有足够的车辆完成所有客户的配送;②车辆从仓库出发,配送完若干客户后需要返回仓库;③单个客户需要配送的货物质量小于单车的载质量,并且一个客户只能由一辆车配送。④所有客户的位置、需求质量、时间窗已知。

1.2　数学模型

VRPSTW问题的数学模型定义如下:$V=\{0,1,2,...,N\}$表示节点集,其中0为仓库,$\{1,2,...,N\}$为客户点。d_{ij}表示点i和j的距离。仓库有$K(k=1,2,...,K)$辆车,每辆车载质量均为Q,车速为v,启用成本为c_1,单位距离的运输成本为c_2。客户i的需求量为q_i。其时间窗为$[e_i,l_i]$,表示客户可以被服务的时间段。w_i是车辆在客户i的卸货时间,为一定值。T_i^{arr}表示车辆抵达客户i的时刻。T_i^{lea}为离开客户i的时刻。

为解释时间窗的惩罚成本,参考图1讲解单位惩罚成本同总惩罚成本的关系。设客户i的时间窗惩罚成本为p_i,早于时间窗的单位惩罚成本最大值为c_3,晚于时间窗的单位惩罚成本最大值为c_4。单位惩罚成本随时间变化如图1所示。当车辆在$[0,a_i]$、$[b_i,+\infty]$区间抵达客户时,单位惩罚成本处于最大值。当车辆在$[a_i,e_i]$、$[l_i,b_i]$区间抵达客户时,单位惩罚成本线性变化。当车辆在时间窗$[e_i,l_i]$内抵达客户时,无时间窗惩罚成本。

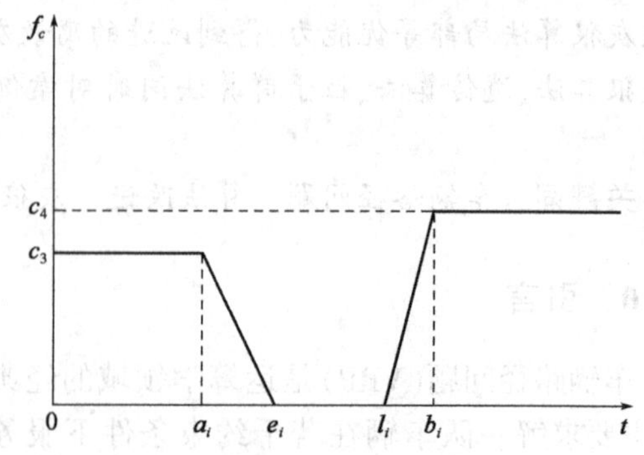

图1　单位惩罚成本费率图

时间窗惩罚成本可用积分表示为$p_i=\int f_c(t)\mathrm{d}t$,$f_c(t)$指单位惩罚成本。根据客户抵达的时间将$p_i$处理成分段函数,得到:

$$p_i = \begin{cases} c_3(a_i - T_i^{a}) + 0.5 \times c_3(e_i - a_i), T_i^{arr} < a_i \\ \dfrac{c_3(e_i - T_i^{a})^2}{2(e_i - a_i)}, a_i \leqslant T_i^{arr} < e_i \\ 0, e_i \leqslant T_i^{arr} < l_i \\ \dfrac{c_4(T_i^{a} - l_i)^2}{2(b_i - l_i)}, l_i \leqslant T_i^{arr} < b_i \\ c_4(T_i^{a} - b_i) + 0.5 \times c_4(b_i - l_i), b_i \leqslant T_i^{arr} \end{cases} \tag{1}$$

基于以上描述，为构建数学模型，取决策变量：

$$x_{ijk} = \begin{cases} 1, 车辆 k 从点 i 移动到点 j \\ 0, 其他 \quad , i \neq j, i, j \in \{0,1,2,\ldots N\} \end{cases} \tag{2}$$

目标函数为：

$$\min z = \sum_{i=0}^{N}\sum_{j=0}^{N}\sum_{k=1}^{K} x_{ijk} d_{ij} c_2 + \sum_{j=1}^{N}\sum_{k=1}^{K} x_{0jk} c_1 + \sum_{i=1}^{N} p_i \tag{3}$$

该目标函数中，$\sum_{i=0}^{N}\sum_{j=0}^{N}\sum_{k=1}^{K} x_{ijk} d_{ij} c_2$ 是车辆运输的距离成本，$\sum_{j=1}^{N}\sum_{k=1}^{K} x_{0jk} c_1$ 是车辆的启用成本，$\sum_{i=1}^{N} p_i$ 是每一个客户的时间窗成本。

约束条件如下：

$$\sum_{i=0}^{N}\sum_{k=1}^{K} x_{ijk} = 1, j \in \{1,2,\cdots,N\} \tag{4}$$

$$\sum_{j=0}^{N}\sum_{k=1}^{K} x_{ijk} = 1, i \in \{1,2,\cdots,N\} \tag{5}$$

式(4)和式(5)表示每个客户只能被一辆车服务，并且该辆车只能访问一遍该客户。

$$\begin{cases} \sum_{j=1}^{N} x_{ijk} = \sum_{j=1}^{N} x_{jik} = 0, \sum_{j=0}^{N} x_{ijk} = 0 \\ \sum_{j=1}^{N} x_{ijk} = \sum_{j=1}^{N} x_{jik} = 1, \sum_{j=0}^{N} x_{ijk} > 0 \end{cases}, \quad i = 0, k \in \{1,2,\cdots,K\} \tag{6}$$

式(6)限制车辆只能从车场出发并返回车场。

$$\sum_{i=0}^{N}\sum_{j=1}^{N} x_{ijk} q_j \leqslant Q, k \in \{1,2,\cdots,K\} \tag{7}$$

式(7)要求每辆车配送所载货物总质量小于其载质量。

$$T_i^{l} = \begin{cases} e_i + w_i, T_i^{arr} < e_i \\ T_i^{arr} + w_i, e_i \leqslant T_i^{arr} \end{cases}, i \in \{1,2,\cdots,N\} \tag{8}$$

式(8)为根据车辆到达客户的时间点，确定车辆离开客户的时间点。如果早于时间窗到达则要等待，如果晚于时间窗开始时刻到达则无须等待：

$$T_i^{arr} = T_{i-1}^{lea} + d_{ij}/v, i \in \{1,2,\cdots,N\} \tag{9}$$

式(9)对车辆抵达客户的时间点进行约束，表示为车辆到达 i 客户的时间点为离开 $(i-1)$ 客户的时间点加上路程时间。

2 灰狼算法

2.1 标准灰狼算法

灰狼算法中 α、β、δ 狼为精英狼，它们快速接近猎物。ω 狼作为普通狼，跟随精英狼，大范围搜索并包围猎物。

灰狼算法数学[11]模型公式如下：

$$\vec{D} = |\vec{C} \cdot \vec{X}_p(t) - \vec{X}(t)| \tag{10}$$

$$\vec{X}(t+1) = \vec{X}_p(t) - \vec{A} \cdot \vec{D} \tag{11}$$

$$\vec{C} = 2\vec{r}_1 \tag{12}$$

$$\vec{A} = 2\vec{a}\vec{r}_2 - \vec{a} \tag{13}$$

式(10)表示个体狼与搜索目标间的距离，$\vec{X}_p(t)$ 表示搜索目标的位置向量，$\vec{X}(t)$ 表示个体狼的位置向量。式(11)是计算 $(t+1)$ 代个体狼位置向量的公式。$\vec{A}$ 和 $\vec{C}$ 是系数向量。$\vec{a}$ 是收敛因子，它的模随着迭代次数从 2 线性减小到 0。$\vec{r}_1$ 和 $\vec{r}_2$ 的模取 $[0,1]$ 之间的随机数。

ω 狼跟随精英狼一同行动，并与精英狼保持一定步长形成对猎物的包围圈。用数学公式表示为：

$$\begin{cases} \vec{D}_\alpha = |\vec{C}_1 \cdot \vec{X}_\alpha - \vec{X}| \\ \vec{D}_\beta = |\vec{C}_2 \cdot \vec{X}_\beta - \vec{X}| \\ \vec{D}_\delta = |\vec{C}_3 \cdot \vec{X}_\delta - \vec{X}| \end{cases} \tag{14}$$

$$\begin{cases} \vec{X}_1 = \vec{X}_\alpha - \vec{A}_1 \cdot \vec{D}_\alpha \\ \vec{X}_2 = \vec{X}_\beta - \vec{A}_2 \cdot \vec{D}_\beta \\ \vec{X}_3 = \vec{X}_\delta - \vec{A}_3 \cdot \vec{D}_\delta \end{cases} \tag{15}$$

$$\vec{X}(t+1) = \frac{\vec{X}_1 + \vec{X}_2 + \vec{X}_3}{3} \tag{16}$$

式(14)中 $\vec{D}_\alpha$、$\vec{D}_\beta$ 和 $\vec{D}_\delta$ 分别表示三种精英狼与当前狼的距离。其中 $\vec{X}_\alpha$、$\vec{X}_\beta$、$\vec{X}_\delta$ 表示三种精英狼的位置向量，$\vec{X}$ 表示当前狼的位置。式(15)中，

$\vec{X}_1$、$\vec{X}_2$、$\vec{X}_3$ 分别表示当前狼朝三种精英狼前进的步长与方向。式(16)中,$(t+1)$代狼的位置向量通过对 $\vec{X}_1$、$\vec{X}_2$、$\vec{X}_3$ 取平均算出。

2.2 离散灰狼算法

连续型优化算法求解离散组合优化问题,目前大体上有两种解决方法。一种是针对具体问题,将离散空间映射到算法连续空间,在运算、迭代的过程中仍使用算法原有的公式,以此实现离散问题求解。Shan[12]求解CVRP问题运用是此种方法。第二种就是将原有算法的解空间改变为离散空间,并在计算、迭代中设计新的公式以使离散位运算取代原有连续的向量运算。Sopto就是运用此种方法。

Sopto[9]将交换算子(SO)、交换序(SS)应用到灰狼算法中,改变了标准灰狼算法的位置更新公式,并用该离散的灰狼算法求解了TSP问题。本文参照Sopto的方法,使标准灰狼算法可以求解离散问题,并且针对VRPSTW问题设计了整数型编解码规则。

2.2.1 SO、SS的应用

SO(i,j)是交换算子,其作用是将位于i和j位置的数字进行交换。对于数列$A=(22,33,44,55,66)$,有一交换算子SO(1,4),将交换算子作用于数列A可以得到新数列$B=(55,33,44,22,66)$。这一过程可以使用公式$A+\text{SO}(1,4)=B$表示。"+"在该公式中表示交换算子作用于A。

SS是交换序列,由多个SO组成,其表现形式为(SO1,SO2,SO3,SO4,…)。SS作用于数列,表示将SS中所含的SO按顺序应用到该数列。SS用法如下。同以数列$A=(22,33,44,55,66)$为例。有一SS=[SO(1,2),SO(3,4)],将其作用于A可表示为等式$A+\text{SS}=C$,其中$C=(33,22,55,44,66)$。更详细的计算过程以及更多的运用方法请参考Wang[13]和Akhand[14]学习。

引入SO和SS后,灰狼算法的位置更新公式变化如下:

$$D=c_1\times(X_\alpha-X_t)+c_2\times(X_\beta-X_t)+c_3\times(X_\delta-X_t) \tag{17}$$

$$X_{t+1}=X_t+D \tag{18}$$

式(17)为当前狼与精英狼之间的离散距离。$(X_\alpha-X_t)$作为交换序,表示离散空间中当前狼与α狼的距离。在离散问题的决策空间中,当前狼X_t经过$(X_\alpha-X_t)$的变换可以成为X_α。$(X_\beta-X_t)$与$(X_\delta-X_t)$同理。c_1是一个[0,1]的随机变量,其代表着$(X_\alpha-X_t)$以概率c_1得到完全保留。c_2、c_3同理。式(18)为更新t代狼位置的公式。

2.2.2 编码与解码

常见的编码方式有实数型、整数型、二进制型编码,基于VRPSTW问题,本文采用整数型编码方式。编码规则为将客户的编号按照其配送顺序组成整数数列,该数列即是解的编码,如图2所示。

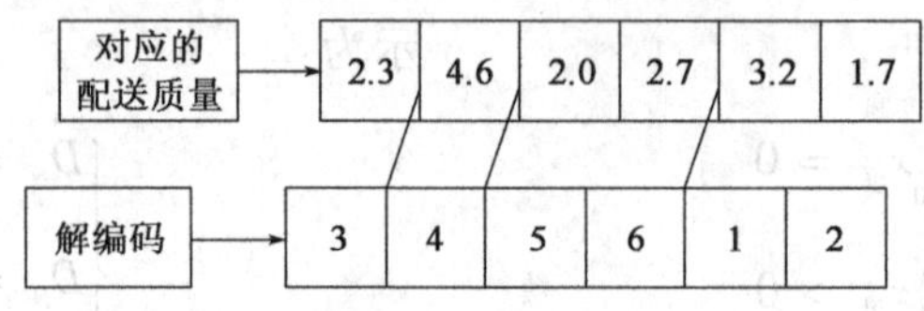

图2 整数编码

对于解码,不同论文根据所选用的算法以及编码方式选择不同的解码方式。本文根据车的载质量和客户需求量对解编码进行分割,以解码出各个车辆的配送路径。

假设有客户{1,2,3,4,5,6},每个客户需要的货物质量分别是{3.2,1.7,2.3,4.6,2.0,2.7}t,每辆车的最大载质量为6t。则对于编码{3,4,5,6,1,2},可以解码出四条配送路径,分别为{0,3,0}、{0,4,0}、{0,5,6,0}、{0,1,2,0}。0表示仓库,每辆车从仓库出发,依次配送客户,然后返回仓库。这四条配送路径的车的实载量为2.3t、4.6t、4.7t、4.9t,均没有超过车辆的最大载质量。

2.3 改进离散灰狼算法

离散灰狼算法在求解VRPSTW问题时表现出易陷入局部最优解的问题。故引入局部搜索技术(PS)和自适应变异扰动(AMD)策略,分别提升离散灰狼算法在局部求优和全局寻优的能力。

PS可以显著加快灰狼算法局部收敛的速度。PS是将SS中的每一个SO依次作用于解S,每一次作用都会改变解S并记录适应度,所有SO都作用于解S后,从解S的多次变换中选择出适应度最小的解,将其当做这一次局部搜索的最优解。

AMD 策略为了适应离散灰狼算法搜索空间的离散特性，比标准策略做了较大的改变。离散灰狼算法每一次迭代中当所有狼根据精英狼更新位置后，会将其中适应度最差的 q_m 只狼实行 AMD 策略。每只狼的解编码会被初始化成可行解，在满足概率 p_m 后，该狼解编码会执行式(17)、式(18)的计算，向精英狼靠近。否则，该狼初始化后的解编码会完整保留到下一代：

$$q_m = Q_p \times \theta\% \tag{19}$$

$$p_m = \frac{\text{Iter}_{now}}{\text{Iter}_{max}} \times p_{max} \tag{20}$$

式(19)计算每一次迭代时实行 AMD 策略的灰狼数量。Q_p 表示种群数量，$\theta\%$ 表示进行该策略的灰狼比例。比例越大，算法全局搜索能力越强，但是收敛速度会下降。本文取 0.1。

式(20)计算解编码被初始化后的灰狼跟随精英狼移动的概率。其中 Iter_{now} 表示当前迭代次数，Iter_{max} 表示最大迭代次数。P_{max} 表示最大概率，取值范围是(0,1)，本文取 0.5。

AMD 策略在迭代次数较少时，适应度高的狼有更高概率脱离精英狼影响，去往新的区域探索。当迭代次数较多时，适应度差的狼有更高概率跟随精英狼移动，从而加快收敛速度。这种自适应的扰动策略可以很好地平衡离散灰狼算法在收敛速度以及全局寻优上的问题，提高离散灰狼算法的综合求解性能。

2.4 算法流程

算法流程图如图 3 所示。

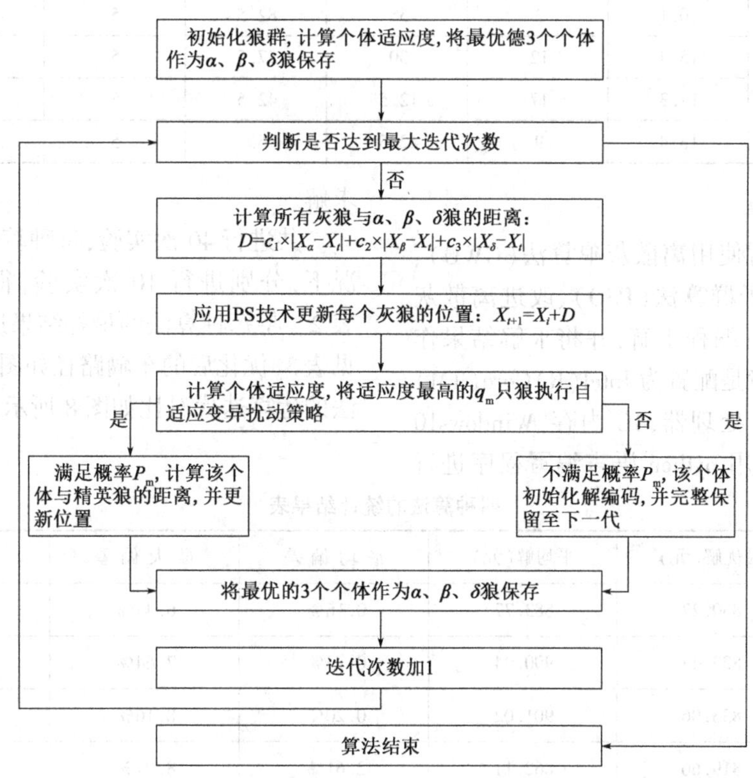

图 3 算法流程图

3 案例分析

为了验证 VRPSTW 数学模型以及改进离散灰狼算法的科学性、可行性，以某工厂的生产配送问题作为案例进行验证。

3.1 案例数据

某工厂内有 1 个仓库和 16 个生产线，集配中心有足够多的车辆进行配送。每辆车的载质量为 6t，行驶速度为 28.8km/h，行驶成本为 5 元/km，每辆车的启用成本为 100 元。早于时间窗到达生产线的等待成本为 210 元/h，晚于时间窗到达生产线的延迟成本为 300 元/h。各生产线的物料需求量、坐标、时间窗、服务时间见表 1。其中，序号 0 表示仓库。

客户信息表　　表1

序号	x坐标(km)	y坐标(km)	需求质量(100kg)	e_i(min)	l_i(min)	w_i(min)	a_i(min)	b_i(min)
0	5	9						
1	2.3	8.1	10	27.5	77.5	5	22.5	72.5
2	1.8	3.4	26	5	22.5	5	0	17.5
3	4	3	10	30	67.5	5	25	62.5
4	7.2	2.6	16	25	40	5	20	35
5	5	5	14	47.5	77.5	5	42.5	72.5
6	7.5	12	12	7.5	27.5	5	2.5	22.5
7	11	3.1	19	5	20	5	0	15
8	13.3	5.2	14	35	45	5	30	40
9	12.9	8.4	20	12.5	27.5	5	7.5	22.5
10	10.6	11.3	8	17.5	40	5	12.5	35
11	12	13	19	7.5	22.5	5	2.5	17.5
12	4	10.1	2	55	82.5	5	50	77.5
13	8.3	15.4	12	30	57.5	5	25	52.5
14	3.9	17.3	17	12.5	42.5	5	7.5	37.5
15	2.4	13.4	9	42.5	65	5	37.5	60

3.2　实验设置

实验设置为同时使用离散灰狼算法(GWO)、遗传算法(GA)、粒子群算法(PSO)、改进离散灰狼算法(EGWO)进行编程求解,并将求解结果作对比分析。实验环境是配置为Intel(R)Core(TM) i5-7300HQ,2.50GHz处理器,8G内存,Windows10系统的笔记本电脑,用python语言编写程序进行求解。

共进行40次实验,每种算法在参数不变的情况下,分别进行10次实验,得到的统计结果见表2。将每种算法的最好结果进行记录,成本成分见表3,优化后的车辆路径如图4~图7所示,各算法的运算迭代对比如图8所示。

四种算法的统计结果表　　表2

算　法	最优解(元)	平均解(元)	平均偏差	最大偏差	平均计算时间(秒)
GWO	830.27	883.77	0.16%	6.44%	22.14
GA	823.44	900.94	0.23%	7.64%	2.37
PSO	833.06	901.02	0.20%	8.16%	5.40
EGWO	819.66	862.11	2.61%	8.91%	18.32

四种算法最优解的成本成分表　　表3

算法	总成本(元)	距离成本(元)	行驶距离(km)	启用成本(元)	时间窗成本(元)	等待时间(min)	延迟时间(min)
GWO	830.27	338.22	67.64	400	92.05	12.11	8.44
GA	823.44	356.16	71.23	400	67.28	5.20	13.66
PSO	833.06	420.88	84.1765	400	12.18	5.980521	0
EGWO	819.66	419.66	83.93	400	0	0	0

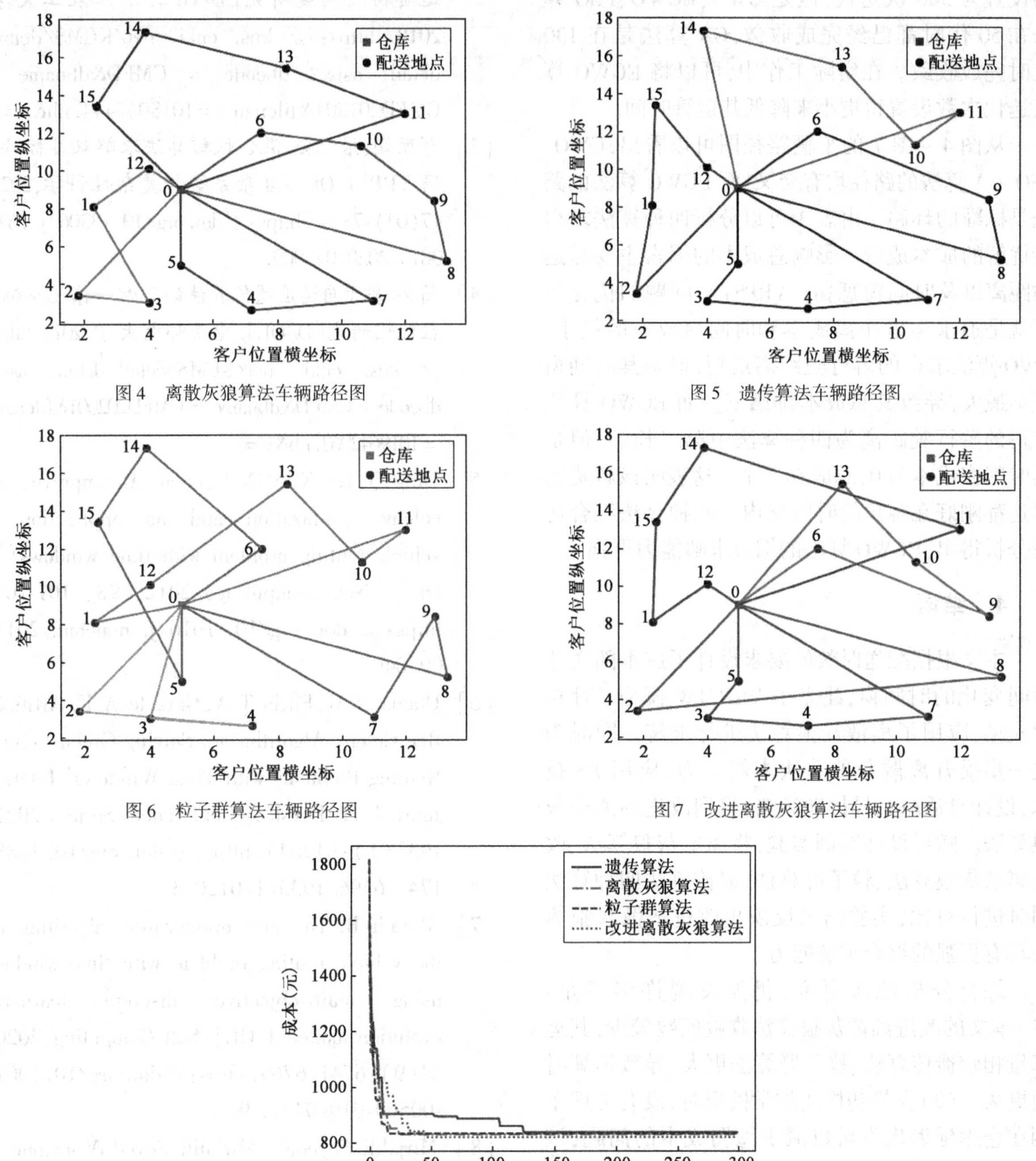

图4 离散灰狼算法车辆路径图

图5 遗传算法车辆路径图

图6 粒子群算法车辆路径图

图7 改进离散灰狼算法车辆路径图

图8 四种算法运算迭代图

离散灰狼算法及其改进算法的种群大小为50,迭代次数为300。遗传算法的种群大小为50,遗传代数为300,交叉概率为0.2,变异概率为0.1。粒子群算法的种群大小为50,迭代次数为300,c_1学习因子为0.5,c_2学习因子为0.5。

3.3 模型求解及分析

离散灰狼算法、遗传算法、粒子群算法、改进离散灰狼算法四种算法运算的统计结果以及最优结果呈现如下。

由表2统计可知,EGWO算法在最优解、平均解、平均偏差三项关键指标中最优。EGWO算法最大偏差要大于其他三种算法,因为EGWO采用了自适应变异扰动策略,其会在全局范围内进行搜索,导致不同解的成本差异较大。在计算时间上,GA算法计算300次迭代所用时间最少。而GWO和EGWO的运算时间要显著大于GA与PSO算法。这是因为使用了PS寻优技术增加了运算量所导致的。通过图8可以看到,四种算法均设置为300次迭代,但是GWO、EGWO、PSO算法在50代时都已经完成收敛,GA算法是在130代时完成收敛。在实际工作中,可以将EGWO算法迭代次数设置得更小来降低其运算时间。

从图4~图7的车辆路径图可以看出,GWO、PSO、GA算法的路径均有交叉,而EGWO算法的路径是标准的环路。由表3可以分析四种算法求得最优解的成本成分。影响总成本的因素主要是运输距离以及时间窗惩罚。VRPSTW问题的优化目标就是追求运输距离成本和时间窗成本的最小。GWO算法求得的解行驶距离最短,但是其时间窗成本最大,导致其总成本排第三。而EGWO算法求得的解行驶距离为四种算法中第二长的,但是其时间窗成本为0,总成本最小。这表明该解货物送达都刚好在客户的时间窗内。四种算法综合比较分析得出,EGWO算法的综合求解能力更强。

4 结语

本文根据配送时效的要求设计了成本随送达时间变化的时间窗,建立了VRPSTW模型。针对此模型,应用了离散灰狼算法进行求解。同时为进一步提升离散灰狼算法求解能力,应用PS技术,设计自适应变异扰动策略,得到改进的离散灰狼算法。随后设计案例实验,将离散灰狼算法、改进离散灰狼算法、粒子群算法、遗传算法四种算法同时进行对比,实验结果反映出改进离散灰狼算法具有更强的综合求解能力。

综合分析此次研究,仍能发现许多不足:(1)本文的改进离散灰狼算法收敛代数较少,其运算量相较遗传算法、粒子群算法更大,导致运算时间更久。(2)在最初构建数学模型时,没有考虑车辆在仓库延迟出发可以减少惩罚成本的问题,该问题可以在以后进一步研究。(3)为了使算法性能得到更广意义上的比较,可以使用所罗门标准算例进行测算。同时在对小规模算例进行求解时,可将启发式算法同精确算法进行比较,以研究启发式算法面对小规模数据时同精确算法的性能强弱。

参考文献

[1] 李丹莲,曹倩,徐菲.基于改进遗传算法的连锁便利店配送路径优化[J].计算机工程与科学,2020,42(11):2096-2102.

[2] 季园园.基于精益理论的车间内多周期混合收送货物流调度研究[D/OL].浙江理工大学,2018. https://kns.cnki.net/KCMS/detail/detail.aspx?dbcode=CMFD&dbname=CMFD201801&filename=1018047444.nh&v=.

[3] 邓丽娟,张纪会.混合蚁群算法求解双目标时间窗VRP[J/OL].复杂系统与复杂性科学,2020,17(04):73-84. https://doi.org/10.13306/j.1672-3813.2020.04.009.

[4] 蒲兵.基于自适应遗传算法的集配一体化车辆路径优化研究[D/OL].重庆邮电大学,2019. https://kns.cnki.net/KCMS/detail/detail.aspx?dbcode=CMFD&dbname=CMFD202001&filename=1019642962.nh&v=.

[5] Ding Q, Hu X, SUN L, et al. An improved ant colony optimization and its application to vehicle routing problem with time windows[J/OL]. Neurocomputing, 2012, 98: 101-107. https://doi.org/10.1016/j.neucom.2011.09.040.

[6] Utama D M, Fitria T A, Garside A K. Artificial Bee Colony Algorithm for Solving Green Vehicle Routing Problems with Time Windows[J/OL]. Journal of Physics: Conference Series, 2021, 1933(1): 012043. https://doi.org/10.1088/1742-6596/1933/1/012043.

[7] Moradi B. The new optimization algorithm for the vehicle routing problem with time windows using multi-objective discrete learnable evolution model[J/OL]. Soft Computing, 2020, 24(9): 6741-6769. https://doi.org/10.1007/s00500-019-04312-9.

[8] Mirjalili Seyedali, Mirjalili Seyed Mohammad, Lewis Andrew. Grey Wolf Optimizer[J/OL]. Advances in Engineering Software, 2014(69): 46-61. https://doi.org/10.1016/j.advengsoft.2013.12.007.

[9] Sopto D S, Ayon S I, Akhand M A H, 等. Modified Grey Wolf Optimization to Solve Traveling Salesman Problem[C/OL]//2018 International Conference on Innovation in Engineering and Technology (ICIET). Dhaka, Bangladesh: IEEE, 2018: 1-4[2021-02-28]. https://ieeexplore.ieee.org/document/8660872/.

[10] 康熙沛,杨家其,丛喆,等.基于离散灰狼算法的带软时间窗车辆路径规划问题[J].武汉理工大学学报(交通科学与工程版):1-16.

[11] 张晓凤,王秀英.灰狼优化算法研究综述[J].计算机科学,2019,46(03):30-38.

[12] Shan Q, Wang J. Solve Capacitated Vehicle Routing Problem Using Hybrid Chaotic Particle Swarm Optimization[C/OL]// 2013 Sixth International Symposium on Computational Intelligence and Design. Hangzhou, China: IEEE,2013:422-427[2022-03-13]. http://ieeexplore.ieee.org/document/6804917/.

[13] Kang-Ping W, Lan H, Zhou C G, et al. Particle swarm optimization for traveling salesman problem[C/OL]// Proceedings of the 2003 International Conference on Machine Learning and Cybernetics (IEEE Cat. No.03EX693). Xi'an, China: IEEE, 2003:1583-1585[2021-03-01]. http://ieeexplore.ieee.org/document/1259748/.

[14] Akhand M A H, Akter S, Rashid M A, et al. Velocity Tentative PSO: An Optimal Velocity Implementation based Particle Swarm Optimization to Solve Traveling Salesman Problem[J]. 2015:13.

高铁快运下城市末端物流配送问题的优化

王 帅[1] 朱晓宁[*1] 禚思雨[1] 唐 竹[2] 张 爽[2] 张君鹏[2]
(1. 北京交通大学交通运输学院;2. 北京地铁运营技术咨询股份有限公司)

摘 要 随着我国高铁线网的快速发展,我国高速铁路快捷货物运输市场的活力得到了释放,已逐渐成为承担一定货运功能的跨区域快捷货物运输通道。为提高高铁快运在物流行业中竞争能力,本文深入分析高铁快运下城市末端物流配送问题,基于时空状态网络,建立面向城市末端物流配送的多商品流优化模型,其中状态维度可表示商品的具体配送过程。利用交替方向乘子法对原模型进行重构,将原模型分解线性化为一系列最短路径搜索子问题,并采用动态规划算法进行迭代求解。结果表明,在城市末端物流配送中,采用时空状态网,可清晰的表示商品的配送过程。所构建的多商品流模型,优化了物流车辆的配送路径,最小化总配送成本。

关键词 高铁快运 城市末端物流配送 交替方向乘子法 路径优化 时空状态网

0 引言

经过20多年的建设,我国目前已经建成了世界上最大规模及最高运营速度的高铁网。截至2020年底,我国高速铁路运营里程达3.79万公里,高铁设施设备和网络化程度日益完善,运能和运力大幅提升。同时,以"电商购物"为代表销售模式的快速发展,使我国快捷货物运输市场的活力得到了充分释放。2020年我国快递业务量达到834亿件,快递业务收入达8795亿元。其中,高附加值和高时效性的货物品类的运输结构有了较大变化,以鲜活易腐等为代表的快捷货物运输需求逐渐增加,这些货物品类对运输速度和运输条件提出了更高的要求。

当前,法国、德国、意大利等国家都已经在高铁上运营货物列车,开展高铁货运领域的实践与探索,其中法国是开展高铁快捷货物运输业务最早的国家。而我国高铁快捷货物运输的相关实践开始于2012年,之后随着实践的逐步深入和运量规模的逐步扩大,高铁快运逐渐引起重视。与公路

1. 基金项目:中央高校基本科研业务费重大专项(2021JBZ106),国家自然科学基金"联合基金项目"(U2034208)/the Major Program of Fundamental Research Funds for the Central Universities (No. 2021JBZ106) and the Joint Funds of the National Natural Science Foundation of China (No. U2034208).

运输相比,高铁快捷货物运输可靠性高、运量大、速度快。与航空运输相比,高铁快捷货物运输运费低、正点率高,在一定运输距离内也具有时效竞争力。因此,发展高铁快捷货物运输有利于优化完善快捷货运市场供给,满足快捷货运市场需求,但是目前高铁快捷货物运输所占市场份额却极小。

为此,本文通过分析目前高铁快运的优势与劣势,进一步明确高铁快运需要补足加强末端配送的能力。针对城市末端配送的研究方面,王志奇[1]针对城市末端配送路径优化问题,建立了以总成本最低为目标的优化模型,并应用了改进型蚁群算法来求解;李瑞吉[2]分析了城市末端快递配送的现状及模式改革要点,为工作人员提供参考;周香[3]提出以城市社区为末端配送的中心点,对城市末端物流配送体系进行构建,提高末端物流配送时效。Khalid 和 Russell[4]了解城市中心最后一英里货运的现状,并提出切实可行的政策建议;Maja 等人[5]从各利益相关者的角度,识别了城市电子商务市场上可持续的最后一英里配送的趋势,并进行了文献综述。针对高铁快运的末端配送,目前国内也有人进行了研究。牛凯歌[6]围绕高铁快运"门到门"运输方案编制优化方法这一问题,给出了一种适应时空服务网络的 K 短路由搜索算法;马春玲[7]以高铁物流末端服务为切入点,根据高铁快递产品的时效性,研究了有时间窗约束下的单车共同配送车辆路径优化问题;李伟[8]针对客户在城市末端物流配送的时效性要求,建立了带有软时间窗的城市末端物流配送路径优化模型,并设计算法进行求解;于雪峤等人[9]基于高铁快运作业流程现状,针对性地提出缩减作业环节、串行作业转为并行、调换作业顺序等策略,优化了高铁快运到达和发送作业环节;吴小雨和王蒙[10]通过现状调研、经验借鉴、归纳总结三个方面研究分析了高铁 + 快递的货运模式和运营方式。

目前在高铁快运方面,高铁快捷货物运输的理论研究和实践正处于起步阶段,在城市末端物流配送方面国内外学者对目前存在的配送模式研究较多,另外很多学者对带有时间窗的车辆路径问题建立数学模型,并设计与之对应的算法进行求解,但是就如何可具体体现末端配送的配送过程研究不多,当前主要采用弧流公式来处理城市末端物流配送问题,将配送问题表示成具有边际约束带容量的网络问题,需构建时间窗和车辆容量约束,对物流配送过程也并未具体体现,而在本文中采用时空状态网来描述物流配送问题,该网络可纳入时间窗与车辆容量约束,简化优化模型,并从状态维度角度可清晰地描述货物的物流配送过程,最后通过 ADMM 算法并设计算例进行了验证。

1　城市末端配送问题描述

高铁快运末端配送的运输过程:由高铁快递网点机构对货物进行信息录入扫描入库,需配送的货物由仓库配送至各配送中心,然后再配送给该配送中心负责区域的客户。在此过程中,物流车辆内装载运输的货物产品类型可能不尽相同,不同客户要求送达的时间及送达地点也不相同,企业在配送货物运输过程中,要对相应车辆和配送任务及时进行分配。如图 1 所示。

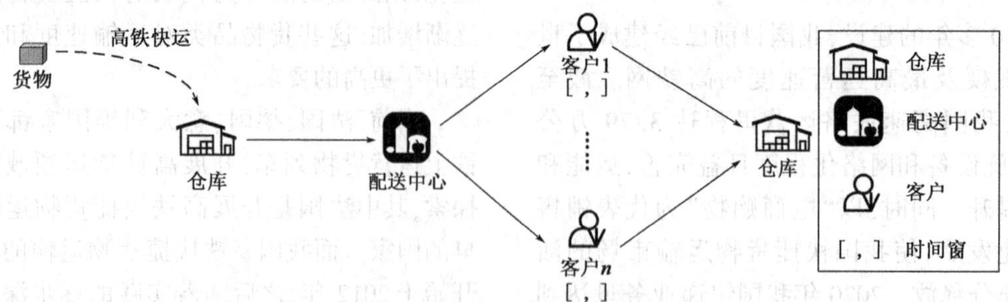

图 1　高铁快运末端配送

针对高铁快运末端配送,本文采用时空状态网络来描述。在时空网中,由若干顶点和若干有向线段组成整个城市末端配送,这些顶点通常指仓库、配送中心、道路点或客户,有向线段指配送车辆的行驶路线,线路上的数据为该段路线的成本,将这些顶点与有向线段连接起来,就形成一个基本的城市末端配送时空网络。进一步,我们设置了状态维度来构建时空状态网络,可清晰地描述配送车辆的承载货物的变化,如[1,3]指的是物流车辆承载不同客户的商品需求,其含义为该车辆配送给客户1的商品数为1,配送给客户2的商品数为3。高铁快运末端配送的运输过程在时空状态网络中描述如图2所示。

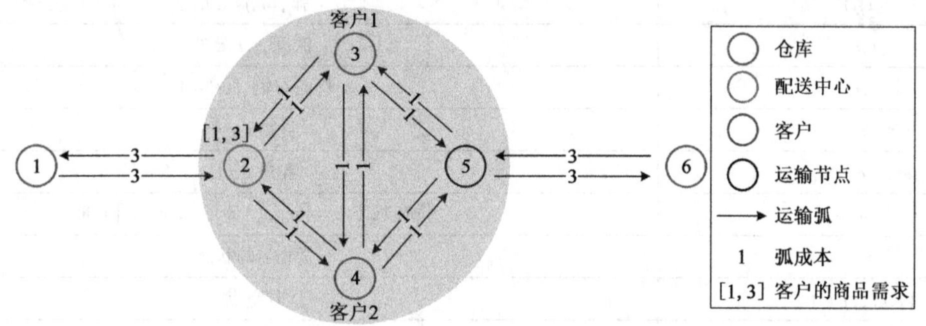

图2 高铁快运末端配送的物理描述

此外,举例说明货物状态维度的变化,如图3所示。状态维度可清晰地表示出物流车辆承载货物的转变过程。物流车辆从仓库出发将货物配送至配送中心,再由配送中心向客户配送货物,最后返回仓库。在求得最优路径的同时,每一阶段的状态变化过程均可由状态维度展示出来。

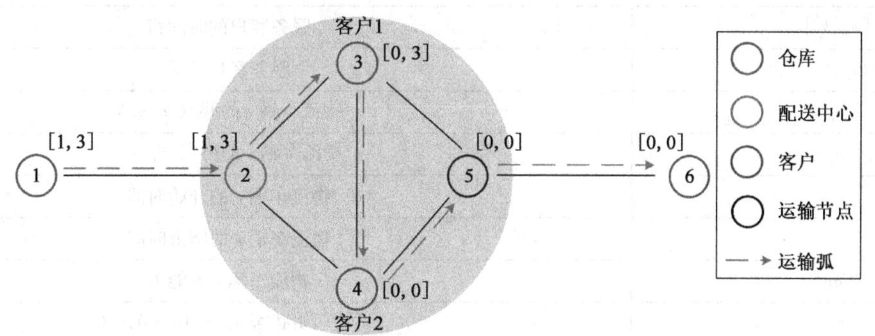

图3 末端配送状态维度的变化过程

2 模型构建及符号说明

2.1 符号说明

该模型所涉及的符号及变量说明如表1所示。

所建模型的指标、集合、参数和决策变量 表1

符　号	定　义
N	点集合
L	弧集合
T	点集合
V	物流车辆集合
V^*	备用物流车辆集合
R	货物集合
W	货物状态集合
C	客户集合
A_v	车辆 v 在网络中运行的弧集合

续上表

符　　号	定　　义
φ	配送货物弧集合
i,j	点，$i,j\in N$
(i,j)	弧，$(i,j)\in L$
t,t'	时间，$t,t'\in T$
v,v'	物流车辆，$v,v'\in V$
r	货物 $r\in R$
c	客户 $c\in C$
w	货物状态 $w=[w_1,...w_c,...w_{\|C\|}]\in W$
w_c	货物 c 的状态
$(i,t),(j,t')$	时空点
(i,j,t,t')	时空弧
$(i,t,w)(j,t',w')(j',t'',w'')$	时空状态点
(i,j,t,t',w,w')	时空状态弧
a	(i,j,t,t',w,w') 的缩写
n	需配送的所有货物 $n=[n_1,...n_c,...n_{\|C\|}]$
$[e_\varphi,l_\varphi]$	服务客户的时间窗
(i_φ,j_φ)	服务客户的弧
o_v	物流车辆 v 的起点，$o_v\in N$
d_v	物流车辆 v 的终点，$d_v\in N$
e_v	物流车辆 v 的开始时间
l_v	物流车辆 v 的结束时间
Cap_v	物流车辆 v 的能力
w_0	货物初始状态 $w_0=[0,\cdots 0,\cdots 0]$
$c_{i,j,t,t',w,w'}$	(i,j,t,t',w,w') 的成本
$x^v_{i,j,t,t',w,w'}$	=1，如果物流车辆 v 在 (i,j,t,t',w,w') 运行，否则 =0

2.2　城市末端物流配送优化模型建立

根据城市末端物流配送的运输过程，所建立的优化模型为：

$$\min Z=\sum_{v\in V\cup V^*}\sum_{(i,j,t,t',w,w')\in A_v}c_{i,j,t,t',w,w'}\times x^v_{i,j,t,t',w,w'} \tag{1}$$

s. t.

$$\sum_{(i,j,t,t',w,w')\in A_v}x^v_{i,j,t,t',w,w'}=1$$

$$v\in V\cup V^*\quad i=o_v\quad t=e_v\quad w=w_0 \tag{2}$$

$$\sum_{(i,j,t,t',w,w')\in A_v}x^v_{i,j,t,t',w,w'}=1$$

$$v\in V\cup V^* j=d_v\quad t'=l_v\quad w'=w_0 \tag{3}$$

$$\sum_{(j,t',w')}x^v_{i,j,t,t',w,w'}-\sum_{(j',t'',w'')}x^v_{j',i,t'',t,w'',w}=0$$

$$v\in V\cup V^* \tag{4}$$

$$\sum_{v\in V\cup V^*}\sum_{(i,j,t,t',w,w')\in\varphi}x^v_{i,j,t,t',w,w'}\times w_\varphi=n_c$$

$$c\in C \tag{5}$$

$$e_\varphi\leqslant t_\varphi\leqslant l_\varphi \tag{6}$$

$$\sum_{c\in C}w_c\leqslant Cap_v \tag{7}$$

$$x^v_{i,j,t,t',w,w'}\in\{0,1\}\quad (i,j,t,t',w,w')\in A_v$$

$$v\in V\cup V^* \tag{8}$$

其中，式(1)为目标函数，目标为城市末端物流配送总成本最小。式(2)~式(4)表示在时空状态网络中的标准流量平衡约束，其中式(2)、式(3)表示每辆物流车辆保证从一个起点出发，在一个目的地结束；式(4)表示中间节点的流入流量与流出流量相同，即物流车辆 v 在 t 时刻到达节点 i 时，必须在下一个时间点离开。式(5)表示每位客户的商品请求都被配送。式(6)表示配送时间 t_φ 在客户要求的时间窗 $[e_\varphi,l_\varphi]$ 之内。式(7)表示配送商品的总量不超过物流车辆的能力。式(8)

表示 $x^{v}_{i,j,t,t',w,w'}$ 是二进制变量定义。

3 交替方向乘子法求解

多年来,许多学者对物流配送问题的求解算法进行了研究,包括启发式算法和精确算法。启发式算法虽然可以快速求解物流配送问题,但求解的质量难以衡量,而精确算法求解时间较长,难以解决实际工业问题。因此,本文选择了一种既高效又能评价解的质量的求解算法,即交替方向乘子法[11],其分为模型重构和模型分解与线性化两个步骤。在模型重构中,基于对偶化和增广过程,以打破问题的可分离结构为代价来松弛硬约束,即该交替方向乘子法适用于可分离结构的问题,如车辆路径问题(带时间窗的车辆路径问题,可换乘的车辆路径问题);为解决该问题,基于交替方向乘子法的迭代原理对模型进行分解并线性化,生成最小成本路径子问题进行求解。本质上,该最小成本路径子问题才用动态规划进行求解,输出下界的估计值和上界可行解,通过上下界的差值大小可评价解的质量。

3.1 模型重构

在所建立的城市末端物流配送优化模型中,公式(5)为时空状态网中的难约束,因此通过拉格朗日松弛,将公式(5)松弛到目标函数(1)中,形成公式(9)。其中 λ_c 表示配送服务的利润来保证公式(5)的松弛。

$$\min Z = \sum_{v \in V \cup V^*} \sum_{a \in A_v} c_a \times x_a^v + \sum_{c \in C} \sum_{v \in V \cup V^*} \sum_{a \in \varphi} \lambda_c \times (x_a^v \times w_\varphi - n_c) \tag{9}$$

进一步,在目标函数(9)中加入二次惩罚系数 ρ,并将其转化为具有目标函数(10)的增广拉格朗日松弛模型。其中 ρ 表示违反配送服务约束式(5)的惩罚程度。

$$\min Z = \sum_{v \in V \cup V^*} \sum_{a \in A_v} c_a \times x_a^v + \sum_{c \in C} \sum_{v \in V \cup V^*} \sum_{a \in \varphi} \lambda_c \times (x_a^v \times w_\varphi - n_c) + \frac{\rho}{2} \times \sum_{c \in C} \Big(\sum_{v \in V \cup V^*} \sum_{a \in \varphi} x_a^v \times w_\varphi - n_c \Big)^2 \tag{10}$$

3.2 模型分解与线性化

在重构的优化模型中,约束条件对于每一辆物流车辆 v 均是独立的,因此重构的模型可以分解为一系列子问题 $P(v)$,在子问题 $P(v)$ 中只有对应物流车辆 v 的决策变量变化,其余决策变量不变。因此定义 μ_c^v 为除物流车辆 v 外,其余车辆的配送商品总数,见公式(11)。通过引入该辅助变量,增广拉格朗日松弛目标函数(10)可以分解为一系列子目标函数(12)。

$$\mu_c^v = \sum_{v \in V \cup V^* \setminus \{v\}} \sum_{a \in \varphi} (x_a^{v'} \times w_\varphi), \forall c \in C \tag{11}$$

$$\min Z_v = \sum_{a \in A_v} c_a \times x_a^v + \sum_{c \in C} \sum_{a \in \varphi} \lambda_c \times (x_a^v \times w_\varphi - n_c) + \frac{\rho}{2} \times \sum_{c \in C} \Big(\sum_{a \in \varphi} x_a^v \times w_\varphi + u_c^v - n_c \Big)^2 \tag{12}$$

由于决策变量 x_a^v 是二进制变量,因此可以将目标函数(12)线性化以降低计算复杂度,见公式(13)。

$$\begin{aligned}\Big(\sum_{a \in \varphi} x_a^v \times w_\varphi + u_c^v - n_c \Big)^2 &= \Big(\sum_{a \in \varphi} x_a^v \times w_\varphi \Big)^2 + 2 \times \Big(\sum_{a \in \varphi} x_a^v \times w_\varphi \Big) \times \Big(\sum_{a \in \varphi} u_c^v - n_c \Big) + \Big(\sum_{a \in \varphi} u_c^v - n_c \Big)^2 \\ &= \sum_{a \in \varphi} x_a^v \times (w_\varphi)^2 + 2 \times \Big(\sum_{a \in \varphi} x_a^v \times w_\varphi \Big) \times \Big(\sum_{a \in \varphi} u_c^v - n_c \Big) + \Big(\sum_{a \in \varphi} u_c^v - n_c \Big)^2\end{aligned} \tag{13}$$

因此,物流车辆 v 的子目标函数(12)可转化为具有线性目标函数的最小成本路径问题,见公式(14)。物流配送成本由公式(15)表示。此时,模型即可通过动态规划[12]进行求解。

$$\min Z_v = \sum_{a \in A_v} \hat{c}_a^v \times x_a^v + C \tag{14}$$

$$\hat{c}_a^v = \begin{cases} c_a + \lambda_c \times w_\varphi + \dfrac{\rho}{2} \times (w_\varphi)^2 + \rho \times w_\varphi \times (u_c^v - n_c) & a \in \varphi \\ c_a & a \notin \varphi \end{cases} \tag{15}$$

4 算例分析

West Jordan 交通网络是位于美国犹他州盐湖城的西约旦公路网络,在研究物流配送问题中应用较为广泛,因此本文在该网络上对所提出的优化模型和交替方向乘子法进行测试,如图 4 所示。该网络由 378 条线路和 149 个节点组成。每条线路的旅行时间等价为每条线路长度的一定比例。在本次实验中,有 3 个配送中心,9 个客户。5 辆能力为 6 的物流车辆从起点出发进行配送服务最后返回仓库。物流服务过程设置为 60min,时间间隔为1min,每辆物流车辆的固定成本为5。二次惩罚参数ρ设为1。

通过对所建模型进行测试,10次迭代便可获得最优解,总时间在10min以内,总成本为135,从而证明该模型算法适用于求解中小物流网络。所求得的最优配送路径如图5所示,配送车辆从仓库出发,经过配送中心,逐一配送客户,最后返回仓库,完成配送过程。末端配送过程中的状态变化过程如图6所示。[2,4,0]中的数字,根据不同的颜色和数值,代表了交付给不同客户的商品数量,该图清晰地展示了各物流车辆随时间的动态运输过程。以物流车辆3为例,该物流车辆从仓库出发,经过配送中心2向客户5和客户6均配送3商品数量。

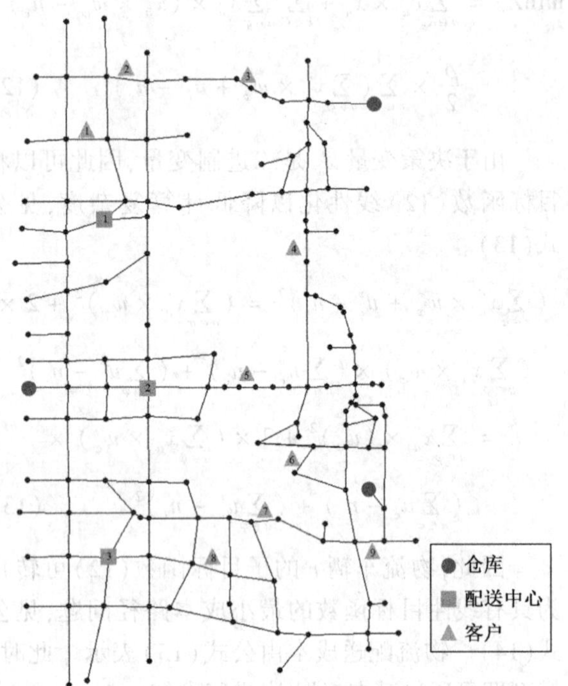

图4 The West Jordan 交通网络

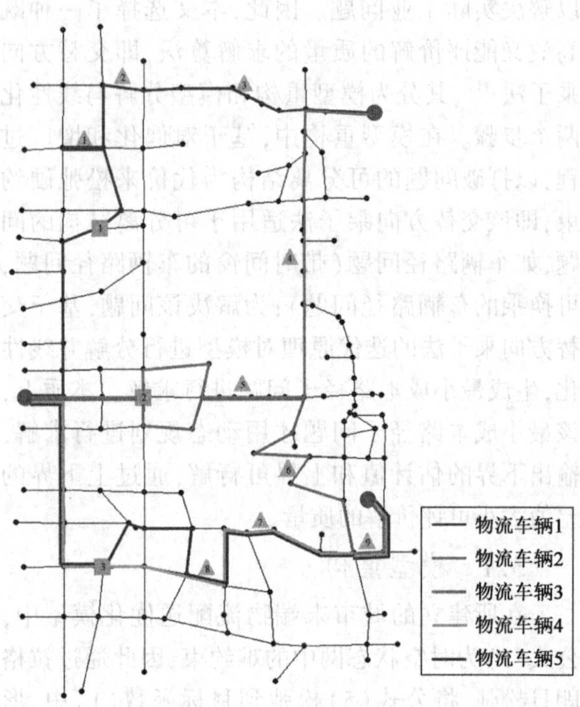

图5 城市末端配送最优路径

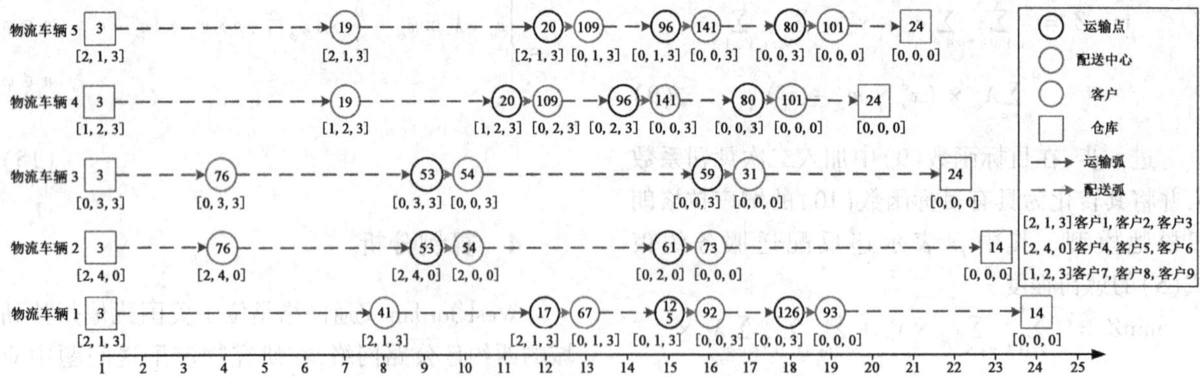

图6 城市末端配送状态变化过程

基于West Jordan网络求得的上下界值随迭代次数得增加而改变,如图7所示。最优配送方案在10次迭代内便可找到,这说明该ADMM算法适用于解决城市末端配送问题。在第10次迭代中,ADMM上界和下界解决方案之间没有差值(gap = 0),证明了该解决方案的高质量。

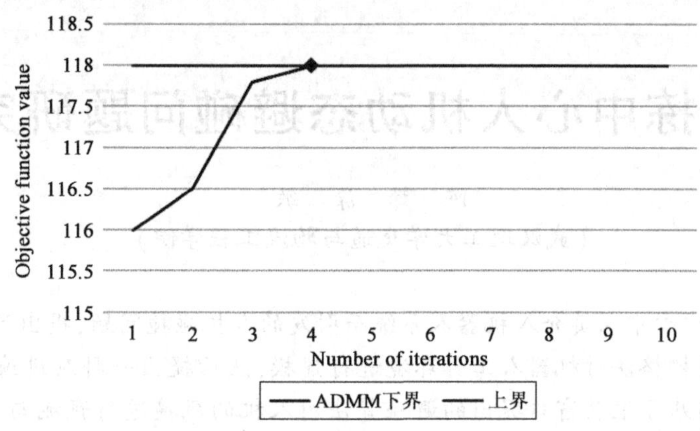

图7 The West Jordan 网络上随迭代次数变化的上下界值

5 结语

本文基于时空状态网构建了一个城市末端配送得优化模型，最小化配送成本下求得最优配送路径。与时空网不同，我们构建了时空状态网可以清晰地描述商品的变化过程。基于时空状态网，构建多商品流模型进行路径优化。为了求解该模型，提出了交替方向乘子法，将该优化模型分解为一系列求最短路径子问题。最后，通过数值实验验证了所提优化模型和算法的有效性。在以后的研究中，城市末端配送服务可以进一步考虑在配送中心换乘商品，提高运输效率，减少配送成本。另一个研究方向是在获得已知 App 订购数据的情况下，从系统角度出发分析配送人员的行为。

参考文献

[1] 王志奇. 基于改进蚁群算法的城市末端配送路径优化[J]. 中国物流与采购，2021(09)：73-75.

[2] 李瑞吉. 城市末端快递配送现状及配送模式研究[J]. 南方农机，2019，50(22)：215-216.

[3] 周香. 新零售背景下城市末端智慧物流配送模式研究[J]. 商场现代化，2021(21)：32-34.

[4] Ka A, Rgt B. Last mile delivery activities in the city centre-Insights into current practices and characteristics of delivery trips[J]. Transportation Research Procedia, 2020, 46: 261-268.

[5] Kiba-Janiak M, Marcinkowski J, Jagoda A, et al. Sustainable last mile delivery on e-commerce market in cities from the perspective of various stakeholders. Literature review[J]. Sustainable Cities and Society, 2021, 71(21): 102984.

[6] 牛凯歌. 高铁快运"门到门"运输方案编制方法优化研究[D]. 北京：北京交通大学，2020.

[7] 马春玲. 高铁快递物流末端取送系统优化研究[D]. 西安建筑科技大学，2020.

[8] 李伟. 高铁快运下城市末端物流配送路径优化研究[D]. 兰州交通大学，2019.

[9] 于雪峤，梁晓慷，徐中坚，王丹竹. 高铁快运作业流程问题诊断及优化研究[J]. 铁道运输与经济，2020，42(10)：62-68+73.

[10] 吴小雨，王蒙. 高铁+快递联合货物运输模式分析[J]. 物流工程与管理，2018，40(05)：71-72+74.

[11] Yao Y, Zhu X, Dong H, et al. ADMM-based problem decomposition scheme for vehicle routing problem with time windows. 2018.

[12] Wang S., Yang, L., Yao, Y., Zhang, Q., Shang, P.: Equity-oriented vehicle routing optimization for catering distribution services with timeliness requirements. IET Intell. Transp. Syst. 1-23 (2021).

分拣中心人机动态避碰问题研究

陈　锋　涂　敏*
(武汉理工大学交通与物流工程学院)

摘　要　针对分拣中心中人员介入机器人系统而引发的人机碰撞问题,提出了一种两阶段法进行避碰路径求解。首先,采用栅格法对机器人工作环境进行建模,然后提出一种改进遗传算法进行静态环境全局路径规划,而后利用基于滚动窗口提出的避碰算法对人机的碰撞进行预测与规避。仿真实验表明,所提出算法能够有效指导机器人在动态环境中实现规避,获得无碰最优或次优路径。

关键词　货运规划与物流管理　动态避碰　遗传算法　分拣中心

0　引言

随着互联网技术的快速发展以及电商行业的迅速兴起,快递行业已经愈发成为我国物流产业的重要组成部分。因此,在愈发庞大的作业量面前,传统的人工作业方式已无法满足企业快速、高效、准确的作业需求,不断提高作业的自动化程度已经成为物流行业的重要发展趋势之一。于是,分拣作业这一耗时耗力的物流作业环节首当其冲,成为提高作业自动化程度、提高作业效率的重要突破口。而为了达到降本增效的目的,将分拣作业的执行者由人转向更易控制的机器人亦是大势所趋。近年来,自动分拣机器人在各行业的设计与应用[1-3]正逐渐铺开。

但由于外部环境复杂,除了要使得机器人系统以有效协调的方式运行以保证在任务执行时具有目的一致性[4],如何在人机协作或是人的外部介入情景下,实现机器人的避让[5],在避免对工作人员造成伤害的同时保持系统的运作高效,亦是机器人系统在设计时必须要考虑的因素。

机器人系统的避碰问题,核心是寻找从起始点到目标点的无碰撞路径[6]。目前,遗传算法[7,8,9,10]、蚁群算法[11,12,13]等智能算法已经成为避碰路径求解的重要方法,采用的地图建模方法主要包括栅格地图法[14,15]、人工势场法等[16,17]。

分拣中心具有作业对象复杂、作业量庞大等特点,其机器人系统易出现机器人故障、投递口故障或堵塞等问题,因此维修人员对系统的介入无可避免,不同于人匀速运动,人变速运动在时空上带来的不确定性,不仅使得工作环境中出现了移动且不规律的障碍点,从而需要随着人的移动对工作环境进行不间断的刷新,也使机器人无法在冲突前预知每一时刻介入者的位置,导致机器人在行进过程中必须始终对下一时刻的行进路径开展碰撞预测,大大增加了路径搜寻的复杂性。虽然诸多学者已在机器人避碰问题上开展了深入的研究,但这一特定场景中,人变速运动带来的动态避碰问题研究仍存在着空白。因此,本文提出一种两阶段路径求解方法,基于栅格法对环境进行建模,利用遗传算法求解静态环境最优路径、利用滚动窗口理论对求解路径进行局部的碰撞预测与避碰,通过模拟人介入机器人系统而引发的动态避碰问题,对自动化分拣中心动态环境下的人机避碰进行研究。

1　工作环境模型

1.1　问题描述

对于人介入后的分拣系统,不仅存在着静态障碍物(固定设施),也存在着动态障碍物(人、机器人),如何实现机器人在动态环境下对变速运动对象的有效避碰是本文的主要研究对象。

对机器人与人在运行过程中提出如下设定:

(1)人具有最高的通过优先级;

(2)机器人之间不发生碰撞;

(3)机器人在以避碰为前提下始终搜寻最优路径;

(4)机器人只进行前、后、左、右方向的运达,且匀速运行;

(5)人的介入路径是事前明确规划的;

(6)人是变速运动的,通过其在不同位置停留时间的不同来体现这一运动特征。

1.2 模型建立

本文以某电商企业的无人分拣中心作为模型建立的基础，研究所提出避碰算法路径求解的效果。目前，该无人分拣中心已在存储系统、货到人系统、分拣 AGV 系统基本实现了智能化，其中，分拣 AGV 系统应用的智能控制系统可以在 0.2 秒内计算出 300 多个机器人运行的 680 亿条可行路径。根据资料，该分拣中心内部 AGV 行进通道呈网格状，故利用栅格法对其进行建模既能贴合实际，亦能避免由栅格分解导致的问题。

基于上述内容，以某电商企业的无人分拣中心现有布置为基础，选取其中大小为 38m × 23m，配有分拣机器人 80 台、投递口 70 个、供货台 6 个的作业区域，利用栅格法对工作环境建模，所生成栅格地图如图 1 所示。

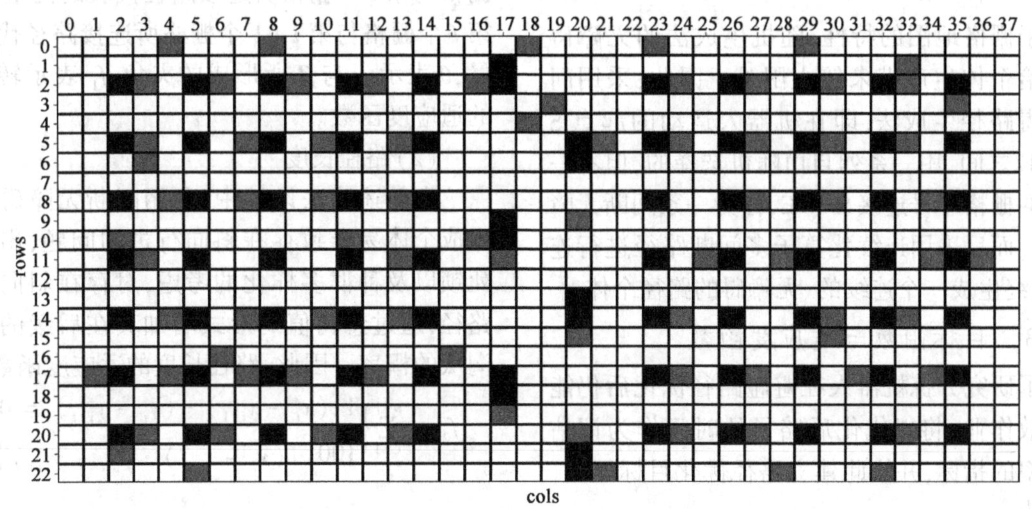

图 1 栅格地图

在图 1 所示栅格地图中，以左上角(0,0)处栅格为原点，每个栅格的大小设置为 1m × 1m，80 个分拣机器人以红色栅格表示，70 个包裹投递口以占一个单位的黑色栅格表示，以及 6 个供货台以占两个单位的黑色栅格表示。栅格地图中，分拣机器人以 1m/s 的速度匀速运动，单个机器人在运行时将作膨化处理，即运行时占用所在栅格的全部面积，机器人的行动逻辑为每次仅向前、后、左、右四个方向中的一个移动一次。

为了便于在后续对分拣机器人对的路径进行研究，并提高后续的解码速度，将采取序号法对栅格地图的每一个栅格进行编码，对任意直角坐标 (x,y) 的编码方法可表示为：

$$N = x + 1 + y \cdot x_{\max} \tag{1}$$

式中：$x_{\max}$——x 轴的最大取值。

为明确坐标与编号之间的联系，基于图 1 所示栅格图，截取部分栅格的编号坐标对应图，如表 1、表 2 所示。

坐 标 示 例 表 1

0,0	1,0	2,0	3,0	4,0
0,0	1,0	2,0	3,0	4,0
0,1	1,1	2,1	3,1	4,1
0,2	1,2	2,2	3,2	4,2
0,3	1,3	2,3	3,3	4,3
0,4	1,4	2,4	3,4	4,4

坐标对应栅格序号 表 2

1	2	3	4	5
39	40	41	42	43
77	78	79	80	81
115	116	117	118	119
153	154	155	156	157
191	192	193	194	195

2　算法设计

2.1　遗传算法个体编码

个体表示机器人在其工作空间中的一条运动路径。基于前述对栅格地图的编码,用一连串栅格序号表示个体。如某个个体路径为(0,0)-(1,0)-(1,1)-(2,1),可表示为[1,2,40,41]。

2.2　种群初始化

由于栅格地图的特性,随机生成法的无障碍性将会给个体生产带来较大困难。因此,采用间断无障碍路径生成法,即在机器人运动的起点S到终点E之间,用一系列自由随机选择的,但不一定连续的栅格序号连接S和E,称为一条间断无障碍路径。而后采用连续化算子多间断路径进行连续化,最终生成一个连续的、无障碍的路径个体。

2.3　目标函数与适应度函数

为了研究分拣机器人在避碰路径优化后仍能保证高效作业,将以优化后路径的时间作为评估路径效率的指标,并依此建立路径优化目标函数,可表示为:

$$\min T = \sum_{j=1}^{m}\sum_{i=1}^{n-1}\frac{d_i}{V} \tag{2}$$

其中,T表示机器人的总运行时间,d_i表示分拣机器人从第i个位置到第$i+1$个位置的最短距离,V表示分拣机器人的运行速度,n表示从起始栅格到目标栅格所需要移动的次数,m表示系统中自动分拣机器人的个数。由于分拣机器人每次仅向前、后、左、右四个方向中的一个移动一个栅格,因此$d_i=1$。

建立适应度函数是为了在由所有可行路径组成的种群中,筛选出更优的个体,并以所有筛选出的较优个体作为新的种群,进行下一轮的比例适应度筛选,直至迭代结束。本文将路径转弯次数与路径长度同时纳入适应度函数,确保运行路径最短的同时,减少因转弯次数过多而增加的运行时间。

(1)转弯次数

为了把优化路径中的转弯次数量化,利用向量法确定路径中某相邻两段路径之间的夹角。相关的计算公式为

$$\vec{\alpha} = (x_{i-1} - x_i, y_{i-1} - y_i) \tag{3}$$

$$\vec{\beta} = (x_i - x_{i+1}, y_i - y_{i+1}) \tag{4}$$

$$\theta = \arccos\frac{\vec{\alpha}\cdot\vec{\beta}}{|\vec{\alpha}||\vec{\beta}|} \tag{5}$$

转弯次数的适应度函数为

$$f_1 = \sum_{i=2}^{n-1}\begin{cases}0, \theta = 0° \\ 1, \text{else}\end{cases} \tag{6}$$

其中,表示优化路径中的第i个栅格位置,x_i,y_i表示该栅格位置的直角坐标,$\boldsymbol{\alpha}$表示第$i-1$个栅格与第i个栅格所连接路径代表的向量,$\boldsymbol{\beta}$表示第i个栅格与第$i+1$个栅格所连接路径代表的向量,θ表示$\boldsymbol{\alpha}$与$\boldsymbol{\beta}$所形成的夹角,f_1表示转弯次数的适应度函数。

(2)路径长度

在前述算法设计中,利用间断无障碍路径法生成个体易导致存在斜向行进的问题,出于避免死锁以及种群多样化的考虑,对存在斜向行进的路径,通过惩罚值的形式增加其在后续的选择中淘汰的概率。因此,路径长度的适应度函数f_2为

$$f_2 = \sum_{i=1}^{n-1}\begin{cases}1, (x_i - x_{i+1})\cdot(y_i - y_{i+1}) = 0 \\ 100, |(x_i - x_{i+1})\cdot(y_i - y_{i+1})| = 1\end{cases} \tag{7}$$

综上,动态环境下人机避碰问题的适应度函数可表示为

$$F = k_1 f_1 + k_2 f_2 \tag{8}$$

其中,k_1,k_2分别表示两子函数的加权系数。基于时间最短的目标函数,本文将k_1,k_2的取值均设为1。

2.4　遗传算子

(1)评价算子

基于公式2.6中所设计的适应度函数,对每次迭代所产生的个体进行适应度评价,从而为选择算子提供操作依据。

(2)选择算子

基于评价算子所求适应度,利用轮盘赌方法对个体进行选择,对于选择后缩小的种群规模,基于精英策略将适应度高的个体补充进种群。

(3)交叉算子

采用重合点交叉法进行交叉,即对遍历交叉的两个个体,选择除起终点外栅格序号完全相同的点进行交叉操作,若重合点多于一个随机选择其一进行交叉,无重合点时不交叉。该交叉法不易产生间断路径,能够提高求解效率。交叉过程如图2所示。

(4)变异算子

采用单点变异法进行变异,即在变异的个体中随机选取一个除起终点以外的序号,用随机生成且不在原个体中的序号代替它,对于可能产生的路径间断问题,利用连续化算子对变异后的路径进行连续化。变异过程如图3所示。

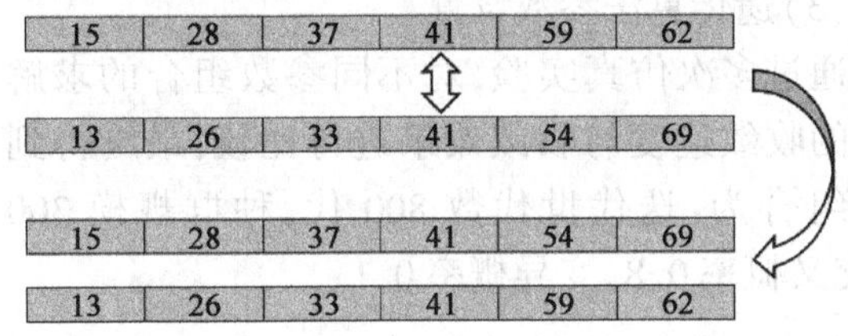

图2 交叉过程

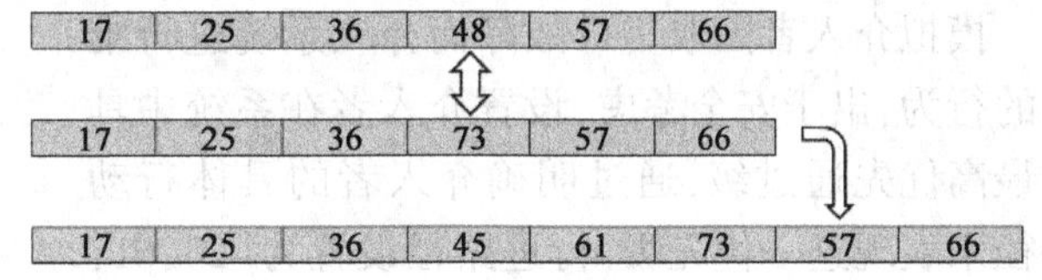

图3 变异过程

(5)连续化算子

把间断路径用自由栅格弥补,使之成为连续路径。具体操作如下:

①判断两个相邻栅格是否连续

$$D = \max\{\mathrm{abs}(x_i - x_{i+1}), \mathrm{abs}(y_i - y_{i+1})\} \tag{9}$$

式中:max、abs——取最大值和取绝对值操作。若 $D=1$,则相邻栅格连续,否则不连续。

②不相邻栅格插入候补点

$$\begin{aligned} x_m &= \mathrm{ceil}\left(\frac{x_i + x_{i+1}}{2}\right) \\ y_m &= \mathrm{ceil}\left(\frac{y_i + y_{i+1}}{2}\right) \end{aligned} \tag{10}$$

其中,x_m,y_m 表示候补点,ceil 表示向上取整操作。若计算得到的候补点是自由栅格,则重新编码并插入两个不连续的栅格之间,若是障碍栅格,则搜寻该候补点上、下、左、右四个方向的自由且非重复栅格作为新的候补点,而后从中随机选择一个插入。若无法搜寻到新的候补点,则宣告连续化失败,舍去该个体。

重复上述 a,b 所述过程,直至个体成为连续可行的路径,或连续化失败舍去该个体。

2.5 动态避碰

人机避碰策略可分为等待策略、返回策略、选点策略等。考虑到等待策略给工作环境增加的复杂性、机器人加减速过程中的时间消耗,返回策略可能造成的路径冗余问题,设置分拣机器人的避碰策略为选点策略。选点策略的基本思路是在预测到碰撞的前提下,在碰撞点四周寻找可行栅格,完成局部路径的重新规划,从而达到避碰的效果。

基于滚动窗口理论,以机器人和人在环境中运行的时间轴为切入点,对人机局部的碰撞进行预测和规避,具体操作如下:

(1)确定介入系统人的路径以及时间轴,基于遗传算法在静态环境下求解结果,得到机器人的路径以及时间轴。

(2)以人的时间轴为主轴,逐个提取该轴内单位时间人的位置,以及对应机器人所在位置,比对人与机器人的栅格序号,若不发生碰撞,主轴增加一个时间单位,重复上述操作,若发生碰撞,转至(3)~(7)。

(3)预测到将发生碰撞,首先将碰撞点所在栅格设为障碍栅格。

(4)检测人是否将在下一单位时间进入一个新的栅格,若是则将该新栅格同样设为障碍栅格。

(5)以碰撞点为基点,在机器人路径中取基点左右两侧的两个栅格作为局部避碰的节点,并在机器人路径中删去该碰撞点。

(6)取出发生碰撞前一个单位时间人所在栅格序号,同 e 中两个节点共同形成局部避碰的三个基点,并通过检测去除其中重复的点,最终形成一个局部避碰的间断路径。

(7)使用连续化算子对(6)中生成的间断路径进行连续化操作,将连续化结果中非重复部分插入机器人路径中。而后主轴增加一个时间单位,转至(2)继续进行避碰预测。

3 仿真研究

基于简述所建立工作环境模型以及所设计算法,利用 Python 语言对模型与算法进行构建,并对环境内单个机器人的动态避碰问题进行仿真研究,具体过程如下文。

3.1 参数设置

(1)机器人参数设置

模拟分拣机器人从某一点向投递口送货的行

为,起点栅格序号设置为 80,栅格地图坐标为(3,2),终点栅格序号设置为 328,栅格地图坐标为(23,8),以 1m/s 的速度匀速行驶。

(2)介入者参数设置

模拟介入者因取货口故障而介入系统进行维修的行为,出于安全考虑,设置介入者在系统中具有最高优先通过级,通过明确介入者的具体行动路径来表现这一优先级,行进路径设置为[23,61,99,137,175,213,251,289,327,365,403,441,442],即介入者以栅格序号 23(栅格地图坐标(22,0))处为介入点,通过路径前往栅格序号 442[栅格地图坐标(22,11)]处进行维修。利用一组随机生成的数字来表示介入者在不同栅格停留时间,从而体现介入者的变速运动。

在本文中,可以采用随机生成法对时间进行设置,但考虑到算法输出结果的不尽相同(路径最短但路线不同)、局部最优解的存在以及仿真的效率,将时间设置为一组确定但不定长的数组表征变速运动,目的在于以介入者运行为自变量,对机器人动态环境下最短路径求解这一因变量的有效性进行探索,对避碰算法面向机器人不同路径进行预测与规避的有效性进行验证。停留时间设置为[4,3,2,3,3,3,4,2,3,2,3,1,2](单位:s)。

(3)遗传算法参数设置

通过多次仿真实验,对不同参数组合的求解结果的收敛速度与收敛效果进行比较,最终得到参数组合为:迭代世代数 800 代,种群规模 300 个,交叉概率 0.8,变异概率 0.1。

3.2　仿真结果

基于所确定的参数设置进行仿真,得到如下结果。

(1)函数收敛情况

从图 4 可以看出,适应度函数在前 50 代快速收敛,在第 250 代左右开始趋于区域平稳,但由于遗传算法存在着局部最优解的问题,在第 450 代至第 500 代之间存在着波动,因此通过增加迭代次数继续搜寻最优解,最终适应度函数进一步收敛并终趋于平稳。

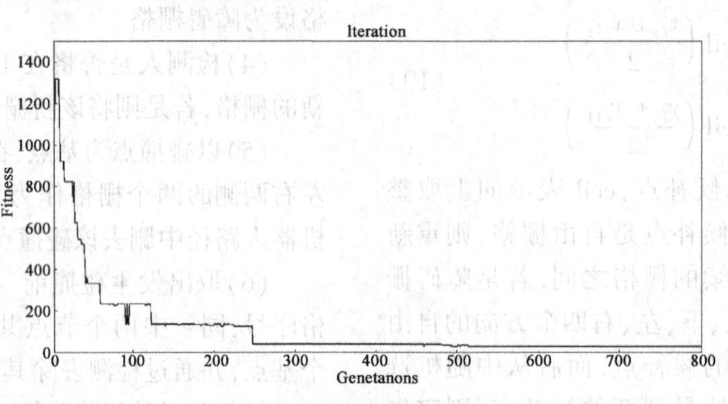

图 4　函数收敛情况

(2)静态环境路径规划

根据适应度函数收敛结果,得到求解的最短路径,如图 5 所示。

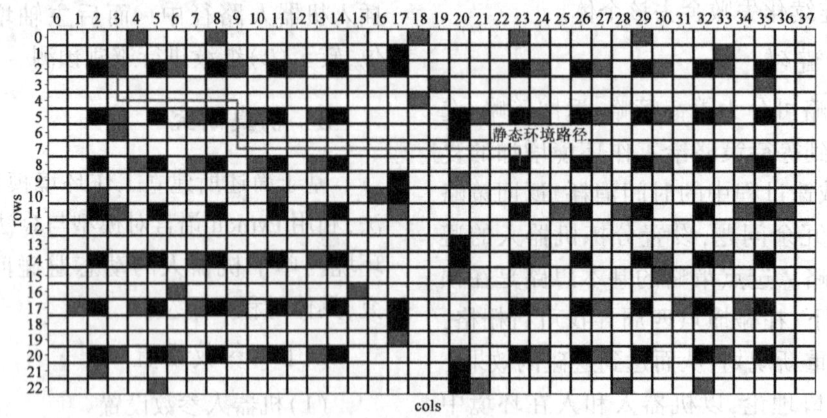

图 5　静态环境路径

该最短路径长度为26，目标函数值为30，具体可表示为：[80,118,156,157,158,159,160,161,162,200,238,276,277,278,279,280,281,282,283,284,285,286,287,288,289,290,328]。

(3)局部预测与避碰

对所设置介入者的路径、时间轴与(2)中机器人的路径、时间轴进行比对，预测结果表示机器人将与介入者在第24s发生碰撞，触发避碰机制，对机器人路径进行局部避碰操作，最终得到如图6所示的结果。

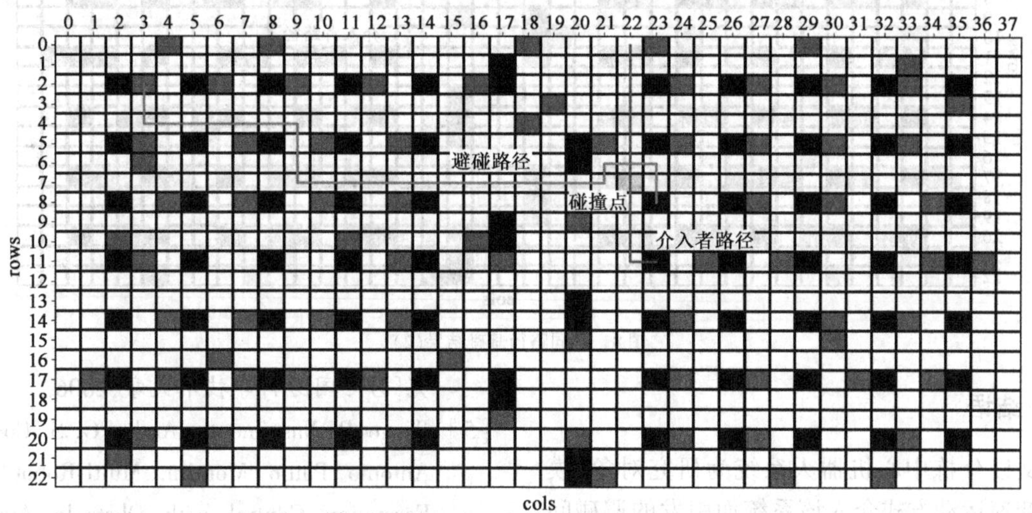

图6 避碰路径

如图6所示，橙色路径代表避碰后机器人的运行路径，蓝色路径代表介入者路径，黄色栅格代表所预测的碰撞点。避碰后机器人运行路径长度为28，目标函数值为34，具体可表示为：[80,118,156,157,158,159,160,161,162,200,238,276,277,278,279,280,281,282,283,284,285,286,287,288,250,251,252,290,328]。

此外，利用局部最优解问题而导致的路线以及长度的差异，对动态避碰部分算法的有效性进行检验，相关仿真结果如图7、图8所示。

根据图7所示仿真结果，在机器人运行路径长度仍为26、但运行路线不同时，算法能够检测到局部碰撞并执行避碰操作。

根据图8所示仿真结果，在机器人运行路径长度为30且运行路线不同时，算法检测后输出无碰撞的预测结果，不进行局部避碰操作，最终输出部分重叠但无碰撞的机器人运行路径。

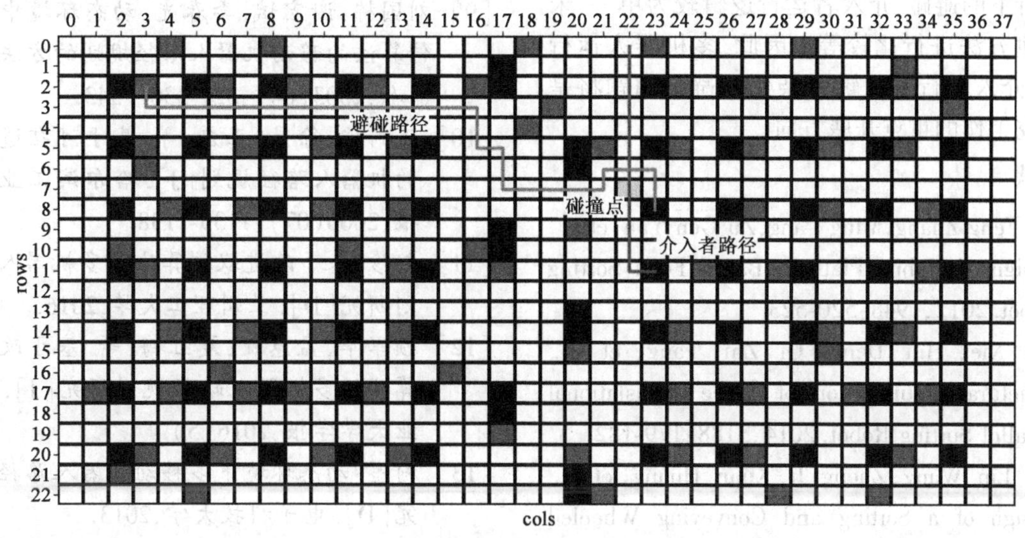

图7 不同路径避碰结果(1)

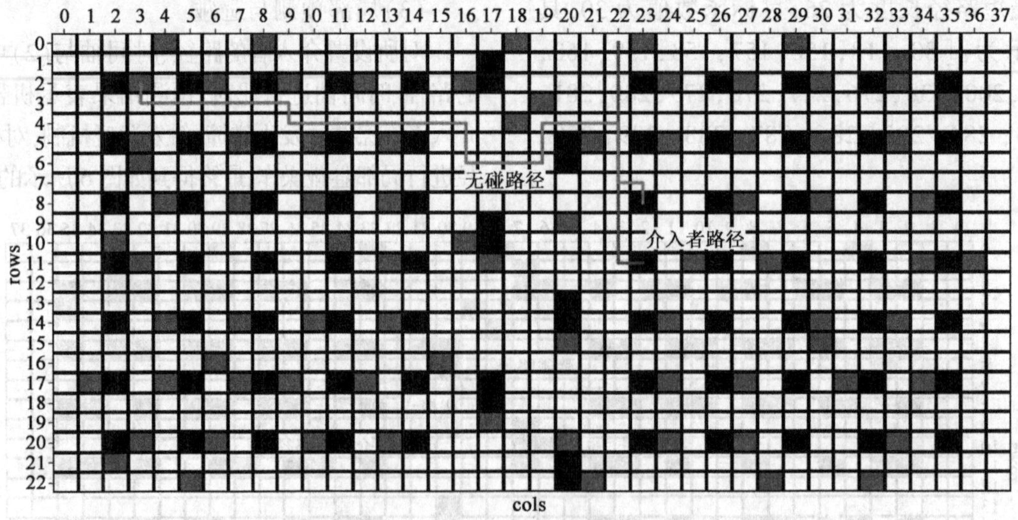

图8 不同路径避碰结果(2)

4 结语

本文以分拣中心机器人系统为研究对象,模拟人以变速运动方式介入该系统而引发的避碰问题,通过提出的两阶段求解法,即第一阶段以改进的遗传算法规划静态环境机器人最短运行路径,第二阶段利用避碰算法进行局部碰撞的预测与避让,对避碰问题进行了求解。通过仿真得到了不同路径下机器人的避碰结果,证明了避碰算法的有效性,同时也证明了在两阶段求解法下,机器人能够搜寻到短路径、无碰撞的局部避碰路径,为物流中心在外部介入情况下的碰撞规避问题提供了解决思路。

本文研究工作仍存在着不足,如未考虑多机器人运行下的避碰、介入者运行逻辑较为单一、未能同其他方法进行比较等。因此,多机器人运行环境下,介入者行进逻辑复杂化的避碰问题将是后续研究工作的重点开展方向。

参考文献

[1] Tie Feng Zhang, Ming Pang, Zu Gen Yan, et al. Design of Mobile Platform Based Food Sorting Robot. 2012, 1948:520-523.

[2] Jun Xie, Hui Deng, Qi Zhi Yang, et al. Structural Optimization of Three Translational Parallel Sorting Robot. 2014, 3188:179-182.

[3] Yu Lin Wang, Zheng Ji, Kuan Huang, et al. Design of a Sorting and Conveying Wheeled Mobile Robot. 2014, 3040:207-212.

[4] 柳林. 多机器人系统任务分配及编队控制研究[D]. 国防科学技术大学,2006.

[5] Tiago P. Nascimento, Andre G. S. Conceicao, António Paulo Moreira. Multi-Robot Systems Formation Control with Obstacle Avoidance. 2014, 47(3):5703-5708.

[6] 包翔宇,曹学鹏,张弓,等. 多机器人协同系统的研究综述及发展趋势[J]. 制造技术与机床,2019(11):26-30.

[7] 葛继科,邱玉辉,吴春明,等. 遗传算法研究综述[J]. 计算机应用研究,2008(10):2911-2916.

[8] 孙树栋,曲彦宾. 遗传算法在机器人路径规划中的应用研究[J]. 西北工业大学学报,1998(01):3-5.

[9] 刘国栋,谢宏斌,李春光. 动态环境中基于遗传算法的移动机器人路径规划的方法[J]. 机器人,2003(04):327-330+343.

[10] 王科俊,徐晶,王磊,等. 基于可拓遗传算法的机器人路径规划[J]. 哈尔滨工业大学学报,2006(07):1135-1138.

[11] 赵珍. 基于改进蚁群算法的多机器人路径规划研究[D]. 兰州理工大学,2016.

[12] 顾军华,孟慧婕,夏红梅,等. 基于改进蚁群算法的多机器人路径规划研究[J]. 河北工业大学学报,2016(5).

[13] 柯星. 动态环境下多移动机器人路径规划研究[D]. 电子科技大学,2013.

[14] 夏清松,唐秋华,张利平. 多仓储机器人协同路径规划与作业避碰[J]. 信息与控制,

2019,48(01):22-28+34.

[15] 王雷,李明,唐敦兵,等.基于改进遗传算法的机器人动态路径规划[J].南京航空航天大学学报,2016,48(06):841-846.DOI:10.16356/j.1005-2615.2016.06.010.

[16] 桑雷,吕强.基于人工势场法的多机器人编队与避障[J].信息系统工程,2020(03):139-142+145.

[17] 杨一波,王朝立.基于改进的人工势场法的机器人避障控制及其MATLAB实现[J].上海理工大学学报,2013,35(05):496-500.DOI:10.13255/j.cnki.jusst.2013.05.009.

参数解释表

参数符号	参数释义
x_{max}	栅格地图 x 轴的最大取值
T	机器人的总运行时间
d_i	机器人从第 i 个位置到第 $i+1$ 个位置的最短距离
V	机器人运行速度
n	机器人从起始点移动至目标点的移动次数
m	环境中机器人的个数
x_i	机器人在第 i 个位置的 x 坐标
y_i	机器人在第 i 个位置的 y 坐标
$\boldsymbol{\alpha}$	机器人从第 $i-1$ 个位置到第 i 个位置连接所形成的向量
$\boldsymbol{\beta}$	机器人从第 i 个位置到第 $i+1$ 个位置连接所形成的向量
θ	向量 α 与向量 β 形成的夹角
max	取最大值
abs	取绝对值
x_m	机器人在第 i 个位置与第 $i+1$ 个位置之间候补位置的 x 坐标
y_m	机器人在第 i 个位置与第 $i+1$ 个位置之间候补位置的 y 坐标
ceil	对数值向上取整

全球海运集装箱保有量影响因素分析及预测

迟美燕　朱晓宁*　刘文茜

(北京交通大学 交通运输学院)

摘　要　为了对未来全球海运集装箱保有量进行预测,本文从全球经济发展、全球海运集装箱贸易发展以及集装箱的平均周转时间三方面剖析了影响全球海运集装箱保有量的主要原因。构建了基于灰色预测-长短期记忆神经网络(GM(1,1)-LSTM)的预测模型对未来5年全球海运集装箱的保有量进行预测,提高了保有量预测的精确度。结果表明:此模型对集装箱保有量预测具有较强的实用性,可为全球海运集装箱保有量预测提供一种新的途径和方法。

关键词　物流　保有量测算　GM(1,1)-LSTM模型　海运集装箱

1.基金项目:中央高校基本科研业务费专项资金(2021YJS078)、国家自然科学基金"联合基金项目"(U2034208)/the Fundamental Research Funds for the Central Universities(2021YJS078) and the Joint Funds of the National Natural Science Foundation of China(U2034208)。

0　引言

海运是全球贸易的最主要运输方式。2020年,海运占全球贸易运输量的比重为86%。根据克拉克森统计数据,2021年,全球海运贸易量达120亿t,同比增长3.9%,近年来,海运集装箱行业竞争越来越激烈,世界经济的波动包括新冠疫情都会对世界海运集装箱的需求量造成一定的影响,对集装箱保有量进行科学合理的预测,一方面能够帮助航运企业避免出口用箱紧张或因缺箱而增加租赁成本,另一方面可以避免因存箱过多造成港口拥堵,降低运作效率,减少非必要性的箱管费用支出。因此找到合适集装箱的保有量预测方法成为很多航运企业关注的问题。

国内外的学者都对集装箱需求量的预测方法进行了研究,高秀春[1]、魏辉[2]等利用BP神经网络模型分别对曹妃甸港,大连港的集装箱需求量进行预测。刘昆[3]、宋兵兵[4]均使用了组合预测:前者利用灰色预测模型、一元线性回归预测方法分别对铁路集装箱运输的周转量进行预测,最后使用组合预测结合铁路集装箱周转量与集装箱专用平车的线性关系对我国铁路集装箱专用平车的需求量进行预测;后者利用组合预测方法对营口港的集装箱需求量进行预测。李洪磊[5]使用灰色模型GM(1,1)模型预测了大连港的物流需求规模。于楠[6]利用灰色预测-神经网络预测模型对青岛港的物流需求进行预测。李文瀚[7]利用灰色理论对D港口的需求进行预测。李顺[8]采用XGBoost模型对宁波港物流需求进行预测,使用遗传算法对模型寻优求解。Yasmine Rashed[9]等人通过将自回归分布滞后模型与经济情景相结合,提出了三步法来推断特定风险的潜在影响,从而预测港口的吞吐量。Anqiang Huang[10]提出了一种新颖的基于区间知识的预测方法,对青岛港的集装箱吞吐量进行预测。Rashed[11]等人采用了一种单变量方法,使用月度数据来预测短期估计的领先滞后关系。Meersman和Van de Voorde[12]得出结论,GDP和货运之间的长期假设关系随着时间的推移发生了变化,将这种变化归因于政府的作用、国际物流发展、贸易自由化、运输成本的降低和能力的利用。即使这种关系在长期内不稳定,它仍然可以用于短期和中期的预测。Moscoso-Lopez,JA[13]使用了两种预测模型分别为人工神经网络和支持向量机预测模型,对阿尔赫西拉斯湾港口多式联运货物的混装货运量进行预测,并对两种模型的预测结果进行对比分析。Dragan D[14]等人采用主成分分析法确定影响港口货物吞吐量的主要指标,利用多元时间序列预测模型预测了亚得里亚海港的物流货物吞吐量。

根据现有研究总结可以发现,比较常用的单一预测模型有:灰色预测模型、一元线性回归模型、BP神经网络预测模型等。其中灰色预测模型、一元线性回归模型无法将影响因素考虑在内,缺乏与实际情况的结合;BP神经网络模型需要大量的数据进行训练,但因采用的是一种局部搜索的优化方法,训练过程中权重参数会随时改变,所以容易陷入局部最优解。综上所述,单一预测模型在预测上很难得到理想的效果,近年来组合预测逐渐得到海内外学者的青睐,通过将几种预测方法按一定权重结合,可以很好地弥补单一预测模型的补足,提高预测精度。因此,本文提出利用灰色预测-长短期记忆神经网络(GM(1,1)-LSTM)模型对海运集装箱的保有量进行了组合预测,与传统预测结果进行比对,结果表明该模型具有较高的精度。

1　全球海运集装箱保有量的影响因素分析

对全球集装箱保有量进行预测的首要前提是分析影响集装箱保有量的因素,吴翊[15]认为决定一个港口集装箱合理保有量的因素有两个方面,一方面是港口集装箱重箱出口水平,另一方面集装箱在港口的周转天数,基于此,扩展到全球海运集装箱保有量的影响因素,可以总结为全球经济发展、全球海运集装箱贸易发展,集装箱的平均周转时间,前两者是集装箱产业发展的原动力,决定了集装箱重箱的出口水平,后者决定了集装箱的利用效率,具体如图1所示。

1.1　全球经济发展

全球经济、贸易、集装箱航运三者之间有着密切的关系:集装箱航运作为全球各国经济、贸易交往的重要载体,它的发展能够更好地满足全球物流的需求,而物流业的发展无疑能够很好得促进着经济全球化的发展。同时,全球经济的发展,会为集装箱航运业提供更多技术和经济支持,促进航运业现代化的发展进程。由此可见,它们之间相互影响、相互促进。如图 2 所示,世界经济和国际贸易的增长,与海运集装箱贸易量的增长是相辅相成的。2021 年各国先后进入经济重启模式,全球各国和地区已经推出总计 16 万亿美元以上财政刺激(其中,美国的经济刺激达到近 6 万亿美金)来提振经济。IMF 预计全球经济增速达到5.9%,这将是全球近 50 年以来最强劲的增长。

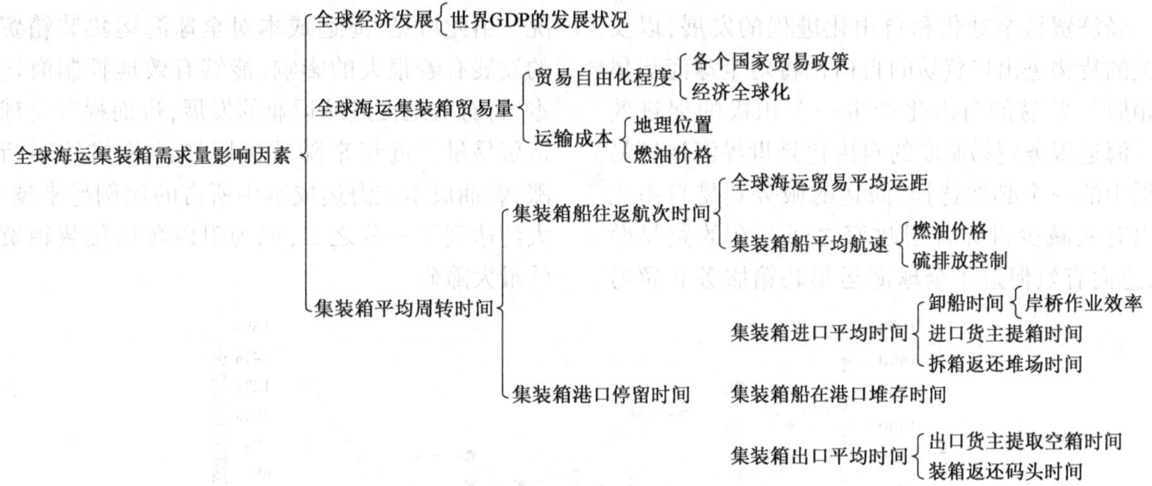

图 1　全球海运集装箱保有量影响因素

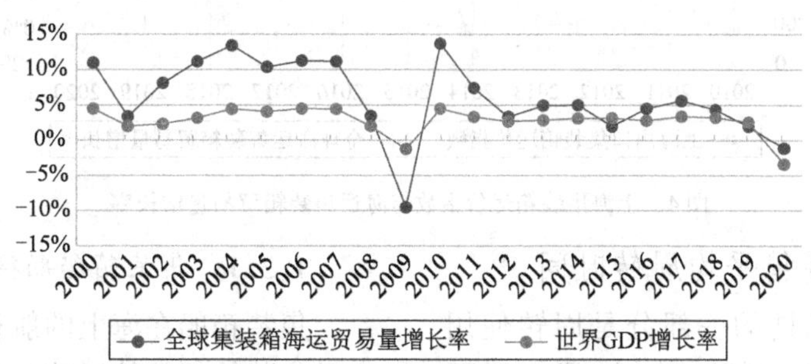

图 2　世界 GDP 及海运集装箱贸易量增长率

1.2　全球海运集装箱贸易发展

如图 3 所示,可以看出全球海运贸易量与集装箱的保有量自 2010 年以来均平稳增长,呈现正相关的关系。比较特殊的,2020 年全球海运集装箱贸易量有小幅度下滑,这是因为 2020 年年初全球爆发的新冠疫情,对全球经济的发展造成了巨大的影响,目前,随着全球疫情逐渐得到有效控制,全球经济稳步恢复,全球集装箱海运贸易量也在随之恢复增长。2021 年前 10 个月,全球海运贸易量月平均增速达到 3.8%。干散货、集装箱货物贸易量强劲回升是今年全球海运贸易的主要推动力,同比分别增长 4.1% 和 6.6%。全球海运贸易量预计在 2021 年增长 3.7% 至 119.6 亿 t,实现 V 型反弹。2022 年海运贸易量有望进一步增长 3.5% 达到 123.9 亿 t。

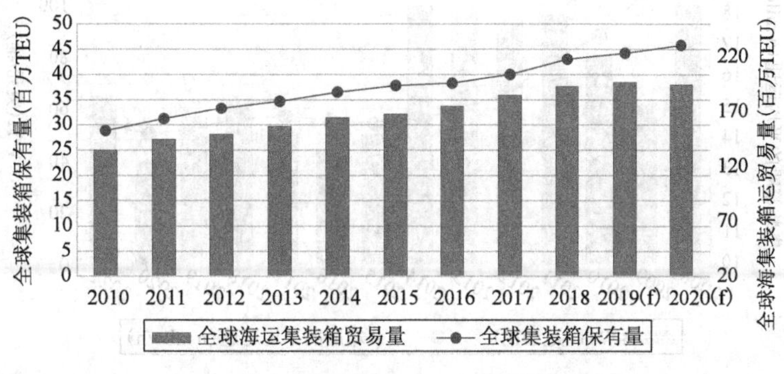

图 3　全球集装箱保有量集海运集装箱贸易量

全球海运集装箱贸易的发展除了受前文提及的全球经济发展的影响、还与贸易自由化程度及海运成本有密切的关系。

1.2.1　贸易自由化程度

经济贸易全球化和自由化进程的发展,以及相关的货物进出口贸易的自由化将对全球海运集装箱服务贸易的自由化产生一个积极的促进效果。海运服务贸易制度的自由化是世界海运贸易发展中的一个必然选择,海运的服务贸易自由化可以有效减少世界各国政府之间存在的贸易壁垒,进而有效促进了全球海运集装箱服务和贸易一体化的发展。

1.2.2　海运成本

如图4所示,上海集装箱运价指数与全球海运集装箱的贸易量大致呈现一个此消彼长的状况。由此可见,海运成本对全球海运集装箱贸易的发展有着很大的影响,能够有效地控制海运成本,将有效地促进航运业的发展,进而提升全球海运贸易量。近年来随着国际燃油价格的不断高涨,燃油成本在海运成本中所占的比例越来越大,大约达到了三分之二,成为阻碍海运集装箱贸易的最大障碍。

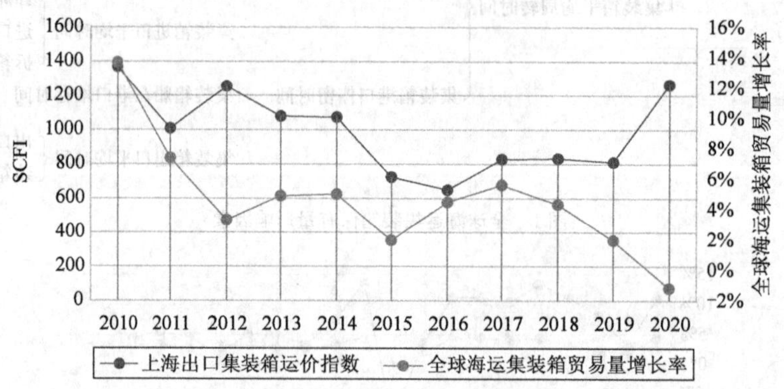

图4　上海集装箱运价指数与海运集装箱贸易量增长率

1.3　航线上集装箱平均周转时间

集装箱作为运输工具的一部分是周转使用的,如果集装箱周转很快、利用率较高,那么需要的集装箱的数量也会相对较少。集装箱平均周转时间是指集装箱从某一地点装运货物以后,再返回到原来地点为止所需要的天数。把许多集装箱的周转天数相加后的总天数除以集装箱数,即为集装箱的平均周转天数。航线集装箱的平均周转时间包括了集装箱船舶往返航次的时间及在两端港口及其腹地的平均周转时间。

1.3.1　集装箱船舶往返航次时间

集装箱船在海上的航行时间主要与航线的距离及集装箱船的航运速度有关。集装箱的航运速度主要是与原油的价格有关,如图5所示,在原油价格上升时,集装箱船的平均船速呈下降趋势,反之亦然。此外,自2015年,国际海事组织(IMO)设置了硫氧化物排放控制区域,全球平均航运速度维持在14n mile/h左右的下复读范围波动。随着运费市场回暖,2021年全球远洋货船整体平均航速较2020年5月最低时期略有回升。

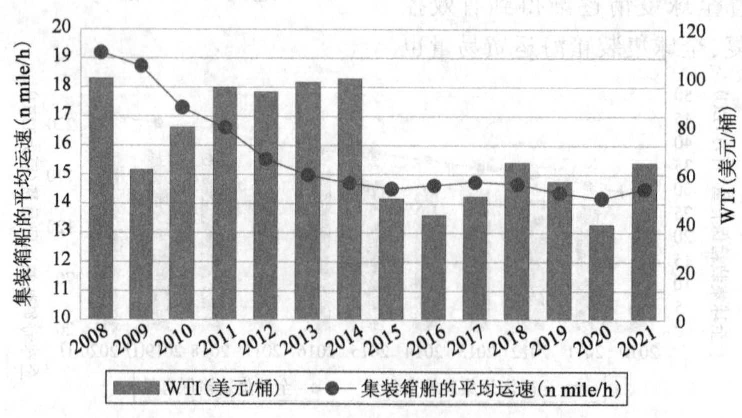

图5　WTI原油价格和集装箱船的平均运速

1.3.2 集装箱在港口周转时间

根据文献[15]所述，集装箱在港口的平均周转时间可以分为集装箱进口时间、集装箱堆存时间及集装箱出口时间三部分。集装箱进口时间指集装箱由船舶卸船进口，经过进口提箱、拆箱和托运返回堆场或修理等过程，成为出口可用空箱的平均周转天数；集装箱堆存时间指一出口可用空箱返回集装箱堆场后堆存，到出口货主提箱的平均堆存天数；集装箱出口时间指出口货主提取一出口可用空箱并经装箱和托运进港口码头，再装船出口的平均周转天数。集装箱在港口的具体运转流程如图6所示。

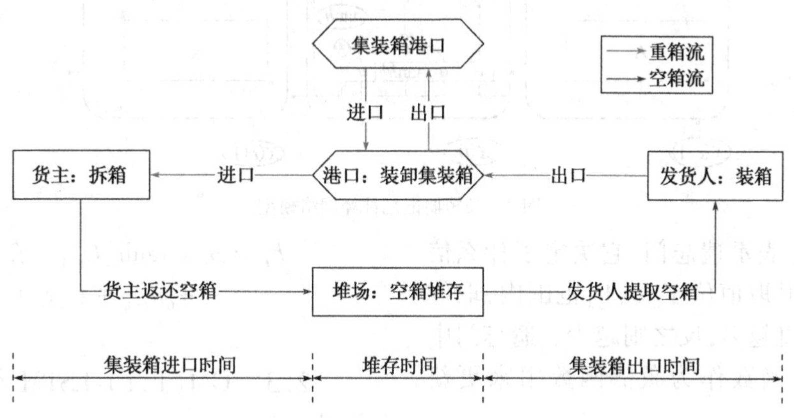

图6 集装箱在港周转时间

2 全球海运集装箱保有量预测模型

2.1 灰色预测模型

本文首先选用了GM(1,1)模型对海运集装箱的保有量进行预测，其具体构造如下文。

2.1.1 灰色生成

常用的灰色生成方法有4种：累加生成、累减生成、均值生成以及级比生成。本文采用第一种灰色生成方法对原始数据列进行了处理，即将原始数据列中的各个时刻的数据依次累加，以得到新的序列。

设$X^{(0)}=(x^{(0)}(1),x^{(0)}(2),\dots,x^{(0)}(n))$，其中，$x^{(0)}(k)\geqslant 0,k=1,2,\dots n$；$X^{(1)}$为$X^{(0)}$的一次累加生成序列：$X^{(1)}=(x^{(1)}(1),x^{(1)}(2),\dots,x^{(1)}(n))$，其中：

$$x^{(1)}(k)=\sum_{i=1}^{k}x^{(0)}(i),k=1,2\cdots,n \tag{1}$$

2.1.2 GM(1,1)模型

设$Z^{(1)}$为$X^{(1)}$的紧邻均值生成序列：$Z=(z^{(1)}(2),z^{(1)}(3),\dots,z^{(1)}(n))$，其中：

$$z^{(1)}(k)=\frac{1}{2}(x^{(1)}(k-1))+x^{(1)}(k),\quad k=2,3,\cdots,n \tag{2}$$

则称灰色微分方程$x^{(0)}(k)+az^{(1)}(k)=b$为GM(1,1)模型，称$\frac{\mathrm{d}x^{(1)}(t)}{\mathrm{d}t}+ax^{(1)}(t)=b$为GM(1,1)模型的白化方程。

设待参数列为$P=[a,b]^{\mathrm{T}}$，采用最小二乘法确定模型参数：

$$P=(B^{\mathrm{T}}B)^{-1}B^{\mathrm{T}}Y \tag{3}$$

$$Y=\begin{bmatrix}x^{(0)}(2)\\x^{(0)}(3)\\\cdots\\x^{(0)}(n)\end{bmatrix}B=\begin{bmatrix}-z^{(1)}(2)&1\\-z^{(1)}(2)&1\\\cdots&\cdots\\-z^{(1)}(2)&1\end{bmatrix} \tag{4}$$

将式(4)带入式(3)，并解微分方程，可得白化方程的解为：

$$\hat{x}^{(1)}(k+1)=\left[x^{(0)}(1)-\frac{b}{a}\right]\mathrm{e}^{-ak}+\frac{b}{a} \tag{5}$$

式(5)计算得出的结果为一次累加生成值的预测值，而非原始值的预测值，所以还需要对所得预测结果进行一次累减来还原真实预测值。

$$\hat{x}^{(0)}(k+1)=[\hat{x}^{(0)}(k+1)-\hat{x}^{(1)}(k)] \tag{6}$$

2.2 长短期记忆神经网络

模型基本原理

因为灰色预测模型没有考虑到各种影响因素对预测值的影响，本文又使用了长短期记忆神经网络模型对(LSTM)全球海运集装箱保有量进行预测，以使预测结果与现实更接近。长短期神经网络模型可以通过不断的学习，从大量的数据中

挖掘出数据波动的规律,并且通过非线性映射来发现更深层次的数据特征。如图7所示,长短期记忆神经网络引入了三种门机制用来控制各种特征的流通和损失,分别为遗忘门、输入门和输出门。

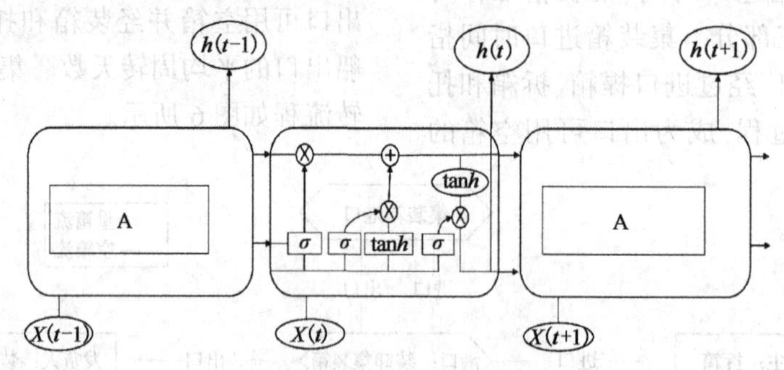

图7　长短期记忆神经网络模型

在式(7)中,f_t 表示遗忘门,它决定了什么信息被神经元遗忘,其取值位于[0,1]范围内,取值越小,则遗忘的信息越多,反之则越少。遗忘门中通常选择 sigmoid 函数作为激活函数用来更新数据。

$$f_t = \sigma(W_f h_{t-1} + U_f x_t + b_f) \tag{7}$$

$\tilde{C}_t$ 表示单元状态更新值,通常使用 tanh 作为激活函数。式(9)表示输入门,它决定了我们要在神经元细胞中保存什么信息,其取值范围位于[0,1],同样由 sigmoid 函数激活生成。i_t 可以控制 $\tilde{C}_t$ 的那些信息用于更新 C_t,如式(10)所示。

$$\tilde{C}_t = \tanh(W_c h_{t-1} + U_C X_t + b_C) \tag{8}$$

$$i_t = \sigma(W_u h_{t-1} + U_i x_t + b_i) \tag{9}$$

$$C_t = C_{t-1} \times f_t + i_t \times \tilde{C}_t \tag{10}$$

式(11)表示输出门,其计算方式与输入门和遗忘门相同,它决定了我们要输出什么。

$$ot = \sigma(W_o h_t - 1 + U_o x_t + b_o) \tag{11}$$

式(12)表示隐节点的输出,将上述式子联立最终可得公式(13)。

$$ht = o_t \times \tanh(C_t) \tag{12}$$

$$h_t = o_t \times \tanh[C_{t-1} \times f_t + i_t \times \tanh(W_C h_{t-1} + U_C x_t + b_C)] \tag{13}$$

2.3　GM(1,1)-LSTM 组合预测模型的构建

结合两种预测方法的优缺点,本文提出了组合预测的方法,即设某一预测对象 f 利用 k 个预测模型的预测结果分别为 $f_i = \varphi(f_1, f_2, f_3, \cdots, f_k)$,利用这 k 个预测值构成一个对 f 的最终预测结果,由于本文集装箱保有量预测过程只涉及两种方法,因此可以采用等权平均法进行组合预测,两种预测结果的权数都为1/2。

3　全球海运集装箱保有量预测

3.1　基于 GM(1,1)的全球海运集装箱保有量预测

因为关于海运集装箱保有量的数据记载较少,本文通过预全球集装箱保有量,按照海运集装箱占比预测出海运集装箱保有量。构建的GM(1,1)模型,使用 python 对全球海运集装箱未来5年保有量进行预测并计算绝对误差和相对误差(表1)。

预测值及误差　　表1

年　份	原始值	预测值	绝对误差	相对误差
2010	2880	3114	233.79	8.12%
2011	3120	3229	109.09	3.50%
2012	3330	3349	18.66	0.56%
2013	3470	3473	2.66	0.08%
2014	3650	3601	-48.75	-1.34%
2015	3780	3735	-45.39	-1.20%

续上表

年 份	原 始 值	预 测 值	绝 对 误 差	相 对 误 差
2016	3830	3873	42.90	1.12%
2017	4000	4016	16.31	0.41%
2018	4300	4165	-134.97	-3.14%
2019	4420	4319	-100.74	-2.28%
2020	4580	4479	-100.80	-2.20%
2021	4400	4645	245.06	5.57%

*数据来源:Textainer 投资者交流材料,哈里森咨询,国泰君安证券研究。

残差检验:平均相对误差为 0.77%,预测误差比较小,后验差检验:$C = 0.0506 \leqslant 0.35$,因此,判定模型精度等级为好,利用上述模型对 2021—2025 年全球集装箱保有量进行预测,结果如图 8 所示。

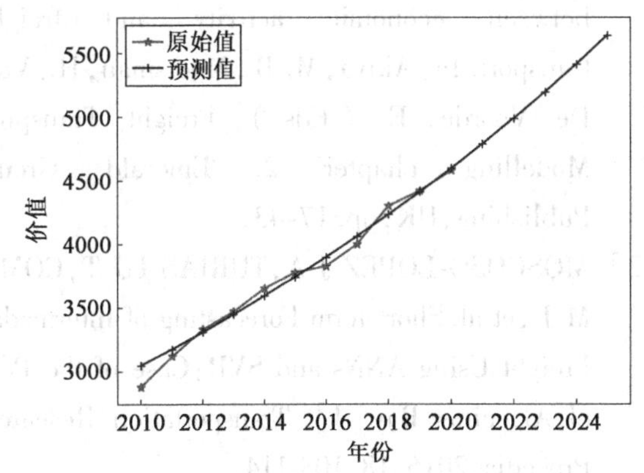

图 8 GM(1,1)模型预测结果

3.2 基于 LSTM 的全球海运集装箱保有量预测

根据前文所述的对集装箱保有量的影响因素的分析,模型采用集装箱保有量、集装箱船平均航速、集装箱的平均运距、全球海运集装箱贸易量等参数进行保有量的预测。为保证训练集的数量充足性,设置 look_back = 2,即采用前两年的数据对第三年进行预测。

训练学习过程采用 Adam 优化器,学习率通过反复试验调整为 $l_r = 0.02$,经过 2000 轮优化学习,模型在既有年份的拟合曲线如图 9 所示。

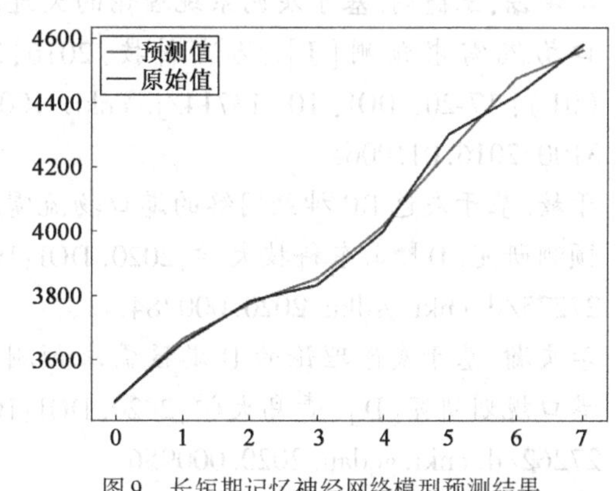

图 9 长短期记忆神经网络模型预测结果

3.3 基于 GM(1,1)-LSTM 组合预测的全球海运集装箱保有量预测

将两种预测值按相同的权数组合成新的预测值,得到未来五年的集装箱保有量值如表 2 所示。

未来五年集装箱保有量预测值(万/TEU) 表 2

年 份	2021	2022	2023	2024	2025
GM(1,1)	4787	4988	5197	5414	5641
LSTM	4534	4359	4477	4576	4491
组合预测模型	4660	4673	4837	4995	5066

根据组合预测结果,按照海运集装箱占比 95%可以预测得出未来五年全球海运集装箱保有量为 4427,4440,4595,4745,4912 万 TEU。

4 结语

本文分析从全球经济、全球海运贸易发展、集装箱在航线平均周转时间三方面详细分析了影响海运集装箱保有量的因素,并提出了 GM(1,1)-LSTM 组合预测模型。通过上述实证研究可以看出,灰色预测模型 GM(1,1)在集装箱货量的短期预测中是适用的,长短期记忆神经网络可以弥补灰色预测模型对于影响因素考虑不足的缺点,因此,通过 GM(1,1)-LSTM 组合预测模型,能够为未来海运集装箱保有量预测提供一个较为精确的预测方法。同时,预测结果表明,随着全球经济、海运贸易的快速发展,全球海运集装箱的保有量也将呈现出明显的增长态势。

参考文献

[1] 高秀春,徐晶晶,高艳玲.基于BP模型的港口物流需求预测研究[J].物流技术,2014,33(03):99-101.

[2] 魏辉.基于BP神经网络的港口物流需求预测[J].决策探索(中),2019(09):86-88.

[3] 刘昆,刘向东.我国铁路集装箱专用平车需求量预测[J].铁道车辆,2014,52(01):28-30,7.

[4] 宋兵兵.港口外贸集装箱物流需求预测与发展模式创新[D].吉林大学,2016.

[5] 李洪磊,王德闯.基于灰色系统理论的大连港口物流需求预测[J].物流科技,2016,39(01):17-20. DOI:10.13714/j.cnki.1002-3100.2016.01.006.

[6] 于楠.基于灰色BP神经网络的港口物流需求预测研究[D].山东科技大学,2020. DOI:10.27275/d.cnki.gsdku.2020.000784.

[7] 李文瀚.基于灰色理论的D港区需求预测与港口规划研究[D].青岛大学,2020. DOI:10.27262/d.cnki.gqdau.2020.000956.

[8] 李顺,李君,吴鑫,梅碧舟.基于GA-XGBoost的宁波港物流需求预测[J].浙江万里学院学报,2021,34(02):71-77. DOI:10.13777/j.cnki.issn1671-2250.2021.02.013.

[9] YASMINE R, HILDE M, CHRISTA S, et al. A combined approach to forecast container throughput demand:Scenarios for the Hamburg-Le Havre range of ports[J]. Transportation Research Part A:Policy and Practice,2018,117:127-141.

[10] HUANG A,LAI K K,HAN Q ,et al. An Interval Knowledge Based Forecasting Paradigm for Container Throughput Prediction[J]. Procedia Computer Science,2015,55:1381-1389.

[11] RASHED Y,MEERSMAN H,VOORDE E ,et al. Short-term forecast of container throughout:An ARIMA-intervention model for the port of Antwerp [J]. Maritime Economics & Logistics,2017.

[12] MEERSMAN H,VAN D V E. The relationship between economic activity and freight transport. In:Akiva,M. B.,Meersman,H.,Van De Voorde, E. (Eds.), Freight Transport Modelling chapter 2. Emerald Group Publishing,UK,pp. 17-43.

[13] MOSCOSO-LÓPEZ J A,TURIAS I J T,COME M J ,et al. Short-term Forecasting of Intermodal Freight Using ANNs and SVR:Case of the Port of Algeciras Bay[J]. Transportation Research Procedia,2016,18:108-114.

[14] DRAGAN D,Keshavarzsaleh A,Intihar M ,et al. Throughput forecasting of different types of cargo in the adriatic seaport Koper[J]

[15] 吴翊.如何确定港口的集装箱合理保有量[J].集装箱化,1995(6):5.

大规模大件运输路网动态构建及智能路径规划研究

谢浩明　李轶舜*　陈　琨　徐志远

(交通运输部规划研究院)

摘　要　针对全国公路网技术状况、阻断信息、通过能力难以全面及时准确获取的情况,为提高大件运输企业许可申请效率,辅助大件运输企业进行路径规划,本文提出了大规模大件运输路网动态构建方法,基于海量大件运输历史许可数据对路网通过能力进行动态赋值,并结合历史许可通行路线实现路径规划。仿真结果表明,该方法能够基于历史许可数据动态估算大规模路网的大件运输车辆通过能力,并给出合理的路径规划结果,能够有效辅助大件运输企业进行路径规划和许可申请。

关键词 大件运输 大规模路网 动态构建 历史许可数据

0 引言

随着国民经济快速发展,建筑、电力、冶金等大型项目规模日益扩大,支撑这些项目建设的大型设备运输需求也随之增加。为保证公路基础设施和道路交通安全,车货总体的外廓尺寸或者总质量超过公路、公路桥梁、公路隧道的限载、限高、限宽、限长标准的,从事运输的单位应当向交通运输主管部门申请大件运输许可。2017 年,跨省大件运输并联许可系统实现全国联网,一地办证、全线通行。但是,近年来我国公路网规模不断增加,截至 2020 年底,二级及以上等级公路里程达 70.24 万km。面对如此大规模的路网,目前尚未能有效整合公路技术状况、重要桥隧指标、施工阻断等信息,为大件运输企业规划通行路线带来了较大的困难。许可申请信息之一是大件运输车辆拟通行路线,但是大件运输企业申请的通行路线往往难以一次通过许可,需审批人员主动为企业提供建议通行路线,给企业和审批人员均带来较重的负担。

目前,大件运输路径规划研究主要为以降低运输成本和运输时间为目标的最优路径规划。蔡刚以运输消耗总成本最低、总时间最短为目标设计最优目标函数进行路径规划并设计层次分析法进行多条路线方案之间的比选[1]。周艳梅把影响路线选择的各种因素量化为对运输时间和运输费用的影响,并建立了时间 - 费用双目标线路选择模型,开发实现公路大件运输线路选择系统[2]。但上述研究的前提均为已知公路网大件运输车辆的通过能力。秦菡等考虑对路网数据加上限高限重字段,再使用最短路径算法进行路径规划,以规避道路障碍的限制[3]。许永飞研究了道路的通过性模型,并使用基于案例推理的方法预估运输成本和运输时间来选择路径[4]。余晓江、刘华等提出构建大件运输路径交通路网和大件运输路径指标数据库,对桥梁和路段进行信息电子化,基于百度地图设立了路径规划管理系统[5-6]。但上述研究适用于小规模的路网,对于全国范围的大规模复杂路网,相关信息的获取与更新均存在较大难度。

为了解决道路参数难以获取的问题,本文基于海量大件运输历史许可数据,提出了大规模复杂大件运输路网动态构建方法,能够对路网通过能力进行动态赋值,同时本文提出结合历史许可通行路线与路网通过能力的路径规划方法并进行仿真。仿真结果表明,该方法能够基于动态估算大规模复杂路网的大件运输车辆通过能力,并发现具有通过风险的路段,给出合理的路径规划结果,能够有效辅助大件运输企业进行更加科学的路径规划,提高许可申请效率。

1 大件运输路网动态构建

1.1 总体思路

大件运输路网在传统路网属性的基础上,增加了限重、限长、限宽和限高四项属性。上述四项属性受公路技术状况、施工阻断等多种因素影响,处在动态变化当中,且全国公路网规模庞大,所以难以及时、准确地获取。考虑到历史许可数据中包含了路段信息、尺寸重量信息和路线审批结果信息,可以间接反映路段的通过能力,更能直接反映大件运输许可部门准予许可的限值。因此,本文通过解析历史许可数据,对路网通过能力进行动态赋值,构建大件运输专用路网。路网赋值步骤如图 1 所示。

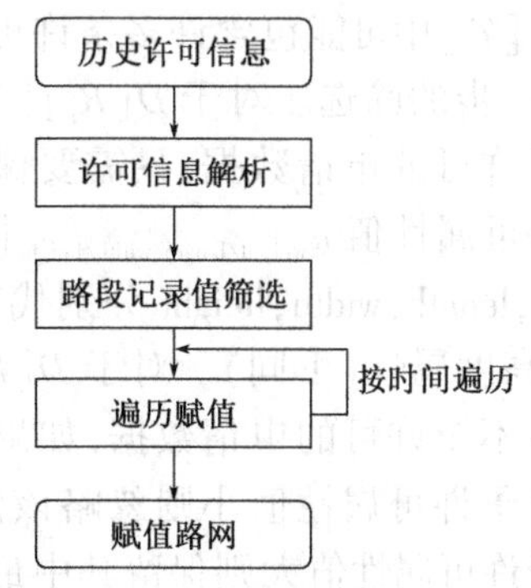

图 1 路网赋值步骤

1.2 许可信息解析

首先,将每个许可申请的通行路线信息通过文字处理算法将所通行的路段进行拆分,并与路网数据库匹配;然后,将该许可申请的车货总质量、总体外廓尺寸、审批状态(准予许可为 1,不予许可为 0)以及申请通行时间赋值到各路段上。数据以路段和日期为索引,某一路段某一天的数据,记录了该天通行路线经过该路段的所有许可申请

的车货总质量、总体外廓尺寸、审批状态等信息,即:

$$D[R_i][T_i] = \{(\text{weight}_1,\text{length}_1,\text{width}_1,\text{height}_1,\text{status}_1),\cdots,(\text{weight}_n,\text{length}_n,\text{width}_n,\text{height}_n,\text{status}_n)\} \quad (1)$$

式中:$D[R_i][T_i]$——原始数据;

R_i——路段索引;

T_i——日期索引;

$\text{weight}_j,\text{length}_j,\text{width}_j,\text{height}_j,\text{status}_j(j=1,\cdots,n)$——某个许可申请的车货总质量、总体外廓尺寸、审批状态。

审批人员提供建议通行路线的情况,一般是由于申请的通行线路其中一部分路段而非全部路段无法通行造成的,所以对于起初路线审批未通过,但在路线协调后通过审批的许可,可以先将被未通过审批的通行路线审批状态全部标记为不予许可,再将通过审批的通行路线审批状态替换为准予许可,作为最终审批状态的解析结果,如图2所示。将一段时间段内所有的历史许可信息进行解析并匹配到路段上,即可得到路网中所有路段的原始赋值。

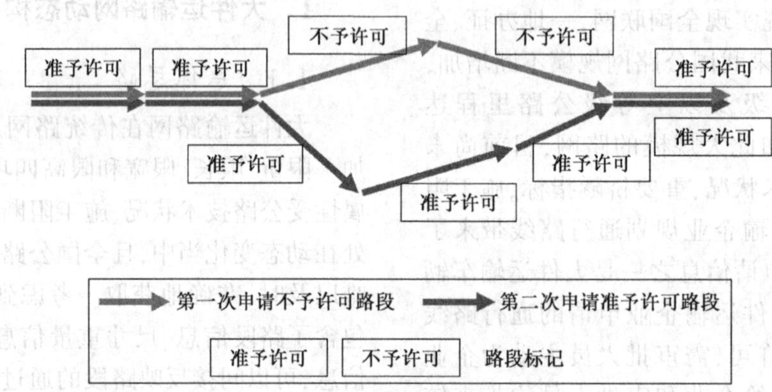

图2　审批状态示意

1.3　路段记录值筛选

因为许可申请的通行时间都具有一定的跨度,也涉及较多路段,所以一条路段某一天的原始数据$D[R_i][T_i]$中可能包含许多条许可申请的信息,需要进一步的筛选。对于$D[R_i][T_i]$中审批状态为准予许可的申请数据,只需要保留最大值作为准予许可属性值$a_{\text{weight/length/width/height}}[R_i][T_i]$,脚标weight,length,width,height分别代表重量、长度、宽度和高度属性(下同)。对于$D[R_i][T_i]$中审批状态为不予许可的申请数据,如果其属性值比当天的准予许可属性值小则忽略该值,如果比当天的准予许可属性值大则保留其中最小的最小的记为不予许可属性值$r_{\text{weight/length/width/height}}[R_i][T_i]$。以重量属性为例,有:

$$\begin{cases} a_{\text{weight}}[R_i][T_i] = \max(\text{weight}_j \mid \text{status}_j = 1) \\ r_{\text{weight}}[R_i][T_i] = \min(\text{weight}_k \mid \text{weight}_k > a_{\text{weight}}[R_i][T_i] \text{ and status}_k = 0) \end{cases} \quad (2)$$

1.4　遍历赋值

为了根据历史许可数据动态地调整路网的限值,对于每条路段,都需要按照时间进行遍历。如果在遍历时遇到比原限制更大的准予许可属性值,说明路段具有更高的通行能力,这种情况下会进行限值上调,将限值上调至该准予许可属性值。如果在遍历时遇到比原限值小的不予许可属性值,说明路段的通行能力与之前相比有所降低,会进行限值下调,但由于仅从申请数据无法确认道路通行能力下降到什么程度,所以限制下调至几天内小于但是最接近不予许可属性值的准予许可属性值或限值。如果限值下调至当日的准予许可属性值,则认为调整后的限值是能准确代表通行能力的,如果限值下调至之前的数值,则认为调整后的限值不一定与实际通行能力一致,在路径规划时会特殊处理。

设R_i路段在T_i日期的限值为$l_{\text{weight/length/width/height}}[R_i][T_i]$,以重量属性为例,遍历到日期$T_{i+1}$的准予许可属性值和不予许可属性值分别为$a_{\text{weight}}[R_i][T_{i+1}]$和$r_{\text{weight}}[R_i][T_{i+1}]$。可能出现的情况如下:

$$\begin{cases} l_{\text{weight}}[R_i][T_i] < a_{\text{weight}}[R_i][T_{i+1}] \text{①} \\ l_{\text{weight}}[R_i][T_i] > r_{\text{weight}}[R_i][T_{i+1}] \text{②} \\ r_{\text{weight}}[R_i][T_{i+1}] > l_{\text{weight}}[R_i][T_i] > a_{\text{weight}}[R_i][T_{i+1}] \text{③} \end{cases} \quad (3)$$

情况①对应限值上调的情形，更新后的限值 $l_{\text{weight}}[R_i][T_{i+1}]=a_{\text{weight}}[R_i][T_{i+1}]$。情况②对应限值下调的情形，此时需要在 T_i 向前 t 天范围内所有小于 $r_{\text{weight}}[R_i][T_{i+1}]$ 的准予许可属性值和限值中取最大值作为新的限值，即 $l_{\text{weight}}[R_i][T_{i+1}]=\max(l_{\text{weight}}[R_i][T_k],a_{\text{weight}}[R_i][T_k]\mid i-t<k<i+1 \text{ and } l_{\text{weight}}[R_i][T_k]<r_{\text{weight}}[R_i][T_{i+1}],a_{\text{weight}}[R_i][T_k]<r_{\text{weight}}[R_i][T_{i+1}])$。情况③时不需要调整限值，即 $l_{\text{weight}}[R_i][T_{i+1}]=l_{\text{weight}}[R_i][T_i]$。

此外为了记录限值变化的情况供后续路网筛选使用，还需要对各个属性分别设置一个变化标识 $f_{\text{weight/length/width/height}}[R_i][T_i]$，将限值 l 与变化标识 f 结合即可完成对路网的赋值 $d[R_i][T_i]$。

$$f_{\text{weight/length/width/height}}[R_i][T_i]=\begin{cases}1,\text{限值上调}\\0,\text{限值未改变}\\-1,\text{限值下调至当天准予许可属性值}\\-2,\text{限值下调至历史值}\end{cases}\tag{4}$$

$$d[R_i][T_i]=\{l_{\text{weight}},l_{\text{length}},l_{\text{width}},l_{\text{height}},f_{\text{weight}},f_{\text{length}},f_{\text{width}},f_{\text{height}}\}\tag{5}$$

2 大件运输路径规划

2.1 总体思路

对一个新的许可申请，首先按照起讫点，在历史准予许可中，寻找起讫点一致且车货总质量、外廓尺寸均不小于新许可申请的许可通行路线作为备选通行路线。但考虑路网通过能力动态变化的特性，还需要根据最新的路网赋值对备选路线进行核验。对于没有起讫点一致的历史许可或者历史许可通行路线没有通过核验的新申请，可以先对大件运输路网筛选，保留通过能力满足需求的路段，再使用最短路径算法进行路径规划，其步骤如图 3 所示。

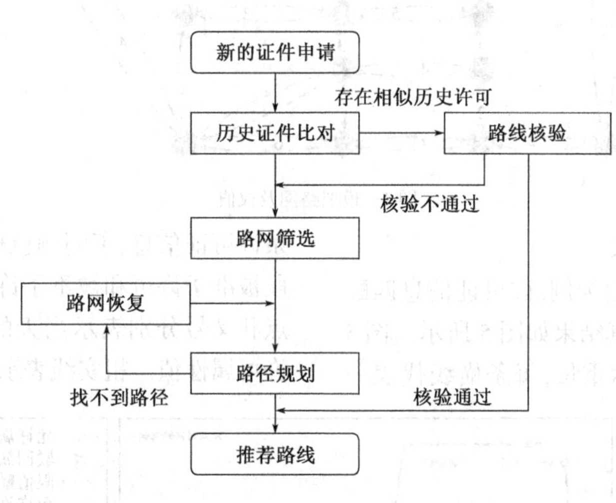

图 3 路径规划步骤

2.2 历史证件比对

首先从历史许可数据中搜索起讫点完全一致的许可证，再按时间倒序进行核验。以重量为例，首先核验历史通行路线中所有路段的重量限值，如果在申请时间范围内有小于新申请重量的限值，则核验不通过。接着再检查是否有在申请结束时间之前，标识为"限值下调至历史值"且一直保持的路段，因为该情况下，路段限值不一定能准确反映该路段当前的通行能力，所以如果没有该种路段，则核验通过，上述通行路线可以直接作为推荐路线；否则，将该通行路线列入备选路线，继续进行后续的路网筛选与路径规划。

2.3 路网筛选

路网筛选首先去除掉通行时间内限值小于申请值的路段，这部分路段一定不会出现在路径规划结果中，此时的路网记为 G_2。接着再将变化标识为限值下调的路段从路网中暂时删除，此时路网记为 G_1，G_1 的路段数不超过 G_2，但是限值更可靠。

2.4 路径规划

分别基于路网 G_1 和 G_2，使用最短路算法进行路径规划。如果基于路网 G_1 能够规划出可通行路径且该路径长度没有远大于基于路网 G_2 规划出的路径或待确认历史路径，则将该结果作为推荐路径;否则将 G_2 规划出的路径或待确认历史路径作为推荐路径,对其中限值下调的路段作出提醒。若通过上述方法无法规划出可通行路径,则告知申请人主要限制节点,由申请人协商大件运输许可管理部门,进行进一步的验算或加固改造。

3　仿真验证

3.1　仿真设计

以重量为例,本文采用仿真的方式对提出的方法进行验证。模拟路网中有 24 个节点和 76 条边,每条边有代表距离的权值,双向的距离权值一致,如图 4 所示。模拟通行记录有起讫点、重量、通行路径、通行时间、路线审批结果等信息,在得到模拟路网和模拟历史证件信息后,可以按照路网赋值的流程进行重量限值的赋值,之后再按照路径规划的流程得到推荐路径。

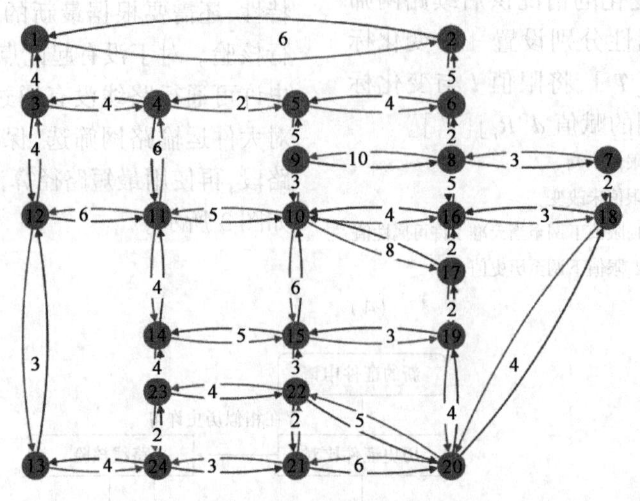

图 4　模拟路网及权值

3.2　路网赋值仿真

以节点 4 到节点 5 的边为例,许可证信息匹配到该路段并进行赋值的仿真结果如图 5 所示。图 5 中横轴表示日期,纵轴表示重量,每条横线代表一条许可证信息,不同颜色横线分别反映出通过该路段被准予许可和被不予许可的重量和许可时间,圆点和叉号分别表示当天的准予许可属性值和不予许可属性值。粗实线表示该路段限值的变化结果。

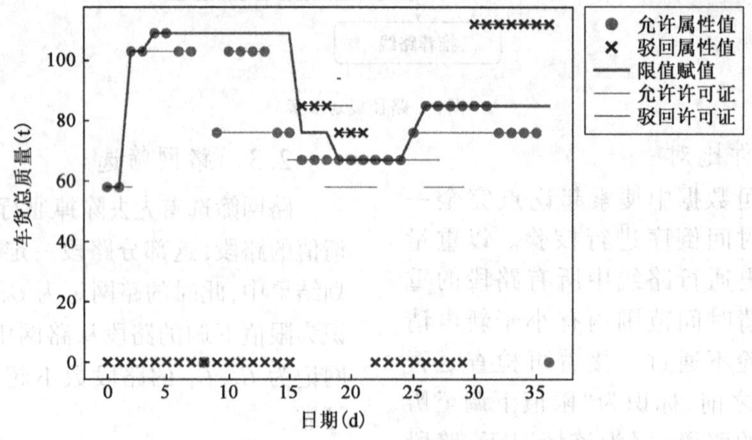

图 5　路网赋值仿真结果

从图 5 中可以看出:在第 1 天时,由于新的准予许可属性值大于限值,进行了限值上调的操作;在第 16 天时由于新的不予许可属性值等于限值,将限值下调为之前最接近不予许可属性值的准予许可属性值;而第 20 ~ 24 天限值小于不予许可属性值或大于准予许可属性值,限值不需要调整。

通过这个方法可以确定整个路网所有路段在一定时间范围内每一天的限值大小,作为道路通行能力的衡量标准。

3.3 路径规划仿真

使用一些与用于路网赋值的许可信息不同的申请信息进行路径规划,截取部分仿真结果,见表1。

部分路径规划仿真结果 表1

序号	起点	终点	质量(t)	日期	持续时间	规划依据	推荐路径节点	备注
1	12	17	75	16	3	历史数据	12-11-10-16-17	
2	19	16	70	15	3	历史数据	19-17-16	19-17/17-16路段均有限制下调
3	4	7	65	18	2	G_1路网	4-11-10-16-18-7	4-5/5-6存在限值下调
4	5	1	67	5	3	G_1路网	5-9-10-11-4-3-1	
5	14	22	70	12	3	G_2路网	14-23-22	23-22存在限值下调
6	20	17	80	15	3	G_2路网	20-19-17	19-17存在限值下调
7	3	19	88	22	1	—	空	

表1中前三条申请均能找到对应的历史数据。第1条申请所有的历史通行路段限值均高于申请值,路网赋值如图6b)所示,所以直接使用历史路径作为路径规划的结果。第2条申请对应的历史许可路径中19-17路段限值变化如图6a)所示,在第14天存在限值下调,路网限值如图6b)所示,若绕行该路段规划路径,符合条件的路径会变为19-20-22-15-14-11-10-16,距离远大于19-17-16,所以仍使用历史路径但是给出提示。第3条申请对应的历史许可路径中4-5路段限值变化如图6a)所示,在第19天存在限值下调,路网限值如图6c)所示,绕行该路段的距离没有远大于通行该路段的距离,所以为了保险而放弃使用历史通行路径而重新进行路径规划。

表1中第4~6条申请均没有相似的历史许可。第4条申请直接使用排除限值过小和限值下调路段的路径规划结果作为推荐路径,路网赋值如图6d)所示。第5条申请对应时间中,23-22路段限值变化如图6a)所示,在第11天存在限值下调,路网限值如图6e)所示,若绕行该路段,符合条件的路径距离远大于通过该路段的路径;第6条申请19-17路段在第14天存在限值下调,但是若绕行该路径无法找出合适路径,所以这两条申请的推荐路径仍通过限值下调路段但给出提示。

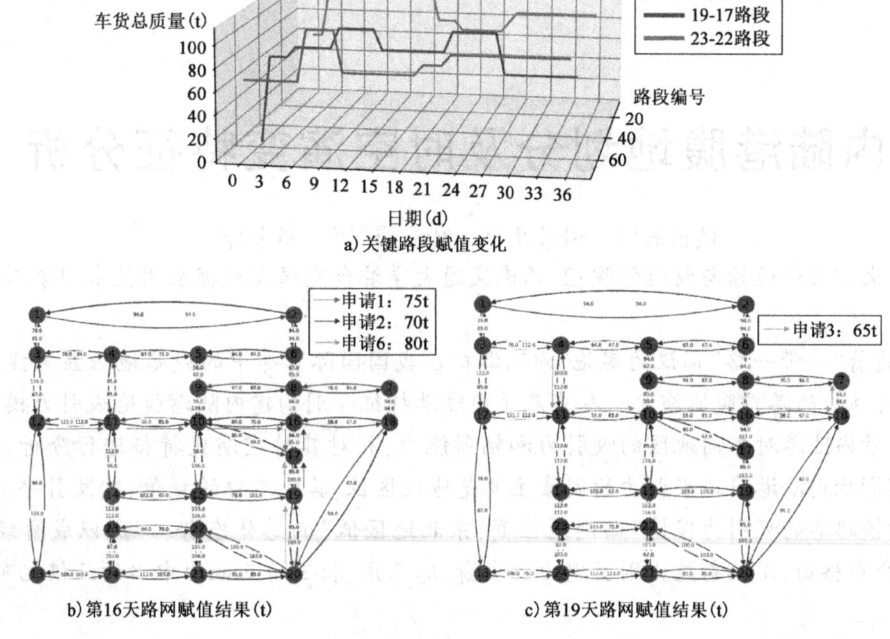

a)关键路段赋值变化

b)第16天路网赋值结果(t)

c)第19天路网赋值结果(t)

图 6

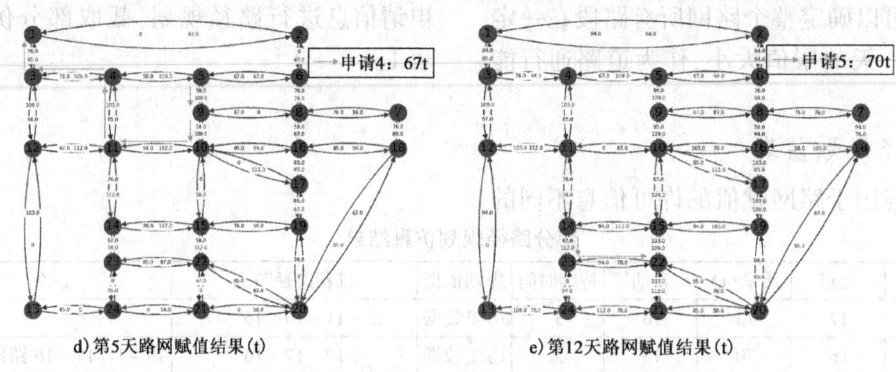

d) 第5天路网赋值结果(t)　　e) 第12天路网赋值结果(t)

图6　关键日期路网赋值结果与关键路段限值变化

4　结语

本文提出大规模大件运输路网动态构建及智能路径规划方法，首先构建具有重量尺寸限值属性的大规模复杂大件运输路网，再基于历史许可数据动态调整路网属性，最后结合历史许可通行路线和大件运输路网进行智能路径规划，有效解决大规模路网中限重、限长、限宽和限高等信息难以及时获取的难题，下一步将继续研究使用真实路网与许可数据进行路网构建与路径规划。该方法能够动态估算大规模复杂路网的大件运输车辆通过能力，并给出风险路段和路径规划结果，对提高企业许可申请效率、降低审批人员工作量具有很强的现实意义。

参考文献

[1] 蔡刚. 现代信息技术在运输线路优化分析中的应用[J]. 工程建设与设计，2017，2(3)：169-171.

[2] 周艳梅. 基于ArcGIS Engine的公路大件运输线路选择系统研究[D]. 成都：西华大学，2016.

[3] 秦菡，张峻，李华彦，等. 顾及限高限重的公路大件运输方案设计[J]. 地理空间信息，2021，19(9)：133-135.

[4] 许永飞. 基于CBR的大件物流公路运输路径方案研究[D]. 重庆：重庆大学，2012.

[5] 余晓江，刘华，谢海明，等. 云南省大件运输路径管理模式的探讨[J]. 公路交通科技：应用技术版，2015(2)：280-282.

[6] 刘华，余晓江，李斌. 大件运输路径决策支持系统设计与应用[J]. 公路交通科技：应用技术版，2015(2)：274-276.

内陆港腹地划分及时空演变特征分析

钱秋君[1,2]　谢荣惠[1,2]　甘　蜜*[1,2]　邓余玲[1,2]

(1. 西南交通大学交通运输与物流学院；2. 西南交通大学综合交通大数据应用技术国家工程实验室)

摘　要　随着“一带一路”倡议的实施，内陆港口在我国国际贸易中的战略地位显著提升。然而，目前较少有研究关注内陆港口腹地演变。本文基于内陆港特征分别构建内陆港腹地吸引力模型、内陆港腹地烟羽模型，衡量内陆港对不同地区的吸引力和辐射能力，并对其时空演变特征进行分析。通过研究得出以下结论：①影响内陆港腹地吸引力的因素主要是地理区位、其他港口的竞争、政策引导。②在全国范围内，成都国际铁路港的吸引力保持“西南地区高，东北地区低”的总体态势，形成以成渝经济区为中心向四周扩散的分布格局，而辐射能力则呈现出以成渝、珠三角、长三角三地为中心的三极化布局。③在全

1. 基金项目：科技部重大研发计划2018YFB1601400。

球范围内,成都国际铁路港国际腹地吸引力水平在时间分布上整体呈上升趋势,腹地集中在“一带一路”沿线,主要为越南、爱尔兰、以色列、马来西亚等国家。本文创新性的以内陆港为研究对象,从吸引力和辐射能力两个角度分析其腹地演变特征,为内陆港发展提出了优化建议,同时在一定程度上对现有主要以海港为对象的港口腹地研究进行了补充。

关键词 内陆港 演变机理 引力模型 港口腹地 时空特征

0 引言

作为内陆地区发展外向型经济、促进内陆地区开发与开放的重要载体,内陆港越来越受到国家、地方政府以及企业的关注,内陆地区对陆港建设的投入份额也呈高速增长态势。初步统计显示,2015 年我国有 70 多个城市正在规划建设国际陆港项目。截至 2018 年年底,全国陆港投资建设完成 150 多个,借助陆港开通中欧班列的城市有 63 个。

随着内陆港战略地位的提升,陆港—腹地关系也由传统小尺度的港—城关系扩大至区域尺度内更紧密的新型关系[1]。对于陆港腹地范围内需要进行进出口贸易的货主来说,选择合适的陆港进行货物运输需要考虑相应的时间和运输成本[2],对内陆港的运营商来说内陆港口对腹地的吸引力则意味着直接和间接的经济利益[3-5]。因此,保持内陆港的腹地吸引力对港口运营以及内陆地区经济发展至关重要[6-8]。但已有研究大多关注海港的腹地演变,缺乏关于内陆港腹地时空演化机理及其影响因素的综合研究。

关于海港腹地的研究,国内外学者已从港口腹地的类型和属性[9-10]、港口与腹地的关系[11-12]、影响港口腹地的外部因素[13-14]、港口腹地的可持续发展[15-17]、腹地交通网络优化[18-19]以及港口腹地通道改善[20]等多重角度进行了研究。关于港口腹地演变与影响因素的研究,国内外学者多运用相关地区统计数据按时序进行港口—腹地系统范围划分,以此研究空间结构演变规律[21-22]。Yang 等人指出内陆港的腹地随着时间的推移在空间上进行演变,运输设施的建设、地区对外贸易的发展、其他港口的竞争等因素都会影响港口腹地吸引力的大小[23]。Michele Acciaro 等认为确定特定港口腹地需要考虑诸多因素,如交通流量、商品种类、连接港口腹地的运输方式和服务、其他港口的邻近程度、海上贸易活动等[24]。

成都是国内首个实现中欧班列累计开行量达 2000 列的城市,成都国际铁路港已成为我国贸易的重要枢纽。鉴于此,本文以成都国际铁路港为研究对象,选取 2014 年至 2019 年为研究时限,分析成都国际铁路港腹地时空演变情况,把握其演变机理,并识别影响其演变的关键因素,对内陆区域发展提出优化建议。

1 数据来源与研究方法

1.1 数据来源及说明

本文所使用的相关数据主要来源于中国国家统计局及各级行政单位(包括交通运输部,商务厅、海关等)发布的宏观经济数据❶。

❶国家铁路地区间货物交流(四川与各省份间的铁路 OD 货运量,2014—2018)数据来源:《中国统计年鉴》。

各省市铁路货运总量数据来源:《中国铁道年鉴》(2014—2018)。

内陆港综合实力指标数据中,X1—X6 由实地调研与网络新闻资讯整理获得。“X7 物流从业者人数”数据来源:《中国统计年鉴》—分地区交通运输、仓储和邮政业就业人员数;“X8 交通运输业固定资产投资”数据来源:国家统计局—分省年度数据—固定资产投资和房地产—交通运输、仓储和邮政业全社会固定资产投资。

中欧班列(成都)国内城市开行时刻表数据来源:国际班列物流服务平台。

内陆港城市常住人口数据来源:成都市统计局—关于 2016 年成都市主要人口数据的公告。

腹地省份的常住人口数据来源:国家统计局—分省年度数据—人口

内陆港城市工业产值数据来源:成都市国民经济和社会发展统计公报(2014—2018)

腹地省份的工业产值数据来源:国家统计局—分省年度数据—工业

成都与各省份铁路运输里程数据来源:火车票网

《四川省进出口主要国别(地区)情况表》(2016—2019)数据来源:四川省商贸厅、海关统计数据。

《主要国别(地区)自身贸易情况表》(2016—2019)数据来源:世界贸易组织—国际贸易和关税数据。

《近 4 年四川进出口商品运输方式总值表》数据来源:成都海关。

1.2　研究方法

基于宏观数据,本文分别采用吸引力模型和烟羽模型从省域上对内陆港腹地进行划分并对其演化情况进行分析。吸引力模型用来刻画内陆港对各地区的真实影响力,烟羽模型用来刻画内陆港对各地区的辐射能力。本文将二者进行对比分析,以此提供内陆港发展的政策建议。

1.2.1　基于吸引力模型的内陆港腹地划分

本文参考吸引力模型,建立基于内陆港的腹地吸引力模型。具体公式如下:

$$S_{jt}^{d} = \frac{Q_{jt}^{d}}{Q_{jt}} \quad (1)$$

$$Q_{jt}^{d} = \frac{q_{t}^{d}}{q_{st}} q_{sjt} \quad (2)$$

其中,S_{jt}^{d}表示内陆港d在第t年对腹地j的吸引力;Q_{jt}^{d}为第t年腹地j与内陆港d的铁路货运量,由公式(2)计算得出;Q_{jt}为第t年腹地j的总铁路货运量;q_{t}^{d}为第t年内陆港d监管的铁路货运量;q_{st}为第t年内陆港所在地区s的铁路货运总量;q_{sjt}为第t年内陆港所在地区s与腹地j的铁路货运量。

1.2.2　基于烟羽模型的内陆港腹地划分

部分学者将烟羽模型应用于港口腹地研究,关注港口的辐射能力,本文将其应用于内陆港,构建内陆港腹地烟羽模型,其基本方程如公式(3)所示[25]:

$$C_{jt}^{d} = \frac{w_{t}^{d} \mu_{dj} R_{dj}}{4\pi x_{dj}^{2}} \quad (3)$$

式中,C_{jt}^{d}为内陆港d在第t年对腹地j的辐射能力;W_{t}^{d}为第t年内陆港d的综合实力;μ_{dj}为内陆港d到腹地j的交通通达系数;R_{dj}为内陆港d与腹地j之间的关联度;x_{dj}为内陆港d到腹地j的运输距离,用铁路运输里程表示。

(1)内陆港综合实力。

一般来说,港口的基础设施条件、经营水平、所在城市的综合实力在很大程度上决定着港口的影响力[26]。本文基于内陆港的特点建立了内陆港综合实力Q_i计算指标体系,如表1所示。

内陆港综合实力 Q_i 计算指标体系　表1

一级指标	二级指标	单位
内陆港基础设施条件	X_1 装卸线数量	条
	X_2 有无自贸区	有/无
内陆港经营水平	X_3 中欧班列开行数	列
	X_4 中心站集装箱吞吐量	万标箱
	X_5 发送货物重量	万吨
	X_6 进出港货值	亿元
内陆港所在城市物流水平	X_7 物流从业者人数	万人
	X_8 交通运输业固定资产投资	亿元

本文采用因子分析法对港口综合实力进行分析,计算内陆港的综合实力强度。结果如下:

$$F_1 = 0.728X_1 - 0.599X_2 + 0.139X_3 + 0.577X_4 - 0.342X_5 + 0.015X_6 + 0.066X_7 + 0.152X_8 \quad (4)$$

$$F_2 = -0.560X_1 + 0.780X_2 + 0.048X_3 - 0.401X_4 + 0.529X_5 + 0.173X_6 + 0.119X_7 + 0.033X_8 \quad (5)$$

内陆港综合实力公式为:

$$F = 0.4980F_1 + 0.4898F_2 \quad (6)$$

(2)交通通达系数。

本文基于中欧班列国内城市(成都)开行时刻表数据,获取内陆港i与地区j的铁路运输时间,以此衡量内陆港i与地区j的交通便利程度。

(3)内陆港与腹地之间的关联度。

本文以港口与腹地的之间的经济作用强度[27-28]衡量二者的关联度。公式如下:

$$E_{dj} = \sqrt{\frac{P_d P_j V_d V_j}{x_{dj}^{2}}} \quad (7)$$

式中,P_d、P_j分别表示内陆港d与地区j的常住人口数;V_d、V_j分别表示内陆港d与地区j的工业产值;x_{dj}表示内陆港d与地区j的运输距离。

2 结果与讨论

2.1 省级腹地划分结果分析

2.1.1 吸引力模型结果

根据上文构建的内陆港腹地吸引力模型,可得到2014—2018年成都国际铁路港对各省份的腹地吸引力值。四川、重庆、西藏、云南、上海始终是成都国际铁路港的重要腹地,对其保持较高的吸引力水平。成都国际铁路港腹地吸引力空间格局分异明显,受地理区位和距离的影响呈西南、西北高,东北、华东、华北低的分布特征,吸引力水平基本随距离增加而降低。

图1展示了2014—2018年成都国际铁路港对各省市的吸引力值的变动情况,其对四川、重庆、西藏的吸引力波动明显,云南、上海、贵州次之,对其余省市的吸引力较小,且变化不明显。

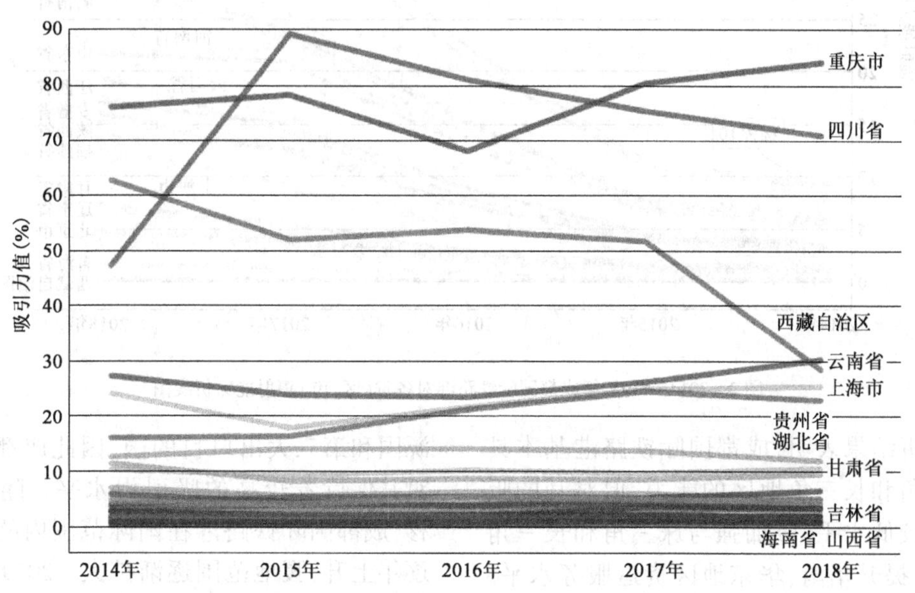

图1 2014—2018年成都国际铁路港对各省市吸引力的整体变动情况

研究结果表明腹地吸引力水平基本随距离增加而降低,但成都国际铁路港对远距离的上海的吸引力保持在20%左右的较高水平,而对近距离的山西的吸引力仅有3.14%左右。

对比分析可知,上海拥有规模较大、发展历史悠久的海运港口——上海港,陕西拥有中国内陆地区另一重要国际陆港——西安港。上海港作为国际运输的重要港口,地处华东片区,港口功能具有更为明显的差异性,合作能力更强。而西安港同样为内陆港口,与成都国际铁路港的地理区位相近,且港口功能相似,竞争效果更强。由此可见,港口间的竞争与合作关系是影响陆港吸引力的一个重要因素。

2.1.2 烟羽模型结果

根据上文构建的烟羽模型,可得到成都国际铁路港对各省市的辐射能力。可以看出,成都国际铁路港在全国范围内的辐射能力逐年增强,2018年在空间上已经呈现出较为明显的以成渝经济区、珠三角经济区、长三角经济区三极为中心的分布格局。

图2展示了2014—2018年成都国际铁路港对各省市辐射能力折线图。可以看出,成都国际铁路港对广东、四川、江苏的辐射能力逐年增大,浙江、湖北、重庆、湖南次之,对其他省市辐射能力的增幅较小,但与吸引力模型不同,几乎所有省市都呈现出一定程度的增长趋势。

2.2 模型差异对比分析

从公式可以看出,吸引力模型实际衡量的是各地区对内陆港进出口贸易的依赖程度,以历史真实货运量作为衡量因子;烟雨模型衡量的则是内陆港对各地区的辐射潜力。

在吸引力模型中,成都国际铁路港仅对四川、重庆、西藏的吸引力随时间变化波动明显,其余省市的波动极小;腹地格局为以成渝经济区为中心,呈西南、西北地区高,华东、华北、东北地区低的差异性分布。而在烟羽模型中,成都国际铁路港对各省市的辐射能力随着时间的推移均呈现出不同程度的提升,腹地格局为以成渝经济区、珠三角经济区、长三角经济区三极为中心,呈西南、华南、华东地区高,西北、华北、东北地区低的分布。

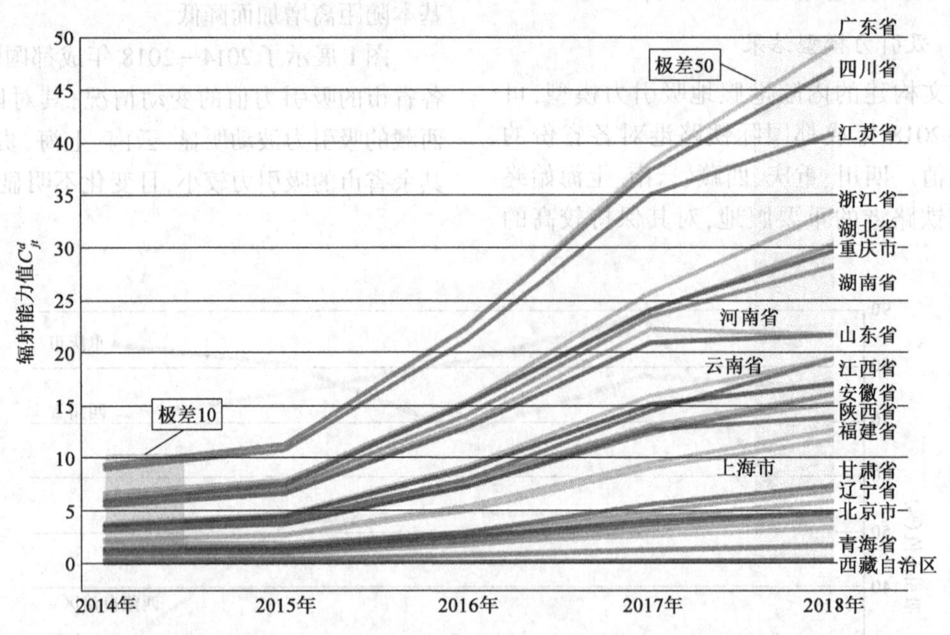

图 2　2014—2018 年成都国际铁路港对各省(区、市)辐射能力折线图

以上分析结果表明,成都国际铁路港基本具备辐射珠三角和长三角地区的能力,但对其的吸引力仍处在较低水平,应加强与珠三角和长三角的货运往来,提升华南、华东地区货运服务水平。结合成都国际铁路港目前的发展政策来看,"蓉欧+"国内覆盖范围主要集中于西南、华南、华东地区,印证了"蓉欧+"布局具有较强的可行性。

2.3　国际腹地吸引力时空演变初步探究

由于成都国际铁路港主要业务为货物进出口类国际贸易,本文在国内腹地吸引力的基础上,根据四川省商务厅以及成都海关的统计数据,将国内腹地吸引力的概念延伸至国际领域,利用国家或地区通过成都国际铁路港进行进出口交易的货值与国家或地区的货值的比例计算成都国际铁路港在国际贸易中对其他国家或地区的吸引力,并对国际腹地吸引力的时空演变进行初步探索。

可以看出,2016 年成都国际铁路港的腹地主要集中于南亚、东南亚和东亚,其中对巴基斯坦的吸引力最大,越南、马来西亚、泰国次之。巴基斯坦作为连接中国与中东地区的枢纽,是中国进入中东地区的唯一陆上通道。同时,我国作为巴基斯坦最大的贸易伙伴,是巴基斯坦第一大进口来源国和第三大出口目的国,因此成都国际铁路港对其保持着较高的吸引力水平。随着时间的推移,成都国际铁路港在国际范围内的吸引力水平逐年上升,腹地范围逐渐扩大。2019 年成都国际铁路港对国际腹地的吸引力水平显著提升,越南、爱尔兰、以色列、马来西亚等国家已组成核心腹地区域,沿"一带一路"干线分布特征明显,与海上丝绸之路沿线国家贸易交往密切。

值得注意的是,目前我国正大力推进西部陆海新通道建设,向北连接丝绸之路经济带,向南连接 21 世纪海上丝绸之路。作为西部陆海新通道上的主要枢纽之一,成都国际铁路港具有较好的发展机遇。在增强国际吸引力方面,成都国际铁路港除了应加强与传统的出海通道——珠三角、长三角的贸易往来以外,还应该促进通往北部湾的通道建设,把握发展机遇,提高国际贸易服务水平。

3　结语

本文以成都国际铁路港为研究对象,选取 2014—2019 年为研究时限,对我国内陆港腹地吸引力的时空演变进行探究。研究结论如下:

(1)成都国际铁路港的吸引力近五年始终保

持“西南地区高,东北地区低”的总体态势。受地理区位的影响形成以成渝经济区为中心向四周扩散的辐射状格局,且吸引力水平随距离增加而降低。

(2)成都国际铁路港的辐射能力在空间上呈现出以成渝经济区、珠三角经济区、长三角经济区为中心的格局,且逐年增长。成都国际铁路港吸引力与辐射能力的差距表明,其应该大力发展与珠三角、长三角的货运往来,这与其现有的规划布局一致。

(3)影响陆港吸引力水平的因素主要是地理区位及距离、其他港口的竞争和国家政策。地理区位的影响主要表现为距离越远,港口的吸引力越弱;其他港口的竞争与合作会影响内陆港的吸引力水平;国家政策对陆港的空间演化具有直接的促进作用。

(4)成都国际铁路港国际腹地吸引力水平逐年提高,空间格局沿干线分布特征明显,对海上丝绸之路沿线的东南亚、西欧、西亚国家吸引力水平相对较高。

基于以上结论,本文提出了以下提升成都国际铁路港腹地吸引力的建议:

(1)成都国际铁路港在建设发展中应关注具备较高的辐射能力而吸引力水平较低的华南、华东地区,加强与华南、华东地区主要货运联系,提升自身在全国范围内的影响力。

(2)在提升国际腹地吸引力方面,成都国际铁路港应增强与传统的出海通道——珠三角、长三角的贸易往来。除此之外,在建设西部陆海新通道的背景下,还应该加强通往北部湾的通道建设,提升自身的国际服务能力。

本研究未来可以对内陆港腹地吸引力变化的内在原因进行纵向挖掘,从而为其他内陆港的发展提供借鉴,还可以增加多个内陆港腹地的分析,进行横向挖掘以探索内陆港群体国际影响力的发展趋势。

参考文献

[1] 董晓菲,韩增林,荣宏庆.大连港、营口港与腹地经济协同发展比较研究[J].地域研究与开发,2014,33(5):39-43.

[2] MALCHOW B M,KANAFANI A. A disaggregate analysis of port selection [J]. Transportation Research Part E: Logistics and Transportation Review,2014,40(4):317-337.

[3] LEE S W ,SONG D W ,CÉSAR D. A tale of Asia's world ports: The spatial evolution in global hub port cities[J]. Geoforum,2008,39(1):372-385.

[4] DANIELIS R, GREGORI T. An input-output-based methodology to estimate the economic role of a port: The case of the port system of the Friuli Venezia Giulia Region, Italy[J]. Maritime Economics & Logistics,2013,15(2):222-255.

[5] SHANJ, YU M, LEE C Y. An empirical investigation of the seaport's economic impact: Evidence from major ports in China [J]. Transportation Research Part E: Logistics and Transportation Review,2014,69(C):41-53.

[6] JUNG B M . Economic Contribution of Ports to the LocalEconomies in Korea[J]. Asian Journal of Shipping & Logistics,2011,27(1):1-30.

[7] SONG L, VAN G M. Port infrastructure investment and regional economic growth in China: Panel evidence in port regions and provinces [J]. Transport Policy, 2014, 36: 173-183.

[8] 杨静蕾,吉阿兵,李艳梅.天津与上海口岸陆向腹地辐射能力对比研究[J].港口经济,2014(1):18-21.

[9] GUERRERO D. Deep-sea hinterlands: Some empirical evidence of the spatial impact of containerization [J]. Journal of Transport Geography,2014,35:84-94.

[10] KONINGS R, KREUTZBERGER E, MARAŠ V. Major considerations in developing a hub-and-spoke network to improve the cost performance of container barge transport in the hinterland: the case of the port of Rotterdam [J]. Journal of Transport Geography, 2013, 29:63-73.

[11] RODRIGUE J P, NOTTEBOOM T. Foreland-based regionalization: Integrating intermediate hubs with port hinterlands [J]. Research in Transportation Economics,2010,27(1):19-29.

[12] 何丹,高鹏.长江中游港口腹地演变及港口-腹地经济协调发展研究[J].地理科学,

2016,36(12):1811-1821.

[13] FRANC P, VAN D H M. Understanding hinterland service integration by shipping lines and terminal operators: a theoretical and empirical analysis [J]. Journal of Transport Geography,2010,18(4):557-566.

[14] ZONDAG B, BUCCI P, GÜTZKOW P, et al. Port competition modeling including maritime, port, and hinterland characteristics [J]. Maritime Policy & Management,2010,37(3): 179-194.

[15] AREGALL M G, BERGQVIST R, MONIOS J. A global review of the hinterland dimension of green port strategies [J]. Transportation Research Part D: Transport and Environment, 2018,59:23-34.

[16] BERGQVIST R, EGELS-ZANDÉn N. Green port dues—The case of hinterland transport [J]. Research in Transportation Business & Management,2012,5:85-91.

[17] IANNONE F. The private and social cost efficiency of port hinterland container distribution through a regional logistics system [J]. Transportation Research Part A: Policy and Practice,2012,46(9):1424-1448.

[18] FURIÓ S, ANDRÉS C, ADENSO-DÍAZ B, et al. Optimization of empty container movements using street-turn: Application to Valencia hinterland [J]. Computers & Industrial Engineering,2013,66(4):909-917.

[19] WOODBURN A. Effects of rail network enhancement on port hinterland container activity: a United Kingdom case study [J]. Journal of Transport Geography,2013,33:162-169.

[20] UBOGU A E. The potentials of rail-road integration for port-hinterland freight transport in Nigeria[J]. International Journal for Traffic & Transport Engineering,2011,1(2):89-107.

[21] 董晓菲,韩增林. 东北沿海港口群腹地空间格局及驱动机理[J]. 经济地理,2016(5): 33-39.

[22] 李振福,汤晓雯. 大渤海圈港口腹地演变的腹地烟羽模型研究[J]. 经济地理,2015,35(6):116-123.

[23] YANG J, LUO M, JI A. Analyzing the spatial-temporal evolution of a gateway′s hinterland: A case study of Shanghai, China [J]. Transportation Research Part E: Logistics and Transportation Review, 2016, 95: 355-367.

[24] ACCIARO M, BARDI A, CUSANO M I, et al. Contested port hinterlands: An empirical survey on Adriatic seaports [J]. Case Studies on Transport Policy,2017,5(2):342-350.

[25] 尚姝. 基于烟羽模型的港口交叉腹地划分研究[D]. 大连:大连海事大学,2013.

[26] 胡立伟,杨锦青,何越人,等. 城市交通拥塞辐射模型及其对路网服务能力损伤研究[J]. 中国公路学报,2019,32(3):145-154.

[27] 贺博雅. 集成场视角下西安国际陆港竞争力评价及提升对策研究[D]. 西安:长安大学,2018.

[28] 黄炳康,李忆春,吴敏. 成渝产业带主要城市空间关系研究[J]. 地理科学,2000,20(5): 411-415.

基于制冷站的绿色冷链运输系统

刘智君* 叶 静 李思聪 李 冉

(交通运输部公路科学研究所交通物流工程研究中心)

摘 要 在冷链物流领域,公路冷链运输完成了近90%的货运量,目前全国冷藏运输车约28.67万辆,冷藏运输车通过燃油制冷,每年消耗大量的石油资源,同时排放了大量的二氧化碳。在当前“碳达峰、碳中和"目标下,作者提出了基于地面制冷站的绿色冷链运输模式,采用隔热保温车或蓄冷式保温集装箱进行公路冷链运输,在公路服务区、物流中心、运输站场、农产品产地设立地面制冷站,为公路冷链运输农产品、食品等进行充分预冷、续冷,可实现农产品由生产端到消费端,以及各种复杂情况下冷链运输,可以大大减少碳排放,降低冷链运输成本,减少对石油资源的依赖,提高环保水平,促进冷链运输行业快速发展。

关键词 冷链物流 碳排放 冷藏车 隔热保温车 蓄冷式保温集装箱 制冷站

0 引言

2020年10月29日,党的十九届五中全会通过的《中共中央关于制定国民经济和社会发展第十四个五年规划和二〇三五年远景目标的建议》提出,到2035年,广泛形成绿色生产生活方式,碳排放达峰后稳中有降,生态环境根本好转,美丽中国建设目标基本实现。"十四五"期间,加快推动绿色低碳发展,降低碳排放强度,支持有条件的地方率先达到碳排放峰值,制定二〇三〇年前碳排放达峰行动方案;推进碳排放权市场化交易;加强全球气候变暖对我国承受力脆弱地区影响的观测。

2020年12月16—18日,中央经济工作会议将做好碳达峰、碳中和工作作为2021年八大重点任务之一,要求抓紧制定2030年前碳排放达峰行动方案,支持有条件的地方率先达峰。要加快调整优化产业结构、能源结构,推动煤炭消费尽早达峰,大力发展新能源,加快建设全国用能权、碳排放权交易市场,完善能源消费双控制度。要继续打好污染防治攻坚战,实现减污降碳协同效应。要开展大规模国土绿化行动,提升生态系统碳汇能力。

公路冷链运输过程中,由于制冷部分采用燃油制冷,碳排放严重。全国冷藏车保有量(2020年)为28.67万辆,每天全国冷藏车制冷部分排放二氧化碳严重,因此,减少这部分的碳排放十分紧迫。

1 交通运输行业"碳达峰、碳中和"现状

中国的石油资源一直比较短缺,约70%的石油需要从国外进口,进口石油的70%需要经过马六甲海峡,交通运输行业消耗了70%的石油。在当前中美大国战略博弈下,保证石油的供应,节能减排,降低对石油资源的使用,是至关重要的。

2019年,中国交通运输领域碳排放总量11亿t左右,占全国碳排放总量10%左右,其中公路占74%、水运占8%、铁路占8%、航空占10%左右。

减少对石油资源的依赖,减少碳排放,尽快在交通运输行业实现"碳达峰、碳中和"目标。在公路交通方面,主要采用以锂电池为主的电池新能源技术,以及氢能源为动力的新能源技术。目前,以锂电池为主的新能源技术主要应用于乘用车,以氢能源为动力的新能源技术主要应用于长途运输,这两种新能源技术基本解决的是汽车的动力问题,都是在地面通过交流电将交流电转换成直流电存储在电池上,或将氢气储存在汽车上,使用时再将存储在电池上的直流电,或利用氢气燃烧产生动力驱动汽车行驶。由于存在能量的两次转换,都存在一个能量转换效率问题。

冷链运输是交通运输的一部分,为了保证冷链运输过程中货物的低温要求,一般采用冷藏车进行冷链运输,冷藏车上配置有制冷机组,通过燃油为制冷机组提供动力。全国冷藏车保有量(2020年)为28.67万辆,冷链运输制冷部分消耗了不少的石油资源,同时也产生了大量的碳排放。

2 冷链运输现状及存在问题

2.1 食品冷链物流率低,损腐损失巨大[1]

2015年我国易腐食品(主要包括水果、蔬菜、肉类、水产品、禽蛋和奶制品等)总产量为12.67亿t,总调运量超3亿t,但综合冷链流通率仅为19%(美国、日本等发达国家综合冷链流通率达到85%以上)。早在2010年,国家发展和改革委员会就在《农产品冷链物流发展规划》中提出,2015年果蔬、肉类、水产品冷链流通率分别达到20%、30%和36%。虽然目前已达到规划的预期,但是和美国、日本等发达国家的肉禽冷链流通率接近100%,以及蔬菜、水果冷链流通率95%以上相比,仍然存在很大的差距。而那些未经过冷链物流进行流通的易腐食品在生产、储运、销售等环节中的流通腐损率很高。据统计,我国果蔬、肉类和水产品的流通腐损率分别达到20%~30%、12%和

15%。这相当于1300万顷耕地的全部产出(约占全国耕地面积的10%),所带来的直接经济损失高达6800亿元(约占全国GDP的1%),对社会资源造成了极大浪费。

2.2 冷链物流的装备和设施欠缺

"冷链不冷"与"冷链断链"现象都很严重。从冷链物流各个环节来看,我国产地预冷是非常薄弱的一环,约80%的水果、蔬菜不进行预冷处理即在常温下流通,少部分预冷处理也未采用专用设备,没有实现真正意义上的预冷。而日本超市销售的蔬菜95%以上都经过预冷,美国、澳大利亚等国由于完备的预冷基础设施,水果和蔬菜采后几乎全部进行预冷处理。在冷藏运输方面,当前我国冷藏车和保温车占公路营运载货汽车的比重为0.5%左右,而美国为0.8%~1%,英国为2.5%~2.8%,德国2%~3%。从人均来看,我国约1.8万人才有一辆冷藏车,而美国平均500人就有一辆冷藏车。总而言之,我国冷链物流的装备和设施无论是总量还是人均占有量都与发达国家有很大差距,并且较为低端的设备和设施仍充斥着市场。

2.3 道路冷链运输成本极高,且不环保

冷藏车是冷链物流的核心运载装备,当前,全国冷藏车保有量为28.67万辆。冷藏车上配有制冷机组,以汽柴油为动力,通过化学能-机械能-电能转换后制冷,生产1kW·h电能的费用2.37元(按6元/L,商业用电1kW·h约1元计算),能源的利用率较低,制冷成本高,而且污染环境。

以汽柴油为冷藏车制冷的动力,会消耗大量的石油资源,而中国又是石油资源短缺的国家,每年都需从国外进口大量的石油。目前国际形势动荡,保守势力猖獗,经济下行,维护石油供应安全及节能增效越来越重要。

2.4 道路冷链运输市场竞争更加激烈

随着冷链市场热度越来越高,不断有新的企业涌入冷链运输市场,导致竞争日益激烈。目前,有多个地区的冷链运价与普通货运价相差无几,企业普遍毛利润只有15%~18%,净利润更是低到只有2%~4%。

存在大量运输企业由于利益驱使,使用不正规的冷藏保温车辆,如普通货车、敞车、"棉被+冰块"进行运输,有的企业为节约成本甚至不开启车辆制冷装置或中途关闭制冷设备,导致运输"断链"。

大量采用的"棉被+冰块"的冷链运输方式,其实就是:"棉被"——隔热保温;"冰块"——制冷,冰块是制冷装置(冰箱冰柜)采用交流电生产的,这充分说明采用交流电的制冷方式比采用燃油的制冷方式具有明细的价格优势,该简单易行的方式凝聚了广大劳动人民的创造力及智慧。

2.5 对节能产品不够重视

欧美的隔热保温车一直在冷链运输中占大部分。据相关资料显示[2],早在1984年,美国冷藏车约6万辆,隔热保温车约10万辆,隔热保温车占温控车总数的60%以上。

隔热保温车在美国占有很大比例的原因是:①美国在各易腐货物的主要产区均建立了预冷包装站,全国有完善的预冷系统,这为采用隔热保温车运输提供了重要的物资基础。②生产的隔热保温车技术性能好,特别是其隔热性能和气密性能好,可保证所载的货物每昼夜的温度变化不超过0.8℃,这为采用隔热保温车运输提供了技术保障。③隔热保温车的造价大大低于其他冷藏车,运用的经济效益好,这为采用隔热保温车运输提供了利益驱动。④冷藏车投资大、需要消耗大量的石油,而20世纪70年代开始的石油危机使得冷藏车的运用更不经济,隔热保温车也就应运而生了。

20世纪80年代,法国有5万辆隔热保温车,德国有4.5万辆隔热保温车。

目前,国内生产的隔热保温车,在厢内外温差25℃环境下,48h内的温度变化不超过0.1℃。

3 基于制冷站的绿色冷链运输系统[3]

从技术层面上来看,冷链运输的关键问题是冷链运输的隔热保温和冷链运输的制冷。

冷链运输的隔热保温可以通过提高车辆保温效果,降低车体综合传热系统(K值)和提高车体气密性解决。

冷链运输的制冷部分通过在地面设立制冷站(制冷机组),用交流电直接制冷/制热,对冷链运输车厢/集装箱内的货物进行充分制冷/制热。由于采用了交流电制冷或者制热,摒弃了冷藏车上的燃油制冷机组,取消了冷链运输制冷部分的燃

油消耗及碳排放，实现了绿色冷链运输。

3.1 隔热保温车在冷链运输中的应用[4]

隔热保温运输的技术核心是利用装备的隔热性能运输过程中货物积蓄的热(冷)能消耗导致货向环境温度的变化，车体综合传热系数与气密性是隔热保温车两项关键热工指标。

为了提高车辆保温效果，隔热保温车要大幅降低车体综合传热系统(K 值)和大力提高车体气密性，完成新型隔热保温材料、无热桥结构设计、整体发泡、车体密封等关键技术研制。

中国是制造业大国，已掌握生产制造优良隔热保温效果的冷藏运输车、冷藏集装箱的技术和能力。冷藏运输车/冷藏集装箱采用整体发泡、无缝内板结构，车体综合传热系数≤0.22W/[m^2·(kW·h)]，车体在内外温差25℃的工况下，在无外界制冷的前提下，48h 内车内温升(降)不超过0.1℃。隔热性能世界领先，容重比优良。

采用国产的隔热保温车/冷藏集装箱，完全可以满足道路冷链干线运输，也满足所有冷链物品的运输要求。

对于存放在冷库的物品或者已处于低温状态的物品，可以直接装车运输。

中铁特货运输有限责任公司是中国铁路总公司所属的以现代物流为目标的特种货物专业化运输企业，主要从事冷藏货物铁路运输业务。自2019 年起，隔热保温车/集装箱已在中国铁路总公司投入试运行，效果良好。

保温类货源运输市场巨大，未来将是冷链运输中的一个重要品类。在欧美等发达国家，隔热保温车/集装箱是重要的食品运输车种。目前，我国保温类货源大部分采用“土保温”的办法进行运输，例如冬季运输鲜奶、啤酒、矿泉水，使用普通车辆需要采取加装保温板、彩条布、棉被等措施。而采用隔热保温车/集装箱运输，不仅可以有效提高货物运输品质，符合国家食品安全要求，而且可以节约“土保温”材料费用，提高装卸效率和经济效益，符合国家环保和循环利用要求。

3.2 蓄冷式保温集装箱在冷链运输中的应用

蓄冷板是指采用相变材料进行蓄冷，相变蓄能是利用蓄能材料在相变过程中吸收和释放相变潜热的特性来储存和释放热能的方法。物资由固态转化为液态，由液态转化为气态，或者由固态直接转化为气态(升华)时，吸收相变热；进行逆过程时，则释放相变热。

其制冷原理是利用相变材料冷冻后所储存的蓄冷量进行制冷，运输前，地面制冷站对蓄冷板中的相变材料进行“蓄冷”，即冷却冻结；运输过程中，利用相变材料的融化吸热，对保温厢体内不断“放冷”。

目前，国内生产的蓄冷式保温集装箱，采用前置地面制冷站制冷、无源释冷的系统解决方案，制冷能耗成本低，通过制冷站制冷后，可连续保温120h。同时，应用世界先进的复合相变材料，该材料具有焓值大、热导率高、安全环保、稳定性好等优点。

蓄冷保温集装箱已完成小批量多场景运用。2018 年 11 月初，国家农产品现代物流工程技术研究中心[5]在云南昆明—大理线路公铁联运环境下，测试了蓄冷式保温集装箱在蔬菜上的实际应用效果。整体上，蓄冷式保温集装箱冷藏性能良好，具有较好的物流保鲜效果。

2020 年 5 月，中国铁路昆明局集团有限公司采用蓄冷保温集装箱完成了试运鲜切花，开辟了云南鲜花出省运输新路径。

2022 年 1 月 10 日，中(国)老(挝)铁路国际货物列车“澜湄快线”已正式开通，该列车采用蓄冷保温集装箱运输冷藏货物，去程满载蔬菜、鲜花等货物，回程运输新鲜水果。

3.3 冷链运输过程的制冷

基于上述隔热保温车/集装箱和蓄冷式保温集装箱无主动制冷下，可长时间、长距离保持低温运输的特点，通过设立在地面，采用交流电为动力的制冷站，为隔热保温车/集装箱和蓄冷式保温集装箱提供制冷/制热，保持隔热保温车/集装箱和蓄冷式保温集装箱内的货物温度符合冷链运输要求。

地面制冷站不仅可以调整隔热保温车/集装箱和蓄冷式保温集装箱内的温度，也可以调整车厢内的湿度，同时还可以进行气体调节，提高农产品的保鲜度，更容易提高制冷站的能效及利用率。

采用地面制冷站的方式，有利于农产品的冷

链运输,在农产品产地,农产品装车后可通过制冷站对车厢内的农产品进行充分预冷,然后进行干线运输。

在交通枢纽、物流基地、运输站场、停车场、高速公路服务区等公共场所地面布设制冷(热)站,对冷链运输车辆的货物提供持续制冷(热),可保证各种复杂情况下的冷链运输。

4　结语

国内隔热保温集装箱已开始小批量生产,中铁特货运输有限责任公司配置了200多辆隔热保温车/集装箱,在全国开展了冷链运输,效果良好,目前正在推广应用中。

中集集团已在冷藏集装箱上装配蓄冷板,采用地面交流供电的制冷站为蓄冷板制冷,开始了小批量生产,冷链物流公司及新能源公司正在利用该产品进行实际运行。

蓄冷式保温集装箱已通过多工况试验及系统验证,并完成公路、铁路、公铁联运等运用考验,累计运营超40万km。该装备使用环境友好,可适应高海拔、大温差、长运距等各种极限环境,在鲜花、红提等高品质特色货品运输中,充分体现了恒温恒湿、全程冷链不断链的优势,开创了长干线公铁联运鲜花的先河。

采用蓄冷板和隔热保温箱制成的疫苗保温箱,通过制冷站制冷后,96h内可保证疫苗安全运输,顺利完成国产疫苗的出口运输。

在碳达峰、碳中和战略背景下,我们已经具备了开展基于制冷站的绿色冷链运输系统应用的条件,通过在公路服务区、运输场站、物流园区、农产品产地设置制冷站,为隔热保温车/集装箱、蓄冷式保温车/集装箱提供制冷服务,可实现长距离、复杂环境下的冷链运输,率先实现冷链运输制冷部分的碳减排,降低冷链运输费用,降低食品的腐损率。

参考文献

[1] 周远,田绅,邵双全,等.发展冷链装备技术,推动冷链物流业成为新的经济增长点[J].冷藏技术,2017,40(1):1-4.

[2] 谢如鹤,罗荣武,徐磊,等,对我国发展隔热车的可行性分析[J].铁道学报 2002,24(2):7-11.

[3] 刘智君,叶静,王俊波,等,一种基于制冷站的冷链运输系统和冷藏车.中国,ZL202022599545.2[P].2021.

[4] 中国物流与采购联合会冷链物流专业委员会,国家农产品现代物流工程技术研究中心.中国冷链物流发展报告(2019)[M].北京:中国财富出版社,2019.

[5] 李春海,郭枫军,张长峰,等,蓄冷式保温集装箱在蔬菜流通中的保鲜效果研究[J].中国果蔬,2019,39(3):1-6.

共同配送下无人车编组与路径优化研究

严　海*　李一博

(北京工业大学北京市交通工程重点实验室)

摘　要　面向无人车在城市物流配送中更广泛的应用,重点就共同配送下无人车编组配送优化问题进行了讨论。将车辆编组与车辆路径问题结合,建立了固定成本和运输成本最小的优化模型,应用带容量约束的K-means聚类及加入2-opt算子的遗传算法对模型进行求解,讨论了总成本与编组车辆单元最大数及车辆单元容量的关系,结合标准算例库进行了数值仿真。结果表明:相较独立非编组配送,共同配送下的无人车编组可以有效降低配送成本。

关键词　运输规划　编组与路径优化　两阶段求解算法　无人车编组

0 引言

我国物流业迅猛发展,但现阶段物流总成本仍偏高,如何在配送环节降本增效成为亟需解决的问题。已有研究表明,由无人车参与的配送模式具有缓解拥堵、降低碳排放、减少交通事故等众多优势[1-3]。近年来,关于无人车配送模式的探索不断。Ulmer[4]等将自提点与无人配送车结合,根据车辆、站点和客户的异构性分析无人车的适用性。James[5]等提出无人车物流系统,考虑车辆、需求、可再生能源发电和基础交通设施的要求,研究无人车的路径规划和充电计划。张凯[6]等将快递柜和无人车配送相结合,在考虑快递货柜存放时间与容量的基础上建立了路径规划模型。

此外,国内外学者对道路上车辆编组的调度问题进行了研究,大多数已知的编组模型都与长距离交通有关[7]。Agatz[8]等首次提出了在城市场景中利用车辆编组的想法。Scherr[9]等将有行驶区域限制的自动驾驶车辆与传统车辆混合编组应用于城市货运物流中。Chen[10]等将公交车单元以一定成本连接形成大容量车辆,对发车时刻表和车辆容量进行优化。Liu[11]等在已知发车时刻表和客流需求时,建立模型求解自动驾驶和编组设计下公交线路需要的最小车队规模。代壮[12]等建立半自动驾驶公交车辆编组动态运行模型,并对编组车辆容量限制等进行了分析。把多列编组车队视为多种车型时,可借鉴多车型车辆调度问题进行研究。同时,共享经济推动共同配送发展,无人车配送也需要考虑多车场问题。李冰[13]在多车型、多类型任务情境下构造了线性时空分解模型。李珍萍[14]等针对两层级选址-路径问题,设计了三阶段算法解决共同配送多车场问题。

无人车配送编组配送与多车型配送车辆调度的研究有本质不同,其中最显著的区别是无人车编组配送容量可变,摆脱固有车型限制后有更大的灵活性。因此,本文首先从共同配送模式出发,建立了固定成本及运输成本最小的优化模型,并提出带容量约束的 K-means 聚类及加入 2-opt 算子的遗传算法进行对模型进行求解;然后,通过编组分析寻求总成本与编组车辆单元最大数及车辆单元容量的关系;最后,通过成本分析探讨是否共同配送、是否编组三种场景下配送距离、配送成本及车辆单元使用数的变化。本文研究结论可为未来无人配送编组在城市配送中的应用可提供理论支撑与技术支持。

1 模型构建

1.1 问题描述

独立配送模式下,车辆从配送中心出发,在其容量限制下按照规划路线依次服务客户点,如图 1 所示。但在城郊区域,配送需求较为分散,独立配送难以满足客户需求且易产生较大的配送成本,同时同质化的配送车辆会导致运力浪费等问题。因此,本文设计了配送点车辆共享,无人车单元组成编组进行配送的服务模式,具体如图 2 所示。两种配送模式的区别见表 1。

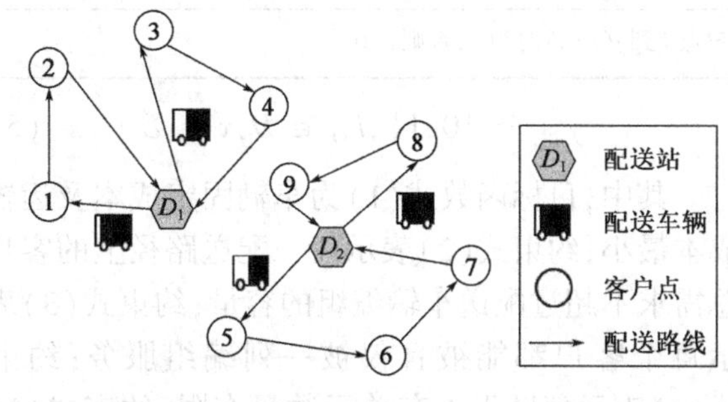

图 1 独立配送下不编组

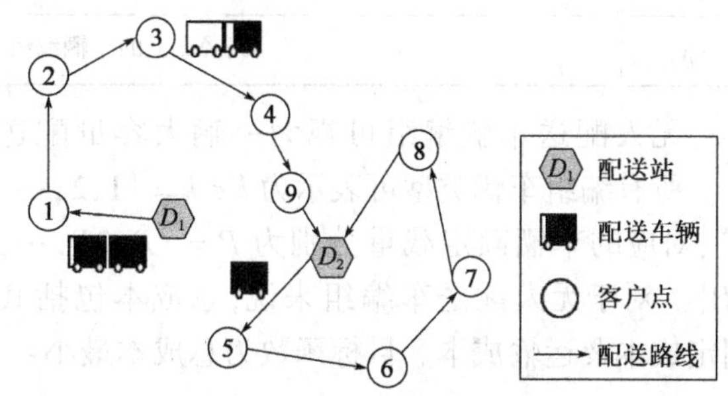

图 2 共同配送下编组

配送模式对比 表 1

配送模式	独立配送下不编组	共同配送下编组
配送站	相互独立	车辆共享
车辆	传统车辆,单一车型,载货量固定	无人配送车单元组成的编组,载货量灵活
路径	回到原配送站	可以到任一共配站

1.2 问题分析

问题中客户需求、坐标均为已知,车辆编组的容量不确定,因此有两个子问题需要解决:(1)求解无人车单元编组规模,即每条路径需要几辆单元车组成编组;(2)求解路径,确定每队编组服务的客户。上述两个问题并非孤立,车队编组数量与服务的客户群体规模相互制约。

1.3 模型构建

为简化模型,使模型接近实际且易于理解,本文做出如下假设与约定。

假设1:配送需求兼容性较好,同一客户点的需求可被拆分放置在不同单元车上。

假设2:单元车编组过程只能在共配站完成,不能在客户点进行重编组。

假设3:假定单元车编组过程中不存在能耗节约,编组车辆的总运营成本为多辆单元车的运营成本之和,即车辆编组不存在运营成本规模递减[10]。

本文所涉及的数学符号及定义见表2。

符号定义 表2

符号	含义
D	备选配送中心集合,$m,n \in D$
U	客户点集合,$i,j \in U$
V	无人配送车单元集合,$\nu \in V$
E	$\{x:x=d_m,u_1,u_2,\cdots,u_i,d_n\}$,配送路径集合,从共配站 d_m 出发,经过若干客户点 $u_1,u_2,\cdots,u_i \in U$,最后返回某一配送中心 d_n
q_i	客户 i 的需求量
P	无人车单元的额定载重
h	无人车单元的固定成本
c	无人车单元的单位运输费率
z	无人车单元的载重量
K	每个编组的最大车辆单元数
q_x	配送路径 x 上的总需求量
L_x	配送路径 x 的总长度
k_x	路径 x 上组成编组的无人车单元数量
y_{ijV_x}	路径 x 上的车辆编组 V_x 从客户点 i 到 $j(i \neq j)$ 时为1,否则为0

无人配送车辆编组可视为一辆大容量配送车。所有编组车辆类型可表示为 $k \in \bar{k}=\{1,2,\cdots,K\}$,对应的车辆额定载重分别为 $P=\{P,2P,\cdots,KP\}$。对于无人配送车编组来说,总成本包括其固定成本及运输成本。目标函数为总成本最小:

$$\mathrm{Min}C=\sum_{x \in E} hk_x+\sum_{x \in E}(c \times k_x)L_x \tag{1}$$

约束条件:

$$\sum_{x \in E} q_x \leqslant \sum_{x \in E} k_x z \tag{2}$$

$$\sum_{i,j \in U}\sum_{x \in E} y_{ijV_x}=1 \tag{3}$$

$$k_x \leqslant K \tag{4}$$

$$y_{ijV_x} \in \{0,1\},i,j \in D,x \in E \tag{5}$$

其中,目标函数式(1)为车辆固定成本及运输成本最小;约束式(2)表示任一配送路径上的客户总需求不超过配送车辆编组的容量;约束式(3)表示每个客户都能被且仅被一列编组服务;约束式(4)表示每队无人车单元数量有限;约束式(5)表示0-1决策变量。

2 算法设计

设计基于带约束的K-means聚类算法及加入2-opt算子优化的遗传算法,多阶段求解本文模型。通过将K-means聚类算法加入容量约束并确定 k

值得到遗传算法初始解,进而应用遗传算法进行车辆编组及线路的优化调整,得到优化结果。

2.1 K-means 聚类算法改进

考虑配送车辆容量限制划分的客户集更满足遗传算法初始解的需求。以编组最大车辆数容量作为客户群的需求量限制,以期产生较少聚类数,降低车队固定动用成本。根据式(6)确定聚类数[14]:

$$C = \sum_{i=1}^{U} q_i / K \tag{6}$$

改进后的 K-means 聚类算法具体流程如下:

(1)导入配送中心和客户点的位置坐标及客户点需求,随机选择 C 个客户点作为初始聚类中心。

(2)计算每个客户点到聚类中心的欧式距离,指派客户点到最近的聚类中心,并在客户集的总需求量达到需求限制时停止指派;重复该步骤直至所有客户均被分类。

(3)计算各个类的位置及需求量重心,将其作为新的聚类中心。

(4)重复步骤(2)(3),直到聚类中心不变。

2.2 遗传算法改进

2.2.1 算法编码

采用自然数编码方式,将客户点编号作为基因,每条路径上的基因组合形成染色体,代表客户的服务顺序。

2.2.2 算法解码

解码的主要思想为,将基于改进后的 K-means 聚类算法得到的客户群分类结果作为初始种群,依据贪婪形成路径的原则得到编组最大容量所能服务的客户,依次计算编组数为 $k \in \bar{k} = \{1, 2, \cdots, K\}$ 时其所能服务路径的单位需求成本 $C_x = hk_x + c \times k_x$,取 C_x 最小所对应的编组数。

2.2.3 具体算法步骤

(1)参数设置:包括种群大小 G、基因交叉比率 P_c、变异比率 P_m、最大迭代次数 g 等,将由改进的 K-means 聚类算法得到的结果作为初始解。

(2)染色体修正:按解码规则,依据容量约束等对染色体进行修正,形成适应车辆编组的染色体。

(3)适应度函数:对种群中的每一条染色体,依据式(4)计算目标函数值并作为适应度值进行输入。

(4)交叉修复操作:采用 OX 交叉,选择染色体上几个基因的起止位置,通过交换中间部分修复基因。OX 交叉操作如图 3 所示。

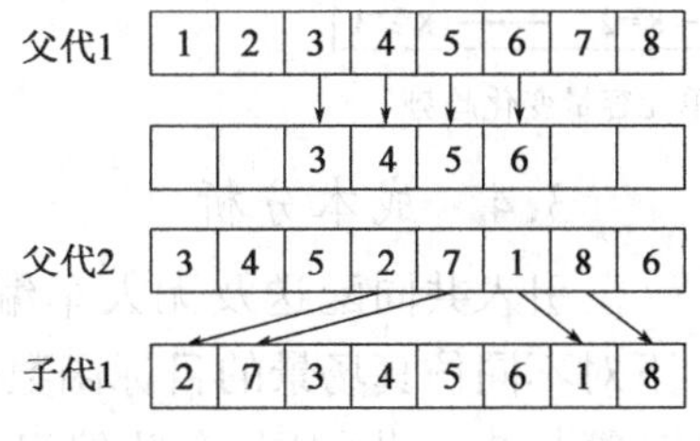

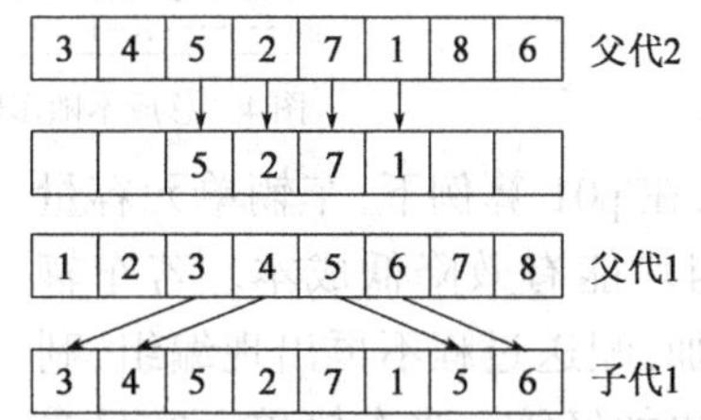

图 3 OX 交叉操作

(5)精英选择:使用轮盘赌方法,依据适应度值进行多轮选择,该过程需将最小化问题转化为最大化问题。

(6)使用 2-opt 算子对每辆车的路径进行再优化,促使产生更好的染色体,通过推进局部最优帮助产生全局最优解。

(7)算法迭代次数到达最大迭代次数 g 后停止算法,输出最优解。

3 算例分析

3.1 算例描述及参数设置

选取 http://www.bernabe.dorronsoro.es/vrp/ 网站上 MDVRP 标准算例库的 p01、p02、p06、p07 作为验证算例(四个算例分别在客户数、配送中心数方面有所区别,具备一定代表性)。遗传算法中 $G = 100$,$P_c = 0.9$,$P_m = 0.1$,$g = 100$。

3.2 算法有效性检验

在不考虑共同配送及车辆编组的情况下，对MDVRP标准算例库中抽取的测试算例求解总配送距离，结果见表3。

算法仿真结果对比(km) 表3

算例/客户数/中心数	未用改进的K-means聚类	未使用2-opt算子进行局部优化	完整算法	已知最优解
P01/50/4	691.63	585.41	576.87	576.87
P02/50/4	657.57	476.32	473.53	473.53
P06/100/3	1127.3	887.30	878.23	876.50
P07/100/4	1154.7	902.50	890.82	885.80

由表3可知：①通过利用考虑容量约束的K-means距离算法来得到遗传算法的初始解能够有效提升解的质量；②opt局部优化在针对小规模尺度问题的求解过程中也能优化局部车辆的路径，对促进全局最优具有积极意义；③本文设计的求解算法能够较好的与已知最优解匹配，表明了算法的有效性。

3.3 编组分析

分别以无人车单元的最大容量P及允许的无人车队车辆单元最大数量K为变量，假设无人车固定动用成本(15元/辆)不随容量变化，单位费率为车单元容量的0.02倍。在p01算例下，得到的总成本随车辆单元容量变化趋势如图4所示。

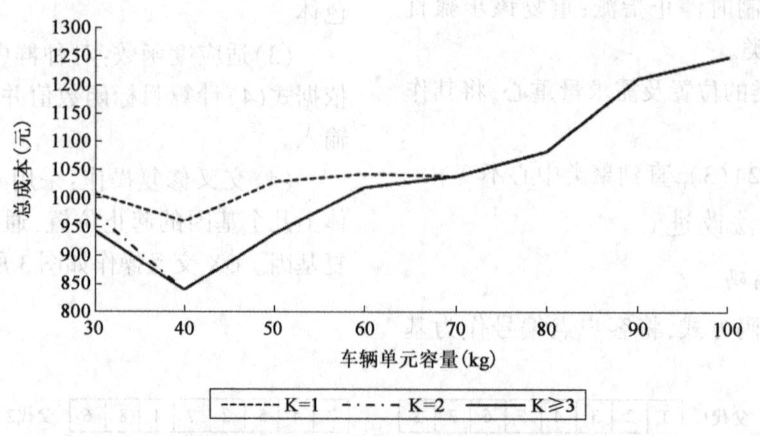

图4 总成本随车辆单元容量变化趋势

仿真结果表明，在p01算例下，车辆单元容量为30~60kg时编组均能有效降低成本。若车辆单元容量进一步增加，配送过程不再出现编组，利用单车服务的形式更加经济。当车辆单元容量为40kg时，无人车队车辆单元最大数量为2辆及以上时均可使总成本最小。

3.4 成本分析

引入共同配送及无人车编组后，在p01算例下对不同仿真场景的目标函数值进行对比。成本计算与3.3节相同，车队编组最大为3辆。具体的仿真场景设置见表4。

仿真场景 表4

场景	配送方式	车辆	路径
1	独立配送	无人车单元	返回原配送站
2	共同配送	无人车单元	可到任一共配站
3	共同配送	无人车编组	可到任一共配站

将仿真结果汇总至表5，其中D_T为车辆行驶总距离，C_T为总成本，V_T为车辆数(编组时为车辆单元数及车队数)。

仿真结果 表5

单元容量(kg)	场景1			场景2			场景3		
	D_T(km)	C_T(元)	V_T(辆)	D_T(km)	C_T(元)	V_T(辆)	D_T(km)	C_T(元)	V_T(辆/队)
30	998.6	1034.2	29	985.4	1006.5	29	845.0	942.0	18/29
40	805.8	974.6	22	788.4	960.7	22	656.5	840.2	17/22
50	754.8	1040.0	19	744.1	1029.1	19	669.1	939.1	18/16
60	692.6	1056.1	15	681.2	1042.4	15	674.3	1019.2	15/15
70	627.6	1058.6	12	613.9	1039.5	12	613.9	1039.5	12/12
80	576.9	1088.0	11	573.3	1082.2	11	573.3	1082.2	11/11

仿真结果显示:①与传统配送模式相比,共同配送能在一定程度上降低配送成本。②通过车辆编组(场景2、3对比),在无人车单元容量为30~60kg时成本有所降低,单元容量为50kg时减少了一辆车的使用。③在无人车单元容量较大时(如70kg、80kg),未产生编组,说明单元车容量较大时,在该算例需求下无编组需求。

4 结语

本文讨论了在共同配送下如何使用无人车编组降低配送成本的问题。首先,通过构建考虑车辆固定成本和运输成本的优化模型,利用带容量约束的K-means聚类算法及改进的遗传算法求解优化路径和编组,并通过算例验证了算法的有效性。其次,通过编组分析确定了算例需求下服务客户的最优车辆单元容量及编组车辆单元最大数,进而为确定不同需求下的无人车单元配置提供方法。最后,比较分析了三种场景下的配送成本。结果表明:共同配送及无人车编组相结合更有助于配送过程降本增效。在之后的研究中,可以尝试由不同容量的无人车单元进行编组,从而更充分利用车辆单元容量;在求解算法方面,本研究的解码方法是简单的贪心策略,在之后的研究中可以尝试其他方法,以期获得更好结果。

参考文献

[1] Nils B, Stefan S, Felix W. Scheduling last-mile deliveries with truck-based autonomous robots [J]. European Journal of Operational Research, 2018, 271 (3): 1085-1099.

[2] Figliozzi M A. Carbon emissions reductions in last mile and grocery deliveries utilizing air and ground autonomous vehicles[J]. Transportation Research Part D Transport and Environment, 2020, 85(AUG.): 1-12.

[3] Steer. Economic Impacts of Autonomous Delivery Services in the US[R]. USA: Steer Davies & Gleave Limited, 2020.

[4] Ulmer M W, Streng S. Same-Day delivery with pickup stations and autonomous vehicles[J]. Computers & Operations Research, 2019, 108 (AUG.): 1-19.

[5] Yu J J, Lam A Y. Autonomous Vehicle Logistic System: Joint Routing and Charging Strategy [J]. IEEE Transactions on Intelligent Transportation Systems, 2017, 19 (7): 2175-2187.

[6] 张凯,周垚学,董宇涵.一种无人车配送路径规划方法:中国,CN111860991A [P]. 2020-10-30.

[7] Larsson E, Sennton G, Larson J. The vehicle platooning problem: Computational complexity and heuristics[J]. Transportation Research Part C Emerging Technologies, 2015, 60 (NOV.): 258-277.

[8] Bhoopalam A K, Agatz N, Zuidwijk R. Planning of truck platoons: A literature review and directions for future research. Transportation Research Part B: Methodological, 2018, 107 (JAN.), 212-228.

[9] Scherr Y O, Neumann Saavedra B, Hewitt M, et al. Service network design with mixed autonomous fleets [J]. Transportation Research Part E:

Logistics and Transportation Review, 2019, 124 (C),40-55.

[10] Chen Z, Li X, Zhou X. Operational design for shuttle systems with modular vehicles under oversaturated traffic: Continuous modeling method[J]. Transportation Research Part B: Methodological,2019,132(JUN.),76-100.

[11] Liu T, Ceder A, Rau A. Public Transit Fleet Size Models of Single-Line Autonomous Modular System[C]// Transportation Research Board 98th Annual Meeting. Washington, DC, USA: 2019:13-17.

[12] 代壮,陈汐,马晓磊. 半自动驾驶公交车辆编组与调度优化[J]. 北京航空航天大学学报,2020,46(12):2284-2292.

[13] 李冰. 多车型确定性动态车辆调配问题[J]. 管理工程学报,2006(3):52-56.

[14] 李珍萍,赵雨薇,张煜炜. 共同配送选址-路径优化模型与算法[J]. 重庆大学学报,2020,43(1):28-43.

城市快件网点选址与运输车辆配置优化

卞巍皓[1] 鲍照耀[2] 骆 晓*[1] 张子钰[1] 周瑞祥[1]

(1. 同济大学道路与交通工程教育部重点实验室;2. 上海交通大学船舶海洋与建筑工程学院)

摘 要 随着电子商务的快速发展,城市内部的快件运输与网点规划成为物流行业发展关键。本研究重点关注"是否允许同源快件分流"和"途径网点次数"两个重要的影响因素,构建"客户点-网点1-网点2-中转场-虚拟终点"的城市快递运输网络,建立"单层网点+不采用同源分流""单层网点+采用同源分流"和"双层网点+采用同源分流"三种混合整数线性规划模型,并利用Gurobi优化求解器求解。结果显示,允许同源快件分流能够增加城市快件运输的灵活性,很大程度地减少城市快件运输成本;允许快件在运输中途径多次网点可以使快件更合理地在网点间分布,降低运输成本,但相较于"允许同源快件分流",其对综合成本降低的影响较小。

关键词 货运规划与物流管理 城市快件网点选址 同源快件分流 车辆配置优化

0 引言

电子商务的快速发展催促着快递网络的布局优化。2020年,各快递企业每天平均服务4.5亿人次,相当于全国每天有1/3的人享受快递服务,为应对更大规模的快递需求,快递业进一步加密末端服务网络,创新末端服务模式,健全末端服务体系,提升"最后一百米"服务能力[1]。2021年,全国快递服务企业业务量累计完成1083.0亿件,同比增长29.9%,包裹数量占全球一半以上;业务收入累计完成10332.3亿元,同比增长17.5%[2]。面对日益增加的城市物流需求,快递网络布局直接影响快递企业的服务质量和运营成本,不同公司对于站点的布局不同,导致了其服务水平的差异[3]。因此,加快快件处理中心、航空及陆运集散中心和基层网点等网络节点建设,构建层级合理、规模适当、需求匹配的电子商务快递物流网络至关重要[4]。目前大多数快递企业在城市的网点布局为分拣中心到中转站再到末端网点的三级结构,网络结构与快递运输方式较为单一,快递企业急需充分整合物流资源,优化网点布局,建立更有针对性的多级快递网络[5]。

设施选址问题由来已久,随着竞争变得全球化和公司经营环境的复杂性不断增加,管理一个综合的网络已成为管理者越来越重要的任务[6-7],其最终目标是根据客户和服务商的位置,对设施进行成本优化分配[8]。针对该类问题,国内外学者也进行了诸多研究。

韩珣等提出多类型自提点构成的嵌套型多级自提网络结构,建立以顾客效用最大和企业建设成本最小的多级自提点选址模型[9];杨朋珏等针对客户的个性化需求,考虑送货上门效率和自提便利性,建立多目标末端网点选址模型[10];Murali等考虑覆盖函数和需求的不确定性,采用启发式算法对城市多级设施选址问题进行求解[11]。考虑到目前的快递行业对于快递柜的依赖度较高,周林等建立送货上门与客户自提结合的需求模型,设计包含多容量选址的两阶段模拟退火启发式算法求解[12];王海花等在满足客户需求的前提下,基于服务半径对快递柜的选址问题进行研究[13]。

综上所述,已经有许多学者在考虑了多种因素的情况下,采用不同方法对城市网点的选址问题进行了解决,但相关文献中,对于同源快件分流对成本降低的问题研究较少,且其与主要研究的多级网点的对比也较少。因此,本研究以此为切入点,着力分析了同源快件分流和途径网点次数对城市快件运输车辆配置和网点位置规划的影响,并对二者进行了对比分析。

1 问题概述

1.1 城市网点规划与线路车辆配置问题

城市快递网络是物流公司服务网络的重要组成部分,快件在城市内部的流动过程中主要有三部分参与,分别包括客户、网点和中转场,三者共同构成了城市内部的运输网络,负责城市内快递货物的运输和收派。

网点作为城市内快递网络的重要节点,负责连接中转场与客户。以收件过程为例,快递小哥收件后,首先将货物运送至附近的网点,再由网点派车将多个客户的货物一同送至同城市中转场。派件过程所需环节与收件过程相同,方向相反。城市内部快件运输流程如图1所示。

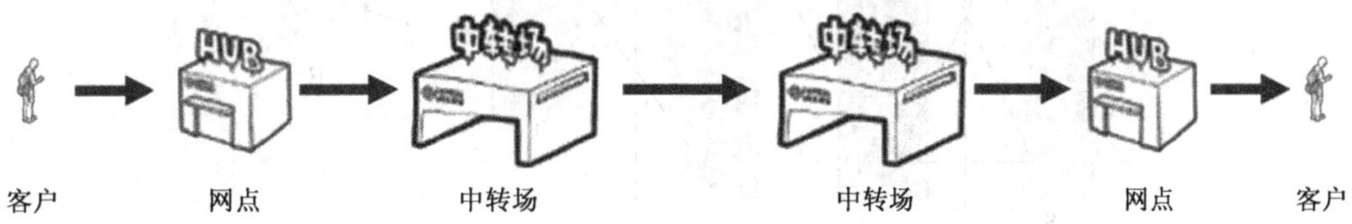

图1 城市内部快件运输流程

本研究所选择的研究对象为城市内收件场景(派件的原理相同),以小哥从客户处取件为起点,以快件到达同城市中转场为终点。在本问题中,一个小区、一栋办公楼都可以成为一个客户区域。客户区域是位置相近客户的一个集合,是本题目中所考虑的最小单位。

在满足所有的客户快件运输需求的前提下,根据网点建立所需的成本和运输车辆距离所需的成本规划相应的目标函数,求解最优的网点选择方案和车辆使用方案。

1.2 问题分析

1.2.1 网络概况分析

本研究实际为快递在给定网络中的移动问题,其中涉及的网络节点包括客户区域、网点和中转场,其中网点层可以为一层或两层。

(1)网络节点流守恒

将整个城市网点规划问题抽象成为一个网络问题,每个客户点、网点和中转场点均为其中的一个网络节点,客户点、网点和中转场点的集合均为网络中的一层。在进行模型求解时,本研究采用网络流节点数量守恒的定律对研究问题加以约束,通过网络各层的快递件数总量作为衔接点,将各网络的各层进行连接。

(2)虚拟点的添加

由于中转场数量不确定,为了对最终的总量进行计算,确保流量守恒,在网络末端添加一个虚拟终点,流向中转场的快件最终都需要流向该虚拟点,即该虚拟点的最终快件数应与客户区域的所有快件数总量一致,且该虚拟点与两个中转场之间距离为0且不占用车辆资源。

因此,本问题的实质为网络节点守恒问题,快件在网络中间流动,每一层的快件总量为定值,而快件总量也是连接每一层网络节点之间的直接参数。

1.2.2 实际运输模型关键点分析

(1)同源快件分流情况

目前运营模式下,一个客户区域的快件最终会被送到同一个网点,同一个客户区域的快件不可分别运往不同网点。同理,在网点和网点之间以及网点和中转场之间的连接上,上一层的快件不可以拆分至不同的下一层网络节点上。这样的运营模式便于管理,但无法根据快件抵达终点的最优路线进行运输,造成较高的运输成本。

因此,本研究中允许快件分流的情况出现,即一个客户区域的快件可以被分配至不同的网点,同理,后续网点与网点以及网点与中转场之间的连接采用相同的流动规则。

(2)网点层数的选择

根据现有的运营情况,一般来说,网点层只有一层,即客户的快件经由一个网点后运至中转场。考虑到通过对快件的集计可能会在一定程度上减少快件运输成本,因此,在后续的模型中,考虑将网点的层数增加至两层,两层网点间连接的出现将增加快件运输线路的选择。

本研究中的网络示意图如图 2 所示。图中左侧红色区域为客户区域,所有客户节点构成集合 S;虚线框内为运输所经过的网点(网点_1、网点_2),均是从客户节点集合 S 中选择出,快件运输过程中有可能经过至多 2 个网点,因此用虚线区域表示。

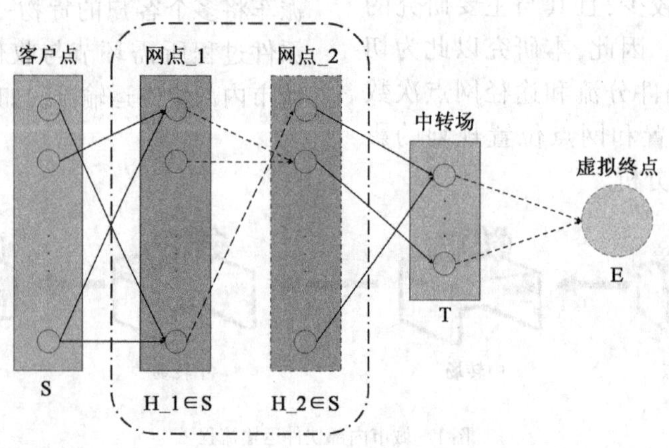

图 2　快件运输网络构建

各层网络之间快件的运输通过不同类型的车辆进行运输,客户点与网点之间利用三轮电动车(C 型车)进行运输,网点与网点之间采用小型卡车(B 型车)进行运输,网点和中转场之间采用中型卡车(A 型车)进行运输,不同的车辆类型对应不同的运力与运输成本。

2　符号与假设

2.1　符号说明

本研究所用的符号说明如表 1 所示,其中共包括 2 个集合、11 种参数和 11 种变量(4 种二元变量和 7 种实数变量)。

符 号 说 明　　表 1

集合和参数	
S	客户区域节点集合
T	中转场节点集合
e	一个虚拟的所有快件终点节点,允许连接中转场
i,j	运输网络节点编号索引
q_i	客户区域点所需要取的快件数参数
d_{ij}	运输网络节点 i 和 j 之间的距离参数
c_{ij}^{C}	单辆 C 型车在运输网络节点 i 和 j 之间运行的成本参数
c_{ij}^{B}	单辆 B 型车在运输网络节点 i 和 j 之间运行的成本参数

续上表

集合和参数	
c_{ij}^{A}	单辆 A 型车在运输网络节点 i 和 j 之间运行的成本参数
u_C	单辆 C 型车运输快件数的容量参数
u_B	单辆 B 型车运输快件数的容量参数
u_A	单辆 A 型车运输快件数的容量参数
c_i^{HUB}	在客户区域节点 i 建网点的均摊成本参数
变量	
n_{ij}^{C}	C 型车在客户节点 i 和网点节点 j 之间的数量
n_{ij}^{B}	B 型车在网点节点 i 和网点节点 j 之间的数量
n_{ij}^{A}	A 型车在网点节点 i 和中转场节点 j 之间的数量
f_{ij}^{C}	C 型车在客户节点 i 和网点节点 j 之间所运输的快件数量
f_{ij}^{B}	在允许 2 次网点运输场景中,B 型车在网点节点 i 和网点节点 j 之间所运输的快件数量
f_{ij}^{A}	A 型车在网点节点 i 和中转场节点 j 之间所运输的快件数量
f_{ie}	在中转场节点 i 和虚拟节点 e 之间所运输的快件数量
y_i	客户节点 i 是否被选为网点的二元决策变量,$y_i=1$ 表示客户节点 i 是网点,反之,$y_i=0$ 表示客户节点 i 不是网点
x_{ij}^{C}	在无快件分流场景中,C 型车在客户节点 i 和网点节点 j 之间是否要运输快件二元选择变量,$x_{ij}^{C}=1$ 表示客户节点 i 的快件全部运送至网点节点 j,反之,$x_{ij}^{C}=0$ 表示客户节点 i 的快件不会运送至网点节点 j
x_{ij}^{B}	在无快件分流且允许 2 次网点运输场景中,B 型车在网点节点 i 和网点节点 j 之间是否要运输快件二元选择变量,$x_{ij}^{B}=1$ 表示网点节点 i 的快件全部运送至网点节点 j,反之,$x_{ij}^{B}=0$ 表示网点节点 i 的快件不会运送至网点节点 j
x_{ij}^{A}	在无快件分流场景中,A 型车在网点节点 i 和中转场节点 j 之间是否要运输快件二元选择变量,$x_{ij}^{A}=1$ 表示网点节点 i 的快件全部运送至中转场节点 j,反之,$x_{ij}^{A}=0$ 表示网点节点 i 的快件不会运送至中转场节点 j

2.2 模型假设

本研究有如下假设:

(1)当客户区域被选为网点时,则该客户区域到网点的距离为 0、运输成本为 0;

(2)使用各类车型运输快件时,不考虑空驶成本;

(3)对每个网点的租金成本、管理成本做简化,假设每个网点均摊成本相同且固定;

(4)网点与中转场暂时不考虑容量上限的限制;

(5)客户区域与网点之间只能使用 C 型车(小哥电动车)运输,网点和中转场之间只能够使用 A 型车(中型卡车)运输,网点之间只能够使用 B 型车(小型卡车)运输。

上述假设均为各个模型求解中均需要用到的全局假设,在每个模型中单独用到的假设条件将会在各个模型的部分单独提出。

3 模型建立

本研究聚焦于同源快件分流与途径网点层数对于城市网点规划的影响,首先构建“单层网络 + 不采用同源分流”模型与“单层网络 + 采用同源分流”模型对比分析同源快件分流的影响,在此基础上,构建“双层网络 + 采用同源分流”模型对比分析途径网点层数的影响。通过构建三个模型,分析两种变量对于城市网点规划与快件运输车辆配置的影响。

3.1　模型1:"单层网点+不采用同源分流"模型

3.1.1　模型概况

本模型考虑快件只经过1个网点,同源快件不可以分流运输的情况,对应的快件运输网络示意图如图3所示。

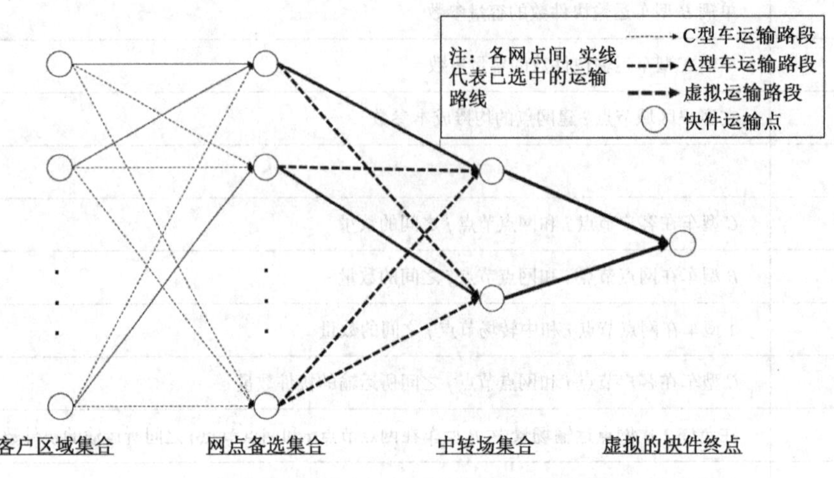

图3　"单层网点+不采用同源分流"模型运输网络

3.1.2　模型建立

目标函数:

$$\min \sum_{i,j\in S} n_{ij}^C \times c_{ij}^C + \sum_{i,j\in S} n_{ij}^A \times c_{ij}^A + \sum_{i\in S} y_i \times c_i^{HUB} \tag{1}$$

目标函数为最小化最终成本,包括所有客户节点与选中的网点之间所需的C型车运输成本、选中的网点与两个中转场之间所需的A型车运输成本之和,以及客户网点被选中为网点后的建设均摊成本。

约束:

$$0 \leqslant n_{ij}^C \leqslant y_j \frac{q_i}{u_C} \quad \forall i,j \in S \tag{2}$$

$$0 \leqslant f_{ij}^C \leqslant u_C\, n_{ij}^C \quad \forall i,j \in S \tag{3}$$

$$\sum_{j\in S} f_{ij}^C = q_i \quad \forall i \in S \tag{4}$$

$$0 \leqslant n_{ij}^C \leqslant x_{ij}^C \frac{q_i}{u_C} \leqslant y_j \frac{q_i}{u_C} \quad \forall i,j \in S \tag{5}$$

$$\sum_{j\in S} x_{ij}^C = 1 \quad \forall i \in S \tag{6}$$

以上约束为客户区域节点到网点备选集合节点之间存在的约束。

约束式(2)为C车辆数量配置约束;约束式(3)为快件运输分配约束;约束式(4)为客户区域节点快件运输数量守恒约束;约束式(5)为客户区域节点到网点备选集合节点运送选择约束1,约束式(6)为客户区域节点到网点备选集合节点运送选择约束2。

$$0 \leqslant n_{ij}^A \leqslant y_i \frac{\sum_{i\in S} q_i}{u_A} \quad \forall i \in S, j \in T \tag{7}$$

$$0 \leqslant f_{ij}^A \leqslant u_A\, n_{ij}^A \quad \forall i \in S, j \in T \tag{8}$$

$$\sum_{i\in S} f_{ij}^C = \sum_{i\in T} f_{ji}^A \quad \forall j \in S \tag{9}$$

$$0 \leqslant n_{ij}^A \leqslant x_{ij}^A \frac{\sum_{i\in S} q_i}{u_A} \leqslant y_i \frac{\sum_{i\in S} q_i}{u_A} \quad \forall i \in S, j \in T \tag{10}$$

$$\sum_{j\in T} x_{ij}^A = 1 \quad \forall i \in S \tag{11}$$

以上约束为网点备选集合节点到中转场节点之间存在的约束。

约束式(7)为A车辆数量配置约束;约束式(8)为快件运输分配约束;约束式(9)为网点备选节点快件运输数量守恒约束;约束式(10)为网点备选集合节点到中转场节点运送选择约束1,约束式(11)为网点备选集合节点到中转场节点运送选择约束2。

$$\sum_{i\in S} f_{ij}^A = f_{je} \quad \forall j \in T \tag{12}$$

$$\sum_{i\in T}f_{ie}=\sum_{i\in S}q_i \quad (13)$$

以上约束为中转场节点集合到虚拟快件终点之间存在的约束。

约束式(12)为中转场节点快件运输数量守恒约束;约束式(13)为虚拟快件终点快件数总量守恒约束。

$$n_{ij}^C\in N \quad \forall i,j\in S \quad (14)$$

$$f_{ij}^C\in N \quad \forall i,j\in S \quad (15)$$

$$n_{ij}^A\in N \quad \forall i\in S,j\in T \quad (16)$$

$$f_{ij}^A\in N \quad \forall i\in S,j\in T \quad (17)$$

$$f_{ie}\in N \quad \forall i\in T \quad (18)$$

$$y_i\in\{0,1\} \quad \forall i\in S \quad (19)$$

$$x_{ij}^C\in\{0,1\} \quad \forall i,j\in S \quad (20)$$

$$x_{ij}^A\in\{0,1\} \quad \forall i\in S,j\in T \quad (21)$$

以上约束为决策变量取值约束。其中,n_{ij}^C和n_{ij}^A为代表C型车和A型车数量的变量;f_{ij}^C和f_{ij}^A为C型车在客户节点i和网点节点j之间所运输的快件数量和A型车在网点节点i和中转场结点j之间所运输的快件数量变量;f_{ie}为中转场节点i和虚拟节点e之间所运输的快件数量变量;y_i、x_{ij}^C和x_{ij}^A为二元变量。

3.2 模型2:"单层网点+采用同源分流"模型

3.2.1 模型概况

本模型考虑快件只经过1个网点,同源快件可以分流运输的情况,即客户区域和网点的快件可以分配到不同的网点和中转场,对应的快件运输网络示意图如图4所示。

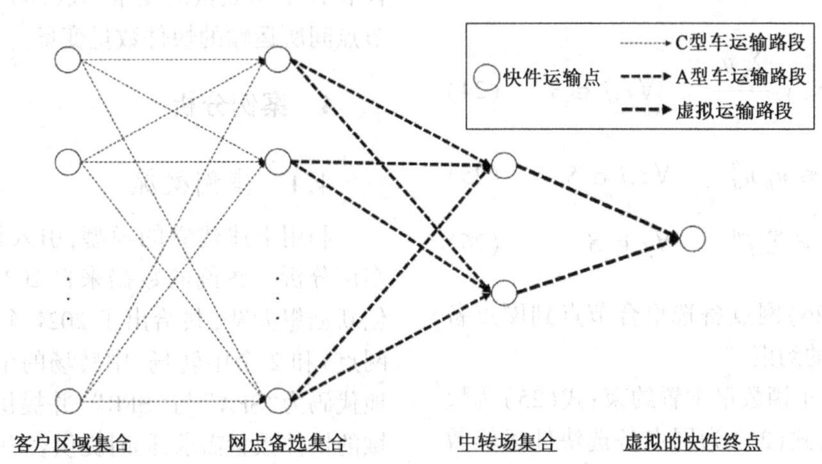

图4 "单层网点+采用同源分流"模型运输网络

3.2.2 模型建立

目标函数:

$$\min\sum_{i,j\in S}n_{ij}^C\times c_{ij}^C+\sum_{i,j\in S}n_{ij}^A\times c_{ij}^A+\sum_{i\in S}y_i\times c_i^{HUB} \quad (22)$$

约束:

约束式(2)~(4)、(7)~(9)、(12)~(19)与上述模型相同。

3.3 模型3:"双层网点+采用同源分流"模型

3.3.1 模型概况

本模型考虑快件可以经过2个网点,同源快件可以分流运输的情况,即客户区域和网点的快件可以分配到不同的网点和中转场,对应的快件运输网络示意图如图5所示。

3.3.2 模型建立

目标函数:

$$\min\sum_{i,j\in S}n_{ij}^C\times c_{ij}^C+\sum_{i,j\in S}n_{ij}^B\times c_{ij}^B+\sum_{i,j\in S}n_{ij}^A\times c_{ij}^A+\sum_{i\in S}y_i\times c_i^{\mathrm{HUB}} \quad (23)$$

目标函数为最小化最终成本,包括所有客户节点与选中的网点之间所需的C型车运输成本、备选结点间所需的B型车运输成本、选中的网点与两个中转场之间所需的A型车运输成本之和,以及客户网点被选中为网点后的建设均摊成本。

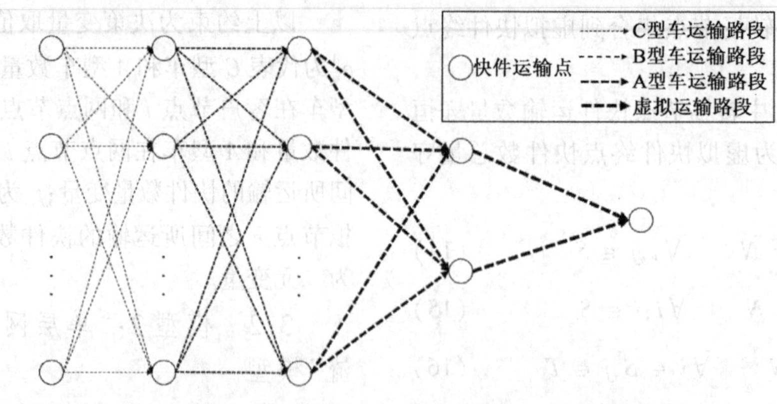

图 5 "双层网点 + 采用同源分流"模型运输网络

约束：

约束式(2)～(4)、(7)～(8)、(12)～(19)与上述模型相同。

$$0 \leqslant n_{ij}^{B} \leqslant y_i \frac{\sum_{i \in S} q_i}{u_B} \quad \forall i,j \in S \tag{24}$$

$$0 \leqslant f_{ij}^{B} \leqslant u_B n_{ij}^{B} \quad \forall i,j \in S \tag{25}$$

$$\sum_{i \in S} f_{ij}^{C} = \sum_{i \in S} f_{ji}^{B} \quad \forall j \in S \tag{26}$$

式(24)～(26)网点备选集合节点到网点备选集合节点之间的约束。

式(24)为 B 车辆数量配置约束；式(25)为快件运输分配约束；式(26)为网点备选快件运输数量守恒约束。

$$\sum_{i \in S} f_{ij}^{B} = \sum_{i \in T} f_{ji}^{A} \quad \forall j \in S \tag{27}$$

$$n_{ij}^{B} \in N \quad \forall i \in S, j \in T \tag{28}$$

$$f_{ij}^{B} \in N \quad \forall i \in S, j \in T \tag{29}$$

式(26)为快件运输数量守恒约束；式(27)为代表 B 型车数量的变量；式(28)为 B 型车在网点节点间所运输的快件数量变量。

4　案例分析

4.1　案例概况

利用上述建立的模型，引入具体的数据进行案例分析。案例的数据来自 2021 年顺丰杯物流创新创想大赛，共给出了 2021 个客户区域(潜在网点)和 2 个中转场，中转场的位置固定不变，场地代码为"SFA"与"SFB"，并提供 2021 个客户区域的快件数量需求，同时提供客户区域之间以及客户区域和中转场之间的距离，且每个网点均摊成本设置为 20 元。本问题提供了三种运输方式，各类车型具体的服务范围、运力以及成本如表 2 所示。

运 输 工 具 信 息　　表 2

车　　型	单辆车运输成本(元)	单辆车运输容量(件)
中型载货汽车(A 型车)	max(70,70 +4.5 × (dist −5)), if dist≠0;0, if dist =0	800
小型载货汽车(B 型车)	max(30,30 +4 × (dist −5)), if dist≠0;0, if dist =0	200
三轮电动车(C 型车)	6 × dist	40

4.2　模型结果对比分析

该模型为大规模整数规划模型，采用 Gurobi 对模型进行求解，得到三个模型的成本计算结果(表 3)以及模型及快件网络的服务指标(表 4)。

模型成本计算结果 表3

模型		模型1	模型2	模型3
网点数量		291	191	355
网点建设成本/(元)		5820	3820	7100
运输车辆配置	A型车	291	191	153
	B型车	0	0	268
	C型车	3097	3289	2878
运输成本(元)		85175.78	40030.49	36564.81
总成本(元)		90995.78	43850.49	43664.81

模型及快件网络的服务指标 表4

模型		模型1	模型2	模型3
网点平均服务客户点数目		6.94	10.76	6.04
车辆运输快件数	A型车	109659	109659	109659
	B型车	—	—	42069
	C型车	87792	93281	79281
车辆利用率	A型车	47.00%	71.77%	90.00%
	B型车	—	—	78.50%
	C型车	70.90%	70.90%	69.30%
行驶总距离	A型车	4389.26	2835.69	2139.42
	B型车	—	—	1125.08
	C型车	2815.10	3020.00	1866.17
行驶平均距离	A型车	15.08	14.85	13.98
	B型车	—	—	4.20
	C型车	0.91	0.92	0.65

结果显示,允许同源快件分流的模型成本值要明显低于不允许同源快件分流模型的成本,主要归因于快件允许分流后将会增加快递网络的灵活性,使得快件运输路线选择多元化,便于实现快件集计。从途径单层网点的结果对比可以明显看出,允许同源快件分流后,网点平均服务客户点的数目从6.94提升至10.76,大大降低了网点建设所需要的成本;由于网点的数量较少,因此中型载货汽车(A型车)的利用率大大提升;而从行驶的总距离上看,由于同源快件分流导致快件行驶的路径转移,使得三轮电动车(C型车)的行驶距离有所上升,但中型载货汽车(A型车)的行驶总距离明显下降,因而运输成本也得以显著降低。

网络的结构即层数的改变对结果也会产生一定的影响,但对于整体成本降低的效果并不明显。在允许同源快件分流的基础上分析途径网点次数的影响,结果显示,双层网点的引入将会增加网点数量的使用,从而增加网点建设成本。但随着小型载货汽车(B型车)的引入,中型载货汽车(A型车)和三轮电动车(C型车)的运输任务转移到了小型载货汽车(B型车)上,故二者的运输距离明显降低,许多快件的运输通过网点与网点之间的连接实现了集计,因此,运输成本相较于途经一次网点有了明显降低。综合网点建设成本与运输成本,途经两次网点的综合成本更低。但两层结构的引入增加了较大的计算需求,求解速度受到了很大的限制,求解时间变长。

以“双层网点+采用同源分流”模型为例绘制网点与客户点的相对位置图,从图6显示的结果可以看到,网点整体的分布较为均匀,网点服务的客户点主要分布在网点的周围,基本贯彻了“距离优先”的原则。西北角的网点分布相对较为稀疏,而南部的网点分布较为密集,尤其是东南角的客户点较多且十分密集,因此其整体的密度也较大,同时,该区域的快件总量也相对较多。

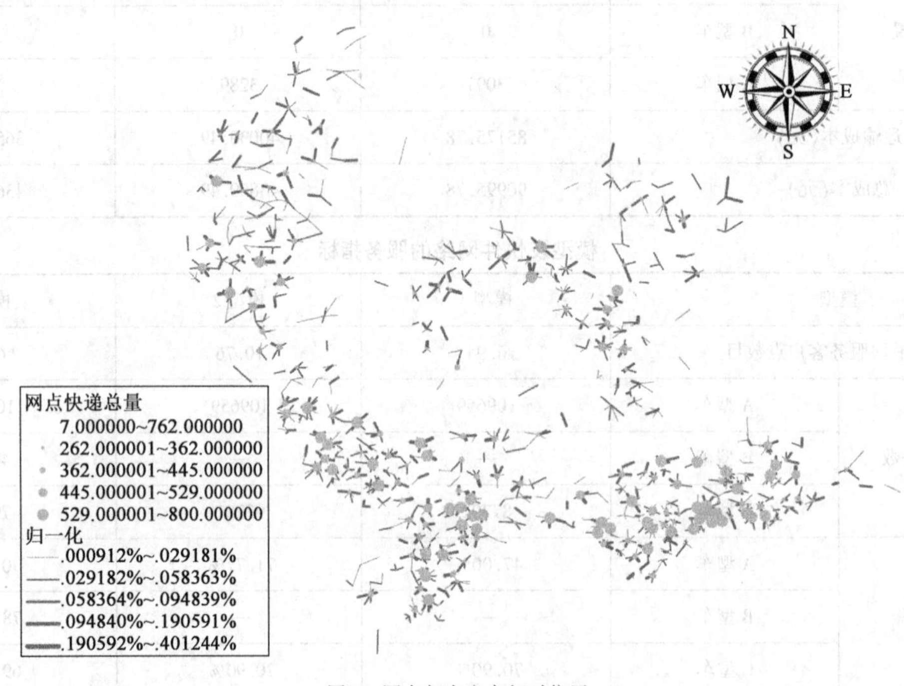

图6 网点与客户点相对位置

5 结论与未来展望

5.1 结论

通过建立并求解相关模型,得到以下主要结论:

(1)同源快件分流能够在很大程度上降低整个快递网络的建设成本与运输成本,能够大大增加整体网络的灵活性,便于快件实现集计后的运输,进而减少车辆的行驶距离、提高车辆的使用效率。

(2)途径网点层数的增加,能够在一定程度上较少地降低综合成本,途经网点次数的增加会引入更多的网点进而增加建设成本,但网络的复杂性以及小型卡车(B型车)的引入会使得运输任务得到转移,促使运输工作更加灵活,较大限度降低运输成本。

(3)同源快件分流相较于途径网点次数能够更大程度上地降低成本,但二者的引入都会在很大程度上改变现有的网络结构与快件配送方式,因此,都需要相关的配套设施才能得以实施。

5.2 未来展望

本研究提出的模型和进行的数据分析所得到的主要结论说明了如下的情形:

(1)网点直接可以进行组合,不是所有的网点都需要直接将货物运到中转场,而是可以先运到一个中转网点,随后集中后在运到中转场。

(2)客户快件可以拆分到多个网点,让多个网点的服务同一个客户点。

在实际应用中,为了更好地利用同源快件分流,即满足网点之间、客户点之间的货物灵活组合需求,本文针对性地提出了以下两种改进措施:

①无接触取配终端。快递柜的运营是由客户点管理的垂直结构,即一个客户点可能同时管理着多个快递柜,基于此建设一套独立于当前垂直结构的经营模式,实施垂直加扁平化的经营模式。如图7所示。

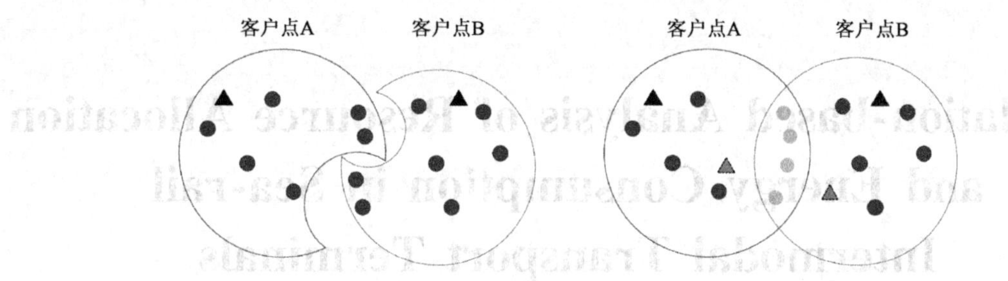

图7 快递柜经营模式

客户点A和B之前各自管理着分属于自身的快递柜,但是在A和B的边界处,从客户点A、B的配送站(图中黑色三角形所示)到这些快递柜之间的距离都很远。在这种情况下,可以将这些快递柜同时分属于客户点A和B,意味着这些快递柜的货物A与B共享,依靠算法灵活调整A、B交界处快递柜的管理归属。

②中容量自由车。自由车活跃在网点和网点之间,将那些件量较少的网点与件量较大的网点紧密联系。对于件量小的网点,可以将其的货物统一运送到一个临时的其他大型网点,然后依靠中小容量的电动车在进行调配,从而提高效率。

参考文献

[1] 中华人民共和国国家邮政局. 2020年中国快递发展指数报告[EB/OL]. http://www.spb.gov.cn/xw/dtxx_15079/202105/t20210508_3898077.html,2021-05-08.

[2] 中华人民共和国国家邮政局. 国家邮政局公布2021年邮政行业运行情况[EB/OL]. http://www.spb.gov.cn/xw/dtxx_15079/202201/t20220114_4118026.html,2022-01-14.

[3] 赵天鸿,涂伟,朱婷婷,等. 城市快递网点空间布局分析与评价——以深圳市为例[J]. 物流技术,2019,38(1):26-30.

[4] 中华人民共和国中央人民政府. 国务院办公厅关于推进电子商务与快递物流协同发展的意见[EB/OL]. http://www.gov.cn/zhengce/content/2018-01/23/content_5259695.htm,2018-01-02.

[5] 王冰怡,张锦. 考虑网点共享与变更的多级快递网点选址问题[J]. 工业工程,2021(2).

[6] Ferdows, K., 1997. Making the most of foreign factories. Harvard Business Review 75 (2), 73-88.

[7] Ferdows, K., 2009. Shaping global operations. Journal of Globalization, Competitiveness, & Governability 3 (1), 136-148.

[8] Vereecke, A., Van Dierdonck, R., De Meyer, A., 2006. A typology of plants in global manufacturing networks. Management Science 52 (11), 1737-1750.

[9] 韩珣,张锦,陈义友. 基于顾客需求异质性的多级自提点选址研究[J]. 工业工程与管理,2017,22(4):23-29,39.

[10] 杨朋珏,胡昊,王俊嘉,等. 电子商务环境下城市配送末端网点选址模型研究[J]. 工业工程与管理,2014,19(1):35-40.

[11] Murali P, Ordóñez F, Dessouky M M. Facility location under demand uncertainty: response to a large-scale bio-terror attack [J]. Socio-Economic Planning Sciences, 2011, 46 (1): 78-87.

[12] 周林,林云,王旭,等. 网购城市配送多容量终端选址与多车型路径集成优化[J]. 计算机集成制造系统,2016,22(4):1139-1147.

[13] 王海花,吴伊楠,刘秀玲. 考虑服务半径的校园智能快递柜选址问题研究[J]. 物流工程与管理,2018,40(8):91-92,90.

Simulation-based Analysis of Resource Allocation and Energy Consumption in Sea-rail Intermodal Transport Terminals

ZhangQiao WangLi* GaoXiang YangYike
(College of Transportation, Beijing Jiaotong University)

Abstract Container sea-rail intermodal transport is an advanced form of container transport organization development. It takes the container terminal of sea-rail intermodal operation area as the core to realize the organic combination of railway and water transport. The connection between railway operation area and port operation area has always been the focus of research. At present, the main modes of container sea-rail intermodal transport at home and abroad are vehicle-ship direct mode and vehicle-yard-ship mode. Aiming at the practical needs of China´s sea-rail intermodal transport, we take the sea-rail intermodal operating area of container terminal as the research object, design a simulation modelling process based on a variety of modes of sea-rail intermodal transport in container ports, use FlexSim to complete the simulation model of each mode, and perform several simulation-based analysis for resource allocation and energy consumption.

Keywords Sea-rail intermodal transport Container terminal Modelling and simulation Resource allocation Consumption analysis

0 Background

In recent years, the nation has continuously promoted the development of sea-rail intermodal transport. The shortage of low efficiency and high energy consumption of traditional "harbor station + port" sea-rail intermodal mode and highway short barge is becoming more and more obvious. It is urgent to carry out relevant research on the operation organization of sea-rail intermodal transport under the mode of special railway line entering port area, so as to seek effective ways to improve operation efficiency and reduce operation energy consumption. At present, the development of China's sea-rail intermodal transport is relatively slow. The proportion of sea-rail intermodal transport volume in port handling capacity is less than 2%. Only some ports exceed this proportion, which is far below the international level of 20% ~40%. To this end, China has been vigorously promoting the development of multimodal transport recent years, such as sea-rail intermodal transport.

In July 2018, the "Three-year Plan on Defending the Blue Sky" was issued, and Ministry of Transport of the People's Republic of China clarified the actions of railway transport capacity improvement, water transport system upgrading and multimodal transport speed improvement. Accelerating the development of sea-rail intermodal transport is conducive to reducing energy and resource consumption, reducing pollutant emissions, meeting the overall requirements of building a resource-saving and environment-friendly society, and is of great significance to accelerating the transformation of transportation development mode. In September 2019, China aims to raise its global competitiveness in the transport sector by optimizing the transportation structure and speeding up the construction of turning highway transport into railway transport key projects, such as port railway collection and transportation, logistics parks and railway special lines for large industrial and mining enterprises, according to a document jointly released by the

Communist Party of China Central Committee and the State Council. "The 14th Five-Year Plan" is the key period and window period of the "carbon emission peak". Multimodal transport has become a necessary choice for the transportation industry. Vigorously promoting turning highway transport into railway transport, highway transport into water transport, distribution into concentration, and sea-rail intermodal mode will become a national strategy for long-term development in the future.

Based on the development of China's container sea-rail intermodal transport, this work actively responds to the national goal of "emission peak, carbon neutrality", analyze the existing container port sea-rail intermodal operation modes, use FlexSim software to build a variety of sea-rail intermodal operation mode simulation models, explore the resource allocation and energy consumption efficiency under each mode, obtain the platform for resource allocation and energy consumption analysis of sea-rail intermodal port under multiple modes.

1 Container Transshipment Modes

The main function of the container port for sea-rail intermodal transport is to provide buffer for the transshipment of containers between waterway transportation and railway transportation, places and facilities for the transshipment of containers, and maximize the achievement of the seamless connection of container handling, so that it can complete the operation task efficiently. Container ports play a key role in the connection of sea-rail transport. The effective integration of railway transportation into the port container transportation chain will eliminate the physical barriers of sea-rail transport and realizes the rapid transshipment and docking of container waterway transportation, railway transportation and highway transportation. It is the main collection and transportation node of container sea-rail intermodal transport. Containers transported to the port by rail transportation are gathered here and waiting for shipment. Containers arrival by waterway transportation are unloaded here and temporarily stored in the yard, waiting for the railway departments to organize rail capacity for transportation.

According to the different operation types of container port operation equipment, the operation equipment can be divided into loading and unloading operation equipment and horizontal transportation operation equipment. The facility resources responsible for loading and unloading operation are divided into berth handling equipment, port yard handling equipment and railway operation area handling equipment. The berth handling equipment mainly includes quay crane. The port yard handling equipment includes rubber tired gantry crane, rail gantry crane, front crane, straddle truck, forklift, etc. The railway operation area handling equipment mainly includes the lifting equipment to complete the cargo handling operation, which is similar to the handling equipment in the port yard, such as rail gantry crane and front crane. At the end of the railway operation area, the rail gantry crane is more suitable for operation in the railway operation area due to its long transverse span, and the rubber tired gantry crane is more suitable for operation in the port yard due to its flexible characteristics. To sum up, the operating equipment mainly involved in this paper are quay cranes, container trucks, rail gantry cranes and rubber tired gantry cranes.

Container sea-rail intermodal transport has been developing for decades. At present, there are mainly two modes of container transshipment. One is the transshipment operation between railway and waterway without yard operation, and the container transshipment operation between train and ship is directly completed by the handling equipment, which is referred to as the vehicle-ship direct mode. Secondly, the operation between railway and waterway needs to go through yard operation or disassembly and packing operation, which is referred to as vehicle-yard-ship mode. This mode can also be divided into shared yard and split yard mode according to the layout of yard and the operation mode of container truck handling.

1.1 Vehicle-Ship Direct Mode

Invehicle-ship direct mode, containers directly complete the unloading and loading operations, without the need for storage and disassembly and packing operation of containers and other operations. The number of loading and unloading operations is reduced, and the operation process is also simplified. It has certain advancement in the development of multimodal transport. However, in most cases, due to the limitation of wharf topography and other conditions, it is difficult for the train to run directly to the operation range of the quayside handling equipment to directly complete containers transshipment, and because the arrival and transport plan of the container ship and the container train, the loading and unloading plan of the container ship and the container train are difficult to be consistent, and the waiting time of the ship or train is long, which leads to the difficulty of effective connection of the overall operation of the wharf, weakens the advantages of container sea-rail intermodal transport and affects its development. At present, at home and abroad the mode of vehicle-ship direct mode is rarely used for container transshipment operation.

1.2 Vehicle-Yard-Ship Mode

Compared with vehicle-ship direct mode, the other container sea-rail intermodal transfer mode is vehicle-yard-ship mode, which adds horizontal transportation and other operations. In this way, the railway is not directly connected with the ship, which does not affect the operation mode of ship unloading, and is also easy to disassemble and change containers. At present, most of the docks at home and abroad adopt this mode. The railway loading and unloading lines have been extended to the interior of the dock, but not to the area of ship loading and unloading. There are yards and other areas between the ship loading and unloading area and the railway loading and unloading lines. Our work mainly considers this operation organization mode, which can be divided into shared yard and split yard mode according to the layout of the yard and the operation mode of container truck handling. There is only one main yard and auxiliary yard in shared yard mode. Taking the ordinary import container as an example, the container truck uniformly transports the container to the main yard. There are main yard, railway yard and sub yard in split yard mode. According to the container transportation mode, the container truck stores the containers transported by railway in the railway yard, and the containers transported by highway or other modes in the front of the main yard. Fig. 1 illustrates split yard and shared yard mode operations.

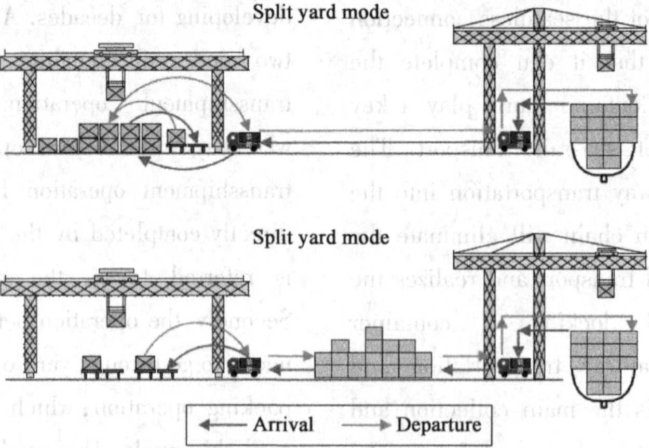

Fig. 1 Split Yard and Shared Yard Modes

2 Simulation Model Design

The dynamic operation process ofsea-rail intermodal transport in container port belongs to complex discrete system simulation. In the process of system operation, many practical factors need to be considered, such as the plane layout of railway yard, and the parameters such as yard shell number, layer number, size, quantity and so on. The train module needs to take into account the station interval time, the number of loading and unloading lines, train capacity and other parameters. The gantry crane operation area should consider the number of gantry cranes involved in the work, the unit operation time of gantry crane, the range of the gantry crane and service yard area of the gantry crane and other parameters. Container trucks need to consider the speed, route, departure interval, the number of working container trucks, the maximum number of container trucks and other parameters.

The basicmodelling objects in Flexsim software include the following nine categories: fixed resource objects, task execution objects, traffic control objects, conveyor module, visualization objects, A* Navigation navigation objects, AGV module, fluid objects, and Dashboards data analysis module.

UsingFlexsim to simulate sea-rail intermodal transport in container port operation area, simulation model mainly involves the object is divided into the following three categories:

(1) Fixed resource objects: including the Source object generating container trains, container ships, the Sink object absorbing temporary entity units such as containers, and the yard temporary storage area object storing containers.

(2) Task execution object: includingcontainer trucks, task distributors of container trucks, gantry cranes and other transport equipment.

(3) Traffic control objects: including path points, decision points, signal lights and other objects to control and guide container trucks.

2.1 Simulation Flow Design

Based on the sea-rail intermodal operation facilities and equipment, operation organization modes and operations in terminals, simulation flow is designed. Fig. 2 shows the simulation flow chart of the shared yard mode.

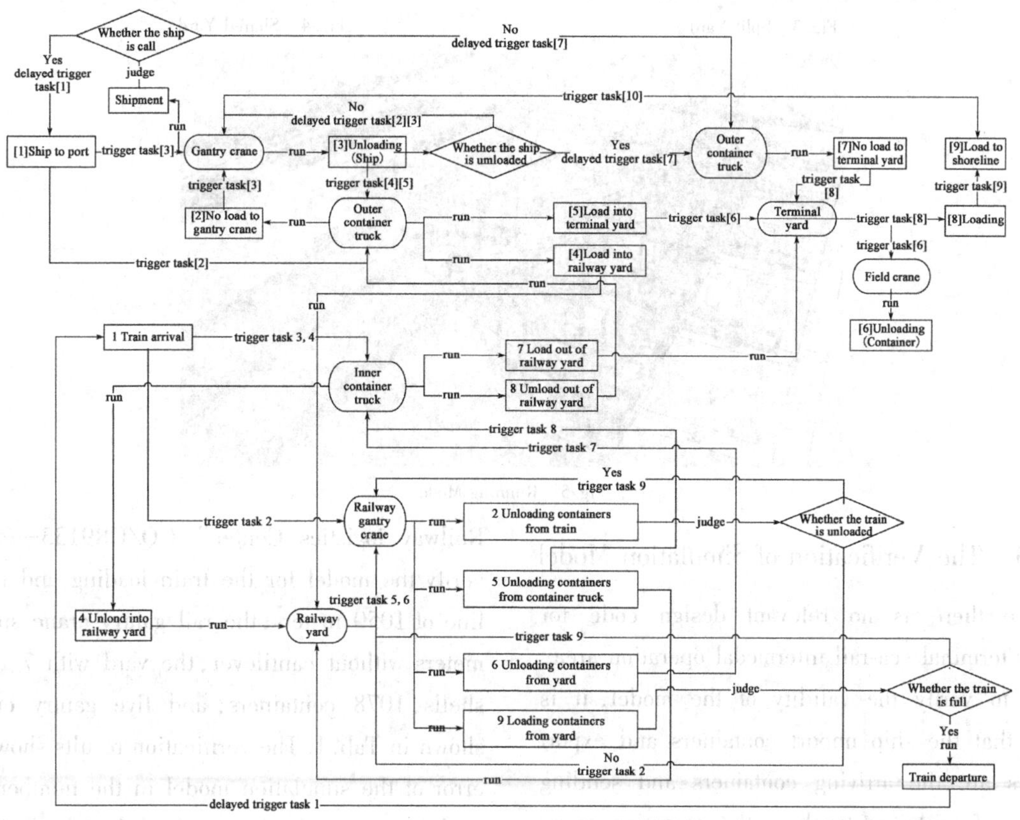

Fig. 2 Simulation Flow Chart of Shared Yard Mode

2.2 Simulation Modelling Procedure

The specific steps of simulation modelling are as follows.

Step 1: Set layout. Import CAD drawings as required, and adjust the scale and size. Move the object from the entity library to the appropriate position in the simulation view window.

Step 2: Link object. According to the logical connection between objects, connect the corresponding ports to build the logic process of the simulation model.

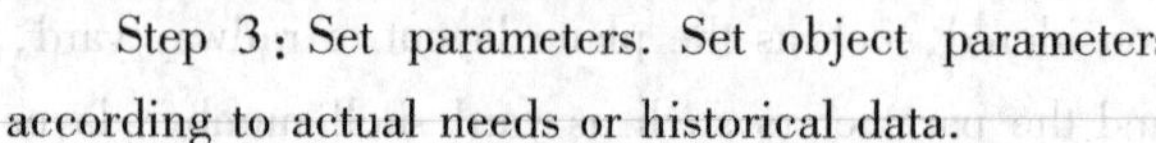

Step 3: Set parameters. Set object parameters according to actual needs or historical data.

Step 4: Run the model. Firstly, compile the model. Then reset the running model.

Step 5: Analyze simulation result. Set the simulation time and operate on each object during the simulation. Observe its current state and export the data for analysis after the ends.

Fig. 3 ~ Fig. 5 show the established simulation model of split yard mode and shared yard mode.

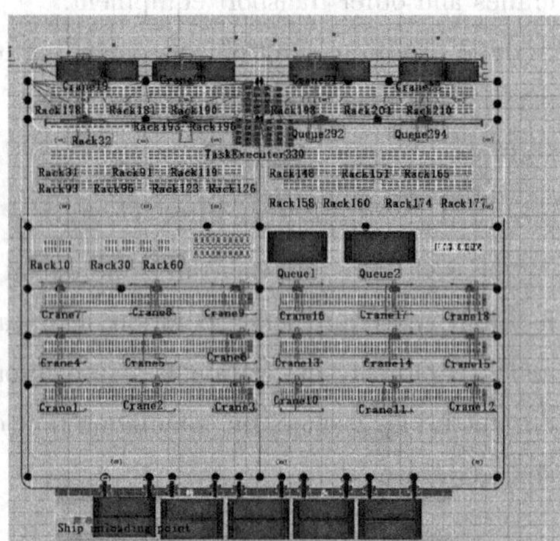

Fig. 3 Split Yard

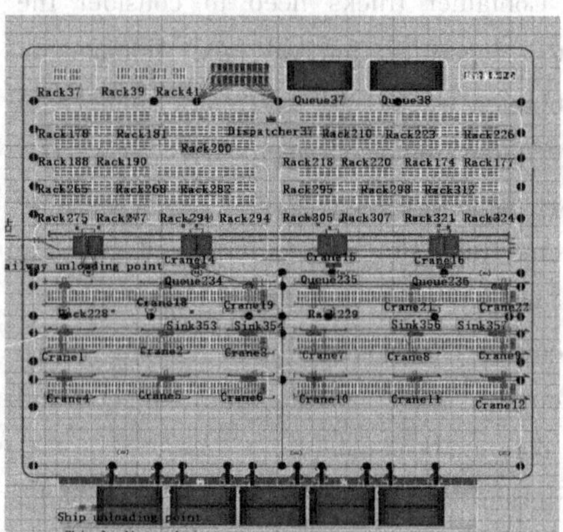

Fig. 4 Shared Yard

Fig. 5 Running Mode

2.3 The Verification of Simulation Model

Since there is no relevant design code for container terminal sea-rail intermodal operation area, in order to verify the validity of the model, it is assumed that the ship import containers and export containers are the arriving containers and sending containers of container truck in the operation area. Using the parameter settings in "Code for Design of Railway logistics Center" (Q/CR9133—2016) to verify the model for the train loading and unloading line of 1050 meters, the rail gantry crane span of 40 meters without cantilever, the yard with 7 rows, 154 shells, 1078 containers, and five gantry cranes, as shown in Tab. 1. The verification results show that the error of the simulation model in the number of daily work containers and annual work volume is 2.4% and 2.7%, respectively, indicating that the output data of the simulation model constructed in our work has little error with the standard in the design specification. Therefore, the model is considered effective.

Model Verification Results Tab. 1

Item	Number of Daily Operating Containers(TEU)	Annual Operating Capacity(10^4TEU)
"Code for Design of Railway logistics Center"	1104	33.6
Simulation Models	1131	34.5
Error	2.4%	2.7%

3 Simulation Experiments

Based on the previous researchon port and railway container terminals, the parameters of simulation models are set as follows. The main input parameters of the simulation models are shown in Tab. 2, and the unit energy consumption indexes of the main equipment are shown in Tab. 3.

Input Parameters of the Simulation Model Tab. 2

Parameters	Value	Parameters	Value
Mean time between arrival of ships	14h40min	Handling efficiency of rail gantry crane	30TEU/h
Mean time between arrival of trains	4h30min	Number of rail gantry cranes in operation area	4
Length of loading and unloading line in operation area	1050m	Yard scale of operation area	1904
Number of vehicle in train	100TEU	Number of trucks for sea – rail intermodal transport	20

Energy Consumption Indexes Tab. 3

Parameters	Value	Parameters	Value
Quay cranes singlecontainer energy consumption	3.000kWh/TEU	Rail gantry cranes single container energy consumption	2.500kWh/TEU
Rubber tired gantry crane single container energy consumption	2.000kWh/TEU	Truck single container energy consumption	2.900kWh/TEU

Firstly, the operation energy consumption composition of railway arrival and sending containers under split yard mode and the shared yard mode is analyzed, as shown in Fig. 6 and Fig. 7. The operation processes of the railway arrival containers of the two modes are roughly the same, and there is no big difference in energy consumption. The biggest difference between the two modes is the composition of the operation energy consumption of the railway sending containers. The railway sending containers of split yard mode are directly stacked by rail gantry cranes to the railway yard waiting for the train, while the railway sending containers of shared yard mode are stacked by the rubber tired gantry cranes at the main yard, and then transported to the railway operation area for the train to be loaded by rail gantry cranes.

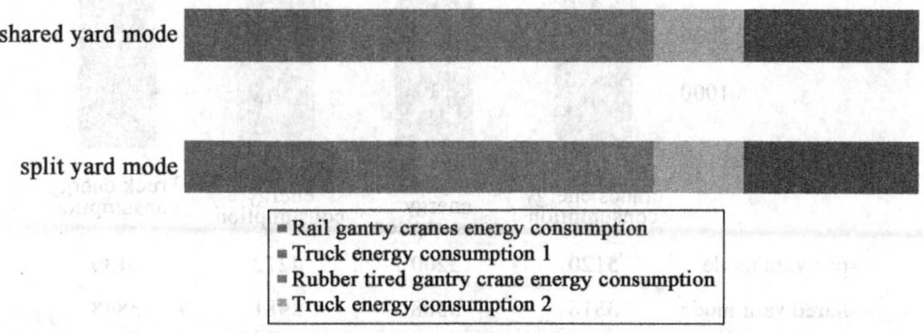

ig. 6 Energy Consumption Composition of Two Modes of Railway Arrival Container Operation

Next, under the same simulation model parameter settings, the operation capacity and energy consumption of the split yard and the shared yard mode are compared and analyzed, and the results are shown in Tab. 4. From the comparative analysis in Tab. 4, it can be seen that under the same simulation model parameter settings, split yard mode is superior to shared yard mode in operation efficiency (operation ability) and energy consumption (average energy consumption of single container).

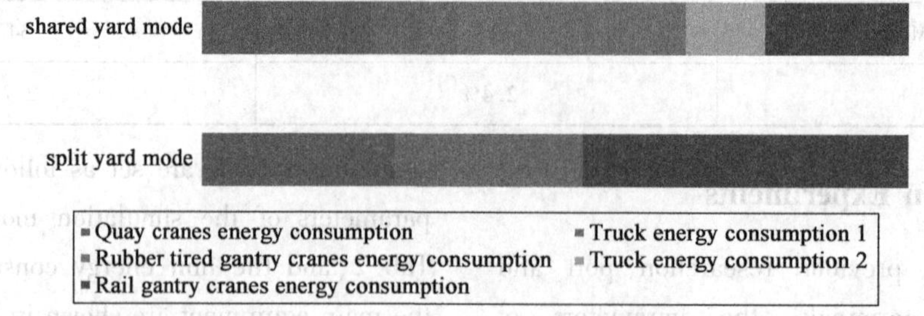

ig. 7 Energy Consumption Composition of Two Modes of Railway Sending Container Operation

Simulation Calculation of Energy Consumption of Split Yard Mode and Shared Yard Mode Tab. 4

Mode	Index						
	Operation Capacity (TEU/day)	Rail Gantry Cranes Energy Consumption (kW · h/day)	Rubber Tired Gantry Cranes Energy Consumption (kW · h/day)	Quay Cranes Energy Consumption (kW · h/day)	Trucks Energy Consumption (kW · h/day)	Total Energy Consumption (kW · h/day)	Average Energy Consumption for Single Container (kW · h)
split yard mode	Arriva 1800	2000	3200	2400	2320	16722	11.7
	Departure 624	3120	0	1872	1810		
shared yard mode	Arrival 800	2000	3200	2400	2320	16455	12.4
	Departure 527	1318	2108	1581	1528		

In the following, the energy consumption of different links in the two modelsis analyzed, and the reasons for the differences in energy consumption between the two models are analyzed. The energy consumption of each link and single container in the two modes are analyzed as shown in Fig. 8 and Fig. 9. The comparative analysis of Fig. 8 and Fig. 9 shows that the energy consumption of the two modes in the quay crane operation link and the truck operation link is approximately equal, because of the same operation processes and equipment configurations in these two links. The main links leading to different operation energy consumption of the two modes are the rail gantry crane operation link and the rubber tired gantry crane operation link. The main reason is that shared yard mode has one more container handling operation than split yard mode, resulting in relatively high operation energy consumption.

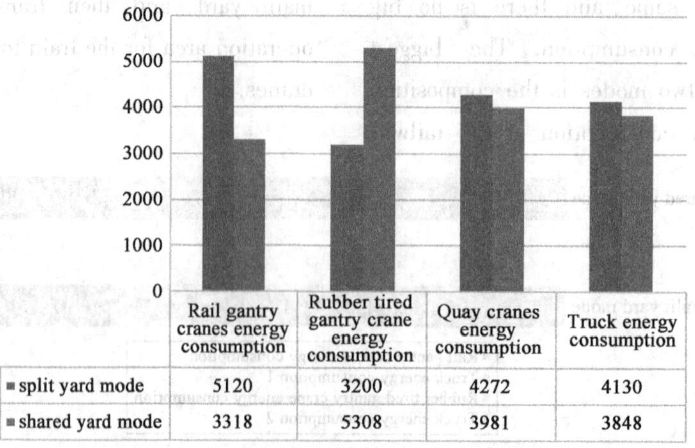

Fig. 8 Comparison of Total Energy Consumption between Two Modes

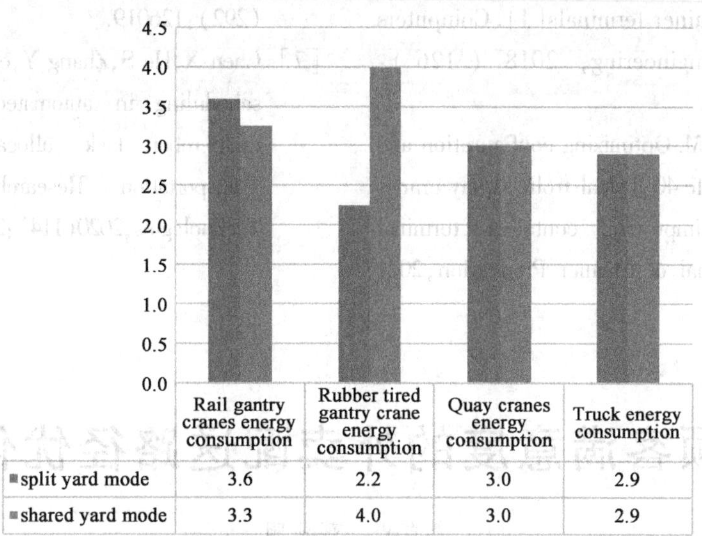

Fig. 9 Comparison of Single Container Energy Consumption Between Two Modes

Through the above calculation and analysis of the energy consumption of the two modes, it can be seen that under the same simulation model parameter settings, the operation energy consumption and efficiency of the split yard mode are higher than those of the shared yard mode. Therefore, under the same parameter settings, split yard mode should be preferred.

4 Conclusions

In this paper, according to the practical needs of sea-rail intermodal transport, the simulation processes, model descriptions and modeling steps are determined. The simulation platform of multiple modes of sea-rail intermodal transport in container ports is constructed, and the simulation model is verified. The construction of the system provides a platform support for resource allocation and energy consumption analysis of the sea-rail intermodal operation. In order to increase the display degree of simulation results, the 3D simulation model is developed for the transshipment mode of container yard. Some display effects are shown in Fig. 5.

The simulation system is used to compare the two typical modes of sea-rail intermodal transport, namely, split yard and shared yard, from the perspective of operation energy consumption, and analyze the influence of the change in the number of container trucks on the operation energy consumption of the two modes.

5 Acknowledgments

This work was supported by the Fundamental Research Funds for the Central Universities (No. 2020JBM027) and Science & technology development plan of China Railway Beijing Bureau Group Co., Ltd (No. 2020AQ01).

References

[1] Chen L, Langevin A, Lu Z Q. Integrated scheduling of crane handling and truck transportation in a maritime container terminal [J]. European Journal of Operational Research, 2013(225):142-152.

[2] Lu Y Q, Le M L. The integrated optimization of container terminal scheduling with uncertain factors[J]. Computers & Industrial Engineering, 2014(75):209-216.

[3] Assadipour G, Ke G Y, Verma M. An analytical framework for integrated maritime terminal scheduling problems with time windows [J]. Expert Systems with Applications, 2014, 41 (16):7415-7424.

[4] Narges K, Nathan H. Integrated quay crane and yard truck scheduling for unloading inbound containers [J]. Int. J. Production Economics, 2015(159):168-177.

[5] Yang Y S, Zhong M S, Dessouky Y, et al. An integrated scheduling method for AGV routing

in automated container terminals[J]. Computers & Industrial Engineering, 2018(126): 482-493.

[6] Yue L, Fan H, Ma M. Optimizing configuration and scheduling of double 40 ft dual-trolley quay cranes and AGVs for improving container terminal services[J]. Journal of Cleaner Production, 2021(292): 126019.

[7] Chen X, He S, Zhang Y, et al. Yard crane and AGV scheduling in automated container terminal: A multi-robot task allocation framework[J]. Transportation Research Part C: Emerging Technologies, 2020(114): 241-271.

考虑顾客满意度的外卖配送路径优化研究

李自赟　蒋惠园*
(武汉理工大学交通与物流工程学院)

摘　要　随着人们生活水平的提高,外卖配送的需求急剧增加。合理地规划外卖配送路径,能提高送餐效率,提高顾客的满意度,对餐饮企业有着一定的现实意义。本文对顾客满意度用函数表达式进行量化研究,在探究顾客满意度对送餐时间窗约束的影响以及顾客满意度为餐饮企业带来的额外奖励收益情况的基础上,兼顾收益最大化、成本最小化的主要约束,构建综合考虑餐饮企业基本收益、额外奖励收益以及配送中的固定成本、充电成本、模糊时间窗惩罚成本的外卖配送路径模型。最后,本文进行了案例分析,证明了该模型的有效性。

关键词　运输规划　电动车辆路径优化　目标函数　外卖配送　顾客满意度　额外奖励收益

0　引言

研究外卖配送路径优化问题,对降低餐饮企业的成本、增加餐饮企业的利润有着一定的现实意义。根据文献分析,汪章月等以最大化顾客满意度为目标函数,对众包配送模式下外卖订单分配与路径优化进行研究,建立了带时间窗的车辆路径优化模型,运用改进的遗传算法对模型进行求解。王迪等基于改进遗传算法对校园食堂外卖配送路径优化进行研究,建立以行驶距离最短为优化目标的外卖配送路径数学模型。徐肇元对多目标外卖配送进行优化分析,考虑顾客时间满意度的同时选择合适的送餐线路,为餐饮企业提供最佳配送方案。

在外卖配送问题中,送餐时间的长短直接关系到服务质量和顾客的感受。本文基于顾客满意度综合考虑送餐的时间范围,以收益最大化、成本最小化为主要约束条件,以企业的总利润最大为目标,构建外卖配送路径的模型。

1　问题描述

本文研究外卖配送路径优化问题,将餐饮企业看作配送中心,每位配送员都配备一辆专属电动车。专属配送员从配送中心出发,对多个顾客进行配送,要尽量满足每个顾客的要求,配送完成后返回到餐饮企业即算完成配送。其中,配送中心有且仅有一家,且位置固定,顾客的位置、时间窗、需求量均已知。以下为假设条件:

(1)在配送中,每个顾客都仅由一个配送员服务,并且只服务一次。

(2)单一配送中心,货源充足,配送员、配送车辆一致,配送车辆匀速行驶。

(3)外卖餐饮企业提前备餐,不需要考虑配送员等待取餐时间。

(4)每个订单送达后,交货时间和服务时间很短,可忽略不计,餐品送达即为完成任务。

研究中涉及的符号说明见表1。

符号说明 表1

符 号	说 明	符 号	说 明
λ_i	顾客满意度	X_{ijk}	0-1 变量，当电动车 k 经过顾客节点 i 至顾客节点 j 路段时为 1，否为 0
T_i	顾客最满意的送餐时间点	f_i	分段函数表达式
t_i	送餐时间	g_i	分段函数表达式
u_i	顾客满意度水准值	X_k	0－1 变量，当电动车 k 被使用时为 1，不被使用时为 0
EET_i	最早送餐时间点	D_{ijk}	电动车 k 从顾客节点 i 到顾客节点 j 的运输距离
ELT_i	最晚送餐时间点	M	配送车辆总数
a_i	时间窗上限点	N	顾客总数
b_i	时间窗下限点	equ	提前到达所产生的单位惩罚成本
S	顾客满意度平均值	lpu	迟到到达所产生的单位惩罚成本
C_f	每辆车每天的固定成本	C_e	电动车行驶单位千米的充电成本

2 模型构建

2.1 顾客满意度

2.1.1 顾客满意度量化

顾客满意度表示顾客接受产品或服务时的实际感受与事前期望匹配的程度，是一种心理体验，既包括超过满足感水平，又包括低于满足感水平。在外卖配送问题中，顾客满意度与送餐时间有着极大的联系。本文对将顾客对送餐服务的满意程度用函数的形式进行量化研究。

顾客满意度 λ_i 的取值范围为[0,1]，当 $\lambda_i=0$ 时，表示顾客对送餐服务很不满意；当 $\lambda_i=1$ 时，表示顾客对送餐服务非常满意。配送员送餐到顾客 i 所需时间用 t_i 表示。使顾客感到最满意的送餐时间点（$\lambda_i=1$）用 T_i 表示，顾客能容忍的送餐时间窗范围用[EET_i,ELT_i]表示。

若送餐时间不在[EET_i,ELT_i]内，则会严重影响顾客就餐，此时 $\lambda_i=0$，即顾客很不满意；若送餐时间在[EET_i,T_i]内，表示配送员提前送到，越接近最满意送餐时间点 T_i，顾客满意度越大，用函数 f_i 表示；若送餐时间正好为 T_i，则顾客满意度 $\lambda_i=1$ 最大，即非常满意；若送餐时间在[T_i,ELT_i]内，表示配送员延迟送达，越晚于最满意送餐时间点 T_i，顾客满意度越小，用函数 g_i 表示。

顾客满意度 λ_i 与配送时间 t_i 的关系可以用分段函数 $\lambda_i(t_i)$ 表示，见式(1)。顾客对配送时间的满意程度函数图如图1所示。

$$\lambda_i(t_i)=\begin{cases}0 & 0\leqslant t_i<EET_i\\ f_i=\dfrac{t_i-EET_i}{T_i-EET} & EET_i\leqslant t_i<T_i\\ 1 & t_i=T_i\\ g_i=\dfrac{ELT_i-t_i}{ELT_i-T_i} & T_i<t_i\leqslant ELT_i\\ 0 & t_i>ELT_i\end{cases} \tag{1}$$

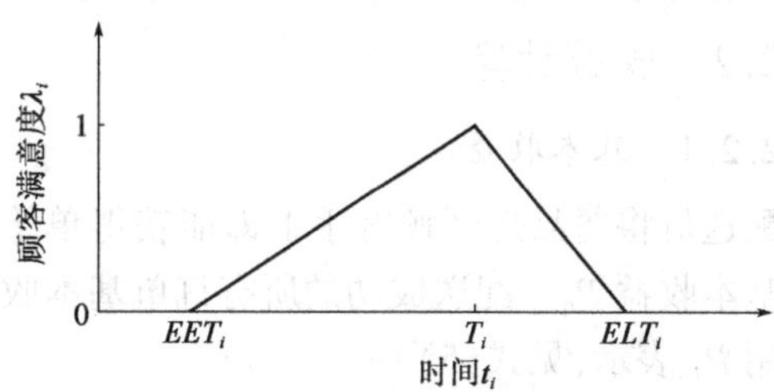

图1 顾客对配送时间的满意程度函数图

2.1.2 顾客满意度衡量时间窗约束

在外卖配送问题中，顾客满意度高于某个水准值才具有现实意义。给顾客满意度设置一个水准值 u_i，表示顾客满意度要高于 u_i，根据函数转换可得到对应的送餐时间窗约束。顾客满意度为 u_i 水准值下的最早送餐时间点用 a_i 表示，见式(2)；顾客满意度为 u_i 水准值下的最晚送餐时间点用 b_i 表示，时间窗约束区间用[a_i,b_i]表示，见式(3)。

$$a_i=f_i^{-1}(u_i) \tag{2}$$

$$b_i=g_i^{-1}(u_i) \tag{3}$$

餐饮企业对顾客满意度水准值要求越高，对

配送时间的时间窗约束越严格。假设顾客满意度水准值为 $u_i = 60\%$，配送时间窗的范围要求为送餐点的前后 50 分钟；顾客满意度水准值为 $u_i = 80\%$，配送时间窗的范围要求为送餐点的前后 30 分钟。

顾客满意度 u_i 下的模糊时间窗函数图如图 2 所示。

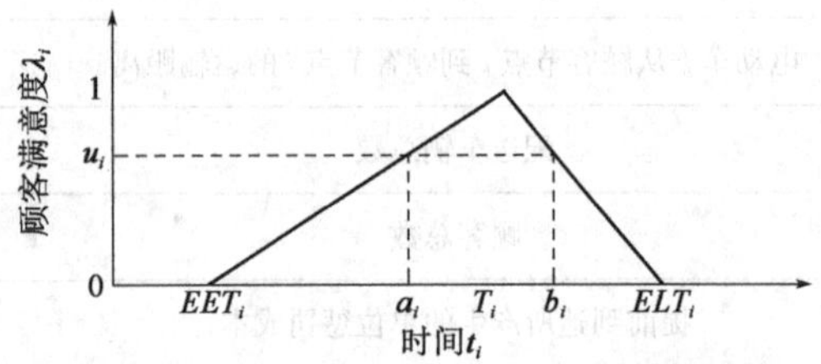

图 2　顾客满意度 u_i 下的模糊时间窗函数图

本文用顾客满意度平均值 S 衡量该配送中心的顾客满意度水平，见式(4)。

$$S = \frac{1}{N}\sum_{i=1}^{N}\lambda_i(t_i) \tag{4}$$

2.1.3　*顾客满意度衡量额外奖励收益*

餐饮企业的顾客满意度水平越高，顾客回购点餐的概率越大，该餐饮企业越能够获得长远的利益，故可以用顾客满意度来衡量额外奖励收益。具体内容见下文收益计算中的额外奖励收益。

2.2　收益计算

2.2.1　基本收益

配送员将餐品送到顾客手上即能获得单笔订单的基本收益 P_0。配送成功的所有订单基本收益之和用 P_1 表示，见式(5)。

$$P_1 = \sum_{k=1}^{M} P_0 X_{ijk} \tag{5}$$

2.2.2　额外奖励收益

额外奖励收益是指在达到一定的顾客满意度标准后所获得的额外收益，且顾客满意度越高，额外奖励收益越高。额外奖励收益包括两方面：一是顾客在下单时，若选取了快速达等附加服务，需额外支付费用，配送员按要求完成该配送任务后，即获得额外奖励收益；二是潜在的未来收益，如顾客满意度提高所带来的回点率提高，会给餐饮企业带来额外收益。

本文用顾客满意度作为自变量的分段函数描述额外奖励收益 $P_2(\lambda_i)$，其中的各阶段函数参数 A_{xy} 按照实际情况的不同由调研得到。当顾客满意度低于 λ_1 时，顾客满意度太低，无额外奖励收益；当顾客满意度处于 $[\lambda_1, \lambda_2]$ 时，顾客满意度提升，奖励收益 $P_2(\lambda_i)$ 提升，且提升速度较快，即稍微提高顾客满意度，就能获得较大的额外奖励收益；当顾客满意度超过 λ_2 时，顾客满意度提升，奖励收益 $P_2(\lambda_i)$ 提升，但提升速度较慢，即当顾客满意度达到一定水平后，获得额外奖励收益的难度增大。

额外奖励收益 $P_2(\lambda_i)$ 函数表达式见式(6)，额外奖励收益 $P_2(\lambda_i)$ 曲线如图 3 所示。

$$P_2(\lambda_i) = \begin{cases} 0 & 0 < \lambda_i \leqslant \lambda_1 \\ A_{21}\lambda_i^2 + A_{22}\lambda_i + A_{23} & \lambda_1 < \lambda_i \leqslant \lambda_2 \\ A_{31}\lambda_i^2 + A_{32}\lambda_i + A_{33} & \lambda_i > \lambda_2 \end{cases} \tag{6}$$

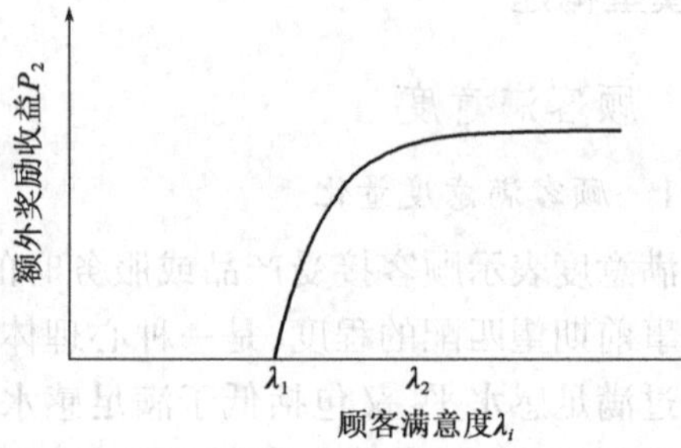

图 3　额外奖励收益 $P_2(\lambda_i)$ 曲线

2.2.3　总收益

总收益 P 为基本收益 P_1 与奖励收益 $P_2(\lambda_i)$ 之和，见式(7)。

$$P = P_1 + P_2 = \sum_{K=1}^{M} P_0 X_{ijk} + P_2(\lambda_i) \tag{7}$$

2.3　成本计算

2.3.1　固定成本

外卖餐品主要是用电动车配送，所以固定成本主要包括电池损耗折旧成本、车辆使用成本、配送员基本工资等。每辆车每天的固定成本用 C_f 表示，配送中心每天的总固定成本 C_1 表达式见式(8)。

$$C_1 = \sum_{K=1}^{M} C_f X_k \tag{8}$$

2.3.2　充电成本

电动车需要进行充电，充电成本与运输距离 D_{ijk} 成正比，电动车单位千米的充电成本用 C_e 表示。充电成本 C_2 的表达式见式(9)。

$$C_2 = C_e \sum_{k=1}^{M} \sum_{i=1}^{N} \sum_{j=1}^{N} D_{ijk} X_{ijk} \quad (9)$$

2.3.3 模糊时间窗惩罚成本

在带模糊时间窗的外卖配送服务中，当送餐时间超出顾客可容忍的最大时间窗范围时，餐饮企业需支付相应的时间窗惩罚成本。提前送达会影响食物的口感，但提前送达的惩罚成本较小，配送员提前送达所产生的单位惩罚成本用 equ 表示；迟到送达会影响就餐时间，配送员超出时间窗范围送达所产生的单位惩罚成本用 lpu 表示，迟到送达的惩罚成本较大。模糊时间窗惩罚成本 C_3 表达式见式(10)。

$$C_3 = epu \sum_{i=1}^{N} (t_i - a_i) + lpu \sum_{i=1}^{N} (b_i - t_i) \quad (10)$$

2.3.4 总成本

总成本 C 指固定成本 C_1、充电成本 C_2、模糊时间窗惩罚成本 C_3 之和，见式(11)。

$$\begin{aligned} MinC &= C_1 + C_2 + C_3 \\ &= \sum_{K=1}^{M} C_f X_k + C_e \sum_{k=1}^{M} \sum_{i=1}^{N} \sum_{j=1}^{N} D_{ijk} X_{ijk} + \\ &\quad epu \sum_{i=1}^{N} (t_i - a_i) + lpu \sum_{i=1}^{N} (b_i - t_i) \end{aligned} \quad (11)$$

2.4 餐饮企业总利润计算

餐饮企业总利润 R 为总收益减去总成本。要使得餐饮企业获得较大的利润，就要尽可能使收益最大、成本最小。总利润表达式见式(12)。

$$\begin{aligned} MaxR &= MaxP - MinC \\ &= (P_1 + P_2) - (C_1 + C_2 + C_3) \\ &= \{ \sum_{K=1}^{M} P_0 X_{ijk} + P_2(\lambda_i) \} - \{ \sum_{K=1}^{M} C_f X_k + \\ &\quad Ce \sum_{K=1}^{M} \sum_{i=1}^{N} \sum_{j=1}^{N} D_{ijk} X_{ijk} + equ \sum_{i=1}^{N} \\ &\quad (t_i - a_i) + lpu \sum_{i=1}^{N} (b_i - t_i) \} \end{aligned} \quad (12)$$

2.5 外卖配送路径模型

本文以餐饮企业总利润最大代为目标，并把收益最大化、成本最小化作为主要约束条件建立模型，以下为表达式：

$$\begin{aligned} MaxR &= MaxP - MinC \\ &= (P_1 + P_2) - (C_1 + C_2 + C_3) \end{aligned} \quad (13)$$

以下为约束条件：

$$MaxP = \sum_{K=1}^{M} P_0 X_{ijk} + P_2(\lambda_i) \quad (14)$$

$$\begin{aligned} MinC &= \sum_{K=1}^{M} C_f X_k + Ce \sum_{K=1}^{M} \sum_{i=1}^{N} \sum_{j=1}^{N} \\ &\quad D_{ijk} X_{ijk} + equ \sum_{i=1}^{N} (t_i - a_i) + lpu \sum_{i=1}^{N} (b_i - t_i) \end{aligned} \quad (15)$$

$$\frac{1}{N} \sum_{i=1}^{N} \lambda_i(t_i) \geqslant u_i \quad (16)$$

$$\sum_{j=1}^{N} X_{ojk} = 1 \quad (17)$$

$$\sum_{i=1}^{N} X_{iok} = 1 \quad (18)$$

$$\sum_{j=1}^{N} \sum_{i=0}^{N} X_{ijk} = 1 \quad (19)$$

$$\sum_{j=1}^{N} \sum_{i=0}^{N} q_i X_{ijk} \leqslant Q \quad (20)$$

$$0 \leqslant r_{ik} \leqslant R \quad (21)$$

表达式(13)为目标函数，表示总利润最大；约束(14)表示餐饮企业总收益最大；约束(15)表示总成本最小；约束(16)表示平均顾客满意度在水准值 u_i 之上；约束(17)表示在配送开始时，每个配送员都从餐饮企业出发；约束(18)表示在配送结束时，每个配送员都回到餐饮企业；约束(19)表示在每次配送中，每个顾客被服务且仅被服务一次；约束(20)表示在一轮配送中，一条配送路径上的配送员所服务的顾客点单外卖 q_i 的数量之和不能超过所能携带的最大外卖量 Q；约束(21)表示车辆到达任意顾客节点所剩余的电量不能为负，车辆电池的最大容量为 R，r_{jk} 为车辆 k 到达顾客节点 i 时车辆的剩余电量。

3 案例分析

以某餐饮配送中心为例，该配送中心需要对20个顾客进行配送，配送范围为3km以内，已知20个顾客的位置信息和配送时间要求。参数假设：$Q = 10\text{kg}$，$C_f = 50$ 元/天，$Ce = 0.5$ 元/km，$equ = 1$ 元/min，$lpu = 5$ 元/min，$P_1 = 30$ 元/单，$P_2(u = 60\%) = 10$ 元/单，$P_2(u = 80\%) = 18$ 元/单。假设当顾客满意度 $u_1 = 60\%$ 时，顾客可容忍的配送时间范围为顾客要求时间窗前后30分钟；当顾客满意度 $u_2 = 80\%$ 时，顾客可容忍的配送时间范围为顾客要求时间窗前后15分钟。

表2为20个顾客的位置信息；表3为将顾客满意度设定为80%时，20个顾客的时间窗范围；表4为将顾客满意度设定为60%时，20个顾客的时间窗范围；表5为外卖配送模型优化前后对比表，其中固定成本 FC，配送总距离 D，充电成本 CC，惩罚成本 PC，配送总成本 TC，顾客满意度

CS,收益 P,利润 R。

20 个顾客的位置信息　　表 2

顾客序号	坐标 X	坐标 Y	顾客序号	坐标 X	坐标 Y
1	40	50	11	10	20
2	35	15	12	5	30
3	55	45	13	20	40
4	55	20	14	15	60
5	15	30	15	45	65
6	25	30	16	45	20
7	20	50	17	45	10
8	10	45	18	55	5
9	55	60	19	65	35
10	50	35	20	65	20

顾客满意度为 80% 时的时间窗范围　　表 3

顾客序号	时间窗	顾客序号	时间窗
1	10:25—11:25	11	10:30—11:30
2	11:40—12:40	12	10:40—11:40
3	10:45—11:45	13	11:00—12:00
4	11:15—12:15	14	11:10—12:10
5	10:20—11:20	15	11:10—12:10
6	11:30—12:30	16	12:10—13:10
7	11:00—12:00	17	11:50—12:50
8	10:50—11:50	18	12:00—13:00
9	11:20—12:20	19	10:55—11:55
10	10:35—11:35	20	11:05—12:05

顾客满意度为 60% 时的时间窗范围　　表 4

顾客序号	时间窗	顾客序号	时间窗
1	10:40—11:10	11	10:45—11:15
2	11:55—12:25	12	10:55—11:25
3	11:00—11:30	13	11:15—11:45
4	11:30—12:00	14	11:25—11:55
5	10:35—11:05	15	11:25—11:55
6	11:45—12:15	16	12:25—12:55
7	11:15—11:45	17	12:05—12:35
8	11:05—11:35	18	12:15—12:45
9	11:35—12:05	19	11:10—11:40
10	10:50—11:20	20	11:20—11:50

外卖配送模型优化前后对比表 表5

Project	FC	D	CC	PC	TC	CS	P	R
1	1000	120	60	0	1180	100%	1000	-180
2	250	29	14.5	5	298.5	60%	800	496.5
3	250	35	17.5	20	322.5	80%	960	637.5

项目1表示不优化的情况,即餐饮公司安排20个配送员,对20个顾客送餐,顾客一下单就立即配送,此时顾客满意度为100%,但配送成本居高,利润为负数,入不敷出。

项目2表示顾客满意度设置为60%时,运用Matlab编程计算出最佳配送路线,此时配送总成本为298.5元,利润为496.5元。配送路径为线路1:0-2-16-18-17-0;线路2:0-10-3-19-20-4-0;线路3:0-6-5-11-12-0;线路4:0-13-8-0;线路5:0-7-14-15-9-1-0。

项目3表示顾客满意度设置为80%时,运用Matlab编程计算出最佳配送路线,此时的配送总成本为322.5元,利润为637.5元。配送路径为线路1:0-6-16-2-17-0;线路2:0-10-4-20-18-0;线路3:0-5-11-12-8-13-0;线路4:0-7-14-9-15-1-0;线路5:0-3-9-19-0。

项目1是不考虑顾客满意度的模型,项目2、项目3是充分考虑顾客满意度的优化模型。其中,项目2配送总成本为298.5元,项目3配送总成本为322.5元,表明在面对同样的送餐需求时,餐饮企业要想获得更高的顾客满意度,就要投入更高的配送成本。项目2利润为496.5元,项目3利润为637.5元,利润增加了28.3%,表明在面对同样的送餐需求时,提高顾客满意度,会增加餐饮企业的利润。

根据以上案例分析,可得出以下结论:①在一定范围内,提高顾客满意度会增加餐饮企业的总利润,但不能无限增加;②餐饮企业若想获得较高的顾客满意度,就得在一定范围内投入较高的配送成本;③餐饮企业若想获得极高的顾客满意度,就得投入极高的配送成本,可能会因投入成本过高而降低盈利水平。

4 结语

本文用量化后的顾客满意度来衡量送餐时间窗约束和额外奖励收益,构建餐饮企业利润最大化的外卖配送路径优化模型,使总收益(包含基本收益和额外奖励收益)最大且总成本(包含固定成本、充电成本、模糊时间窗惩罚成本)最小,并通过案例分析了在顾客满意度分别为60%和80%的条件下,餐饮企业的成本、收益、利润情况。由此得出结论:餐饮企业若想获得更高的顾客满意度,就需要在一定范围内投入更高的酡送成本,这验证了该模型的有效性。

参考文献

[1] 汪章月.众包配送模式下外卖订单分配与路径优化研究[D].上海:东华大学,2020.

[2] 王迪,金辉,靳泽宇,等.基于改进遗传算法的校园食堂外卖配送路径优化研究[J].辽宁工业大学学报(自然科学版),2020,40(1):47-52.

[3] 徐肇元.基于两阶段启发式算法的多目标外卖配送优化分析[J].测试技术学报,2019,33(4):340-345.

[4] 王荃菲.快餐外卖配送路径方案研究[D].北京:北京交通大学,2017.

[5] 王帅.带不确定时间窗的电商快递配送路径决策[D].保定:河北大学,2018.

[6] 李娜.单亲遗传算法的冷链物流车辆路径问题(VRP)优化研究[D].秦皇岛:燕山大学,2016.

[7] 张庆华,吕小丹.电商退换货车辆路径问题及蚁群算法研究[J].计算机工程与应用,2018,54(22):239-245.

[8] 张愉芩.城市冷链物流配送系统优化模型研究[J].西安航空学院学报,2017,35(5):71-76.

[9] 葛显龙,李祖伟,葛小波.考虑灵活充电策略的带时间窗物流配送路径优化研究[J].控制理论与应用,2020,37(6):1293-1301.

[10] 张平莉.考虑顾客优先级的B2C个性化物流动态路径规划研究[D].上海:东华大

学,2018.

[11] 朱桐,江欢.基于遗传算法的外卖配送路径优化研究[J].轻工科技,2020,36(12):51-53+93.

[12] 李旭.新零售模式下盒马鲜生末端配送路径优化研究[D].青岛:山东科技大学,2020.

[13] 黄芥.电子商务环境下鲜活农产品配送路径优化研究[J].中国市场,2016(23):131-132.

[14] 张电,孙源泽.考虑碳排放的连锁零售企业配送路径优化研究[J].公路与汽运,2019(6):47-51.

[15] 翟劲松,台玉红.基于时间窗约束下的外卖配送路径优化[J].物流科技,2018,41(3):15-18.

[16] 孙沁,欧邦才,丁晓银,等.基于改进蚁群算法的配送路径优化问题研究——以南京苏宁易购为例[J].物流工程与管理,2018,40(2):77-82.

[17] 王雅琪,贾旭飞,李雪琳.O2O背景下苏宁无人配送路径优化问题研究[J].现代商贸工业,2020,41(19):15.

[18] 王海燕,王晓莉.基于节约里程法的中百超市配送路径优化[J].物流技术,2017,36(3):84-87+157.

[19] 张力娅,张锦,肖斌.考虑顾客优先级的多目标O2O外卖即时配送路径优化研究[J].工业工程与管理,2021,26(2):196-204.

[20] Nasser R. Sabar, Ashish Bhaskar, Edward Chung. A self-adaptive evolutionary algorithm for dynamic vehicle routing problems with traffic congestion[J]. Swarm and Evolutionary Computation,2019,44:1018-1027.

[21] Salma Naccache, Jean-François Côté, Leandro C. Coelho. The multi-pickup and delivery problem with time windows [J]. European Journal of Operational Research, 2018, 269(1):353-362.

[22] Shifeng Chen, Rong Chen, Gai-Ge Wang. An adaptive large neighborhood search heuristic for dynamic vehicle routing problems [J]. Computers and Electrical Engineering, 2018, 67:596-607.

考虑运能匹配的多式联运物流中心建设规模确定方法

姚新虎* 冯 帆 李 波
(西安公路研究院有限公司)

摘 要 为提升多式联运物流中心资源利用率和运作效率,提出多式联运物流中心建设规模确定方法。分析了各种物流中心建设规模确定方法的适用性,认为时空消耗法具有解决多式联运物流中心建设规模确定问题的良好条件;对多式联运物流中心建设规模确定的影响因素及特征进行系统分析,认为其应充分考虑各运输方式运能的协调匹配以及各运输方式作业场地在总规模中的高占比性,兼顾不同类型货物的运输、存放特性;在此基础上建立了多式联运物流中心的运能匹配模型;提出了基于时空消耗原理的铁路、公路、仓储用地规模计算方法及多式联运物流中心总用地规模计算方法,该方法适用于多式联运物流中心规划阶段建设规模的估算,以及设计阶段主要功能区建设规模的匡算。应用该方法对榆林市某多式联运物流中心建设规模进行了分析计算,结果表明铁路、公路、仓储、总规模用地的计算误差分别为6.7%、6.0%、3.5%、4.7%。考虑到物流中心实际建设过程中在资金、场地充足条件下超前预留用地等复杂情况,可认为上述各项误差在合理范围内。可见,采用基于运能匹配的多式联运物流中心建设规模确定方法能够得到较为合理准确的规划方案。

1. 基金项目:陕西省交通运输厅科研项目,现代多式联运区域物流中心建设关键技术研究,(20-20R)。

关键词 运输工程 规模确定 运能匹配 时空消耗 多式联运物流中心

0 引言

建设规模确定是多式联运物流中心选址和方案设计的重要限制因素之一,是开启项目建设程序的基本前提。合理的建设规模能节约土地资源和资金成本,提高物流中心的资源利用率和运作效率,也有利于项目可持续发展。目前国内外针对多式联运物流中心建设规模确定的研究成果较少,由于多式联运物流中心在系统构成和运作方式等各个方面和普通物流中心均具有很大的不同,普通物流中心建设规模的确定方法直接应用于多式联运物流中心显然不合理,计算结果必然不能适应运营和发展需要。本文从系统分析多式联运物流中心建设规模影响因素和运作规律入手,提出基于运能匹配的多式联运物流中心建设规模确定方法,为多式联运物流中心建设规模的确定提供新的思路,目的是提高多式联运物流中心建设规模确定的科学性和准确性。

1 常用方法适用性分析

关于物流中心建设规模确定的方法,现有研究主要形成了以运筹学模型[1-12]、参数法[13-17]、时空消耗法[18-24]、功能分区法[25-28]和类比法[29]为代表的确定方法。运筹学模型理论性强,但在面对多式联运物流中心这种复杂对象时求解过于烦琐,操作性不强,实践中应用较少。参数法因单位生产能力用地参数是一个难以准确量化的指标,这种方法很多情况下只能用于粗略的估算。功能分区法适用于物流中心的总体规模和各分项功能区的形式、作业量已有比较明确的计划和预测的详细设计阶段。类比法偏于定性,对操作者的知识积累和判断能力要求较高。多式联运物流中心构成复杂,在我国的发展历程也还较短,建设经验并不丰富。

相比之下,时空消耗法因为将物流中心内货物的流转过程抽象为时空消耗过程,抓住了问题的本质,将复杂问题简单化,具有理论严谨、扩展性强的优点,具有解决多式联运物流中心建设规模确定问题的良好条件。可基于时空消耗法的基本思路,结合多式联运物流中心建设规模确定的影响因素及工作特征来构建多式联运物流中心建设规模确定方法。

2 影响因素及特征分析

2.1 影响因素分析

多式联运物流中心是由多种设施或场地构成,开展货物储存、转运、包装、加工、装卸、搬运的场所。多式联运物流中心建设规模的大小必然受货物到发量、货物存放期、货物存放特性、作业效率、空间利用率的影响。各运输方式运能的匹配性、线路技术标准、运输工具规格,以及土地、政策等外部环境条件对建设规模的影响也较大。

多式联运物流中心的显著特征就是存在多种运输方式的衔接、转运,良好的运能匹配性有助于充分发挥各种运输方式运力,提升运输效率,而且能有效减少货物积压,节约仓储区和站台面积。因此运能匹配性是多式联运物流中心建设规模确定的核心因素。

2.2 特征分析

多式联运物流中心在系统构成和运作方式上与普通物流中心不同,其建设规模的确定,一般来说具有四个明显特征。一是规模确定应重视各运输方式作业场地在总规模中的高占比性。以公铁联运物流中心为例,铁路、公路作为各运输方式作业场地其在总规模中的占比达到60% ~70%,成为多式联运物流中心的主要组成部分。二是规模合理确定的基本前提是联运方式间运能协调匹配。运能匹配能使衔接运输方式间运力资源配置以及货物库存处于合理水平,提升运输效率的同时减少了货物积压,进而保证运输方式作业场地及仓储用地规模处于合理水平。三是规模确定应考虑不同货类运输和存放特性差异。不同类货物配备的运输、装卸、搬运工具等在规格、装载能力上存在差异,堆存形式各异,在运输、存储相同数量货物所耗费的空间资源也不同。四是规模确定不应忽视因地形地貌产生的无效用地问题。

3 多式联运物流中心建设规模确定方法

3.1 总体思路

确定多式联运物流中心建设规模,就是计算

符合多式联运物流中心正常货物到发量情况下最为经济合理的建设规模。本文以公铁联运物流中心作为研究对象,成果可推广应用于其他类型的多式联运物流中心。对多式联运物流中心来说,铁路用地、公路用地、仓储用地在总用地规模中占比较高,所以在计算出铁路、公路、仓储用地规模后,除以其在物流中心所占比例,即可基本准确地计算出总的用地规模。

经济合理的铁路、公路、仓储建设规模体现在多式联运物流中心稳定运转,各运输方式高效运作,运能充分发挥,仓储设施不存在浪费的情况下。这种运作状态可称为多式联运物流中心的运能匹配状态。运能匹配状态下,衔接运输方式单位时间内货物到、发量相互协调,货物库存量能满足一定时期内的发送需求,货物的最大库存量能处于最小化水平,避免库存过剩占用额外的流动资金和土地资源。因此,量化运能匹配关系是合理建设规模确定的基础。

基于运能匹配关系可计算运能匹配状态下的衔接运输方式货物到达、发送量及仓储量,以此为依据分别计算铁路、公路、仓储用地规模。时空消耗法具有解决多式联运物流中心建设规模确定问题的良好条件。多式联运物流中心内各运输方式作业及货物存储等对时空资源的占用时刻存在,可基于时空消耗原理,结合各运输方式作业特点以及货物仓储特征计算各运输方式完成相关作业及货物存储所需的时空总消耗,在时间资源是固定时基于供需平衡原则即可计算所需的空间资源。

3.2　运能匹配模型

3.2.1　补货策略

运能匹配模型建立在物流中心一定的补货策略基础上。常用补货策略可分为定期补货和定量补货。定量补货是指对库存进行连续性检查,当库存下降至订货点时,再次补充固定批量的货物。定量补货相比于定期补货更适合应对不确定需求,在实际中的使用更为广泛。本文基于定量补货策略建立运能匹配模型。

在定量补货策略下,由于对库存量进行连续性检查,直到订货点 ROP 出现时发出固定补货量的补货指令,这期间库存量一直维持在订货点之上,因此从一次补货入库到下次补货指令发布期间不会出现缺货。但从补货点发布补货指令到补货入库期间(补货期),货物发送需求主要由订货点来满足。每当库存降至订货点时的补货量是决定物流中心最大库存的关键因素。

3.2.2　单次补货量、订货点及最大库存量间关系

定量补货策略下单次补货量应大于或等于订货点 ROP,当单次补货量超过订货点时,超出订货点的货物能满足一段时间内的发货需求,延长了订货间隔,但需占用额外的存储空间及流动资金;当单次补货量等于订货点 ROP 时,相邻补货期之间不存在时间间隔,上次补货货物入库即达到订货点 ROP,同时再发布补货指令,此时最大库存量即为订货点,小于单次补货量大于订货点时的最大库存,处于最小化水平,并能满足补货期内的货物发送需求。此处暂不考虑订货频率增加和单次补货量减少对物流中心运营成本的影响。因此,以物流中心合理规模确定为目标,使货物最大库存量在满足补货期内货物发送需求的同时处于最小化水平,应使定量补货策略下单次补货量等于订货点 ROP,对应最大库存量也为订货点 ROP。这是运能匹配状态下物流中心库存的显著特征,也是运能匹配关系构建的依据。

$$D_i = \mathrm{ROP}_i = E_i \tag{1}$$

式中:D_i——第 i 类货物的单次补货量,t/pcu;

ROP_i——第 i 类货物订货点库存量,t/pcu;

E_i——第 i 类货物最大库存量的最小化水平,t/pcu。

3.2.3　订货点与货物平均日发送量

当补货期及补货期内的货物日发送量确定时,订货点等于补货期内货物日发送量与补货期之积,这时的库存量称为经常性库存,用于满足确定条件下的需求;当补货期或补货期内货物日发送量不确定时,可能会出现缺货,这时订货点应在经常性库存基础上增加安全库存量,以应对这种不确定需求。由于不确定需求更符合物流中心实际运营情况,因此认为订货点 ROP 为经常性库存和安全性库存之和。

$$\mathrm{ROP}_i = E_{if} + E_{is} \tag{2}$$

式中:E_{if}、E_{is}——第 i 类货物在补货期内的经常性库存量和安全性库存量,t/pcu。

多式联运物流中心货物日发送量取决于供应链下游客户的需求。为便于描述货物发送量的不确定性，根据 Zipf 定理，可认为补货期内货物日发送量服从正态分布。正态分布的期望可近似为历史补货期内货物日发送量的平均值，或预测得到的补货期内货物日发送量的平均值，标准差近似为0.2倍的平均值。

$$Q_{it} \sim N(R_{iF}, \delta_{iF}^2) \tag{3}$$

$$R_{iF} \approx \overline{Q}_{it} \tag{4}$$

$$\delta_{iF} \approx 0.2\overline{Q}_{it} \tag{5}$$

式中：Q_{it}——第 i 类货物日发送量，t/pcu；

R_{iF}、δ_{iF}——第 i 类货物补货期内日发送量所服从正态分布的期望和标准差，t/pcu；

$\overline{Q}_{it}$——第 i 类货物补货期内日发送量的平均值，t/pcu。

定量补货策略下由于每次补货量相同，考虑到上游生产企业“预见性生产”及“牛鞭效应”的影响，供货相对稳定，补货期也相对固定，因此可认为补货期不变。此时补货期内的经常性库存等于补货期货物日发送量期望值与补货期之积，补货期内安全性库存可根据经典安全库存公式基于补货期、补货期货物日发送量期望值和对应服务水平计算[30]。

$$E_{if} = R_{iF} \times F_i = \overline{Q}_{it} \times F_i \tag{6}$$

$$E_{is} = Z\delta_{iF}\sqrt{F_i} = 0.2Z\overline{Q}_{it}\sqrt{F_i} \tag{7}$$

式中：F_i——第 i 类货物补货期，天，可根据调查获取；

Z——物流中心在一定服务水平下的安全系数，一般取1.65。

3.2.4 单次补货量与货物平均日到达送量

在定量补货策略下，认为单次补货量是在经历补货期后，补货货物入库时一次性到达的，当单次补货量较大时，货物一次性到达存在困难，是一种理想状态，实际中往往是在补货期内连续到达的。因此，可认为单次补货量为补货期货物平均日到达量与补货期之积。

$$D_i = \overline{Q}_{ia} \times F_i \tag{8}$$

式中：$\overline{Q}_{ia}$——第 i 类货物指补货期平均日到达量，t/pcu。

3.2.5 运能匹配模型

综上，在定量补货策略、补货期固定、补货期内货物日发送量服从正态分布等条件下，以物流中心最大库存最小化水平为目标，单次补货量应等于订货点 ROP，此时的最大库存量也处于最小水平并等于订货点；单次补货量和订货点 ROP 可分别表示为补货期内货物平均日到达量、补货期内货物日发送量平均值的函数，由此可推出货物平均日到达量、货物平均日发送量之间的数量关系，即为多式联运物流中心运能匹配关系。联立式(1)～式(8)，得到运能匹配关系如下：

$$\overline{Q}_{ia} = \overline{Q}_{it} \times \left(1 + \frac{0.2Z}{\sqrt{Fi}}\right) \tag{9}$$

$$E_i = \overline{Q}_{it} \times (F_i + 0.2Z\sqrt{F_i}) \tag{10}$$

式中各参数意义同上。需要注意的是，在多式联运物流中心建设规模确定阶段，货物平均日发送量可通过历史数据或预测分析得到，由此可利用式(9)确定运能匹配下货物平均日到达量，利用式(10)确定物流中心货物最大库存量；这里的货物平均日发送量根据物流中心衔接运输方式的不同可以是铁路平均日发送量或公路平均日发送量等，货物平均日到达量同理；当物流中心处理货类多时，应按照货类分别考虑运能匹配下的日到、发量及最大库存量。

3.3 建设规模确定方法

3.3.1 铁路用地规模

铁路用地规模的主要测算依据为通过铁路运输的货物平均日发送量、到达量。在规模计算阶段，铁路货物平均日发送量可通过历史数据或需求预测得到，铁路货物平均日到达量应根据与其衔接运输方式货物平均日发送量以及运能匹配模型计算。

铁路平均日到、发量除以列车单车载重可计算出完成当日运输量所需的车厢数，乘以单节车厢长度可计算出所需列车总长度，该长度与铁路站线平均宽度之积就是铁路日作业所需的空间资源；列车进出物流中心的平均时间即为列车所需的时间资源；上述空间和时间资源相乘可得到铁路日作业所需的总时空资源。供需平衡原则下，物流中心可提供的时间资源为24h，用总时空资源除以可提供的时间资源得到铁路用地规模。由于铁路线路的空间利用不充分，还要考虑到的空间利用率问题。综上，铁路用地规模计算如式(11)所示：

$$S_r = 1/\beta_r \sum_i (\overline{Q}_{irt} + \overline{Q}_{ira}) \times \frac{L_i \times G_{ir} \times W}{C_{ir} \times 24} \quad (11)$$

式中:S_r——铁路用地规模,m^2;

$\overline{Q}_{irt}$、$\overline{Q}_{ira}$——第 i 类货物的铁路平均日发送量、到达量,t/pcu;

L_i、C_{ir}——装载第 i 类货物单节车厢的平均长度,m^2;平均净载重,t/pcu,取值可参考《铁路技术管理规程》(TG 01—2014)及《铁路物流中心设计规范》(Q/CR 9133—2016);

G_{ir}——装载第 i 类货物的列车在物流中心的平均停留时间,h,通过调查区域内相关的铁路物流中心或相关铁路局、车辆段等来获取;

β_r——铁路空间利用系数,根据《铁路车站及枢纽设计规范》(TB 10099—2017)可取0.7;

W——物流中心各类站线平均宽度,m,综合考虑《铁路路线设计规范》(TB 10098—2017)、《铁路车站及枢纽设计规范》(TB 10099—2017)、《铁路物流中心设计规范》(Q/CR 9133—2016)中关于各类站线的间距、距离站台等边界的距离及铁路建筑限界的规定后,可取5m。

3.3.2 公路用地规模

公路用地规模的主要测算依据为通过公路运输的货物平均日发送量、到达量。在规模计算阶段,公路货物平均日发送量可通过历史数据或需求预测得到,公路货物平均日到达量应根据与其衔接运输方式货物平均日发送量以及运能匹配模型计算。

公路平均日到、发量除以货车单车载重可计算出完成当日运输所需的货车数,乘以货车尺寸可计算出公路日作业所需的空间资源;货车进出物流中心的平均时间为列车所需的时间资源;上述空间和时间资源相乘可得到公路日作业所需的总时空资源。供需平衡原则下,物流中心可提供的时间资源为24h,用总时空资源除以可提供的时间资源得到公路用地规模。道路空间无法完全利用,需考虑道路空间利用率的问题。综上,公路用地规模计算如式(12)所示:

$$S_h = 1/\beta_h \sum (\overline{Q}_{iht} + \overline{Q}_{iha}) \times \frac{A_i \times G_{ih}}{C_{ih} \times 24} \quad (12)$$

式中:S_h——公路用地规模/m^2;

$\overline{Q}_{iht}$、$\overline{Q}_{iha}$——第 i 类货物公路平均日发送量、到达量,t/pcu;

A_i、C_{ih}——运输第 i 类货物的车辆占地面积,m^2;单车净载重,t/pcu,取值可参考《汽车、挂车及汽车列车外廓尺寸、轴载及质量限值》(GB 1589—2016)及《货车挂车系列型谱》(GB/T 6420—2017);

G_{ih}——运输第 i 类货物车辆在场内的停留时间,h,可通过对区域内其他物流中心货车停留时间进行调查来获取数据;

β_h——道路空间利用率,可取0.6。

3.3.3 仓储用地规模

仓储用地规模计算的核心依据为运能匹配状态下货物的最大库存量。当物流中心处理货类较多时,不同货物类的最大库存量应分别计算。通常情况下可将多式联运物流中心仓储用地按货类分为普通货物、集装箱和商品汽车用地:

$$S_w = S_{gw} + S_{cw} + S_{vw} \quad (13)$$

式中:S_w、S_{gw}、S_{cw}、S_{vw}——仓储区、普通货物仓储区、集装箱储存区和商品汽车仓储区面积,m^2。

(1)普通货物仓储用地规模。

普通货物可根据运能匹配状态下的日最大库存量除以单位面积堆货量计算出存放这些货物所需的空间资源,再乘以货物的平均堆存期,可得到货物存放所需的总时空消耗。根据供需平衡原则,物流中心提供的时间资源已知,用总时空消耗除以物流中心可提供的时间资源最终得到对应的仓储用地规模。考虑中转货物存放需求,对运能匹配下的合理库存量适当扩充。同时应考虑仓储区空间利用率问题。普通货物仓储用地规模如式(14)所示:

$$S_{gw} = 1/\beta_w \sum_i E_{ig} (1 + \theta_i) \frac{U_{iw}}{V_{iw}} \quad (14)$$

式中:E_{ig}——运能匹配下普通货物的最大库存量,t;

θ_i——第 i 类货物中转量比重,一般取0.2~0.3;

U_{iw}、V_{iw}——第 i 类货物平均堆存期，天；单位面积堆货量，t/m^2，可参照《铁路车站及枢纽设计规范》（TB 10099—2017）条文说明中的表 10.4.3 执行；

β_w——堆放空间利用率，可取 0.8。

（2）集装箱仓储用地规模。

集装箱仓储用地规模应采用存放集装箱所需的箱位数乘以单个箱位面积来计算，并考虑箱位面积利用率问题。单个箱位面积通常已知，关键在于确定箱位数。将单个集装箱看作空间单位，日作业箱数即为存放集装箱所需的空间资源，乘以集装箱平均存放时间，可得到存放集装箱总的时空消耗。根据供需平衡原则，物流中心提供的时间资源已知，用总时空消耗除以物流中心可提供的时间资源最终得到对应的空间资源。这里的空间资源是指箱位数。由于集装箱可按层堆放，因此计算出的箱位数还应除以最高堆码层数及层高利用系数，得到最终的箱位数。日均作业箱数可根据需由集装箱发送的货物的最大库存量除以单个集装箱额定载重得到，考虑中转货物存放需求，对运能匹配下的合理库存量适当扩充：

$$S_{cw} = \frac{M_m \times A_c}{\gamma} \tag{15}$$

$$M_m = \frac{N_m \times P_m}{H_m \times \mu_m} \tag{16}$$

$$N_m = \sum_i \frac{E_{ic}(1 + \theta_{ic})}{C_{ic}} \tag{17}$$

式中：M_m——主箱场需要的箱位数，个；

A_c——集装箱标准箱箱位面积，可取 $15m^2$；

γ——箱位面积利用系数，可取 0.9；

N_m——主箱场各类箱日均作业箱数，TEU，根据需要经集装箱运输的货物库存量及集装箱配重来计算；

E_{ic}——需由集装箱到发第 i 类货物的最大库存量，t；

θ_{ic}——集装箱中转第 i 类货物比重，一般取 0.2~0.3；

C_{ic}——第 i 类标准集装箱配货质量，t，可取 17.5t；

P_m——主箱场集装箱占用箱位时间，天，一般取 2~3 天；

H_m——主箱场集装箱最高堆码层数，一般可取 4；

μ_m——主箱场集装箱层高利用系数，一般可取 0.6。

（3）商品汽车仓储用地规模。

商品汽车仓储用地规模等于所需车位数乘以单个车位面积，同时考虑预留作业通道面积。车位数取决于日存放车辆数及车辆存放时间。将单个车辆看作空间单位，日存放车辆数即为存放这些车辆所需的空间资源，乘以车辆平均存放时间，得到存放车辆所需的总时空消耗。根据供需平衡原则，物流中心提供的时间资源已知，用总时空消耗除以物流中心可提供的时间资源最终得到对应的空间资源。这里的空间资源是指车位数。考虑中转货物存放需求，对运能匹配下的合理库存量适当扩充：

$$S_{vw} = \sum_i \frac{K_i \times A_{iv}}{(1 - \lambda)} \tag{18}$$

$$K_i = E_{iv}(1 + \theta_{iv})B_{iv} \tag{19}$$

式中：K_i——第 i 类汽车存储所需车位数，个；

A_{iv}——第 i 类汽车单台车位面积，m^2，可取 $14m^2$；

λ——作业通道面积与商品汽车仓储区面积的百分比，垂直式停车位一般取 35%；

E_{iv}——运能匹配下第 i 类汽车的最大库存量，pcu；

θ_{iv}——第 i 类汽车中转货物比重，一般取 0.2~0.3；

B_{iv}——第 i 类商品汽车占用车位时间，天，可采取 9~15 天。

3.3.4　总用地规模

物流中心总用地规模为铁路、公路和仓储用地规模与其他类型用地、发展预留用地的规模之和。计算出铁路、公路、仓储用地规模后，根据其在总规模中的占比推算多式联运物流中心总占地规模，同时还应考虑物流中心未来发展需要的预留用地：

$$S_a = \frac{(S_r + S_w + S_h)}{\varepsilon}(1 + \omega) \tag{20}$$

式中：ε——铁路、公路、仓储区规模在物流中心总规模中的比例；

ω——发展预留用地系数。

根据对现有的多式联运物流中心的平面布局进行分析,综合型多式联运物流中心内铁路、公路、仓储区规模所占的比例约为60%,专业型多式联运物流中心内铁路、公路、仓储区规模所占的比例约为70%。发展预留用地系数根据相关研究成果可取0.2~0.3,当物流中心处于山区、高原等地形,可能需要进行大规模的填挖方作业时,发展预留用地系数可取上限0.3。

4　算例

榆林市某大型多式联运物流中心建成后主要从事煤炭仓储和发运业务,上游矿企将煤炭通过公路运输至物流中心,再经铁路运输至下游大型电厂或工矿企业,铁路运输方式有敞车运输和集装箱运输两种。根据物流需求预测,物流中心煤炭年发运量约为2000万/t,其中集装箱发运量约占20%;煤炭相邻两次补货货物入库时间间隔根据调查可取5天,补货提前期为2天;敞车煤炭铁路段采用C70敞车运输,场内停留时间约为56h,公路段运输车辆的净载重为32t,车辆投影面积为$40m^2$,车辆在场内的平均停留时间约为4h;集装箱煤炭铁路段采用C70敞车运输,单车可装两个标准箱,单箱配质量17.5t,单车载质量为35t,公路段运输车辆型号同敞车煤炭;敞车煤炭和集装箱煤炭的平均堆存期均为3天,敞车煤炭单位面积堆货量为$0.9t/m^2$。一年按365天计。总规模计算中的占比系数取0.7,预留用地系数取0.3。

采用本文提出的多式联运物流中心建设规模确定方法计算得到该物流中心铁路、公路、仓储、总用地规模分别为22.39万m^2、2.35万m^2、62.75万m^2、162.48万m^2。对比该物流中心建成后实际的铁路、公路、仓储、总用地规模分别为24.00万m^2、2.50万m^2、65.00万m^2、170.50万m^2,可得到铁路、公路、仓储、总用地规模的计算误差分别为6.7%、6.0%、3.5%、4.7%。考虑到物流中心实际建设过程中在资金、场地充足条件下超前预留用地等复杂情况,可认为上述各项误差在合理范围内。因此,采用基于运能匹配的多式联运物流中心建设规模确定方法能够得到较为合理准确的规划方案。

5　结语

本文建立了多式联运物流中心的运能匹配模型,该模型量化了多式联运物流中心衔接运输方式间货物到发量、库存量间的数量关系,为构建基于运能匹配的多式联运物流中心建设规模计算方法奠定了良好基础。基于运能匹配关系,应用时空消耗原理构建了多式联运物流中心铁路用地、公路用地、仓储用地规模和总用地规模计算方法。该方法将物流中心内货物的流转过程抽象为时空消耗过程,抓住了问题的本质,而且将复杂问题简单化。算例分析表明该方法计算误差在可接受范围内,能够得到较为合理准确的规划方案。由于多式联运物流中心建设规模确定的系统性和复杂性,方法中各类经验参数在不同地区的适应性有待进一步研究。

参考文献

[1] Weber A. On the location of industries[J]. Progress in Human Geography, 1982, 6(1): 120-128.

[2] Smeed R J, Beckmann M, Mcguire C B, et al. Studies in the economics of transportation[J]. Economic Journal, 1956, 26(265): 820-821.

[3] Salhi S. Facility location: a survey of applications and methods[J]. Journal of the Operational Research Society, 1996, 47(11): 1421-1422.

[4] White J A, Francis R L. Normative models for some warehouse sizing problems[J]. AIIE Transactions, 1971, 3(3): 185-190.

[5] Noritake M, Kimura S. Optimum allocation and size of seaports[J]. Journal of Waterway Port Coastal & Ocean Engineering, 1990, 116(2): 287-299.

[6] Cormier G, Gunn E A. Simple models and insights for warehouse sizing[J]. Journal of the Operational Research Society, 1996, 47(5): 690-696.

[7] Taniguchi E, Noritake M, Yamada T, et al. Optimal size and location planning of public logistics terminals[J]. Transportation Research, 1999, 35(3): 207-222.

[8] Schmidt G, Wilhelm W E. Strategic, tactical and operational decisions in multi-national logistics networks: a review and discussion of modelling issues[J]. International Journal of Production

Research,2000,38(7):1501-1523.

[9] Huang S, Batta R, Nagi R. Simultaneous siting and sizing of distribution centers on a plane [J]. Annals of Operations Research, 2009, 167 (167):157-170.

[10] Pang M B, Xie L. Research into merchant logistics center scale determining by fuzzy clustering [C] // IEEE. 2006 IEEE International Conference on Management of Innovation and Technology. Singapore: IEEE, 2006:881-885.

[11] 王建忠,杜纲. 物流中心选址与规模的层次优化模型[J]. 武汉理工大学学报(交通科学与工程版),2013,37(2):283-286.

[12] 祝进城,黄正锋,韩雪松. 铁路物流中心规模设计优化模型研究[J]. 武汉理工大学学报:交通科学与工程版,2012,36(4):4.

[13] 李玉民,李旭宏,毛海军,等. 物流园区规划建设规模确定方法[J]. 交通运输工程学报,2004,4(2):76-79.

[14] 陶经辉,李旭宏,毛海军,等. 基于多指标群决策的物流园区规模确定方法研究[J]. 公路交通科技,2005,22(1):151-155.

[15] 胡宝雨. 物流园区规模确定及选址方案评价[D]. 大连:大连理工大学,2012.

[16] 孙焰,魏威,郑文家. 物流园区用地规模计算方法研究[J]. 物流科技,2014,37(6):72-76.

[17] 范敏,华光,孙东泉. 基于模糊评价的物流园区规模需求分析[J]. 物流技术,2012,31(12):196-198.

[18] FRUIN J J, BENZ G P. Pedestrian time-space concept for analyzing corners and crosswalks [R]. Washington D C: Transportation Research Board, 1984.

[19] 程世东,刘小明. 时空消耗法求解物流园区规模[J]. 公路交通科技,2005(8):142-144.

[20] 张席洲,尹石磊. 物流配送中心规模优化的探讨[J]. 交通运输系统工程与信息,2006,6(5):3.

[21] 王辉. 基于多理论确定铁路物流中心规模的优化建模[J]. 物流工程与管理,2014,36(3):48-49,30.

[22] 张焱,袁红霞,邱忠权,等. 基于作业流线的铁路国际物流中心规模测算[J]. 交通与运输,2020,36(1):5.

[23] 关宏志,张育宏,池红波,等. 物流中心占地面积预测方法的研究[J]. 土木工程学报,2005,38(5):96-99.

[24] 董琳. 物流园区功能区规模确定研究[D]. 南京:东南大学,2016.

[25] 姚志刚,刘志凯,张三省. 物流园区规模确定方法探讨[J]. 综合运输,2003,(3):20-21.

[26] 顾亚竹,周溪召. 港口集装箱物流园区规模的研究[J]. 中国航海,2006,(3):72-76.

[27] 祝俪菱. 物流园区规模确定方法研究[D]. 成都:西南交通大学,2009.

[28] 李超杰. 物流园区规模确定方法研究[D]. 成都:西南交通大学,2011.

[29] 高群. 港口物流园区用地规模实证研究-以深圳市盐田港物流园区为例[D]. 深圳:深圳大学,2018.

[30] 刘贵生. 安全库存及其量的确定[J]. 江苏经贸职业技术学院学报,2008,(4):15-17.

基于市场需求的高铁快递碳减排预测

孟凌萱 张晓东*
(北京交通大学交通运输学院)

摘 要 为定量预测高铁快递大规模、常态化开行后的碳减排效应,本文首先通过分析国内公路、高

1. 基金项目:国家自然科学基金"联合基金项目",高速铁路快捷货物运输网络化组织方法与运输计划优化策略研究(U2034208)。

铁、航空运输网络的中心性,提取出快递业务中心城市运输网络;其次构建SARIMA时间序列预测模型,得到中心城市OD对间高铁快递市场需求量;最后提出快递运输碳排放测算方法预测高铁快递的碳减排效应。研究结果表明:高铁快递大规模开行30个月内可累积减少27.9%的全国快递业碳排放。

关键词 运输规划 碳减排 SARIMA模型 高铁快递

0 引言

近年来,中国交通运输行业的碳排放量仍持续增长,2019年交通运输业能源消费量约4.39亿tce,占全国能源总消耗量的9.01%[1]。随着电气化铁路的普及和高铁的开通,交通运输行业的碳排放量将持续降低[2],能源使用效率不断提升。现有研究从运力贡献、运输效率[3]、社会要素配置[4]等角度对于高速铁路的碳减排效应进行了分析论证。同时,电子商务的蓬勃发展使得快递运输在交通运输行业市场中的占比不断扩大,而目前平均每件快递运输产生的温室气体排放为0.27kg二氧化碳当量[5]。利用电气驱动的高铁是碳排放量相对较少的运输方式[6],开展并推广高铁快递业务,能够有效助力交通运输业实现"碳达峰、碳中和"目标。

高铁快递市场发展时间短,目前市场份额还不足5%[7],在碳减排中的优势还未充分发挥。通过查阅文献,国内外学者已对快递运输市场需求和不同运输方式的分担率展开了相关研究,在高铁快递的业务量预测[8]、潜在市场需求分析和市场份额测算[9]等方面也有了一定的研究基础,但较少考虑高铁快递的空间差异性发展特征,并且没有开展高铁快递对碳减排成效的相关结论。针对以上问题,本文首先考虑网络的节点中心性筛选快递业务中心城市,随后对城市间OD量及高铁快递加入后快递市场结构的调整进行预测,最后提出快递运输碳排放测算方法预测调整后的碳减排效应,为我国高铁快递的碳减排效应进行定量预测。

1 快递业务中心城市选择

为了定量分析高铁快递对快递市场结构的影响,本文根据国内各机场与高铁站间的连通性、距离和流量来量化网络中的节点中心性,并结合现有运输方式下的快递业务量筛选中心城市,从而实现利用路网数据提取中心城市间的公、铁、航快递运输网络。

1.1 航空网络节点中心性

航空网络节点中心性计算方法取自文献[10]。假设用集合 $A=\{A_1,A_2,\cdots,A_i,A_j,A_k\cdots,A_n\}$ 表示一组可进行航空快递运输的机场。用 CA_i 表示机场 A_i 的中心性,是通过它对网络连接性的贡献来评估的。在航空网络中,具有更强中心性的机场充当了更多机场对间的桥梁,对网络的连接有更多的贡献。因此机场 A_i 的中心性表示为:

$$CA_i = \sum_{A_i \neq A_j \neq A_k \in A} \frac{\alpha_{A_j A_k}^{A_i}}{\alpha_{A_j A_k}} \tag{1}$$

式中:A_i A_j A_k——机场,属于集合 A;

$\alpha_{A_j A_k}$——从 $A_j \sim A_k$ 机场的航路路径的数量;

$\alpha_{A_j A_k}^{A_i}$——从 $A_j \sim A_k$ 路径中穿过机场 A_i 路径的数量。

计算得到中国国内航空网络中排名前20机场的中心性等级,见表1。

国内航空网络中心性排名前20机场 表1

排名	机 场	IATA code	城 市	中 心 性
1	北京大兴机场	PEK	北京	164
2	成都双流机场	CTU	成都	159
3	西安咸阳机场	XIY	西安	150
4	广州白云机场	CAN	广州	146
5	上海浦东机场	PVG	上海	138
6	昆明长水机场	KMG	昆明	134
7	深圳宝安机场	SZX	深圳	131
8	重庆江北机场	CKG	重庆	130
9	杭州萧山机场	HGH	杭州	104

续上表

排名	机场	IATA code	城市	中心性
10	长沙黄花机场	CSX	长沙	98
11	天津滨海机场	TSN	天津	98
12	海口美兰机场	HAK	海口	95
13	南京禄口机场	NKG	南京	93
14	北京首都机场	PKX	北京	92
15	郑州新郑机场	CGO	郑州	91
16	贵阳龙洞堡机场	KWE	贵阳	91
17	厦门高崎机场	XMN	厦门	89
18	武汉天河机场	WUH	武汉	88
19	南宁吴圩机场	NNG	南宁	85
20	哈尔滨太平机场	HRB	哈尔滨	83

1.2 高铁网络节点中心性

在高铁网络节点中心性计算方法取自文献[11]。假设用集合 $R=\{R_1,R_2,\cdots,R_i,R_j,R_k,\cdots,R_n\}$ 表示一组可进行高铁快递运输的铁路站点,高铁与航空网络的区别在于:高铁网络是高度依托基础设施的服务网络[12]。因此,考虑高铁网络的特殊性,站点 R_i 的中心性表示为:

$$f(R_i)=(\omega_1\mathrm{CR}_i+\omega_2\mathrm{BR}_i)\mathrm{DR}_i \tag{2}$$

$$\mathrm{DR}_i=\frac{1}{n-1}k_{R_i} \tag{3}$$

$$\mathrm{CR}_i=\left(\frac{1}{n-1}\sum_{j=1,j\neq i}^{n}d_{R_iR_j}\right)^{-1} \tag{4}$$

$$\mathrm{BR}_i=\frac{2}{(n-1)(n-2)}\sum_{j=1,j\neq i}^{n}\sum_{k>i}^{n}\frac{\beta_{R_jR_k}^{R_i}}{\beta_{R_jR_k}} \tag{5}$$

式中,R_i R_j R_k 站点属于集合 R,式(2)表示 $f(R_i)$ 的计算方法,ω_1 ω_2 表示权重系数;式(3)表示站点 R_i 的度中心性 DR_i,反映节点在网络中的连通性,k_{R_i} 是指与站点 R_i 直接相连的站点个数,n 为网络中站点的总数;式(4)表示站点 R_i 的邻近中心性 CR_i,反映节点在网络中的可达性,$d_{R_iR_j}$ 表示从站点 $R_i \sim R_j$ 的铁路线路距离;式(5)表示站点 R_i 的介中心性 BR_i,反映节点在网络中的中转和衔接功能,$\beta_{R_jR_k}$ 表示从站点 R_j 到 R_k 的可达铁路线路 $d_{R_iR_j}$ 的数量,$\beta_{R_jR_k}^{R_i}$ 表示其中经过站点 R_j 的路径数量。

计算时权重分别取 $\omega_1=0.8$,$\omega_2=0.2$,得出现有高铁网络系统中心性 $f(R_i)\in[0.1,1]$ 的站点共32个,分别是:南京南、武汉、长沙南、杭州东、上海虹桥、汉口、广州南、沈阳北、郑州东、石家庄、济南西、苏州、合肥南、昆山南、徐州东、北京南、南昌西、上饶、无锡、常州、厦门北、泉州、天津、宁波、莆田、嘉兴南、衡阳东、福州、郴州西、镇江、福州南、成都东。

1.3 中心城市选择

以2016—2020年的中国快递业务量排名前50的城市数据计算三项指标,包括:2016—2020年排名前50城市的快递业务量归一化平均数,快递业务量的算数平均数与几何平均数,得到近五年快递业务量综合排名前20的城市,结果如表2所示。

中国快递业务量综合排名前20城市　表2

排名	城市	归一化平均数	快递量平均数	快递量几何平均数
1	广州市	0.969	516,544.92	487,747.53
2	金华市	0.779	456,782.46	384,778.28
3	深圳市	0.664	354,315.00	334,562.40
4	上海市	0.640	308,452.10	307,316.13
5	杭州市	0.497	247,552.12	244,095.92
6	北京市	0.465	222,258.88	221,782.45

续上表

排名	城　市	归一化平均数	快递量平均数	快递量几何平均数
7	东莞市	0.284	145,728.20	141,275.99
8	苏州市	0.266	141,273.48	133,960.46
9	成都市	0.195	102,101.28	97,713.44
10	揭阳市	0.194	115,843.26	94,555.50
11	泉州市	0.191	103,844.94	96,274.78
12	温州市	0.178	93,383.60	89,443.20
13	武汉市	0.171	88,107.30	84,954.40
14	宁波市	0.155	80,847.82	77,577.93
15	南京市	0.144	74,133.78	71,942.23
16	台州市	0.139	72,657.02	69,619.31
17	郑州市	0.128	68,293.32	64,147.94
18	汕头市	0.122	71,864.02	59,930.20
19	天津市	0.117	61,194.62	58,684.26
20	无锡市	0.112	58,955.34	56,136.13

根据航空和高铁网络的中心性，以及近五年快递业务量的综合评价结果。本文选取三项指标均排名前列的9个城市(北京、成都、广州、上海、杭州、天津、南京、郑州、武汉)进入中心城市集合，相应的机场与高铁站点作为候选交通枢纽，如表3所示。

中心城市民航、高铁快递候选交通枢纽　表3

序号	城市(节点)	机　场	高　铁　站
1	北京	北京大兴机场	北京南站
2	成都	成都双流机场	成都东站
3	广州	广州白云机场	广州南站
4	上海	上海浦东机场	上海虹桥站
5	杭州	杭州萧山机场	杭州东站
6	天津	天津滨海机场	天津站
7	南京	南京禄口机场	南京南站
8	郑州	郑州新郑机场	郑州东站
9	武汉	武汉天河机场	武汉站

2　中心城市OD对间快递量预测

2.1　SARIMA模型

目前，国内城市OD对间的快递量暂无官方统计结果。因此，本文对选取的9个中心城市OD对间快递量进行预测。进行月度快递量的预测，对我国高铁快递发展规模、运营模式的研究有着重要作用。因此，本文利用SARIMA模型，使用2010年1月至2021年6月的月度快递量数据对其后30个月份的快递量进行预测分析。

近年来，各类时间序列预测方法广泛应用于交通流量、货运量的预测。其中，SARIMA[13]模型是一种特殊的自回归移动平均模型(ARIMA)。如果时间序列中仅有增长趋势，未表现出明显的季节性，可以通过低阶差分过程将原序列进行处理，对其平稳后的差分序列构建ARIMA模型可以进行精确的预测[14]。但对于快递量这种既有趋势性增长，又有明显季节性波动的时间序列，就需要在ARIMA模型中增加一次差分，构建SARIMA模型进行预测，如图1所示。

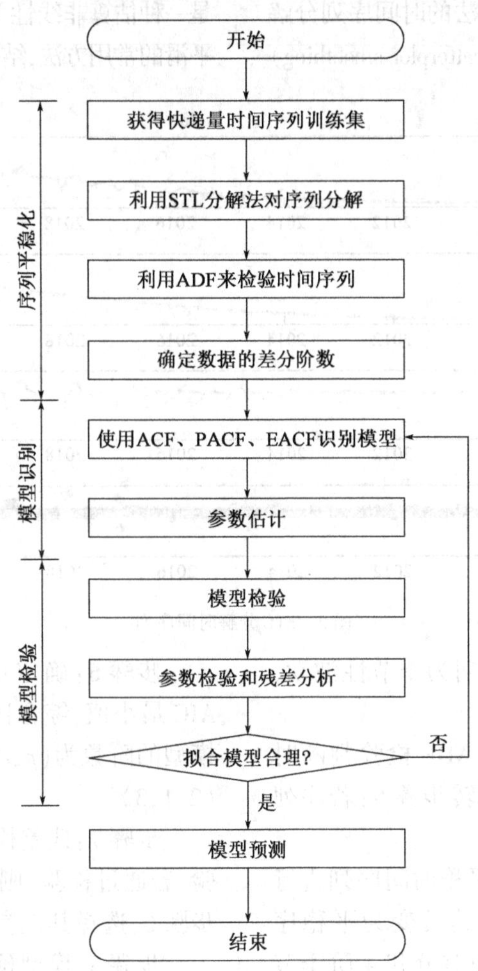

图1 SARIMA模型

SARIMA模型是在自回归移动平均模型的基础上,考虑到时间序列周期变化的季节性所带来不平稳现象,通过对含有季节性周期的时间序列进行季节差分的方法将其化为平稳序列。ARIMA模型假设预测变量是关于自身历史观测值和随机误差的线性函数。线性函数一般包括三部分:自回归参数项(AR)、差分项(I)以及移动平均参数项(MA)。模型通常表示为ARIMA(p,d,q),其中p代表自回归系数,d代表时间序列的差分系数,q代表移动平均系数。

模型SARIMA$(p,d,q)\times(P,D,Q)^s$具体表达式如下:

$$\varphi_p(B)\Phi_P(B^S)\nabla^d\nabla_S^D x_t=\theta_q(B)\Theta_Q(B^S)\varepsilon_t \tag{6}$$

$$\varphi_p(B)=1-\varphi_1 B-\varphi_2 B^2-\cdots-\varphi_p B^p \tag{7}$$

$$\Phi_P(B^S)=1-\Phi_1 B^S-\Phi_2(B^S)^2-\cdots-\Phi_P(B^S)^P \tag{8}$$

$$\theta_q(B)=1-\theta_1 B-\theta_2 B^2-\cdots-\theta_q B^q \tag{9}$$

$$\Theta_Q(B^S)=1-\Theta_1 B^S-\Theta_2(B^S)^2-\cdots-\Theta_Q(B^S)^Q \tag{10}$$

$$\nabla^d\nabla_S^D x_t=(1-B^S)^D(1-B)^d x_t \tag{11}$$

式中:Φ_P——季节性自回归系数;

Θ_Q——季节移动平均系数;

∇_S^D——D阶季节周期为S的差分算子,当$S=0$时,时间序列x_t服从ARIMA(p,d,q)分布,SARIMA等于ARIMA。

2.2 模型构建与求解

本文采用Python语言利用Pytorch环境搭建SARIMA模型,步骤如下:

步骤1:输入全国及各中心城市2010年1月至2021年6月的快递量时间序列数据;

步骤2:利用STL(Seasonal and Trend decomposition using Loess)法分解时序。该方法是

以鲁棒局部加权回归作为平滑方法的时间序列分解方法,其中Loess(locally weighted scatterplot smoothing)是一种估算非线性关系的方法,是对两维散点图进行平滑的常用方法,结果如图2所示。

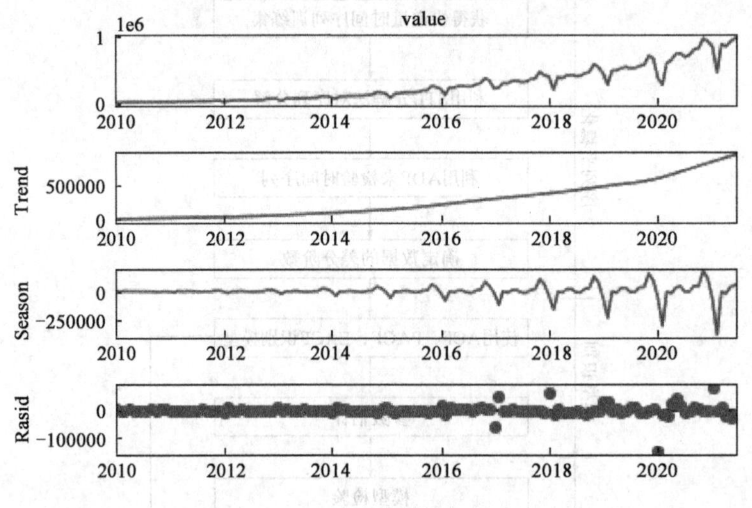

图2　STL分解时间序列

时序分解结果来看,数据周期为季节性波动,季节周期为4。

步骤3:平稳性检验。利用ADF检验判断时间序列是否平稳,若序列平稳则转步骤5;若序列不平稳,转步骤4;

步骤4:序列差分。针对非平稳时间序列进行季节性差分和趋势性差分直至其转变为平稳序列。快递量时间序列经1阶常规差分和4阶季节差分达到平稳。

步骤5:参数估计。结合自ACF和PACF图估计SARIMA模型$(P,D,Q)^s$参数的取值范围

步骤6:确定最优参数。进行网格搜索返回AIC最小值,综合比对选择效果最优的模型,确定模型的阶数为$(p,d,q)\times(P,D,Q)^s=(0,1,0)\times(2,1,3)^4$。

步骤7:残差检验。对建立的模型进行残差检验,若通过检验,则转步骤8;若未通过检验,则转步骤6,选择其他参数构建新的模型。

步骤8:模型预测。

测试集的评价指标采用均方根误差RMSE和平均绝对值误差MAE,预测结果如图3所示,预测结果评价如表4所示。

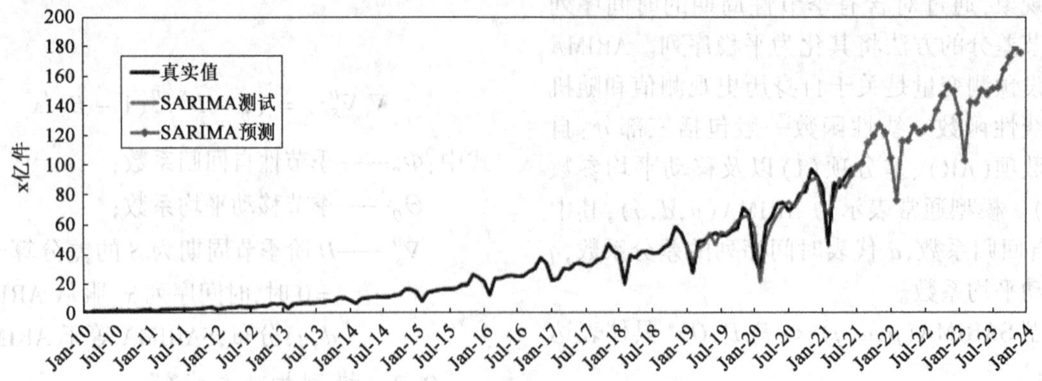

图3　SARIMA模型预测未来30个月的快递量结果

预测结果评价指标　　表4

模　型	RMSE	MAE
ARIMA	84,122	116156.4
SARIMA	77,385.3	59764.9

通过比较改进前后模型在测试集上的误差指标可以看出：SARIMA 模型总体上表现较优。因此，可使用 SARIMA 模型对 9 个中心城市未来 30 个月的月快递量进行预测。

2.3 中心城市 OD 快递量计算

假设任意 OD 货运量与出发地的货物发送能力、到达地的货物吸引能力成正比，与两区间的行程时间（或费用、距离等）成反比[15]。因此，以中心城市快递业务评分作为出行发生量与到达吸引量，以城市间的距离作为交通阻抗，构建引力模型：

$$I_{ij} = G\frac{S_i S_j}{d_{ij}^2} \tag{12}$$

式中：I_{ij}——城市 i 与城市 j 之间的快递引力，即城市 ij 间快递业务联系强度的大小；

G——引力常数，通常取值 1；

S_i、S_j——城市 i 与城市 j 的快递业务能力综合得分；

d_{ij}——城市 ij 间的交通距离。

城市 OD 对间快递吸引量计算公式为：

$$V_{ij} = \frac{I_{ij}}{\sum_{j=1}^{n} I_{ij}} V_i \tag{13}$$

式中：V_{ij}——城市 j 对 i 的快递吸引量；

I_{ij}——两城市间的快递引力；

V_i——城市 i 的快递业务量。

根据式（13），计算得到中心城市 OD 对间快递吸引量。

注：根据 2021 年上半年中国快递业务量结构，本文取 84.7% 作为各城市快递业务量中异地业务占比[16]。假设每件快递的平均重量为 2kg，可得未来 30 个月中心城市 OD 对间的快递吸引量，部分结果如表 5、表 6 所示。

2022 年 2 月中心城市 OD 对间日均快递吸引量（ton） 表 5

O	D								
	北京	成都	广州	上海	杭州	天津	南京	郑州	武汉
北京	0	155.8	469.2	683.6	476.9	2665.2	335.5	316.3	243.2
成都	445.2	0.0	527.4	498.6	372.9	226.1	250.7	221.9	252.1
广州	1642.5	788.8	0	3016.0	2565.9	835.2	1443.0	798.1	1531.2
上海	681.6	175.1	707.3	0	3683.1	376.1	1686.2	302.8	407.3
杭州	531.6	145.8	669.7	4099.1	0	290.3	1490.3	252.9	357.4
天津	1855.9	55.4	136.2	261.9	181.5	0	140.2	110.3	85.8
南京	100.8	54.6	210.5	1050.3	833.6	125.7	0	121.2	170.1
郑州	553.9	136.2	327.1	529.7	397.0	277.5	340.4	0	296.6
武汉	332.0	120.7	490.5	555.1	438.7	167.6	373.0	231.2	0

2023 年 11 月中心城市 OD 对间日均快递吸引量（ton） 表 6

O	D								
	北京	成都	广州	上海	杭州	天津	南京	郑州	武汉
北京	0	167.2	503.8	734.0	512.1	2861.8	360.3	339.7	261.2
成都	940.5	0	1114.1	1053.3	787.7	477.7	529.6	468.8	532.6
广州	4049.0	1944.4	0.0	7434.6	6325.2	2058.8	3557.2	1967.3	3774.5
上海	741.5	190.5	769.6	0.0	5008.8	409.2	1834.6	329.4	443.1
杭州	730.7	200.4	920.5	5634.2	0	399.0	2048.4	347.6	491.3
天津	2650.7	98.9	243.1	467.5	324.1	0	250.4	196.9	153.1
南京	169.2	91.7	353.3	1762.9	1399.1	211.0	0	203.5	285.5
郑州	1401.5	344.5	827.7	1340.2	1004.4	702.2	861.3	0	750.4
武汉	573.1	208.4	846.6	958.2	757.2	289.3	643.8	399.1	0

2.4 中心城市高铁快递OD分担量计算

中心城市高铁快递OD分担率的计算方法取自文献[17],结果如表7所示。

不同距离下三种快递运输方式分担率

表7

运输方式	100km	300km	500km	800km	1000km	1500km
航空运输	0.041	0.164	0.283	0.315	0.347	0.362
公路运输	0.837	0.595	0.446	0.304	0.268	0.253
高铁运输	0.122	0.241	0.271	0.381	0.385	0.385

可以看出,随着距离的增加,快捷货物航空运输和高铁运输的分担率呈上升趋势,公路运输的分担率随着距离的增加而下降。高铁快递在800km以上运距具有明显优势,800km~1500km的运距范围高铁运输的分担率最高。

结合2.3中计算的2021年7月至2024年12月间的中心城市OD对快递量,可以计算得到未来30个月内中心城市OD对间的高铁快递分担量。

3 高铁快递碳减排预测

在交通运输业产生的碳排放中,公路、铁路和民航分别占73.5%、6.1%和11.6%[18],具体能源消费量如表8所示[19],铁路货运在交通运输业碳减排方面具有显著优势。考虑时效性因素,选取公路、航空和高铁作为国内快递的三种主要运输方式,研究其碳排放特征,预测高铁快递大规模开行的碳减排效应。

2014—2019年交通运输业能源消费量

表8

运输方式	能源种类	2014	2015	2016	2017	2018	2019
公路	汽油/Mt	101.7	112	118	120.4	122.9	128.6
	柴油/Mt	108	105.3	90.2	108.6	107.6	111.7
铁路	柴油/Mt	6.58	6.25	7.03	8.28	8.16	8.22
	电力/亿kWh	478	507.7	571.2	595	603	607
民航	航空煤油/Mt	23.4	25.6	30.3	33.45	37.41	36.84

本文参考IPCC 2006国家温室气体清单指南及Strauss等(2021)[2]的研究提出快递运输方式碳排放测算方法,公式如下:

$$CO_{2HSR,t} = \sum_{a\in A} V_{HSR,a,t} \cdot PE_{HSR} \cdot d_{HSR,a} \cdot \delta_t \cdot SEF \tag{14}$$

式中:$CO_{2HSR,t}$——高铁的碳排放量($kg \cdot CO_2$);

$V_{HSR,a,t}$——铁路OD对a在时间t的货流量(t);

PE_{HSR}——高铁的单位用电量(kWh);

$d_{HSR,a}$——高铁在OD对a的运行距离(km);

δ_t——时间t的热电比例(2020年为75.12%);

SEF——国家发改委公布的电力碳排放系数(取$0.8402kg \cdot CO_2/kWh$)。

$$CO_{2Air,t} = Emi_{Air} \cdot \sum_{a\in A}\sum_{j\in J} Oil_{Air,hour,j} \cdot (d_{Air,a}/vel_{Air}) \cdot Fre_{Air,a,j,t} \tag{15}$$

式中:$CO_{2Air,t}$——航空的碳排放量($kg \cdot CO_2$);

Emi_{Air}——航空燃油的单位碳排放量($L/kg \cdot CO_2$);

$Oil_{Air,hour,j}$——飞机类型j每小时平均油耗(L/h);

$d_{Air,a}$——弧段a的飞行距离(km);

vel_{Air}——平均飞行速度(km/h);

$Fre_{Air,a,j,t}$——飞机类型j在时间t中OD对a的飞行次数。

$$CO_{2Road,t} = Emi_{Road} \cdot \sum_{a\in A}\sum_{j\in J} Oil_{Road,km,j} \cdot d_{Road,a} \cdot V_{Road,a,j,t} \tag{16}$$

式中:$V_{Road,a,j,t}$——公路车辆类型j在时间t的OD对a货流量(t)。

因此,可根据2021年7月以后未来30个月的分担量计算结果,对高铁快递开行前后的月度碳排放量进行测算,全国快递业月度碳排放量由当月的中心城市OD总量与全国快递量的比例确定,累积碳减排效应如图4所示(假设快递的平均重量为2kg,其余参数取值于顺丰等企业调研、统计公报及文献[2])。

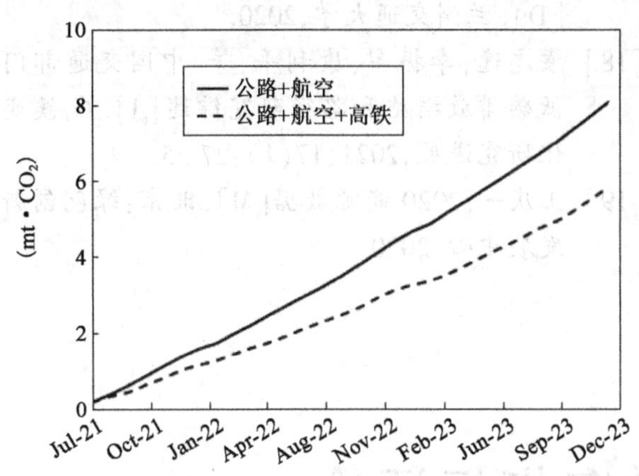

图4 高铁快递未来30个月的累积碳减排效应

可以看出,高铁快递的碳减排效应显著,预计在大规模开行的30个月后可累积减少碳排放量约27.9%,能有效助力快递业在2030年实现"碳达峰"。

4 结语

(1)本文首先通过分析国内公路、高铁、航空运输网络的中心性,提取出快递业务中心城市运输网络。其次构建出SARIMA时间序列预测模型,得到中心城市OD对间高铁快递市场需求量。最后提出了快递运输碳排放测算方法来预测高铁快递的碳减排效应,由此测算出高铁快递大规模开行30个月内可累积减少27.9%的全国快递业碳排放。

(2)本文只针对国内中心城市快递运输网络进行讨论,但由于全国各地的高速铁路建设水平不一,且高铁快递的实际碳减排效应由供应端、消费端和固碳端"三端"构成,因此未来可针对高铁快递的服务网络建设情况进行深入研究。

参考文献

[1] 国家统计局. 国家数据[EB/OL]. https://data.stats.gov.cn/index.htm.

[2] Strauss J, Li H C, Cui J L. High-speed Rail's impact on airline demand and air carbon emissions in China[J]. Transport Policy, 2021, 109:85-97.

[3] 杨洋,袁振洲,陈进杰,等. 基于LCA的高速铁路节能减排效果评价研究[J]. 交通工程, 2021,21(4):89-96.

[4] 王群勇,陆凤芝. 高铁开通的经济效应:"减排"与"增效"[J]. 统计研究,2021,38(2):29-44.

[5] Kang P, Song G, Xu M, et al. Low-carbon pathways for the booming express delivery sector in China[J]. Nature Communications, 2021,12:450.

[6] 钟校,张玉召,任斌. 考虑碳排放的快捷货运方式选择模型[J]. 交通运输系统工程与信息,2018,18(6):250-256.

[7] 刘美池. 高铁快运竞争力评价与市场前景分析[D]. 大连交通大学,2020.

[8] Zhang X, Zhao Q, Sun D, et al. High-Speed Rail Express Business Forecast Based on Improved Logit Model for Analyzing the Market Prospect of High-Speed Rail Express Business in Hub Cities [J]. J Phys Conf Ser, 2020, 1549:4.

[9] Xu Y, Zhao, Q. Research on Demand Analysis and Development Prospect of High-Speed Railway Express Market[J]. IOP Conf Ser: Materials Science & Engineering, 2019, 1688:2.

[10] Zhou Y M, Kundu T, Goh M, et al. Multimodal transportation network centrality analysis for Belt and Road Initiative[J]. Transportation Research Part E: Logistics and Transportation Review, 2021, 149:102292.

[11] 韩宝明,王莹,张琦,王家康. 高速铁路网络系统中心性的车站综合分级方法[J]. 北京交通大学学报,2018,42(1):69-74.

[12] Wang R, Tan J X, Xin W, et al. Geographic coarse graining analysis of the railway network of China[J]. Physica A: Statistical Mechanics and its Applications, 2008, 387(22): 5639-5646.

[13] 汤银英,朱星龙,李龙. 基于SARIMA模型的铁路月度客运量预测[J]. 交通运输工程与信息学报,2019,17(1):25-32.

[14] Yuan C, Liu S, Fang Z. Comparison of China's primary energy consumption forecasting by using ARIMA (the autoregressive integrated moving average) model and GM(1,1) model[J]. Energy, 2016, 100:384-390.

[15] Shen J B, Kundu T. Forecasting time-varying

logistics distribution flows in the One Belt-One Road strategic context [J]. Transportation Research Part E: Logistics and Transportation Review,2018,117:5-22.

[16] 国家邮政局. 2021 年上半年邮政行业运行情况[R]. 2021.

[17] 王昕. 高速铁路快捷货物运输组织模式研究[D]. 兰州交通大学,2020.

[18] 袁志逸,李振宇,康利平,等. 中国交通部门低碳排放措施和路径研究综述[J]. 气候变化研究进展,2021,17(1):27-35.

[19] 王庆一. 2020 能源数据[M]. 北京:绿色创新发展中心,2020.

地铁系统鲁棒性多指标评价

李崇楠 陈军华* 张星臣 徐辉章

(北京交通大学 交通运输学院)

摘 要 本文应用图论与复杂网络理论,将地铁系统建模为抽象网络,建立代数连通度等 8 项鲁棒性评价指标,并进行标准化处理。采集国内 20 个典型城市地铁网络的拓扑数据,进行 8 项指标的评价。基于 Pearson 相关系数计算各指标之间的相关关系。研究发现,部分指标之间存在极强正相关性,例如图有效传导性和平均度数;部分指标之间存在极强负相关性,例如度数差异性和 Meshedness 系数;也有部分指标之间存在较弱的相关关系,例如自然连通度和聚合系数,证实单一指标无法全面刻画地铁网络的鲁棒性。绘制各地铁网络在 8 项指标表现下的雷达图,通过计算雷达图中封闭折线包围的面积来刻画地铁系统的综合鲁棒性,发现哈尔滨和呼和浩特地铁具有最高的综合鲁棒性,最后提出一些提升地铁网络鲁棒性的建议。

关键词 交通运输工程 鲁棒性评价 复杂网络 地铁系统

0 引言

地铁系统是一类重要基础设施系统,满足居民通勤、购物、看病、游玩等出行需求。然而地铁系统在实际运输生产过程中会受到自然灾害、人为失误、设备故障等干扰,造成系统性能退化甚至功能失效,造成了极大的恶劣影响,如居民出行成本增加、不可抵达目的地等。鲁棒性是描述地铁系统在外部干扰下维持现有功能并保持一定水平性能的能力,地铁系统鲁棒性的研究对打造安全可靠的地铁系统具有重要意义,前人在该领域已经有所研究。Haihua Yang 等人以级联失效前后连通节点数量、网络效率和客流量相对变化的加权求和作为城市公共交通鲁棒性的评价指标,考察了极端天气下青岛市公交系统的鲁棒性表现[1]。Saeed Asadi Bagloee 等人基于网络连通度对鲁棒性比率进行调整,得到一种评价路网整体鲁棒性的新指标,用该指标识别关键的扰动场景[2]。Yaoming Zhou 等人针对随机扰动和蓄意扰动分别建立鲁棒性指标,应用蒙特卡洛模拟和启发式算法来评价扰动后网络的鲁棒性表征[3]。张佳垚选取连通度等四类指标来评价城市道路网络的鲁棒性,研究独立失效和级联失效两种情况下的网络性能[4]。朱霞从最大连通子图的相对大小和网络效率两个方面刻画公路网络鲁棒性,以沈阳市公路网为例展开实证研究[5]。综合以上文献,可以看出国内外针对鲁棒性的研究多是基于单一或几个拓扑指标计算,尚未对不同指标之间的相关性与一致性进行较为深入的研究。为解决这一问题,本文使用多类鲁棒性指标,对国内 20 个典型地铁系统进行鲁棒性多指标评价研究。

1. 基金项目:国家自然科学基金重点项目(U134204);中国国家铁路集团有限公司科技研究开发计划(N2020X022)。

1 地铁系统鲁棒性指标

1.1 网络建模

在建立地铁系统鲁棒性指标之前,先对地铁系统进行网络建模。一般来讲,既有文献将车站视为节点,将车站之间的地铁区间视为连边进行建模。然而,这样的建模方式可能造成数据存储量庞大、计算负担大等弊端。在本文中,地铁网络建模为一种无向无权图,将网络中的端点车站和换乘车站视为节点,将节点之间的可达关系视为连边。以呼号浩特市的地铁为例,图1a)为地铁网络的实际线路图,这是由两条线路构成的一个简单网络,只有一个换乘站和四个端点站,我们只考虑这五个站作为节点,并将它们的连接关系用连边表示,便得到图1b)的网络建模表示。

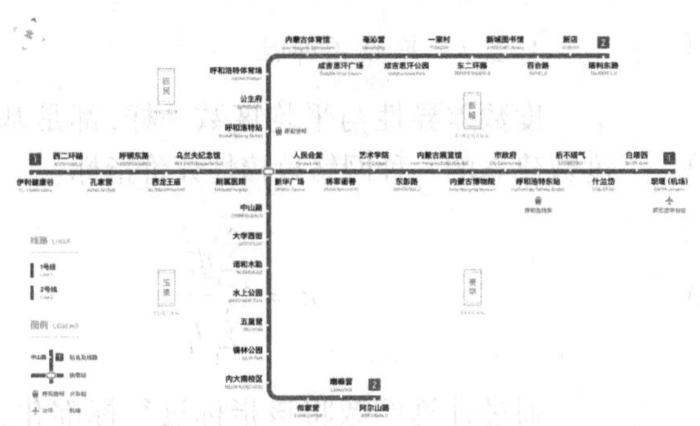
a)呼和浩特地铁网络线路图[6]

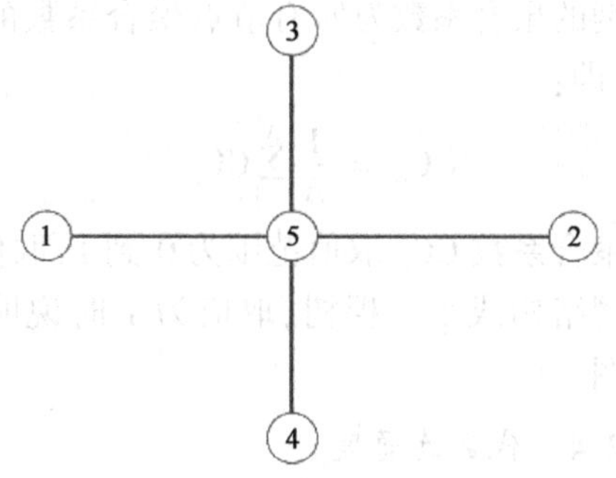

b)网络建模表示

图1 呼和浩特地铁网络

在这种建模方法下,图用符号 G 表示,节点个数为 N,连边个数为 L。图 G 可以用邻接矩阵 A 表示,如果节点 i 与节点 j 相连,那么矩阵 A 中的元素 a_{ij} 取值为1。由于图 G 为无向图,所以 A 为对称矩阵。为后文鲁棒性指标的计算,引入图 G 的拉普拉斯矩阵,用 $Q = D - A$ 计算。其中 D 矩阵为对角矩阵,对角线元素为节点度数 $d_i = \sum_j a_{ij}$,$\forall i = 1,\cdots,N$。根据谱分析的研究,拉普拉斯矩阵 Q 的特征值均为非负值,且至少有一个特征值为0,将特征值按取值大小进行排序,标记为:$0 = \mu_N \leqslant \mu_{N-1} \leqslant \cdots \leqslant \mu_1$。

1.2 鲁棒性指标

不同城市的地铁网络一般具有不同的规模,为了将其同等比较,以下鲁棒性指标都经过了标准化处理。

1.2.1 图有效传导性

图有效抵抗性量化了网络中节点对间路径数量与长度,进而刻画了网络的鲁棒性。利用地铁网络的拉普拉斯矩阵,可以轻松计算图有效抵抗性[7]:

$$R_G = N\sum_{i=1}^{N-1}\frac{1}{\mu_i} \tag{1}$$

式中:μ_i——拉普拉斯矩阵第 i 个非零特征值。

对 R_G 进行标准化处理,如下式所示:

$$C_G = \frac{N-1}{R_G} \tag{2}$$

该指标命名为"图有效传导性",取值范围为0~1,取值越高,说明鲁棒性越强。

1.2.2 平均效率

平均效率最早由 Latora 和 Marchiori 于2001年提出[8],用于评价网络传输信息的效率。该指标基于网络任意两节点间最短路径长度的倒数进行计算。公式如下所示:

$$E[1/H] = \frac{2}{N(N-1)}\sum_{i<j}\frac{1}{H_{ij}} \tag{3}$$

式中:H_{ij}——节点 i 到节点 j 的最短路长,由于地铁系统在本文中建立为无向且无权重的图,所以 H_{ij} 为节点 i 到节点 j 所需经过的最少连边数量,且 $H_{ij} = H_{ji}$,因此,对于同一对节点只需计算一次最短路长。

使用 H_{ij} 的倒数参与计算是考虑到节点 i 和节点 j 不连通的可能性,此时设 $1/H_{ij}$ 为0(即 $H_{ij} = +\infty$)。$E[1/H]$ 取值越高,说明节点间平均最短路长越小,鲁棒性越强。

1.2.3 聚合系数

聚合系数最早由 Watts 和 Strogatz 于1998年

研究小世界网络时提出[9],刻画了某节点周边邻居节点的密集程度。节点 i 聚合系数的计算公式为:

$$CC_i = \frac{2y_i}{d_i(d_i - 1)} \tag{4}$$

式中:d_i——节点 i 邻居节点的个数;

y_i——端点均为节点 i 邻居节点的连边数量。

如果节点 i 只有一个邻居节点,那么令 $CC_i = 0$。

全网的聚合系数为所有节点聚合系数的算数平均值,即:

$$CC_G = \frac{1}{N}\sum_{i=1}^{N} CC_i \tag{5}$$

全网的聚合系数 CC_G 取值范围为 0 到 1,取值为 0 时说明网络构成了一棵树,取值为 1 时说明网络为完全图。

1.2.4　代数连通度

代数连通度为地铁网络的图拉普拉斯矩阵中第二小的特征值 μ_{N-1},如果该值取值为 0,则说明网络不连通,该值取值越大,说明网络的鲁棒性越强。代数连通度由于计算简单、应用效果好,已经在道路网络[10]和航空网络[11]中有所应用。将代数连通度除以 N 进行标准化,标准化后的指标用符号 $\overline{\mu_{N-1}}$ 表示。

1.2.5　平均度数

平均度数计算节点的平均度数值,计算公式为:

$$E[D] = \frac{\sum_{i=1}^{N} d_i}{N} \tag{6}$$

平均度数反映了平均意义上每个节点和网络其他部分的连通程度,取值越高,说明网络的连通程度越高,鲁棒性越强。节点度数可能取到的最大值为 $N-1$,因此将 $E[D]$ 除以 $N-1$ 进行标准化,并用符号 $\overline{E[D]}$ 表示。

1.2.6　自然连通度

基于地铁网络的邻接矩阵,定义网络的自然连通度,计算公式为:

$$\overline{\lambda} = \left[\frac{1}{N}\sum_{i=1}^{N} e^{\lambda_i}\right] \tag{7}$$

式中,λ_i——邻接矩阵的第 i 个特征值。

这一指标表示邻接矩阵的"平均特征值",反映了网络中冗余路径的数量,刻画网络在结构层面的鲁棒性。相关研究表明[12],完全图具有最大的自然连通度,并且当 $N \to +\infty$ 时,最大连通度为 $N - \ln N$。因此,我们通过将 λ 除以 $N - \ln N$ 来实现指标的标准化,用符号 $\overline{\lambda^*}$ 表示。

1.2.7　度数差异性

度数差异性与平均度数一样,都是基于节点度数建立的一种网络鲁棒性评价指标:

$$\kappa = \frac{\sum_{i=1}^{N} d_i^2}{\sum_{i=1}^{N} d_i} \tag{8}$$

通过计算倒数将该指标进行标准化,用符号 $1/\kappa$ 表示。

1.2.8　Meshedness 系数

Meshedness 系数的计算公式为:

$$M_G = \frac{L - N + 1}{2N - 5} \tag{9}$$

式中,分子计算网络实际含有三角圈的数量,分母计算 N 个节点最多构成的三角圈数量。该指标衡量节点集聚程度,取值范围为 0 ~ 1,无须标准化。

2　数值实验

采集中国 20 个典型的地铁路网,构建拓扑结构网络,基于上节提出的理论方法进行路网鲁棒性的指标计算。为叙述方便,下文提到的指标均为标准化后的指标。

2.1　计算结果

表 1 展示了 20 个地铁网络的基本信息(节点个数 N 和连边个数 L)以及 8 个指标下地铁网络的鲁棒性指标。

20 个地铁网络的鲁棒性指标计算结果　　表 1

路网	N	L	C_G	$E[1/H]$	CC_G	$\overline{\mu_{N-1}}$	$\overline{E[D]}$	$\overline{\lambda^*}$	$1/\kappa$	M_G
呼和浩特	5	4	0.25	0.7	0	0.2	0.4	0.2195	0.4	0
贵阳	6	5	0.1724	0.6222	0	0.0731	0.3333	0.1765	0.4545	0
济南	7	6	0.1429	0.5952	0	0.0569	0.2857	0.1551	0.4	0

续上表

路网	N	L	C_G	$E[1/H]$	CC_G	$\overline{\mu_{N-1}}$	$\overline{E[D]}$	$\overline{\lambda^*}$	$1/\kappa$	M_G
石家庄	9	9	0.1212	0.5694	0.0556	0.0612	0.25	0.1475	0.3333	0.0769
哈尔滨	9	5	0.1322	0.5787	0.1296	0.056	0.2778	0.171	0.3226	0.1538
徐州	9	9	0.1212	0.5694	0.0556	0.0612	0.25	0.1475	0.3333	0.0769
青岛	10	10	0.0941	0.5259	0.0667	0.0281	0.2222	0.1265	0.3571	0.0667
南昌	10	11	0.1125	0.5519	0.1	0.0438	0.2444	0.15	0.3143	0.1333
合肥	12	12	0.0661	0.4727	0.0556	0.0143	0.1818	0.1006	0.3636	0.0526
长春	13	14	0.0735	0.4825	0.0513	0.0206	0.1795	0.0996	0.3333	0.0952
宁波	13	15	0.0832	0.5021	0.0897	0.0299	0.1923	0.1106	0.3125	0.1429
昆明	14	18	0.0786	0.4861	0.2381	0.0182	0.1978	0.1135	0.3103	0.2174
无锡	14	17	0.0781	0.4916	0.119	0.0259	0.1868	0.1085	0.3036	0.1739
沈阳	15	18	0.0731	0.4806	0.0667	0.0226	0.1714	0.0973	0.3	0.16
香港	17	18	0.0416	0.4022	0.0392	0.0062	0.1324	0.0687	0.3673	0.069
南宁	20	25	0.0524	0.4276	0.0917	0.0128	0.1316	0.0706	0.3049	0.1714
长沙	22	27	0.0382	0.3924	0.0985	0.0058	0.1169	0.0641	0.3068	0.1538
西安	25	31	0.0367	0.3777	0.0467	0.0065	0.1033	0.0539	0.3069	0.1556
天津	26	34	0.0389	0.3836	0.0718	0.0074	0.1046	0.0564	0.2906	0.1915
苏州	26	35	0.0356	0.3771	0.1154	0.0061	0.1077	0.0592	0.2869	0.2128

考察各地铁网络在图有效传导性 C_G 的取值情况，呼和浩特地铁具有最高的 $C_G=0.25$，紧接着是贵阳地铁（$C_G=0.1724$）和济南地铁（$C_G=0.1429$）。根据复杂网络理论[13]，这三个地铁网络的图有效传导性 C_G 取值大的原因是：它们具有星形的拓扑结构，且根据 $E[1/H]$ 取值知，它们具有较小的最短路长。

昆明具有所有地铁网络中最高的聚合系数 $CC_G=0.2381$，这得益于昆明市中心和西南部构成了若干圈形结构。1 号线和 4 号线在西南部成平行排布也提高了路网路线的冗余性。

呼和浩特地铁在 C_G、$E[1/H]$、$\overline{\mu_{N-1}}$、$\overline{E[D]}$ 和 $\overline{\lambda^*}$ 上具有最高的取值。根据 $1/\kappa$，贵阳地铁具有最强的鲁棒性。基于 CC_G 和 M_G，昆明地铁鲁棒性最强。苏州地铁在 $E[1/H]$ 和 M_G 指标上表现出较强的鲁棒性。地铁网络在不同指标上的不同表现说明，鲁棒性是一个内涵丰富的综合概念，不能只靠一类指标简单度量。

2.2 指标相关性分析

由于各理论指标站在不同的角度对同一地铁系统进行鲁棒性评价，所以需要研究各指标是否能够给出相似或一致的评价结果，同时也需要考察是否存在互为对立面的两项指标（即同一地铁系统在某指标下表现良好，但是在另一指标下表现较差）。为此，本节针对各鲁棒性指标的相关性开展研究，计算任一对指标之间的 Pearson 相关系数 ρ，建立指标相关性矩阵。因为指标 A 与 B 的相关系数等于指标 B 与 A 的相关系数，所以相关性矩阵是一个对称矩阵，仅将相关性矩阵的下三角部分绘制于图 2。

如图 2 所示，图有效传导性 C_G、平均效率 $E[1/H]$、平均度数$\overline{E[D]}$和自然连通度$\overline{\lambda^*}$之间的相关系数均超过 0.95，说明这四个指标之间存在极强的正相关性，在鲁棒性评价时可以相互替代。注意到，代数连通度$\overline{\mu_{N-1}}$与 C_G、$E[1/H]$、$\overline{E[D]}$和$\overline{\lambda^*}$四项指标的相关系数均超过 0.85，具有较强正相关性。

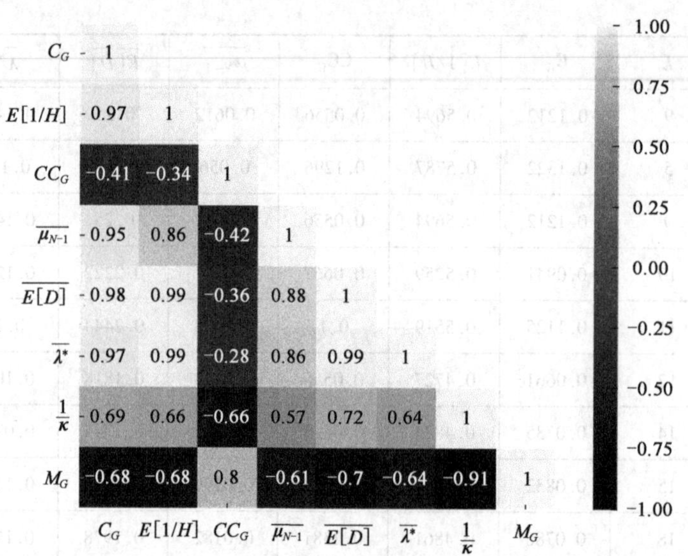

图 2　鲁棒性指标之间的相关性

聚合系数 CC_G 与除 M_G 外的其他指标的相关系数均为负数,取值范围为[−0.66,−0.28],说明聚合系数与除 M_G 外的其他指标均呈现较弱至中等程度的负相关性。CC_G 和 M_G 具备 0.8 的较强正相关性,在鲁棒性评价时表现出一致性。

度数差异性 $1/\kappa$ 与 Meshedness 系数 M_G 具有强负相关性($\rho(1/\kappa, M_G) = -0.91$),与其他指标的相关性均为中等程度($0.55 < |\rho(1/\kappa, *)| < 0.75$,$*$ 为除 M_G 外的其他指标),说明 $1/\kappa$ 在评价地铁网络鲁棒性上无法被其他指标所代替。Meshedness 系数与除 CC_G 以外的指标均具有负相关性,负相关性大小取值范围为[−0.91,−0.61]。

综合以上分析,评价鲁棒性的不同指标之间存在正相关与负相关两种关系,且相关程度在不同指标之间取得不同的大小。部分指标之间存在极强的正相关性,例如 C_G、$E[1/H]$、$\overline{E[D]}$ 和 $\overline{\lambda^*}$,说明这些指标对地铁鲁棒性具有相似或一致的评价结果,可以在实际的地铁鲁棒性评价工作中相互替代,或选取其中某一项指标作为代表性指标,来节省计算时间和复杂度。与此同时,部分指标之间存在强负相关性,如 $1/\kappa$ 与 Meshedness 系数 M_G,带来相反的鲁棒性评价结果,例如,同一个地铁网络可能具有很高的 $1/\kappa$ 且很低的 M_G 取值。这说明鲁棒性作为地铁网络的性能表示,不能简单地由一类指标进行量化。在提升地铁鲁棒性时,优化目标需要综合考虑互为负相关的不同指标。

为了综合刻画文中各个地铁网络的鲁棒性综合表现,一种可能的方法是采用文献[14]中提出的加权求和法,该方法计算地铁系统综合鲁棒性为 $R = \sum_{i=1}^{M} w_i m_i$,式中 w_i 是鲁棒性指标 m_i 的权重,M 为鲁棒性指标的总数量。该方法的优势在于计算简单,易于应用。然而,由于不同指标间存在各类相关性,w_i 难以合理取值。城市规划和地理勘测常用的雷达图可以方便展现一个系统在多项指标下的综合表现,而且无须计算各项指标的权重,能够解决加权求和法难以合理确定指标权重的问题,因此,本文应用雷达图来计算地铁网络综合鲁棒性指标。

2.3　鲁棒性综合表现

对文中 20 个地铁网络在 8 类鲁棒性指标下的表现进行雷达图绘制,如图 3 所示。

图 3 中的雷达图由一个原点及若干同心圆构成,雷达图的 8 个极轴对应 8 个鲁棒性指标。本文定义地铁网络的综合鲁棒性为雷达图中封闭折线所夹的面积,面积越大,说明综合鲁棒性越强。根据面积大小,综合鲁棒性最强的是面积为 0.1658 的哈尔滨地铁和面积为 0.1522 的呼和浩特地铁。哈尔滨地铁的换乘站同时布置在市中心和网络边缘处,1、2 和 3 号线在网络东部形成两个圈形结构,因此形成一个强鲁棒性网络。注意到哈尔滨地铁 3 号线在未来会进一步建设为闭合环线,进一步提供更多的冗余出行路线。另一方面,合肥、西安、香港地铁为 20 个地铁中综合鲁棒性表现最差的,这是由于换乘站集中布置于市中心、圈形结构不多导致的,这样的地铁网络布局下,郊区进入城区的路线选择单一,对鲁棒性造成了负面影响。

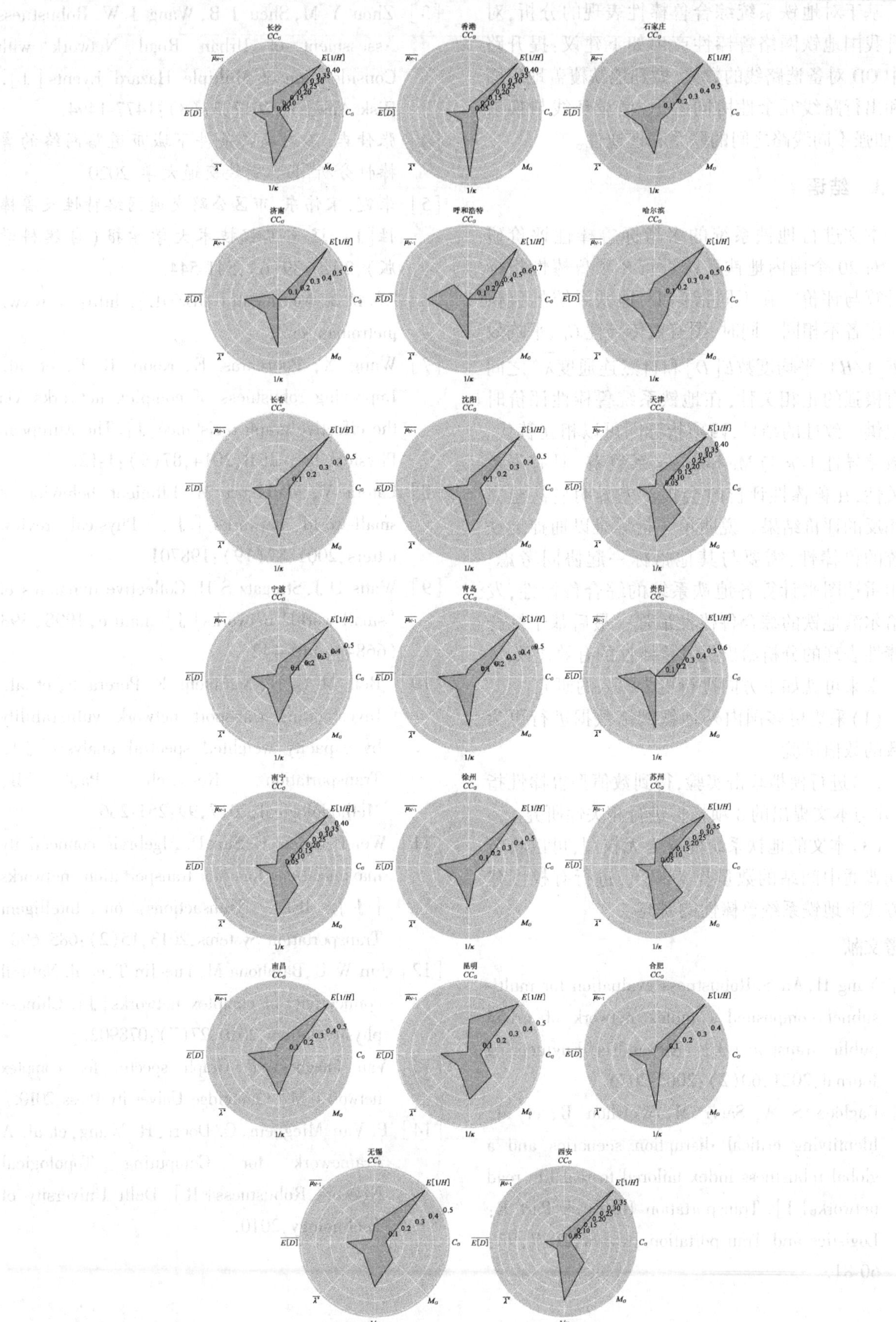

图3　20个地铁网络鲁棒性雷达图

基于对地铁系统综合鲁棒性表现的分析,对提升我国地铁网络鲁棒性产生如下建议:提升路网中OD对备选路线的数量,做到地铁覆盖地区面积和出行路线冗余性协同考虑;增设环线与换乘站,加强不同线路之间的联系和连通性。

3 结语

本文进行地铁系统的多指标鲁棒性评价研究。对20个国内地铁系统进行8项鲁棒性指标的计算与评价。在不同指标下,地铁系统的鲁棒性排序各不相同。同时,图有效传导性 C_G、平均效率 $\overline{E[1/H]}$、平均度数 $\overline{E[D]}$ 和自然连通度 $\overline{\lambda}^*$ 之间具有极强的正相关性,在地铁系统鲁棒性评价时会提供一致性的结果,四项指标间可以相互替代。度数差异性 $1/\kappa$ 与Meshedness系数 M_G 具有强负相关性,在鲁棒性评价时会提供差异明显甚至完全相反的评价结果。说明单一指标难以捕捉地铁系统的鲁棒性,需要与其他指标一起协同考虑。利用雷达图来计算各地铁系统的综合鲁棒性,发现哈尔滨地铁的综合鲁棒性最强。最后基于综合鲁棒性表现的分析给出提升鲁棒性的有效建议。

未来可就如下方向进行更为深入的研究:

(1)采集更多国内外地铁网络数据进行更为细致的数值试验。

(2)进行模拟攻击实验,得到数值型鲁棒性指标,并与本文提出的8项指标进行相关性研究。

(3)本文的地铁系统建模为无权图,可以将节点间普通中间站的数量作为权重,进行有权图建模方式下地铁系统鲁棒性的研究。

参考文献

[1] Yang H, An S. Robustness evaluation for multi-subnet composited complex network of urban public transport [J]. Alexandria Engineering Journal, 2021, 60(2): 2065-2074.

[2] Bagloee S A, Sarvi M, Wolshon B, et al. Identifying critical disruption scenarios and a global robustness index tailored to real life road networks[J]. Transportation Research Part E: Logistics and Transportation Review, 2017, 98: 60-81.

[3] Zhou Y M, Sheu J B, Wang J W. Robustness Assessment of Urban Road Network with Consideration of Multiple Hazard Events [J]. Risk Analysis, 2017, 37(8): 1477-1494.

[4] 张佳垚. 不同攻击条件下城市道路网络的鲁棒性分析[D]. 大连交通大学, 2020.

[5] 朱霞, 宋伟东. 市区公路交通网络特性及鲁棒性[J]. 辽宁工程技术大学学报(自然科学版), 2020, 39(6): 541-544.

[6] 地铁通-MetroMan [DB/OL]. http://www.metroman.cn/.

[7] Wang X, Pournaras E, Kooij R E, et al. Improving robustness of complex networks via the effective graph resistance[J]. The European Physical Journal B, 2014, 87(9): 1-12.

[8] Latora V, Marchiori M. Efficient behavior of small-world networks [J]. Physical review letters, 2001, 87(19): 198701.

[9] Watts D J, Strogatz S H. Collective dynamics of 'small-world' networks [J]. nature, 1998, 393 (6684): 440-442.

[10] Bell M G H, Kurauchi F, Perera S, et al. Investigating transport network vulnerability by capacity weighted spectral analysis [J]. Transportation Research Part B: Methodological, 2017, 99: 251-266.

[11] Wei P, Spiers G, Sun D. Algebraic connectivity maximization for air transportation networks [J]. IEEE Transactions on Intelligent Transportation Systems, 2013, 15(2): 685-698.

[12] Jun W U, Barahona M, Yue-Jin T, et al. Natural connectivity of complex networks[J]. Chinese physics letters, 2010, 27(7): 078902.

[13] Van Mieghem P. Graph spectra for complex networks[M]. Cambridge University Press, 2010.

[14] P. Van Mieghem, C. Doerr, H. Wang, et al. A Framework for Computing Topological Network Robustness [R]. Delft University of Technology, 2010.

面向 TOD 的轨道交通站点周边土地利用优化设计

孟亚洋 徐 猛*
(北京交通大学轨道交通控制与安全国家重点实验室)

摘 要 城市轨道交通和周边土地利用之间有着紧密的联系。以轨道交通站点辐射范围内的地块土地利用优化作为研究目标,以地块土地利用类型和开发强度同时为决策变量,从轨道交通经济效益和环境效益的角度出发,考虑研究区域内轨道交通客流量最大化和周边小汽车碳排量最小化为目标,结合TOD(Transit-oriented Development)的发展规划理念设置约束条件,建立了面向TOD的多目标土地利用优化模型,并采用NSGA-Ⅱ(Non Dominated Sorting Genetic Algorithm)算法求解,生成Pareto最优解集。从经济和生态的角度出发,设置了五种情景模式,采用TOPSIS(Technique for Order Preference by Similarity to Ideal Solution)法对Pareto最优解集中的解进行评估和排序,生成了不同情境下的最优解。算例结果表明:经济优先情景下的优化结果与现状相比,轨道交通客流量和缓解站点周边小汽车碳排放总量方面都有一定改善,轨道交通客流量比现状提升了5%,周边小汽车碳排放总量为比现状降低了10%;而生态优先情况下的优化结果与现状相比,轨道交通客流量比现状降低了54%,周边小汽车路网碳排放总量为比现状降低了67%。算例结果表明了本文提出的优化方法的有效性。

关键词 交通网络分析与优化 土地利用 多目标优化 TOD

0 引言

随着我国机动车保有量的快速增加、城市化进程的加快和大规模轨道交通快速建设,资源短缺、环境污染、交通拥堵以及城市无序蔓延等问题也日益加重,给城市的可持续发展带来了巨大的挑战。TOD理念[1]是以公共交通为导向的开发模式,其中的公共交通主要指火车站、地铁、轨道交通等,然后以公共交通站点为中心、400~800m为半径建立城市中心,集居住、工作、商业等为一体,对站点周边地区进行集中开发,使出行者在不排斥小汽车的同时能方便地选用多种绿色出行方式,现已被视为促进城市可持续发展的规划理念。目前关于土地利用优化模型的研究具有一定的基础。例如,RAHMAN等[2]归纳出土地利用优化问题主要考虑土地利用类型、土地利用面积、土地利用位置和土地利用容积率这四种决策变量。GAO等[3]开发了一种改进的非支配排序遗传算法(NSGA-Ⅱ),用来求解土地利用优化问题以实现可持续的城市土地利用规划。WANG等[4]建立以低碳导向的空间优化模型,确定了土地利用类型、碳排放以及每类土地面积变化程度的关系。MALEKI等[5]构建了一种基于博弈论的空间土地利用规划支持系统。YANG等[6]设计了一种基于知识信息形成的多目标土地利用分配人工蜂群优化算法,用于解决土地利用优化问题。为了改善道路交通拥挤和城市无序蔓延等问题,近年来,面向TOD的轨道交通站点周边土地利用优化方法逐渐发展起来。在多目标优化方面。陆昊等[7]建立以轨道交通为主体的TOD优化模型,但没有考虑环境和出行距离对乘坐轨道交通概率的影响。MA等[8]构造了多目标模型的帕累托前沿和一些非支配解决方案的分析,但由于现有城市轨道交通站点周边土地空间布局难以改变,该模型只适用于对城市新开发地区站点周边的规划。SAHU[9]给出TOD模型中参数的权重和范围,将多目标进行加权处理,从而将多目标模型转换为单目标模型。以上研究构建的TOD优化模型均没有考虑土地利用布局对现有道路网络上小汽车碳排放总量的影响。研究表明,越来越多国内外学者认为交通规划是创建低碳城市基础和关键的环节。因为交通结构可以影响城市土地利用布局、

1. 基金项目:国家自然科学基金重大项目(72091513)。

城市的交通能耗以及二氧化碳排放产生，低碳的城市发展也是TOD模式的理念之一。

本文的主要研究内容如下：首先，车辆排放的二氧化碳是空气污染的主要来源之一，本文考虑了土地利用布局的变化对轨道交通客流量和道路网上小汽车碳排放总量的影响。构了多目标优化模型，将土地利用和道路网络联系起来，建立交通与土地互动模型。土地利用类型和建筑容积率作为决策变量，建立面向TOD的多目标土地利用优化模型。其次，应用传统的交通四阶段法构建基于土地分布的道路网络碳排放模型。以汽车为主导的交通方式现在越来越难以满足城市的可持续发展。城市轨道交通是具有大容量、低碳排放量的一种交通方式。加入碳排放的目标，可以间接缓解对小汽车的依赖。低碳的城市发展也是TOD模式的理念之一。最后，采用NSGA-II算法求解Pareto最优解集。本文的结构安排如下：第1节阐述了本文的研究问题；第2节构建面向TOD的多目标优化模型；第3节设置数值算例验证模型；第4节总结。

1 问题描述

本文研究的是面向TOD的轨道交通站点周边土地利用优化问题。假设TOD的影响范围是以站点为中心，研究范围选取站点周边500m。为了便于模拟，将影响区域构建成一个二维网格，如图1所示。TOD的土地使用标准具有中高密度的住宅、商业、办公、服务和零售业。通常不包括工业用地、物流仓储用地等，本文考虑土地使用类型编号为：(1)住宅；(2)商务金融；(3)行政办公；(4)轨道交通站点用地。考虑两种道路类型分别为主干道和次干道。中间深色单元格为高强度开发区，边缘浅色为中强度开发区。土地利用优化问题的示意图如图2所示。在现状道路网络不变的情况下，寻找研究区域内单元格的最佳用地类型和容积率，最大化研究区域内产生的轨道交通客流和最小化道路网络中的碳排放总量。

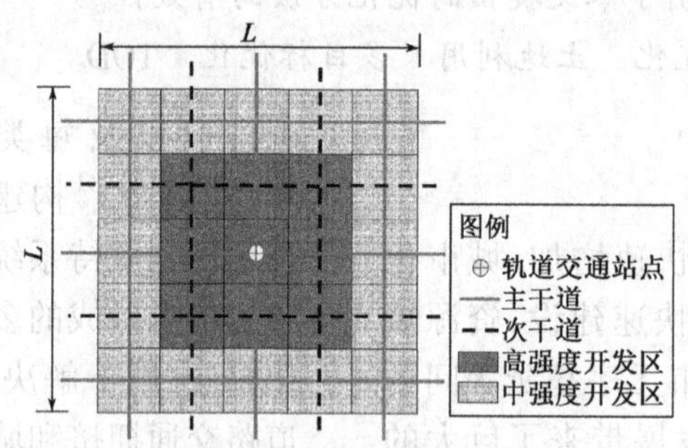

图1 以轨道交通站点为中心的周边用地圈层划分结构

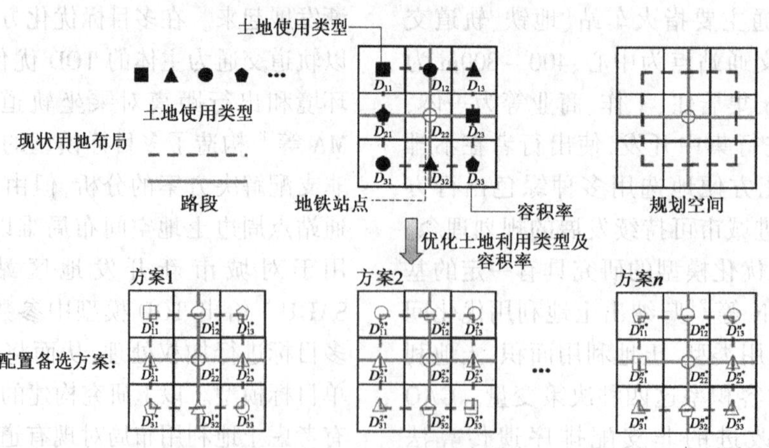

图2 土地优化配置问题示意图

2 土地利用分配模型

TOD理念发展的核心是在大容量的公共交通站点周边形成混合用途和高密度的土地发展模式，单一功能土地布局模式以及城市土地利用与公共交通布局结合不紧密，都可能会加剧对小汽车出行的依赖，进而产生更多的碳排放。本文以每个单元格的建筑容积率R_{ij}^{k}和土地使用类型x_{ij}^{k}作为决策变量，考虑轨道交通客流和道路网络中的碳排放总量这两个目标，对城市轨道交通站点周边土地利用进行优化。

2.1 最大化轨道交通客流量

土地利用开发强度的增加将引发大量集中分布的交通需求，产生的轨道交通需求 z_1 可根据每个单元格的交通发生率、建筑容积率和轨道交通分担率来估算。本文采用土地原单位法计算研究区域生成的轨道交通客流量，公式如下：

$$\max z_1 = \sum_i \sum_j \sum_k (p_g^k + q_g^k) \cdot S_{i,j} \cdot R_{i,j}^k \cdot x_{i,j}^k \cdot K_R \tag{1}$$

式中：p_g^k、q_g^k——k 类单元格(i,j)轨道交通客流产生和吸引原单位；

$S_{i,j}$——单元格(i,j)可开发的土地面积；

$R_{i,j}^k$——k 类单元格(i,j)的容积率；

$x_{i,j}^k$——每个单元格(i,j)的土地使用类型，当单元格(i,j)的土地利用类型为 k 时，$x_{i,j}^k=1$，否则$x_{i,j}^k=0$；

K_R——轨道交通分担率随距离变化的折减系数。

2.2 最小化轨道交通站点周边用地碳排放总量

居民住房离地铁站点越远，出行距离越长，开车的可能性就越大，就可能会导致更多的碳排放量。采用 Yin[10] 提出的函数来估算车辆的二氧化碳排放，定义所有路段 a 上小汽车的碳排放总量 z_2 可表示为：

$$\min z_2 = \sum_a e[t_a(V_a)] \tag{2}$$

路段 a 在流量 V_a 下的产生的碳排放量公式可表示为：

$$e[t_a(V_a)] = 0.2038 \cdot t_a(V_a) \cdot e^{0.7962 \cdot [l_a/t_a(V_a)]} \tag{3}$$

式中：V_a——路段 a 上小汽车的流量；

$e[t_a(V_a)]$——在 V_a 流量下路段 a 上的小汽车产生的碳排放量；

l_a——路段 a 的长度；

$t_a(V_a)$——在 V_a 流量下路段 a 的旅行时间函数。

2.3 约束条件

模型应满足的约束条件如下。

(1)容积率约束：容积率作为规划管理的核心指标之一，对城市用地开发强度的控制起到至关重要的作用。容积率的高、低在一定程度上反映了建筑的舒适度。容积率 $R_{i,j}^k$ 随着圈层梯度递减，围绕站点进行高强度开发，吸引更多的客流乘坐轨道交通出行。本文用 $R_{\min}^k$、$R_{\max}^k$ 分别表示第 k 种用地类型的最小和最大容积率，有：

$$R_{\min}^k \leqslant R_{ij}^k \leqslant R_{\max}^k \tag{4}$$

(2)土地紧凑性约束：土地利用应尽量紧凑，以提高土地利用效率和生活便利。

$$CCK = \sum_i \sum_j \sum_k \sum_{k'} \sum_{i'=i-1}^{i'=i+1} \sum_{j'=j-1}^{j'=j+1} C_{k,k'} \cdot (x_{i,j}^k \cdot x_{i',j'}^{k'}) \tag{5}$$

(3)土地多样性约束：土地多样性 LM，当 LM > 0.8 时，区域土地布局适宜居民步行，当 LM < 0.5 时，区域土地布局不适宜居民步行。

$$LM = \sum_k (A_k/A) ln(A_k/A)/ln(K) \tag{6}$$

(4)交通模型约束：由于实际数据不足，参数标定困难，为了简化计算，参考 GANIN [11] 提出的出行分布重力模型。使用用户均衡方法(UE)分配路网交通流量。

$$Q_{od} = O_o \cdot \frac{D_d \cdot P(l_{od})}{\sum_{d^*} D_{d^*} \cdot P(l_{od^*})} \tag{7}$$

$$Q_{od} = O_o \cdot q_{od} \tag{8}$$

$$Q_{od} = \sum_l q_l^{od}, \forall o,d \tag{9}$$

$$Q_l^{od} \geqslant 0 \tag{10}$$

$$V_a = \sum_o \sum_d \sum_l Q_l^{od} \cdot \delta_{a,l}^{od} \tag{11}$$

$$t_a(V_a) = t_a^0 \cdot \left[1 + \alpha \cdot \left(\frac{V_a}{C_a}\right)^\beta\right] \tag{12}$$

$$V_a \geqslant 0 \tag{13}$$

式中：q_{od}——od 之间小汽车出行的概率；

$x_{i',j'}^{k'}$——与单元格(i,j)相邻单元格(i',j')的土地使用类型；

$C_{k,k'}$——k 与 k'用地两种土地利用类型之间相似程度的量化值；

A_k——k 类单元格的用地总面积；

A——所有单元格的用地总面积；

K——用地类型总数；

$P(l_{od})$——od 之间的距离因子；

Q_{od}——连接 OD 对 od 上的流量；

Q_l^{od}——OD 对 od 之间第 l 条路径的交通量；

$\delta_{a,l}^{od}$——路径 od 和路段 a 的关联关系，路段 a 在($\delta_{a,l}^{od}=1$)或者不在($\delta_{a,l}^{od}=0$) OD 对 od 之间第 l 条路径；

t_a^0——路段 a 的自由流行驶时间；

C_a——路段 a 的道路通行能力。

(5)其他约束：单元格只能分配一种用地类型，决策变量 $x_{i,j}^k$ 为 0,1 二进制变量。

$$\sum_k x_{i,j}^k = 1, \forall i,j \tag{14}$$

$$x_{i,j}^k \in (0,1), \forall i,j,k \tag{15}$$

本文采用非支配排序遗传优化算法(NSGA-Ⅱ)，寻找该优化问题的 Pareto 最优解集生成多种非劣的规划方案，其具体优化过程如图 3 所示。

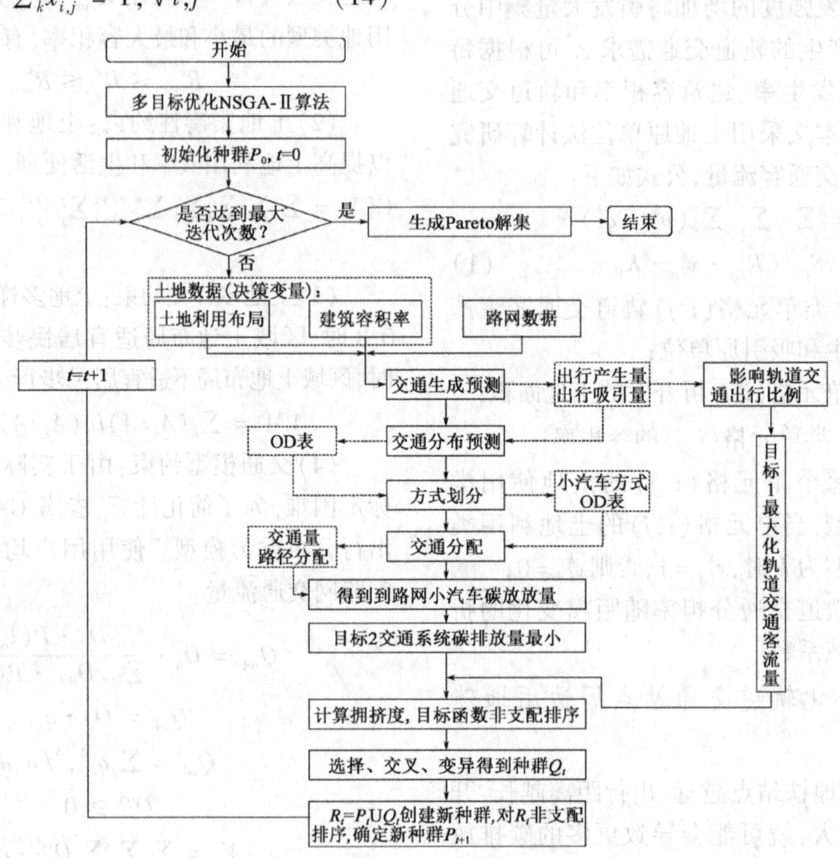

图 3　NSGA-Ⅱ遗传算法的优化过程

3　数值算例

假设研究区域内每个地块是边长为 200m 的正方形区域，地块编号 13 固定为轨道交通站点开发区域，其中规划区域内 40% 的用地为公共、开发空间和道路用地。测试区域内地块的编号和现状土地利用分布如图 4 所示。使用 MATLAB R2016a 编写 NSGA-Ⅱ遗传算法中各步骤并进行参数设置。在本实验中选取种群规模为 100、最大进化代数为 100、交叉概率设为 0.7、变异概率为 0.1。相关参数设置：①不同土地利用类型下的早高峰车流生成率和早高峰轨道交通客流生成率取值见表 1 和表 2；②各种用地类型及圈层容积率的上下限值见表 3；③轨道交通分担率随距离变化的折减系数见表 4。

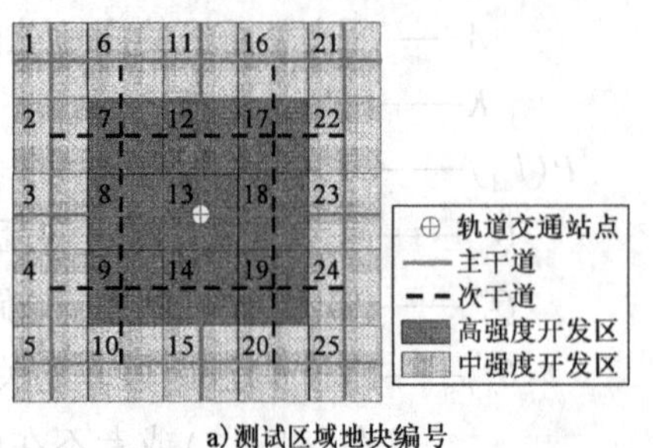

a)测试区域地块编号

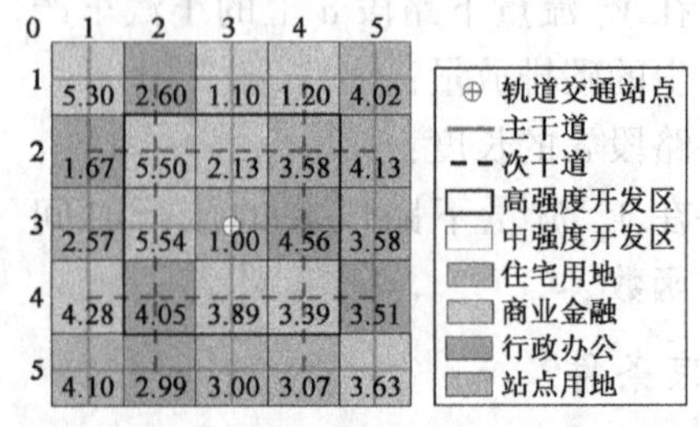

b)测试数据现状分布

图 4　测试区域地块编号和现状

早高峰不同土地利用类型单位开发强度下的车流生成率与吸引率 表1

土地利用类型	住宅用地	商业金融用地	行政办公用地	公共空间
车流生成率	0.44 出	4.80	0.70	0.62
车流吸引率	0.21 进	5.20	1.36	0.78

早高峰不同土地利用类型单位开发强度下的轨道交通出行生成率与吸引率 表2

土地利用类型	住宅用地	商业金融用地	行政办公用地	公共空间
轨道交通出行生成率	0.55 出	4.11	0.33	1.10
轨道交通出行吸引率	0.19 进	4.45	1.03	1.52

用地类型及圈层容积率上下限 表3

用地类型	居住用地	商业楼宇	行政办公	轨道交通枢纽站	核心圈层	辐射圈层
区间	[1,6]	[2.5,8]	[2,7]	[1]	[3,8]	[1,3]

轨道交通分担率随距离的折减系数 表4

距离(m)	100	200	300	400	500
K_R	1.00	0.95	0.90	0.85	0.80

Pareto 解集中每一个解都对应一种土地利用方案,求解生成的 Pareto 前沿面,如图 5a)所示。从轨道交通客流量最大值的迭代趋势、路网碳排放量最小值的迭代趋势以及帕累托个数迭代趋势可以看出本文使用的算法是可以收敛的,每个目标每次迭代的最小值可以通过增加迭代次数来减小最后达到稳定状态,如图 5a) ~ 图 5d)所示。根据优化方案的侧重点不同,设置 5 种土地利用优化情景模式进行分析,见表 5。在 5 种情景中分别采用 TOPSIS 法对 Pareto 最优解集进行评估排序,比如,在生态与经济并重的情境下 Pareto 最优解集中顺序前 5 名的解,见表 6。生成 Pareto 最优解集在 5 种情景下的综合评价值最高的方案,如图 6a) ~ 图 6e)所示。由表 7 可以看出,情景 4 的解是全部优于现状的,优化结果得到了明显提升,轨道交通客流量比现状提升了 5%,路网碳排放总量为比现状降低了 10%。

轨道交通客流量指标的权重不同,可分别得到不同的最佳方案,不同目标权重下土地利用优化结果,不同场景下有不同的容积率和土地利用分布优化结果。①只考虑生态效益情景容积率和土地利用分布优化结果如图 6a)所示;②生态优先下容积率和土地利用分布优化结果如图 6b)所示;③生态与经济并重下容积率和土地利用分布优化结果如图 6c)所示;④经济优先下容积率和土地利用分布优化结果如图 6d)所示;⑤只考虑经济效益下容积率和土地利用分布优化结果如图 6e)所示。现状容积率和土地利用分布优化结果如图 6f)所示。在土地利用分布图中,黄色表示轨道交通站点用地,蓝色表示居住用地,绿色表示商业金融用地,褐色表示行政办公用地。

土地利用优化情景模式 表5

方案	含义	轨道交通运营效益	区域碳排放的生态效益
情景1	只考虑生态效益	0	1
情景2	生态优先	0.2	0.8
情景3	生态与经济并重	0.5	0.5
情景4	经济优先	0.8	0.2
情景5	只考虑经济效益	1	0

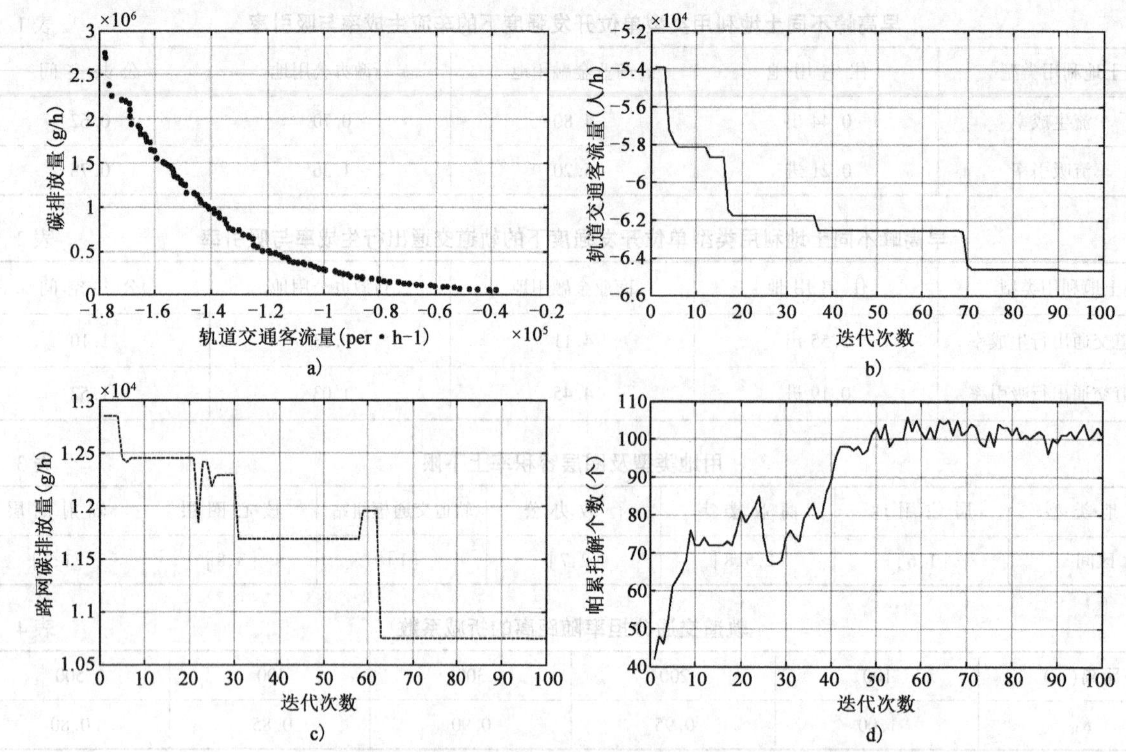

图 5　Pareto 前沿面及目标 1、目标 2、Pareto 解的个数随迭代次数的变化趋势图

等权重 Pareto 最优解集中次序前 5 的解和现状解　　表 6

情景	平均容积率状态			建筑面积比例			控制变量		目标函数值		综合指数
	$\overline{R_1}$	$\overline{R_2}$	$\overline{R_3}$	X_1	X_2	X_3	H	CCK	z_1	z_2	
1	2.36	2.52	4.55	0.36	0.21	0.44	0.7601	316	34077	19147.65	0.6592
2	2.63	2.61	4.08	0.40	0.21	0.39	0.7601	288	34600	19595.57	0.6588
3	2.46	2.61	3.75	0.31	0.22	0.47	0.7708	276	34967	19961.63	0.6579
4	3.37	2.70	4.36	0.49	0.20	0.32	0.7464	323	36120	20846.96	0.6574
5	2.27	2.23	3.86	0.31	0.23	0.46	0.7791	286	34155	19443.90	0.6570
现状	3.01	3.20	2.90	0.33	0.44	0.24	0.77	311	55144	42121.61	0.4855

注:1-居住用地;2-商业金融用地;3-行政办公用地;4-轨道交通用地固定占比 4%。

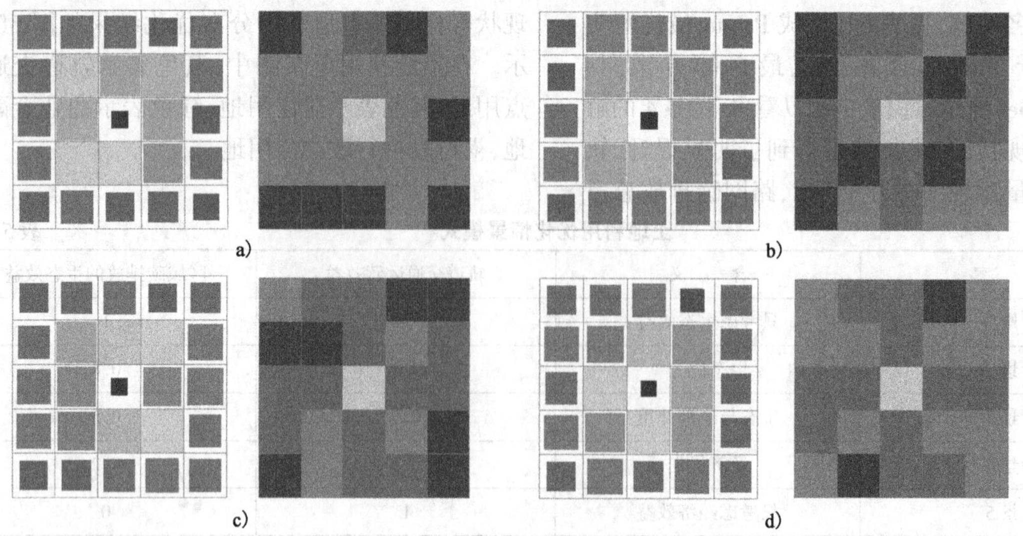

图　6

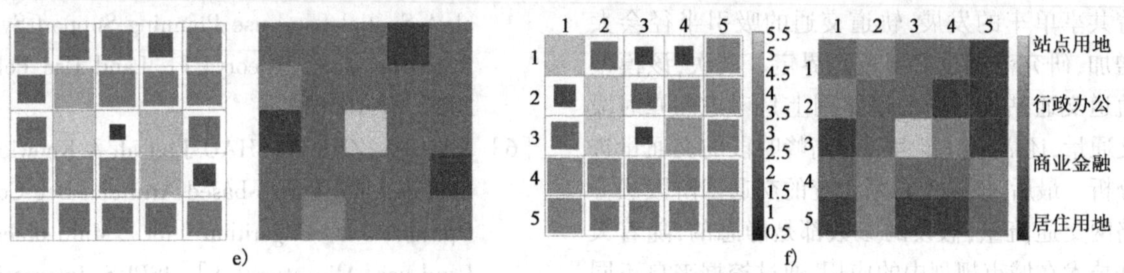

图6 5种情景和现状下容积率和土地利用分布优化结果

不同权重 Pareto 最优解集中顺序 1 的解和现状解 表7

权 重	平均容积率状态			建筑面积比例			控 制 变 量		目标函数值	
	$\overline{R_1}$	$\overline{R_2}$	$\overline{R_3}$	X_1	X_2	X_3	H	CCK	z_1	z_2
0.0(1)	2.56	1.30	4.37	0.40	0.03	0.57	0.6576	281	18591	10751.25
0.2(2)	2.89	2.03	4.77	0.48	0.10	0.42	0.7093	295	25565	13844.23
0.5(3)	2.36	2.52	4.55	0.36	0.21	0.44	0.7601	316	34077	19147.65
0.8(4)	3.20	2.36	3.60	0.24	0.54	0.22	0.6729	233	57691	39308.67
1.0(5)	3.98	2.78	3.70	0.16	0.51	0.34	0.6702	241	64644	60214.95
现状	3.01	3.20	2.90	0.33	0.44	0.24	0.7700	311	55144	42121.61

从上述场景中可以发现,等权重的解决方案下土地利用分布最为均衡。当权重分配相差较大时,生成的解决方案往往是极端的。如图6a)和图6e)所示,通过对主观权重取值的分析可知,如果一味地追求轨道交通客流量的增加,会造成轨道交通站点周边商业金融用地的大量集中,单一功能土地布局模式割裂城市活动的联系,加长出行距离,容易刺激私人小汽车交通模式的增长。当商业金融用地集中开发产生的流量远超于周边路网容量时,会使得局部交通系统拥挤甚至瘫痪,容易造成路网碳排放量的激增,不利于城市的可持续发展。情景4的优化结果与现状相比,在轨道交通客流量和产生碳排放总量方面都有明显的改善,轨道交通客流量达到57691人/h,比现状的55144人/h提升了5%,路网碳排放总量为39308.67g/h,比现状35628.34g/h降低了10%。当目标权重取1时,追求轨道交通经济效益最大化的情况下,轨道交通客流量能达到64644人/h,比现状高了17%,但是碳排放总量高达60214.95g/h,比现状高了43%,产生轨道交通客流量增加了,但碳排放总量增长更快,不利于城市的可持续发展。根据优化结果分析,这个现象出现的主要原因是行政、商业金融用地在小范围内集中高强度开发,造成局部交通系统的严重拥堵,从而产生了大量碳排放。对比其他方案,商业金融和行政用地布局相对分散,可以减弱在局部路网上生的交通压力,缓解碳排放量的激增,谨慎的土地分配策略在土地利用规划中至关重要。情景4的两个目标函数值均优于现状值,可以作为最终的优化方案。

4 结语

本文提出了一个面向TOD的轨道交通站点周边土地利用多目标优化模型,考虑的最大化轨道交通客流量和最小化路网碳排放总量是一对需要平衡的决策目标,对两者的倾向性与综合优化会产生不同的优化决策,本文以两者为决策目标来开展土地利用优化具有很好的理论研究意义和现实意义。采用NSGA-Ⅱ算法求解Pareto最优解集,该模型可以得到研究区域土地利用布局和土地利用容积率的替代规划方案。数值算例生成的结果表明了所提出的TOD模型和求解方法的可行性性。算例分析表明:该模型在经济效益优先的情景下,本文提出的土地利用模型可以明显提升轨道交通客流量,同时降低路网的碳排放总量。通过对不同情景模式下的结果分析,发现在不同情景下的优化结果都表明商业金融用地应避免过度集中开发,也不能一味地注重提高轨道交通客流量,否则,会造成局部路网严重拥挤,产生大量的碳排放,不利于城市的可持续发展。

本文的研究可进一步扩展。首先,本文提出的模型考虑的是轨道交通的步行最大吸引半径,随着共享单车的发展,轨道交通的吸引半径会大大增加,研究范围也需要重新界定。其次,该模型中轨道交通站点周边的道路网上只考虑高峰时段的交通量,还需进一步考虑非高峰时段的交通量进行分析。最后,该模型采用传统的交通四阶段法分配路网交通流量,假设的参数都是静态的,随着大数据技术在城市规划中的应用,通过挖掘来自不同类型和不同来源的数据,可以更精确地设置模型中的参数,从而得到更精细化的土地分配结果。

参考文献

[1] 任春洋.美国公共交通导向发展模式(TOD)的理论发展脉络分析[J].国际城市规划,2010,25(4):92-99.

[2] Rahman MM,SZABO G. Multi-objective Urban Land Use Optimization Using Spatial Data: A Systematic Review[J]. Sustainable Cities and Society,2021,74:103214.

[3] GAO P, WANG H, CUSHMAN S A, et al. Sustainable Land-use Optimization Using NSGA-Ⅱ: Theoretical and Experimental Comparisons of Improved Algorithms[J]. Landscape Ecology, 2020,36 (7):1877-1892.

[4] WANG G, HAN Q, VRIES B D. The Multi-objective Spatial Optimization of Urban Land Use Based on Low-carbon City Planning[J]. Ecological Indicators,2021,125:107540.

[5] MALEKI J, MASOUMI Z, HAKIMPOUR F, et al. A Spatial Land-use Planning Support System Based on Game Theory[J]. Land Use Policy, 2020,99:105013.

[6] YANG L,ZHU A,SHAO J,et al. A Knowledge-informed and Pareto-based Artificial Bee Colony Optimization Algorithm for Multi-objective Land-use Allocation[J]. ISPRS International Journal of Geo-Information,2018,7(2):63-87.

[7] 路昊,罗霞.TOD模式下轨道交通站点周边土地利用优化模型[J].综合运输,2020,(1):6-11.

[8] MA X, CHEN X, LI X, et al. Sustainable Station-level Planning: An Integrated Transport and Land Use Design Model for Transit-oriented Development [J]. Journal of Cleaner Production,2018,170:1052-1063.

[9] SAHU A. Methodology to Modify Land Uses in a Transit Oriented Development Scenario [J]. Journal of Environmental Management, 2018, 213:467-477.

[10] YIN Y F,SIRIPHONG L. Internalizing emission externality on road networks[J]. Transportation Research Part D,2006(11):292-301.

[11] GANIN AA, KITSAK M, MARCHESE D, et al. Resilience and Efficiency in Transportation Networks [J]. Science Advances, 2017, 3 (12),3:e1701079.

基于加权网络模型的城市轨道交通网络结构特性及鲁棒性分析

詹　斌　袁　野*　盛　涛　熊康俊

(武汉理工大学交通与物流工程学院)

摘　要　现有关于城市轨道交通网络(URTN)的研究多数选择建立无权模型,在反映网络结构特性上具有局限性。本文基于复杂网络理论和Space-L方法,提出考虑城市轨道线路实际距离值以及站点间线路数量干扰的URTN加权模型,并以武汉市轨道交通网络为例进行实证研究,对比分析加权情况下网络的结构特性及鲁棒性变化。结果表明:与无权网络相比,武汉轨道交通加权网络的网络结构更加紧密,节点间的联通程度更优,该网络同时具备小世界网络特性和无标度网络特性;在随机攻击下,加权网络鲁棒性变化幅度不大,但在面对蓄意攻击时具有更强的脆弱性,表明重要站点失效对网络的破坏程度更高。

研究得出 URTN 在考虑基于上述加权方法后,更能体现实际网络状况。

关键词 交通网络分析与优化 城市轨道交通 加权网络 网络特性 鲁棒性

0 引言

城市轨道交通系统作为现代交通的突出代表,具备运输能力强、安全性优良、运行效率高等诸多优势,已成为现代城市改善交通运输环境、处理城市道路拥堵、优化城市空间结构的主要举措[1]。通过对城市轨道交通网络(Urban Rail Transit Network,URTN)结构特性进行分析,探讨安全风险下的网络鲁棒性特征,对保障轨道交通安全高效运营具有重要的现实意义。

自 Watts[2] 和 Barabasi[3] 创立小世界网络及无标度网络模型后,复杂网络作为一门新型交叉学科已深入到了交通等各个领域。针对 URTN 的拓扑特性及鲁棒特征,海内外学者专家逐步进行了探究。Zhang jiahua[4] 等运用 Space-L 法建立了北京、上海、广州三大城市的无权无向网络模型,对网络特性及节点面对随机失效和蓄意失效时的网络鲁棒性完成了对比分析。Latora[5] 等将波士顿 URTN 进行了网络构建,经过网络特性分析之后认定该网络是典型的小世界网络。蔡鉴明等[6] 构建了长沙的 URTN 模型,并通过选取鲁棒性指标,分析了长沙市在收到攻击后的级联失效情况。赵瑞琳等[7] 对全国十座典型城市进行了轨道交通网络构建,完成了 URTN 鲁棒性横向对比研究。李卫东等[8] 考虑站点连边数量,建立了纽约市 URTN 加权模型,得出连边数量对网络拓扑特性具有影响。关于加权网络模型,叶营仓等[9] 提出将线路设计日均承载力作为网络的权值因素,针对加权网络进行攻击完成节点重要度分析,筛选出上海轨道交通重要站点。巨玉祥等[10] 通过建立客流分配模型,以线路客流量为权重构建了北京轨道交通加权网络,完成了加权网络下的节点重要度特性分析。

针对 URTN 特性以及鲁棒性研究,专家学者们大多基于 Space-L、Space-P 法建立无向无权网络,不考虑网络连边权重,无法表示节点间连边的唯一性。同时建立起的加权网络也多数以客流量作为权重参考,没有考虑站点间实际距离、线路重合等因素对网络特性及鲁棒性的影响。因此,本文提出将城市轨道交通线路实际距离值及站点间线路数量作为确定网络拓扑模型权值的参考,构建城市轨道交通加权网络拓扑模型,运用复杂网络理论及结构特性指标,对比分析城市轨道交通有权网络和无权网络的拓扑结构特性及鲁棒性特征。

1 URTN 加权拓扑结构建模

1.1 网络模型选取

URTN 的构建需确定节点与边的选取对象,将轨道交通车站以及站点间的线路作为节点和连边的映射是研究者的主流选择[11]。Von Ferber 等人[12] 对交通网络进行了分类,构建了 4 种贴合实际的交通网络构建方法,目前,URTN 模型构建主要采用 Space-L 和 Space-P 两种方法,图 1 为两种模型的构建思路。Space-L 法表现结果为交通网络的实际空间结构,更适合于研究交通网络的拓扑特性以及鲁棒性;Space-P 法更侧重于研究交通流量特征[13]。为使网络模型贴合实际空间结构,本文究采用 Space-L 法。

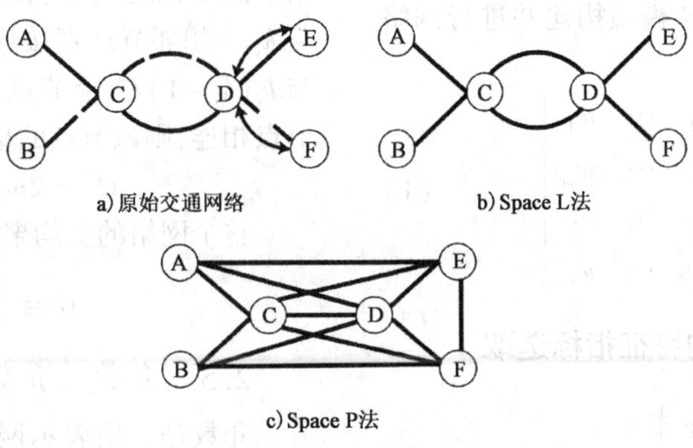

图 1 Space L、Space P 网络构建方法

1.2 加权 URTN 模型构建

相似权和相异权是当前表示加权网络权重的最主要方法[14]。相似权与节点紧密程度呈正相关,较大的相似权反映较强的紧密关系,相异权则反之。根据复杂网络特征指标的表示方法以及 URTN 的特性,本文建模使用相似权作为权重。

因城市轨道交通列车的速度与发车频率受到总控台控制且保持相对恒定,站点间线路的实际距离一定程度上可以表现两站点间列车运行时间以及乘客的在站点的平均等待时间,同时在有多条线路可供选择且通行过站数目大致相同时,乘客的主观能动性使得其在通行目标驱使下,将会优先选择实际距离最短的行程路线。故将站点间实际线路的倒数以及站点间多条线路通过的情况作为相似权的参考,构建出的网络可以有效地表现出每条连边的唯一性,使得网络连边和节点更有区分度,理论上在此加权网络基础上的网络特性分析将更贴近现实情况。因此,故本文首次给出定义:

定义 1:网络中边权 w_{ij} 定义为该条连边对应城市轨道线路实际长度的倒数,线路实际长度的越短,则边权越大。边权数值即可以表示该连边所连接节点之间的紧密程度。

定义 2:若两个站点之间若有多条线路通过,则网络中两站点连边的边权为每条连线对应轨道线路实际长度倒数的和。

定义 3:整个网络中的节点各自独立,节点的点权为与该节点相连边的边权之和。

根据以上定义,将 URTN 抽象为一个数学集合 $G=(V,E)$,其中 V 表示网络中 n 个节点的集合,E 表示网络中 m 条边的集合,G 具有无向性。基于 Space L 法,根据网络节点间的边权,构建基于权重连接的邻接矩阵 W。通过 Pajak 软件与 Matlab 软件完成加权 URTN 模型构建并进行网络特性仿真计算。

$$W = \begin{vmatrix} w_{11} & w_{12} & \cdots & w_{1n} \\ w_{21} & w_{21} & \cdots & w_{2n} \\ \vdots & \vdots & \ddots & \vdots \\ w_{n1} & w_{n1} & \cdots & w_{nn} \end{vmatrix} \tag{1}$$

2 加权 URTN 结构特征指标选取

2.1 点权与点权分布

节点度是评判无权网路连接强度的一大表征。在加权网络中,点权对节点的重要程度呈正相关表现。如定义 2 所示,节点 v_i 的点权 s_i 的概念为它每条连边的边权之和:

$$s_i = \sum_{i,j \in N} w_{ij} \tag{2}$$

整个网络中,所有节点权值的平均值为 $<s>$,称为网络平均点权值,用于衡量整个复杂网络度值大小。节点的点权分布 $P(s)$ 为网络中点权为 s 的概率分布,利用 $P(s)$ 可得到在整个网络模型中每个节点的点权分布。

2.2 加权平均路径长度

复杂网络理论中平均路径长度表示在网络中任意 2 个节点之间最短路程的平均值。在加权网络中,由于选择相似权,网络的平均路径长度也要进行加权处理[15],以此来反映网络聚集性。假设站点 i 与 j 相连的两条边的权重为 w_{ik} 和 w_{kj},确定节点间距调和平均值:

$$d_{ij} = \frac{w_{ik} w_{kj}}{(w_{ik} + w_{kj})} \tag{3}$$

加权网络平均路径长度为:

$$l = \frac{1}{N(N-1)} \sum_{i \neq j} d_{ij} \tag{4}$$

2.3 加权网络效率

Latora 等人[5]提出了网络效率指标,在轨道交通网中表现为站点间的连通速度,值越大表示网络连通程度越好,加权网络效率公式为:

$$E = \frac{1}{1/2N(N-1)} \sum_{i \geqslant j} \frac{1}{d_{ij}} \tag{5}$$

式中:d_{ij}——节点间距调和平均值。

2.4 聚类系数

聚类系数表示网络节点和其他周边节点连接期间的联系程度,也表明和某网络节点链接的网络节点相互之间也联系的程度。当网络中节点 i 与 k_i 个相邻节点直接连接时,则这 k 个节点至多与 $k_i(k_i-1)/2$ 个节点直接联通,但实际与 m_i 个节点相连,则该节点的聚类系数为:

$$C_i = 2m_i / k_i(k_i - 1) \tag{6}$$

整个网络的平均聚类系数为:

$$C = \frac{1}{N} \sum_{i=1}^{N} C_i \tag{7}$$

2.5 介数与介数中心性

介数是一项表示网络节点重要度的参考,在网络既有的出行起始与目标形成的路径中,最短

路径经过某节点的数量多少表示该节点的介数大小,计算公式为:

$$B_i = \sum_{m \neq n} \frac{\sigma_{mn}(i)}{\sigma_{mn}} \tag{8}$$

介数中心性表示的是节点在网络中的重要程度,计算公式为:

$$C_B(v_i) = \frac{2B_i}{(N-2)(N-1)} \tag{9}$$

2.6 最大联通子图

最大联通子图表示的是在互联网遭到损坏后节点间的联通状况,可以用来表征网络遭受攻击后的受损程度。最大联通子图的定义为:

$$S = \frac{N'}{N} \tag{10}$$

式中:N——节点总量;

N'——URTN 遭受破坏后仍能相连的网络区域节点数量。

3 URTN 鲁棒性分析

网络鲁棒性是指当网络受到攻击时,网络能够护持其基本机能的程度[16]。URTN 的鲁棒性可以理解为,在轨道交通站点和线路受到随机攻击(偶然事故导致的交通故障,如设备故障、停电等)和蓄意攻击(重大自然灾害、恐怖袭击、战争等)后,能维持交通线路基本运营的能力。研究者们针对不同的网络模型进行了攻击仿真,包括随机干扰和定向干扰,通过分析复杂网络的特性指标变化,来判断网络的鲁棒特征[17]。本文将通过选取 URTN 的网络效率以及最大联通子图这两个指标来进行网络攻击仿真。

本文主要通过随机清除节点和根据节点度、介数中心性大小顺序清除节点三种攻击方式进行鲁棒性模拟试验,并进行了攻击环境下网络全局效率以及网络最大联通子图的变动状况解析。

4 实例分析

武汉市是我国中西部地区首批建立城市轨道交通的城市,截至 2022 年 1 月,共完成了 11 条城市轨道交通线路开通,运营总里程已超过 435km,车站总数达到 282 座,其中包括可换乘站点 32 座,该市城市轨道路网如图 2 所示。

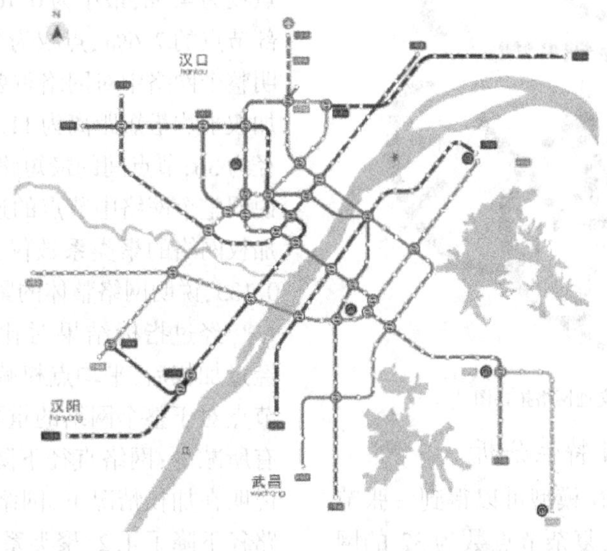

图 2 武汉市轨道交通路网及站点

根据之前的定义,在 Space L 法的基础上构建武汉加权 URTN 模型,并作以下说明:

(1)武汉市轨道交通的相关数据来源(线路编号、站点间距、车站数目等)截止于 2021 年 12 月 31 日,共 11 条线,247 个站点(换乘站仅统计一次),以 1-247 对站点进行编号,结果见表 1。

武汉市轨道交通站点编号　表 1

编　号	名　称	编　号	名　称	编　号	名　称
1	汉口北	3	滕子岗	5	新荣
2	滠口新城	4	堤角	6	丹水池

续上表

编 号	名 称	编 号	名 称	编 号	名 称
…	…	71	后湖大道	135	三角路
64	武汉东站	72	兴业路	136	徐家棚
65	黄龙山路	…	…	137	杨园角四院
66	金融港北	130	八铺街	138	余家头
67	秀湖	131	彭刘杨	…	…
68	藏龙东街	132	黄鹤楼	245	阳逻开发区
69	佛祖岭	133	昙华林武胜门	246	施岗
70	市民之家	134	三层楼	247	金台

(2)因轨道交通线路为双向发车,不考虑网络线路的方向性;相邻站点如果有多条线路通过,仅表示为一条连边。

(3)运用Gaphi软件画出武汉URTN拓扑图,结果如图3所示,并运用Pajak与MATLAB软件进行网络结构特性指标计算以及鲁棒性编程仿真。

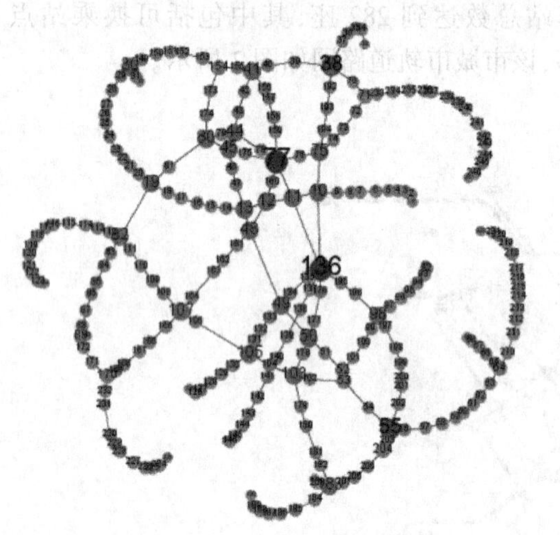

图3 武汉市轨道交通网络拓扑图

4.1 武汉市URTN特性分析

使用武汉市加权URTN模型可以得到一张节点数为247、连边数为270,复杂节点数为32的网络,通过计算得出有无加权情况下网络特征指标结果,如表2所示。

武汉市URTN特征指标对比 表2

特征指标	加权网络计算值	无权网络计算值
节点数/边数	247/268	247/268
平均点权/节点度	1.59/2.17	2.17/2.17
网络直径	36	51
图密度	0.011	0.009
平均最短路径	11.9	16.1
聚类系数	0.016	0.006
网络效率	0.135	0.096

4.1.1 加权网络特征指标分析

在加权网络中,网络的平均点权为1.59,最大点权为4.58,最小为0.164,点权大于3的节点站全部节点的7.6%,点权为2以下的节点占78.1%,说明整个网络中对网络重要性较高的节点仅占少数;加权平均最短距离为11.9,网络直径即最大最短路径为36,节点间的最短路径有46.7%处于10以下,说明整个网络中节点的连接紧密性不高;其次整个加权网络的聚类系数仅为0.016,网络效率也仅为0.135,说明网络整体的紧密程度和连通效率不高。

经过指标结果对比分析可知,武汉市URTN经过加权后,平均点权减少了0.58,说明网络单个节点对于整个网络的重要性在实际距离的影响下有所减少;网络直径下降了9,图密度上涨0.002,说明在加权情况下,网络整体更加紧密;平均最短路径下降了4.2,聚类系数增长2.67倍,网络效率也提升40.6%,表明进行加权之后,网络节点间的关联程度有所提高,节点间的紧密程度提升。

4.1.2 网络界定

无标度网络的特点在于网络中仅有少数节点可以与众多节点相连,而剩余节点大都连接程度较低,界定方法为判断累计度分布是否符合幂律分布。对武汉市URTN进行加权网络下的累计点权分布以及无权网络下的累计度分布进行拟合,结果如图4所示。累计度分布概率双对数坐标下具有幂律特性，拟合函数分别为 $P(k)=3.3069S^{-2.5990}$，$R^2=0.5986$，幂律指数位于[2.1，4]，说明无权网络具备无标度网络特性；累计点权分布概率拟合效果较差，$R^2<0.5$，说明武汉市加权网络在确定无标度性质时应排除使用点权分布，否则将脱离实际，应同无权网络一样使用度分布。

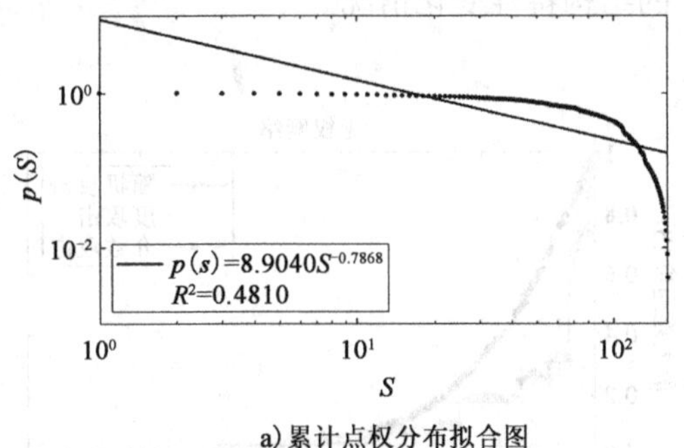

a）累计点权分布拟合图

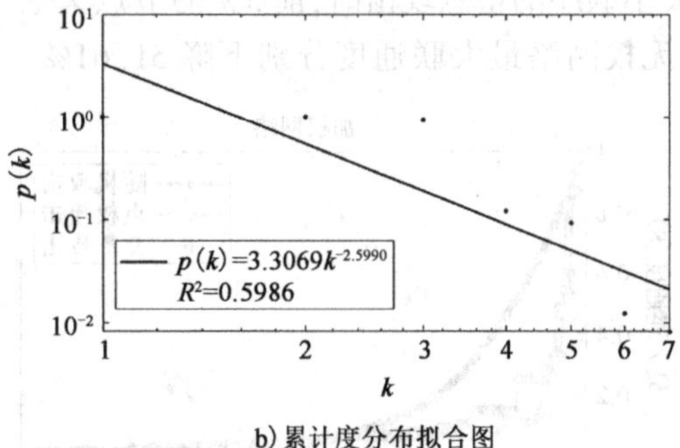

b）累计度分布拟合图

图4 武汉市 URTN 度分布图

小世界网络的"小世界"可以简单解释为规模大的网络的平均最短路径却很小，网络中节点可以通过几步跳跃抵达其他绝大多数节点，通过拥有一定数量的高节点度的节点，使得整个网络拥有平均最短路径小、聚类系数大的性质。小世界网络须符合以下条件：

$$L \geqslant L_{\text{Random}} = \frac{\ln(N)}{\ln(<k>)} \tag{11}$$

$$C \geqslant C_{\text{Random}} = \frac{<k>}{N} \tag{12}$$

通过上式运算过程，可以得到与武汉市 URTN 同规模随机网络中的特性指标，结果如表3。结果表明，武汉市轨道交通加权、无权网络的平均路径长度都超过了同等规格的随机网络，而无权网络的聚类系数则低于随机网络。说明武汉市无权 URTN 虽然不符合小世界的网络特征，但在加权影响下，整个网络在 L 空间下符合了小世界网络界定要求。

同规模随机网络特征指标 表3

网　　络	平均路径长度	网络聚类系数
武汉市加权轨道交通网络	11.9	0.016
武汉市无权轨道交通网络	16.1	0.006
随机网络	7.1	0.009

4.2 武汉市 URTN 鲁棒性分析

图5为武汉市轨道交通加权、无权网络在完成攻击仿真后，不同攻击模式下网络全局效率的变化情况。在随机攻击情况下前5%的节点失效时，加权网络和无权网络的网络全局效率分别下降24.02%和24.51%。当网络受到依照节点度、介数中心性大小顺序进行的蓄意攻击时，前5%的节点失效后加权、无权网络的网络效率分别下降53.82%、57.01%；50.04%、51.56%。说明在面对蓄意攻击时，武汉市 URTN 的鲁棒性较差，网络进行加权后，全局效率指标下降速率减缓，但差异不大。

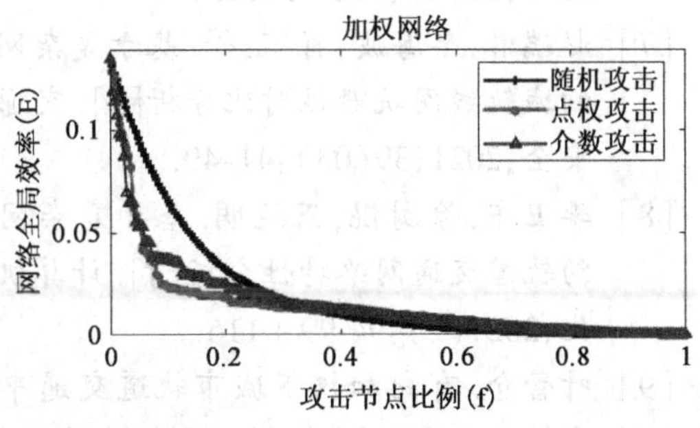

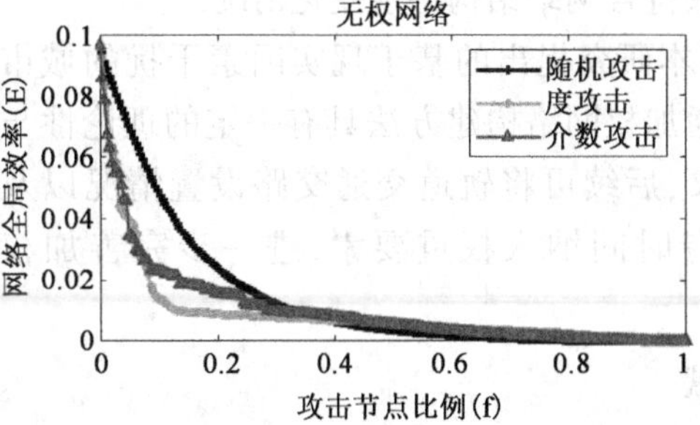

图5 不同攻击下网络的全局效率变化

图6为在面对攻击时网络最大联通子图的变化情况,在随机攻击情况下前5%的节点失效时,加权网络和无权网络的网络最大联通度分别下降18.8%和18.3%。当网络受到按照节点度、介数中心性大小顺序的蓄意攻击时,前5%的节点失效后加权、无权网络最大联通度分别下降51.61%、43.62%;46.41%、38.4%。说明在面对蓄意攻击时,武汉市URTN的联通程度受到较大影响,网络进行加权后,网络连通度指标下降速率加剧,这符合网络加权后节点连通度提升、网络紧密性提高的结构特性变化情况。

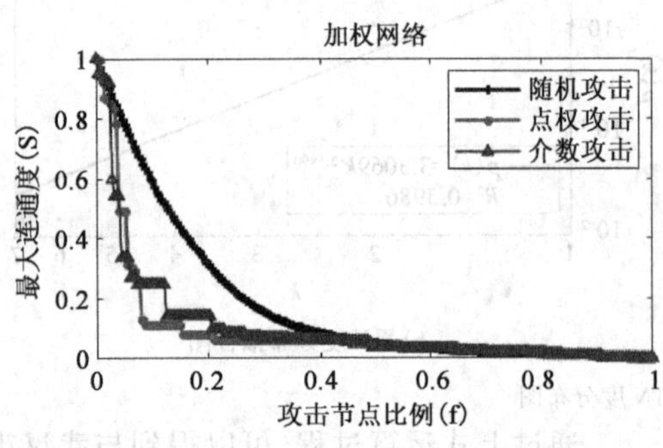

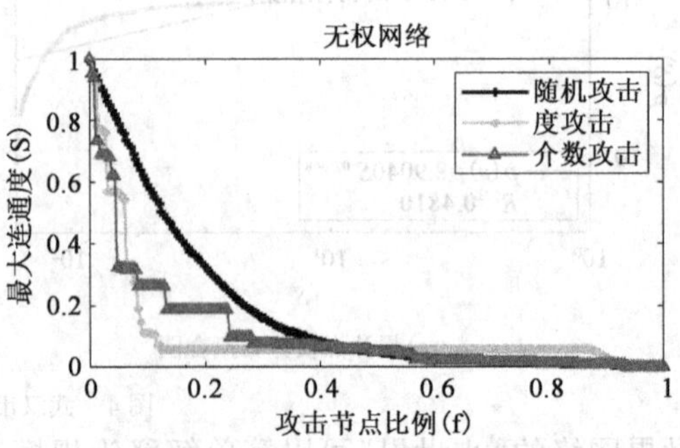

图6 不同攻击下网络的最大联通子图变化

5 结语

本文基于复杂网络理论,运用Space-L法,将城市轨道交通线路实际距离值以及站点间线路数量的干扰作为确定网络拓扑模型权值的参考,构建出武汉市轨道交通加权网络模型并完成与无权网络的对比分析,得出的结论如下:

(1)武汉市轨道交通网络引用基于现实因素的相似权后,网络拓扑结构特性发生改变,表现为网络直径与平均最短路径减少,网络效率、图密度和聚类系数提升,表明网络整体的紧密性提高、节点间的联通程度加强。此外加权网络相比无权网络,无标度网络特性基本一致,但小世界网络特性更为明显,更能体现实际交通网络情况。

(2)网络鲁棒性仿真结果表明,武汉市轨道交通加权网络与无权网络在随机攻击模拟下都显示出了一定的鲁棒性,在多组蓄意攻击下抗毁能力不足,其中加权网络在面对蓄意攻击时网络连通度指标衰减速度更加强烈,表现出更强的脆弱性,仿真结果符合网络结构特性变化情况。

(3)本研究提出的基于现实因素干扰的城市轨道交通加权网络构建方法具有一定的理论性与实际意义,后续可将轨道交通交路设置情况以及换乘等待时间纳入权重要素,进一步完善加权模型。

参考文献

[1] 王传福,刘连连.中国城市轨道交通的发展趋势分析[J].城市轨道交通研究,2019,10:22-24.

[2] Watts D J. Strogatz S H. Collective dynamics of small-world networks [J]. Nature, 1998, 393: 440-442.

[3] Barabasi A L, Albert R. Emergence of scaling in random networks [J]. Science, 1999, 286 (5439):509-512.

[4] Zhang J H, Wang S, Wang X. Comparison analysis on vulnerability of metro networks based on complex network[J]. Physica A: Statistical Mechanics and its Applications, 2018, 496: 72-78.

[5] Latora V, Marchiori M. Is the Boston subway a small-world network[J]. Physica A: Statistical Mechanics and Its Applications, 2002, 314(1): 109-113.

[6] 蔡鉴明,邓薇.长沙地铁网络复杂特性与级联失效鲁棒性分析[J].铁道科学与工程学报,2019,16(6):1587-1596.

[7] 赵瑞琳,牟海波,肖丁,等.基于复杂网络理论的城轨线网抗毁性对比分析[J].交通信息与安全,2021,39(03):41-49.

[8] 李卫东,徐澍锟,王运明.基于复杂网络的纽约轨道交通网络特性分析[J].计算机与现代化,2021(2):94-99+116.

[9] 叶营仓.有向加权下城市轨道交通车站重要度排名研究[J].齐齐哈尔大学学报(自然科

学版),2017,33(4):35-39.

[10] 巨玉祥,李文霞,李卓,等.基于客流加载的城市轨道交通网络关键点分析[J].交通科技与经济,2020,22(2):26-31+47.

[11] 张轮,朱敏,杨文臣,等.城市轨道交通网络拓扑特性的建模与分析[J].城市轨道交通研究,2015,18:28-31.

[12] Von Ferber C, Holovatch T, Holovatc Y, et al. Public transport networks: Empirical analysis and modeling[J]. The European Physical Journal B, 2009, 68:261-275.

[13] 刘箫.基于复杂网络理论的城市轨道交通网络脆弱性研究[D].长安大学,2020.

[14] Hao Y R, Sheng Y Q, Wang J L. Variant gated recur-rent units with encoders to preprocess packets for payload-aware intrusion detection [J]. IEEE Access, 2019, 7:49985-49998.

[15] Wang Y M, Chen B, Chen X S, et al. Cascading Failure Model for Command and Control Networks Based on an m-Order Adjacency Matrix [J]. Mobile Information Systems, 2018, 2018(9):1-11.

[16] Poule H, Kishor S T. Network Survivability Modeling [J]. Computer Network, 2009, 53(8):1215-1334.

[17] 陈光,温广辉,虞文武.基于复杂网络的城市公交网络研究综述[J].南京信息工程大学学报(自然科学版),2018,10(4):401-408.

交通网络脆弱性研究方法对比与分析

王玺翔[1] 崔 欣*[2] 刘 鹏[2]

(1.长安大学 公路学院;2.长安大学 电子与控制工程学院)

摘 要 交通网络脆弱性评估方法的研究是当前交通网络研究中的热点,国内外学者从不同的角度、基于不同的理论对脆弱性进行了研究,提出了不同的研究方法与评估指标。本文以轨道交通网络作为研究对象,从网络拓扑结构和系统功能特性两个角度对当前脆弱性常用的评估方法和指标进行了梳理和归纳,并基于构建的案例网络对不同指标的评估结果进行了对比和分析。结果表明,采用不同的评估指标,评估结果存在着差异,识别出的关键站点有所不同。该研究明确了不同评估指标之间的差异,指出了存在差异的原因,这将有助于更加准确的评估轨道交通网络的脆弱性。

关键词 交通网络 脆弱性 桥隧 复杂网络 系统特性 关键站点

0 引言

交通系统作为重要的基础设施系统,对于国家重大战略的实施以及现代化经济的发展是至关重要的。目前,交通网络脆弱性的研究对象主要是以道路交通网络为主,对轨道交通网络脆弱性的研究还相对较少[1]。但对于轨道交通网络而言,其脆弱性往往要高于道路交通网络,因为一旦轨道交通网络受到破坏或者发生故障后,可替代的线路更少,对用户和社会造成的损失更大。在轨道交通网络中,相比于网络中的线路失效,站点的脆弱性往往更高,因为一旦站点失效,其相连的多条线路也会受到不同程度的影响[2]。

由于交通网络脆弱性概念的不确定性,以及交通系统本身的复杂性和多样性,因此国内外学者提出了不同的研究方法和评估指标[3,4]。但采用不同的方法、指标评估出来的结果往往存在着较大的差异,如 Knoop 等[5]采用不同的指标对道路交通网络路段的脆弱性进行了评估,不同指标识别出的脆弱路段是不同的。Oliveira 等[6]采用鲁棒性指标和可靠性指标,对复杂道路系统中重要路段进行识别,发现采用不同的指标,重要路段的排序结果是不同的。因此,基于以上存在的问题,有必要对当前轨道交通网络脆弱性的评估指标进行总结、比较、分析和归纳,从而更加科学、准确的评估轨道交通网络的脆弱性。

1　研究方法

Berdica[7] 最早对交通网络的脆弱性进行了定义,指易于受事件影响而导致网络服务水平极大下降的敏感系数。由于重大破坏事件的概率很难预测,所以当前大多数学者在交通网络脆弱性的研究中,主要是分析了事件下交通网络单元失效造成的影响。引发交通网络脆弱性的事件可以分为自然随机事件和蓄意干扰事件,如自然灾害、恐怖袭击等。一旦交通网络出现故障或者发生事故,那么产生的影响将是巨大的。

目前,交通网络脆弱性的概念尚未达成共识,主要存在的分歧为是否应该将交通单元失效的概率纳入脆弱性的研究以及如何评估交通网络单元失效后的影响。Sun 和 Guan[8] 从线路运营的角度,对轨道交通网络的脆弱性进行了分析。本文从轨道交通网络站点的角度对脆弱性进行分析,将轨道交通网络脆弱性的研究分为两类,即拓扑脆弱性和系统脆弱性。

1.1　拓扑脆弱性研究

许多学者基于复杂网络理论,研究轨道交通网络的拓扑结构和网络性能。叶青[9] 基于复杂网络理论,分析了重庆市轨道交通网络的拓扑特性,并定量计算了各站点失效前后轨道交通网络全局效率的变化,以此来识别关键站点。薛锋等[10] 构建了站点重要度评价指标体系,完成了关键站点的识别。袁若岑等[11] 将站点失效前后网络有效性与网络连通度的下降程度作为脆弱性的衡量标准,研究了不同攻击策略下轨道交通网络的脆弱性。张科等[12] 借助介数中心性指标,研究了新建轨道线路对轨道交通网络脆弱性的影响。王志如等[13] 提出基于最大连通 OD 数目、路径换乘次数效率、路径长度效率的脆弱性量化方法。常用的拓扑脆弱性指标及其符号说明如表 1 和表 2 所示。

拓扑脆弱性评估指标　　表 1

指　标	数学表达式	指　标	数学表达式
度	$D(i)=\sum_{j\neq i\in N}\delta_{ij}$	紧密中心性	$D_{cc}(i)=\dfrac{n-1}{\sum_{j\neq i\in N}d_{ij}}$
加权度中心性	$\mathrm{WDC}_i=\dfrac{\sum_j w_{ij}\delta_{ij}}{\sum_i\sum_j w_{ij}\delta_{ij}}$	聚集系数	$C_i=\dfrac{\lvert\{e_{uw}:u,w\in N_i,e_{uw}\in E\}\rvert}{D(i)(D(i)-1)/2}$
介数	$D_b(i)=\sum_{s\neq t\in N}\dfrac{\sigma_{st}(i)}{\sigma_{st}}$	网络效率	$E(G)=\dfrac{1}{n(n-1)}\sum_{i\neq j\in G}\dfrac{1}{d_{ij}}$
特征向量中心性	$D_e(i)=\dfrac{\sum_{j\neq i\in N}\delta_{ij}D_C(j)}{\lambda}$	最大连通子网络的相对大小	$S=\dfrac{n_s}{n}$

符 号 说 明　　表 2

符号	说　明	符号	说　明
i,j	表示网络中的节点 i 和节点 j	n_s	s 失效后最大连通子网络中节点的数目
n,N	n 表示网络中节点的个数;N 表示节点集合	B_j	表示节点 j 处的吸引程度
w_{ij}	表示节点 i 和节点 j 之间边的权重	f_{jk}	表示从 j 到 k 的客流中经过节点 i 的客流
δ_{ij}	节点 i 和 j 间存在边时,$\delta_{ij}=1$,否则为 0	$f(c_{ij})$	表示从节点 i 到 j 的出行成本
$\sigma_{st}(i)$	经过节点 i 的最短路径的数量	t_{ij}	表示从节点 i 到 j 的出行时间
e_{uw}	节点 i 的相邻节点间连边的数量	v_{ijrs}	表示边 e_{rs} 失效后从 i 到 j 的出行成本

1.2　系统脆弱性研究

交通网络的拓扑脆弱性指标反映了网络的拓扑特性,但没有考虑网络的实际交通运行特性,如客流量、用户的出行时间等。李大愚和高光锐[14] 构建了网络服务效率评价指标体系,以评估轨道交通网络的脆弱性。曲迎春等[15] 从出行失败率、出行时间增加率和其他站间区间客流的增量三个方面对轨道交通网络脆弱性进行了分析。刘海旭等[16] 以网络平均出行时间损失为量度,度量了城市轨道交通网络的脆弱性,以此识别网络中的关键区段。Jiang 等[17]从可达性的角度，考虑了轨道交通网络承载的客流量以及周围土地利用的影响，对脆弱性进行了分析。Sun 等[18]采用站点度、站点介数和站点强度指标对站点进行了评估，并基于耦合映像格子模型对脆弱性进行了评估。De-Los-Santos 等[19]将交通网络失效前后用户出行时间和客流量的变化定义为鲁棒性指标，以轨道交通网络为例，分析了网络中关键的边。Cats 和 Jenelius[20]考虑了系统需求和供应的变化，基于介数中心性和出行成本对公交网络的脆弱性进行了分析。常用的系统脆弱性评估指标如表 3 所示。

系统脆弱性评估指标 表3

指　　标	数学表达式	指　　标	数学表达式
客流强度	$s_i = \frac{\sum_{j=1,j\neq i}^{n} f_{ij}\delta_{ij}}{n}$	广义出行成本	$V_{rs} = \sum_i \sum_j f_{ij} v_{ijrs}$
汉森可达性	$A_i = \sum_j B_j f(c_{ij})$	网络的平均时间	$\overline{T} = \frac{\sum_i \sum_j t_{ij}}{n(n-1)}$
用户介数中心性	$PBC_i = \frac{\sum_j \sum_k f_{jk}^{i}}{\sum_j \sum_k f_{jk}}$	用户的平均出行时间	$T_{ave} = \frac{\sum_i \sum_j t_{ij} f_{ij}}{\sum_i \sum_j f_{ij}}$

2 案例分析

本文参考 Mishra 等[21]构建案例网络的方法，构建了一个简单的轨道交通案例网络，如图 1 所示。

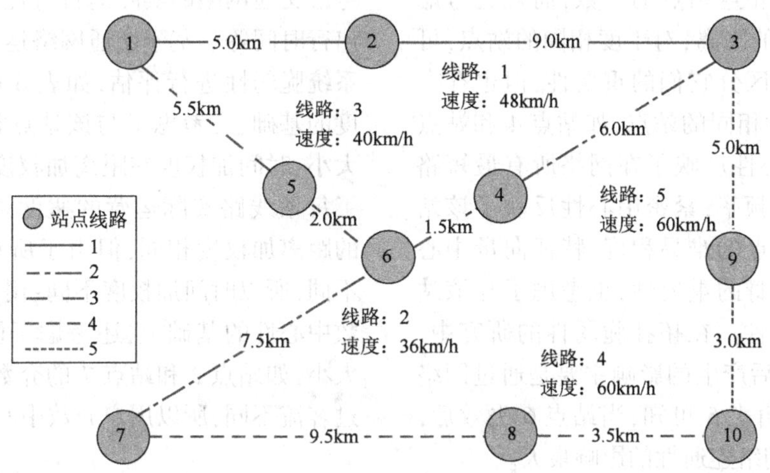

图 1　案例网络

在构建的轨道交通案例网络中，有 10 个站点、5 条线路。图 1 中还包含了每条线路的长度和运营速度。除了线路的基本信息之外，站点之间的客流量如表 4 所示。

示例网络中站点之间的 OD 客流数据 表4

站点	1	2	3	4	5	6	7	8	9	10
1	0	1	4	3	4	8	3	7	8	2
2	3	0	6	8	8	2	1	2	3	6
3	3	2	0	8	11	6	1	2	3	2
4	2	8	1	0	9	10	2	5	3	11
5	4	6	2	8	0	9	3	3	2	2
6	6	2	9	7	9	0	3	2	1	3
7	2	2	3	3	2	3	0	2	1	3
8	3	1	2	2	1	3	2	0	4	4
9	2	2	1	2	3	2	3	3	0	2
10	1	1	2	1	9	2	2	2	2	0

其中,每一行代表了从该站点客流的生成量,每一列代表了该站点客流的吸引量。从表中可以看出,站点4、站点5和站点6客流的生成量和吸引量较大,其次是站点1、站点2、站点3、站点10,相比较而言,站点7、站点8、站点9的客流生成量和客流吸引量较小。基于以上示例网络的基本信息和客流数据,可以对示例网络中站点的脆弱性进行评估,首先对交通网络的拓扑脆弱性指标进行评估,如表5所示。

拓扑脆弱性评估值 表5

评估指标	各站点的评估值									
	1	2	3	4	5	6	7	8	9	10
度	2	2	3	2	2	3	2	2	2	2
距离加权度	10.5	14.0	20.0	7.5	7.5	11.0	17.0	13.0	8.0	6.5
介数中心性	0.089	0.067	0.267	0.156	0.156	0.289	0.067	0.044	0.200	0.111
紧密中心性	0.074	0.073	0.105	0.105	0.098	0.108	0.079	0.069	0.089	0.079
特征向量中心性	0.629	0.715	1.000	0.873	0.715	1.000	0.692	0.562	0.692	0.562
网络效率	1.561	1.619	1.173	1.311	1.360	1.087	1.580	1.603	1.296	1.422

由表5可知,站点3和站点6相邻的站点最多,度值最高;距离加权度在度的基础上,不仅考虑了网络中与站点相连站点的个数,而且还考虑了与站点相邻线路的距离,对于度相同的站点,可以通过距离加权度区分它们的重要性,但也存在站点度、距离加权度相同的站点,如站点4和站点5。站点的介数中心性反映了在网络所有最短路径中经过该站点的频率;紧密中心性反映了该站点到网络中其他站点的难易程度;特征向量中心性既考虑了站点自身的重要性,也考虑了与该站点相邻站点的重要性。在拓扑脆弱性的研究中,交通网络单元失效后产生的影响主要是通过网络效率指标来评估,由表5可知,当站点6失效后,网络效率最低,对网络连通性的影响最大。

表5中的六个指标主要是从网络物理结构的角度,反映了网络的拓扑特性和连通特性,但没有考虑交通网络的实际运行特性,如客流量、用户的出行时间等。基于交通网络运行特性指标对网络系统脆弱性进行评估,如表6所示。站点强度在度的基础上,考虑了与该站点相邻线路上客流的大小;时间加权度在距离加权度的基础上,还考虑了每条线路实际运营的速度,如站点4和站点5的距离加权度相同,但由于所在线路的运营速度不同,所以时间加权度不同;用户介数中心性在介数中心性的基础上,还考虑了网络中实际的客流大小,如站点2和站点7的介数中心性相同,但经过客流不同,所以用户介数中心性的大小不同。

系统脆弱性评估值 表6

评估指标	各站点的评估值									
	1	2	3	4	5	6	7	8	9	10
站点强度	14.0	10.4	21.6	19.7	20.9	28.5	7.5	6.8	15.9	10.7
时间加权度	0.242	0.292	0.438	0.209	0.188	0.300	0.366	0.216	0.133	0.108
用户介数中心性	0.111	0.060	0.228	0.168	0.171	0.308	0.057	0.027	0.168	0.075
网络平均时间	0.253	0.253	0.339	0.286	0.281	0.331	0.245	0.263	0.322	0.299
汉森可达性	2.007	1.977	2.619	2.315	2.219	2.746	1.942	2.009	2.471	2.253
用户平均出行时间	0.235	0.234	0.302	0.284	0.279	0.345	0.229	0.235	0.277	0.258

网络平均时间是网络中所有OD之间最短出行时间的均值,反映了不同站点失效后对网络其他站点之间出行时间的影响,但没有考虑各站点之间客流量的大小。汉森可达性反映了不同站点失效后,对网络中其他站点可达性的影响,考虑了各站点之间的出行时间成本和站点本身客流的吸引量,但没有考虑站点本身客流的生成量。用户平均出行时间反映了在不同站点失效的场景下,对网络中用户平均出行时间的影响,既考虑了各站点之间的时间成本和站点客流的吸引量,同时

还考虑了各站点客流生成量的大小。由表5和表6可知,采用不同的指标,评估出来的结果有所差异,各站点的重要性排序也有所不同,如图2所示。

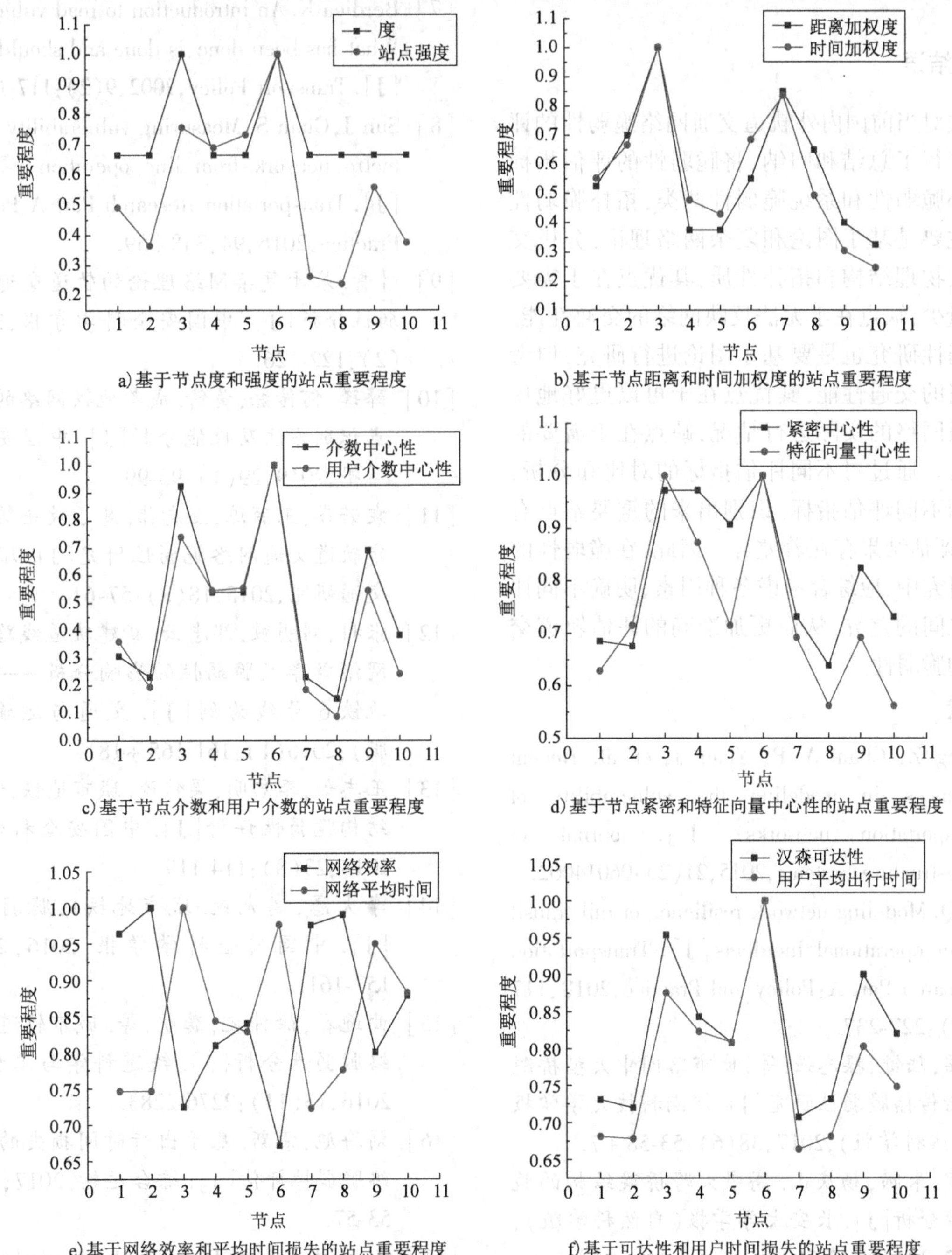

图2 各站点的重要程度

在实际的应用中,基于节点度和节点强度指标可以识别出连通多条运营线路,对多条运营线路具有较大影响的站点;基于节点距离加权度和时间加权度指标可以识别出因大客流等因素导致站点关闭造成影响大的站点;基于节点介数中心性和用户介数中心性指标可以识别出因突发事件导致大量乘客滞留的站点;基于节点紧密中心性和特征向量中心性指标可以识别出位于网络中心和对相邻站点影响大的站点;基于网络效率和网络平均时间损失指标可以识别出对网络连通性影响大的站点;基于汉森可达性和用户平均出行时间损失指标可以识别出对轨道交通网络中乘客出行需求影响大的站点。通过对关键站点的识别,有助于交通管理部门明确优先管理的次序,提高投资的成效和价值;也有助于做好交通事故的预防和应急管理工作,从而保证交通网络的稳定、可靠运行。

3 结语

本文对当前国内外轨道交通网络脆弱性的评估指标进行了总结和归纳,将脆弱性的评估指标分为拓扑脆弱性和系统脆弱性两类,拓扑脆弱性的研究主要是基于图论和复杂网络理论,分析交通网络的物理结构和拓扑性质,其优点在于需要的数据量少,缺点在于无法反映网络的交通性能。系统脆弱性研究也是要基于图论进行研究,但考虑了网络的交通性能,其优点在于可以更好地反映出交通网络的实际运行情况,缺点在于需要的数据量大。通过对不同评估指标的对比和分析,发现采用不同评估指标,识别出来的重要站点有所不同,评估结果存在着差异。因此,在脆弱性的评估和研究中,应综合考虑各种因素,明确不同评估指标之间的差异,从而更加准确的评估轨道交通网络的脆弱性。

参考文献

[1] Wang Z, Chan A P, Yuan J, et al. Recent advances in modeling the vulnerability of transportation networks [J]. Journal of Infrastructure Systems, 2015, 21(2): 06014002.

[2] Lu Q. Modeling network resilience of rail transit under operational incidents[J]. Transportation Research Part A: Policy and Practice, 2018, 117(11): 227-237.

[3] 童瑶,陆键,操志强,等. 城市路网中大型桥隧拥堵传播脆弱性研究[J]. 河南科技大学学报(自然科学版),2017,38(6):53-58+7.

[4] 李宇,朱晞,杨庆山. 高墩大跨桥梁结构的脆弱性分析[J]. 长安大学学报(自然科学版),2012,32(1):47-51.

[5] Knoop V L, Snelder M, Van Zuylen H J, et al. Link-level vulnerability indicators for real-world networks[J]. Transportation Research Part A: Policy and Practice, 2012, 46(5): 843-854.

[6] Oliveira E L, Portugal L D, Junior W P. Indicators of reliability and vulnerability: Similarities and differences in ranking links of a complex road system [J]. Transportation Research Part A-policy and Practice, 2016, 88: 195-208.

[7] Berdica K. An introduction to road vulnerability: What has been done, is done and should be done [J]. Transport Policy, 2002, 9(2): 117-127.

[8] Sun J, Guan S. Measuring vulnerability of urban metro network from line operation perspective [J]. Transportation Research Part A Policy and Practice, 2016, 94: 348-359.

[9] 叶青. 基于复杂网络理论的轨道交通网络脆弱性分析[J]. 中国安全科学学报,2012,22(2):122-126.

[10] 薛锋,何传磊,黄倩. 成都地铁网络的关键节点识别方法及性能分析[J]. 中国安全科学学报,2019,29(1):93-99.

[11] 袁若岑,王丽琼,温志伟. 基于攻击策略的城市轨道交通网络脆弱性研究[J]. 城市轨道交通研究,2015,18(8):57-61.

[12] 张科,刘明敏,邹志云. 新建轨道线路对轨道网络效率及脆弱性的影响分析——以广州地铁6号线为例[J]. 交通与运输(学术版),2016(1):161-165+181.

[13] 王志如,李启明,梁作论. 城市地铁网络拓扑结构脆弱性评价[J]. 中国安全科学学报,2013,23(8):114-119.

[14] 李大愚,高光锐. 城市地铁网脆弱性分析[J]. 中国安全科学学报,2016,26(3):157-161.

[15] 曲迎春,徐仲之,龚航,等. 城市轨道交通网络脆弱性分析[J]. 铁道科学与工程学报,2016,13(11):2276-2283.

[16] 刘海旭,荣新. 基于出行时间损失的城轨网络脆弱性评估[J]. 综合运输,2017,39(6):53-57.

[17] Jiang R, Lu Q, Peng Z. A station-based rail transit network vulnerability measure considering land use dependency[J]. Journal of Transport Geography, 2018, 66(1): 10-18.

[18] Sun L, Huang Y, Chen Y, et al. Vulnerability assessment of urban rail transit based on multi-static weighted method in Beijing, China[J]. Transportation Research Part A: Policy and Practice, 2018, 108: 12-24.

[19] De-Los-Santos A, Laporte G, Mesa J A, et al. Evaluating passenger robustness in a rail transit network [J]. Transportation Research Part C: Emerging Technologies, 2012, 20(1): 34-46.

[20] Cats O, Jenelius E. Dynamic Vulnerability Analysis of Public Transport Networks: Mitigation Effects of Real-Time Information [J]. Networks and Spatial Economics, 2014, 14(3): 435-463.

[21] Mishra S, Welch T F, Jha M K. Performance indicators for public transit connectivity in multi-modal transportation networks [J]. Transportation Research Part A: Policy and Practice, 2012, 46(7): 1066-1085.

Traffic Network Equilibrium with Continuously Distributed Value of Time and Bound on Toll

Wei Zhang [1] Chi Xie *[2]

(1. College of Transportation Engineering, Tongji University; 2. Urban Mobility Institute)

Abstract Understanding how traffic equilibrium appears in a tolled network is a prerequisite for implementing road pricing for the network. Policymakers require a solid measure for predicting the impact of tolling on network flow patterns to strengthen the policy persuasion for the public. In this paper, we defined and solved a new traffic equilibrium problem for tolled networks to characterize the path choice behavior of individual travelers with two heterogeneous socio-economic attributes, namely, value of time (VOT) and bound on toll (BOT). A convex programming model is constructed and analyzed and a linear approximation method is then proposed to tackle this problem, in which a novel network loading algorithm is designed for efficiently assigning the traffic flow of an infinite number of VOT and BOT values into a finite number of paths. Preliminary computational results clearly show the complicated impacts of the simultaneous consideration of VOT and BOT on traffic equilibria and the efficacy and tractability of the solution algorithm.

Keywords User equilibrium Value of time Bound on toll Mental account Network loading

0 Introduction

The traffic assignment problem implying the user equilibrium principle proposed by Wardrop was first formulated by Beckmann et al. In the decades that followed, dozens of extensive studies emerged for tackling various equilibrium problem instances aiming to improve the realism of the prediction result. Since the pricing-based traffic management policies emerged in the 1970s, traffic equilibrium problems in tolled networks then arose up. Generally, scholars formulated these problems by assuming that travelers make path choices based on two criteria: travel time and travel costs and named these problems the bi-criterion traffic assignment problems. To reflect the tolling effect on the traffic flow pattern and capture the path choice behaviors of travelers in this problem, a tractable strategy is to introduce the heterogeneous value of time (VOT) as a modelling element. However, it could not be enough if only the VOT is considered. The usages of the tolled roads tend to be overestimated at the planning stage when implementing these VOT-considered-only models. From the perspective of policymakers, more robust equilibrium models that consider more influential factors are required to help them have a thorough understanding of how road users react to congestion pricing schemes and enhance the credibility of the pricing-based policy before they could implement them successfully.

In a tolled network, VOT plays a central role because it describes how travelers make trade-offs between cost and time in response to road toll. Empirical studies revealed the heterogeneity of VOT across individuals due to both the person-specific characteristics and trip-specific attributes. Small concluded that a reasonable average VOT varies among different industrialized cities from perhaps 20 to 100 percent of the gross wage rate and among population subgroups by even more. Kickhöfer et al. found that the VOT for public transit varies from 7 to 330 CHF/h along the income range. Ordinarily, travelers with higher income level are less sensitive to trip monetary cost and would take more time-saving paths for a trip, while travelers with lower income level appears lower VOT and tend to take slower paths for the trip to save money. Although suffering different amount of travel time and monetary cost, different travelers with different VOTs may enjoy the same level of travel utility, which means they are equally satisfied with their path alternatives.

In view ofthe VOT distribution type, the extant body of research on network equilibrium problems with a heterogeneous VOT falls into two categories. The first, considering a problem with continuously distributed VOT, has been thoroughly discussed by scholars. Leurent proposed the so-called cost-versus-time equilibrium problem with a continuously distributed VOT, stating that it could make the traffic flow prediction more robust and enable traffic planners to test the sensitivity of VOT. Dial developed two versions of a bi-criterion traffic equilibrium problem, namely T2 and T1. 5, with an arbitrary continuous distribution of VOT as well, in which the former implies that link times and tolls are both flow-dependent and the latter has only link times flow-dependent. Dial further formulated T2 as an equivalent variational inequality (VI) model and developed a practically efficient solution procedure for T2. Marcotte and Zhu presented an infinite-dimensional convex programming model for a network equilibrium problem with a continuously distributed VOT. Marcotte et al. then discussed the technical details of applying the Frank-Wolfe algorithm for the model. Extensive studies of this type come from Wang and Huang , who developed a bi-objective traffic assignment model with elastic demand of continuously distributed VOT to obtain an anonymous pricing scheme, and from Wu and Huang , who investigated the time-versus-cost network equilibrium with heterogeneous travelers in terms of a continuously distributed VOT to find anonymous tolls to realize target flow pattern in the network. The second, involving a network equilibrium problem with a discretely distributed VOT, has been less frequently studied, partly due to its easy-to-solve property. Nagurney developed a multi-class, multi-criteria network equilibrium problem, where the travelers of each discrete VOT class were supposed to perceive path disutility with a specific combination of travel time and travel cost. Yang and Huang further discussed this problem and proved that the same multi-class network equilibrium flow could be obtained whenever the generalized travel cost is measured in cost or time units in the tolled network.

Another socio-economic characteristic that may influence the path choice behavior in the tolled network is the bound on toll (BOT) due to the existence of individual mental accounts, which set a budget on the toll payment spent on a trip. BOT stems from such economic phenomena observed by several behavioral economists that individuals possess different mental accounts to track and control the expenses for different economic activities. The mental account concept was first proposed by Thaler to explain how the sunk cost affects an individual's consumption choice. Kahneman and Tversky and Thaler made adequate investigations on the existence of mental accounting phenomena. Thaler then summarized the mental accounting theory and pointed out that consumers divide their incomes into different categories as mental accounts for different expenditure categories and set a limit on each category. Mental accounting also exists in travel behaviors. Since the

1970s, scholars in the transportation research community had found the stability of travelers' daily trip expenditure. Zahavi and Talvitie hold that travellers' trip cost regulation could reveal the existence of the budget on trip costs. Zahavi and Zahavi and Ryan found that travelers tend to assign a certain proportion of income for trip expenditure and added the monetary budget as a restrictive factor in the process of travel demand forecasting. All the above studies verified that owning a budget limit on path toll prevails in the driving population and considering its influence can help us better understand the impact of tolling on the path choice behavior and equilibrium flow pattern.

However, the work of incorporating BOT into the traffic equilibria for tolled networks has not been done until the following two exclusive studies. Bao et al. first introduced the concept of mental account and mental budgeting into the individual path choice process and formulated a multiclass user equilibrium problem with a set of discrete BOT classes into the variational inequality and convex programming forms. Xie et al. addressed a traffic equilibrium problem with a continuously distributed BOT for the first time, and introduced cumulative path flow rates as decision variables into the model and transformed the original infinite-dimensional programming problem into a finite-dimensional one.

This paper is concerned with a network equilibrium problem simultaneously incorporating a continuously distributed VOT and BOT into a traffic equilibrium problem. The contributions of this research to the literature are twofold: ①It is the first time that the impacts of both VOT and BOT on the route choice behaviour and traffic flow pattern are mathematically modeled and analyzed; ② an innovative algorithm for efficiently accomplishing the network loading process in an equilibrium solution framework is proposed for the first time, which makes it tractable to solve a traffic equilibrium problem of this type. Without loss of generality, we use the generalized cost, which is a combination of travel time and road toll through VOT, to represent the disutility of paths. Individual travelers with different VOTs are assumed to minimize their own disutility subjects to their own BOTs. We presume the VOT and BOT in this problem to follow a joint continuous distribution, which truly reflects the complex socio-economic heterogeneity of the driving population. Such a problem has never been discussed and solved before.

1 problem FOrmulation

1.1 Problem statement

For a formal presentation and discussion for the problem discussed above, let us consider a transportation network $G = (N, A)$, where $N = \{i\}$ is the set of nodes, $A = \{a\}$ is the set of links. We use $R = \{r\}$ and $S = \{s\}$, the subsets of N, to denote the origin nodes set, where trip demand generates, and the destination nodes set, where the trip terminates, respectively. For each origin-destination (O-D) pair, there must exit multiple acyclic paths, and we use $H_{rs} = \{h\}$ to represent the set of all these paths which connect the origin node r and the destination node s. Based on the classical user equilibrium principle proposed by Wardrop (1952), the equilibrium conditions in this paper could be stated as: For all travelers whose VOT value of α and BOT value of τ, if the monetary cost of a path between the O-D pair is less than or equal to their BOT and the generalized cost of this path equals the minimum generalized time cost among all that meet the traveler's mental budget constraint, all such travelers will choose this path. Otherwise, if the monetary cost of this path is greater than the mental bound on the toll of travelers or their generalized time cost is higher than the minimum cost of all paths between the O-D pair, these travelers are not willing to choose this path. Mathematically, the equilibrium conditions can be expressed as:

$$\begin{cases} c_h^{rs} \leqslant \tau \text{and } w_h^{rs*}(\alpha,\tau) = t_h^{rs} + \dfrac{c_h^{rs}}{\alpha} = \mu_{rs}^*(\alpha,\tau) \Rightarrow f_h^{rs*}(\alpha,\tau) \geqslant 0 \\ c_h^{rs} \geqslant \tau \text{or } w_h^{rs*}(\alpha,\tau) = t_h^{rs} + \dfrac{c_h^{rs}}{\alpha} \geqslant \mu_{rs}^*(\alpha,\tau) \Rightarrow f_h^{rs*}(\alpha,\tau) = 0 \end{cases}$$

$$\forall r \in R, s \in S, h \in H_{rs}, \alpha \in [\alpha_{\min}, \alpha_{\max}], \tau \in [\tau_{\min}, \tau_{\max}] \quad (1)$$

Where $t_h^{rs}, c_h^{rs}, w_h^{rs*}(\alpha,\tau), \mu_{rs}^*(\alpha,\tau)$, and $f_h^{rs*}(\alpha,\tau)$ are time cost, monetary cost, generalized cost, minimum generalized cost, and traffic flow rate experienced or induced by travelers' travel demand whose VOT value of α and BOT value of τ between origin r and destination s. We use " * " to designate the value of decision variables in the equilibrium solution.

1.2 Model formulation

Following the novel equilibrium conditions presented above, this section focuses on the formulation of the proposed problem. In previous studies, Marcotte and Zhu addressed and proved an equilibrium problem with infinite-dimensional decision variable by assuming the travelers of continuously distributed VOTs. Xie et al. demonstrated the construction of flow-weight complementary relationship constraints for their equilibrium problem where the weight is continuously distributed. Inspired by their works, we formulate an infinite-dimensional convex programming problem and borrow the flow-weight complementary relationship constraints from Xie's works into the modelling. We consider a traffic assignment problem with fixed demand and use function $\rho_{rs}(\alpha,\tau)$ to represent the bounded distribution of VOT and BOT across travelers of O-D pair (r,s). Function $\rho_{rs}(\alpha,\tau)$ regulates the trip demand relationship, and their relationship can be represented as:

$$q_{rs}\rho_{rs}(\alpha,\tau) = q_{rs}(\alpha,\tau) \quad \forall r,s,\alpha \in [\alpha_{\min},\alpha_{\max}], \tau \in [\tau_{\min},\tau_{\max}] \quad (2)$$

Then the convex programming model(P1) reads:

$$\min Z = \sum_a \int_0^{x_a} t_a(w)\,dw + \int_{\alpha_{\min}}^{\alpha_{\max}} \int_{\tau_{\min}}^{\tau_{\max}} \sum_a x_a(\alpha,\tau) \frac{c_a}{\alpha} d\alpha d\tau \quad (3)$$

Subject to

$$\sum_h f_h^{rs}(\alpha,\tau) = q_{rs}(\alpha,\tau) \quad \forall r,s,\alpha \in [\alpha_{\min},\alpha_{\max}], \tau \in [\tau_{\min},\tau_{\max}] \quad (4)$$

$$(\tau - \sum_a c_a \delta_{a,h}^{rs}) f_h^{rs}(\alpha,\tau) \geqslant 0 \quad \forall r,s,h,\alpha \in [\alpha_{\min},\alpha_{\max}], \tau \in [\tau_{\min},\tau_{\max}] \quad (5)$$

$$f_h^{rs}(\alpha,\tau) \geqslant 0 \quad \forall r,s,h,\alpha \in [\alpha_{\min},\alpha_{\max}], \tau \in [\tau_{\min},\tau_{\max}] \quad (6)$$

Where

$$x_a = \int_{\alpha_{\min}}^{\alpha_{\max}} \int_{\tau_{\min}}^{\tau_{\max}} x_a(\alpha,\tau)\, d\alpha d\tau \quad \forall a \quad (7)$$

$$x_a(\alpha,\tau) = \sum_{rs} \sum_h f_h^{rs}(\alpha,\tau)\, \delta_{a,h}^{rs,\alpha\tau} \quad \forall a, \alpha \in [\alpha_{\min},\alpha_{\max}], \tau \in [\tau_{\min},\tau_{\max}] \quad (8)$$

In the above model, the objectivefunction in (3) includes two terms, where the first term is the sum of the integrals of link performance functions and the second term is the total travel monetary cost transformed into the time unit. This function does not have any intuitive economic or behavioral interpretation. The following description is for each category of travelers whose VOT value of α and BOT value of τ: Equation. (4) represents a set of flow density conservation constraints. These constraints state that the sum of trip flow density on all paths connecting each O-D equals the total O-D trip density. Equation. (5) reflects the interaction between BOT and trip flow, i. e., if the toll on path h exceeds travelers' BOT, the flow density on this path will be zero. Otherwise, flow density will be more than or equal to zero. Equation. (6) is the flow density nonnegative constraint that ensures the solution of this program will be physically meaningful. Equation. (7) reveals the relationship between link flow rate and link flow density. These constraints state that the total flow rate on a link a is the integral of flow density on it to VOT and BOT. Variable $x_a(\alpha,\tau)$ reveals the density of those who choose link a to finish their trip. The sum of all travelers who choose link a is the total flow rate on link a, $x_a(\alpha,\tau)$. Equation. (8) reflects the incidence relationships between the link flow density and the path flow density. It is worth noticing that the number of constraints (4) ~ (6) and (8) is infinite due to the VOT and BOT distribution property.

If VOTs of travelers are shared, a variant programming (P2) of P1 could be formulated as:

$$\min Z = \sum_a \int_0^{x} t_a(w)\mathrm{d}w + \int_{\tau_{\min}}^{\tau_{\max}} \sum_a x_a(\tau)\frac{c_a}{\alpha^*}\mathrm{d}\tau \tag{9}$$

Subject to

$$\sum_h f_h^{rs}(\tau) = q_{rs}(\tau) \quad \forall r,s,\tau \in [\tau_{\min},\tau_{\max}] \tag{10}$$

$$(\tau - \sum_a c_a\delta_{a,h}^{rs}) f_h^{rs}(\tau) \geq 0 \quad \forall r,s,h,\tau \in [\tau_{\min},\tau_{\max}] \tag{11}$$

$$f_h^{rs}(\tau) \geq 0 \quad \forall r,s,h,\tau \in [\tau_{\min},\tau_{\max}] \tag{12}$$

Where

$$x_a = \int_{\tau_{\min}}^{\tau_{\max}} x_a(\tau)\mathrm{d}\tau \quad \forall a \tag{13}$$

$$x_a(\alpha,\tau) = \sum_{rs}\sum_h f_h^{rs}(\tau)\delta_{a,h}^{rs,\alpha\tau} \quad \forall a,\tau \in [\tau_{\min},\tau_{\max}] \tag{14}$$

Accordingly, by assuming the value of BOTs across travelers are common, we have a simplified programming problem (P3) for P1, which can be formulated as:

$$\min Z = \sum_a \int_0^{x_a} t_a(w)\mathrm{d}w + \int_{\alpha_{\min}}^{\alpha_{\max}} \sum_a x_a(\alpha)\frac{c_a}{\alpha}\mathrm{d}\alpha \tag{15}$$

Subject to

$$\sum_h f_h^{rs}(\alpha) = q_{rs}(\alpha) \quad \forall r,s,\alpha \in [\alpha_{\min},\alpha_{\max}] \tag{16}$$

$$(\tau^* - \sum_a c_a\delta_{a,h}^{rs}) f_h^{rs}(\alpha) \geq 0 \quad \forall r,s,h,\alpha \in [\alpha_{\min},\alpha_{\max}] \tag{17}$$

$$f_h^{rs}(\alpha) \geq 0 \,\forall r,s,h,\alpha \in [\alpha_{\min},\alpha_{\max}] \tag{18}$$

Where

$$x_a = \int_{\alpha_{\min}}^{\alpha_{\max}} x_a(\alpha)\mathrm{d}\alpha \quad \forall a \tag{19}$$

$$x_a(\alpha,\tau) = \sum_{rs}\sum_h f_h^{rs}(\alpha)\,\delta_{a,h}^{rs,\alpha\tau} \quad \forall a,\alpha \in [\alpha_{\min},\alpha_{\max}] \tag{20}$$

In the above two models, we use α^* and τ^* to represent the shared value of VOTs and BOTs, respectively. It should be noticed that P2 is an extensive version of in Xie's model, where it adds the total monetary cost term to the objective function of Xie's model. P3 and Marcotte's model share the same objective function, but P3 takes the flow-BOT complementary relationship constraints into considerations.

2 Solution algorithm

Since themodel (P1) presented above poses a convex programming problem, we consider using the Frank-Wolfe algorithm to solve it. The Frank-Wolf algorithm is a linear approximation algorithm, the core algorithm logic of which is iteratively constructing and solving a linearized subproblem to obtain a direction along which one could find an updated solution. In our case, the subproblem at any iteration of the algorithm procedure is a BOT-constrained, minimum generalized cost path problem. This subproblem can be solved by applying a combined labelling and parametric procedure method. For the sake of space-saving, we omit the details of labelling and parametric procedure here. Interested readers may refer to the paper for technical details of parametric procedure. The network loading method is summarized in Procedure 1.

The network loading algorithm Procedure 1

Step 1: For each O-D pair (r,s), do the following:

Step 1.1: Set VOT equal α_{max}, then use the bi-criteria label correcting algorithm to find all non-dominated paths in terms of path generalized cost w_h and path monetary cost c_h. Delete paths whose monetary cost exceeds the upper bound of BOT distribution. Use a triple label set as $h=[w_h^{max}, c_h^{max}, t_h^{max}]$ to represent the remaining paths h, then put all these paths into set P_{max}.

Step 1.2: Set VOT equal α_{min}, then carry out the same procedure as Step 1.1, but use a set as $[w_h^{min}, c_h^{min}, t_h^{min}]$ to represent the remaining path h, and put these remaining paths into set P_{min}.

Step 1.3: According to the monetary cost c_h^{max} of paths in set P_{max}, divide the feasible range $[\tau_{min}, \tau_{max}]$ of BOT into different subranges. Use set B as $B=\{[\tau_{min}, c_{h_1}^{max}], [c_{h_1}^{max}, c_{h_2}^{max}], \cdots, [c_{h_{i-1}}^{max}, c_{h_i}^{max}], [c_{h_i}^{max}, \tau_{max}]\}=\{B_1, B_2, \cdots, B_i, B_{i+1}\}$ to represent subrange set of BOT, where $h_i \in P_{max}$ and $\tau_{min} < c_{h_1}^{max} < c_{h_2}^{max} < \cdots < c_{h_i}^{max} < \tau_{max}$.

Step 1.4: For each BOT subrange $B_i \in B$, do the following:

Step 1.4.1: From set P_{max}, find the path with monetary cost c_h^{max} being the largest but less than or equal to the lower bound of B_i. Use a double label set as $h=[c_h^{max}, t_h^{max}]$ to represent the found path h.

Step 1.4.2: From set P_{min}, perform the same procedure as Step 1.4.1, but use the set as $h'=[c_{h'}^{min}, t_{h'}^{min}]$ to represent the found path h'.

Step 1.4.3: If $c_h^{max}=c_{h'}^{min}$ and $t_h^{max}=t_{h'}^{min}$, put path h into set P_{B_i} as $P_{B_i}=\{[c_h, t_h]\}$, then go to Step 1.4.5; otherwise, set the found paths as the initial solution pair

$([c_h^{max}, t_h^{max}], [c_{h'}^{min}, t_{h'}^{min}])$, and perform the parametric procedure to find all the convex Pareto-optimal paths.

Step 1.4.4: Put all the convex Pareto-optimal paths into set P_{B_i} as $P_{B_i}=\{[c_{h_1}, t_{h_1}], [c_{h_2}, t_{h_2}], \cdots, [c_{h_{j-1}}, t_{h_{j-1}}], [c_{h_j}, t_{h_j}]\}$, where $h_j \in P_{B_i}$, $c_{h_1} > c_{h_2} > \cdots > c_{h_j}$, and $t_{h_1} < t_{h_2} < \cdots < t_{h_j}$. Calculate the VOT α_{h_k}, $h_k \in P_{B_i} \backslash h_j$ as:

$$\alpha_{h_k} = \frac{c_{h_{k-1}} - c_{h_k}}{t_{h_k} - t_{h_{k-1}}}$$

Step 1.4.5: According to the calculated VOT, divide the VOT range for travelers whose BOT $\in B_i$ into different VOT subranges. Use set V_{B_i} as $V_{B_i}=\{[\alpha_{max}, \alpha_{h_1}], [\alpha_{h_1}, \alpha_{h_2}], \cdots, [\alpha_{h_{k-1}}, \alpha_{h_k}], [\alpha_{h_k}, \alpha_{h_{min}}]\}=\{V_{h_1}, V_{h_2}, \cdots, V_{h_k}, V_{h_j}\}$ to represent the subrange set of VOT. Travelers whose VOT $\in V_{h_k}$ will chose path h_k for their trip.

Step 1.5: According to the division subrange of BOT and VOT, take the integral of flow density function between this O-D pair (r,s). Assign the integral result on the corresponding paths, and this yields a traffic assignment scheme, similar to Fig. 1 (b), between the O-D pair.

Step 2: Aggregating the traffic assignment scheme of each O-D pair, we readily obtain the total network loading amount on each path.

Based on the network loading procedure presented above, the iterative procedure of the Frank-Wolfe algorithm for solving the proposed traffic assignment problem could be summarized in Procedure 2.

The Frank-Wolfe algorithm Procedure 2

Step 0: Initialization. Perform Procedure 1 based on link travel time $\{t_a^0 = t_a(0)\}$, link toll $\{c_a\}$ and the distribution of VOT and BOT. This yields link flow pattern $\{x_a^1\}$ and link flow density pattern $\{x_a^1(\alpha,\tau)\}$ where $x_a^1 = \int_{\alpha_{min}}^{\alpha_{max}} \int_{\tau_{min}}^{\tau_{min}} x_a^1(\alpha,\tau)\, d\alpha d\tau$. Set counter $n=1$.

Step 1: Update. Set $t_a^n = t_a(x_a^n)$, $\forall a$.

Step 2: Direction finding. Perform Procedure 1 based on link travel time $\{t_a^n\}$, link toll $\{c_a\}$ and the distribution of VOT and BOT. This yields a set of auxiliary link flow pattern $\{y_a^n\}$ and auxiliary link flow density pattern $\{y_a^n(\alpha,\tau)\}$.

Step 3: Line search. Find θ_n that solves:

$$\min_{\theta_n \in [0,1]} \sum_a \int_0^{x_a^n+\theta_n(y_a^n-x_a^n)} t_a(\omega)\, d\omega + \int_{\alpha_{min}}^{\alpha_{max}} \int_{\tau_{min}}^{\tau_{max}} \sum_a [x_a^n(\alpha,\tau) + \theta_n(y_a^n(\alpha,\tau) - x_a^n(\alpha,\tau))] \frac{c_a}{\alpha} d\alpha d\tau$$

Step 4: Move. Set $x_a^{n+1} = x_a^n + \theta_n(y_a^n - x_a^n)$, $\forall a$ and $x_a^{n+1}(\alpha,\tau) = x_a^n(\alpha,\tau) + \theta_n(y_a^n(\alpha,\tau) - x_a^n(\alpha,\tau))$, $\forall a$

Step 5: Convergence test. If $RG \leqslant \varepsilon$, terminate the algorithm; otherwise, set $n=n+1$, and go to step 1.

It should be noticed that Procedure 1 is applicable for P2 and P3. When applying this algorithm to P2, the division procedure of VOT range (Step 1.4) would be omitted automatically due to the algorithm property. Similarly, the division procedure of BOT range (Step 1.3) would also be omitted when applying this algorithm to P3. To help readers understand the network loading process from Step 1.1 ~ 1.5 in Procedure 1, we use an example shown in Fig.1 to illustrate it. Here, we suppose there are four paths between one O-D pair. Fig. 2a) displays these paths in the axis in terms of path monetary cost and path time cost. The bold dash lines mark the upper bound and lower bound of BOT and the solid lines mark the monetary cost of each path. We label these paths in the descending order of path monetary cost by numbers from 1 to 4. Fig. 2b) illustrates the traffic assignment scheme after carrying out the loading procedure between this O-D pair.

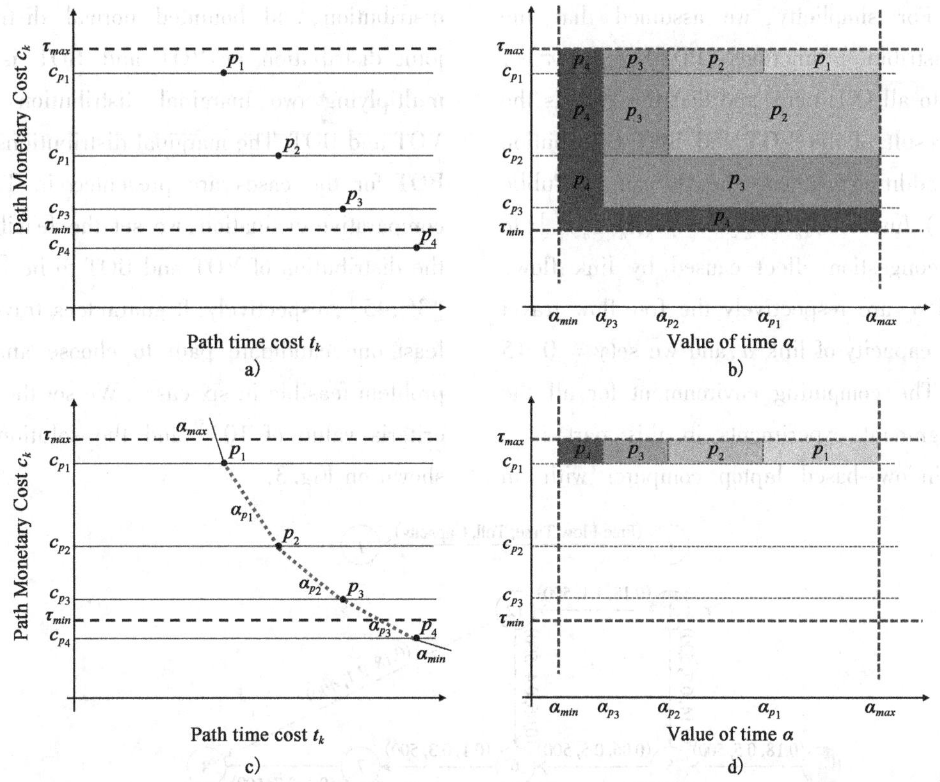

Fig. 1 An illustrative example for the Network loading process

For this O-D pair, we firstly perform Step 1.1 and Step 1.2 and then obtain path set $P_{\max} = \{[w_{P1}^{\max}, c_{P1}^{\max}, t_{P1}^{\max}], [w_{P2}^{\max}, c_{P2}^{\max}, t_{P2}^{\max}], [w_{P3}^{\max}, c_{P3}^{\max}, t_{P3}^{\max}], [w_{P4}^{\max}, c_{P4}^{\max}, t_{P4}^{\max}]\}$ and set $P_{\min} = \{[w_{P4}^{\min}, c_{P4}^{\min}, t_{P4}^{\min}]\}$. According to set $P_{\max}$, we secondly carry out Step 1.3 and this yields the BOT subrange set $B = \{[\tau_{\min}, c_{P4}^{\max}], [c_{P4}^{\max}, c_{P3}^{\max}], [c_{P3}^{\max}, c_{P2}^{\max}], [c_{P2}^{\max}, c_{P1}^{\max}], [c_{P1}^{\max}, \tau_{\max}]\}$. For BOT subrange $B_0 = [c_{P1}^{\max}, \tau_{\max}]$, we thirdly perform Step 1.4.1 and Step 1.4.2, and readily gain the initial solution pair $([c_{P1}^{\max}, t_{P1}^{\max}], [c_{P4}^{\min}, t_{P4}^{\min}])$ for the parametric procedure in Step 1.4.3. By performing Step 1.4.3, Step1.4.4, and Step 1.4.5, we then obtain the convex Pareto-optimal path set $P_{B_1} = \{[c_{P1}, t_{P1}], [c_{P2}, t_{P2}], [c_{P3}, t_{P3}], [c_{P4}, t_{P4}]\}$ and VOT subrange set $V_{B_0} = \{[\alpha_{\max}, \alpha_{P1}], [\alpha_{P1}, \alpha_{P2}], [\alpha_{P2}, \alpha_{P3}], [\alpha_{P3}, \alpha_{\min}]\}$. Accordingly, Fig. 2c) and Fig. 2d) respectively display the calculating and the division process of VOT range in Step 1.4.4 and Step 1.4.5 for BOT $\in B_0$. By carrying out Step 1.4.1 ~ 1.4.5 iteratively for each BOT subrange in B, we furtherly acquire the division result of BOT and VOT. Taking the integral of flow density function between this O-D pair, and assigning the integral result on the corresponding paths, we eventually obtain the traffic assignment scheme [Fig. 2b)] for this O-D pair.

3　Numerical analysis

This section presentsa numerical evaluation for the model developed in Section 1 by applying the solution algorithm proposed in Section 2. We implement this method in the Nguyen-Dupuis network to evaluate the impacts of continuously distributed VOT and BOT. Fig. 2 shows the network topology, link attributes, demand matrix, and BOT and VOT distribution. For simplicity, we assumed that the probability distribution functions (PDF), $\rho_{rs}(\alpha,\tau)$, are common to all O-D pairs and that the PDF is the multiplying result of the VOT and BOT distribution function. In addition, we use the Bureau of Public Roads (BPR) function, $t_a = t_a^0[1+\gamma\,(x_a/o_a)^\beta]$, to capture the congestion effect caused by link flow, where t_a^0 and o_a are respectively the free-flow travel time and the capacity of link a, and we set $\gamma = 0.15$ and $\beta = 4$. The computing environment for all the network assignment experiments in this part is a Microsoft Windows-based laptop computer with an Intel Core i7-6700HQ 2.60GHz and 8 GB RAM. The solution algorithm is coded by C ++ compiled by Visual Studio 2019.

We test the effect of distribution type on the equilibrium flow pattern under six cases. In each case, we assume that the travel demands of O-D pairs are regulated by four kinds of continuously marginal distributions of VOT and BOT, namely, uniform distribution, symmetric triangle distribution, quadratic distribution, and bounded normal distribution. The joint distribution of VOT and BOT is defined by multiplying two marginal distribution functions of VOT and BOT. The marginal distributions of VOT and BOT for the cases are presented in Tab. 1. For a comparative evaluation, we set the feasible ranges of the distribution of VOT and BOT to be [1,100] and [35,45], respectively. It guarantees travelers have at least one candidate path to choose and makes the problem feasible in six cases. We set the convergence criteria value of 10^{-5} and the solution results are shown on Fig. 3.

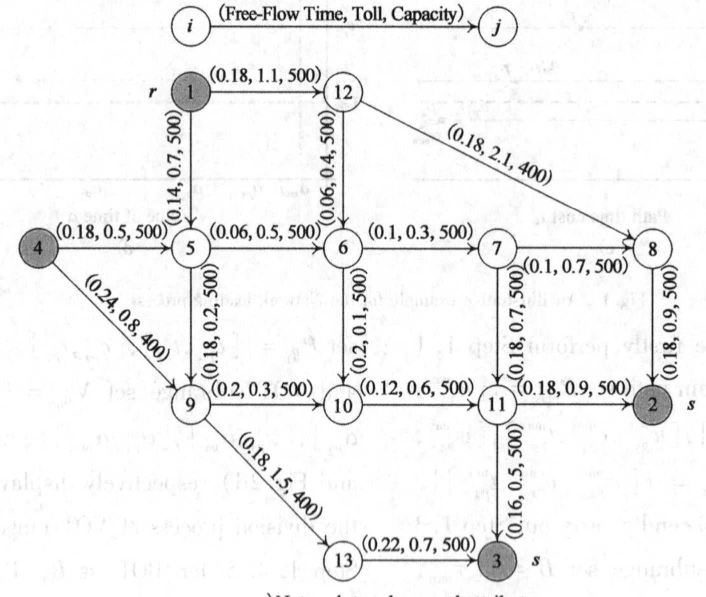

a) Network topology and attributes

From	To	2	3
1		400	800
4		600	200

b) O-D Demand matrix

Fig. 2

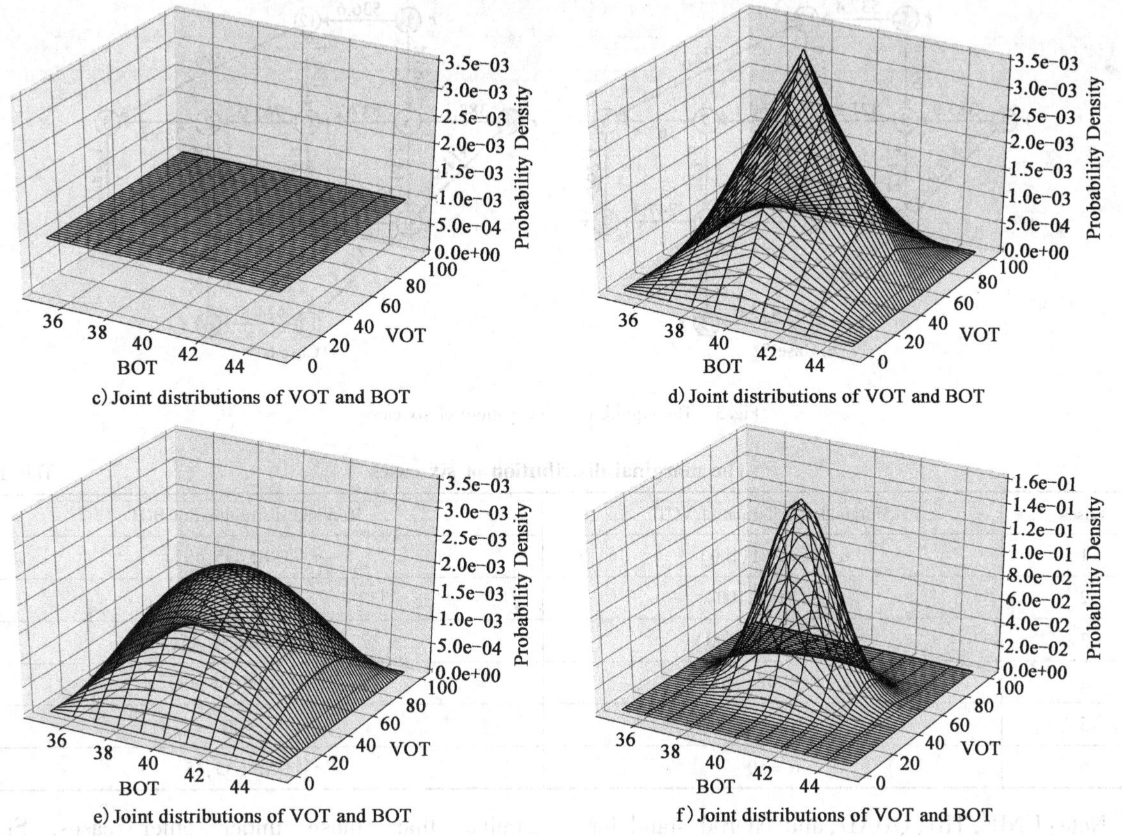

Fig. 2 Input Data of the Nguyen-Dupuis Network

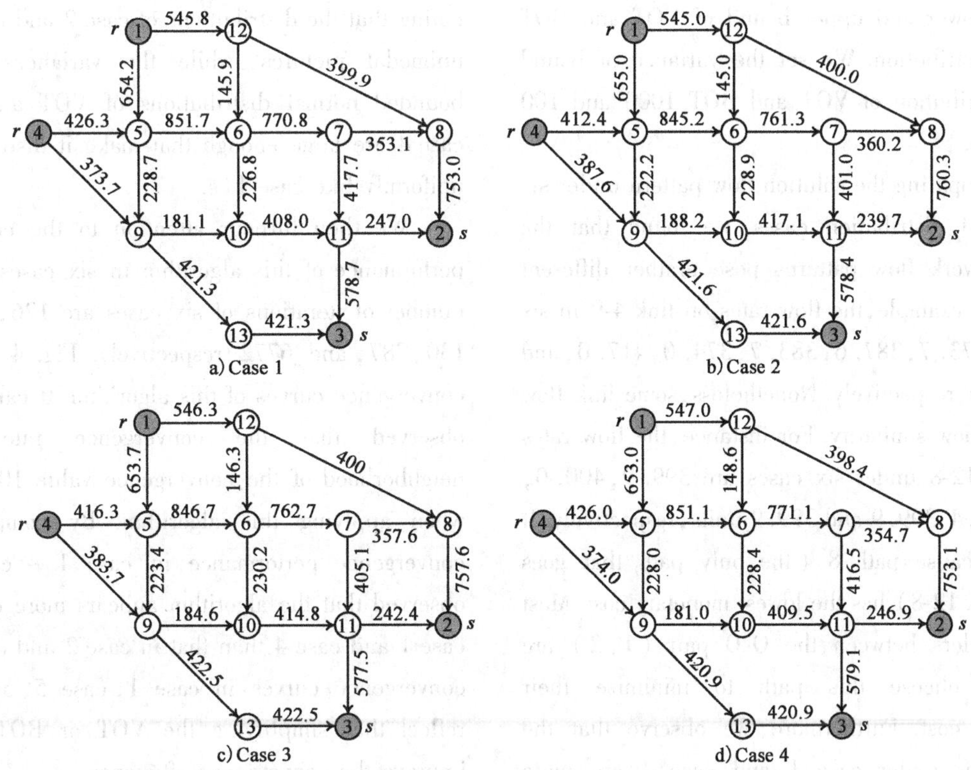

Fig. 3

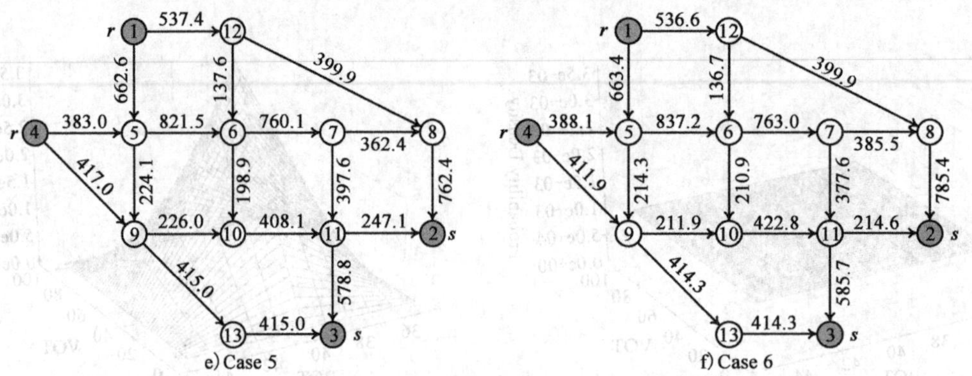

Fig. 3 The equilibrium flow pattern of six cases

The marginal distribution of six cases Tab. 1

Cases	Marginal distribution of VOT	Marginal distribution of BOT
1	α ~ UNIF(1,100)	τ ~ UNIF(35,45)
2	α ~ TRI(1,100)	τ ~ TRI(35,45)
3	α ~ QUAD(1,100)	τ ~ QUAD(35,45)
4	α ~ NORM(1,100)	τ ~ NORM(35,45)
5	α ~ UNIF(1,100)	τ = 40
6	α = 50	τ ~ UNIF(35,45)

Note: UNIF, TRI, QUAD, and NORM stand for uniform, symmetric triangle, quadric, and bounded normal distribution, respectively. Numbers in brackets imply the lower and upper bound of VOT and BOT marginal distribution. We set the variance of bound normal distribution of VOT and BOT 1000 and 100 respectively.

By comparing the solution flow pattern under six trip demand distribution cases, we found that the overall network flow patterns pose arather different picture. For example, the flow rates on link 4-9 in six cases are 373.7, 387.6, 383.7, 374.0, 417.0, and 411.9 units, respectively. Nonetheless, some link flow rates still show similarity. For instance, the flow rates along link 12-8 under six cases are 399.9, 400.0, 400.0, 398.4, 399.9 and 399.9 units, respectively. It may be because path 8 (the only path that goes through link 12-8) has the lowest monetary cost: Most or all travelers between the O-D pair (1, 2) are willing to choose this path to minimize their generalized cost. Furthermore, we observe that the flow patterns under case 1 and case 4 are more similar than those under other cases. Similar regulation can be found by comparing the flow pattern under case 2 and case 3. It can be easily explained by noting that the distributions of case 2 and case 3 pose unimodal pictures, while the variances value of bounded normal distributions of VOT and BOT in case 4 are large enough that make it distribute more uniformly like case 1's.

We then turnour attention to the convergence performance of this algorithm in six cases. The total number of iterations of six cases are 126, 732, 565, 130, 787, and 6772 respectively. Fig. 4 shows the convergence curves of this algorithm. It can be easily observed that the convergence rate in the neighborhood of the convergence value 10^{-5} is poor when applying this algorithm. By comparing the convergence performance in case 1 ~ case 4, we observed that the algorithm appears more efficient in case 1 and case 4 than that in case 2 and case 3. The convergence curves in case 1, case 5, and case 6 reflect that simplifying the VOT or BOT may not improve the convergence efficiency.

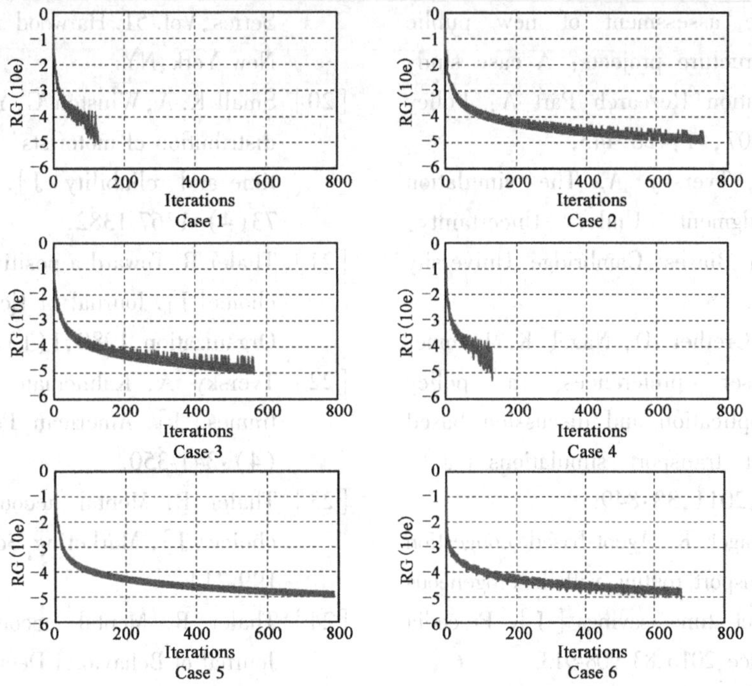

Fig. 4 A comparison of the convergence performance of six scenarios of the test network

4 Conclusions

In this paper, we define, formulate, and solve a new network equilibrium problem witha continuously distributed VOT and BOT throughout the whole driving population. A novel network loading algorithm embedded in the Frank-Wolfe framework is developed and implemented, classifying traffic flow with an infinite number of VOT and BOT numbers into a finite number of path flows and exhibiting high computing efficiency. By comparing the equilibrium flow patterns of six scenarios of the Nguyen-Dupuis network, we find that the impact of a simultaneous consideration of VOT and BOT looks non-negligible and complicated and the network flow distribution with both heterogeneous VOT and BOT numbers differs significantly from those with either a heterogeneous VOT or heterogeneous BOT solely.

5 Acknowledgements

This research is supported by National Natural Science Foundation of China (Grant No. 71771150, 72171175, 72021002, 71890970).

References

[1] Beckmann M. J, McGuire C. B, Winsten C. B. Studies in the economics of transportation[M]. New Haven, CT: Yale University Press, 1958.

[2] Bao Y, Gao Z, Xu M, et al. Travel mental budgeting under road toll: An investigation based on user equilibrium[J]. Transportation Research Part A: Policy and Practice, 2015, 73:1-17.

[3] Calfee J, Winston C. The value of automobile travel time: implications for congestion policy [J]. Journal of Public Economics, 1998, 69: 83-102.

[4] Dial R. B. Bicriterion traffic assignment: basic theory and elementary algorithms [J]. Transportation Science, 1996, 30(2):93-111.

[5] Dial R. B. Bicriterion traffic assignment: efficient algorithms plus examples [J]. Transportation Research Part B: Methodological, 1997, 31(5): 357-379.

[6] Frank M, Wolfe P. An algorithm for quadratic programming [J]. NavalResearch Logistics Quarterly, 1956, 3(1-2):95-110.

[7] Hupkes G. The law of constant travel time and trip-rates[J]. Futures, 1982, 14(1):38-46.

[8] Hensher D. A. The valuation of commuter travel time savings for car drivers: evaluating alternative model specifications[J]. Transportation, 2001, 28 (2):101-118.

[9] Hensher D. A, Rose J. M. Development of commuter and non-commuter mode choice

models for the assessment of new public transport infrastructure projects: A case study [J]. Transportation Research Part A: Policy and Practice,2007,41:428-443.

[10] Kahneman D, Tversky A. The simulation heuristic. Judgment Under Uncertainty: Heuristics and Biases, Cambridge University Press,201-208.

[11] Kickhöfer B, Grether D, Nagel K. Income-contingent user preferences in policy evaluation: application and discussion based on multi-agent transport simulations [J]. Transportation,2011,38:849.

[12] Kaddoura I, Nagel K. Agent-based congestion pricing and transport routing with heterogeneous values of travel time savings [J]. Procedia Computer Science,2016,83:908-913.

[13] Leurent F. Cost versus time equilibrium over a network[J]. European Journal of Operational Research,1993,71(2):205-221.

[14] Leurent F. The theory and practice of a dual criteria assignment model with a continuously distributed value-of-time, in "ISTTT", Pergamon,pp. 455-477.

[15] Marcotte P,Zhu D. An efficient algorithm for a bicriterion traffic assignment problem. Advanced Methods in Transportation Analysis, Springer,63-73.

[16] Marcotte P, Nguyen S, Tanguay K. Implementation of an efficient algorithm for the multiclass tra c assignment problem, in "Proceedings of the 13th International Symposium on Transportation and Traffic Theory",Pergamon,pp. 217-236.

[17] Nagurney A. A multiclass, multicriteria traffic network equilibrium model[J]. Mathematical and Computer Modelling, 2000, 32 (3-4): 393-411.

[18] Nie Y, Liu Y. Existence of self-financing and Pareto-improving congestion pricing: Impact of value of time distribution[J]. Transportation Research Part A: Policy and Practice, 2010, 44(1):39-51.

[19] Small K. A. Urban Transportation Economics. Fundamentals of Pure and Applied Economics Series,Vol. 51. Harwood Academic Publishers, New York,NY.

[20] Small K. A, Winston C, Yan J. Uncovering the distribution of motorists' preferences for travel time and reliability[J]. Econometrica, 2005, 73(4):1367-1382.

[21] Thaler R. Toward a positive theory of consumer choice[J]. Journal of Economic Behavior and Organization,1980,1(1):39-60.

[22] Tversky A, Kahneman D. Choices, values, frames [J]. American Psychologist, 1984, 39 (4):341-350.

[23] Thaler R. Mental accounting and consumer choice[J]. Marketing Science, 1985, 4 (3): 199-214.

[24] Thaler R. Mental accounting matters [J]. Journal of Behavioral Decision Making,1999,12 (3):183-206.

[25] Wardrop J. G. Some theoretical aspects of road traffic research[J]. Proceedings of the institution of civil engineers,1952,1(3):325-362.

[26] Wang X, Huang H. J. Bi-criteria system optimum traffic assignment in networks with continuous value of time[J]. Promet: Traffic and Transportation,2013,25(2):119-125.

[27] Wu W. X, Huang H. J. Finding anonymous tolls to realize target flow pattern in networks with continuously distributed value of time [J]. Transportation Research Part B: Methodological,2014,65:31-46.

[28] Wang X,Huang H. J. Bi-criteria system optimum traffic assignment in networks with multi-user class elastic demands[J]. Systems Engineering: Theory and Practice,2011,31:94-102.

[29] Xie C, Wu X, Boyles S. Traffic equilibrium with a continuously distributed bound on travel weights: The rise of range anxiety and mental account[J]. Annals of Operations Research, 2019,273(1-2):279-310.

[30] Yang H, Huang H. J. The multi-class, multi-criteria traffic network equilibrium and systems optimum problem[J]. Transportation Research Part B:Methodological,2004,38(1):1-15.

[31] Zahavi Y. The unified mechanism of travel (UMOT) model, in "World Bank Staff

Working Paper No. 230", Washington DC: World Bank.

[32] ZahaviY. UMOT project, in " Report DOT-RSPA-DPB-20-79-3. U. S. Department of Transportation", Washington DC.

[33] Zahavi Y, Talvitie A. Regularities in travel time and money expenditures, in "World Bank Staff Working Paper No. 750", Washington DC: World Bank.

[34] Zahavi Y, Ryan J. M. Stability of travel components over time [J]. Transportation Research Record, 1980, 750: 13-19.

Optimal Charging Station Locations for the Critical Driving Ranges to Achieve Some Optimal Routing Conditions

Jiapei Li Chi Xie*

(College of Transportation Engineering, Tongji University)

Abstract Increasing the driving range of EVs is one of the most effective approaches to relieve range anxiety and ultimately improve the EV acceptance degree in the market, while it requires financial investments on upgrading battery and energy management techniques. To find a tradeoff between the financial investments and the social benefits, some research focused on identifying the minimum required driving range for satisfying drivers' travel demands. Considering the mutually related relationship between charging station location decisions and individual routing-and-charging decisions, this paper is further concerned with the optimal charging station location schemes that realize the minimum driving range thresholds. On the basis of two critical routing conditions and accordingly two associated driving range thresholds, the focus of this paper is on finding the optimal charging station location schemes that realize the minimum driving range thresholds for the feasibly optimal routing condition and ideally optimal routing condition. For this purpose, we develop two integer programming models and two comparative solution methods for the proposed charging station location problems. One is the classic branch-and-bound method and the other is a golden section-based heuristic method, both of which encapsulates two dynamic programming processes for identifying the two minimum driving ranges, respectively. The results from solving the two charging station location problems on a real-world regional transportation network demonstrate the effectiveness of the models and methods. The insights and implications from analyzing the results provide useful information for setting vehicle performance indicators for EV manufacturers and infrastructure construction levels for charging infrastructure investors.

Keywords Electric vehicles Charging station locations Driving ranges Routing conditions

0 Introduction

Range anxiety haslong been a critical impediment to the prevalence of electric vehicles (EVs) in the commercial and private automobile markets, which is often described as the fear or stress of individual drivers stranding due to the electricity exhaust in the onboard batteries. It is well known that a larger driving range can better relieve range anxiety, but it requires a larger battery capacity or better energy management techniques. In the course of technology enhancement and development, two optimal routing conditions are of particular interest to EV manufacturers, representing two most critical levels of travel statuses, which positively affect the convenience and preference of driving EVs for trip making, the vehicle driving experience and the vehicle purchase willingness and usage behaviours of potential consumers on some degree. The first condition can be described as a turning point from breaking through the restriction that travelers cannot finish their trips; the second is another turning point from breaking through the restriction that although travelers can finish their trips, they have to pay some extra detour cost for taking other charging opportunities anywhere other than on their minimum-cost paths. Li and Xie identified the two critical driving range thresholds to achieve the two optimal routing conditions and defined the two optimal routing conditions, namely, the feasibly optimal routing condition and ideally optimal routing condition, respectively.

Considering the impact of locations of charging stations in a network on the two driving range thresholds as a result of individual routing-and-charging decisions, this paper further attempts to find the optimal charging station location schemes that could decrease the driving range thresholds as low as possible for the two optimal routing conditions, with considering an investment budget on the construction of charging stations. In fact, this paper is an extension of Li and Xie's work, or, more specifically, when a charging station location scheme is given, the problems presented in this paper actually collapse to the optimal driving range problems in Li and Xie's wrok. Kchaou-Boujelben presented a detailed review on the modelling methods for charging station location problems. From the existing literature, this paper provides an innovative perspective for charging station location problems, which aims at finding the optimal charging station locations to realize the minimum driving range thresholds. It seems to provide an alternative approach of strategic cooperation between charging infrastructure investors and EV manufacturers to achieve the maximum benefits on the side of EV manufacturers from the help of charging infrastructure investors. Since the two strategies, namely, improving driving ranges and increasing charging opportunities, supplement and complement each other, the cooperation between EV manufacturers and charging infrastructure investors can definitely eliminate range anxiety to a larger extent than the effort from either side.

The focus of this study is on the development and application of mathematical programming models and methods for the optimal charging station location problems. In accordance, we first develop two integer programming models for the two charging station location problems in terms of different optimal routing conditions, and accordingly propose two solution algorithms for each of the two models. One is an exact algorithm, i. e., the classic branch-and-bound method, while the other is a golden section-based heuristic algorithm, both of which encapsulate two dynamic programming processes for identifying the minimum driving ranges for the feasibly optimal routing condition and the ideally optimal routing condition, respectively.

The remainder of this paper is organized as follows: Section 1 illustratively presents the two optimal charging station location problems by a network example. Section 2 develops two models for the two optimal charging station location problems. Section 3 explicitly presents the golden section-based heuristic method for solving these charging station location problems. To verify the effectiveness of the models and methods, Section 4 uses the two charging station location problems sketched over the Yangtze River Delta expressway network as real-world case studies and carries out a number of numerical analyses accordingly. Section 5 concludes this paper with a few highlights and insights as well as some suggestions for future research.

1 Problem statement

This paper attempts to explore how the charging station locations affect the individual routing-and-charging decisions and ultimately the driving range thresholds, and moreover, where to construct charging stations for reaching the lowest driving range thresholds. Below we use an example network, as shown in Fig. 1, to illustrate and answer the questions. We assume that a charging station is planned to be constructed at one of the candidate charging station nodes.

For thecharging station location problem in the feasibly optimal routing condition, three different candidate charging station location schemes and the correspondingly optimal paths are illustrated in Fig. 2a). If a charging station is constructed at node 1, for achieving the minimum required driving range, it is predicted that drivers are willing to choose traveling on path r-1-2-4-s and charge their vehicles at node 1 and node 4, where the driving range threshold is 198; b) if a charging station is constructed at node 2, then the chosen path is r-1-2-s and the used station are node 2, where the driving range threshold is 228; c) if a charging station is constructed at node 3, then the chosen path is r-3-4-s and the used station are node 3 and node 4, where the driving range threshold is 145. Obviously, to realize the minimum driving range threshold for the feasibly optimal routing condition, the optimal charging station location is at node 3, and accordingly, the minimum driving range threshold is 145.

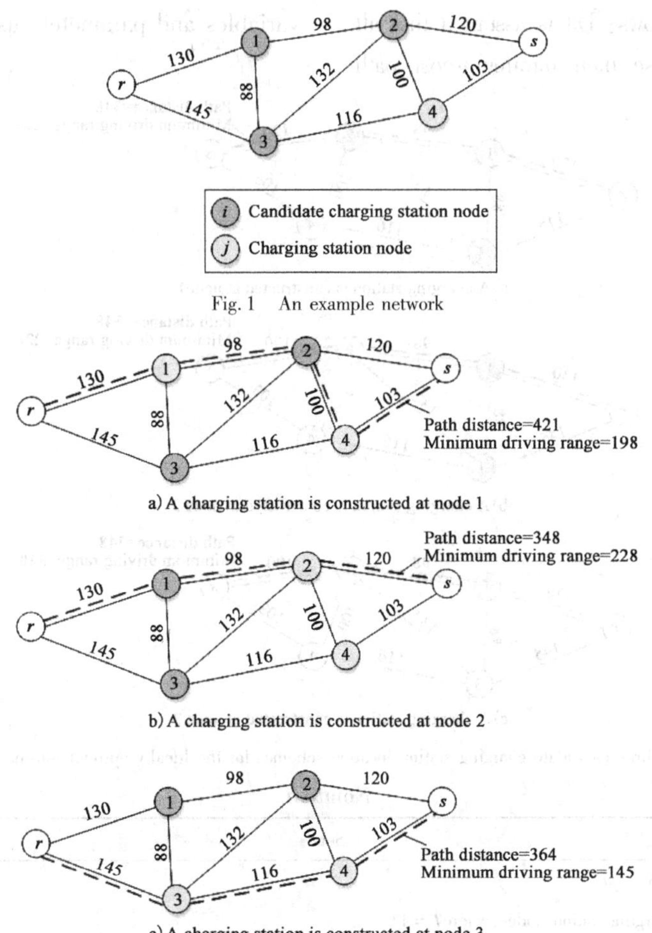

Fig. 1 An example network

a) A charging station is constructed at node 1

b) A charging station is constructed at node 2

c) A charging station is constructed at node 3

Fig. 2 Three candidate charging station location schemes for the feasibly optimal routing condition

For thecharging station location problem in the ideally optimal routing condition, it requires that all drivers finish their trips on the shortest path between r and s, i. e., path r-1-2-s. Three different candidate charging station location schemes and the shortest paths are illustrated in Fig. 3a) If a charging station is constructed at node 1, the minimum driving range is required to be 218 so that drivers can finish their trips on the shortest path; b) if a charging station is constructed at node 2, the minimum driving range is required to be 228 so that drivers can finish their trips on the shortest path; c) if a charging station is constructed at node 3, the minimum driving range is required to be 348 so that drivers can finish their trips on the shortest path. Obviously, to realize the minimum driving range threshold for the ideally optimal routing condition, the optimal charging station location is at node 1, and accordingly, the minimum driving range threshold is 218.

2 Problem formulations

This section focuses on developing the modelling frameworks for the two optimal charging station location problems. The discussion in this section starts from the assumptions and specifications used in the modelling process.

Without loss of generality, a number of assumptions and simplifications in this paper are carefully and reasonably specified as follows: ①it is assumed that all EV drivers prefer to choose their minimum-cost path subject to driving ranges of their vehicles; ② it is assumed that all charging stations have sufficiently large capacities, and charging cost and waiting time are not taken into account in travel cost; ③ it is assumed that all EVs are fully charged when they depart from origins and charging station nodes; ④ it is assumed that electricity consumption of individual electric vehicles is approximately linear to their driving distance.

Tab. 1 presents the notation including sets, variables and parameters used in our models.

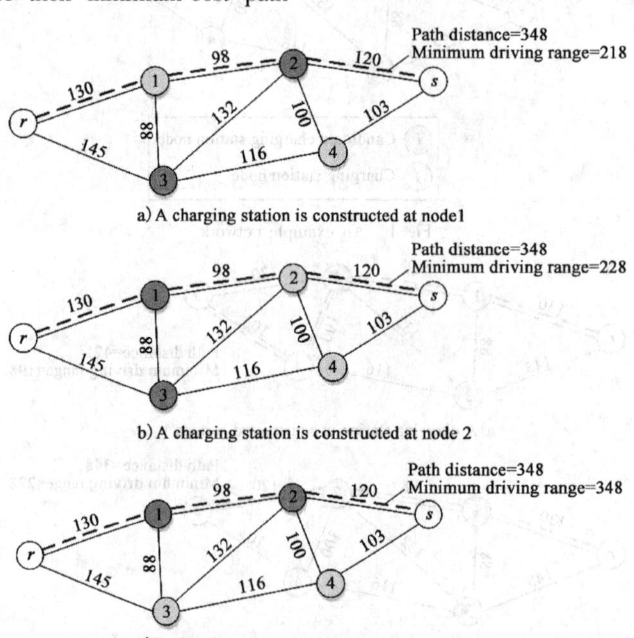

Fig. 3　Three candidate charging station location schemes for the Ideally optimal routing condition

Notation　　Tab. 1

Sets	
N	Set of nodes, where $N = \{n\}$
T	Set of candidate charging station nodes, where $T = \{t\}$
A	Set of links, where $A = \{a = (i,j)\}$
W	Set of origin-destination pairs, where $W = \{r - s\}$
K_{rs}	Set of paths between origin-destination pairr $- s$, where $K_{rs} = \{k\}$
V_k^{rs}	Set of charging station pairs on path k between origin-destination pair r-s, where $V_k^{rs} = \{p - q\}$
Variables	
d	The maximum driving range of an electric vehicle after a full charging
z_t	Node construction indicator that indicates whether a charging station is built or not, where $z_t = 1$ if a charging station is constructed at candidate node t, and otherwise if $z_t = 0$
y_k^{rs}	Activation indicator of path k between origin-destination pair r-s, where path k can be used to carry traffic flow if $y_k^{rs} = 1$, and otherwise if $y_k^{rs} = 0$
$y_k^{rs,pq}$	Activation indicator of thesubpath connecting charging station pair p-q, which is part of path k between origin-destination pair r-s, where all path flow chooses to be charged at nodes p and q on path k between origin-destination pair r-s if $y_k^{rs,pq} = 1$, and otherwise if $y_k^{rs,pq} = 0$

continue

	Parameters
d_{ij}	Physical length of link(i,j)
$d_k^{rs,pq}$	Physical length ofsubpath $k^{rs,pq}$on path k between origin-destination pair r-s
B	The maximum number of charging stations to be built
$\delta_{ij,k}^{rs,pq}$	Link-subpath incidence indicator, where $\delta_{ij,k}^{rs,pq}=1$ if(i,j) is part of subpath connecting charging station pair p-q on path k between origin-destination pair r-s, and otherwise if $\delta_{ij,k}^{rs,pq}=0$
k^*	The minimum-cost path between origin - destination pair r-s

Below we develop two mathematical programming models for thetwo proposed optimal charging station location problems.

2.1 A charging station location problem in the feasibly optimal routing condition

$$\min d \tag{1}$$

subject to

$$\sum_t z_t \leqslant B \tag{2}$$

$$\sum_k y_k^{rs} = 1 \quad \forall r-s \in W \tag{3}$$

$$y_k^{rs,pq} \leqslant z_{t=p,q} \quad \forall r-s \in W, k \in K_{rs}, p-q \in V_k^{rs} \tag{4}$$

$$y_k^{rs}\,\delta_{ij,k}^{rs} = \sum_{pq} y_k^{rs,pq}\,\delta_{ij,k}^{rs,pq} \quad \forall r-s \in W, k \in K_{rs}, (i,j) \in A \tag{5}$$

$$d_k^{rs,pq} y_k^{rs,pq} \leqslant d \quad \forall r-s \in W, k \in K_{rs}, p-q \in V_k^{rs} \tag{6}$$

$$z_t \in \{0,1\} \quad \forall t \in T \tag{7}$$

$$y_k^{rs} \in \{0,1\} \quad \forall r-s \in W, k \in K_{rs} \tag{8}$$

$$y_k^{rs,pq} \in \{0,1\} \quad \forall r-s \in W, k \in K_{rs}, p-q \in V_k^{rs} \tag{9}$$

where

$$d_k^{rs,pq} = \sum_{ij} d_{ij}\,\delta_{ij,k}^{rs,pq} \quad \forall k \in K_{rs}, p-q \in V_k^{rs} \tag{10}$$

The core term used in this set of mathematical expressions is subpath, which was first proposed by Xie and Jiang to describe a part of a path, whose head and tail nodes are charging stations. The objective function (1) is to minimize the driving range of EVs. Constraint (2) is a construction budget limit represented by the limited construction number. Constraint (3) describes the feasible optimal routing condition, which requires at least a feasible path between each origin-destination pair. Constraint (4) regulates the relationship between subpath activation indicator $y_k^{rs,pq}$ and location decision $z_{t=p,q}$, which implies that any subpath may be active only if charging stations are both constructed at head and tail nodes. Constraint (5) depicts the relationship between path and its subpath activation indicators, which stipulates that any link on an active path should be covered by one and only one active subpath of this path. Constraint (6) is a distance limit constraint that characterize the driving range limit of EVs. It regulates that the maximum driving range of EVs must be greater than or equal to any active subpath distance. Constraints (7) ~ (9) are binary constraints of decision variables, such as charging station locations, activation indicators of paths and subpaths. Constraint (10) is a definitional constraint of subpath distance, which defines the distance relationship between links and subpaths.

2.2 A charging station location problem in the Ideally optimal routing condition

$$\min d \tag{11}$$

subject to

$$\sum_t z_t \leqslant B \tag{12}$$

$$y_{k^*}^{rs} = 1 \quad \forall r-s \in W \tag{13}$$

$$y_{k^*}^{rs,pq} \leqslant z_{t=p,q} \quad \forall r-s \in W, p-q \in V_k^{rs} \tag{14}$$

$$y_{k^*}^{rs} \delta_{ij,k^*}^{rs} = \sum_{pq} y_{k^*}^{rs,pq} \delta_{ij,k^*}^{rs,pq} \quad \forall r-s \in W,(i,j) \in A \tag{15}$$

$$d_{k^*}^{rs,pq} y_{k^*}^{rs,pq} \leqslant d \quad \forall r-s \in W, p-q \in V_k^{rs} \tag{16}$$

$$z_t \in \{0,1\} \quad \forall t \in T \tag{17}$$

$$y_{k^*}^{rs,pq} \in \{0,1\} \quad \forall r-s \in W, p-q \in V_k^{rs} \tag{18}$$

where

$$d_{k^*}^{rs,pq} = \sum_{ij} d_{ij} \delta_{ij,k^*}^{rs,pq} \quad \forall k \in K_{rs}, p-q \in V_k^{rs} \tag{19}$$

Actually, the optimal charging station location problemin the ideally optimal routing condition is a specific case of that in the feasibly optimal routing condition, where the feasible path between each origin-destination pair is confined to the minimum-cost path. For modelling simplicity, we introduce the notation of the minimum-cost path k^* between any origin-destination pair.

3 Solution methods

In this paper, following the location-routing decomposition thought, we propose two solution methods to handle each of these two charging station location problems. One is an exact algorithm, i. e., a classic branch-and-bound method encapsulating two dynamic programming processes, where the branch-and-bound framework is conducted for determining charging station locations, while the encapsulated dynamic programming processes are for identifying the minimum driving ranges in the feasibly and ideally optimal routing conditions, respectively, given the locations of charging stations by the branch-and-bound method. The other is an approximate algorithm, a golden section-based heuristic method encapsulating two dynamic programming processes, where the golden section-based heuristic framework aims to repeatedly narrow the driving range interval and evaluate the feasibility of either subinterval, while the encapsulated dynamic programming processes are for identifying the minimum driving ranges in the feasibly and ideally optimal routing conditions, respectively, given the locations of charging stations from the sample space. Due to the limited space, the focus of this section is on the golden section-based heuristic method. A similar branch-and-bound method can be referred to in the wroks of Li et al. and Bao and Xie.

3.1 Agolden section-based heuristic for narrowing the driving range interval

For pursuing a higher solution efficiency, we further develop an approximate method, the algorithmic idea of which is similar to the golden section search method for one-dimensional continuous optimization problems, thereby called the golden section-based heuristic method in this research.

The golden sectionsearch method, first proposed by Kiefer, is one of the classic interval reduction methods for finding the optimal solution from an interval by repeatedly dividing the interval into two parts: One part in which the optimal solution cannot lie is discarded and another part is used as the updated interval for next iteration. In each iteration, a subinterval that accounts for 61.8% of the last interval is kept. The algorithm terminates when the size of the interval is sufficiently small. For example, we attempt to find the minimum solution of an optimization problem and know the minimum solution lies in an interval $[a,b]$. At the first iteration, two points in the interval $[a,b]$ are found, which are $x_L^0 = a + 0.382 \times (b-a)$ and $x_R^0 = a + 0.618 \times (b-a)$. Obviously, $x_L^0 < x_R^0$, and x_L^0 and x_R^0 are within interval $[a,b]$. Then a comparison of the objective function value $f(x_L^0)$ and $f(x_R^0)$ is made: If $f(x_L^0) > f(x_R^0)$, discard interval $[a, x_L^0]$ and keep interval $[x_L^0, b]$ as the updated interval for the next iteration; otherwise if $f(x_L^0) < f(x_R^0)$, discard interval $[x_R^0, b]$ and keep interval $[a, x_R^0]$ as the updated interval for the next iteration. If the remaining interval is $[x_L^0, b]$, then set $a = x_L^0$ and $x_L^1 = x_R^0$, add a new point $x_R^1 = a + 0.618 \times (b-a)$; if the remaining interval is $[a, x_R^0]$, then set $b = x_R^0$ and $x_R^1 = x_L^0$, add a new point $x_L^1 = a + 0.382 \times (b-a)$. Then compare the objective function value $f(x_L^1)$ and $f(x_R^1)$ and eliminate undesirable subinterval as above. The interval division and interval elimination procedures are repeatedly conducted until $|b-a|<\varepsilon$, where ε is a sufficiently small constant.

Similar to the classic golden section search method, the golden section-based heuristic method proposed in this paper for finding the minimum driving range of a network repeatedly divides an interval into two parts and searching for a certain number of feasible station location schemes to examine whether there is at least a feasible station location scheme that provides a minimum driving range that is smaller than or equal to x_R^n. If existing, we discard interval $[x_R^n, b]$ and keep $[a, x_R^n]$ as the updated interval; otherwise, we discard interval $[a, x_L^n]$ and keep $[x_L^n, b]$ as the updated interval. Obviously, the size of the interval is shrunk smaller with iteratively conducting the golden section-based heuristic method.

The initial interval of the golden section-based heuristic method is inspired by the following proposition: If we add an additional charging station in a given location solution, then the minimum driving range of the new solution will be less than or equal to that of the given one. Following the conclusion, we consider the following two extreme location solutions: One is no charging station constructed in the network, under which the minimum driving range d_u is the upper bound of that of any location solution; the other is constructing a charging station at all candidate location nodes, under which the minimum driving range d_l is the lower bound of that of any location solution. Undoubtedly, the optimal driving range threshold in the network lies in interval $[d_l, d_u]$.

The feasible location solutions used to examine interval eliminations are a result of randomly choosing a certain number of samples from the whole sample space. Note that, the sample space consists of all feasible location schemes subject to a budget limit, and the number of all feasible location schemes is limited and can be found by enumeration. For example, if the number of all candidate location nodes is n and the number of stations to be constructed is m, the number of samples in the sample space is C_n^m, and the samples can be found by unrepeatedly giving a charging station at any m of n candidate location nodes. The higher efficiency of the golden section-based heuristic method lies in that we could search for a part of feasible location schemes rather than all, and thus the optimal solution may be not exact.

Below we elaborate the algorithmic steps of the golden section-based heuristic method encapsulating a dynamic programming process.

Step 0 (Initialization): Calculate the minimum driving range d_u of the location scheme where no charging station is given, and the minimum driving range d_l of the location scheme where any candidate location node is given a charging station, by using a dynamic programming process. Set the initial interval $[a, b] = [d_l, d_u]$. Enumerate all feasible network scenarios ω. Set the sample space $\Omega = \{\omega\}$. Set the iteration counter i = 0. Calculate the two points $x_L^i = a + 0.382 \times (b-a)$ and $x_R^i = a + 0.618 \times (b-a)$. Go to step 1.

Step 1 (Interval elimination): Randomly choose a certain number of samples from sample space Ω. If there is a sample ω that provides the minimum driving range that is less than or equal to x_R^i, discard interval $[x_R^i, b]$ and keep $[a, x_R^i]$ as the updated interval; otherwise if the minimum driving ranges of all samples are larger than x_R^i, discard interval $[a, x_L^i]$ and keep $[x_L^i, b]$ as the updated interval. Go to step 2.

Step 2 (Interval division): If the remaining interval is $[a, x_R^i]$, then set $b = x_R^i$ *and* $x_R^{i+1} = x_L^i$, and add a new point $x_L^{i+1} = a + 0.382 \times (b-a)$; if the remaining interval is $[x_L^i, b]$, then set $a = x_L^i$ and $x_L^{i+1} = x_R^i$, and add a new point $x_R^{i+1} = a + 0.618 \times (b-a)$. Go to step 3.

Step 3 (Termination criterion): Terminate the algorithm, if $|b-a| < \varepsilon$, where ε is a sufficiently small constant; otherwise, set iteration counter $i = i + 1$ and go to step 1.

3.2 Two dynamic programming algorithms for identifying the minimum driving ranges

Given the locations of charging stations by the branching procedure in the branch-and-bound framework, or from the sample space in the golden section-based heuristic framework, the remaining problems actually collapse to a class of discrete optimization problems analogous to network routing problems.

3.2.1 Bi-criteria label-correcting algorithm for the network routing problem in the feasibly optimal routing condition

For thenetwork routing problem in the feasibly optimal routing condition, the minimum driving range over a network is the maximum of the driving ranges of all origin-destination pairs. For each origin-destination pair, its minimum driving range can be found by searching for all possible paths to identify a path that provides the minimax driving range. This path search process can be efficiently handled by a dynamic programming process similar to the bi-criteria label-correcting algorithm. Below we elaborate the algorithmic steps of the bi-criteria label-correcting algorithm.

Step 0 (Initialization): Set the initial bi-label $\{(d_a^{rs}(r), d_b^{rs}(r))\} = \{(0,0)\}$ for origin node r, and the initial bi-label $\{(d_a^{rs}(n), d_b^{rs}(n))\} = \{(+\infty, +\infty)\}$, $\forall n \in N \backslash \{r\}$, where $d_a^{rs}(n)$ is the minimax driving range from r to n, and $d_b^{rs}(n)$ is the current driving range from the last charging station node to n. Set the initial node set $Q = \{r\}$. Set the iteration counter $i = 0$. Then go to Step 1.

Step 1 (Pareto-optimal path search): Let $i \in Q$ and take it from Q. Update the label set $\{(d_a^{rs}(j), d_b^{rs}(j))\}$ of node j, if $(i,j) \in A$, according to the type of node j: ① If node j is a charging station node or destination node s, update the unique label $(d_a^{rs}(j), d_b^{rs}(j))$ of node j with $d_a^{rs}(j) = \max\{d_a^{rs}(i), d_b^{rs}(i) + d_{ij}\}$ and $d_b^{rs}(j) = 0$, and then move node j into Q, if $d_a^{rs}(j) > \max\{d_a^{rs}(i), d_b^{rs}(i) + d_{ij}\}$, for any bi-label of node i. ② Otherwise, update the label set $\{(d_a^{rs}(j), d_b^{rs}(j))\}$ of node j as follows: For any bi-label of nodes i and j, if $d_a^{rs}(j) > \max\{d_a^{rs}(i), d_b^{rs}(i) + d_{ij}\}$ and $d_b^{rs}(j) \geqslant d_b^{rs}(i) + d_{ij}$, or if $d_a^{rs}(j) \geqslant \max\{d_a^{rs}(i), d_b^{rs}(i) + d_{ij}\}$ and $d_b^{rs}(j) > d_b^{rs}(i) + d_{ij}$, eliminate $(d_a^{rs}(j), d_b^{rs}(j))$ from the label set of node j, and add $(\max\{d_a^{rs}(i), d_b^{rs}(i) + d_{ij}\}, d_b^{rs}(i) + d_{ij})$ to the label set of node j, and then move node j into Q; for any bi-label of nodes i and j, if $d_a^{rs}(j) > \max\{d_a^{rs}(i), d_b^{rs}(i) + d_{ij}\}$ and $d_b^{rs}(j) < d_b^{rs}(i) + d_{ij}$, or if $d_a^{rs}(j) < \max\{d_a^{rs}(i), d_b^{rs}(i) + d_{ij}\}$ and $d_b^{rs}(j) > d_b^{rs}(i) + d_{ij}$, remain $(d_a^{rs}(j), d_b^{rs}(j))$ in the label set of node j, and add $(\max\{d_a^{rs}(i), d_b^{rs}(i) + d_{ij}\}, d_b^{rs}(i) + d_{ij})$ to the label set of node j, and then move node j into Q; otherwise, remain any bi-label in the label set of node j. Then go to Step 2.

Step 2 (Termination criterion): If $Q = \phi$, terminate the algorithm and output the optimal solution $d_a^{rs}(s)$; otherwise, set iteration counter $i = i + 1$ and go to Step 1.

3.2.2 Label-setting algorithm for the network routing problem in the ideally optimal routing condition

For the network routing problem in theideally optimal routing condition, since only a single path between each origin-destination pair is prespecified, the minimum driving range for each origin-destination pair is the maximum driving range among the subpaths between two consecutive charging stations on the minimum-cost path. This path search process becomes simpler, which can be efficiently conducted by a dynamic programming process similar to the label-setting algorithm, Below we elaborate the algorithmic steps of the label-setting algorithm.

Step 0 (Initialization): Set the initial group $S^P = \phi$ of permanently labeled nodes and the initial group $S^T = N$ of temporarily labeled nodes. Set the initial bi-label $(c^{rs}(r), d_a^{rs}(r), d_b^{rs}(r)) = (0,0,0)$ for origin node r, and the initial bi-label $(c^{rs}(n), d_a^{rs}(n), d_b^{rs}(n)) = (+\infty, +\infty, +\infty)$, $\forall n \in N \backslash \{r\}$, where $c^{rs}(n)$ is the minimum travel cost from r to n, $d_a^{rs}(n)$ is the minimax driving range from r to n, and $d_b^{rs}(n)$ is the current driving range from the last charging station node to n. Set the iteration counter $i = 0$. Then go to Step 1.

Step 1 (Optimal path search): Let $i \in S^T$ be a node, where $c^{rs}(i) = \min\{c^{rs}(j): \forall j \in S^T\}$. Update $S^P = S^P \cup \{i\}$ and $S^T = S^T \backslash \{i\}$. Update the label $(c^{rs}(j), d_a^{rs}(j), d_b^{rs}(j))$ of temporarily labeled node j, if $(i,j) \in A$, according to the type of node j: If node j

is a charging station node, update the label $(c^{rs}(j), d_a^{rs}(j), d_b^{rs}(j))$ of node j with $c^{rs}(j) = c^{rs}(i) + c_{ij}$, $d_a^{rs}(j) = \max\{d_a^{rs}(i), d_b^{rs}(i) + d_{ij}\}$, and $d_b^{rs}(j) = 0$, if $c^{rs}(j) > c^{rs}(i) + c_{ij}$; otherwise, update the label $(c^{rs}(j), d_a^{rs}(j), d_b^{rs}(j))$ of node j with $c^{rs}(j) = c^{rs}(i) + c_{ij}$, $d_a^{rs}(j) = \max\{d_a^{rs}(i), d_b^{rs}(i) + d_{ij}\}$, and $d_b^{rs}(j) = d_b^{rs}(i) + d_{ij}$, if $c^{rs}(j) > c^{rs}(i) + c_{ij}$. Then go to Step 2.

Step 2 (Termination criterion): If $|S^P| = |N|$, terminate the algorithm and output the optimal solution $d_a^{rs}(s)$; otherwise, set iteration counter $i = i + 1$ and go to Step 1.

4 Numerical and computational analysis

This section presents the numerical analysis results from applying the modelling and solution methods proposed in this paper on a real-world road topology of the intercity highway network of the Yangtze River Delta region in China. The intention of this analysis is to illustrate the aspects of both the network scenarios and computational performance. All numerical experiments were coded in C + + and ran on a desktop computer with Intel Core i5 - 6200U CPU 2.30GHz and 4GB RAM.

4.1 Network scenarios

Fig. 4 illustrates a topology sketch of the intercity highway network covering the Yangtze River Delta region of China, which consists of 38 nodes, 138 directed links, 18 cities as the origin and destination nodes producing and absorbing travel demands, and 28 candidate location nodes marked grey. For the illustrative purpose, we compute the globally optimal solutions by using the branch-and-bound method for 12 scenarios by choosing 12 different budget limits. Tab. 2 presents the optimal location solutions and the minimum driving range thresholds in the 12 scenarios for achieving the feasibly optimal routing condition and ideally optimal routing condition, respectively.

Optimal location solutions and minimum driving range thresholds Tab. 2

Budget limit	Feasibly optimal routing condition		Ideally optimal routing condition	
	Optimal location solution	Minimum driving range threshold	Optimal location solution	Minimum driving range threshold
1	15	302	37	460
2	4,18	208	35,37	414
3	1,15,24	162	4,8,35	384
4	6,14,31,33	141	8,14,18,35	339
5	6,14,31,38	135	2,6,17,25,35	305
6	2,9,19,31,33,38	120	2,6,17,18,29,35	281
7	6,8,9,17,31,33,37	109	2,14,18,25,31,33,35	240
8	6,8,9,17,29,31,33,37	105	1,4,6,8,17,18,25,35	212
9	1,2,8,14,19,24,29,34,37	95	1,6,8,15,17,18,25,35,37	206
10	1,2,8,14,19,21,24,29,34,37	91	1,6,8,15,17,18,25,31,35,37	202
11	4,6,8,9,14,19,21,24,29,34,37	88	2,4,14,15,18,24,25,31,34,35,38	202
12	4,6,8,9,14,19,21,24,29,34,37,38	88	2,9,14,15,18,24,25,31,33,35,37,38	202

From this table, we can find some interesting results: ① The minimum driving range thresholds in the ideally optimal routing condition are always larger than that in the feasibly optimal routing condition when same budget limits are given. It is consistent with the path choice behaviours in the two travel conditions we defined in this paper. ② The minimum driving range thresholds in either of the feasibly and ideally optimal routing conditions first monotonically decreases and then keep at a steady value as the budget limit increases. It is consistent with the conclusion of proposition proposed in the paper. Fig. 5 also graphically illustrates the variation trend. ③ The minimum driving range in the ideally optimal routing condition in the Yangtze River Delta network cannot be smaller than 202 that is the lowest physical length between node 25 and node 35, and the minimum driving range in the feasibly optimal routing condition in the Yangtze River Delta network cannot be smaller than 88 that is the lowest physical length between node 32 and node 37. The lowest of the minimum driving range thresholds is heavily dependent on the topology of the Yangtze River Delta network.

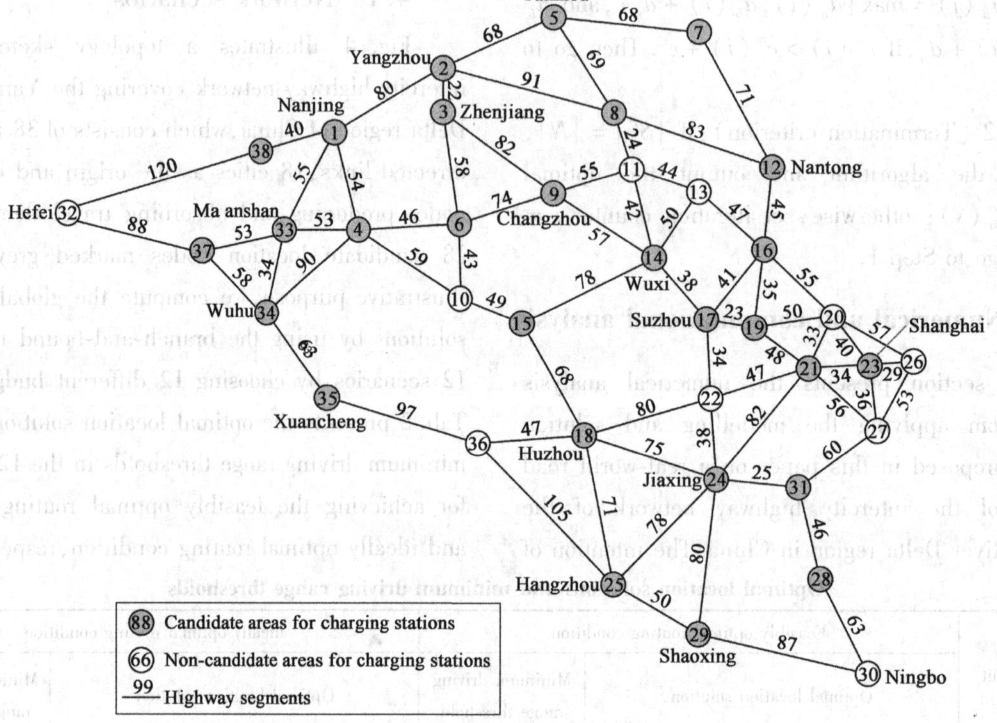

Fig. 4　The Yangtze River Delta network

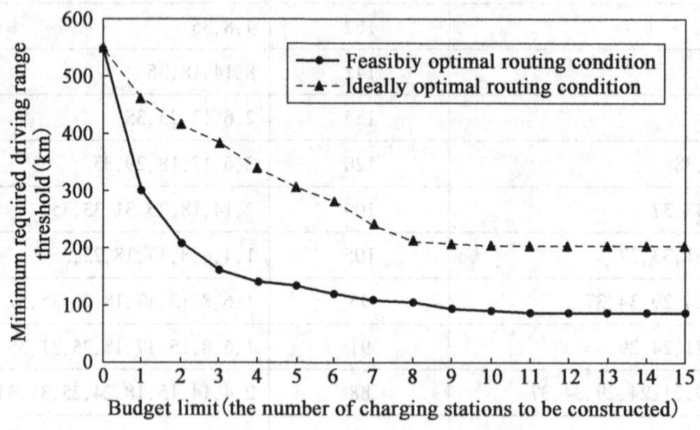

Fig. 5　Variation of the minimum driving range thresholds with the budget limit

4.2　Computational performance

This section focuses on an analysis on comparisons between the exact method and the approximate method with respect to the solution accuracy and efficiency. Tab. 3 lists the objective function values and the recorded computing times from running the branch-and-bound method and the golden section-based heuristic method, as well as the gaps of the objective function values and the ratio of the computing times.

Comparisons between the Branch-and-bound method and the golden section-based heuristic method Tab. 3

Budget limit	Sampling number	Objective function value (km) BB[1]	Objective function value (km) GSBH[2]	Value gap (GSBH-BAB)	CPU time (s) BB	CPU time (s) GSBH	Time ration (GSBH/BB)
For the feasibly optimal routing condition							
1	5	302	302	0	297.58	2.67	0.89%
	10		302	0		3.02	1.01%
	20		302	0		9.58	3.22%
2	5	208	240	32	1799.19	4.56	0.25%
	10		208	0		10.09	0.56%
	20		208	0		16.08	0.89%
3	5	162	194	32	6835.63	22.72	0.33%
	10		206	44		37.44	0.55%
	20		201	39		80.66	1.18%
4	5	141	176	35	16454.02	86.34	0.52%
	10		190	49		162	0.98%
	20		157	16		357.62	2.17%
For the ideally optimal routing condition							
1	5	460	514	54	30.53	0.79	2.59%
	10		460	0		1.95	6.39%
	20		460	0		3	9.83%
2	5	414	414	0	264.25	2.39	0.90%
	10		426	12		4.73	1.79%
	20		428	14		8.86	3.35%
3	5	384	414	30	947.20	9	0.95%
	10		402	18		27.72	2.93%
	20		402	18		47.72	5.04%
4	5	339	401	62	1203.75	62.56	5.19%
	10		368	29		118.02	9.8%
	20		401	62		256.547	21.3%

It is evident from Tab. 3 that for either the branch-and-bound method or the golden section-based heuristic method, the computing time climbs with the solution space size increasing. Note that, for the branch-and-bound method, the space size is dependent on the budget limit, while for the golden section-based heuristic method, the space size is dependent on both the budget limit and the sampling number.

Note that, the optimal solution obtained from the golden section-based heuristic method is random and maybe not exact, which is heavily dependent on the number and the quality of samples chosen from the sample space. For the scenarios with the smaller budget limit, since the space size of the feasible location solutions is smaller, the possibility of randomly sampling the optimal solution is large. Hence, the superiority of the golden section-based heuristic method is prominent due to its desirable optimal solution and less computing time. While for the scenarios with the larger budget limit, the solution spaces are increased to tremendous sizes rapidly. For example, in the Yangtze River Delta network with 28 candidate station location nodes, the number of feasible solutions is 378 when the budget limit is 2;

[1] BB stands for the branch-and-bound method.

[2] CSBH stands for the golden section-based heuristic method.

the number of feasible solutions is 3276 when the budget limit is 3; and the number of feasible solutions is 20475 when the budget limit is 4. Then the possibility of sampling the optimal solution is quite small, and thus the superiority of the branch-and-bound method is prominent due to its exact optimal solution.

5　Conclusions and future work

In view of scarce charging infrastructure and insufficient driving ranges, range anxiety prevails in the driving population of EVs. Admittedly, range anxiety can be effectively relieved by either increasing the driving range of vehicles or increasing the number of charging opportunities. In fact, the two approaches supplement and complement each other in reducing range anxiety. Taking into account this relationship, this paper proposes an alternative perspective of cooperation between EV manufacturers and charging infrastructure investors. On the basis of the minimum required driving range problems proposed in Li and Xie ' s work, this paper further defines two optimal charging station location problems, which is dedicated to finding the optimal charging station locations to realize the minimum driving range thresholds for achieving two critical optimal routing conditions, namely, feasibly optimal routing condition and ideally optimal routing condition, respectively. Actually, these two charging station location problems imply a mutual relationship between charging station location decisions and individual routing-and-charging decisions.

The focus of this study is on the development and application of mathematical programming models and methods for theproposed optimal charging station location problems. On the modelling side, we constructed two integer programming models for the two charging station location problems in terms of the two optimal routing conditions. On the algorithmic side, we proposed two solution methods for each of the two models. One is an exact algorithm, i. e., the classic branch-and-bound method; the other is an approximate algorithm, i. e., a golden section-based heuristic method. Two dynamic programming processes are encapsulated in both methods to identify the minimum driving ranges for the feasibly optimal routing condition and the ideally optimal routing condition, respectively. Our limited test results show that the superiority of the golden section-based heuristic method is prominent since it obtains near-optimal solutions with less computing time than the branch-and-bound algorithm.

This research could be further extended by considering other more practicalmodeling factors such as heterogeneous driving behaviors and stochastic driving ranges. Besides, it would be interesting to further study a joint optimization problem that simultaneously takes into account both the driving range extension plan made by EV manufacturers and the charging infrastructure development plan made by charging infrastructure investors, in a consistent modelling framework. Obviously, such a framework requires the participation of a government authority that will coordinate the behaviors of the two parties and decide how the relevant government resources and policies should be implemented.

6　Acknowledgements

The authors are sincerely grateful to Zhaoyao Bao, a Ph. D. student from school of Naval Architecture, Ocean and Civil Engineering at Shanghai Jiaotong University, for his suggested research idea of the charging station location problems in this paper. This research is sponsored by the National Natural Science Foundation of China (Grant No. 72171175, 72111540273, 71771150, 72021002,71890970).

References

[1] Bao Z, Xie C. Optimal station locations for en-route charging of electric vehicles in congested intercity networks: A new problem formulation and exact and approximate partitioning algorithms[J]. Transportation Research Part C, 2021,133:103447.

[2] Dijkstra EW. A note on two problems in connexion with graphs[J]. Numerische Mathematik, 1959, 1

(1):269-271.
[3] Franke T, Krems J F. What drivers range preferences in electric vehicle users [J]. Transportation Policy, 2013, 30(1):56-62.
[4] Kchaou-Boujelben M. Charging station location problem: A comprehensive review on models and solution approaches [J]. Transportation Research Part C, 2021, 132:103376.
[5] Kiefer J. Sequential minimax search for a maximum [J]. Proceedings of the American Mathematical Society, 1953(4):501-506.
[6] Li J, Xie C. On the minimum required driving ranges of electric vehicles to overcome some travel restriction barriers. Proceedings of the World Transport Convention, June 16-18, 2021, Xi'an, China.
[7] Li J, Xie C, Bao Z. Optimal en-route charging station locations for electric vehicles: A comparative evaluation of network-based and metanetwork-based approaches [J]. Transportation Research Part C. (Under review).
[8] Xie C Jiang N. Relay requirement and traffic assignment of electric vehicles [J]. Computer-Aided Civil and Infrastructure Engineering, 2016, 31(8):580-598.

Optimal En-route Charging Station Locations for Electric Vehicles with Heterogeneous Range Anxiety

Xueqi Zeng [1,2] Chi Xie [*1,2]
(1. Urban Mobility Institute, Tongji University; 2. College of Transportation Engineering, Tongji University)

Abstract Anew optimal charging station location problem for intercity highway networks is proposed and solved in this paper, in which electric vehicles with heterogeneous driving ranges require multiple en-route charges to finish trips. A mixed linear integer programming model is presented to describe this charging station location problem subject to a limited construction budget and with individual en-route charges. In the branch-and-bound solution framework for optimal locations, a multi-criterion label-correcting algorithm is used to determine the routing distribution of the traffic flow of each origin-destination. To verify the effectiveness and the efficiency of the model and algorithms, a benchmark network case is analyzed and several useful pieces of information are found.

Keywords Electrical vehicles Heterogeneous range anxiety Charging stations locations Multi-criterion label-correcting algorithm Branch-and-bound algorithm

0 Introduction

Compared to conventional internal combustion engine vehicles, electric vehicles pose maneuver control, energy saving, environmental friendliness advantages and promise to change the landscape of our future surface transportation system. Many governments across the world thus have enacted favorable policies and acts to promote the development of electric vehicles.

However, due to the insufficient driving ranges of electric vehicles and scarce charging stations, the well-known range anxiety issue has been a prominent obstacle to an extensive adoption of electric vehicles. To reflect this effect in the traffic assignment modeling, Jiang et al. first used the driving range as a proxy to evaluate the range anxiety level. Because the range anxiety level varies across different drivers, their perceived driving ranges are heterogeneous. A figure can explicitly illustrate the heterogeneity of perceived driving range values and the relationship among perceived, actual, and nominal driving range values, as shown in Fig. 1. It should be noted that the distribution form could be diverse, which depends on many factors pertaining to drivers, vehicles and traffic environments.

Constructing sufficient charging stations is a very effective way to ease range anxiety especially for drivers finishing intercity long-range trips where electric vehicles require multiple en-route charges. However, because of the costly infrastructure investment, for instance, the procurement and installation costs of an electric vehicle charging station are respectively about \$10000 ~ \$40000 and \$4000 ~ \$51000, it is crucial for charging service providers to select the optimal charging station locations for electric vehicles with the construction budget limit to maximize the utility of their investment.

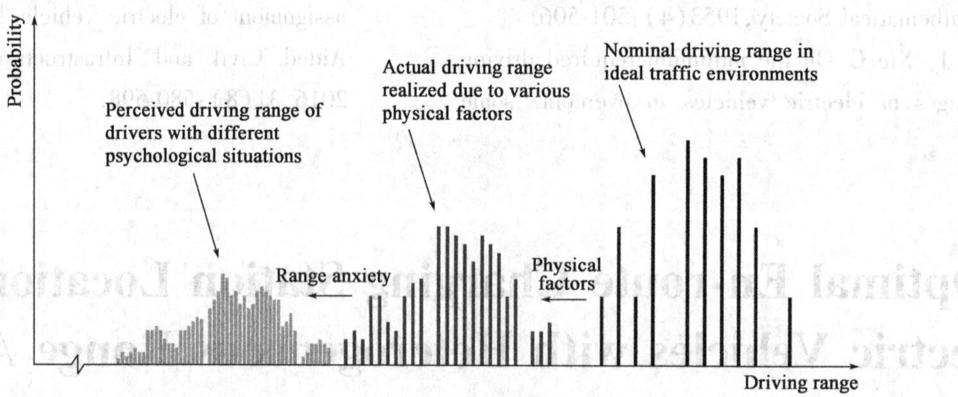

Fig. 1　Illustration of heterogeneity of perceived driving range limits and the relationship among perceived, actual and nominal driving range limits

1　Literature review

In the past few decades, numerous efforts have been devoted to solving the optimal chargingstation location problem. A very comprehensive review of this problem has been conducted by Kchaou-Boujelben. We here just briefly review the most relevant research to this paper where the charging demand is en-route demand, the objective is to minimize the total cost, and the driving range limits are heterogeneous.

En-route demand is often used in the en-route charging station location model. It can be described as when the electric vehicle travels from the origin to the destination and its driving range limit is less than the trip's physical distance, the electric vehicle must be charged in en-route charging stations. The objectives of this problem can be mainly classified as maximizing the covered traffic flows by charging stations and minimizing costs in the traffic network. For the latter objective, Wang and Lin, Rose et al. as well as Zheng and Peeta try to minimize the total infrastructure investment while the objective of He et al., Liu and Wang, Wang et al. as well as Zhang et al. is to minimize the user total travel cost and the recharging cost. There is also paper minimizing the system cost consists of infrastructure costs and user costs. However, all aforementioned studies assume that the driving range limit of electric vehicles is fixed.

Some researchersare trying to relax the fixed-driving-range assumption. For instance, Lee et al. as well as Xie et al. assumed the driving range of electric vehicles at origin nodes is a variable following a probability distribution function, and electric vehicles are not allowed to be charged multiple times. Besides, Vries and Duijzer as well as Kchaou-Boujelben and Gicquel incorporate the stochastic driving range into the flow refueling location problem where flows are covered if the risk of running out of charge is below a certain threshold. In addition, Davidov and Pantoš use a k-means method to extract a set of (discrete) most probable driving ranges from all possible occurrences, in which each driving range scenario has its own probability and can be applied to the location model respectively. Furthermore, Lee and Han formulated a location problem to maximize the covered and reachable flows with different driving range limits following the normal distribution, where all travelers finish their trips along their shortest paths and the detour is prohibited.

All of the articles mentioned in the last paragraph ignore either the heterogeneous driving range limits (continuously distributed) of electric vehicles or the deviation behavior for recharging. The optimal charging station location problem that minimizes the total cost and focuses on range-constraint network loading problems where electric vehicles have heterogeneous driving ranges and require multiple charges, to our best knowledge, has not been studied so far.

In this paper, considering the heterogeneous range anxiety, a new en-route demand location model is presented to minimize the total cost in the traffic network, where there is a subproblem, viz., optimal network loading problem given the charging station locations. The remainder of this article is organized as follows: In Section 2, the mathematical formulation is proposed. The solution algorithm is described in Section 3. In Section 4, a case is presented and the computational results under varieties of scenarios are reported. We conclude this paper in Section 5 with some remarks and provide some future research directions.

2 Problem formulation

2.1 Assumptions and terms

Without losing problem features to form a feasible model, some reasonable assumptions are given first: ① There is no congestion in the traffic network because this paper is studying the intercity highway networks where there is no congestion generally. ② The charging costs are excluded from our model as the charging opportunities are of greater importance than charging costs for drivers. ③ The driving distance is directly proportional to the power consumption of electric vehicles. ④ Electric vehicles are fully charged when they start from origins or recharged at en-route charging stations. So, for a certain O-D demand, the origin node and the destination node could be seen as virtual charging station nodes.

In addition to assumptions, several terms used inthe model are as follows.

Penalty cost: For some drivers whose driving range limits are lower than the minimum required driving range limit for finishing trips by electric vehicles, they have to think of alternative modes, e.g., inner combustion engine vehicles. To describe and quantify this kind of inconvenience, the penalty cost is proposed, which is calculated as the travel cost of inner combustion engine vehicles whose drivers can ignore the range constraint and finish trips along the minimum cost path. The exact value of this term is related to the certain O-D pair. Similar terms are also defined by some researchers.

Subpath: If there is a continuous arc connecting some links on path k from r to s and both the origin and destination of this arc are charging stations [or origin/destination nodes of path k for a certain O-D pair (r,s)], we call this arc a subpath. As shown in Fig. 2, r, u, v and s are charging station nodes and there are 6 subpaths: k_{rs}^{ru}, k_{rs}^{uv}, k_{rs}^{vs}, k_{rs}^{rv}, k_{rs}^{us} and k_{rs}^{rs}.

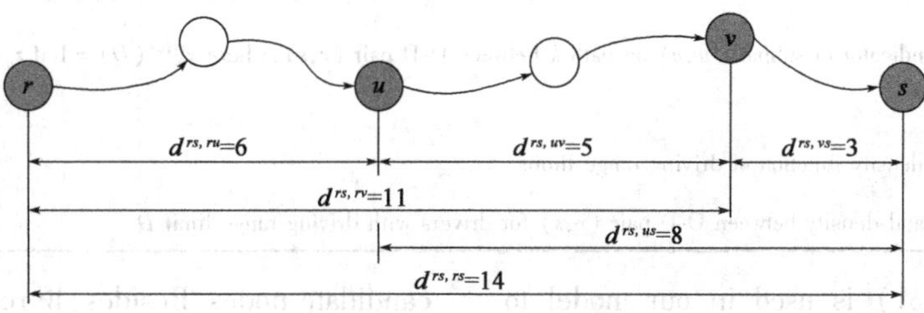

Fig. 2 Illustration of Subpaths

Feasible subpath: If the length of a subpath is not greater than drivers' driving range limits, the subpath is a feasible subpath for them. Different drivers have different feasible subpaths, e. g., if the driving range limit $D = 12$, the feasible subpaths are k_{rs}^{ru}, k_{rs}^{uv}, k_{rs}^{vs}, k_{rs}^{rv} *and* k_{rs}^{us}; while the feasible subpaths are

k_{rs}^{ru}, k_{rs}^{uv} and k_{rs}^{vs} if the driving range limit $D=6$.

Feasible path: Based on the feasible subpath, if at least a group of continuous feasible subpaths can be found to completely and exactly cover a certain path, we call the path a feasible path.

2.2 Mathematical formulation

For discussion convenience, the notation used in our model is given in Tab.1.

Notation for Mathematical Formulation Tab.1

	Sets
N	Set of nodes, $i,j \in N$
L	Set of charging station candidates, $L=\{l\}$
A	Set of links, $(i,j) \in A$
W	Set of O-D pairs, $(r,s) \in W$
K_{rs}	Set of paths fromr to s
U_k^{rs}	Set of charging station candidate node pairs (u,v) on the path k from r to s, $(u,v) \in U_k^{rs}, u,v \in L$
	Parameters
D	Driving range limit for a driver, $D \in [D_{min}, D_{max}]$
M	A sufficient large constant
Z	Budget limit
p_{rs}	Penalty cost for an unsatisfied trip by electric vehicles between O－D pair (r,s), which is calculated as the travel cost of a trip satisfied by inner combustion engine vehicles
d_{ij}	Physical length of link(i,j)
c_{ij}	Travel cost of link(i,j)
$d_k^{rs,uv}$	Physical length of subpath(u,v) on path k from r to s
$\delta_{ij,k}^{rs}$	Link-path incidence indicator, which equals1 if link (i,j) is a part of path k from r to s and equals 0 otherwise
$\delta_{ij,k}^{rs,uv}$	Link-subpath incidence indicator, which equals1 if link (i,j) is a part of the subpath (u,v) on the path k from r to s and equals 0 otherwise
q_{rs}	Traffic demand of all drivers fromr to s
	Variables
z_l	0-1 decision variable, which equals1 if the charging station is constructed at the charging station candidate node l and equals 0 otherwise
x_{ij}	Traffic flow on link(i,j), which is related to $\{z_l\}$
$f_k^{rs}(D)$	Traffic flow density with driving range limit D on path k from r to s
q_u^{rs}	Unsatisfied travel demand by electric vehicles from r to s
$y_k^{rs}(D)$	Activation indicator of pathk between O-D pair (r,s), where $y_k^{rs}(D)=1$ if $f_k^{rs}(D)>0$, $y_k^{rs}(D)=1$or 0 otherwise
$y_k^{rs,uv}(D)$	Activation indicator of subpath(u,v) on path k between O-D pair (r,s), where $y_k^{rs,uv}(D)=1$ if $z_u=z_v=1$, otherwise $y_k^{rs,uv}(D)=0$
$P(D)$	Probability density function of driving range limits
$q_{rs}(D)$	Traffic demand density between O-D pair (r,s) for drivers with driving range limit D

A graph $G=(N,A)$ is used in our model to represent the transportation network, where N and A are the sets of nodes and links respectively. L, a special subset of N, contains the charging station candidate nodes. Besides, W represents the set of O-D pairs (r,s), where r is the origin and s is the destination. In addition, K_{rs} represents the set of all paths between the O-D pair (r,s) and U_k^{rs} represents the set of node pairs (u, v) on path k connecting r and s, where $u, v \in L$, i. e., charging station nodes.

Given the above assumptions, terms, and notation, the formulation reads as follows.

$$\min \sum_{(i,j) \in A} x_{ij} c_{ij} + \sum_{(r,s) \in W} p_{rs} q_u^{rs} \tag{1}$$

subject to

$$\sum_{l \in L} z_l \leqslant Z \tag{2}$$

$$z_l = \{0,1\}, \forall l \in L \tag{3}$$

$$y_k^{rs,uv}(D) \leqslant z_{t=u,v}, \forall (r,s) \in W, k \in K_{rs}, (u,v) \in U_k^{rs}, D \in [D_{min}, D_{max}] \tag{4}$$

$$\delta_{ij,k}^{rs} y_k^{rs}(D) = \sum_{(u,v) \in U_k^{rs}} \delta_{ij,k}^{rs,uv} y_k^{rs,uv}(D), \forall (r,s) \in W, k \in K_{rs}, (i,j) \in A, D \in [D_{\min}, D_{\max}] \tag{5}$$

$$d_k^{rs,uv} y_k^{rs,uv}(D) \leqslant D, \forall (r,s) \in W, k \in K_{rs}, (u,v) \in U_k^{rs}, D \in [D_{\min}, D_{\max}] \tag{6}$$

$$y_k^{rs}(D) = \{0,1\}, \forall (r,s) \in W, k \in K_{rs}, D \in [D_{\min}, D_{\max}] \tag{7}$$

$$y_k^{rs,uv}(D) = \{0,1\}, \forall (r,s) \in W, (u,v) \in U_k^{rs}, k \in K_{rs}, D \in [D_{\min}, D_{\max}] \tag{8}$$

$$M y_k^{rs}(D) \geqslant f_k^{rs}(D), \forall (r,s) \in W, k \in K_{rs}, D \in [D_{\min}, D_{\max}] \tag{9}$$

$$\sum_{k \in K_{rs}} \int_{D_{\min}}^{D_{\max}} f_k^{rs}(\nu) d\nu + q_u^{rs} = q_{rs}, \forall (r,s) \in W \tag{10}$$

$$\sum_{k \in K_{rs}} f_k^{rs}(D) \leqslant q_{rs}(D), \forall (r,s) \in W, D \in [D_{\min}, D_{\max}] \tag{11}$$

$$f_k^{rs}(D) \geqslant 0, \forall (r,s) \in W, k \in K_{rs}, D \in [D_{\min}, D_{\max}] \tag{12}$$

$$x_{ij} = \sum_{(r,s) \in W} \sum_{k \in K_{rs}} \delta_{ij,k}^{rs} \int_{D_{\min}}^{D_{\max}} f_k^{rs}(\nu) \mathrm{d}\nu, \forall (i,j) \in A \tag{13}$$

$$d_k^{rs,uv} = \sum_{(i,j) \in A} d_{ij} \delta_{ij,k}^{rs,uv}, \forall (r,s) \in W, k \in K_{rs}, (u,v) \in U_k^{rs} \tag{14}$$

Where equation. (1) is the objective function, which minimizes the total cost in the traffic network. equation. (2) represents the maximum number of constructed charging stations is not greater than the budget limit. equation. (3) and (7) ~ (8) are the binary constraints. equation. (4) implies the subpath activation indicator $y_k^{rs,uv}(D) = 1$ only if charging stations have been constructed on node u and node v. equation. (5) ensures that if $\delta_{ij,k}^{rs} = 1$, for any link in path k between O-D pairs (r, s), there is one and only one subpath of path k covering it and that if $\delta_{ij,k}^{rs} = 0$, none of subpath of path k is active, which guarantees there is no overlap between different active subpaths of the path and the combination of these subpaths is exactly equal to this path. equation. (6) is the driving range constraint. equation. (9) shows that $y_k^{rs}(D) = 1$ if the traffic flow on the path k between O-D pairs (r,s) is positive. equation. (10) is the flow conservation constraint. equation. (11) ensures served demands by electric vehicles are not greater than total demands for a certain O-D. equation. (12) is the flow non-negative constraint. equation. (13) implies the relationship between link flows and path flows. equation. (14) represents the physical length relationship between links and subpaths.

3 Solution algorithm

For solving the optimal network loading subproblem that determining the routing distribution of the traffic flow of each origin-destination given the charging stations, an efficient multi-criterion label-correcting algorithm is proposed. The notation for the algorithm procedure is shown in Tab. 2 and the detailed procedure is shown in Procedure 1. By Steps 1 ~ 3, all Pareto-optimal paths in terms of travel cost and required driving range limit between any O-D pairs could be solved. Then, in Step 4, according to heterogeneous driving range limits, different drivers are loaded into their self-optimal paths (i. e., the minimum travel cost feasible path). Note that some demands cannot be satisfied by electric vehicles because of their scarce driving range limits, the costs of whom are calculated as penalty costs.

Notation for the Multi-Criterion Label-Correcting Algorithm　　Tab. 2

Notation	
(r,s)	Origin-destination nodes
N	Set of nodes, $\forall i \in N$
A	Set of links, $\forall (i,j) \in A$
T	Set of charging station nodes, $T \subseteq N$
c_{ij}	Travel cost of link (i,j), $\forall (i,j) \in A$
d_{ij}	Physical length of link (i,j), $\forall (i,j) \in A$
t	Iteration round, $t = 0,1,\cdots,\lvert N \rvert - 1$
l_i^t	Label of i in round t, which is a vector with 3 attributes: $l_i^t = (c_i^t, d_i^t, \bar{d}_i^t)$, where c_i^t, d_i^t, and $\bar{d}_i^t$ respectively represent the travel cost from r, the distance from the last charging station and the required driving range limit from r
p_i^t	Path corresponding to label l_i^t
L_i^t	Label set of i in round t, $l_i^t \in L_i^t$
P_i^t	Path set corresponding to L_i^t, $p_i^t \in P_i^t$
$q_{rs}(\nu)$	Travel demand density of drivers with driving range limit ν between (r,s)

Procedure 1 Multi-Criterion Label-Correcting Algorithm

Step 1: Initialization

Set $t = 0$, $L_j^t = \phi, P_j^t = \varnothing$ for each node $j \in N$.

Set $l_r^t = (0,0,0)$ and $l_j^t = (+\infty, +\infty, +\infty)$ for each node $j \in N/\{r\}$.

Set $p_j^t = \{r\}$ for each node $j \in N$.

$L_j^t = L_j^t \cup \{l_j^t\}, P_j^t = P_j^t \cup \{p_j^t\}$ for each node $j \in N$.

Step 2: Labeling

$t = t+1, L_j^t = L_j^{t-1}, P_j^t = P_j^{t-1}$.

for each node $i \in N$ and each arc $(i,j) \in A(i)$, do

　　if $i \in T$, then

　　　　$d_i^{t-1} = 0$ for each $l_i^{t-1} \in L_i^{t-1}$;

　　end if

　　for each $l_i^{t-1} \in L_i^{t-1}$, do

　　　　if $(c_i^{t-1} + c_{ij}, d_i^{t-1} + d_{ij}, \max(\bar{d}_i^{t-1}, d_i^{t-1} + d_{ij}))$ cannot be dominated by any $l_j^{t-1} \in L_j^{t-1}$, then

　　　　　　$l_j^t = (c_i^{t-1} + c_{ij}, d_i^{t-1} + d_{ij}, \max(\bar{d}_i^{t-1}, d_i^{t-1} + d_{ij}))$, $p_j^t = p_j^{t-1} \cup \{i\}$;

　　　　　　$L_j^t = L_j^t \cup \{l_j^t\}, P_j^t = P_j^t \cup \{p_j^t\}$;

　　　　else if any $l_j^t \in L_j^t$ is dominated by $(c_i^{t-1} + c_{ij}, d_i^{t-1} + d_{ij}, \max(\bar{d}_i^{t-1}, d_i^{t-1} + d_{ij}))$, then

　　　　　　$L_j^t = L_j^t \backslash l_j^t, P_j^t = P_j^t \backslash p_j^t$;

　　　　end if

　　end for

end for

Step 3: Pareto-optimal solution determination

if $t = \lvert N \rvert - 1$ *or* $L_i^t = L_i^{t-1}$ & $P_i^t = P_i^{t-1}$ for each node i, then

　　if k is dominated by m in terms of c and $\bar{d}$ for any $k, m \in L_i^t, k \neq m$, then

　　　　$L_i^t = L_i^t \backslash k$ and delete corresponding p_i^t from P_i^t;

　　end if

else

　　go to Step 2;

end if

Step 4: Network flow loading

continue

Procedure 1 Multi-Criterion Label-Correcting Algorithm

By setting different origin node r, all Pareto-optimal labels l_{rs}^t and paths p_{rs}^t from r to s could be solved, $\forall r,s \in N$.
for each O-D pair (r,s), do
ascending sort l_{rs}^t and p_{rs}^t by $\bar{d}_{rs}^t$ and use τ to represent the sequence, $\forall l_{rs}^t \in L_{rs}^t$, $\forall p_{rs}^t \in P_{rs}^t$;
if $\tau = |L_{rs}^t|$, then
if $c_{rs}^{t,\tau} \leqslant$ *penalty cos to fan unsatisfied trip* then
load flows $\int_{\bar{d}_{rs}^{t,\tau}}^{+\infty} q_{rs}(\nu)\,d\nu$ into the path $p_{rs}^{t,\tau}$;
else
flows $\int_{\bar{d}_{rs}^{t,\tau}}^{+\infty} q_{rs}(\nu)\,d\nu$ will actively choose to be punished;
end if
else if $c_{rs}^{t,\tau} \leqslant$ *penalty cost of an unsatis fied trip*, then
load flows $\int_{\bar{d}_{rs}^{t,\tau}}^{\bar{d}_{rs}^{t,\tau+1}} q_{rs}(\nu)\,d\nu$ into the path $p_{rs}^{t,\tau}$;
else
flows $\int_{\bar{d}_{rs}^{t,\tau}}^{\bar{d}_{rs}^{t,\tau+1}} q_{rs}(\nu)\,d\nu$will actively choose to be punished;
end if
end if
Both trips that actively choose to be punished and trips $\int_0^{\bar{d}_{rs}^{t,1}} q_{rs}(\nu)\,d\nu$ that cannot be satisfied by electric vehicles are punished trips and calculated as penalty cost;
end for

Besides, for solving the integer programming location problem, the branch-and-bound algorithm is proposed, where the charging station construction condition of each charging station candidate node l, $\forall l \in L$ can be represented by a -1-0-1 ternary-variable y_l, $l = 1, 2, \cdots, |L|$, which equals 1 if a charging station is constructed on node 1 and 0 if not and -1 if undecided. The task is to find the optimal charging station locations $Y = [y_1, y_2, \cdots, y_l, \cdots, y_{|L|}]$ and ensure at the same time that γ_Y, the number of y_l whose value equals 1 in Y, is not greater than the budget limit Z. Following this, a binary tree whose depth equals $|L| + 1$ representing the charging station location decisions could be formed. Each layer l in the binary tree represents the value decision of y_l, $l = 1, 2, \cdots, |L|$ and Y_l represents the search path. In the beginning, all y_l, $l = 1, 2, \cdots, |L|$ in Y_0 equal -1, i.e., not decided, and Y_0 is the root of this charging station location decision binary tree. If constructing a charging station on l where there is no charging station, i.e., $y_l = 0$, the new solution Y_{new} will not be worse than the primal solution, e.g., $Y = [y_1, y_2, \cdots, y_{l-1}, y_l = 0, y_{l+1}, \cdots, y_{|L|}]$ is not superior than $Y_{new} = [y_1, y_2, \cdots, y_{l-1}, y_l = 1, y_{l+1}, \cdots, y_{|L|}]$. Therefore, while searching Y_l, change all $y_l = -1$ into $y_l = 1$, and $\overline{Y}_l$, the lower bound solution of the subtree whose root is Y_l could be obtained.

Actually, except the root, there are several solutions in each layer and a superscript k is used to describe the sequence, the value of which ranges from 1 to 2^l. A feasible solution $Y_{|L|}^1$ is given firstly and make $C(Y_{|L|}^1)$ as the upper bound (note that feasible solutions are only obtained on leaf nodes where all location decisions have been made). Initiate from Y_0^1 and search by depth-first-search (DFS). While searching Y_l^k, $\forall l \in [0, |L|]$, $k \in [1, 2^l]$, if $C(\overline{Y}_l^k)$ is greater than the upper bound or $\gamma_{Y_l^k}$ is greater than the budget limit Z, the subtree whose root is Y_l^k would be pruned. Otherwise, Y_l^k is further divided into two subtrees whose roots are respectively Y_{l+1}^{2k-1} and Y_{l+1}^{2k}, which is called "branching". Repeat the above operations until the leaf nodes $Y_{|L|}$ are found. If the value of a leaf node is lower than the upper bound, update the upper bound with the leaf node. Otherwise, prune the leaf node. The search process does not stop until all nodes have been searched or pruned. The specific procedure of the branch-and-bound algorithm is shown in Procedure 2.

Procedure 2 Branch-and-Bound Algorithm

Step 1: Initialization

Set the unexaminednodes set $U=\phi$.

$U=U\cup\{Y_0^1\}$, where all station location decisions are not made in the initial search node $Y_0^1=[-1,-1,\cdots,-1]$.

Set the upper bound solution $Y_{\min}$ as $Y^1{}_{|L|}=[0,0,\cdots,0]$ and the upper bound $C_{\min}$ as $C(Y^1{}_{|L|})$.

Step 2: Search

if $U\neq\emptyset$, then

  choose the last element in U as Y;

  if the number of constructed charging stations in Y is not greater than the budget limit, i.e., $\gamma_Y\leqslant Z$, then

    calculate the lower bound $C(\bar{Y})$;

    if $C(\bar{Y})>C_{\min}$, then

      go to Step 3;

    else if any y_l in Y equals -1, then

      go to Step 4;

    else

      update the upper bound $C_{\min}$ with $C(Y)$ and $Y_{\min}$ with Y;

      go to Step 3;

    end if

  else

    go to Step 3;

  end if

else

  go to Step 5;

end if

Step 3: Pruning

Permanently delete Y from U.

Go to Step 2.

Step 4: Branching

Fetch a solution $Y_l^k=[y_1,y_2,\cdots,y_l,\cdots,y_{|L|}]$ where $y_1,y_2,\cdots,y_l$ variables are determined (equal 0 or 1) and $y_{l+1},y_{l+2},\cdots,y_n$ variables are not determined (equal -1).

Branch Y_l^k into two solution subspaces $Y_{l+1}^{2k-1}=[y_1,y_2,\cdots,y_l,y_{l+1}=0,\cdots,y_n]$ and $Y_{l+1}^{2k}=[y_1,y_2,\cdots,y_l,y_{l+1}=1,\cdots,y_n]$.

Add Y_{l+1}^{2k-1} into U and permanently delete Y_l^k from U.

if no y_l in Y_{l+1}^{2k} equals -1, then

  add Y_{l+1}^{2k} into U;

continue

Procedure 2 Branch-and-Bound Algorithm
go to Step 2;
else
set the new Y_l^k as Y_{l+1}^{2k};
go to Step 4;
end if
Step 5: Termination
Output the optimal total cost $C_{\min}$ and the optimal location $Y_{\min}$.

4 Numerical analysis

4.1 Example network

The Nguyen-Dupuis network contains 13 nodes, 19 links and 4 O-D pairs, the topology of which is shown in Fig. 3 where the charging station candidate nodes are marked grey and the numbers beside each link respectively indicate its travel cost and physical length. The O-D pairs and traffic demand are shown in Tab. 3.

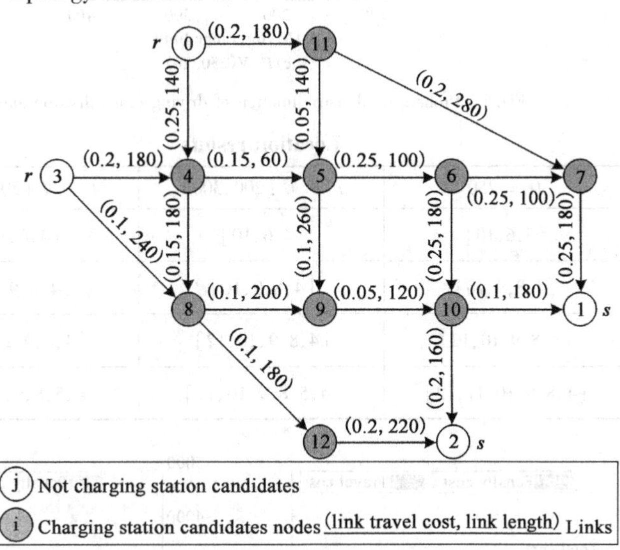

Fig. 3 The Nguyen-Dupuis network

Traffic O-D demand Tab. 3

r/s	1	2
0	400	800
3	600	200

Set p_{rs}, the penalty cost for an unsatisfied trip by electric vehicles between O-D pair (r,s), as $10 \times c_{rs}$, where c_{rs} is the minimum cost of all paths between the certain O-D pair (r,s). Three different distribution forms of driving range limits are given in Fig. 4.

4.2 Impact of distribution forms of driving range limits and budget limits on locations

With different distribution forms of driving range limits and different budget limits, the location results and the total costs are shown in Tab. 4 and Fig. 5, respectively. As shown in Fig. 5, the greater the budget limit is, the lower the total cost would be. It is not difficult to understand this phenomenon because constructing more charging stations could bring more convenience and thus reduce the total cost in the transportation network. Besides, compared to the condition without range anxiety, different forms of heterogeneous range anxiety do have influences on the optimal location results (see Tab. 4, $Z=6$) and the total costs.

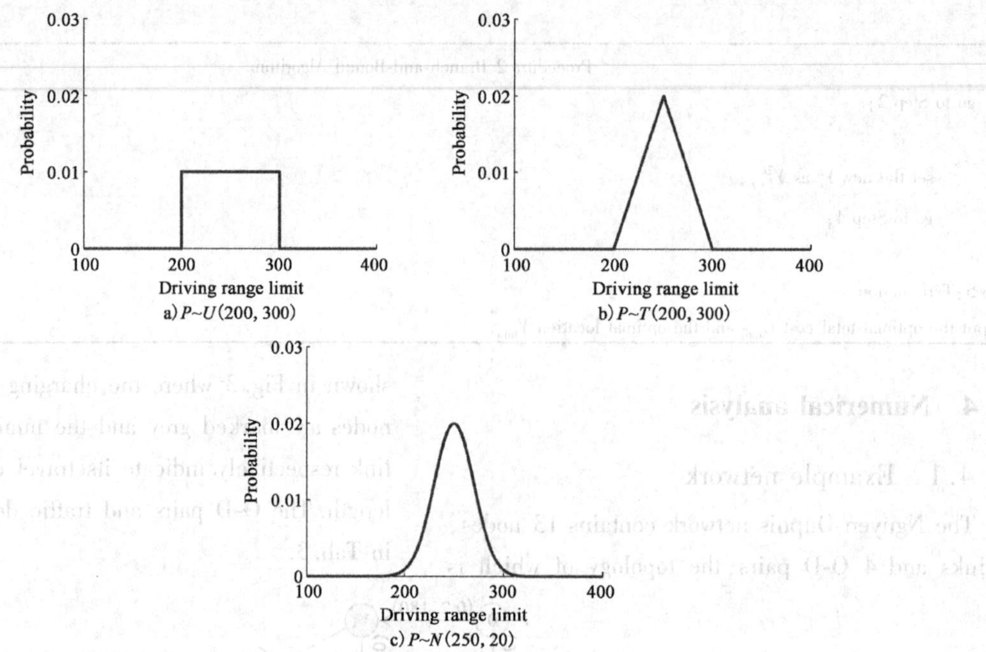

Fig. 4 Probability density function of driving range distributions

Location results Tab. 4

Z	D = 250	P ~ U (200,300)	P ~ T (200,300)	P ~ N (250,20)
3	[5,6,10]	[4,6,10]	[4,6,10]	[4,6,10]
4	[4,8,9,10]	[4,8,9,10]	[4,8,9,10]	[4,8,9,10]
5	[4,8,9,10,12]	[4,8,9,10,12]	[4,8,9,10,12]	[4,8,9,10,12]
6	[4,8,9,10,11,12]	[4,5,8,9,10,11]	[4,5,8,9,10,11]	[4,6,8,9,10,12]

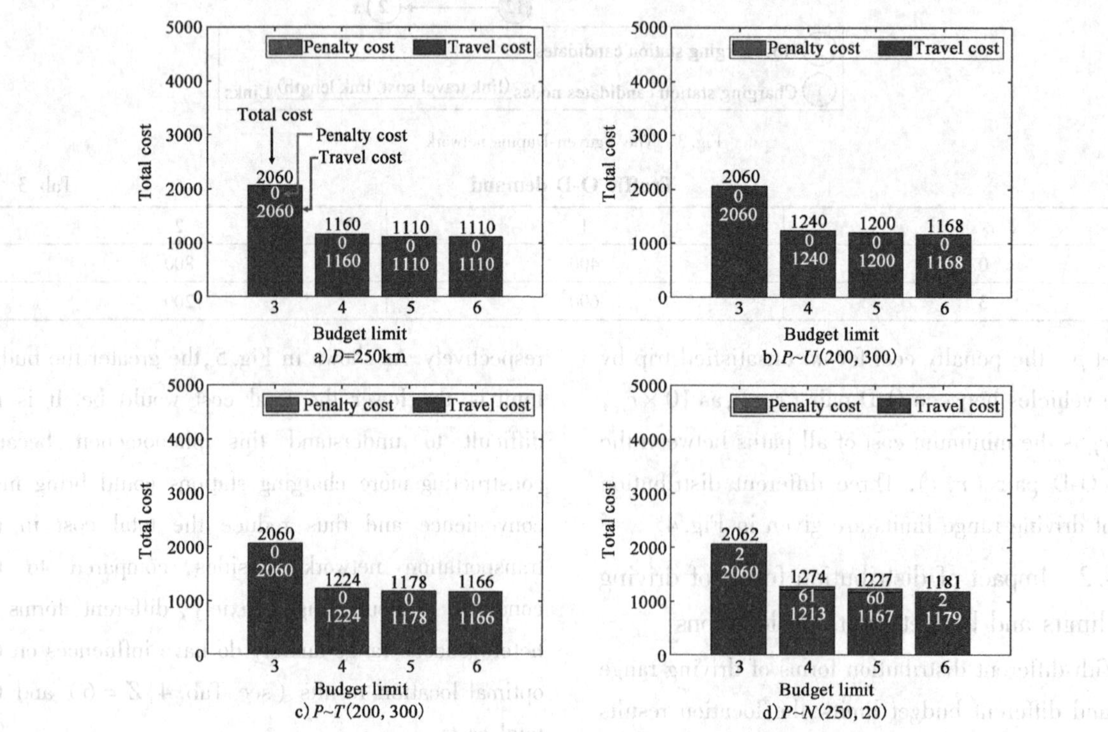

Fig. 5 Total cost, Travel cost, and Penalty cost results

4.3 Sensitivity analysis of different p_{rs} to the costs respectively

To figure out the impact of the exact value of p_{rs} on the costs, sensitivity analysis has been conducted in this part. Set p_{rs} as $3c_{rs}$, $5c_{rs}$, $7c_{rs}$, and $10c_{rs}$, where c_{rs} is the minimum cost of all paths between the certain O-D pair (r,s). Set $P \sim N(250,20)$ [see Fig. 4c)], cost results with different budget limits are shown in Fig. 6.

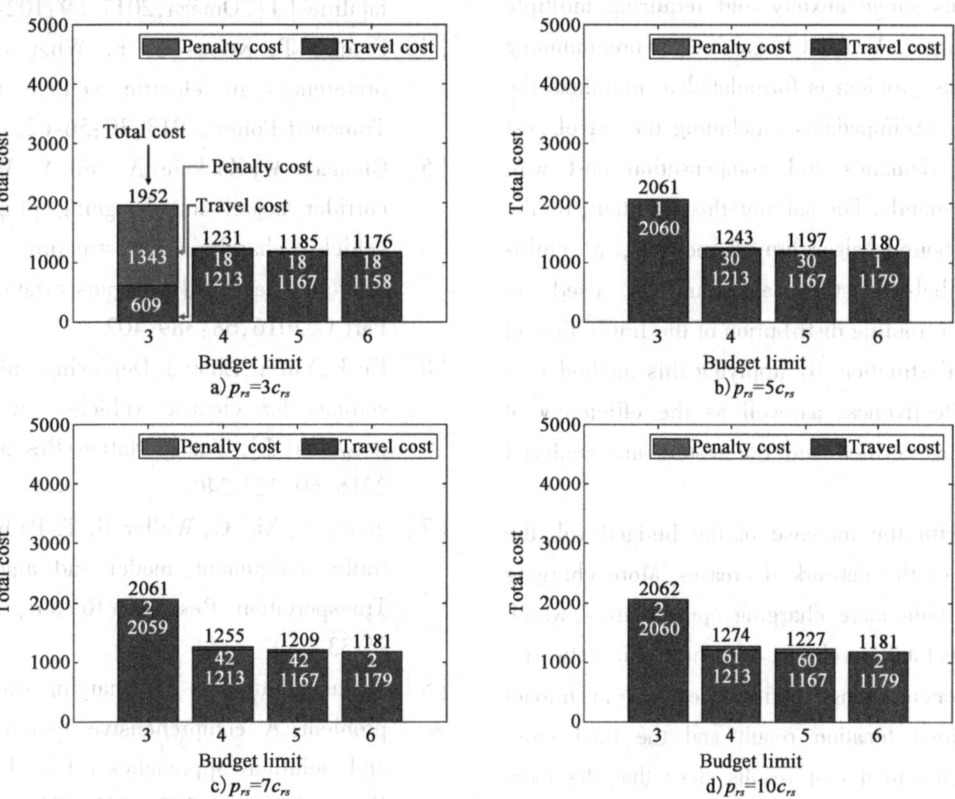

Fig. 6 Sensitivity analysis of different p_{rs} to the costs

For the same budget limit, the total cost trends to increase with the increase of p_{rs}. It is understandable, because the network loading results of different p_{rs} settings could be the same, i. e., the travel costs are the same, while the higher p_{rs} setting leads to the greater (or the same when the penalty flow equal 0) penalty cost. That is to say, the total cost of the lower p_{rs} setting cannot be greater than that of the higher p_{rs} setting.

However, the penalty costs do not show a simply increasing trend when p_{rs} increases. In some cases, e. g., when the budget limit equals 3, change $p_{rs}=3c_{rs}$ to $p_{rs}=5c_{rs}$ [see Fig. 6a), b), $Z=3$], the penalty cost decreases to 1 from 1343. The reason why this phenomenon happens is that when p_{rs} is lower, unsatisfied demands are acceptable for the total cost optimization. Charging stations tend to be constructed for better satisfying the satisfied demands to reduce the travel cost instead of satisfying the unsatisfied demands to avoid the penalty cost. But when p_{rs} increases, unsatisfied demands become unacceptable for the total cost optimization and the charging stations have to be constructed for them to avoid the costly penalty cost.

A similar counterintuitive phenomenon also happens in Fig. 6b), c) and d) that a few drivers are punished if the budget limit $Z=3$, while more drivers are punished if the budget limit equals 4 or 5. The reason why this tricky phenomenon happens is that significances of different traffic demands are different. To optimize the total cost in the traffic network, some less important traffic demands would be abandoned [see Fig. 6b), c), $Z=4,5$] even though they could have not been abandoned with the same or less (e. g., $Z=3$) budget limits. Charging stations are constructed for more important traffic demands being better (e. g., make lower cost paths feasible) finished.

5 Conclusions

This paper studiesan optimal charging station location problem for electric vehicles suffering heterogeneous range anxiety and requiring multiple en-route charges. A mixed linear integer programming model for this problem is formulated to minimize the total travel cost/impedance, including the travel cost with served demands and compensation cost with unserved demands. For solving this problem, in the branch-and-bound algorithm framework, a multi-criterion label-correcting algorithm is used to determine the routing distribution of the traffic flow of each origin-destination. By applying this method to a case, the effectiveness as well as the efficiency of algorithms are verified and the results are analyzed numerically.

First, with the increase of the budgetlevel, the total cost over the network decreases. More charging facilities provide more charging opportunities, which lead to a less total travel cost over the traffic network. The heterogeneous range anxiety does have an impact on the optimal location result and the total cost. Specifically, the total cost results show that the more concentrated the distribution of driving ranges is, the lower the total cost would be. From the discussion results in the last section, a problem worth a further discussion has arisen: the conflict between the total cost minimization and the demand satisfaction maximization. The two could be abstracted as "efficiency" and "equity", respectively, in this location problem where a less p_{rs} leads to the more efficient result while a greater p_{rs} leads to the more equal result.

6 Acknowledgements

This research is sponsored by the National Natural Science Foundation of China (Grant No. 72171175, 72111540273, 72021102, 71890970).

References

[1] Davidov S, Pantoš M. Impact of stochastic driving range on the optimal charging infrastructure expansion planning [J]. Energy, 2017, 141: 6 0 3-612.

[2] Davidov S, Pantoš M. Stochastic expansion planning of the electric-drive vehicle charging infrastructure[J]. Energy, 2017, 141: 189-201.

[3] de Vries H, Duijzer E. Incorporating driving range variability in network design for refueling facilities[J]. Omega, 2017, 69: 102-114.

[4] Franke T, Krems J. F. What drives range preferences in electric vehicle users [J]. Transport Policy, 2013, 30: 56-62.

[5] Ghama miM, Zockaie A, Nie Y. M. A general corridor model for designing plug-in electric vehicle charging infrastructure to support intercity travel [J]. Transportation Research Part C, 2016, 68: 389-402.

[6] He F, Yin Y, Zhou J. Deploying public charging stations for electric vehicles on urban road networks[J]. Transportation Research Part C, 2015, 60: 227-240.

[7] Jiang N, Xie C, Waller S. T. Path-constrained traffic assignment: model and algorithm [J]. Transportation Research Record, 2012, 2283: 25-33.

[8] Kchaou-Boujelben M. Charging station location problem: A comprehensive review on models and solution approaches [J]. Transportation Research Part C, 2021, 132: 103376.

[9] Kchaou-Boujelben M, Gicquel C. Efficient solution approaches for locating electric vehicle fast charging stations under driving range uncertainty [J]. Computers and Operations Research, 2019, 109: 288-299.

[10] Kchaou-Boujelben M, Gicquel C. Locating electric vehicle charging stations under uncertain battery energy status and power consumption [J]. Computers & Industrial Engineering, 2020, 149: 106752.

[11] Lee C, Han J. Benders-and-price approach for electric vehicle charging station location problem under probabilistic travel range[J]. Transportation Research Part B, 2017, 106: 130-152.

[12] Lee Y. G, Kim H. S, Kho S. Y, et al. User equilibrium-based location model of rapid charging stations for electric vehicles with batteries that have different states of charge [J]. Transportation Research Record, 2014,

2454:97-106.

[13] Lin Z, Greene D. L. Promoting the market for plug-in hybrid and battery electric vehicles: role of recharge availability[J]. Transportation Research Record, 2011, 2252:49-56.

[14] Liu H, Wang D. Z. Locating multiple types of charging facilities for battery electric vehicles [J]. Transportation Research Part B, 2017, 103:30-55.

[15] Nguyen S, Dupuis C. An efficient method for computing traffic equilibria in networks with asymmetric transportation costs [J]. Transportation Science, 1984, 18:185-202.

[16] Rose P. K, Nugroho R, Gnann T et al. Optimal development of alternative fuel station networks considering node capacity restrictions [J]. Transportation Research Part D, 2020, 78:102289.

[17] Tran C. Q, Keyvan-Ekbatani M, Ngoduy D. Stochasticity and environmental cost inclusion for electric vehicles fast-charging facility deployment[J]. Transportation Research Part E, 2021, 154:102460.

[18] Wang X, Shahidehpour M, Jiang C. Coordinated planning strategy for electric vehicle charging stations and coupled traffic-electric networks [J]. IEEE Transactions on Power Systems, 2019, 34:268-279.

[19] Wang Y. W. An optimal location choice model for recreation-oriented scooter recharge stations [J]. Transportation Research Part D, 2007, 12:231-237.

[20] Wang Y. W, Lin C. C. Locating road-vehicle refueling stations[J]. Transportation Research Part E, 2009, 45:821-829.

[21] Xie C, Jiang N. Relay Requirement and Traffic Assignment of Electric Vehicles [J]. Computer-Aided Civil and Infrastructure Engineering, 2016, 31:580-598.

[22] Xie C, Wang T. G, Pu X. T, et al. Path-constrained traffic assignment: Modeling and computing network impacts of stochastic range anxiety[J]. Transportation Research Part B, 2017, 103:136-157.

[23] Xu M, Yang H, Wang S. Mitigate the range anxiety: Siting battery charging stations for electric vehicle drivers [J]. Transportation Research Part C, 2020, 114:164-188.

[24] Zhang B, Niu N, Li H, et al. Could fast battery charging effectively mitigate range anxiety in electric vehicle usage? Evidence from large-scale data on travel and charging in Beijing [J]. Transportation Research Part D, 2021, 95:102840.

[25] Zhang X, Rey D, Waller S. T. Multitype recharge facility location for electric vehicles [J]. Computer-Aided Civil and Infrastructure Engineering, 2018, 33:943-965.

[26] Zheng H, Peeta S. Routing and charging locations for electric vehicles for intercity trips [J]. Transportation Planning and Technology, 2017, 40:393-419.

[27] Zheng J, Mehndiratta S, Guo J. Y, et al. Strategic policies and demonstration program of electric vehicle in China[J]. Transport Policy, 2012, 19:17-25.

基于多层空中交通网络的抗毁性分析

刘 寅 马继辉 任广建*

(北京交通大学交通运输学院)

摘 要 近年,中国航空运输稳步向前发展,航空需求不断增加,而空中交通系统容易受到机场、航路和管制扇区的影响而失效。为了从整体的角度分析航空系统,构建了由机场网络、航路网络和管制扇

1. 基金项目:中央高校基本科研业务费专项资金资助(2021RC214)。

区网络连接而成的空中交通系统多层网络,并以西南地区为例对多层网络特性及抗毁性进行分析。结果表明西南地区空中交通多层网络符合小世界网络特性,航路层网络的失效对于空中交通系统多层网络的破坏作用最大,对网络中比较重要的节点进行蓄意攻击要比随机攻击网络节点更快地使得多层网络完全失效,当度值较大的节点失效个数达到50%时,网络将完全失效。综合考虑机场、航路和扇区网络后,多层网络较单层网络的抗毁性更强,空中交通系统的运行更稳定。

关键词 交通运输 空中交通系统 多层网络 抗毁性 最大连通子图 网络效率

0 引言

空中交通系统是民航运输中的关键系统,其中涉及机场、航路、管制扇区等诸多元素,是一个开放的复杂系统。随着我国民航事业的稳步快速发展,民航航班量也保持快速增长,然而航空需求增长的同时,机场容量和空域容量却难以同比增长,这使得空中交通系统容易出现拥堵问题,2019年平均航班正常率为81.43%[1]。同时在实际运行中,军事活动、恶劣天气、交通管制等特殊情况同样会对航班运行造成影响,因此对于综合空中交通系统的抗毁性分析具有理论价值和重大实际意义。

复杂网络理论常被用来表示和分析复杂系统,在空中交通系统中,机场、航路和管制扇区三个子系统之间相互作用,因此可以将空中交通系统看作是由这三个子系统形成的网络连接而成的复杂多层网络,以此分析其抗毁性特征。Amaral[2]最早利用复杂网络理论来解决航空领域的问题,发现机场网络具有小世界网络特性。Belkoura等[3]针对网络结构特性,从机场、机型和航空公司三个方面进行了研究,最后提出优化方法。在多层网络方面,徐开俊等[4]定义不同航空公司为不同的网络层,并依次建立多层网络模型,探讨了中国航空多层网络的拓扑特性。武喜萍等[5]根据复杂网络模型,针对空中交通流量网络的静态特性、延误传播和抗毁性进行了研究。Ren[6]基于拓扑势和相对熵的方法对航路网络鲁棒性进行了分析。Du等[7]建立了中国航空网络模型,并针对多层航线网络的鲁棒性进行了分析;Hong和Jiang等[8-10]根据航空公司的运营航线建立网络,构建多层网络模型,对其特性进行分析。Parshani和Buldyrev等[11,12]对相依网络进行了定义,并提出相应的脆弱性分析方法。邵佳佳等[13]以三大航空联盟的航线网络为研究对象,分析其拓扑特性与鲁棒性。王兴隆等[14-16]等通过构建包含机场网络、航路网络和管制扇区网络的相依网络,定义网络间的连接关系,研究了多层网络模型的统计特征和鲁棒性,通过弹性等网络性能分析了航空网络的稳定性。王超峰[17]等以华东地区的机场网络为例,对级联失效抗毁性进行研究分析。在其他运输领域,刘泽羲等[18]将海洋货运网络分为多层并分析其抗毁性。目前,学者们多针对单层网络展开研究,较少从复杂多层网络的角度分析空中交通系统的抗毁性,未综合考虑多种因素的相互影响。本文构建了空中多层交通系统网络,分析了其度分布、网络结构熵、度—度相关性等特性,并以最大连通子图规模和网络效率为指标,采用不同的攻击方式测度抗毁性水平,通过单层网络与多层网络指标的对比进行分析,为航空网络规划和管理提供理论依据。

1 空中交通系统多层网络构建

航班运行的一般过程是指航空器从出发机场起飞,按程序爬升至预定航路点,沿预定航路(航线)巡航,最后按标准下降到指定进近定位点,降落在目的地机场。在航班飞行过程中,为了合理利用空域资源,有效减轻管制人员的工作负荷,提高空中交通服务效率,我国将空域管制责任范围划分为若干管制扇区[19],管制员对负责扇区内的航空器提供空中交通管理服务。本文将机场网络、航路网络和管制扇区网络当作一个整体构建多层网络,以西南地区为例,根据实际情况建立多层网络模型,针对该航空系统多层网络进行综合分析,考虑到机场、航路点间连通关系以及管制扇区间移交关系均为双向的,且本文针对网络拓扑结构进行分析,不考虑航班流量等因素,故假设网络中的边无向、无权重。

1.1 机场网络

机场作为航班起降的场所,是航班运行中必不可少的一环。本文将机场抽象为节点,根据飞常准专业版App,在两个有直达航班通联的机场节点之间构建连边从而形成机场网络,构建的机场网络 G1 如图 1 所示。

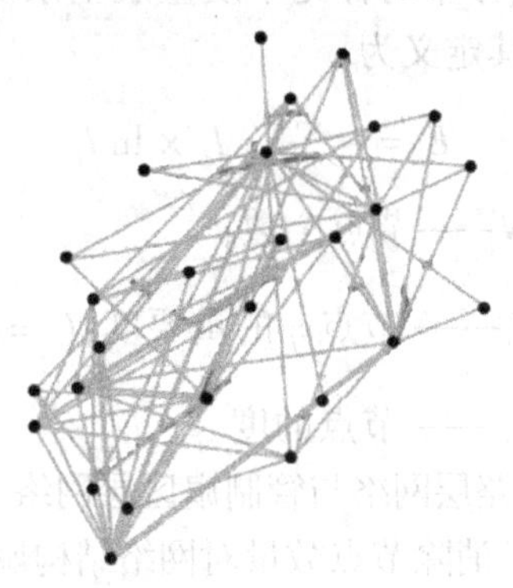

图 1 西南地区机场网络示例图

1.2 航路网络

航路是由国家统一划定的具有一定宽度的空中通道,航班在航路中飞行时通过导航设施确定飞行方位。考虑到民航航班在实际飞行中一般是面对或背对导航点飞行,则以重要的自动定向机、全向信标台、无方向性导航台、测距台和航路交叉点等为节点,以两节点之间的航段为边构建航路网络,构建的航路网络 G2 如图 2 所示。

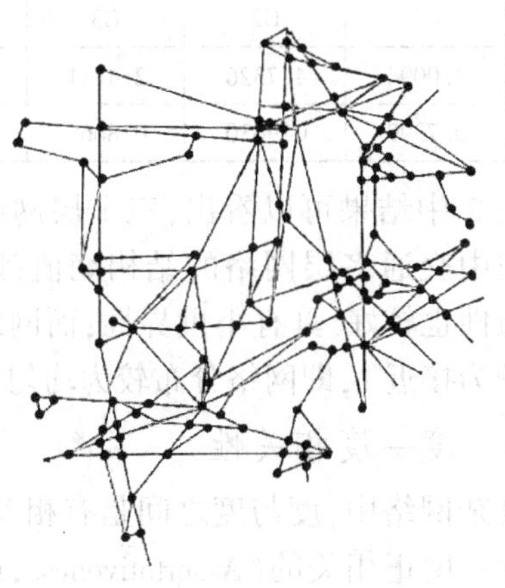

图 2 西南地区航路网络示例图

1.3 管制扇区网络

在我国,空域被划分为几个扇区,每个扇区只负责特定部分空域或特定航路上的管制。管制扇区是空管员进行管制工作的基本单元,是空中交通管理的基础和保障。本文以扇区为节点,根据相邻扇区间航班的移交关系建立连边,构建管制扇区网络 G3 如图 3 所示。

1.4 多层网络耦合性分析

结合机场网络 G1、航路网络 G2,管制扇区网络 G3 在实际中的联系,构建空中交通系统多层网络,设 3 层网络的集合为 $g=\{G1,G2,G3\}$,定义 3 个层网络之间连边为外边,则外边集合 $c=\{E12, E13, E23\}$,则空中交通系统网络为 $M=\{g,c\}$,如图 4 所示。

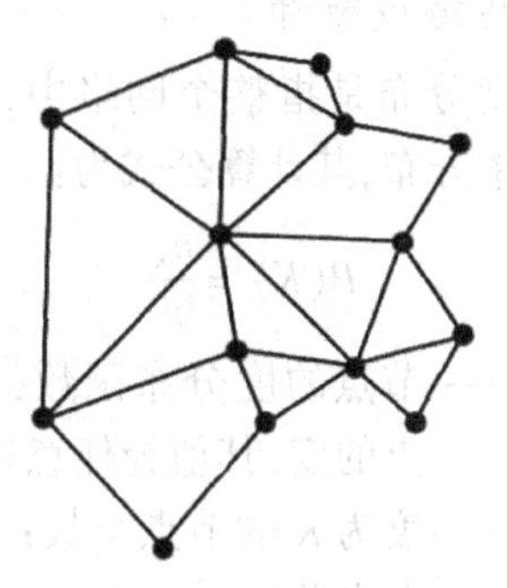

图 3 西南地区管制扇区网络示例图

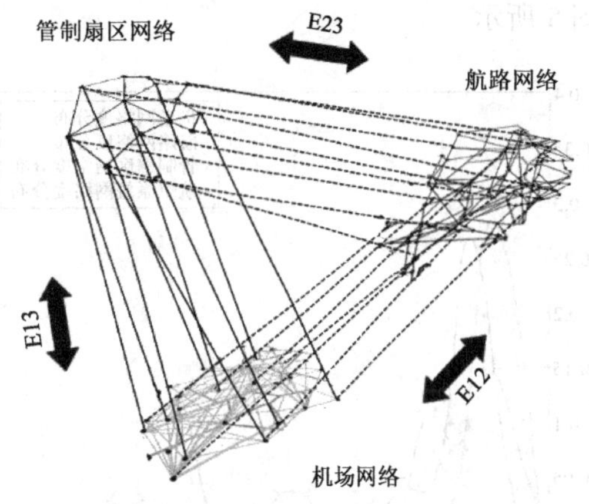

图 4 空中交通系统网络示例图

其中,外边 E12 连接机场与机场上空的航路点,表示航班从机场进入航路或离开航路进入机场的连接关系(即航班进离场);外边 E23 表示管制扇区对扇区内导航点、交叉点等进行的管理、对航路飞行的管制以及受管制航班对管制命令做出反馈的连接关系;外边 E13 表示管制扇区对机场区域活动实施的管制以及机场对管制命令做出反馈的连接关系。该网络表示了民航运输中的空中交通系统网络,即机场作为航班运行的起点和终点,航班在航路中飞行,航路网的结构直接影响了管制方面的复杂度。

2 空中交通系统多层网络分析

参考飞常准 App 中的实际数据,西南地区空中交通系统网络统计数据如表 1 所示。

西南地区空中交通系统网络统计数据　表 1

Case	G1	G2	G3	M
节点	27	122	14	163
边数	102	220	25	523

2.1　网络度分布

网络的度分布是指整个网络中,各个节点的度数量的概率分布,其计算公式为:

$$P(K) = \frac{n_K}{n} \tag{1}$$

式中:$P(K)$——节点的度分布函数,其中 K 为节点的度,其值为任意正整数;

n_K——度为 K 的节点个数;

n——节点总数。

结合三个层网络以及多层网络的统计数据,利用 MATLAB 软件由式(1)计算其度分布,结果如图 5 所示。

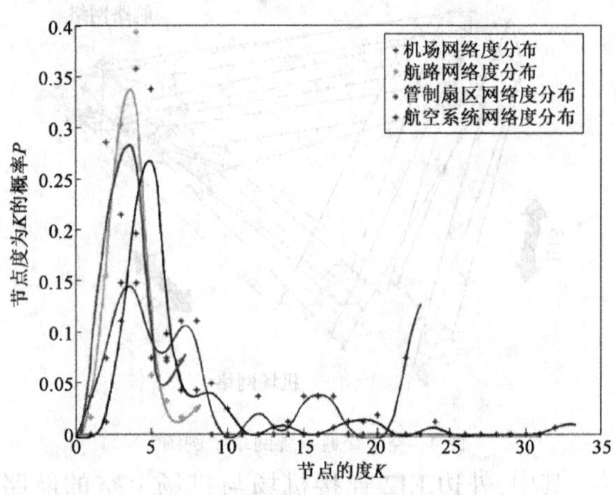

图 5　网络度分布概率图

由图 5 中拟合曲线可以看出,西南地区航路层网络、管制扇区层网络度分布趋近于正态分布,度分布较为集中,而空中交通系统网络的大部分节点的度值较低,关键枢纽节点(超级节点)度值很高,这符合小世界网络的特征,网络规模虽然很大,但大部分节点之间可以通过任一其他节点经少数边到达,即节点间有一个相对小的距离,所以西南地区空中交通系统的多层网络具有小世界网络特性。

2.2　网络结构熵

熵是对于系统秩序性的度量,可以用网络结构熵(Network structured entropy,也称网络拓扑熵)作为网络度分布的补充来度量航空系统多层网络的序状态,其定义为:

$$E = -\sum_{i=1}^{N} I_i \times \ln I_i \tag{2}$$

式中:N——节点个数;

I_i——节点 v_i 的重要度,$I_i = \frac{k_i}{\sum_{j=1}^{N} k_j}$;

k_i——节点的度。

由于航路层网络与管制扇区层网络节点数量相差较大,为了消除节点数量对网络结构熵的影响,获得更为准确的结果,对网络结构熵进行归一化:

$$\hat{E} = \frac{E - E_{\min}}{E_{\max} - E_{\min}} = \frac{-2\sum_{i=1}^{N} I_i \ln I_i - \ln[4(N-1)]}{2\ln N - \ln[4(N-1)]} \tag{3}$$

式中:$\hat{E}$——网络的标准结构熵,且 $0 \leqslant \hat{E} \leqslant 1$。

结合三个层网络以及多层网络的统计数据,利用 MATLAB 软件由式(3)可得其网络结构熵如表 2 所示。

西南地区空中交通系统网络标准结构熵　表 2

Case	G1	G2	G3	M
E	3.0094	4.7326	2.4811	4.9054
$\hat{E}$	0.7397	0.9630	0.8668	0.9017

从表 2 中结果可以看出,三个层网络以及西南地区空中交通多层网络的结构熵值都较小,网络的连通性也较好,具有小世界性;而网络标准结构熵都较为接近 1,即网络分布较为均匀。

2.3　度—度相关性

在复杂网络中,度与度之间是有相关性的,若网络是度—度正相关的(Assortativeness,或称同配的),则度大的节点倾向于和度大的节点连接;若网络是度-度负相关的(Disassotativeness,或称异配的),则度大的节点倾向于和度小的节点连接。Newman 于 2003 年在 Physical Review E 中给出了求度-度相关性的一种直观思路:任意一条边都连接了两个节点,对应两个度值,这样遍历网络中所有的边就得到了两个序列,分析这两个序列的相关性即可。基于此,Newman 利用以下指标来描述网络的度—度相关性。

度的 Pearson 相关系数,或称网络的同配性系数(Assortativity coefficient)定义为:

$$r = \frac{M^{-1}\sum_{e_{ij}\in E} k_i k_j - \left[M^{-1}\sum_{e_{ij}\in E}\frac{1}{2}(k_i + k_j)\right]^2}{M^{-1}\sum_{e_{ij}\in E}\frac{1}{2}(k_i^2 + k_j^2) - \left[M^{-1}\sum_{e_{ij}\in E}\frac{1}{2}(k_i + k_j)\right]^2} \tag{4}$$

式中：k_i、k_j——e_{ij}的两个节点v_i、v_j的度；

M——网络的总边数；

E——网络的边的集合，且同配性系数的取值范围满足 $0 \leq |r| \leq 1$。

结合三个层网络以及多层网络的统计数据，利用 MATLAB 软件由式(4)可得其同配性系数如表3所示。

西南地区空中交通系统网络同配性系数　表3

Case	G1	G2	G3	*M*
r	-0.5310	0.0394	-0.0259	-0.0681

由表3中数据可知，航路网络为正相关的，即同配的；机场网络、管制扇区网络和空中交通系统的多层网络为负相关的，即异配的，但四种网络中只有机场网络的异配性较为显著。这符合实际中民航运输的规律：开通航线较少的小机场（度值较小的节点）倾向于与开通航线较多的大机场（度值较大的节点）相连，而航路导航点、管制扇区以及空中交通系统网络中的节点则大多与相近的节点相连。

3　空中交通系统网络抗毁性分析

一般来说，网络的抗毁性是指遭受破坏后，网络能维持或恢复其性能到一个可接受程度的能力。选择抗毁性评价指标时，应根据不同应用背景而确定，目前主要通过最大连通子图及其变形、自然连通度、平均最短距离和网络效率等基本指标，来对网络的抗毁性能进行研究[20]。对于空中交通系统网络来说，三层子网络本身都会受到许多扰动，并造成多层网络的变化，因此分析空中交通系统多层网络对于外界干扰显示出的抗毁性，将对空中交通系统的整体优化具有现实意义。本文主要采用最大连通图规模的相对大小及网络效率的变化来衡量抗毁性。

空中交通系统在受到外界的恶劣天气、军事活动或航空管制等活动的影响时，会导致机场、航路点或管制扇区失去自身功能，反映在网络中即为节点失效。同时空中交通系统网络内的自身运行不畅等扰动，也将导致某些节点失去其相应的功能而失效。在分析空中交通系统网络抗毁性过程中，采用攻击节点的方法使其失效。攻击方式分为随机攻击和蓄意攻击，随机攻击是在网络中等概率删除节点，蓄意攻击则是按节点的度将网络节点排序，按度值由高到低删除节点，节点度值相同时等概率进行删除。

3.1　多层网络级联失效原则

空中交通系统网络中，同层网络的节点失效均不会导致同层网络的其他的节点失效。单层网络节点失效对其他层网络的影响如下：

(1)机场网络节点失效

当机场因故无法使用时，该机场节点失效，连接该机场节点的边随即失效，与之相连的航路点和管制扇区不失效。

(2)航路网络节点失效

当航路点因故无法使用时，该航路节点失效，该航路节点的连边随即失效。若该航路点为某机场的唯一连接航路点，则该机场节点失效；若除了该航路点外还有别的航路点与机场相连，则机场节点不失效。与失效航路点相连的扇区依然正常运行，因此扇区节点不失效。

(3)管制扇区网络节点失效

管制扇区因故关闭时，该扇区节点失效，与之相连的连边失效。失效扇区管制范围内的机场、航路点失效，机场节点和航路节点失效后参照以上航路网络节点失效情况。

3.2　抗毁性分析指标

3.2.1　最大连通子图

网络在遭到破坏后，网络中包含最多节点且任意节点间均存在通路的子图定义为最大连通子图。在空中交通系统多层网络中，最大连通子图的规模可以描述在遭受攻击后，仍能保持正常航班运行的航空网络规模。在接下来的章节中将用最大连通子图的相对大小S，即网络受到攻击后的最大连通分支节点数与网络总节点数之比，衡量网络抗毁性能力。其公式如下：

$$S = \frac{N'}{N} \tag{5}$$

式中：S——最大连通子图规模的相对大小；

N——网络未受攻击时的节点总数；

N'——网络遭受攻击后最大连通子图的节点数。

明显看出,$0<S<1$,即 S 越大,网络的完整性越高。

3.2.2　网络效率

网络效率为网络平均最短距离的倒数,主要用来衡量复杂网络中节点与节点之间的连通水平及网络的整体效率。本文将借助空中交通系统多层网络的网络效率变化来分析整个网络的抗毁性表现。其公式如下:

$$E=\frac{2}{N(N-1)}\sum_{i\neq j\in G}\frac{1}{d_{ij}} \tag{6}$$

式中:E——空中交通系统网络效率,$0<E<1$,其值越大,网络运输效率越高,$E=1$ 时,该网络为全连通网络;

N——网络节点总数;

d_{ij}——空中交通系统网络中,节点 i 与节点 j 之间的最短路径长度,若节点 i 与节点 j 之间不存在相连路径,则 d_{ij} 趋近于无穷大,$1/d_{ij}=0$。

3.3　西南地区空中交通系统网络抗毁性分析

3.3.1　基本分析

为了分析西南地区空中交通系统网络的抗毁性,首先针对机场层网络 G1、航路层网络 G2 和管制扇区层网络 G3 内的节点按度值从大到小分别进行蓄意攻击,统计被攻击后网络的最大连通子图相对大小和网络效率,分析三个层网络对整体网络的影响程度,实验结果如图6、图7所示。

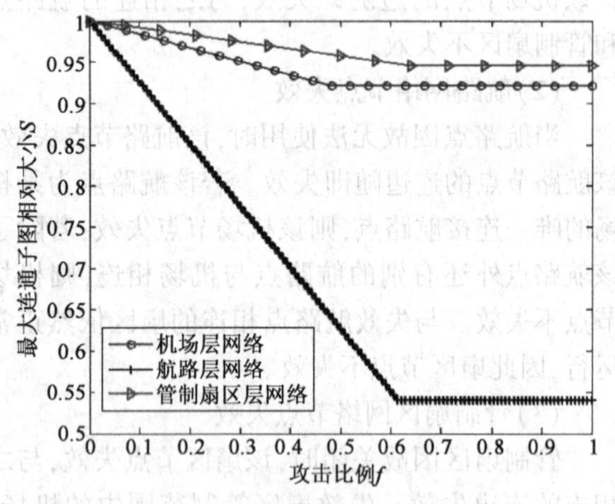

图6　最大连通子图相对大小变化

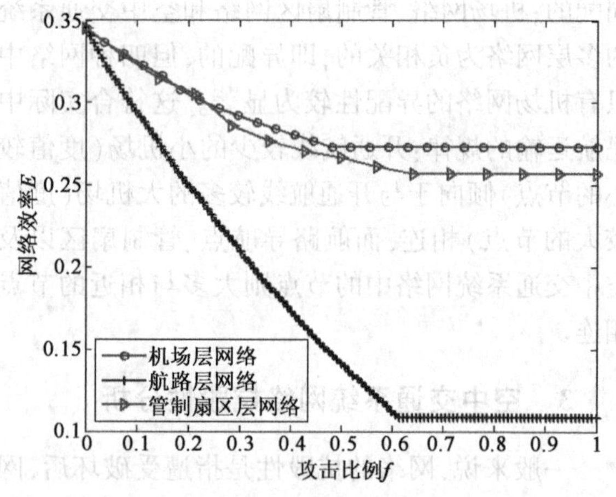

图7　网络效率大小变化

从图中结果可以看出,对航路层网络节点进行攻击后对整个空中交通系统网络的影响最大,且最终网络效率与最大连通子图的相对大小反映出整个多层网络逼近完全失效;而机场层网络与管制扇区层网络对整个空中交通系统网络的影响较为接近,最终最大连通子图和网络效率都稳定在相近的数值,整个空中交通系统网络仍能保持运行。综上,攻击航路层网络的破坏作用最大,空中交通系统网络抗毁性表现较差;攻击机场层网络与管制扇区层网络的破坏作用较小,空中交通系统网络的抗毁性表现较好。

接着对西南地区空中交通系统网络的节点进行随机攻击,以及按节点度值从大到小依次进行蓄意攻击,统计攻击后网络剩余的最大连通子图相对大小和网络效率,实验结果如图8、图9所示。

从图中结果可以看出,对网络中比较重要的节点进行蓄意攻击要比随机攻击网络节点更快地使得空中交通系统网络完全失效。当对空中交通系统网络节点进行随机攻击时,其最大连通子图的相对大小与网络效率均以一个相似的变化率缓慢下降,当整个航空网络系统70%的节点失效时,网络完全失效。当对空中交通系统网络的节点按重要度进行蓄意攻击时,系统网络效率较快减小,节点失效比例达到20%时,系统的最大连通子图相对大小急剧减小,当节点失效比例达到50%时,空中交通系统网络完全失效。

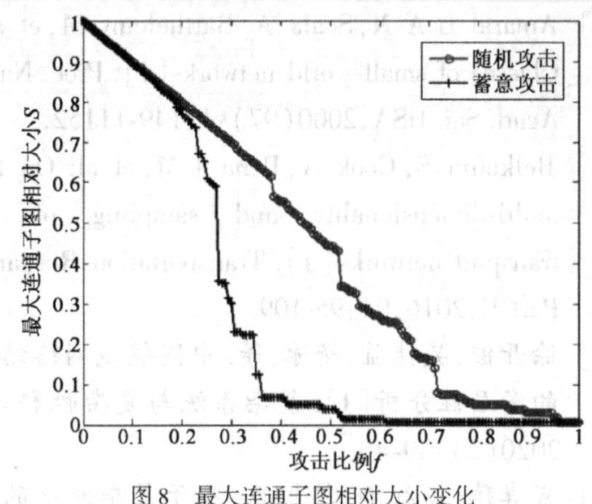

图 8　最大连通子图相对大小变化

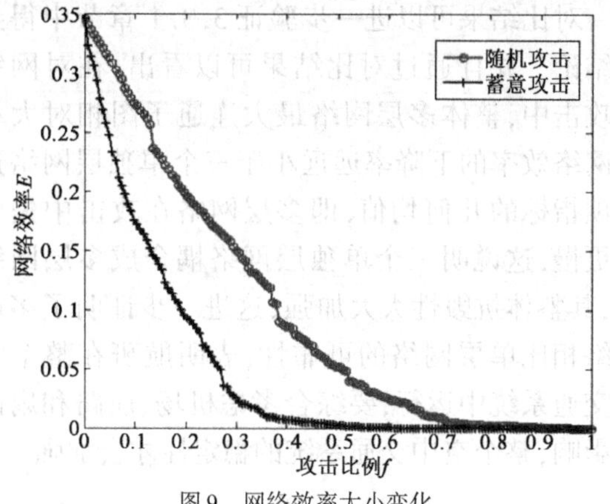

图 9　网络效率大小变化

3.3.2　几何平均值分析

考虑到本文通过最大连通子图相对大小以及网络效率这两种比率的变化来进行抗毁性分析，为使结果更加精确，对随机攻击和蓄意攻击过程中的三个层网络求两项指标的几何平均值，与多层网络做对比。几何平均数是对各变量值的连乘积开项数次方根，则最大连通子图相对大小的几何均值：

$$S_{G_1+G_2+G_3} = \sqrt[3]{S_{G_1} \times S_{G_2} \times S_{G_3}} \tag{3}$$

网络效率的几何均值：

$$E_{G_1+G_2+G_3} = \sqrt[3]{E_{G_1} \times E_{G_2} \times E_{G_3}} \tag{4}$$

在两种攻击下，三个层网络最大连通子图相对大小的几何均值与整体多层网络最大连通子图相对大小的对比如图 10、图 11 所示，网络效率的对比如图 12、图 13 所示。

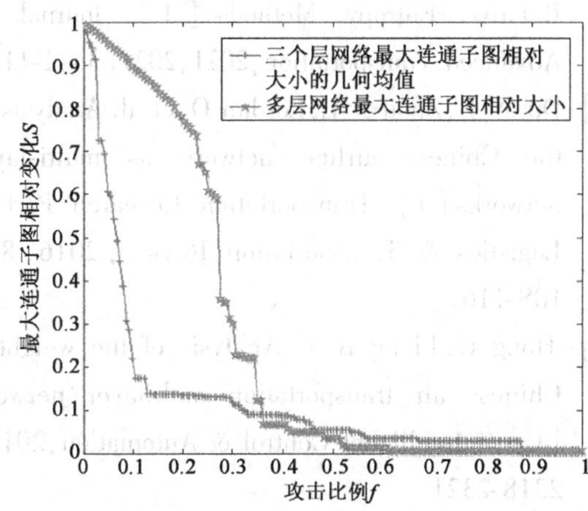

图 10　蓄意攻击下最大连通子图相对大小对比

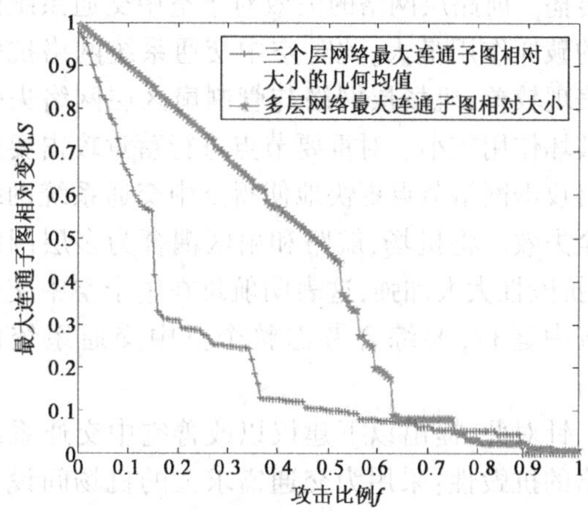

图 11　随机攻击下最大连通子图相对大小对比

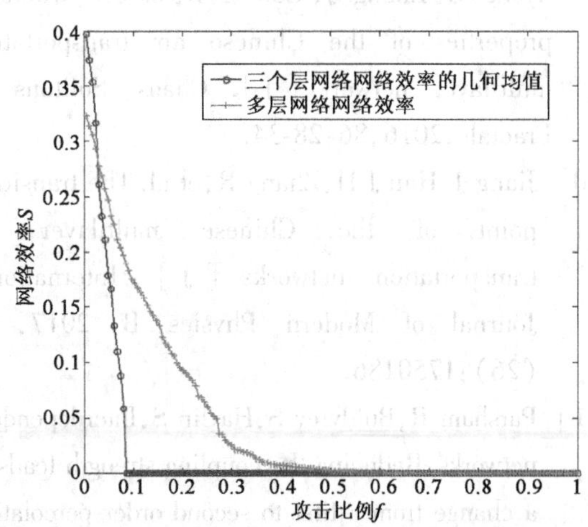

图 12　蓄意攻击下网络效率变化对比图

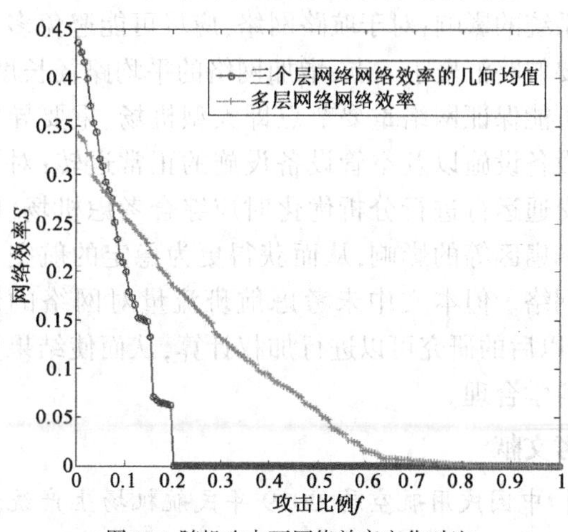

图 13　随机攻击下网络效率变化对比

对比结果可以进一步验证3.3.1章节中得到的结论。并且通过对比结果可以看出,在对网络的攻击中,整体多层网络最大连通子图相对大小和网络效率的下降率远远小于三个单独层网络这两项指标的几何均值,即多层网络在攻击中失效的更慢,这说明三个单独层网络耦合成多层网络后,其整体抗毁性大大加强,这进一步证明了多层网络相比单层网络的可靠性,表明航班在整个空中交通系统中运行,要综合考虑机场、航路和扇区的影响,整个空中交通系统的稳定性才会加强。

4 结语

文章构建了机场、航路和管制扇区耦合而成的空中交通系统网络,接着以西南地区空中交通系统网络为例进行基本特性及抗毁性分析,为分析实际中空中交通系统网络的变化提供参考。结论如下:

三个层网络以及空中交通系统多层网络均是小世界网络,节点失效的影响会依靠超级节点迅速传播。航路层网络的失效对于空中交通系统网络的破坏作用最大,此时空中交通系统网络抗毁性表现较差,机场层网络与管制扇区层网络失效的破坏作用较小。对重要节点进行蓄意攻击要比随机攻击网络节点更快地使得空中交通系统网络完全失效。将机场、航路和扇区耦合为多层网络后,抗毁性大大加强,这表明航班在整个空中交通系统中运行,要综合考虑整个空中交通系统的运行。

针对此,提出以下建议以改善空中交通系统网络的抗毁性:采用为交通需求大的机场间设立独立航路或分流的方式尽可能减少大机场对于整个系统的影响;对于航路网络,应尽可能避免多条主要航路汇聚于一点,增加网络的平均路径长度;尽可能保证网络重要节点即大型机场、重要导航点设备设施以及空管设备设施的正常运转;对空中交通运行进行分析优化时应综合考虑机场、航路和扇区等的影响,从而获得更为稳定的航空系统网络。但本文中未考虑航班流量对网络的影响,以后的研究可以进行加权计算,从而使结果更加科学合理。

参考文献

[1] 中国民用航空局. 2019年民航机场生产统计公报[EB/OL].

[2] Amaral L A N, Scala A, Barthelemy M, et al. Classes of small-world networks[J]. Proc. Natl. Acad. Sci. USA, 2000(97): 11149-11152.

[3] Belkoura S, Cook A, Pena J M, et al. On the multi-dimensionality and sampling of air transport networks[J]. Transportation Research Part E, 2016, 94: 95-109

[4] 徐开俊,吴佳益,杨泳,等. 中国航线网络结构的多层性分析[J]. 复杂系统与复杂性科学, 2020(2): 39-46.

[5] 武喜萍,杨红雨,韩松臣. 基于复杂网络的空中交通特征与延误传播分析[J]. 航空学报, 2017, 38(S1): 112-118. WU X P, YANG H Y, HAN S C, Analysis of properties and delay propagation of air traffic based on complex network[J]. Acta Aeronautica et Astronautica Sinica, 2017, 38(S1): 112-118 (in Chinese).

[6] Ren G. Robustness Analysis of Air Route Network Based on Topology Potential and Relative Entropy Methods [J]. Journal of Advanced Transportation, 2021, 2021(3): 1-11.

[7] Du W B, Zhou X L, Lordan O, et al. Analysis of the Chinese airline network as multi-layer networks [J]. Transportation Research Part E Logistics & Transportation Review, 2016, 89: 108-116.

[8] Hong C, Liang B Y. Analysis of the weighted Chinese air transportation multilayer nerwork [C] // Intelligent Control & Automation, 2016: 2318-2321.

[9] Hong C, Zhang J, Cao X B, et al. Structural properties of the Chinese air transportation multilayer network [J]. Chaos, Solitons & Fractals, 2016, 86: 28-34.

[10] Jiang J, Han J H, Zhang R, et al. The transition point of the Chinese multilayer air transportation networks [J]. International Journal of Modern Physics B, 2017, 31 (26): 1750186.

[11] Parshani R, Buldyrev S, Havlin S, Interdependent networks: Reducing the coupling strength leads to a change from a first to second order percolation transition [J]. Physical Review Letters, 2010,

105:048701.

[12] Buldyrev S V, Parshani T, Paul G, et al. Catastrophic cascade of failures in interdependent networks [J]. Nature, 2010, 464(7291):1025-1028.

[13] 邵佳佳,杨文东,江海.基于复杂网络的航空联盟航线网络鲁棒性分析[J].华东交通大学学报,2020,171(1):43-50.

[14] 王兴隆,潘维煌,赵末.空中交通相依网络的脆弱性研究[J].航空学报,2018,39(12):275-284.

[15] 王兴隆,潘维煌,赵末.航空相依网络的鲁棒性与拥堵性分析[J].中国安全科学学报,2018,28(2):110-115.

[16] 王兴隆,刘洋.航空多层网络弹性测度与分析[J].复杂系统与复杂性科学,2020,66(2):34-41.

[17] 王超峰,王德龙.考虑机场等级的机场网络级联失效抗毁性研究.安全与环境学报.https://doi.org/10.13637/j.issn.1009-6094.2021.0603.

[18] 刘泽義,王文俊,潘林.基于多层复杂网络理论的海洋货运网络的抗毁性研究[J].海洋通报,2018,37(6):652-658.

[19] 中国民用航空局.民用航空空中交通管理规则(CCAR-93TM-R5)[N].2017.09.29.

[20] 董政呈,方彦军,田猛.相互依存网络抗毁性研究综述[J].复杂系统与复杂性科学,2017,14(3):30-44.

普通城市智慧交通发展路径构思

——以镇江市为例

沈小军* 严金泉

(博雅达勘测规划设计集团有限公司南京分公司)

摘 要 智慧交通是智慧城市的重要组成部分,是进行城市交通现代化综合治理的重要手段。目前,智慧交通系统建设在特大城市和超大城市中实践较多,而在普通城市中应用较少。本文以镇江市为例,在分析智慧交通系统框架的基础上,立足智慧管控、智慧公交、智慧停车、智慧慢行和智慧道路等信息化应用场景和功能模块出发,探讨了镇江市智慧交通发展路径构思,为同类城市构建智能交通系统提供一定的参考和借鉴。

关键词 智慧交通 发展路径 智慧场景 镇江市

0 引言

智慧交通是在交通领域中融入物联网、大数据、云计算、自动控制等现代技术,面向交通运输行业提供实时数据的交通信息服务系统。智慧交通是智慧城市的重要组成部分,是进行城市交通现代化综合治理的重要手段。目前,智慧交通系统建设以特大城市和超大城市为主,例如深圳市的智慧交通体系,被誉为行业最先进的智慧交通"深圳模式,"[1]被很多城市效仿。而大多数城市在规模、发展条件、财政水平等方面与"先进"城市存在较大差距,为方便研究,参考国务院印发的《关于调整城市规模划分标准的通知》(简称《通知》),文中的普通城市指《通知》中的大城市及以下规模的城市。本文选取江苏省镇江市作为案例,通过研究镇江市智慧交通建设,探讨普通城市智慧交通发展的路径构思,如何在财力有限、技术一般的情况下探索和完善智慧交通系统建设,为同类城市提供参考,共同推进智慧交通发展。

1 智慧交通系统框架

智慧交通系统强调大力促进人工智能、区块链、云计算等高新技术与交通行业和基础设施的深度融合。一般来说,智慧交通系统通过智慧城市基础设施获取数据,这些基础设施一般是指为智慧交通建设和运行维护提供基础性、公共性服务的信息化基础设施[2],是城市智慧交通体系建设的基础;再对数据进行整合和共享,最大限度发挥交通信息的综合利用效益;进而将数据应用在智慧管控、智慧公交、智慧停车、智慧慢行、智慧道路等场景,加强顶层规划统筹,协同智慧管控、公交、停车、慢行等系统,建设统一的数据存储和共享机制,最终通过手机APP、广播或者户外LED屏等载体发布数据信息,为出行者提供道路、停车、慢行等全方位的交通信息服务,为政府管理部门、科研院所、相关企业提供数据支持和决策建议。

因此,智慧交通系统注重业务协同以及交通数据信息的互联共享,促进交通行业大数据在各个场景的深化应用;注重交通服务品质提升,促进个性化、定制化出行服务的发展;注重无人驾驶与智能车路系统协同发展,加大无人驾驶汽车、智能车路协同等新技术的研究和应用,更好地推进智慧交通系统发展。

普通城市应该结合智慧交通系统框架(图1),对城市交通问题进行分析和总结,从一个点深入或者从多维度进行综合研究,选择适合本城市的发展路径,形成具有自身特色的智慧交通发展模式。

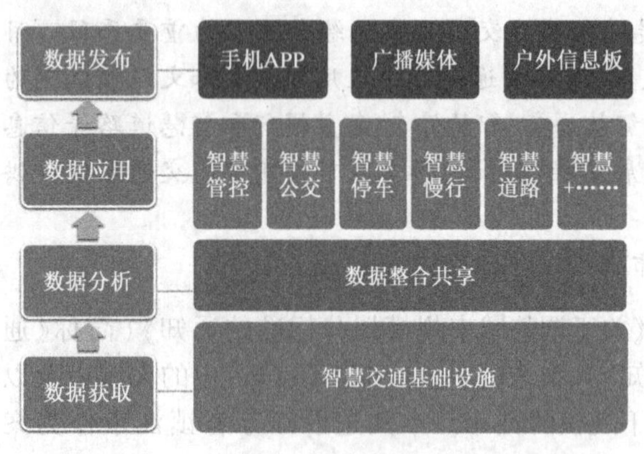

图1　智慧交通系统框架图

2　镇江市智慧交通发展路径构思

镇江市位于江苏省南部,毗邻江苏省省会南京,是南京都市圈的重要城市之一。目前,镇江市在智慧交通部分应用方面有所发展,但尚未形成符合城市自身特色的智慧交通体系。本文针对几大信息化应用场景,多维度构思镇江市智慧交通系统的发展路径。

2.1　智慧管控

智慧管控是通过智慧技术与交通管理的深度融合,精准分析道路的交通状况,对交通流采取交通控制、路径引导或信息服务等措施,以达到安全、高效的目标。智慧管控主要包括对小汽车的运行管控和安全秩序管控两方面[3]。

在小汽车运行管控方面,城市应升级信号管控系统,完善交叉口和路段交通检测设备,积极优化信号灯配时及联网联控、路口交通数据采集及发布系统,实现自适应调节控制和点—线—面层面的系统联动,逐步实现全市道路交通信号联网联控,再利用城市智能交通诱导系统均衡路网交通流量,缓解交通拥堵,提升区域路网的整体通行能力和运行效率。目前,镇江市已实现主要干道"绿波"协调控制,但在整个城市路网联网联控方面仍需完善。

在安全和秩序管控方面,主要是加强交通违法行为的抓拍和交通事件的主动监测,可通过增加高清视频探头用于道路交通管理和拥堵自动检测,实现视频巡逻及事故远程快速处理,完善交通违法行为自动抓拍系统,并建立智慧勤务系统,实现交通事件与警务的联动,及时准确地处理交通问题,优化交通出行秩序。最终构建面向运行管理、安全管理、警务管理的综合智慧管控系统,以提高城市交通管理的智慧化水平。

2.2　智慧公交

近年来,随着定位技术、无线通信等技术的综合运用,智能公共交通系统可实现公交车辆运营调度的智能化和公交车辆运行的信息化、可视化,推动着智慧公交的发展。目前,建议镇江在智能公交方面主要从以下方面构思和发展:

(1)着力完善公交基础供给。建设智能化公交站台等基础设施,优化公交线路网,通过完善面向公众的信息服务,改善市民乘坐公交的体验。镇江早在几年前已经完成市区范围的公交站台智能化改造,改造后的公交站台具备公交车辆到站显示、语音播报、站台远程供配电、公共信息发布四大功能。

(2)加强公交智慧运输管理。加强公交企业内部信息化管理水平,优化公交调度水平,提高公交运行效率和稳定性。镇江目前尚未开通地铁,应该全方位接入常规公交、出租汽车、公共自行车等数据,实时跟踪交通领域新业态,接入网约车和共享电动汽车数据。在掌握数据和了解城市出行需求特征的基础上,合理配置和组合优化各种公共交通供给。

(3)实施公交"时空"优先策略。该策略包含两层含义:空间上的公交优先和时间上的公交优先。具体来说,公交空间优先的保障是公交专用道,公交时间优先的设施保障则是公交专用信号灯。相关统计数据表明,如果不在交叉口使用公交专用信号,即使有公交专用道,节省的时间也十分有限(统计数据表明仅节省5%~10%),因为公交运行时间延误的主要原因是交叉口信号控制延误[4]。公交专用道在空间上保障了公交车的优先权,但是单一的空间措施产生的效益比较有限,因此国内一些城市开始重视公交专用信号灯的建设,在现有基础设施和信号控制系统上进行了尝试。目前,镇江市已在解放路—大西路交叉口实施公交信号优先试点工程:针对解放路南北直行公交车实行优先,不仅时间优先,也在空间上给予优先特权,当直行公交车辆行驶到该路口时,在不影响其他社会车辆顺利通行的情况下,交通信号系统会通过绿灯延长或红灯缩短两种方式为公交车提供通行专用信号,减少公交车在交叉口的停车次数及等待时间,直行公交可快速通过路口。交叉口车道渠化方面,在解放路的南北进口均重新设置一条公交专用车道,使用时间为早晚高峰时段(图2)。安装公交专用信号灯后,公交车辆在该交叉口可增加约10s的通行时间,大大提高了公交车辆的运行速度。结合原有的公交专用道和新增的公交优先信号灯,解放路上公交车的运行速度提升了约30%。

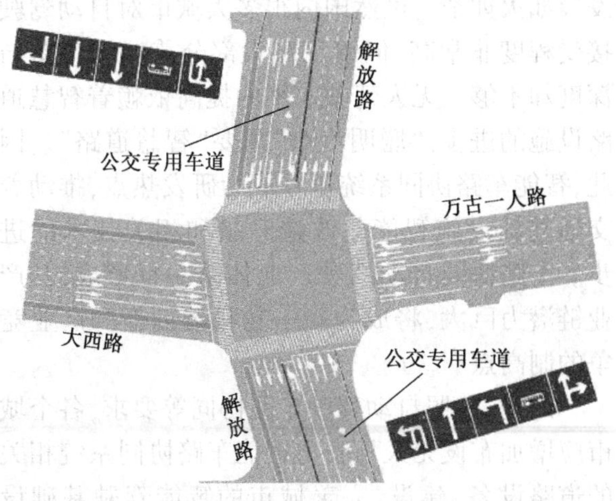

图2 镇江市解放路—大西路交叉口公交信号优先空间布置图

当然,公交信号不等于"绝对的、无条件的"优先,而应是协调优先(即有条件的优先)。协调优先是从系统角度出发,在对社会车辆带来较小影响的前提下,合理分配信号优先通行权,为公交车辆提供一定的优先通过时间,减少公交车辆的信号交叉口损失,保证公交车辆在时间上的优先权,提高运行效率。

(4)对于很多像镇江这样的中小城市,在智能交通系统还未完全建立的情况下,公交专用道依然是推动公交优先发展的重要方式。因此,需要重视公交专用道的建设与维护,重视公交车辆和道路设施的智能化升级改造,为实现车路协同奠定设施基础。通过公交设施的智能化升级,公交信号优先才能更好地实现。

(5)未来,应用高精度卫星定位技术实现地面公交车辆的精确定位也是智慧公交的发展趋势之一,可在公交车上安装北斗/GPS双模定位设备[5],可实现全天候高精度实时定位、通信以及信息采集等功能。

2.3 智慧停车

智慧停车主要解决有限空间资源背景下停车设施的精准供给和有限资源低效利用的问题,通过智能化科技手段,为驾车者提供从出行全过程的精准化服务,减少车辆寻泊,改善停车过程的个人体验,使得停车高效顺畅,实现停车资源的高效运营和高品质的停车服务。目前,从构架上来看,智慧停车的实现途径主要分为车位级、停车场级和城市级三个层级[6]。

目前,镇江已经开始着手智慧停车平台的建设工作。在车位级智慧停车建设方面,镇江目前共设置路内无线地磁泊位约5000个,主要分布在停车矛盾较为突出的主城区,硬件设备主要是地磁装置和手持PDA管理系统;在停车场级智慧停车建设方面,镇江市区越来越多的公共停车场利用车牌识别等技术实施智能化升级,出场时通过电子支付完成线上停车缴费,继而实现快速通行;在城市级智慧停车建设方面,镇江市停车主管部门已初步建立镇江市停车信息管理与分析平台,盘点整合全市停车资源,实现对停车资源的全面掌控,利用停车管理系统,实时监测停车设施的利用状况和供需关系,为停车资源的精准供给提供指引(图3)。

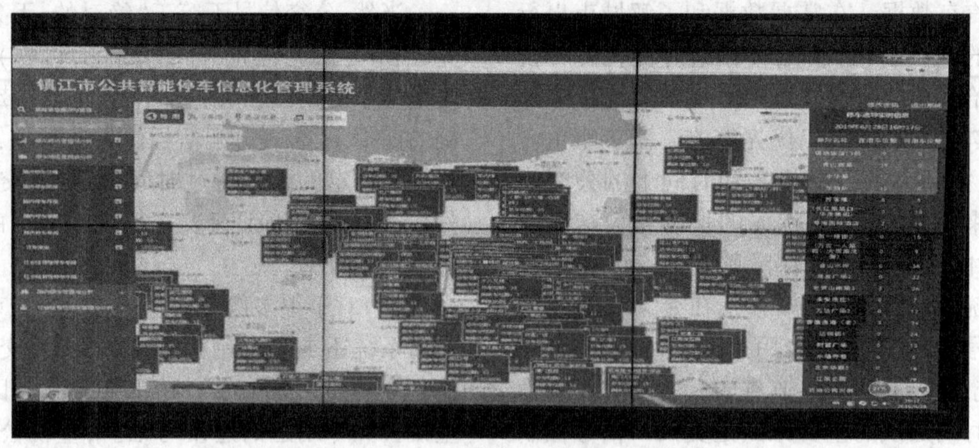

图3　镇江市停车信息管理平台停车场实时信息界面图

中小城市应逐步建立车位级、停车场级和城市级三个层级的停车平台，最终建立的城市级停车信息管理与分析平台，对处于孤岛状态的各停车场和呈现碎片化状态的停车资源进行统一整合，高效利用现有资源，盘活存量停车资源。未来，随着高精度导航地图的使用，各智慧停车场动态信息与地图导航相结合，可实现行车线路和目的地车位的一体化规划、停车位提前预约等功能。

2.4　智慧慢行

智慧慢行主要是实现对慢行交通的秩序管理和安全保障，以满足高品质慢行交通的要求。

镇江目前尚未有智慧慢行的相关建设，国内许多城市也尚未重视智慧慢行。未来，应重视智慧慢行设施建设，构建智慧慢行平台，可以从以下方面构思：

(1)对于慢行流量较大的路口或者学校、商场、医院等人流比较集中的地区，可建立行人过街自适应系统，在人流比较集中的人行过街横道上设置智慧斑马线，保障慢行交通安全。当行人和非机动车在夜间通过斑马线时，系统检测到有行人通过，斑马线两侧自动发光闪烁，以醒目的光亮指引行人，提示驾驶员及时减速，起到双向警示作用[7]，可有效预防交通事故的发生，提高慢行过街安全性。

(2)搭建非机动车或行人违章管理系统，规范慢行交通通行秩序。例如，在城市一些重要交叉口可尝试启用人脸识别系统，当有行人或非机动车发生闯红灯等交通违法行为时，系统即时抓拍，通过大屏幕曝光，并施以相关处罚。这一措施可有效降低行人和非机动车闯红灯的交通违法率，助力规范道路交通安全秩序，有效提升城市文明交通治理水平。目前，镇江市在正东路/解放路交叉口已安装首个行人闯红灯抓拍系统(图4)，用于曝光行人、非机动车闯红灯等不文明行为，效果良好。

图4　镇江市正东路路口行人闯红灯抓拍系统图

2.5　智慧道路

近些年，无人驾驶汽车和智能车路协同系统发展如火如荼。虽然国内很多大城市对自动驾驶接受程度非常高，但镇江和大部分普通城市参与深度却不够。无人驾驶水平的提高依赖着智慧道路设施的进步，“聪明汽车”需要“智慧道路”。因此，智能车路协同系统正在成为研发热点，推动着交通基础设施智能化改造升级和相关技术的进步。车路协同自动驾驶产业体系一旦形成，其产业链潜力巨大，将成为新一轮科技创新和产业竞争的制高点[8]。

因此，按照自动驾驶车路协同等要求，各个城市应增加布设无人驾驶与智能车路协同系统相关的道路设备，建设、完善城市的智能驾驶基础设施。当然，这不是一蹴而就的，可以先建设测试环境,特别是封闭测试场,条件成熟后可考虑从有条件的城市快速路着手。例如:可在有条件的快速路设置内侧专用车道为自动驾驶专用车道;同时也可以考虑开展公交、出租等特定车辆在特定场景领域的应用示范。

3 结语

本文在分析智慧交通系统框架的基础上,以镇江市为例,从信息化应用场景和功能模块出发,提出了镇江智慧交通发展路径构思。虽然各城市的特征各不相同,但都存在着理念不够先进、技术一般的共性问题,本文的探讨可以为同类城市完善智慧交通系统建设提供参考,差异化构建符合自身城市特色的智慧交通模块,最终建立起时空高效衔接、协同一体的智慧交通系统。

参考文献

[1] 王琪. 非中心城市智慧交通建设问题研究[D]. 南充:西华师范大学,2020.

[2] 朱昊,孙然,赵方. 上海城市智慧交通系统近期发展对策探讨[J]. 交通与运输, 2020(S1):178-182.

[3] 张晓明,桑珩,魏增超,等. 中小规模城市智慧交通发展路径探索——以山东省平度市为例[C]//第十五届中国智能交通年会,2020,深圳.

[4] 邹莉,马万经,孙拓. 专用道公交信号优先协调控制方法研究[C]//第十二届中国智能交通年会,2017,常熟.

[5] 中国智能网联汽车产业创新联盟自动驾驶地图与定位工作组. 智能网联汽车高精地图白皮书(2020)[R]. 2021.

[6] 沈小军,程之杰,芮忠. "互联网+"智慧停车模式助力城市交通规划和发展——以镇江市为例[C]// 第十四届城市发展与规划大会(2019),2019,郑州.

[7] 刘锐晶. 大数据时代背景下天津市智慧交通建设展望[J]. 天津建设科技,2020,30(6):72-74.

[8] 中国公路学会自动驾驶工作委员会. 车路协同自动驾驶发展趋势及建议[R]. 2019.

考虑网联自动驾驶和人驾驶车辆行驶的专用道收费方案设计

张佳翠[1] 徐 猛*[1] 王广民[2]

(1. 北京交通大学轨道交通控制与安全国家重点实验室;2. 中国地质大学经济管理学院)

摘 要 本文考虑路网中包含网联自动驾驶车辆(Connected and Autonomous Vehicles,CAVs)和人驾驶的车辆(Human-driven Vehicles, HDVs),研究自动驾驶车辆专用道收费方案(Toll Scheme for Autonomous Vehicle Lanes,AVT)对交通网络性能的影响。AVT 方案允许 CAVs 免费使用 AV 专用道,同时允许 HDVs 付费使用。本文提出了一类双层规划模型,其中上层模型以系统总出行时间最小为目标确定 AV 专用道的收费方案;下层模型考虑了 HDVs 和 CAVs 对出行时间的不对称影响,运用 Logit 模型描述给定收费方案后出行者的方式选择。采用遗传算法和对角化算法对数值算例进行求解,算例结果表明,AVT 方案的合理设置可以提升路网中 CAVs 的使用比例,提升道路通行能力,减少系统总出行时间。而且,当出行需求较大时,AVT 方案的效果更显著。

关键词 智慧与自动交通系统 自动驾驶车辆专用道收费方案 Logit 模型 网联自动驾驶车辆 人驾驶车辆

1. 基金项目:国家自然科学基金重大项目课题(72091513)。

0　引言

随着城市化进程的加快,汽车保有量急剧上升,由此产生的拥堵[1]、污染[2]等问题已成为热门话题。网联自动驾驶车辆(Connected and Autonomous Vehicles,CAVs)有望缓解这些问题。CAVs 在提高交通效率方面具有很大的潜力,例如,减少空气污染[3]、提高交通安全[4],尤其是可以提升道路通行能力[5]。LEVIN 等[6]表明,随着道路上 CAVs 比例的增加,道路交通容量显著增加。LEVIN 和 BOYLES[7]的研究表明,即使网络中小部分 HDVs 被 CAVs 取代,也可以显著减少出行时间。综上所述,促进出行者转变出行方式,提升 CAVs 使用比例,对提升道路通行能力、缓解交通拥堵有重要意义。

部署 AV 专用道是提升 CAVs 比例的有效方法。CHEN[8]建立了一类时间依赖模型,优化 AV 专用道设置,以促进 CAV 的使用。但 CHEN 等[9-10]研究发现,当道路中 CAVs 比例较低时,AV 专用道得不到充分利用,会损害整体的交通网络性能。TALEBOUR 等[11]通过研究在两车道和四车道的高速公路上设置 AV 专用道,发现只有当 CAVs 比例超过一定阈值,才能获得效益,否则会浪费道路资源。基于此,LIU 等[12]提出了一种新的 AV 专用道管理形式,AV 专用道允许 CAVs 自由通行,同时为了避免在 CAVs 比例较低时,造成道路资源的浪费,允许人驾驶车辆(Human-driven Vehicles,HDVs)付费通行,称作为自动驾驶车辆专用道收费方案(Toll Scheme for Autonomous Vehicle Lanes,AVT)。上述研究均假设 CAVs 比例是外生的,忽略了出行者在实施策略后由于出行成本变化而对出行方式的影响。因此,为了更准确地预测未来的出行需求和流量分布,本文在 LIU 等[12]工作的基础上,对混合交通环境下的 AVT 影响进行内生性建模,研究 AVT 在提升 CAVs 比例和提高道路通行能力、减少交通拥堵方面的效率。

本文的贡献主要如下:首先,建立了一类双层规划模型,优化 AV 专用道的收费方案。假设路网中存在 CAVs 和 HDVs,出行者的路径选择遵循用户均衡(User Equilibrium,UE)原则。其中,上层模型以系统总出行时间最小为目标确定 AV 专用道的收费方案;下层模型利用 Logit 模型刻画给定收费方案后出行者的方式选择问题,构建了多模式配流的变分不等式(Variational Inequality,VI)模型。此外,由于车辆通信和自动控制技术使 CAVs 以更短的反应时间跟进前方车辆,增加一个单位的 CAVs 流量与增加一个单位的 HDVs 流量对道路出行时间的影响不同。现有的研究很少考虑到这一点。因此本文还考虑了 HDVs 和 CAVs 对出行时间的不对称影响。最后,本文采用对角化算法和遗传算法对数值算例进行求解,说明了 AVT 提升交通网络性能的效率。

1　模型分析

考虑路网中存在 CAVs 和 HDVs 两类出行方式,假设出行需求是固定的,出行者的路径选择遵循 UE 原则,根据出行成本选择出行方式。本文首先考虑了 CAVs 和 HDVs 对出行时间的不对称影响,建立了存在 HDVs 和 CAVs 混合交通流的出行时间函数。

1.1　阻抗函数

在城市交通网络 $G=(N,A)$ 中,N 为节点集合,A 为路段集合。1 表示 HDVs,2 表示 CAVs。CAVs 能以更短的反应时间跟随前方车辆,对于存在 CAVs 和 HDVs 混合交通流的路段,其路段通行能力随 CAVs 比例的变化而变化[7]。当路段 $a\in A$ 中存在 HDVs 和 CAVs 混合交通流时,其通行能力为[7]:

$$C_a=n_a^0\frac{1}{n_a^0\left(\frac{v_a^1}{v_a^1+v_a^2}\theta^1+\frac{v_a^2}{v_a^1+v_a^2}\theta^2\right)+l},\ \forall a\in A \tag{1}$$

式中:θ^1、θ^2($\theta^1>\theta^2$)——HDVs 和 CAVs 的反应时间;

n_a^0——路段 $a\in A$ 的自由行驶速度;

v_a^1、v_a^2——路段 $a\in A$ 上 HDVs 和 CAVs 的流量;

l——车辆的平均长度。

根据公式(1)可得到路段 $a\in A$ 上只有 HDVs 时的通行能力 C_a^1 和 HDVs 的反应时间 θ^1:

$$C_a^1=n_a^0\frac{1}{n_a^0\theta^1+l},\ \forall a\in A \tag{2}$$

$$\theta^1=\frac{1}{C_a^1}-\frac{l}{n_a^0},\ \forall a\in A \tag{3}$$

另外,可得到路段 $a\in A$ 上只有 CAVs 时的通

行能力 C_a^2 和 CAVs 的反应时间 θ^2：

$$C_a^2 = n_a^0 \frac{1}{n_a^0 \theta^2 + l}, \forall a \in A \tag{4}$$

$$\theta^2 = \frac{1}{C_a^2} - \frac{l}{n_a^0}, \forall a \in A \tag{5}$$

将式(3)和式(5)代入式(1)，得到存在 HDVs 和 CAVs 混合交通流下的路段通行能力 $C_a(r_a)$：

$$C_a(r_a) = \frac{1}{\frac{v_a^1}{v_a^1 + v_a^2}\frac{1}{C_a^1} + \frac{v_a^2}{v_a^1 + v_a^2}\frac{1}{C_a^2}} = \frac{1}{\frac{r_a}{C_a^1} + \frac{1 - r_a}{C_a^2}}, \forall a \in A \tag{6}$$

式中：$r_a = \frac{v_a^1}{v_a^1 + v_a^2}$——路段 $a \in A$ 上 CAVs 的比例，$C_a(r_a)$ 是 r_a 的连续函数。

本文使用 BPR 函数表示路段出行时间：

$$t_a(v_a) = t_a^0\left[1 + \alpha\left(\frac{v_a}{C_a}\right)^{\beta}\right], \forall a \in A \tag{7}$$

式中：t_a^0——路段 $a \in A$ 的自由流行驶时间；

C_a——路段 $a \in A$ 的通行能力；

v_a——路段 $a \in A$ 的流量；

α, β——参数。

从图 2 可知，CAVs 比例越大，路段通行能力越大，出行时间越短。这表明，增加路网中 CAVs 比例，可以提高路段通行能力，减少出行时间。从图 3 中可知，C_a^2 与 C_a^1 比值越大，路段通行能力越大，出行时间越小，这体现了 CAVs 和 HDVs 对出行时间不同边际效应的影响。

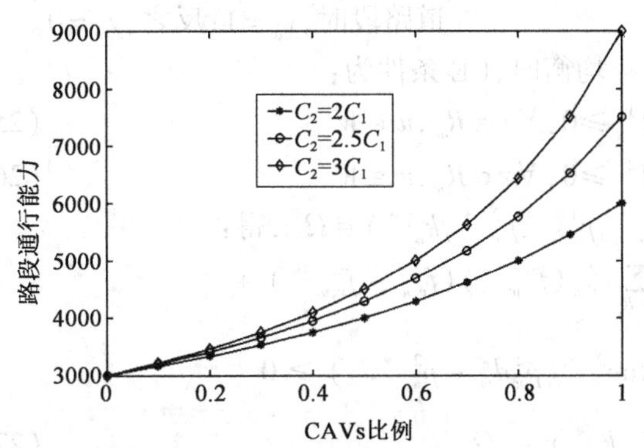

图 2 不同 CAVs 比例下的路段通行能力

1.2 下层模型

令 R_w 表示 OD 对 $w \in W$ 间的路径集合，$f_{r,w}$ 表示 OD 对 $w \in W$ 间路径 $r \in R_w$ 上的总流量，$f_{r,w}^1$、$f_{r,w}^2$ 分别表示在 OD 对 $w \in W$ 间路径 $r \in R_w$ 上 HDVs 和 CAVs 流量，即 $f_{r,w}^1 + f_{r,w}^2 = f_{r,w}$。则路段 $a \in A$ 上 HDVs、CAVs 流量 v_a^1、v_a^2 及路段 $a \in A$ 的总流量 v_a 可表示为如下公式：

$$v_a^1 = \sum_{w \in W}\sum_{r \in R_w} f_{r,w}^1 \delta_{a,r}^w, \forall a \in A, r \in R_w, w \in W \tag{11}$$

$$v_a^2 = \sum_{w \in W}\sum_{r \in R_w} f_{r,w}^2 \delta_{a,r}^w, \forall a \in A, r \in R_w, w \in W \tag{12}$$

$$v_a = v_a^1 + v_a^1, \forall a \in A \tag{13}$$

式中：$\delta_{a,r}^w$——0 - 1 变量，表示路段 $a \in A$ 与路径 $r \in R_w$ 的所属关系；

当 $\delta_{a,r}^w = 1$ 时，路段 $a \in A$ 属于路径 $r \in R_w$，当

则对于存在 CAVs 和 HDVs 混合流的路段，出行时间函数为：

$$t_a(v_a^1, v_a^2) = t_a^0\left[1 + \alpha\left(\frac{v_a^1 + v_a^2}{C_a(r_a)}\right)^{\beta}\right], \forall a \in A \tag{8}$$

将式(6)代入式(8)，得：

$$t_a(v_a^1, v_a^2) = t_a^0\left[1 + \alpha\left(\frac{v_a^1}{C_a^1} + \frac{v_a^2}{C_a^2}\right)^{\beta}\right], \forall a \in A \tag{9}$$

CAVs 和 HDVs 流量对路段出行时间的边际效应是不同的，如式(10)所示：

$$\frac{\partial t_a(v_a^1, v_a^2)}{\partial v_a^1} > \frac{\partial t_a(v_a^1, v_a^2)}{\partial v_a^2}, \forall a \in A \tag{10}$$

可知，不同的 CAVs 比例对路段通行能力的影响不同。采用如图 1 所示的路段进行证明。假设路段出行需求是固定的，令 $Q = 5000$，$t_a^0 = 15$，$\alpha = 0.15$，$\beta = 4$。当该路段中只有 HDVs 时，$C_a^1 = 2000$。图 2 和图 3 分别为 $C_a^2 = 2C_a^1$、$C_a^2 = 2.5C_a^1$ 和 $C_a^2 = 3C_a^1$ 时，路段通行能力和出行时间随 CAVs 比例变化的结果。

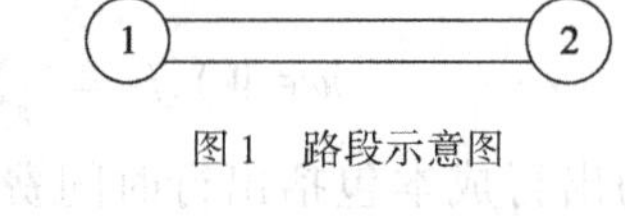

图 1 路段示意图

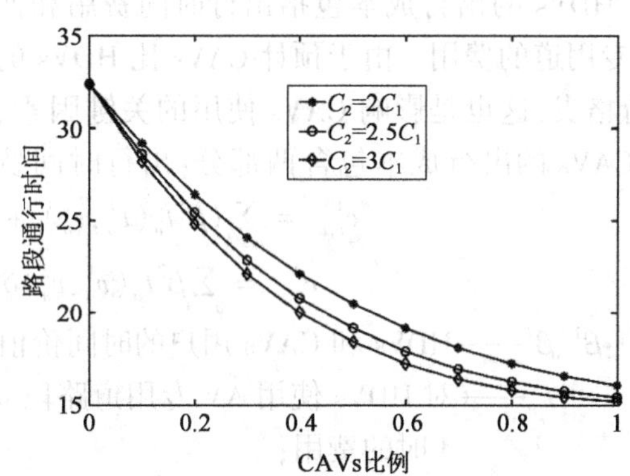

图 3 不同 CAV 比例下的路段通行时间

$\delta_{a,r}^{w}=0$ 时,路段 $a\in A$ 不属于路径 $r\in R_w$。

路径流量与出行需求之间的关系如式(14)~式(16)所示:

$$\sum_{r\in R_w} f_{r,w}^{1}=d_w^{1},\forall r\in R_w,w\in W \tag{14}$$

$$\sum_{r\in R_w} f_{r,w}^{2}=d_w^{2},\forall r\in R_w,w\in W \tag{15}$$

$$f_{r,w}=f_{r,w}^{1}+f_{r,w}^{2},\forall r\in R_w,w\in W \tag{16}$$

式中:d_w^1、d_w^2——OD 对 $w\in W$ 之间 HDVs 和 CAVs 的出行需求。

本文利用收费管理 AV 专用道,AV 专用道允许 CAVs 免费使用,允许 HDVs 付费使用。假设出行需求固定,出行者根据出行成本选择出行方式,使用 Logit 模型描述 AVT 专用道对出行模式选择的影响。OD 对 $w\in W$ 之间 HDVs 和 CAVs 的出行需求比例 p_w^1、p_w^2 为:

$$p_w^1=\frac{\exp(-\theta u_w^1)}{\exp(-\theta u_w^1)+\exp(-\theta u_w^2)},\forall w\in W \tag{17}$$

$$p_w^2=1-p_w^1,\forall w\in W \tag{18}$$

$$d_w^1=p_w^1\cdot d_w,\forall w\in W \tag{19}$$

$$d_w^2=p_w^2\cdot d_w,\forall w\in W \tag{20}$$

$$d_w=d_w^1+d_w^2,\forall w\in W \tag{21}$$

式中:θ——经验参数。

本文假设出行者的路径选择遵循 UE 原则,u_w^1、u_w^2 分别表示 OD 对 $w\in W$ 间 HDVs 和 CAVs 的最小出行成本。

根据以上假设,流量模式可行集 Ω 可表示为:

$$\Omega=\left\{\begin{array}{l}(f^1,f^2,p^1,p^2)\mid v_a^1=\sum_{w\in W}\sum_{r\in R_w} f_{r,w}^1\delta_{a,r}^w,v_a^2=\sum_{w\in W}\sum_{r\in R_w} f_{r,w}^2\delta_{a,r}^w,\sum_{r\in R_w} f_{r,w}^1=p_w^1\cdot d_w,\sum_{r\in R_w} f_{r,w}^2=p_w^2\cdot d_w,\\ f_{r,w}^1>0,f_{r,w}^2>0,\forall a\in A,r\in R_w,w\in W\end{array}\right\} \tag{22}$$

式中:(f^1,f^2,p^1,p^2)——HDVs 和 CAVs 的路径流量及出行需求比例向量,即 $f^1=(\sum_{r\in R_w} f_{r,w}^1=d_w^1,\forall r\in R_w,w\in W)$,$f^2=(\sum_{r\in R_w} f_{r,w}^2=d_w^2,\forall r\in R_w,w\in W)$,$p^1=(p_w^1,\forall w\in W)$,$p^2=(p_w^2,\forall w\in W)$。

HDVs 的出行成本包括出行时间费用和使用 AV 专用道的费用。由于预计 CAVs 比 HDVs 的购买价格贵,这也是影响 CAVs 使用的关键因素,因此,CAVs 的出行成本包含两部分:出行时间费用和 CAVs 比 HDVs 多出的购买费用。CAVs 高于 HDVs 的购买价格可转化为单次出行的额外成本,记为 τ。HDVs 和 CAVs 的广义路径出行成本为:

$$c_{r,w}^1=\sum_{a\in A}(\beta^1 t_a(v_a^1,v_a^2)+y_a k_a)\delta_{a,r}^w,\forall a\in A,r\in R_w,w\in W \tag{23}$$

$$c_{r,w}^2=\sum_{a\in A}\beta^2 t_a(v_a^1,v_a^2)\delta_{a,r}^w+\tau,\forall a\in A,r\in R_w,w\in W \tag{24}$$

式中:β^1、β^2——HDVs 和 CAVs 用户的时间价值;

k_a——对 HDVs 使用 AV 专用道路段 $a\in A$ 时的费用;

y_a——0-1 变量,当路段 $a\in A$ 是 AV 专用道路段时,$y_a=1$;反之,$y_a=0$。

均衡时,UE 条件为:

$$(c_{r,w}^1-u_w^1)f_{r,w}^1=0,c_{r,w}^1-u_w^1\geqslant 0,f_{r,w}^1\geqslant 0,\forall r\in R_w,w\in W \tag{25}$$

$$(c_{r,w}^2-u_w^2)f_{r,w}^2=0,c_{r,w}^2-u_w^2\geqslant 0,f_{r,w}^2\geqslant 0,\forall r\in R_w,w\in W \tag{26}$$

构建如式(27)的变分不等式,求解 $(f_{r,w}^{1\ *},f_{r,w}^{2\ *},p_w^{1\ *},p_w^{2\ *},k_a^{\ *})\in\Omega_+$,得:

$$\sum_{w\in W}\sum_{r\in R_w} c_{r,w}^1(f_{r,w}^{1\ *})(f_{r,w}^1-f_{r,w}^{1\ *})+\sum_{w\in W}\sum_{r\in R_w} c_{r,w}^2(f_{r,w}^{2\ *})(f_{r,w}^2-f_{r,w}^{2\ *})+$$

$$\sum_{w\in W}\frac{1}{\theta}\ln p_w^{1\ *}(p_w^1 d_w-p_w^{1\ *}d_w)+\sum_{w\in W}\frac{1}{\theta}\ln p_w^{2\ *}(p_w^2 d_w-p_w^{2\ *}d_w)\geqslant 0$$

$$\forall(f_{r,w}^{1\ *},f_{r,w}^{2\ *},p_w^{1\ *},p_w^{2\ *},k_a^{\ *})\in\Omega_+ \tag{27}$$

其中 $\Omega_+=\{(f^1,f^2,p^1,p^2,k_a)\mid(f^1,f^2,p^1,p^2)\in\Omega,0\leqslant k_a\leqslant\bar{k}_a\}$,$\bar{k}_a$ 表示路段 $a\in A$ 收取的费用最大值。

接下来证明式(27)与式(17)、式(18)和式(25)、式(26)的等价性及均衡解的存在性。

定理 1:式(27)等价于式(17)、式(18)和式(25)、式(26)。

证明:由式(27)的 KKT 条件可以得到:

$$(c_{r,w}^1-u_w^1)f_{r,w}^{1\ *}=0,c_{r,w}^1-u_w^1\geqslant 0,f_{r,w}^{1\ *}\geqslant 0,\forall r\in R_w,w\in W \tag{28}$$

$$(c_{r,w}^2-u_w^2)f_{r,w}^{2\ *}=0,c_{r,w}^2-u_w^2\geqslant 0,f_{r,w}^{2\ *}\geqslant 0,\forall r\in R_w,w\in W \tag{29}$$

$$\left(\frac{1}{\theta}\ln p_w^{1\,*}-\gamma_w+u_w^1\right)p_w^{1\,*}d_w=0,\frac{1}{\theta}\ln p_w^{1\,*}-\gamma_w+u_w^1\geqslant 0,\forall r\in R_w,w\in W \quad (30)$$

$$\left(\frac{1}{\theta}\ln p_w^{2\,*}-\gamma_w+u_w^2\right)p_w^{2\,*}d_w=0,\frac{1}{\theta}\ln p_w^{2\,*}-\gamma_w+u_w^2\geqslant 0,\forall r\in R_w,w\in W \quad (31)$$

由式(30)、式(31)可知：

若 $p_w^{1\,*}d_w\geqslant 0$，则 $\frac{1}{\theta}\ln p_w^{1\,*}-\gamma_w+u_w^1=0,\forall w\in W$ (32)

若 $p_w^{2\,*}d_w\geqslant 0$，则 $\frac{1}{\theta}\ln p_w^{2\,*}-\gamma_w+u_w^2=0,\forall w\in W$ (33)

整理可得：

$$p_w^1=\exp(\theta\gamma_w)\exp(-\theta u_w^1),\forall w\in W \quad (34)$$

$$p_w^2=\exp(\theta\gamma_w)\exp(-\theta u_w^2),\forall w\in W \quad (35)$$

将式(34)和式(35)相加，得到：

$$\gamma_w=-\frac{1}{\theta}\ln[\exp(-\theta u_w^1)+\exp(-\theta u_w^2)],\quad \forall w\in W \quad (36)$$

式中：γ_w——OD 对 $w\in W$ 之间的期望出行成本。

将式(36)代入式(32)和式(33)中，即可得到 Logit 模型式(17)，证明完毕。

定理 2：式(27)的解是唯一的。

证明：由于 Ω_+ 非空且凸，给定一个收费方案，出行成本函数 $c_{r,w}^1$、$c_{r,w}^2$ 及 $\ln p_w^1$、$\ln p_w^2$ 均为变量 (f^1,f^2,p^1,p^2,k_a) 的连续函数，且约束条件为线性。根据 Facchinei 的研究[13]，式(27)至少存在一个解。此外，由于 $c_{r,w}^1$、$c_{r,w}^2$ 是关于路段流量的单调函数，因此，式(27)的解唯一。

1.3 上层模型

上层模型是通过求解 AV 专用道的收费值 k_a 来最小化系统出行时间：

$$\min_{k,f,p}(k,f,p)=\sum_{a\in A}[v_a^1 t_a(v_a^1,v_a^2)+v_a^2 t_a(v_a^1,v_a^2)] \quad (37)$$

$$0\leqslant k_a\leqslant \bar{k}_a \quad (38)$$

2 求解算法

本文使用对角化算法求解下层模型，使用遗传算法求解上层模型，如图 4 所示。

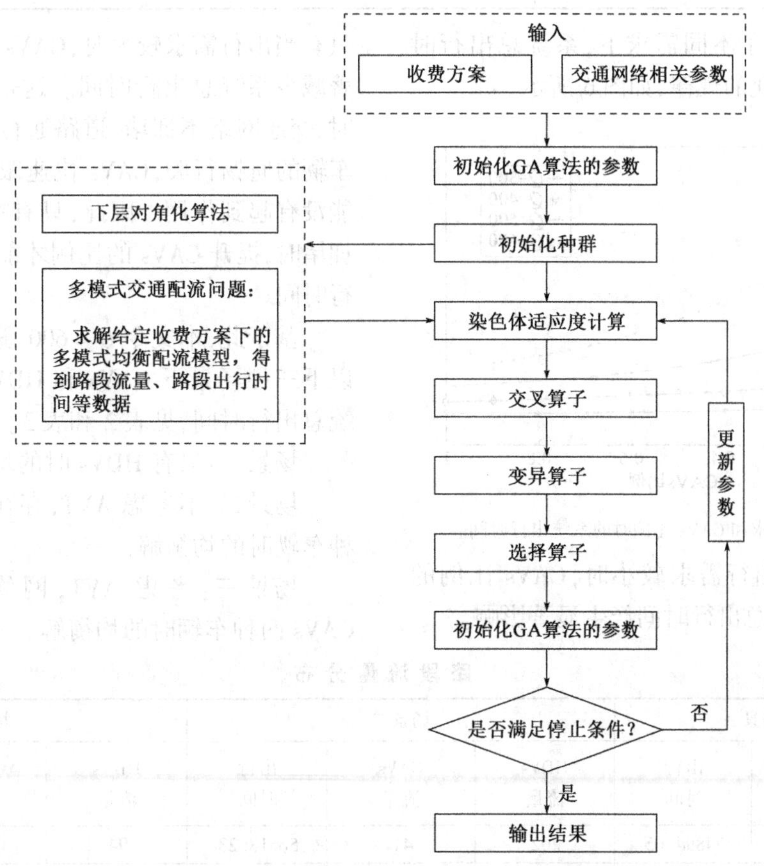

图 4 算法流程图

3　算例分析

本节通过如图 5 所示的交通网络来验证 AVT 对网络性能的改善。该网络由 9 个节点、12 条路段和 1 个 OD 对组成,浅色路段表示 AV 专用道。令 $\beta^1=\beta^2=1,\tau=40,\alpha=0.15,\beta=4$。其他参数见表 1。

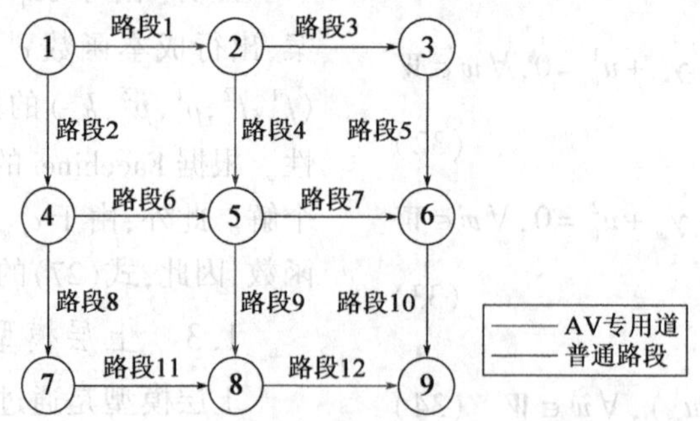

图 5　交通网络

网 络 参 数　　表 1

路　段	t_a^0	C_a^1	C_a^2	路　段	t_a^0	C_a^1	C_a^2
1	50	100	200	7	80	90	180
2	60	150	300	8	60	100	200
3	70	70	140	9	60	70	140
4	60	70	140	10	80	100	200
5	40	70	140	11	60	90	180
6	50	100	200	12	60	180	360

本文首先计算了不同需求下,系统总出行时间随 CAVs 比例变化的规律,如图 6 所示。

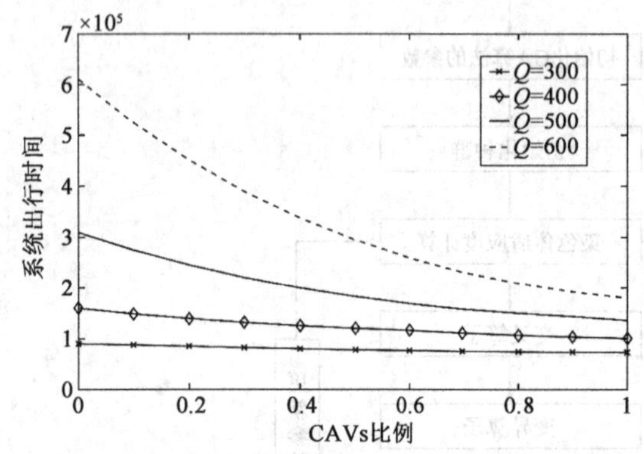

图 6　不同出行需求和 CAVs 比例时的系统出行时间

由图 6 可知,出行需求较小时,CAVs 比例的提高并没有对系统总出行时间产生显著影响。只有当出行需求较大时,CAVs 比例的提高才能显著减少系统总出行时间。这是因为当出行需求小时,交通网络不拥堵,道路通行能力可以满足所有车辆的通畅行驶,CAVs 快速跟进前方车辆这一性能没有起到作用。因此,只有在出行需求大、道路拥堵时,提升 CAVs 的比例才能有效减少系统总出行时间。

基于此,本文令 $Q=600$,进行详细分析,得到以下三种场景下 CAVs 和 HDVs 的路段流量和系统总出行时间,见表 2 和表 3。

场景一:只有 HDVs 时的均衡解;

场景二:不考虑 AVT,存在 HDVs 和 CAVs 两种车辆时的均衡解;

场景三:考虑 AVT,网络中存在 HDVs 和 CAVs 两种车辆时的均衡解。

路 段 流 量 分 布　　表 2

路段	场景一		场景二			场景三		
	路段流量	出行时间	HDVs 流量	CAVs 流量	出行时间	HDVs 流量	CAVs 流量	出行时间
1	242	74894.05	202	41	56618.23	94	184	39329.81
2	358	125406.62	297	60	94302.24	227	94	51530.14

续上表

路段	场景一		场景二			场景三		
	路段流量	出行时间	HDVs流量	CAVs流量	出行时间	HDVs流量	CAVs流量	出行时间
3	121	19585.87	102	20	16859.82	94	—	9900.58
4	122	17370.35	100	20	14010.65	—	184	16058.68
5	121	11191.93	102	20	9634.18	94	—	5657.47
6	161	16278.98	134	27	13737.66	858	76	10966.32
7	116	13024.21	94	19	11441.92	858	—	7713.93
8	196	37946.73	163	33	30293.42	141	18	16847.55
9	168	59641.56	140	28	45908.92	—	261	43817.42
10	236	107075.94	196	39	79563.27	180	—	37252.79
11	196	59641.56	163	33	39995.68	141	18	20674.21
12	364	107075.94	304	61	60911.24	141	278	47488.65

系统总出行时间和 CAVs 比例 表3

场景	系统总出行时间	CAVs 比例
场景一	610562.5018	0
场景二	473278.44	20.2%
场景三	307237.5586	55.6%

由表 3 可知,场景一中,系统总出行时间为 610562.5018;场景二中,CAVs 比例为 20.15%,系统总出行时间为 473278.44;场景三中,收费方案为k_a = [12.3,0,0,16.4,0,0,0,0,0,18.2,0,0,15.3],CAV 比例为 55.6%,系统总出行时间为 307237.5586。场景三的 CAVs 比例相比场景二提高了 30.4%;系统总出行时间减少了 34.8%,且均小于没有 CAVs 的场景一的系统总出行时间。由此可知,AVT 专用道可以有效提升 CAVs 比例,并减少系统总出行时间。

接下来本文计算了路段饱和度,以分析 AVT 改善交通拥堵的机制。基于 2.1 节的假设,路段饱和度的计算公式如下:

$$s_a = \frac{v_a}{C_a} = \frac{v_a^1}{C_a^1} + \frac{v_a^2}{C_a^2}, \forall a \in A \tag{39}$$

从图 7 中可以看出,场景三路段饱和度最低。这是因为提升 CAVs 比例后,路段通行能力增加,在需求不变的情况下,路网饱和度下降。这也解释了 AVT 减少系统出行时间、缓解拥堵的机制。

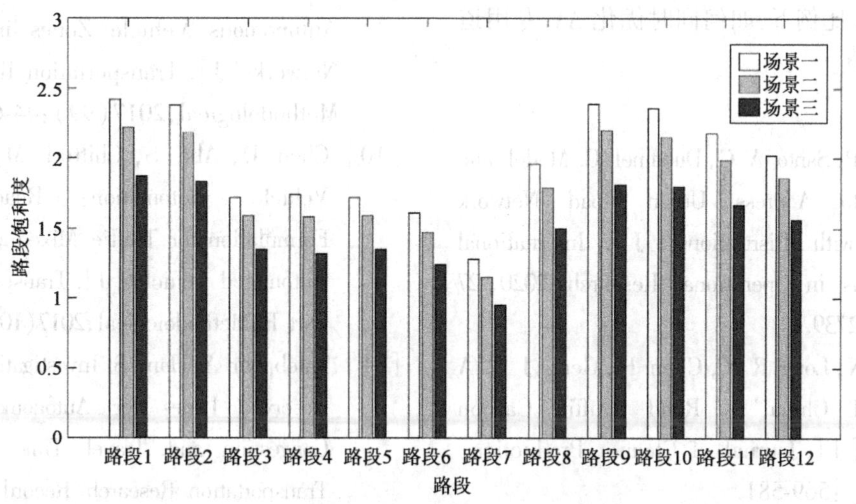

图7 路段饱和度

4　结语

本文通过构建双层规划模型优化AV专用道收费方案,以提升道路中CAVs的比例,并分析了AVT对出行者出行方式选择的影响。其中,上层模型以系统出行时间最小为目标求解最优收费方案;下层模型通过Logit模型来刻画AVT对出行者方式选择的影响。此外,本文建立了存在CAVs和HDVs混合交通流的出行时间函数,考虑了CAVs和HDVs对出行时间的不对称影响。采用遗传算法求解上层模型,采用对角化算法求解下层模型,得到了以下主要结论:

(1)首先,通过分析在不同需求下系统出行时间随CAVs比例变化的规律可知,只有出行需求较大、路网拥堵时,增加CAVs比例才能提升道路通行能力、减少系统总出行时间。

(2)其次,算例分析表明,与不实施AVT相比,实施AVT后,CAVs比例提高了30.4%,系统总出行时间减少了34.8%。这表明,AVT可以改变出行者的出行方式,提升CAVs比例,减少系统总出行时间。

(3)最后,本文对路段饱和度进行了分析,路段饱和度在实施AVT后均有所降低,这是因为CAVs比例增加,提高了道路通行能力,而出行需求不变,从而路段饱和度降低,解释了AVT缓解交通拥堵的机制。

本文在构建模型时,令出行者的路径选择均遵循UE原则,未来可考虑CAVs和HDVs的异质性,使其遵循不同的路径选择原则;此外,本文仅求解了AV专用道的收费值,未来还可以进一步研究在不同CAVs比例下,如何同时优化AV专用道的位置和收费值。

参考文献

[1] Huang Y P, Santo A C, Duhamel C. Model and Methods to Address Urban Road Network Problems with Disruptions [J]. International Transactions in Operational Research, 2020, 27 (6):2715-2739.

[2] Zhang L N, Long R Y, Chen H, Geng J C. A Review of China's Road Traffic Carbon Emissions[J]. Journal of Cleaner Production, 2019(207):569-581.

[3] Wadud Z, Mackenzie D, Leiby P. Help or Hindrance? The Travel, Energy and Carbon Impacts of Highly Automated Vehicles[J]. Transportation Research Part A: Policy and Practice,2016(86):1-18.

[4] Papadoulis A, Quddus M, Imprialou M. Evaluating the Impact of Connected and Autonomous Vehicles on Traffic Safety[J]. Physica A: Statistical Mechanics and Its Applications,2019(526):121009.

[5] Van Den Berg V A C,Verhorf E T. Autonomous Cars and Dynamic Bottleneck Congestion:The Effects on Capacity, Value of Time and Preference Heterogeneity [J]. Transportation Research Part B: Methodological, 2016 (94): 43-60.

[6] Levin M W,Boyles S D. Effects of Autonomous Vehicle Ownership on Trip, Mode, and Route Choice [J]. Transportation Research Recor2015,2493(1):29-38.

[7] Levin M W, Boyles S D. A Multiclass Cell Transmission Model for Shared Human and Autonomous Vehicle Roads[J]. Transportation Research Part C:Emerging Technologies,2016 (62):103-116.

[8] Chen Z, He F, Zhang L, Yin Y. OptimalDeployment of Autonomous Vehicle Lanes with Endogenous Market Penetration [J]. Transportation Research Part C:Emerging Technologies,2016(72):143-156.

[9]. Chen Z, He F, Yin Y, et al. OptimalDesign of Autonomous Vehicle Zones in Transportation Networks[J]. Transportation Research Part B: Methodological,2017(99):44-61.

[10] Chen D, Ahn S, Chitturi M, et al. Towards Vehicle Automation: Roadway Capacity Formulation for Traffic Mixed with Regular and Automated Vehicles[J]. Transportation Research Part B:Methodological,2017(100):196-221.

[11] Talebpour A, Hani S. Investigating the Effects of Reserved Lanes for Autonomous Vehicles on Congestion and Travel Time Reliability [J]. Transportation Research Record, 2017, 2622 (1): 1-12.

[12] Liu Z, Song Z. Strategic Planning of Dedicated Autonomous Vehicle Lanes and Autonomous Vehicle/Toll Lanes in Transportation Networks [J]. Transportation Research Part C: Emerging Technologies, 2019(106): 381-403.

[13] Facchinei F, Pang J S, Scutari G, et al. VI-constrained Hemivariational Inequalities: Distributed Algorithms and Power Control in Ad-hoc Networks [J]. Mathematical Programming, 2014, 145(1)59-96.

Comparative Analyses of Machine Learning Approaches for Aircraft Taxi-out Time Prediction: A Case Study in Beijing Capital International Airport, China

Jiawei HE Wei GUAN Dongdong HE Dongyang XIA Wenyi ZHANG*

(Key Laboratory of Transport Industry of Big Data Application Technologies for Comprehensive Transport, Ministry of Transport, Beijing Jiaotong University)

Abstract In order to predict the flight taxi-out time more precisely, nine machine learning methods are explored to predict the flight taxi-out time based on the operational datasets from the coordinative decision-making management (CDM) system of Beijing Capital International Airport (BCIA). The basic feature set is determined based on the existing literature and the surface traffic characteristic of BCIA, and then the set of interaction features (built on the basic features) is established to analyse the effect of the former on prediction performance. It is found that the gradient boosted regression trees (GBRT) model performs the best among the eight approaches. Its prediction accuracy within ±5 min can reach from 79.2% to 85.92% in the four domain divisions, which is superior to the frequently-used SVR. No positive improvement in prediction quality is observed from the application of the interaction feature set; Our study may present an effective reference for choosing a proper machine learning method to predict the flight taxi-out times of BCIA, and further help to develop more efficient potential management measures for improving the airport surface aircraft mobility.

Keywords Civil aviation transportation Machine learning Gradient boosted regression trees (GBRT) Predictive analytics

0 Introduction

China's air transport system imbalance between supply and demand has become more contradictory, which leading to severe airport congestion and high flight delays. Studies have shown that taxi-out procedure account for nearly 60 percent delays. Therefore, it is necessary to optimize the overall taxi-out process of the flight, and the premise to achieve this goal is to accurately predict the flight taxi-out time. Accurate prediction of flight taxi-out times can help develop efficient airport management strategies which is important for building smart, green civil aviation system.

This paper focus on single aircraft taxi-out time prediction. Early research mainly uses queuing theory (Hebert et al., 1997), however, due to strict assumptions, the prediction effect is not ideal. Later, multivariate linear regression is gradually applied to improve model results and interpretability (Levy B et al., 2008). As shown by Tony D (2018), machine learning has performed excellently in the task of predicting flight taxi-out time. Lian (2019) used IFA to adjust the parameters of SVR and achieved good results. The main purpose of this paper is to explore the effects of nine machine learning methods on predicting flight taxi-out time prediction of Beijing Capital International Airport(BCIA), including lasso regression, ridge regression, Support Vector Regression(SVR), regression tree, random forest, extra tree, Adaboost regression, Gradient Boosting Regression Tree (GBRT) and Multiple Layer Perceptron(MLP).

The rest of this paper is organized as follows. A brief introduction of prediction method is made in Section 1. In Section 2, we pre-process the raw data and extract prediction features. Then we shall compare and analyse prediction results among selected method in Section 3. Finally, Section 4 gives the conclusions.

1 Rediction Methods

1.1 Regression Method

Multiple regression method has good explanatory ability to variables. Lasso regression and ridge regression are the improvement of traditional multiple linear regression, they add a penalty term in the objective function, so as to reduce the influence of overfitting and potential multicollinearity. Therefore, the two methods are regarded as one class and used as benchmark in this paper. SVR is the regression form of Support Vector Machine(SVM) which has been widely used in classification tasks. As a tolerant regression model, SVR has a good fitting effect on nonlinear features based on kernel function.

1.2 Ensemble Method

Ensemble learning method fuses the predicted results from multiple independent models(known as base learner). It has good anti-noise ability and is not easy to over fit. Bagging and Boosting is the main component of ensemble learning. Bagging trains multiple base learners in parallel through sampling with replacement, and all trained base learners "vote" for final result. Random forest and Extra tree are the representatives of Bagging. Adaboost and GBRT are in Boosting series which focuses on improving performance of single learner in a serial way. The latter base learner learns "deficiency" from the former one to improve model performance.

1.3 Neural Network

Theoretically, neural network can fit any nonlinear function, which gives it some advantages in classification and prediction tasks, but it also has the disadvantages of difficult parameter adjustment and poor interpretability. In this paper, the basic neural network structure: multiple layer perceptron is chosen to represent this kind of prediction method.

2 Data Pre-processing and Feature Extraction

2.1 Data Pre-processing

BCIA has three north-south directional parallel runways, which numbered as 01/19, 36R/18L and 36L/18R respectively. Runway 36R/18L divided the airport geographically into east and west district. The data used in our paper are from CDM system of BCIA, covering the period from September 1, 2018 to November 15, 2018 (76 days), in which 64111 departure flights are recorded. Table 1 gives a sample of typical departure record. According to the statistics, 96.53% flights depart northward (i.e., runway 36L/36R/01 departs) at BCIA, therefore, the following study will only focus in these departures.

During data pre-processing, it was found that there were some problems in origin data. Through reasonable repair and deletion, 61630 departure data were obtained. Airport surface traffic statistics shows that taxi-out time is significantly affected by the combination of apron and runway, and the average taxi-out time of adjacent apron is relatively close. The proportion of inter-district departures is very low, less than 10%. Based on these observations, we divided the original data set into four groups according to the combination of apron and runway. Namely, the east district is paired with runway 36R and 01, and the west district is paired with runway 36R and 36L. Sample of a typical departure flight record are shown in Tab. 1.

Sample of a typical departure flight record Tab. 1

Data record field	Value	Data record field	Value
Flight number	CA173	STD	2018/9/1 1:10:00
Flight type	333	Expected take-off time	2018/9/1 1:48:00
Flight category	E	Approved start-up time	2018/9/1 1:16:00
Departure ramp	P4	De	2018/9/1 1:21:00
Departure stand	455	Runway queuing time	2018/9/1 1:28:00
Departure runway	36R	Actual take-off time	2018/9/1 1:40:00

2.2 Prediction Feature Extraction

Extracting effective prediction feature set is the premise of obtaining good prediction results. Feature set is a collection of several scalable factors which influence aircraft taxi-out time. Idris found that airport surface traffic flow, taxi distance and runway figuration are the keys to prediction (Idris H et al., 2002). Follow-up studies have found that air-route control and flight properties are also have great importance in prediction (Clewlow R et al., 2010). Besides the above macroscopic features, further research considered more fine-grained features such as taxi speed and trajectory (Jordan R et al., 2010).

As mentioned above, the data used in this paper are from CDM system of BCIA, which is the effective data only available to domestic airports at present. Therefore, similar to the existing studies, we built 16 basic features based on commonly used macro scene activity features (Tab. 2). Since the original data did not provide information about taxi distance, the unimpeded taxi-out time of each apron sub-block was used in this paper instead.

Brief description of three different regression features Tab. 2

Feature category	Feature symbol	Feature description
Surface traffic flow	N_D	Number of taxi-out aircraft when target flight pushback
	N_A	Number of taxi-in aircraft when target flight pushback
	Q_D	Departure runway queue length of target flight when pushback
	Q_A	Apron taxi-in queue length of target flight when pushback
	N_{TD}	Number of co-taxiing aircraft when target flight pushback[a]
Departure runway operating load[b]	F_{ED}	Number of scheduled take-offs on the target flight departure runway
	F_{EA}	Number of scheduled arrivals on the target flight departure runway
	F_{PD}	Number of past take-offs on the target flight departure runway
	F_{PA}	Number of past arrivals on the target flight departure runway
Taxi distance	T_{Un}	Explained by the unimpeded taxi-out time of each apron sub-block
Air route control	F_{SID}	Number of departures to the same SID with target flight in past 30min
Aircraft properties	C	C_C C_D C_E C_F represent for weight category C, D, E, F respectively
	I	Binary feature, domestic = 0, international = 1

Note: a. Co-taxiing flight is defined as the number of other pushed back aircraft between the pushback time of target flight and its departure time.
b. The future/past time window is set as 30min.

3 Comparative Analysis of Prediction Models

3.1 Comparison of Prediction Results Based on Basic Feature Sets

To determine segmentation ratio of each data training/test set is the premise of finding a better prediction method. In this paper, the step size of 5% was used to search for optimal segmentation proportion in the range of 10% to 30%. We chose 75%/25% train-test ratio to west-36L group, and 85%/15% to the other three. After that, the optimal parameters of each model were determined by 5-fold cross validation with grid search. The prediction results of each model are shown in Tab. 3.

Tab. 3 shows that the highest prediction accuracy of the four data sets: East-01, East-36R, West-36R and

West-36L with ±5min deviation is 85.92%, 80.65%, 79.28% and 83.69%, respectively. Compared with the predicted results of each model, lasso regression and ridge regression which used as benchmark were the fastest calculation speed, but the performance was the worst with poor R2. The prediction accuracy of single regression tree method was improved compared with Lasso/ Ridge regression, but it was still worse than ensemble learning and multilayer perceptron. Boosting ensemble learning method, represented by GBRT, is better than two bagging method and MLP. GBRT was only slightly inferior to SVR in the East-36R dataset, but superior to SVR in the other datasets. In conclusion, GBRT has the best overall prediction effect. In addition, the results show that the prediction accuracy of taxi-out time of flight departing from runway 36R is generally lower than that from runway 01 and runway 36L, which may be caused by two reasons: first, runway 36R is in the middle position, with a more complex departure-arrival traffic flow; second, only runway 36R is available to flights when traffic demand is low at midnight, and this wide difference operation scenarios increases the deviation, thus increasing difficulty of prediction.

Prediction performance for different methods based on basic feature set[a] Tab. 3

Data set	Method	MAE	MSE	±3min Accuracy	±5min Accuracy	R^2
East-01	Lasso/Ridge	3.5163	23.6501	55.11%	77.83%	0.6673
	Regression tree	3.1285	17.4244	58.89%	81.42%	0.7398
	Adaboost	2.9135	14.8914	61.91%	84.19%	0.7776
	Random Forest	2.8217	14.6014	64.52%	85.32%	0.7818
	Extra tree	2.8379	14.6499	63.78%	85.67%	0.7812
	SVR	2.7571	14.0915	64.28%	85.62%	0.7896
	GBRT	2.7488	13.9413	65.27%	85.92%	0.7925
	MLP	2.8482	14.7057	62.40%	84.73%	0.7804
East-36R	Lasso/Ridge	3.9332	26.6688	46.89%	71.14%	0.6606
	Regression tree	3.5091	21.4147	52.94%	75.28%	0.7252
	Adaboost	3.3344	18.0046	52.99%	77.28%	0.7690
	Random Forest	3.1837	17.4778	57.25%	78.50%	0.7757
	Extra tree	3.1848	17.3890	56.57%	79.18%	0.7769
	SVR	3.2233	18.6818	57.29%	80.65%	0.7761
	GBRT	3.1123	16.5372	57.21%	79.82%	0.7878
	MLP	3.3048	19.0233	54.90%	79.34%	0.7641
West-36R	Lasso/Ridge	3.9530	26.3083	47.11%	71.38%	0.6370
	Regression tree	3.6505	22.4491	51.13%	73.05%	0.6584
	Adaboost	3.4489	18.9503	51.68%	74.90%	0.7345
	Random Forest	3.3410	19.2434	54.58%	77.67%	0.7247
	Extra tree	3.3787	19.4746	53.25%	77.06%	0.7214
	SVR	3.3889	19.2496	53.97%	77.92%	0.7290
	GBRT	3.2140	17.0724	55.80%	79.28%	0.7607
	MLP	3.3429	18.9316	55.96%	78.15%	0.7291
West-36L	Lasso/Ridge	3.3112	19.2624	55.88%	78.79%	0.5947
	Regression tree	3.2310	18.0089	56.25%	80.61%	0.6328
	Adaboost	3.1855	16.5046	54.85%	79.67%	0.6635
	Random Forest	3.0439	15.5416	58.86%	82.23%	0.6670
	Extra tree	3.0523	15.6615	58.65%	82.17%	0.6644
	SVR	2.9145	15.3555	61.41%	83.51%	0.6848
	GBRT	2.9435	14.9151	62.00%	83.69%	0.6959
	MLP	3.0332	15.8088	59.71%	82.14%	0.6857

Note: a. the best prediction method is high-lighted with bold font.

3.2 Interactive Feature Prediction

Previous research (Chen Z et al., 2021) found that the prediction results could be significantly improved based on interactive features, which was constructed by multiplying the basic features in pairs. In this paper, we used the same method to build interactive feature set based on basic feature set listed in Tab. 2. Some basic features which coded by one-hot were exempted from this interactive operation due to its meaningless (such as flight type multiple flight type), thus obtained totally 125 interactive features. Tests were launched on the same four data sets as Section 3.1, we added interactive feature sequentially into the model according to feature importance and evaluated prediction performance with MSE and adjusted R^2. Fig. 1 shows that GBRT is obviously superior to regression tree in MSE and R^2, and the two indicators of GBRT tend to be stable rapidly with the increase of interactive feature numbers, while the latter only shows a convergence trend in average sense, but always fluctuates in the absolute value. This may result from boosting and fitting residual strategy used in GBRT, which alleviates instability of regression tree model for high feature quantities. Based on Fig. 1 and Tab. 3 above, it can be found that interactive feature does not effectively improve these two indicators of GBRT and regression tree methods.

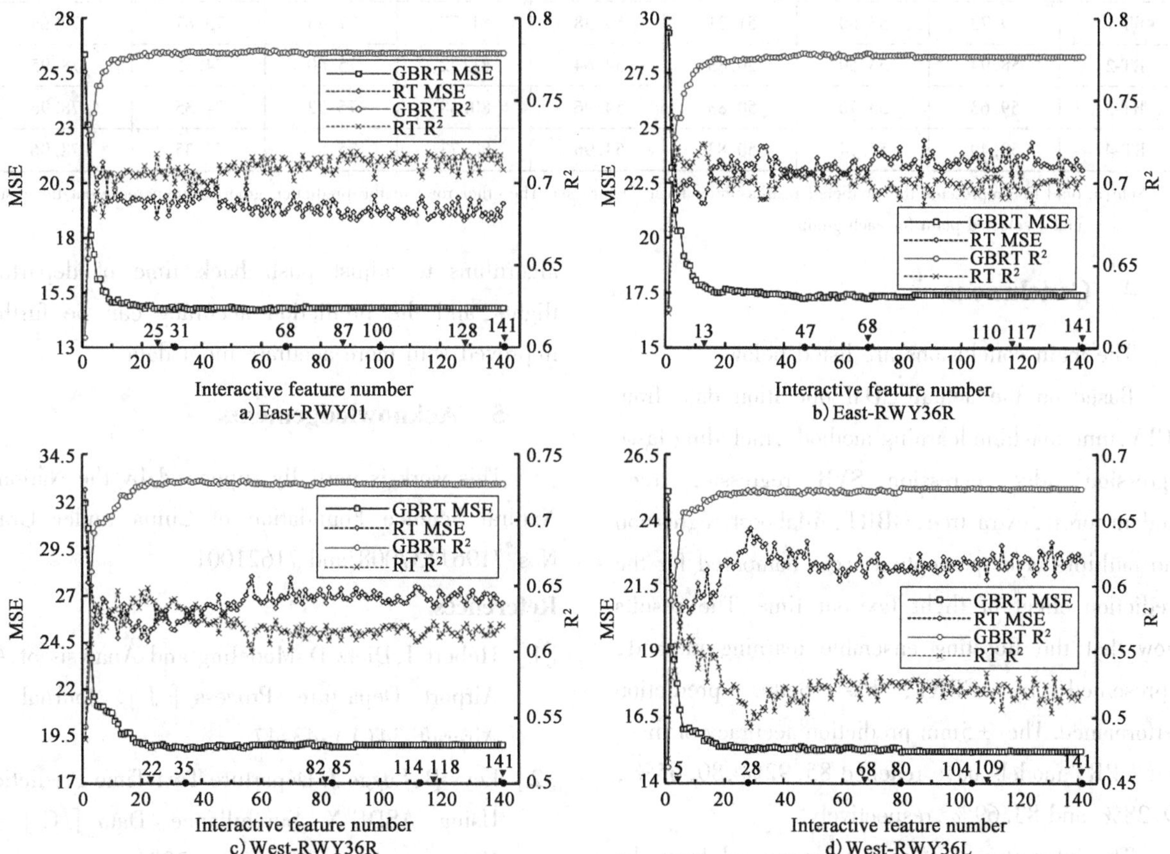

Fig. 1 Statistics of prediction error measures under int eraction feature set (where the special points in the horizontal axis indicate the selected interaction feature points of two methods)

In order to further explore the influence of interactive features on prediction accuracy, we compared the predictive performance of GBRT and regression tree at four selected number of interactive features, respectively. The special points are labelled in Fig. 1 with triangular points for GBRT and circular points for regression tree. Tab. 4 shows that the prediction accuracy of GBRT based on interactive feature set is significantly higher than that of regression tree. Compared with the results of basic feature set, the prediction accuracy of the regression tree with interactive feature is partially better while GBRT shows a worse trend totally. Based on the above results, it can be found that the interactive feature set does not effectively improve the prediction accuracy of flight taxi-out time. This paper holds that although there are more interactive features, most of them are reconstructed from basic features with lower importance, which may explain why the interactive feature set cannot improve the prediction accuracy of the model.

Comparison of prediction accuracy between two feature sets[a] Tab. 4

Prediction group	±3min Accuracy(%)				±5min Accuracy(%)			
	East-01	East-36R	West-36R	West-36L	East-01	East-36R	West-36R	West-36L
GBRT	65.27	57.21	55.80	62.00	85.92	79.82	79.28	83.69
GBRT-1	64.28	56.84	55.39	59.86	85.42	79.45	78.43	82.81
GBRT-2	65.42	56.89	55.39	60.86	85.52	79.63	79.33	82.12
GBRT-3	65.12	57.29	55.72	59.97	85.87	79.85	79.29	83.02
GBRT-4	65.12	57.18	55.48	61.29	85.87	79.74	79.19	82.49
RT	58.89	52.94	51.13	56.25	81.42	75.28	73.05	80.61
RT-1	59.73	53.50	51.21	55.38	81.77	77.43	73.87	79.64
RT-2	58.94	53.50	50.83	54.64	81.72	75.60	74.35	78.95
RT-3	59.63	53.70	50.83	54.96	80.88	75.32	74.35	78.96
RT-4	59.49	53.74	50.83	54.96	80.73	75.52	74.35	78.96

Note: a. Bold line represents the predicted results under basic feature set. The other rows in the prediction group column represent the results under selected point for each group.

4 Conclusions

The main conclusions are listed below:

Based on the actual CDM operation data from BCIA, nine machine learning methods, including lasso regression, ridge regression, SVR, regression tree, random forest, extra tree, GBRT, Adaboost regression and multiple layer perceptual, were compared for the prediction effect of flight taxi-out time. The results show that the Boosting ensemble learning method, represented by GBRT, has better prediction performance. The ±5min prediction accuracy of these four GBRT models have reached 85.92%, 80.65%, 79.28% and 83.69%, respectively.

The interactive feature set isproposed from the basic feature set. Because of a large number of interactive features are reconstructed from features with lower importance, it is found that the interactive feature set has no substantial effect on improving the prediction quality.

In the further research, machine learning model can be combined with traditional optimization algorithms to adjust push back time of departure flights, and the prediction accuracy can be further improved with more accurate input data.

5 Acknowledgements

This work is partially supported by the National Natural Science Foundation of China under Grant Nos. 71961137008 and 71621001.

References

[1] Hebert J, Dietz D. Modeling and Analysis of An Airport Departure Process [J]. Journal of Aircraft, 34(1): 43-47.

[2] Levy B, Legge J. Departure Taxi Time Prediction Using ASDE-X Surveillance Data [C] // Congress of Icas&Aiaa Atio, 2006.

[3] Tony D. Can Machines Learn How to Forecast Taxi-out Time? A Comparison of Predictive Models Applied to the Case of Seattle/Tacoma International Airport [J]. Transportation Research Part E: Logistics and Transportation Review, 2018, 119: 149-164.

[4] Lian G, Zhang Y P, Xing Z W, et al. A New

Dynamic Pushback Control Method for Reducing Fuel-burn Costs: Using Predicted Taxi-out Time [J]. Chinese Journal of Aeronautics, 2019, 32 (3): 660-673.

[5] Idris H, Clarke J P, Bhuva R, et al. Queuing Model for Taxi-out Time Estimation [J]. Air Traffic Control Quarterly, 2002, (10), 1-22.

[6] Clewlow R, Simaiakis I, Balakrishnan H. Impact of Arrivals on Departure Taxi Operation at Airports [C] // Aiaa Guidance, Navigation, &Control Conference, 2010. Ontario, Canada, August 2-5, 2010, pp. 1-21.

[7] Jordan R, Ishutkina M, Reynolds T. A Statistical Learning Approach to Modeling of Aircraft Taxi Time[C] // Digital Avionics Systems Conference. IEEE, 2010.

[8] Bowles M. Machine Learning in Python: Essential Techniques for Predictive Analysis [M]. Indianapolis: John Wiley and Sons, 2015.

[9] Zhang Y, Wang Q. Methods for Determining Unimpeded Aircraft Taxiing Time and Evaluating Airport Taxiing Performance[J]. Chinese Journal of Aeronautics, 2017, 30(02): 523-537.

[10] Chen Z, Tang X W, Lin Y C, et al. Feature Selection of Aircraft Taxi-out Time Based on Decision Tree[J]. Journal of Wuhan University of Technology (Transportation Science & Engineering), 2021, 03, 1-8.

基于合作博弈的出租汽车合乘费用分摊研究

周 迅* 胡大伟 徐 达

(长安大学)

摘 要 城市交通拥堵问题日益严重,出租汽车合乘可有效提高交通出行效率,而合乘费用分摊是否合理是合乘能否实现的关键。本文分析了现有的百分比分摊法的局限性,在此基础上提出了基于合作博弈的费用分摊模型。在模型求解上,以百分比分摊法计算得到的成员费用总和作为联盟总出行费用,利用 shapely 值法对总出行费用进行再分配,同时将合乘绕行带来的时间损失,通过非直线系数重新补偿给各位乘客。最后,通过西安市出租汽车订单数据中实际案例的费用分摊计算,验证了本文出租汽车合乘费用分摊计算的合理性和公正性。

关键词 运输规划 出租汽车合乘 合作博弈 shapely 值 费用分摊

0 引言

随着我国近年来经济的迅速发展,人们的消费水平也得到了显著的提高,居民日常出行的距离和频率也有大幅增加,这导致机动车保有量的持续增长。因此引发的交通拥堵问题,成为制约我国城市加速现代化建设的一大重要因素。此时,大力发展公共交通是解决城市拥堵问题的有效途径之一。其中,出租汽车作为城市公共交通的重要组成部分,因其较好的舒适性和安全性,其重要性也日益增长。据《2020 年交通运输行业发展统计公报》统计显示[1],我国出租汽车保有量已达到139.4 万辆,客运量达253.67 亿人次,占总客运量的29%。但在非高峰时段,出租汽车的空载率依旧很高,而高峰时期又会出现打车难现象,此外出租汽车在运营期间只载一个人的情况也较为普遍,这极大地降低了出租汽车的运行效率。假设我国所有出租汽车多增加一位乘客,理论上交通出行压力可减少 139 万人次。此外,在国务院办公厅 2016 年颁布的《关于深化改革推进出租汽车行业健康发展的指导意见》的第十条指出:私人小客车合乘有利于缓解交通拥堵和减少空气污染,城市人民政府应鼓励并规范其发展,制定相应规定,明确合乘服务提供者、合乘者及合乘信息服务平台等三方的权利和义务,在巡游出租汽车经营服务管理规定中也只是限制了未经乘客允许不得再搭载其他乘客,并未禁止自愿的合乘行为。因此推广出租汽车合乘运营模式是合法的,且可有效解决城市拥堵问题。

早在20世纪40年代,美国就出现了汽车合乘。为解决城市拥堵问题和提高交通通行效率,美国如今仍在大力推行合乘交通,并为此修建了高速公路汽车合乘专用道(HOV Lane, High—Occupancy Vehicle Lane)[2]。2014年,Santi P[3]等人提出了路网合乘匹配的定义,并根据合乘出租汽车出行GPS数据,定量分析了其在可用路网上的收益。2021年,Yu和Nie[4]等人研究了合乘拼车对交通网络流量的影响,并提出了完美匹配情况下的Vickrey-Clark-Groves(VCG)定价策略。Shichun Hu[5]等人确定了理想的成本分担机制应该具备的属性,并开发了一个可用于创建特定成本分担机制的通用框架,同时考虑了因绕道接送乘客产生的额外行驶成本的时间价值,并提供折扣方法来补偿这些成本。Yanan Li[6]等人,提出了定制公交和合乘服务的定价问题,并建立了两者之间的竞争博弈模型。

目前国内对于出租汽车合乘的研究主要集中于出租汽车合乘调度和路径优化方面,少见合乘费用分摊的研究。2011年,周和平等人[7]在保证公正性的前提下,兼顾驾驶员与乘客利益,构建了租车合乘路径选择与费率优化模型,并使用遗传算法求解。2016年,重庆大学刘佳[8]基于最短路径原则和公平性原则提出了合乘费用百分比分摊模型,以及基于路径和费率优化的定价模型和基于手机应用动态合乘方式的定价优化模型。唐方慧[9]以合乘乘客合乘费用最小化为目标之一,建立了出租汽车合乘路径选择及费率优化模型,并使用NSGA-II算法求解模型。2017年,陆雨婷等人[10]针对出租汽车的一次载客过程中的合乘阶段建立了破产模型,并利用Talmud法则来求解并以此提出了一种出租汽车合乘定价方法。

本文在百分比分摊的合乘定价模型的基础上,引入合作博弈定价模型,建立了一种相对合理且更具有吸引力的合乘定价模型。

1　出租汽车合乘多人合作博弈费用分摊模型

在具有n个局中人参与的合乘博弈模型中,每一个局中人都可以选择单独打车,或者与其他人组成合乘联盟,每一个局中人都以最小化自己的出行费用为目标去寻找联盟成员或者单独乘车。

1.1　合乘博弈联盟与特征函数

因为出租汽车容量(最大可乘坐4名乘客)和安全性以及舒适性的限制,本文规定最大合乘人数为3人,假设$N=\{1,2,3\}$为所有局中人的集合;i表示第i个局中人,$i\in N$;S为任意合乘联盟,即S为N的非空子集,$S\subset N,S\neq\emptyset$;联盟$S$的参与人数为$|S|$;所有联盟的集合表示为$V(N)$。

假设$V(S)$为联盟S的特征函数,即S联盟的最小出行总费用。$V(S_i)$表示第i个局中人在联盟S中所应承担的出行费用;$V(i)$表示成员i单独出行的费用。

为构成联盟,特征函数应该具有以下性质:

(1)$V(\emptyset)=0$,即没有任何局中人参与的合乘联盟出行费用为0;

(2)$\forall i\in S,\exists V(i)\geqslant V(S_i)$,即局中人组成联盟的前提条件是其加入联盟$S$后出行费用不得大于单独出行的费用。

(3)$\sum_{i=1}^{|s|}\geqslant V(S)$,局中人组成的$S$联盟的出行总费用小于或等于$S$联盟中成员单独出行的费用之和。

1.2　合乘联盟利益分摊

联盟利益的合理分配是联盟保持稳定的关键。在合作博弈中我们根据“公平性原则”,进行出行费用分摊,将因组成联盟而节省的费用按照个体对联盟的贡献进行再次分配。

为保证组成联盟而节省的费用可以合理的分配给每一个参与者,利益分配方案应满足以下原则:

(1)按照每个人对集体的贡献大小分配联盟所得利益,即每个人在合乘费用分担中效用尺度相同。

(2)联盟的总出行费用可以以任意方式分配给每一位成员。

假设$x=(x_1,x_2,\cdots,x_n)$为合乘联盟最佳利益分配方案,其中x_i是联盟中第i个成员所应承担的出行费用,$x_i\in R,n=1,2,3$。设$y=(y_1,y_2,\cdots,y_n)$为联盟的任意利益分配方案。可知,x需要满足以下条件:

(1)$0\leqslant x_i\leqslant V(i)$,局中人$i$加入联盟后出行费

用不大于单独出行；

(2) $\sum_{i=1}^{N} x_i = V(N)$，费用分摊不存在不足或者剩余。

(3) $x > y$，即 $x_i \leqslant y_i$，$\forall i \in N$，表示 x 分配方案中每一个成员分摊的费用均优于其他分配方案中该成员分摊的费用。

此外，为保证可以组成合乘联盟，还需保证驾驶员在合成联盟中的收益应该大于等于其行驶总里程数应得的收益 C_0。综上所述，可以成功构建和获得稳定的出租车合乘多人合作博弈费用分摊模型如下：

$$0 \leqslant x_i \leqslant V(i), \forall i \in N \tag{1}$$

$$\sum_{i=1}^{N} x_i = V(N), \forall i \in N \tag{2}$$

$$x > y \tag{3}$$

$$\sum_{i=1}^{N} x_i \geqslant C_0 \tag{4}$$

2 模型求解

2.1 基于百分比分摊的出租汽车合乘定价模型

(1)我国出租汽车的基本定价模型。

$$P = \begin{cases} C_0, d \leqslant d_0 \\ C_0 + C \times (d - d_0), d \geqslant d_0 \end{cases} \tag{5}$$

式中：P——乘客的出行费用，元；

C_0——出租汽车起步价，元；

d_0——出租汽车起步范围，km；

C——超出起步范围后每公里收费，元/km；

d——乘客出行距离，km。

(2)百分比分摊合乘定价模型。

本文采取在合乘路段按照百分比分摊的方式，在式(5)的基础上建立定价模型如下：

$$P_i = \begin{cases} C_0 \times \alpha, & d_i' \leqslant d_i \leqslant d_0 \\ C_0 \times \alpha + C \times (d_i - d_0), & d_i' \leqslant d_0 \leqslant d_i \\ [C_0 + C \times (d_i' - d_0)] \times \alpha + C \times (d_i - d_i'), & d_0 \leqslant d_i' \leqslant d_i \end{cases} \tag{6}$$

式中：P_i——第 i 个乘客应承担的费用，元；

d_i——第 i 个乘客出行距离，km；

d_i'——第 i 个乘客与其他乘客的合乘距离，km；

α——每位乘客需要分摊合乘距离费用的百分比，$0 \leqslant \alpha \leqslant 1$。

(3)百分比分摊合乘定价模型的分析。

基于百分比分摊的模型是现在使用较为普遍的一种合乘定价模型，其实施简单，也易于被乘客所接受，此外为了保证驾驶员可以通过合乘获得更多的利益，分摊百分比一般都在50%以上。例如，北京市和福州市为60%，重庆市为70%。

但是这种方法并没有充分考虑合乘联盟对联盟收益的不同贡献，而采用平均分配的方式，导致联盟中具有突出贡献成员的应得利益减少，削弱了合乘对乘客的吸引力，同时使得合乘联盟不能达成内部稳定。此外，百分比分摊模型也并未考虑对合乘中绕行所导致的乘客时间效益减少的补偿问题。

2.2 基于改进的 shapely 值法的出租车合乘费用分摊模型

本文将百比分摊模型计算出的各乘客所需费用的总和作为合乘联盟的最小出行费用，然后使用 shapely 值法根据各成员的贡献大小重新分配出行总费用，这保证了分配的公正性，避免了分配时的平均主义。此外，本文认为虽然绕行增加了乘客的时间成本，但乘客也因为合乘联盟减少了出行成本，同时驾驶员也在合乘中得到了更多利益，因此绕行所产生的成本应该由乘客和驾驶员共同承担。假设驾驶员承担的比例为 β，即在总费用上再减少绕行费用的 β 倍 $(0 \leqslant \beta \leqslant 1)$。对于绕行补偿利益，通过比较各乘客行驶路线的非直线系数 γ，即绕行距离与出行总距离的比值，来重新分配给各个乘客。

(1) shapely 值法。

设由式(6)计算得到的联盟 S 最小出行总费用为 P_S，即 $V(S) = P_S$，$S \subset \mathrm{N}$，$S \neq \phi$，则由 shapely 值法可以计算得到联盟成员 i 的最优分配如下：

$$x_i' = \sum_{S \in N} \frac{(|S| - 1)!\ (n - |S|)!}{n!} [V(S) - V(S \backslash \{i\})] \tag{7}$$

式中：$V(S)$——联盟 S 的最小出行费用；

$S \backslash \{i\}$——联盟 S 去除 i 后剩下的联盟；

$|S|$——联盟中的人数。

(2)基于非直线系数 γ 分配绕行补偿。

$$d'' = \sum_{i \in N} d_i'' \tag{8}$$

$$P' = \begin{cases} C_0 \times \beta, & d' \leqslant d_0 \\ [C_0 + C \times (d' - d_0)] \times \beta, & d' \geqslant d_0 \end{cases} \quad (9)$$

$$\gamma_i = \frac{d_i'}{d_i} \quad (10)$$

$$\delta_i = \frac{\gamma_i}{\sum i \in \gamma_i} \quad (11)$$

$$x_i'' = \delta_i \times p' \quad (12)$$

式中:d_i''——乘客 i 的绕行距离,km;

d''——联盟 S 的总绕行距离,km;

p'——绕行补偿利益,元;

β——驾驶员承担的补偿比例;

γ_i——第 i 个乘客出行的非直线系数;

δ_i——第 i 个乘客分配补偿利益的比例;

x_i'——第 i 个乘客分配到的绕行补偿。

综上所述,在联盟 S 中第 i 个乘客最终的费用分配为 $x_i = x_i - x_i$。这样的分配方案既保证了公正性又补偿了绕行所增加的时间成本,可以在维持联盟内部稳定的同时吸引更多的乘客选择合乘出行。但是,注意驾驶员承担的补偿比例不应过大,否则可能会造成驾驶员的合乘收益反而小于不合乘的收益,即当绕行成本过大时,驾驶员将拒绝采取合乘。

3 案例分析

在现实中,出租汽车合乘中乘客行程存在三种可能的分布:起点相同终点不同、起点不同终点相同以及起点终点均不相同。但是成本分摊计算原理相同。本文从 2019 年 11 月 4 日中西安市出租汽车的订单数据中选择了同一辆出租汽车在同一时段的三个订单作为本文的实际案例。当单独服务三个乘客时,使用 A * 算法可以得到车辆的最短行驶路径如图 1 所示。

图 1 中圆点为乘客的上车点,三角点为乘客的下车点。其中,O_1,O_2,O_3 分别为乘客 1、2、3 的上车点,它们各不相同,D_3 为乘客 3 的下车点,而 D_1 是乘客 1 和 2 的共同下车点。乘客的出行距离分别为 d_2 =3.872km,d_2 =5.814km,d_3 =7.517km。

图 2 ~ 图 5 分别显示了 1U2U3、1U2、1U3 和 2U3 联盟的最短行行驶路线。

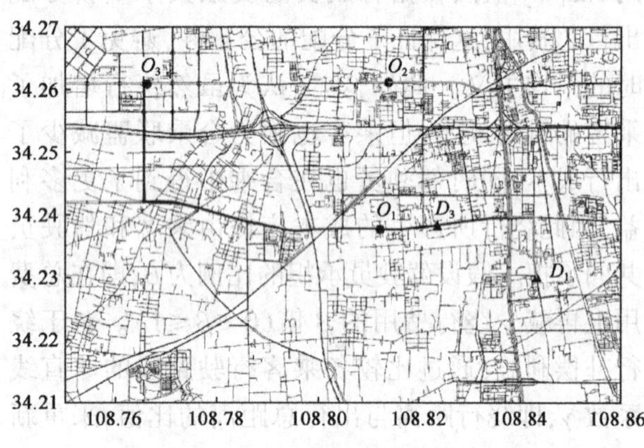

图 1 单独服务时最短出行路径

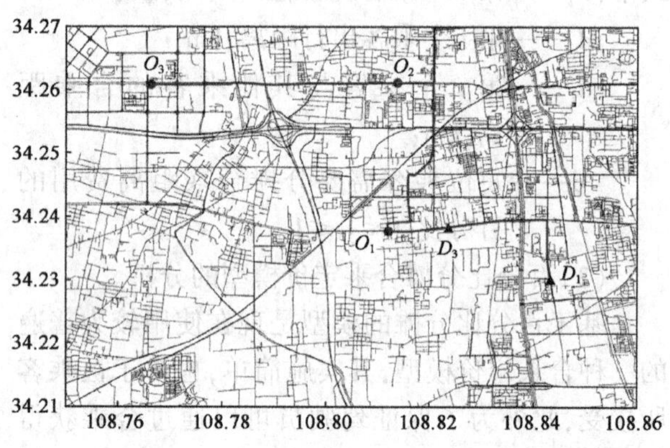

图 2 1U2U3 联盟的最短出行路径

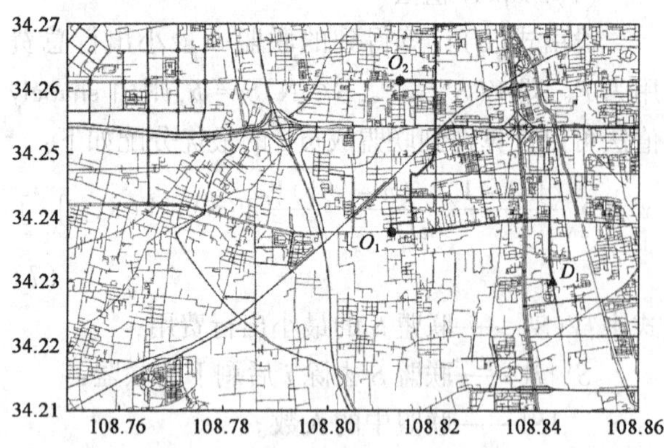

图 3 1U2 联盟的最短出行路径

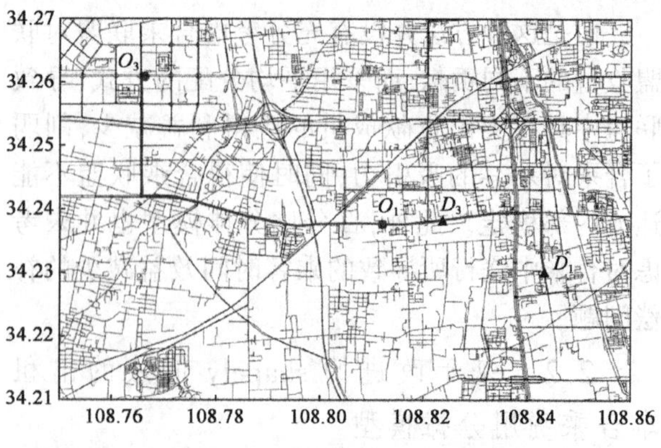

图 4 1U3 联盟的最短出行路径

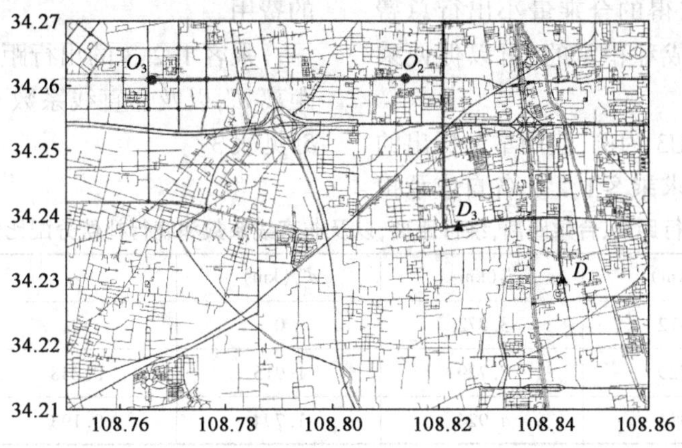

图5 2U3 联盟的最短出行路径

根据以上各图中各联盟的真实行驶路线,可得联盟 S 的出行路线以及联盟中各成员的出行里程和合乘里程,见表1。

联盟 S 的出行路线以及联盟中各成员的出行距离和合乘里程 表1

联盟 S 及出行路线	乘客	出行里程(km)	合乘里程(km)
1U2U3	乘客1	3.872	3.872
O_3-O_2-O_3-D_3-D_1	乘客2 乘客3	7.729 9.311	7.729 4.924
1U2	乘客1	3.872	3.872
O_2-O_1-D_1	乘客2	7.729	3.872
1U3	乘客1	3.872	1.067
O_3-O_1-D_3-D_1	乘客3	7.517	1.067
2U3	乘客2	6.280	3.475
O_3-O_2-D_3-D_1	乘客3	7.862	3.475

采用西安市出租车计费标准,起步价格6元,起步距离2km,超过起步距离1.5元/km,由式(5)和式(6)计算联盟 S 的最小出行费用,此外根据现在各大城市普遍采用的收费比例,取合乘费用分摊的百分比 $\alpha=60\%$,见表2。

联盟 S 合乘和单独出行的最小出行费用 表2

联盟 S	最小出行费用 $V(S)$(元)
1	8.8
2	11.7
3	14.3
1,2单独出行	20.5
1U2	16.4(20%)
1,3单独出行	23.1
1U3	19.4(16%)
2,3单独出行	26.0
2U3	20.6(21%)
1,2,3单独出行	34.8
1U2U3	26.9(23%)

表2中括号中的百分数表示合乘相对于不合成乘客的总费用减少的百分比。由表2可知,合乘相对于不合乘而言总的出行费用明显降低,且合乘联盟成员越多合乘减少的总费用越多。因

此,使用百分比分摊法求得的合乘最小出行总费用是有利合乘联盟的形成和稳定的,可以促使乘客选择加入合乘联盟。

下面以联盟 $S=1U2U3$ 为例,使用本文提出的基于改进的shapely值法求乘客1,2,3各自应承担的费用。

乘客1,2,3的出行距离 d_i、合乘距离 d'_i、绕行距离 d''_i,以及非直线系数 γ_i 和绕行补偿分配比例 δ_i 见表3。

出行距离,合乘距离,绕行距离,以及非直线系数和绕行补偿分配比例　表3

乘客	d_i(km)	d'_i(km)	d''_i(km)	γ_i	δ_i
乘客1	3.872	3.872	0	0	0
乘客2	7.729	7.729	1.915	0.248	0.563
乘客3	9.311	4.924	1.794	0.193	0.437

则由式(9)取 $\beta=50\%$(假设乘客和司机共同承担绕行带来的时间损失),可知绕行补偿 $P'=4.3$元;则每个乘客分配到的绕行补偿为 $x''_1=0$ 元,$x''_2=2.4$ 元,$x''_3=1.9$ 元。

shapely值法计算过程见表4。

shapely值法计算过程　表4

S	1	1U2	1U3	1U2U3
$V(S)$	8.8	17.2	19.4	29.4
$V(S\backslash\{1\})$	0	11.7	14.3	21.5
$V(S)-V(S\backslash\{1\})$	8.8	5.5	5.1	7.9
$\lvert S\rvert$	1	2	2	3
$\frac{(\lvert S\rvert-1)!\,(n-\lvert S\rvert)!}{n!}$	$\frac{1}{3}$	$\frac{1}{6}$	$\frac{1}{6}$	$\frac{1}{3}$
$\frac{(\lvert S\rvert-1)!\,(n-\lvert S\rvert)!}{n!}[V(S)-V(S\backslash\{S\})]$	2.9	0.9	0.9	2.6

由表4计算可得,乘客1应承担的费用为 $x'_1=6.7$ 元,再减去绕行补偿 $x''_1=0$,可知乘客1最终所应支付的费用为 $x_1=6.7$ 元。同样的可以求得乘客2和乘客3最终应支付的费用分别为 $x_2=6.3$ 元,$x_3=9.8$ 元。此时司机的收益为22.8元大于单独服务最长距离乘客的收益14.3元,因此该联盟可以成立且乘客2和3也获得了绕行补偿。

两人合乘联盟的成员的分摊费用同样可以通过上述方法求得。下面分别用百分比分摊法和改进的shapely值法计算了二人联盟和三人联盟中各成员应承担的费用。其中通过计算发现2U3联盟总费用减少的百分比最高为21%,因此以下二人联盟选择2U3联盟。具体费用见表5。

2U3、1U2U3联盟中各成员应承担的费用　表5

联盟	百分比分摊法			改进的shapely值法		
	x_1	x_2	x_3	x_1	x_2	x_3
不合乘	8.8	11.7	14.3	8.8	11.7	14.3
2U3		9.1	11.5		7.1	10.5
1U2U3	5.3	8.8	12.8	6.7	6.3	9.8

由表5可以看出,对于百分比分摊法,随着合乘成员的不断加入,新加入的成员的总里程越长,则其可享受的优惠便越少,这会减少长途乘客加入合乘联盟的兴趣。而在实际情况中长途乘客的加入,往往可以增加联盟的合乘里程,以减少更多的费用。例如,由表1可知,在1U2联盟中,乘客2的行程长度为7.729km,合乘里程为3.872km。而当乘客3加入后,乘客2的行程长度不变,但合乘里程增加到了7.729km,有效地降低了乘客2的出行费用。

此外,与其他乘客出行路径相似的乘客也可以在增加联盟合乘里程这一方面做出更多贡献。

例如乘客2,在有乘客2参加的联盟中,其他乘客的合乘里程均高于其在没有乘客2参与的联盟中的合乘里程。表1中,1U3联盟中乘客3的合乘里程只有1.067km,而在2U3和1U2U3联盟中乘客3的合乘里程分别增加到了3.475km和4.924km。

除1*U*3联盟外,其他联盟都出现了绕路现象,而百分比分摊法均未能补偿绕路损失。尤其是在1*U*2*U*3联盟中,由于乘客1的加入,增加了乘客3的绕行距离,使得乘客3在当前联盟中的费用反而高于在2*U*3联盟中的费用,这显然不利于1*U*2*U*3联盟的稳定。

反观本文提出的改进的shapely值法,则是根据各成员对减少联盟总合乘费用的贡献度分摊出行费用。虽然与百分比分摊法相比可能会增加部分乘客的费用,但仍可保证其费用低于单独出行的费用。例如在1*U*2*U*3联盟中乘客1的费用虽然相比百分比分摊法略有上升,但仍比单独出行降低了23.9%。而对于其他对增加合乘里程做出了更多贡献的乘客,其费用都有显著的下降。联盟中乘客2和乘客3的费用比单独出行分别降低了46.2%和31.5%。同时,当联盟成员增加时,各成员的费用都得到了一定程度的降低,可以增加新乘客对加入合乘联盟的兴趣。

综上所述,相较于百分比分摊法,本文提出的改进的shapely值法在计算出租汽车合乘联盟中各成员的分摊费用时,通过综合考虑兼顾了短途和长途乘客的利益,同时补偿了乘客因绕路带来的损失,进一步减少了联盟的出行总费用,使合乘费用分摊更公正也更具有吸引力。

4 结语

出租汽车合乘可以有效的减缓城市交通拥堵的状况,同时也可以减少居民的出行费用,目前虽然在部分地方已经出现了出租汽车合乘的案例,但是对于出租汽车合乘尚未出现统一的管理法规,对于费用分摊问题也没有切实可行的方法。本文在基于合作博弈并考虑绕行补偿的情况下提出了一种新的出租汽车合乘费用分摊模型。

本文的成果如下:

(1)本文利用合作博弈的理论,结合实际合乘情况,分析了出租汽车合乘联盟各成员的特征函数在合乘联盟可以成立并保持稳定所需要满足的必要条件。最后,给出了出租汽车合乘的合作博弈模型。

(2)对于现有的合乘费用分摊模型,本文分析了比较常用的百分比分摊法,并建立了其数学模型。分析发现,百分比分摊法计算方便,并且确实可以减少每个乘客的费用支出。但其并未考虑每个乘客对于总费用的减少做出的贡献,总是出行最长的乘客费用减少的比例最小,也未考虑绕行给乘客带来的时间损失。

(3)本文将百分比分摊法计算得到的总费用作为合乘联盟总出行费用,并通过shapely值法对总费用进行分摊计算,同时引入了非直线系数以减少部分费用的形式补偿绕行所产生的时间损失。最后,通过案例将之与传统的百分比分摊法进行比较。发现本文的方法,即使在绕路的情况下仍然可以保证乘客的共享费用不会大幅增加。此外,还能够在保证所有乘客的共享费用都低于单独出行费用的基础上,有效降低对增加联盟合乘里程做出更多贡献的乘客的费用,以吸引更多乘客加入,以提高合乘联盟的合乘里程增加的可能性,进一步降低合乘的费用。

综上所述,本文提出合乘费用分摊计算方法,可以在保证其公正性和合理性的前提下,进一步提高乘客对合乘模式的兴趣和认可度。但是,本文在设计费用分摊方法时只考虑了乘客的利益,对于驾驶员的利益并未过多涉及,因此在未来研究中应在保证乘客的利益的前提下尽可能增加驾驶员的收入,以提高驾驶员对合乘这种运营模式的认可度。此外,本文在案例分析使用的实例较少,在后续研究中应该进行更为广泛的实例实验。

参考文献

[1] 交通运输部.2020年交通运输行业发展统计公报[J].交通财会,2021(06):92-97.

[2] Chen S H, Zhang X J, Ding J M. Feasibility on HOV Lanes Based on Multinomial Logit Model [J]. 2010 2nd IEEE International Conference on Information and Financial Engineering, Chongqing, China, 2010(10).

[3] Santi P, Resta G, Szell M, et al. Quantifying the benefits of vehicle pooling with share ability networks [J]. Proceedings of the National Academy of Science, 2014, 111 (37): 13290-13294.

[4] Potential of carpool for network traffic management

[J]. International Journal of Transportation Science and Technology, 2021, ISSN 2046-0430, https://doi.org/10.1016/j.ijtst.2021.04.006.

[5] I Y N, LI X, ZHANG S C. Optimal pricing of customized bus services and ride-sharing based on a competitive game model[J]. Omega, 2021: 102413.

[6] HU S C et al. Cost-sharing mechanism design for ride-sharing[J]. Transportation Research Part B, 2021(150): 410-434.

[7] 周和平,钟璧樯,彭霞花,等.出租车合乘路径选择与费率优化模型[J].长沙理工大学学报(自然科学版),2011,8(01):20-24.

[8] 刘佳.出租车合乘方式及定价模型优化研究[D].重庆:重庆交通大学,2016.

[9] 唐方慧.出租车合乘路径选择及费率优化问题研究[D].兰州:兰州交通大学,2016.

[10] 卢雨婷,李登峰,胡勋锋.基于破产模型的出租车合乘定价方法[J].交通运输系统工程与信息,2017,17(04):7-12.

共享自动驾驶出行:基于活动视角的影响分析

田童心　徐　猛*

(北京交通大学轨道交通控制与安全国家重点实验室)

摘　要　本文从通勤者的活动视角研究共享自动驾驶车辆(Shared Autonomous Vehicles, SAVs)对出行行为产生的影响。在考虑自动驾驶对通勤者车内活动影响的基础上,进一步分析了自动驾驶车辆(Autonomous Vehicles, AVs)与SAV的出行成本差异,构建了AV通勤者和SAV通勤者基于活动的瓶颈模型,研究了出行成本和活动效用对通勤者出行行为的影响,并与AV通勤者和SAV通勤者基于出行的瓶颈模型进行比较。研究表明,在固定出行需求下,仅增加合乘人数并不能使SAV通勤者的比例持续上升,SAV通勤者的比例呈现出先升后降的变化趋势,而AV通勤者的比例则呈现先降后增的趋势。与基于出行的瓶颈模型对比发现,在常数边际活动效用情形下,基于出行的瓶颈模型会高估SAV通勤者的比例,并低估全体通勤者的均衡净效用。

关键词　共享物流与交通系统　早高峰均衡分析　基于活动的方法　共享自动驾驶　瓶颈模型

0　引言

自动驾驶对未来城市交通出行的影响是目前备受关注的研究主题之一。与传统汽车相比,自动驾驶汽车有很多潜在优势,比如减少交通事故发生率[1]、提高道路通行能力[2]、降低车辆耗能[3]和减少排放[4]等。由于自动驾驶汽车不需要驾驶员,因此通勤者选择合乘模式的复杂性和心理障碍会降低,合乘模式的受欢迎程度也随之上升[5]。随着自动驾驶技术的不断成熟,以"自动驾驶+共享"为特征的未来出行方式将受到关注。

目前对于自动驾驶和合乘的研究相对较多,例如,Van Den Berg 和 Verhoef[6]从降低通勤者的时间价值、提升道路通行能力两个角度分析了自动驾驶对通勤者出行行为的影响,研究表明通勤者时间价值的降低会导致总排队成本增加,负外部性上升,提升通行能力则影响相反。Tian 等[5,6]通过瓶颈模型研究了有停车位约束下普通车辆和共享自动驾驶车辆的早高峰通勤行为,结果表明特定的共享自动驾驶车辆比例和停车位数量可以有效缓解交通拥堵。Zhao 和 Guo[7]在考虑了不确定工作结束时间的情况下,分别建立了普通车辆和自动驾驶车辆的非合乘瓶颈模型和合乘瓶颈模型,证明了自动驾驶车辆可以增加通

1. 基金项目:国家自然科学基金重大项目(72091513)。

勤者采用合乘方式出行的比例。MA 和 ZHANG[8]使用瓶颈模型、动态合乘收费以及停车费的各种组合研究了动态合乘问题。LIU 等[9]研究了合乘模式下早高峰通勤中的拼车定价问题。WANG 等[10]分析了成本分摊策略对合乘模式的影响。XIAO 等[11]在单独驾驶、合乘与公交三种模式下探索了早高峰通勤中可能存在的出发模式,并进一步对其进行均衡分析。

然而,以往的大部分研究均通过基于出行的瓶颈模型刻画通勤者的出行行为,并没有考虑出行中的活动对其产生的影响。在此基础上,LI 等[12]提出了基于活动的瓶颈模型,从活动的视角对传统汽车的早晚高峰联合通勤行为进行了分析,发现基于出行的瓶颈模型在刻画通勤者的出发时间上存在偏差,进而李志纯和丁晶[13]采用基于活动的瓶颈模型研究了传统汽车下瓶颈动态拥挤收费和阶梯收费问题。LI 等[14]进一步研究了基于活动的瓶颈模型的阶梯收费问题。ZHU 等[15]探讨了基于活动的瓶颈模型中最优工作开始时间的设定问题,文章首先考虑了一个最优工作开始时间的瓶颈模型,进一步研究了双最优工作开始时间下的出发时间选择模型,并与经典瓶颈模型进行了比较。在异质性方面,梁蕾蕾[16]将自动驾驶引入基于活动的瓶颈模型中,研究了考虑自动驾驶和普通车辆通勤者异质用户的出发时间选择问题。同时还有学者从不同出行链的角度来研究通勤者的出行行为,例如,戴庆等[17]从活动的角度出发对早高峰期间家庭通勤者均衡出行问题以及拥堵收费问题进行了研究,结果表明该模型对家庭通勤者的出发时间选择行为的刻画更为准确且不考虑活动效用将会高估收费水平。

目前,已有许多针对自动驾驶和普通车辆的研究[5]。然而,随着自动驾驶技术的不断发展,居民出行将进入全面自动驾驶时代,因此对于全面自动驾驶时代通勤者的早高峰出行行为的研究有着一定的现实意义。基于此,本文研究了 AV 和 SAV 混合出行下,基于活动瓶颈模型的通勤者出发时间选择问题,并考虑了 AV 的车内活动效用以及共享出行对通勤的影响。主要贡献如下:首先,扩展了经典的瓶颈模型,从活动的视角来研究共享自动驾驶对通勤者出行行为带来的影响。其次,将 SAV 的各类出行成本的影响因素与车内活动效率考虑在内,构建了基于 AV 通勤者和 SAV 通勤者的混合出行方式的活动瓶颈模型,并与基于出行建模方式下的结果进行比较。最后,研究了 SAV 的出行成本和活动效用对混合出行方式下通勤者的出行成本、总效用以及 SAV 通勤者比例的影响。

1 模型描述

由经典的瓶颈模型[17]可以得到,通勤者在 t 时刻出发的出行成本 $C(t)$ 为:

$$C(t)=\alpha T(t)+\max\{\beta[t^{*}-t-T(t)],\gamma(t+T(t)-t^{*})\} \tag{1}$$

式中:α、β、γ——通勤者的单位出行时间成本、早到单位时间惩罚成本和晚到单位时间惩罚成本,并且 $\gamma>\alpha>\beta$;

t——出发时刻;

t^{*}——工作开始时间;

$T(t)$——出行时间,且 $T(t)=T_{\mathrm{D}}(t)+T_{\mathrm{f}}$,其中 $T_{\mathrm{D}}(t)$ 为排队时间,T_{f} 为自由流行驶时间。

基于经典瓶颈模型,本文考虑如图 1 所示的出行场景。在早高峰时段,假设道路上的总车辆为 N_{f},由 N_{av} 辆自动驾驶车辆(AV)和 N_{sav} 辆共享自动驾驶车辆(SAV)组成,$N_{\mathrm{f}}=N_{\mathrm{av}}+N_{\mathrm{sav}}$。假设每辆 AV 的载客数为 1,SAV 的载客数为 ρ,且 $\rho\geqslant 2$,则通勤者总人数 N 可以表示为 $N=N_{\mathrm{av}}+\rho N_{\mathrm{sav}}$。假设自由流行驶时间 T_{f} 全部发生在通勤者通过瓶颈之后,因此通勤者从家出发后立即到达瓶颈,经过 $T_{\mathrm{D}}(t)$ 排队时间后离开瓶颈,再经过 T_{f} 时间后,到达工作区。

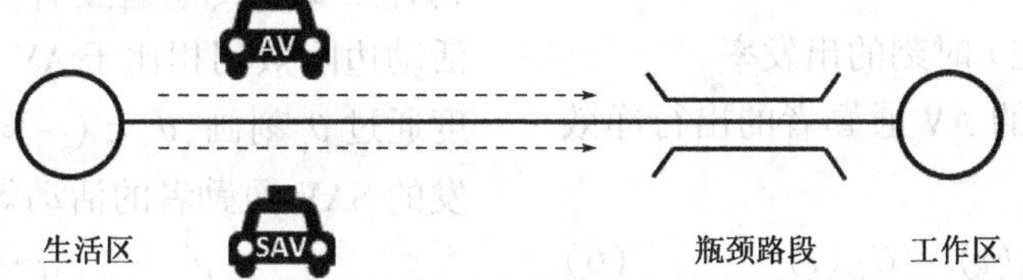

图 1 出行场景

不同于经典瓶颈模型,本文从活动链的角度分析通勤者的出行行为,其活动链如图 2 所示。

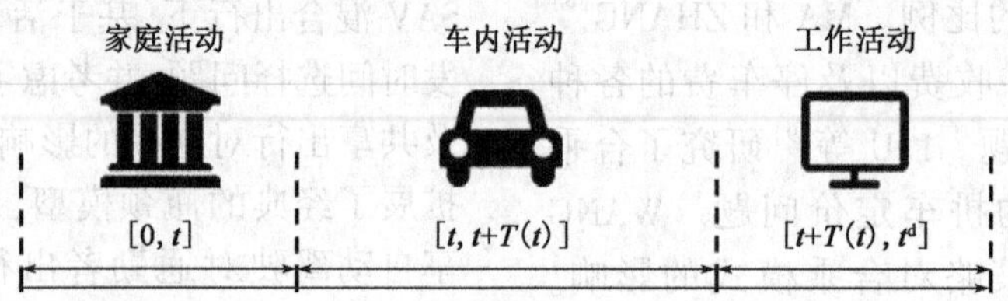

图 2　通勤者的活动链

从活动的角度分析,通勤者的出行净效用 $\Phi(t)$ 包括活动正效用 $U(t)$ 和出行负效用 $C(t)$,可以表示为:

$$\Phi(t) = U(t) - C(t) \tag{2}$$

在活动正效用中,通勤者在家获得家庭活动效用;由于无人驾驶特性,通勤者可以在车内进行除开车之外的活动以此获得车内活动效用,由于 SAV 通勤者需要和他人共享车内空间,因此车内活动效用与 AV 通勤者有所不同;到达工作地点后,通勤者在上班时段获得工作活动效用。

在出行负效用中,考虑到 AV 和 SAV 的特性及不同,分别针对两类车型采用相应的出行成本函数。AV 通勤者对车辆具有所有权,因此 AV 的出行成本中包括固定成本和变动成本两部分,其中固定成本是由车辆本身的折旧以及每次车辆行驶产生的固定费用成本构成,变动成本指每次出行由于出行距离、出行时间等不确定因素产生的车费成本;SAV 通勤者对车辆只有使用权,其出行成本包括固定的合成费用成本和可变成本,其中可变成本包括每次出行产生的车费成本以及由于合乘上下车产生的额外成本。

1.1　自动驾驶通勤者的效用函数

综合考虑 AV 通勤者在各个时段活动效用,在 t 时刻出发的 AV 通勤者的活动效用 $U_{av}(t)$ 为:

$$U_{av}(t) = \int_0^t u_h \mathrm{d}t + \int_t^{t+T(t)} u_v \mathrm{d}t + \int_{t+T(t)}^{t^d} u_w \mathrm{d}t \tag{3}$$

式中:$[0,t^d]$——本文研究时段;

u_h——家庭活动常数边际效用;

u_v——车内活动常数边际效用;

u_w——工作活动常数边际效用。

在 t 时刻出发的 AV 通勤者的出行成本 $C_{av}(t)$ 为:

$$C_{av}(t) = \begin{cases} \alpha T(t) + \beta[t^* - t - T(t)] + \xi_1 T(t), t \in [t_{av}^s, \bar{t}_{av}] \\ \alpha T(t) + \gamma[t + T(t) - t^*] + \xi_1 T(t), t \in [\bar{t}_{av}, t_{av}^e] \end{cases} \tag{4}$$

式中:t_{av}^s ——首位 AV 通勤者出发时间;

t_{av}^e ——最后一位 AV 通勤者出发时间;

$\bar{t}_{av}$ ——准时到达工作地点的 AV 通勤者出发时间,即 $\bar{t}_{av} + T(\bar{t}_{av}) = t^*$;

ξ_1—— 单位时间油耗费用;

$\xi_1 T(t)$ ——AV 通勤者的出行油费。

通勤者的排队时间为:

$$T(t) = T_D(t) + T_f = \frac{\int_{t_{av}^s}^{t} r(t) - s(t - t_{av}^s)}{s} + T_f \tag{5}$$

式中:$r(t)$ ——通勤者在 t 时刻的出发率。

由此,在 t 时刻出发的 AV 通勤者的出行净效用 $\Phi_{av}(t)$ 为:

$$\Phi_{av}(t) = U_{av}(t) - C_{av}(t) \tag{6}$$

均衡时,任何 AV 通勤者都无法通过单方面改变个人出发时间而增大其出行净效用,因此均衡条件为:

$$\frac{\mathrm{d}\Phi_{av}(t)}{\mathrm{d}t} = 0 \tag{7}$$

由此可得到均衡时 AV 通勤者的早到出发率 r_{av}^1 和晚到出发率 r_{av}^2 为:

$$r_{av}^1 = \frac{\alpha + \xi_1 + u_h - u_v}{\alpha + \xi_1 - \beta + u_w - u_v} s, t \in [t_{av}^s, \bar{t}_{av}] \tag{8}$$

$$r_{av}^2 = \frac{\alpha + \xi_1 + u_h - u_v}{\alpha + \xi_1 + \gamma + u_w - u_v} s, t \in [\bar{t}_{av}, t_{av}^e] \tag{9}$$

1.2　共享自动驾驶通勤者的效用函数

与 AV 通勤者的活动效用有所不同,SAV 通勤者需要和其他通勤者共享车内空间,因此车内活动边际效用相比于 AV 通勤者有所降低,降低程度通过 θ_ρ 刻画,$\theta_\rho \in (-\infty, 1)$,因此,在 t 时刻出发的 SAV 通勤者的活动效用 $U_{sav}(t)$ 为:

$$U_{sav}(t) = \int_0^t u_h \mathrm{d}t + \int_t^{t+T(t)} \theta_\rho u_v \mathrm{d}t + \int_{t+T(t)}^{t^d} u_w \mathrm{d}t \tag{10}$$

由于 SAV 的共享特性,SAV 通勤者产生额外

的出行成本 $\xi(t)$ 为：

$$\xi(t) = \frac{\xi_1 T(t)}{\rho} + \xi_2 + \frac{\alpha h_p(1+\rho)}{2} \tag{11}$$

式(11)中第一项为可变合乘费用，与出行时间成正比；第二项 ξ_2 为固定的合乘费用；第三项表示上下车行为带来的额外成本[8]。由此可以得到 SAV 通勤者的出行成本 $C_{sav}(t)$ 为：

$$C_{sav}(t) = \begin{cases} \alpha T(t) + \beta[t^* - t - T(t)] + \frac{\xi_1 T(t)}{\rho} + \xi_2 + \frac{\alpha h_p(1+\rho)}{2}, t \in [t_{sav}^s, \bar{t}_{sav}] \\ \alpha T(t) + \gamma[t + T(t) - t^*] + \frac{\xi_1 T(t)}{\rho} + \xi_2 + \frac{\alpha h_p(1+\rho)}{2}, t \in [\bar{t}_{sav}, t_{sav}^e] \end{cases} \tag{12}$$

通过以上分析可以得到在 t 时刻出发的 SAV 通勤者的出行净效用 $\Phi_{sav}(t)$ 为：

$$\Phi_{sav}(t) = U_{sav}(t) - C_{sav}(t) \tag{13}$$

同样地，由均衡条件可以得到 SAV 通勤者的早到出发率 r_{sav}^1 和晚到出发率 r_{sav}^2 为：

$$r_{sav}^1 = \frac{\alpha + \xi_1/\rho + u_h - \theta_\rho u_v}{\alpha + \xi_1/\rho - \beta + u_w - \theta_\rho u_v} s, t \in [t_{sav}^s, \bar{t}_{sav}] \tag{14}$$

$$r_{sav}^2 = \frac{\alpha + \xi_1/\rho + u_h - \theta_\rho u_v}{\alpha + \xi_1/\rho + \gamma + u_w - \theta_\rho u_v} s, t \in [\bar{t}_{sav}, t_{sav}^e] \tag{15}$$

2 混合出行方式下的均衡分析

当 AV 通勤者和 SAV 通勤者混合出行时，由于参数取值不同，将有两种不同的出行顺序。

2.1 情形一：出发顺序为 AV-SAV-AV

根据 ARNOTT 等[19]的研究，当 $\frac{\beta + u_h - u_w}{\alpha + \xi_1 + u_h - u_v} < \frac{\beta + u_h - u_w}{\alpha + \xi_1/\rho + u_h - \theta_\rho u_v}$ 时，AV 通勤者在早高峰时段的肩部出行，SAV 通勤者在早高峰时段的中部出行，如图 3 所示。

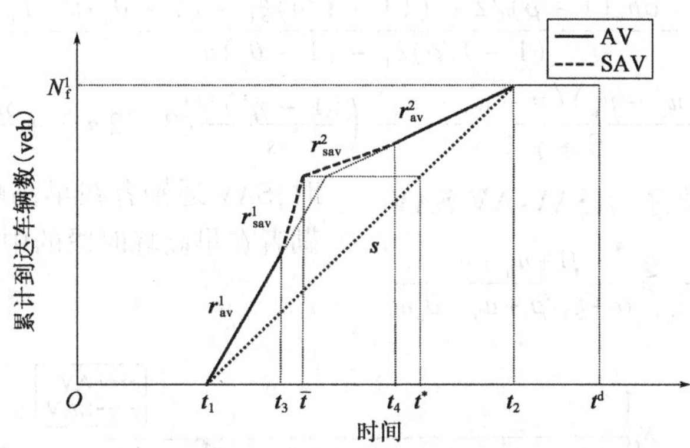

图 3 情形一：出发顺序为 AV-SAV-AV

下文中，以 η^1 表示均衡时 SAV 通勤者的比例，N_f^1 表示均衡时早高峰时段的总车辆数。由均衡条件可以推出以下公式：

$$\Phi_{av}(t_1) = \Phi_{av}(t_2) \tag{16}$$

$$(t_2 - t_1)s = N_f^1 \tag{17}$$

$$\Phi_{av}(t_3) = \Phi_{sav}(t_3) \tag{18}$$

$$\Phi_{av}(t_4) = \Phi_{av}(t_2) \tag{19}$$

$$T_{av}(t_3) = T_{sav}(t_3) = \frac{\beta + u_h - u_w}{\alpha + \xi_1 + u_h - u_v - \beta}(t_3 - t_1) + T_f \tag{20}$$

$$r_{av}^1(t_3 - t_1) + r_{av}^2(t_2 - t_4) = (1 - \eta^1)N \tag{21}$$

$$T_{av}(t_3) = T_{av}(t_4) \tag{22}$$

其中，式(16)、式(18)和式(19)表示通勤者出行净效用相等；式(17)表示出行总车辆数为 N_f^1；式(20)表示在早到情况下出发的最后一位 AV 通勤者和首位 SAV 通勤者的出行时间相同；式(21)表示 AV 通勤者的总出行人数；式(22)表示早到的最后一位 AV 通勤者和晚到的首位 AV 通勤者时间相等。

由式(16)～式(22)可以得到：

$$\eta^1 = 1 - \frac{(\beta+\gamma)(\xi_2 + \alpha h_p(1+\rho)/2 - ((1-1/\rho)\xi_1 - (1-\theta_\rho)u_v)T_f)}{(\beta+u_h-u_w)(\gamma-u_h+u_w)N/S}\frac{\alpha+\xi_1+u_h-u_v}{(1-1/\rho)\xi_1-(1-\theta_\rho)u_v} \tag{23}$$

$$N_f^1 = (1-\eta^1)N + \eta^1 N/\rho \tag{24}$$

$$t_1 = t^* - T_f - \frac{\gamma-u_h+u_w}{\beta+\gamma}\frac{N_f^1}{s} \tag{25}$$

$$t_2 = t^* - T_f + \frac{\beta+u_h-u_w}{\beta+\gamma}\frac{N_f^1}{s} \tag{26}$$

$$t_3 = t_1 + \frac{\gamma-u_h+u_w}{\beta+\gamma}\frac{(1-\eta^1)N}{r_{av}^1} \tag{27}$$

$$\bar{t} = t_3 + \frac{\gamma-u_h+u_w}{\beta+\gamma}\frac{\eta^1 N}{\rho r_{sav}^1} \tag{28}$$

$$t_4 = t + \frac{\gamma-u_h+u_w}{\beta+\gamma}\frac{\eta^1 N}{\rho r_{sav}^2} \tag{29}$$

均衡时,通勤者的个人出行净效用 Φ^1,总出行净效用 TU^1,总排队成本 TQC^1,总延误成本 $TSDC^1$ 分别为:

$$\Phi^1 = -\frac{(\beta+u_h-u_w)(\gamma-u_h+u_w)}{\beta+\gamma}\frac{N_f^1}{s} - t^*(u_w-u_h) + t^d u_w - (\alpha+\xi_1+u_h-u_v)T_f \tag{30}$$

$$TU^1 = -\frac{(\beta+u_h-u_w)(\gamma-u_h+u_w)}{\beta+\gamma}\frac{N_f^1}{s} - t^*(u_w-u_h) + t^d u_w - (\alpha+\xi_1+u_h-u_v)T_f N \tag{31}$$

$$TQC^1 = \frac{\alpha N}{2}\frac{\xi_2+\alpha h_p(1+\rho)/2-((1-1/\rho)\xi_1-(1-\theta_\rho)u_v)T_f}{(1-1/\rho)\xi_1-(1-\theta_\rho)u_v} + (t^*-\bar{t})\eta^1 \tag{32}$$

$$TSDC^1 = \frac{N}{2}\left[\frac{(\beta+u_h-u_w)(\gamma-u_h+u_w)}{\beta+\gamma}\left(\frac{(1-\eta^1)N}{s}(3-2\eta^1) + \frac{\eta^1 N/\rho}{s}(2-\eta^1)\right)\right] \tag{33}$$

2.2　情形二:出发顺序为 SAV-AV-SAV

同样地,当 $\frac{\beta+u_h-u_w}{\alpha+\xi_1+u_h-u_v} \geqslant \frac{\beta+u_h-u_w}{\alpha+\xi_1/\rho+u_h-\theta_\rho u_v}$ 时,SAV 通勤者在早高峰时段的前部出行,AV 通勤者在早高峰时段的中部出行,如图 4 所示。

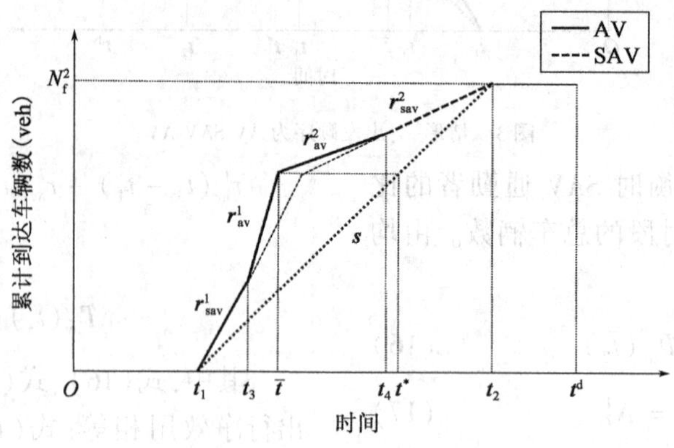

图 4　情形二:出发顺序为 SAV-AV-SAV

情形二的分析与情形一相同,此处不作赘述。对情形一进行分析可以得到以下性质。

性质 1:在情形一中,$\frac{\partial \eta^1}{\partial \xi_1} \geqslant 0$,$\frac{\partial N_f^1}{\partial \xi_1} \leqslant 0$,$\frac{\partial \Phi^1}{\partial \xi_1} \geqslant 0$ 恒成立。

由性质 1 可知,在情形一中,随着单位时间油耗费用的增加,SAV 通勤者的比例不断上升,总车辆数减少,通勤者的出行净效用增加。

性质 2:在情形一,当 $\rho \leqslant Y$ 时,$\frac{\partial \eta^1}{\partial \rho} \geqslant 0$;当 $\rho >$

Y 时，$\frac{\partial \eta^1}{\partial \rho} < 0$，其中 $Y = \sqrt{\frac{2(\xi_2+\alpha h_p(1+\rho)/2-((1-1/\rho)\xi_1-(1-\theta_\rho)u_v)T_f)\xi_1}{\alpha h_p((1-1/\rho)\xi_1-(1-\theta_\rho)u_v)}}$。

由性质 2 可以发现，在情形一中，当 $\rho \leqslant Y$ 时，随着合乘人数增加，SAV 通勤者的比例上升；$\rho > Y$ 时，随着合乘人数增加，SAV 通勤者的比例减少。

性质 3：在情形一中，当 $E^{-1} \geqslant (1-\rho)^{-1}$ 时，$\frac{\partial N_f^1}{\partial \rho} \leqslant 0, \frac{\partial \Phi^1}{\partial \rho} \geqslant 0$；当 $E^{-1} \geqslant (1-\rho)^{-1}$ 时，$\frac{\partial N_f^1}{\partial \rho} > 0$，$\frac{\partial \Phi^1}{\partial \rho} < 0$，其中 E 为 η^1 对 ρ 的弹性，$E = \frac{\eta^1/\rho}{\partial \eta^1/\partial \rho}$。

由性质 3 可知，在情形一中，当 $E^{-1} \geqslant (1-\rho)^{-1}$ 时，随着合乘人数增加，总车辆数减小，通勤者的净效用增加；当 $E^{-1} \geqslant (1-\rho)^{-1}$ 时，随着合乘人数增加，总车辆数增大，通勤者的净效用减小。

以上性质对于管理部门在如何提高 SAV 通勤者的比例方面具有一定的意义。当 SAV 的合乘人数较多时，由性质 2 可知，仅增加合乘人数并不能使 SAV 通勤者的比例一直上升，当合乘人数达到临界值后，随着合乘人数的继续增加，SAV 通勤者的比例会下降，道路上的总车辆数增加，通勤者的出行净效用减少。

3 算例分析

本节利用算例对模型自展开分析，并与基于出行的瓶颈模型进行比较。基本的参数取值设定见表 1，数据均来自文献[5]、[12]以及李志纯和丁晶[13]。常数边际活动效用情形下，设 $u_h = 35$ 元/h，$u_v = 20$ 元/h，$u_w = 66$ 元/h，$\theta_\rho = 0.8$，$\xi_1 = 60$ 元/h，$\xi_2 = 10$ 元/h，$h_p = 1.2$(min/per)。

算例参数 表 1

N(per)	s(veh/h)	ρ(per/veh)	α(元/h)	β(元/h)	γ(元/h)	T_f(h)	t^*	t^d
5000	2000	2	60	45	90	0.3	9:00	12:00

基于以上参数，可以得到早高峰通勤者的出发情形，如图 5 所示。具体数值结果见表 2 ~ 表 4。

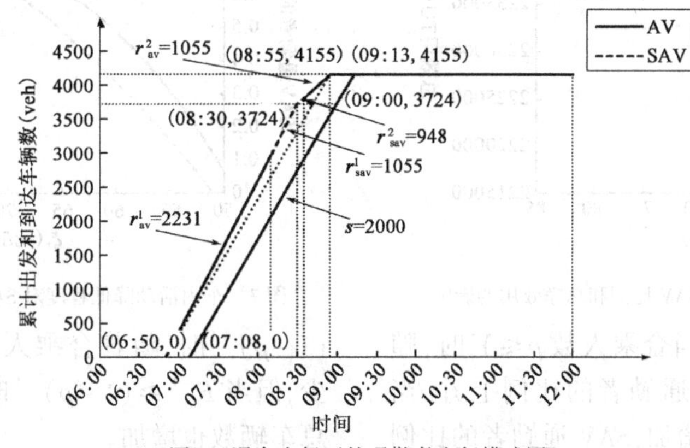

图 5 混合出行下的通勤者出行模式图

两种建模方式下的关键时间 表 2

模型	参数				
	t_1	t_3	$\bar{t}$	t_4	t_2
基于活动的瓶颈模型	6:50	7:10	8:30	8:35	8:54
基于出行的瓶颈模型	7:45	7:54	8:15	8:58	9:11

两种建模方式下的时间分配 表 3

模型	基于活动的瓶颈模型	基于出行的瓶颈模型
平均出行时间(h)	0.4111	0.5371
平均家庭活动时间(h)	7.8764	8.2499
平均工作活动时间(h)	3.7125	3.2130
平均车内活动时间(h)	0.3769	0.3467

两种建模方式下的活动效用和出行成本比较　表4

	基于活动的瓶颈模型	基于出行的瓶颈模型
η	33.79%	85.07%
N_f(veh)	4155	2873
TU_h(元)	1378362.83	—
TU_v(元)	24954.77	—
TU_w(元)	1225127.06	—
TQC(元)	48547.50	109416.44
TCSD(元)	142700.73	128022.00
TU(元)	2232151.00	−395500.00

接下来通过数值算例对活动瓶颈下通勤者混合出行的情况进行更直观的了解。由图6可以看出，随着单位时间油耗费用 ξ_1 的增加，SAV 通勤者的比例不断上升，同时通勤者的总净效用也增加，与 SAV 通勤者的比例存在类似趋势。

图7进一步展示了随着 SAV 对通勤者车内活动效用降低程度的减小，SAV 通勤者的数量会上升，通勤者的总净效用也随之增加。

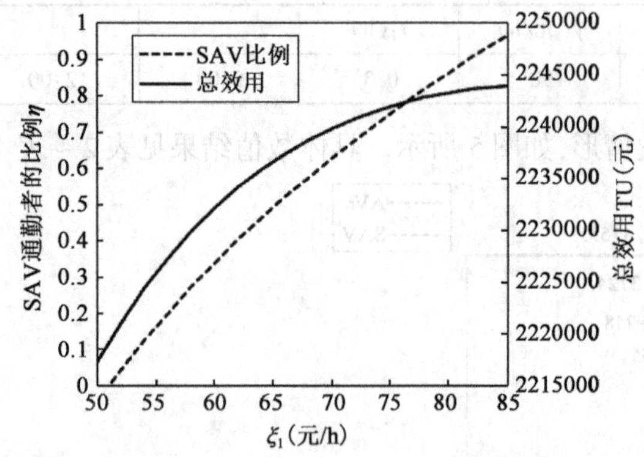

图6　单位时间油耗费用对 SAV 比例和总净效用的影响

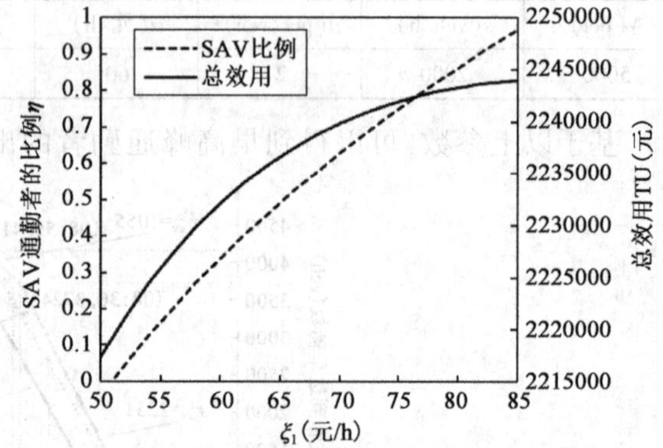

图7　车内活动降低程度对 SAV 比例和总净效用的影响

根据图8可以看出，当合乘人数 $\rho \leqslant Y$ 时，随着合乘人数的增加，SAV 通勤者的比例上升，当 $\rho > Y$ 时，随着合乘人数的增加，SAV 通勤者的比例反而会下降。此外，当合乘人数满足 $E^{-1} \geqslant (1-\rho)^{-1}$ 时，随着合乘人数增加，总车辆数会减少，但当 $E^{-1} \geqslant (1-\rho)^{-1}$ 时，随着合乘人数增加，总车辆数也增加。

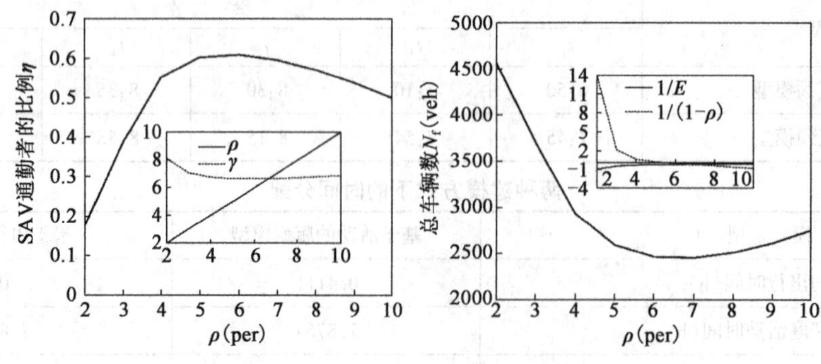

图8　合乘人数对 SAV 比例和总车辆数的影响

接下来对两种不同建模方式下的通勤行为进行比较，具体的解析解结果见附录。图9展示了通勤者从00:00至12:00的出发模式，可以看出在参数相同的情况下，基于出行的瓶颈模型相比于活动瓶颈模型高估了 SAV 车辆的比例，低估了总车辆数，与此同时，基于出行的瓶颈模型的早高峰开始时间也晚于活动瓶颈模型。具体的数值结果见表 2 ~ 表 4。

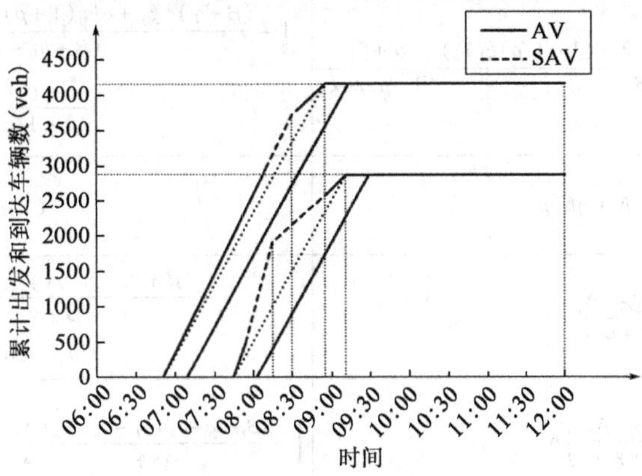

图 9　两种建模方式下的出发模式图

4　结语

本文将通勤者在 AV 与 SAV 不同出行方式下的车内活动效用和出行成本考虑在内，在基于出行的经典瓶颈模型基础上，提出了 AV 通勤者和 SAV 通勤者基于活动的早高峰瓶颈模型，研究了常数边际活动下两类通勤者出发时间选择问题，并与经典瓶颈模型进行了比较。通过对基于活动的早高峰瓶颈模型研究表明：在固定出行需求下，仅增加合乘人数并不能使 SAV 通勤者的比例持续上升，当合乘人数达到临界值后，随着合乘人数的继续增加，SAV 通勤者的比例下降，道路上的总车辆数增加，通勤者的净效用减少。此外，在 AV 通勤者和 SAV 通勤者混合出行的早高峰通勤问题中，通过对基于活动的瓶颈模型与基于出行的瓶颈模型进行对比发现：基于出行的瓶颈模型会高估选择 SAV 出行的通勤者比例，低估总车辆数以及全体通勤者的均衡净效用，并高估家庭活动的平均时长，对于早高峰通勤者的出行行为刻画略有偏差。

本文还可以进行多方面的拓展。首先，本文仅研究了早高峰行为，未来可拓展至考虑全天即早晚高峰的联合通勤行为；其次，本文仅考虑了混合车道情形下的出发时间选择问题，进一步可以通过划分车道的方式来研究 SAV 和 AV 对交通系统的影响等；最后，本文在瓶颈模型中研究了 SAV 带来的通勤变化，未来可以进一步研究 SAV 的引入对城市格局的影响。

附录两种建模方式下的结果比较

两种建模方式下的解析解比较　　附表

参数	基于出行的瓶颈模型	基于活动的瓶颈模型
r_{av}^{1}	$\frac{\alpha+\xi_1}{\alpha+\xi_1-\beta}s$	$\frac{\alpha+\xi_1+u_{\mathrm{h}}-u_{\mathrm{v}}}{\alpha+\xi_1-\beta+u_{\mathrm{w}}-u_{\mathrm{v}}}s$
r_{av}^{2}	$\frac{\alpha+\xi_1}{\alpha+\xi_1+\gamma}s$	$\frac{\alpha+\xi_1+u_{\mathrm{h}}-u_{\mathrm{v}}}{\alpha+\xi_1+\gamma+u_{\mathrm{w}}-u_{\mathrm{v}}}s$
r_{sav}^{1}	$\frac{\alpha+\xi_1/\rho}{\alpha+\xi_1/\rho-\beta}s$	$\frac{\alpha+\xi_1/\rho+u_{\mathrm{h}}-\theta_{\rho}u_{\mathrm{v}}}{\alpha+\xi_1/\rho-\beta+u_{\mathrm{w}}-\theta_{\rho}u_{\mathrm{v}}}s$
r_{sav}^{2}	$\frac{\alpha+\xi_1/\rho}{\alpha+\xi_1/\rho+\gamma}s$	$\frac{\alpha+\xi_1/\rho+u_{\mathrm{h}}-\theta_{\rho}u_{\mathrm{v}}}{\alpha+\xi_1/\rho+\gamma+u_{\mathrm{w}}-\theta_{\rho}u_{\mathrm{v}}}s$
t_1	$t^{*}-T_{\mathrm{f}}-\frac{\gamma}{\beta+\gamma}\frac{N_{\mathrm{f}}^{1}}{s}$	$t^{*}-T_{\mathrm{f}}-\frac{\gamma-u_{\mathrm{h}}+u_{\mathrm{w}}}{\beta+\gamma}\frac{N_{\mathrm{f}}^{1}}{s}$
t_2	$t^{*}-T_{\mathrm{f}}+\frac{\beta}{\beta+\gamma}\frac{N_{\mathrm{f}}^{1}}{s}$	$t^{*}-T_{\mathrm{f}}+\frac{\beta+u_{\mathrm{h}}-u_{\mathrm{w}}}{\beta+\gamma}\frac{N_{\mathrm{f}}^{1}}{s}$
t_3	$t_1+\frac{\gamma-u_{\mathrm{h}}+u_{\mathrm{w}}(1-\eta^{1})}{\beta+\gamma}\frac{N}{r_{\mathrm{av}}^{1}}$	$t_1+\frac{\gamma-u_{\mathrm{h}}+u_{\mathrm{w}}(1-\eta^{1})}{\beta+\gamma}\frac{N}{r_{\mathrm{av}}^{1}}$
t_4	$\bar{t}+\frac{\gamma-u_{\mathrm{h}}+u_{\mathrm{w}}\eta^{1}}{\beta+\gamma}\frac{N}{\rho r_{\mathrm{sav}}^{2}}$	$\bar{t}+\frac{\gamma-u_{\mathrm{h}}+u_{\mathrm{w}}\eta^{1}}{\beta+\gamma}\frac{N}{\rho r_{\mathrm{sav}}^{2}}$
$\bar{t}$	$t_3+\frac{\gamma-u_{\mathrm{h}}+u_{\mathrm{w}}\eta^{1}}{\beta+\gamma}\frac{N}{\rho r_{\mathrm{sav}}^{1}}$	$t_3+\frac{\gamma-u_{\mathrm{h}}+u_{\mathrm{w}}\eta^{1}}{\beta+\gamma}\frac{N}{\rho r_{\mathrm{sav}}^{1}}$

续上表

参数	基于出行的瓶颈模型	基于活动的瓶颈模型
η	$1-\frac{(\beta+\gamma)(\xi_2+\alpha h_p(1+\rho)/2-(1-1/\rho)\xi_1 T_f)}{\beta\gamma N/S}\frac{\alpha+\xi_1}{(1-1/\rho)\xi_1}$	$1-\frac{(\beta+\gamma)\{\xi_2+\alpha h_p(1+\rho)/2-[(1-1/\rho)\xi_1-(1-\theta_\rho)u_v]T_f\}}{(\beta+u_h-u_w)(\gamma-u_h+u_w)N/S}\frac{\alpha+\xi_1+u_h-u_v}{(1-1/\rho)\xi_1-(1-\theta_\rho)u_v}$
N_f	$(1-\eta)N+\eta N/\rho$	$(1-\eta)N+\eta N/\rho$
Φ	$-\frac{\beta\gamma}{\beta+\gamma}\frac{N_f}{s}$	$-\frac{(\beta+u_h-u_w)(\gamma-u_h+u_w)}{\beta+\gamma}\frac{N_f}{s}-t^*(u_w-u_h)+t^d u_w-(\alpha+\xi_1+u_h-u_v)T_f$
TU	$\left(-\frac{\beta\gamma}{\beta+\gamma}\frac{N_f}{s}\right)N$	$\left[-\frac{(\beta+u_h-u_w)(\gamma-u_h+u_w)}{\beta+\gamma}\frac{N_f}{s}-t^*(u_w-u_h)+t^d u_w-(\alpha+\xi_1+u_h-u_v)T_f\right]N$
TSDC	$\frac{\beta\gamma N}{2(\beta+\gamma)}\left(\frac{(1-\eta^1)N}{s}(3-2\eta^1)+\frac{\eta^1 N/\rho}{s}(2-\eta^1)\right)$	$\frac{(\beta+u_h-u_w)(\gamma-u_h+u_w)N}{2(\beta+\gamma)}\left[\frac{(1-\eta^1)N}{s}(3-2\eta^1)+\frac{\eta^1 N/\rho}{s}(2-\eta^1)\right]$
TQC	$\frac{\alpha N}{2}\left[\frac{\xi_2+\alpha h_p(1+\rho)/2-(1-1/\rho)\xi_1 T_f}{(1-1/\rho)\xi_1}+(t^*-\bar{t})\eta\right]$	$\frac{\alpha N}{2}\left\{\frac{\xi_2+\alpha h_p(1+\rho)/2-[(1-1/\rho)\xi_1-(1-\theta_\rho)u_v]T_f}{(1-1/\rho)\xi_1-(1-\theta_\rho)u_v}+(t^*-\bar{t})\eta\right\}$

参考文献

[1] Kalra N, Paddock S M. Driving to Safety: How Many Miles of Driving Would it Take to Demonstrate Autonomous VehicleReliability? [J]. Transportation Research Part A: Policy and Practice, 2016(94): 182-193.

[2] Meyer J, Becker H, Bösch P M, et al. Autonomous Vehicles: The Next Jump in Accessibilities? [J]. Research in Transportation Economics, 2017(62): 80-91.

[3] Mersky A C, Samaras C. Fuel Economy Testing of Autonomous Vehicles[J]. Transportation Research Part C: Emerging Technologies, 2016(65): 31-48.

[4] Wadud Z, Mackenzie D, Leiby P. Help or Hindrance? The Travel, Energy and Carbon Impacts of Highly Automated Vehicles [J]. Transportation Research Part A: Policy and Practice, 2016(86): 1-18.

[5] Tian L J, Sheu J B, Huang H J. The Morning Commute Problem with Endogenous Shared Autonomous Vehicle Penetration and Parking Space Constraint[J]. Transportation Research Part B: Methodological, 2019(123): 258-278.

[6] Van Den Berg V A, Verhoef E T. Autonomous Cars and Dynamic Bottleneck Congestion: The Effects on Capacity, Value of Time and Preference Heterogeneity[J]. Transportation Research Part B: Methodological, 2016(94): 43-60.

[7] Zhao Y, Guo X, Liu H X. The Impact of Autonomous Vehicles on Commute Ridesharing with Uncertain Work End Time[J]. Transportation Research Part B: Methodological, 2021 (143): 221-248.

[8] Ma R, Zhang H M. The Morning Commute Problem with Ridesharing and Dynamic Parking Chargers[J]. Transportation Research Part B: Methodological, 2017(106): 345-374.

[9] Liu Y, Li Yy. Pricing Scheme Design of Ridesharing Problem in Moring Commute Problem[J]. Transportation Research Part C: Emerging Technologies, 2017(79): 156-177.

[10] Wang X L, Yang H, Zhu D L. Driver-rider Cost-sharing Strategies and Equilibria in a Ridesharing Program [J]. Transportation Science, 2018, 52(4): 868-881.

[11] Xiao L L, Liu T L, Huang H J. On the Morning Commute Problem with Carpooling Behavior under Parking Space Constraint [J]. Transportation Research Part B: Methodological, 2016(91): 383-407.

[12] Li Z C, Lam W H K, Wong S C. Bottleneck Model Revisited: An Activity-based Perspective [J]. Transportation Research Part B: Methodological, 2014(68): 262-287.

[13] 李志纯，丁晶. 基于活动方法的瓶颈模型与拥挤收费问题研究[J]. 管理科学学报, 2017, 20(8): 93-101.

[14] Li Z C, Lam W H K, Wong S C. Step Tolling in an Activity-based Bottleneck Model [J]. Transportation Research Part B: Methodological, 2017(101): 306-334.

[15] Zhu T T, Long J C, Liu H X. Optimal Official Work Start Times in Activity-Based Bottleneck Models with Staggered Work Hours [J]. Transportmetrica B: Transport Dynamics, 2018 (7): 1-27.

[16] 梁蕾蕾. 基于活动的高峰期通勤模式均衡分析[D]. 北京：北京交通大学, 2019.

[17] 戴庆，林正奎，曲毅，等. 基于活动的早高峰家庭通勤与拥挤收费模型[J]. 系统工程理论与实践, 2021, 41(6): 1507-1520.

[18] Vickrey W S. Congestion Theory and Transport Investment [J]. American Economic Review, 1969(34): 414-431.

[19] Arnott R, De Palma A, Lindsey R. Schedule Delay and Departure Time Decisions with Heterogeneous Commuters [J]. Transportation Research Record Board, 1989(1197): 56-67.

一种考虑差异化定价策略的共享停车位预约和分配模型

廉天翔　徐　猛*

（北京交通大学　轨道交通控制与安全国家重点实验室）

摘　要　本文从平台运营角度研究了共享停车位的预订和分配问题。为了提高共享停车资源的分配效率和运营管理平台的收益，本文结合共享停车位的供给和需求信息，根据停车需求的时间长短，将停车需求划分为长时停车需求和短时停车需求等两类，并对这两类停车需求进行差异化定价分析，构建了共享停车位预约和分配的0-1整数规划模型，并提出相关指标对模型结果进行分析与评价。算例研究表明，在给定场景下，相较于单一定价方案的停车位分配模型，差异化定价方案可以使平台的最大收益增加13.7%，并且该模型能够在保证停车利用率不变的情况下，使车位周转率提高了12.5%。

关键词　共享物流与交通系统　共享停车位分配　差异化定价策略　平台收益　车位周转率

0　引言

随着汽车保有量的增加，城市中心有限的停车位供给难以满足不断增长的停车需求，停车用户需要花费大量的时间寻找停车位，该问题始终困扰着出行者和交通管理部门。停车难的问题不仅影响着驾车出行的便捷性和满意度，还会导致停车场周边的交通发生拥堵。SHOUP[1]研究发现，路网中有30%的交通量是由驾驶员巡游寻找停车位造成的，这不仅会增加出行者的出行时间和出行成本，还会额外消耗燃油，造成空气污染。

为了应对城市中心停车难的问题，目前从停车需求管理的角度对停车问题进行研究受到广泛关注。例如，ZHANG等[2]从道路收费的角度出发，研究了停车许可证发放和交易问题，该方法可以提高出行者的出行效率。GENG和CASSANDRAS[3]提出了一种新颖的智能停车系统，利用停车位至目的地的距离和停车费用构造了

1. 基金项目：国家自然科学基金重大项目(72091513)。

驾驶员的成本函数,对停车资源进行了优化分配。针对停车需求管理的研究还有很多[4-5],其核心思想是从出行需求管理的角度,采取有效的方法和政策来调控人们的出行需求,以间接的方式调控停车需求,通过调整区域内的停车供需关系来缓解停车难的问题。

随着近年来共享理念的兴起,共享停车为城市停车管理提供了新思路。在土地资源短缺的市中心区域内,居住小区的业主白天需要去其他地方工作,他们的车位在白天一般处于闲置状态,并且遵循正常的通勤规律。共享停车通过盘活居住小区内的闲置车位,在不扩建停车设施的前提下增加停车位的供给量来满足小区周边的停车需求,以缓解停车位短缺问题。在共享停车研究领域,学者们主要针对停车位预约分配和定价问题展开研究。XIAO 等[6]提出了一种适用于双边市场的共享停车拍卖机制,对停车位的分配和定价问题展开研究。GUO 等[7]首次提出了基于高斯混合模型的优化仿真方法,研究了共享停车位的回购策略,以平台收益最大化为目标,分析了平台的最佳运营时间和车位租用量。SHAO 等[8]采用单一化定价方式对共享停车位的预订和分配问题展开了研究,并通过仿真实验验证了模型的优越性。此外,孙会君等[9]研究共享停车位的优化分配问题时,考虑了在已知停车供给和需求信息情况下的停车位租用问题。现有研究中,未考虑用户停车时长之间的差异性,对不同停车时长的用户采用相同的停车收费策略。该策略会导致长时停车用户长期占用停车资源,使得停车设施周边的短时停车用户无车位可停,并导致这些寻找停车位的用户在停车设施周边巡游而造成交通拥堵。

本文研究了差异化定价策略下的共享停车位的提前预约和分配问题。首先,根据停车需求的时长,将需求划分为长时停车需求和短时停车需求,并对他们采用差异化定价策略;其次,本文以平台收益最大化为目标,构建了基于差异化定价策略的共享停车位预约和分配的 0 - 1 整数规划模型;随后,将本文构建的模型与单一化定价方案下的停车位分配模型进行对比;最后,通过所提出的相应指标对模型进行评价。

1　问题描述与基本假设

1.1　问题描述

本文考虑一个中央商务区(CBD)及其周边居民区的共享停车问题,该场景由车位业主(供给者)、停车用户(需求者)和运营管理平台三个利益相关者构成。假设居住区内的居民具有固定的通勤属性(即早出晚归的潮汐特征),他们在上班期间愿意共享其闲置的停车位,以获得一定的共享资源收益,并满足附近 CBD 的停车需求(商务业务、展会等)。

对于寻找停车位的用户而言,由于出行目的的不同,他们的停车需求时间窗长度往往不同。一般来说,运营管理平台往往会针对不同停放时长的用户,采取不同的收费方式。但是现有的共享停车位分配问题的研究中[8~10],均采用了单一价格运营方案对平台的收益和车位利用率问题进行研究,并没有针对停放时长差异及相应的定价问题展开研究。

本文从停放时长和差异化定价方案的角度出发,对共享停车位的预订和分配问题展开研究。首先,设定 τ 为停放时长界限。如果用户 i 的停车需求时长 t_i^{D} 大于或等于 τ,则该停车需求被划分为长时停车需求;反之,则被划分为短时停车需求,具体情况如图 1 所示。然后,针对这两类停车需求,本文采取差异化定价的方式,以价格的方式来调整停车需求,从而增加用户的满意度和平台的吸引力。一方面,可以针对不同的供需关系,采取不同的运营定价方案;另一方面,针对不同规模的停车场,确定不同的定价方案,以保障平台的运营收益。

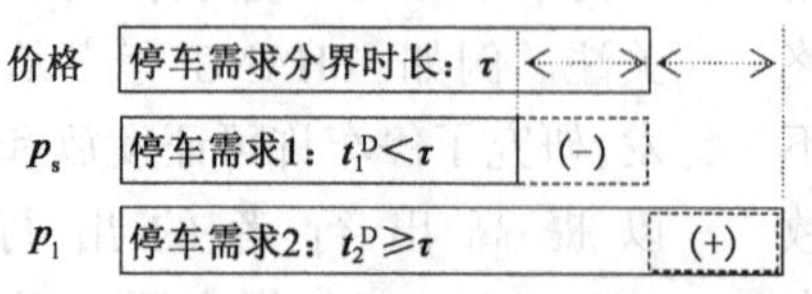

图 1　差异化定价策略场景

1.2　模型基本假设

本文所构建的模型基于以下假设:

(1)假设每个停车位同质的,它们的唯一不同点在于提供的停车时间窗不同。

(2)假设用户一天内只能提交一个停车需求信息,不存在某一长时停车需求用户将停车需求人为划分为若干个短时停车需求的情况。

(3)假设供给者和需求者提前并如实向平台提交停车位的供给和需求信息,且供给和需求的时间窗连续。

(4)假设车位供给者和需求者严格遵循所提交的时间窗信息,不存在超时占用停车位的现象。

2 车位预约和分配模型

假设供给者提前向管理运营平台提交自己的停车位可共享的供给时段信息,需求者提前在平台进行停车预约(提前一天或几小时),并向平台提交停车需求时间信息。运营管理平台根据这些事先收集好的停车位供给和需求信息,通过求解0-1整数规划模型对车位进行优化分配。无论用户是否成功匹配到车位,平台都需要提前将分配结果发送给用户。这样,可以保证未被分配车位的用户提前出发,预留出足够时间去寻找其他停车资源(路边停车位、商业停车位)。

考虑到业主的通勤特征(离家和归家时间),假设平台的运营时间为09:00—17:00。为了方便平台对停车需求进行合理分配和尽可能充分的利用停车资源,将平台的运营时间划分为 T 个等长的时间窗,$t=1$ 表示平台开始运营的第一个时间窗(例如09:00—10:00),并依此类推。

用 I 表示停车用户集合,J 表示愿意共享车位的业主集合。用户 $i(i\in I)$ 根据自己的停车规划,向平台提交停车需求时间信息,其到达和离开停车位的时刻可分别表示为 t_i^{P} 和 t_i^{L}。因此,用户的停车需求时长 t_i^{D} 可表示为:

$$t_i^{\mathrm{D}}=t_i^{\mathrm{L}}-t_i^{\mathrm{P}} \tag{1}$$

为了更直观地表示,用矩阵 $\boldsymbol{D}_{\mathrm{IT}}$ 来表示所有用户的停车需求,矩阵中第 i 行表示需求者 i 的需求信息,矩阵中的0-1变量 $d_{it}=1$ 表示停车用户 i 的停车需求包含第 t 个时间窗;$d_{it}=0$ 表示停车用户 i 的停车需求不包含第 t 个时间窗。因此,矩阵 $\boldsymbol{D}_{\mathrm{IT}}$ 表示方式如下:

$$\boldsymbol{D}_{\mathrm{IT}}=\begin{bmatrix} d_{11} & d_{12} & \cdots & d_{1t} \\ d_{21} & d_{22} & \cdots & d_{2t} \\ \cdots & \cdots & & \cdots \\ d_{i1} & d_{i2} & \cdots & d_{it} \end{bmatrix} \tag{2}$$

同理,业主 $j(j\in J)$ 根据自己的工作时间和通勤习惯,提前向平台提交车位的共享开始时刻 t_j^{O} 和结束时刻 t_j^{C},业主 j 共享停车位的时长 t_j^{R} 可表示为:

$$t_j^{\mathrm{R}}=t_j^{\mathrm{C}}-t_j^{\mathrm{O}} \tag{3}$$

同样地,与式(2)一样,我们将停车位供给信息用矩阵 $\boldsymbol{S}_{\mathrm{JT}}$ 表示,矩阵中第 j 行表示业主 j 的供给信息,矩阵中的0-1变量 $s_{jt}=1$ 表示业主 j 的车位在第 t 个时间窗处于可共享状态;$s_{jt}=0$ 表示业主 j 的车位在第 t 个时间窗是非可共享状态。供给矩阵 $\boldsymbol{S}_{\mathrm{JT}}$ 表示为:

$$\mathbf{S}_{\mathrm{JT}}=\begin{bmatrix} s_{11} & s_{12} & \cdots & s_{1t} \\ s_{21} & s_{22} & \cdots & s_{2t} \\ \cdots & \cdots & & \cdots \\ s_{j1} & s_{j2} & \cdots & s_{jt} \end{bmatrix} \tag{4}$$

接下来,引入一个0-1决策变量 x_{ij},它表示用户 i 被分配停车位 j 的结果。$x_{ij}=1$ 表示车位 j 被分配给用户 i;$x_{ij}=0$ 表示车位 j 未被分配给用户 i。根据共享停车位的分配决策矩阵 $\boldsymbol{X}_{\mathrm{IJ}}$ 和用户停车用户需求矩阵 $\boldsymbol{D}_{\mathrm{IT}}$,可以得到共享停车位的实际占用矩阵 $\boldsymbol{O}_{\mathrm{JT}}$,如下所示:

$$\boldsymbol{O}_{\mathrm{JT}}=\boldsymbol{X}_{\mathrm{JI}}\times\boldsymbol{D}_{\mathrm{IT}} \tag{5}$$

考虑到不同停车需求的时长 t_i^{D} 差异较大,引入阈值 τ,试图根据需求时长 t_i^{D} 的不同对需求进行分类,并采取差异化的收费方案。如果需求 i 的停车需求时长 $t_i^{\mathrm{D}}\geqslant\tau$,那么需求 i 被划分为长时停车需求,其单位时间的停车价格为 p_{l};反之,需求 i 被划分为短时停车需求,其单位时间的停车价格为 p_{s}。用 p_{r} 表示平台向业主回购停车位的单位价格。一般来说,商业停车场都有一个每日最高收费标准,将该标准平均到每个小时,会发现长时停车价格低于短时停车价格,即 $p_{\mathrm{l}}<p_{\mathrm{s}}$。此外,为了保证平台的收益和业主共享停车位的积极性,它们之间满足关系 $p_{\mathrm{r}}<p_{\mathrm{l}}<p_{\mathrm{s}}$。

本文从差异化定价的角度出发,通过价格手段来调整停车需求。为了提高车位周转率,增加平台运营收益,平台对两类需求设定了不同的价格。对于某一个特定的车位,由于停车价格 $p_{\mathrm{l}}<p_{\mathrm{s}}$,如果存在多个短时停车需求与某个长时停车需求相同,在平台收益最大化的目标下,平台更愿意短时停车需求。该方案不仅可以提高车位周转率,还增加了平台的运营收益。本文所考虑的差异化定价方案下的共享停车位的预订和分配问题可以表示为:

$$\max p_1 \cdot \sum_{i=1}^{I}\sum_{j=1}^{J}\sum_{t=1}^{T} o_{jt} \cdot \varphi_i + p_s \cdot \sum_{i=1}^{I}\sum_{j=1}^{J}\sum_{t=1}^{T} o_{jt} \cdot (1-\varphi_i) - p_r \cdot \sum_{j=1}^{J}\sum_{t=1}^{T} s_{jt} \tag{6}$$

$$\sum_{j=1}^{J} x_{ij} \leqslant 1, i = 1,2,\cdots,I \tag{7}$$

$$o_{jt} = \sum_{i=1}^{I} x_{ji} \cdot d_{it}, j = 1,2,\cdots,J; t = 1,2,\cdots,T \tag{8}$$

$$o_{jt} \leqslant s_{jt}, j = 1,2,\cdots,J; t = 1,2,\cdots,T \tag{9}$$

$$\sum_{t=1}^{T} d_{it} \leqslant \tau \cdot \varphi_i, i = 1,2,\cdots,I \tag{10}$$

$$x_{ij} \in \{0,1\}, i = 1,2,\cdots,I; j = 1,2,\cdots,J \tag{11}$$

式(6)表示最大化平台利润,其中第一项表示平台为长时停车需求用户提供服务的收益,第二项表示平台为短时停车需求用户提供服务的收益,第三项表示平台向业主回购车位使用权的支出。约束式(7)表示停车请求至多被分配到一个车位;约束式(8)表示停车位占用矩阵与决策变量和需求矩阵之间的关系;约束式(9)表示对于任意时间窗 t,车位 j 的供给应该满足需求;约束式(10)是对停车需求的划分,如果需求 i 的停车时长大于等于 τ,则 $\varphi_i=1$,否则 $\varphi_i=0$;式(11)表示 x_{ij} 是 0-1 决策变量。

3　数值仿真

3.1　参数介绍

通过数值仿真对上述模型的系统性能进行分析。假设平台的运营时间为 09:00—17:00,并划分为 $T=8$ 个等长时间窗,并以 $\tau=4\text{h}$ 作为长短时停车需求的分界点[10]。假设用户的到达服从泊松分布,停车时间服从负指数分布[8]。平台向业主回购的停车位数量 $I=100$,考虑到业主共享车位的积极性和平台的收益,假设单位时间的回购价格 p_r 为 4 元/时段,短时停车需求价格 p_s 为 8 元/时段,长时停车需求价格 p_l 为 6 元/时段。

根据北京市发展和改革委员会 2018 年颁布的《北京市占道停车收费标准》,一类地区公共停车场临时停车价格为 10 元/h。由于停车价格满足 $p_r < p_l < p_s$ 的关系,所以有 10 种可能价格组合方案。考虑到要体现长时停车和短时停车的差异性,并且要兼顾平台的收益,选取以下 3 个方案进行比较分析,见表 1。

平台运营价格方案　表 1

方案Ⅰ	方案Ⅱ	方案Ⅲ
$p_s=9, p_l=7, p_r=4$	$p_s=9, p_l=6, p_r=4$	$p_s=8, p_l=6, p_r=4$

3.2　模型评价指标

为评价模型的性能,本文提出了几个平台较关心的指标,包括平台利润、停车场周转率和停车场利用率。平台收益是平台最关心的一个指标,它由平台为长时停车需求和短时停车需求用户提供停车服务所获得的收益之和减去平台回购车位使用权所支出的费用构成。

$$\Omega = p_1 \cdot \sum_{i=1}^{I}\sum_{j=1}^{J}\sum_{t=1}^{T} o_{jt} \cdot \varphi_i + p_s \cdot \sum_{i=1}^{I}\sum_{j=1}^{J}\sum_{t=1}^{T} o_{jt} \cdot (1-\varphi_i) - p_r \cdot \sum_{j=1}^{J}\sum_{t=1}^{T} s_{jt} \tag{12}$$

停车场周转率是一定时间内停车位平均停放次数,反映了停车位空间利用效率。停车周转率越高,表明平台服务的停车用户越多。

$$\mu = \frac{1}{I} \times \sum_{i=1}^{I}\sum_{j=1}^{J} x_{ij} \tag{13}$$

停车位利用率反映了停车资源的利用效率,是停车场内的车位被停放的总时长和车位供给总时长的比值。

$$\eta = \frac{\sum_{j=1}^{J}\sum_{t=1}^{T} o_{jt}}{\sum_{j=1}^{J}\sum_{t=1}^{T} s_{jt}} = \frac{\sum_{j=1}^{J}\sum_{t=1}^{T}\left(\sum_{i=1}^{I} x_{ji} \cdot d_{it}\right)}{\sum_{j=1}^{J}\sum_{t=1}^{T} s_{jt}} \tag{14}$$

3.3　数值算例

本文所有实验在 CPU 为 AMD R5-4600H-3.00GHz 的 Windows10 操作系统上进行,利用优化求解器 Gurobi 9.1.0 Academic Version 求解 0-1 整数规划模型。

将本文的模型与未考虑差异化定价的模型对比分析,结果如图 2 所示。在该案例中,p_s 为 8 元/时段,p_l 为 6 元/时段,单一化运营价格 p_u 为 8 元/时段。从图中可以看出,随着停车需求数量的增加,差异化定价方案下的收益始终优于单一化定价方案。当停车需求数量到达 1800 时,两种方案同时实现最大收益,相较于单一化定价方案,平台收益提高了 13.7%。

为了分析不同定价方案对平台收益的影响，对比分析了表1中的三种定价方案，如图3所示。从图中可以看出，方案Ⅰ比方案Ⅱ更快地得到最优平台收益，说明较高的短时停车价格 p_s 能够使平台在较少的停车需求下获得较高的收益。但随着需求的增加，他们的最优收益会持平。对于停车需求量较小的停车场，应适当提高短时停车价格来保证平台的收益。方案Ⅱ的短时停车价格比方案Ⅲ高1元，但随着需求的增加，它们之间最优平台收益相差800元，说明适当提高短时停车价格，能使平台的收益发生较大的增益。

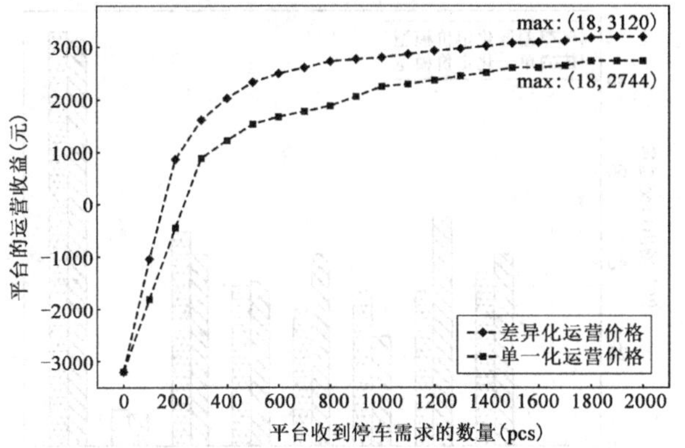

图2 差异化价格与单一价格运营下的平台收益变化

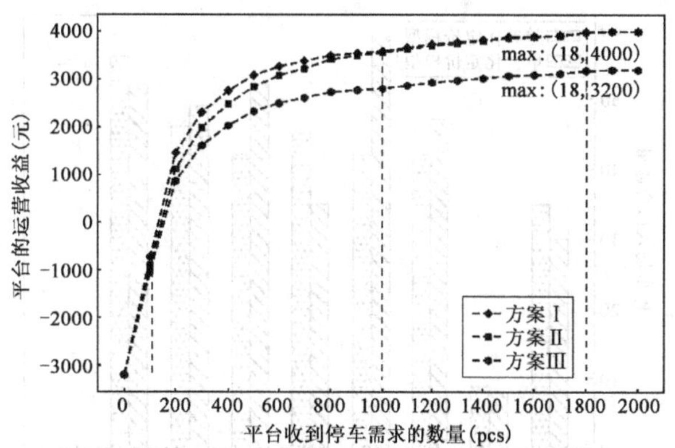

图3 不同定价方案下平台收益的变化

此外，探究了本文构建模型的停车位利用率和平台收益之间的关系，如图4所示。为了更直观地表述，我们用车位闲置率来代替利用率。从图中可以看出，随着停车需求数量的增加，平台收益和停车位闲置率呈负相关，即平台收益与停车位利用率呈正相关。当停车需求量达到1200时，停车位的闲置率为0，即车位利用率达到100%，并趋于稳定状态，此时车位在任何时刻都被有效分配。然而，此时平台的收益还处于缓慢增加的状态。

为了探究这一现象，进一步分析了车位利用率与车位周转率之间的关系，如图5所示。从图中可以发现，两者呈正相关，并且需求数量在区间[600,800]时，车位利用率处于平衡状态，但此时车位周转率在不断增长。当需求数量大于1200时，车位利用率达到100%，周转率仍处于增长趋势。对比图4、图5可知，随着需求的增加，平台会优先分配短时停车需求，以到达平台收益最大化的目的。这一分配方案有效地控制了长时停车现象的发生，并且平台在保障平台收益的同时，增加了车位周转率，使平台可以接纳更多的停车需求。

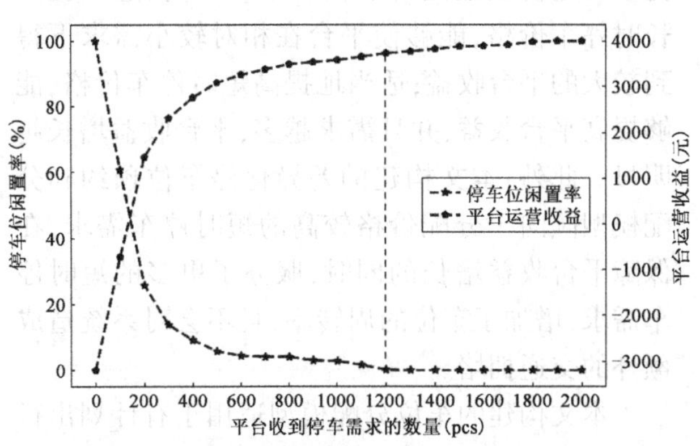

图4 车位闲置率和平台收益的变化关系

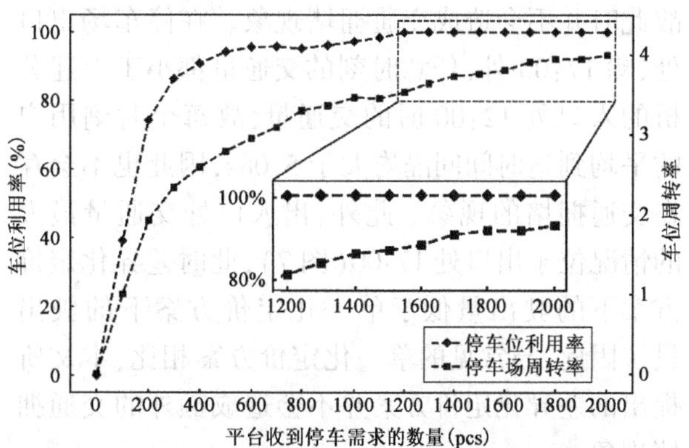

图5 车位平均利用率和车位平均周转率的变化

值得注意的是，在该政策下，长时停车用户并不会人为将其需求切割为若干个短时停车需求，来增加成功匹配的概率。首先，如果用户将长时停车需求划分为多个短时停车需求，并不能保证所有的短时停车需求都被系统成功分配，即其停车需求仍不会得到满足。其次，即使在最理想的条件下，长时停车用户通过人为切割使用时段获得了所有短时停车需求的停车使用权，用户务必需要在两个短时停车需求时段的中间去挪车位,这一方面会直接影响用户的停车满意度和便捷性,增加其停车成本(往返步行时间成本和机会成本);另一方面,用户可能没有空闲时间来完成车辆在不同车位之间的转移,使得该策略不可行。

相较单一化定价分配方案,差异化定价方案有效调节了长时停车需求的数量,使平台满足更多的短时停车需求,但是会导致停车场出入口处的车辆驶入驶出量增加,可能会造成拥堵现象。为了定量分析这一问题,本文从停车场出入口进出强度的视角出发,对比分析了两种方案下停车场出入口处的驶出和驶入情况,如图6、图7所示。

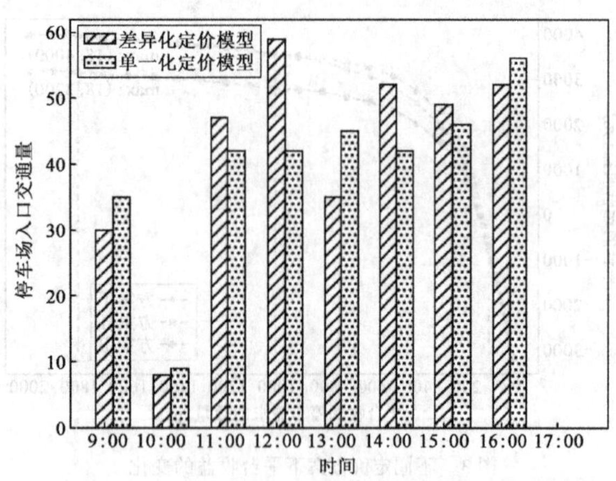

图6 各个时刻停车场入口交通量

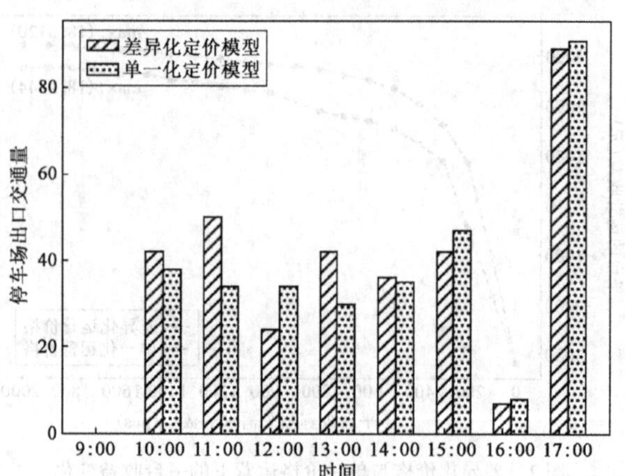

图7 各个时刻停车场出口交通量

从图6中可以看出,两种方案下各个时刻的驶入驶出量相差并不大,且入口处最多相差17辆(12:00处),出口处最多相差16辆(11:00处)。假设用户在其开始停车时间前5min开始均匀到达停车场,用户在其停车时间结束后的5min内均匀离开停车场,停车场内部的行驶规则为单向循环,且用户在出入口处平均等待时间为5s(减速、抬杆、加速通过),那么在相差量最大的时间点(入口12:00处),每个用户的平均到达时间间隔约为5.08s,小于用户在入口处的平均等待时间(5s),故此时并不会造成交通拥堵现象。在停车场出口处,除17:00外,任意时刻的交通量都小于上述分析的入口处12:00时的交通量,故每个时刻用户的平均到达时间间隔均大于5.08s,因此也不会存在交通拥堵的现象。此外,出入口处交通量最大的情况位于出口处17:00(图7),此时差异化定价方案下的驶出量低于单一化定价方案下的驶出量。因此,与常见的单一化定价方案相比,本文所提出的差异化定价方案并不会造成额外的交通拥堵现象。

4 结语

本文基于差异化的定价策略,对共享停车位的预约和分配问题展开研究。根据平台提前收集的需求信息,按照需求时间的长短,将需求划分为长时停车需求和短时停车需求,并进行差异化定价。本文基于优化分配的方法,构建了共享停车位预约和分配的0-1整数规划模型,并提出相关指标对模型进行评价。通过仿真实验,对比了差异化定价和单一定价方案下的共享停车平台收益,以及不同定价方案对平台收益的影响。与此同时,本文还进一步对车位闲置率和平台收益、车位利用率和车位周转率之间的变化关系进行了分析。研究表明,差异化定价模型的平台最大收益比单一定价模型提高了13.7%。同时,适当提高长时停车价格,能够使平台在相对较小需求下得到较大的平台收益;适当地提高短时停车价格,能够提高平台收益,并且需求越多,平台收益增长越明显。此外,本文构建的差异化停车位预约和分配模型倾向于分配价格较高的短时停车需求,在保障平台收益增长的同时,服务了更多的短时停车需求,增加了车位的周转率,且不会对系统造成额外的交通拥堵。

本文构建的车位分配模型适用于有计划出行的停车需求用户,即该模型是一个静态分配模型。考虑到用户停车需求的随机性和突发性,未来将对停车位的动态分配问题展开研究,有效结合静态模型和动态模型,以提高停车位的分配效率和合理性。

参考文献

[1] Shoup D C. Cruising for Parking[J]. Transport Policy,2006,13(6):479-486.

[2] Zhang X N, Yang H, Huang H J. Improving Travel Efficiency by Parking Permits Distribution and Trading[J]. Transportation Research Part B:Methodological,2011,45(7):1018-1034.

[3] Geng Y F and Cassandras C G. New Smart Parking System Based on Resource Allocation and Reservations [J]. IEEE Transactions on Intelligent Transportation Systems, 2013, 14 (3):1129-1139.

[4] Chou S Y,Lin S W,Li C C. Dynamic Parking Negotiation and Guidance Using an Agent-based Platform[J]. Expert Systems with Applications, 2008,35(3):805-817.

[5] Arnott R, Inci E. An Integrated Model of Downtown Parking and Traffic Congestion[J]. Journal of Urban Economics,2006,60(3):418-442.

[6] Xiao H H, XU M, Gao Z Y. Shared Parking Problem: A Novel Truthful Double Auction Mechanism Approach [J]. Transportation Research Part B:Methodological,2018,109:40-69.

[7] Guo W, Zhang Y, Xu M, et al. Parking Spaces Repurchase Strategy Design via Simulation Optimization [J]. Journal of Intelligent Transportation Systems,2015,20(3):255-269.

[8] Shao C Y, Yang H, Zhang Y, et al. A Simple Reservation and Allocation Model of Shared Parking Lots[J]. Transportation Research Part C:Emerging Technologies,2016(71):303-312.

[9] 孙会君,傅丹华,吕莹,等.基于共享停车的车位租用与分配模型[J].交通运输系统工程与信息,2020,20(3):130-136.

[10] 陈峻,王斌,张楚.基于时空容量的配建停车资源共享匹配方法[J].中国公路学报,2018,31(3):96-104.

Dynamic Operations of a Mixed-fleet Ride-hailing Service System for Heterogeneous Travelers Considering Reservations

Xindi Tang[1] Yang Liu*[2]

(1. Department of Industrial Systems Engineering and Management, National University of Singapore,
2. Department of Civil and Environmental Engineering, National University of Singapore)

Abstract The multi-type and multi-mode integrated online ride-hailing platform provides precise services for civilians' customized travel demand. To intelligently operate a mixed-fleet ride-hailing service system in an online manner, this study proposes a "Conducting-Matching-Relocation" three-step framework, which firstly provides strategies of relocation and order picking globally, secondly matches heterogeneous passengers with multi-type vehicles in each region, and thirdly relocates vacant vehicle to eliminate supply-demand imbalance. A learning procedure motivated by approximate dynamic programming is leveraged to maximize the system profit system-wide and long-term. We utilize a toy network to visualize the optimization processes and verify the effectiveness of our framework.

Keywords Mixed fleet Heterogeneous traveler Ride-hailing Reservation Approximate dynamic programming

0　Introduction

Ride-hailing has grown tremendously over the past decade and has become one of the leading modes of travel for residents worldwide. Relying on mobile Internet technology, it provides point-to-point services by integrating supply and demand information, eliminates the cost of searching for drivers and passengers, and attracts great interest from the public. According to the data in October 2021, the order volume in China was 630 million, of which 562 million orders were generated by DiDi. After ten years of growth, Grab has reached more than 400 cities in 8 countries in Southeast Asia, impacting the daily lives of tens of millions of users. In 2020, Grab owned five million registered drivers, and the travel sector contributed 3.2 billion dollars in total transactions. Other travel service companies, such as Uber, Lyft, CAOCAO, T3, Gojek, etc., are also highly active in the market and hold a significant market share.

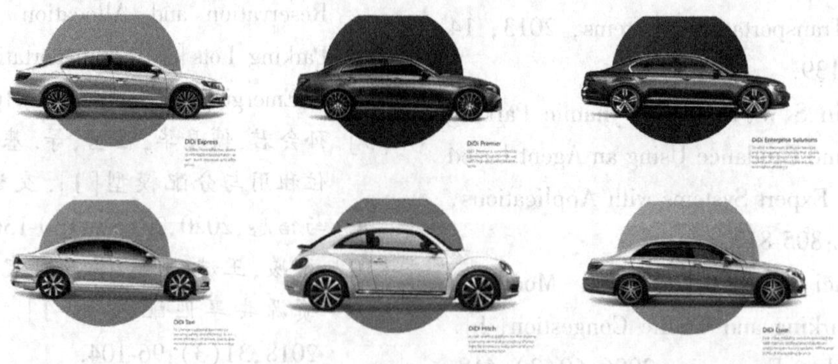

Fig. 1　Multiple service modes provided by DiDi

With the gradual prevalence of online ride-hailing services, the demand for differentiated and personalized travel is also rising. DiDi offers a variety of travel options, including DiDi Express, carpooling, Hitch, and DiDi Taxi, as shown in Fig. 1. Moreover, DiDi launched special chauffeur services for the disabled and people with infants (DiDi Kids) to improve accessible transportation for all. Fig. 2 demonstrates the broader selection offered by Grab, including vehicles with dedicated seating for pets and wheelchairs. Satisfying heterogeneous travel demands is the prevailing trend to promote passengers' travel experience. It not only enhances the operating revenue of the platform but also expresses the sense of social responsibility of the enterprise.

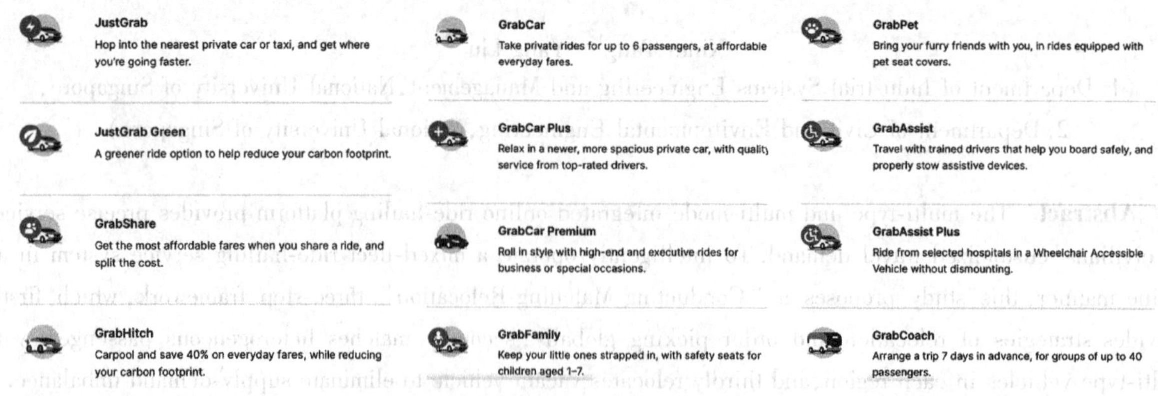

Fig. 2　Fabulous Selection Offered by Grab

The spatial-temporal imbalance between supply and demand is the major problem ride-hailing platforms face. To ensure passengers' critical ride needs, ride-hailing companies now offer special protection services, such as reservations. Reservations generally require detailed information, including origin, destination, expected service time, vehicle type, etc., to be sent to the platform a long period in advance. The platform feeds the driver and vehicle information to passengers a certain amount of time before the start of the ride. Fig. 3 exhibits an illustrative example of reservation. A passenger intends to leave home at 6 am to go to the airport. He/She can reserve a vehicle the night before, the platform will broadcast the demand to drivers, and the available driver can head to the designated area in advance. This can avoid the problem of too few drivers in the morning and no cars near the passengers, and meanwhile reduce the pick-up time of the passenger and ensure the punctual ride.

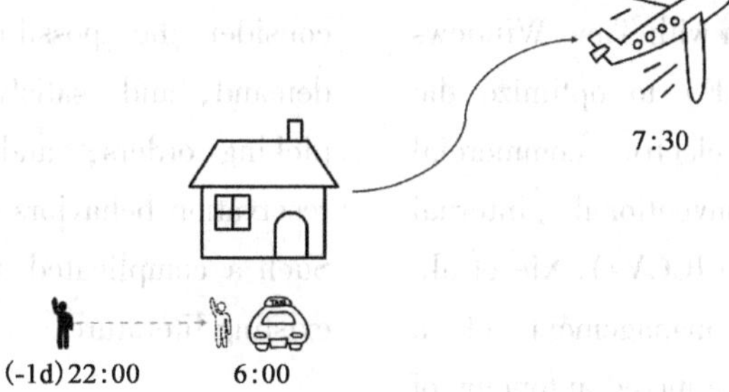

Fig. 3 An illustrative example of reservation

There are other effective attempts to eliminate the imbalance between supply and demand. The first is to reposition the vehicles. By assigning deadheading travels during non-service duration, the distribution of vehicle and passenger demand can be aligned, and peak demand in future periods can be potentially met. The second is order picking. When supply cannot meet all requirements, the platform can choose which orders to serve. This has two benefits: on the one hand, it allows the selection of orders with more substantial revenue, and on the other hand, it enables the transfer of vehicles to where they are required by serving passengers.

With a practical application background, this study investigates the dynamic operations of a mixed-fleet ride-hailing service system for heterogeneous travelers considering reservations. The contributions are multifaceted:

(1) First, we propose a "Conducting-Matching-Relocation" three-step framework, combining long-term reservation orders and short-term ad-hoc orders to ensure high-quality service for both.

(2) Second, to realize the dynamic operations management of the complicated system, we propose an algorithm based on approximate dynamic programming. The long-term model gives guiding strategies about relocation and order picking, and the short-term models approach the design by continuous optimization.

(3) Third, our strategy is vehicle type differentiated. By dispatching or assigning particular types of vehicles (such as ones with wheelchairs) to where they are more needed, the platform can best meet the travel needs of special populations. At the same time, these vehicles can provide trips for normal passengers with slight discount if the ride experience is degraded.

The remainder of this paper is organized as follows. Section 2 briefly reviews related literature. Section 3 elaborately introduces three models, conducting, matching, and relocation model. Section 4 presents several approximate dynamic programming techniques used in this study. Section 5 exhibits the numerical experiments. Finally, section 6 concludes the paper.

1 Literature review

Solving fleet management problems using reinforcement learning methods is a popular trend in recent years. Xu et al. and Zhou et al. utilize multi-agent reinforcement learning framework to tackle large-scale management and order-dispatching problem, respectively. Lin et al. formulates the large-scale fleet management problem into a feasible setting for deep reinforcement learning, and demonstrates dispatching movement to adjacent grids. Ke et al. establishes a two-step framework that incorporates a combinational optimization and multi-agent deep reinforcement learning methods to decide whether customers should join the matching pool. Approximate Dynamic Programming (ADP) approach is also introduced.

Researchers have further explored multiple types of vehicles based on studies of a single type of fleet as service providers. Goeke and Schneider proposes the Electric Vehicle Routing Problem with Time Windows and Mixed Fleet (E-VRPTWMF) to optimize the routing of a mixed fleet of electric commercial vehicles (ECVs) and conventional internal combustion commercial vehicles (ICCVs). Xie et al. optimizes the dynamic fleet management of a Mobility-on-Demand system with a mixed autonomy of conventional vehicles (CVs) and autonomous vehicles (AVs). Luo et al. (2021) introduces two approximation algorithms for mid-capacity and high-capacity vehicles to achieve stochastic ridepooling assignment. Other studies include the consideration of mixed fleet in bus and truck fleets.

There are diverse ways to handle reservation requests. One considers carpooling, where passengers are picked up and dropped off in a particular order via customized buses. Another is to preset service windows of ride-hailing vehicles and complete point-to-point trips at the time and location demanded.

However, the relocation potential of the mixed fleet is far from being exploited. This is especially true by making decisions about specific vehicle types to meet the travel needs of particular groups. We also consider the possibility of matching supply and demand, and satisfying future demands through picking orders; and the impact of the common reservation behaviors on the operations management. Such a complicated system is not considered in the existing literature.

2 Model

To tackle the dynamic operations of a mixed-fleet ride-hailing service system for heterogeneous travelers considering reservations, we propose a "Conducting-Matching-Relocation" three-step framework. Fig. 4 provides the realization of the framework. The conducting model is optimized system-wide; while the matching and relocation models are locally resolved.

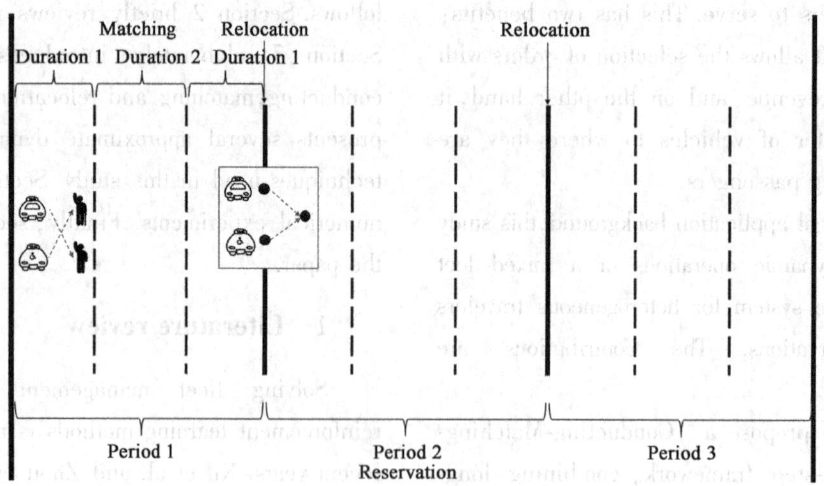

Fig. 4 Realization of the framework

2.1 Preliminaries

The mixed-fleet ride-hailing service system operates in the urban area. We assume passengers' travel needs appear at gathering areas/points, such as communities, hospitals, shopping malls, etc. We consider two types of vehicles: W represents the set of vehicles with special services such as wheelchairs (denoted as "WV" for short); V represents the set of normal vehicles (denoted as "NV" for short). $|W|$ and $|V|$ represent their numbers in the fleet, respectively. There are also two types of passengers: S indicates the set of disabled ones, which must be served by $w \in W$; P indicates the set of normal ones, which can be served by either $v \in V$ or $w \in W$, but the latter will bring a discount profit for experience degradation. The passengers and vehicles are stochastically distributed among the areas, as shown in Fig. 5. M is the set of all areas.

Fig. 5 Realization of the Framework

Here we aim to solve the dynamic operations of the system. We divide the operation horizon into T periods, $T = \{1, 2, \cdots, T\}$. The length of each peirod is τ_T. Reservation requests are permitted and require to be booked at least one time period in advance. The departure time for reservation requests is elastic, and passengers can be served within the whole period. The length of the period is determined on a case-by-case basis and might be ten minutes, half an hour, one hour, etc. Within the period, we have a smaller time window called "duration" to match vehicles and passengers. There exist N duration in each period, $N = \{1, 2, \cdots, N\}$.

Let R_t^S and R_t^P be the set of reserved demands of the disabled and other citizens in period t, respectively. D_{tn}^{Sm} is the set of ad-hoc demands for disabled passengers in area $m \in M$ and duration $n \in N$ within period $t \in T$. Similarly, we define D_{tn}^{Pm} for normal passengers. Now we are ready to propose the models.

2.2 Notations

Tab. 1 lists the notations, including sets, parameters, and variables.

Notations Tab. 1

Sets	
B	Set of arcs connecting areas
D_{tn}^{Sm}/D_{tn}^{Pm}	Set of demands in area $m \in M$ and duration $n \in N$ within period $t \in T$
M	Set of areas
N	Set of duration
P	Set of normal passengers
S	Set of disabled passengers
R_t^S / R_t^P	Set of reserved demands of the senior/other citizens in period t
T	Set of time periods
V	Set of normal vehicles
W	Set of vehicles with special positions
Parameters	
c_{ij}	Cost of link (i,j)
c^d	Unit cost per deadhead time

continue

Sets	
t_{ij}^{d}	Deadhead time between i and j
g_i	Time required for trip i
i^{+}	Origin of demand i
i^{-}	Destination of demand i
l_{wt}/l_{vt}	Last location of vehicle w/v in period t
τ_N	Time length of a duration
τ_T	Time length of a period
ι	An indicator whether the target is completed
M	A large constant
N	Number of duration in each period
T	Number of time periods
$\vert W \vert$	Number of vehicles with special positions
$\vert V \vert$	Number of normal vehicles
Decision variables	
$h_m^{w/v}$	whether vehicle w/v visits area m
t_i	Time to serve request i
$u^{w/v}$	Number of reserved orders vehicle w/v is expected to serve
$x_{mn}^{w/v}$	Number of vehicles is expected to relocate from m to n
$y_{ij}^{w/v}$	Binary variable, $y_{ij}^{w/v}$ = 1 =1 if vehicle v serves demand j after serving i
$z_{mn}^{w/v}$	Number of on-demand orders from m to n which are expected to be served

2.3　Conducting model

In the conducting model, our primary purpose is to offer relocation and order picking strategies, which are expected to enhance the operations performance of the system. We will give guidance on the number of orders between each origin-destination pair in the current period and the number of vehicles to be dispatched. As a priori known information, reservation orders help us understand how many cars will be transferred through service passengers. Hence, we pre-plan the vehicle trip chain tofulfill the reservation orders and use this information to assist in the decision process of the strategy. Also, the pre-planning will determine the duration to be served for the reservation orders. However, the vehicle matching will not actually be performed. All vehicle-passenger assignment will be executed according to the matching model.

We denote A_t^w and A_t^v as the cars traveled along by WVs and NVs. Their compositions are as follows.

$$A_t^w\begin{cases} i \in R_t^S, j \in R_t^S \\ i \in R_t^S, j \in R_t^P \\ i \in R_t^P, j \in R_t^S \\ i \in R_t^P, j \in R_t^P \\ i = l_{wt}, j \in R_t^S \\ i = l_{wt}, j \in R_t^P \end{cases}$$

$$A_t^v\begin{cases} i \in R_t^P, j \in R_t^P \\ i = l_{wt}, j \in R_t^P \end{cases}$$

Where l_{wt} and l_{vt} are their last location decided by the previous period, which are their departure location in period t. We establish the conducting model CM.

CM

$$\max_{Y,T} \sum_{j \in R_t^S}(r_j - c_j)\sum_{w \in W}\sum_{i:(i,j) \in A_t^w} y_{ij}^w - \sum_{(i,j) \in A_t^w} c^d t_{ij}^d y_{ij}^w + \sum_{j \in R_t^P}(r_j - c_j)\sum_{v \in V}\sum_{i:(i,j) \in A_t^v} y_{ij}^v - \sum_{(i,j) \in A_t^v} c^d t_{ij}^d y_{ij}^v + \sum_{(m,n) \in B}\alpha_{mn}^w x_{mn}^w + \sum_{(m,n) \in B}\alpha_{mn}^v x_{mn}^v + \sum_{(m,n) \in B}\beta_{mn}^w z_{mn}^w + \sum_{(m,n) \in B}\beta_{mn}^v z_{mn}^v + \sum_{w \in W}\theta^w u^w + \sum_{v \in V}\theta^v u^v + \sum_{w \in W}\sum_{m \in M}\eta_m^w h_m^w + \sum_{v \in V}\sum_{m \in M}\eta_m^v h_m^v$$

$$\sum_{w \in W}\sum_{i:(i,j) \in A_t^w} y_{ij}^w = 1 \quad \forall j \in R_t^S \tag{1}$$

$$\sum_{v \in V}\sum_{i:(i,j) \in A_t^v} y_{ij}^v + \sum_{w \in W}\sum_{i:(i,j) \in A_t^w} y_{ij}^w = 1 \quad \forall j \in R_t^P \tag{2}$$

$$\sum_{j \in R_t^S \cup R_t^P} y_{l_w j}^w \leqslant 1 \quad \forall w \in W \tag{3}$$

$$\sum_{j \in R_t^P} y_{l_v j}^v \leqslant 1 \quad \forall v \in V \tag{4}$$

$$\sum_{i:(i,j) \in A_t^w} y_{ij}^w - \sum_{i:(j,i) \in A_t^w} y_{ji}^w \geqslant 0 \quad \forall w \in W, j \in R_t^S \cup R_t^P \tag{5}$$

$$\sum_{i:(i,j) \in A_t^v} y_{ij}^v - \sum_{i:(j,i) \in A_t^v} y_{ji}^v \geqslant 0 \quad \forall v \in V, j \in R_t^P \tag{6}$$

$$\sum_{j \in R_t^S \cup R_t^P} y_{l_w j}^w \geqslant y_{ij}^w \quad \forall w \in W, i \in R_t^S \cup R_t^P, j \in R_t^S \cup R_t^P \tag{7}$$

$$\sum_{i \in R_t^P} y_{l_v j}^v \geqslant y_{ij}^v \quad \forall v \in V, i \in R_t^P, j \in R_t^P \tag{8}$$

$$t_j \geqslant t_i + g_i + t_{ij}^d + (y_{ij}^w - 1)M \quad \forall w \in W, i \in R_t^S \cup R_t^P, j \in R_t^S \cup R_t^P \tag{9}$$

$$t_j \geqslant t_i + g_i + t_{ij}^d + (y_{ij}^w - 1)M \quad \forall v \in V, i \in R_t^P, j \in R_t^P \tag{10}$$

$$t_j \geqslant (t-1) \cdot \tau_T \quad \forall j \in R_t^S \cup R_t^P \tag{11}$$

$$t_j \leqslant t \cdot \tau_T \quad \forall j \in R_t^S \cup R_t^P \tag{12}$$

$$u^w = \sum_{(i,j) \in A_t^w} y_{ij}^w \quad \forall w \in W \tag{13}$$

$$u^v = \sum_{(i,j) \in A_t^v} y_{ij}^v \quad \forall v \in V \tag{14}$$

$$h_m^w \leqslant \sum_{j^- = m, (i,j) \in A_t^w} y_{ij}^w \quad \forall w \in W \tag{15}$$

$$h_m^v \leqslant \sum_{j^- = m, (i,j) \in A_t^v} y_{ij}^v \quad \forall v \in V \tag{16}$$

$$y_{ij}^w, y_{ij}^v, h_m^w, h_m^v \in \{0,1\} \quad \forall w \in W, v \in V, (i,j) \in A_t, m \in M \tag{17}$$

$$x_{mn}^w, x_{mn}^v, z_{mn}^w, z_{mn}^v, u^w, u^v \in 0 \cup \mathbb{Z}^+ \quad \forall w \in W, v \in V, (m,n) \in B \tag{18}$$

$$t_j \geqslant 0 \quad \forall j \in R_t^S \cup R_t^P \tag{19}$$

y_{ij}^w and y_{ij}^v are the routing decision variables of vehicles, which equals one if the vehicle service trip i and j consecutively; t_j is a decision variable, meaning the time trip j is expected to be served; r_j is the profit of serving trip j; c_j is the related cost; c^d is the cost for a unit deadhead time; t_{ij}^d is the deadhead time between trip i and j; g_i is the required trip time for i.

We also introduce strategy variables: $x_{mn}^{w/v}$ is the number of WVs and NVs expected to be relocated from m to n; $z_{mn}^{w/v}$ is the number of orders expected to be picked from m to n. To reflect the impact of current decisions on the system profit, we bring in some intermediate variables: $u^{w/v}$ is the number of orders each vehicle serves; $h_m^{w/v}$ is whether vehicle w/v visits area m in CM. The impact of these variables are approximated iteratively through a learning procedure, and $\alpha_{mn}^{w/v}$, $\beta_{mn}^{w/v}$, $\theta^{w/v}$, $\eta_m^{w/v}$ are their parameters, respectively.

Constraints (1) and (2) force each order be served exactly once; constraints (3) and (4) require each vehicle departs at most once from the last location; constraints (5) ~ (8) ensure flow conservation; constraints (9) ~ (12) are departure time relations and restrictions; constraints (13) ~ (16) calculate the value of intermediate variables; finally, constraints (17) ~ (19) define variables' type.

The objective function is composed of two parts: the first part contains the first four terms, which calculate the profit of serving reservation orders; the second part is an approximated value function, which reflects the impact of current decisions on lower level models and future periods:

$$V = \sum_{(m,n) \in B} \alpha_{mn}^w x_{mn}^w + \sum_{(m,n) \in B} \alpha_{mn}^v x_{mn}^v + \sum_{(m,n) \in B} \beta_{mn}^w z_{mn}^w + \sum_{(m,n) \in B} \beta_{mn}^v z_{mn}^v + \sum_{w \in W} \theta^w u^w + \sum_{v \in V} \theta^v u^v + \sum_{w \in W}\sum_{m \in M} \eta_m^w h_m^w + \sum_{v \in V}\sum_{m \in M} \eta_m^v h_m^v \tag{20}$$

When optimization is completed, we will acquire the value of $t_j, j \in R_t^S \cup R_t^P$. We can say trip $j \in R$ falling in duration $n \in N$ in period $t \in T$ if

$$(t-1)\cdot\tau_T + (n-1)\cdot\tau_N \leqslant t_j \leqslant (t-1)\cdot\tau_T + n\cdot\tau_N$$

which decides the duration reservation order $j \in R_t^S \cup R_t^P$ appearing in the matching model.

2.4 Matching model

The execution is conducted separately in each hexagon, thus our matching model is locally established and narrowed to a duration in the time dimension. In each duration, we need to compare the number of vehicles and demands in each hexagon. We denote V_{tm}^{wm}/V_{tm}^{vm} as the number of available cars in duration n within period t at area m. $|D_{tm}^{Sm}|/|D_{tm}^{Pm}|$ and $|R_{tm}^{Sm}|/|R_{tm}^{Pm}|$ are the number of reserved and ad-hoc orders to be fulfilled, respectively. Recall z_{mn}^{w} and z_{mn}^{v} are the order picking strategy provided by CM. $\bar{z}_{mn}^{w}$ and $\bar{z}_{mn}^{v}$ are the number of remaining targets in the current period t that have not been reached up to the current duration n.

MM

$$\min_{Y} \sum_{n\in M}\iota\cdot\rho_{tn}^{wmn} - \sum_{j\in R_{tn}^{Sm}\cup D_{tn}^{Sm}}(r_j - c_j)\sum_{w\in W}\sum_{i:(i,j)\in A_t^w} y_{ij}^{w} - \sum_{(i,j)\in A_t^w} c^d t_{ij}^d y_{ij}^w +$$

$$\sum_{j\in R_{tn}^{Pm}\cup D_{tn}^{Pm}}(r_j - c_j)\sum_{v\in V}\sum_{i:(i,j)\in A_t^v} y_{ij}^{v} - \sum_{(i,j)\in A_t^v} c^d t_{ij}^d y_{ij}^v$$

$$\sum_{w\in W}\sum_{i:(i,j)\in A_t^w} y_{ij}^w \leqslant 1 \quad \forall j\in D_{tm}^{Sm} \tag{20}$$

$$\sum_{v\in V}\sum_{i:(i,j)\in A_t^v} y_{ij}^v + \sum_{w\in W}\sum_{i:(i,j)\in A_t^w} y_{ij}^w \leqslant 1 \quad \forall j\in D_{tm}^{Pm} \tag{21}$$

$$\sum_{w\in W}\sum_{i:(i,j)\in A_t^w} y_{ij}^w = 1 \quad \forall j\in R_{tn}^{Sm} \tag{22}$$

$$\sum_{v\in V}\sum_{i:(i,j)\in A_t^v} y_{ij}^v + \sum_{w\in W}\sum_{i:(i,j)\in A_t^w} y_{ij}^w = 1 \quad \forall j\in R_{tn}^{Pm} \tag{23}$$

$$\sum_{j\in R_{tn}^{Sm}\cup D_{tn}^{Sm}} y_{l_w j}^w \leqslant 1 \quad \forall w\in W \tag{24}$$

$$\sum_{j\in R_{tn}^{Pm}\cup D_{tn}^{Pm}} y_{l_v j}^v \leqslant 1 \quad \forall v\in V \tag{25}$$

$$\sum_{i:(i,j)\in A_t^w} y_{ij}^w - \sum_{i:(j,i)\in A_t^w} y_{ji}^w \geqslant 0 \quad \forall w\in W, j\in R_{tn}^{Sm}\cup R_{tn}^{Pm}\cup D_{tn}^{Sm}\cup D_{tn}^{Pm} \tag{26}$$

$$\sum_{i:(i,j)\in A_t^v} y_{ij}^v - \sum_{i:(j,i)\in A_t^v} y_{ji}^v \geqslant 0 \quad \forall v\in V, j\in R_{tn}^{Pm}\cup D_{tn}^{Pm} \tag{27}$$

$$\sum_{j\in R_{tn}^{Sm}\cup D_{tn}^{Sm}} y_{l_w j}^w \geqslant y_{ij}^w \quad \forall w\in W, i,j\in R_{tn}^{Sm}\cup R_{tn}^{Pm}\cup D_{tn}^{Sm}\cup D_{tn}^{Pm} \tag{28}$$

$$\sum_{i\in R_{tn}^{Pm}\cup D_{tn}^{Pm}} y_{l_v j}^v \geqslant y_{ij}^v \quad \forall v\in V, i\in R_{tn}^{Pm}\cup D_{tn}^{Pm}, j\in R_{tn}^{Pm}\cup D_{tn}^{Pm} \tag{29}$$

$$(1-\iota)M + \rho_{tn}^{wmn} + \sum_{j^-=n,(i,j)\in A_t^w} y_{ij}^w \geqslant |D_{tm}^{Sm}| \times \frac{\bar{z}_{mn'}^{w}}{\sum_{n\in M} z_{mn}^{w}} \quad \forall n'\in M, w\in W \tag{30}$$

$$(1-\iota)M + \rho_{tn}^{vmn} + \sum_{j^-=n,(i,j)\in A_t^v} y_{ij}^v \geqslant |D_{tm}^{Pm}| \times \frac{\bar{z}_{mn'}^{v}}{\sum_{n\in M} z_{mn}^{v}} \quad \forall n'\in M, v\in V \tag{31}$$

$$y_{ij}^w, y_{ij}^v \in \{0,1\} \quad \forall w\in W, v\in V, (i,j)\in A_t, m\in M \tag{32}$$

$$\rho_{tn}^{wmn}, \rho_{tn}^{vmn} \geqslant 0 \quad \forall w\in W, v\in V, n\in N, (m,n)\in B \tag{33}$$

Where $\rho_{tn}^{wmn}/\rho_{tn}^{vmn}$ is an auxiliary variable greater than 0. ι is an indicator, suggesting whether the service target is completed. $\iota = 1$ means the target has not been achieved and the system needs to assign more orders; otherwise $\iota = 0$. Constraints (20) ~ (21) indicates ad-hoc orders can be served at most once; constraints (22) ~ (23) imply reservation orders must be satisfied; constraints (24) ~ (29) share same meaning with constraints (3) ~ (8); constraints (30) ~ (31) forces the vehicles to pick orders as instructed. MM provides the vehicles specific assignments, and they will pick up and drop off passengers as mandated.

2.5 Relocation model

At the end of each period, all the requirements are served or given up; then, we can check the status of vehicles and the relocation strategy. There are two cases:

Case 1: The available vehicles are abundant for relocation, i. e.,

$$V^w_m \geqslant \sum_{n\in M} x^w_{mn}, \forall m \in M$$

$$V^v_m \geqslant \sum_{n\in M} x^v_{mn}, \forall m \in M$$

Then vehicles are dispatched directly according to the strategy.

Case2: The number of vehicles is insufficient, i. e.,

$$V^w_m < \sum_{n\in M} x^w_{mn}, \exists m \in M$$

$$V^v_m < \sum_{n\in M} x^v_{mn}, \exists m \in M$$

Then we introduce the optimization model RM.

RM

$$\max_{\bar{Y}} \sum_{n\in M}(\bar{y}^w_{mn} + \bar{y}^v_{mn})$$

$$(1-\iota)M + \bar{y}^w_{mn'} \geqslant \left| V^w_m \times \frac{x^w_{mn'}}{\sum_{n\in M} x^w_{mn}} \right| \quad \forall' n \in M, w \in W \tag{34}$$

$$(1-\iota)M + \bar{y}^w_{mn'} \leqslant \left| V^w_m \times \frac{x^w_{mn'}}{\sum_{n\in M} x^w_{mn}} \right| \quad \forall n' \in M, w \in W \tag{35}$$

$$(1-\iota)M + \bar{y}^v_{mn'} \geqslant \left| V^v_m \times \frac{x^v_{mn'}}{\sum_{n\in M} x^v_{mn}} \right| \quad \forall n' \in M, v \in V \tag{36}$$

$$(1-\iota)M + \bar{y}^v_{mn'} \leqslant \left| V^v_m \times \frac{x^v_{mn'}}{\sum_{n\in M} x^v_{mn}} \right| \quad \forall n' \in M, v \in V \tag{37}$$

$$\sum_{n\in M} \bar{y}^w_{mn} = V^w_m \quad \forall m \in M \tag{38}$$

$$\sum_{n\in M} \bar{y}^v_{mn} = V^v_m \quad \forall m \in M \tag{39}$$

$$\bar{y}^w_{mn}, \bar{y}^v_{mn} \in 0 \cup \mathbb{Z}^+ \quad \forall w \in W, v \in V, m, n \in M \tag{40}$$

Constraints (34) ~ (37) jointly ensure that vacant vehicles are allocated to other areas in proportion to the unmet target; constraints (38) ~ (39) enforce all vacant vehicles to be relocated; constraint (40) restricts variables to be integral.

3 Algorithm

The detailed procedure of the algorithm can refer toPowell (2007). We leverage tabular method to conduct approximate dynamic programming. To facilitate the learning process, the following methods were employed in this study for parameter training.

(1) $\in$-greedy strategy.

We add parameter tables with stochastic value to the target table, which could helpCM reach a wider range of solution domains.

(2) Updating strategy.

After each iteration is completed, we calculate the actual costs incurred by the system. The value function approximation fits the sum of the cost of the current stage and all the costs of the subsequent stages. Parameters are updated based on aTD (0) manner.

4 Numerical examples

In this section, we leverage a toy network to illustrate the procedure of our "Conducting-Matching-Relocation" three-step framework and verify the effectiveness of the proposed models and the algorithm.

The toy network has three areas, $|M| = 3$. We have two periods, $T = 3$, and $\tau_T = 2$; each period has three duration, $N = 2$, and $\tau_N = 1$. The travel time required between any two regions is 1. The demands in the simulator are shown in Tab. 2. "S" represents customers with special needs, while "P" represents normal passengers.

Demands in each duration Tab. 2

Period	Duration	1→2		1→3		2→1		2→3		3→1		3→2	
		S	P	S	P	S	P	S	P	S	P	S	P
1	1	0	1	0	0	1	0	0	0	0	1	0	0
	2	1	0	1	0	0	0	0	1	0	0	1	0
2	1	0	1	0	0	0	2	0	3	1	0	0	0
	2	0	0	0	0	0	0	0	0	0	0	0	2
3	1	2	1	1	1	0	1	1	0	0	0	1	0
	2	0	0	0	0	0	0	0	0	0	0	0	0

(Time is the header of the Period and Duration columns; O→D is the header of the six origin–destination column pairs.)

Fig. 6 visualizes the operations results. Solid arrows indicate service to regular passengers and dashed arrows indicate service to passengers with special needs.

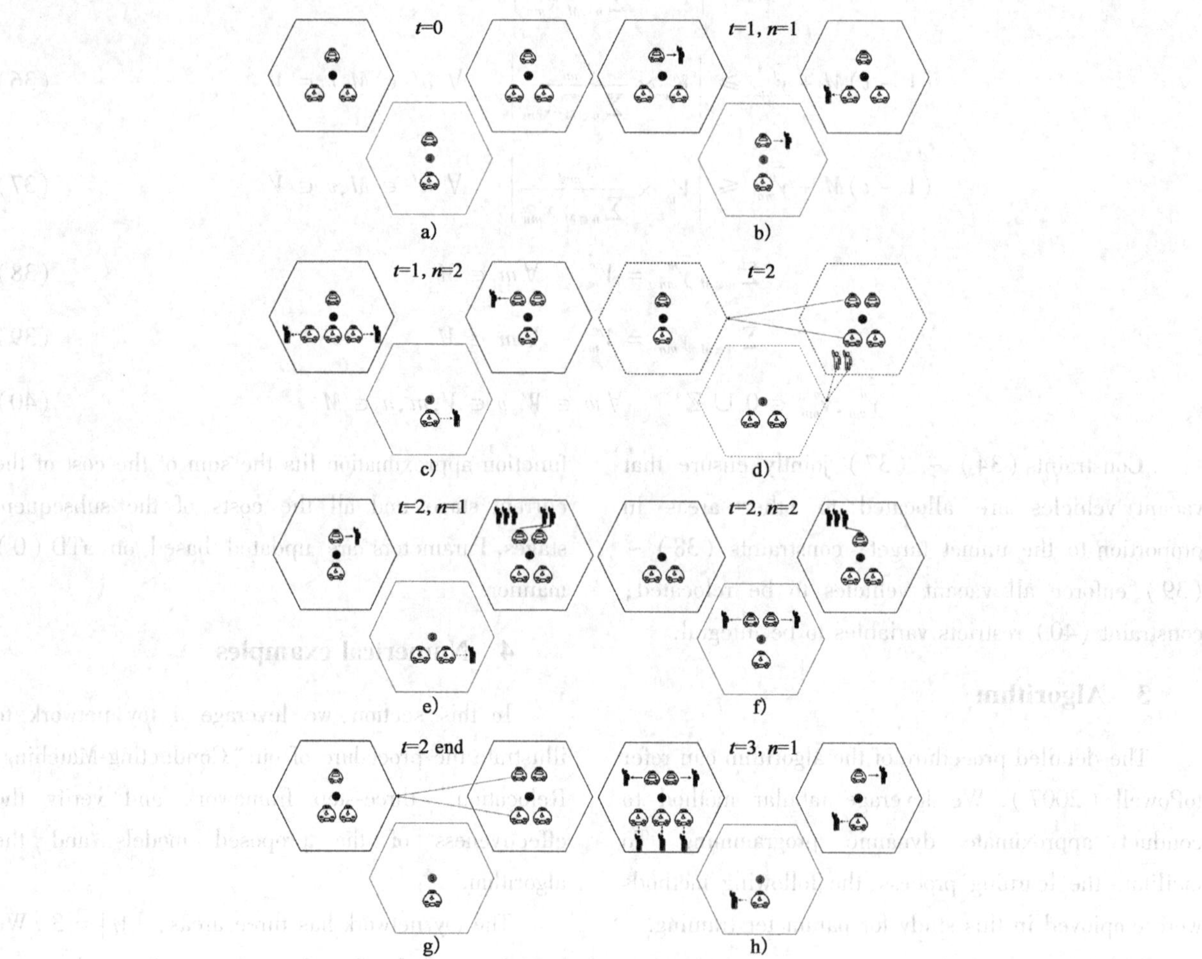

Fig. 6 Visualization of the Operations Results

In the first period, there is no instruction from the conducting model, so the system matches vehicles and customers on a profit-maximization principle, shown in Fig. 6b) ~ c). At the beginning of the second period, the system learned by the approximated value function that in period 2, two normal passengers should be transported to region 3, and a WV and an NV should be relocated to region 1, as shown in Fig. 6d). When $t = 2, n = 1$, there are three ordinary passengers heading to region 1 and two heading to region 2. Instructed by the order picking strategy, the latter will be served, as shown in Fig. 6e). When $t=2, n=2$, the left demand in region 2 is served. The vacant vehicles are relocated as suggested at the end of period 2, and demands in period 3 are well served as supply-demand imbalance is predicted and pre-eliminated.

5 Conclusions

This study targets a complicated system of online ride-hailing service platforms with heterogeneous passengers and vehicle varieties, supporting both reservation and on-demand travel. With the rise in demand for customized travel, this study is well-timed and vital. To realize online operation, we propose a "Conducting-Matching-Relocation" three-step framework. First, a conducting model is solved globally in each period, incorporating approximated value function, and provides relocation and order picking strategies. Second, we solve the matching model for each region in each duration. The exact actions of vehicles are derived. Third, after serving all demands in the current period, we relocate vacant vehicles to eliminate supply-demand imbalance. The separate consideration of vehicle types will prioritize the unique cars, which satisfy the needs of the specific population. To hedge against the stochasticity of the system, we leverage the approximate dynamic programming method to complete the learning procedure. A toy network is used to visualize the optimization processes and verify the effectiveness of our framework.

References

[1] Al- Kanj L, Nascimento J, Powell W B. Approximate dynamic programming for planning a ride-hailing system using autonomous fleets of electric vehicles [J]. European Journal of Operational Research, 2020, 284 (3): 1088-1106.

[2] Alvo M, Angulo G Klapp M A. An exact solution approach for an electric bus dispatch problem[J]. Transportation Research Part E: Logistics and Transportation Review, 156:102528.

[3] AuroraMobile (2021). 2021 Q3 mobile internet industry data research report. https://www.jiguang. cn/reports/550. Accessed Jan. 22, 2022.

[4] Boyac B, Zografos K. G, Geroliminis N. An integrated optimization-simulation framework for vehicle and personnel relocations of electric carsharing systems with reservations [J]. Transportation Research Part B: Methodological, 95:214-237.

[5] Bräysy O, Gendreau M. Vehicle routing problem with time windows, part I: Route construction and local search algorithms[J]. Transportation science, 39(1):104-118.

[6] Bräysy, O. and Gendreau, M. Vehicle routing problem with time windows, part II: Meta-heuristics[J]. Transportation science, 39 (1): 119-139.

[7] Desrochers M, Desrosiers J, Solomon M. A new optimization algorithm for the vehicle routing problem with time windows [J]. Operations research, 40(2):342-354.

[8] Godfrey G A, Powell W B. An adaptive dynamic programming algorithm for dynamic fleet management, i: Single period travel times. Transportation Science, 36(1):21-39.

[9] Godfrey G A, Powell W B. An adaptive dynamic programming algorithm for dynamic fleet management, ii: Multiperiod travel times [J]. Transportation Science, 36(1):40-54.

[10] Goeke D, Schneider M. Routing a mixed fleet of electric and conventional vehicles [J]. European Journal of Operational Research, 245 (1):81-99.

[11] Han Z Chen Y, Li H, et al. Customized bus network design based on individual reservation demands[J]. Sustainability, 11(19):5535.

[12] Joe W, Lau H C. Deep reinforcement learning approach to solve dynamic vehicle routing problem with stochastic customers. In Proceedings of the International Conference on Automated Planning and Scheduling, volume

30, pages 394-402.

[13] KE J, XIAO F, YANG H, et al. Optimizing online matching for ride-sourcing services with multi-agent deep reinforcement learning. arXiv preprint arXiv:1902.06228.

[14] LIN K, ZHAO R, XU Z, et al. Efficient large-scale fleet management via multi-agent deep reinforcement learning. In Proceedings of the 24th ACM SIGKDD International Conference on Knowledge Discovery & Data Mining, pages 1774-1783. ACM.

[15] LU C C, YAN S, HUANG Y W. Optimal scheduling of a taxi fleet with mixed electric and gasoline vehicles to service advance reservations. Transportation Research Part C: Emerging Technologies, 93:479-500.

[16] LUO Q, NAGARAJAN V, SUNDT A, et al. Efficient algorithms for stochastic ridepooling assignment with mixed fleets. arXiv preprint arXiv:2108.08651.

[17] MA J, LI X, ZHOU F, et al. Designing optimal autonomous vehicle sharing and reservation systems: A linear programming approach. Transportation Research Part C: Emerging Technologies, 84:124-141.

[18] MOLNAR G, DE A, CORREIA G H. Long-term vehicle reservations in one-way free-floating carsharing systems: A variable quality of service model. Transportation Research Part C: Emerging Technologies, 98:298-322.

[19] POWELL W B. Approximate Dynamic Programming: Solving the curses of dimensionality, volume 703. John Wiley & Sons.

[20] VERGARA H A, ROOT S. Mixed fleet dispatching in truckload relay network design optimization. Transportation Research Part E: Logistics and Transportation Review, 54: 32-49.

[21] XIE J, LIU Y, CHEN N. Two-sided deep reinforcement learning for dynamic mobility-on-demand management with mixed-autonomy. Working Paper.

[22] XU Z, LI Z, GUAN Q, et al. Large-scale order dispatch in on-demand ride-hailing platforms: A learning and planning approach. In Proceedings of the 24th ACM SIGKDD International Conference on Knowledge Discovery & Data Mining, pages 905-913. ACM.

[23] ZHOU M JIN J, ZHANG W, et al. Multi-agent reinforcement learning for order-dispatching via order-vehicle distribution matching. In Proceedings of the 28th ACM International Conference on Information and Knowledge Management, pages 2645-2653.

铁路动车所开发项目交通接驳体系研究

毛海涛*

(杭州市规划设计研究院)

摘 要 土地资源紧约束背景下,为减少城市密集建成区既有铁路用地大体量综合开发对区域交通的影响,本文介绍了全国首个铁路动车所综合开发项目——杭州艮山门动车所综合开发项目综合交通接驳体系研究过程中存在的“路网承载能力不足、公共交通衔接不便”两大主要问题及“提高周边路网承载能力、提升公共交通服务能级、优化区域慢行交通网络”三个主要解决措施,并总结提炼出铁路用地综合开发项目综合交通接驳研究过程中需要关注的关键问题,对于城市密集建成区既有铁路用地综合开发项目的实施推进具有较强的借鉴意义。

关键词 铁路用地 综合开发 交通接驳 立体复合

0 引言

随着城市用地空间的不断扩张，原本位于城市边缘的“城边铁路”逐渐被开发的城市包围成为“城中铁路”，而受制于管理体制等多方面原因，难以迁离的且往往占用大规模用地的铁路场站就逐渐成为割裂城市的“疤痕”，给城市带来交通割裂、影响城市风貌，铁路站场周边逐步形成消极的城市空间[1-2]。随着国土空间规划的开展，城市用地逐步从增量扩张型向存量效率型转变，城市土地资源日益紧张，难以迁离的、位于城市密集建成区且占地规模大的铁路用地及其毗邻地区的综合开发应成为土地集约利用理念下的城市发展共识。

铁路用地与现在城市更新重要发展议题的轨道交通车辆段综合开发有一定相似之处，都呈现“盖板＋板上物业”的建设模式，并通过多组匝道实现板上物业的机动车疏解。但是相较轨道交通车辆段综合开发项目，铁路用地的综合开发往往具有项目体量大、周边交通敏感性高、缺乏轨道交通支撑等先天不足，诱增的大量机动车交通将会对周边本已脆弱的城市交通产生较大的冲击，因而尽管铁路用地的上盖开发因多位于城市中心区而更具开发潜力，但由于其所处敏感区位，铁路用地与轨道交通车辆段综合开发的差异点见表1。往往也成为更需慎重对待的土地资源。

铁路用地与轨道交通车辆段综合开发的差异点 表1

比选因素	铁路用地综合开发	轨道交通车辆段综合开发
开发模式	“盖板＋板上物业”的开发模式，竖向上天然形成"盖下主体功能＋盖上夹层车库＋盖上开发物业”三个层面，三个层面通过垂直交通进行衔接转换	
政策支撑	国办发〔2014〕37号文件明确铁路用地及站场毗邻区域土地综合开发利用的基本原则，但由于铁路用地开发需地方政府和铁路部门配合，“路地”双方在铁路用地开发的收益归属、开发范围等方面往往存在分歧，铁路用地综合开发现在仍处于探索初期，尚未有落地实例	多地出台鼓励和支持轨道集团通过物业开发反哺轨道交通建设的政策。近年来随着各地市地铁建设工程的发展，车辆段的上盖开发相对成熟，存在大量落地实例
区位特征	既有铁路用地往往处于城市中心区，对城市造成明显的割裂效果，但是其土地资源也更具开发潜力；铁路用地所处往往位于交通敏感地区	轨道交通车辆段一般布设于城市外围郊区，对车辆段两侧城市空间交融影响小，且所处地区交通压力较小
开发体量	占地小到30～60公顷，大到100～160公顷，占地面积是车辆段的3～5倍，导致其综合开发体量较大	占地面积15～30公顷
交通接驳	铁路用地周边综合交通体系规划之初往往未考虑其综合开发诱增的交通量，周边交通设施未充分预留余量，轨道交通支撑一般无法实现无缝换乘	一般处于城市郊区，周边道路网络的规划考虑车辆段的综合开发，与轨道交通站点形成无缝衔接

杭州艮山门动车所综合开发项目（下称“项目”）作为全国首个铁路用地综合开发项目，对于盘活存量铁路用地、实现铁路与城市融合发展具有重要的示范、创新和引领作用。由于项目的敏感区位和大体量开发规模，在项目的规划、推进过程中，如何减少项目诱增的大量交通流对区域交通造成的冲击成为首先需要考虑且慎重对待的问题，亦是项目顺利由规划设计阶段向实施阶段迈进的关键所在。

1 项目简介

杭州艮山门动车所位于德胜快速路以南、秋石快速路以西，距离西湖约4km、杭州东站约3km，占据着杭州市中心的“黄金位置”。随着城市的建设发展，艮山门动车所毗邻地区逐渐落后于城市的发展。

2017年6月,为有效带动项目周边区域发展、实现土地资源的集约利用、减少铁路对城市的割裂影响,杭州市联合上海铁路局决定启动艮山门动车所综合开发项目,项目历经可行性研究、城市设计方案征集及多轮次深化,逐步形成融入多种城市功能,汇集居住、办公、商业、社区配套等功能为一体的综合开发方案。艮山门上盖项目功能布局图如图1所示。

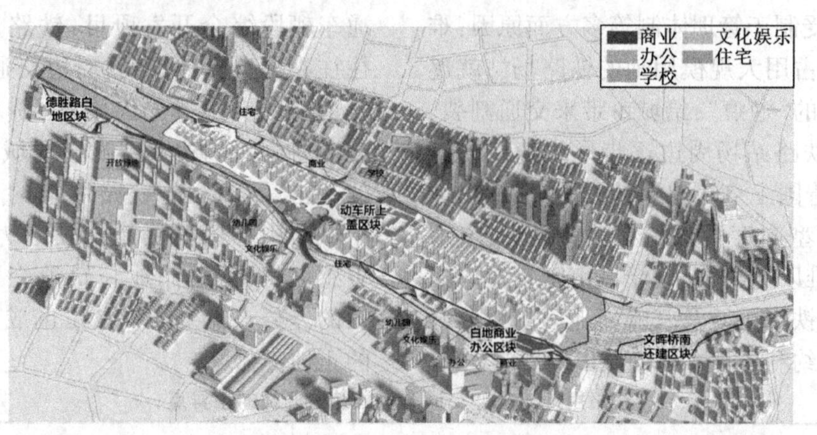

图1　艮山门上盖项目功能布局图

如图2所示,从项目竖向布局上看,与轨道交通车辆段综合开发项目类似,按照"盖板+板上物业"模式建设。项目设置标高9.8m和16.3m两块盖板。9.8m盖板为动车所上方盖板,作为开发物业的机动车车库。16.3m板为上盖物业,总开发体量62万m^2,其中住宅为51万m^2。

2　项目周边情况

2.1　城市用地

项目地处城市中心区,周边用地开发基本成熟。项目东侧三里亭区块以经济适用房和安置小区为主,生活氛围浓郁。项目西侧文晖单元区块因艮山门动车所的存在集聚较多货运站场和以杭氧杭锅为代表的工业厂房,近些年随着万科新都会等住宅小区的开发建设,居住氛围日益浓厚(图3)。

2.2　道路交通设施现状

项目周边路网基本按照规划建成,北侧德胜快速路、西侧上塘快速路、东侧秋石快速路和南侧环城北路形成项目对外区域交通集散系统。项目周边现状建有绍兴路、东新路、文晖路和机场路在内的"一横三纵"主干路网络以及潮王路、胜景路等城市次干道,现状路网如图4所示。

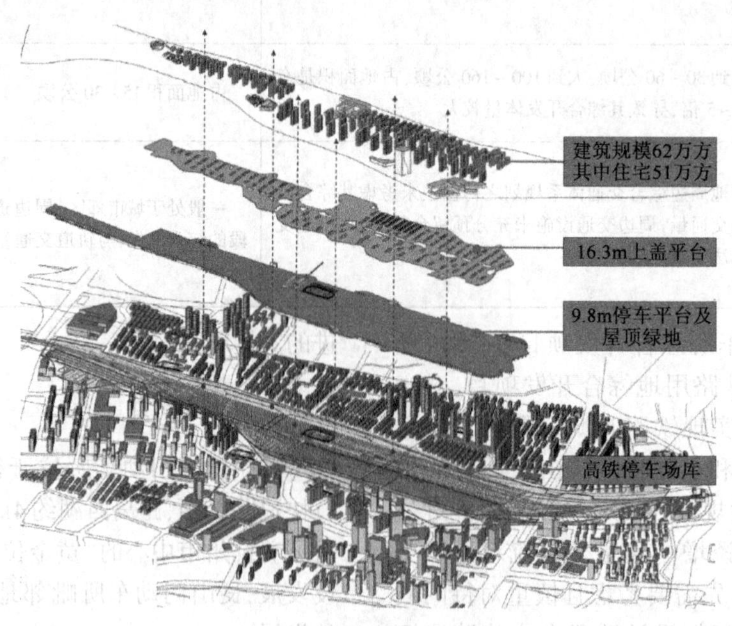

图2　项目竖向功能布局图

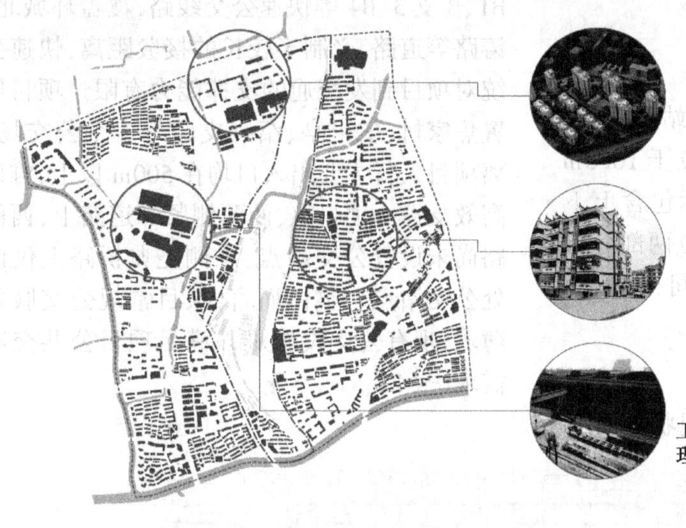

新建住区：
西部片区新建城市住区较多，建筑以小高层为主，建筑肌理较疏松。

老旧住区：
东部三里亭片区以居住建筑为主，建筑肌理统一，建筑密度较大，缺少城市公共开放空间。

保留工业厂房：
西部片区待城市更新空地较多，保留工业厂房建筑体量较大，与周边城市肌理差异明显。

图3　项目周边建筑肌理图

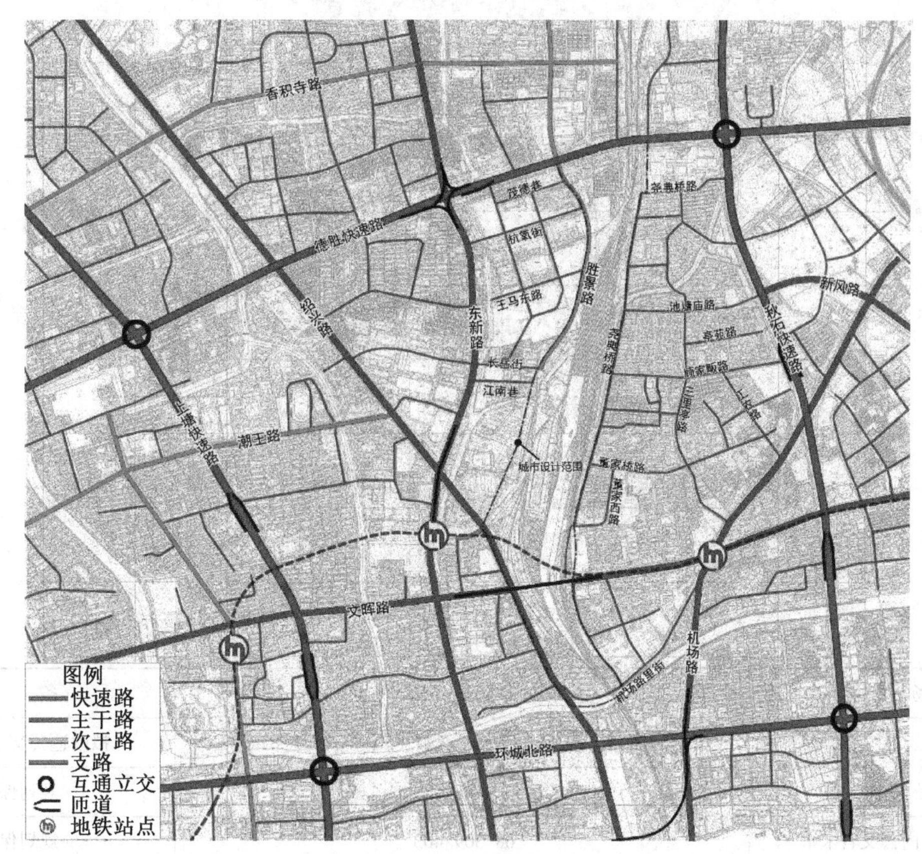

图4　现状道路交通图

项目周边路网因艮山门动车所的阻隔，北至快速路德胜路、南至文晖路2.4km范围内东西向跨铁路干路缺失，导致东西向区域道路交通服务能力不足，早晚高峰期间德胜快速路和文晖路饱和度基本处于D级，交通负荷较大。项目东侧三里亭区块以双向两车道的支路网为主，且因老旧小区停车位缺乏，支路网存在大量路内机动车泊位，难以承接项目东向疏解交通量。项目西侧文晖区位对外区域性干路基本建成，但是绍兴路、东新路作为城市骨架道路高峰期间交通符合大，饱和度基本处于D级。

2.3 公共交通设施现状

2.3.1 轨道交通

项目位于轨道交通杭氧站、打铁关站、闸弄口站 800m 服务半径内。项目居住人群位于 16.3m 盖板之上,居民到达轨道站点行程实际包含上下 16.3m 盖板以及步行到达轨道交通站点两部分行程,实际步行距离大于 1000m,步行时间在 10min 以上,与轨道交通衔接不畅。

2.3.2 公共交通

如图 5 所示,项目 1000m 范围内现状运行有 B1、B 支 3、B4 等快速公交线路,覆盖环城北路、秋涛路等道路,受制于较长的接驳距离,快速公交系统对项目到发交通的支撑能力有限。项目周边设置焦家村、三里亭、绍兴支路等 3 个公交场站,距离项目人行主要出入口均在 500m 以上,难以提供高效支撑。项目东、西两侧紧邻道路上,西侧胜景路尚未设置公交站点,东侧尧典桥路上仅设置一处公交站点。整体而言,项目常规公交服务能力薄弱,现有公交设施难以满足项目公共交通出行需求(表 2)。

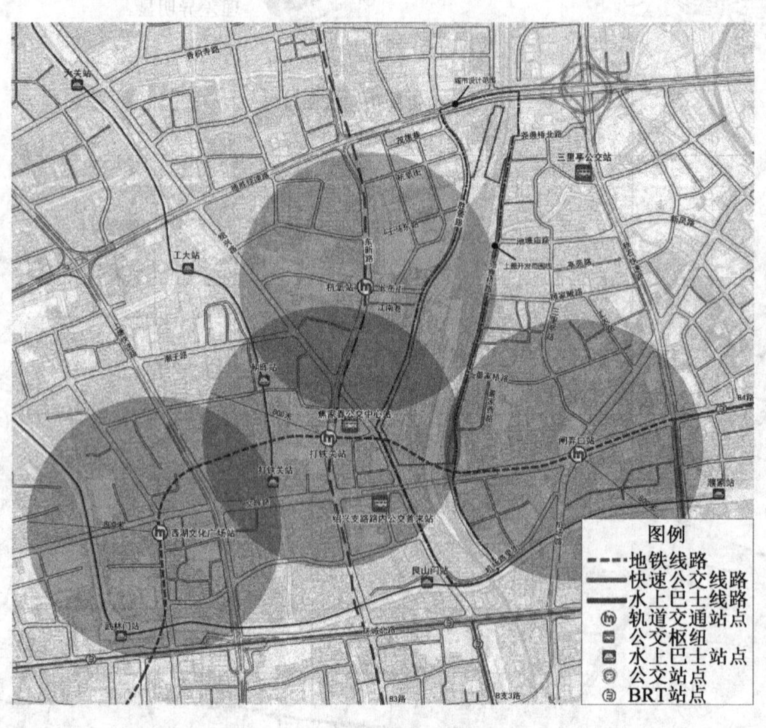

图5 现状公共交通设施图

现状公交场站一览表 表 2

公交场站名称	线 路	备 注
焦家村公交中心站	68/84/262/264/312/323/347/350/403/523/B7	拟改造公交上盖物业
三里亭公交中心站	5/40/74	规划保留
绍兴支路路内公交首末站	68/309/403	规划保留

2.3.3 水上巴士

项目南侧及东侧依托运河运营 2 条水上巴士线路,水上巴士主要服务杭州旅游人群,对项目支撑能力有限。

2.4 项目周边交通问题

经分析,项目周边交通主要存在"路网承载能力不足、公共交通衔接不变"两大问题。

2.4.1 路网承载能力不足

区域路网层面,受艮山门动车所阻隔,德胜快速路至文晖路之间 2.4km 范围内缺乏东西向干道,加重了德胜快速路和文晖路交通压力。

片区路网层面,项目规划 51 万 m^2 住宅,夹层车库设置机动车停车泊位约 7000 个,根据需求预测高峰期间将生成 1600pcu/h 的机动车流量。而项目周边地区路网规划、建设之初未考虑动车所的综合开发,没有充足的余量承接项目诱增的大量机动车流的冲击。如西侧三里亭区域现状路网以双向两车道的支路为主且存在大量路内机动车泊位,路网整体通行效率不高并且道路改造受限,难以承接项目诱增的西向交通量。项目东侧胜景路、西侧尧典桥路仅规划作为单边服务道路,规划中亦未考虑直接承接项目到发交通量。此外,因为项目地处城市中心区,高峰期间周边主要路段及交叉口均呈现明显的拥堵状态,也难以承接项目高强度开发诱增的大量机动车流。

2.4.2 公共交通衔接不便

尽管项目周边 800m 范围内布局有包括轨道交通、快速公交、常规公交、水上巴士等多种类型的公共交通设施,但是各类公共交通设施均无法给项目居住人群的到发提供高效支撑,项目居住人群到达各类公交设施站点的实际步行距离多在 800m 以上,步行时间在 10min 以上,极大地削弱了公共交通的吸引力。公共交通吸引力的不足将导致项目居住人群的出行向机动化方向转移,将进一步加剧周边道路交通拥堵程度。

3 交通组织策略及措施

3.1 交通组织策略

为缓解项目开发对城市交通的冲击,在综合交通接驳体系构建过程中着重解决“路网承载能力不足、公共交通衔接不便”两大问题,确定从控制机动车出行量的“需求端”和提高道路网络承载能力、公共交通供给水平的“供给端”双管齐下,引导项目形成“公共交通出行为主,个体交通出行为辅”的交通出行模式。通过大力提高项目及区域公共交通出行比例、适当增加所处区块路网供给水平,以最大限度降低高峰期间项目周边区域交通压力。

3.2 交通组织措施

3.2.1 提高周边路网承载能力

1)利用项目开发契机,新增潮王路—新风路通道补全区域路网

为解决德胜快速路与文晖路之间 2.4km 受动车所制约东西向干道缺乏问题,利用项目开发契机以地下隧道形式规划潮王路—新风路通道补全区域东西向干道网体系,缓解项目北侧德胜快速路和南侧文晖路交通压力,同时也能有效避免跨铁路长距离交通和项目到发交通之间的相互干扰,在周边路网中给项目到发机动车流预留更多空间。潮王路-新风路快速通道方案示意图如图 6 所示。

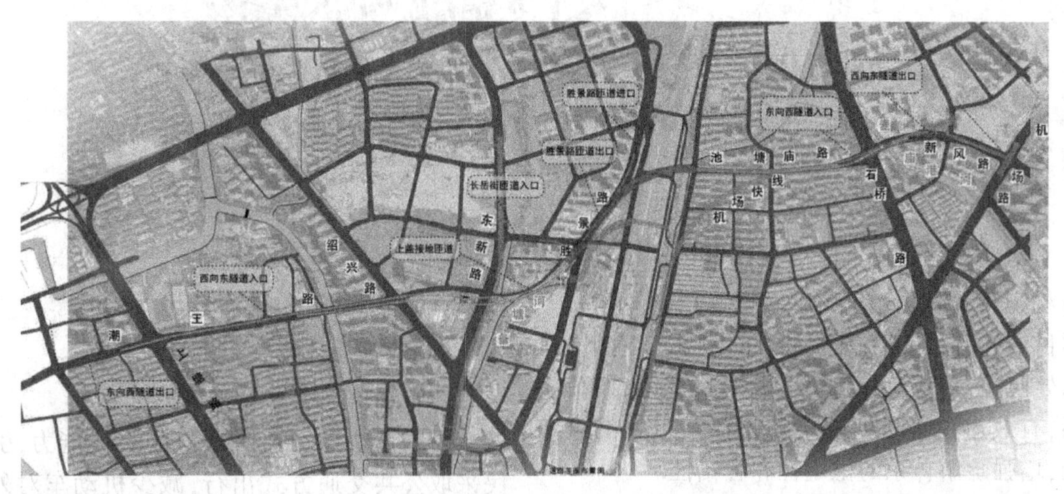

图 6 潮王路—新风路快速通道方案示意图

2)同步拓宽改造周边路网,提升交通疏解能力

为有效提升项目周边路网交通疏解能力,将西侧胜景路由现状双向四车道向东拓宽至双向六车道,同时北向预留双向四车道下穿德胜路隧道与德胜快速路以北长浜路贯通,以增强胜景路北向疏散能力,如图 7、图 8 所示。

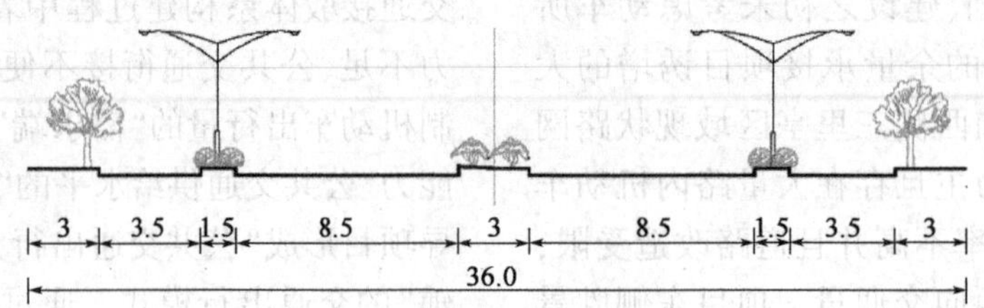

图7　现状/控规胜景路横断面图(尺寸单位:m)

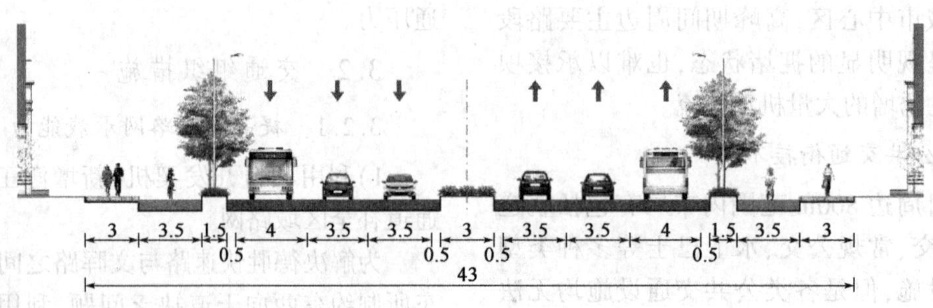

图8　胜景路拓宽后横断面图(尺寸单位:m)

东侧增强尧典桥路南、北向交通疏解能力,将尧典桥路由现状14m宽道路往西拓宽至26m。同时对三里亭区块内东西向池塘庙路、顾家畈路、董家桥路等道路进行断面改造,增设潮汐车道以增加三里亭区域路网东向交通疏解能力(图9)。

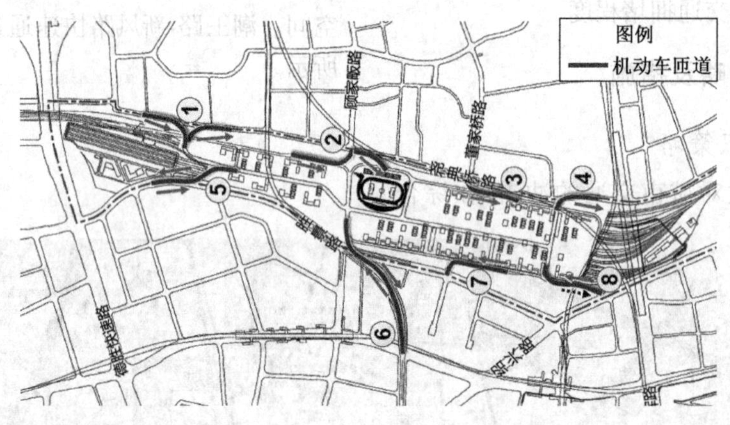

图9　上盖项目多路径匝道系统

3)构建鱼骨状机动车疏解系统

项目依托胜景路、尧典桥路,布设"七上六下"共计八处匝道,形成鱼骨状、多路径机动车交通疏解体系,有效避免项目到发机动车在某一处的过度集聚,增强疏解体系的稳定性和容错性。

经交通模型评估,受益于区域路网结构的完善、通行能力的提升,以及鱼骨状多路径的匝道布局,项目诱增的交通量能够相对均匀的分布于紧邻拓宽改造后的胜景路、尧典桥路,进而实现与周边区域对外疏散干道的联系,项目开发对周边路网运行的影响整体可控(图10、图11)。

3.2.2　提升公共交通服务能级

1)上盖区引入小型社区巴士系统

为增强轨道交通对项目的支撑能力,引导居民采取公共交通方式出行,减少机动车对外出行量,项目夹层车库引入小型社区巴士系统串联板上各个功能板块,并通过上下匝道实现和杭氧站、打铁关站、闸弄口站等邻近轨道交通站点的衔接。接驳巴士设置示意图如图12所示。

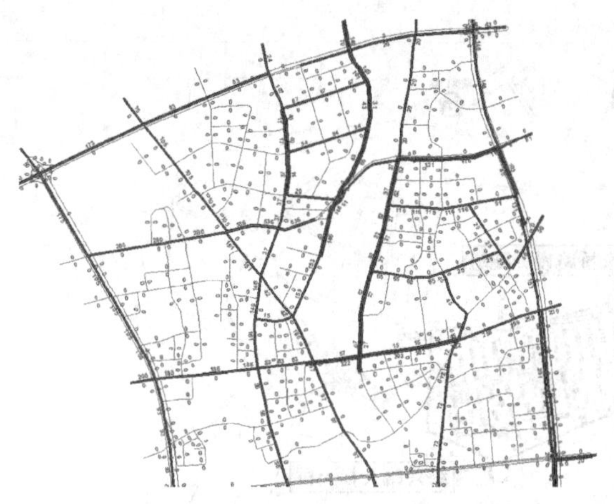

图10 项目诱增交通量疏散路径图

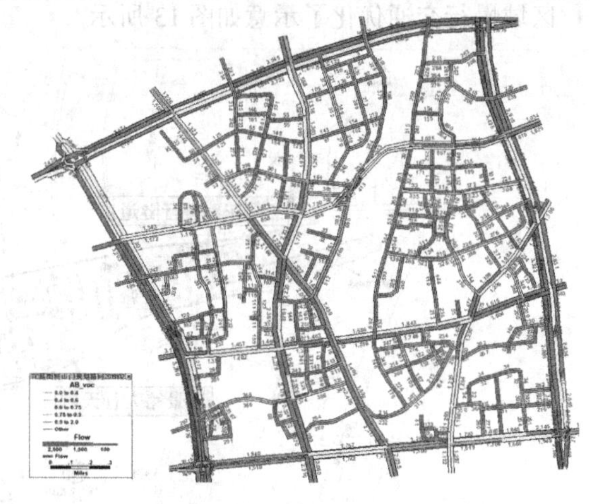

图11 叠加项目诱增量后道路流量图

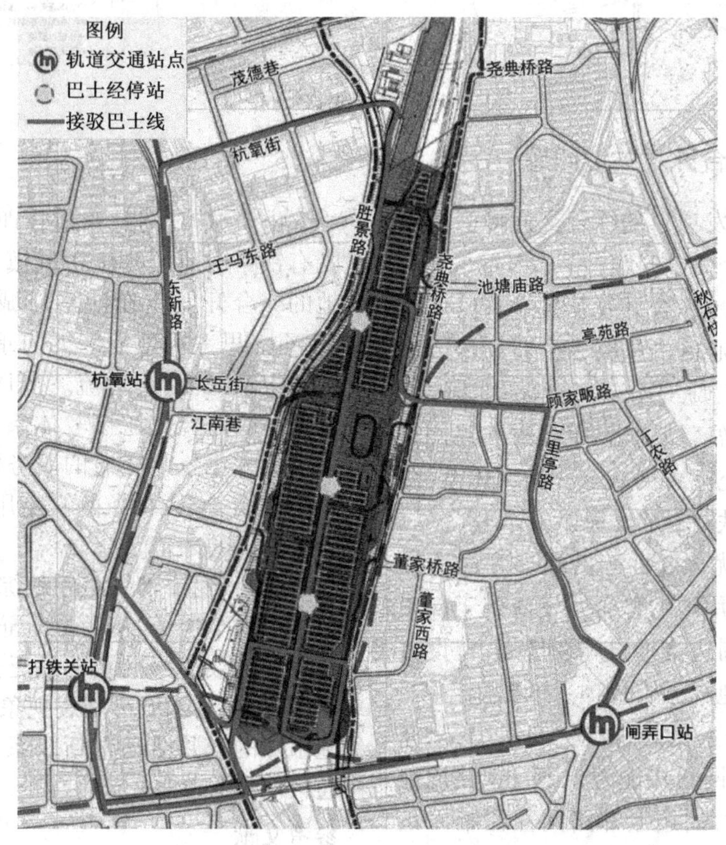

图12 接驳巴士设置示意图

2)增设港湾式公交站点

在项目紧邻的胜景路、尧典桥路,结合项目人行出入口的设置增设公交港湾站、引入常规公交线路,提升两条道路对沿线用地的公交支撑能力以及项目居住人流的常规公交疏散能力。

3.2.3 优化区域慢行交通网络

1)新增跨铁路慢行通道

在构建潮王路—新风路通道实现跨铁路机动车沟通的同时,利用动车所上盖开发契机在项目两侧布局王马东路、董家桥路两条慢行通道(兼顾非机动车和人行),构建跨铁路界面慢行系统,承担潮王路—新风路下穿通道慢行交通组织功能。

2)规划多处慢行过街设施

为加强项目与周边区域的慢行交通沟通,规划绍兴路人行天桥、胜景路人行天桥等慢行联通设施。

区域慢行交通优化了示意如图 13 所示。

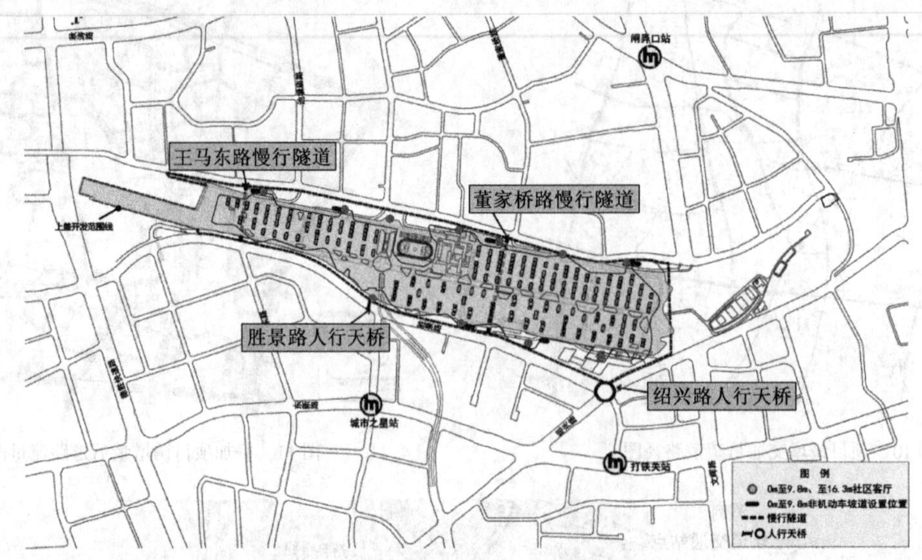

图 13　区域慢行交通优化示意图

4　铁路用地综合开发关键问题

铁路用地综合开发项目的综合交通接驳体系设计,应重点考虑三个关键问题。

一是利用铁路用地综合开发契机完善区域交通设施。位于城市中心区的铁路设施容易造成城市空间和交通的割裂,应充分利用铁路用地综合开发的契机,通过新增区域通道、完善跨铁路慢行交通体系等措施,补充完善区域综合交通体系,缝合城市空间、完善跨铁路界面交通设施。

二是通过改造、优化断面等措施提升周边路网的承载能力。铁路用地的综合开发尚处于探索初期,既有铁路用地周边交通设施在规划、建设过程中,往往将铁路用地视做自成体系的封闭系统,仅考虑少量铁路办公人员的进出交通组织,未充分预留综合开发的路网承接能力。一旦铁路用地进行大体量综合开发,周边紧邻路网往往难以承接诱增交通量,需要结合铁路用地综合开发项目到发交通的方向、路径,通过改造、优化道路交通体系提升周边路网的交通疏解能力。

三是加强公共交通对开发项目的支撑。铁路用地综合开发综合交通体系的构建应致力于引导形成“公共交通为主、个体交通为辅”的出行模式,尽可能减少综合开发项目机动车交通量。这就需要切实加强铁路用地周边公共交通特别是轨道交通的支撑能力,通过新增公交站点、便捷与轨道交通的联通等方式提升公共交通吸引力。

5　结语

由于城市扩张、路地管理体制等多方面因素,既有铁路用地往往位于城镇密集建成区,铁路用地的综合开发应在铁路与城市融合发展的背景下,重点思考所处地区如何承接综合开发项目诱增的大量人流、交通流。由艮山门动车所上盖开发项目的综合交通接驳体系设计可见,其关键点应是最大化公共交通的服务能力、提升片区路网的承载能力,从而降低铁路用地综合开发对周边交通体系的冲击。

此外,也要借铁路用地综合开发的契机,通过新增机动车通道、慢行联通道等方式解决铁路用地存在导致的路网结构缺乏连续性、地区可达性差等问题,消除城市割裂现象,将被大规模站场设施阻隔的公共活动重新联系起来,将被切断的沟通再次建立起来。

参考文献

[1] 潘维怡. 从割裂城市到创造沟通——以城市设计角度浅析铁路站房更新模式演化[J]. 华中建筑,2010,28(4):89.

[2] 董贺轩,雷祖康,倪伟桥. 差异、割裂与整合:我国铁路站两侧城市建设关系的演变及其影响因素解析[J]. 城市发展研究,2017(10):67.

[3] 章雯. 地铁停车场与高铁动车所 TOD 上盖综合开发对比研究——以重庆四公里停车场和杭州艮山门动车所为例[J]. 中华建设,2020(33):290.

基于 DEA 的城市轨道交通周边土地利用与交通协调关系研究

李国栋*[1] 杨逍遥[2] 崔晓天[1] 丛雅蓉[3]
(1. 深圳市城市交通规划设计研究中心股份有限公司;2. 长安大学运输工程学院;
3. 中铁长江交通设计集团有限公司)

摘　要　近年来,我国轨道交通取得了长足发展,城市土地利用正处于从过去粗犷型发展向复合型、集约型发展转型的重要阶段,而促进与评估城市轨道交通与土地利用协调发展程度对提高社会经济效益具有重要意义。为评价轨道站点及周边交通状况与土地利用之间的协调互动关系,本文基于数据包络分析(Data Envelopment Analysis, DEA)方法中的考虑松弛变量的至前沿最远距离(Slack Based Measure, SBM)模型,对西安市轨道站点及周边交通基础建设状况与土地利用的协调关系进行评价。研究结果表明,西安市仅有8%的轨道交通站点与周边土地利用协调性相对较好,双向协调指数达到1;有42.5%的轨道交通站点处于基本不协调状态,双向协调指数低于0.6。根据不协调原因提出相关优化建议,为我国大城市研究轨道站点交通状况与周边土地利用之间的协调关系提供参考。

关键词　轨道交通　协调关系　数据包络分析　土地利用

0　引言

随着经济的快速发展和城市规模的不断扩张,我国大中城市轨道交通有了长足发展。截至2020年底,我国(不含港澳台)共有44个城市开通轨道交通线路233条,运营总里程达到7545.5km。轨道交通以其运量大、速度快、方便可靠、安全舒适的优点,得到了大众的青睐。但由于在城市土地利用规划、建设、开发过程中,城市轨道交通及其他交通基础设施配置难以与其保持同步发展,导致城市轨道交通在优化城市空间布局和城市结构上效果缓慢,城市发展呈现出部分区域发展过于集中,部分区域吸引客流能力不足的局面。因此,研究轨道交通站点周边土地利用与交通之间的协调关系对实现城市可持续发展具有重要意义。

国内外学者对轨道站点周边土地利用与交通之间的关系进行了大量研究。Cervero R 等研究了城市轨道交通与土地利用之间的互动关系,认为土地利用对出行行为有直接影响;Bertolini 和任利剑等利用"节点—场所模型"衡量站点与土地利用之间的互动关系;董魏等人通过构建耦合协调度模型对轨道交通和土地利用的协调度进行分析,研究表明两者之间的互动效应明显;赵延峰等人基于协同理论和复合系统原理构造了土地利用—城市交通协同协调度模型进行相关研究。虽然国内外学者对交通—土地利用协调关系在定性分析、互动模型建立、实证案例分析等方面积累了大量经验,但很少有研究将轨道交通站点及周边交通基础设施作为一个整体的交通系统,与站点周边土地利用进行协调性分析,通过定量的方法确定导致不协调的具体影响因素。基于此,本文选取处于高速发展的城市西安为例,选用科学的评价模型和数据指标,对西安市城市轨道站点及周边交通基础建设状况与土地利用的协调关系进行评价。

1　数据包络分析评价模型

1.1　模型概述

数据包络分析(DEA)最初是由 Charnes、Cooper 和 Rhodes 开发的非参数统计方法,用于评估一组具有多输入、多输出的决策单元(DMU)中每个成员的相对有效性,是现有效率评价模型中最为有效的方法之一。具有计算简单、高效、避免主观因素影响、减少误差、不受计量单位限制、提供改善信息等优点。数据包络分析将每一个评价单位作为一个DMU,对所有DMU进行投入和产出比率分析,根据各 DMU 与有效生产前沿面之间的距离,确定各个 DMU 是否有效,根据结果识别出导致决策无效或效果较差的原因,并指出改进方向。

1.2　建立输入输出指标体系

在建模前,需要选取能够反映城市轨道站点交通水平和土地利用水平的指标,所选取指标应该具有多样性、易获取、可量化等特点,避免输入与输出指标之间具有强相关性。在遵循以上指标选取原则的基础上,结合评价城市轨道站点及周边交通基础建设状况是否带动站点周边土地利用开发,站点周边土地利用的开发是否促进了交通系统的发展的条件,确定反映站点交通系统水平的评价指标为公交站点数量(x_1)、集散客流量(x_2)、与干路距离(x_3)、路网密度(x_4);确定反映站点周边土地利用的评价指标为混合度多样性指数(y_1)、总建筑高度(y_2)、总建筑面积(y_3)、POI 数量(y_4)。

(1)公交站点数量(x_1):反映轨道交通站点周边公交的接驳水平。

(2)轨道交通站点集散客流量(x_2):反映站点吸引客流的程度。

(3)与干路距离(x_3):通过测量站点与周边主、次干路之间的平均实际距离,在一定程度上反映了站点周边居民到达站点的便捷程度。

(4)路网密度(x_4):路网密度能从侧面反映站点周边的经济发展水平、交通便利程度。路网密度等于一定范围内道路长度与面积之比。

(5)土地利用混合度多样性指数(y_1):该指标可以很好地衡量站点周边各类土地开发规模和无序程度。土地利用混合度多样性指数的取值范围为[0,+∞),反映了土地利用结构的有序程度,多样性指数越大,有序度越低,反之,有序度越高。当一个区域未开发时,$D_{(x)}$ 值为 0;当区域内各类型用地之间的面积相等时,土地利用混合度多样性指数最大;土地利用混合度多样性指数见式(1):

$$D_{(x)} = -\sum_{i=1}^{s}(P_i \ln P_i) \tag{1}$$

式中:$D_{(x)}$——土地利用混合度多样性指数;

P_i——第 i 种类型土地面积占总面积的比例,%;

s——土地类型数量。

(6)总建筑高度(y_2):一定程度反映了城市空间形态。

(7)总建筑面积(y_3):反映了一定范围内开发强度。

(8)各类型 POI 数量(y_4):反映站点周边土地利用开发程度,POI 数据囊括了城市几乎所有的功能设施,包括实体功能设施的位置信息、属性信息,具有结构简单、开放性好、样本量大、涵盖信息完整等优点。

1.3　DEA 模型建立

自 1978 年第一个 DEA 模型——C^2R 模型建立以来,经过不断探索研究,相继建立包括 BC^2、ERM、SBM、C^2RMP 等模型。本文选用非径向的考虑松弛变量的至前沿最远距离(Slack Based Measure,SBM)模型。SBM 模型是一种较为完善的非径向 DEA 模型,认为输入和输出不是线性关系,能很好地评价输入与输出之间的关系。模型假设有 n 个 DMU,记为 DMU_o ($o=1,2,\cdots,n$),有 m 种输入指标和 s 种输出指标。系统的输入输出有效性则为土地利用对站点交通的协调程度。设输入指标向量为 $X=(x_1,x_2,\cdots,x_m)^T$,输出指标向量为 $Y=(y_1,y_2,\cdots,y_s)^T$,SBM 模型如下:

$$\min_{\lambda,s^-,s^+}\rho^* = \frac{1-\frac{1}{m}\left(\sum_{i=1}^{m} s_i^-/x_{io}\right)}{1+\frac{1}{s}\left(\sum_{r=1}^{s} s_r^+/y_{ro}\right)} \tag{2}$$

$$s.t.\begin{cases} x_o = x\lambda + s^- \\ y_o = y\lambda - s^+ \\ \lambda \geqslant 0; s^- \geqslant 0; s^+ \geqslant 0; i=1,2,\cdots m; r=1,2,\cdots s, \rho \in (0,1] \end{cases} \tag{3}$$

式中：ρ^*——决策单元 DMU_o 的有效性；

s_i^-——第 i 种输入的冗余；

s_r^+——第 r 种输出的不足；

λ——权重向量；

x_{io}——决策单元自身的输入；

y_{ro}——决策单元自身的输出；

x_o——决策单元整体的输入；

y_o——决策单元整体的输出；

$x\lambda$——前沿上的输入量；

$y\lambda$——前沿上的输出量。

SBM 的效率值 $\rho^*=1$，说明被评价的 DMU 强有效；$\rho^*<1$，说明被评价单元是非强有效，存在输入与输出上改进的必要性。$\frac{1}{m}(\sum_{i=1}^{m}s_i^-/x_{io})$ 为 m 项输入的平均非效率水平，$\frac{1}{1+\frac{1}{s}(\sum_{r=1}^{s}s_r^+/y_{ro})}$ 为 s 项输出的平均非效率水平。

当被评价单元是非强有效时，通过调整输入、输出值使评价指标有效，其目标值调整为：

$$\begin{cases}\hat{x}_k = x_k - s^- \\ \hat{y}_k = y_k + s^+\end{cases} \tag{4}$$

首先将站点交通状况作为输入，站点周边土地利用状况作为输出，通过 DEA 模型进行协调度计算，得到相对于站点周边土地利用状况而言，站点交通状况的协调发展指数，记为 $\rho_1^*=(\rho_1,\rho_2,\cdots,\rho_n)$；然后将处于协调的数据筛选出来，输入变量与输出变量互换，将站点周边土地利用状况作为输入，站点交通状况作为输出，得到相对于站点交通状况而言，站点周边土地利用状况的协调发展指数，记为 $\rho_2^*=(\rho_1',\rho_2',\cdots,\rho_n')$。

2 实例分析

截至 2020 年底，西安市相继开通二号线、一号线、三号线、四号线、机场线、五号线、六号线、九号线在内的 8 条线，共设车站 153 座、换乘站 13 座，运营里程 244.0km。本次研究主要以开通时间较久，土地利用较为成熟的一号线、二号线、三号线、四号线为研究对象，运营车站 87 座、换乘站 7 座，运营里程124.2km。本文以轨道交通站点周边 1km 为研究范围，对站点交通状况与周边土地利用之间的关系进行评价。轨道交通站点与线路分布如图 1 所示。

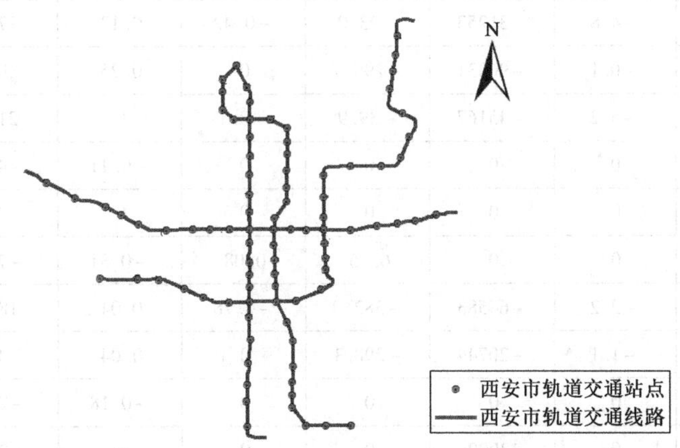

图 1 西安市轨道交通站点与线路图

2.1 协调度结果

本文主要根据西安市轨道交通进出站刷卡记录、Open StreetMap 网站、高德地图开放平台、百度地图平台、政府官方网站等渠道获取相关数据，输入变量：公交站点数量（x_1：个）、集散客流量（x_2：人次/日）、与干路距离（x_3：m）、路网密度（x_4：m/m^2）；输出变量：混合度多样性指数（y_1）、总建筑高度（y_2：层）、总建筑面积（y_3：m^2）、POI 数量（y_4：个）。

采用 MaxDEA7 Ultra 软件进行非径向的考虑松弛变量的至前沿最远距离 SBM 模型计算，它拥有众多应用广泛的数据包络分析模型，能对几乎所有 DEA 模型进行组合，求解协调发展指数，计算结果见表 1。

站点与土地利用协调性及松弛变量表 表1

DMU	Score	松弛变量(Slack Movement)							
		x_1	x_2	x_3	x_4	y_1	y_2	y_3	y_4
纺织城	0.607	-4.6	-46984	-49.9	-0.31	0.22	1187	0	0
开远门	0.582	-1.1	-24818	-130.1	-0.51	0.1	0	0	0
万寿路	1	0	0	0	0	0	0	0	0
玉祥门	0.575	-0.8	-17502	-228.6	-0.44	0.01	1486	0	0
洒金桥	0.493	0	4704	260.6	0.08	-0.31	-5442	-471803	-191
劳动路	0.373	0	0	0.4	0	-0.39	-3946	-629692	-129
汉城路	0.586	-4.1	-26247	-104.9	-0.51	0	111	0	79
枣园	0.717	0	0	0	0.09	-0.17	-1179	-604221	-53
长乐坡	0.454	0	0	184.9	0.04	-0.23	-2373	-963445	-50
浐河	0.799	0	-11237	0	-0.47	0	1822	0	459
半坡	0.786	0	0	352.2	0.35	-0.12	-1064	-42181	-45
朝阳门	0.701	0	-3097	-327.7	-0.4	0.2	1065	0	0
康复路	0.620	0	0	137.7	0	-0.33	-3039	-548500	-187
皂河	0.675	0	0	0	0	-0.27	-1681	-363647	-41
三桥	0.427	-5.6	-36609	-321.4	-0.28	0.14	0	0	0
后卫寨	0.383	-0.8	-68903	-195.1	-1.29	0.12	445	0	0
北大街	0.720	0	0	72.7	0	-0.28	-2573	-146749	-173
通化门	0.676	0	6767	0	0	0	-3297	-638622	-164
五路口	0.776	-4.8	-31253	-23.0	-0.42	0.13	1728	0	0
北客站	0.656	-0.1	-96331	-295.7	0	0.25	375	0	0
韦曲南	0.599	-5.2	-45167	-39.9	-0.1	0	2135	0	0
南稍门	0.587	0	0	0	0	-0.11	-4006	-753218	-254
钟楼	1	0	0	0	0	0	0	0	0
市图书馆	0.455	0	0	63.5	0.08	-0.31	-7051	-451737	-229
会展中心	0.422	-2.2	-64583	-382.9	-0.78	0.04	1898	0	0
安远门	0.624	-1.1	-20744	-298.1	-0.1	0.04	0	0	0
龙首原	0.679	0	0	0	0	-0.18	-2810	-339242	-205
永宁门	0.753	0	13090	0	0	-0	-2121	-159283	-241
体育场	0.817	-2.4	-6585	-146.6	-0.08	0	73	0	0
大明宫西	0.872	0	-14719	0	0	0.22	499	0	0
凤城五路	0.671	0	-35481	-190.2	-0.13	0.01	1038	0	0
运动公园	0.409	-5.7	-46565	-286.1	-0.56	0.01	0	0	0
北苑	0.613	-1.5	-15805	-82.5	-0.36	0	0	0	10
纬一街	0.623	-1.5	-18217	-273.8	-0.3	0	1065	0	0
三爻	0.475	-0.7	-40578	-278.5	-0.51	0.03	1360	0	0
航天城	0.507	-9.3	-44256	-90.7	-0.33	0.13	2464	0	497

续上表

DMU	Score	松弛变量(Slack Movement)							
		x_1	x_2	x_3	x_4	y_1	y_2	y_3	y_4
凤栖原	0.463	-9.0	-34218	-191.4	-0.28	0	0	0	7
小寨	0.869	0	-46426	-145.6	-0.55	0	0	0	0
行政中心	0.662	0	-26294	-158.4	-0.49	0.15	1249	0	0
双寨	1	0	0	0	0	0	0	0	0
青龙寺	0.554	-2.5	-30453	-186.2	-0.24	0.18	103	0	0
咸宁路	0.466	0	17052	105.4	0	-0.26	-4509	-984455	-173
科技路	0.514	0	0	102.0	0	-0.33	-3791	-538896	-336
广泰门	0.542	-3.4	-22391	-97.6	-0.79	0.07	0	0	0
延平门	0.683	0	0	0	0	-0.25	-2485	-634530	-145
桃花潭	0.399	0.6	0	0	0	-0.37	-1614	-749833	-28
浐灞中心	0.801	2.3	22514	0	0	-0.23	-538	0	-4
香湖湾	0.655	-1.4	-7081	-158.9	-0.16	0	0	798639	290
务庄	0.499	0	27226	0	0.31	-0.01	-449	-806199	-7
国际港务区	0.548	-1.1	-5140	-220.7	-0.39	0	999	195858	0
新筑	1	0	0	0	0	0	0	0	0
保税区	0.670	-0.9	-7671	0	-0.48	0	68	812669	65
胡家庙	0.638	-8.9	-11811	-158.7	-0.58	0.13	145	0	0
石家街	0.489	-4.2	-15998	-186.6	-0.41	0.23	243	0	0
长乐公园	0.381	0	0	32.3	0.1	-0.38	-4903	-993351	-186
延兴门	0.508	0	5068	195.1	0	-0.24	-3754	-919523	-130
辛家庙	0.506	-5.0	-31957	-316.3	-0.31	0.03	0	0	76
吉祥村	0.594	0	0	31.1	0	-0.09	-4222	-467988	268
太白南路	1	0	0	0	0	0	0	0	0
北池头	0.507	0	3531	244.3	0	-0.22	-5587	-994135	-84
丈八北路	0.630	0	-26133	-108.3	-0.45	0.15	372	0	0
鱼化寨	0.6478	-3.2	-37644	-27.6	-0.18	0.04	1680	0	0
大雁塔	0.626	0	324	0	0	-0.33	-2664	-526332	-105
建筑科技大学·李家村	0.624	0	32491	103.4	0	-0.19	-4687	-144301	-198
大差市	0.557	0	0	50.6	0.08	-0.15	-5248	-303217	-321
余家寨	0.509	-0.3	-21345	-218.4	-0.95	0.15	184	0	0
曲江池西	0.734	0	5122	0	0	-0.45	-2630	-138501	0
含元殿	0.494	0	0	190.1	0.37	-0.43	-1817	-446015	-59
和平门	1	0	0	0	0	0	0	0	0
西安科技大学	0.525	0	2104	0	0	-0.28	-4305	-315288	-180
大明宫	0.472	0	0	0	0.15	-0.37	-1763	-365929	-66
大明宫北	0.639	0	33710	172.1	0	-0.26	-1937	-45569	-78

续上表

DMU	Score	松弛变量(Slack Movement)							
		x_1	x_2	x_3	x_4	y_1	y_2	y_3	y_4
百花村	0.599	-6.4	-1322	-74.3	-0.76	0	0	0	0
常青路	0.539	-4.7	-2742	-250.9	-0.77	0	0	0	424
文景路	0.503	-5.9	-9159	-369.2	-0.65	0	0	0	42
市中医医院	0.660	-1.0	-6299	-190.4	-0.63	0	0	0	0
凤城九路	1	0	0	0	0	0	0	0	0
凤城十二路	0.615	-3.7	-5540	-235.1	-0.34	0	754	532462	0
元朔路	0.716	-1.7	-1063	0.0	-0.45	0.1	123	0	0
大唐芙蓉园	0.730	0	9287	159.7	0.4	-0.28	-1275	-122616	-37
金滹沱	0.684	0	0	89.2	0	-0.13	-2441	-443170	-16
航天大道	0.623	0	0	237.9	0.08	-0	-4115	-285175	-13
飞天路	0.807	0	8911	0	0.26	-0	-2397	-146627	0
东长安街	0.657	-6.9	-5426	0	-0.02	0	0	58488	3
神舟大道	0.694	-2.0	-462	-176.4	0	0.11	0	0	0
航天东路	0.724	-1.2	-121	0	-0.05	0	0	0	0
航天新城	0.679	-1.1	-326	-584.3	0	0.16	0	0	0

2.2 结果分析

根据DEA模型的输入输出有效性评价标准,将城市轨道站点及周边交通基础建设状况与土地利用之间的协调关系分为5个等级,具体分级及站点数量见表2。

协调评价表 表2

评价值	完全不协调	基本不协调	基本协调	协调	完全协调
Score	(0,0.3)	[0.3,0.6)	[0.6,0.8)	[0.8,1)	1
站点数量(个)	0	37	38	5	7

(1)通过对87个站点的DEA模型计算结果可以看出,DEA值为1的站点仅有7个,占比约为8.0%,说明这7个站点的交通状况与土地利用状况双向完全协调,土地利用与交通资源得到了有效充分利用。

(2)DEA值小于1的站点有80个,其中,基本不协调站点37个,基本协调站点38个,协调站点5个,占比约为92.0%,说明轨道交通站点与土地利用之间的协调关系相对滞后,还需要进一步提升。

(3)通过输入、输出指标的松弛变量可以分析导致不协调的原因,可从轨道交通站点的交通状况和土地利用两方面进行分析。

一方面,如纺织城站、后卫寨站、百花村站等,属于相对于土地利用状况,交通设施资源投入较多,周边土地开发较为滞后,这一部分站点周边有很大的发展潜力。应通过控制交通基础设施建设投入,加大投资,发展周边经济,扩大开发规模和开发强度,增加用地混合程度等措施进行合理配置资源。

另一方面,像洒金桥站、劳动路站、康复路站等站点,交通基础设施跟不上土地利用发展,这部分站点大都处于市中心区域。对于交通设施不足的站点,应采取疏散站点人口,对土地利用进行布局优化,引导集约化发展,不断提高土地利用率等措施提高协调度。

3 结语

本文采用DEA包络分析方法对轨道交通站点的交通状况与周边土地利用之间的协调性进行

评价。根据评价结果可有针对性地提出相应的改进措施,促进系统协调发展。城市轨道交通站点及周边交通系统两者的协调发展对于优化站点周边土地利用布局、促进交通发展具有重要意义。城市轨道交通与土地利用的协调关系是一个极为复杂的系统,强调综合性、整体性,所涉及的影响因素十分繁多,但由于收集数据资料比较困难,本文对于输入、输出指标的选择不够科学,有待进行进一步的研究。

参考文献

[1] CERVERO R,KOCKELMAN K. Travel Demand and the 3Ds: Density, Diversity, and Design [J]. Transportation Research Part D Transport & Environment,1997,2(3).

[2] BERTOLINI,L. Nodes and Places: Complexities of Railway Station Redevelopment[J]. European Planning Studies,1996,4(3):331-345.

[3] 任利剑,运迎霞,权海源. 基于"节点—场所模型"的城市轨道站点类型及其特征研究——新加坡的实证分析与经验启示[J]. 国际城市规划,2016(1):109-116.

[4] 董魏,刘魏巍,董洁霜. 城市轨道交通与土地利用的耦合协调度评价——以上海市为例[J]. 天津师范大学学报(自然科学版),2013,33(02):51-55.

[5] 赵延峰,陈艳艳,罗铭. 城市交通复合系统协调度模型研究[J]. 道路交通与安全,2006(4):31-33.

[6] 魏权龄. 数据包络分析(DEA)[J]. 科学通报,2000(17):1793-1808.

[7] 王爱,张强,储金龙,等. 轨道交通沿线不同区段土地利用的差异性测度[J/OL]. 测绘科学:1-12.

[8] 马占新. 数据包络分析方法的研究进展[J]. 系统工程与电子技术,2002,24(003):42-46.

[9] KRUGMAN P. Urban Concentration: The Role of Increasing Returns and Transport Costs[J]. International Regional Science Review,1996,19(1-2):5-30.

[10] 游和远,吴次芳,林宁,等. 基于数据包络分析的土地利用生态效率评价[J]. 农业工程学报,2011,27(03):309-315.

[11] 张群,张雯,李飞雪,等. 基于信息熵和数据包络分析的区域土地利用结构评价——以常州市武进区为例[J]. 长江流域资源与环境,2013,22(09):1149-1155.

[12] 李静,程丹润. 基于DEA-SBM模型的中国地区环境效率研究[J]. 合肥工业大学学报(自然科学版),2009(08):1208-1211.

[13] 罗铭,陈艳艳,刘小明. 交通-土地利用复合系统协调度模型研究[J]. 武汉理工大学学报(交通科学与工程版),2008,32(004):585-588.

[14] 梅盛. 基于GIS的城际轨道交通与土地利用协调研究[D]. 长沙:中南大学,2010.

轨道交通车站的分类及客流影响分析

宋　佳* 　余丽洁

(长安大学运输工程学院)

摘　要　本文以西安市轨道2号线作为研究对象,基于轨道AFC数据以及站点周边800m范围内的土地利用数据,对2号线各站点进行划分,通过回归分析与拟合,探索不同时期各用地对轨道交通站点客流的影响。研究发现:居住用地对客流的影响为正相关,商业用地对早高峰进站量的影响较小,办公用地对早高峰进站客流影响较低,中小学用地随着时间的推移对客流的吸引几乎不变,交通枢纽用地对早高峰进站客流影响较小,对全日客流的影响较大。

关键词　土地与交通规划　城市轨道交通　回归分析　轨道交通车站　用地类型

0　引言

城市轨道交通的迅速发展,不仅影响着轨道交通车站周围的土地利用情况,也带动着城市空间的发展。轨道交通车站作为轨道交通系统的一部分,连接着城市轨道交通和乘客,在轨道交通客流量日益增长的情况下,针对轨道交通站点客流的影响分析中,张宁针对东京轨道站点,研究了站点影响范围内单位潜在客流产生的日均上下客流量和单位建筑面积产生的日均上下客流量两个指标[1]。唐鑫磊运用回归分析模型,研究了深圳市轨道站点客流时空特征与站点影响范围内不同用地类型的用地面积之间的关系[2]。国内外对于这方面的研究主要是侧重于单一因素对于客流的影响,或者大多是基于现状的数据进行相关研究,未能依据历史的数据进行全面的分析探究,使得在这方面的研究还存在不足。本文利用回归分析,量化用地类型是如何影响车站客流量的[3],并且判定交通客流量与哪些用地类型的关系最为密切[4-7],对于城市轨道交通的发展具有重要的意义。

1　车站的分类

本研究针对2012—2019年西安地铁2号线的AFC数据(北客站—韦曲南),统计各车站日均进出站量数据。

轨道交通车站的时间分布类型有如下几种:单向峰型、双向峰型、全峰型、无峰型、突峰型。基于地铁2号线各站点的全日客流时间分布不难发现,各峰型的时间分布图有所差异,峰值数量明显不同,且其高峰与平峰的差异较大。故采用高峰客流指标和高峰与平峰之间的差异比例指标,对2号线各站点采用K-Means算法进行分类,分类结果见表1。

不同聚类结果的时间分布类型　　表1

聚类结果	时间分布类型	代表站点
聚类1	全峰型	北客站
聚类2	单向峰型	北苑、大明宫西、龙首原、安远门
聚类3	双向峰型	钟楼、小寨
聚类4	单向峰型	行政中心、北大街、南稍门、体育场
聚类5	双向峰型	运动公园、凤城五路、市图书馆、纬一街

现基于聚类结果对每一类站点的时间分布进行统计,结果如图1~图10所示。

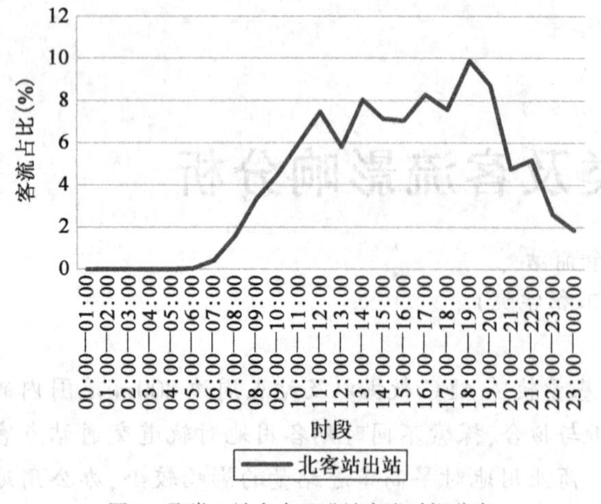

图1　聚类1站点全日进站客流时间分布

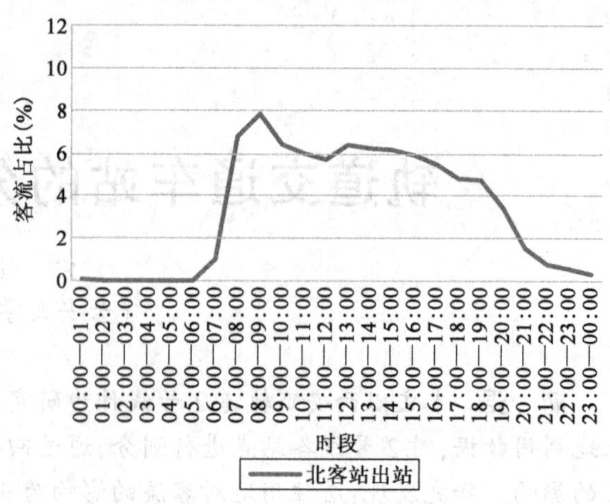

图2　聚类1站点全日出站客流时间分布

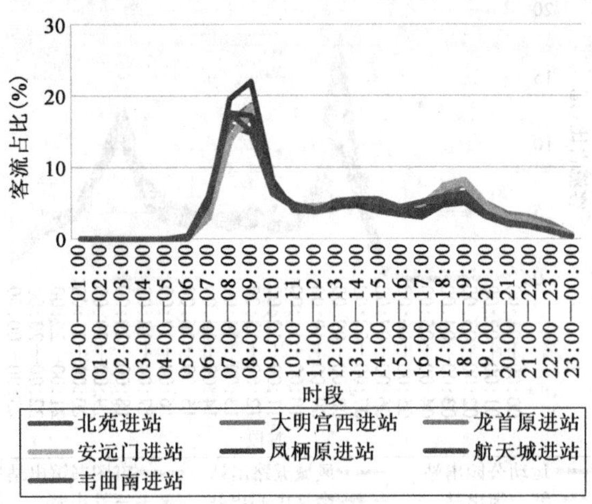

图3 聚类2站点全日进站客流时间分布

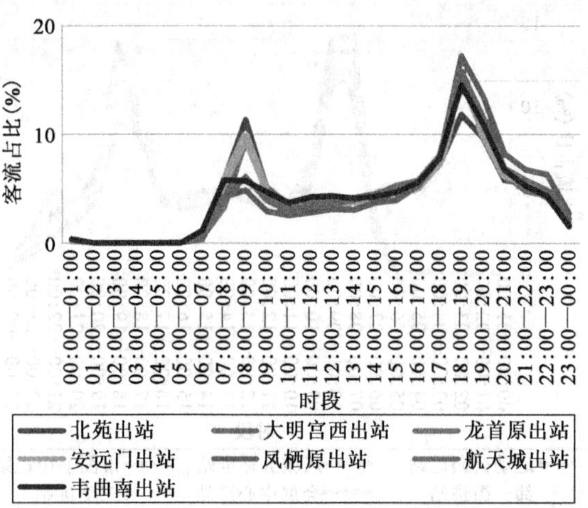

图4 聚类2站点全日出站客流时间分布

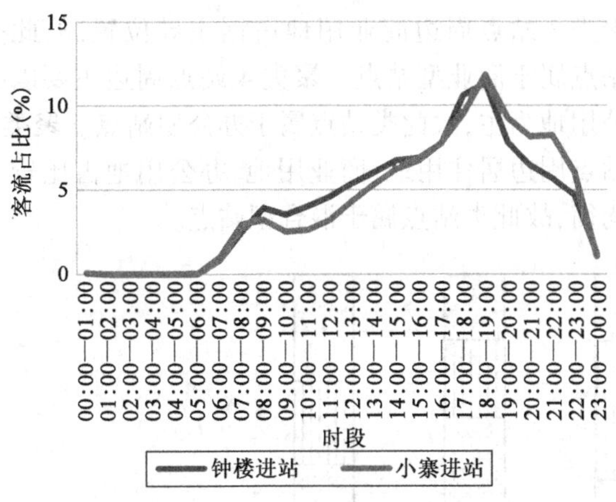

图5 聚类3站点全日进站客流时间分布

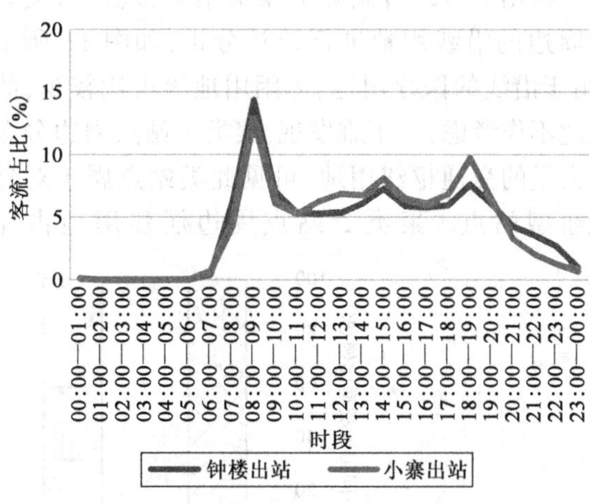

图6 聚类3站点全日出站客流时间分布

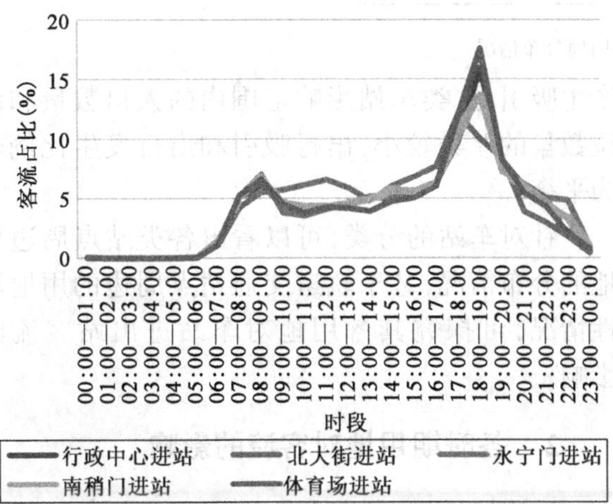

图7 聚类4站点全日进站客流时间分布

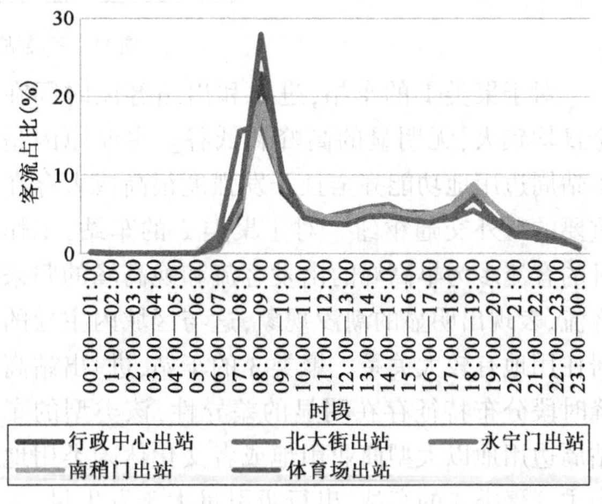

图8 聚类4站点全日出站客流时间分布

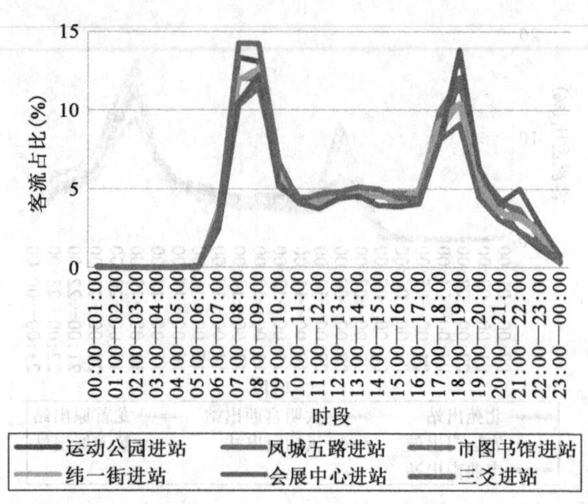

图 9　聚类 5 站点全日进站客流时间分布

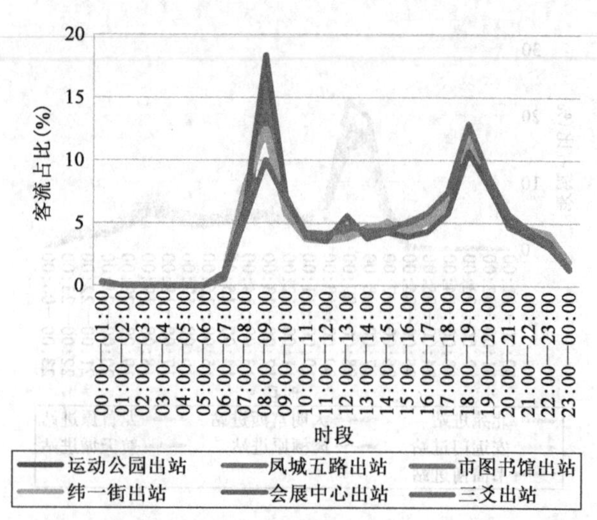

图 10　聚类 5 站点全日出站客流时间分布

根据 2 号线各站点的聚类结果,现对每类车站周边的沿线用地进行统计分析,如图 11 所示(由于沿线的医疗用地、休闲用地等占比较少,故在此不作考虑)。不难发现,聚类 1 站点周边分布有大量的交通枢纽用地,可见此类站点属于对外枢纽型站点。聚类 2 站点周边居住用地占比 52.89%,占比较大,此类站点属于居住型站点。聚类 3 站点周边商业用地占据主导位置,故此类站点属于商业型站点。聚类 4 站点周边主要以办公用地为主,故此类站点属于办公型站点。聚类 5 站点周边居住用地、商业用地、办公用地占比较为均衡,故此类站点属于混合型站点。

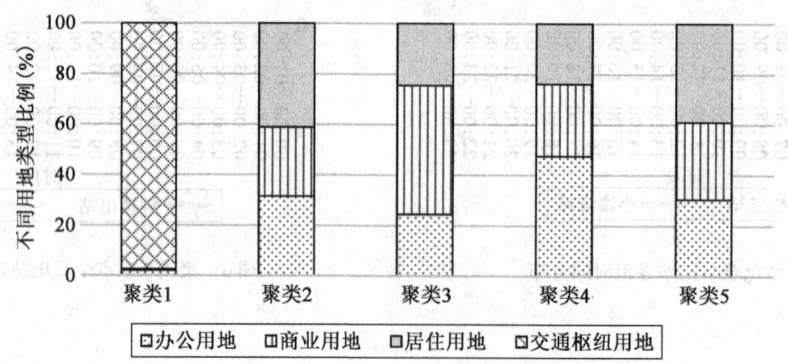

图 11　各类站点周边用地分布情况

对于聚类 1 的车站,进站和出站客流时间在全日均较大,无明显的高峰和低谷。主要原因是车站周边用地功能齐全且开发强度很高或者存在重要的对外交通枢纽。对于聚类 2 的车站,工作日的客流多为早高峰的出发客流和晚高峰的归来客流,表现出明显的潮汐现象,这与区域内主导的居住用地有较大关系。聚类 3 的车站,进、出站高峰时段分布特征存在明显的差异性,该类型的车站周边用地以大型商业用地或者文化休闲类用地为主。聚类 4 的车站,出行吸引量大于发生量,工作日早高峰以出站客流为主;晚高峰主要以进站为主。聚类 5 的车站,既能产生客流,又能对客流产生吸引,这类车站影响范围内的人口数量和岗位数量的差异较小,出行吸引和出行发生比例较为平衡。

针对车站的分类,可以看出各类站点周边用地的分布情况,基于轨道交通站点周边的用地属性情况,可探究其各用地对车站进出站客流的影响。

2　各时期用地对客流的影响

采用线性回归,对各个时期用地与客流进行拟合,拟合公式如下:

$$q = \alpha_0 + \sum_{m=1}^{M}(\alpha_m \cdot \mathrm{LD}_m)$$

式中：q——轨道交通车站客流，人；

LD_m——第 m 种用地的建筑面积，m^2；

α_m——第 m 种用地单位面积的客流产生率，即待标定参数，人/m^2；

α_0——常数项；

M——用地类型总数。

对2012—2019年西安市轨道交通2号线车站的全日进出站客流、早高峰进出站客流与历年车站用地进行拟合。首先对历年轨道交通车站用地的方差膨胀因子（Variance inflation factor，VIF）进行检验，结果见表2。VIF是指解释变量之间存在多重共线性时的方差与不存在多重共线性时的方差之比，即容忍度的倒数，VIF越大，显示共线性越严重。经验判断方法表明：当0 < VIF < 10时，不存在多重共线性；当10 ≤ VIF < 100时，存在较强的多重共线性；当VIF ≥ 100时，存在严重多重共线性。从表2中可以看出，VIF值在1.2～4.5之间，因此认为各类用地统计量不存在多重共线性。

历年轨道交通车站用地VIF检验结果 表2

年份（年）	办公用地	中小学用地	商业用地	居住用地	交通枢纽用地
2012	2.24	3.67	2.61	4.48	1.33
2013	2.07	3.76	2.01	3.70	1.45
2014	1.88	3.83	1.79	3.36	1.57
2015	1.90	3.22	1.69	2.83	1.61
2016	1.73	2.36	1.43	2.24	1.81
2017	1.63	2.18	1.51	1.86	1.99
2018	1.64	2.15	1.47	2.11	2.26
2019	1.51	2.22	1.58	2.31	2.47

对历年车站用地与车站客流拟合 R^2 进行统计，结果见表3。可以看出，全日进出站、早高峰出站客流在2015年以后 R^2 达到0.7以上，早高峰进站客流在2017年以后 R^2 达到0.7以上，说明随着时间的推移，轨道交通车站周边用地与车站客流之间的关联性增强；但达到一定程度后便不再变化，说明车站用地与客流之间的关系达到平衡。全日进、出站客流与用地之间的 R^2 值相当，早高峰进站客流与用地之间的 R^2 值较低，早高峰出站客流与用地之间的 R^2 值较高，说明早高峰出站客流受用地影响最大。

历年轨道交通车站用地拟合 R^2 结果 表3

年份（年）	全日进站	全日出站	早高峰进站	早高峰出站
2012	0.58	0.63	0.43	0.73
2013	0.61	0.66	0.55	0.72
2014	0.69	0.73	0.63	0.81
2015	0.73	0.78	0.65	0.87
2016	0.75	0.78	0.62	0.86
2017	0.77	0.79	0.71	0.83
2018	0.79	0.80	0.74	0.87
2019	0.78	0.79	0.77	0.85

居住用地与车站全日、早高峰进出站量关系如图12所示。以往研究表明，居住用地越多意味着在区域内聚集的居住人口越多，当站点周边一定影响范围内的居住用地发生变化时，会导致该区域内的居住人口数量发生一定变化，进一步影响到车站客流的变化。

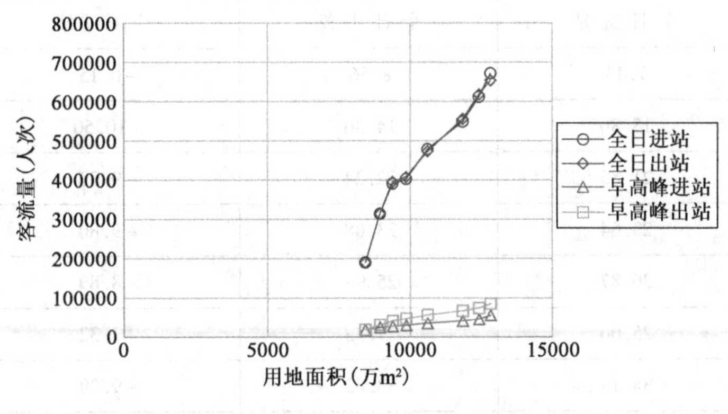

图12 居住用地与轨道交通车站客流变化关系

居住用地拟合结果见表4。可以看出,居住用地对所有属性客流均为正,说明居住用地对轨道交通车站客流具有促进作用。

历年轨道交通车站居住用地拟合结果　表4

年份(年)	全日进站	全日出站	早高峰进站	早高峰出站
2012	17.91	21.84	1.21	2.13
2013	22.70	25.41	1.72	2.57
2014	27.20	33.26	2.29	2.38
2015	25.13	31.69	2.36	3.02
2016	21.34	28.66	2.48	2.30
2017	17.44	21.53	2.61	1.78
2018	16.02	18.62	3.33	0.66
2019	22.44	22.62	4.98	1.53

轨道交通车站周边办公用地主要包括行政办公用地、工业用地以及配套设施的建筑面积。办公用地与车站全日、早高峰进出站量关系如图13所示。可以看出,整体呈现正相关关系,办公用地与全日进、出站量的增长率类似;但早高峰出站量增长率高于进站量。

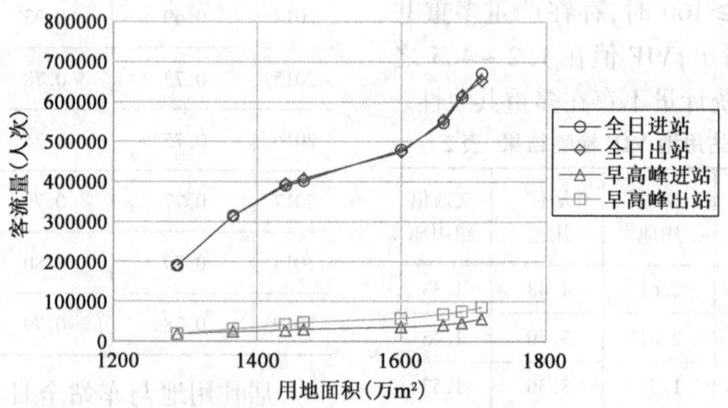

图13　办公用地与轨道交通车站客流变化关系

办公用地拟合结果见表5。可以看出,办公用地对早高峰进站客流的影响为负;对全日进出站客流、早高峰出站客流的影响为正。说明办公用地对早高峰进站客流影响很小,但对轨道交通全日客流、早高峰出站客流影响较大。办公用地是早高峰出站客流的吸引源,且随着时间的推移,单位面积客流吸引力越大。

历年轨道交通车站办公用地拟合结果　表5

年份(年)	全日进站	全日出站	早高峰进站	早高峰出站
2012	7.43	8.56	-6.15	2.76
2013	15.80	14.36	-10.50	3.19
2014	21.85	22.24	-9.33	6.17
2015	23.64	23.08	-9.80	7.53
2016	26.87	25.94	-8.89	7.32
2017	25.06	27.32	-7.32	7.76
2018	34.15	33.82	-9.29	8.16
2019	36.52	37.70	-14.11	9.53

轨道交通车站周边交通枢纽用地主要包括交通枢纽用地及其配套设施用地等的建筑面积。交通枢纽用地与车站全日、早高峰进出站量关系如图14所示。可以看出,在交通枢纽用地无变化的情况下,车站客流依旧增加。

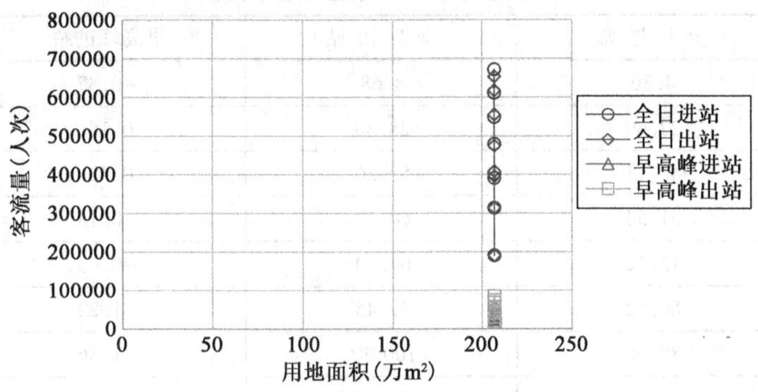

图14 交通枢纽用地与轨道交通车站客流变化关系

交通枢纽用地拟合结果见表6。可以看出,交通枢纽用地对全日进出站客流、早高峰出站客流的影响均为正,对早高峰进站客流的影响为负。说明交通枢纽用地对轨道交通车站全日客流、早高峰出站客流具有促进作用,但对早高峰进站客流影响很小。

历年轨道交通车站交通枢纽用地拟合结果 表6

年份(年)	全日进站	全日出站	早高峰进站	早高峰出站
2012	27.79	32.20	-3.09	3.53
2013	52.35	60.21	-1.76	6.19
2014	103.39	104.04	-3.09	10.36
2015	108.79	108.72	-4.80	13.00
2016	149.40	167.03	-5.59	17.97
2017	210.11	227.06	-5.14	24.09
2018	257.28	268.16	-4.28	25.65
2019	285.86	275.83	-2.89	26.90

2012—2019年车站周边商业用地呈现逐年增长态势,商业用地与车站全日、早高峰进出站量关系如图15所示。可以看出,整体呈现正相关关系,商业用地与全日进、出站量的增长率类似;但早高峰出站量增长率高于进站量,说明商业用地在早高峰是客流的吸引源。

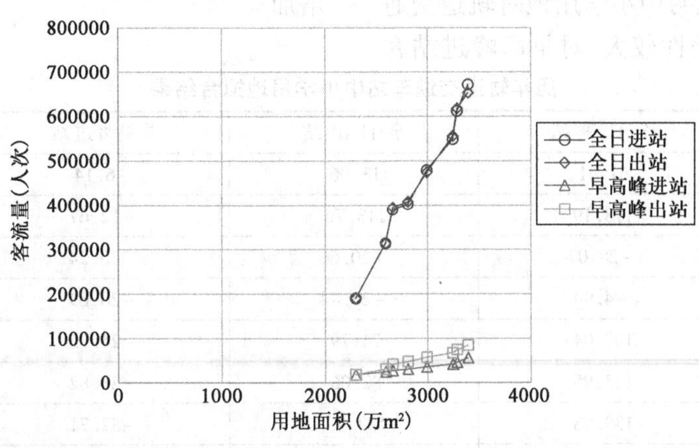

图15 商业用地与轨道交通车站客流变化关系

商业用地拟合结果见表7。可以看出,商业用地除对早高峰进站客流影响接近于0以外,对全日进、出站客流、早高峰出站客流的影响均为正。说明商业用地在全日均对轨道交通车站客流有较大的吸引力,对早高峰出站客流也存在一定的吸引力,但是对早高峰进站客流基本无影响。

历年轨道交通车站商业用地拟合结果　　表7

年份(年)	全日进站	全日出站	早高峰进站	早高峰出站
2012	4.36	8.68	-0.37	0.07
2013	22.69	28.30	0.16	1.39
2014	48.17	52.56	0.32	4.07
2015	51.54	60.39	-0.18	5.44
2016	72.12	64.29	-0.63	7.95
2017	80.52	92.45	-1.22	9.44
2018	89.96	100.17	-1.86	10.16
2019	123.25	107.57	-2.41	10.89

中小学用地的学生工作日均在早上上学、傍晚回家;大学用地由于上学、住宿地点均在校园内部,在工作日基本为内部出行,大学用地站点周边大多为惰性客流,对客流几乎无影响,故不作考虑。2012—2019年轨道交通车站周边中小学用地增长较低,仅增加15.83万m^2。中小学用地与车站全日、早高峰进出站量关系如图16所示。可以看出,中小学用地增加,则客流增加,但中小学用地不变时,客流依旧增加。

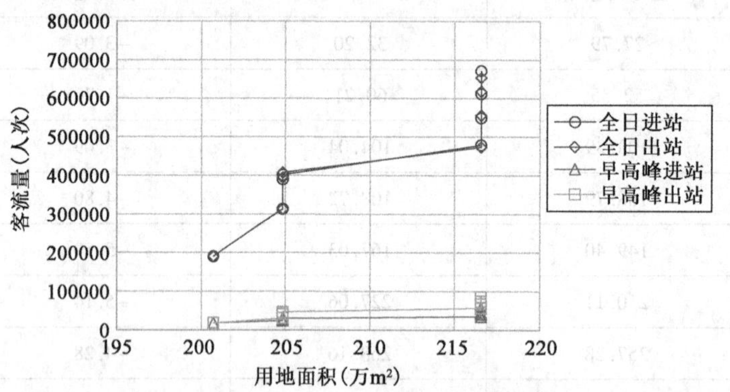

图16　中小学用地与轨道交通车站客流变化关系

中小学用地拟合结果见表8。可以看出,中小学用地对全日进、出站客流的影响基本为正,对早高峰进站客流的影响全部为负,对早高峰出站客流的影响全部为正。说明中小学用地对轨道交通车站全日客流影响波动性较大,对早高峰进站客流影响很小,对早高峰出站客流影响较大,是早高峰出站客流的吸引源。但当一定时间后,中小学用地单位面积的客流吸引率基本不随时间推移增加。

历年轨道交通车站中小学用地拟合结果　　表8

年份(年)	全日进站	全日出站	早高峰进站	早高峰出站
2012	61.61	13.06	-6.14	0.55
2013	118.19	113.76	-12.67	6.43
2014	-28.07	-20.66	-30.24	18.89
2015	-4.94	-25.44	-28.69	3.19
2016	149.04	74.79	-24.72	16.72
2017	123.95	82.06	-28.82	23.47
2018	139.98	133.73	-37.71	28.84
2019	27.60	32.08	-37.28	20.87

3 结语

本文以西安市轨道2号线站点为例,通过各用地与客流之间的拟合,明确用地与客流之间的相互关系。居住用地对全日进出站客流、早高峰进出站客流具有吸引作用。商业用地对全日进出站客流、早高峰出站客流的影响均为正,对早高峰进站客流影响较小。办公用地对早高峰进站客流影响较小。中小学用地对全日进出站客流、早高峰出站客流的影响基本为正,对早高峰进站客流的影响为负,但当一定时间后,中小学用地单位面积的客流吸引率基本不随时间推移增加。交通枢纽用地对轨道交通车站全日客流、早高峰出站客流具有促进作用,但对早高峰进站客流影响很小。

参考文献

[1] 张宁,叶霞飞,刘剑锋.土地利用对轨道交通车站客流量的影响[J].城市交通,2010,8(3):23-27,78.

[2] 唐鑫磊,黄正东,林沐.深圳市轨道交通出行特征及其与土地利用的关系[J].城乡规划,2018(3):98-104.

[3] 李国强,杨敏,王树盛.基于AFC和POI数据的轨道交通车站客流影响因素挖掘[J].城市交通,2019,17(1):102-108,120.

[4] Leng B,Zhao W. Region ridership characteristic clustering using passenger glow data [J]. Journal of Computer Research and Development,2014,51(12):2653.

[5] Kim M K, Kim S P, Heo J, et al. Ridership patterns at subway stations of Seoul capital area and characteristics of station influence area[J]. KSCE Journal of Civil Engineering, 2017, 21(3):964.

[6] Yu L,Chen Q,Chen K. Deviation of peak hours for urban rail transit stations: a case study in Xi' an, China [J]. Sustainability, 2019, 11(10):2733.

[7] Liu S S Yao E J ,Li B B. Exploring urban rail transit station-level ridership growth with network expansion[J]. Transportation Research Part D,2019(73)391-402.

智慧停车优化策略研究

周 欣 张新盈 刘津铭
(长安大学运输工程学院)

摘 要 智慧停车是城市停车在新时代的发展趋势,智慧停车方案的合理设计可以提高城市停车的管理效率和服务水平。停车不再单一地考虑停车场的位置和数量,而是与用户和城市管理平台结合起来。然而目前的停车方案还不够完善,仅仅从停车资源合理调配入手,没有考虑用户的停车体验。针对目前的停车方案上存在的不足,从用户的角度出发,对停车导航和停车激励措施进行优化设计研究,为智慧停车系统的构建提供参考与借鉴。

关键词 智慧停车 停车策略 停车导航 停车激励

0 引言

随着MaaS(Mobility as a Service)理念的深入人心,人们对停车服务质量的要求日益提高,例如在停车中用户更关心路线导航的精确性与便捷性,在场库外能根据实时路况规避交通拥堵与交通管制路段,在场库内能对自身与车辆精确定位,实现精确到车位的实时导航;停车后希望有多样化的支付方式与差异化的优惠政策,在停车中实现自动计费、停车后实现自动扣款,并根据支付信

1. 基金项目:2019年国家重点研发计划项目"城市智慧出行服务系统技术集成应用"(项目编号2019YFB1600300)。

用、停车频率、车型等享受与他人不同的停车折扣等。这些多元化的停车服务诉求迫使停车系统向“人本化”设计方向转型。

为了解决上述问题,本文对停车中导航、停车后激励策略两个方面研究现状进行梳理,针对不足提出今后优化策略,打通停车场内外无缝衔接导航,动态诱导车主直达空闲停车位,降低用户停车过程中的时间和资源损耗;同时提出停车激励措施,鼓励用户使用公共交通出行。

1　文献综述

1.1　停车导航

用户停车时需要进行停车场库外导航(出发点到停车场入口)和停车场库内导航(停车场入口到车位)。针对导航切换的研究,主要从以下两个方面进行。

一是将室外全球定位系统(GPS)定位与室内信号接收定位结合。室内信号接收定位包括无线电射频识别(RFID)的刷卡定位、ZigBee 的室内定位技术、超声波定位、超宽带(UWB)脉冲信号定位等。邹德军提出了一种 GPS 卫星定位和无线传感器网络(WSN)相结合的组合导航算法,将 GPS 接收机和无线传感器网络节点相结合,实验发现利用 GPS 的观测数据和 WSN 的距离观测数据进行定位,比 WSN 定位算法具有更高的精度[1]。姜流军提出将 GPS 卫星定位与 UWB 融合定位,设计了一个智能跟踪模型,主要是为医院的医务人员、患者或仪器提供实时、移动和室内外导航无缝切换位置跟踪,该研究既利用了 UWB 定位精确的优点,又结合了 GPS 在室外跟踪的准确性[1-2]。

二是将室外导航技术运用到室内定位中。运用最广泛的是全球导航卫星系统(GNSS)信号定位技术。恩斯·弗鲁埃尔苏提出了基于 GNSS 发射机的室内定位方法,其目的是为了解决全球导航卫星系统、传感器网络或无线局域网定位切换的不连续性,该方案的提出有助于建立一个精度高、覆盖范围广的最终系统[3]。赫伯特·尼德迈尔提出将 GNSS 接收机的相干信号时间延长几秒,从而显著提高相关增益。该方案可以在最不利的室内信号条件下获取和跟踪全球导航卫星系统信号,但是需要精确再现用户运动、导航信息数据和卫星星座图[4]。

通过研究经验来看,这些定位方式无论是基于现有网络还是特殊网络,都需要额外的终端设备,且自身技术都有局限性。室外定位相比于室内定位一直处于领先定位,GPS 和 GNSS 一直都被广泛使用。而室内定位一直是研究的热点,UWB 射频信号、无线传感网络理论上都有很好的定位精度,但是在复杂的室内环境中,可能会受到外界环境的干扰导致信号紊乱。蓝牙信标的信号较为稳定,但是对于行驶的车辆,其定位的响应速度不够。行人航位推算导航技术利用手机内部传感器和陀螺仪进行定位,可以解决无缝导航的问题,但是长时间的累积误差决定了其无法满足用户的需求。

除了室内定位技术自身存在的不足外,由于基础设施、场地等各方面的限制,停车场内外联合导航一直没有被广泛研究。在停车场内部适合什么样的室内定位导航,怎样与室外导航切换需要进一步探索。

1.2　停车激励政策

随着机动车数量的增加,停车难、停车乱问题日益严重,传统的增加供给设施的方法已无法满足市民多样化的停车需求。为限制出行、扩大供给,各地政府开始推行路内公共车位收费、路段限时停车、加大违停管制力度、推行错峰共享停车等政策[5]。这些政策在缓解停车压力的同时也带来了一系列新的问题。对于公共车位收费政策,部分市民为避免缴费出现了逃费、违停等行为;对于路段限时停车,由于诱导信息的不完善,导致市民对限停路段、限停时间了解不清晰;对于错峰共享停车,一方面出于安全考虑,小区业主与居民不愿社会车辆驶入,另一方面,小区停车大多由物业直接管理,其停车管理水平有限,停车安全与服务质量得不到有效保障,导致车主选择共享车位停车意愿不高。

近年,通过经济杠杆制定停车激励政策来引导民众合理选择停车场、规范停车行为,得到了城市管理部门与经济学家的认可[6]。在国外,美国旧金山 SFpark 项目主要采取动态定价政策,根据实时停车需求,调整路内停车泊位价格[7]。英国伦敦采取分区管理政策,根据停车场所在区域、停车场类型、停车时间、车型等指标对停车收费标准采取分类管理[8]。日本东京鼓励大众加入社会停车泊位开发中,从税收、贷款、补助等多角度制定激励性措施,激励社会民间资本筹建停车场[9]。在国内,国家发改委于 2015 年首次提出加快推行机动车停放差别化收费政策,鼓励各地结合实际情况,推行不同区域、不同位置、不同车型、不同时段停车服务差别收费[10]。山西省出台《关于加快推进电动汽车产业发展和推广应用的实施意见》,政府投资或利用国有资源设立的公共停车场、占用市政道路在市政道路两旁设立的停车场免收电动汽车停车费[11]。浙江宁波在P+R停车场采用分时收费政策,并给予停放时间不足1h免费的优惠[12]。

通过对上述国内外停车激励政策的总结,激励政策主要包括公共停车场收费优惠、民间资本筹建停车场补贴、停车场差异化动态化定价三个方面,加之停车法律制度体系的支撑,整个结构体系日益完善。然而,大多数激励措施仍以静态管控为主,措施之间缺乏有效联动,导致对交通长期变化的应对能力有限。随着智慧出行理念、智能化交通技术的发展,未来的激励措施将由"自上而下"向"自下而上"方向发展,由行政管制到主动交通管理的政策转型设计[13]。从全面提升居民安全感、幸福感和满意度层面出发,突出"人"在停车激励政策中的主体作用,针对出行者个体实行差异化的激励措施、赋予每个人不同的停车权力与优惠,从而形成竞争机制,逐渐扩大边际效应,最终实现停车产业化发展闭环。

2 智慧停车优化策略

2.1 停车场库内外衔接导航

停车场内部设计与商场医院等不一样,没有明显的特征和标志物,用户易迷路。本研究考虑到停车场室内定位的响应速度和车位级导航的精确度,提出了场库内外衔接导航的设计方案,同时针对成熟的室外GPS导航系统和停车场内部定位系统的切换进行改善,以实现场库内外导航的衔接和切换,改善了以往用户寻位时间长的问题。

2.1.1 场库内外衔接导航

在停车场库外设置转换信号,当用户进入停车场时接收到转换信号后,由室外GPS导航切换至室内视频识别定位配合引导屏进行诱导。室内视频识别定位是通过在停车位上前方安装车牌识别摄像机,实现对一个或多个车位的视频信息进行实时处理,检测车位状态、车辆的车牌号码,将车位占用状态直接传输给车位引导屏。

该方案综合对比目前流行的室内导航技术,避免了信号不稳定和误差累积等缺点,保证车辆定位数据的平滑,定位点不会发生大范围飘动。从技术层面分析,方案成熟可行,定位精度高,响应速度快,接口丰富、可对接各种系统,使用寿命长。从用户角度分析,能做到精准规划路径,减少寻位时间。

2.1.2 具体流程

以用户的最短停车时间和停车体验为目标,将室外导航、室内导航以及两者无缝切换相融合,用平台化方式整合后端停车场资源,实现车辆的合理调度停放,提供面向个性化需求的动态路径导航。整个导航的具体流程如图1所示。

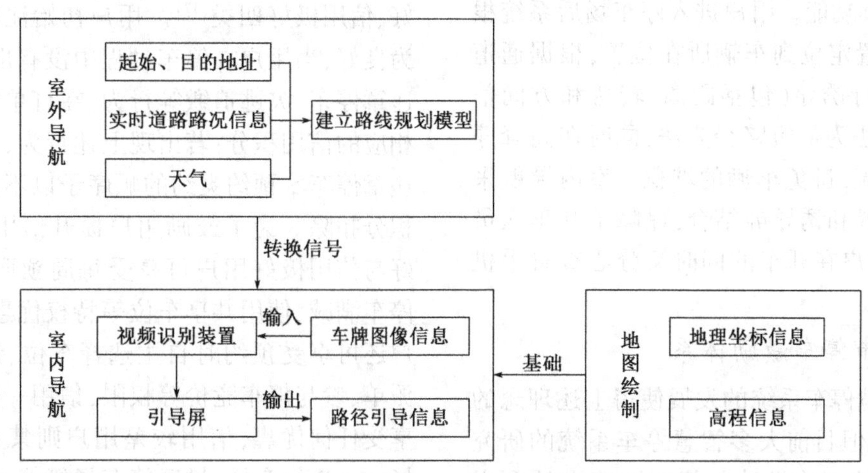

图1 室内外导航流程

(1)停车场库内地图绘制。

通过BIM构建简易的三维停车场库模型,其中地图包括停车位、出入口、通道、上下坡道、立柱等设备的建筑工程图稿文件,以现实的地理坐标信息为基础,在图稿上补充三维的坐标信息、楼层的高程信息以及其他信息,在后台管理系统使用代码构建模型。

地图绘制是室内停车的基础。

(2)停车场室外导航。

提供基于用户停车方案搜索、用户常驶路线查询、相关停车场库空闲车位查询的功能。系统可用自己的室外导航功能模块或接入第三方平台(百度地图、高德地图等)进行场库外导航。该功能基于用户的起始地址和目的地址建立线路规划模型,该模型以出行时间最短为目的,结合实时道路路况信息、拥堵信息和天气等因素,为用户提供用时最短的出行路线方案。若用户驶离原定路线,则重新规划路线。

室外导航主要是基于 GPS 信号进行实时定位,具有精确度高、响应速度快等优点。

(3)库内外导航切换。

提供用户停车室外导航和室内导航的切换功能。停车场库出入口处设置转换信号,用户在进入停车场时接收到转换信号后,切换到室内导航。同时停车场内部接收到用户进场,结合停车场出入口管理系统,获得车辆信息,用户的停车画像,同时判断车辆是否预约。

导航切换主要是基于转换信息的设置,针对多个出入口的停车场,其信号有专门的频率来判断出入口位置。

(4)停车场室内导航。

提供未预约用户的空闲车位查询和预约用户的预约车位查询功能。用户进入停车场后系统根据视频识别装置定位到车辆所在位置,根据通道前方引导屏进行诱导(包括距离、转弯和方向信息),其计算方法为最短路径算法,同时在高峰停车期间合理引流,避免车辆的堆积。室内导航采用视频检测装置和诱导屏结合,保障了开车人员的安全,避免用户在开车的同时又分心查看手机指引的路线。

2.2 城市停车激励体系

城市级智慧停车系统的发展使得上述理念的实现成为可能,但目前大多智慧停车系统的研究主要体现在系统架构设计与停车功能设计两方面,对停车激励政策研究较少。针对上述问题,本节借鉴基于弹性激励机制的停车竞价、基于信用的停车激励、基于停车积分的“停车+”发展模式等三种激励理念,对城市停车激励体系进行了完善与改进。

2.2.1 基于弹性激励机制的停车竞价

停车竞价来源与于森古普塔(Sengupta)教授提出的弹性停车激励机制[14],主要为了鼓励共享停车的推广,是一种自下而上的停车激励政策[15]。以居住区为例,车主通常白天将车驶离私家车位,晚上下班将车辆驶入;同时车主也可选择晚上将车停放在工作单位,选择其他绿色、低碳的出行方式回家。当私家车位闲置时,用户可选择将车位对社会开放,并收取一定费用作为补偿。用户通过智慧停车 App,输入共享时间、停车费率等数据,发送停车竞价请求;小区物业管理部门可通过智慧停车管理平台接收管辖范围内所有用户的请求并进行审批,当接受竞价时,物业管理部门在其平台上发布车位信息供社会人员搜索。若有社会车辆驶入竞价车位并缴费后,按竞价费率给予车位拥有者补偿,剩余金额归物业管理部门所有,工作区竞价规则同理。停车竞价流程如图 2 所示。

2.2.2 基于信用的停车用户激励

信用激励主要体现在反向与正向激励措施的协同推进,但同时应兼顾情理与社会生活实际[16]。参考《义乌市个人信用管理办法》,对个人停车信用实行评分制管理,开发智慧停车 App 信用评价模块。

信用等级分为信用较差、信用一般、信用良好、信用极好四类[17]。用户初始注册时信用等级为良好,当用户在停车过程中没有出现预约爽约、违章停车、欠逃追缴等行为,在订单完成后可增加相应的信用积分;若出现上述行为,按欠逃追缴 > 违章停车 > 预约爽约的顺序予以不同程度的信用积分扣除。为了鼓励用户提升信用等级,信用良好与信用极好用户可享受每周领取停车优惠券、停车满减、使用共享车位等特权优惠,信用极好用户还可享受预约时自主选择车位、预约排队优先派单、参与停车竞价等权限,信用一般用户则无法享受任何优惠,信用较差用户则禁止在商业停车场、P + R 停车场,景区停车场等停放车辆,但可根据就诊记录在医院停车。为维护用户权限,对于信用较差用户,其信用情况会在每月月初更新为“信用一般”,或通过缴纳罚金的方式提升信用。

此外,在用户出现违章、逃费行为时,系统会向用户手机发送短信提醒,若用户在短信规定时间内完成挪车/追缴,则不会扣除积分。最后,建立信用积分盈亏监督机制,将用户每一条信用记录存档,便于用户随时查阅,对存疑记录咨询投诉。

对于停车场而言,系统从投诉率、异常订单处理效率及用户满意度、停车场内交通事故次数等方面对停车场信用情况做综合评价,评价较高的车场会在车主寻找车位时被优先推荐,在为停车场提高收益的同时促使其保持高质量的服务。

上述激励政策实现方案如图3所示,激励体系框架如图4所示。

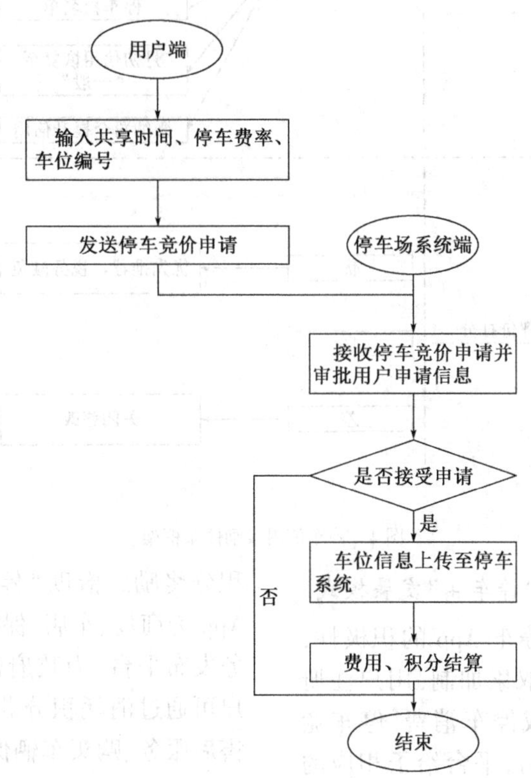

图2 停车竞价流程图

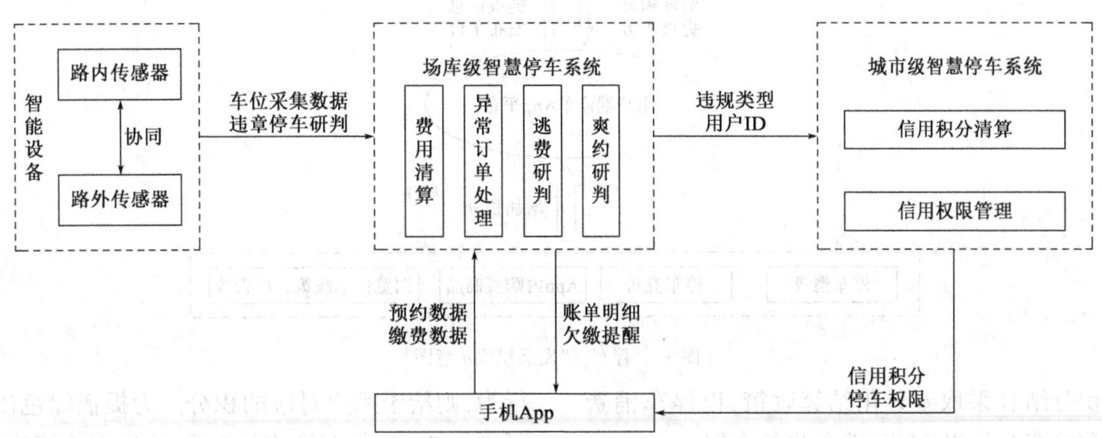

图3 停车信用激励实现方案

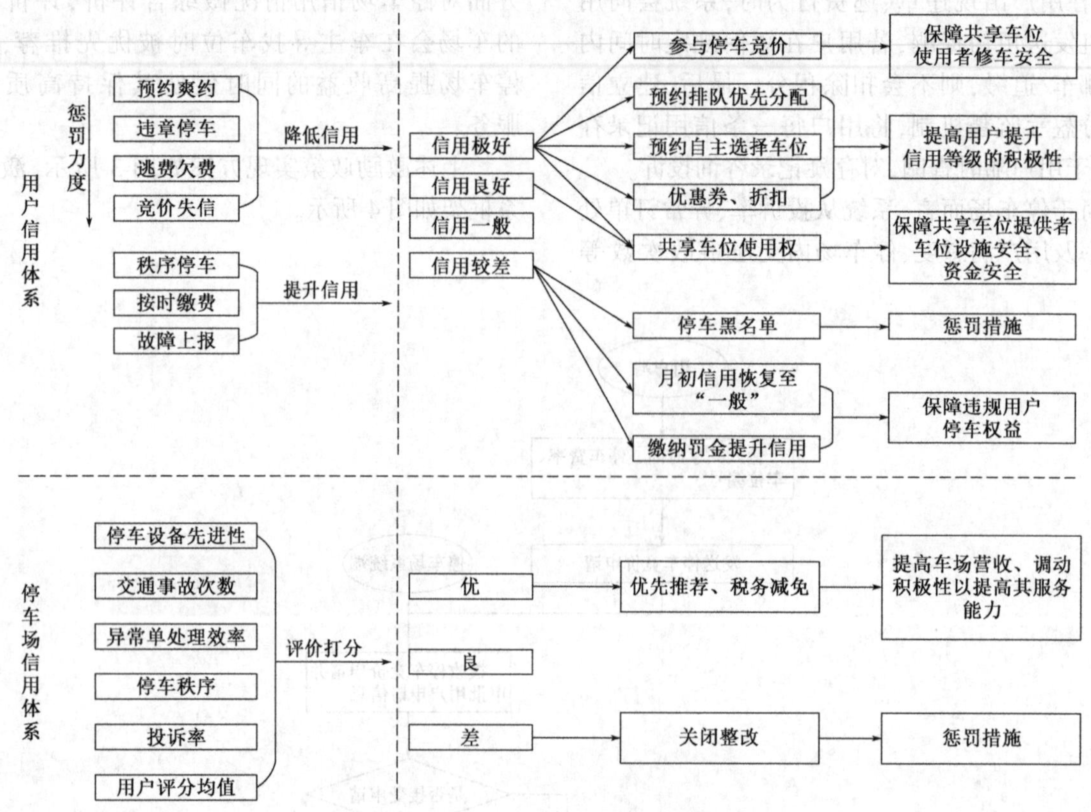

图4　停车信用激励体系框架

2.2.3　基于停车积分的“停车+”发展模式

为了提高市民使用智慧停车App的积极性，开发停车积分模块。积分采取累加制，用户注册时积分为零，此后在用户完成停车消费、停车竞价、浏览新闻政策、购买商品时，平台给予相应的积分奖励。借助“停车+”商业模式，智慧停车App为商场、车店、保险公司等提供广告、商品、服务发布平台，为政府部门提供政策发布平台。用户可通过消耗积分获得商品价格抵扣、享受车辆售后服务、购买车辆保险等，示意图如图5所示。

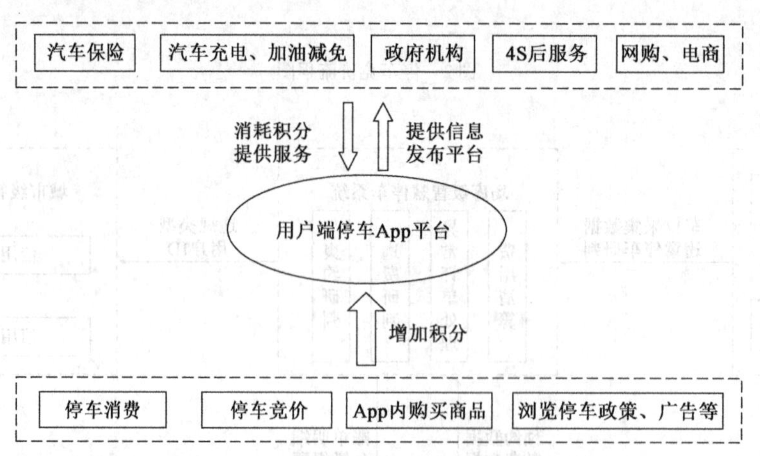

图5　“停车+”发展模式示意图

积分结算采取差异化结算政策，以停车消费积分和停车竞价积分结算为例进行介绍。

(1)停车消费积分结算。

当用户完成一次停车消费后，若不存在违规行为，则给予用户对应的积分。为提倡绿色出行，可增加P+R停车场积分权重；为提倡快停快走出行方式，停车积分可根据时间的累计不断降低。

(2)停车竞价积分结算。

停车App每天对用户停车竞价情况进行查询,记录审批通过的共享时长,对应给予停车积分。为了使更多车主开放私人车位,对于参与停车竞价较少与经常参与停车竞价的用户可提高积分奖励额度。

2.2.4 城市停车激励体系

基于上述三个激励政策,构建城市停车激励体系,其体系框架及激励机制示意如图6所示。其中,通过信用激励和停车积分鼓励竞价行为以扩大停车供给和停车需求,同时提升停车秩序;通过信用激励以增加停车投资资金不断完善停车产业链,扩大停车供给。

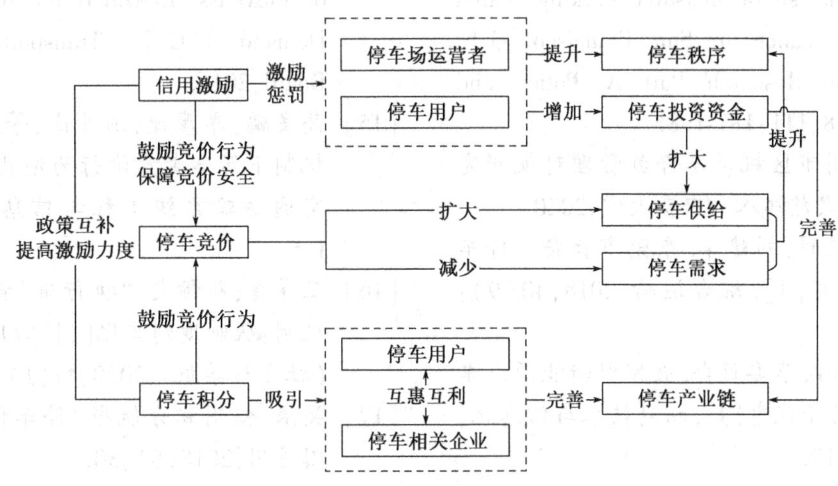

图6 城市停车激励体系示意图

3 结语

智慧停车的发展虽然有效地提升了停车体验,但是目前提供给用户功能的精确性和及时性仍然无法满足需求。本文提出的智慧停车策略,通过视频识别定位导航,能在复杂的大型停车场帮助用户快速寻找停车位置,提高停车效率,节省寻位时间,满足用户的停车需求。

本文城市智慧停车策略的提出,为下一步城市级停车系统构建提供思路。同时为了响应国家提出的"由社会自发投资建设公共停车场"政策,在智慧停车App中开发公益停车版块。系统可设置"使用P+R停车场次数""停车消费时长""步行步数""公益停车项目捐款金额"等多个体现绿色出行理念的停车指标。该版块的原理是从用户选择绿色出行产生的社会效益、环境保护效益中抽取一定比例,用以城市公共停车场的建设。以"停车消费时长为例",当用户本周停车总时长相比上周有明显下降时,可能意味着用户本周多选择公共交通出行,可根据降低时长给予用户相应的绿色出行积分。政府部门在App端将所辖范围内待筹建的公共停车场项目公示;用户可消耗积分参与停车场筹建。当停车场建成后,所有参与建设的用户ID将在停车场内进行公示,同时享有会员制优惠,停车折扣。

参考文献

[1] Dejun Zou,Zhongliang Deng. Seamless LBS Based on the Integration of WSN and GPS[C]. 2008 International Symposium on Computer Science and Computational Technology,2008:91-96.

[2] Lijun Jiang ,Lim Nam Hoe,Lay Leong Loon. Integrated UWB and GPS Location Sensing System in Hospital Environment[C]. Industrial Electronics & Applications. IEEE,2010.

[3] Anca Fluerasu, Alexandre Vervish-Picois Gianluca Boiero,et al. Indoor Positioning Using GPS Transmitter: Experimental Results. 2010 International Conference on Indoor Positioning and Indoor Navigation (IPIN),2012:15-17.

[4] Herbert Niedermeier, Bernd Eissfeller , Jon Winkel , et al. DINGPOS: High Sensitivity GNSS Platform for Deep Indoor Scenarios[C]. Indoor Positioning and Indoor Navigation (IPIN), 2010 International Conference on IEEE,2010.

[5] 黄身森.山地小城市老城区公共停车问题及对策研究——以武夷山市为例[J].福建建筑,2020(10):6-8+35.

[6] 谢书桥.错峰出行政策的选择及其主观定价的研究[D].武汉:武汉理工大学,2018.

[7] Alemi F, Rodier C, Drake C. Cruising and On-street Parking Pricing: A Difference-in-difference Analysis of Measured Parking Search Time and Distance in San Francisco[J]. Transportation Research Part A: Policy and Practice, 2018, 111: 187-198.

[8] 董蒙晰.温州市区机动车停放管理对策研究[D].大庆:黑龙江八一农垦大学,2020.

[9] 徐景安,杨应科,刘建华.东莞市长安镇停车发展规划研究[J].综合运输,2018,40(9):122-126.

[10] 国家发展和改革委员会.鼓励对新能源汽车停车收费给予优惠[J].信息技术与信息化,2015(12):19.

[11] 文天晓.为新能源汽车停车费优惠点赞[N].中国经济导报,2016-01-08(B06).

[12] 费锋丹.宁波市P+R停车收费优化研究[J].公路与汽运,2020(3):37-41.

[13] 陈小鸿.以主动交通管理(ATM)支持总体交通策略[J].交通与港航,2015,2(3):37-40.

[14] Tang D, Lin Z, Sengupta R. A Casual Analysis of FlexPass: Incentive for Reducing Parking Demand [C]. Transportation Research Board, 2016.

[15] 高良鹏,季彦婕,汤斗南,等.弹性停车激励机制下驾车者竞价行为演化机理研究[J].交通运输系统工程与信息,2020,20(4):1-6.

[16] 王学辉,邓稀文."执行难"背后的信用激励机制:从制度到文化[J].四川师范大学学报(社会科学版),2020,47(1):71-80.

[17] 吴限.信用积分能当"停车优惠券"[J].中国信用,2018(5):30.

考虑优先级的居住区共享泊位分配模型研究

胡伟钰　贾顺平*

(北京交通大学交通运输学院)

摘　要　为应对我国大中城市停车难的问题,共享停车平台将泊位的供需信息进行匹配,通过合理的分配决策提高泊位的利用率,进而实现有限泊位的高效利用。本文针对预约用户停车时长和停车频率的不同,提出基于用户泊位匹配的优先级评价函数,以平台收益最大化为目标,建立基于用户优先级的停车泊位分配模型。模型考虑了时间窗、供需关系、多用户请求响应约束,运用遗传算法进行求解,力求保证优先级较高的预约用户可以优先获得泊位。针对未提前进行泊位预约的用户,设计了基于泊位适配度的居住区共享停车泊位实时分配规则。数值仿真实验显示:本文提出的模型与传统的"先预约先服务"模式相比,可以保证优先级较高的用户优先获得泊位并可提高泊位时长利用率与平台收益。

关键词　停车规划　泊位分配　遗传算法　共享停车　时间窗约束　优先级

0　引言

近年来,机动车的保有量呈现迅猛增长的态势,截至 2020 年,我国汽车保有量已达到 2.81 亿辆,泊位总供给远小于泊位总需求。随着共享经济的普及,共享停车为解决居民停车、激活现有停车资源提供了一种新思路。共享停车的本质是在不增加社会资源的基础上,将现有停车资源的使用权进行转移进而获取报酬的商业模式。这一运营模式依照错峰共享的原则通过"互联网+"共享停车管理平台将泊位进行分时出租,实现泊位的流动化管理和高效利用。

Shao 等[1]针对单一停车场的泊位分配问题构造了考虑时间窗约束和运营收益的定时型泊位预订分配模型。在此基础上,杨博[2]考虑了用户步行时间成本,以系统综合效益最大为目标建立基于多停车场的定时型预订分配模型,提高了泊位资源的使用效率。孙会君等[3]将车位租用这一决策变量引入传统分配模型中,以运营商利润最大化建立车位租用与分配模型,可显著提高平台的经济效益。姚恩建[4]以单一居住区共享停车场的定时型预约分配为背景,建立以泊位利用率最大化为目标的整数规划模型并设计算法求解,实现对居住区泊位匹配问题的高效决策。Cai 等[5]将用户分为建筑用户和公共用户,提出优先满足建筑用户的泊位共享策略。段满珍等[6]通过建立双层模型来解决停车资源的均衡分配,得出居住区停车场可与周边建筑进行泊位错峰共享的结论。张文会[7]以居住区与商业区停车共享为背景,在考虑资源利用率的同时兼顾用户满意度,建立多目标模型证明开放居住区停车场是盘活现存停车位的一种新思路。

国内外文献针对共享停车泊位分配已有较多研究,但未能充分考虑用户的异质性(即不同用户的停车时长和停车频率具有差异)。本文以单个居住区共享停车场为研究对象,对 Shao[1]提出的模型进行完善和改进,针对用户的停车时长和平台使用频率的不同,提出优先级计算方法,对不同用户进行分级,以平台收益最大化为目标,科学合理地分配泊位,在有效利用泊位资源的同时兼顾高优先级用户的匹配成功率。

1 问题描述

办公区和商业区附近有居住区,为解决停车难问题,居住区内的部分业主将车位空闲时段的使用权出租给共享停车平台来满足前往办公区和商业区出行者的停车需求。平台依照分配流程,为提前预约和实时到达的驾驶员提供泊位分配方案。预约用户在前一日向平台提交停车需求时间段,平台在获取供需双方信息的情况下,对不同优先级用户的停车请求进行统一决策,以实现最大化平台收益,并将最终分配结果发送至双方。针对未在前一日进行预约的需求用户,共享平台在前一日分配结果的基础上,获取剩余泊位的供给状况,根据用户的到达顺序依次进行实时泊位分配[8],以实现泊位的利用最大化。流程如图 1 所示。

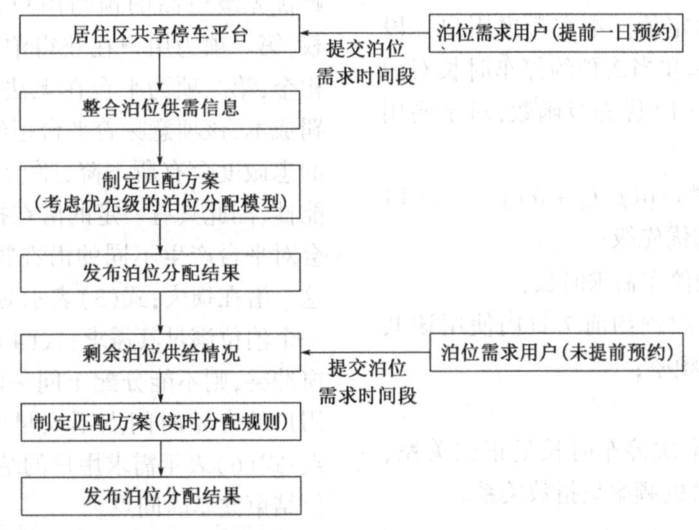

图1 共享泊位分配流程图

2 居住区共享停车泊位分配模型

2.1 模型假设

(1)预约用户提前一日向平台提交需求信息。

(2)泊位供给者与需求用户都会遵守提交的时间窗。

(3)需求用户成功获取泊位分配后,不存在拒绝、放弃泊位的现象。

(4)需求用户对居住区停车场内的各停车位不存在偏好差异。

2.2　模型参数

模型参数及意义见表1。

模型参数及意义　　表1

参数	意　义	参数	意　义
I	泊位供给集合	$t_m^{duration}$	用户 m 停车需求时长
M	用户需求集合	α_m	用户 m 的优先级
T	平台结束运营时间点	p	出租一个泊位平台的收入
t_i^s	泊位 i 开始共享时间点	β	拒绝一个用户的损失成本
t_i^e	泊位 i 结束共享时间点	γ_i	泊位 i 与用户需求的适配度
$t_i^{duration}$	泊位 i 的共享时长	a_{mn}	$a_{mn}=0$ 表示用户 m、n 时间窗不冲突；$a_{mn}=1$ 表示用户 m、n 时间窗冲突
t_m^s	用户 m 停车需求开始时间点	x_{im}	决策变量，$x_{im}=1$ 表示泊位 i 分配给需求 m；$x_{im}=0$ 表示泊位 i 未分配用户 m
t_m^e	用户 m 停车需求结束时间点		

2.3　考虑优先级的居住区共享泊位分配模型

2.3.1　优先级

乐美龙在文献[9]中提到港口集装箱的优先级设定，但其设置值为定值。本文考虑用户一段时间内的平台使用频率和当次预约停车时长对泊位分配的影响，构建式(1)优先级函数，对不同用户的优先级进行设定。

$$\alpha_m=[Kt_m^{duration}\exp(g f_m+h)]\tag{1}$$

式中：α_m——用户 m 的优先级；

$t_m^{duration}$——用户 m 的停车需求时长；

f_m——用户在本次预约前7日内使用该共享平台的频率；

K、g、h——参数。

用户的优先级与本次停车时长呈正比关系，与前7日内使用该平台的频率呈指数关系。

2.3.2　目标函数和约束条件

综合考虑平台收入、用户优先级、平台潜在损失成本，建立以决策变量 x_{im} 为核心的多用户多泊位分配模型，如式(2)所示。

$$\max f=p\sum_{i=1}^{I}\sum_{m=1}^{M}x_{im}t_m^{duration}-\beta\sum_{m=1}^{M}\alpha_m\left(1-\sum_{i=1}^{I}x_{im}\right)\tag{2}$$

$$\sum_{i=1}^{I}x_{im}\leqslant 1,m\in M\tag{3}$$

$$x_{im}+a_{mn}x_{in}\leqslant 1,m、n\in M;m\neq n;i\in I\tag{4}$$

$$x_{im}(t_m^s-t_i^s)\geqslant 0,i\in I;m\in M\tag{5}$$

$$x_{im}(t_i^e-t_m^e)\geqslant 0,i\in I;m\in M\tag{6}$$

$$x_{im}\in\{0,1\}\tag{7}$$

式(2)表示力求在最大化平台收益的同时兼顾优先级较高的预约用户优先获得泊位的使用权，第一项为用户在获得泊位后需向平台支付的租金；第二项为平台在无法满足用户需求时的惩罚成本，该项意味着平台拒绝用户后，用户对平台的忠诚度会有所下降，平台具有丧失该用户的可能性，因此具有一定的潜在损失，不同类别的用户会对平台产生不同的潜在损失，用惩罚成本表示这一潜在损失；式(3)表示对于每一个用户最多有一个泊位满足其需求；式(4)表示若用户需求时间窗冲突，则不能分配至同一泊位；式(5)表示需求用户的开始时间点不应早于泊位开始共享时间点；式(6)表示需求用户的结束时间点不应晚于泊位结束共享时间点。

2.4　居住区共享停车泊位实时分配规则

(1)基于考虑优先级的泊位分配结果，更新剩余泊位可共享时间范围，将不连续的泊位共享时段用虚拟泊位[10]表示，得到泊位供给集合$\{s_1,s_2\cdots s_i\}$。

(2)将所有实时到达的车辆按照到达时间依

次排序，并对其编号，得到需求用户集合。

(3)针对用户 m，若只存在一个虚拟泊位可满足该用户，则将此泊位分配给用户；若多个泊位的共享时段均可满足用户需求，则分别计算各个泊位与该用户需求的适配度，按照适配度降序排序，选择适配度最高的泊位分配给用户；若没有泊位可满足用户需求，则将分配失败结果告知用户。

通过引用欧几里得距离计算向量相似度理论衡量需求开始(结束)时间点与供给开始(结束)时间点的接近程度，通过引用时长利用率概念衡量需求时间窗与供给时间窗的重合程度，构建适配度函数如式(8)所示。

$$\gamma_i = \frac{1}{2}\left[\frac{t_m^{\text{duration}}}{t_i^{\text{duration}}} + \frac{1}{2}\left(\frac{1}{1+(t_m^s - t_i^s)} + \frac{1}{1+(t_i^e - t_m^e)}\right)\right] \tag{8}$$

(4)分配结束后，平台更新泊位可共享时段信息。按照步骤(3)进行泊位分配直至全部需求得到处理。

2.5 求解方法

考虑用户优先级的居住区共享停车泊位分配模型属于带有时间窗约束的组合优化问题。随着用户请求和泊位供给的增加，解的搜索空间会急剧扩大，遗传算法通过对决策变量进行编码，以目标函数值作为搜索信息，模拟生物遗传过程，使用概率进行搜索，可找到问题的最优解。

(1)编码

本文采用二进制编码方式表示泊位编号，如图2所示，每条染色体代表一个泊位分配方案，每一个染色体片段由 n 个基因构成，每个片段的基因长度由最大泊位数 N 决定，代表第 m 个用户所分配的泊位编号 i。若染色体片段所对应的值为0或大于最大泊位编号 N，则代表该用户未能分配到泊位。

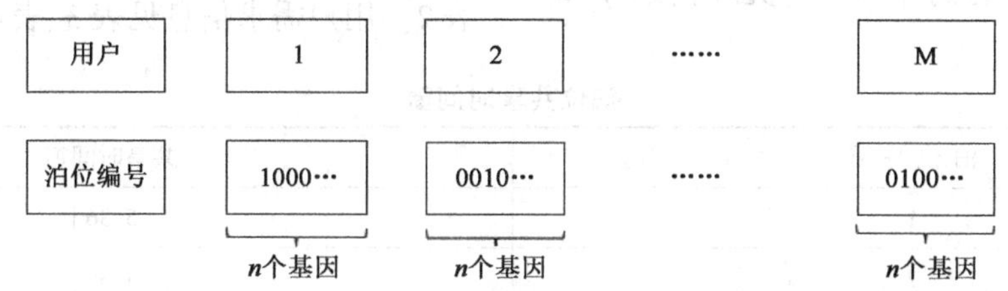

图2 染色体编码表示

(2)适应度函数

模型是求最大值问题，在处理约束时，采用罚函数方式。当泊位分配方案不满足约束条件时，在目标函数上处以一定的惩罚，降低其适应度值。

$$F(x) = \begin{cases} f(x) - p(x) + c_{\min}, if\, f(x) - p(x) + c_{\min} > 0 \\ 0\ , if\, f(x) - p(x) + c_{\min} \leq 0 \end{cases} \tag{9}$$

式中：$f(x)$——目标函数；

$p(x)$——罚函数；

$c_{\min}$——一个较小的数，取0。

(3)遗传操作

选择操作时采用比例选择方式；交叉和变异操作时，分别选用单点交叉和基本点变异方式。

3 案例分析

3.1 案例背景

以北京市海淀区西三旗街道东升科技园为研究背景，验证开展共享停车的可行性及所提模型的合理性。该区域的土地性质多以办公、居住为主，有办公区域东升科技园一区和即将开放的东升科技园二区，另外有商业用地悦茂购物中心。以东升科技园一区为例，园区泊位共计860个，日间需求量达到1600个，停车需求旺盛，停车泊位存在较大缺口。为缓解停车问题，拟开放周边的世华龙樾小区进行泊位错峰共享。研究区域示意图如图3所示。

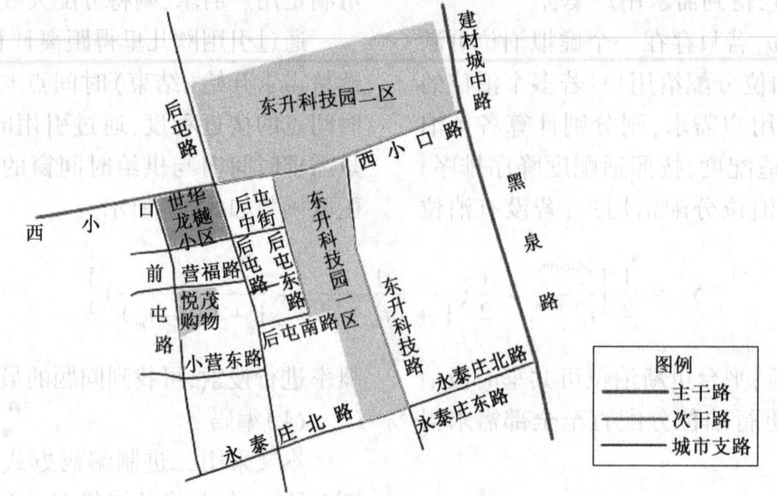

图 3　研究区域示意图

3.2　参数设定

假设共享停车平台运营时间为 8:00—18:00，为方便计算将其划分为 40 个时间段，每个时间段为 15min，运营开始时间点表示为 $T=0$，结束时间点表示为 $T=40$。案例中 $p=5$ 元/时段，$\beta=0.5$ 元。

优先级函数标定为：

$$\alpha_m=\left[\frac{1}{6}t_m^{\text{duration}}\exp(0.5f_m-0.1)\right] \tag{10}$$

泊位开始共享时间在 8:00—10:00 随机生成，结束共享时间在 16:30—18:00 随机生成，见表 2。用户需求信息见表 3、表 4。

泊位共享时间窗　　表 2

泊位序号	共享时间窗
1	[5,36]
2	[4,39]
3	[1,38]
4	[3,35]
5	[3,37]
6	[7,38]
7	[6,35]
8	[5,39]

预约用户的需求信息　　表 3

用户序号	需求时间窗	一周内预约频率	优先级	用户序号	需求时间窗	一周内预约频率	优先级
1	[18,27]	1/7	1	9	[2,32]	3/7	6
2	[8,19]	3/7	2	10	[4,36]	2/7	6
3	[22,30]	1/7	1	11	[10,20]	1/7	2
4	[18,28]	2/7	2	12	[20,37]	3/7	3
5	[14,24]	4/7	2	13	[5,35]	4/7	6
6	[20,36]	6/7	4	14	[15,33]	4/7	4
7	[18,25]	2/7	1	15	[24,39]	5/7	3
8	[15,25]	1/7	2	16	[10,36]	5/7	6

实时到达的用户需求信息 表4

用户序号	需求时间窗	用户序号	需求时间窗
17	[3,5]	22	[10,14]
18	[5,9]	23	[16,20]
19	[6,10]	24	[33,35]
20	[7,15]	25	[34,38]
21	[8,14]	26	[35,38]

3.3 结果分析

在 Matlab R2018a 环境下运用遗传算法对泊位的供需匹配过程进行数值仿真,实现了共享停车平台对不同优先级用户预约需求的分配决策。

分配结果如图4所示,平台对用户2、5、6、9、10、11、12、13、14、15、16的请求进行了响应,出于时间窗约束以及优先级和最大化收益等原因,拒绝了优先级较低的1、3、4、7、8用户的请求。从分配结果可以看出,泊位的时长利用率为84.1%,平台的最终收入为1075元。

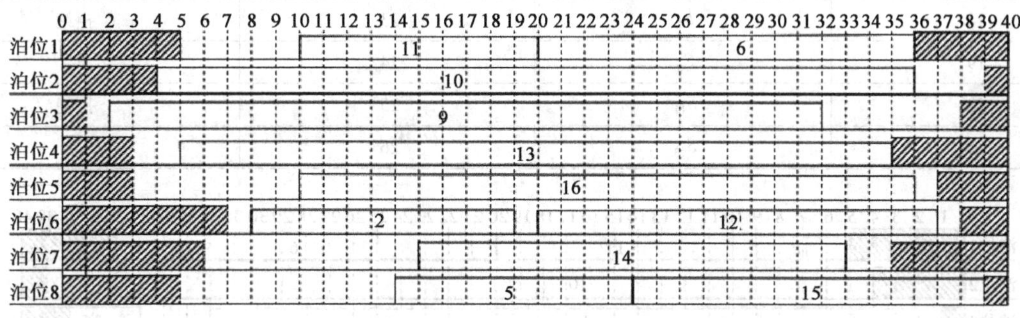

图4 考虑优先级的共享泊位分配结果

为验证模型的合理性,将该模型与"先预约先分配"的服务方式进行结果对比。考虑到"先预约先分配"模式的分配结果会受到用户预约顺序的影响,为了更加客观真实地对比分析两种模式的分配结果,在表3的基础上,采用随机生成预约编号的方式进行50次试验,结果见表5。

"先预约先分配"模式分配结果的统计量 表5

评价指标	统计量			
	最小值	最大值	均值	标准偏差
泊位时长利用率	0.439	0.636	0.560	0.060
平台收入(元)	580	840	739	80

通过对比可得:

(1)考虑优先级的泊位分配模型在更好地实现优先级较高用户泊位分配的同时大幅度地提高了平台的运营收益。

(2)考虑优先级的泊位分配模型的泊位时长利用率更高,有利于停车资源的优化利用。

为充分利用泊位的空闲时间段,实时满足用户的停车需求,在图4基础上以虚拟泊位的形式将剩余的泊位供给进行表示,如图5所示。

对于用户17的需求,泊位 S_5、S_6 均可满足,通过计算适配度,$\gamma_5 = 1$,$\gamma_6 = 0.4345$;$\gamma_5 > \gamma_6$,故将泊位 S_5 分配给用户17。按照实时分配规则依次对用户17~用户26进行泊位分配,结果见表6。

综合图4和表6得到最终的泊位分配结果,如图6所示。

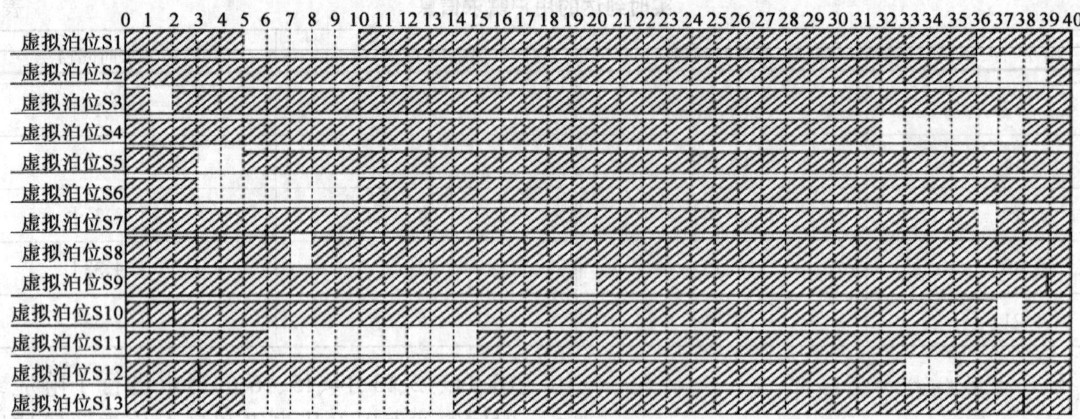

图5　虚拟泊位供给情况

泊位实时分配结果　表6

用户序号	分配结果	用户序号	分配结果
17	S_5	22	拒绝
18	S_1	23	拒绝
19	S_6	24	S_{12}
20	S_{11}	25	拒绝
21	S_{13}	26	S_4

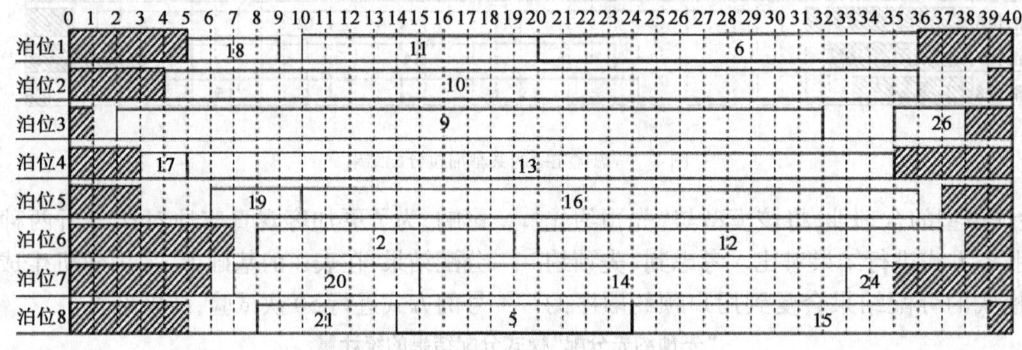

图6　居住区共享泊位最终分配结果

由图4和图6可以看出,加入实时分配结果后,泊位的时长利用率由原来的81.4%增长至92.4%,平台收入较原来提高13.5%。

4　结语

本文在考虑需求用户异质性的情况下,标定了用户优先级函数,建立了基于多用户多泊位分配情景下平台运营收益最大化模型。研究表明,所建模型在满足高优先级用户需求的同时能提高平台的收益与泊位时长利用率。与此同时,通过引入适配度函数,构建了居住区共享停车实时匹配规则,采用考虑优先级的泊位分配与实时分配相结合的运营模式,既有利于平台在更大程度上填补泊位的空闲时间段,满足更多用户需求,增加平台收益,又有利于停车资源的优化利用。

平台将预约用户使用频率和停车时长作为判别优先级的要素,有利于吸引长期用户进行长时间停车,为今后居住区共享车位资源的优化配置提供理论依据和运营经验。

另外,文中的泊位供给都是已知的,未来可以研究在车位供给可变情境下考虑用户优先级的居住区泊位分配。

参考文献

[1] Shao C Y, Yang H, Zhang Y, et al. A Simple Reservation and Allocation Model of Shared Parking Places [J]. Transportation Research Part C Emerging Technologies, 2016 (71):

303-312.

[2] 杨博,张磊,殷瑞琴. 区域多停车场的共享泊位预订分配模型研究[C]//品质交通与协同共治——2019年中国城市交通规划年会论文集. 2019:2446-2456.

[3] 孙会君,傅丹华,吕莹,等. 基于共享停车的车位租用与分配模型[J]. 交通运输系统工程与信息,2020,20(03):130-136.

[4] 姚恩建,张正超,张嘉霖,等. 居住区共享泊位资源优化配置模型及算法[J]. 交通运输系统工程与信息,2017, 17(02):160-167.

[5] CAI Y F, CHEN J, ZHANG C, et al. A Parking Space Allocation Method to Make a Shared Parking Strategy for Appertaining Parking Places of Public Buildings [J]. Sustainability, 2019,11(1):1-20.

[6] 段满珍,杨兆升,米雪玉,等. 基于居住区共享停车的双层规划诱导模型[J]. 西南交通大学学报,2016,51(06):1250-1257.

[7] 张文会,苏永民,戴静,等. 居住区共享停车泊位分配模型[J]. 交通运输系统工程与信息, 2019, 19(1): 89-96.

[8] 林小围,周晶,卢珂. 私家车位共享系统的车位动态预约与分配[J]. 系统工程理论与实践,2018,38(11):2907-2917.

[9] 乐美龙,刘秀玲. 基于泊位偏好与服务优先级的泊位和岸桥分配[J]. 辽宁工程技术大学学报(自然科学版),2013,32(05):709-712.

[10] 路扬,何胜学,王冬冬. 共享停车泊位供需匹配优化模型[J]. 山东农业大学学报(自然科学版),2018,49(06):986-990.

地铁建设对公共交通可达性的影响分析及度量

白珂炎[1] 姚恩建[1,2] 杨 扬*[1,2]

(1. 北京交通大学交通运输学院;2. 综合交通运输大数据应用技术交通运输行业重点实验室)

摘 要 地铁因其运量大、准点率高的特点,在城市交通网中发挥了骨干作用。但地铁建设费用高昂,在建设之前需在分析其对现有公共交通网络影响的基础上,评估建设的必要性及合理性。本次研究首先基于电子地图、出行调查数据和百度地图API获取的兴趣点信息(POI),整理形成了可达性分析数据库。其次,从区域可达性的角度,开展地铁建设对公共交通可达性的影响分析。最后应用空间计量学模型对地铁建设带来的可达性差值进行拟合,分析其影响因素。结果表明:①北京市公交网络基础较好,地铁建设并没有对原有的可达性带来结构性改变,更多的是解决了公共交通拥挤的问题。但是,其在提升整体区域可达性的同时,却带来了更大的两级差距。②主要影响可达性差值的是地铁网络本身的属性,与公交网络和交通小区的地理位置关系较小。

关键词 运输规划 可达性分析 地铁 土地利用 兴趣点

0 引言

随着我国经济的飞速发展,城市化进程和规模发生了显著的变化,私家车保有量和交通需求量急剧攀升。有限的公共资源、恶化的交通环境和过度的能源消耗等问题,正逐渐制约着我国众多城市的发展。双碳背景下,规划师们更加意识到公共交通的重要性。乘坐公共交通出行不仅能有效缓解大城市的交通压力,还可以减少小汽车污染排放。地铁作为城市公共交通系统的重要组成部分,因其运量大和准点率高等特点,成为了各大城市争相建设的对象。随着新的地铁线路的开通,地铁站点可达性发生变化,进而影响区域可达性的变化和区位优势的变化。

国外学者 Hansen[1] 于1959年第一次提出可达性的概念和计算方法,随后大量学者对可达性的

基金项目:中央高校基本科研业务费(2021)BM018、北京市自然科学基金(L211025)、国家自然基金(71931003)。

概念进行阐述。目前可达性计算主要有五大经典计算模型:潜力模型[1]、空间阻隔模型[2]、机会累计模型[3]、效用模型[4]和空间约束模型[5]。随着可达性模型的建立,越来越多的学者关注到如何用可达性指标评价目前的城市发展。邓羽[6]等人通过可达性与道路密度双重指标的运用进行区域综合分区,揭示了北京市城区内的空间可达性特征和道路基础设施建设情况以及两者在南北城区内的空间表征差异。高兴川[7]等人分析了青藏高原地区 40 年来交通网络发展与可达性空间格局演变,得到两者演化规律及特征。冯健和钟弈纯[8]从居住内部环境(住房条件)和居住外部环境(设施可达性)两方面综合衡量城市居民生活质量。殷江滨[9]等人构建城市增长趋同的空间计量分析模型框架,探讨城市间通达性和口岸通达性的改善对城市经济趋同的影响。

国内学者李平华[10]将都市区可达性研究分为可达性与城市土地利用、社会服务设施的提供、边缘地区或弱势群体可达性研究和公共交通路线站点的规划与新建交通基础设施的影响研究五大部分。在新建交通基础设施的影响方面,目前的研究主要从公共交通网络的时间和空间可达性变化进行评价。罗鹏飞[11]采用了旅行时间、经济潜力、日常可达性三大评价指标,分析了京沪高速铁路对沿线地区可达性的带来的影响。蒋海兵[12]利用日常可达性、潜力值和加权平均时间三个指标,比较有无京沪高速铁路两种情景下京沪地区中心城市可达性空间结构的变化,从而反映高速铁路对中心城市可达性的影响。但目前的研究以地铁作为主要研究对象,探究其对城市公共交通网络的影响研究较少。

城市轨道交通和常规地面公交作为公共交通中的两种重要组成,存在功能定位、投资成本等方面的不同[13]。首先城市轨道交通往往作为公共交通网络中的骨架,承担流量大、中长途的客流运输。而常规地面公交则往往线路密度大,承担流量小、中短途的客流运输。在投资成本方面,轨道交通建设成本高昂,需要大量的专业技术人员与资金的投入,建设周期长,而且线路一旦建成则不易改动。对于常规公交而言,投资相对较少,而且线路灵活方便随时根据客流进行调整。鉴于两种出行方式的特点,城市轨道交通网与常规地面公交的可达性存在较大差异,研究地铁建设对公共交通网络可达性的影响,能够对比两种交通方式对区域可达性带来的变化,为后续的地铁规划提供参考。

目前已有的研究中,余伟[14]等人分析了 Space L 和 Space P 模型中地铁对于城市公交网可达性的影响。黄晓燕[15]应用 GIS 方法,选取 2000 年、2003 年、2009 年和 2012 年 4 个时间节点,通过对比分析地铁站点与线路加入到公共交通网络中所产生的变化,定量分析地铁网络建设对广州公共交通可达性及空间格局的影响。李志[16]等人以南京地铁 1、2 号线为例,通过多个指标测度地铁建成前后的交通可达性及其格局变化,探讨不同类型用地对地铁通达性的增值响应模式。裴玉龙[17]从平均出行时间、加权出行时间与出行范围三个方面出发,建立了基于公共交通网络出行的空间可达性度量模型。陈锦渠[18]等人将站点可达性划分为易达性及可动性两类,分别运用空间句法及乘客广义出行费用量化了两类可达性指标,最后运用所建立指标分析了杭州地铁站点的可达性。现有的研究从时间和空间的维度分析地铁建设给公共交通网络带来的变化,但往往划分的研究区域较抽象或仅仅选取地铁站点周边区域,不能很全面地分析区域可达性的变化。同时,仅从时间和空间维度进行分析不够全面的刻画地铁建设给公共交通网带来的影响,还应考虑地铁建设带来的可达性变化。

总而言之,地铁与公共交通可达性变化量并不一定是简单的正相关关系,不同区位之间存在明显差距。因此本文将对研究区域内交通小区的区域可达性进行计算,分析地铁建设对不同区位可达性带来的变化。其次,为了更深一步探究可达性差异的影响因素,本文选取 7 个指标进行空间回归建模,得到可达性差值的影响因素,并对空间异质性进行分析。

1　研究方法与数据来源

1.1　研究区域

北京路网是标准的环形与放射状相结合的道路网设计,地铁和常规地面公交网络均发展较完善。目前北京拥有超 1000 条公交运营线路,线路总长度约 1900km,承担着北京公共交通的主体部分。同时,截至 2020 年 12 月,北京市轨道交通路网运营线路达 24 条,总里程 727km,车站 428 座(包括换乘站 64 座)。线路结构多样,包括环线,方格网状和放射线。因此选择北京作为研究对象，探究地铁建设对公共交通可达性带来的影响。

1.2 研究方法

1.2.1 数据准备

1）地铁站点

共收集20条地铁线路的327个地铁站点。北京市地铁站数据包括所属地铁线路、站点名称、站点经纬度、站点等级（地铁线路数量）、站点可达性。站点可达性为该地铁站到全网其他地铁站的出行时间平均值。

2）交通小区

根据结合居民出行调查的交通小区划分结果，得到1314个交通小区中心点坐标。将六环及六环外离地铁线路较远的交通小区删除，整理后最后选择了1118个交通小区作为区域可达性的研究对象。数据类型包括交通小区编号、小区经纬度坐标与所处环线。

3）兴趣点（POI）

根据小区中心点坐标，基于百度地图API获得，主要获取的POI兴趣点类型包括酒店、美食、购物、旅游景点、交通设施、教育培训和金融等。

1.2.2 可达性计算模型

区域可达性是在交通小区层面，对每一个交通小区出行的交通可达性进行评价。本文采用机会累计模型求解区域可达性，因为其可理解性较好。机会累计模型中可达性定义为：某种特定出行方式，在一定的时间、空间或出行成本内能够得到某种机会的数量越多，可达性越好，反之则越差[19]。其中所指的机会可以是工作机会或者是购物机会，机会的具体内涵可以根据研究的内容不同进行更改。工作或机会数量数据难以获取，所以本文采取POI信息点代替工作机会，包括酒店、美食、购物、旅游景点、交通设施、教育培训和金融7个类别[20]。这种方法计算出来的可达性指标值是随着时间阈值的增加而增加，计算公式如下：

$$A_i = \sum_j O_{j\tau} \tag{1}$$

式中：τ——预先定义的时间阈值，本文设置为60min；

$O_{j\tau}$——小区j中的居民可以获取的机会，其中j是到小区i的时间在阈值τ内的小区。

目前绝大多数可达性的计算仅仅考虑出行时间。从某种角度来说，它忽略了出行的成本，而没有考虑成本则必然会过大的估计可达性。一些出行者会因为成本原因而拒绝乘坐地铁，转而去乘坐公交。因此本文以区域居民乘坐城市公共交通出行的广义成本T作为阻抗函数，计算区域内居民在可承受的广义成本下可达到的工作机会数量，从而反应该区域的可达性。其中广义成本T的计算公式如下[21]：

$$T = t_{ij} + c_{ij}/\mathrm{VoT} \tag{2}$$

式中：t_{ij}——交通小区i到交通小区j所用的行程时间；

c_{ij}——交通小区i到交通小区j所用的行程费用；

VoT——人均工资。

1.2.3 地铁可达性差值回归模型

目前已有学者提出了可达性差值（Accessibility Gap）的指标，探究不同交通方式之间的可达性差异的影响因素[22-23]。Kwok[24]提出了一个公共交通可达性空间网络分析模型，并利用模型分析新建交通基础设施在不同交通方式之间可达性差异。Fransen[25]将公共交通需求与公共交通供给基于不同社会人口分布进行分析，得到郊区公共交通供给差距较大。Yang[26]对小汽车和公共交通方式之间的可达性差值进行计算，并对其影响因素进行分析。陈慧灵[27]采用了变异系数分析地铁建设对出行时间与出行费用影响的空间公平性，即出行时间的标准偏差与平均值的比值。

为了进一步量化地铁建设对公共交通可达性的影响，本文将出行方式包含地铁计算得到的区域可达性与不包含地铁计算得到的区域可达性相减，得到可达性差值Gap。其中可达性差值Gap的计算公式如下：

$$\mathrm{Gap}_i = A_i^{\mathrm{p}} - A_i^{\mathrm{q}} \tag{3}$$

式中：Gap_i——交通小区i的可达性差值；

A_i^{p}——交通小区i出行方式包含地铁的区域可达性；

A_i^{q}——交通小区i出行方式不包括地铁的区域可达性。

因考虑到可达性差值不仅与交通小区自身有

关,也与周边交通小区的可达性差值有关,这与经典线性回归模型的原理相违背[28]。故本文考虑采用空间计量模型对可达性差值进行拟合,包括空间滞后模型、空间误差模型和地理加权回归模型。

空间滞后模型(Spatial Lag Model,SLM)考虑的是因变量的空间相关性,即某一空间对象上的因变量不仅与同一对象上的自变量有关,还与相邻对象的因变量有关。其中SLM模型的公式如下[29]:

$$y = \rho W y + X\beta + \varepsilon \tag{4}$$

式中:y——因变量;

X——解释变量;

β——回归系数;

ε——误差项;

W——空间权重矩阵;

ρ——空间自回归系数。当ρ值在统计上显著时,说明因变量之间存在明显的空间相关性。ρ值反映了空间依赖性的程度。

空间误差模型(Spatial Error Model,SEM)是考虑误差项在空间上相关。其中,SEM模型的公式如下:

$$y = X\beta + \varepsilon \tag{5}$$

$$\varepsilon = \lambda W\varepsilon + \mu \tag{6}$$

式中:W——残差的空间邻接权重矩阵;

λ——空间残差项的回归系数;

μ——随机误差项。

SLM和SEM模型是属于全局模型。由于空间数据的空间相关性会导致回归关系的空间非平稳性(空间异质性)。为了探索空间数据的空间非平稳性,Fotheringham等[30]首次提出了地理加权回归模型(Geographically Weighted Regression,GWR),公式如下:

$$y = \beta_0(u_i,v_i) + \sum_{k=1}^{n}\beta_k(u_i,v_i)x_{ik} + \varepsilon_i \tag{7}$$

式中:(u_i,v_i)——交通小区i的经纬度坐标;

$\beta_0(u_i,v_i)$——交通小区i的常数项;

$\beta_k(u_i,v_i)$——交通小区i在第k个解释变量x_{ik}的估计参数;

ε_i——交通小区i的误差项。

2 区域可达性计算结果与分析

根据区域可达性计算模型,以百度地图API获取的阈值范围内的POI信息点为输入数据,计算得到1118个交通小区的区域可达性(含地铁)、区域可达性(不含地铁)和区域可达性差值。

研究可知,北京市的发展较为对称。市中心可达性明显高于郊区可达性。其中东部交通小区的可达性比西部高,北部和南部交通小区的可达性没有明显差距。除亦庄地区以外,北京郊区的可达性较低。亦庄地区的可达性较高并且可达性差值较大,说明该地区对地铁的依赖性较高。

地铁建设对公共交通可达性的影响主要有两个方面:(1)地铁建设对大部分区域的可达性有较大的提高。(2)地铁建设使部分近郊的交通小区可达性得到显著提升,减少了其与市中心的差距。但地铁建设也带来了一些相对负面的影响。因为地铁相对于公交站点少,网络密度低,并没有对公共交通可达性分布带来质的变化,反而因不能方便所有的交通小区居民的出行,扩大了交通小区区域可达性两级之间的差距。

因为本文采用的是广义出行时间,所以存在只乘坐公交出行与地图推荐路线相比,因公交票价低而导致区域可达性较高的情况。虽然区域可达性差值为负不能说明地铁建设对该区域的可达性一定带来的不好的影响,但是可以说明地铁建设对该区域的可达性没有带来任何提升。所以未来地铁建设站点的选择,应该着重考虑可达性差值为负数的区域。

3 地铁建设对公共交通可达性影响

为了进一步探究可达性差值的影响因素,本文选取五环内的687个小区进行可达性差值模型拟合,重点分析交通小区最近地铁站距离(x_1),最近地铁站等级(x_2),1km内地铁站数量(x_3),最近公交站距离(x_4),1km内公交站数量(x_5),小区中心点距离天安门(x_6)和最近地铁站站点可达性(x_7)对可达性差值的影响。如图1所示,区域可达性差值计算的得到的莫兰指数为0.416,表明区域可达性差值具有强烈的空间自相关关系,可以应用空间计量学模型进行回归。

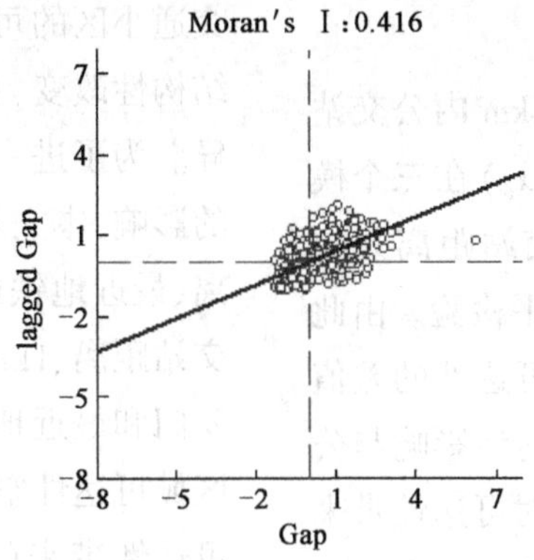

图1 Moran'I 散点图

3.1 模型评估

选择普通最小二乘法(OLS)、空间滞后模型(SLM)、空间误差模型(SEM)和地理加权回归(GWR)四个模型进行回归分析,GWR 采用 Gaussian 函数计算。参数估计结果见表 1[31]。OLS、SLM 和 SEM 三个模型中变量除 1km 内公交站数量(x_5)和中心点距离天安门距离(x_6)以外,均具有较高的显著性水平,说明解释变量与可达性差值之间存在显著相关。

可达性差值回归模型参数估计结果 表1

	OLS	SLM	SEM	GWR		
				MIN	MAX	Mean
常数项	19925***	15056***	21096***	2341.4	82226	29403
最近地铁站距离(x_1)	-2.5695***	-2.3987***	-3.8736***	-21.525	1.4140	-7.2425
最近地铁站等级(x_2)	1281.9***	1106.4**	1307.6***	-6679.8	5122.7	889.05
1km 内地铁站数量(x_3)	2108.8***	1875.7***	1657.7***	-2012.4	6091.1	1328.3
最近公交站距离(x_4)	-1.9180	-2.2275*	-2.3586*	-14.471	13.688	-3.4889
1km 内公交站数量(x_5)	-42.608	-53.667	-62.666	-506.30	369.76	-70.617
中心点距离天安门(x_6)	-0.0697	0.0556	0.0048	-1.6361	1.6797	-0.0522
最近地铁站站点可达性(x_7)	-252.72***	-201.54***	-245.30***	-1086.3	93.840	-349.37
ρ	—	0.26259***	—	—	—	—
λ	—	—	0.4049***	—	—	—

注:*、**、***分别表示在10%、5%、1%显著水平上通过检验。

拟合效果评价指标见表2。从 R^2、校正的 R^2、对数似然值、AIC 和残差的 Moran'I 五个方面考虑,GWR 模型都是拟合效果最好的,其次是 SEM 模型。因为 GWR 充分考虑了空间位置对评估结果的影响,从而更好地刻画了可达性差值影响因素的空间异质特征。而 SLM 和 SEM 模型仅仅将空间异质性特征作为误差项进行简化,导致 AIC 值和对数似然值较高。而 OLS 模型是只考虑单纯的线性模型,不考虑变量之间的空间权重,所以拟合效果最差[32]。

回归模型拟合效果评价指标 表2

	OLS	SLM	SEM	GWR
R^2	0.467988	0.490662	0.514611	0.703297
校正的 R^2	0.462504	—	—	0.625329
对数似然值	-6881.43	-6870.83	-6860.87	-6671.22
AIC	13778.9	13759.7	13737.7	13563.5
残差的 Moran'I	0.140	0.042	0.000	—

3.2　可达性差值影响分析

观察显著性检验结果可以发现,1km 内公交站数量(x_5)和小区中心点距离天安门(x_6)在三个模型中都未通过显著性检验,最近公交站距离只在 SLM 和 SEM 模型中通过 10% 显著水平检验。由此可以说明:(1)公交站的完善情况对可达性的差值影响较小,即地铁对公共交通网络可达性影响与公交站点布局关系较小。(2)地铁建设对可达性带来的影响和交通小区与市中心的距离没有较强的相关性。(3)地铁建设对可达性带来的影响主要与地铁站自身的密度、等级和可达性有强相关性。

对通过显著性检验的四个变量的 GWR 模型回归系数进行可视化展示,可知不同因素对可达性差值带来的影响随区域不同呈现明显差异。变量系数拟合结果均存在正负号交替的情况。对于 1km 内地铁站个数,研究预期地铁站个数越多可达性差值越大,标定结果符号应为正,但是实际结果北部主城区标定结果为负,说明北部城区地铁站个数对可达性差值影响较小,后期加大北部地区的地铁站密度是不能提升北部地区的区域可达性;对于最近地铁站等级,研究预期地铁站等级越高,可达性差值越大,标定符号为正,但是实际结果西北部城区出现负值,原因可能为西北部现有的轨道交通网密度较低,所以最近地铁站等级不能准确地反映该地区的可达性差异。最近地铁站距离和最近地铁站站点可达性研究预期标定符号为负,地铁站距离越近,站点可达性越小,可达性差值应越大。从实际的标定结果来看,基本符合研究预期。但城中心部分的估计参数绝对值更大,说明最近地铁站距离和最近地铁站站点可达性在城中心部分对可达性差值影响更大。

4　结语

本文从区域可达性层面评价现有地铁网络,并分析地铁建设对公共交通可达性的影响。研究利用百度地图 API 获取相关数据,计算包含地铁的公共交通网络区域可达性、去除地铁的公共交通网络区域可达性和可达性差值三个指标,结果表明地铁建设很大程度上提高了市中心和近郊区交通小区的可达性,但并没有带来区域可达性的结构性改变,且进一步扩大了地区间的可达性差异。为了进一步量化地铁建设对公共交通可达性的影响,本文重点分析了交通小区最近地铁站距离、最近地铁站等级、1km 内地铁站数量、最近公交站距离、1km 内公交站数量、小区中心点距离天安门和最近地铁站站点可达性 7 个变量,建立了区域可达性空间拟合模型。结果表明地铁建设对可达性带来的变化与地铁站自身的属性显著相关,而与交通小区的地理位置和公交网络的属性关系并不显著。同时,拟合结果显示变量间存在较强的空间异质性。

研究在评价地铁建设对公共交通可达性的影响时,引入了区域可达性差值的概念。不仅考虑了地铁网络自身的站点可达性和地铁站附近区域的可达性变化,并且计算了覆盖范围内所有交通小区区域可达性。利用回归模型分析了可达性差值的影响因素,但未能结合人口密度对可达性进行进一步分析,这将会在接下来的研究中进行补充。

参考文献

[1] Hansen, Waler G. How Accessibility Shapes Land Use[J]. Journal of the American Institute of Planners, 1959, 25(2): 73-76.

[2] D R, Ingram. The concept of accessibility: A search for an operational form[J]. Regional Studies, 1971.

[3] Wachs M, Kumagai T G. Physical accessibility as a social indicator[J]. Socio-Economic Planning Sciences, 1973, 7(5): 437-456.

[4] Ben-akiva M, Lerman S R. Discrete choice analysis: Theory and application to travel demand[M]. Massachusetts: MIT Press, 1985.

[5] Kwan M P. Space-Time and Integral Measures of Individual Accessibility: A Comparative Analysis Using a Point-based Framework[J]. Geographical Analysis, 1998, 30(3): 191-216.

[6] 邓羽,蔡建明,杨振山,等. 北京城区交通时间可达性测度及其空间特征分析[J]. 地理学

报,2012,67(02):169-178.

[7] 殷江滨,黄晓燕,洪国志,等.交通通达性对中国城市增长趋同影响的空间计量分析[J].地理学报,2016,71(10):1767-1783.

[8] 高兴川,曹小曙,李涛,等.1976—2016年青藏高原地区通达性空间格局演变[J].地理学报,2019,74(06):1190-1204.

[9] 冯健,钟奕纯.基于居住环境的常州城市居民生活质量空间结构[J].地理学报,2020,75(06):1237-1255.

[10] 李平华,陆玉麒.城市可达性研究的理论与方法评述[J].城市问题,2005(1):69-74.

[11] 罗鹏飞,徐逸伦,张楠楠.高速铁路对区域可达性的影响研究——以沪宁地区为例[J].经济地理,2004,24(3).

[12] 蒋海兵,徐建刚,祁毅.京沪高铁对区域中心城市陆路可达性影响[J].地理学报,2010,65(10).

[13] 蔦颖恩,郭兰兰,唐春艳,等.常规道路公交线网对城市轨道交通线网特性的影响[J].城市轨道交通研究,2014,17(12):16-20,51.

[14] 余伟,马健霄,张永辉.地铁对城市公交网可达性的改善研究[J].交通运输系统工程与信息,2011,11(01):121-125.

[15] 黄晓燕,张爽,曹小曙,等.广州市地铁可达性时空演化及其对公交可达性的影响[J].地理科学进展,2014,33(8):1078-1089.

[16] 李志,周生路,吴绍华,等.南京地铁对城市公共交通网络通达性的影响及地价增值响应[J].地理学报,2014,69(2):255-267.

[17] 裴玉龙,潘恒彦,郭明鹏,等.轨道交通对城市公共交通网络可达性的影响——以哈尔滨市为例[J].公路交通科技,2020,306(06):107-114.

[18] 陈锦渠,吴雨遥,殷勇,等.城市轨道交通站点可达性研究[J].交通运输工程与信息学报,2020,18(04):38-45.

[19] W M,Kumagai T G. Physical accessibility as a social indicator[J]. Socio-Economic Planning Sciences,1973,7(5),437-456.

[20] Guan J ,Zhang K ,Shen Q ,et al. Dynamic Modal Accessibility Gap: Measurement and Application Using Travel Routes Data[J]. Transportation Research Part D Transport and Environment,2020(81):102272.

[21] Vale D. Effective accessibility: Using effective speed to measure accessibility by cost[J]. Elsevier Ltd,2020:80.

[22] KawabaTA M. Spatiotemporal Dimensions of Modal Accessibility Disparity in Boston and San Francisco[J]. Environment and Planning A: Economy and Space,41(1),183-198.

[23] Benenson I, Martens K, Roféy. Measuring the Gap between Car and Transit Accessibility: Estimating access using a High-Resolution Transit Network Geographic Information System[J]. Transportation Research Record, 2010,2144(1):28-35.

[24] Kwok R C W ,Yeh A G O. The use of modal accessibility gap as an indicator for sustainable transport development[J]. Environment & Planning A,2004,36(5):921-936.

[25] Fransen K ,Neutens T ,Farber S ,et al. Identifying public transport gaps using time-dependent accessibility levels[J]. Journal of Transport Geography,2015(48):176-187.

[26] Yang W ,Chen B Y ,CAO X ,et al. The spatial characteristics and influencing factors of modal accessibility gaps: A case study for Guangzhou, China[J]. Journal of Transport Geography,2017(60):21-32.

[27] 陈慧灵,王伯礼,曹小曙,等.广州市地铁对常规公交出行成本影响及其空间公平性研究[J].地理科学,2019,39(08):1265-1275.

[28] 李序颖,顾岚.空间自回归模型及其估计[J].统计研究,2004(06):48-51.

[29] Stewart F A ,Charlton M ,BRUNSDON C. The geography of parameter space: an investigation of spatial non-stationarity[J]. Geographical

Information Systems,1996,10(5):605-627.

[30] Fischen Mm , Wang J. Spatial Data Analysis: Models, Methods and Techniques[M]. Springer,2011.

[31] 朱宇婷,刘莹,许奇,等.交通可达性与城市经济活动的空间特征分析:以北京市为例[J].交通运输系统工程与信息,2020,20(05):226-233.

[32] 张自荷,王振,吴瑞.基于空间滞后模型的出租车需求影响因素分析[J].武汉理工大学学报(交通科学与工程版),2019,43(02):351-356.

居住主导型BRT车站核心区综合环境评价与改善

——以金华市北苑小区车站为例

杨娜娜 龚迪嘉* 周欢欢 刘奕文

(浙江师范大学地理与环境科学学院)

摘 要 运营服务品质和车外综合环境是影响居民选择BRT出行意愿的两大重要因素。以居住主导型车站——金华市北苑小区BRT车站核心区为例,聚焦车外综合环境,结合实地观察,从物质空间、交通安全、信息3个维度评价现状环境供给水平,并基于问卷调查和访谈等方法,从多视角了解居民的出行满意度与改善意愿。结合SPSS分析,剖析现存问题及其原因。研究表明,住区空间形态、交通基础设施分布、沿途公共服务设施配置等因素存在交互影响,并共同影响居民对车外综合环境的评价。最后,借鉴马斯洛需求层次理论,将改善需求分为可达、易达、乐达3个层次,并从物质空间、交通安全和信息环境三方面给出改善建议,为居住主导型BRT车站核心区车外综合环境品质提升提供思路与策略。

关键词 公共交通接驳 车外综合环境 实地观察 问卷调查 车站核心区 评价与改善 金华市北苑小区

0 引言

快速城镇化与机动化背景下,交通拥堵与环境污染已蔓延至中等规模城市。公共交通优先发展是我国城市与交通治理的基本策略。快速公交(BRT)是中等规模城市公共交通系统的骨干[1-2]。居民是否选择BRT出行,取决于BRT系统的服务品质和车外综合环境两大因素。车外综合环境主要包括接驳空间的出行便捷性、舒适度、沿途活动满足度以及交通安全环境和信息获取便捷度等要素,本文将其统称为综合环境。现有研究中,关于综合环境的研究大多针对城市轨道交通站点核心区步行或自行车接驳环境[3-9],且研究对象也以(特)大城市为主[10]。然而,中等规模城市的公共交通结构、居民出行距离特征等方面均与之不同,关于BRT车站核心区综合环境的研究也较少。本研究以浙江省金华市为例,聚焦中等规模城市中的居住类BRT车站核心区(车站800m覆盖范围),基于综合环境的分析研究,寻求影响居民BRT出行意愿的因素和机制,并试图提出改善建议。

1 研究对象的选择与研究方法

金华市于2015年开通的B1、B2两条线路,构成市区快速公交服务的十字形主骨架(图1),覆盖了市区主要客流集散点。B1、B2均采用电动能源,运行舒适度高,发车间隔为5~7min,公交专用路权占比超过90%,运行准点率在95%以上,服务品质较优,故居民是否选择BRT出行与综合环境密切相关。

考虑通勤早晚高峰是城市交通拥堵常发时段,且基于家的出行是交通方式结构改善的重点之一,同时考虑空间形态差异对出行特征的影响,本研究选择居住主导型车站——北苑小区BRT车站核心区(简称"研究范围")综合环境作为研究对象。该车站位于金华市区北部,八一北街环城北路交叉口以南,是 B1 北段的高客流车站之一(约 1000 人/d),研究范围内人口密度约为 1.2 万人/km²,周边住区涵盖了别墅、普通商品房、老旧小区、城中村等多种居住形态。

本研究运用的方法主要包括:实地观察(空间注记)与定量评价、问卷调查、访谈、基于 SPSS 的数据统计与分析等。

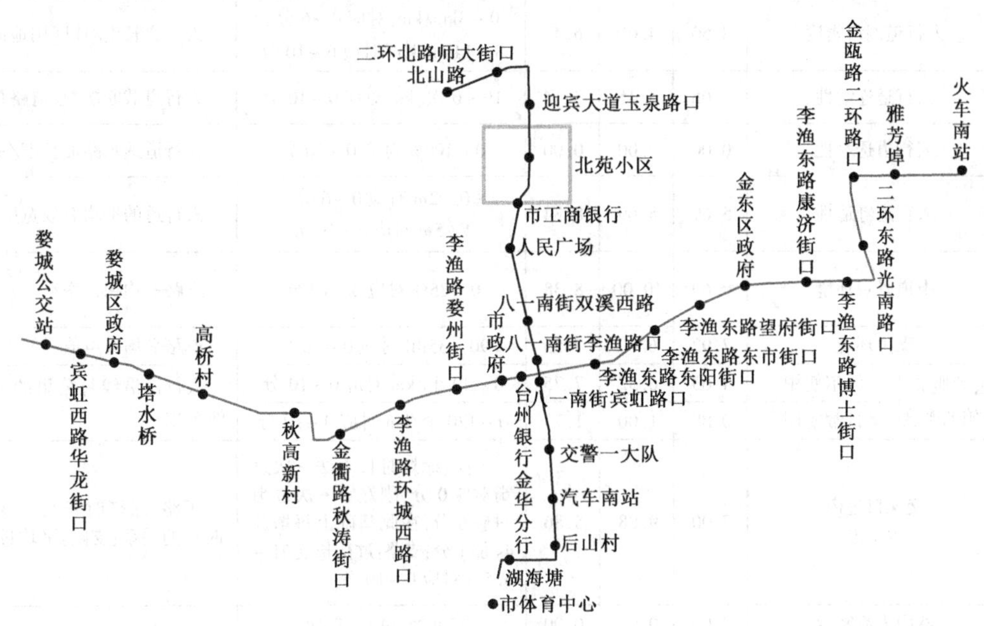

图1　B1、B2 线路、车站

2　基于实地观察的综合环境评价

将研究范围按照城市主干路、铁路的分隔划分为 6 个地块(图 2),并根据居住形态相似性做适当归并。A 片区(A_1+A_2)以普通商品房和别墅为主,B 片区以老旧小区为主,C 片区以城中村为主,D 片区以普通商品房为主。考虑到 D 片区同时位于两个连续 BRT 车站核心区,离南侧市工商银行车站更近且乘车无须跨越铁路,访谈也证实了几乎所有居民都选择南侧车站上落,故本研究仅针对 A、B、C 片区展开。

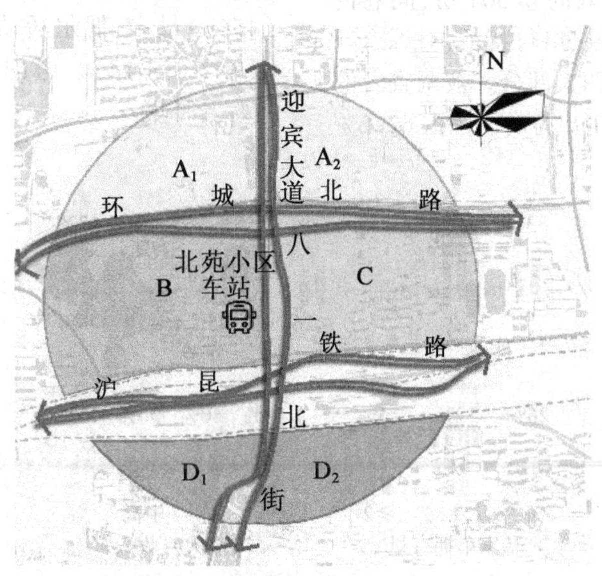

图2　车站核心区片区划分

居民从家出发,步行(或骑行)到 BRT 车站的意愿,取决于该段路途出行的安全性、便捷性和舒适性。实际空间供给能否满足上述需求,可从物质空间环境、交通安全环境和信息环境三方面评价。参考相关文献和规范[11-15],构建评价指标体系,并基于实地观察,给出量化评价,见表1。

基于实地观察的各片区综合环境量化评价标准与结果　表1

<table>
<tr><th rowspan="2">维度</th><th rowspan="2" colspan="2">评价指标</th><th colspan="3">片区名称</th><th rowspan="2">评价标准</th><th rowspan="2">评价内容</th></tr>
<tr><th>A</th><th>B</th><th>C</th></tr>
<tr><td rowspan="8">物质
空间环境</td><td colspan="2">人行道网络密度</td><td>8.50</td><td>4.00</td><td>6.43</td><td>0 ~ 8km/km² 对应 0 ~ 6 分,
8 ~ 14km/km² 对应 6 ~ 10 分</td><td>人行道长度/片区用地面积</td></tr>
<tr><td colspan="2">人行道连续性</td><td>2.06</td><td>5.45</td><td>3.14</td><td>10 ~ 0 次/km 对应 0 ~ 10 分</td><td>人行道截断次数/道路总长度</td></tr>
<tr><td colspan="2">人行道透水性</td><td>0.00</td><td>0.00</td><td>0.00</td><td>0 ~ 100% 对应 0 ~ 10 分</td><td>人行道透水路面长度/道路总长度</td></tr>
<tr><td colspan="2">人行道舒适性</td><td>5.69</td><td>5.69</td><td>8.34</td><td>0 ~ 2m 对应 0 ~ 6 分
2 ~ 5m 对应 6 ~ 10 分</td><td>人行道的平均有效宽度</td></tr>
<tr><td colspan="2">街道景观环境</td><td>8.69</td><td>10.00</td><td>8.38</td><td>0 ~ 25% 对应 0 ~ 10 分</td><td>道路平均绿视率</td></tr>
<tr><td colspan="2">噪声环境</td><td>7.92</td><td>6.60</td><td>7.53</td><td>90 ~ 35dB 对应 0 ~ 10 分</td><td>道路平均噪声值</td></tr>
<tr><td rowspan="2">公共服务
设施的密度</td><td>偶尔使用</td><td>4.63</td><td>6.32</td><td>7.75</td><td>0 ~ 40 个/km 对应 0 ~ 10 分</td><td rowspan="2">人行道沿线每公里的公共服务设施个数</td></tr>
<tr><td>日常使用</td><td>0.88</td><td>1.00</td><td>1.75</td><td>0 ~ 120 个/km 对应 0 ~ 10 分</td></tr>
<tr><td>交通
安全环境</td><td colspan="2">交叉口过街
安全度</td><td>7.00</td><td>9.88</td><td>5.86</td><td>干路:绿灯时长无法一次过街对应 0 分,刚好够一次过街对应 6 分,在此基础上每增加 4s 加 1 分;支路:过街长度 21 ~ 3.5m 对应 0 ~ 10 分</td><td>干路:绿灯时长与一次过街所需时长的关系;支路:平均过街长度</td></tr>
<tr><td rowspan="2">信息环境</td><td colspan="2">站内人流密度</td><td>0.00</td><td>0.00</td><td>0.00</td><td rowspan="2">不可知/可知/易知,
对应 0/5/10 分</td><td rowspan="2">—</td></tr>
<tr><td colspan="2">BRT 到站时刻</td><td>10.00</td><td>10.00</td><td>10.00</td></tr>
</table>

注:①各指标评价值位于连续区间中时,分值采用插值法计算;

②物质空间环境中,与人行道有关的得分取双侧的平均值;

③片区得分是将各评价指标得分按道路长度权重进行加权求和所得的数值,满分为 10 分。

3　研究范围综合环境评价分析

3.1　问卷被调查者的特征

研究共发放和回收有效问卷 304 份,问卷内容包括被调查者的基本属性、出行特征、对综合环境的分项评价和改善意愿四大部分。被调查者的基本属性见图 3。乘坐 BRT 出行的居民占 62.2%(189 人),其中高频乘坐者最多(图 4a),出行目的多为通勤(图 4c),居民出行目的与出行频率高度相关。选择步行前往车站的人数最多(图 4b),沿途顺便完成的日常活动中,买/吃早餐的人(45%)最多,偶尔活动中,寄/取快递(14%)的人最多(图 4d)。考虑样本量,本研究将聚焦步行综合环境。

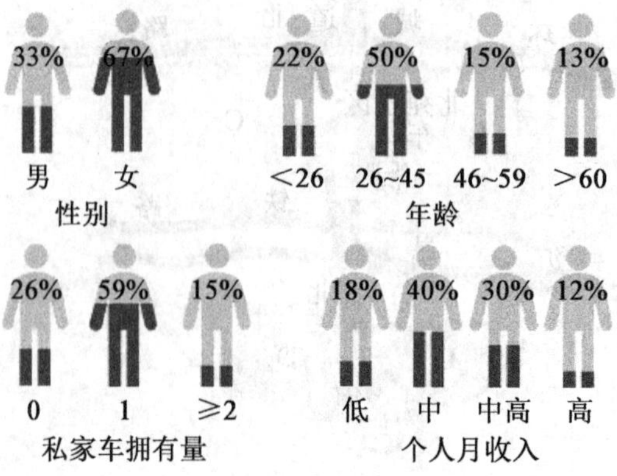

图 3　被调查者的基本属性

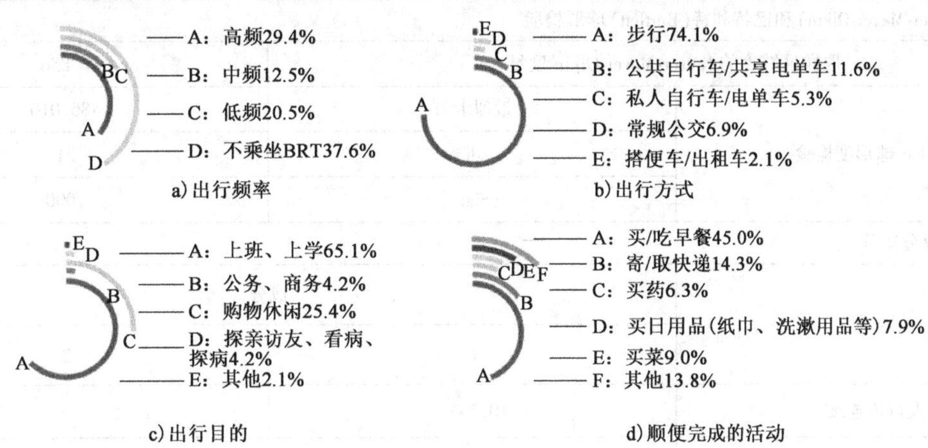

图4　被调查者的出行特征

3.2　问卷与实地观察评价因子的对应关系

关于步行接驳人群对综合环境的评价，问卷采用了李克特量表形式，共9个评价因子。问卷回收后，首先测定了针对所有评价项的信度，结果见表2。

可靠性统计量　　表2

克隆巴赫系数(Cronbach's Alpha)	基于标准化项的克隆巴赫系数(Cronbach's Alpha)	项　数
0.889	0.893	9

将问卷中的9个评价因子分类，并与实地观察评价指标相对应(图5)。“安全快速过马路”因子纳入交通安全环境评价，“预估BRT到站时刻”因子纳入信息环境评价，其他7个评价因子纳入物质空间环境评价。上述7个因子既有基于实际体验的客观评价，也有基于感知的主观评价，故采用主成分分析法，将各因子分别纳入“实际体验”和“感知评价”两个主成分类别(表3)。

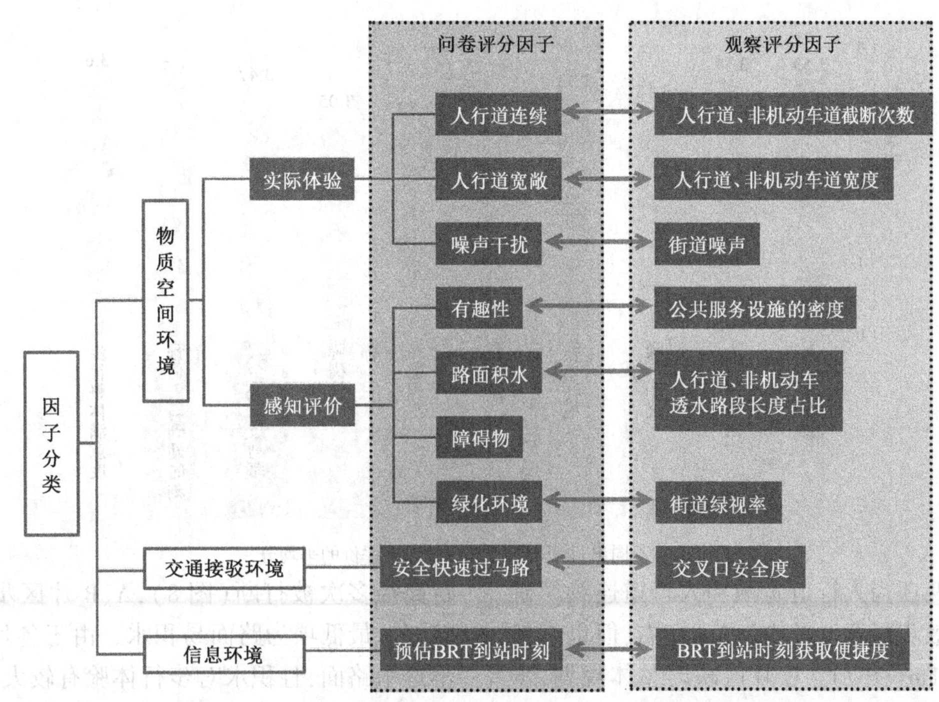

图5　问卷中的评价因子与实地观察评价因子的对应

物质空间环境评价的主成分分析　　表3

a) KMO(Kaiser-Meyer-Olkin)和巴特利特(Bartlett)球形检验

取样足够度的 Kaiser-Meyer-Olkin 度量		0.856
Bartlett 球形度检验	近似卡方	486.010
	df	21
	Sig.	.000

b)旋转后的成分矩阵

因子	成分	
	1	2
人行道连续	0.795	
人行道宽敞	0.691	
噪声干扰	0.678	
绿化环境		0.766
(沿途步行)有趣性		0.731
路面积水		0.649
障碍物		0.637

3.3　不同维度下居民对综合环境评价的差异性分析

3.3.1　出行频率维度

由独立样本检验可知,不同出行频率的居民在各评价项上未呈现出显著差异。就物质空间环境方面,整体而言位于"一般"和"较满意"之间,说明仍有较大改善空间,"实际体验"的评分高于"感知评价"(图6)。

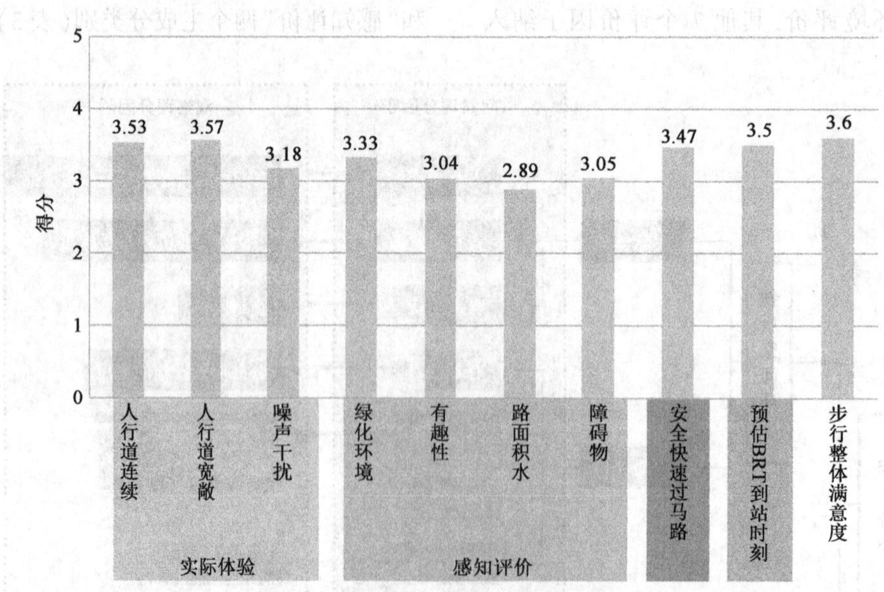

图6　不同出行频率的居民对各因子评价的平均分

最高的两项为人行道宽敞和人行道连续。研究范围内有效步行宽度平均为3m左右,但也有部分路段不足1m(图7)。C片区缺乏整体规划,步行路径多次被打断(图8),A、B片区步行连续性较好。最低项为路面易积水。由于各片区均采用不透水路面,且积水对步行体验有较大负面影响,故居民评分较低。

3.3.2 片区维度

各片区居民对综合环境的整体满意度差异不大,但针对单个评价项,由独立样本检验可知,在“人行道连续性”“预估 BRT 到站时刻”和“沿途有趣性”3 个因子上存在显著差异(图 9)。

(1)“人行道连续性”:A、B、C 片区评分依次降低。

A 片区多为大型封闭式住区,道路交叉口间距较大,步行道少有沿线出入口打断(图 10),连续性高。虽然居民步行至车站途中需穿越交通性干道,但交叉口信号灯和安全岛设施较齐全,故整体评价较好。

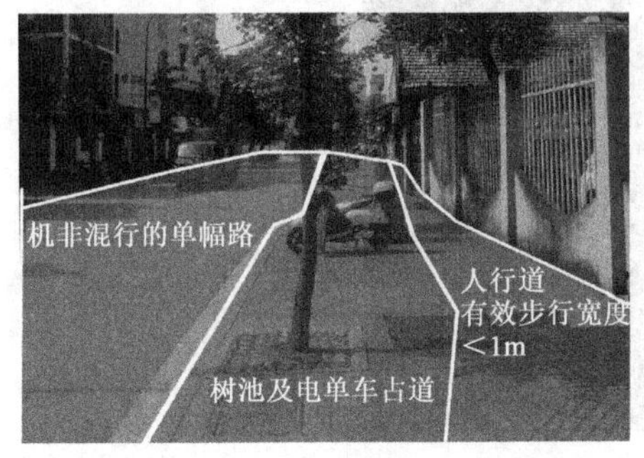

图 7 芙峰街断面

图 8 C 片区步行路径不连续

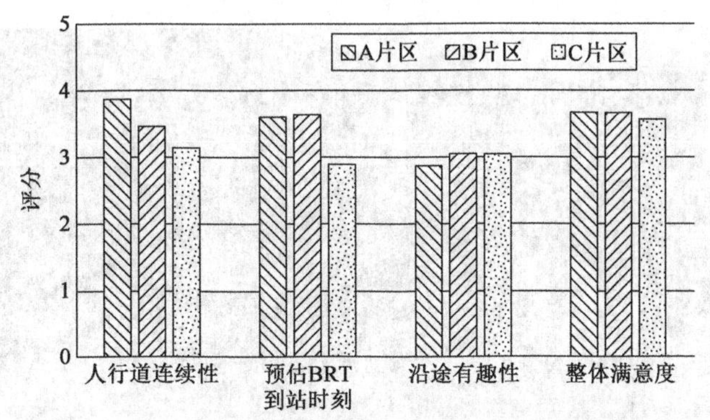

图 9 不同片区的居民评价有差异的因子和得分

图 10 A 片区典型街道

B 片区为老旧小区,停车位供给不足的历史遗留问题导致小汽车与行人争夺有限的空间资源(图 11),极度影响步行体验,加上道路线形曲折,增加了实际步行距离,导致整体评分略低。

C 片区以城中村为主,自发形成的“小街区、密路网”导致片区内部交叉口多,住区或沿线单位的出入口也较多,降低了步行连续性。同时,虽然 C 片区的住区与车站的直线距离大多在 300m 内,但由于各支路与交通性干道(八一北街)相交均采用右进右出的交通组织(设中间隔离带),步行无法穿越(图 12),居民须在南、北两侧的信控交叉口或立交地面层过街,实际步行路径的非直线系数约为 1.7,绕行严重。这些都是导致 C 片区居民评分最低的原因。

图 11　B 片区典型街道

图 12　八一北街对步行穿越的阻隔

(2)“预估 BRT 到站时刻”:C 片区的评分低于 A、B 片区。

A、B 片区的部分住区紧邻八一北街,部分人行出入口直接设置在八一北街上,居民步行过程中亲眼所见 BRT 运行的概率高,对于发车频率的感知更清晰。C 片区与八一北街之间有公安局、电力公司等大型建筑遮挡,且通过访谈了解到,城中村居民长距离出行需求较少且出行时经过八一北街的比例也不高,对 BRT 的了解和感知程度低于 A、B 片区,预估到站时刻的难度较高。

(3)“沿途有趣性”:A 片区评分最低,B、C 片区评分相同。

以封闭式住区为主的 A 片区,步行在很大程度上需依托交通性干道,沿途接触公共服务设施的机会少。由认知距离理论[16]可知,缺乏吸引力、单调的路程往往会显得更长,双重“压力”导致居民对沿途有趣性评价最低。相比而言,B、C 片区内各类公共服务设施配置较齐全,居民在前往车站途中可顺便完成买/吃早餐、取/寄快递、买药等活动,故对有趣性的评价更高。

3.3.3　沿途活动类型维度

步行沿途活动与公共服务设施配置密切相关。问卷数据表明,买/吃早餐的人群对沿途有趣性评分最低(2.93 分)。餐饮是与居民日常生活关系最紧密的活动之一,也是通勤途中顺便完成活动中比例最高的一项。芙峰街上有近 30 家餐饮店,而离车站最近的八一北街上仅有1家,餐饮设施的空间分布极不均衡。实地观察表明,餐饮店并不位于A、B片区居民前往车站的必经途中,A、B片区居民若在乘坐BRT途中需买/吃早餐,必须绕行,导致满意度下降,因此,该片区居民对有趣性的整体评分较低。

3.4　不同路径活动频次与公共服务设施配置的关系

研究范围内公共服务设施供给与居民使用需求之间存在资源错配。部分公共服务设施分布数量较多(少)的街道上,居民沿途顺便完成的活动反而较少(多)(图13)。

现状各类公共服务设施分布符合以下规律:餐饮店、便利店等居民经常使用的设施多分布在生活性道路(支路)沿街和住区出入口附近,吸引和触发的活动类型多样,能有效积聚人气,提升街道活力。房地产中介、汽车4S店和银行等居民偶尔使用的设施多分布在交通性干道(主干路)沿线,这些设施吸引力有限,难以形成活力。

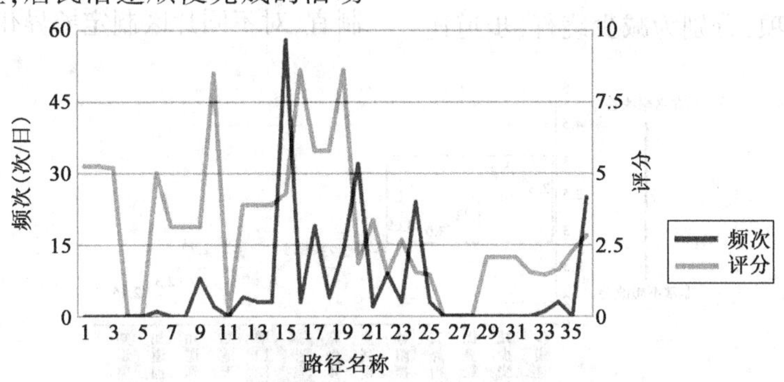

图13　不同路径使用频次和居民评价

如此分布受到两方面的影响。一是住区形态和周边道路等级分布,如A片区多为大型封闭式住区,周边由主干路围合,根据道路等级与两侧用地功能的关系,不应配置吸引大量人流的公共设施,客观上难以服务居民的日常生活需求。C片区多为城中村,支路沿线多为上住下店模式,沿街分布各类公共设施,能较好地服务居民的日常需求,但并不位于前往车站的必经之路上。

二是交通可达性与地租的影响。根据地租理论①,可达性最高的地点应由最高付租能力的企业来承租,随着可达性减弱,要求的付租能力也相应降低[17](图14)。车站位于八一北街(城市"三纵"主干路之一)上,该处拥有最高的可达性。房产中介、美容店、汽车4S店和银行等设施,单位营业面积的产值远高于普通餐饮店,具有较强的付租能力,因此沿线多布置上述设施。离公交走廊、主干路较远的支路可达性低,沿线租金也低,主要布置薄利多销、营业时间有限、付租能力不强的中低端餐饮店等设施。

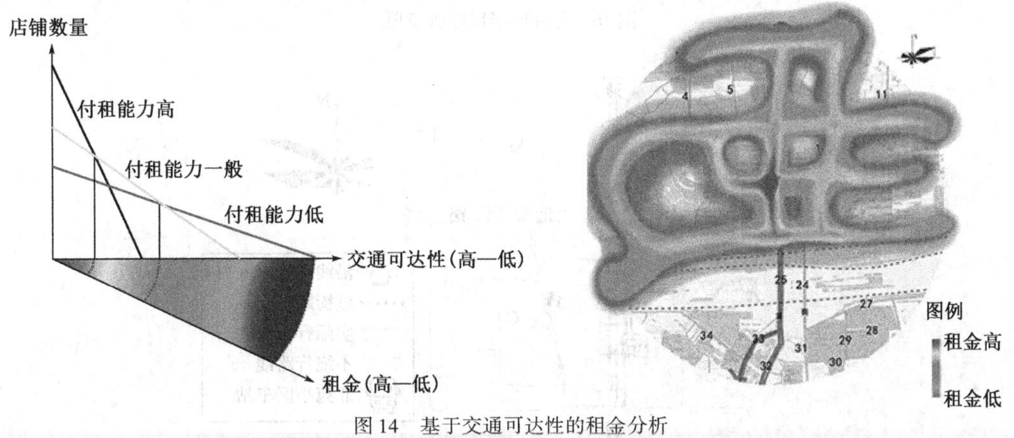

图14　基于交通可达性的租金分析

①各类土地的租金随距市中心远近而变化,即土地价格存在从中心地向郊外逐渐下降的趋势。同时,用地功能和业态也随各产业付租能力的变化而发生变化,付租能力较强的竞争者将获得市中心的土地使用权。

要改变成熟社区的资源错配,就必须在街区的渐进式更新中,同时考虑上述两个影响因素,采用小街区、密路网的发展模式,削弱可达性在空间上的极化现象,平衡租金的空间分布,同时实现更多生活性道路与日常公共服务设施配置的匹配。

4　综合环境改善意愿与需求分析

4.1　改善意愿

居民对物质空间环境的整体改善意愿高于交通安全环境和信息环境(图15),其中改善意愿较强烈的(≥3分)有5项,分别为减少绕行、步道连续、优美绿化、遮阳挡雨和安静街道。

就不同片区而言,A、C片区居民对步行道连续的改善意愿最强烈,B片区居民对减少绕行的改善意愿最强烈,但这也是A、C片区居民改善意愿较强的方面(图16)。不同片区居民绕行的原因不同(图17):A片区由于迎宾大道(主干路)上未设出入口,道路两侧的居民前往车站时需绕行。B片区因北苑小区内部道路曲折,非直线系数较高。C片区受八一北街阻隔,片区中部居民前往车站时无法直接过街,须从两侧绕行。故需因地制宜,对不同片区制定差异化的改善方案。

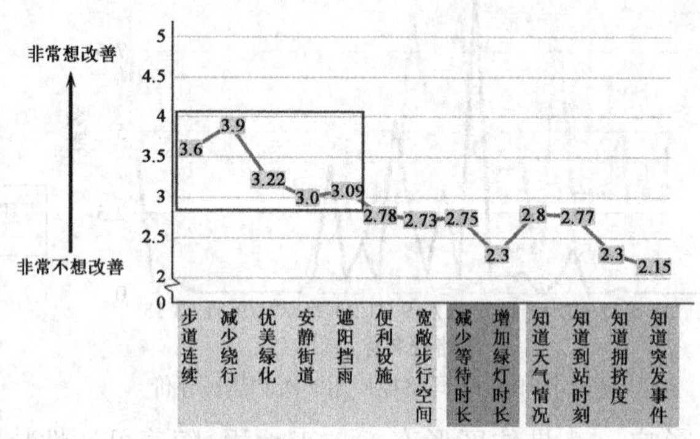

图15　整体改善意愿

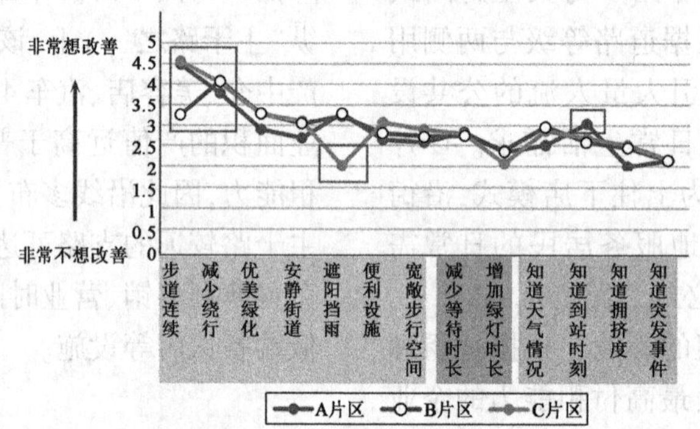

图16　分片区居民改善意愿

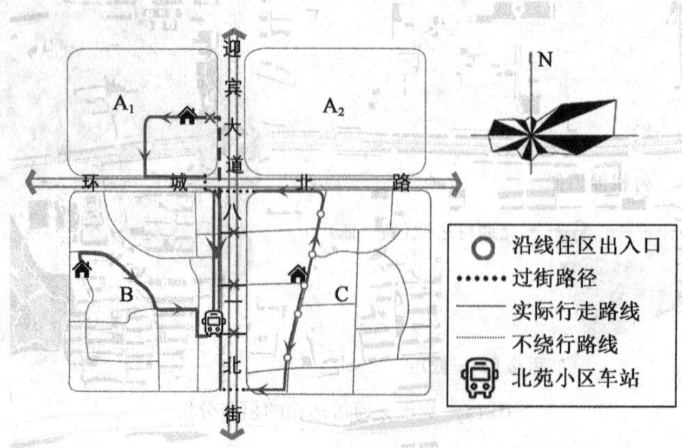

图17　居民前往BRT车站的路径

此外，三个片区中，A 片区居民最想知道 BRT 到站时刻。由 $T_{\text{出行}} = T_{\text{步行}} + T_{\text{候车}} + T_{\text{车内}}$ 可知，A 片区离车站最远，当 $T_{\text{步行}}$ 增加，$T_{\text{车内}}$ 不变时，为保持总出行时耗不变，就需减少 $T_{\text{候车}}$，因此 A 片区居民更希望到站就能上车，故认为 BRT 到站时刻的重要性最高。

A、B 片区居民对遮阳挡雨的改善意愿较 C 片区高。以城中村为主的 C 片区，沿街商业多，挑檐在一定程度上承担了遮阳挡雨的功能，而 A、B 片区沿街商业少，自然无法提供屋檐用于遮阳挡雨，因此该项改善意愿更高。

4.2 需求层次划分与改善对策

借鉴马斯洛需求层次理论[18]②，将居民改善意愿分为可达、易达和乐达 3 个递进的层次，并与问卷中的 13 个改善项对应（图 18）。

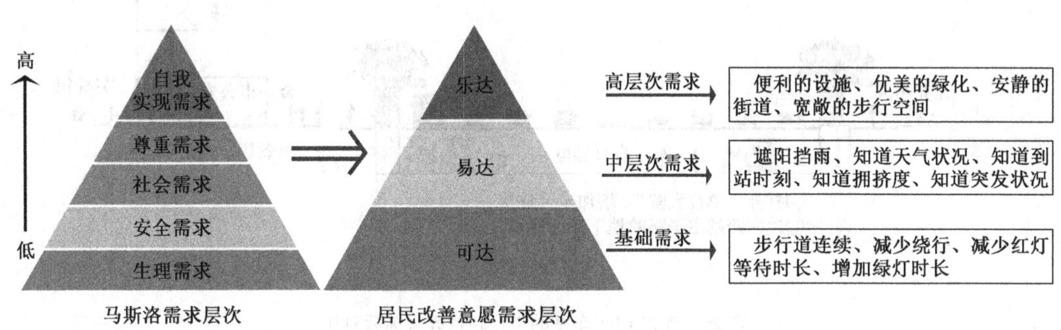

图 18 居民改善意愿的需求层次与内容

4.2.1 可达层次的改善需求与对策

人行道连续和减少绕行属于基础性改善需求，是选择 BRT 出行的重要基础。

人行道不连续的主要原因是占道停车，在 B 片区最为明显。由于老旧小区建造年代久远，设计时尚未预计到未来小汽车数量的迅猛增加，停车空间缺失导致大部分小汽车停在人行道上。目前研究范围内有市公安局、婺城区检察院、新狮街道办等政府机关单位，可利用两类停车需求的时空互补性推进共享停车，将街道步行空间还给居民，确保步行的连续性与舒适度（图 19）。

a) 改善前

b) 改善后

图 19 人行道（占道停车）环境改善前后对比

研究范围被城市主干路和铁路实际或感知阻断，导致居民必须绕行或不愿穿越。虽然交通基础设施的割裂感有时难以避免，但基于 BRTOD 的理念，车站核心区应有直接联系车站的通道，用“慢行缝合”的理念弱化割裂感势在必行。可通过建立跨越主干路的地下步行通道（图 20）、打开封闭式街区并增加步行连接，实现各片区与车站的步行直连直通，最大程度缩短步行接驳距离，同时改善过街交通安全。

②马斯洛将人的需求按由低到高分为生理需求、安全需求、社会需求、尊重需求、自我实现需求 5 个层次，需求是由低到高逐渐形成并得到满足的。在低层次的需求得到基本的满足后，高一层次的需求就会逐步增强。

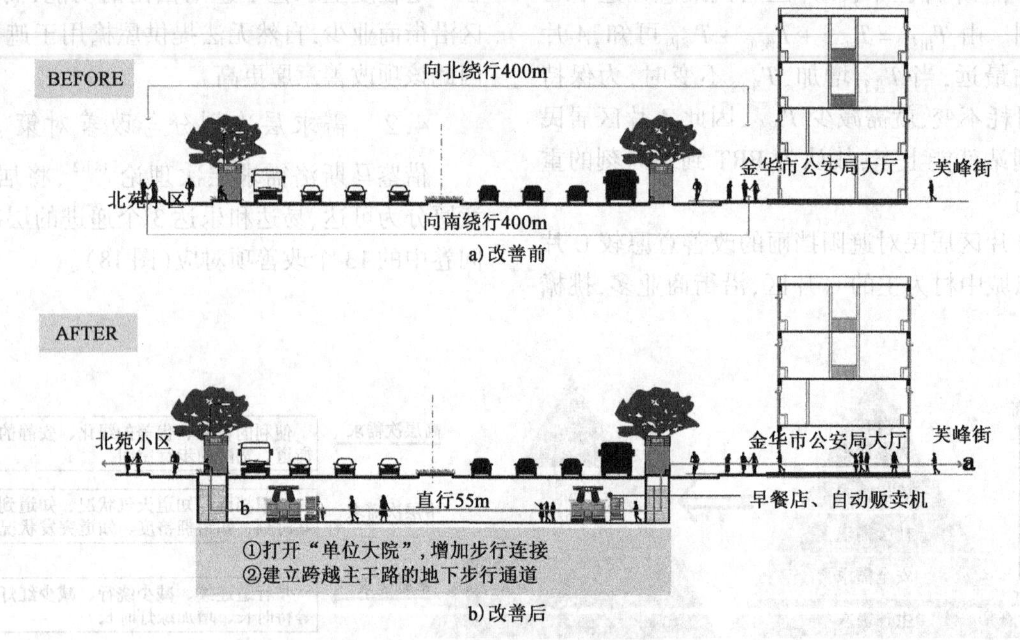

图20　连接BRT车站的步行路径改善前后对比

4.2.2　易达层次改善需求与对策

遮阳挡雨有利于增加居民出行的便捷性,属于易达层次需求,实现途径一是利用沿街店铺的屋檐,但在封闭式住区形态下,设置沿街店铺可能性大大降低,难以实现遮阳挡雨。理想的改善途径为通过渐进式更新,改造为小街区、密路网形态,增加沿街设置商铺的机会(图21)。具有遮阳挡雨功能的街道有助于提升居民步行出行的概率,商家在提供屋檐下步行空间的同时吸引了人流,一定程度上促进了“流”向“留”的转化,增加消费额,实现双赢。途径二为借鉴新加坡公共汽车站附近的有盖走廊,但需政府投入较多资金,考虑主干路不宜设置过多商铺,故该措施可在车站周边沿主干路的一定范围内(如300m)实施。

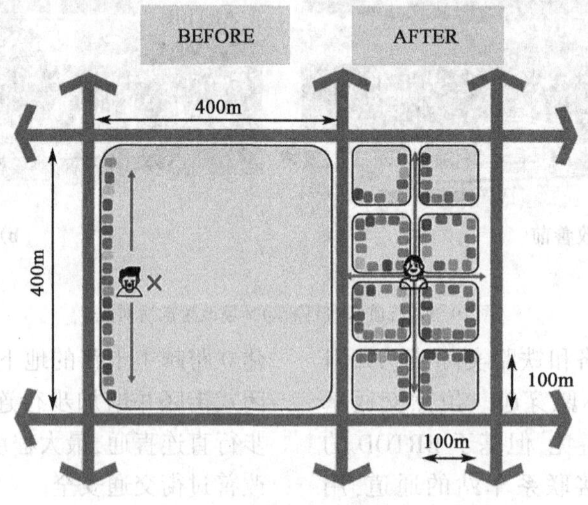

图21　街区尺度改善前后的对比

了解天气状况、知道BRT到站时刻等信息环境方面的改善可使居民对出行具有更高的心理控制感,也属于易达层次的需求。目前这些信息呈现方式多样,数据也来源于不同部门,彼此之间相互独立。“出行即服务”(MaaS)理念通过数据共享,将多元信息整合至一个App中,在服务居民的同时,也辅助交通运营者改善服务。由于涉及多个利益主体,需政府部门推动多主体协同发展,这是未来“互联网+高品质交通服务”发展的必由之路。

4.2.3 乐达层次的改善需求与对策

前往车站途中有便利的生活设施,属于乐达层次的需求。日常生活与交通出行的一体化,是提升公共交通竞争力的关键。大型封闭式住区减少了居民接触公共服务设施的机会,有悖于公交导向的发展理念。人本位视角下的小街区、密路网是未来激发成熟片区活力的必由之路,结合5~15min生活圈的构建,形成以BRT车站为中心,慢行出行与日常生活高度整合的综合环境。在连接BRT车站的地下过街通道中,布置自动贩卖机等小型便利设施,满足出行途中顺便购买日常用品等实际需求,如图20b)所示。

安静的街道也属于乐达层次的需求。在居住功能主导片区中,小汽车行驶是主要的噪声源,实现安静街道的最有效途径是减少小汽车的出行,因此必须提升公共交通竞争力。在生活性街道上可考虑实施交通稳静化措施(图22),通过窄化车行道和实施“灯泡式”交叉口等措施,对小汽车限速,提供高品质步行环境。

图22 交通稳静化措施[19]

5 结语

5.1 研究结论

综合环境是影响居民选择BRT出行意愿的重要因素之一。本文在参考相关文献和规范的基础上,给出了居住主导型BRT车站核心区综合环境的评价指标体系,包括3个维度、10个评价项,并提出将实地观察与居民问卷调查相结合以及对应分析的主客观综合研究方法。

研究结果表明,居住空间形态对综合环境评价影响显著,封闭住区的主要问题在于居民沿途接触公共服务设施机会少;老旧小区的主要问题在于停车与步行争夺有限空间;城中村的主要问题在于步行道不连续。

大型交通设施和大型公共建筑割裂步行空间导致绕行,是住区与BRT车站连接不畅的重要原因,客观上削弱了公交竞争力。住区形态、道路等级的分布以及租金随可达性变化的规律导致了不同路径上居民实际使用需求和公共服务设施的错配,公共交通出行与日常生活的一体化远未实现。

综合环境的改善可分三阶段(可达、易达、乐达)进行,多元主体协同发力是通过渐进式更新实现有效改善的重要途径。物质空间环境方面,应实践小街区、密路网的空间形态,使公共服务设施配置与居民生活需求相匹配,并提供遮阳挡雨的可能性;在生活性道路上实施交通稳静化措施;在老旧小区实施与周边政府机关单位错时共享停车机制。交通安全环境方面,可增加连接交通性干道两侧的地下通道,并在通道内同步增设日常生活设施。信息环境方面,应基于 MaaS 理念,整合多元信息,提供 App 一站式查询服务。

5.2　不足与展望

限于时间和人力,虽然研究在问卷阶段运用了配额抽样法,但不足之处在于抽样比例较低,在某些方面可能存在说服力不足的概率。此外,研究范围虽然涵盖了多种居住形态,也存在不同类型的空间割裂,表面上似乎满足了一定的复杂性,但上述研究结论是否可推广至其他区位(如郊区)的居住主导型 BRT 车站或其他中等规模城市,还有待开展更多的案例研究和归纳总结。

参考文献

[1] 陈阳,杨涛. 公交都市的理解和对策[J]. 现代城市研究,2013,28(1):6-10.

[2] 龚迪嘉. 中等规模城市构建公交都市的路径与策略[J]. 城市交通,2018,16(1):8-16.

[3] 陈燕萍,岳圆,张艳,等. 轨道交通站点地区的良好步行接驳设计探讨——基于香港轨道交通站点的实证分析[J]. 住区,2019(4):15-22.

[4] 申犁帆,王烨,张纯,等. 轨道站点合理步行可达范围建成环境与轨道通勤的关系研究——以北京市 44 个轨道站点为例[J]. 地理学报,2018,73(12):2423-2439.

[5] 谢鼎新. 重庆城市轨道交通站内换乘优化和站外接驳设计[D]. 重庆:重庆交通大学,2018.

[6] 李妍锦. 慢行交通环境对轨道交通接驳方式选择的影响与优化研究[D]. 西安:长安大学,2017.

[7] 李虎,褚冬竹,张虹云. 基于步行接驳效率的轨道交通站点改扩建方式与效果预测——以重庆轨道交通三号线观音桥站为例[J]. 重庆建筑,2016,15(5):30-33.

[8] 戴洁,张宁,何铁军,等. 步行环境对轨道交通站点接驳范围的影响[J]. 都市快轨交通,2009,22(5):46-49.

[9] 赵艺羽. 成都市地铁站点地区步行环境优化设计研究[D]. 成都:西南交通大学,2014.

[10] 朱宏,谢云侠,张汝华,等. 快速公交站点类别及步行吸引范围研究[J]. 交通运输研究,2015(4):22-29.

[11] 滕爱兵,韩竹斌,李旭宏,等. 步行和自行车交通系统评价指标体系[J]. 城市交通,2016,14(5):37-43,55.

[12] 上海市住房和城乡建设管理委员会. 上海市街道设计标准:DG/TJ 08-2293—2019[S]. 上海:同济大学出版社,2019.

[13] 中华人民共和国环境保护部. 声环境质量标准:GB 3096—2008[S]. 北京:中国环境科学出版社,2008.

[14] 河北省建设工程标准编制研究中心. 城乡公共服务设施配置和建设标准:DB 13(J)/T 282—2018[S]. 北京:中国建材工业出版社,2019.

[15] 北京市规划和自然资源委员会. 步行和自行车交通环境规划设计标准:DB 11/1761—2020[S].

[16] 胡正凡,林玉莲. 环境心理学[M]. 4 版. 北京:中国建筑工业出版社,2018.

[17] 许学强,周一星,宁越敏. 城市地理学[M]. 北京:高等教育出版社,2009.

[18] 姚佳纯. 马斯洛需求理论下的现代社区规划设计思考[J]. 规划师,2015(1):140-144.

[19] 卡尔索普事务所,宇恒可持续交通研究中心,高觅工程顾问公司. 翡翠城市:面向中国智慧绿色发展的规划指南[M]. 北京:中国建筑工业出版社,2017.

国土空间规划体系下开展公路规划工作的思考

叶 亮*
(深圳市城市交通规划设计研究中心股份有限公司)

摘 要 我国建立了"五级三类"的国土空间规划体系,交通规划是其中重要的专项规划,公路规划又是交通规划中的重要分项规划。在新的空间规划体系下,传统的公路规划体系面临着红线刚性约束、城镇空间协调、与其他交通方式衔接以及规划深度和精度等方面的新要求和新挑战。新时期开展公路规划工作,需要树立基于资源环境承载力的规划理念、与国土空间规划同步开展,并建议增加公路与城镇空间发展衔接的专项规划或研究,更好地解决公路与城镇空间发展的问题。建议超前谋划重点公路建设项目,做好建设空间预留和与"三区三线"的协调工作,充分利用新型技术手段,优化规划方法,建立动态调整的规划机制,提高公路规划的科学性,实现与国土空间规划的有效衔接。

关键词 国土空间规划 公路规划 城镇空间 三区三线 衔接协调

0 引言

根据2019年8月国务院印发的《关于建立国土空间规划体系并监督实施的若干意见》(以下简称《意见》),国土空间规划包括总体规划、详细规划和相关专项规划。交通作为其中一个重要的专项规划,影响着区域自然资源的保护、开发与建设,是城市空间发展的重要保障和依托,要求构建与国土空间规划体系相适应的交通规划体系。

在传统交通规划体系中,在区域上划分为城市交通规划和区域交通规划两大类。区域交通规划又在交通方式上划分为公路、铁路、民航、水运、管道、邮政等类型。公路是综合交通运输体系的重要组成部分,与城市内部道路共同组成了我国的道路系统。目前,各层级的公路网规划主要由交通运输主管部门负责组织编制,新的国土空间规划体系建立后,尚未对公路规划在国土空间规划体系中的地位、编制深度、技术要求作出明确的规定。因此,需要对国土空间规划体系下的公路规划体系、编制深度、编制思路、技术要求等方面展开研究和思考,以便更好地促进公路专项规划与国土空间规划的融合协调。

1 传统公路交通规划编制情况

公路网规划布局主要以城际交通需求为依据,解决城区之外城市(镇)各个节点之间的连通问题。按行政等级和管理权限由不同层级的政府组织编制和审查批复:国道规划由国务院交通主管部门——交通运输部会同国务院有关部门并商国道沿线省、自治区、直辖市人民政府编制,报国务院批准;省道规划一般由省级交通运输主管部门组织编制,报省人民政府批准;农村公路规划一般由地市或县级交通运输主管部门组织编制,报地市或县级人民政府批准。由于高速公路与普通公路在承担功能、服务对象和技术标准上的不同,多数地区会在公路网规划之外,单独编制高速公路网规划。

根据2013年国务院发布的《国家公路网规划(2013—2030年)》,国家公路包括普通国道和国家高速公路,由具有全国性和区域性政治、经济、国防意义的干线公路组成。国家高速公路路线方案控制节点细化到地市级(个别到县区级)、普通国道路线方案控制节点细化到县区级(个别到乡镇级)。

根据交通运输部《关于开展省道网规划调整工作的指导意见》(交规划发〔2011〕788号),省道网是全国公路网的重要组成部分,连接国道和农村公路,并与国道共同承担公路运输干线功能,是国道网在各省(区、市)的补充,在区域经济社会发展中发挥重要作用。要求在国家公路网规划调整后的普通国道网布局方案的基础上,补充完善县际公路网络,并适当考虑对乡镇节点的连接。从各省市区已编制的省道网规划情况看,省级高速公路路线方案控制节点一般细化到县区级(部分到乡镇),普通省道路线方案控制节点一般细化到乡镇级(部分到村)。

市县区一般在省道网规划基础上,编制本区域的农村公路规划或直接确定农村公路路线方案。农村公路路线方案控制节点一般细化到村,根据实际情况,部分路线细化到具体的标志性地点或公路桩号点。

2　国土空间规划的新要求、新挑战

国土空间规划是融合了主体功能区规划、土地利用规划、城乡规划等空间规划的全新规划,按照《意见》要求,建立"五级三类"的国土空间规划体系:"五级"即国、省、市、县、乡镇五级行政层级;"三类"包括总体规划、相关专项规划和详细规划。其中,全国国土空间规划侧重战略性,省级国土空间规划侧重协调性,市县和乡镇国土空间规划侧重实施性。在规划范围上,要求"全域覆盖、全域管控、横向到边、纵向到底";在规划编制上,侧重以主体功能区为基础,依托两个评价,划定"三区三线",强调对生态空间和农业空间的有效管控[1]。

在新的国土空间规划体系和编制要求下,公路规划作为交通专项规划的分项,也面临着规划的新要求和新挑战。

2.1　红线刚性约束的挑战

2019年中共中央办公厅、国务院办公厅印发的《关于在国土空间规划中统筹划定落实三条控制线的指导意见》要求:落实最严格的生态环境保护制度、耕地保护制度和节约用地制度,将三条控制线作为调整经济结构、规划产业发展、推进城镇化不可逾越的红线。基础设施建设除"必须且无法避让、符合县级以上国土空间规划的线性基础设施建设"外,生态保护红线内,自然保护地核心保护区原则上禁止人为活动,其他区域严格禁止基础设施建设活动,同时要确保"永久基本农田面积不减、质量提升、布局稳定",要求基础设施建设必须采用高质量发展,集约高效用地的发展思路。

公路与生态环境保护红线、基本农田、城市空间密切相关,在生态保护和基本农田刚性保护下,需要提前规划预留公路基础设施建设空间,以免后期新增设施对生态红线或基本农田造成侵占,增加调整和协调难度。

同时,随着近年来的快速建设,我国公路交通建设已由增量新建为主转变为增量与存量优化并存,更加注重存量资源的优化与交通效率品质的提升。如何在发展的新时期,做好存量资源优化和提质增效,尽量减少对空间、土地资源的占用,是公路规划工作面临的重要挑战。

2.2　与城镇空间协调的挑战

公路是城镇发展空间格局形成和确定的重要影响因素。城镇化发展初期(20世纪90年代初期),城镇多沿公路而建,对城镇的发展起到了良好的带动作用。有统计资料表明,我国建制镇90%以上是过境公路穿城的布局,中小城市也有许多是由过境公路穿城布局发展而来。在社会经济发展和机动化程度不断提高的情况下,过境公路穿城所带来的边际效益下降,过境交通与用地布局的矛盾凸显,对城镇的进一步发展造成了不利影响。越来越多的公路选择改线,成为绕城公路[2]。但与此同时,由于交通便捷度和城镇土地经济的拉动,城镇发展方向又会重新指向刚刚外迁的过境公路,开始了新一轮的公路—城镇的空间互动过程。

传统的城市综合交通规划更多关注了城镇开发边界以内的区域,对区域、市域交通的关注较弱。国家和省级层面的公路规划一般将城镇作为公路路线方案的控制点来处理,减少关注公路路线走向与城镇发展空间的关系。新的国土空间规划提出了全域覆盖的要求,要求公路规划建设与城镇空间发展更好地融合协调,统筹规划公路与城市道路的衔接布局和建设。

2.3　与其他交通方式协调的挑战

交通设施占地面积大,结构性的通道和战略性的枢纽建成后,相同的廊道或区位难以再建设其他交通设施。在地形地质复杂、空间资源紧缺的区域,为集约高效地利用廊道空间,需要深入论证公路、铁路两类陆路交通方式的布局选线问题,可考虑采用复合型廊道的方式充分利用交通廊道资源。

此外,公路承担了与铁路、航空、水运等其他交通方式的集疏运功能,如何与火车场站、航空枢纽、港口码头等交通枢纽紧密衔接,最大化发挥综合立体交通网整体效益,也是公路规划当前面临的重要挑战。

2.4 规划深度和精度的要求

城镇空间格局的形成,除受自然条件、政治地位、经济产业发展等因素影响外,还受到交通通道和节点布局的影响,如果城镇周边的大型交通基础设施布局尚未确定,城镇空间的布局也将处于不确定中,必然受到后续落地建设的重大交通基础设施的影响。

国家和省市级的区域交通规划由于规划深度的问题,无法在规划层面明确具体的线位或节点选址,这就带来了由于干线公路、铁路、民航机场等大型交通基础设施在建设落地时的线位和选址调整,导致城镇发展空间格局变化的问题。

新的国土空间规划体系下,要求交通更加精准地与城市空间、土地利用和产业发展相结合,实现绿色、科学、可持续发展。根据市县级国土空间规划编制要求,市(县)域比例尺一般为1:50000~1:200000,分区规划一般为1:10000~1:50000。对应这一规划精度要求,城镇附近或对城镇空间发展有重要影响的高速公路及国省干线公路规划应至少达到1:20 0000的精度、一般达到1:50000精度、重要路段和节点最好达到1:10000精度[3]。

与国土空间规划对应的公路规划体系及规划深度如图1所示。

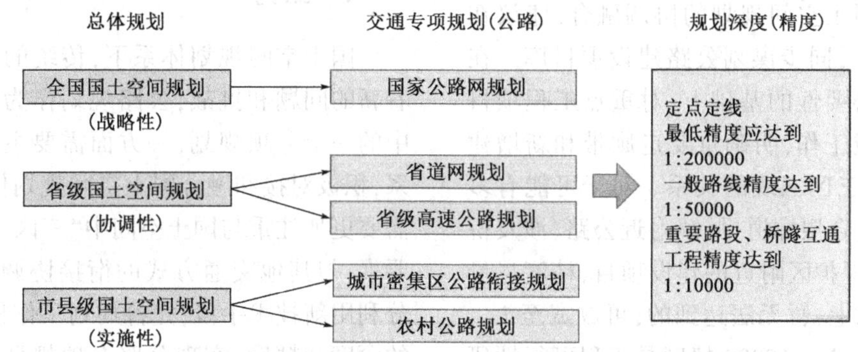

图1 与国土空间规划对应的公路规划体系及规划深度

3 开展公路规划工作的新思考

3.1 优化完善公路规划体系

(1)树立基于资源环境承载力的公路规划理念[4]。

转变发展思路,由原先的大规模快速建设、增量为主转变成以存量提质为主。根据区域资源禀赋与环境条件,结合支撑人民生产生活需要,确定公路基础设施建设的最大合理规模,基于区域资源环境承载力,开展有限资源条件约束下的公路规划。

(2)与各级国土空间规划同步开展编制工作。

2018年8月,交通运输部印发了《关于做好交通基础设施国土空间控制规划有关工作的通知》,明确要求各省(市、区)编制交通基础设施国土空间控制规划,并协调有关部门纳入本省市区控制性详规,旨在超前谋划重大交通基础设施工程与土地、生态保护、城镇发展的空间协调机制,形成统筹优化路径,实现交通基础设施建设与空间资源保护管控的双赢。《国家综合立体交通网规划纲要》已于2021年印发,它是我国交通基础设施最高层次的空间网络规划,规划期限是30年,旨在做好重要交通基础设施在空间上的顶层规划,实现规划引领和建设空间的协调和预留。

随着各层级国土空间规划的推进,建议同步开展公路规划、五年建设规划、重点项目工可或预可研的编制和调整工作,在公路线位确定上尽量避让生态保护区,尽量少占用基本农田,在划定“三区三线”阶段统筹考虑重大公路通道建设需求,在城镇发展空间确定上与重要公路通道进行同步协调,将公路基础设施廊道空间融入国土空间规划“一张图”。

(3)增设公路与城市空间衔接专项规划。

如何协调好公路规划建设与城镇空间扩张的关系,是近年来临近城镇地区公路规划建设面临的重要挑战。随着城市群和区域协调发展不断推进,这一问题将日渐突显。随着大部制和国土空间规划的推进,城市内外交通的规划建设和组织运行的衔接融合是未来发展的必然趋势和要求。

由于城市内外交通规划的主管部门不同、规

划的深度和侧重点不一,从现有的公路规划体系和城市综合交通规划体系内容和深度来看,两者之间的衔接缺少了市域公路与城镇空间衔接规划的层次内容。需要对影响到城镇空间发展的公路通道、公路与城市道路衔接段和衔接点进行规划和管控。建议根据城市综合交通规划和国家、省级公路网规划要求,结合城市交通特性和需求,围绕促进公路和城镇空间布局有机衔接,编制公路与城市空间发展专项规划。明确城镇发展空间影响范围内,干线公路路线的功能定位、线位走向、建设标准及与城镇发展空间的衔接形式。

3.2　超前谋划公路建设项目库

为实现与国土空间规划的协调融合,建议在公路规划基础上,同步谋划公路建设项目库。在充分论证建设必要性的基础上,对重点工程项目开展预可研选线工作,明确重要走廊带和新增建设用地,核查与三区三线的关系。对于可能有多种交通方式的复合型廊道、城镇附近公路、涉及桥隧和互通、生态保护区附近的建设项目,精度尽量达到1:10000以上,暂无法达到的,可放宽至1:50000。在公路领域,1:50000精度是工程可行性研究报告的基本精度要求,因此,需要提前开展重大公路建设项目的前期研究工作。

对于公路升级改造项目,尽量在原路拓宽改造,其线位方案大致可根据老路情况确定;对于新建公路项目,尽早开展前期路线选线工作,尤其是重要的干线公路通道和可能涉及桥隧的路段、城镇或生态保护区附近公路路段以及重要的路线交叉节点。

3.3　充分利用新型技术手段

传统的公路规划以定性分析为主,辅以定量分析。国土空间规划背景下,建议充分利用GIS(地理信息系统)、大数据分析等技术手段和工具,实现公路规划的量化分析,提高规划的科学性和准确性。充分运用遥感、GIS软件技术等,完成数字工作地图制定,实现一张图系统。

同时,随着一张图系统的建立,生态保护数据、土地类型数据、遥感影像数据、地形地质数据等的融合加载,为公路选线提供了更好的基础支撑,有利于增强公路选线的科学性,节约成本。

3.4　建立动态调整的机制

国土空间规划要求建立定期评估制度,进行动态调整完善[5]。公路规划和建设项目的确定受到社会经济、政策战略、产业发展、出行需求、资金来源等因素的影响,规划编制完成后,公路建设项目库还需根据三区三线等空间要素的划定、外部环境的变化进行动态的更新和维护。建议建立定期评估、动态调整的机制,对公路规划进行定期的优化调整,对公路建设项目库进行动态的更新调整。

4　结论

国土空间规划体系下,传统的交通规划面临着新的问题和挑战,公路规划作为交通专项规划中的一个分项规划,一方面需要主动优化规划体系,积极对接和融合国土空间规划体系;另一方面需要更加注重与国土空间中“三区三线”等控制性要素,与其他交通方式的衔接协调。后续建议充分利用新技术手段,完善规划工作机制,加大规划的深度和精度,实现公路专项规划与国土空间规划体系的融合对接。

参考文献

[1] 黄凯迪,许旺土. 新国土空间规划体系下交通规划的适应性变革——以厦门为例[J]. 城市规划,2019,43(7):21-33.

[2] 叶亮,王宇鹏. 对我国公路与城市道路衔接体系的思考[J]. 交通运输部管理干部学院学报,2020,30(2):9-12.

[3] 韩雪松. 国土空间规划背景下交通规划变革与实践[J]. 西部人居环境学刊,2020,35(1):31-36.

[4] 李潭峰,郝媛,姚伟奇. 国土空间规划背景下我国交通规划转型思考[J]. 交通运输研究,2019,5(6):50-60.

[5] 刘振国,常馨玉,贺明光,等. 国土空间新形势下综合交通规划的问题与对策[J]. 交通运输研究,2019,5(4):64-68.

多源数据下城市交通设施空间分布特征及关联性研究

唐邹安*[1] 尚 婷[1] 张 勃[2] 周亮宇[1] 尹治文[2] 黄 安[1]
(1.重庆交通大学交通运输学院;2.重庆交通大学土木工程学院)

摘 要 基于当前城市交通设施空间分布特征提取方法的不足,综合运用核密度估计、标准差椭圆、莫兰指数和空间相关性系数等分析方法,以城市交通设施POI数据为基础,研究城市交通设施空间在方向分布、热点集聚和空间关联性的特征。分析2018年和2020年重庆市主城区的交通设施空间分布特征,并研究交通设施与各因子关联性。结果表明:重庆市主城区交通设施基本呈现西北—东南的分布格局。与2018年相比,2020年旋转角长轴增长9.32%,短轴增长12.9%,表明交通设施向东南和东北方向均有扩散,且"东北—西南"为扩散的主要方向;空间上,交通设施总体呈"一核心、多节点、组团式"格局分布及"内核—圈层"的发展趋向,2020年核密度最高值超出2018年的25%,并且不同种类的交通设施在空间集聚特征上具有明显区别;交通设施总体上与住宅小区关联性最高,2020年相关系数达0.94824,与公路网和人口的关联性次之。变化显示交通设施与各因子关联性降低,反映了两年间重庆市主城区的交通设施发展更加科学完善,且分布状况也愈加均衡。

关键词 城市交通 交通设施 多源数据 空间特征 重庆主城区

0 引言

城市规模的扩大衍生出交通需求的几何增长。随着城市规模的扩大,城镇化进程的快速推进,交通设施空间的增长与交通需求的比值越来越小[1]。城市交通设施与城市居民日常生活息息相关,其空间结构演化推动城市空间结构的深层次演变,同时,探测其空间分布特征的演化将有助于进一步洞悉城市整体空间结构的变化,也为城市交通规划提供定量支持,进而合理高效地配置城市交通资源。

近年来,运用多源数据分析城市各类设施空间格局提供了新思路和新方法,空间分析方法也发生升级变化,传统的模型驱动方式逐渐落伍,数据驱动方式成为新式主要研究方法[2-4]。兴趣点(point of interest,POI)作为新兴的空间基础数据,在地理实体的名称、地理坐标、地址等信息反馈上具有准确性,同时在研究对象的空间结构与分布形态上具有高效性。基于POI数据进行识别也是近年来的一个研究热点,POI数据在城市功能区识别、公共基础设施空间格局以及可达性研究等方面都已展开相关研究。如姜佳怡等[5]从探测城市功能结构视角出发,综合运用POI分类数据和平均标准偏差法对城市功能区识别及混合程度进行特征分析;段亚明等[6]利用核密度分析、自然断点分类法、最近邻分析等方法探究多中心城市结构的空间分异及统计聚类特征;高岩辉等[7]为探析西安核心区内零售行业的空间集聚特征、分布规律,运用空间分析方法,研究发现各关键因子对零售行业的空间布局的影响;Yang等[8]发现不同的城市交通方式选择和城市道路路网的通达状况对设施点区位的选择具有较大的影响,同时对不同类型设施点对交通可达性的敏感程度进行定量研究。

1.基金项目:重庆市教育委员会青年科技项目(KJQN201900722);重庆市科技局基础与前沿面上项目(cstc2019jcyj-msxmX0695);国家自然科学基金项目(52172341)。

目前,空间分析应用于城市交通方面主要集中在交通可达性与土地利用、交通设施空间结构特征及布局优化、交通设施选址、城市结构对出行行为高效体现;殷悦等[10]将时间距离模型融入到南京地铁的空间可达性研究,根据其空间分布的结构特征,提出完善大型停车场配置和优化地铁停车场所的空间布局的建议;刘慧等[11]将多源大数据和栅格加权叠加空间分析方法结合,根据出行方式和最短旅行时间,探索出长江中游城市群客运和货运的交通设施最佳选址区域;赵鹏军等[12]在城市交通与土地利用时空互动视角下,融合多源地理大数据和随机森林算法对的出行特征与土地利用特征进行探测,获得出行目的及其不同目的出行行为的时空分布规律。空间分析在研究交通设施空间模式上能够定量测度,是探寻和评价空间特征的重要方式,能够全面了解空间位置和空间相互作用的重要性。综上所述,本文分别从方向分布、空间热点和空间关联性三个角度构建城市交通设施空间分布特征研究的方法体系。以重庆主城九区为研究区域,交通设施 POI 数据以及路网数据为支撑,采用标准差椭圆、核密度估计和空间自相关法,对比分析 2018 年和 2020 年城市交通设施方向分布特征、空间热点特征和空间关联性,以期掌握重庆主城九区交通设施空间分布现状和时空演化特征及趋势,为重庆市主城区的交通设施规划建设和优化提供相应的支持。

1　数据来源及研究方法

1.1　研究区域及数据来源

本文以重庆市主城区为研究区域,即由渝中区、江北区、南岸区、九龙坡区、沙坪坝区等 9 个中心城区,幅员面积 5472.48km²。研究区域本文使用的数据主要有以下几部分:道路矢量数据来自于开源地图(Open-Street map);行政区划数据来源于国家基础地理信息数据库;交通设施 POI 数据运用 Python 编程调用高德地图爬取。为进行对比分析,分别获取了重庆市中心城区 2018 年和 2020 年交通设施 POI 数据进行研究。鉴于不同的 POI 的影响等方面展开。如朱宇婷等[9]将地理加权回归模型深入到空间特征研究,发现其在交通可达性与城市经济活动间的空间异质性特征具有数据类型的划分标准不同,本文主要选取公交车站、停车场、火车站、地铁站以及其他类别(如机场港口等占比较少的交通设施)。筛选过程中发现其他类别的 POI 设施点占比较小,对主城区影响不明显,故选择了公交车站、停车场和地铁站三类进行分析。

1.2　研究方法

1.2.1　核密度估计法

核密度分析是探测空间结构的重要方法,连续模拟点要素或线要素在空间上的分布密度的同时,能有效地挖掘因子的聚集区域[13]。

常用的计算公式如式(1)所示:

$$f_n(x) = \frac{1}{nh}\sum_{i=1}^{n}k\left(\frac{x-x_i}{h}\right) \tag{1}$$

式中:k——核函数;

h——带宽大于 0;

$x-x_i$——估计点到样本 x_i 处的距离。

1.2.2　标准差椭圆

标准差椭圆通过 X、Y 中心点、长半轴、短半轴和方位角这 5 个参数揭示空间分布格局的特征。中心表示要素分布的相对位置,方位角表示主要的发展趋势方向,长轴代表要素在主要方向上的离散程度,短轴代表要素在次要方向上的离散程度[14-15]。

1.2.3　空间自相关法

空间自相关的测度可以从全局和局部这两个方向进行空间的测量计度。全局 Moran's I 指数用于判定交通设施空间分布是否在整个研究区域内存在集聚,其取值范围是[-1,1]。大于 0 表示存在空间正相关,且越接近 1,空间要素的集聚程度越高;等于 0,表示不存在空间自相关性,即随机分布。计算公式如式(2)所示:

$$I = \frac{n}{\sum_{i=1}^{n}\sum_{j=1}^{n}w_{ij}} \times \frac{\sum_{i=1}^{n}\sum_{j=1}^{n}w_{ij}(y_i-\bar{y})(y_j-\bar{y})}{\sum_{i=1}^{n}(y_i-\bar{y})^2} \tag{2}$$

式中：n——空间单元的个数合集；

y_i、y_j——第 i 个空间单元和第 j 空间单元的属性值；

$\bar{y}$——所有单元属性值的均值；

w_{ij}——空间权重值。

1.2.4 空间相关性系数

波段集统计描模型（Band Collection Statistics）通过计算两个栅格数据集之间的相关系数值描述两者之间的关系[16]。相关性其取值范围是［−1，1］，正相关性表明两图层间有直接关系，当其中一个图层的像元值增大时，另一个图层的像元值也可能增大。计算相关性公式如式（3）、式（4）所示：

$$\mathrm{Cov}_{ij}=\frac{\sum_{K=1}^{N}(Z_{ik}-\mu_i)(Z_{jk}-\mu_j)}{N-1} \tag{3}$$

$$\mathrm{Corr}_{ij}=\frac{\mathrm{Cov}_{ij}}{\delta_i\delta_j} \tag{4}$$

式中：Z——像元值；

i、j——堆叠图层；

μ——图层平均值；

N——像元数量；

k——特定像元。

2 交通设施空间分布特征研究

2.1 交通设施方向分布特征演化

运用标准差椭圆分析得出 2018 年和 2020 年重庆主城区整体及各类交通设施的方向分布情况（表 1）。从整体上来看，重庆主城交通设施呈现出“西北—东南”空间分布格局。对比分析参数变化，可发现长轴均呈西北—东南走向，短轴呈东北—西南走向，表明两年的交通设施点主要分布趋向都为西北—东南轴，且在西北—东南走向分布更加密集。相比 2018 年，2020 年椭圆面积由 704.809km^2 增到 869.907km^2，增加了 23.42%，表明整体分布趋势更加离散；旋转角长轴增长 9.32%，短轴增长 12.9%，表明交通设施主要在东南方向的南岸区、巴南区以及东北方向的江北区、渝北区均有扩散，且“东北—西南”为整体交通设施的最大扩散方向。同时根据交通设施的方向分布演化，发现重庆主城交通设施发展方向与《重庆市国土空间总体规划》基本一致。为进一步获取方向分布特征，分别以地铁站、公交车站和停车场 3 种交通设施为例进行具体分析。

2018 年和 2020 年交通设施分布结果 表 1

类别	总体交通设施		地铁站		公交车站		停车场	
	2018 年	2020 年	2018 年	2020 年	2018 年	2020 年	2018 年	2020 年
长轴（m）	17007.63	18593.40	15424.42	15988.52	23482.06	27516.69	14897.63	14949.76
短轴（m）	13191.74	14893.19	8653.03	8373.79	18948.97	20494.56	11178.09	11158.34
旋转角度（°）	178.60	163.43	11.28	11.65	167.13	149.06	6.51	11.71
面积（km^2）	704.81	869.91	419.27	420.57	1397.81	1771.58	523.13	524.03

（1）地铁站的空间分布方向演化在“西北—东南”方向呈现收缩趋势，“东北—西南”方向上呈现扩张趋势。相较 2018 年，2020 年椭圆分布方向基本保持一致，方位角略微呈顺时针偏移，呈现“东北—西南”方向集聚的空间分布格局；长轴增大了 3.65%，短轴减少了 3.22%；且椭圆面积在各类交通设施中最小且变化幅度较小，表明其发展呈空间收缩趋势，且向密集化发展。

（2）公交车站方向分布与总体交通设施分布格局基本一致。2020 年椭圆面积在三类交通设施中最大，椭圆面积分别是地铁站和停车场 4.21 倍和 3.38 倍。且椭圆面积变化率最大，扩大了 26.6%，表明公交车站在此期间扩散趋势最为明显，分布范围主要向渝北区、江北区及巴南区扩展；长轴与短轴分别增加了 17.18% 和 8.15%，表明公交车站主要东北和东南方向上呈扩张状态，“西北—东南”方向上的扩张趋势明显高于“东北—西南”方向的收缩趋势；旋转角也是各类设施中变化幅度最大，由 167.13° 向东偏移了 18.07° 至 149.06°。说明在此期间，在渝北区、巴南区地区公交系统更加完善,加大了边缘地区的投资建设。

(3)停车场方向分布与地体站分布格局基本相同。相较2018年,2020年长轴增大了3.49%,短轴减少了1.76%,表明停车场在此期间空间分布变化较小,内部发展呈现密集化趋势发展。椭圆面积变化率在各类交通设施中最小,说明停车场各点的分布最接近于重心。椭圆向东偏移了5.2°,说明两江新区是停车场扩展的趋势区域。

2.2　交通设施空间集聚特征演化

2.2.1　总体交通设施空间集聚特征

为分析重庆市主城区交通设施的空间集聚分布特征,利用核密度分析得到总体交通设施核密度的基本分布。市中心区域是主要集聚地区,并以之为核心,向外围圈层逐步扩张,同时伴随散点分布。交通设施空间集聚特征显著,总体呈多中心集聚,"核心—边缘"趋势显著。为更加方便直观地显示2018年与2020年的交通设施空间集聚演化,结合自然间断点分级法将2018年交通设施分布核密度划分为4个等级,2020年交通设施低、较低、较高核密度值与2018年保持一致。

从整体上看,两年交通设施的总体分布状况变化不大,均呈现"一核心、多节点、组团式"的特征。从高值核密度区来看,核密度高值区均集中分布于市中心,2020年核密度最高值是2018年的1.25倍。2020年核密度高值区和较高值主要分布于具体分布在渝中、沙坪坝、大杨石、观音桥—人和、大渡口组团、空港、南坪与李家沱—鱼洞组团的核心区域。相较2018年,大渡口组团北部地区、空港组团核心地区由较高值区域转向高值区域,在此期间,重庆江北机场T3航站楼开通运营,空港组团地区相关交通设施配套更加趋于完善;沙坪坝组团和大杨石组团由两核向一核转向,在此期间,沙坪坝综合枢纽的建设以及相关轨道交通、公交的完善,使得该区域交通影响范围增大。从较低值核密度区来看,核密度值为8.032～30.817。区域以核密度最高值区的街道为核心向外围的街道逐层扩张。

研究发现,重庆主城区的交通设施分布特征突出了主城区交通设施布局分配不合理。根据集聚特征结果显示,市中心及组团核心地带是交通设施集聚的主要位置,渝中、沙坪坝、杨家坪、观音桥、空港、北碚、南坪与李家沱组团交通设施分布密集,配套齐全,构成了交通设施空间集聚特征的核心区域。

2.2.2　各类交通设施空间集聚特征

地铁站总体呈"核心—放射"的空间集聚模式。2018年呈"南北组团式核心"集聚特征。核密度高值区主要集中在渝中区、江北区、渝北区、南岸区和沙坪坝区,即一号线、二号线、三号线和六号线。2020年地铁站核心集聚效应更加明显,以市中心为核心向外发散,覆盖范围扩大,主要是2019年环线的投入运营,将重庆中心城区串联,强化了中心城区地铁网络的运营结构,完善了重庆主城地铁网络。

公交车站总体呈现"一核心多节点"的空间集聚模式。2018年以中心城区为核心向外辐射,在北碚区、渝北区和巴南区形成多节点支撑主城的辐射作用。但是覆盖范围主要在主城区西部,东北部和东南部的核密度低,公交可达性低。与2018年相比,2020年中心城区的公交车站更加完善,核心区域不断扩大,与巴南区的节点呈现联合的趋势。主城区东南片区呈环带状,东北片区覆盖范围呈现延伸趋势,主要原因是重庆深入推进主城区公交建设。

停车场总体呈现"团状延伸"的空间集聚模式。其模式与交通设施整体形态特征和扩展趋势较为相似,达全部交通设施点个数的73%以上,其空间分布深度影响交通设施分布特征。对比2018年和2020年,总体形势发展稳定,中心城区密度最高,由片状向团状发展,北延伸至江北机场,往南辐射的趋势明显。主要原因是中心城区的公共停车需求增长,停车设施的增加,在机场、学校、商业中心、医院等密集区域建设停车场,让城区的停车设施建设更加完善。

3 重庆主城交通设施空间关联性分析

3.1 城市交通设施空间集聚效应

采用空间自相关分析法,分析2018年和2020年各类交通设施空间分布的集聚特征,基于邻接空间权重矩阵,利用Geoda软件计算全局Moran'I指数。根据表2,发现重庆主城区2018年和2020年的各类交通设施全局Moran's I指数皆大于零,且结果均在1%的水平下显著。全局Moran'I指数值为正数且均在0.7以上,表明重庆主城区各类交通设施具有较高空间正相关性,而且呈现一定的空间聚集性。从总体交通设施水平来看,相较2018年,2020年全局Moran'I指数由0.935下降到0.913,表明2020年重庆主城区总体交通设施空间集聚性更为离散,在此期间边缘地区交通设施更为完善,使得整体空间聚集水平降低。从各类交通设施来看,相较2018年,2020年全局Moran'I指数皆呈现上升趋势。其中,地铁站全局Moran'I指数空间集聚水平涨幅最大,由0.743上升到0.895,上升了20.45%,主城内部地铁站空间集聚水平大幅度提升。为进一步探测重庆主城交通设施空间分布上的异质性,对其进行局部自相关分析。

全局空间自相关分析结果统计　表2

类　别	总体交通设施		地铁站		公交车站		停车场	
	2018年	2020年	2018年	2020年	2018年	2020年	2018年	2020年
Moran's I	0.935	0.913	0.743	0.896	0.922	0.958	0.919	0.982
z值	244.058	296.016	19.251	24.552	109.640	123.893	175.157	201.265
显著性水平	0.01	0.01	0.01	0.01	0.01	0.01	0.01	0.01

3.2 城市交通设施与各因子相关系数分析

通过各类交通设施与公路网、人口、住宅小区各类数据图层转化至同一空间单元,并运用多元分析模块的波段集统计模型分别计算了2018年和2020年的各类交通设施与公路网、人口和住宅小区空间相关性系数,结果见表3、表4整体上,住宅小区对各类交通设施分布影响最大,人口和公路网影响次之,整体上也呈现出较为显著的"核心—边缘"模式。相较2018年,2020年的空间相关系数整体呈现下降趋势,说明随着城市交通设施的建设发展,传统影响因素的限制降低,长体交通设施建设朝着多元化、全面化的方向发展。

2018年各类交通设施与各因子的空间相关系数　表3

项　目	因　子			
	总体交通设施	公路网	人口	住宅小区
总体交通设施	1.00000	0.73049	0.76446	0.95213
公路网	0.73049	1.00000	0.58724	0.75147
人口	0.76446	0.58724	1.00000	0.75325
住宅小区	0.95213	0.75147	0.75325	1.00000

2020年各类交通设施与各因子的空间相关系数　表4

项　目	因　子			
	总体交通设施	公路网	人口	住宅小区
总体交通设施	1.00000	0.72534	0.75272	0.94824
公路网	0.72534	1.00000	0.57314	0.73939
人口	0.75272	0.57314	1.00000	0.73993
住宅小区	0.94824	0.73939	0.73993	1.00000

4 结语

本文借助重庆市中心城区交通设施POI数据，分析其空间分布特征，得出结论如下：

(1)西北—东南方向为重庆市主城区交通设施分布主要格局。地铁站、公交车站和停车场这三类交通设施的分布方向也基本呈现西北—东南格局，与整体设施保持一致。对比2018年，2020年交通设施向南和东北方向均有扩散，但是交通设施的最大扩散方向仍是"西北—东南"，渝北区和巴南区为扩展的主要区域。

(2)重庆市主城区交通设施受地形限制等客观因素影响，空间总体呈"内核心—外圈层"格局。总体而言，交通设施聚集于市中心并以此为核心向外围辐射，有"单一核心向多元化核心"的发展趋势。具体来看，停车场的集聚特征与总体交通设施聚集特征相似；公交车站总体"一核心多节点"由内向外的圈层式结构，节点处呈连片状分布；地铁站总体上呈"单点核心—外围放射"分布特征。

(3)重庆主城区各类交通设施呈现正空间相关性，整体空间集聚性更加离散，在局部分析上，住宅小区的相关性最高，影响最为显著。

参考文献

[1] 孔令斌.中国大城市交通问题的空间解读与对策[J].城市交通,2017,15(04):10-17.

[2] 戢晓峰,李晓娟,杨晓泉,等.基于POI数据的城市交通设施空间分布特征提取——以昆明市主城区为例[J].地域研究与开发,2020,39(03):76-82.

[3] 窦旺胜,王成新,薛明月,等.基于POI数据的城市用地功能识别与评价研究——以济南市内五区为例[J].世界地理研究,2020,29(04):804-813.

[4] 吴玲玲,彭念.城市空间结构与公共交通通达性匹配研究——以重庆市核心城区为例[J].重庆理工大学学报(自然科学),2021,35(11):173-181.

[5] 姜佳怡,戴菲,章俊华.基于POI数据的城市功能结构对比研究——以北京、上海为例[J].现代城市研究,2020(07):42-50.

[6] 段亚明,刘勇,刘秀华,等.基于POI大数据的重庆主城区多中心识别[J].自然资源学报,2018,33(05):788-800.

[7] 高岩辉,杨晴青,梁璐,等.基于POI数据的西安市零售业空间格局及影响因素研究[J].地理科学,2020,40(05):710-719.

[8] YANG Y, LUO H, LAW R. Theoretical, empirical and operational models in hotel location research. International Journal of Hospitality Management, 2014,36(1):209-220.

[9] 朱宇婷,刘莹,许奇,等.交通可达性与城市经济活动的空间特征分析:以北京市为例[J].交通运输系统工程与信息,2020,20(05):226-233.

[10] 殷悦,陆玉麒.城市地铁的空间结构与站点停车场所的布局优化——以南京市为例[J].经济地理,2020,40(07):73-80.

[11] 刘慧,张楠,张平.基于加权栅格叠加的城市群交通设施选址方法[J].统计与决策,2020,36(05):181-184.

[12] 赵鹏军,曹毓书.基于多源地理大数据与机器学习的地铁乘客出行目的识别方法[J].地球信息科学学报,2020,22(09):1753-1765.

[13] 李欣.基于POI要素空间聚集特征的城市多中心结构识别——以郑州市为例[J].北京大学学报(自然科学版),2020,56(04):692-702.

[14] 王绍博,郭建科.我国城市整体交通运输流发展的时空演化及其空间关联性分析[J].干旱区资源与环境,2017,31(02):43-49.

[15] 杨迪,杨旭,吴相利,等.东北地区能源消费碳排放时空演变特征及其驱动机制[J].环境科学学报,2018,38(11):4554-4565.

[16] 陈鑫,全丹,李效顺.贵州省喀斯特溶蚀地区采煤扰动与地质灾害空间相关分析——以六盘水市为例[J].生态与农村环境学报,2016,32(02):207-212.

基于中运量公交的常规公交线路调整研究

程仁辉*
(上海市城市建设设计研究总院(集团)有限公司)

摘　要　中运量公交的设置需要调整常规公交线路。文章从中运量公交的功能定位及其影响分析入手,研究了常规公交线路调整优化的原则和方法。采用线型因子、共线站点数、客流强度及换乘因子四个因素建立了线路调整二元 Logistic 模型,并构建了公交线网评价指标体系。最后进行了北横中运量公交案例分析,结果表明调整后的预期效果较好。

关键词　公共交通线网规划　公交线路调整　二元 Logistic 回归　中运量公交　公交线网评价

0　引言

大城市交通流量与服务需求规模巨大,轨道交通承担着越来越大的客流压力,而常规公交却面临着运行效率低下、运输能力不足、出行品质较差等问题。近年来各大城市开始打造中运量公交系统(Medium-Capacity Transit System),中运量公交的建设可以整合路权和提升运行效率,形成城市公共交通客流骨架,打造较高品质的公交出行。

王晶晶等[1]通过大量文献,分析并总结了公交线网工作中的优化目标、需求预测方法和优化算法及数学模型等 3 个关键问题,对线网优化综合性评价指标、大数据及优化算法研究等几个方面具有参考意义。

李家斌等[2]通过探索性因子分析和分层聚类方法研究了轨道交通走廊上公交线路调整策略和措施。

黄云[3]提出了基于大数据的公交专用道评估方法,采用基于路段长度的加权平均法和层次分析法对专用道效益进行了综合评价。

李爱增等[4]从公交线路客流分担率、复线系数 - 客流量关系图以及平均满载率调整值 - 复线系数关系图综合分析调整优化线路,并提出了线路优化的 11 条原则。

方林键[5]基于新建轨道交通条件下,针对接运公交线网优化问题建立了以服务乘客数量多、乘客时间及运营成本最低为目标的多目标模型,并设计了遗传算法进行求解。

Yifan Yue 等[6]以快速公交(BRT)与常规公交线路的公共断面为研究对象,以常规公交发车量为阈值指标,论证得出路段运行效率是共享阈值的下限约束,而上限则受不同环境下的排队概率或公交运行时间的约束。

Stewart Orion T 等[7]比较了在华盛顿国王县实施快速公交的路线与规划或已经存在快速公交的路线之间的客流量变化,结果得出与传统公交服务的线路以及现有 BRT 服务相比,BRT 实施路线沿线的客流量均有大幅增加。

以往研究主要是基于轨道交通、快速公交或综合枢纽等,借助大数据、优化模型和算法等方式,以公交运营经济效益最大、公交服务水平最高等为优化目标进行的公交线网优化,很少涉及建设中运量公交系统下的常规公交线网调整,并且很多方法缺乏可操作性。

中运量公交由于其特殊性会对沿线常规公交线路产生重要影响,因此对公交线网的调整优化也势在必行。鉴于此,本文基于建设中运量公交条件下,系统性分析了常规公交线网调整方法,构建了公交线网调整模型和设定线网评价指标体系。结合北横中运量公交案例,给出了线网调整策略并分析了预期效果,本文研究成果具有一定的参考意义。

1　中运量公交定位及影响分析

1.1　中运量公交功能定位

中运量公交系统指的是运输能力介于大运量轨道交通和小运量常规公交之间的运输方式,《城市综合交通体系规划标准》(GB/T 51328—2018)指出其单向客运能力一般在 1 万 ~3 万人次/h。相比于大运量和小运量公交,中运量公交具有较为适中的运输能力、投资规模、建设周期以及服务灵活性。

目前国内各大城市建设的中运量系统的功能定位可以分为两类,一类是作为大运量轨道交通服务空白区域的补充性公交方式,比如北京、广州等城市的BRT系统。第二类是为了替代轨道交通服务而建设,例如厦门、常州及重庆等城市的BRT系统。为解决大城市区域轨道交通服务不足,建设中运量公交成为一种可供选择的公共交通方式[8]。

1.2　中运量公交建设模式

得益于城市公共交通优先发展的理念,公交专用道的发展十分迅速,从1997年北京市长安街建成全国第一条公交专用道,到目前国内大中城市几乎都已经进行了建设或规划。公交专用道在建设模式上主要有两种,一是较为常见的路侧式专用道,即专用道设置在道路最外侧车道;二是路中式专用道,专用道设置在道路中间车道,如广州中山大道BRT、上海延安路71路公交等。在路中、路侧式公交专用道方案对比后,上海北横中运量公交决定采用路中式专用道模式[9]。

1.3　中运量公交设置影响分析

1.3.1　对常规公交的影响

中运量公交具有常规公交不具备的运输能力和运营组织方式,将成为布设沿线重要的公共交通走廊,在功能服务上与现状部分常规公交线路有一定重合。类似于新建轨道交通线路条件下,需要根据两者关系以及客流、换乘、交通组织等因素重新调整常规公交线路,使其作为走廊上中运量公交的辅助方式,共同为居民公交出行服务提供保障。

1.3.2　优势和存在问题

中运量公交专用道具有很多优势,但也在实际运营过程中暴露出不少问题。

(1)通过实施中运量公交专用道,可提高公交服务能力和运行效率。

(2)设置中运量公交专用道后,会同步优化调整原地面常规公交线路,同时通过打造高品质公交出行体验,吸引沿线客流集约化出行,落实公交优先发展理念,进一步降低交通能耗。

(3)另一个重要方面,是中运量公交专用道具有城市“生命通道”功能,能够服务于警车、公务车、救护车、救援车等紧急任务车辆,增强城市道路在紧急情况下的韧性。

然而,中运量公交专用道的建设也需要慎重考虑。专用道常面临着道路资源浪费和管理措施不到位等问题,路侧式公交专用道沿线受出入口车辆和行人的影响严重,而路中式公交专用道存在站区封闭性不足、公交流线与社会车辆流线产生冲突等问题[10]。

2　公交线路调整优化的原则

2.1　公交线网优化的原则

(1)确定中运量公交的骨架地位和常规公交的辅助功能,通过常规公交线路来补充中运量的服务缺口。

(2)调整常规公交线路时,要考虑与中运量的运营关系以及和轨道交通的换乘关系,尽量保留运营效率高、功能不重合的线路。

(3)通过移入中运量通道、退出通道、归并、缩线等多种公交线路调整方式进行线网调整优化,中运量通道形成主线+支线系统。

(4)要最大限度满足乘客需求,不同公交线路的主要功能有所区别,不能忽视居民休闲娱乐等活动的需要,能不调整尽量不调整。

(5)为降低对居民公交出行习惯的影响,一般调整的线路比例占现运营线网的比例为5%~10%,不宜大规模调整。

(6)应根据城市空间布局的调整、交通基础设施建设以及居民出行结构和出行方式的变化进行线网调整,时间上宜以1~3年为周期制定方案,按年度分批实施。

2.2　公交线网优化的模式

公交线网调整的模式需要根据待调整区域的位置、功能区划分和用地性质等环境情况,结合道路路况条件、与轨道交通、中运量公交线路关系(合作,混合,共线),进行宏观分析,然后进一步依据公交线路指标值定量化、精细化调整。公交线路调整优化模式可分为宏观调控模式、微观调整模式以及两者结合模式。

(1)宏观调控模式。宏观调控模式是对公交线路网络结构进行优化,通过大幅改动,改变现有的公交网络结构。

(2)微观调控模式。微观调控模式是通过线路调整手段优化某一条公交线路,包括线路的站点布置、运营组织方式等。

(3)宏观调控+微观调整。

绝大多数情况下,对某区域的公交线网调整往往需要宏观调控+微观调整,明确区域公交线网功能和结构模式,然后调整其中的某些线路进行线网优化。

2.3 公交线网调整技术路线

结合《公共汽电车线网设置和调整规则》(GB/T 37114—2018)的内容,并基于中运量公交建设的条件下,总结得到公交线网调整技术路线如图1所示。

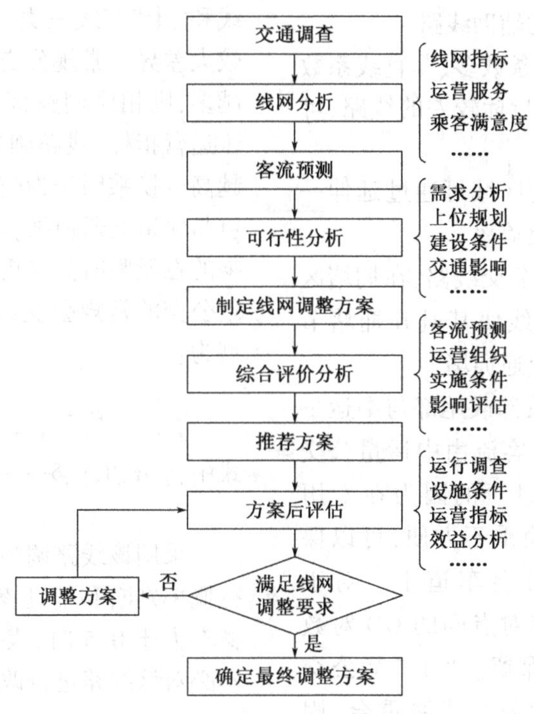

图1 线网调整技术路线图

3 设置中运量公交的常规公交线路调整

3.1 线路调整的考虑因素

(1)与中运量的位置关系。

按照常规公交线路与中运量公交的相交形式,可以分成"L"形线、"Z"形线和"十"字线。如图2所示,"L"形线是指线路头部或者尾部与中运量公交线路重合,而其他区段分隔的公交线路。"Z"形线和"L"形线相反,头尾不与中运量公交线路重合,而线路中间区段则与之共线。"十"字线则是与中运量公交线路相交,无共线部分。

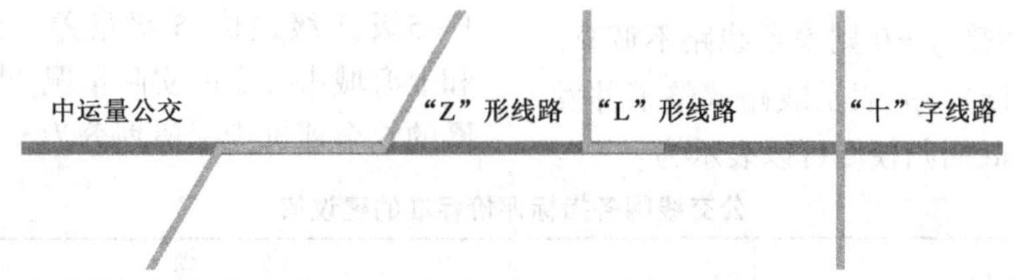

图2 常规公交与中运量关系

(2)常规公交线路指标。

常规公交线路指标可以分成技术指标和运营指标。技术指标包括线路长度、站间距、线路重复系数、线路非直线系数等;运营指标主要有平均运行速度、发车间隔、乘客平均乘距、线路客流量等。公交线路指标是线路调整的重要数据支撑,对是否进行调整以及采取何种调整方法具有参考甚至决定性意义。

3.2　公交线路的调整方法

目前常用的公交线路调整手段主要有:线路保留、站点调整、线路拉直、线路撤销、线路延长、线路截短、线路改道、线路归并和开辟新线路等方法。具体实施如下。

(1)与中运量公交运营交路重合较大的常规公交线路可以撤销或者作为中运量公交支线,而保留或基本保留中运量公交的辅助线路。

(2)现状公交线网中复线条数多、非直线系数大、断面客流不均匀系数高等指标较差的线路,可以取消运行。

(3)存在局部公交空白的区域可通过延伸一些线路来增加该区域的线网覆盖率。

(4)交通拥堵影响较大的公交线路,在拥堵区域附近通过适当的绕行或改线使其避开拥堵节点,提高公交行驶速度,缓解交通拥堵。

(5)对于"L"形公交线,头部或尾部与中运量公交线路重合过长可以撤销,客流由中运量公交可以基本替代,而共线区段过短的因为在专用道道路上的站点很少,乘客换乘不方便,可以保留这些线路,继续行驶在社会车道上。对于"Z"形线,大多数线路乘客点对点间的 OD 对数量多,较为复杂,因此建议保留。"十"字公交线路客流 OD 并不与中运量公交线路重合,因此以保留为主。

3.3　公交线路调整优化模型

对常规公交线路是否进行调整问题,引用数学和统计中学的二元 Logistic 回归模型进行描述。二元 Logistic 回归的解释变量只有两个值,一般用 0 和 1 表示。假设线路调整事件是具有 n 个独立变量的向量 $x=(x_1,x_2,\cdots,x_n)$,设因变量为 y,$y=1$表示线路需要调整,$y=0$ 则表示线路不调整。设条件概率 $P(y=1|x)=p_i$ 表示线路调整事件发生的概率。则 Logistic 回归模型可以表示为:

$$p_i=\pi(x)=\frac{1}{1+\mathrm{e}^{-g(x)}}\tag{1}$$

其中 $g(x)=w_0+w_1x_1+\cdots+w_nx_n$,代表影响线路调整事件发生的自变量的线性函数。

通过上述分析和经验归纳出影响公交线路调整的主要因素有线型因子、共线站点数、客流强度、换乘因子等。线型因子分成"L"形线、"Z"形线和"十"字线三类,三类线路的调整回归系数有较大差异。常规公交与中运量公交的共线站点数越多,则相应调整概率越大。公交的客流强度属于运营指标,线路强度越高则反映线路运营效率越高。换乘因子为公交在乘客可接受距离内是否可与轨道交通换乘,属于 0,1 变量,能够与轨道换乘的在调整时需要更加慎重考虑。因此基于中运量公交的常规公交线路调整二元 Logistic 回归模型为:

$$\rho=\frac{1}{1+\mathrm{e}^{-(k+\alpha x_1+\beta x_2+\gamma x_3+\delta x_4)}}\tag{2}$$

式中:k、α、β、γ、δ——常数项、线型因子、共线站点数、客流强度以及换乘因子。

采用该线路调整模型可以对调整公交线路进行概率判断和辅助参考,当一条公交线路的计算概率大于 0.5 时,表示需要调整该线路;反之,则不必对该线路进行改动。

3.4　公交线网调整评价指标

3.4.1　建立公交线网评价指标体系

根据中运量系统通道的公交线网运行技术及运输能力等特点,制定出评价指标体系的各级标准值。评价指标值包括高峰小时运输能力、平均运行速度、乘客平均乘距、线路重复系数、通道内线路长度及平均站间距 6 个指标,每类指标分为 1～5级,1 级最优,5 级最差。依据相关参考文献和上海城市公交的实际情况[5,11,12],建议将公交线网的 6 个评价指标值划分为 5 个等级,见表 1。

公交线网各指标评价标准的建议值　　表 1

评价指标	等级				
	1 级	2 级	3 级	4 级	5 级
高峰小时运输能力(万人次)	>1.2	(0.8,1.2]	(0.5,0.8]	(0.2,0.5]	≤0.2
平均运行速度(km/h)	>25	(20,25]	(15,20]	(10,15]	≤10
乘客平均乘距(km)	>4.5	(3.5,4.5]	(2.5,3.5]	(1.5,2.5]	≤1.5

续上表

评价指标	等级				
	1 级	2 级	3 级	4 级	5 级
线路重复系数	<5	[5,7)	[7,9)	[9,11)	≥11
通道内线路长度(km)	>5.0	(3.5,5.0]	(2.0,3.5]	(1.0,2.0]	≤1.0
平均站间距(m)	<300	[300,450)	[450,600)	[600,800)	≥800

3.4.2 评价指标的标准量化处理

由于各评价指标的含义不同,造成各指标的量纲各异,因此,在定量化评价指标后,在评价之前还需要将各指标属性值进行标准化、归一化处理。在此采用模糊无量纲化方法统一变换到[0,1]区间内。

效益型指标(正向指标)的标准化函数为:

$$B(X_i) = \begin{cases} 1, X_i > X_{i\max} \\ \dfrac{X_i - X_{i\min}}{X_{i\max} - X_{i\min}}, X_i \in U \\ 0, X_i < X_{i\min} \end{cases} \tag{3}$$

成本型指标(逆向指标)的标准化函数为:

$$B(X_i) = \begin{cases} 1, X_i < X_{i\min} \\ \dfrac{X_{i\max} - X_i}{X_{i\max} - X_{i\min}}, X_i \in U \\ 0, X_i > X_{i\max} \end{cases} \tag{4}$$

式中:X_i——评价指标 $C_i(i=1,2,\cdots,6)$的计算值;

U——C_i 的阈值 $u[x_{\min},x_{\max}]$;

$B(X_i)$——评价指标标准化分值。

公交线网指标中高峰小时运输能力、平均运行速度、乘客平均乘距及通道内线路长度为效益型指标,属性值越高越好,而线路重复系数及平均站间距为成本型指标,属性值越低越好。统计最终总标准化分值 T,$T=\sum B(X_i)\in[0,6]$。将总分值 T 分成[0,1),[1,2),…,[5,6)六段,分别代表逐级更优的等级 F、等级 E……等级 A。

4 案例分析

4.1 北横中运量公交背景

北横中运量公交研究范围西起虹桥枢纽,东至军工路,全长 29.8km(向东预留通过周家嘴路隧道延伸至浦东巨峰路枢纽),沿申昆路—北翟路—天山路—长宁路—长寿路—天目西路—天目中路—海宁路—周家嘴路走行。研究采用路中专用道模式,近期先实施东线(中山公园—军工路)。

目前北横地面道路公交客流较大,沿线上客总量约 6.6 万人次/日。公交客流分布呈现中间高、两端低的特征。北横地面道路沿线 600m 范围有 10 条轨道交通线路,公交客流与轨道交通换乘比例为 20% ~25%。

沿线公交线路共 61 条,其中最大断面公交线路数为 18 条,位于上海火车站南侧天目西路(民立路—梅园路)。通道内公交乘客的平均乘距短,仅为 2km。约 70% 的公交线路在北横通道地面道路上运行 3km 以下,3 ~6km 线路 14 条,超过 6km 线路 4 条,如图 3 所示。

4.2 线路调整方案

为了发挥北横高品质公交系统在整个公共交通网络中的作用,促进北横骨干客运走廊功能的实现,如图 4 所示,线网优化调整目标为打造“鱼骨状”的公交线网结构,主线 + N 条支线共用通道,提高通道利用效率。

在参考本文的公交线路调整原则和模型方法基础上,制定常规公交线网优化策略。在进行线路优化时,同时兼顾直达和接驳,分步骤优化公交线网。

第一步:设置公交主线,为避免单线行程时间过长而采用东西双线运营,原则上继承并提升现有在北横沿线乘距长、客流大、设站多的线路。

第二步:结合主线,对通道内公交线路进行优化,以客流需求为依据,归并重复系数较高的公交线路。

第三步:将日均客流大于 3000 人次/日的线路升级为支线(路中方案驶于路中),并与主线同站台换乘,提高换乘效率。

经撤销、合并、缩线等线路调整措施后,结合路中公交专用道方案特点对现状 61 条公交线路进行优化,结果见表 2。北横通道地面道路上最终形成 1 条中运量主线和 12 条支线在路中专用道内行驶,撤并和退出 16 条,其余 32 条常规公交线与社会车辆混行。

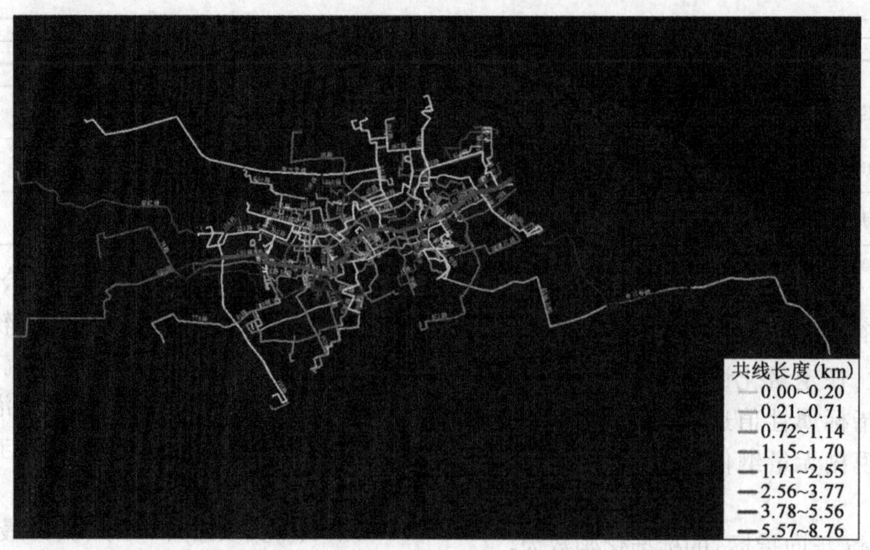

图3　现状不同共线长度公交线路

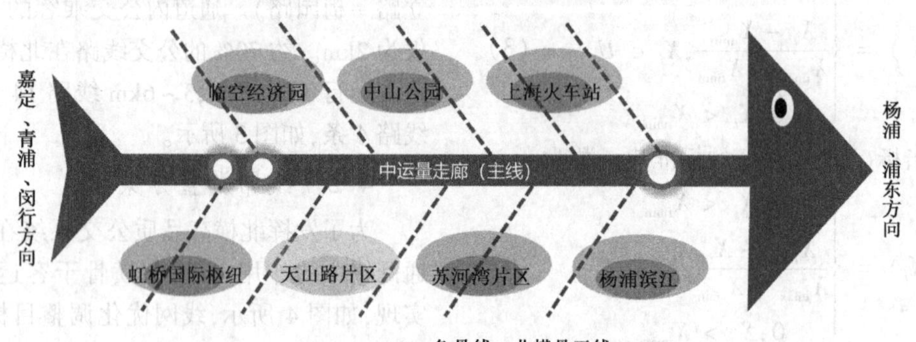

图4　线路优化目标

北横通道地面道路常规公交线路调整措施　　表2

调整措施	线路条数	线路名称	备注
撤并和退出通道	16	106路	和768路归并，保留768路
		510路、966路	缩线
		220路	和6路归并
		825路	和88路归并
		145路、申方专线	撤销
		58路、113路、64路、138路、951路、751路、47路、859路、741路	调整走向
路中	1+12	13路	主线
		768路	归并后，768路移入路中
		54路	调整走向(已完成)
		6路(电车)	调整走向，新6路移入路中
		63路	调整后，移入路中
		8条：870路、105路、962路(线路日均客流均大于3000人次/日或为重点线路)；136路、939路、大桥五线、737路、812路	调整断面位置

续上表

调整措施	线路条数	线路名称	备注
路侧	32	837路、申川专线、17路、765路、941路	缩线，其中，配合941路调整，新辟环线
		88路	延长88路(已完成)
		1219路、25路、950路、36路、830路、137路、14路等	保留线路走向
合计	61		

在进行调整后，北横通道地面道路上形成以中运量公交为骨架，常规公交为辅助的公交客流走廊。如图5所示，调整后通道上公交线网层次更加分明，重复系数也大大降低。

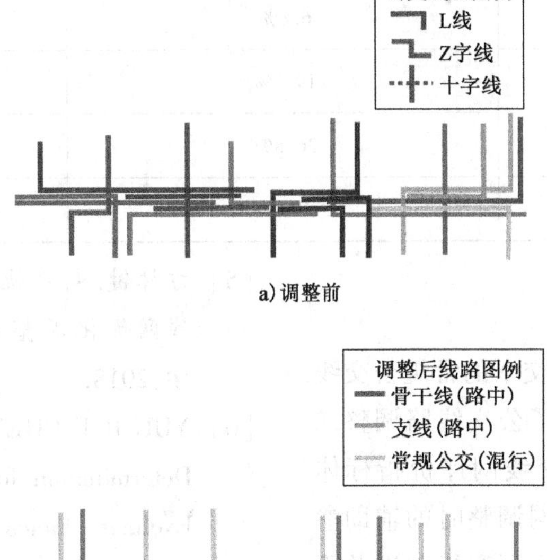

a)调整前

b)调整后

图5　常规公交线网调整前后通道示意图

4.3　调整预期效果

4.3.1　评价指标

根据本文建立的评价指标体系，分析常规公交线网调整前后的指标情况。如表3所示，除平均站间距外，各项指标在调整后都有1~2级的提升。经计算，调整线网前后的评价指标标准化总分值 T 分别为2.9和4.6，整体公交线网服务水平由等级D提升到等级B。

线网调整前后评价比较　　表3

评价指标	调整前属性值	调整前等级	调整后属性值	调整后等级
高峰小时运输能力(万人次)	0.15	五级	0.9	三级
平均运行速度(km/h)	12.6	四级	16.5	三级
乘客平均乘距(km)	2	四级	3.6	二级
线路重复系数	7	三级	5.2	二级
通道内线路平均长度(km)	1.9	四级	3.4(中运量)	三级
平均站间距(m)	480(常规公交)	三级	780(中运量)	四级

4.3.2 实施预期效果

根据上海市城市综合交通规划研究所的预期,2025年通道客流为9.5万人次/日(现状6.6万人次/日),2035年通道客流则将继续增长35%。从居民出行变化(表4)中可以看到,公共交通出行占比小幅提升0.3%,从36.7%上升至37%,这主要是分担了轨道交通客流。对个体机动影响总体较小,私人机动车分担比从19.7%下降至19.6%。总体来看,公共交通出行比例有所增加,并且随着中运量公交的成熟和居民出行习惯的改变,预测中远期将会有更好的效果。

居民出行变化 表4

交通方式	现状	中运量方案实施后
公共交通	36.7%	37.0%
出租汽车(含网约车)	6.8%	6.8%
个体机动	19.7%	19.6%
慢行	36.8%	36.6%
合计	100%	100%

5 结语

本文分析了设置中运量公交下的常规公交线路调整优化原则和方法,构建了公交线路调整二元Logistic模型,并建立了公交线网评价指标体系,相关成果可以作为公交线网调整时的辅助参考。不足的是,文章所建立的模型有待改进及验证,提出的方法和指标体系也需要进一步完善以增加可推广性。大规模的公交线网调整是一项非常复杂的系统工程,考虑因素众多,本文从其中的几个方面进行了分析,以后还需要从更多的角度研究,以得到更为适应性的模式和方法。

参考文献

[1] 王晶晶,毛力增,杨蕊,等.公交线网优化技术研究综述[J].公路交通科技(应用技术版),2019,15(05):343-346.

[2] 李家斌,过秀成,王峰.城市轨道交通走廊上道路公交线路的调整措施[J].城市轨道交通研究,2017,20(10):88-92,133.

[3] 黄云.基于大数据的公交专用道评估方法[J].交通与港航,2019,6(03):47-51.

[4] 李爱增,吴冰花.城市常规公交线路调整优化方法[J].河南城建学院学报,2016,25(05):45-52.

[5] 方林键.新建轨道交通条件下区域接运公交线网优化调整研究[D].兰州:兰州交通大学,2018.

[6] YUE R F CHEN J, YANG Q, et al. Threshold Determination for Sharing Bus Rapid Transit-Exclusive Lanes with Conventional Buses[J]. Sustainability,2019,11(17).

[7] STEWART O T, MOUDON A V, SAELENS B E. The Causal Effect of Bus Rapid Transit on Changes in Transit Ridership. [J]. Journal of public transportation,2017,20(01).

[8] 张华,李曦,吴娇蓉.特大城市构建"中运量公交系统"的战略意义——以上海为例[J].上海城市管理,2012(05):7.

[9] 李君.路中式公交专用道在上海的应用探索——北横通道路中式公交专用道方案[J].交通与港航,2016,3(02):39-42,72.

[10] 张品立.上海市延安路中运量71路综合评估[J].交通与港航,2018,5(06):38-44.

[11] 丁舒平,张卫华,胡启洲.城市公交线网评价方法研究[J].交通标准化,2008(07):88-92.

[12] 杨磊.轨道交通沿线公交线网评价研究[J].科技与创新,2018(24):88-90.

基于乡村动态流量的公交智能规划

何涛涛*[1] 张 楠[2] 胡艳青[1] 方乐桓[1]
(1.安徽建筑大学 土木工程学院;2.安徽建筑大学环能学院)

摘 要 在乡村一体化战略不断推进的背景下,交通作为乡村高质量发展的保障理应起到“先行官”的作用。然而,由于乡村交通产业服务人群出行波动大、基础设施落后、运营战略僵化,出行供需双方信息交互滞后。经实地调研发现乡村公交系统运行仍停留在20世纪80年代的“经验主义”模式,直接导致乡村“等车时间长”“出行没有车”的落后现状,成为乡村实现交通扶贫、全面建成小康社会的主要障碍。因此,本研究以城乡客运为主要对象,将较为先进的管理理念和科技理论应用于农村,以优化交通运输系统资源配置并协调交通供需关系为目标,综合规划设计城乡公交运输方案。本文结合六安市霍邱县城乡客运车辆路径规划问题(VRP问题),应用运筹学原理,以提升客流量为首要目标,全面考虑乘客的实时需求,建立基于动态流量的公交线路优化模型。该模型运用DBSCAN聚类算法建立增广链,利用Dijkstra算法搜索网络中的最短径,重新构建道路运输网络,依次迭代计算得出优化线路,具体表现为在周集和姚李两公交始站之间建立四条新线路,并提出点到点、线到面的具体运输方案。研究结论为提高公交出行流量提出了新思路,为建立一个融感知决策、实时控制、反馈优化为一体的乡村智能交通系统,科学制定乡村客运规划方案与精准配置运输设施资源提供了重要理论支持。

关键词 交通运输网络 城乡公交规划设计 路径迭代优化算法 动态流量 遗传模拟退火算法

0 引言

交通运输已经成为国民经济快速发展的重要支柱和有力保障。随着近几年科技的进步、贸易的繁荣,人们对交通运输的需求迅速增加,当下交通状况也日趋多样化、复杂化。要想发展国民经济,建设交通强国,就必须系好国民经济结构中的先行者和基础产业——交通运输业这一关键枢纽。

现如今,乡村公交系统存在道路发展不平衡、基础网络不健全、客运基础设施落后和服务水平较低等问题。与此同时,乡村道路交通安全工作比较薄弱,交通事故发生次数呈上升趋势的状况也有待改善。考虑到现如今以个体经营为主的乡村公交服务系统存在的多方面问题,乡村公交智能系统急需完善。要从各个乡村的实际情况出发,大力发展公交系统中的“点,线,路,网”。[1]本文根据安徽省六安市霍邱县的公交运营现状,首先优化原有的公交路网结构,做到以一般城镇和主要村庄为节点,依靠乡道和村道结合而成的连接性网络,建立辐射全乡镇便利全体村民的公交运输网络系统:实现点对点,线到面,保证全方面覆盖并在有条件的地区向外延展;其次考虑到农村的动态流量,结合农村公交客运需求规模小、客源分布离散、时间波动大等特点,设计出合理的发车路线和时间;最后根据研究结果,提出相应展望。

1 霍邱县城乡公交道路网络规划研究的内容、方法及应用

1.1 研究思路

本研究基于动态流量的计算和调整,对原有的公交线路方案进行不断优化。研究步骤如图1

所示。

1.2　研究内容

本研究基于大数据处理及运筹学知识,建立提高客流量的优化模型,利用Matlab软件进行路径搜索,实现城乡一体化公交智能规划。本文主要从三大方面进行研究:①技术核心介绍:聚类取点和依据动态流量逐步优化线路算法;②应用实例:为提高客流量的霍邱县城乡公交线路的逐步优化;③可行性分析:模型检验与结果预测。

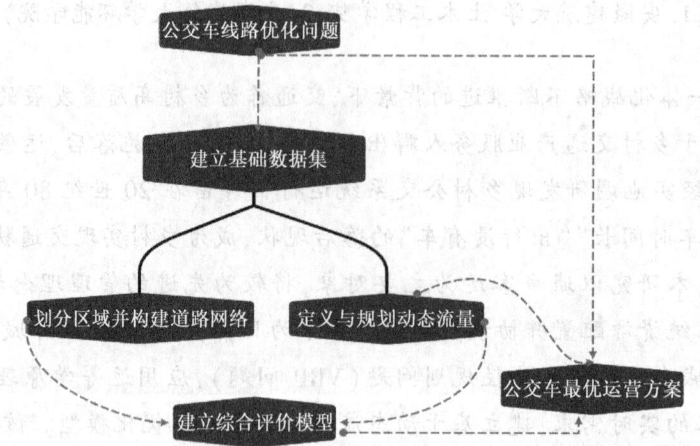

图1　基于动态流量的公交智能规划研究方法流程图

1.2.1　"动态流量"的研究方向和初步定义

结合现在乡村位置布局和农民出行的实际情况,乡村客运需要面对客流量实时变化的问题,针对这一类问题,本文提出了"动态流量"一词。因为对乡村地区各公交站点之间的客运流量无法进行精准的预测和分析,从而很难规划该地区的公交线路,达到实现人们便捷出行的目的,所以需要根据各线路各站点客流量的差异重新规划公交线路。主要途径有:对原来该地区少数运营线路采取延伸的办法,尽最大可能照顾到有条件通行的村庄,减少通车盲区;对偏僻分散、客流小,不适合开通日班车但村子数量相对较多的集中片区选择性地周末班、节日班和庙会赶集班;针对节假日类特殊时期返乡、旅游、探亲等出行民众增多情况,提前预计交通量,及时调整班次;以交通覆盖率最大为目标,加强公交信息化管理,全面提升服务质量,把高新技术充分运用于公交运营和管理中。通过实地调研,2021年3月连续十天霍邱县不同公交站点的客流量变化如图2所示。

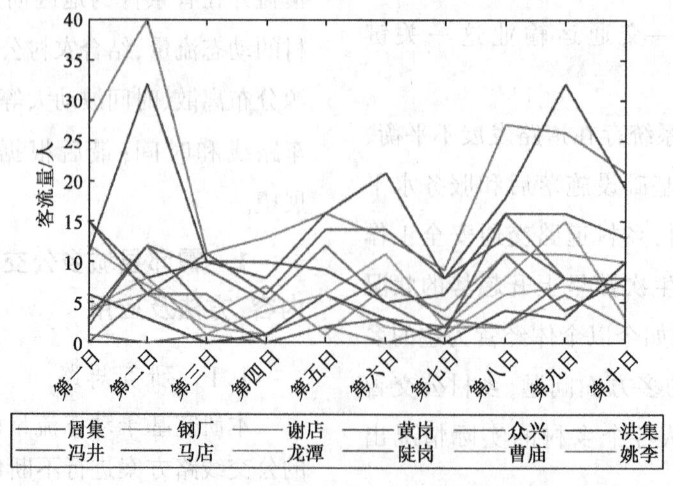

图2　2021年3月霍邱县12个地区十日内客流量动态变化图

1.2.2 聚类取点和依据动态流量逐步优化线路算法

总思路:利用 DBSCAN 聚类算法重新取点,在满足居民可接受最近公交站点距离的要求的情况下建立有效站点,确定新的公交站点后依据客流量的变化在各点之间连接道路网络,规划公交路线,实现公交智能优化。

首先,确定一个较大的扫描半径(eps)和最小包含点(min Pts),以及该地区的各个中心区域,从任意一个未被访问的道路节点开始,找出在其 eps 范围之内的所有道路节点。若道路节点数≥min Pts,则将当前道路节点与附近的道路节点归为一个簇,然后将出发点标记为已访问;若附近道路节点数<min Pts,则将该节点暂时标记为噪声点。

其次,对上述所有道路点进行递归处理该簇内所有未标记的道路节点,过程中完成对簇的拓展。当簇被充分拓展后,以相同算法处理未被访问的交通节点。

再次,根据建立好的公交站点依据客流量进行线路规划。以尽可能地提高客流量为目的,实时关注变化的客流量,对不同站点之间的公交车发车线路进行逐步优化。这里的线路优化思想表现为:设周集为公交始站,姚李为公交总站,对 12 个重要公交节点进行依次命名,如周集为 1,冯井为 2……姚李为 12。进行线路双重优化,既要满足客流量多的线路车够用,又要符合实际情况不浪费车辆资源和居民出行时间,结合总客流量分布图在除周集外的 11 个节点中进行搜索,优先将前 6 个到周集客流量最多的节点作为下一个分流点,两两之间开发新的线路。然后进行下一轮分流点的寻找,通过多层次的搜索确保每个节点都能在优化后的公交道路网中,即实现了尽可能依据客流量规划线路。另外,根据乡村实际情况,结合地理位置删除不必要的路线,减少资源浪费。

最后,建立综合评价模型,对智能公交路线规划系统进行评判。可先进行资料收集和研究背景分析,结合当地公交服务发展的实际情况,提出公交服务水平评价指标,建立城乡一体化的公交服务水平评价体系。也可对原有的公交线路和优化后的公交线路进行评价,分析优化是否合理和有效。

1.2.3 应用实例:为提高客流量的霍邱县城乡公交线路的逐步优化

通过进一步调查六安市霍邱县地区的公交系统,可以发现现有的公交道路网络缺点明显,无法满足人们的出行需求,公交车的收益也不容乐观,使人们出行的愿意受到了严重的约束和限制。为提高该地区的客流量,本研究利用相关的算法和数学模型解决公交线路优化问题。具体如下:

首先,通过 OpenStreetMap 网址,选取霍邱县区域,打开 Overpass API 数据库获取 map 文件,通过 GIS 处理,裁剪获取霍邱县路网图,如图 3 所示,并结合居民日常出行数据,对动态客流量进行简单分析。

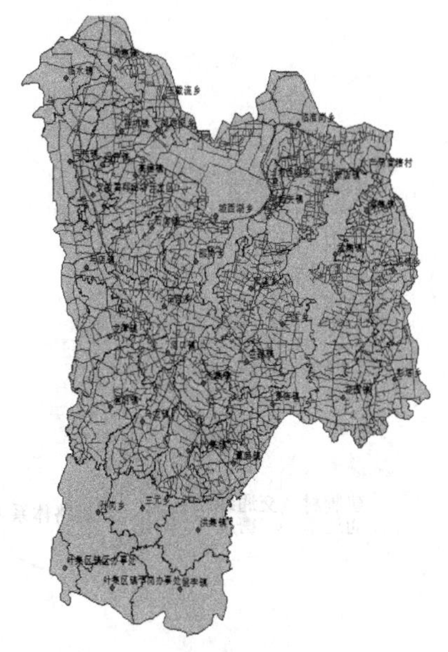

图 3 霍邱县某地区基础道路网络图

其次,运用 DBSCAN 找出相关重要节点进行聚类,对区域进行划分。对于建立的公交站点,要保证各地区居民附近公交站点的距离在他们的可接受范围之内,以此提高公交覆盖率。

其次,确定该地区的各个中心节点,在此基础上依据客流量进行线路规划。以提高客流量为目的,实时关注变化的客流量(图 4),对不同站点之间的公交车发车线路、时间、次数进行逐步优化,切实满足居民的出行需要。

最后,建立综合评价模型(图5),对智能公交规划系统进行评价。可先进行资料收集和研究背景分析,结合当地公交服务发展的实际情况,提出公交服务水平评价指标,建立城乡一体化的公交服务水平评价体系。也可对原有的公交线路和优化后的公交线路进行评价,分析优化是否合理和有效。

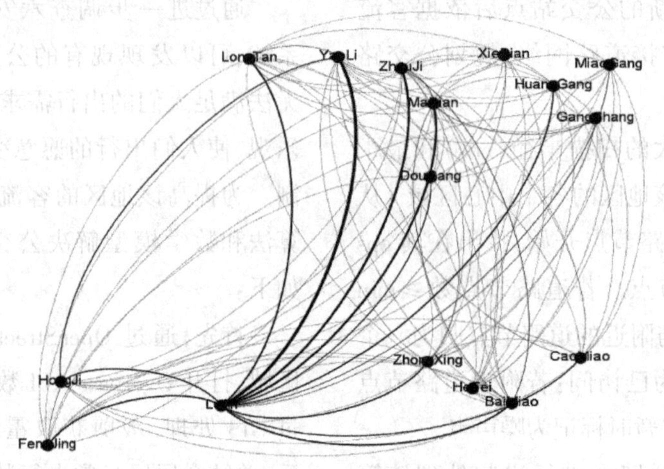

图4　各重要节点之间某段时间内的总客流量分布图

(实线粗细表示两节点之间客流量的大小)

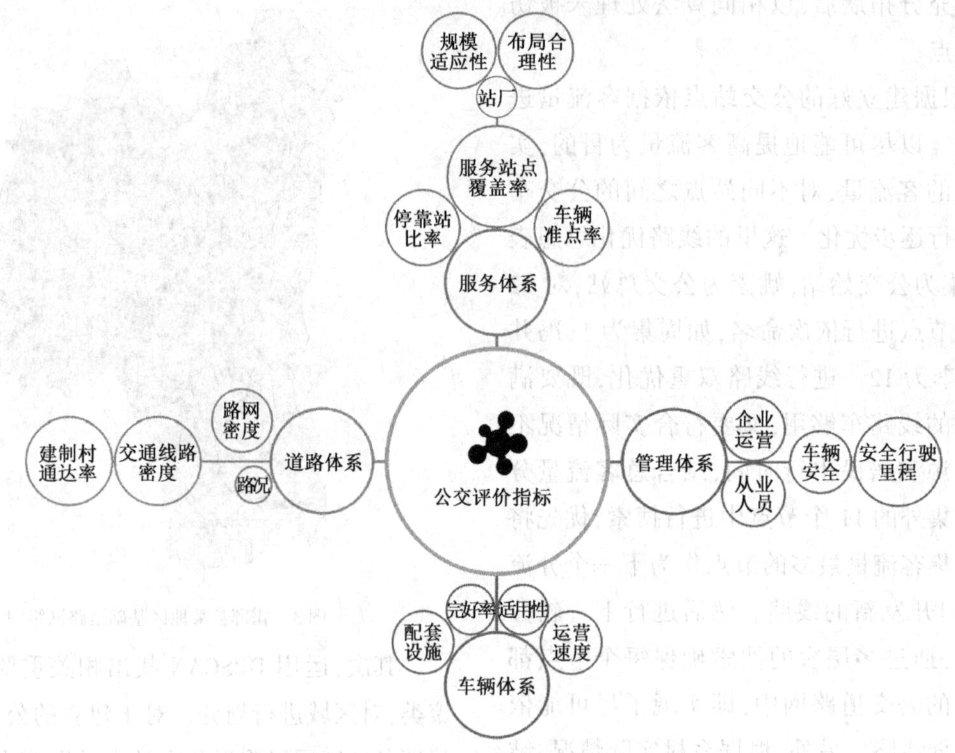

图5　乡村公交智能系统的评价模型

传统基于出行的交通流分配模型未考虑个体的出行需求源于参与活动的需要这一内在驱动力,忽视了出行与出行之间的连贯性。基于活动的交通流分配模型能够弥补传统交通流分配模型的缺点,全面考虑客流量这一不断变化的因素,实时满足人民出行的要求[3]。考虑到城乡居民出行的时间、效率等因素,为综合评价原有线路和新线路,本研究查阅相关文献提出以下内容。

1.2.3.1 时间最短

(1)等车时间。等车时间过长,易造成乘客不耐烦,影响选择城乡公交出行方式的可能性。在模型中,到达城乡公交站点的乘客人数应服从均匀分布。

$$t_w = \sum_{j=1}^{n}\sum_{s=1}^{m} o_i^s \frac{h^s}{2} \tag{1}$$

式中,t_w 为等车时间;n 为停靠站点的编号;s 为发车时段集合;o_i^s为第 s 时段、在站点 i 处上车的乘客人数;h^s为第 s 时段发车间隔(min)。

(2)乘车时间。

$$t_c = \sum_{i=1}^{n}\sum_{j=1}^{n}\sum_{s=1}^{m} od_{ij}^s \frac{L_{ij}}{V^s} \tag{2}$$

1.2.3.2 利润最大

(1)客运收益。票价按当地乘车里程确定。

$$P_c = \sum_{i=1}^{n}\sum_{j=1}^{n}\sum_{s=1}^{m} od_{ij}^x p_{ij}^c \tag{3}$$

式中,P_c 的为客运收益,p_{ij}^c 为每位乘客从站点 i 到站点 j 的票价

(2)运营成本。城乡公交运营成本与车型及车辆行驶距离成正比。

$$C = \sum_{s=1}^{m}\sum_{k=1}^{k} c^k k \frac{t^s}{h^s} \tag{4}$$

所以 $P = P_c - C$

目标函数:

$$\max F = \alpha\left(\sum_{i=1}^{n}\sum_{j=1}^{n}\sum_{s=1}^{m} od_{ij}^x p_{ij}^c - \sum_{s=1}^{m}\sum_{k=1}^{k} c^k k \frac{t^s}{h^s}\right) - \beta\omega\left(\sum_{j=1}^{n}\sum_{s=1}^{m} o_i^s \frac{h^s}{2} + \sum_{i=1}^{n}\sum_{j=1}^{n}\sum_{s=1}^{m} od_{ij}^s \frac{L_{ij}}{V^s}\right) \tag{5}$$

式中,F 为总目标的效用函数;α 为以利润最大为目标的重要程度系数;β 为以乘客出行时间最短为目标的重要程度系数;ω 为将乘客出行时间单位归一化为和城乡公交企业利润单位相同的归一化系数(元/min),且 α 和 β 的关系满足 $\alpha+\beta=1$。

参数 α、β、ω 基于遗传模拟退火算法求出,具体步骤如下:

①解编。由于优化模型解的表达形式为不同时段的发车间隔 + 不同车型组合,本文根据遗传模拟退火算法的特点采用二进制形式对发车间隔和车型配置进行编码。

②初始解。优化模型的初始解通过随机方式产生。

③适应度函数构造。适应度函数如下:

$$f(x) = \begin{cases} F(x) - C_{\min}, F(x) \geq C_{\min} \\ 0, F(x) < C_{\min} \end{cases} \tag{6}$$

式中,$C_{\min}$ 为同一代种群中目标函数值最小的个体;$F(x)$为个体的目标函数值;$f(x)$为适应度函数。

④遗传算子。本文考虑将单点交叉作为遗传模拟退火算法的交叉算子。变异算子是指基因以一定的概率进行突变,以保持群体的多样性,这一概率称为变异概率,其取值一般很小,通常为 0.0001 ~ 0.1。

⑤模拟退火操作。模拟退火操作分两步:首先设当前种群为N_c,当前温度为T_c,计算当前个体适应度$f(x_c)$;其次判断个体适应度的大小,若$f(x_c) > f(x_{c-1})$,则产生的新个体一定替代旧个体,若$f(x_c) < f(x_{c-1})$,则产生的新个体以 $p = \exp\{[F(x_c) - F(x_{c-1})]T_c\}$ 的概率替代旧个体。

⑥降温操作。采用的降温函数如下:

$$T = T_0 \gamma^K \tag{7}$$

式中,T_0为初始温度;γ 为降温系数,取值 $\gamma \in [0,1]$;K'为算法迭代次数;T 为降温后的温度。

⑦算法终止条件。算法终止条件一般为:设置算法迭代次数,采用预先设置的算法迭代次数 K'连续执行模拟退火操作,直到达到预设的迭代次数,停止循环,终止算法。

建立该模型时,需要考虑城乡公交节点、线路客流量、最大断面客流量及发车间隔的约束。

(1)城乡公交节点客流量守恒,即表示在第 s 时段,从 i 站点上车的乘客人数等于从 i 站点上车到所有 j 站点下车的乘客人数之和,如式:

$$o_i^s = \sum_j od_{ij}^s \quad i=1,2,\cdots n \text{ 且 } i<j \tag{8}$$

$$d_j^s = \sum_j od_{ij}^s \quad j=1,2,\cdots n \text{ 且 } i<j \tag{9}$$

(2)城乡公交线段客流量守恒,即表示第 s 时段,在第 i 线段上的乘客人数等于第 $i-1$ 线段上

的乘客人数减去在第 i 站点下车的乘客人数,再加上在第 i 站点上车的乘客人数,如式:

$$q_1^s = o_1^s \quad i=1 \tag{10}$$

$$q_i^s = q_{i-1}^s - d_i^s + o_i^s \; i \geqslant 2 \tag{11}$$

(3)城乡公交线段的最大断面客流量约束,即表示第 s 时段,在各公交线段上的最大客流量要小于等于第 k 种车型的额定载客量乘以第 s 时段的发车次数,如式:

$$\max q_j^s \leqslant \frac{t^s}{h^s} Q_k^s \tag{12}$$

(4)城乡公交发车间隔约束。城乡公交发车间隔过大会影响选择城乡居民公交出行的意愿,所以发车间隔应在规定的最小发车间隔和最大发车间隔之间[4]。如式:

$$h_{\min} \leqslant h^s \leqslant h_{\max} \tag{13}$$

1.2.4　可行性分析(模型检验和结果预测)

结合地图上的道路网数据,利用算法得到的新公交站点如图 6 所示。

通过查找相关资料,我们整理出霍邱县地区原有的部分公交线路图,如图 7 所示。

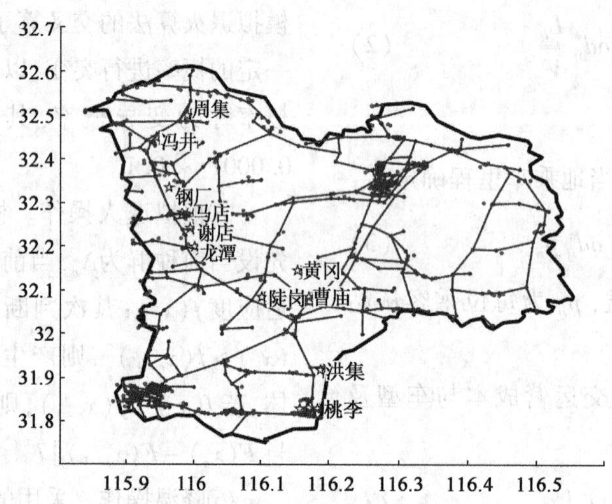

图 6　道路网络地图中新公交站点建立标记图(蓝点为道路节点,红点为公交站)

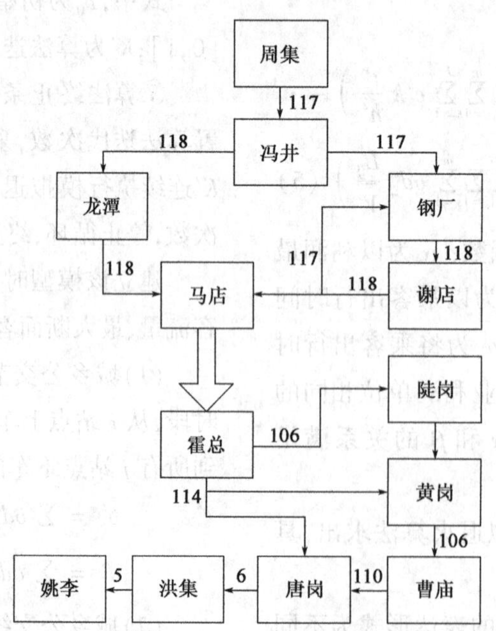

图 7　原有的部分公交线路图

为检验模型的合理性和可靠性,我们对该地区重新规划的路线进行了预测和评判,通过与原有的方案之间进行多方面的对比可认为我们所提出的公交智能规划达到了优化的目的。优化后的线路及站点如表 1、图 8 所示(ABCD 是四种不同路线的公交车)。

优化后不同线路站点信息 表 1

A1→A2→A3→A4→A5→A6→A7→A8→A9→A10→A11→A12
B1→B7→B9→B10→B12
C1→C2→C3→C4→C7→C8→C11→C12
D1→D2→D3→D4→D5→D6→D10→D11→D12

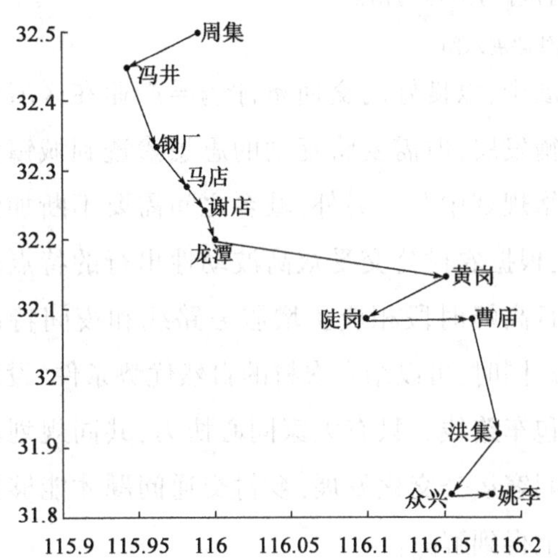

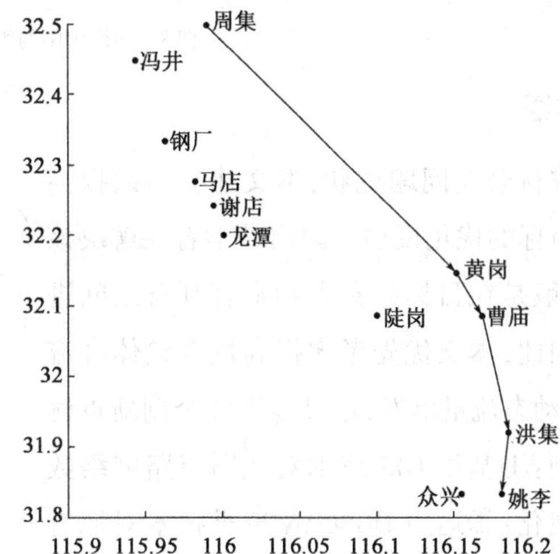

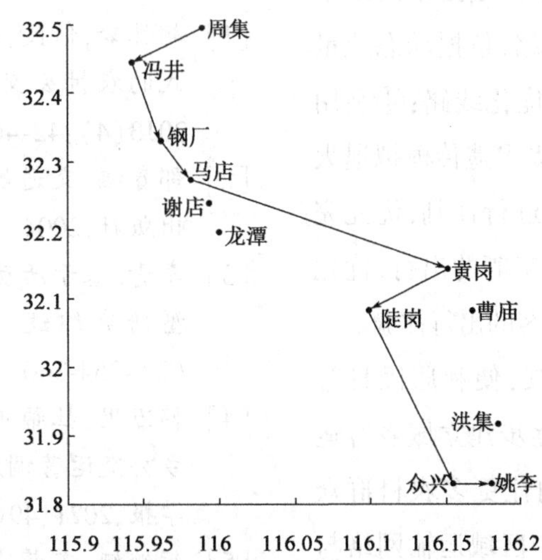

图 8

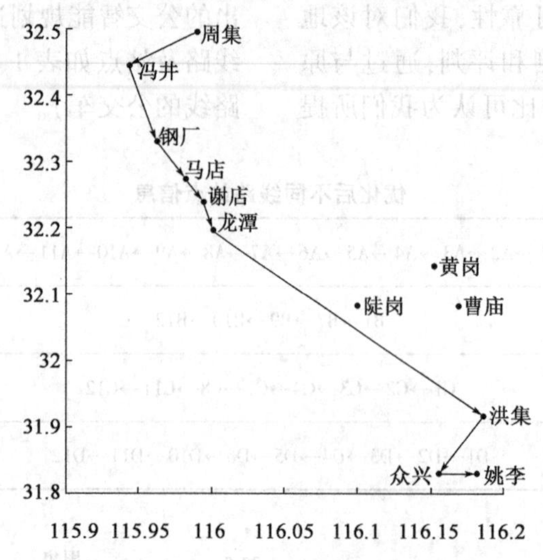

图 8　实际地图的优化后线路展示图

2　结语

面对农村公交问题现状,本文建立了以提高客流量为目标的优化模型。国内外学者在解决该问题时,一般是在目标运营者和乘客利益之间进行权衡。因此,本文优先考虑提高城乡整体客流量,从实时动态流量出发,通过以下几个创新点解决实际问题:①基于 GIS 技术对地图道路网络数据进行可视化;②运用 DBSCAN 聚类技术对原有公交系统中的站点建立增广链,找出重要节点建立新的公交站点;③利用 Dijkstra 算法搜索网络中的最短径,重新构建道路运输网络,依据动态流量和地图数据依次迭代计算得出优化线路;④利用 Matlab 软件建立综合评价模型,提出遗传模拟退火算法,对智能公交路线规划系统进行评判,优先完善道路网络系统,同时规划营运车辆的出行,优化资源配置,提高出行效率,改善乘客的出行体验。

为更快地推动农村客运发展,便利居民日常出行,要实施公交化运营模式,逐步建立城乡客运一体化服务体系,在更大范围内让更多农村群众享受普惠性的公共交通服务[5]。区域运输网络与城镇空间及产业结构之间存在互动关系,依据城乡一体化的发展对交通体系的要求,未来可将“交通引导城市发展”(TOD)的理念体现在整个区域发展中,以良好的交通条件诱导产业在区域中的均衡发展,但需要将互动的思想渗透到城镇公交网络规划中[6]。另外,城乡之间需要不断加强联系,根据农村公交受众高波动性出行的特点在节假日高峰时段相应扩增服务路线和夜间特况路线。同时,可以结合农村的自然优势条件,设定旅游包车路线。只有大家同心协力,共同规划城乡之间客运公交化发展,乡村交通问题才能够从根本上得到解决。

参考文献

[1] 胡林梦,何民,税文兵,等.基于区域循环线模式的农村公交线网优化[J].公路与汽运,2013(4):42-46.

[2] 邵春福.交通规划原理[M].北京:中国铁道出版社,2004.

[3] 李青.基于活动-出行超网络的交通流分配模型研究综述[J].系统管理学报,2020,29(2):354-360.

[4] 韩万里,杜帮申,赵建有.考虑小件快运的城乡公交运营调度优化分析[J].华南理工大学学报,2021,49(5):28-37.

[5] 崔姗姗.东营市河口区城乡公交一体化问题研究[D].济南:山东师范大学,2019.

[6] 相伟.城乡一体化进程中城镇公交规划方法研究[D].南京:东南大学,2006.

Why 'Railway + Property' Model Encounters Obstacles in Mainland China? — Experiences and Lessons in Hong Kong and Tianjin

Liu Haitao*
(Tianjin Urban Planning and Design Institute Co., Ltd)

Abstract The 'Railway + Property' (R + P) model of Hong Kong has been known globally as one of the few profitable public transit construction models globally. To alleviate urban diseases, many mainland China governments strived to build up urban transit systems. The 'R + P' model has been adopted in several Chinese cities to fund the costly construction project. However, the model met lots of obstacles in mainland cities. By analysing the 'R + P' case in Tianjin, this study would discuss the barriers the 'R + P' model met in the mainland from the perspective of the urban physical environment, institutional arrangement, development quality, benefit generation and distribution. At the end of this research, the study proposed policy suggestions and potential challenges to promote implementing the 'R + P' model in mainland China.

Keywords R + P model Institutional Arrangement Benefit Distribution Design Quality Hong Kong Tianjin

0 Introduction

As one of the few profitable public transit systems in the world, the 'Railway + Property' model of Hong Kong has been globally known. The implementation of the 'R + P' model deeply integrated railway and property development, which remarkably promotes the convenience of the urban population and reduces energy consumption. Also, the efficient, reliable, and affordable public transit system is the indispensable backbone of a high-density city like Hong Kong. Due to the merits mentioned above, many cities worldwide imitated the 'R + P' model to promote public transit system construction.

Mainland China has experienced rapid urbanization and industrialization since the reform and opening up. Nowadays, the ancient country has become the second-largest economy in the world, with more than nine hundred million urban population. Managing these mega-cities with urban diseases such as congestion and air pollution has become the new challenge of Chinese city governance. In order to promote high-quality development, accelerating the construction of urban transit systems has become an effective strategy of many local governments in mainland China. These cities invest heavily in the transit system through loans, bonds, and Public-Private Partnership (Known as PPP), which brought tremendous pressure to local finance. According to the research of Wu (2014), the 31 first-tier cities have invested more than 32 billion USD in the metro system. By the end of 2021, 247 urban metro lines have been operated in 48 mainland China Cities with a total length of 7970 kilometers. To avoid more cities shouldering huge debts, National Development and Reform Commission stipulates that only the city with more than Thirty-thousand-million Yuan GDP could apply for the construction of a new transit line.

Under heavy financial pressure, the balanced budget feature of the 'R + P' model has a great attraction to mainland China cities. Many Mainland China cities have strived a lot to learn a lesson from the model to facilitate the construction of their urban metro system. The Mass Transit Railway Company also enter the market of mainland cities such as Beijing, Shenzhen, Hangzhou, and Tianjin.

However, the "R + P" model is not as successful as expected in the context of the mainland market. Mass Transit Railway Company (MTRC) has revealed that the implementation of the 'R + P' model in mainland China has encountered lots of barriers such as land acquisition, project construction, operation, property development, and management, which makes them hard to unify the coordination of different participants of the project.

One of the most famous unsuccessful cases of MTRC in the mainland market is the 'R + P' estate in Tianjin Xiao Wangzhuang. Due to the project's low revenue and stagnant process, MTRC finally decided to sell most of the project to avoid further loss. Xiao Wangzhuang project was one of the first two real estate projects of MTRC in mainland China. Different from the great business success in another project in Shenzhen, the failure of the Xiao Wangzhuang project inspires the author to study obstacles that the 'R + P' model encounters in the context of mainland cities.

1 Integration of Railway and Property Development

1.1 The Rail + Property (R + P) Development Model

The Rail + Property (R + P) development model is characterized by the profound combination of railway construction and property development. In this model, railway construction and property development could be reckoned as a mutually beneficial process. Property could capture the value by enhancing accessibility and convenience brought by the transit system. Conversely, the profit of high-density property development could fund the construction and increase the ridership of public transit. Thanks to the success of the 'R + P' model, MTRC is one of the few public transit operation companies that does not need subsidy from the government, and it even contributes hundred million Hong Kong Dollars to the financial revenue of the local government. Mountains of studies have pointed out that the success of the 'R + P' model in Hong Kong could not leave the background of a strong local real estate market and the exceptional high-density urban environment.

1.2 The Interaction between Land Development and Railway Transit

The research about the interaction of land use and public transit was never cleared up. It has been the consensus that the integration of land development and railway transit could enhance urban residents' efficiency, convenience, and welfare. Firstly, known as a punctual, high-speed, and non-congested transportation mode, the operation of public transit could remarkably improve land accessibility. (Hu (1995), Zhuo (2004)) Secondly, the location theory states that accessibility is one of the decisive factors of land value. Thus, the value of the land in the proximity to the transit station would obviously increase, especially in the context of a robust real estate market. (such as Pan (2008), Zhang (2007)) Thirdly, high-density development around the transit station ensures the ridership of the transit system. It also laid the foundation of the prosperity of the restaurant and shopping malls near the station, which could raise the rent of the area. (Gu, 2010)

Plenty of studies has been conducted to achieve better integration of land development and railway construction. Most of them are in the field of Transit-Oriented Development (TOD). The most widely cited theories are Cervero's 3D model and Kockelman's 5D model (Liu, 2013), which contain density, diversity, design, destination, and distance. For Density, Bernick and Cervero (1997) and Tang (2008) concluded that higher densities of employment and residents lead to higher transit ridership. Secondly, diversified land use could provide users with a better walking experience by providing them with more shops, restaurants, etc., which could encourage people to walk into the railway station and to take public transit rather than drive their private cars. Cervero (1989) also found that every 20% increase in shopping and commercial floor space could lead to a 4.5% increase in ridership of carpool or transit. Thirdly, the excellent design quality, such as a pedestrian-friendly environment and a suitable building scale, could improve residents' experience and further encourage them to take transit. Just like Bertolini and Spit (1998) said, in order to attract more people step into the metro station, it's significant to make the metro station a 'place to be' rather than 'place to pass.' Mountains of research have elaborated physical key-points on the integration between land use and railway system, but there is still a lack of how this integration could be exerted institutionally in the context of mainland

2 Lessons of Mtrc's Development Case in Tianjin

2.1 Project Background

Together with TRTC (Tianjin Railway Transit Company), MTRC participated in the development of Xiaowang Zhuang metro railway station (Tianjin Metro Line 6) and the property above. However, before the project's construction process is finished, the MTR has sold the project out to avoid the potential financial risk. Some scholars (i. e., Chen, 2016) and developers reckoned that the 'R + P' model could not adapt to the Tianjin market. MTRC also states that the whole operation process and the negotiation mechanism with the government are totally different from that in Hong Kong, which makes the project suffer high transaction costs. By comparing the differences between Hong Kong and Tianjin, the following part will discuss the Xiao Wangzhuang case from perspectives of the urban physical environment, institutional arrangement, design quality, benefit generation, and distribution.

2.2 Urban Physical Environment

As the city is famous for its extremely high development density, nearly 7 million residents live within the limited coastal built-up areas of Hong Kong, which produced the highest urban density in the world. The high development density of the city contributes to a significant mass of passengers, for the reason that the transit station and travel destination are both highly accessible in the context of high urban density. Comparing spending lots of time to find a parking place and paying a high cost for fuel, it's much more convenient to take public transit if the origination and destination are both adjacent to the metro station. Obviously, high urban density shortens the distance between origination and destination to a large extent, which makes Hong Kong the ideal city for the 'R + P' model.

Cervero (2007) stressed that Hong Kong's high urban densities and urban form do contribute to the success of the R + P model. Hong Kong holds an urban density of 26000 inhabitants per square kilometer, which is the highest in the world. The combination of the high urban density and high-quality urban transit system makes Hong Kong hold the highest level of metro railway usage (4.86 million Passengers/ Day), which enormously guarantees and promotes the value of the property near the transit station (Chen, 2016).

However, located in the plain area of Northern China, both functional and residential density is quite lower than that in Hong Kong. The weaker accessibility of the transit station leads to fewer riders of the Tianjin metro system. Compared to the 1.775 billion passengers of MTRC in Hong Kong, the Tianjin railway transit system only held 0.277 billion passengers in 2016. Due to the low quantity of passengers, the business property near the station did not benefit a lot from the railway development.

2.3 Institutional arrangement

The integration of railway and property development always evokes enormous transaction costs because too many stakeholders such as different landowners and various government bureaus with varying core interests would participate in the process. An intensive and time-consuming negotiation process is always inevitable, while timing is the crux of large-scale infrastructure development. To shorten the negotiation time, an effective organization mechanism and the distribution of the development right is really of significance.

The institutional arrangement of Hong Kong grants the exclusive development right to the MTRC company. The arrangement locates the railway company in the center of planning, coordinating, and managing the development process. (Model B, Fig. 1) In this model, MTRC is responsible for supervising and organizing railway and real estate development and provides a platform for all key players in the development process to solve the conflict. The privilege grants MTRC the leading status of the whole development process, which facilitates the company to ease the difficulties during the negotiation process. Also, as the individual owner of the land resource, MTRC holds a solid incentive to protect the development from opportunism, cheating, and non-compliance. Privatization and development privileges ensure the efficiency of the overall development process and avoid meaningless prevarication simultaneously.

According to the news released by MTRC in the mainland, one of the major difficulties they met in the Tianjin project was the operation process. Different from the institutional arrangement in Hong Kong, construction, operation, property development, and management are all carried out by MTRC. In the Tianjin case, the leading company was not the same in different stages of the development process, which made MTRC have to shoulder higher transaction costs. (Just like model A shown in Fig. 1)

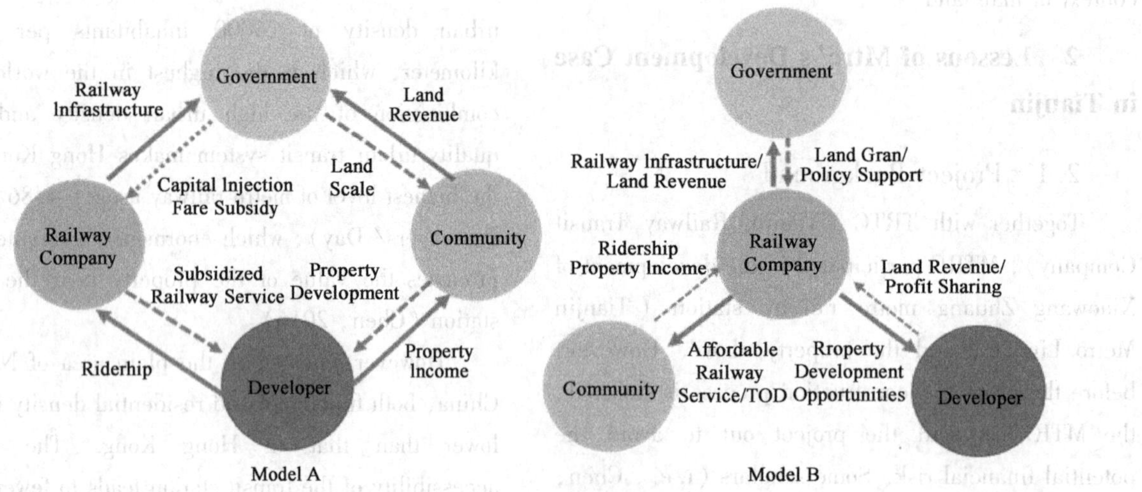

Fig. 1　Institutional Models for Integrating Railway and Property Development

Source: Tang B. 2018 Study Guide, HKU

In mainland China, the role of railway constructor and property developer was always separated. The status of all participants is relatively equal. In other words, the organizer is absent under such an institutional arrangement. Under such circumstances, the integration quality of the railway construction and property development mainly relies on the coordination of each market player. In most cases, the major interests of these players are divergent. For instance, the railway development company always wants an independent area to conduct the engineering project, while property development pursues higher residential Gross Floor Area (GFA), which results in the weaker accessibility of transit station and poor function diversity of the transit-served area. Due to the absence of the organizer, the negotiation process is always tough, which highly increases the transaction cost.

In a nutshell, the success of the R + P model in Hong Kong is that it not only capitalized the land revenue to fund the railway construction, but it also ensured the alignment of interests and decisions of different participants during the whole development process. The privilege of MTRC promotes all parties form a joint force rather than the dissipation of their own opinions, which guaranteed the deep integration of railway and property.

2.4 Benefit Generation and Distribution

Under the 'R + P' model, the income of MTRC was mainly generated by property development, property investment, and railway operation. MTRC has to pay land revenue to the government and finish the railway construction, which makes MTRC more incentive to make the best use of the land to increase and capture the values from the R + P development.

Firstly, in Hong Kong, MTRC gains the land development right at the 'before rail' price and sells the property to a qualified developer or real estate buyer at an 'after rail' price. The price disparities between 'before rail' and 'after rail' are often enormous in the background of the Hong Kong real estate market. Obviously, the land value generated by the enhancement of transit accessibility would be gained by MTRC, which would finally fund the construction of the railway. However, in the Tianjin project, the MTRC gets the land at an 'after rail' price from the Tianjin government. MTRC paid 2.075 billion for the land, which is the largest stroke of land revenue of the Tianjin government in 2013. It's not difficult to figure out the reason for the high price of the land. Tianjin Municipal Government takes the accessibility promotion by the transit system into consideration. The government acquired the land value produced by the railway construction rather than the MTRC. Compared with ordinary developers, MTRC enjoys no additional profit though paying for the transit construction.

Secondly, MTRC holds the ticket pricing right in Hong Kong. Although it is generally believed that tickets are not the primary income of MTRC, but they still contribute 28% of the whole company's revenue. However, in the metro system of Tianjin, the ticket fare is relatively cheap. Taking the transit from Tianjin Zhan station to Tanggu only cost about 10 Yuan, even though the distance is longer than 60 kilometers. In order to encourage citizens to take public transit and reduce the city living expenses, the government strictly controls ticket prices to make it more affordable. Without pricing power, it's much more difficult for the railway company to gain profit through the daily operation. In accordance with the 2016 financial report of Tianjin Railway Transit, the fare receipt is even lower than the daily operation fee. Thus, it's almost impossible for the railway operator to gain profit through the operation due to the government lean to make the public transit system a welfare offers(Fig. 2, Fig. 3).

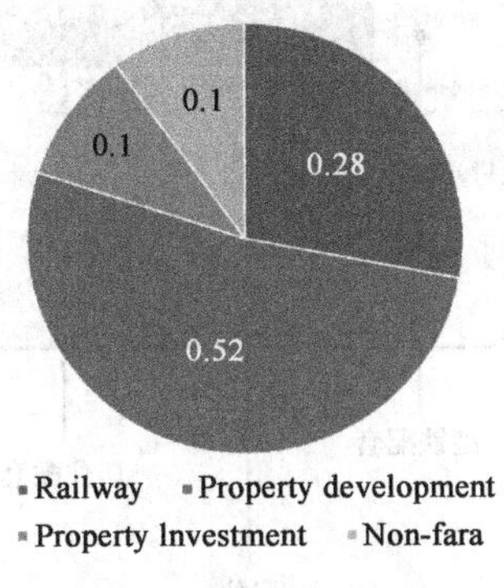

Fig. 2 Income of MTRC

Source: MTRC financial accounts

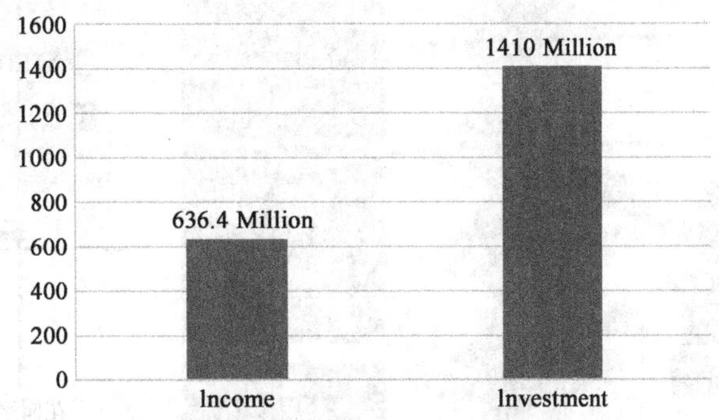

Fig. 3 Investment & Income of TRT on railway operation

Source: TRT financial account

2.5 Development Quality of the Transit-served Area

There have been mountains of studies focused on the feature of a successful TOD project. Cervero's 3D model and Kockelman's 5D model were most frequently cited in both academic studies and practical planning projects in China (Liu, 2013). Liu (2019) pointed out that in the context of mainland China, density is the primary factor that could influence the performance of the TSA, while diversity and design quality ranked second and third.

According to the Building Density Guideline of Hong Kong, the transit service area belongs to Density Zone 1, which could get a very high plot ratio for residential development. And the development density enables the MTRC to get plenty of benefits. However, in mainland China, the density of residential development is strictly constrained. Before 2016, according to the Code of Urban Residential Planning & Design, the pure residential floor area should not be bigger than $35000m^2/ha$, which enforced the volume rate of the residential area always lower than 4. Compared to the permitted plot ratio MTRC could capitalize in Hong Kong, which is always higher than 10, the plot ratio of the Tianjin project is only 2.89, only about one-third of the counterpart in Hong Kong. The huge difference in plot ratio directly compressed the profit of MTRC. Thus, the constraint of the development density also became a barrier to the success of the 'R + P' model in Tianjin.

Also, as the most famous volumetric city in the world, various functions intensity mixed in the vertical direction in Hong Kong, so as the TOD project. For instance, In the development of Tsing Yi Station, transit station, transportation hub, shopping mall, and high-rise residential are well-mixed within the walkable area in adjacent to the transit station. Ancillary facilities such as escalators and elevators are also easy to be approached, which could increase the convenience of transit passengers remarkably. However, in the context of the Tianjin Xiao Wangzhuang project, residential areas and commercial centers are spatially separated, while non-barrier facilities are also not easy to be found. All these phenomena could be attributed to the low-level integration of railway and property development(Fig.4).

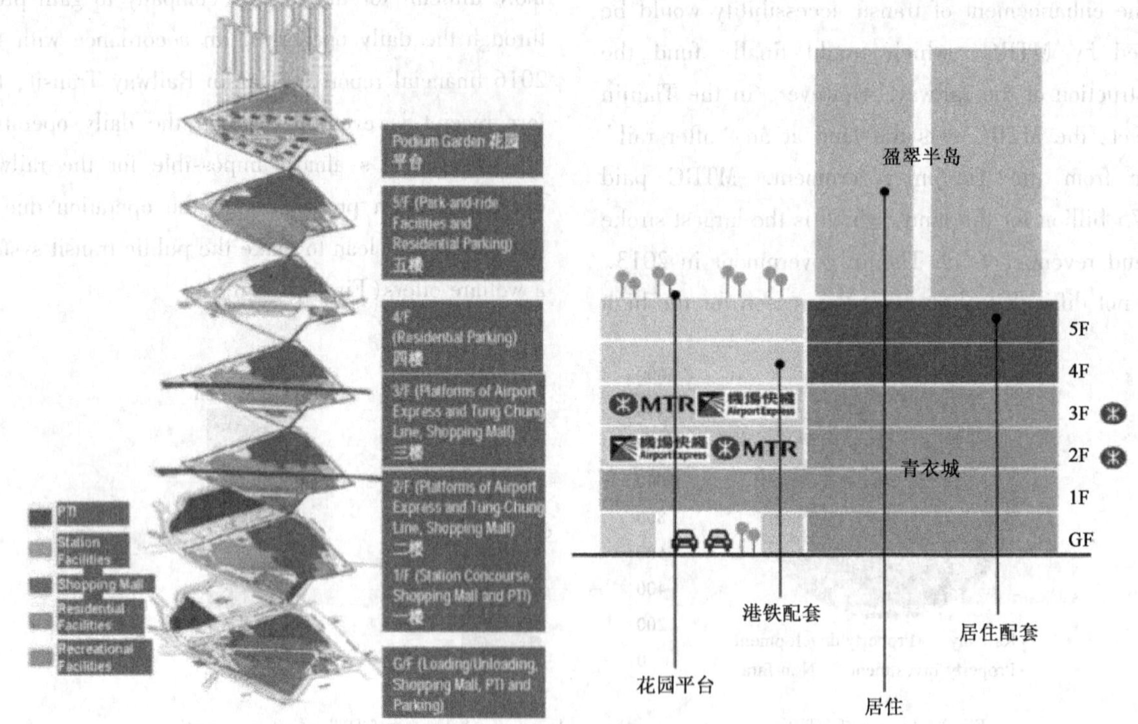

Fig.4 MTRC-Tsing Yi Station Project

Source: https://www.sohu.com/a/435947921_124760

3 Conclusion and Discussion

3.1 Policy Suggestions

R + P model is a successful development model, but it could not be easily copied from Hong Kong to other mainland cities directly. The natural character of the city, the benefit distribution mechanism, and the institutional arrangement are all decisive factors of the success of the project. The success of the 'R + P' model is not only the superficial high-density development but also the result of institutional mechanisms.

Most 'R + P' cases in mainland China involve multiple participants in negotiation. The Planning Bureau has to negotiate with each participant rather than implement a unified plan. The interest of each part would never be aligned, and the final decision is subject to compromises. Thus, it is necessary to combine the railway and property developer as one to remove the meaning-less negotiations. The State-owned Assets Supervision and Administration Commission (SASAC) of mainland cities shall endow the rail construction company with the function of real estate development. By integrating the property and railway developer, the centralization role granted to the new company could bypass most of the senseless transaction costs.

TOD development is emphasized in the Territorial Spatial Planning Guideline of mainland China. To implement a better practice of TOD projects, more design guidance should be conducted in these areas. Density inclination is worth to be primarily considered, while the mixed land-use direction and other urban design factors such as pedestrian-friendly environment, non-barrier facilities could also enhance the quality of the TOD project.

Last but not least, the government should consider transferring the land value enhancement to the railway development company. With the end of the era of Land Finance, the local government should strive to gain more tax from city operations rather than the one-lump-sum income from the land transfer. If the central or local government could stipulate that the land transfer price of the TOD project is at the 'before railway' level to reduce the government's dependence on Land Finance, local governments can be forced to pay more attention to the quality of urban construction and obtain taxes through the high-quality urban operation.

3.2 The Possible Limitations and Pitfalls of the R + P model

3.2.1 The Model Relies Heavily on A Strong Real Estate Market

The success of the R + P model relies heavily on a robust real estate market and a growing urban economy. If the real estate market of Hong Kong softens, MTRC could not gain enough benefit from the market to fund itself. However, the real estate market of mainland China is facing long-term challenging caused by the slowdown of urbanization and the acceleration of aging. Evergrande, Aoyuan, and many other developers had encountered operational crises in 2021. If the real estate market keeps softening in the future, the 'R + P' would be challenged fundamentally.

3.2.2 The Challenge of the High-density Development

In recent decades, the residents of Hong Kong have begun to pay more attention to the built environment. The high-density buildings built on the waterfront or above the metro station have been challenged by the public. For instance, the walled buildings, which hold a huge negative impact on the wind environment and visual quality, are opposed by more and more scholars and citizens. To avoid negative impacts, the government has made an effort to limit the construction of new walled buildings. Moreover, in November 2008, after many years of consultations, the Development Council and MTRC decided to reduce the density of the West Rail Nam Cheong Railway Station and Yuen Long station, resulting in a loss of 15 percent GFA of development by MTRC. It is acknowledged that the reduction of the development density made MTRC suffer losses.

3.2.3 The Challenge of the Privatization of Urban Space

In the R + P model, the Hong Kong government grants MTRC exclusive right to exert the development around the metro station, which allows the development companies to privatize the land. Scholars have pointed out that the spatial segregation caused by privatization would influence the harmony of Hong Kong society. Tang and Wong (2008) concluded that privatization of public open space tends to cause social disintegration and discrimination. Thus, though privatization is an efficient way that could cut down transaction costs, its negative impact on society is still worth paying attention to.

References

[1] ALONSO W. Location and Land Use: Toward a General Theory of LandRent. Harvard University Press, Cambridge, Mass, 1964.

[2] CERVERO R, MURAKAMI J. Rail and property development in Hong Kong: experiences and extensions[J]. Urban Studies, 2009,46(10): 2019-2043.

[3] CERVERO R, MURAKAMI J. Rail + property development: a model of sustainable transit finance and urbanism [J]. Berkeley: UC Berkeley Center for Future Urban Transport, 2008.

[4] CHEN M. The secret of Railway Development [M]. Beijing: Beijing Jiaotong University press, 2016.

[5] GU Y, ZHENG S. 轨道交通对住宅价格和土地开发强度的影响——以北京市 13 号线为例[J]. 经济地理,2010,65(2).

[6] KONG L. 港铁物业赢利模式研究[J]. 住宅与房地产,2016(24):26.

[7] LIU H. Monitoring Transit-served Area (TSA) with Big and Open Data (BOD)-A Comparative Study of Beijing, Shenzhen, Tianjin[D]. The University of Hong Kong, 2019.

[8] PAN M, ZHANG M. Rail Transit Impacts on Land Use Evidence from Shanghai, China, Transportation Research Record, 2008(2048): 16-25.

[9] TANG B, CHIANG Y, BALDWIN A, et al. C. Integration of propertyand railway development: an institutional economics analysis, Hong KongSurveyor: The Hong Kong Institute of Surveyors Journal, 2005, 16 (1): 23-40.

[10] TANG B, CHIANG Y, BALDWIN A, et al. Integration of land useand railway development: the case of MTR in Hong Kong, Planning and Development: Journal of the Hong Kong Institute of Planners, 2005,20 (1): 14-24.

[11] HU R. 从我国大城市世纪末交通之新危机看建设快速轨道交通(地铁)的必要性[J]. 地铁与轻轨,1995(03):2-6.

[12] XIAO X. 为什么说"港铁模式"难以复制[J]. 住区,2016(2):86-89.

[13] Zhang M. Chinese edition of transit-oriented development. TransportationResearch Record, 2007(2038): 120-127.

[14] ZHENG J, LIU H. Comprehensive development of rail transport andland resources in Hong Kong. China Railway Science, 2002,23 (5): 1-5.

[15] ZHOU J. "Transit Metropolis with Chinese Characteristics? Literature Review, Surveys and Comparative Studies." Transport Policy, 2016(51):115-125.

[16] ZHOU J, WANG Q, LIU H. Evaluating Transit-Served Areas with Non-Traditional Data: An Exploratory Study of Shenzhen, China, Journal of Transport and Land Use, 2018 (11): 1323-1349.

How the Interaction of Land Use and Accessibility Affects the Performance of Transit Served Areas (TSAs)? —A Case Study of Shenzhen

Liu Haitao*
(Tianjin Urban Planning and Design Institute Co., Ltd)

Abstract By taking Shenzhen as an example, this study utilized open-source big data and the cumulative opportunity model to quantify the interaction of land use and accessibility of TSA. The multiple linear regression model would be exploited to analyse how the interaction of land use and accessibility influences the TSA-Performance. In light of the analysis, the study finds that the interaction of journey time and land use could affect the performance of TSAs significantly, while differences also exist between weekdays, weekends, and holidays. At the end of this paper, the author also points out the shortcomings and potential improvements of this research for further discussion.

Keywords Cumulative Opportunity Model Linear Regression Transit Served Areas (TSAs) TSA-Performance Big Data Shenzhen

0 Introduction

In this study, TSA would be defined as the area within a reasonable distance (800 m) from the metro station. TSA has two key aspects: physical feature (e.g. land use density and diversity) and performance (population density) (Zhou, Wang, and Liu, 2019). As an important planning method to make the city grow smartly, plenty of attentions have been paid to study how to quantify these two factors and what's the relationship between them. Several previous studies (e.g. Conesa, 2018; Johnson, 2003) have proposed that, as an important factor of TSA-Feature (TSAF), the interaction of land use and the accessibility of the TSA could influence TSA-Performance (TSAP). However, due to data and technical limitations, most previous researches just considered the travel cost from each metro station to the central business district (CBD), and the development density within these major commercial areas. The emergence of big and open data provides us an opportunity to take the travel cost between each pair of metro stations and the density of every TSA into the analysis. The cumulative opportunity model would be utilized to quantify the interaction of land use and accessibility, and multiple linear regression would be exploited to analyze how the interaction of land use and accessibility influences the TSAP in this study.

Shenzhen is the study area of this research. As one of the most successful cities in China since 1978, Shenzhen has built up an urban metro system with 8 metro lines and 167 stations. These stations have covered most parts of the city such as downtown in Futian District, the Free Trade zone in Nanshan as well as the former non-special economic zone in Baoan, Longhua, and Longgang. As the transportation artery of a city with more than 10 million population, the average daily passenger volume of the metro system is about 4 million, which is one of the busiest metro systems in China. The development of the metro system and TOD mode were also emphasized In the Integration Planning of Shenzhen (Shenzhen Planning Bureau, 2017). Thus, TSAs in Shenzhen are really deserved to be studied.

1 Literature Review

1.1 Studies on the factors which could influence the performance of TSAs

As one of the key planning measures to manage urban growth smartly in the 21st century (Sung and Oh, 2011), mountains of studies have been done to discuss TSAP and TSAF as well as the relationship between them. For instance, the 3D model which contains density, diversity, and design was proposed by Cervero in 1993, and the 5D model which contains two more factors: destination and distance was proposed by Kockelman (1997). In the background of China, Zhou et al. (2019) found that land use density is the crucial factor that could influence the TSAP in Shenzhen. To put it in a nutshell, previous studies have pointed that the land use density and diversity are important factors of TSAF (Sung and Oh, 2011; Cervero, 1993 and Kockelman, 1997), and the travel cost between metro station to the destination is also important to the TSAP (Kockelman, 1997). In these studies, land use characters were always quantified by density (e. g. POI density) and diversity (e. g. Simpson Index), while the accessibility was always quantified by travel costs like journey time or travel distance.

1.2 Studies on how the interrelation of land use and the accessibility of the metro station influences the TSAP

Previous studies have found that the interaction of land use and accessibility of the metro station could affect the TSAP. Most of these studies focus on the interaction of land use and the journey time from the focus station to CBD or other major commercial areas (Johnson, 2003; Conesa, 2018). Through weighting the commercial density by the journey time from the focus transit station to commercial areas, Conesa (2018) stated that the better interaction of the business density and accessibility of the TSA could improve the TSAP. Bruinsma and Rietveld (1997), Miller (1999), and Mikelbank (2004) also proposed that the interaction of higher land use density and lower travel costs could enhance the TSAP.

Though the interaction of land use and travel distance has been emphasized, few studies toward TSA or TOD have merged density and accessibility into one factor to quantify the interaction between them, and they still enter the regression model separately in most relative studies (e. g. Johnson, 2003). And due to the technical difficulty of traditional survey data, it's hard to get the travel time between each pair of stations, especially if the metro system contains more than 100 stations. Thus, most previous studies just calculate the travel distance/time from the focus station to CBD or some major business areas. (e. g. Nasri and Zhang, 2014, Conesa, 2018)

1.3 Research method to combinate land use and accessibility into one factor

The simplest measure which could combinate land use and accessibility into one factor is the cumulative opportunities method. The principle of this method is to define a travel distance or time threshold and use the number of potential opportunities or destinations within that threshold as the accessibility of the unite (Bhat, et al., 2000). In line with this principle, scholars have proposed several alternative cumulative opportunity models. For instance, Black and Conroy (1977) used the journey time to weigh the density of job opportunities. Weibull (1980), weighted traveling attractions by the number of jobs in a zone and a parameter related to the journey time and ownership of private cars. Handy (1992) weighted the journey distance by the number of supermarkets. Breheny (1978) also employed journey time to weigh the number of potential destinations to calculate the cumulative opportunity of type m facilities available to zone i up to travel cost k.

To sum up, we could find that, instead of putting variables (density, diversity, design…) one by one into the equation independently, the cumulative opportunity method could merge two factors into one, which could truly reflect the interaction of the land use and accessibility (showing as Fig. 1).

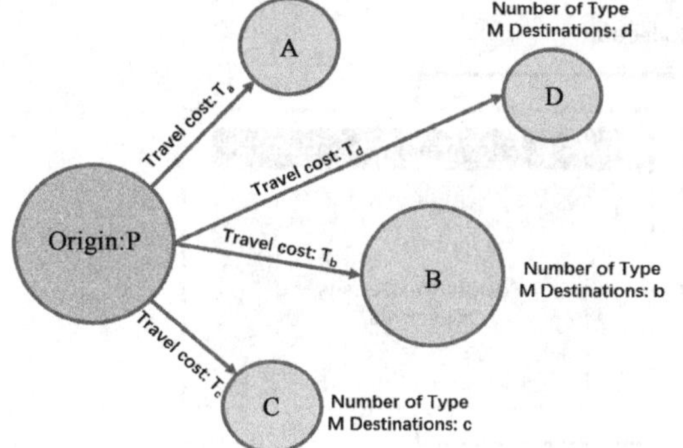

Calculation Method:

Cumulative opportunity (C_p) of type m facilities available to zone P up to travel cost limit k :

$C_p = Q(T(T_a, k), N(a)) + Q(T(T_b, k) * N(b)) + Q(T(T_c, k) * N(c)) + Q(T(T_d, k) * N(d))$

T (T_j, k): Calculating the weight of travel cost (from J to P) based on travel cost T_j and travel cost limit k, via function T

N (j): Calculating the weight of land use (destination J) based on land use parameter j, via function n

Q: Calculating the value Cumulative opportunity of type m facilities to zone P (from zone j) based on the T (T_j, k), N (j), via function Q

Thus, the method could be simply written as:

$C_p = \sum_1^j Q(T(T_j, k), N(j))$

Fig. 1 Cumulative Opportunity Model

Source: Made by Author

2 Research framework, data, and methodology

2.1 Study objective and hypothesis

The major objective of this study is to examine whether the interaction of the land use within TSAs and the accessibility of the station could affect the TSAP or not. Thus, the hypothesis of this study is in line with the objective: Interaction of journey time and land use could influence the performance of the TSA (Fig. 2).

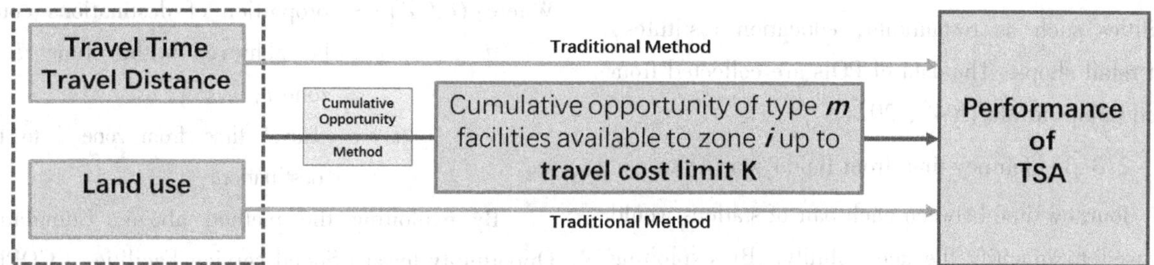

Fig. 2 Research Method

Source: Made by Author

2.2 Research Framework

After proposing the research question, the study would begin with a literature review to figure out how previous scholars quantified the TSAF and TSAP and then borrow these methods into this study. Next, raw data which were collected from open source websites would be transferred into the GIS file. Then, the cumulative method would be carried out to quantify the interaction of accessibility of the metro station and land use. Finally, the regression model would be used to study how the interaction of land use and accessibility of metro stations would influence the performance of TSAs (Fig. 3).

2.3 Data and information collection

The data source of this research is Gaode POI, Baidu Map, and Baidu Heatmaps. All of them were accessed via the Application Programming Interface (API) from Gaode and Baidu, respectively.

2.3.1 Baidu Intelligent Eye

This study exploited the Baidu Intelligent Eye data which was crawled in March 2021 to quantify the TSA's performance. Baidu Intelligent Eye could provide the population data of each TSA on weekdays, weekends, and holidays.

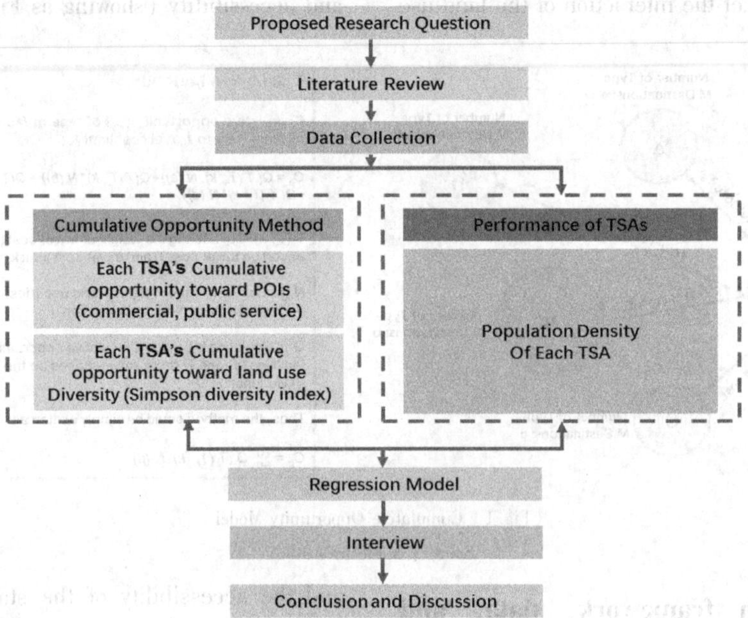

Fig. 3 Research Framework

Source: Made by Author

2.3.2 Gaode POI Data

Points of interest (POIs) are exploited in this study to represent the land use of the study area. POI contains the location information of urban service facilities such as restaurants, education institutes, and retail shops. The data of POIs are collected from Gaode Map on March 4th, 2021.

2.3.3 Journey time from Baidu Map Data

Journey time between each pair of stations would be used to quantify the accessibility. By exploiting the API of the Baidu Developer Platform, the journey time could be accessed. And it has contained the transferring time if the passenger needs to transfer to another line in a middle way. The data was crawled on April 26th, 2021.

2.3.4 Interview

To better understand the regression result, two in-depth interviews have been carried out from 19-22 April. Two interviewees are both 23 years old and have been living in Shenzhen for more than 2 years. Each interview lasted about 30 minutes.

2.4 Data processing

2.4.1 Cumulative opportunity model

The alternative cumulative opportunity model proposed by Black and Conroy (1977) would be adopted to quantify each TSA's cumulative opportunity toward density:

$$A_i(T) = O_i(T) \times (T - t_i) \quad (1)$$

Where: $O_i(T)$——proportion of destinations could be achieved within time T to zone i;

t_i——Travel time from zone i to the destination.

By exploiting the method above, Cumulative Opportunity toward Social-service Facilities (COPF) and Cumulative Opportunity toward Commercial Facilities (COCF) would be calculated respectfully.

Simpson Index would be used together with the cumulative opportunity model to quantify each TSA's Cumulative Opportunity toward Land Mixture (COLM)

$$D_i = \sum_{j=1}^{J^t} (P_{i,j})^2 \quad (2)$$

Where: D_i——Cumulative Opportunity toward Land Mixture (COLM);

J^t——Total types of POI;

$P_{i,j}$——Proportion of j type POI's COD in TSA i.

2.4.2 Regression Model

A stepwise regression model would be exploited in this study. Initially, this study intends to differentiate the commercial facilities into more detailed categories, however, due to the high collinearity between retail, living service, and financial facilities, they would be combined into the commercial facility in this study. Transport, education and residential buildings would also be combined into social-service facilities due to the same reason(Tab. 1).

Variables in the regression model (Source: Made by Author) Tab. 1

Independent Variables		
Category	Variable	Content
Density	Cumulative Opportunity toward Social-service Facilities (COPF)	Transport, Education Open Space Residential buildings Other public services
	Cumulative Opportunity toward Commercial Facilities (COCF)	Retail, Living service Financial facilities
Diversity	Cumulative Opportunity toward Land Mixture (COLM)	
Dependent Variable (TSAP)		
Category	Variable	Content
Social Economic Benefit (TSAP)	Population Density	Population density of weekday Population density on weekend Population Density on Holiday

3 Results and Analysis

Generally, we could find that the interaction of journey time and land use could affect the performance of TSAs. Differences also exist between different kinds of days (weekday, weekend, and holiday).

3.1 Analysis of regression result for weekdays

With regard to the TSAP on weekdays, the COCF could positively influence it. But the COLM is negatively correlated to the TSAP. Business areas which contain lots of job opportunities are major destinations of citizens on working days, and therefore it's not difficult to understand TSAs (e.g. Futian) with higher COCF attract more people on weekdays(Fig. 4).

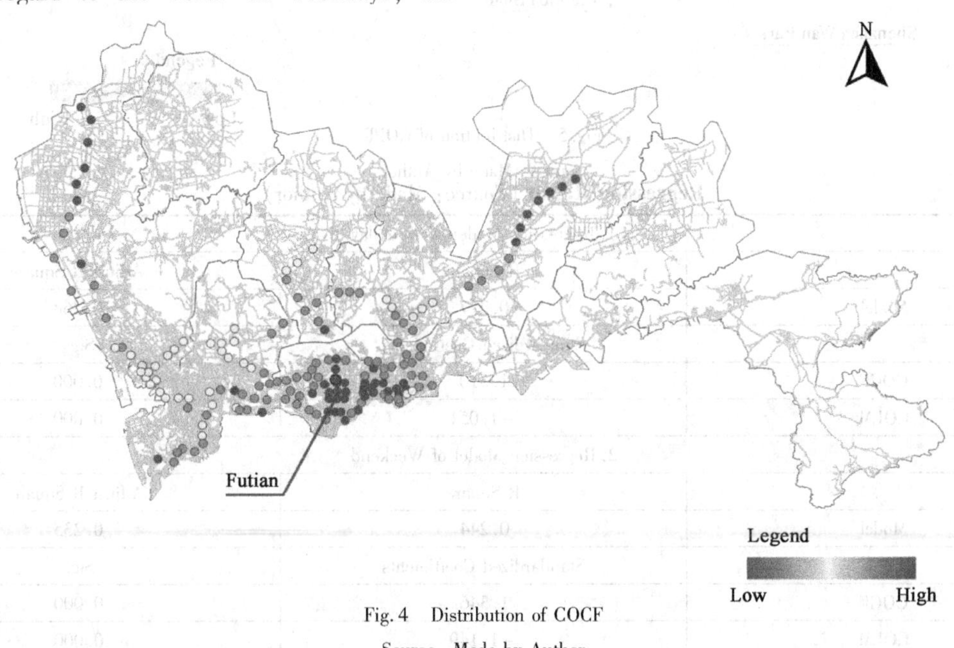

Fig. 4 Distribution of COCF

Source: Made by Author

3.2 Analysis of regression result for weekends

Same as the weekday, COCF positively influences the TSAP, while the COLM holds negative affection. On weekends, people prefer to go to shopping malls to gain entertainment, and it makes TSAs with higher COCF more attractive.

3.3 Analysis of the regression result for holidays

Different from weekdays and weekends, in holidays, COPF contributes positive affection to the TSAP. To better understand why social-service facilities entered the model but commercial facilities not, the author exerted a short interview with two residents in Shenzhen. According to their explanation, they prefer to go to the parks, museums, and libraries during holidays. Just like in the recent Labor Day holiday, they climbed Lianhua Hill together, but they seldom go to these parks on weekends or weekdays. The reason is that they feel more relaxed during holidays psychologically, even though it's only one or two days longer than the weekend. They also said that visiting parks or museums rather than only the shopping mall could be recognized as the 'Ritual sense of holiday life', which is a quite popular life attitude among young people in China. And according to the news released during Labor Day Holiday which stated that there are more than 400 thousand visitors in Shenzhen Wan Park on May 1st, we could also confirm their opinion (Fig. 5, Tab. 2).

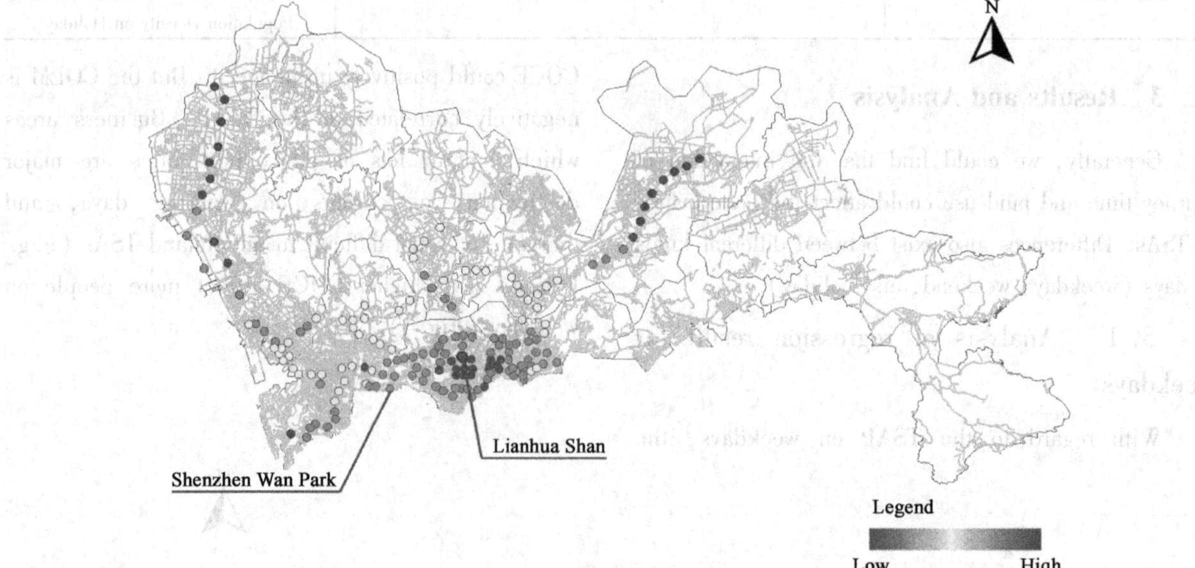

Fig. 5 Distribution of COPF

Source: Made by Author

Regression Result (Source: Made by Author) Tab. 2

1. Regression Model of Weekday		
	R Square	Adjust R Square
Model	0.277	0.268
	Standardized Coefficients	Sig.
COCF	1.310	0.000
COLM	-1.051	0.000
2. Regression Model of Weekend		
	R Square	Adjust R Square
Model	0.244	0.235
	Standardized Coefficients	Sig.
COCF	1.346	0.000
COLM	-1.149	0.000

continued

3. Regression Model of Holiday		
	R Square	Adjust R Square
Model	0.319	0.310
	Standardized Coefficients	Sig.
COPF	1.291	0.000
COLM	-1.077	0.000

4 Discussion

Due to the limitation of the linear regression method, this study could not differentiate POIs into more detailed categories which could provide more accurate information. In future exploration, methods like ridge regression or gravity model could be tried to solve the collinearity problem in the differential process towards POIs. And why COLM holds negative affection to the performance of TSAs also deserves further discussion, due to almost all previous classical theories reckoning that diversity could enhance TSAs' vitality(Fig. 6).

Fig. 6 Distribution of COLM

Source: Made by Author

References

[1] BLACK J, CONROY M. Accessibility Measures and the Social Evaluation of Urban Structure. Environment and Planning A: Economy and Space, 1979(9): 1013-1031.

[2] BHAT C, HANDY S, KOCKELMAN K, et al. Development of an Urban Accessibility Index: Literature Review[J]. Center for Transportation Research, University of Texas, Austin,2010.

[3] CERVERO R. Transit Metropolis: A Global Inquiry [M]. Washington D. C.: Island Press,1998.

[4] CERVERO R, KOCKELMAN K. Travel demand and the 3Ds: Density, diversity, and design. Transportation Research D, 1997,2(3):199-219.

[5] CONESA, A. The Accessibility Assessment and the Regional Range of Transit-Oriented Development: An Application of Schedule Accessibility Measures in the Nord Pas-de-Calais Region[J], Journal of Transport and Land Use, 2018,11(1).

[6] BRUINSMA, F, RIENSTRA S, RIETVELD P. Economic Impacts of the Construction of a Transport Corridor: A Multi-level and Multiapproach Case

Study for the Construction of the A1 Highway in the Netherlands[J], Regional Studies, 1997, 31(4): 391-402.

[7] HANDY S. Regional versus local accessibility: Neo-traditional development and its implications for non-work travel[J]. Built Environment, 1992(18):253-267.

[8] JOHNSON A. Bus Transit and Land Use: Illuminating the Interaction[J]. Journal of Public Transportation, 2003, 6(4): 21-39.

[9] KOCKELMAN K. Travel behavior as function of accessibility, land use mixing, and land use balance: evidence from San Francisco Bay area[J]. Transportation Research Record, 1997(1607): 116-125.

[10] BREHENY M. The measurement of spatial opportunity in strategic planning[J], Regional Studies, 1978, 12(4):463-479.

[11] MIKELBANK B. Spatial analysis of the relationship between housing values and investments in transportation infrastructure[J]. Ann Reg Sci, 2004(38):705.

[12] MILLER H. Measuring Space-Time Accessibility Benefits within Transportation[J]. Geographical Analysis, 1999,31(1):187.

[13] NASRI A, ZHANG L. The analysis of transit-oriented development (TOD) in Washington D. C. and Baltimore metropolitan area[J]. Transport Policy, 2014(32):172-179.

[14] MILLER H. Networks: Basic Theory and Computational Procedures, Geographical Analysis, 2010(31):187-212.

[15] SUNG H, OH J T. Transit-oriented development in a high-density city: Identifying its association with transit ridership in Seoul, Korea[J]. *Cities*, 2011, 28(1), 70-82.

[16] WEIBULL J W. On the Numerical Measurement of Accessibility[J]. Environment and Planning A: Economy and Space, 1980,12(1), 53-67.

[17] ZHOU J, WANG Q, LIU H. Evaluating Transit-Served Areas with Non-Traditional Data: An Exploratory Study of Shenzhen, China[J]. Journal of Transport and Land Use, 2018. 11(1):1323-1349.

西安市公共交通服务质量评价研究

褚伟隆*　朱士卜　徐墨林　杨　洋　李　建　朱金睿

(长安大学运输工程学院)

摘　要　城市公共交通作为综合交通的重要组成部分,在推动陕西省交通运输高质量发展中具有十分重要的作用,“十四五”规划时期如何建立城市公共交通服务质量评价体系将是西安市交通行业的重要任务。本文对陕西省西安市的公共交通服务质量进行了系统全面的论述,结合西安市公共交通发展的特点,搭建西安市公共交通服务质量评价体系模型,采用问卷调查、专家打分等方法对西安市公共交通发展水平进行了综合评价,得出了西安市公共交通服务的综合得分,提出了相关政策建议。

关键词　交通运输规划与管理　服务质量评价　综合评价体系　城市公共交通　城市交通发展

0　引言

近年来,随着城镇化大力发展、科学技术水平的不断提高,城市公共交通服务的发展也逐步提高,但就群众的基本需求和城市交通的一系列问题而言,我国城市公共交通服务尚存在诸多问题。提高城市公共交通服务水平,不仅能够树立良好的政府形象,而且能切实促进交通拥堵等问题的解决,助力资源节约型、环境友好型社会的建设。

关于此问题国内外学者有如下研究。

在常规公交方面,陈明伟研究了以深圳市

为实例的公交系统满意度评价,结合层次分析法和模糊综合评价法,建立了评价模型。高贵凤等人研究了西安市公交线网中具有代表性的公交线路来评价服务可靠性。张丽花[3]研究了城市公共交通服务质量,从可用性、便捷性、经济型、安全性、舒适性五个方面结合合肥市实例进行评价。

在出租汽车客运服务方面,Douglas 研究了如何解决现有监管条件下出租汽车市场的供需平衡问题;Clams 和 Liston-Heyes 研究了出租汽车行业实施数量和价格管制社会的总福利之间存在的关系;Cairn 等人研究了出租汽车市场能否成为竞争性市场的条件;Beesle 等人研究了提升出租汽车的运营效能的有效途径;张芸珠、张云通过构建合法营运车辆和非法营运车辆的博弈模型,论证了应放松数量管制并完善城市公共交通系统。

在轨道交通方面,Nathanail 从行程准确性、系统安全性、清洁度、乘客舒适性、服务和乘客信息六个维度、分为 62 个指标对地铁交通服务质量进行评估;Irfan Syedet al 以巴基斯坦主要城市之间的地铁交通系统为例,从八个维度研究乘客对服务质量的感知情况;皋琴、李卫军等人借鉴 PZE 的 SERVQUAL 评价量表构建了北京地铁服务质量指标体系;尹聪聪将专家打分与乘客问卷调查相结合,构建完成轨道交通服务质量评价指标体系;吴世迪、李超通过对拥有轨道交通城市人群的调查构建评价指标;Eboli 和 Mazzulla 等人用结构方程模型,来探讨乘客整体满意度与轨道交通服务质量之间关系的影响;Joewono 和 Kubota 从乘客的角度审视了印度尼西亚私人辅助客运系统的现状,通过路径分析揭示了变量之间的关系;Tyrinopoulos 和 Antoniou 提出将因子分析和有序 logit 建模相结合的方法来分析不同轨道交通系统的乘客行为变化和满意程度。

在慢行交通方面,XingcaiLiu 等基于 SWOT 的分析方法来分析公共自行车系统的特征,建立了基于使用者满意度的层次结构体系来对公共自行车系统做整体分析评价;Dhingra 等考虑了 9 项重要的指标因素,研究了印度公共自行车系统的运行情况;Fuller daniel 等确定了加拿大蒙特利尔市的新型公共自行车系统的民众接受程度;崔梦蕾通过结合 RP&SP 调查,使用 MNL 模型对公共自行车出行者满意度进行定量计算,分析影响满意度的相关因素;YinglongGe 提出了应用改进的 K 均值聚类分析算法,对杭州免费公共自行车站点进行运行效率高低排序;刘璐等获取了公共自行车系统运营现状及服务接受程度等信息,运用 STATA 进行因子分析得到六大类主因子,提出相应规划建议和运营措施。

鉴于此,本文系统地分析了西安市公共交通服务质量的现状及问题,根据问题导向建立了服务质量评价指标体系,得到了西安市公共交通服务质量评价的综合得分,为优化西安市公共交通服务提出方案对策。

1 西安市公共交通服务质量发展现状及问题

西安市公共交通服务主要包括常规公交服务、出租汽车客运服务、轨道交通服务客运和慢行交通出行。下面将从这四个方面对西安市公共交通服务质量现状及问题进行详细全面的阐述。

1.1 常规公交客运服务

1.1.1 常规公交客运服务质量现状

截止 2020 年底,西安市常规公交运营线路 395 条,运营线路总长度 7199km,中心城区公交线网长度 1266km,公交专用道长度 384.6km,专用道线网设置率 30.4%,常规公交保有量 8889 辆(折合 11081 标台),公交场站数量 95 个,日均客运量 220.6 万人次,全年共运送客运量 8.07 亿人次,中心城区站点 500m 半径覆盖率 85.8%,中心城区站点 300m 半径覆盖率65.8%,公交场站单位标准车面积 102.7m^2/标台,常规公交高峰平均运送速度22.0km/h。截至2020 年底,全市公交企业 16 家,其中国有及国有控股企业 6 家,民营公交企业 10 家。在疫情影响下,常规公交客流进一步下滑,2020 年公交日均客运量 220.6 万人次,同比下降 42%,占公共交通客运量比例首次不足 50%。

1.1.2 常规公交客运服务质量问题

西安市的公交站点设置基本合理,但是部分路线存在发车间隔较大和等车时间过长的问题。同时由于部分公交线路过长,非直线系数过大,导致实际运行时间较长,引起等车时间增加。西安市部分线路公交车还存在高峰期车内过于拥挤、转弯车速过快或制动过急过猛时,导致车内乘客身体失去平衡,产生摔倒、碰撞、挤压等事故。在非高峰时段,由于路况较好,存在车速较快、车辆稳定性减弱现象,导致乘客出现头晕、反呕、扭伤等现象,造成乘客乘车体验降低。尽管西安市近年来更新了大量新能源及天然气清洁能源车辆,但是仍存在部分车辆内部较脏、车内设施损坏严重、车内无垃圾箱等问题。另外,部分公交站点设施及周围环境较差,站牌陈旧、模糊不清,站台无遮阳避雨设施,无候车座椅或座椅脏损、站牌下存放有垃圾桶。这些问题都严重影响了居民使用常规公交出行的需求。

1.2 出租汽车客运服务

1.2.1 出租汽车客运服务质量现状

截至2020年底,西安市市区共有48家巡游出租汽车企业,巡游车共15263辆,较2019年增加515辆。巡游车车辆车型主要有两种,分别为比亚迪e5的纯电动车辆、吉利帝豪的甲醇车辆,其中纯电动车辆7141辆、甲醇车辆8122辆。2020年,西安市中心城区巡游车年总客运量2.7亿人次,日均客运量74.0万人次,巡游车平均乘距6.86km,平均出行时耗16.93min,与2019年基本持平。但单车日均行驶里程由416km降至329km,日均运营里程由272km降至208km,里程利用率由65.4%减少至63.2%。受疫情影响,2020年2月单车日均行驶里程行驶、日均运营里程分别低至234.4km和127.9km,里程利用率仅54.6%。复工复产后,巡游车运营逐渐正常,下半年日均运营里程恢复至228km,达到上年同期84.2%。

1.2.2 出租汽车客运服务质量问题

经调查,出租汽车服务中打车等待时间过长的问题较为严重,打车等待时间在5~10min占比最多。同时在调查过程中发现,在遇到上下班高峰路段或是夜间较晚时刻,出租汽车驾驶员会在各种原因的驱使下会出现拒载现象,部分出租汽车驾驶员缺乏行业使命感。高峰期城市道路车流量大且集中,交通拥堵严重,出租汽车行车速度缓慢,怠速时间长,出租汽车运能利用率低。“打车难”现象在西安市普遍具有间歇性和区域性的特点。

1.3 轨道交通客运服务

1.3.1 轨道交通客运服务质量现状

截至2020年底,西安市地铁已开通并运营8条线路,线网运营总长度244.3km,轨道站点153个。机场线1条,往返于北客站(北广场)和机场西之间,主要承担从西安高速铁路车站到西安咸阳机场T1、T2、T3航站楼之间的运输任务,运营总长度29.3km,途经站点9个。受新冠肺炎疫情影响,2020年西安轨道交通年客运总量73099.5万人次,同比下降约22.7%,日均客运量为199.72万人次。伴随轨道线路的逐条开通及公交客流的转移,西安轨道交通客运量呈快速增加态势,地铁站点覆盖率不断提高,辐射范围越来越大,整体的客流量趋势仍呈现整体向上、不断攀升的态势,并在西安市的客运系统中占到相当重要的地位。

1.3.2 轨道交通客运服务质量问题

伴随着新线路的逐年开通,西安市轨道交通的换乘车站数量大大增加,加之周边区域正在进行开发,部分车站的导向标识不够清楚,导致乘客在乘车或出站时走错方向。部分车站高架车站的建筑采用开放式工法修建,室外的噪声对车站内部有一定影响,车站广播声音扩散,因此高架车站广播效果较差。其次,西安地铁换乘站达到13座,网络化运营初显成效。但是现有站点的站内服务参差不齐,部分站点的客流量较大,人流拥挤,空气的流通质量和卫生环境还有待进一步提升。站点的规划、建设时期不同,部分站点的卫生间等便民措施的设置不能很好地满足乘客需求。例如,在调研中发现小寨站、科技路站、钟楼站等规模较大的站点均出现了上述问题。

1.4 慢行交通出行

1.4.1 慢行交通出行服务质量现状

西安市公共自行车和共享单车承担了居民慢行交通出行的服务。目前,西安市大部分自行车道属于划线分隔的自行车专用车道。截至2020年底,西安市公共自行车站点有桩总数1943个、无桩总数6136个、闸机站点18个,累计投放公共自行车7.9万辆。目前,公共自行车服务区域主要覆盖了中心城区以及洪庆、临潼城区、阎良城区和沣东新城。在该区域内,公共自行车的服务基本覆盖到了全西安市各个主要街道、社区、大型商场和地铁公交换乘站等人流密集的区域，有效解决了西安市部分路段市民出行难的困难，为西安市缓解交通堵塞、保持道路畅通，以及减排、治理雾霾作出了显著的贡献。

1.4.2 慢行交通出行服务质量问题

目前，西安市有超过8000个公共自行车站点，根据问卷调查结果显示，95%的受访者遇到过无车可借或者无处还车的情况，主要是因为随着城市公共交通系统的不断发展，原有的站点设置在一定程度上不能完全满足新的公交系统的需求。其次，受访者对于车辆安全性的评分均分为3.33/5，其中超过15%的受访者评分在及格线以下。同时安全性和整洁度问题对公共自行车的服务质量造成极大影响。车辆多、停靠散，保修反馈程序多、处理慢等，车辆清洁和维护均有一定的滞后性。西安市大部分自行车道属于划线分隔的自行车专用车道，然而机动车车主通常会为了方便占用自行车道停车或暂时停留等。此外，还有部分设置在公交站点附近的自行车专用道，公交车进出站会占用自行车道，造成自行车、公交车及行人间的冲突，这些问题既阻碍了机动车与非机动车的正常行驶，还存在很大的安全隐患。

2 西安市公共交通服务质量评价指标体系

西安市公共交通服务质量评价是按照一定的评价标准，使用一系列的评价指标，对公共交通服务质量进行分析和判定的工作，旨在通过评价梳理公共交通的发展现状、甄别公共交通发展中存在的主要问题，有针对性地进行改进，提升西安市公共交通服务水平。

2.1 评价原则

城市公共交通是一个典型的复杂系统，与其他行业相比，它的劳动强度大、作业条件特殊、社会影响性力大，是城市得以正常运作的基础保障。通过对城市轨道交通的服务水平各个因素进行分析研究、计算等，确立评价指标体系并进行定量和定性的分析，评价城市公共交通服务水平情况，有助于根据评价结果有针对性地提升服务质量。

西安市公共交通服务质量评价指标体系构建原则包括科学性原则、全面性原则、公开性原则、可行性原则、通用性原则。

2.1.1 科学性原则

结合城市公交自身特点以及评价要求，对指标进行准确界定和科学描述。指标不仅要有明确的含义，能客观真实反映运行效果，同时要选择适当的方法，最大限度对各个指标进行量化，降低主观因素的影响。

2.1.2 全面性原则

所选择的指标即是对城市公共交通系统较为完善的描述，指标选取时应考虑影响城市公共交通系统效率各个方面的因素，即反映研究对象的各方面的特征。

2.1.3 公开性原则

通过公开出版渠道获得数据，这是为了便于评价；同时根据指标对绩效评价结果进行复核，同时也避免版权、保密等方面可能出现的不必要的纠纷。

2.1.4 可行性原则

可行性原则即在满足评价目的的前提下，从西安市实际情况出发，评价指标概念要清晰，表达方式要简洁易懂，意义必须明确不能有歧义，数据来源要易于采集，操作途径要切实可行，要充分考虑到日常操作中的方便程度，并尽可能采用现代信息技术手段实现评价的目的。

2.1.5 通用性原则

通用性原则主要体现在两个方面：第一，构建的评价指标体系不仅适用于一个城市公共交通效率评价，也可以适用于其他城市；第二，数据的选取不仅局限于某几年，也可以适用于近几年或未来一段时间。

2.2 评价标准

为科学、合理、有效地评价公共交通服务质量状况，本文建立了公共交通服务质量评价指标体系，并将每个指标的测试区间分为五个等级，即评价集为{一级，二级，三级，四级，五级}相当于{优秀，良好，中等，一般，差}。相对应的分值区间也分为五级，即{[90,100]，[80,90)，[70,80)，[60,70)，[0,60)}。

2.3 评价指标体系

本文整理了国内外城市公共交通服务质量评价的相关资料，并通过反复征集本领域行业专家、企业专业、学术专家的意见和建议，比对多个评价指标体系的备选方案,严格遵守评价原则,统筹考虑城市公共交通体系的构成要素、评价工作的主要目的,以及指标体系构建原则与关键环节。指标体系评价对象和重点包含以下三类内容:西安市城市公共交通的基础设施服务、运营服务、乘客感知。有鉴于此,提出了如下的评价指标体系。

2.3.1 常规公交客运

常规公交客运服务指标的选择一般包括常规公交基础设施服务、常规公交运营服务、常规公交乘客感知服务评价等。具体评价指标体系见表1。

常规公交客运评价指标体系 表1

类别	指标	指标描述	公式计算
常规公交基础设施服务	常规公交站点500m覆盖率	城市中心城区的建成区内常规公交站点500m半径覆盖面积与城市中心城区的建成区面积之比	常规公交站点500m覆盖率=常规公交站点500m半径覆盖面积/中心城区的建成区面积×100%
	常规公交港湾式停靠设置率	城市中心城区快速路、主干道及次干道上,设置港湾式停靠站的站点个数占城市中心城区快速路、主干道及次干道停靠站点总数的比例	常规公交港湾式停靠设置率=设置港湾式停靠站的站点个数/停靠站点总数×100%
	常规公交智能站点比例	城市中心城区的建成区内智能公交站点数量与停靠站点总数之比	常规公交智能站点比例=智能公交站点数量/停靠站点总数×100%
	常规公交线网密度	每平方公里城市用地面积上常规公交线路网长度与城市中心城区的建成区面积之比	常规公交线网密度=常规公交线路网长度/城市中心城区的建成区面积
	公交专用道设置比例	城市中心城区设置公交专用车道的道路长度占地面公交线路网总长度的比例	公交专用道设置比例=设置公交专用车道的道路长度/公交线路网总长度×100%
	常规公交进场率	常规公交运营车辆平均夜间进场停放车辆数(含在专业停车场停放及在公交首末站、停保场或枢纽站中停放的车辆数)与总运营车数的比值	常规公交进场率=常规公交平均进场停放车辆数/常规公交运营车辆总数×100%
	基础设施投资规划执行率	常规公交基础设施执行金额与常规公交基础设施规划金额之比	基础设施投资规划执行率=公交基础设施执行金额/公交基础设施规划金额×100%
常规公交运营服务	常规公交万人保有量	按市区人口计算的每万人平均拥有的常规公交车辆标台数	常规公交万人保有量=公共交通车辆标台总数/市区人口
	新能源常规公交车辆比例	绿色常规公交车辆标台数占所有常规公交车辆标台总数的比例	新能源常规公交车辆比例=绿色常规公交车辆标台数/常规公交车辆标台总数×100%
	常规公交发车正点率	常规公交正点发车的次数与计划排班发车总次数之比	常规公交发车正点率=全年运营车辆正点发车次数/全年计划排班发车总次数×100%
	常规公交早晚高峰时段平均运营时速	在早晚高峰时段内,常规公交从线路的起点至终点实际运送乘客的年平均行程车速	早晚高峰时段平均运营时速=(∑早晚高峰时段班次平均行程车速)/早晚高峰时段班次总数
	常规公交出行分担率	中心城区居民出行方式中选择常规公交(包括常规公交、轨道交通、城市轮渡等)的出行量占不含步行的出行总量的比例	常规公交出行分担率=常规公交出行量/不含步行的居民出行总量×100%
	常规公交责任事故死亡率	一年内,常规公交每行驶百万公里发生的同等及以上责任的交通事故死亡人数	常规公交责任事故死亡率=常规公交责任事故死亡人数/常规公交运营总里程
	常规公交是否有应急预案	—	—

续上表

类别	指　标	指标描述	公式计算
常规公交乘客感知服务评价	常规公交投诉率	一年内,常规公交乘客投诉完结总量与投诉总量之比	常规公交投诉完结率=常规公交乘客投诉完结总量/投诉总量
	常规公交乘客满意度	—	—

2.3.2 出租汽车客运

出租汽车客运服务指标的选择一般包括出租汽车基础设施服务、出租汽车运营服务、出租汽车乘客感知服务评价等。具体评价指标体系见表2。

出租汽车客运评价指标体系 表2

类别	指　标	指标描述	公式计算
出租汽车基础设施服务	出租汽车临时停靠站点500m覆盖率	城市中心城区的建成区内出租汽车临时停靠站点500m半径覆盖面积与城市中心城区的建成区面积之比	出租汽车临时停靠站点500m覆盖率=出租汽车站点500m半径覆盖面积/中心城区的建成区面积×100%
	出租汽车充电桩密度	西安市可供出租汽车充电的充电桩数量与城市中心城区的建成区面积之比	出租汽车充电桩密度=充电桩数量/城市中心城区的建成区面积(个/km^2)
出租汽车运营服务	万人出租汽车保有量	为人均设备普适指标,用来描述一定规模城市内出租汽车的人均占有量,用来评价该城市出租汽车供求匹配的状况	行车责任事故频率=行车责任事故次数/运营里程(次/100万km)
	无障碍出租汽车所占比例	可供残障人士出行的出租汽车占全市出租汽车的比例	无障碍出租汽车所占比例=无障碍出租汽车总数量/出租汽车总数量
	里程利用率	出租汽车平均每天载客里程占行驶里程的比例	日均里程利用率=载客里程/行驶里程
	日均订单量	网约车与巡游车平均每天的订单量	日均订单量=(网约车订单量+巡游车订单量)/365(天/单)
	出租汽车是否有应急预案	出租汽车发生紧急情况下,以及发生自然灾害下出租汽车是否有应急方案来脱离困境	—
出租汽车乘客感知服务评价	出租汽车出行投诉率	反映出租汽车文明水平	—
	出租汽车平均打车等候时常	反映乘客感觉出租汽车方便程度的关键指标	乘客平均出行时间=乘客等候车时间+乘车时间
	疫情期间出租汽车内防疫扫码率	反映出租汽车驾驶员在疫情期间是否积极主动要求乘客进行扫码防疫	—

2.3.3 轨道交通客运

轨道交通客运服务指标的选择一般包括轨道交通基础设施服务、轨道交通运营服务、轨道交通乘客感知服务评价等。具体评价指标体系见表3。

轨道交通客运评价指标体系 表3

类别	指　标	指标描述	公式计算
轨道交通基础设施服务	城区轨道交通站点800m半径覆盖率	—	城区轨道交通站点800m半径覆盖率=S_(轨道—建)/S_城区×100%
	线网密度	所经营的线网规模的指标	轨道交通线网长度/区域面积
	城市轨道交通客运分担率	轨道交通的出行量占总出行量的比例,这个指标是衡量公共交通发展、城市交通结构合理性的重要指标	轨道交通的出行量/总出行量
	基础设施投资使用率	轨道交通基础设施执行金额与常规公交基础设施规划金额之比	

续上表

类别	指　标	指标描述	公式计算
轨道交通运营服务	售票(AFC/扫码/刷脸)可靠度	描述售票设备可靠程度	(设备工作总时间—故障停用时间)/设备工作总时间×100%
	无障碍设施可靠度	描述无障碍设施可靠程度	(残疾人牵引梯工作总时间—故障停用时间)/残疾人牵引梯工作总时间×100%
	紧急报警装置完好率	描述紧急报警装置完好程度	(紧急报警装置总数—故障数量)/紧急报警装置总数×100%
	应急设施装置完好率	描述应急设备完好程度	—
	列车运行图兑现率	描述列车运行图兑现程度	统计期内,实际开行列车次数与列车运行图规定的计划开行列车次数之比
	列车正点率	描述列车正点发车率	统计期内,实际开行列车次数与列车运行图规定的计划开行列车次数之比
	列车服务可靠度	描述列车服务可靠程度	全部列车总行车里程与5min(有轨电车为10min)及以上延误次数之比
	列车退出正线运营故障率	描述列车故障率	列车因发生车辆故障而必须退出正线运营的故障次数与全部列车总行车里程比值
轨道交通乘客感知服务评价	百万乘客有效投诉率	描述乘客的投诉有效程度	乘客有效投诉次数与该线路进站量之比
	有效乘客投诉回复率	描述对乘客投诉回复程度	已经回复的有效乘客投诉次数与有效乘客投诉次数之比
	乘客满意度	描述乘客对轨道交通服务的满意度	—

2.3.4　慢行交通出行

慢行交通服务指标的选择一般包括慢行交通基础设施服务、慢行交通运营服务、慢行交通乘客感知服务评价等。具体评价指标体系见表4。

慢行交通出行评价指标体系　　表4

类别	指　标	指标描述	公式计算
慢行交通基础设施服务	自行车道路密度	自行车道路密度越高说明自行车道路网络越完善,可达性越高,居民出行越方便	自行车道长度/城市中心城区的建成区面积
	自行车道有效宽度	指自行车道可供骑行者使用的宽度	自行车道设计宽度×机非隔离修正系数
	基础设施投资规划执行率	指基础设施规划投资额的实际执行比例	基础设施投资执行金额/基础设施投资规划金额
慢行交通运营服务	万人拥有量	指一定规模城市内公共自行车及共享单车的人均占有量,用于衡量该城市公用自行车的供求匹配状况	公共自行车及共享单车总量/市区人口
	自行车分担率	指城市居民出行方式中选择公共自行车及共享单车的出行量占总出行量的比例,这个指标是衡量公共交通发展、城市交通结构合理性的重要指标	公共自行车及共享单车的出行量/居民出行总量
	公共自行车车桩完好率	用于衡量公共自行车站点的车桩完好情况	公共自行车完好车桩数/公共自行车总车桩数

续上表

类别	指标	指标描述	公式计算
慢行交通运营服务	万人投诉量	用于衡量使用者对公共自行车及共享单车的满意程度	企业收到的投诉总量/公共自行车及共享单车出行总量
	投诉完结率	用于衡量公共自行车及共享单车企业解决投诉的能力	企业解决的投诉总量/企业收到的投诉总量
慢行交通乘客感知服务评价	需求满足率	指使用者到达站点或借车或还车，其需求被及时满足的次数在到达租赁站点（即为了借车或者还车）次数中占有的比例	—
	换乘便利程度	衡量使用者从出发地或者换乘点到租赁站点的距离（即租车前步行距离）与另一租赁站点（也可为本站点）到目的地或者换乘点的距离（及还车后的步行距离）	—
	车辆完好度	指使用者从公共自行车租赁站点的租用自行车因其自身的缺陷（由之前的使用者造成，并未受到及时有效的修复，如车尾灯、车铃、后挡板等），使得正常安全的使用受到影响次数在其使用总量中占有的比例	—
	乘客满意度	衡量居民对西安市慢行交通的满意程度	—

综上所述，结合常规公交客运、出租汽车客运、轨道交通客运和慢行交通出行各自的特点，有针对性地提出了四部分评价指标，均兼顾到了城市公共交通基础设施服务、运营服务和乘客感知等方面，为接下来的服务评价打下了坚实的基础。

3 西安市公共交通服务质量评价

通过对西安市交通局、西安市公共交通集团有限公司、西安市出租汽车管理处、西安市轨道交通集团有限公司、西安城市公共自行车服务管理有限责任公司等单位的调研，同时结合问卷调查，基本掌握了西安市公共交通服务质量指标涉及的相关数值，为计算评价结果提供了前提条件。

3.1 常规公交客运指标分值

常规公交客运数据来源西安市公共交通集团有限公司，常规公交客运指标计算按照第2章公式计算，常规公交客运指标分值按照交通运输部关于印发公交都市考核评价指标体系的通知（交运发〔2013〕387号）、《城市道路交通管理评价指标体系》（公交管〔2005〕173号）、《城市公共汽电车客运服务规范》（GBT 22484—2016）等标准，部分指标的标准难以查到，本课题采用专家打分法和问卷调研相结合的方式进行赋值。分值情况见表5。

常规公交客运指标分值表 表5

一、二级指标	三级指标	三级指标分值
常规公交基础设施服务	常规公交站点500m覆盖率	85
	常规公交港湾式停靠设置率	60
	常规公交智能站点比例	62
	常规公交线网密度	79
	公交专用道设置比例	100
	常规公交进场率	60
	基础设施投资规划执行率*	60

续上表

一、二级指标	三 级 指 标	三级指标分值
常规公交运营服务	常规公交万人保有量	100
	新能源常规公交车辆比例	100
	常规公交正点率*	60
	早晚高峰时段平均运营时速*	60
	常规公交出行分担率	80
	换乘系数*	60
	常规公交行驶安全率	100
	常规公交是否有应急预案	100
常规公交乘客感知服务评价	常规公交投诉率	60
	常规公交乘客满意度	73.84

注:标*部分为缺乏数据,下同。

3.2 出租汽车客运指标分值

出租汽车客运数据来源西安市出租汽车管理处,出租汽车客运指标计算按照第2章公式计算,出租汽车客运指标分值按照《交通运输部关于印发公交都市考核评价指标体系的通知》(交运发〔2013〕387号)的标准,部分指标的标准难以查到,本课题采用专家打分法和问卷调研相结合的方式进行赋值。分值情况见表6。

出租汽车客运指标分值表 表6

一、二级指标	三 级 指 标	三级指标分值
出租汽车基础设施服务	出租汽车临时停靠站点500m覆盖率	83
	出租汽车充电桩密度	86
出租汽车运营服务	万人出租汽车保有量	97
	无障碍出租汽车所占比例	61
	里程利用率	82
	日均订单量	85.16
	出租汽车是否有应急预案	100
出租汽车乘客感知服务评价	出租汽车出行投诉率	99.18
	出租汽车平均打车等候时常	83.1
	疫情期间出租汽车内防疫扫码率	100

3.3 轨道交通客运指标分值

轨道交通客运数据来源西安市轨道交通集团有限公司,轨道交通客运指标计算按照第2章公式计算,轨道交通客运指标分值按照交通运输部印发《城市轨道交通服务质量评价规范》的轨道交通客运评价标准,部分指标的标准难以查到,本课题采用专家打分法和问卷调研相结合的方式进行赋值。分值情况见表7。

轨道交通客运指标分值表 表7

一、二级指标	三 级 指 标	三级指标分值
轨道交通基础设施服务	城区轨道交通站点800m半径覆盖率	85
	线网密度	85
	城市轨道交通客运分担率*	60
	基础设施投资使用率*	60
轨道交通运营服务	售票(AFC/扫码/刷脸)可靠度	99
	无障碍设施可靠度	100

续上表

一、二级指标	三级指标	三级指标分值
轨道交通运营服务	紧急报警装置完好率	100
	应急设施装置完好率	100
	列车运行图兑现率	100
	列车正点率	99
	列车服务可靠度	98
	列车退出正线运营故障率	97
轨道交通乘客感知服务评价	百万乘客有效投诉率	100
	有效乘客投诉回复率	100
	乘客满意度	95

3.4 慢行交通出行指标分值

慢行交通出行数据来源美团单车、青桔单车、哈啰单车、西安城市公共自行车服务管理有限责任公司等,慢行交通出行指标计算按照第2章公式计算,慢行交通出行指标分值按照《交通运输部关于印发公交都市考核评价指标体系的通知》(交运发〔2013〕387号)、《城市道路工程设计规范》(CJJ 37—2012)、《城市步行和自行车交通系统规划标准》(GB/T 51439—2021)、《城市公共交通发展水平评价指标体系》(GB/T 35654—2017)等标准,部分指标的标准难以查到,本课题采用专家打分法和问卷调研相结合的方式进行赋值。分值情况见表8。

慢行交通指标分值表 表8

一、二级指标	三级指标	三级指标分值
慢行交通基础设施服务	自行车道路密度*	72
	自行车道有效宽度*	75
	基础设施投资规划执行率*	75
慢行交通运营服务	万人拥有量	80
	自行车分担率	82
	公共自行车车桩完好率*	89
	万人投诉量	87
	投诉完结率	96
慢行交通乘客感知服务评价	需求满足率	74.87
	换乘便利程度	84.36
	车辆完好度	83.33
	乘客满意度	83.08

3.5 西安市公共交通服务质量综合分数

根据常规公交客运、出租汽车客运、轨道交通客运和慢行交通出行的指标分值,本文采用专家打分法及公共交通方式客运分担率相结合的方式确定权重,权重如下:三级指标权重系数按照等比例计算;二级指标权重系数按照常规公交客运∶出租汽车客运∶轨道交通客运∶慢行交通出行=0.36∶0.16∶0.35∶0.13;一级指标权重系数按照公共交通基础设施服务∶公共交通运营服务∶乘客感知服务评价=0.33∶0.33∶0.33计算。

经过数据采集,按照行业标准打分计算后,公共交通基础设施服务得分为74.54分,公共交通运营服务得分为88.48分,乘客感知服务评价得分为84.15分,西安市公共交通服务质量综合得分结果为82.39分。按照评价标准,西安市公共交通服务质量评级等级为二级,处于"良好"的水平。

4　西安市公共交通服务发展政策建议

优先大力发展城市公共交通,是实现国家能源战略、实现自然资源和社会和谐发展的必然要求,集约节约用地的有效措施,是实施国家环境保护基本国策,实现人和自然和谐共处的重要内容[25]。公共交通服务水平的提升,离不开保障措施发挥的作用,以下是公共交通服务发展政策建议。

4.1　常规公交客运服务

加快提高西咸新区、西安世博园、汉长安城国家大遗址等周边的公交线网密度。对长距离线路实施取直截断措施,降低线网复线率及非直线系数,重点加强和完善各组团内的公交线网,新开、延伸薄弱地区公交线路。持续增补中心城区公交站点,优化轨道环线至外环线区域线网,增加未开通轨道区域公交接驳线路,鼓励发展定制公交,优化外围城区公交线路供给。不断推进公交港湾式停靠站建设,特别是在道路断面机非混行区域加快建设,有条件的情况下在港湾式停靠站设置交通护栏、交通隔离带、隔离墩和隔离栅等物理分隔设施,减少社会车辆对公交车辆驾驶员停靠的干扰,提高公交运行效率,增加公交运行安全性。

4.2　出租汽车客运服务

加快出租汽车车辆更新升级,统一服务标准和车内环境,提升城市居民的出行体验,提高出租汽车对城市居民出行的吸引力;加快出租汽车向网约化方向转型,将巡游揽客与预约出行相结合,开展多样化业务形态的同时,构建聚合平台,实现出租汽车与网约车中小平台合作,缓解垄断性网约车平台在市场中的竞争压力。加快智慧型城市交通大脑建设,应用视频监控、大数据分析等技术准确及时地掌握出租汽车的总体运营情况,自动计算客流运力关系,实时推送供需信息,实现供需匹配精准化。

4.3　轨道交通客运

相关行业部门应加快提高市区线网在"棋盘路网、米字辐射"的基础上沿干道布设,在主城区形成中心棋盘严整、外围自由放射的密集网络化轨道交通线网。同时市域线网重在结合大西安总体规划的格局,重点沿东北、西南区域布设线路,同时注意支持"一河三带、两主轴四次轴"功能结构的形成,特别是"三带""四次轴"线路布线需要处理好与整体轨道网络的结构关系。加强换乘站内关键部位的客流引导。从轨道交通运营管理的实践来看,当站内客流规模达到一定程度时,特别是小寨、北大街和通化门三个换乘站点出现大客流时,为缓解客流拥挤程度,实现对站内拥挤客流的有序组织,该车站应该重点对站内楼扶梯、站台等关键部位的客流分散和疏导。

4.4　慢行交通出行

加强规划,合理控制投放规模。公共自行车及共享单车投放的数量过少过多,过快过慢都不适宜。投放的数量过少不能实现规模效应,达不到便民的公益性目的。投放的数量过多又容易导致盲目建设,造成不必要的资源浪费。应结合城市发展需要和自身综合实力,有理、有节、有度分期建设,分批次投放车辆,合理有序逐步扩大规模。在自行车停车位等设施的实际建设中给予的大力支持,使得系统建设顺利展开。

参考文献

[1] 陈明伟. 城市公交系统满意度模糊多目标综合评价研究[D]. 成都:西南交通大学,2006.

[2] 朱敏. 城市智能公交评价指标体系及评价方法研究[D]. 长沙:长沙理工大学,2012.

[3] 张丽花. 基于乘客出行链的城市公共交通服务质量综合评价研究[D]. 北京:北京交通大学,2011.

[4] DOUGLAS G. Price Regulation and optimal service standards[J]. The taxicab industry, 1972.

[5] CLAMS R D, LISTON-HETES C. Competition and regulation in the taxi industry[J]. Journal of public economics, 1996,59(01).

[6] CAIRNS R,D LISTOND, HEYES C. Competition and regulation in thetaxi industry[J]. Journal of Public Economics, 1996,59(01).

[7] BEESLEY M E, GLAISTER S. Information for regulating: the case of taxis[J]. The Economic Journal,1983,93(371).

[8] 张芸珠,张云. 我国出租车行业管理模式与黑车问题——基于博弈视角的研究[J]. 生产力研究,2011(9):157-159.

[9] NATHANSIL E. Measuring the quality of service for passengers on the Hellenic railways [J].

Transportation Research Part A: Policy and Practice,2008, 42(1): 48-66.

[10] IRIAN S M, KEE D M H, SHAHBAZ I S. Service quality and rail transport in Pakistan: a passenger perspective [J]. World Application Science Journal,2012,18(3):361-369.

[11] 皋琴,李卫军. 饶培伦,等. 北京地铁服务质量评价[J]. 城市轨道交通研究,2011,14(2):42-48.

[12] 尹聪聪,蒲琪,李素莹. 基于乘客感知的城市轨道交通客运服务质量评价指标研究[J]. 城市轨道交通研究,2014,17(6):78-83,89.

[13] 吴世迪,李超. 基于层次分析模糊综合评价法的地铁服务质量评价[J]. 科技资讯,2017, 15(23): 246-248.

[14] EBOLI L, MAZZULLA G. Service quality attributes affecting customer satisfaction for bus transit [J]. Journal of Public Transportation 2007,10(3): 21-34.

[15] Tri Basuki JOEWONO, Hisashi KUBOTA. the multigroup analysis regarding user perception of paratransit service [J]. Journal of the Eastern Asia Society for Transportation Studies,2007(7).

[16] EFTHYMIOU D, KAZIALES M, ANTONIOU C, et al. Measuring the Effects of Economic Crisis on Users' Perceptions of Public Transport Quality [J]. Transportation Research Record: Journal of the Transportation Research Board, 2014, 2415(1):1-12.

[17] WANG X X, HE Q, YE R W. Current situation and suggestions of public bicycle project management in Hangzhou [C]// Industrial Engineering and Engineering Management (IE&EM), 2011 IEEE 18Th International Conference on. IEEE, 2011: 1856-1858.

[18] DHINGRA S L, BASINS S K. Analysis of attribute of in-tracery mass transportation-a case study [A]. Proceeding of International Conference on Transportation System Study [C] JIT, New Delhi, 1987.

[19] DANIEL F, LISE G, YAN K, et al. Use of a new public bicycle share program in Montreal, Canada. [J]. American Journal of Preventive Medicine, 2011,41(1): 80-83.

[20] 崔梦蕾. 基于顾客满意度的城市居民对公共自行车出行分析——以武汉市为例[J]. 现代商贸工业,2011(09):125-126.

[21] XU H T, WU H, FANG X J, et al. Finding Key Stations of Hangzhou Public Bicycle System by a Improved K-Means Algorithm [J]. Applied Mechanics&Materials, 2012 (209-211):925-929.

[22] 刘璐,李杨,徐国虎. 武汉市公共自行车服务满意度实证研究[J]. 物流工程与管理, 2011, 33(5):116-117.

[23] 李三超,刘彬. 西安市公共自行车满意度评价研究[J]. 汽车实用技术,2018(07):184-186.

[24] 李弢,甘家华,刘佳昆. 城市绿色货运配送体系评价[J]. 城市交通,2021,19(02):67-71,79.

[25] 李勤欢. 深圳城市公共交通服务质量评价研究[D]. 武汉:武汉理工大学,2012.

巡游车与网约车高质量融合发展对策研究
——以无锡市为例

王卫军* 余 豪 曾竹喧 金江凯 于思源
（华设设计集团股份有限公司）

摘 要 网约车的出现给传统巡游车带来了巨大冲击，为缓解巡游车与网约车发展矛盾，提升出租汽车行业的整体发展水平和服务能力，本文首先对当下出租汽车行业发展面临的主要矛盾和问题进行了分析,然后根据出租汽车行业的发展趋势和相关政策要求,对未来人民群众出租汽车出行的需求特征进行了研判,最后从法规标准、运力统筹、设施共享、联合监管、错位融合等方面对巡游车和网约车的融合发展对策进行了深入研究,对促进出租汽车行业健康稳定发展具有一定的指导作用。

关键词　出租汽车　融合发展　对策研究　巡游车　网约车

0　引言

出租汽车作为城市公共交通体系的重要补充,相较常规公交与自行车能够很好地承担“最后一公里”快速、高效衔接,提供差异化的出行服务。过去,巡游车通过承包经营、公车公营、个体经营三种形式垄断着出租汽车市场,使得群众出行体验普遍不高。现阶段,以滴滴、曹操出行、T3等为代表的网约车凭借电子派单技术迅速抢占巡游车市场、形成技术垄断。2016年国务院出台《国务院办公厅关于深化改革推进出租汽车行业健康发展的指导意见》(国办发〔2016〕58号),明确提出抓住实施“互联网+”行动的有利时机,坚持问题导向,促进巡游车转型升级,规范网约车经营,推进两种业态融合发展,为出租汽车行业健康发展奠定了基调。随后,交通运输部相继发布了《网络预约出租汽车经营服务管理暂行办法》(交通运输部令2016年第60号)等文件,围绕“促进出租汽车行业和互联网融合发展,规范出租汽车经营服务行为,保障运营安全和乘客合法权益”的目标,分别从经营许可、经营服务、运营保障等方面不断增强巡游出行服务水平,从平台公司、车辆与驾驶员、经营行为、监督检查等方面持续强化网约出租车的监管力度,也间接促进各地对巡网融合发展模式的探索[1-2]。但受限于巡游车、网约车运营模式的差异性,巡网业态矛盾仍未得到很好解决,各地巡网融合方案可实施性不高[3]。在此背景下,本文以无锡市为例,通过梳理行业发展问题,研判融合发展形势,进而提出巡网高质量并轨融合发展对策。

1　出租车行业发展现状

1.1　发展情况

无锡市地处中国华东地区、江苏省南部、长江三角洲平原,是国务院批复确定的中国长江三角洲的中心城市之一。截至2019年底,无锡市市区共有巡游车企业21家,配备巡游车4040辆,拥有驾驶员6899人,单车日均里程为395km,单车日均载客里程243km,有效里程利用率为61.6%;共有17家网约车平台,拥有注册网约车10221辆,注册网约车驾驶员7068人,单车日均载客里程为167km。此外,还建成开源大桥出租汽车服务区和安达通服务区,开通巡游车调度中心与无锡市新能源汽车及充电桩运营监测平台,为出租汽车行业高质量发展奠定坚实基础。

1.2　存在问题

一是巡游车与网约车发展问题日益突出[3]。一方面,无锡市现阶段巡游车公司规模普遍较小,管理和服务呈现“散、乱、差”现象,集约化、规范化经营工作亟需加强。另一方面,网约车规模扩张迅速,不仅给行业日常(安全)监管带来巨大挑战,也对巡游车的市场和驾驶员收入造成剧烈冲击,激化了巡网出租汽车间的矛盾。

二是相关配套基础设施建设仍需加强。无锡市出租汽车服务区、出租汽车停靠点、网约车候车区等配套设施建设存在滞后,缺少相应后勤保障设施,服务能力有限,老旧小区老年人打车难问题仍比较突出。

三是出租汽车行业相关管理政策有待完善[4]。无锡市出租汽车行业地方管理法规亟需修订,出租汽车行业服务规范也有待升级,乘客乘车行为、服务监管等重点内容仍存在较大的空白。此外,行业信用体系建设乏力,未形成完善的信誉考核、服务评价等制度。

2　行业发展趋势研判

2.1　形势特征

上位政策和市场环境决定巡网并轨融合乃大势所趋[4,6]。随着社会大众对网约车接受度的提高以及网约车市场份额的提升,无锡市需结合自身实际,积极探索实行“两考合一”“两证合一”,大力推进“巡网一体”深度融合发展。同时,充分利用5G、大数据和移动互联等新技术对传统巡游出租车行业进行“网约化”改造,增强行业发展活力与竞争力,最终实现“差异互补融合”向“并轨融合”转变。

出租汽车行业健康稳定发展要求不断完善行业管理[7]。随着经济社会的持续发展,无锡未来居民出行消费呈现精细化和品质化的趋势,亟需通过制定行业法规及标准、完善管理制度、创新监管方式等手段,加强整个出租汽车行业的管理水平,促进出租汽车行业健康稳定发展。

实行巡网出租汽车并轨融合是预防市场垄断的重要着力点[5,8]。过去,无锡市巡游车在体制红利的基础上实行垄断经营,现阶段网约车凭借着大数据技术优势建立新的垄断,而行业垄断行为会严重危害行业良性发展,因此中央先后出台《国务院办公厅关于促进平台经济规范健康发展的指导意见》(国办发〔2019〕38 号)、《中华人民共和国反垄断法》等政策文件,以巡网出租车并轨融合为契机,破除网约车垄断现象,实现网上呼车市场良性发展。

2.2 需求特征

出租汽车出行需求总量趋于平稳。从无锡市出租汽车行业的发展现状以及未来五年的城市人口、经济社会发展、城市客运需求等情况来看,无锡市出租汽车发展已进入成熟期,“十四五”期间,无锡市出租汽车市场的总需求将呈现稳定缓慢增长趋势。

多样化、高品质出行比例增加。经济发展新常态决定了交通运输发展的新需求,初步判断,无锡市全社会客运总量仍将保持一定速度增长,运输结构将持续优化调整,客运出行需求进入“个性化、多样化、品质化”发展阶段,也对出行的舒适性和时效性提出更高的要求。

新能源出租汽车车辆需求持续增多。现阶段无锡市的资源环境约束趋紧,人民群众对改善生态环境质量的期待更为强烈,这就要求要把生态文明观念贯穿出租汽车行业发展始终,鼓励出租汽车运输企业和驾驶员使用新能源车辆,加快淘汰传统老旧燃油出租汽车。

2.3 发展定位

从客运量来看,巡游车依旧占据出租汽车客运市场的主要份额(约占 60.5%),只有主力军巡游车的服务水平得到有效提升,整个出租汽车行业的竞争力才能充分发挥,因此无锡市需打造巡游车为主、网约车为辅、业态形式并轨融合的巡网一体发展模式,以便更好地支撑无锡高品质综合交通服务体系的建设,促进城市交通可持续发展。

3 高质量融合发展对策研究

3.1 完善融合法规标准

健全行业管理法规。无锡市现行《无锡市出租汽车管理条例》于1996 年颁布,编制较早,与实际情况不适应。建议无锡抓紧启动管理条例的修订工作,重点在适用对象范围、车辆经营权管理、经营权许可年限、驾驶员从业资格、准入和退出机制、运价调控、行业监管等方面予以完善,为全面推进巡游车和网约车的融合发展提供法规依据。

规范行业服务标准。落实国家、省市、行业相关运营服务规范标准,将保障乘客安全出行和维护人民群众合法权益作为修订服务标准的出发点和落脚点,建议无锡市应充分考虑出行需求,做好行业服务标准修订工作,对巡网车辆、从业准入条件、服务基本要求等进行统一规定,结合巡网出租汽车运营差异性作相应特定规定,助力巡网错位经营、融合发展。

3.2 统筹车辆运力保障

统筹控制车辆规模。建议无锡市主管部门建立出租汽车市场运力三级预警机制,定期动态评估并向社会发布出租汽车规模状态、运营状况等预警信息,综合考虑车辆的更新、居民差异化的服务需求,对巡游车和网约车规模进行合理预测,制定投放策略,保障出租汽车行业市场稳定有序发展。

优化出租汽车车型结构。未来乘客的出行需求呈现多样化、品质化、精细化趋势,在未来新增和更新的出租汽车车辆中,无锡市需要适度增加中、高端的车型比例,从而更好地满足乘客多样化的出行需求,提升出租汽车作为城市窗口的形象。

改善出租汽车能源结构。根据“两山”理论,建议无锡市未来适度提高新能源出租汽车的比例,同步出台新能源车购置补贴政策,更好地引导巡游车经营者使用纯电动汽车,保障纯电动巡游出租汽车的顺利推广应用。

3.3 共享基础设施服务

推进服务区建设。建议无锡市利用火车站、机场、客运站等重要交通枢纽周边的闲置场地,布局规划出租汽车服务区,对巡游车和网约车同时开放。除提供停车、就餐、如厕三大基本功能外,积极拓展自助洗车、车辆及配套设施修理、业务办理、培训、休闲活动等一系列功能,提高后勤保障能力。

优化停靠站布局。建议无锡在火车站、机场、客运站等枢纽节点增设网约车候客区及专属通道。有序推进出租汽车停靠点建设,在人群密集、出租汽车需求量大的区域以及城市严管路段增设出租汽车停靠点。此外,在重点人流场所提供便捷叫车服务,为老年人等特定群体出行提供便捷服务。

3.4　加大联合监管力度

建立"巡网一体"监管平台。建议无锡建立包含巡游车和网约车的一体化监管平台,开辟线上监管功能,利用大数据、视频识别等技术对出租汽车的运营数据、行车轨迹、订单信息、运力分布等内容进行追踪、记录和分析,实现出租汽车运营状态、安全预警、运力调控及车辆合规性等方面的实时线上监管,提升行业监管精准化、智能化水平。

建立联合监管机制。结合综合执法体系改革,建议由无锡市交通主管部门牵头,联合公安、市场监管、税务等部门成立联合监管小组,建立交通牵头、部门参与、条块联动的联合监督机制,细化各部门职能定位、明确职责范围、强化协同监管能力,做到各负其责、协作配合、齐抓共管,提升联合监管效率,促进出租汽车行业健康稳定发展。

3.5　引导错位融合发展

完善运价调整机制。巡游车方面,稳步推进巡游车运价改革,以政府指导价为主,结合无锡市当地实际情况,适当调高夜间补贴费,增加节假日补贴费用,灵活制定不同档次车型运价标准,建立常态化的巡游车运价评估、论证和调整机制。网约车方面,实行市场调节价,建议相关部门加强对网约车的运价监管,严厉打击恶意调价及低成本竞争行为,维护出租汽车市场健康稳定。

鼓励巡游车转型升级。对标网约车的服务模式,数字化赋能巡游车实现网约化,完善巡游车线上接单、在线支付、电子发票、网上评价等功能,将无锡市巡游车线下优势与互联网相结合,实现线上线下优势互补,从而拓宽巡游车驾驶员的收入渠道,提升市民用车体验,提升巡游车的市场竞争力。

避免网约车市场垄断。呼吁无锡相关主管部门依法对网约车平台公司展开反垄断调查,加强反垄断监管,制止个别平台借助资本力量扰乱市场竞争秩序,维护巡游车企业和从业人员的合法权益,维护消费者的正当利益,促进市场公平竞争,实现平台经济的可持续健康发展。坚持政府监管、行业监督、企业守法,促进巡网一体融合发展。

3.6　强化后期实施保障

加强各部门统筹分工。建议无锡市交通运输局、市公安局、市市场监督管理局、无锡税务局、无锡银保监局等部门加快建立分工协作机制,加强沟通和配合,重点抓好巡网融合发展、基础设施建设、行业监督管理等方面的工作,并制订详细实施计划,确保规划确定的各项任务有序推进。

加强规划实施的跟踪。密切关注无锡市出租汽车行业的内外部条件变化,及时把握新情况、新问题,适时调整规划和相关政策,保障规划实施质量,促进新时代出租汽车行业高质量发展。开展第三方评估工作,定期统筹政府部门各方意见,不定期邀请专家学者或委托第三方机构开展规划实施情况评估,不断完善规划内容,增强规划的指导性、操作性和实效性。

4　结语

巡游车和网约车的融合发展是大势所趋,巡网融合过程中挑战与机遇共存。本文通过剖析现状出租汽车行业发展存在的问题,研判行业发展的趋势与需求特征,从完善融合法规标准、统筹车辆运力保障、共享基础设施服务、加大联合监管力度和引导错位融合发展等方面提出巡游车和网约车高质量融合发展的对策,为出租汽车行业健康稳定发展提供一种新思路,对出租汽车市场建设具有一定的参考意义。

参考文献

[1]　王卫东,周正生.万顺叫车实施巡游出租车和网约车融合发展新战略[J].人民交通,2017(12):27-28.

[2]　周正生.回归"人性"与"理性"服务文明中国——从"金华报道"浅析巡游车与网约车融合发展的必要性[J].人民交通,2018(01):80.

[3]　李小春."互联网+"时代下出租车与网约车融合发展研究[J].现代经济信息,2018(24):339,341.

[4]　牛壮.网约车政府规制问题研究[D].西安:

长安大学,2019.

[5] 陈嘉伟.网约车与巡游车融合发展之路[J].运输经理世界,2019(03):94-95.

[6] 袁姝.网约车与传统出租车融合发展研究——以南京市为例[J].江苏商论,2018(11):20-23.

[7] 冯茜.网约车进入和出租车行业未来的经营模式研究[D].大连:东北财经大学,2017.

[8] 姜楠.我国网约车政府监管问题研究[D].济南:山东大学,2020.

公交驾驶员适岗状态的显性因素综述分析

李忠秀[1] 陈国俊[1] 高鹏飞[1*] 刘好德[2,3]

(1.武汉理工大学 交通与物流工程学院;2.交通运输部科学研究院;

3.城市公共交通智能化交通运输行业重点实验室)

摘 要 公交驾驶员对公交的安全运营发挥着关键作用。近年来,由于公交驾驶员自身因素导致的公交安全事故频频发生,公交驾驶员适岗状态也受到了社会的广泛关注,而目前由于缺乏成熟、完善的评价体系及规范,驾驶员适岗状态评价过程随意性较大,评价效果难以保证。针对影响公交营运安全的显性因素研究现状,本文对生理健康、驾驶行为以及人口统计学特征三个方面的研究进行了分析总结,并指出以构建公交驾驶员适岗状态为目标,当前研究存在的不足之处,以及未来相关研究的重点方向。分析结果表明:目前关于公交驾驶员适岗状态评价显性因素的相关研究主要集中于驾驶员显性特征指标对公交运营安全影响方面,缺乏完善、系统的评价体系研究;就驾驶员显性特征指标对公交营运安全影响的研究现状而言,其作为构建驾驶员适岗状态评价体系的理论前提,目前存在内容不全、深度不足等问题;为了给公交驾驶员适岗状态评价体系提供严密的理论支撑,相关研究内容应包括:(1)更加全面、系统的驾驶员显性特征指标研究;(2)具有显著性影响的显性指标间的关联性分析;(3)具有显著性影响的显性指标间耦合作用机理研究;(4)具有显著性影响的显性指标对运营安全的影响权重及评价标准分析。

关键词 交通安全 公交驾驶员 适岗状态 显性因素 评价体系

0 引言

自公共交通优先发展战略确立以来,城市公共交通系统运输服务能力得到极大提升。截至2019年底,我国公共汽电车(以下简称“公交”)运营车辆数与运营线路总长度比2004年底分别增加了1.09倍与6.7倍。保障公交大力发展的同时,安全运行始终是永恒主题。近年来,自2018年重庆万州“10·28”城市公交车坠江、2020年贵州安顺“7·7”公交车坠湖、2021年福建福清“1·25”公交驾驶员突发心梗事件发生以来,公交运营安全问题受到政府、企业以及社会的广泛关注,引发了大众极大的反响,并在传播过程中形成了诸多不利于社会稳定的舆论倾向。为促进交通事业的安全发展,我国《交通强国建设纲要》中特别提出“完善交通安全生产体系”的要求。城市公交系统作为综合交通体系的重要组成部分,也是城市公共事业的重要组成之一,如何确保公交车辆能够始终安全、平稳、高效运行是公交企业必须首先予以高度重视的现实问题。

公共交通系统的安全性涉及人、车和路三个方面的因素,是一个三位一体的耗散结构。作为道路安全系统中的核心部分,驾驶员是交通事故的主导因素之一[1-2]。广州市公交车事故责任分布特点显示,公交驾驶员自身因素造成的事故占事故责任的42.5%[3]。作为公交运营安全致因中易于观测与定量分析的因素,公交驾驶员的显性特征是保证公交运营安全需要考虑的基础因素,主要包括公交驾驶员的生理健康、驾驶行为、人口统计学特征三个方面,因此从公交驾驶员的显性

基金项目:国家重点研发计划"营运车船驾驶人员适岗状态智能监测预警技术及示范"项目(编号,2021YFC3001503)。

特征出发对其适岗状态进行评价有着重要意义。

但目前,公交驾驶员适岗状态评价方面缺乏成熟的体系,并没有形成准确、全面、具体的行业规范。城市公交公司在驾驶员安全管理方面的制度或举措不一,缺乏确切的理论依据支撑,面向驾驶员安全管理的对策与建议大多也是泛泛而谈,缺乏针对问题驾驶员的具体性操作。基于此,在交通运输部安全与质量监督管理司和科技司的组织指导下,"营运车船驾驶人员适岗状态智能监测与预警技术"项目已正式纳入"十四五"国家重点研发计划"重大自然灾害防控与公共安全"重点专项 2021 年度项目,其中包括子课题"城市公共交通驾驶人员适岗状态诊断筛查与监测预警技术及装备研发"。为了能够形成完善的、适应性较强的显性因素评价体系,有必要对影响公交营运安全的公交驾驶员显性特征指标及其影响机制的研究现状进行系统梳理,总结出具有一致性影响作用的显性指标并对未来的研究方向及研究重点进行展望。

1　研究方法

生理健康、驾驶行为、人口统计学特征等公交驾驶员显性特征对公交运营安全影响的相关研究文献主要通过 Google 学术、EI 以及中国知网、万方、SCI 等数据库得到,所采用的关键词主要包括:公交,bus transit;驾驶员,driver;生理健康,physical health;交通安全,道路安全,traffic safety, road safety;交通事故,traffic accident, road accident, crash;驾驶行为,driver behavior;人口统计学,demography。搭配这些关键词并在上述数据库中进行搜索,并且文献搜索截至 2021 年。选取 78 篇相关的文献,加之 3 篇与公交营运安全相关的国家法律法规与标准规范作为本综述文献,并将这些文献根据研究内容分为驾驶员生理健康对运营安全的影响及作用机理研究、驾驶员驾驶行为对运营安全的影响及作用机理研究、驾驶员人口统计学特征对运营安全的影响及作用机理研究,具体文献检索情况如图 1 所示。

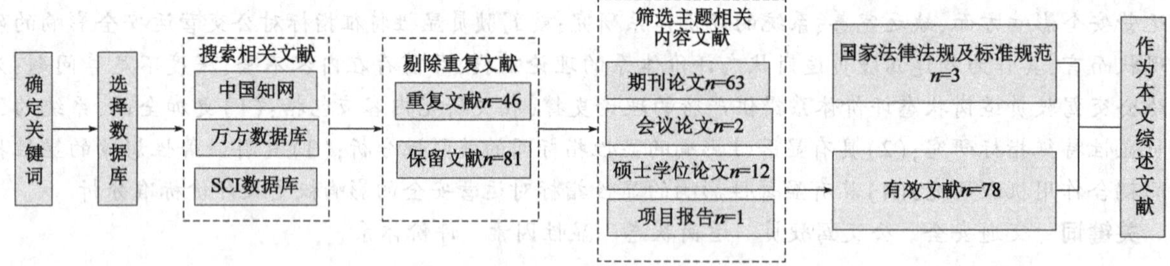

图 1　文献检索流程

本文脉络如下:首先,分别从生理健康、驾驶行为、人口统计学特征三个角度出发对影响运营安全的显性特征的研究现状进行归纳;然后,对目前与驾驶员适岗状态评价相关的公交运营安全领域的研究不足进行总结分析;最后,针对上述研究不足,对未来的研究趋势进行展望,以期为公交驾驶员适岗状态评价体系的研究提供些许参考。

2　生理健康

公交驾驶员是个特殊的工作岗位,特有的行车作息制度以及工作环境使其面临着严峻的职业健康问题,其生理健康水平远低于全国平均水平。如:王愈等[4]对宁波永昌公交在明州医院体检的 612 例公交驾驶员的体检结果进行了分析,本次体检各项指标均正常的有 55 人,仅占参加体检总人数的 8.99%,尚不到 1/10 的比例,而 4 项及以上指标异常的却高达 25.33%。影响公交驾驶员安全驾驶的典型生理健康问题包括:毒驾、酒驾、视力异常、血压异常、心电异常、血糖异常、血脂异常、生理疲劳以及肌肉骨骼疾患(MSD)、阻塞性睡眠呼吸暂停综合征(OSA)等疾病。

2.1　毒驾

毒驾行为是指吸食、注射鸦片、海洛因、甲基苯丙胺(冰毒)、吗啡、大麻、可卡因,以及国家规定管制的其他能够使人形成瘾癖的麻醉药品和精神药品后驾驶车辆,并且血液、唾液中毒品含量达到或超过规定阈值的行为[5]。毒驾对于驾驶员的运营安全风险存在显著影响。公交驾驶员作为道路交通信息的接受者、处理者和决策者,在行车过程中必须具备特有的、复杂的注意力,能够针对各种各样的情况，及时作出迅速、准确的判断。但在吸食毒品后，驾驶员的精神状况及生理平衡会被打破，表现为头晕、无法集中注意力、浑身颤抖等症状，重者则会出现各类幻觉、理智丧失、四肢痉挛等症状，其对速度和车距的判断以及对道路交通信号的识别比正常情况下要迟缓很多。同时，毒驾也会严重影响驾驶员对道路状况的识别能力和对车辆的操控能力，研究发现驾驶人吸毒后驾驶机动车辆的操控速度比正常情况下慢21.3%[6]。

2.2 酒驾

酒驾是指驾驶人员血液中的酒精含量大于或等于20mg/100ml的行为[7]。2008年世界卫生组织的事故调查显示，50%～60%的交通事故与酒后驾驶有关，酒后驾驶已经被列为车祸致死的主要原因。在中国，每年由于酒后驾车引发的交通事故达数万起，而造成死亡的事故中50%以上都与酒后驾车有关。

酒驾对于驾驶员的运营安全风险存在显著影响，研究表明酒后驾驶的驾驶员触觉能力降低，如饮酒后踩制动踏板时软弱无力，转向盘掌握不稳，车辆易失控，驾驶员踩制动踏板反应时间较正常人慢1～2s[8]；酒后驾驶的驾驶员的判断能力和操作能力降低，如没饮酒驾车发现前方有险情，从视觉感知到制动动作发生时间为0.75s，饮酒者每百毫升血液中酒精含量达到100mg时，下降35%，达到150mg时，下降50%[9]；饮酒会使驾驶员感觉能力降低，尤其是色彩感觉和视觉能力降低，如一般人平常状态下视觉角度为180°，而酒后视觉角度会减小，眼睛只盯前方目标，难以发现处于视野边缘的危险隐患[10]。除上述影响外，在酒精的刺激下，驾驶员酒后还往往会过高估计自己能力[8]。

2.3 视觉异常

视觉异常主要包括裸视力（矫正视力）异常、夜视力异常、动视力异常、深视力异常以及一些眼类疾病，如红绿色盲、白内障、黄斑变性、青光眼等。研究表明，视力异常对驾驶员的运营安全风险存在显著影响。其中，裸视力（矫正视力）异常的驾驶员易出现驾驶疲劳，无法及时获取前方视野并做出反应。《中华人民共和国道路交通安全法》和公安部139号令第十二条规定，申请大型客车、牵引车、城市公交车、中型客车、大型货车、无轨电车或者有轨电车准驾车型的，两眼裸视力（矫正视力）达到对数视力表5.0以上，申请其他准驾车型的，两眼裸视力或者矫正视力达到对数视力表4.9以上[11]。除裸视力（矫正视力）以外，夜视力、动视力、深视力也是影响公交营运安全的显著性因素，国际照明委员会（CIE）的相关调查显示，由于驾驶员夜视力下降，夜间的交通事故率约为白天的3倍[12]；吉林工业大学通过对驾驶员进行动视力检测发现事故群驾驶员与无事故群驾驶员的动视力存在显著差异[13]；深视力反映驾驶员感觉物体远近的能力，深视力异常的驾驶员开车时距离感知困难，容易导致交通事故，机动车驾驶员驾驶适性测试指标中规定初考驾驶员的合格标准为±25mm，在岗驾驶员为±22mm[11]。除上述因素外，一些常见的眼科疾病（如白内障、黄斑变性、青光眼等）也会导致驾驶员视力显著下降，尤其是夜视力[12,14]。

2.4 血压异常

血压异常包括低血压和高血压两类，均会对驾驶员的运营安全风险造成显著影响。血压由正常或较高的水平突然而明显下降时常会因脑、心、肾等重要脏器缺血出现头晕、眼黑、肢软、冷汗、心悸、少尿等症状，严重者表现为晕厥或休克。血压异常水平较低时，会出现头痛、头晕、注意力不集中、记忆力减退、肢体麻木、夜尿增多、心悸、胸闷、乏力等症状；血压突然升高到一定程度时会出现剧烈头痛、呕吐、心悸、眩晕等症状，严重时会发生神志不清、抽搐，在短期内发生严重的心、脑、肾等器官的损害和病变，如中风、心梗、肾衰等。王愈等[2]基于驾驶员体检数据与安全数据分析发现，血压异常的驾驶员较血压正常的驾驶员更容易违章或发生事故。一项研究结果表明欧洲公交驾驶员的动脉高血压的患病率为73.8%，而同地理区域内普通人的患病率仅为32.5%，远低于公交驾驶员的患病率[15]。公交驾驶员的心血管患病率也明显高于一般人群[16]。其他国家例如韩国、印度等对其公交驾驶员进行研究也得到了近似相同的结论[17-19]。

公交驾驶员血压异常的影响因素有：年龄[20-24]、性别[21-22]、驾龄[20,21,24]、体重指数BMI[20,21,23,24]、饮酒[20-21]、吸烟[21,24]、驾驶紧张[21,23-27]、心血管疾病家族史[21,23,24]。其中，驾驶紧张诱因与公交驾驶员的职业特征之间存在着密切关联。

2.5 生理疲劳

公交驾驶员按照班次进行作业,单次作业时间较长,班次间隔的休息时间极短,并且工作环境单一,给驾驶员造成较大的生理疲劳。疲劳会导致驾驶员注意力不集中、信息感知判断误差增大、驾驶反应延迟,从而诱发不良驾驶行为,增加交通事故发生概率。大多数研究中,驾驶员疲劳都是通过疲劳评定量表(FAI)问卷调查获得[28-29]。桑峣[28]采用闪光融合频率测试仪、注意分配测试仪、速度知觉测试仪和声光反应时测试仪对北京市公交驾驶员的疲劳特性进行定量化研究,发现工作时长是疲劳的主要诱因,公交驾驶员的注意力随工作时长的增加而下降,反应时间随工作时长的增加而增加,但是速度感知能力随工作时长增加变化不显著。滕靖等[30]通过驾驶模拟器实验发现驾驶员合理的驾驶时间为235min(接近4h)。李克平等[31-32]指出长时间单调环境的日间驾驶通常会使驾驶员高度疲劳,警觉性水平降低。

此外,有研究显示睡眠呼吸暂停、失眠和白天过度嗜睡(EDS)更容易发生在职业驾驶员中[33]。以睡眠呼吸暂停为例,普通人群中的患病率为3%~7%[34],然而,Pack等[35]研究后发现,约28.2%的职业驾驶员患有轻度睡眠呼吸暂停,另有4.7%患有严重睡眠呼吸暂停。其他国家和地区的研究结果也证实公交驾驶员较于常人更可能患有睡眠呼吸暂停[36-37]。

2.6 其他健康问题

除了毒驾、酒驾、视觉异常、血压异常、生理疲劳等突出健康问题之外,相关研究还分析了其他影响公交驾驶员运营安全的健康问题,包括吸烟[21,24,38,39,40]、血脂异常[4,41]、心电异常[26-27]、血糖异常[43]、总胆固醇异常[43]、甲状腺结节[4]、脂肪肝[30,43]、胆囊异常[43]、尿酸异常[42]、肥胖[4]、外痔[25]、肝功能异常[25]和眼底动脉硬化[25]、前列腺炎[38]、胃肠炎[38]及颈肩腰椎类疾病[38,43]、听力受损[43-44]。这些健康疾病大都与公交驾驶员的职业特点与工作环境相关,比如不规律饮食、饮水,憋尿,噪音,振动,长时间坐立,缺乏运动,精神紧张,空气污染等。

3 驾驶行为

公交驾驶员的不良驾驶行为与驾驶习惯、违章停车、不走规定线路、违章操作等不安全行为是诱发事故的主要原因[45]。2016年常州公交多起伤人事故最直接的原因就是驾驶员开车玩手机,为此常州公交从2017年起对公交驾驶员驾车过程中使用手机的行为给予解除劳动合同的顶格处理[46]。黎美清[47]以南宁市年审、换证体检的5970名驾驶员为对象,通过驾驶行为问卷调查表对驾驶员进行调查,发现选择危险驾驶行为组的驾驶员交通违法率高于安全驾驶行为组的驾驶员,交通事故率有显著性差异。

3.1 驾驶行为检测及分类

胡占峰[48]基于深度信息检测驾驶员打电话或双手离开转向盘、长时间左右转头和抬头低头等不安全行为。任慧君[49]基于采样间隔1s的GPS数据提取了公交驾驶员的超速、急加速、急减速、急转弯等驾驶行为。李土深[50]基于隐马尔可夫模型对公交驾驶员行为进行了分析,重点识别并诊断出公交驾驶员的急减速行为。钟煜一[51]以镇江公交的运行数据为分析样本,提取天气、时间、速度、年龄、驾龄、性别、学历共7个重要的变量,利用BP神经网络识别公交驾驶员注意力不集中、反应迟钝、疲劳瞌睡、低头玩手机、抽烟、接打电话、超速等违规驾驶行为。任超伟[52]通过对公交公司与驾驶员走访调研发现,超速驾驶、跟车距离过近、进出站车门开关控制不当是公交驾驶员的三种典型不安全驾驶行为。李瑞瑞等[53]研究发现驾驶员普通违规行为、侵略违规行为、失误驾驶行为、积极驾驶行为对交通事故发生均有显著影响,并基于随机森林中的平均准确度下降方法对上述显著性变量的相对重要度进行了排序,结果发现驾驶行为对驾驶员事故发生影响最大。

周佳胜等[41]将公交驾驶行为划分为三个维度:安全行为维度、安全心理生理维度、周围环境影响维度。其中,安全行为包括驾驶员操作安全技能、安全认知、安全检查、驾驶时注意力、公司开展安全培训频率、面对乘客无理取闹的应对方式和酒后是否继续驾驶等;安全心理生理包含工作精力、锻炼情况、工作环境满意度、体检状况等;周围环境影响包括季节变换、堵车、道路设施不完善等。

孙黎[54]基于人格特征将公交驾驶员的不良驾驶行为分为冲动行为、错误行为与违规行为,并且研究发现上述不良驾驶行为均与无事故呈显著负相关，与多车事故显著相关，而单车事故仅与违规行为显著相关。

易恬[55,56]将公交驾驶员的不良驾驶行为归为四类：冒险性不良驾驶行为、习惯性不良驾驶行为、随意性不良驾驶行为、个体特征不良驾驶行为，性别、婚姻状况、年龄、驾龄、生理健康（胆囊异常）、心理健康（抑郁症）、收入、工作时长、压力、休息时长、线路环境等会对公交驾驶员的不良驾驶行为产生影响。

3.2 历史安全记录

驾驶员的历史违规、违法或事故记录是驾驶行为的客观表现，基于驾驶员的历史安全记录数据，可以预判驾驶员的风险等级。驾驶人群体中被证明确实存在着一部分驾驶人较他人更易发生交通事故，且发生过事故后重复发生事故的概率较高，这部分驾驶人被称为"事故多发者"，这一现象也称为事故倾向性驾驶员[57]。

张忍[58]研究发现发生过事故的驾驶员驾驶愤怒水平高于未发生过事故的驾驶员，因违章被处罚过的驾驶员驾驶愤怒水平高于未因违章被处罚过的驾驶员，近 2 年发生过交通事故或因违章受到处罚的公交驾驶员在缓慢驾驶因子上的得分较高。任杰等[59]基于西安市某公交公司 2018 年一年之内的驾驶员交通违规和事故数据进行分析，发现驾驶员违规次数越多其发生事故的风险越高，具体而言：驾驶员违规次数每增加一次，发生无责轻微事故的概率增加 17.4%，发生有责轻微事故的概率就会提高 25.5%，发生伤亡事故的概率就会增加 41.4%。陈伟超[60]将参与调查的驾驶员分为"曾发生过安全事故与违章""曾发生过安全投诉""未发生过安全相关问题"三类，发现"事故倾向性"驾驶员的安全驾驶水平低、安全驾驶态度不积极，发生安全事故可能性的更高。沈玮等[61]研究发现事故组驾驶员与安全组驾驶员在五个人格特征上存在显著性差异，其中事故组驾驶员攻击性、神经质倾向较强，而持久性、协调性和同情性较差；男性事故组驾驶员与安全组驾驶员在四个人格特征上存在显著性差异，其中事故组驾驶员攻击性和神经质倾向较强，但持久性和协调性较差；女性事故组驾驶员与安全组驾驶员在两个人格特征上存在显著性差异，前者较后者攻击性强，但缺乏同情性。朱春莹等[62]发现有交通事故的驾驶员职业压力显著高于未出现过事故的驾驶员。朱国锋等[63]研究发现，事故组驾驶员的愤怒、疲劳、紧张等消极情绪显著高于安全组驾驶员，积极情绪（精力）显著低于安全组驾驶员。

4 人口统计学特征

在现有研究当中，最为关注的莫过于公交驾驶员的人口统计学特征等因素与安全之间的关联分析。现有研究主要分析了性别[30,54,64,65-67]、年龄[20-21,24,41,55,59,63,66]、驾龄[20,21,24,41,56,59,63,66,68]、婚姻状况[41,54,56,64,69-73]、教育程度[24,38,41,51,59,64,65,66,68,74]、工作时长[28,30,38,41,56,58,68]、收入[56,72]等因素的影响。

4.1 一致性结论

上述统计学特征中，性别、年龄、驾龄、工作时长、收入等因素对公交驾驶员运营安全的影响具有一致性的研究结论。

多数研究从身体素质、心理素质两个角度探究性别对公交驾驶员营运安全的影响，并发现在身体素质方面，男性驾驶员对较差的工作环境及较长的工作时间具有更强的抗压能力，在心理素质方面，比较而言，男性驾驶员应对紧急情况时，情绪更加稳定；公交驾驶员的年龄、驾龄或工龄对运营安全的作用表现为：年龄较大的驾驶员对工作环境具有更强的适应性，并且拥有相对丰富的行车经验，能够更加轻松的应对突发事件[41]；但公交驾驶员的生理状况、职业倦怠程度均呈现出逐渐恶化的趋势[42,67]。目前关于驾龄对公交驾驶员的运营安全的研究普遍认为：低驾龄（<5 年）驾驶员风险比较高，高驾龄（>15 年）驾驶员也存在一定的风险，中间驾龄（5～15 年）驾驶员安全风险最低[73,75-78]。工作时长对于生理健康、驾驶行为具有一致性的影响作用，每日工作时间越长，驾驶员不仅容易出现眼睛干涩、眼睛疲劳、视力模糊、身体疲劳、注意力下降等生理疲劳症状[79]，同时职业倦怠程度也更严重[80]，安全风险越高；月平均收入水平对公交驾驶员整体不良驾驶行为的影响是显著的，易恬[56]通过多元尺度回归分析发现：月平均收入越少的公交驾驶员，受到的工作激励越小，承受的工作压力越大，对工作的认可度和责任感越弱，出现不良驾驶行为的频率越高。

4.2 其他结论

但是，关于婚姻情况、受教育程度等因素对公交驾驶员运营安全影响的研究没有形成显著的一致性结论,有的研究中证明存在显著影响,其中部分研究证明为正向作用,部分却是负向作用,同时也存在部分研究证明无显著影响。

关于公交驾驶员婚姻状况对运营安全的研究,大部分研究认为经历婚姻变故后,驾驶员面临社会角色的转变、经济压力的增加、家庭支持的减少等问题,会影响公交运营安全,并通过显著性分析的方式进行了验证[54,56,64,69]。同时,也有部分研究从驾驶员个体特征与驾驶行为的关联性中发现婚姻状况与运营安全并无显著关联,如周佳胜等[41];教育程度对公交驾驶员运营安全影响的研究也存在不一样的结论,周佳胜等[41]以长沙市公交企业为例,根据学历将所有驾驶员分为三类:初中及以下、高中或中专、大专及以上,并通过多重比较发现教育水平对公交驾驶员运营安全的影响并不显著。然而,更多研究认为文化水平越高,公交驾驶员的运营风险越低,如王晓勇等[65]通过构建不同文化程度的公交驾驶员的违规间隔时间的生存函数发现高中及以上文化程度的驾驶员总体上生存概率高于文化程度为技校和大专的驾驶员,即运营风险更低。任杰等[59]通过事故影响因素 Logistic 回归分析发现教育水平总体检验的差异具有统计学意义,教育水平越高,违规次数越少,公交运营安全性越高。

5　结语

近年来由于公交驾驶员自身因素导致的公交营运事故频频发生,公交驾驶员适岗状态受到政府、企业以及社会的广泛关注,构建完善的、适应性强的公交适岗状态评价体系迫在眉睫。本文从易于定性或定量分析的显性特征入手,探讨了公交驾驶员的生理健康、驾驶行为、人口统计学特征三个方面对公交运营安全影响的研究进展。基于此,作者认为目前研究中存在的问题或技术挑战包括:

(1)从理论层次而言,首先,目前相关研究仅停留在通过相关性分析判定公交驾驶员特征指标对运营安全的显著性影响方面,研究深度不足,主要体现在:关于驾驶员运营安全的影响因素之间的交互作用以及内在深层次作用机理的研究较少;影响公交运营安全的因素众多,但缺乏主导性分析的相关研究。其次,为了确定公交驾驶员的运营安全管理方法,目前已经存在大量关于公交驾驶员运营安全影响因素的研究,但其中部分指标的显著性分析结论存在争议,如婚姻情况、受教育程度等。

(2)从实际应用角度而言,公交驾驶员适岗状态显性因素研究的终极目标是构建一个完善的、适应性强的评价体系,为全国各地的公交企业筛选出具有良好适岗状态的驾驶员。基于此,首先,目前该领域内相关研究大多是以公交企业部分驾驶员为研究对象,分析其部分指标对运营安全的影响,缺乏针对公交驾驶员运营安全全面、系统的研究;其次,就构建驾驶员适岗状态显性因素评价体系而言,目前研究集中于定性分析相关特征对公交运营安全的影响,而针对某一具体特征,如何划分其评价标准还缺乏理论性依据;最后,考虑到影响公交驾驶员运营安全的部分特征会随着时间演化,如何有针对性地、适时地开展运营安全管理工作也有待进一步研究。

结合上文关于研究现状综述及研究不足,后续关于公交驾驶员显性特征对营运安全影响的重点研究方向应该包括:

(1)从公交驾驶员适岗状态评价体系的完整性而言,未来研究中指标选取应该更加全面。

(2)关于部分显性特征研究结论不一致的问题,原因可能是选取的研究对象或运营安全评价指标不同导致,仍有待进一步研究。

(3)部分显性特征具有时变特性,需着重关注其演化特性,从而有针对性地制定运营安全管理制度。

(4)未来研究不仅要厘清公交驾驶员哪些显性特征与营运安全存在关联,同时需要确定上述显性特征的合理取值范围,以指导公交驾驶员适岗状态评价。

(5)从形成逻辑严密的公交驾驶员适岗状态显性因素评价体系而言,在确定对公交运营安全有显著性影响的因素后,进一步分析显性特征的影响权重及各特征之间的耦合作用机理是未来研究的重点方向。

参考文献

[1] HAYAKAWA H, FISCHBECK P S, FISHHOFF B. Traffic accident statistics and risk perceptions in Japan and the United States [J]. Accid And Prev, 2000, (32): 827-835.

[2] NORRIS F H, MATTHENS B A, RAID J K.

Characterological, situational, and behavioral risk factors for motor vehicle accident: a prospective examination[J]. Accid Anal Prev, 2000, (32): 505-515.

[3] 王德全,陈思东,周卫平,等.公交车行车安全因素分析[J].中华疾病控制杂志,2004,8(6):519-521.

[4] 王愈,章杰.浅析驾驶员健康状况与安全管理[J].人民公交,2019(09):81-85.

[5] 中华人民共和国公安部,车辆驾驶人员体内毒品含量阈值与检验:GA 1333—2017[S].北京:中国质检出版社,2017.

[6] 刘东麟."毒驾"管控存在的问题及对策研究[J].红河学院学报,2021,19(04):132-135.

[7] 中华人民共和国公安部.车辆驾驶人员血液、呼气酒精含量阈值与检验:GB 19522—2004[S].北京:中国标准出版社,2004.

[8] 何川.浅谈酒后驾车行为的危害与治理[J].湖北成人教育学院学报,2010,16(02):66-68.

[9] 刘水桂,何作顺.酒后驾驶与道路交通伤害关系研究进展[J].现代预防医学,2008(19):3803-3804.

[10] 谭翠芳,李克.由"酒驾"问题引发的讨论[J].生物学教学,2017,42(07):78-79.

[11] 游丽琴,金冬,杨洪,等.企业员工职业倦怠及其影响因素调查[J].中国公共卫生,2014,30(03):343-346.

[12] 卜伶俐.城市道路灯光照明对行车安全的影响[D].成都:西南交通大学,2013.

[13] 辛德胜,林晓珑,卢云华.驾驶员动视力对交通安全的影响及检测系统的研究[J].汽车工程,1998(03):183-186.

[14] 赵炳强.驾驶员动态视觉特征及其影响[J].公路交通科技,1998(S1):104-106.

[15] ANNA E PLATEK, FILIP M SZYMANSKI, KRZYSZTOF J, et al. Prevalence of Hypertension in Professional Drivers (from the Risk of Adverse Cardiovascular Events among professional dRivers in Poland-Ambulatory Blood Pressure Monitoring Study)[J]. The American Journal of Cardiology,2017,120(10):1792-1796.

[16] KRISHNAMOORTHY Y, SARVESWARAN G, SAKTHIVEL M. Prevalence of hypertension among professional drivers: Evidence from 2000 to 2017-A systematic review and meta-analysis.[J]. Journal of postgraduate medicine,2020,66(2):71-89.

[17] SHIN S Y, LEE C G, SONG H S, et al. Cardiovascular disease risk of bus drivers in a city of Korea.[J]. Annals of occupational and environmental medicine,2013,25(1):34.

[18] TOBIN E A, OFILI A N, ASOGUN D A, et al. A study of prevalence of hypertension among bus drivers in Bangalore city. Int J Curr Res Rev. 2013(5):90.

[19] RAGLAND D R, WINKLEBY M A, SCHWALEB J, et al Prevalence of hypertension in bus drivers.[J]. International journal of epidemiology, 1987,16(2):71-80.

[20] 岳峰勤.城市公交驾驶员高血压危险因素分析[J].职业与健康,2009,25(15):1606-1607.

[21] 张育红,岳峰琴,李凤芝,等.驾驶紧张对公交驾驶员心血管功能的影响[J].中国工业医学杂志,2004(05):323-324.

[22] 姜光瑶,王娟,秦莹.2017年成都市公交车驾驶员心血管系统疾病现况调查[J].职业卫生与病伤,2018,33(01):35-38.

[23] 王素华,马淑一,吴玲.某公交车公司驾驶员与高血压发病关系的研究[J].中国职业医学,2007(01):69,71.

[24] 王向东,张磊,宛星霖,等.公交车驾驶员高血压影响因素分析[J].职业卫生与病伤,2020,35(04):212-216.

[25] 程俊芳,周娓.扬州市公交驾驶员心血管系统健康状况分析[J].江苏卫生保健,2013,15(06):20-21.

[26] 张育红,李文华.226名公交驾驶员心电图检查结果分析[J].职业卫生与应急救援,2003(03):148-149.

[27] 罗丽霞,赵立强,姜光瑶,等.职业公交车驾驶员心电图影响因素的研究进展[J].职业卫生与病伤,2016,31(06):386-388.

[28] 桑晓.北京公交驾驶员心理疲劳测评研究[D].北京:首都经济贸易大学,2011.

[29] 蒲明慧,陈玮,薛海滨,等.公交车驾驶员冲动性及其与疲劳、应对方式的关系[J].中国健康心理学杂志,2018,26(04):573-577.

[30] 滕靖,宋兴昊,姬利娟,等.连续驾驶条件下公交驾驶员疲劳特征实验研究[J].交通信息与安全,2013,31(03):87-92,97.

[31] 李克平,缪立新,王靓,等.复杂交通流交通控制设计、设备研制及工程示范建设项目研究报告[R].眉山:眉山市人民政府,2005.

[32] 李克平,倪颖.信号控制交叉口行人过街交通组织与控制[J].城市交通,2011,9(01):65-71.

[33] TINGRU Z, ALAN H S. Sleepiness and the risk of road accidents for professional drivers: A systematic review and meta-analysis of retrospective studies[J]. Safety Science, 2014,(70):180-188.

[34] PUNJABI N M. The epidemiology of adult obstructive sleep apnea. [J]. Proceedings of the American Thoracic Society, 2008, 5(2):136-43.

[35] PACK A I, MAISLIN G, STALEY B, et al. Impaired performance in commercial drivers: role of sleep apnea and short sleep duration. [J]. American journal of respiratory and critical care medicine, 2006, 174(4):446-454.

[36] VENNELLE M, ENGLEMAN H M, DOUGLAS N J. Sleepiness and sleep-related accidents in commercial bus drivers. [J]. Sleep & breathing = Schlaf & Atmung, 2010, 14(1):39-42.

[37] HUI D S, KO FANNY W, CHAN J K, et al. Sleep-disordered breathing and continuous positive airway pressure compliance in a group of commercial bus drivers in Hong Kong. [J]. Respirology (Carlton, Vic.), 2006, 11(6):723-730.

[38] 彭中全,钟媛,罗东,等.重庆市职业性公交车驾驶员职业健康现状调查分析[J].现代医药卫生,2019,35(06):882-884.

[39] 孙黎.公交驾驶员A型人格、驾驶行为及事故的关系研究[D].长沙:湖南师范大学,2009.

[40] 王偲怡,周虹,周芸竹,等.公交驾驶员职业倦怠与心理健康状况的关系研究[J].现代预防医学,2020,47(01):35-39.

[41] 周佳胜,廖婵娟,谢饶青,等.公交驾驶员安全行驶影响因素研究——以长沙市为例[J].人类工效学,2020,26(03):39-46.

[42] 隋成鑫.长春市公交公司35岁以上驾驶员健康状况调查与分析[D].长春:吉林大学, 2013.

[43] 骆知俭.二种车辆驾驶员健康状况比较不同强度全身振动对人体危害的研究[J].劳动医学,1990(03):2-6.

[44] 嘉世英,杨蓉.公交车驾驶员纯音听力损伤调查[J].职业卫生与病伤,2012,27(01):7-9.

[45] 戴超.现代公交驾驶员岗位特点与不安全行为预防措施的研究[D].济南:山东大学,2013.

[46] 杭福兵.全力消除公交驾驶员行车使用手机违法行为——常州公交驾驶员行车使用手机顶格处理的实践[J].人民公交,2017(06):59-61.

[47] 黎美清,杜岩,罗义学,等.影响机动车驾驶员交通行为的因素分析[J].应用预防医学,2011,17(01):8-12.

[48] 胡占峰.基于深度信息的公交驾驶员不安全操作识别[D].北京:北方工业大学,2016.

[49] 任慧君,许涛,李响.利用车载GPS轨迹数据实现公交车驾驶安全性分析[J].武汉大学学报(信息科学版),2014,39(06):739-744.

[50] 李土深.基于隐马尔可夫模型的驾驶员行为分析研究[D].哈尔滨:哈尔滨工程大学,2017.

[51] 钟煜一.基于动态预警数据的公交车辆安全运行及风险评估研究[D].扬州:扬州大学,2020.

[52] 任超伟.公交驾驶员动态监管体系研究[D].西安:长安大学,2014.

[53] 李瑞瑞,王雪松,高岩.车队安全氛围与驾驶员个人特征对公交汽车事故的影响[J].交通信息与安全,2019,37(05):33-39,106.

[54] 孙黎.公交驾驶员A型人格、驾驶行为及事

故的关系研究[D]. 长沙:湖南师范大学,2009.

[55] 易恬. 公交驾驶员不良驾驶行为调查与特征分析——以成都为例[J]. 黑龙江交通科技,2015,38(10):166-168.

[56] 易恬. 公交司机不良驾驶行为影响因素分析及其矫正研究[D]. 成都:西南交通大学,2015.

[57] 蔡少渠. 心理健康:公交驾驶员不应忽视的话题[J]. 人民公交,2020(10):51-53.

[58] 张忍. 基于三维仿真技术的公交驾驶员危险预测能力培训系统研究[D]. 西安:长安大学,2014.

[59] 任杰,李晓虎,景云超,等. 基于违规行为的公交驾驶员事故风险因素研究[J]. 武汉理工大学学报(交通科学与工程版),2021,45(04):633-638.

[60] 陈伟超. 驾驶员安全性向评估与预测研究[J]. 人民公交,2019(04):43-47.

[61] 沈玮,何存道. 事故驾驶员与安全驾驶员人格特征的比较研究[J]. 心理科学,1994(05):282-286,321.

[62] 朱春莹,王玉花,刘志宏,等. 公交车驾驶员人格、交通事故与职业压力的关系研究[J]. 齐齐哈尔医学院学报,2014,35(03):324-326.

[63] 朱国锋,何存道. 驾驶员情绪状态研究[J]. 心理科学,2003(03):438-440.

[64] 周虹,王偲怡,周芸竹,等. 公交驾驶员乘客困扰、应对方式与一般心理健康状况的关系研究[J]. 现代预防医学,2020,47(02):300-304.

[65] 王晓勇,罗珅,任杰,等. 公交驾驶员违规间隔时间及影响因素研究[J]. 中国安全科学学报,2019,29(06):128-133.

[66] 周琳,辛正,白莉,等. 济南公交驾驶员高温期间患病影响因素分析[J]. 中国公共卫生,2013,29(10):1410-1412.

[67] 李孜佳,顾海根. 公交车驾驶员工作倦怠问题研究[J]. 山东交通学院学报,2009,17(02):10-15.

[68] 林庆丰,邓院昌,张圆,等. 公交驾驶员驾驶愤怒量表的编制及初步应用[J]. 中国安全科学学报,2018,28(06):49-54.

[69] 刘志怀. 新时期公交驾驶员心理健康问题浅析及对策——以赣州公交驾驶员为例[J]. 人民公交,2018(02):76-78.

[70] 王浩. 关于公交驾驶员的身心健康问题及其解决对策——从贵州安顺公交车坠湖事件引发的思考[J]. 城市公共交通,2021(01):23-25.

[71] 宋薇. 公交驾驶员工作倦怠问卷编制及其应用[D]. 福州:福建师范大学,2011.

[72] 孙梗铃,潘雪,郭星月,等. 2016 年泸州市和自贡市职业性驾驶员的职业卫生服务需求现状[J]. 职业与健康,2018,34(19):2717-2720.

[73] 邓毅萍,常宇,高岩. 不同驾龄驾驶人交通事故特征分析[J]. 交通信息与安全,2014,32(05):198-202.

[74] 徐中玉,夏刚,高源,等. 公交驾驶员心理卫生状况调查分析[J]. 职业卫生与病伤,2001(01):7-8.

[75] 赵光珍,王太海,郭双. 驾驶员人格对危险知觉的影响[J]. 中国健康心理学杂志,2015,23(06):871-873.

[76] 吴金贵,唐传喜,钮春瑾,等. 职业人群工作紧张对工作耗竭影响的流行病学研究[J]. 职业与健康,2011,27(06):601-607.

[77] 张开冉. 低驾龄驾驶人典型驾驶心理—行为特性研究[D]. 成都:西南交通大学,2008.

[78] 朱占占,叶茂林. 公交车驾驶员安全驾驶行为影响因素初探[J]. 心理研究,2010,3(06):63-66,74.

[79] 姜志文,秦江峰,卢康,等. 安徽省合肥市公交车驾驶员慢性疾病的现况调查[J/OL]. 上海预防医学:1-5[2021-10-23].

[80] 贾子若,杨书宏,宋守信. 安全绩效与工作压力、职业倦怠关系研究——以铁路机车司机为例[J]. 中国安全科学学报,2013,23(06):145-150.

公交服务舒适性度量及其影响因素分析

杨　阳[*1]　丁　予[2]
(1.武汉理工大学交通与物流工程学院;2.武汉理工大学航运学院)

摘　要　为提高公共交通服务水平,提升公交日常出行分担率,保证公交服务的舒适性显得尤为重要。本文借助智能手机,基于手机全球定位系统(GPS)模块以及传感器模块获取手机GPS模块参数以及公交运行加速度、旋转角速度信息,通过polar V800运动腕表及心率带测量心率的实时数据,并根据不同的原始参数建立能够表征乘车舒适性的客观测度参数集。通过分析采集数据之间的相关性确定度量公交服务舒适性的表征参数,结合公交车不同运行状态及周围设施条件,以表征参数为基础评价公交服务舒适性。通过分析比较不同运行条件下公交车的服务舒适性差异,为提升公交服务舒适性提供可行解决方案。

关键词　公交服务提升与城市空间塑造　舒适性　统计分析法　公交　心率

0　引言

公共交通具有资源节约、环境友好、载客量大等优点,其对缓解城市交通拥堵、构建有活力的城市商业中心具有重要的作用,然而我国大部分城市的公交分担率不超过20%,这大大阻碍了"公共交通优先发展"战略的推进。究其原因,现有公交服务水平低、舒适性差,难以满足乘客的乘坐需求。因此,亟须探究公交舒适性的影响因子并且探寻其间影响机理,针对性地改善公交分担率。

现有与公交舒适性相关的研究多集中于评价指标和研究方法的选取。高桂凤等[1]将公交车满载率和公交车座位率作为运行舒适性的评价指标;马佳等[2]认为对于公路交通而言,座椅舒适度是影响旅客乘坐舒适度的重要因素;郑志红[3]认为,乘客乘车舒适度受热舒适(即温度)的影响较大;何民等[4]则从线路设计方面评价公交舒适性。除了外部因素,有学者从车辆运行状态出发进行舒适性评价,如云美萍[5]利用车辆速度、加速度等表征公交运行平顺性和车体振动状态,从而量化分析公共汽车运行过程对乘车舒适性的影响;同样的,王炜等[6]、杨宇航等[7]、Barone等[8]等学者均从车辆加速度方面对公交舒适性进行度量;但以上均单纯将加速度即乘客人体受力过程进行独立评价分析,而未根据实际的交通条件进行分类处理,且未考虑乘客乘车时的实际生理反应,较少研究在外部环境影响下人体自主神经系统的调节能力对其乘坐舒适性的作用。近年来,心率分析被广泛应用于评估疲劳驾驶、应激等方面,邵琪等[9]将心率变异性分析引入乘员乘坐舒适性评价中。数据采集方面,柏从、彭仲仁等[10]研究了基于智能手机应用的公共汽车交通信息采集方式;邵琪等[9]利用了心率带和Acqknowledge数据采集软件采集乘客心率数据。

在研究方法上,不同学者根据其自身研究的目的与着重点差异,采用了不同的方法。徐利锋等[11]等通过SP调查和层次分析法确定评价指标的权重,并确定指标的评价标准,最终得到公共交通综合舒适度评价模型;彭昌溆等[12]根据SERVQUAL模型(服务质量模型),建立了城市公交乘客感知服务质量评价指标体系。

本文则从公共交通乘车时舒适性为切入点,选取公交运行加速度和乘员心率度量舒适性,通过分析公交车辆行驶过程中的体感舒适度变化,旨在寻找到影响城市公交服务舒适性的影响因素,并通过实验数据建立相应数学模型,分析各影响因素对城市公交舒适度的影响情况,以此为基础为城市公交服务舒适性的提高给出相应的改进措施。

1　公交服务舒适性客观度量方法

1.1　舒适性定义与影响因素分析

公交服务的舒适性包括候车舒适性和乘车舒适性[13-14]。而出行过程中,一般情况下乘车时间比候车时间长,故运行舒适性在很大程度上直接体现了公交的服务质量。因此,本文着重考虑运行舒适性对公交服务舒适性的影响。结合车辆实际运行过程中可能对车辆运行状态产生影响的各个因素,将其分为外部影响因素与内部影响因素。考虑到影响乘客乘车舒适性的根本影响因素可能是振动产生的加速度,因此不考虑速度本身对乘车舒适性的影响。外部因素有停靠点设置、线形设置、公交车专用道设置情况、交叉口密度等;内部因素则包括驾驶员行为、车内拥挤度、乘客乘车姿势。

1.2 舒适性表征指标与数据采集

从原因分析,上述影响舒适性的因素变化从根本上反映为车辆加速度变化。从结果分析,乘客主观的不适在一定程度表现为心率变化。同时,在国内外相关研究中,加速度往往作为度量乘客舒适性的客观属性,而心率同时包含乘客主观感受与外界客观因素影响。因此,本文同时兼顾主观与客观,将心率和加速度作为舒适性表征指标,同时考虑其各自的变化率。

1.2.1 加速度

国内相关研究根据《人体全身振动暴露的舒适性降低界限和评价准则》(GB/T 13442—1992),采用计权加速度值表示公交车体振动对人体舒适性的影响。单一维度振动计权加速度值由各个频段中心频率处的1/3 倍频程的有效加速度值乘以不同计权因子得到。计算公式如式(1)所示:

$$a_w = \sqrt{\sum_{i=1}^{n}(k_i a_i)^2} \tag{1}$$

式中:a_w——计权加速度;

a_i——各频段的有效加速度;

k_i——计权因子。

计权因子既可根据国标,也可根据实际需求进行赋值,由于人体对不同振动方向的敏感程度不同,对于三轴方向加速度所赋予的权重也不尽相同。根据 x(前进方向)、y(垂直于前进方向的侧向)、z(竖直方向)三轴对于乘客实际舒适性的影响大小差异,总计权加速度关系式如式(2)所示:

$$a_w = \sqrt{(1.4a_{wx})^2 + (1.4a_{wy})^2 + (a_{wz})^2} \tag{2}$$

式中:a_{wx}、a_{wy}、a_{wz}——分别为 x、y、z 三个方向上的计权加速度。

本文以智能手机作为数据采集终端,基于智能手机全球定位系统(GPS)模块以及加速度传感器模块采集获取手机 GPS 位置坐标与三轴加速度数据。

1.2.2 心率

采用 polar V800 运动手环搭配心率带进行心率测量,结合手机传感器获得加速度各项参数综合进行研究分析。在数据精度方面,心率带采样频率为 1Hz,能够满足试验对于心率数据的采集要求。

1.3 度量方法评价

目前最新的舒适性评价标准为 ISO2631-1:1997(E),规定用加速度方均根值 a_w 反映人的舒适性感觉,其计算方式同式(1),与人的主观感受对应情况见表 1。其结果受人主观条件因素影响,主观感受对应的加速度区间存在一定的重叠。以表 1 为基础,结合试验获得数据,可得不同舒适性条件下的心率区间,见表 2。

加速度方根均值与人主观感受关系 表 1

加速度方根均值 a_w(m/s^2)	人的主观感受
<0.315	没有不舒适
0.315~0.63	有一些不舒适
0.5~1.0	比较不舒适
0.8~1.6	不舒适
1.25~2.5	很不舒适
>2.0	极不舒适

加速度方根值及其对应心率与人主观感受关系 表 2

加速度方根均值(m/s^2)	对应心率(BPM)	人的主观感受	所占比例
<0.315	<95	没有不舒适	28.26%
0.315~0.63	95~98	有一些不舒适	20.55%
0.5~1.0	100~102	比较不舒适	13.40%
0.8~1.6	99~102	不舒适	18.48%
1.25~2.5	101~104	很不舒适	13.97%
>2.0	>110	极不舒适	29.56%

2 公交服务舒适性影响因素分析与评价

基于 polar V800 运动手环搭配心率带,结合手机 GPS 模块,以武汉市公交 540 线、542 线作为数据采集对象,以 1s 为间隔,采集高峰时期(7:00—9:00、17:00—19:00)和平峰时期(其他)的数据。数据采集过程中选取相同路段,并保持位置一致。

2.1　外部因素分析与评价

2.1.1　停靠站点设置

如图 1、图 2 所示,在同一线路上,以有无公交停靠站点设置为变量进行试验测试。

该组数据均值、方差如表 3。

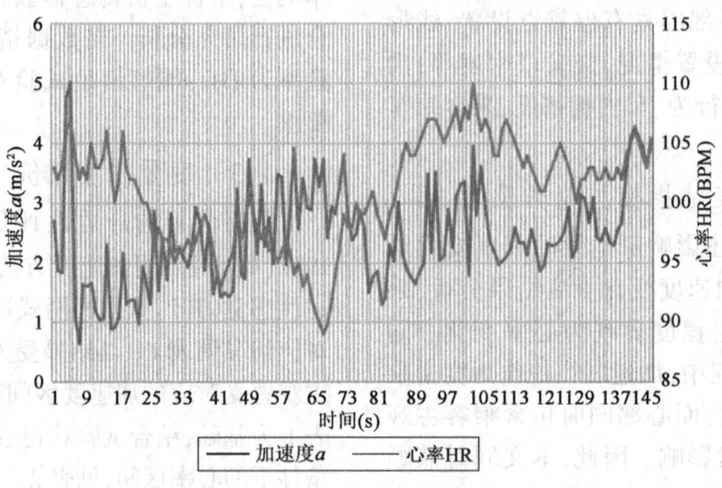

图 1　无停靠站的加速度—心率变化趋势图

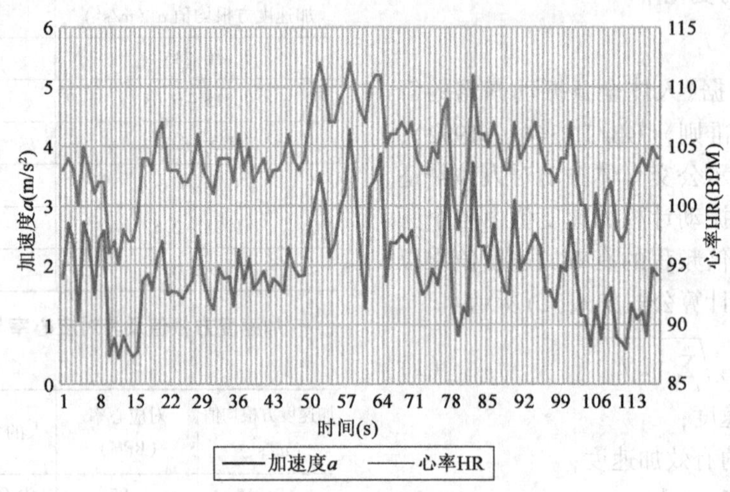

图 2　有停靠站的加速度—心率变化趋势图

是否设置停靠站条件下加速度、心率数据分析　　表 3

项　目	无停靠站		有停靠站	
	均值	方差	均值	方差
加速度(m/s^2)	1.8729	2.2442	0.6197	0.6975
加速度变化率	0.5754	0.7932	0.2745	0.4578
心率(BPM)	100.8700	103.8575	12.4123	19.7235
心率变化率	1.2540	2.0185	0.6271	2.8460

从均值上看,在无停靠站时,4 个指标均较低,无论是从加速度还是从心率上看,都处于“不舒适”的状态,而有停靠站设置时,4 个指标都较大,其不舒适性高于无停靠站设置,处于“极不舒适”的状态。

从方差上看,与加速度相关参数方差值较小,导致这一现象的主要原因是无论设置停靠站点与否,车辆的加速度出现较大变化的可能性较低,其次车辆在设计与运营过程中本身也会考虑尽量减少加速度变化对乘客造成的不适。而从心率参数上看,其本身的波动性加上加速度造成的影响使得两种情况下心率的方差值较大,但在无停靠站设置时,心率变化率的方差又较小,可见无停靠站设置时,心率变化率基本处于某一稳定范围内。

2.1.2 公交车专用道

图3、图4所示为是否设置公交车专用道条件下,公交车行驶加速度及乘客心率变化趋势图。

该组数据均值、方差见表4。

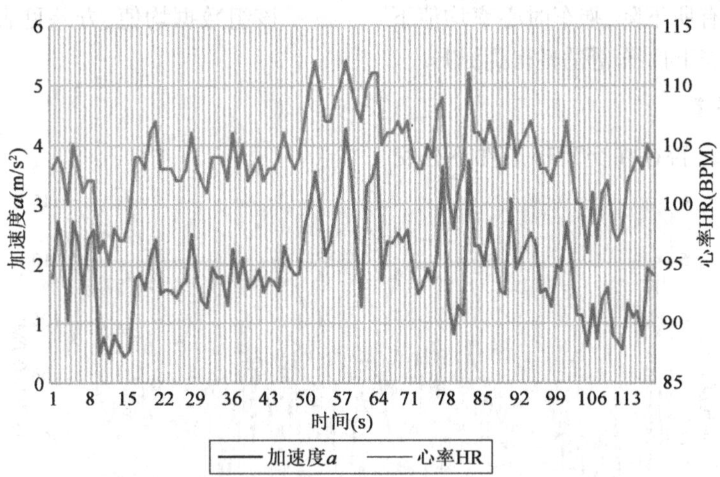

图3 无公交车专用道的加速度—心率变化趋势图

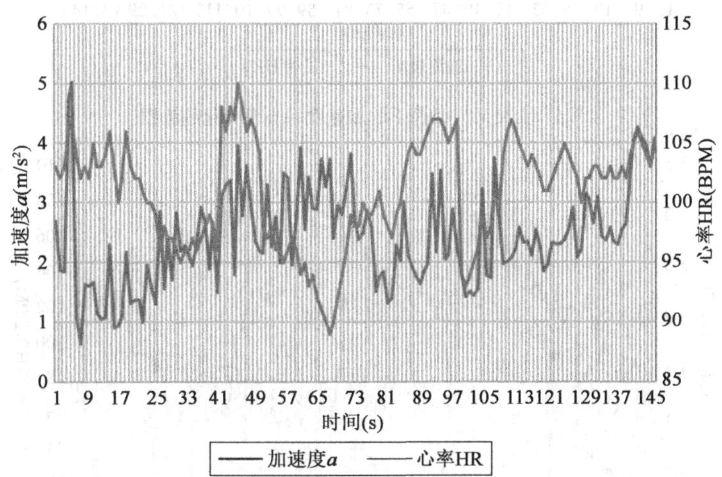

图4 有公交车专用道的加速度—心率变化趋势图

是否设置公交车专用道条件下加速度、心率数据分析 表4

项目	有专用道		无专用道	
	均值	方差	均值	方差
加速度(m/s^2)	1.8927	0.6097	2.4224	0.6964
加速度变化率	0.5457	0.2614	0.7845	0.4475
心率(BPM)	100.8699	12.5022	103.8475	19.8105
心率变化率	1.2740	0.6279	2.0085	2.8559

由表4可见,从均值上看,在设置有公交车专用道时,4个指标均较低。但是无论是从加速度还是从心率上看,都处于“很不舒适”的状态,而未设置公交车专用道时,四个指标都较大,其不舒适性远高于设置有公交车专用道,处于“极不舒适”的状态。

从方差上看,与加速度相关参数方差值较小,其范围都保持在1.0以内,虽然舒适性受到加速度的影响,但是其加速度本身在数值上不会大幅度变化,由此可见乘车舒适性本身在客观上反映为心率的变化。

因此,设置公交车专用道后车辆加速度均值降低,加速度变化幅度也有所下降,乘车时心率均值下降,心率变化率降低,乘客的乘车舒适性得到提升。

2.1.3　交叉口设置

图5、图6所示为是否存在交叉口条件下公交车加速度与乘车心率的变化趋势图。从整体趋势上看,在无交叉口路段上,心率变化较为平稳,而需要通过交叉口的路段上,心率出现较大幅度的变化。从定性角度上分析,公交车在行驶过程中通过交叉口导致的加减速过程易使得乘车舒适性降低。

该组数据均值、方差见表5。

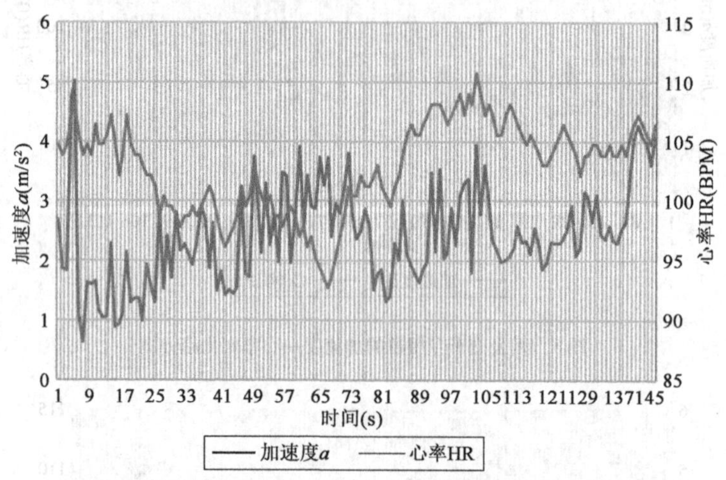

图5　无交叉口条件下的加速度—心率变化趋势图

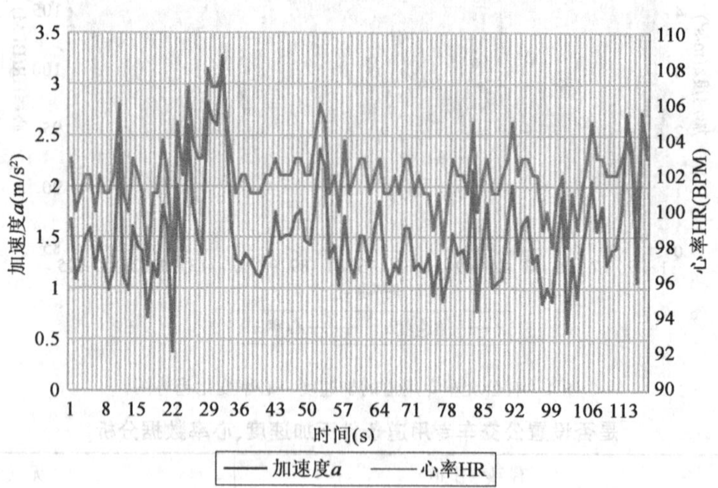

图6　有交叉口条件下的加速度—心率变化趋势图

是否设置交叉口条件下加速度、心率数据分析　　表5

项　目	无交叉口		有交叉口	
	均值	方差	均值	方差
加速度(m/s^2)	1.4960	0.2463	2.4224	0.6965
加速度变化率	0.4274	0.1447	0.7845	0.4475
心率(BPM)	100.8699	3.9705	102.1441	19.8205
心率变化率	1.2740	0.6278	1.7034	2.2446

由表5可见，从均值上看，在无交叉口路段上，4项指标均较低，无论是从加速度还是从心率上看，都处于"不舒适"的状态，而在有交叉口路段时，4个指标都高于无交叉口路段，处于"极不舒适"的状态。

从方差上看，加速度相关参数方差值较小，无论是否设置有交叉口，其方差大小均在0.75以下。同时心率相关参数虽方差较大，但是相较于其他影响因素，如停靠站设置与专用道设置，在无交叉口条件下，其方差值都较低。由此可见，在无交叉口设置条件下，乘客心率，即乘车舒适性变化幅度较低，但是在设置交叉口后，随着车辆通过交叉口，乘车舒适性会发生一定的改变。

综上所述，设置交叉口与否对乘客乘车舒适性存在一定的影响，在无交叉口条件下，车辆行驶平顺性较好，此时乘客心率处于较为平稳的波动状态，虽然有一定的不适感，但是相比较于通过交叉口时较大的心率及其波动，无交叉口设置条件下舒适性更优。因此，为保证公交服务的舒适性，在运营过程中，尽量减少公交车在交叉口因信号灯造成的停车、启动，如通过优化信号灯配时或推广"公交优先"策略，使得尽量减少公交车在通过交叉口时受到的干扰。

2.2 内部因素分析与评价

2.2.1 车内拥挤度

图7、图8所示为不同拥挤度条件下公交车行车加速度与乘客乘车心率的变化趋势图。从整体趋势上看，不同拥挤度条件下，心率及其变化没有明显的差异性。

该组数据均值、方差见表6。

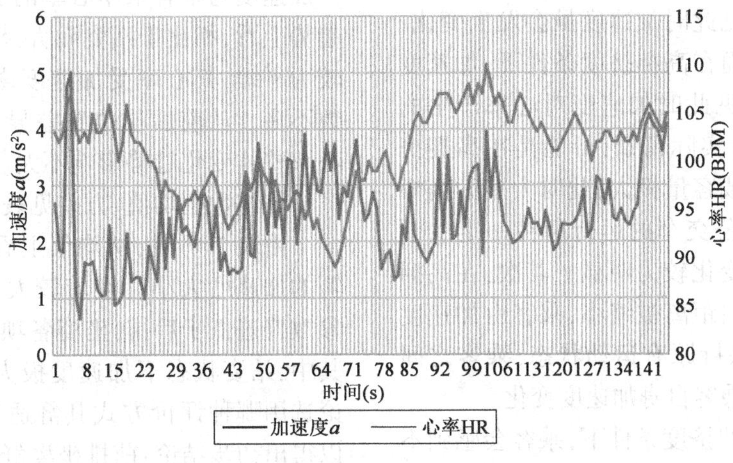

图7 低拥挤度条件下的加速度—心率变化趋势图

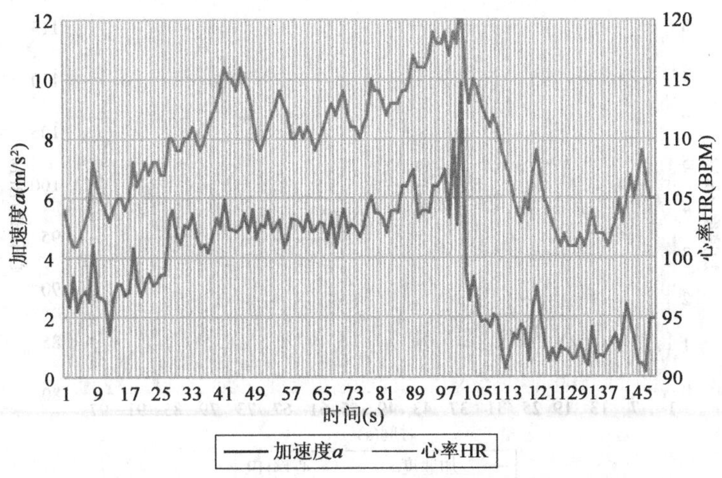

图8 高拥挤度条件下的加速度—心率变化趋势图

不同拥挤度条件下加速度、心率数据分析　　表6

项　目	低拥挤度		高拥挤度	
	均值	方差	均值	方差
加速度(m/s^2)	1.4223	0.6964	2.6514	2.9726
加速度变化率	0.6467	0.4474	0.7845	0.6388
心率(BPM)	100.8699	19.8105	109.2600	24.6500
心率变化率	1.1933	0.6279	1.2740	0.7745

由表6不难发现,从均值上看不同拥挤度条件下加速度大小存在着较大差异,但是在加速度变化率上,差异性较不明显。在低拥挤度条件下,乘客为“不舒适”状态,在高拥挤度条件下,乘客为“极不舒适”状态,由此可见拥挤度的增加会导致舒适性的恶化。同时,从心率参数上也可得出相似结论。

从方差上看,在低拥挤度条件下,加速度相关参数方差值较小,可见此时加速度虽会发生变化,但其变化幅度较低,而在高拥挤度条件下,加速度本身方差值较大,可见此时加速度对心率产生的剧烈变化影响。结合实际情景,可能是在高拥挤度条件下,车辆本身载客量极大,此时大多为高峰时期,周围交通流对公交车的运行存在一定的干扰,导致车辆加速度变化较为明显。其次,在高拥挤度条件下,乘客之间距离被缩小,乘客由加速度影响易导致受惯性保持原有运动状态,乘客之间容易发生碰撞,导致乘客自身加速度变化。

综上所述,在低拥挤度条件下,乘客会感到不适,但其舒适性大体上保持在固定水平,不容易受车辆的加速度变化而产生较大差异。而在高拥挤度条件下时,其本身舒适性就因为过高的拥挤度降低,车辆内部拥挤度在某种程度上决定了乘客乘车时的心率基础,即乘车时的舒适性基础,其拥挤程度越高,舒适性基础越低,越容易在外界因素的影响下致使舒适性骤降。

2.2.2　乘车姿势

图9～图12所示为不同乘车姿势下公交车行车加速度与乘客乘车心率的变化趋势图。从总体趋势上看,相比于站姿而言,坐姿的心率变化趋势较为平缓,其心率受加速度影响出现较大波动次数不多。从前后排位置差异上看,所处位置对于心率整体变化趋势影响不大。

该组数据均值、方差见表7。

由表7可见,从均值上看不同坐姿条件下车辆的加速度大小存在着较大差异,前排位置各项参数普遍低于后排,坐姿各项参数普遍低于站姿。其中,站姿状态下加速度极大,心率均值较高,无论选用哪种评价方式其舒适性均为最低,因此可以得出初步结论:前排坐姿舒适性最优,后排站姿舒适性最差。

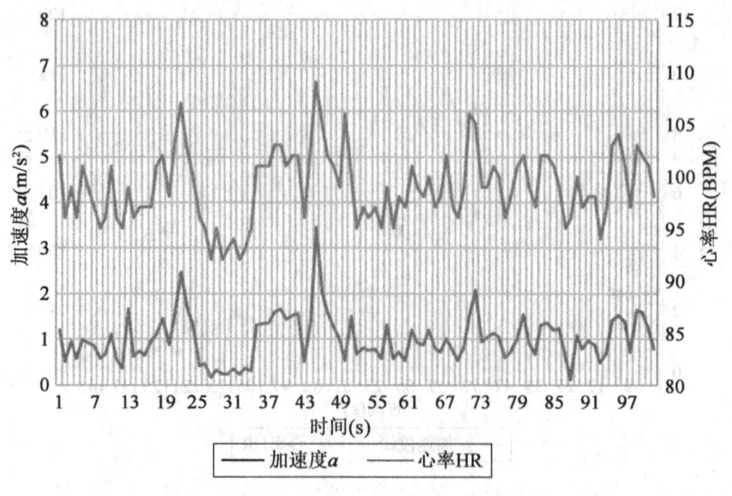

图9　前排坐姿条件下的加速度—心率变化趋势图

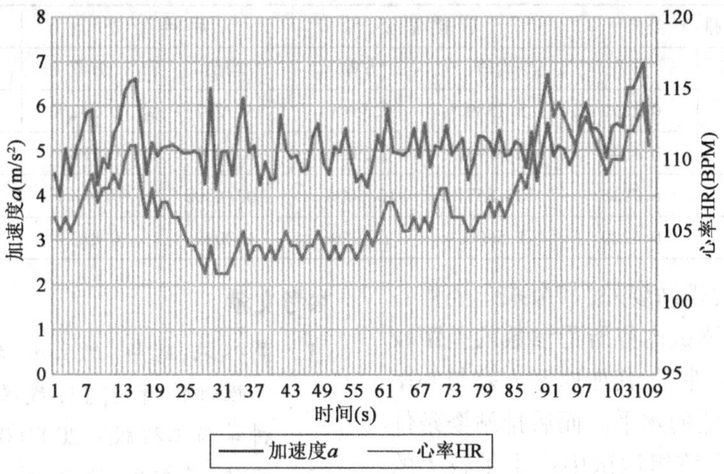

图 10　前排站姿条件下的加速度—心率变化趋势图

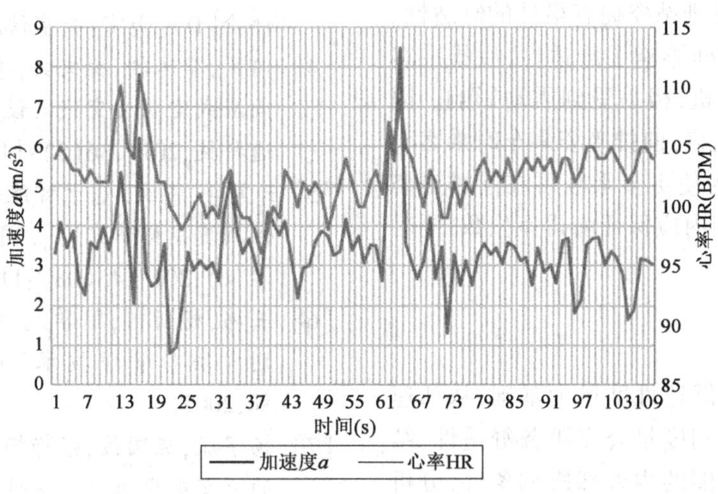

图 11　后排坐姿条件下的加速度—心率变化趋势图

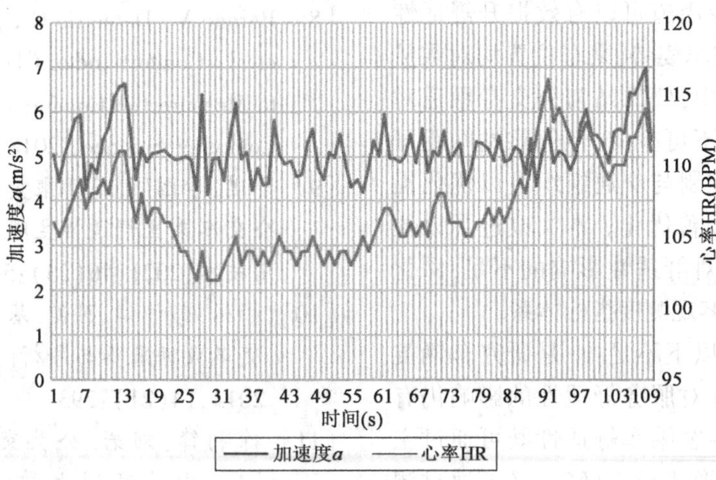

图 12　后排站姿条件下的加速度—心率变化趋势图

不同乘车姿势条件下加速度、心率数据分析　　表7

项　目	前排坐姿		前排站姿		后排坐姿		后排站姿	
	均值	方差	均值	方差	均值	方差	均值	方差
加速度(m/s^2)	1.065	0.2699	5.1389	0.3513	3.3207	0.3420	5.1550	1.0617
加速度变化率	0.3968	0.1345	0.5093	0.1928	0.5009	0.1880	1.7266	1.4077
心率(BPM)	98.9412	6.7915	106.8571	10.6006	102.4200	10.4479	106.8818	11.8183
心率变化率	1.0000	0.4220	1.5900	1.5979	1.0089	0.4233	2.6961	3.3622

从方差上看,除后排站姿外,其余乘车姿势各项参数方差均与其他测试内容所得参数的差距较小,特别是前排坐姿条件下,其加速度方差与心率方差都维持在一个较低的水平。而后排站姿条件下,乘客的各项数据在该组测试中产生了较大的波动,可见此时乘车舒适性波动较大。

综上所述,在各乘车姿势条件下,前排坐姿拥有最高的舒适性,而后排站姿拥有最低的舒适性。而乘车时所处位置同样影响了舒适性,后排乘客由于更接近车辆发动机,极易受到震动影响。因此,单从乘车姿势上而言,前排坐姿乘车时乘客会获得最优的舒适性,为使更多乘客可在前排坐姿乘车,在设计允许范围内应保证前排座位数,同时优化车辆减震设计。

3　结语

本文以公交服务舒适性度量为基础,从加速度和心率两个方面共同度量公交服务舒适性,结合公交运行过程中可能的内外部影响条件,分析并评价不同影响因素作用下的公交服务舒适性。发现有无停靠站、有无交叉口对乘客舒适性水平影响显著,设置公交专用道可以有效提升舒适性水平,车内拥挤度和乘车姿势、乘车位置均对乘员舒适性产生影响。其中,停靠站与公交专用道对于公交发展几乎是必不可少的,但停靠站间距可以优化,交叉口信号控制与交通组织可以优化提升,车载率同样可以改善优化。本文改进了以往研究中忽略乘员心理对舒适性影响的不足,深化并拓展了公交舒适性客观测度指标体系。

然而本文仍存在以下不足:一是研究车辆类型单一,针对车型差异对服务舒适性的影响仍有待进一步研究;二是乘客乘车舒适性既可通过主观层面上的问卷调查形式予以确定,又可通过测量客观表征参与予以确定,两种表征方式上的优缺点及关联性仍可以进一步进行挖掘。

参考文献

[1] 高桂凤,魏华,严宝杰.城市公交服务质量可靠性评价研究[J].武汉理工大学学报(交通科学与工程版),2007(01):140-143.

[2] 马佳,范智生,阮莹,等.汽车座椅舒适度研究综述[J].上海汽车,2008(1):24-27.

[3] 郑志红.基于Labview的公交车舒适度检测与评价[D].南京:南京信息工程大学,2011.

[4] 何民,李沐轩,税文兵,等.可靠性和舒适性对响应式定制公交线路设计的影响[J].公路交通科技,2019,36(5):145-151.

[5] 云美萍,王文.基于智能手机的公交运行舒适性测度指标研究[J].同济大学学报(自然科学版),2017,45(08):1143-1149.

[6] 王炜,杨新苗,陈学武.城市公共交通系统规划方法与管理技术[M].北京:科学出版社,2002.

[7] 杨宇航,陈国俊,张抒扬,等.基于三轴加速度的公交乘坐振动舒适性研究[J].武汉理工大学学报(交通科学与工程版),2021,45(5):874-879.

[8] Barone V, Demetrio C F, Domenico W. E. M., et al. Comfort Index CI(bus): A Methodology to Measure the Comfort on Board[J]. Procedia Computer Science, 2018,134(1):439-444.

[9] 邵琪,李园园.基于乘员心率变异性的纯电动公交车乘坐舒适性主观评价研究[J].汽车实用技术,2021,46(23):5-7.

[10] 柏丛,彭仲仁,孙健.基于智能手机应用的公交车数据采集与分析[J].科学技术与工程,2014,14(21):293.

[11] 徐利锋,刘岩.公共交通舒适度评价研究[J].大连交通大学学报,2017,38(04):31-37.

[12] 彭昌淑,周雪梅,张道智,等.基于乘客感知

的公交服务质量影响因素分析[J].交通信息与安全,2013,31(4):40-44.

[13] Roberto Camus, Giovanni Longo, Cristina Macorini. Estimation of Transit Reliability Level- of-Service Based on Automatic Vehicle Location Data [J]. Transportation Research Record (S0361-1981), 2005, 1927:277-286.

[14] 石飞,居阳.公交出行分担率影响因素分析[J].城市交通,2015,39(2):76.

Coupling Coordination Assessment and Countermeasures of Rail Transit and Conventional Public Transport in Mega Cities of China

Ma Hongsheng[*1,2] Feng Yuting[2] Zhao Fang[3]

(1. School of Transportation & Logistics, Southwest Jiaotong University;
2. Shenzhen General Integrated Transportation and Municipal Engineering Design&Research Institute Co., Ltd;
3. Transportation Public Policy Research Center, Southwest Jiaotong University)

Abstract Accurately grasping the relationship between rail transit and conventional public transport at different stages is the basic prerequisite for the coordination of functions between rail transit and conventional public transport. Based on the rail transit sharing rate, this paper divides the rail transit development stages into bus-led stage, track expansion stage, and track-led stage. By constructing a coupling coordination degree model, using historical data of urban passenger transport in my country's megacities, we study the development trend and change characteristics of the coordinated development of rail transit and conventional public transport at different stages, and propose strategies and measures for the coordinated development of rail transit and conventional public transport at different stages. The results show that during the bus leading stage, cities should focus on improving the scope of conventional bus services and fostering passenger flow for new rail transit lines. During the rail transit expansion stage, cities should focus on optimizing the structure of the public transport network and promote the integrated development of rail transit. During the rail transit leading stage, Cities should promote the refined development of public transportation and promote the deep integration of rail transit.

Keywords Urban public transportation Development stage division Coupling coordinated degree Rail transit Conventional public transportation

0 Introduction

By the end of 2020, a total of 44 cities across the country (excluding Hong Kong, Macao and Taiwan, the same below) have opened and operated 233 urban rail transit lines, with an operating mileage of 7545.5 kilometers [1]. As the development stages of rail transit in each city are different, the operating mileage ranges from 6.5 kilometers to 729.2 kilometers. In different stages of rail transit development, its functional levels in the urban public transport system are different, and the functional orientation of rail transit and conventional public transport is different. In the initial stage of rail transit operation, the rail network is only distributed in a few major corridors, and the public transport backbone network needs to be

1. Supported by the National Social Science Fund of China(18BJY097), the Ministry of Education of Humanities and Social Science project (17YJC790206), Sichuan Soft Science Research Program(2022JDR0251).

composed of rail and conventional buses. As rail transit gradually covers major passenger corridors, network and scale effects are becoming more apparent. Most medium-and long-distance bus trips will be transferred from conventional buses to rail transit. The backbone of rail transit will gradually be established, and conventional public transport functions will become supplements to the rail network. Therefore, grasping the relationship accurately between rail transit and conventional public transport at each stage is the basic premise for the coordination of rail transit and conventional public transport functions.

In terms of the division of rail transit development stages, based on the operating track sharing rate, Wu Weichuan[2] divided it into four stages: no track, before the track is networked, the track is initially networked, and the track is densely networked. In terms of the coordination relationship between rail transit and conventional public transport, the research mostly focused on the coordination scheme and degree of coordination. For example, Tan Yingjia[3] evaluated and analyzed the connection coordination between the two from the four aspects of facilities, line network, operation and fare; Wang Jian[4] proposed a calculation method of coordination index based on the analysis of coordination and competition; Wang Bing[5] analyzed the degree of coordination between the two from the micro-level such as stations and lines, and Hao Cheng[6] established an evaluation system from three aspects: line network coordination, site coordination, and operation coordination; Wang Hui[7] selected the average transfer time, transfer times and other indicators to evaluate the degree of coordination between the two. The macro level of the above research did not fully consider the functional relationship between rail transit and conventional public transport at different stages of rail transit development, and did not fully explore the degree of mutual influence and coordination between rail transit and conventional public transport at different stages.

This paper takes our country's mega cities (focusing on Beijing, Shanghai, Guangzhou and Shenzhen) as the research object, and according to the different development stages of rail transit, the coupling coordination degree model in the macroeconomic field[8-9] is used to evaluate the relationship between rail transit and conventional public transport systems in different cities at different stages.

By constructing an index system, on the basis of dimensionless and standardized data, a coupling coordination model of rail transit and conventional public transport is established to evaluate and analyze the coupling coordination relationship and the trend of characteristic change of the two at different stages. And this paper summarizes and refines policy recommendations for the coordinated development of rail transit and conventional public transport in different stages of development, in order to provide experience and reference for optimizing or reconstructing public transport systems in rail transit operating cities at different stages.

1 Functional Stages and Features

Referring to the research of Wu Weichuan[2], Zhao Yuan[8], and etc., the urban rail transit development stage is divided by the index of rail transit sharing rate, and the development of urban public transport is divided into the bus-leading stage, the rail-expansion stage, and the rail-leading stage. The division standards are shown in Tab. 1. As shown in Fig. 1, in the bus-leading stage, there are fewer rail transit operation lines, covering only part of the city's passenger flow corridors, and conventional buses play the leading role of urban public transport; in the rail-expansion stage, conventional buses still play the leading role, but the scale of rail operations is rapidly increasing, covering the main passenger flow corridors in the city; in the rail-leading stage, rail transit has become a large-scale network, and the attraction to passenger flow has been significantly enhanced.

Standard of stage division Tab. 1

Development Stages	Division Standards
Bus-leading Stage	0% < Rail Transit Share Rate ≤ 20%
Rail-expansion Stage	20% < Rail Transit Share Rate ≤ 40%
Rail-leading Stage	Rail Transit Share Rate > 40%

Note: Rail transit share rate = rail transit passenger volume / (rail transit passenger volume + conventional bus passenger volume).

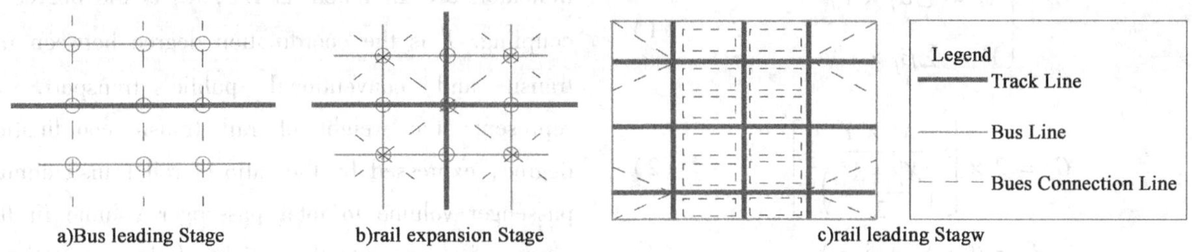

Fig. 1 Urban public transportation network forms at different stages

2 Research methods

2.1 Construction of indicator system

Due to the different development levels of transportation infrastructure in different cities, it is difficult to quantify and compare indicators such as the as metro line system topology, transit connect to metro system ability. Based on the coordination evaluation index of rail transit and conventional public transport [6-7], combined with the guidelines of public transport urban construction, this paper selects objective macro indicators from three dimensions of traffic demand, traffic supply and operation efficiency to calculate the degree of coupling and coordination between the two. Among them, the traffic demand reflects the residents' dependence on rail transit or conventional public transport, the traffic supply reflects the service capability of the two, and the operational efficiency reflects the service level of the two. The evaluation index system is shown in Fig. 2. Due to the different dimensions of each indicator, the data are standardized in this paper.

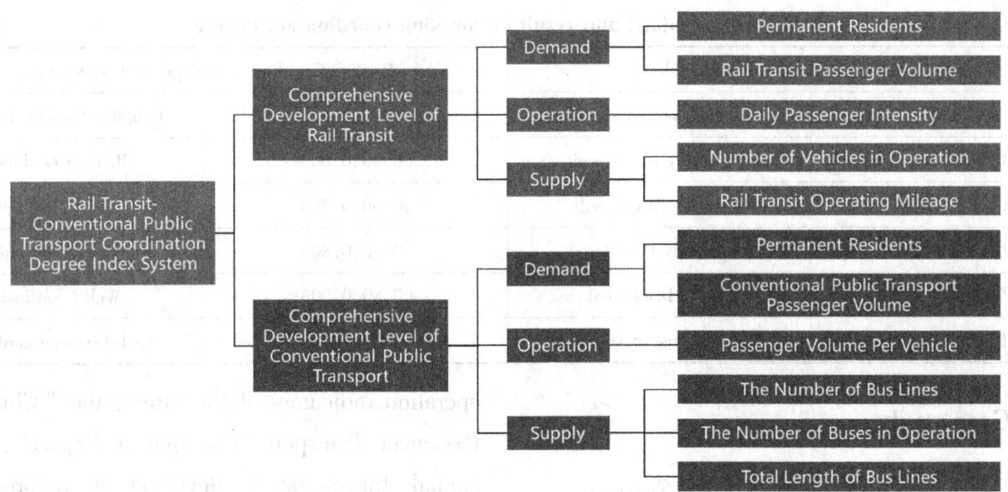

Fig. 2 Coupling coordination index system

2.2 Coupling coordination degree model

The Coupling coordination degree mode is usually used to measure the coordinated development between two systems and to analyze the coordinated development level between multiple systems. Coupling means that the interaction between systems affects each other, and the coupling degree is used to describe the degree of interaction and mutual influence between multiple systems [9]. Coordination refers to the proper cooperation and coordination among multiple systems, and thus a virtuous circle is established; and the degree of coordination refers to the degree of benign coupling in the interaction, which reflects the coordination between systems [10].

Referring to the existing research[10], this paper introduces The Coupling coordination degree mode commonly used in economics into the field of public transportation, and uses it to measure the degree of coordination between rail transit and conventional public transport. The specific model is as follows:

$$\begin{cases} X_i^t = \sum_t \alpha_j \times x_{ij}^{\prime t} \\ Y_i^t = \sum_t \beta_j \times y_{ij}^{\prime t} \end{cases} \tag{1}$$

$$C_i^t = 2 \times \left[\frac{X_i^t \times Y_i^t}{\left(\frac{X_i^t + Y_i^t}{2} \right)^2} \right]^{\frac{1}{2}} \tag{2}$$

$$I_i^t = \theta^t \cdot X_i^t + \delta^t \cdot Y_i^t \tag{3}$$

$$\begin{cases} \theta^t = \dfrac{x_{i1}^t}{(x_{i1}^t + y_{i1}^t)} \\ \delta^t = \dfrac{y_{i1}^t}{(x_{i1}^t + y_{i1}^t)} \end{cases} \tag{4}$$

$$D_i^t = \sqrt{C_i^t \times I_i^t} \tag{5}$$

In the formula, X_i^t and Y_i^t represent the comprehensive development level of rail transit and conventional public transport. α and β represent the weight of each indicator. Since supply, demand and operation reflect the development of urban public passenger transport from different aspects, and the importance is basically the same, the weights of the indicators are all taken as 1/3. C_i^t is the degree of coupling. I_i^t is the coordination degree between rail transit and conventional public transport. θ^t represents the weight of rail transit coordination degree, expressed by the ratio of rail transit annual passenger volume to total passenger volume in the year t. δ^t represents the weight of the conventional bus coordination degree, expressed as the ratio of the passenger volume of the conventional bus to the total passenger volume in the year t. D_i^t represents the coupling coordination degree of the two systems.

2.3 Judgment Standard

The coupling coordination type is determined by dividing the value range of the coupling coordination degree, and the coupling coordination relationship is divided into two categories. Positive coupling means that the two systems cooperate properly; negative coupling means that the two systems do not cooperate properly. The specific standards are shown in Tab. 2.

Judgment standard and result of coupling coordination degree Tab. 2

Negative Coupling (Development Disorders)		Positive Coupling (development Coordination)	
D Value	Coupling Coordination Types	*D* Value	Coupling Coordination Type
[0.00,0.10)	Extremely Disordered	[0.50,0.60)	Barely Coordinated
[0.10,0.20)	Severely Disordered	[0.60,0.70)	Primary Coordinated
[0.20,0.30)	Moderately Disordered	[0.70,0.80)	Intermediate Coordinated
[0.30,0.40)	Mildly Disordered	[0.80,0.90)	Well Coordinated
[0.40,0.50)	On the Verge of Disorder	[0.90,1.00)	High Quality Coordinated

3 Case study

3.1 Case Selection and Data Source

In order to study the coupling and coordination relationship between rail transit and conventional public transport at different stages, this paper selects Beijing, Shanghai, Guangzhou, and Shenzhen as the analysis cases. The four cities have all experienced the stages of bus-leading, rail-expansion, and rail-leading development, and the data are representative. The data sources are the statistical yearbooks of various cities, the statistical bulletins of the national economic and social development of the cities, the monthly statistical reports of the transportation operation indicators of the cities, the "China Urban Passenger Transport Development Report", and the annual transportation development reports of the cities. In view of the data disclosure and rail transit operation status of each city, the research cycle of each city is different, as shown in Tab. 3.

Research cycle of each city and rail transit opening time Tab. 3

Cities	Research Cycle	Year of Rail Transit Opening and Operation
Beijing	1996-2019	1971
Shanghai	2004-2019	1993
Guangzhou	2001-2019	1997
Shenzhen	2006-2019	2005

3.2 Calculation of Coupling Coordination Degree

According to the above model, the variation trend of coupling coordination degree in different development stages of Beijing, Shanghai, Guangzhou, and Shenzhen was calculated respectively, as shown in Fig. 3. As can be seen from the change trend in the figure:

(1) The coupling coordination degree between rail transit and conventional public transport generally shows a fluctuating upward trend. In the process of transforming from a single pattern dominated by conventional public transportation to a multi-modal comprehensive system centered on rail transit, each city optimizes and adjusts the functional positioning of conventional public transportation and rail transit according to the development and changes of rail transit, and actively promotes the coordinated development of the two. Maximize the overall interests of "integration" and avoid the adverse effects of mutual competition.

(2) Coupling coordination degree between rail transit and conventional public transportation is mainly from barely to intermediate coordinated. The proportion of cities with well coordinated and above does not exceed 30%, indicating that rail transit and conventional public transport, as different modes of public transport, have both a cooperative relationship and a complementary relationship to maximize the overall benefit, and a competitive relationship to compete for limited passenger flow.

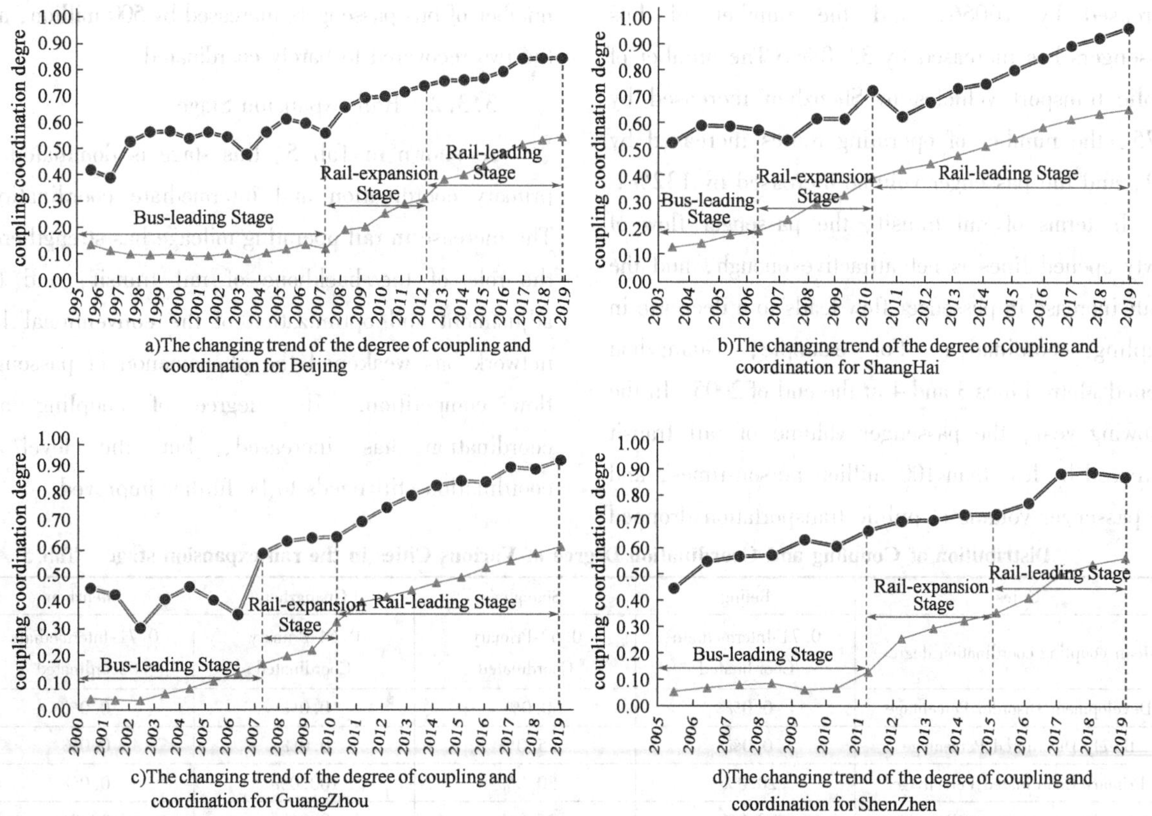

Fig. 3 The changing trend of the degree of coupling and coordination in different stages for

3.3 Analysis of Coupling Coordination Degree at Different Stages

3.3.1 Transit-leading Stage

As shown in Tab. 4, this stage is dominated by barely coordinated, and it is in a state of large fluctuations. It shows that the development strategies of rail transit and conventional public transport overlap at this stage, which leads to a low degree of coupling and coordination between the two.

Distribution of Coupling and Coordination Degree of Various Cities in the bus-leading stage Tab. 4

Cities	Bejing	Shanghai	Guangzhou	Shenzhen
Mean coupling coordination degree	0.55-Barely Coordinated	0.57-Barely Coordinated	0.42-On the Verge of Disorder	0.58-Barely Coordinated
Development Disorder Percentage	23.1%	0.0%	87.5%	14.3%
Barely Disordered Percentage	61.5%	100.0%	12.5%	42.9%
Primary Coordinated Percentage	15.4%	0.0%	0.0%	42.9%
Intermediate Coordinated Percentage	0.0%	0.0%	0.0%	0.0%
Well Coordinated and Above Percentage	0.0%	0.0%	0.0%	0.0%

In terms of conventional public transportation, the four cities have accelerated the improvement of the coverage and depth of conventional public transportation, effectively supporting the daily growing demand for public transportation in the city. For example, at the stage, the length of public transport in Beijing has increased by 12856 kilometers, the number of operating vehicles has increased by 16066, and the number of bus passengers has increased by 33.8%. The number of public transport vehicles in Shenzhen increased by 8175, the number of operating routes increased by 459, and the passenger volume increased by 132%.

In terms of rail transit, the passenger flow of newly opened lines is not attractive enough, and the small increase in passenger flow leads to a decrease in coupling coordination. For example, Guangzhou opened Metro Lines 3 and 4 at the end of 2005. In the following year, the passenger volume of rail transit increased by less than 100 million person-times, and the passenger volume of public transportation dropped by 20 million person-times. Rail transit and conventional bus are slightly out of balance. In 2007, Guangzhou optimized and adjusted the conventional bus network and carried out the suburban bus integration project. On the basis of effectively expanding the service scope of conventional bus, the passenger flow of Line 3 and Line 4 was cultivated, and the rail passenger volume increased by 200 million. The number of bus passengers increased by 500 million, and the two recovered to barely coordinated.

3.3.2 Rail-expansion Stage

As shown in Tab. 5, this stage is dominated by primary coordination and intermediate coordination. The increase in rail operating mileage has strengthened the role of the backbone of rail transit, and the adjustment and optimization of the conventional bus network has weakened the phenomenon of passenger flow competition. The degree of coupling and coordination has increased, but the level of coordination still needs to be further improved.

Distribution of Coupling and Coordination Degree of Various Cities in the rail-expansion stage Tab. 5

Cities	Bejing	Shanghai	Guangzhou	Shenzhen
Mean coupling coordination degree	0.71-Intermediate Coordinated	0.62-Primary Coordinated	0.64-Primary Coordinated	0.71-Intermediate Coordinated
Development Disorder Percentage	0.0%	0.0%	0.0%	0.0%
Barely Disordered Percentage	0.0%	25.0%	0.0%	0.0%
Primary Coordinated Percentage	20.0%	50.0%	100.0%	0.0%
Intermediate Coordinated Percentage	80.0%	25.0%	0.0%	100.0%
Well Coordinated and Above Percentage	0.0%	0.0%	0.0%	0.0%

The role of rail transit as a backbone is becoming more and more obvious. The rail transit mileage and rail passenger stations in the three cities of Beijing, Shanghai and Guangzhou have increased by over 100%. Beijing has implemented the renovation project of existing rail transit lines, updated the old vehicles on the operating lines, shortened the departure interval, and improved the transportation capacity; Shanghai, according to the characteristics of the rail network, comprehensively dispatches the transportation capacity, shortens the operation interval during peak hours, and improves the efficiency of system operation and service levels.

Conventional public transport enters the stage of stock optimization. For example, in the stage of railway expansion in Beijing, the operating mileage of public transport increased by 1690 kilometers, the number of operating vehicles decreased by 1075, and the number of operating routes increased by 108. The total scale of conventional buses has been adjusted relatively little. The mileage of public buses in Shanghai has increased by 756 kilometers, with 783 new operating vehicles, 174 new lines being increased, which is a small increase in scale.

The integrated development of rail transit is promoted in an orderly manner. Based on the basic rail transit network, Shanghai has promoted the optimization and adjustment of the bus network in an orderly manner, and has formed a new bus network composed of backbone lines, regional lines, and barge lines with a reasonable division of labor and close connection with rail transit; Shenzhen is vigorously promoting the optimization of the three-level bus network and the planning and implementation of rail transit bus connections.

3.3.3 Rail-leading Stage

As shown in Tab. 6, the cities in this stage are dominated by well coordinated. After rail transit has gradually become the backbone of urban public transportation, cities have actively adjusted the development orientation of conventional public transportation, optimized the layout of the bus network, and promoted the multi-level and integrated development of the rail transit network and the conventional public transportation network, and achieved good results.

Distribution of Coupling and Coordination Degree of Various Cities in the rail-leading stage Tab. 6

Cities	Bejing	Shanghai	Guangzhou	Shenzhen
Mean coupling coordination degree	0.81-Well Coordinated	0.80-Well Coordinated	0.84-Well Coordinated	0.85-Well Coordinated
Development Disorder Percentage	0.0%	0.0%	0.0%	0.0%
Barely Disordered Percentage	0.0%	0.0%	0.0%	0.0%
Primary Coordinated Percentage	0.0%	22.2%	0.0%	0.0%
Intermediate Coordinated Percentage	42.9%	22.2%	25.0%	25.0%
Well Coordinated and Above Percentage	57.1%	55.6%	75.0%	75.0%

In terms of conventional public transportation, conventional public transportation is transformed to high quality and refinement. Since 2011, the average bus line length in Shanghai has continued to decrease, with an average annual decrease of 0.37 kilometers, and the micro-circulation of public transportation has been opened up to promote the layout of the "the last 1 kilometer" bus line network, and the degree of coupling coordination has steadily improved to high-quality coordination. At this stage, the average line length in Shenzhen showed an increasing trend, gradually deviating from the reasonable average line length of each city, and the coupling coordination degree declined.

The rail network has accelerated and entered the stage of high-quality development of rail transit. At this stage, Shanghai will make full use of the existing and planned railways to develop suburban railways and build a multi-level rail transit system. The rail transit mileage has increased by 250 kilometers, 6 new operating lines have been opened, and the passenger volume has increased by 85%.

While promoting the refined transformation of public transportation, cities are also actively promoting the in-depth integration of rail and public transportation to create an integrated public transportation network. Shenzhen has clearly defined the development orientation of "taking rail transit as the main body and conventional public transport as the network", formulated and implemented the connection plan of rail transit conventional bus lines for Lines 7, 9 and 11, and implemented the three-network integration plan of "rail, bus and slow travel". All of them has further strengthened the integrated development of rail and bus, and the coupling coordination degree has been maintained well coordinated and above. There are bus stops within the meter, strengthening the integration of bus and rail transit networks, and the two achieve high-quality coordination. Shanghai has further improved the coverage of the bus network. In the central urban area, there are bus stops within 50 meters of rail transit stations, and the integration of bus and rail transit networks has been strengthened to achieve high-quality coordinated between the two.

4 Development countermeasures and suggestions

Through the analysis of the change characteristics of the coupling coordination degree between rail transit and conventional public transport in four cities at each stage and the summary of policy measures, the following development strategies are proposed.

(1) Bus-leading Stage: Improve the scope of public transport services and cultivate the passenger flow of new rail lines.

Strengthen the planning of the bus network. Based on the principle of overall layout and moderate overtime, create a sustainable public transportation development plan, and gradually optimize and adjust the layout of the public transportation network; improve the quality and efficiency of the public transport service supply side, accurately analyze passenger flow demand through intelligent means, improve the adaptability and flexibility of public transport supply, and expand effective and mid-to-high-end supply.

Enhance public transport supply. Improve the breadth and depth of public transport coverage, enhance the deployment of vehicles on key routes, increase the coverage of public transport stations, and strengthen the interconnection between key areas.

Cultivate the passenger flow of rail lines. Strengthen the replenishment role of public transport on rail passenger flow, adjust the lines with high repetition coefficient and high competition relationship with rail transit lines, plan rail connection branch lines, and optimize the transfer layout between bus stations and rail stations.

Improve the quality of rail operation services, and improve the convenience of rail transit travel around all links of the entire travel chain, and focus on giving priority to functions in terms of hub layout, entrance and exit settings, and transfer station design to enhance the attraction to rail transit passenger flow.

(2) Rail-expansion Stage: Optimize the bus network structure and promote the integrated development of rail and bus.

Optimize the structure of the bus network. Combined with the layout of the rail transit network, optimize the structure of the bus network, sort out and merge the backbone lines, reduce unreasonable duplicate lines, and promote the transition of the bus network to a reasonable range in terms of average line length, line network repetition, nonlinear coefficient and other indicators; focus on optimizing and adjusting the main bus lines that are in the same passenger flow as the rails, strengthen the planning of rail connection lines, and form a public transport network with reasonable layout and clear functions.

Promote the development of rail-bus integration. Improve the coverage of rail-bus connections, reduce the connection distance between rail and buses, optimize the connection signs between rail and bus, and improve the level of rail-bus connection.

(3) Rail-leading Stage: promote the refined transformation of public transport and promote the deep integration of rail and bus.

Promote the continuous optimization of the bus

network. Give full play to the advantages of conventional public transport in convenience and flexibility, and focus on solving problems such as insufficient track coverage and insufficient transport capacity of large passenger flow channels. Reduce the operation of long-distance lines, improve short-distance connection lines, and guide citizens to travel from "line" to "network". According to the development of urban space and the distribution of rail transportation capacity, the public transportation network will be fully optimized and reconstructed to create an integrated urban public transportation system.

Promote the transformation of conventional public transport to refinement and precision. Based on the application of new technologies such as big data and 5G; improve the accuracy of forecasting public transport, turn to providing demand-oriented service, innovate the bus service models; and explore multi-mode characteristic buses such as "park direct access", "rail connection", "community grouping", "campus customization", "innovative business", and provide personalized services for different passengers.

Promoting the deep integration of rail and bus. Improve the coverage of rail-bus connection and transfer convenience, shorten the rail-bus connection distance by optimizing the layout of bus stops, and improve the bus-rail transfer experience by optimizing signs and building an integrated information system.

5 Conclusions

In this paper, a coupling coordination degree model is constructed to evaluate the coupling coordination degree of rail transit and conventional public transportation at different development stages. And select four cities of Beijing, Shanghai, Guangzhou and Shenzhen as cases to analyze and summarize the change trend and policy measures of the coupling and coordination degree of rail transit and conventional public transportation in different development stages. And for different stages, it puts forward development suggestions for improving coupling and coordination degree between rail transit and conventional public transport, and provides ideas for the coordinated development of rail transit and conventional public transport in other cities. This paper also has certain shortcomings. For example, in the process of analyzing the change trend of the coupling coordination degree of each city at different stages and the development mode of urban public transportation, only the mega cities in China are selected as cases for analysis. At the same time, due to the limitation of data and materials, the analysis of the reasons behind the changes in the characteristics of the coupling coordination degree is not in-depth enough. Therefore, more types of cities and data can be analyzed in future research, in order to summarize the development patterns of urban rail transit and conventional public transport in different stages more comprehensively, and put forward more targeted development policy suggestions.

References

[1] TOME B, PETER M. Conference Paper Title, in Proceedings of 1st International Conference on Public-Private Partnerships[C]. 2013, 1-10.

[2] WU W. Scale Study for Conventional Public Transit based on the Different Stage of Rail Transit [D]. South China University of Technology, 2016.

[3] TAN Y J, ZHU Y Z, LI S L. Evaluation Index System of Urban Rail Transit and Bus Feeder Service[J]. Urban rapid rail transit, 2021, 34 (04): 55-60.

[4] WANG J, SHEN D Q, WANG Z Y. Modeling and Simulation of coordination relationship between rail and bus lines [J]. Journal of System Simulation, 2019, 31(10): 1995-2009.

[5] WANG B, LIU Y. Present Situation and Research of Coordination for Rail Transit and Conventional Transit in Chengdu[J]. Journal of Transportation Engineering and Information, 2018, 16 (04): 124-129.

[6] HAO C, YIN Y. Comprehensive Coordination Evaluation of Urban Rail Transit and Conventional Transit Based on D-S Evidence Theory[J]. China Transportation Review, 2019, 41(05): 57-62.

[7] WANG H. Study of Bus Network Adjustment Under

the Operation of Suburban Rail Transit Line[D]. South China University of Technology,2016.

[8] ZHAO Y, OU G L. Selection of Subsidy Mode for Diterent Operational Stages of Urban Rail Transit System [J]. Logistics Technology, 2012,31(17):1-3,9.

[9] BARDRAM J E. Temporal Coordination-On Time and Coordination of Collaborative Activities at a Surgical Department[J]. Computer Supported Cooperative Work,2000,9(02):157-187.

[10] XUE L, ZHAO S C. Study on the Coupling Coordination Degree of Urban Rail Transit Operation System [J]. Science-Technology and Management, 2020,22(4):67-73.

考虑团体属性的出行方式选择研究

王建军　刘明雨*

(长安大学运输工程学院)

摘　要　为研究人员数量与结构对出行方式选择的作用关系,达到合理分配交通资源的目的,本文以出行团体为研究对象,对有无人员数量与结构因素分别进行 MNL 模型的标定,结合问卷中的主观感受对比分析数量与结构对出行方式选择的影响。结果表明:引入人员数量与结构能够更好地解释出行方式的选择,不同出行团体属性往往从根本上决定了出行方式的选择,人数较少的同学、朋友出行选择飞机、高铁等便捷方式的概率更高,而包含老年人、婴幼儿的出行往往只会选择更加舒适的私家车出行。

关键词　出行行为　方式选择　MNL 模型　人员数量　人员结构

0　引言

随着我国经济发展,人民生活水平日益提高,我国出行总人数和人均出行次数呈爆发性增长趋势。不同出行方式具有不同交通特性,在选择时往往从多个方面考虑,例如价格、时间、舒适度等。

国内外目前主要是将活动需求与出行行为结合起来进行研究。Koppelman 利用随机效用理论,将不同出行方式的效用作为选择依据建立 MNL 模型[1];McFadden 等基于效用最大化的研究理论对居民出行时考虑如何作出对其产生最大效益的选择进行了分析[2];Stephan 等使用改进的 MNL 模型,对出行者出行方式和出行目的进行研究,发现对于各类出行活动,出行者在方式选取上存在显著差异[3];Can 等应用 MNL 模型对出行者方式选择进行研究[4];宋俊莹等研究认为年龄、时间成本等因素对方式选择存在影响[5];Collia 等对美国老年人和非老年人出行行为进行对照研究[6];Buehler 等基于 MNL 模型研究了美国和德国老年人的出行特征[7];鲜于建川等基于贝叶斯网络研究了通勤者的出行选择行为[8];石修路等利用前景理论与模糊综合评价法构建了居民出行选择模型[9];骆晨等研究了家庭结构对出行行为的影响[10];王昊等以郑州为例,分析了老年人出行目的、频率以及方式选择等问题[11]。

目前国内外研究主要局限于个人属性对出行方式选择的影响,但实际上,团体中人员内部相互作用明显,有时甚至从根本上决定了出行方式;且当前对人员结构划分仅考虑人数、年收入等因素,划分片面、缺乏人员之间的作用机理。因此,研究人员数量与结构对出行方式选择的影响对分析出行行为、合理分配交通资源具有深远意义。本文基于人员之间的作用关系划分人员结构,建立 MNL 模型,重点分析人员数量与结构对出行方式选择的影响。

1　基础数据集处理

1.1　数据来源及处理

本文数据来源于对出行方式选择的 SP 问卷调查,调查主要包括个人属性、团体属性、出行属

1. 基金项目:城建专项资金支持项目(SZJJ2019-22)。

性,可供选择的出行方式包括飞机、高铁、火车、大巴、私家车5种。

剔除信息缺失、异常数据后,本次调查共收集到255份有效数据,可作为本次研究的根本数据支撑。

1.2 人员结构分类

人员结构不仅指出行人员的类别,更要体现出行人员之间的相互影响。本文基于出行人员作用关系强弱将其分为以下4种类型:

(1)同学朋友结伴出行:相互之间为同龄人朋友关系,相互之间关系对出行方式选择影响较弱,多为相互商量共同选出结果。

(2)单位组织公费出游:相互之前为同事领导关系,出行方式一般由决策者直接统一决定。

(3)家庭出行(无老年人及婴幼儿):相互之间作用关系较大,一般家庭出行会尽可能以舒适性作为首要指标。

(4)人员中含有老年人或婴幼儿:相互作用关系最强,由于老年人与婴幼儿的可控性较低,在选择出行方式时一般会首要考虑其承受能力,基于此做出最优选择。

1.3 数据描述分析

1.3.1 个人属性

个人属性包括性别、年龄、职业、收入、驾照拥有情况、私家车拥有情况6项指标,调查结果见表1。

个人属性调查结果 表1

类别	影响因素	所占比例
个人属性	性别	男=43.53% 女=56.47%
	年龄	[0,18)=1.96% [18,30]=76.47% (30,40]=3.14% (40,60]=16.08% (60,60+)=2.35%
	职业	事业单位=6.67% 国企=8.63% 私企=10.59% 自由职业=7.06% 待业=5.48% 退休=5.49% 学生=56.08%
	收入	(0,5]万元=74.12% (5,10]万元=14.51% (10,20]万元=7.84% >20万元=3.53%
	驾照	有=64.31% 无=35.69%
	私家车	有=26.67% 无=73.33%

样本中,男女比例基本保持一致,年龄基本呈正态分布;居民年收入集中在0~10万元之间;拥有驾照的人数近2/3,但私家车拥有比例小于2/3,符合现实情况,可在一定程度上代表社会群体,从而较好反映人员数量与结构对出行方式选择的影响情况。

1.3.2 团体属性

团体属性包括人员数量、人员结构、人员数量影响主观评价、人员结构影响主观评价4个指标,调查结果见表2。

团体属性调查结果 表2

类别	影响因素	所占比例
团体属性	人员数量	[1,2]=54.9% [3,4]=30.19% [5,6]=8.24% (6,6+]=6.67%
	人员结构	同学朋友结伴出行=66.67% 单位组织出游=5.88% 父母子女家庭出行=24.31% 人员含老年人=1.96% 人员含婴幼儿=1.18%
	人员数量影响主观评价	非常大=11.76% 比较大=30.59% 一般=38.82% 比较小=13.73% 非常小=5.1%
	人员结构影响主观评价	非常大=13.33% 比较大=33.73% 一般=41.18% 比较小=9.02% 非常小=2.74%

数据显示,出行人数集中于1~4人,且出行人员结构中同学朋友结伴出行和家庭出行占据90%以上,符合现实情况。主观评价上,约85%被调查者认为人员数量对出行方式选择存在一定影响;约90%被调查者认为人员结构对出行方式选择具有较大影响。

1.3.3 出行属性

出行属性包括出行距离、所需费用影响程度、等待时间影响程度、时间成本影响程度、舒适度影响程度、安全性影响程度6个因素,调查结果见表3。

出行属性调查结果　　表 3

类　别	影响因素	所占比例
出行属性	出行距离	跨境出行 =9.8% 跨省出行 =56.08% 省内出行 =34.12%
	所需费用影响	非常大 =16.47% 比较大 =33.73% 一般 =40.78% 比较小 =5.88% 非常小 =3.14%
	等待时间影响	非常大 =13.33% 比较大 =32.94% 一般 =42.35% 比较小 =7.45% 非常小 =3.92%
	时间成本影响	非常大 =21.18% 比较大 =43.53% 一般 =29.41% 比较小 =3.53% 非常小 =2.35%
	舒适度影响	非常大 =19.61% 比较大 =41.57% 一般 =30.98% 比较小 =5.12% 非常小 =2.72%
	安全性影响	非常大 =22.41% 比较大 =47.58% 一般 =25.53% 比较小 =3.21% 非常小 =1.27%

由表 3 可知,大部分人出行为中长距离的国内跨省或省内出行;对 90% 左右的人来说,出行费用、出发等待时间、时间成本、舒适度及安全性对其选择出行交通方式具有很大影响,符合现实情况。

2　模型构建

2.1　MNL 模型

离散选择模型以效用最大为理论基础,假设出行者总是选择出行方式中效用最大的方式。效用可以分解成两部分:

$$U_{ni} = V_{ni} + \varepsilon_{ni} \tag{1}$$

式中:U_{ni}——出行者 n 选择方式 i 的效用;

V_{ni}、ε_{ni}——U_{ni} 的确定项和随机项。

MNL 模型是在非集计模型的基础上,考虑多种变量而改进的选择模型,适用于因变量为 3 个或更多无序变量的情况。本文案例中可供选择的出行方式共 5 种,所以选择建立 MNL 模型分析各因素对方式选择的影响。

如果随机项独立同分布,且服从 Gumbel 分布,那么出行者 n 选择出行方式 i 的概率可表示为:

$$P_{ni} = \frac{\exp(V_{ni})}{\sum_{i=1}^{I}\exp(V_{ni})} = \frac{\exp(\beta_0 + \beta_1 X_{ni1} + \cdots + \beta_k X_{nik})}{\sum_{i=1}^{I}\exp(\beta_0 + \beta_1 X_{ni1} + \cdots + \beta_k X_{nik})} \tag{2}$$

式中:I——选择枝的个数;

β_k——第 k 个变量对应的系数;

X_{nik}——选择枝 i 的第 k 个影响因素。

2.2　基于 MNL 模型的出行选择模型

对个人、团体、运输各因素进行自相关性分析,建模时针对上述各因素进行不同设置与尝试,以便更准确地分析影响因素的作用规律,最终选取性别、年龄、年收入、私家车、出行距离、人员数量、人员结构 7 个因素进行模型拟合,着重分析人员数量、结构两部分。

本文涉及的出行方式共 5 种,分别为飞机 a、高铁 r、火车 t、大巴 b 和私家车 c,选择枝集合 $C=(a,r,t,b,c)$。选择枝 i 的总效用函数为:

$$U_{ni} = A_{ni} + \sum_{k=1}^{N}\beta_{Gk}G_{ni} + \sum_{k=1}^{N}\beta_{Rk}R_{ni} + \sum_{k=1}^{N}\beta_{Tk}T_{ni} + \varepsilon_{ni} \tag{3}$$

式中:　A_{ni}——选择枝固有常量;

G_{ni}——团体属性;

R_{ni}——个人属性;

T_{ni}——出行属性;

β_{Gk}、β_{Rk}、β_{Tk}——相应变量的对应系数;

ε_{ni}——误差项。

2.3　模型标定

利用最大似然估计对 MNL 模型进行参数标定,由于模型复杂、人工求解困难,本文使用 R Studio 中的 MNL 模型进行求解。

本文以飞机 a 为参考类别,对有无人员数量与结构因素分别进行 MNL 模型的标定,包含人员数量与结构的标定结果见表 4。

MNL 模型标定结果 表 4

系数	高铁 r			火车 t			大巴 b			私家车 c		
	Estimate	z-value	$P_r(>\|z\|)$	Estimate	z-value	$P_r(>\|z\|)$	Estimate	z-value	$P_r(>\|z\|)$	Estimate	z-value	$P_r(>\|z\|)$
性别	0.4206	1.0323	0.3019	-2.3160	-2.0582	0.0396 *	1.2036	1.0122	0.3114	-0.2045	-0.3991	0.6898
年龄	-0.3056	-0.7158	0.4741	-0.8299	0.7077	0.2409	-0.0685	-0.1117	0.9110	0.1840	0.6344	0.5258
年收入	0.2872	0.8819	0.3779	-17.4246	-0.0053	0.9958	1.4232	2.1811	0.0292 *	-1.7688	0.5723	0.0239 *
私家车拥有情况	0.6608	1.0888	0.2763	0.2887	0.2290	0.8189	2.1801	1.0853	0.27778	-1.7688	-3.0904	0.0019 * *
出行距离	0.6774	2.0064	0.0448 *	1.1076	1.4220	0.0350 *	1.3779	0.4579	0.0097 * *	1.3779	0.4579	0.0097 * *
人员数量	-0.2670	-0.8733	0.3825	1.3902	3.1537	0.0016 * *	2.3000	3.7571	0.0001 * * *	0.5699	2.0577	0.0396 *
人员结构	-1.8203	-2.2714	0.0231 *	-1.2262	-1.3320	0.1829	0.9078	1.2356	0.0046 *	1.0802	4.5136	6.4×10^{-6} * * *
截距	-6.7304	2.2008	0.0022 * *	-11.3010	3.2353	0.0004 * * *	-21.456	-5.1921	2.1×10^{-7} * * *	-6.4188	-2.5631	0.0103 *

注：*，* *，* * * 分别表示显著性水平为 $p<0.05$，$p<0.01$，$p<0.001$。

3 结果分析

3.1 模型对比

3.1.1 合理性

对比分析并结合主观感受,90%受访者认为人员数量和结构均对出行方式选择存在较大影响,说明引入该因素至模型中是符合实际情况的。

3.1.2 适用性

估计模型参数后,对上述模型进行拟合检验分析。对比有无人员数量与结构因素的MNL模型发现,增加人员数量与结构后,模型的拟合程度更优,更好地解释了团体之间的相互作用关系对出行方式选择的影响。且该模型整体卡方检验的概率 P 值小于0.05,表明模型拟合结果较好。似然比检验结果见表5、表6。

无人员数量与结构因素检验结果 表5

Log-Likelihood	McFadden R^2	Likelihood ratio test
-197.80	0.3972	Chi-sq = 108.32 (p. value = $<1.25\times10^{-8}$)

有人员数量与结构因素检验结果 表6

Log-Likelihood	McFadden R^2	Likelihood ratio test
-102.21	0.80476	Chi-sq = 168.78 (p. value = $<2.22\times10^{-16}$)

3.2 模型分析

基于MNL模型标定结果(表4),在显著性水平≤0.05的条件下,人员数量与结构均对出行方式选择存在很大影响,甚至在一定程度上直接决定方式选择。

结合问卷中的客观问题与主观感受,从MNL模型标定结果中可得:①出行距离对出行方式选择有很大影响,随着出行距离增加,人们会更加偏向选择高速、舒适的方式。②人员数量在1~2人时,往往为追求效率与舒适,选择飞机或高铁的概率较大;当人数在3~4人时,选择自驾的概率大幅度提升,这是因为自驾有较高的舒适性、经济性、安全性;随着人数增长,考虑到费用问题,火车和大巴被选择概率有所增加。③人员结构与出行方式选择具有很高的相关性。当出行团体为同学朋友结伴出行时,考虑的主要因素是效率与舒适度,飞机被选择概率较高;自驾与人员结构的相关性很高,尤其在出行团体中包含老年人或婴幼儿时,考虑到老年人和婴幼儿的承受能力,自驾往往会成为最优选择,但由于车辆使用问题及经济等原因,自驾一般在家庭出游中使用。

4 结语

本文主要针对出行人员数量与结构两个方面对出行方式选择的影响进行研究,综合分析SP问卷调查中人们的主观感受和MNL模型结果,得出以下结论:

(1)出发前等待时间越长、时间成本越高、舒适度越低、费用越高,选择该交通方式的概率越低。

(2)出行人员数量对出行方式的选择具有很大影响,为追求舒适,人数较少时飞机和高铁被选择率最高,随着人数增加,考虑到经济等因素,私家车、火车、大巴的使用率逐渐提高。

(3)出行人员结构与方式选择之间存在紧密关系,出行团体为同学朋友结伴时,考虑舒适便捷等因素,飞机和高铁被选择概率最高;出行团体为单位组织出游时,考虑到人数与出行距离,多选用飞机或大巴出行;出行团体为家庭出行时,私家车被选择概率大幅提高;当出行团体中包含老年人或婴幼儿时,考虑到安全、舒适和便捷,私家车为最优选择。

本文研究成果对于了解人们出行方式的选择意愿、合理分配交通资源具有一定意义,对交通规划及管理具有一定参考价值。在之后的研究中可联合出行距离,将出行方式分为长途、短途分别进行研究。

参考文献

[1] Koppelman F S. The generalized nested logit mode[J]. Transportations Research Part B, 2001, 35(7): 627-641.

[2] McFadden D. A Method of Simulated Moments for Estimation of Discrete Response Models Without Numerical Integration. Econometric [J]. Working papers, 1989, 57(5): 995-1026.

[3] Stephan Krygsman, Theo Arentze, Harry Timmermans. Capturing Tour Mode and Activity Choice Interdependencies: A Co-evolutionary Logit Modelling Approach[J]. Transportation Research Part A, 2007, 41(10): 913-933.

[4] Can, Van V. Estimation of Travel Mode Choice

for Domestic Tourists to Nha Trang Using the Multinomial Probit Model [J]. Transportation Research Part A: Policy and Practice, 2013, 49:149-159.

[5] 宋俊莹.基于电动自行车发展的城市居民出行方式选择方法研究[D].南京:东南大学,2017.

[6] Collia D V, sharp J, Giesbrecht L. The 2001 National Household Travel Survey: A look into the Travel Patterns of Older Americans [J]. Journal of Safety Research, 2003, 34(4): 461.

[7] Buehler R, Nobis C. Travel Behavior in Aging Societies Comparison of Germany and the United States [J]. Transportation Research Record, 2010(2182): 62-67.

[8] 鲜于建川,隽志才,朱泰英.基于贝叶斯网络的出行选择行为分析[J].交通运输系统工程与信息,2011,11(5):167-172.

[9] 石修路.基于前景理论与模糊综合评价的出行方式选择[J].交通运输工程与信息学报,2018,16(3):119-124.

[10] 骆晨,李想,钟林峰,等.基于家庭属性差异的大学生出行方式选择行为研究[J].交通运输系统工程与信息,2020,20(3):227-232.

[11] 王昊.老年人公共交通出行行为分析——以郑州市为例[C]//中国城市规划学会城市交通规划学术委员会.2017年中国城市交通规划年会论文集.中国城市规划学会城市交通规划学术委员会:中国城市规划设计研究院城市交通专业研究院,2017,13:25-31.

基于 Logistic 回归模型的共享车位供给端意愿及影响分析

王颢蓁[1] 唐艺菲[2] 冯雪妍[2]
(1.上海财经大学经济学院;2.上海财经大学人文学院)

摘 要 随着我国机动车保有量的日益增长,停车位需求随之增加,“停车难”问题严重影响市民生活质量。如何利用共享停车缓解交通拥堵、提高市民出行质量,已成为迫切的现实之需。为分析影响共享停车位供给意愿的因素,本文运用技术接受模型设计了20个调查问题,并分成4组潜变量,先采用Logistic回归模型分别对感知有用性和感知易用性进行计量分析,得出个体差异和社群影响对感知有用性有显著影响,系统特征和便利条件对感知易用性有显著影响。之后,在探究感知易用性对感知有用性负相关影响的基础上,再次使用Logistic回归模型探求这两者对共享车位供给意愿的影响。本文认为感知易用性的影响略大于感知有用性。最后,本文基于前述研究,提出提高感知有用性和感知易用性的有关建议。

关键词 共享停车 供给端 Logistic 回归模型 技术接受模型

0 引言

在我国城镇化进程中,随着城市人口的增加和技术水平的提高,机动车数量增长迅猛,但与之相对应的是,当前大中城市面临很大的停车供应缺口。共享停车本身拥有资源共享的特点,即通过合理规划停车位并高效利用停车资源,可以很大程度上缓解停车建筑面积不断增加的压力。

现有文献探究了停车时间、目的及付费方式[1],车辆保有量、出行水平与停车周转率[2]等因素对如何导致不同的停车需求进行分析,结合确定建筑配建泊位指标,建立了共享车位需求量的

1.基金项目:国家自然科学基金项目“一体化交通需求管理组合策略作用机制研究”(No.71871131)。

预测模型。在共享意愿方面,内部因素如年龄、收入、出行目的、技术信任等[3-4],外部因素如停车信息、收费水平、停车场距离等[5-6]对出行者的行为选择有显著影响,因此,综合考虑内外因素对停车行为的影响,学者们构建了不同的泊位分配模型。比如,王鹏飞等考虑出行者在地块、停车时间模式方面的选择偏好,构建以社会福利最大化为目标的共享停车资源最优分配-定价模型[7];王韩麒建立预约时间及共享时段的匹配度算法,构建时间窗约束下的共享车位动态分配模型[8];张水潮等以共享停车平台收益及用户从停车场至目的地步行距离为优化目标,构建预约请求下共享停车平台的泊位分配模型[9]。

综合来看,现有文献大多以城市功能区[10-11]或单一建筑区[12-13]为单位进行研究,并且无论是泊位分配模型还是共享意愿,目前研究的着眼点主要是共享停车的需求方,鲜有学者考虑社区居民(个体)作为停车位的主要保有者之一,是否愿意进行共享车位的供给。而与此同时,个体拥有的停车位是当前停车位市场的重要组成部分,研究个体共享车位供给意愿具有强烈的现实意义。因此,本文以居民个体的共享意愿为研究对象,以技术接受模型为框架,探析其影响因素和影响程度,在此基础上提出政策建议,推动共享停车的健康发展。

1　模型构建

1.1　技术接受模型

本文采用基于意向的 SP 调查和基于实际行动与信息的 RP 调查相结合的方法设计调查问卷,选取个体差异、系统特征、社群影响、便利条件作为 4 组潜变量。社区类型、保险制度配置等作为观察变量。考虑到共享停车作为一个全国试点城市较少但前景广大的新兴市场,从试点城市总结出来的经验对全国具有一定的参考价值,因而本文主要面向成都、上海、杭州等正在实施或尝试实施共享停车地区的居民,并在 2021 年 9—10 月开展线上的共享车位供给意愿的问卷调查,共收回 672 份有效问卷。其中,由于不同地区的共享停车发展程度的不同、样本数量有限等因素,本文的建模分析存在一定的局限性。

本文的主要理论依据是技术接受模型及其扩展模型。技术接受模型是 Davis 等人运用理性行为理论(Theory of Reasoned Action)到管理信息系统,以个体信念、主观态度、行为意向以及外部变量等因素,解释和预测用户对信息技术接受程度[14]。依据技术接受模型,影响用户接受技术的关键因素有两个:感知有用性(Perceived Usefulness, PU)和感知易用性(Perceived Ease of Use, PEOU)。其中,感知有用性是个人主观上认为使用某一项特定技术系统能够提升个人工作绩效的程度,而感知易用性是个人主观上认为使用某一项特定技术系统时个人所应付出的努力程度。经过不断整合扩展与完善,在技术接受模型中,Venkatesh 和 Bala 认为,感知有用性和感知易用性受个体差异、系统特征、社群影响、便利条件等 4 种不同类型的因素决定(图 1)。个体差异是指个人认为个性特征对感知有用性和感知易用性的影响,系统特征是指个人对系统有用性和易用性的感知,社群影响是个体对社会过程和机制促使个人形成信息技术能力的感知,便利条件是社会对个人使用信息技术的支持[15]。

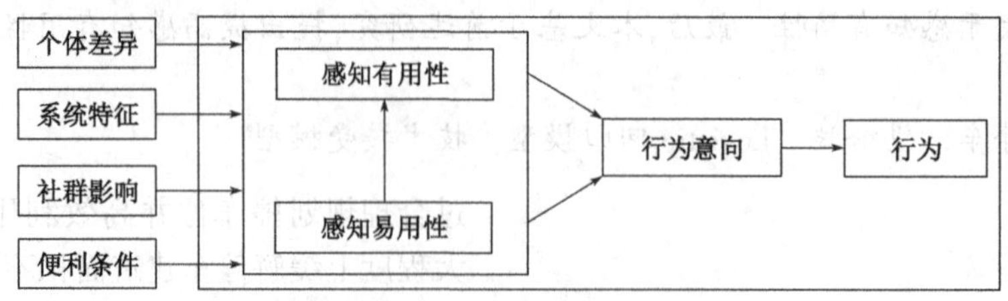

图 1　技术接受模型中的相关变量

本文通过研究个体差异、系统特征、社群影响和便利条件对感知有用性和感知易用性的影响,在探究感知易用性对感知有用性影响的基础上,把握感知有用性和感知易用性对共享车位供给意愿的影响分析。

因此,本文建立研究假设见表 1,共享车位供给端意愿调查指标见表 2,描述性统计分析见表 3。

本文研究假设 表1

H_1	个体差异对感知有用性有积极直接的影响
H_2	系统特征对感知易用性有积极直接的影响
H_3	社群影响对感知有用性有积极直接的影响
H_4	便利条件对感知易用性有积极直接的影响
H_5	感知易用性对感知有用性有积极直接的影响
H_6	感知有用性对居民选择提供共享车位的意愿有积极直接的影响
H_7	感知易用性对居民选择提供共享车位的意愿有积极直接的影响

共享车位供给端意愿调查指标 表2

潜变量	观测指标	编号	备注
个体差异	家庭收入	X_1	家庭年收入,分为四类:6万元以下=1;6万~30万元=2;30万~50万元=3;50万元以上=4
	停车收益	X_2	预期或实际的月共享停车收益,分为四类:500元以下=1;500~1000元=2;1000~3000元=3;3000元以上=4
	共享产品使用经历	X_3	是否使用过相关共享产品,例如共享单车、共享充电宝,分为两类:是=1;否=0
	私家车保有量	X_4	拥有的私家车数量:0辆=0;1辆=1;2辆及以上=2
	车位保有量	X_5	拥有的车位数量:0个=0;1个=1;2个及以上=2
	预估租用者超时停车概率	X_6	在车位共享过程中预期或实际遇到租用者超时停车的概率:25%以下=1;25%~50%=2;50%~75%=3;75%以上=4
	预估影响自己停车概率	X_7	在车位共享过程中预期或实际遇到影响自己自由停车的概率:25%以下=1;25%~50%=2;50%~75%=3;75%以上=4
系统特征	社区类型	X_8	所在社区的类型:开放小区=1;封闭小区=0
	车位闲置率	X_9	车位空闲时间占一天的比例:25%以下=1;25%~50%=2;50%~75%=3;75%以上=4
	社区安保措施	X_{10}	所在的社区物业安保是否严格对待外来人员:是=1;否=0
	社区安保态度	X_{11}	所在的社区物业安保是否严格面对外来人员:是=1;否=0
社群影响	身边人的使用经历	X_{12}	身边是否有人使用过共享停车,分为两类:是=1;否=0
	社区人员心态	X_{13}	所在的社区人员心态上是否对外界持开放包容态度,例如愿意与业主沟通协商,愿意外来人员进入,分为两类:是=1;否=0
	身边个人信息泄露问题	X_{14}	身边的共享停车是否存在个人信息泄露问题:是=1;不清楚=0;否=-1
便利条件	征信制度配置	X_{15}	身边的共享停车是否有配套的征信制度:是=1;不清楚=0;否=-1
	保险制度配置	X_{16}	身边的共享停车是否有配套的保险制度:是=1;不清楚=0;否=-1
	法律法规配置	X_{17}	所在的地区是否有相关共享停车的法律规范出台:是=1;不清楚=0;否=-1

描述性统计分析 表3

Variable	Obs	Mean	Std. Dev.	Min	Max
共享停车的意愿	672	0.741	0.438	0	1
家庭收入	672	2.33	0.784	1	4
停车收益	672	1.652	0.799	1	4

续上表

Variable	Obs	Mean	Std. Dev.	Min	Max
共享产品使用经历	672	0.911	0.285	0	1
身边人的使用经历	672	0.482	0.5	0	1
社区人员心态	672	0.411	0.492	0	1
社区类型	672	0.554	0.497	0	1
私家车保有量	672	1.161	0.621	0	2
车位保有量	672	1.063	0.617	0	2
车位闲置率	672	2.17	0.935	1	4
身边个人信息泄露问题	672	0.018	0.567	-1	1
社区安保态度	672	0.634	0.482	0	1
社区安保措施	672	0.732	0.443	0	1
征信制度配置	672	-0.018	0.535	-1	1
保险制度配置	672	0	0.598	-1	1
法律法规配置	672	-0.107	0.632	-1	1
预估租用者超时停车概率	672	1.42	0.716	1	4
预估影响自己停车概率	672	1.563	0.864	1	4
感知有用性	672	0.839	0.368	0	1
感知易用性	673	0.88	0.326	0	1

1.2　问卷的可行度与有效度

为了保证问卷调查结果的准确性和科学性，本文对所调查问卷进行可信度和有效度检验[16]。可靠性统计量表中，Cronbach's α 系数为 0.681，在 0.6~0.8 之间，表示内部一致性可信度较好。因子分析表明，KMO 和 Bartlett 的检验表中，KMO 值为 0.657，在 0.6~0.8 之间，且 Bartlett 的球形度检验显著性小于 0.05；解释的总方差表中，方差累计贡献率为 65.506%，在 50% 以上；公因子方差表中，公因子方差均应大于 0.4，表示每个问卷项目的 40% 以上的方差都可以用公共因子解释；旋转成分矩阵表中，每个问卷题目都在其中一个公共因子上有较高负荷值(大于 0.4)，而对其他公共因子的负荷值则较低，综上，本文使用的问卷具有较高的有效度。

1.3　Logistic 回归模型

Logistic 回归，是一种广义的线性回归分析模型。Logit 变换以前用于人口学领域，1970 年被 Cox 引入来解决曲线直线化问题。在分析 4 组潜变量分别对感知有用性和感知易用性的 Logistic 回归以及分析感知有用性和感知易用性对共享停车意愿的 Logistic 回归分析中，对于因变量 Y 有 n 个具有相关性的自变量 $X_1, X_2, \cdots, X_n$，在 n 个变量的作用下 Y 响应为 1(成功)的概率 P 记为：

$$P = P\{Y = 1 \mid X_1, X_2, \cdots, X_n\}$$

那么建立 Logistic 回归模型为：

$$P = \frac{\exp(\beta_0 + \beta_1 X_1 + \beta_2 X_2 + \cdots + \beta_n X_n)}{1 + \exp(\beta_0 + \beta_1 X_1 + \beta_2 X_2 + \cdots + \beta_n X_n)}$$

对上面公式做 Logit 变换，即得到如下回归模型：

$$\text{Logit}(P) = \ln\left(\frac{P}{1 - P}\right) = \beta_0 + \beta_1 X_1 + \beta_2 X_2 + \cdots + \beta_n X_n$$

2　实证分析

2.1　潜变量对感知有用性与感知易用性的 Logistic 回归分析

运用 Stata 软件对上述数据进行回归，分析 4 组潜变量分别对感知有用性和感知易用性的影响，选用 Logistic 回归模型的潜变量系数 P 值作为潜变量是否有效的标准。系数 P 值是拒绝该变量在统计学意义上显著的概率，也就是变量在统计学意义上不显著的概率。回归系数 P 值的检验是 t 检验，当 P 值 $<\alpha$ 值(α 值为人为取定的显著性水平)，可以认为该变量具有显著性。本文取 α 值

为0.1,即在统计学意义上不显著的概率小于10%的变量在本文中视为该变量具有显著性。由表4可知,在0.1的显著性水平上,个体差异、社群影响对于感知有用性具有显著性,而系统特征、便利条件对于感知易用性具有显著性。

潜变量模型的回归 *P* 值 表4

潜变量	*P* 值	
	感知有用性	感知易用性
个体差异	0.000	0.932
系统特征	0.139	0.072
社群影响	0.016	0.204
便利条件	0.117	0.007

为了进一步确定4组潜变量对于感知有用性或者感知易用性的积极或者消极影响,本文在Logistic回归系数的基础之上再计算标准化系数β'_i,以求得各个因素分别对相应潜变量的影响占比。标准回归系数是指消除了因变量和自变量所取单位的影响之后的回归系数,是无量纲的标准化数值,表现的是变量之间的相对重要性,其绝对值的大小直接反映了自变量对因变量的影响程度。标准化回归系数绝对值越大,说明相应变量的作用越大。

$$\beta'_i = \beta_i \times S_i / S = \beta_i \times S_i / (\pi / \sqrt{3})$$

式中:β_i——第i个自变量的Logistic非标准化的回归系数;

S_i——第i个自变量的标准差;

S——Logistic随机变量分布函数的标准差,即$\pi/\sqrt{3}$。

变量系数的标准化与非标准化以及变量影响程度占比见表5。

变量系数的标准化与非标准化以及变量影响程度占比 表5

潜变量	指标	Coef.	St. Err.	Sig	Standardization Coefficient	Absolute Value	Proportion
个体差异	家庭收入	0.148	0.222		0.018	0.018	5%
	停车收益	-0.16	0.176		-0.016	0.016	5%
	共享产品使用经历	0.215	0.453		0.054	0.054	16%
	私家车保有量	-0.03	0.251		-0.003	0.003	1%
	车位保有量	-0.24	0.25		-0.033	0.033	10%
	预估租用者超时停车概率	-0.65	0.197	* * *	-0.070	0.070	20%
	预估影响自己停车概率	-1.59	0.172	* * *	-0.151	0.151	44%
系统特征	社区类型	0.172	0.268		0.025	0.025	11%
	车位闲置率	-0.21	0.133		-0.015	0.015	7%
	社区安保态度	0.253	0.307		0.043	0.043	19%
	社区安保措施	-0.72	0.366	*	-0.144	0.144	63%
社群影响	身边人的使用经历	0.572	0.219	* * *	0.069	0.069	56%
	社区人员心态	0.249	0.221		0.030	0.030	24%
	身边个人信息泄露问题	-0.23	0.194		-0.025	0.025	20%
便利条件	征信制度配置	-0.37	0.305		-0.062	0.062	27%
	保险制度配置	-0.62	0.277	* *	-0.094	0.094	41%
	法律法规配置	0.607	0.226	* * *	0.076	0.076	33%

注:* * * $p<0.01$, * * $p<0.05$, * $p<0.1$。

本文以指标占比超过60%为界,从表5可知,个体特征中的"预估影响自己停车概率"和"预估租用者超时停车概率"对于感知有用性的影响总占比为64%,且这两者的系数皆为负,即个体受影响程度越大,共享停车的感知有用性越弱,因此本文认为个体特征对于感知有用性有消极的影响。特别值得注意的是,个体特征中的"停车收益"占比只有5%,一部分原因可能在于当前共享停车收益普遍偏低,因而个体对于"停车收益"的敏感程度并不高;也可能在于在当前共享停车市场中,收益与风险成正比且大部分个体作为风险厌恶者,在面对“停车收益”时候,更加偏重于稳妥。系统特征中的“社区安保措施”对于感知易用性的影响占比达63%且系数为负,受限于样本数量及覆盖面,在本文中认为系统特征对于感知易用性不具有积极影响,一部分原因可能在于当前实施的安保措施没有很好地兼顾安全与便捷,使得共享停车的易用程度受损,但有效的社区安保措施应当为共享停车的有力保障。在社群影响中,“身边人的使用经历”和“社区人员心态”总占比达80%且两者系数为正,本文认为社群影响对于感知有用性有积极的影响。最后,在便利条件上,“征信制度配置”和“保险制度配置”总占比为67%且系数为负,本文认为在此次收集到的样本范围中,便利条件对于感知易用性也不具有积极影响,可见个体对于程序规范与感知易用性存在一定的矛盾,仍需要一定的宣传引导,使得共享停车这个市场走上规范化的正轨。

2.2 感知易用性对感知有用性影响

下面,本文对于感知有用性和感知易用性进行了相关性分析。

由表6可知,感知有用性与感知易用性具有一定程度上的负相关关系,即人们感知易用的事物未必同时感知有用,反之亦然。因此,在感知易用性和感知有用性这两个维度上,存在一定的权衡取舍。

关联矩阵 表6

Variables	(1)	(2)
(1)感知有用性	1.000	
(2)感知易用性	−0.023	1.000

2.3 感知有用性和感知易用性对共享车位供给意愿 Logistic 分析

最后,运用Stata软件进行感知有用性和感知易用性对共享停车意愿的Logistic回归。由表7可知,感知有用性和感知易用性对于共享停车的意愿均有正向的积极作用,且均在0.01的显著性水平上具有统计意义。感知有用性的系数为0.869,说明感知有用性增加1个单位,共享停车的意愿会增加0.869个单位,同理,感知易用性的系数为1.528,感知易用性增加1个单位,共享停车的意愿增加1.528个单位。在共享停车的供给意愿上,感知易用性的影响相对而言略大于感知有用性。

共享停车意愿的 Logistic 回归 表7

共享停车意愿	Coef.	St. Err.	t-value	p-value	95% Conf	Interval	Sig
感知有用性	0.869	0.228	3.81	0	0.422	1.315	* * *
感知易用性	1.528	0.249	6.13	0	1.039	2.017	* * *
Constant	−0.958	0.304	−3.16	0.002	−1.554	−0.363	* * *
Mean dependent var		0.741		SD dependent var		0.438	
Pseudo r-squared		0.064		Number of obs		672	
Chi-square		49.303		Prob > chi2		0.000	
Akaike crit. (AIC)		725.375		Bayesian crit. (BIC)		738.906	

注:* * * $p<0.01$, * * $p<0.05$, * $p<0.1$。

3 结语

本文研究发现,在4个潜变量中,个体差异和社群影响对感知有用性有显著影响,系统特征和便利条件对感知易用性有显著影响,二者均对居民选择提供共享车位的意愿有正向作用。同时,感知有用性与感知易用性在一定程度上呈负相关,在是否出租车位的选择上,个人会在感知有用性和感知易用性之间进行权衡。因此本文提出以下建议以降低车位共享的成本,推动居民共享私家车位。

一是提高感知有用性。根据前文分析可知,居民担心租用者超时停车会影响自己使用车位,这是个体差异的主要决定因素。将共享停车纳入社会征信体系,针对超时停车制定惩戒机制,如根据超时时间的不同设置阶梯罚款;对严重超时、屡教不改者则扣除其信用分,限制其使用共享停车的资格。社群影响中,身边人的使用经历能够提高居民共享车位的意愿,需要各级政府部门、相关社区和企业对共享停车进行正面宣传,通过优惠政策吸引人们尝试,设置推广福利激励人们相互带动,逐渐形成积极的社会氛围。

二是提高感知易用性。社区安保措施对系统特征的影响最大,严格排外的社区安保会给车位的租借带来不便,降低居民共享的意愿。在出入许可上,社区物业改变"一刀切"式管理,在保障安全的前提下因事施策、因地制宜,与企业开展信息数字化合作,为私家车位设置编码,向成功租借车位的用户发放临时通行证,通过临时通行证可以查证车牌、所借车位编码、停车时间等信息,保证车位共享安全高效。便利条件中,保险制度的配置对感知易用性影响最大。建议建立统一的共享停车规范、责任认定、纠纷调节等机制,配置相应的保险措施,便于保险公司针对社区物业、车位供给方和租用车位者提供不同的商业保险,通过种类完备的保险减轻居民对出租车位过程中发生意外的顾虑。

参考文献

[1] 尹红亮,沈金星,郑三洋,等.基于Logistic模型的城市CBD地区停车需求影响因素分析[J].大连交通大学学报,2017,38(04):25-30.

[2] 孙吉瑞.城市混合用地停车需求预测模型研究与实践[J].交通与运输(学术版),2016(01):62-66.

[3] 贺康康,任刚.动态停车预约收费条件下的出行行为选择研究[J].交通运输工程与信息学报,2020,18(01):53-60.

[4] 王健,付兴胜,胡晓伟,等.考虑心理潜变量的居住区共享泊位停车选择行为分析[J].大连交通大学学报,2019,40(04):1-5,12.

[5] 韩雪,王笛.城市居民停车共享泊位选择行为分析[J].河北水利电力学院学报,2019(03):57-60.

[6] 王保乾,何承康.影响单位停车泊位共享的因素及其作用机理[J].城市问题,2019(05):71-77.

[7] 王鹏飞,关宏志,刘鹏,等.共享停车泊位的分配-定价-收益分配机制[J].中国公路学报,2020,33(02):158-169,180.

[8] 王韩麒.时间窗约束下的共享停车泊位动态分配模型[J].武汉理工大学学报(交通科学与工程版),2021,45(02):253-258.

[9] 张水潮,蔡逸飞,黄锐,等.基于预约需求的共享停车平台泊位分配方法[J].交通运输系统工程与信息,2020,20(03):137-143,162.

[10] 冉江宇,过秀成,陈永茂.中心城区机动车停车泊位需求预测框架[J].城市交通,2009,7(06):59-65.

[11] 刘晓利,岳晶晶.基于泊位共享的区域综合体停车需求预测研究[J].物流工程与管理,2021,43(10):109-111,135.

[12] 潘婷婷.基于"SPAT"理论的居民小区停车位对外开放研究[D].长沙:中南大学,2012.

[13] 姚恩建,张正超,张嘉霖,等.居住区共享泊位资源优化配置模型及算法[J].交通运输系统工程与信息,2017,17(02):160-167.

[14] 高芙蓉.信息技术接受模型研究的新进展[J].情报杂志,2010(6):170-176.

[15] 高芙蓉,高雪莲.国外信息技术接受模型研究述评[J].研究与发展管理,2011,(2):95-105.

[16] 曾五一,黄炳艺.调查问卷的可信度和有效度分析[J].统计与信息论坛,2005(06):13-17.

基于朴素贝叶斯分类的交通枢纽内移动时间估计
——以北京南站为例

蒋 琳 徐 猛*

(北京交通大学轨道交通控制与安全国家重点实验室)

摘 要 本文利用朴素贝叶斯分类模型对乘客在交通枢纽内的移动时间进行估计。将乘客走行速度、车站拥挤程度,乘客服务需求、乘客徘徊程度作为朴素贝叶斯分类模型的特征属性输入,以北京南站

1. 基金项目:国家自然科学基金(72091513)。

调查数据为基础,通过概率推理对乘客在交通枢纽的移动时间样本数据进行分类,将明确属性的乘客划分到后验概率最大的移动时间类别中。研究结果发现乘客移动时间估计结果与具有相同属性的样本移动时间属于同一类别。另外采用贝叶斯方法进行反向推理结果表明,若乘客想以较短时间到达目的地,最好不要出现徘徊现象和商业服务需求。

关键词　交通行为调查与分析　乘客移动时间估计　朴素贝叶斯理论　北京南站　城市交通枢纽

0　引言

城市交通枢纽是连接城市内部以及城市之间的关键节点,城市交通枢纽的客流转移效率是反映枢纽内部服务水平的关键指标之一。乘客在枢纽内的移动时间(从到达到离开)可以衡量交通枢纽的客流转移效率。

现有城市交通枢纽内有关乘客移动时间估计的研究主要围绕交通枢纽的设施、环境以及乘客自身因素对乘客移动时间的影响。例如,郝勇[1]针对城市轨道交通车站的进出站闸机等延滞性步行设施对乘客走行造成的影响,通过客观实测数据,运用曲线估计的方法,建立乘客走行时间的BPR函数模型。ZHOU[2]通过探究乘客在不同车站设施上换乘步行速度和客流量之间的关系,提出了一种适用于不同换乘站的换乘时间预测模型。SUN[3]等人使用智能卡数据估计乘客从公交到地铁的换乘步行时间,量化了一些数据集中特定因素对换乘时间的影响,包括一天内的时间、工作日或周末、乘客年龄、车站拥挤程度和集体压力。ZHU[4]等通过计算单个乘客相对于其他乘客的出口速度百分位数来估计换乘乘客的步行时间。此外,MORTEN[5]提出了一种基于智能卡数据和自动车辆定位数据匹配的公交车站到列车站台的步行时间分布估计方法,并利用层次贝叶斯混合模型解释由于乘客步行速度的差异和在换乘过程中有活动的乘客导致观察时间差异较大的现象。

乘客的步行速度会影响乘客在交通枢纽内的移动时间,同时步行速度会受到乘客自身因素以及周边环境的影响,包括乘客性别、出行目的[6]、路过的障碍物[7]、换乘通道和楼梯[8]以及乘客是否携带行李[9]等。除了步行速度,拥挤程度同样对交通枢纽内乘客移动时间产生影响。杜鹏[10]发现高峰时段和高峰时段以外的乘客步行时间明显不同。另外,FUJIYAMA 和 TAO[11]通过假设一般步行速度并对各个路径的校准来测量乘客在车站花费的额外时间。在额外花费的时间和使用线路的总旅行时间或频率之间没有发现相关性,从而发现可能会进行一些其他活动,这一部分也会增加乘客在交通枢纽内的移动时间。

走行速度、拥挤程度、其他活动需求均会对乘客在交通枢纽中移动时间产生影响。同时,在实际情况中,当乘客不熟悉交通枢纽的布局时,通常会有迷路徘徊现象,部分乘客需要花费额外的时间在交通枢纽中找寻正确的路线。以往研究忽略了乘客在交通枢纽内的徘徊程度对移动时间产生的影响。另外,贝叶斯模型可以进行预测以及推理,本文以北京南站为例,采用基于贝叶斯方法的朴素贝叶斯分类模型,考虑走行速度、拥挤程度,服务需求、徘徊程度四个影响乘客在交通枢纽内移动时间的因素,通过概率推理对样本数据进行分类,对具有不同特征属性的乘客进行移动时间估计。

1　特征属性选取

1.1　影响交通枢纽内乘客移动时间的因素

1)步行速度

乘客在交通枢纽行走时的速度因乘客本身的的特征而异,例如年龄、性别、是否携带行李等。另外,步行速度会因环境条件的不同而产生变化,当乘客处于一个拥挤的环境中,步行速度会减慢,因为会受到前面乘客的步行习惯以及上下楼梯乘客的干扰。

2)对枢纽内部行走路线的熟悉程度

经常在交通枢纽内换乘的乘客通常不需要查看路径诱导标识就会准确到达目的地,而第一次或者不经常在交通枢纽内换乘的乘客需要花费时间寻找正确路线,增加在交通枢纽内的移动时间。

3)服务需求

近年来,我国已经进入电子客票的时代,乘客可用手机App乘坐地铁和公交,可直接利用身份证刷卡进入火车站。虽然现在已经全面实行电子票,但仍有部分乘客需要售取票服务,需前往自动售票机或者人工服务窗口进行操作。另外,交通枢纽不仅仅是一个换乘场站,还增加了一些配套的商业服务来满足乘客购物以及餐饮等需求。

4)拥挤程度

在交通枢纽中,当人流量非常大时,通常会在安检处感到拥挤,产生排队现象,降低乘客在安检处的通行时间。一些研究发现拥挤程度对乘客步行速度会产生影响,他们之间并不是相互独立的。但是在大型交通枢纽中,例如高速铁路车站,乘客一般不会在步行通道上感到拥挤,仅是在安检处等节点感到拥挤,这对乘客的步行速度的影响是非常小的,所以本文假设步行速度和拥挤程度是相互独立的。

本研究将影响乘客在交通枢纽内移动时间的因素包括走行速度、徘徊程度、服务需求、拥挤程度作为特征属性。

1.2 离散化处理

上述特征属性是不容易量化的,因此利用分级的方式对特征属性进行离散化处理,各属性取值对应关系见表1~表4。

走行速度属性取值 表1

走行速度	属性值
快	1
较快	2
正常	3
慢	4

徘徊程度属性取值 表2

徘徊程度	属性值
没有徘徊,完全熟悉行走路线	1
有些徘徊,但马上能找到正确路线	2
徘徊,需要时间寻找正确路线	3
徘徊现象严重,可能走错路线耽误时间	4

服务需求属性取值 表3

服务需求	属性值
不需要其他服务	1
需要售取票服务	2
需要商业服务	3
需要两种服务	4

拥挤程度属性取值 表4

拥挤程度	属性值
不拥挤(快速通过无需排队)	1
一般(少数乘客在排队)	2
较拥挤(有一些乘客在排队,需等待一会)	3
非常拥挤(大量乘客在排队)	4

由于乘客移动时间是连续性的数据,为了提高分类准确性,对乘客移动时间进行离散化处理。乘客在交通枢纽内的移动时间范围一般在 y ~ z min之间,将以 y min 为初始值,以 a min 为区间对其进行离散,即 $T_m=\{y,y+a,y+2a,\cdots,z\}$。

2 基于朴素贝叶斯分类器的交通枢纽内乘客移动时间估计模型

贝叶斯分类在贝叶斯定理的理论基础上,通过概率推理对样本数据进行分类。设 B 表示训练样本的特征属性集,即 $B=\{$步行速度、徘徊程度、服务需求、拥挤程度$\}$,B 的四个特征属性分别用 B_1,B_2,B_3,B_4 表示,即 $B=\{B_1,B_2,B_3,B_4\}$。设 T 表示类集合,设 T 有 m 个类别分别用 $T_1,T_2,\cdots,T_m$ 表示,$T=\{T_1,T_2,\cdots,T_m\}$。给定一个数据样本 X,其4个属性的值用一个4维特征向量来描述,即 $X=\{x_1,x_2,x_3,x_4\}$,其中 x_j 是属性 B_i 的具体取值。

在获得样本数据的基础上,对训练样本集进行统计计算,得到各个类别的先验概率以及每个属性在各个类别的条件概率估计如下:

$$P(T_m)=\frac{N_{T_m}}{N} \tag{1}$$

式中:N_{T_m}——在训练样本集中属于类别 T_m 的样本个数;

N——训练样本集中的样本个数。

由于样本 X 的属性 B_i 是离散型的,则有:

$$P(x_j\mid T_m)=\frac{N_{T_m}^{(x_j)}}{N_{T_m}} \tag{2}$$

式中:$N_{T_m}^{(x_j)}$——类 T_m 中 $B_i=x_j$ 的样本个数。

最终得到每个属性在各个类别的条件概率估计如下:

$$
\begin{aligned}
&P(B_1|T_1),P(B_2|T_1),P(B_3|T_1),P(B_4|T_1);\\
&P(B_1|T_2),P(B_2|T_2),P(B_3|T_2),P(B_4|T_2);\\
&\vdots\\
&P(B_1|T_m),P(B_2|T_m),P(B_3|T_m),P(B_4|T_m)
\end{aligned}
\tag{3}
$$

根据贝叶斯定理可知,该样本 X 属于某一类别 T_m 的后验概率为 $P(T_m|X)$,计算公式如下:

$$P(T_m|X)=\frac{P(X|T_m)\times P(T_m)}{P(X)} \tag{4}$$

式中:$P(X)$——事件 X 发生的概率,即假设成立的概率;

$P(T_m)$——由训练样本统计得到的先验概率。

在训练样本中统计并计算得出事件 X 属于 T_m 的概率 $P(X|T_m)$,继而求解出其后验概率。具有最大后验概率的类则为样本所属的类别,根据朴素贝叶斯分类器判断样本 X 属于类集合 T 中的类别 T_m,当且仅当满足下面的条件:

$$P(T_m|X)>P(T_n|X)m\neq n \tag{5}$$

即:

$$t(X)=\mathrm{argmax}P(T_m|X),T_m\in T \tag{6}$$

由贝叶斯公式和极大似然假设公式可知,贝叶斯分类的规则如下:

$$t(X)=\mathrm{argmax}P(T_m)P(X|T_m),T_m\in T \tag{7}$$

在朴素贝叶斯分类模型中,$P(X)$ 为样本 X 发生的概率即假设成立的概率,对每个类别而言都可被视为常数。朴素贝叶斯分类模型满足条件独立性假设即属性之间互不影响,因此可定义:

$$P(X|T_m)=\prod_{1}^{n}P(x_j|T_m)(1\leqslant j\leqslant n) \tag{8}$$

根据上述公式和贝叶斯分类规则可知,样本 X 属于类集合 T 中某个类别 T_m 需满足下列公式:

$$t(X)=\mathrm{argmax}P(T_m)\prod_{1}^{n}P(x_j|T_m)(1\leqslant j\leqslant n) \tag{9}$$

若想要得到具体的后验概率值,可在获得样本所属类别的基础上,利用贝叶斯公式进行计算。

3　案例分析

本文选取北京南站交通枢纽作为案例分析。北京南站综合客运枢纽是一个集铁路、城市轨道交通、公共交通、出租汽车等方式一体的大型交通枢纽。地铁 4 号线与 14 号线已经引入到北京南站的主体建筑内。由于轨道交通是北京南站的主要接驳方式,分担率超过 50%,因此选取轨道交通与北京南站之间的换乘来分析乘客在交通枢纽内的移动时间。图 1 所示为乘客从地铁换乘到北京南站的移动场景。

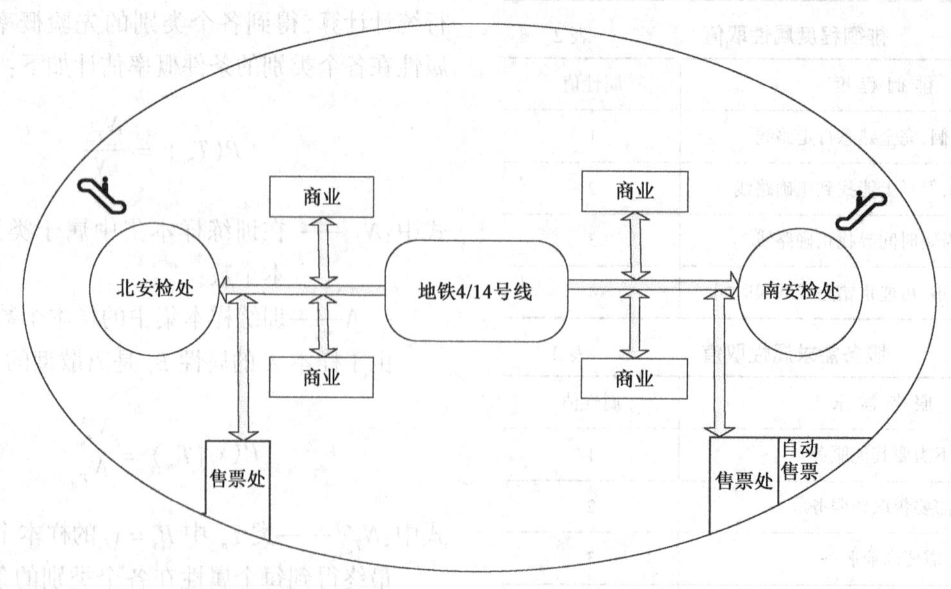

图 1　北京南站换乘大厅乘客移动示意图

3.1 数据获取

3.1.1 样本选取

在以往研究中发现在城市交通出行总客流中,中青年人大约占有95%的比例,所以在随机抽样调查样本中,将中青年人与老年人的数量比例设置为19∶1,男女乘客数量的比例设置为1∶1。此外,考虑到交通枢纽内的拥挤程度会受到一天内出行时间以及工作日或周末。本次抽样调查选择工作日的高峰时段,即上午的7:00—9:00和下午17:00—19:00。

在进行随机抽样调查时,需要确定样本容量的大小,当样本容量过小时,不能保证计算的准确性;当样本容量过大时,虽然能保证计算结果的准确性,但会加大调研工作量。根据以往调查乘客移动时间研究的经验,样本容量选取为100。

3.1.2 调查方法

由图1可以看出北京南站站厅层内部布局呈对称状,因此只需调查前往一个方向的安检口的乘客。乘客走行时间的测量采用人工跟随调查方法,记录跟随乘客的特征属性以及从地铁出口到达安检口,直至完成安检到达候车厅的移动时间。最终乘客移动时间的调查结果如图2所示。

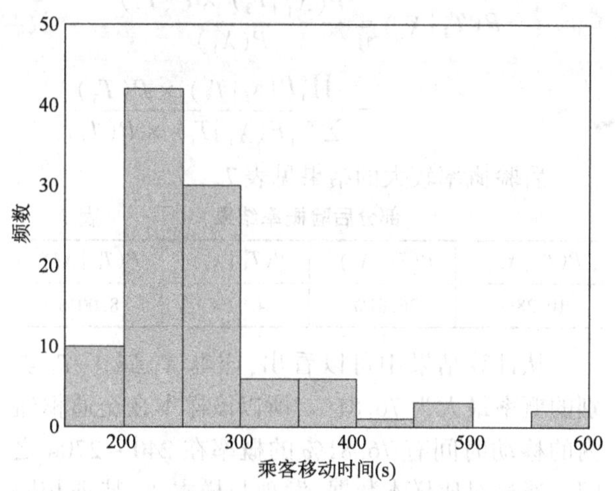

图2 乘客步行时间观察值

从移动时间分布来看,大多数乘客步行时间相对较短,但是由于商业需求时间长短的影响,后面出现少数移动时间较长的乘客。

3.2 概率数据计算

从样本数据中可以看到乘客移动时间范围为182~572s,将乘客移动时间以30s为间隔进行离散化。利用式(1)计算每个类别的先验概率,结果见表5。

各属性的先验概率 表5

属性	$P(T_1)$	$P(T_2)$	$P(T_3)$	$P(T_4)$	$P(T_5)$	$P(T_6)$	$P(T_7)$
先验概率	14%	22%	36%	10%	3%	6%	3%
属性	$P(T_8)$	$P(T_9)$	$P(T_{10})$	$P(T_{11})$	$P(T_{12})$	$P(T_{13})$	$P(T_{14})$
先验概率	0%	1%	2%	1%	0%	1%	1%

由于四个属性为离散变量,利用式(2)计算每个属性在各个类别的条件概率,表6展示了四个属性在T_1类别的条件概率。

四个属性在T_1类别的条件概率 表6

x_j	$P(B_1 \mid T_1)$	$P(B_2 \mid T_1)$	$P(B_3 \mid T_1)$	$P(B_4 \mid T_1)$
1	8.33%	47.22%	25.00%	11.11%
2	47.22%	47.22%	57.78%	47.22%
3	25.00%	5.56%	22.22%	27.78%
4	19.44%	0.00%	0.00%	13.89%

3.3 结果分析

3.3.1 移动时间估计结果

假设给出样本$X_1 = \{2,1,2,2\}$,且有:

$$t(X_1) = \operatorname{argmax} P(T_i)\prod_1^n P(x_j \mid T_i) = T_3$$

可以看到样本X_1属于T_3类别,即该样本在交通枢纽内的移动时间在240~270s的后验概率最大,因此估计该样本的移动时间范围在240~270s之间。

在确定样本所属类别后,可根据贝叶斯公式计算其具体的后验概率:

$$P(T_3|X_1)=\frac{P(X_1|T_3)\times P(T_3)}{P(X_1)}$$

$$=\frac{\prod_1^n P(x_j|T_3)\times P(T_3)}{\sum_{i=1}^m P(X_1|T_i)\times P(T_i)}$$

后验概率较大的结果见表7。

部分后验概率结果　　表7

$P(T_2\|X_1)$	$P(T_3\|X_1)$	$P(T_4\|X_1)$	$P(T_6\|X_1)$
10.28%	76.81%	4.91%	8.00%

从计算结果中可以看出,样本 X_1 属于 T_3 类别的概率最大为76.81%,所以该样本在交通枢纽内的移动时间有76.81%的概率在240~270s之间。通过对比样本数据,发现与样本 X_1 特征相同的样本移动时间大部分在250s左右,说明该方法对乘客移动时间进行估计的结果较为准确。

3.3.2　反向推理

高速铁路车站通常是每个车次有固定的发车时间,乘客需要赶在检票之前到达检票口。当时间紧张时,乘客就会希望严格控制换乘时间,使自己能够赶上高速铁路列车,所以他们通常会采用调整自己的步行速度,提前调查好路线避免徘徊情况的发生以及加速活动时间等措施减少自己在交通枢纽内的移动时间。

当设定一个乘客移动时间类别的后验概率为100%时,可以得到各个属性使该乘客移动时间类别后验概率为100%的概率,如图3所示,假设乘客想要以 T_2 的时间到达目的地,

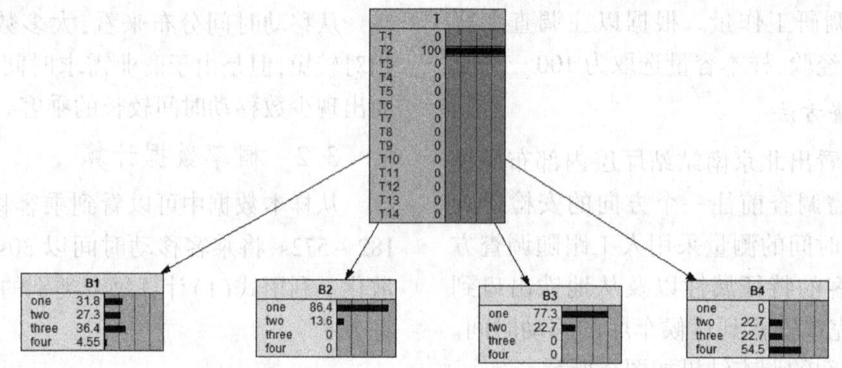

图3　T_2 为100%时的贝叶斯网络中各属性概率

从结果可以看出,步行速度(B_1)和拥挤程度(B_4)的4个属性值均可以使乘客移动时间类别为 T_2。而徘徊现象(B_2)和商业服务需求(B_3)的属性值只有为1或2时,才能使乘客移动时间类别属于 T_2。所以步行速度和拥挤程度通常不会导致乘客迟到,而乘客最好不要出现徘徊现象以及商业服务需求。

4　结论

本文将走行速度、徘徊程度、服务需求、拥挤程度四个影响乘客在交通枢纽内移动时间的要素进行离散化处理,在样本数据集的基础上计算先验概率以及条件概率,采用朴素贝叶斯分类器对明确特征属性的样本进行分类,以此来对乘客在交通枢纽内的移动时间进行估计。在明确样本所属类别后,可根据贝叶斯公式可得到该样本所属类别的概率。研究结果发现给定样本特征属性之后,乘客移动时间估计结果较为准确。另外,利用贝叶斯方法进行乘客移动时间估计可以进行反向推理,当明确乘客想要的移动时间时,可得到各属性值的后验概率,以便乘客调整自己的速度以及活动时长等。

本文提出的方法考虑的影响要素较为全面,包含容易忽略的徘徊程度对乘客移动时间的影响。后续可在交通枢纽内移动时间估计的基础上计算交通枢纽客流转移效率,探讨常态以及突发状况下交通枢纽客流转移效率的差异,以此来评估交通枢纽的韧性。

参考文献

[1] 郝勇.地铁车站延滞性步行设施影响乘客走行时间的研究[J].铁道运输与经济,2009,31(2):70-72.

[2] ZHOU Y, YAO L, GAO Y, et al. Time Prediction Model of Subway Transfer[J]. Springer Plus, 2016, 5(1):44.

[3] SUN L J, JIN J G, Lee D-H, et al. Characterizing Multimodal Transfer Time Using Smart Card Data: the Effect of Time, Passenger Age, Crowdedness

and Collective Pressure [C]// Transportation Research Board 94th Annual Meeting. Washington D.T., USA: Transportation Research Board, 2015.

[4] ZHU W, FAN W, WEI J, et al. Complete Estimation Approach for Characterizing Passenger Travel Time Distributions at Rail Transit Stations[J]. Journal of Transportation Engineering, Part A: Systems, 2020, 146(7): 04020050.

[5] MORTEN E, PHILIP L, NIKLAS C P, et al Estimation of Transfer Walking Time Distribution in Multimodal Public Transport Systems Based on Smart Card Data [J]. Transportation Research Part C, 2021, 132.

[6] THEC Z, ZHAO X, SHI R. Walking Speed Modeling on Transfer Passengers in Subway Passages[C]//KIM Y H. Proceedings of 2016 International Conference on Civil, Transportation and Environment. Guangzhou, China: Atlantis Press,2016:639-643.

[7] YOUNG S B, Evaluation of Pedestrian Walking Speeds in Airport Terminals[J]. Transportation Research Record: Journal of the Transportation Research Board, 1999,1674(1):20-26.

[8] 王志刚,石崃,高伟君.上海轨道交通车站乘客走行时间函数的分析[J].城市轨道交通研究,2010,13(12):57-60.

[9] KASEHYANI N H, ABD RAHMAN N, ABDUL SUKOR N S, et al. Evaluation of Pedestrian Walking Speed in Rail Transit Terminal [J]. International Journal of Integrated. Engineering, 2019,11: 26-36.

[10] 杜鹏,刘超,刘智丽.地铁通道换乘乘客走行时间规律研究[J].交通运输系统工程与信息,2009,9(4):103-109.

[11] FUJIYAMA T, TAO B. Lengths of Time Passengers Spend at Railway Termini: An Analysis Using Smart Tard Data[C]//2016 IEEE International Conference on Intelligent Rail Transportation. Birmingham, UK:IEEE, 2016: 139-144

共享单车用户管理——基于国内外案例分析

初禹彤* 白佳璇 朱 怡

(北京交通大学经济管理学院)

摘 要 共享单车乱停乱放、堆积占道、恶意损坏等不规范使用现象给城市治理带来挑战。从用户侧的角度进行管理容易实现对不规范使用行为的事前预防和事中控制,与传统措施——单车投放和单车运维互补。虽然国内外政府和共享单车企业对用户管理方式探索已久并且积累了丰富的经验,但是目前我国学者缺少在这方面的案例研究,对管理措施的分析也较为零散。本文运用案例研究法,系统梳理了12座城市和9个典型企业对共享单车、电单车或电动滑板车的管理案例。通过对比不同措施的优势和局限,总结出"在管理方式上深入探索大数据赋能管理、行为助推和信用体系;在管理模式上推进'政府-企业-用户'三方协同"的发展方向,为国内政府和企业进行共享(电)单车用户管理优化提供参考。

关键词 交通行为分析与建模 案例分析 国际案例比较 共享单车 用户管理

0 引言

共享(电)单车由于其经济便利、绿色环保的特性在国内发展迅速,2020年中国用户规模达到2.53亿[1]。共享单车的普及有助于优化城市居民出行结构,提高绿色出行比重,助力实现"碳中和"[2]。但在发展过程中暴露出的乱停乱放、堆积占道、违规骑行、忘记关锁、毁坏车辆等问题,严重

1.基金项目:本文得到"北京市级大学生创新创业训练计划资助项目(编号202210004133)"资助。

阻碍了共享单车的健康可持续发展。比如,乱停放行为降低了单车利用率,造成其他用户“取车难”的问题,也给企业带来了更大的调度和回收成本[3];大量单车在地铁站口、人行道等公共空间的无序堆放造成拥挤,降低了行人的通行效率,影响市容市貌、扰乱交通秩序[4]。共享单车问题受到了政府的高度重视。自 2016 年以来,地方政府相继出台了相关规定。2017 年 8 月,交通运输部等 10 部门联合出台《关于鼓励和规范互联网租赁自行车发展的指导意见》,要求城市管理部门和企业规范停车行为,但是总体上缺乏经验支撑和系统性,出现了多头管理、政策执行不够到位等问题[5]。因此,有必要提高治理共享单车不规范使用问题的科学性。

现在对共享单车不规范使用的治理主要依靠单车投放和单车运维,即通过调整投放量、旧车回收、城管收车、运营商调度等方式对不规范现象事后补救。但考虑到共享单车庞大的用户群体和使用的高度时空动态性,对单车的共享单车回收和调度存在滞后,且成本高昂。对用户的激励,引导和教育能够实现不规范行为的事前预防和事中控制,与单车投放和单车运维措施互补。

在共享单车用户管理方面,目前的学术研究中缺乏系统性的案例梳理和探讨。学术界在这方面的讨论大部分集中于某种特定管理方式的评估与优化,比如徐国勋等(2020)提出“红包车”机制下降低成本和优化调度方式[7];Gao 等(2020)通过陈述性偏好调查研究奖励、惩罚措施的有效场景[9];Su 等(2020)通过实地实验证明警告信息和金钱奖励能够提高有序停放的可能性[3];李鑫(2018)认为应在共享单车监管中引入信用机制,进而采用联合奖惩措施[10]。但是在对各项管理措施的综合性横向比较上存在一定空缺。有部分研究从城市公共管理的角度探究对用户规范停车意愿的影响因素,并提出对策建议。Wang 等(2021)的研究证明社会规范能影响用户的行为意愿[11];Zhao 等(2019)以北京的共享单车用户为研究对象,分析影响停车行为的因素,并检验了三方协同治理模型对治理乱停放问题的有效性[4]。另有部分研究从城市公共管理的角度对完善共享单车问题治理提出对策建议。比如冷向明等(2018)、顾丽梅等(2019)通过理论分析分别论述了共享单车治理中政府和公众的责任,但是与政府和企业在管理中的实际做法联系较少[12-13]。

本文整理无桩共享单车、电单车或电动滑板车广泛普及的 12 座城市和 9 个典型企业的用户管理案例,对国内外相关政策和企业管理措施进行分析和评述,旨在为国内共享(电)单车用户管理措施优化提供案例参考和经验支持。

1　政府

自有桩共享单车出现,国内外政府对于解决共享单车问题就已经进行了多元探索,可以划分为“创造基础条件”“直接管理用户”“间接管理用户”三个方面。本部分讨论了国内外 12 个典型城市的管理方案以及对我国的借鉴意义。

1.1　为用户创造规范使用的基础条件

共享单车配套设施与其飞速发展下不断提升的需求不相匹配,设施不足增加了用户规范使用单车的时间成本,也导致了单车无处停放、违规占道等问题[13]。政府能够从公共的、全局的角度完善公共设施,最大限度为用户提供规范骑行、规范停放的条件,达到减少共享单车乱象的目的。

为避免单车骑行占用机动车道和人行道,越来越多的城市设置非机动车道或自行车专用道。丹麦哥本哈根设置铺有醒目蓝色塑胶的独立自行车专行道;法国巴黎将其非机动车道旁设置护柱,防止汽车和行人影响单车行驶。类似地,政府不断完善停车区规划,以期提供更多的停放空间。自 2011 年起,美国加州的圣莫尼卡规划自行车围栏,并配以明显的标识[14];华盛顿划定私人单车和共享单车共用的人行道旁停车区,大大增加单车停车空间[15]。法国巴黎设计 2500 个公共自行车站点,容纳 15000 辆单车,使巴黎 90% 的单车用户能够在 2min 内找到合适的停车位[16]。

但就国内而言,对于人口密集、公共空间稀缺的北京、上海等一线城市,尤其在地铁站等潮汐式积聚明显的区域,扩大共享单车停放空间的能力有限。因此增设停车区并非解决问题的长久方案。

1.2　通过教育、处罚、信用体系直接管理用户

政府还从用户意识培养的角度进行用户管理,对用户的行为提出明确方向性要求,主要包括

教育、处罚和信用体系三种。

政府的教育和宣传有助于向全民普及规范、安全骑行的观念。有研究表明，政府提供的精神动力可以增强用户对规范停放单车的道德认同，正向影响用户规范停车的意愿[4]。比如在德国，小学生自三年级起统一接受自行车教育和驾照考核，涵盖骑行安全规范和驾驶要点等，并且设置自行车警察，维护单车交通秩序[17]。处罚能够利用用户的避害心理，对用户产生激励，促进规范意识的养成。中国上海对在机动车道，人行车道骑行的用户处以 50 元罚款。但是，在行业规模庞大、无牌照和实名认证的情况下，依靠交警对骑行中的单车进行监管，会存在监督不全面、效率低、人力成本高等问题。

近年来，国内外政府开始推进共享单车实名制和信用共享机制。比如比利时强制用户注册共享单车账户，通过账户落实不遵守交规的处罚，如罚款、吊销驾照、注销账户等。我国多地将共享单车信用纳入征信体系。2017 年上海市普陀区将摩拜信用数据接入信用信息管理平台，并对用户评定“红黑榜”，成为征信记录的一部分[18]。南京市也针对共享单车违规使用行为与企业合作建立信息共享“黑名单”机制，作为对用户的处罚和限制依据[19]。2022 年，北京市出台《北京区域互联网租赁自行车行业规范用户停放行为联合限制性公约(试行)》，严重违规停放的用户将被限制使用共享单车[20]。建立实名制和信用体系是政企合作进行用户管理的体现，能够完善行业规范，有望在未来进一步探索和推广。

1.3 通过制约运营商间接管理用户

出于兼顾成本和强化管理的考虑，政府的管理重心从制定宏观政策下移到通过运营商间接管理用户[8]。企业具有追求利益的特点，不愿意有用户流失，所以对不规范骑行采用严格限制措施的主动性不强。政府是行业规范和发展目标的制定者，能够对运营商加以监督和督促。目前政府对企业的管理措施主要包括没收或要求企业限时清运违规停放车辆、罚款、约谈、考核等。

美国德克萨斯州、中国上海市等地，政府对运营商在收到移车通知后调度违规停放车辆的时间作出明确要求[14]。2017 年，成都市出台政策要求运营商对用户制定奖惩措施，并由城管监督企业车辆停放情况，对不达标者处以罚款[21]。渭南市约谈 3 家企业，就单车使用乱象与企业讨论解决方法，并开展 3 个月集中整治[22]。北京市对单车企业建立考核评价体系，定期公示考核的成绩排名以及近期对各企业的处罚情况[23]。成都市为共享单车配备实体号牌，据此进行智能监管，并将闲置率、违停率等作为考评依据来决定给各企业分配的投放数量额度[24]。

就国内而言，很多城市均出台过相关政策以规范运营商，但管理措施较空泛，标准较模糊(表 1)。政府应该对行业制定统一的标准，要求各家共享单车企业同步执行，以保证公平性，降低用户流失的顾虑，从而提升管理方案的执行力度。

政府用户管理措施比较 表 1

政府措施	优势	劣势
为用户创造规范使用的基础条件	从全局的角度完善公共设施，便利用户规范使用	城市空间不足，建设空间受限
通过教育、处罚、信用体系直接管理用户	面向用户，较为直接，可以通过政企合作实现统一管理	罚款效率低，成本高
通过制约运营商间接管理用户	有助于督促企业落实较为严格的用户管理方案	目前缺少统一的管理标准，管理措施较为空泛

2 企业

共享单车企业能够通过移动互联平台对单车和用户进行实时监测和管理，并通过应用程序对用户行为进行干预。目前企业已经从多种角度进行用户管理，具体可分类为“强制型”“激励型”“助推型”“教育型”和“信用体系型”。

2.1 强制型

企业可以在技术支持下直接对用户的停放、骑行行为进行强制管理。如入栏结算措施，依托电子围栏、蓝牙道钉技术圈定虚拟停车框，用户无法在停车框之外的区域完成锁车。该政策已经被国内外企业广泛采用,并在中国得到政府的支持和推广。类似地,利用技术强制管控的方法也被企业应用在其他乱象的管理中。美国的Lime、中国的哈啰等企业在电单车上装载限速装置,用户在限速区超速行驶时,车辆会自动限速[28]。虽然企业的强制措施能让管理覆盖全面、实行彻底,但过于严格的约束限制了用户的行车自由,可能会降低用户满意度,造成用户流失。

2.2 激励型

企业可通过将单车的规范使用行为与用户自身利益相联系,来激励用户规范骑行。罚款和金钱奖励是两种最常见的激励型措施。其中,罚款在Airbnb、Uber等许多企业的用户管理中都有应用。中国共享单车企业响应政府的要求,对未将单车停在规定区域内的用户施以5~50元的罚款(具体金额据地方要求而定),督促用户为避免损失而规范停车。但惩罚可能导致用户不满,用户流失的代价高昂[29-30]。金钱奖励在一项以规范停车为实验背景的实地实验中被证明有效[3]。不过,企业对奖励能否带来良好的长期影响存疑。研究证明直接的金钱奖励有“回旋镖效应”,一旦奖励停止,人们会失去保持良好行为的动机[31-32]。因此在实践中,如何充分发挥激励的效果有待进一步探讨。2020年12月,法国企业Ponygo推出了一种更创新的激励兼容方式,通过“用户购买单车,企业运营,用户与企业共享收益”,让用户与企业利益一致,增加用户维护单车秩序的意愿[33]。中国企业摩拜和哈啰推出“红包车”,即企业将使用率较低的单车设置为红包车,用户在规范停放在需求高的区域后能够获得现金奖励。这一措施在激励用户自发骑行调度、降低运维成本的同时,也能够吸引用户参与,提升用户黏性[34]。

2.3 助推型

助推是2017年诺贝尔经济学奖的获奖理论[35],其思路是在保证选择自由的同时,通过暗示性方法引导人们的行为决策。助推相比于“强制型”措施较为温和,易于为用户接受[36]。学术界已有研究证明了助推的有效性[37-38]。

在共享单车领域,最常见的助推方式是对用户直接发送消息,如中国企业青桔在用户开锁页面设置“遵守交规,安全骑行”标语,并设置提醒用户文明行车的开锁语音。其他企业也有类似的提示,但是对每位用户的每次骑行都“一刀切”地发送同样的白开水信息,易造成冗余干扰和用户疲劳,削弱干预效果。“靶向化”推送干预信息能够降低对无辜用户的干扰,例如美国企业Lime定位到电单车在人行道上骑行时,会向用户推送通知劝说其在自行车道上骑行。

非推送信息类的助推还包括提供道路信息、自动弹出头盔等,降低规范行车的成本,引导用户遵守规定。针对用户经常在禁行区骑行的问题,美国企业Citibike会在骑行开始前结合用户目的地和当地的自行车道情况,为用户生成全自行车道的推荐道路。法国企业Dott则更是将安全道路引导直接嵌入电单车中,通过实时导航引导用户在自行车道上行驶。针对头盔佩戴率低的问题,新加坡企业Neuron Mobility将统一配备的头盔锁在电动滑板车上,在用户通过App开锁时自动弹起,引导用户佩戴头盔[39]。这类助推既体现了创新的管理思路,又依托技术条件,使得管理更加智能化。

2.4 教育型

进行良好的用户教育能够增加用户对单车使用规范的了解,预防用户的不规范骑行。常见方式是在企业官网上公示的规范用车守则,在App开锁前界面明确安全行车要求和惩罚规则。此外,企业还通过安全教育课程、线上线下互动等方式进行集中的用户教育,如法国企业voi开设的骑手教育交通学校,教育内容包括游戏化的交通规则学习和安全骑行学习,能够提高用户教育的趣味性,以此提高教育效果[40]。新加坡企业Neuron Mobility开展首个“头盔安全意识周”,鼓励用户在App上传“头盔自拍”,并且在渥太华等城市开展有趣的线下教育宣传活动,实现了很好的宣传效果[41]。教育可能不足以立刻改变用户行为,但会促使骑行观念的改变,其影响是有长期持续性的[42]。不过,用户可能并不愿意为学习使用共享单车耗费太长时间,导致企业的用户教育覆盖性较差。

2.5 信用体系

信用体系的建立能够约束用户的失信行为,减少违规用车的现象,为企业减少信用风险和不良交易带来的经济损失,是企业用户管理的新方向。共享单车企业为用户的活动提供行为准则,并在准则的要求下对用户进行评分,不同分数级别的用户用车权益不同。例如中国企业摩拜(现美团)的信用积分制度,用户遵从平台的规范才能保持分数在较高等级,享受更多权益,反之则会扣分,丧失权益甚至无法使用车辆。但是各自为政的信用体系容易造成用户流失的风险[43]。因此与其他单车企业、其他行业、甚至政府的征信体系关联,成为更加广泛的守信激励和失信惩戒社会机制是一个发展方向。南京市交警与八家共享单车企业建立信息共享“黑名单”,实现相关信息互通,用户在共享单车信用体系中的表现会直接影响其新车上牌和驾照考核[19]。

目前,共享单车行业的信用体系建设方兴未艾,还存在大量完善的空间。比如,单车企业间评级标准的不统一,难以保证信用体系的公平性;企业间信息同步性存在滞后、信息失真等问题[8];如何更科学地划定各项目的分值,以及更合理的违规判定方法也需要进一步讨论。

综上,通过对比分析,总结各措施的优缺点见表2。

企业用户管理措施比较 表2

企业措施	优势	劣势
强制型	效果全面、彻底	比较严格,可能导致用户流失
激励型	关联用户的利益,激发用户主动性	惩罚使用户不满;长期奖励可能有反向效果
助推型	非强制,更温和	用户易对助推内容疲劳
教育型	长期持续性好	企业教育覆盖度低
信用体系型	约束用户失信行为,效力可能覆盖到共享单车行业之外	发展不充分,有大量改善空间

3 结论与建议

国内外政府和企业针对共享单车乱停乱放、堆积占道、恶意损坏等不规范使用现象,在实践中探索了多种解决方案。基于案例梳理,本文得到如下结论:政府和企业的用户管理措施有助于实现对不规范使用行为的事前预防和事中控制,能够与传统措施——单车投放和单车运维互补。管理措施对于不同城市的适用性存在差异。对于北京、上海等大城市,完善骑行和停放的基础设施、交警罚款等传统方式受到空间和覆盖范围的制约,并非可持续的解决方案。通过“入栏结算”等“强制型”措施,能实现全面彻底的管理效果。但是对于公共空间相对宽裕、潮汐式积聚现象不严重的中小城市,可以在更大程度上保证用户的骑行自由便利,在完善城市规划的同时采取“激励型”“助推型”措施等辅助用户管理。教育是用户管理的重要组成部分,其影响具有长期可持续性。在管理实践中,德国政府设立了完善成熟的教育和考核体系,对我国具有借鉴意义;企业可以通过平台与用户直接交互,比如新加坡企业 Neuron Mobility 的宣传教育具有趣味性和互动性,得到了较好的响应效果。因此企业可以通过推出更吸引用户的教育方式,提高用户的关注度。“助推型”措施包括推送提示信息、嵌入式导航、自动弹出头盔等多种形式,能在保证用户骑行自由的情况下进行引导。但是目前的助推多为“一刀切”式的白开水信息,不能充分发挥信息的提示作用,因此助推的思路值得进一步扩展,以适用于更多的共享单车情境。“信用体系”与实名制相挂钩,比利时和我国多地推出的信用机制能够将违规行为对应到用户,依靠政企合作可以合并到地方的征信体系中,能够起到联合制约的效果。但是目前发展不够充分,具有广泛的探索空间。

本文认为,共享单车用户管理可以从管理方式和管理模式两个层面进一步优化。一方面,要充分运用信息技术和大数据,通过大数据赋能管理、加强行为助推发展、完善信用体系建设,实现在管理方式上的创新;另一方面,要有更加先进的管理思想,优化发展“政府-企业-用户”协同治理的管理模式,充分发挥各个主体的积极性。

3.1 大数据赋能用户管理

共享单车用户管理应该融合信息技术和管理能力[44]。在移动互联网、云计算的支持下,共享单车骑行创造了包含车辆状态及位置、用户信息、骑行轨迹、订单支付等海量、动态、精准的数据资源,使得大数据赋能管理成为可能[45-46]。在现有管理案例中,入栏结算、信用体系、自动弹出头盔等均体现了大数据优势,但是多数仅针对当次骑行,缺少对不同用户骑行习惯的考虑。通过数据挖掘和机器学习等技术分析进行用户分层和画像,分析不同用户的使用特点与不规范停放行为间的关系,寻找有针对性的分类管理方案。大数据赋能管理能提高用户管理的精细化水平,对治理共享单车乱象能提高管理效率、降低不必要的成本,实现事半功倍的效果。

3.2　加强行为助推发展

在信息助推方面,通过激发用户的利他、从众等偏好,能够提高企业助推信息的效果。在共享单车领域,学界也已有讨论。Su 等(2020)开展随机实地实验,在停车地放置"大部分用户都会规范停放单车"的告示牌,探究从众心理的影响[3]。Wang 等(2021)进一步研究描述性社会规范对改变用户有序停放单车态度的作用,提出描述性社会规范可以成为助推方向[11]。对于非信息类的助推,道路推荐和嵌入式导航具有明显的事前预防特征,能够以不易察觉的方式引导用户规范骑行。因此"助推型"具有广阔的发展前景和探索空间。

3.3　完善信用体系建设

建设信用体系对用户管理的效果在其他行业内已经被证实。Yan Chen 等(2021)将关于在线交易市场中买卖双方信誉的研究总结分析,证明信用体系对提高守信意识、减少不良交易的作用[47]。短租房行业信用体系建设更早,企业 Airbnb 通过优化其信用评价机制、纳入第三方支付平台信用数据等方法,在让平台拥有更高的信任度的同时减少了不良交易发生[48-49]。目前,国内不只在各企业内部建设了信用体系,企业与企业之间还形成了信用共享机制,共享用户信用数据。在此基础上,政府又将共享单车信用共享体系纳入社会征信体系当中,以此让用户的共享单车的信用情况的影响辐射到包括共享单车的更多社会权益上。这不仅能让共享单车信用体系发挥更大的用户管理效力,还作为社会信用数据的补充,帮助建设更加文明守信的社会风气。

3.4　推进政府、企业、用户三方协同

基于案例分析,完善共享单车用户管理需要政府、企业和用户三方密切合作。首先,在政企合作上,由于共享单车行业规模庞大、政府直接管理用户会面对过高的人力、物力成本。单一企业采用复杂严格的管制措施容易引致用户流失,所以企业主观上缺少落实用户管理的动力。因此,政府和企业都不能单方面解决共享单车痛点问题。对于"入栏结算""信用体系"等措施需要政府统一制定行业规则,并且监督企业同步落实。这样既可以保证覆盖全面、联合治理,又可以消除企业对于用户流失的顾虑。而企业作为创新主体,具有技术研发优势,能够帮助政府实现对共享单车的统一的数字化监管。比如哈啰出行为协助政府管理非机动车"乱行、乱充、乱停、乱改造"问题,自主研发非机动车管理平台,目前已经在福州高新区、济南和上海进行了试点应用[50]。在用户教育方面,政府和企业要充分考虑用户的接受程度,一方面要建立系统的教育体系;另一方面,要采用更加吸引用户的教育宣传措施来提高用户的关注度和配合度。其次,从用户的角度,用户是共享单车的使用主体,对不规范使用行为有直接责任。用户应转变观念,自觉规范骑行;并且通过企业提供的用户反馈功能积极互动,促进用户管理方案的完善(图 1)。

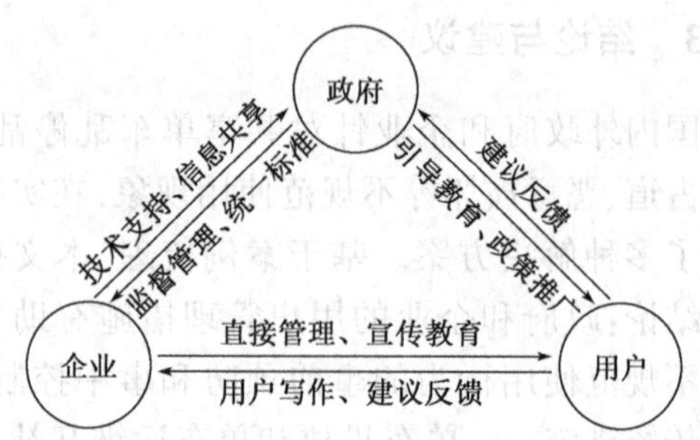

图 1　"政府-企业-用户"三方协同

在"互联网 +"背景下,共享单车作为兼具科技属性、经济属性和公共属性的产品,从用户侧的角度解决不规范使用问题,既需要提高技术水平,也需要拓宽管理思路[44]。政府和企业应该依托人工智能等先进技术,挖掘大数据优势,继续开拓行为助推和信用机制,提高管理的数字化、精细化、智能化水平。同时,在管理理念和管理模式上,政府、企业和用户三方通过合作和相互反馈,有助于解决不规范使用问题,共同推进共享单车的价值最大化。

参考文献

[1] 艾媒咨询. 2021 年上半年中国共享出行发展专题研究报告[EB/OL]. https://www.iimedia.cn/c400/79989.html

[2] 新华网. 共享电单车低碳报告发布 共享电单车一年减碳 163.6 万吨[EB/OL]. http://www.xinhuanet.com/energy/20210602/

0c1864aa7e704ed2b5cebcae34cdbd34/c. html.

[3] SU D, WANG Y, YANG N, et al. Promoting considerate parking behavior in dockless bike-sharing: An experimental study[J]. Transportation Research Part A: Policy and Practice, 2020, 140:153-165.

[4] ZHAO D, WANG D. The Research of Tripartite Collaborative Governance on Disorderly Parking of Shared Bicycles Based on the Theory of Planned Behavior and Motivation Theories—A Case of Beijing, China [J]. Sustainability, 2019, 11(19).

[5] 郭鹏,林祥枝,黄艺,等. 共享单车:互联网技术与公共服务中的协同治理[J]. 公共管理学报, 2017, 14(03): 1-10,154.

[6] 郝身永. 共享经济视域下的共享单车治理创新[J]. 求实, 2018(03): 36-44.

[7]徐国勋,李妍峰,金大祥,等."红包车"机制下的共享单车调度问题[J]. 系统工程理论与实践, 2020, 40(02): 426-436.

[8] 王林,荆林波. 共享单车管理中存在的问题与解决思路[J]. 宏观经济管理, 2019(12): 85-90.

[9] GAO L, JI Y, YAN X, et al. Incentive measures to avoid the illegal parking of dockless shared bikes: the relationships among incentive forms, intensity and policy compliance[J]. Transportation, 2020, 48(2): 1033-1060.

[10] 李鑫. 互联网租赁自行车的监管困境与信用机制建设[J]. 电子政务, 2018(01): 58-63.

[11] WANG Y, YANG Y, WANG J, et al. Examining the influence of social norms on orderly parking behavior of dockless bike-sharing users [J]. Transportation Research Part A: Policy and Practice, 2021, 147: 284-296.

[12] 冷向明,郭淑云. 共享经济治理中的政府责任——以共享单车为例[J]. 经济社会体制比较, 2018(05): 88-94.

[13] 顾丽梅,张云翔. 共同生产视角下的城市共享单车服务治理——基于上海市案例的混合方法研究[J]. 公共管理学报, 2019, 16 (01): 89-104,173.

[14] SHAHEEN S, COHEN A. Shared micromoblity policy toolkit: Docked and dockless bike and scooter sharing[J], 2019.

[15] Bike and Scooter Corrals[EB/OL]. https://ddot.dc.gov/page/bike-and-scooter-corrals.

[16] "The end of free-floating? Smart parking, smart riding and the evolution of micromobility"[EB/OL]. https://shared-micromobility.com/the-end-of-free-floating-smart-parking-smart-riding-and-the-evolution-of-micromobility/.

[17] 中国法院网. 域外自行车共享交通系统的法律要素[EB/OL]. https://www.chinacourt.org/article/detail/2017/08/id/2969115.shtml.

[18] 上海:共享单车"任性"停放将上信用"黑榜"[EB/OL]. https://www.creditchina.gov.cn/xinyongdongtai/difangdongtai/201709/t20170924_57483.html.

[19] 央广网. 南京实施共享单车信用共享机制,首次曝光失信者[EB/OL]. http://china.cnr.cn/ygxw/20170515/t20170515_523755452.shtml.

[20] 北京市推出共享单车停放新规 多次违规停放用户将被限制使用[EB/OL]. http://society.people.com.cn/n1/2022/0127/c1008-32340992.html.

[21] 成都市交通运输局. 成都出台全国首个共享单车规定[EB/OL]. http://jtys.chengdu.gov.cn/cdjtys/c148639/2021-07/28/content_ceb848ea0bf04265807f50cdbfd7a5cf.shtml.

[22] 渭南日报. 三家共享单车运营商被约谈[EB/OL]. http://www.wnnews.cn/p/38219.html.

[23] 北京市交通委员会. 北京市交通委员会关于互联网租赁自行车行业2020年运营监管及2021年车辆投放规模的公示[EB/OL]. http://jtw.beijing.gov.cn/xxgk/tzgg/202104/t20210413_2354015.html.

[24] 共享单车"大数据分析+号牌管理"获选"十大创新案例"[EB/OL]. http://sc.cdtf.gov.cn/chengdu/home/2022-03/06/content_e8e210b88ae3423a998b37c6ac6e30f7.shtml.

[25] 北京市交通委员会.《北京市鼓励规范发展

共享自行车的指导意见(试行)》出台[EB/OL].[2017-9-15].http://jtw.beijing.gov.cn/xxgk/zcjd/202001/t20200102_1552474.html.

[26] 北京市交通委员会.《共享自行车系统技术与服务规范》、《自行车停放区设置技术导则》等两个政策文件出台[EB/OL].http://jtw.beijing.gov.cn/xxgk/xwfbh/201912/t20191209_1007518.html.

[27] 上海市人民政府网站.关于印发《上海市鼓励和规范互联网租赁自行车发展的指导意见(试行)》的通知[EB/OL].http://www.shanghai.gov.cn/nw2/nw2314/nw2319/nw12344/u26aw54099.html.

[28] 2nd street. lime Introduce New Geofencing Technology, Setting Industry Standards For Scooters[EB/OL].https://www.li.me/second-street/lime-introduces-new-geofencing-technology-setting-industry-standards-for-scooters.

[29] DREBER A, RAND D G, FUDENBERG D, et al. Winners don't punish[J]. Nature, 2008, 452(7185): 348-51.

[30] OHTSUKI H, IWASA Y, NOWAK M A. Indirect reciprocity provides only a narrow margin of efficiency for costly punishment[J]. Nature, 2009, 457(7225): 79-82.

[31] FUJII S, KITAMURA R. What does a one-month free bus ticket do to habitual drivers? An experimental analysis of habit and attitude change[J]. Transportation 2003, 30: 81-95.

[32] BEN-ELIA E, ETTEMA D. Changing commuters' behavior using rewards: A study of rush-hour avoidance[J]. Transportation Research Part F: Traffic Psychology and Behaviour, 2011, 14(5): 354-368.

[33] Pony and Comodule started a French revolution in shared mobility[EB/OL].https://www.comodule.com/blog/comoduleandpony.

[34] 关宏志,卢笙.考虑用户参与的共享单车调度模型[J].北京工业大学学报,2019,45(11):1050-1056.

[35] P C N, THALER R H. RICHARD H. THALER: INTEGRATING ECONOMICS WITH PSYCHOLOGY[J]. Nobel Prize in Economics documents, 2017.

[36] MIRSCH T, LEHRER C, R J. Digital Nudging: Altering User Behavior in Digital Environments[C]. International Conference on Wirtschaftsinformatik, 2017.

[37] LU F, ZHANG J, PERLOFF J M. General and specific information in deterring traffic violations: Evidence from a randomized experiment[J]. Journal of Economic Behavior & Organization, 2016, 123: 97-107.

[38] ESPOSITO G, HERNANDEZ P, VAN BAVEL R, et al. Nudging to prevent the purchase of incompatible digital products online: An experimental study[J]. PLoS One, 2017, 12(3): e0173333.

[39] Neuron Mobility[EB/OL].https://www.rideneuron.com/.

[40] Meet Voila——JOIN THE TRAFFIC SCHOOL[EB/OL].https://www.voiscooters.com/ride-safe/.

[41] Neuron Mobility Launches First-Ever 'Helmet Safety Awareness Week' To Promote EScooter Rider Safety [EB/OL]. https://www.globenewswire.com/news-release/2021/09/29/2305472/0/en/Neuron-Mobility-Launches-First-Ever-Helmet-Safety-Awareness-Week-To-Promote-E-Scooter-Rider-Safety.html.

[42] MAY A D,蒋中铭.欧洲绿色交通发展经验[J].城市交通,2009,7(06):17-22.

[43] 共享单车呼唤信用共享[EB/OL].https://www.creditchina.gov.cn/gerenxinyong/gerenxinyongliebiao/201803/t20180321_111223.html.

[44] 郝雅立,温志强.共建共治共享:大数据支持下共享单车智能化治理路径[J].管理评论,2019,31(01):249-254.

[45] 马骏,马源."互联网+"新模式监管制度创新的建议[J].行政管理改革,2019(03):50-59.

[46] 刘明,徐锡芬,宁静,等.基于订单数据分析的共享单车重置调度优化研究[J].中国管理科学,2020:1-12.

[47] CHEN Y, CRAMTON P, LIST J A, et al. Market

Design, Human Behavior, and Management[J]. Management Science, 2021, 67(9): 5317-5348.

[48] 范曼铃. 在线短租分享经济在中国的发展路径研究[J]. 中国发展, 2020, 20(6): 52-55.

[49] GUTT D, NEUMANN J, ZIMMERMANN S, et al. Design of review systems-A strategic instrument to shape online reviewing behavior and economic outcomes[J]. The Journal of Strategic Information Systems, 2019, 28(2): 104-117.

[50] 中国道路交通安全协会. 哈啰非机动车安全管理平台[EB/OL]. http://www.rtsac.org/sites/MainSite/expo/product_intro.asp?proid=73.

基于有限元的胎/路接触压力分布分析

赵福南*[1] 肖晶晶[2]

(1. 长安大学建筑工程学院;2. 长安大学)

摘 要 目前,研究人员已经对静态载荷作用下的胎/路接触压力进行了较多的探究,但是得到的结果与实际情况有较大的差异。本研究利用有限元软件 ABAQUS,首先建立了基于轮胎功能特性的三维胎/路接触模型,随后讨论了车辆静载、稳态滚动条件下,轮胎压力、轮胎载荷及速度对胎/路接触压力分布的影响。结果表明,车辆静止时,随轮胎压力的持续增加,整体接触压力增大,尤其是胎/路接触中心区域的接触压力增大最为显著。同时,轮胎压力对接触压力的影响大于轮胎载荷。在稳态滚动条件下,随轮胎载荷的增大,胎/路接触中心区域的接触压力减小,胎/路接触边缘处的接触压力增加。当轮胎压力增大时,接触压力的变化规律与载荷增大时相反。速度在稳态滚动条件下对轮胎的接触压力影响较小。

关键词 轮胎—路面 有限元模型 接触压力 稳态滚动

0 引言

随着社会的进步以及经济、科技的发展,道路、车辆增多可能导致车辆在行驶过程中抗滑性不足,容易造成车辆事故,给道路安全造成很大的威胁。轮胎是车辆和路面接触的直接部位,因此对车辆安全行驶起到至关重要的作用。轮胎—路面之间的接触力不仅与道路寿命有关,还与道路的安全性有关。所以,针对车辆—路面相互作用以及轮胎特性的研究不仅有利于提高车辆的安全性、稳定性,还有利于维护道路的路用性能。

以往的研究大部分利用试验的研究方法,如 Tielking 等人使用仪器测量了两种公路型载重子午线轮胎和一种光滑胎面载重子午线轮胎的足迹压力分布,且与压敏胶片测量的足迹压力进行了比较,发现二者测量结果相同[1]。Pau 等人基于接触界面力的状态,利用超声波的特性,经过适当的后处理程序后,定量地测量接触区域几何特征和接触压力分布值的信息,这种非接触性的方法能够实时提供接触条件的详细状况[2]。Chen 等人采用压敏胶片法测量轮胎与沥青路面之间的实际接触面积和应力分布[3]。Anghelache 和 Beer 等人通过压力传感器对子午线轮胎接地应力分布进行了测量,获取轮胎—路面之间接触力的变化规律[4-5]。从上述研究可以看出,尽管利用试验的方法可以测量轮胎与路面之间的接触力,但是测试的数据受到环境因素及试验设备的影响,且测试成本较高。

随着计算机技术的发展,有限元分析软件成为轮胎—路面接触作用力研究的有效工具。以往对轮胎处于静态环境下的研究较多。例如,Liu 等人基于 MSC/MARC 软件对轮胎—路面进行仿真模拟,主要计算静态下的接触足迹和压力分布[6];Fwa 等人采用仿真的研究方法,利用有限元软件对影响临界水漂移速度的相关因素进行研究,得到了摩擦系数随水膜厚度变化的规律[7-8];Xie 等人建立三维有限元模型,主要为了分析不同类型的轮胎(斜交胎和子午胎)在 9 种工况(载荷和充气压力组合)下与路面接触应力的分布[9]。上述研究对静载下的轮胎-路面接触应力已经进行了大量的分析,但是只考虑静态下的情况,与实际情况相差较大,因为车辆在路面上行驶的过程中,轮胎与路面的动态接触远比静态接触的情况复杂得多,而且在之前的研究中车辆动载荷也是早期道路损伤发生的主要原因,因此分析轮胎动态下的压应力是研究道路安全以及道路耐久性的基础。本文为了预测轮胎动态运行条件下的压应力的变化规律,利用有限元软件建立精细的轮胎—路面接触模型,同时考虑载荷、胎压、摩擦系数等对压应力的影响,可以为车辆行驶提供安全建议。

1 研究目的

本文的研究目的如下:

(1)建立轮胎与路面接触的三维有限元模型,验证模型的有效性,为后面的研究做好铺垫。

(2)在静态状况下,主要分析载荷、胎压对轮胎接触压应力的影响。

(3)在动态状况下,主要分析轮胎在稳态滚动情况下静摩擦系数、胎压、载荷对接触压力的影响规律,并分析动态和静态时相同载荷、胎压下的压应力值的大小。

以上研究结果有助于分析车辆在道路上行驶产生的早期损伤,为道路设计提供参考。

2 胎/路接触模型的建立

2.1 轮胎模型简介

本文选用子午线轮胎205-55-R16作为研究对象,这种轮胎是目前应用比较广泛的轮胎型号,具有研究价值。根据《载重汽车轮胎规格、尺寸、气压与负荷》(GB/T 2977—2016),本文选用的轮胎的参数信息见表1。

子午线轮胎的参数 表1

轮胎的系数	宽度(mm)	单胎载重量(kg)	双胎载重量(kg)	胎压(kPa)
数值	223	750	710	375

图1所示为AutoCAD软件勾画的轮胎二维截面图,其中包括胎面胶、胎侧胶、三角胶、钢丝带束层、胎圈加强层等部位。由于轮胎材料主要是橡胶、帘线、钢带,为了满足轮胎各部位功能的要求及提高计算效率,本文对轮胎材料提出如下假设:

(1)材料行为是弹性的。

(2)应力—应变关系为高度非线性。

(3)材料的应力是各向同性的。

(4)材料近似不可压缩。

(5)所有的变形都是瞬间发生的。

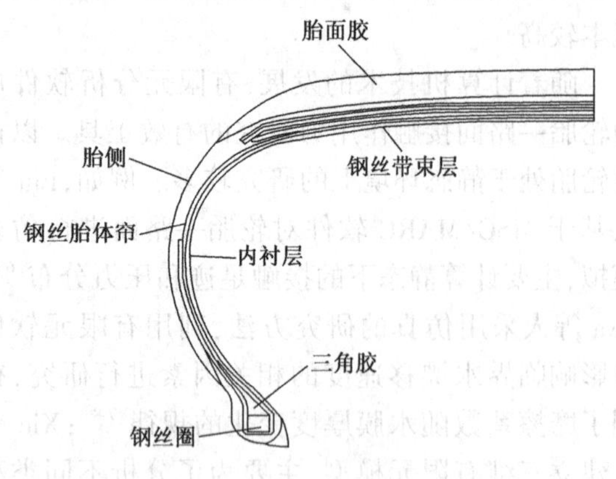

图1 二维轮胎1/2横截面图

2.2 轮胎的材料模型

橡胶是一种各向同性的超弹性、粘弹性材料。由于Neo-Hookean能较好地模拟材料的小应变和中应变,且具有良好的稳定性,本文采用Neo-Hookean模型模拟橡胶的超弹性行为,用prony级数定义其粘弹性行为。式(1)是常用的Mooney-Rivlin材料模型的公式:

$$U = C_{10}(I_1 - 3) + C_{01}(I_2 - 3) + \frac{1}{D_1(J-1)} \tag{1}$$

式中:U——应变势能;

C_{10}、C_{01}——材料常数;

I_1、I_2——分别代表柯西—格林变形张量的第一、第二不变量;

J——体积变化量;

D_1——材料参数,表示材料的可压缩性。

当$C_{01}=0$时,式(1)转化为Neo-Hookean多项式模型:

$$U = C_{10}(I_1 - 3) + \frac{1}{D_1(J-1)} \tag{2}$$

根据单轴拉伸试验的结果拟合得到的轮胎橡

胶 Neo-Hookean 模型参数如表 2 所示。

Neo-Hookean 模型参数表 表 2

材料名称	C_{10}	C_{01}	D_1
RUBBER_TREAD	0.691	0	0.03
RUBBER_SIDE	0.556	0	0.05
RUBBER_BELT	0.403	0	0.06

轮胎的钢筋和带束不同于橡胶材料，表现为各向异性的复合结构。以下模型建立采用文献[10-11]中的钢筋单元参数，如表 3 所示。

帘线等骨架材料参数表 表 3

材料名称	截面面积(mm^2)	间距(mm)	角度(°)	弹性模量(MPa)	泊松比
胎体帘线	0.6361	1	0	5000	0.45
第一带束层	0.3318	0.7	61	20000	0.33
第二带束层	0.3318	0.7	-61	20000	0.33
第一带束钢丝	0.2376	1	90	2000	0.45
第二带束钢丝	0.2376	1	-90	2000	0.45

2.3 三维轮胎模型的建立

把 AutoCAD 软件中的二维轮胎图导入 Hypermesh 软件中，并对轮胎各部位进行材料赋予以及划分网格，可以保留轮胎的主要几何结构和材料属性，从而提高模型的精度和计算效率。在二维轮胎中划分网格采用的单元主要为 CGAX4RH 和 CGAX3H 橡胶单元，具体部位如图 2 所示。

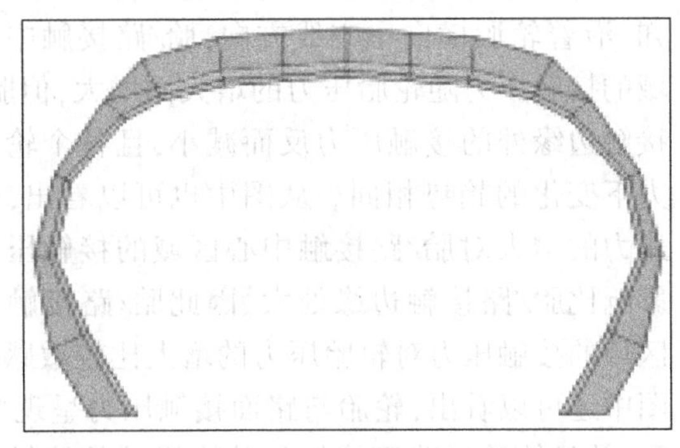

图 2 二维轮胎模型网格分布

本文主要采用组合方法建立三维模型：首先将在 Hypermesh 软件生成的具有网格以及材料属性的二维模型轮胎导入 ABAQUS 软件，然后进行充气，利用关键词 Symmetric Model Generation 将其旋转 360°得到完整的轮胎。对于轮胎花纹也采用相同的方式：首先在 Hypermesh 软件中对其进行网格划分和材料属性的赋予，然后导入 ABAQUS 软件将其旋转形成完整的轮胎，最后利用关键词 ＊TIE 把轮胎和轮胎花纹进行捆绑形成完整的轮胎花纹。轮胎建模流程如图 3 所示。

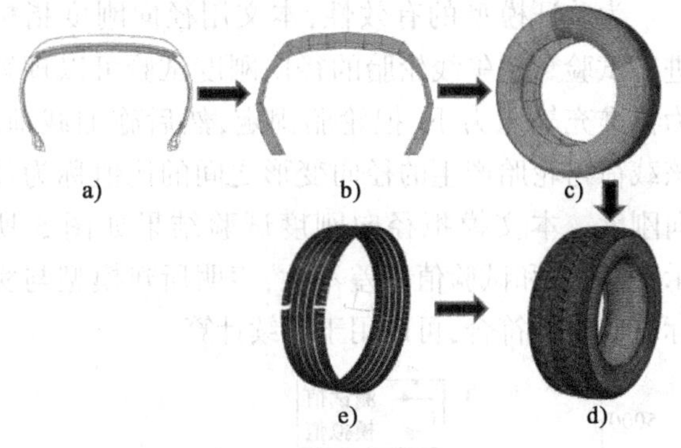

图 3 轮胎建模流程图

2.4 轮胎—路面接触设置

当轮胎与路面接触时，由于沥青路面的刚度远比轮胎整体变形的刚度大得多，而且为了简化问题，使模型更易收敛，本文将沥青路面视为刚体，且这种设置不会影响仿真结果的准确性[12-15]。ABAQUS 软件提供了几种接触方式，主要有自接触、表面与表面接触等。为了防止轮胎穿透路面的情况发生，本文采用表面与表面接触的方式，把沥青路面设置为主表面，把带有花纹的外表面设置为从表面。本文主要研究轮胎动态下的状况，轮胎会产生较大范围的滑移，所以采用有限滑移作为胎路接触的方式。轮胎与路面接触的三维模型如图 4 所示。

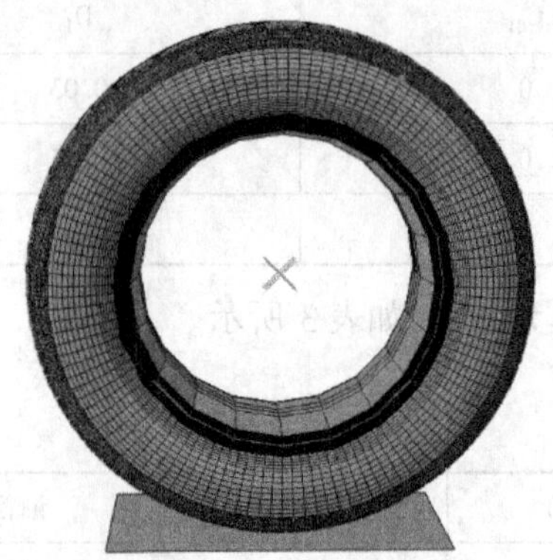

图 4　轮胎—路面三维模型

由于轮胎在车辆动态行驶过程中与路面非线性接触,计算模型会面临许多困难,尤其是计算收敛问题。为了解决这一问题,本文通过减小分析载荷增量步的方法,将摩擦系数逐步提高到要求值,并把轮胎和路面之间的静摩擦系数设定为 0.8。

3　结果与讨论

3.1　三维轮胎模型的验证

为验证模型的有效性,本文用径向刚度指标进行试验。子午线轮胎的径向刚度试验可以理解为标准充气压力下,把轮胎固定,然后施加载荷,该载荷与轮胎产生的径向变形之间的比值称为径向刚度。本文模拟径向刚度试验结果如图 5 所示,模拟值和试验值相差不大,表明所建模型与实际轮胎较为符合,可以用于后续计算。

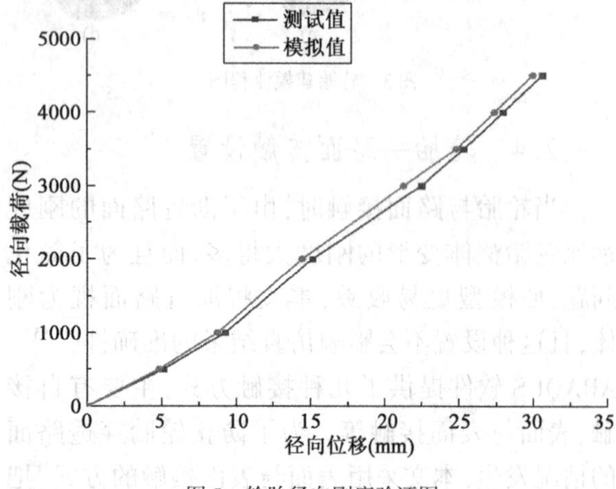

图 5　轮胎径向刚度验证图

3.2　静态下接触压力的分布

当车辆处于静止状态时,轮胎与路面的接触压力受轮胎载荷和轮胎压力的影响。因此,本文采用所建立的轮胎—路面相互作用模型,模拟车辆静态下轮胎载荷和轮胎压力变化时接触压力的变化规律。

图 6 是轮胎压力为 220KPa,轮胎载荷为 2500N、3000N、3500N、4000N、4500N、5000N、5500N、6000N 下胎/路接触压力分布图。由图 6a)、b)可知,在轮胎横向方向,随轮胎载荷的增大,接触压力的变化趋势是相同的,且随轮胎载荷的增大而增大。当轮胎载荷为 2500N ~ 4000N 时,接触压力增大的程度比 4500N ~ 6000N 时大。例如,当轮胎载荷从 2500N 时到 4000N 时,接触压力从 0.36MPa到 0.75MPa,增大了 108.3%;但当轮胎载荷从 4500N 到 6000N 时,接触压应力从 0.87MPa 到 1.06MPa,增大了 22%,增大的程度较小。因此,随轮胎载荷的增大,接触压力的增长速率逐渐下降,且在横向方向曲线的跨度增加,即轮胎载荷的增大也会增加胎/路的接触面积。但是,轮胎载荷的增大对胎/路接触的中心区域的接触压力的影响程度小于边缘区域,且边缘区域的接触压力大于中心区域的接触压力。因此,在高载荷情况下,胎/路接触边缘处的高接触压力可能会导致路面损伤,如车辙或开裂等。

图 7 是轮胎压力为 200kPa、220kPa、240kPa、260kPa、280kPa、300kPa、320kPa、340kPa,轮胎载荷为 3500N 下胎/路接触压力曲线。由图 7a)、b)可知,沿着轮胎横向中心线方向,胎/路接触中心区域的接触压力随轮胎压力的增大而增大,但胎/路接触边缘处的接触压力反而减小,且各个轮胎压力下变化的趋势相同。从图中也可以看出,轮胎压力的增大对胎/路接触中心区域的接触压力的影响比胎/路接触边缘处大,因此胎/路接触中心区域的接触压力对轮胎压力的增大比较敏感。从图中还可以看出,轮胎与路面接触压力呈现“凹”形,并且轮胎与路面接触的外边缘处的接触压力都大于中心区域。

综上所述,轮胎与路面的接触压力主要受轮胎压力和轮胎载荷的影响,且轮胎压力对接触压力的影响程度大于轮胎载荷。另外,从图 6、图 7 也可看出,轮胎与路面的接触面积随着轮胎载荷的增大而增大,随着轮胎压力的增大而减小。这些结果与 Yu 等[16]在静载条件下所得到的结论一致,也可以验证胎/路相互作用模型的正确性。

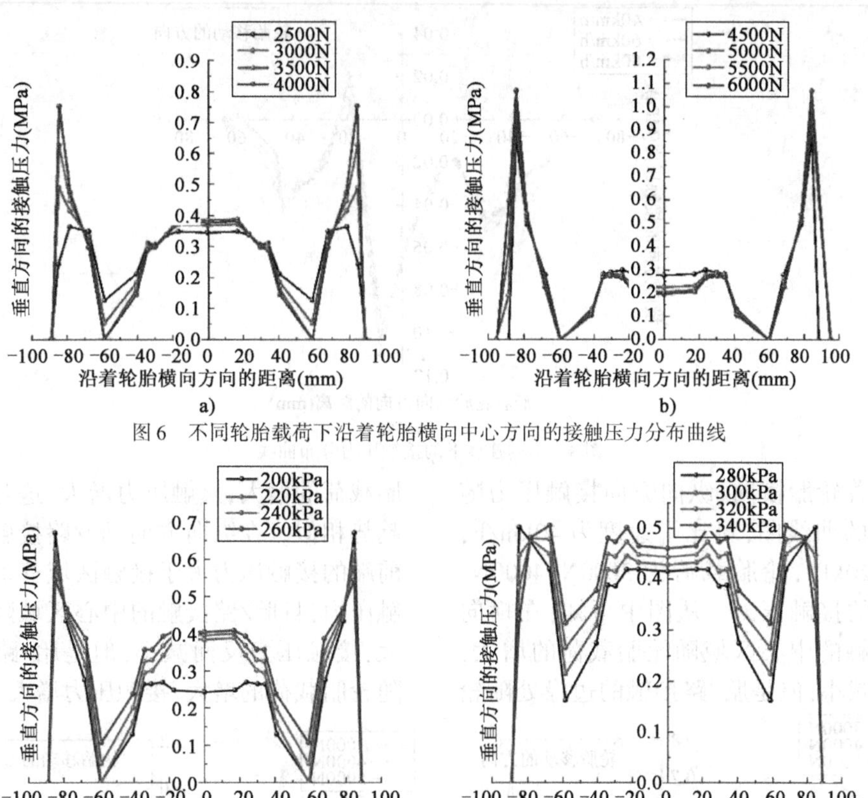

图6　不同轮胎载荷下沿着轮胎横向中心方向的接触压力分布曲线

图7　不同轮胎压力下沿着轮胎横向中心线方向的接触压力分布曲线

3.3　动态下接触压力的分布

为了更加深入了解胎/路接触压力的变化规律，本文分析了不同轮胎载荷、不同轮胎压力下的接触压力，同时考虑了速度（40km/h、60km/h、80km/h）对胎/路接触压力的影响。

图8是轮胎载荷为2000N，轮胎压力为300KPa，速度为40km/h、60km/h、80km/h稳态滚动状态下三个方向（垂直、纵向、横向）的接触压力分布曲线。从图中可知，沿着轮胎纵向方向，垂直方向的胎/路接触区域移动方向前端的接触压力逐渐减小，在接触区域移动方向后端的接触压力差别不大。纵向方向的接触压力无论是胎/路接触区域移动方向前端还是后端都随速度的增大而减小，但是前后变化相差不大。横向方向的接触压力在胎/路接触区域移动方向前端随着速度的增大而增大，但是接触区域移动方向后端随着速度的增大而减小，但前后变化相差不大。另外，横向方向的接触压力在稳态条件下比垂直、纵向方向的接触压力小，可以忽略不计。

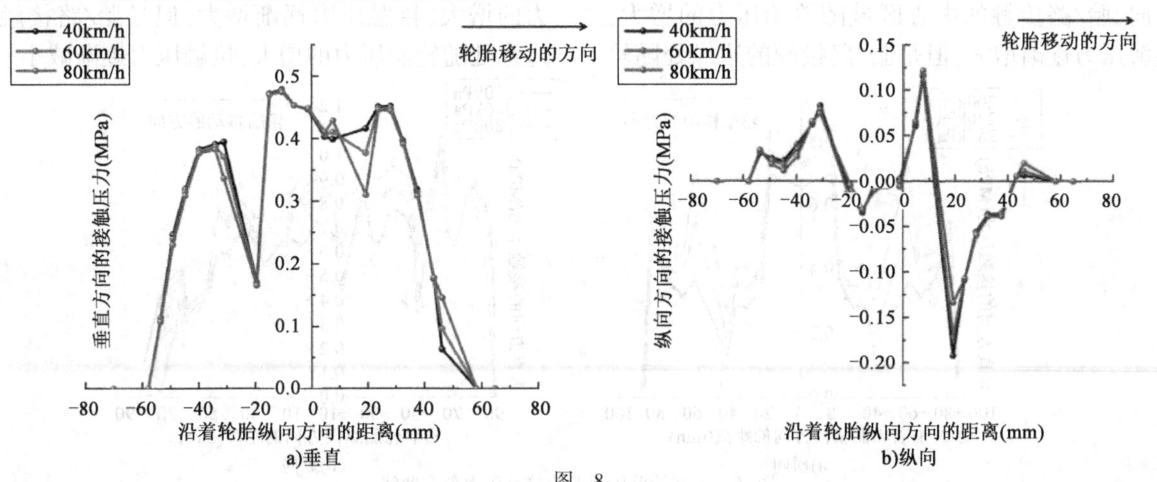

图　8

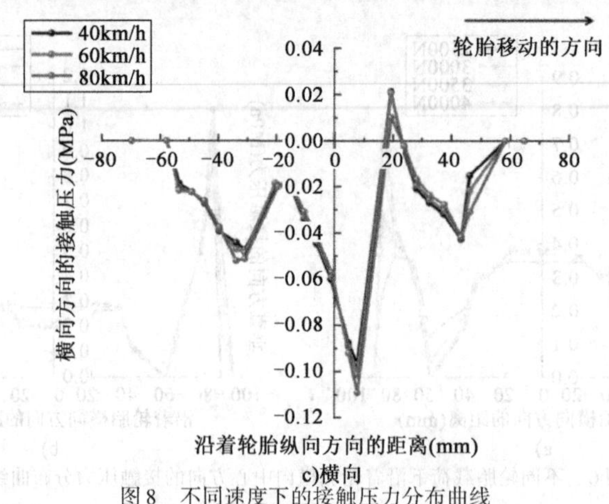

c)横向

图 8　不同速度下的接触压力分布曲线

图 9 为沿着轮胎横向、纵向方向接触压力随轮胎载荷变化的曲线图,对比了速度为 40km/h,轮胎压力为 220kPa,轮胎载荷为 3000N、4000N、5000N 条件下的接触压力。从图中可知,在横向方向,胎/路接触的中心区域随轮胎载荷的增大,接触压力反而减小,但是胎/路接触的边缘处随轮胎载荷的增大,接触压力增大,这与静态下的变化趋势相似。在纵向方向,胎/路接触区域移动方向前端的接触压力大于接触区域移动方向后端的接触压力,且胎/路接触的中心区域随轮胎载荷的增大,接触压力反而减小,但是胎/路接触的边缘处随轮胎载荷的增大,接触压力增大。

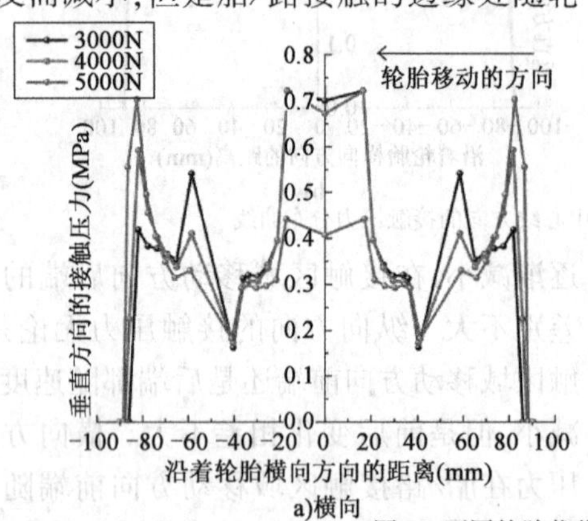

a)横向

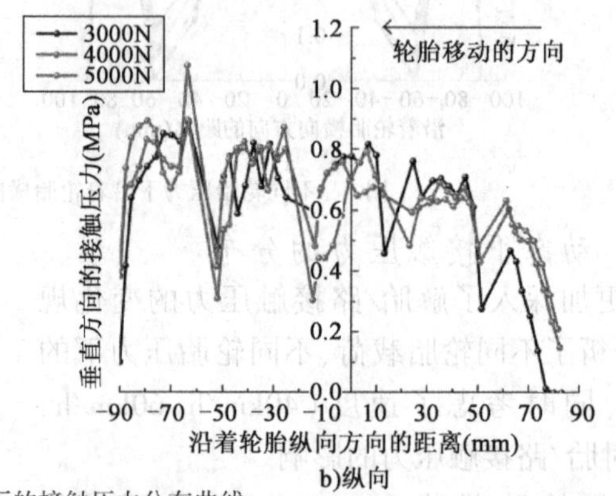

b)纵向

图 9　不同轮胎载荷下的接触压力分布曲线

图 10 为沿着轮胎横向、纵向方向接触压力随轮胎压力变化的曲线图,对比了速度为 40km/h,轮胎载荷为 3500N,轮胎压力为 200kPa、240kPa、280kPa 条件下的接触压力。从图中可知,在横向方向,胎/路接触的中心区域随轮胎压力的增大,接触压力逐渐增大,但是胎/路接触的边缘处随轮胎压力的增大,接触压力反而减小,这也与静态下的变化趋势相似。在纵向方向,胎/路接触区域移动方向前端的接触压力大于接触区域移动方向后端的接触压力,且胎/路接触的中心区域随轮胎压力的增大,接触压力逐渐增大,但是胎/路接触的边缘处随轮胎压力的增大,接触压力逐渐减小。

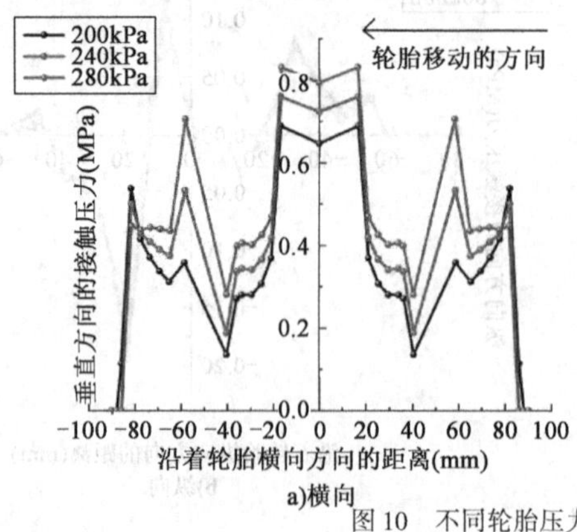

a)横向

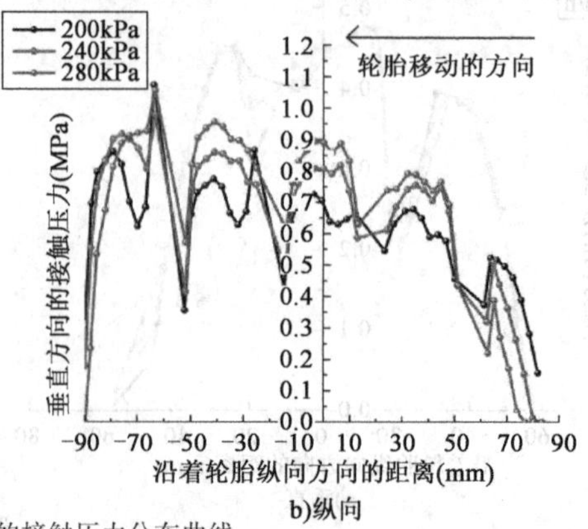

b)纵向

图 10　不同轮胎压力下的接触压力分布曲线

4 结语

本文采用有限元软件 ABAQUS 建立胎/路接触模型,讨论了车辆静止以及稳态滚动过程中轮胎载荷和轮胎压力对胎/路接触压力分布的影响,分析了稳态滚动条件下胎/路接触压力随速度的变化规律,得出的主要结论如下:

(1)车辆静止时,随着轮胎压力的增加,整体接触压力增大,但胎/路接触中心区域的接触压力增大程度最为明显。相比之下,轮胎压力对接触压力的影响大于轮胎载荷。

(2)车辆静止时,胎/路接触边缘处的接触压力大于胎/路接触中心处的接触压力。轮胎载荷越大,接触压力越大。

(3)稳态滚动条件下,在纵、横面方向,胎/路接触的边缘处随着轮胎载荷的增大,接触压力增大,但是胎/路接触的中心区域随着轮胎载荷的增大,接触压力反而减小。当轮胎压力增大时,接触压力的变化规律与轮胎载荷增大时相反。

(4)稳态滚动条件下,随着速度的增加,三个方向(垂直、纵向、横向)的接触压力前后变化较小。横向方向的接触压力比垂直、纵向方向的接触压力对胎/路的影响小。

参考文献

[1] Tielking J T , Abraham M A . Measurement of truck tire footprint pressures[J]. Transportation Research Record, 1994, 1435:92-99.

[2] Pau M , Leban B , Baldi A . Ultrasonic measurements of contact area and pressure distribution of a pneumatic tire on a rigid surface [J]. Tire Science & Technology, 2008, 36(1): 43-62.

[3] Chen B , Zhang X , Yu J , et al. Impact of contact stress distribution on skid resistance of asphalt pavements[J]. Construction & Building Materials, 2017, 133:330-339.

[4] Anghelache G , Moisescu R . Measurement of stress distributions in truck tyre contact patch in real rolling conditions [J]. Vehicle System Dynamics, 2012, 50(12):1747-1760.

[5] MD Beer, Fisher C . Stress-In-Motion (SIM) system for capturing tri-axial tire-road interaction in the contact patch[J]. Measurement, 2013, 46 (7):2155-2173.

[6] Liu C H, Wong J Y, Mang H A . Large strain finite element analysis of sand: model, algorithm and application to numerical simulation of tire-sand interaction[J]. Computers & Structures, 2000, 74(3):253-265.

[7] Fenghua Ju, T. Fwa, Ghim Ping Ong. Evaluating wet weather driving benefits of grooved pavements [J]. Int. J. Pavement Res. Technol,2013,6(4): 287-293.

[8] H. R. Pasindu, T. Fwa. Improving wet-weather runway performance using trapezoidal grooving design[J]. Transp. Dev. Econ,2015,1(1):1-10.

[9] Xie Y, Yang Q . Tyre-pavement contact stress distribution considering tyre types [J]. Road Materials and Pavement Design, 2018(4):1-13.

[10] 朱晟泽. 基于路面宏观纹理的轮胎抗滑行为数值模拟研究[D]. 南京:东南大学,2017.

[11] He H, Li R, Yang Q , et al. Analysis of the tire-pavement contact stress characteristics during vehicle maneuvering[J]. KSCE Journal of Civil Engineering, 2021,25(1):1-13.

[12] Wang G, Roque R . Three-dimensional finite element modeling of static tire-pavement interaction [J]. Transportation Research Record: Journal of the Transportation Research Board, 2010, 2155(1):158-169.

[13] Wang G. M, Roque R. Impact of wide-based tires on the near-surface pavement stress states based on three-dimensional tire-pavement interaction model [J]. Road Materials and Pavement Design,2011,12(3): 639-662.

[14] Xie Y, Yang Q . Tyre-pavement contact stress distribution considering tyre types [J]. Road Materials and Pavement Design, 2018(4):1-13.

[15] Lee J H . Finite element modeling of interfacial forces and contact stresses of pneumatic tire on fresh snow for combined longitudinal and lateral slips[J]. Journal of Terramechanics, 2011, 48 (3):171-197.

[16] Yu L, Hu J, Li R, et al. Tire-pavement contact pressure distribution analysis based on ABAQUS simulation[J]. Arab J Sci Eng, 2021, 47: 4119-4132.

基于乘客活动的地铁站空间导向系统优化仿真评价

田　凯[1]　刘　丹[2]　彭　辉[*1]　陈　龙[1]　姬　萱[1]
(1.长安大学运输工程学院;2.长安大学公路学院)

摘　要　地铁站空间导向系统在一定程度上影响着乘客的行为活动。本文从乘客的活动特性出发,以地铁车站内空间导向系统为研究对象,选择Anylogic仿真软件对站内的情况进行仿真,组合吸引子模块与等待区域,模拟导向标识对行人影响的效果,构建地铁站的客流仿真模型;从时空两个维度选择乘客站内停留时间和平均客流密度进行综合评价;以西安市小寨地铁站为例进行建模和仿真,提出空间导向系统优化方案,最后对比验证方案的合理性。

关键词　城市轨道交通　乘客行为活动　仿真评价　小寨地铁站

0　引言

我国城市轨道交通建设发展迅速,但到节假日或高峰时段,仍满足不了广大乘客的需要。尤其当城市轨道交通枢纽站空间导向系统设置存在问题时,客流峰值容易引起站内拥堵,从而乘客滞留。刘隽雅对西安市地铁换乘站内部空间流线组织设计进行了详细研究[1];陈立扬等以人流密度和乘客站内行走时间为基础指标,利用Anylogic对地铁站厅层进行了仿真研究[2]。韩玉琦基于乘客的信息需求,通过Anylogic模拟地铁车站导向标识,构建站内客流仿真模型,并对导向标识系统进行了优化[3]。所以有必要对乘客的行为活动进行仿真建模,通过评价优化方案,从而改善地铁车站空间导向系统的服务效率。

1　地铁站乘客活动仿真模型的建立

以乘客在站内的活动为出发点,对空间导向系统进行仿真优化,本次仿真模拟采用以社会力模型为主体的Anylogic软件。Anylogic对交通枢纽行人流仿真分为以下四个主要过程,如图1所示。

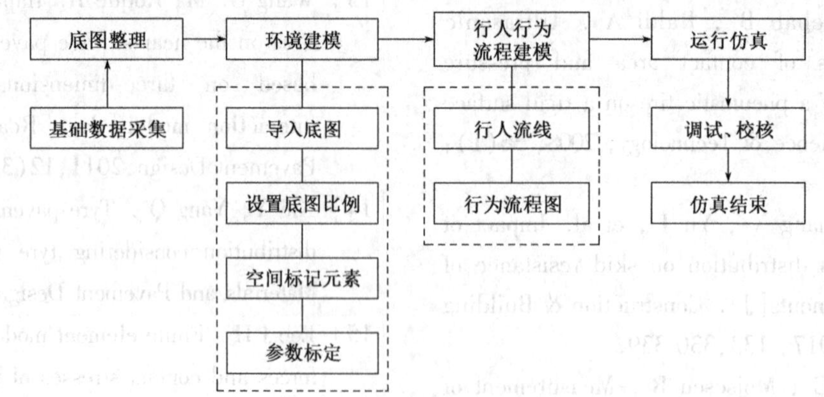

图1　Anylogic建模流程图

1.1　导向标识辨识行为建模

Ped Wait模块可以对乘客在特定位置的等待活动特征进行仿真。如果定义一个特定位置为乘客的等待区域,然后在该位置添加行人库中的“吸引子(Attractors)”模拟乘客的等待行为特征,实现行人到达标识位置后直接经过或减速、停留辨识的站内行走特征。“吸引子”模块搭建如图2所示。

1.基金项目:国家自然科学基金面上项目(52072044)。

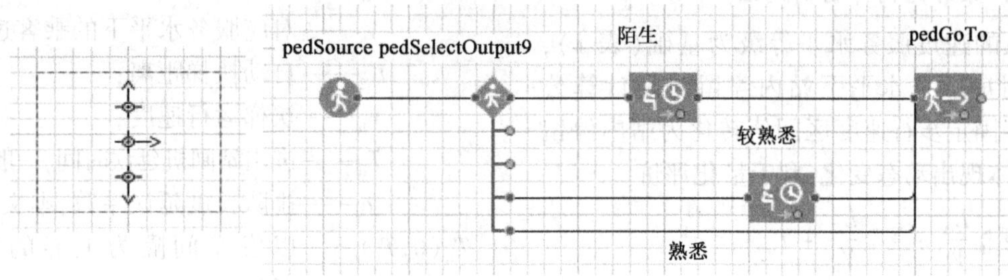

图2 吸引子模块展示图

1.2 乘客行为流程建模

乘客行为逻辑以客流流线和空间结构连接各个模块进行搭建。站内乘客行为如图3～图5所示，进站乘客从进站口直至乘坐列车离开；出站乘客从列车到达直至出站；换乘乘客在站台处下车后，经过一系列换乘行为到达目标站台。

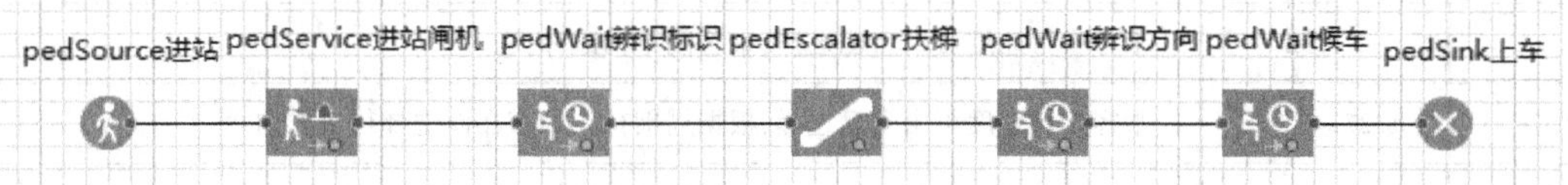

图3 进站客流行为逻辑图

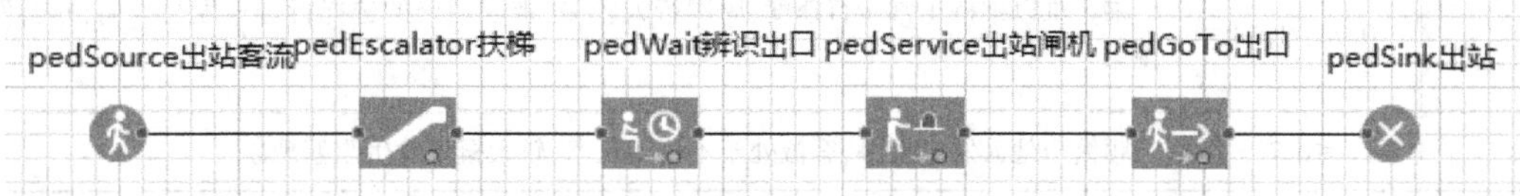

图4 出站客流行为逻辑图

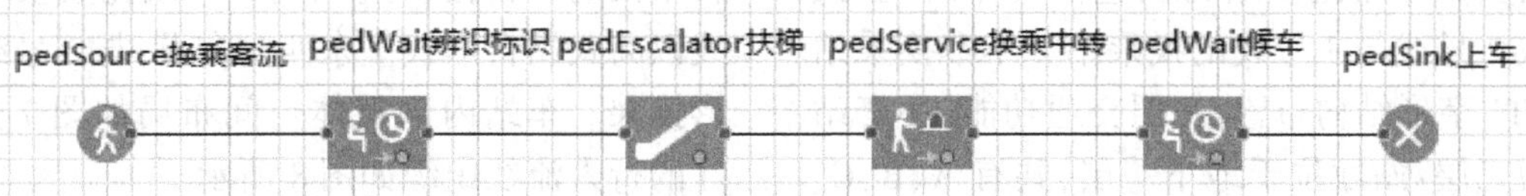

图5 换乘客流行为逻辑图

1.3 仿真评价方法

为使模拟仿真结果贴合实际，综合考虑乘客乘车过程中的舒适性、便捷性、安全性[4]，采用基于时空角度的乘客站内停留时间法和平均客流密度法。

1.3.1 平均客流密度法

根据《公共交通容量和服务质量手册》，将客流密度服务水平分为6个等级，利用不同颜色表示对应的服务水平等级，如图6所示。

等级	颜色	客流密度（人/m²）
A	蓝色	<0.4
B	蓝绿色	0.4～0.75
C	绿色	0.75～1.3
D^	黄色	1.3～1.75
E	橙色	1.75～2.3
F	红色	>2.3

图6 平均客流密度服务水平等级

1.3.2　乘客站内停留时间法

以行人的速度服务水平等级为基础(表 1),得到乘客对应服务水平下站内停留时间计算公式。将乘客固定步行速度区间值转化为站内停留时间,可以体现出动态变化,利于量化评价。

$$T_{(\mathrm{p,o,t})} = \sum_{i1}^{n} \frac{L_{i1}}{V_{\mathrm{j}}} + \sum_{i2}^{m} \frac{L_{i2}}{V_{\mathrm{h}}} + T_{\mathrm{d}} + T_{ri}(0, T_1) + \alpha \mathrm{e}(2 - 2T_{ri}/T_1) + \frac{T_{\mathrm{e}}}{N_{\mathrm{f}}} \quad (1)$$

式中:$T_{\mathrm{p,o,t}}$——对应服务水平下乘客站内停留时间,p,o,t 分别代表进站、出站和换乘;

L_{i1}——乘客站台站厅各路段行走距离;

V_{j}——对应服务水平下的乘客速度;

L_{i2}——自动扶梯距离;

V_{h}——扶梯运行速度;

T_{d}——进出站闸机延误时间,一般取 1 ~5s;

α——排队长度延误系数,本文取 2.2;

$T_{ri}(0, T_1)$——以发车间隔为上界的三角分布函数;

T_{e}——仿真时间段各线路上下行首次发车间隔差;

N_{f}——仿真时间段内列车到达班次。

行人速度服务水平等级　　表 1

服务水平等级	速度(m/s)	描　述
A	>1.32	乘客步行速度可由自己选择,乘客间不构成冲突
B	1.27 ~1.32	乘客步行速度可由自己选择,根据周围行人的存在而选择行进方向
C	1.22 ~1.27	乘客步行速度可由自己选择,与周围行人发生轻微冲突,行进速度一定程度降低
D	1.14 ~1.22	乘客根据周围行人的限制选择步行速度,易发生冲突并频繁选择行进速度与方向
E	0.76 ~1.14	乘客难以维持正常步行速度,周围行人较多,乘客频繁的选择行进速度与方向,并会发生阻塞现象
F	≤0.7	频繁与他人发生接触,客流处于不稳定状态,较大概率发生阻塞现象

2　案例分析

以西安市小寨地铁站为例进行具体研究,该站是地铁 2 号线与 3 号线的换乘站。小寨换乘站主体呈“T”字形结构布置,按照交通功能,小寨站一共分为三层:站厅位于地下一层,共有 A、B、C、D、E、F 六个出入口;2 号线站台位于地下二层,岛式站台,呈南北向设置,共有四个出入口,通过站台中央的步行楼梯进入到 3 号线完成换乘。3 号线以岛式站台形式呈东西向布设,与 2 号线形成 T 形换乘。车站内部整体空间布局如图 7 所示,站厅的行人流线组织如图 8 所示。

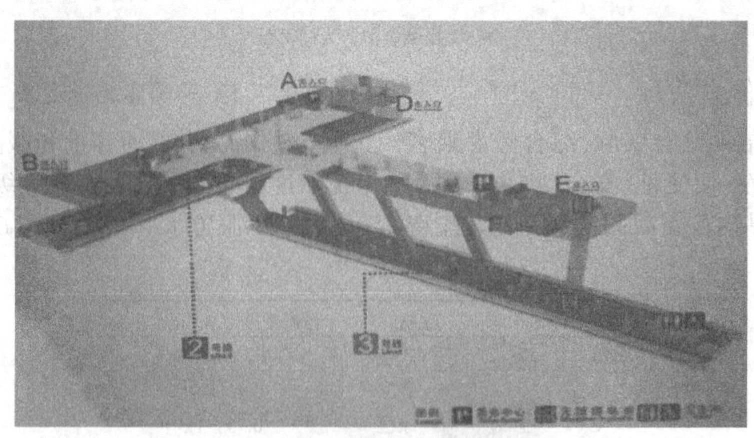

图 7　小寨地铁站空间布局图

2.1　现状空间导向系统仿真评价

仿真的主体范围是站内乘客活动区,仿真时段设立周一至周四工作日晚高峰 16:30—17:30 时段。

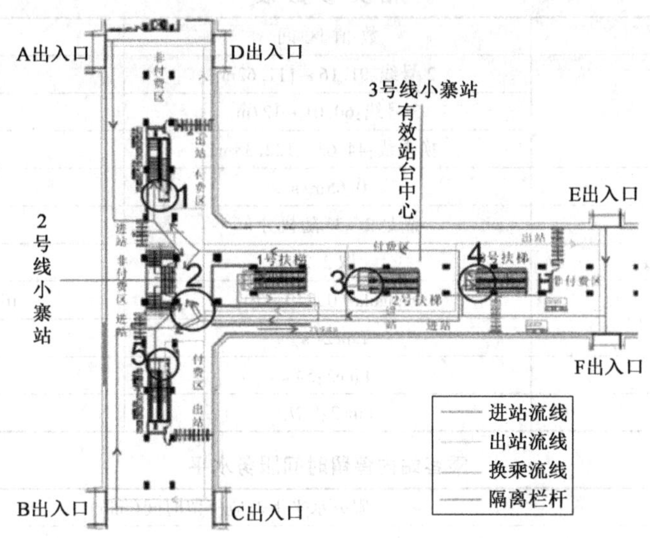

图8 小寨站站厅行人流线组织平面图

2.1.1 参数设置

1)客流输入配置

出站客流与换乘客流均来自列车,列车到站后乘客下车。根据实地调研可知,小寨站换乘客流量中2号线换乘3号线约占50%,3号线换乘2号线约占50%。仿真中高峰时段客流输入见表2。

高峰时段小寨站各层客流参数 表2

车站	分类	类型	数量
2号线站台	2号线进站	按时间均匀分布	2661人/h
	3号线换乘2号线	按发车间隔时间到达	700人/列
	2号线换乘3号线	按发车间隔时间到达	699人/列
	2号线出站	按发车间隔时间到达	352人/列
3号线站台	3号线进站	按时间均匀分布	3993人/h
	2号线换乘3号线	按发车间隔时间到达	609人/列
	3号线换乘2号线	按发车间隔时间到达	700人/列
	3号线出站	按发车间隔时间到达	529人/列
站厅	进站	按时间均匀分布	6654人/h
	3号线换乘2号线	按发车间隔时间到	700人/列
	2号线出站	按发车间隔时间到达	352人/列
	3号线出站	按发车间隔时间到达	529人/列

2)乘客对导向标识辨识

乘客对导向标识的辨识行为,一般有以下3种:熟悉的乘客行走速度基本不变,确认方向的时间在4s以内;较熟悉的乘客驻足时间在4~15s;陌生的乘客则需要较长的时间辨识导向信息,一般在2min内。

3)乘客站内停留时间

通过计算式(1)与对应水平下的乘客速度及相关计算参数(表3),计算出小寨地铁站乘客站内停留时间的对应服务水平等级,结果见表4。

相关参数表　　表3

名　称	数值区间	具体参数
站内行走距离 L_{i1}	2 号线:91.16 ~ 111.62m	扶梯距离:30m
	3 号线:60.01 ~ 127m	扶梯距离:50m
	换乘线:44.63 ~ 122.38m	扶梯距离:30m
扶梯运行速度 V_h	0.65m/s	—
闸机延误时间 T_d	满足 2 ~ 3s 随机分布	Rand(2,3)
排队长度延误系数 α	取 2.2	—
后撤时间 T_{ri}	triangular(0,240,120)	triangular(0,300,150)
	Line2(s)	Line3(s)
首次发车时间 T_e	Line2:54s	Line3:30s
列车到达班次 N_f	Line2:8 次	Line3:9 次

乘客站内停留时间服务水平　　表4

行人路线	服务水平下对应停留时间(min)					
	A	B	C	D	E	F
AD 厅进站	<0.55	0.55 ~ 0.57	0.57 ~ 0.59	0.59 ~ 0.62	0.62 ~ 0.92	>0.92
BC 厅进站	<0.55	0.55 ~ 0.57	0.57 ~ 0.59	0.59 ~ 0.62	0.62 ~ 0.92	>0.92
EF 厅进站	<0.25	0.25 ~ 0.26	0.26 ~ 0.27	0.27 ~ 0.29	0.29 ~ 0.37	>0.37
2 号线左线进站	<0.83	0.83 ~ 0.92	0.92 ~ 1.14	1.14 ~ 2.16	2.16 ~ 3.14	>3.14
2 号线右线进站	<0.81	0.81 ~ 0.89	0.89 ~ 1.11	1.11 ~ 2.15	2.15 ~ 3.12	>3.12
3 号线上线进站	<1.12	1.12 ~ 1.29	1.29 ~ 2.09	2.09 ~ 2.45	2.45 ~ 3.53	>3.53
3 号线下线进站	<1.18	1.18 ~ 1.32	1.32 ~ 2.11	2.11 ~ 2.51	2.51 ~ 3.57	>3.57
3 号线换乘 2 号线	<1.43	1.43 ~ 1.87	1.87 ~ 2.29	2.29 ~ 2.51	2.52 ~ 3.41	>3.41
2 号线换乘 3 号线	<1.19	1.19 ~ 1.21	1.21 ~ 1.26	1.26 ~ 1.32	1.32 ~ 1.41	>1.41
2 号线出站	<0.90	0.90 ~ 1.21	1.21 ~ 1.47	1.47 ~ 2.20	2.20 ~ 2.16	>2.16
3 号线出站	<0.81	0.81 ~ 1.29	1.29 ~ 2.16	2.16 ~ 1.93	2.93 ~ 4.09	>4.09

构建的西安小寨地铁站站内仿真模型如图 9　所示。

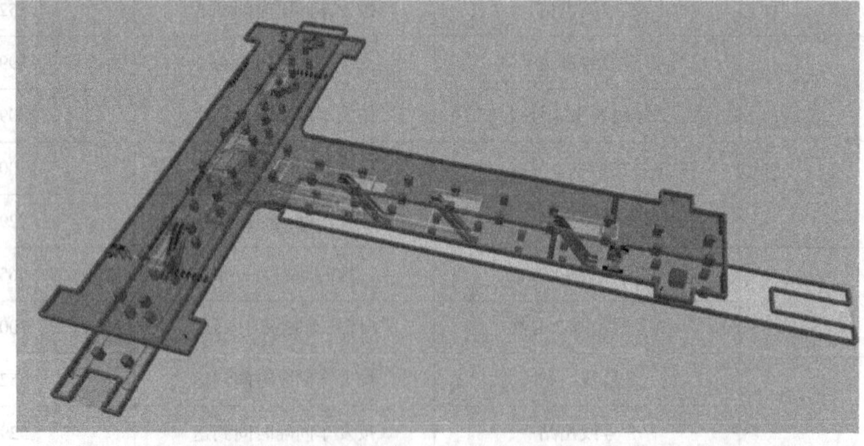

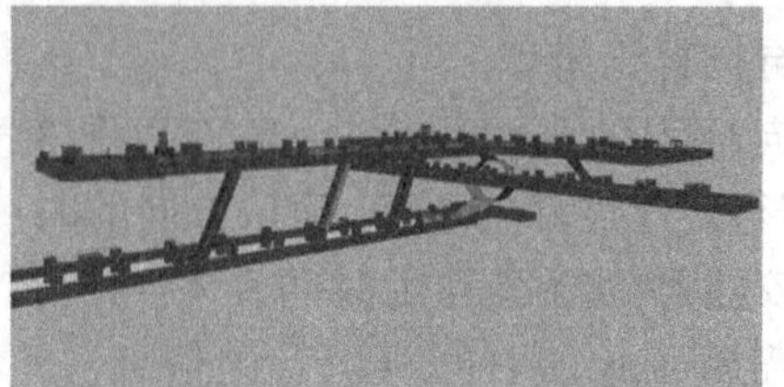

图 9　小寨站三维建模图

2.1.2 仿真评价

1)平均客流密度

由图10可知,站厅层平均客流密度水平处于C级及以下且主要集中在扶梯区域。从AD、BC口进入的乘坐2号线的客流与从3号线出站客流冲突,客流密度处于D级及以下;3号线换乘2号线以及出站乘客客流与进站流线交叉,密度水平为D级和F级之间。

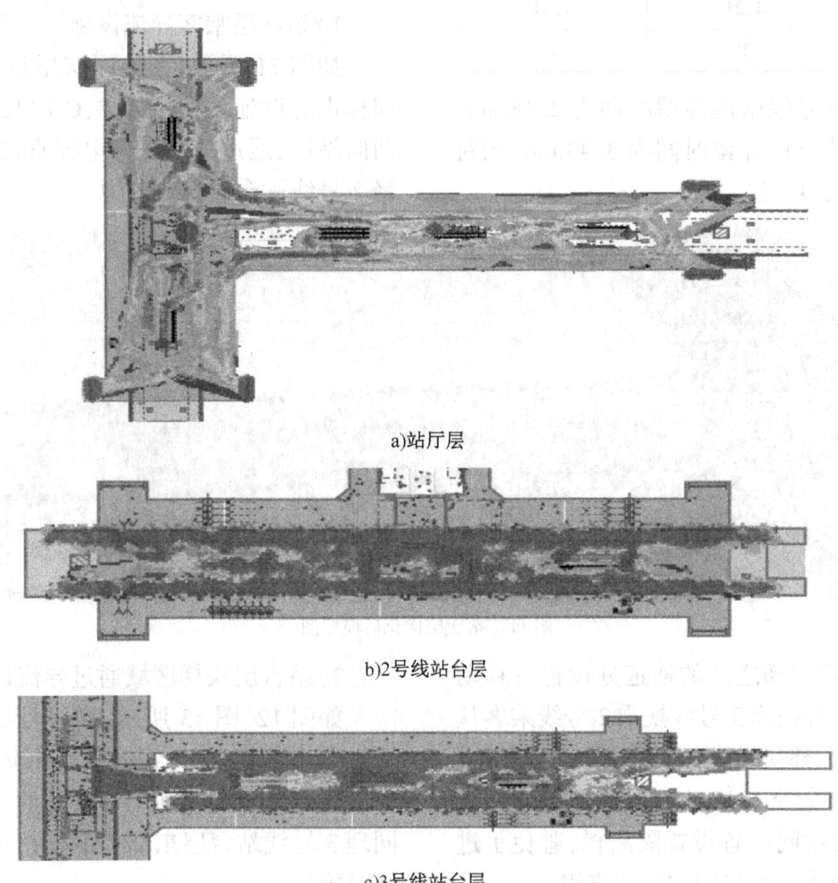

a)站厅层

b)2号线站台层

c)3号线站台层

图10 平均客流密度图

由图10b)可知,2号线站台层大部分候车区域客流密度服务水平均处于D级和F级之间,扶梯出入口处发生严重阻塞现象。

由图10c)可知,3号线站台层楼梯部分客流密度较大,客流密度服务水平处于E级与F级之间;3号线站台结构与2号线一致,服务水平均处于D级和F级之间,与3号线站台层等候上车人群阻碍行走人群,人群易集中在中部楼梯与站台层相交区域的实际情况相符合。

2)乘客站内停留时间

提取仿真中间30min的数据,整理得到如下结果,见表5~表7。乘客从各出口进站停留时间平均为58.28s,其中EF口进站停留时间最短,为0.705min,AD口进站停留时间为0.97min,其停留时间为各出入口停留时间最长。

2号线乘客站内停留时间 表5

乘客路线	左线进站	右线进站	出 站
平均停留时间	1.91	1.99	2.18
最大值(min)	0.251	0.2	0.69
最小值(min)	4.77	4.35	8.9
服务水平	D	D	D

3号线乘客站内停留时间 表6

乘客路线	上线进站	下线进站	出 站
平均停留时间	2.46	2.32	2.223
最大值(min)	0.37	0.35	0.81
最小值(min)	5.64	5.09	6.49
服务水平	E	D	D

换乘乘客站内停留时间　　表 7

乘客路线	2 号线换乘 3 号线	3 号线换乘 2 号线
平均停留时间	2.18	3.43
最大值(min)	0.22	1
最小值(min)	4.21	7.31
服务水平	F	F

2 号线换乘 3 号线站内停留时间为 2.18min，3 号线换乘 2 号线站内停留时间为 3.43min，相对应的服务水平都是 F 级。

2.2　空间布局优化及效果评价

2.2.1　方案优化

基于小寨地铁站的仿真评价结果，综合考虑多方面因素，提出站内空间导向系统优化措施如下。

1）站厅层乘客导流设施

如图 11 所示，在站厅层增设导流杆，结合导向标识等设施，引导由 AB、CD 口进站的乘客至东西向站厅，通过 1、2、3 号电梯直接到达 3 号线，减轻 2 号线站台层客流压力。

图 11　站厅层优化后模型图

1 号与 2 号楼扶梯之间的通道处设置可移动式隔离栏，引导 2 号扶梯 3 号线换乘 2 号线乘客从中部节点楼梯和北部扶梯进行换乘，同时也让从 1 号扶梯去往 EF 口的乘客通过 1、2 扶梯中间通道出站；在 3 号扶梯中间位置设置隔离栏，避免了进站乘客和出站、换乘乘客之间的流线交织。

2）站台层扶梯区域通过导流设施进行分流

如图 12、图 13 所示，在 2 号线南部扶梯位置增加导流设施，起到分离客流冲突的作用，将交织的人流引导至空间利用率较低的区域，减少延误。同理 3 号线站台层东部上下行扶梯也增加乘客分流设施。

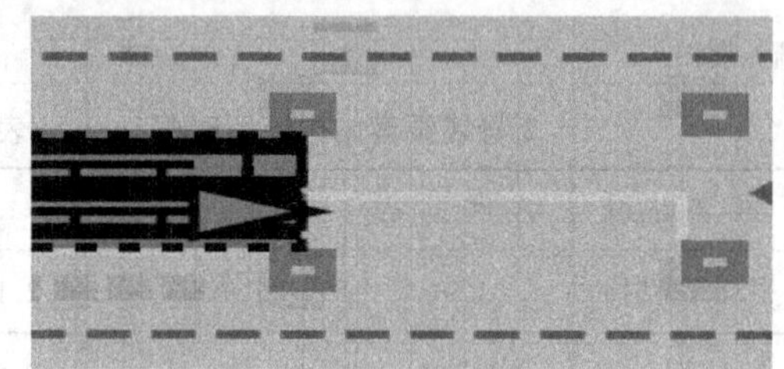
图 12　2 号线南部扶梯乘客分流图

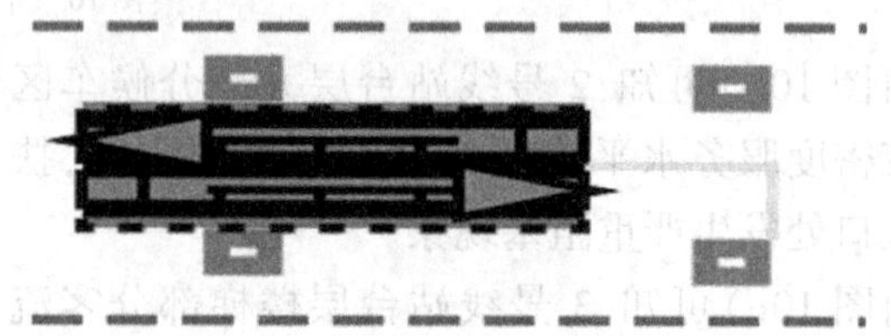
图 13　3 号线东部扶梯乘客分流图

2.2.2　效果评价

构建空间导向系统优化方案仿真模型，客流密度评价结果如图 14 所示，乘客站内停留时间结果见表 8 ~ 表 10。

优化后 2 号线乘客站内停留时间　　表 8

乘客路线	左线进站	右线进站	出　站
平均停留时间(min)	1.87	1.85	2.08
最大值(min)	4.15	4.09	4.41
最小值(min)	0.32	0.27	0.65
服务水平	D	D	D
改善程度(%)	4.6	4.6	4.59

优化后 3 号线乘客站内停留时间　　表 9

乘客路线	上线进站	下线进站	出　站
平均停留时间(min)	2.30	2.23	2.13
最大值(min)	4.36	4.87	4.27
最小值(min)	0.4	0.76	0.90
服务水平	D	D	C
改善程度(%)	5.2	5.2	4.48

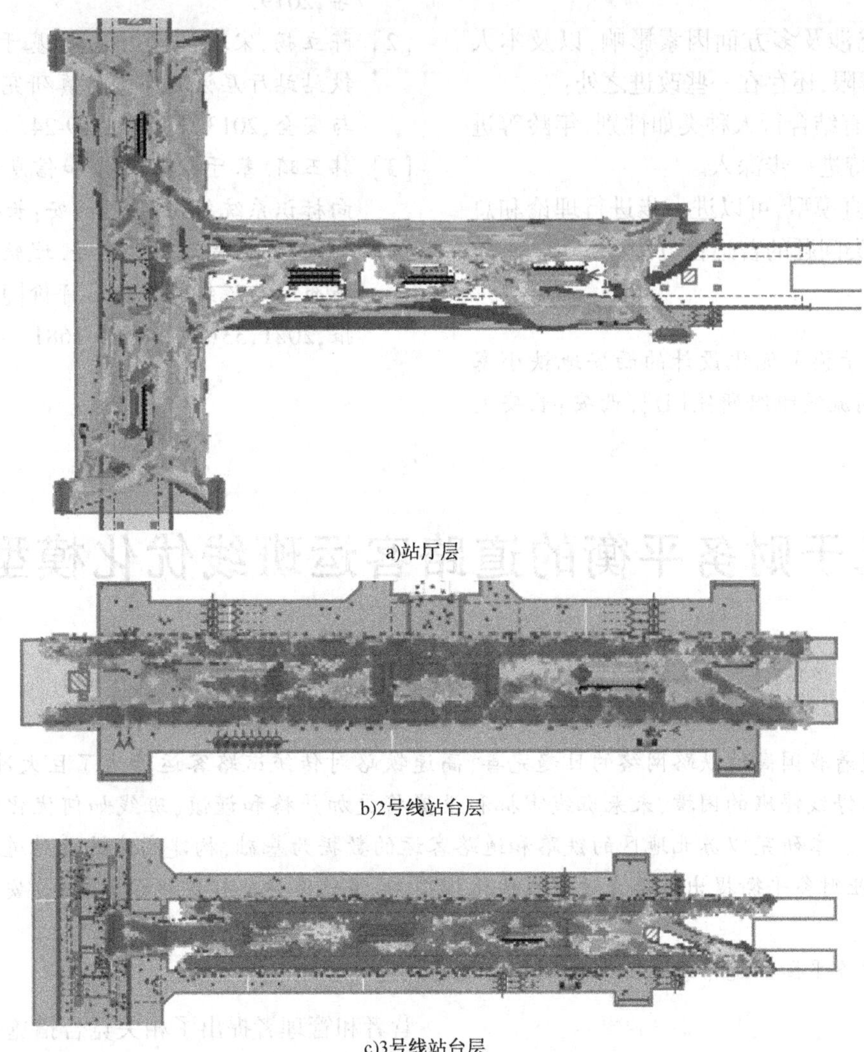

图 14 优化后平均客流密度图

优化后换乘乘客站内停留时间 表 10

乘客路线	2 号线换乘 3 号线	3 号线换乘 2 号线
平均停留时间	2.15	3.2
最大值(min)	4.2	5.5
最小值(min)	0.25	1
服务水平	F	E
改善程度	1.38%	6.7%

对比可知,2 号线进站平均停留时间平均减少 4.6%,出站时间缩短了 4.59%;3 号线平均进站停留时间减少 5.2%,3 号线上线进站服务水平由 E 级升为 D 级,出站停留时间缩短了 4.48%,且 3 号线出站客流停留时间对应的服务水平从 D 级改善为 C 级;3 号线换乘 2 号线停留时间由 3.43min 较少至 3.2min,缩短了 6.7%,相对应的服务水平从 F 级升为 E 级。

综上所述,优化方案缓解了站厅层因 3 号线换乘 2 号线的换乘客流与进站、出站流线冲突导致的扶梯区域的堵塞,缩短行人行走时间,还清晰客流流线,提高了小寨站服务水平。

3 结语

本文以小寨地铁站为例,结合 Anylogic 仿真,组合“吸引子”模块和等待区域来模拟乘客辨识导向标识的行为,对地铁车站内部和乘客行为活动模式进行仿真。选取平均客流密度和乘客站内停留时间的时空评价指标,找出站内空间导向系统现存的问题,从模拟的效果给出空间导向系统的优化方案,优化后减少了站厅层拥堵并充分利用站台空间资源。

由于本研究涉及多方面因素影响,以及本人的能力和经验有限,还存在一些改进之处:

(1)本文没有结合行人种类如性别、年龄等进行研究,所以有待进一步深入。

(2)基于仿真模型,可以进一步进行理论和总结,探讨解决一类问题的普适性方法。

参考文献

[1] 刘隽雅.基于换乘优化设计的西安地铁小寨站内部空间流线组织研究[D].西安:长安大学,2019.

[2] 陈立扬,宋瑞,李志杰,等.基于Anylogic的地铁站站厅层设施布置仿真研究[J].交通信息与安全,2013,31(05):19-24.

[3] 韩玉琦.基于乘客行为和信息需求的地铁导向标识系统优化[D].西安:长安大学,2019.

[4] 刘枫,邵春福,贾红非,等.城轨换乘站服务设施布局与流线优化仿真评价[J].系统仿真学报,2021,33(07):1670-1681.

基于财务平衡的道路客运班线优化模型

周　涛*　齐　超　翟泽刚

(华设设计集团股份有限公司大数据及交通数字化规划研究中心)

摘　要　随着我国高速铁路网络的日趋完善,高速铁路对传统道路客运产生了巨大冲击,大批的道路客运班线面临停线停班的困境,未来班线审批和设置将更加严格和谨慎,班线如何优化调整需要科学的模型进行指导。本研究以苏北地区的铁路和道路客运的数据为基础,构建高速铁路对道路客运影响模型预测,结合企业财务平衡提出道路客运班线优化模型,为道路客运班线优化调整、人员安置提供理论模型支撑。

关键词　财务平衡　道路客运　班线优化　运力调整

0　引言

随着我国高速铁路网络日趋完善,高速铁路以快速、舒适、准时等特点吸引了更多旅客,道路客运市场份额日渐降低。在此背景下,道路客运班线应如何调整以应对高速铁路的竞争压力,需要清晰的发展思路和明确的解决对策。

道路客运班线调整模型的研究较多,主要从经济角度研究道路客运班线的优化调整策略,但从企业生存角度出发研究具体线路优化调整的定量模型较少。林佳妮[1]基于博弈理论,利用Logit模型和成本变动函数构建了运输通道客运市场的竞争博弈模型,并以成渝运输通道为例进行求解计算,从而提出通道上各种运输方式的竞争对策。周灵[2]运用博弈理论对成渝客运通道上各种运输方式的竞争策略选择进行了研究,建立了城际列车和高速道路客运两种运输方式的博弈模型,并根据模型求解结果,对通道上各种运输方式的运营者和管理者提出了相关竞合措施。徐亚[3]利用结构方程模型建立相应的分担率预测模型预测道路旅客交通需求,进而建立道路班线设置优化模型及发车时刻表优化模型,为道路旅客运输企业合理规划组织运输提供参考。郝元[4]在研究班线客运市场需求与供给内在关系的基础上,引入引力模型作为核心模型,构建客运班线运力规模模型。黄涛等[5]在效用理论的基础上,建立了基于双层规划的班线运力优化模型。刘云飞[6]建立宏观客运班线配置模型,选取无效出行时间和城内出行费用两个影响因素,建立多目标优化模型,最终实现道路客运班线效益最大化。

本文在江苏苏北地铁高速铁路成网和疫情的影响下道路客运线路的调整情况为基础,研究铁路对道路客运的影响,道路客运班线设置的标准模型等角度,定量化分析苏北高速铁路开通对道路客运的影响程度以及道路客运班线优化调整的标准,为研究道路客运班线设置、定制班线的制定以及班线取消指明了方向。

1 理论模型构建

1.1 模型构建的技术思路

本文所建立的公铁竞合背景下道路客运班线优化理论模型包括公铁竞合模型和客运企业班线设置模型。模型构建的技术思路如图1所示，由参数标定模块、概率选择模块、班线流量预测模块、班线调整模块、人员调整模块组成。

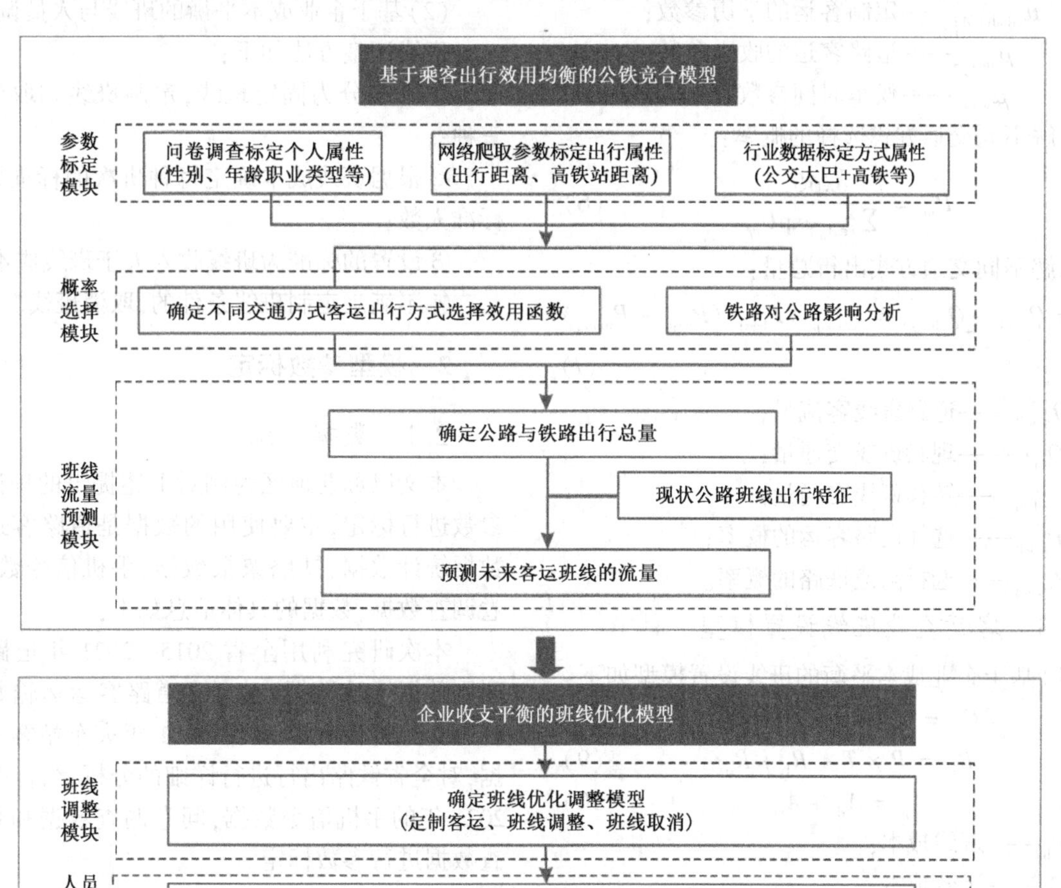

图1 模型构建思路

1.2 公铁竞合模型

本文采用的是巢式Logit双层模型，上层考虑高铁与其他客运方式的差异性，下层包含的具体交通方式选择肢，建立公铁竞合模型，分析铁路对道路客运的影响。

上层效用函数：

$$U = \mu_{age2} \times age2 + \mu_{job1} \times job1 + \mu_{inc} \times income + \mu_{edu} \times edu + \mu_{dis} \times dist \tag{1}$$

式中：μ_{age2}——年龄参数（50岁以上人群）；

μ_{job1}——职业参数；

μ_{inc}——收入参数；

μ_{edu}——学历参数；

μ_{dis}——高速铁路车站距离参数。

下层效用函数：

$$U(car) = C_{car} + \mu_{car} \times carown + \mu_{time} \times time + \mu_{cost} \times cost \tag{2}$$

$$U(dingzhi) = C_{dingzhi} + \mu_{age1} \times age1 + \mu_{incdingzhi} \times income + \mu_{jobdingzhi} \times job2 + \mu_{edudingzhi} \times edu + \mu_{time} \times time + \mu_{cost} \times cost \tag{3}$$

$$U(bus) = \mu_{incbus} \times income + \mu_{wtime} \times wtime + \mu_{time} \times time + \mu_{cost} \times cost \tag{4}$$

$$U(train) = \mu_{wtime2} \times wtime + \mu_{time} \times time + \mu_{cost} \times cost \tag{5}$$

式中：C_{car}、$C_{dingzhi}$——常数项；

μ_{car}——家庭小汽车拥有参数；

μ_{time}——车内时间参数;

μ_{cost}——费用参数;

μ_{age1}——年龄参数(30~50岁人群);

$\mu_{incdingzhi}$——定制客运的收入参数;

$\mu_{jobdingzhi}$——定制客运的职业参数;

$\mu_{edudingzhi}$——定制客运的学历参数;

μ_{incbus}——道路客运的收入参数;

μ_{wtime}——候车时间参数。

求解不同交通方式选择的概率:

$$P_{ni} = \frac{\exp U_n}{\sum_{j \in A_n} \exp U_{nj}} \tag{6}$$

求解不同交通方式出行总量:

$$Q_{busij'} = Q_{busij} - Q_{(b-t)ij} = Q_{busij} \times P_{busij} / (P_{busij} + P_{trainij}) \tag{7}$$

式中:$Q_{busij'}$——道路班线客流量;

Q_{busij}——现状班线交通量;

$Q_{(b-t)ij}$——转移班线交通量;

P_{busij}——选择道路客运的概率;

$P_{trainij}$——选择高速铁路的概率。

1.3 客运企业班线设置模型

(1)基于企业成本平衡的班线设置模型如下:

$$C_b = C_y + F + C_r + C_q \tag{8}$$

$$R_b = P \times T + R_t + R_q \tag{9}$$

$$A_p = A_d + A_m \tag{10}$$

式中:C_b——班线成本;

C_y——运营成本;

F——期间费用;

C_r——人工成本;

C_q——其他成本;

R_b——班线收入;

P——载客人数;

T——票价;

R_t——补贴收入;

R_q——其他收入;

A_p——人员调整数量;

A_d——调整的驾驶员;

A_m——调整的管理和辅助人员。

(2)基于企业成本平衡的班线与人员调整。

班线调整方法如下:

①班线分为固定班线,定制班线和取消班线三种;

②根据班线成本确定每种班次的标准票价和标准人数;

③设置的标准为班线收入大于班线成本;

④不满足定制班线条件的,取消班线。

2 模型参数标定

2.1 数据来源

本文以苏北地区为例对上述提出的理论模型参数进行标定,主要使用的数据是道路客运联网数据统计数据、铁路票根数据、手机信令数据、问卷调查数据,数据的具体信息如下:

本次研究利用全省2015—2021年道路客运联网数据统计数据,对全省道路客运运输数据进行全面分析;获取2014—2021年火车站客流量数据,对全省铁路出行进行详细的分析;结合2018—2021年的手机信令数据,问卷调查数据和企业调查数据进行参数标定。

2.2 公铁竞合模型参数

表1所示为本文建立的公铁竞合模型所需的参数,分为个人属性、出行属性、方式属性三个层面,其中个人属性参考文献[7]的研究结果,本文主要利用苏北地区的多源数据对模型出行属性及方式属性进行标定。

公铁竞合模型参数一览表 表1

属性	方式		因素
个人属性	—		性别、年龄、职业类型、个人年收入、受教育程度、是否拥有小汽车
出行属性	—		出行距离、高速铁路车站接驳距离
方式属性	单一方式	私家车/定制客运	车内时间、费用
		公路大巴/高速铁路	候车时间、车内时间、费用
	组合方式	定制接驳+高速铁路	定制接驳时间、高速铁路乘坐时间、定制接驳车费用、高速铁路乘坐费用
		公路大巴+高速铁路	接驳时间、换乘时间、高速铁路乘坐时间、接驳大巴费用、高速铁路乘坐费用

2.2.1 出行属性

(1)出行距离。

如图2所示,现状苏北道路客运平均运距约160km,跨市道路运距达225km左右,均处于高速铁路优势范围内。

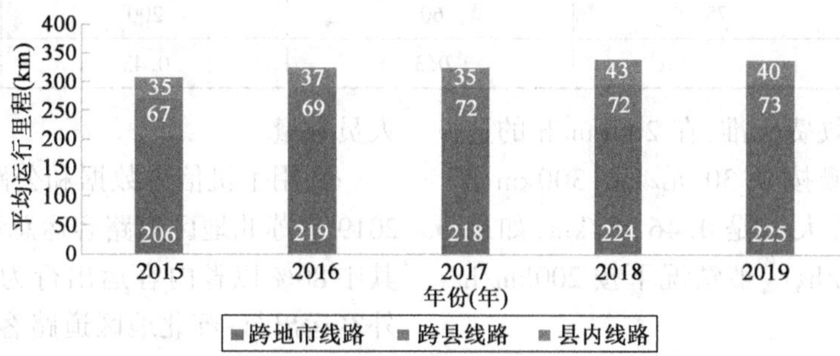

图2 历年苏北地区不同类型班线平均运行里程

(2)高速铁路车站接驳距离。

如图3所示,高速铁路车站距离出发地越远,客运班线逐步体现优势。

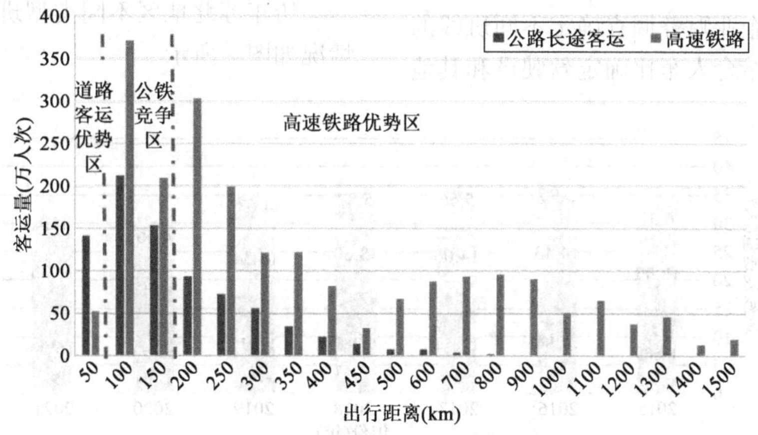

图3 不同距离下的公铁竞争关系

2.2.2 方式属性

(1)公路客运出行时间和费用测算。

本次采用最短驾驶时间运行策略,输入各站点的起终点的经纬度,利用 python 编程基于高德地图爬取公路大巴出行推荐的出行距离、时间和费用。

(2)铁路客运出行时间和费用测算。

对于铁路而言,利用 TransCAD 构建未来年全省铁路网络,根据站点位置、铁路运营速度、铁路技术等级、发车频次、途径站点、开通年限以及站点停靠次数等构建全省铁路出行时间、距离网络。结果见表2、表3。

高速铁路网络线路主要属性表　　表2

ID	roadname	id2	mode	nonpkit	pkit	openyear	Capacity	Rtlength	Rtstop	speed	[time min]
400	徐连徐州段	1	2	9	12	2020	43200	131	4	350	5.37
399	徐连徐州段	1	2	9	12	2020	43200	131	4	350	12.06
10	陇海徐州段	3	2	6	8	1953	43200	102	2	200	38.67
11	京沪铁路江苏徐州	6	2	32	40	1968	43200	93	2	200	34.06
402	京沪铁路江苏徐州	6	2	32	40	1968	43200	93	2	200	1.25
20	京沪高铁徐州段	5	2	120	150	2011	43200	93	2	350	20.09
401	徐连徐州段	1	2	9	12	2020	43200	131	4	350	11.20
23	陇海段	4	2	6	8	1953	43200	212	4	200	3.34
25	徐连段	2	2	9	12	2020	43200	183	3	350	7.48

不同交通方式的参数标定图　　表3

项　目	交通方式			
	私家车	公路客运班线	高速铁路列车	定制接驳车
速度(km/h)	75	60	200	72
出行费用(元/km)	1	0.3	0.43	0.67

根据不同铁路的收费标准,在200km/h的速度下,二等座基价大概按0.30元/km;300km/h的速度下,二等座基价大概是0.46元/km;如果线路等级低于200km/h,一般情况下按200km/h计算。

2.3　客运企业班线设置模型参数

客运企业班线设置模型的参数标定包括以下过程:(1)结合道路客运的现状确定票价、载客人数等参数;(2)结合企业财务调查确定不同班线的成本和收入等;(3)结合人车比确定驾驶员和其他人员数量。

利用手机信令数据和公路客票数据计算得到2019年苏北地区道路客运总量约为0.53亿人次,其中80%以省内客运出行为主,20%为省内到省外客运出行;苏北地区道路客运对外覆盖82个城市,对内开通线路条数约1100条,平均运距超过160km,平均上座率约为30%,人均票价花费约为63元/人。

历年苏北地区不同类型班线客运发送量变化情况如图4所示。

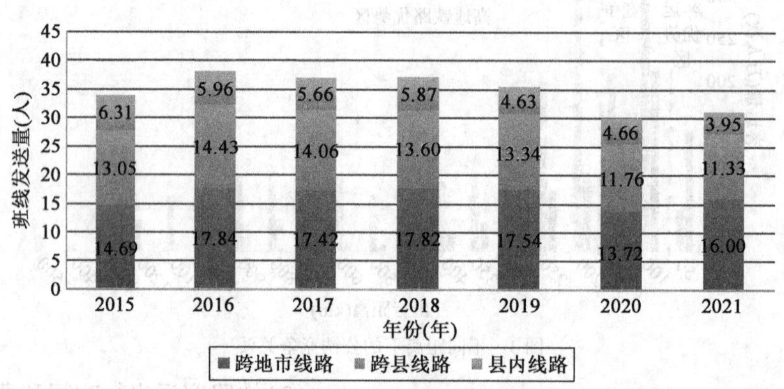

图4　历年苏北地区不同类型班线客运发送量变化情况

2.3.1　历年省内道路客运班线、班次变化构成分析

如图5所示,苏北地区道路客运班线条线近2年下降了7%,其中市际班线条数下降趋势最明显。班线次数近2年下降了33%,市际班次和县内班次下降最明显。

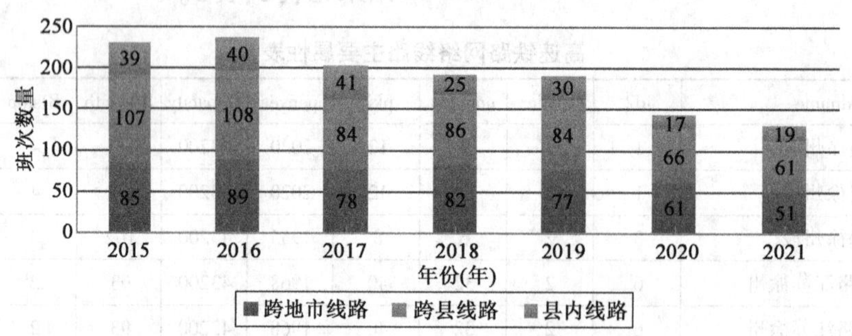

图5　历年苏北地区不同类型班线发车班次变化情况

2.3.2　历年省内道路客运班线收入构成分析

如图6所示,苏北地区道路客运近些年营收持续下降,尤其是近两年受到疫情和高速铁路冲击,营业收入下降了50%以上。

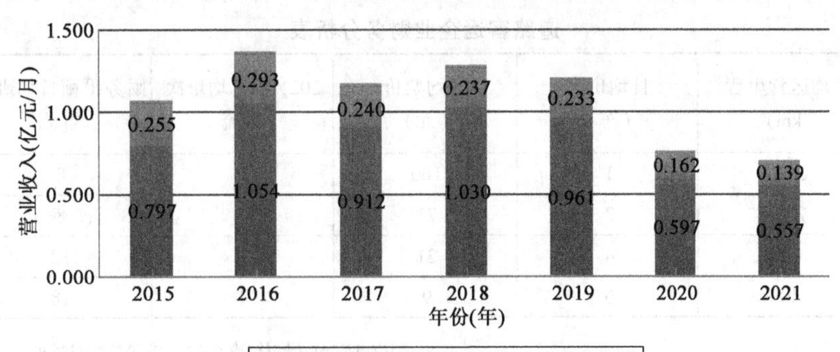

图6 历年苏北地区不同类型班线收入变化情况

2.4 企业财务调查

根据2019年对南通某道路客运企业调查数据来看(表4),该客运企业有车辆119辆,主要承担县际与县内客运班线运营,企业人员约196人,经测算一年企业成本约为5000万元。根据企业财务分析测算,企业人员人均工资约为8.0万元/年,燃油车辆运营费用(含维修保养费)约为2.1元/km,大型车辆折旧费约为10万元/年。根据测算,在南通某企业一辆车平均需要配备人员约1.6人,每天营业收入需达到1200元才能维持企业生存。考虑到苏北地区实际以及企业在紧衣缩食的情况下,测算每天每辆车至少1000元以上才能维持企业生存。

2019年某公司企业成本测算 表4

成本项	子项	2018年费用(万元)	2018年费用占比(%)	2019年1—6月费用(万元)	2019年费用占比(%)
运营成本	人工成本	2328.46	47.73	1066	40.34
	燃料费	893	18.30	511	19.34
	保修材料费	283	5.80	176	6.66
	轮胎消耗费	72	1.48	72	2.72
	折旧与摊销	835	17.11	381	14.42
	保险费	354	7.26	384	14.53
	其他运营服务费	31.5	0.65	16	0.61
期间费用	管理费用	74.5	1.53	33.3	1.26
	财务费用	7.39	0.15	3.32	0.13
成本项总计		4878.85	100	2642.62	100

表5所示为各类型班线的财务分析表,对县内班线而言,平均运营里程约为40km,根据测算每辆车可以开通6个班次;根据县内班线平均票价9.4元/人测算,每班次客流量至少达到18人才能维持企业平衡。而现状苏北地区平均班次客流量只有14人,测算现状道路客运班线处于严重亏损中,平均亏损约为24%左右;对县际班线而言,平均运营里程约为73km,根据测算每辆车可以开通4个班次;根据县内班线平均票价21元/人测算,每班次客流量至少达到12人才能维持企业平衡。而现状苏北地区平均班次客流量只有13人,测算现状道路客运班线处于勉强维持平衡状态;对市际班线而言,平均运营里程约为225km,根据测算每辆车可以开通2个班次;考虑高速公路缴费费用等,根据市际班线平均票价71元/人测算,每班次客流量至少达到8人才能维持企业平衡。而现状苏北地区平均班次客流量只有18人,测算现状开通的道路客运班线现状处于盈利状态;对省际班线而言,平均运营里程超过350km,根据测算平均每辆车只能开通一个班次;根据市际班线平均票价160元/人测算,每班次客流量至少达到8人才能维持企业平衡。而现状苏北地区平均班次客流量只有13人,测算现状开通的道路客运班线现状处于盈利状态。

道路客运企业财务分析表　　表 5

	平均运营里程(km)	日均班次(车)	平均票价(元)	2021 年日均班次客流	财务平衡日均班次客流	现状线路评价
省际班线	350	1	160	13	8	盈利
市际班线	225	2	71	16	8	盈利
县际班线	73	4	21	11	12	平衡
县内班线	40	6	9	4	18	严重亏损

3　模型预测结果

将上述确定的各项参数代入所构建的理论模型中,可以得到受高速铁路开通影响,苏北地区道路客运所需调整的班线及人员情况。

表 6 所示为模型预测得到的苏北地区高速铁路开通对道路客运客流的影响,结果显示 2023 年和 2021 年道路客运量较 2019 年分别下降 66% 和 40%,省际道路客运客流将下降最大,达 83%,县内道路客运客流将下降 70%,县际道路客运客流将下降 2/3。

苏北地区各类班线客流变化　　表 6

类　型	年份(年)				较 2019 年下降比例(%)
	2019	2020	2021	2023	
省际	1.46	0.874	0.73	0.25	82.88
市际	4.49	2.781	2.74	1.81	59.69
县际	3.74	2.574	2.29	1.27	66.04
县内	0.46	0.269	0.25	0.14	69.57
总量	10.15	6.49	6.01	3.47	65.81

如表 7 所示,基于对企业的财务分析,考虑企业效益,当苏北地区高速铁路开通后,由于省际班线平均客流低于固定班线标准客流,建议大量省际班线转为定制班线;市际班线只有固定班线标准客流的一半,建议大量市际班线转为定制班线;对于县际班线建议转为定制班线或取消班线;县内班线亏损严重,建议大量班线取消或纳入城市公交体系中。

道路客运班线调整依据　　表 7

班线类型	平均运营里程(km)	平均票价(元)	2021 年日均班次客流	开通班线的日均标准客流(人)	开通定制班线的日均标准客流(人)	取消班线的日均客流(人)
省际班线	350	160	13	大于 16	6 ~ 18	小于 6
市际班线	225	71	16	大于 32	6 ~ 35	小于 6
县际班线	73	21	11	大于 96	10 ~ 100	小于 10
县内班线	40	9	4	大于 108	15 ~ 110	小于 15

根据上述结果,预测得到苏北地区道路客运班次调整结果见表 8。

苏北地区各类班线班次变化　　表 8

班线类型	2019 年	2023 年	下降比例(%)
省际	14567	2501	82.83
市际	44954	18145	59.64
县际	37406	12693	66.07
县内	4593	1405	69.41
总量	101520	34744	65.78

根据班线调整结果,预测得到苏北地区道路客运人员调整结果见表 9。

苏北地区各类班线人员变化　　表 9

班线类型	人员调整
省际	1742
市际	1890
县际	1820
县内	513
总量	5965

4 结语

本文构建了公铁竞合背景下的道路客运班线优化模型，以苏北地区为例预测分析了苏北地区高速铁路开通后道路客运班线及人员调整状况，结果显示道路客运班次及人员都将大幅下降，现有的经营模式将难以为继。道路客运企业应当找准高铁开通后自身新的功能定位和发展模式，采取合理增设客流集散点、优化客运线路、灵活调整班次等调整策略，避免与高速铁路产生无效竞争。

参考文献

[1] 林佳妮. 成渝通道客运市场竞争博弈分析[J]. 交通科技与经济，2013，15(05)：66-70.

[2] 周灵. 基于博弈论的客运通道市场竞争策略选择研究[D]. 成都：西南交通大学，2012.

[3] 徐亚. 基于旅客出行行为分析的道路客运班线优化研究[D]. 武汉：武汉理工大学，2012.

[4] 郝元. 基于引力模型的省域市际公路客运班线运力规模研究[D]. 西安：长安大学，2014.

[5] 黄涛，潘青，徐亚. 基于双层规划的道路客运班线运力优化研究[J]. 武汉理工大学学报（交通科学与工程版），2013，37(01)：158-161，166.

[6] 刘云飞. 公路客运站班线宏观配置优化研究[D]. 哈尔滨：哈尔滨工业大学，2012.

[7] 曹锴. 基于公铁竞合关系的公路客运需求预测与转型发展研究[D]. 南京：东南大学，2020.

[8] 华设设计集团. 苏北高铁网建成对道路客运的影响和对策研究[R]. 华设设计集团，2020.

航空旅客空铁联运选择行为研究

杨 政 严 海*

（北京工业大学城市建设学部）

摘 要 为分析航空旅客空铁联运选择行为特性，本研究以京石空铁联运作为研究对象，通过设置三个差异化航线下的空铁联运场景，探究了不同特性旅客出行选择偏好。首先，对影响因素进行了描述性统计分析，可以看出，包括老人儿童等同行人员总数、大件行李数、换乘过程复杂性与出行者空铁联运选择有明显的相关性。然后通过建立BL模型，分析影响航空旅客空铁联运选择的机理，分析发现，不同的场景下，大件行李托运、多人同行优惠、提供换乘便利等政策，对于不同航旅特征人群选择空铁联运的影响具有显著差异。本研究对于优化空铁联运换乘服务，均衡利用空铁资源具有理论和现实意义。

关键词 运输规划 空铁联运 相关性分析 Logit模型 京津冀城市群

0 引言

交通运输是社会经济发展先行领域，2020年国家发展和改革委发布的《关于促进枢纽机场联通轨道交通的意见》明确指出：我国要提高轨道交通与机场之间连接的紧密性，在《北京城市总体规划(2016年—2035年)》中也提出：发挥北京的辐射带动作用，打造以首都为核心的世界级城市群。在京津冀城市群中，对外交通枢纽包括4个重要的航空机场，同时这些机场间已建立了相对便利的高速铁路联通，这为城市群发展空铁联运提供了良好的基础设施条件。

目前，对于空铁联运问题的讨论主要包括以下的几个方面。一是对空铁联运可能性的探讨。Jiang(2014)讨论了枢纽机场容量约束下联运提升社会福利的问题[2]。黄仪融(2021)等指出高速铁路票价需要一个明确的上界，空铁联运才能正常运作[3]。张晋(2019)等结合我国机场线对规划特征进行分析，明确不同功能机场线的适应性特点[4]。二是对于空铁联运需求问题的研究。翟孝志(2015)等得到联运的需求取决于与航班直达和高铁直达方式的特性的结论[5]，马慧涛(2020)将

1. 国家重点研发计划项目——京津冀城市群多模式客运枢纽一体化运行关键技术 子课题二(2018YFB1601302)。

在对石家庄机场问题和解决方案提出后指出,之所以存在这些问题,是对于旅客需求缺乏精准的感知[6]。张琳(2020)基于城际旅客出行方式选择模型,构建综合交通客运体系提供依据[7]。马书红(2021)[8],陈琳(2020)[9]构建多指标多因素结构方程模型,分析旅客自身属性与多个潜变量间的关系。Ben-Akvia(2002)[10]、Paulssen(2014)[11]等研究潜变量对出行方式选择的影响,根据出行者对出行的安全、舒适、便利等方面需求进行行为影响研究。三是针对空铁联运服务于旅客出行的问题,学者们从空铁联运的定位、规划布局、辐射程度等方面进行了广泛的研究。ZhiChun Li(2021)提出航空-铁路一体化服务(ARIS)是多式联运旅行的解决方案[12]。孙婷婷(2019)等研究对旅客空铁联运机场对周边区域辐射效应进行实证研究[13]。Xiaowen(2014)等通过研究发现出行时间、出行距离、出行费用等因素并构建NL模型探讨了出行者如何对飞机或者火车作出选择[14]。

上述研究分析了空铁联运的可行性以及城市群机场出行者选择行为机理。但在微观层面对于出行者的属性刻画不够全面,也没有对不同航线特征下出行属性特点的变化进行更为细致的研究,无法基于个体选择特质提出空铁联运的针对性改善措施。因此,本研究的主要贡献体现在:增加对共同出行者属性考虑,同时建立城市群不同航线特征的换乘场景;通过建立离散选择行为模型,分析了不同航线特征下旅客空铁联运选择行为,得到影响航空旅客空铁联运选择因素,在此基础上提出具有针对性的空铁联运引导性措施。研究结论对于优化空铁联运服务具有理论和现实意义。

1　研究场景设置与统计性分析

1.1　场景设置

本文以京津冀城市群为研究背景,北京首都国际机场(以下简称PEK)、石家庄正定国际机场(以下简称SGW)和京石高速铁路为空铁联运提供服务的主体。通过对两机场开通的航班和京石高速铁路班次调研分析,在热门航线中筛选出航班飞行时间差、票价比、换乘时间与飞行时间比具有明显差异的三条航线作为分析场景(表1)。设计了行为意向的调查问卷,其中个人社会经济属性5项,个人出行特征属性8项(出行费用占比、公务出行频次、同行人员数量、老人与儿童同行数量、大件行李数目、换乘过程复杂性、天气状况等),采用问卷星的方式进行调查,调查时间为2020年10月17—31日,共计回收问卷442份,其中有效问卷401份,有效率为90.7%。

京石联运航线场景的设置　表1

场景	场景一		场景二		场景三	
目的地	城市S		城市H		城市T	
出发地	SGW周边		PEK周边		PEK周边	
班次比	24:3		16:1		3:1	
票价比	1:1		3:1		2:1	
换乘过程	3.5h/120元		3.5h/120元		10.5(3.5+7)h/120元 包含7h转机时长	
飞行时间	2h10min	2h	3~4h	7h	4~5h	13~15h
出行总时长比	2:1		1:1		1:4	
出行距离	1050km较短		1650km较长		1800km较长	
其他属性	国内经济中心 商务出行比例大		国际中转机场 需要签证		受两地关系影响大 需要签证,行程中需转机	

1.2　空铁联运影响因素描述性统计

对个人社会经济属性进行简单统计分析,被调查者男性55.86%多于女性44.14%,以50岁以下青年人为主(93.52%),学历大部分为本专科以上(84.29%),职业分布以企事业单位人员为主(56.61%),收入集中在8000元/月以下(91.8%)。航空出行目的多为公务出行,其中每年因私出行2次及以下占比达到82.29%,而每年公务出行主要集中于3~10次,所占比例为69.58%。

在个人出行行为中,重点对同行者(特别是老人与儿童)的数量、随身携带大件行李数目对出行的影响程度,采用了桑基图的分析方法进行分析,自左向右场景分别为一、二、三。桑基图表示随着场景属性与个人属性发生变化时,出行者转向选择就近出行比例的变化。

从图1和图2中可以看出,当有2~3名老人及儿童同行时,出行者更倾向于选择就近机场出行,所占比例分别为63%和77.3%。在三场景中,当出行者携带一件及以下行李时,仅有10%~17%的出行者选择就近出行,场景一、二当行李数增多至2~3件时,比例增加56.6%和41.4%,而场景三中则增加62.9%。

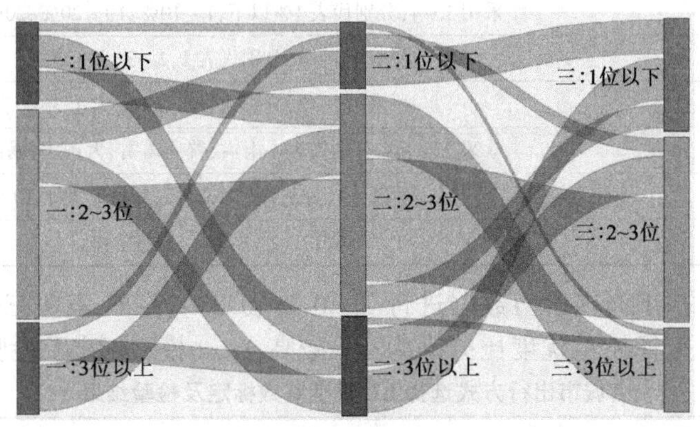

图1 老人与儿童同行选择就近出行统计桑基图

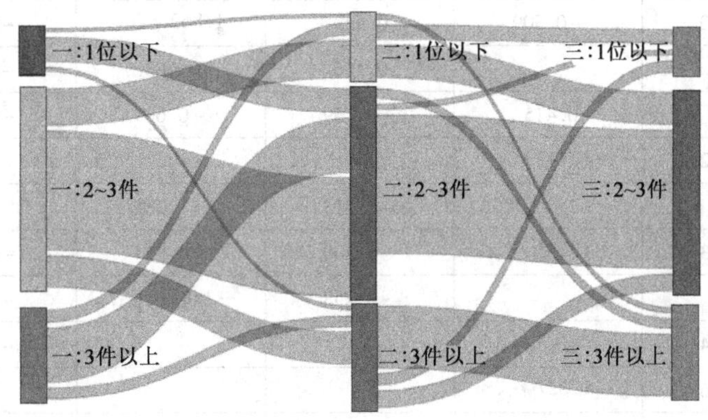

图2 大件行李数目选择就近出行统计桑基图

对同行者人数和换乘复杂性对于是否会影响选择空铁联运的调查结果显示,在场景一中,当出行人数为2~5人时,有意愿选择空铁联运比例为55.9%,但人数增加至5~10人时,该比例仅为26.1%。在场景二、三中,由于航空票价差增大,有意愿选择空铁联运比例分别增加35.7%和37.9%。在场景一、二中,换乘的复杂性对出行者选择空铁联运的影响较小,仍会有79%~82%的乘客考虑选择空铁联运,场景三中,由于换乘加转机总时长达到7~9h,空铁联运意愿降低,下降至56.11%。

根据以上的初步数据分析中可以看出,包括老人儿童等同行人员总数、大件行李数、换乘过程复杂性与出行者空铁联运选择有明显的相关性。因此,将在此基础上,对以上因素进行建模分析,分析其影响程度。

2 选择行为建模

2.1 Logit模型简介

本研究假设出行者的选择行为遵循"效用"最大化原则,建立二项Logit模型,选择肢分别为:选择空铁联运和不选择。将空铁联运过程中出行者的自身属性变量进行分类,见表2。

影响空铁联运因素变量分类表　　表2

定　义	变量分类
性别	采用1,2,男:1,女:2
年龄(岁)	采用1~5,分别代表小于20岁,20~30岁,30~40岁,40~50岁,大于50岁
学历	采用1~4,分别代表初中以下,高中或中专,本科或专科,研究生及以上
职业性质	采用1~5,分别代表学生,企业单位人员,事业单位人员,个体工商户,其他
收入水平(元)	采用1~5,分别代表小于3000,3000~5000,5000~8000,8000~20000,大于20000
公务出行频次(次)	采用1~5,分别代表从不,1~2,3~5,6~10,大于10
非公务出行频次	采用1~5,分别代表从不,1~2,3~5,6~10,大于10
出行的费用占比	采用1~4,分别代表1%以下,1~10%,10~20%,20%以上
儿童或老人人数(位)	采用1~3,分别代表1,2~3,大于3
大件行李数目	采用1~3,分别代表1,2~3,大于3
天气情况	采用1~4,分别代表小雨雪,普通雨雪,大雨雪,暴雨雪
多人同行(人)	采用1~4,分别代表2,2~5,5~10,大于10
换乘过程	采用1,2,愿意:1,不愿意:2

用TransCAD软件对基于调查模型数据进行标定,三个场景下的BL选择模型优度比分别为0.21、0.239、0.26,表明三个场景下模型的精度均较高,Logit模型标定及检验结果见表3。

各城市出行方式选择BL模型参数标定及检验结果　　表3

参　数	场景一		场景二		场景三	
	估计值	T检验	估计值	T检验	估计值	T检验
性别	-0.220	-0.509	0.523	1.862 * $_{(1)}$	-0.236	-0.954
年龄			0.116	0.663	-0.179	-1.164
学历	0.148	0.415	-0.159	-0.669	-0.101	-0.510
职业	-0.272	-1.747 * $_{(4)}$				
收入水平			-0.513	-1.285		
公务出行频次	-0.513	-1.733 * $_{(3)}$	-0.200	-0.824	-0.368	-1.794
非公务出行频次			-0.258	-1.651 * $_{(3)}$	-0.353	-2.762 * * * $_{(3)}$
儿童老人同行人数	-0.324	-0.588			-1.079	-3.096 * * * $_{(2)}$
大件行李数目	-1.146	-1.827 * $_{(2)}$				
天气情况	-0.716	-0.763	0.298	1.656 * $_{(2)}$	-1.033	-2.575 * * $_{(5)}$
多人同行	0.236	0.402	1.074	0.657	1.074	2.612 * * $_{(4)}$
换乘过程	0.902	1.975 * * $_{(1)}$	0.166	0.970	2.638	5.815 * * * $_{(1)}$

注:*,**,***分别表示90%,95%,99%水平下显著;T检验数值下角标则按照影响程度大小(由强及弱)排序。

2.2　模型标定结果

(1)在场景一中,对出行者选择影响较大因素为换乘过程的复杂程度、职业性质、公务出行频次和大件行李数目(由强及弱),换乘过程的复杂程度|T|检验值为1.975,大于1.96,且为正值,该参数对模型有显著性影响。表明换乘过程越简单,出行者倾向于选择空铁联运,而大件行李数目、公务出行频次、通勤类职业等均属于负相关。

(2)在场景二中,|T|检验值较大为性别、天气情况、非公务出行频次等(由强及弱)。性别、天气状况对于出行者选择的影响程度属于正相关。其中性别的影响系数最大为1.862,女性更倾向于选择就近出发,而与非公务出行频次呈负相关。

(3)在场景三中,|T|检验值较大为换乘过程复杂性、儿童或老人同行数量、天气状况、多人同行人数等(由强及弱)。换乘过程|T|检验值增大至5.81,且为正值。老人或儿童同行人数,非公务出行频次、天气状况、公务出行频次均对出行者选

择空铁联运有消极作用,老人或儿童出行不便,当人数较多时,可能是出行者抵触联运的重要因素。

2.3 模型标定结果的讨论

基于上述的标定结果,结合场景设置,可以得到出如下的分析结论:

(1)短距离航空航线(场景一),由于机场航班班次比高,票价无明显差别,但空铁联运的换乘过程耗时占比大,因此,换乘过程复杂性对出行者选择的影响最大,且随着出行者携带大件行李数目越多,更倾向于选择就近出行。对于这类航线的乘客,通过简化空铁换乘,一站式行李托运等政策,对其选择空铁联运更具吸引力。

(2)中长距离航空航线(场景二),出行距离增长,两机场航班班次比居中,但航空票价差明显增大,因此,选择空铁联运的出行者比例增加。但可以看到,女性出行者更加倾向于选择就近出行,且气候因素影响显著,天气状况越差出行者越抵触选择空铁联运。

(3)长距离且需要转机的航线(场景三)出行距离长,两机场出行班次较为接近,空铁联运出行费用低,票价差进一步增加,但需要长时间转机换乘。出行者空铁联运的选择意愿较为消极。

由此可见,不同的航线特性下,空铁联运的吸引力存在明显差异,无差异的空铁联运优惠政策并不能起到积极的作用。

3 结语

本文通过对京津冀城市群两个重要机场旅客选择空铁联运的行为特性进行了调查研究,制定了三个差异化的航线场景,通过建立离散选择行为模型分析发现,航线属性以及个人出行属性对于空铁联运选择具有影响,个人出行特性中携带大件行李数目、同行人员数量、换乘复杂性对于出行者是否选择空铁联运有显著影响。特别是儿童或老人同行人数、天气状况、同行人员数量均属于显著负相关,因此,空铁联运发展不仅要优惠便捷,更根据不同出行者的需求制定方案,为出行者提供个性化服务,进而引导出行者对于出行场站的选择,以实现分散客流,充分利用运输资源的目的。

参考文献

[1] 中研普华. 2020—2025 年中国城市规划行业全景调研与发展战略研究咨询报告[R]. 北京:中研普华,2020.

[2] JIANG C , ZHANG A . Effects of high-speed rail and airline cooperation under hub airport capacity constraint[J]. Transportation Research Part B: Methodological, 2014, 60(C):33-49.

[3] 黄仪融, 田丽君, 陈德旺. 航空直飞与空铁联运模式竞争研究[J]. 系统科学与数学, 2021(2):373-382.

[4] 张晋, 李松峰, 王波. 城市轨道交通机场线规划适应性研究[J]. 都市快轨交通, 2019, 32(6):6.

[5] 瞿孝志. 长三角城市群"空铁联运"发展模式研究——以杭州为例[J]. 杭州(党政刊), 2015, 000(009):24-25.

[6] 马慧涛. 石家庄正定国际机场集疏运体系发展现状及对策[J]. 交通企业管理, 2020, 35(6):3.

[7] 张琳. 城际旅客出行方式选择行为研究[D]. 西安:长安大学,2019.

[8] 马书红, 李阳, 岳敏. 考虑出行链的城际旅客换乘选择行为研究[J]. 北京交通大学学报, 2020, 44(6):8.

[9] 陈琳. 京津冀城市群枢纽间旅客联程出行行为研究[D]. 北京:北京交通大学.

[10] BENELIA E, SHIFTAN Y, EREV I. A behavioral approach to modeling route choice decisions with real time information. 2007.

[11] PAULSSEN M, TEMME D, VIJ A, et al. Values, attitudes and travel behavior: a hierarchical latent variable mixed logit model of travel mode choice[J]. Transportation, 2014, 41(4):873-888.

[12] LI Z C, SHENG D Forecasting passenger travel demand for air and high-speed rail integration service: A case study of Beijing-Guangzhou corridor Transportation Research Part A[J]. Policy and Practice,2016(94):397-410.

[13] 孙婷婷, 张琼. 旅客空铁联运机场辐射效应的研究[J]. 铁道运输与经济, 2019, 41(11):6.

[14] XIAO W, FU, JIA, et al. An Analysis of Travel Demand in Japan's Intercity Market[J]. Journal of transport economics and policy,2014.

考虑全方式出行的广义方式划分/交通分配模型

蔡逸飞　陈　峻*
(东南大学交通运输学院)

摘　要　为扩展当前方式划分/交通分配模型覆盖的方式选择范围,实现用户组合出行选择的构建,本文提出了基于路径集合的广义方式划分交通模型。该模型通过巢式 Logit 方式选择结构描述路径集合包含的所有出行方式,同时将方式选择与路径选择相结合,推导得到统一的方式划分/交通分配非线性互补问题。为解决该问题,模型利用强对偶理论,将其转换为非线性最优化问题进行求解。模型在南京市建邺区的实际路网进行验证,结果表明其可以得到城市交通全方式出行客流、路段及枢纽客流,相比传统交通分配模型能够更好地预测多模式网络下的客流分布情况。

关键词　交通规划　方式划分/交通分配问题　多模式网络　组合出行

0　引言

随着我国城市交通基础设施的不断完善,由多种出行方式组成的城市多模式网络已基本形成。多方式供给提供给用户多样化的出行选择,使得采用两种及两种以上出行方式的组合出行成为城市出行结构的重要组成部分。近年来,多模式网络一体化规划理念逐渐兴起,其要求城市综合交通更加注重各出行方式的协调规划,使各出行方式相互协作以实现网络资源的充分利用,而其中的核心就是采用多种方式的组合出行。通过合理的设施规划引导用户采用组合出行方式,可以实现网络客流的转移,使用户能够采用其他方式的空余运力以避开单一方式的拥堵区域。因此,有必要对组合出行客流展开研究。

Sheffi[1] 将同时描述用户出行方式选择和路径选择的联合模型称为方式划分/交通分配模型(MS/TAP, Modal Shift/Traffic Assignment Problem)。该模型同时考虑了用户的出行方式选择和路径选择,每种出行方式的流量由出行方式划分函数所决定,并与 Wardrop 均衡条件结合以确定各出行方式的具体路径流量。

MS/TAP 的研究经历了从单一出行方式至组合出行方式的转变。从 20 世纪 70 年代开始,Evans[2], Safwat 和 Magnanti[3], Boyce 和 Zhang[4] 以及许多其他学者从数学表达式、算法、不同种类的用户、出行费用以及系数标定方法等方面对 MS/TAP 进行了完善。在这些研究中,方式划分通常在两到三种单一出行方式(公交、小汽车以及地铁等)中进行,在路径的出行费用的基础上构建 Logit 模型以反应不同出行方式的用户比例,并与用户的路径选择相结合以描述用户最终在网络中的空间分布。

随着单方式出行选择的日益完善,研究的重点逐渐转移至组合出行中。方式划分函数也逐渐从单层形式转换为多层形式,通常由巢式 Logit 模型和交叉巢式 Logit 模型所构建。Garcia 和 Marin[5] 进行了一种先驱性的研究,构建了巢式 Logit 方式划分函数,在选择单方式以及组合出行方式的同时,提供了 P&R 方式中具体停车场的选择。根据不同的运行环境,许多学者提出了考虑不同组合出行方式的方式划分模型,包含 P&R[6]、远程 P&R[7] 多式联运货运系统等[8]。

然而,以上研究仅限于在所需要的组合出行方式中,即在出行方式已知的情况下,如小汽车、地铁、小汽车 + 地铁三种方式,构建均衡分配模型。然而,随着城市出行方式的日益复杂化,诸如网约车、公共自行车等也成了城市交通供给的重要组成部分,基础出行方式的增加以及用户出行距离延长导致的换乘次数的增加使得用户可选择的组合出行方式数目呈指数上升趋势,沿用 Evans 等人的建模思路已经难以处理如此庞大的组合出行选择。为构建能够处理任意组合出行方式的方式划分/交通分配模型。本文提出了基于路径集合的方式划分/交通分配模型。由于 MS/TAP 的变量为路径,而一个路径集合包含该 OD 对中有竞争性的单一出行方式与组合出行方式的路径,通过对路径集合中包含的交通方式构建方式划分函数,可以将变量从传统方法的方式数乘以路径数缩减至只考虑路径数,这可以有效减轻运算负担,并充分考虑城市所能提供的组合出行方式。本文将该模型称为广义方式划分/交通分配模型(GMS/TAP, Generalized Modal Split/Traffic Assignment Problem)。

在以上研究思路的基础上,本文在第1节提出了基于巢式Logit模型的方式划分函数,以表达所有的组合出行方式;在第2节中将方式划分函数与用户均衡相结合,构建了GMS/TAP的数学表达式;在第3节中提出了生成合理路径集合的混合K最短路算法;在第4节的实验部分对模型的效果进行了验证。

1 方式划分函数

1.1 基于巢式Logit模型的方式选择结构

本文所使用的多方式网络由不同的子网络所构成。记子网络为 $G_m(N_m, A_m)$,每一个子网络由节点 N_m,路段 A_m 所构成。各子网络对应一种基础出行方式 $m, m \in M$,而子网络之间通过换乘路段 A^{tra} 相连。

由于组合出行实际上是由多段单方式出行衔接而成,本文采用如下巢式Logit模型结构以表达组合出行方式,如图1所示。

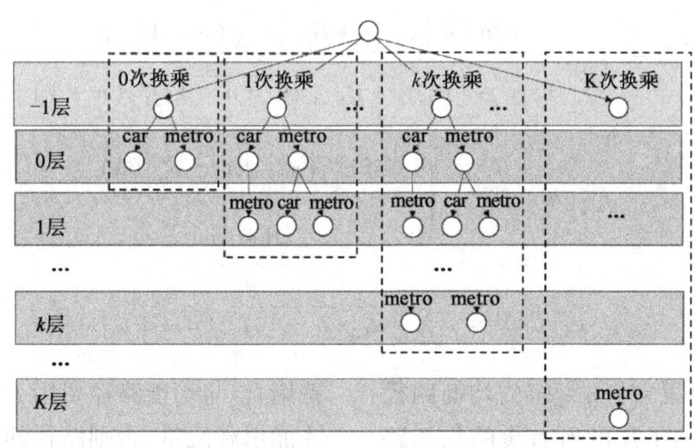

图1 基础巢式Logit模型的方式选择结构

设组合出行的最大换乘次数为 K,该方式选择结构在第 -1 层根据各出行方式的换乘次数依次归类,并区分为 $K+1$ 列(虚线方框)。由于 k 次换乘的组合出行方式包含 $k+1$ 种出行方式,从第0层到第 k 层中依次列举了各组合出行采用的方式序列。其中,0次换乘为单方式出行,而1次换乘的0~1层分别表示1次换乘的组合出行采用的两种交通方式。在该方式选择结构中,第 k 列第 k 层的巢将被称为方式巢,其代表一个完整的组合出行方式,而第 k 列第 $0 \sim k-1$ 层的巢将被称为中间方式巢。

1.2 各巢的流量关系

假设OD对 w 的路径集合为 $P^w, w \in W$。根据换乘次数,该路径集合可以分为 $K+1$ 个子集,即 $P_k^w, k=0,1,2,\cdots,K, p_{k,s}^w \in P_k^w$。$P_k^w$ 为OD对 w 采用 k 次换乘的路径集合。$p_{k,s}^w$ 为其中的第 s 条路径,$s=0,1,\cdots,S_k^w$。P_k^w 所对应的流量集合为 F_k^w,$f_{k,s}^w \in F_k^w$。

假设路径集合 P_k^w 的方式组合集合为 MC_k^w,$mc_{k,s}^w \in MC_k^w$。由于一个采用了 k 次换乘的路径会包含 $k+1$ 个方式,因此 $mc_{k,s}^w$ 可以记为 $mc_{k,s}^w(m_0, m_1, \cdots, m_n, \cdots, m_k)$,其中 m_n 是路径 $p_{k,s}^w$ 采用的第 n 种方式,$m_n \in M$,且 $n=0,1,2,\cdots,k$。本文将 $mc_{k,s}^w$ 定义为 $p_{k,s}^w$ 的方式链。

为方便表述,本文将一条完整的方式链 $mc_{k,s}^w(m_0, m_1, \cdots, m_n, \cdots, m_k)$ 记为 $mc_{k,s}^w(k)$,将其前 n 个方式序列 $mc_{k,s}^w(m_0, m_1, \cdots, m_n)$ 记为 $mc_{k,s}^w(n)$,为该方式链的中间方式链,属于构建的巢式Logit方式选择结构第 k 列第 n 行的巢。

记构建的巢式Logit方式选择结构第 k 列第 n 行的第 q 个巢为 $e_{k,q}^w(m_0, m_1, \cdots, m_n)$,简化记为 $e_{k,q}^w(n)$。在本文中,如果 $mc_{k,s}^w(m_0, m_1, \cdots, m_n)$ 中的方式序列与 $e_{k,q}^w(m_0, m_1, \cdots, m_n)$ 的方式序列相

同,则认为 $mc_{k,s}^{w}(n)=e_{k,q}^{w}(n)$;而如果 $e_{k,q}^{w}(n+1)$ 的前 n 个方式序列与 $e_{k,q}^{w}(n)$ 相同,则认为 $e_{k,q}^{w}(n+1)\in e_{k,q}^{w}(n)$,即表示巢 $e_{k,q}^{w}(n+1)$ 为巢 $e_{k,q}^{w}(n)$ 的下层巢。

各巢的流量应该服从巢式 Logit 模型的规则。假设 OD 对 w 的需求 g^{w} 是固定的,记选择 k 次换乘的用户数目为 g_{k}^{w},则有:

$$g^{w}=\sum_{k=0}^{K}g_{k}^{w} \tag{1}$$

在 -1 层,对所有 $w\in W$, $k=0,1,2\cdots,K$, g_{k}^{w} 以及 g^{w} 应满足如下关系:

$$g_{k}^{w}=\frac{\exp[-(\alpha_{-1}+\beta_{-1}U_{k}^{w*})]}{\sum\limits_{k=0}^{K}\exp[-(\alpha_{-1}+\beta_{-1}U_{k}^{w*})]}g^{w} \tag{2}$$

其中,U_{k}^{w*} 是采用 k 次换乘的所有路径的均衡路径费用,α_{-1} 和 β_{-1} 是 -1 层的巢式 Logit 模型系数。

记巢 $e_{k,q}^{w}(n)$ 的流量为 $g_{k,q}^{w}(n)$,其为巢 $e_{k,q}^{w}(n)$ 所包含的所有路径的流量之和。这些路径已经被记入相对应的路径存储矩阵 $r_{k,q}^{w}(n)$ 中,所以有:

$$g_{k,q}^{w}(n)=F_{k}^{w}r_{k,q}^{w}(n) \tag{3}$$

那么,从第 0 层至第 K 层,对所有 $w\in W$,$k=0,1,2\cdots,K,n=-1,0,1\cdots,k$, $q=1,2\cdots,Q_{n}^{w}$,每一个巢的流量 $g_{k,q}^{w}(n)$ 和其对应的下层巢的流量 $g_{k,q}^{w}(n+1)$ 都应该满足如下比例关系:

$$g_{k,q}^{w}(n+1)=\frac{\exp\{-[\alpha_{kn+1}+\beta_{kn+1}U_{k,q}^{w*}(n+1)]\}}{\sum\limits_{q=1}^{Q_{k}^{w}(n+1)}\exp\{-[\alpha_{kn+1}+\beta_{kn+1}\overline{U_{k,q}^{w*}(n+1)}j_{k,q}^{w}(n+1)]\}}g_{k,q}^{w}(n) \tag{4}$$

$$j_{k,q}^{w}(n+1)=\begin{cases}1 & \text{if } e_{k,q}^{w}(n+1)\in e_{k,q}^{w}(n)\\ 0 & \text{otherwise}\end{cases} \tag{5}$$

$$g_{k,q}^{w}(n)=\sum_{q=1}^{Q_{k}^{w}(n+1)}\overline{g_{k,q}^{w}(n+1)}j_{k,q}^{w}(n+1) \tag{6}$$

其中,$U_{k,q}^{w*}(n+1)$ 是巢 $e_{k,q}^{w}(n+1)$ 的均衡路径费用,$\overline{U_{k,q}^{w*}(n+1)}$ 为第 $n+1$ 层的所有巢的均衡路径费用集合,而 $j_{k,q}^{w}(n+1)$ 为判断巢 $e_{k,q}^{w}(n+1)$ 是否属于上层巢 $e_{k,q}^{w}(n)$ 的二进制系数。式(6)表示巢 $e_{k,q}^{w}(n)$ 的流量应为其对应的下层巢的流量之和。

2 广义方式划分/交通分配模型

2.1 均衡条件

为将用户的方式选择与路径选择行为相结合,并构建统一的数学表达式,GMS/TAP 应同时满足以下三个条件。

条件 1:路径的选择应该满足用户均衡条件,可表示为:

$$c_{k,s}^{w}-U_{k,s}^{w*}(k)\begin{cases}=0 & \text{if } f_{k,s}^{w*}>0\\ \geqslant 0 & \text{if } f_{k,s}^{w*}=0\end{cases} \tag{7}$$

$\forall w\in W,\ k=0,1,\cdots,K,s=1,2,\cdots,S_{k}^{w}$

式(7)表示在一个路径集合中只有当路径的费用 $c_{k,s}^{w}$ 与均衡路径费用 $U_{k,s}^{w*}(k)$ 相同时,路径 $p_{k,s}^{w}$ 才能承载流量,否则路径的流量为0。

条件 2:换乘数目的选择对所有 $g_{k,s}^{w}$ 应满足式(2)的比例关系。当该比例满足之后,没有用户会产生改变换乘数目的意愿。

条件 3:换乘方式的选择对所有 $g_{k,s}^{w}(n)$ 以及 $g_{k,s}^{w}(n+1)$ 应满足式(4)的比例关系。当该比例满足之后,没有用户会产生改变组合出行方式顺序的意愿。

2.2 统一均衡条件推导过程

同时满足以上三个条件的统一条件推导过程如下。

当满足条件 3 时,根据 Garcia 和 Marin 的研究,假设 $U_{k,s}^{w*}(n)$ 为 $U_{k,s}^{w*}(n+1)$ 的对数和,则有:

$$U_{k,s}^{w*}(n)=-\frac{1}{\beta_{kn+1}}\ln\left\{\sum_{q=1}^{Q_{k}^{w}(n+1)}\exp\{-[\alpha_{kn+1}+\beta_{kn+1}\overline{U_{k,q}^{w*}(n+1)}j_{k,q}^{w}(n+1)]\}\right\} \tag{8}$$

将式(8)代入式(4),可得:

$$U_{k,s}^{w*}(n+1)=U_{k,s}^{w*}(n)+\frac{-\ln g_{k,s}^{w}(n+1)+\ln g_{k,s}^{w}(n)-\alpha_{kn+1}}{\beta_{kn+1}} \tag{9}$$

将式(9)中的 n 替换为 $k-1$,可得:

$$U_{k,s}^{w*}(k)=U_{k,s}^{w*}(k-1)+\frac{-\ln g_{k,s}^{w}(k)+\ln g_{k,s}^{w}(k-1)-\alpha_{kn+1}}{\beta_{kn+1}} \tag{10}$$

将式(9)中的 n 替换为 $k-2$ 并代入式(10)中以移除 $U_{k,s}^{w*}(k-1)$,重复以上过程,可以得到:

$$U_{k,s}^{w*}(k)=U_{k,s}^{w*}+\sum_{n=0}^{k}\frac{-\ln g_{k,s}^{w}(n)+\ln g_{k,s}^{w}(n-1)-\alpha_{kn}}{\beta_{kn}} \tag{11}$$

当满足条件2时,同样假设 U^{w*} 是 U_{k}^{w*} 的对数和,即:

$$U^{w*}=-\frac{1}{\beta_{-1}}\ln\{\sum_{k=0}^{K}\exp[-(\alpha_{-1}+\beta_{-1}U_{k}^{w*})]\} \tag{12}$$

与式(9)相同,有:

$$U_{k}^{w*}=U^{w*}-\frac{\ln g_{k,s}^{w}+\alpha_{-1}}{\beta_{-1}}+\frac{\ln g^{w}}{\beta_{-1}} \tag{13}$$

将式(13)代入式(11)中,可以得到:

$$U_{k,s}^{w*}(k)+\frac{\ln g_{k,s}^{w}+\alpha_{-1}}{\beta_{-1}}-\sum_{n=0}^{k}\frac{-\ln g_{k,s}^{w}(n)+\ln g_{k,s}^{w}(n-1)-\alpha_{kn}}{\beta_{kn}}=U^{w*}+\frac{\ln g^{w}}{\beta_{-1}} \tag{14}$$

当满足条件1时,即当 $f_{k,s}^{w*}>0$ 时,有 $c_{k,s}^{w}=U_{k,s}^{w*}(k)$;当 $f_{k,s}^{w*}=0$ 时,$c_{k,s}^{w}\geqslant U_{k,s}^{w*}(k)$。将该条件代入式(14)中,可以得到:

$$c_{k,s}^{w}+\frac{\ln g_{k,s}^{w}+\alpha_{-1}}{\beta_{-1}}-\sum_{n=0}^{k}\frac{-\ln g_{k,s}^{w}(n)+\ln g_{k,s}^{w}(n-1)-\alpha_{kn}}{\beta_{kn}}-\left(U^{w*}+\frac{\ln g^{w}}{\beta_{-1}}\right)\begin{cases}=0 & \text{if } f_{k,s}^{w*}>0\\ \geqslant 0 & \text{if } f_{k,s}^{w*}=0\end{cases} \tag{15}$$

对于路径 $p_{k,s}^{w}\in P_{k}^{w}$,U^{w*},g^{w} 以及 β_{-1} 是相同的,记 $U^{w*}+\frac{\ln g^{w}}{\beta_{-1}}$ 为 λ^{w*},且 $\frac{\ln g_{k,s}^{w}+\alpha_{-1}}{\beta_{-1}}-\sum_{n=0}^{k}\frac{-\ln g_{k,s}^{w}(n)+\ln g_{k,s}^{w}(n-1)-\alpha_{kn}}{\beta_{kn}}$ 为 Λ_{k}^{w}。由于 $c_{k,s}^{w}$,$\Lambda_{k,s}^{w}$ 以及 λ^{w*} 是与流量相关的函数,记所有OD对最终的均衡流量向量为 F^{*},那么统一以上三个条件的均衡条件为:

定理1:对所有 $w\in W,k\in 0,1,\cdots,K,n=-1,0,\cdots k,s=1,2,\cdots,S_{k}^{w}$,只有当存在一个集合 λ^{w*} 使得以下公式成立时,向量 F^{*} 才为同时满足2.1节的三个条件的均衡流量。

$$c_{k,s}^{w}(F^{*})+\Lambda_{k,s}^{w}(F^{*})-\lambda^{w*}(F^{*})\begin{cases}=0 & \text{if } f_{k,s}^{w*}>0\\ \geqslant 0 & \text{if } f_{k,s}^{w*}=0\end{cases} \tag{16}$$

其中:

$$\Lambda_{k,s}^{w}(F^{*})=\begin{cases}\dfrac{\ln g_{k,s}^{w}+\alpha_{-1}}{\beta_{-1}} & ,\text{when } k=0\\ \dfrac{\ln g_{k,s}^{w}+\alpha_{-1}}{\beta_{-1}}-\sum_{n=0}^{k}\dfrac{-\ln g_{k,s}^{w}(n)+\ln g_{k,s}^{w}(n-1)-\alpha_{kn}}{\beta_{kn}} & ,\text{when } k=1,2,\cdots,K\end{cases} \tag{17}$$

$$\lambda^{w*}(F^{*})=U^{w*}+\frac{\ln g^{w}}{\beta_{-1}} \tag{18}$$

2.3 最优化问题

定理1为一个非线性互补问题,其与变分不等式有相同的解。记 R_{+}^{n} 为 n 维向量 R^{n} 的非负象限,且 $F:R^{n}\mapsto R^{n}$,那么在 R_{+}^{n} 中的非线性互补问题:找到 $x^{*}\geqslant 0$,

$$F(x^{*})\geqslant 0\text{ 且 }F(x^{*})^{T}\cdot x^{*}=0 \tag{19}$$

如果该解存在的话,那么该非线性互补问题与变分不等式VI(F,R_{n}^{+})有着同样的解。

式(17)中的 $c_{k,s}^{w}(F^{*})+\Lambda_{k,s}^{w}(F^{*})-\lambda^{w*}(F^{*})$ 为 $H^{w}(F^{w*})$,那么式(17)可以很容易地转换为一个非线性互补问题,即对所有 $w\in W$:

$$H^{w}(F^{w*})^{\mathrm{T}}\cdot F^{w*}=0 \tag{20}$$

$$H^{w}(F^{w*})\geqslant 0 \tag{21}$$

由于 $F^{w*}\geqslant 0$,该非线性互补问题与下面的变分不等式有着同样的解,即对所有 $w\in W$:

$$H^{w}(f^{w*})^{\mathrm{T}}\cdot(f^{w}-f^{w*})\geqslant 0 \tag{22}$$

同时,变分不等式(22)的解集空间应该满足

以下两个约束:

$$\sum_{k=0}^{K}\sum_{s=1}^{S}f_{k,s}^{w*}=g^{w} \tag{23}$$

$$F^{w*}\geqslant 0 \tag{24}$$

约束条件(23)是为了确保OD对 w 的路径流量之和与其总需求 g^{w} 相同,而约束条件(24)则表示流量为非负的。

因为变分不等式的解集空间式(23)以及式(24)能够转化为一个非空的 n 维多面体空间,即 $D=\{F\in\mathbb{R}^{n}\mid B\cdot F=\overline{G},F\geqslant 0\}$,其中 $F\in\mathbb{R}^{n}$ 表示流量向量 F 为一个 n 维的实数向量,$\overline{G}=[g^{1},\cdots,g^{w},\cdots,g^{W}]^{\mathrm{T}}$,B是式(23)中的关联矩阵,$B\in\mathbb{R}^{W\times n}$,所以变分不等式(22)就可以记为一个标准形式VI(H,F)。参考Aghassi等人[9]的研究,该变分不等式能够转化为一个单层的非线性最优化问题,即为:

定理2:假设D为非空的 n 维多面体空间 $D=\{F\in\mathbb{R}^{n}\mid B\cdot F=\overline{G},F\geqslant 0\}$,当流量向量 F^{*} 为变分不等式(22)的最优解时,则以下非线性最优化问题∃$\xi^{*}\in\mathbb{R}^{W}$ 使得其最优值为0时,F^{*} 同样为其最优解。

$$\min H(F)^{\mathrm{T}}F-\overline{G}^{\mathrm{T}}\xi \tag{25}$$

$$s.t.\ B\cdot F=\overline{G} \tag{26}$$

$$F\geqslant 0 \tag{27}$$

$$B^{\mathrm{T}}\xi\leqslant H(F) \tag{28}$$

该标准形式的非线性最优化问题可以通过现在的很多优化算法和商业软件进行计算,如CPLEX、Gurobi以及Matlab fmincon solver等,同时它也提供了一个很好的收敛标准,即目标值应该为0。

3 试验

本文网络选取南京市建邺区的多模式路网,研究范围北起应天大道,南至秦淮河,西起江心洲,东至凤台南路。研究区域面积为80.87km^2,常住人口47.26万。选取五种基础交通方式,分别为公共自行车、小汽车、网约车、地铁以及公交。各子网平面图及OD对如图2所示。

模型采用Matlab fmincon函数进行计算,各OD对采用K最短路算法计算50条路径,以确保路径可能出行方式的完备性。结果收敛于 9.5020×10^{-6},接近0,说明结果收敛。

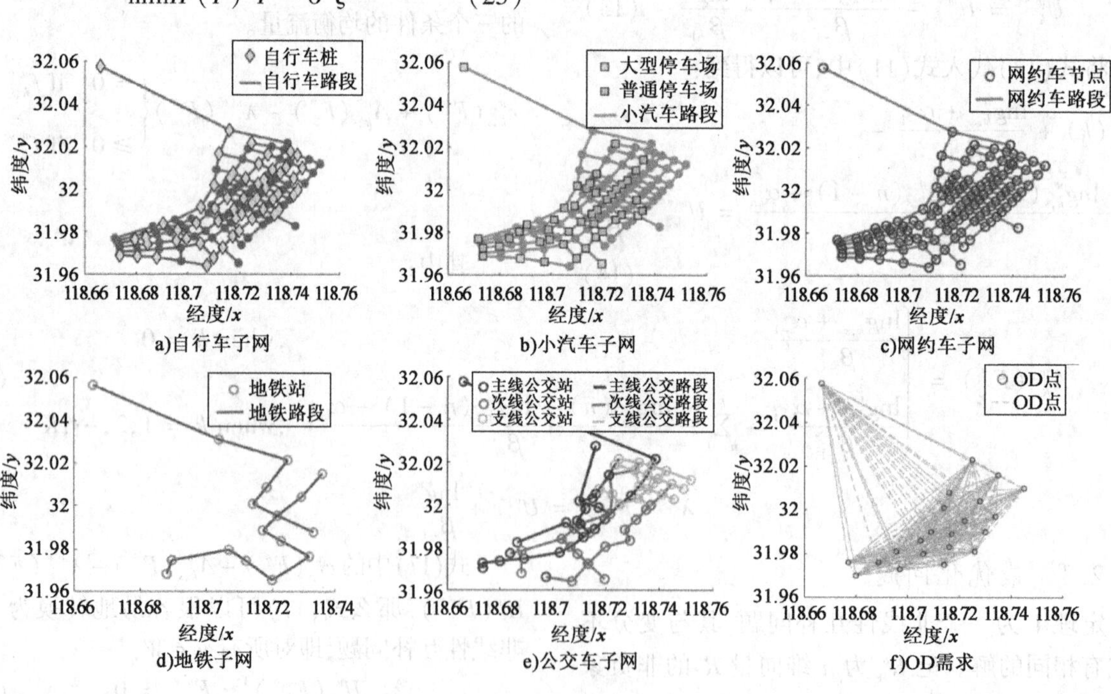

图2 各子网平面图及OD对

3.1 各出行方式客流分布

记公共自行车、小汽车、网约车、地铁以及公交分别为bic,car,ch,mtr以及bus,其中组合出行则按照各方式的先后顺序相连,如小汽车换乘地铁为car-mtr。将OD对按每1km距离划分之后,得到网络24种主要的出行方式流量,如图3所示。其中,第1~5行为五种单一出行方式客流,6~13行为一次换乘出行方式客流,14~24行为两次换乘出行方式客流。

模式/y \ OD对直线距离x	1	2	3	4	5	6	7	8	9	10	11
bic	1.447e+04	3.959e+04	2.607e+04	1.328e+04	9858	3756	1617	2280	824.1	1043	311.5
car	1.5e+04	4.83e+04	4.336e+04	2.366e+04	2.067e+04	8328	4229	8086	4078	5358	1930
ch	1.015e+04	2.293e+04	1.131e+04	4780	2701	1175	86.45	1230	2098	688.2	345.6
mtr	3808	1.219e+04	8160	5456	3357	901.9	947.5	1512	692.5	766.5	418.1
bus	1.476e+04	3.7e+04	2.326e+04	1.225e+04	7366	2203	781.5	3002	2332	2690	620.7
ch-mtr	435.1	7439	9930	3652	835.9	413.1	144.5	1313	531.5	1065	443.3
bic-bus	0	372.2	276	600.2	413.1	108.6	0	481.4	406.4	177.2	10.89
car-mtr	0	233.2	2047	771.6	568.8	229.2	450.5	593.9	442.4	49.88	229.4
mtr-ch	653.2	1.851e+04	6055	2293	494.7	71.16	49.07	365.6	198.2	196.7	147.2
mtr-car	0	87.58	1664	2087	760	209.7	101	80.17	365.3	139.9	64.29
bus-bic	0	421.5	229.5	899	438.9	1545	0	528.9	737.2	754	0
mtr-bic	0	4576	1.514e+04	9177	6633	4197	1357	1470	0	221.5	29.78
bic-mtr	0	3496	1.488e+04	4922	4878	1212	1108	1408	128.1	1218	340
bic-mtr-bic	0	1277	4589	2732	1255	775.6	77.32	96.98	195	536.3	44.43
bic-mtr-mtr	0	2433	9351	959	877.8	137.1	91.03	185.7	190	161.5	201.4
bic-mtr-bus	0	2564	3358	1170	1078	820.3	135.7	438.9	141.6	76.84	44.96
bic-bus-mtr	0	2240	1460	721.9	45.31	0	0	931.8	1313	251.6	341.8
mtr-mtr-bic	0	1166	5062	2049	789.8	553.9	160.8	194.5	64.43	183	17.89
mtr-mtr-bus	0	906.2	2689	2153	918.4	667.7	192.8	154.7	730.6	118	0
mtr-bus-bic	0	1955	3385	3302	1311	633.9	123.3	232.6	328	218.5	2.878
mtr-bus-bus	0	2826	2389	2045	1491	303.3	188.8	253.4	38.51	51.88	18.42
bus-mtr-bic	0	2048	2646	2794	1298	290.5	76.99	294.8	50.64	263.8	86.67
bus-mtr-mtr	0	1562	4761	1957	1160	257.6	296.9	1084	219.1	192.3	106.3
bus-bus-bus	0	2077	3523	1531	1485	883.2	229.1	120.8	135.5	98.59	116.5

图3 原网络主要出行方式流量

其中,单一方式流量占比 64.95%,一次换乘流量占比 20.00%,两次换乘流量占比 15.05%。在单一方式中,自行车流量占比 22.7%,小汽车流量占比 36.7%,网约车流量占比 11.5%,地铁流量占比 7.6%,公交车流量占比 21.3%。在网络中,出行长度集中于 1~5km,在 1~3km 采用最多的出行方式是单一的自行车、小汽车和公交车,而随着距离的增加,组合出行方式的比重逐渐提升。

在整个网络中只有两条地铁线,这使得地铁提供的直达服务较少,其主要功能是与其他方式衔接。在一次换乘和两次换乘中,采用地铁为主要换乘方式的出行比例为 19.8%。

在剔除各 OD 对流量不超过 100 的出行方式以后,原网络各 OD 对的出行方式客流分布如图 4~6,线条的粗细代表客流的大小。图 4 为五种单一出行方式在不同 OD 对之间的分布。

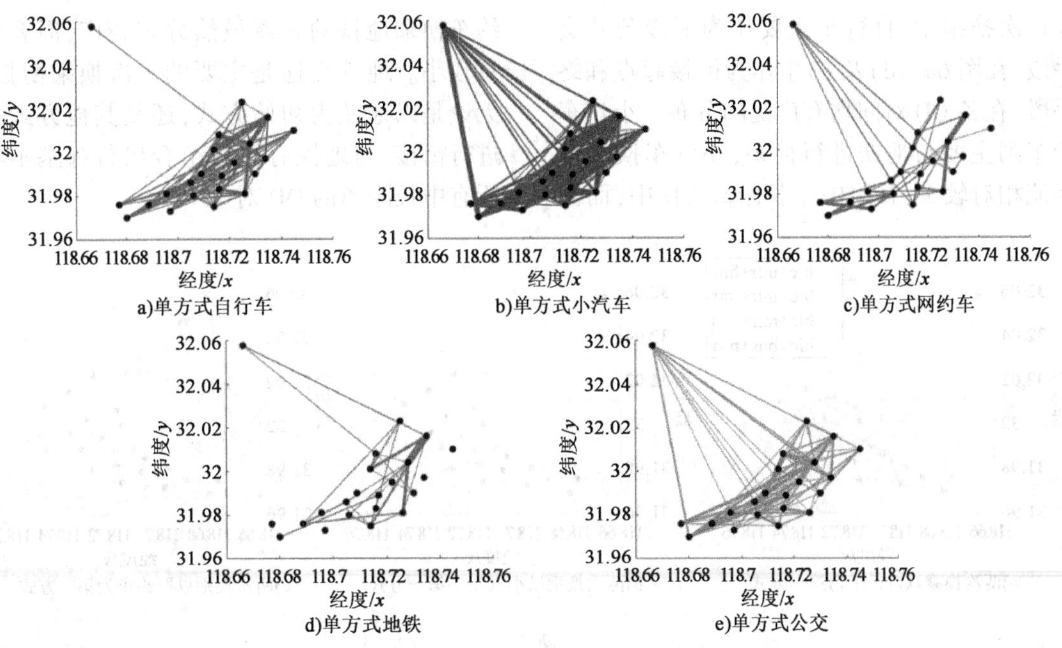

图4 单一方式 OD 客流分布

在五种出行方式中,图4b)小汽车出行的客流是最多的,其涵盖了所有OD对,且绝大多数OD对都以小汽车作为主要的出行方式。而图4a)自行车和图4e)公交有大致相同的客流,自行车主要集中在中短距离的OD对中,而公交则涵盖所有距离的OD对。由于该网络只包含两条地铁线,地铁子网的直达客流较少,图4d)的地铁客流集中在两条地铁能够覆盖的沿线。而图4c)的网约车则是公共交通的补充,在地铁和公交无法提供直达服务的OD对间有着较多的客流。

由于换乘次数增多之后可能的组合出行方式也会随之增多,在一次和两次换乘的组合出行方式中,将以采用的第一种出行方式进行分类,如图5a)代表第一种出行方式为自行车的所有一次换乘组合出行方式的客流分布。

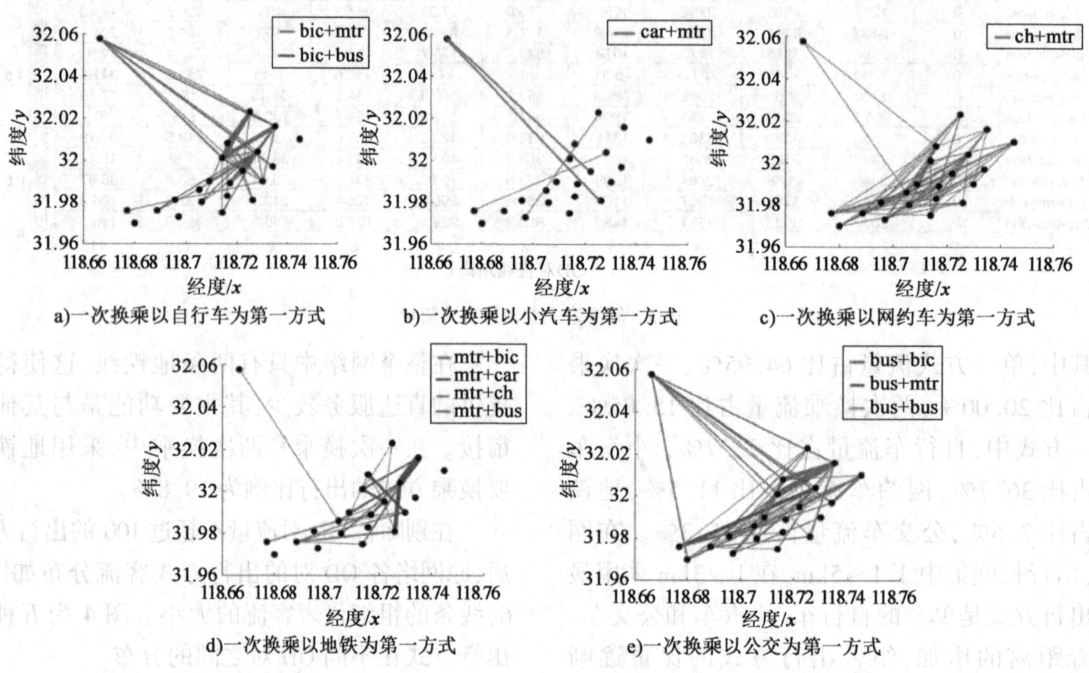

a)一次换乘以自行车为第一方式 b)一次换乘以小汽车为第一方式 c)一次换乘以网约车为第一方式

d)一次换乘以地铁为第一方式 e)一次换乘以公交为第一方式

图5 一次换乘OD客流分布

在一次换乘中,自行车主要作为衔接公共交通的手段,在图6a)、d)及e)中作为衔接起点和终点的手段,在各OD对间均有广泛的分布。小汽车和网约车则主要与地铁进行换乘,小汽车换乘地铁的客流相对较少,且集中于长距离OD中,而网约车换乘地铁的客流虽然分布较广,但客流量相对较小。地铁交通是主要的一次换乘衔接对象,无论是以地铁为初始方式,还是其他方式与地铁进行衔接,与地铁有关的组合出行都基本涵盖了所有中长距离的OD对。

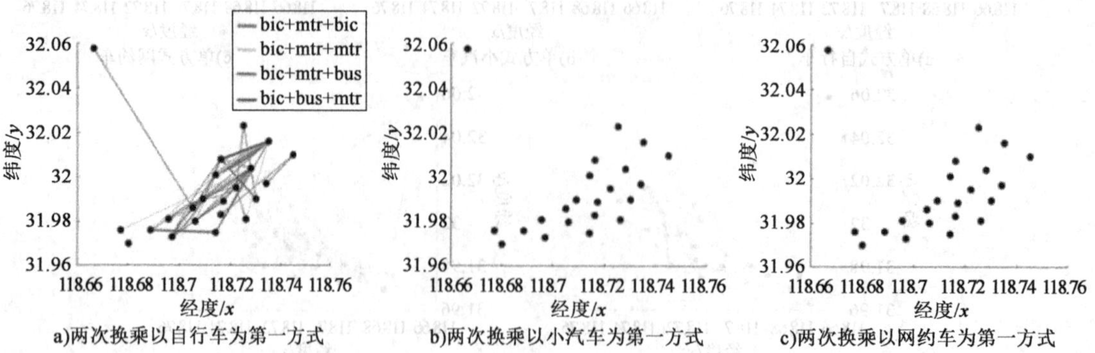

a)两次换乘以自行车为第一方式 b)两次换乘以小汽车为第一方式 c)两次换乘以网约车为第一方式

图 6

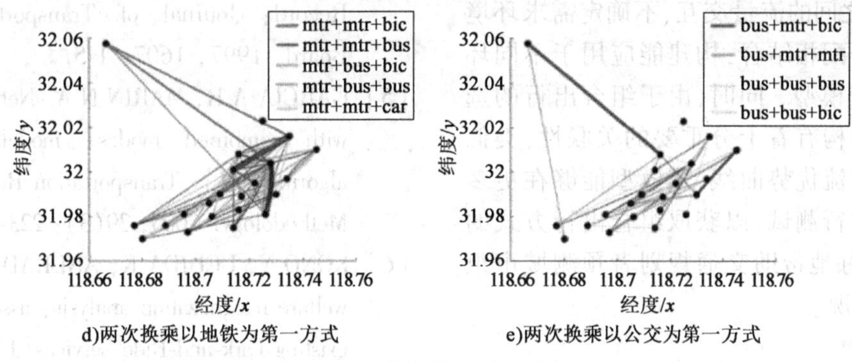

d)两次换乘以地铁为第一方式 e)两次换乘以公交为第一方式

图6 两次换乘 OD 客流分布

在两次换乘的客流分布中可以发现，小汽车和网约车都已经不是两次换乘的衔接对象，主要的两次换乘都是由地铁、公交和自行车之间的相互换乘所实现。

3.2 网络服务水平

GMS/TAP 由于统一了方式划分以及路径选择，通过计算各路段及枢纽的流量，可以将流量除以承载力得到不同子网的服务水平。本文将承载率按照 A ~ F 分为六个等级。五个子网的服务水平如图 7 所示。

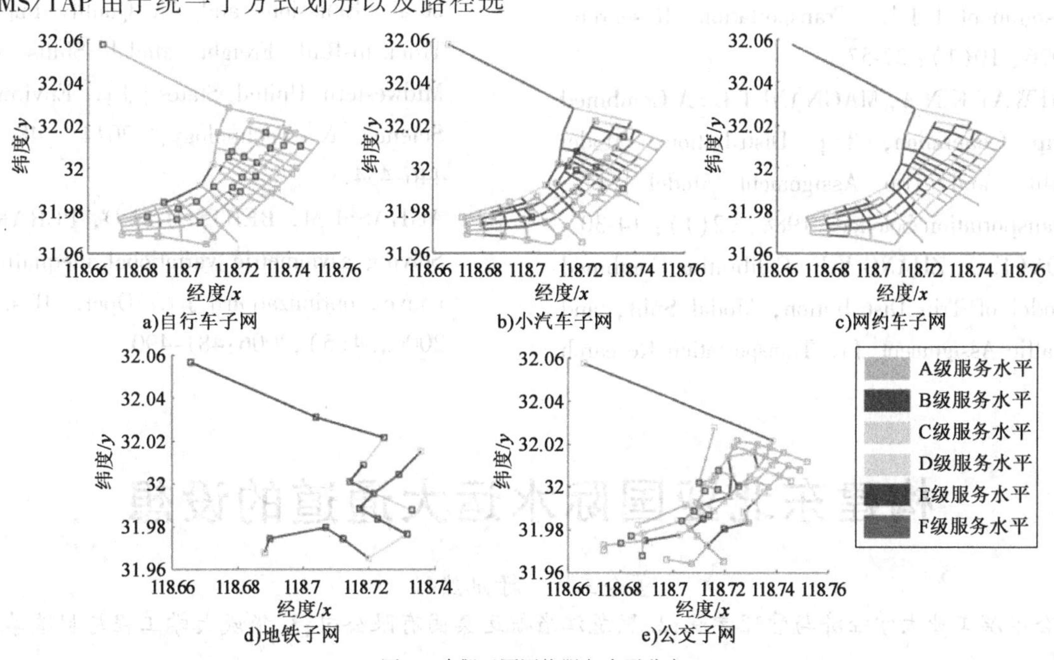

a)自行车子网 b)小汽车子网 c)网约车子网 d)地铁子网 e)公交子网

图7 建邺区原网络服务水平分布

从图中可以看到小汽车子网中横跨建邺中心区的路段(东西走向的路段)服务水平都在D级以下，地铁子网中的两线换乘段间拥堵，这使得这两个主要网络的服务水平都较低。同时，自行车和公交子网的使用率较低，绝大多数站点和路段的服务水平都在C级以上。因此，应将小汽车和地铁子网的客流引导至公交和自行车子网中，以实现网络的均衡使用。

4 结语

针对当前方式划分/交通分配模型尚未涵盖全方式选择和路径选择的问题，本文提出了基于路径集合包含方式的模型构建方法，通过巢式Logit 模型构建了组合出行方式划分函数，并与用户均衡相结合，推导出统一的非线性最优化问题。该模型能够用多数商业软件进行求解，得到所有组合出行方式流量、枢纽流量以及路段流量。这些结果能够用来分析多模式网络的基本使用情况，还能够用以指导枢纽的具体布局优化，这些均在实验中得到了验证。

与传统的交通分配模型类似，GMS/TAP 除了考虑全方式划分以外还能与多种类用户、随机用户均衡,将路段之间的流量交互、不确定需求环境以及动态交通分配相结合,构建能应用于不同环境中的交通分配模型。同时,由于组合出行的选择与城市网络结构有着十分重要的关联性,类似于单一方式的客流优势曲线,该模型能够在更多的实际网络中进行测试,以获取组合出行方式的优势曲线,以更好地帮助交通规划者预测城市组合出行的使用情况。

参考文献

[1] SHEFFI Y. Urban Transportation Network Equilobrium Analysis With Mathematical Programming Methods [M]. New Jersey: Prentice Hall, 1984.

[2] EVANS S. P. Derivation and analysis of some models for combining trip distribution and assignment [J]. Transportation Research, 1976, 10(1): 37-57.

[3] SAFWAT K N A, MAGNANI T L. A Combined Trip Generation, Trip Distribution, Model Split, and Trip Assignment Model [J]. Transportation Science, 1988, 22(1): 14-30.

[4] BOYCE D, ZHANG Y F. Calibrating Combined Model of Trip Distribution, Modal Split, and Traffic Assignment[J]. Transportation Research Record: Journal of Transportation Research Board, 1997, 1607: 1-5.

[5] GARCIA A R, MARIN N A. Network equilibrium with combined modes: models and solution algorithms[J]. Transportation Research. Part B: Methodology. 2005, 39(3): 223-254.

[6] KONO Y, UCHIDA K, ANDRADE K. Economical welfare maximization analysis: assessing the use of existing Park-and-Ride services[J]. Transportation, 2014, 41(4): 839-854.

[7] LIU Z Y, CHEN X Y, MENG Q, et al. Remote park-and-ride network equilibrium model and its applications[J]. Transportation Research. Part B: Methodology, 2018, 117: 37-62.

[8] BICKFORD E, HOLLOWAY T, KARAMBELAS A, et al. Emissions and Air Quality Impacts of Truck-to-Rail Freight Modal Shifts in the Midwestern United States [J]. Environment. Science & Technology, 2014, 48 (1): 446-454.

[9] AGHASSI M, BERTSIMAS D, PERAKIS G. Solving asymmetric variational inequalities via convex optimization [J]. Oper. Res. Lett, 2006,34(5),2006:481-490.

构建东北亚国际水运大通道的设想

董令三[1,2] 于汎然*[3]

(1.哈尔滨工业大学经济与管理学院;2.黑龙江省航运集团有限公司;3.华威大学工程与制造学院)

摘 要 东北地区维护国家五大安全的战略地位十分重要,关乎国家发展大局。借鉴解决区域发展不平衡的典型经验,洞悉东北地区振兴推动缓慢的症结在于缺乏区域动力系统。本文提出了构建东北亚国际水运大通道的设想并分析其可行性,从而推动东北地区全面振兴走出一条质量更高、效益更好、结构更优、优势充分释放的发展新路径。

关键词 运输规划 东北全面振兴 水运大通道 东北亚

0 引言

早在清代康熙二十二年(1683年),就曾提出开挖松辽运河的设想。孙中山在"建国方略"中也对松辽运河做了科学的设想和精辟论述。1956年,国家计划委员会批准"辽河流域规划任务书",1960年完成了"松辽运河规划报告",并做了大量施工筹备工作,后因国民经济调整而停建;1994年,国务院印发了国函〔1994〕82号文件,原则同意北水南调骨干工程体系;1996年交通部批复了《黑龙江和松辽水系航运规划报告》,提出建设松辽运河[1]。近十几年来,工程完成了调水渠道兼航运的运河规划、线路走向和设计，投资建设了尼尔基水库、哈达山水库、依兰航电枢纽工程等“松辽运河”必需的前置性水利工程，只差运河开挖。2019年中国科学院资深院士邱大洪先生在李克强视察大连理工大学期间将《关于东北和辽宁经济发展的建议——发展水网经济，改善生态环境》递交给总理，建议重启松辽运河工程，交通运输部在复函中提出“建设松辽运河对东北振兴和区域综合交通体系建设、推动地区经济社会发展具有重大意义，考虑松辽运河是个系统工程，涉及水资源调配和路由选线等问题，建议进一步深化研究”[2]。

1 解决区域发展不平衡的典型经验

区域发展不平衡是大国在现代化过程中，特别是在高速发展阶段难以避免的问题，如果不能很好地加以应对，会对国家的稳定与发展形成不利影响甚至是严重威胁。

1.1 产业梯度转移是促进区域协调发展的重要途径，是大国优势的重要体现

美国的内战一定程度上就是南北区域发展不平衡的结果，在联邦政府积极干预下，美国制造业向南部、西部加快转移，“阳光地带”成为美国经济最活跃的新兴工业化地区。日本在20世纪60年代后加快了对经济落后地区的建设，经过几十年的开发，后发地区的工业迅速发展，工业集聚度和人均收入接近全国平均水平。

1.2 成功的区域产业转移需要政府的积极引导和政策支持

政府在推进区域产业转移过程中发挥着必不可少的作用。美国在建设西部、南部地区的过程中分别从规划、立法、财政、资金、基础设施、吸引人才、发展教育及政府采购等不同领域采取了力度较大的政策支持。

1.3 新兴产业转移的实际效果往往好于传统产业

后发地区仅靠“按部就班”式的追随式发展难以实现有效追赶，要充分把握新技术、新政策条件下的新优势。美国著名的高科技工业和科研基地如“硅谷”、休斯敦—圣安东尼奥—达拉斯三角区、“硅滩”等都位于西部和南部地区。日本政府规定“技术聚集城市"的建设必须在三大都市圈以外。

2 东北地区全面振兴缺乏区域动力系统

党中央、国务院对东北地区的发展历来高度重视，从国家层面多次出台支持、帮助和推动振兴发展的刺激性政策，但始终没能将东北地区经济完成有效提振，解决区域发展不平衡要推动欠发达地区产业发展，形成增长内生动力。

2.1 由东北亚“地理中心”向“经济重心”迈进能力不足

东北地区位于我国的最角落区域，远离中原腹地和经济发达地区，是交通末梢、贸易死角，但站在全球角度看，东北又处于东北亚中心位置，是区域物贸流通的交汇点，是沟通世界、连接东西方的主要节点。由于缺少互联互通的规模能力和新的可释放的空间，导致东北地区虽然地缘优势显著，但区域经济活力不足，产业空心化和产业绕行现象比较明显，无法实现东北地区由“区域地理中心”向“经济发展重心”的转变。

2.2 “铁路偏执经济”阻碍东北地区形成区域间发展支撑

黄河没有航运，虽有陇海铁路运输大动脉，仍未带来江南水乡那样的经济繁荣。近百年来东北地区曾经四次经济崛起，其中三次与基础设施有关，在中国甚至亚洲历史上都处于领先地位，但城市和社会经济发展主要集中于铁路沿线区域。中国科学院院士邱大洪先生指出：“铁路偏执经济”发展模式下，由于城市群落和经济轴心呈线性存在，缺少区域间的发展支撑，阻碍东北在资源流动能力上与外界的互联畅通，导致参与双循环的能力明显不足。

2.3 仅凭政策支持难以形成推动多维产业发展的宏大载体

2000—2020年全国各省份GDP增幅排序中，吉林、辽宁、黑龙江分别以6.8倍、5.4倍、4.2倍排名第29、30、31位[3]。政策性推进效果不够明显的主要原因是东北振兴缺少承载多维产业发展的宏大载体，这与《东北全面振兴“十四五”实施方案》中指出的东北全面振兴要从推动形成优势互补高质量发展的区域经济布局出发，构建高质量发展区域动力系统，完善区域基础设施网络的提法高度一致。

3　构建内畅外联的东北亚国际水运大通道

中国经济发展的显著特点是大江大河三角洲带头崛起。东北地区应依托自身区位优势及产业本底,构建东北亚国际水运大通道,打造多维经济结构并行发力的宏大载体,实现东北地区全面振兴取得新突破。

3.1　打通水系脉络,形成生态经济带

修筑运河历来被世界各个国家钟爱有加,如苏伊士运河、巴拿马运河、京杭大运河等。松花江和辽河水系是我国两个主要江河水系,然而这两大水系却并不相通,不得不说这是一种遗憾。在辽河大转弯处向东北方向开挖通向松花江的运河,打通两者间脉络,形成更为壮阔的地理空间联通和历史性跨越的东北亚国际水运大通道则是解决这一问题的最好办法。北向经松花松辽运河到达尼古拉耶夫斯克(庙街),跨越鞑靼海峡连接北冰洋东北航道进入欧洲;南向经营口贯通黄渤海,进入华东华南基本港、长江水道和珠江水系。自此东北水网体系连成一片,贯穿145万km^2、滋养1.1亿人口,形成近7000km的河流网络和承载巨大潜能生态经济长廊,助推东北与京津冀、长江经济带、粤港澳大湾区等城市群的对接与互动,运河沿线迅速成为投资热点,形成类似长江的一条发达经济带。

3.2　降本提质增效,助推东北地区全面振兴

降本提质增效。水运价格仅是陆运价格的20%~30%,运输品类亦是大部分重合,且东北地区农产品外运量大,水路畅通后将有大部分货物由陆路运输转为水路运输。"北向江海联运"与通过"松辽运河"南出营口渤海的"南向江海联运"在运距、成本、效率等方面差别巨大,分析图如图1所示。南向出海通道比北向出海通道,从佳木斯出发运距节省2204km,时间节省6天;从齐齐哈尔出发,运距节省3558km,时间节省16天,可有效落实提质降本增效。

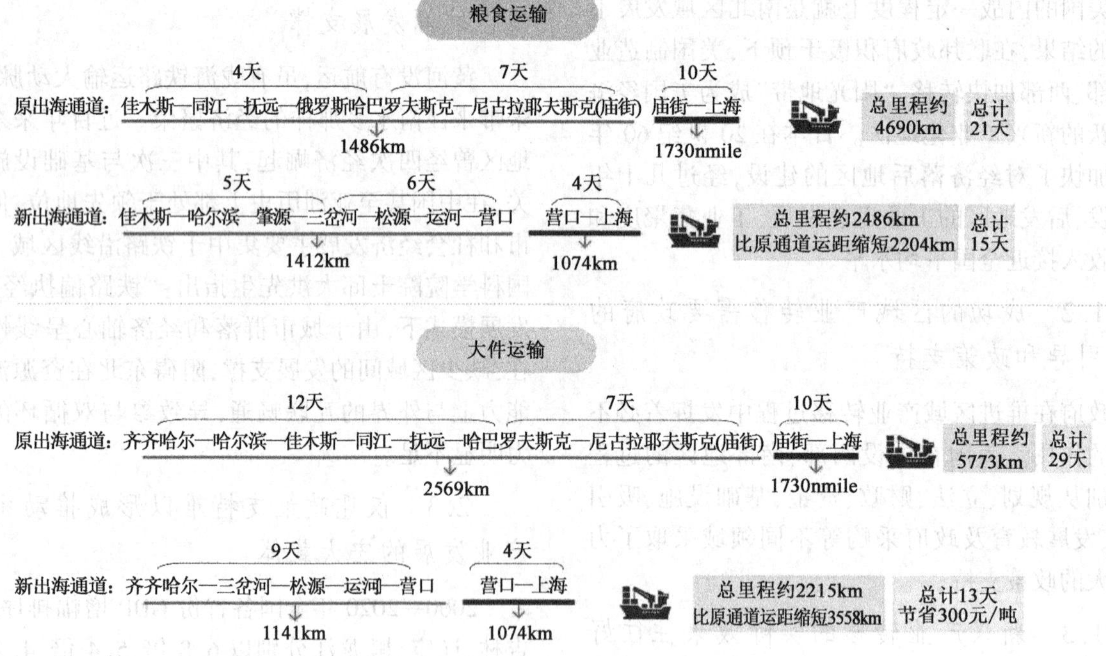

图1　出海通道运距效率分析图

落实五大安全战略。利用东北地区渊远流长的界江资源形成天然的国防屏障;稳定的粮食产量成为国家粮食安全的有力后盾;逐年改善的生态环境成为生态安全的基础条件;富集的境外资源持续保障国家能源安全;优化农业、带动工业,促进国家产业安全,支撑国家"五大安全"战略在东北地区稳步落实。

推动东北地区全面振兴。莱茵河流域的物贸流通活动给欧洲西部带来重要的经济驱动作用。东北地区借助水运通道,依托区位特点和俄罗斯

远东地区丰富的资源，吸引俄罗斯矿石、煤炭、木材、粮食、石油、化工原料等“原字号”产品在东北地区落地、生产加工，形成与现有产业结构相适应且具有明显地域特征和良好市场适应性的工业类型，借助疏浚的航道，经由“南向江海联运”连接长江流域、京杭大运河、赣粤运河和江淮运河等，增强东北地区作为东北亚地理中心的联通辐射功能，推动东北地区全面振兴取得新突破。

3.3 融入共建“一带一路”，打造东北亚核心枢纽

东北要融入共建“一带一路”，加强与欧亚经济联盟、蒙古国草原之路倡议的对接，推进中蒙俄经济走廊建设，加强东北地区振兴与俄远东开发战略衔接，深化毗邻地区合作。以推进中韩自贸区建设为契机，选择适宜地区建设中韩国际合作示范区，推进共建中日经济和产业合作平台。东北亚国际水运大通道内部是连接东北地区与国内腹地的重要物贸流通渠道，外部是我国中国—东北亚—北冰洋东北航道的重要组成部分，通过“南向江海联运”和“北向江海联运”，直接实现“中外中”和“中外外”的两个市场、两种资源的大循环，加强东北地区与欧洲腹地国家的货物流通。

远东地区离开毗邻的东北地区很难开展大批量资源物贸流通，和东北地区形成了第一个经济阶差；京津冀和东北地区形成第二个经济阶差；珠三角、长三角和京津冀形成第三个经济阶差。按照资本从高阶向低阶流动、资源从低阶向高阶流动的模型规律，远东地区的资源和南方发达地区的资本将在东北地区汇流。东北亚国际水运大通道助推东北地区成为中俄大宗商品进出口交易中心和面向东北亚的重要物贸载体，产业以低成本的方式落户东北地区，经济要素流转高效，激发巨大的市场潜能，东北地区经济以更加耐受的程度被市场所接受，以承载多维经济结构并行发力的宏大载体方式打造东北亚核心枢纽。

4 东北亚国际水运大通道的可行性

随着江河经济带的不断发展，河流已由单纯航运、防洪、排涝、供水功能，向集合生态、能源、环境、景观、文化、休闲、旅游、金融、港口、城市、现代工农业、渔业等多功能方向转变延伸，带动河流区域经济带快速形成和发展。

4.1 社会经济效益分析

区域利益。黑龙江增加便捷的出海口，船舶到辽宁至少延长2～3个月经营期。吉林省将有出海口，带动沿线各大城市经济发展。辽宁省虽没有过去调水的好处，但多了分洪、航运和发电功能。内蒙古通辽市经西辽河至三江枢纽只有140km，当地煤炭等矿产资源可低成本运出。远东地区没有调水只有分洪，其丰富的木材和矿产资源亦可快速运至东北地区。

航运效益和产业拉动。松花江、辽河、嫩江、黑龙江和乌苏里江连成覆盖东北地区的千吨级航道网，促进钢铁、机械、石油化工、矿产、建材、汽车和粮食等大宗商品采用水路运输，优化运输结构，提高航运效益。提供充足的工业用水，促进新型临江制造业的发展，带动东北地区产业转型与升级。促进港口、内河航运、物流等服务业的发展，带动金融、保险、信息等产业的发展。提升沿线地区农业灌溉面积，降低农产品物流成本，扩大东北地区农业优势。

城乡发展和生态效益。“以港兴市、港城共兴”是东部沿海沿江城市发展的重要成功经验。以水运通道为纽带，推动运河沿线地区的城乡一体化发展。水源充沛的河道、植被繁茂的河流两岸、优质的空气质量和良好立体生态环境促进人与自然和谐共生、经济与环境和谐发展，形成东北地区生态经济带，发挥水运运能大、能耗低、低排放的比较优势，为“碳中和、碳达峰”作出重大贡献。

能源贡献和文化价值。东北地表径流量为1500m^3，仅就水利发电一项，就会为东北地区高质量发展贡献1200万kW的清洁能源[4]，有效解决东北地区以煤电为主的尴尬局面。替代火电用煤480万t/年，具有较强的能源结构调整的现实性、紧迫性和可持续性，将东北地区的资源优势转化为发展优势。母亲河长江、黄河孕育了华夏文明，京杭大运河对中华文化的发展形成起到了不可估量的作用，松辽运河建成以后，滋养东北文化，促进南北方文化深度融合，完成包含经济意义在内的全面历史性提升，把东北地区带入一个更高发展层级，连接高端、互补共荣、深度发展、对话世界。

4.2 建设可行性分析

东北地区水资源丰富。东北地区主要河流资源包括黑龙江、松花江、乌苏里江、嫩江、图们江、

辽河及鸭绿江等,水库、湖泊淡水面积1358万亩[5],基于丰富的水资源,加大水网经济基础设施建设力度,将"调水模式"变为"蓄水通航模式",将东北"铁路偏执经济"转变为以为"铁路经济与水网经济并重"的发展模式。

技术经济可行性。我国已经具备各类复杂的水运工程建设技术,同时松辽运河所处地质地貌大多为平原地带,工程的复杂性相对较低,技术上更加容易。规划松辽运河全长804km,通航线路利用北水南调输水渠道388.15km,改造和渠化河、渠、湖303.38km,专门挖通航渠道仅112km[6]。比照京杭、平陆、浙赣粤、汉湘桂等运河建设规模,松辽运河的建设投资规模约在1000亿元左右。

5　结论

水运是联系世界的纽带。东北地区地处东北亚核心地带,水运通道建成后将有两个出海口,加快形成内外联通、安全高效的物流网络,提升国际海运竞争力,对于东北地区发展外向型经济,开辟更多的国际贸易通道,扩大对外开放,将起到不可比拟的作用。环中国东北、俄罗斯远东地区和朝鲜半岛的"东北亚国际水运大通"可以拉近中、俄、日、韩、朝、蒙六国之间距离,促进相互间物资和人文交流,带动整个东北亚经济发展。积极对接中国—东北亚—北冰洋航线,为拓宽我国与欧洲的海上贸易新通道、新路径提供新方案。

参考文献

[1] 游勇."新松辽运河"与"东北亚国际水运大通道"[J].辽宁经济,2016(1):26-31.

[2] 胥苗苗.充分发挥内河航运的独特作用——访全国政协委员、交通运输部水运科学研究院原副总工程师苏国萃[J].中国船检,2017(3):48-49.

[3] 郭连强.中国东北地区发展报告(2020)[M].北京:社会科学文献出版社,2021.

[4] 徐栎,章浩,肖景良,等.东北老工业基地清洁能源应用发展体系研究[J].中国战略新兴产业,2017(44):1-4.

[5] 黑龙江省统计局.黑龙江统计年鉴[M].北京:中国统计出版社,2018.

[6] 梁书民,崔奇峰.我国东北地区北水南调与内河航道网络建设研究[J].水利规划与设计,2022(1):1-8.

疫情场景下个体公交出行的感染风险评估方法

应雨燕　祁宏生*

(浙江大学智能交通研究所)

摘　要　新型冠状病毒肺炎(COVID-19)疫情爆发后,公共交通系统的脆弱性引起了广泛的关注。后疫情时代,在扫码测温、分散就座等政策的保障下,通勤者无时无刻不在进出公共交通系统,其中有一些通勤者可能是感染者。乘客在公交出行时的感染风险是未知的,这种未知性在一定程度上影响着出行者的出行决策。为此,本文通过对苏州市公交数据进行分析,考虑乘客公交出行过程中的等车和乘车两个过程,以累计接触时长为度量指标,对个体公交出行的感染风险进行评估。分析结果表明,发车间隔、行程时间、出行距离、公交需求以及出行时段等都是影响感染风险的重要因素。研究结果为制定疫情防控策略提供了依据,有助于进一步保障乘客的出行安全。

关键词　公共交通　感染风险　风险评估　个体出行　公交数据　新冠肺炎疫情

0　引言

突如其来的新冠肺炎疫情给公共交通带来了沉重的打击,不少城市的公共交通按下了暂停键。同济大学城市交通研究院的一项涉及56个地级市的调查显示,有近乎半数的城市在防疫期间完

1.基金项目:国家重点研发专项(2019YFB1600300);国家自然科学基金(52131202);教育部人文社科基金(21YJCZH116);浙江省公益技术研发资助(LGF22E080007)。

全停运了城市公交[1]。城市公共交通作为城市不可或缺的主动脉,保障整个城市交通系统的基本运行。随着疫情防控工作的不断加强,疫情在我国已经得到了较好的控制。2020 年 2 月以来,我国各行业陆续复工复产,公交客流有所回暖。为了防止病毒通过公交系统传播和蔓延,国家和企业出台了许多防控策略和措施以控制和降低疫情传播风险,保障居民的通勤安全,如扫码测温政策、分散就座政策、定制公交政策、公交限流政策等[2]。但是,全球新冠肺炎疫情大流行仍未结束,我国的疫情蔓延虽然得到了初步控制,但仍然承受着外部输入和内部反弹的压力,不可避免地出现通勤者中有一些可能是感染者的情况,疫情小范围感染或区域性爆发仍然存在一定的可能性。

自疫情爆发以来,如何保障乘客的出行安全一直是研究者们的研究重点。周继彪等人[3]提出结合地方实际和风险评估等级相组合的分区分类防控的应急响应机制,减少公共交通运输造成的交叉感染;牟振华等人[4]提出公交车和公交站点双层公交网络模型进行病毒传播模拟,制定宏观和微观两种防疫策略;茹小磊等人[5]构建公交乘客动态接触网络,通过数据挖掘和总体分析来制定公交网络停运方案;吴楠等人[6]结合疫情、公交现状及出行特征,从需求和供给的角度出发,制定了公共交通运营策略。

已有的研究主要是从群体层面出发,对疫情影响下的公交运营管理策略进行优化,没有考虑到个体在公交出行过程中的感染风险,对个体公交出行过程中的潜在感染风险的评估依然是空白。常态交通运行条件下影响出行者出行决策的主要因素是交通运行状态、公交的可达性能,而疫情条件下出行者出行过程中的感染风险也是重要的决策因子。因此,本文通过分析乘客在公交出行过程中的等车和乘车两个过程,基于苏州市 IC 卡数据和公交信息数据,对疫情下个体公交出行的感染风险进行评估,以利于出行者的出行决策、管理者制定疫情防控策略和进一步保障乘客的出行安全。

1 公交出行过程及感染风险影响因素

1.1 公交出行过程

如图 1 所示,乘客公交出行全过程分为可达、候车、乘车、换乘。假定一次出行过程为出行者从出发地到目的地的唯一活动全过程,当出行者需要完成另一活动时,则以上一出行目的地为出发点进行第二次出行[7]。本文仅将乘客在公交网络的部分过程作为乘客公交出行的过程,即从目标上车站点到目标下车站点的过程,包括一次(无换乘情况)或多次(有换乘情况,包括同站换乘或异站换乘)候车和乘车过程。

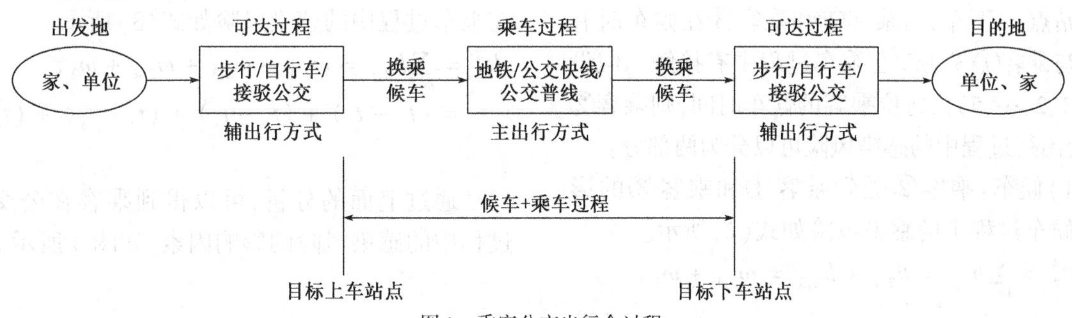

图 1 乘客公交出行全过程

1.2 感染风险影响因素

根据本文的定义,个体的公交出行过程,即潜在感染过程包括候车和乘车两部分。在候车过程中,乘客之间的距离较小,尽管大多数公交车站是开放式的,但由于乘客在候车过程中会因在室外而存在一些防疫松懈行为,如不按规定戴口罩、为喝饮料吃东西摘取口罩等,候车过程存在一定的感染风险。在乘车过程中,公交车的密闭性较好,车内空气流动性差,椅子、栏杆、门、机器等都可能成为病毒的感染源,即使乘客在防疫措施和公众的监督下坚持全程佩戴口罩,感染风险也会受到各种因素的影响,如口罩的类型、佩戴口罩的规范、车内活动(如抓扶手、打电话、揉搓眼睛等)。上述这些都是乘客在公交出行过程中的感染隐患,因此本文假设乘客之间有时空重叠即为乘客有接触。

乘客公交出行的感染风险主要由与其他乘客的累计接触时长决定[8],乘客 i 在出行过程中的感染风险如式(1)所示。

$$R_i = \sum_{j \in N} h_{i,j} = \sum_{j \in N} \theta_{i,j} \cdot \omega_{i,j} \tag{1}$$

式中：R_i——乘客 i 在公交出行过程中的感染风险(min)；

$h_{i,j}$——乘客 i 和乘客 j 的实际接触时长(min)；

$\theta_{i,j}$——乘客 i 和乘客 j 的接触情况，$\theta_{i,j}=0$ 表示无接触，$\theta_{i,j}=1$ 表示有接触；

$\omega_{i,j}$——乘客 i 和乘客 j 的可能接触时长(min)；

N——乘客 i 在出行过程中有过接触的乘客数量。

图2展示了个体公交出行的接触情况。$s_j(j=x,y,z)$ 表示某公交线路上的站点ID；$t_i(i=x,y,z)$ 表示公交车到达各公交站点的时刻；①～⑤表示乘客的编号；条形的长度分别度量各乘客候车和乘车过程的时长(橙色为候车，绿色为乘车)，其中候车时间是不确定的，取决于乘客到达站点的时间。

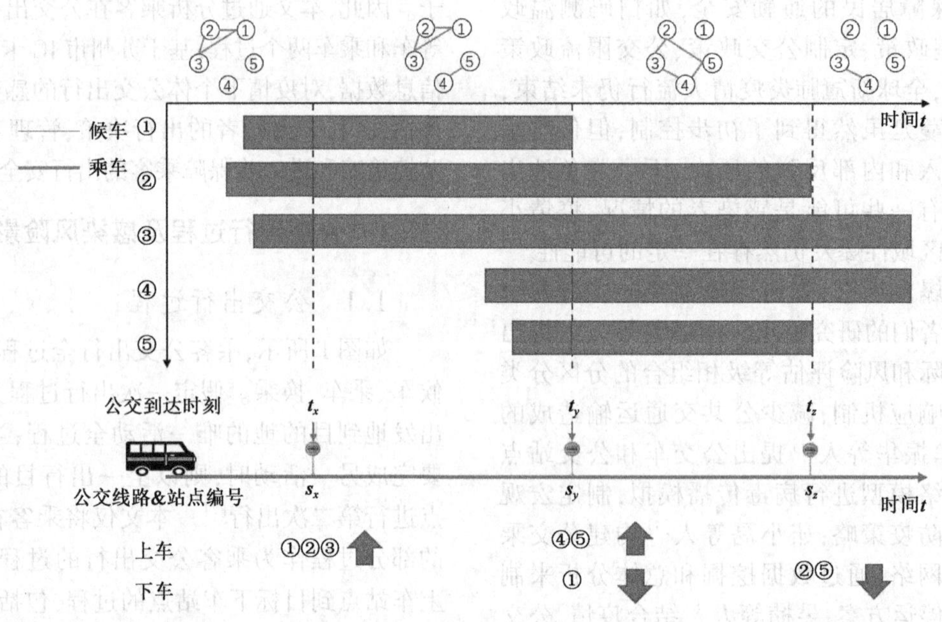

图2　乘客公交出行的接触情况

以编号为②的乘客为例，乘客②在站点 s_x 上车，在站点 s_z 下车，与乘客①和乘客③在候车时有接触，与乘客①③④⑤在乘车过程中有接触。假设 $w_i(i=1,2,\cdots,5)$ 为每位乘客的候车时间，则乘客②在公交出行过程中的感染风险可以分为两部分：

(1)候车：乘客②受到乘客①和乘客③的影响，在候车过程中的感染风险如式(2)所示。

$$R_2^A=\sum_{j\in 5}h_{2,j}=h_{2,1}+h_{2,3}=\omega_{2,1}+\omega_{2,3}=\min(w_2,w_1)+\min(w_2,w_3) \tag{2}$$

(2)乘车：乘客②受到乘客①③④⑤的影响，在乘车过程中的感染风险如式(3)所示。

$$R_2^B=\sum_{j\in 5}h_{2,j}=\omega_{2,1}+\omega_{2,3}+\omega_{2,4}+\omega_{2,5}=(t_y-t_x)+(t_z-t_x)+(t_z-t_y)+(t_z-t_y) \tag{3}$$

通过上面的分析，可以得到乘客在公交出行过程中的感染风险的影响因素，如图3所示。

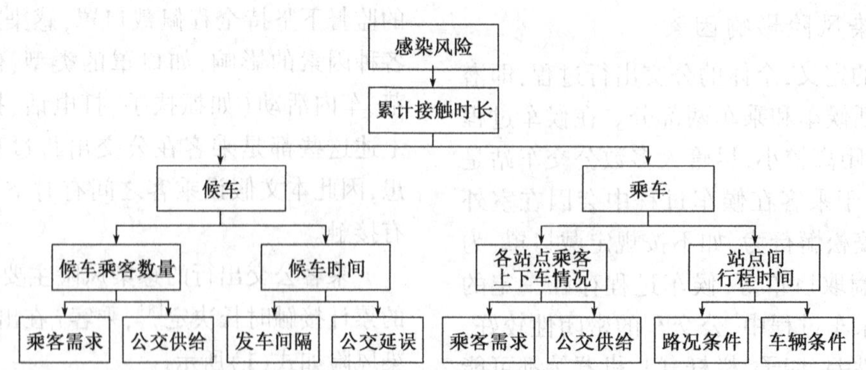

图3　公交出行感染风险的影响因素

2 风险评估模型建立

2.1 假设及参数

风险评估模型构建过程中所用参数的含义如下：

- s——线路编号；
- s_j——站点 ID，$j=\{1,2,3,\cdots,m\}$，其中 m 为线路 s 的站点总数；
- w_i——乘客 i 的候车时间(min)；
- n_{O_j}——站点 s_j 上车乘客数量(人)；
- n_{D_j}——站点 s_j 下车乘客数量(人)；
- n_j——公交车到达站点 s_j 前车内乘客数量(人)；
- t_j^l——第 l 班次公交车到达站点 s_j 的时刻；
- g_j^k——在$[0,J_j^{l-1,l}]$时段内第 k 个乘客到达站点 s_j 的时刻，则 $t_j^{l-1}+g_j^k$ 为第 $l-1$ 班次公交车离开站点 s_j 后第 k 个乘客到达站点 s_j 的时刻；
- $r_{j-1,j}$——公交车从站点 s_{j-1} 到站点 s_j 的行程时间(min)；
- $J_j^{l-1,l}$——相邻两公交车到达站点 s_j 的时间间隔，$J_j^{l-1,l}=t_j^l-t_j^{l-1}$，可以看作发车间隔加上公交车从站点 s_{j-1} 到站点 s_j 的延误(min)；
- R_i^A——乘客 i 在候车过程中的感染风险(min)；
- R_i^B——乘客 i 在乘车过程中的感染风险(min)；
- R_i——乘客 i 在公交出行过程中的感染风险(min)。

本文作如下假设：

(1)乘客在到达目标上车站点时感染风险为0。

(2)不考虑公交车在公交站点的停靠时间。

(3)对于在同一个站点候车的乘客，同一线路的乘客相互接触，暂时不考虑与其他线路的乘客接触。

(4)乘客到达站点的时间点在相邻两公交车到达站点的时间间隔内服从均匀分布。

2.2 模型建立

2.2.1 候车过程

在实际生活中，乘客到达公交站点是一个随机的过程，本文假设乘客到达站点 s_j 的时间 g_j^k 为0到 $J_j^{l-1,l}$ 的任一时间点，服从$[0,J_j^{l-1,l}]$的均匀分布。乘客在候车过程中的感染风险主要由乘客的候车时间决定。对于无换乘或者异站换乘的情况，乘客的候车时间是随机的，服从假设条件。对于第 i，$i\in[1,n_{O_j}]$个乘客来说，乘客到达站点 s_j 的时间为 g_j^i，$g_j^i\in[0,J_j^{l-1,l}]$，候车时间 $w_i=J_j^{l-1,l}-g_j^i$；对于同站换乘的情况，乘客的候车时间为上一公交车到达换乘站与下一公交车离开换乘站的时间之差。乘客之间的接触时间由后到乘客的候车时间决定，因此对于在站点 s_j 候车的乘客 i 来说，感染风险如式(4)所示。

$$R_i^A=\sum_{j\in n_{O_j}}\min(w_i,w_j) \tag{4}$$

式中，$w_i=J_j^{l-1,l}-g_j^i$，其中 g_j^i 服从均匀分布，w_j 同理。

2.2.2 乘车过程

乘客在乘车过程中的感染风险主要由车内乘客数量和公交车在站点间的行程时间决定。假设乘客 i 从站点 s_x 上车到站点 $s_y(1\leqslant x<y\leqslant m)$下车，那么乘客 i 在乘车过程中的感染风险如式(5)所示。

$$\begin{aligned}R_i^B&=(n_{x+1}-1)r_{x,x+1}+(n_{x+2}-1)r_{x+1,x+2}+\cdots+(n_y-1)r_{y-1,y}\\&=\sum_{k=x}^{y-1}(n_{k+1}-1)r_{k,k+1}=\sum_{k=x}^{y-1}\Big[\sum_{e=1}^{k-1}(n_{O_e}-n_{D_e})-1\Big]r_{k,k+1}\end{aligned} \tag{5}$$

2.2.3 公交出行

本文考虑个体在公交出行中的候车和乘车两个过程，因此乘客 i 在公交出行时的感染风险如式(6)所示。

$$R_i=R_i^A+R_i^B=\sum_{j\in n_{O_j}}\min(w_i,w_j)+\sum_{k=x}^{y-1}\Big[\sum_{e=1}^{k-1}(n_{O_e}-n_{D_e})-1\Big]r_{k,k+1} \tag{6}$$

3 实证分析

3.1 案例说明

本文以苏州市的乘客IC卡数据、公交车GPS数据以及公交线路为研究对象，评估乘客个体在公交出行过程中的感染风险。随机选取两名乘客(Y和Z)，其公交出行过程信息如表1、表2和图4所示，其中乘客Y无换乘，乘客Z在同站换乘。公交线路基本信息如表3所示。

乘客Y公交出行过程信息表(无换乘)　表1

乘坐线路	101路
起点及上车时间	汇翠花园 08:07
终点及下车时间	工人文化馆 08:50
跨站数	16

乘客Z公交出行过程信息表(同站换乘)　表2

乘坐线路	101路	67路
起点及上车时间	北寺塔 10:30	团结桥东 11:05
终点及下车时间	团结桥东 10:57	美澜花园 11:28
跨站数	10	11

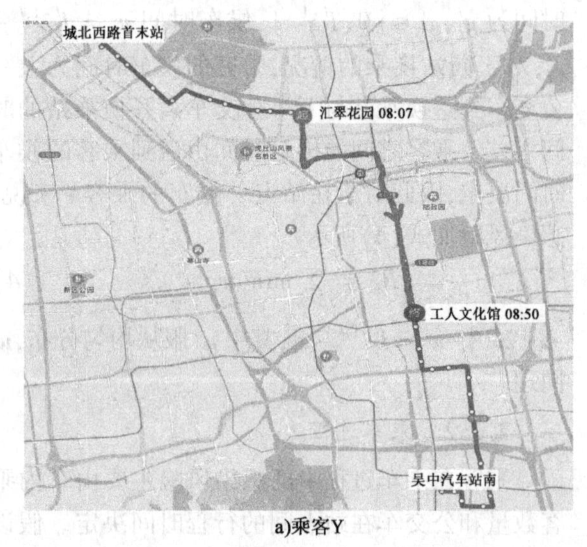

a)乘客Y

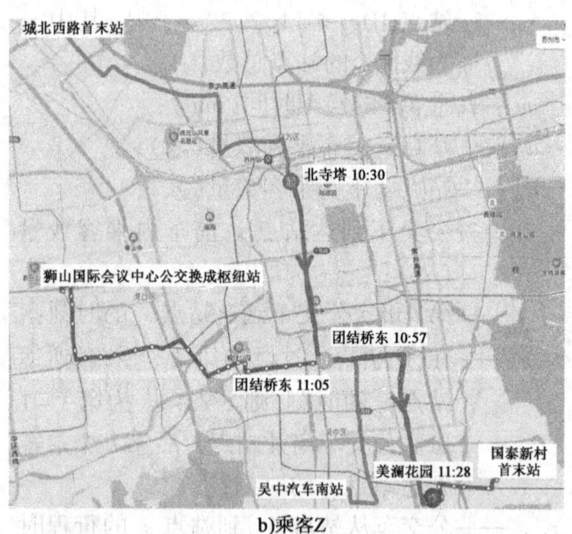

b)乘客Z

图4　公交出行过程信息图示

101路和67路公交线路信息　表3

线路编号	101路	67路
运营时间	05:00—21:30	05:30—19:45
票价	2元	2元
站点数量	43	39
发车间隔	15min(5:00—7:30;20:00—21:30) 12min(10:00—17:30) 10min(7:30—10:00;17:30—20:00)	20min
线路长度	22.6km	19.9km

3.2　风险评估及分析

根据IC卡数据、公交数据处理得到公交行程表和乘客OD数据,结合所得信息和建立的模型,可得乘客Y和乘客Z出行过程中感染风险的变化情况,如图5和图6所示。结合表1、表2和图5、图6的分析可知,相较于乘客Y,乘客Z的行程时间长、跨站数多、累计感染风险高,因此乘客长距离出行时应该避免乘坐公交车。

图5中的区域1是值得关注的地方,在这个区域,乘客Y的感染风险上升趋势明显。结合表1,乘客Y出行的时段正好处于高峰期(8:00—9:00),区域1的站点位于"平川路人民路西—平门—北寺塔—接驾桥—察院场观前街西"区段,是苏州市区乘客公交需求较大的区段。其中"平川路人民路西—平门"区段路程较长,公交车的行程时间较长,感染风险增加;而平川路人民路西、北寺塔、察院场观前街西这三个站点地处繁华路段,换乘线路多且与地铁相连,公交需求较大,感染风险明显增加。

图6中的区域1、区域2和区域3同样值得关注。需要注意的是,乘客Z的行程与乘客Y的行程的不同之处在于:①乘客Z有换乘;②乘客Z在非高峰期出行。

区域1中乘客Z的感染风险有明显的上升趋势,该区域的站点位于"苏州图书馆—三元坊—工人文化宫—南门—人民桥南"区段,地处繁华商圈,乘客的公交需求较大,除公交站点本身换乘线路较多外,大部分站点都与多条地铁线路相连。

区域2是67路行程的一部分,处于"南环新村(汽车南站西)—汽车南站广场—南环桥(华东装饰城)—吴东路东兴路南"区段。换乘站"团结桥东"后的站点所处的区域位于产业园区,与各站点相连的线路少,乘客公交需求小,发车间隔大,非高峰期延误小,累计感染风险进入了平缓期。

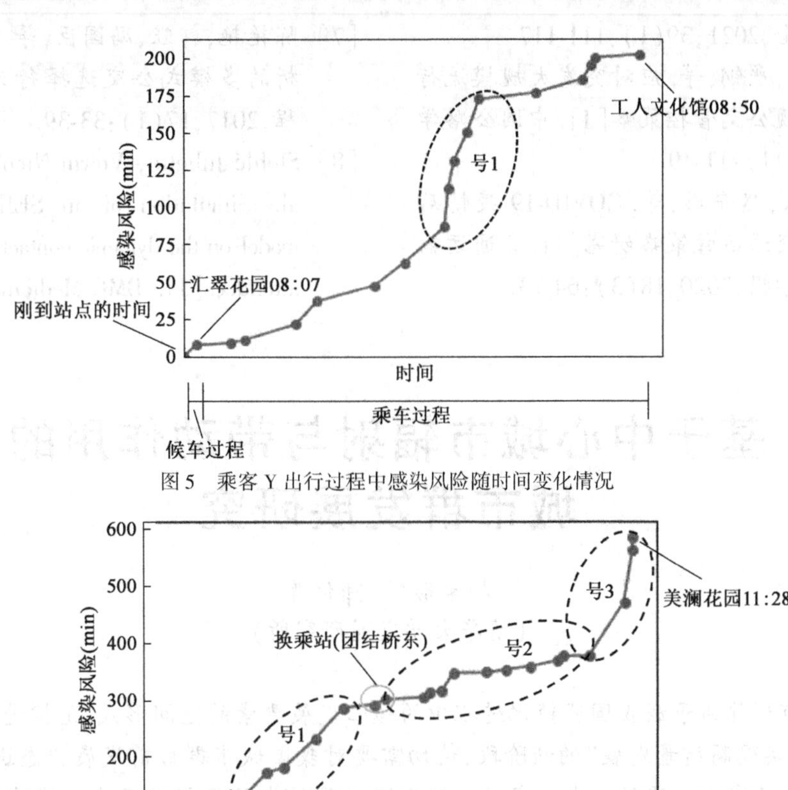

图5　乘客 Y 出行过程中感染风险随时间变化情况

图6　乘客 Z 出行过程中感染风险随时间变化情况

区域 3 位于“姜家桥—斜港大桥南—美澜花园”区段，感染风险有明显的上升趋势。这个区段位于居民区，乘客公交需求增加，且三个站点之间的距离较长，行程时间增加，导致感染风险明显增加。

4　结语

本文结合苏州市公交数据，考虑乘客公交出行中的等车和乘车两个过程，对个体公交出行的感染风险进行评估。研究表明，发车间隔大、行程时间长、出行距离远、公交需求大以及高峰时段出行都会增加个体在公交出行过程中的感染风险，这为出行者的出行决策和管理者制定疫情防控策略提供了依据和思路。在未来的研究中，考虑加入防控优化部分，如研究如何通过减小发车间隔和缩短行程时间等来降低感染风险。

目前的研究仅考虑了乘坐公交车的出行过程，而地铁也是公共交通的一部分，尤其是现阶段通勤者对地铁的信任程度高、依赖性大，在未来的研究中将考虑公交与地铁之间的换乘情况。

目前的风险评估模型较为简单，在未来的研究中，考虑将模型复杂化，比如考虑公交到达和乘客到达的随机性，考虑同一站点但不同线路的乘客在候车时的接触，以更加符合实际情况。

参考文献

[1] 袁泉，陈小鸿，杨超. 应对严重公共卫生事件的城市交通管控措施分析：城市公交|城市防疫交通政策调研系列报告(一)[EB/OL]. https://umi.tongji.edu.cn/info/1074/1198.htm.

[2] 任继承. 疫情防控常态化背景下交通政策对居民通勤方式选择的影响研究[D]. 北京：北京交通大学，2021.

[3] 周继彪，马昌喜，董升，等. 新冠肺炎疫情下城市公共交通非常规防疫策略——以宁波市为例[J]. 中国公路学报，2020，33(11)：1-10.

[4] 牟振华，李想，闫康礼，等. COVID-19 在公交网络传播模型及防疫策略有效性分析[J]. 交

通信息与安全,2021,39(1):111-117.
[5] 茹小磊,杨超,严钢,等.应对突发大规模流行病的城市常规公交管控策略[J].中国公路学报,2020,33(11):11-19.
[6] 吴楠,李远东,赵安琪,等.COVID-19疫情后武汉市公共交通运营策略研究[J].交通运输工程与信息学报,2020,18(3):64-73.
[7] 陈艳艳,韩旺,冯国臣,等.基于出行全过程分析的多模式公交选择行为研究[J].交通工程,2017,17(1):33-39.
[8] Stehlé Juliette, Voirin Nicolas, Barrat Alain, et al. Simulation of an SEIR infectious disease model on the dynamic contact network of conference attendees[J]. BMC Medicine, 2011, 9(1): 87.

基于中心城市辐射与带动作用的城市群发展研究

柏卓彤* 陆化普
(清华大学交通研究所)

摘 要 城市群作为承载我国城镇化进程中的核心发展要素的空间形式,是推进国家新型城镇化的主体形态。进入"实现高质量发展"的新阶段,迫切需要对我国城市群目前发展状态进行扫描透视,形成系统性的城市群发展战略和路径。本研究通过梳理城市群的发展目标以及中心城市的辐射与带动作用机理,从经济效率、区域协同、综合功能三个准则层构建城市群发展状态评价指标,并选取6个指标建立城市群综合评价指标体系;通过实证分析对我国19个城市群进行综合评价,分析其目前的发展状态和存在的不足,并依托发展较优城市群的经验指导我国城市群发展。研究结果显示,长三角城市群在我国目前城市群体系中发展最优,为我国城市群在中心城市的辐射带动下成为支撑全国经济增长、促进区域协调发展、参与国际竞争合作的重要平台提供了经验借鉴。

关键词 城市群 高质量发展 评价指标体系 新型城镇化

0 引言

自1949年中华人民共和国成立至今,我国城镇化率从10.64%增长到63.89%,城镇人口从5765万增长到9.0亿,城镇化的过程愈发成熟。伴随着城镇化进程的加快,我国进入了"以人为本"新型城镇化和国家高质量发展的新阶段。城市群作为承载发展要素的主要空间形式,是我国城镇化和工业化发展到高级阶段的必然产物。

城市群作为推进国家新型城镇化的主体形态,对我国社会、经济的可持续发展至关重要。国内外学者也对这一主题展开了深入研究,既有研究主要集中在基于未来发展的城市群的发展战略及目标研究[1-4,12]以及基于实证研究的城市群发展现状评价两方面[5-11],侧重战略规划或结果分析,对城市群的发展路径、机制模式、方式策略等研究不够,不能有效指导我国城市群未来发展。

本研究通过梳理城市群的发展目标,明确城市群发展状态评价标准,并建立指标体系量化分析目前我国城市群的发展状态,选取发展最优的长三角城市群,通过对其各类指标面板数据的系统分析总结中心城市辐射带动城市群发展的经验,以期为城市群成为支撑全国经济增长、促进区域协调发展、参与国际竞争合作的重要平台提供支撑,指导城市群高质量发展。

1 城市群形成机理和发展现状

1.1 我国城市群发展现状

《中华人民共和国国民经济和社会发展第十三个五年规划纲要》中确定了加快城市群建设发

1. 基金项目:我国城市发展规模及结构战略研究。

展的目标，并提出了我国19个城市群。目前，我国京津冀、长三角、珠三角三大城市群以不足7%的国土面积汇聚了全国28.7%的人口和41.9%的国内生产总值[13]。城市群是国家新型城镇化的空间主体形态，但是目前对于城市群还没有统一的定义，几个有代表性的定义如下：

姚士谋[14]提出，城市群是在地域范围内具有相当数量的不同性质、类型和等级规模的城市，依托一定的自然环境条件，以一个或两个超大或特大城市作为地区经济的核心，借助现代化的交通工具和综合运输网的通达性，以及高度发达的信息网络，发生与发展着城市个体之间的内在联系，共同构成一个相对完整的城市集合体。

胡际权[15]提出，城市群是以中心城市为核心、以发达的联系通道为依托，吸引辐射周边城市与区域，并促进城市之间的相互联系与协作，带动周边地区经济社会发展的、可以实施有效管理的区域。

顾朝林[16]提出，城市群是指以中心城市为核心向周围辐射构成的多个城市的集合体。城市群在经济上紧密联系，在功能上分工合作，在交通上联合为一体，并通过城市规划、基础设施和社会设施建设共同构成具有鲜明地域特色的社会生活空间网络。

尽管对于城市群的定义尚未统一，但是可以看出城市群具有以下特点：

(1)空间布局：城市群是包含多个城市的形态上互相连接的地理连片区域。

(2)结构形态：城市群包括各级规模的城市，形成多层级的城市体系，主要体现在：①包含多层级的不同性质、类型和等级规模的城市，并且形成一定结构；②拥有优势区域，形成核心城市，并作为城市群发展的龙头带动其他各类城市的快速发展。

(3)发展目标与动力：城市群产业布局高度集聚，产业功能合理分工，产业结构高度协同。城市群内部代表先进生产力的组成形式，通过生产活动相连接。

(4)保障条件：城市群需要交通基础设施、资源环境基础、区域协调政策等的支撑，有效衔接产业链条及城市之间的分工协作，支撑要素的高效自由流动。

1.2 城市群发展机理

城市群是国家经济社会发展的战略核心，需要从源头上梳理其发展目标以支撑高质量发展。纵观国内外城市群的发展历程和相关理论，无论是法国佩鲁(F. Perroux，1955)的“增长极理论”和“点轴发展理论”，还是对城市群的协调型、促进增长型、培育型等分类，都揭示了城市群发展是一个动态的过程：首先，产业、人口等各类生产要素向优势区域集中，形成核心增长极(中心城市)，这是由规模经济决定的客观规律；达到一定程度后，中心城市由于资源等的限制进一步辐射带动周边城市群发展，是城市群发展的必要前置条件和中间成果。

城市辐射带动区域经济的整体发展与城市发展水平存在一定关系，在这一过程中存在合理状态。如图1所示，如果中心城市规模过小，未能集聚生产要素，则辐射带动能力不强，但中心城市过大会导致资源过于集聚，不断从劣势地区吸引优质资源，成为城市群中的黑洞。在合理状态下，中心城市一方面能够保证成为城市群发展的核心增长极，另一方面能够保证具有一定的带动和辐射能力，协同周边城市发展。对于城市群发展进程来说，城市群内不同范围要合理分工，一方面要防止资源过度集中带来的极化现象，另一方面要避免同质均一发展带来的动力不足问题。城市群内部要形成优势互补、分工协调的格局，以带动区域乃至全国经济的持续发展。

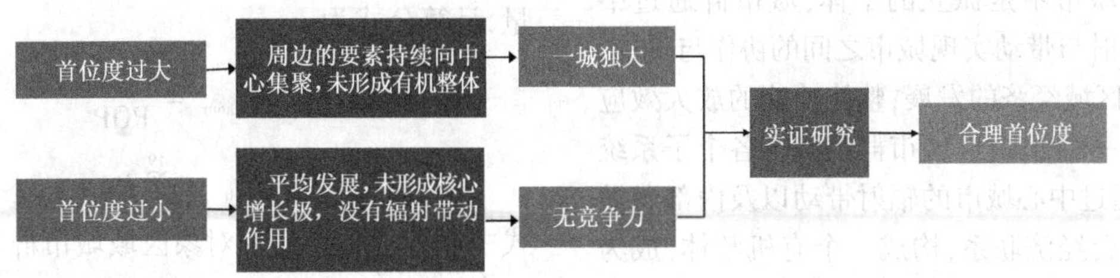

图1 城市群中中心城市辐射带动作用影响机理

目前,我国城市群发展主要存在两大问题:①区域间协同发展水平较低,区域经济发展分化态势明显,城镇化空间布局失衡,东部发展好、中西部滞后;②区域内发展动力极化现象突出,部分城市群资源过度集中于核心城市,其他区域发展面临较大困难。

因此,结合城市群的空间范围,以及中心城市辐射带动周边地区发展的时间范围,本研究从发展目标、影响因素、评价指标、政策建议等方面对城市群的发展进行分析。

2　城市群综合评价指标体系构建

合理地评估城市群的发展状态,首先要分析城市群的发展目标。1957 年,首次提出城市群这一概念的戈特曼提出了城市、区域和城市群之间具有明显的促进作用,这种作用来自中心城市的集聚效应、城市之间的协作效应和整体功能的放大效应。戈特曼对城市群形成动力源的论述分别从自身、区域和整体三个方面对中心城市的辐射与带动作用进行了分析,阐明了城市群发展的动力机制和形成内核。我国《国家新型城镇化规划(2014—2020 年)》同样从自身、区域和整体三个方面确定了城市群的发展目标,从经济发展、区域协调和国际竞争合作三个角度对中心城市的辐射带动作用提出了要求。

因此,本文从支撑经济发展、促进区域协同、提高综合功能三个准则层构建城市群综合评价指标体系(表 1)。城市群经济效率越高、区域协同越好、综合功能越强,城市群的发展状态越好。根据既有研究,每个准则层选取两个代表性指标,对我国 19 个城市群进行量化分析和综合评价。其中,经济效率体现了集聚效应,表现在人口和生产的高度集中,以及资金融通、信息交流和商品流通等服务活动的高度聚集,其表现形式就是聚集带来的经济效应;城市之间的协作效应表现在城市群中的各个城市不是孤立的个体,城市群通过中心城市的辐射与带动实现城市之间的协作与分工,促进城市与区域经济的发展;整体功能的放大效应可以理解为一种涌现性,城市群系统在各个子系统的基础上,通过中心城市的辐射带动以及内部各城市的密切社会经济联系,构成一个有机整体,成为更加具有竞争力的新平台。因此,本文选取的指标确定为城市群人均 GDP、单位面积产出强度、2 小时交通圈人口覆盖率、城市规模基尼指数、百强城市占比以及第二、三产业占 GDP 的比重。

城市群综合评价指标体系　　表 1

准　则　层	指　标　层
经济发展	人均 GDP
	单位面积产出强度
区域协同	2 小时交通圈人口覆盖率
	城市规模基尼指数
综合功能	百强城市占比
	第二、三产业占 GDP 的比重

2.1　人均 GDP

人均 GDP 表示城市群各个城市总 GDP 与各个城市总人口的比值,计算公式为:

$$GDP^1 = \frac{\sum_I GDP_i}{\sum_I POP_i}$$

式中:GDP^1——人均 GDP;

GDP_i——第 i 个城市的 GDP;

POP_i——第 i 个城市的人口;

I——城市群所包含的城市数量。

2.2　单位面积产出强度

单位面积产出强度为城市群总 GDP 与各个城市面积的比值,即城市群单位面积产生的 GDP,计算公式为:

$$GDP^2 = \frac{\sum_I GDP_i}{\sum_I AREA_i}$$

式中:GDP^2——单位面积产出强度;

$AREA_i$——第 i 个城市的面积。

2.3　2 小时交通圈人口覆盖率

2 小时交通圈人口覆盖率是指各城市群(全国 19 个城市群)通过公路、铁路等陆路交通方式能够实现 2 小时覆盖的人口与城市群总人口的比值。该指标是城市群交通便捷高效程度的度量,也是综合交通网络布局合理性和充分程度的度量,计算公式为:

$$P_{2\text{-hour}} = \frac{P_{all}}{POP}$$

$$P_{all} = \sum_{N=1}^{19} P_i$$

式中:$P_{2\text{-hour}}$——研究对象区域城市群 2 小时交通圈人口覆盖率;

P_{all}——研究对象区域中城市群 2 小时交

通圈覆盖人口总量；

POP——研究对象区域城市群人口总量；

P_i——城市群第 i 个城市 2 小时交通圈覆盖人口总量。

2.4 城市规模基尼指数

城市规模基尼指数是对一个城市体系中人口集中程度的反映，由常数式基尼模型进行拟合求解，其取值范围为 0～1。基尼指数趋近于 0，说明城市规模的分布较为分散；趋近于 1，说明城市规模的分布较为集中。计算公式为：

$$G = \frac{T}{2S(n-1)}$$

式中：T——城市体系中每个城市人口规模之差的绝对值总和；

n——一个地区包含的城市数量；

S——n 个城市的人口总和。

2.5 百强城市占比

百强城市占比为城市群中百强城市数量占城市群所有城市数量的比值，计算公式为：

$$P_{TOP} = \frac{N_{TOP}}{I}$$

式中：P_{TOP}——百强城市占比；

N_{TOP}——城市群所包含的百强城市的数量；

N——城市群所包含的城市数量。

2.6 第二、三产业占 GDP 的比重

第二、三产业占 GDP 的比重为城市群中第二、第三产业在城市群 GDP 中所占比重，计算公式为：

$$P_{Inst} = P^2_{inst} + P^3_{inst}$$

式中：P_{Inst}——城市群第二、三产业占 GDP 的比重；

P^2_{inst}——城市群第二产业占 GDP 的比重；

P^3_{inst}——城市群第三产业占 GDP 的比重。

3 我国城市群发展现状分析

根据城市群综合评价指标体系，城市群人均 GDP 越高，单位面积产出强度越高，城市群经济效益越好；2 小时交通圈人口覆盖率越高，城市规模基尼指数越合理［采用联合国标准：0.2～0.29 表示指数等级低（比较平均）；0.3～0.39 表示指数等级中（相对合理）；0.4～0.59 表示指数等级高（差距较大）；0.6 以上表示指数等级极高（差距悬殊）］，城市群协同发展水平越高；城市群百强城市占比越高，第二、三产业所占比重越高，城市群综合体系功能越好。我国 19 个城市群综合评价结果如表 2 和图 2 所示。

我国 19 个城市群综合评价结果　　表 2

城市群	人均 GDP	单位面积产出强度	基尼指数	百强城市占比	第二、三产业占 GDP 的比重	2 小时交通圈人口覆盖率	平均值
长三角城市群	0.82	1	0.8	1	0.93	0.64	0.87
珠三角城市群	1	0.88	0.6	0.38	0.95	0.71	0.76
京津冀城市群	0.62	0.51	0.65	0.38	0.94	0.68	0.63
山东半岛城市群	0.46	0.5	0.57	0.57	0.96	0.58	0.61
成渝城市群	0.42	0.5	0.65	0.19	0.92	0.63	0.56
辽中南城市群	0.45	0.28	1	0.1	0.94	0.53	0.55
长江中游城市群	0.39	0.3	0.71	0.52	0.93	0.42	0.55
海峡西岸城市群	0.38	0.26	0.76	0.48	0.94	0.43	0.54
中原城市群	0.23	0.31	0.75	0.33	0.92	0.49	0.51
哈长城市群	0.36	0.11	0.93	0.1	0.89	0.47	0.48
滇中城市群	0.37	0.16	0.83	0.05	0.92	0.5	0.47
呼包鄂榆城市群	0.82	0.09	0.54	0.19	0.91	0.25	0.47
北部湾城市群	0.25	0.21	0.77	0.05	0.85	0.63	0.46
关中平原城市群	0.28	0.16	0.85	0.05	0.91	0.33	0.43
晋中城市群	0.34	0.14	0.41	0.05	0.99	0.6	0.42
黔中城市群	0.35	0.18	0.5	0.1	0.88	0.5	0.42

续上表

城市群	人均 GDP	单位面积产出强度	基尼指数	百强城市占比	第二、三产业占 GDP 的比重	2 小时交通圈人口覆盖率	平均值
兰西城市群	0.4	0.15	0.37	0.05	0.93	0.51	0.4
宁夏沿黄城市群	0.4	0.16	0.58	0	0.94	0.32	0.4
天山北坡城市群	0.81	0.03	0	0.05	1	0.47	0.39

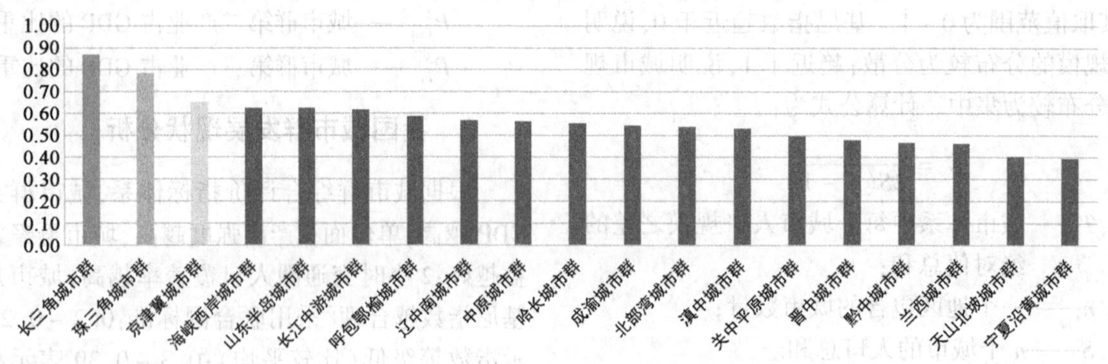

图 2　我国 19 个城市群综合评价结果

综上，在我国城市群体系中，长三角城市群、珠三角城市群、京津冀城市群总体发展水平较高，兰西城市群、宁夏沿黄城市群、天山北坡城市群发展相对滞后。其中，长三角城市群在 19 个城市群中最为成熟，主要体现在：在经济效益方面，长三角城市群实现了较高的单位面积、人均 GDP；在协同发展方面，长三角城市群通过便捷的交通实现了较高程度的 2 小时交通圈覆盖，且城市群的基尼指数较为合理；在综合功能方面，长三角城市群百强城市占比最高，第二、三产业占 GDP 的比重比较高。长三角城市群的实际情况为中心城市辐射带动城市群发展提供了较好的范例。通过对长三角城市群的详细分析，总结相关经验，可以指导我国城市群在中心城市的辐射带动下成为支撑全国经济增长、促进区域协调发展、参与国际竞争合作的重要平台，实现高质量发展。

4　中心城市辐射带动作用分析

中心城市是我国城市群发展的重要动力源，是区域战略统筹的关键，应该充分发挥辐射与带动作用，引领城市群高速发展。中心城市在城市群中的辐射带动作用用首位度来表示，首位度在一定程度上代表了城镇体系中的城市发展要素在最大城市的集中程度。不同于广泛采用的“两城市指数”(首位度为首位城市与第二位城市的人口规模之比)，本研究采用首位城市人口占城市群总人口的比例来表示首位度。首位城市在整个城市群中的资源集中程度计算结果如表 3 所示。

我国 19 个城市群首位度情况一览表　表 3

城市群	首位度(%)	首位城市 GDP 所占比重(%)
长三角城市群	10.44	17.70
京津冀城市群	12.80	34.95
珠三角城市群	17.20	27.93
长江中游城市群	6.74	17.85
中原城市群	6.64	14.20
山东半岛城市群	12.67	17.39
海峡西岸城市群	10.17	14.42
成渝城市群	30.90	35.40
哈长城市群	21.60	28.22
辽中南城市群	24.06	34.16
关中平原城市群	21.82	40.50
北部湾城市群	18.11	21.03
呼包鄂榆城市群	37.80	28.58
滇中城市群	45.60	59.76
晋中城市群	25.50	45.83
黔中城市群	56.30	57.82
兰西城市群	27.47	51.19
天山北坡城市群	71.84	68.36
宁夏沿黄城市群	36.21	55.20

目前我国城市群的首位度分布差异显著，且首位度的大小与首位城市GDP所占比重没有明显的关联，需要结合城市群的发展状态进行详细分析。以长三角城市群为例（图3、图4），首位城市上海市2019年人口数量和GDP在长三角城市群中均位列第一位，其中人口占长三角城市群的10.44%，GDP占17.70%[17]，是长三角城市群发展的核心增长极。

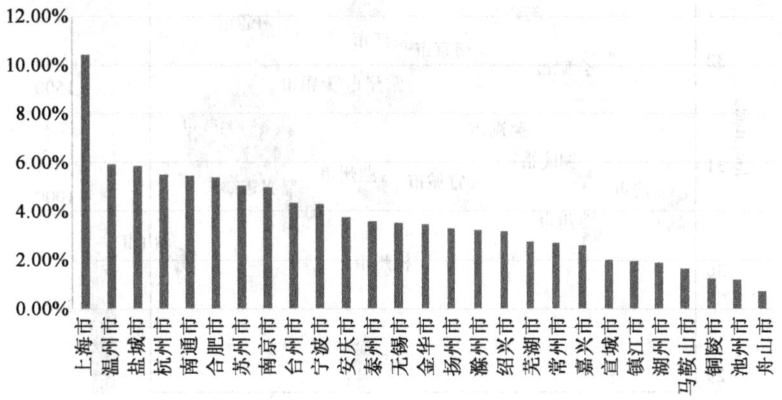

图3　长三角城市群各个城市人口比重(2019年)

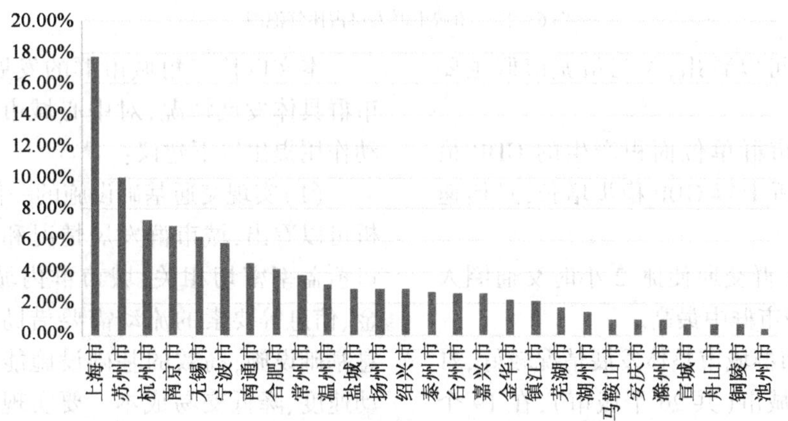

图4　长三角城市群各个城市GDP比重(2019年)

为了克服时间断面数据不能体现城市群经济发展动态的缺点，本研究提取了长三角城市群人口首位度的面板数据，对时间序列的发展情况进行实证分析，论证中心城市对城市群的带动作用，如图5所示。

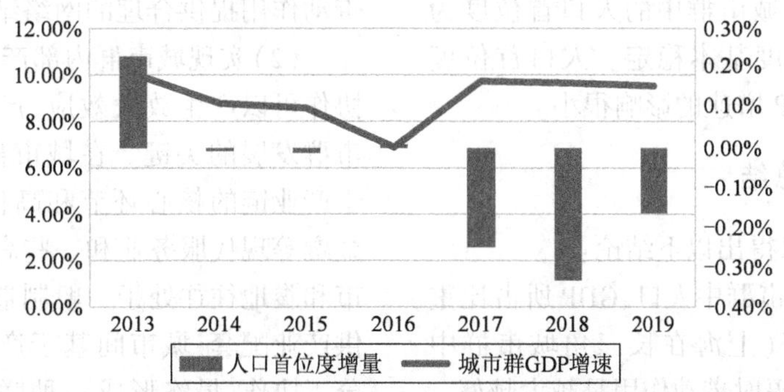

图5　长三角城市群人口首位度增量与城市群GDP增速情况

从时间序列数据的变化来看，近几年长三角城市群GDP一直保持较高速度的增长，GDP平均增速达到8.98%。尽管近几年长三角城市群首位度增长率为负值，即上海在长三角城市群中所占比重略有减小，但减小比重不大，均不超过0.4%，说明长三角城市群中上海的辐射带动作用已经达到了均衡状态。图6所示为长三角城市群中不同城市的人口分布情况。

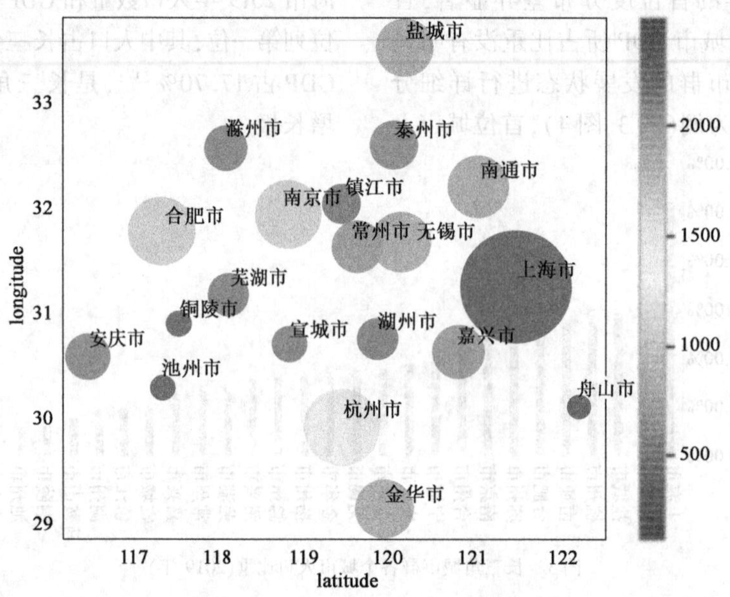

图6　长三角城市群人口占比气泡图

通过以上分析可以看出，长三角城市群主要具有以下特点：

(1)长三角城市群单位面积产生的GDP最高，从时间序列看，近十年GDP稳步增长，且增速高于国家平均值。

(2)长三角城市群交通便捷，2小时交通圈人口覆盖率在19个城市群中最高。

(3)长三角城市群城市整体发展情况较好，21个城市为中国百强城市(共26个城市)，在19个城市群中排名第一。

(4)上海在长三角城市群中GDP占比为17.7%(北京在京津冀城市群中GDP占比为34.95%，深圳在珠三角城市群中GDP占比为27.93%)。

(5)上海在长三角城市群中的人口首位度为10.5%，且近几年首位度基本稳定。人口首位度变化对城市群相对GDP增速的影响很小。

5　经验借鉴及总结

通过以上分析可以得出以下结论：

(1)中心城市在城市群中人口、GDP所占比重要适宜，不是越大越好(上海在长三角城市群中GDP占比为17.7%)，辐射带动作用是越大越好。

(2)城市群2小时交通圈人口覆盖率是引领和带动城市群区域协同发展的重要指标。

(3)要以中心城市为核心驱动城市群高质量发展，城市群内部要形成合理的城市级配结构、经济布局结构和优势互补模式。

本文以长三角城市群的发展为借鉴，结合城市群具体发展情况，对中心城市充分发挥辐射带动作用提出以下建议：

(1)实现交通基础设施的一体化：通过量化分析可以看出，城市群发展情况和2小时交通圈人口覆盖率密切相关，城市群内城市之间人才、资金、信息等要素的流动需要借助便捷的交通与信息基础设施，高效的基础设施能够提高要素的流动速度、降低交易成本。要实现交通基础设施一体化、交通与信息一体化，完善城际铁路、高速公路乃至信息网络，加速要素流动，提高城市群的发展水平。以京津冀城市群为例，要加强对京津冀交通网络中次级节点的培育，为发挥北京的辐射带动作用提供合理的网络结构。

(2)实现城市群内部产业链的协作：城市间的协作可以产生放大效应，产业协同程度是影响城市群发展的关键。在城市群中，中心城市往往处于产业链的核心环节和高价值环节(设计、研发、金融等现代服务业和一些高端制造业)，而次级城市和腹地往往处于一般制造环节并为中心城市提供产业配套，城市间基于产业链的细分领域形成分工协作，最终形成一种联系紧密的复杂空间形态。中心城市应充分发挥辐射带动作用，实现区域联动的生态发展，在更大范围内实现资源的优化配置，形成更加健康的产业链。要不断优化产业链条，改善渠道，特别是要加强城市间基于创新链、产业链的协作。

(3)合理控制中心城市的首位度:中心城市要不断吸引周边的要素流入,形成很强的集聚效应,产生规模经济。同时,中心城市不断产生新的知识、技术和产品并辐射周边地区。但中心城市的扩张并不是无限的,当中心城市规模超过一定限度后就开始出现各种各样的大城市病。需要合理确定城市的首位度,长三角城市群为我国城市群发展提供了较好的经验借鉴。

本研究对我国城市群发展现状进行了实证分析和量化评价,确定长三角城市群在我国城市群体系中发展最优,并以长三角城市群为经验借鉴,为中心城市辐射与带动城市群发展提供建议。未来可以分别从更宏观的国家层面的城市群区域协同、更微观的城市群内部的中心城市和其他城市的分工协作等方面进行深化研究。

参考文献

[1] 王小鲁. 中国城市化路径与城市规模的经济学分析[J]. 经济研究,2010,45(10):20-32.

[2] 岳文海. 中国新型城镇化发展研究[D]. 武汉:武汉大学,2013.

[3] 原倩. 城市群是否能够促进城市发展[J]. 世界经济,2016,39(9):99-123.

[4] 方创琳. 中国城市群研究取得的重要进展与未来发展方向[J]. 地理学报,2014,69(8):1130-1144.

[5] 方创琳,祁巍锋,宋吉涛. 中国城市群紧凑度的综合测度分析[J]. 地理学报,2008(10):1011-1021.

[6] 黄金川,陈守强. 中国城市群等级类型综合划分[J]. 地理科学进展,2015,34(3):290-301.

[7] 朱江丽,李子联. 长三角城市群产业-人口-空间耦合协调发展研究[J]. 中国人口·资源与环境,2015,25(2):75-82.

[8] 何胜,唐承丽,周国华. 长江中游城市群空间相互作用研究[J]. 经济地理,2014,34(4):46-53.

[9] 黄跃,李琳. 中国城市群绿色发展水平综合测度与时空演化[J]. 地理研究,2017,36(7):1309-1322.

[10] 李磊,张贵祥. 京津冀城市群内城市发展质量[J]. 经济地理,2015,35(5):61-64,8.

[11] 李佳洺,张文忠,孙铁山,等. 中国城市群集聚特征与经济绩效[J]. 地理学报,2014,69(4):474-484.

[12] 苏雪串. 城市化进程中的要素集聚、产业集群和城市群发展[J]. 中央财经大学学报,2004(1):49-52.

[13] 李兰冰,高雪莲,黄玖立."十四五"时期中国新型城镇化发展重大问题展望[J]. 管理世界,2020,36(11):7-22.

[14] 姚士谋. 中国城市群[M]. 2 版. 合肥:中国科学技术大学出版社, 2001.

[15] 胡际权. 中国新型城镇化发展研究[D]. 重庆:西南农业大学,2005.

[16] 顾朝林. 城市群研究进展与展望[J]. 地理研究,2011,30(5):771-784.

[17] 中华人民共和国住房和城乡建设部. 中国城市建设统计年鉴[M]. 北京:中国计划出版社, 2019.

轨道交通沿线房地产价格影响因素分析
——以西安地铁三号线为例

付泽坤* 南彦洲 曾明哲 刘林建

(长安大学运输工程学院)

摘 要 为探究轨道交通沿线房地产价格影响因素,本文基于特征价格法建立模型进行分析,以西安地铁三号线沿线161个住宅小区为研究对象,以楼盘均价为因变量,小区区位、邻里特征和建筑特征为自变量,构建半对数回归模型。结果表明,自变量符号基本符合经济理论预期,其中是否位于高新区、到城市CBD距离、建筑年龄和公交可达性对楼盘价格影响最为显著;地铁三号线使得沿线1km内住宅平均每平方米增值242元。本文研究结论可以为轨道交通站点布设与周边土地开发利用提供合理依据。

关键词 运输规划 影响分析 特征价格法 房地产价格 轨道交通 回归模型

0 引言

城市轨道交通具有速度快、污染小、运量大、准点率高的特点,较好地解决了城市交通拥堵和环境污染问题。轨道交通和城市土地利用之间存在着相互影响的关系:轨道交通建设可以提高线路和站点附近范围内土地开发强度,对土地资源利用的形态和布局产生重要影响[1]。房地产作为极其重要的土地开发利用方式,无疑会受到轨道交通影响。

自20世纪70年代起,国外学者使用计量经济学理论方法开展公共交通对房地产价格影响的研究。文献[2]研究了费城到新泽西州郊区的快速轨道交通线路,发现其投入使用后,社会平均通勤成本降低,沿线住宅价格上升,郊区土地得到了更好的开发。文献[3]以旧金山BART快速线Pleasant Hill车站为研究对象,探究了轨道交通对周围1mile区域内住宅价值的影响,结果表明,住宅每远离车站100ft,每栋住宅的价格平均下降1578美元。国内城市轨道交通相关研究虽然起步较晚,但随着轨道交通建设的大规模开展和房地产产业的持续火热,越来越多的国内学者开始关注轨道交通对沿线土地的影响。文献[4]基于西安市地铁二号线沿线楼盘销售均价建立特征价格模型,计算结果表明,地铁二号线的建设给沿线住宅带来了显著增值。文献[5]建立了北京地铁五号线沿线商品住宅价格影响因素体系,发现随着轨道交通到住宅距离的增加,住宅价格呈指数衰减,超过至2km范围以后,轨道交通对住宅价格影响不显著。文献[6]采用改进两步移动搜索法分析了公共服务设施可达性,并使用特征价格模型评估可达性对房价的影响,研究结果表明对房价影响最大的设施依次为学校、商场、公园和医院。在已有的公共交通与房价关系研究中,对房价影响因素的探究缺乏系统性和全面性,与公共交通联系不紧密。本文利用交通经济与政策理论,对西安地铁三号线沿线住宅价值的影响因素进行探究。

1 研究方法

1.1 基本原理

在城市轨道交通与沿线房地产价值关系的研究中,使用最为广泛和成熟的方法是特征价格法。特征价格法又称Hedonic模型法和效用估价法,是结合了效用理论和竞价理论所建立的一种模型[7],认为商品由众多不同的特征组成,而商品价格由所有特征带来的效用决定。

影响房地产价值的因素有很多,在实际研究中,房地产特征变量一般划分为区位特征、邻里特征和建筑特征[8]三大类。区位特征是影响房地产价值最重要的因素之一,衡量住宅的区位特征,主要是对其交通便利性、可达性和居于城市的相对位置进行分析。轨道交通作为区位特征对住宅价值的影响体现在改变了城市用地布局在时空上的不等价性。在理想状态下,可以认为轨道交通沿线站点土地价值向较高的地价趋近,并向周边地区逐渐扩散。邻里特征主要包括三类:社会经济变量,主要指的是购房者的人口因素,比如收入、年龄、文化程度、家庭结构等;政府公共服务变量,主要指的是公共基础设施的配备,比如水、电、天然气、网络等生活配套设施和学校、医院、银行等生活服务设施;其他外在影响,比如房地产行情、社会治安等环境因素。建筑特征变量指的是建筑物本身所具有的性质,包括建筑年龄、容积率、绿化率、楼盘档次、居住面积、户型等直接或间接影响业主使用房屋的各种因素。

1.2 模型形式

目前,在交通对资产价值的影响的研究中,应用最多的为半对数模型:

$$\log P = \alpha_0 + \sum \alpha_i X_i + \varepsilon \tag{1}$$

式中:P——住宅均价,元/m^2;

X_i——住宅的第i个属性;

α_i——属性i所对应的的系数;

α_0——常数项;

ε——随机误差项。

2 研究数据

2.1 研究对象

西安地铁三号线(以下简称三号线)是西安市第三条建成运营的地铁线路,呈半环形走向,东北起自灞桥区保税区站,西南至雁塔区鱼化寨站,全长39.15km,共设26座车站。

三号线途经的新城区、碑林区和雁塔区为西安市核心城区,坐落大量民用住宅。本文以三号线沿线楼盘为研究对象,共采集了161个小区样本及其特征属性,并使用SPSS22.0进行回归分析。

2.2 数据来源

本文居民小区坐标、兴趣点信息和路径规划来自于高德地图API,小区楼盘均价及住宅详细信息来源于安居客网站(采集时间:2019年12月)。样本数据部分变量的描述性统计见表1。

样本部分变量描述性统计表 表1

小区	均价(元/m^2)	经度	纬度	停车位(个)	户数(户)	容积率	已建成年份(年)	到CBD距离(m)	到最近地铁站步行距离(m)
新兴名园	11231	108.985989	34.240849	50	600	3.8	16	5423	1371
华龙太乙城	14000	108.974101	34.230979	2371	2702	5.4	5	3525	965
华尔兹花园	12479	109.001546	34.227716	60	579	4.3	11	5659	1031

2.3 变量选择

本文采用楼盘均价为因变量,自变量按照住宅特征分为三类:区位特征、邻里特征和建筑特征。自变量分类及含义见表2。

回归分析自变量、因变量名称及含义 表2

类别	变量名	变量意义
因变量	P	住宅均价,元/m^2
区位特征	dCBD	住宅至最近CBD驾车距离,m
	dMetro	住宅至最近地铁站步行距离,m
	dmGaoxin	虚拟变量,住宅位于高新区取值为1,否则为0
邻里特征	cBus	住宅区800m范围内公交站数量,个
	cSchool	住宅区1000m范围内幼儿园和小学数量,个
	dmHospital	虚拟变量,住宅区2000m范围内有三甲医院取值为1,否则为0
	cFood	住宅区500m范围内餐饮店家数量,个
	cShop	住宅区500m范围内购物中心/超市数量,个
建筑特征	PRatio	容积率
	Parking	车位数,个
	Household	户数,户
	Age	建筑年龄,年

其中,西安市CBD认为有三处,分别为钟楼、小寨和高新区(计算时以高新区万达为参考点)。

3 研究结果

3.1 模型计算结果

将已有数据导入SPSS软件进行回归分析,模型所有自变量方差膨胀系数VIF值均小于3,证明自变量之间不存在多重共线性。当所有自变量均带入回归模型时,方差分析中F检验值为4.531,对应的显著性水平为0.000,小于0.01,因此可认为至少存在一个自变量会对因变量P产生显著影响,模型初步回归分析结果见表3。参考各自变量t检验值和对应的显著性,发现车位数、户数、容积率、学校数量、是否有医院、餐饮及购物服务和离最近的地铁站距离等变量显著水平大于0.05,在5%置信水平下不能通过t检验,说明这些自变量在回归模型中并不显著。将以上变量从回归模型中剔除,重新建立回归模型,得到统计结果见表4。

优化前回归模型系数统计表 表3

变 量	非标准化系数		标准化系数	t 检验值	显 著 性	共线性统计 VIF
	系数值	标准误差				
常数项	9.555	0.184		51.847	0.000	
dCBD	-1.686×10^{-5}	0.000	-0.227	-1.980	0.050	2.652
dMetro	-1.675×10^{-5}	0.000	-0.046	-0.605	0.546	1.186
dmGaoxin	0.268	0.052	0.409	5.148	0.000	1.278
cBus	0.014	0.006	0.174	2.284	0.024	1.177
cSchool	-0.004	0.004	-0.076	-0.818	0.415	1.765
cHospital	0.105	0.078	0.133	1.344	0.181	1.968
cFood	0.000	0.000	-0.146	-1.261	0.209	2.712
cShop	0.006	0.006	0.126	1.087	0.279	2.705
PRatio	-0.011	0.016	-0.058	-0.686	0.494	1.467
Parking	1.021×10^{-5}	0.000	0.039	0.447	0.656	1.566
Household	1.913×10^{-5}	0.000	0.087	0.959	0.339	1.661
Age	-0.014	0.005	-0.256	-2.584	0.011	1.986

优化后回归模型系数统计表 表4

变 量	标准化系数	t 检验值	显 著 性
常数项		99.695	0.000
dCBD	-0.216	-2.630	0.009
dmGaoxin	0.376	5.202	0.000
cBus	0.158	2.237	0.027
Age	-0.260	-3.221	0.002

优化后,模型中自变量均在5%置信水平下通过 t 检验,模型回归效果统计见表5。

模 型 摘 要 表5

R	R^2	调整后的 R^2	标准误差
-0.487	0.237	0.218	0.242

从表5可以看出,回归模型调整后的 R^2 为0.218,说明模型仅能解释住宅价格的21.8%,解释能力有待进一步提高。究其原因,可能是影响房价水平的因素较多,本文未能将所有关键因素列入模型。最终,住宅房价及其影响因素的回归模型确定为:

$$\ln P = 9.587 - 1.609\times10^{-5}\text{dCBD} + 0.246\text{dmGaoxin} + 0.013\text{cBus} - 0.014\text{Age} \tag{2}$$

3.2 模型结果分析

从式(2)所得结果可以得出,住宅的建筑年龄、住宅到CBD的距离、住宅周围公交站点数量和住宅是否位于高新区会对房价产生显著影响。

首先,住宅是否位于高新区对房价产生的影响最为显著,这可以从西安市高新区经济发展程度方面解释。西安市高新区是国务院首批批准的国家级高新区,聚集了大量企业,由此带来人口聚集,加大了住房需求。此外,经济实力带来的是高新区城市基础配套的提升,因而高新区已经成为目前西安房价最贵的区域之一。

对房价影响次于地理位置的是建筑年龄。一般来说,住宅开发的时间越久,房屋本身结构以及配套设施越容易出现老化,房屋整体环境也会受到负面影响,人们购买房产的意愿下降,导致房价出现一定程度的下降。

住宅到城市CBD的距离同样是影响房价的重要因素之一,其原因是CBD区域高度集中了城市的经济、科技和文化力量,同时十分便于人们进行各种餐饮、购物、娱乐、教育等活动。CBD区域附近的住宅可以大大减少人们的通勤时间,提供更为便捷的服务,有一定的升值空间,因而房价相对于周边地区更高。

住宅周围范围内公交站点的数量在一定程度上反映了小区的交通可达性。便捷的公交站布设给人们乘坐公共交通出行带来了极大的便利,因而住宅周围公交站设置越完备,小区交通可达性越高,从而带动房产价值的增长。

4 讨论

城市轨道对房地产价格的影响体现在增强地段吸引力,外在表现为地价上升。上文分析结果得出,住宅到最近的轨道交通站点距离在回归模型中符号为负值,表明住宅越靠近轨道交通站点,其受轨道交通影响越大，房价越高。考虑其系数为 -1.675×10^{-5}，当住宅向轨道交通站点靠近 1000m 时，房价对应上涨 1.675%。本文样本中 161 个居民小区均价为 14446 元/m^2，按此计算，住宅小区位置每向站点靠近 1km，每平米房价便会增值 242 元。对比文献[9]中北京市 1956 元的结果，可以看出在轨道交通影响下，西安市房价增幅水平远远低于北京市。

5 结语

本文利用特征价格模型，定量研究了西安地铁三号线沿线住宅小区价值的影响因素。通过建立半对数模型并分析模型结果，可以得出结论：住宅价格受多种因素共同影响，其中最为显著的是住宅的区位因素，包括住宅小区到 CBD 距离和住宅所在区是否为高新开发区。其次，建筑年龄和小区交通可达性也对住宅价格具有较大程度的影响。轨道交通对住宅价值的影响体现在，住宅离轨道交通线路和站点的距离越近，价值越高。本文得出的结论可以为轨道交通站点布设和沿线土地利用开发提供理论依据。

在实际情况中，影响房地产价值的因素更为复杂多变，本文对于特征价格因素的分析并不全面，得到的模型拟合精度与理想情况仍有差距，今后应继续从经济学和交通领域方面入手，更深入地探究轨道交通对房价的影响。

参考文献

[1] 潘海啸，钟宝华. 轨道交通建设对房地产价格的影响——以上海市为案例[J]. 城市规划学刊，2008(02)：62-69.

[2] BOYEE D, ALLEN W B, MUDGE R. Impact of Rapid Transition Suburban Residential Property Values and Land Development: Analysis of the Philadelphia Lindenwold High Speed Line[M]. Philadelphia: University of Pennsylvania, 1972: 367.

[3] LEWIS-WORKMAN, STEVEN, BROD, et al. Measuring the Neighborhood Benefits of Rail Transit Accessibility [J]. Transportation Research Record: Journal of the Transportation Research Board, 1997.

[4] 史玉芳，李慧民. 西安市城市轨道交通对沿线住宅价格的影响研究[J]. 西安建筑科技大学学报(自然科学版)，2010，42(002)：231-235.

[5] 冯长春，李维瑄，赵蕃蕃. 轨道交通对其沿线商品住宅价格的影响分析——以北京地铁5号线为例[J]. 地理学报，2011，66(8)：1055-1062.

[6] 罗欣然，岳邦佳，林爱文，等. 武汉市中心城区公共服务设施可达性对住宅价格的影响——基于三网融合交通系统的分析[J]. 地域研究与开发，2019，38(02)：86-91.

[7] 梁青槐，孔令洋，邓文斌. 城市轨道交通对沿线住宅价值影响定量计算实例研究[J]. 土木工程学报，2007(04)：283-283.

[8] 王伟，谷伟哲，翟俊，等. 城市轨道交通对土地资源空间价值影响[J]. 城市发展研究，2014(06)：117-124.

[9] 王德起，于素涌. 城市轨道交通对沿线周边住宅价格的影响分析——以北京地铁四号线为例[J]. 城市发展研究，2012(04)：88-93.

基于变权缓冲多变量灰色模型的中长期铁路客运量预测

杨敏婕*[1] 王 吉[2] 蒲雨桐[1] 苏文珏[1] 李梦琴[1]

(1. 西南石油大学工程学院；2. 中国华西企业股份有限公司第十二建筑工程公司)

摘 要 合理预测铁路中长期客运量对城市发展的远景规划具有重要意义。为弥补传统灰色预测模型在铁路中长期客运量预测中的缺陷，提出了一种新的多变量灰色 MGM(1,n)预测模型。模型考虑系

1. 基金项目：西南石油大学开放实验项目(NKSP22055)。

统多变量的发展变化因素,以灰色 MGM(1,n)模型为基础,引入变权缓冲算子序列,采用粒子群算法对变权缓冲系数和背景值生成权重系数进行寻优,进而提高模型拟合和预测效果的稳定性。为验证模型的预测效果,引入 2009—2016 年的西藏铁路客运量统计数据,对 2017—2019 年铁路客运量进行预测。结果验证了基于变权缓冲多变量灰色模型在中长期铁路客运量预测中的有效性和适用性。

关键词　铁路客运量中长期预测　多变量灰色 MGM(1,n)模型　变权缓冲算子　粒子群算法

0　引言

合理预测铁路中长期客运量对交通运输和城市发展规划意义重大,有利于项目的科学决策。铁路客运量的中长期发展规律既有逐年增长的确定性,又有随机波动的不确定性,是一种典型的灰色系统。与一般的短期客运量预测相比,中长期客运量预测主要有两大特点:第一,中长期预测受经济、政治、社会发展水平等因素的影响更为显著,如果仅考虑铁路客运量系统自身变化特性很难准确描述中长期铁路客运量的发展变化,采用单变量的建模方法难以对客运量的实际变化规律进行准确描述;第二,中长期预测易受到冲击扰动的影响,现有发展趋势不能完全反应未来年度客运量变化规律,以原始序列为基础所建立的预测模型得到的预测结果可能与系统实际发展趋势相背离。

一直以来,邓聚龙教授提出的灰色 GM(1,1)及其改进模型被长期应用于铁路客运量预测当中,例如,贺晓霞等[1]将灰色预测理论 GM(1,1)与周期扩展模型结合,可以实现对铁路客运量的非线性动态变化预测。桂文毅[2]将灰色预测模型与线性回归模型结合预测了哈尔滨铁路枢纽客运量。王利莎等[3]在灰色 GM(1,1)模型预测的基础上,运用马尔科夫过程对预测值进行修正。许锟等[4]将系统相关因素引入经过背景值优化的 GM(1,N,α)幂模型,提高了铁路客运量的预测精度。吴华稳[5]构建了基于无偏灰色残差理论的铁路客运量预测模型。

虽然近年来针对铁路客运量的预测研究正不断增加,但考虑了多变量变化因素的灰色模型在铁路客运量预测中的使用仍然较少。因此,针对中长期铁路客运量预测,本文对传统的灰色预测模型进行了改进,提出基于变权缓冲的灰色多变量 MGM(1,n)预测模型。该模型考虑系统多变量的发展变化因素,以灰色 MGM(1,n)预测模型为基础,引入变权缓冲算子序列对建模数据进行预处理,通过粒子群算法对模型背景值生成权重系数和变权缓冲系数进行寻优,进而确定模型的最优参数。

1　多变量灰色 MGM(1,n)模型

MGM(1,n)模型作为 GM(1,1)模型的扩展和补充,能够较好地反映系统中各变量之间相互制约、共同发展的关系,从系统的角度对多个变量的发展变化进行模拟和预测。其建模过程如下[6]。

设 $X_1^{(0)}$ 为系统行为序列,($X_2^{(0)}$,$X_3^{(0)}$,…,$X_n^{(0)}$)为相关因素序列,$X_i^{(1)}$ 为 $X_i^{(0)}$ 的 1-AGO 序列。MGM(1,n)模型及其白化方程为:

$$\begin{cases} \dfrac{\mathrm{d}x_1^{(1)}}{\mathrm{d}t} = a_{11}x_1^{(1)} + a_{12}x_2^{(1)} + \cdots + a_{1n}x_n^{(1)} + b_1 \\ \dfrac{\mathrm{d}x_2^{(1)}}{\mathrm{d}t} = a_{21}x_1^{(1)} + a_{22}x_2^{(1)} + \cdots + a_{2n}x_n^{(1)} + b_2 \\ \cdots \\ \dfrac{\mathrm{d}x_n^{(1)}}{\mathrm{d}t} = a_{n1}x_1^{(1)} + a_{n2}x_2^{(1)} + \cdots + a_{nn}x_n^{(1)} + b_n \end{cases} \tag{1}$$

$$\frac{\mathrm{d}X^{(1)}}{\mathrm{d}t} = AX^{(1)} + B \tag{2}$$

式(2)的连续时间响应为:

$$X^{(1)}(t) = \mathrm{e}^{At}X^{(1)}(0) + A^{-1}(\mathrm{e}^{At} - I)\cdot B \tag{3}$$

其中,

$$\mathrm{e}^{At} = I + At + \frac{A}{2!}t^2 + \cdots = I + \sum_{k=1}^{\infty}\frac{A^k}{k!}t^k \tag{4}$$

为辨识参数 A 和 B,对式(2)进行差分:

$$X^{(0)} = AZ^{(1)} + B \tag{5}$$

$$Z^{(1)}(k) = [z_1^{(1)}(k), z_2^{(1)}(k), \cdots, z_N^{(1)}(k)]^{\mathrm{T}} \tag{6}$$

式中:$k = 2,3,\cdots,n$。

传统背景值为:

$$z_i^{(1)}(k) = 0.5 \times [x_i^{(1)}(k) + x_i^{(1)}(k-1)] \tag{7}$$

本文取模型的背景值为:

$$z_i^{(1)}(k) = \eta x_i^{(1)}(k-1) + (1-\eta)x_i^{(1)}(k) \tag{8}$$

式中:η——背景值生成权重系数,$\eta \in [0,1]$。

根据最小二乘原理,可得:

$$[A^{\mathrm{T}};B^{\mathrm{T}}] = (L^{\mathrm{T}}L)^{-1}L^{\mathrm{T}}Y_i \tag{9}$$

MGM(1,n)模型的计算值为:

$$\hat{X}^{(1)}(k+1) = e^{Ak}X^{(1)}(1) + A^{-1}(e^{Ak} - I) \cdot B \tag{10}$$

$$\hat{X}^{(0)}(1) = X^{(0)}(1) \tag{11}$$

$$\hat{X}^{(0)}(k+1) = \hat{X}^{(1)}(k+1) - \hat{X}^{(1)}(k) \tag{12}$$

2 基于变权缓冲多变量灰色模型的建立

2.1 基于变权缓冲算子的数据预处理

中长期客运量预测由于受社会、经济等因素的影响，常呈现一定的突变性，直接利用原始建模数据建立 MGM(1,n)模型效果不是很理想。刘思峰教授于 1997 年首次提出了灰色缓冲算子理论[7]，通过对建模序列进行数据处理，消除冲击扰动的影响，强化系统的发展趋势，进而提高模型预测精度。但传统的缓冲算子容易出现一阶缓冲算子强度不够、二阶缓冲算子强度过大的情况，最终造成缓冲作用效果过强或过弱，出现定性分析与定量计算结果不吻合的现象。因此，王正新将变权的思想引入了缓冲算子的构造中，构造了变权缓冲算子，通过选取不同的可变权重来控制缓冲算子的强度，能够有效缓解冲击扰动数据序列对预测结果的影响[8]。目前，虽然变权缓冲算子在预测模型的研究中已较为成熟，但在铁路运输领域该思想运用较少，尤其是在灰色多变量预测模型中尚未得到有效地运用。因此，本文提出基于变权缓冲算子的灰色多变量预测模型，采用变权缓冲算子进行数据预处理，可以实现原始数据的动态预处理。

设 $X^{(0)} = [x^{(0)}(1), x^{(0)}(2)\cdots, x^{(0)}(n)]$ 为系统行为序列，D 为作用于 X 的算子[8]：

$$\begin{cases} Y = XD = [x(1)d, x(2)d, \cdots, x(n)d] \\ x(k)d = \lambda x(n) + (1-\lambda)x(k) \end{cases} \tag{13}$$

式中：$k = 1,2,\cdots,n$；

D——变权弱化缓冲算子序列；

λ——变权缓冲系数，$\lambda \in [0,1]$。变权缓冲系数反映变权缓冲算子对原始数据序列的作用强度，通过动态调节变权缓冲系数 λ，可以实现缓冲算子作用强度的微调，从而解决传统缓冲算子序列作用效果过强或过弱的问题。

设 $\hat{X}^{(0)}$ 为原始序列 $X^{(0)}$ 的预测值，$\hat{X}_\lambda$ 为变权缓冲算子序列下的预测值，则逆变权缓冲生成序列为：

$$\hat{X}^{(0)}(k) = \frac{\hat{X}_\lambda(k) - \lambda X(n)}{1-\lambda} \tag{14}$$

式中：$k = 1,2,\cdots,n$。

2.2 基于 PSO 的模型参数优化

通过粒子群算法构造二维(分别代表背景值生成权重系数和变权缓冲系数)的粒子群落，进行速度和位置的不断更新，从而寻找到满足适应度函数的最优参数值。粒子的速度和位置更新式为：

$$\begin{cases} v_{ij}^{t+1} = \omega \cdot v_{ij}^{t} + c_1 r_1(t)[p_{ij}^{t} - x_{ij}^{t}] + c_2 r_2 [p_{gj}^{t} - x_{ij}^{t}] \\ x_{ij}^{t} = x_{ij}^{t} + v_{ij}^{t+1} \end{cases} \tag{15}$$

式中：c_1、c_2——学习因子；

r_1、r_2——[0,1]范围内的均匀随机数；

j——一个 D 维的目标搜索空间 $j = 1,2,\cdots,D$；

p_{ij}、p_{gj}——粒子 i 的 D 维局部最优和全局最优；

v_{ij}——粒子的速度，$v_{ij} \in [-v_{max}, v_{max}]$；

v_{max}——常数；

ω——惯性权重因子。

在构造粒子适应度函数时，通常以平均拟合相对误差最小为目标，如式(16)所示。考虑到灰色关联度可以反映序列曲线的相似程度，拟合值与实际值的灰色关联度越大，说明拟合序列更好地保持了原有数据的内在发展规律。因此本文在构造适应度函数时，增加了以拟合值与实际值的灰色关联度最大为目标的方法。

$$f = \min\left[\frac{1}{n}\sum_{k=1}^{n}\frac{|\hat{x}^{(0)}(k) - x^{(0)}(k)|}{x^{(0)}(k)}\right] \tag{16}$$

原始序列 X 与拟合序列 $\hat{X}$ 灰色关联度为[9]：

$$\gamma(X,\hat{X}) = \frac{1}{m}\sum_{k=1}^{m}\gamma(x(k),\hat{x}(k)) \tag{17}$$

$$\gamma(x(k),\hat{x}(k)) = \frac{\min_k|x(k) - \hat{x}(k)| + \rho\max_k|x(k) - \hat{x}(k)|}{|x(k) - \hat{x}(k)| + \rho\max_k|x(k) - \hat{x}(k)|} \tag{18}$$

式中：ρ——分辨系数，$0 < \rho < 1$，一般取值 0.5。

基于灰色关联度法的适应度函数为：

$$f[(\lambda,\eta)] = \max\left\{\frac{1}{n}\sum_{k=1}^{n}\gamma[x^{(0)}(k),\hat{x}^{(0)}(k)]\right\} \tag{19}$$

2.3　模型的预测步骤

(1)构建原始建模数据序列:

$$X^{(0)} = \{X_1^{(0)},X_2^{(0)},\cdots,X_N^{(0)}\}^{\mathrm{T}} \tag{20}$$

$$X_j^{(0)} = \{x_j^{(0)}(1),x_j^{(0)}(2),\cdots,x_j^{(0)}(n)\}^{\mathrm{T}} \tag{21}$$

(2)使用变权缓冲算子 D 对 $X^{(0)}$ 进行预处理得到缓冲序列 $Y^{(0)}$,变权缓冲系数 $\lambda\in[0,1]$:

$$\begin{cases} Y^{(0)} = [Y_1^{(0)},Y_2^{(0)},\cdots,Y_N^{(0)}]^{\mathrm{T}} \\ Y_j^{(0)} = [y_j^{(0)}(1),y_j^{(0)}(2),\cdots,y_j^{(0)}(n)]^{\mathrm{T}} \\ y_j^{(0)}(k) = x_j^{(0)}(k)d \\ \quad = \lambda x_j^{(0)}(n) + (1-\lambda)x_j^{(0)}(k) \end{cases} \tag{22}$$

(3)对 $Y^{(0)}$ 进行1-AGO生成 $Y^{(1)}$:

$$\begin{cases} Y^{(1)} = [Y_1^{(1)},Y_2^{(1)},\cdots,Y_N^{(1)}]^{\mathrm{T}} \\ Y_j^{(1)} = [y_j^{(1)}(1),y_j^{(1)}(2),\cdots,y_j^{(1)}(n)]^{\mathrm{T}} \\ y_j^{(1)}(k) = \sum_{i=1}^{k} y_j^{(0)}(i) \end{cases} \tag{23}$$

(4)构造变权背景值,背景值生成权重系数为 $\eta,\eta\in[0,1]$,背景值序列为 $Z^{(1)}$:

$$\begin{cases} Z^{(1)} = [Z_1^{(1)},Z_2^{(1)},\cdots,Z_N^{(1)}]^{\mathrm{T}} \\ Z_j^{(1)} = [z_j^{(1)}(1),z_j^{(1)}(2),\cdots,z_j^{(1)}(n)]^{\mathrm{T}} \\ z_j^{(1)}(k) = \eta y_j^{(1)}(k) + (1-\eta)y_j^{(1)}(k-1) \end{cases} \tag{24}$$

当 $\lambda=0,\eta=0.5$ 时,模型退化为传统的MGM$(1,n)$模型。

3　基于变权缓冲多变量灰色模型的铁路客运量中长期预测

本文采用改进的灰色多变量MGM$(1,n)$模型,对西藏地区铁路客运量进行拟合和预测,并与其余相关模型进行对比分析,以平均相对误差和灰色关联度为标准评价各模型的优劣,以此对基于变权缓冲的灰色多变量MGM$(1,n)$模型在中长期铁路客运量预测中的有效性和实用性进行验证。

文献[10]表明,与西藏铁路客运量关联度最高的两个因素分别为GDP和建筑业,因此将铁路客运量、GDP和建筑业增加值作为多变量灰色MGM$(1,n)$模型的建模变量,以2009—2016年铁路客运量统计数据为建模数据,见表1。对2017—2019年的客运量进行预测,拟合结果见表2,预测结果见表3。本文的数据来源为《西藏统计年鉴2009—2019》和国家统计局网站。

建模数据统计表　　表1

年份(年)	客运量(万人)	GDP(亿元)	建筑业增加值(亿元)
2009	85.00	441.36	103.52
2010	99.00	507.46	124.19
2011	110.00	605.83	160.61
2012	110.00	701.03	187.50
2013	129.00	815.67	231.76
2014	163.00	920.83	270.68
2015	221.00	1026.39	306.31
2016	265.00	1151.41	342.73

模型对铁路客运量的拟合结果　　表2

年份(年)	模型1		模型2			模型3		
	拟合值(万人)	相对误差(%)	拟合值(万人)	逆缓冲拟合值(万人)	逆缓冲拟合值与实际值相对误差(%)	拟合值(万人)	逆缓冲拟合值(万人)	逆缓冲拟合值与实际值相对误差(%)
2009	85.00	0.00	117.04	85.00	0.00	86.89	85.00	0.00
2010	102.58	3.61	133.03	104.45	5.51	102.28	100.55	1.57
2011	100.53	8.61	131.28	102.32	6.98	99.47	97.71	11.17
2012	109.23	0.70	131.19	102.22	7.08	107.56	105.89	3.74
2013	131.51	1.94	153.18	128.97	0.02	129.62	128.19	0.63
2014	167.61	2.83	195.71	180.71	10.86	165.96	164.91	1.17
2015	215.21	2.62	236.33	230.12	4.13	214.11	213.57	3.36

续上表

年份（年）	模型1		模型2			模型3		
	拟合值（万人）	相对误差（%）	拟合值（万人）	逆缓冲拟合值（万人）	逆缓冲拟合值与实际值相对误差（%）	拟合值（万人）	逆缓冲拟合值（万人）	逆缓冲拟合值与实际值相对误差（%）
2016	270.15	1.94	257.06	255.34	3.64	269.63	269.68	1.76
平均相对误差	—	2.78	—	—	4.78	—	—	2.93
拟合值与实际值的灰色关联度	0.6072		0.7887			0.6879		

模型对铁路客运量的预测结果 表3

年份（年）	实际值（万人）	模型1		模型2		模型3	
		预测值（万人）	相对误差（%）	预测值（万人）	相对误差（%）	预测值（万人）	相对误差（%）
2017	320.00	327.59	2.37	326.40	2.00	327.28	2.27
2018	352.00	383.37	8.91	352.82	0.23	382.55	8.68
2019	345.00	435.18	26.14	367.66	6.57	432.94	25.49
平均相对误差			12.48		2.93		12.15

模型1是对原始建模数据建立传统的MGM(1,n)模型，平均拟合相对误差为2.78%，平均预测相对误差达12.48%，预测值与实际值的灰色关联度为0.6072，预测效果不是很理想。

模型2是基于变权缓冲的多变量灰色MGM(1,n)模型，以拟合值与实际值的灰色关联度最大为目标进行参数寻优，粒子群优化算法寻得模型的最优参数为$\lambda=0.1780$，$\eta=0.4930$。该模型拟合值与实际值的灰色关联度为0.7887，经逆缓冲变换的拟合值与实际值的平均相对误差为4.78%，平均预测相对误差为2.93%。模型拟合和预测效果稳定，适合用于铁路客运量的中长期预测。

模型3是基于变权缓冲的多变量灰色MGM(1,n)模型，以拟合值与实际值的平均拟合相对误差最小为目标进行参数寻优，粒子群优化算法寻得模型最优参数为$\lambda=0.0105$，$\eta=0.5114$。虽然拟合误差为2.93%，但预测误差达12.15%，说明以平均拟合相对误差最小为目标对参数寻优容易陷入局部最优，导致拟合精度较高而预测精度较差。值得注意的是，模型3与模型1的拟合和预测结果差别不大，且两模型所涉及的参数的绝对差值分别仅为$\lambda=0.0105$，$\eta=0.0114$，主要原因在于考虑多变量发展变化因素的MGM(1,n)模型对模型的拟合精度已较高。

4 结论

(1)多变量灰色MGM(1,n)模型由于考虑了外界因素对铁路客运量的影响，克服了传统GM(1,1)模型仅考虑单变量发展趋势的缺陷，可以对建模数据取得较好的拟合效果，但对铁路客运量的中长期预测需要进一步地对相关参数进行优化。

(2)基于变权缓冲的多变量灰色MGM(1,n)模型，并以拟合值与实际值的灰色关联度最大为目标进行参数寻优，可以实现拟合和预测数据最大程度的保持系统原有发展变化趋势，可以获得较为稳定的拟合和预测结果，适用于铁路客运量的中长期预测。

(3)以拟合值与实际值的平均拟合相对误差最小为目标进行参数寻优，易陷入局部最优，导致拟合精度较高而预测精度较差。且该方法对提高多变量灰色MGM(1,n)模型的拟合和预测精度效果不显著。

参考文献

[1] 贺晓霞，鲍学英，王起才，等. 基于GM-周期扩展组合模型的铁路客运量预测[J]. 铁道科学与工程学报，2015(3):685-689.

[2] 桂文毅.基于灰色线性回归模型的哈尔滨铁路枢纽客运量预测研究[J].中国铁路,2018(06):22-27.
[3] 王利莎,梁开宏.基于灰色马尔科夫模型的陕西省铁路客运量预测[J].数学的实践与认识,2018,48(08):166-172.
[4] 许锟,鲍学英,王起才.基于GA-GM(1,N,α)幂模型的铁路客运量预测[J].铁道标准设计,2018,62(01):6-10.
[5] 吴华稳.基于无偏灰色残差理论的铁路客运量预测研究[J].铁道运输与经济,2019,41(05):121-126.
[6] 翟军,盛建明.MGM(1,n)灰色模型及应用[J].系统工程理论与实践,1997,17(5):110-114.
[7] 刘思峰.冲击扰动系统预测陷阱与缓冲算子[J].华中理工大学学报,1997(01):26-28.
[8] 王正新,党耀国,刘思峰.变权缓冲算子及缓冲算子公理的补充[J].系统工程,2009(01):117-121.
[9] 刘思峰,谢乃明,等.灰色系统理论及其应用[M].4版.北京:科学出版社,2008:25-40.
[10] 杨吉萍,钟方雷,徐晓明,等.青藏铁路对西藏各经济部门发展影响的定量评估[J].冰川冻土,2018,40(05):191-199.

“老青互助”推进代际交流的实践探索

左靓靓　凌　婕　冯苏苇*
(上海财经大学公共经济与管理学院)

摘　要　近年来互联网走进千家万户,但老年人群体未能及时享有互联网带来的信息福利,从而产生数字鸿沟。年轻人对信息技术接受度高,掌握速度快,如何运用ICT技术将年轻人和老年人连接起来,采取“老青互助”方式帮助老年人填补数字鸿沟,是一个值得积极探索的社会实践方向。本文回顾“老年微信班”项目对破解老年人数字鸿沟的实践过程,通过案例分析总结“老青互助”方式推进代际交流的经验,为有效解决老年群体在智能化社会的生活困难提供借鉴和参考。

关键词　ICT技术　数字鸿沟　老青互助　老年微信班

0　引言

互联网自诞生起逐渐展现出强大的活力,以一种多维度、全方面的形式塑造着社会形态。2020年4月,中国互联网络信息中心发布的《中国互联网络发展状况统计报告》显示,我国网民规模为9.04亿,其中20~29岁和30~39岁网民分别占比21.5%和20.8%,高于其他年龄群体;40~49岁网民群体占比为17.6%;而50岁以上网民群体仅占16.9%。可以看出,我国老年人属于严重的“数字弱势群体”,成为“信息中下层”的典型代表,而如果没有政府干预和社会帮助,这种状况会进入恶性循环。老年人由于缺乏互联网的使用技能而减少社会交流与学习机会,始终无法享受互联网的信息福利。

数字鸿沟指由不同年龄、收入、阶层的人在使用信息技术的机会与能力上的差异,助长了不平等进一步扩大的状况(黄晨熹,2020)。造成数字鸿沟的原因并不是单一的,它与自身、社会的阶层交流及科技发展等因素有关。老年人数字鸿沟的形成原因,除了部分老年人自身的身体因素外,更多是来自外部条件的限制以及老年人学习能力退化等因素。首先是硬件端的落后,即老年人与非老年人在电脑和网络性能上存在差距,这主要取决于信息基础设施,此外老年人也可能缺乏投入更新硬件基础设施的意识。其次,在接触和使用互联网时,了解和学习互联网往往与使用者自身的素养水平、信息技术技能有关。专业能力强、综合素养高的人因此能够学到更加高层次的知识,而老年人的条件正好相反,“互联网马太效应”使

1.资助课题:国家自然科学基金项目“一体化交通需求管理组合策略作用机制研究”(No. 71871131)。

得两者的差距越来越大。最后,互联网的学习效率取决于思维方式与思考速度,老年人在互联网上的学习远远不及非老年人。即使接触到相同信息,两者从中获取知识的速度和效率不同,最终获取的知识量就有所不同。因此,老年人运用数字技术改变现实生活能力与年青人之间的差距逐渐变大,进而形成数字鸿沟。

智能化与老龄化的冲突日益激化,破解老年人数字鸿沟问题引发政府和社会的高度关注(冯雅君,2021)。近年来,如何让信息和通信技术(Information and Communication Technology, ICT)切实提升老年人生活幸福感,成为国家和社会十分重视的议题。ICT是一个涵盖性术语,覆盖所有通信设备或应用软件及与之相关的服务。国务院出台《关于切实解决老年人运用智能技术困难的实施方案》(2020年)、《关于加强新时代老龄工作的意见》(2021年)等政策加快调整老年人数字鸿沟问题。各地也出台多种措施,整体来看分为ICT适应与人文引导两个方面。首先,贯彻技术创新作为积极应对人口老龄化的第一动力和战略支撑思想,加强顶层设计和政策引领,逐步扩大互联网应用科技的适用范围,同时加大信息科技的科研投入,布局全社会适用(包括老年人)的信息科技网,为乐龄科技的发展提供积极创新的社会环境。其次,构建政府主导、多方参与的老年数字鸿沟社会支持体系,提升老年人数字素养,逐步缩小老年群体和年轻群体之间的数字鸿沟。将数字信息服务纳入免费提供的基本公共服务中,提升老年人的数字信息技术的水平。在这一背景下,"老年微信班"项目应运而生,大学生志愿者通过线上线下教学活动,为老年人学习智能手机应用提供辅导,尝试运用ICT技术构建新的社会支持力量。

1 "老年微信班"项目简介

1.1 缘起:"数字鸿沟"的挑战

2014年7月,上海财经大学公共经济与管理学院凤鸣志愿团队(以下简称团队)开始策划"老年微信班"志愿服务活动。2014年9月,在排摸社区老人情况、与居委会协商授课内容、居委会协助宣传、校内活动预告发布、志愿者招募等工作后,团队走入社区,教授老人使用手机。当时,微信已经发展为成年人之间的主要聊天交流工具,人们使用微信的频率日渐提高,团队选择微信作为授课内容。"老年微信班"志愿服务项目有效地解决了周围老人与智能时代"脱节"问题,全面教授老人智能设备在生活中的应用。活动初期,教授的内容局限在微信的各个功能上,志愿者仅在活动开展前招募,"老年微信班"在社区老年人群体中尚未普及。

1.2 成长:创建学习型社区的时代要义

"老年微信班"经过了一年多的实践探索后,2016—2017年,该项目进入快速成长阶段。

首先是授课范围的扩大。凤鸣志愿团队把握微信快速发展的时机,与杨浦区周边社区进行沟通交流,进而将授课社区拓展至学校周围三个社区,志愿者们每周前往三个社区进行分别教学,在保持整体内容进度一致的同时,针对社区的差异性进行有针对性的教学。

其次是授课形式的优化。凤鸣志愿者团队对前期准备及授课的形式进行了优化。在活动开始前期对招募的志愿者进行了整体的培训,让他们熟悉课程相关内容,提升志愿服务素养。同时,课程形式进行升级,课程开始运用多媒体软件进行授课,团队负责人每周提前做好演示文稿,并将课程重点内容发送给社区负责人,利于老人的课前预习熟悉。在课后,老人会收到课程重点内容的打印文稿,方便回家后对课程进行温习。通过对授课形式的优化,老年人的听课效果有明显的提高,对微信的掌握程度也越来越深。

最后是授课内容的系统化。2016—2017年正是微信应用程序飞速发展的阶段,越来越多的功能被开发,授课的难度大幅提升,授课内容的选择也越来越繁杂。凤鸣志愿团队多次开会协商,并利用问卷、口头询问等多种形式调查老年人使用需求,制定出一套系统的授课内容方案,使"老年微信班"活动平稳有序地进行。

1.3 成熟:青老互助的社会意义

"老年微信班"历经几年发展逐步走向成熟,五角场街道社区多个睦邻中心都有凤鸣志愿者忙碌的身影。

对于志愿者,"老年微信班"志愿活动让他们在实践中深刻体会到了"敬老、爱老、助老"的传统美德,尊重老年人在"快时代"背景下保留"慢速度"的权利。在为老人讲解的过程中,志愿者了解并倾听老人的想法,更深入地走进了他们的世界,探索老年人群心理,进一步促进代际沟通。

对于整个社会,“老年微信班”的开设不仅呼吁了社会加强对老年人的关注,更利于构建和谐社会和助力中国经济稳步发展。近几年,老年人与现代社会的冲突频出,无论是不会刷健康码还是现金被拒收,都掀起了层层波澜,引起了社会的广泛关注,但波澜过后很快又回到平静,并没有从实质上解决问题。而“老年微信班”志愿活动正是从实质出发,帮助老年人解决疑难,掀起社会对老年人广泛关注的浪潮。

1.4　创新:云端的老年幸福生活

2020 年新冠肺炎疫情给人们的生活方式带来巨大改变,“老年微信班”顺应时势,从形式和内容上进行创新,解决老年人生活中最迫切和最真实的需求。在授课方式上,“老年微信班”不再局限于线下教授微信知识,开始拓展线上模式,志愿者们进行了线上授课和讲解视频的录制,疫情期间志愿服务从未停下脚步,通过定期开展线上授课、发送录制完整的授课视频、建立微信答疑群来帮助老人解决实际需求。为了满足老年人对其他手机软件的使用需求,志愿者们大胆创新,既延伸到了微信的更深层次和新功能教学,还将授课内容拓展到与老年人息息相关的各类手机应用软件,如微信小程序接龙报名、软件全民 K 歌、随身办市民云等,这些新软件的使用教学更贴切老年朋友的需求,老年人们反响良好,效果甚佳。

2　问卷调查与分析

为了解老年人对智能设备的看法和态度,分析“数字鸿沟”的表现和成因,评估“老年微信班”项目的实施效果,项目组成员设计问卷展开调查。调查通过线上线下同时发放问卷的方式,共收集 207 份问卷,回收率 77%,调查对象为居住在全国各地(上海地区占比 33%)60 岁以上老人。问卷内容包括老年人“数字鸿沟”的成因及解决途径、数字教学与社区融合的需求与可行性以及“老年微信班”的效果等。

超过 80% 的调查对象表示认可健康码等技术让生活更方便,说明老年人普遍认可智能技术的辅助作用。但是超 70% 的老年人认为使用这些先进技术存在一定的困难,足以凸显“数字鸿沟”问题的严重程度。调查进一步发现,“技术太复杂”“记不住”“想学但没人教”是造成老年人使用智能技术困难的主要原因。

对于解决途径的调查发现,“子女亲友教学”和“社区免费培训”受到老年朋友的热烈欢迎。以居住地为上海市的受访对象为例。在收集到的 62 份问卷中,独居人数以 45% 位居第一,而且受访者认为“社区免费培训”是最好的学习智能技术方式,可见社区数字教学是突破“数字鸿沟”的重要方式。上海老人多为独自居住,子女不在身旁,难以找到简单易懂、讲解详细的教学资源,同时社区提供机会让老年人一起学习,可以增强学习积极性和耐心,所以老人们对免费提供的社区数字教学有很强的需求。如何拆掉社区的“围墙”,打破“数字鸿沟”,同时促进老年世代和青年世代之间的代际交流,促进老青互助良好代际关系的建立,“老年微信班”项目经过精心酝酿,应运而生。

“老年微信班”项目自 2014 年创立,多年来的活动策划、安排、实践与反思积累了丰富的经验。通过问卷分析可以发现,参加过老青互助教学活动后,多达 94% 的调查对象认为应用智能技术能力有所提升。由此可见,“老年微信班”项目具有很强的可操作性与解决效力,可极大调动老年人的学习积极性,受到老年朋友喜爱,有很好的发展前景与潜力,可以推广成为打破“数字鸿沟”和“代际鸿沟”的有效措施。

综上所述,老年人使用智能化技术的主要困扰在于缺乏简单、易理解的教学资源以及有耐心、愿意教的“老师”,结合上海老年人群体中普遍存在的独居现象,通过对老年人的态度调查,可以发现社区数字教学是行之有效的解决办法。进一步对“老年微信班”的实施效果进行评估,发现该项目有很好的应用前景。下一步,如何将教学内容通俗化、简易化,提高老年人的学习积极性,防止老年人“学了就忘”“一学再学”以至“不想再学”等情况的发生,是“老年微信班”项目需要改进的方向。

3　研究结论与展望

社区教育是终身教育体系的重要组成部分之一,高校青年学生志愿者是构建社区教育体系的生力军。高等院校在地方社区教育中应该充分利用现有资源,关心支持并参与学习型社区建设。高校参与社区教育不仅是地方社区教育发展的迫切需要,也是高校实现自身进一步发展的需要。通过加快推进社区与高校的合作与共建,共同打造网络教育平台,开发优质网络课程,能快捷满足新时代社区居民对继续教育的需求,最大限度激活高校服务社会的功能,有助于大力促进社区居民终身学习,推进新时代学习型社区的建设。高校作为社区的一个重要组成部分,凭借自身拥有的资源优势,在社区教育工作中充分发挥重要作用,为高校周边地区社会发展做出应有的贡献(孙安宁,2015)。

"老年微信班"的实践表明,高等学校除了可以为当地社区提供基础的志愿服务外,还可以利用充沛的人力资源,借助科技手段提供助老服务。可以在科技助老服务的方式方法上进行创新,充分利用音频、视频等手段,为改善老年人融入数字时提供有力的技术支持,同时完善科技助老服务的评价体系,激发老年人的学习热情,破除数字鸿沟,使项目具有可持续性。

参考文献

[1] 黄晨熹.老年数字鸿沟的现状、挑战及对策[J].人民论坛,2020(29):126-128.

[2] 孙安宁,宋建君.高校档案助推学校改革发展的思考[C]//浙江省档案学会.浙江省档案学会2014年学术年会论文集.杭州:浙江档案学会,2015,1(1):214-220.

[3] 鲁元平,王军鹏.数字鸿沟还是信息便利——互联网使用对居民主观的影响[J].经济学动态,2021(10):59-73.

[4] 何铨,张湘笛.老人数字鸿沟的影响因素及社会融合策略[J].浙江工业大学学报(社会科学版),2017(12):437-441.

[5] 邱泽奇,张樹沁,刘世定.数字鸿沟到红利差异——互联网资本的视角[J].中国社会科学,2016(10):93-115.

[6] 唐咏,雷平瑞,孙开放,等.跨越数字鸿沟:老年人移动支付使用意愿的影响因素分析[J].老龄科学研究,2021(10):36-46,78.

交通本科院校"交通安全文化"教育初论

——以航海本科院校为例

陈金辉* 沈明贤

(集美大学航海学院)

摘 要 本文运用教育学、安全管理学以及文化人类学,以本科航海院校为例,对交通安全文化教育的含义及意义进行系统分析,并且给出以下实施建议:交通院校的全体员工应该对交通安全文化教育的意义有高度的认识;决策层应该制定相应的计划并成立职能部门;全体教育者应该努力提升自身的素质,因材施教,并采取合适的教学手段与方式,创造性地运用各种教学理论,使学生的安全素质符合一流本科和新工科的要求。

关键词 交通 本科院校 安全文化 教育

0 引言

第二军医大学卫生勤务学系在2014年所做的一项调查发现,近1/3的海员都经历过安全事故,总体受伤比例接近5%,这足以引起政府部门和相关职业研究部门的重视。可以认为,海员群体的职业性很强,但是因其所处环境的独特属性,海员群体的健康促进和安全教育工作还有很大的漏洞。海员群体安全文化的提升空间很大,多方重视可有效降低事故的发生率[1]。

自国际核安全咨询组(INSAG)于1986年提出"安全文化"的概念后,这一概念被广泛应用到全世界各个领域,尤其是高风险领域。人们安全意识与安全行为的建设绝非一日之功,需要注重持久性与循序渐进性,特别是利用良好的安全文化环境去熏陶与影响交通参与主体的安全意识与安全行为[2]。

交通事故在人类灾难性事故中所占的比例很高。交通本科院校担负着培养交通行业的高级人才的重任,但目前大部分国内交通本科院校尚无专门针对本科生的安全文化课程。因此,本文拟以航海本科院校为例,综合运用教育学、安全管理学以及文化人类学,就交通本科院校的交通安全文化教育的含义及意义进行论述并提出一些实施建议,以供相关人员参考。

1 交通安全文化教育的含义

1.1 安全文化

无论中西,"文化"一词都具有一种与"自然的""天然的"相对立的含义。今天,人们一般将人的创造性的物化形式和自由意志的外在表现称为文化,前者为物质文化,后者则为精神文化。同样,在广义上,安全文化是人类为维护自身安全(包括健康)和发展所创造出来的关于人与自然、人与社会、人与人之间各种关系的有形或无形的安全成果[3]。而在狭义上,按照最早提出安全文化概念的INSAG的观点,安全文化是存在于单位和个人中的种种安全素质和态度的总和。

1.2 交通安全文化

安全包括的范围非常广泛,不过就航运业而言,按照国际海事组织(IMO)的说明,航运安全一般涉及生命、财产与环境三个方面。因此,交通安全是指在整个交通过程中,人、物以及环境没有受到威胁,没有危险、危害、损失。如果考虑到船舶发生海难,其海上求生的组织文化就是航运安全文化,而它对海上求生的成败有重大影响。另外,考虑到文化建设具有长期性与艰巨性,海上求生组织文化的建设在很大程度上取决于平时的航运安全文化建设。因此,航运安全则可由下列三种情况构成:预防海上事故的发生;发生海上事故后的应急措施;应急措施失效后,相关人员在危难环境中的求生行动。这样既能充分重视生命安全,又能更加全面系统地进行航运安全文化建设。因此,交通安全文化可以定义为:在整个交通行为中,存在于单位和个人中的种种关于生命(包括健康)、财产以及环境的安全素质和态度的总和。

1.3 交通安全文化教育

在现代社会,大部分人从小就会接受来自家庭、学校以及社会的各种形式的交通安全教育。当然,在不同的阶段,这三者的作用有很大的差别。现代教育学深受诠释学的影响,对教育的定义呈现多元化。按照《中国大百科全书·教育卷》的定义,凡是增进人们的知识和技能,影响人们的思想品德的活动,都是广义上的教育。而学校教育实际上就是我们今天从狭义的角度来解释的教育,即社会通过学校对受教育者的身心所施加的有目的、有计划的影响,以使受教育者发生预期变化的活动[4]。因此,交通安全文化教育是指教育者,主要指交通本科院校,也包括学生家长和社会,通过一定的教育手段和途径,综合运用各种教育资源,使受教育者获得良好的交通安全素质和态度的活动。

2 交通安全文化教育的意义

2.1 贯彻政府交通主管部门的要求

原中国国家安全生产监督管理总局2009年颁布的《企业安全文化建设导则》以及《企业安全文化建设评价标准》对包括交通运输企业在内的中国企业的安全文化建设具有指导性意义。

但是,目前国家尚无相关的强制性法律与法规,要求交通运输企业进行安全文化建设。IMO1994年开始实施的《国际船舶安全营运和防止污染管理规则》(ISM规则)提供了一个关于船舶安全管理与营运以及防止污染的国际标准。IMO又在2009年12月强调ISM规则的适用应支持和鼓励航运安全文化的建立。在国内,2019年12月31日,交通运输部海事局颁发了《提升船员综合素质"五进"工程实施方案》,促进船员树立良好的安全意识,营造水上安全文化氛围。因此,作为受控单位,各相关航海院校必须在整个人才培养方案中对"营造安全文化氛围"进行具体体现,即安全文化教育必须"进大纲、进教材、进课堂、进题库、进头脑"。

2.2 提升交通院校的安全教育以及生命教育水准

教育部2010年正式发布了《国家中长期教育改革和发展规划纲要(2010—2020年)》,明确提出"要重视安全教育、生命教育、国防教育、可持续发展教育"。通过研究发现大部分高校没有安全教育课程,即使有,其课程的丰富性也有待提高。由于交通事故是较为常见的事故,所以进一步研究发现开设安全教育课程的高校,都开展了交通安全教育。交通安全教育课程涉及路上、海上、航空等基本知识[5]。因此,交通安全文化教育作为交通安全教育的重要组成部分,其重要性不言而喻。

另外,安全教育必然包含生命教育。而实施生命教育,有助于促使学生逐渐养成良好的生活习惯,以此来实现大学生可持续发展的目标[6]。因此,包含安全文化在内的安全教育与生命教育课程对高校素质教育有积极的意义。

2.3 培养交通专业学生良好的交通安全素质

2018年6月,中国150所高校联合发出《一流本科教育宣言(成都宣言)》。一流本科教育需要文化价值的正向引导,关切学生生命成长的内涵,以此增进教学的人文关怀与社会使命感。另一方面,工程教育在本科教育中尤为重要。2017年2月以来,教育部积极推进新工科建设,发布了《关于开展新工科研究与实践的通知》,对工程人才培养提出了新的要求,更加关注工程人才解决复杂问题的能力、竞争力、领导力、新技术开发能力及社会责任等素养。比如,国际著名企业杜邦公司对员工的安全素质有极高的要求。同样,交通企业是高风险行业,对学生安全素质也有相当高的要求。因此,要建设一流的交通本科院校和优秀的新工科教育模式,就必须重视交通安全文化教育,着力培养学生良好的安全素质。

2.4 充实交通院校校园文化建设

2017年,教育部颁发了《高校思想政治工作质量提升工程实施纲要》,推进"一校一品"校园文化建设,引导高校建设特色校园文化。就水上运输而言,2012年,《教育部交通运输部关于进一步提高航海教育质量的若干意见》第八部分"弘扬航海文化,传承航海文明"中明确指出,要"加强航海文化建设,充分发挥文化育人作用"。

文化总是与人类的价值观和信仰有着密切的关系。交通安全文化即是作为校园安全文化的一部分,而成为整个校园文化的一部分。同样,交通安全文化也可作为交通文化的一部分。就水运而言,航运安全文化既是航运企业文化的一部分,也是航运院校航海文化的一部分。所以,交通安全文化教育对于交通院校的校园文化,尤其是校园安全文化和交通文化的建设有着重大意义。

2.5 提升社会的交通安全文化建设水平

一个国家或者地区的交通安全状况,既取决于必要的交通物质基础,又取决于全民交通安全素质的高低。因此,一个国家的政府乃至社会各界都应当致力于促进全民交通安全文化水平的提高。《中华人民共和国道路交通安全法》明确指出,县市各级政府、企事业单位与教育机构理应成为道路交通安全宣传教育的主体。因此,交通院校作为培养交通行业高级人才的单位,对于全社会交通安全文化水平的提高负有重任,而交通院校的交通安全文化教育无疑应该成为整个社会道路交通安全宣传教育的榜样。

3 交通安全文化教育的实施建议

3.1 航海本科院校决策层

航海本科院校决策层应该对交通安全文化教育有全面与深入的认识,并努力将这种认识扩展到所有教育者。学校应该结合安全教育、生命教育、一流本科建设以及新工科建设,统筹考虑,并结合校园文化的建设、交通文化的培植以及社会层面的交通安全文化建设制订全面详细的教育计划,包括相关课程的设置、教学大纲的制定、教材的编写、教学手段的选择、考核方式等。

3.2 航海本科院校教师

航海本科院校应该鼓励相关教师进行安全文化方面的研究,使其认识到交通行业的高风险性,并努力在各自的课程中融入安全文化元素。辅导员应该把交通安全文化教育有机地融入整体的校园安全文化建设以及学校的安全与生命教育行动中。

航海本科院校应该定期邀请相关的安全文化专家为师生开设必要的讲座或者短期的培训,也可邀请一些有丰富经验的交通运输企业人员或者交通安全管理部门人员到学校上课。这些人员有着更为丰富的安全文化建设经验以及切身体会。

3.3 航海本科院校学生

研究证实,学生的安全行为不仅与性别、年龄、地域文化有关系,而且与家庭背景有关系;城市和农村也有不同。因此,航海本科院校要针对不同年级的学生采取不同的安全文化教育手段和方式。

3.4 教育内容

水上安全文化课程的教育内容更多的是通过相关教育者进行观念上的教育和熏陶。这些安全观念包括安全第一的哲学观、珍惜生命的情感观、合理安全的风险观、安全生产的效益观、人机环境的系统观、本质安全的科学观。而按照 IMO 的说明,航运企业安全文化建设的三个要素分别是承诺、价值观和信仰。所以,安全文化教育应该重点关注这三个方面。

3.5　教育途径

教育途径是保证教育目的得以实现、教育内容得以传授的基本渠道。根据交通安全文化教育的特殊性,即它不但具有生命安全的首要性,又具有文化教育"润物细无声"的特征,它的课程设计应该有显性课程以及隐性课程两种形式。

3.5.1　显性课程

首先,交通安全文化相关课程的大纲、教材以及考核内容都应该对交通安全文化做出规定。其次,课堂教学应该采用各种图标、视频等增加教学效果,特别是各种事故的统计、案例报告等应尽可能充分,使学生对交通事故有加直观的体验和感触。再次,应该让学生通过在航运企业实习对航运安全文化的建设和评估有实际的体验,也可以让学生对校园或者社会的交通安全文化建设进行现场学习。最后,应该采用现代化的教学手段,如比较系统的高校安全教育微课程等。

3.5.2　隐性课程

隐性课程包括:在物质层面,营造交通安全氛围;在精神层面,包括辅导员在内的教育者在思想道德教育中突出安全观念、行为方式以及价值观念等;在心理层面,注重师生关系、言行举止、人际交往;在制度层面,加大交通法规制定和执行力度。

4　结语

通过以上分析可知,交通本科院校交通安全文化教育不仅在国家教育层面,而且在国际交通行业层面都有着重大意义。交通院校的全体教育工作者应该对交通安全文化教育的意义有充分的认识;院校决策层应该制订相应的计划并成立职能部门;教育者应该努力提升自身的素质,因材施教,并采取合适的教学手段与方式,创造性地运用各种教学理论,使学生的安全素质符合一流本科和新工科的要求。当然,交通本科院校交通安全文化教育是一个复杂的系统工程,本文仅仅对其进行了初步的论述。

参考文献

[1] 齐亮,刘晓荣,陈国良. 中国远洋运输业海员群体的安全文化研究[J],现代预防医学,2014 ,41(17):3112-3114,3129.

[2] 邵祖峰. 道路交通安全文化的内涵、功能与建设途径[J],湖北警官学院学报 2006,5(3):51-55.

[3] 王秉,吴超. 安全文化的定义理论与方法研究[J]. 灾害学,2018,33(1):200-205,224.

[4] 杨海民. 教育学概论[M]. 北京:北京师范大学出版社,2016.

[5] 谢兴华. 高校安全教育现状及对策研究[J]. 赤峰学院学报(自然科学版)2011,27(3):214-215.

[6] 田美霞,潘娟,叶长青,等. 高校生命教育的现状、问题与对策的实证研究——以某应用型高校为例[J]. 当代教育理论与实践,2016,8(8):154-157.

保障公路智慧、健康、可持续性发展的研究

刘德雄*

(江西省交通投资集团有限责任公司)

摘　要　当前不少公路运行状态存在严重不均衡,导致部分公路损坏严重,有些单位采取限高、限载或者故意延长维修时间等方式,严重影响全国交通路网的正常运行。本文从经济发展、经营管理、政策引

导等方面分析造成使用不均衡的原因,运用案例研究和对比研究,提出公路健康发展的四项应对规划措施,对收费高速公路和平行的免费公路使用情况进行梳理,在对比的基础上,总结出公路发展规划是一个创新型系统性工程,需要从维护出行服务、科学布局智慧设备网、合理规划不同类别公路、加强经营管理等方面精准施策。

关键词 公路 智慧 健康 持续性 发展

0 引言

据中国政府网消息,2020 年 10 月 9 日,关于河北、山东、河南等地违规设立限高设施和检查点严重影响货车通行问题的督查情况通报发布。通报中,国务院办公厅督查室派员赴河北、山东、河南等地进行了明察暗访,发现石家庄市、聊城市、淄博市、安阳市普遍存在违规在国省干道、农村公路及城区外环主要过境通道限高设卡、随意执法等问题,严重影响货车通行效率和道路交通安全。通报称,一些地方对畅通国民经济循环和建设现代流通体系的重要性认识不到位,缺乏全局观念和大局意识,依法行政意识淡薄,为了局部利益和完成考核指标,随意决策,任性执法,在公路限高限宽设施和检查卡点专项清理工作中懒政怠政,搞变通、打折扣,甚至阳奉阴违、弄虚作假,导致公路运输“大动脉”不畅,“微循环”难通,严重影响了货运物流畅通,增加了货运企业和货车驾驶员不合理负担。

通报中的现象并不局限于上述三个省份,通报过后,违规设立限高的现象还在继续,高压下,一些地方为什么还这样干? 深层原因是什么?

本文以沪昆高速公路江西梨温段和平行的 320 国道为例,剖析一些地方设立限高的深层原因,提出保障公路智慧、健康、可持续发展所需要的规划措施,为公路规划、建设、经营和使用提供参考。

1 公路发展面临的挑战

据交通运输部 2020 年全国收费公路统计公报数据,全国公路通车总里程达到 519.81 万 km,其中收费公路里程达到 17.29 万 km,高速公路里程达到 15.29 万 km,公路的快速发展推动了经济发展,同时为人民的美好出行提供了交通保障。但是,公路发展也面临着巨大的挑战:公路建设速度很快,投入的建设资金大,到 2020 年末,全国收费公路累计建设投资总额达 108075.1 亿元,其中累计资本金投入 34432.5 亿元,全国收费公路债务余额还有 70661.2 亿元,而这笔债务将会严重影响公路事业的健康可持续发展。从全国 29 个省份收费公路统计公报数据中可以看到,全国收费公路 2020 年总收入 4868.2 亿元,总支出 12346.4 亿元,其中,偿还债务本金 7180.1 亿元,偿还债务利息 3061.3 亿元,仅仅这两项债务开支就是收入的 2.1 倍。各地都有很大压力,除了上海市收费公路盈利 4.6 亿元,其他省份都在亏损,只能采取开源节流的措施,减少亏损。

较好的开源就是收费,而收费公路的结构特点是高速公路的比例越来越大。目前,高速公路里程 15.29 万 km,占收费公路 17.29 万 km 的 85.3%,所以,有些地方为了增加收入,就会想方设法将免费公路上的车流引导进入收费高速公路,其中,最简单又有效的就是在国省干道或者一些必经道路设立限高装置,将这些免费道路上的车辆强行或者变相引入高速公路。

较好的节流措施就是减少维护成本。在维护成本中,养护支出和运营管理成本占的比重都比较大。2019 年和 2020 年的收费公路统计公报显示,仅养护支出一项,分别占两年收费收入的 13.9% 和 15.3%,养护支出、运营管理支出和公路及附属设施改扩建工程支出三项支出之和则分别占到两年收费收入的 32.8% 和 37.2%,为了节流,有些地方自然就会想到从这些支出较多的项目里找出路,特别是国省干道的管理者,为了防止大货车压坏道路,增加维修成本,与高速管理者吸引车流的想法不谋而合,借改造危桥或者其他道路施工项目,采取限高或者封闭车道等措施慢慢施工;有些地方为了完成考核目标,甚至违规设立限高设施,而这个措施对免费道路的管理者和收费公路的管理者都有利,这导致许多地方违规设立限高设施。

解决资金问题、超载问题、拥堵问题,都应从规划着手,引领公路的正常发展,结合《交通强国建设纲要》提出的“智能、平安、绿色、共享交通发展水平明显提高”的要求,采取相应的规划措施。

2　保障公路智慧、健康、可持续性发展的四项规划措施

为保障公路智慧、健康、可持续性运行和发展,需要从经济、技术、管理等方面采取相应措施。根据阻碍公路正常运行和发展的主要原因,应采取以下4项规划措施。

2.1　合理规划资金,保障公路可持续性发展

制约公路持续性运行和发展的关键因素是资金。要解决资金问题,一是要从债务着手。从2020年全国收费公路统计公报来看,支出最多的项目是债务,如果仅仅偿还债务利息和经营成本,则亏损不大,基本持平。但是,每年到期的债务要偿还,量还不少,这需要从顶层解决,为防止债务数量的进一步扩大,特别是一些地方隐性风险债务的增加,导致最后完全还不了债务,公路建设速度不能太快,要适应当前公路发展状态,合理规划、控制债务数量;另外,对于存量债务,国家可以从公路的公益性方面进行购买服务,适度减少存量债务。二是要适时调整收费公路的收费标准,增加收费公路的收入。公路,除了公益性之外,还具有商品的属性,应该由使用者购买公路服务,而当前收费公路的收费标准存在不合理的现象,收费标准由各省、自治区、直辖市人民政府交通主管部门会同同级价格主管部门、财政部门(经营性公路不需要)审核后,报本级人民政府审查批准。早期的收费标准仅有微调,改变不大,很少考虑收费公路建设管理成本上涨较快的客观情况,这样导致靠收费的收入根本不能偿还债务,正常运营也十分困难,更别说盈利了。三是要减少建设和管理成本。公路建设一直是腐败现象的多发领域,说明成本控制还有很大的提升空间。公路管理成本主要在养护成本和运营成本两方面,控制好了超载超限工作,养护成本就会降低。从2019年、2020年的公报数据可以看到,由于高速公路全面采取出入口治超工作,在收费里程大幅增加的情况下,养护成本下降81.8亿元。运营成本的控制也有空间,目前,全国ETC推广工作进度不快,导致每个收费站人员基本不变,如果全面推广只有安装ETC才能上高速公路的策略,服务人员可以大量减少,运营成本就会减少。四是要增加开源项目。公路既是公益性的公共产品,又是商品,除了提供“有限”的公益服务,还要深挖“无限”的市场服务,如提速后的高铁,服务更优,收费也相应提高。对于一些条件好的免费公路,可以进行改造,专门为载重量小、速度快的客车提供更优的快速安全服务,提供不同种类的公路服务产品,满足公众不同出行需求,为公路持续发展提供动力。还可以开发延伸服务产品,如服务区与当地人文、旅游景点、特色产品等相结合。

2.2　利用科技治超,保障公路健康发展

制约公路健康发展的是超载现象。治理超载现象,除了从管理上下功夫,更需要利用科技手段。对于高速公路来讲,入口车辆驶过地磅,如果发现其超载,就会控制入口栏杆,禁止进入高速,并利用声音、显示屏和手机信息等方式提示,同时将该车辆超载信息发送给管理系统,对超载车辆进行统计和管理。国省干道等不是封闭道路,管理比较复杂,驾驶员为了减少营运成本或者因为超载,就会选择这些道路。导致这些道路经常被压坏。为了避免这种现象,地方公路管理者尝试安装地磅,但又会导致引发道路拥堵和交通事故频发,如国道320线江西省进贤县至余江县之间安装了一套地磅检测装置,效果不明显。要解决这个问题,需要开发一套基于移动智能终端技术的智能公路管理系统,具体设计为:每辆车都安装带有智能芯片的移动智能终端设备,该芯片存有该车辆相关信息(如车长、宽、高、载重量、载客数、车牌、联系人、联系电话、支付方式等),驾驶员出发前通过该智能设备向智能公路管理系统申报,提交本车本次载重量、途径地、终点;智能公路管理系统接收信息后,利用大数据,根据前期各条公路提供的道路等级、宽度、车道数、限载量、桥梁限载量、限速以及因道路封闭施工、天气或交通事故引起的临时交通管制等路况信息,智能提供建议行驶路线,确保经济、适宜、安全。同时,公路也要配置适宜的信息交互、智能检测、提醒和控制设备,当车辆行驶到相应公路入口或者关键控制点(如限载桥梁前)时,通过入口高清摄像头以及车载芯片,马上探测并判断该车辆是否适合行驶该公路,如果该车辆因超载或者其他原因不适合通行,立即以声光电等方式提醒,触发该车辆上的移动智能终端设备报警提示,自动阻车器等设施限制该车辆进入,同时给该车辆联系人和智能公路管理系统发布提示信息。通过科技手段,实现治

理超载的目的。

2.3 科学规划分类通行,保障公路快捷和安全性

现有公路的使用率极不均衡。在使用率高的公路上,大量的车流往往会导致出现交通事故和拥堵现象,影响公路的快捷和安全。为了保障高使用率公路的快捷和安全,除了传统方法(通过改扩建增加通行车道、加强提前预警、快速处理交通事故、规范救援程序以及增强分流能力)外,还可以针对不同类型和速度的车辆提供不同的公路产品,正如铁路行业划分高铁和货运火车轨道,让吨位和速度相似的客车行驶在载重量小、造价较低的公路上,让货车行驶在载重量大、造价较高的公路上,既可以避免高速车辆在低速车辆中间不断超越行驶造成的危险,也可以提高两类车辆的行驶速度。

对于一些车流量较大的平行公路,改造费用不大,效果更明显,比单纯增加公路车道更具有经济性和安全性。在江西省范围内,就有适宜改造的路段——沪昆高速公路梨温段。它是一条江西公路大动脉,与之平行的是国道320线,这两条公路,一个收费,一个免费,车流量都大,交通事故频发,经常发生交通拥堵现象。而国道320线更是由于重载货车多,经常被压坏,许多桥梁被压成危桥,地方政府为了减少养护开支,经常以养护公路或者改造危桥的名义,采取长时间封闭或者限高的措施,禁止货车通行,故意延长施工期限,造成基本不能正常使用。如国道320线上的余江大桥(K695 + 409 ~ K695 + 947),施工通告称其属于4类危桥,须进行拆除重建;虽然在该大桥右侧搭建了一座临时栈桥,但采取限高3m的措施,管制期限为2021年7月1日至2023年12月31日。而2020年7月,同样在国道320线余江区境内的刘家乙桥引道工程(K689 + 010 ~ K690 + 360),余江区政府决定对其进行封闭施工,封闭期限为2020年7月25日至2021年4月30日。这两个施工点相距5km,在3年多时间里将处于封闭施工状态,严重影响车辆通行,在国道320线全线3695km中,类似的危桥改造还很多。国道320线交通繁忙,如果把它改造成封闭专供客车行驶的收费公路,改造费用少,行驶亦安全、高效。

另外一条江西公路大动脉是南昌市到九江市的高速公路(简称“昌九高速”),与之平行的省道为昌九大道,这两条公路,一个收费,一个免费,车流量也大,交通事故常有。昌九大道经常被重型货车压坏,养护费用高。如果让货车都走承载能力强的昌九高速,将昌九大道改造成封闭式专门服务客车的高速公路,有利于提升客车、货车的安全性和行驶速度。

2.4 以创新为引领,提升公路出行服务智慧化

随着生活品质的不断提高,公众对出行服务的智慧化需求也在提升。在出行即服务的模式中,驾乘人员不仅是公路服务的享受者,也是交通数据的提供者和分享者,通过数据来改变和优化出行服务。他们对公路出行的品质要求越来越高,既要求出行服务的个性化,还要求享受智慧化的出行服务。这就需要公路管理部门建立智慧化的出行服务新理念:出行者在出行前向公路管理者或者第三方服务方的出行服务智慧平台输入出行人数、车辆类型、规格、载重量、目的地、联系电话等数据,该智慧平台提供导航等提示信息;在行驶的过程中,出行者可以不断从智慧公路中接收优化信息;当碰到特殊事件时,出行者能从该智慧平台得到及时的服务。该智慧平台必须以信息互通、资源共享为原则,创新综合交通智慧体系,将公路管理、交警、路政、救援、养护等业务深度融合,实现车辆可以选择路、路也可以智能辨识和控制车辆的行驶,让出行服务更智慧、更优、效率更高。

3 结语

交通强国不只是增里程,更要看服务水平、适应水平和保障水平的提升。面对公路发展的新形势,只有遵循公路发展的客观规律,依靠科技创新公路服务设施,提升现代管理理念,才能保障公路智慧、健康、可持续性地发展,才能不断满足公众出行服务需求,走出一条充满活力的公路发展之路。

失衡的天平——网约车用工关系的主体地位探析

汪洁卿　王真黎　李文静*
(上海财经大学)

摘　要　为探究平台经济中平台与新兴劳动者的地位结构,应对原有《中华人民共和国劳动法》和社会保险制度带来的挑战,本文以上海的网约车市场为例展开调研。通过微访谈、短视频信息提取、经济新闻热点分析、成本核算和专家访谈,本文发现网约车用工市场普遍存在的平台与驾驶员主体地位不平等的结构失衡。由于缺乏劳动关系和相关法律的保障,大量网约车驾驶员在前期成本较大和自身维权意识淡薄的情况下,向高且不合理的抽成、低话语权等妥协。驾驶员对于抽成的议价能力缺失,关键在其于用工关系中主动或被迫放弃的劳动知情权,驾驶员对平台的强经济从属性亦是不平等地位的根本原因。

关键词　劳动关系　经济从属性　微访谈　网约车　知情权　抽成

0　引言

网约车行业等平台经济的健康发展已成为国家重要议题。平台经济下的新兴就业形态向传统《中华人民共和国劳动法》和社会保险制度发起了挑战,解决劳动者面临的无劳动关系确认可能、无社会保险的就业隐患刻不容缓。

网约车行业规制存在理论与政策瓶颈。用工关系的性质认定是网约车驾驶员劳动权益保障的前提。当今学界以居间、劳务、劳动等关系性质为主要学说,却皆存在相应疏漏之处。许飒等人认为,在劳动力市场和经营关系的双重作用下,平台的绝对支配已经导致市场失灵。现有对驾驶员权益保障的讨论亦存在盲区:一是多重因素使得外来务工者的个人选择与政府父爱主义下的调控措施发生冲突。二是可行性问题,即共享经济平台极强的灵活性使得个体劳动者很难自然形成集群,难以建立自上而下的行业协会。

本文以劳动关系不成立为大前提,探寻网约车用工关系的规制边界。本文创新了传统的社会研究方法——微访谈对信息进行非线性聚焦,力求拓宽信息的广度;短视频信息从驾驶员的生活碎片中寻求共性,描绘网约车驾驶员的群体画像。本文的理论创新点在于发现用工关系失衡的根本原因在于驾驶员高依附的经济从属性。网约车平台与驾驶员间极强的经济从属性决定了驾驶员在与平台的权益保障拉锯战中议价能力的缺失,先行丧失谈判筹码,知情权的缺失、社会保障的缺位亦是必然。

1　网约车用工关系的结构失衡

1.1　网约车驾驶员的风险责任负担

1.1.1　劳动关系认定难,社会保障易缺位

现有《中华人民共和国劳动法》下认定劳动关系的主要依据仍是人身从属性。由于非固定雇佣关系带来的个体自由和劳动者在工作连续性上的自主决策,使得驾驶员劳动自由度显著提高,其对平台的人身从属性有所弱化,网约车平台与驾驶员通常不认定为劳动关系。

1.1.2　前期投入成本高,双重盘剥收入低

网约车驾驶员在完成订单获得乘客支付价款后,平台除信息费之外也会额外抽取提成,剩余部分才是驾驶员实际获得的劳动收入。同时就劳动成本而言,油费、停车费皆由驾驶员承担,外地驾驶员甚至还要向第三方租赁公司支付高昂租车费用。更有甚者,一些垄断性平台仍会凭借其支配地位向租赁公司变相收取费用,一定程度上又抬高驾驶员租车成本,进而将网约车驾驶员的收入和抽成分割成了平台和租赁公司两个企业的循环。

双重盘剥下的网约车驾驶员普遍存在劳动强度过大的问题。外地驾驶员因为承担车辆租金、平台抽成及生活成本的多重压力,一天会工作 14 ~15h。

1. 本文研究得到国家自然科学基金项目“一体化交通需求管理组合策略作用机制研究”(No. 71871131)资助。

1.1.3 权利意识极淡薄,集体失语维权难

经调研发现,对于保险缴纳及平台是否应当为网约车驾驶员缴纳“五险一金”等问题,多数受访者持不关心或否定态度;对于平台信息调度成本与不均衡的车费抽成的巨大差异,一半以上的驾驶员并不想积极解决此事。

然而少量驾驶员也已经突破了集体无意识,萌生了改进现状的愿望。一抖音用户认识到没有组织个人力量很微小,难以实现权益保障;也有驾驶员表示希望政府介入进行有效规制。

1.2 网约车平台的风险责任规避

1.2.1 抽成比例不透明,平台收入不合理

成本核算结果显示,平台收取的费用包含两部分:(1)0.5 元/单的固定佣金用于接收订单和平台维护;(2)订单 20% ~30% 的变动佣金(抽成)。滴滴出行公开的 2020 年平台数据显示平台抽成约为 20.9%。然而,微访谈及自媒体视频分析中的结论显示,平台抽成最低不少于 30%。本文也通过实际搭乘网约车对乘客付款页面和驾驶员显示的价款页面数字的差额进行测算,发现各平台抽成均可达 30% 以上。因此,滴滴平台公布的抽成比例存疑,与实际存在较大出入。

此外,滴滴相关数据仅初步显示了网约车价格构成,后期也并未对平台抽成进行持续公开,在定价与动态加价机制的合理、透明方面仍存在模糊地带。

对比传统巡游车,网约车抽成比例在不承担社保、车险等费用后反而高于巡游车,更凸显其实质的不合理性。不同城市巡游车实际收入占车费收入比例为 6% ~16%,而各地城市的网约车抽成比例均在 20% ~30%。巡游车的承包费可能包含车辆折旧、车辆保险维修费等固定成本摊销费用和公司代扣代缴的社保公积金等费用,并不全部成为企业营收。但网约车平台抽成却为单纯收入,并不承担任何对网约车驾驶员的责任和费用。

1.2.2 平台掌握话语权,司机权责限制多

首先,网约车驾驶员背靠平台从事经营活动,其获取订单、服务评级、营业额抽成均受平台算法约束。订单皆由平台强制派送,驾驶员拒单则直接扣除信用分,进而通过算法降低驾驶员订单的数量与质量。

其次,网约车驾驶员甚至被强制要求装载摄像机实时监控,全景式监督窒息了网约车驾驶员的物理及心理空间。

最后,平台出具的格式条款缺少收入抽成比例、用工关系性质等重要事项,排除驾驶员权利,又明显加重了驾驶员方的主要义务。然而,为了进入网约车市场,绝大多数驾驶员都会保持沉默,牺牲自身权益以换取市场的“准入券”。

1.2.3 短期融资能力强,司机收入换变现

平台的收入不仅在于信息服务费用和车费抽成,也在于其短期融资能力。平台通过吸纳大批驾驶员进入网约车领域而拥有了极大的流量规模,且驾驶员运营网约车获得的收入并非随时取出,延迟发放薪水为网约车平台提供了大量的短期现金流,网约车平台一直试图利用这一大量现金流进行流量变现。正如滴滴自成立以来长期面临亏损,便充分利用自身数据风控优势,一直在金融领域布局以盈利。

1.3 用工关系的不平等形态

1.3.1 主体地位不对等

网约车平台掌握着经营派单的权利,在劳动力市场和经营管理的双重关系下,平台企业在同行业处于垄断地位,同时在收益分配上处于绝对支配地位。而网约车驾驶员对平台较高的经济从属性直接导致驾驶员议价能力减弱,为了继续获取工资,驾驶员被迫对自己权益的侵蚀问题保持沉默。

1.3.2 权利义务不对等

网约车平台与驾驶员并不具备现行立法劳动关系的构成要件,仅能以平等主体间的民事法律行为进行认定。而平台凭借其垄断地位,通过订立格式条款排除驾驶员的主要权利,进而获得利益最大化。

平台享有规范驾驶员服务行为以及惩戒驾驶员等权利,驾驶员承担受平台约束、向平台缴纳罚款等义务。平台的监督行为有利于提高行业整体的服务水平,但诸如流水目标、计费时长不达标即收费等的做法,已经超越了网约车行业中驾驶员的个体自由和工作连续性上的自主决策,或已满足人身从属性要件;平台在驾驶员违章、造成交通事故后额外收取高额罚款无据可依;而平台不送交签约当事人合同原件的做法,已构成民事违法行为。驾驶员却无相应对等的监管权,平台与驾驶员间甚至缺乏有效的沟通交流机制。由于难以

反映意见,只能单方面接受平台奖惩与抽成。

平台享有抽成比例及抽成上限单方决定权,驾驶员具有缴纳抽成的义务。平台单方的决定权致使平台通过任意提取抽成扣减驾驶员劳动收入。与此同时,驾驶员对合同基本内容的知情权被平台以格式条款方式排除在外,无法知悉劳动收入是否被过度缩减,因此难以维护自身权益。

2　用工关系失衡的原因审视

2.1　关键导因:被放弃的知情权

诸多情形反映了驾驶员话语权缺失导致知情权受到侵害。驾驶员作为与平台订立合同的一方主体,对自身劳动收入的范围及比例并不知悉。平台利用其垄断地位和倾斜的话语权排除驾驶员权利,只能被迫接受格式条款的不合理内容。同时,驾驶员对于平台的经济依赖迫使驾驶员放弃本应当享有的对平台抽成的知情权。

作为提供劳动的对价,劳动价款的约定不明直接关系到驾驶员的切身利益。虽然网约车驾驶员与平台并不成立劳动关系,但驾驶员与平台签订民事合同,双方作为作为平等的民事主体的基本权利受民法典合同编保护。在合同订立过程中价款履行不明的,应当按照《中华人民共和国民法典》第 510 及 511 条进行法律规则补充或司法补充。抽成约定不明且并不存在抽成上限的现状,使合同价款仅通过一方决定,撼动了驾驶员在合同中的平等主体地位及在此之上的知情权。

平台凭借其垄断地位和驾驶员对其的经济依赖,不断侵蚀驾驶员的知情权,借助格式条款排除驾驶员沟通协商的权利,或已成为反垄断法应当规制的内容。

2.2　根本原因:高依附的经济从属性

经济从属性从劳动目的、生产资料及劳动条件的提供、风险责任的归属三个维度切入,剖析用人单位与劳动者存在的事实上的经济依赖关系。网约车驾驶员对平台亦存在着类似的高依附性。

首先,在报酬结算及发放形式上受平台制约,完全依赖于平台以"接单量""公里数"等指标为基础的计算公式,通过长时间的网约车运营获取报酬。由于平台抽成高,驾驶员为覆盖生活、用车成本必须保证长时间在线,网约车运营机制倒逼驾驶员通过延长在线运营时间获取更高的收入。

此外,通过微访谈及短视频 App 调查网约车司机的工作背景及原因,本文亦发现许多网约车驾驶员属于底层劳动者,运营网约车原因多是源于负债、子女教育等生活压力大、疫情导致原先工作或经营状况不佳,通过长时间劳动获取网约车平台给付的报酬是其主要的生活来源。

其次,网约车平台亦向驾驶员提供生产资料及劳动条件。一方面,网约车平台对驾驶员接入的车辆有硬性要求,如滴滴平台根据各品牌车系建立专门的车型库,车辆必须购买交强险等保险,专车必须购买驾乘人员意外险,且快车车龄不能超过 6 年,专车车龄不能超过 5 年。硬性规定迫使驾驶员转向网约车平台及合作租车公司租赁车辆,接受双重盘剥。另一方面,平台对驾驶员订单的调度要求也存在必要程度的控制,驾驶员完全依赖于网约车平台提供的订单信息才能与乘客进行沟通对接进而接单运营,驾驶员取消订单多被判定有责并扣分罚款。

此外,经济从属性要求用工单位承担劳动风险和法律上的"雇佣人责任"。然而网约车平台却通过硬性车险、服务分制度等手段将这部分风险与责任转嫁于驾驶员,进行消极规避。综合调研结果显示,许多驾驶员都表示平台管理严格,扣分、封号频繁,乘客投诉的最终结果是对驾驶员的惩罚。而平台多选择发放优惠券的形式以补偿乘客,其并未承担任何的责任,甚至通过优惠券的使用增加未来收入。

网约车平台与驾驶员间极强的经济从属性决定了驾驶员在与平台的权益保障拉锯战中议价能力的缺失,对平台极高的经济依赖使其先行丧失谈判筹码。网约车平台才是游戏规则的制定者,作为被迫执行规则的网约车驾驶员在游戏开始前便默许了不平等的存在,加之驾驶员对自身风险的选择性忽视与群体无意识,将本场游戏结局导向了失衡的天平两端,知情权的缺失、社会保障的缺位亦是必然。

3　网约车用工关系的地位重构

3.1　法律视角:社会保障的"第三种路径"

对于大量不符合劳动关系认定条件,但又存在实际管理关系的平台用工,可通过扩大《中华人民共和国劳动法》的适用范围,在劳动关系与民事关系之间,确认平台用工保护作为"第三条道路"进行全新的制度设计,以权利束的方式保障他们最低工资标准、职业安全、休息权、社会保险等基本权利。

3.2 经济视角:抽成比例的公开透明与上限规制

单纯社会保障的完善对于驾驶员权益保障尚有欠缺,还需直击痛点——由国家统一规定平台抽成比例上限及租赁平台费用标准,保障驾驶员合理的基本收益。

3.3 社会视角:行业协会的平等协商

考虑到网约车驾驶员对于商业保险的必然需求,若能由行业协会建立协商机制、制定统一规定及标准,提高行业议价权,与保险公司进行议价,可以相应减少商业保险的费用,更好地为驾驶员提供权益保障。

4 结语

本文以上海的网约车市场为例,通过微访谈、短视频信息提取、经济新闻热点分析、成本核算和专家访谈,发现网约车用工市场普遍存在平台与驾驶员主体地位不平等的结构失衡。高经济从属性加之驾驶员对自身风险的选择性忽视与群体无意识,将新型用工关系导向了失衡的天平两端,知情权的缺失、社会保障的缺位亦是必然。

参考文献

[1] 齐昊,马梦挺,包倩文.网约车平台与不稳定劳工——基于南京市网约车司机的调查[J].政治经济学评论,2019,10(3):204-224.

[2] 许飒,杨新征,彭虓.网约车与巡游出租车抽成比例研究——基于网约车司企分配模式视角的分析[J].价格理论与实践,2019(10).

[3] 丁宁.论分享经济下用工关系的法律规制——以网约车为例[J].网络安全技术与应用,2020(9):128-131.

[4] 尹一水.网约车平台与私家车司机之间的法律关系定位——以滴滴出行平台为例[J].北方经济,2020(4):64-69.

[5] 叶嘉敏,李少军.共享经济视域下网约车平台用工劳动关系从属性认定标准研究——以"权重位序法"为核心进路[J].河北法学,2020,38(11):184-200.

[6] 张素华,孙畅.民法典视野下网约车平台侵权的法律适用[J].河北法学,2020,38(8):21-31.

[7] 郑翔,山茂峰.功能进路的网约车安全与秩序之治——从网约车准入规范异化谈起[J].中国人民公安大学学报(社会科学版),2019,35(3):146-156.

[8] 华秋红.基于OTO模式的网约车平台财税处理分析——以滴滴快车业务为例[J].中国注册会计师,2019(11):122-125.

[9] 周绍东,武天森.个体自由与集体禁锢:网约车平台的劳资关系研究[J].河北经贸大学学报,2021,42(2):43-54.

[10] 赵磊,邓晓凌.被"车"捆绑的自由——T市W网约车平台劳动控制研究[J].中国青年研究,2021(4):14-21+13.

[11] 杨婧.网约车平台中心辐射型卡特尔规制问题研究[J].新疆师范大学学报(哲学社会科学版),2019,40(3):131-137.

Application of High-resolution Remote Sensing in Road Area Disaster Identification

Li Cui* Xuan Yang Yunling Zhang Yu Sun

(China Highway Engineering Consultants Corporation, Research and Development Center of Transport Industry of Spatial Information Application and Disaster Prevention and Mitigation Technology, CHECC Data Co. Ltd)

Abstract Disaster along road identification is one of the key works of disaster monitoring. Remote sensing can make up for many shortcomings such as large consumption of ground observation resources, information lag, etc., and has gradually become an important research direction of road disaster identification in a large range. This paper proposes a road area hazards identification method based on remote sensing images, analyzes the characteristics of disasters from the images, and uses the maximum likelihood method combined with the fused ZY-3 images to achieve hazards classification and identification. Taking the S306 highway in Qinghai Province as an example, GF-1C data is used to identify road area disasters, and GF-2 data with higher resolution is used to verify the accuracy. The verification results show that in the range of single image, the accuracy of GF-1C data identifying landslide by maximum likelihood method can reach 95%. The research results will greatly reduce the cost of disaster identification and have broad application prospects.

Keywords　High-resolution remote sensing　Road area disaster　Identification　Application research

0　Introduction

China is located in the east of Asia and the west of the Pacific Ocean, which is a country with frequent geological disasters. The State Council once pointed out that "China is the country with the most serious geological disasters, and geological disasters have become the first natural disasters except for occasional major earthquakes" (The State Council of The People's Republic of CHINA,2011). There are many kinds of geological disasters in China, which are widely distributed in different regions and occur frequently. Therefore, improving the prevention and control ability of road disasters has become an important work of road safety.

At present, China's road disaster monitoring mainly faces three dilemmas: ①Large land area and long highway mileage make it difficult to monitor comprehensively. Especially in remote areas such as southwest China, the road network is not developed, the infrastructure is not perfect, it is difficult to obtain the information before and after the disaster. ②The line is long, the disaster points are many, scattered and distributed in a linear shape, the monitoring workload is large, and the monitoring cost is high, so it is difficult to realize the comprehensive monitoring of the whole road network. ③The disaster and potential hazards locations often need to have staff on-site survey to master the disaster situation, and the position displacement, stress meter, water content and other sensors are arranged for monitoring, otherwise it is difficult to master the disaster situation. The traditional monitoring methods mainly adopt field survey, through displacement monitoring, physical field monitoring, groundwater monitoring and so on, to monitor and forewarn the landslide, collapse, debris flow and other disasters. They can only monitor the discovered disaster points, which not only has monitoring loopholes, time-consuming and high cost, but also is difficult to meet the needs of large-scale landslide dynamic survey, especially difficult to obtain landslide disaster information occurred in the areas with complex geological environment, such as mountains and valleys, high altitude, and high cold with underdeveloped traffic.

With the development of high-resolution remote sensing image application technology and the development and wide application of big data processing technology, road disaster monitoring is becoming possible. It has the following advantages to identify the disaster points in different parts of China through image:

(1) Wide area. It can see a wide range of landforms thousands of miles away. The linear structure and circular structure on the image can reveal the characteristics of disasters and realize the identification of disasters.

(2) High accuracy. Through remote sensing image preprocessing, splicing and fusion, we can see the surrounding disaster points and suspected disaster points along the whole line, which is convenient for staff to carry out targeted monitoring.

(3) Reprocessing. Combining high-precision remote sensing image with high-precision DSM or DEM data, 1 : 10000 scale topographic map can be obtained in a large range, and combining with spectral image, information such as landform and

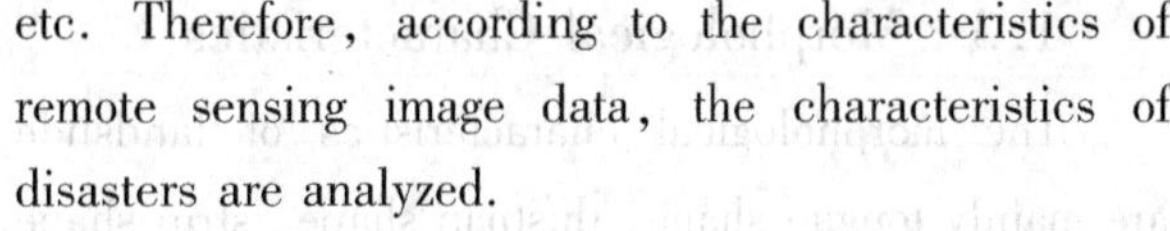

slope around the disaster can be clearly grasped to assist disaster prevention and control.

(4) High update frequency. Therefore, this study aims to break through the road disaster monitoring technology and application method based on high-resolution remote sensing data, improve the monitoring efficiency and accuracy of disaster monitoring technology based on high-resolution remote sensing, and promote the comprehensive capacity and technical level of traffic disaster prevention and control.

1 Analysis of Disaster Characteristics

The disasters in the road area mainly include landslides and debris flows. The characteristics of different disasters in remote sensing images are different, such as spectral characteristics, texture characteristics, disaster morphology characteristics, etc. Therefore, according to the characteristics of remote sensing image data, the characteristics of disasters are analyzed.

1.1 Spectral Characteristics

In the true color remote sensing image, landslides and other disasters are generally distributed along the slope of the highway. The collapse is generally strip-shaped, distributed along the road direction, without obvious vegetation development; before the occurrence of landslide and debris flow, it is generally in the form of surface, with vegetation development. After the occurrence of landslide and debris flow, the spectral characteristics change obviously. The non-vegetation strip is distributed along the hillside, and the spectral reflection value of debris flow changes obviously. The comparison before and after Jiuzhaigou landslide are shown in Fig. 1.

a)Befor

b)After

Fig. 1 Comparison before and after Jiuzhaigou landslide

1.2 Texture Features

Landslide and debris flow have very clear texture characteristics, and their trend is basically consistent with the slope direction of the slope. As shown in the Fig. 2, the landslide wall, landslide steps and landslide tongue can be seen clearly (Yue, 2018). The texture of debris flow formation area is broken and rough, the circulation area is smooth, and the accumulation area is even, smooth, and the multi-stage outbreak is stepped.

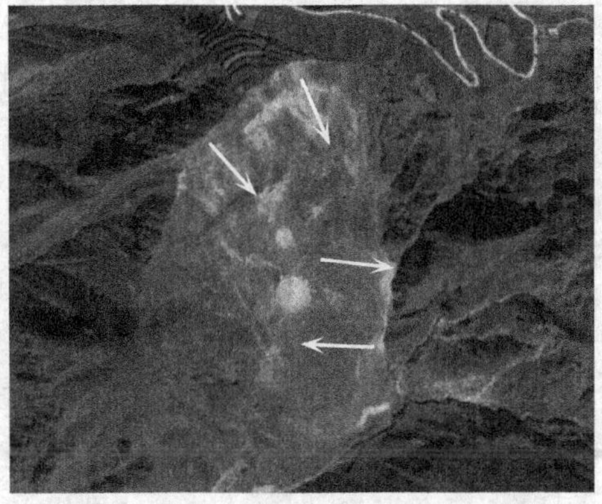

Fig. 2 Texture characteristics of landslide

1.3　Morphological Characteristics

The morphological characteristics of landslide are mainly tongue shape, dustpan shape, strip shape and semicircle shape, with clear boundary. The top of the debris flow is usually ladybug shaped, and the hillside is usually steep. Because of the broken rocks, the color of the image varies. There is a large number of loose deposits in the gullies in light color. There are no gullies and vegetation growth in the gullies. The flowing debris flow is a fan-shaped strip, and the shape of the fan-shaped area is not fixed. Debris flow development areas are often accompanied by geological disasters such as collapses and landslides, so the image texture is mixed disorderly and the color changes greatly (Weidong and Sheng, 2009). According to the different development stages and morphological characteristics, it can be divided into slope debris flow and gully debris flow. The area of landslides and debris flows is large, generally distributed in contiguous areas, and the area of secondary disasters is small. Fig. 3 shows the debris flow in Zhouqu County. Fig. 4 shows the landslide in Die-xi Town, Mao-xian County, Sichuan Province, with an area of 1.6 million square meters. Compared with landslides and debris flows, the area of collapses is smaller, especially small-scale rolling stones and falling stones, which are difficult to be found in remote sensing images.

Fig. 3　Debris flow in Zhouqu County

Fig. 4　Landslide in Diexi Town, Maoxian County

1.4　Other Characteristics

In addition to the above three features that can be directly judged by pixel parameters, there are also features such as slope and geological structure that need to be judged by other images assisted by human.

1.4.1　Slope

Slope is an important control factor for the formation of geological disasters such as landslides, collapses and debris flows. According to the research of the relationship between the stability of geological disaster and slope, Fangfang et al. showed that the samples with slope of 10-18 accounted for 46.7% of the total samples (Fangfang et al., 2008). The slope of landslide and debris flow is larger, the higher the slope is, the higher the risk of disaster is, and the slope of collapse surface is larger, resulting in irregular rockfall.

1.4.2　Geological Structure

In the remote sensing image, the linear structure is generally clear, the greater the activity intensity, the more obvious the linear image features. It is shown in the following aspects: the whole is an abnormal line with different colors; the shape is a straight line, a broken line, a single line and a line belt; in the image structure, the image marker layer is staggered and cut off, the loose sediment is distributed in a linear shape, and the shadow texture is in uncoordinated contact; at the boundary of different landscapes, the relative height difference is significant (Longgao et al., 2013).

2 Multi-dimensional Space Maximum Likelihood Method

At present, the commonly used method of disaster identification using remote sensing image at home and abroad is human-computer interaction interpretation. For example, Wei Lu et al. used SPOT-5 satellite image to interpret landslides, collapses and other disasters, with the highest interpretation accuracy of 88% (Weidong and Sheng, 2009). There are also through computer supervised classification, non-supervised classification for identification and extraction. Because the unsupervised classification method completely relies on the sample features for disaster extraction, and the remote sensing image platform is different, the parameters are different, the sun incidence angle, reflectivity, atmospheric environment and other reasons are different, resulting in large differences between images, and the number of samples of the same kind of disaster can not meet the requirements of large data, and the classification accuracy is low. Therefore, this paper mainly uses the supervised classification method for disaster analysis.

There is parallel algorithm, maximum likelihood method, minimum distance method and so on. Parallel algorithm is based on the spectral brightness for classification, the target is single, and it is difficult to extract multiple types of disasters when extracting disasters; the minimum distance method ignores the different internal variances of different categories, resulting in the overlapping of extraction boundaries, and the classification error increases; the maximum likelihood method is based on the probability method, so it can identify multiple types of terrain, and it can be considered multiple disaster features, such as spectral band, shape, slope, etc., are the most widely used classification methods in remote sensing classification (Longgao et al., 2013). Therefore, this paper mainly uses the maximum likelihood method for disaster extraction.

Because there are many kinds of features and different attributes of disaster types, the remote sensing image used is multispectral data, which does not conform to the characteristics of the general maximum likelihood classification method, so the multi-dimensional space maximum likelihood classification method is used as one of the natural phenomena, the characteristic attributes of road disaster are random and obey normal distribution. The mean value of samples is μ, and the variance of samples is S^2. Then the probability density function of each attribute is:

$$f(x) = \frac{1}{\sqrt{(2\pi S_k^2)^n}} e^{-\frac{1}{2S_k^2}\sum_{i=1}^{n}(x-\mu_k)^2} \quad (1)$$

Where: $f(x)$——the probability density;

n——the characteristic dimension, i. e. the number of wavebands;

x—— a vector in the n-dimensional space, i. e. the characteristic attribute value in a wave segment;

μ_k——the characteristic mean vector in the k-band where the x-characteristic is located;

S_k—— the covariance matrix between samples in the k-band.

The objective function of MLC is:

$$L(x) = \prod p(C_i \mid x) = \frac{p(x \mid C_i) \times p(c_i)}{p(x)} \quad (2)$$

When x is a vector in a multi-dimensional space and the distribution of each one-dimensional space is normal, then:

$$p(x \mid C_i) = \frac{1}{\sqrt{(2\pi S_{C_i}^2)^n}} e^{-\frac{1}{2S_{C_i}^2}\sum_{i=1}^{n}(x-\mu_{C_i})^2} \quad (3)$$

Where: $p(C_i)$——obtained from the input disaster sample data;

$p(x)$——the pixel gray value. If the data is 8-bit, the value is during 0-

255; 10-bit is during 0-1023; 12-bit is during 0-4095. The larger the pixel gray range is, the more abundant the feature layers are and the more accurate the classification is.

3　Application

Taking the S306 highway in Qinghai Province as an example, the road disaster identification technology based on high-resolution remote sensing is used to extract the road disaster. The application technology process is shown in the Fig. 5. Level 1A image is the row data.

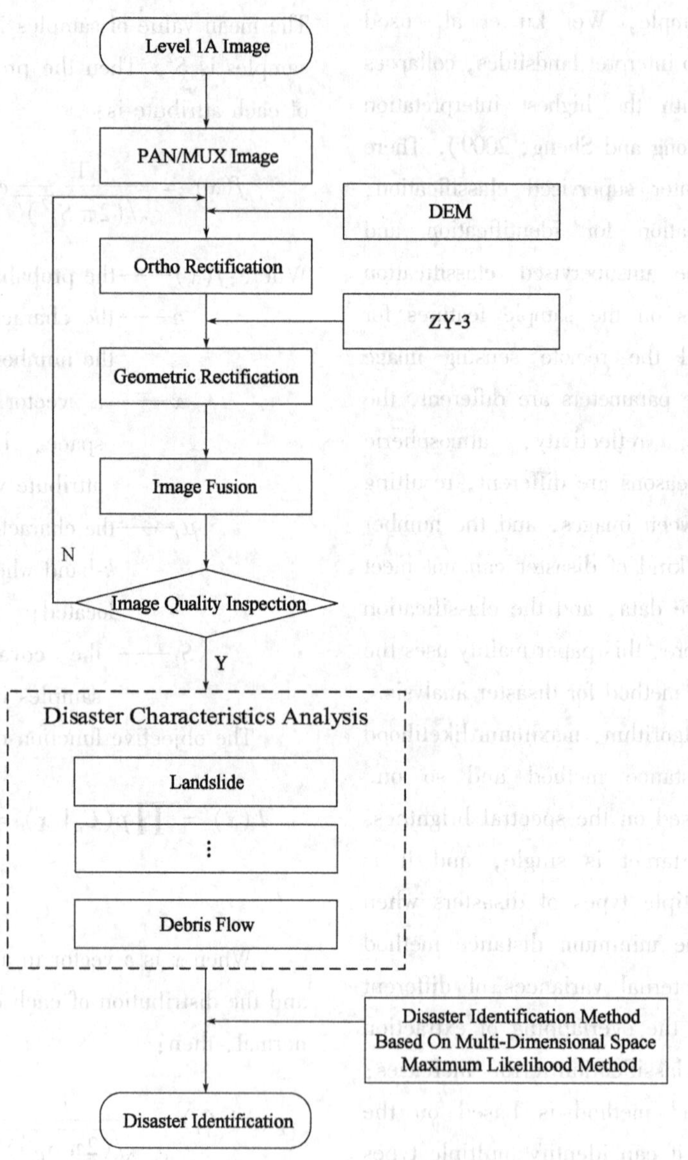

Fig. 5　Road area disaster identification technology flow chart

3.1　Data preprocessing

The image range of S306 road in Qinghai Province is 35°27′56″N-36°12′5″N, 101°30′26″E-102°25′38″E. The image of GF-1C satellite (GF-1C) and GF-1 series satellites are 2m/8m satellites with wide coverage, short playback period and high accuracy. GF-1C raw data as shows in Fig. 6.

Based on the acquired image, multispectral, panchromatic correction and image fusion are completed.

Fig. 6 GF-1C raw data

3.2 Data Quality Evaluation

In this paper, the objective evaluation method is used to evaluate the spectral, radiometric and geometric accuracy of the image. Select the image quality index most related to disaster information, such as reflectivity. By calculating the value of the index, we can evaluate the ability of the image to express the road information. The specific evaluation process is as follows:

First, evaluate the spectral characteristics of the image. From the two aspects of noise and dynamic range of the image, it can be seen from the Tab. 1 that the differences between the image noise size and the dynamic range of the data is small, ranging from 0 ~ 4095, with a wide dynamic range of data and rich color levels.

GF-1 dynamic range of image data Tab. 1

Band	Dmax	Dmin	D
MUX-B1	4095	0	4095
MUX-B2	4095	0	4095
MUX-B3	4095	0	4095
MUX-B4	4095	0	4095
PAN	4094	0	4094

In Envi, different fusion methods are used to process the data. Select the local area of the image to enlarge, and analyze the effect of different fusion methods. The fusion results were processed by 2% linear stretch and displayed in true color (321). The whole image (Fig. 7) is clear and contains rich information, which can interpret the mountain terrain clearly and identify different types of features.

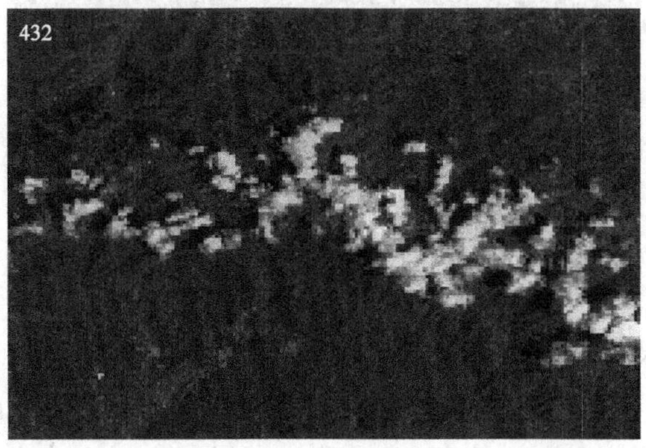

a)False color image

b)Real color image

Fig. 7 Local color image

Taking ZY-3 image as the reference image, 204 control points were found between GF-1C panchromatic image and ZY-3 image in Qinghai demonstration area. The mean square error of correction was 1.434 pixels, 1.134 pixels in X direction and 0.657 pixels in Y direction. 59 control points were found between GF-1C multispectral image and ZY-3n image, and the mean square error of correction was 1.318 pixels, including 1.217 pixels in X direction Pixels, 0.343 pixels in Y direction. Accuracy statistics of geometric precision correction was shown in Tab. 2.

Accuracy statistics of geometric precision correction(pixels) Tab. 2

	Number of control points	Medium error	X-direction error	Y-direction error
PAN	204	1.434	1.134	0.657
MUX	59	1.318	1.217	0.343

After the precise correction of multispectral image and panchromatic image are fused, the result is checked with ZY-3 image for accuracy, and the distribution of inspection points of GF-1C image is shown in the Fig. 8. The inspection results show that the error in X direction is 3.074m, the error in Y direction is 1.645m, and the total error is 3.486m.

3.3 Road Area Disaster Identification

The original data of GF-1C was collected on July 13, 2018. The original image is shown in Fig. 9 a). After image preprocessing, the maximum likelihood classification method is used to identify the target and recognize a landslide in the image. The result is shown in Fig. 9 b). The red area is the extracted disaster range.

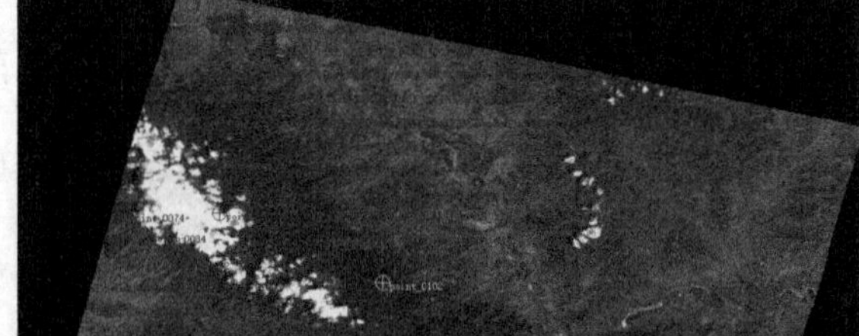

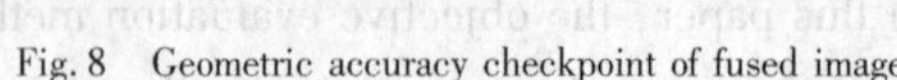

Fig. 8 Geometric accuracy checkpoint of fused image

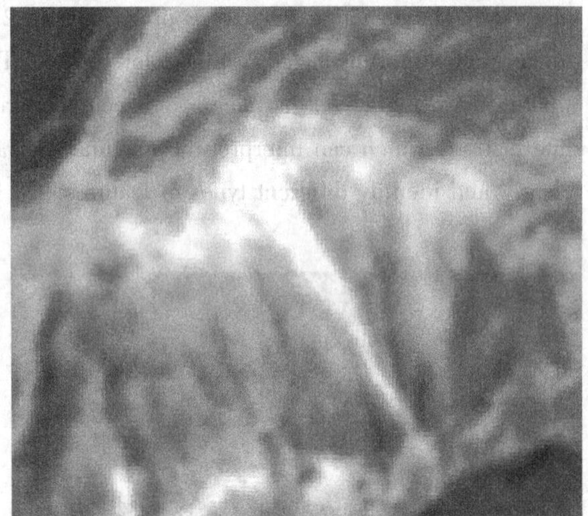

a)GF-1C raw data

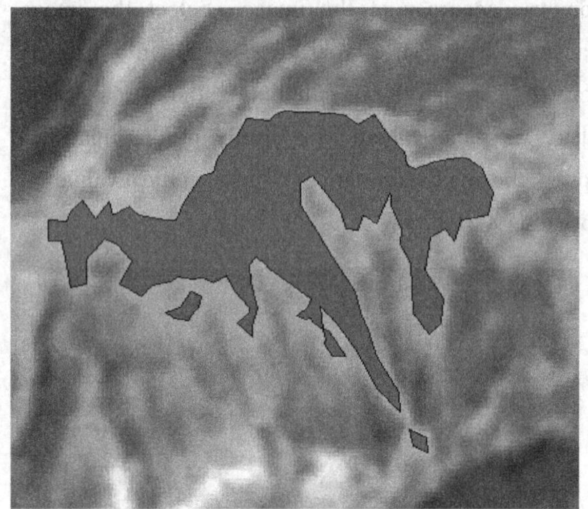

b) Disaster body extraction results in GF-1C image

Fig. 9 Road area disaster extraction in GF-1C image

3.4 Accuracy Verification

The spatial resolution of GF-2 is higher than that of GF-1, and the accuracy of disaster identification is much higher than that of GF-1. Therefore, GF-2 can be used for comparison to determine the accuracy of disaster identification of GF-1C.

3.4.1 Comparison and Verification of GF-2 Image

Using the same area of GF-2 image disaster identification accuracy for comparative analysis. The image acquisition time is July 21, 2018, and the time interval between the two images is relatively short, which can be used for comparative analysis. The same process and method are used for disaster identification, and the GF-2 disaster extraction results are shown in the Fig. 10.

The two kinds of images are analyzed by using the confusion matrix. The gray area indicates that both images are identified as disaster area, the purple area(▨ area) is the disaster body extracted by GF-

1C and GF-2 is the non-disaster area, the yellow area (▨ area) is the non-disaster area extracted by GF-1C and GF-2 is the disaster area(Fig. 11).

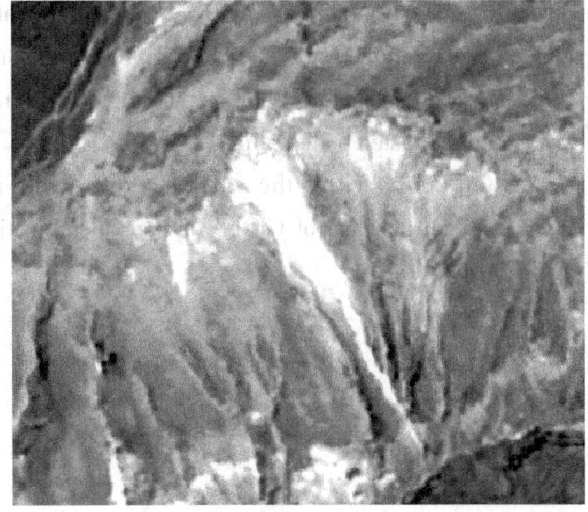

a) GF-2 raw data

b) Disaster body extraction results in GF-2 image

Fig. 10 Road area disaster extraction in GF-2 image

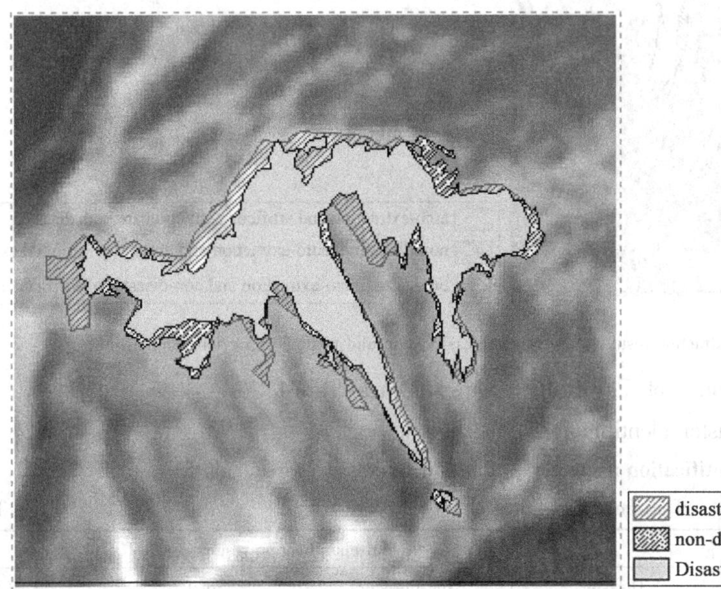

Fig. 11 Comparison of extraction results (comparison of GF-1C and GF-2 images)

Through the comparison and analysis of the confusion matrix, the extraction accuracy of the two kinds of images is shown in the Tab. 3.

Evaluation of GF-1C disaster identification accuracy (compared with GF-2) (Unit: m^2) Tab. 3

Compare objects		Actual classification results			
		Disaster	Non-disaster	Total	PA(%)
Test sample	Disaster	9636.24	3004.30	12640.54	0.76
	Non-disaster	1175.32	62961.70	64137.02	0.98
	Num.	10811.56	65966.00	76777.56	
	UA(%)	0.89	0.95		
Overall accuracy		0.95			

According to the analysis of accuracy evaluation table, the overall classification accuracy of GF-1C satellite image is 95% with GF-2 as the comparative data.

3.4.2 Manual Verification

Compared with the results of GF-1C image extraction, the yellow area indicates that the classification result is non disaster body, while the artificial recognition is disaster body, the purple area (area) indicates that the supervised classification result is disaster body and the artificial recognition is non disaster body, the gray area(area) indicates that both extraction results are disaster body, and the white area indicates that both extraction results They are all non disaster bodies(Fig. 12).

Compared with the results of artificial identification, the data of GF-1C disaster identification are shown in Tab. 4.

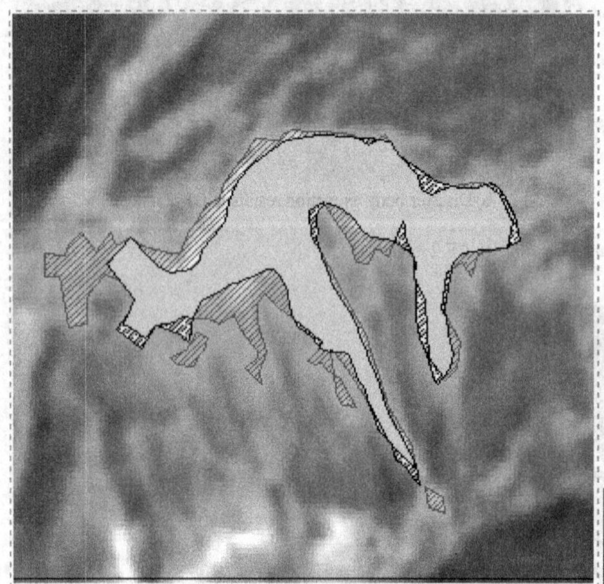

Fig. 12 Comparison of extraction results (supervised classification and manual extraction comparison)

Compared with the results of artifical identification, the adta of GF-1C disaster identification are shown in Tab. 4.

GF-1C disaster identification accuracy evaluation table (compared with the results of artificial identification) (Unit: m^2) Tab. 4

Compare objects		Actual classification results			
		Disaster	Non-disaster	Total	PA(%)
Test sample	Disaster	9068.07	3572.47	12640.55	0.72
	Non-disaster	782.80	63354.22	64137.02	0.99
	Num.	9850.87	66926.70	76777.57	
	UA(%)	0.92	0.95		
Overall accuracy		0.94			

According to the analysis of accuracy evaluation table, the overall classification accuracy of GF-1C image is 94% based on the results of manual extraction.

4 Discussion and Conclusion

GF1-B/C/D Satellite panchromatic and multispectral fusion images are rich in color and clear in texture. The image features of the disaster body are obvious. The boundary, shape, texture and affected objects of the disaster body can be directly reflected in the image. In the scale of 1 : 25000, the maximum likelihood method is used to supervise the classification and develop the mask, which can identify the characteristic parts of the disaster body and outline the scope and boundary of the geological disaster. GF-2 is used as the example For comparison data, the overall classification accuracy of GF-1C image is 95%, and kappa coefficient is 79. 0%; for comparison data, the overall classification accuracy of GF-1C image is 94%, and kappa coefficient is 77.4%.

In this paper, the recognition of small-scale disasters is realized, and the data comparison can be realized with the continuous shooting of remote sensing images, which is helpful to improve the monitoring ability of road disasters in China. In the results of this paper, the research group will continue to study the identification technology of road disasters in a wide range, so as to achieve the national typical disaster identification and improve the capacity of disaster prevention and mitigation in the road field. In addition, the comprehensive analysis should be carried out according to the fault activity, rainfall and human activity in the surrounding area of the disaster point to realize multi-dimensional disaster identification and try to prevent the occurrence of disasters. In the future, we will further combine the height accuracy of 5 meters under the control of GF-7 to obtain the dynamic terrain changes in the region, and use the advanced change detection technology to achieve more accurate disaster monitoring.

Reference

[1] Yue Y. Research on Debris Flow Disaster Information Extraction Based on GF-1 [D]. Kuming: Kunming University of Science and Technology,2018.

[2] Wang W D, Sheng Z. The Application of Gis-based Logistic Regression for Geological Hazardss Zonation [J]. Geotechnical Investigation & Surveying, 2009, 37(11): 5-10.

[3] Guo F F, Yang N, Meng H, et al. Application of The Relief Amplitude and Slope Analysis to Regional Landslide Hazards Assessments [J]. Geology in China, 2008, 35(1): 131-143.

[4] Chen L G, Li Y, Yang X Y, et al. Accuracy Assessment of Land Use/cover Classification from Different Seasons Based on Remote Sensing Imagery: A Case Study of Lianyungang City, China [J]. Journal of China University of Mining & Technology, 2013, 42 (5): 873-879,886.

服务区智慧化程度评价体系研究

杨鹏程* 郝 盛 闻 静 赵 璐 车春江

(交通运输部路网监测与应急处置中心)

摘 要 本文通过研究交通运输行业相关发展规范、制度、标准、规范及技术要求等,结合各省智慧服务区建设实际情况,建立服务区智慧化程度评价指标体系,并采用 AHP 层次分析法、专家打分法等确定各级指标权重,建立一整套服务区智慧化程度评价体系,为公路交通行业服务区智慧化程度考量提供依据。

关键词 智慧化评价 评价体系 AHP 层次分析法 服务区

0 引言

我国公路网日益完善,公众出行需求不断提升。截至 2020 年年底,全国公路里程达到 519.8 万 km,其中高速公路里程 16.1 万 km,高速公路最高交通量突破 5700 万辆/d。取消省界收费站后,服务区成为串连起公路网、方便公众便捷出行的关键节点,成为提升人民群众出行舒适度、评价出行满意度的重要组成部分,智慧服务区也逐步成为提高公众出行品质的重要手段。如何有效引导公路智慧服务区建设、评价,为出行者提供便捷、高效的出行服务,已经成为行业管理者迫切需要解决的问题。

近年来,公路交通行业高度重视服务区信息化、智能化、智慧化建设,交通运输部印发的《2020年全国公路服务区工作要点》《关于推动交通运输领域新型基础设施建设的指导意见》《数字交通“十四五”发展规划》《公路“十四五”发展规划》等顶层文件均明确提出“推进公路智慧服务区建设”,并将智慧服务区建设纳入《“十三五”全国干线公路养护管理评价标准》评价范围。

目前,全国各省均开展了智慧服务区建设工作,但关于智慧服务区建设、评价等的研究较少。本文主要根据各省智慧服务区建设案例、公众出行需求及行业指导文件,研究建立一套服务区智慧化程度评价指标体系,并利用层析分析、专家打分等方法,对各个指标权重予以分析。

1　评价指标体系

服务区智慧化程度评价指标选取主要遵循科学性原则、完备性原则、有效性原则、相对独立性原则。服务区智慧化主要包括停车智能化、卫生间智慧化、照明智慧化、无线网络服务智慧化、信息服务智慧化、办公自动化、视频监控智慧化、巡检智慧化、物业管理智慧化、商超餐饮智慧化、能源补给智慧化、其他运营服务智慧化。服务区智慧化程度评价指标体系框架见图1。

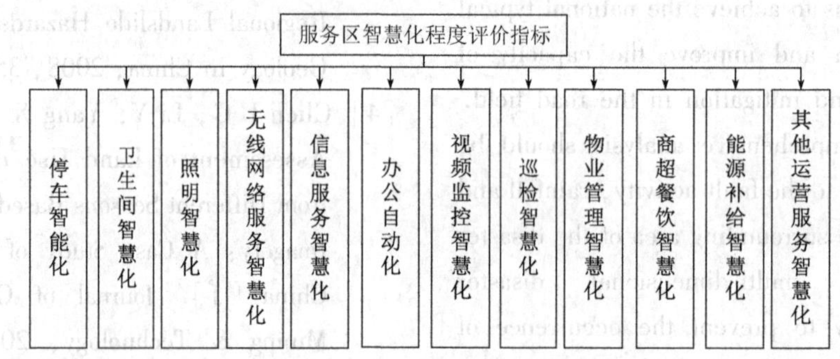

图1　服务区智慧化程度评价指标体系框架

根据服务区经营管理、公众服务、行业管理需求,停车、卫生间、照明、无线网络服务、信息服务、办公、视频监控、巡检、物业管理、商超餐饮、能源补给及其他运营服务智慧化程度评价主要从基础设施设备数字化、内部管理智慧化、生产经营智慧化、公众服务智慧化等维度进行分析。

停车智慧化主要包括数据自动化采集、停车引导设备布设、停车管理系统、异常事件自动化检测等。

卫生间智慧化主要包括数据自动化采集、卫生间内部管理系统、厕位引导及冲洗等。

照明智慧化主要包括数据自动化采集、智慧化照明设施设备布设、照明控制系统等。

无线网络服务智慧化主要包括智慧化统计、网络管理、网络服务设施布设及覆盖等。

信息服务智慧化主要包括数据自动化采集、智慧化信息发布设施设备布设、信息发布控制系统、服务满意度等。

办公自动化主要包括数据自动化采集、智慧化资产管理、财务管理、公文及业务审批等。

视频监控智慧化主要包括数据自动化采集、智慧化视频设备安装、控制系统、智慧化应用等。

巡检智慧化主要包括数据自动化采集、智慧化巡检设备布设、巡检系统、人员管理等。

物业管理智慧化主要包括数据自动化采集、智慧化能耗管控、保洁管理、安全管理等。

商超餐饮智慧化主要包括数据自动化采集、智慧化经营数据统计、商户服务、仓库管理、销售管理等。

能源补给智慧化主要包括数据自动化采集、智慧化经营数据统计、油料管理、异常事件监测、智慧化服务等。

其他运营服务智慧化主要包括医疗及救援智慧化经营数据统计、客房及特殊人群休息智慧化经营数据统计、车辆维修智慧化经营数据统计、客房及车辆维修智慧化支付、客房及车辆维修在线预约等。

2　权重设定方法

常用的权重确定方法主要有因子分析、主成

分法、AHP 层次法、优序图法、熵值法、CRITIC 权重、独立性权重、信息量权重等。结合服务区智慧化评价特点,本文采用 AHP 层次法和专家打分法确定权重。根据两种方法的特点,指标数量大于或等于4个时,主要采用 AHP 层次法;指标数量小于4个时,主要采用专家打分法。

2.1 层次分析法权重设定步骤

2.1.1 建立层次结构模型

服务区智慧化评价由三级指标构成,权重体系由一级指标权重、二级指标权重、三级指标权重构成。其中,一级指标为二级指标的目标层,二级指标为三级指标的目标层。

2.1.2 构造判断矩阵

两两比较服务区智慧化指标,构造判断矩阵。判断矩阵具有如下性质:

$$a_{ij} = \frac{1}{a_{ji}}$$

式中:i,j——因素。

判断矩阵元素 a_{ij} 的标度方法见表1。

重要性等级及其赋值表 表1

因素 i 比因素 j 重要程度	量 化 值
同等重要	1
稍微重要	3
较强重要	5
强烈重要	7
极端重要	9
两相邻判断的中间值	2、4、6、8

2.1.3 层次单排序及其一致性检验

对应于服务区智慧化权重判断矩阵最大特征根 λ_{max} 的特征向量,计算一致性指标 CI:

$$\mathrm{CI} = \frac{\lambda - n}{n - 1} \quad (1)$$

CI = 0,服务区智慧化权重有完全的一致性;CI 接近于0,服务区智慧化权重有满意的一致性;CI 越大,服务区智慧化权重不一致越严重。

考虑到服务区智慧化权重一致性的偏离可能是由于随机原因造成的,因此在检验判断矩阵是否具有满意的一致性时,还需将 CI 和随机一致性指标 RI 进行比较,得出检验系数 CR:

$$\mathrm{CR} = \frac{\mathrm{CI}}{\mathrm{RI}} \quad (2)$$

CR < 0.1,则认为该判断矩阵具有满意的一致性,权重验证通过,并纳入服务区智慧化权重体系;否则不具有满意一致性,权重验证不通过,此项权重不纳入服务区智慧化权重体系。

2.2 专家打分法权重设定步骤

(1)选择并确定专家。

(2)确定影响打分的因素,设计智慧服务区权重征询意见表。

(3)向专家提供智慧服务区相关背景资料,请专家予以打分。

(4)收集各位专家的数据,并计算各项指标的权数均值和标准差,选取其一置信区间的专家评分重新计算均值,得到指标权重。

(5)重新计算各项指标权重的平均数,得到服务区智慧化指标权重值。

3 指标权重设定

一级指标包括停车智能化 A1、卫生间智慧化 A2、照明智慧化 A3、无线网络服务智慧化 A4、信息服务智慧化 A5、办公自动化 A6、视频监控智慧化 A7、巡检智慧化 A8、物业管理智慧化 A9、商超餐饮智慧化 A10、能源补给智慧化 A11、其他运营服务智慧化 A12 共12项。选取7位行业专家、3位典型公众代表进行评价。依此构造12阶矩阵,见表2。

服务区智慧化程度评价指标构造矩阵(选例) 表2

	A1	A2	A3	A4	A5	A6	A7	A8	A9	A10	A11	A12
A1	1.00	1.00	5.00	7.00	5.00	0.33	2.00	2.00	3.00	0.50	0.50	5.00
A2	1.00	1.00	5.00	7.00	5.00	0.33	2.00	2.00	3.00	0.50	0.50	5.00
A3	0.20	0.20	1.00	2.00	1.00	0.14	0.33	0.33	0.50	0.13	0.13	1.00
A4	0.14	0.14	0.50	1.00	0.50	0.13	0.25	0.25	0.33	0.20	0.20	0.50
A5	0.20	0.20	1.00	2.00	1.00	0.14	0.33	0.33	0.50	0.13	0.13	1.00
A6	3.00	3.00	7.00	8.00	7.00	1.00	5.00	5.00	6.00	2.00	2.00	8.00

续上表

	A1	A2	A3	A4	A5	A6	A7	A8	A9	A10	A11	A12
A7	0.50	0.50	3.00	4.00	3.00	0.20	1.00	1.00	2.00	0.25	0.25	3.00
A8	0.50	0.50	3.00	4.00	3.00	0.20	1.00	1.00	2.00	0.25	0.25	3.00
A9	0.33	0.33	2.00	3.00	2.00	0.17	0.50	0.50	1.00	0.25	0.25	3.00
A10	2.00	2.00	8.00	5.00	8.00	0.50	4.00	4.00	4.00	1.00	1.00	7.00
A11	2.00	2.00	8.00	5.00	8.00	0.50	4.00	4.00	4.00	1.00	1.00	7.00
A12	0.20	0.20	1.00	2.00	1.00	0.13	0.33	0.33	0.33	0.14	0.14	1.00

计算一级指标权重，并进行一致性验证，汇总计算得出服务区智慧化程度评价一级指标权重，见表3。

服务区智慧化程度评价一级指标权重　　表3

一级指标	权　重	一级指标	权　重
停车智能化	0.10	视频监控智慧化	0.06
卫生间智慧化	0.10	巡检智慧化	0.06
照明智慧化	0.03	物业管理智慧化	0.04
无线网络服务智慧化	0.02	商超餐饮智慧化	0.17
信息服务智慧化	0.04	能源补给智慧化	0.15
办公自动化	0.21	其他运营服务智慧化	0.02

根据AHP层次分析法和专家打分法，计算二级指标、三级指标权重，汇总得出服务区智慧化程度评价各级指标权重，得到服务区智慧化程度评价体系，见表4。

服务区智慧化程度评价体系　　表4

一级指标	二级指标	三级指标
停车智能化(0.1)	设施设备数字化(0.4)	数据自动化采集重点设备安装(0.008)
		停车场设施设备数据自动化采集(0.012)
		停车场运行情况数据自动化采集(0.02)
	内部管理智慧化(0.6)	智慧化停车引导设备布设(0.024)
		智慧化停车管理系统(0.024)
		停车场异常事件自动化检测(0.012)
卫生间智慧化(0.1)	设施设备数字化(0.4)	数据自动化采集重点设备安装(0.008)
		卫生间设施设备数据自动化采集(0.012)
		卫生间运行情况数据自动化采集(0.02)
	内部管理智慧化(0.3)	智慧化卫生间内部管理系统(0.03)
	公众服务智慧化(0.3)	智慧化厕位引导(0.015)
		便捷化便池冲洗(0.015)
照明智慧化(0.03)	设施设备数字化(0.4)	数据自动化采集重点设备安装(0.0048)
		照明设施设备数据自动化采集(0.0036)
		照明环境数据自动化采集(0.0036)
	内部管理智慧化(0.6)	智慧化照明设施设备布设(0.0108)
		智慧化照明控制系统(0.0072)
无线网络服务智慧化(0.02)	内部管理智慧化(0.2)	智慧化统计(0.002)
		智慧化网络管理(0.002)
	公众服务智慧化(0.8)	智慧化网络服务设施布设及覆盖(0.016)

续上表

一级指标	二级指标	三级指标
信息服务智慧化(0.04)	设施设备数字化(0.3)	数据自动化采集重点设备安装(0.0048)
		信息发布设施设备数据自动化采集(0.0036)
		信息发布环境数据自动化采集(0.0036)
	内部管理智慧化(0.7)	智慧化信息发布设施设备布设(0.0112)
		智慧化信息发布控制系统(0.0084)
		智慧化服务满意度评价(0.0084)
办公自动化(0.21)	设施设备数字化(0.4)	数据自动化采集重点设备安装(0.042)
		办公设施设备数据自动化采集(0.042)
	内部管理智慧化(0.6)	智慧化资产管理(0.0378)
		智慧化公文及业务审批(0.0378)
		智慧化财务管理(0.0504)
视频监控智慧化(0.06)	设施设备数字化(0.4)	数据自动化采集重点设备安装(0.0096)
		视频监控设施设备数据自动化采集(0.0144)
	内部管理智慧化(0.6)	智慧化视频设备安装(0.0144)
		智慧化视频监控系统(0.0108)
		视频监控数据智慧化应用(0.0108)
巡检智慧化(0.06)	设施设备数字化(0.4)	数据自动化采集重点设备安装(0.0096)
		巡检设施设备数据自动化采集(0.0144)
	内部管理智慧化(0.6)	智慧化巡检设备布设(0.0144)
		智慧化巡检系统(0.0144)
		智慧化巡检人员管理(0.0072)
物业管理智慧化(0.04)	设施设备数字化(0.4)	数据自动化采集重点设备安装(0.0048)
		物业管理数据自动化采集(0.0112)
	内部管理智慧化(0.6)	智慧化污水及垃圾管控(0.0048)
		智慧化能耗管控(0.0024)
		智慧化保洁管理(0.0048)
		智慧化消防管理(0.0048)
		智慧化安防管控(0.0072)
商超餐饮智慧化(0.17)	设施设备数字化(0.2)	数据自动化采集重点设备安装(0.0136)
		商超餐饮管理数据自动化采集(0.0204)
	内部管理智慧化(0.3)	智慧化经营数据统计(0.0255)
		智慧化商户服务(0.0255)
	生产经营智慧化(0.3)	智慧化仓库管理(0.0204)
		智慧化销售管理(0.0306)
	公众服务智慧化(0.2)	智慧化支付(0.0238)
		在线预定(0.0102)
能源补给智慧化(0.15)	设施设备数字化(0.3)	数据自动化采集重点设备安装(0.009)
		能源补给设施设备数据自动化采集(0.0135)
		能源补给设备运行情况数据自动化采集(0.0225)
	内部管理智慧化(0.2)	智慧化经营数据统计(0.018)

续上表

一级指标	二级指标	三级指标
能源补给智慧化(0.15)	内部管理智慧化(0.2)	智慧化商户服务(0.012)
	生产经营智慧化(0.3)	智慧化油料管理(0.0135)
		智慧化销售管理(0.018)
		智慧化异常事件管理(0.0135)
	公众服务智慧化(0.2)	智慧化支付(0.018)
		能源补给在线预约(0.012)
其他运营服务智慧化(0.02)	内部管理智慧化(0.5)	医疗及救援智慧化经营数据统计(0.004)
		客房及特殊人群休息智慧化经营数据统计(0.003)
		车辆维修智慧化经营数据统计(0.003)
	公众服务智慧化(0.5)	客房及车辆维修智慧化支付(0.004)
		客房及车辆维修在线预约(0.006)

4　结语

通过行业专家、典型公众代表评价及计算,得到了服务区智慧化程度评价体系。从一级评价指标来看,办公自动化、商超餐饮智慧化、能源补给智慧化、卫生间智慧化、视频监控智慧化等指标在服务区智慧化程度评价中占有较大比重,也是服务区运营管理单位优先推动智慧化的内容。从三级指标来看,智慧化财务管理、数据自动化采集重点设备安装、智慧化资产管理、智慧化公文及业务审批、智慧化销售管理、智慧化卫生间内部管理系统、智慧化经营数据统计、智慧化停车引导设备布设、智慧化停车管理系统、智慧化支付、能源补给设备运行情况数据自动化采集等指标在服务区智慧程度评价中占有较大比重,通过专项提升这些指标,可以较大程度提升服务区智慧水平,提升服务区运营管理效率及公众服务水平。

本研究结果为公路交通行业管理部门、服务区运营管理单位开展智慧服务区评价提供了依据。行业管理主体及服务区运营管理单位可依据本文中服务区智慧化程度评价体系,对所辖服务区智慧化程度进行衡量,并据此有针对性地提出服务区智慧化改进方案,提升服务区智慧化水平。

目前国内各省份虽然都开展了智慧公路、智慧服务区建设,但关于智慧服务区的建设、评价研究较少。本文依据行业文献及各省份实践经验,从停车智能化、卫生间智慧化、照明智慧化等12个方面提出评价指标,并选取行业专家、典型公众代表进行评价,但评价验证案例数量仍然较少。随着智慧服务区建设方案不断优化,可进一步对各级评价指标及权重进行研究优化。

MaaS体系及澳门MaaS研究

雷　剑*[1]　欧勇辉[2]

(1. 中国电信(澳门)有限公司;2. 广州交信投科技股份有限公司)

摘　要　为了优化以出行服务为中心的一体化出行服务(Mobility as a Service, MaaS)体系框架,研究澳门MaaS现状,构建适合澳门的MaaS发展路径;在全面分析多场景出行、MaaS技术架构、MaaS服务相关方、MaaS出行满意度、MaaS一体化整合等内容基础上,提出一种以公共交通为主体、以服务为核心的MaaS体系框架、关键要素、关键评估指标,然后基于该体系框架对澳门MaaS的服务主要相关方、澳门出行场景,并结合澳门使用最多的出行App对澳门MaaS进行全面评估,可以得出澳门MaaS服务一体化、功能一体化整合程度高,是MaaS理念成功实践的城市之一,并提出澳门MaaS服务多项优化建议。

澳门作为面积小、人口多、出行类型集中程度高,以旅游娱乐业为主的城市,继续深入开展澳门 MaaS 研究将对 MaaS 发展有重要意义。

关键词 出行即服务(MaaS) 体系框架 评估指标 澳门

0 引言

MaaS(Mobility as a Service,出行即服务)是近几年在交通出行领域一个新的服务理念,中外研究人员对 MaaS 体系进行了持续研究。基于对澳门出行信息研究,结合 MaaS 相关研究报告,提出以公共交通为主体、以服务为核心的 MaaS 体系框架、关键要素、关键评估指标,并结合澳门 MaaS 进行研究,就澳门 MaaS 未来发展提出建议。

1 MaaS 概念及定义

业界普遍认为 MaaS 首次出现是 2014 年由 Sampo Hietanen 在欧盟 ITS 会议上提出,ITSWC 大会从 2015 年开始将 MaaS 作为重要议题,推动了各界对 MaaS 的研究和应用。2018 年,第十三届中国智能交通年会举办首届 MaaS 学术沙龙,刘向龙提出 MaaS 是深刻理解出行基础上,将各种交通模式整合在统一的服务体系与平台中,精准满足出行者需求的大交通出行服务生态体系[1]。2019 年,刘向龙提出 MaaS 以高频客流和高效运能的公共交通系统为骨架,将不同交通服务模式整合在一个单一的数字出行服务产品中[2],对 MaaS 有了较清晰的定义。

《国家综合立体交通网规划纲要》提出:"坚持以人民为中心,建设人民满意交通,不断增强人民群众的获得感、幸福感、安全感。"

基于对澳门出行信息长期研究,结合 MaaS 相关研究报告,提出以出行主体为核心相关 MaaS 的定义:"MaaS 是以信息通信技术为基础,以提升人出行满意度为目标,以公共交通为主体,多场景出行服务一体化整合。"

1.1 MaaS 多场景出行

需要对出行的场景进行整体分析归类,从而对 MaaS 的应用场景有清晰认识,《城市综合交通体系规划标准》(GB/T 51328—2018)[3]对城市交通提出了较系统的分类。本文对 MaaS 提出多场景出行概念,如图 1 所示。

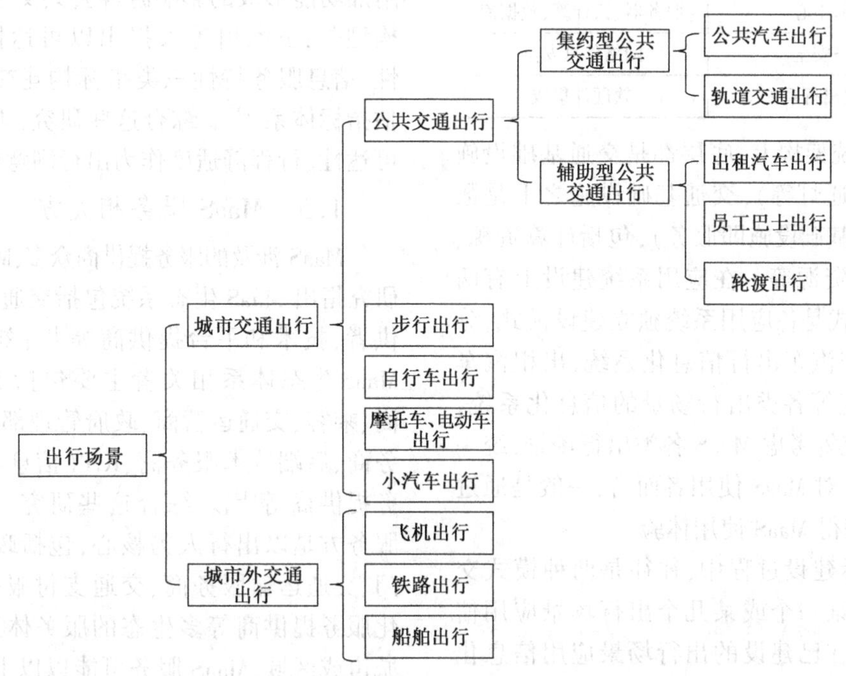

图 1 多场景出行示意图

出行场景分为城市交通出行、城市外交通出行两大类,城市交通出行分为公共交通出行、非公共交通出行两大类,公共交通出行分为集约型公共交通出行、辅助型公共交通出行两大类;本文建立多场景出行视图的重要意义在于对各类出行进行归类,建立清晰的多场景出行视图;刘向龙提出

MaaS以公交为主导,精准掌握出行需求,提供多样化有竞争力的服务[2],注重公共交通在MaaS系统中的主体地位[4]。综合这些研究,本文提出MaaS重点是以公共交通为主体的出行场景,同时满足其他出行场景的需要。

1.2 MaaS技术架构

MaaS涉及多种功能,从功能来说,主要包括多场景路径规划、精准定位、支付、道路信息及信息点(point of interest,POI)信息、车联网数据、数据中心、网络安全、一体化出行系统集成等多个分类,每个功能涉及多个技术方向。建立MaaS技术范围清单,见表1。

MaaS技术领域 表1

序号	功能	技术类型
1	多场景路径规划	POI、地图、软件算法
2	精准定位	北斗、GPS(地理信息系统)、DR(车辆航位推算)
3	支付	RFID(射频识别)支付、移动支付
4	道路信息及POI信息	GIS(地理信息系统)、POI信息管理
5	车联网数据	物联网、软件、定位
6	数据中心	服务器、云计算、数据库
7	网络安全	网络信息安全
8	一体化出行系统	软硬件集成

MaaS在系统架构上,底层都是交通基础设施(道路、车辆、交通灯等),交通基础设施之上是数据中心或IaaS(基础设施即服务),包括计算资源、存储资源、网络资源等。在应用系统建设上有两种模式,一种模式是各应用系统独立建设模式,分期分批建设公交汽车出行信息化系统、出租汽车出行信息化系统等各类出行场景的信息化系统,另一种模式是统筹考虑MaaS各类出行场景,统一规划统一建设。对MaaS使用者而言,一般是通过App多种方式获得MaaS使用体验。

在项目实际建设过程中,往往是两种模式交错进行,先建设某一个或某几个出行场景应用信息化系统,然后在已建设的出行场景应用信息化系统基础上统一规划,叠加扩充MaaS各场景应用信息化系统及配套功能,形成完整的MaaS服务。

1.3 MaaS一体化整合

Mari Anne Karlsson等人按照系统整合所包括的内容将MaaS的发展阶段分为出行信息整合、预约支付整合、服务供给整合、社会目标整合四个阶段[5];Jack Opiola将MaaS的发展级别分为任意两种方式整合、两种以上的方式整合及订票服务、全方式整合、AI技术优化出行等阶段[6]。综合这些研究,本文认为MaaS是以公共交通为主体的多场景出行,涉及支付、多场景路径规划、精准定位、支付、道路信息及POI信息、车联网、数据中心一体化出行系统等多种技术和多个系统,MaaS的核心是出行者“人”的感知;对于整合,可以以服务的一体化整合度指标来衡量,用一个App为使用者提供以公共交通为主体的多场景出行一体化服务,包括嵌入各类支付方式以及MaaS服务相关方对一体化服务的持续优化。

1.4 MaaS出行满意度

MaaS出行关键是人,MaaS评价指标的重点是面向人的出行满意度。孟杰等人提出以公共交通系统便捷性、迅速性、准确性、舒适性、经济性五个主要方面指标作为城市公共交通系统评价指标[7];Juan De Oña指出交通频率、准时性和速度是评价公共交通服务质量的主要因素[8];汪丽等人探究了安全性、便利性、舒适性、科学美观性和附加功能形成的影响游客公共交通出行满意度的构型[9];王家川等人提出以可达性、交通运输特性、信息服务特性三类指标构建交通服务能力评估指标体系[10]。综合这些研究,本文提出以规划可达性、行程舒适度作为出行满意度的主要指标。

1.5 MaaS服务相关方

MaaS涉及的服务提供商众多,Maria Kamargianni研究指出MaaS生态系统包括交通运营商、数据提供者、技术和平台提供商等[11];刘向龙等人指出MaaS生态体系相关者主要包括MaaS服务运营商、乘客、交通运营商、政府管理部门、出行配套服务商、后端技术服务商、ICT(信息与通信技术)服务提供商等[12]。综合这些研究,本文提出MaaS服务方是以出行人为核心,包括政府交通管理部门、交通运输服务商、交通支付服务商、出行信息化服务提供商等多生态的服务体系,每个不同的城市或区域,MaaS服务可能以以上四个服务商中的一个或多个为主体来提供服务。

2 澳门MaaS研究

下面基于对MaaS框架的研究,对澳门的

MaaS 情况进行研究。

2.1 澳门 MaaS 出行场景

根据 MaaS 多场景出行的总体分析，对照进行澳门现状研究，得出如图 2 的 MaaS 澳门出行场景。

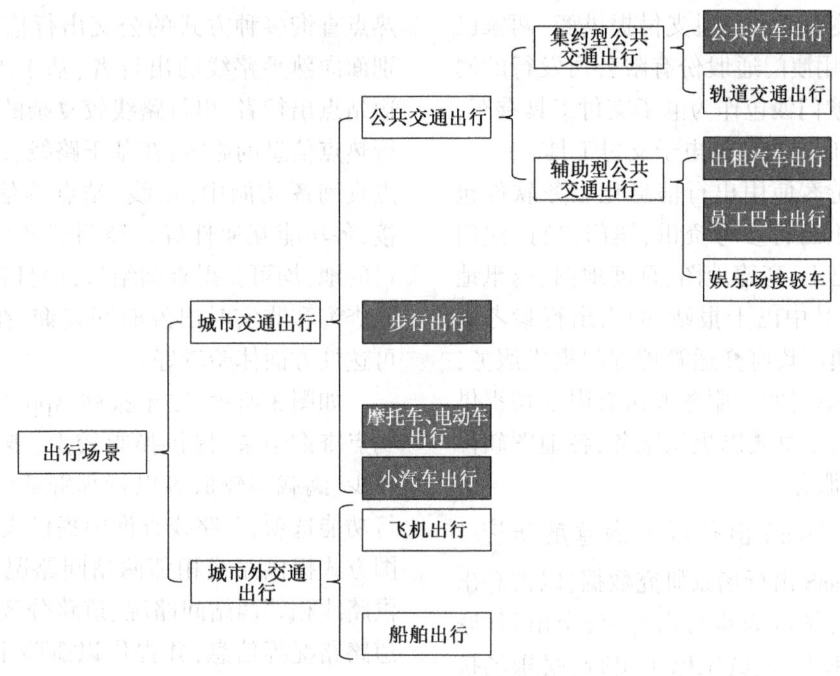

图 2 澳门 MaaS 出行场景

如图 2 所示，澳门主要出行场景包括公共交通出行，步行出行，摩托车、电动车出行，小汽车出行。根据交通出行调查统计数据[13]，整理出表 2 的澳门出行类型统计数据。

澳门出行类型统计数据 表 2

出行类型	2019 年出行比例(%)
步行	46.30
公共汽车(巴士)	21.80
小汽车(私家车)	14.70
摩托车(电单车)	11.70
员工巴士	3.70
出租汽车	0.80
娱乐场接驳车	0.60
其他	0.40

集约型公共交通出行中主要是公共汽车出行，公共汽车出行占总出行比例的 21.8%；辅助型公共交通出行中包括出租汽车出行、员工巴士出行、娱乐场接驳车出行，其中员工巴士出行占总出行比例为 3.7%，出租汽车出行占总出行比例为 0.8%，娱乐场接驳车占总出行比例为 0.6%，各类公共交通出行累计占比 26.9%。在非公共交通出行中，步行出行占总出行比例为 46.3%，也是占比最高的出行方式，摩托车（澳门俗称电单车）出行占总出行比例为 11.7%，小汽车（澳门俗称私家车）出行占总出行比例为 14.7%。

由此可以看出，澳门出行场景是以步行 + 公共交通为主体的出行场景，步行 + 公共交通占比达 73.2%。这些独特性的出行方式，也是由澳门陆地面积小、人口密集、旅游业占比高等特点决定的。

2.2 澳门 MaaS 相关方

MaaS 最核心的相关方是出行者。根据澳门新闻局资料，澳门 2019 年终总人口为 679600 人，2019 年入境旅客数 39406181 人次，2019 年终注册汽车 116838 辆、注册电单车 123838 辆[14]。

政府交通管理部门是 MaaS 的相关方之一，澳门的交通管理部门是交通事务局，《澳门陆路整体交通运输政策（2010—2020）》[15]提到澳门的交通基本原则：公交优先、绿色出行、世遗保护、区域融合、城规结合，核心理念是“以人为本”和“可持续发展”。

交通服务运营商也属于 MaaS 的相关方，澳门两家巴士公司分别为澳门新福利公交有限公司、澳门公交股份有限公司(澳巴),巴士数量1015台,营运路线86条[16]。根据的士统计资料,澳门的士1806辆,其中普通的士1580辆,澳门电召的士服务股份有限公司运营的特别的士226辆。

MaaS的相关方包括交通支付提供商,两家巴士公司均支持使用澳门通股份有限公司发行的澳门通卡和MPay澳门钱包作为电子支付工具乘车,的士方面暂未有广泛支持的电子支付工具。

澳门居民、游客使用出行信息化服务软件包括巴士报站、的士出行参考资讯、澳门出行、澳门电召、澳门公共巴士,高德地图、百度地图、腾讯地图、谷歌地图等;其中巴士报站、的士出行参考资讯、澳门出行由澳门政府交通管理部门提供服务,澳门电召由澳门电召的士服务股份有限公司提供服务,澳门公共巴士由澳巴提供服务,各地图软件由地图企业提供服务。

2.3　澳门MaaS出行服务满意度研究

根据澳门MaaS出行场景研究数据,以占总出行比例高低计算,依次为步行出行、公交出行、摩托车出行、小汽车出行、员工巴士出行、娱乐场接驳车出行、的士出行,员工巴士出行、娱乐场接驳车出行属于相对固定频率、固定路线出行方式,本文重点研究其他几类出行服务满意度。

2.3.1　公交出行

巴士报站通过App、浏览网页、微信小程序等多种方式提供全方面巴士信息。巴士报站App是澳门居民、游客最多使用App之一,也是最多使用的出行信息化软件,下载次数超过123万次[16]。本文将通过巴士报站App对澳门MaaS规划可达性、行程舒适度、一体化整合度进行研究分析。

巴士报站App提供基于路线、站点、点到点、热点查询多种方式的公交出行信息查询服务,分别面向熟悉路线的出行者、基于当前位置查询周边站点出行者、出行路线较复杂的出行者、熟悉旅行热点信息的旅客;在基于路线、站点、点到点、热点查询各功能中,路线、站点等信息均有相互连接,各功能互通性好。经测试多个不同出发点和目的地,均可获得查询结果,而且提供实时出发时间查询和非实时出发时间查询,在公交出行规划可达性方面体验较好。

如图3所示,巴士报站App对于公交出行点到点查询结果,提供换乘较少、步行较少、途经站较少、满载率较低等以行程舒适度为关注度的出行功能选项,在路线查询中提供满载度图示,以简图方式提供路线相邻两站间路况,以地图方式提供路线相邻两站间路况、道路分区整体路况、A级道路路况等信息,并提供以避险中心为目的地的出行指引,在公交出行规划行程舒适度方面体验较好。

巴士报站App的配套视障助乘巴士出行App(图4)针对视障人士巴士出行需求,为其提供服务。视障人士通过使用视障助乘巴士App,可获得路线指引、站点引导、到站上车引导、到站下车引导等巴士乘车全流程视障助乘服务。

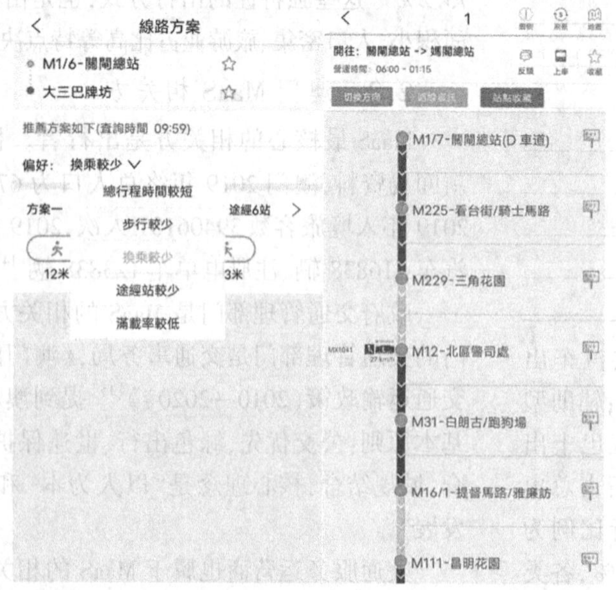

图3　巴士报站App图例

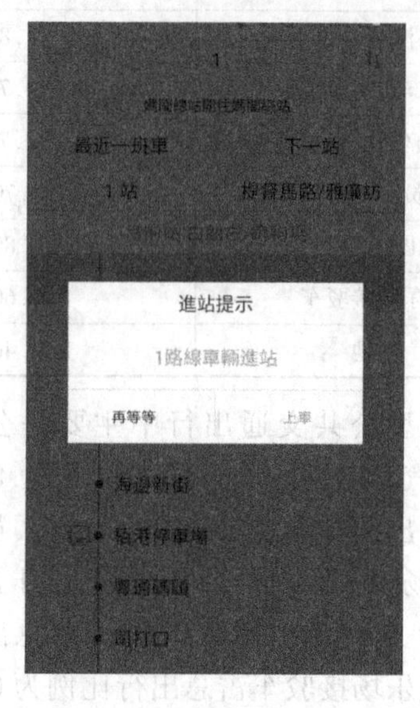

图4　视障助乘App图例

2.3.2 步行出行

巴士报站 App 中还提供了全程步行出行规划,在公交路线出行中也提供了步行优先选项,尤其是以避险中心为目的地的步行出行指引,在紧急状况下是非常有意义的。此项功能实现了公交出行与步行出行的一体化整合,在一体化整合度方面较好。

2.3.3 的士(出租汽车)出行

的士出行参考资讯提供搭乘的士(出租汽车)起始点和目的地之间路径、距离、时间、费用估算参考信息,所提供的这些信息为市民、游客的士(出租汽车)出行提供了有效的信息参考,提升出行舒适度。

2.3.4 小汽车、摩托车出行

高德地图、谷歌地图等地图软件在澳门可以使用,主要提供驾车、公交、步行、骑行出行路径查询。澳门地方小,居民较少使用导航软件,所使用的导航软件中,用谷歌地图的略多;澳门出行 App 可为澳门小汽车、摩托车出行的出行者提供驾车出行路线、路况,以及泊车位位置和空位信息,其中泊车位位置、空位信息等内容是其他地图软件所不具备的。

澳门出行 App 提供从出发地到目的地的推荐路线、参考距离和时间;在行驶过程中,可实时导播周边公共停车场、咪表位空位信息,方便停车,实时导播道路工程资讯,避免误入因工程原因封路的路段;也同时支持的士出行参考资讯和巴士出行的互动。

从以上信息可以看出,由澳门特区政府交通管理部门提供服务的巴士报站、的士出行参考资讯、澳门出行等出行信息化服务软件已覆盖出行总占比 95.30% 的出行服务(步行出行 + 巴士出行 + 出租汽车出行 + 小汽车出行 + 摩托车出行信息化服务),而且规划可达性、行程舒适度、一体化整合度较好,在 MaaS 出行服务方面达到了较好的效果。

2.4 澳门 MaaS 下一步完善建议

虽然澳门 MaaS 已经有了一个比较好的开始,但未来还有需要改进的地方。

(1)系统架构完善和功能完善。可以在巴士报站、的士出行参考资讯、澳门出行不同系统基础上,构建一体化 MaaS 服务平台,实现功能一体化持续优化和无障碍出行(适老化)持续优化,同时增加支付功能整合,并增加娱乐场接驳车等信息。

(2)通过 PTAL(Public Transport Access Level)可达性评估,完善澳门 MaaS 服务的规划可达性,为规划可达性提供科学参考依据。

(3)通过使用层次分析法、模糊集定性比较分析、Logit 模型等,进一步优化澳门 MaaS 出行满意度评估指标。

3 结语

MaaS 是以信息通信技术为基础,以提升人出行满意度为目标,以公共交通为主体,多场景出行服务一体化整合,澳门 MaaS 在多场景出行、出行满意度、一体化整合方面都有很好的实践,是 MaaS 理念成功实践的城市之一,未来可持续提升功能一体化、可达性评估、满意度评估。澳门作为面积小、人口多、出行类型集中程度高,以旅游娱乐业为主的城市,MaaS 服务供应商服务能力强、服务意识好,有机会成为中国乃至全球 MaaS 示范,继续深入开展澳门 MaaS 研究将对 MaaS 发展有重要意义。

参考文献

[1] 刘向龙. 后公交都市时代城市公共出行面临的机遇与挑战[R]. 2018.

[2] 刘向龙. 移动互联背景下城市交通一站式出行服务 (MaaS)发展思考[R]. 2019.

[3] 中华人民共和国住房和城乡建设部. 城市综合交通体系规划标准: GB/T 51328—2018[S]. 北京:中国建筑工业出版社,2018.

[4] 刘向龙. 推进 MaaS 发展的七个建议[R]. 2021.

[5] Karlsson M A, Sochor J, Strömberg H. Developing the "Service" in Mobility as a Service: Experiences from a Field Trial of an Innovative Travel Brokerage [C]. 6th Transportation Research Arena, Warsaw, Polad, April 18-21, 2016.

[6] Jack Opiola. Levels of MaaS-Mobility as a Service[R]. Parking Today. 2018(7):32-35.

[7] 孟杰,赵连生. 城市公共交通服务水平评价体系研究[J]. 武汉理工大学学报,2012(36):620-623.

[8] Polict T. Understanding the Mediator Role of Satisfaction in Public Transport: a Cross-

country AnalysisTransport Policy [J]. 2021 (100):129-149.

[9] 汪丽,孙海文,温嘉琪,等.西安市游客公共交通出行满意度的影响因素与路径组合[J].经济地理,2021(41):231-239.

[10] 王家川,石睿轩,周轶等.基于MaaS理念的城市景区交通服务能力研究[J].交通工程,2021(21):26-32.

[11] KAMARGIANNI M, MATYAS M. The Business Ecosystem of Mobility-as-a-Service [C]. Transportation Research Board, 2017.

[12] 刘向龙,刘好德,李香静,等.中国出行即服务(MaaS)体系框架与发展路径研究[J].交通运输研究,2019(5):1-9.

[13] 澳门交通事务局.交通出行调查[EB/OL]. [2020-04-01]. http://www.dsat.gov.mo/dsat/subpage.aspx? a_id=1604376633.

[14] 澳门新闻局. 2020澳门年鉴[EB/OL]. [2020-04-01]. https://yearbook.gcs.gov.mo/zh-hant/books? term=2020.

[15] 澳门交通事务局.澳门陆路整体交通运输政策(2010—2020)[EB/OL][2022-04-01]. http://www.dsat.gov.mo/ptt/index.html.

[16] 澳门交通事务局.巴士统计资料[EB/OL]. [2022-04-01]. https://www.dsat.gov.mo/dsat/subpage.aspx? a_id=1599183065.

MaaS环境下出行者旅游出行服务选择模型

李婉莹 关宏志 韩 艳* 马伯昌 边航锦

(北京工业大学交通工程北京市重点实验室)

摘 要 本文构建巢式Logit模型(Nested Logit, NL)研究出行者对出行即服务(Mobility as a Service, MaaS)套餐的选择偏好。通过网络问卷调查收集影响出行者对旅游出行服务套餐选择的因素,探寻被访者的MaaS包日计划和包月计划的选择偏好差异。研究结果表明,出行服务与旅游服务结合的套餐销售模式在中国具有较大市场,超过75%的受访者会选择订阅旅游服务套餐。按日或按月订阅旅游出行服务套餐是许多被访者的首选,特别是那些不同性别、年龄、收入和日常出行习惯的人。研究证实了对出行者是否订阅MaaS套餐有影响的因素主要包括平台相关属性和出行者所在的时空地理特征,对出行者选择何种套餐类型有影响的因素则包括其社会人口经济特征、旅游和交通出行相关属性。构建的NL模型对于描述出行者的MaaS使用意向具有一定的合理性与有效性,可以为异质性出行者制定精细化、差异化的旅游出行服务产品设计和营销策略提供支持。

关键词 运输规划 出行即服务(MaaS) 巢式Logit模型 旅游出行服务套餐 选择偏好 实证数据 交通政策

0 引言

出行即服务(MaaS)是一个迅速兴起的概念,被广泛认为有潜力提供一个有吸引力且方便的解决方案,以帮助满足那些不再想要拥有汽车、买不起汽车或无法驾驶汽车的人的旅游出行需求。MaaS被称为出行服务的一站式服务,在这种环境中,出行需求通过使用出行捆绑包订阅的移动设备管理的多模式出行服务套餐来满足(通常与电信服务捆绑相类似)[1]。随着国民旅游需求的快速增长,考虑到越来越多关于MaaS捆绑包及其在通勤和日常生活领域应用的选择意愿研究和越来越多的商业试验(如UbiGo, WHIM),关于MaaS+旅游捆绑包在不同地区和应用场景下的选择意愿有待进一步讨论。

出行者长期的旅游出行行为可以通过个性化服务增加其附加价值,在以旅游为目的的出行中,可以设置成景区门票+出行服务的MaaS捆绑包

1.基金项目:国家自然科学基金(NO. 71971005);北京市自然科学基金(NO. 8202003)。

销售策略。MaaS 捆绑包可以更好地匹配供需,并可能使多式联运出行更加高效。在经济学文献中,捆绑销售一直是研究的热点话题,尤其是在生产经济学和营销学领域。示例包括在人们出行的目的地将机票与酒店服务选项相结合,将小汽车购买与相关保险服务相结合,或将手机与电信套餐捆绑销售。产品和服务的捆绑可以为提供商带来诸多优势,例如提高整体收益、推出新产品或阻止竞争对手进入市场[2]。一方面,影响旅游出行选择决策的因素十分复杂,例如出行者个体社会经济特征[3]、出行者的旅游偏好[4]、出行方式习惯[5]、MaaS 相关设置属性[6]。另一方面,出行者并不是一个单一的市场群体,而是可以细分成很多个小市场群体,例如家庭旅游、学生/青年旅游、老年人旅游和女性旅游,这些群体的人口学特征、旅游偏好及旅游决策外显特征存在很大差异。

因此,为了调查出行者对旅游出行服务的选择偏好,2020 年 1—2 月在中国进行了一项在线调查。调查收集了被访者对出行即服务的需求偏好、自身旅游偏好、当前各类型出行方式的使用现状、对虚拟 MaaS 服务应用程序的设置偏好和隐私权限接受程度等信息。采用选择实验法探寻了不同出行者的选择偏好差异,包括是否愿意订阅 MaaS 套餐以及愿意订阅何种类型的套餐,并分析了相关属性对其 MaaS 选择行为的作用机制。研究结果对于 MaaS 供应商在设计商业上可行的 MaaS 产品以获得一定的市场份额或投资回报、已知需求曲线和选择偏好在估计人口中的分布等方面具有一定的实际应用价值。

1 数据收集

1.1 调查说明

为了调查公众对旅游景点门票捆绑运输服务的偏好,在中国进行了一项在线问卷调查,包括四个部分。第一部分,展示 MaaS 虚拟应用程序、介绍相应的应用程序功能以及旅游出行服务套餐的概念。第二部分,收集社会人口统计数据和被访者旅游偏好,包括性别、年龄、教育、工作状况、收入、婚姻、居住地、最喜欢的目的地、旅行日期和出游目的。第三部分是出行相关的问题,包括被访者对不同交通方式(汽车、公共交通、出租汽车/优步、汽车共享、和自行车共享)的使用频率。第四部分,描述不同旅游出行服务套餐包含的内容,并记录被访者的选择结果。

表 1 为不同类型旅游出行服务套餐的包含的内容,包括两种包日套餐和三种包月套餐,每种套餐中为出行者一站式提供旅游服务和出行服务(包括公共交通、旅游巴士、打车/出租汽车、汽车共享/租车以及共享单车)。为了使离散选择试验结果尽可能真实,被访者的选择也包括拒绝订阅旅游出行服务套餐的选项,即选择即走即付模式)。

旅游出行服务套餐内容 表 1

服务内容	属性	包日套餐(DP-1,DP-2)	包月套餐(MP-1,MP-2,MP-3)
费用	价格(CNY)	80, 150	500, 1000, 1500
景区服务	门票折扣(%)	10%,20%	30%,40%,50%
共享单车	包含的天数(天)	0.5, 1	7, 10, 30
公共交通	包含的天数(天)	1, 1	2, 5, 7
旅游巴士	包含的次数(次)	1, 1	2, 4, 6
出租车	包含的里程(km)	3, 10	50, 100, 200
共享汽车	包含的使用时间(h)	0.5, 1	24, 48, 72
可转移性	未使用完的套餐	0, 1	1, 1, 2

1.2 受访者情况

为收集出行者对 MaaS 旅游出行服务的选择偏好数据,研究于 2021 年 1 月 7 日至 2 月 9 日,在中国大陆地区开展了旅游出行方式的偏好调查。调查采用网络问卷形式,借助“问卷星”在线调查平台,总计收回有效问卷 1524 份,问卷有效率为 78.35%。表 2 提供了被访者的相关信息及描述性数据,包括社会人口统计特征、旅游偏好和旅游相关习惯、MaaS 应用程序属性。调查对象中男性与女性的比值约为 1∶1,90.15% 的受访者有大专、本科及以上学历,约 82.67% 的受访者月收入在 10000 元以下,就业与未就业被调查者的比例约为 1∶1.09,已婚与未婚被调查者的比例约为 1∶1.58。

描述性统计数据　　表 2

变　量	说　明	比例(%)	均　值
社会经济属性			
性别	男性	49.34	0.493
	女性	50.66	
教育水平	高中及以下	9.84	2.229
	大学本科	57.41	
	研究生及以上	32.74	
工作状况	已就业	47.90	0.521
	未就业(学生,无业或已退休)	52.10	
收入状况	0~5000 元/月	50.52	1.696
	5001~10000 元/月	32.15	
	10001~20000 元/月	14.57	
	>20000 元/月	2.76	
婚姻状况	已婚	38.71	0.387
	未婚	61.29	

人们的 MaaS 选择结果如图 1 所示。总体上来看,人们选择订阅旅游出行服务套餐的可能性较高,达到了 77.6%。在愿意订阅套餐的被访者中,约 42.98% 的被访者选择订阅包日计划,57.02% 的被访者选择订阅包月计划。其中,DP-1 和 MP-2 是最受欢迎的套餐。

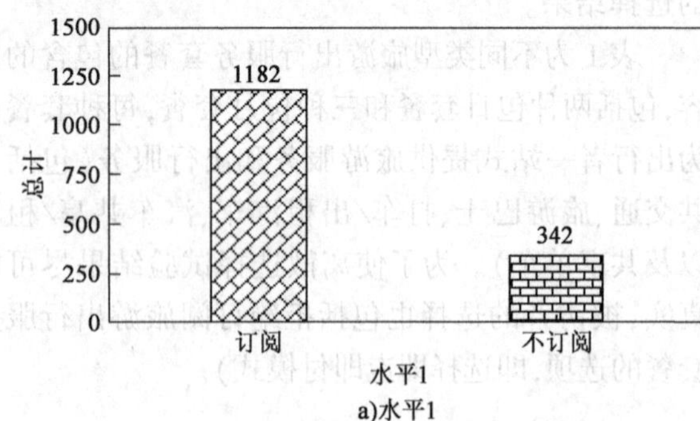

a)水平1

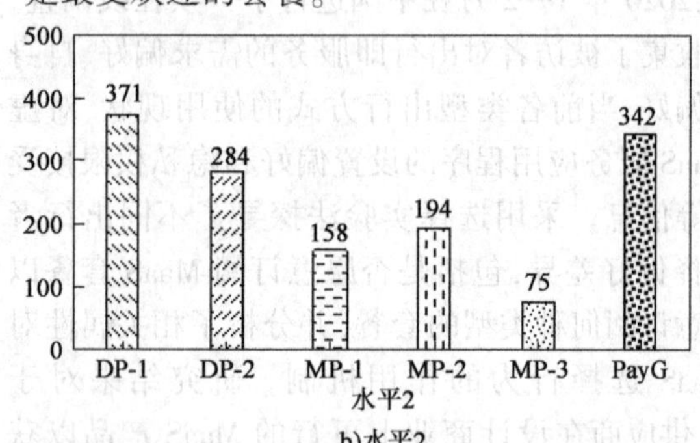

b)水平2

图 1　旅游出行服务套餐选择结果

2　研究方法

由于出行者旅游行为与 MaaS 选择行为之间的复杂关系,旅游决策过程通常形成复杂的层次结构,如出行者可以选择是否订阅 MaaS 服务以及选择何种 MaaS 服务。Nested logit 模型为 Multinomial logit 模型的改进模型,可以归类相似性高的的方案,克服了 Multinomial logit 模型中 IIA 特性(非相关选择方案相互独立),能够更好地解释选择行为机理。图 2 为本文构建的 NL 模型结构,MaaS 可被视为此树形结构的根部(root),第一层(Level 1)的"订阅、不订阅"为树干(limb),而第二层(Level 2)的"日订阅计划、月订阅计划、现收现付计划"为树枝(branch)。即在每个离散选择模型中,被访者首先选择是否订阅 MaaS 旅游出行服务,然后再选择订阅何种类型的付费模式。

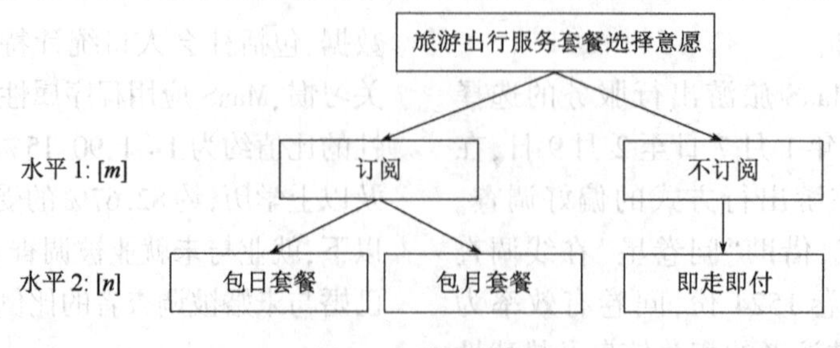

图 2　NL 模型结构

NL模型选择树中每一个分支节点处可以看做简单的Logit模型，所以，NL模型与各层的简单Logit模型可以看作为包含与被包含的关系。由条件概率公式可知：

$$P_n(rm) = P_n(r/m) \cdot P_n(m) \tag{1}$$

其中，$r=1,2,\cdots,R_{mn}$；$m=1,2,\cdots,M_n$；$P_n(rm)$为出行者n选择(rm)方式的概率；$P_n(r/m)$为出行者n在选择m方式的基础上选择r方式的概率；$P_n(m)$为出行者n选择m方式的概率；M_n为出行者n在水平2的选择方案数；R_{mn}为出行者n的与节点m相结合的水平1的选择方案数。

基于NL模型的基础理论，$P_n(r/m)$和$P_n(m)$可由下列公式确定：

$$P_n(r/m) = \frac{e^{\lambda_1 V_{(r/m)n}}}{\sum_{r'=1}^{R_{mn}} e^{\lambda_1 V_{(r'/m)n}}} \tag{2}$$

$$P_n(m) = \frac{e^{\lambda_2 (V_{mn}+V_{mn}^*)}}{\sum_{m'=1}^{M_n} e^{\lambda_2 (V_{m'n}+V_{m'n}^*)}} \tag{3}$$

$$V_{mn}^* = \frac{1}{\lambda_1}\ln\sum_{r=1}^{R_{mn}} e^{\lambda_1 V_{(r/m)n}} \tag{4}$$

$$V_{rmn} = V_{(r/m)n} + V_{mn} + \varepsilon_{(r/m)n} + \varepsilon_{mn} \tag{5}$$

$$\lambda_1 = \frac{\pi}{\sqrt{6}\sigma_1} \tag{6}$$

$$\lambda_2 = \frac{\pi}{\sqrt{6}}\left(\sigma_2^2 + \frac{\pi^2}{6\sigma_1^2}\right) \tag{7}$$

$$V_{(r/m)n} = \sum_{k=1}^{K_1} \beta_k X_{(r/m)n} \tag{8}$$

$$V_{mn} = \sum_{k=1}^{K_2} \theta_k X_{mn} \tag{9}$$

式中：V_{rmn}——出行者n选取(rm)方案的效用；

$V_{(r/m)n}$——出行者n选取了(rm)方案时，效用由于(rm)方案和m方案的组合而变化部分的固定项；

V_{mn}——出行者n选取了(rm)方案时，效用中与r方案无关，而仅随m方案变化部分的固定项；

V_{mn}^*——包容值，它表明决策者在进行水平2的方案选取时，会考虑从其所包含的水平1方案中能够得到的总效用[52]；

$\varepsilon_{(r/m)n}$——出行者n在选取了m方案条件下的选取了(rm)方案的效用的概率项，设其服从均值为0，方差为σ_1^2的二重指数分布；

ε_{mn}——出行者n在选取了m方案的效用的概率项，设其服从均值为0，方差为σ_2^2的二重指数分布；

$V_{(r/m)n}$——出行者n选取(rm)方案的特性变量，它随着r方案的变化而变化；

$\beta_k(k=1,2,\cdots,K_1)$——$X_{(r/m)n}$的系数；

X_{mn}——出行者n选取m方案的特性变量，它随着m方案的变化而变化；

$\theta_k(k=1,2,\cdots,K_2)$——$X_{mn}$的系数。

在标定模型中，在λ_1和λ_2中有一个无法确定，于是可以假设$\lambda_1=1$，由于$\lambda_2/\lambda_1=\lambda_2$，因此可以得到$\lambda_2$。$\lambda_2$又被称为包容系数，它的大小能够反映水平1方案的效用对水平2方案的效用的影响程度大小。

估计巢式Logit模型的参数有全信息最大似然估计法（Full Information Maximum Likelihood，FIML）与有限信息最大似然估计法（Limited Information Maximum Likelihood，LIML）两种。全信息最大似然估计法是同时估计巢式Logit模型的参数，而分阶段估计法是近似地估计模型的参数，降低了参数估计的有效性。故可以写出整个样本的对数似然函数，采用全信息最大似然估计法。

3 研究结果

在巢式Logit模型中，对上层是否订阅该项服务有影响的因素主要包括平台相关属性、环境影响和出行者所在的时空地理特征，对下层选择何种旅游出行服务模式有影响的因素则包括出行者的社会人口经济特征、旅游和交通出行相关属性。表3为NL模型的标定结果，包括水平1（是否订阅旅游出行服务套餐）以及水平2（订阅哪种服务套餐模式）。选项包括两种包日计划（DP-1和DP-2）、三种包月计划（MP-1、MP-2和MP-3）和参考项即走即付选项（PayG）。结果表明McFadden的伪R^2为0.152，NL模型的整体拟合优度良好。

NL模型标定结果　　表3

变量	订阅	变量	PayG-1	PayG-2	MP-1	MP-2	MP-3
水平1				水平2			
地区(华北)	-0.310* (-1.840)	常数项	3.805* (1.830)	5.303** (2.030)	7.361** (2.010)	10.217** (2.130)	17.890* (1.870)
地区(华南)	-0.552* (-1.890)	性别	-0.178 (-0.030)	19.126* (1.800)	-22.148** (-1.960)	-3.374 (-0.410)	14.972 (1.000)
地区(西北)	-0.844* (-1.750)	工作状况	0.086 (0.040)	-0.854 (-0.440)	-1.692 (-0.800)	5.634* (1.730)	-3.544 (-0.570)
出游日期(工作日)	-0.394** (-2.300)	收入状况	8.259** (2.430)	-4.631 (-1.430)	1.692 (0.490)	-7.547* (-1.660)	-4.143 (-0.390)
出游目的(健康)	-0.285* (-1.850)	婚姻状况	-1.594 (-0.880)	1.633 (0.930)	2.926* (1.610)	-5.442* (-1.700)	4.759 (1.080)
碳足迹信息	0.326* (1.750)	公共交通使用频率	0.476* (1.840)	0.169 (0.610)	-0.435* (-1.750)	-0.458 (-1.090)	-0.062 (-0.080)
停车服务	0.881*** (3.940)	出租车使用频率	-0.391 (-1.190)	-0.405 (-1.210)	0.759** (2.180)	-0.080 (-0.140)	1.727* (1.870)
提前预约时间	-0.151** (-2.100)	共享汽车使用频率	0.192 (0.460)	0.861** (2.070)	0.162 (0.380)	-1.330** (-2.490)	-0.477 (-0.360)
权限(位置)	-0.061*** (-2.760)	共享单车使用频率	0.290 (1.000)	-0.505* (-1.910)	-0.506* (-1.880)	0.469 (1.280)	1.202 (1.440)
权限(日程)	0.087** (2.510)						
权限(电话)	0.058** (2.300)						
权限(短信)	0.104*** (3.010)						
λ_2：0.789		LL(Null)：-2596.374		LL(Final)：2201.974		McFadden R2：0.152	

上层模型的参数估计结果表明，被访者所在位置对MaaS决策有显著的影响，偏好在工作日旅游的被访者更不愿意订阅旅游出行服务套餐。获得更多信息(如停车服务)的受访者更有可能订阅MaaS套餐。其他影响被访者预订MaaS套餐的因素包括MaaS平台上的旅游巴士、出租汽车/租车服务和汽车共享的订单属性，这意味着受访者可以接受的提前预订的免费取消时间越短，他们订阅捆绑运输服务的可能性越高。

下层模型的参数估计结果显示，被访者的社会人口统计特征和出行偏好对MaaS套餐服务模式具有重要影响。例如，DP-1中的性别估计系数为高度正，这意味着男性更有可能订阅MaaS包日计划，MP-1的性别估计系数为负，说明女性更有可能订阅MaaS包月计划。此外，就业人士更有可能加入MaaS计划(尤其是MP-2月度计划)，而学生、失业者、求职者和退休人员则有消极倾向，可能是因为他们的购买力较低，旅行模式也不太复杂。研究结果还表明，当人们在日常中主要以自行车出行时，他们往往不太愿意接受MaaS出行计划。

4　结语

本文评估了人们在旅游出行中对各种MaaS订阅计划的兴趣。调查结果表明，出行服务与旅游服务结合的MaaS套餐有在中国拥有较大市场，被访者对旅游出行服务套餐的选择意愿超过了75%。订阅不同模式的旅游出行服务套餐是被访者旅游出行的首选,特别是那些不同性别、年龄、收入和日常出行习惯的人。基于巢式 Logit 模型探寻了不同被访者的旅游出行服务套餐选择偏好差异,模型结果表明,对出行者是否订阅 MaaS 套餐有影响的因素主要包括平台相关属性、环境影响和出行者所在的时空地理特征,对选择何种旅游出行服务形式有影响的因素则包括出行者的社会人口经济特征、旅游和交通出行相关属性。研究结果对寻求提供运输服务捆绑的出行服务提供商和旅游景区管理方具有启示。除了以上这些因素以外,被访者对环境的态度和新技术的接受意愿尚未在本文中进行调查,可以将在未来进行研究。此外,未来的研究还可以从捆绑策略的最优性、竞争对捆绑决策的影响以及消费者的捆绑感知等方面进一步讨论。

参考文献

[1] HO C Q, MULLEY C, HENSHER D A. Public Preferences for Mobility as a Service: Insights from Stated Preference Surveys [J]. Transportation Research Part A: Policy and Practice, 2020(131): 70-90.

[2] VAMOSIU A. Optimal Bundling under Imperfect Competition[J]. International Journal of Production Economics, 2017(195): 45-53.

[3] WANG B, SHAO C, LI J, et al. Holiday Travel Behavior Analysis and Empirical Study under Integrated Multimodal Travel Information Service[J]. Transport Policy, 2015, 39(1): 21-36.

[4] HAN Y, ZHANG T, WANG M. Holiday Travel Behavior Analysis and Empirical Study with Integrated Travel Reservation Information Usage [J]. Transportation Research Part A: Policy and Practice, 2020,134(4):130-151.

[5] HOANG-TUNG N, KOJIMA A, KUBOTA H. Transformation From Intentions to Habits in Travel Behavior: An Awareness of a Mediated Form of Intention[J]. Transportation Research Part F: Traffic Psychology and Behaviour, 2017(49): 226-235.

[6] STRÖMBERG H, KARLSSON M A, SOCHOR J. Inviting Travelers to the Smorgasbord of Sustainable Urban Transport: Evidence from a Maas Field Trial [J]. Transportation, 2018 (45): 1655-1670.

淮安智慧出行 MaaS 平台建设及运营服务实践与探索

孙淮林[1] 马黎明[1] 孙开伟[1] 刘好德[2] 刘向龙[2] 李香静*[2] 李琴[3] 聂育仁[3] 刘博[3]

(1. 淮安市江淮智慧科技有限公司;2. 交通运输部科学研究院;3. 北京百度网讯科技有限公司)

摘 要 当前,我国很多城市已不同程度开展 MaaS 建设与应用示范,但由于国内外尚缺乏针对 MaaS 体系建设与运营服务模式等的规范化界定,使得各地在推动 MaaS 平台建设发展过程中仍面临"如何建设、如何运营、如何管理"等普遍性难题。本文系统梳理了淮安城市交通发展现状,研究设计了淮安智慧出行 MaaS 平台应用体系,探索分析了淮安 MaaS 平台运营模式,以期为全国同类型城市提供可复制、可推广的样板,推动 MaaS 平台建设及运营服务体系的规范化。

关键词 智慧出行 MaaS 平台建设 应用体系框架 运营模式

0 引言

近年来,在社会经济不断发展、人民生活水平不断提升、信息技术与交通运输深度融合等多重因素的推动下,我国网约车、共享单车、定制公交等个性化出行服务得到快速发展,丰富了人们的出行选择与出行体验,但也引发了一系列新的交通与社会问题,如公交、地铁等集约化出行方式受到冲击,且城市交通供需结构性矛盾并未得到根本改善。因此,如何在资源约束条件下为不同出行群体提供高品质的公共运输服务、减少对私人机动化出行的依赖已成为交通运输业发展的痛点与难点问题。

伴随着个人智能移动终端的普及、共享出行业务的蓬勃发展、人居资源与环境压力日趋严峻,交通运输领域诞生了一种全新的出行服务理念——MaaS(Mobility as a service,出行即服务)。MaaS的核心要义是在精准理解用户出行需求的基础上,通过将各种运输方式整合在统一的服务体系中,充分利用大数据技术优化资源配置,最大限度地满足不同出行需求的一体化公共出行服务生态,并基于智能终端为用户提供一体化出行的规划、预定、支付、清分、评价等服务[1],其宗旨是通过提高公共客运系统的吸引力来减少公众对私人小汽车出行的依赖,进而达到促进全社会绿色出行的目的[2]。从其概念可知MaaS呈现出典型的5C特征,即便捷(Convenience)、可选择(Choice)、经济(Cost-less)、定制化(Customization)、低碳(Carbon-less)。MaaS理念的诞生为破解城市出行难题提供了新思路,已成为全球交通领域的热点研究方向。2019年9月,党中央国务院印发的《交通强国建设纲要》提出"打造基于移动智能终端的服务系统,实现出行即服务",要求交通运输服务供给加快实现从"走得了"向"走得好"的转变,为出行服务的高质量发展指明了方向。2021年,交通运输部印发的《数字交通"十四五"发展规划》和《综合运输服务"十四五"发展规划》中明确提出"推广出行即服务理念,打造一体化出行服务平台",有力支撑交通运输行业高质量发展和交通强国建设。同时,交通运输部关于江苏省开展交通强国建设试点的批复和《江苏省"十四五"智慧交通发展规划》,也明确提出了开展MaaS运营关键技术研发等任务要求。加快推进MaaS建设及应用已成为交通强国建设及"十四五"期间的重要任务。

当前,北京、深圳、广州、苏州、昆明等城市已不同程度开展MaaS建设与应用示范。但由于国内外尚缺乏针对MaaS体系建设与运营服务模式等的规范化界定,各地在推动MaaS平台建设发展过程中仍面临"如何建设、如何运营、如何管理"等普遍性难题,各地的MaaS平台功能千差万别,各运输模式整合的深度和广度参差不齐。在交通强国建设战略的指导下,聚焦淮安"枢纽新城"战略定位,开展淮安MaaS平台建设及运营服务实践,可为推动我国MaaS平台建设及运营服务体系的规范化提供一定的参考。

本文首先系统梳理了淮安城市交通发展现状,研究设计了淮安智慧出行MaaS平台应用体系,探索分析了淮安MaaS平台运营模式,以期为全国同类型城市提供可复制、可推广的样板,有力支撑交通运输行业高质量发展和交通强国建设。

1　淮安城市交通发展现状

淮安市地处苏北腹地,下辖4区3县:清江浦区、淮阴区、淮安区、洪泽区、涟水县、盱眙县、金湖县。此外,国家级淮安经济技术开发区计划单列。淮安市面积10030平方公里,2020年常住人口455万。2020年7月,淮安市委、市政府抢抓长三角一体化发展、淮河生态经济带、大运河文化带等国家重大战略在淮安叠加的新机遇,顺势提出打造"绿色高地、枢纽新城"的战略新定位,全面开启枢纽新城建设新征程。2021年2月,在《国家综合立体交通网规划纲要》中,淮安被列为京津冀至长三角主轴上的重要节点之一,与徐州、连云港作为组合枢纽被明确为80个全国性综合交通枢纽城市之一。

目前,淮安公共交通营运线路总计97条(其中公交线路96条、有轨电车线路1条),已投放营运车辆总计9514辆(其中公交车1500辆、有轨电车26辆、出租车1373辆、网约车1615辆、共享电单车5000辆),停车位38000多个。各运输模式基本情况如表1所示。

各运输模式基本情况　　表1

服务模式	公交车	有轨电车	出租车	网约车	共享电单车	共享单车	停车
运营主体	淮安市城市公共交通有限公司	淮安市现代有轨电车经营有限公司	广惠、淮汽、老侯、客总、农垦、交运出租	江淮智慧公司、滴滴等	江淮智慧公司	哈啰、青桔	江淮智慧公司
主管单位	交通运输局	交通运输局	交通运输局	交通运输局	城市管理局	城市管理局	城市管理局

续上表

服务模式	公交车	有轨电车	出租车	网约车	共享电单车	共享单车	停车
运力运量	1500 辆，2020 年市区公交客运量达 2.5 亿人次	26 列，2020 年市区电车客运量达 630 万人次	1373 辆	市区 7 家，共有 1615 辆车办理了网络预约出租汽车运输证	5000 辆已投入运营	哈啰 2.2 万辆，青桔 1.8 万辆	已接入 239 家停车场、38 万个泊位
票制票价	• 大多数线路是一票制，15 条线路是分段计价票制； • 政府定价	• 单一票制； • 政府定价	• 基础 + 里程 + 时长计费； • 政府指导价 + 动态调价机制	• 基础 + 里程 + 时长计费； • 市场调节价	• 基础 + 时长计费； • 市场调节价	• 基础 + 时长计费； • 市场调节价	• 时长计费； • 政府定价、政府指导价、市场调节价
支付方式	二维码、一卡通、现金	二维码、一卡通、现金	现金	二维码	二维码	二维码	二维码、现金
是否可开电子发票	是	是	否	是	否	是	是

当前，淮安市建立了“1 + X”的城市交通运输服务经营管理模式，其中“1”为淮安交通控股集团，“X”意指公交车、有轨电车、出租车、网约车、共享电单车、共享单车等各种运输方式以及停车、充电等出行配套服务，具备各类运力资源整合、统一运营调度和支付服务能力，可为 MaaS 平台统一运营多运输模式与数据资源提供良好的基础。

2 淮安智慧出行 MaaS 平台应用体系设计

2.1 总体框架设计

结合淮安城市交通特点，本文基于公有云服务构架体系构建淮安智慧出行 MaaS 平台，主要包括资源接入层、运力管理层、能力底座层、运营中心层和应用中心层，其总体框架如图 1 所示。

图 1 MaaS 平台总体框架

(1)资源接入层。

资源接入层主要实现现在及未来将会纳入统一运营的公共交通出行方式的接入公交、有轨电车、蘑菇电单车、网约车、共享单车以及自动驾驶车、停车等,未来还计划将出租车、航班、火车及目的地周边生态纳入统一运营。

(2)运力管理层。

运力管理层直接保障运力的正常运营,主要包括三大管理平台:一是资源管理平台,管理所有与运营直接相关的基础资源;二是运营调度平台,对各运力自身运营相关内容如区域、线路、站点管理,运营时间配置,计费规则配置,司机排班、出勤考核,车辆班次管理,车辆调度等方面进行管理;三是数据监控平台,为各运力针对自身运营特征汇总整合重要运营数据提供实时查看、搜索、筛选等功能。

(3)能力底座层。

能力底座主要为 MaaS 服务提供共性的、通用的平台或系统,主要包括五方面内容:一是统一接入平台,实现上述资源的统一接入;二是地理信息系统平台,提供基础地理信息及各类出行要素、生态信息的空间地理位置服务;三是 MaaS 数据引擎,主要提供大数据基础、数据汇聚、数据处理、数据治理、数据仓库、数据挖掘分析等功能;四是业务引擎,为实现 MaaS 出行一体化应用服务提供联程出行规划、统一支付、一码通行、即时匹配、信息发布、商业服务、智能客服等功能;五是数据资源中心,主要指 MaaS 出行一体化原始库、主题库及专题库管理。

(4)运营中心层。

运营中心层是 MaaS 平台响应用户需求的重要抓手,主要提供流量运营、资产运营、平台交易三方面的产品,形成计费中心、用户中心、余额中心、信息服务中心、商业中心、业务支撑中心六大中心模块。面对业务运营商,MaaS 运营中心层融合了业务支撑系统与运营支撑系统,是一个综合的业务运营和管理支撑平台。

(5)应用中心层。

应用中心层主要面向公众、企业及政府提供相应的应用服务。其中,面向公众主要提供 MaaS 出行一体化服务系统;面向企业主要提供公交线网优化、全局可视化监控、全局统一调度、综合数据分析及监测预警等功能;面向政府监管部门主要提供城际迁徙数据分析、职住平衡分析、交通运行监测、秩序管控中心、协作开放中心及指挥调度中心等功能。

2.2　业务功能框架设计

本文基于 MaaS 平台总体框架,面向乘客出行服务、企业运营管理、MaaS 平台运营管理、政府行业管理,整合互联网的支付能力,研究设计了一个乘客出行 App、一个企业管理平台、一个政府监管平台,可实现出行行程预定、路径一键规划、公共交通无缝衔接、费用一键支付等功能,具体业务功能框架如图 2 所示。

(1)各交通元素服务运营平台。

各交通元素服务运营平台包含原有公交调度系统、轻轨调度系统、电单车运营系统、网约车运营系统、静态交通综合管理系统等运营平台,通过接口等方式为 MaaS 服务运营平台提供数据支持。

(2)MaaS 服务运营平台。

MaaS 服务运营平台以各交通元素服务运营平台提供的接口为基础,提供流量运营、资产运营、平台交易等三方面的产品,设置业务支撑中心、安全中心、账户中心、产品中心、支付中心、营销中心、运营中心七大中心支撑模块,具备完备的自我造血功能,在实现自身的社会价值的同时,可以带来正向的收益,并且伴随着生态的不断发展与完善,可持续性地创造收益。

(3)乘客出行 App。

乘客出行 App 可为用户提供一站式出行服务,使用户可以在一个终端入口体验从 O 到 D 的全链路出行服务,提供出行方案的查询、规划、预约、一站式支付等服务,且能够借助强大的 AI 能力,使用户定制化、个性化地获得相应的出行服务,全面改善出行体验。

(4)企业管理平台。

企业管理平台是一站式多运力融合监测优化调度的运营管理平台。它可以改善数据不打通、供给不联动、运营不结合的传统运力模式,将各类不同运力整合在统一的平台上进行运营管理,通过交通运行分析、线网优化分析、碳交易平台、商家服务以及报告生成等企业管理端,配合计费中心、用户中心、余额中心、信息服务中心、商业中心、业务支撑中心六大运营端模块,有效提升交通运输企业的精细化运营能力,从需求出发解决供应问题,降低运营成本,提高交通供应商企业的盈利水平,同时结合自动驾驶生态,打造全交通方式出行场景。

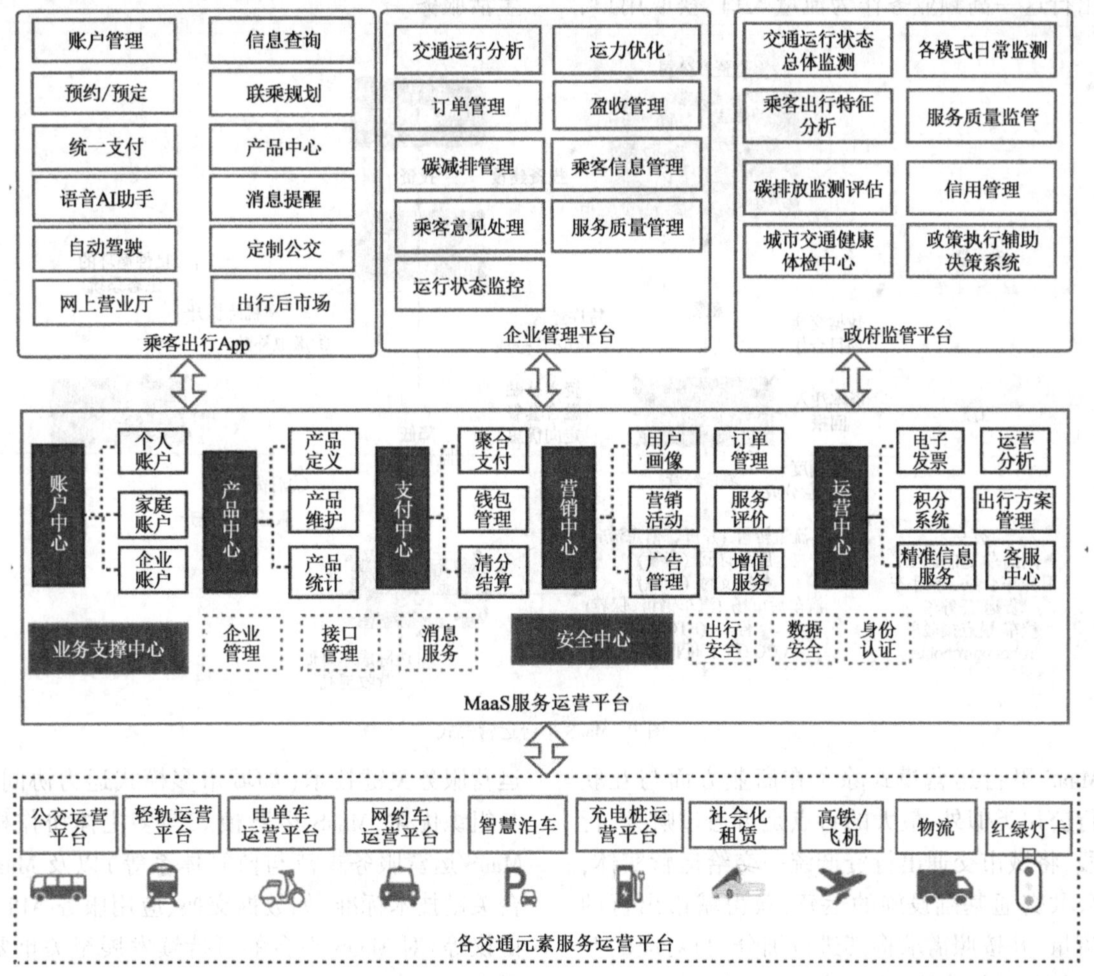

图2 淮安 MaaS 平台业务功能框架

(5)政府监管平台。

政府监管平台是综合交通一体化监控管理平台,通过动静态数据挖掘分析,使交通管理等相关部门掌握城市路网、地面公共交通拥挤程度、出租车及网约车空间分布、客流分布特征、通勤特征等信息,实现交通拥堵动态识别、交通运行实时监测、公众出行精确诱导、重点区域运输保证、交通运行安全预警等功能;提升政府管理水平,增加公共出行、绿色出行比例,缓解交通拥堵,减少碳排放,促进交通运输乃至整个社会经济的可持续发展。

3 淮安智慧出行 MaaS 平台运营模式探索

目前我国的公共交通仍靠补贴维持运营,仅仅依靠运力本身很难盈利。为了实现"出行 + 商业"的双收益效应,MaaS 运营实体需将出行这一高频场景作为流量入口向运力多样化及变现商业化延伸,与出行前、出行中、出行后的场景融合,尽可能在线上进行流量分发,一方面增加高粘性用户,另一方面提高每个用户的平均收益。

淮安 MaaS 平台运营模式通过技术服务商与政府运营企业成立合资公司,采用轻资产的双边平台模式,对国有交通资产进行运营交易。MaaS 平台连接供求两端,可以解决信息不对称的问题,为双方提供交易服务,有效降低交易成本,优化资源配置。平台通过赚取服务费、中介费以及流量获得收入,其运营模式如图3所示。

淮安 Maas 平台运营模式基本不创造新的供给,而是整合已有的社会车辆资源帮助对接司机与乘客,从而优化配置资源、提升出行效率,平台中的注册司机自行负责车辆租赁等事宜。因此,Maas 平台属于轻资产运营,自身不生产、租赁车辆,其边际成本趋向于零。MaaS 平台与互联网出行公司间的竞争主要围绕流量,互联网出行公司前期通过大量的市场补贴获客,目前盈利的方向为将出行这一高频业务作为流量入口、获取用户,并与其他业务融合,为同一个用户提供多种本地生活服务。

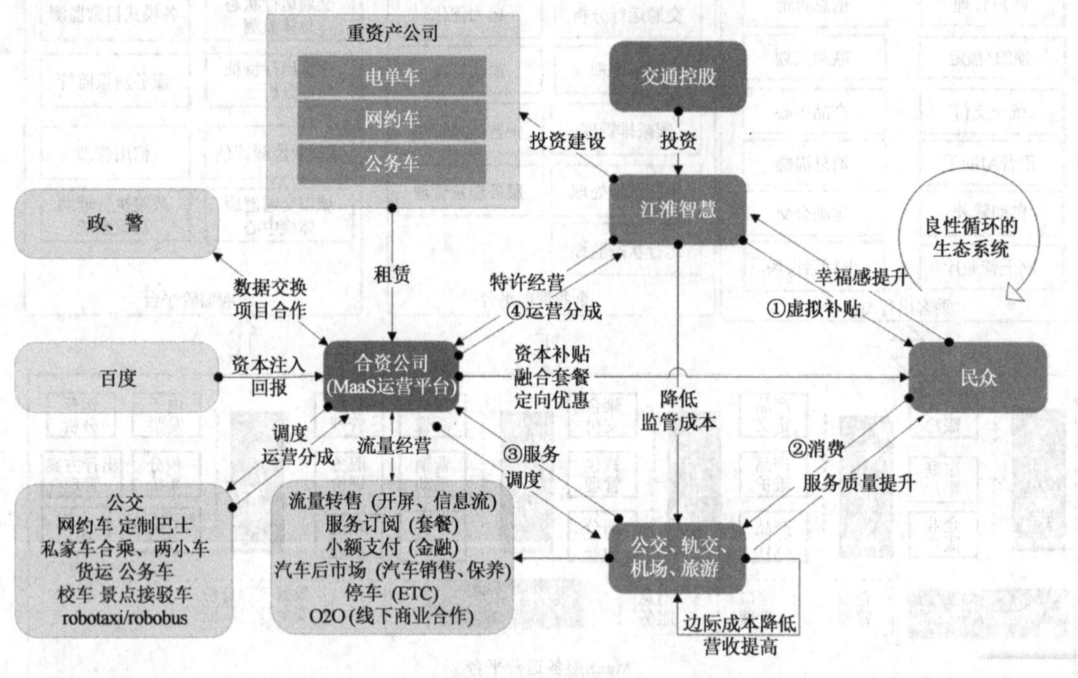

图3　MaaS平台运营模式

MaaS平台运营模式除了在商业方面与互联网出行公司类似外,最大的特点是可通过财务、行政手段,将城市交通出行资产统一交给运营实体,通过公共交通基础设施的运营,获得城市出行的基础流量,并按照需求将其进行细分,与对应的互联网出行公司如滴滴、嘀嗒等正面竞争。

4　结语

淮安智慧出行MaaS平台建设于2022年1月初正式启动,以城客E家App改版为主要切入点,逐步整合本地各运力生态平台,并在现有App功能的基础上进行升级迭代。本文仅针对MaaS平台应用体系及运营模式等方面展开研究,而MaaS运营服务关键技术(如城市多模式运力协同调度与组织优化、MaaS运营模式与多主体协作机制、MaaS运营服务规范与监管体系等)以及MaaS平台关键技术标准(如数据交换、应用服务API接口协议等)对MaaS平台的可持续发展至关重要,仍需进一步研究。

参考文献

[1] 刘向龙,刘好德,李香静. 出行即服务(MaaS)研究与探索[M]. 北京:人民交通出版社股份有限公司,2020.

[2] 刘向龙,刘好德,李香静,等. 中国出行即服务(MaaS)体系框架与发展路径研究[J]. 交通运输研究,2019,5(3):1-9.

我国运输结构调整发展战略重点研究

梁仁鸿* 孙　杨　陈　硕
(交通运输部科学研究院)

摘　要　为推动交通运输绿色发展,支撑行业管理部门制定有关政策,亟须对运输结构调整现状、发展路径开展研究。研究在梳理运输结构总体情况的基础上,提出了运输结构内涵,提炼了美国、欧盟等开展运输结构调整的经验启示，运用 SWOT 模型理论对我国推动运输结构调整的优势、劣势、机遇和挑战进行了分析，并从强化顶层设计、构建政策体系、发展多式联运等方面研究提出了发展战略重点。研究结果显示，公路承担了过多大宗货物长距离运输任务，交通基础设施衔接不畅问题仍然突出，应将协调机制建立、完善支持政策、开展多式联运示范工程等内容作为重点内容予以推进。

关键词 运输结构调整 发展战略 SWOT 分析 公转铁

0 引言

随着《关于推进运输结构调整三年行动计划(2018—2020 年)的通知》印发，运输结构调整工作已成为国家重点推动的工作之一。为贯彻落实党中央、国务院关于碳达峰、碳中和的重大决策部署，交通运输部提出了从绿色交通基础设施建设、调整交通运输结构、加强碳排放和污染防治协同控制等方面推动交通运输碳达峰相关工作，运输结构调整工作被赋予了更加重要的意义。

一些研究机构或学者在运输结构调整方面也做了有益的尝试。陈淑玲[1]通过对欧盟、法国、美国、日本运输结构调整政策进行国际比较分析，分析其实施运输结构调整政策进行碳减排的经验。秦芬芬[2]对近几年的运输结构调整政策进行了梳理，从大气治理发展阶段、结构调整目标的提出时机、政策推进的特点三个角度进行了规律和特征总结。冯文波[3]在阐述运输结构调整变化的基础上，从市场替代、能力短板、运输比价、运到时限等方面，分析运输结构失衡的影响因素，探讨了欧盟运输结构调整启示。李云汉[4]从供给侧与需求侧视角，分析导致我国货运结构不合理的原因，提出了我国货运结构政策调整策略。徐攀[5]从货运结构、货种结构、国际货运等方面阐述江苏省货运结构现状，梳理了国外多式联运方面的经验，提出了加快推进江苏省货运结构调整的对策。上述研究仅从国际、国内视角下的政策制定情况或者是国内某一地区货运结构调整情况进行研究，在发展战略研究中对于顶层设计、未来发展政策体系设计、多式联运业务发展等方面鲜有涉及。

如何基于我国国情出发开展运输结构调整工作，已经成为关系我国运输结构调整工作成效的重要因素。在此背景下，研究运输结构调整发展战略重点显得尤为必要，对支撑制定运输结构调整发展政策、客观评价运输结构调整工作绩效有着重要的意义。本文首先提出了运输结构调整的内涵，分析了我国运输结构基本现状，并总结提炼了美国、欧盟等推动运输结构调整的经验启示，在此基础上运用 SWOT 分析法从顶层设计、政策支持、多式联运等方面提出了运输结构调整的发展战略重点。

1 运输结构调整内涵

运输结构与综合交通运输体系发展密切相关，涉及铁路、公路、航空、水运、管道等多种运输方式，体现了不同运输方式产出成果在综合交通运输体系中所占的份额，反映了在给定的社会经济条件下，在综合交通运输体系中，不同交通运输方式在既定的分类下的构成比例相互关系状态。其中，既定的某种分类可以按照服务对象，将运输结构分为客运运输结构、货运运输结构，也可以从统计方式上，将运输结构分为投资运输结构(各种运输方式投资金额的构成比例)、运量运输结构(各种运输方式运量的构成比例)。例如，在某区域货运总量为 100 万 t，其中铁路货运量、公路货运量、航空货运量分别为 30 万 t、50 万 t、20 万 t，则铁路、公路、航空的运输结构占比分别为 30%、50%、20%。

运输结构调整是通过宏观管理手段、市场自发调节的综合方式，通过提升基础设施、调节运价、推动多式联运示范工程、推广新能源运输装备等具体手段，使交通运输资源配置在不同运输方式中更加科学合理，发挥不同交通运输方式的特性，提高综合交通运输方式的组合效率，降低运输物流成本，提升交通节能减排效果。

2 运输结构总体情况

近年来，随着我国综合交通运输体系的发展，交通运输已经成为了社会经济的先行官，为我国社会经济的快速发展提供了有力保障。2020 年，我国营业性货运量达到 464.40 亿 t，货物运输周转量达 196760.92 亿 t·km，全国港口完成货物吞吐量 145.50 亿 t、完成集装箱铁水联运量 687 万 TEU。我国货运总量及港口货物吞吐量指标多年来高居世界首位。京津冀及周边地区、汾渭平原、长三角是我国货运强度较高的区域，2020 年三大重点区域货运总量为 268.6 亿 t,占全国货运量的 57.8%。同时,这三个重点区域又是国家大气污染防治的重点区域,污染减排和环境质量改善压力突出。目前三大区域的绝大部分省份中,公路都承担了货运中的主要份额,其中长三角地区由于沿海港口和内河水网发达,水运占比相对较高,山西、内蒙古、陕西三个主要煤炭生产大省铁路运输占比相对较高。

2.1　京津冀及周边地区

京津冀及周边地区货物运输以公路、铁路为主,水路占比较低(公路货运量占比超过 80%)。其中,北京、河北、山东、辽宁、河南货物高度依赖公路运输,运输的主要对象为大宗货物(包括煤炭、矿石、建材等)、生活物资。天津市水路运输承担了一定比例的货物运输;山西、内蒙古依托大秦铁路、朔黄铁路等西煤东运大通道,煤炭长途运输以铁路为主要方式,因此货运结构中公路占比低于全国平均水平,但仍达到 50% 以上。2020 年京津冀及周边各省市运输结构情况如图 1 所示。

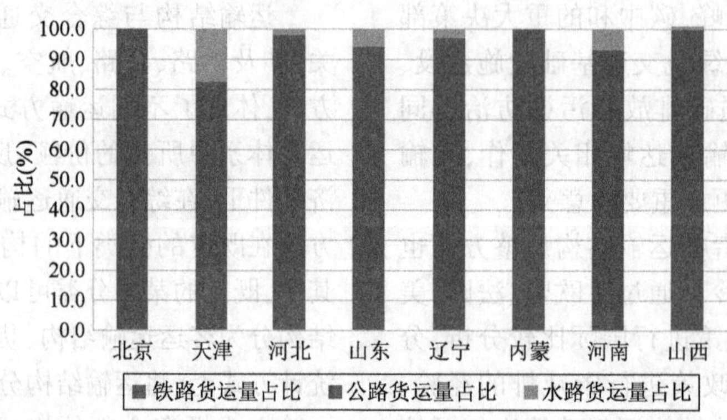

图 1　2020 年京津冀及周边地区运输结构情况

2.2　长三角地区

长三角地区运输结构中,水路与公路占有较大比重,与公路与水路相比,铁路货运量占比相对较低。其中,水路运输以大宗货物为主,上海市、江苏省、浙江省水路货运量占比分别超过 60%、接近 40%、接近 40%。公路运输以机械、电子产品、日用小商品、五金、汽车零部件等货物为主。2020 年长三角地区各省市运输结构情况如图 2 所示。

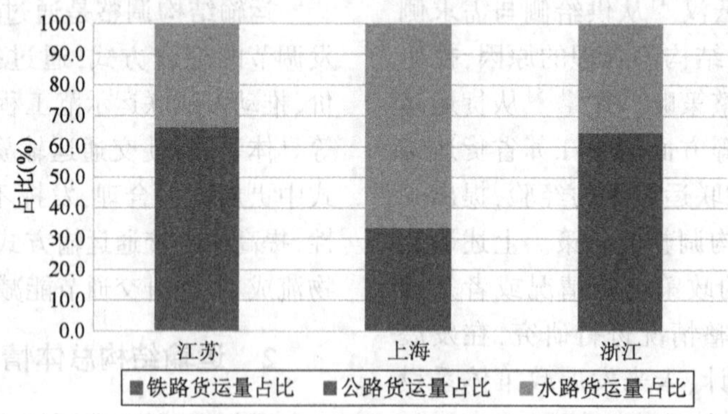

图 2　2020 年长三角地区运输结构情况

2.3　汾渭平原

汾渭平原货物运输以公路、铁路为主,水路占比较低。河南省公路货运量占比高达 88%,主要运输货物为煤炭、焦炭、钢铁等大宗货物;山西省和陕西省铁路承担了较大部分的煤炭长途运输,但公路货运量占比仍达 50% 以上。2020 年汾渭平原各省运输结构情况如图 3 所示。

尽管在推进运输结构调整过程中取得了阶段性的成效,但与综合运输体系建设和打赢蓝天保卫战的要求相比,运输结构调整工作仍面临巨大压力。一是综合运输体系结构不合理,尽管铁路货运量占全社会货运量的比例从 2016 年的 7.7% 增长至 2020 年的 9.8%,但公路仍承担了过多煤炭、钢铁、粮食等大宗货物长距离运输任务,对照

"形成大宗货物及集装箱中长距离运输以铁路和水路为主的发展格局"目标仍有不小差距。二是交通运输基础设施没有发挥出综合优势,铁路、公路、水路、民航等运输方式依然存在独立成网、独自建设的情况,并没有从整个综合交通体系效率优化的角度出发统筹考虑,各种交通方式之间货物的换装衔接效率依然制约发展,具有多式联运功能的物流园区规模仍然不能满足市场需求。三是多式联运发展水平不高,各运输方式换装转运衔接不畅,中间环节费用占比较高,流通效率偏低,导致我国多式联运发展缓慢。

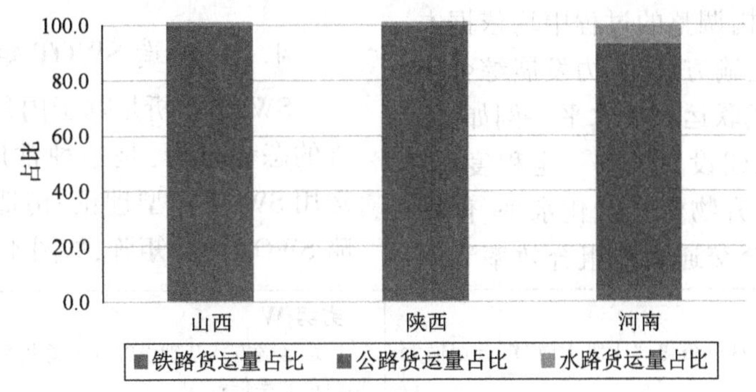

图3 2020年汾渭平原运输结构情况

3 国外经验借鉴

3.1 美国

为了推进综合运输体系发展,以适应不断变化的运输需求,创造就业机会、减少拥堵,改善或重建交通基础设施系统,美国出台了多式联运地面交通运输效率法案[6]。法案中包含多式联运章节,该章节主要包括三个方面:一是在联邦运输部内成立多式联运办公室,负责维护和发布多式联运相关数据,协调部内有关部门研究工作;二是为各州编制多式联运规划及模型研究提供300万美元的资金支持;三是成立国家多式联运委员会,负责研究多式联运标准化工作现状。

此外,美国还大力支持物流节点建设,对全国港口、机场、货站等进行了全面评估,最终确定了全国517个物流节点。为了解决不同运输站场之间的货物快速连通问题,美国通过修建货运铁路直通码头的货运通道的方式,使铁路站场与码头之间实现了货物快速转运的无缝衔接。

3.2 欧盟

为了促进多式联运的发展,同时从物流的角度提高欧洲运输系统的效率。2007年,欧盟出台了《物流运输行动计划》,这是一个中短期的行动计划,与运输结构调整相关的主要有电子货运和智能交通系统、物流运输的可持续发展与效率两大方面[7]。为了推进多式联运发展,欧盟针对运输结构调整,开展了马可波罗计划,该计划核心内容是选择更加绿色的货运运输方式,不仅提升绿色交通服务水平,而且可以有效降低过量公路运输造成的公路拥堵。

3.3 经验启示

3.3.1 运输结构调整是一项系统工程,需要政府主导、多方联动

为了实现运输结构调整的目标,欧盟制定和实施了一系列的措施和方案,同时政府在运输结构调整的过程中发挥了主导作用,不仅通过强制立法手段来推进,而且还采用了资金补助、税收减免等财税手段。因此,借鉴国际经验,我国调整运输结构,推进"公转铁"、"公转水"也需要从顶层设计、行动方案、支持政策、标准规范到后期追踪及评价等多方面统筹考虑,同时需要政府发挥主导作用,采用立法、财税等多种手段,多方联动实现最终系统优化的目标。

3.3.2 运输结构调整不是短期的工作,而是一个不断推进、逐步优化的过程

欧盟推进运输结构调整的马可波罗计划是分阶段实施的,在实施的过程中补助范围和补助标准均发生了调整和优化。借鉴欧盟经验,我国运输结构调整也应当分步骤分阶段进行:一是在空间范围上可以选择典型区域先行先试,然后再在全国范围内进行推广;二是在调整路径及目标制

定上,可以分期实施,近期在实现刚性指标上下功夫,远期在突破制度瓶颈、技术壁垒和组织障碍等治本方面用实力;三是在政策制定上,可以在实践中结合我国国情进行优化和调整。

3.3.3　运输结构调整与综合交通运输体系建设相辅相承,大力发展多式联运是重要途径

典型国家在运输结构调整的过程中均依据本国国情,统筹协调各种运输方式,大力发展综合运输体系,并着力提升多式联运服务水平。例如,欧盟在综合交通运输体系建设发展到一定程度后,把发展多式联运作为提升物流集约化水平、促进绿色交通发展、提升综合交通运输组合效率等问题的重要手段。我国运输结构调整也要以构建安全、便捷、高效、绿色的现代综合交通运输体系为目标,重点推进多式联运发展,并以放松铁路市场管制、制定合理的运价机制等为切入点,全方位、高质量地推动运输结构调整。

4　发展战略重点

4.1　构造SWOT矩阵

SWOT分析是基于内外部竞争环境和竞争条件的态势分析,是一种常用的战略分析方法[8]。运用SWOT模型理论,构造运输结构调整发展战略SWOT分析矩阵,如图4所示。

优势S	**劣势W**
1.综合交通基础设施基本实现网络化,"十纵十横"综合运输大通道不断完善; 2.随着经济结构调整,我国经济增长由主要依靠第二产业带动转向依靠三次产业共同带动,对现代物流服务的需求更加强烈; 3.《综合运输服务"十四五"发展规划》《推进运输结构调整三年行动计划(2018—2020年)》等规划文件均明确支持推进运输结构调整	1.跨运输方式基础设施的统筹规划和建设协调不足,枢纽场站集疏运效率低; 2.各运输方式管理部门间协同联动机制尚不健全; 3.物流各环节标准自成体系,体系之间衔接不足,统一性、协调性、系统性较差
机遇O	**调整T**
1.国家实施"一带一路"和长江经济带发展战略,赋予了物流业发展的新使命; 2.区域经济一体化发展是世界经济发展的潮流,其发展促进了区域物流一体化,要求运输服务实现"货畅其流"; 3.为不断完善综合运输服务体系,国家大力推进枢纽城市建设,对综合运输整体运行效率提出了更高的要求	1.供给侧结构性改革要求加快转变物流发展模式和发展方式,切实降低物流成本; 2.在全球经济下行,国内结构性矛盾突出的背景下,我国实体经济下行压力大,运输结构调整需要面对各种复杂调整

图4　运输结构调整发展战略SWOT分析矩阵

4.2　战略重点

借鉴国外典型国家和地区的发展经验,基于上述SWOT要素分析的我国发展运输结构调整的优势、劣势、机遇和挑战,提出我国"十四五"时期运输结构调整的战略重点。

4.2.1　不断强化顶层设计

(1)谋划运输结构调整重点任务。各地区要在《推进运输结构调整三年行动计划(2018—2020年)》基础上,统筹研究谋划"十四五"时期运输结构调整重点工作,以加快推进现代综合交通运输体系建设为导向,以"碳达峰""碳中和"为战略指引,明确运输结构调整的量化目标,提出可操作、可实施的措施任务,推动将运输结构调整工作纳入当地国民经济和社会发展规划纲要重点任务。

(2)建立运输结构调整协调机制。运输结构调整工作,涉及部门多、需协调解决的事项多,迫切需要建立协调机制,协调解决运输结构调整中面临的重大问题、重要事项、重大政策。国家层面可建立运输结构调整部际联席会议制度,由交通运输部、国家发改委、财政部、商务部等部委组成,主要职责是研究解决运输结构调整中的重大问题、协调制定运输结构调整重大政策、制度。同时,推动地方建立运输结构调整协调机制,建立以省政府牵头,相关单位负责同志为成员,办公室设在省交通运输主管部门的运输结构调整协调机制。

(3)明确运输结构调整工作思路。统筹考虑运输结构调整与产业结构调整、能源结构调整的互动关系,在系统评估《推进运输结构调整三年行动计划(2018—2020年)》目标任务完成情况的基础上,结合"十四五"期经济社会发展目标任务,特别是后疫情时代经济社会发展面临的新形势、新挑战,实事求是、科学合理研究论证未来五年运输结构调整工作的目标任务。同时,可以结合交通

强国建设试点，将运输结构调整作为试点的重要领域，先行先试、以点带面。

4.2.2 构建政策支持体系

（1）制定促进大宗货物“公转铁”政策措施。鼓励对从事煤炭及焦炭、金属矿石、非金属矿石、钢铁、粮食等大宗货物由公路运输转向铁路运输的重点企业，从事货物发运的点到点货运列车经营人，实施公转铁、公转水成效明显的沿海主要港口企业实施补助。同时，对于铁路运输达到一定比例、运输结构调整工作取得明显成效的工业企业，各地在分解错峰生产任务时可适当降低限产比例。

（2）设立多式联运产业基金。按照《政府出资产业投资基金管理暂行办法》，交通运输部联合财政部、中国铁路总公司及招商局集团，共同发起设立全国多式联运产业基金，重点支持多式联运基础设施建设、运输装备标准化升级、物联网技术应用、联运组织模式创新等领域。

（3）完善财税政策。充分发挥财税政策的调节作用，对铁路货运行业实行财税优惠政策，降低铁路运输企业成本，提高铁路运输企业竞争力。以铁路货运周转量比例为依据，优化完善增值税返还政策，提高地方推动货运“公转铁”的积极性。对于运输结构调整成效明显、将公路运输调整为铁路运输超过一定比例的企业，给予企业减税降费政策措施。

4.2.3 大力发展多式联运

（1）依托示范工程推进多式联运发展。建议在“十四五”时期继续开展多式联示范工程建设，依托多式联运示范工程推广国内集装箱多式联运运单和电子运单，积极推进多式联运“一单制”实现实质性突破。推动集装箱运输、商品车滚装运输、全程冷链运输等联运模式的创新，引导多式联运经营人以及各运输方式运输企业开展跨方式信息互联互通。

（2）推进多式联运信息互联互通。推进全国多式联运公共信息系统建设，推动公路、铁路、港口、航运、航空、海关、市场监管和交通行业政务信息的互联共享，提供资质资格、认证认可、检验检疫、通关查验、违法违章、信用评价、运输计划、运输作业场所分布、政策动态等一站式综合信息查询服务，满足多式联运承运人对运输计划、运载工具在途信息、节点状态信息、通关状态、检验检疫状态等信息的共享需求。

（3）完善多式联运相关制度。加快推进不同运输方式在票据单证格式、运价计费规则、货类品名代码、危险货物划分、包装与装载要求、安全管理制度、货物交接服务规范等方面的衔接，制定有利于“门到门”一体化运输组织的多式联运服务规则。加快制订多式联运运单，积极推进多式联运“一单制”，加快应用集装箱多式联运电子化统一单证，加强单证信息交换共享，实现“一单制”物流全程可监测、可追溯。

5 结语

本文阐述了运输结构调整的内涵，从京津冀及周边地区、长三角地区及汾渭平原三个区域总结了运输结构调整发展状况，在借鉴美国、欧盟等发达国家推进运输结构调整经验基础上，运用SWOT模型理论构建了战略分析矩阵。最后，从政策机制、工作思路、财税政策、多式联运等方面研究提出了未来一段时期运输结构调整的战略重点，为我国运输结构调整如何支撑“碳达峰”和“碳中和”目标、如何以创新手段继续深挖综合货运增量潜能等方面提供启示和战略支撑。

参考文献

[1] 陈淑玲，康兆霞，武剑红. 运输结构调整政策的国际比较及启示[J]. 铁道运输与经济，2018，40(2)：5.

[2] 秦芬芬. 推进运输结构调整政策的思考[J]. 综合运输，2018，40(12)：5.

[3] 冯文波. 我国运输结构优化调整影响因素与策略研究[J]. 铁道运输与经济，2019，41(9)：18-23.

[4] 李云汉. 关于推进我国货运结构调整政策探讨[J]. 铁道货运，2018，36(8)：5.

[5] 徐攀. 加快推进江苏省货运结构调整的对策研究[J]. 铁道货运，2019，37(5)：5.

[6] 李可，李伟. 冰茶法案：协调发展提高整体运输效率[N]. 中国交通报，2016-12-03(6).

[7] 刘昭然. 欧盟多式联运政策对我国发展铁水联运的启示[J]. 铁道运输与经济，2013，35(5)：56-60.

[8] 胡松，陆百川. 重庆综合交通运输枢纽SWOT分析[J]. 重庆交通大学学报：社会科学版，2016，16(5)：5.

The contribution of African seaports towards zero-emission: From Ghanaian context

Dacosta Essel*[1]　Zhihong Jin[2]
(1. Department of Transportation Engineering College; 2. Department of Transportation Engineering College)

Abstract　The significant contribution of seaports towards zero-emission has attracted the attention of many academic researchers and industrial practitioners in the maritime industry. The need to improve the environmental performance of seaports has made it needful for environmental regulatory bodies to exert much pressure on port authorities to incorporate and implement green port management strategies in their day-to-day activities. Regardless of this, green port practices have become a significant tool in the modern time competitive seaport environment. Seaports of developed maritime nations including China, the USA, Germany, the Netherland, etc. have successfully implemented various forms of green port blueprints with a resultant positive influence on environmental performance and emission from ships. On the contrary, the contribution of African seaports towards zero-emission is barely known. To date, no survey has been conducted to examine the effort of African seaports on zero-emission. From the Ghanaian perspective, this study examines the contribution of Ghanaian seaports towards zero-emission from marine vessels.

The dataset of the study was analysed using partial least square structural equation modelling (SEM-PLS). The model of the study was analysed by examining the measurement model and structural model. PLS-SEM has emerged so strongly in recent time quantitative studies due to its extreme ability to model the causal relationship existing between latent variables. It is also robust with strong predictive relevance. PLS-SEM is characterized as a useful technique most suitable for model development and can handle multicollinearity among variables and missing data.

The findings of the study reveal that internal port expansion projects, external port expansion projects, emergence of technology, stakeholders pressure, and green port management strategies either directly or indirectly contribute towards emission minimization from ships and enhance the environmental performance of seaport. The findings further suggest that the emergence of technology and stakeholders pressure negatively influence green port management strategies and zero-emission respectively. The study from port management and operational perspective highlights sustainable port management strategies that can be adopted by authorities to help improve environmental performance. It also attempts to posit from the Ghanaian perspective the effort of African seaports on emission reduction.

Keywords　Green port management strategy　Internal port expansion projects　External port expansion projects　Zero-emission　PLS-SEM

0　Introduction

The remarkable contribution of maritime transport to the world's economy cannot be downplayed by any means. Seaports play a very significant role in international trade and global economic activities by linking businesses and market centres via maritime transport. Statistics suggest that maritime transport in 2019 transported about 11.08 billion tons of global trade volume with a drop-down of 4.1% in 2020 due to the Covid-19 outbreak (UNCTAD, 2020). Regardless of the enormous contributions of maritime transport towards the world's economy, yet, its associated operations exposed to the marine environment various forms of negative externalities. Seaport as a maritime business community is associated with various forms of anthropogenic activities with a resultant adverse effect on the environment and humans. The seaport enclave has become a very extensive energy-intensive sector where tons of dangerous gases are excreted into the atmosphere.

Primarily, marine vessel operation emits various forms of marine pollutants namely: carbon dioxide, sulphur dioxide, nitrogen, etc. which requires urgent control at the local, regional and global levels (Spiegler et al., 2012). Approximately, about 230 million people are deeply affected by ships emission globally whereas, in California, 3700 people lose their lives per annum (Ballini et al., 2022). Carbon emission from a very efficient marine vehicle is estimated between 0 and 60 g/km, Sox (5% ~ 10%), and Nox (17% ~ 31%,). The need to improve air quality and energy efficiency has in recent times remained a top priority for maritime authorities.

The International Maritime Organization (IMO) consistently has advocated for the adoption and implementation of mandatory Ship Energy Efficiency Management Plans (SEEMP) by maritime authorities. The Port Environment Committee of the International Association of Ports and Harbours (IAPH) has therefore recommended to its members proactive blueprints that need to be embedded into seaport operations. The implementation of the World Port Climate Initiative (WPCI) is a useful index to this effect. To enhance emission reduction policies, the IMO has mandated port authorities to place different port levies on vessels per the cleanest fuel used (Sinha and Chowdhury, 2020). Vessels operating in Emission Control Areas (ECAs) are compelled to comply with very stringent regulations which negatively affects their operation cost compared to those operating in non-ECAs. The implementation of such policies has triggered most shipping lines to be less effective in ECAs, hence, zeroing down their operations to non-ECAs (Chang et al., 2014).

African seaports have been earmarked as one of the most preferred destination ports for these vessels as these seaports operate with lax environmental standards. Various studies describe seaports in developing countries as feeder ports connected by the Panamax class of vessels (3001TEUs-14,500TEUs) (Sinha and Chowdhury, 2020).

Also, the report posits that African seaports are usually container ports that experience relatively higher emissions compared to seaports handling liquid and dry bulk cargoes. Emission from container vessels in port is estimated at around 4% ~ 5%. Comparatively, emission from vessels is highly determinant on vessel size. Based on cargo volume, bigger vessels emit fewer pollutants compared to smaller vessels (Psaraftis and Kontovas (2009).

From the Ghanaian perspective, Tema and Takoradi port are not exempted from the problem of emission from vessels. The implementation of the MARPOL convention by IMO, WPCI, and the adoption of the 17 sustainable development goals by the UN has forced the authorities of these seaports (Ghana Port and Harbours Authority- GPHA) to adopt pragmatic measures to help curb emission from ships. GPHA is gradually diving into green and sustainable port concepts with new port design, developments, and green port management blueprints to help minimize emissions from vessels and improve environmental performance. To the best of our knowledge, no empirical studies have been conducted to examine the contributions of African seaports towards zero emissions.

From the standpoint of Ghanaian seaports, this study seeks to examine the influence of internal port expansion projects, external port expansion projects, emergence of technology, stakeholders pressure, and green port management strategies on zero emissions. Our study, therefore, seeks to fill literature gaps by (a) examining the influence of internal port expansion projects, external port expansion projects, emergence of technology, stakeholders pressure, and green port management strategies on zero-emission.

(b) exploring the influence of internal port expansion projects, external port expansion projects, the emergence of technology and stakeholder's pressure on the adoption of green port management strategies. (c) examining the mediation effects of green port management strategies on internal port expansion projects, external port expansion projects, the emergence of technology, stakeholders pressure and zero-emission. Given this, this study addresses the research question " what are the sustainable port management initiatives implemented by GPHA towards vessel's emission reduction and improving its seaports environmental performance?" The study is made up of five (5) chapters. The next after the introduction is the literature review. Chapter three discusses the methodology adopted for the data analysis. Chapter four presents on results and discussion of findings and lastly, chapter 5 also contains the conclusion of the study.

1 Literature review

1.1 Related literature

The significant contribution of seaports towards emission reduction from port operations has attracted the attention of most researchers from different parts of the world. Various studies have been conducted from various maritime jurisdictions to examine the significant contribution of seaports towards zero-emission. Ballini et al. (2021), conducted their study on " optimal decision making for emissions reduction measures for Italian container terminals" using the Fuzzy Analytic Hierarchy Process (FAHP) and the Technique for Order Performance by Similarity to Ideal Solution (TOPSIS). The findings of their study suggested the use of green fuels as an alternate energy source for container terminals as a means of reducing carbon emissions in container terminals. Our study fills the existing gap in literature from the management and operational standpoint sustainable measures that port authorities can implement to reduce emissions from vessels in port and enhance quayside cargo operations and competitiveness of seaports.

Park et al. (2020), also researched " Optimal emission control under public port rivalry: A comparison of competitive and cooperative policy" using the duopoly model. The findings suggest that vessel operators incur additional costs in port and that emission standards will be at their optimal if only vessel fuel cost equals emission penalties. Our study seeks to improve this assertion by encouraging stakeholders' participation and involvement in port development and operations to enhance information flow, vessel and port operations, energy usage and combustion.

The study by Lattila et al. (2013), also focused on " hinterland operations of seaports do matter: Dry port usage effects on transportation costs and CO_2 emissions" by deploying a discrete-event simulation (DES) model as the data analysing tool. The findings of their study suggested that the integration of dry port or hinterland operations into seaport operations to a larger extent minimizes shipping emissions instead of shipping costs. Our study, therefore, seeks to examine the validity of their findings by undertaking an empirical study to assess the influence of dry port operations on emission reduction from seaports. In addition, Krämer (2019), conducted a qualitative study on " Shunt-E 4.0—Autonomous Zero Emission Shunting Processes in Port and Hinterland Railway Operations" focusing on major European seaports. The findings of the study reveal that integrating autonomous zero-emission locomotives in seaport and hinterland operations helps the international port business community to combine innovative business strategies to build a sustainable green port system. On the contrary, our study attempts to affirm the validity of his study by examining from the emerging economy perspective the influence of rail transport on seaport operations towards zero-emission.

Lastly, Nikishin and Kharitonov (2021), in their studies propose an alternate energy source for improving energy efficiency, energy loss and emission using renewable energy sources for seaport by focusing on the topic " Modernization of marine ports electrical power supply systems in the framework of zero-emission strategy." From the literature reviewed to date, no study has been conducted from the African perspective to examine the contribution of African seaport toward zero-emission. Our study, therefore, attempts to fill this gap by examining the strategic measures adopted by Ghanaian seaports towards emission reduction from port operations.

1.2 Definition of variables

1.2.1 Internal port expansion projects (IPEP)

An increase in the capacity of marine vessels and excessive competition between shipping lines and seaports have made it needful for port authorities to enhance their capacity internally. Strategically, most seaports are currently undertaking internal port expansion projects (IPEP) seaward by dredging and land reclamation. IPEP reflect on keynote issues on strategic decisions on large-scale capital-intensive infrastructure and superstructure investments in key areas within the port area (Threadgold, 1996). These investments involve expansion in key areas including berth, draft, terminals, approach channels, breakwater and acquisition of additional cargo handling equipment (Dyer, 2014). The basic objective of these investments is to equip and enhance port efficiency and productivity. Such investments have a significant impact on the turnaround time of vessels in port. In contrast, IPEP has gotten significant negative externalities on the marine environment.

1.2.2 Green port management strategies (GPMS)

Green port management strategies (GPMS) explain the adoption of environmental management measures by port authorities to improve seaport environmental performance. Seaports are currently facing criticisms from the community over pollution issues associated with their social responsibility. Port authorities are under extreme pressure of demonstrating a high level of environmental compliance to win societal support (Notteboom et al., 2021). In support, pressure from maritime stakeholders calls for the adoption of green port practices by seaports. The pressure from these stakeholders has triggered port authorities to espouse and incorporate green port management strategies to help curb emissions and improve environmental performance. GPMS adopted by most seaports includes virtual arrival policy, environmental policy, monitoring of air pollution, supplying of energy-efficient fuel, etc (Aregall et al., 2018; Sinha and Chowdhury, 2020).

1.2.3 External port expansion projects (EPEP)

Extensive competition between seaports and the need to protect the marine environment against negative externalities resulting from dredging and land reclamation activities has made it needful for port expansion projects to be carried out in hinterlands near shippers'cargo source. External port expansion projects (EPEP) implicate seaport expansion projects undertaken outside the shores of the seaport in hinterlands to improve and enhance the capacity of the seaport. Hinterland accessibility has become a very strategic tool in enhancing the competitiveness of seaports such that most seaports are currently embarking on dry port development. EPEP entail physical capacity enhancement and its related ancillary activities connecting land-based and sea-based maritime operations via rail transport (Van Klink and de Langen, 1999; Tongzon 1995). The integration of dry port and intermodal transport concept into seaport operations helps to address the port congestion dilemma resulting in delays and high emissions from vessels in port (Lättilä, et al., 2013).

1.2.4 Emergence of technology (ET)

Technology has evolved so strongly in recent times seaport operations. The rationale for the introduction of technology in modern days seaport operations is to enhance operational efficiency, minimize energy consumption and enhance energy efficiency. The emergence of technology in maritime transport has significantly influenced energy efficiency in terms of energy supply, storage, transfer, conversion and consumption. Technological control of energy usage by marine vehicles contributes significantly towards zero-emission (Papaefthimiou et al., 2017). Digital information sharing, paperless clearance systems, and e-booking of vessels have also been enhanced due to the emergence of technology (Aydogdu and Aksoy, 2015). The advent of technology in seaport operations has not only helped to enhance information transfer (Aydogdu and Aksoy, 2015) but also supply chain-related activities (Acciaro et al., 2018).

1.2.5　Stakeholders pressure(SP)

Stakeholders pressure explain the ability or power of individuals or groups to influence an organisational decision on certain motions (Helmig et al., 2016; Kassinis and Vafeas 2006). Stakeholders' pressure may emanate from primary stakeholders or secondary stakeholders. According to Henriques and Sadorsky (1999), stakeholders of an organisation can be categorized into either internal and external stakeholders or governmental and non-governmental stakeholders. Seaports just like any other institution are faced with excessive stakeholder pressure, particularly on environmental, social and economic issues (sustainable issues). Stakeholders of seaport include the: United Nations (UN), IMO, International Association of Ports and Harbours (IAPH), Non-governmental organizations (NGOs), Shipping lines and agents, shippers, service providers, etc. (Becker et al., 2015).

1.2.6　Zero-emission(ZE)

Zero-emission refers to the activity of engine vehicles emitting no air pollutants resulting from inefficient engine design, technology and particulate matter into the environment. Marine vessels emit tons of air pollutants on their passage at sea but are highly recognised when in port. Emission from vessels results from the burning of fossil fuels in the internal combustion engines and generators. The emission of these poisonous substances into the atmosphere depletes the ozone layer causing greenhouse gas effects with a resultant negative effect on humans (Chang et al., 2018). In response to this, the IMO has consistently advocated for the adoption of a quality energy management system by implementing Ship Energy Efficiency Management Plan (SEEMP). The implementation of this policy aims at zeroing down ships emissions and improving environmental performance in the maritime industry.

Tab. 1 below gives a summary of the developed variables, source and their measurement items.

Variables, measurement items and sources　Tab. 1

Source	variables	Measurement items
Dyer, 2014	Internal port expansion projects (IPEP)	(1) Berth expansion; (2) Draft extension; (3) Terminal expansion; (4) Navigational channel expansion
Lättilä, et al., 2013	External port expansion projects (EPEP)	(1) Dry port system; (2) Intermodal transport system
Aregall et al., 2018; Teerawattana and Yang (2019)	Green port management strategies (GPMS)	(1) Virtual arrival policy; (2) Ship emission monitoring; (3) Implementing Environmental policies; (4) Supplying of energy-efficient fuel; (5) Switching from main engines to generators in port
Aydogdu and Aksoy, 2015	The emergence of Technology (ET)	(1) Digital information sharing; (2) Paperless clearance system; (3) E-booking of vessels
Netteboom and Winkelmans, 2002	Stakeholders pressure (SP)	(1) Internal stakeholders; (2) External stakeholders; (3) Public policy stakeholders; (4) Community stakeholders

continued

Source	variables	Measurement items
Acciaro et al., 2014; Sinha and Chowdhury, 2020	Zero-emission (ZE)	(1) Emission reduction; (2) Energy management; (3) Fuel consumption; (4) Energy-efficient fuels

1.3 Conceptual model

The conceptual framework of this study parenthesis the contribution of African seaports towards zero-emission from the Ghanaian context. The main variables considered under this study include internal port expansion projects, external port expansion projects, the emergence of technology, stakeholders pressure, green port management strategies, and zero-emission. External port expansion projects, internal port expansion projects, the emergence of technology, and stakeholders pressure were modelled as exogenous variables that have direct significant influence and predictive relevance on zero-emission. Green port management strategies were modelled as an exo-endogenous variable mediating the relationship between the exogenous variables and zero-emission. On the other axis, zero-emission was finally modelled as the endogenous variable which is predicted by the exogenous and exo-endogenous variables. The endogenous variable was further influenced by the control variables including port size, network, and hinterland infrastructure. The proposed conceptual model of this study is in parallel with the Natural Resource Base-View theory (NRBVT) introduced by Hart, (1995). In general, the model seeks to improve the environmental performance of seaports by minimizing ships emission and promoting sustainable seaports Fig. 1.

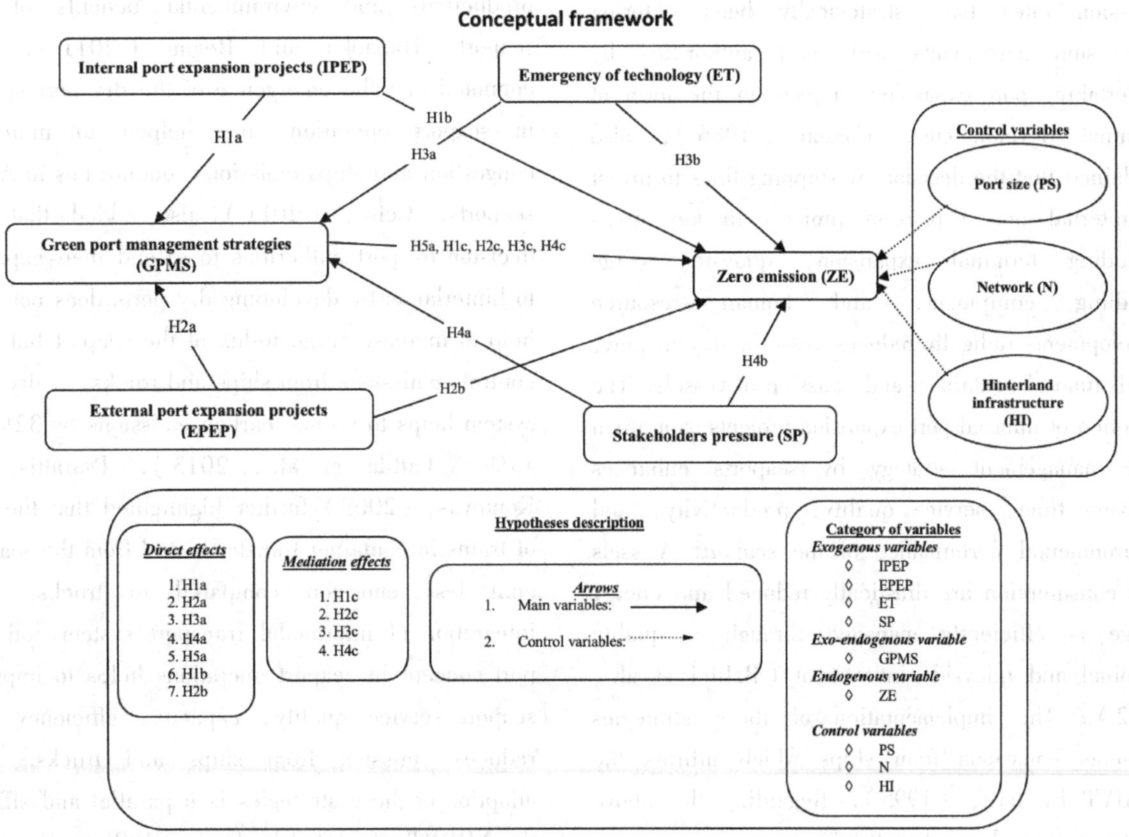

Fig. 1 Supported theory-Natural Resouree Base-View Theory(NRBVT)

1.4 Hypotheses development

1.4.1 Relationship between internal port expansion projects, green port management strategies, and zero-emission

Various literature has been conducted to examine the positive relationship existing between internal port expansion projects, green port management strategies and zero-emission (Tongzon, 1995; Yip et al., 2014; Casson, 1986; Ballini et al., 2021). Tongzon (1995), parenthesize that an improvement in seaport infrastructural developments including cranes, conveyors and other forms of cargo handling gears the efficiency and productivity of the seaport. A reduction in vessels time in port significantly influences its energy emission. According to Yip et al. (2014), the introduction of new capacity of vessels into active supply by shipping lines as a means of enhancing their competitiveness and improving environmental performance has equally called for port expansion projects to accommodate these vessels. Shipping lines in other to enhance their turnaround time and improve emission rates have strategically been entering concession agreements with port authorities by undertaking port expansion projects in the form of terminal developments. Casson (1986), also explained that the decision by shipping lines to invest in internal port expansion projects in key areas including terminal expansion, quayside cargo handling equipment, and human resource developments radically reduces vessel's stay in port, dwell time of containers and emission of vessels. The adoption of internal port expansion projects as a green port management strategy by seaports enhances delivery time, service quality, productivity, and environmental performance of the seaport. Vessels fuel consumption are drastically reduced and energy usage is efficiently managed through a quality terminal and quayside investment (Ballini et al., 2022). The implementation of these strategies prevents emissions from ships which affirms the NRBVT by hart, (1995). Regarding the above studies reviewed, we hypothesize as:

(H1a): Internal port expansion projects have a positive influence on green port management strategies.

(H1b): Internal port expansion projects have a positive influence on zero-emission.

(H1c): Green port management strategies play a significant mediation role between internal port expansion projects and zero-emission.

1.4.2 Relationship between external port expansion project, green port management strategies and zero-emission

The relationship between external port expansion projects, green port management strategies and zero-emission has been examined by various scholars (Liao et al., 2010; Hanaoka and Regmi, 2011; Cefic, 2011; Psaraftis and Kontovas, 2009). According to Liao et al. (2010), the integration of a dry port system into seaport operations enhances hinterland accessibility and efficiency of its seaport. The further explained that the intermodal transport system of the dry port connecting its seaport enhances cargo devolution, productivity and environmental benefits of the seaport. Hanaoka and Regmi (2011), also connoted that the emergence of the dry port system in seaport operations has helped to minimize congestion and ships emissions conundrums in Asian seaports. Cefic, (2011) also added that the decision by port authorities to extend their capacity to hinterlands by developing dry ports does not only help to increase cargo influx of the seaport but also controls emissions from ships and trucks. A dry port system helps to reduce carbon emissions by 32% ~ 45% (Lättilä et al., 2013). Psaraftis and Kontovas, (2009) further highlighted that the use of trains in container transfer to and from the seaport emit less emission compared to trucks. The integration of intermodal transport system and dry port concept in seaport operations helps to improve seaport service quality, capacity, efficiency and reduces emission from ships and trucks. The adoption of these strategies is n parallel and affirms the NRBVT advocated by Hart, (1995). From the discussion above, we hypothesize as:

(H2a): External port expansion projects have a positive influence on green port management strategies

(H2b): External port expansion projects have a positive influence on zero-emission

(H2c): Green port management strategies play a significant mediation role between external port expansion projects and zero-emission.

1.4.3 Relationship between the emergence of technology, green port management strategies, and zero-emission

The contribution of technology and green port management strategies on zero-emission has attracted significant attention from various authors. The emergence of technology in the maritime industry is currently playing a crucial role in seaport operations with a resultant positive impact on environmental performance. According to Papaefthimiou et al. (2017), emission in ports can best be handled through the emergence of technology in seaport operations. Marine vessels' energy efficiency, consumption and emissions are highly influenced by the advent of technology (Iris and Lam, 2019). Sinha and Chowdhury (2020), posited that the adoption of virtual-arrival policy by seaport for visiting vessels improves energy efficiency, fuel consumption and emissions from vessels. Mersin et al. (2017), also supported this assertion by elaborating that the adoption of the virtual-arrival approach by seaports as a green port management strategy helps to control the sailing speed of vessels, time in port, fuel consumption and emission. The automation of seaport terminal and quayside operations improve energy usage and emissions from trucks and vessels in port (Iris and Lam, 2019). Pistoia et al. (2009), stated that the use of grid technology as a renewable energy source for visiting vessels in port provides a holistic approach to fight against climate change resulting from emissions from vessels. The adoption of these technological blueprints enhances seaports' contribution towards the combat of emission in port. The adoption of these technological blueprints enhances the seaport's contribution towards the combat of emission in port as advocated by Hart, (1995). From the literature reviewed we hypothesize as follows:

(H3a): The emergence of technology positively and significantly relates to green port management strategies.

(H3b): The emergence of technology positively and significantly relates with zero-emission.

(H3c): Green port management strategies play a significant mediation role between the emergence of technology and zero-emission.

1.4.4 Relationship between stakeholders pressure, green port management strategies, and zero-emission

Stakeholders pressure, green port management strategies, and zero-emission has in recent times received the attention of many researchers (Bergqvist and Monios, 2019; Cullinane and Bergqvist, 2014). According to Bergqvist and Monios (2019), pressure from the Port Environment Committee of the International Association of Ports and Harbours (IAPH) has forced most seaports to adopt green port strategies to help improve climate change and environmental impact. Cullinane and Bergqvist, (2014) also connoted that the declaration of Emission Control Areas (ECAs) by the IMO has edged seaports around these regions to place different port levies on vessels base on their emission rate. Chang et al. (2018), also elaborated that the implementation of the MARPOL convention by IMO has mandated seaports and shipping lines to adopt proactive strategies to help minimize emission from ships. Cullinane and Bergqvist, (2014) again emphasized that pressure from state authorities have resulted in the implementation of certain emission control measures including taxation on NOx emission in Norway and reduced speed zone in the port of Los Angeles. Extensive pressure from stakeholders of seaports directly and indirectly coined port authorities to adopt sustainable policies and measures to control emission from vessels, hence, improving environmental performance which affirms the NRBVT. Based on this, we hypothesize as:

(H4a): Stakeholders' pressure positively and significantly relates to green port management strategies.

(H4b): Stakeholders' pressure positively and significantly relates to zero-emission.

(H4c): Green port management strategies play a significant mediation role between Stakeholders' pressure and zero-emission.

1.4.5 Relationship between green port management strategies and zero-emission

The significant contribution of green port management strategies and zero-emission has been examined by various scholars (US Environmental Protection Agency, 2009; Corbett et al., 2009; Gupta et al., 2005). Seaports are currently under extreme pressure of demonstrating a high level of environmental compliance to secure societal support and recognition. Maritime regulatory bodies' pressure on environmental issues has triggered most port authorities to adopt and incorporate green port management strategies in other to secure their operating licence. According to Corbett et al. (2009), carbon emissions in American seaports have been reduced by reducing the speed of visiting vessels to 20 nautical miles within the port area. Gupta et al. (2005), also from the standpoint of Indian seaports suggested that seaport operations and projects must include environmental management strategies such as information on waste generation and treatment, safety measures, safety organisation, and monitoring. The use of the Alternate Marine Power (AMP) technology approach has become a common practice by seaports in reducing emissions from ships (US Environmental Protection Agency, 2009). Liao et al. (2010), also added that the change in transhipment route from major ports in Taiwan to Taipei port has caused a reduction in carbon emission in Taiwan seaports. From the literature above, the implementation of green port management strategies positively relates to zero-emission. The adoption of these green port strategies by port authorities is in parallel to the NRBVT. We, therefore, hypothesize as:

H5a. Green port management strategies positively and significantly relates to zero-emission

2 Methodology

2.1 Sampling and data collection instrument and Common Method Bias (CMB)

The empirical analysis of this study involves key maritime stakeholders particularly involved in environmental issues operating in the maritime industry of Ghana. Concerning the developed latent variables of this study, structured questionnaires were used to obtain relevant information and data from our targeted respondents. From the population of about eight hundred and fifty registered maritime firms, Krejcie and Morgan's sampling technique was used to skew the population to a sample size of one hundred and thirty maritime firms. The common method bias of the study was controlled following the recommended guidelines of Podsakoff et al., (2003). The validity of the questionnaires was first tested using fifteen respondents from the selected maritime firms. The feedback after the test suggested that the questionnaires were devoid of common method bias. Before the questionnaires were finally administered, an introductory letter was first sent out to the various institutions demanding their participation in this study via an e-mail system. The respondents were assured of the anonymity of their feedback. All the institutions acknowledged the invitation and a total of three hundred and fifteen questionnaires were administered via e-mail. At the end of the allotted two weeks period assigned to the respondents, a total of two hundred and ninety-four responses were received during the data collection process which represented a 93.3% response rate. After cross-examination of the responses, valid responses for data analysis were two hundred and seventy-five. In addition, CMB of the responses was tested using exploratory factor analysis (EFA) recommended by Podsakoff et al., (2003). Exploratory factor analysis when tested suggested a cumulative variance of 36.9% which is below the < 50% recommended threshold by Podsakoff et al., (2003). Non-response bias was also tested using the t-test indicator suggested by Armstrong and Overton (1977). The results suggested that the study have no issue with non-response bias since the responses did not vary from each other at a 5% significant interval as suggested by Armstrong and Overton (1977).

2.2 Data analysis

A 5-point Likert scale ranging from strongly disagree to strongly agree was used to measure the extent to which the respondents agreed or disagreed with the measurement items. The dataset of the study was analysed using Partial Least Square Structural Equation Modelling (PLS-SEM). PLS-SEM has emerged so strongly in recent time quantitative studies due to its extreme quality to model the causal relationship existing between variables and its predictive relevance. PLS-SEM is a useful technique most suitable for modelling multiple dependent and independent variables, handling multicollinearity among variables, and missing data. Again, it is highly recommended for theory development and testing the validity of exploratory models. It can also handle both formative and reflective models (Henseler 2017). The dataset of the study was analysed by assessing the measurement and structural model of the study. The measurement model was measured to examine the relationship existing between the latent variables and their measured items. On the other axis, the structural model measures the correlation existing between the latent variables. The goodness of fit (GoF) of the model was estimated within the range of 0 to 1 as suggested by (Hair et al., 2013). PLS algorithm and bootstrapping which estimate t-statistics and the relationship between the latent variables were measured with the values of 300 and 5000 respectively. Blindfolding which measures the data point omission was also estimated to the default value of D 7.

2.2.1 Assessment of the measurement model

The measurement model was measured to examine the relationship existing between the latent variables and their measured items (Tab. 2). It measures the validity and reliability of the model by examining the internal consistency reliability, convergent validity, and discriminant validity of the model. The internal consistency reliability of the model was estimated by examining Cronbach's alpha (CA) and composite reliability (CR). From Tab. 3 below, the values for CA (0.737 ~ 0.822) and CR (0.833 ~ 0.880) were within the recommended threshold (> 0.70) by Henseler, (2017). Also, from table 3, the average variance extracted which measures the convergent validity of the model was estimated with the range of 0.529 ~ 0.654. This supports the recommended threshold (> 0.50) by Hair et al., (2013). On the other axis, the Fornell-Larcker criterion and Heterotrait-Monotrait ratio (HTMT) which also measures discriminant validity of the model were estimated within the ranges of (0.454 ~ 0.821) and (0.412 ~ 0.835) respectively. From Tab. 4 and Tab. 5 both the Fornell-Larcker criterion and HTMT aligns with the < 0.85 maximum threshold suggested by Henseler, (2017).

Variables, measurement items, factor loadings, mean, standard deviation and sources Tab. 2

Constructs	Measurement items	Loadings	Mean	SD	Source
Internal port expansion projects (IPEP)	(1) Berth expansion;	0.740	3.89	0.94	Dyer, 2014
	(2) Draft extension;	0.711	3.71	0.97	
	(3) Terminal expansion;	0.801	4.12	0.88	
	(4) Navigational channel expansion	0.782	3.77	0.96	
External port expansion projects (EPEP)	(1) Dry port system;	0.869	4.08	0.88	Lättilä et al., 2013
	(2) Intermodal transport system	0.814	3.91	0.97	

continued

Constructs	Measurement items	Loadings	Mean	SD	Source
Green port management strategies (GPMS)	(1) Virtual arrival policy;	0.789	4.16	0.75	Aregall et al., 2018; Teerawattana and Yang, 2019
	(2) Ship emission monitoring;	0.734	3.73	0.94	
	(3) Implementing Environmental policies;	0.820	3.95	0.96	
	(4) Supplying of low fossil fuel;	0.882	4.22	0.79	
	(5) Switching from main engine to generators in port	0.704	3.54	0.97	
Emergence of Technology (ET)	(1) Digital information sharing;	0.708	3.87	0.98	Aydogdu and Aksoy, 2015
	(2) Paperless clearance system;	0.775	4.12	0.97	
	(3) E-booking of vessels	0.847	3.89	0.96	
Stakeholders pressure (SP)	(1) Internal stakeholders;	0.755	3.84	0.88	Netteboom and Winkelmans, 2002
	(2) External stakeholders;	0.768	3.54	0.90	
	(3) Public policy stakeholders;	0.807	3.89	0.96	
	(4) Community stakeholders	0.822	3.91	0.97	
Zero emission (ZE)	(1) Emission reduction;	0.765	3.97	0.94	Acciaro et al., 2014; Sinha and Chowdhury, 2020
	(2) Energy management;	0.872	3.89	0.95	
	(3) Energy consumption;	0.865	3.93	0.86	
	(4) Energy efficient fuels	0.827	3.84	0.92	

Cronbach's Alpha, Composite Reliability and Average Variance Extracted (AVE)　　Tab. 3

Constructs	Cronbach's. Alpha	Composite Reliability	Average Variance Extracted (AVE)
Internal port expansion projects	0.763	0.849	0.563
External port expansion projects	0.804	0.871	0.636
Green port management strategies	0.771	0.854	0.529
Emergence of technology	0.737	0.833	0.584
Stakeholders pressure	0.822	0.880	0.654
Zero emission	0.783	0.878	0.547

Fornell-Lacker criterion　　Tab. 4

Constructs	IPEP	EPEP	GPMS	ET	SP	ZE
Internal port expansion projects	0.821					
External port expansion projects	0.589	0.801				
Green port management strategies	0.632	0.748	0.764			
Emergence of technology	0.487	0.655	0.614	0.817		
Stakeholders pressure	0.611	0.760	0.718	0.540	0.761	
Zero emission	0.620	0.591	0.626	0.454	0.503	0.724

HTMT ratio Tab. 5

Constructs	IPEP	EPEP	GPMS	ET	SP	ZE
Internal port expansion projects						
External port expansion projects	0.716					
Green port management strategies	0.835	0.827				
Emergence of technology	0.721	0.668	0.769			
Stakeholders pressure	0.629	0.774	0.688	0.675		
Zero emission	0.558	0.501	0.713	0.486	0.412	

2.2.2 Assessment of the structural model

The structural model measures the correlation existing between the latent variables of the model. It is estimated by examining the variance explained (R^2), effect size (f^2), predictive relevance (Q^2), path coefficient (β) and significant level (p-values) of the mode. As recommended by Hair et al. (2013), Stone-Geisser's Q^2, R^2 and R^2 adjusted were examined to prove the variances of the exogenous and exo-endogenous variables on the endogenous variable. Concerning Tab. 6 below, the model predicted Q^2 values of GPMS (0.252) and ZE (0.346). This, therefore, implicated that the model has achieved very high predictive relevance values above the >0.00 minimum threshold suggested by Henseler, (2017). Tab. 6 suggested R^2 values of GPMS (0.532) and ZE (0.694) and R^2 adjusted values for GPMS (0.512) and ZE (0.701) (Tab. 7). From Tab. 8 and Tab. 9, the model again suggested f^2 values of (0.209 ~ 0.342). The goodness of fit value of the model was estimated as 0.69. Lastly, the inner VIF values of the model were all less than 3.000 which connote that the model is devoid of multicollinearity issues as shown in Tab. 8 and Tab. 9.

structural model: R^2, R^2 Adjusted, and Q^2 Tab. 6

Constructs	R^2	R^2 Adjusted	Q^2
Green port management strategies	0.532	0.512	0.252
Zero emission	0.694	0.701	0.346

Sample mean, Standard deviation and *P*-values Tab. 7

Correlation	Sample mean	Standard deviation	*P*-values
PS→ZE	-0.068	0.043	0.047
N→ZE	-0.073	0.051	0.055
HI→ZE	-0.039	0.023	0.019

Direct effects Tab. 8

Hypotheses	Correlation	Beta(β)	*T* Statistics	*P* Values	f^2	VIF	Results
H1a	IPE→GPMS	0.425	7.249	0.000	0.323	2.086	Yes
H1b	IPEP→ZE	0.237	4.016	0.000	0.272	1.402	Yes
H2a	EPEP→GPMS	0.374	4.310	0.004	0.209	1.521	Yes
H2b	EPEP→ZE	0.263	4.002	0.000	0.213	1.122	Yes
H3a	ET→GPMS	0.298	4.035	0.002	0294	1.608	Yes
H3b	ET→ZE	-0.23	1.635	0.000	1.141	1.366	No

continued

Hypotheses	Correlation	Beta(β)	T Statistics	P Values	f^2	VIF	Results
H4a	SP→GPMS	0.354	4.321	0.000	0.240	1.448	Yes
H4b	SP→ZE	-0.122	2.164	0.004	0.040	2.161	No
H5a	GPMS→ZE	0.445	8.583	0.000	0.342	2.198	Yes

Indirect/mediation effects Tab. 9

Hypotheses	Correlation	Beta(β)	T Statistics	P Values	f^2	VIF	Results
H1c	IPEP→GPMS→ZE	0.347	5.384	0.000	0.238	1.440	Yes
H2c	EPEP→GPMS→ZE	0.293	4.021	0.006	0.289	1.305	Yes
H3c	ET→GPMS→ZE.	0.388	6.199	0.000	0.303	1.724	Yes
H4c	SP→GPMS→ZE.	0.279	4.009	0.000	0.287	1.361	Yes

3 Results and discussion

3.1 Direct effects

After a careful analysis of the results and hypotheses as represented in table 8 below, the findings suggest that internal port expansion projects positively influence the adoption of green port management strategies by the seaport. This assertion supports hypothesis H1a ($\beta = 0.425$, $T = 7.249$, $f^2 = 0.323$) of the model. According to the findings, an increase in the internal capacity of the seaport in the form of acquisition of new cargo handling equipment, berth and approach channel expansion enhances the efficiency and productivity of seaports. Such development provides an opportunity for the seaport to adopt and implement innovative strategies to enhance its effectiveness, competitiveness and service quality level. Talley and Ng (2016), and Junior et al. (2012), partially supported this assertion by explaining that, an improvement in seaport infrastructural facilities positively influences its productivity and service delivery to shippers.

Again, the findings reveal that internal port expansion projects positively influences zero-emission from ships hence in support of hypothesis H1b ($\beta = 0.237$, $T = 4.016$, $f^2 = 0.272$) of the model. The findings posit that the decision by port authorities to undertake internal port expansion projects enhances the opportunity of the seaport to accommodate bigger and more vessels. Queuing for a berth is drastically reduced and quayside cargo operations are improved. Vessels port stay is shortened with less carbon emission from marine vessels. Ballini et al., (2022) supported this assertion by explaining that internal port expansion by port authorities enhances the operational efficiency of the seaport and the turnaround time of vessels in port. On the contrary, Psaraftis and Kontovas (2010), disproved this assertion by emphasizing that an improvement in logistics and cargo handling equipment at the seaport increases energy consumption and emissions from equipment. The difference in findings may be due to differences in port operational systems or procedures applicable in the individual seaports.

Furthermore, the findings indicated that external port expansion projects positively relate to the adoption of green port management strategies hence in support hypothesis H2a ($\beta = 0.374$, $T = 4.310$, $f^2 = 0.209$) of the model. The findings connote that the introduction of external port expansion projects in seaport operations enables the seaport to diversify. This initiative enables port authorities to incorporate environmentally friendly strategies in their operations by moving certain key operations inland to enhance operational efficiency. Very key logistics and cargo handling operations resulting in delays, pollution, and congestion in port are moved inland to promote operational efficiency. The physical qualities of the facility provide its seaport with a one-stop-shop centre where multiple service providers are been met providing a varied range of value-added services. Liao et al. (2009), partially supported this finding by high lightening that the integration of dry port systems in seaport operations provides its seaport with environmentally friendly means of transferring cargoes by rails.

More so, the findings reveal that external port expansion projects positively influence zero-emission which support hypothesis H2b ($\beta = 0.263$, $T = 4.002$, $f^2 = 0.213$) of the study. The findings elaborate that external port expansion projects enhance the capacity of its seaport to handle challenges of congestion and limited cargo space prolonging the turnaround time of vessels in port. Also, the use of locomotives in container devolution ensures quick and safe container transfer with low carbon emissions compared to the use of trucks. Carbon emissions from trucks and ships are drastically reduced which enhances the environmental performance of the seaport. Lättilä et al. (2013), supported this finding by elaborating that the integration of the dry port system in seaport operations helps to reduce carbon emission by 32% to 45%. Psaraftis and Kontovas (2009), also partially supported this by explaining that the use of trains in container transfer is environmentally friendly compared to the use of trucks.

Additionally, the findings suggest that the emergence of technology positively relate to green port management strategies. This assertion of the study support hypothesis H3a ($\beta = 0298$, $T = 4.035$, $f^2 = 0.294$). According to the findings, technological advancement in the maritime industry provides port authorities with the opportunity to adopt innovative strategies which enhances port operational efficiency and performance. The advent of technology in seaport operations reduce main power effort and enhances service rate and quality. Heilig et al. (2017), fully supported this finding by elaborating that technological advancement in the maritime industry has helped to introduce green port operations through automated container terminals. Ballini et al. (2022), also partially supported this finding by positing that technological advance in the maritime industry has helped to provide port authorities with an alternative means of generating power using a renewable energy source.

Although hypothesis H3b which seeks to establish a positive relationship between the emergence of technology and zero-emission did not support the model of the study ($\beta = -0.298$, $T = 1.635$, $f^2 = 0.141$), yet, other authors discovered a positive relationship between these variables. Wilmsmeier et al. (2014), supported this finding by emphasizing that technological advancement in seaport operations increases energy consumption and emissions from power plants. On the contrary, Sinha and Chowdhury (2020), also parenthesized that the use of virtual-arrival systems by seaports enhances communication between seaports and shipping lines with a resultant positive impact on energy consumption and carbon emission. The variation findings may be due to the intensity of technology application in these seaports.

Furthermore, the findings reveal that stakeholders' pressure positively and significantly influences green port management strategies hence in support of hypothesis ($\beta = 0.354$, $T = 4.321$, $f^2 = 0.240$) of the model. According to the findings, pressure from port stakeholders influences port authorities to adopt sustainable port policies and practices that enhance the environmental performance of the seaport. Sustainable and green port policies have become a very significant tool in recent times competitive seaport environment. Seaports with green port policies and practices attract a larger market share. Port stakeholders to enhance their competitiveness and conform to environmental protocols mandates port authorities to institute green port management strategies. Roos and Kliemann Neto, (2017) and Antão et al. (2016), supported this finding by elaborating that stakeholders' pressure has influenced the adoption of sustainable policies on energy consumption and management by seaports.

Again, the findings of the results suggest that stakeholders' pressure have no direct significant influence on zero-emission hence does not support hypothesis H4b (β = −0.122, T = 2.164, f^2 = 0.040) of the model. On the contrary, Sinha and Chowdhury (2020), established a positive relationship between these variables by explaining that stakeholders' pressure and competition between stakeholders of seaport enhances their efficiency rate and productivity level. Such pressure enables services providers to provide timely services to visiting vessels in port hence reducing vessel's time in port, energy consumption, and emission rate.

Lastly, the direct effect suggested that green port management strategies positively and significantly influence zero-emission. This finding of the study, therefore, supports hypothesis H5a (β = 0.445, T = 8.583, f^2 = 0.342) of the model. According to the findings, the implementation of green port management strategies by port authorities mandates seaports and their stakeholders to undertake green port operations and practices. Green port operations attempt to control and prevent pollution resulting from port operations and improve the environmental performance of the seaport. Visiting vessels are subjected to strict environmental standards which mandate them to emit less carbon component into the atmosphere. Corbett et al. (2009), supported this finding by stating that the implementation of ships speed reduction policy by American seaports 20 nautical miles from the shoreline has caused a drastic reduction in ships emission(Fig. 2).

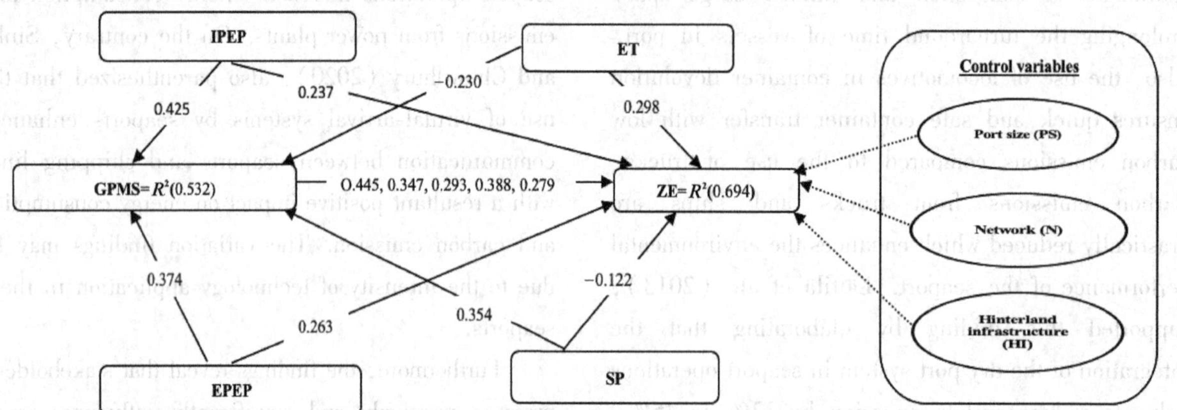

Fig. 2 Structural model indicating R^2 and β values

3.2 Indirect effects

The findings of the indirect effects as represented in table 9 suggest that green port management strategies play a significant mediation role between internal port expansion projects and zero-emission. This finding of the study support hypothesis H1c (β = 0.347, T = 5.384, f^2 = 0.238) of the model. According to the findings, internal port development enhances the opportunity of the seaport to incorporate new strategies to ensure operational efficiency. An improvement in seaport infrastructural and superstructural facilitates enables port authorities to adopt new measures of accommodating and serving vessels. An improvement in these facilities causes a significant reduction in the emission rate of cargo handling equipment and visiting vessels in port. Yip et al. (2014), partially supported this assertion by explaining that, most seaports to improve their environmental performance and efficiency have entered into a leasing agreement with shipping lines to undertake terminal development. Such strategic developments enhance the operational efficiency of the shipping lines and reduce vessels' time in port.

Secondly, the findings suggest that green port management strategies play a significant mediation role between external port expansion projects and zero-emission such that, it supports hypothesis H2c ($\beta=0.293$, $T=4.021$, $f^2=0.289$) of the study. The findings explain that the development of a dry port system and its integration in seaport operations enables the seaport to isolate logistics, cargo documentation and clearing activities which turn to cause delays and congestion in port away from the seaport area. The seaport only focuses on vessels and quayside cargo operations which promote professionalism and quality of service. Marine vessels' time in port is shortened and their emission rate significantly improved. In support, the use of wagons in container devolution to and from the seaport ensures berth efficiency and productivity with less carbon emission. The study by Lättilä et al., (2013) and Ballini et al. (2022), supported this finding of the study by emphasizing that the integration of a dry port system in seaport operations helps to reduce carbon emission from seaport by 32% to 45%.

Furthermore, hypothesis H3c of the model posits that green port management strategies play a significant mediation role between the emergence of technology and zero emissions ($\beta=0.388$, $T=6.199$, $f^2=0.303$). According to the findings, the emergence of technology in seaport operations provide an opportunity for port authorities to adopt green port management strategies in their operations. The advent of technology in the maritime industry helps to enhance information flow between port authorities and their stakeholders. Information about ship expected time of arrival and departure, cargoes on board, type of services required, berthing prospects are known in advance before the arrival of the vessel in port. This helps to control the sailing speed, queuing, and turnaround time of vessels. Fuel consumption and emissions are on the other hand are drastically improved. Seaports now supply green energy sources for visiting vessels. Also, more sophisticated cargo handling equipment including gantry cranes, Mafi trucks, forklifts, etc are deployed into operations to improve seaport efficiency and vessels port stay. This finding of the study was further supported by the literature by Papaefthimiou et al., (2017).

Last but not the least, the findings reveal that green port management strategies play a positive and significant mediation role between stakeholders' pressure and zero-emission hence in support of the hypothesis H4c ($\beta=0.279$, $T=4.009$, $f^2=0.287$) of the study. According to the findings, port stakeholders' pressure influences port authorities to adopt sustainable port management practices in all aspects of the port supply chain system. Port stakeholders in order to comply with environmental standards and regulations mandate port authorities to implement green port policies and practices. Seaports in accordance with the MARPOL convention and environmental protection agencies implement green port policies to help control pollution from ships and improve environmental performance within the seaport area. The implementation of such strategies enhances the environmental compliance and effectiveness of the seaport and its stakeholders. This finding of the study is supported by the literature of Sinha and Chowdhury, (2020).

Lastly from table 7, the control variables including port size (0.041), network (0.055), and hinterland infrastructure (0.019) have a significant and positive influence on zero-emission. Bigger seaports with well-connected networks and hinterland infrastructure have low carbon emissions compared to feeder ports with poor network and or no hinterland infrastructure (Turner et al. 2004; McCalla 2003).

4 Conclusions

4.1 Theoretical implications and practice

This study from the African seaport perspective examines the correlations between internal port expansion projects, external port expansion projects, the emergence of technology, stakeholders pressure and how these variables influence the adoption of green port management strategies and zero-emission. The findings of the results revealed that internal port expansion projects, external port expansion projects, emergence of technology, and green port management strategies positively related to zero-emission. Also, the results explained that internal port expansion projects, external port expansion projects, stakeholders' pressure significantly influence the adoption of green port management strategies in seaport operations. On the other axis, although the findings of the study established a negative relationship between the emergence of technology on green port management strategies and stakeholders' pressure on zero-emission, yet, other literature found these variables to be positive.

The findings again prove that the adoption of green port management strategies by port authorities does not only help to minimize emissions from ships but also enhances the competitiveness of port operations and business prospects. Furthermore, the findings demonstrate that the adoption of green port management strategies by seaports espouses the wiliness and readiness of port authorities to adhere to mandatory environmental standards to improve environmental performance. Additionally, the findings posit that stakeholders' pressure influence substantially on management decisions towards the adoption of green port management strategies. Immense pressure from stakeholders on authorities towards the adoption of green port management strategies influences the achievement of stakeholders' business goals. Also, the conceptual model of the study serves as a significant guide for policymakers and authorities to formulate environmental policies that will strategically enhance the environmental performance, compliances, and competitiveness of the seaport and promote green port investment and operations.

Lastly, most international bodies wield the notion that African seaports operate with less regard to environmental standards and requirements such that African seaports are the major contributors of marine pollution and carbon emissions. This study seeks to disprove the assertion by illustrating and elaborating on the contribution of African seaports on emission reduction and control from ships. The study to a larger extent posits the espouse of Ghanaian seaports towards the achievement of the United Nations sustainable development goals.

4.2 Limitations, future research directions and suggestions of the study

Despite the numerous positive and significant contributions of this study to existing literature, yet, the study is faced with certain limitations which gives room for future research directions. First and foremost, the scope of this study was only limited to the maritime terrain of Ghana which affected the sample size and generalization of the findings. Future studies may be conducted from a cross-sectional dimension involving multiple seaports from different countries or geographical areas to enhance the sample size and generalization of the results. Also, the study only resorted to the use of PLS-SEM to examine the correlation existing between the developed variables and in testing the hypotheses. To enhance and affirm the validity of this study, different or similar studies may be conducted using a different model or analytical tool. Preferably two or more analytical tools can be used for more validity and accuracy of results. From the developed latent variables and their measurement items, it can be noticed that the influence of technology in Ghanaian seaport operations is very low. Compared to seaports operating in China, the USA, Germany, the Netherland etc, Ghanaian seaports are far behind modern days technology used in contemporary seaport operations. We, therefore, suggest that technological advancement should be given a major priority in Ghanaian seaports operations such that more innovative strategies can be incorporated into these seaport operations to help improve seaport productivity, competitiveness and environmental performance. We again suggest that GPHA should review their environmental policies and practices by introducing more innovative strategies and techniques to enhance their competitiveness and as a strategic measure towards the achievement of their long-term mission and vision. Lastly, we suggest that the port authorities should engage in exchange programmes with authorities from developed maritime nations including China, the Netherlands, Germany, the USA etc to borrow and exchange intelligence and technology on green maritime transport policies to help reduce carbon emission and improve environmental performance.

5 Acknowledgement

First and foremost, we express our deepest gratitude to World Transport Convention (WTC) for organizing such a study and conference. We will like to express our profound gratitude to the reviewers of this study. Their suggestions and guidelines have helped to make this study a fruitful one.

Also, we deeply acknowledge the support and contribution of Dalian Maritime University (DMU): particularly the International Student Education Center (ISEC) and the Department of Transportation Engineering College headed by Prof. Zhihong Jin for being the sole sponsor and architect behind this study. Lastly, we express our deepest heartfelt appreciation and respect to all our respondents who in diverse means contributed immeasurably towards the success and completion of this study.

Thank you all.

References

[1] ACCIARO M, FERRARI C, LAM J S, et al. Are the innovation processes in seaport terminal operations successful[J]. Maritime Policy & Management,2018,45(6):787-802.

[2] ANTÃO P, CALDERÓN M, PUIG M. et al. Identification of Occupational Health, Safety, Security (OHSS) and Environmental Performance Indicators in port areas[J]. Safety Science,2016(85): 266-275.

[3] AREGALL M G, BERGQVIST R, MONIOS J. A global review of the hinterland dimension of green port strategies[J]. Transp Res D Transp Environ 2018(59): 23-34.

[4] ARMSTRONG, J S,OVERTON T S. Estimating nonresponse bias in mail surveys. Journal of marketing research, 1977,14(3): 396-402.

[5] AYDOGDU Y V, AKSOY S. A study on quantitative benefits of port community systems. Maritime Policy & Management, 2015, 42(1): 1-10.

[6] BALLINI F, VAKILI S, SCHÖNBORN A, et al. Optimal decision making for emissions reduction measures for Italian container terminals. Proceedings of the Institution of Mechanical Engineers, Part M: Journal of Engineering for the Maritime Environment, 2022,236(1): 283-300.

[7] BECKER A H, MATSON P, FISCHER M, et al. Towards seaport resilience for climate change adaptation: Stakeholder perceptions of hurricane impacts in Gulfport (MS) and Providence (RI). Progress in Planning, 2015(99): 1-49.

[8] BERGQVIST R, MONIOS J. Green ports in theory and practice. In: Green ports: inland and seaside sustainable transportation strategies. Cambridge, MA: Elsevier, 2019:1-17.

[9] CHANG Y T, PARK H K, LEE S, et al. Have emission control areas (ECAs) harmed port efficiency in Europe? [J]. Transportation Research Part D: Transport and Environment, 2018(58):39-53.

[10] CASSON M. The role of vertical integration in the shipping industry[J]. Journal of transport economics and policy, 1986:7-29.

[11] CEFIC E C. Guidelines for measuring and managing CO_2 emission from freight transport operations[J]. Cefic Report, 2011,1(2011):1-18.

[12] CHANG Y T, ROH Y, PARK H. Assessing noxious gases of vessel operations in a potential Emission Control Area [J]. Transportation Research Part D: Transport and Environment, 2014(28):91-97.

[13] CHANG Y T, PARK H K, LEE S, et al. Have emission control areas (ECAs) harmed port efficiency in Europe? [J]. Transportation Research Part D: Transport and Environment, 2018(58):39-53.

[14] CORBETT J J, WANG H, WINEBRAKE J J. (2009). D: The effectiveness and costs of speed reductions on emissions from international

shipping. Transportation Research Part D: Transport and Environment, 14(8), 593-598.

[15] Cullinane, K., & Bergqvist, R. (2014). Emission control areas and their impact on maritime transport. Transportation Research Part D: Transport and Environment, 28: 1-5.

[16] DYER J A. Is Durban's Port Expansion really necessary? TIPS Discussion Paper. http://www.tips.org.za/files/is_durbans_proposed_port_expansion_really_necessary.pdf.

[17] GUPTA A K, GUPTA S K, PATIL R. S. Environmental management plan for port and harbour projects. Clean Technologies and Environmental Policy, 7(2), 133-141.

[18] HAIR J F, RINGLE C M, SARSTEDT M. Partial least squares structural equation modelling: Rigorous applications, better results and higher acceptance. Long-range planning, 46(1-2), 1-12.

[19] HANAOKA S, REGMI M B. Promoting intermodal freight transport through the development of dry ports in Asia: An environmental perspective. IATSS Research, 35(1), 16-23.

[20] HART S L. A natural-resource-based view of the firm. Academy of management review, 20(4), 986-1014.

[21] HEILIG L, SCHWARZE S, VOß S. An analysis of digital transformation in the history and future of modern ports.

[22] HELMIG B, SPRAUL K, INGENHOFF D. Under positive pressure: How stakeholder pressure affects corporate social responsibility implementation. Business & Society, 55(2), 151-187.

[23] HENRIQUES I, SADORSKY P. The relationship between environmental commitment and managerial perceptions of stakeholder importance. Academy of Management Journal, 42(1), 87-99.

[24] HENSELER J. Partial least squares path modelling. In Advanced methods for modelling markets (pp. 361-381). Springer, Cham.

[25] IRIS C, LAM J S L. A review of energy efficiency in ports: Operational strategies, technologies and energy management systems. Renewable and Sustainable Energy Reviews, 112, 170-182.

[26] JUNIOR A G M, JUNIOR M M C., BELDERRAIN M C N, et al. "Multicriteria and multivariate analysis for port performance evaluation", International Journal of Production Economics, 140(1):450-456.

[27] KASSINIS G, VAFEAS N. Stakeholder pressures and environmental performance. Academy of Management Journal, 49(1), 145-159.

[28] KRÄMER, I. Shunt-E 4.0-autonomous zero-emission shunting processes in port and hinterland railway operations. Journal of Traffic and Transportation Engineering, 7, 157-164.

[29] LÄTTILÄ L, HENTTU V, HILMOLA O P. Hinterland operations of seaports do matter Dry port usage affects transportation costs and CO_2 emissions. Transportation Research Part E: Logistics and Transportation Review, 55, 23-42.

[30] LIAO C H, TSENG P H, CULLINANE K, et al. The impact of an emerging seaport on the carbon dioxide emissions of inland container transport: An empirical study of Taipei port. Energy Policy, 38(9), 5251-5257.

[31] MCCALLA R. Transport and connectivity: Problems faced by small island developing states. In United Nations Conference on Trade and Development's Expert Meeting on the Development of Multimodal Transport and Logistics Services, Geneva, September 24-26.

[32] MERSIN K, ALKAN G, MLSLRLLOĞL T. A new method for calculating fuel consumption and displacement of a ship in maritime transport. Cogent Engineering, 4(1), 1415107.

[33] MIDILLI A, DINCER I, AY M. Green energy strategies for sustainable development. Energy Policy, 34(18):3623-3633.

[34] NIKISHIN A J, KHARITONOV M S. Modernization of marine ports electrical power supply systems

in the framework of zero-emission strategy. In IOP Conference Series: Earth and Environmental Science (Vol. 689, No. 1, p. 012018). IOP Publishing.

[35] NOTTEBOOM T, PALLIS A, RODRIGUE J P. Port Economics, Management and Policy. Routledge.

[36] PAPAEFTHIMIOU S, SITZIMIS I, ANDRIOSOPOULOS K. A methodological approach for environmental characterization of ports. Maritime Policy Manage. 44 (1),81-93.

[37] PARK K H, CHANG Y T, LAM J S L. Optimal emission control under public port rivalry: A comparison of competitive and cooperative policy. Maritime Transport Research, 1, 100005.

[38] PISTOIA G, KALOGIROU S, STORVICK T. Renewable energy focus handbook, Elsevier.

[39] PSARAFTIS H N, KONTOVAS C A. CO_2 emission statistics for the world commercial fleet. WMU Journal of Maritime Affairs, 8 (1), 1-25.

[40] PODSAKOFF P M, MACKENZIE S B, LEE J Y, et al. Common method biases in behavioural research: A critical review of the literature and recommended remedies. Journal of applied psychology, 88(5), 879.

[41] ROOS E C, KLIEMANN NETO F J. Tools for evaluating environmental performance at Brazilian public ports: Analysis and proposal. Marine Pollution Bulletin, Vol. 115, No. 1, pp. 211-216.

[42] SINHA D, CHOWDHURY S R. A framework for ensuring zero defects and sustainable operations in major Indian ports. International Journal of Quality & Reliability Management.

[43] SPIEGLER V L, NAIM M M, WIKNER J. A control engineering approach to the assessment of supply chain resilience. International Journal of Production Research, 50(21), 6162-6187.

[44] TALLEY W K, N M. "Port multi-service congestion", Transportation Research Part E: Logistics and Transportation Review, Vol. 94, pp. 66-70.

[45] THREADGOLD A. Private financing of infrastructure and other long-term capital projects. Journal of Applied Finance and Investment, 1(1), 7-12.

[46] TONGZON J L. Determinants of port performance and efficiency. Transportation Research Part A: Policy and Practice, 29(3), 245-252.

[47] TURNER H, WINDLE R, DRESNER M. North American container port productivity: 1984-1997. Transportation Research Part E: Logistics and Transportation Review, 40(4), 339-356.

[48] UNCTAD (2020) The Covid-19 Shock for Developing Countries. UNCTAD/GDS/INF/2020/2 https://unctad.org/en/PublicationsLibrary/gds_tdr2019_covid2_en.pdf [accessed 22 May 2020]

[49] US Environmental Protection Agency (2009). Proposal of Emission Control Area Designation for Geographic Control of Emissions from Ships. USEPA, Washington.

[50] VAN K H A, LANGEN P W. Twee visies in vervoersland. *ESB*, 84(4217(in Dutch)

[51] WILMSMEIER G, FROESE J, ZOTZ A, et al. Energy consumption and efficiency: emerging challenges from reefer trade in South American container terminals.

[52] YIP T L, LIU J J, FU X, et al. Modelling the effects of competition on seaport terminal awarding. Transport Policy, 35, 341-349.

in the framework of zero-emission strategy. In: IOP Conference Series: Earth and Environmental Science (Vol. 159, No. 1, p. 012018). IOP Publishing.

[35] NOTTEBOOM T, PALLIS A, RODRIGUE J P. Port Economics, Management and Policy. Routledge.

[36] PAPAEFTHIMIOU S, SITZIMIS I, ANDRIOSOPOULOS K. A methodological approach for environmental characterization of ports. Maritime Policy Manage, 44(1): 81-93.

[37] PARK K H, CHANG Y T, LAM J S L. Optimal emission control under public-port rivalry: A comparison of competitive and cooperative policy. Maritime Transport Research, 1, 100005.

[38] PISTOIA G, KALOGIROU S, STORVICK T. Renewable energy focus handbook. Elsevier.

[39] PSARAFTIS H N, KONTOVAS C A. CO_2 emission statistics for the world commercial fleet. WMU Journal of Maritime Affairs, 8(1): 1-25.

[40] PODSAKOFF P M, MACKENZIE S B, LEE J Y, et al. Common method biases in behavioral research: A critical review of the literature and recommended remedies. Journal of applied psychology, 88(5): 879.

[41] ROOS E C, KLIEMANN NETO F J. Tools for evaluating environmental performance at Brazilian public ports: Analysis and proposal. Marine Pollution Bulletin, Vol. 115, No. 1, pp. 211-216.

[42] SINHA D, CHOWDHURY S R. A framework for ensuring zero defects and sustainable operations in major Indian ports. International Journal of Quality & Reliability Management.

[43] SPIEGLER V L, NAIM M M, WIKNER J. A control engineering approach to the assessment of supply chain resilience. International Journal of Production Research, 50(21): 6162-6187.

[44] TALLEY W K, NG M. "Port multi-service congestion" Transportation Research Part E: Logistics and Transportation Review, Vol. 94, pp. 66-70.

[45] TREADGOLD A. Private financing of infrastructure and other long-term capital projects. Journal of Applied Finance and Investment, 1(1): 7-12.

[46] TONGZON J L. Determinants of port performance and efficiency. Transportation Research Part A: Policy and Practice, 29(3): 245-252.

[47] TURNER H, WINDLE R, DRESNER M. North American container port productivity: 1984-1997. Transportation Research Part E: Logistics and Transportation Review, 40(4): 339-356.

[48] UNCTAD (2020). The Covid-19 Shock for Developing Countries. UNCTAD/GDS/INF/2020/2 https://unctad.org/en/PublicationsLibrary/gds_inf2019_covid2_en.pdf [accessed 22 May 2020].

[49] US Environmental Protection Agency (2009). Proposal of Emission Control Area Designation for Geographic Control of Emissions from Ships. USEPA, Washington.

[50] VAN K H A, LANGEN P W. Twee visies in vervoerland. ESB, 84(4217) (in Dutch).

[51] WILMSMEIER G, FROESE J, ZOTZ A K, et al. Energy consumption and efficiency: emerging challenges from reefer trade in South American container terminals.

[52] YIP T L, LIU J J, FU X, et al. Modelling the effects of competition on seaport terminal awarding. Transport Policy, 35: 341-349.

交叉学科篇

工程结算中常见问题及对策建议

蒋民阳　黄贤明*　刘智锋
(湖北交投襄神高速公路有限公司)

摘　要　工程结算是工程造价管理工作的重点内容之一,直接关系到业主的投资效益和施工单位的经济效益,并且涉及范围较广、专业要求高,又因工程施工技术较为复杂,中间各个环节都容易出现问题,致使工程结算进度滞后,工作难度大,廉政风险大。本文对工程结算中存在的主要问题和其成因进行了深入的分析,列举了相关案例,在此基础上提出规避工程结算、完善工程结算工作的对策建议,以期对工程结算的全面高效管控有所裨益。

关键词　工程结算　常见问题　分析　对策建议

0　引言

工程结算是工程造价管理工作的重点内容之一,直接关系到业主的投资效益和施工单位的经济效益,并且涉及范围较广、专业要求高,又因工程施工技术较为复杂,中间各个环节都容易出现问题,致使工程结算进度滞后,工作难度大,廉政风险大。本文就工程结算中常见的问题进行了分析,并从完善各项机制建设的角度提出了相关对策建议,以便更好地做好结算工作规划,更高效地推进工程结算工作。

1　透过现象、发现本质,客观看待工程结算中存在的主要问题

1.1　倒逼结算风险

1.1.1　施工单位急于结算形成的倒逼压力

施工单位在工程完工后,为加快结算、收回资金、尽早从完工项目抽身,加大了结算的工作力度,有些单位由于指导思想偏激或意欲谋求不当利益,针对指挥部、施工监理单位人员变动频繁有"钻空子"的想法,在资料整理上胡编滥造几年前的变更方案,然后通过蒙混、软磨硬缠的方式逼迫指挥部、驻地办签字,指挥部、驻地办工作人员很多是新调入的,对以前的情况并不是很清楚,稍有不慎,就会被假象迷惑、欺骗,稀里糊涂地签字确认;如果欺骗不成,就上升为采用不法手段的笼络、攻关等方式,加大倒逼力度。一旦负责结算工作的指挥部、驻地办具体负责部门和人员被笼络、被围猎,则作为第二道审议关口的指挥长办公会将形同虚设。因为大多数参会人员对实际情况不如结算人员熟悉,在会议召开的短时间内也不可能对会议的众多议题进行深入详细的了解,只能大体上审议一下,随大流表决通过,这对变更和结算合法(约)性、公正性产生影响,带来结算政策风险、法律风险、审计风险、成本风险、廉洁风险等诸多不利后果。

1.1.2　上访形成的倒逼压力

在施工单位与指挥部就变更或结算工作出现较大分歧时,施工单位极有可能通过层层上访反应诉求从而形成对指挥部的倒逼压力。在具体实施过程中,施工单位往往并不直接出面,而通过转嫁的方式,诱使或逼迫协作施工队、甚至农民工进行上访,比如以指挥部不支付工程价款、或单价过低为由连带不支付或克扣施工队价款、施工队则不支付或克扣农民工工资,从而引发施工队或农民工上访。由于近几年国家对农民工权益相当关注,出台了很多支持、帮助农民工维权的政策及具体举措,农民工上访也给地方政府维稳带来了压力,因此,农民工上访无疑加大了业主单位的工程结算压力。

1.2　结算过程中的具体问题

1.2.1　工程量计算问题

有可能存在多计、漏计、错计或重复计量等现象,表现为:

①工程计算未遵守计量规则,多计工程量,特别是招标文件计量规则有争议的项目。

②对工程变更中取消或是减少的项目仍按原设计计量。因项目大,施工复杂,指挥部现有工作人员对施工现场情况不熟悉,往往会让施工单位在工程结算时存有侥幸心理,对已取消或是减少的工程项目仍按原设计进行计量上报。

③虚报隐蔽工程数量。对工程隐蔽部位,施工完成后不及时上报资料或是资料不齐全而未及时签认工程量,待人员变化或现场无法核对时虚报工程量。

④工程交叉部位重复计量。考虑到指挥部现有人员对现场不了解,对工程交叉部位按照不同部位或是项目重复计量。

1.2.2　单价变更审查问题

工程结算中难免会遇到单价工程变更,其中就有因工程变更原投标清单支付号中没有的子目,也有招标清单漏项的子目。在单价申报和审查过程中,编制人员对标准定额及有关政策法规理解不一,对单价的分析也各有不同,主要问题和原因有几下以点:

①单价申报合理问题。申报单价是否符合招标合同条款,附件资料是否齐全。

②定额套取问题。一是对定额把握不深,对工料机组成等理解不够细致;二是针对定额中相似或相近项目的套取,可能存在按高的标准进行套取的情况。

③取费标准问题。对现行定额和有关政策法规不了解,编制人员取费也有偏差。

④材料价格问题。由于工程的复杂性,材料品种繁多,且很多材料价格会随时间的变化而不同,审核人员必须掌握材料的市场价。

⑤投标水平问题。各施工单位投标报价,为中标不同程度的调整人工、机械、费率或是消耗量以达到最合适的投标总价,一般招标专用合同条款中新增单价会参考施工单位投标水平,编制人员在审核单价时必须注意。

1.2.3　费用变更审查存在的问题

工程费用变更应按照图纸、招标文件、技术规范、批复的设计方案、法律法规等依据,结合工程实际情况对变更进行审查,在审查过程中通常会出现以下几个问题:

①变更资料的不完整性。申报的资料是否有设计变更批复文件、会议纪要、变更图纸、现场签认单、隐蔽工程验收资料、单价批复文件,变更手续是否齐全。

②变更资料的不真实性。现场签证与实际情况是否符合,一是有些监理人员不负责任、随意签认;二是由于施工单位给予的好处而虚假签认;三是签认不及时,待到人员更换、无法核实时再予以签认。

③变更资料的不规范性。一是需施工单位、监理、建设单位三方签认,而实际缺少一方;二是现场签认人员用词不严谨、内容不明确,很多情况下,签认由施工单位填写,后续核实力度不够,多笼统签署意见“情况属实”,待到结算时,很容易产生矛盾。

1.3　相关工程实例

【案例1】　苏州部分工程项目结算编制失实。根据苏州市建设局文件《关于对部分工程项目结算编制失实的情况通报》(苏建价〔2008〕15号),根据审计部门审计的近年来核减率达40%以上的项目,该局抽查了部分较高造价项目。经核查,除个别项目因客观情况导致核减率过大外,其他绝大部分项目均存在高估冒算的情况。各项目存在的主要问题是:

1)某学院楼房飘蓬工程

(1)主材单价未下浮。

(2)材料用量高估冒算。

……

2)某职业技术学院室外排水工程

(1)加大结算编制范围。

(2)重复计取独立费。

……

3)某学校教育楼C内装饰工程。

(1)高估冒算工料量。

(2)未按实际施工面积计算工程量。

4)某学院二期污水等工程

(1)送审结算土方计量不准确。

(2)施工单位报送价格偏离信息价。

5)东环路树木迁移工程

该项目未经招投标。施工单位所报费用无依据,市场偏离度大。

根据核查情况,苏州市建设局依据有关规定,决定对相关3家施工单位及6名结算编制人员进行通报批评等处理。

【案例2】　虚假签证导致的结算失真问题。

襄阳市审计局发现某市政工程参建有关方串通作假,骗取建设资金 263 万元。

审计发现,项目存在擅自增加改造子项,工程现场签证单反映有轻装和重装潜水作业(分别为 51、13 台班,金额分别为 40.8 万元、13.2 万元),但实际只有轻装潜水作业资质等疑点。

经查阅资料,超合同金额结算 837.53 万元,超 118%,其中设备采购 805 万元,占结算总额的 52%。相关重要设备等未履行招标程序,价格明显虚高。

经调查,审计核实结果证实:建设单位现场负责人不履行监管责任,对应招标的项目不按程序招标,并在手续不齐的情况下,帮助完成竣工验收。施工单位通过串通虚报获利。审计单位及时将案件移交至市纪委。涉案 5 名人员已受到党纪国法处理。

2 冷静思考、追根溯源,深入剖析结算工作中存在问题的成因

2.1 倒逼压力带来的结算不严谨问题

由于各方要求加快结算造成的倒逼效应,指挥部及相关责任部门在各方的上下、左右夹击形成的强大压力下,有可能放宽结算要求。在结算资料的收集整理上不再严格要求。只求过得去不求过得硬,"睁一只眼闭一只眼"。在结算程序上,不再循规蹈矩,而是简化程序、能省则省、加快进度,在变更审核、单价审核、费用审核等方面,在施工单位的软磨硬泡、定向攻关甚至是不法手段腐化拉拢之下,有可能放松底线要求,特别是在个人自由裁量空间较大的领域,尽力满足施工单位要求,甚至被其牵着鼻子走,沆瀣一气,走向失控。如果第一道关口——负责具体审核把关的驻地办、指挥部相关部门失守,则第二道关口——指挥长办公会更容易走过场。从技术上来说,由于时间等客观原因,大多数人对实际情况无法深入了解,只能依据经办部门提供的意见进行决策,从程序上来说,集体讨论、集体负责极有可能造成谁都不负责的局面。

2.2 指挥部现有人员对原发生情况不熟悉造成结算偏离实际情况

因项目大,施工复杂,指挥部现有工作人员对施工现场情况不了解,导致施工单位在工程结算时存有侥幸心理,对已取消或是减少的工程项目仍按原设计计量上报;利用人员变化或现场无法核实虚报隐蔽工程数量;对工程交叉部位,按照不同部位或是项目重复计量。

2.3 审查人员的素质问题造成结算与实际不符

一方面是审查人员的业务素质的高低影响到结算工作的好坏,比如在定额套取过程中,审查人员对定额中工程项目的内容是否吃透,是否存在乱套或重套定额,对工作内容、工料机构成是否深入细致分析,对定额中类似的子目的套取是否科学合理;取费标准是否科学合理,对现行定额和有关政策法规是否了解;由于工程的复杂性,材料品种繁多,审核人员能否准确把握市场变化、及时掌握材料的市场价;能否在审核单价时就一般招标专用合同条款中新增单价参考施工单位投标水平。

另一方面,审查人员的思想道德修养也是做好结算工作的关键因素。在变更资料的现场签证中,存在与实际情况不相符合的情况,有可能是监理人员不负责任随意签认或得到施工单位的好处而虚假签认或签认不及时,等到人员更换、无法核实时,再予以签认。相关人员责任心不强,施工单位、监理、建设单位现场签认人员用词不严谨,内容不明确,以致结算时产生矛盾。

3 统筹谋划、全面布局,确保结算工作按计划向前顺利推进

"凡事预则立,不预则废"。抓好结算工作,必须提前规划,统筹考虑,全面动员,综合施策,特别是要以建立执行过程中的倒逼机制为核心,充分调动参建各方的结算积极性,打好主动仗,确保结算工作按计划向前顺利推进。

3.1 建立规划上的保证机制

结算工作处于工程施工的后期,但抓好结算不能就事论事,"只见树木而不见森林",就结算而结算,也不能将工作全部交给结算工作人员,因为结算工作人员能力有限、影响力有限、追溯力有限,只能在其"一亩三分地"范围内发挥作用,而结算所涉及的范围却囊括了工程的始终。抓好结算工作,必须未雨绸缪,从工程施工全局出发考虑问题,围绕跨度(时间)、广度(空间)、维度(参建单

位、施工项目、施工协议等)多方面进行前瞻性的谋划布局,将保证结算工作顺利推进的各项前置性条件充分考虑到位,嵌入到结算前的各阶段,并有条不紊地按计划予以落实,确保结算资料生成的自然性、逻辑性,即与工程施工同步,而不是本末倒置、事后添补、东拼西凑,损害结算工作的严肃性、严谨性,影响合法合规性,衍生政策风险、法律风险、廉洁风险等。同时,要注重协调应变机制建设,针对合同执行过程中可能产生的单价、费用、变更分歧和各类问题,进而有可能层层传递,演化为施工队、农民工上访问题,指挥部要加强协调应变机制建设,及时回应各方利益诉求,共商解决办法,尽量将矛盾化解在萌芽状态,避免小事拖大、矛盾越积越多,形成"定时炸弹"。

3.2 建立落实上的倒逼机制

保证规划的落实就必须要建立强有力的执行体制。要紧紧以承包合同(合同是约束当事人双方的基本条件,也是当事人的行为规范,甲乙双方在签订合同时,要把工程中各方需要的条件、注意事项、责任义务明确在合同中,尤其是价格、工期、变更方面的相关条款)为依据,建立以结算、支付为核心的倒逼机制,倒逼施工、监理单位切实按程序操作,以过程控制保证结果达标,即在施工过程中,在中间支付阶段,严格落实结算硬性要求,达不到要求坚决拒绝支付,倒逼施工、监理单位及时按照程序、要求完善基础资料,形成"施工—监理—结算"并行的良性运行体系和长效机制,从而有效避免"头痛医头脚痛医脚"或顾此失彼、事后返工现象的发生,避免给虚假变更、虚假结算、漫天要价以可乘之机。

3.3 建立结算审查机制

3.3.1 提高现场管理人员的素质,提升各方人员合同责任感,为做好结算审查打好基础

指挥部要把好进场源头关,抓好指挥部、驻地办、施工单位进场人员资质审核,保证人员素质过硬,同时要在建设过程中加强培训,不断提升专业素质,强化履行合同的责任感和诚信意识。业主单位的造价管理人员必须具有较强的工程专业知识和较高的职业道德水准。若工程专业知识水平不高,在结算过程中无法发现问题,很容易造成成本的增加;若职业道德水平不高,很容易造成不合规的变更签证单,造成工程成本的增加。驻地办要在施工现场派驻具备较高的专业素质、较强的责任心和丰富的现场工作经验的管理人员,要求熟悉相关法律法规、招投标文件、施工合同和图纸设计,具备一定的组织、沟通和协调能力。

3.3.2 加强基础资料的收集、整理和审查

指挥部要会同施工监理单位,抓好以下基础资料的收集、整理和审查:招标文件、施工合同;变更资料、签证单;预算定额、材料信息价等资料;各期计量资料和费用变更资料;施工日志、监理日志等。

3.3.3 加强工程量的核算

工程量的核对比较烦琐,也极易出现差错。因此,在审查工程量时,要全面收集资料,重点放在隐蔽和容易重计的地方。加强工程量核算要注重以下几个方面:建立方案变更和费用变更台账,随时更新,在计算工程量时,按照台账内容,查找变更资料,认真核对变更资料和施工图的区别,扣减取消或是减少的工程量;利用计量软件控制工程总量;对照图纸、招标文件、施工合同、现场签认单核对工程量,对有疑问的地方可以询问监理人员,也可以现场核实。

3.3.4 严格审查新增工程单价

严格执行合同条款、招标文件、法律法规要求,按照施工图纸、变更文件、材料信息价、投标文件、现行定额,分析后正确套用定额。

3.3.5 加强现场核实和资料核实

管理人员多到工地一线了解情况,掌握第一手资料。注意检查隐蔽验收记录及检查设计变更签证,查看手续的完整性,对有疑问的工程量进行现场核实。

3.4 建立全方位的结算监督机制

3.4.1 构建强有力的监督体系

要通过党务政务公开,纪检监督、工会监督、职代会监督、群众监督、财务审计监督等方式,加强工程施工全过程的监督,加强对各参建单位的监督,加强企业和项目管理的决策环节、财务管理环节、大宗材料、设备采购招投标环节等源头上的监控。通过建立全方位、多层次的监督体系,形成一道道带电的"高压线",让腐败无处遁形,打造"廉洁阳光工程",以过程廉洁确保结果廉洁。

3.4.2 加强结算监督

紧盯结算中的各关键环节，特别是工程变更、隐蔽工程签认、单价变动、费用变动、大额资金支付等重要节点，发挥纪检、监察、审计各自的优势，强化对程序、政策、条款的合法合规性审查，加大结算督查力度，对各结算参与方进行有效监督，防止以权谋私等违法违纪行为的发生。

4 结语

工程结算是一项政策性、技术性、谈判技巧性很强的工作，需要在实践中不断探索创新。做好工程结算，不仅是工程结算人员的事情，而且是全员都必须关注的一项大事，必须从全局进行整体考虑和规划、落实。同时，发挥主导作用的工程结算审核人员必须认真、细致，客观公正，实事求是，推动各类资料管理的科学化、规范化，正确处理与相关单位的合同关系，不断提高自己的专业技能和综合管理能力，使工程结算尽可能真实、客观、合规合法，从而保证结算工作顺利完成。

参考文献

[1] 黄璜. 建设工程结算审核风险防范措施探讨[J]. 低温建筑技术，2015(1)：143-144.

[2] 赵红. 工程结算中常见问题及对策建议[J]. 中小企业管理与科技，2014(23)：85-86.

[3] 杨国文. 施工企业工程结算常见问题及对策[J]. 中华建设，2021(3)：68-69.

[4] 刘奇邦. 施工企业工程竣工结算管理中存在的问题及对策[J]. 企业科技与发展(下半月)，2013(4)：57-59.

建筑企业项目集约化管理的问题与对策

刘道斌 黄贤明* 罗涛涛 孔 榜 刘星亮

(湖北交投襄神高速公路有限公司)

摘 要 建筑业是国民经济的重要组成部分。虽然短期受新冠肺炎疫情影响，高速公路建设在今后一段时期、在一些地区尤其是中西部地区仍然会呈现加速趋势，但从中长期看，则会出现下降趋势。与此同时，由于项目承包招投标模式以及投资人招投标模式的施行，项目公司(指挥部)管理费及施工、监理单位的利润空间都在不断下降，对企业的可持续发展形成挑战。因此，推进项目集约化管理，节约项目成本，提升项目综合效益，无疑是企业应对新形势下的市场环境的有效途径。在新时期，随着项目管理模式不断转型，在BOT+EPC等类型新项目模式不断增多的情况下，需要不断探索研究如何实施好集约化。本文对项目集约化管理的概念进行了辨析，指出了建筑施工企业项目集约化管理的重要意义，分析了项目集约化管理面临的问题，在阐释集约化管理理论基础上，提出了建筑施工企业落实集约化管理的若干建议。

关键词 建筑企业 项目 集约化管理 问题 对策

0 引言

建筑业是国民经济的重要组成部分。目前，在新冠肺炎疫情加剧世界经济不稳定之际，“新基建”适时出台并加快实施，以及“一带一路”建设的不断深入，高速公路建设在今后一段时期、在一些地区尤其是中西部地区仍然会呈现加速趋势，但从中长期看，则会出现下降趋势。同时，由于项目承包招投标模式以及投资人招投标模式的施行，项目公司(指挥部)管理费及施工、监理单位的利润空间都在不断下降，对企业的可持续发展形成挑战。因此，推进项目集约化管理、节约项目成本、提升项目综合效益，无疑是企业应对新形势下的市场环境的有效途径。在新时期，随着项目管理模式不断转型，在BOT+EPC等类型新项目模式不断增多的情况下，需要不断探索研究如何实施好集约化。

1　项目集约化管理的概念辨析

项目管理是企业根据合同约定,为完成工程开展的管理活动。

苏联经济学家最早提出了“集约化管理”,即通过要素质的提高、量的集中投入及方式的改变,从而实现效益的提升。德鲁克在《管理的实践》一书中提到“管理工作是使利用资源的收益最优”“成功的组织要学会内部灵活调配,而不是机械式地执行命令”。这些观念都蕴含着集约化管理的理念。

西方一些著名学者在这方面进行了深入研究,如:泰勒通过推进科学管理促进效率最优;韦伯提出的组织效率优化路径;赫茨伯格阐释了成功对人进行奖励、激励,实现人的追求的两要素论点;波特通过对竞争策略的解读,解析了企业如何取得竞争优势。总的来说,就是要提高劳动效率、组织效率和个人效率,在提升企业效率和动能的基础上,强化企业参与市场的竞争力。

近年来,随着国企改革大幕的拉开,国企存在的不少问题再次进入公众的视线,如规模大、机构臃肿、管理粗放、效率低下等问题,这从一些央企层级多、行政化色彩浓可见一斑;决策不灵活或与市场脱节等。在新时代,集约化管理倾向于效能、核心竞争力和长久发展,并专注于战略及运营。

2　建筑施工企业项目集约化管理的重要意义

当前,建筑企业竞争愈发残酷。一是利润低,大规模的价格战导致承包价格下降,倒逼建筑企业加快自身转型,走集约化管理之路,加大技术创新力度,最大限度地整合人财物,实现降本增效;二是进入“大标段、项目群、总承包”管理时代。大标段模式有利于选取实力更为雄厚的承包商,在这样的情况下,大型央企显然更具竞争力。近年来,大标段模式以其集成化、规模化的优点,在我国的高速公路、地铁等项目建设中应用越来越广泛。研究和实践表明,建筑企业要在残酷的竞争环境中脱颖而出,就必须推进集约化,提高自身效率。项目集约化管理的成效通过一个案例对比可以较为直观地呈现出来:中铁 S 局通过建立财务共享中心,为全集团提供会计核算、资金结算、财务决算服务,实现核算集中、资金结算集中和财务决算集中,大量重复性的例行工作被信息技术取代,财务的集约化取得了良好的管理效果,未实行集约化管理的 X 省 A 建设公司在人工成本方面是中铁 S 局的 7 ~ 8 倍,具体对比数据见表 1。

中铁 S 局与 A 建设公司财务集约化管理对比分析表　　表 1

中铁 S 局	A 建设公司	对比分析
管理 1406 套账,会计部 70 余人,人均负责 20 套账	管理 66 套账,核算人员 23 人,人均负责约 3 套账	对比显示,中铁 S 局核算工作效率是 A 公司的 7 倍左右
1406 家核算单位所有资金收付、款项结算由资金结算部 30 余人完成,人均负责 47 家单位的资金业务	11 名出纳负责 66 家核算单位的资金结算工作,人均负责 6 家	对比显示,中铁 S 局资金结算效率是 A 公司的 8 倍左右

中铁 S 局其他优势:

1. 财务报表自动生成,并已实现由单户表自动生成向合并报表自动生成推进;
2. 通过将内控制度、业务规则、开支标准、审批流程镶嵌于信息系统,形成倒逼机制,促进业务流转规范化;
3. 在数据更准确、核算更及时、管控更精细的同时,减少下属各核算单位财务人员总数的约一半。

这些经过实践检验证明较为有效的集约化探索研究,为国企集约化管理的推进提供了借鉴。随着时代的发展,集约化管理已从传统的专注效率提升转变为关注效率、核心竞争力和可持续增长,体现在战略和运营方面。信息技术的飞速发展也给集约化管理提供了新引擎,已具有推动集约化管理从量变到质变的可能。此外,集约化管理应从战略层面来设计,而不能局限于操作层面。从战略层面进行顶层设计,从宏观层面谋划,“画好蓝图”,有利于整体把控,消除执行层之间的磨合和损耗,解决一些执行层无力解决的问题,如体制机制方面的问题,让其一门心思抓执行,“按图施工”,能够做到事倍而功半。通过集约化,强管理、促效益。

3　项目集约化管理面临的问题

国内许多学者以及大型建筑公司管理人员,

结合自身参与本企业项目集约化管理的实际经验,提出了很多在实践中出现的具体问题。这些问题都非常值得关注。有的指出企业缺乏战略认识,“承包制”模式的推行让企业忽视了项目管理;部门利益之争、管理工具选择不当等问题影响集约化。有的针对企业在物资管理中存在物料编码周期长、仓库硬件条件差、有的物资无法循环利用等问题,提出了相关的应对措施。通过这些建筑企业的实战经验,可以总结出项目集约化管理的主要问题是部分企业缺乏对集约化管理的战略认识等,表现在如下倾向:

一是一合(整合)了事,形式上整合了、精简了,但由于内部管理考核体系、流程未理顺,导致内部运作效率不高,一定程度地存在“大锅饭”现象,忙的人特别忙,闲的人天天“磨洋工”。

二是一包(承包)了事,导致项目管理集约化程度不强,管控水平不高;公司、项目部价值取向不一致,权责分配不均,影响集约化管理的整体运行。

三是一变(管理工具)了事,完全寄希望于现代信息管理工具,不注重配套机制建设,原始信息搜集、录入及监控、奖惩机制未同步建立,导致未能充分利用好现代管理软件等集约化管理工具,上级对项目部鞭长莫及,项目部权责过重,集约化管控不到位;内部物资管理等单项管理周期、规范性设计不到位,导致管控无力,这将直接影响项目集约化管理的成功推进。

4 集约化管理的理论基础

4.1 集权分权理论

集权有利于统一领导,有利于组织整合利用全部资源,发挥出资源的最大效能;不利之处在于容易加重高层的工作负担,决策失误时对公司不利,也将遏制下属的积极性。而分权则会较好地激发一线的工作积极性、主动性和创造性,但容易导致权力分散,各自为政,严重的情况下会出现一盘散沙、管理混乱的局面。

所以,是采用集权模式,还是分权模式,则需根据公司的具体情况,如发展阶段、战略目标、文化氛围,以及业务活动性质、管控程度、组织的规模、空间跨度、领导人的特质等因素来决定。建筑企业由于所属各项目部往往分布在多地,点多、线长、面广,需要在战略、人事、资金、资源等方面加强集权,以加强整体管控,另一方面又要在业务等方面分权,通过分权更好调动基层积极性,灵活应对市场。

4.2 规模经济理论

美国学者萨缪尔森在其《经济学》一书中阐释道:“大规模生产有利于产生经济性,这是企业进行生产组织的动力之源。”管理对规模经济的贡献也从一个侧面印证了集约化管理与规模经济之间互相促进的关系。规模经济有利于集约化。

当前,不少项目建设公司的管理体制正体现了规模效应。以前的一个项目公司(指挥部)管理一个项目,现在一个项目公司管理2~3个甚至更多的项目,也是规模经济效应的体现。而随着改革的推进、现代信息技术的应用,项目(群)公司的集约化管理之路必将进一步拓宽,如协调、财务方面可先探索深化集约化管理,构建专业型协调专班、加强财务集中管控等,将项目管理的规模经济效应进一步释放出来。

4.3 竞争优势理论

竞争优势理论由哈佛迈克尔·波特提出。要实现成本领先的目标,要求企业推行集约化管理思路,通过集约化对现有资源进行整合利用,实现效益最大化,通过流程优化、再造,提高管理效率,从而从整体上实现降本增效的目标。集约化管理与专一化等战略具有一定程度的相通性,比如在建筑施工领域,现在越来越鼓励发展专业承包公司,就是提倡专业人做专业事,集中精力采用集约化的管理方式把一个事情做好。如某企业在改革中,就组建专门的路面公司、桥隧公司;路面公司集中力量、一门心思铺筑好路面,着力在平整度、舒适度等方面下功夫;桥隧公司全力以赴建设精品大桥和隧道。可以说,集约化管理的一个关键因素是打造专业化的分包队伍,培育和造就一批遵纪守法、信誉良好、技术全面、专业精干的专业分包队伍。

4.4 管理权变理论

该理论兴于美国。“权变”的意思就是权宜应变。权变理论中提出的“系统观点”“有机管理”“适当整合”等理念从某种意义上来说与集约化管理的理论是相通的。权变理论的核心是使组织适应环境,而集约化管理的目的是要使组织通过集约化管控提升效益,最终适应市场这个大环境。权变理论的一些理念有利于指导我们研究集约化管理,如应用权变理论分析在何时、以何种程度、用何种方式等方面推进集约化管理,对实际工作有启示和借鉴作用。实践中,可根据建筑企业的规模、发展阶段、地域特点等适时选择合适领域推进集约化管理。

4.5　量子管理理论

量子管理强调企业要不断创新发展。企业要具有强大的核心竞争力和较高的管理水平,就必须不断地自我变革,不断地创新转型,推动组织扁平化、开放化,不断地增强自身创造价值的能力。而要带来这种变化,并不能简单地依靠规模扩张,更要依靠内涵式聚变发展。

量子管理注重激活个体,让个体在联系交互中产生智慧的火花,激发叠加效应。量子管理启示企业在改革发展过程中,要更加清醒地认识到每个员工都有着无穷的潜能,要最大限度地激活每个像“能量球”一样的员工的内在潜力、悟性和创造力。

当前,建筑市场竞争日益激烈,创新能力对于劳动密集型的建筑企业来说尤为重要和迫切。善待员工,重视人才,组建创新团队,充分挖掘人才的创新能力,必将更有力推动企业创新、转型、升级,凝聚集约化发展新动能,进而促进企业高质量发展。

5　建筑企业落实集约化管理的若干建议

集约化管理 1.0 以提高效率为主要目标,2.0 以提高效率、核心竞争力和实现可持续发展为目标,3.0 以聚变为途径,充分利用现代信息技术等载体,激发人的潜力和创造力,大幅提升工作效率、管理效能和发展动能,打造独特的核心竞争力,实现发展飞跃。笔者从核聚变产生巨大能量的变化反应中受到启发,探讨如何实现“集约化管理 3.0”,即人财物等资源的整合重组、聚合聚变,释放出强大的正能量。本文从顶层设计等方面(聚变的元素)明确基本思路,着力实现组织架构集约化、内控管理集约化、制度文化建设集约化、经营发展集约化为基础的项目集约化管理目标,推动企业通过集约化充分放大资产、资源、资金的集聚效应。

在战略层面推进集约化有以下方面需考虑:

一是管理体系设置:重点是要形成有效的扁平化、精干高效的管理架构,并分层授权,以实现集约化、精细化目标。

二是主业产业布局:做精做细做强主业,运用集约化经营管理思路和经验,适度向外拓展。

三是重点区域布局:积极拓展周边省市市场,逐步向全国市场迈进。

在运营管理层面还要考虑:

一是资源管理:重点是整合现有全部资源,包括资产、资本、人力资源等,做到在各单位之间进行统一调配资源,避免浪费和闲置。

二是项目管理:推广标准化、精细化、集约化,促进管控更科学规范、集约高效。

三是企业文化建设:构建集约化文化,推动公司的价值观与集约化相融合。

四是业务流程:优化各板块程序,促进管控更顺畅合理。

五是信息化管理:重点是推动企业内部的信息管理,借助现代信息技术解决距离等造成的障碍,不断强化内部集约化管控。

据此编制集约化管理指标模型,如图 1 所示。

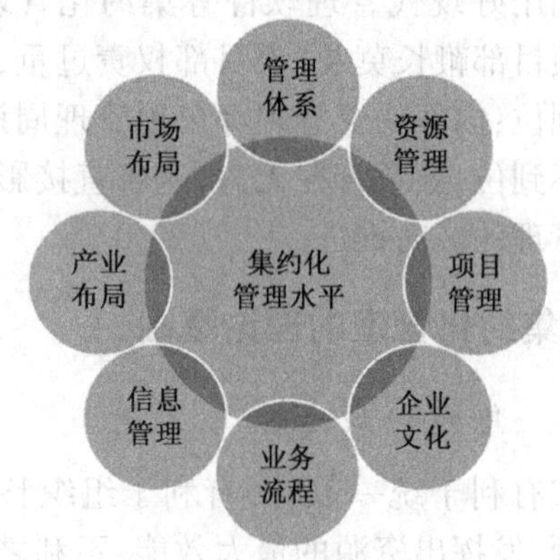

图1　集约化管理指标模型图

同时,对每一项进行等级划分,分为初级、中级、高级三个等级,从而科学判断集约化达到的水平。根据以上考核项目绘制 Y 省推进集约化管理的 B 建设公司集约化管理水平柱状图(模拟图),如图 2 所示,邀请公司各层级人员按分值表(表 2)对集约化管理情况进行打分评定(高层、中层、基层评分权重分别为 40%、35%、25%),形成集约化管理情况调查问卷汇总表(表 3)。

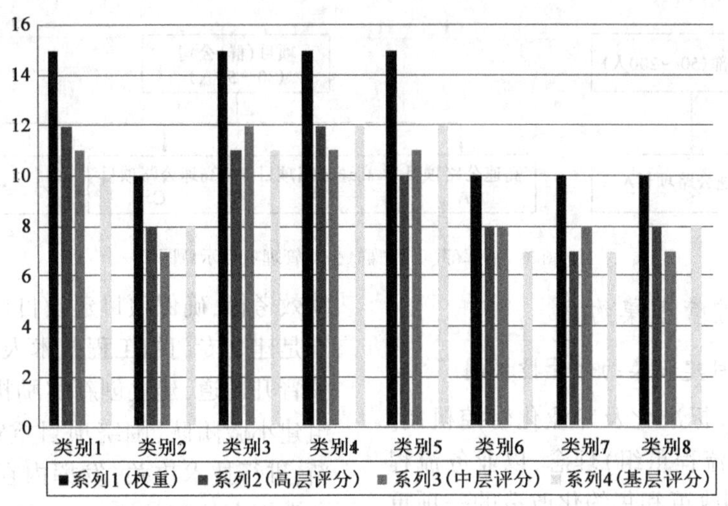

图2 B公司集约化管理水平柱状图(模拟图)

分 值 表 表2

类别	产业布局	市场布局	管理体系	资源管理	项目管理	企业文化	业务流程	信息管理
分值	15	10	15	15	15	10	10	10
…								
…								

集约化管理情况调查问卷汇总表 表3

类 别	系列1(权重)	系列2(高层评分)(占总分的40%)	系列3(中层评分)(35%)	系列4(基层评分)(25%)
类别1				
类别2				
类别3				
类别4				
类别5				
类别6				
类别7				
类别8				

5.1 推动管理机构集约化

根据市场化、标准化、扁平化等要求,精简内部管理部门。如在高速公路建设管理上,从指挥部行政化管理模式转变为公司化管理,推行"大标制、项目群、标准化"管理体制,努力实现管理的集约化、精细化、扁平化,建立精简高效的项目群建设指挥中心。一是有利于大幅度降低管理成本,以前是一个指挥部管一条高速公路,现在是一个指挥部管几条高速公路,以前每条高速公路的指挥部都配齐相应人员,要一两百人,"麻雀虽小五脏俱全",现在一个指挥部不到100人,除去后勤人员,管理人员一般在50人以内,小的指挥部甚至只有20~30人,也就是一个人干了原来几个人的事情,人工成本大大降低(图3)。二是有利于促进项目建设管理水平的提升。通过裁撤冗员,内部层级和管理链条缩短,内部沟通更顺畅,反应更快,效率更高。而且,通过推行"大标制、项目群、标准化"管理体制,项目大都由综合实力较强的大型央企承包,便于发挥其独特优势,强化统筹调度,提高项目管理水平和质量。

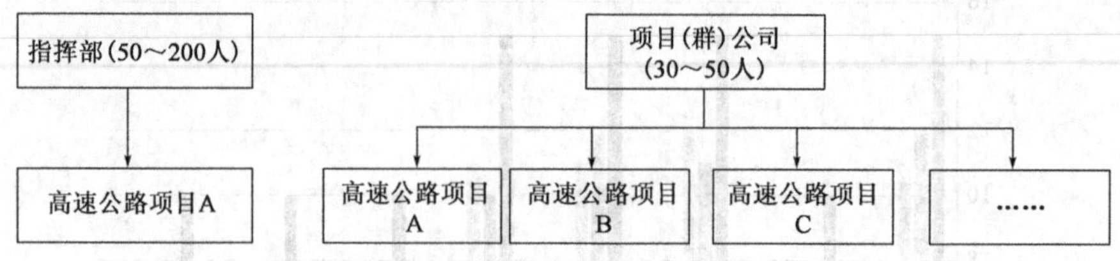

图3　指挥部、项目(群)公司管理项目示意图

5.2　推动内控管理集约化

5.2.1　建立项目建设集约化管控机制

(1)建立集约化、标准化及专业化管控机制。一是按照BPR(业务流程重组)理念,以业务流程改造为项目管理体制改革和集约化改造的一项重点工作,对公司及下属单位管理机构进行改造重组,实现功能、职能集成。二是建立标准化制度体系,加强信息化建设,促进管控体系高效运行。三是强化重点管控,在项目策划、投资经营模式设计、设计方案优化、计划合同及建设总体管控、征迁协调宏观指导、人力资源、财务、信息化等方面实行集中管理,培养专业化人才,切实提高公司市场化运营能力。

(2)建立市场化的员工队伍及考核激励机制。在人力资源建设过程中,应参考量子管理理论,从"经济人""社会人""知识人"的角度出发去考虑满足职工需求,充分激发员工个人的创造力,让员工成为企业持续发展的强劲动力源。一是全面推进薪酬制度改革和岗位绩效管理,以岗定薪,打破职称、职级和任职年限的束缚,突出"专业水平"和"工作业绩",拉开绩效工资系数,适当拉开绩效考核奖惩的档次,让想干事、能干事、干成事的同志,从精神上和经济上得到实实在在的认可,激励全体员工奋勇争先创优。二是建立简单明了的考核评价标准,进一步修改完善考核评价制度,加大量化指标、关键指标考核权重,减少人为操作因素,突出重点、直奔主题,力求做到公平合理、务实管用。三是推行月度绩效考核制度,制订每个部门、每个岗位的年度、月度工作目标,坚持月度工作目标安排、考核总结,考核系数与绩效工资挂钩并在当月兑现,促进岗位工作目标责任落实。四是推行项目建设目标责任考核,通过建立"科学组织、工匠品牌、品质工程、平安工地"为主要内容的项目建设管理目标责任考核制度,对各项目管理部实行季度和年度目标责任考核,强化时间和成本绩效考核,确保项目建设目标任务优质高效完成。五是建立专门的工程技术人员技术职务及待遇考核晋升通道,建立创新奖励机制,鼓励技术型员工组建小微团队,围绕项目重难点积极开展科研创新,进行技术攻关,发挥内在潜能和创意,尽可能开发更多的新技术、新工艺、新产品,助推项目建设优质高效向前迈进,全力推动公司创新发展。

5.2.2　强化内部集约化管理

(1)强化财务管理。可通过设置财务共享中心、构建资金集中封闭运行系统、制订资金融通管理办法、加强资金管理等措施,强化财务的集约化管理,加强内部财务统一管控和资金的集中高效运用。

(2)强化物资集中采购供应。通过制订公司固定资产管理办法,明确固定资产管理要求,细化管理权责,优化资产配置,提高使用效益。推行大宗固定资产集中采购,实行固定资产的统一调配,提高资产使用效率。

(3)强化人力资源集中调配。人才是集约化管理能够实现的关键因素之一,推进人力资源集中调配,整合公司整体人力资源力量,充分发挥人的积极性、主动性和创造性,为项目建设集约化管理提供有力的人才支撑。统一人力资源管理,打破条块分割形成的人才壁垒。统一人力资源引进,统一人力资源调配,强化人力资源一体化建设,形成合力。

(4)强化信息化建设。完善信息化建设组织机构,加强统一领导。深入推进信息化建设,加快智慧标准化工地建设,推动BIM技术应用,不断完善信息化管理系统。

5.2.3　推动制度文化建设的集约化

(1)全面建立以"集约化、标准化"等为标志的管理制度。系统总结多年来在建设管理方面的经验教训,深入研究国家政策法规、市场工程管理咨询类标杆企业先进经验,按照集约化思路,健全公司制度体系,深入考虑制度之间的衔接关系和逻辑性,深入分析整个制度体系的系统性和集成性,避免制度之间“打架”、交叉重合、烦琐累赘等问题,确保制度体系的系统规范、可靠有效,在诸如全生命周期集约化管控、投融资管理、公共事务协调等方面,建立公司项目建设管理及工程咨询统一标准、统一程序,强化制度效力,确保规范高效。

(2)建立包容集约化理念的企业文化。将集约化管理理念融入制度文化之中,强化“集约化、标准化、精细化、市场化”的制度文化建设,打造集约化制度文化,将制度要求内化于心,外化于行。大力践行量子管理思维,倡导以人为本、以员工为本的管理理念,引导职工树立正确的价值观,强化员工的自我驱动、自由创新和使命意识,积极提供条件,不拘一格鼓励员工尽情发挥潜能与创意,创造自身的最大价值,并积极营造内部团结互助、协同奋进的良好氛围,构建协作创新机制,鼓励员工相互交流、互动和碰撞,形成聚合效应,促进群体创新。

(3)构建坚强有力的集约化保障系统。其一,发挥党建引领作用。一方面,在企业治理中融入“红色基因”,能够提升集约化的执行力。发挥党组织在重大问题上“把方向、管大局、保落实”作用,发挥党组织在作风建设、效能监察、绩效考核等方面的优势,不断改进干部员工的工作作风,推动全员雷厉风行,不折不扣推进集约化,优化内控管理,提升内部运作效率。另一方面,在集约化文化中融入“红色基因”,发挥党的政治引领、思想引领作用。其二,发挥纪检护航作用。从某种意义上说,集约化意味着在一定程度或一定层面上形成权力的集中,因此,要充分发挥纪检护航作用,强化内控管理监督,防范集约化管控风险。要以防控岗位风险为目标,强化对权力的监督制约,加强流程管控,健全高效规范、管控有力、应变及时的内部防控机制,有效防控风险,提升公司管理水平。

5.2.4 推动经营发展的集约化

(1)强化成本管控,增强成本意识。按照项目建设管理方式向企业经营和市场化转型的思路,通过全面摸排当前建设管理平均成本、征迁协调成本,建立内部定额数据库,强化成本管控。项目伊始,对建安费、管理费等进行测算,形成各项目成本管控目标,与各项目签订以降本增效为核心的经济目标责任状,制订奖惩方案,分阶段对经济目标执行情况进行考核和奖惩兑现。充分发挥项目管理人员干事创业的主动性、创造性,不断增强全员经营管理意识,力求管理成本不断下降。

(2)持续推动标准化,建立有效管控体系。针对存在的问题,对标准化管控体系进行全面优化,充分利用现代信息技术,深入运用 ERP、BPR 等管理手段,运用好 BIM 技术为企业决策层提供项目成本数据支撑,实现资金等方面的集约化管理,让科技与项目管理业务融合创新,探索企业数字化路径,提高集约化水平。进一步完善管理制度,明确管控流程,合理界定审批权限,切实用制度、程序管人管事,不断规范各级管理人员的工作习惯和行为,力求管理水平大幅提升。同时对全员、全过程的管控清单进行进一步细化、标准化,制订各岗位的履职尽责工作清单、职责和任务,适时组织开展责任落实情况检查、督查,建立起各层级责任落实的检查、通报、督办、责任追究的长效机制。

6 案例分析

B 建设公司以“集约化、标准化、精细化、市场化”为目标,锐意改革创新,大力推进项目集约化管理。目前,内部管理顺畅,集约化管理的成效初步显现,主要表现在:

一是构建了比较符合现代企业要求的管理体制,发展动力显著增强。公司发布了管理制度,以提质增效、实现发展飞跃为目标,明确了以“3443”为特征的“集约化管理 3.0”目标,即“三集”(集聚、集成、集约)、“四力”(科技推动力、制度执行力、文化感召力、人的创造力)、“四化”(组织架构、内控管理、制度文化、经营发展集约化)、“三变”(聚变、剧变、巨变),明晰了管理层级和职责边界,理顺了内部管理关系,优化了管控架构,更好地激发了员工的积极性,推动项目建设健康、和谐、快速向前推进。

二是推行人财物等资源在公司内部的集中调配和集约化管理,提升了项目管控水平,提高了管理效益。项目内部人员实现了一专多能,一人挑起千钧担,并通过流程优化、内部协作,充分发挥出部门整体效能,减少以前部门之间的沟通不畅、扯皮推诿等问题,让业务部门腾出精力聚焦现场抓管控。质量安全管理得到上级的好评,B 公司

M项目管理部被省交通运输厅授予年度“全省交通工程建设质量安全工作先进集体”,质量安全管理部被上级公司评为年度先进班组,企业管理得到上级公司充分肯定。

三是增强了竞争实力,促进了公司高质量发展,拓宽了发展空间。通过扎实有效推进集约化管控,推动了项目管理由粗放管理向精细化、标准化、集约化管理转变,项目质量效益明显提升,企业发展动力显著增强,整体干事创业风貌焕然一新。一年多来,B公司全体员工对集约化管理有了更深的认识,也更为赞同。B公司的改革发展实践也得到了上级公司的充分肯定和高度评价,进一步坚定了公司深入推进集约化管理的信心和决心,从而大大拓宽了公司未来的市场之路。

但在深入推进改革的过程中,仍面临着组织、文化、流程等方面的再整合、再升级以及信息技术的深入应用等问题。

7　结语

项目集约化管理有利于促进企业转型发展、高效发展。通过推进集约化,探索构建符合企业实际的思路和方案,落实各项举措,推动企业由外延式向内涵式发展转变,大幅提升内部管理效率、经营效能和发展动能。同时,契合实际的方案是集约化变革成败的关键。由于各个企业具体情况不同,只有根据企业实际进行量身定制,才能构建行得通、有成效的集约化管控方案。

参考文献

[1] 蒲青松. 中铁五局一公司集约化管理实践研究[D]. 成都:西南交通大学,2013.

[2] 孙虹. 由大到强-新集约化管理助力国有企业转型. IBM商业价值研究院网站,2012.

[3] 孙永俊. 电网企业集约化管理模式研究[D]. 北京:华北电力大学,2014.

[4] 沈梦赟. 量子管理的实践探究 ——以海尔为例[J]. 消费导刊,2018(12):266.

[5] 陈劲,李佳雪. 企业管理新思潮[J]. 企业管理,2020(2):14-16.

[6] 隋君清. 激励措施在人力资源管理中的运用[J]. 中国商论,2020(1):253-254.

高速公路投资建设模式及财务效益分析

王梅英*　王军丽　黄　河　刘　琪

(1. 武汉综合交通研究院有限公司;2. 湖北交投宜恩高速公路运营管理有限公司)

摘　要　高速公路网络的不断完善不仅可以为人民群众提供更加优质便捷的出行保障,而且可以推动区域协同发展,优化资源配置。同时高速公路属于资金密集型产业,建设周期长,资金投入大,近年来高速公路行业收支缺口持续增大。我国高速公路投资建设模式分为政府还贷和经营性公路两种,根据不同的项目特点,充分发挥这两种模式的比较优势,选择科学合理的投资建设模式尤为重要。本文详细分析了政府还贷和经营性高速公路在投资主体、资金来源、收费性质、收费期限、税费政策等方面的不同之处以及这两种模式财务效益分析的差异性,可以为高速公路投资项目财务可行性研究及投资建设模式的确定提供一定的参考价值。

关键词　高速公路　投资建设模式　政府还贷公路　经营性公路　财务效益分析

0　引言

自从沪嘉高速公路于1988年10月建成通车,经过30多年的快速发展,我国高速公路通车里程达到15.29万km。高速公路网络的逐渐完善,不仅可以为人民群众提供更加优质、便捷、高效的出行保障,而且还可以优化资源配置,带动沿线产业发展、促进区域间社会经济交流。然而,高速公路建设周期长、难度大,所需资金投入也比较大,截至2020年底,我国高速公路累计建设投资总额达到100918亿元,高速公路的快速发展给政府财政带来的资金压力不断增大。

近年来,中央严控和防范地方政府债务风险,高速公路行业逐渐由单纯依靠政府财政投资转变为"国家投资、地方筹资、社会融资、利用外资"的多元化投融资机制。加快高速公路建设,依法合规筹集资金,准确评估项目财务可行性,进而探索科学合理的投资建设模式尤为迫切和重要。

1 高速公路投资建设模式分析

1.1 我国不同投资建设模式高速公路发展现状

按照融资主体的不同,高速公路可分为政府还贷公路和经营性公路两种[1]。根据《收费公路管理条例》,政府还贷高速公路是指县级以上地方人民政府交通运输主管部门利用贷款或者向企业、个人有偿集资建设的公路,以及使用地方政府收费公路专项债券建设的公路。经营性高速公路是指国内外经济组织投资建设或者依照公路法的规定受让政府还贷公路收费权的公路。

(1)通车里程

根据《2020年全国收费公路统计公报》,截至2020年底,我国政府还贷和经营性高速公路通车里程分别达到6.61万km、8.68万km。2013—2019年,政府还贷和经营性高速公路里程整体上呈现逐年增加的趋势,年均增长率分别高达5.03%和7.43%。因收费权益转让等原因,2020年政府还贷高速公路里程里程大幅下降,经营性高速公路里程大幅上升。近年来不同投资建设模式下高速公路通车里程变化情况如图1所示。

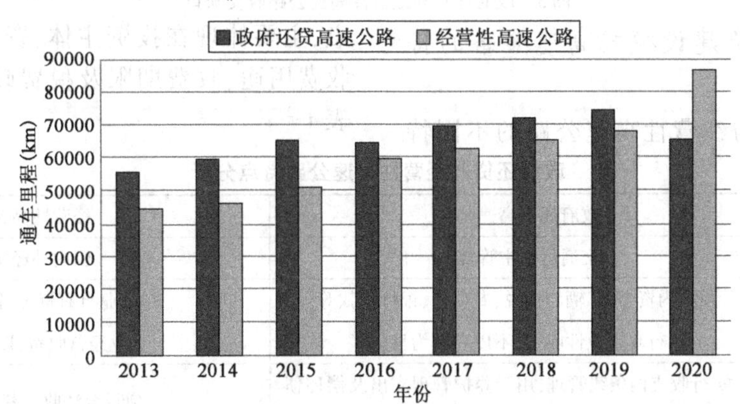

图1 政府还贷和经营性高速公路通车里程

(2)建设资金来源

高速公路建设资金来源包括资本金和债务资金两部分,其中资本金可分为财政性资本金和非财政性资本金,债务资金主要包括银行贷款和其他债务资金。截至2020年底,我国政府还贷和经营性高速公路累计建设投资总额分别达到41680亿元、59238亿元,平均每公里投资分别为6303万元、6826万元。从建设资金来源来看(图2),银行贷款占比最大,约占60%~65%,资本金构成中政府还贷高速公路对财政性资本金投入依赖性更强,而经营性高速公路更依赖于非财政性资本金。

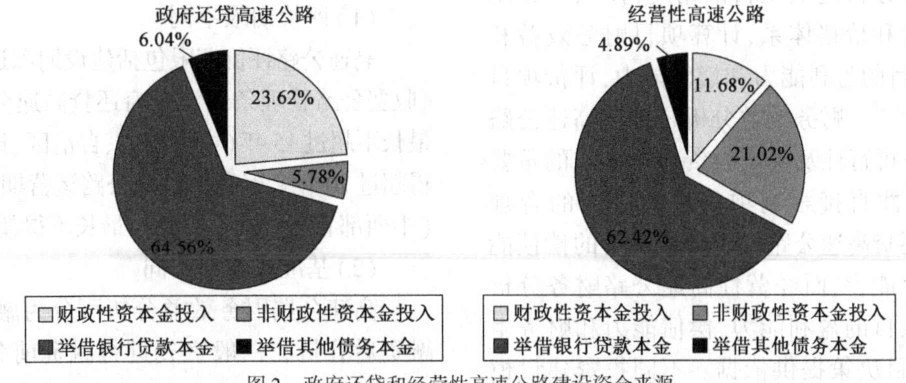

图2 政府还贷和经营性高速公路建设资金来源

(3)通行费收入和支出

根据历年收费公路统计公报相关数据,除2020年因疫情防控原因通行费收入有所下降外,2013—2019年政府还贷和经营性高速公路的通行费收入逐年增加,相比之下经营性高速公路平均每公里通行费收入更高。支出方面,两种投资建设模式高速公路的支出也是逐年上升,经营性高速公路平均每公里支出也相对更高。收支平衡方面,两者均入不敷出,经营性高速公路的收支缺口更大(图3)。

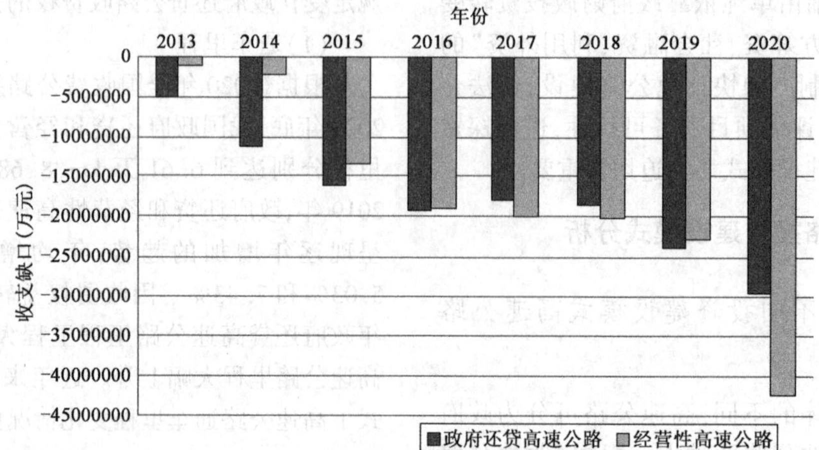

图3　政府还贷和经营性高速公路收支缺口

1.2　不同投资建设模式高速公路的特点分析

总结政府还贷与经营性高速公路的不同特点,主要体现在投资主体、资金来源、收费性质、收费用途、收费期限及税费政策等方面,具体见表1[2]。

政府还贷与经营性高速公路特点分析　　表1

投资建设模式	政府还贷高速公路	经营性高速公路
投资主体	交通运输主管部门	国内外经济组织
资金来源	预算内资金、车辆购置税、专项债、银行贷款等	企业自有资金、银行贷款等
收费性质	行政事业性收费,不以营利为目的	企业经营收费,以营利为目的
收费用途	实行收支两条线管理,用于养护管理支出及偿还债务,不可挪作他用	项目合法收入基本不受限制
收费期限	按照用收费偿还债务的原则确定,按照统借统还核定,最长不得超过20年	按照社会资本投资回报要求确定,长不得超过30年
税费政策	可不缴纳增值税、企业所得税等	需要依法纳税

2　不同投资建设模式高速公路的财务效益分析

财务效益分析是从项目的角度,按照国家现行的财税制度和价格体系,计算项目财务效益和费用,分析项目的盈利能力和偿债能力,评价项目的财务可行性[3]。财务效益分析是评估高速公路投资项目财务可行性及确定投资建设模式的重要内容,其准确性直接影响项目投资决策的合理性[4]。政府还贷高速公路侧重分析项目的偿债能力和财务生存能力,而经营性高速公路财务分析应全面分析项目的盈利能力、偿债能力和财务生存能力,为项目决策提供依据。不同投资建设模式下的高速公路财务效益分析在相关基础参数、运营收入及运营成本等方面均具有差异性。

2.1　基础参数差异

(1)评价期限不同

高速公路评价期限包括建设期和运营期。根据《收费公路管理条例》,政府还贷高速公路的运营期最长不超过15年(中西部省、自治区、直辖市最长不得超过20年),经营性高速公路运营期不超过25年(中西部省、自治区、直辖市最长不得超过30年)。

(2)基准收益率不同

高速公路财务效益分析可分为融资前分析和融资后分析。一般宜先进行融资前分析,在分析结论满足要求的前提下，拟定投资建设模式及融资方案，再进行融资后分析[3]。

根据《国家发展和改革委、住房和城乡建设部关于调整部分行业建设项目财务基准收益率的通知》（发改投资〔2013〕586号），政府还贷高速公路融资前税前财务基准收益率及项目资本金税后财务基准收益率均为4.5%，经营性高速公路融资前后的基准收益率不同，分别为5.5%和6%。

（3）融资利率不同

政府还贷和经营性高速公路的融资成本有所差异。前者资本金一般来源于中央车购税补助、地方专项资金等，其余资金主要通过发行地方政府专项债来筹集，专项债利率相对较低（3% ~ 4%）。后者资本金一般来源于企业自有资金，其余资金主要通过银行贷款等市场融资解决，银行五年以上长期贷款利率为4.9%。

（4）税收费率不同

政府还贷高速公路可不缴纳增值税和企业所得税等相关税费，而经营性高速公路社会投资人需要依法纳税。

（5）折旧政策不同

经政府审批后，政府还贷高速公路可不计提折旧，而经营性高速公路需要计提折旧，一般按照平均年限法或者工作量法进行折旧。

2.2 收入差异

通行费收入是政府还贷高速公路的主要收入来源。除通行费收入外，经营性高速公路投资企业一般会依托高速公路的辐射带动作用开展相关产业的融合发展，以达到投资回报的要求[4]。

此外，由于建设资金投入较大，高速公路建成早期收益难以覆盖建设运营成本，经营性高速公路投资企业一般需要政府给予一定的可行性缺口补助（资金补助、土地补贴、征地拆迁补助、税收优惠等）。

2.3 支出差异

（1）建设期投资

经营性高速公路投资人可联合建设单位、工程总承包单位、施工单位等构成利益共同体，实施全链条的成本控制，有效节约建设成本。同时，由于政府还贷和经营性高速公路的融资成本不同，即使建设投资相同，两种投资模式下的总投资也有所不同。

（2）运营成本

相比政府还贷高速公路，很多经营性高速公路实现了投资主体与运营主体的统一，能够从全生命周期考虑项目成本控制，有效降低运营成本[4]。

3 实例分析

综上所述，采用政府还贷和经营性高速公路财务效益分析存在诸多差异因素，在高速公路投资项目财务可行性论证中应予以重视。下面以WT高速公路为实例进行不同投资建设模式下的财务效益分析。

3.1 项目概况

WT高速公路，项目全长54km，双向六车道，设计速度120km/h，互通式立体交叉8处，主线收费站1处，匝道收费站5处。

项目建设期4年（2022—2025年），建设投资117.38亿元，资本金为总投资的20%，其余资金通过发行政府专项债或银行贷款筹集。若采用政府还贷模式，专项债利率采用3.42%，则项目建设期总投资为123.89亿元；若采用经营性高速公路模式，贷款利率采用4.9%，则项目建设期总投资126.77亿元。

3.2 收入测算

由于WT高速公路项目位于中西部地区，若采用政府还贷模式，运营期按照20年计算，若采用经营性模式，运营期按照30年计算。根据WT高速公路交通量预测结果及项目当地现行的收费标准，计算得到WT高速公路运营期的通行费收入，见表2。

WT高速公路通行费收入 表2

年份	2026年	2030年	2035年	2040年	2045年	2055年	运营期20年合计	运营期30年合计
通行费收入（万元）	24785	51792	72964	108022	105870	143925	1596780	2945174

3.3　费用测算

(1)建设期投资

WT高速公路4年建设期资金按照0.2:0.3:0.3:0.2的比例进行投入,政府还贷模式和经营性模式下的建设期资金筹措方案见表3。

不同投资建设模式下的资金筹措方案　表3

资金来源	政府还贷高速公路	经营性高速公路
建设投资(亿元)	117.38	117.38
建设期贷款利息(亿元)	6.51	9.39
资本金(亿元)	24.78	25.35
建设期贷款本息(亿元)	99.11	101.41
总投资(亿元)	123.89	126.77

(2)运营成本

WT高速公路运营期费用主要包括日常养护费、大修费(每十年大修一次)、运营管理费等经营成本,见表4。除经营成本以外,经营性高速公路运营期还需计提折旧,缴纳增值税及附加、所得税。

WT高速公路经营成本　表4

年份	2026年	2030年	2035年	2040年	2045年	2055年	运营期20年合计	运营期30年合计
经营成本(万元)	1875	2111	20151	2837	27082	38289	91888	164586

3.4　财务效益测算结果

根据以上融资方案、收入及费用测算结果,进行不同投资建设模式下的财务分析,结果见表5。若WT高速公路采用政府还贷模式,虽然融资前后的内部收益率均未达到基准收益率的要求,但是该项目可以在运营期20年内偿清债券本息,说明本项目在财务上可行;若WT高速公路采用经营性模式,虽然该项目可以在运营期30年内偿清贷款本息,但是融资后的盈利能力较弱,即在评价期内达不到资本金投资回报的要求。

不同投资建设模式下的财务分析结果　表5

财务分析	评价指标	政府还贷高速公路	经营性高速公路
评价参数	评价期限(年,建设期+运营期)	24	34
	建设期总投资(亿元)	123.89	126.77
	建设期融资利率(%)	3.42	4.9
	通行费收入合计(亿元)	159.68	294.52
	经营成本合计(亿元)	9.19	16.46
融资前	基准收益率(%)	4.50	5.50
	项目内部收益率(%)	1.81	4.42
	财务净现值(亿元)	-30.73	-16.18
	效益费用比	0.72	0.86
	投资回收期(年,含建设期)	20.82	21.12
融资后	基准收益率(%)	5.50	6.00
	资本金内部收益率	<0	<0
	财务净现值(亿元)	-21.54	-16.16
	效益费用比	0.79	0.85
	投资回收期(年,含建设期)	>24	32.54
	借款偿还期	运营期第19.75年	运营期第26.05年
	借款偿还后余额(亿元)	1.95	38.33

4 结语

作为资金密集型产业,高速公路具有建设成本高、资金回收周期长等特点。政府还贷和经营性高速公路在投资主体、资金来源、收费性质、收费用途、收费期限、税费政策等方面均存在明显的差异,因此在实际的项目实施过程中,充分发挥这两种模式的比较优势,选择科学合理的投资建设模式非常重要。同时由于财务效益分析的准确性在很大程度上决定了项目投资决策的合理性,因此本文总结了两种投资建设模式财务效益分析在相关参数、运营收入和运营成本等方面的差异因素,可为高速公路项目投资可行性论证和投资建设模式的科学选择提供一定的参考价值。此外,为减少政府债务和财政支出压力,提高社会资本的积极性,建议统筹考虑高速公路项目可以利用的优势资源,谋划和开发"路衍经济",将多元化收益更好地反哺到高速公路的建设运营中。

参考文献

[1] 张大坤,仰沈琴,叶年炜.不同投融资模式下的高速公路项目财务分析[J].城市道桥与防洪,2019,(12):204-206.

[2] 张莹.对"严格界定政府还贷公路和经营性公路"的理解[J].交通企业管理,2008,23(8):10-11.

[3] 中华人民共和国住房和城乡建设部,中华人民共和国交通运输部.公路建设项目经济评价方法与参数[M].北京:中国计划出版社,2010.

[4] 唐雪迪.采用PPP融资模式的高速公路建设项目财务评价[J].价值工程,2018,7(15):56-58.

考虑用户成本的网级路面养护决策多目标优化

蒙思源* 邵宇麒 曹 蕊 武 帅

(长安大学运输工程学院)

摘 要 为充分考虑用户利益,使路面养护决策更加合理,通过对现有文献的分析,量化了可能影响路面养护效益的两种用户成本,建立了考虑用户成本的多年度网级路面养护决策多目标优化模型,选取了辽宁省某路网进行案例分析,使用带广泛参考点的非支配排序遗传算法(Non-dominated Sorting Genetic Algorithm III, NSGA III)获得了候选养护方案集,通过多目标均衡分析得到了各组优化目标之间的函数关系并选取了最优养护方案。研究结果表明,提出的考虑用户成本的多目标优化模型可以有效执行网级路面多年度养护决策,且能够有效权衡用户成本以及养护成本以实现最优养护,通过在决策时增加对用户利益的考虑,可以提升公众对公路基础设施的使用满意度。

关键词 路面养护决策 用户成本 多目标优化 均衡分析 NSGA III

0 引言

改革开放以来,我国在公路建设方面取得了巨大成就。截至2019年底,我国公路总里程已经突破500万km。但公路路面长期在交通荷载和自然环境因素共同作用下,出现不同程度的病害,路网使用性能随之衰减,路面养护任务逐年递增。"十四五"期间,大部分省市公路建设与养护的需求将达到总体平衡,东部一些地区养护需求甚至将超过建设需求的规模。随着我国公路行业的工作重点由建设向养护过渡,行业转型带来的若干问题在网级路面养护决策中开始逐一出现。

与项目级路面养护决策以具体项目/路段效益最大化为目的不同,网级路面养护决策通常涉及一个省或地区的公路网,通常需要在养护资金、路网路面使用性能的约束下,从宏观角度为路网中各个路段安排科学的养护计划并执行合理养护资金分配,其目标是追求系统/路网整体效益最大化[1]。而随着我国公路路面养护规模的快速增长,有限的养护资金与庞大的养护里程之间的矛盾变得更加突出,如何科学、合理地为路网内各个路段/项目分配资金变得更加困难;同时,由于大环境是“重建轻养”,决策者往往通过工程经验和主观判断制订养护方案,缺乏系统且科学的决策分析工具,致使路网养护资金的利用效率普遍低下,即使消耗大量的养护成本,路网整体使用性能的改善可能并不明显[2]。因此,如何进行科学有效的网级路面养护决策,在有限的养护资金下最大限度满足路网养护需求,已成为我国公路交通部门当前亟须解决的难题,也是我国构建“交通强国”建设的一个重要方面。

当前,网级路面养护决策方法主要为排序法和优化法。在基于排序法的路面养护决策研究中,大多数学者通过综合考虑影响决策的各个因素构造项目或路段价值函数,或使用层次分析法、聚类分析、物元模型、效益费用分析等方法对项目的重要度进行排序,根据优先级进行项目选择[3-5]。然而,基于优先级排序的决策方法往往给出的是一组项目决策的总和,决策者无法在对进行项目选择时考虑项目之间的折中。优化法则可以同时考虑路网各个路段的养护方案和养护时间,以获得更优的养护方案。国内外在基于优化法的路面养护决策研究方面取得了较多成果:Zhang 等[6]以路面养护成本最小和温室气体排放最少为优化目标,建立了基于动态规划的多目标路面养护优化模型;Giustozzi 等[7],Yu 等[8]以路面养护成本、路面性能以及对环境影响为目标建立多目标优化模型进行网级养护决策;Elhadidy 等[9]以最小化养护成本和最大化路面性能为目标建立了基于遗传算法的多目标路面养护优化模型;Bryce 等[10]提出了一种基于多目标优化的路面养护分析决策方法,并使用该方法对养护成本、路面状况和能源消耗进行了均衡分析;彭华等[11]以养护效益为目标提出了多年度资金分配模型和项目选择模型组成的项目双层网级路面养护决策优化模型;谢峰[12]建立了在资金约束条件下,以路面养护费用最小和养护效益最大为养护目标的多目标路面养护决策模型;毛新华[13]以车辆出行成本节约与通行收入增加总和最大及车辆出行广义费用最小分别作为上下层目标,构建了网级路面决策的双层优化模型;陈思迪[14]以路面预防性养护中的经济成本、社会成本和环境成本建立网级路面养护决策多目标优化模型;冯胜凯[2]以路面性能平均值和满足某一路面性能指标阈值的道路长度的百分比为目标,建立了确定性和不确定性情形下的多目标网级路面养护决策优化模型。综上,现有的研究大多从运营单位的角度建立决策优化模型,目标函数大多以养护成本、路网使用性能、投资效益比、养护对环境的影响等作为优化目标,较少考虑用户成本的优化,且考虑用户成本的养护决策优化模型大多将用户成本视作一个目标,对不同类型用户成本的均衡关系研究较少[1,4,13-15]。

综上所述,本文基于对现有文献的梳理,首先对影响路面养护效益的各种用户成本进行分析并量化,基于量化模型建立多年度网级路面养护决策多目标优化模型,其次选取辽宁省某路网进行案例研究以验证模型有效性,根据案例求解结果对各组优化目标之间进行均衡分析,进而选取最优养护方案。本研究可以帮助决策者从用户视角出发并考虑实际问题的多样性,在我国即将进入“以养为主”新时期的今天,从更合理的角度进行路面养护决策。

1　影响路面养护效益的用户成本分析

1.1　路面养护效益与用户成本关系

在进行网级路面养护决策时,路面养护管理部门总是倾向于选择成本低、效益高的养护方案[16]。路面养护效益一般指实施路面养护带来的道路条件的改善所产生的直接和间接效益的总和,这些效益通常与用户利益息息相关[13]。世界银行将公路养护效益定义为车辆运营费用节约产生的效益和节约实践产生的效益[17];美国国家高速公路和交通运输协会(AASHO)将路面养护效益定义为通过路面养护减少用户相关出行成本,这些成本主要包括车辆行驶成本降低和车辆出行时间成本降低等[18];国内外学者的相关研究也主要考虑这两个方面[1,4,13-15]。由此可以看出,车辆出行时间成本、车辆行驶成本对于路面养护效益有显著影响。基于此,本文以向用户提供便利舒适的服务为出发点,将影响路面养护效益的用户成本确定为车辆出行时间成本和车辆行驶成本,在第1.2节中对其分别进行分析并建立量化模型,为构建考虑用户成本的多年度网级路面养护决策多目标优化模型建立基础。

1.2 影响路面养护效益的用户成本量化模型

1.2.1 车辆出行时间成本量化模型

车辆出行时间成本，一般指车辆在出行途中消耗时间存在机会成本而产生的价值[19]。通常路段的日车辆出行时间成本采用下式计算：

$$TC = Q \cdot T \cdot \theta \tag{1}$$

式中：TC——路段的日车辆出行时间成本（元）；

Q——交通量（辆/天），本文中采用年平均日交通量（Annual Average Daily Traffic，AADT）计算；

θ——时间价值系数（元/h），通常与地区出行者个人收入有关[20]；

T——单位车辆出行时间（时），其通常可由路面损坏状况指数（Pavement Surface Condition Index，PCI）计算，本文采用毛新华[13]通过回归分析建立的公式计算 T，如下式所示：

$$T = 0.001 \cdot l \cdot (\mathrm{PCI} - 0.3)^{-0.018} + \frac{l}{v} \tag{2}$$

式中：l——路段长度（km）；

v——路段设计速度（km/h）。

1.2.2 车辆行驶成本量化模型

车辆行驶成本，一般指车辆的行驶过程中产生的各种费用的总和，通常包括燃油费、轮胎损耗费、过路费（收费公路）和车辆折旧等，由于车辆折旧和过路费与路面养护与否无关，且轮胎损耗占比很小[13]，本文在计算车辆行驶成本时仅考虑燃油费，且假定燃油单价相同。基于此，本文规定路段的日车辆行驶成本采用下式计算：

$$DC = Q \cdot PU \cdot PC \cdot l \tag{3}$$

式中：DC——路段日车辆行驶成本（元）；

PU——燃油单价（元/L），参考当前 93 号汽油价格 7.16 元/L，柴油价格为 6.76 元/L；

PC——单位车辆燃油消耗量（L/km），其通常可由国际平整度指数（International Roughness Index，IRI）计算，且不同车型的计算公式不同。本文为简化问题，仅考虑小客车一种车型且仅考虑 93 号汽油，采用毛新华[13]通过回归分析建立的公式计算 PC，如下式所示：

$$PC = 0.018\ln(\mathrm{IRI})^2 - 0.007\ln(\mathrm{IRI}) + 0.061 \tag{4}$$

《公路技术状况评定标准（JTG 5210—2018）》（以下简称《标准》）对路面平整度的评价采用路面行驶质量指数（Pavement Riding Quality Index，RQI），本文为统一使用《标准》所规定的路面使用性能评价指标，采用 RQI 代替 IRI 来计算单位车辆燃油消耗量。《标准》中规定 RQI 与 IRI 的关系如下式所示：

$$\mathrm{RQI} = \frac{100}{1 + a_0 e^{a_1 \mathrm{IRI}}} \tag{5}$$

式中：a_0，a_1——路段为高速公路或一级公路时，分别取 0.026 和 0.65，否则分别取 0.0185 和 0.58。

2 多年度网级路面养护决策多目标优化模型

2.1 多年度网级路面决策多目标优化模型建立

本文基于建立的影响路面养护效益的用户成本量化模型，构建多年度网级路面养护决策多目标优化模型，该模型可以描述为：在资金预算限制与路网整体性能约束下，分析期内对路网中每个路段何时、实施何种养护措施（包含日常养护），使分析期内养护效益最大（各用户成本均最小）的同时总养护成本最小。此外，为简化问题，本文在建立模型时做出如下假设：

①实施路面养护决策的时间单位为年；

②路段在实施养护前后的交通量无显著变化；

③不考虑因路面养护施工造成路段封闭或半封闭期间对用户的影响；

④各施工单位实施相同养护措施作业对路面性能改善相同；

⑤不考虑资金的时间价值，即在分析期内不考虑资金折现与通货膨胀；

⑥各路段在分析期内的每一年必须实施且仅实施一种养护措施。

基于上述假设，建立多年度路面养护决策多目标优化模型，如式(6)～式(12)所示，该模型中各符号含义及解释见表 1。

$$\min \quad f_1 = \sum_{i=1}^{I}\sum_{j=1}^{J}\sum_{n=1}^{N} \mathrm{TC}_{i,j,n} x_{i,j,n} \tag{6}$$

$$\min \quad f_2 = \sum_{i=1}^{I}\sum_{j=1}^{J}\sum_{n=1}^{N} \mathrm{DC}_{i,j,n} x_{i,j,n} \tag{7}$$

$$\min \quad f_3 = \sum_{i=1}^{I}\sum_{j=1}^{J}\sum_{n=1}^{N} c_{i,n} x_{i,j,n} \tag{8}$$

$$\text{s.t.} \quad \sum_{i=1}^{I}\sum_{n=1}^{N} c_{i,n} x_{i,j,n} \leqslant b_j, 1 \leqslant j \leqslant J \tag{9}$$

$$c_{i,n} = u_n w_i l_i, 1 \leqslant n \leqslant N, 1 \leqslant i \leqslant I \tag{10}$$

$$\sum_{n=1}^{N} x_{i,j,n} = 1, 1 \leqslant i \leqslant I, 1 \leqslant j \leqslant J \tag{11}$$

$$p_j \geqslant h_j, 1 \leqslant j \leqslant J \tag{12}$$

其中,式(6)和式(7)为各用户成本目标函数,分别表示最小化分析期内路网总车辆行驶时间成本和总车辆行驶成本;式(8)为总养护成本目标函数,表示最小化分析期内的总养护成本;式(9)表示各年度的养护资金预算约束;式(10)为路段养护成本计算公式,与养护措施单价及路面面积有关;式(11)要求各路段在分析期内的每一年必须实施且仅实施一种养护措施;式(12)表示年度路网路面性能约束,即要求各年度的路网路面整体性能水平满足不低于该年设定的性能阈值。现有研究通常采用以下两种评价方法进行路网路面性能评价:①路网整体路面性能的平均值。②满足某一路面性能指标阈值要求的路段长度或面积百分比。在实际应用中,决策者通常可根据需求灵活选择评价方法。

模型中各符号及含义　　表 1

符号	含义
i	路段编号
j	年度编号
n	养护措施编号
I	路网中路段数量
J	分析期长度
N	养护措施数量
$x_{i,j,n}$	二元决策变量,为 1 表示第 j 年对路段 i 实施第 n 种养护措施,为 0 时表示第 j 年对路段 i 不实施第 n 种养护措施
$c_{i,n}$	对路段 i 实施第 n 种养护措施的养护成本
b_j	第 j 年的养护资金预算
p_j	第 j 年路网平均路面使用性能
h_j	第 j 年路网平均路面使用性能阈值
u_n	第 n 种养护措施的单位养护成本
w_i	路段 i 道路宽度
l_i	路段 i 长度
$\mathrm{TC}_{i,j,n}$	第 j 年对第 i 个路段实施措施 n 后该路段年总车辆出行时间成本
$\mathrm{DC}_{i,j,n}$	第 j 年对第 i 个路段实施措施 n 后该路段年总车辆行驶成本
f_1	分析期内总车辆出行时间成本
f_2	分析期内总车辆行驶成本
f_3	分析期内总养护成本

2.2　多目标优化模型求解算法分析

在多目标优化问题求解过程中,传统的单目标优化求解方法往往因为问题具有多个相互冲突的目标而无法使用。为此,一些研究[4,11]使用加权求和、目标规划等先验方法将多目标问题转化为单目标问题进行求解,但此类方法需要决策者预先给出偏好,当决策者因缺乏先验信息而无法给出偏好时,此类方法也变得不再适用。随着启发式算法的不断发展,一些学者开始使用多目标进化算法等后验方法进行求解,该类方法通常基于 Pareto 支配原则对多目标优化问题进行求解获得 Pareto 解集,决策者可以在分析 Pareto 解集的基础上加入偏好获得最终解。在多目标进化算法中,Deb 等[20]于 2002 年基于非支配排序遗传算法(NSGA)提出的带精英策略的非支配排序遗传算法(NSGA Ⅱ)应用最广。NSGA Ⅱ中引入的精英策略克服了 NSGA 运行时间长的弊端,其使用的拥挤度算子解决了额外设置参数与依赖外部存档器的不足,使其算法复杂度有效降低,可以有效解决多目标优化问题不易快速求解的难题。

在高维多目标优化问题(目标个数大于或等于3)中,由于非支配解在种群中的比例持续增加,计算复杂度往往呈指数上升,致使搜索过程缓慢且解的邻近元素寻找困难,类似 NSGA Ⅱ的多目标进化算法已变得不再适用。基于此,Deb 等[22]在2014 年基于 NSGA Ⅱ提出了带广泛参考点的非支配排序遗传算法(NSGA Ⅲ)。NSGA Ⅲ引入参考点机制代替拥挤度算子,通过保留非支配且靠近参考点的种群个体以维持种群的多样性,以解决 NSGA Ⅱ使用拥挤度算子在高维多目标问题中搜索缓慢的缺点。综上,本文使用 NSGA Ⅲ求解多年度网级路面养护决策多目标优化模型,使用获得的 Pareto 解集对各组优化目标进行均衡分析,基于均衡分析结果选择最优养护方案。

3 案例分析

3.1 案例信息

为验证建立的考虑用户成本的多年度网级路面养护决策多目标优化模型的有效性,本文选取辽宁省某公路路网进行案例分析。该路网包含100 个路段,路段技术等级均为一级公路,路面类型均为沥青。此外,该路网所有路段设计车速均为100km/h,路段平均长度为1000m,道路宽度均为25.5m;该路网在 2017 年的路网平均 PCI 为77,路网平均 RQI 为91,各路段的平均 AADT 和交通量年平均增长率分别为 10500(辆/d)和 5%。基于此,本案例以 2017 年作为分析期的初始年,以该年路网内各路段的路面使用性能水平(PCI、RQI)、交通量(AADT)及其年平均增长率作为模型输入参数,对该路网执行5 年的路面养护规划。

为进行多年度养护决策多目标优化,本案例采用指数回归模型预测分析期内各路段的路面使用性能(PCI、RQI)。同时,基于《公路沥青路面养护设计规范》(JTG 5421—2018)(以下简称《规范》)中给出的养护措施选择策略,本案例考虑4种针对沥青路面的养护措施,包括日常养护、小修保养、预防性养护、功能性修复,规定4 种养护措施的单价与养护效果,如表 2 所示。此外,为加快 NSGA Ⅲ的收敛速度,本案例参考《规范》,在生成初始种群时采用决策树法为每一路段指定允许的养护策略集,如表3 所示。

养护措施的单价与养护效果 表2

养护措施编号	养护措施类型	单价(元/m^2)	养护效果(同时对 PCI 与 RQI)
1	日常养护	0	无提升
2	小修保养	5	提升 3
3	预防性养护	23	提升 10
4	功能性修复	85	提升至 100

养护措施选择决策树模型 表3

路面性能状态组合	PCI 状态	RQI 状态	允许养护措施
1	≥80	≥80	小修保养、预防性养护、日常养护
2	≥70,<80	≥80	预防性养护、日常养护
3	≥80	≥70,<80	
4	≥70,<80	≥70,<80	
5	≥80	<70	功能性修复、日常养护
6	≥70,<80	<70	
7	<70	≥80	
8	<70	≥70,<80	
9	<70	<70	功能性修复

另将模型中的其他相关参数规定如下:路网内用户出行平均时间价值系数为 15.8 元/小时,

分析期内每年养护资金预算均为 8000 万元;路网路面性能评价指标采用路网 RQI 年平均值,且规定其在分析期内各年路网年平均 RQI 均不得低于《标准》中规定的“良”(80 分)。同时,基于多次试验论证,将 NSGA Ⅲ中的相关参数规定如下:种群大小为 200,迭代次数为 400 次,交叉率为 0.8,变异率为 0.05。最后,本文使用 Python 语言在 Pycharm 2021 平台上对案例进行编程求解,实验环境配置为:CPU, Intel (R) Core (TM) i7-9750H 4.50 GHz;RAM,16.00 GB。

3.2　结果与讨论

3.2.1　多目标均衡分析

使用 NSGA Ⅲ对模型进行求解,得到多年度网级路面养护决策模型中各用户成本目标与养护成本目标间的关系图,如图 1 所示。对各组目标关系进行均衡分析,可以为决策者提供养护成本目标与各用户成本目标、各用户成本目标之间的定量关系信息,便于其选择最优养护方案。从图 1a) 和图 1b) 可以明显地看出,随着分析期内总养护成本的增加,由于路网整体使用性能(PCI、RQI)的提升,用户成本中的车辆出行时间成本和车辆行驶成本均减少;同时,两条均衡关系曲线右下端均出现斜率减小的情况,这表明在较高水平的养护支出时,车辆出行时间成本与车辆行驶成本对养护资金投入的敏感性降低。图 1c) 展示两个用户成本目标之间的均衡关系,可知车辆出行时间成本与车辆行驶成本呈现显著的正比例关系,即二者均因养护成本的提升而减少,且减少幅度几乎为同一水平,在进行最优养护方案决策时,可以考虑为二者设置相同的权重。基于此,在确定最优养护方案时需要对用户成本目标与养护成本目标进行权衡,结合实际需求,在可以接受的范围内确定相对最优解。

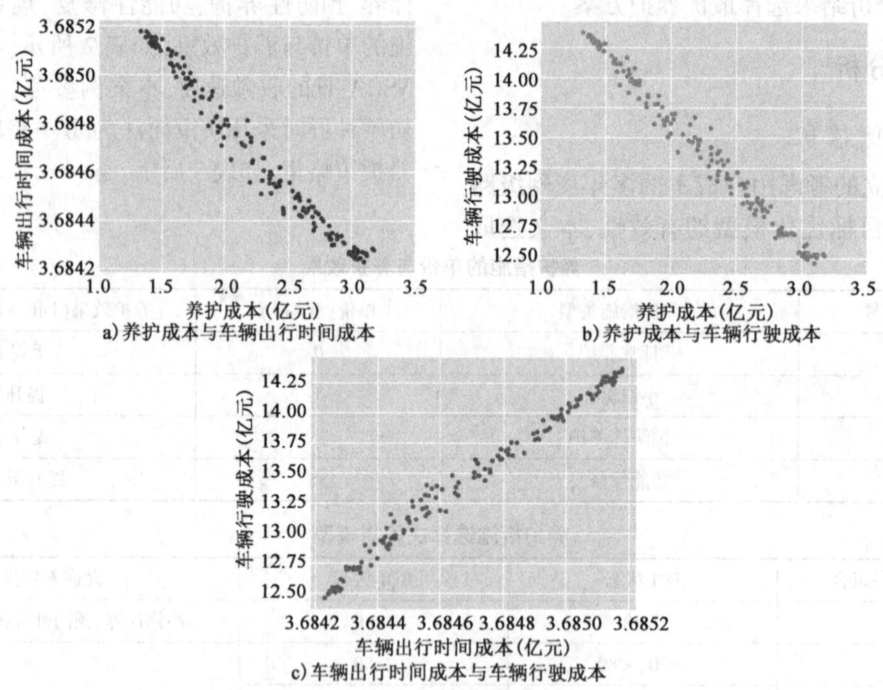

图 1　各优化目标之间的均衡关系

此外,本文使用 Eureqa 软件对图 1 中所展示的各均衡关系进行回归分析,得到各组目标间的函数关系与各公式拟合优度(R^2),如式(13)~式(15)所示,式中各符合含义同表 1 所述。根据回归分析得到的函数关系,决策者可以得到各组目标之间的定量均衡关系信息。基于此,决策者可以指定用户成本目标值,确定该水平需要的近似最小养护资金投入,亦可以提前给定总养护资金预算,确定最低分析期内用户成本。

$$f_1 = -\frac{0.000138}{f_3 - 3.66} - 0.00064 f_3 + 3.69, R^2 = 0.988 \tag{13}$$

$$f_2 = 0.0354 f_3^2 - 1.24 f_3 + 16, R^2 = 0.99 \tag{14}$$

$$f_2 = 1955 f_1 - 7190, R^2 = 0.99 \tag{15}$$

3.2.2 最优养护方案确定

基于 NSGA III 求解得到的 Pareto 解集与第3.2.1节中各优化目标间均衡分析结果,本案例将最优养护方案的确定标准规定如下:在有限的养护资金投入下寻求分析期内用户利益最大化(用户成本最小),首先将各个方案的两个用户成本目标值归一化、线性加权法转换为效用目标(值域为0~100),再确定总养护资金预算,最后选择满足养护预算要求的效用目标最大值的解作为最优养护方案。基于此,本案例给出两种不同决策条件,如表4所示。基于第3.2.1节的均衡分析结果,将决策条件1和决策条件2中对于两个用户成本目标权重均设为0.5;此外,规定决策条件1为养护资金投入相对紧缩的情况,5年总养护资金预算为2亿元,决策条件2的养护资金投入相对充裕,5年总养护资金预算为3亿元。对两种决策条件分别求最优解,结果如表4所示。

不同决策条件下的最优解结果 表4

评价指标	决策条件1	决策条件2
效用目标分数	19	86
总养护成本(亿元)	1.98	2.98
车辆出行时间成本(亿元)	3.69	3.68
车辆行驶成本(亿元)	13.51	12.55
路网年平均 PCI	80	82
路网年平均 RQI	83	84

如表4所示,决策条件1下得到的最优解效用目标分数偏低,说明养护资金投入对用户成本的影响较大,当养护资金预算不足,路网使用性能水平会有较大下降。决策条件2下获得的最优解效用目标分数远高于决策条件1的最优解,各用户成本目标与路网使用性能均得到提高,说明养护资金充裕对于养护效益有较大提升。综上,本案例选取决策条件2下获得的最优解为本案例的最终养护方案。该养护方案在分析期内各年度中不同养护措施的养护里程比例如图2所示,各年度用户成本与养护成本如图3所示。

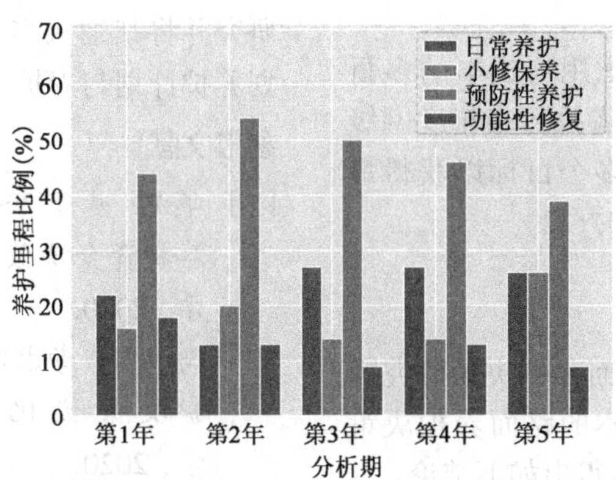

图2 最优养护方案各年度不同养护措施养护里程比例

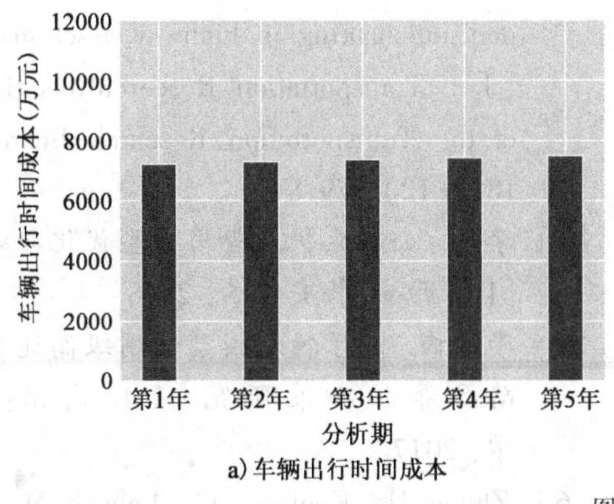

a)车辆出行时间成本

b)车辆行驶成本

图 3

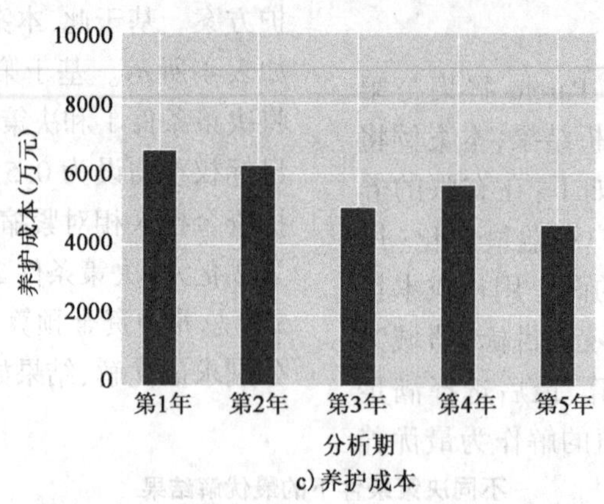

c)养护成本

图3　最优养护方案各年度用户成本与养护成本

如图2所示,在分析期内,最优养护方案在各年为路段规划预防性养护的比例最高,达到40%以上,其次为日常养护和小修保养,功能性修复的比例最低。在该养护方案中,路网中大部分路段在性能开始出现下降时就规划养护措施,以防其性能下降过低进而增加用户成本,同时避免实施养护成本较高的功能性修复。如图3所示,该养护方案中的各个用户成本目标以及养护成本在分析期内各年度均较为稳定,未出现较大波动,说明该养护方案的养护措施在分析期内的安排较为均匀、变异系数较低,有利于养护施工组织与资金调配。

综上所述,本文构建的考虑用户成本的多目标优化模型能够有效辅助决策者执行多年度网级路面养护决策,可以有效协调多个目标以获得最佳权衡,获得网级路面最优养护方案。

4　结语

本研究基于对国内网级路面养护决策研究现状的分析,建立了考虑用户成本的路面养护决策多目标优化模型,结合案例分析得出如下结论:

(1)基于现有研究,将影响路面养护效益的用户成本确定为车辆出行时间成本和车辆行驶成本,分别对其建立了量化模型。

(2)基于影响路面养护效益的用户成本量化模型,以各用户成本最小化为目标函数,建立了多年度网级路面养护决策多目标优化模型。

(3)以辽宁省某路网为例进行多年度网级养护决策,使用NSGA Ⅲ求解获得Pareto解集并使用该解集进行多目标均衡分析,得到了各组优化目标间的函数关系,并通过进一步设置目标权重获取了最终养护方案。

(4)案例结果验证了提出的多目标优化模型的有效性,表明了本文的研究成果可以协助决策者从用户视角出发并考虑实际问题的多样性,以更合理地进行路面养护决策。

此外,本研究还存在以下不足:首先,本文在分析量化车辆行驶成本时仅考虑了小客车一种车型,为以更加全面的视角构建用户成本量化模型,未来的研究可以增加对其他车型的考虑;其次,本文在构建多年度网级路面养护决策模型时,未考虑因施工围挡导致的路段封闭或半封闭造成的用户成本,未来可以展开对该部分用户成本量化的研究并将其纳入多目标优化模型,以更合理地规划养护计划与养护方案,使用户成本尽可能降低。

参考文献

[1] 华龙. 基于NSGA Ⅱ + DRSA法的网级路面养护资金决策研究[D]. 长沙:长沙理工大学, 2020.

[2] 冯胜凯. 考虑不确定性因素的多目标路面养护决策优化研究[D]. 西安:长安大学, 2020.

[3] Li Z, Sinha K C. Methodology for multicriteria decision making in highway asset management [J]. Transportation ResearchRecord: Journal of the Transportation Research Board, 2004, 1885(12): 79-87.

[4] 李露. 公路养护总费用模型优化与效益评估[D]. 西安:长安大学, 2018.

[5] 李红梅. 基于物元模型的网级高速公路沥青路面养护决策研究[D]. 南京:东南大学, 2017.

[6] Zhang H, Keoleian G, Lepech M, et al. A

life-cycle optimization of pavement overlay systems[J]. Journal of Infrastructure Systems, 2010, 16: 310-322.

[7] Giustozzi F, Crispino M, Flintsch G. Multi-attribute life cycle assessment of preventive maintenance treatments on road pavements for achieving environmental sustainability [J]. International Journal of Life Cycle Assessment, 2012,17:409-419.

[8] Yu B, Gu X, Ni F, et al. Multi-objective optimization for asphalt pavement maintenance plans at project level: integrating performance, cost and environment [J]. Transportation Research Part D: Transport and Environment, 2015,41: 64-74.

[9] Elhadidy A, Elbeltagi E, AMMAR M. Optimum analysis of pavement maintenance using multi-objective genetic algorithms [J]. Housing and Building National Research Center,2014.

[10] Bryce J, Flintsch G, Hall R. A multi criteria decision analysis technique for including environmental impacts in sustainable infrastructure management business practices [J]. Transportation Research Part D: Transport and Environment, 2014, 32: 435-445.

[11] 彭华，陈长，孙立军. 网级路面管理系统中项目优化模型的双层优化[J]. 同济大学学报(自然科学版), 2010, 38(03):380-385.

[12] 谢峰. 基于 GIS 的高速公路路面管理智能决策模型研究[D]. 成都：西南交通大学, 2012.

[13] 毛新华. 高速公路路面养护决策模型改进研究[D]. 西安:长安大学, 2015.

[14] 陈思迪. 基于多目标粒子群优化算法的路面预防性养护决策模型研究[D]. 北京：北京交通大学, 2019.

[15] 李弢,张培林,毛新华.考虑交通流动态分布的路面养护最优决策[J]. 中国公路学报, 2019, 32(11): 227-233.

[16] Gerardo W, Flintsch, Jeff K. Application of engineering economic analysis tools for pavement management [C]// Transportation Research Board, Washington D. C. ,2004.

[17] Eric T, David R, Arthur H. Evaluating roads as investments: A primer on benefit-cost and economic-impact analysis [R]. Kansas: The University of Kansas, 2008.

[18] Aashto. User benefit analysis for highways [R]. Washington, D. C. :AASHTO 2003.

[19] 齐彤岩,刘冬梅,刘莹. 北京市居民出行时间成本研究[J]. 公路交通科技,2008,25(6): 144-146.

[20] 宗芳，隽志才，张慧永，等. 出行时间价值计算及应用研究[J]. 交通运输系统工程与信息, 2009, 9(3): 114-119.

[21] Deb K, Pratap A, Agarwal S, et al. A fast and elitist multi-objective genetic algorithm: NSGA-II [J]. IEEE Transactions on Evolutionary Computation, 2002, 6 (2): 182-197.

[22] Deb K, Jain H. An evolutionary many-objective optimization algorithm using reference-point-based non-dominated sorting approach, part I: solving problems with box constraints [J]. IEEE Transactions on Evolutionary Computation, 2014, 18 (4): 577-601.

基于双流卷积神经网络的高速公路异常事件自动化检测系统设计研究

齐志刚　石见昕　孙　佳*

(黑龙江省交投信息科技有限责任公司)

摘　要　为实现高速公路交通异常事件自动化智能检测,提出了一个基于双流卷积神经网络的交通事件检测系统设计架构。与传统的深度卷积神经网络技术相比,双流卷积神经网络算法融合了视频数据中的空间特征信息与时间序列信息,获得更丰富的特征信息,并将决策结果及时反馈给应急救援管理平台,为提升交通异常事件识别准确率提供了技术思路。

关键词　双流卷积神经网络　智能检测　特征信息　交通异常事件　深度卷积神经网络　应急救援管理平台

0　引言

在"交通强国"战略部署下,实现交通领域信息化是发展的必然趋势。目前,我国高速公路已具有多年的建设经验,并在发展中形成了覆盖面广、视频流传输性能好、安全系数高的监控系统[1]。高速公路上的异常事件易衍生出多种事故,往往会造成较大损失,甚至出现人员伤亡的情况,监控系统为异常事件视频拍摄和实时传输提供了平台。但由于监控路段众多,导致人工排查异常事件的方法工作量大、效率低、自动化水平低,易导致救援工作不及时等问题,因此应急救援部门急需一种在异常交通事件发生时能够在较短时间内获得自动弹窗报警的方法。

国内外学者对高速公路视频异常事件检测进行了深入研究。高速公路视频异常事件检测是一种基于计算机视觉,结合深度学习算法的多序列图像分析处理技术。现阶段,利用深度学习算法的高速公路视频异常事件检测的性能比传统算法出色[2]。然而,目前高速公路交通事件检测的准确性仍未达到理想值。许多研究人员利用机器学习技术,通过对高速公路中的监控视频进行智能学习以达到自动化决策分析的效果[3],但利用传统的图像处理技术对视频事件进行分析检测的实质是将视频解析成单帧的图像序列,将图像输入卷积神经网络中并完成输出。在实际应用中,视频流更多的是捕捉异常事件的动态信息,仅提取空间特征信息对于异常事件的检测存在较大误差,而双流卷积神经网络的生成及应用为高速公路交通异常事件检测提供了有效手段。在双流卷积神经网络技术的支撑下,不仅能获取监控视频中的空间特征信息,还能获取视频的时间序列信息,使得特征信息更加丰富,为系统智能检测高速公路交通异常事件提供了关键技术。

1　视频数据预处理方法

1.1　数据切割

为实现高速公路视频异常事件智能检测,在训练双流卷积神经网络时需要大量的异常事件数据,从监控视频中筛选出包含各类异常事件的数据,并对其进行手工分类和切割,将所有数据中发生异常事件时间最短的视频作为一个样本,将其余异常事件视频进行切割,获取时间一致的子样本。

1.2　数据标注

利用标注工具中常用的LabelImg或Labelme软件,对切割后的视频数据进行标注,按照视频中的交通事件进行分类,获取带有标签的事件分类数据。

2　高速公路异常事件智能检测系统方案

2.1　系统总体设计

为实现高速公路异常事件的自动化智能检

测，本文提出了一种基于双流卷积神经网络算法的自动化检测方法。利用高速公路大规模覆盖的视频监控系统捕捉实时视频数据，对获取到的视频数据进行预处理，并通过双流卷积神经网络模型进行异常事件决策，若出现异常事件决策结果则对工作人员进行反馈提示。图1为高速公路异常事件自动化智能检测系统决策异常事件的示意图。

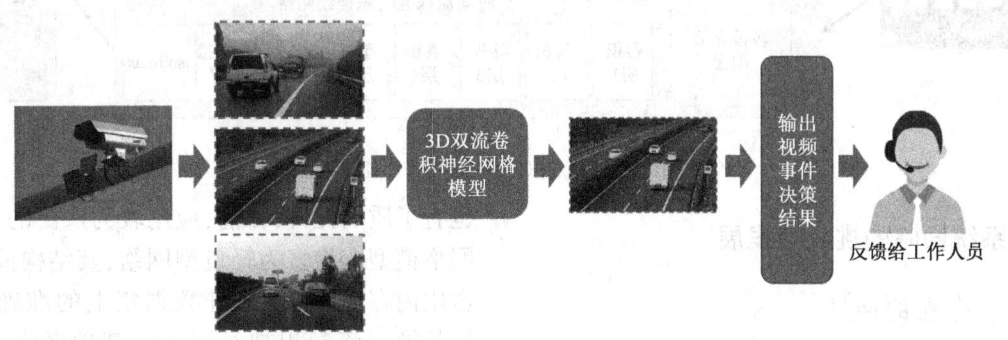

图1 高速公路异常事件自动化智能检测系统决策异常事件示意图

2.2 系统构成

(1)视频数据采集设备

监控系统的摄像头作为事件数据采集设备，用于采集高清的高速公路路况以及车辆行驶状态视频，通过以太网将视频数据传输到后端数据处理设备。

(2)视频数据处理决策算法

后端接收到视频数据，通过已训练的双流卷积神经网络模型，来决策各个事件结果，当决策事件中出现异常事件时向应急救援管理平台输送决策信息。

(3)应急救援管理平台

通过接收到的异常事件决策信息向工作人员发出弹窗报警，让工作人员在较短的时间内获取实时异常事件消息，并对异常事件做出反应，保障高速公路的正常运营与通行。

2.3 高速公路事件检测算法分析

视频信息主要分为空间和时间两个维度[4]，空间特征信息就是所谓的2D信息，即将视频解析为单帧图像，时间信息则为多帧图像中的物体或背景产生的相对变化，即运动信息。现阶段的高速公路异常事件检测方法大多为传统的以静态单帧图像作为输入数据的深度卷积神经网络，基于二维图像的深度卷积神经网络在图像特征的提取方面具有一定的优势。而在视频检测中除空间信息外还存在时间信息，因此，为提高视频检测的准确性，保留视频的空间和时间信息是十分必要的。目前，双流卷积神经网络已广泛应用于人体行为识别中[5-6]，该深度学习算法在行为识别中的准确性相比于传统的卷积神经网络显著提高。

相关研究人员对双流卷积神经网络进行改进，将双流卷积神经网络中的VGG-16网络模型[7]替换成ResNet-34卷积神经网络[8]。VGG-16卷积神经网络与ResNet-34卷积神经网络均由卷积层、池化层、全连接层以及softmax层组成，而ResNet-34比VGG-16卷积层数更多、网络结构更深。将原双流卷积神经网络中应用的VGG-16卷积神经网络替换成ResNet-34卷积神经网络，通过加深网络结构，使得图像特征提取信息更丰富。图2为双流卷积神经网络工作原理图，双流分为空间流卷积神经网络和时间流卷积神经网络。在空间流卷积神经网络中，以静态单帧图像作为输入对象，提取单帧图像中的特征信息；而在时间流卷积神经网络中，则是输入由多个连续视频帧叠加生成的光流图像，能够表示帧间运动状态，获取更多的行为信息。

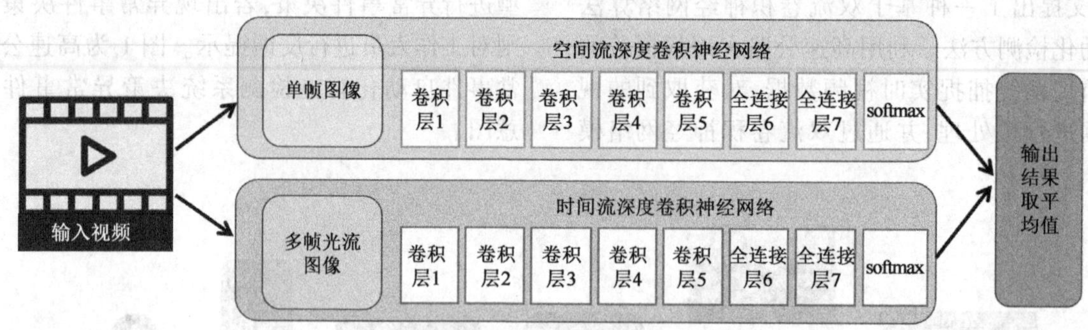

图 2　双流卷积神经网络工作原理图

3　系统面临的挑战与发展

3.1　存在的问题

(1)数据质量问题

虽然大规模覆盖的监控系统为视频数据的采集提供了便利,但在应急救援管理平台所管辖的范围内,摄像头的配置对于视频采集的清晰程度具有一定的影响,不清晰的视频数据会对深度学习算法模型的最终结果产生较大干扰。受不稳定的环境因素以及夜间光照影响,夜间视频数据采集面临较大挑战,红外补光方法虽然可以提升视频清晰程度,但相对于自然光下的视频数据仍存在较大误差。

(2)模型加载速度问题

由于 ResNet-34 卷积神经网络模型[9]的网络结构较深,整个模型所占内存较大,加载运行时间较长,因此,检测单个样本加载较慢,而检测的时间过长,则会导致应急救援管理平台所获得的反馈不及时,在实际应用中不仅要考虑精确度的问题,还要考虑其时效性。

(3)模型的泛化问题

双流卷积神经网络虽然相比传统的卷积神经网络增加了时间序列信息[10],可以有效提高模型的检测准确度,然而高速公路上发生的交通异常事件的种类非常多,在前期模型训练的过程中,数据的准备仍然存在不全面的问题,导致在实际应用中,遇到未训练过的异常事件检测的准确率较低,模型的泛化能力较差。

3.2　未来发展与趋势

计算机视觉依旧是市场上进行检测与识别技术的主流,通过视觉可以更直观地观察到异常事件的发生。随着科技的不断进步,深度学习技术也有了质的提升,目前,应用较为广泛的卷积神经网络模型有许多为轻量型网络,其结构清晰简单,占用内存较小,在公开数据集上的准确率较高。以替换双流卷积神经网络的基础网络为技术思路,选择适合的轻量级卷积神经网络模型,对于高速公路异常事件检测更具有实用性。采集的视频数据不仅可用于事件检测与分析,也可以通过大数据算法对数据进行聚类,对事故多发处进行预警,为应急救援管理部门提供概率预测,将数据进行数理统计,形成曲线分布图,解析数据内容,获取更有效的信息,为智慧交通提供更强有力的帮助。

4　结语

本研究分析并讨论了双流卷积神经网络在高速公路异常事件检测与分析上的应用前景,说明了双流卷积神经网络相较于传统卷积神经网络的优势。基于双流卷积神经网络的高速公路视频事件检测与分析方法,能够有效为管理部门提供及时的反馈信息,实现事件检测自动化,解放人力。随着我国交通行业的迅猛发展,“智慧 +”交通的研究前景十分广阔,充分利用前沿科技来改变现有的交通现状,能够有效提高高速公路的事故处理效率,改善高速公路运营管理策略。

参考文献

[1]　邹海峰. 基于 AI 算法的视频事件检测系统性能分析及其在高速公路监控系统中的应用[J]. 信息记录材料,2019,20(04):92-93.

[2]　杨常华. 基于深度学习的高速公路视频事件检测系统分析[J]. 山西电子技术,2020(02):13-14,86.

[3]　孙昊,黄樟灿. 基于深度卷积网络的高速公路事件检测研究[J]. 武汉理工大学学报(信息

与管理工程版),2017,39(06):683-688.
[4] 刘伟.高速公路视频事件检测系统研究[J].智能城市,2021,7(10):123-124.
[5] 吕淑平,黄毅,王莹莹.基于双流卷积神经网络的人体动作识别研究[J].实验技术与管理,2021,38(08):144-148.
[6] 卫文韬,李亚军.基于双流卷积神经网络的肌电信号手势识别方法[J/OL].计算机集成制造系统:1-11[2021-09-06].
[7] 廖璐明,张伟.基于改进VGG16网络的混合批量训练交通标志识别[J].电子科技,2021,34(08):8-13.
[8] 张梦雨.基于ResNet和注意力机制的花卉识别[J].计算机与现代化,2021(04):61-67.
[9] 钱惠敏,陈纬,马宜龙,等.基于ResNet34_D改进YOLOv3模型的行人检测算法[J/OL].控制与决策:1-8[2021-10-20].
[10] 谢佳龙,张波涛,吕强.一种基于双流融合3D卷积神经网络的动态头势识别方法[J].电子学报,2021,49(07):1363-1369.

基于改进ORB的高速公路实时视频拼接算法研究

陶 杰 倪双静* 陈雪云 张 煜
(浙江省机电设计研究院有限公司)

摘 要 针对高速公路车道摄像机无法完整拍摄交通违规的问题,本文采用实时视频拼接方法,对交通违规场景的多个摄像视频进行全景拼接。为解决视频拼接存在实时性和错位问题,本文提出一种基于改进ORB的实时视频拼接算法。该方法综合了ORB(Oriented FAST and Rotated BRIEF)特征提取的优势,通过图像ROI(Region of Interest)提取,有效降低了特征提取的计算量;采用网格化特征提取,对特征点得分排序,实现特征点的均匀化提取,全面描述图像特征,提高了特征匹配的成功率;利用蚁群算法中“信息素”浓度的正反馈过程,改进RANSAC(Random Sample Consensus)算法对匹配点的随机选择,有效降低了算法的迭代次数。高速公路场景实验结果表明,网格化特征提取方法得到的特征匹配正确率较传统方法提高了6%,图像拼接更准确;而改进的RANSAC算法能有效降低获得最佳模型参数的迭代次数,图像拼接更实时。

关键词 高速公路 视频拼接算法 ORB特征提取 全景拼接 网格化 RANSAC

0 引言

随着全国高速公路里程数快速增长,高速公路交通事故也越来越多,而车道摄像机通常只能拍摄部分车道,无法完整拍摄违规瞬间,这使得交通部门在确定事故时难以拿出有力证据。针对以上问题,本文采用实时视频拼接方法来解决。

目前国内外对于静态图像拼接技术的研究已经比较成熟,但是视频拼接技术由于受到计算机性能等因素影响,研究进展较慢,随着机器视觉技术的发展,相关研究也越来越多。杨丹[1]等人为满足实时性要求,通过结合HOG和LBP等快速特征匹配算法,用来保证视频拼接的速率。但是HOG的提取注重的是图像面的特征,虽然对图像几何和光学的形变都能保持良好的不变性,但是对整张图的特征提取计算量很大。李岩[2]针对传统FAST算法在尺度空间上的缺陷给出了构造高斯尺度金字塔的方法,而对RANSAC计算量大的缺陷,首先通过阈值进行粗提纯,然后将筛选留下的样本点记为GoodMatch点对,对其余的样本数据进行RANSAC处理,这样大大提高了提纯效率。卢健[3]等人针对ORB算法不具备尺度不变性,结合SURF与ORB提出了一种新的算法,通过计算积分图像,使用盒子滤波器构建尺度空间,并对数据集排序后进行RANSAC算法,以减少迭代次数。Yu Pang[4]等人针对车道摄像头处理图像信息不完整的问题,提出一种基于ORB算法和最佳缝合技术的改进车道序列图像拼接技术,该方法通过改进的GMS对ORB提取的特征点进行提纯,然后采用最佳缝合方法融合图像的重叠区域。Ji Yufeng[5]等人将映射和全景任务融合在一起,提出一种基于自适应关键帧任意长度视频的自动拼接算法,但是该方法提出的矩阵度量仅基于透视效应,缺乏通用性。

为此,针对高速公路视频全景拼接中存在的实时性和错位问题,本文提出了一种基于改进ORB的实时视频拼接算法。

1　视频拼接流程及主要技术

视频拼接的主要关键流程包含两个步骤,分别是视频图像配准和视频图像融合,具体流程如图1所示。

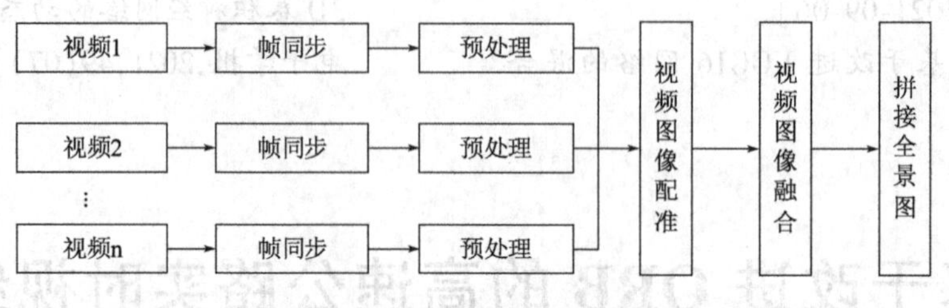

图1　视频拼接流程图

视频图像配准是将待拼接图像,通过算法计算其重叠区域之间的对应关系,求得变换矩阵H的过程。视频图像配准是整个视频拼接过程中最重要的部分,其配准好坏直接影响后续视频图像融合的效果。目前最常用的配准方法是基于特征匹配的方法,具体包括提取视频图像特征,特征点匹配,以及对匹配结果进行图像对齐。目前主流的特征提取算法有SIFT(Scale Invariant Feature Transform)、SURF(Speed Up Robust Features)、ORB(Oriented FAST and Rotated BRIEF)、FAST、Harris等。特征点匹配的算法主要有KD(K-Dimensional)树算法、BBF(Best Bin First)。图像对齐算法,也是求取变换矩阵H的过程,主要是RANSAC(Random Sample Consensus)算法。

视频图像融合是将视频中配准的两幅图片进行融合,令图片看起来尽可能自然过渡,同时选择两幅图片中画质较好的部分进行融合,使融合后的图像画质更优。一般采用平均加权法、最佳缝合线法、多分辨率融合方法、离散小波融合方法等。

2　ORB特征提取算法

ORB算法由RubLee在2012年提出,该算法主要关键点如下:

(1)利用oFAST算法进行特征点提取。FAST算法是目前认为最快的特征点提取算法,该算法需要在图像灰度化处理后,任意取一个像素点P,与其领域内(一般以3个像素为半径的领域)像素点的灰度值进行比较,一般选取16个半径上的像素点,如果有超过一定数量的像素点与P的灰度值相差很大,则该像素点P就是一个角点。FAST角点判别式如下:

$$\mathrm{CRF}=\begin{cases}1, & |I_p-I_k|>t\\0, & \mathrm{others}\end{cases}\tag{1}$$

式中:I_p——像素点P的灰度值;

I_k——领域内像素点k的灰度值;

t——灰度差异阈值。

算法检测示意图如图2所示。

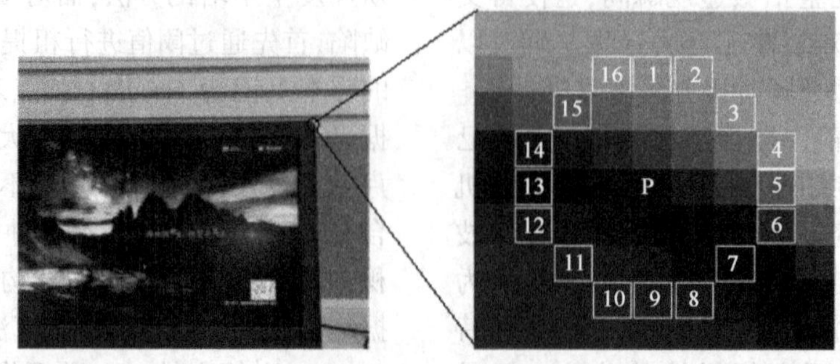

图2　FAST角点检测示意图

如果按以上过程计算,要对比的像素点较多,处理起来速度很慢。因此,一般采用一个高效的排除算法,即只检查圆周上位置为1、5、9、13这四个位置的像素点。因为如果 p 是角点,那以上四个像素点至少有3个应该满足CRF为1,如果不是这样,则 p 不是一个角点。

然而,FAST算法具有一个致命的缺陷,那就是没有解决旋转不变性,即图像旋转后,特征点可能会发生变化。这主要是因为特征点没有定义方向,为此,提出了oFAST算法,通过矩(moment)法来确定特征点的方向。利用矩来计算特征点以 r 为半径范围内的质心,将特征点坐标到质心形成的向量作为该特征点的方向。矩定义如下:

$$m_{pq} = \sum_{x,y \in r} x^p y^q I(x,y) \tag{2}$$

其中,$I(x,y)$ 为图像灰度表达式,则该矩的质心为:

$$C = \frac{m_{10}}{m_{00}}, \frac{m_{01}}{m_{00}} \tag{3}$$

假设角点的坐标为原点,则向量的角度,即该特征点的方向为:

$$\theta = \arctan\left(\frac{m_{01}}{m_{00}} / \frac{m_{10}}{m_{00}}\right) = \arctan(m_{01}/m_{10}) \tag{4}$$

(2)利用rBRIEF进行特征点描述。BRIEF算法是在一个特征点的邻域内通过某种方法获得n个点对,通过比较每个点对的灰度值大小,生成一个二进制中的1或0,最终所有点对都比较后生成一串二进制的特征描述符。rBRIEF特征描述是在BRIEF的基础上加入旋转因子改进的,因为使用oFast算法计算出的特征点包括了特征点的方向和角度,因此新的点对需要经过角度 θ 进行旋转:

$$D_\theta = R_\theta D \tag{5}$$

其中,$D = \begin{pmatrix} x_1, x_2, \cdots, x_{2n} \\ y_1, y_2, \cdots, y_{2n} \end{pmatrix}$。

然后对新的点对进行二进制串描述,得到最终的特征点描述符。

(3)建立金字塔,解决特征点的尺度不变性。FAST特征提取对于不同程度缩放的图像得到的特征点是不同的,对于同一特征点,在不同尺度上的图像中利用rBRIEF得到的特征描述符也会有出入,导致图像匹配准确率大大下降。为此采用高斯金字塔,对原图做降采样处理,由大到小建立起 n 层图层。

$$n = \log_2\{\min(M,N)\} - t, t \in [0, \log_2\{\min(M,N)\}] \tag{6}$$

其中:M、N——原图像的大小;

t——金字塔顶图像的最小维数的对数值。

3 RANSAC特征匹配算法

随机抽样一致性算法RANSAC(Random Sample Consensus)由Fischler和Bolles在1981年提出,用于特征点的精匹配,是提取最佳数量的有用特征匹配点,并以此获得单应矩阵 $\boldsymbol{H}$ 的过程。该方法结合了随机性和假设性,通过假设随机选取的集合中的所有点满足条件模型并不断迭代,确定模型及参数。相比最小二乘法,它融入了剔除不合格数据的思想,因此消除了部分错误数据对模型的影响,能更快更准确地给出结果。RANSAC把所有样本点分成局外点和局内点,然后通过局内点计算出模型,如图3所示,其中蓝点的为局内点,红点的为局外点。

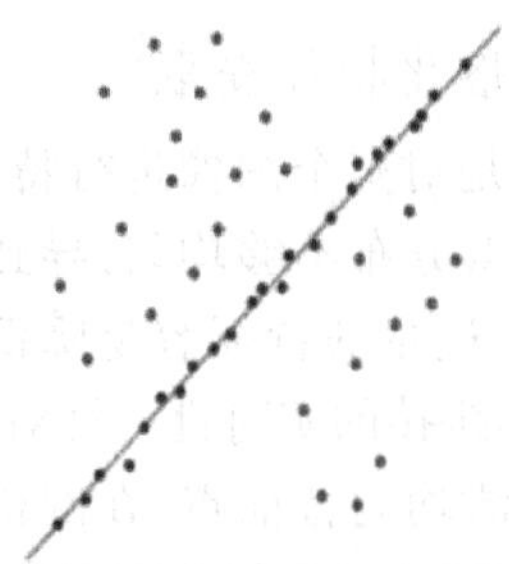

图3 通过RANSAC算法找到的直线

在视频图像拼接中,RANSAC算法用来寻找最佳单应矩阵 H,使得满足该矩阵的数据点个数最多。假设 (x,y) 为目标图像的角点位置,(x',y') 为场景图像的角点位置,则RANSAC的计算方程如下:

$$c\begin{bmatrix} x' \\ y' \\ 1 \end{bmatrix} = H\begin{bmatrix} x \\ y \\ 1 \end{bmatrix} = \begin{bmatrix} h_{11} & h_{12} & h_{13} \\ h_{21} & h_{22} & h_{23} \\ h_{31} & h_{32} & h_{33} \end{bmatrix}\begin{bmatrix} x \\ y \\ 1 \end{bmatrix} \tag{7}$$

式中:c——尺度参数。

为此得到代价函数为:

$$S = \sum_{i=1}^{n}\left(x'_i - \frac{h_{11}x_i + h_{12}y_i + h_{13}}{h_{31}x_i + h_{32}y_i + h_{33}}\right)^2 + \left(y'_i - \frac{h_{21}x_i + h_{22}y_i + h_{23}}{h_{31}x_i + h_{32}y_i + h_{33}}\right)^2 \tag{8}$$

RANSAC需要将计算得到的模型测试所有数据,获得代价函数最小的模型,则为最优模型;否则继续选取样本数据,计算模型。当迭代次数超过

k 时,则结束算法。具体的算法步骤如下:

(1)从特征匹配集合中,随机选择 n 个匹配点,并根据匹配点计算出模型参数。

(2)将所有特征匹配集合中的匹配点带入模型,计算代价函数,如果在阈值 t 范围内,则将该点调入内点集合中。

(3)如果内点集合元素个数大于最优内点集 I_{best},则更新 I_{best},同时更新迭代次数 k。

(4)如果迭代次数大于 k,则结束;否则 $k+1$,并重复上述步骤。

(5)最终获得的模型参数则为最佳单应矩阵 H。

4　算法改进

4.1　图像 ROI 选择

高速公路上的视频图像较大,车辆较多时 ORB 检测到的角点会很多,使得后面步骤的计算量过大,影响算法效率。考虑到摄像机的位置相对固定,可得到两幅视频图像的相对位置,因此可以轻松地得到两幅图像的重叠区域,即 ROI—感兴趣区域,而这部分正好是图像拼接的重点匹配区域。通过选取 ROI,可大大减少特征提取和特征匹配的运算量。高速公路视频图像 ROI 选取模式如下,其中 B 区域为 ROI。

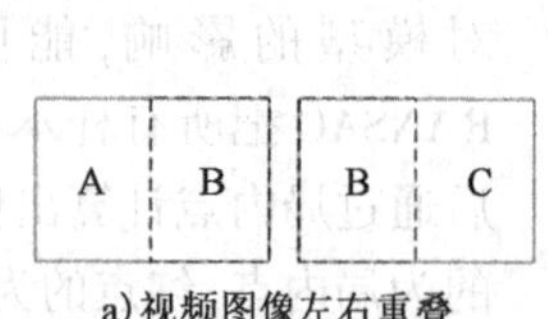

a)视频图像左右重叠

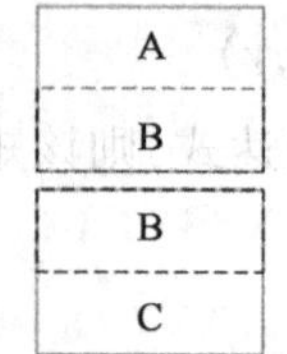

b)视频图像上下重叠

图4　高速公路视频图像 ROI 选取模式

4.2　网格化特征提取

ORB 算法是对整个图像进行特征提取,容易使得提取特征点分布不够均匀,导致图像特征描述不完整,而且过量的特征容易降低图像配准的速度,影响视频拼接的实时性。针对该问题,本文采用网格化方法均匀特征点,在网格内规定特征点数量范围,使特征点均匀分布在每个网格内,具体如下方法:

(1)对于网格内特征点较多,超过数量范围的,需要限制特征点数量。对特征点进行打分,并排序,选择得分高的特征作为最终的特征点,特征点 p 得分计算如下:

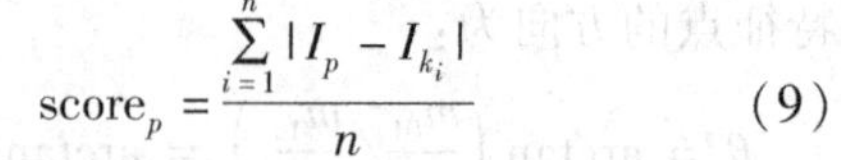

$$\text{score}_p = \frac{\sum_{i=1}^{n} |I_p - I_{k_i}|}{n} \tag{9}$$

式中:I_p——P 像素点的灰度值;

I_k——p 像素领域内像素点 k 的灰度值;

n——选择的领域内像素点 k 的个数。

(2)对于网格内特征点较少,严重低于规定数量的,需要降低特征点检测的阈值 t。

网格化能确保特征点的均匀分布,使得纹理较弱的区域也能具有特征点,提高特征匹配成功率。同时网格化便于进行并行检测,加快特征提取速度。根据本文提出的网格化特征提取后,特征点分布情况如图5所示。

图5　网格化前后特征点分布情况

4.3　基于蚁群算法的 RANSAC 算法改进

传统的 RANSAC 对 u 进行采样时[6],采用随机的方式,使得算法迭代次数较多。为此,本文考虑采用蚁群算法中"信息素"的反馈过程来更快获得合适的局内点。蚁群算法是一种启发式算法，其原理在于，蚂蚁在觅食过程中，在所经过的路径上留下一种挥发性分泌物，称之为“信息素”，其他蚂蚁能够感知这种物质的存在，并根据该物质的浓度来指导自己的行动方向。“信息素”浓度越高的路径，被其他蚂蚁选择的机会就会越多，那留下的“信息素”就会更多，最终使得大部分蚂蚁走向同一条最优路径。本文将通过蚁群算法中“信息素”浓度的正反馈过程，改进 RANSAC 算法对匹配点的随机选择，从而降低算法的迭代次数。

改进算法有两个关键点，其中一个是匹配点的选择。假设有 m 只蚂蚁，每只蚂蚁从初始匹配集合中选择 N 个匹配点，设蚂蚁 k 当前可选匹配点集合为 $C_{allowed}^{k}$，则选择匹配点 i 的概率如以下公式所示：

$$p_i^{\,k} = \begin{cases} \dfrac{\tau_i^{\alpha}/d_i^{\beta}}{\sum\limits_{\mu \in C_{\text{allowed}}^{k}} \tau_{\mu}^{\alpha}/d_{\mu}^{\beta}}, i \in C_{\text{allowed}}^{k} \\ 0, else \end{cases} \tag{10}$$

$$d_i = \sum_{j=1}^{n} | x_{i,j} - x'_{i,j} |, x_{i,j} \in \{0,1\}, x'_{i,j} \in \{0,1\} \tag{11}$$

其中 τ_i 为匹配点 i 的信息素量，d_i 为匹配点 i 的匹配距离，$x_{i,1}x_{i,2}x_{i,3}\cdots x_{i,n}$ 和 $x'_{i,1}x'_{i,2}x'_{i,3}\cdots x'_{i,n}$ 分别是匹配点 i 中两个特征点的描述子，α 和 β 分别是调节信息素浓度和匹配距离的启发因子。由此式看出，该匹配点的信息素越大，则选择的可能性越大；匹配距离越大，则选择的可能性越小。

第二个关键点是信息素的更新。为避免残留信息素过多造成残留信息淹没启发信息，在每只蚂蚁完成一次 N 个匹配点的选择后，要对残留信息进行更新处理。新一轮迭代结束后，每只蚂蚁又在匹配点 i 留下了浓度为 $\Delta\tau_i$ 的信息素，则信息素的更新如以下公式所示：

$$\tau_i(t+1) = (1-\rho)\tau_i(t) + \sum_{k=1}^{m} \Delta\tau_i^k(t) \tag{12}$$

$$\Delta\tau_i^k(t) = \begin{cases} \dfrac{Q_k}{E_k}, \text{蚂蚁 } k \text{ 选择匹配点 } i \\ 0, \text{others} \end{cases} \tag{13}$$

其中 $1-\rho$ 为介于(0,1)的一个小数，表示以前信息素保留的比例，ρ 越小，则表示残留的信息素越多。常数 Q 为蚂蚁经过留下的信息素总量，E_k 为蚂蚁 k 在这次循环中所有匹配点与选择模型的误差总和。

改进后算法流程如图 6 所示。

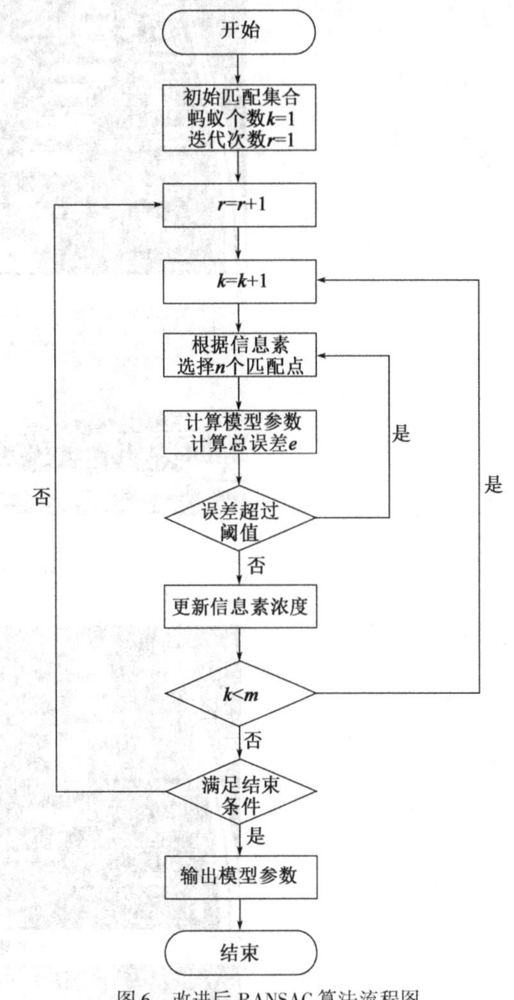

图 6 改进后 RANSAC 算法流程图

5 实验与结果分析

为验证本文改进算法的有效性，分别进行图像 ROI 选择、网格化特征提取和基于蚁群算法的 RANSAC 算法实验，最终得到视频图像拼接结果。实验编程环境为 Eclipse IDE for Java Developers 4.12，实验平台为 Windows 10，电脑配置为 Intel (R) Core(TM) i5-8250U，内存为 8GB。

本文采集某高速公路部分场景的视频图像，对两个视频进行帧同步和图像预处理后，开始 ORB 视频图像拼接实验。选取的实验视频图像如图 7 所示，其中图 7a) 为高速公路道路视频场景，图 7b) 为高速公路服务区外部视频场景。

首先根据视频拼接方位，选择合适的图像 ROI 选取模式，获得图像重叠区域，为后面的视频图像配准过程做准备，结果如图 8 所示。其中，

图 8a)选择上下重叠模式,图 8b)选择左右重叠模式,区域 B 为视频图像的感兴趣区域。

a)道路

b)服务区

图 7　本文实验视频图像

a)道路场景的ROI提取

b)服务区场景的ROI提取

图 8　视频图像的 ROI 选择

然后对视频图像的 ROI 进行 ORB 特征提取,分别对两张实验图进行传统特征提取和本文提出的网格化特征提取方法,得到结果如图 9 所示。其中网格化特征提取方法通过控制网格内的特征点数,保证了特征的均匀分布。

接着根据视频图像的特征点进行特征匹配,结果如图 10 所示,其中道路场景得到特征匹配的正确率达到 92%,服务区场景得到的正确率达到 98%。相较于传统方法特征匹配的正确率 87% 和 92%,平均提高了 6%。

之后对特征匹配的结果通过 RANSAC 算法进行精匹配,并计算出单应矩阵 H。比较传统 RANSAC 算法与本文基于蚁群算法的 RANSAC 改进算法的总误差,结果如表 1 所示。通过对比可以看出本文算法能更快得到最佳模型参数,说明本文提出的改进算法能有效提高图像配准速度。

a)道路场景的图像特征提取比较

b)服务区场景的图像特征提取比较

图 9 传统图像特征提取和本文网格化图像特征提取对比

a)道路场景的图像特征匹配

b)服务区场景的图像特征匹配

图 10 视频图像特征匹配

传统 RANSAC 和本文改进算法比较 表 1

迭代次数	道路场景总误差(2 位小数)		服务区场景总误差(2 位小数)	
	传统 RANSAC	本文改进算法	传统 RANSAC	本文改进算法
第 1 次	71488.12	71488.12	773.48	773.48
第 5 次	71488.12	5698.78	773.48	773.48
第 10 次	26696.83	5698.78	773.48	450.5
第 20 次	359.87	298.86	773.48	31.61
第 40 次	359.87	105.65	137.29	10.69
第 80 次	105.65	37.61	137.29	10.69
第 100 次	18.85	37.61	137.29	0.39
第 150 次	18.85	18.85	27.06	0.36
第 200 次	18.85	3.80	2.62	0.04
第 300 次	3.49	0.00	2.62	0.00
第 500 次	3.49	0.00	0.86	0.00

最后根据计算出的单应矩阵,对图像进行拼接,得到最终全景图,如图 11 所示。

a)道路场景视频图像拼接结果

b)服务区场景视频图像拼接结果

图 11　视频图像拼接结果

6　结语

本文对视频拼接流程及相关技术做了简单概述,并详细介绍了 ORB 特征提取算法和 RANSAC 特征匹配算法的原理及实现步骤。在此基础上,利用 ORB 特征提取的优势,提出一种基于改进 ORB 的实时视频拼接算法。通过图像 ROI 选择、网格化特征提取和基于蚁群算法的 RANSAC 改进算法最终得到实时视频图像拼接结果。实验结果表明,本文提出的改进算法能有效提高视频图像匹配准确率,其中改进的 RANSAC 算法通过正反馈方法不断更新特征匹配对的选择概率,从而减少迭代次数。

参考文献

[1] 杨丹,陈君,朱小勇. 基于时序特征预测的实时视频拼接算法[J]. 网络新媒体技术,2021,10(4):32-38,59. DOI:10.3969/j.issn.2095-347X.2021.04.005.

[2] 李岩. 基于特征匹配的视频拼接算法研究[D]. 北京:中国矿业大学,2019.

[3] 卢健,何耀祯,陈旭,等. 结合尺度不变特征的 ORB 算法改进[J]. 测控技术,2019,38(3):97-101,107. DOI:10.19708/j.ckjs.2019.03.021.

[4] Yu PANG, Tianzhen ZHANG. Lane image stitching based on ORB feature matching[C]. //2020 5th International Conference on Mechatronics, Control and Electronic Engineering(MCEE 2020)(2020 第五届机电一体化、控制与电子工程国际会议)论文集. 2020:172-175.

[5] Ji Yufeng, Li Weixing, FENG Kai, XING Boyang, PAN Feng. Automatic video mosaicking algorithm via dynamic key-frame[J]. Journal of Systems Engineering and Electronics, 2020, 31(02):272-278.

[6] Jyoti S. Kulkarni, Rajankumar S. Bichkar. A Novel Approach of Image Fusion Techniques using Ant Colony Optimization [J]. International Journal of Innovative Technology and Exploring Engineering (IJITEE), 2021, 10(8).

个体出行链知识图谱在公交疫情防控中的应用

梁　晨　陈振武*　周　勇　吴若乾　王　卓　张　稷　高　彦
(深圳市城市交通规划设计研究中心股份有限公司)

摘　要　自 2020 年初起,在世界范围内出现了新型冠状肺炎病毒(COVID-19)疫情。该病毒极易在公共环境中传播。由于公共交通工具涉及区域大、搭载人员多、空间封闭,极易成为病毒传播的场所。因此,当有新患者出现时,需要排查出曾经与其使用同一公共交通工具的乘客,并将他们作为高危人群进行重点防控。基于个体出行链的模型建构与分析是近年来交通模型以及交通规划的重要研究内容。随着数据库技术的革新,基于图论算法图数据库的知识图谱在数据库体系中的重要位置逐渐凸显。知识图谱提供了基于实体和实体间关联关系的数据组织结构,且其与个体出行链的组织结构契合。因此,本研究基于交通大数据使用知识图谱构建个体出行链模型,融合公共交通运行及运营数据,获取个体之间的共乘关系,结合疫情防控需求,分析并识别因公共交通共乘出现的高风险人群,为公共交通系统疫情防控提供分析方法支持。

关键词 出行分析 出行链模型 知识图谱 疫情防控

0 引言

0.1 研究内容

自2020年初起,世界范围内出现了新型冠状病毒疫情。本次疫情由于病毒传染性较强,极易在公共场合通过呼吸、接触等方式传播。公共交通系统因具有覆盖范围广、交通工具空间小、搭载人员多、通风有局限等特征,容易造成新冠病毒的传播。因此,当确诊病例出现后,需要分析其曾经搭乘的交通工具,并快速检索同乘人员,定位高风险感染人群。

由于人的回忆有不确定性,出现确诊病例后在全体市民中筛查同乘人员成本高且在调查中会出现人际交流,从而进一步加大扩散疫情风险。因而除传统的通过大规模调查访谈寻找同乘人员的方案之外,还应当为公共交通共乘分析寻找更高效、便利的解决方案。近年来,随着通信技术、数据存储、数据分析技术的发展,交通大数据数量、质量已有很大的提升,因此可以尝试通过挖掘交通大数据(如手机信令、公交班次等),识别确诊病例在其潜伏期使用公共交通工具时的共乘人员。首先通过交通大数据建立基于个体的出行链分析模型,基于该模型建立个体间的时空关系,由此实现同乘分析;再基于个体的出行链模型获取区域内整体交通需求与供给状态。由于出行链模型主要关注个体在各地点的全天活动,因此模型将以活动为核心,分析活动类型以及来到活动地点的交通方式。

由于共乘分析需要建立个体间联系,因此需要基于出行链模型展开进一步研究。知识图谱可用于个体实体-关系的建模。在图数据库的构建中,一部分数据将抽象成实体,例如手机信令数据中的个体、锚点等;而另一部分数据将抽象成关系,例如锚点之间的先后关系。知识图谱是一种基于图论的表达方式,能将各类数据以实体-关系的形式有机结合。在个体出行研究中,使用知识图谱进行用户出行、用户间关系的分析,比传统数据库更直接简明。本研究使用手机信令、公共交通运行等交通大数据,基于知识图谱构建出行链模型,并根据出行链模型开展出行、同行等分析。

0.2 文献回顾

近年来,随着交通大数据平台的成熟,涌现了大量基于手机信令的城市居民出行的研究。2017年,大连理工大学的戴宇心进行了基于LTE信令数据的移动定位算法研究[1],而2018年,浙江大学的蔡正义博士基于手机信令数据,对杭州的手机信令数据进行了处理并基于其个体数据进行了建模,更加准确地分析了各区域的交通情况[2]。基于用户出行链的出行起讫点、出发时间、出行方式、出行路线和出行轨迹,结合出行时间,初步筛选出通勤出行等目的的出行行为。

目前知识图谱与交通大数据相关的主要研究方向有基于知识图谱的交通大数据关联和点位数据图形化研究等。2018年,梁泉在其关于出行图谱的研究中,使用了一系列的交通大数据:公交刷卡数据、轨道刷卡数据、公租自行车卡号数据、线路、站点、自行车站点等,通过知识图谱对其进行整合分析[3];同年,长安大学的及历荣博士在其博士论文研究中建立了一个与交通信息服务相关的知识图谱,通过知识图谱建构了城市交通结构[4]。2019年周光临博士在其交通拥堵区域预测研究中建立了一个图神经网络,而后基于该神经网络以经纬度将城市划分为若干小区域,使用卷积神经网络分析城市的拥堵情况,并将知识图谱用于图

1. 基金项目:国家重点研发计划:城市交通“状态迁移-态势演化”的敏捷预测与可靠推演(2018YFB1601100)。

变化的预测中[5];2020 年 Qingyuan Ji 等提出了建立在历史时间序列交通数据的交通模式知识图谱,用于获取交通状态并展开实时交通拥挤预测[6];2021 年梁泉等构建个体出行知识图谱和公共交通乘客分类模型,构建乘客出行目的地预测模型,并为精细化公共交通出行提供解决方案[7-8]。在本研究中,基于知识图谱,将出行各要素转化为实体及关系,进行出行链模型建模及分析,并结合公共交通数据,分析出行人员的共乘情况,为公共交通系统的疫情防控提供帮助。

1　技术思路

出行链模型是针对每个个体全天全部出行的分析模型,其要点是用户个体、出行链。图 1 展示了某个个体某两天的全出行链基础结构。出行链是每天该个体的全天全部出行和活动。将全部出行链相关数据输入知识图谱,即可通过知识图谱进行关联分析,并通过知识图谱提取出行链信息、各地点的热度、用户间的关系等分析结果。因此在研究中,需要通过多种数据获取相应的信息。

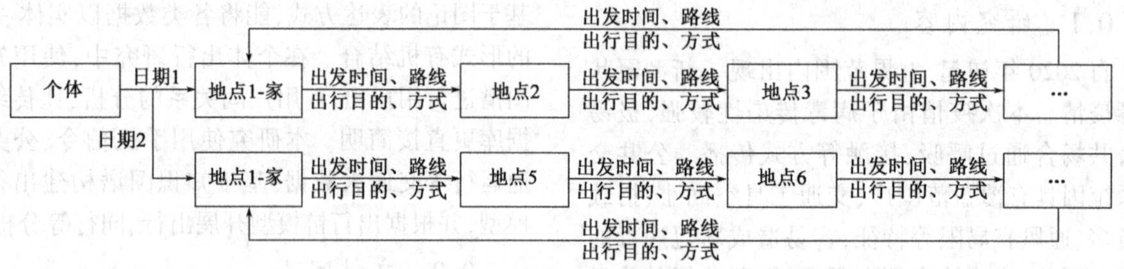

图 1　某个体的某两日全出行链示意图

手机信令数据是近年来较为常见的可用于交通分析的大数据集。其点位数据可获得用户的驻留点,驻留点可认为是出行的出发和目的地。其驻留时长则是停留时长,出发时刻、路线亦可直接通过点位连接获取。因此,只要对具体的出发地、目的地进行分析,并分析判断其最可能的出行方式,即可获取用户的全出行链,达到用户全天全出行链分析的目的。

除手机信令数据外,还有其他类别的交通大数据。由于通过手机信令数据提取交通方式较困难,而交通方式除私家车和步行,主要是公共交通。因此研究引入了常规公交 GPS、公交刷卡、轨道交通刷卡 AFC 数据、列车运行 ATS 数据,并对手机信令数据中的轨道交通地下专用基站进行区分,同时引入出租、网约车的运行及运营数据,辅助手机信令数据进行交通方式划分。基于以上交通大数据进行出行链建模的技术架构如图 2 所示。

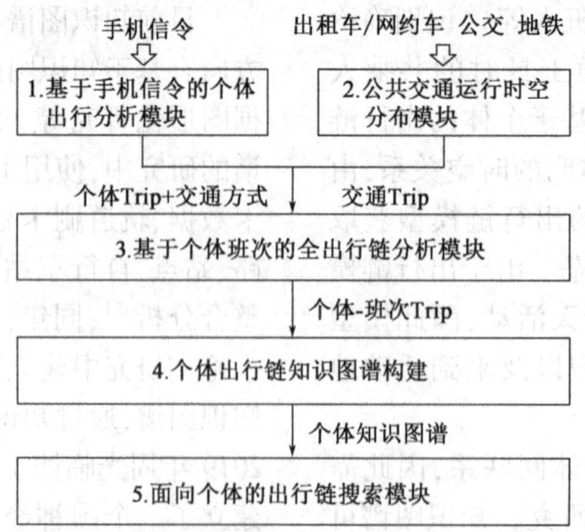

图 2　技术架构图

基于知识图谱的建构,在出现确诊病例的情况下,对与患者共乘的人员进行数据挖掘分析。技术流程图如图 3 所示。

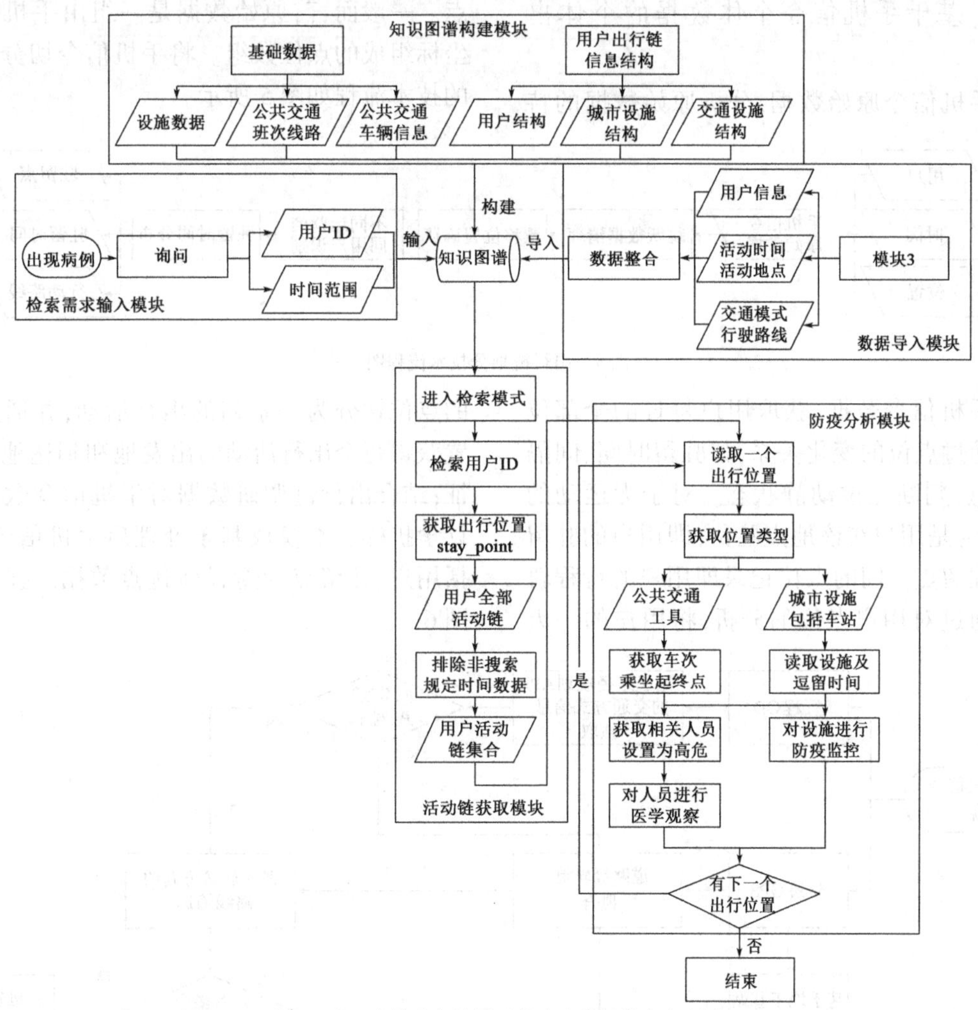

图3 基于个体出行链模型的防疫分析技术流程图

2 基于多源数据的出行模型构建

2.1 知识图谱实体关系模型

知识图谱图数据库的实体对应 ABM 模型中的个体、交通工具、城市设施；图数据库中的关系对应 ABM 模型中个体出行中每一环之间的连接。出行链模型每日的切分点可以为凌晨 0:00，亦有更多情况是以凌晨 3:00 为切分点，因为在 1 点时大部分居民都处于睡眠状态，出行量最少。在本文中，“每日”定义为当日的切分时点到次日的切分时点，而不是自然日。图数据库实体和关系整体结构见图 4。

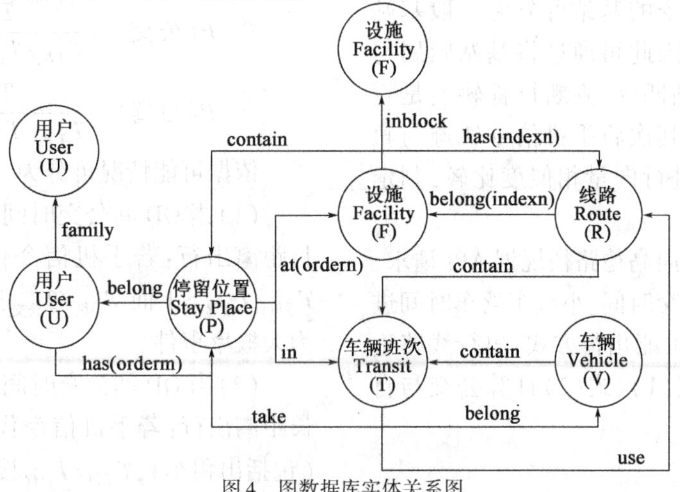

图4 图数据库实体关系图

2.2　基于手机信令个体数据的个体出行链挖掘

基于手机信令原始数据，分析原始数据的特点。一般而言，原始数据是一组由手机信令基站坐标组成的点位数组。将手机信令切分成出行链的技术流程如图5所示。

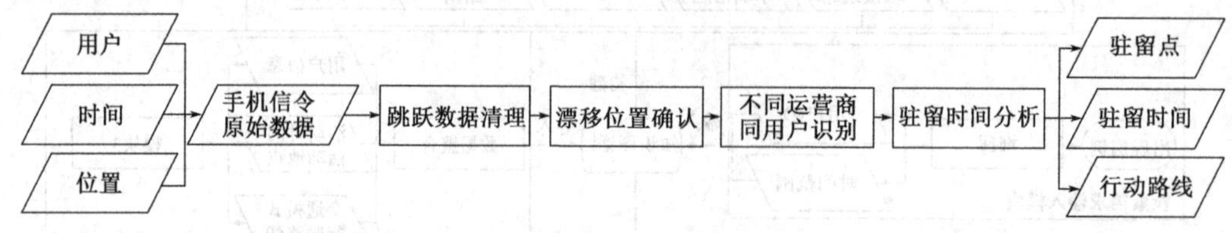

图5　出行链划分技术流程图

基于手机信令数据，获取用户每日的全部位置点位。通过点位的变化关系，如驻留时间、间隔距离等信息，判断点位动静状态。对于无运动的点位，则认为是用户在该地点驻留，即用户的驻留点。两个驻留点之间的点位记录即用户的行程轨迹信息。通过对用户点位的分析，将用户的一天的点位切分为一系列的出行活动，并通过点位位置获得每个出行活动的出发地和到达地等行程特征；结合出行链调研数据对手机信令数据进行统计学扩样。本模块基于处理后手机信令数据，包括用户、驻留点和途径轨迹点数据。技术流程见图6。

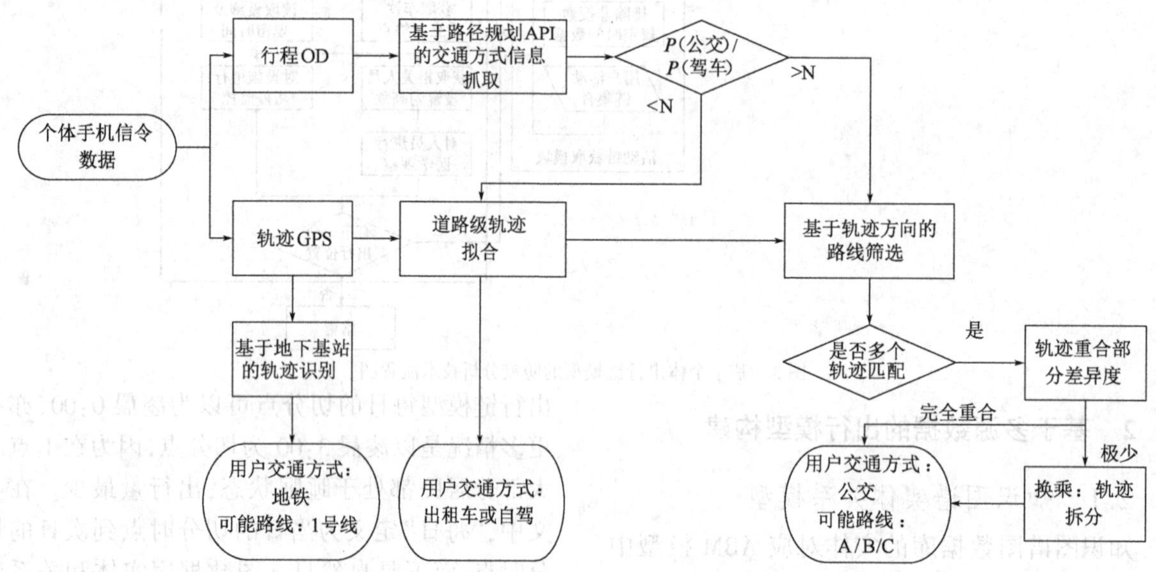

图6　基于手机信令结合多种公共交通数据的数据挖掘技术流程图

首先，由于手机信令的基站可分为一般基站和轨道交通地下基站，因此可通过将基站归属与轨道交通专属地下基站匹配，判断行程轨迹是否为地下轨道交通出行，其次将手机信令轨迹与轨道交通基站点位数组进行向量相似度比较，判定地铁线路的上下车站点。

其次通过行程OD向高德路径规划API请求，依据OD行程时间与公交时间、小汽车驾车时间进行对比，对出行轨迹的可能出行方式，出行线路进行初次筛选。分别以式(1)、式(2)计算公交与自驾的置信度：

$$P(\text{公交}) = \frac{T_{\text{手机}}/T_{\text{自驾}}}{T_{\text{手机}}/T_{\text{自驾}} + T_{\text{手机}}/T_{\text{公交}}} \tag{1}$$

$$P(\text{自驾}) = \frac{T_{\text{公交}}/T_{\text{自驾}}}{T_{\text{手机}}/T_{\text{自驾}} + T_{\text{手机}}/T_{\text{公交}}} \tag{2}$$

依据可能情况可分为三种情况讨论：

(1)当OD间公交时间大于自驾时间，此时为长距离出行：若手机信令代表用户为公交出行，$T_{\text{手机}}/T_{\text{自驾}}>1$ 而 $T_{\text{手机}}/T_{\text{公交}}$ 接近1。判定公交出行为大概率事件。

(2)当OD间公交时间大于自驾时间，此时为长距离出行：若手机信令代表用户为小汽车出行(包括出租车)，$T_{\text{手机}}/T_{\text{自驾}}$ 接近1，而 $T_{\text{手机}}/T_{\text{公交}}<1$。

判定小汽车出行为大概率事件。

(3)当OD间公交时间约等于自驾时间,此时为短距离出行:较难判别哪种交通方式,置信度接近0.5。

基于手机信令数据,读取基于多元数据融合的公共交通个体出行融合分析模块的分析结果,获取其出行特征,如长期在家(待业/家中上班等)、每日定时往返(普通上班族)、每日定时往返且中间有多个出行(商务、公关人士)等特征,以及实际出行方式、出行时间段等,根据特征通过知识图谱的图论算法对不同类型的用户进行聚类分析,获取其出行目的特征函数,从而推测用户的出行目的[9]。

2.3 基于多元数据融合的公共交通个体出行融合分析

将手机信令分析的个体出行数据与公共交通运行数据,通过交通方式、时空的匹配模糊搜索与相似度算法,分析每个出行链采用公共交通方式的出行趟次或者班次。手机信令数据分析已经提供了各用户的可能的公共交通线路,基于此结果进行进一步分析。如果最终匹配失败,则认为其使用私家车出行。

基于公交的运营数据获取公交线路全天的车次信息;基于公交运行的GPS轨迹数据,进行地图匹配并获取公交线路的轨迹信息。用户层面,基于手机信令,获取出行方式被判定为公交的个体的完整出行链信息。对基于手机信令的个体出行链与基于运营数据与GPS轨迹的公交信息进行时空匹配,从而获取个体实际乘坐的路线信息及车次信息;进一步地,基于公交卡刷卡数据进行校核,确保匹配结果的合理性。技术流程图如图7所示。轨道交通的分析目标是个体出行链的地铁线路和班次。整体技术流程与公交类似。

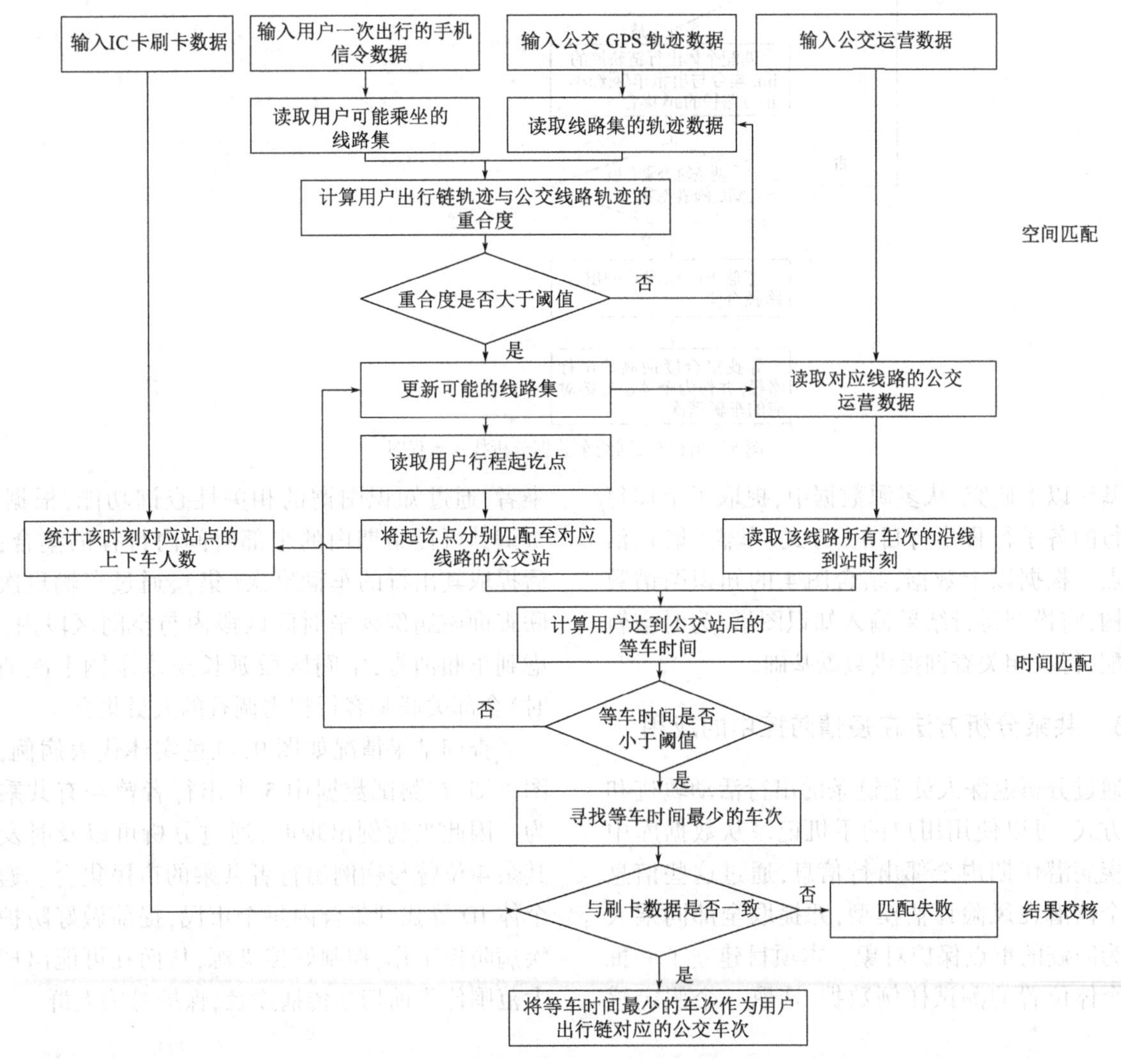

图7 常规公交数据分析技术流程图

出租车/网约车数据分析的特点在于车辆轨迹具有不确定性,因此在进行手机信令轨迹与GPS 轨迹匹配时,需要对所有可能的 GPS 轨迹进行匹配,最终找到符合阈值要求的匹配方案,具体技术路线如图 8 所示。

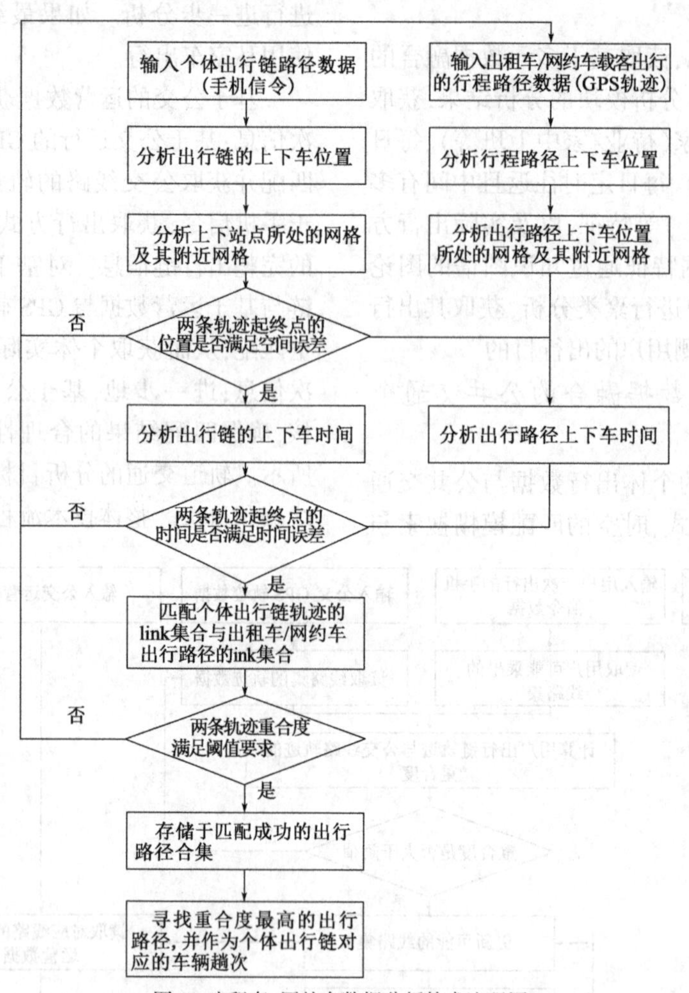

图 8　出租车、网约车数据分析技术流程图

基于以上研究,从多源数据中,提取了个体每天出行的各子行程出行目的、方式、车辆(集)、活动地点。根据以上数据,结合图 4 的知识图谱数据结构,将模型运行结果输入知识图谱,为时空轨迹匹配、行程相关查询提供数据基础。

3　共乘分析方法在疫情防控中的应用

通过分析返深人员全链条的出行活动轨迹和交通方式,可以使用用户的手机记录从数据库中提取疾病潜伏期内全部出行信息,通过这些信息建立个体潜在风险评估模型,并提取全部同乘人员作为防疫的重点保护对象。本项目建立了一批基于个体位置的测试样例数据,选取一个假定感染者,通过知识图谱的相关性查询功能,根据 ID 查询其可传染期内的全部时间内行程的集合;而后提取其出行的车辆班次(集),通过车辆班次关联查询该病例乘坐时间区段内与空间区段内(考虑到车厢消毒,空间区段延长至该车辆下次消毒时)全部关联乘客行程需调查的人员集合。

查询结果情况如图 9,红色实体代表病例,如图可知,在测试数据中 5 个出行者曾经有共乘行为。因此当病例出现时,通过分析可以及时发现其余 4 位曾与病例出行者共乘的市民集合。通过个体 ID 寻找到集合内每个市民,提前做好防护和疾病防控工作,控制好传染源,从而在可能出现更大范围传染前切断传播途径,保护易感人群。

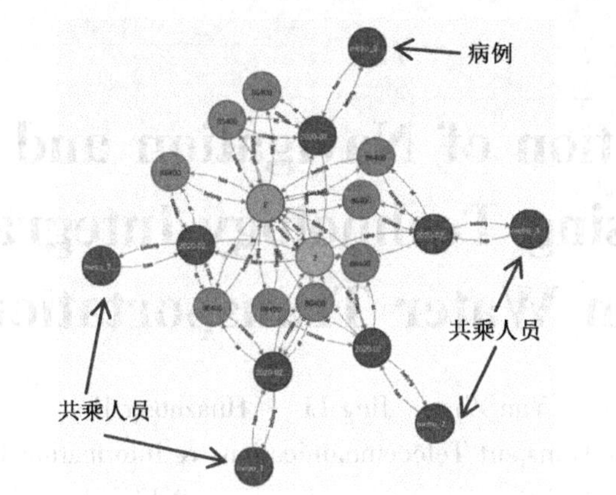

图9　知识图谱中个体间关联图

对用户全出行链的建模分析,将有利于对返深人员、返深通道与枢纽进行精准检测和管理,挖掘高风险人群在深的活动规律。通过基于城市设施、交通工具的图论算法分析,研判高风险的POI和交通班次,有利于对重点POI和公共交通进行预测。

由于一个子行程的公共交通匹配可能是一个集合,通过以上过程,可以获得一个调查对象的比较精准的超集;结合该病例对其过往出行的回忆,可以进一步缩小范围。本方式与全量出行调查相比,可大幅度减少流行病调查的被调查者数量,节约成本;与通过患者的个人回忆及手机信令大数据分析相比,本方式由于结合了公共交通运营数据,可以获得更准确、更完整的相关人员分析结果。

4　结语

本文通过对手机信令和公共交通运行运营数据的融合分析,构建了居民出行链;根据出行链的结构,构建了知识图谱。通过知识图谱工具,提出了获取个体间出行关系的方法,并通过该方法获取与出行者时空相关的个体集。本方法可用于疫情防控中公共交通工具共乘研究。

目前新冠肺炎疫情已持续了将近两年,然而在目前疫情防控常态化背景下,疫情防控仍然不能松懈。对于散发病例的追踪,本文给出了基于交通大数据的出行链模型,基于知识图谱的查找方式,可大大缩小公共交通工具共乘调查范围,为疫情防控提供支持。在本研究基础上,未来将基于交通大数据构建精细化出行链模型,对交通出行研究方面进行更多探索。

参考文献

[1] 戴宇心. 基于LTE信令数据的移动定位算法研究[D]. 大连:大连理工大学,2017.

[2] 蔡正义. 基于大数据的城市居民出行分析建模[D]. 杭州:浙江大学,2018.

[3] 梁泉,翁剑成,林鹏飞,等.基于个体出行图谱的公共交通通勤行为辨别方法研究[J].交通运输系统工程与信息, 2018, 18(2): 100-107.

[4] 及历荣.知识图谱下基于图规划的交通信息服务组合算法研究[D]. 西安:长安大学,2018.

[5] 周光临.组合知识图谱和深度学习的城市交通拥堵区域预测研究[D].合肥:中国科学技术大学,2019.

[6] Qingyuan Ji, Junchen Jin. 2020. Reasoning Traffic Pattern Knowledge Graph in Predicting Real-Time Traffic Congestion Propagation[J]. Science Direct,53(5):578-581

[7] 梁泉,翁剑成,胡娟娟,等.融合XGBoost和图谱修正的公交通勤乘客目的地预测方法[J]. 交通信息与安全,2021,39(233):68-76.

[8] 梁泉,翁剑成,胡娟娟,等.多源数据驱动下公共交通出行行为特征挖掘与预测[J].科学技术与工程,2021,21(28):11921-11931.

[9] 深圳市城市交通规划设计研究中心股份有限公司. 基于多源数据融合的居民出行链生成方法及共乘查询方法:2021 1 0730818. 9[P]. 2021-10-29.

Application of Navigation and Remote Sensing Technology Integration in Water Transportation

Yan Zhao Jing Li* Huazhong Ren
(China Transport Telecommunications & Information Center;
School of Earth and Space Science, Peking University)

Abstract Navigation and remote sensing are two main technical means to obtain spatial information. Navigation mainly solves the problem of continuous positioning of target points, which can provide accurate geographic location, speed and time information, provide positioning services for all kinds of users, and provide high-precision space-time information for multiple application platforms. Remote sensing is mainly used to solve the inversion of geometric and physical parameters of surface targets. Through the increasing reconnaissance range, resolution and real-time performance of earth observation means, it plays an important role in earth observation and situation awareness system. Through the deployment of various remote sensing equipment in land, sea, air, space and other all-dimensional space, it forms an earth observation network to realize all-round, comprehensive monitoring large depth environmental information acquisition.

Keywords Navigation Remote sensing Integration Maritime safety Navigation support GNSS remote sensing

0 Introduction

Navigation and remote sensing can obtain massive space-time information resources quickly, efficiently and in real time, and can provide integrated space-time information services for many fields. The combination of navigation and remote sensing technology from the collaborative and integrated level to the deep integration derived new theories and methods. This paper analyzes the influence of complex factors (electromagnetic wave, time and space) on the usability of navigation and remote sensing, discusses the technical theory of navigation and remote sensing fusion from different levels (cooperation, integration and fusion), and explores the joint application mode and unified representation method of function transformation of navigation and remote sensing technology in the field of maritime safety and maritime support.

1 Analysis of the influencing factors of the integration of navigation and remote sensing technology

1.1 Principles and influencing factors of navigation and remote sensing technology

Electromagnetic wave is the main carrier of information transmission in navigation and remote sensing system. It is derived from the electric field and magnetic field in the same direction and perpendicular to each other. It has the basic characteristic parameters of wavelength (frequency), amplitude and phase. It has the important characteristics of volatility, particle, coherence, superposition and polarization. In the process of electromagnetic wave propagation in space, its intensity, propagation speed and propagation direction will change due to the influence of transmission distance, absorption, scattering, reflection and transmission medium.

The navigation system includes satellite navigation system, inertial navigation system and terrain matching navigation system. The satellite navigation system transmits radio (electromagnetic wave) navigation signals through satellites, providing all kinds of user positioning, navigation and time service functions. Its positioning means that the user receives the satellite radio navigation signal, independently completes the distance measurement of multiple satellites, calculates the pseudo range and carrier phase between each satellite and the user's receiver, and obtains the spatial position of the signal transmission time combined with the ephemeris information, and calculates the spatial position of the satellite transmission time according to these. Navigation uses the Doppler frequency shift measurement of radio signal and pseudo range measurement of user receiver to calculate the user and position. The process and technology of transmitting standard time by broadcasting is a process of transmitting GNSS standard time based on the combination of cycle technology, intra cycle seconds, pseudo range delay, satellite clock error information and user clock error in positioning and settlement. Satellite navigation system time can be converted into UTC time. Accurate propagation time and phase difference are the key points for GNSS to realize its functions. Therefore, there are three main effects on GNSS: space signal effect, signal propagation environment effect and user equipment effect.

Remote sensing is the technology of electromagnetic wave detection. It is a comprehensive detection technology, which can detect and record the characteristics of electromagnetic wave through non-contact long-distance sensor, and reveal the characteristics and changes of objects through analysis. Based on the detection band, remote sensing can be classified into ultraviolet remote sensing (0.3 ~ 0.38um), visible remote sensing (0.38 ~ 0.76um), infrared remote sensing (0.76 ~ 14um), microwave remote sensing (1mm ~ 1m), electronic satellite frequency band (all common RF frequency bands from short wave to SHF), etc. The energy received by the sensor is the energy that the radiation source radiates and reaches the sensor after passing through the transmission medium and ground objects. Therefore, the three main parts that have a major impact on the energy received by the sensor are: radiation source, transmission medium and ground object type.

To sum up, both remote sensing and navigation systems use electromagnetic waves to obtain information and realize their functions. Environmental impact is their inherent interference, and the interference is highly uncertain. In addition, the main characteristics of electromagnetic waves are different, so the main environmental interference factors of remote sensing and navigation systems are also different. For example, for the navigation system, thefocus is on the change of electromagnetic wave transmission speed and electromagnetic wave transmission path, which will affect the signal propagation time and lead to ranging and positioning errors. For most remote sensing systems, the focus is that the electromagnetic wave information received by the sensor is different from the electromagnetic wave reflected and transmitted by the real object, which causes the distortion of the feature of the object and causes different degrees of interference to the recognition of the object.

1.2 Influence of complex environmental factors on navigation and remote sensing system

The complexity of environment is influenced by space, user difference and equipment performance. The research analyzes the complexity of time, geography and electromagnetic. Navigation system is affected by the signal transmission environment in three aspects: time complexity, geographical complexity and electromagnetic complexity. Firstly, in terms of time complexity, the ionospheric delay error of satellite navigation signal in the peak year of sunspot activity can reach 50m in the zenith direction and near the horizon (height angle is 20°) up to

150m. The irregular nature of ionosphere will cause diffraction and refraction effect of navigation system signal, which makes the signal decay frequently. Therefore, ionosphere is the main error source of navigation positioning. Secondly, in terms of geographical complexity, when the antenna of the user receives the signal from the satellite direction, it will also receive the signal once or more through the reflection surface around the antenna. The receiver receives the composite signal after interference between the direct wave and the reflected wave, which will generate multi-path propagation error, which will not only reduce the positioning accuracy, but also cause the signal to be unlocked. Only a part of the reflected signal in rough geographical environment is reflected on the user receiver, which is a multi-path scattering error, which has little influence on signal tracking and measurement. The reflection signal is reflected to the user receiver in a smooth geographical environment, which is a mirror multipath error, which has a great influence on signal tracking and measurement. Thirdly, in terms of electromagnetic complexity, one of the key factors affecting the safety of navigation system is complex electromagnetic environment, including various direct radiation signals, harmonic signals, ionospheric scintillation of intermodulation signals in space weather environment. Under the influence of complex electromagnetic environment, many problems such as the navigation positioning accuracy reduction, failure, receiving information delay and being cheated interference will be brought. By transmitting high-power electromagnetic wave information, the other party can interfere with the correct acquisition and use of navigation information. By reducing the power density of carrier noise, the thermal noise of receiver code tracking ring and carrier tracking ring will gradually increase, leading to the increase of navigation positioning error. If the noise power density is reduced below the tracking threshold of the receiver, the measurement error will become larger, even the receiver will lose the ability to obtain the measured value from the satellite signal.

2 Analysis of joint application of navigation and remote sensing technology

2.1 Joint application of navigation and remote sensing technology

Based on previous authoritative research, navigation remote sensing fusion can be divided into three levels according to its fusion mechanism: collaboration, integration and fusion. The integration of collaborative level means that navigation technology and remote sensing technology cooperate to complete a task. For example, in the disaster emergency task, remote sensing technology is needed to obtain the disaster situation, carry out disaster impact assessment and analysis, and navigation technology is also needed for the command and deployment of rescue personnel and relief materials. In many applications, navigation technology and remote sensing technology play their respective roles and cooperate with each other.

Integration level refers to the integration of navigation and remote sensing technology from the equipment or platform level to achieve a specific function. The integration of navigation and remote sensing makes navigation and remote sensing technology have sequence in the process. For example, navigation technology provides position and attitude information for image sensors, assists image arrangement, mosaic and uncontrolled positioning. At the level of integration, navigation technology and remote sensing technology are not only cooperative, but also interdependent. Typical applications of integrated navigation and remote sensing include uncontrolled mapping, mobile measurement, etc.

The deep integration of navigation and remote sensing refers to breaking through the functional boundaries of navigation and remote sensing technology and realizing cross-border functions. It can be divided into two fusion methods: using remote sensing technology to improve navigation performance and using navigation signals to carry out remote sensing tasks. The first mock exam of navigation and remote sensing can be used to express their functional transformation by using the unified model of remote sensing and navigation technology. At the level of fusion, remote sensing and navigation are two interconnected spatial information acquisition technologies. Fusion breaks through the inherent characteristics and boundaries of these two technologies. Typical fusion applications include vision/GNSS tightly coupled positioning, GNSS meteorology, GNSS remote sensing, GNSS SAR, etc. on the one hand, GNSS navigation signal provides a global available and low-cost signal source for atmospheric detection and target detection; on the other hand, as a means of positioning, visual positioning has the characteristics of low cost and anti-interference, which can enrich and expand the means of navigation and positioning, and make up for the lack of satellite navigation technology.

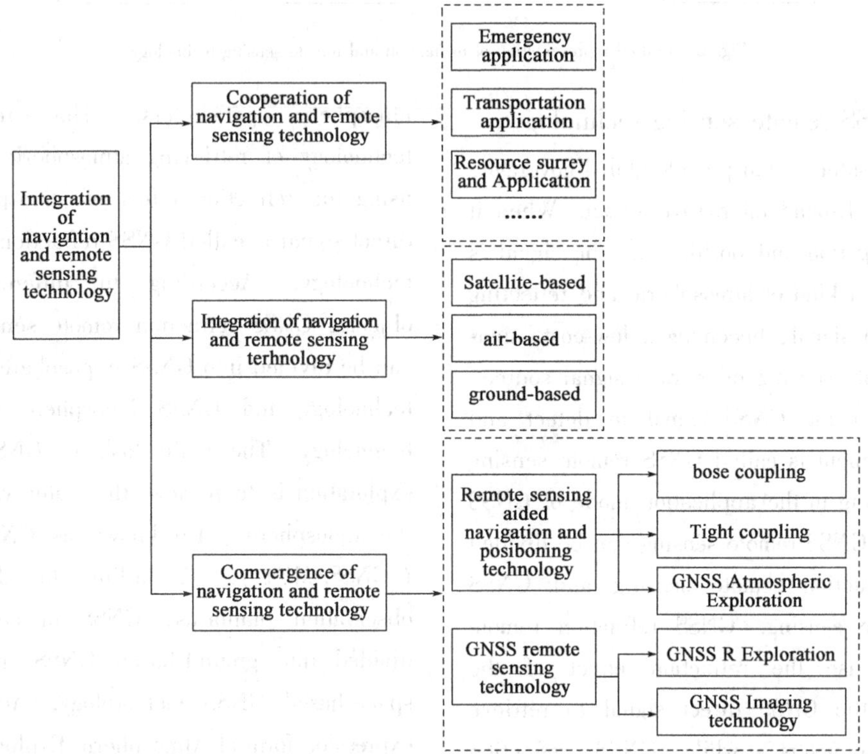

Fig. 1 The technology context of the integration of navigation and remote sensing technology

2.2 Remote sensing enhanced navigation and positioning technology

The deep integration of remote sensing technology and navigation technology is the integration of breaking through their respective functional boundaries, including the use of remote sensing technology to assist navigation and the use of navigation signals for remote sensing. These two kinds of technologies can break through their respective functional boundaries, because they are intrinsically related. The unified representation model of navigation and remote sensing technology is sorted out, as shown in Fig. 2. Remote sensing technology is used in navigation mainly by extracting the geometric information of feature points for ranging, while the core technology of using navigation signal imaging is to divide the navigation signal into two-dimensional blocks and discretize them. The technologies involved in Fig. 2 will be divided into two parts: remote sensing enhanced navigation technology and GNSS remote sensing. Remote sensing technology enhanced navigation and positioning technology refers to the use of optical cameras, lidar and other remote sensing imaging technology and traditional navigation and positioning technology integration, in order to improve the accuracy, availability and reliability of navigation and positioning.

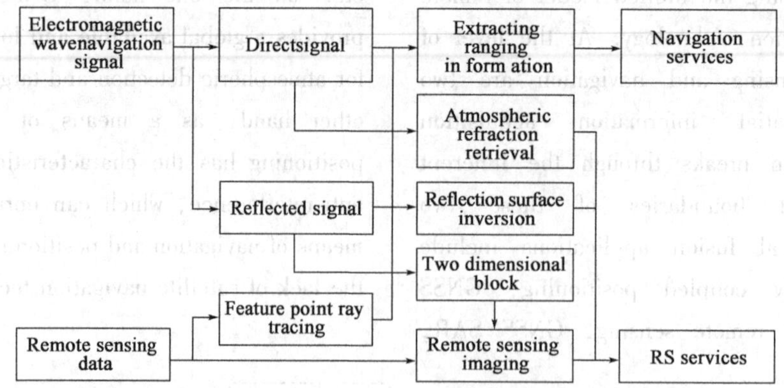

Fig. 2 Unified representation of navigation and remote sensing technology

2.3 GNSS remote sensing technology

Navigation satellite can provide global coverage, free, continuous L-band microwave signal. When it is used for navigation and positioning, the signal is also regarded as a kind of atmospheric and reflecting surface detection signal, becoming a low-cost, non-cooperative remote sensing microwave signal source. The subject of using GNSS signal to detect and perceive environment is called GNSS remote sensing subject. According to the application mode of GNSS satellite signal, GNSS remote sensing can be divided into GNSS refraction remote sensing and GNSS reflection remote sensing. GNSS refraction remote sensing is to use the refraction effect of the atmosphere on the GNSS direct signal to retrieve atmospheric parameters, while GNSS reflection remote sensing uses the peak power, waveform trailing edge, time delay and other parameters of the GNSS reflected signal to detect or retrieve the properties of the reflecting surface.

GNSS refraction remote sensing technology is to use the refraction effect of the atmosphere on the GNSS direct signal to retrieve the change characteristics of the atmosphere. When the GNSS signal passes through the atmosphere, it is affected by the free electrons and atmospheric molecules in the atmosphere, which changes the signal propagation path and refracts, resulting in additional signal propagation delay. This kind of signal delay caused by atmosphere is an error source for positioning, but it can also be used for inversion of tropospheric and ionospheric parameters. This remote sensing technology of retrieving atmospheric parameters by using the refraction effect of atmosphere on GNSS direct signal is called GNSS refraction remote sensing technology. According to different observation objects, GNSS refraction remote sensing technology can be divided into GNSS troposphere remote sensing technology and GNSS ionosphere remote sensing technology. The main task of GNSS tropospheric exploration is to retrieve the water vapor content in the atmosphere, also known as GNSS meteorology (GNSS/MET). According to different GNSS observation platforms, GNSS meteorology can be divided into ground-based GNSS meteorology and space-based GNSS meteorology. According to the expression form of Atmospheric Exploration products, they can be divided into two-dimensional atmospheric products and three-dimensional atmospheric products. Taking tropospheric sounding as an example (water vapor inversion), this paper introduces several representative GNSS refraction remote sensing technologies.

GNSS reflection remote sensing (GNSS-R) technology is to detect or retrieve the physical or geometric properties of the reflection surface by measuring the peak power, waveform trailing edge, time delay and other parameters of GNSS reflection signal. The application field of GNSS-R is gradually changing from the relatively single marine application to the complex land remote sensing application, and the observation platform is gradually developing from the ground-based / shore based static platform to the aircraft / satellite and other mobile platforms. According to the observation mode, GNSS-R can be divided into two modes: double antenna mode and single antenna mode. In the dual antenna mode, an upward low gain right circularly polarized (RHCP) antenna and a downward high gain left circularly polarized (LHCP) antenna are used to receive direct and reflected signals respectively. In the single antenna mode, a pair of antennas are used to receive both direct and reflected signals. In signal processing, single antenna mode usually uses a certain way to deduct the direct signal and separate the reflected signal for observation, which is mainly used for ground observation.

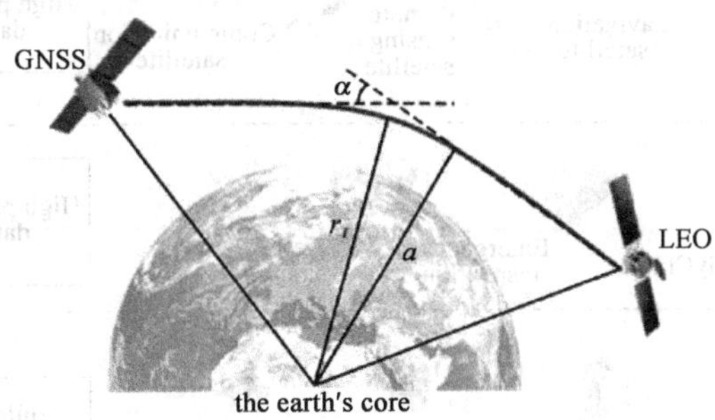

Fig. 3 Principle of GNSS occultation observation

3 Application prospect of navigation and remote sensing technology integration in the fiels of transportayion water

The integration of navigation and remote sensing technology relies on satellite communication to establish information bridges among satellite, navigation positioning and in-situ space elements, and realizes the integration of space-time through the interconnection of heaven and earth and the unification of space-time benchmark. Relying on big data, artificial intelligence and simultaneous interpreting to achieve customized services, based on Beidou grid code technology, 5g + blockchain technology and remote sensing information intelligent processing technology integration, the system can realize the information collection, high-precision positioning and time service, multi link communication services in the whole region and all day, and promote the intelligent integration of navigation and remote sensing satellite base and ground application system.

Based on the fusion technology of high-resolution remote sensing and Beidou high-precision position information, the high-precision position information is applied to the integrated system of remote sensing and GIS, which improves the quality of high-resolutionimage observation and expands the ability of GIS data analysis and management. The combination of aerial high-resolution image, GIS and Beidou high-precision constitutes the overall real-time dynamic observation, analysis and application of the earth, which can sense the water traffic situation in key areas in real time and accurately grasp the spatial-temporal distribution law of water traffic elements.

Build an integrated platform of communication, navigation and remote control for traffic and transportation support in important waters, and oriented to the application system of traffic and transportation support, comprehensively use satellite remote sensing (Sino French marine power satellite), satellite navigation and positioning (Beidou short message communication), satellite communication and other technical means to identify, investigate, monitor and emergency command the dynamics and navigation environment of various ships on water. Specifically, in the daily monitoring stage, with satellite remote sensing as the core, combined with UAV, short message, satellite communication and other technologies, according to the type and characteristics of transport ships, the investigation, identification and evaluation are carried out. In the accident emergency stage, with Beidou navigation satellite as the core, integrating various communication methods (5g, ship networking, etc.), remote sensing (UAV, satellite) and other technologies, relevant equipment is deployed to carry out real-time monitoring of emergency waters or accident ships, and carry out disaster early warning based on monitoring data. In the stage of emergency response, communication satellite is taken as the core (integrated with Beidou short message), and remote sensing, LBS and other technologies are combined to provide communication, navigation and other necessary services for emergency response personnel. The emergency mode is shown in Fig. 5.

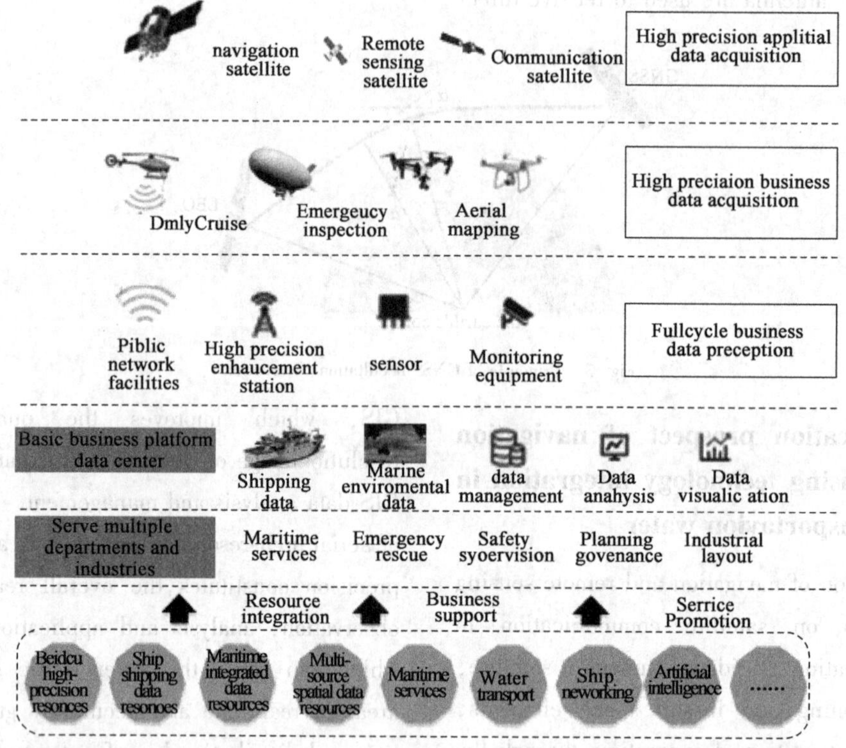

Fig. 4 Application of navigation and remote sensing technology in water transportation

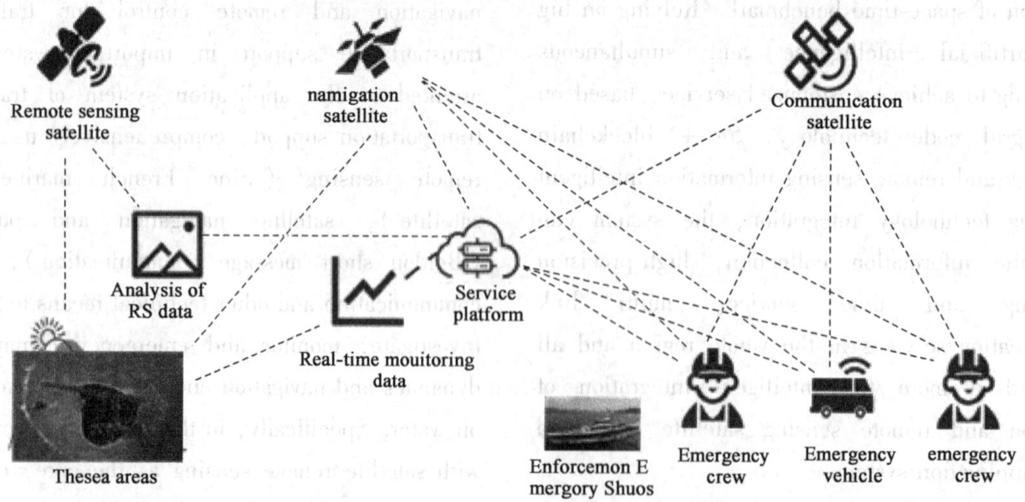

Fig. 5 Emergency mode integrated application mode of communication, guidance and remote control

The research on water environment monitoring based on GNSS-R can be carried out. Using the signal of China Beidou navigation system to carry out GNSS-R remote sensing research and develop a new type of Beidou / GPS reflected signal compatible receiving equipment. One is to use the specially developed GNSS-R receiving equipment to receive the direct and reflected signals respectively through two lines, and to estimate the parameters based on the bistatic radar equation from the microwave remote sensing mechanism; the other is to use GNSS signal receiving antenna or monopolarized antenna for general positioning purpose to receive the superposition signal of direct signal and reflected signal. Based on the theory ofsignal interference and measurement, the sea surface parameter estimation method for the Beidou system is developed, and the reflected signal observation experiments of the airborne and spaceborne Beidou system are carried out, which can be used to retrieve the key environmental parameters that affect the navigation of important strategic areas on water, and realize the periodic return through the Beidou short message, so as to support the navigation safety of ships in important waters.

Navigation signals and remote sensing data are used to provide navigation services and remote sensing services. Although navigation and remote sensing have made considerable progress in deep integration, there are also constraints and technical bottlenecks in their performance. In the future, the integration of navigation and remote sensing will move from platform integration and function integration to signal integration, which will provide effective support for improving the safety guarantee and supervision ability of transportation on water.

4 Acknowledgements

This work was supported byKey technology and application of high precision space-time maritime service system.

References

[1] Rao Jianguo, Huang Jinxin. Navigation Countermeasure in Information Warfare[J]. Shipboard Electronic Countermeasure, 2004, 27(6):6-11+25.

[2] Ma Rungeng, Liu Shaofeng. Remote sensing information technology and its role and influence in combat[C]// The Third Council of the Ninth Chinese Society of Surveying and Mapping and the 2007 " Informatization Surveying and Mapping Forum" Academic Annual Conference Proceedings. 2007.

[3] Li Deren, Shen Xin, GONG Jianya, et al. On construction of China's space information network [J]. Geomatics and Information Science of Wuhan University, 2015, 40(6): 711-715+766.

[4] Li Deren, Shen Xin, Li Dilong, etc. On the space-based information real-time service system of military-civil integration for satellite communications, remote sensing and navigation [J]. Journal of Wuhan University (Information Science Edition), 2017, 42(11):1501-1505.

[5] Yanu Yuanxi. Resilient PNT concept frame[J]. Acta Geodaetica et Cartographica Sinica, 2018, 47(7):893-898.

[6] Yanc Yuanxi. Concepts of comprehensive PNT and related key technologies [J]. Acta Geodaetica et Cartographica Sinica, 2016, 45(5):505-510.

[7] Wan Wei, Li Huang, Hong Yang, et al. Definition and application of GNSS-R observation patterns[J]. Journal of Remote Sensing, 2015, 19(6):882-893.

[8] Tian Chendong, Li Kezhao. Application of the integration of satellite navigation and 5G in location service [C]. Papers Collection of the 11th Annual Chinese Satellite Navigation Conference-S02 Navigation and Location Service. Academic Exchange Center, China Satellite Navigation System Administration Office. 2020:58-62.

[9] Zhang Bing. Remote sensing big data era and intelligent information extraction [J]. Journal of Wuhan University (Information Science Edition), 2018, 43(12): 1861-1871.

激光雷达和摄像头联合标定影响因素研究

张庆涛[1]　吕　琛[*2]　李　涛[1]　高华睿[1]

(1. 山东高速建设管理集团有限公司;2. 山东大学齐鲁交通学院)

摘　要　作为支撑车路协同发展的关键技术,数据融合常采用激光雷达与摄像头两种传感器。激光雷达与摄像头联合外参标定能够为数据融合提供保障,且标定效果制约了多源数据的融合精准度。为探究外参联合标定的关键影响因素,本文创新性地从标定距离与标定板尺寸两种因素出发,设置了三种不同型号标定板,分别在2m、3.5m、5m、8m的标定距离下进行12组标定实验。然后通过Autoware采集激光雷达与摄像头数据,对两种数据进行时间同步。每组实验选取15对数据,通过内角点检测与标定板中心点云手动标定,求取激光雷达-摄像头间的转换关系。最后基于转换关系,对点云数据进行重投影,通过分析重投影误差、标定结果以及数据融合效果,确定标定板尺寸、标定距离对标定结果的影响机制,实验结果能够为工程实践提供理论参考与指导。

关键词　数据融合　外参标定　激光雷达　摄像头　标定板尺寸　标定距离

0　引言

多传感数据融合是车路协同、自动驾驶发展的关键技术之一,支撑多源数据融合的基础是外参联合标定。目前针对各类型传感器融合的研究层出不穷。其中,激光雷达、相机两种类型的传感器被广泛使用[1-2]。虽然激光雷达具备探测距离远、能够准确获得物体的三维信息、稳定性强等特点,但相较于摄像头,其对于障碍物外形、颜色判别方面存在很大的不足。因此,基于激光雷达与摄像头的多源数据融合成为各领域专家学者研究的热点。融合后的数据具有更为丰富的环境信息,能够弥补单一传感器获取环境信息时的不足。

数据融合的关键在于外参标定。目前,国内外学者针对激光雷达与摄像头的外参标定提出了多种方法。Zhang等[3]首次提出通过棋盘格对激光雷达和摄像头进行外参标定,从不同位姿出发,求解棋盘格在激光雷达坐标系与相机坐标系下的位置关系,通过输入5组及以上观测值,实现激光雷达-相机的外参标定。Ha[4]在棋盘标定板的基础上,通过在平面板上设置一个三角孔的标定结构,可以确定激光雷达数据在标定板上不可见的位置。Chen等[5]提出了一种基于线特征自动检测的激光雷达与摄像头标定方法,通过对一种包含4个平面和5个边的三维目标进行投影,得到相应的摄像头与激光雷达数据,利用线性拟合得到直线特征检测方程,通过计算两直线交点,得到二者的联合标定外参。不同于棋盘格标定法,Toth等[6]提出了一种基于球面目标的新型标定方法,分别从点云与图像中检测球体中心,基于至少4个球面的数据进行相对位姿计算,实现多传感器数据融合。谢婧婷等[7]从点线面三方面出发,考虑线-线约束与面-面约束,通过Kabsch方法求取闭式解,采用多帧点云叠加拟合直线,实验结果表明通过点线面联合约束,能够提高标定方法的稳定性、精度与收敛速度。黄志清等[8]设计了一种基于单侧透光镂空标定板的高效标定方法,根据激光雷达扫描标定板时形成点云线段的长度,求取其扫描在标定板的坐标方程,通过提取图像中对应特征点,可对激光雷达数据在图像中的位置进行定位,基于不同位姿下的多源数据,采用拟合参数的方式求取标定关系。Cai等[9]针对激光雷达与相机标定中存在的标定板形式多样、信息提取方法不完整、标定误差大的问题,设计了一种具有局部梯度深度信息和主平面方角信息的新型标定板。通过三步拟合插值法选取特征点及其对应的坐标信息,最后通过标定实验,基于增量验证、重投影误差等方法对标定结果进行验证。实验结果表明该标定方法具有较高的准确性和稳定性。Su等[10]提出了一种基于两步法的激光雷达与相机外参联合标定方法,通过一种新的闭式解来获取初始标定参数,利用基于ICP算法的标定框分别对相机坐标系和提取的激光雷达点云数据进行配准,实现外参标定。Huang 等[11]针对激光雷达旋转与平移的微小移动对重投影误差造成严重影响的问题,通过使用已知几何尺寸的标定物来改善目标姿态估计,以减小激光雷达和图像标定过程中的系统误差,通过提出一种激光雷达和单目相机变换拟合方法,避免了烦琐的目标边缘点云提取工作,最后基于激光雷达目标顶点的重投影进行交叉验证,极大降低了重投影误差。

目前激光雷达-相机外参标定方法发展较为成熟,针对径向畸变、横向畸变分析与改进的相关研究也较多[12-13]。然而在实际标定过程中,标定板尺寸与标定距离的选取对标定结果也会产生影响。为解决上述问题,本文以棋盘格为研究对象,采用三种不同尺寸的标定板,选取 4 种标定距离进行标定实验,通过比对每组实验的重投影误差、标定结果以及数据融合效果,同时考虑对于远处目标的融合效果,探究标定板尺寸、标定距离对于激光雷达-相机外参标定结果的影响机制,基于二者共同作用结果,分析标定板尺寸、标定距离对数据融合效果的影响。

1 理论介绍

1.1 摄像头标定

摄像头与激光雷达之间的外参标定属于不同维度坐标系之间的变换,联合外参标定首先需要将像素坐标系与世界坐标系进行转换,所涉及的坐标系分别为世界坐标系 $A(X_W,Y_W,Z_W)$,相机坐标系 $B(X_C,Y_C,Z_C)$,图像坐标系 $C(x,y)$,以及像素坐标系 $D(u,v)$,具体转换过程如下:

1.1.1 世界坐标系与相机坐标系间的转换

世界坐标系与相机坐标系均属于三维空间直角坐标系,可以通过刚体变换,即旋转、平移等操作进行转换,对应的坐标间的线性关系如下:

$$\begin{bmatrix} X_C \\ Y_C \\ Z_C \\ 1 \end{bmatrix} = \begin{bmatrix} \boldsymbol{R} & \boldsymbol{t} \\ 0 & 1 \end{bmatrix} \begin{bmatrix} X_w \\ Y_w \\ Z_w \\ 1 \end{bmatrix} \tag{1}$$

式中:$\boldsymbol{R}$——旋转矩阵;

$\boldsymbol{t}$——平移向量。

1.1.2 相机坐标系与图像坐标系间的转换

相机坐标系与图像坐标系分别属于不同维度的坐标系,根据小孔成像原理,可以得到二者之间的线性关系,如式(2)所示。

$$Z_C \begin{bmatrix} x \\ y \\ 1 \end{bmatrix} = \begin{bmatrix} f & 0 & 0 & 0 \\ 0 & f & 0 & 0 \\ 0 & 0 & 1 & 0 \end{bmatrix} \begin{bmatrix} X_C \\ Y_C \\ Z_C \\ 1 \end{bmatrix} \tag{2}$$

式中:f——相机焦距。

1.1.3 图像坐标系与像素坐标系间的转换

图像坐标系的原点为像素坐标系的中点,二者的关系如图 1 所示。

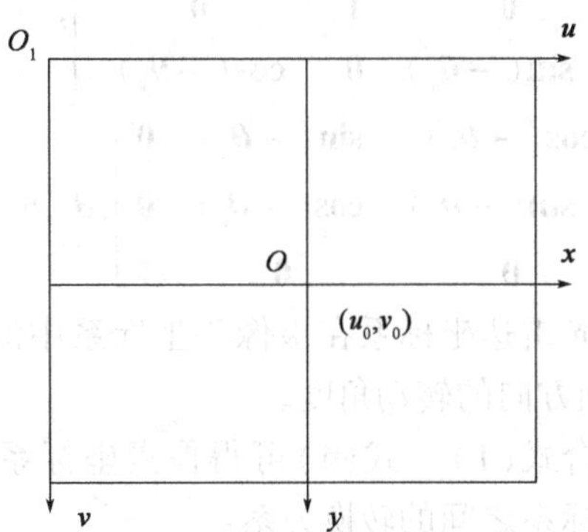

图 1 图像坐标系与像素坐标系

dx 与 dy 分别表示每个像素在横轴 x 和纵轴 y 的物理尺寸,通过其次坐标将其写成矩阵形式,如式(3)所示。

$$\begin{bmatrix} u \\ v \\ 1 \end{bmatrix} = \begin{bmatrix} \frac{1}{dx} & 0 & u_0 \\ 0 & \frac{1}{dx} & v_0 \\ 0 & 0 & 1 \end{bmatrix} \begin{bmatrix} x \\ y \\ 1 \end{bmatrix} \tag{3}$$

式中:dx,dy——分别表示每个像素在横轴 x 和纵轴 y 的物理尺寸,即像素转换单位(mm);

u_0,v_0——投影中心相对于光轴的偏移。

1.2 摄像头与激光雷达联合外参标定

为实现点云数据与图像数据的空间同步,采用平面靶联合标定模型进行标定。相机坐标系与激光雷达坐标系也同属于空间直角坐标系,可以通过旋转矩阵 R 与平移向量 T 实现转换,转换公式如式(4)所示。

$$\begin{bmatrix} X_C \\ Y_C \\ Z_C \end{bmatrix} = R \begin{bmatrix} X_L \\ Y_L \\ Z_L \end{bmatrix} + \begin{bmatrix} t_1 \\ t_2 \\ t_3 \end{bmatrix} = \begin{bmatrix} R_T & t_T \\ 0 & 1 \end{bmatrix} \begin{bmatrix} X_L \\ Y_L \\ Z_L \\ 1 \end{bmatrix} \tag{4}$$

式中：$\begin{bmatrix} \boldsymbol{R}_T & \boldsymbol{t}_T \\ 0 & 1 \end{bmatrix}$——相机外参矩阵；

$\boldsymbol{t}_T$——点云坐标系到相机坐标系的平移向量；

$\boldsymbol{R}_T$——点云坐标系到相机坐标系的旋转矩阵，$\boldsymbol{R}_T=\boldsymbol{R}_x\boldsymbol{R}_y\boldsymbol{R}_z$，其中：

$$\boldsymbol{R}_x=\begin{bmatrix} 1 & 0 & 0 \\ 0 & \cos(-\theta_x) & \sin(-\theta_x) \\ 0 & \sin(-\theta_x) & \cos(-\theta_x) \end{bmatrix},$$

$$\boldsymbol{R}_y=\begin{bmatrix} \cos(-\theta_y) & 0 & -\sin(-\theta_y) \\ 0 & 1 & 0 \\ -\sin(-\theta_y) & 0 & \cos(-\theta_y) \end{bmatrix},$$

$$\boldsymbol{R}_z=\begin{bmatrix} \cos(-\theta_z) & \sin(-\theta_z) & 0 \\ -\sin(-\theta_z) & \cos(-\theta_z) & 0 \\ 0 & 0 & 1 \end{bmatrix},$$

θ_x、θ_y 和 θ_z 分别为激光雷达坐标系在摄像头坐标系中沿 X_C、Y_C 和 Z_C 轴方向的转动角度。

整合式(1)~式(4)可得像素坐标系与激光雷达坐标系之间的转换关系：

$$Z_C\begin{bmatrix} u \\ v \\ 1 \end{bmatrix}=\begin{bmatrix} \frac{1}{d_x} & 0 & u_0 \\ 0 & \frac{1}{d_g} & v_0 \\ 0 & 0 & 1 \end{bmatrix}\begin{bmatrix} f & 0 & 0 & 0 \\ 0 & f & 0 & 0 \\ 0 & 0 & 1 & 0 \end{bmatrix}\begin{bmatrix} \boldsymbol{R}_T & \boldsymbol{t}_T \\ 0 & 1 \end{bmatrix}\begin{bmatrix} X_L \\ Y_L \\ Z_L \\ 1 \end{bmatrix} \tag{5}$$

2　方法评估

2.1　设备介绍

采用的设备为镭神32线束激光雷达与杰锐微通HY1080型号摄像头，如图2所示。棋盘标定板型号选用三种，分别为：①内角点个数为8×11，边长30mm，记为1号标定板；②内角点个数为5×6，边长80mm，记为2号标定板；③内角点个数为6×8，边长108mm，记为3号标定板，各棋盘格如图3所示。标定距离规定为2m、3.5m、5m以及8m，每种标定距离下进行三种型号的标定板实验，共计12组。通过分析重投影误差以及融合效果，探究标定板尺寸与标定距离对数据融合的影响，为具备不同需求的标定任务提供理论参考。

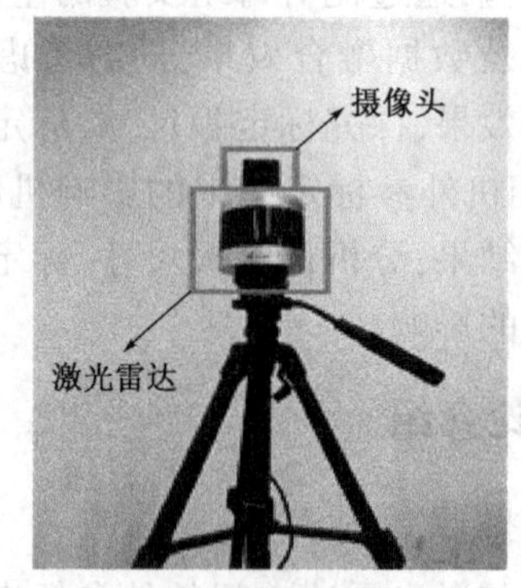

图2　实验使用的摄像头与激光雷达

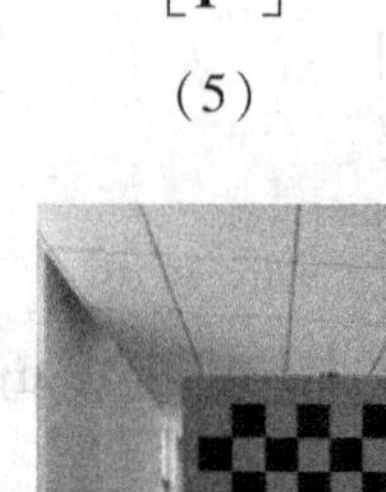

a)1号标定板　b)2号标定板　c)3号标定板

图3　各型号标定板

2.2　标定数据采集

本文采用ROS(Robot Operating System)系统进行数据采集和离线播放。ROS是一种应用于机器人的开源元操作系统，能够提供开发工具、通信机制、应用功能、生态系统等功能，同时具备相应的工具和库函数，比如可视化工具Rviz、命令行工具、qt工具箱等。

本文所采集的标定数据的Bag录制包，其数据播放、激光雷达-相机时间同步、数据标定均通过ROS系统操作。

每次采用不同尺寸的标定板,分别在 2m、3.5m、5m、8m 处进行数据采集,采集过程如图 4 所示。

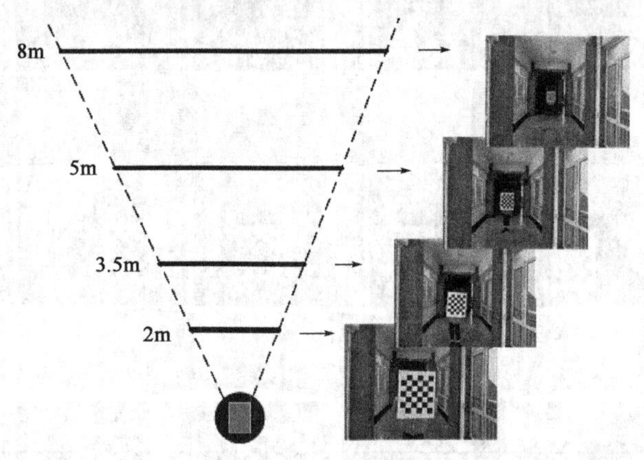

图 4 标定距离

2.3 外参联合标定

外参联合标定采用 Autoware 软件进行,通过 rosbag 工具进行数据采集,选取 15 帧的图像与点云数据进行标定,首选识别图像中棋盘格的角点,然后手动在点云数据中标定棋盘格中心,如图 5 所示。基于二者可以计算出相机与激光雷达的外参转换关系。根据外参标定结果,通过点云重投影与实际像素坐标进行对比,可判定标定误差大小,表示为重投影误差。

a) 角点识别

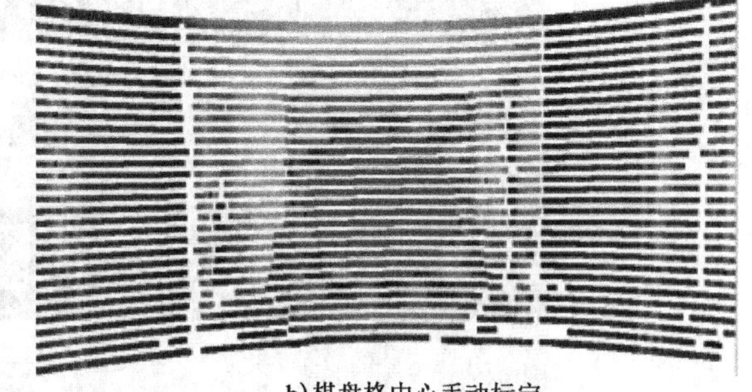

b) 棋盘格中心手动标定

图 5 标定过程

2.4 数据分析

通过标定实验可以看出,标定板尺寸对于标定准确性的影响较大。如图 6a) 所示,在 2m 的最近标定距离下,1 号标定板由于尺寸过小无法进行标定,在本文中不再进行分析。从图 6a) 与图 6b) 可以看出,2 号与 3 号标定板在 2m、3.5m 的标定距离下,均呈现出较好的标定结果,尤其是距离为 2m 时,两种型号的标定板重投影均呈现非常好的效果。从图 6c) 与图 6d) 中可以看出,当标定距离为 5m 时,2 号标定板标定后出现较小的漂移,3 号标定板标定效果依旧良好;当标定距离为 8m 时,两种型号的标定板在重投影后均出现漂移,2 号标定板漂移现象更为明显。标定板尺寸方面,1 号标定板尺寸过小,无法进行外参联合标定,本文不再对其进行讨论。在相同的标定距离下,2 号标定板的漂移程度均大于 3 号标定板。由此可见,标定板的尺寸会对联合标定效果产生影响。

图 7 为激光雷达与摄像头融合后的结果,可以很明显地看出标定距离为 2m、3.5m 与 5m 时,融合结果较为理想,尤其是标定距离为 2m 时,基于 3 号标定板的数据融合效果最为理想。当标定距离为 8m 时,基于两种型号标定板的数据融合效果较差,这与图 6 标定结果的变化规律相符合。在 3.5m、5m、8m 的标定距离下,3 号标定板在数据融合效果方面分别优于 2 号标定板在三种标定距离下的融合结果,这表明标定板尺寸会对标定结果产生影响,尺寸较大的标定板会产生更好的标定及融合效果。

a) 2m的标定效果

b) 3.5m的标定效果

c) 5m的标定效果

图 6

d) 8m的标定效果

图6 不同标定距离下的标定结果

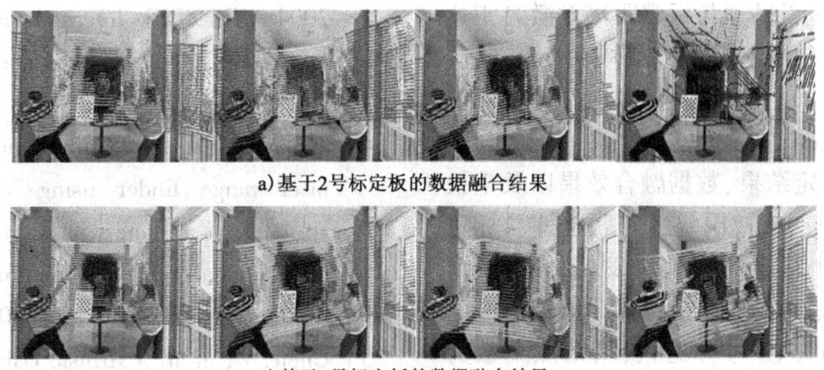

a) 基于2号标定板的数据融合结果

b) 基于3号标定板的数据融合结果

图7 数据融合结果

图8的结果表明,在标定距离5m内,2号标定板的重投影误差随着距离的增加而减小,当标定距离为8m时,重投影误差增大,但其值依旧小于标定距离为2m时的误差;3号标定板的重投影误差一直随标定距离的增加而降低,且3号标定板的重投影误差在任意一种标定距离下均大于2号标定板的重投影误差,这与图6的标定结果和图7的数据融合结果相违背。因此,在进行外参联合标定实验时,不能仅将重投影误差作为度量标定效果好坏的标准。

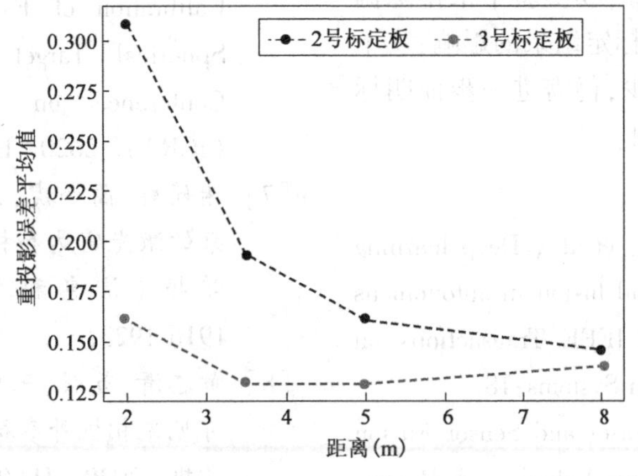

图8 重投影误差

通过实验验证与数据分析,标定板尺寸与标定距离均会对标定结果产生影响。如表1所示,较大型号的标定板(2号和3号标定板)能够产生更优的标定效果,融合效果随标定距离的增加变差。标定任务中,建议使用2号或3号等较大类型的标定板,考虑到标定板必须完全显示在图像中,标定距离宜在2~5m。

各实验数据融合效果总结表　　表1

标定距离(m)	1号标定板	2号标定板	3号标定板
2.0	标定板尺寸过小,无法标定	整体效果较好,有杂点	整体效果最佳,无杂点
3.5		整体效果一般,杂点较多	整体效果一般,无杂点
5		整体效果一般,相较于3.5m的标定距离,近处目标融合的偏差更大,远处目标融合效果较差,无杂点	整体效果一般,相较于3.5m的标定距离,近处目标融合的偏差更大,远处目标融合较好,无杂点
8		点云严重偏移,无法融合	整体效果很差,融合后偏差较大,无杂点

3　结语

本文针对标定板尺寸与标定距离对激光雷达与摄像头联合外参标定精度的影响进行实验研究,通过设置3种型号的棋盘格标定板、4种标定距离,采用Autoware进行数据采集、时间配准与外参标定,从联合标定结果、数据融合效果以及重投影误差三方面进行分析,确定适宜联合外参标定的标定板型号与标定距离。实验发现,标定板尺寸与标定距离对激光雷达与摄像头联合标定产生影响,在标定过程中,3号标定板(内角点个数为6×8,边长108mm)在2~5m的数据融合效果最佳;通过不同标定距离的测试,发现当标定板占据图像视野1/4及以上时,标定效果会更好。本文能够为各种类型的联合外参标定提供理论参考。

本论文仍存在以下不足:①未考虑不同位姿下的外参标定影响,即前倾、后倾、左倾、右倾;②未对1号标定板做进一步研究,缺少标定板尺寸方面部分实验数据的支撑;③实验中未排除温度、不同距离下光线强度对标定结果的影响;④不同尺寸下的标定板数量较少,仍需进一步证明标定板尺寸对标定结果的影响。

参考文献

[1] Cui Y, Chen R, Chu W, et al., Deep learning for image and point cloud fusion in autonomous driving: a review[J]. IEEE Transactions on Intelligent Transportation Systems:18.

[2] Yeong, D., et al., Sensor and Sensor Fusion Technology in Autonomous Vehicles: A Review[J]. Sensors, 2021. 21(6):37.

[3] Zhang, Q. L., and R. Pless, Extrinsic Calibration of A Camera and Laser Range Finder (Improves Camera Calibration)[J]. 2004 IEEE/RSJ International Conference on Intelligent Robots and Systems (IROS). 2004, 3:2301-2306.

[4] Ha J E. Extrinsic calibration of a camera and laser range finder using a new calibration structure of a plane with a triangular hole[J]. International Journal of Control Automation and Systems, 2012, 10(6): 1240-1244.

[5] Chen, Z, et al. Extrinsic Calibration of a Laser Range Finder and a Camera Based on the Automatic Detection of Line Feature. in 9th International Congress on Image and Signal Processing, BioMedical Engineering and Informatics (CISP-BMEI)[J]. 2016. Datong, PEOPLES R CHINA: Ieee.

[6] Toth, T, et al. Automatic LiDAR-Camera Calibration of Extrinsic Parameters Using a Spherical Target [J]. IEEE International Conference on Robotics and Automation (ICRA). 2020. Electr Network: Ieee.

[7] 谢婧婷,蔺小虎,王甫红,等. 一种点线面约束的激光雷达和相机标定方法[J]. 武汉大学学报(信息科学版), 2021, 46(12): 1916-1923.

[8] 黄志清,苏毅,王庆文,等. 二维激光雷达与可见光相机外参标定方法研究[J]. 仪器仪表学报, 2020, 41(09): 121-129.

[9] Cai, H. Y., et al., A Novel Calibration Board and Experiments for 3D LiDAR and Camera

Calibration. Sensors, 2020,20(4): 16.

[10] Su, Y N, et al. A two-step approach to Lidar-Camera calibration. in 25th International Conference on Pattern Recognition (ICPR). 2021. Electr Network: Ieee Computer Soc.

[11] Huang J K, Grizzle J W. Improvements to target-based 3D LiDAR to camera calibration [J]. Ieee Access, 2020(8): 134101-134110.

[12] Lyu, Y C, et al. An Interactive LiDAR to Camera Calibration. in IEEE High Performance Extreme Computing Conference (HPEC). 2019. Waltham, MA: Ieee.

[13] Pusztai, Z, I. Eichhardt, and L. Hajder, Accurate Calibration of Multi-LiDAR-Multi-Camera Systems. Sensors, 2018,18(7):22.

基于长期监测数据的桥梁模态自动提取方法

韩 亮*[1] 王鹏军[1,2] 郑六龄[3] 杨少华[1] 吴 猛[1] 周 山[1]

(1.北京源清慧虹信息科技有限公司;2.清华大学电子工程系;
3.泸州市交通投资集团有限责任公司)

摘 要 结构模态参数的自动识别是桥梁结构健康监测领域亟待解决的问题。随机子空间方法(SSI)为目前土木结构监测领域常用的模态识别手段,但在使用时需要人工干预筛选真实模态,无法满足自动化监测的需求。为此,本文提出了一种适合长期监测场景的桥梁模态自动提取方法,基于DBSCAN聚类方法对SSI模态参数识别结果进行自动提取,并与增强型频域分解方法(EFDD)识别结果进行融合;针对所提出的方法,通过真实运营的一座桥梁的监测数据进行了验证。结果表明,利用本文的方法能够准确识别结构的模态参数,且相比单一算法识别结果,本文的识别结果具有更小的标准差。

关键词 桥梁结构健康监测 模态自动提取 随机子空间 增强型频域分解 聚类算法

0 引言

近年来,桥梁结构健康监测在学术研究和工程实践中受到越来越多的关注[1-3]。其中,模态参数(包括模态频率、模态振型和模态阻尼等)作为桥梁结构最基本的动力特征,能够有效反映结构截面刚度或边界条件的变化[4]。可以作为桥梁监测的重要指标[5-6]。因此,很多学者利用桥梁的模态参数对桥梁的健康状态进行评测。

基于环境激励的时域分析方法包括特征值实现算法(ERA)、随机子空间方法(SSI)等[7-9]。其中,SSI方法因其较好的稳定性获得了学者的密切关注。对于SSI方法,提取结构的模态后,往往需要人工干预进行频率的筛选以剔除虚假模态,识别结果缺乏定量的标准,具有一定的主观性。为了得到更好的模态识别结果,自动提取模态成为当下研究的一个热点话题[10-11]。SSI模态提取方法主要包括两类:其一是通过设置模态验证标准(MVC)阈值剔除虚假模态,但阈值的选取对结果的准确率影响很大;其二是通过使用聚类分析的方式自动识别模态。吴春利等基于模糊聚类算法,以聚类圆大小为标准对稳定图的真假模态进行判别以实现模态的自动提取[12]。苏亮等基于卷积神经网络,将不同结构的稳定图分成不同的频带,使用结构单一模态稳定图训练样本,得到了可以自动识别模态的卷积神经网络模型[13]。祝青鑫等基于MVC向量的PCA分析,利用k-mean聚类方法剔除虚假模态,提出了面向层次聚类的最优截断簇数确定准则,实现了结构模态参数的自动识别[14]。然而,使用上述聚类算法时,往往需要先指定聚类中心的数目等,难以实现完全自动化模态识别。

基于环境激励的频域模态参数识别方法包括峰值提取法(PP)、频域分解法(FDD)、最大似然估计法等。其中,FDD于2000年由Brincker等人提出,经过学者不断的优化已经成为环境激励下模态识别的常用手段。而增强型频域分解方法(EFDD)将每条谱线的响应互功率谱密度矩阵进行奇异值分解,得到各单自由度模态的自功率谱密度和各阶模态的振型,再由功率谱密度在峰值附近的区间确定模态频率和阻尼[15],具有更好的模态提取效果。

总体来看,时域和频域是信号在不同正交面上的投影,两者的本质是相同的,但仅利用时域环境激励下的桥梁响应进行模态参数识别时,由于结构系统的输入是未知的,相对于传统的基于系统输入和输出的模态参数识别方法,已知信息少,具有先天的不足。因此,针对环境激励下的模态识别,一般应使用两种或两种以上的方法进行单独的模态参数识别并互为辅助验证。

基于以上研究现状,本文提出了一种适合长期监测场景的、利用两种算法综合进行模态参数识别的方法。首先,使用SSI与EFDD两种算法识别桥梁模态,并利用DBSCAN聚类方法对SSI稳定图中的极点进行聚类,得到初步剔除虚假模态后的稳定图;其次,在剥离温度影响的基础上对长期监测下桥梁结构的模态参数进行统计,得到结构模态参数的概率分布参数;最后,使用逆方差加权的方式将两者所识别的模态参数相融合,有效降低模态参数识别的离散性,进一步提高长期监测场景下模态参数识别的精度。

1 基本理论

1.1 基于DBSCAN聚类的SSI模态参数自动识别

数据驱动型SSI是一种直接作用于时域信号的方法,该方法使用奇异值分解(SVD)、最小二乘法(LS)、特征值分解(EVD)和矩阵的QR分解识别结构的系统矩阵,进而识别结构的模态频率、阻尼和振型。

随着阶次的增高,结构模态和虚假模态的极点会同时出现在稳定图中。在稳定图中,我们称稳定点和非稳定点的合集为极点。稳定点会在结构的固有频率处排成一列,因为噪声的影响,图中会有大量的虚假模态出现。使用传统的模态验证标准(MVC)方法时,阈值对模态提取结果影响非常大,本文提出使用DBSCAN密度聚类算法对稳定点进行聚类。DBSCAN密度聚类算法的主要参数为ε-邻域和样本阈值M,并有以下定义:若某样本x_i的ε-邻域包含样本集个数不小于M,则定义x_i为核心对象;若x_j在x_i的ε-邻域范围内,则称x_j由x_i密度可达。对于x_i和x_j,如果存在样本序列$p_1,p_2,\cdots,p_T$满足$p_1=x_i,p_T=x_j$,且p_{t+1}由p_t密度直达,则称x_j由x_i密度可达。此时,DBSCAN聚类定义为:由密度可达关系导出的最大密度相连的样本集合,选择前k个密度相连的样本即为前k阶模态参数。通过聚类可以剔除绝大多数虚假模态。

1.2 模态概率分布模型

在实际的桥梁监测过程中,为消除单次测量可能受环境影响的不确定性,一般宜通过一段时间的监测数据来获取桥梁结构的模态参数值的概率分布,然后利用参数分布的统计特性作为参考进行更长期的监测。

值得一提的是,在桥梁的实际运营过程中,应当考虑温度对桥梁模态的影响[16],在获取长期的桥梁模态数据后,对桥梁的模态和温度数据进行线性拟合以表示温度对模态识别的影响。桥梁的真实模态数据应为剔除温度影响后的模态数据。

假设对于单次识别的结果,其前k阶剔除温度影响后的模态频率、模态振型和模态阻尼分别为:

$$\boldsymbol{\omega}_{p1}=[\omega_{p1}^1,\omega_{p1}^2,\cdots,\omega_{p1}^k]$$

$$\boldsymbol{\psi}_{p1}=[\boldsymbol{\psi}_{p1}^1,\boldsymbol{\psi}_{p1}^2,\cdots,\boldsymbol{\psi}_{p1}^k]$$

$$\boldsymbol{\xi}_{p1}=[\xi_{p1}^1,\xi_{p1}^2,\cdots,\xi_{p1}^k]$$

则将若干次识别结果合并可以得到:

$$\boldsymbol{\omega}_p=[\boldsymbol{\omega}_{p1},\boldsymbol{\omega}_{p2},\cdots,\boldsymbol{\omega}_{p\lambda}]$$

$$\boldsymbol{\psi}_p=[\boldsymbol{\psi}_{p1},\boldsymbol{\psi}_{p2},\cdots,\boldsymbol{\psi}_{p\lambda}]$$

$$\boldsymbol{\xi}_p=[\boldsymbol{\xi}_{p1},\boldsymbol{\xi}_{p2},\cdots,\boldsymbol{\xi}_{p\lambda}]$$

以下对得到的模态频率$\boldsymbol{\omega}_p$,模态振型$\overline{\boldsymbol{\varphi}}_p^1$,$\overline{\boldsymbol{\varphi}}_p^2,\cdots,\overline{\boldsymbol{\varphi}}_p^N$和模态阻尼$\boldsymbol{\xi}_\mathrm{p}$求其概率分布。以模态频率$\boldsymbol{\omega}_p$为例,令:

$$F_{\mathrm{fre}}(x)\frac{\mathrm{count}(\boldsymbol{\omega}_p<x)}{\mathrm{count}(\boldsymbol{\omega}_p)},x\in[\min(\boldsymbol{\omega}_p),\max(\boldsymbol{\omega}_p)]$$

其中,count表示计数函数,可知$F_{\mathrm{fre}}(x)$即为模态频率的累积概率分布函数。假设识别频率是服从正态分布的,则对于拥有k阶频率的分布来说,可以用k个正态分布的叠加进行拟合。即

$$N_{\mathrm{fre}}(x)\approx F_{\mathrm{fre}}(x)$$

因此,可以迅速求得模态频率的概率密度

分布：

$$f_{\mathrm{fre}}^{N}(x)=\sum_{i=1}^{k}v_i\frac{1}{2\pi\sigma_i}\exp\left(-\frac{(x-\omega_i)^2}{2\sigma_i^2}\right)$$

其中，$f_{fre}^{N}(x)$右上角的N表示该分布是使用正态分布拟合后的概率密度分布。此时ω_i即为所求的各阶模态频率值的均值，σ_i为该阶频率所对应的标准差，v_i为调整系数。

1.3 EFDD与SSI算法模态识别结果融合

与SSI方法不同，EFDD方法直接作用于频域，其识别的结构不具有虚假模态。因此，本文后续使用EFDD方法对同一组数据进行模态识别。

在使用SSI方法得到结构的模态，使用DBSCAN聚类方法进行聚类后可以得到结构较为精准的模态。作为一种验证和校准，将得到的模态识别结果与使用EFDD方法得到的结果进行融合，可以得到更为准确的模态。逆方差加权是一种较为常用的基于数据统计方差的融合方法。加权后的数据方差将更小，这意味着模态的识别更加接近真值。其计算公式如下：

$$y_{new}=\frac{\sum_i y_i/\sigma_i^2}{\sum_i 1/\sigma_i^2}$$

对于模态阻尼和模态振型，可采取同样的方式计算其概率密度分布。

本文的整体研究框架如图1所示。

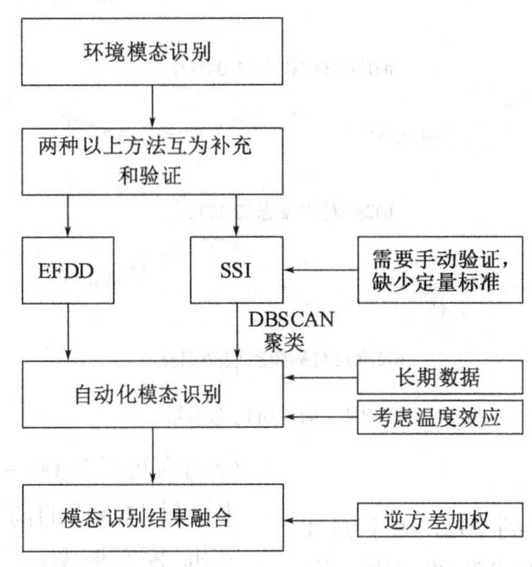

图1 研究框架

2 实例验证

2.1 桥梁概况

本文使用某预应力混凝土连续刚构桥的真实监测数据进行所提出方法的验证。该桥跨径组合为85m+195m+80m，如图2、图3所示。

使用Midas Civil建立有限元模型并进行模态分析，可以得到该桥的理论1阶对称、2阶对称和2阶反对称模态频率和模态振型，如图4所示。

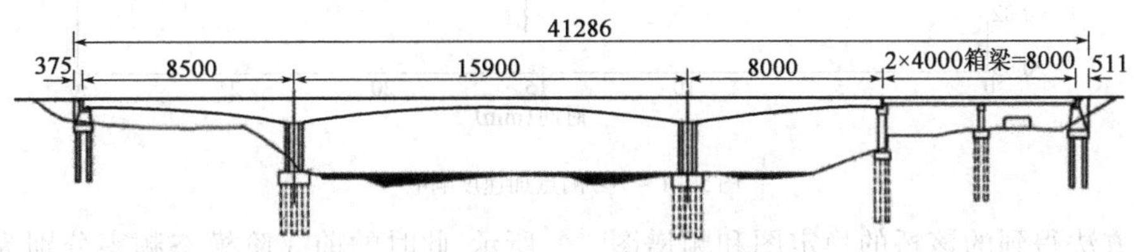

图2 桥梁立面图(尺寸单位：cm)

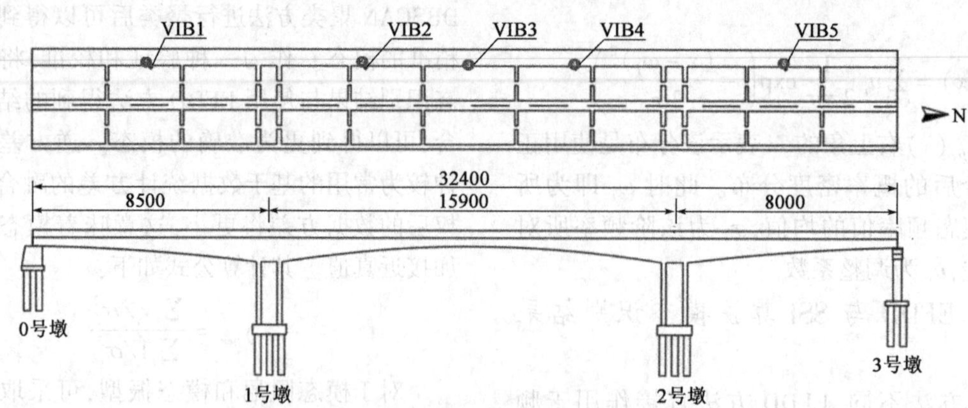

图 3　加速度测点布置图(尺寸单位:cm)

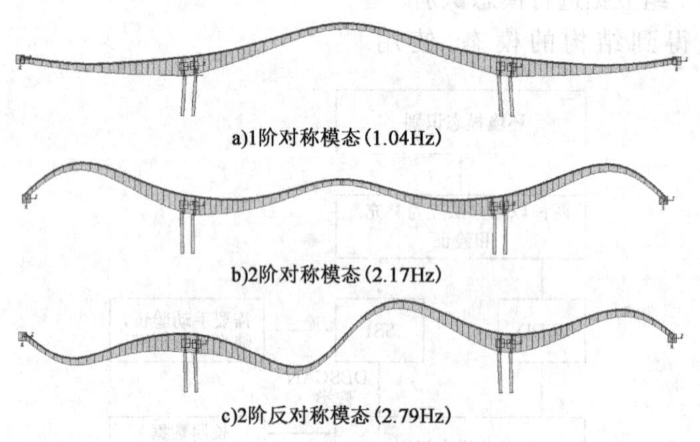

图 4　前 3 阶模态参数

2.2　模态参数识别

本文收集 2021 年 1 月 1 日到 2021 年 7 月 1 日共半年的数据来进行桥梁模态参数的识别。因数据量较大,每天取两次数据进行模态参数识别,分别为每日 2:00—2:30 和 12:00—12:30 的数据。本文针对该桥的前 3 阶模态频率和模态阻尼进行分析,模态振型的计算与两者类似。图 5 为 2021 年 1 月 1 日 2:00—2:30 各测点的振动数据。

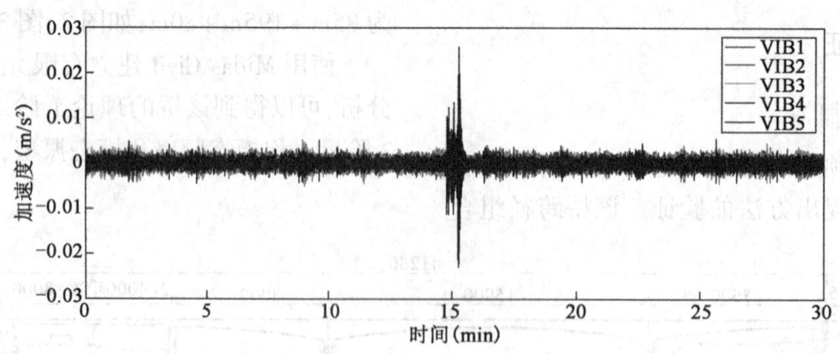

图 5　1 ~ 5 号测点加速度响应

采用 SSI 方法得到的该桥的稳定图和频谱图如图 6 所示,可以看出使用 SSI 方法时,会有一些虚假模态影响判断。在使用 DBSCAN 方法对稳定点进行聚类后可以得到较为清晰的稳定图,如图 7 所示,此时的前 3 阶模态频率分别为 1.2862 Hz、2.431 Hz、3.0723Hz。对同组数据使用 EFDD 方法获取其频率,得到的前 3 阶模态频率为 1.2864 Hz、2.4272 Hz、3.0722Hz。

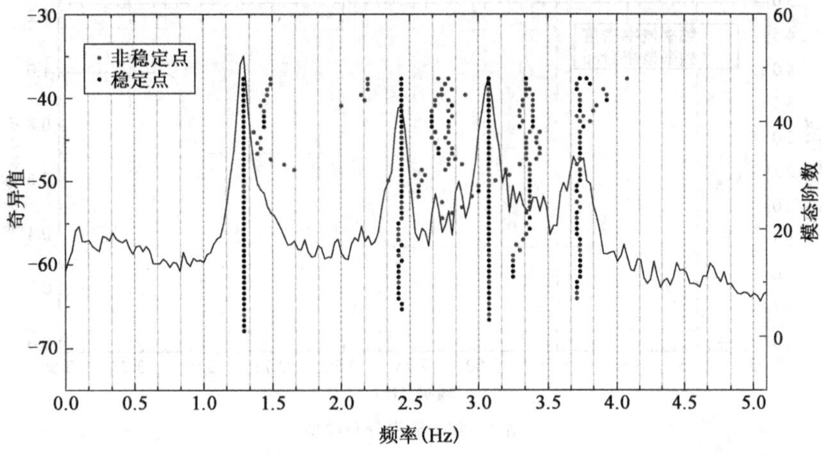

图6 SSI稳定图

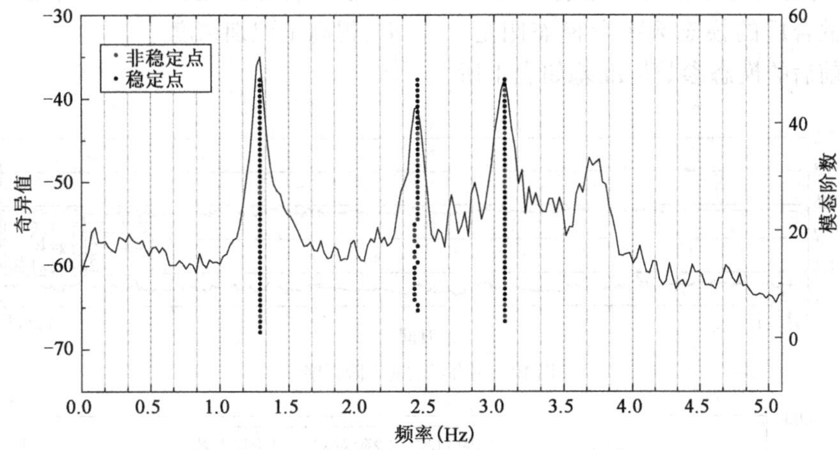

图7 剔除虚假模态后的SSI稳定图

根据1.2节提出的方法,对识别到的模态参数进行温度修正。通过观察数据可知,温度梯度和频率近似满足线性关系,因此进行线性拟合后得到温度梯度-频率拟合曲线,如图8所示。根据拟合结果,剔除温度效应的影响,可得到修正后的各阶模态参数。

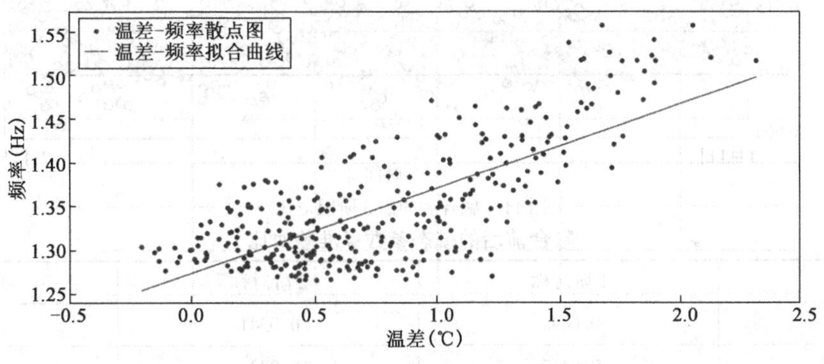

图8 1阶频率与温度散点图

为了实现SSI与EFDD两种算法结果的融合,需要计算不同方法识别模态参数的标准差。因此,针对剔除温度影响后的各阶模态参数,首先根据1.2节所述的方法建立概率分布模型,典型的概率分布模型如图9所示。

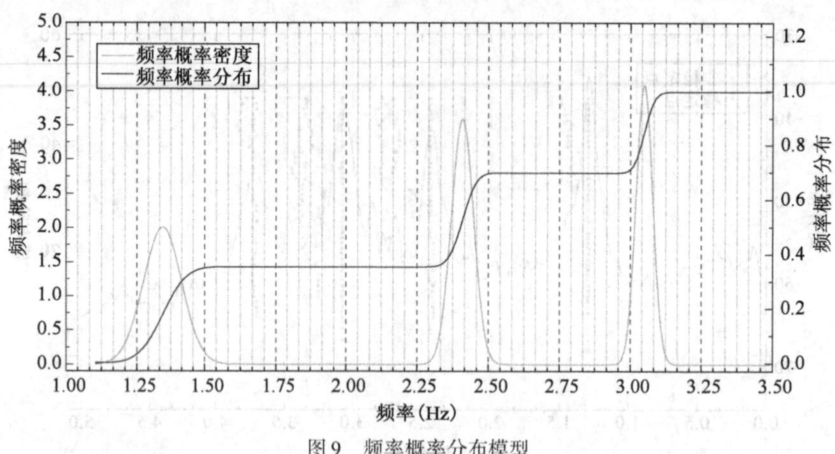

图9　频率概率分布模型

根据1.3节所述的方法,使用拟方差加权方法对两种方法识别的模态参数进行融合。图10与图11展示了融合后的模态频率及模态阻尼。模态频率与融合前后的模态参数标准差如表1所示。可以看出,两种算法识别结果具有较好的一致性,融合结果改善了单一算法识别结果的标准差,提高了识别精度。

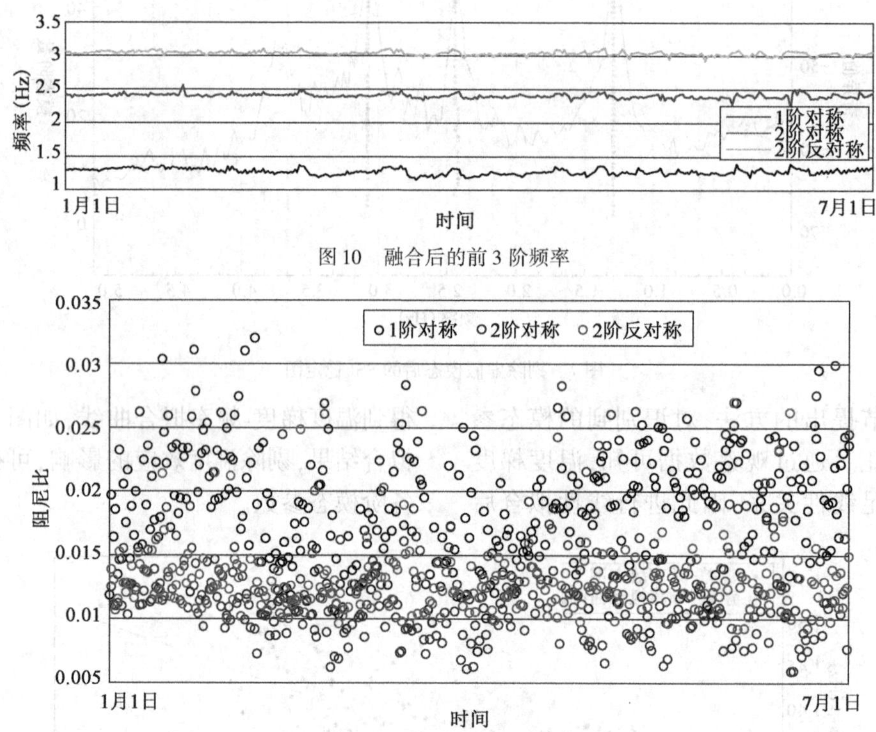

图10　融合后的前3阶频率

图11　融合后的前3阶阻尼比

融合前后的模态参数标准差对比　　表1

	1阶对称	2阶对称	3阶反对称
SSI频率	0.0445	0.0341	0.0282
EFDD频率	0.0447	0.0331	0.0303
融合后的频率	0.0446	0.0313	0.0280
SSI阻尼	0.0057	0.0055	0.0045
EFDD阻尼	0.0045	0.0045	0.0024
融合后的阻尼	0.0045	0.0042	0.0025

3 结语

本文针对长期监测场景下的模态自动识别,剔除了,提出使用 DBSCAN 聚类算法来解决 SSI 桥梁模态识别中的虚假模态和遗漏模态问题,并利用 EFDD 方法对识别结果进行融合,提高了模态自动识别的精度,得出以下结论:

(1)DBSCAN 聚类可以有效剔除 SSI 方法得到的模态数据中的虚假模态,并实现模态的自动提取。

(2)桥梁上下表面的温差对模态频率具有一定的影响,在模态识别时应剔除温度对频率识别的效应以得到桥梁的准确模态频率。

(3)使用概率分布模型对一段时间内的桥梁模态自动识别结果进行统计建模,可以得出所识别的模态大多分布在桥梁模态真值附近,为模态参数的长期自动识别提供了保证。

(4)融合 EFDD 方法得到的模态数据和剔除虚假模态后的 SSI 模态,可以有效提高模态自动识别的精度。

参考文献

[1] 陈林. 桥梁结构损伤识别理论的研究现状[J]. 四川水泥, 2021, (5): 285-286.

[2] 单德山, 罗凌峰, 李乔. 桥梁健康监测 2019 年度研究进展[J]. 土木与环境工程学报(中英文), 2020, 42(5): 115-25.

[3] 武晋文. 结构健康监测系统在鄱阳湖大桥上的应用; 中国公路学会养护与管理分会第十一届学术年会, 南京, 2021.

[4] 安永辉. 基于振动信息的结构损伤识别的几种新方法[D]. 大连: 大连理工大学, 2013.

[5] 王占锋, 陈彦武. 基于桥梁的模态频率和 BP 神经网络模型相结合的损伤识别方法[J]. 自动化与仪器仪表, 2016, (4): 186-187 + 90.

[6] Cao M S, Sha G G, Gao Y F, et al. Structural damage identification using damping: a compendium of uses and features[J]. Smart Materials and Structures, 2017, 26(4).

[7] 李帅. 工程结构模态参数辨识与损伤识别方法研究[D]. 重庆: 重庆大学, 2013.

[8] 龚纯健. 基于 DIC 的桥梁运行模态分析[D]. 广州: 广东工业大学, 2020.

[9] 李超, 王佐才, 李德安. 环境激励下钢板组合梁桥模态参数识别[J]. 安徽建筑, 2020, 27(3): 96-98.

[10] 徐健, 周志祥, 唐亮, 等. 基于谱系聚类分析的桥梁结构模态参数自动化识别方法研究[J]. 振动与冲击, 2017, 36(11): 206-214.

[11] Neu E, Janser F, Khatibi A A, et al. Fully automated operational modal analysis using multi-stage clustering[J]. Mechanical Systems and Signal Processing, 2017, 84: 308-323.

[12] 吴春利, 刘寒冰, 王静. 模糊聚类算法稳定图应用于桥梁结构参数识别[J]. 振动与冲击, 2013, 32(4): 121-126.

[13] 苏亮, 宋明亮, 董石麟. 基于卷积神经网络的稳定图自动分析方法[J]. 振动与冲击, 2018, 37(18): 59-66.

[14] 祝青鑫, 王浩, 茅建校, 等. 基于聚类分析的桥梁结构模态参数自动识别方法[J]. 东南大学学报(自然科学版), 2020, 50(5): 837-843.

[15] 刘亚辉, 潘金炎, 曹新建, 等. 环境激励下结构模态参数识别方法的比较与分析[J]. 浙江建筑, 2016, 33(10): 18-21,5.

[16] Cross E, Koo K, Brownjohn J, et al. Long-term monitoring and data analysis of the Tamar Bridge[J]. Mechanical Systems and Signal Processing, 2013, 35(1-2): 16-34.

多智能体系统在灾害研究领域的应用进展

蔡玮珍　李　聪　张荣堂*　刘志伟
(武汉轻工大学土木工程与建筑学院)

摘　要　多智能体系统作为分布式人工智能技术的分支,近年引入灾害研究领域,已成为灾害研究的一个重要方向。本文首先介绍了多智能体系统的基本理论;然后,在梳理了国内外相关研究文献的基础上,分别从自然灾害与人为灾害两个方面综述了多智能体系统在灾害研究领域中应用的主要成果与最新进展;最后,总结了多智能体系统在灾害研究领域应用存在的问题,并对其未来发展趋势进行了合理展望。研究成果为灾害研究提供了新思路。

关键词　多智能体　灾害　洪涝　工程灾害　公共安全

0　引言

多智能体系统(MAS)是人工智能领域研究中的一个焦点问题,其智能性主要体现在感知、规划、推理、学习以及决策等方面[1]。基于多智能体的建模是当前国内外对复杂系统模拟和研究的主要方式。多智能体系统于20世纪末期逐渐开始应用。早期人类对智能体系统的认识大多集中于它的智能方面;在模拟社会生活模式、某一国家的民族冲突以及经济市场中的供应链等社会与经济方面,多智能体系统应用较成熟[2]。后期主要应用于系统控制领域,如多智能体协调控制技术已广泛应用于移动多车辆编队、智能交通系统、无线传感器网络目标跟踪与监控、通信网络拥塞控制、人造卫星簇姿态控制、多自主水下航行器编队等工程实践中[3]。

近年来将多智能体系统引入灾害研究领域,为灾害研究提供了新的思路。目前,多智能体系统已在洪涝、地震、矿难、森林虫害、公共安全等灾害研究领域得到了应用。本文在调研国内外文献资料的基础上,对多智能体系统在灾害研究领域的应用状况进行了研究,并展望了未来的研究方向。

1　多智能系统理论

多智能体系统是一个集合,由多个单个智能体组成。在系统中,不同智能体之间、智能体和外界环境之间通过通信协作,共同完成一个复杂任务或难题[4]。基于多智能体(Multi-Agent)理论的分布式仿真是研究大型复杂系统的一种有效的、重要的方法。在多智能体系统中特别强调智能体之间是如何进行交互的,智能体通过相互合作或竞争等交互行为来完成系统的总任务或表现整体行为。

多智能体系统中的各智能体为了相互通信和交互,需要以一定的结构组织起来,这就是多智能体的体系结构。多智能体系统的体系结构描述各智能体的功能、特性和行为规划、各智能体间的关系、通信方式、交互语言和规则,以及环境与智能体的行为和交互关系如何影响。多智能体系统的体系结构[5]主要可分为层次型(Hierachical Architecture)、异构型(Heterogeneous Architecture)、复杂适应系统型(Complex Adaptive Architecture)、混合型(Hybrid Architechture)。

多智能体技术为复杂系统提供了非同寻常的表达力,因为每个智能体都可以在同一个多智能体系统中进行异构,针对实际系统提供统一的模型,因此也为各种实际系统的研究提供了一种标准框架,其应用发展前景远大[6]。

1.基金项目:国家自然科学基金资助项目(52179110,51309025,41877280,41672320)。

2 多智能体系统在灾害研究领域的应用

进入21世纪后,多智能体系统开始逐渐应用于灾害研究。常见灾害可分为自然灾害与人为灾害两类。自然灾害包括洪涝灾害、地震灾害、生物灾害、地质灾害、海洋灾害等;人为灾害包括工程灾害、公共安全事故、恐怖活动等。下面从自然灾害与人为灾害两个方面分别论述多智能体系统在相关研究领域的应用进展。

2.1 自然灾害领域

2.1.1 洪涝灾害

洪涝灾害属于典型的非常规突发事件,不具备相应方法和条件进行实验分析,可以将复杂系统建模的相关方法应用到洪涝灾害风险评估中。多智能体建模技术(Multi-Agent Simulation,MAS)采用微观建模的方式对系统各组成部分或要素进行建模,以"自下向上"的方式构建洪涝灾害复杂系统,来表现系统的宏观属性。

目前国内外的研究人员在相关领域进行了重要的研究探索。黄河等[7]全面评估洪涝灾害系统的特征,并结合多智能体系统建模的独特优势,提出了一种针对洪涝风险的动态评估理论模型。李文波等[8]构建了基于智能体建模方法(Agent-Based Modeling, ABM)的洪涝风险动态评估模型,对全程暴雨中的人口风险进行了实时定量评估。张文富[9]利用多智能体模型创建了多智能体应急协同推演系统,构建了洪水灾害应急辅助决策支持系统,并将其应用于福建省福州市溪源江流域典型暴雨洪水灾害应急过程模拟。赖文泽[10]融合多方面的知识,运用多智能体理论研究洪涝灾害风险分析复杂系统,根据暴雨洪涝房屋风险评估系统的动态性和复杂性的特点,构建了ABM暴雨洪涝房屋风险评价系统。郭啸天[11]完成各类智能体内部结构和流程设计以及智能体之间通信机制设计,以暴雨型洪涝为研究对象,赋予各类智能体在满足暴雨洪涝情景下的作用规则,构建了暴雨洪涝人口风险动态评估模型。令狐彬[12]构建了基于多智能体建模技术和灾害预测技术的洪涝灾害风险评估模拟系统,明确了洪涝灾害人口风险仿真模型框架。Naqvi A A等[13]针对巴基斯坦面临严重洪灾的农村地区建立了低收入地区ABM模型,重点研究了低收入群体的分配和应对策略。Bin LH等[14-15]提出了一种基于案例推理的多智能体洪水灾害预测方法,该算法能较准确地预测水位,且预测错误率低于现有方法,并针对暴雨状况提出了基于MAS的洪涝风险动态评价模型。Dawson等[16]对溃坝型洪涝的人口风险进行了基于MAS的模拟。Jaziri W等[17]通过多智能体寻求在领域范围内排列的可能性,在不降低其群体的个体满意度的情况下将洪水风险降到最低。Scerri P等[18]解决了协调、控制、人机交互、自治、任务分配和通信等MAS核心子问题,论述了MAS的具体技术约束,用于解决洪水减灾问题。在最新研究中,Yi L等推出一种结合蜂窝自动机和多智能体系统的模型以模拟洪水灾害中的人群疏散,为洪涝灾害研究提供了一个全面的解决方案来协助洪水风险分析。

多智能体理论能够较好地解决洪涝灾害评估的问题。目前已应用于洪涝灾害风险评估、洪水灾害预测、洪水灾害应急模拟等,主要解决洪涝条件下的人口风险评估、房屋风险评估、风险动态评估、水位预测、灾害应对等问题。

2.1.2 地震灾害

地震灾害是一种对生命线基础设施造成重大破坏的灾害事件。在地震灾害领域,多智能系统主要用于解决地震中的人员疏散、救灾资源分配及地震强度预测等问题。Hori M[19]等提出了一种多智能体模拟系统,用于评估地震灾害中的大规模疏散和生命线恢复这两种社会行为。Gan X[20]等提出了一种多智能体遗传算法(MAGA)来解决灾难中应急资源分配问题,并将该算法应用于台湾集集地震。Pak S[21]等提出了城市地震灾害多智能体系统的编队控制框架,用于在地震破坏区域搜索被切断的道路。F Azam等[22]提出了一种基于多智能体的预测(MAP)模型,以确定未来地震的强度范围。Sun H等[23]基于GIS和多智能体系统方法提出了一种地震应急响应模式。Aranha C[24]提出了一种基于多智能体的地震和海啸疏散模拟系统。基于Multi-Agent,徐勇[25]等架构出分布式防震减灾智能决策支持系统(EDRIDSS),并给出了Agent的实现方法。

2.1.3 生物灾害

森林病虫害、森林火灾等生物灾害会对社会、生态造成极大经济损失。在生物灾害领域,已利用多智能体系统仿真了森林病虫害与火灾的蔓延,并建立了相应的灾害预测方法与人员疏散模型。如裴小节[26]就从森林病虫害的生物生态学特性出发,构建了一个灾害扩散的空间预测与动态模拟的多智能体模型,并在 NetLogo 平台上实现了灾害扩散的时空预测和扩散过程模拟。另外,王利晶[27]也从同样角度出发,在探讨了多智能体模拟理论与方法的基础上建立了基于它的森林病虫害蔓延模拟模型。董晓非[28]也借助多智能体理论引进了森林火灾蔓延模拟模型。章振等[29]在多智能体的基础上,基于 Repast 平台研究了森林火灾蔓延及灾区人员疏散模型。而 Seric 等[30]设计了智能森林火灾监控系统的完整多智能体体系结构。王飞等[2]等应用多智能体模型实现了特定条件下的林火蔓延仿真,并分析预测了林火发展形势。李春娥[31]等依据牧草病害治疗和案例治疗的特征,建立了基于多 Agent 理论的诊断框架结构系统。

2.1.4　其他自然灾害

近年,多智能体方法逐渐应用于海洋灾害、气象灾害及地质灾害领域,主要解决相关灾害中的人员疏散及灾害预测等问题。Kim J[32]等利用多智能体交通模拟(MATSim)对韩国釜山海云台海滩进行了实验分析,针对海啸灾害设计了一种分层疏散网络设计方法。Rasoulkhani K 等[33]利用从南迈阿密-戴德服务区收集的数据,建立了一个多智能体模拟模型,对各种海平面上升情景下供水基础设施的长期复原力进行探索性评估。Wang C 等[34]提出了灰色博弈模型,并说明了其多智能体可以作为解决海洋灾害决策问题的有效工具。李沁汶[35]使用多智能体模型开展泥石流情景下人员避险路径模拟和规划研究。Yue E[36]等针对自然灾害的发生和演变具有不确定性和复杂性的特点,利用多 Agent 理论设计了协同决策模型,实现了自然灾害动态应急决策过程。Manzoor U 等[37]基于多智能体系统提出了一种灾难地区解决食物分配问题的方案。胡颖[39]等提出基于多 Agent 的雷电预测方法,即借助智能体对不同适应性的预测模型进行智能选择并进行雷电预测模型的构建。Sharmeen Z[38]等设计和开发了多智能体系统的人机交互界面,增强了系统的适应性,节省了人工智能系统所消耗的人机交互时间,加快了救援速度。

多智能体系统在地震灾害中应用得最为广泛,主要用于解决强度预测与灾后救援问题;在洪涝领域用于解决洪涝灾害风险评估与灾害应对问题;在生物灾害领域用于解决森林虫害与森林火灾的预测与灾害应对问题;近年,多智能体系统已开始在海啸、雷电灾害等其他自然灾害中应用,而在地质灾害领域应用较少。实际上,地质灾害风险预测与评估是典型的复杂系统问题,运用多智能体系统可以较好的解决该问题;因此,运用多智能体系统解决地质灾害风险预测与灾害应对问题是值得深入研究的课题。

以多智能体与自然灾害研究相关词汇作为关键词在中国知网和 Web of Science 数据库中进行文献检索,并统计 2000—2021 年国内外多智能体系统在自然灾害研究领域中应用的相关文献量见图 1。统计结果表明,2000—2021 年间,其他自然灾害方面的英文文献与中文文献数量最多,这是由于其他自然灾害包含了多种灾害类型。关于多智能体系统在自然灾害各类应用中每年发表文献量小于 10 篇,中英文文献量均较少。其中英文文献中研究生物灾害的相对较多,中文文献中研究地震灾害的近年有增加趋势。

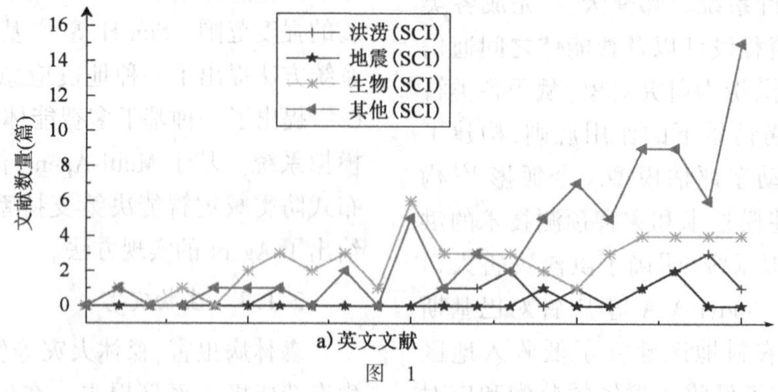

a) 英文文献

图　1

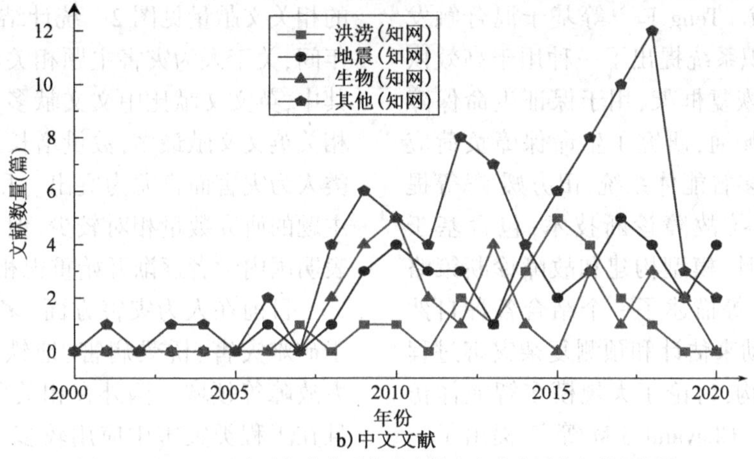

图1 2000—2021年多智能体系统在自然灾害中应用的文献发表量

由此可见,在自然灾害方面,目前多智能体系统主要应用于地震灾害、生物灾害与洪涝灾害领域,并逐渐开始进入海洋灾害、气象灾害及地质灾害领域,文献研究显示,多智能体系统在自然灾害方面的应用上存在实现工具和技术上的明显不足。总体而言,多智能体系统在自然灾害研究领域的应用尚处于起步阶段。

2.2 人为灾害领域

2.2.1 工程灾害

工程灾害的分析与处理本质上是对复杂系统问题进行分析与决策,而多智能体技术的分布式特性尤为适用于工程灾害控制。例如矿井、桥梁、地铁等工程领域已开始利用多智能体系统解决灾害监测、事故处理及安全疏散等问题。Chang S等[40]针对现有矿井动态灾害监测手段的特点,构建了基于多Agent的矿井动态灾害智能监测系统。Cheng M等[41]开发了基于多Agent的桥梁防灾数据交换平台,利用多智能体技术在分布式系统之间集成和交换数据,可以帮助工程管理者做出适当的决策。蔡林沁等[42-43]将虚拟现实技术和多智能体技术结合,构建了井下安全事故仿真模型,并有效实现了井下安全事故致灾因素的交互式分析。崔艳萍等[44]提出了基于多智能体的地铁事故应急处理系统,为有效处理事故提供了新的途径。卢娜[45]在揭示地下矿井人员安全疏散机理的基础上,提出了基于多智能体的安全疏散理论模型。张永利[46]运用多智能体建模理论以及事件链体系,结合灾害链建立了多灾种耦合预测模型。上述均能表明多智能体技术可以完成分布式协调监控与诊断任务,十分适合复杂工程的安全监控与健康诊断。

2.2.2 公共安全事故

公共安全事故可能造成重大人员伤亡、生态环境破坏、财产损失以及严重社会危害。在公共安全领域,多智能体技术发挥了颇为突出的作用和意义。Bloodsworth P等[47]针对恐怖主义中的大规模公共灾害,建立了以本体为中心的一个多智能体系统,通过生成基于网络的应急计划来支持医院应对大规模灾难。Morimoto S等[48]针对公交线路网络在灾难情况下出现的客流瓶颈问题,提出了基于多智能体的公交线路优化方法。Bakillah等[49]提出了一个基于Agent的疏散模拟通用数据模型,该模型包含了应急事件中确定的相关社会参数。Iizuka Y等[50]提出了一种基于多智能体协作的灾难疏散援助系统。孙潇潇等[51]使用多智能体仿真对基本型、整合型、协调型3类应急管理机制的运行模式进行了模拟仿真。许德玮[52]针对多智能体基于公共安全进行架构研究并给出了框架体系。辛春辉[53]提出一种多智能体行为仿真系统方案,并将智能体系统嵌入到铁路救援仿真培训系统中。温丽丹[54]等在基于HIS的医学诊疗辅助系统中应用多Agent技术,构建出基于多智能体的临床诊断支持系统。目前,虽然基于多智能体系统的公共安全事故的研究众多,但其实际应用还相对较少;在实际应用场景中,如何将已成型的仿真系统有效应用并推广具有重要的实际意义。

2.2.3 其他人为灾害

多智能体系统由于具有协调性,能实现协同控制,还被应用于电力故障诊断与恢复、灾害管理、灾难救援等领域。Teng F[55]等基于混合触发机制和多智能体共识系统提出了一种用于高效恢复的生命支持负载恢复框架,用于保证生命保障线路在极端灾害下畅通,研究了生命保障负荷应急恢复问题。基于多智能体系统,田方媛[56]等提出一种主动配电系统故障诊断技术,包含基于MAS的基础结构设计、模型构建和故障诊断策略设计。Takeuchi I[57]等描述了一个结合各种自然现象和大量人类活动来估计和预测复杂灾害过程的仿真集成体系结构,讨论了大规模多智能体仿真在减灾中的应用。Ghavami S M等[58]提出了一种新的多准则群体决策方法,并将其应用到灾害管理实践中。Sadhu V等[59]利用多智能体强化学习(MARL)框架,使用事件区域周围的智能体创建灾难场景的3D映射,以便于救援操作。Izida A[60]等强调了多智能体系统(MAS)主体之间的交流。它有效地为决策做出贡献,以便确定负责救助受害者的当局。

同样,以多智能体与人为灾害研究相关词汇作为关键词进行文献检索,并统计2000—2021年国内外多智能体系统在人为灾害研究领域中应用的相关文献量见图2。统计结果表明,2000—2021年间,关于人为灾害主题相关研究文献数量较多。其中,英文文献比中文文献多,且工程类灾害研究相关英文文献最多,数量增长迅猛,相比较其他几类人为灾害而言尤为突出。目前国内在人为灾害主题的研究数量相对较少,但近两年有上升趋势,表明国内学者逐渐开始重视相关研究。

目前在人为灾害方面,多智能体系统已应用于矿难灾害、桥梁病害、地铁事故、恐怖主义、电力故障等领域。国外在相关研究领域起步较早,且在工程类灾害中应用较多。其中,多智能体系统在矿难灾害中应用最为广泛,主要用于解决矿井灾害监测、致灾因素分析与安全疏散问题;在其他工程灾害领域主要关注病害诊断与安全疏散。在公共安全领域主要涉及灾难救援及疏散模拟,另外多智能体在电力故障等灾害管理与决策方面也有应用。多智能体系统已应用于人为灾害研究,且在矿难等工程灾害领域取得了一定的效果,目前处于发展阶段,将多智能体系统有效应用到人为灾害领域并进行推广是值得研究的方向。

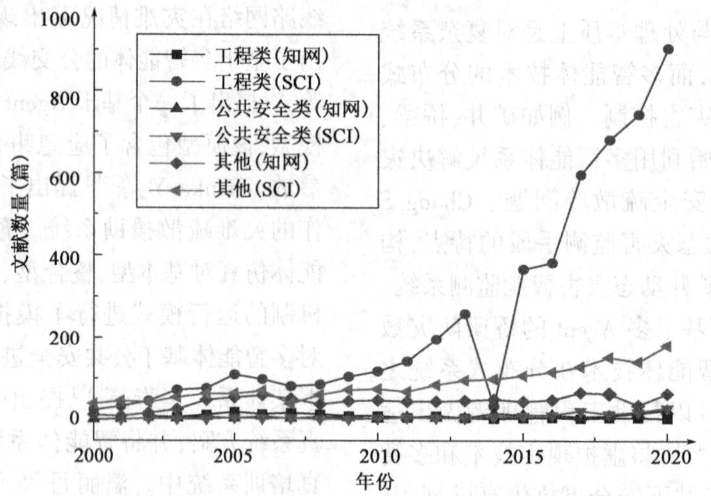

图2　2000—2021年多智能体系统在人为灾害中应用的文献发表量

3　发展与展望

近年来,随着分布式人工智能的发展,多智能体系统在灾害领域的应用作为一个新课题受到了国内外学者的关注,已取的相当的研究进展。多智能体在自然灾害与人为灾害领域均有一定程度的应用,但运用多智能体系统解决灾害问题仍处于起步阶段,尚有很大的推广应用空间。

(1)自然灾害领域

多智能体系统已在洪涝灾害、地震灾害、生物灾害、海洋灾害等自然灾害领域成功应用,主要涉及灾害风险评估与灾害应对等方面,而在地质灾害领域应用较少。地质灾害风险预测与评价是复杂系统问题的典型,运用多智能体系统的协同决策优势可以较好地解决该问题。将多智能体建模技术应用到地质灾害风险预测中将是一个重要的研究方向,尤其是运用多智能体系统进行滑坡预测预警研究可以将目前边坡稳定性评价中的三大类方法(定量评价、定性评价和监测评价)有机统一到滑坡灾害风险分析与评估上,预期能解决滑坡灾害风险预测中的复杂性和动态变化性问题。

(2)人为灾害领域

多智能体系统已在矿难灾害中成功应用,开始逐渐应用于地铁事故、恐怖主义、电力故障等其他人为灾害领域。针对人为灾害,多智能体系统仅在人员疏散方面应用较成熟,而在许多领域中的应用尚处于起步阶段,实际应用并不广泛。多智能体系统具有很强的鲁棒性和可靠性,可以解决大型、复杂的现实问题,同样适用于人为灾害领域。将多智能体系统理论实际应用于人为灾害中尚需进一步研究和探索。

综上,多智能体系统在灾害领域有广阔的应用与研究空间,未来值得关注探索的方向很多,如:①针对资源有限情况下出现的智能体通信不足、反应力下降等问题,需要探索其处理方式;②灾害领域当前所用设备系统,多智能体系统与其他系统的兼容互补,以及不同技术与多智能体技术之间的有效融合问题有待研究,等等。可以预见,多智能体系统在灾害研究领域中的应用会在未来几年更进一步。多智能体系统研究在尚未涉及的灾害领域,也将成为值得关注的重要方向。基于多智能体系统的仿真方法在复杂灾害研究中呈现出巨大的潜力,未来会在更多灾害领域得到实际应用。

参考文献

[1] 李杨,徐峰,谢光强,等. 多智能体技术发展及其应用综述[J]. 计算机工程与应用, 2018,54(09):13-21.

[2] 王飞,尹占娥,温家洪. 基于多智能体的自然灾害动态风险评估模型[J]. 地理与地理信息科学, 2009,25(02):85-88.

[3] 关永强,纪志坚,张霖,等. 多智能体系统能控性研究进展[J]. 控制理论与应用, 2015, 32(04):421-431.

[4] 傅梓瑛. 多智能体理论及其在厚度控制系统中的应用研究[D]. 沈阳:东北大学, 2012.

[5] 任海英. 多智能体方法在作业车间调度中的应用[M]. 北京:北京工业大学出版社, 2013:5-7.

[6] 刘金琨, 尔联洁. 多智能体技术应用综述[J]. 控制与决策, 2001(02):133-140,180.

[7] 黄河,范一大,杨思全,等. 基于多智能体的洪涝风险动态评估理论模型[J]. 地理研究, 2015,34(10):1875-1886.

[8] 李文波,郭啸天,毛雪岷,等. 基于多智能体的暴雨洪涝人口风险动态评估[J]. 灾害学, 2015,30(03):80-87.

[9] 张文富. 暴雨洪水灾害应急过程中动态对象协同仿真技术研究[D]. 福州:福建师范大学, 2017.

[10] 赖文泽. 基于多智能体的暴雨洪涝房屋风险动态评估研究[D]. 合肥:中国科学技术大学, 2016.

[11] 郭啸天. 基于多智能体建模的洪涝灾害人口风险动态评估[D]. 合肥:中国科学技术大学, 2015.

[12] 令狐彬. 基于多 agent 的洪涝灾害风险仿真研究[D]. 合肥:中国科学技术大学, 2014.

[13] Naqnl A A, Rehm M. A Multi-agent Model of a Low Income Economy: Simulating the Distributional Effects of Natural Disasters[J]. Journal of Economic Interaction and Coordination, 2014, 9(2):275-309.

[14] Bin L H, Chen F, Ieee. An Intelligent Multi-agent Approach For Flood Disaster Forecasting Utilizing Case Based Reasoning[C]. 2014 Fifth International Conference on Intelligent Systems Design and Engineering Applications, Hunan, 2014, 9(9):182-185.

[15] Linghu B, Chen F, Guo X, et al. A Conceptual Model for Flood Disaster Risk Assessment Based on Agent-Based Modeling[C]. Proceedings of Computer Sciences and Applications (CSA), 2013 International Conference on. IEEE, 2013. 369-373.

[16] Dawson R J, Peooe R, Wang M. An Agent-based Model for Risk-based Flood Incident Management[J]. Natural Hazards, 2011, 59(1):167-189.

[17] Jaziri W, Paquet T, Gaillard D, et al. Knowledge Modelling and Multi-agent

Simulation: Application to Flood Risks[C]// IEEE, 2002.

[18] Scerri P, Kannan B, Velagapudi P, et al. Flood Disaster Mitigation: A Real-world Challenge Problem for Multi-Agent Unmanned Surface Vehicles [J]. Springer, Berlin, Heidelberg, 2011.

[19] Hori M, Wijerathne M, Ichimur T, et al. On Multi Agent Simulation for Estimation of Human Action Against Earthquake Disasters [J]. Journal of Earthquake and Tsunami, 2013, 7 (02): 1350008.

[20] Gan X, Jing L, Hao X. Emergency Logistics Scheduling in Disaster Relief Based on a Multi-agent Genetic Algorithm [C]// Evolutionary Computation, IEEE, 2016.

[21] Pak S, Hayakawa T. Formation Control of Multi-agent Systems for Urban Earthquake Disasters: Model Predictive Control Approach [J]. Proceedings of the Japan Joint Automatic Control Conference, 50 : 407-407.

[22] Azam F, Sharif M, Mohsin S. Multi Agent Based Model for Earthquake Intensity Prediction [J]. Journal of Computational & Theoretical Nanoscience, 2015, 12 (12): 6365-6372.

[23] Sun H, Hu L, Shou W, et al. Self-Organized Crowd Dynamics: Research on Earthquake Emergency Response Patterns of Drill-Trained Individuals Based on GIS and Multi-Agent Systems Methodology[J]. Sensors, 2021, 21 (4): 1353.

[24] Aranha C, Matsushima H, Kanoh H. Information Exchange Model for Multi-Agent Earthquake/Tsunami Evacuation Simulation [J]. Journal of Natural Disaster Science, 2017, 38.

[25] 徐勇，钟珞. 防震减灾IDSS中Multi-Agent的应用研究[J]. 武汉理工大学学报，2009，31 (18) : 124-127.

[26] 裴小节. 基于多智能体的森林病虫害蔓延模拟——以松材线虫病为例[D]. 北京:北京林业大学，2010.

[27] 王利晶. 关于多智能体的森林病虫害蔓延模拟的探讨[J]. 科技创新导报，2012，(32) : 115.

[28] 董晓非. 基于多智能体的森林火灾蔓延模拟[J]. 安徽农学通报(上半月刊)，2010，16 (09) : 202-208.

[29] 章振，孙丙宇，李文波. 基于多智能体的森林火灾人员疏散仿真[J]. 计算机系统应用，2013 (06) : 157-160.

[30] Seric, Stula, Stipanicev. Engineering of Holonic Multi Agent Intelligent Forest Fire Monitoring System[J]. Ai Commun, 2013.

[31] 李春娥，陈全功. 多Agent技术在病害诊断系统中的应用[J]. 计算机工程，2008，34 (015) : 182-184.

[32] Kim J, Lee S. An Evacuation Route Choice Model Based on Multi-agent Simulation in order to Prepare Tsunami Disasters [J]. Transportmetrica, 2017, 5 (1-4) : 385-401.

[33] Rasouikhani K, Mostafavi A, Reyes M P, et al. Resilience Planning in Hazards-Humans-Infrastructure Nexus: A Multi-agent Simulation for Exploratory Assessment of Coastal Water Supply Infrastructure Adaptation to Sea-level Rise [J]. Environmental Modelling and Software, 2020, 125 : 104636.

[34] Wang C. Duplex-multi-agent Decision-making of Marine Disaster Insurance Based on the Grey Game Model [C]// Business & Management Conferences. International Institute of Social and Economic Sciences, 2018.

[35] 李沁汶. 气候变化下泥石流灾害风险与适应对策研究[D]. 北京：中国科学院大学(中国科学院水利部成都山地灾害与环境研究所)，2019.

[36] Yue E, Ye P Z. Study on Emergency Decision-Making of Natural Disaster Based on Collaboration of Multi-Agent [J]. Applied Mechanics and Materials, 2013, 411-414 : 2684-2693.

[37] Manzoor U, Zbair M, Batool K. Using Multi-agent Systems to Solve Food Distribution Problem in Disaster Area [C]// Internet

Technology & Secured Transactions. IEEE, 2013.

[38] Sharmeeb Z, Martinez-Enriquez A M, Aslam M, et al. Multi Agent System Based Interface for Natural Disaster [C]// International Conference on Active Media Technology. Springer International Publishing, 2014.

[39] 胡颖. 基于多AGENT雷电灾害预报系统的设计与实现[D]. 南昌:江西财经大学, 2017.

[40] Chang S, Tu J. Study on Mine Dynamic Disaster Intelligent Monitoring System Based on Multi-Agent[C] //International symposium on modern mining & safety technology. School of Mechanica Engineering, Liaoning Technical University, Fuxin 123000, China; School of Software, Liaoning Technical University, Huludao 125105, China, 2008.

[41] Cheng M Y, Wu Y W. Multi-agent-based Data Exchange Platform for Bridge Disaster Prevention: A Case Study in Taiwan [J]. Natural Hazards, 2013, 69 (1) : 311-326.

[42] 蔡林沁, 张优东, 杨卓, 等. 基于多智能体的井下安全事故虚拟现实仿真[J]. 系统仿真学报, 2014, 26 (12): 2914-2920.

[43] 蔡林沁, 罗志勇, 王赃, 等. 基于 Multi-agent 的煤矿虚拟环境体系建模[J]. 煤炭学报, 2010, 35 (01): 61-65.

[44] 崔艳萍, 唐祯敏, 武旭. 基于 multi-agent 的地铁事故应急处理系统研究[J]. 铁道学报, 2004 (03) : 8-12.

[45] 卢娜. 非常规4D时变火灾场景下地下矿人员安全疏散研究[D]. 西安:西安建筑科技大学, 2015.

[46] 张永利. 多灾种综合预测预警与决策支持系统研究[D]. 北京:清华大学, 2010.

[47] Bloodsworth P, Greenwood S, Cosmo A. An Ontology-centric Multi-agent System for Coordinating medical responses to large-scale disasters[J]. Ai Communications, 2005, 18 (3) :229-240.

[48] Morimoto S, Jinbs T, Kitagawa H, et al. Multi-agent Based Bus Route Optimization for Restricting Passenger Traffic Bottlenecks in Disaster Situations[J]. Springer International Publishing, 2015.

[49] Bakilla H, Dominguez Z. Multi-agent Evacuation Simulation Data Model with Social Considerations for Disaster Management Context [M]. Springer Berlin Heidelberg, 2013.

[50] Iizuka Y, Iizuka K. Disaster Evacuation Assistance System Based on Multi-agent Cooperation[C]// Hawaii International Conference on System Sciences, IEEE, 2015.

[51] 孙潇潇, 黄弘, 李瑞奇. 基于多智能体的突发事件下城市应急管理机制仿真[J]. 清华大学学报(自然科学版), 2021, 61 (01): 70-76.

[52] 许德玮. 基于公共安全智能体的网络体系架构研究[J]. 光通信研究, 2021 (01): 19-24 +57.

[53] 辛春辉. 多智能体行为仿真技术在铁路救援仿真培训系统中的研究与应用[D]. 成都:西南交通大学, 2018.

[54] 温丽丹. Agent 在 HIS 中的应用研究[D]. 长春:长春工业大学, 2010.

[55] Teng F, Sun Q, Xie X, et al. A disaster-triggered life-support load restoration framework based on Multi-Agent Consensus System [J]. Neurocomputing, 2015, 170 (25): 339-352.

[56] 田方媛, 张岩, 徐兵, 等. 多代理系统框架下的主动配电系统故障诊断[J]. 电力自动化设备, 2016, 36 (06): 19-26.

[57] Takeuchi I. A Massively Multi-agent Simulation System for Disaster Mitigation[C]// Massively Multi-Agent Systems I, First International Workshop, MMAS 2004, Kyoto, Japan, December 10-11, 2004, Revised Selected and Invited Papers. DBLP, 2004.

[58] Ghavami S M, Maleki J, Arentze T. A Multi-agent Assisted Approach for Spatial Group Decision Support Systems: A case study of disaster management practice [J]. International

Journal of Disaster Risk Reduction, 2019, 38: 101223.

[59] Sadhu V, Salles-Loustau G, POMPILI D. Argus: Smartphone-enabled Human Cooperation via Multi-Agent Reinforcement Learning for Disaster Situational Awareness[J]. 2019.

[60] Izida A, Tedrus T, Marietto M, et al. Emergency care in situations of natural disaster: A Multi-Agent approach[C] //International Conference for Internet Technology & Secured Transactions. IEEE, 2012.

Assessing Intrusion Risk in Construction Hazardous Areas Based on Motion Information

He Huang　Hao Hu*　Feng Xu　Zhipeng Zhang　Yu Tao

(School of Naval Architecture, Ocean and Civil Engineering, and Shanghai Key Laboratory for Digital Maintenance of Buildings and Infrastructure, Shanghai Jiao Tong University)

Abstract　Intrusion behavior in hazardous areas is one of the major causes of construction safety accidents including falls from height, strikes by objects, etc. Implementing automatic, precise, and focused detection and assessment of intrusions to enhance overall safety performance is of significance. Due to the large area of construction sites and diverse human behaviors, it is difficult to accurately predict workers' behaviors, resulting in many intrusions detected after the occurrence. Fortunately, computer vision-based skeleton extraction could provide a promising non-contact solution for preventing intrusions. This paper presents a novel intrusion behavior detection and evaluation approach by defining a safety buffer zone from a particular perspective. The motion state of intruders has been identified as one key quantitative feature. An indoor experiment was conducted by employing skeleton detection technology with safety knowledge to demonstrate the feasibility and effectiveness of the assessment model. Preliminary results show that a satisfying accuracy of intrusion assessment can be achieved at different risk levels. Appropriate warning and intervention methods can then be implemented to reduce the occurrence or lower the severity of intrusions and thus reduce safety accidents based on the proposed model.

Keywords　Intrusion behavior　Buffer zone　Motion state　Skeleton detection　Risk assessment

0　Introduction

The construction industry is labor-intensive and shows serious safety concerns. Major types of safety accidents include falls from height (Zhou et al., 2012), collapse of construction, strikes by objects (Shapira et al., 2012), injuries caused by machines (Hinze and Teizer, 2011), etc. Intrusion in hazardous areas is regarded as a typical unsafe behavior that results in the accidents aforementioned (Swuste et al., 2014). To some extent, intrusions are construction workers' violations of the safety rules, including looking for shortcuts and neglecting safety warnings, or being distracted by other moving objects. In current practice, safety inspection mainly relies on subjective investigation, which inevitably leads to omissions and deviations. It is difficult to improve safety performance with limited well-trained safety managers on construction sites. Therefore, automatic identification and assessment of these intrusions are essential to enhance construction safety, which is the focus of this paper.

Existing research in the area of intrusion prevention or reduction of related risk can be mainly divided into two categories, i. e., proactive methods and passive methods. Both methods aim to avoid the occurrence of safety accidents. Typical passive management methods include enriching safety protection measures (Hung et al., 2013), detecting, recording, and correcting unsafe behavior, even with administrative punishment. Passive methods play the role of warning, protection, and intervention. Admittedly, with continuous improvement of safety facilities, punishment mechanisms, the improvement potential of the passive method is limited. It is difficult to effectively predict variable worker behaviors on complex construction sites. Construction safety training and planning management, combined with Behavior-Based Safety (BBS) management (Ismail et al., 2012) and other technologies, are the main proactive methods discussed in previous studies. In practice, safety training has been widely used in site safety management. Although proper training can reduce the safety risks on site, it cannot eliminate them. The effectiveness of training has reached the bottleneck. (Dong et al., 2004).

The passive methods can not completely achieve the prevention of unsafe behaviors due to subjective and objective factors. Also, traditional proactive methods have reached the bottleneck because of individual factors (Heng et al., 2016), accidents caused by instruction still frequently occur. One possible reason is that the protective facilities, such as fences, are set at the edge of construction areas, and the hazardous area outside of the fence, according to the safety rules, is staying open. Due to unexpected conditions on construction sites (e. g., limited space, temporary material stacking, climatic conditions) and subjective factors (e. g., taking shortcuts, getting distracted, etc.), it is inevitable for workers to intrude in hazardous areas. Thus, existing management methods (both passive and proactive) are not valid and accurate enough. Among diverse unexpected factors, human motion state is worth particular attention in intrusion risk assessment according to domain experts' knowledge and previous research (Chen et al., 2019)

Behavior-Based Safety, as a classic approach to deal with human-related factors, has been the mainstream method (DePasquale and Geller, 1999), while it has several limitations as follows:

(1) It relies on well-trained and highly experienced safety supervisors.

(2) Subjective observation or investigation is required, which inevitably leads to omissions and deviations, thus hard to achieve full spatio-temporal coverage.

(3) As an outcome-based safety assessment method with delayed feedback, it is difficult for BBS to conduct real-time intervention.

Rapidly growing computer vision technology could help to cope with the aforementioned problems of manual dependence and supervision omission, achieving automatic and full-time safety inspection. Behavior evaluation based on the detection of skeleton keypoints can effectively reduce deviations from manual observation. For the third limitation, many previous studies focused on the identification of intrusions in hazardous areas (DePasquale and Geller, 1999). On one hand, tracking information is easily missing or disturbed, due to the large area of construction sites, multiple entities, and complex environment. On the other hand, it is difficult to accurately predict a worker's behavior or moving direction, due to diverse and random behaviors (Yu et al., 2021). As a result, many intrusions are detected after the occurrence and predictive management cannot be implemented timely. Therefore, how to accurately automate the early detection, evaluation, and warning of intrusion behavior, as a key issue, remains unresolved.

With a particular focus on the occurrence of intrusion, this research aims to investigate how to incorporate computer vision and empirical knowledge to detect and evaluate unsafe intrusion accurately, and then conduct prevention effectively. The rest of this paper is organized as follows. Firstly, with detailed background, describing the intrusion behaviors and existing problems as well as current solutions, the definition and setup of the buffer zone are proposed. Secondly, the skeleton keypoint detection algorithms are employed to detect the human motion factors in the buffer zone and evaluated by a presented risk assessment method. Then a proactive risk assessment model was proposed for intrusion behavior based on motion state evaluation called the Motion-based Intrusion Behavior Assessment Model (MIBA). The feasibility and accuracy of this method are then verified by analyzing and assessing the motion state of intrusion behavior with different body characteristics through experimental simulation. Concluding remarks are finally made.

1 Literature review

1.1 Intrusion behavior management

Intrusion is often neglected in safety research becauseexisting assessment mainly focused on visible outcomes, such as critical injuries and accidents, and it is hard to identify near-misses in time (Yang et al., 2016). As illustrated in the theory of task dynamics (Winsemius, 1965), intrusion behavior is an individual's assessment of risk vs. time and/or convenience. If having a faster way of proceeding seems just a little bit riskier than a slightly longer safe path, the extra risk is more likely to be accepted.

To address these problems, currentmanagement measures primarily involve changing individual's behavior through safety regulations and training (Winsemius, 1965) and improving people's safety attitudes through an improved organizational safety culture (Fung et al., 2012). Undoubtedly, near misses provide insights into the possible prevention of accidents and present a significant opportunity to proactively improve safety outcomes. It is possible to significantly improve safety by learning from previous near misses and tracking them in real-time to take appropriate action before an accident (Wu et al., 2010). To enhance real-time intrusion monitoring, the previous study employed the Internet of Things (IoT)-based technologies (Jin et al., 2020) to help the project managers enhance safety management by monitoring the on-site workers in real-time with different access right levels regarding their backgrounds, retrieving the intrusion record and planning countermeasures such as reward and punishment mechanism. Some improvements on detecting the error, locating error, and alarming delay of intrusion as well as intelligent hardhats and portable Radio-Frequency Identification (RFID) (Kelm et al., 2013) triggers regarding effectiveness, convenience, and safety are achieved.

Previous studieshave widely investigated and reported the performance measurements of BBS management techniques. BBS consists of four basic steps: identification, observation, intervention, and review and monitoring (Ismail et al., 2012). Considering that safety performance may decline after the intervention is removed,Zhang and Fang (2013) proposed a continuous improvement approach that incorporates BBS practices into the management process. A proactive behavior-based safety (PBBS) theory based on position information was proposed by Li et al. (2015) They investigated the quantitative measurement of safety performance, identifying potential causes of unsafe behaviors. Us of position as the indicator of behaviors is quite efficient and practical. However, human behavior is essentially based on psychological and sociological principles. The behavior information is difficult to accurately measure, collect, and evaluate.

1.2 Detection algorithms in computer vision

The emerging topic of computer vision in construction-related projects has generated a great deal of interest in the past few years. Typically, computer vision is combined with acquisition technologies, such as cameras, unmanned aerial vehicles (UAVs), and LiDAR (laser radar) to provide non-contact and remote solutions for project monitoring, and the captured image data can then be converted into information in a reliable, fast and cost-effective manner (Spencer et al., 2019). The current state of unsafe conditions or behavior on construction sites can be easily identified and assessed, which in turn suggests solutions to evaluate and predict the possible unsafe activities (Spencer et al., 2019).

Computer vision is performed for field observation, which can automatically track, recognize, predict, and assess construction resources on sites, such as workers, materials, equipment, and others. Based on the continuous and automatic monitoring of unsafe conditions and behavior, safety-related information can be extracted from 2D digital images and videos to evaluate potential risk in ongoing works and site conditions timely and precisely from three views: scene, location, and action. For example, Fang et al. (2020) summarized the successful application areas of computer vision in detecting improper usage of personal protective equipment (PPE), exposure of hazard area, risk of falling, failure of following the safety procedure, and planned workflow.

In the computer vision research area, with a stronger ability in capturing contextual information from images to achieve state-of-the-art results, deep learning has become the main approach instead of traditional statistical models. Deep learning-based methods are mainly responsible for three tasks, namely image classification, object detection, semantic segmentation (Pan and Zhang, 2021). More advanced models have been developed based on CNN (Convolutional Neural Networks) as their backbone architecture, such as Alex-Net, VGGNet, ResNet, and others (Kolar et al., 2018). Object detection aims to both identify and locate one or more unsafe behaviors in an image, which can draw the bounding box around each object of interest and give it a proper label. For this purpose, the region-based convolutional neural network (R-CNN) is the basic algorithm to combine rectangular region proposals and convolutional neural network features. Some variations, such as Fast R-CNN, Faster R-CNN, Mask R-CNN, are also developed to improve the insufficient computational efficiency of R-CNN.

However, construction sites are generally large outdoor areas. If captured from a far distance, an RGB (Red-Green-Blue) picture will be of low resolution and fail to provide enough information to support object detection. Previous studies, however, were trained on the data collected from a short distance. For instance, Human 3.6 M was built based on the data collected within an area of 4 m × 3 m (Ionescu et al., 2014). Future studies may consider training algorithms to evaluate safety risks from low-resolution images. This could be achieved by using super-resolution algorithms proposed in the computer science domain to recover high-resolution images from low-resolution images (Wang et al., 2021).

1.3 Knowledge gaps

As a successful safety management method, BBS still faced critical difficulties such as not being universally effective (Lingard and Rowlinson, 1997). Although many factors could affect the outcome of BBS, the difficulty is largely attributed to inaccurate assessment and inefficient inspection such as lagged measurement (Guo et al., 2018). The lagged measurement still prevails as one main measuring method in many industries, it is relatively easy to collect data, easily understood, objective, and valid (Lingard et al., 2011). These "after the fact" indicators limit the opportunity for prevention and correction in time. Due to the complexity of construction sites, position information can be missing or disturbed. Due to diverse behaviors, it is difficult to accurately predict intrusion behavior in a large area. A great challenge for the current research is to propose an efficient detection model to achieve accurate identification and observation in construction sites especially in a particular narrow area. Future studies may also consider training algorithms to evaluate the safety risks from a particular view based on a rule base or expert knowledge. Thus, resolution enhancement can be performed on low-resolution images of particular narrow areas before applying the respective algorithms for risk assessment.

2 Methodology

This paper presents anovel risk assessment

model, which defines the adjacent space of construction hazardous areas as the buffer zone for intrusion behavior management. Specifically, a buffer zone is set up considering the spatial requirements of skeleton detection technology and an early warning-response system. The procedure of the proposed model is to firstly identify and analyze the motion factors that affect the risk assessment of human intrusion in the buffer zone and then infer the risk level of intrusions. Furthermore, appropriate early warning and intervention methods can be implemented to reduce the occurrence or lower the severity of intrusion. Ultimately, the safety performance of construction can be improved. The main process is illustrated in Fig. 1.

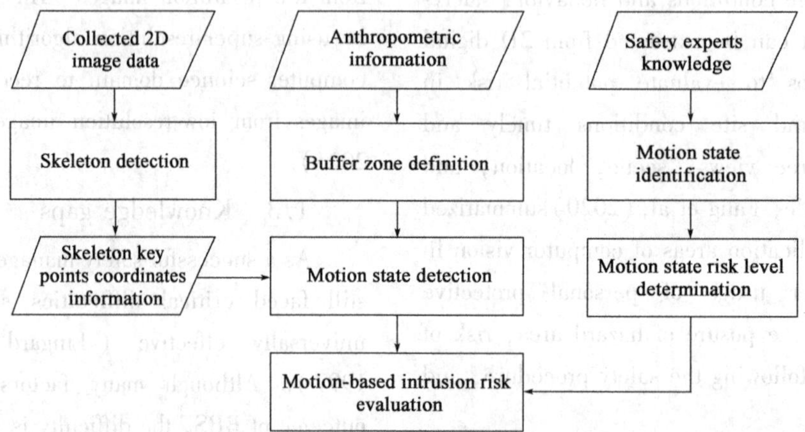

Fig. 1 Overall framework of the intrusion risk evaluation

2.1 Definition of buffer zone

Common hazardous areas can be divided into two categories, static areas and dynamic areas. Static areas usually have security and isolation measures, such as construction fences, while dynamic areas mainly adopt temporary facilities such as warning lines and road cones. This paper takes the hazardous area involved in the high falling accident as an example. The construction fence, which is set considering safety requirements, is generally located near the edge of the accident areas (e. g., construction hole) rather than the hazardous areas (e. g., one meter outside the accident area/construction fence), resulting in an accessible hazardous area and frequent intrusions.

The buffer zone is different from hazardous areas. From the standpoint of regulation, the hazardous area belongs to an unauthorized region (prohibited entry) for constructors. Although stepping into a hazardous area may not necessarily result in casualties, this behavior has violated safety regulations, which should be recorded as an unsafe event and should be corrected even punished. Most previous studies only classified construction sites into construction areas and hazardous areas. It is unnecessary and unfeasible to track worker behaviors in non-hazardous areas and conduct risk assessments due to high costs, which leads to a lack of effective monitoring and control of intrusion. This study solves the dilemma by dividing the non-hazardous area into buffer zone and operation area. The buffer zone acts as an area for transition, guidance, correction, and prevention, which allows constructors to enter under supervision.

There are two guiding principles to establish the buffer zone. (1) The buffer zone scale needs to meet the space requirement for assessing the risk level of workers before entering the hazardous areas in time. (2) The buffer zone also needs to ensure sufficient space to correct worker behaviors after they receive an early warning. With the rapid development of object detection technology and the upgrade of computer hardware, fast or real-time identification and information feedback can be realized. Detecting behavior, assessing risk, transmitting information, and raising early warning are all carried out in negligible processing time. When the workers receive the warning, they should correct their behavior, e. g., stop, steer away, and stay away from the hazardous area. The range of the buffer zone should ensure sufficient response time for workers and should be kept to a minimum to conserve management resources.

3.2 Motion-based intrusion behavior detection

Capturing the relative spatial position of the worker on construction sites is essential to obtain the worker' smotion state concerning the construction site environment. Whether using wireless network-based, vision-based, or sound-waves-based localization, the working principle of the technique is first to measure the surrounding features of the environment where the target is located. Then, one estimates the relative distance change trend from the target to the feature points with known positions. Because the position of the upper and lower limbs of the human body swings back and forth during walking, it is difficult to accurately judge the motion state by using adjacent frames. Additionally, the position change of the trunk, especially the head, neck, and hip, is closer to the actual motion state of the human body. Therefore, multiple keypoints in the head and spine are selected as reference points to judge the motion state.

To represent the human's motion state, in this study, a vision-based skeleton detection algorithm was employed to capture the 2D skeleton position data. The video camera is used to record the participants' activities. The video is reviewed by the safety expert to evaluate the safety risk level of each activity to generate the ground-truth as a reference for evaluation.

The 2D human skeleton is extracted from monocular camera data using the deep convolutional neural network (CNN). With the rapid development of deep learning algorithms, researchers have proposed various deep CNN network architectures and frameworks. Among these, the new generation of object detection and segmentation framework Detectron 2 is an upgrade version of Detectron (Wu et al., 2019), which not only supports Detectron's existing functions such as object detection, instance segmentation, posture evaluation but also supports semantics and panoramic segmentation. It has been proved to be a state-of-the-art CNN-based object detection framework to extract human skeletons from 2D images. New Cascade R-CNN, Panoptic FPN, and Tensor Mask models are also added. There are many kinds of objects on construction sites. Although only the skeleton detection are discussed in this paper, the model which can simultaneously complete various types of objects detection tasks, such as Detectron 2, is an advanced, fast, comprehensive, and robust objects detection framework, which is more conducive to the research of intrusion risk assessment.

Previous studies (Chen et al., 2019) on the behavioral safety of constructors have shown that the real-time location of the constructors has more influence on risk assessment than the action posture. The location information in such studies is usually the specific coordinate information on the construction site, while the detailed observation in particular locations such as buffer zones is seldom discussed. The buffer zone proposed in this study acts as a magnifying glass, focusing and magnifying the scene of intrusion, capturing the behavior information before intrusion occurrence, could provide a more sophisticated risk assessment and more accurate early warning alert. According to the characteristics of the buffer zone and worker motion state factors detection, this paper proposes motion state in the buffer zone as the key factor for intrusion risk assessment.

Due to theworkers' unpredictable movements, relative to the actual movement state of the human body, the movement state relative to the hazardous area is the core factor to evaluate the intrusion risk. The motion state can be judged by the pixel distance change trend of some skeleton keypoints in the adjacent two frames relative to the edge of the hazardous area, including approaching, moving away, and stationary motions. In this study, the boundary line of the hazardous area is taken as the reference line to calculate the relative distance with pixel coordinates.

2.3 Safety experts knowledge-based intrusion assessment

Safety risk assessment mainly depends onsafety experience and knowledge. How to transfer the knowledge of safety experts to the computer system is the key problem to realize automatic intrusion risk assessment. On the construction site, when the safety inspector evaluates the risk level of worker intrusions, the information of worker location change is the main consideration. For example, if a worker is approaching a hazardous area, the safety risk will be considered higher than moving away or standing still.

Three safety risk levels are defined in this study: low-risk, medium-risk, and high-risk. Considering the sub-hazardous risk level of the buffer zone, the risk of workers being present in the buffer zone is at a minimum of low risk. The obvious situations that are easy to detect as safe or unsafe are classified into high or low-risk levels. The remaining situations are then classified as medium risk levels. For example, considering motion state only, there is a high level of risk of proximity, the risk level of moving away, and stationary status is low and medium.

3 Experiments and results

This study designed an experiment to illustrate the necessity of a buffer zone and demonstrate the effectiveness of the proposed model. Participants with different physical characteristics were involved to compare the risk level calculated by the automatic risk assessment system under the real situation. Assessment accuracy is defined as the percentage of instances where the assessed intrusion risk level is the same as the real situation.

3.1 Design of the experiment

The experiment was carried out in an indoor area of 5.5 m × 6.1 m, as shown in Fig. 3. This area is divided into three sub-areas: *A* (operation area), *B* (buffer zone), and *C* (hazardous area). The appearance of the experimental environment is shown in Fig. 2.

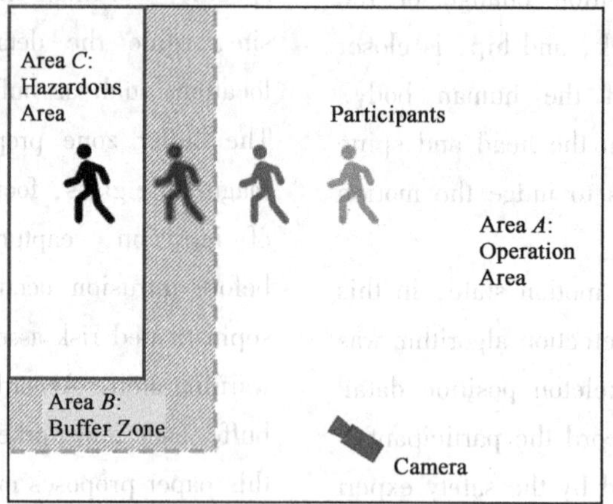

Fig. 2 Illustration of the experiment site

Four experimental participants were selected considering the difference in height, age, and gender. The hazardous area assumes the construction area of the deep foundation pit. The red line in Fig. 2 illustrates the construction fences which is the boundary of the foundation pit, and the yellow line illustrates the boundary of the buffer zone. The shadowed area between the two lines represents the buffer zone. The experiments were conducted in five rounds. During the test, the following activities were carried out (Tab. 1).

Definitions of the 5 identified activities during the test Tab. 1

ID	Descriptions	Risk Level
A1	Moving forward from area A through B to C	High
A2	Moving backward from area A through B to C	High
A3	Moving forward from area C through B to A	Low
A4	Moving backward from area C through B to A	Low
A5	Moving parallel or stationary in area B	Medium

Then the width of the buffer zone needs to be determined and the rationale is stated below. The maximum body space length is almost the length of one step. The step length for adults is 0.45 ~ 0.6 meters. In terms of reaction space, the walking speed (v) of normal adults is 1.2 ~ 1.5m/s. The reaction time (t) of normal adults is 0.2 ~ 0.3s. The width of the reaction space is about 0.24 ~ 0.45m. Considering the above two space requirements, this paper establishes a buffer zone by superimposing response space and human detection space together, and the width of the buffer zone is about 0.69 ~ 1.05m. In this experiment, the width is defined as 1.0m. The object detection and risk assessment process starts when any of the worker skeleton keypoints enter the buffer zone and ends when all keypoints leave. The process in between is the main evaluation process. Based on this rule, the captured video data is intercepted to video clips and are listed as alternative video clips.

A fixed camera is used to record the activities. The collected skeleton data are input into the Detectron 2 framework to detect the skeleton keypoints coordinates. The motion state of the human body can be judged by calculating the coordinate value of the same keypoint in the adjacent two frames. Each activity is designed by the safety expert. The safety risk level given by the safety expert is considered to be the real situation as the ground truth. The detected head and torso keypoints and the calculated pixel distance are used to determine the position change of participants. The intrusion risk evaluation based on the motion information can be presented as follows:

$$D = \{di \mid di = g(pi), i = 1, \cdots n\} \tag{1}$$

$$P = f(D) \tag{2}$$

$$\begin{cases} r = 0, \text{if } d_i < d_{i-1}; P \text{ at Low Risk Level} \\ r = 1, \text{if } d_i = d_{i-1}; P \text{ at Medium Risk Level} \\ r = 2, \text{if } d_i > d_{i-1}; P \text{ at High Risk Level} \end{cases} \tag{3}$$

where p is the measured feature keypoints coordinate value. $g(pi)$ is the translation function, which can translate the measured feature value pi to the pixel distance value di. With enough feature keypoints coordinate, a distance set D is generated, and $f(D)$ is the motion estimation function to calculate the keypoints coordinate P of the object.

3.2 Data collection and results

In the experiment, the movement of each participant is predetermined, such as moving forward to the hazardous area, so the ground truth based on safety experts' knowledge is that the risk level of each frame in all frames is high. Through the comparison and statistics between the risk detection results of each frame and the ground truth, the data of evaluation accuracy of each group is obtained. According to the intercepting rules (the object keypoint is in the buffer zone), 20 videos (each segment is about 1 ~ 1.5s,) are generated for each of the four participants. The specific process of the intrusion risk evaluation is presented in Fig. 3.

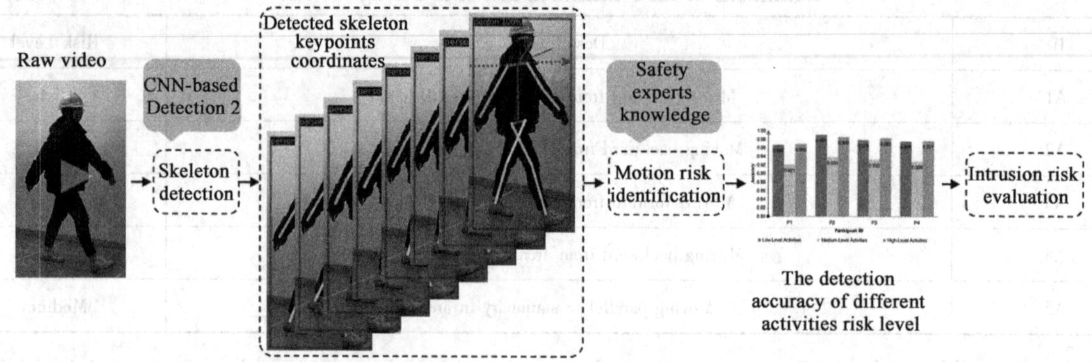

Fig. 3 The procedure of skeleton detection and intrusion risk evaluation

The image is converted at video frame rates of 60fps. The summary of the collected four test data sets is presented in Tab. 2.

Summary of the collected video data Tab. 2

Participant ID	Action ID	Video time(s)	Video frames		Alternative frames	
			By activity	Total	By activity	Total
P1	A1	13.7	822	3246	148	551
	A2	8.3	498		73	
	A3	12.2	732		133	
	A4	9.8	588		87	
	A5	10.1	606		110	
P2	A1	11.2	672	3132	124	556
	A2	9.8	588		98	
	A3	12.1	726		133	
	A4	8.8	528		90	
	A5	10.3	618		111	
P3	A1	12.9	774	3312	141	590
	A2	9.8	588		92	
	A3	12.6	756		138	
	A4	9.2	552		101	
	A5	10.7	642		118	
P4	A1	12.2	732	3456	133	605
	A2	11.5	690		110	
	A3	12.6	756		137	
	A4	9.8	588		104	
	A5	11.5	690		121	

The activities of the four participants are similar, but due to the differencein motion characteristics, the number of frames generated is different. Fig. 4 shows the numbers of alternative frames with the activities of each participant.

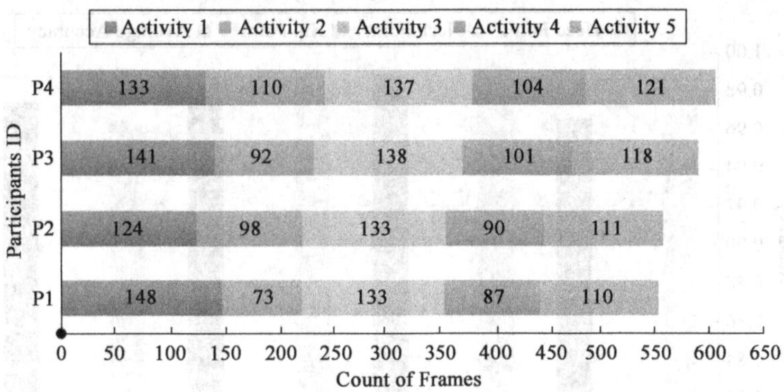

Fig. 4 Distribution of different alternative frames

3.3 Evaluation of motion state-based automatic intrusion risk level

For activities of different risk levels, the detection accuracy of approaching, staying, and moving away is different. The evaluation accuracy is higher for high-risk and low-risk activities than that for medium-risk activities. For all participants, the similar accuracy data distribution (Fig. 5) shows the reasonable accuracy and robustness of the detection model.

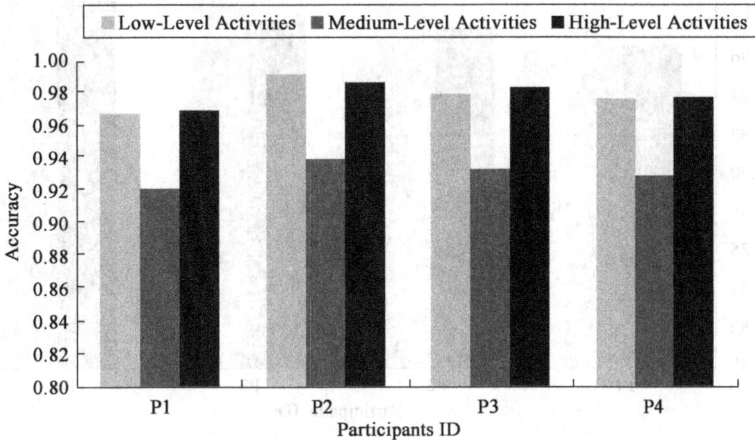

Fig. 5 Illustration of motion detection accuracy of different activities risk level

The motion information reflects trends in the distance of workers from the hazardous area and trends in the level of intrusion risk. The results show the comparison between the safety risk level of different participants in different tests based on motion information (relative pixel distance) and the ground truth. The accuracy of the proposed risk assessment model is high across all participants (Fig. 6). It means that most risk levels have been detected and evaluated precisely. Due to the problem of body swing, the relative distance between some image frames is misjudged. The detection accuracy of head keypoints, neck keypoints, and hip keypoints is different. The accuracy of neck keypoints is higher than others (Fig. 6). By combining the three types of keypoints information, the accuracy has been improved (Fig. 7).

The feasibility ofthe intrusion detection and evaluation method proposed in this paper is verified by experimental analysis. The skeleton information could be accurately used to detect the motion state of workers. The analysis based on expert knowledge transfer can accurately evaluate the risk of intrusion behavior. Combined with automatic early warning and timely feedback, the risk evaluation method of intrusion behavior proposed in this paper can be implemented practically.

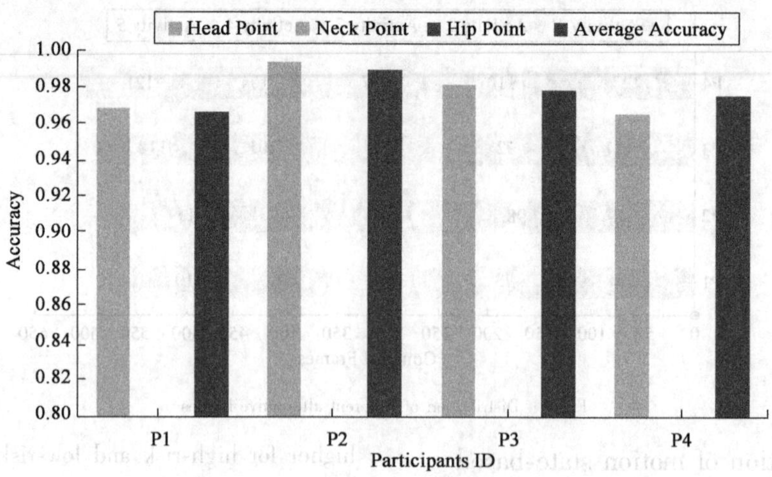

Fig. 6　Illustration of single point-based risk level evaluation results

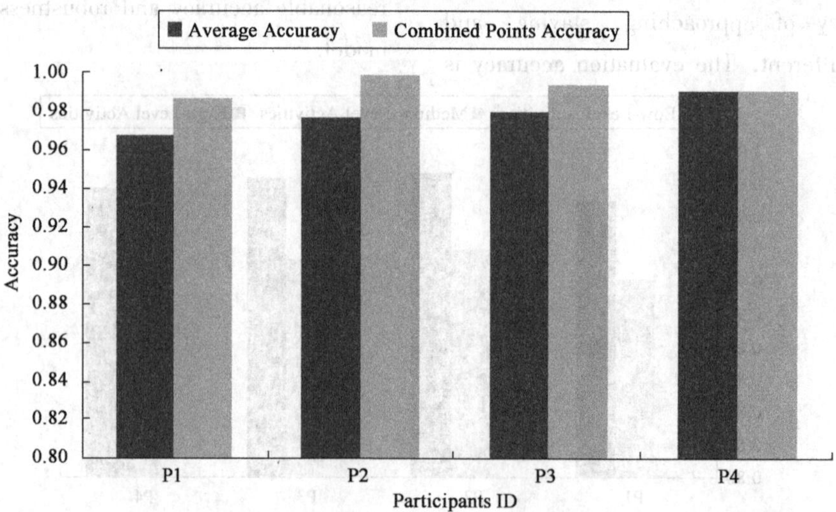

Fig. 7　Illustration of combined points-based risk level evaluation results

4 Conclusions

This paper presents a proactive intrusion risk assessment method to prevent unauthorized intrusion and improve safety performance. With the introduction ofthe safety buffer zone, intrusion behavior can be identified earlier, which provides more time for workers to realize the danger and correct their behaviors. This study also combines skeleton detection algorithms and expert knowledge to detect and evaluate the risk level of intrusions instead of traditional behavior detection methods. Motion state identified by calculating the relative distance change trend with pixel coordinates of skeleton keypoints is utilized as a significant feature to automatically evaluate the intrusion risk level of workers. An indoor experiment that illustrates the real-world working condition has been conducted in this research. Then the experiment results show a satisfying accuracy of behavior identification, which demonstrates the effectiveness of the proposed model. With the proposed model, the construction company could monitor the intrusion and provide proper intervention, which could contribute to reducing the potential accidents accordingly. The overall construction safety performance will be improved ultimately.

To further improve the performance of intrusion

assessment, several aspects could be investigated. Firstly, the establishment of the buffer zone should be more scientific and comprehensive with more considerations, such as site condition, detailed posture, and personalized information. Secondly, this paper demonstrates the proposed approach in a testbed environment, which might not be the same as the situations on real working sites. Lastly, the accuracy of the behavior identification algorithm needs to be further improved to overcome the problem of data missing and occlusion.

References

[1] Chen, H., Luo, X., Zheng, Z., Ke, J., 2019. A Proactive Workers' Safety Risk Evaluation Framework Based On Position and Posture Data Fusion. Automation in Construction98, 275-288.

[2] DePasquale, J. P., Geller, E. S., 1999. Critical Success Factors for Behavior-Based Safety: A Study of Twenty Industry-Wide Applications. Journal of Safety Research.

[3] Dong, X. W., Entzel, P., Men, Y. R., Chowdhury, R., Schneider, S., 2004. Effects of Safety and Health Training On Work-Related Injury Among Construction Laborers. Journal of Occupational and Environmental Medicine46, 1222-1228.

[4] Fang, W., Love, P. E. D., Luo, H., Ding, L., 2020. Computer Vision for Behaviour-Based Safety in Construction: A Review and Future Directions. Advanced Engineering Informatics43, 100980.

[5] Fung, I. W. H., Lo, T. Y., Tung, K. C. F., 2012. Towards a Better Reliability of Risk Assessment: Development of a Qualitative & Quantitative Risk Evaluation Model (Q(2) REM) for Different Trades of Construction Works in Hong Kong. Accident Analysis and Prevention48, 167-184.

[6] Guo, B. H. W., Goh, Y. M., Le Xin Wong, K., 2018. A System Dynamics View of a Behavior-Based Safety Program in the Construction Industry. Safety Science104, 202-215.

[7] Heng, L., Shuang, D., Skitmore, M., Qinghua, H., Qin, Y., 2016. Intrusion Warning and Assessment Method for Site Safety Enhancement. Safety Science84, 97-107.

[8] Hinze, J. W., Teizer, J., 2011. Visibility-Related Fatalities Related to Construction Equipment. Safety Science49, 709-718.

[9] Hung, Y., Winchester, W. W. I., Smith-Jackson, T. L., Kleiner, B. M., Babski-Reeves, K. L., Mills, T. H. I., 2013. Identifying Fall-Protection Training Needs for Residential Roofing Subcontractors. Applied Ergonomics44, 372-380.

[10] Ionescu, C., Papava, D., Olaru, V., Sminchisescu, C., 2014. Human3. 6M: Large Scale Datasets and Predictive Methods for 3D Human Sensing in Natural Environments. IEEE Transactions On Pattern Analysis and Machine Intelligence36, 1325-1339.

[11] Ismail, F., Hashim, A. E., Ismail, W. Z. W., Kamarudin, H., Baharom, Z. A., 2012. Behaviour Based Approach for Quality and Safety Environment Improvement: Malaysian Experience in the Oil and Gas Industry. In: Abbas, M. Y., Bajunid, A., Azhari, N. (Eds.), AICE-BS 2011 FAMAGUSTA (ASIA PACIFIC INTERNATIONAL CONFERENCE ON ENVIRONMENT-BEHAVIOUR STUDIES), Asia Pacific International Conference on Environment-Behaviour Studies (AicE-Bs), pp. 586-594.

[12] Jin, R., Zhang, H., Liu, D., Yan, X., 2020. IoT-based Detecting, Locating and Alarming of Unauthorized Intrusion On Construction Sites. Automation in Construction118, 103278.

[13] Kaskutas, V., Dale, A. M., Lipscomb, H., Evanoff, B., 2013. Fall Prevention and Safety Communication Training for Foremen: Report of a Pilot Project Designed to Improve Residential Construction Safety. Journal of Safety Research44, 111-118.

[14] Kelm, A., Laußat, L., Meins-Becker, A., Platz, D., Khazaee, M. J., Costin, A. M.,

Helmus, M., Teizer, J., 2013. Mobile Passive Radio Frequency Identification (RFID) Portal for Automated and Rapid Control of Personal Protective Equipment (PPE) On Construction Sites. Automation in Construction36, 38-52.

[15] Kolar, Z., Chen, H., Luo, X., 2018. Transfer Learning and Deep Convolutional Neural Networks for Safety Guardrail Detection in 2D Images. Automation in Construction89, 58-70.

[16] Li, H., Lu, M., Hsu, S., Gray, M., Huang, T., 2015. Proactive Behavior-Based Safety Management for Construction Safety Improvement. Safety Science75, 107-117.

[17] Lingard, H., Rowlinson, S., 1997. Behavior-Based Safety Management in Hong Kong's Construction Industry. Journal of Safety Research28, 243-256.

[18] Lingard, H., Wakefield, R., Cashin, P., 2011. The Development and Testing of a Hierarchical Measure of Project OHS Performance. Engineering, Construction and Architectural Management18, 30-49.

[19] Martinez, P., Al-Hussein, M., Ahmad, R., 2019. A Scientometric Analysis and Critical Review of Computer Vision Applications for Construction. Automation in Construction 107, 102947.

[20] Pan, Y., Zhang, L., 2021. Roles of Artificial Intelligence in Construction Engineering and Management: A Critical Review and Future Trends. Automation in Construction122, 103517.

[21] Shapira, A., Simcha, M., Goldenberg, M., 2012. Integrative Model for Quantitative Evaluation of Safety on Construction Sites with Tower Cranes. Journal of Construction Engineering and Management138, 1281-1293.

[22] Spencer, B. F., Hoskere, V., Narazaki, Y., 2019. Advances in Computer Vision-Based Civil Infrastructure Inspection and Monitoring. Engineering5, 199-222.

[23] Swuste, P., van Gulijk, C., Zwaard, W., Oostendorp, Y., 2014. Occupational Safety Theories, Models and Metaphors in the Three Decades Since World War II, in the United States, Britain and the Netherlands: A Literature Review. Safety Science62, 16-27.

[24] Wang, Z., Chen, J., Hoi, S., 2021. Deep Learning for Image Super-Resolution: A Survey. IEEE Trans Pattern Anal Mach Intell43, 3365-3387.

[25] Winsemius, 1965. Some Ergonomic Aspects of Safety. Ergonomics8, 151-162.

[26] Wu, W., Yang, H., Chew, D. A. S., Yang, S., Gibb, A. G. F., Li, Q., 2010. Towards an Autonomous Real-Time Tracking System of Near-Miss Accidents On Construction Sites. Automation in Construction19, 134-141.

[27] Wu, Y., Kirillov, A., Massa, F., Lo, W., Girshick, R., 2019. Detectron2. Https://Github. Com/Facebookresearch/Detectron2.

[28] Yang, K., Ahn, C. R., Vuran, M. C., Aria, S. S., 2016. Semi-Supervised Near-Miss Fall Detection for Ironworkers with a Wearable Inertial Measurement Unit. Automation in Construction68, 194-202.

[29] Yu, Y., Umer, W., Yang, X., Antwi-Afari, M. F., 2021. Posture-Related Data Collection Methods for Construction Workers: A Review. Automation in Construction 124, 103538.

[30] Zhang, M., Fang, D., 2013b. A Continuous Behavior-Based Safety Strategy for Persistent Safety Improvement in Construction Industry. Automation in Construction34, 101-107.

[31] Zhou, Z., Li, Q., Wu, W., 2012. Developing a Versatile Subway Construction Incident Database for Safety Management. Journal of Construction Engineering and Management-Asce138, 1169-1180.

AdaINSC-Based Unpaired Multi-Style Chinese Character Image Generation

Liu Yimin*

(College of Computer and Artificial Intelligence, Southwest Jiaotong University)

Abstract Due to the large number of Chinese characters, the research on Chinese character generation tends to be unsupervised training, which is used to solve the problem that paired data is difficult tocollect. The styles of Chinese characters are diverse, and different styles of Chinese characters have the same potential content characteristics. Multi-task learning is more conducive to network learning of character structure and improves the efficiency of Chinese character generation. In this work, we explored the use of StarGAN v2 to implement an unsupervised multi-style Chinese character generation model. Specifically, we first replace style diversity loss with style code consistency loss to solve the problem of generation instability and redundant structure caused by emphasizing intra-domain diversity. Secondly, we add skip connections with adaptive instance normalization (AdaIN) to the encoder-decoder structure of the generator, to improve the problem of stroke detail loss during downsampling through feature reuse. Experiments on unpaired datasets of three target styles demonstrate that our model generates characters in higher quality than several advanced methods for Chinese character generation and image translation.

Keywords Generative adversarial networks Chinese character generation Image translation Unsupervised learning Multi-domain translation

0 Introduction

Chinese characters are an important carrier for the inheritance and development of Chinese civilization, and computer Chinese fonts are a new form of Chinese character art in the information age. Therefore, fonts have become an indispensable element of design and an important part of China's cultural and creative industries. They are widely used in news and publishing, radio, film and television, Internet, advertising design and other industries. With the changes of the times and the continuous improvement of people's aesthetic level and concept, the development of Chinese character library also needs to continue to innovate and keep pace with the times (Founder Electronics Co 2016). The structure of Chinese characters is complex and numerous, and the minimum character encoding standard to be followed by font design is GB 2312, which can basically solve the problem of using computers to process Chinese characters, and consists of 6763 Chinese characters. Therefore, Chinese character font design and font library creation is a huge and repetitive project, and it is of great significance to intelligently handle this process. Chinese character generation refers to collecting a small number of Chinese character samples of a specific style to learn style characteristics, and automatically synthesizing all character images in the font library of this style through algorithms. Intelligent assistance can effectively reduce the labor cost of font design and improve the efficiency of font library creation.

Chinese character generation methods based on generative adversarial networks are usually evolved from image translation algorithms. Image translation refers to learning the mapping from input image to output image to realize image cross-domain conversion while ensuring that the image content is not changed. It is widely used in semantic segmentation, style transfer, image inpainting, data augmentation and other fields (Yan and Zhang 2019). For the image translation task of Chinese character generation, which can be converted into standard fonts to style fonts, the standard fonts with full samples are used as the source domain, and the style fonts with small samples are used as the target domain. The source domain image provides content features, and the target domain image provides style features. Through image translation, the source domain content image has the style features of the target domain, and a complete font library with the target style can be obtained.

Rewrite (2016) completes the conversion of standard fonts to style fonts by training a traditional convolutional neural network to learn the mapping of thousands of character pairs, but it can only learn to output one target style font at a time and generate blurred images. Zi2zi (2017) proposed that training multiple fonts at the same time is conducive to promoting the model to better learn the glyph structure and stroke composition principle, and finally get a better generation effect. Based on Pix2Pix (Isola et al. 2017), it combines category embedding and multi-level classification loss to achieve one-to-many modeling, which can complete the conversion of one font to multiple target style fonts. Its disadvantage is that it is not valid for target style fonts that are quite different from the source domain font. SCFont (Yue J et al. 2019) is a structure-guided Chinese character font generation system based on deep stacked network. It combines the prior knowledge of Chinese characters to form a multi-level network with skeleton extraction, skeleton conversion, and style rendering as the main body. Although capable of producing high-quality character images, like Zi2zi, they are supervised methods that require large amounts of paired data. The paired data collection process is cumbersome, time-consuming and costly. In contrast, the unpaired character set is more suitable for practical applications.

Bo C et al. (2018) proposed an image translation method suitable for unpaired images based on CycleGAN (Zhu et al. 2017), which uses DenseNet (Huang et al. 2017) as part of the generator to transfer feature information to improve the generation quality. Lu Peng et al. (2021) proposed a personalized handwritten Chinese character generation method combining attention mechanism and adaptive normalization layer based on the image translation model of unsupervised learning. The above two methods can only achieve translation in a single Chinese character image domain, so if there are multiple target styles, they need to be trained separately. It means that standard fonts will be learned many times, which is a huge waste of computing power. And the original unsupervised method lacks the guidance of ground-truth images, which leads to the problems of poor stroke definition and incorrect structure in its results. ChiroGAN (Gao and Wu 2020) is a three-stage generative adversarial network model for multi-style Chinese image translation. In the processing process, the skeleton is extracted and converted for the characters, and then the stroke details are rendered, and the unpaired data is used as a whole for multi-level joint training. However, it also needs the guidance of prior information such as strokes, the generated results are affected by the performance of multiple networks, and the training process is complicated.

StarGAN v2 (Choi et al. 2020) is an unsupervised training multi-domain generative adversarial network model capable of generating face and animal images with diverse styles and excellent visual quality. Based on StarGAN v2, this paper proposes an unsupervised multi-style Chinese character generation method combining style code consistency loss and skip connections with AdaIN. The main work is as follows:

(1) Replace style diversity loss with style code consistency loss. By removing the requirement for the style diversity of the generated results, it solves the problem of inconsistent styles of generated images and redundant structures in some results. Through the constraint of style code consistency loss, for the same

target domain, the network is guided to extract the same style features from all samples to generate all Chinese character image samples with different content and consistent style.

(2) Add skip connections with AdaIN to the encoder-decoder structure of the generator. Using skip connections with AdaIN, the original image features obtained by down-sampling are target stylized and then passed to the up-sampling process, which effectively preserves the structural details of the content image and avoids the transfer of source domain style.

1 Method

1.1 Proposed Model

The method proposed in this paper is designed based onStarGAN v2. It does not require paired datasets for training and enables multi-domain transformation. This method converts Chinese character generation into an image translation problem between standard fonts and multiple target style fonts. The model structure is shown in Fig. 1, where X represents an image set, and Y represents a specific domain. It is mainly composed of four modules: mapping network, style encoder, generator, and discriminator. Our goal is to output a generated image $G(x,s)$ with target domain style$s \in Y$ given a source domain content image$x \in X$. s is provided by the mapping network M or the style encoder E. Specifically, given the noise z_{trg} and the target domain label y_{trg} in the mapping network M, or given the reference imagex_{ref} and the target domain labely_{trg} in the style encoder E, to obtain the style codes_{trg} of the target domain. In the generator, the encoder decouples the content and style of the source domain image x_{real}, and uses AdaIN to injects_{trg} in the decoder to obtain a generated image x_{fake} with source domain content and target domain style. In the discriminator, each target domain corresponds to a binary classifier to distinguish between real images and generated images. The overall goal of the model is to achieve simultaneous multi-domain transformation, so the mapping network, style encoder, and discriminator have multiple output branches, and each branch corresponds to a specific target domain.

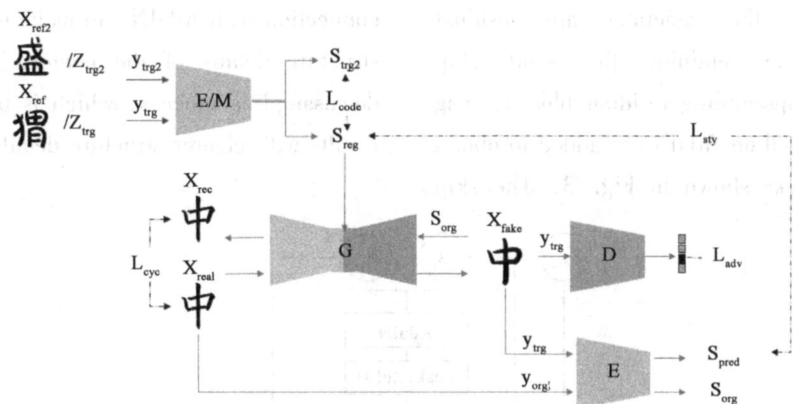

Fig. 1 Overview of Our Method

1.2 Skip Connections with AdaIN

To preserve more image details, feature maps from the encoding stage are often passed to the decoding stage through skip connections. For the style transfer task, the general idea is to remove the original style features and retain only the content features during the encoding process. And then inject the target style features during the decoding process to generate the final target image. However, the feature map in the intermediate encoding process still retains the style of the source domain, so the regular skip connection will also pass the style of the source domain to the decoding stage, which hinders the final generation of images consistent with the style of the target domain. Inspired by the application of a convolutional block with AdaIN (Huang and Belongie 2017) to the skip connection process (Anokhin et al. 2020), our proposed method improves the generator.

The improved generator is shown in Fig. 2. It consists of three downsampling blocks, four bottleneck blocks, and three upsampling blocks. IN is performed on the downsampling block to remove the source style, and AdaIN is used in the upsampling block to inject the target domain style code. In addition, the feature map is cached in the downsampling process, and the target style code is injected into it by AdaIN, and then the target styled feature map is passed to the upsampling process through skip connections.

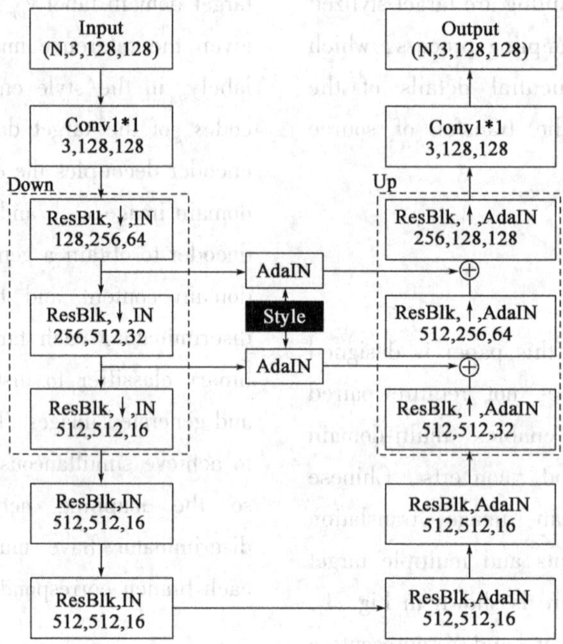

Fig. 2 Generator Architecture

All blocks in the generator are residual structures, so while retaining the short skip connections of the upsampling residual blocks, long skip connections based on AdaIN are added to obtain the upsampling blocks shown in Fig. 3. The skip connection with AdaIN can make up for the character structure details of the content image lost in the downsampling process, which is beneficial to obtain results with clearer structure details.

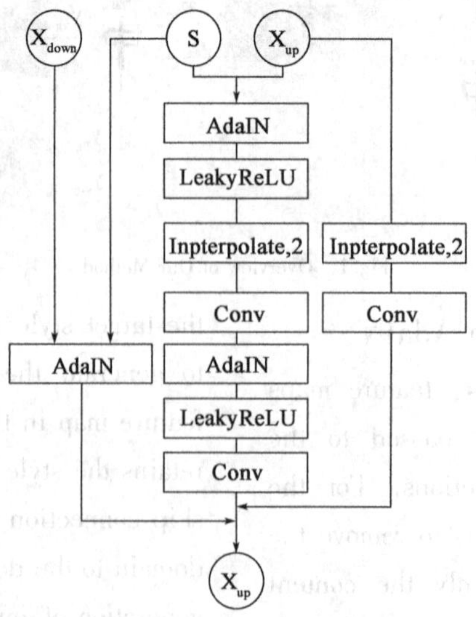

Fig. 3 Upsampling Block

1.3 Loss function

During training, the source domain is defined as $y \in Y$, given the content image $x \in X$, the target domain is defined as $\tilde{y} \in Y$. A style code $\tilde{s} = E_{\tilde{y}}(\tilde{x})$ is generated by the style encoder given a reference image $\tilde{x} \in X$. Or $\tilde{s} = F_{\tilde{y}}(z)$ is generated by the mapping network given a noise z. The generator G combines x and $\tilde{s}$ to generate $G(x, \tilde{s})$, and the discriminator D outputs the probability that x and $G(x, \tilde{s})$ belong to the corresponding domain. G and D are trained adversarially so that the final generated images are indistinguishable from real images in the domain. The adversarial loss

$$L_{adv} = E_{x,y}[\log D_y(x)] + E_{x,\tilde{y},z}[\log(1 - D_{\tilde{y}}(G(x,\tilde{s})))] \quad (1)$$

In order to get the generated image with the style features of the target domain, it must be ensured that the generator effectively utilizes the style code $\tilde{s}$ to generate the image. After obtaining the generated image $G(x, \tilde{s})$, use the style encoder E to extract its style code $E(G(x, \tilde{s}))$, and drive it to be consistent with the style code $\tilde{s}$. The process is called style reconstruction. The style reconstruction loss

$$L_{sty} = E_{x,\tilde{y},z}[\| \tilde{s} - E_{\tilde{y}}(G(x,\tilde{s})) \|_1] \quad (2)$$

In order to ensure that the generated image still retains the content characteristics of the source domain, the generated image $G(x, \tilde{s})$ and the source domain style code $\hat{s}$ are input into the generator G again. And the reconstructed image $G(G(x, \tilde{s}), \hat{s})$ is generated in reverse. The cycle consistency loss

$$L_{cyc} = E_{x,y,\tilde{y},z}[\| x - G(G(x,\tilde{s}),\hat{s}) \|_1] \quad (3)$$

The goal of the original network is to generate diverse images in the same target domain by using different reference images and noise. The diversity loss is used to guide the network to generate diverse results in the domain. For the Chinese character generation task, the difference between words belonging to the same style is the combination of strokes and the writing method of strokes is the same. In short, the content is different but the style is the same. Li et al. (2020) inspired by the decoupling of generating factors by constraining the consistency of latent variables of similar samples, the effect code consistency loss is designed assuming that the effect codes of different samples in the same domain are consistent. In our method, the style code consistency loss replaces the style diversity loss of the original network. For different reference images $\tilde{x}_1$ and $\tilde{x}_2$, or different noises z_1 and z_2 corresponding to the generated style codes $\tilde{s}_1$ and $\tilde{s}_2$, the network training process reduce their gaps during network training. The style code consistency loss

$$L_{code} = E_{x,\tilde{y},z_1,z_2}[\| \tilde{s}_1, \tilde{s}_2) \|_1] \quad (4)$$

2 Experiments

2.1 Dataset

ChiroGAN divides font styles into skeleton structure and stroke style. The skeleton structure includes basic information of characters, such as the composition and position of strokes, writing direction, etc. The stroke style includes the style of the skeleton, such as thickness, shape, writing strength, etc. According to the difference of skeleton structure and stroke style, this paper constructs three sets of style conversion relationships. The source domain fonts are all italics, and the target domain fonts are FZFSJW (FS), FZLSJW (LS), and FZJHSXJW(JHSX), as shown in Tab. 1.

The Relationship between the Target Domain and the Source Domain Tab. 1

Target Domain	Similarity of Skeleton Structure	Similarity of Stroke Style	Comparative Example
FS	√	×	永永
LS	×	√	永永
JHSX	×	×	永永

For each style of font, 1081 characters are randomly sampled from the 6763 Chinese characters contained in GB 2312—80, of which 946 characters are used as the training set, and the remaining characters are used as the test set. A Chinese character image of size 128 × 128 is created for each character as training and testing data.

2.2 Baseline Models

Five advanced generative adversarial network methods are compared as baseline models in this paper, including two methods for Chinese character generation and three methods for image translation. Zi2zi is a Chinese character generation model based on pix2pix combined with category embedding. FET-GAN implements a few-shot text effect transfer method based onAdaIN. Both Zi2zi and FET-GAN can generate multiple styles of Chinese characters at one time, but both require a large amount of paired data for training. CycleGAN proposes a method to learn the mapping from the source domain to the target domain without paired data. FUNIT (Liu et al. 2019) is a few-shot unsupervised image translation method. And the base model of this paper, StarGAN v2. Among them, Cycle-GAN can only achieve single-domain translation, and the other two can achieve multi-domain generation.

Chinese character image generation mainly focuses on two aspects: content consistency with the original image, and style similarity with the style image. Therefore, the experiments use style classification accuracy (SCA) and content recognition accuracy (CRA) to measure the Chinese character generation results. In addition to this, the visual quality of the generated images was assessed using FID. In this paper, InceptionV3 (Szegedy et al. 2016) is pre-trained with three sets of images of transformation relations, and three sets of style classification models that distinguish the source and target domains are obtained respectively, which are used to evaluate the style similarity between the generated images and the ground-truth images. First, it is verified on the ground-truth images. The results show that the pre-trained InceptionV3 network can effectively distinguish the source domain and target domain images, indicating that it has a high style classification ability. Then, the generated images of each method are tested to obtain the style classification accuracy SCA. A larger value means that the style of the generated image is closer to the target domain. Then use the OCR text extractor to perform text recognition on the generated image, and compare the recognition results with the ground truth image recognition results. If it turns out that they are the same character, it means that the build process preserved the correct content. The test results are verified, and the final result is recorded as the Content Recognition Accuracy Rate (CRA). A larger value means that the generated results can more effectively represent character semantics. FID (Heusel et al. 2017) is a measure to calculate the distance between the real image and the feature vector of the generated image, a lower value means that the two sets of images are more similar.

The style classification accuracy of the generated images obtained by each method is shown in the "SCA" column in Tab. 2. Compared with other methods, the style classification accuracy of the generated results of our proposed method is the highest, indicating that the generated results are highly similar in style to the ground-truth images. The content recognition accuracy is shown in "CRA" in Tab. 2. For the three groups of target style conversions, the average content recognition accuracy of the generated results of our proposed method is closest to the ground-truth image, even better than the supervised method. The FID value and image quality are negatively correlated. The results obtained by our proposed method have a lower FID value, which means that compared with other methods, the computer vision feature dimension is most similar to the ground-truth image and has the best visual quality.

Quantitative evaluations for our method and baselines Tab. 2

Methods	multi-domain	unpaired	KT-FS			KT-LS			KT-JHSX		
			SCA	CRA	FID	SCA	CRA	FID	SCA	CRA	FID
GT			0.985	1	29.52	1	1	32.65	1	1	32.61
Zi2zi	√	×	0.563	1	91.76	0.993	0.985	75.82	0.763	0.993	104.44
Cycle-GAN	×	√	0.926	1	89.41	0.956	0.956	87.13	0.993	0.956	68.20
FUNIT	√	√	0.956	1	46.31	0.970	0.822	56.82	1	1	42.95
FET-GAN	√	×	0.022	0.919	146.5	1	0.948	97.21	0.615	0.933	150.76
StarGANv2	√	√	0.985	0.993	34.16	0.993	0.963	40.42	1	0.985	39.92
Ours	√	√	1	1	33.05	1	0.978	35.69	1	1	36.52

Fig. 4 shows the visualization results of our method and the baseline method. The second row is the target image. It can be seen that Zi2zi retains the correct glyphs and the style conversion is relatively successful, but there are still insufficient details. CycleGAN exposes the shortcomings of the original unsupervised generative adversarial network, and the results show severe stroke missing. FUNIT is weak in style transfer, and its results obviously retain more of the original style than other methods. FET-GAN has obvious unclear glyphs and sticky strokes. Star-GAN v2 glyphs are clearer and more similar to the target style, but there are still subtle missing or redundant strokes. The method in this paper solves the problems of Star-GAN v2, and the details of the generated results are clearer and more consistent with the target character glyph and style.

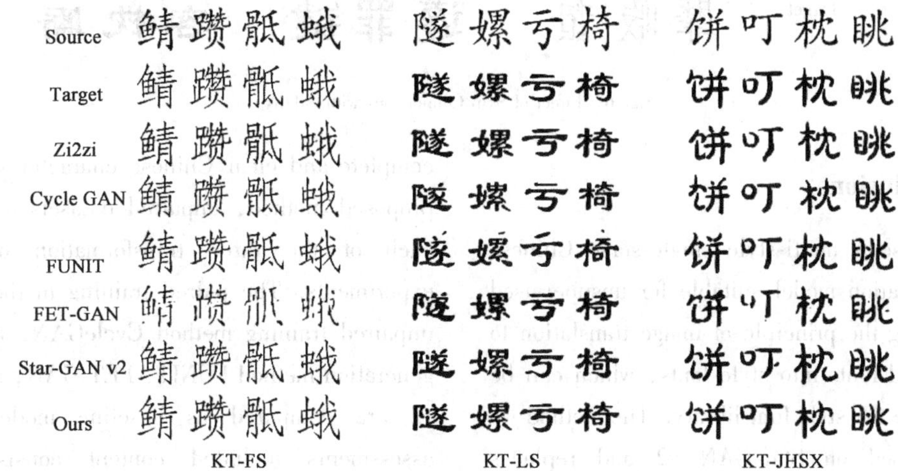

Fig. 4 Comparison of the Baselines and Our Method.

In order to verify whether replacing the style diversity loss with the style encoding consistency loss can guide the network to generate more stable results in the domain, two sets of results are generated for the same batch of test images, and the differences between the two generated results are compared. As shown in Fig. 5, the left column is the result before replacement. It can be seen that the results generated twice have inconsistencies in details, and even in order to emphasize the diversity within the domain, some of the generated results have obvious redundant structures. The right column shows the results generated by the style code consistency loss guidance network. The structure of the two groups of test results is more consistent, and both are more consistent with the target glyphs. The overall same-domain generation results are more stable, with no stroke missing and redundancy.

without code consistency loss	with code consistency loss
忙忙霉霉崛崛	忙忙霉霉崛崛
虏虏缨缨熨熨	虏虏缨缨熨熨
龙龙乾乾休休	龙龙乾乾休休

Fig. 5 Effect of Style Code Consistency Loss

To verify whether skip connections with AdaIN positively motivate the generator to preserve more structural details, we observe the effect of skip connections with AdaIN on the results. As shown in Fig. 6, the third row is the target image, and the first row is the generated result of the original generator. The red box marks highlight the problems of blurring and missing strokes in the result compared with the target image. The second line is the result of adding skip connections with AdaIN. It can be seen that more stroke details are preserved, and the glyph structure is more complete and clear.

Fig. 6 Effect of Skip Connections with AdaIN

3 Conclusions

We propose a multi-style single-stage Chinese character generation model suitable for unsupervised scenarios, using the principle of image translation to convert standard fonts into style fonts, which can be used to improve the style font library. The method we propose is based on Star-GAN v2 and replaces diversity loss with style code consistency loss, which solves the problem of unstable structure of generated results under the action of style diversity loss, and ensures that the generated results have a high degree of intra-domain similarity. And finally to achieve the purpose that different characters only have different contents and the same style. In addition, skip connections with AdaIN are added to the generator, so that the generator retains the structural details that have removed the style of the source domain during the generation process, and finally generates a more complete and clear Chinese character image. In the proposed method, unpaired datasets are created for each of the three transformation objectives for experiments. The paired training method Zi2zi, the unpaired training method CycleGAN, the multi-task generation method FUNIT, FET-GAN, and Star-GAN v2 are compared as baseline models. Outcome assessments included content consistency, style similarity, image quality, and visual observations. The results of our proposed method are all optimal. This paper deals with the problem of Chinese character generation from the perspective of image translation. The conversion ability of structural features needs to be further improved. The follow-up work will aim to improve the ability of the network to structural deformation, and solve the problem of generating personalized fonts with large differences from standard fonts.

References

[1] Founder Electronics Co. (2016). Chinese, Founder characters. Guangdong printing, 4: 77-78.

[2] Yan, B., and J Zhang. (2019). Research the status of image translation based on generative adversarial networks. Foreign Electronic Measurement Technology., 38(6):130-134.

[3] Rewrite: neural style transfer for Chinese fonts. https://github. com/kaonashi-tyc/Rewrite, consulted 26 October 2016.

[4] Zi2zi: master Chinese calligraphy with conditional adversarial networks. https://github. com/kaonashi-tyc/zi2zi, consulted 9 June 9 2017.

[5] Isola P, Zhu J Y, Zhou T, et al. (2017). Image-to-image translation with conditional adversarial networks. In Proceedings of the IEEE conference on Computer Vision and Pattern Recognition (CVPR), Honolulu, Hawaii, USA, July 21-26, 2017:1125-1134.

[6] Yue J, Lian Z, Y Tang, et al. (2019). SCFont: Structure-Guided Chinese Font Generation via Deep Stacked Networks. In Proceedings of the AAAI Conference on Artificial Intelligence, Honolulu, Hawaii, USA, January 27-February 1, 2019, 33: 4015-4022.

[7] Bo C, Zhang Q, Pan S, et al.. (2018). Generating handwritten chinese characters using cyclegan. In Proceedings of the IEEE Winter Conference on Applications of Computer Vision (WACV), Lake Tahoe, NV, USA, March 12-15, 2018:199-207.

[8] Zhu J Y, Park T, Isola P, et al. (2017). Unpaired Image-to-Image Translation Using CycleConsistent Adversarial Networks. In Proceedings of the IEEE International Conference on Computer Vision (ICCV), Venice, Italy, Venice, Italy, 2017: 2242-2251.

[9] Huang G, Liu Z, Laurens V, et al. (2017). Densely connected convolutional networks. In Proceedings of the IEEE Conference on Computer Vision and Pattern Recognition (CVPR), Honolulu, HI, USA, July 21-26, 2017:2261-2269.

[10] Lu P, Chen JY, Zou GL et al. (2021). A Personalized handwritten Chinese character generation method for unsupervised image translation. Computer Engineering and Applications.

[11] Gao Y, Wu J. (2020). GAN-Based Unpaired Chinese Character Image Translation via Skeleton Transformation and Stroke Rendering. In Proceedings of the AAAI Conference on Artificial Intelligence, Hilton New York Midtown, New York, USA, February 7-12, 2020:34(1):646-653.

[12] Choi Y, Uh Y, Yoo J, et al. (2020). StarGAN v2: Diverse Image Synthesis for Multiple Domains. In Proceedings of the IEEE/CVF Conference on Computer Vision and Pattern Recognition Recognition (CVPR). Virtual, June 14-19, 2020: 8185-8194.

[13] Anokhin I, Solovev P, Korzhenkov D, et al. (2020). High-Resolution Daytime Translation Without Domain Labels. In Proceedings of the IEEE/CVF Conference on Computer Vision and Pattern Recognition (CVPR), Virtual, June 14-19, 2020: 7485-7494.

[14] Huang X, Belongie S. (2017). Arbitrary Style Transfer in Real-time with Adaptive Instance Normalization. In Proceedings of the IEEE International Conference on Computer Vision, Venice, Italy, Venice, Italy, 2017: 1491-2231.

[15] Li W, He Y, Qi Y, et al. (2020). FET-GAN: Font and Effect Transfer via K-shot Adaptive Instance Normalization. In Proceedings of the AAAI Conference on Artificial Intelligence, Hilton New York Midtown, New York, USA, February 7-12, 2020:34(2):1717-1724.

[16] Liu M Y , X Huang, Mallya A , et al. (2019). Few-shot unsupervised image-to-image translation. In Proceedings of the IEEE/CVF International Conference on Computer Vision, Seoul, Korea (South), October 27-November 2, 2019:10550-10559.

[17] Szegedy C , Vanhoucke V , Ioffe S , et al. (2016). Rethinking the inception architecture for computer vision. In Proceedings of the IEEE conference on computer vision and pattern recognition, LAS VEGAS, USA, June 26th - July 1st, 2016:2818-2826.

[18] Heusel M , Ramsauer H , Unterthiner T , et al. (2017) . GANs Trained by a Two Time-Scale Update Rule Converge to a Local Nash Equilibrium. In Proceedings of the Neural Information Processing Systems (NIPS), Long Beach CA, USA, Dec 4-9, 2017:6629-6640.

An Empirical Study on Perceived Adverse Impacts of Noise on Construction Sites

Hu Zhe Hu Hao* Xu Feng Wang Wen

(Institute of Engineering Management, School of Naval Architecture, Ocean and Civil Engineering, Shanghai Jiao Tong University)

Abstract Construction workers face complex and dangerous working conditionswith the disturbance from construction noises, which is harmful to their occupational safety and health. Although noise has not been excluded as a factor in human error, the influencing mechanism of construction noises leading to on-site workers' work errors has been less studied. To investigate the impacts of noise on worker's cognitive process and evaluate the current noise control methods. Firstly, this study has established a theoretical model based on cognitive psychology and conducted a social survey to explore the influencing mechanism of construction noises. The mediation analysis has been carried out to validate the theoretical model and the roles of personal factors (age, working experience, and noise sensitivity) of workers have been explored. The effectiveness of the current noise control method has been measured through ANOVA and Entropy-TOPSIS. 293 responses have been collected. Working experience have impacts on noise sensitivity which is an important factor in perceiving the impacts of noise. Age has been found significant in specific conditions. Distraction has been found to be the mediator of the influencing mechanism and noise sensitivity has moderating effects. Current noise control on the construction site is lacking pertinence. Construction noise control should be combined and personal factors (working experience, work type, noise sensitivity, and emotion), the construction stages, and machinery hould be taken into consideration to be more personalized and targeted.

Keywords Safety management Construction noise Cognitive Noise control

0 Introduction

The construction workers have long been regarded as one of the most high-rish Group, (Guo et al 2020, zhang et al. 2020). For example, there were 1.87 deaths in the construction industry every day from 2011 to 2017 in mainland China (Zhang et al. 2020), such serious situations have been found in other countries as well (Choi et al. 2019). On-site workers suffered a lot from the hazardous and noisy construction sites (Zhang Shi et al. 2020).

Researches on construction safety management have been mainly focused on organizations and acts

(Newaz et al. 2019, Pandit et al. 2019), safety training programs (Başaga et al. 2018), resources, equipments (Zhang Zhu et al. 2020) and emergency management (Al-Humaidi and Tan 2010), namely human, objects, environment and organization management. The dynamicity of the construction site consisted of the individual activities of these factors and their interactions. In the causation analysis of construction accidents, unsafe behavior has been found one of the main factors causing accidents (Fang et al. 2016, Winge et al. 2019), and many studies have been devoted to finding the mechanism of worker's unsafe acts. In this process, cognition has been identified as the root cause of workers' unsafe behavior has aroused public and researcher's attention. Rasmussen (Rasmussen, 1986) put forward the stepladder model (SLM) and expanded the human information processing model into eight stages to explain the generation of human errors. To improve the fitness of the cognitive model with the construction industry, Fang et al. (Fang, Zhao et al. 2016) developed a five-stage cognitive model of construction workers' unsafe behaviors (CM-CWUB) and it was found that obtaining information was a key process leading to worker's wrong actions. In this stage, on-site workers get information through sensory organs, mainly auditory and visual methods with average simple reaction time of 120-182ms and 150-225ms respectively (Guo and Qian 2019). Thus, acoustic conditions have been important in gathering information at construction sites and should be paid more attention to.

Construction workers have suffered from occupational health damage caused by construction noises as well (Ng 2000, Ballestoros et al. 2010, Lusk et al. 2010, Li et al. 2016, Lu and Davis 2016), researches have investigated both the physiological (Mazlan et al. 2018) and psychological (Steffens et al. 2017) impacts. Most studies focus on a physiological factor or only psychological aspects. Among these studies, the indicators of physiological effects of noise exposure are hearing loss (Dement et al. 2018), raised blood pressure, endocrine secretion disorder, faster heart rate (Stansfeld and Clark 2011), and respiratory rate (RR) (Park et al. 2018). The indicators of psychological impacts of noises have been found out likewise, namely annoyance (Laszlo et al. 2012), distraction (ANDERS KJELLBERG 1996), and negative emotions. (Zhang, Shi et al. 2012), Some studies even showed that noise can decrease satisfaction with the working environment (Lee et al. 2016) and influence workers' risk perception (Arezes and Miguel 2008), especially hazard awareness (Fang, Zhao et al. 2016). Memory has been a critical factor in a worker's cognitive process (Fang, Zhao et al. 2016), the relation between noise and the effects of noise in a worker's cognition has remained unknown. It is very hard to separate the psychological and psychological impacts so that a study taking both of them are needed. Besides, the bridge which links construction noises and their impacts on the likelihood of work error is missing.

Thus, to help facilitate better acoustic management on construction sites to improve on-site worker's occupational health and work safety, this study carried out the investigations on the impacts of construction noises on the workers. It aims to ① find out the route of the cause-and-effect between the perceived adverse impacts of noise considering both physiological and psychological indicators and the worker's work-related errors to fill in the research gap and enlarge the research field; ② evaluate the effectiveness of current noise control methods in China; ③ and to test the roles of personal factors (i.e., age, education background, noise sensitivity, and working experience) in influencing perceptions towards the adverse impacts of construction noises.

1 Methodology

The methods of this study consisted of four parts as Fig. 1 shows. Firstly, the theoretical model was built and the related hypotheses were made. Secondly, the field study and the questionnaire were designed. Thirdly, the questionnaires were distributed by students in the field study group and explained the information and conditions to every participant. Lastly, the data analysis and the mechanism validation were carried out.

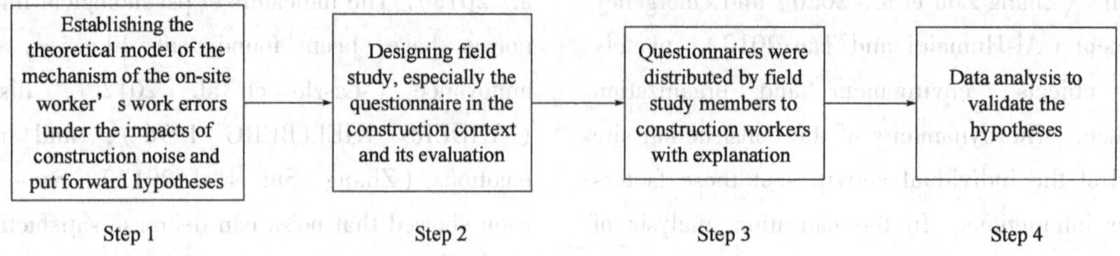

Fig. 1　Study Design

A field study lasting 2 months in 2019 was carried out by the data collection team at 8 different construction sites in Henan province and Shanghai, China. All the participants were Chinese participated voluntarily and informed of the aim of the survey and made agreements on the application of the collected data.

1.1　Theoretical model establishment

The construction worker's cognitive model such as the CM-CWUB, was derived from the human error model, including the IDAC model (Chang and Mosleh 2007) and the SLM model. The selective mechanism of attention addressed great importance to the first stage, namely obtaining information as the key step of a worker's cognition. Because the attention resources of workers are regarded as limited and selective (Lavie 2005), workers tend to be distracted by task-irrelated stimuli (Duncan and Owen 2000) such as construction noises. Firstly, workers obtain information from the environment and colleagues, which is the interaction between workers and the environment. In this process, construction workers may miss important information and not be able to collect all the potential hazard information due to the improper allocation of attention. Secondly, the information would go through the information filters (Chang and Mosleh 2007) either inner or outer according to the search methods as intentional and unintentional as Fig. 2 depicted. Therefore, it is clear that if the worker was distracted by other stimuli, the cognitive competency is likely to be weakened. Based on this, this study makes the hypothesis, namely the indicators of the impacts of construction noises would lay effects on worker's attention resources and distraction, then on the collecting information stage of worker's cognition leading to work errors. This study adopted the memory ladder theory in the followed cognitive stage, containing sensory memory, working memory and long-term memory. Actually after workers collected the information by gathering visual, auditory and touch of organs, the information would be stored in sensory memory (SM), of which the capacity is huge but the duration is short (Cowan 2009). Then the information would be processed to working memory (WM) where the cognitive process happens (Baddeley 2012). It has been found that the working memory span decreased with age in the samples of pilots (Taylor et al. 2005). Long-term memory (LTM) played the role of storing a worker's past experience and knowledge base, which could be recalled and recognized by clues in sensory memory (Baddeley 2012). In this stage, the cognitive process happened with the help of attention resources. Thus, the temporary memory loss could be influenced by distraction as well.

However, workers' personal factors, such as noise sensitivity, working experience, and work type have been diversified so that the cognitive processes have kept individual varieties. Thus, the theoretical model takes personalization into consideration and is established as Fig. 3 shows.

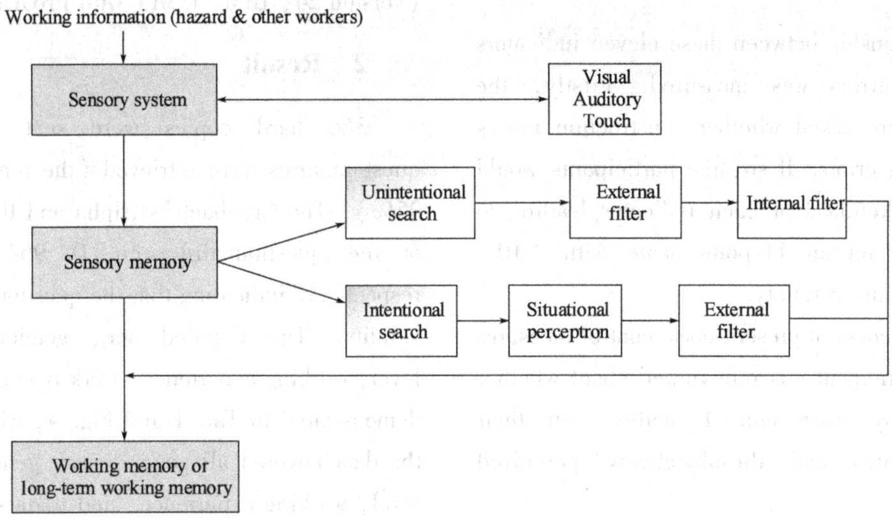

Fig. 2 The collecting information stage of workers

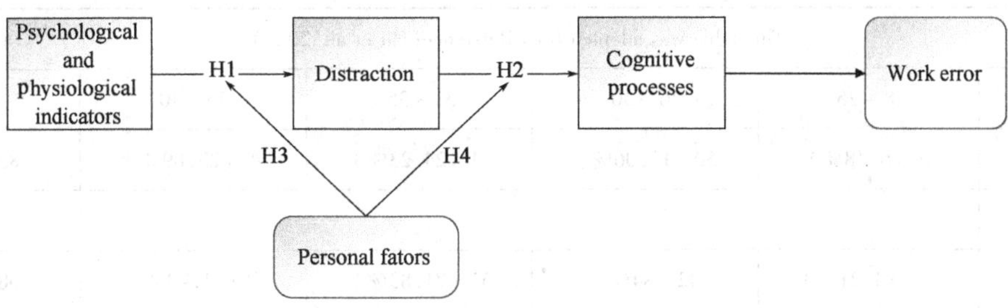

Fig. 3 Theoretical model of the study

1.2 Questionnaire designing

The questionnaire included the following parts.

a) Background information

Age was sorted into 5 bins, namely 18-25, 26-30, 31-35, 36-40, above 40. Education level was categorized as compulsory education (the basic 9-year education), high school, technical school, bachelor, and graduate. The working experience (years of working) was classified as below: 1 year, 1-5 years, 6-10 years, 11-15 years, above 15 years.

b) Noise sensitivity scale

The level of annoyance caused by noise can be significantly influenced by individual noise sensitivity (Lee et al. 2019), and many studies have investigated the effects of sensitivity as simply asked "how sensitive to noise are you?". Thus, to further dig the effects of noise sensitivity, this study implemented the short form of Weinstein Noise Sensitivity Scale (CNSS-SF) (Zhong et al. 2018) whose effectiveness had been proved in the environmental noise and health research of cross-cultural comparisons in China (Zhong, Chung et al. 2018).

c) Subjective assessment of adverse impacts of construction noise

Physiological, psychological, and cognitive effects of construction noises were involved. In this study, respiratory and hearing state, body ache, eardrum pain (shortened as ear pain), and fatigue were chosen as physiological indicators, annoyance, distraction, working joy, communication efficiency were psychological indicators and hazard awareness and temporary loss of memory were cognitive indicators. Participants in the survey were asked to score the following questions using the 11-point scale based on their feelings about noise nuisance experiences within the previous 12 months. The scale was 0 to 10 with '0' meaning not influenced by noises at all and '10' being completely influenced.

d) Relationship between construction noise and

working errors

The relationship between these eleven indicators and working errors was measured. Firstly, the participants were asked whether construction noises caused working errors. If so, the participants would evaluate the likelihood of each indicator leading to working errors on an 11-point scale with '10' indicating absolute certainty.

e) Effectiveness of present noise control measures

Every participant was interviewed about whether there were any noise control methods on their construction sites and thesubjectively perceived effectiveness.

The respondents' data wereanalyzed by SPSS (version 24, IBM, USA) with PROCESS (v3.3).

2 Result

366 hard copies were sent out and 293 questionnaires were retrieved (the recall rate is 80.05%). The Cronbach's Alpha and the KMO values of the questionnaire were 0.964 and 0.940 respectively indicating that the questionnaire has good validity. The detailed age, gender, educational level, working experience, work type distribution was demonstrated in Tab.1 and Fig. 4, which shows that the data covered all general age, gender, education level, working experience, and trade scopes.

Participant Distribution. Tab.1

This table was adopted from Reference(Hu et al. 2020).

Age	18 ~ 25	26 ~ 30	31 ~ 35	36 ~ 40	>40
	19 (6.48%)	50 (17.06%)	71 (24.23%)	70 (23.89%)	83 (28.33%)
Gender					
Male	16 (84.21%)	42 (84%)	51 (71.83%)	50(71.43%)	68 (81.93%)
Female	3 (15.79%)	8 (16%)	20 (28.17%)	20 (28.57)	15 (18.07%)
			Education Background		
Compulsory Education	4 (21.05%)	11 (22%)	26 (36.62%)	15 (21.43%)	48 (57.83%)
High School	3 (15.79%)	16 (32%)	27 (38.03%)	27 (38.57%)	27 (32.53%)
Technical School	3 (15.79%)	13 (26%)	12 (16.90%)	21 (30.00%)	6 (7.23%)
Bachelor	8 (42.11%)	9 (18%)	5 (7.04%)	7 (10.00%)	2 (2.41%)
Graduate	1 (5.26%)	1 (2%)	1 (1.41%)	0	0
			Working Experience (years of working)		
<1	13 (68.42%)	8 (16%)	2 (2.82%)	5 (7.14%)	8 (9.64%)
1-5	5 (26.32%)	28 (56%)	21 (29.58%)	12 (17.14%)	12 (14.46%)
5-10	0	11(22%)	39 (55%)	23 (33%)	13 (16%)
10-15	1 (5.26%)	3 (6%)	7 (9.86%)	22 (31.43%)	15 (18.07%)
>15	0	0	2 (3%)	8 (11%)	35 (42%)
Work Type					
Worker	17 (89.47%)	46 (92%)	64 (90.14%)	65 (92.86%)	79 (95.18%)
Manager	2 (10.53%)	4 (8%)	7 (9.86%)	5 (7.14%)	4 (4.82%)

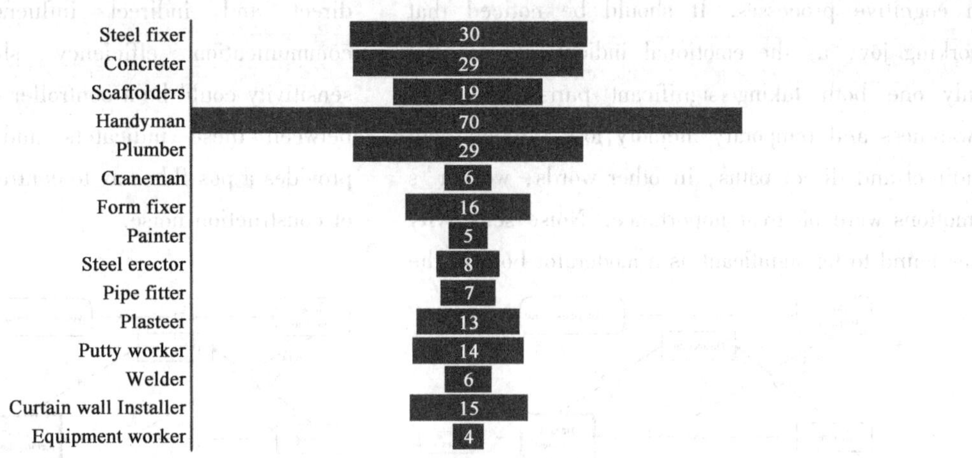

Fig. 4 Trade distribution of the front-line workers

2.1 The role of noise sensitivity

After removing the invalid data that contains too much missing data and abnormal answers, 253 workers' responses were left. The top-three annoying construction stages were found to be demolition with an average score of 5.23, architecturs finishing with 5.12, and structural works with 4.83, and the top-three annoying machines were stone crusher (voted by 33.11% of 253, 85.6 dBA, fluctuating noise), drilling machine (14.33%, 80.9 dBA, steady noise), and air compressor (13.99%, 81.0 dBA, steady noise). The noise level (Leq, dBA) and the classification were obtained from reference (Lee, Kim et al. 2019).

Then respondents were divided into three groups according to the CNSS-SF scores and cumulative probabilities. The differences among groups were tested by the ANOVA analysis($F_{2,250} = 323.152, p < 0.001$) to show that the groups were well divided. Moreover, the low-sensitive and high-sensitive groups showed significant discrepancies in each indicator ($p < 0.001$). Thus, noises sensitivity could be a significant factor in perceiving the impacts of construction noise (Hu, Hu et al. 2020).

In addition, background factors (age, gender, educational level, and working experience) have been found to be statistically insignificant in the evaluation of other adverse impacts of construction noises at the significance level of 0.001, as the same with reference(Lee, Kim et al. 2019). However, it was found that working experience ($F_{4,248} = 2.510$, $p = 0.042$) was significant in noise sensitivity (Hu, Hu et al. 2020) at the significant level of 0.05 indicating that working experience had influences on noise sensitivity, which may be caused by the relation between the exposure duration to construction noise and the experience.

2.2 The cognitive mechanism of on-site worker's working errors

To dig out the mechanism of these indicators leading to working errors, this study carried outthe mediation analysis based on the theoretical model. The mechanism model took the relationship between noise sensitivity and working experience into consideration. The *p*values of all the statistic models were far lower than 0.001 indicating that the paths, indicators → distraction → hazard awareness/temporary memory loss, were statistically significant, as Fig. 5 shows. Thus, the hypotheses of the theoretical model were tested. H1, H2 and H3 were validated while H4 was not significant. The direct influences of respiratory rate, body ache, eardrum pain, fatigue, annoyance, and communication efficiency to hazard awareness were not significant, and neither did hearing, eardrum pain, fatigue, annoyance, and communication efficiency to temporary memory loss. Namely, the only path to working errors was through distraction illustrating that distraction is an important factor in cognitive failure and proving the important role of attention resources in cognitive processes. It should be noticed that working joy, as the emotional indicators, was the only one both taking significant parts in hazard awareness and temporary memory loss through both indirect and direct paths, in other words, worker's emotions were of great importance. Noise sensitivity was found to be significant as a moderator both in the direct and indirect influencing paths except communication efficiency showing that noise sensitivity could be a controller to adjust the relations between these indicators and distraction, which provides a possible way to control the adverse impacts of construction noise.

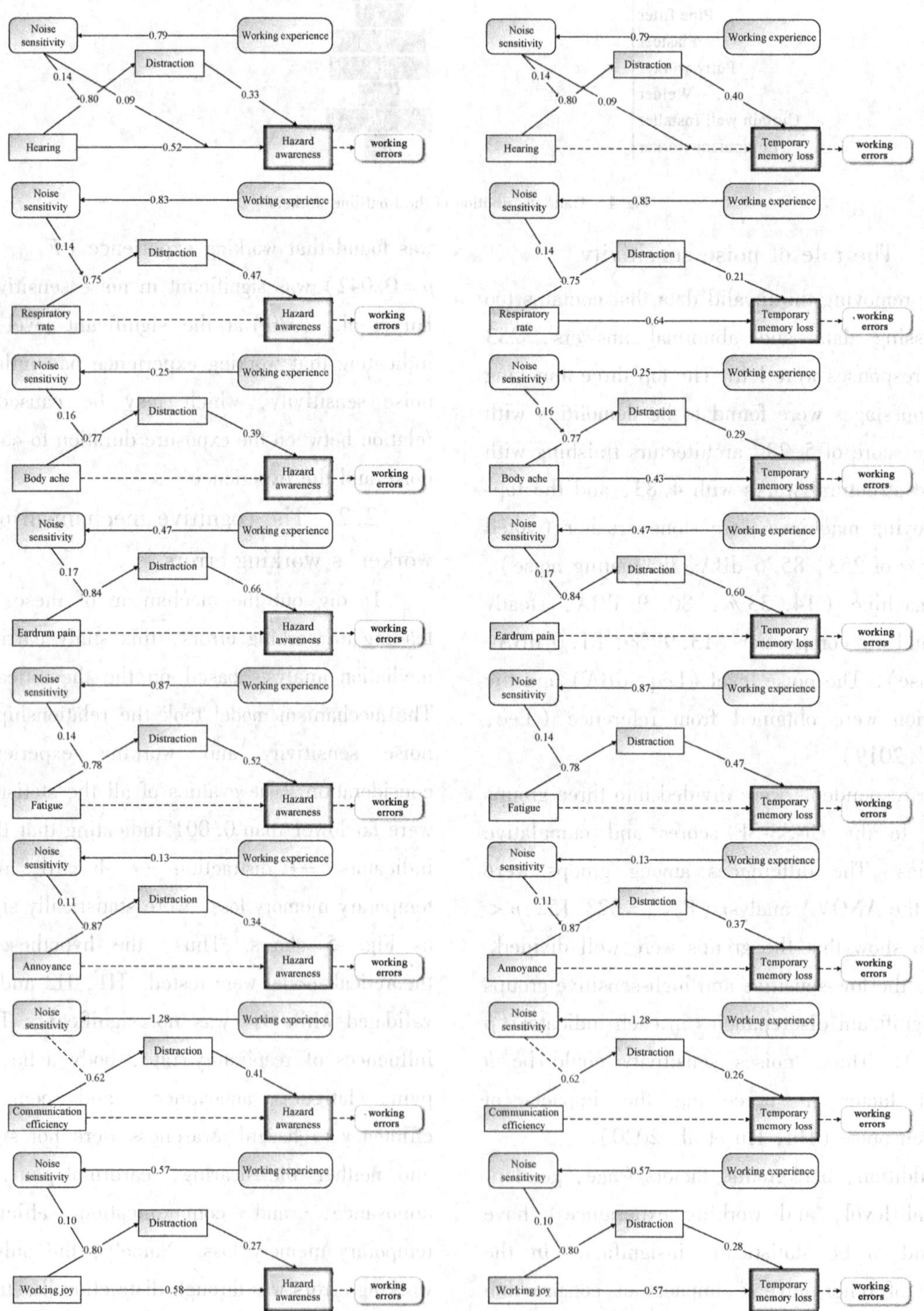

Fig. 5 Path coefficient diagrams

The full line means the significant relationships and the dotted line means insignificant relations.

In terms of control methods, the methods were divided into five types according to their characteristics: (1) work time management (standard operating time and night construction abolishment), (2) noise isolation (operation area isolation, sound-proof shed installation, temporary enclosures installation, muffler installation, adding sound insulation inside the safety helmet), (3) machinery management (machine maintenance enhancement, interphone usage, equipment diversion use, construction equipment room establishment), (4) working procedure improvements (gentle handling ways, reprocessing reduction, operation technology improvement) and (5) publication (civilized construction propagandization). Besides, it was found that the present noise control method was singly used rather than combinedly. As shown in Tab. 2, the reliability scores (the Cronbach's alpha values) for all the control methods exceed the acceptable level of 0.60. In order to further evaluate the efficiencies of the noise control methods, Entropy-TOPSIS (Chen 2021) was used. The weights of the indicators, physiological, psychological, and cognitive were calculated through entropies, respectively 54.10%, 18.86%, 27.05%. And the results also showed that control method (1) was the most effective, followed by method (5), then by (2), (3), (4), which referred that noise control method should be combinedly used and control method (1) was a necessity.

Descriptive Statistics and Reliability of the five control methods Tab. 2

Control method type		Indicators		
		Physiological	Psychological	Cognitive
No control	Mean	5.9820225	6.25842697	6.3258427
	SD	2.1807103	2.17180198	2.15897932
	Alpha	0.825845	0.803251	0.731458
Control (1)	Mean	5.6125	5.45833333	5.36458333
	SD	2.4724254	2.19493803	2.22105883
	Alpha	0.933265	0.909346	0.882887
Control (2)	Mean	4.852459	4.90710383	4.96174863
	SD	2.6733893	2.84038478	2.81836097
	Alpha	0.945043	0.91609	0.936134
Control (3)	Mean	4.8181818	5.01010101	4.75757576
	SD	2.3525396	2.41277331	2.12440984
	Alpha	0.882037	0.862322	0.843053
Control (4)	Mean	3.8625	4.41666667	4.16666667
	SD	2.8076782	2.80857151	2.56240585
	Alpha	0.968992	0.853159	0.934415
Control (5)	Mean	4.8272727	5.16666667	5.04545455
	SD	2.6076067	2.70698318	2.74566114
	Alpha	0.942835	0.925353	0.885679

3 Discussion

In this study, cognitive failure can lead to working errors due to the adverse impacts on physiological and psychological factors of noises, and distraction has been found to be the mediator in this route. Therefore, construction noise is not only acoustic pollution but an occupational hazard on construction sites and plays an important role in the interactions between workers and working conditions, especially influencing worker's cognitive process since worker's cognition has been highly related to the attention resources while construction noises are the distractor to workers. On complex and dynamic construction sites, on-site workers facing long exposure to a high level of noise in all the construction stages need efforts to recognize the potential hazard and avoid triggering the dangers in finishing their tasks. In the first stage of the worker's cognitive process, a worker gathers all the information and understands them then retrieves their long-term memory based on the clues extracted from the filtered information. Construction noises distract workers by weakening their hearing ability and lowering their communication efficiencies to get fewer instructions from others, rising their respiratory rate, body ache, and eardrum pain to make them feel physiologically uncomfortable, increasing their annoyance levels and lessening their working pleasures to arouse psychological problems. The distraction occupied worker's attention resources to negatively influence not only hazard awareness in obtaining information but temporary memory loss in retrieving long-term memory process, either of which will cause cognitive failures (Fang, Zhao et al. 2016) as the root causation of work errors. The holistic mechanism of the occurrence of work error is illustrated in Fig. 6.

Present noise control in China is not effective and focuses on passive methods. More importantly, workers' personal factors have been neglected, namely the present control lacking customization and should be personalized and task-oriented. To further improve the pertinence of noise control, personal factors (i. e., working experience, noise sensitivity) should be applied to practical construction acoustic management. For example, as was found in this study, noise sensitivity can mediate the relationship between physiological and psychological factors and cognitive ones, thus, for the workers with high sensitivity, the control methods should be stricter such as sending more reminders to these workers to wear protective earplugs. In addition, workers' emotions should be considered in the personalized acoustic management as well, a short self-report of emotions or just a note might be useful. A daily query about the worker's physical conditions should be carried out before work to ensure the work status. Moreover, the negative attitude of noise control should be changed, since there are not only problems about occupational health but work safety and productivity.

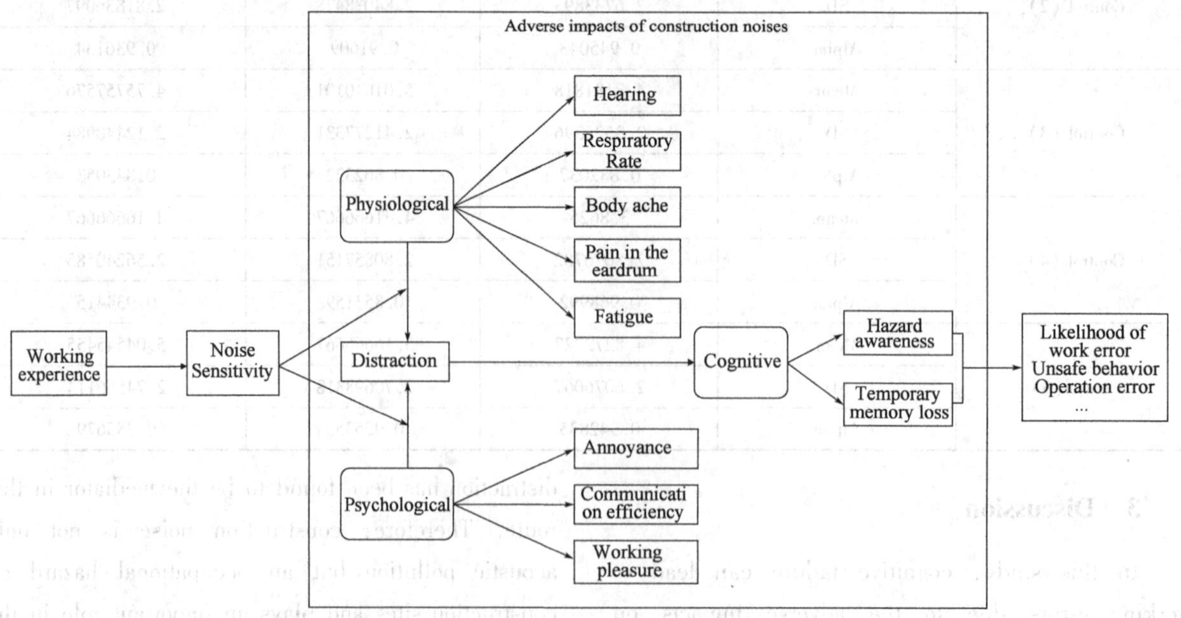

Fig. 6　The mechanism of the likelihood of working errors

It should be mentioned that this study has several inherent limitations. This study investigated a wide range of influential factors by self-report scores but some factors can be monitored by wearable devices if time permits. For instance, respiratory rate can be monitored by a smart watch or wristband. The self-reporting scores may lead to deviations from the actual situation. Construction noises are always generated by combined machines. The future study can investigate the acoustic characteristics of the combined noises generated by several machines and how they affect people.

4 Conclusions

In this study, the adverse impacts of construction noises have been investigated. Through responses from the 293 on-site workers, the top three annoying construction stagesand the machines generating the top three annoying noises were found out.

253 effective data wereanalyzed. Age, education, working experience, and work types are found to be not crucial factors in subjectively evaluating perceived adverse impacts of construction noises. Noise sensitivity plays an important role in perceiving adverse impacts of construction noises and the likelihood of working errors and working experience has impacts on noise sensitivity. In addition, the hazard awareness was found to be less correlated with hearing, body ache, eardrum pain, and fatigue with the increase of noise sensitivity while temporary memory loss with hearing and annoyance. Furthermore, working joy was found to be an influential factor in hazard awareness and temporary memory loss. In the evaluation of adverse impacts and likelihood of working errors, most workers consider psychological impacts more important than physiological impacts. This study put forward a theoretical model to manifest the mechanism of working errors as well. The results showed that construction noises, as a task-irrelevant factor, make workers distracted with arising physiological and psychological discomfort and then weakens worker's hazard awareness and temporary memory leading to cognitive failures as the causation of working errors.

The current five noise control types in China have no significant difference regarding the subjective assessment of perceived adverse impacts. It shows that a new method of controlling construction noise is needed. It should take working experience, noise sensitivity, the annoying stages, and machines into consideration to be targeted and personalized as well as workers' cognitive workload and emotions. In addition, current noise control measures could be taken combinedly to better control the adverse impacts of construction noises while work time management has been a must.

The findings of this study not only provide a general scope of the routes of the adverse impacts caused by construction noises and the mechanism of the likelihood of work error but also help to facilitate better noise control to improve on-site workers' occupational health, productivity, and safety.

References

[1] Al-Humaidi, H. M. and F. H. Tan (2010). "Construction Safety in Kuwait." Journal of Performance of Constructed Facilities 24(1): 70-77.

[2] ANDERS KJELLBERG, U. L., MARIA TESARZ, LENA SÖ DERBERG† and ELISABETH A° KERLUND (1996). "The effects of nonphysical noise characteristics, ongoing task and noise sensitivity on annoyance and distraction due to noise at work." Journal of Environmental Psychology 16: 13.

[3] Arezes, P. M. and A. S. Miguel (2008). "Risk percep-tion and safety behaviour: A study in an occupational environment." Safety Science 46 (6): 900-907.

[4] Baddeley, A. (2012). "Working Memory: Theories, Models, and Controversies." Annual Review of Psychology 63(1): 1-29.

[5] Ballesteros, M. J., M. D. Fernández, S. Quintana, et al. (2010). "Noise emission evolution on construction sites. Measurement for controlling and assessing its impact on the people and on the environment." Building and Environment 45(3): 711-717.

[6] Başaga, H. B., B. A. Temel, M. Atasoy, et al.

(2018). "A study on the effectiveness of occupational health and safety trainings of construction workers in Turkey." Safety Science 110: 344-354.

[7] Chang, Y. H. J. and A. Mosleh (2007). "Cognitive modeling and dynamic probabilistic simulation of operating crew response to complex system accidents: Part 1: Overview of the IDAC Model." Reliability Engineering & System Safety 92(8): 997-1013.

[8] Chen, P. (2021). "Effects of the entropy weight on TOPSIS." Expert Systems with Applications 168: 114186.

[9] Choi, S. D., L. Guo, J. Kim, et al. (2019). "Comparison of fatal occupational injuries in construction industry in the United States, South Korea, and China." International Journal of Industrial Ergonomics 71: 64-74.

[10] Cowan, N. (2009). Sensory and Immediate Memory. Encyclopedia of Consciousness. W. P. Banks. Oxford, Academic Press: 327-339.

[11] Dement, J., L. S. Welch, K. Ringen, et al. (2018). "Hearing loss among older construction workers: Updated analyses." American Journal of Industrial Medicine 61(4): 326-335.

[12] Duncan, J. and A. M. Owen (2000). "Common regions of the human frontal lobe recruited by diverse cognitive demands." Trends in Neurosciences 23(10): 475-483.

[13] Fang, D., C. Zhao and M. Zhang (2016). "A Cognitive Model of Construction Workers' Unsafe Behaviors." Journal of Construction Engineering and Management 142(9): 04016039.

[14] Guo, F. and S. S. Qian (2019). Human Factors Engineering CHINA MACHINE PRESS.

[15] Guo, S., X. Zhou, B. Tang, et al. (2020). "Exploring the behavioral risk chains of accidents using complex network theory in the construction industry." Physica A: Statistical Mechanics and its Applications 560: 125012.

[16] Hu, Z., H. Hu, W. T. Chan, et al. (2020). An Investigation of the Perceived Adverse Impacts and Control of Construction Noise in China. IEEE International Conference on Industrial Engineering and Engineering Management. Singapore: 1088-1092.

[17] Laszlo, H. E., E. S. McRobie, S. A. Stansfeld, et al. (2012). "Annoyance and other reaction measures to changes in noise exposure-a review." Sci Total Environ 435-436: 551-562.

[18] Lavie, N. (2005). "Distracted and confused?: Selective attention under load." Trends in Cognitive Sciences 9(2): 75-82.

[19] Lee, P. J., B. K. Lee, J. Y. Jeon, et al. (2016). "Impact of noise on self-rated job satisfaction and health in open-plan offices: a structural equation modelling approach." Ergonomics 59(2): 222-234.

[20] Lee, S. C., J. H. Kim and J. Y. Hong (2019). "Characterizing perceived aspects of adverse impact of noise on construction managers on construction sites." Building and Environment 152: 17-27.

[21] Li, X., Z. Song, T. Wang, et al. (2016). "Health impacts of construction noise on workers: A quantitative assessment model based on exposure measurement." Journal of Cleaner Production 135: 721-731.

[22] Lu, X. and S. Davis (2016). "How sounds influence user safety decisions in a virtual construction simulator." Safety Science 86: 184-194.

[23] Lusk, S. L., M. J. Kerr and S. A. Kauffman (2010). "Use of Hearing Protection and Perceptions of Noise Exposure and Hearing Loss Among Construction Workers." American Industrial Hygiene Association Journal 59(7): 466-470.

[24] Mazlan, A. N., K. Yahya, Z. Haron, et al. (2018). "Characteristic of Noise-induced Hearing Loss among Workers in Construction Industries." E3S Web of Conferences 34: 02025 (02029 pp.)-02025 (02029 pp.).

[25] Newaz, M. T., P. Davis, M. Jefferies, et al. (2019). "The psychological contract: A missing link between safety climate and safety behaviour on construction sites." Safety Science 112: 9-17.

[26] Ng, C. F. (2000). "Effects of Building

Construction Noise on Residents: A Quasi-experiment." Journal of Environmental Psychology 20(4): 375-385.

[27] Pandit, B., A. Albert, Y. Patil, et al. (2019). "Impact of safety climate on hazard recognition and safety risk perception." Safety Science 113: 44-53.

[28] Park,S. H., P. J. Lee and J. H. Jeong (2018). "Effects of noise sensitivity on psychophysiological responses to building noise." Building and Environment 136:302-311.

[29] Rasmussen, J. (1986). Information processing and human-machine interaction: an approach to cognitive engineering New York, North-Holland.

[30] Stansfeld, S. and C. Clark (2011). Mental Health Effects of Noise. Encyclopedia of Environmental Health. J. O. Nriagu. Burlington, Elsevier: 683-689.

[31] Steffens, J., D. Steele and C. Guastavino (2017). "Situational and person-related factors influencing momentary and retrospective soundscape evaluations in day-to-day life." J Acoust Soc Am 141(3): 1414.

[32] Taylor, J., R. O'Hara, M. Mumenthaler, et al. (2005). "Cognitive Ability, Expertise, and Age Differences in Following Air-Traffic Control Instructions." Psychology and aging 20: 117-133.

[33] Winge, S., E. Albrechtsen and B. A. Mostue (2019). "Causal factors and connections in construction accidents." Safety Science 112: 130-141.

[34] Zhang, M., R. Shi and Z. Yang (2020). "A critical review of vision-based occupational health and safety monitoring of construction site workers." Safety Science 126: 104658.

[35] Zhang, W., S. Zhu, X. Zhang, et al. (2020). "Identification of critical causes of construction accidents in China using a model based on system thinking and case analysis." Safety Science 121: 606-618.

[36] Zhong, T., P.-k. Chung and J. D. Liu (2018). "Short Form of Weinstein Noise Sensitivity Scale (NSS-SF): Reliability, Validity and Gender Invariance among Chinese Individuals." Biomedical and Environmental Sciences 31(2): 97-105.

基于直接概率积分法的 CRTS Ⅲ型轨道板横向抗弯时变可靠度

刘虎兵[1] 宋 力[*1,2] 徐 磊[1] 余志武[1,2] 蒋丽忠[1,2]

(1. 中南大学土木工程学院;2. 高速铁路建造技术国家工程研究中心)

摘 要 本文结合有限元法建立了考虑列车荷载和温度梯度荷载作用的 CRTS Ⅲ型板式无砟轨道结构横向抗弯极限状态函数,提出了基于直接概率积分法的 CRTS Ⅲ型板式无砟轨道板横向抗弯时变可靠度分析方法。与传统蒙特卡洛法相比,该方法在保证计算精度的同时显著提高了随机系统可靠度计算的效率。笔者进一步开展了不同侵蚀环境(低速退化、中速退化、严重退化)下 CRTS Ⅲ型轨道板失效概率和可靠度指标分析研究。分析结果表明,中速和严重退化下,轨道板可靠度指标随着服役时间的延长呈下降趋势,分别在50 年和30 年左右可靠指标低于目标可靠度,因此应在此时间之前采取相应的养护维修措施,以提升轨道结构的服役性能。

关键词 时变可靠度 直接概率积分法 CRTS Ⅲ型轨道板 有限元法 横向抗弯承载力

1. 基金项目:国家自然科学基金(51778631,52079492,U1934217)。

0　引言

无砟轨道由于其高平顺、高稳定性和少维修等优点,在我国高速铁路客运专线中得到广泛应用,其中CRTS Ⅲ型板式无砟轨道结构作为我国自主研发的新型轨道结构型式,在近十年的新建高速线路中频频使用。然而由于施工、运营期间轨道结构承载能力受材料强度、列车荷载和温度荷载等环境因素的影响存在随机性和时变性。因此,建立复杂多因素作用下的轨道结构时变可靠度评估方法,准确把握服役期内轨道结构安全和可靠性能对确保高速铁路平稳、高效运营和轨道结构养护维修具有工程指导价值。

目前,已有大量学者开展了轨道结构体系可靠性方面的研究,取得了大量的研究成果。其中,娄平等[1-2]基于数理统计方法并结合有限元法,以CRTS Ⅰ型无砟轨道和CRTS Ⅱ型无砟轨道为研究对象,开展了高速列车行车安全性和舒适性的动力可靠度分析。李怀龙、赵坪锐[3]等人基于现场数据实测和有限元软件仿真,统计了列车和温度荷载的分布规律,并利用中心点法开展了轨道板横向截面不同位置的结构可靠度分析研究。赵磊、孙璐[4]采用多重叠合梁模型建立了列车荷载作用下CRTS Ⅱ型轨道板的纵横向失效的极限状态函数,同时对轮载、轨道板弹性模量等因素进行了敏感性分析,并建立了多种失效情形下的故障树模型,利用蒙特卡洛法进行计算求解。刘海涛[5]等人以CRTS Ⅲ型板为研究对象,采用一种新型的RAMS方法对其进行了可靠度分析。卢朝辉、张玄一[6]等总结分析了运营期间CRTS Ⅱ型无砟轨道结构可能出现的失效模式,提出了结构的失效功能函数;进一步采用高阶矩法与有限元相结合的方式开展了CRTS Ⅱ型无砟轨道结构体系可靠度研究。邹红[7-8]在考虑实际服役期间结构自身材料劣化的情况下,引入抗力衰减模型,基于矩法对桥上无砟轨道结构以及桥梁进行了抗弯、抗裂等时变可靠度分析计算。

此外,我国学者李杰、陈建兵等[9]基于概率守恒原则,推导了广义概率密度演化方程,系统性建立概率密度演化理论,为多自由度随机动力系统的响应分析以及随机系统静动力可靠度研究等提供了一种全新的思路和方法。基于此,杨迪雄、陈国海[10]对狄拉克函数δ进行了光滑化处理,提出了"不拘泥"于CFL条件的直接概率积分法,进一步拓展了结构可靠度分析的理论框架。

本文建立了综合考虑列车竖、横向荷载和温度梯度荷载效应的CRTS Ⅲ型板式无砟轨道板横向抗弯承载力极限状态函数,提出了基于直接概率积分法的轨道结构时变可靠度分析方法;与蒙特卡洛法对比,验证了本文所述方法在结构静力可靠度分析方面的准确性和普适性。同时,本文分析了三种不同侵蚀环境下CRTS Ⅲ型轨道结构的失效概率和时变可靠度指标,揭示了服役期内轨道结构可靠度变化规律,以期为我国高速铁路轨道结构实现"状态修"提供理论支撑。

1　CRTS Ⅲ型板式无砟轨道板承载力时变极限状态函数

1.1　轨道板横向抗弯承载能力极限状态方程建立

在CRTS Ⅲ型轨道结构的服役周期内,在各种抗力衰减因素的耦合作用下(如混凝土碳化作用、氯盐侵蚀等),轨道板的抗弯承载力随着时间的推移而逐渐下降。根据房贞政等[11]的研究可知,在考虑抗力衰减因素作用的前提下,轨道板的横向抗弯承载力功能函数$Z(t)$可表达为:

$$Z(t)=r(t)M_{\mathrm{IRH}}-M_{\mathrm{ELH}} \tag{1}$$

式中:t——代表结构的服役时间;

$r(t)$——抗力衰减函数,采用多项式型衰减函数$r(t)=1-k_1t+k_2t^2$;

M_{IRH}——轨道板结构的初始横向抗弯承载力;

M_{ELH}——外界荷载作用下所产生的弯矩效应,其中主要包括列车竖向荷载产生的横向弯矩$M_{\mathrm{VH}}(P)$和横向荷载产生的横向弯矩M_{LH},以及环境荷载作用产生的横向弯矩M_{TH}。

赵磊[12]在考虑预应力和普通钢筋受力的情况下,结合规范轨道结构的初始抗弯承载力提出M_{IRH}可表示为:

$$M_{\mathrm{IRH}}=(f_{SL}A_{SL}-f_{SY}A_{SY}+A_Yf_Y)[h_0-(f_{SL}A_{SL}-f_{SY}A_{SY}+A_Yf_Y)/2f_cb]+f_{SY}A_{SY}(h_0-a'_S) \tag{2}$$

式中，f_{SL}和f_{SY}分别对应受拉和受压区普通钢筋抗压强度；A_{SL}和A_{SY}为受拉和受压区普通钢筋的截面面积；A_Y和f_Y是受拉区预应力钢筋的截面面积和抗拉强度；f_c是混凝土轴心抗压强度设计值；h_0和b分别为单联轨枕截面的有效高度和宽度；a_S'是受压区普通钢筋合力点到轨道板顶面的距离。

综上所述，将公式(2)代入公式(1)中，可得到轨道板的横向抗弯承载力极限状态方程：

$$Z(t)=(1-k_1t+k_2t^2)[(f_{SL}A_{SL}-f_{SY}A_{SY}+A_Yf_Y)(h_0-(f_{SL}A_{SL}-f_{SY}A_{SY}+A_Yf_Y)/2f_cb+f_{SY}A_{SY}(h_0-a_S'))]-M_{\mathrm{LH}}-M_{\mathrm{TH}}-M_{\mathrm{VH}}(P) \tag{3}$$

1.2 列车荷载和温度作用下 CRTS Ⅲ型板式无砟轨道结构荷载效应分析

1.2.1 温度梯度作用下轨道结构横向弯矩计算

随着昼夜的交替，由于混凝土结构传热的滞后效应，轨道结构在运营期将会产生温度梯度。李怀龙等[3]基于 Westgaard 理论，将温度梯度产生的结构翘曲弯矩简化为：

$$M_{\mathrm{TH}}=K_tT_g \tag{4}$$

式中，K_t为温度弯矩系数，T_g为轨道板温度梯度(℃·m^{-1})。

1.2.2 横向荷载下轨道板的弯矩计算模型

参考《高速铁路设计规范》[13]，列车横向荷载应按下式计算：

$$Q=0.8P_j \tag{5}$$

式中，Q为列车横向荷载；P_j为静轮载。

在横向荷载Q的作用下，轨道板产生的横向弯矩为：

$$M_{\mathrm{LH}}=0.3Qh_a \tag{6}$$

式中，h_a为轨道板至轨面距离。对于 CHN60 轨，h_a为176mm，P_j为100kN。

1.2.3 列车竖向荷载作用下的轨道板弯矩计算

列车竖向荷载对轨道板的影响是复杂的，难以采用解析法显式表达，因此本文建立 ABAQUS 梁-实体有限元模型进行计算。

依据 CRTS Ⅲ型板式无砟轨道结构通用设计图和《高速铁路设计规范》[13]，本文建立了考虑扣件系统、轨道板与自密实层间相互作用和土工布隔离层的 CRTS Ⅲ型板式无砟轨道结构有限元模型，如图1所示。其中，钢轨采用梁单元模拟轨道板、自密实层和底座板分别采用 C3D8R 实体单元模拟。同时，本文基于温克尔假设将扣件系统等效为9个空间弹簧阻尼单元，采用内聚力模型表征轨道板与自密实层间的相互接触关系，自密实层与底座板之间的土工布隔离层采用只受压不受拉的非线性弹簧模拟。

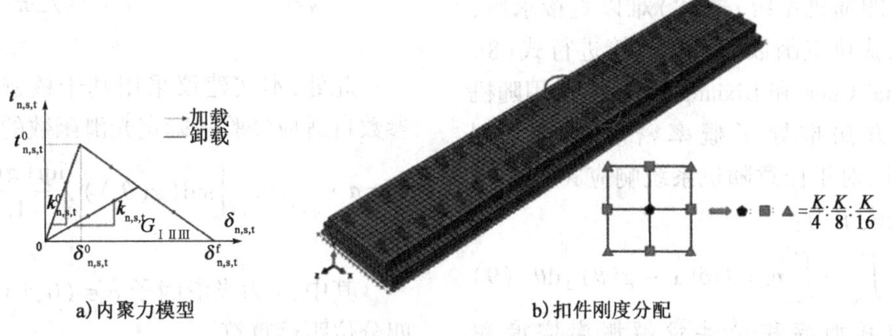

图1 CRTS Ⅲ型板式无砟轨道有限元模型

图2为轨道板不同截面纵横向弯矩分布图。由图可知，轨道板横向最大负弯矩为 -10.33kN·m/m，纵向最大负弯矩为 -11.06kN·m/m。刘学毅等所著的《客运专线无砟轨道设计理论与方法》[14]中轨道板横向和纵向最大负弯矩分别为 -10.167kN·m/m 和 -13.841kN·m/m，与本文的有限元模型相比，横向弯矩相差1.6%，纵向弯矩相差20%左右。结果表明本文建立的 CRTS Ⅲ型板式无砟轨道结构有限元分析模型是可靠的。

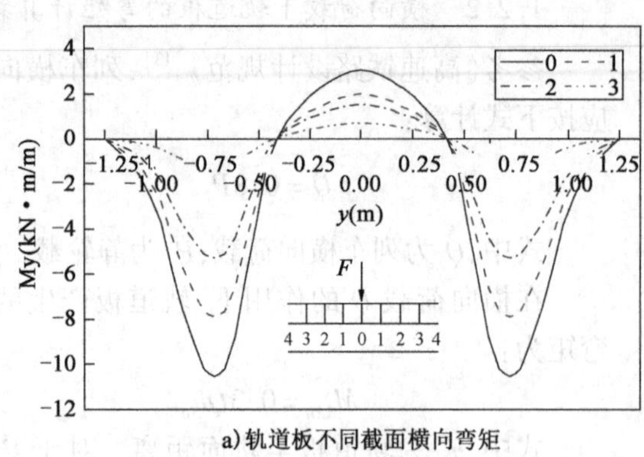

a)轨道板不同截面横向弯矩

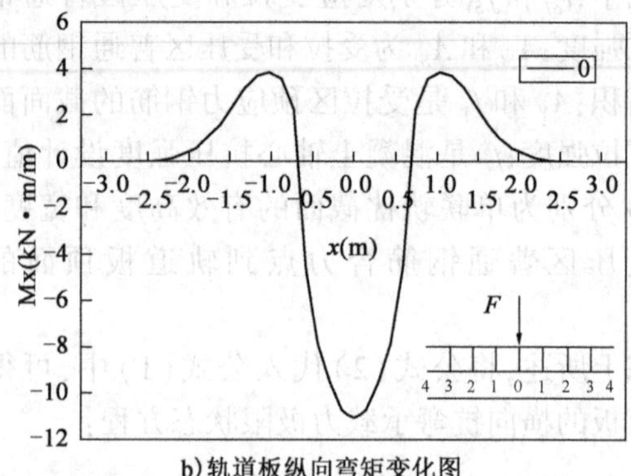

b)轨道板纵向弯矩变化图

图2　轨道板弯矩分布图

2　直接概率积分法

2.1　概率密度积分方程

基于概率守恒原则,系统随机输入 Θ 与系统随机输出 X 之间(映射函数 $X=g(\Theta)$)的概率传递过程可以表示为:

$$\int_{\Omega_X} p_X(x)\,\mathrm{d}x = \int_{\Omega_\Theta} p_\Theta(\theta)\,\mathrm{d}\theta \tag{7}$$

进一步引入概率论理论,随机输出的概率密度函数PDF$p_X(X)$可由随机输入变量的概率函数 $p_\Theta(\theta)$ 表示,即

$$p_X(x) = \frac{1}{|J_g(\theta)|} p_\Theta[\theta = g^{-1}(x)] \tag{8}$$

其中,$|J_g(\theta)| = \left|\frac{\partial[g(\theta)]}{\partial\theta}\right|$ 是雅可比矩阵,$g^{-1}(\cdot)$ 为映射函数的逆函数。

对于一般的随机系统,式(8)难以直接求解,所以我们引入狄拉克函数来避免直接进行式(8)的求解。Guohai Chen 和 Dixiang Yang[10]采用随机变量变换的方法推导了概率密度积分方程(PDIE)。因此,对于任意随机系统响应 X 的概率密度函数可以表示为:

$$p_X(x) = \int_{-\infty}^{\infty}\cdots\int_{-\infty}^{\infty} p_\Theta(\theta)\delta[x - g(\theta)]\,\mathrm{d}\theta \tag{9}$$

2.2　直接概率积分法求解概率密度积分方程

Guohai Chen 和 Dixiang Yang[10]提出了一种新颖的策略用于高效、高精度地求解概率密度积分方程[式(9)],该方法被称为直接概率积分法(DPIM)。此法包括以下两个技术:①随机变量输入空间 Ω_Θ 的概率划分;②狄拉克函数光滑处理。

为了获取随机变量空间的代表性样本点集,结合数论选点法和GF-偏差[15]的样本点选策略被引入。该策略基于Voronoi cell分割技术确定样本点对应的代表区域,其可表示为:

$$\Omega_{\Theta,q} = \{\Phi \in R^n : \|\Phi - \theta_q\| \leqslant \|\Phi - \theta_j\|\}, j \neq q \tag{10}$$

式中,$\|\cdot\|$ 为2-范数运算符,R^n 代表 n 维实欧几里德空间。

因此,代表性样本区域 $\Omega_{\Theta,q}$ 的赋得概率可以表示为:

$$P_q = \int_{\Omega_{\Theta,q}} p_\Theta(\theta)\,\mathrm{d}\theta \tag{11}$$

针对光滑函数的选择,高斯函数被用于光滑处理式(9)中的被积函数。为了不失一般性,本文仅仅关注随机系统的单一响应。因此,考虑到离散样本点,PDIE可以进一步表示为:

$$p_X(x) \cong \sum_{q=1}^{N}\{\hat{\delta}(x;\sigma)P_q\} = \sum_{q=1}^{N}\left\{\frac{1}{\sqrt{2\pi}}\mathrm{e}^{-[x-g(\theta)]^2/2\sigma^2}P_q\right\} \tag{12}$$

此处,本文建议采用基于核密度估计的平滑参数自适应经验法确定光滑函数的标准差:

$$\sigma = a \cdot \min_{q=1,2,\cdots,N}\left\{\mathrm{std}(g(\theta_q)), \frac{\mathrm{iqr}(g(\theta_q))}{1.34}\right\} \cdot N^{-1/5} \tag{13}$$

其中,a 为光滑因子 $a \in (0,1)$;iqr($\cdot$)表示四分位距运算符。

2.3　随机系统的静力可靠度分析

对于随机静力系统,DPIM可以直接计算结构响应的PDF,通过直接积分安全域上结构响应的PDF来评估系统的可靠概率:

$$P_s = \Pr[X > 0] = \int_{\Omega_{x,s}} p_x(x)\,\mathrm{d}x = \sum_{j=1}^{N_x} p_x(x > 0)\Delta x \tag{14}$$

式中，N_x 是响应输出域 Ω_x 的离散数目，Δx 为离散区间的长度。

3 CRTS Ⅲ型板式无砟轨道结构轨道板时变可靠度

本节以服役 CRTS Ⅲ型板式无砟轨道结构横向抗弯承载力时变可靠度分析为例，主要考虑轨道板在低速、中速和严重退化情形下，CRTS Ⅲ 型轨道板服役性能可靠性指标随时间变化的规律。其中，CRTS Ⅲ型板式无砟轨道结构有限元分析模型已在 1.2.3 中进行了详细的阐述，此处直接引用。在轨道结构服役期内，其余随机变量的分布类型和参数特征见表 1。

随机变量分布特征 表 1

随机变量		分布	均值	变异系数
k_1	低速	对数正态分布	5×10^{-4}	0.200
	中速	对数正态分布	5×10^{-3}	0.200
	严重	对数正态分布	0.01	0.200
k_2	低速	对数正态分布	0	0.200
	中速	对数正态分布	0	0.200
	严重	对数正态分布	5×10^{-5}	0.200
f_{SL}(MPa)		正态分布	435	0.085
f_{SY}(MPa)		正态分布	410	0.150
f_Y(MPa)		正态分布	1570	0.150
f_c(MPa)		正态分布	44.9	0.088
P(kN)		正态分布	300	0.150
K_t		正态分布	162.5	0.035
T_g(°C·m^{-1})		威布尔分布	45	0.100

3.1 基于直接积分法的 CRTS Ⅲ型轨道板时变可靠度分析方法

前文详细阐述了 CRTS Ⅲ型轨道板横向抗弯极限状态函数和时变可靠度计算分析。本节结合有限元软件系统地构建了基于直接概率积分法的 CRTS Ⅲ型板式无砟轨道结构时变可靠度分析流程，如图 3 所示。

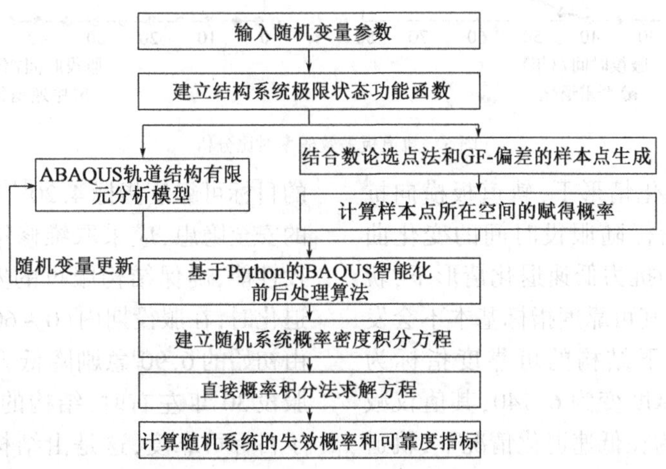

图 3 基于直接概率积分法的 CRTS Ⅲ型轨道结构时变可靠度分析流程

为了验证所提出的轨道板可靠度分析方法的准确性，本文分别基于直接概率积分法和蒙特卡洛法计算了在服役 60 年并严重退化的情况下，轨道板的横向抗弯极限状态函数的概率密度分布函数曲线，如图 4 所示。由图可知，蒙特卡洛法 1e6 次抽样计算的状态函数概率密度分布函数和累积概率密度分布函数曲线与直接概率积分法500次抽样计算的结果基本一致；经分析，服役60年时蒙特卡洛法计算的轨道板失效概率为0.0481，直接概率积分法计算的结果为0.0514，相比之下两种方法计算的失效概率相差0.0033，误差为6.85%。

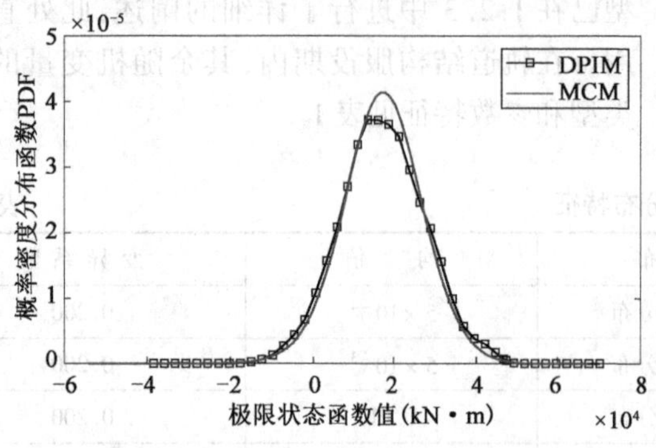

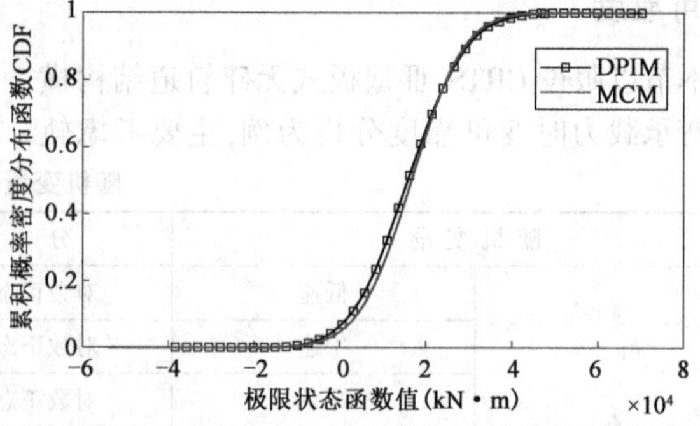

图4　服役60年并严重退化时轨道板极限状态函数分布

3.2　轨道板横向抗弯时变可靠度分析

为了进一步验证所提出的轨道结构可靠度分析方法的适用性，本文分别对比了中速退化和严重退化下蒙特卡洛法和直接概率积分法(500次)计算的轨道板失效概率指标，如图5所示。由图可知，直接概率积分法计算的轨道板时变失效概率与蒙特卡洛法计算结果吻合较好。严重退化时，40年之前DPIM和MCM计算的失效概率很小，几乎为0；40年之后，轨道板横向抗弯失效概率出现了较为明显的变化，两曲线变化趋势和失效概率值基本一致。因此，本文所构建的CRTS Ⅲ型板式无砟轨道结构时变可靠度分析方法具备良好的工程普适性。

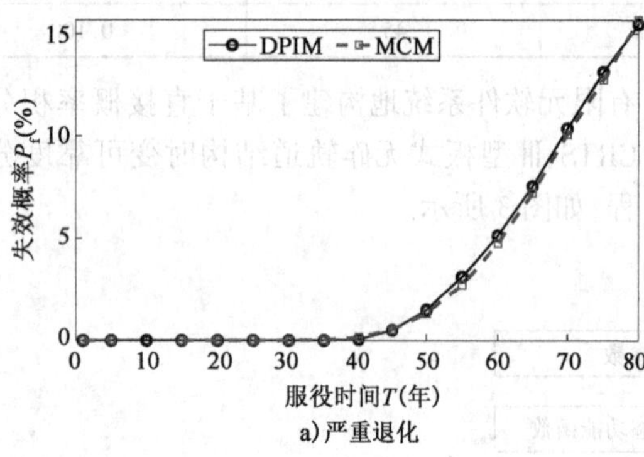

a)严重退化

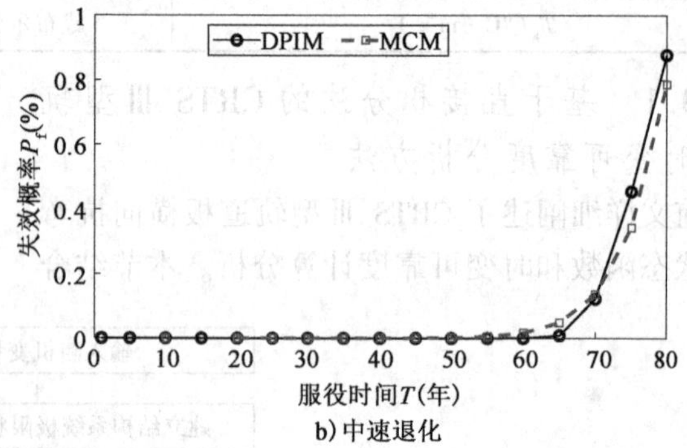

b)中速退化

图5　轨道板失效概率对比分析

图6为三种不同退化情形下，轨道板横向抗弯失效概率和可靠度指标随服役时间的变化曲线。经分析可知，在结构抗力低速退化情形下，轨道板失效概率几乎为0，其可靠度指标基本不会发生明显改变；初始状态下结构的可靠度指标为7.033，服役60年后可靠度变为6.740，其值仅减小4.17%，因此可以认为在低速退化情况下，轨道板在服役期内处于安全状态。在结构抗力中速退化情况下，其可靠度指标随着时间呈现下降的趋势，服役50年后可靠度变为4.29，基本接近结构的目标可靠度指标4.20[16]，此时轨道板存在较大的安全隐患，应采取维修策略提升轨道结构的服役性能，确保结构服役的安全性。结构拉力严重退化时，在服役期内(0～60年)，结构可靠度指标由初始的6.90急剧降低为60年的1.51；同时在服役30年左右时，结构的可靠度指标4.12已低于目标可靠度，这是由结构处于极端恶劣的腐蚀环境下且养护维修措施不足所造成的。因此，对于腐蚀环境下的服役结构，应尽早制定养护维修措施以确保轨道结构的良好服役性能。

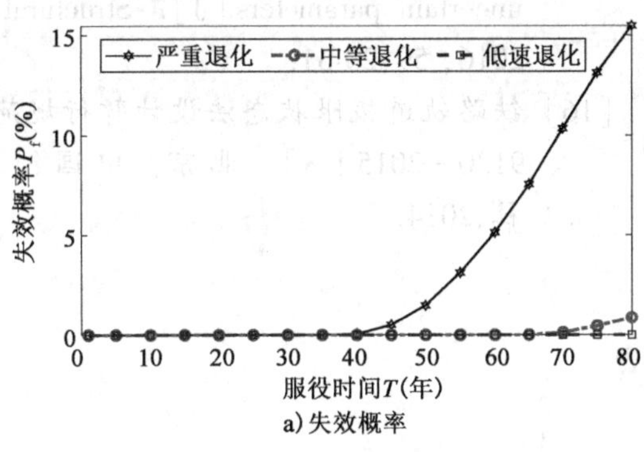

a)失效概率

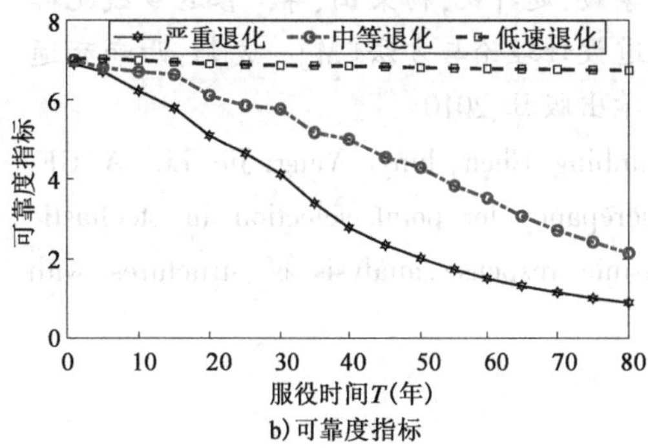

b)可靠度指标

图6 轨道板横向抗弯时变失效概率和可靠度指标

4 结语

本文建立了列车荷载和温度梯度作用下CRTS Ⅲ型板式无砟轨道结构横向抗弯极限状态函数,提出了一种新颖的基于直接概率积分法的CRTS Ⅲ型板式无砟轨道板横向抗弯时变可靠度分析方法:

(1)采用蒙特卡洛法100万次抽样计算的失效概率与采用直接概率积分法500次抽样计算的失效概率仅相差6.83%,验证了所提出的方法在轨道结构可靠度分析方面的精度、效率和普适性。

(2)首次采用直接概率积分法结合有限元法评估轨道板不同退化情形下的时变可靠度。经分析,低速退化情形下,轨道板可靠性能劣化较小,结构处于安全状态;中速和严重退化情形下,轨道板分别在30年和50年后低于目标可靠度指标,应采取养护维修措施。

然而,本文仅分析了CRTS Ⅲ型轨道板的横向抗弯可靠度指标,后期应重点关注轨道结构体系整体在服役期内的时变可靠度,以便更为精准地把握轨道结构的状态,更好地指导轨道结构的养护维修。

参考文献

[1] 李宇翔. 基于SIMPACK和ANSYS路基上CRTS Ⅰ板式轨道列车运行安全性和舒适性的可靠度分析[D]. 长沙:中南大学,2012.

[2] 王富伟. 桥上CRTS Ⅱ型板式轨道高速列车运行安全性和舒适性的可靠度研究[D]. 长沙:中南大学,2012.

[3] 李怀龙,赵坪锐,刘志彬. CRTS Ⅱ型板式无砟轨道轨道板横向可靠度的计算方法研究[J]. 铁道建筑,2015(3):98-102.

[4] 赵磊,孙璐. 基于可靠度的CRTS Ⅱ型无砟轨道板在列车荷载作用下的失效研究[J]. 建筑结构学报,2016,37(S1):328-334.

[5] 刘海涛,王继军,贾宝红,等. 高速铁路CRTS Ⅲ型轨道结构RAMS研究[J]. 铁道建筑,2017(1):34-39.

[6] Xuanyi Zhang, Zhaohui Lu, Yangang Zhao, et al. Reliability analysis of CRTS Ⅱ track slab considering multiple failure modes [J]. Engineering Structure,2021,228:111557.

[7] 邹红,卢朝辉,余志武. 基于三阶矩法的CRTS Ⅱ型轨道板横向抗裂时变可靠度研究[J]. 铁道学报,2019,41(4):177-185.

[8] 邹红,卢朝辉,余志武. 基于矩法的CRTS Ⅱ型轨道板横向抗弯承载力时变可靠度研究[J]. 铁道学报,2018,40(10):103-110.

[9] Jie Li, Jianbing Chen. Stochastic dynamic of structures [M]. John Wiley & Sons(Asia) Pte Ltd, Singapore, 2009.

[10] Guohai Chen, Dixiong Yang. Direct probability integral method for stochastic response analysis of static and dynamic structural systems [J]. Computer Methods in Applied Mechanics and Engineering, 2019, 357:112612.

[11] 房贞政,陈建兴. 考虑抗力衰减的钢筋混凝土结构可靠度分析[J]. 工程力学,2002:588-592.

[12] 赵磊. 高速铁路CRTS Ⅱ型板式无砟轨道结构失效分析与伤损试验研究[D]. 南京:东南大学,2017.

[13] 高速铁路设计规范:TB 10621—2014[S]. 北京:中国铁道出版社,2014.

[14] 刘学毅,赵坪锐,杨荣山,等. 客运专线无砟轨道设计理论与方法[M]. 成都:西南交通大学出版社,2010.

[15] Jianbing Chen, Junyi Yang, Jie Li. A GF-discrepancy for point selection in stochastic seismic response analysis of structures with uncertain parameters[J]. Structural Safety, 2016, 59:20-31.

[16] 铁路轨道极限状态法设计暂行规范:Q/CR 9130—2015[S]. 北京: 中国铁道出版社,2014.

机场陆侧出发层车道边通行能力研究

王宇轩*

(长安大学运输工程学院)

摘　要　随着机场航空业务量的快速增长,陆侧车道边的交通压力与日俱增,由于初期规划阶段需求与通行能力的不匹配,导致机场车道边部分路段的拥堵问题日益严重。合理计算陆侧出发层车道边通行能力,将在新建道路的规划建设阶段起到重要作用。本文基于改进时空轨迹理论,考虑了司机停车偏好和航站楼入口对有效车位数的折减,利用昆明长水国际机场出发层的现场调查资料及监控视频,获得不同车道边类型50组车辆的车速、车头时距、到达率等数据,计算了基于时空轨迹理论的通行能力数值。结果表明,长水机场出发层的由内至外三幅车道组的通行能力分别为363pcu/h、1193pcu/h、904 pcu/h,本文的计算考虑了更多影响通行能力的现实因素,提出了提高车道边通行能力的可行措施,为提高机场陆侧通行能力提供了理论依据。

关键词　机场陆侧车道边　通行能力　改进时空轨迹理论　长水国际机场

0　引言

中国航空业的迅速发展给居民带来便利的同时,也给管理者带来了很多亟待解决的问题。其中由于机场出发层车道边通行能力不足而引起的交通拥堵,极大影响了机场陆侧交通的运输效率。因此合理计算车道边通行能力,改善现有车道边运营状况,对于提高机场运输效率起着至关重要的作用。

航站楼车道边通常包括停车道、行车道和过境车道三种车道类型[1],这三种功能的车道有不同的组合类型,针对不同车道布局通行能力的计算方法也略有差别。迄今为止,机场航站楼车道边通行能力研究已经取得了一些成果,其计算方法主要为分析法、可接受间隙理论法和时空轨迹理论法。

针对分析法,Ashford 等[2]提出了车道边通行能力模型,但该模型没有考虑驾驶员停车偏好及行人过街影响。随后,Chang[3]提出了多车道通行能力模型,该模型考虑了驾驶员停车偏好的影响。2010 年,Airport Cooperative Research Program 40[1](ACRP40)利用排队论构建了 Quick Analysis Tool for Airport Roadways (QATAR)微观仿真模型,该模型选取停车道和行车道的通行能力较小值作为车道边通行能力。针对可接受间隙理论,李旭宏[4]等假设停靠车辆进入行车道情况与进入无信号交叉口处的情况相似,即可以使用可接受间隙理论来研究并入行车道并由其驶离的车辆数量来表示通行能力。欧阳杰等[5]利用可接受间隙理论建立了单停车道通行能力模型,考虑了混合交通流和过境行人对通行能力的影响。

Parizi 等[6]基于车辆的时空轨迹图,提出了单停车道通行能力模型,该模型假设所有车辆的行驶速度和停车时间都相同,考虑了驾驶员停车偏好和航站楼入口对车道边通行能力的修正。杨方宜等[7]完善了车辆进出停车位时的流程,基于 Parizi 模型对车辆进出停车位时的速度变化进行了改进,但是新的计算模型仅适用于单停车道的车道边类型。张振飞[8]不仅基于速度变化建立了单停车道通行能力模型,还建立了适用范围更广的双停车道通行能力模型。

综上所述,分析法并未考虑选择性停车行为对通行能力的折减,可接受间隙理论的简化模型与实际情况仍有偏差,时空轨迹理论虽仅适用于双停车道和单停车道两种车道边布局,但其考虑了更多现实因素,且考虑了车辆进出停车位时的速度变化,适用于部分机场的车道边布局情况。据此本文基于时空轨迹理论,以昆明长水国际机场车道边为例,通过机场车道边车辆数据,分析其停车时间、行驶速度等特点,并利用时空轨迹理论计算其出发层的通行能力,同时提出提升车道边通行能力的有效措施。

1 改进时空轨迹理论

时空轨迹理论基于落客车辆在车道边的速度与位置分析车道边通行能力,车辆在车道边的行驶过程一般会经历减速停车、停车落客、加速驶离三个阶段。但经典的时空轨迹理论忽略了车辆在转换车道过程中车速的变化过程,为了弥补上述不足,改进时空轨迹理论提出了基于车辆进出停车位时车速变化的通行能力计算模型[7]。改进后车辆的时空轨迹图如图1所示,车辆首先在行车道寻找可停靠车位,找到目标车位后在停车道减速行驶一段距离准备停靠,落客后在停车道加速行驶一段距离后转向到行车道恢复正常速度,并由行车道驶离车道边。

该模型考虑了车辆在停车道的行驶距离以及行车道与停车道的速度差。就目前的研究成果而言,该方法可应用于双车道和三车道的通行能力计算。进行时空轨迹分析应遵循以下假设:

(1)停车前、后车辆在行车道上的行驶速度相同,且行驶距离之和为固定值,因此车辆在行车道的行驶时间 $t_{\alpha11}$ 与 t_{d12} 之和相同。

(2)停车前、后车辆在停车道上的行驶速度相同,且行驶距离之和为定值,因此车辆在停车道的行驶时间 $t_{\alpha12}$ 与 t_{d11} 之和相同。

(3)车辆停靠时间取平均值。

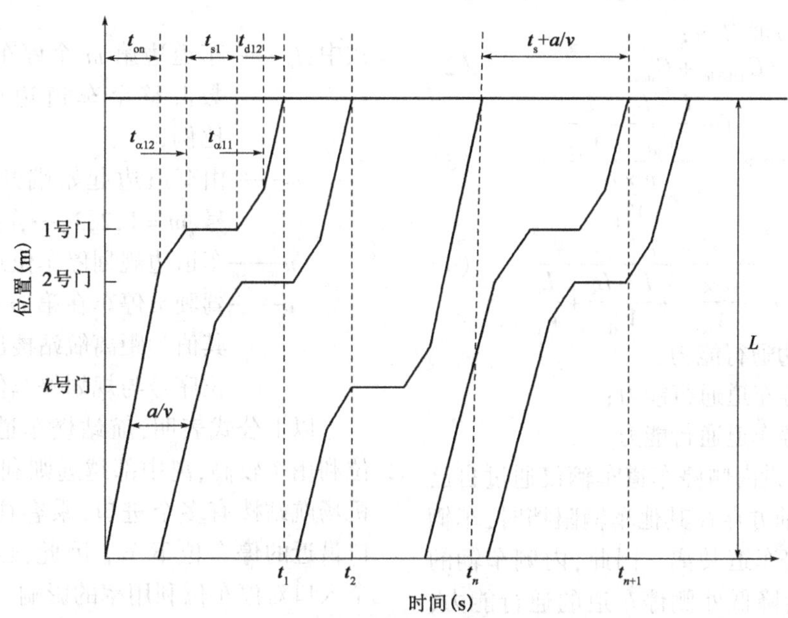

图1 改进时空轨迹理论图

L-航站楼车道边的有效停车长度(m);α-车辆行驶的平均安全距离,该参数取标准车位长度(m);$t_{\alpha11}$-驶入第一个停车位前,车辆在直行车道的行驶时间(s);$t_{\alpha12}$-第一辆车在第一个停车位停车时,在停车道的行驶时间(s);t_s-车辆的平均停靠时间(s);t_{d11}-第一辆车在乘客下车后和改变车道前在停车道的行驶时间(s);t_{d12}-车辆在驶离停车位后在直行车道的平均行驶时间(s)。

1.1 单停车道通行能力模型

通行能力指在一定的道路和交通条件下,某一路段单位时间内通过某一断面的最大车辆数。本文以1h为时间间隔,根据时空轨迹图分析后,单停车道通行能力模型计算公式如下：

$$C_{ideal} = n \times \frac{T - \dfrac{L - L_s}{V_{\alpha 1}} - \dfrac{L_s}{V_{\alpha 2}}}{t_s + n \times \dfrac{\alpha}{V_{\alpha 1}}} \tag{1}$$

式中：C_{ideal}——车道边理想通行能力；

n——可用停车位数；

T——时间间隔，即3600s；

L_s——停车道的平均行驶距离(m)；

$V_{\alpha 1}$——行车道行驶速度(m/s)；

$V_{\alpha 2}$——停车道行驶速度(m/s)。

公式(1)并未考虑驾驶员的停车偏好，仍需根据实际影响因素修正通行能力。且该公式仅适用于一条停车道和一条行车道的车道边布局，由于枢纽机场容量的不断增大，机场车道边布局模式更加复杂，双停车道的通行能力模型应运而生。

1.2　双停车道通行能力模型

双停车道通行能力模型假设该路幅由两条停车道和一条行车道组成。外停车道通行能力计算方法与单停车道模型相同。对于内停车道，假设所有停靠车辆仅通过该车道驶离，而不穿过外停车道时[8]，最终通行能力为：

$$C_s = C_{outside} + C_{inside} \tag{2}$$

$$C_{outside} = n \times \frac{T - \dfrac{L - L_s}{V_{\alpha 1}} - \dfrac{L_s}{V_{\alpha 2}}}{t_s + \dfrac{n \times \alpha}{V_{\alpha 1}}} \tag{3}$$

$$C_{inside} = n \times \frac{T}{t_s + \dfrac{n \times \alpha}{V_{\alpha 1}} + \dfrac{L - L_s}{V_{\alpha 1}} + \dfrac{L_s}{V_{\alpha 2}}} \tag{4}$$

式中：C_s——车道边通行能力；

$C_{outside}$——外侧停车道通行能力；

C_{inside}——内侧停车道通行能力。

一般情况下假设内侧停车道车辆仅通过自己的车道驶离，但当前方存在其他车辆阻挡时，车辆通常会转向外部停车道驶离。因此，内侧车辆的换道驶离行为也会降低外侧停车道的通行能力，此时需要增加外部折减系数ξ，ξ可用下式计算：

$$C_{outside-real} = C_{outside} \times \xi \tag{5}$$

$$\xi = \frac{3600 - (C_{inside} - C^*_{outside})T_w}{3600} \tag{6}$$

式中：T_w——内侧车辆并入外侧车道时，外侧车道单个车辆的平均延误时间(s)，取$T_w = \dfrac{\alpha}{V_{\alpha 2}}$；

$C^*_{outside}$——内侧停车车辆通过外侧停车道驶离时，外侧停车道折减后的通行能力，$C^*_{outside} = \dfrac{C_{outside}}{3}$。

2　考虑现实因素的有效车位数量修正

通过对航站楼车道边的实际调研情况可以发现，车道边规划的车位并不会全部被利用，由于步行距离及驾驶员停靠便利等因素存在，实际有效利用车位数量会少于规划车位数量。因此需要在理想通行能力的情况下，继续考虑驾驶员停车偏好等因素对车位数量的修正，该值会极大影响车道边最终的通行能力。

2.1　基于停车偏好的有效车位数量修正

根据对国内多个机场航站楼的调查，车位利用率因驾驶员停车偏好不同而不同。多数驾驶员喜欢把车辆停在航站楼中部以缩短乘客步行距离，而有些驾驶员会选择就近停车。停车偏好比例可利用以下公式计算[6]：

$$f_m = C_n^m p^m (1-p)^{n-m} \quad m = 1,2,3,\cdots,n \tag{7}$$

式中：f_m——车道边第m个停车位的停靠车辆总数占整个车道边停靠车辆总数的比例；

m——由车道边起始端开始排序的车位序号，$m = 1,2,3,\cdots,n$；

n——车道边规划停车位总数；

p——驾驶员停车在第m个停车位的概率，其值为距离航站楼出入口最近的停车位序号与规划停车位总数之比。

以上公式表明，航站楼车道边中间位置停车位利用率较高，离中部越远则利用率越低。此外，机场航站楼有多个进口，乘客往往在离航站楼入口最近的停车位下车。因此，也需考虑航站楼多个入口对停车位利用率的影响。

2.2　基于多个航站楼入口的有效车位数量修正

现实情况中，乘客倾向于在靠近航站楼出入口的车位下车，因此航站楼入口对停车位利用率修正应按下式计算[6]：

$$w_z = C_k^z q^z (1-q)^{k-z} + \frac{(1-q)^k}{k} \quad z = 1,2,3,\cdots,k \tag{8}$$

式中：w_z——航站楼 z 口停靠车辆数占整个车道边停靠车辆总数的比例；

z——由车道边起始端开始排序的航站楼入口序号，$z=1,2,3,\cdots,k$；

k——航站楼入口总数；

q——航站楼第一个进口相对于总进口的位置，$q=1/k$。

将上述对于停车偏好和航站楼入口位置的修正值相乘，可得各车位的交通分布比例 G_e：

$$G_e = f_m w_z \tag{9}$$

当 G_e 不小于 θ 时（通常等于0.01），才认定为有效停车位。因此修正后的有效停车位数量 $N_{\text{eff-inside}}$ 计算公式如下：

$$N_{\text{eff-inside}} = \sum_{x=1}^{n} \eta_x \tag{10}$$

当 $G_e<\theta$ 时，$\eta_x=0$；当 $G_e \geqslant \theta$ 时，$\eta_x=1$。

内侧停车道的有效车位数应按上式计算。根据经验，外侧有效停车位数量 $N_{\text{eff-outside}}$ 会由于内侧车辆通过间隙驶离而折减，其值约为内侧有效停车位数量的四分之三。

3 案例分析

3.1 基本调查数据

本文所采用数据通过实地调研及当地机场监控视频获得，并通过人工整理获得了昆明机场出发层于2019年10月18日早高峰6:00～7:00的三幅车道组的各50组车辆数据（车辆停靠时间、车辆速度、车头时距等），中幅及内幅供小汽车通行，内幅四车道仅供大巴车通行。但由于除紧急情况外，内幅四车道中的最内侧两车道均实行封闭式管理，因此内幅四车道和外幅两车道采用单停车道模型计算，而中间三车道采用双停车道计算模型。长水机场车道边布局图如图2所示，据现场调查资料结合长水国际机场当地监控，车道边基本调查参数如表1所示。

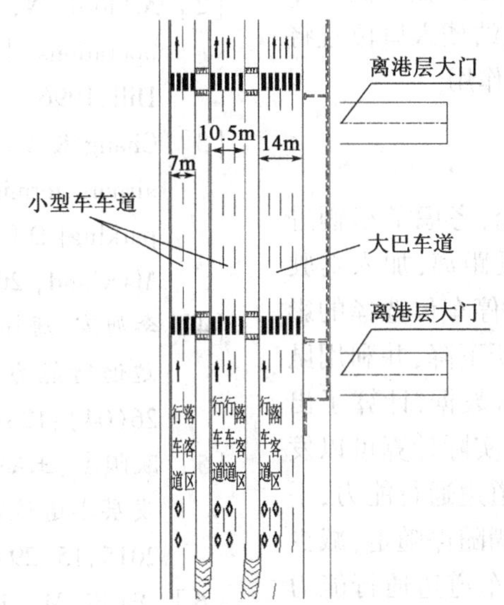

图2 车道边布局图

基本调查数据表 表1

参数		车道边类型		
		两车道	三车道	内幅四车道
车道边特征	车道边有效长度(m)	284	284	284
	车位数(个)	35	35	18
	平均速度($m \cdot s^{-1}$)	5.56	2.95	4.17
交通流特征	平均停车时间($s \cdot pcu^{-1}$)	54	70	109
	车位长度(m)	8	8	15
	车辆到达率($pcu \cdot min^{-1}$)	13.53	17.5	3.63

3.2　通行能力计算

为了保证车道边通行能力的准确性,驾驶员对于停车位和航站楼入口偏好的修正是不可忽视的。在本计算案例中,出发层有 4 个均匀分布的入口,修正后有效停车位数由外向内分别为 30、30、18 个,其他相关参数如表 2 所示。

相关参数计算表　　表 2

参　数	车道边类型		
	两车道	三车道	内幅四车道
有效停车位数量(个)	30	30(内)/22(外)	18
停车道行驶距离(m)	71	33	33
停车道行驶速度($m \cdot s^{-1}$)	3	2.75	3.89
通行能力($pcu \cdot h^{-1}$)	904	1193	363

结果表明,长水机场出发层车道边由内至外三幅车道组的通行能力分别为 363 pcu/h、1193 pcu/h、904 pcu/h。通过计算可以发现,影响车道边通行能力的因素除初期规划的车道数外,还有实际的交通流运行特征(如车辆在停车道的缓行速度、缓行时间、停靠时长等),规定落客车辆随停随走、限制停靠时间、均匀分布航站楼入口位置将对提高车道边通行能力起到积极作用。

4　结语

本文基于改进时空轨迹理论,考虑了车辆进出停车位前后的速度变化及行驶距离,加入驾驶员停车偏好和多个航站楼入口对停车位选择的影响,使航站楼前有效停车位数有所下降,并利用昆明长水国际机场的实际高峰小时数据,计算了出发层车道边通行能力数值。通过实际计算可以发现,有效停车位数量极大影响车道边通行能力,平均分布航站楼入口位置,规定车辆随停随走,减少落客车辆的停靠时间,将为提高车道边通行能力起到积极有效的作用。本文为机场规划者提供了一定的理论参考价值,但由于统计数据有限以及人为计量的误差,长水机场出发层模型的计算结果和实际情况相比会有所偏差。

随着枢纽机场容量的不断增大,机场陆侧道路的综合规划建设将给车道边布局模式带来新的变化,本文对现有车道边通行能力的研究做了补充和总结,也为其他机场规划出发层车道边提供了借鉴与参考。

参考文献

[1] National Academies of Sciences, Engineering, and Medicine. Airport curbside and terminal area roadway Operations[M]. Washington D. C.: The National Academies Press, 2010.

[2] Ashford N, Standon H, Moore C. Airport operations [M]. New York: McGraw Hill, 1996.

[3] Chang K Y. A simulation model for analyzing airport terminal roadway traffic and curbside parking[D]. Washington D. C.: University of Maryland, 2001.

[4] 李旭宏,唐怀海,吴炼,等. 综合客运枢纽车道边通行能力分析[J]. 公路交通科技,2009,26(04):128-132.

[5] 欧阳杰,王茹. 基于可接受间隙理论的机场出发层车道边容量评估[J]. 科学技术与工程,2015,15(29):193-198.

[6] Pariii M, Brahksma J. Optimum design of airport enplaning curbside areas[J]. Journal of Transportation Engineering, 1994, 120(4): 536-551.

[7] 杨方宜,李铁柱. 大型综合客运枢纽送站坪交通特性及通行能力[J]. 浙江大学学报(工学版),2017,51(11):2207-2214.

[8] 张振飞. 枢纽机场陆侧车道边容量评估[D]. 天津:中国民航大学,2019.

基于博弈论视角的定制公交市场发展研究

柏舒颖*
（长安大学运输工程学院）

摘　要　通勤不便是大多数上班族面临的难题，居住地与公司所在地相隔较远，导致出行者需要在各种交通方式间做出选择。高峰时段，常规公交和地铁太过拥挤，网约车和出租车费用较高，私家车易拥堵，而定制公交兼顾了乘客的出行效率和出行体验。此外，开通定制公交有利于降低机动车出行比重，节能减排，具有良好的环境效益。因此，促进定制公交快速发展具有重要的现实意义。本文从博弈论视角出发，分别探讨了出行者群体选择出行方式以及提供定制公交服务的互联网公司与公交集团间的利益冲突，以把握这种交通方式出现的新矛盾，为发展定制公交市场提供理论支持与相应建议。

关键词　交通运输工程　定制公交　最优策略　博弈论

0　引言

2019年7月交通运输部发布《数字交通发展规划纲要》，其中明确提出“打造数字化出行助手”。而定制公交属于城市出行服务新业态之一。该方式具有“信号交叉优先通行”“预约出行”“准点准时”三大优势，旨在用精准的公共交通供给减少私家车出行流量，以缓解交通拥堵。为更好体现定制公交在公共交通服务的定位，向乘客提供高质量的城市公共交通服务，本文从博弈论视角出发，探讨了在有定制公交乘车折扣的前提下，出行者群体选择定制公交或传统公交的博弈以及公交集团和互联网公司在提供定制公交服务领域选择竞争或合作的博弈，并提供相应的建议以促进定制公交发展市场。

需求响应式公交产生于美国20世纪70年代，是定制公交的原型。对于票价制定方面，Zhou等[1]以社会效益最大化建立优化模型，探究政府补贴对定制公交和常规公交收益的影响。对于调度优化方面，Kim等[2]通过分析需求响应式公交的目标市场，优化需求响应式公交的发车频率和服务范围，使得其运营成本最小化。定制公交的迅速发展吸引了国内众多学者，如何优化定制公交成为研究的热点。涂文苑[3]针对定制公交的特点，研究并确定了定制公交线网规划的一般方法，包括定制公交出行需求分析、交通小区划分、生成初始路径集、构建路线选择模型、评价线网方案等。李伟[4]以北京南站的定制公交为例，对定制公交运营能力进行分析，细分了定制公交的目标市场，分析其市场定位，以对后续的运营方案进行优化。陈汐等[5]构建了多区域运营模式的通勤定制公交线路规划模型，该模型以最小化乘客出行成本、车辆运营成本为优化目标，设计了一个两阶段启发式算法。李娜[6]从乘客出行理论出发，分析影响乘客出行选择的因素，并选取相关因素进行量化后建立出行者广义出行费用的效用函数。

国内外学者在定制公交线路路径优化、调度优化、适用条件等方面做了比较深入的研究，形成了一定的理论体系，但在票价制定方面主要是建立规划模型求解，并未考虑乘客、提供定制公交服务的企业之间的相互作用关系。因此本文从博弈论的角度出发，讨论如何发展定制公交市场，在能够满足出行者利益的同时，保证运营商利润的最大化。

1　博弈策略分析

1.1　出行群体演化博弈策略分析

轨道交通在全国只有部分城市开通，而公交在各地均已普及。定制公交与常规公交均可使用公交专用道，具备优先通行优势，且出行费用也更低，因此公交对于出行者的通勤需求属于优先选择。相比于常规公交，定制公交虽然费用略高，但由于其具有“一人一座，一站直达”的特点，乘坐时间较短，服务质量较高。综上，这两类公交具有一定的竞争和互补的关系。本文假设出行者采用公共交通的通勤方式仅为常规公交和定制公交,探究出行者选择这两种公交的变化趋势。

1.2　公交集团与互联网公司博弈策略分析

数字交通发展背景下,国家鼓励企业深化多源数据融合,各类交通运输系统充分开放接入,打造数字化出行,为出行者提供定制化出行服务。定制公交是城市出行服务新业态之一,交通集团与互联网公司均愿意提供定制公交服务。互联网公司可选策略是采用更高的票价折扣与公交集团进行竞争,或是和公交集团进行合作,共同确定票价折扣或定制票价,维护市场稳定。公交集团的策略选择与互联网公司类似,可选策略为竞争或合作。

2　出行群体演化博弈模型的构建与分析

2.1　模型假设

演化博弈模型能够反映策略整体的变化趋势,并最终达到动态的稳定性[7]。通过将出行者随机配对形成两个群体,两个群体的出行策略均为常规公交与定制公交,建立出行群体间的演化博弈模型,以探究出行者对于两种公交方式选择的变化趋势及影响常规公交和定制公交的客流分担率的因素。

常规公交的服务质量带来的效益用 U_s^n 表示,定制公交的服务质量带来的效益用 U_s^c 表示;乘客步行至乘车站点的速度用 v_w 表示,候车时间与发车频率相关,常规公交的发车频率用 f_n 表示,定制公交的发车频率用 f_c 表示;出行者至常规公交站点的距离用 d_n 表示,出行者至定制公交发车站点的距离用 d_c 表示,常规公交行驶速度用 v_n 表示,定制公交行驶速度用 v_c 表示;公交站点与目的地的距离用 L 表示;乘坐定制公交的费用用 p_c 表示,乘坐常规公交的费用用 p_n 表示。由于定制公交是一种新兴的交通方式,为推广这一方式,往往会考虑折扣 a,则 $p_n < ap_c < p_c$。可通过生产法、收入法等方式[8]计算时间价值,用 VOT 表示时间价值,用时间价值乘以出行时间,即可计算出行时间的价值。

2.2　博弈模型构建及分析

对于群体 1 和群体 2 的个体而言,选择常规公交或选择定制公交的收益应当相同。因此该博弈属于复制动态中的对称博弈,收益矩阵见表 1。

出行群体出行方式的收益矩阵　　表 1

群体 1	群体 2	
	乘坐定制公交	乘坐常规公交
乘坐定制公交	$(-\mathrm{VOT}[d_c/(2v_w)+1.5f_c+L/v_c]+U_s^c-ap_c, -\mathrm{VOT}[d_c/(2v_w)+1.5f_c+L/v_c]+U_s^c-ap_c)$	$(-\mathrm{VOT}[d_c/(2v_w)+0.5f_c+L/V_c]+v_s^c-ap_c, -\mathrm{VOT}[d_n/(2v_w)+0.5f_n+L/v_n]+U_s^n-p_n)$
乘坐常规公交	$(-\mathrm{VOT}[d_n/(2v_w)+0.5f_n+L/v_n]+U_s^n-p_n, -\mathrm{VOT}[d_c/(2v_w)+0.5f_c+L/v_c]+U_s^c-ap_c)$	$(-\mathrm{VOT}[d_n/(2v_w)+1.5f_n+L/v_n]+U_s^n-p_n, -\mathrm{VOT}[d_n/(2v_w)+1.5f_n+L/v_n]+U_s-p_n)$

现在考虑多个出行者随机配对成两个群体进行公交出行选择方式的博弈。假设选择定制公交的群体比例为 y,选择常规公交的群体比例为 1-y。U_c 表示选择定制公交策略的群体的期望收益,U_{n1} 表示出行者选择定制公交策略的收益,计算过程见式(1):

$$U_{n1}=y(-\mathrm{VOT}[d_c/(2v_w)+1.5f_c+L/v_c]+U_s^c-ap_c)+(1-y)(-\mathrm{VOT}[d_c/(2v_w)+0.5f_c+L/v_c]+U_s^c-ap_c) \tag{1}$$

U_{n2} 表示出行者选择常规公交的收益,计算过程见式(2):

$$U_{n2}=y(-\mathrm{VOT}[d_n/(2v_w)+0.5f_n+L/v_n]+U_s^n-p_n)+(1-y)(-\mathrm{VOT}[d_n/(2v_w)+1.5f_n+L/v_n]+U_s^n-p_n) \tag{2}$$

U_n 表示出行者的期望收益,计算过程见式(3):

$$U_n=yU_{n1}+(1-y)U_{n2} \tag{3}$$

复制动态方程与平均期望以及每种策略的期望收益有关,计算见式(4):

$$f_1(y)=\frac{\mathrm{d}y(t)}{\mathrm{d}t}=(U_{n1}-U_n)y(t) \tag{4}$$

根据平均收益期望公式与复制动态方程公式,可以求出某一群体乘坐定制公交的复制动态方程,见式(5):

$$f_1(y)=y(1-y)-\mathrm{VOT}\times y(f_c+f_n)+\mathrm{VOT}\times[(d_n-d_c)/(2v_w)+1.5f_n-$$

$0.5f_c + L/v_n - L/v_c] + p_n - ap_c + U_s^c - U_s^n$ (5)

为分析演化稳定策略，需计算式(5)的导数，得到式(6)：

$$f_1(y)' = \mathrm{VOT} \times (f_c + f_n)(3y^2 - 2y) + (1-2y) \times (\mathrm{VOT}[(d_n - d_c)/(2v_w) + 1.5f_n - 0.5f_c + L/v_n - L/v_c] + p_n - ap_c + U_s^c - U_s^n) \quad (6)$$

根据演化博弈的稳定性定理及演化博弈稳定性性质，得到演化稳定策略。即根据 $f_1(y) = 0$ 及 $f'_1(y) < 0$，得到可能稳定状态为：

$$\begin{cases} y_1^* = 0 \\ y_2^* = 1 \\ y_3^* = \dfrac{(d_n - d_c)/(2v_w) + 1.5f_n - 0.5f_c + L/v_n - L/v_c}{(f_c + f_n)} + \dfrac{(p_n - ap_c + U_s^c - U_s^n)}{\mathrm{VOT}(f_c + f_n)} \end{cases}$$

当 $y_1^* = 0$，$f'_1(y) = \mathrm{VOT}\left(\dfrac{d_n - d_c}{2v_w} + 1.5f_n - 0.5f_c + \dfrac{L}{v_n} - \dfrac{L}{v_c}\right) + p_n - ap_c + U_s^c - U_s^n$。根据稳定性定理，若 $y < y^*$，为使 y 趋向于 y^*，应满足于 $f_1(y) > 0$，此时群体演化博弈过程如图1所示，此时 $y^* = 0$，$y^* = 1$ 皆为稳定状态，$f_1(y) = 0$，但 $y^* = 0$ 为演化稳定策略(ESS，Evolutionarily Stable Strategy)，即群体中所有成员最终会选择乘坐定制公交，将不利于常规公交的发展。

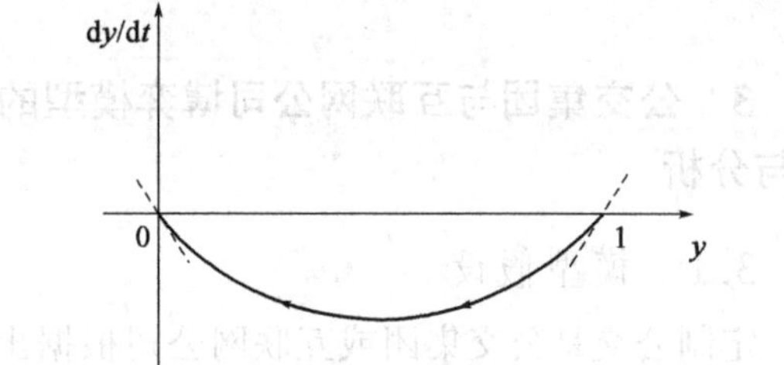

图1 出行方式选择比例的复制动态相位($y_1^* = 0$)

当 $y_2^* = 1$ 时，$f'_1(y) = \mathrm{VOT}\left[\dfrac{d_c - d_n}{2v_w} + 1.5f_c - 0.5f_n + \dfrac{L}{v_c} - \dfrac{L}{v_n}\right] - p_n + ap_c - U_s^c + U_s^n$，根据稳定性定理，若 $y > y^*$，为使 y 趋向于 y^*，应满足 $f_1(y) < 0$。此时群体演化博弈相位如图2所示，此时 $y^* = 1$ 为ESS，说明群体中所有成员最终会选择乘坐常规公交，将不利于定制公交的发展。

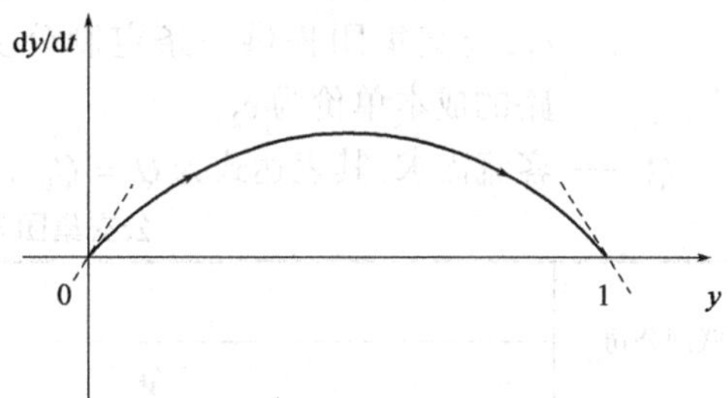

图2 出行方式选择比例的复制动态相位($y_2^* = 1$)

若 $\dfrac{\mathrm{VOT}\left[\dfrac{d_n - d_c}{2v_w} + 1.5f_n - 0.5f_c + \dfrac{L}{v_n} - \dfrac{L}{v_c}\right] + p_n - ap_c + U_s^c - U_s^n}{\mathrm{VOT}(f_c + f_n)} \subset (0,1)$，此时 $f'_1(1) > 0$，$f'_1(0) > 0$，而 $f'_1(y_3^*) < 0$，y_3^* 为演化稳定策略。在这种情况下，无论初始状态如何，最后总有 $\dfrac{\dfrac{d_n - d_c}{2v_w} + 1.5f_n - 0.5f_c + \dfrac{L}{v_n} - \dfrac{L}{v_c}}{(f_c + f_n)} + \dfrac{p_n - ap_c + U_s^c - U_s^n}{\mathrm{VOT}(f_c + f_n)}$ 比例的出行者选择乘坐定制公交。群体演化博弈相位如图3所示。

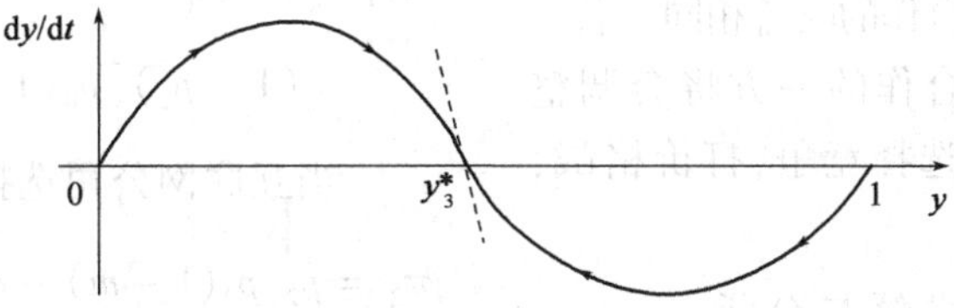

图3 出行方式选择比例的复制动态相位($0 < y_3^* < 1$)

若想使常规公交和定制公交合理分担客流，需要保证两种公交方式都有一定数量的乘客选择，以激发正向交叉网络外部性。在其他参数不变的情况下，两种公交对于乘客分担率的初始值将会对演化结果造成较大的影响。

3　公交集团与互联网公司博弈模型的构建与分析

3.1　模型假设

定制公交是公交集团或互联网公司根据出行者需求及客流情况开设的特定公交线路,主要服务于居民通勤。互联网公司与公交集团博弈时,二者有相同的收益函数形式,设互联网公司与公交集团的收益函数均为收益 = 票价收入 - 运营成本 + 市场效益,即:

$$\pi = p_0Q - cQ + kQ \tag{7}$$

式中:p_0——乘坐定制公交收费单价;

k——市场份额单价;

c——运营成本单价,设互联网公司提供一条定制公交线路的成本单价为 c_1,公交集团提供一条定制公交线路的成本单价为 c_2;

Q——客流需求,其表达式为 $Q = Q_0 + \alpha \times \text{discount} \times p_0$,其中 Q_0 为没有折扣情况下的客流,discount 为票价折扣。

3.2　博弈模型构建及分析

在互联网公司与公交集团博弈过程中,其主要目的均为最大化收益,以此为基础,构建博弈模型。

在实际情况中,面对同质商品,出行者往往倾向于选择价格更低的商品,因而票价折扣会较大影响客流需求。为了争夺先机,抢夺市场,各个集团往往会通过折扣票价的方式吸引出行者。设互联网公司票价折扣为 a ,公交集团票价折扣为 b 。

由于交通集团与互联网公司在提供定制化公交出行服务方面具有不同优势,考虑到发展市场,博弈双方可选择竞争抢占市场份额或合作达到双方共赢。若选择合作,设互联网公司合作成本为 c_3,交通集团合作成本为 c_4,两个主体的折扣均为 $m(a < m < 1$ 且 $b < m < 1)$。建立公交集团与互联网公司的收益矩阵,如表 2 所示。

公交集团与互联网公司的收益矩阵　表 2

互联网公司	公交集团	
	竞争	合作
竞争	$([p_0(1-a)-c_1+k](Q_0+\alpha ap_0),$ $[p_0(1-b)-c_2+k](Q_0+\alpha bp_0))$	$([p_0(1-a)-c_1+k](Q_0+\alpha ap_0),$ $[p_0(1-m)-c_2+k](Q_0+\alpha mp_0)-c_4)$
合作	$([p_0(1-m)-c_1+k](Q_0+\alpha mp_0)-c_3,$ $[p_0(1-b)-c_2+k](Q_0+\alpha bp_0))$	$([p_0(1-m)-c_1+k](Q_0+\alpha mp_0)-c_3,$ $[p_0(1-m)-c_2+k](Q_0+\alpha mp_0)-c_4)$

根据收益矩阵对公交集团和互联网公司收益情况进行分析,对于公交集团而言,当合作成本 $c_4 = p_0(b-m)(b+m-1+c_2-k+p_0Q_0)$ 时,公交集团选择竞争或者合作的收益相同;对于互联网公司而言,当合作成本 $c_3 = p_0(a-m)(a+m-1+c_1-k+p_0Q_0)$ 时,互联网公司选择竞争或者合作的收益相同。若一方选择竞争一方选择合作,合作的一方将会调整策略,转为竞争。若两方均选择竞争,打价格战,将不利于经营者综合效益。

3.3　混合策略博弈求解与分析

当博弈双方的策略具有一定概率时,构成混合策略博弈,当博弈主体备选策略的收益均相同时,达到混合策略纳什均衡,结合收益矩阵,可求解混合策略博弈纳什均衡解。假设互联网公司选择竞争的概率为 p_1,选择不降价的概率为 $1-p_1$;公交集团选择合作的概率为 p_2,竞争的概率为 $1-p_2$ 。

当互联网公司选择竞争策略时,期望收益为:

$$\pi_1 = p_2[p_0(1-a)-c_1+k](Q_0+\alpha ap_0) + (1-p_2)[p_0(1-a)-c_1+k](Q_0+\alpha ap_0)$$

当互联网公司选择合作策略时,期望收益为

$$\pi_2 = p_2[p_0(1-m)-c_1+k][(Q_0+\alpha mp_0)-c_3] + (1-p_2)[p_0(1-m)-c_1+k][(Q_0+\alpha mp_0)-c_3]$$

$\pi_1 = \pi_2$ 时,由于达到混合策略的纳什均衡,因此无最优概率。

当公交集团选择竞争策略时,期望收益为:

$$\pi_3 = p_1[p_0(1-b)-c_2+k](Q_0+\alpha bp_0)+(1-p_1)[p_0(1-b)-c_2+k](Q_0+\alpha bp_0)$$

当公交集团选择合作策略时,期望收益为:

$$\pi_4 = p_1[p_0(1-m)-c_2+k][(Q_0+\alpha mp_0)-c_4]+(1-p_1)[p_0(1-m)-c_2+k][(Q_0+\alpha mp_0)-c_4]$$

$\pi_3 = \pi_4$ 时,由于达到混合策略的纳什均衡,因此无最优概率。

因此,在公交集团与互联网公司争夺定制公交市场和收益的过程中,双方的博弈策略均会依据企业处境进行调整。当两方均选择竞争,一味地降低票价以吸引乘客,虽然可以快速达到占领市场的目的,但会极大影响公司的正常经营。而当一方选择竞争一方选择合作,由于合作方的票价折扣低于竞争方,出行者将更倾向于选择竞争方提供的定制公交服务,此时合作方额外支出了合作成本,导致合作方的收益减少,合作方将会改变策略,转向竞争。并且若一方在市场争夺战中胜出,垄断市场,也将受到政府监管与限制。仅当两方都选择合作策略时,才可以保证双方利益最大化,使得行业内竞争具有有序性。在市场达到一个相对稳定的状态后,双方的降价行为必定不会持续,可以适当回调价格,保证收益。

4 结语

本文基于博弈论视角,分别构建了出行群体的演化博弈模型以及公交集团与互联网公司的博弈模型,探讨如何促进定制公交市场发展,得到以下结论:

(1)通过出行群体演化博弈模型求解结果分析可知,乘客乘坐定制公交受到诸多影响因素的影响,如车站间距、运行速度、票价、服务质量等。为促进定制公交这一新兴交通方式的发展,提供该服务的企业可以考虑从以下方面进行改善,比如在保证服务质量的前提下,合理设置车站间距,适当降低价格以吸引更多出行者选择定制公交。

(2)在公交集团与互联网公司博弈过程中,为了抢夺市场,两方均会以乘车折扣优惠吸引出行者。当两者持续让利,不计成本,将对企业运营造成损害。公交集团在车队管控方面具有优势,而互联网公司拥有平台和技术优势,两者互相合作才是发展定制公交的最优策略。若两者进行合作,共同约定一个合理的折扣范围,以吸引出行者从其他交通方式转向定制公交,并充分发挥各自优势,则可以达到共赢。在定制公交成功推向市场后,逐渐提升乃至稳定价格。

本文为如何发展定制公交市场提供了一定的理论参考,从博弈论角度,探讨出行者选择该方式通勤的影响因素,但服务质量这一因素还未得到量化,此外出行者的出行距离以及其他出行者特征对于选择定制公交这一出行方式的影响还有待进一步讨论。

参考文献

[1] Zhou Y, Hong S K, Schonfeld P, et al. Subsidies and Welfare Maximization Tradeoffs in Bus Transit Systems [J]. The Annals of Regional Science, 2008, 42(3): 643-660.

[2] Kim M, Levy J, Schonfeld P. Optimal zone sizes and headways for flexible-route bus services[J]. Transportation Research Part B: Methodological, 2019, 130: 67-81.

[3] 涂文苑. 定制公交的线网规划研究[D]. 北京:北京交通大学,2016.

[4] 李伟. 北京南站"互联网+"定制公交运营方案优化研究[D]. 北京:北京交通大学,2020.

[5] 陈汐,王印海,刘剑锋,等. 多区域通勤定制公交线路规划模型及求解算法[J]. 交通运输系统工程与信息,2020,20(04):166-172+186.

[6] 李娜. 城市定制公交定价方法研究[D]. 重庆:重庆交通大学,2018.

[7] 焦柳丹,朱影含,吴雅,等. 基于演化博弈理论的城市轨道交通高峰票价定价研究[J]. 重庆交通大学学报(自然科学版),2021,40(08):42-49.

[8] 宗芳,隽志才,张慧永,等. 出行时间价值计算及应用研究[J]. 交通运输系统工程与信息,2009,9(03):114-119.

基于完全信息动态博弈的出行路径选择分析

向宏杨*
(长安大学运输工程学院)

摘　要　“当斯定律”反映了城市交通中“越修越堵”的一种社会现象。本文从博弈论的角度分析当斯定律背后的原因,通过建立完全信息动态博弈模型并求其子博弈完美纳什均衡,解释了新建道路对出行路径选择的影响。研究结果显示,先出行者群体与后出行者群体会达成一种互不干扰的平衡;提出了基于完全信息动态博弈的出行路径拥堵改善措施,并给出了情景案例进行计算验证。

关键词　交通拥堵　博弈论　完全信息动态博弈　出行路径选择　当斯定律

0　引言

随着时代的发展,出行需求的增加让城市交通拥堵成为了困扰整个社会的难题。尽管政府为缓解交通拥堵不断地新建或扩建城市道路,但收效甚微,很多时候会陷入“越修越堵”的怪圈,造成这种现象的一大原因就是出行者的路径选择行为:当多数出行者选择了同样的出行路径从而导致路段交通量增大、超过路段负荷时,便极易引起交通拥堵。因此,研究出行者的路径选择行为就显得尤为重要。

国内外现有的路径选择研究通常是从建立仿真模型的角度来考虑的。蔡圣晔[1]分析了个体偏好在路径选择行为中的作用反馈机理,并建立基于个体偏好的路径选择学习行为模型;张薇[2]基于多Agent仿真建模方法对ATIS条件下出行者的路径选择及在途调整行为进行了研究,构建了在途路径调整下的出行者路径选择模型;翁敏等[3]在讨论公交网络特性的基础上,基于结点弧段有向线描述了公交网络的数据组织,研究综合换乘次数及距离因素的出行路径选择模型;王卫卫等[4]建立了VMS诱导条件下驾驶员改变路径频率的有序多分类Logit模型;栾琨等[5]提出了基于随机后悔最小化的出行路径选择行为分析模型,结合算例对比分析随机效用最大化模型和随机后悔最小化模型用于出行路径选择结果的异同。

事实上,出行路径选择行为本质上是一种决策行为:出行者可以看作决策者也即博弈分析中的局中人,而局中人博弈的目的为最大化自己的收益(即最小化出行时间),每个局中人的决策都会对自己以及其他局中人的收益产生影响,这说明出行路径选择问题非常适合用博弈论进行研究。目前,虽已有部分学者将博弈论运用到交通运输领域,但研究领域都偏宏观[6],且大部分研究都集中于运输企业、政府、出行者个人三者之间的博弈[7-10],缺乏路径选择行为的研究。本文采用博弈论来研究新建道路对出行者路径选择行为的影响。

1　“当斯定律”与新建道路对路径选择行为的影响

1.1　“当斯定律”

美国公共政策与公共行政管理学者安东尼·当斯(Anthony Downs)提出的“当斯定律”描述了这样一种常见的社会现象:政府为缓解交通拥堵不断地新建或扩建城市道路,道路通行能力在提高,而民众却感到处处都在出现交通拥堵,而且是越来越严重。

通常对当斯定律的解释集中于交通供需方面,即在政府对城市交通不进行有效管制和控制的情况下,新建的道路设施会诱发新的交通量,而交通需求总是倾向于超过交通供给。从博弈论的角度来看,由于重新选择路径意味着出行者之间存在着路径选择的博弈行为,故当斯定律也可以从博弈论的角度来解读。

1.2　新建道路对路径选择行为的影响

当城市中出现一条新建道路之后,对于出行

者而言就出现了一个路径选择的决策问题:由于新建道路的行车条件一般较好,选择新建道路一般会缩短出行时间,于是大部分出行者会倾向于选择新建道路;但同时,由于道路的出行时间会随着拥堵程度的增加而变大,当大部分出行者都选择了新建道路后,新建道路就会出现拥堵从而导致出行时间增加。因此,对于管理者而言,当路网中出现新建道路后,如何避免大部分出行者选择同一道路,从而使得出行时间最小化,就是一个值得研究的问题。后文将建立完全信息动态博弈的模型来分析新建道路对于出行者路径选择的影响。

2 完全信息动态博弈的模型建立

2.1 模型建立的前提假设

模型的假设如下:

(1)将具体路网中的出行路径选择问题抽象为 O(起点)、D(终点)两点间的出行路径选择问题。

(2)假设所研究的路网中,存在一条新修建的道路,除新建道路外,其余道路被抽象为一条老路,即 O、D 两点间只有两条路径可供选择,分别设为路径 L_1(老路)与 L_2(新路),且这两条道路的长度相差不大,如图 1 所示。

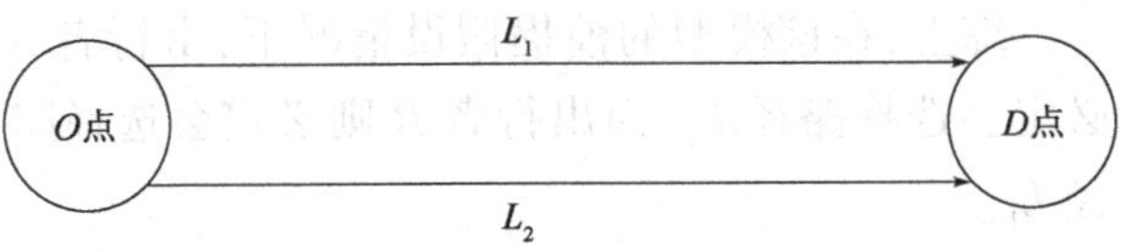

图 1 出行路径选择问题的简化模型

(3)由于所有的出行者并不是在同一时间做出路径选择,必定存在先后顺序,为研究方便,将一定时间段内的所有出行者按照路径选择顺序的先后分为先出行者 A 和后出行者 B。在博弈过程中,A 先选择路径,B 后选择路径。

(4)美国道路局开发的 BPR 函数表征了路段阻抗与路段流量之间的函数关系,如公式(1)所示。

由于 BPR 函数指出,路段的出行时间会随着路段流量的增大而增加(即出现拥堵情况),故假设路径 L_1 和 L_2 在只有一个出行者选择该路径时(即不拥堵时)的出行时间分别为 T_1 和 T_2,在两个出行者都选择该路径时(即拥堵时)的出行时间分别为 T_3 和 T_4。同时,由于 L_1 与 L_2 道路长度所差不大,且 L_2 为晚于 L_1 修建的一条新路,故 L_2 整体的道路状况略优于 L_1,使得其出行时间 $T_2 < T_1$,$T_4 < T_3$,且拥堵状况下的出行时间远大于非拥堵,故出行时间的大小关系为:$T_2 < T_1 < T_4 < T_3$,出行时间越长,对局中人而言收益越小。

$$t_a = t_a^0\left[1 + \alpha\left(\frac{V_a}{C_a}\right)^{\beta}\right] \tag{1}$$

式中:t_a——路段 a 的阻抗函数(出行时间);

t_a^0——路段 a 的自由流出行时间;

V_a——路段 a 的交通流量;

C_a——路段 a 的交通容量;

α,β——阻滞系数,一般取值分别为 0.15 和 4。

(5)出行者 A 和 B 都是完全理性的,都是使自己出行时间最短为目的。

(6)出行者 A 和 B 双方可清楚地了解对方能选择的策略及收益。

2.2 博弈过程分析

由前述模型假设可知,在一次出行中,起点为 O 点,终点为 D 点,且 O、D 两点间仅有两条道路可供选择,所有的出行者被抽象地看作出行者 A 与出行者 B。A 先在路径 L_1 或 L_2 中选择一条出行路径,然后 B 选择一条出行路径。由于 A 和 B 的路径选择结果会对二者的出行时间产生影响,故二者之间存在博弈行为,且此博弈属于完全信息动态博弈,博弈过程分析如下:

在出行路径选择博弈中,先出行者 A 仅有一个信息集,有 2 个策略可供选择:

(1)为缩短出行时间,选择新建道路 L_2。

(2)保持原来的出行路径选择,即选择 L_1。

在先出行者 A 选择路径后,后出行者 B 有两个信息集,且有 4 个纯策略:

(1)老路策略:无论 A 选择哪条路径,B 均选择老路即 L_1。

(2)新路策略:无论 A 选择哪条路径,B 均选择新路即 L_2。

(3)追随策略:若 A 选择 L_1,则 B 也选择 L_1;若 A 选择 L_2,则 B 也选择 L_2。

(4)避堵策略:若 A 选择 L_1,则 B 选择 L_2;若 A 选择 L_2,则 B 选择 L_1。

其扩展型博弈的博弈树如图 2 所示。

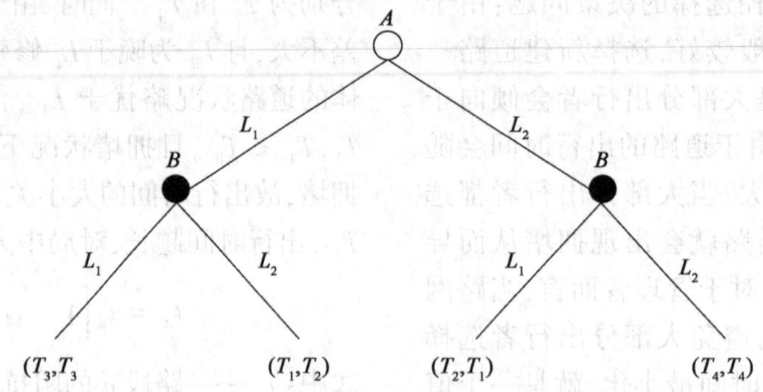

图2　扩展型博弈的博弈树

其表格形式见表1。

扩展型博弈的收益矩阵　　表1

出行者 A	出行者 B(A 选择 L_1 时的 B 决策,A 选择 L_2 时的 B 决策)			
	(L_1,L_1)	(L_1,L_2)	(L_2,L_1)	(L_2,L_2)
L_1	T_3,T_3	T_3,T_3	T_1,T_2	T_1,T_2
L_2	T_2,T_1	T_4,T_4	T_2,T_1	T_4,T_4

对收益矩阵利用划线法进行分析,如表2所示。

扩展型博弈的分析结果　　表2

出行者 A	出行者 B(A 选择 L_1 时的 B 决策,A 选择 L_2 时的 B 决策)			
	(L_1,L_1)	(L_1,L_2)	(L_2,L_1)	(L_2,L_2)
L_1	T_3,T_3	T_3,T_3	T_1,T_2	T_1,T_2
L_2	T_2,T_1	T_4,T_4	T_2,T_1	T_4,T_4

由划线法的结果可知:

(1)存在4种均衡解,且均衡解之间的结果不同。

(2)不同均衡解可能对应了相同的收益。

然而事实上,4个均衡解中存在不合理的均衡解,需要剔除。对于$(L_2,(L_1,L_1))$而言,无论A选择哪条路径,B均选择L_1,这显然是不合理的,因为若A选择L_1,B再选择L_1的收益只有T_3,而选择L_2的收益则有T_2,故该策略是不可置信的,不是合理的纳什均衡,需要剔除。同理可得$(L_1,(L_2,L_2))$也不是合理的纳什均衡。经过分析,合理的纳什均衡只有两组,即$(L_1,(L_2,L_1))$和$(L_2,(L_2,L_1))$。

上述剔除不合理均衡解的过程只考虑了出行者B的决策,下面考虑出行者A的决策是否合理。若A选择L_1,则由于B是理性的决策者,故A可以预见B一定会选择L_2,此时A的收益为T_1;同理,若A选择L_2,则A可以预见B一定会选择L_1,此时A的收益为T_2。显然,对A而言,A一定会选择出行路径L_2,所以$(L_2,(L_2,L_1))$才是最终可置信的纳什均衡解,此均衡解即为该完全信息动态博弈的子博弈完美纳什均衡。

综上,在该模型的前提假设情况下,出行者A必定会选择路径L_2,而出行者B则必定会选择路径L_1。

3　基于完全信息动态博弈的出行路径拥堵改善措施

以上的博弈分析过程描述了路网中出现的新建道路是如何影响出行路径选择行为的:路网最终会达到一个平衡,即一部分出行者选择新路,另一部分出行者选择老路,两者互不干扰,然而实际情况并非如此。造成这种理论与现实之间差异的原因除了前文中所提到的诸如交通供需的变化之外,另一个重要原因就是上述博弈分析有着一个重要的前提假设,即出行者A与B均完全了解对方能选择的策略及收益且明确自己在博弈过程中所扮演的角色。事实上,出行者很难做到完全了解这一信息,因为出行者在选择路径时并不知道自己是先出行者还是后出行者,进而也就无法得知出行时间相对较短的道路是否已经被大部分出行者所选择(即开始进入拥堵阶段),于是出行者只能盲目地选择出行路径,从而导致道路交通的拥堵发生。

因此,为了缓解由于出行路径选择冲突而导致的交通拥堵,最佳措施为如下两点:

(1)由相关部门主导,及时发布实时路况等出行信息。

(2)诱导后出行者去往较少人选择的路径,使出行者尽量不要出现“扎堆”。

由于缺乏充分的出行信息,出行者可能会选择已经开始进入拥堵阶段的道路,导致交通拥堵进一步恶化;但若出行者在选择路径前就已获知相关道路的实时路况等出行信息,则出行者必然会选择相对不拥堵的路径。

4 案例分析

如图3所示,某城市存在甲、乙两个交通小区,其中甲为居住区,乙为商业区。甲、乙间存在一条道路连通,其流量为零时的出行时间(零流阻抗)为30min,通行能力为1500pcu/h。由于道路通行能力不足,为缓解居民出行拥堵,政府决定于甲、乙两地间新建一条道路,两条道路距离相近,但由于新路路况好,行驶速度略快,其零流阻抗为27min,通行能力为2000pcu/h。此时,对居住区甲的居民而言,出发前往商业区乙时便存在两条道路可供选择。

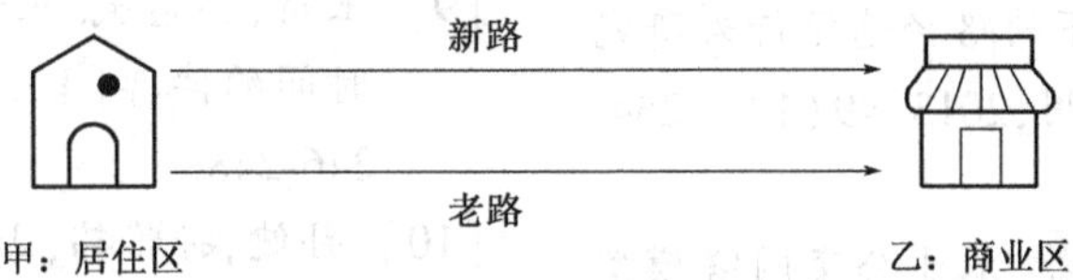

图3 简化的案例分析

早高峰期间内,居住区甲共有2000辆小汽车准备出发前往商业区乙,由于出行存在先后顺序,出行群体被平均分为两个部分,其中A群体略早于B群体驶出居住区甲,故A群体先选择路径。此时,前述模型中的T_1为30min,T_2为27min,T_3根据公式(1)计算为34.5min,同理可得T_4为31.05min,满足$T_2 < T_1 < T_4 < T_3$。

对管理部门而言,可选择发布路径诱导信息,使出行者分别选择不同的路径而避免拥堵;也可以任由出行者自由选择路径,下文分别讨论两种情况。

4.1 发布路径诱导信息

政府选择发布路径诱导信息后,后出行的B群体可以及时获知路段拥堵情况,故而避免和A群体选择同样的路径,而根据前文第2小节的分析,这种情况下A、B两个群体的博弈会形成完全信息动态博弈,最终A选择新路且B选择老路。此时T_2为27min,T_1为30min,系统总出行时间为$1000 \times 27 + 1000 \times 30 = 57000$pcu×min。

4.2 不发布路径诱导信息

此时A、B两个群体各自以50%的概率随机选择一条出行路径,可得如表3所示的分布列。

路径选择分布列 表3

出行时间	T_3, T_3	T_4, T_4	T_1, T_2	T_2, T_1
概率P	0.25	0.25	0.25	0.25
总出行时间(pcu×min)	69000	62100	57000	57000

此时可计算得出系统总出行时间的期望值为61275pcu×min。

综上所述,当管理部门选择发布路径诱导信息时,可显著降低整个交通系统的总出行时间,缓解因路径选择的冲突而造成的交通拥堵现象。

5 结论与展望

针对城市新建道路带来的“越修越堵”的问题,本文从博弈论的角度给出了一种解读,建立了完全信息动态博弈模型并给出了子博弈完美纳什均衡,研究结果显示新建道路会对出行者的路径选择行为产生一定影响,且在理想情况下出行者之间的路径选择会达到平衡状态;基于博弈理论的研究,给出了缓解由于出行路径选择冲突而导致的交通拥堵的措施,并以一个情景案例进行了计算验证。

研究成果对于理解“当斯定律”提出了一种基于博弈论视角的解读,同时在一定程度上揭示了出行诱导信息的重要性,对于管理部门的政策实施具有一定参考价值。不足之处在于,模型的建立比较理想化,实际情况则比较复杂,在复杂路网中的多路径选择博弈还有待进一步研究。

参考文献

[1] 蔡圣晔. 考虑驾驶员个体偏好的路径选择行为演化研究[D]. 西安:长安大学,2020.

[2] 张薇. ATIS信息诱导下的路径选择行为研究[J]. 计算机工程与应用,2013,49(13):234-236,257.

[3] 翁敏,毋河海,杜清运,等. 基于公交网络模型的最优出行路径选择的研究[J]. 武汉大学学报(信息科学版),2004(06):500-503.

[4] 王卫卫,赵小梅,李新刚,等. VMS对驾驶员路径选择影响的实证研究与建模[J]. 交通运输系统工程与信息,2013,13(03):60-64.

[5] 栾琨,隽志才,倪安宁. 出行路径选择的随机后悔最小化模型[J]. 交通信息与安全,2012,30(06):77-80.

[6] 刘芬芳. 基于完全信息静态博弈下的城市公交优先研究[J]. 交通科技,2008(05):83-85.

[7] 孙启鹏,王栋,许晓晴,等. 基于动态博弈的城市出租车投放量测算研究[J]. 交通运输系统工程与信息,2019,19(05):193-197,204.

[8] 代壮,陈汐,马晓磊. 基于合作博弈的公交滞站点优化模型[J]. 交通运输系统工程与信息,2019,19(05):135-141.

[9] 王靖,韩志斌. 基于静态博弈最后一公里配送时间的博弈[J]. 汽车实用技术,2019(16):246-248.

[10] 孙健,孙雅茹,山岩. 基于完全信息博弈下的公共自行车出行方式研究[J]. 汽车实用技术,2018(17):182-184.

基于寒区智慧高速准全天候通行的建设思考与研究

齐志刚　吕　超*

(黑龙江省交投信息科技有限责任公司)

摘　要　本文以高寒地区智慧高速的建设方案为依托,分析高寒地区高速公路在冬季受冰雪天气的影响,提出利用气象大数据分析手段研究车辆在冰雪路面的最大安全速度,实现在冬季冰雪天气下的寒区高速公路不封路及安全驾驶,探索开辟寒区智慧高速公路准全天候通行的建设方式。

关键词　智慧高速　寒区　冰雪天气　安全速度　准全天候通行

0　引言

近年来,国家相关部委陆续推出《交通强国建设纲要》《数字交通发展规划纲要》《关于推动交通运输领域新型基础设施建设的指导意见》等有关交通强国、智慧交通等政策性文件。先后提出分两个阶段、到21世纪中叶打造“三张交通网”“两个交通圈”,建成交通强国的总体规划[1-2]。提出大力发展智慧交通,推动大数据、互联网、人工智能、区块链、超级计算等新技术与交通行业深度融合。推进数据资源赋能交通发展,加速交通基础设施网、运输服务网、能源网与信息网络融合发展,推进车路协同等设施建设,推动公路感知网络与基础设施同步规划、同步建设,在重点路段实现全天候、多要素的状态感知。依托重要运输通道，推进智慧公路示范区建设。

2021 年 2 月中共中央、国务院印发《国家综合立体交通网规划纲要》，提出加快提升交通运输科技创新能力，推进交通基础设施数字化、网联化[3]。加快既有设施智能化，利用新技术赋能交通基础设施发展，加强既有交通基础设施提质升级，提高设施利用效率和服务水平。随着我国经济高速发展，科技水平不断增强，城市化进程飞速发展，人民物质生活水平迅速提高，车辆拥有率稳步上升，购物方式更趋向于网购，旅游等精神层面的生活更加丰富，传统的高速公路已经无法满足人们的需求，亟待寻求一种新的解决方案。智慧高速在此背景下应育而生。智慧高速公路建设是建设交通强国标志性工程，是实现高速公路行业从高速增长阶段向高质量发展阶段转变的主要载体[4]。

1 寒区智慧高速的建设意义

我国的东北地区是亚洲与太平洋地区陆路通往俄罗斯和欧洲大陆的重要通道，冬季极寒的特殊环境导致道路交通事故频发，威胁着人民的生命财产安全，阻碍社会发展进步。为深入贯彻落实党中央、国务院、交通运输部对于智慧交通建设的要求，建设智慧高速，构建更加安全、可靠的道路环境，可以有效减少交通事故的发生频率，保障人民生命财产安全，推动社会发展进步，利国利民。

对于智慧高速的建设，国家虽然出台了多项利好政策，但是目前没有统一的技术指南和标准，如何建、建什么都是一段时间内智慧高速需要探索的重点，尤其是寒区智慧高速建设更是一个空白，所以本文展开关于寒区智慧高速建设的思考和研究，力争为高纬度极寒地区智慧高速建设探索出一条新路。

2 寒区智慧高速的建设内容

我国东北地区冬季时间长，降雪量大。进入冬季，高速公路经常出现因为冰雪等而封路的情况，这大大降低了高速公路的通行能力，为民众出行带来不便。所以建设寒区智慧高速第一个要解决的就是冬季出行的问题，打造极寒天气下的准全天候通行智慧高速公路，本着“少封路、不封路”的构想，通过智慧化手段，建立预防为主、常备不懈、各司其责、统一高效的管理机制，加快反应速度，提升极端天气下的道路通行服务[4]。主要思路如下：

2.1 建设全天候气象感知与预警系统

根据高速公路气象监测站网的布局需求，每 50km 建设一个气象监测站，结合路段自身的地形和观测条件，进行加密。观测要素应包括气温、湿度、风速、风向、能见度、地温。同时，根据交通部门需求，增加其他观测要素（如固态降水、天气现象、道路结冰等），数据采集频率为分钟级[5]。

短时强降水预报方法大致可分为两类，即基于数值天气预报的方法和基于雷达回波外推的预报方法。在数值天气预报中采用参数化的方法来考虑这些过程，但参数化方案仍有许多未解决的问题，如参数化方案不能考虑小微尺度的影响及其与大尺度的相互反馈作用，模式对参数化的差异过于敏感等，预报短时强降水尤其是 2h 以内的预报效果比较差，远不及基于雷达回波外推的预报方法。因此，目前最主流的短时强降水预报通常采用更快、更准确的基于雷达回波外推的预报方法。

近年来，随着深度学习的飞速发展，为基于雷达回波外推的预报方法提供了新的思路。如果构建一个合理的端到端模型，用足够的数据来训练雷达图，那么预报短临降水问题几乎就得到了解决。卷积神经网络是一类包含卷积计算且具有深度结构的前馈神经网络，是深度学习的代表算法之一，其具有强大的特征提取能力，被广泛用于图像识别领域。同时递归神经网络（RNN）和长期短期记忆（LSTM）模型能够有效处理时间序列，尤其是 LSTM 能够避免 RNN 的梯度消失和梯度爆炸现象。结合这两者的优点，采用卷积 LSTM 网络用于短时强降水预报[6]。

短时强降水预报主要利用深度学习的两大神经网络，结合雷达回波数据对强降雨进行早期预警。根据收集的大量连续雷达回波数据和时间信息，建立短临降水历史数据库。在已有数据的基础上，利用卷积神经网络和 LSTM 神经网络构建短临降水预报模型并进行训练。根据实时监测到的气象雷达回波图，对短、中、长时期内强降雨发生的强度和可能性进行评估预测。根据预测的结果发布强降雨预警信息。其具备计算速度快、预报实效性强、预报准确率高等优点。适用于 8h 内的局地强对流（闪电、雷暴、冰雹、强降雨）预报预警[7]。

2.2　建设全天候气象大数据平台

建设交通气象大数据计算云平台，与国家气象数据中心对接，获取全省气象基础数据，实现气象数据的自动、及时获取。整合交通气象监测站、气象台站、省气象局、国家气象局相关数据，实现数据多元化，对相关数据进行融合和统一。基于气象卫星、雷达监测、交通气象预报预警数据、路网基础数据及路网气象监测数据基础，系统通过对气象预报数据、路网数据及路网气象传感数据三种数据运用人工智能算法计算得出交通气象灾害风险；系统包括数据采集层、平台服务层、应用系统层、表现层；服务对象包括公路管理执法部门、运营单位、道路施工单位、物流业、客运业及个人用户等[8]。

交通气象大数据计算平台包括数据采集层、平台服务层、应用系统层、表现层，如图1所示。数据采集层包括交通气象预报数据采集模块、路网气象传感器数据采集模块、路网基础数据采集模块。平台服务层包括源数据预处理模块、大数据计算框架模块、数据存储管理模块。源数据预处理模块对数据采集层采集来的路网源数据、气象源数据进行清洗、筛选、整理；大数据计算框架模块对源数据预处理模块整理后的路网和气象数据进行匹配计算，计算后的数据进入数据存储管理模块。应用服务层为平台的服务形式。表现层为本平台在用户处的载体设备，查询、显示应用服务层所提供的数据信息。

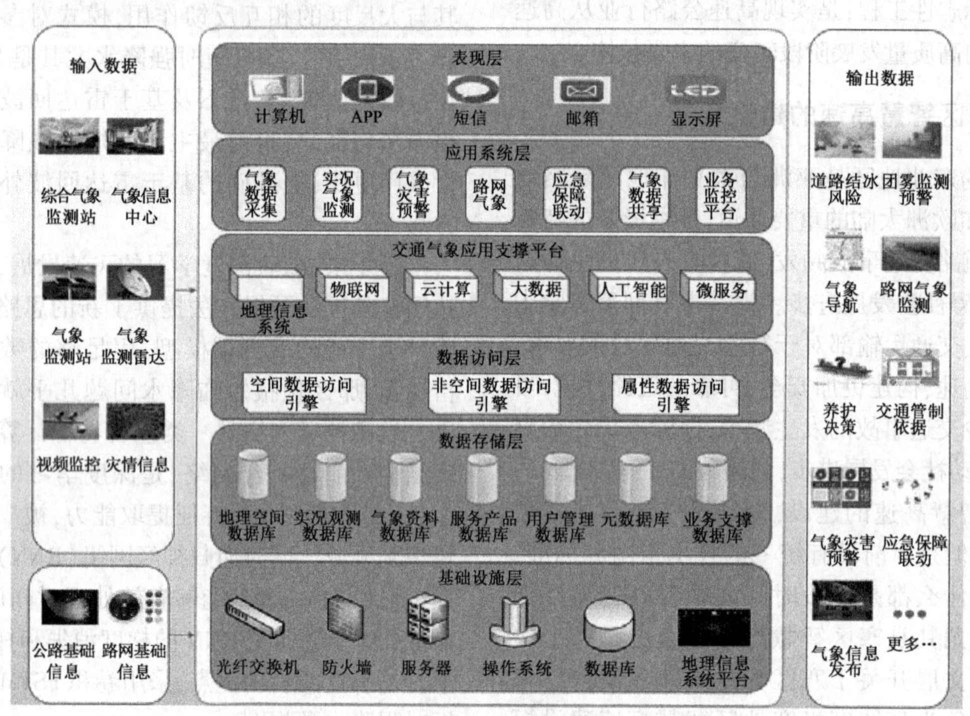

图1　系统架构图

基础层是支撑系统的基础服务，包括：网络链路、气象物联网传感器、云计算能力、大数据计算能力等。

数据层为平台提供数据支撑，气象卫星、雷达、预报数据获取于国家气象信息中心；路网气象监测数据获取自路网附近安装的气象观测站；路网基础数据获取自路网管理部门及地理信息进行企业。

平台服务层为平台的核心层对数据源数据进行预处理、清洗、整理等工作；运用大数据计算技术与人工智能算法进行运算处理，并提供后台管理及通用数据接口服务。

应用系统层为系统的服务形式，包括：用户登录系统后，按需获取不同的功能；地面气象站气象实况监测以散点数值形式在地图中显示；显示短临强对流及恶劣天气的预报信息，在地图上显示团雾多发区域点位数据、危险路段点位数据、公路收费口关闭/开启数据、路网基础数据；提供道路实况视频显示接口；提供商业智能显示接口；平台可以根据不同信息进行统计分析，可分别显示统计结果，并且可以将各种预报预警信息及时提供给用户[9]。

表现层:该层为系统的表现形式,可通过 APP、Web 或根据预报及预警的数值结合物联网技术,实现与物联网的嵌入式设备关联,结合路网自动化处置系统及路网可视标牌显示系统实现安全联动,并可将视频与数据相结合,形成叠加视屏输出。

2.3 展开冰雪极端天气下的车辆安全通行的研究

高速公路车辆的最大安全速度主要取决于道路线形与路面状态。在冰雪条件下,路面附着系数随雪况变化而改变。道路线形则取决于实地条件。如果道路附着系数降低,车辆行驶稳定性下降,制动距离大幅上升,因此必须低于常速行驶。利用道路气象监测设备检测道面状态、温度与气象条件等,判断路面冰雪状态[10]。根据不同路面的最大安全速度,划分限速区段,并布设检测器与可变限速指示牌。主控系统根据检测器检测到的实时交通状态数据,生成各个区段限速值,并通过可变限速指示牌显示。根据路面冰雪状况研究车辆行驶速度的智慧管控,为高速公路交通应急管理提供科学依据,有助于最大限度减轻冰雪天气对交通的不利影响,实现对冰雪条件下高速公路交通运行的科学管理[11]。

3 结语

以“智慧感知、智慧决策、智慧管控、智慧服务”为手段,实现极端天气下高速公路全天候零封闭高速的建设,科学助力高速公路的安全畅通,全面落实“数字交通”规划的要求,以气象为切入点,打造极寒天气下的准全天候通行智慧高速公路。

参考文献

[1] 中共中央,国务院. 交通强国建设纲要[A]. 2019.

[2] 交通运输部. 数字交通发展规划纲要[A]. 2019.

[3] 中共中央,国务院. 国家综合立体交通网规划纲要[A]. 2021.

[4] 浙江省交通运输厅. 智慧高速公路建设指南(暂行)[A]. 2020.

[5] 李松龄,裴玉龙. 冰雪路面公路平曲线路段限速仿真[J]. 哈尔滨工业大学学报,2012, 44(10), 66-69.

[6] 杨庆芳,张彪,韩振波,等. 冰雪天气下的区域交通状态实时判别[J]. 吉林大学学报(工学版), 2013,43(04):861-865.

[7] 程国柱,李惠,徐亮. 积雪路面特性分析及其造成驾驶员行车紧张性评价[J]. 吉林大学学报(工学版),2011,41(02):355-359.

[8] 邢恩辉,张明强,吴贵福,等. 寒地城市快速路冰雪路面交通流特性研究[J]. 佳木斯大学学报(自然科学版),2010,28(02):232-234.

[9] 才西月,刘锦河,王志涛. 冰雪路面平面设计指标取值的探讨[J]. 北方交通,2008(01):6-7.

[10] 白永清,何明琼,刘静,等. 高速公路交通事故与气象条件的关系研究[J]. 气象与环境科学, 2015, 38(02):66-71.

浅析智能交通背景下的城市公共交通发展

张婉宁* 王景荣
(长安大学)

摘 要 随着我国城市化进程的加快以及“十四五”规划纲要的施行,我国在已建成的城市公共交通系统的基础上大力发展城市智能交通、绿色交通,加快交通传统基础设施数字化改造,提升城市智慧化水平,加强城市公共交通建设,提高城市服务水平。交通智能化是解决城市公共交通问题的利器,但随着城市化的不断发展,智能交通的问题也随之诞生。本文在对智能交通相关政策、发展现状以及存在的问题研究分析的基础上提出针对性措施建议,对推动交通运输现代化、建设交通强国以及发展好智能交通有重要意义。

关键词　智能交通　公共交通　城市交通

0　引言

城市公共交通是城市服务水平及能力的重要体现,它与城市居民生活息息相关,并且对城市的经济发展有着重要的影响。发展公共交通有利于满足城市居民出行需求,加快城市化建设,带动城市经济发展,是实现城市可持续发展的重要抓手。

2021年3月,国家在"十四五"规划纲要中,明确提出打造城市智能交通、绿色交通等相关主题,加快交通传统基础设施数字化改造,推进新型城市建设,提升城市智慧化水平,优先发展城市公共交通[1]。我国近几年发布了多个推动和规范智能交通的政策:2018年9月,交通部颁发《交通运输行业研发中心管理办法》促进交通运输行业规范、科学、高水平发展[2];2019年9月,发布《交通强国建设纲要》统筹推进交通强国建设;2019年12月,交通运输部颁布《推进综合交通运输大数据发展行动纲要(2020—2025年)》推进交通治理能力与治理体系现代化建设;2020年交通部出台《交通运输"十四五"立法规划》计划到2035年,基本建成交通强国,到21世纪中叶建成交通水平位居世界前列[3-5]。

智能交通的一系列政策给我国智能城市交通提供了良好的发展环境,在技术、基础设施、人才队伍以及资金等方面的支持下,我国城市公共交通智能化进程不断加速,城市公共交通系统信息化不断提升,5G技术得到更广泛的应用,智能系统更加贴合实际需求。但是,随着智能化水平的提升,我国新的城市公共交通问题也逐渐浮现,因此,分析智能公共交通发展现状,找到存在的问题,并找到解决措施十分重要。

1　智能公共交通发展现状及问题

1.1　城市智能交通系统

智能交通系统应用初期,人们对智能交通的优势和作用的了解欠缺,智能交通设备使用效率低、智能化率低,没有完善的智能化系统,并且在城市建设过程中,所有的交通基础设施建设并没有考虑智能化的应用,因此基础设施整改难度大,容易造成资源浪费。

随着社会的快速发展、科技的不断进步以及5G技术的成熟,智能交通系统发展突飞猛进,尤其是在基础设施方面智能化水平不断提高。将实时监控应用于道路监测中,极大提高了道路安全性,有效降低交通事故发生率。如果将各种先进技术运用于智能交通系统中,并广泛应用于城市公共交通,可以提高城市交通整体服务水平和能力,使交通由高速发展向高质量发展转变。虽然我国在从第七个五年计划到第九个五年计划这十五年里在智能交通方面取得了不错的成绩,但是与国外已经开始将智能交通大规模应用于各个城市相比有一定差距,而且在先进技术应用方面与发达国家差距非常大[6-8]。

目前,我国许多城市都建立了智能交通系统,在政策及国家资金投入的推动下,在交通管理信息资源共享、部门智能化管理以及紧急救援系统方面初见成效,极大提高交通运输的质量,并且可以实时控制城市的道路和其他交通区域,同时还可以在各种高楼区域进行控制[9-11]。将实时监测系统应用于高速公路中,并且在收费站安装电子收费系统,可以实现自动收费并且可以不用停车直接通过,极大方便了出行,减少了停车收费造成的时间浪费,提高了收费站服务效率。智能交通系统在解决各种交通问题中发挥着至关重要的作用,在社会经济不断发展的过程中,智能交通系统还需不断完善和更新,探索出符合我国交通情况的智能交通系统变得尤为重要。

我国交通智能化、绿色化水平要要在21世纪中叶达到世界领先水平[12-13]。这是我国首次将"智能化"列入国家发展规划或者纲要中,这说明从此以后,智能交通系统具有战略意义,这对智能交通系统的发展提供了政策支持。

1.2　智能公共交通存在问题

交通智能化是解决城市公共交通问题的利器,随着5G大数据、车联网等技术越来越多地与交通融合,人们享受着更加优质的公共交通服务。但城市的智能交通管理仍然存在着许多问题,主要体现在技术和管理两大方面,在具体领域存在的问题如下。

1.2.1　智能公交系统存在问题

(1)公交系统智能化水平低。定制公交等服务模式对于传统固定式公交服务系统有更高要求,要求公交也可以实现动态需求响应、一体化,对智能化要求变得更高。

(2)网络服务范围不全面。在网络基站等设施的建设过程中,由于成本高昂、审批困难等问题,使得目前5G网络覆盖范围不广,有些地方并没有实现5G网络的全覆盖,这就使智能公交系统在应用过程中面临着极大困难。

(3)基础设施建设不满足。智能公交系统等基础设施升级改造困难,5G网络并没有大范围应用,基础设施建设不能满足智能公交所需的先天性条件,并且后期改造工程所花费的成本巨大。

(4)信息交流不通畅。各个系统单独运行,各个部门之间信息不畅通,数据信息不互通,难以形成高效、快速响应的智能公交系统,严重制约着智能公共交通的发展。

1.2.2 智能轨道快运系统存在问题

(1)由于受到城市规划的制约,智能轨道线路选择会受到影响,并且由于其依赖于专业车道,对车道要求较高,车站站台占地面积大,在普通的城市道路上建设及运行难度大。

(2)智轨在城区内运行开通难度大。由于受城市布局影响,道路宽度拓展困难,重新配置道路交通资源难度大,影响城区内其他车辆通行,易造成交通拥堵。

(3)智轨运量低、运行速度慢。智轨运量相较于公共交通有一定提升,但要增加智轨运量就需要加长智轨长度,这会影响城市交通,并且难以承载早晚高峰时期的客流。

(4)安全性不高,易引发交通事故。智轨运行很容易受到外在因素影响,比如行人以及社会车辆的干扰,都容易引发交通事故并且还会占用土地资源、道路资源,而且运行制度有待完善。对于制动驾驶车辆来说,自动驾驶技术尚未成熟,不确定因素带来的风险较高。

1.2.3 智能地铁系统存在问题

(1)东西部城市城市化进程差异太大,对于智能地铁的建设方案不成熟,因此造成建设进度十分缓慢,导致建设周期过长,成本压力过大,建设过程中对道路环境影响大。

(2)管理部门沟通不畅通。各个部门“各自为政”,各部门之间缺乏沟通,难以整合力量,各部门长处难以发挥,导致进程缓慢。

(3)对于智能化、信息化重视程度不够。由于智能化地铁对建设以及信息共享难度要求高,因此建设经验缺乏势必会造成资源浪费,导致建设进程缓慢。

2 智能公共交通发展对策及建议

2.1 智能公交系统对策

(1)对于技术应用情况进行阶段性评估,并且重视关键性技术的研发情况,及时跟进示范计划实施情况,针对智能公交系统提出与之相匹配的标准以及法律政策。

(2)整合公交系统数据,实现各个平台、部门数据共享,建立特定的公交大数据平台,对数据进行挖掘分析,发挥数据潜在作用,实现公交智能化发展,推动智能公交升级。

(3)促进企业之间相互合作,建立企业联盟。积极促进科研机构、企业、协会之间组成联盟,开展科学技术交流,建立企业之间合作机制,在重大方向上达成共识。

(4)鼓励自主创新,研发关键技术。发挥龙头企业带头作用,鼓励自主创新,积极推动创新成果转化。对于关键性技术研发成果给予支持,并积极推动成果落地,拓展技术应用范围。

2.2 智能轨道快运系统对策

(1)对于不同路段上的智轨,采取不同的建造形式,因地制宜,对专用车道进行合理布局规划。

(2)提高运营水平,对于客流量较大的区域可以配置专用车道,同时在一些交叉路口等可以通过设置信号配时的方式来避免交通拥堵。

(3)制定、完善政策法规,如公交优先政策等。

2.3 智能化地铁系统对策

(1)建立地铁大数据中心,对数据进行整合,来指导和优化设计及运维。提高各应用系统的数据和信息资源共享程度,进而提高地铁系统的智慧化程度。

(2)形成具有示范性的智慧地铁建设方案,并在行业内进行重点展示,以推进其他城市或其他线路的智慧地铁建设。

(3)大力推动高新技术和智能设备的应用,进一步拓展智慧地铁建设中高新科学技术的应用范围,进而真正实现智慧运营、智慧维保和智慧客服。

(4)除了标准之外,国家应该制定相应的激励政策,比如交通部推行公交都市并设一定的物质奖励,各城市申办的积极性比较高。

(5)国家层面的主管部门、协会、各地的甲方都要重视、循序渐进、整合资源,应选出范本统一标准,避免重复劳动。

3 结语

在信息高速发展时期,智能交通是传统交通与信息化时代融合的产物,并且可以从根本上解决一些传统意义上的交通问题,如交通拥堵、交通安全以及节能环保等。智能交通的发展,在推动我国建设交通现代化强国方面发挥着至关重要的作用。本文通过对智能化背景下的公共交通研究分析,从而给出对策与建议,为推动交通智能化发展、提高道路通行能力、缓解城市拥堵、节能环保提供了新的思路。智能交通在公共交通领域的应用应该因地制宜,探索出适合每个城市的智能交通系统,依靠智能交通解决城市交通问题才是重中之重,从而推动我国整个交通运输行业快速发展。

参考文献

[1] 汪光焘,王婷.贯彻《交通强国建设纲要》,推进城市交通高质量发展[J].城市规划,2020,399(03):31-42.

[2] 陈胜营.贯彻落实《交通强国建设纲要》奋力开创交通规划新局面[J].2021,681(02):20-21.

[3] 郑健龙,陈胜营,张劲泉.为建设交通强国努力奋斗—《交通强国建设纲要》专家谈[J].中国水运,2019,639(12):6-9.

[4] 岳建明.我国智能交通产业的发展及技术创新模式探讨[J].中国软科学,2012(09):188-192.

[5] 吴滨,韦结余.颠覆性技术创新的政策需求分析—以智能交通为例[J].技术经济,2020,39(06):185-192.

[6] 陆海英,丁铁成,杨岗.智能轨道列车综述[J].电子世界,2021(03):166-167.

[7] 黄天明,余晓丽,王晶.我国中小城市发展智能轨道快运系统探讨[J].综合运输,2021,43(05):16-23,29.

[8] 王刚.新一代智能地铁列车发布[J].现代城市轨道交通,2018(09):77.

[9] 史宇倩,温永杰,屈凯.城市智能交通发展现状和展望[J].科学技术创新,2020(01):104-105.

[10] 鲍晓东.智能交通系统的现状及发展[J].北京工业职业技术学院学报,2007(02):42-45.

[11] 金茂菁.我国智能交通系统技术发展现状及展望[J].交通信息与安全,2012,30(05):1-5.

[12] 刘英,云俊,李明伟.基于系统动力学的城市轨道交通经济效益分析——以上海轨道交通为例[J].数学的实践与认识,2016(19):125-132.

[13] 肖磊,郭洋洋,李文波.智能轨道快运系统功能安全研究[J].控制与信息技术,2020(01):62-65.

基于场景理论的新型智慧服务区建设策略研究

林荣杰 夏庆杨* 刘 哲

(交通运输部规划研究院)

摘 要 顺应新一轮科技革命和产业变革,加快推进新型智慧服务区建设已成为高速公路行业高质量发展的重要支撑。本文着眼服务区业务痛点问题,将场景理论应用于新型智慧服务区设计中,提出新型智慧服务区的7个应用场景、总体建设思路和系统框架,阐述了应用系统和终端系统设计思路,明确了推进新型智慧服务区的策略。研究成果对于进一步完善智慧服务区设计方法、推进信息技术与服务区业务深度融合具有一定的参考价值。

关键词 高速公路 建设策略 应用场景 智慧服务区

0 引言

高速公路服务区承载着重要的服务和保障功能,是高速公路重要的支撑,是提升驾乘服务的核心枢纽。随着经济社会发展,高速公路出行者对服务区的需求快速升级,日益增长的高速公路车流量也对服务区综合运营能力提出较大考验。2021 年,交通运输部印发的《公路"十四五"发展规划》《数字交通"十四五"发展规划》等文件均明确未来将重点推进高速公路智慧服务区建设。同时,交通运输部印发的《交通运输领域新型基础设施建设行动方案(2021—2025 年)》明确提出开展智慧公路建设行动,加快建设高速公路服务区综合信息平台,提升服务区智能化水平[1]。顺应新一轮科技革命和产业变革,贯彻落实行业规划政策要求,加快推进新型智慧服务区建设已成为高速公路高质量发展的重要支撑,是有效提升服务区管理和服务水平的关键引擎。

自"十二五"以来,全国各地陆续推进高速公路服务区信息化建设。综合国内外建设探索经验,逐步形成了以智慧化管理与服务需求为导向,以新技术应用支撑大数据平台构建,实现更先进的运营监管和公众服务的智慧服务区发展目标[2]。现阶段,我国服务区信息化建设基本覆盖了收银、监控、信息查询等方面[3],智慧服务区总体技术架构初步形成[4]。如山西省某智慧服务区提出了包括视频监控系统、智慧厕所系统等在内的智慧服务区 8 大应用系统,实现了对服务区数据的可视化管理[5]。此外,部分智慧服务建设还引入了智慧建筑的理念,将建筑物的结构、系统、服务和管理及其内在关系进行优化[6]。也有智慧服务区借助互联网思维开展数字化转型,以期为驾乘人员带来优质服务体验,拓展了新的增值盈利模式[7]。但是上述智慧服务区的设计方案多关注信息技术的应用,对业务特点和技术应用的融合分析还不够。本文将场景理论应用于新型智慧服务区设计中,提出新型智慧服务区的七大应用场景、总体建设思路和系统框架,更加充分衔接服务区业务需求和技术应用,研究成果对于进一步完善智慧服务区设计方法、推进信息技术与服务区业务深度融合具有一定的参考价值。

1 服务区业务现状及问题

服务区业务类型可分为商业经营、物业运行、驾乘服务、内控管理 4 个方面,具体包括规划投资和经营决策、日常监测和运营督导、建设及工程技术管理、安全防控与应急保障等,业务框架如图 1 所示。从分布特点来看,高速公路服务区沿高速公路建设,具有点多、线长、面广的特点。从经营特点来看,服务区有餐饮、餐饮辅助、百货等类别繁多的经营业态。从服务需求来看,服务区是高速公路运营部门与出行者交互的集中区域,服务区运营水平高低对驾乘人员出行体验影响显著。

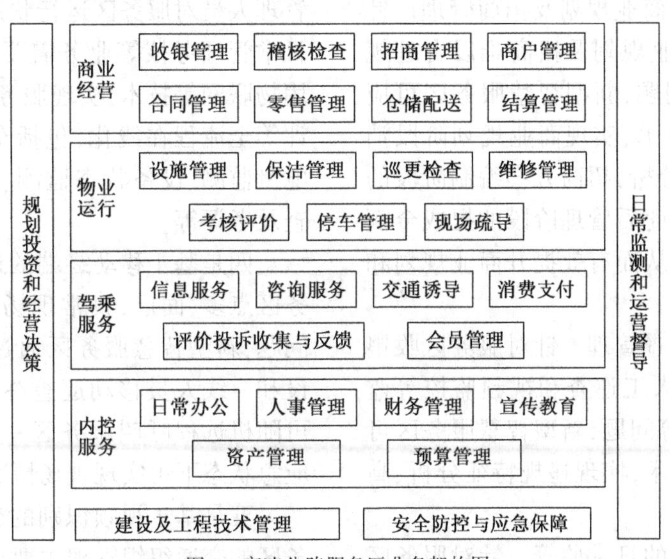

图 1 高速公路服务区业务架构图

当前,服务区运行主要存在以下问题:一是经营效率有待提高,商业管理缺乏决策支撑,收银规范性不足;二是驾乘服务体验有待提升,信息服务及时性、准确性不足;三是物业管理效率较低,日常维护与巡检难以考核,基层人手不足;四是应急保障体系尚未健全,智能监测预警能力不足。新型智慧服务区建设的根本目的在于着眼驾乘出行、内控管理、商业发展等方面的痛点问题,以新一代信息技术赋能服务区,提高服务区业务管理效率,提升驾乘高速出行的体验度。

2　新型智慧服务区应用场景设计

"场景"早期主要用于文艺作品中,泛指特定的时间、空间内发生的一定的行动或生活画面[8]。随着互联网等新一代信息技术发展,基于场景的设计思想在信息系统交互设计领域得到广泛应用,逐渐形成较为成熟的场景理论。人、行为、场景、技术是构成交互系统的四个要素[9],场景设计是信息系统交互设计中非常重要的环节。通过场景理论的应用,新型智慧服务区的设计重点,从研究系统平台的总体技术架构和功能模块,转变为研究服务区管理人员与驾乘人员在服务区的交互应用场景和流程,从而基于应用场景理论提出系统的技术框架,以应用场景的逐步实现推动技术支撑体系的逐步完善。应用场景设计成为牵引智慧服务区核心建设目标和内容设定的关键要素,更加注重技术与业务的融合,更加注重技术演进中整体业务目标的实现,更加具象化和系统化。

应用场景设计要充分衔接实际业务需求,关注技术成熟度和适用性,避免智慧服务区建设陷入简单技术堆砌的误区。本文在总结国内外智慧服务区建设经验的基础上,聚焦服务区业务痛点,以需求为导向,结合成熟可行的新兴技术,提出新型智慧服务区的 7 大应用场景(图 2)。

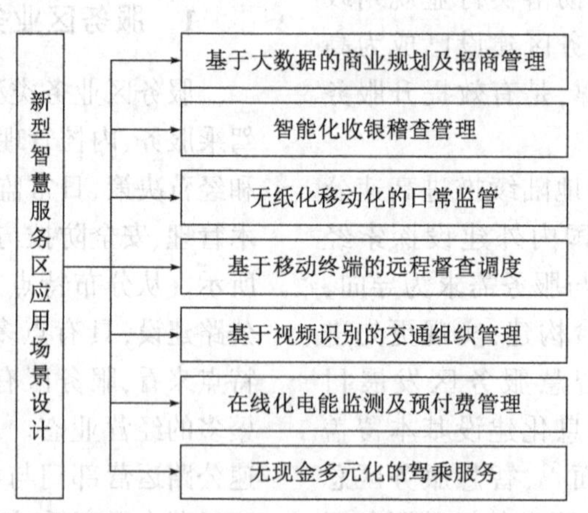

图 2　新型智慧服务区应用场景

一是基于大数据的商业规划及招商管理。针对服务区业态繁多、商业规划及招商难以合理规划布局和准确定价等问题,新型智慧服务区可应用大数据采集分析等技术,实现商业规划阶段消费热点分析、客流特征分析,招商方案编制阶段的项目综合情况分析及招商后管理阶段的提成金额提醒、合同到期预警等,从而有效提升商业规划和招商管理的准确高效性。

二是智能化收银稽查管理。针对服务区收银过程中的跑单、漏单及人工巡查和视频监控等监管方式成本高、效率低等问题,新型智慧服务区可应用视频切片叠加等技术,实现违规特征分析、高危场景自动切片比对等。

三是无纸化移动化的日常监管。针对服务区管理人员对服务区运行状态监测、商户经营管理、日常管理考核等业务需要,新型智慧服务区可应用物联网等技术,实现服务区监测、处置、管理、考评等全流程在线化,包括车流监测、客流监测、用电量监测、设备状态监测、消费情况监测、在线巡查及考评等。

四是基于移动终端的远程督查调度。针对服务区点多、面广,日常现场督导成本高、效率低等问题,新型智慧服务区通过远程督查调度系统建设和一线人员移动巡查终端的配置,日常状态下可随机远程呼叫服务区一线人员开展远程督查,应急状态下可实现现场情况采集和指挥调度。

五是基于视频识别的交通组织管理。当前服务区的交通组织管理主要依靠人工方式,效率低、问题发现不及时。新型智慧服务区通过视频识别等技术应用,实现车位情况监测、拥堵及不规范停车等异常事件预警、危险品车辆预警等。

六是在线化电能监测及预付费管理。电费成本是服务区的主要运营成本之一。新型智慧服务区通过智能电表等技术应用,可将商户电费的后付费模式转变为预付费模式,实现服务区能耗监测、商户电费充值、提醒、账单生成等。

七是无现金多元化的驾乘服务。构建无现金、全过程在线的"掌上服务区"驾乘服务应用场景,采用"1 + N"架构,建立驾乘服务信息分发主中心与地图导航、本地生活等 N 个互联网信息服务平台构建驾乘服务生态体系,由主中心向互联网应用分发服务区动静态信息,实现服务区导航、服务信息查询、在线预订、在线点单、在线支付、在线评价投诉等。

3 新型智慧服务区建设思路

新型智慧服务区的建设应着眼痛点问题,以商业效益为目标,以驾乘服务为中心,以应用场景为牵引,聚焦"数字化、平台化、移动化、智能化、生态化",加快新一代信息技术、互联网技术与服务区深度融合,整合线上线下资源,实现统一应用、统一数据、统一基础,构建新型智慧服务区的"四大体系"。一是构建高速公路服务区动态感知体系,实现车流、客流、消费流、商户、设施数据等核心要素数字化,整体实现服务区运行状态的实时动态监测。二是构建集约统一、动态更新、开放共享的高速公路服务区大数据资源体系,数据处理、分析、展示和共享能力有效提升。三是构建基于移动互联网的"掌上服务区"融合应用体系,实现服务区物业巡检、消费支付、运营分析、信息查询、用户评价等全业务全过程的数字化,实现基于动态数据的辅助决策支撑。四是构建高速公路服务区信息化基础支撑体系,技术保障能力进一步提升。

4 新型智慧服务区总体设计

基于新型智慧服务区应用场景设计及建设思路,本文提出新型智慧服务区的"六层次、三体系"总体框架,如图3所示。"六层次"包括展现层、应用系统层、数据资源平台层、基础支撑平台层、应急指挥场所层、外场终端层,"三体系"包括建设与运营管理保障体系、信息安全保障体系、标准规范保障体系。

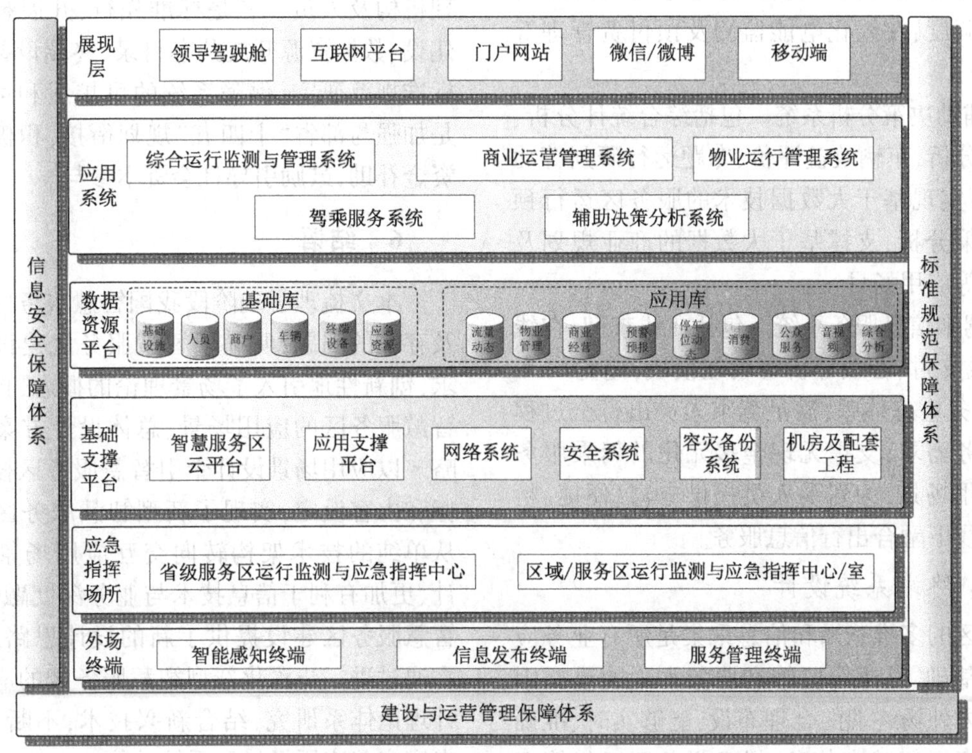

图3 新型智慧服务区总体技术框架图

4.1 应用系统设计

以"一个平台"为导向,按照"组件化、标准化、易扩展、易使用"的思路推进新型智慧服务区应用系统建设,主要包括综合运行监测与管理、商业运营管理、物业运行管理、辅助决策分析、驾乘信息服务五大系统。

(1)综合运行监测与管理系统。包括商业运行监测、流量运行监测、设施状况监测、综合展示、综合管理等功能模块,可整合接入消费、车流、客流、商户、设施、评价等服务区重点数据流,基于视频识别、预测预警、数据展示等技术实现对服务区综合运行状态的实时监测与预警管理,支撑无纸化移动化的日常监管、基于视频识别的交通组织管理等应用场景。

(2)商业运营管理系统。包括自营业务管理、招商管理、支付管理、经营分析等功能模块,可实现商业运营全流程电子化、可追溯、可统计,线上线下支付融合接入,支撑智能化收银稽查管理等应用场景。

(3)物业运行管理系统。包括设施信息管理、巡检管理、维修管理、综合评价等功能模块,可实现设备运行状况、人员管理、巡检记录、设施维修等物业管理要素的数字化,支撑基于移动终端的远程督查调度、在线化电能监测及预付费管理等应用场景。

(4)辅助决策分析系统。包括综合统计分析、客流效益分析、车辆效益评价、专题运行研判等功能模块,可实现基于大数据技术的服务区运行预测辅助决策分析,支撑基于大数据的商业规划及招商管理等应用场景。

(5)驾乘信息服务系统。包括在线查询、在线预订、在线支付、在线评价等功能模块,建立"1 + N"驾乘服务生态体系,满足驾乘人员出行全过程的信息服务需求,支撑无现金多元化的驾乘服务应用等应用场景,为驾乘人员提供丰富、便捷、精准的线上线下融合出行信息服务。

4.2 终端系统设计

服务区的多维感知和信息采集是所有业务应用系统的基础,是决定监管和服务水平的重要因素。通过内外场终端的合理布设,能够实时、准确获取服务区运行状态信息,提高服务区运行管理和服务保障处置能力。此外,对外信息发布需要及时、准确地向驾乘和现场工作人员反馈信息,需要通过合理的配置终端设备提升服务区精细化管理水平和精心化服务质量。

基于应用系统设计方案,本文提出新型智慧服务区终端系统建设内容,可分为智能感知类终端、信息发布类终端、服务管理类终端。智能感知类终端包括卡口车流量监测、外场视频监控、客流监控、热成像检测、用电量监测、发电机组监测、污水处理设备监测等设备,信息发布类终端包括停车位预警、停车诱导、信息发布屏、智能广播等设备,服务管理类终端包括智慧洗手间、自助收银、物业管理终端等设备。

5 新型智慧服务区推进策略

新型智慧服务区应从顶层设计、业务机制、标准规范、资金保障四个方面积极推进,以保障建设的整体性、有效性和可持续性。一是高度重视顶层设计。单个智慧服务区建设很难给驾乘人员出行体验带来质的提升,新型智慧服务区建设更应注重总体规划,保证智慧服务区建设连点成线,织线成网。二是全面梳理高速服务区在商业经营、物业管理、内部控制、驾乘服务等方面的业务框架及流程,准确把握业务需求及痛点,明确信息化管理机构及人员。三是标准先行,开展智慧服务区建设、数据资源开放共享目录、终端设备等方面的标准规范研究,保障系统的可扩展和可持续。四是加强与部省"十四五"规划衔接,积极争取部省资金补助,鼓励引导社会资本参与。

6 结语

本文梳理了现阶段我国智慧服务区业务现状及存在的问题,明确了智慧服务区建设的实际需求,创新性地引入了场景理论的概念,提出了新型智慧服务区的应用场景、总体设计方案和推进策略。以应用场景设计牵引智慧服务区核心建设目标和内容设定,实现了新型智慧服务区设计重点从单纯的技术架构转向交互应用场景和流程设计,更加有利于信息技术与业务深度融合,为新型智慧服务区建设提供了新的设计思路。后续,仍需通过进一步深化新型智慧服务区的应用场景设计理论体系研究,结合新兴技术,不断迭代升级,丰富完善应用场景和系统功能。

参考文献

[1] 中华人民共和国交通运输部. 交通运输部关于印发《交通运输领域新型基础设施建设行动方案(2021—2025 年)》的通知[A]. 2021.

[2] 王文熙,赖树坤. 数字经济时代智慧服务区建设与发展思考(总体篇)[J]. 中国交通信息化,2019(7):128-130.

[3] 卞军. 智慧服务区建设需求与设计理念浅析[J]. 中国交通信息化,2016(07):81-82+89.

[4] 邓仁杰,王少飞,谯志. 智慧高速公路服务区总体构思[J]. 公路,2017(11):140-145.

[5] 刘文辉. 智慧服务区信息化管理系统研究及应用[J]. 交通节能与环保,2021,17(04):60-63.

[6] 周诗钦. 基于智慧建筑理念的高速公路服务区设计研究[J]. 居舍,2020,(23):113-114.

[7] 徐海北. 江苏服务区的七个数字化转变[J]. 中国公路,2021(16):54-56.

[8] 沈贻炜. 影视剧创作[M]. 杭州:浙江大学出版社,2012.

[9] 李世国,费钎. 和谐视野中的产品交互设计[J]. 包装工程,2009,30(1):137-140.

智慧高速软件平台架构设计

高立勇[1] 许良灿*[2] 李耀华[3] 陈 琨[2] 张新虎[2] 张 伟[3]

(1. 山东高速基础设施建设有限公司;2. 交通运输部规划研究院;3. 山东高速集团)

摘 要 近年来,我国开展了大量的智慧高速公路建设实践。为保证高速企业的决策部署上下贯通、不同业务间横向协同以及"一数一源",以智慧高速建设更好地支撑业务开展,从全局出发,开展智慧高速软件平台架构设计势在必行。本文基于 TOGAF,梳理智慧高速软件业务范围,分析软件平台功能需求,确定智慧高速软件平台业务架构,提出面向不同层级的智慧高速软件平台系统架构。该架构设计对于保障智慧高速与业务紧密结合,提高管理效率,提高企业效益,具有良好的示范意义和推广应用前景。

关键词 智慧高速 软件架构 TOGAF 架构设计

0 引言

截至 2020 年底,我国公路总里程 519.81 万 km,其中高速公路 16.1 万 km,位居世界第一。随着土地、能源、环境、资金等约束日益趋紧,智慧高速承担着交通运输向高质量发展转变的重要角色,全国有超 6000km 高速公路已经和将要在部分路段开展智慧高速建设。

"十三五"时期,我国着力推进智慧高速公路建设,交通运输部组织开展"新一代国家交通控制网和智慧公路试点",以基础设施数字化等六个方向为主题,在北京、吉林、河北、河南、江苏、浙江、江西、福建和广东九个省份分别开展试点工作[1]。山东、四川、湖南、贵州等省份也开展了智慧高速公路的试点示范。

在标准规范指南方面,2020 年 3 月,浙江省交通运输厅发布《智慧高速公路建设指南(暂行)》,明确智慧高速公路的建设原则、目标和内容,提出了基本应用建设、创新应用建设、建设管理等方面的具体要求;2020 年 12 月,江苏省交通运输厅发布了《江苏省智慧高速公路建设技术指南》,规定了智慧高速公路建设的总体思路、全要素感知、全方位服务、全业务管理、车路协同与自动驾驶和支撑及保障;2021 年 2 月,宁夏回族自治区交通运输厅印发《宁夏公路网智能感知设施建设指南(试行)》,用于指导全区桥梁(隧道)健康监测设施、超限超载非现场执法设施、路网监测设施等智能感知设施的建设;2021 年 6 月,山东省交通运输厅印发《智慧高速公路建设指南(试行)》,对智慧高速公路总体架构、建设分类和智慧建养体系、智慧运营体系、支撑体系提供了建设指导与技术建议;河北、云南等省份也正在开展智慧高速建设指南的编制工作。

在相关研究方面,李捷介绍了依托物联网技术开发的高速公路机电设备智慧管养系统[1];赵琪等分析了智慧服务区的建设需求,设计了智慧高速公路服务区管控平台软件[2];王曙珲分析了目前智慧高速公路的功能需求,讨论了如何进行总体框架设计以及智慧高速公路的具体建设内容和应用效果[3];李旭辉结合智慧高速公路出行服务系统的实践,对构建新一代多维信息融合的智慧高速公路出行服务系统进行了研究[4];刘春舵等提出了具有集成性的高速公路智慧建设管理系统架构及其应用关键技术[5]。

从发展现状可知,智慧高速的建设往往是"一路一方案","重硬件、轻软件,重技术、轻机制"的问题比较严重,导致公路沿线简单堆砌了大量新技术新产品,缺乏面向行业痛点和实际需求的集成应用功能开发,综合应用效果不明显。在智慧高速软件相关研究领域,多集中在单个应用系统,对于不同系统之间、不同业务之间的协同,如何搭建智慧高速软件平台总体架构,缺乏进一步思考和深入研究。

2　业务分析

智慧高速的本质属性还是高速公路。围绕安全、便捷、高效、绿色、经济等公路运输服务需求,支撑高速公路"建好、管好、养好、运营好",要求智慧高速及智慧高速软件平台业务范围涵盖高速公路的建设、养护、运营、服务等全业务全流程。

高速公路建设领域,涵盖建设项目的规划、投资决策、前期管理、设计、建设管理、施工管理等业务,涉及高速企业总部建设管理部门及建设投资相关子/分公司;高速公路养护领域,涵盖对路基、路面、桥涵、隧道、交通工程及沿线设施等公路基础设施的日常养护和养护工程等业务,涉及高速企业总部养护管理部门及养护相关子/分公司;高速公路运营和服务业务关联性较强,通常由同一部门、子/分公司承担,涵盖联网收费、路网管理、应急调度、出行服务、服务区管理等业务,涉及高速企业总部运营服务管理部门及运营服务相关子/分公司。

3　架构设计方法

在设计方法的选择上,采用应用较为广泛的TOGAF(The Open Group Architecture Framework)架构设计方法(图1),全过程以需求管理为核心,从企业的战略愿景和业务愿景出发,通过业务架构规划,进一步确定信息系统架构、技术架构,结合现有的信息化基础,给出企业信息化建设方案。智慧高速软件平台建设要围绕高速公路"建设、养护、运营、服务"核心业务,重点开展智慧建设、智慧养护、智慧运营、智慧服务体系应用系统的建设(图2)。

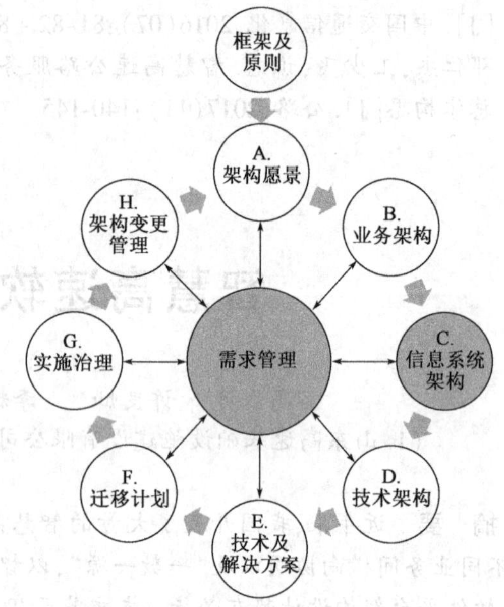

图1　TOGAF架构设计

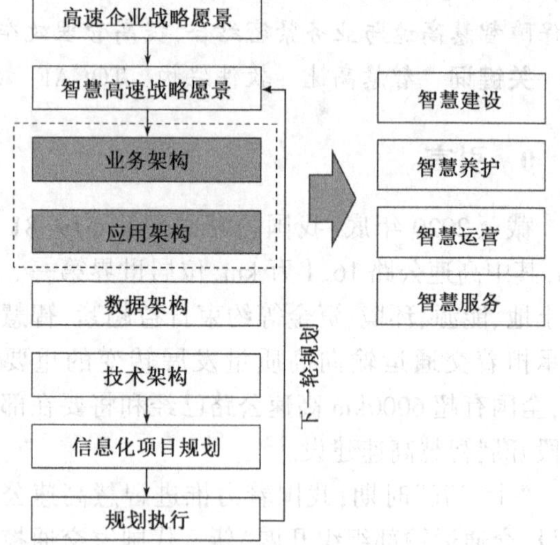

图2　基于TOGAF的智慧高速软件架构设计思路

4　需求分析

4.1　建设管理

4.1.1　建设项目管理

支持所有参建单位的业务协同,实现工程项

目前期管理、设计变更管理、计划进度控制、质量安全监督、成本投资控制、决策支持等涵盖工程建设项目全生命周期的管理功能,提升工程建设项目全过程、各阶段、各环节衔接能力。实现与企业总部相关系统对接,实现全过程数据交换共享。

4.1.2 前期与设计管理

依托 BIM + GIS 等技术,实现数字化成果的交付管理,辅助施工组织方案的论证和比选,对重要基础设施的建模参数进行管理,为智慧高速全周期数字化提供技术支撑。

4.1.3 工地管理

充分利用"互联网 + "技术,实现工地智能监控、移动考勤、人员定位、物料监管、设备监控、质量监管、安全监管、进度监管和扬尘噪声监测等功能,落实安全监管责任,提高工程建设单位对施工单位工程现场的远程管理水平和效率。基于 BIM 技术,实现预制构件自动化生产、预制构件信息跟踪和智慧梁场综合管理平台等功能。

4.2 养护管理

4.2.1 日常养护管理

加强面向企业、各子/分公司开展养护管理的相关功能,统一基础清单库、巡查派工及报表审批流程、报表格式,加强日常巡查病害自动识别及巡检报告自动生成,支持养护资金计划和实际实用的对比及关联分析。制订标准化数据接口,支持与养护决策、路网运行监测、出行服务等系统的对接。

4.2.2 养护决策

通过与养护管理、公路资产、检测管理等系统数据的对接,实现公路基础、历史交通量、历史公路检测、历史养护计划作业、历史养护工程等各类数据的汇聚,构建路面养护科学决策技术体系、路网级养护决策模型,推进项目级养护决策模型、路面典型病害智能诊断等技术研发,科学制订或优化公路全寿命周期养护计划,提高路网检测生产效率和养护科学决策水平。

4.2.3 基础设施监测

融合基础设施监测、气象环境、交通流量等多源数据,建设完善基础设施监测系统建设。推进公路技术状况评定系统集成,实现检测数据、路况评定数据的集成共享。构建多源异构数据融合的边坡服役性能智能感知体系,构建基于多维度、多指标的路面性能智能感知体系结构,探索基于数据驱动的桥梁监测模型,实现隧道病害的智能监测、预警及溯源分析。

4.2.4 机电运维管理

加强路段、隧道机电设施统一管理,实现备品备件出入库及库存管理、设备维修工单管理、日常维护管理、业务考核、数据统计分析等功能。系统还应该具备远程监测设备供电状态、通信状态、防雷器状态、机箱开门状态和箱内温湿度的能力。加强与运行管理以及企业财务管理、经营管理等系统的对接。

4.3 运营服务

4.3.1 路网管控

实现事件处置流程统一,加强不同地区不同路段之间的协同处置,以事件发现和事件处置为中心,建设集预警、指挥、调度、协调为一体的指挥调度系统。及时发现路网交通事件,根据预案快速处理相关信息,迅速调动相关资源,实现指挥方与执行方、各参与方之间信息的高效互动。实现全程跟踪记录,记录应急事件处理过程中的各类指令的执行情况,记录事件处置过程相关资料,便于开展后续评估改进。

4.3.2 联网收费管理

对门架、车道、网络、通行介质、服务器等各系统运行状态进行实时监测和报警,加强对交易、抓拍、车牌识别等各环节成功率、交易量、故障率等进行统计分析,提高系统运行稳定性。进一步丰富收费稽查手段,提升稽查效率,对接省联网中心、部联网中心,加强稽查、对账等业务的协同。

4.3.3 路网运行监测

依托视频云联网、交调等系统数据资源,整合各路段建设的各类监测设施,扩大感知范围和提升精度,构建统一的路网运行监测系统,通过智能化设备实时感知道路运行状态(道路实时拥堵状态、饱和度、车流量、平均车速等)、阻断信息(交通事故、管制和施工等)、基础设施状态信息(包括路基、路面、桥梁、隧道等基础设施信息和收费站、服务区等附属设施等)和路网环境信息(恶劣天气)

等,并进行数字化展示,在系统地图界面中直观展示交通事件的发生位置、影响范围、处理进度以及预计处理时间等信息,支撑管理人员制订道路管控措施。

4.3.4 出行服务

依托掌握的路况、客流、事件等各类信息,全面整合情报板、网站、两微一端、广播电台等各类信息发布方式,面向社会公众提供多种场景的出行信息服务。配合商业管理、客户管理等系统,逐步实现伴随式、精细化的信息服务。加强对以热线电话呼叫中心为基础的客服呼叫系统的集成整合,加强统一用户体系框架下的多源数据采集和大数据分析。

4.3.5 服务区管理

通过信息化技术与服务区运营深度融合,聚焦服务区智能化管理、驾乘旅游出行服务,信息发布、商业管理、物业管理、视频监控、驾乘服务、应急保障等功能,实现对服务区的人、车、商户、消费等核心要素的数字化采集和数据挖掘分析能力,加速与运行监测、路网管控、出行服务等系统的对接。

5 业务架构

业务架构主要从业务视角出发,对高速企业、各子/分公司主要开展的业务进行描述,为信息系统架构建立奠定基础。高速企业业务领域横向覆盖高速公路建设、养护、运营、服务四大板块。其中,建设业务域包括建设项目管理、前期与设计管理、工地管理等,养护业务域包括日常养护管理、养护决策、基础设施监测、机电运维管理等,运营业务域包括路网管控、联网收费管理、路网运行监测等,服务业务域包括出行服务、服务区管理等(图3)。

图3 业务架构图

根据业务总体架构、业务分类和具体业务事项,确定建设业务域需要建设项目管理系统、勘察设计管理系统、智慧工地系统为业务提供支撑,养护业务域需要日常养护管理系统、养护决策系统(路面养护决策系统、桥隧智能养护决策系统、交通安全设施决策系统)、基础设施监测系统、机电设备智慧管理系统为业务提供支撑,运营业务域需要路网协同管控系统、联网收费管理系统、路网运行监测系统为业务提供支撑,服务业务域需要出行服务系统、服务区综合管理系统为业务提供支撑(图4)。

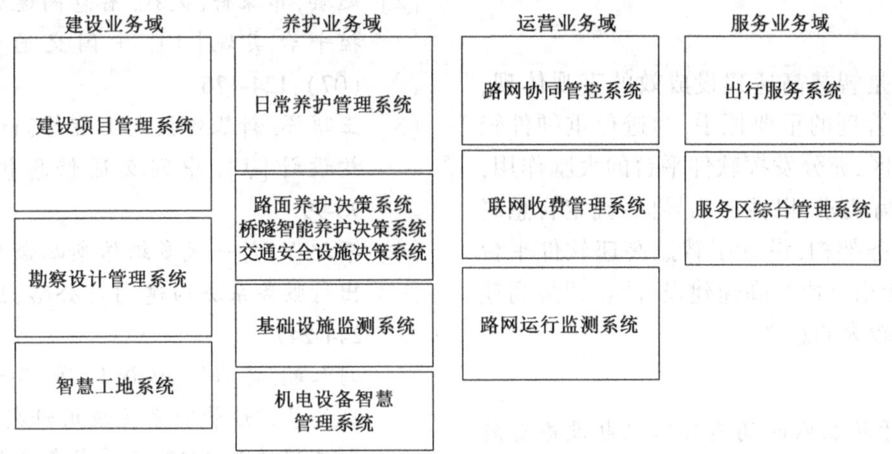

图4　信息系统与业务对应关系

6　软件平台架构

从软件平台架构上看,层级分为三层(图5):

一是顶层的综合分析应用软件系统,主要面向高速企业总部领导和企业总部业务部门的需求,提供综合展示和分析决策等功能。

二是中间层的专业应用软件系统,主要面向企业总部业务部门和子公司/分公司的需求。该层是软件总体架构的核心和关键,起到承上启下的作用,包括:智慧建设体系的建设项目管理系统和勘察设计管理系统(2个);智慧养护体系的日常养护管理系统、养护决策管理系统(含路面、桥隧和交安等养护决策功能)、基础设施监测系统和机电设备智慧管理系统(4个);智慧运营体系和智慧服务体系的路网运行监测系统、路网协同管控系统、联网收费管理系统、出行服务系统和服务区综合管理系统(5个)。

三是底层的路段及终端应用软件,主要解决路段中心、外场终端等边、端的应用需求,很多是与硬件系统配套的软件,数量非常庞大,可以作为专业应用的数据源接入。例如,恶劣气象监测系统、自动融雪除冰系统、弯道会车预警系统等,可以接入路网运行监测系统和路网协同管控系统,作为数据源或底层操作系统。

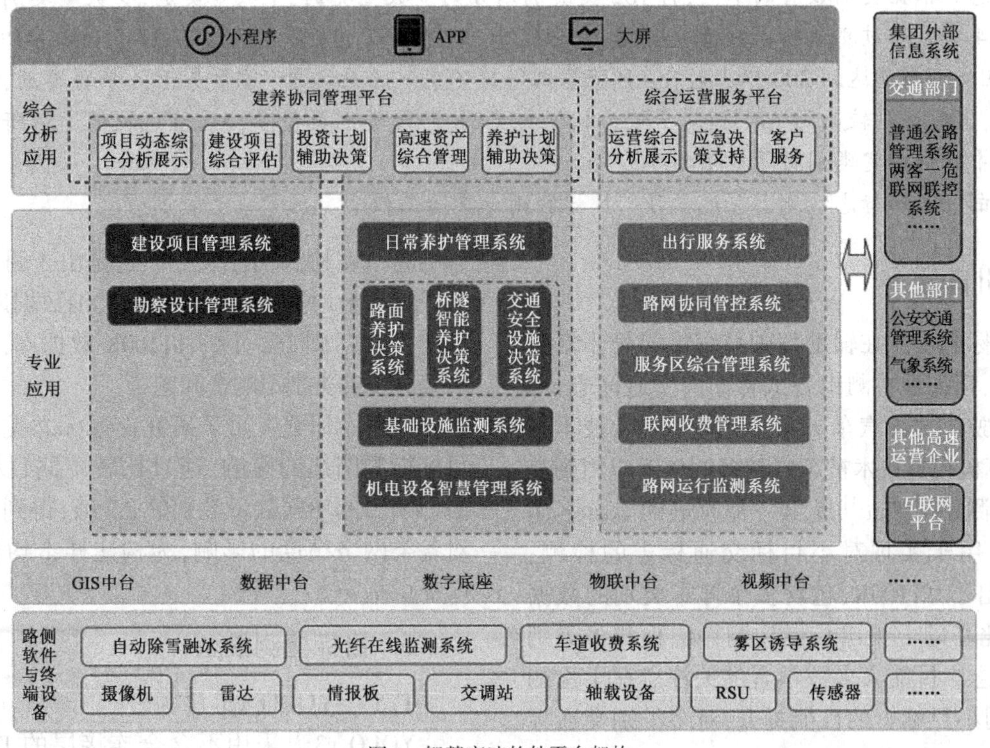

图5　智慧高速软件平台架构

7 结语

软件平台是智慧高速建设成效的直观体现,更是高速公路管理的重要抓手,为避免重硬件轻软件的建设误区,充分发挥软件平台的大脑作用,本研究立足实际需求,以业务为导向,确定智慧高速软件平台业务架构,设计了智慧高速软件平台系统架构,对于指导智慧高速建设、凸显智慧高速建设成效具有较大的意义。

参考文献

[1] 李捷.基于物联网的高速公路机电设备智慧管养系统[J].中国交通信息化,2021(10):110-112.

[2] 赵琪,郭森科,吴狄.智慧高速公路服务区管控平台实现[J].中国交通信息化,2021(07):124-126.

[3] 王曙珲.新基建模式下智慧高速公路总体架构设计[J].中国交通信息化,2021(05):96-99.

[4] 李旭辉.新一代多维信息融合智慧高速公路出行服务系统构建[J].公路,2021,66(01):244-247.

[5] 刘春舵,黄均华,赵新飞,等.高速公路PPP项目智慧建设管理系统应用研究[C]//中国土木工程学会2020年学术年会论文集,2020:198-207.

交通标志数量对目标检测网络精度的影响研究

侯福金[1] 李 涛[1] 张 艳[2] 张营超*[3]

(1.山东高速建设管理集团有限公司;2.中咨泰克交通工程集团有限公司;3.山东大学齐鲁交通学院)

摘 要 为探究不同交通标志类别数量对不同目标检测网络的影响,本研究采用包含162类交通标志的TT100K数据库,通过冻结与解冻的训练方式训练YOLO v3、YOLO v4以及YOLOX-S三种网络结构至收敛状态。根据类别数量的不同,将162类类别划分为多数量类别、中数量类别、少数量类别以及极少数量类别4种。通过测试不同数量类别的AP值得出,随着类别数量的增加,三种网络的mAP值均会逐渐增加,在类别数量达到200以上时,mAP值基本保持不变。除此之外,对于易于区分的类别,即使类别数量过少,也能达到较高的AP值;对于较为相似的类别,即使类别数量多,AP值也较低。该研究可为数据库构建中如何确定类别数量提供指导。

关键词 交通标志检测 深度学习 目标检测 交通工程

0 引言

交通标志检测在辅助驾驶系统中起着非常重要的作用,精准地检测出各式各样的交通标志,可以辅助驾驶员驾驶汽车。随着计算机视觉技术的发展,计算机视觉技术被越来越多的学者应用到交通标志检测中。Han[1]提出一种改进的Faster R-CNN算法用于实现对小目标交通标志的检测;Zhu[2]提出了TT100K,包含多个样本类别的数据库,并在此基础上提出目标检测算法检测多类别的交通标志。目前大多数学者的关注点在于检测精度、检测小目标上的性能提升,对多类别交通标志的高精度检测关注较少。这是由于目前并不存在样本数量均衡的多交通标志类别数据库,即使是样本类别达到162个的TT100K数据库,也存在着极其严重的类别不均衡问题。

因此本研究着重于研究交通标志类别数量对目标检测网络的影响,通过比较不同目标检测网络检测出的不同数量类别的AP值,得到类别数量对各类网络精度的影响,为构建样本均衡的数据库提供指导。

1 目标检测模型

1.1 YOLO v3模型

YOLO v3[3]采用不含全连接层的Darknet-53

作为特征提取网络,该网络借鉴 ResNet[4] 中的残差网络,使网络构建得更深,以提取到更高级的语义信息。YOLO v3 采用了特征金字塔(Feature Pyramid Networks, FPN)以解决物体检测中多尺度变化问题。该方法可以对每种尺度的图像进行特征提取,产生多尺度的特征表示,不同大小的特征图都具有较强的语义信息,甚至包括一些高分辨率的特征图,这样就能将浅层特征图的位置信息与深层特征图的语义信息融合在一起,增强对小目标的检测能力。

1.2 YOLO v4 模型

与 YOLO v3 不同的是,YOLO v4[5] 进行了较大的改动。模型采用 CSPDarknet-53 作为特征提取网络,在特征提取部分的激活函数采用 Mish 激活函数。为了解决网络过拟合的问题,YOLO v4 放弃了 Dropout,直接采用了效果更优的 Dropblock,对网络的正则化过程进行了全面的升级改进。在网络的特征处理部分,YOLO v4 采用 FPN + PAN (Pyramid Attention Network)结构。经过两者的结合,FPN 层自顶向下传达强语义特征,PAN 层则自底向上传达强定位特征,进一步提升了提取特征的能力。

1.3 YOLOX-S 模型

YOLOX[6] 模型的速度和精度比 YOLO v3、v4 都有了大幅提升,并提出了不同参数量的模型 YOLOX-Nano、YOLOX-Tiny、YOLOX-S、YOLOX-M、YOLOX-L、YOLOX-X,分别适用于不同场景下的应用。该模型采用 Anchor-free 结构,无须设计 Anchor,降低了调 Anchor 的调参压力,使得后处理更为简单高效。本研究中采用的是 YOLOX-S 模型。

2 交通标志数据库介绍

国内外目前有较多的开源交通标志数据集,本研究采用清华大学与腾讯联合发布的交通标志数据集 TT100K[2]。该数据集中共有 9172 张标注过的可以被使用的图片,按照 8∶1∶1 的比例随机划分为训练集、验证集以及测试集。TT100K 中共包含 162 个类别,各种类别的数量见表 1,类别数量大于 100 的仅有 45 类,类别数量少于 10 的占比大于 45%,该数据库存在严重的类别不均衡的问题。故本文按照类别数量将数据库分为 4 类:

(1)多数量类别:数量 >1000。

(2)中数量类别:1000≥数量 >200。

(3)少数量类别:200≥数量 >50。

(4)极少数量类别:50≥数量。

TT100K 中各类别的数量 表 1

类别	数量	类别	数量	类别	数量	类别	数量	类别	数量	类别	数量
pn	2851	pg	147	ph4.2	24	p12	172	p4	4	p20	2
pne	2039	pm55	136	pa13	22	p3	169	w34	4	p28	2
i5	1549	p27	131	il110	21	w55	169	pm40	4	ph1.5	2
p11	1466	il100	131	ph3	21	pm20	156	i3	4	ph2.9	2
pl40	1319	w13	121	pr60	21	pl20	154	pm5	4	w38	2
po	1124	ph4	120	pr20	18	pl70	147	i14	4	pw3.5	2
pl50	1000	p19	120	p16	18	il50	33	pm50	4	pl3	1
pl80	852	ph5	113	w3	18	pl110	31	pl35	4	pm13	1
io	846	wo	111	w47	18	w22	31	ph4.3	4	pw4.2	1
pl60	800	p6	108	w21	18	ps	29	pw3	4	ph3.8	1
p26	756	pm30	107	pr50	16	p17	28	ph2.8	3	pl0	1
i4	707	w32	104	i13	16	pl10	27	pa12	3	w8	1
pl100	665	il90	76	pw3.2	15	pl25	7	w10	3	pa8	1
pl30	578	pb	59	il70	14	w46	7	w35	3	w28	1
il60	478	w30	57	pm10	14	w15	7	i11	3	ph2.1	1

续上表

类别	数量	类别	数量	类别	数量	类别	数量	类别	数量	类别	数量
pl5	472	pa14	57	p2	14	i1	7	pr80	3	w5	1
i2	439	p9	54	p8	13	w18	7	w24	3	pr10	1
w57	385	w58	54	pr30	13	ph2	6	i15	3	pm2.5	1
p5	376	pl15	48	pm15	12	pm2	6	pw4.5	3	pw2	1
p10	331	p25	48	i12	12	p13	6	w12	2	w2	1
ip	318	w63	45	ph2.2	12	w42	6	w37	2	w56	1
pl120	295	p1	45	ph2.5	12	w41	6	pr100	2	ph5.3	1
il80	293	pl90	45	w45	11	pm35	5	pm8	2	pw2.5	1
p23	266	p18	40	pw4	9	p15	5	p21	2	w43	1
pr40	199	i10	36	ph3.5	8	pa10	5	ph2.4	2	ph5.5	1
ph4.5	182	p22	34	w16	8	pr70	5	pr45	2	w66	1
w59	180	p14	34	w20	8	ph4.8	5	ph3.2	2	p24	1

3　网络训练

由于本研究采用 YOLO 系列的检测模型，需要将 TT100K 数据集做成 VOC 格式，图片为 jpg 格式，标注文件为 xml 格式。标签文件和输入图片文件相对应。

考虑到训练深度学习模型需要消耗非常多的资源，从 0 开始训练网络会导致权值过于随机，特征提取效果不明显，采用迁移学习的方法进行网络训练，即用各网络在 ImageNet 数据集下训练得到的初始权重。训练时，所有网络均采用冻结与解冻训练方法。因为骨干网络部分的预训练权重是通用的，在训练初期冻结该部分权重，将更多的资源用于训练后面部分的网络参数，可以使得时间和资源利用都得到很大的改善。达到一定训练轮次后，解冻被冻结的主干部分，再一起训练。

YOLO v3 网络采用 608 × 608 的分辨率作为网络的输入，当训练集损失和验证集损失不再发生大幅度变化时，训练停止。YOLO v4 与 YOLOX-S 分别采用 608 × 608、640 × 640 的分辨率作为网络的输入，两种网络训练的前 50 个轮次均冻结主干网络参数，后 50 个轮次解冻主干网络参数，其中，YOLOX-S 模型使用了 Mosaic 数据增强，并在训练到第 90 个轮次时停止使用。训练时初始学习率为 1×10^{-3}，解冻阶段的初始学习率为 1×10^{-4}，学习率的变化情况见式(1)：

$$\mathrm{lr}_{i+1}=0.94\mathrm{lr}_i \tag{1}$$

式中：lr_i——第 i 个训练轮次的学习率；

lr_{i+1}——第 $i+1$ 个训练轮次的学习率。

由于本研究采用的数据库大，故在两块显存为 8G 的 RTX 3070 显卡上进行训练，训练过程中各个轮次的损失函数变化见图 1，图中“train loss”表示训练集损失，“val loss”表示验证集损失，“smooth”表示平滑处理过后的各类损失。从图 1 中可以看出，YOLO v3 网络的训练效果较好，网络在较早轮次就达到了收敛状态，故提前终止了 YOLO v3 网络的训练。YOLO v4 与 YOLOX-S 在训练轮次 epoch 为 50 时，损失发生了一次突变，这是因为主干网络参数在这里被解冻造成的。三种网络均被训练至收敛状态，并在测试集上进行测试。

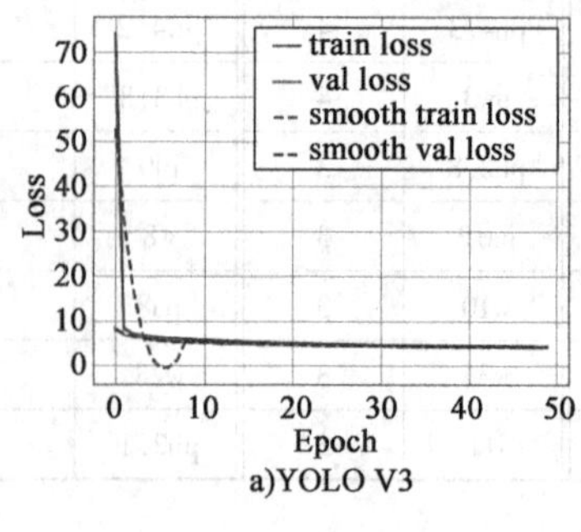

a)YOLO V3

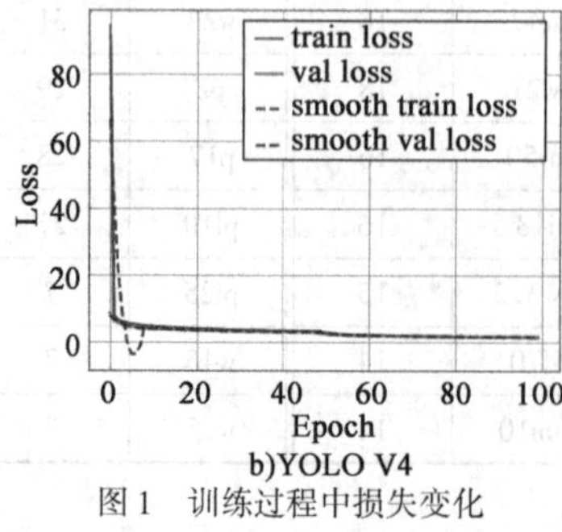

b)YOLO V4

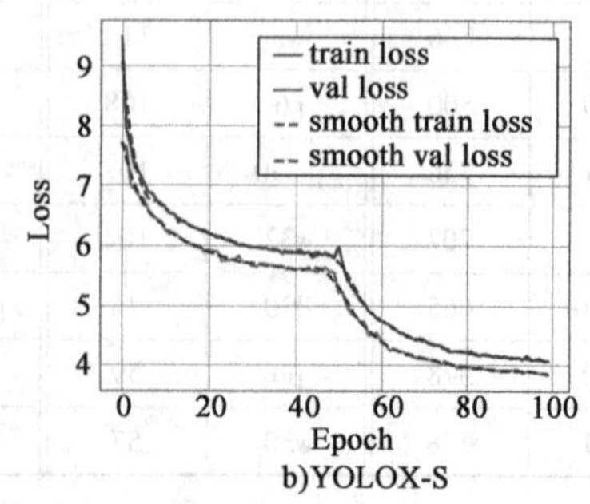

b)YOLOX-S

图 1　训练过程中损失变化

4 检测结果

4.1 评价指标

评价预测框的位置正确与否主要依赖于交并比(Intersect Over Union, IOU)。交并比见图2,红色框表示真实的标注框,蓝色框表示网络的预测框,如果将两个框的交集部分的面积写做$S_{交}$,并集部分的面积写做$S_{并}$,那么IOU可以采用式(2)计算:

$$IOU = \frac{S_{交}}{S_{并}} \tag{2}$$

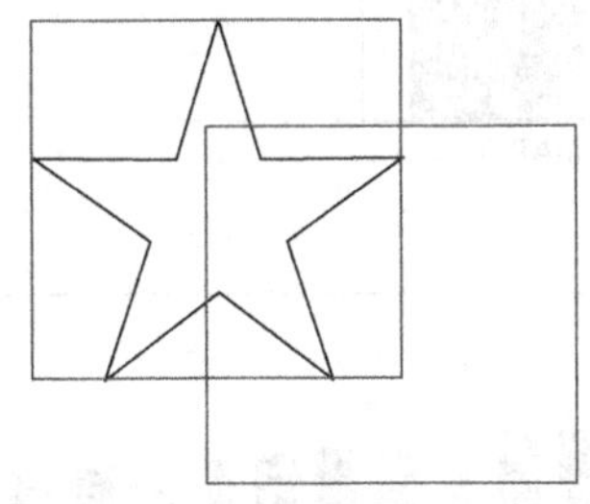

图2 交并比

若采用TP表示检测正确的正样本,FP表示检测错误的正样本,FN表示漏检的正样本,那么网络的准确率(Precision)与召回率(Recall)可以采用式(3)和(4)表示:

$$Precision = \frac{TP}{FP + TP} \tag{3}$$

$$Recall = \frac{TP}{TP + FN} \tag{4}$$

对于目标检测模型来说,网络最后一般都会输出一个置信度(本研究设为0.5),大于置信度就认为该样本被预测为正样本,否则被预测为负样本,这样就能得到一组Precision与Recall。通过设定不同的阈值,就能得到不同的Precision与Recall。利用不同的Precision与Recall的点的组合,绘制出曲线,曲线下的面积表示该类别的AP值,如图3所示。多个类别的AP的平均值叫做mAP,该值可以用来评价模型在数据库中的优劣。

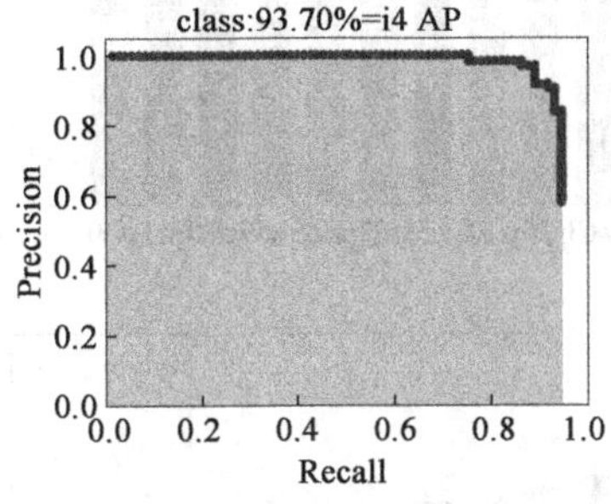

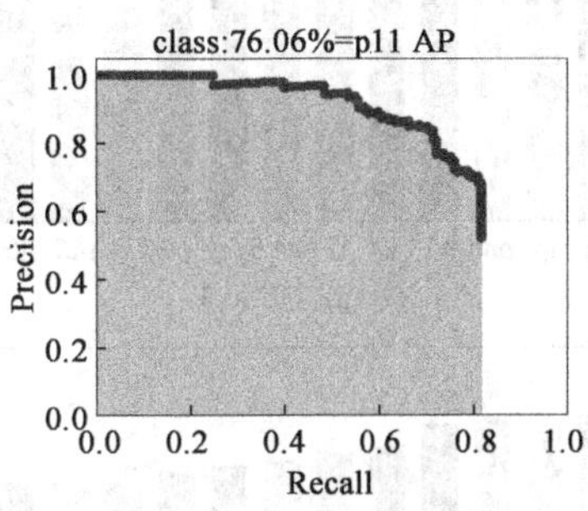

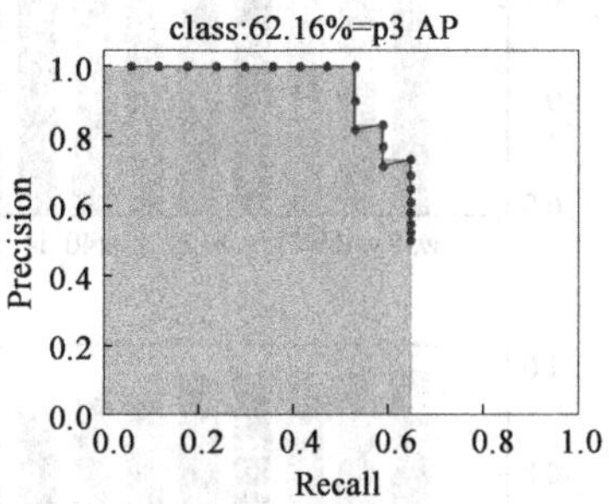

图3 不同类别的AP值

4.2 检测结果

由于网络中有非常多的极少数量类别,故在随机划分训练集、验证集、测试集时,存在将某个类别全部划分在单一数据集中的可能,导致在测试时显示该类别的AP值为0。因此,将3种模型的全部类别的mAP、AP值不为0的类别的mAP以及AP值为前30的mAP值绘制在图4中(分别使用mAP-1、mAP-2、mAP-3表示),AP值为前30的类别见图5。可以发现,不论采用哪种mAP值,YOLO v3均比其余两种模型表现更好。在mAP-1中,YOLO v3相对于YOLO v4与YOLOX-S的mAP值高15%左右,这表明YOLO v3模型更适用于TT100K数据集。

为了进一步探究类别数量对不同模型的影响,研究表1中类别的数量与其AP值的关系,见图6。对于图6a),当类别数量大于1500时,各类别的AP值均大于0.85,表明此时的AP值与类别的数量没有太大关系,即使提升类别数量,AP值也不会有较大的提升。从图6a)左侧、图6b)以及图6c)可以看出,网络对中数量类别、少数量类别并没有严格的规律。对于有些目标,即使类别数量多,但AP值仍然较低,这是因为数据库被分得过于详细所引起的。比如,类别数量为1000的pl50(限速50)与其他速度的限速标志会较为相似,导致网络难以区分,引起AP值降低;类别数量为1124的po(其他警告标志),虽然数量多,但该类别中样本并不完全相同,造成分辨困难。对于类别数量较少的pb(禁止通行)来说,虽然其类别数量仅为59,但其图像简单(红色圈环中包裹了一个白色的圆),故pb的AP值较高,在三种网络中均接近于1。从图6d)中可以看到,类别数量为28

的 p17(禁止人力货运三轮车进入),其标志较为复杂,且类别数量较少,但其 AP 值仍接近 1,这显然是由于该类别数目过少,出现了过拟合现象。

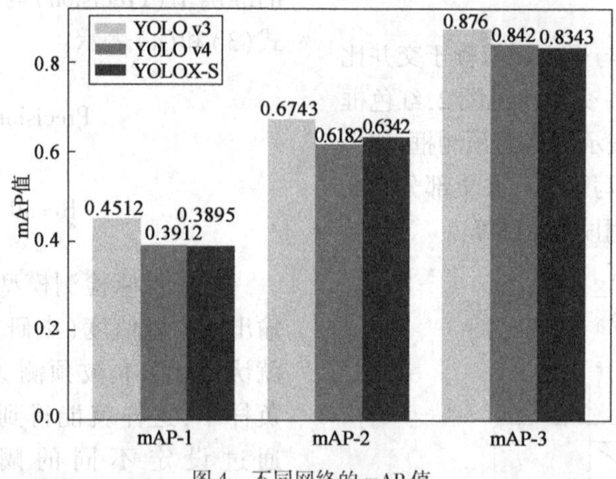

图 4　不同网络的 mAP 值

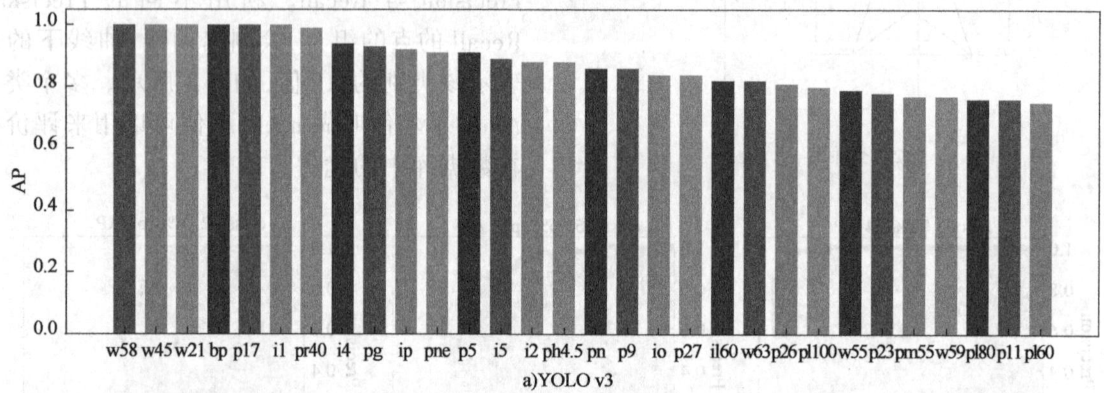

a)YOLO v3

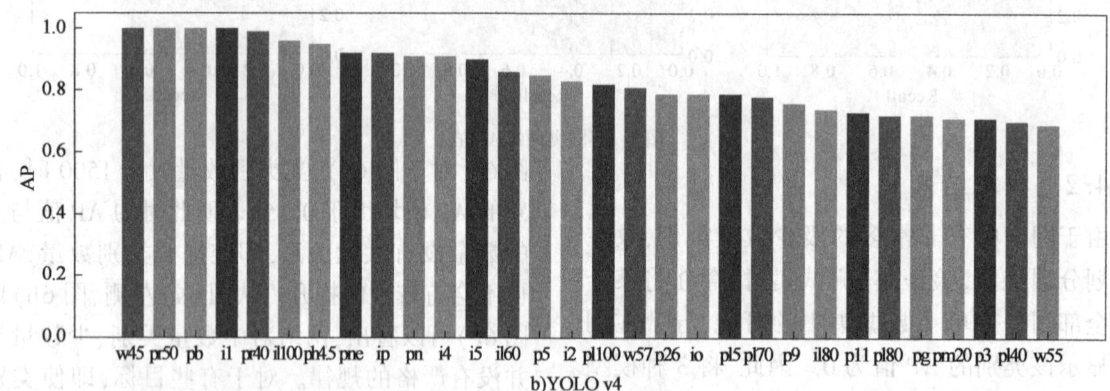

b)YOLO v4

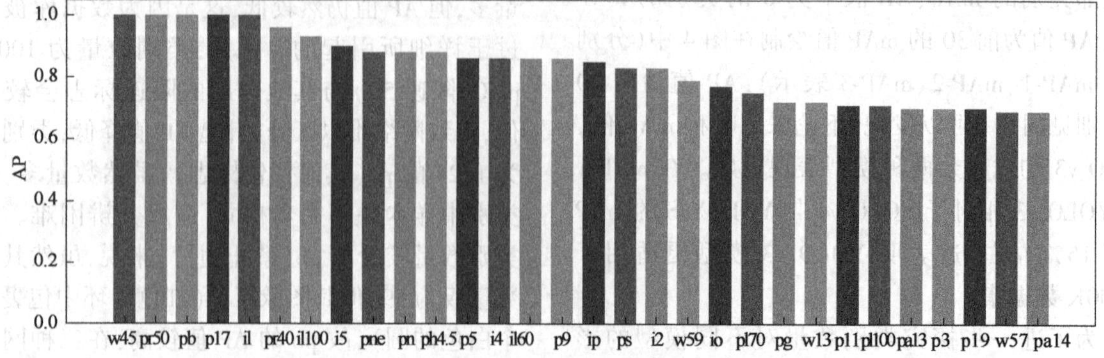

c)YOLOX-S

图 5　不同网络模型中不同类别的 AP 值

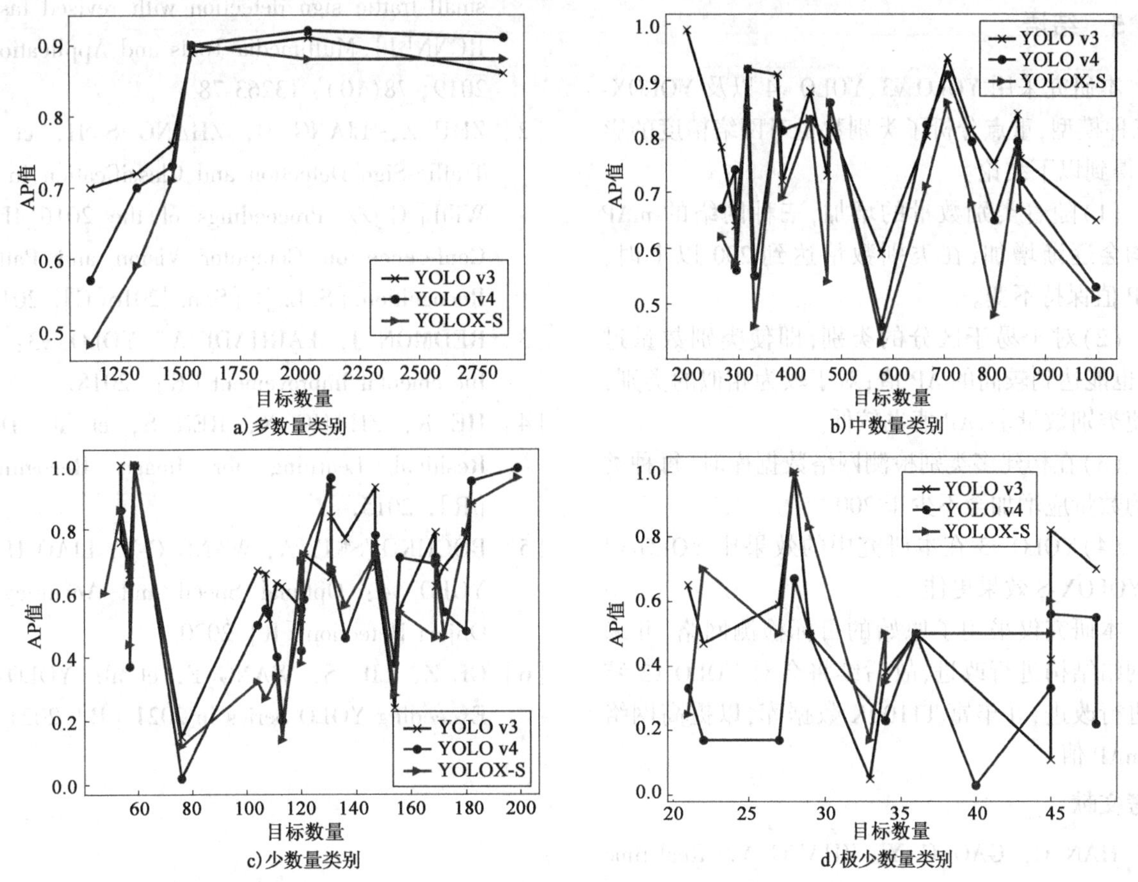

图6　不同数量类别的 AP

为了更好地分析不同类别数量对网络模型的影响,按照第 2 节的划分方法,统计多数量类别、中数量类别、少数量类别以及极少数量类别的 mAP 值,见图7。图7 可有效地减少某些类别因数量过少而产生过拟合的问题,可以发现,YOLO v3 网络相较于另外两种网络来说,更适用于多类别的交通标志检测。随着特征数量的增加,网络的 mAP 值逐渐增加,当类别数量增加到 200 以上时(即中数量类别),网络的 mAP 值基本保持不变,故在构建道路交通标志数据库时,若要进行多类别分类,需要将每种类别的数量增加至不少于 200,这样才能最大限度上减轻类别数量过少造成的影响。

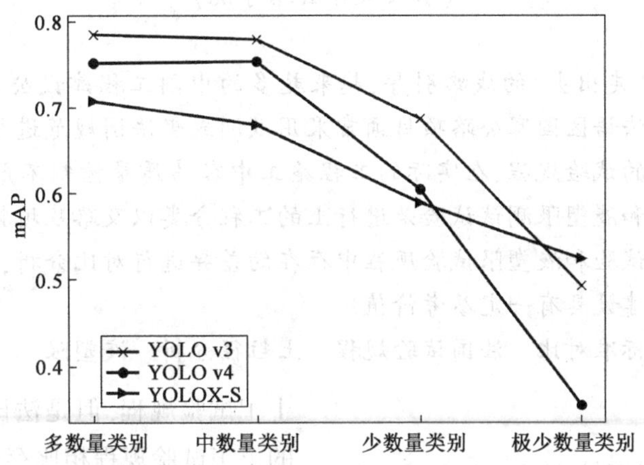

图7　不同网络在不同数量类别上的 mAP

5　结语

本研究采用YOLO v3、YOLO v4以及YOLOX-S三种模型,重点分析了类别数量对网络精度的影响,得到以下结论:

(1)随着类别数量的增加,三种网络的mAP值均会逐渐增加,在类别数量达到200以上时,mAP值保持不变。

(2)对于易于区分的类别,即使类别数量过少,也能达到较高的AP值;对于较为相似的类别,即使类别数量多,AP值也较低。

(3)在构建多类别检测网络数据库时,每种类别的数量应增加至不少于200。

(4)YOLO v3在本研究中的效果比YOLO v4和YOLOX-S效果更佳。

本研究仅采用了原始的目标检测网络,并未对网络结构进行改进,故后续将会对YOLO v3结构进行改进,并丰富TT100K数据库,以提高网络的mAP值。

参考文献

[1] HAN C, GAO G Y, ZHANG Y. Real-time small traffic sign detection with revised faster-RCNN[J]. Multimedia Tools and Applications, 2019, 78(10): 13263-78.

[2] ZHU Z, LIANG D, ZHANG S H, et al. Traffic-Sign Detection and Classification in the Wild [C]// Proceedings of the 2016 IEEE Conference on Computer Vision and Pattern Recognition. [S. L.]: [S. n.]2016[C]. 2016.

[3] REDMON J, FARHADI A. YOLO v3: An Incremental Improvement [R]. 2018.

[4] HE K, ZHANG X, REN S, et al. Deep Residual Learning for Image Recognition [R]. 2015.

[5] BOCHKOVSKIY A, WANG C-Y, LIAO H-Y. YOLO v4: Optimal Speed and Accuracy of Object Detection [R]. 2020.

[6] GE Z, LIU S, WANG F, et al. YOLO-X: Exceeding YOLO Series in 2021 [R]. 2021.

中法试验规程对比研究:土的颗粒分析及液塑限试验

王路兰　Simon Pierre Rukundo　李　程*　刘状壮

(长安大学公路学院)

摘　要　伴随着我国“走出去”的战略引导,越来越多的中国工程建设公司到非洲开展基础设施的建设。但是非洲地区尤其法语区国家公路项目通常采用欧洲或者法国规范进行设计和施工,由于我国的工程技术人员不熟悉法国的试验规程,在实际的工程施工中容易质量控制不严,进而造成工程经济效益受损。土的颗粒分析试验和液塑限测试试验是进行土的工程分类以及路基填料选择的重要依据,本文针对中国和法国在土的筛分试验和液塑限试验规程中存在的差异进行对比分析,对中国工程技术人员在非洲地区进行公路基础设施建设具有一定参考价值。

关键词　公路工程　标准对比　法国试验规程　土粒径分析　液塑限

0　引言

在国外工程建设,尤其是非洲地区的公路、铁路、机场等的建设过程中[1],常常需要参考法国的土工试验规程,但是法国的土工试验规程与国内的土工试验规程相比存在着体系上、理念上、操作上的差异,因此在实际工作中对我国的工程技术人员造成了一定影响,影响了施工检测的效率,进而影响了我国工程公司在海外建设的经济效益[2]。土的颗粒分析试验和液限测试试验是进行土的工程分类以及进行路基填料选择的重要依据[3],本文对中、法土的筛分试验和液塑限试验规程在试验原理、试验设备、试验过程以及结果计算方面存在的差异进行了对比分析[4]。

法国土工试验规程(NF-Norme Française)由法国行业标准化协会(AFNOR, Association Francaise de Normalistion)制订,主要应用在法国和非洲法语区国家[5]。法国试验规程具有如下特点:①通用性,属于大土木的范畴,没有强调其适用于具体的公路或者房屋建设等领域;②理论性,偏重于理论、原理和概念,缺乏经验公式或经验参数;③灵活性,个性化设计,工程师需根据现场具体情况依据基础理论和现场试验进行方案调整[6]。

本文选取《公路土工试验规程》(JTG 3430—2020)[7]中的筛分法(T 0115-1993)和液限和塑限联合测定法(T 0118-2007)与法国土工试验规程中对应的 NF P94-056(清洗之后的干筛法)[8]、NF P94-057:1992(密度计法)[9]、NF P94-052-1(圆锥贯入法)[10]进行对比分析。

1 筛分法试验对比分析

经过对中、法土工试验规程中筛分试验的对比,发现中、法土工试验规程在试验原理上一致,其主要区别表现在具体试验细节上,包括土粒粒径的检测范围、仪器参数、测试样本大小等[11]。

1.1 检测范围差异

中、法土工试验规程对土的粒径分析的测试范围基本一致,中国土工试验规程的测试粒径范围是 0.075 ~ 60mm,法国土工试验规程的测试范围是 0.08 ~ 100mm。

1.2 检测设备差异

中、法土工试验规程主要的差别在于筛孔形状和筛网尺寸,中国土工试验规程采用圆孔筛,法国采用方孔筛,且筛孔尺寸划分更详细,差别如表 1所示。

中、法筛分试验设备差异 表1

对比项目	JTG 3430—2020	NF P94 - 056
筛孔形状	圆孔筛	方孔筛
筛孔尺寸(mm)	60、40、20、10、5、2.0、1.0、0.5、0.25、0.075	80、63、50、40、31.5、25、20、16、12.5、10、8、6.3、5、4、3.15、2.5、2.0、1.6、1.25、1.0、0.8、0.63、0.5、0.4、0.315、0.25、0.2、0.16、0.125、0.1、0.08

1.3 试验过程差异

1.3.1 试样数量选取方面

中、法土工试验规程均以测试材料的最大粒径来确定最小测试样本质量,但法国土工试验规程中相同最大粒径所需的最小测试样本质量明显大于中国土工试验规程的最小样本质量。另外法国土工试验规程还根据土样粒径的大小对筛分所使用的筛子的最小直径进行了规定,而中国土工试验规程没有严格规定。主要差异详见表 2。

中、法土工试验规程取样规定对比 表2

中国标准土最大粒径(mm)	取土质量(g)	法国标准土最大粒径(mm)	最少取土质量(g)	筛子支架的直径(mm)
2	100 ~ 300	0.4	20	≥200
		0.5	50	
		0.63	100	
		0.8	150	
10	300 ~ 900	1	200	
		5	300	
		6.3	400	
		8	500	
		10	800	

续上表

中国标准土最大粒径(mm)	取土质量(g)	法国标准土最大粒径(mm)	最少取土质量(g)	筛子支架的直径(mm)
		12.5	120	
		16	2000	
20	1000~2000	20	3000	
		25	5000	≥250
		31.5	8000	
40	2000~4000	40	12000	
		50	20000	
		63	30000	
大于40	4000以上	80	50000	≥315
		>80	60000	

1.3.2　试件准备方面

中国土工试验规程根据土是否具有黏聚性，分为两种方法：对于无黏性的土直接进行筛分，并以2mm粒径作为粗、细筛分的分界筛孔，大于2mm的进行粗筛筛分，小于2mm的进行细筛筛分；对于有黏性土则进行浸泡、烘干、再筛分。法国土工试验规程则统一采用浸泡、烘干、筛分的操作。

中国土工试验规程对土样进行全部筛分。法国土工试验规程根据土的性质、特点及试验的目的分为两种筛分试验方法：一种是以 d_c 为分界粒径对土样进行分离后分别筛分，另一种是不通过 d_c 筛孔、进行全部筛分操作，详细操作流程如图1所示。

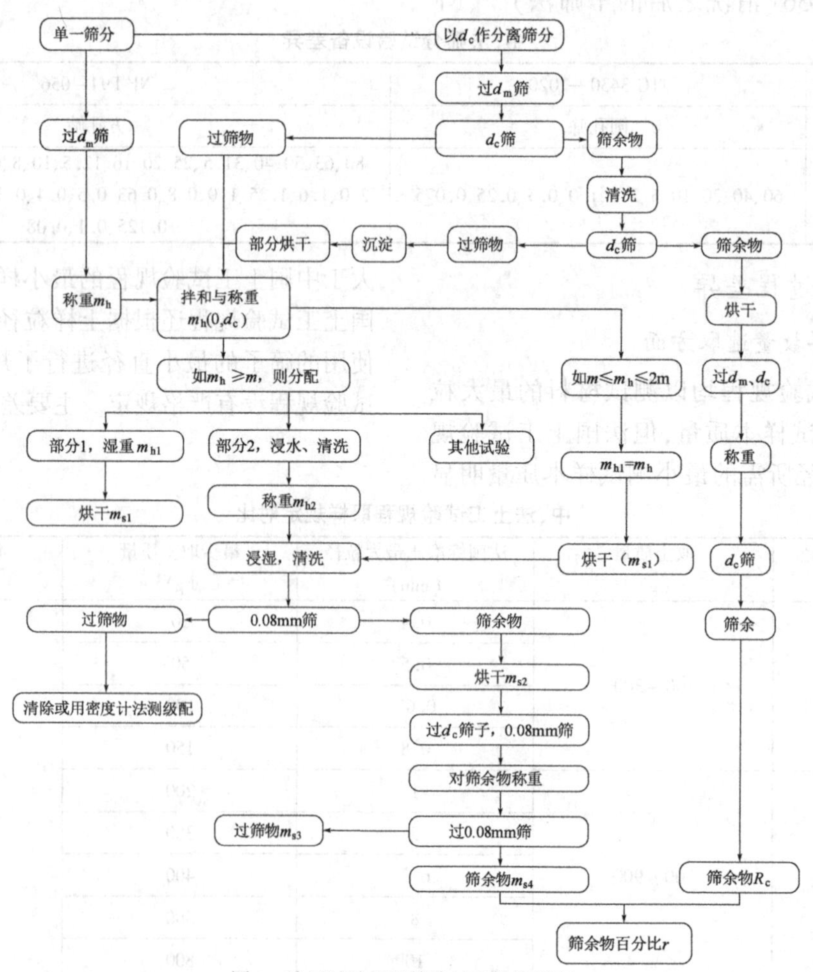

图1　法国试验规程筛分试验操作流程

1.4 结果计算差异

中、法土工试验规程对级配曲线的绘制均以粒径的对数为横坐标，以通过率为纵坐标，计算均匀系数 C_u 与曲率系数 C_c，不过法国土工试验规程规定只有在 0.08 ~ 63mm 筛子上的筛余物超过 50% 时才计算均匀系数 C_u 与曲率系数 C_c。法国土工试验规程中各参数的计算如下：

总的干燥质量的计算公式为：

$$m_s = R_c + m_h \cdot \frac{m_{s1}}{m_{h1}} \tag{1}$$

式中：R_c——d_c 筛子上的筛余物的干料质量；

m_h——d_c 筛孔以下的材料湿重；

m_{h1}——d_c 筛孔以下第一部分的材料湿重；

m_{s1}——m_{h1} 干燥后的质量。

各筛子上的累积筛余物 R 质量的计算公式为：

$$R = R_c + b \cdot r_i \tag{2}$$

式中：r_i——第二部分烘干土样 m_{s2} 在 0.08 ~ d_c 筛孔径之间的累计筛余量；

b——d_c 筛孔以下整个土样 m_h 与 0.08 ~ d_c 之间土样 m_{h2} 的比例系数，计算公式为：$b = \frac{m_h}{m_{h2}}$。

如果进行的是单一筛分的操作，$d_c = d_m$（最大筛孔孔径），则 $R_c = 0$，$b = 1$。

2 密度计法的对比

2.1 检测范围差异

中、法土工试验规程针对土的粒径分析密度计测试范围基本一致，中国土工试验规程的测试粒径范围是小于 0.075mm，法国土工试验规程的测试范围是 0.001 ~ 0.08mm。

2.2 试验设备差异

中、法土工试验规程针对土的粒径分析密度计测试方法的试验设备具有相似性，但是其参数范围略有不同，详见表 3。

密度计法所用试验设备对比　　表 3

对 比 项 目	JTG 3430—2020	NF P94-057
密度计	分为甲、乙两种	一种
温度计	测量范围 0 ~ 50℃，精度 0.5℃	10 ~ 35℃
量筒	容积 1000mL	2500mL
煮沸设备	电热板或电砂浴	无

2.3 试验过程差异

试样制备方面，对于用密度计法测试的土样，第一步的操作都是先进行土样分散处理，法国土工试验规程统一采用六偏磷酸钠分散剂进行分散外，中国的规范比较详细，除了对土样加入分散剂处理外，还需要进行煮沸操作，而且中国规定分散剂一般使用氨水，对于用氨水不能分散的土样，可根据土样的 pH 值，选用特定的分散剂，对于含有水溶盐等使土样难以分散时，则还要采用洗盐操作后再分散。

在测量的时间点方面，用密度计法测试土的级配时，需要记录不同时刻的密度计读数，中、法规范在测量的时刻上有所不同，具体见表 4。

测量的时间点对比　　表 4

项　　目	JTG 3430—2020	NF P94-057
测量的时间点（min）	0.5、1、5、15、30、60、120、240、1440	0.5、1、2、5、10、20、40、80、240、1440

2.4 结果计算差异

中、法土工试验规程的计算均以斯托克斯原理为基础，关于土粒的换算粒径 d、小于该粒径的质量百分数 p 的计算是一致的。

2.4.1 土粒的换算粒径 d 计算公式

中国土工试验规程：

$$d = \left[\frac{1}{g} \times \frac{1800 \times 10^4 \eta}{(G_s - G_{wt})\rho_{w4}} \times \frac{L}{t}\right]^{0.5} \tag{3}$$

法国土工试验规程：

$$d = \left[\frac{1}{g} \times \frac{18\eta}{\rho_s - \rho_w} \times \frac{H_t}{t}\right]^{0.5} \tag{4}$$

式中：g——重力加速度(981cm/s^2)；

η——水的动力黏滞系数，中方单位 kPa·s (10^{-6})，法方单位 kPa·s；

G_s、G_{wt}——分别是土粒比重、温度 t℃ 时水的比重；

ρ_{w4}——4℃时水的密度(g/cm^3)；

L、H_t——分别是土粒有效沉降距离(cm)；

ρ_s·ρ_w——分别为土粒、水的密度(g/cm^3)。

2.4.2　小于该粒径的质量百分数 p 计算公式

中国试验规程：

$$p = \frac{100V}{m_s} \times \frac{\rho_s}{\rho_s - \rho_w 20} \times (R + C_t + C_m - C_d - 1) \times \rho_{w20} \tag{5}$$

法国试验规程：

$$p = \frac{V_s}{m} \times \frac{\rho_s}{\rho_s - \rho_w} \times (R + C_t + C_m + C_d - 1) \times \rho_w \tag{6}$$

式中：p——中、法土工试验规程小于该粒径的质量百分数，中国土工试验规程单位为%，法国土工试验规程采用小数表示；

V、V_s——悬浮液体积；

m_s、m——试样的干质量；

ρ_{w20}——20℃时的水的密度；

ρ_w——试验温度下蒸馏水或软化水的密度；

R、C_t、C_m、C_d——分别是比重计读数、温度、弯月液面、分散剂的校正系数。

3　液、塑限测定的对比

针对土的液限、塑限测试，法国土工试验规程采用圆锥贯入法(NF P94-052-1)，中国土工试验规程采用《公路土工试验规程》(JTG 3430—2020)中的液限和塑限联合测定法(T 0118—2007)。

3.1　适用范围差异

中国土工试验规程对土的液、塑限测试的适用范围的规定为粒径不大于0.5mm且有机质含量不大于试样总质量5%的土样，而法国土工试验规程仅规定了土的测定粒径为不大于0.4mm。

3.2　试验设备差异

法国土工试验规程试验规程中，贯入法的试验设备与材料包括天平、干燥箱、筛子、圆锥、秒表、盛土杯及一定量的除盐水等，且法国土工试验规程对于仪器的生产误差、使用误差以及试验仪器的检验都有明确的规定，而中国土工试验规程则没有针对仪器误差的特别规定。中国土工试验规程试验规程除了必要的天平、筛子等仪器外，测量设备是自动化的液塑限联合测定仪(有数码式、光电式、游标式和百分表式四种)。相比于中国采用的自动化测量设备，法国土工试验规程没有指出实际使用的仪器，仅给出了原理简图。详细对比如表5所示。

贯入法试验设备参数对比　　表5

试验设备与材料	JTG 3430—2020	NF P94-052-1
天平	感量0.01g	精度0.001g
干燥箱	无明确要求	温度调节范围50－105℃，并严格遵守试验规程NFX 15－016中附件A确定的C级别精确度
筛子	圆孔孔径0.5mm	方孔筛孔径0.4mm
试验用圆锥	圆锥质量为100g或76g，锥角为30°	锥角为30°、最小高度为35mm且表面光滑。锥体和杆部的总质量为80g
盛土杯	内径50mm，深度40～50mm	玻璃或者金属质地，容器的最小内径≥55mm，高度≥35 mm
测量圆锥入土深度的仪器	采用液塑限联合测定仪自动计算入土深度	测量结果不受圆锥的移动的影响。对于圆锥下陷深度的测量误差不得超过0.1mm
其他试验辅助设备等	特别规定	没有特别说明

3.3 试验过程差异

3.3.1 测试土样制备

中国土工试验规程取 0.5mm 筛下的代表性土样至少 600g,分别放入 3 个盛土皿中,加不同数量的纯水拌和,土样的含水率分别控制在液限(a 点)、略大于塑限(c 点)和二者的中间状态(b 点)。

法国土工试验规程采用水筛法,要求通过目测来确定土壤样品体积至少要相当于土最大颗粒的 200 倍(单位为 mm)。同时要求,土样品中通过 0.4mm 方眼筛孔的固体颗粒不少于 200g,取一定量放入盛满水的容器中浸泡 24h,水的温度至少要与室温相等,然后让其含水过筛,用一个容器接纳洗涤水和过筛以后的土壤样品。让容器中的物质自然澄清 12h,直到容器中的水清澈见底;接着用钢吸管吸走容器中大部分水分。然后加热容器,使容器中剩余的水分蒸发,加热温度不得超过 50℃。最后在一个光滑板面上搅拌所有的过筛土样,使其达到均匀一致的土团状,通过对土壤样本进行适当轻微的干燥或者向里面稍加一些除盐水来改变其含水率。

3.3.2 贯入操作

中国土工试验规程采用 3 种含水率的试样进行贯入试验,在每种含水率试样上进行 2 次不同位置(锥尖两次锥入位置距离不小于 1cm)的测量,并取 2 次测量的锥入深度 h_1、h_2 和对应的含水率 w_1、w_2 的平均值 h 和 w 作为该试样的锥入深度及含水率值。法国土工试验规程规定整个试验过程至少需要对同一供试验的土壤样本进行 4 种含水率的试验,中国土工试验规程规定了不同锥重及锥入深度,见表 6。

贯入法试验锥重及锥入深度的对比 表 6

对比项	JTG 3430—2020		NF P94-052-1
塑液限测量点	锥重(g)	锥入深度(mm)	只有 80g 这一种,试验时可以在 12 ~ 25 mm 范围内调节锥入深度,但是要保证相邻两次试验中椎体端部下陷深度的差别应介于 2 ~ 5mm
液限(a 点)	100	20 ± 0.2mm	
	76	17 ± 0.2mm	
略大于塑限(c 点)	100	≤5mm,砂类土可大于 5mm	
	76	≤2mm,砂类土可大于 2mm	

3.4 结果计算差异

中国土工试验规程规定:在双对数坐标纸上,以含水率为横坐标,以锥入深度为纵坐标,点绘 a、b、c 三点含水率的 h-w 图[图 2a)],连此三点,应呈一条直线。如三点不在同一直线上,要通过 a 点与 b、c 两点连两条直线,根据液限(a 点含水率)在 h_p-w_L(h_p 为塑限时入土深度,w_L 为土样液限)图上[图 2 b)]查得 h_p,以此 h_p 在 h-w 的 ab 及 ac 两直线上求出相应的两个含水率。当两个含水率的差值小于 2% 时,以该两点含水率的平均值与 a 点连成一直线;当两个含水率的差值不小于 2% 时,应重做试验。若采用 76g 锥做液限试验,则在 h-w 图上查得纵坐标入土深度 $h = 17$mm 所对应的横坐标的含水率,即为该土样的液限,若采用 100g 锥做液限试验,则 $h = 20$mm 对应的含水率为液限 w_L。

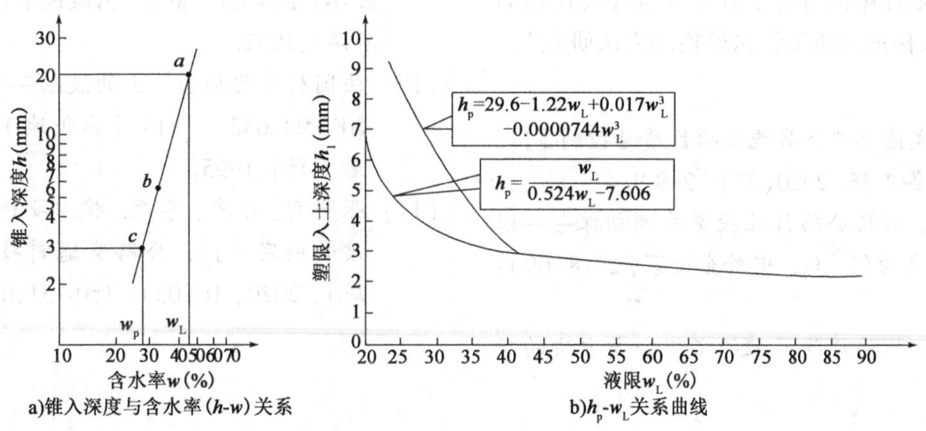

图 2 计算图

法国土工试验规程在结果处理方面没有采用双对数坐标,而是直接对几个试样的锥入深度与含水率关系进行曲线拟合,如图3所示,并用锥体在该土壤内部下陷深度为17mm时测量出的含水率作为土壤的液限 w_L。

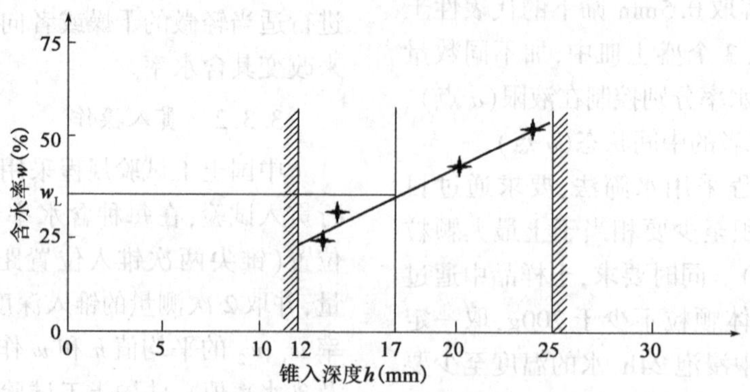

图3　法国规范含水率-锥入深度拟合曲线关系

4　结语

本文通过中、法两国土工试验规程中土的级配分析试验(筛分试验和密度计试验)、圆锥贯入法测土的液限试验的对比,发现中、法土工试验规程的测试原理是一致的,主要的区别在以下几点:

(1)法国对于筛分的试验操作规定较细但复杂,操作性不强。

(2)用密度计法测试土颗粒级配的试验,在土样制备、分散剂选择及密度计读数的时刻上存在差异,但是在结果计算上是一致的。

(3)对于圆锥贯入法测液限的试验,主要的区别在于最后的结果计算上,中国土工试验规程计算比较详细,根据含水率-锥入深度的关系用双对数坐标表示;法国土工试验规程则用试验得到的含水率-锥入深度进行曲线拟合来计算液限。

致谢

本研究依托中国路桥工程有限责任公司科研项目“基于法标的公路工程试验检测方法研究”。

参考文献

[1] 何宇. 浅谈非洲公路施工项目质量控制[J]. 中国设备工程, 2020(20): 248-9.

[2] 徐菲菲. 我国公路行业投资非洲初探——以莫桑比克为例[J]. 中外企业家, 2018(09): 43-4.

[3] 姬永祥. 中法规范下土的工程分类方法的对比[J]. 公路交通科技(应用技术版), 2020, 16(05): 179-80,83.

[4] 程昊, 尚涛, 程荣双. 中、法标准中关于公路岩土勘察成果主要差异分析[J]. 公路, 2020, 65(02): 56-58.

[5] 李建军, 徐小明. 中、法标准承载比CBR试验对比研究[J]. 港工技术, 2019, 56(S1): 153-156.

[6] 韩信. 中欧(法)岩土工程标准规范体系差异研究[J]. 铁道工程学报, 2011, 28(11): 117-121.

[7] 中华人民共和国交通运输部. 公路土工试验规程:JTG 3430—2020[M]. 北京:人民交通出版社,2020.

[8] 法国标准化协会. 土的粒径分析—清洗之后的干筛法试验:NF P94-056[M]. [出版地不详]:[出版者不详],1996.

[9] 法国标准化协会. 土的粒径分析—密度计法:NF P94-057[M].[出版地不详]:[出版者不详],1992.

[10] 法国标准化协会. 土的液限—中心贯入法:NF P94-052-1 [M].[出版地不详]:[出版者不详],1995.

[11] 张同新, 张文, 李森. 挖方段PST层换填深度的确定[J]. 公路交通科技(应用技术版), 2020, 16(05): 150-151,62.

综合交通规划一张图建设初探

杨凯文*
(华设设计集团股份有限公司)

摘　要　本文在总结目前交通领域"一张图"研究成果的基础上,探索适用于综合交通规划的"一张图"体系,对综合交通规划"一张图"系统的总体架构、数据标准以及应用平台进行了研究,形成了一套数据资源体系和平台系统,为交通规划领域的数字化转型奠定基础。

关键词　交通规划　一张图　数据标准　地理信息

0　引言

在数字交通背景下,政府相关文件多次明确提出:构建综合交通运输"一张图",推动基础设施数字化转型,实现全要素、全周期数字化。交通运输部印发的《推进综合交通运输大数据发展行动纲要(2020—2025年)》提出围绕加快建设交通强国总体目标,要求以技术创新为驱动,以数字化、网络化、智能化为主线,推动交通基础设施数字转型、智能升级,提高综合交通运输决策支持能力,形成综合交通运输"一张图",提升宏观决策、业务管理和服务社会的能力和水平。《数字交通发展规划纲要》要求推动交通基础设施规划、设计、建造、养护、运行管理等全要素、全周期数字化;构建覆盖全国的高精度交通地理信息平台,完善交通工程等要素信息,实现对物理设施的三维数字化呈现。

近年来国内外各学者纷纷对"交通一张图"开展了相关研究及应用实践。鲁伟等[1]在介绍江苏省交通一张图建设内容的基础上,阐述了一张图的总体、功能、数据、技术和部署架构,运用基于云计算技术的平台部署、基于一张图技术的交通空间信息整合、MongoDB的海量地图切片数据存储和服务式地理信息系统(GIS)的空间服务共享体系等技术,整合全省公路、水路和道路运输等相关交通专题空间数据资源,设计并开发了江苏省交通一张图云平台,目前该平台已广泛应用于公路、运管、航道等交通行业管理部门。莫庆球等[2]提出交通运输一张图要全面监测人、车、基础设施、路、事等要素,在对交通运输一张图的业务进行分析的基础上,提出了一张图系统的建设要求,对系统的关键技术进行了研究。林报嘉等[3]分析了目前交通一张图存在的问题,基于高分遥感技术在交通领域中的应用,提出高分交通一张图的概念、系统架构和关键技术以及在规划、建设和运营管理等阶段的应用。范文涛等[4]对行业一张图的建设现状和交通一张图面临的问题进行了分析,设计了综合交通一张图的系统架构和平台功能框架,并对一张图系统的建设实现内容进行了介绍。目前,对于交通一张图的研究和建设以解决多源数据融合、实现数据共享、提供基础数据和地图服务为主,缺乏对于交通规划数据的整合以及在交通规划领域的业务应用。由此,本文探索了交通规划一张图的系统架构、数据资源体系以及应用平台,为交通一张图在规划领域中的建设、应用提供参考。

1　综合交通规划"一张图"系统架构

系统的总体架构分为设施层、数据层、服务层和应用层四个层级以及标准规范、安全及运维保障三大体系(图1),纵向层次的上层对其下层具有依赖关系,横向体系对于相关层次具有支撑关系。设施层主要是指软硬件环境,包括计算资源、存储资源、网络资源以及安全设施等;数据层汇集了基础地理信息数据、交通专题现状和规划数据、国土空间规划数据以及社会经济和交通运行等统计数据;服务层为上层应用提供服务支撑,供应用层使用和调用,包括GIS服务、业务服务和安全验证服务等;应用层主要包括交通规划一张图的应用功能模块,用于服务规划业务的数字化。

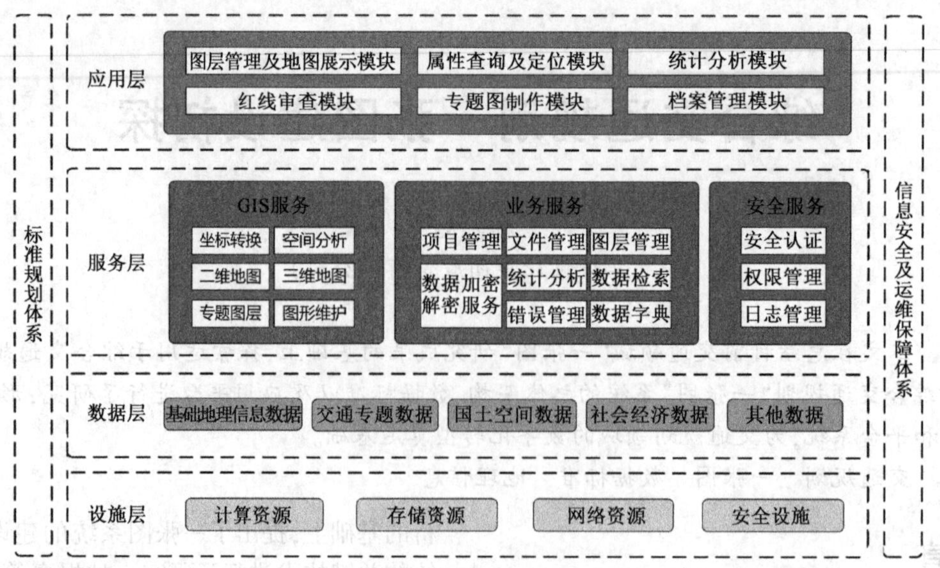

图1　系统总体架构

2　综合交通规划"一张图"数据资源体系

基于对规划"一张图"数据标准和规范的研究,形成了一套标准化的数据规范体系,并构建了一体化的数据资源体系。

2.1　标准化的数据规范体系

交通规划一张图系统所涉及的数据来源广泛、格式不一,为对数据进行统一的组织和管理以及规范数据的使用和调用,在对现有标准和规范研究的基础上,结合交通规划业务,制订了一套统一的数据标准和规范,对"一张图"数据的分类与组织、不同交通专题数据的内容和结构、坐标系、数据格式、图示表达以及数据的更新周期等进行了规范化。对于本系统中主要涉及的交通专题以及国土空间规划等地理空间数据,数据的坐标系统一采用CGCS2000国家大地坐标系;文件统一采用通用的shapefile格式;针对不同类型的专题要素,分别以点、线、面以及不同的符号进行表达,形成了一套标准的图示表达规范;建立了数据的更新机制,对不同来源数据的更新周期进行了规定,以保持数据的现势性。本系统的源数据包括图片、文档、DWG以及SHP等不同格式,针对来源不同、类型各异的数据,分别采用不同的技术流程进行处理,形成统一的标准化数据,集成到一体化的数据资源体系中。

2.2　一体化的数据资源体系

基于对一张图数据的标准化,构建了一体化的数据资源体系,包括基础地理信息数据、交通专题数据、国土空间规划数据以及社会经济和交通运行数据四大类,并预留了三维建筑信息模型(BIM)数据的接口。基础地理信息数据主要包括矢量和影像底图、地形数据以及行政区划数据等;交通专题数据包括现状交通基础设施数据以及交通专题规划数据,涵盖公路、铁路、航空、航道和港口等多个交通专业;国土空间规划数据主要包括三区三线和控制区、保护区等;社会经济和交通运行数据包括人口、经济、产业以及交通运行等影响交通规划的统计指标数据。本系统在现状交通基础设施数据的基础上融入了交通规划数据和国土空间规划数据,既支撑交通基础设施的规划,又整合了各交通专题的规划成果,形成了坐标一致、上下贯通、动态更新的综合交通规划"一张图"数据资源体系,如图2所示。

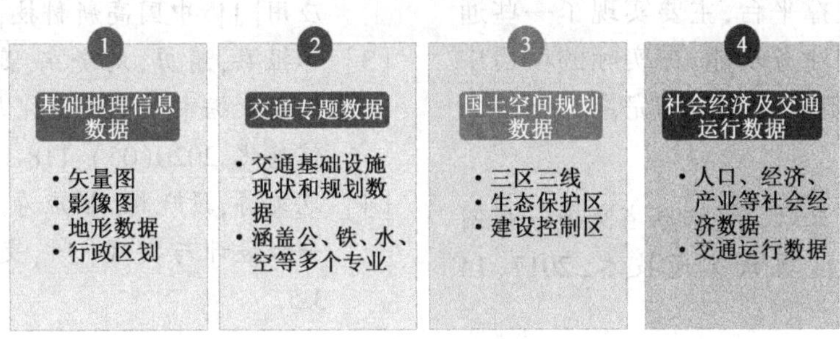

图2 数据资源体系

3 综合交通规划"一张图"应用平台

3.1 功能框架

平台的主要功能包括图层管理及地图展示、属性查询及统计分析、专题制图、方案在线审查、资料档案管理和用户权限管理六个模块,具体功能如图3所示。图层管理及地图展示模块对集成到平台中的基础地理信息、交通专题地理空间数据等以图层的方式进行组织和管理,通过切换图层的方式将打开的图层加载到地图窗口进行展示;属性查询及统计分析模块实现基于交通基础设施属性信息的条件筛选查询、地图定位、专题统计和图表可视化分析等;资料档案管理模块对与交通基础设施规划相关的文档、图纸等资料进行管理,可挂接到具体的交通基础设施要素,并支持在线预览、查询、下载等。

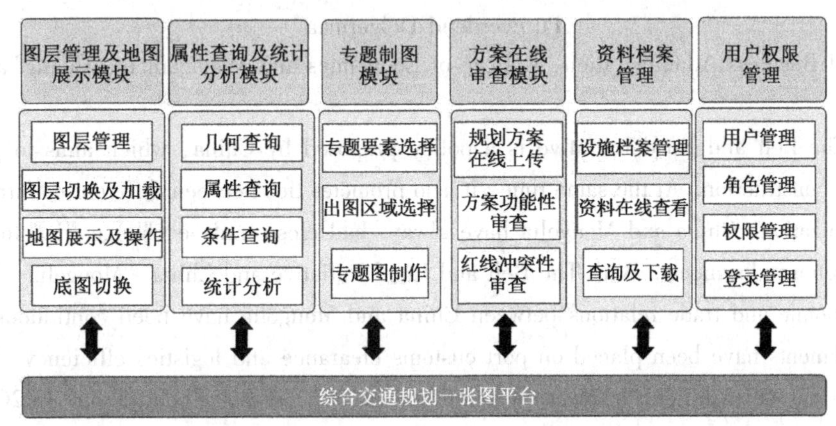

图3 平台功能框架

3.2 规范化的快速出图

基于对各交通专题要素图层的标准化,实现专题图的在线制作,选择需要出图的专题要素及范围,根据需要自定义配置图例、标题、导出格式等选项,即可快速制作专题图,支持在线预览和下载打印。规范化的快速出图改变了传统基于专业制图软件的出图模式,降低了学习成本,不仅操作便捷,而且快速、高效。

3.3 自动化的方案审查

在线上传规划方案即可实时在地图中查看,结合周边的基础地理信息数据以及现状和规划的交通基础设施数据进行初步方案审查。实现基于集成的三区三线、控制区、保护区等国土空间规划数据进行自动的合规性和冲突性审查,并将合规率、冲突节点和冲突原因实时在线显示,节省了传统人工方案审查的时间,提高了方案编制的效率。

4 结语

本文对综合交通规划"一张图"系统的总体架构、数据资源以及应用平台进行了研究,成果对交通规划领域的数字化和一张图建设起到一定的指导作用,但也存在一些不足之处,需要进一步完善。随着BIM、CIM等三维技术和概念的提出,各个工程领域的数字化平台均在向三维转型,本文所建立的一张图系统虽预留了三维接口、具有一定的三维能力,但在支持的三维数据类型以及平台的支撑能力方面还有待提升。此外,本文的一张图平台作为基础支撑平台,主要实现了一些通用的基础功能和规划业务功能,在实际的项目中还应根据具体的需求进一步拓展和完善。

参考文献

[1] 鲁伟,许成涛,邱卫云,等.江苏省交通一张图设计与应用[J].现代交通技术,2017,14(06):69-72.

[2] 莫庆球,何鹏.南宁市交通运输一张图设计与应用[J].中国高新科技,2020(04):46-47.

[3] 林报嘉,潘勇,刘晓东.高分交通一张图助力交通数据中心建设探究与应用[J],中国交通信息化,2020(05):118-122.

[4] 范文涛,段晓辉,崔应寿.综合交通"一张图"平台设计与实现[J],交通世界,2021(07):3-5.

Research on Digital Transformation of Border Ports under the Background of "The Belt and Road"

Pureverdend Delgermaa*

(Department of Business Administration, College of Economics and Management, Chang'an University)

Abstract　The Belt and Road Initiative is a policy proposed by China, which aims to promote China's national economic construction. At the same time, it also promotes ties between different countries in the context of economic globalization. China and Mongolia have always had close trade exchanges due to their geographic advantages and factor endowments. With The Belt and Road Initiative and China – Mongolia – Russia Economic Corridor, the economic and trade relations between China and Mongolia have been continuously strengthened, and higher requirements have been placed on port customs clearance and logistics efficiency. The development of traditional ports has been difficult to meet the requirements of economic globalization. In 2020, the COVID-19 epidemic has shown the shortcomings of the traditional supply chain. In this context, it is necessary to apply new technologies based on cloud computing, big data, and Internet of Things. This article mainly uses case analysis methods to study the success factors and practical experience in the process of intelligent transformation of China's Shenzhen port, and proposes recommendations for the digital transformation of China-Mongolia border ports.

Keywords　China-Mongolia　The Belt and Road Initiative　Digital Transformation　Smart Port

0　Introduction

In 2013, Chinese President Xi Jinping put forward The Belt and Road Initiative, which has made the economic and trade exchanges between China and Mongolia closer, and objectively put forward higher requirements for port customs clearance and logistics efficiency. The sudden COVID-19 epidemic in 2020 has brought a huge impact to China-Mongolia cross-border trade. Under the situation of the slowdown of the epidemic, the trade between the two countries is in urgent need of rapid resumption of work and production to drive economic development. However, the traditional supply chain model cannot return to normal in a short period of time. Under this background, new scientific and technological means are needed to break this limitation. With the rapid development of information technology, especially in cloud computing, big data, and the Internet of Things, with the support of emerging technologies, the digital transformation of border ports can solve this problem.

In recent years, the customs, inspection and quarantine and other port inspection departments, service departments and operating departments of China and Mongolia have established their own information systems, making unremitting efforts to reduce customs clearance costs and time. However, it is not realistic to further improve the efficiency of customs clearance through a single depart-ment. It must be through multi-departmental data exchange and information sharing, and on this basis, law enforcement mutual assistance must be actively carried out, and multi-departmental business process integration can be further improved. The efficiency of customs clearance and logistics at border ports meets the needs of economic and trade transformation and development.

Guangdong is the frontier of China's reform and opening up, especially the ports of Guangzhou and Shenzhen, which are responsible for large-scale logistics trade and customs clearance functions, and have become an important window for economic development. The digital transformation of Shenzhen Port is of representative significance. This article mainly studies the success factors and practical experience in the process of smart transformation of Shenzhen Port, so as to put forward suggestions for the digital transformation of China-Mongolia border ports.

1 Lireature review

1.1 Digital transformation

Although the concept of DT has recently gained strong interest in both academia and practice, it lacks consensus with respect to its definition (Morakanyane et al., 2017; Osmundsen et al., 2018). Scholars view it as a strategy (Bharadwaj et al., 2013; Kane et al., 2015), a process (Hansen et al., 2011; Berman and Marshall, 2014; Morakanyane et al., 2017; Cichosz, 2018; Hausberg et al., 2018; EC, 2018) or a business model (Henriette et al., 2016). Typically, they emphasize "the use of new digital technologies (...) to enable major business improvements" (Fitzgerald et al., 2014, p. 1). It must be stressed that DT is not about a single technology, but major changes based on a "combination of information, computing, communication, and connectivity technologies" (Bharadwaj et al., 2013, p. 471), i. e. "a fusion of advanced technologies" that are integrating physical and digital systems (EC, 2018). Importantly, not all technologies within DT have to be digital. In the context of DT, even technologies that themselves are not digital (i. e. delivery vans, forklift trucks and conveyers) can become an element of DT (Mathauer and Hofmann, 2019) when equipped with new technology components so that they, for example, can be tracked with regards to their location and speed. Morakanyane et al. (2017, p. 11) add the role of "leveraging digital capabilities" by people in DT.

Creating value is identified as a key output of DT. Value includes, but is not limited to operational efficiencies, improved customer experiences, enhanced business models, strategic differentiation, competitive advantage, improved stakeholder relationships, costs savings, etc. (e. g. Berman and Marshall, 2014; Morakanyane et al., 2017).

1.2 Smart port and digital transformation

China's smart port construction has developed so far, and it has experienced many difficulties in the process of starting from nothing, but the achievements it has achieved are also worthy of recognition. On the one hand, the construction of smart ports has played an obvious and active role in responding to port business process management, strengthening port law enforcement capabilities, realizing information sharing among various departments, and curbing smuggling, foreign exchange and tax evasion; on the other hand, smart ports was established to realize the networking and digitization of various ports of business, which greatly improved the work efficiency of both the government and the enterprise, which not only further reflected the high efficiency and clarity of e-government, but also greatly reduced the enterprises cost.

The construction and development of smart ports abroad predates China, especially developed countries have achieved certain construction achievements and considerable development experience in e-commerce, e-government and smart ports. The United States, Japan, Canada, Australia, New Zealand, Singapore, etc. are developed countries, their theoretical foundation of construction and actual development of smart ports is ahead of China.

Australia's development of automated declaration of electronic customs documents began in 1972, and the government data center has gradually realized the online processing of most of the import and export cargo declaration and customs clearance data.

Singapore is one of the first countries in the world to realize government informatization. It has established a more representative e-government in the world. There are many good experiences that China can learn from in the process of its construction and development.

The U. S. government took the lead in introducing Enterprise Architecture and Smart Government Framework, and developed a federal government overall architecture methodology system including five reference models and a series of implementation guidelines and management tools.

2 Method ology

2.1 Research approach

The research adopts a two-stage approach. Within Stage 1, to provide a bette understanding of digital transformation (DT) and to identify success factors and barriers which can be applied to the border port, a comprehensive literature review has been conducted. The research methodology was partially adapted from Dreyer et al. (2019).

The search was carried out using five research databases: Web of Science, CNKI, WF database, Springer Link, Baidu Scholar. In this research, following key words focused on:

- Digital transformation
- Digital transformation and Transport
- Digital transformation and Shipping
- Digital transformation and Seaport
- Digital transformation and Port

In Stage 2, case studies were conducted. THE Case study is an effective methodological fit for the current stage of DT conceptual development (Edmondson and McManus, 2007). It is recommended for exploratory and theory-building research (Eisenhardt, 1989; Gammelgaard, 2017). Multiple cases are analyzed in order to provide a more robust and generalizable consensus (Yin, 2014).

2.2 Case selection

According to Yin (2014), amulticase study approach should follow a sampling logic. Therefore we decided to identify case firms by purposefully applying the following criteria. First, we decided to select border port who have introduced or are introducing at least a few digital initiatives. Second, we restricted the geographical scope to Guangdong—one of the provinces with the largest number of border ports. Third, we focused on large border ports, who are global players with experience in digitalization. In order to increase theoretical generalizability, we selected case border ports that differ by the level of their digital maturity from Fashionistas, through Conservatives, up to Digirati (Westerman et al., 2014).

3 Findings: success factors and leading practies for digital transformation

3.1 Introduction to digital transformation Of Shenzhen Port

Shenzhen is a "large logistics, large traffic flow, and large passenger flow" port adjacent to Hong Kong. its container throughput ranks third in the world, inbound and outbound transportation accounts for more than 70% of the country's total, entry and exit personnel accounts for nearly half of the country, and the airport's business volume ranks first in the country.

Since 2015, the Shenzhen Inspection and Quarantine Bureau has integrated the domestic and foreign smart city and smart government construction experience, based on the actual business, and built the "3 + 9 + 4" smart port framework, creating a model of "Internet + inspection and quarantine". A new high-tech smart port is emerging in Shenzhen.

The convergence and unification of standardization and efficiency have continuously improved the facilitation of customs clearance at smart ports. According to estimates, the cargo release in 2016, time at Shenzhen Port was reduced from 2.06 days at the beginning of 2016 to the current 1.25 days, and the inspection and quarantine release efficiency has been ranked first in china for 4 consecutive years.

The intelligent classified customs clearance operation platform realizes the digitalization of certificates and the intelligentization of random inspections through the application of intelligent terminals, self-service systems and other equipments, which promotes the advancement of inspection and quarantine supervision. In 2016, the Shenzhen Inspection and Quarantine Bureau launched the "e-certificate" fistly in China. The average duration of cargo visas was shortened to 1.47 days, and the visa efficiency increased by 80.75% year-on-year. By vigorously promoting paperless customs clearance, enterprises have replaced multiple submissions of trade materials with one filing, and the coverage rate of paperless inspections by enterprises has exceeded 95%. At the same time, companies only need to send inspection information by the client, and they can complete the inspection and customs clearance procedures without leaving their office.

Promoting the integration of districts and ports, further integrating inspection and quarantine inspection resources, realizing the informatization of business operations and the standardization of inspection facilities and places. On the basis of cargo risk assessment, we implement differentiated management, implement intelligent classification of customs clearance, customize different customs clearance procedures for different enterprises, and support enterprises to independently choose the location of cargo declaration and certificate issuance. Move the port to the jurisdiction, exchange space for time, reduce business costs, increase the speed of customs clearance, reduce port load, and build a new pattern of large ports and large customs clearance in Shenzhen.

3.2 Framework optimization of Smart Port

The construction of Shenzhen Smart Port adheres to the three basic principles of "vertical interconnection with the AQSIQ system, horizontal interconnection with local ports, and full use of existing resources" to promote continuous optimization of business processes, supervision models, and law enforcement methods. The Shenzhen Inspection and Quarantine Bureau has constructed a framework of "3 + 9 + 4", namely, from the three business domains of G2B, G2G, and G2C, nine business platforms including logistics supervision, intelligent customs clearance, business supervision, and comprehensive collaboration will be built, and consolidated Four major technical supports: data, cloud computing, smart detection, and infrastructure. Among them, the smart design of the G2B (government to enterprise) business domain serves to form an integrated operation pattern of Shenzhen's large port and large customs; G2G (government to government) aims to extend the prevention and control front from inspection and quarantine to the line, then expand from line to surface, and then build a preventionand control system of general health, quality, security, and major counter-terrorism, so as to achieve the effect of quality co-governance and joint epidemic control; G2C (government to customers) is based on the establishment of inspection enterprises, The "heart-to-heart bridge" between prosecutors and citizens creates a win-win situation in which enterprises can benefit from benefits, passengers can enjoy convenience, and national prosecutors havewonthe hearts and minds of the people.

3.3 Security and convenience of Smart ports

The smart health and quarantine system has built an intelligent prevention and control chain that runs through the entire health and quarantine process, and has comprehensively improved the ability to detect epidemics and monitor abnormalities. The mobile phones of the inspection and quarantine personnel will receive the push immediately to keep abreast of the latest developments of the epidemic. The epidemic information is embedded in the epidemiological investigation link, and the system prompts the investigation key in real time based on the passenger's household registration and travel history. Through LED Media such as screens, advertising machines, passenger mobile terminals, websites, WeChat, etc. the epidemic situation to port units, the public, and quarantine targets are displayed in a comprehensive and multi-level manner, and the coordination and compliance of entry and exit passengers with health and quarantine work are enhanced.

The port monitoring is more rigorous and accurate, and the travel quarantine inspection has realized electronic supervision, paperless operation, and trace management of the entire process.

- Before entering the port, passengers should browse the international health service guide to understand the global epidemic situation and grasp the precautions for transit; use the mobile health declaration to avoid the congestion of centralized declaration at the port.

- When a passenger enters the port, the intelligent body temperature monitoring system based on face recognition accurately recognizes the face, eliminates 90% of non-human body temperature alarms, and accurately locks the alarm object, uploads alarm pictures in real time, and issues early warnings to abnormal conditions to remind inspection and quarantine personnel to verify and follow up as soon as possible to ensure that "the police must go out".

- After the passenger leaves the port, the laboratory will be connected in real time, including 120 electronic transfer, and follow-up supervision of the smart watch, so as to accurately and quickly grasp the confirmed information of the passenger.

In addition, in order to meet the nuclear and radiation harmful factors monitoring requirements at the port, the Shenzhen Inspection and Quarantine Bureau has developed a vehicle-mounted nuclear radiation real-time positioning and tracking monitoring system, which has realized the three functions of visualization, real-time online monitoring and automatic tracking. Accurate positioning and real-time tracking of nuclear and radiation exceeding targets, and emergency response. The system can also be mounted on vehicles, and can be widely used in various places such as port vehicle passages, inspection sites, airports, etc., greatly improving nuclear and radiation monitoring capabilities and detection levels, in order to combat nuclear terrorism and ensure national security and field safety.

3.4 Application of Smart Port construction technology

The Shenzhen Inspection and Quarantine Bureau uses cloud computing and Web technology tointegrate all aspects of the laboratory, and for the first time in China, it has realized the electronic management and operation of the whole process of a comprehensive testing laboratory. with the innovative data efficient processing system, the detection time rate is directly increased by nearly 10%, and the report processing time is reduced from 3 hours each time to 0.5 hour. Through cloud data sharing, a cloud testing service platform that supports the Internet and wireless terminals was built to provide customers with a full range of high-quality services. A full-process monitoring system for sample circulation based on RFID technology was established to realize the standardized and intelligent operation of sample management filling the gaps in domestic laboratories. Intelligent ventilation system and temperature and humidity intelligent monitoring system ensure the 24 hours continuous monitoring has been carried out to ensure the stability of the testing environment.

The Shenzhen Inspection and Quarantine Bureau uses minicomputers and microcomputer servers to establish database and application clusters with virtualization technology, and builds a cloud computing service platform, effectively guaranteeing the high-speed and stable operation of smart ports. Laying more than 200 kilometers of Gigabit optical fiber lines, 3 sets of network systems for external network, internal network and video was established, providing a large-capacity network expressway.

Through the application of big data such as Hadoop, Shenzhen Inspection and Quarantine Bureau extracts, integrates, mines, analyzes, and predicts different business systems and different data structures. Data broadband connection was realized through the "single window", cross-border e-commerce supervision system, etc., and interconnection and intercommunication with local departments, port joint inspection and other units. Data deep processing, expansion of full-process business data, and automatic collection of unqualified, returned shipments, notifications and corporate integrity information provide guarantee for risk analysis and quality traceability. data is used cleverly to extract and integrate business data, conduct big data analysis and comparison, and give full play to the value of data.

Smart new equipment also plays an important role. For example, the invention of the low-temperature carrying monitor was granted a national utility model patent. During 11 months of application atFutian Port, 162 tons of iced seafood such as lobster and abalone were detected, with a year-on-year increase of 213.5%. The upgraded empty container disinfection robot arm has realized the 24-hour automated, standardized, rapid sanitation and decontamination treatment of the empty container at Yantian Port. Visualized monitoring takes GIS (Geographical Information System) as the core, integrates global video signals and infrared temperature measurement signals, and achieves a screen to monitor the overall situation, and realizes port safety monitoring visualization, tracking and positioning.

4 Discussion and conclusions

To conclude, we believe that digital transformation will be a very relevant, multidisciplinary area for future research given the recent developments of digital technologies. In this paper, we have provided a rich and timely discussion on digital transformation and proposed how digital transfor-mation places specific demands on organizations. We hope that our discussion and research agenda will stimulate future research on digital transformation.

Due to the expansibility and tension of the economy, unimpeded trade has become a topic worthy of increasing attention. It has shown a richer side inThe Belt and Road Initiative and is an important boost to the construction of "The Belt and Road". The investigation and analysis of border ports has also confirmed that the construction of smart ports is conducive to sharing the successful experience of China's reform and development with other countries. It can strengthen exchanges and interconnections between China and neighboring countries, and promote the integration and development of China - Mongolia border areas.

The application of cloud computing, big data, Internet +, Internet of Things, blockchain and other technologies is the basis for the successful digital transformation of border ports. Strengthening the research of smart ports is important for deepening the modernization of ports and promoting the implementation of The Belt and Road Initiative. The contribution of wisdom to the building of a community with a shared future for mankind plays an extremely important role. From unimpeded trade to people-to-people connections, from economy to culture, from China to countries along "The Belt and Road", the future we see is no longer a closed, individual struggle alone. The coordination and cooperation of all countries are needed. The construction of smart ports can strengthen exchanges, friendly and harmonious coexistence between countries and ethnic groups, and promote the common development of all countries. This is a development trend under the background of globalization and also meets the development requirements of the times.

4.1 China-Mongolia trade development status

Since 1999, China has occupied Mongolia's position as the largest foreign trade country for 22 consecutive years, and bilateral trade volume has increased year by year. As shown in Fig. 1, the bilateral trade volume between the two countries has increased from US $816.5 million in 2005 to US $8850.55 million in 2020, with an increase of 10.84 times. From 2005 to 2020, except for the impact of the global financial crisis in 2008, the impact of commodity price changes in the international market from 2013 to 2016, and the impact of the epidemic in 2020, the trade volume between the two countries has declined and significant growth has been achieved in other years. What is more, in the trade between China and Mongolia, China has achieved a trade deficit year after year, and the growth rate of exports has been faster than that of imports. The trade deficit has continued to expand. In 2005, the trade deficit was 209.97 million U. S. dollars. By 2019, the deficit reached 4728.98 million US dollars, which is a record high.

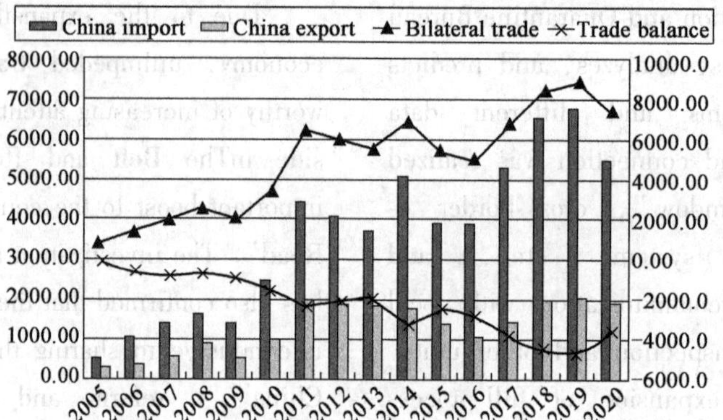

Fig. 1　2005 - 2020 China - Mongolian trade volume (millions of US dollars)

Data source: data compiled by the National Bureau of Statistics

It can be seen from Fig. 2 that the proportion of China's imports from Mongolia in China's total imports increased from 0.18% in 2010 to 0.3% in 2019, which is a rapid increase. The proportion of China's exports to Mongolia in China's total exports has been declining from 2011 to 2016. It was 0.14% in 2011 and fell to 0.05% in 2016, which was the highest and lowest level in the past ten years. Compared with the proportion of imports and exports, the proportion of bilateral trade between China and Mongolia in China's foreign trade has not fluctuated much. It has been stable at around 0.15% for a long time and is 0.17% in 2019. There is an overall upward trend.

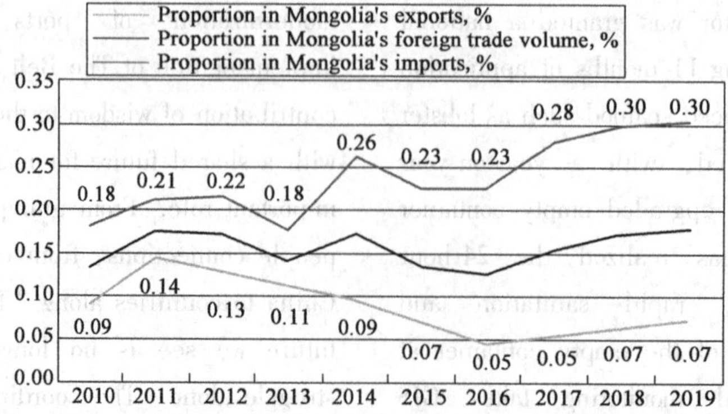

Fig. 2　The proportion of bilateral trade volume between China and Mongolia in China's foreign trade volume

Data source: data of the United Nations database.

From 2010 to 2019, the bilateral trade volume between the two countries accounted for about 60% of Mongolia's foreign trade volume. In 2018, Mongolia's exports to China accounted for 90.4% of Mongolia's total exports, reaching the highest level in the past decade. The proportion of Mongolia's total imports from China reached the highest 45.3% in 2010 and 29.9% in 2019, and the overall trend is significantly decreasing (Fig. 3).

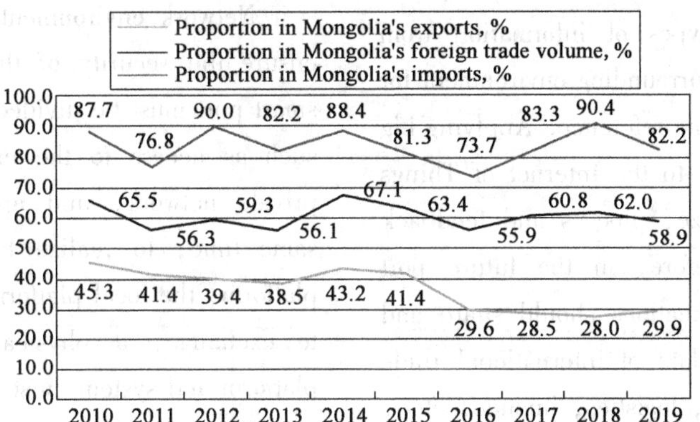

Fig. 3 The proportion of bilateral trade volume between China and Mongolia in Mongolia's foreign trade volume

Data source: data of the United Nations database.

In summary, with The Belt and Road Initiative and China-Mongolia-Russia Economic Corridor, the economic and trade relations between China and Mongolia have been continuously strengthened. The development of traditional ports has been difficult to meet the requirements of economic globalization. The epidemic in 2020 has tested the shortcomings of the traditional supply chain. Therefore, the digital transformation of border ports between China and Mongolia is particularly important to promote trade between the two countries.

4.2 Digital transformation path of China-Mongolia border ports

4.2.1 "Single Window" construction of smart port

International trade "single window" refers to the use of modern information technology and standardization theories to realize one-point access through the smart port platform and one-time submission of standardized documents and electronic information that meet the requirements of port management and international trade related departments. Related departments share data and information through the smart port platform, implement functional management, and uniformly report the processing status (results) to the applicant through the "single window". Through continuous optimization and integration, the functional scope of the "single window" covers all major links in the international trade chain, and gradually becomes the main access service platform for enterprises to face the relevant departments of port management. Through the "single window", the interoperability of the systems of the participating parties in the international trade supply chain is improved, the customs clearance business process is optimized, the declaration efficiency is improved, the customs clearance time is shortened, the cost of the enterprise is reduced, and trade facilitation is promoted.

The "single window" provides a convenient one-stop integrated service, which can save time and cost for the government and enterprises, speed up the customs clearance and release of goods, and greatly improve the efficiency of customs clearance of imported and exported goods. With the widespread application of 5G technology, big data, Internet of Things technology and artificial intelligence technology, whether it is a "single window" or other measures, smarter technologies should be applied to create smart port services to adapt to more and more complex International trade environment.

4.2.2 Smart Port internet of things technology application

The application of big data technology in the Internet of Things system. Should be strengthened. Big data technology is an information technology that quickly obtains various types of information from complex systems and the surrounding environment for analysis and decision-making reference. Applying big data processing technology to the Internet of Things system can collect, analyze, process and feedback data in real time. Therefore, in the future port "single window" IoT applications should share and apply the entire process data of international trade such as customs clearance, logistics, finance, etc., to achieve port governance and scientific decision-making precision are use RFID in the international logistics express inspection link and deep neural network to improve the efficiency of express mail inspection and speed up customs clearance. At present, the mainstream big data analyzing technologies in the industry are stream processing and batch processing. Typical products include Hadoop and Spark.

The application ofblockchain technology in the Internet of Things system should be strengthened Blockchain refers to a data structure formed by orderly block links. Applying blockchain technology to the Internet of Things system can optimize the data storage and data transmission of the Internet of Things, and realize cross-subject collaboration. The Internet of Things system is a complex system with multiple devices, networks, and applications. All interfaces and communication protocols need to be guided by national standards. The cross-subject collaboration capability of blockchain technology can effectively solve the current existing Internet of Things system and information island problem.

4.2.3 Smart Port technology platform planning

(1) Infrastructure construction

Basic platform construction: The physical platform is the most basic part of port project construction. It must meet the requirements of high concurrency, high throughput, and large capacity. At the same time, considering factors such as investment scale and application cycle, the planning of the basic platform must meet the requirements for easy expansion.

Network environment construction: In order to ensure the security of the platform and data, the smart port must be divided into multiple logical areas such as access to the external network, handover private network, and application intranet. At the same time, to realize the data of the provincial platform, the local platform and the national platform to exchange, a physical link with the relevant platform and system must be established.

Basic application construction: Smart port project applications are all built on the basis of data exchange and information sharing. Therefore, data storage, exchange, transmission, conversion, processing and integration between heterogeneous platforms must be fully considered to establish robust and stable support. The basic application makes the system construction have a good scalable structure and scalability.

(2) Business application platform planning

Smart Port is a cross-departmental and cross-industry platform. Through data exchange and information sharing on the platform, it optimizes the law enforcement and management of relevant departments, improves service capabilities for enterprises, and improves the port clearance environment.

The core function of the smart port technology platform is to meet the needs of inter-departmental data exchange and information sharing. It is objectively required to form a business data standard and a shared exchange system on the platform. At the same time, it is necessary to build a complete application support system on this basis, including exchange, sharing, monitoring, etc. to support more and more business application projects.

The role of a smart port needs to be reflected through business application projects. After a complete and robust application support system is established, it must be connected to the corresponding business application system to achieve the purpose of building a smart port. (Fig. 4)

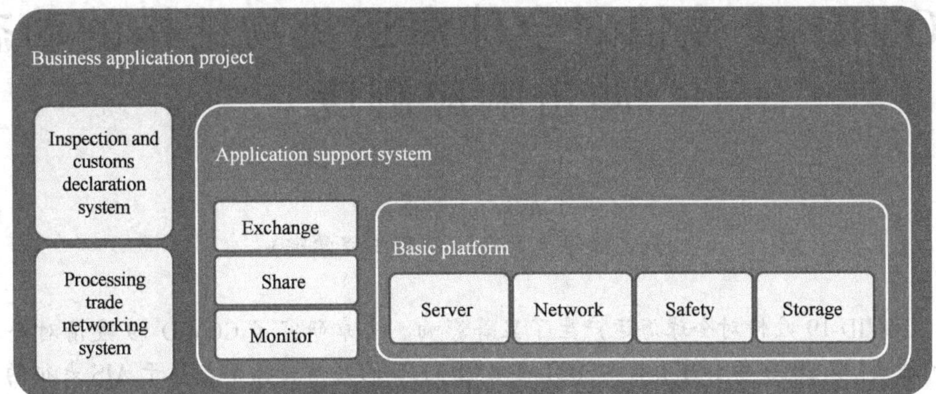

Fig. 4 Business system model

References

[1] Berman, S. and Marshall, A. (2014), "The next digital transformation: from an individual-centered to an everyone-to-everyoneeconomy ", Strategy and Leadership, Vol. 42 No. 5:9-17.

[2] Bharadwaj, A., El Sawy, O., Pavlou, P. and Venkatraman, N. (2013), "Digital business strategy: toward a next generation of insights ", MIS Quarterly, Vol. 37 No. 2:471-482.

[3] Cichosz, M. (2018), "Digitalization and competitiveness in the logistics service industry", E-mentor, Vol. 77 No. 5:73-82.

[4] EC(2018), "Digital transformation" , available at: https://ec. europa. eu/growth/industry/policy/-digital transformation_en (accessed 20 February 2019).

[5] Mathauer, M. and Hofmann, E. (2019), "Technology adoption by logistics service providers ", International Journal of Physical Distribution and Logistics Management , Vol. 49 No. 4:416-434.

[6] Marzenna Cichosz, Carl Marcus Wallenburg and A. Michael Knemeyer. Digital transformation at logistics service providers: barriers, success factors and leading practices. The International Journal of Logistics Management Vol. 31 No. 2, 2020:209-238.

[7] Edvard Tijan, Marija Jovi 'c, Saˇsa Aksentijevi' c, Andreja Pucihar. Digital transformation in the maritime transport sector. The Journal of Technological Forecasting & Social Change. 170 (2021) 120879.

[8] Peter C. Verhoef et al. Digital transformation: A multidisciplinary refl ection and research agenda. Journal of Business Research 122 (2021):889-901.

COVID-19疫情对全球海运货物结构的动态冲击响应测度

张琦琦[*]　李振福

(大连海事大学交通运输工程学院)

摘　要　COVID-19疫情对全球海运产生了显著影响。文章研究了COVID-19疫情对全球海运货物结构的外部冲击,选取2020年1月1日~2021年8月31日的疫情传播率与基于AIS表征的全球海运货物结构的周记数据,划分疫情发展阶段,构建海运货物结构评估模型与TVP-SV-VAR模型,检验了COVID-19疫情对全球海运货物结构影响的时变性。结果表明:COVID-19疫情对全球海运货物结构变化的影响具有时变性与短期滞后性,疫情将加速全球供应链调整,平衡全球货物与运力的供需关系,推进海运货物结构合理化发展。

关键词　COVID-19疫情　海运货物结构　地层约束聚类　TVP-SV-VAR模型　AIS数据

0　引言

新型冠状病毒肺炎(COVID-19)疫情成为国际关注的突发公共卫生事件(Public Health Emergency of International Concern, PHEIC),据世卫组织报告显示,截至2021年10月,全球累计确诊病例接近2.5亿例,逐渐呈现出常态化和全球化发展趋势,引发了全球变革性危机。疫情暴发后,引起了国际组织和众多学者热议,聚焦领域从最初的医学、生物学,拓展到与人类发展生存相关的几乎所有学科。在全球贸易疲软背景下,此次危机更甚于以往,更是对全球经济系统、全球贸易系统、全球运输系统在时间和空间双维度产生更深入的影响,在全球、区域、国家、地方多级层面引发经济、金融、贸易、生态、环境、能源、社会与运输等多方面的影响[1-8]。

疫情引发了全球贸易的"多米诺骨牌效应"[9],所产生的影响将在短期、中期、长期共3个阶段和5个领域展现,并最终放缓全球贸易,重塑供应链条,加速"反全球化"进程[2],放大贸易保护主义,在如农产品[11]、制药[12]等方面对全球贸易需求端产生非对称冲击[10]。"全球化的三角结构"来看,疫情可能会短暂影响全球化发展,全球化大趋势不会发生变化,并最终走向"包容性全球化"发展[13]。当前研究多以贸易额作为数据支撑,数据更新周期长,对于应对具有突发性与时变性特征的疫情较为不足。海上运输承担了将近90%的全球贸易运输,且船舶自动识别系统(Automatic identification System, AIS)作为船舶活动的实时更新数据库,为全球贸易研究和区域海事研究提供实时解析的数据便利[14-15],因此,可通过AIS数据来估算实时海上运输情况,表征全球贸易活动。联合国贸易和发展会议(United Nations Conference on Trade and Development, UNCTAD)已通过AIS数据估算集装箱船、干散货船、液化天然气船等不同类型的船舶呼叫次数、货物公吨、净载重吨位指标来实时表征经由海上运输的贸易活动,着重分析了COVID-19疫情对全球贸易活动的影响,认为疫情正以前所未有的速度和规模影响全球贸易流动,发展中国家将受到更多的阻滞效应,但对于海上运输的贸易活动存在的地区差异、是否为暂时性影响、是否加大调整全球供应链仍有待论证。

航运业是国际贸易的晴雨表,最先受到波及[16]。航运业是运输网络和全球供应链的重要传播渠道,在传染病等破坏性因素冲击下,将更为

1.基金项目:辽宁省"兴辽英才计划"项目(XLYC2004008)资助。

直接地显示事件冲击波辐射范围[17]。疫情暴发时,相继出现的生产和消费调整及各国出台的抗疫政策等对航运市场产生了相应影响,影响路径、影响程度等问题需要深入研究。UNCTAD 预测经济增长势头在 2021 年恢复,但此次疫情将使海运贸易下降 4% 左右,对航运业带来巨大的压力[18]。现有疫情对海运影响的研究多结合 AIS 数据表征的船舶基本活动与疫情发展、疫情防控。大部分学者基于 AIS 船舶活动数据对疫情期间多个区域的船舶活动进行了基础性描述统计,少数学者通过 AIS 估算进出口贸易额解析贸易活动,但整体来看,解读时间多聚集在 2020 年上半年,即疫情暴发初期,COVID-19 疫情作为不可预见的外部冲击,将产生更多的不确定性[12],学者应持续增加实证研究,构建实时自主检测系统,更深入地解析其对海事领域的社会经济影响,为航线和港口抵抗类似冲击提供政策建议[19]。

因此,本文根据联合国数据库提供的疫情传播率数据,运用地层约束聚类方法,对疫情发展阶段进行有序聚类划分,同时,借鉴贸易结构、产业结构评估方法的数学思想,在考虑全球海运货物与运力的供需关系的基础上,借助 AIS 数据估算的全球各国港口呼叫次数、货物公吨、净载重吨,构建海运劳伦斯指数、海运货物结构优化指数和海运泰尔指数评估海运货物结构,分别测度进出口海运货物结构变动幅度、优化及合理化程度。结合疫情发展阶段,借助参数向量自回归(TVP-SV-VAR)模型,选取等间隔脉冲响应与时点脉冲响应对疫情与海运货物结构的时变脉冲响应进行分析,并最终归纳其冲击特征,为进出口海运结构改善提供政策调整依据。

1 研究方法与数据来源

1.1 研究方法

1.1.1 地层约束聚类法

为消除疫情发展阶段划分的主观性与不科学性,借鉴古生物学领域孢粉数据处理方法——地层约束聚类法,对疫情发展进行时间阶段划分,为后续时点脉冲响应提供时点冲击选择依据。古生物学中地层约束聚类法是通过对地层相邻聚类进行地层分带,根据个体间亲疏程度进行有序逐级定量分类的一种多元统计方法[20]。鉴于该方法对数据进行保持原有顺序的有序同类合并,因此,可进行时间阶段客观划分,将面板数据中的时间、研究对象与孢粉数据中的地层、类型进行映射,将时间看作独立个体,按方差增值最小进行相邻聚类合并,并层层合并,最终合并为一类。具体计算步骤如下:

首先,对第 p 个集群类内离差平方和或离散程度进行计算:

$$D_p = \sum_{i=1}^{n_p}\sum_{j=1}^{m}(x_{p_{ij}} - \bar{x}_{p_j})^2 \tag{1}$$

式中:D_p——第 p 个集群内离差平方和;

n_p——聚类时间;

i——天数;

m——研究对象;

j——国家;

$x_{p_{ij}}$——第 p 个集群 i 天第 j 个国家的观测值;

$\bar{x}_{p_j}$——第 p 个集群第 j 个国家的平均观测值。

继而,计算时间阶段划分为 k 类后的类内离差平方和:

$$D = \sum_{p=1}^{k} D_p \tag{2}$$

式中:D——汇总划分为 k 类的离差平方和总和;

k——循环实验值,最终 $k = 1$。

最后,将相邻方差增值最小的时间阶段进行合并,组成新聚类:

$$I_{pq} = D_{pq} - D_p - D_q \tag{3}$$

式中:I_{pq}——第 p 集群与第 q 集群的方差增值;

D_{pq}——第 p 集群与第 q 集群的离散平方和;

p、q——循环实验值,最终 $p + q = 2$。

1.1.2 海运货物结构测度方法

借鉴表征贸易结构变化的劳伦斯指数(Lawrence Index,简称 LI)和结构优化指数(Beneficiary Index,简称 BI)的数学思想[21],根据海运货物特征,提出适合表征海运货物结构的指数——海运劳伦斯指数(Marine Lawrence Index,简称 MLI)和海运货物结构优化指数(Marine Beneficiary Index,简称 MBI),MLI 用来反映海运货物结构的变动幅度,MBI 用来反映某国的海运出口结构是否向世界的海运货物动态需求方向变化。根据海运货物结构特征,考虑细化货物的相对重要性及绝对值计算,保留结构偏离度的思想,结合实际船舶载重供需关系,借鉴干春晖和戴魁早的产业结构合理化的测度方法[22-23],提出适合海运货物结构合理化测度方法——海运泰尔指数(Marine Theil Index,简称 MTL),并认为测度值越大,越偏离均衡状态,海运货物结构越不合理。具体如下:

假设1:i 为货物种类序号,$i = 1,2,\cdots,m$,$m = 6$。$i = 1$,运输货物为干散货(Bulk);$i = 2$,运输货物为集装箱货或杂货(Container/General Cargo);$i = 3$,运输货物为食品货物(Foodstuff);$i = 4$,运输货物为液化石油气或液化天然气(LPG/LNG);$i = 5$,运输货物为石油或者化学物质(Oil/Chemicals);$i = 6$,运输货物为交通工具(Vehicles)。

假设2:j 为周号,$j = 1,2,\cdots,n,n = 86$。

假设3:z 为国家或地区序号,$z = 1,2,\cdots,t$,$t = 173$。

假设4:同一国家各港口间船舶运力可随需求最大限度满足:

$$AMN_{ijz}^{x} = MTC_{ijz}^{x} / NPC_{ijz}^{x} \tag{4}$$

$$ADN_{ijz}^{x} = DWT_{ijz}^{x} / NPC_{ijz}^{x} \tag{5}$$

式中:AMN_{ijz}^{x}——第 j 周 i 货物 z 国实际上每周每次呼叫的进口或出口载货公吨;

ADN_{ijz}^{x}——第 j 周 i 货物 z 国理论上每周每次呼叫的进口或出口船舶净载货公吨;

x——货物流入、流出方向,可取 im(import,进口)和 ex(export,出口);

MTC_{ijz}^{x}——第 j 周 i 货物 z 国进口或出口载货公吨;

DWT_{ijz}^{x}——第 j 周 i 货物 z 国进口或出口船舶净载重公吨;

NPC_{ijz}^{x}——第 j 周 i 货物 z 国进口或出口港口船舶呼叫次数。

$$MLI_{jz}^{x} = \frac{1}{2}\sum_{i=1}^{m}\left|\frac{AMN_{ijz}^{x}}{\sum_{i=1}^{m}AMN_{ijz}^{x}} - \frac{AMN_{iz,j-1}^{x}}{\sum_{i=1}^{m}AMN_{iz,j-1}^{x}}\right| \tag{6}$$

$$MBI_{jz} = \sum_{i=1}^{m}\left\{\left[\frac{\dfrac{AMN_{ijz}^{ex}}{\sum_{i=1}^{m}AMN_{ijz}^{ex}}}{\dfrac{AMN_{iz,j-1}^{ex}}{\sum_{i=1}^{m}AMN_{iz,j-1}^{ex}}} - 1\right] \times \left[\frac{AMN_{ijz}^{ex}}{\sum_{i=1}^{m}AMN_{ijz}^{ex}}\right] \times \left[\frac{\dfrac{\sum_{z=1}^{t}MTC_{ijz}^{im}}{\sum_{z=1}^{t}NPC_{ijz}^{im}} \Big/ \dfrac{\sum_{z=1}^{t}MTC_{iz,j-1}^{im}}{\sum_{z=1}^{t}NPC_{iz,j-1}^{im}}}{Average_{z}\left(\dfrac{MTC_{ijz}^{im}}{NPC_{ijz}^{im}} \Big/ \dfrac{MTC_{iz,j-1}^{im}}{NPC_{iz,j-1}^{im}}\right)} - 1\right]\right\} \tag{7}$$

$$MTL_{jz}^{x} = \sum_{i=1}^{m}\left[\left(\frac{AMN_{ijz}^{x}}{\sum_{i=1}^{m}AMN_{ijz}^{x}}\right) ln\left(\frac{AMN_{ijz}^{x}}{\sum_{i=1}^{m}AMN_{ijz}^{x}} \Big/ \frac{ADN_{ijz}^{x}}{\sum_{i=1}^{m}ADN_{ijz}^{x}}\right)\right] \tag{8}$$

式中:MLI_{jz}^{x}——z 国第 j 周海运进口和出口货物结构变动幅度,取值范围$(0,n)$,且值越大,代表变动幅度越大;

MBI_{jz}——z 国第 j 周海运货物结构优化程度。取值为正,且其值越大,海运货物结构优化越明显;取值为负,其绝对值越大,越需进行结构优化;

MTL_{jz}^{x}——z 国第 j 周海运进出口货物结构合理化程度。其中,对数零值处理采用移动平均值法,分母零值处理采用默认整体零值法。

1.1.3　TVP-SV-VAR 模型

相比传统 VAR 模型、SVAR 模型等,TVP-SV-VAR 模型带有随机波动率,更能体现时变性特征,可准确把握疫情发展及海运货物结构变动幅度、优化与合理化程度、波动时变性,准确描述疫情发展对海运货物结构冲击的非线性、非对称性、时变性等动态特征，故选择 TVP-SV-VAR 模型研究疫情对海运货物结构的动态冲击效应。TVP-SV-VAR 模型对 SVAR 模型进行时变处理，将非时变参数改为带有随机波动的时变参数，具体如下：

$$Y_t = X_t\beta_t + A_t^{-1}\Sigma_t\varepsilon_t, \qquad t = p+1, \cdots, T \tag{9}$$

式中：$X_t = I_{p+1} \otimes (1, Y'_{t-1}, Y'_{t-2}, \cdots, Y'_{t-p})$，$\otimes$ 为 Kronecker 乘积，系数 β_t、A_t^{-1} 与随机波动协方差矩阵 Σ_t 均为具有时变特征的参数，$\varepsilon_t \sim N(0, I_k)$。

参照 Nakajima 2011 年研究成果[24]，令 $\boldsymbol{\alpha}_t = (\alpha_{2,1}, \alpha_{3,1}, \alpha_{3,2}, \alpha_{4,1}, \cdots, \alpha_{k,k-1})'$，令随机波动率矩阵 $\boldsymbol{h}_t = (h_{1,t}, h_{2,t}, \cdots, h_{k,t})'$，$h_{i,t} = \ln \sigma^2_{j,t}$，$j = 1, \cdots, k$，并假设参数服从随机游走过程及如下分布：

$$\beta_{t+1} = \beta_t + \mu_{\beta t}, \quad \alpha_{t+1} = \alpha_t + \mu_{\alpha t}, \quad h_{t+1} = h_t + \mu_{ht} \tag{10}$$

$$\begin{pmatrix} \varepsilon_t \\ \mu_{\beta t} \\ \mu_{\alpha t} \\ \mu_{ht} \end{pmatrix} \sim N\left[0, \begin{pmatrix} 1 & 0 & 0 & 0 \\ 0 & \Sigma_\beta & 0 & 0 \\ 0 & 0 & \Sigma_\alpha & 0 \\ 0 & 0 & 0 & \Sigma_h \end{pmatrix}\right] \tag{11}$$

$$\beta_{s+1} \sim N[\mu_{\beta 0}, \Sigma_{\beta 0}], \quad \alpha_{s+1} \sim N[\mu_{\alpha 0}, \Sigma_{\alpha 0}], \quad h_{s+1} \sim N[\mu_{h0}, \Sigma_{h0}] \tag{12}$$

Nakajima[24] 认为基于贝叶斯估计的马尔科夫-蒙特卡洛（MCMC）算法对于 TVP-SV-VAR 模型的估计具有高准确性、高有效性优势，因此采用 MCMC 进行时变参数估计。首先设定先验分布，然后抽取后验分布，估计时变参数的后验条件概率，最后构建、估计时变脉冲响应函数进行分析。

1.1.4 z-score 标准化

选取 z-score 标准化对疫情发展指数、海运货物结构优化指数、进出口海运劳伦斯指数及进出口海运泰尔指数进行无量纲化处理，公式如下：

$$x^* = \frac{x - \mu}{\sigma} \tag{13}$$

式中：x^*——各指数无量纲化后的数值；

x——原数据；

μ——数据均值；

σ——数据标准差。

1.2 数据来源

表征疫情发展的疫情传播率数据来源于 Our World in Data（https://ourworldindata.org/）；评估海运货物结构的基础数据来自 AIS 数据库估算的各国港口呼叫次数、货物公吨与净载重吨数据，获取于联合国贸易数据库（https://comtrade.un.org/）。所获取原始数据的时间统计单位为 d，因此，在进行各评估指数测度前，需对各个国家或地区的海运货物结构评估指标进行以周为时间统计单位的加总处理，对疫情传播率进行各国家或地区的周记均值处理。

2 COVID-19 疫情发展阶段划分及影响机理浅析

2.1 COVID-19 疫情发展阶段划分

采用 Our World in Data 网站提供的全球 COVID-19 感染统计数据，以疫情传播率作为基础指标，以周为时间统计单位初步计算全球 222 个国家和地区平均传播率，并运用地层约束聚类方法，对 2020/1/23（首次统计传播率）至 2021/9/14 期间内亚洲、欧洲、大洋洲、南美洲、北美洲的疫情发展进行时间维度的有序聚类，进一步细化 COVID-19 疫情暴发前后发展阶段。具体可分为五大阶段（图 1）：①2020/1/23 前，即 COVID-19 疫情暴发前，全球感染病例仅 655 例，集中在中国；②2020/1/23—2020/2/19，即 COVID-19 疫情暴发初期，全球感染病例新增 74376 例，席卷 29 个国家；③2020/2/20—2020/3/18，即 COVID-19 疫情暴发中期，全球确诊病例新增 143845 例，席卷 152 个国家及地区，出现全球化发展趋势；④2020/3/19—2020/5/6，即 COVID-19 疫情暴发中后期，全球新增确诊病例 3552368 例，席卷全球 182 个国家及地区；⑤2020/5/7—2021/9/14，即 COVID-19 疫情暴发后期，全球新增确诊病例 220250550 例，该阶段虽新增病例、确诊病例仍处于巅峰阶段，但已对 COVID-19 疫情具有较为深入的了解及有效防控，该阶段疫情出现常态化发展态势。

细化来看，COVID-19 疫情暴发后期，疫情局势仍不容乐观，在全球化、常态化发展态势背景下，病毒变异、疫苗接种等带来了新挑战。目前，对疫情传播率进行细化，可以将第五阶段划分为 3 个子阶段，即：①2020/5/7—2020/12/2 为新挑战阶段，疫情得到相应的控制，但由于变异毒株 Beta、Alpha 和 Gamma 出现，加之部分国家防控力度不强、民众意识不足等因素，该时期全球每日确诊病例增至 1562 例；②2020/12/3—2021/7/14 为严峻阶段，接触性感染使疫情发展存有周期现象，并且 Delta 变异毒株的出现使疫情更难控制，该时期全球每日确诊病例高达 4868 例;③2021/7/15—2021/9/14 为新常态化阶段,截至 2021/9/14,该阶段全球每日新增确诊病例高达 3157 例,但全面复工复产,社会、经济等各系统运作已基本恢复正常。

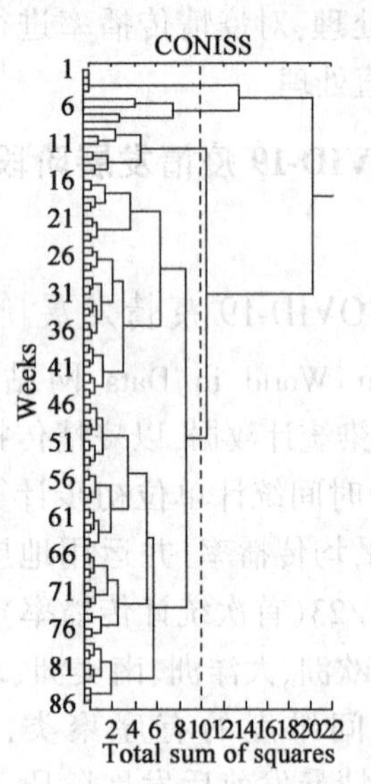

图 1　COVID-19 疫情暴发后发展阶段划分

2.2　COVID-19 疫情影响机理浅析

COVID-19 疫情对全球贸易市场与航运市场影响初步确定为波浪式,将产生短波、中波、长波影响。浅析疫情可能带来的单向影响机制(图 2)如下:疫情暴发后,政府进行防疫管控,人员流动限制将直接影响社会联系,工厂、企业等停运将直接冲击生产,降低物流效率[25],供应相应减少。与此同时,在政府出台管控限制等政策背景下,民众对生活必需品、非生活必需品等物品的需求发生变化,直接产生需求冲击,使得运输货物结构产生变化,尤其是国家间贸易货物运输方式受较大影响。供需关系改变与全球价值链变化直接互动,间接影响经济体在世界市场中的运行。国家封锁、限制政策背景下,关税、生产成本、运输成本等出现不同程度变化,全球供应链受到疫情波及,国家间货物流动风险增加,直接或间接波及货物流动变化、资本流动变化、采购位置变化、运输结构变化,并进一步影响全球贸易市场、运输市场,而作为国际贸易大宗货物等主要运输方式航运也会受到间接影响。

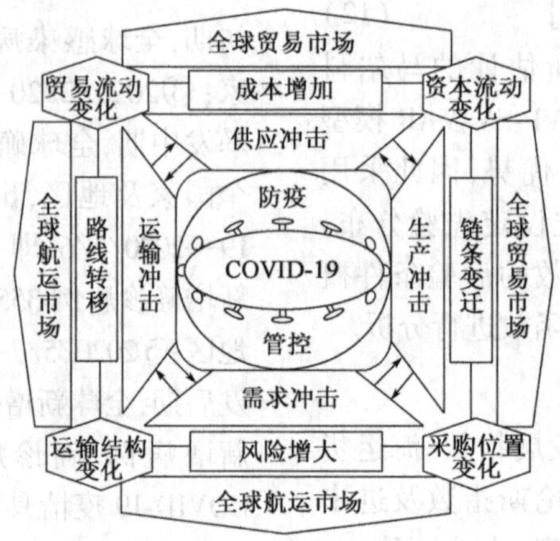

图 2　COVID-19 疫情对全球贸易市场与航运市场影响示意图

3　COVID-19 疫情发展对海运货物结构时变冲击结果分析

运用 TVP-SV-VAR 模型,采用各国疫情传播率及海运劳伦斯指数、海运货物结构优化指数与海运泰尔指数周记结果,结合疫情发展阶段,测度疫情发展对海运货物结构等的间隔脉冲响应与时点脉冲响应,并结合疫情对全球贸易市场与航运市场的影响机理,进一步总结与分析疫情发展对海运货物结构的脉冲响应,具体步骤如下。

3.1　单位根检验

在模型估计前,为避免出现伪回归现象,应对各变量进行单位根检验,检验其平稳性。因 COVID-19 疫情发展具有突变性,无明显的趋势特征,故单位根检验时忽略趋势。如表 1 显示,各研究变量均为平稳序列,疫情传播率通过 5% 水平的显著性检验,海运货物结构优化指数、海运劳伦斯指数、海运泰尔指数通过 1% 水平的显著性检验,说明各变量无单位根,可进行 TVP-SV-VAR 模型构建。

变量单位根检验结果 表1

变　量	检验类型(C,T,K)	ADF 统计	5%水平临界值	P 值	检验结果
MBI	(1,0,1)	−11.8069	−2.8959	0.0001	平稳
MLIEX	(1,0,1)	−10.9127	−2.8963	0.0001	平稳
MLIIM	(1,0,1)	−9.2912	−2.8968	0.0000	平稳
MTLEX	(1,0,1)	−7.9658	−2.8959	0.0000	平稳
MTLIM	(1,0,1)	−4.3944	−2.8963	0.0006	平稳
RCOVID19	(1,0,1)	−3.4358	−2.8968	0.0124	平稳

3.2 参数估计结果

MCMC 抽样模拟前，需要对 TVP-SV-VAR 模型进行时变参数初始值设定，依据 VAR 模型的 AIC、HQIC、ABIC 准则，根据精简原则，确定滞后阶数为 3。运用 OxMetrics 6.0 软件对 TVP-SV-VAR 模型进行 10000 次 MCMC 抽样模拟，并为减少对初始值选取依赖，得到更稳健的结果，剔除前 1000 次预烧样本。

参数估计结果如表 2 所示，各参数均值均处于 95% 置信区间内，Geweke 值均低于 1.96，无效因子均低于 60，表明在 5% 的显著性水平下不能拒绝参数后验分布的原假设，迭代周期中 1000 次的预烧样本抽样使马尔科夫链趋于集中，且 MCMC 算法对参数的后验分布进行了有效样本抽样。如图 3 所示，样本自相关系数在剔除预烧样本后逐渐减少，样本路径呈现显著波动聚类特征，后验分布呈现较为显著的正态分布，也充分证明了 MCMC 抽样模拟可以有效模拟参数的分布情况。

TVP-SV-VAR 模型参数估计结果 表2

参　数	均　值	标 准 差	95%置信区间	Geweke 值	无效因子
$(\Sigma\beta)_1$	0.0227	0.0026	[0.0183, 0.0284]	0.243	4.84
$(\Sigma\beta)_2$	0.0224	0.0025	[0.0181, 0.0279]	0.733	3.33
$(\Sigma\alpha)_1$	0.0807	0.0308	[0.0421, 0.1598]	0.664	35.63
$(\Sigma\alpha)_2$	0.0863	0.0407	[0.0418, 0.1838]	0.011	46.41
$(\Sigma h)_1$	0.1622	0.0685	[0.0705, 0.3332]	0.125	52.8
$(\Sigma h)_2$	0.1861	0.0707	[0.0829, 0.3611]	0.523	48.1

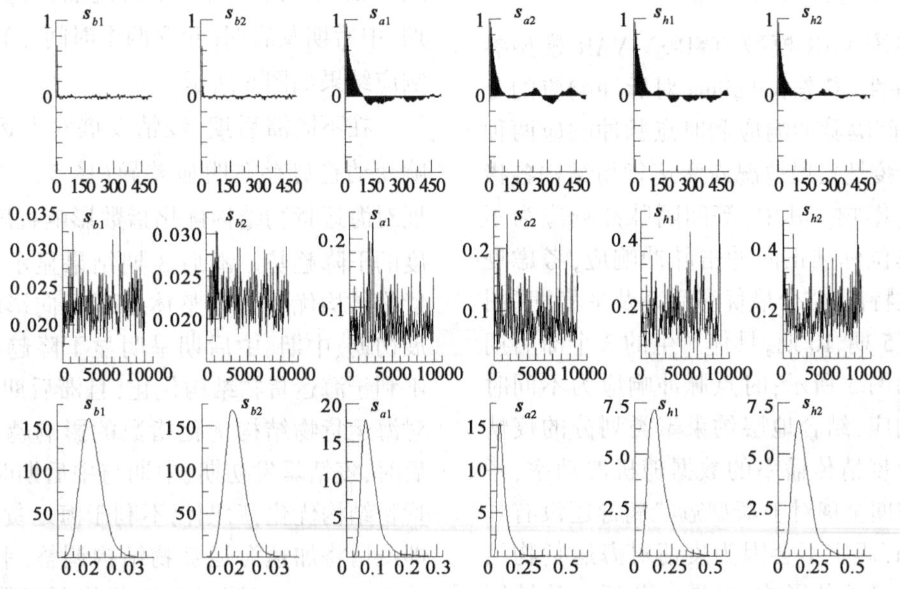

图3 参数检验和诊断结果[样本自相关系数(上)、样本路径(中)、后验分布(下)]

3.3　时变参数特征

TVP-SV-VAR模型通过设定时变参数与随机扰动得到标准化后的疫情发展指数、海运货物结构优化指数、进出口海运劳伦斯指数、进出口海运泰尔指数的随机后验波动率。结果(图4)显示：第一,样本期间,疫情发展指数整体呈现骤增后波动发展趋势,且具有突发性特征,阶段性峰值与前期阶段性划分、现实疫情发展较为吻合;第二,海运货物结构优化指数、进出口海运劳伦斯指数、进出口海运泰尔指数呈现出不同程度的波动性与时变性,就疫情发展阶段解读其波动特征发现,疫情暴发中后期对海运货物结构优化、进出口海运货物结构变动幅度、进出口海运货物结构合理化的影响明显高于其他时期,随着疫情发展常态化,对各个指数的影响明显降低;第三,整体来讲,海运货物结构变动幅度出口小于进口,海运货物结构合理化程度变动出口小于进口,可以初步推断,疫情发展对于出口海上运输货物结构的影响小于进口。

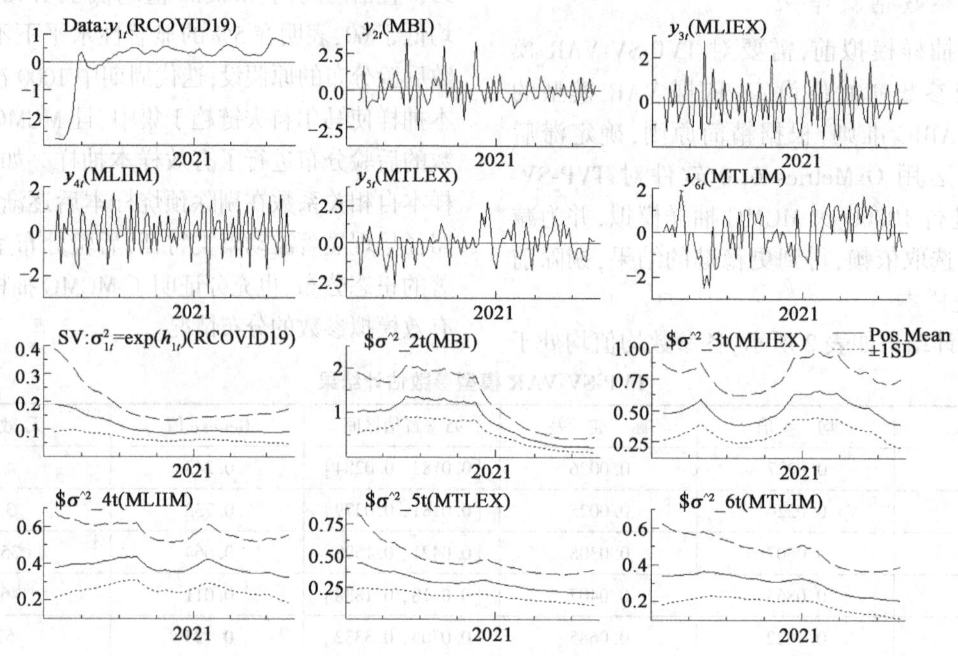

图4　数据变动及后验随机波动率

3.4　时变脉冲响应分析

区别于传统VAR模型,TVP-SV-VAR模型参数具有时变特性,参考Nakajima对脉冲响应的分析[24],选定等间隔脉冲响应和时点脉冲响应两种类型函数检验疫情发展情况对海运货物结构各指标的时变冲击影响。其中,等间隔脉冲响应为不同滞后期的单位标准正向冲击脉冲响应,考虑疫情发展突变性特征,结合最优滞后期及平稳期(图6),选取3期、5期、10期,具体产生的3个滞后期的响应结果如图5所示;时点脉冲响应为不同时间点的脉冲响应,结合地层约束聚类划分的疫情发展阶段以及疫情传播率的数据随机波动率,考虑疫情发展初期全球对于新型冠状病毒还没有具体深入的认知,假定不会因为疫情对海运货物结构各指标产生显著的影响,且秉承分析一致性原则,最后选取2020年第4周、第12周、第49周以及2021年第29周4个时间点,对应疫情发展中期、中后期及后期(包含两个时间点),具体产生的响应结果如图6所示。

在不同滞后期,疫情发展对海运货物结构影响变动趋势存在明显差异(图5)。第一,疫情发展对海运货物结构优化指数影响程度呈现不同程度的下降趋势。滞后3期结果显示,疫情对海运货物结构优化指数整体呈现负向影响,且疫情发展初期、中期、中后期呈明显下降趋势,说明疫情不利于海运货物结构优化,且滞后期数越大,疫情对海运货物结构优化指数的影响越小,且5期滞后时,疫情暴发初期、中期与中后期时有利于海运货物结构优化,后期仍不利于海运货物结构优化,即疫情将加速海运货物结构调整,平衡全球供需关系。第二,疫情对海运劳伦斯指数的脉冲响应呈现进出口差异。出口海运货物结构变动幅度大于进口(图4),且疫情发展对出口海运变动幅度变化的脉冲响应呈现短期负向、中期正向、长期负向变化,即出口海运货物结构变动幅度大,但疫情将拉低其变化幅度;同时,疫情将短期内加大进口海运货物结构变动幅度,长期来看也将拉低其变化幅度,并在逐渐趋向无显著影响。第三,疫情对海运泰尔指数的脉冲响应亦呈现进出口差异。进口海运货物结构合理化变动幅度大于出口(图4),且疫情对其冲击呈现短期正向、中期负向、长期正向现象,短期内疫情会改善进口海运货物结构,长期将趋于平稳,这与疫情发展的突发性与需求反应及时性相符合。同时,疫情将在短期内负面冲击出口海运货物结构,长期将略微改善出口海运货物结构。整体而言,疫情具有突发性特征,对海运货物结构的优化、变动幅度、合理化的影响多以中短期为主,长期冲击将趋于平稳,且疫情对于进口海运货物及运力的供需关系调整产生了正向冲击。

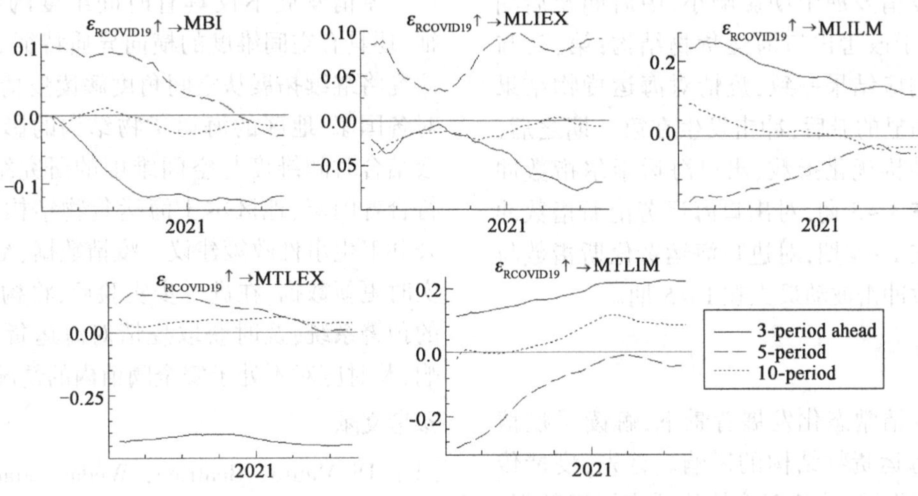

图5 TVP-SV-VAR模型等间隔脉冲响应

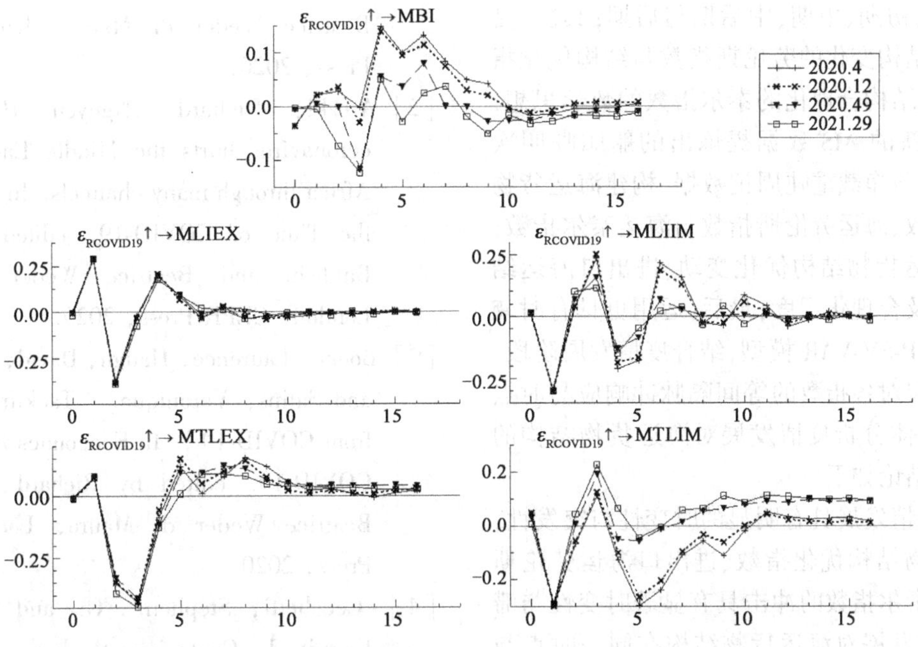

图6 TVP-SV-VAR模型时点脉冲响应

TVP-SV-VAR模型对不同时间点施加同种冲击时,脉冲响应趋势大致相同,但脉冲响应程度呈现出不同时点的分化(图6)。第一,疫情对海运结构优化指数的脉冲响应整体呈现出走向一致、趋势一致、程度略有不同、后期接近无冲击状态的特点。疫情暴发中期,对海运结构优化指数的冲击存在明显滞后现象,疫情暴发中后期、后期,对海运结构优化指数呈现负向冲击,冲击程度最大;第二,疫情对出口的海运劳伦斯指数与海运泰尔指数的脉冲响应变动趋势保持一致,且程度差别较小,最终趋于稳定,对进口的海运劳伦斯指数与海运泰尔指数的脉冲响应呈现前期表现一致,后期略有差别特征,出口海运劳伦斯指数脉冲响应呈现出中期影响大、后期影响小特征,整体有利于减小出口变动幅度,且海运泰尔指数的脉冲响应整体呈现出疫情发展中期影响小、中后期及后期影响大,有利于改善出口海运货物结构;第三,与等间隔脉冲响应结果一致,疫情对海运货物结果的影响呈现明显的滞后,冲击发生在第一期之后,对海运货物结构优化指数、出口海运泰尔指数冲击波动最大在3~5期,对出口海运劳伦斯指数冲击波动最大在1~4期,对进口海运劳伦斯指数与海运泰尔指数冲击波动最大在1~5期。

4 结语

本文在疫情常态化发展背景下,解读了疫情发展对全球海运货物结构的影响。首先,疫情传播率表征疫情发展,并基于疫情传播率周记数据,采用地层约束聚类方法将疫情发展阶段划分为疫情暴发前期、初期、中期、中后期与后期;其次,借鉴表征贸易结构变化的劳伦斯指数与结构优化指数、表征产业结构合理化的泰尔指数的数学思想,采用实时更新的AIS数据提炼出的船舶呼叫次数、载重公吨与净载重吨周记数据,构建海运货物结构优化指数、海运劳伦斯指数与海运泰尔指数,分别表征海运货物结构优化变动、进出口海运结构变动幅度及合理化程度;最后,运用更具有时变性特征的TVP-SV-VAR模型,结合疫情发展阶段,检测疫情发展对各指数的等间隔脉冲响应与时点脉冲响应,具体分析疫情发展对海运货物结构的影响。主要结论如下:

第一,疫情发展具有明显的时变性与突发性,且对海运货物结构优化指数、进出口海运劳伦斯指数与海运泰尔指数的冲击具有显著时变性与滞后性,即疫情发展对海运货物结构在同一时点与不同时点的不同滞后期的脉冲响应均存在明显差异。

第二,疫情将加速全球供应链调整,平衡全球供需关系,最终减小海运货物结构变动幅度,疫情发展常态化后,虽对海运货物结构优化较为不利,但长期来看,进出口海运货物结构将进一步合理化发展。

第三,疫情对各海运货物结构指标的不同时点脉冲响应显示,整体呈现走向一致、趋势一致、程度略有不同、后期逐渐无冲击状态的特征,并且疫情初期对海运货物结构优化的影响微小,但在中期、中后期与后期影响颇大;同时,疫情对海运货物结构的影响作用将最小滞后3~4期。

疫情发展不仅具有时间维度的纵向阶段特征,还具有空间维度的横向异质特征。因此,后续研究将继续拓展从空间角度解读疫情各发展阶段对各国家、地区的海运货物结构的影响;同时,将会结合时间维度与空间维度的研究结论,提出既符合各国家、地区本土海运货物结构的应对重大公共卫生事件政策建议。疫情数据、AIS数据均为实时更新数据,在进一步实验后,将构建实时更新的预警系统,及时获取疫情对海运货物结构的影响,及时应对不处于安全阈值内的情况。

参考文献

[1] Di Mauro, Beatrice, Wedar. Macroeconomics of the flu. In Economics in the Time of COVID-19. edited by Richard Baldwin and Beatrice Weder di Mauro, London: CEPR Press, 2020.

[2] Arezki, Richard, Nguyen Ha. "Novel coronavirus hurts the Middle East and North Africa through many channels. In Economics in the Time of COVID-19. edited by Richard Baldwin and Beatrice Weder di Mauro, London: CEPR Press, 2020.

[3] Boone, Laurence, Haugh, David, Pain, Nigel, and Salins, Veronique. "Tackling the fallout from COVID-19". In Economics in the Time of COVID-19. edited by Richard Baldwin and Beatrice Weder di Mauro, London: CEPR Press, 2020.

[4] Cecchetti, Stephen . G. and Schoenholtz, Kermit, L. Contagion: Bank runs and COVID-19. In Economics in the Time of COVID-19. edited by Richard Baldwin and Beatrice Weder di Mauro, London: CEPR Press, 2020.

[5] Barua S. COVID-19 pandemic and world trade:

Some analytical notes[J]. Available at SSRN 3577627, 2020.

[6] Verschuur J, Koks E E, Hall J W. Observed impacts of the COVID-19 pandemic on global trade[J]. Nature Human Behaviour, 2021, 5(3): 305-307.

[7] March D, Metcalfe K, Tintoré J, et al. Tracking the global reduction of marine traffic during the COVID-19 pandemic[J]. Nature communications, 2021, 12(1): 1-12.

[8] Nundy S, Ghosh A, Mesloub A, et al. Impact of COVID-19 pandemic on socio-economic, energy-environment and transport sector globally and sustainable development goal (SDG)[J]. Journal of Cleaner Production, 2021: 127705.

[9] 张茉楠.新冠肺炎疫情对中国及全球贸易的冲击与对策建议[J].中国远洋海运,2020(03):28-31,8.

[10] 沈国兵.新冠肺炎疫情全球蔓延对国际贸易的影响及纾解举措[J].人民论坛·学术前沿,2020(07):85-90.

[11] 程国强,朱满德.新冠肺炎疫情冲击粮食安全:趋势、影响与应对[J].中国农村经济,2020(05):13-20.

[12] 夏启繁,杜德斌,段德忠,等.全球抗病毒药品贸易格局演化及其对新冠肺炎疫情防控的启示[J].地理研究,2020,39(11):2429-2448.

[13] 刘卫东.新冠肺炎疫情对经济全球化的影响分析[J].地理研究,2020,39(07):1439-1449.

[14] Verschuur J, Koks E E, Hall J W. Observed impacts of the COVID-19 pandemic on global trade[J]. Nature Human Behaviour, 2021, 5(3): 305-307.

[15] Cerdeiro D A, Komaromi A, Liu Y, et al. World seaborne trade in real time: A proof of concept for building AIS-based nowcasts from scratch[J]. 2020.

[16] Xu L, Shi J, Chen J, et al. Estimating the effect of COVID-19 epidemic on shipping trade: An empirical analysis using panel data[J]. Marine Policy, 2021: 104768.

[17] Barleta E P, Sánchez R J. 2020 Port Report: the impact of the coronavirus disease (COVID-19) pandemic on the shipping trade, transshipment and throughput of container ports in Latin America and the Caribbean[J]. 2021.

[18] Cullinane K, Haralambides H. Global trends in maritime and port economics: the COVID-19 pandemic and beyond[J]. 2021.

[19] March D, Metcalfe K, Tintoré J, et al. Tracking the global reduction of marine traffic during the COVID-19 pandemic[J]. Nature communications, 2021, 12(1): 1-12.

[20] Grimm, Eric. (1987). CONISS: A FORTRAN 77 program for stratigraphically constrained cluster analysis by the method of incremental sum of squares. Computers & Geosciences. 13. 13-35. 10. 1016/0098-3004(87)90022-7.

[21] Bender S, Li K W. The Changing Trade and Revealed Comparative Advantages of Asian and Latin American Manufacture Exports[J]. Social Science Electronic Publishing, 2002.

[22] 干春晖,郑若谷,余典范.中国产业结构变迁对经济增长和波动的影响[J].经济研究,2011,46(05):4-16+31.

[23] 戴魁早.中国工业结构的优化与升级:1985-2010[J].数理统计与管理,2014,33(02):296-304.

[24] Nakajima J. Time-Varying Parameter VAR Model with Stochastic Volatility: An Overview of Methodology and Empirical Applications[J]. IMES Discussion Paper Series, 2011.

城陵矶老港散货码头环保提质改造创新和效益

雷路平*[1]　刘新民[2]

(1.湖南省交通规划勘察设计院有限公司;2.湖南省港务集团)

摘　要　内河散货码头往往由于基础设施陈旧、工艺落后导致大气粉尘、污水、噪声等较为严重的污染。城陵矶老港从整体系统的污染防治角度出发,采取了更换环保高效的工艺系统、建设封闭散货条形仓等一系列环保提质改造技术措施,极大地改善了港内外环境,同时有效地兼顾了生产,创造了良好的综合效益。

关键词　交通污染　创新和效益　环保提质改造　条形仓　散货码头

0　引言

多年来,我国内河港口经过了长足发展,但现存码头普遍存在岸线分散、老旧码头较多、配套环保工程老化破损等现象,以及码头企业发展方式不科学、环保意识落后、环境管理不够完善等问题[1]。

国内外对散货港口污染控制技术已开展了较为深入的研究,提出和采用的防治措施也起到了较好的作用[2]。但部分措施并未很好地解决污染问题,如防风抑尘网抑尘效果仅30% ~70%。

城陵矶老港从整体系统的污染防治角度出发,摈弃小修小补,采取了环保高效的工艺系统等一系列技术创新进行提质改造,极大地改善了港内外环境,同时有效地兼顾了生产,创造了良好的综合效益。

1　老港改造的必要性

1.1　基本概况

城陵矶老港(简称"老港")位于洞庭湖和长江交汇三江口,开港历史悠久,逐渐发展长江八大深水良港之一。其水运条件得天独厚,是湖南省水路交通要塞和综合运输中转枢纽。老港共13个泊位,泊位等级为3000 ~5000吨级。其中8号、9号泊位为框架直立式泊位,其余均为斜坡泊位。

1.1.1　生产状况

老港经营货种多且杂,有金属矿石、煤炭、粮食等各类散货以及废纸、包粮、钢材等件杂货。

改造前老港存在以下问题:

(1)陆域布置零散、利用率低。陆域占用岸线800m,堆场、道路总面积达13.25万m^2。铁路线在南北方向纵贯陆域中部,且路线不尽顺直,各类堆场、仓库交错布置,将现有陆城分割为数块不规则场地。

(2)基础设施和工艺设备陈旧老化,生产效率较低。老港多年来吞吐量基本维持在600万t/a的水平,岸线通过能力仅为75万t/100m,铁矿石占70% ~80%。作业使用简易设备进行堆料及装车作业,采用单斗装载机进行水平运输和装车,排水系统荒废,环境恶劣。

(3)生产安全隐患大,装卸和电器设备老化,故障多、维修率高,流动作业机械与火车、装卸设备相互干扰。

1.1.2　环境状况

城陵矶老港环保问题突出,主要污染类型有粉尘废气、废水、噪声、固体废物等,表现为:

(1)大气污染严重。吴维平[3]在多年的研究中认为,煤炭、矿石等散货在港口装卸过程中的尘源飞散是港口粉尘污染重点,对环境的危害最为严重的是露天堆存状态,其产生量占总产生量的90%。应将露天堆场的尘源飞散作为港口粉尘污染治理的重点。散货在堆料、取料、转堆、装车、水平运输等过程中受到工艺设备扰动形成大量动态扬尘,堆场散货由于风吹表面会形成静态扬尘。此外,内燃机流动机械、船舶产生大量废气,造成区域严重的大气污染。根据现场监测数据[4],TSP排放为20.013t/a,NO_x排放为0.73t/a,CO排放为0.847t/a,SO_2排放为0.636t/a,烃类排放为0.026t/a。

(2)污水乱排不畅。码头雨污水系统严重堵塞不能正常使用,未修建污水处理设施,未接入市政管网,导致堆场喷淋以及雨水形成场地污水,未经过处理直接外排或渗透地下。主要水污染物见表1。

主要水污染物产生及排放情况 表1

种类	废水量	污染物名称	污染物产生量	
			浓度(mg/L)	产生量(t/a)
船舶含油废水	$1668m^3/a$	石油类	5000	8.34
陆域生活污水	$7218m^3/a$	COD	250	1.805
		BOD_5	150	1.083
		SS	150	1.083
		氨氮	25	0.180
		动植物油	30	0.217
船舶员工生活污水	$1465.2m^3/a$	COD	250	0.366
		BOD_5	150	0.220
		SS	150	0.220
		氨氮	25	0.037
		动植物油	30	0.044
冲洗抑尘废水	$51600m^3/a$	SS	1000	51.6
		石油类	50	2.58

(3)噪声。码头噪声主要来源为船舶汽笛声、码头装卸机械运转声、运输车辆马达声、刹车声和皮带运转噪声。船舶噪声源90~110dB(A),运输车辆75~85dB(A),码头装卸机械85~90dB(A)。

(4)固体废物。码头固体废弃物主要有装卸垃圾、化粪池污泥、生活垃圾、废润滑油,未有效收集或处理。根据监测数据[4],矿石装卸垃圾40t/a,废润滑油1.0t/a,化粪池污泥1.0t/a,生活垃圾59.4t/a。

(5)整体环境质量差。老港场地整体环境脏乱差,见图1。露天堆场货物五颜六色、杂乱不堪,几乎没有绿地和景观。工人工作环境是“晴天一身灰、雨天一身泥”,环境相当艰苦。

1.2 环保提质改造的必然性和紧迫性

1.2.1 环保提质改造的必然性

党的十八大将生态文明建设纳入推进中国特色社会主义事业“五位一体”总体布局,国家加大污染防治和生态环境保护力度,坚决打赢蓝天保卫战,打好碧水保卫战,扎实推进净土保卫战。城陵矶老港的环境问题事关岳阳市和洞庭湖的蓝天和碧水,环保提质改造成为必然。

1.2.2 环保的提质改造的紧迫性

老港环境问题被央视环保警示片点名通报,整体环保提质改造刻不容缓。

图1 城陵矶老港改造前空中俯视图

2 技术创新

堆场堆取料作业环节是整个港口生产中防尘、抑尘的主要突破口。在目前堆场防尘主要措施中,封闭抑尘措施是关键措施,将散货堆场全封闭才能取得最好的抑尘效果。

封闭仓有筒仓、球形仓、条形仓等。条形仓也称封闭条棚、散料大棚等[5],其主要用作大型的储存库房,目前主要用于电厂厂区的煤炭堆存。棚内设置斗轮堆取料机和皮带机等设施,生产作业方式与传统的露天堆场相同。

在老港改造前,湖南省没有专业化大宗干散货内河泊位。老港将8号、9号泊位改造为专业卸船泊位,对干散货作业全工艺流程进行设备更新、效率优化,一批新技术、新材料、新工艺得以应用,改造成了一座现代化内河散货专用码头。码头前沿轻型桥式抓斗卸船机效率为800t/h,带式输送机效率为3000t/h,斗轮堆取料机堆料效率为2000t/h,取料效率为3000t/h。吞吐量为600万t/a,通过能力为700万t/a,货种为铁矿石。占用岸线262m,单位通过能力为267万t/100m,达到国内先进水平。

2.1 创新1——全封闭散货条形仓

2.1.1 条形仓与防风抑尘网方案比较

苏君利[6]就露天和封闭堆场适应性进行分析,认为封闭堆场适用于运量不大、品种少、存期短、与居民社区较近的情况。刘庆志等[7]在工程中对全封闭条形仓和防风抑尘网进行方案比较,优缺点详见表2。由于城陵矶老港地理位置的特殊性和敏感性,只能选择更为环保先进的全封闭散货条形仓和散货工艺系统。

全封闭散货条形仓和防风抑尘网对比 表2

	全封闭条形仓	防风抑尘网
优点	1.跨度大,空间高,覆盖面积广,使用方便。 2.保护环境,节约占地。 3.防风雪、风沙,保证散货成分,湿度稳定。 4.可节约可观的环保税	1.堆场利用率高,对消防、劳动安全、通风条件等要求较低。 2.造价较低
缺点	1.大棚需设置独立基础和消防通道,堆场利用率低。 2.对消防、劳动安全、通风条件等要求较高。 3.造价较高	1.占地面积大,粉尘污染源分布广。 2.雨污水不能分流处置。 3.防尘效果难以满足要求

2.1.2 技术创新

目前港口散货条形仓跨度多在80~120 m,结构形式主要有平面刚架、平面桁架、平面拱以及柱(球)面网壳等结构。采用条形仓的有华能唐山港曹妃甸港区煤码头、惠州港荃湾港区煤炭码头一期工程、城陵矶老港环保提质改造工程等。老港为内河港口唯一投产的条形仓,也是唯一四面封闭的条形仓。

老港条形仓设计为柱(球)面空网壳结构的四面圆弧形式,从外看像半个胶囊,在国内尚属首次。此结构具备良好的抗风性能和堆场面积利用率。条形仓长470m,单跨最大跨度113.2m,穹顶高46.5m,为亚洲最高。条形仓设计详见图2。封闭堆场面积32607 ㎡,仅为改造前堆场面积的24.6%,铁矿石静态储量达31.4万t。仓内配套3台自动化大型斗轮堆取料机和皮带机线进行装卸作业,国内尚属首次。据预测[4],TSP排放量3.052万t/a,去除率达85%,尤其是堆场扬尘去除率为97%。

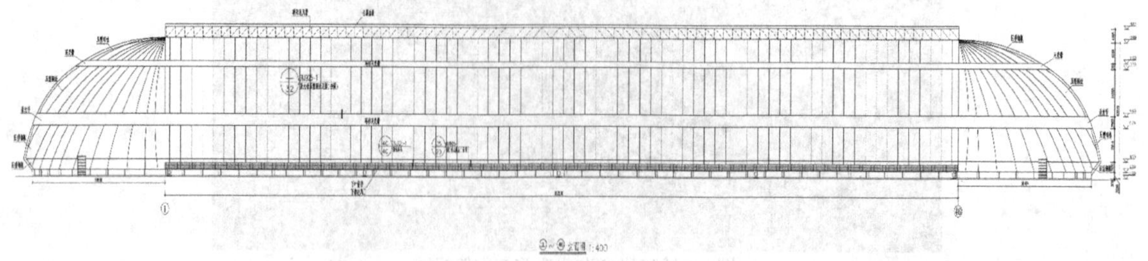

图 2

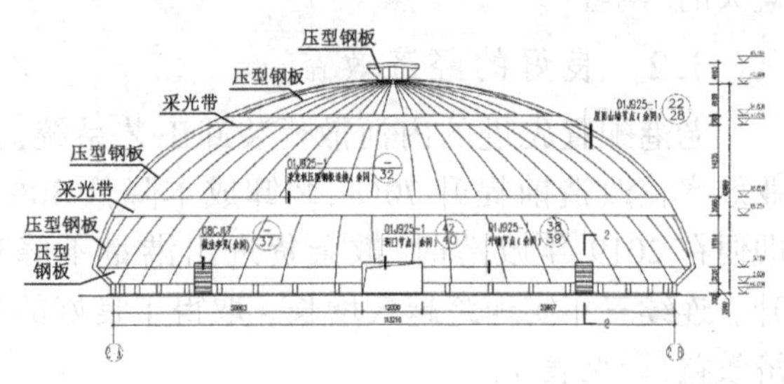

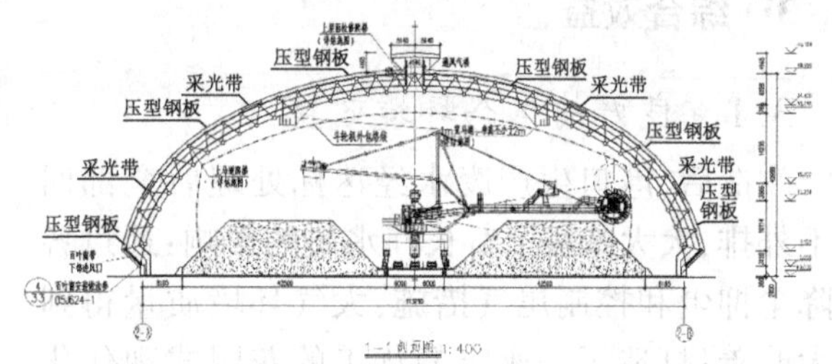

图2 全封闭条形仓设计图

2.2 创新2——轻型桥式抓斗卸船机

8号、9号泊位原回旋转式门座机轨距10.5m，由于环保要求禁止水工结构改造施工，为避免对水工结构大拆大建、缩短工期、减少工程投资，需保持轨道间距不变。而为满足作业效率800t/h/台的工艺要求，且为减轻对既有水工结构的负载，必须采用既高效又轻荷载的工艺设备，故选择内河少有的轻型桥式抓斗卸船机。改造后仅8号、9号泊位通过能力可达700万t/年，已超过老港所有泊位通过能力之和。

2.3 创新3——花园式港口

为打造花园式港口和长江最美岸线，对6号、7号货运泊位进行拆除，退让前沿岸线300m，拆除面积21000m^2；对8号、9号泊位后方堆场进行复绿，绿化面积70000m^2。此外，在装车区、皮带机廊道两侧、封闭散货条形仓四周也进行绿化。工程改造后绿化率达33.5%，沿岸线布置景观工程。生产污水均处理达标后回用，生活污水初步处理达标后排入市政管网。工程建成后城陵矶老港将变得十分整洁美观，厂区规范整齐，污染得到有效防治，胶囊式的封闭散货条形仓外形优美、色彩靓丽，营造了一座宁静优美的花园式现代化港口，已成为岳阳市新地标(图3)。

图3 城陵矶老港改造后鸟瞰图

2.4 创新4——生产和改造同步进行

老港改造面临稳定生产和升级建设的矛盾。老港有500多名员工，也是广铁集团战略装车点，每天要保持7~9列火车装车营运以保证湖南省内大型企业原材料供应。升级建设要进行，生产运营也要保障，实施难度极大。管理者进行创新管理，将生产、施工紧密结合，团结参建各方，合理进行调度。2019年6月开工，克服了工期紧、难度大、施工环境复杂、新冠疫情等困难，10个月即完成升级改造。

2.5 创新5——新型网架结构施工工艺

网架结构封闭料仓常规施工组织只需要一个起步架，但老港散货条形仓独特的“胶囊”形设计方案为国内首创，施工作业创新采用“分块吊装结合高空散装法”[8]，利用可拓多级模型评估得到施工过程中的风险等级为4级(即“可控的安全状态”)，解决了钢结构棚顶高空拼装作业难的问题。同时，考虑到施工的紧迫性，采用了2个起步架，将网架大棚分为南、北两段延续拼装，施工精度要求更高，但增加了作业面，节约了1个月的工期。

3　综合效益

3.1　良好的生态环境效益

改造后,港口生产废水经达标处理后全部回用不外排,大大减轻了对长江水质的影响;通过各项降尘抑尘和控制尾气措施,大气环境质量得到极大改善;打造了一座宁静优美的花园式现代化港口,取得了显著的生态环境效益,成为守护碧水蓝天的"网红"。

3.2　良好的经济效益

老港配置先进的内河散货装卸工艺系统,作业效率较改造前提升70%,装卸成本降低30%。即便在2019年改造时,散杂货进出港量不降反升。连续三年实现跨越式增长。取得了良好的经济效益,详见表3。

改造前后经营指标对比表　　表3

项　目	2018年	2019年	2020年
进出港(万t)	1581.4	1606.2	2002.7
矿石(万t)	1056.3	1040.0	1586.7
煤炭(万t)	200.1	120.7	25.8
大豆(万t)	73.9	68.2	44.7
营业额(万元)	19112.7	20085	48684.5
利润(万元)	1522.4	1670	2855.3

3.3　良好的社会效益

老港改造后改善了职工工作环境、周边居民生活环境、自然环境,得到了各级领导的高度肯定和市民的广泛赞誉。工程对积极推进生态文明与社会协同发展、"守护好一江碧水"起到了重要作用。

4　结语

老港环保提质改造采用的工程技术先进,效益良好,是长江内河港口环保提质改造的标志性、示范性工程。但由于整个设计施工工期较短,一些污染防控细节仍需进一步精细化完善。

参考文献

[1] 周涛. 内河干散货码头环境问题及环保对策措施探讨[J]. 绿色科技, 2021, 23(02): 177-178.

[2] 闫伟, 康招纳, 杨照东. 散货码头和堆场环保综合技术应用[J]. 中国港湾建设, 2019, 39(09): 55-9.

[3] 吴维平. 中国沿海港口粉尘污染的防治现状与对策[J]. 交通环保, 1999, 20(4): 1-6.

[4] 湖南天瑶. 岳阳市城陵矶老港环保提质改造工程环境影响报告书[R]. 2019.

[5] 邵慧吉. 条形仓在煤炭港口的应用与安装方式研究[D]. 2017, TU356, (UDC624).

[6] 苏君利. 煤码头露天堆场与封闭堆场的适用性分析[J]. 水运工程, 2011(09): 154-8.

[7] 刘庆志. 岳阳城陵矶港务有限责任公司码头环保提质改造工程方案设计[R]. 2019.

[8] 陈峥, 黎浩宇. 巨型"胶囊"形散货料仓施工风险评估与管控技术[J]. 湖南交通科技, 2021, 47(03): 156-61.

新时期成都绿色交通体系发展思考

敬亭婷　黄　宇*
(成都设计咨询集团交通规划设计研究院)

摘　要　高质量发展的绿色交通体系建设是助力新时期成都市公园城市建设、打造幸福美好生活的重要抓手，本文通过现状调查成都轨道、公交、慢行交通发展状况，总结发展不足之处，借鉴先进城市绿色交通高质量发展做法，以轨道、公交、慢行交通为主体，结合项目实践情况，从线网融合、设施布局、运营管理、体制机制四方面提出新时期成都绿色交通体系发展策略。

关键词 绿色交通 轨道交通 公交线网 慢行系统

0 引言

迈进“十四五”新时期，成都开启了建设社会主义现代化城市新征程，目前成都正处于城市功能不断完善、区域联系迅速增加、交通需求持续快速增长、道路交通基础设施建设增量逐步减少的发展阶段，同时成都交通发展也正面临着资源约束和环境制约；因此，成都亟须改变以机动车畅通为目标的交通发展思路，回归以人为本的发展观，更加关注环境影响，交通资源应优先向集约、低碳、环保的交通出行方式倾斜，充分保障步行、自行车和公共交通（轨道、公交）出行者的优先权。在此背景下，为实现成都高质量发展，需践行“轨道＋公交＋慢行”绿色交通发展模式；实现交通系统内部多方式的高效匹配协同，实现交通系统与城市空间、生态环境等的协调共生。

本文旨在从交通发展转型的视角为新时期成都构建轨道、公交网络相融合、慢行组织便利衔接的绿色交通体系提供相应的策略。

1 成都现状概述

1.1 城市发展概况

截至2020年底，成都市全市下辖12个区、3个县、5个县级市和成都高新区、成都天府新区、成都东部新区3个新区，总面积14335km^2，中心城区面积4014km^2，常住人口1658.10万人，中心城区常住人口1090.7万人。

成都地铁共开通13条线路，线路总长558km，中心城区轨网密度0.55km/km^2，共计373座车站投入运营，成都成为国内首个一次性开通5条地铁新线的城市，正式跻身国内轨道交通“第三城”。公交方面，服务于成都市中心城区的公交车达1.4万辆，运营公交线路达979条。

成都5条地铁线的开通后全天交通运行指数下降明显（2%～13%）。地铁开通后早高峰交通运行指数为6.3，相较开通前（7.2）降低12.5%；晚高峰为7.4，相较开通前（8.2）降低10%，均处于“中度拥堵”状态。

1.2 绿色交通发展概况

在轨道交通成网背景下，地面公交优化调整，全市公共汽（电）车运营线路有580条，公交站点有955个。共享单车日均活跃车辆数约103万辆，日均骑行171万人次，周转率为1.66次/日，骑行指数全国领先。多层次公交服务网络不断完善，市域各区出行结构发生变化（图1），绿色出行吸引力逐步扩大，公共交通出行在机动化交通中的占比升至53%，整体呈现出绿色转型的良好态势。

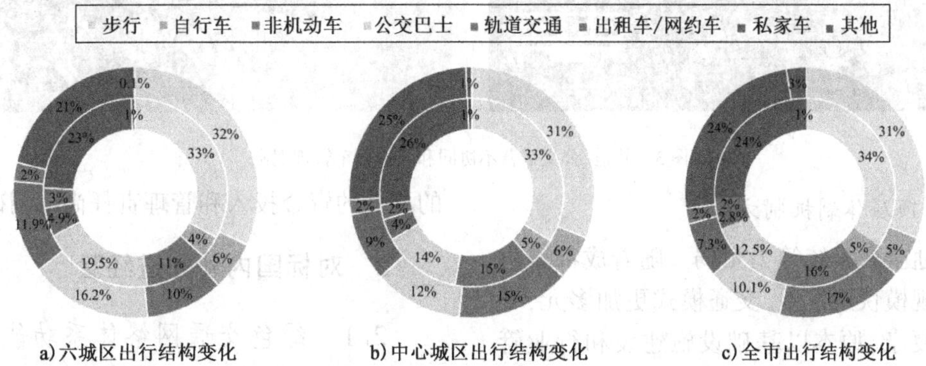

图1 成都市居民出行方式划分对比图

1.3 绿色交通不足之处

1.3.1 线网融合方面

轨道运营网络基本成形，轨道交通逐渐承担主要客运功能，缺乏与轨道交通充分衔接的支、微线；成都城区常规公交线路以干线为主，存在大量穿越城区、以及连接区间的线路，与轨道站点充分衔接的支、微线较少,客流喂给不足,作为轨道交通的加密、补充,接驳、饲喂作用未充分发挥。

1.3.2　设施融合方面

设施集约化、立体化程度不足。交通设施大多采用平面布局,对地下、高空空间利用较少,没有最大化发挥交通设施用地组织城市交通的作用,轨道车站周边公交中途站未能与地铁形成近距离换乘,公交与轨道之间步行不便或接驳距离长;造成大型轨道交通站点未配套公交首末站,影响公共交通服务水平,且接驳地铁站公交环境较差,无配套等候设施,如图 2 所示。

图 2　接驳地铁公交站换乘体验差

1.3.3　运营管理融合方面

出行链整体服务体验感不佳。一是运营服务不协同,公交和轨道交通服务在时间上缺乏有机衔接,在运营时间和发车间隔等方面与轨道不匹配,导致公交轨道换乘时间长。二是慢行接驳系统的现场管理,共享单车在轨道交通站点附近无序停放、占用大量公共区域、部分站点最邻近轨道出口的地方小汽车违法停车情况严重,影响交通秩序(图 3)。

图 3　轨道、公交运营不协同和共享单车管理混乱

1.3.4　顶层体制机制方面

绿色交通全要素统筹力量弱。随着成都城市经济和空间规模快速发展,交通模式更加多元,交通问题更加复杂,原本以基础设施建设和行业管理为主的管理体制模式,难以适应更加复杂和多元的交通管理要求。目前的行业管理部门难以统筹绿色交通体系发展全要素的内容,市区两级分工机制尚未建立,城市化进程加快后,区域发展体量进一步增加,区域交通管理部门在属地管理中的相关的资金投入和管理责任尚未明确。

2　对标国内外先进经验

2.1　绿色交通网络体系功能协同

上海轨道交通在内环以内密集成网,内外环之间多条线路区域成网,外环呈放射状延伸,形成了“网格 + 环 + 放射”的网络形态,地面公交线路分层分级,形成与轨道交通线网特征相适应的公交的网络体系,拥有合理分工、协调一体的基础运营网。同时,逐步调整与轨道重合度较高的长距离公交线路,并增加轨道交通的接驳换乘线路。15km 以上的长距离线路比重从 62% 下降到 39%,10km 以下短距离线路比重从 9% 增加到 33%,公交线路平均长度从 20.4km 下降到 15.7km,如表 1 和图 4 所示。

上海市地面公交重复系数(2009/2019) 表 1

区　　域	2009 年	2019 年
中心区	7.0	5.3
内外环	4.8	2.4
中心城	5.5	2.8
中心城周边地区	3.4	2.9
远郊区	2.5	2.4
全市	4.4	2.2

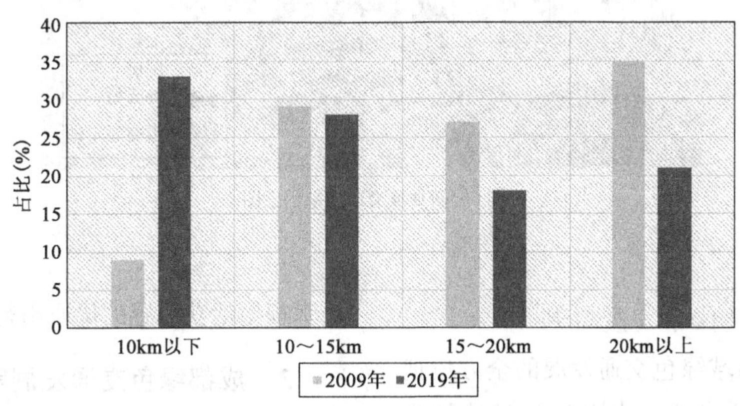

图 4　上海市公交线网长度分布

2.2　绿色交通设施体系一体化建设

日本汐留站通过巧妙的立体分化,很好地实现了立体化零距离换乘、空间立体集约。区域内的交通分为五层:地下二层为地铁运行层;地下一层为连接各个地铁出口的连通层;地面层主要解决车行交通,梳理车流的往来,减少人行穿行;地上二层通过连廊将各个建筑串联起来;地上三层为轻轨交通。这几层的交通功能互相错落、互不干扰,不仅提升了交通便利性,而且大大改善了商业、办公区域的可达性(图 5)。

图 5　日本汐留站立体交通一体化示意图

2.3　绿色交通方式换乘体系服务

位于新加坡中部的碧山站是地铁南北线和环线上的地面车站,与碧山公交换乘站相邻。由于车站的出入口主要位于东侧,而西侧的交叉口离车站较远,因此为了给到达车站西侧换乘其他公交车的乘客提供方便,车站采用了天桥过街的方式(图6)。整个天桥无缝衔接了地铁站和公交候车站台,上方设有雨篷,方便乘客在恶劣的天气条件下换乘。

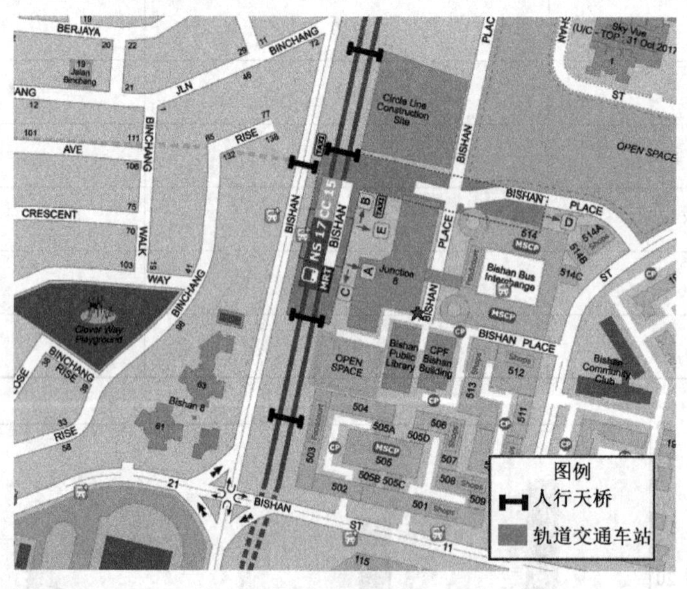

图6　新加坡交通换乘示意图

2.4　绿色交通体系发展机制

北京为实现对市域绿色交通发展的全方位把控,对交通管理体制改革进行大胆探索,市交通委员会牵头组建绿色交通发展处,负责统筹推进全市交通运输行业节能减排工作,同时负责机动车数量调控管理工作;北京市交通运输委员会牵头编制"十四五"时期绿色交通发展规划服务,明确各地区、各单位主体责任,实现了政府领头、文件指导、行业规划的机制,保障了绿色交通工作的开展。

2.5　经验总结

通过深入分析上海、东京、新加坡等先进城市的发展历程和主要做法,从绿色交通各方式发展、线网融合、交通设施布局规划、体制机制保障等方面构建绿色交通发展体系,基于绿色交通的基本含义,对标先进城市的经验,成都高质量绿色交通的体系建设应包含以下三方面:一是与生产、生活、生态空间有机融合的交通网络;二是助力城市可持续发展的高效低碳的运行体系;三是提升人民幸福生活获得感的优质出行体验。

3　成都绿色交通发展策略

3.1　统筹绿色交通网络高效融合

3.1.1　实现三网功能互补

结合轨道交通现有及规划线路,围绕"地铁站+公交枢纽站+慢行道",按各区特征分区域动态优化"快干支微"公交线网布局;优化地铁站、公交站、周边慢行交通接驳,提升交通换乘效率,实现高品质交通服务。

3.1.2　完善轨道站点驳接公交网络

结合轨道交通车站服务等级、周边道路条件、客流需求等合理设置出交通接驳停靠设施,构建起各类交通相融合、供给需求相适应、出行换乘方便快捷的公共交通体系,保障轨道交通与公共交通方式的高效衔接,持续提升城市通勤效率[5](图7)。

图7　轨道与公交接驳示意图

3.1.3　提高公交与轨道一体化协同运营服务水平

加强公交与轨道在首末班时间、发车频次、出行信息等方面的协同配合，明确驳接公交运营时间和发车频率。优化与轨道密切结合的驳接公交、自行车接驳设施以及相关地下通道、二层连廊等设施的运营管理，提升接驳设施服务管理水平和使用效率。加强轨道与公交站点周边共享单车的运营调度和规范管理[6]。加强轨道公交运营数据对接，建立轨道和公交公司的客流信息共享共用协作机制，实现公交与轨道交通行政管理一体化、票制一体化、运营服务一体化，实现融合发展（图8）。

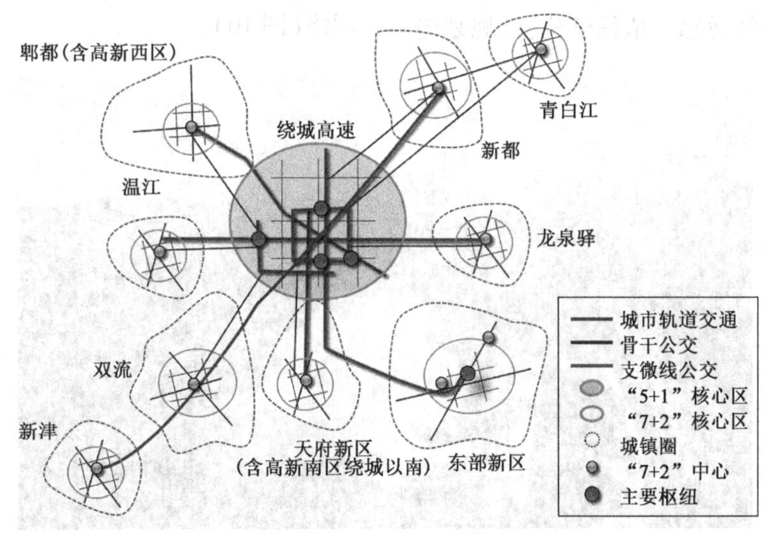

图8　轨道公交一体化协同运营

3.1.4　构建公共交通智慧出行服务

推动绿色交通信息资源开放共享，建设轨道交通、地面公交、共享单车、外围换乘停车场等一体化出行信息查询及运营监管智慧信息平台，实现轨道、公交、慢行三网合一的运营协同和信息共享发布，为市民提供包括出行前、出行中、出行后的实时信息服务，持续优化公交出行信息服务体验。

3.2　优化绿色交通基础设施

3.2.1　实施绿色交通设施一体化建设

重点推进轨道交通网络建设、公交专用道网络建设、一体化换乘枢纽建设、保障慢行路权、站点非机动车停车系统建设、重点地区和商圈步行连廊系统建设，提升港湾式公交站、公交候车亭、风雨连廊、公共自行车停车等设施的设计建设品质,改善居民公共交通出行体验(图9)。

图9　公交港湾式停靠站示意图

3.2.2　优化提升慢行出行环境

加强慢行交通设施的整治提升,系统并持续地完善轨道公交站点接驳慢行交通设施,在路权保障、尺寸达标、行道连续、空间环境等方面进行综合改造,提升安全舒适感。依托已建、已规划慢行系统网络及城市生态景观、城市居住、办公、商圈等热点资源,注重慢行品质提升,逐步完善城市步行和自行车等慢性服务系统,打造功能等级清晰、规模布局合理、标准品质合适的慢行交通骨干网络(图10)。

图10　成都锦城公园慢行系统

3.3　绿色交通运营管理保障

3.3.1　落实运营单位主责

明确各交通方式运营单位任务清单,研究制定有利于促进公交轨道一体化融合的运营模式、提高整体换乘效率和交通服务质量。

3.3.2　实施动态调控共享单车资源配置

规范轨道、公交站点共享单车停靠秩序,整治轨道站点出入口共享自行车停放秩序,严格按划线范围停放,通过采用电子围栏等技术强化共享单车停放秩序管理。

3.4　绿色交通体制机制保障

3.4.1　加强体制机制保障

设立成都市绿色交通高质量发展工作领导小组,统筹推进成都市绿色交通发展工作,负责沟通和协调轨道、公交、慢行等责任主体单位,编制成都市绿色交通高质量发展体系导则,加强顶层设计对绿色交通发展的引领。

3.4.2 加强监督考核

将绿色交通发展体系工作纳入对党政领导班子和领导干部、市级有关部门和相关平台公司单位领导干部的绩效考核内容。市政府督查室、市重大办要加强对各项工作任务的监督检查,及时通报监督检查结果。对工作推进不力、不能如期完成任务的,视情况启动问责程序。

4 结语

在建设"新时期成都绿色交通体系高质量发展"总体目标引领下,通过构建新型绿色化综合交通体系,并以高效、集约、低碳、绿色为导向对城市交通资源进行合理配置,对道路交通设施建设与进行精细化设计,对居民出行进行有效引导,对交通系统运行实施智慧化管治,加快推进绿色交通体系高质量发展。

综上所述,对于成都的绿色交通体系来说,应实现的目标有:一是为成都实现更大尺度的城市空间体系构建、更高能级的城市功能集聚提供交通承载;二是完善城市功能、增强城市韧性、推进绿色交通体系与生态环境资源的耦合互动,多途径、多措施综合提高绿色交通分担率,助力碳达峰、碳中和目标实现。

参考文献

[1] 卢春房,张航,陈明玉.新时代背景下的交通运输高质量发展[J].中国公路学报,2021,34(6):1-9.

[2] 刘杰,陈浩涛,罗超男.生态文明背景下交通运输绿色发展趋势与方略[J].交通运输部管理干部学院学报,2019,29(3):3-6,29.

[3] 潘昭宇,刘花,王新宁.趋势与格局:城市群综合交通体系关键问题研究[C]//中国科学技术协会、交通运输部、中国工程院.2018世界交通运输大会论文集,2018:2244-2255.

[4] 谭月,曾霞.成都大都市区轨道交通体系研究[J].规划师,2017,33(S2):54-158.

[5] 卢小林,潘述亮.接驳轨道枢纽的混合式灵活公交服务优化研究[J].交通运输系统工程与信息,2019,19(4):155-163.

[6] 蒋源,陈小鸿,徐晓敏,等.公共自行车接驳轨道交通服务范围研究[J].交通运输系统工程与信息,2018,18(51):94-102.

沥青路面施工碳源调查及分析

彭 波 吕雪颖* 刘 维 李奕娜 宋志豪 吕凯博

(长安大学公路学院)

摘 要 随着能源紧张和环境污染的加剧,沥青路面施工中产生的碳排放对我国交通行业的可持续发展及绿色运输体系的建立产生很大影响。为更好地对沥青路面施工碳排放进行深入研究,需调查分析沥青路面施工碳源。本研究运用现场调查、统计报表和现场检测等方法对全国多个省份的27个路段碳排放进行调查,将沥青路面施工划分为场地堆料、集料上料、集料加热、沥青加热等八个施工工序,通过施工现场碳源调查及影响因素分析,发现沥青路面施工碳源主要有施工机械能源消耗碳排放和沥青混合料高温碳排放两部分,奠定了沥青路面施工碳排放分析和节能减排技术研究的基础。

关键词 道路工程 沥青路面 碳排放 碳源调查与分析

0 引言

道路交通行业是能耗与碳排放的大户。在低碳减排的大背景下,需对沥青路面施工碳排放状况进行调查研究,为沥青路面施工低碳减排技术研究提供基础。

Treloar[1]等从沥青路面的材料生产、施工及使用维度,研究了沥青路面的能耗及对环境的影响;Darrell Cass[2]等原材料生产、原材料运输和施工机械操作三个维度,对公路建设能耗和温室气体排放进行计算分析;Ting Wang[3] 等从材料生产、施工和运营维度,对沥青路面养护过程中的能耗和碳排放进行分析;Robert B. Noland[4] 等将碳排放划分为材料生产和机械设备使用,分析其碳排放量;郑艳华[5] 将公路生命周期过程分为原材料采掘和原材料半成品加工、公路施工、公路运营养护、拆除回收,分析各阶段的环境要素和干扰因子;潘美萍[6] 运用全寿命周期的方法将高速公路划分为材料物化、建设施工、运营管理和结构拆除四个阶段,建立了高速公路碳排放量计算模型;宋会[7] 以公路的规划设计期、建设期、运营期、维养期的碳排放数据为基础,开发了全寿命周期公路碳排放评价方法;章毅、刘伟杰[8] 基于生命周期理论,将沥青路面建设期划分为原材料生产、运输及路面施工。

国内外学者关于沥青路面施工碳源的界定方法较多,本研究旨在提出一种较全面的碳源分析方法,指导沥青路面绿色施工,对于指导低碳施工、建设环保型道路具有基础性意义。

1　沥青路面施工期碳源分析及系统边界划分

课题以沥青路面施工期为研究范围,课题组成员通过现场调查,取沥青混合料的生产到碾压的全过程为系统边界。各施工单位具体施工工艺虽有差异,但总体工序大致相同。沥青路面施工流程如图 1 所示。

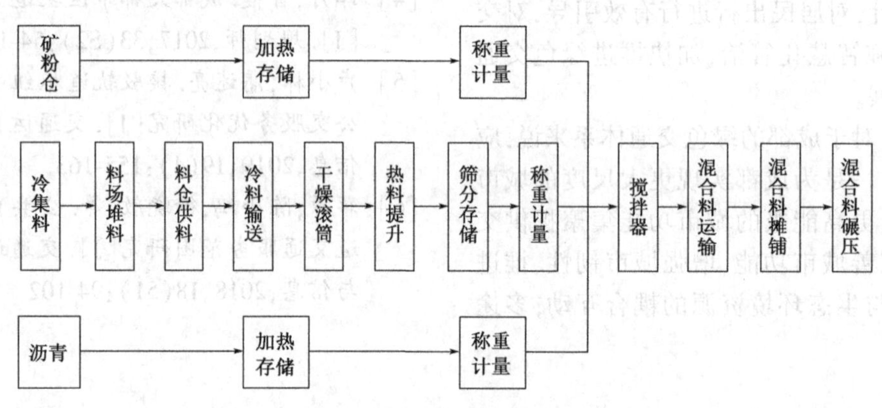

图 1　沥青路面施工工艺流程图

由图 1 知,沥青路面施工期涉及中间环节较多,但其中一些工作不产生碳排放,故本文依据沥青路面施工流程及产生碳排放的主要环节,将沥青路面施工期碳排放划分为以下八方面:

(1)料场堆料:从集料进场到堆放到料棚存放的过程,所用机械为装载机,碳排放由装载机燃烧柴油产生。

(2)集料上料:采用装载机将料棚中不同粒径的矿料运送至料仓,由传送带选取不同粒径的集料输送至拌和楼加热,所用机械主要为装载机,以柴油为能源,柴油燃烧产生温室气体。

(3)集料加热:我国高等级沥青路面大多使用热拌沥青混合料,沥青混合料拌和时需较高温度加热干燥以保障混合料质量。加热设备为干燥滚筒,该工序碳排放由化石燃料燃烧产生。

(4)沥青加热:沥青加热设备多是在沥青罐中,使用导热油作为加热介质,该环节碳排放为化石燃料燃烧所产生。

(5)沥青混合料拌和:目前我国常用的沥青混合料拌和设备为强制间歇式,拌和中使用的能源主要为电,不产生碳排放;但沥青混合料在高温下产生碳排放。

(6)沥青混合料运输:沥青混合料运输过程会使用多辆运输车,该工序的碳排放为运输车行驶过程中柴油燃烧产生和沥青混合料自身逸出。

(7)沥青混合料摊铺:目前沥青混合料摊铺多使用履带式沥青混合料摊铺机。该工序碳排放为燃烧柴油产生和沥青混合料自身逸出。

(8)沥青混合料碾压:沥青混合料碾压过程一般分为初压、复压、终压三个环节,其碳排放为压路机燃烧柴油产生和沥青混合料自身逸出。

通过上述调查与分析,得出沥青路面施工期各环节碳源如图 2 所示。

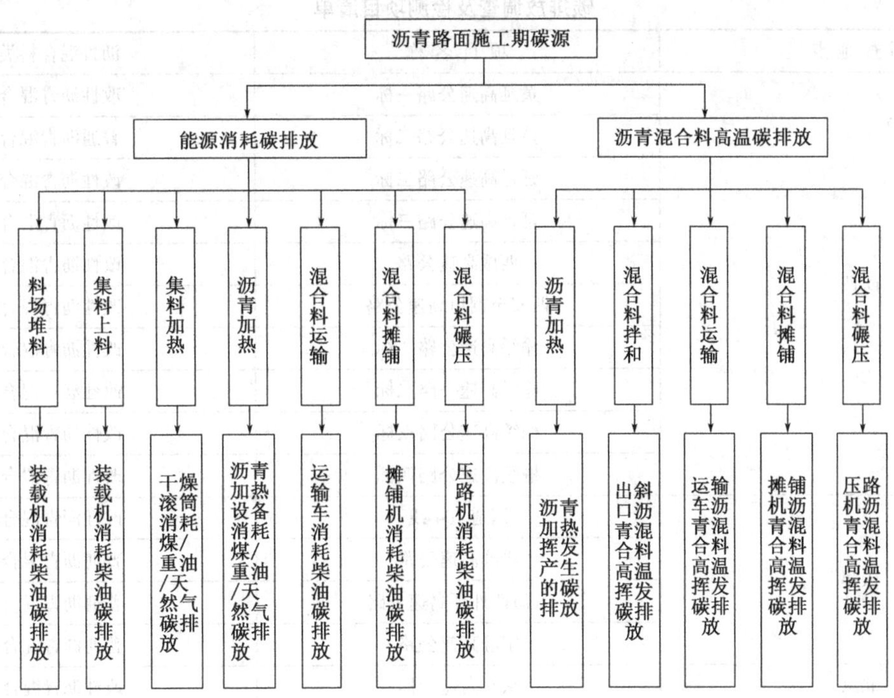

图2 沥青路面施工碳排放碳源

2 沥青路面碳源调查方法

沥青路面施工各环节对碳排放的影响因素和作用效果不同，在进行碳源调查时，要结合施工工艺选取合适的调查方法，主要包括现场调查法、统计报表收集法和现场检测法等。

(1)现场调查法。针对27个施工路段路面尺寸、沥青类型、油石比、能源类型和价格、加热方式、单位产品能源消耗量、机械设备参数等方面开展现场调查。

(2)统计报表收集法。对于施工机械的型号、工作时间、能源消耗量、沥青混合料配合比、运输车载运量等内容，根据施工单位提供的统计报表采集数据。

(3)现场检测法。检测内容主要包括沥青加热、沥青混合料拌和、运输、摊铺、碾压等过程的温室气体排放浓度检测。碳排放调查和检测仪器如图3所示。

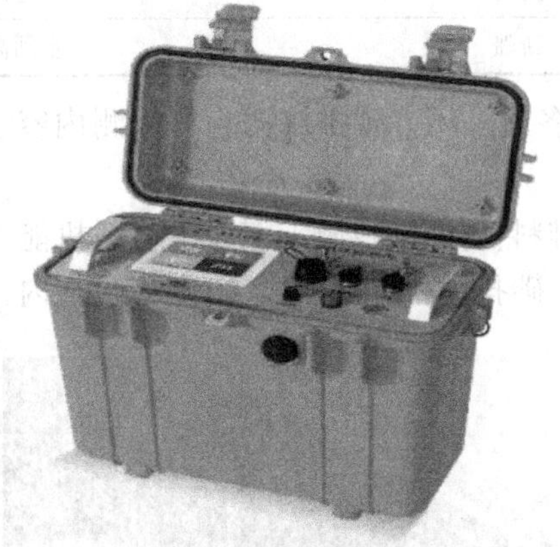

图3 温度计及多气体检测仪

3 沥青路面碳源调查与检测内容

沥青路面施工各环节使用的能源与工艺不同，碳排放影响因素存在显著差异，故需对27个路段的施工工序展开实地调查及现场检测。各项目路段碳排放调查及检测清单如表1所示。

碳排放调查及检测项目清单　　表1

调查地点	项目名称	沥青混合料类型
陕西	黄延高速公路一标	改性沥青混合料
	黄延高速公路二标	普通沥青混合料
	延延高速公路二标	改性沥青混合料
	延延高速公路三标	改性沥青混合料
	西咸高速公路	改性沥青混合料
	西安至铜川高速公路	改性沥青混合料
	榆绥高速公路一标	改性沥青混合料
	榆绥高速公路二标	改性沥青混合料
	榆绥高速公路三标	改性沥青混合料
	榆绥高速公路四标	改性沥青混合料
天津	国道104线	改性沥青混合料
	津滨高速公路	普通沥青混合料
	滨海西外环高速公路	普通沥青混合料
	宁静高速公路	普通沥青混合料
北京	京秦高速十标	改性沥青混合料
河南	三淅高速公路一标	普通沥青混合料
	三淅高速公路二标	普通沥青混合料
	三淅高速公路三标	改性沥青混合料
	三淅高速公路四标	改性沥青混合料
	三淅高速公路西寺标	普通沥青混合料
	国道310线	改性沥青混合料
云南	保山至腾冲高速公路	普通沥青混合料
甘肃	庄天二标	普通沥青混合料
	庄天三标	普通沥青混合料
	永登至古浪高速公路	改性沥青混合料
湖南	浏醴高速公路	普通沥青混合料
新疆	奎阿高速公路	改性沥青混合料

沥青路面各施工环节碳排放调查与检测内容如下：

(1)场地堆料：场地堆料施工工序中装载机能源类型为柴油，碳排放由柴油燃烧产生。调查内容包括装载机型号与数量、装载量、使用年限、能源类型、装载机转运每吨沥青混合料所需集料的能源消耗量。场地堆料施工工序及碳源分别如图4及表2所示。

图4　沥青混合料拌和站料棚堆料

场地堆料碳源调查 表2

施工工序	碳源	能源类型	排放气体类型
场地堆料	装载机	柴油	CO_2、CH_4、N_2O

(2)集料上料:该工序中施工机械主要为装载机,以柴油为能源,柴油燃烧产生温室气体。调查内容主要为装载机型号、使用年限、装载机数量、装载量、装载机转运每吨沥青混合料所需集料的能源消耗量。集料上料施工工序及碳源分别如图5及表3所示。

图5 集料上料

集料上料碳源调查 表3

施工工序	碳源	能源类型	排放气体类型
集料上料	装载机	柴油	CO_2、CH_4、N_2O

(3)集料加热:该工序主要采用干燥滚筒,其能源类型主要为煤、重油和天然气。在碳源调查中,以能源类型、集料加热温度、能源消耗量、能源成本为主要调查内容。碳源调查如表4所示,图6为集料加热施工工序。

集料加热碳源调查 表4

施工工序	碳源	能源类型	排放气体类型
集料加热	干燥滚筒	煤、重油、天然气	CO_2、CH_4、N_2O

图6 集料加热

(4)沥青加热:该工序碳源包括沥青加热消耗能源和沥青在加热过程中分解及挥发产生的碳排放,其碳源调查内容主要为能源类型、加热温度、加热方式、加热每吨沥青的能源消耗量及沥青高温碳排放现场检测。沥青加热施工工序及碳源分别如图7及表5所示。

图7 沥青加热设备

沥青加热碳源调查　　表5

施工工序	碳源	能源类型	排放气体类型
沥青加热	沥青加热设备	煤、重油、天然气	CO_2、CH_4、N_2O
	沥青	—	

(5)沥青混合料拌和:我国沥青路面施工一般采用间歇式拌和设备,拌和过程以电能为能源,不产生碳排放。因此该工序碳源主要考虑沥青混合料在高温下的碳排放,碳源调查主要包括拌和设备的型号、功率、温室气体浓度、工作能力、出料口面积。碳源调查如表6所示,沥青混合料拌和楼如图8所示。

沥青混合料拌和碳源调查　　表6

施工工序	碳源	能源类型	排放气体类型
沥青混合料拌和	沥青混合料	—	CO_2、CH_4、N_2O

图8　沥青混合料拌和楼

(6)沥青混合料运输:通常混合料运输车以柴油为能源,消耗能源并产生碳排放。另外,沥青混合料在运输过程中会产生温室气体自逸。因此,该工序碳源包括自卸汽车能源消耗碳排放和沥青混合料碳排放,碳源调查内容主要为运输车的型号、车厢尺寸、使用年限、载运量、运距、平均行驶速度、沥青混合料温度、每吨混合料运输每公里的能源消耗量、沥青混合料碳排放检测数据。碳源调查如表7所示,沥青混合料运输如图9所示。

沥青混合料运输碳源调查　　表7

施工工序	碳源	能源类型	排放气体类型
沥青混合料运输	运输车	柴油	CO_2、CH_4、N_2O
	沥青混合料	—	

图9　沥青混合料运输

(7)沥青混合料摊铺:运输至现场的沥青混合料需经摊铺机均匀摊铺至下承层,该过程碳源主要来自于摊铺机消耗柴油产生碳排放和混合料自身碳排放。碳源调查的主要内容为摊铺机型号、使用年限、数量、摊铺宽度、厚度、沥青混合料类型、摊铺每公里的能源消耗及温室气体浓度等。碳源调查如表8所示,沥青混合料摊铺如图10所示。

沥青混合料摊铺碳源调查 表8

施工工序	碳源	能源类型	排放气体类型
沥青混合料摊铺	摊铺机	柴油	CO_2、CH_4、N_2O
	沥青混合料	—	

图10 沥青混合料摊铺

(8)沥青混合料碾压:在此工序中,碳源主要为压路机消耗柴油的碳排放和混合料自身碳排放。调查内容主要为压路机数量、使用年限、型号、功率、柴油消耗量、碾压每公里能源消耗量、沥青混合料温度、摊铺宽度、钻芯取样密度及温室气体浓度。碳源调查如表9所示,沥青混合料碾压如图11所示。

沥青混合料碾压碳源调查 表9

施工工序	碳源	能源类型	排放气体类型
碾压	压路机、沥青混合料	柴油	CO_2、CH_4、N_2O
		—	

图11 沥青混合料碾压

综上,通过施工工序碳源调查分析得到沥青路面施工工序及碳源,如图12所示。

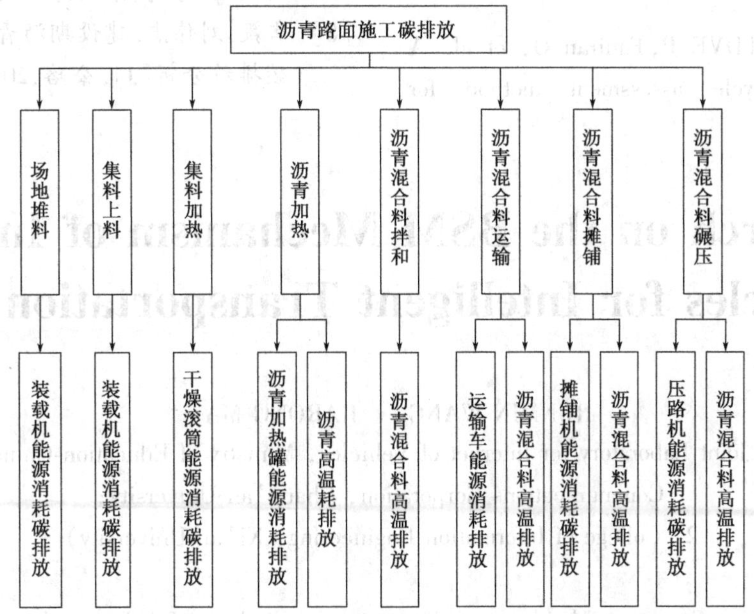

图12 沥青路面施工碳排放源

由图 12 知,能源消耗碳排放主要源于场地堆料、集料上料、集料加热、沥青加热、沥青混合料运输、摊铺、碾压;沥青混合料高温碳排放主要来自沥青加热、沥青混合料拌和、运输、摊铺、碾压。

由于能源消耗碳排放与能源类型、能源氧化率等有很大关系,而沥青混合料高温碳排放与现场检测浓度、混合料类型、路面结构参数等有较大关系,因此在后续碳排放计算与分析中应分别建立相应计算模型。

4 结语

在对沥青路面施工期进行实地碳源调查与检测的基础上,通过对热拌沥青混合料沥青路面施工工艺的研究及碳源的影响因素分析,将沥青路面碳源划分为能源消耗碳排放及沥青在高温环境下的碳排放两部分。

依据产生碳排放施工环节的不同,将能源消耗碳排放划分为料场堆料、集料上料、集料加热、沥青加热、集料加热、沥青混合料拌和、运输、摊铺、碾压八个环节;将沥青混合料高温碳排放划分为沥青加热、沥青混合料拌和、运输、摊铺、碾压五个环节。

为了便于进行各施工环节碳排放的计算,研究提出以生产或施工 1t 沥青混合料在各个环节产生的能耗和碳排放作为量化计算的统一标准。

通过对沥青路面施工碳源的调查与分析,为碳排放评价和低碳减排技术提供了数据支撑,奠定了碳排放评价体系的研究基础。

参考文献

[1] TRELDAR G, LDVE P, Faniran O, et al. A hybrid life cycle assessment method for construction [J]. Construction Management & Economics, 2000, 18(1): 5-9.

[2] CASS D, MUKHERJEE A Calculation of Greenhouse Gas Emissions Associated with Highway Construction Projects Using an Integrated Life Cycle Assessment Approach [C]//Construction Research Congress 2010: Innovation for Reshaping Construction Practice Proceedings of the 2010 Construction Research Congress. ASCE, 2010:141-144.

[3] WANG T, LEE, I, S, KENDALL A, et al. Life cycle energy consumption and GHG emission from pavement rehabilitation with different rolling resistance [J]. Journal of Cleaner Production, 2012, 33: 86-96.

[4] NOLAND R B, HANSON, C-S. Life-cycle greenhouse gas emissions associated with a highway reconstruction: a New Jersey case study [J]. Journal of Cleaner Production, 2015, 107 (10): 731-740.

[5] 郑艳华. 生命周期评价法在公路建设项目环境影响分析中的应用[D]. 南京:南京林业大学,2009.

[6] 潘美萍. 基于 LCA 的高速公路能耗与碳排放计算方法研究及应用[D]. 广州:华南理工大学,2011.

[7] 宋会. 全寿命周期公路碳评价系统研究及应用[D]. 青岛:中国海洋大学,2014.

[8] 章毅,刘伟杰. 建设期沥青混凝土路面能耗与碳排放分析[J]. 公路,2015(01):100-107.

Research on the BSM Mechanism of Internet of Vehicles for Intelligent Transportation System

RUNMIN WANG[1] JIARONG MA[*2]

(1. The Joint Laboratory for Internet of Vehicles, Ministry of Education-China Mobile Communications Corporation, Chang'an University;
2. College of Information Engineering, Xi'an University)

Abstract Communication technology of internet of vehicles (IoV) are key factor affecting the effectiveness and reliability of applications of intelligent transportation system (ITS). Considering that basic safety message (BSM) can be used in a variety of applications of IoV to exchange safety data regarding the state of vehicle, it is necessary to study the mechanism including generation and dissemination of BSM. On the basis of given the different definitions of BSM in different regions, This paper first discussed two typical communication protocol stacks including the Wireless Access in Vehicular Environments (WAVE) and Cellular-V2X. Secondly, the carrier frequency bands and channel divisions of different IoV communication technology in different regions are introduced. Thirdly, illustrated the standardized data formats of BSM of different standard protocols of IoV. The current research of transmission frequency, transmission power parameter setting, and dynamic generation and transmission mechanisms of BSM of IoV are summarized in the final section.

Keywords ITS IoV BSM WAVE C-V2X DSRC

0 Introduction

Basic safety message (BSM) [1] is the vehicle basic state motion information broadcast periodically based on wireless communication technology in the application of Internet of Vehicles (IoV) or intelligent connected vehicle (ICV). Several standards organizations have attempted to define BSM. For example, the Society of Automotive Engineers[2] (SAE) describes the BSM as a kind of message that is frequently broadcast to the surrounding vehicles as required by safety and other applications. BSM is used in a variety of applications to exchange safety data regarding the state of vehicle. The European Telecommunications Standards Institute (ETSI) named this message "Cooperative Awareness Message" [3] (CAM). CAMs are exchanged in a network of intelligent transportation systems (ITS) between ITS stations (ITS-Ss) to create and maintain awareness of each other and to support the cooperative performance of vehicles using the road network. The China Society of Automotive Engineers[4] (China-SAE) considers BSM as one of the most widely used messages in the application layers of vehicles for exchanging the state of their safety.

Thanks to the BSM transmissions, vehicles can inform their neighbors of their real-time status. BSM also provides the data source to support the IoV or ICV safety application. Generally, the generation and transmission of BSM are controlled by vehicles at a fixed frequency, and a BSM sent by an originating vehicle can be broadcast to all its neighbors within its direct communication range. With regard to the use of IoV or ICV application for safety reasons, to avoid collisions and other safety risks, vehicles must transmit BSM at a high frequency to ensure that they receive timely and accurate status information from the surrounding vehicles. However, in view of the IoV channel load, the generation and transmission frequencies of BSM must be kept at an appropriately low level to avoid channel congestion. Given the reference consideration of BSM, the generation and transmission mechanisms of BSM must be carefully established to guarantee their alignment with the different communication requirements of IoV or ICV applications.

To solve the above problems, standards organizations in many countries and regions, including the United States, Europe, and China, have performed a series of standardization work on BSM, employing different IoV architectures. For example, they have formulated the definition of BSM and the communication requirements of the different applications. In 2011, the SAE released the Dedicated Short-Range Communications (DSRC) Message Communication Minimum Performance Requirements Standard J2945.1[5]. This standard specified the usage rules of BSM for vehicle safety applications. In 2016, the SAE also released Standard J2735 for applications utilizing the 5.9-GHz DSRC for wireless access in vehicular environments (WAVE) communications systems. This standard specified message and its data frames (DFs) and data elements (DEs). In 2014, ETSI released Standard ETSI TS 102 894-2[6], which defined the repository of a set of DEs and DFs, commonly used in ITS applications and facilities layer messages. Accordingly, ETSI released the draft Standard ETSI EN 302 637-2 in 2018, defining the syntax and semantics of CAM and detailed specifications on message handling. In 2017, the China-SAE released the application layer of the vehicle communications system and the application data interaction standard, which is known as T/CSAE 53-2017. They also released the definitions of BSM datasets, DFs, and DEs, Application Programming Interface (API) and Service Provider Interface (SPI) is introduced as well.

The above mentioned BSM standards vary according to the policies of each country/region and its adopted communications technologies. Drawing on the typical communication protocol stacks of IoV, this paper first discusses the underlying framework of current standards of different IoV architectures. Then, this paper explains the spectrum distributions and channel designations of IoV laid out by different research organizations in different countries/regions. Subsequently, based on the definition of BSM, this paper compares the detailed BSM data structures with different standards documents. Next, it analyzes two important transmission parameters (i.e., packet rate and power) which are involved in BSM originating from both network layer and access layer. Finally, the current research status of transmission mechanisms of BSM for traffic perceptions, especially the transmission frequency and the transmission power parameter setting, is analyzed and elucidated. This paper intends to develop a basic understanding of BSM to support future research on the generation and propagation mechanisms of BSM for traffic perceptions.

1 Typical Iov Protocol Stacks

1.1 DSRC Based on 802.11p

1.1.1 WAVE in the United States

In 1999, the Federal Communications Commission (FCC) allocated 75 MHz of licensed spectrum in the 5.9GHz band for vehicle-to-vehicle (V2V) and vehicle-to-infrastructure (V2I) communications in high-speed mobile environments. In July 2010, the Institute of Electrical and Electronics Engineers (IEEE) released Standard 802.11p[7], which is a modified version of the familiar IEEE 802.11 (Wi-Fi) standard utilized in physical (PHY) and medium access control (MAC) layers. Subsequently, the IEEE 1609 Working Group published a suite of standards, including IEEE 1609.2, IEEE 1609.3, and IEEE 1609.4[8], defining the communication protocols above the MAC layer and thus building the DSRC/WAVE protocol stacks[9]. The WAVE protocol stack is illustrated in Fig.1.

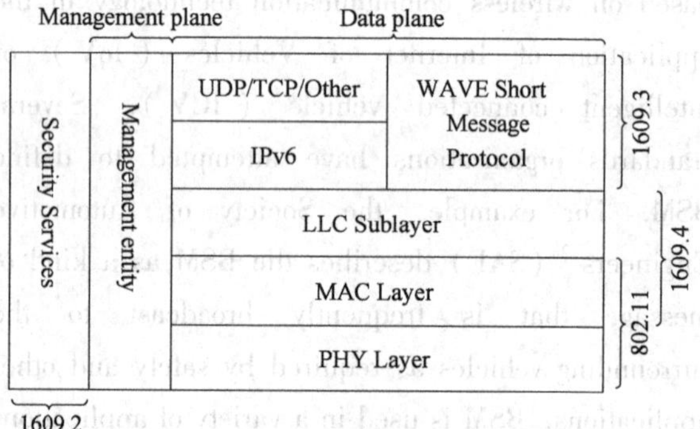

Fig.1 Structure of WAVE

1.1.2 ITS-G5 in Europe

In 2010, ETSI released the European profile of standards for the PHY and MAC layers of ITS operating within the 5GHz frequency band using IEEE 802.11 as the base[10]. This profile of standards specified the functionality protocols and parameters as ITS-G5 and laid out the different communication requirements for each vehicular application. In September 2010, ETSI specified the architecture of communications in ITS[11], also known as ITSC (Intelligent Transportation Systems Communications), which supported a variety of existing and new access technologies and ITS applications. In 2014, ETSI defined the DEs and DFs used to construct ITS facilities layer or ITS application layer messages, such as CAM. The protocol stacks of ITS-G5is shown in Fig.2.

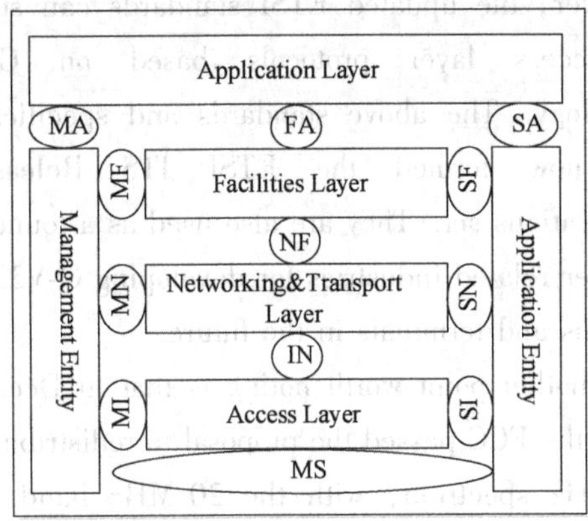

Fig. 2 ITS-G5 Protocol Stacks

1.1.3 DSRC in Japan

DSRC in Japan originates from the United States. In 1997, the Association of Radio Industries and Businesses (ARIB) released DSRC standard framework oriented toward transport information and control systems[12]. The ARIB adopted three-layer structure of the Open Systems Interconnection (OSI) basic reference model, with Layer 1, Layer 2, and Layer 7 being the standardized objects. The functions in Layers 3-6, defined in the OSI basic reference model, are specified in Layer 7 should they be needed in the system. Moreover, the standards published in 2001 specified the parameters of the wireless air interface between different devices in DSRC system.

1.2 Cellular-V2X

The rapid advances in cellular mobile communications technology toward vehicle-to-everything (V2X) offer many benefits, such as reliable access to vast information, less time delay to safety-related applications, and massive mobile terminal connections. Since 2015, several standards supporting V2X communications, including Long-Term Evolution-V2X (LTE-V2X) and 5G-V2X, have been employed by the 3rd Generation Partnership Project (3GPP). In March 2017, following the standardization completion of PC5-based V2V and LTE Uu-based V2X, the 3GPP RAN (Radio Access Network) froze the V2X standardization work of 3GPP LTE Rel-14[13] and accomplished the design of physical layer of the wireless access network to meet the basic service requirement of LTE-V2X applications.

Currently, the 3GPP LTE Rel-14 is aiming to meet the application requirements of assistant driving. As for the autonomous driving application requirements in the future, the 3GPP has been promoting a series of standardization works on 5G-V2X since 2016. In Rel-15[14], as part of the 5G/NR (5G New Radio) evolution, the 3GPP has identified several advanced V2X use cases to be targeted by the 5G technology. These cases consider solutions that can be applied to sub-6 GHz and mmW unlicensed bands. This work, to be completed in 2018, has designed new sidelink channel models and specified multiple scenarios and standalone NR operations in the unlicensed spectrum. In the same year, the 3GPP launched the "V2X based on 5G New Radio (Rel-16)," developed by MIMO (multiple input, multiple output) enhancements to increase efficiency in mmWave bands [15]; it also aimed to fix and enhance NR and enable new services on NR. In addition, Rel-16 enhanced the 5G-V2X application use case according to the NR Uu interface and specified PHY layer structure, broadcast mechanism, and synchronization of the NR sidelink. It is important to note that using LTE, Rel-16 also expanded V2X beyond what is currently available and provided the technical solution of air interface service quality management.

In China, with the large-scale deployment of 4G/5G cellular communication networks, organizations, such as China Communications Standards Association (CCSA), China Intelligent Transportation System (C-ITS), and China-SAE, performed a series of work to build the standard LTE-V end-to-end system. In 2017, the China-SAE published the application layer specifications and data exchange standards in the Cooperative Intelligent Transportation System (C-ITS). The standards specified the vehicular communications framework with six layers, namely, system application, application layer, transmit layer, network layer, MAC layer, and PHY layer, referring to the Open System Interconnection/Reference Model

(OSI/RM) presented by the International Organization for Standardization (IOS). Furthermore, the standards specified different Service Provider Interfaces (SPI) for compatibility with a variety of communication modes and devices using either DSRC or 3GPP LTE-V2X. The compatibility categories of communications technology in data interaction standards are illustrated in Fig. 3.

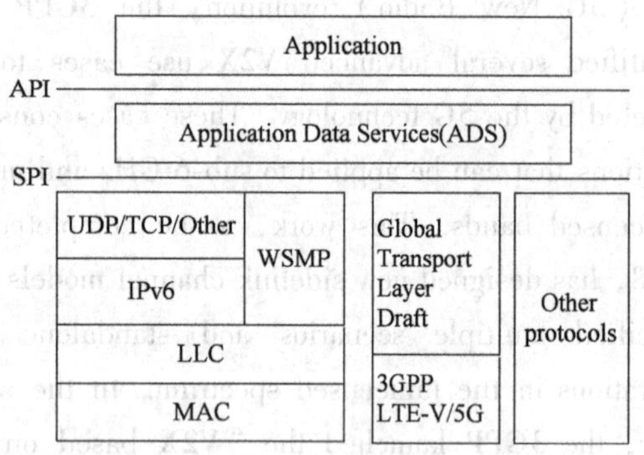

Fig. 3 China-SAE Compatibility Categories of Communications Technology

In July 2019, the European Union (EU) formally issued a statement rejecting the proposal presented by the European Commission for the use of DSRC as future IoV communications technology. In 2020, the latest approved ETSI standards EN use C-V2X as access layer technology for ITS terminals. Moreover, the updated ETSI standards can support the access layer protocols based on C-V2X technology. The above standards and specifications have now formed the ETSI ITS Release 1 specifications set. They are also used as a foundation for other related industries for developing C-V2X ITS solutions and terminals in the future.

Another point worth noting is that in December 2019, the FCC passed the proposal to redistribute the 5.9-GHz spectrum, with the 20-MHz band being dedicated to C-V2X.

1.3 Global Standards of V2X Technologies

The above analysis of current IoV communication protocols suggests two main categories of IoV communication protocols: ① DSRC dominated by the IEEE using 802.11p as a core technology and ② C-V2X based on LTE-V and future 5G NR developed by the 3GPP. At present, governments and standardization organizations of different countries and regions have also formulated a standard communications system of vehicular network using IEEE 802.11p and LTE-V. As presented in Tab. 1, thus far, both IEEE 802.11p and C-V2X technologies have completed technical research and standardization.

Major V2X Technologies Tab. 1

Region	Technology	Standard
United States	802.11p	IEEE 802.11-2012, IEEE1609.2-.4, SAE J2735, SAE J2945/x series
Europe	802.11p	ITS-G5, ETSI ITS series
Japan	802.11p	ARIB STD-109
China	Cellular LTE	T/CSAE 53-2017
Global	Cellular LTE	3GPP TS 22.185, TS 23.285 (for V2X and LTE), TS 36 series (for wireless access)
Global	Cellular 5G	3GPP TS 22.186, TS 23.501 (for network structure), 3GPP 38 series (for wireless access)

As a mainstream of the communications technology of IoV, DSRC has attracted considerable attention and has been developed extensively. However, DSRC relies on a large number of infrastructure deployments, which dramatically increases the construction and operating costs of system. At the same time, the DSRC physical layer has inherent defects of asynchronous communications, which directly influence the timeliness of safety applications in IoV and ICV, with the evolution path for the improvement or resolution of this problem remaining unclear. In addition, it is difficult for DSRC to meet the requirements of robustness and reliability due to the diversity and complexity of massive applications in IoV and ICV. Considering the extensive coverage and stable communication quality of mobile communications technology, as well as its clear evolution path, the use of cellular communications technology in support of IoV applications to complete data interactions is increasingly gaining popularity. As a result, more and more countries/regions and standards organizations have accepted C-V2X, releasing a series of standards on a global scale.

Although relevant standardization works and experiments have been conducted with a degree of success, the accomplishment of the comprehensive application of IoV and ICV, based on 5G-V2X, continues to be time-consuming. Recently, LTE-V2X has focused on the basic V2X services, with NR-V2X acting as a supplementary.

2 Allocation of Frequency and Channel

2.1 Frequency Allocation

During the development of electronic toll collection (ETC), the United States, Japan, and Europe allocated the working frequency bands for IoV communications. In the United States, the FCC allocated a spectrum from 5.850-5.925 GHz (i.e., the 5.9 GHz band for the DSRC operation). The spectrum allocated in 5.855-5.925 MHz was divided into seven 10-MHz channels and was used by different IoV services. In addition, the left 5-MHz spectrum allocated in 5.850-5.855 MHz was reserved as a guard band at the low end.

In the late 1990s, Japan allocated 5.770-5.850 MHz to DSRC in the applications of ETC and Vehicle Information and Communication System (VICS). In 2012, the ARIB released the 700-MHz band and employed the 755.5-764.5-MHz band for road safety applications in ITS.

Based on the requirements of different applications, ETSI established the specifications of radio spectrum resources for the 5-GHz band in ITS. The frequency ranges and related regulatory require-ments demanded the use of ITS-G5A (5.875-5.905 GHz) for ITS road safety applications, ITS-G5B (5.855-5.875 GHz) for ITS road non-safety applications, and ITS-G5C (5.470-5.725 GHz) for applications using other communications technologies, such as Broadband Radio Access Networks (BRAN) and wireless local area network (WLAN). Moreover, ETSI has reserved the 5.905-5.925 GHz to meet the requirements of future ITS applications.

In 2013, the Ministry of Industry and Information Technology of China announced the adjustment of 5.725-5.850-MHz band frequencies for use in the broadband wireless access system; wireless communication for ITS, including ETC; point-to-point or point-to-multipoint spread spectrum communications system; and general micropower (short-range) radio transmitting equipment. In 2018, the Ministry of Industry and Information Technology of China issued the regulation on the use of 5.905-5.925 MHz for IoV direct communication, which specified 5.9 GHz as the working frequency band for IoV direct communication, based on LTE or C-V2X communications technology[16]. The frequency allocation of different countries is presented in Fig. 4.

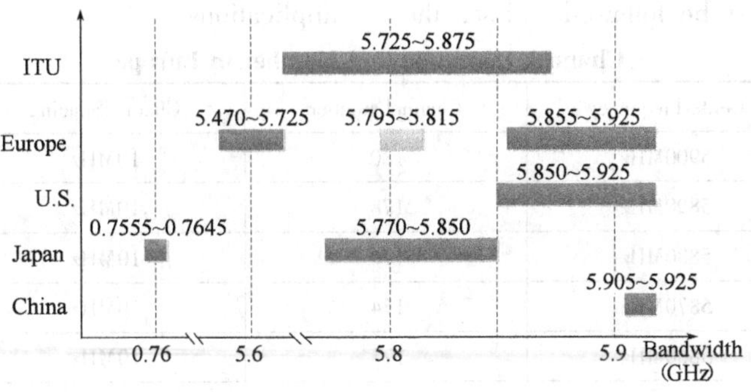

Fig. 4 Global Spectrum Allocations for DSRC and V2X

It is important to note that on December 12, 2019, the FCC announced the redistribution of the 75-MHz radio spectrum resources, which was originally allocated to DSRC-the lowest 45 MHz (5.850-5.895 GHz) allocated for the use of unauthorized technologies and the general public. The upper 30 MHz (5.895-5.925 GHz) was reserved for transport and vehicle safety applications. Notably, 20 MHz (5.905-5.925 GHz) was classified as a dedicated band for cellular-based communications technology (i.e., C-V2X).

2.2 Channel Allocation

The spectrum allocated in 5.855-5.925 MHz in the United States is divided into seven 10 MHz channels, which comprise one control channel (CCH), two service channels (SCHs) used for safety-related applications, and four SCHs used for non-safety-related applications. Among these seven channels, CCH is specifically used to transmit service announcements and control messages. Contrarily, SCH is mainly used for exchanging information related to the ITS application. As illustrated in Fig. 5, the channels numbered 174 and 176 can be combined to the SCH numbered 175 with a 20 MHz bandwidth. However, the channel numbered 181 is combined in the same way with the channels numbered 180 and 182. Considering its WSMP packet format, BSM can be transmitted through both CCH and SCH without registration.

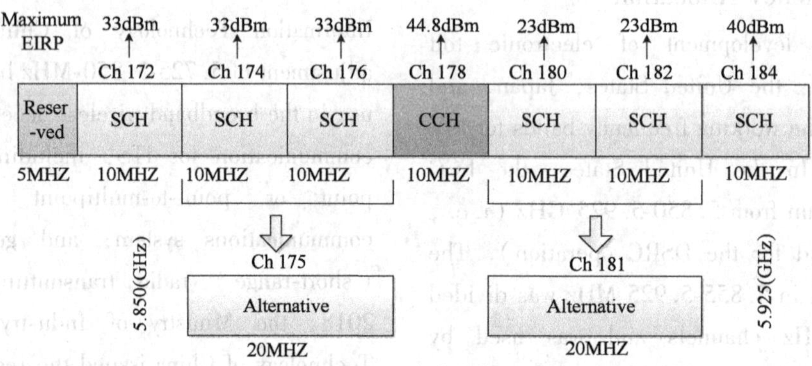

Fig.5 Channel Allocation and Number in the United States

ETSI also divided the channel into two categories: (1) the physical channel allocated to ITS-G5 control channel (G5CC) and (2) four fixed channels and one variable physical channel identified as ITS-G5 service channel (G5SC). Tab.2 presents the specifications of channel allocation. Moreover, when using the above six channels to transmit messages, three rules must be followed. First, the G5CC must be used for road safety and traffic efficiency applications but may also be used for ITS announcements of services operating within the range of the G5SC1 to G5SC5. Second, the G5SC1 and G5SC2 must be used for ITS road safety and traffic efficiency applications. Finally, the G5SC3, G5SC4, and G5SC5 can be used for other ITS applications.

Channel Allocation and Number in Europe Tab. 2

ChannelType	CenterFrequency	ChannelNumber	ChannelSpacing	TX PowerLimit
G5CC	5900MHz	180	10MHz	33 dBm EIRP
G5SC2	5890MHz	178	10MHz	23 dBm EIRP
G5SC1	5880MHz	176	10MHz	33 dBm EIRP
G5SC3	5870MHz	174	10MHz	23 dBm EIRP
G5SC4	5860MHz	173	10MHz	0 dBm EIRP
G5SC5	5470-5725MHz		Several	30 dBm EIRP(DFS master)
				23 dBm EIRP(DFS slave)

3 BSM Structure and Mechanism

3.1 BSM Data Structure

3.1.1 The SAE Data Structure

According to the SAE J2735, the precise structure of a DSRC message comprises the DF and DE. The DF of BSM contains BSM Part 1 and Part 2. Part 1 data must be included in every BSM, whereas Part 2 data are optional or included as per specific applications. Contrarily, the DE of BSM contains core data written in Part 1. Meanwhile, a BSM without Part 2 content is still a valid message. The structure of BSM is illustrated in Fig. 6.

As an important message type in the SAE J2735, the DEs written in BSM Part 1 include not only the location or other critical state information of vehicle but also the state information of the operating system, supporting the safety application between vehicles. The DEs in BSM Part 1 are presented in Figure 6. Because BSM is extremely sensitive to bandwidth consumption, particularly BSM Part 1, the components of BSM Part 1 are not individually encoded by Distinguished Encoding Rules (DER). Except for this, the message identification (ID) must be separately DER-encoded because it is parsed independently of the rest of the content. BSM Part 1 data consume 39 bytes.

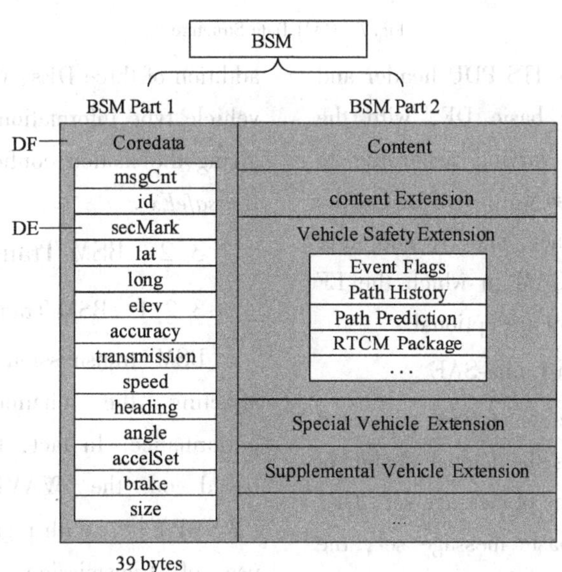

Fig. 6 BSM Data Structure

Compared with BSM Part 1, the data in Part 2 are more flexible. For instance, some data types in Part 2 have a lower frequency than those in the overall BSM. At the same time, Part 2 data can easily fit newly defined state information (e. g., from new types of sensors) and applications. Furthermore, they support customized messages to support company-specific features. In BSM Part 2, there are four DEswhich are most often used: (1) *EventFlags* denoting the trigger of an event, (2) *PathHistory* reporting the trajectory history of vehicles, (3) *PathPrediction* predicting the vehicle trajectory, and (4) *RTCMPackage* conveying Global Positioning System (GPS) correction data in the RTCM style. The above DEs are collected in a BSM Part 2 data frame, which is known as *VehicleSafetyExtension*.

3.1.2 ETSI Data Structure

Referring to the ETSI EN 302 637, a CAM is composed of one common ITS PDU header and multiple containers, where the ITS PDU header is a common header containing the information of protocol version, message type, and ITS-S ID of the originating ITS-S. For a vehicle's ITS-Ss, CAM must comprise four kinds of containers: (1) basic container mainly containing basic information related to the originating ITS-S, (2) high-frequency container (HF container) containing highly dynamic information of the originating ITS-S, (3) low-frequency container (LF container) containing static and not highly dynamic information of the originating ITS-S, and (4) one or more special containers with specific information on the role of the originating ITS-S. The structure of CAM is illustrated in Fig. 7.

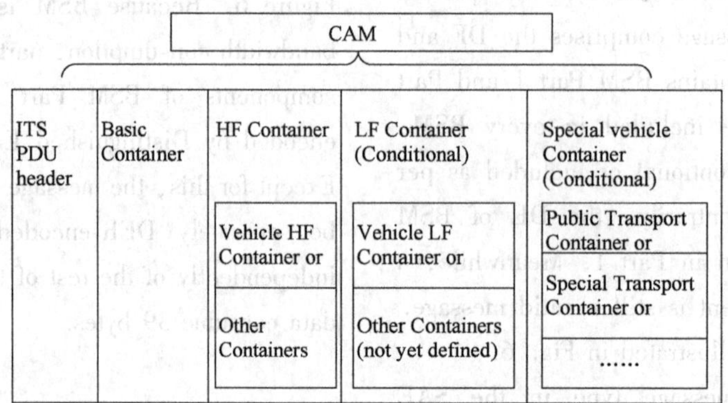

Fig. 7 CAM Data Structure

Similarly, for a CAM, the ITS PDU header and the containers all act as the basic DF, with the content written in each DF varying according to different requirements. It is also worth noting that the ITS PDU header, basic container, and HF container must all be included in the CAM in which the LF container and special containers are optional.

3.1.3 Data Structure in China-SAE

The normalized data structure of BSM presented by the China-SAE also follows the logical design of BSM in the SAE in the sequence of message set, DF, and DE. In addition, as a basic message set, the BSM definition in the China-SAE is adjusted to the content of BSM Part 1 in the SAE, according to China's context. In brief, the changes in BSM in the China-SAE mainly encompass four aspects. First, the length of vehicle ID information is extended to fit the number of electronic vehicle ID information. The second aspect concerns a combination of DE, combining DEs *lat* and *long*, describing the area information of the three-dimensional location information DE *pos* on the one hand and DEs *elev* and *accuracy*, which describe the accuracy of the area information, on the other, combined into the single DE *accuracy*. The third aspect relates to the change of DE *angle*, which describes the optional angle of the steering wheel. The last aspect concerns the addition of three DEs: the *VehicleClass* describing the vehicle type information, the optional DE *motionCfd* giving the motion confidence set, and the extended DE *safeExt*.

3.2 BSM Transmission Mechanism

3.2.1 BSM Transmission Frequency

BSM transmission frequency is a key factor affecting the channel load and application performance. In fact, the logical design of BSM is based on the WAVE Short Message Protocol (WSMP)[17]. With regard to the IEEE 1609.3, the use of transmission mechanisms, such as the Transmission Control Protocol (TCP) with more robustness when using the WSMP packet to transmit BSM, is not recommended. In other words, the BSM transmission mechanism is decided by upper application, which directly renders it more flexible and diversified. For safety-related applications, especially for DF *VehicleSafetyExtension* in BSM Part 2, a 10-Hz BSM is considered necessary in the SAE J2935. Moreover, the transmission rate of DF in BSM Part 1 must be kept at a high level to ensure data timeliness.

In terms of ETSI, the cooperative awareness basic service provider manages the transmission frequency of CAM based on the different roles played by ITS-S. For the scenario where the ITS-S is a vehicle, the minimum generation interval of CAM, named*T_GenCamMin*, must not be inferior to 100 ms, whereas the maximum generation interval *T_GenCamMax* must be superior to 1000 ms. In other words, the corresponding generation rate of BSM is from 1 to 10 Hz. For the scenario where ITS-S is a roadside unit, the generation interval of BSM *T_GenCamMin* must be greater than or equal to 1000 ms to guarantee the transmission of at least one BSM while a vehicle is in the communication range of RSU ITS-S. In light of the above BSM rules, the cooperative awareness basic service provider generates BSM, depending on the originating ITS-S dynamics and the status of channel congestion. To maintain several consecutive BSMs, the conditions for generating BSM must be checked repeatedly at every *T_CheckCamGen*, where *T_CheckCamGen* is equal to or less than *T_GenCamMin*.

Thus far, China ' s relevant IoV standards organization has not specified the underlying communications technology of BSM. Considering the function defined by BSM, to exchange safety status data between vehicles, for example, this article refers to the data collection rate introduced in the group standard, which is known as the T/CASE 100, released by the China-SAE in 2018. Generally, the T/CASE 100 specified the data collection period and the general principles of coding rules. Moreover, it divided data collection into the periodic collection and event-triggered collection. The periodic collection is further divided into the high-frequency collection, with a maximum collection period of no more than 1 s, and the low-frequency collection, with a minimum collection period of no less than 15 s. The event-triggered collection does not specify the event type.

3.2.2 Equivalent Isotropic Radiated Power (EIRP) of BSM

According to Section 3, both the SAE and ETSI employ the control channel to transmit BSM. In other words, BSM is used to transmit the service statement information of ITS application. As presented inFigure 5 and Table 2, EIRP in the control channel is equal to or higher than EIRP in other channels. This situation is due to the fact that data in the statement message need to be transmitted with high accuracy within a large scale. The EIRP values are 44.8 dBm in the SAE standard and 33 dBm in ETSI standard. In China, according to the regulations document of technical requirements for direct communication radio equipment for IoV, the EIRP value of onboard or portable radio equipment working within 5.905-5.925 MHz must be 26 dBm, with the radio equipment on roadside being limited to 29 dBm.

3.2.3 Research on the BSM Mechanism

Several problems must be addressed when designing the BSM structure and transmitting mechanism. First, the standardization of the BSM transmitting mechanism is strongly dependent on the standard safety application. However, the standardization of safety applications is not yet complete. Moreover, the transformation scheme aiding message-transmitting parameters to suit the various performance levels of safety applications have not been developed. Second, the optimal message-transmitting mechanism depends on the physical characteristics of the communication channel, which vary widely and change rapidly.

Current studies[18-21], which are focused on the BSM transmitting mechanism, mainly discuss at application layers[18]. designed an adaptive scheme to dynamically adjust the BSM transmission parameters according to different application requirements and real-time channel loads. To improve network performance[19], proposed a transmitting mechanism that can adjust the transmission frequency and power by sharing the maximum tolerance time and channel load information in message packets that are periodically transmitted. By designing the distributed density estimation algorithm and the distributed power control algorithm[20], proposed a power adaptive adjustment scheme of BSM based on local vehicle density. The BSM transmitting mechanism applied in a scenario where multiple applications run simultaneously is presented in[21]. By designing a Message Dispatcher, the proposed BSM transmitting mechanism helps vehicle avoid sending duplicated BSMs. For instance, when different applications need to transmit the same DEs with different transmission frequencies, the Message Dispatcher generates message packets at the lowest rate to meet all the application requirements.

Among the proposed documents of the BSM transmitting mechanisms, the scenarios in[18-20] only relate to single applications. Thus, they do not suit the complex application scenarios in real IoV and ICV systems. The mechanism in[21] ignores the different requirements for communication range and transmission power of different applications of IoV and ICV. Moreover, recent research on BSM transmitting mechanisms has hardly paid attention to V2I and V2P. Therefore, analyzing and improving of BSM transmitting mechanisms are necessary to meet the various requirements of applications related to safety service, traffic efficiency, and entertainment service, among others. At the same time, it is important to test the performance of various BSM transmitting mechanisms with different traffic parameters, such as density and velocity, to make them suitable for real traffic systems.

4 Conclusions

Rapid advances in mobile communications technology have accelerated the evolution of IoV. To discuss the research on the BSM mechanism, this paper first systematically analyzed and synthesized current BSM mechanisms. Then, drawing on different IoV architectures presented by different standards organizations, the BSM mechanism was discussed comprehensively from the physical layer to the wireless access layer and application layer. A sound BSM mechanism not only improves the accuracy of the IoV safety application but also helps the system maintain scalability of the network. Hence, future research on BSM mechanisms is advised to concentrate on the balance between the application requirement and network performance. In addition, in light of the complexity and diversity of IoV application scenarios, research on the BSM mechanism of multiple scenarios and applications is recommended.

5 Acknowledgements

The authors acknowledge the Key Research and Development Program of Zhejiang Province (Grant: 2020C01057).

References

[1] B. Khireddine. S. Bitam., A. Mellouk. Context-based BSM Aggregation for Broad-Scale Applications in Vehicular Networks[J]. IEEE Conference on Local Computer Networks IEEE, 2018.

[2] SAE international. Dedicated Short Range Communications (DSRC) Message Set Dictionary[J]. Technical report, Standard, 2016,2735.

[3] ETSI EN. Intelligent Transport Systems (ITS); Vehicular Communications; Basic Set of Applications; Part 2: Specification of Cooperative Awareness Basic Service[J]. ETSI EN 302 637-2. 2018.

[4] China-SAE. Cooperative Intelligent Transportation System; Vehicular Communication-Application Layer Specification and Data Exchange Standard. T/CSAE 53.

[5] SAE international. [S] DSRC Committee. Draft DSRC Message Communication Minimum Performance Requirements-Basic Safety Message for Vehicle Safety Applications, SAE Draft Std. J2945.1[S].

[6] ETSI TC ITS. Intelligent Transport Systems (ITS); Users and Applications Requirements; Part 2: Applications and Facilities Layer Common Data Dictionary, ETSI TS 102 894-2 [S].

[7] Song Caixia. Performance Analysis of the IEEE 802.11p Multichannel MAC Protocol in Vehicular Ad Hoc Networks. Sensors (Basel, Switzerland), 17(12).

[8] F. Bruno. (2018). Implementation and Analysis of IEEE and ETSI Security Standards for Vehicular Communications. Mobile networks & applications, 23(03): 469-478.

[9] Wang T. and Li X. (2014). Introduction of WAVE Protocol in VANET. Modern Science & Technology of Telecommunications, 44(03): 8-11.

[10] ETSI TC ITS. (2010). Intelligent Transport Systems (ITS); European Profile Standard for the Physical and Medium Access Control Layer of Intelligent Transport Systems Operating in the 5 GHz Frequency Band, ETSI ES 202-663.

[11] ETSI TC ITS. (2010). Intelligent Transport Systems (ITS); Communications Architecture, ETSI EN 302-665.

[12] ARIB. (1997). Dedicated Short Range Communication for Transport Information and Control Systems, ARIB STD-T55.

[13] J. Lee. (2016). LTE – advanced in 3GPP Rel-13/14: an Evolution toward 5G. IEEE Communications Magazine, 54(3): 36-42.

[14] R. Ratasuk. N. Mangalvedhe. Z. Xiong. M. Robert. and D. Bhatoolaul. (2017). Enhancements of Narrowband IoT in 3GPP Rel-14 and Rel-15. 2017 IEEE Conference on Standards for Communications and Networking (CSCN), Helsinki, 60-65.

[15] Zhang W C. Lu T. and Gao Y. (2017). System Status and Development of NB – IoT. ZTE Technology Journal, 23(1): 10-14.

[16] Liao L X. and Wang F P. (2020). Review on Research and Applications of V2X Key Technologies. Chinese Journal of Automotive Engineering, 10(1): 1-12.

[17] M. A. Hoque. and M. S. Khan. (2019). An Experimental Investigation of Multi-Hop V2V Communication Delays using WSMP. 2019 SoutheastCon, Huntsville, AL, USA, 1-6.

[18] M. Sepulcre. and J. Gozalvez. (2018). Coordination of Congestion and Awareness Control in Vehicular Networks. Electronics, 11(7): 1-21.

[19] Z. Y. Rawashdeh. (2016). A Scalable Application and System Level-based Communication Scheme for V2V Communications. IEEE 84th Vehicle Technology Conference. Montreal, 1-5.

[20] S. Joerer. (2016). Enabling Situation Awareness at Intersections for IVC Congestion Control Mechanisms. IEEE Transaction on Mobile Computing, 15(7): 1674-1685.

[21] C. L. Robinson. (2007). Efficient Message Composition and Coding for Cooperative Vehicular Safety Applications. IEEE Transportation Vehicle Technology, 6(56): 3244-3255.

无人驾驶汽车系统的关键技术分析

张焕炯*

(浙江交通科学研究院)

摘　要　随着“无人驾驶汽车”概念的提出,针对性的研究与试验随之有序展开。无人驾驶汽车作为交通技术发展的一个新的制高点,可较好地引领交通技术的全面发展。本文通过对无人驾驶汽车概念演变过程等的梳理,对它的关键技术及亟待解决难题进行了鞭辟入里的分析,这不仅有利于精准把握无人驾驶汽车的发展方向,还可为其更好地发展创造有利条件。

关键词　无人驾驶汽车　感知技术　视觉计算　物联网技术

0　引言

无人驾驶汽车的概念自从提出以来就一直被广泛关注。无人驾驶汽车为公路交通的发展指明了方向,针对性的研究和试验如火如荼地展开,并对它从自动化程度的演进角度进行等级划分,较常见的有 L0 ~ L4 级、L0 ~ L5 级等的划分方法,其中 L0 级代表全人工驾驶级别,L1 为辅助驾驶级别,L2 为半自动驾驶级别,L3 为有条件的自动驾驶级别,L4 和 L5 则大致为完全的无人驾驶级别。从这些等级划分来看,完全工况下的无人驾驶是自动驾驶的终极目标。它为汽车驾驶技术和功能的演进做了具体的规划,成为衡量自动驾驶技术水平的一种参考体系。

无人驾驶汽车的美好前景,激发了企业及相关高校的研发热情,它们以已有的汽车及公路体系为基础,通过在路基侧和汽车侧之间加载感知、传输、处理、决策等功能体系,以此构建以无人驾驶为最终目标的自动驾驶,并对相关车辆进行具体测试分析,形成了一系列的测试报告,如 Spirent Communications 公司的测试报告[1]等。除此外,相关团队展开针对性的技术攻关,除了对相关技术集成的综合性研究外,还注重相关标准、准则及法规(包括伦理)等方面的研究,这也反映了无人驾驶技术的一个显著的特点——以已有的技术为元素,进行综合性的集成,实现驾驶自动化水平的提升。因为这些原因,迄今以无人驾驶汽车为主题的文献虽已相继出现,但针对无人驾驶汽车理论及具体实现中相关问题的文献相对较少,在可查阅到的文献中,文献[2]着重讨论了无人驾驶安全风险的识别与度量,文献[3]则对无人驾驶汽车的离散优化的轨迹规划进行了分析,文献[4]对无人驾驶汽车的纵向速度控制提出了一种基于模型预测的控制方法,文献[5]和文献[6]则分别就无人驾驶的控制系统及路径规划等进行了深入分析。

本文以无人驾驶汽车系统的关键技术为研究对象,结合系统分析的相关方法,就无人驾驶汽车的概念、与 IT 相关的关键技术、亟待解决的难题等展开讨论,所形成的结论,不仅从技术的方面探析了无人驾驶汽车系统的本质,更为聚焦无人驾驶汽车技术的发展方向、理清无人驾驶技术之间的关系等方面发挥积极作用。

1　无人驾驶汽车的概念

无人驾驶汽车是集传统的交通技术与先进的智能交通等多门类技术为一体的智能体,通过车载系统与路边系统的完全融合,在复杂的路况条件下,通过充分的感知,实现高度精准的处理和判断、便捷的控制与反馈,一气呵成地实现完整的行驶过程,实现在无具体驾驶人员人工操作条件下的完全自主驾驶。所以,无人驾驶汽车,作为一个系统,不仅是对移动体(汽车)实现包括信息采集、通信传输、处理分析、反馈控制等一系列功能的集成,也是路边侧相关设备、体系的多功能的整合与集成。由此,无人驾驶汽车可理解为在足够充沛的能源支撑条件下,形成限定区域中的具有自主操作和控制能力的智能移动体,它与道路基础设施等一起构成完整的体系。

无人驾驶汽车是为有效提升公路交通的安全性能而提出的。在现行的公路交通中,驾驶人员是汽车行驶的具体操作者,由于受到人的感知、判断和反应等能力的限制,驾驶员受客观或主管条件的影响和制约,他们的操作直接影响到交通安全。此外,由于驾驶员所处较危险的特殊位置,他们本身更易受到伤害,这可从已发生的交通事故伤亡情况中得到佐证,在涉及车辆损毁的公路交通事故中,驾驶员受到的伤害一般都是最大的。所以保护驾驶员的安全是提升交通安全性的重要内容。在美国等国家和地区,交通事故所连带的经济赔偿数额十分巨大,还涉及社会中的其他多个领域。确保驾驶员的安全,减少相关人员的伤亡和连带的巨额经济赔偿,成为了一个亟待解决的重要课题。在诸多具体的解决方案中,无人驾驶汽车无疑是最具创意的,它成了最有效、最根本的解决方法。

从最初的概念提出,到如今某些特殊功能的智能化,以及多项自主控制功能的半自动驾驶等的实现,无人驾驶汽车技术已有了长足的进步;但离最终的全工况条件下无人操作驾驶的目标实现还有很大的差距,需要很多核心理念的更新、关键技术的突破。

2　无人驾驶系统中基于 IT 的关键技术

无人驾驶汽车既是先进的信息采集、通信、计算、控制等相关技术的高度融合，也是材料科学、发动机技术、土木工程技术和其他制造业的重要集成，更是众多先进工艺等的创造性应用。它不仅仅是单一领域中的具体技术进步，而是整体性的技术创新的集中体现。在某种意义上，它的发展水平可作为衡量相关科技综合实力的重要指标。

先进的信息技术是实现汽车自主驾驶最直接的技术支撑，它在整个无人驾驶汽车的技术集成中起到了核心的作用。若把无人驾驶汽车中的整个信息系统看成一个完整的技术体系，那么相应的关键技术久可用感知层、预处理层、传输处理层、决策监控层、执行层、反馈层以及实现各层之间平稳过渡的中间件过渡处理支撑层等加以概括，相应的结构和工作流程如图 1 所示。

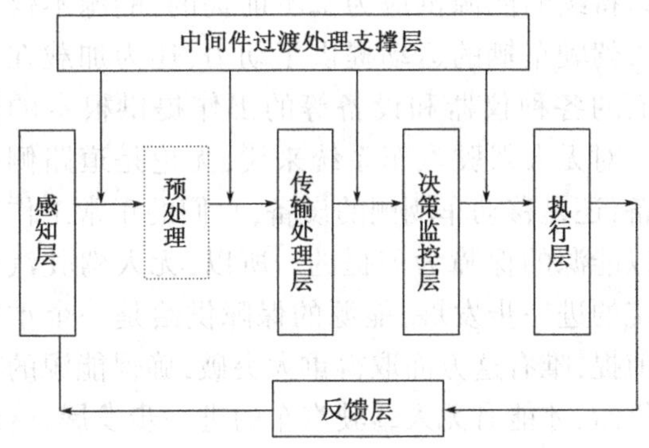

图 1　无人驾驶汽车信息技术体系的工作流程图示

图 1 是依据无人驾驶汽车的相关功能实现及特性，借助互联网 OSI 分层的思想所建构的分层体系，它不仅能明晰整个体系的内在结构，还可通过“技术类别”“协议簇”等方式为相关的技术归类和协议、标准等的制订提供便利。此外，还需说明的是，图 1 虽是以具体的交通工具实现自主驾驶为出发点加以考察的，但它也包含了路边侧的信息系统和其他外围的信息系统、技术的支持。

2.1　感知层

感知层可看成是实现无人驾驶汽车系统充分感知周围信息的各类支撑技术的总和。在现阶段，针对无人驾驶汽车的感知技术有摄像机（camera）等视觉相机、激光雷达（Lidar）、全球导航卫星系统（GNSS）、雷达（Radar）、惯性测量单元（IMU）以及物联网中的传感器网络技术等。这些技术可在适合的条件下发挥卓越的作用，实现无人驾驶车辆对道路、周围车辆、障碍物等状况的较精准的感知。

2.2　预处理层

针对通过感知获得的大量数据，进行必要的预处理，通过数据结构的转化、数据清洗等相关处理，确保所获得的信息数据具有较好的完整性（Integrity）、可用性（Availability）和安全性（Property of Security）。通过预处理，不仅可有效减少冗余，提高数据质量，更通过一定的基于分类和聚类等方面的处理，为后续的工作打下很好的基础。这一步看似是辅助性的，但它的基础作用相当明显，相应的处理技术也相对丰富，所以可看成包含众多技术门类的一个分层。

2.3　传输处理层

这一层涉及数据信息的传输和处理，它是无人驾驶汽车系统中有关通信和信息处理的技术总和。针对信息传输，需要一系列的传输协议和标准的支持；而相应的信息处理，则根据数据的特点和计算处理的目标要求，针对性选择先进的算法，实现具体的算法设计，以获得理想的处理结果。

2.4　决策监控层

根据处理结果，形成具体的决策和规划，给行驶车辆提供行驶的具体指令并加以监控，实现无人操作下的安全驾驶。具体涉及移动车辆的行驶路线、方向、速度等的确定和对遇到的具体障碍物等的应急处理等，如车辆制动、挡位选择等一系列的操作。尤其需要对尚未遇到过的紧急情况进行智能化的处理决策，发挥决策监控的能动性。

2.5　执行层

根据决策层和监控层的决策指令，实施具体的操作，使无人驾驶车辆按照既定的命令和程序进行操作，形成无人驾驶的具体进程。

2.6　反馈层

根据具体的执行情况，进行相应的反馈，这在实际上也可看成无人驾驶移动车辆在具体的移动状态下对自身的感知和认知，对整个系统来说是非常重要的。

2.7　中间件过渡处理支撑层

这层是辅助层，它涉及各层之间的有序、平稳过渡，而且相应的技术支持也比较类似，所以把这些归集在一起，以一个统一的类别加以概括。

通过对无人驾驶汽车关键技术的梳理，为技

术的选择、规范和归类提供了一个相对清晰的分层模型。基于该具体模型,就可对无人驾驶汽车系统的关键技术应达到的功能要求进行概括,那就是:充分的感知、便捷的传输、先进的处理、精准的预测和规划、高效的执行、有效的监控、积极的反馈。

3 无人驾驶汽车发展中亟待解决的难题

作为科技整体进步的一个标志性技术集成的代表,从概念的提出到完全的实现,并进一步落地应用和推广普及,无人驾驶汽车系统尚有很多亟待解决的难题,归纳起来,大致有如下几个。

其一,无人驾驶汽车的发展以从根本上解决交通安全问题作为首要目标。无论是无人驾驶汽车概念的提出,还是后续的相关过程的演进,都是以交通安全为根本的追求目标的。只有这个难题得到解决的前提下,才会有无人驾驶汽车的发展和具体的应用。哪怕是其他的技术再先进,相应的系统性能指标再靓丽,只要这个问题不解决,无人驾驶就无从谈起,也从根本上偏离了它的发展方向。由此,交通安全问题不仅是无人驾驶汽车发展的出发点,更是它发展的归属点,它为甄别真正的无人驾驶汽车技术提供了基本条件,更为无人驾驶汽车技术的发展指明了方向。

其二,无人驾驶汽车的发展需要感知和认知技术的根本性突破。显而易见,没有感知和认知技术的根本性突破,就不能实现对无人驾驶汽车的状态和运动所处环境的全面感知,就不能为后续的信息处理、系统控制等提供充分的前提条件。现今,在感知和认知技术方面,主推驾驶车辆通过摄像头(camera)、雷达(Radar)和激光雷达(Lidar)、全球导航卫星系统(GNSS)、惯性测量单元(IMU)技术以及它们的融合。但对摄像头来说,夜间(自然光强度较低)工作性能相对较差;对于GNSS来说,当驾驶车辆在隧道等路段时,它就难以发挥有效作用;其他的相关技术也存在着各种具体的不足。综合起来,无论是单一的,还是综合的,当前的技术水平离无人驾驶车辆在全天候、全路段不同状态下的充分感知和认知的要求还有很大的差距。所以感知与认知技术的根本性突破,是无人驾驶汽车技术中亟待解决的又一个重大难题。

其三,无人驾驶汽车的发展,还需集成技术的进一步发展。无人驾驶汽车系统是一个集多门类、多功效、多种先进技术于一体的综合系统。借助于管理学中的"木桶理论",它的综合性能不是取决于最高的木板有多高,而是受限于最短的木板有多短。此外,作为一个综合系统,它的整体性能不是各个单一子系统性能的简单累加,而是需要进行必要的整合集成。通过先进的集成技术,实现各单一技术的优势互补;在具体的集成过程中,根据性能要求,进行必要的叠加的同时,还需要采用一定的减持;考虑整个系统的性能的同时,还需考虑它们的空间占比、重量占比和经济性指标等因素。有鉴于此,在无人驾驶汽车系统中,要重视集成技术的整体性突破。

其四,在无人驾驶汽车系统中,要实现能源的根本性保障。无人驾驶汽车系统的各种功能实现是以持续的能源供应为基本前提的,能源不仅为无人驾驶车辆的运动提供了动力,还为加载在它上面的各种仪器和设备等的工作提供根本的保障。对无人驾驶汽车系统来说,无论是道路侧的设备,还是移动车辆侧的设备,它们的正常工作都是以能源的保障为前提的。所以,无人驾驶汽车系统的进一步发展,能源的保障供给是一个重要的前提,唯有这方面取得重大突破,确保能源的有效供给,才能有无人驾驶汽车的进一步发展、落地应用和进一步推广普及。

其五,无人驾驶汽车系统的发展,整个系统的能动性需要显著提高。纵观现今的各种系统,虽然在信息化、智能化等方面有了长足的进步,但整个系统的性能实现总是被动的、应激性的,而主动性的能力相对较弱。对于汽车驾驶人员来说,虽然他们的感知、处理等的能力远不如机器和设备的相应能力,但他们因具备很好的主动性操作的能力,能较好地应对各种从未出现的危机,所以展现了极大的主动性和能动性。对照无人驾驶汽车系统,有效补强这方面的性能,无疑也是一个亟待解决的重大难题。

还需指出,在整个无人驾驶汽车系统中,与信息技术相关的其他难题还有许多,而且每一个难题的解决都会影响到整个系统的综合性能的提升。

4 结语

无人驾驶汽车技术集信息采集、通信、自动控制、人工智能、视觉计算、物联网技术等众多技术于一体,是许多先进技术的有机融合,集中体现了一个国家或地区的科技实力和包括制造业在内的工业水平。在当今形势下,它在对标"德国工业4.0"和实施"中国制造2025"战略中将扮演着非常重要的作用。通过梳理无人驾驶汽车的概念及相关的发展脉络,分析无人驾驶体系中的关键技术,归纳总结它的进一步发展中亟待解决的难题,可从根本上更好地认识它的实质,为进一步的技术攻关做好必要的准备。更通过精准地把握它的发展方向,为具体的技术创新、占领相关核心技术领域的制高点发挥积极作用、创造有利条件。

参考文献

[1] Spirent Communications。测试智能网联和无人驾驶汽车中的定位、导航和授时[J].信息通信技术与政策,2019(08):90-92.

[2] 窦文悦,胡平,魏平,等.无人驾驶安全风险的识别与度量研究[J].中国工程科学,2021(11):167-177.

[3] 张垚,彭育辉.无人驾驶汽车离散优化的轨迹规划算法[J].福州大学学报(自然科学版)2021,49(04):508-515.

[4] 王靖岳,汪杰,王浩天.基于模型预测控制的无人驾驶汽车纵向速度控制研究[J].机械设计,2021,38(S1):69-74.

[5] 于涛,张河宁.无人控制系统总体设计综述[J].专用汽车.2021(10):90-93.

[6] 李泽田,刘昌利.无人驾驶汽车路径规划及路径跟踪的研究[J].汽车实用技术,2021,46(17):14-17.

基于轻量化 YOLOv4 的交通标志检测方法

杨雨霖 武奇生* 姚博彬 周卓峰

(长安大学电子与控制工程学院)

摘 要 交通标志蕴含着重要的路况信息,而传统的交通标志检测方法无法解决实际应用中复杂道路环境带来的诸多问题。近年来,随着人工智能、高性能计算技术和汽车行业的快速发展,基于深度学习的交通标志检测方法能够充分利用交通标志图像中的复杂特征信息,逐渐成为该领域研究的重要方向。本文针对性能受限的车载移动设备,对 YOLOv4 目标检测框架进行轻量化改进,实现端到端的实时交通标志检测。实验结果表明,改进后的网络模型具有网络参数少、检测精度高的特点,对 YOLOv4 进行初步训练,其测试结果显示准确度为97.8%,单张预测时间为0.187s,该结果处于较高水准。对改进的 YOLOv4-tiny 交通标志检测模型进行训练与测试,结果显示 FPS 为46,模型体积为22MB,表明该模型可以满足高效且轻量化的要求。

关键词 交通标志 YOLO 目标检测 深度学习

0 引言

随着人工智能和汽车工业的高速发展,汽车逐渐成了家庭必备的代步工具。2020年全球民用私人汽车保有量为2.25亿辆,驾驶员的数量为4.22亿(国家统计局)。汽车保有量和驾驶员数量的大幅增加,引发了越来越多的交通拥堵和交通事故。近几年来,交通事故的人员伤亡数逐渐增大,全球每年超过有125万人丧生于交通事故[1]。如何保障交通安全,保护人民生命和财产安全已经成为各个国家和汽车厂商需要考虑的重大问题。

交通标志作为道路上的重要设施,具有提供交通引导信息的作用,是维护道路交通秩序的保

1.基金项目:河南省交通运输科技计划项目(2021G8)。

障。伴随着物联网与人工智能的发展,辅助驾驶系统和未来更高级别的自动驾驶技术应运而生。在汽车辅助驾驶中,交通标志检测系统在安全出行中发挥着重要的作用[2]。交通事故的发生,很大程度上是由于驾驶者未能及时观察到路面信息,以至于无法对紧急情况作出响应。合理树立交通标志可以为驾驶员、无人驾驶汽车提供丰富的路况信息。行车过程中从交通标志中快速准确地提取路况信息,就可以最大限度地保证行车安全,减少事故发生。

伴随着目标检测算法的不断进步,交通标志检测技术也在逐步完善。对交通标志检测的研究开始于 1984 年[3],其难点在于如何实现在复杂多变的交通场景中,对交通标志进行准确高效的多目标检测[4]。基于颜色的方法是使用颜色阈值作为提取候选区域的预处理过程,再加以几何模型构造出检测模型以用于交通标志检测。该方法所使用的颜色空间中,HIS 色彩空间有光照不变性,鲁棒性较好[4]。正常的交通标志形状固定,基本都是特定的三角形、矩形和圆形。基于形状的方法有 HOG[5] + SVM 以及 SIFT 等。Loy 和 Barnes[5]提出的一种通用正多边形检测器,谷明琴等人计算边缘转向的形状特征来检测交通标志。使用颜色和形状特征对交通标志进行检测的方法,往往受到褪色、交通标志相连或遮挡、色彩近似、光照明暗等影响,导致其检测效果不佳,而且传统方法的特征提取往往依赖于经验,计算量大且过程复杂。

近些年来随着数据量的增加,通过训练的神经网络模型来提取特征从而实现交通标志检测的方法日益成熟。Sermanet 等[6]人在 GTSRB 数据集上应用卷积神经网络,来进行交通标志的识别,并取得了 99.17% 的成绩。Ciresan 等[7],使用一种多列的深度卷积网络,该模型运算量大,单张识别时间为 690ms。其方法在 GTSRB 上进行测试,并获得了 99.46% 的准确率。Aghdam 等[8]提出了一种高度优化和轻量级的卷积网络用于交通标志的分类,并在德国 GTRSB 上进行了测试,获得了 99.89% 的准确度。为解决交通标志的遮挡问题,Wang 等[9]使用 Repulsion Loss 来约束推荐区域,显著提高了遮挡情况下的检测精度。陈昌明等[10]针对特定场景下交通标志识别精度低速度慢的问题,提出了一种基于交通标志边缘信息和卷积神经网络的算法,该算法使用了 YOLOv2 方法进行改进。

但上述方法计算量还是较大,影响了检测速度。为了减小计算量、提高道路交通标志检测效果,本文采用了轻量级 YOLOv4 方法来实现在多种环境下的交通标志检测,不仅维持了目标的检测精度,同时还提高了检测速度。

1　Yolov4-tiny 网络

YOLOv4-tiny 首先将交通标志图像的输入尺寸缩放至 608 × 608,再送入卷积神经网络结构中完成特征提取。在该网络结构中,每个卷积层都会生成不同尺寸的特征图并输出。通过算法在这些不同尺寸的输入特征图上进行预测,并划分网格单元。假设交通标志的中心落在某一个网格单元的内部,则该网格单元就负责该标志的预测。图 1 为 YOLOv4 的预测流程。

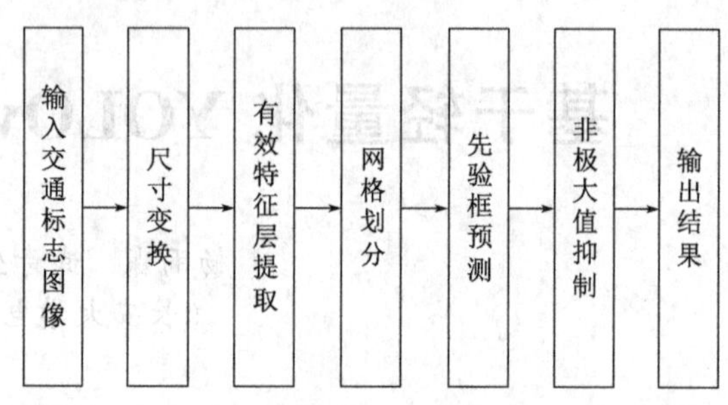

图 1　YOLOv4-tiny 预测流程

1.1　YOLOv4-tiny 算法架构

1.1.1　主干特征提取网络

YOLOLv4-tiny 的主干特征提取网络是 CSPDarknet-53,YOLOv4-tiny 的主干特征提取网络为 CSPDarknet-53-tiny,其网络结构图如图 2 所示。为了提高速度,同时将激活函数修改为 Leaky ReLU 函数。

CSPDarknet53-tiny 结构较为简单,共拥有 3 个卷积块和 3 个残差网络结构(图 2 中的 Resblocke_body 组件)。卷积块由卷积、批量归一化 Batch Normalization(下文用“BN”代替)和 Leaky ReLU 激活函数三个组件构成。主干部分还将进行残差块的堆叠,另一部分则为类似残差边的结构。CSPDarknet53-tiny 还分割了通道,在 CSPnet 的主干部分,CSPDarknet53-tiny 会对一次 3 × 3 卷积后的特征层进行通道划分为两部分并将第二部分取出。

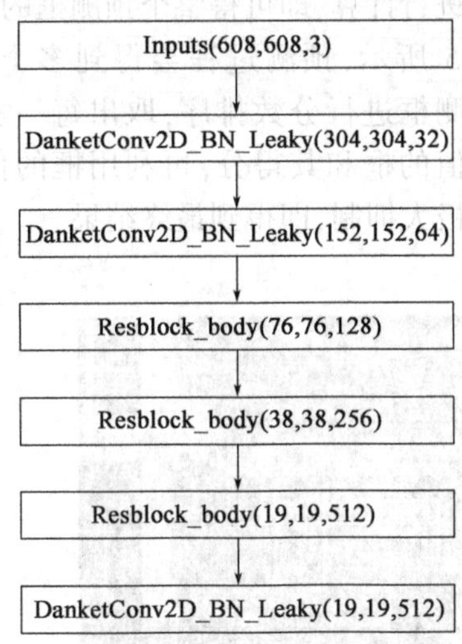

图 2　CSPDarknet53-tiny

主干特征提取网络中输入完成调整率为 608 × 608 的图片样本,然后进行两次步幅为 2 的卷积标准化加两次激活函数。如图 3 所示在 CSPDarknet53-tiny 中激活函数已经变为 Leaky ReLU 激活函数。因为这两次操作步幅为 2,所以输入的图片会进行两次高和宽的压缩。这两次卷积之后会得到一个尺寸为 152 × 152 × 64 的特征层,该特征层输入到融合了 CSPnet 特点的残差网络中。特征层将会进行 3 次这样的残差网络结构,每经历一次,输入的特征层高和宽都会被再次压缩。利用主干特征提取网络,可以获得两个尺寸的有效特征层,即 CSPDarknet53-tiny 的最后两个尺寸的有效特征层,传入加强特征提取网络当中进行特征金字塔 Feature Pyramid Networks(下文用 FPN 代替)的构建。具体流程为,经过 3 次残差网络结构后输出一个尺寸为 38 × 38 × 128 的有效特征层,输入到 FPN 中进行下一步;另一部分再进行一次卷积标准化和激活函数的操作,获得一个尺寸为 19 × 19 × 512 的有效特征层,并输出至 FPN 结构中进行加强特征提取。

1.1.2　特征金字塔

图 4 为 YOLOv4-tiny 特征金字塔的结构。YOLOv4-tiny 中使用了加强特征提取网络 FPN 结构,主要是对第一步获得的两个有效特征层进行特征融合。FPN 会将最后一个 19 × 19 的有效特征层进行卷积操作后再完成上采样,然后与上一个 38 × 38 的有效特征层进行堆叠并卷积。该加强特征提取网络的本质即为特征金字塔的结构。这一方式加强了特征融合,并提高了网络的特征提取能力。经过 FPN 结构后提取了两个具有更高语义信息的有效特征层,最后将这两个有效特征层输入 YOLO Head 进行结果预测,就完成了 YOLOv4-tiny 的整个流程。

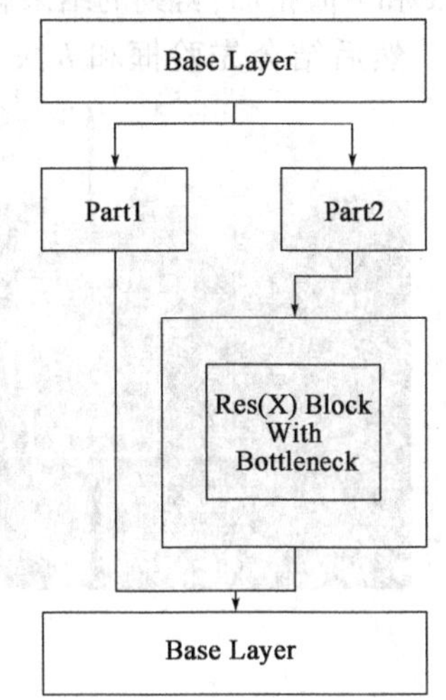

图 3　CSPDarknet53-tiny 残差网络

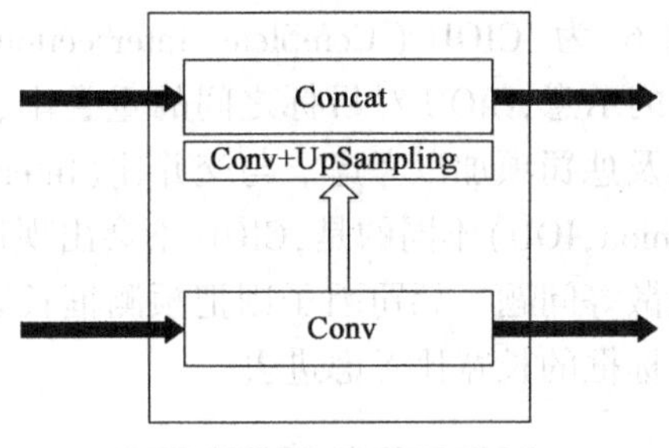

图 4　FPN 结构图

1.1.3　YOLO Head

YOLO Head 由 2 个卷积层和 1 个激活函数层构成。在特征利用部分,YOLOv4-tiny 一共提取两个特征层,其尺寸分别为 38 × 38 × 128 和 19 × 19 × 512。

本文使用的是 CCTSDB 数据集,共有 3 类,最后的维度为 3 × (3 + 5) = 24,两个特征层的尺寸分别为 19 × 19 × 24 和 38 × 38 × 24。

1.2　预测原理

由 1.1.3 中可以获得两个尺寸为(N,19,19,24)和(N,38,38,24)的特征层。YOLOv4-tiny 的特征层将整幅图分为 19 × 19、38 × 38 的网络,每个网格点负责检测一个区域。上述两个特征层分别对应 19 × 19、38 × 38 的网格上 3 个预测框的位置。

已知特征层的预测结果对应着三个预测框的位置。首先对其进行尺寸调整,结果为(N,19,19,3,8)和(N,38,38,3,8)。最后一个维度代表分别代表 x、y、h、w、置信度和分类结果。将每个网格点与它对应的 x 和 y 值相加,得到的结果就是预测框的中心位置。然后结合先验框和 h、w,对预测框的长和宽进行计算,即可得整个预测框的位置。

如图 5 所示,预测过程会得到多个预测框。对这些预测框进行分数排序,取出每一类得分大于设定阈值的框和其得分,再利用框的位置和得分完成非极大抑制,即得到最终结果。

图5　对多个预测框进行筛选

1.3　提升策略

图 6 为 CIOU(Complete Intersection Over Union)的示意,CIOU 对目标之间的重叠率、距离、尺度以及惩罚项加以考虑。与交并比(Intersection Over Union,IOU)不同的是,CIOU 不会出现训练过程中发散等问题。惩罚因子则把预测框长宽比与拟合目标框的长宽比考虑进去。

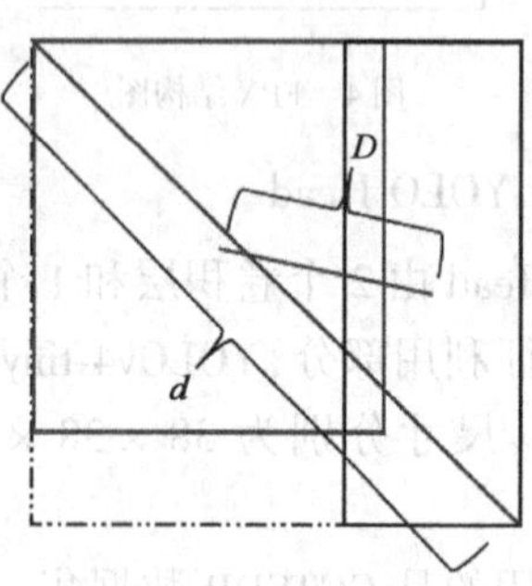

图6　CIOU 示意图

$$\mathrm{CIOU} = \mathrm{IOU} - \frac{\rho^2(a,a^{bt})}{d^2} - \alpha v \tag{1}$$

CIOU 公式为式(1),其中 $\rho^2(a,a^{bt})$ 分别代表了预测框和真实框的中心点的欧氏距离。d 为能够同时包含预测框和真实框的最小闭包区域的对角线距离。而 α 和 v 的公式如下:

$$\alpha = \frac{v}{1 - \mathrm{IOU} + v} \tag{2}$$

$$v = \frac{4}{\pi^2}\left(\arctan\frac{w^{gt}}{h^{gt}} - \arctan\frac{w}{h}\right)^2 \tag{3}$$

$$\mathrm{Loss}_{\mathrm{CIOU}} = 1 - \mathrm{IOU} + \frac{\rho^2(a,a^{bt})}{d^2} + \alpha v \tag{4}$$

2　实验及结果分析

2.1　实验环境

本实验在 Windows 10、CUDA10.1、CUDNN7.6.4 环境下进行。CPU 配置为 Core I7-10700K 处理器,硬件配置:NVIDIA GTX 1080Ti,11GB 显存,调用 GPU 进行加速训练。

本实验使用的数据集为 CCTSDB 数据集。CCTSDB 数据集结构较为清晰,包含了 3 类共 15724 张图片。分辨率范围为 1000×350~1024×768,且分辨率分布较为均匀。该数据集有 3 种类别的标注,分别为蓝色圆形或矩形指示标志(Mandatory)、红色圆形禁止标志(Prohibitory)以及黄色三角形警告标志(Warning)。该数据集是对原中国交通标志数据集(CTSDB)的补充。

2.2　先验框设计

先验框的尺寸在很大程度上能够影响检测效果。YOLOv4-tiny 中预先使用的是 k-means 聚类,根据训练集设定的 6 种尺寸的先验框。但使用 k-means++ 聚类算法对 CCTSDB 数据集中的样本进行分析,当聚类中心为 9 时交并比上升至稳定,所以选择 $k=9$ 进行先验框聚类。图 7 所示为完成训练策略改进后 mAP 值的变化。

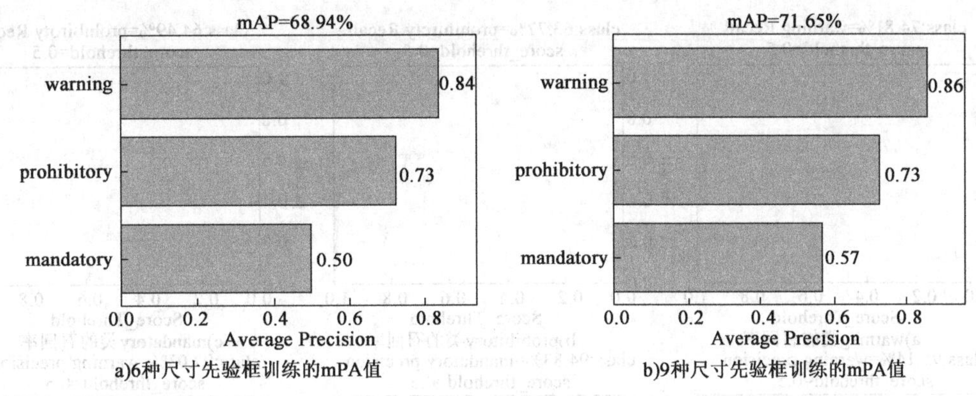

a)6种尺寸先验框训练的mPA值　　b)9种尺寸先验框训练的mPA值

图7　训练策略前后的 mAP 对比

2.3　模型训练

模型训练参数设置　　表1

参　　数	值	注释
Batch-size	64	一次性送入训练器样本数量
Input-shape	(608,608)	输入图像分辨率
Cosine-lr	Ture	学习率余弦下降
Freeze-epoch	50	冻结训练的世代
Epoch	100	设置的训练总世代
Val-split	0.2	验证集占比

模型训练开始前,对包含训练样本数、激活函数等在内的各项训练参数进行设定。超参数将影响最终的训练结果,对模型应用的实际效果也有很大的影响。在模型训练过程中,开启学习率余弦下降、GPU 加速和标签平滑的操作,以确保最终训练的模型是最优模型。

本文对 YOLOv4 目标检测算法,在同样的实验环境下进行训练,得到的交通标志检测模型拥有 64040001 个参数,体积为 244MB。对 YOLOv4-tiny 训练得到的模型文件经测试有 5908006 个参数,体积为 22.4MB,这个结果相比于原版 YOLOv4 而言,参数量缩减至 10% 以下,体积也仅为原版的 8.9% 左右。在训练完成后,对测试集的 400 张图片样本进行真实值的计算,并批量获取其检测结果,最后对其各项指标进行计算。

2.4　性能分析

召回率是衡量一个分类器把所有正样本都找出来的能力[11]。由图 8 中的召回率曲线可知,曲线位置越靠近右上方,算法的精确度就越高。warning 类的召回率为 74.81%,精确率为 97.03%;prohibitory 类的召回率为 63.77%,精确率为 95.14%;mandatory 类的召回率为 64.49%,其精确率为 94.83%。prohibitory 类召回率较低,表明算法对于该类在正样本中找回正样本的概率较低,但其精确率很好。

$$F1Score = 2\frac{PR}{P+R} \tag{5}$$

F1 的值由公式(5)计算可得,其中 P 为精确率,R 为召回率。该分值越高表明该算法越优秀。表 2 为 YOLOv4-tiny 交通标志检测模型各类指标统计。

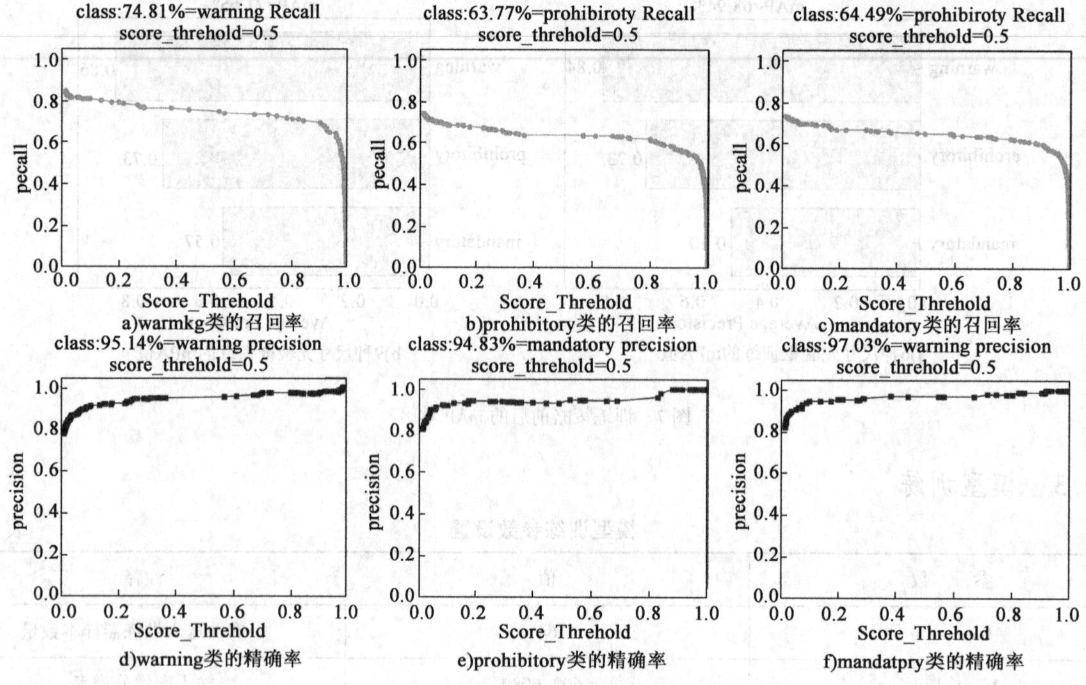

图8　不同类型的召回率与精确率

评价指标统计　　表2

类　别	召　回　率	精　确　率	F1
Warning	74.81%	97.03%	0.84
Prohibitory	63.77%	95.14%	0.76
Mandatory	64.49%	94.83%	0.73

3　结语

本文对YOLOv4-tiny目标检测算法的网络架构与检测原理进行了分析，然后对CCTSDB数据集使用k-means++算法进行先验框聚类分析。训练完成的交通标志目标检测结果显示3类平均精确率可以达到95.67%，平均F1得分为0.77。交通标志目标检测模型FPS为46，模型体积22MB，结果表明该模型可以满足轻量化的要求。

参考文献

[1] Toroyan T. Global status report on road safety 2013: supporting a Decade of Action[J]. Injury Prevention, 2013, 15(4):286-286.

[2] 孙露霞. 基于HOG-CTH融合特征的交通标志识别[D]. 2017.

[3] Mukhometzianov R, Wang Y. Review[J]. Machine learning techniques for traffic sign detection. 2017.

[4] 刘明旺. 基于YOLOv3的国内交通标志识别及嵌入式实现. 海南大学. 伍晓晖, 田启川. 交通标志识别方法综述[J]. 计算机工程与应用, 2020, 56,953(10):25-31.

[5] Youssef A, Albani D, Nardi D, et al. Fast Traffic Sign Recognition Using Color Segmentation and Deep Convolutional Networks[C]// International Conference on Advanced Concepts for Intelligent Vision Systems. Springer International Publishing, 2016.

[6] Sermanet P, LeCun Y. Traffic sign recognition with multi-scale convolutional networks[C]// The 2011 International Joint Conference on Neural Networks. IEEE, 2011: 2809-2813.

[7] CireAan D, Meier U, Masci J, et al. Multi-column deep neural network for traffic sign classification[J]. Neural networks, 2012, 32: 333-338.

[8] Aghdam H H, Heravi E J, Puig D. A practical approach for detection and classification of traffic signs using convolutional neural networks

[J]. Robotics and autonomous systems, 2016, 84: 97-112.

[9] Wang X, Xiao T, Jiang Y, et al. Repulsion loss: Detecting pedestrians in a crowd[C]// Proceedings of the IEEE Conference on Computer Vision and Pattern Recognition, 2018: 7774-7783.

[10] 陈昌川，王海宁，赵悦，等. 一种基于深度学习的交通标志识别新算法[J]. Telecommunication Engineering, 2021, 61(1).

[11] 谢国荣，郑宏，林伟圻，等. 基于改进随机森林算法的停电敏感用户分类[J]. 计算机系统应用，2019，28(03):106-112.

通过匝道段的高速公路货车编队策略评价及分析

王 锐[1] 常云涛*[2] 黄瑶佳[1] 曹 阳[2] 唐依婷[2]

(1. 浙江数智交院科技股份有限公司;2. 同济大学交通运输工程学院)

摘 要 为获货车编队通过高速公路匝道区段的综合最优控制策略，本文结合现有车辆跟驰模型、车速自适应控制技术，分析了高速公路匝道区段交通与车辆编队的相互影响关系，形成了编队通过匝道区段的控制基本策略；然后，综合考虑安全性、效率性和环保性，选取避险动次数、平均延误、平均 CO_2 排放量为评价指标，建立货车编队策略评价指标体系。通过 SUMO 仿真方式获取了特征组合场景下的实验指标输出，计算综合评价指标，从而确定最优的控制方案。分析结果表明，在本文设定的典型匝道场景下，编队车辆数为 6 且最大追赶组队距离为 100m 的货车编队策略的综合评价表现最好。

关键词 CAV 与道路交通 货车编队策略 综合评价 高速公路 匝道区段 SUMO 仿真

0 引言

陆路货运是我国货运系统的重要组成部分。其中，高速公路作为陆路货运的重要载体，承担了公路货运总量的 49.94%[1]。近年来车联网(Connected Vehicle Technology, CVT; Internet of Vehicles, IOV)成为智能交通发展的新方向。由于货车编队具备提升燃油经济性和道路交通利用率等优点，以及相对可实施性和可预见的商业价值，加之道路交通基础设施及通信等领域的迅速发展为车辆编队控制的落地提供了可靠的外部基础，世界范围内诸多企业以及研究机构对高速公路货车编队展开了积极研究。多项研究表明，当货车受到编队控制时，整体运行效率得到提升[2]，单位时间内通过货车的数量增加[3]，货车燃油消耗降低[4]。Turri 等[5]提出一种具有分层结构的货车编队控制系统，使每辆车都获得最优燃油经济性，且整体的燃油经济性提升 12%；Scora 等[6]基于实验结果指出货车编队的燃油消耗减少程度与编队车辆数成正比；Hjalmdahl 等[7-8]较为全面地分析出货车编队形成、维持和拆分的影响因素与周边交通环境息息相关；Segata 等[9]发现在与周边交通互动时，货车既可以维持自身速度不变，也可以通过调整速度来追赶组队。

但是，现有大部分研究聚焦于货车编队本身或者单辆货车在安全性、效率性和燃油经济性的表现，对货车编队与周边交通的相互影响的研究相对有限。由于高速公路上的货车编队并非孤立存在，其控制策略与周边交通环境之间会产生相互影响作用，尤其是当车队通过高速公路的上下匝道区段时，主线分流驶出高速公路和匝道汇流进入高速公路的交通流对货车编队策略提出了新

1. 基金项目：智慧高速关键技术研究及应用示范——智慧高速人车路协同信息交互关键技术研究及应用示范(浙江省科技厅课题编号:2020C01057)。

的要求。因此,需要对处于同一交通环境下的货车编队及其周边交通的运行特征进行分析,通过综合考虑不同方面和不同对象建立评价指标体系,以评价体系为依据对各个编队策略进行优化,得到更完善的货车编队策略。

1　匝道交通环境下基于 CACC 的高速公路货车编队策略

1.1　货车编队策略框架

货车编队控制系统即协作式自适应巡航控制系统(CACC),能够使两辆及以上的货车像一个整体一样,较为紧密地实现协同驾驶行为。编队中的货车通过无线通信技术(V2V、V2I)相互通信——获取前后车辆有关信息如相对速度、相对位置和车头时距等——进行决策——执行控制行为这样的关系得以连接。在相关研究中,位于货车编队第一位置的车辆(头车)一般由人工驾驶,而编队中其余位置的货车会根据前货车的动作自动制动,转向和减速[10]。

在道路上,若干货车在以编队形式行驶时,会根据不同情况做出如拆分、追赶和保持编队等操作,具体控制框架参考 Xiao 等[11]的研究并加以修改,如图 1 所示,其中 V_i、X_i 分别表示第 i 辆车的速度和位置,V_{i-1}、X_{i-1} 分别表示第 $i-1$ 辆车的速度和位置。

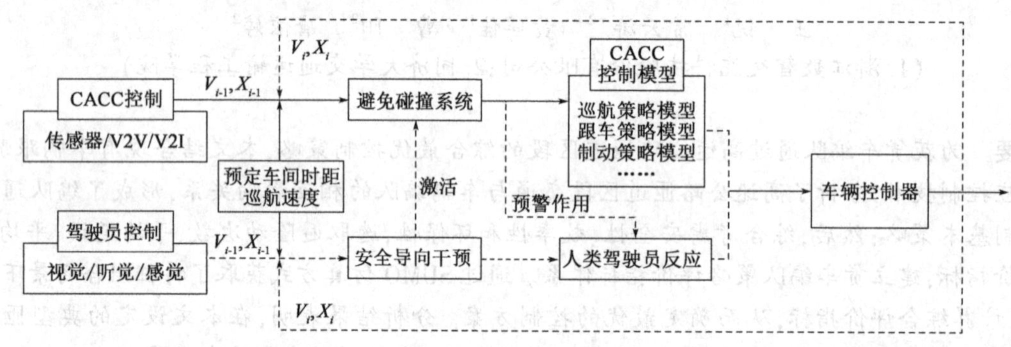

图 1　货车编队控制框架

1.2　货车编队头车控制模型

本文中,货车编队行驶的过程由 SUMO 仿真平台实现。仿真模型中,编队头车设定为人工驾驶,采用 Treiber 等在 2000 年提出的 IDM 模型如下:

其数学表达式如式(1)所示:

$$\begin{cases} a_i(t) = a\left[1-\left(\dfrac{v_i(t)}{v_0}\right)^4-\left(\dfrac{s^*(v_i(t),\Delta v(t))}{s_i(t)}\right)^2\right] \\ s^*(v_i(t),\Delta v(t)) = s_0 + v_i(t)T + \dfrac{v_i(t)\Delta v(t)}{2\sqrt{ab}} \end{cases} \tag{1}$$

式中:$a_i(t)$——t 时刻车辆 i 的加速度;

b——舒适减速度;

v_0——初始速度;

$v_i(t)$——t 时刻第 i 辆车的速度;

$\Delta v(t)$——t 时刻第 $i-1$ 辆车与第 i 辆车之间的速度差;

$s^*(t)$——驾驶员期望间距;

s_0——静止安全距离参数;

T——安全车头时距。

1.3　基于 CACC 的货车编队策略模型

货车编队内头车以外的车辆都采用 CACC 控制模式[12],包括三个子控制模式:

(1)巡航控制:货车以保持一个恒定的设定速度行驶为目标进行巡航操作,其触发条件是车辆前方无车或前方车辆非常远而没有必要追赶组队。

(2)跟车保持控制:该模式下,编队内的货车为了维持编队形态,会根据前车的行驶状态对自身行驶状态进行调整。

(3)间距缩进控制:当货车编队试图去追赶前一辆车以形成编队,或是试图保持距离时,这种缩进/拉长与前车间距的过程是间距控制模式。

不同行驶目的下将执行不同控制模式:当前方没有车辆且车辆保持期望速度时,执行巡航控制模式;当前方有编队成员车辆,则根据二者之间的时间距离,执行跟车保持或间距控制模式。

综上,构造基于 CACC 控制的高速公路货车编队

策略,三种模式控制机制分别如式(2)~式(4)所示:

$$\begin{cases}\begin{cases}a_{i,t}=a\left[1-\left(\dfrac{v_{i,t}}{v_{\text{set}}}\right)^{\delta}-\left(\dfrac{s^{*}(v_{i,t},\Delta v_{t})}{s_{i,t}}\right)^{2}\right]\\ s^{*}(v_{i,t},\Delta v_{t})=s_{0}+v_{i,t}T+\dfrac{v_{i,t}\Delta v_{t}}{2\sqrt{ab}}\end{cases} & ,\text{目标车辆为头部车辆} \quad (2)\\ \begin{cases}a_{i,t}=k_{0}(v_{\text{set}}-v_{i,t-1}) & ,t_{\text{gap}}\geqslant 2\text{s}\\ \begin{cases}v_{i,t}=v_{i,t-1}+k_{p}e_{i,t-1}+k_{d}\dfrac{(e_{i,t-1}-e_{i,t-2})}{\Delta t}\\ e_{i,t}=x_{i-1,t-1}-x_{i,t-1}-L-\Delta t v_{i,t-1}-d_{0}\\ d_{0}=\begin{cases}0 & v_{i,t}\geqslant 10\text{m/s}\\ -0.125v_{i,t} & v_{i,t}<10\text{m/s}\end{cases}\end{cases} & ,t_{\text{gap}}<2\text{s}\end{cases} & ,\text{目标车辆为跟随车辆} \quad (3)\\ \begin{cases}E_{0}\leqslant e_{0}+t_{\text{gap}}\dfrac{v_{\text{set}}}{3.6}\\ S_{t}\leqslant S_{0}\end{cases} & ,\text{目标为编队整体} \quad (4)\end{cases}$$

式中:$a_{i,t}$——t 时刻车辆 i 的加速度;

v_{set}——预设的期望速度;

$v_{i,t}$——t 时刻车辆 i 的速度;

k_0——常数,代表加速度控制的误差率;

$e_{i,t}$——t 时刻车辆 i 与车辆 $i-1$ 的间距;

$x_{i,t}$——t 时刻车辆 i 的位置;

L——车身长度;

d_0——间距安全余量;

k_p,k_d——均为常数,代表控制误差;

t_{gap}——阈值的定义参考自 Milan 等[12] 的研究;

E_0——两辆货车间的初始距离;

S_t——t 时刻货车编队的车辆数;

S_t——最大允许编队车辆数。

2 货车编队模型评价体系构建

2.1 货车编队策略评价目标

本文将货车编队优化策略的目标分为提高整体安全、优化交通效率和减少环境污染这三方面,分别采用安全保障度、运行通畅度和环境影响度,从三个维度进行综合评价分析,三个指标分别反映了货车编队策略对货车和路段中各车辆在安全、运行效率、排放水平的影响程度。

本文对货车编队策略的评价采用塔式结构(图2)。结构顶层为抽象的评价目标;第二层为交通安全、交通运行和环境影响三个子目标;第三层为若干准则层;最后为指标层。

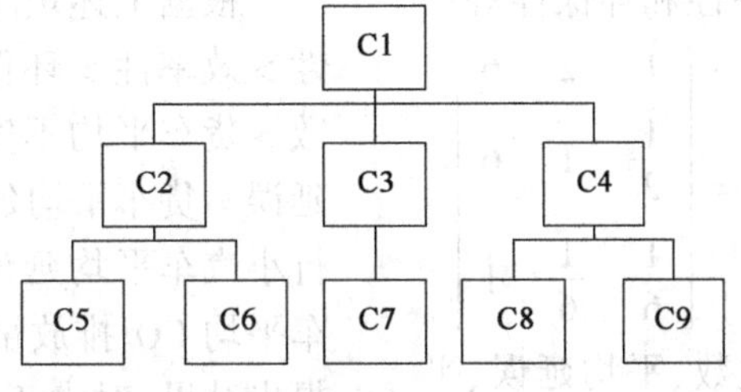

图2 塔式结构示意图

2.2 货车编队策略评价体系的指标体系

2.2.1 评价指标的选取

结合 SUMO 仿真输出数据和货车编队策略的评价目标和一致性、整体性、科学性、可比性、可操作原则,选取评价指标见表1。

货车编队策略的评价指标　表 1

目 标 层	一级指标层	二级指标层
货车编队策略对路段交通状态的影响	安全性评价	小汽车平均紧急制动次数($N_{vehicle}$)
		货车平均紧急制动次数(N_{truck})
	效率性评价	直行小汽车平均延误($\overline{DT}_{vehicle\text{-}s}$)
		上匝道小汽车平均延误($\overline{DT}_{vehicle\text{-}o}$)
		下匝道小汽车平均延误($\overline{DT}_{vehicle\text{-}f}$)
		货车平均延误($\overline{DT}_{truck}$)
	环保性评价	小汽车平均 CO_2 排放量($\overline{EM}_{vehicle}$)
		货车平均 CO_2 排放量($\overline{EM}_{truck}$)

2.2.2　评价指标体系的建立

选取合适的评价指标后,还需确定各指标的权重。常用方法有专家调查法和层次分析法[13]两种,后者目前被普遍采用,其基本思路是把难于量化的定性判断转化为简单的重要度比较,通过构造两两判断矩阵确定各指标的权重数值。

在使用层次分析法确定货车编队策略评价指标权向量 $\boldsymbol{W}=(w_1,w_2,\cdots,w_n)$ 的过程中,首先需要构造判断矩阵 $\boldsymbol{A}$,以体现指标 i 对指标 j 的重要性比较,数值设计见表 2。

判断矩阵数值标度表　表 2

标 度	含 义
1	表示两个指标相比,具有同等重要性
3	表示两个指标相比,一个指标比另一个指标稍微重要
5	表示两个指标相比,一个指标比另一个指标明显重要
7	表示两个指标相比,一个指标比另一个指标强烈重要
9	表示两个指标相比,一个指标比另一个指标极端重要
2、4、6、8	上述两相邻判断的中值
倒数	指标 i 与指标 j 比较值的倒数,$a_{ji}=\dfrac{1}{a_{ij}}$

根据专家打分,安全性、效率性和环保性等一级指标的重要性判断矩阵如:$\boldsymbol{A}_1=\begin{bmatrix}1 & 2 & 6\\ \frac{1}{2} & 1 & 6\\ \frac{1}{6} & \frac{1}{6} & 1\end{bmatrix}$,小汽车/货车的平均紧急制动次数、平均延误、平均 CO_2 排放量等指标的判断矩阵如:$\boldsymbol{A}_2=\begin{bmatrix}1 & 4\\ \frac{1}{4} & 1\end{bmatrix}$、$\boldsymbol{A}_3=\begin{bmatrix}1 & 2 & 2 & 1\\ \frac{1}{2} & 1 & 1 & \frac{1}{3}\\ \frac{1}{2} & 1 & 1 & \frac{1}{2}\\ 1 & 3 & 2 & 1\end{bmatrix}$、$\boldsymbol{A}_4=\begin{bmatrix}1 & 1\\ 1 & 1\end{bmatrix}$。

根据上述矩阵,各指标的重要性排序为:安全性 > 效率性 > 环保性;小汽车平均不安全制动次数 > 货车平均不安全制动次数;直行小汽车平均延误 = 货车平均延误 > 下行小汽车平均延误 > 上行小汽车平均延误;小汽车平均 CO_2 排放量 = 货车平均 CO_2 排放量。其中,2 阶的判断矩阵可直接得出结果,对大于 2 阶的判断矩阵层次分析结果见表 3 和表 4。

一级指标层次分析结果 表3

指标	特征向量	权重值	最大特征根	CI值
安全性	1.693	56.44%		
效率性	1.077	35.91%	2.054	0.027
环保性	0.230	7.65%		

效率性指标层次分析结果 表4

指标	特征向量	权重值	最大特征根	CI值
小汽车延误(直)	1.305	32.63%		
小汽车延误(上)	0.594	14.85%		
小汽车延误(下)	0.653	16.32%	4.021	0.007
货车延误	1.448	36.20%		

对一级指标即安全性、效率性和环保性指标构建3阶判断矩阵进行层次分析法研究，得到特征向量为：1.693，1.077和0.230；对应权重值为：56.44%、35.91%和7.65%。

对于基于效率性的二级指标，针对小汽车/货车的平均紧急制动次数、平均延误、平均CO_2排放量安全性、效率性和环保性等指标构建4阶判断矩阵进行层次分析法研究，得到特征向量为：1.305，0.594，0.653和1.448；对应权重值为：32.63%，14.85%，16.32%和36.20%。

为了对指标的权重计算结果进行一致性检验，除了CI值，还需要确定RI值。本文构建的是3阶和4阶判断矩阵，其随机一致性RI值分别为0.52和0.89。一致性检验结果汇总见表5所示。

一致性检验结果汇总 表5

指标	最大特征值	CI值	RI值	CR值
一级指标	2.054	0.027	0.52	0.052
二级指标(效率性)	4.021	0.007	0.89	0.008

本次计算得到的CR值(=CI/RI)为0.052和0.008，均小于0.1，本研究得到的判断矩阵满足一致性检验。

至此，包含评价指标和指标权重系数的货车编队策略评价体系构建完成。需要注意的是，由于各单独指标缺少明确的阈值参考，其打分机制需要通过仿真实验的数据来确定。表6展示了评价体系的具体内容。

货车编队策略评价指标体系 表6

一级指标(权重值)	二级指标(权重值)	综合指标(权重值)
安全性(0.5644)	小汽车紧急制动次数($N_{vehicle}$)：(0.7500)	0.4233
	货车紧急制动次数(N_{truck})：(0.2500)	0.1411
效率性(0.3591)	直行小汽车平均延误($\overline{DT}_{vehicle\text{-}s}$)：(0.3263)	0.1172
	上匝道小汽车平均延误($\overline{DT}_{vehicle\text{-}o}$)：(0.1485)	0.0533
	下匝道小汽车平均延误($\overline{DT}_{vehicle\text{-}f}$)：(0.1632)	0.0586
	货车平均延误($\overline{DT}_{truck}$)：(0.3620)	0.1299
环保性(0.0765)	小汽车平均CO_2排放量($\overline{EM}_{vehicle}$)：(0.5000)	0.0383
	货车平均CO_2排放量($\overline{EM}_{truck}$)：(0.5000)	0.0383

根据表7，一级指标的权重值可以体现出安全性>效率性>环保性的意义，符合本文的研究思路。

2.3 考虑周边交通的货车编队策略优化流程

对于货车编队的运行和管理，有必要参考评价指标体系考虑其在安全、效率和环境方面的表现，来选择编队长度和最大追赶组队距离组合。

但是货车编队的表现不仅受二者的影响,还会受到不同的道路服务水平、上下匝道车辆数和货车所占比例等因素的影响。因此,在控制模型和评价指标体系的基础上,需要设计若干实验场景来确定引入其他限制条件下的最优策略,具体优化逻辑如图3所示。

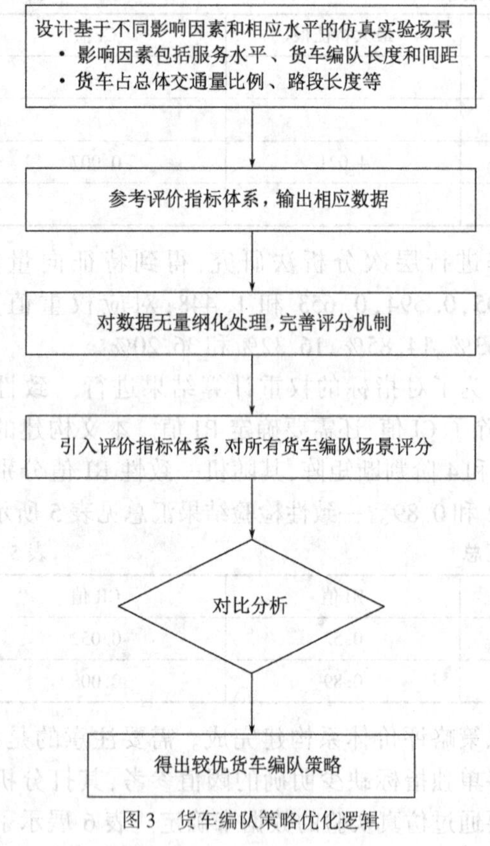

图3　货车编队策略优化逻辑

在优化货车编队策略时,首先要出基于不同影响因素及其水平设计并实现实验场景,后对各指标数据进行无量纲化处理(式5),再针对安全性、效率性和环保性分别对目标编队策略进行评分,对比分析出各指标下的较优货车编队策略。最后,综合3种一级指标和8种二级指标,对比分析得到综合性表现最好的货车编队策略,从而实现优化目的。

$$x_{\text{grade}}=\frac{x_i-\min(x)}{\max(x)-\min(x)} \tag{5}$$

式中:x_{grade}——指标数值的具体评分;

x_i——指标的数值。

3　考虑匝道交通影响的SUMO仿真实验及结果分析

3.1　仿真实验因素和水平选取及场景设计

3.1.1　仿真实验因素及水平选取

本文参考交通三要素(人、车、道路),将仿真实验场景的因素分为三级。由于本文倾向于针对货车编队及其周边交通的研究,所以不考虑人类要素。车对应两个主要研究目标:货车编队交通流和小汽车交通流;道路对应仿真模型的载体。结合微观仿真模型的实现原理,本文将一级因素定义为道路因素、交通流因素和货车编队因素,并相应选定二、三级场景因素及三级场景因素水平,见表7。

仿真场景因素表　　表7

一级因素	二级因素	三级因素	单　位	三级因素水平
道路因素	道路长度	上游道路长度	m	2000
		交织区长度		1000
		下游道路长度		1500
	车道属性	车道数	条	3
		是否设置专用道	(是否/类型/位置)	是/货车专用/最外侧
交通流因素	车速限制	小汽车速度限制	km/h	100
		货车速度限制		80
	车流量	基本交通量	pcu/(h·ln)	730/1150/1600/1850
		上匝道车辆比例	%	10
		下匝道车辆比例		10
		货车比例		15
货车编队因素	编队属性	编队车辆数	辆	4/6/8/10
		最大追赶组队距离	m	75/100/125/150

为简化实验组合数量，仅将上表中部分因素不加限制地选取不同水平，其余只取一个具有代表性的水平，得到固定水平和非固定水平两类因素。其中，非固定水平因素中的基本交通量、编队车辆数和最大追赶组队距离即为仿真实验场景设计的目标因素。对所选取的因素及其水平进行正交设计，得出本文的仿真场景设计方案，见表8。

仿真场景正交设计因素及水平 表8

正交实验设计因素	对应水平
基本交通量[pcu/(h·ln)]	730/1150/1600/1850
编队车辆数(辆)	4/6/8/10
最大追赶组队距离(m)	75/100/125/150

3.1.2 仿真实验场景设计研究

综上所述，本文仿真实验场景设计有3种因素和4种水平，因此基于$L_{16}(4^3)$正交表设计进行试验方案设计。为完善对编队策略有效性和评价指标的打分机制，对基本交通量额外设置4个对照组，其定义是同等交通量下没有编队行为的交通场景，见表9。

货车编队仿真实验场景方案 表9

场景编号	基本交通量[pcu/(h·ln)]	编队车辆数(辆)	最大追赶组队距离(m)
1	730	4	75
2	730	6	100
3	730	8	125
4	730	10	150
5	1150	4	100
6	1150	6	75
7	1150	8	150
8	1150	10	125
9	1600	4	125
10	1600	6	150
11	1600	8	75
12	1600	10	100
13	1850	4	150
14	1850	6	125
15	1850	8	100
16	1850	10	75
a	730		
b	1150		
c	1600		
d	1850		

3.2　基于SUMO的仿真输出的控制策略效果分析

3.2.1　基本参数设定

在SUMO仿真环境中设定仿真参数,其中:

①仿真环境参数中车辆位置更新方法设置为"Ballistic-update";

②车辆类型参数中车辆跟车模型选择"IDM/CACC/Krauss(D)"模式;

③车辆换道模型选择"LC2013";

④编队控制参数设定见表10。

编队控制参数设定　表10

参　数	含　义	值
maxPlatoonGap	视为编队的最大车间距(m)	30
PlatoonSplitTime	执行编队分离时的与头车时间差(s)	6/7/8/9

在不同的编队策略下,编队确定取定值30m,而编队分离取不同值。编队长度为4车、6车、8车、10车时,编队分离参数分别设置为6s、7s、8s、9s。其余参数由仿真环境缺省设定。

3.2.2　货车编队运行效率的分项指标评价与分析

1)安全指标分析

本文中,货车编队策略的安全性主要体现为车辆的平均不安全制动次数。对于任意车辆,若其减速度超过最大减速度值的50%,视作一次不安全制动。对于车辆的平均不安全制动次数,对安全性指标进行无量纲化处理[14]。结合2.2.2节中安全性指标得权重计算结果,对各效率性指标进行加权求和计算,得出各货车编队策略在安全性方面的总体评分排序如图4所示。

2)效率指标分析

本文中,货车编队策略的效率性主要体现在各类车辆平均延误的表现[14]。任意车辆的延误时间计算的依据为实际行程时间与理想行程时间的差值。

根据曹阳[14]研究的评分机制,对各货车编队在直行小汽车、上/下匝道小汽车和货车平均延误四个效率性指标进行评价打分,同样使用安全指标分析中计算方法得出各策略在效率性方面的总体评分,如图5所示。

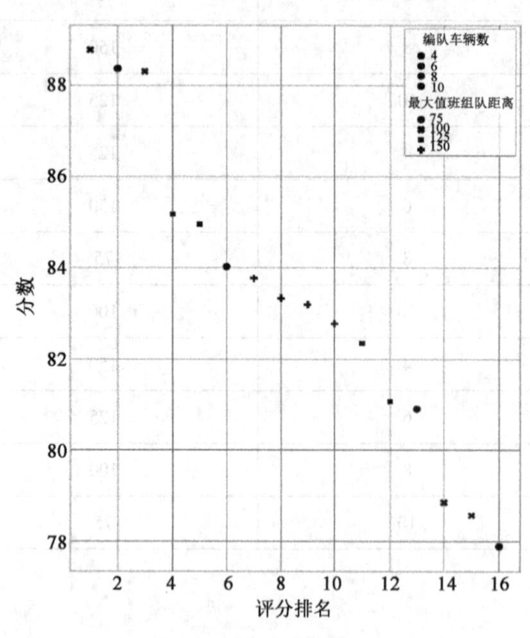

图4　货车编队策略安全性评分及排名

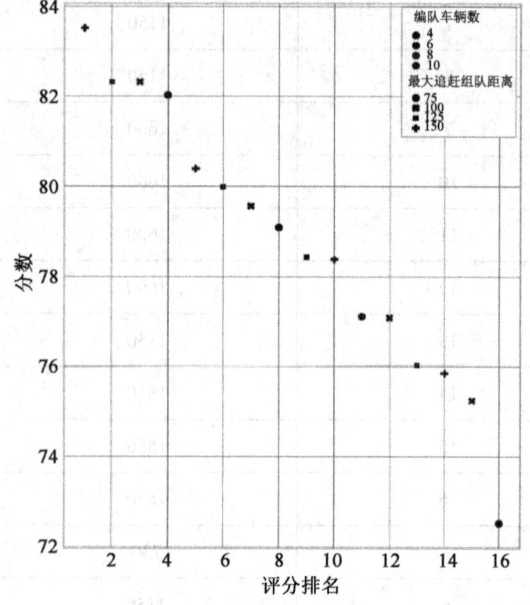

图5　货车编队策略效率性评分及排名

3)环保指标分析

本文中,货车编队策略的环保性主要体现在小汽车和货车的平均二氧化碳排放量的表现。对场景(图4~图7)中每辆车按照小汽车和货车分类,对环保性指标进行无量纲化处理。根据曹阳[14]研究的评分机制,对各货车编队在小汽车和货车平均 CO_2 排放量评分这两个环保性指标进行评价打分,同样得出各策略在环保性方面的总体评分,如图 6 所示。

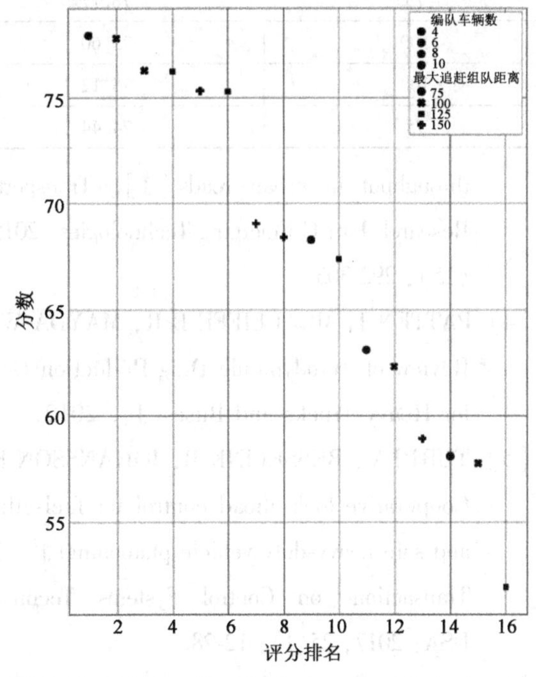

图 6　货车编队策略环保性评分及排名

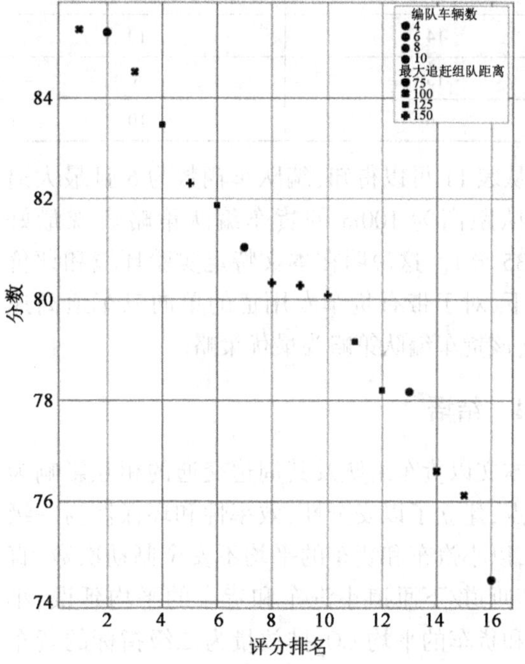

图 7　货车编队策略综合性评分及排名

3.2.3　综合性分析

综合 3.2.2 节对货车编队策略安全性、效率性和环保性的评分及分析,可知货车编队策略:

①在仅考虑安全性指标时,编队车辆数为 4 且最大追赶组队距离为 100m 时表现最好(88.78 分,见图 4);

②在仅考虑效率性指标时,编队车辆数为 10 且最大追赶组队距离为 150m 时表现最好(83.52 分,见图 5);

③在仅考虑环保性指标时,编队车辆数为 4 且最大追赶组队距离为 75m 时表现最好(77.91 分,见图 6)。

结合 2.2.2 节中综合性指标的权重计算结果,得出各货车编队策略综合性方面的总体评分,见表 11。

货车编队策略的综合性评分及排名　表 11

排　名	编队长度(辆)	组队距离(m)	总　分
1	6	100	85.35
2	4	75	85.29
3	4	100	84.51
4	8	125	83.46
5	10	150	82.30
6	4	125	81.88
7	6	75	81.04
8	6	150	80.33
9	1	150	80.28
10	8	150	80.09
11	10	125	79.17

续上表

排 名	编队长度(辆)	组队距离(m)	总 分
12	6	125	78.21
13	8	75	78.17
14	10	100	75.60
15	8	100	75.12
16	10	75	74.44

从表11可以得知,编队车辆数为6且最大追赶组队距离为100m的货车编队策略表现最好(85.35分)。这说明在本文特定实验环境和评价体系下,对于带有货车专用道的单向三车道高速公路,该货车编队策略为最优策略。

4 结语

本文以货车编队及其周边交通的相互影响为出发点,建立了以安全性、效率性和环保性为一级指标,以小汽车和货车的平均不安全制动次数、直行/上匝道/下匝道小汽车和货车的平均延误、小汽车和货车的平均CO_2排放量为二级指标的货车编队策略分级评价指标体系。确定了货车编队控制的3个控制因素,结合正交设计理论,设计了16个货车受编队控制实验场景的仿真实验,对仿真实验输出的相关数据进行分析,并完善各评价指的评分机制,从而对各方面指标进行了分析,分析得出了在安全性、效率性、环保性和综合性方面各自较优的货车编队策略,可为将来货车编队控制的优化控制提供参考。由于篇幅限制,论文的研究的高速公路匝道区段对象的上下游和交织区的长度只选取了相对具有代表性的一种组合,车道数量也只先3条,研究结果对于其他组合是否也适用,还有待于后续进一步展开工作进行分析验证。

参考文献

[1] 毛盛勇,叶植材.中国统计年鉴[R].国家统计局,2020.

[2] CHAN E, GILHEAD P, JELINEK P,等. Cooperative control of SARTRE automated platoon vehicles[C]//19th Intelligent Transport Systems World Congress, ITS 2012. Vienna, Austria: 2012: EU-00346.

[3] LIORIS J, PEDARSANI R, TASCIKARAOGLU F Y,等. Platoons of connected vehicles can double throughput in urban roads[J]. Transportation Research Part C Emerging Technologies, 2015, 77(15): 292-305.

[4] PATTEN J, MCAULIFFE B R, MAYDA W,等. Review of Aerodynamic Drag Reduction Devices for Heavy Trucks and Buses[J]. 2012.

[5] TURRI V, BESSELINK B, JOHANSSON K H. Cooperative look-ahead control for fuel-efficient and safe heavy-duty vehicle platooning[J]. IEEE Transactions on Control Systems Technology, USA: 2017, 25(1): 12-28.

[6] SCORA G, BARTH M. COMPREHENSIVE MODAL EMISSIONS MODEL (CMEM), version 3.01 User's Guide[J]. 2006.

[7] LARBURU M, SANCHEZ J, RODRIGUEZ D J. Safe road trains for environment: Human factors' aspects in dual mode transport systems[C]//17th ITS World Congress. Busan, Korea, Republic of: 2010: Daebo Communication and Systems (DBCS); Ericsson; et al.; HiPlus; Hyundai; Kia Motors-.

[8] YAMABE S, ZHENG R, NAKANO K,等. Analysis on behaviors of a driver in the system failure in forming automatic platooning of trucks from manual driving [C]//19th Intelligent Transport Systems World Congress, ITS 2012. Vienna, Austria: 2012: AP-00325.

[9] SEGATA M, BLOESSL B, JOERER S,等. Supporting platooning maneuvers through IVC: an initial protocol analysis for the JOIN maneuver[C]//2014 11th Annual Conference on Wireless On-demandNetwork Systems and Services (WONS). Piscataway, NJ, USA:

2014: 130-7.

[10] BHOOPALAM A K, AGATZN, ZUIDWIJK R. Planning of truck platoons: A literature review and directions for future research [J]. Transportation Research Part B: Methodological, 2018, 107: 212-228.

[11] XIAO L, WANG M, VAN AREM B. Realistic Car-Following Models for Microscopic Simulation of Adaptive and Cooperative Adaptive Cruise Control Vehicles [J]. Transportation Research Record: Journal of the Transportation Research Board, 2017, 2623(1): 1-9.

[12] MILANÉS V, SHLADOVER S E. Handling Cut-In Vehicles in Strings of Cooperative Adaptive Cruise Control Vehicles[J]. Journal of Intelligent Transportation Systems, 2016, 20(2): 178-191.

[13] 刘东. 畅通工程评价体系与方法研究[J]. 公安大学学报(自然科学版), 2002(01): 61-64.

[14] 曹阳. 考虑上下匝道环境的高速公路货车编队策略分析与仿真研究[D]. 上海:同济大学,2021.

Integrated Optimization of Autonomous Intersection Management for Connected and Automated Vehicle

Hui Hua[1] Zhanbo Sun[*1,2]

(1. School of Transportation and Logistics, Southwest Jiaotong University;
2. National Engineering Laboratory of Integrated Transportation Big Data Application Technology)

Abstract With the development of Connected and Automated Vehicles (CAVs), wireless communication, smart sensor and other technologies, Autonomous Intersection Management (AIM) is more appropriate than the conventional signal intersection management. In this work, a bi-level dynamic programming is proposed into signal-free intersection management, where the optimal control problem for controlling vehicle acceleration and deceleration is embedded in the scheduling problem as a subproblem. With a centralized control framework, information of CAVs can be obtained. The control center predicts status and potential conflicts of all vehicles, finely analyzes and puts forward acceleration/deceleration strategies to vehicles, to avoid the potential collision and guide the trajectories of subsequent vehicles. The proposed method is tested by simulation and numerical experiment, compared with First-come-first-service (FCFS) intersection. Results show that the proposed optimization framework perform is better than FCFS in different measurements, and the average travel time can be reduced by up to 35%.

Keywords CAV and road transport Bi-level programming Dynamic programming (DP) Signal-free intersection management

0 Introduction

With the increase of vehicles, urban traffic pressure is increasing, and traffic efficiency of intersections is also sharply reduced. The traditional signal intersection can avoid vehicle conflicts to a certain extent. For signal intersections, scholars focus on optimizing signal phase, switching sequence and cycle to improve traffic efficiency, but the real-time traffic flow and road conditions cannot be monitored and adjusted reasonably. At present, the progress of wireless communication, Internet and other technologies has promoted the development of intelligent transportation system (ITS) based on vehicle road cooperation and automatic driving technology, which makes multi-vehicle cooperative control possible. Therefore, intersection control based on signal light is no longer the only way to solve the intersection management problem.

Many scholars put forward the management method of signal-free intersection, which relies on the interaction and cooperation between vehicles and intersection management center to optimize the vehicle scheduling and vehicle trajectory, so as to avoid the frequent and inefficient stopping mode of vehicles, and guide vehicles to pass the intersection safely and quickly. Dresner and Stone proposed automated intersection management (AIM) problem based on resource reservations. The intersection is divided into $n \times n$ grids. Once the grid required for the predicted trajectory of the vehicle is occupied, it will not be allowed to enter the intersection, otherwise vehicles can enter. Some studies increase the time dimension to establish a three-dimensional coordinate model, so that the conflicting vehicle can pass through the conflict area at different times. Yang et al. designed the trajectory of autonomous vehicles based on mixed traffic flow to improve overall operation efficiency in an intersection. Levin and Reyproposed a rolling horizon method to determine the optimal allocation method of CAV. Li et al. optimized the spatiotemporal trajectory of CAV to further reduce conflict and avoid loss. Some scholars have proposed resource reservation based on the economic incentives. The control center will auction the pass permit at a certain moment, and vehicles can be auctioned or traded in the form of car groups. Biao et al. proposed a control strategy based on a depth-first tree, which determines the release order according to conflict rules and controls vehicles of the same depth to pass through at the same time. The trajectory planning under priority rules formulates driving paths and priority rules in advance to avoid conflicts. Wu et al. introduced the reinforcement learning (RL) method to study the vehicle coordination problem in the area of non-signal intersection to reduce the impact of non-stationary environment on multi-agent learning.

To sum up, most of the current management strategies for signal-free intersections consider vehicle release scheduling and trajectory optimization separately, such as determining the time when vehicles arrive at the conflict area firstly, then, the optimal control theory is used to optimize the trajectory before the vehicle enters the conflict area. To achieve the goal of safe operation and high efficiency at intersections, the vehicle scheduling problem and trajectory planning problem affect each other. That is, the time a vehicle is allowed to enter the intersection will affect its driving behavior before entering the intersection, and its driving trajectory will also affect the effect of scheduling decision. Therefore, considering the vehicle scheduling problem and trajectory planning problem alone or step by step cannot ensure the optimal solution of the whole intersection system. Some scholars comprehensively consider vehicle scheduling and trajectory optimization, but ignore the vehicle dynamic behavior and cannot perform better in high demand.

In order to improve safety of intersection and optimize the operation efficiency, this paper presents a new centralized signal-free intersection cooperative management method, which integrates the scheduling planning problem and vehicle trajectory planning problem, so as to realize the optimization of intersection system. The main contributions are as follows: ① A control framework of signal-free intersection is proposed, and the conflict free vehicles are projected into a virtual queue to reduce the dimension of multi-lane conflict at the intersection. By optimizing the trajectory and schedule of a few vehicles in the control area, the control center improves the overall traffic efficiency of the intersection system. ② Integrate the optimization intersection scheduling problem and speed planning problem, comprehensively consider the vehicle dynamics model and car following model, finely model all possible scheduling sequences and conflict scenarios to determine the target vehicle trajectory and resolve the vehicle conflict.

1 Problem statement

A typical automatic intersection is an intersection without signal lights, and sequence of vehicles passing through the intersection is determined by the intersection controller or all vehicles rather than the given green light time. It can be divided into two types: centralized control method and distributed control method. The centralized control method is that the vehicle sends real-time data to the control center, and the control center uniformly calculates the best driving trajectory and allocates right of way for vehicles according to the road conditions. The distributed control method means that each vehicle judge current conditions by receiving broadcast signals from other vehicles and roadside facilities, thereby deciding the route and right of way. Due to limitation of communication capability, the vehicle in the distributed control method cannot obtain the vehicle information of the entire intersection, and cannot provide global optimization, but centralized control can receive the driving information of all vehicles at the intersection for overall planning, and effectively control vehicle behavior, which is currently a more widely used control method.

This paper presents a centralized automatic intersection, which has the following characteristics:

(1) Vehicles approaching the intersection declare to the intersection control center that they are about to arrive, and inform the control center of vehicle size, estimated arrival time, speed, acceleration and arrival and departure lanes.

(2) The intersection control center simulates the path of vehicles passing through the intersection and checks whether the currently requested vehicle will conflict with the path of a previously processed vehicle.

(3) If the requested vehicle does not conflict with the previous vehicle, the control center will make an appointment for it. The vehicle issuing the application must arrive and pass through the intersection at the specified time.

(4) Vehicles can enter the intersection only after successfully obtaining the scheduled passage.

This study focuses on the intersection with only through vehicles. Fig. 1 shows the signal-free intersection with four entrances named as: North: entrance from North; South: entrance from South; West: entrance from West; East: Entrance from East. All vehicles from the four approach lanes need to pass the conflict area safely. The single intersection is divided into three sections according to the distance from the intersection center.

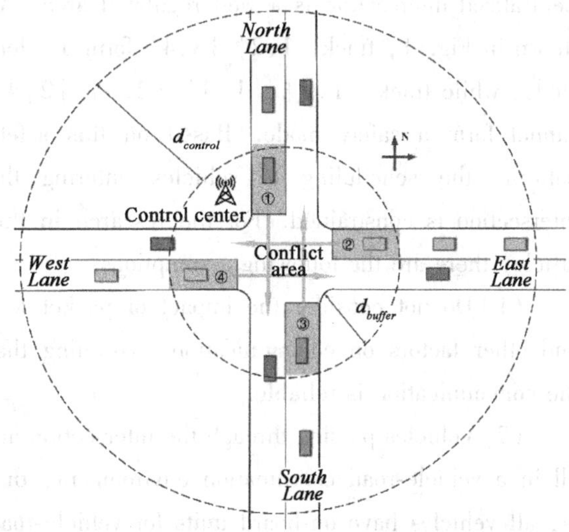

Fig. 1 Layout of a signal-free intersection

Control area: as soon as the vehicle enters the conflict area, its dynamic information can be obtained through the roadside detection system and transmitted to the intersection control center. The control center determines the best traffic sequence and trajectory according to all known information, and then controls the vehicle to pass through the intersection.

Buffer area: Lin et al. proposed a buffer allocation mechanism in an intelligent vehicle coordination. A certain length of buffer area is set in front of the conflict area to adjust the vehicle speed and time to enter the intersection. After the vehicles enter the buffer area, the control center no longer actively controls the vehicle trajectory, but only provides communication support to ensure that the vehicles pass through the conflict area in safe mode.

Conflict area: the conflict areais inside the intersection. When the area is allowed to open to a vehicle, it means that other vehicles in conflict with the vehicle are rejected before the stop line.

K is used to denote the set of vehicles. The connected and automated vehicle $i \in K$ is represented by its initial characteristics $i = \{ID, source, speed, enter\_time\}$, where *ID* is the index of the vehicle. *source* is the entry lane of the vehicle (there are four possibilities of N, W, E, and S), *speed* is velocity detected by road detection and *enter_time* is the time when the vehicle enters the intersection control area. Centralized intersection is a well regulated area. As shown in Fig. 1, track {1,2} {3,4} form a safety mode, while track {1,3} {1,4} {2,3} {2,4} cannot form a safety mode. Based on this safety pattern, the scheduling of vehicles entering the intersection is constrained. For the research in this article, there are the following assumptions:

(1) Do not consider the impact of packet loss and other factors on communication, assuming that the communication is reliable.

(2) Vehicles passing through the intersection are all in a vehicle-road coordination environment, that is, all vehicles have on-board units for vehicle-road coordination.

(3) Allvehicles are CAVs, and they drive according to the vehicle guidance information, that is, the influence of human factors on the traffic state of the intersection is not considered.

(4) The research scope is a single intersection, and the impact of the road traffic network on the traffic at the intersection is not considered.

2 Methodology

Most management strategies for signal-free intersections consider vehicle release scheduling and trajectory optimization separately. In fact, vehicle scheduling and trajectory planning affect each other in achieving the goal of safe operation and high traffic efficiency. In this paper, bi-level optimization framework is proposed, which can be referred to Sun et al. It applies the bi-level programming model to the highway ramp merging scenario. The micro trajectory optimization problem is embedded into the upper vehicle release scheduling problem, and the solution of the trajectory optimization problem is output as the variable input of the scheduling problem. For ease of understanding, the scheduling decision optimization model in the bi-level programming is called upper-level programming, and the trajectory planning model of micro single vehicle is called lower-level planning.

The performance is measured by total cost, defined as the sum of the variances between the actual speeds of all passing vehicles and the expected speeds during the operation time of the intersection [Equation. (1)]. v^e is desire speed of CAVs, vt_n is actual speed at time t for vehicle n.

$$D_T = \sum_{t=1}^{T} \sum_{n=1}^{K} (vt_n - v^e)^2 \tag{1}$$

In order to ensuresafety of the intersection, the trajectory planning of the vehicle needs to comply with the following basic constraints:

Security constraint: Vehicles that have conflicting behaviors cannot exist in the conflict area at the same time. Equation. (2) was used to express the security constraints between vehicles from East/West and North/South. $l_i(t)$ is the position of the vehicle i at time t, expressed by the distance from the stop line, and, $l_i(t)$ is positive if the vehicle is before stop line. w represents width of conflict area, if vehicles pass the conflict area successfully, $l_i(t)$ is less than $-w$. j represents vehicles conflict with i, so $l_j(t)$ is the position of vehicles j.

$$l_j(t) > 0 \text{ or } l_j(t) < -w, \text{if } -w < l_i(t) < 0 \tag{2}$$

Kinematic constraint: Speed of vehicle i at time t is represented by $v_i(t)$ in this problem, and $v_i(t)$ is limited in $[0, v_{\max}]$ ($v_{\max}$ is the maximum speed), and each vehicle's acceleration $u_i(t)$ is limited in $[-u_{max}, u_{max}]$ (u_{max} is the maximum acceleration). Equation. (3) ~ (4) express the universal variable speed motion formula.

$$l_i(t+n\tau) = l_i(t+(n-1)\tau) - u_i(t+(n-1)\tau)\tau - 0.5 * u_i(t+(n-1)\tau)\tau^2 \quad (3)$$

$$v_i(t+n\tau) = v_i(t+n\tau) - u_i(t+(n-1)\tau)\tau \quad (4)$$

Car-following constraints: In this problem, the entrance to the intersection is a two-way single-lane approach, and lane changes and overtaking behaviors are not considered. Two vehicles in the same approach lane always satisfy Equation. (5).

$$l_i(t) < l_{i+1}(t) \forall i \in K \quad (5)$$

2.1 Upper-level model

The traffic flow without conflict trajectory is projected into a virtual queue. It is represented by *Platoon*1 and *Platoon*2 respectively[Equation. (6) ~ (7)]. That is, how to fill the vehicles in $N_{platoon1}$ into the gaps of $N_{platoon2}$, can be solved by Dynamic Programming. The specific mapping method is shown in Fig. 2 and Fig. 3.

$$N_{platoon1} = N_{North} + N_{South} \quad (6)$$

$$N_{platoon2} = N_{South} + N_{West} \quad (7)$$

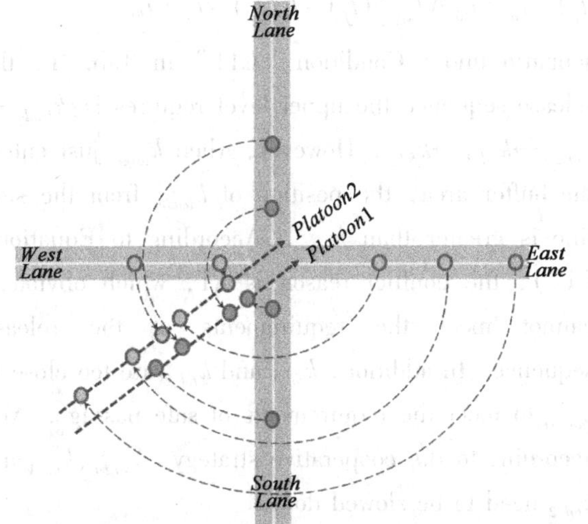

Fig. 2 Illustration of virtual platoons projection

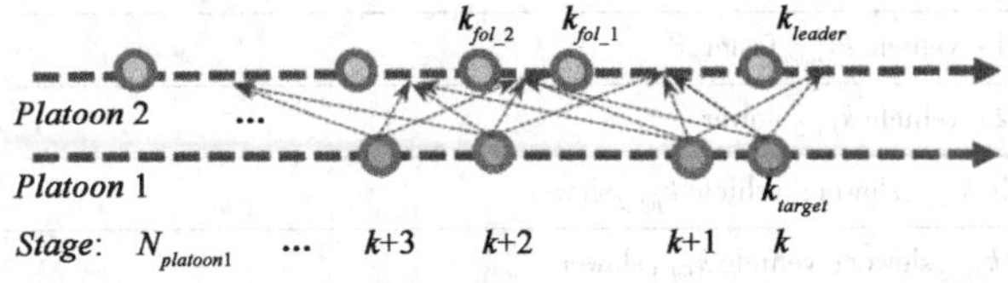

Fig. 3 Illustration of upper-level solution method

DP (Dynamic Programming) has been widely used in the optimization of complex systems such as resource allocation and shortest path problem. It divides the decision-making process into several inter related stages, in which decisions need to be made in each stage, so as to achieve the best results in the whole process. Therefore, the decision-making in each stage not only depends on the current state, but also leads to the transfer of subsequent states until a complete decision sequence is formed. The problem can be expressed by the recursive formula of Dynamic Programming as Equation. (8) ~ (11).

$$f_k(s_k) = \min\{D_k(s_k, x_k) + f_{k-1}(s_{k-1})\}, k = 1, 2, \cdots, X \quad (8)$$

$$s.t. f_0(s_0) = 0 \quad (9)$$

$$s_{k+1} = s_k - x_k + 1 \quad (10)$$

$$D_k(s_k, x_k) = J_T^k + \tilde{J}_T^k \quad (11)$$

$f_k(s_k)$ is the optimal solution of the kth stage (the minimum system cost from k = 1to k = k)。$f_{k-1}(s_{k-1})$ is the minimum cost of the system in the k-1stage。x_k is the selection variable of the stage k, indicating that the vehicle i from the *Platoon* 1 chooses to enter the x_ith gap of *Platoon*2, D_k is the increase cost caused by this selection, which is determined by trajectory planning of the lower level, and expressed by Equation. 11. J_T^k represents the cost incurred by the optimized vehicle in the trajectory optimization scenario, and $\tilde{J}_T^k$ represents the cost incurred by other vehicles affected by the optimization. The specific cost is explained later. When the k + 1th car of *Platoon* 1 makes a decision to release, the number of gaps s_{k+1} that can be selected is the number of gaps in the *Platoon* 2. As shown in Fig. 3, the gap between vehicles in *Platoon* 2 are discussed in turn when target each vehicle in *Platoon* 1. It is possible to traverse all scheduling sequences passing through the intersection. Obviously, not all sequences are feasible. The feasibility of scheduling order is to judge whether the target vehicle can safely pass through the intersection in the expected order and gap.

In particular, we consider (at most) four

vehicles involved in a crossing maneuver. For ease of understanding, target vehicle in k th stage is represented as k_{target}, the front vehicle of the x_kth gap is k_{leader}, and the follower vehicle are k_{fol_1} and k_{fol_2} (For vehicles coming from any direction, there are two conflicting directions. Therefore, if the target vehicle wants to enter the intersection, two vehicles in two conflicting directions need to be taken into account). After the release order of the previous stage is assumed, the parallel simulation determines the predicted trajectory of the target vehicle, which is used for lower-level optimization.

2.2 Lower-level model

For high demand traffic flow, it is difficult to realize the trajectory planning and control of all vehicles, which has high requirements for the communication conditions of the intersection. This paper only adjusts the scheduling sequence and trajectory of some CAVs in the control area to guide other vehicles to pass by car following. It will not only increase the calculation and control burden of the control center, but also ensure good optimization effect.

The lower-level problem is to optimize the trajectory of the vehicle for release strategies which given by the upper-level problem. Every latent conflict scenario needs to find the optimal cooperative trajectory of four vehicles, and calculates the cost as the input of the corresponding stage of the upper level. In order to simplify the search process for optimal trajectory, the time period $t_f - t_0$ from the vehicle entering the intersection control area t_0 to t_f before entering the buffer area is discretized (t_f is time when k_{target} arrives buffer area according to in-parallel simulation prediction, t_0 is time when k_{enter} arrives control area), and the time interval is τ and the time stamp $T = (t_f - t_0)/\tau$. The causes of conflict are classified by "$R1$" "$R2$" "$R3$", according to the predicted location status of the four vehicles. The formal mathematical definitions of $R1$ ~ $R3$ are provided in Equation . (12).

$$R_k\begin{cases}1, l_k(t_f) - l_{k_{leader}}(t_f) - l_a < L_0\\ 2, l_k(t_f) - l_{k_{leader}}(t_f) - l_a \geq L_0 \wedge (l_{k_{fol\_1}}(t_f) - l_k(t_f) - l_a < L_0 \vee l_{k_{fol\_2}}(t_f) - l_k(t_f) - l_a < L_0)\\ 3, l_k(t_f) - l_{k_{leader}}(t_f) - l_a < L_0 \wedge l_{k_{fol\_1}}(t_f) - l_k(t_f) - l_a < L_0 \wedge l_{k_{fol\_2}}(t_f) - l_k(t_f) - l_a < L_0\end{cases} \tag{12}$$

The conflict condition was classified by 21 kinds from C1 to C21, listed in Tab. 1, the first column describes different conditions, and the second column is the cooperative crossing strategy for each condition. Every condition is represented by a string with four characters, respectively represent k_{leader}, k_{target}, k_{fol_1} and k_{fol_2}. "1" repersents that the CAV can be cooperative controlled, "0" repersents that the CAV has been controlled in previous stage and cannot be controlled, "N" means no corresponding vehicle in this stage. Fig. 4 shows a "fail to crossing" scenario under Condition "C11" in Tab. 1, the release sequence the upper-level requires is: $k_{leader} \to k_{target} \to k_{fol\_1} \to k_{fol\_2}$. However, when k_{target} just enters the buffer area, the position of k_{leader} from the stop line is greater than k_{target}. According to Equation. (12), the conflict reason is $R1$, which obviously cannot meet the requirements of the release sequence. In addition, k_{fol_1} and k_{fol_2} are too close to k_{target} to meet the requirements of safe passage. And according to the cooperative strategy, k_{target}、k_{fol_1} and k_{fol_2} need to be slowed down.

Strategies for cooperative control Tab. 1

Condition	Control Strategies
C1:1100	$R1$: vehicle k_{leader} faster
C2:1101	$R2$: vehicle k_{fol_2} slower
	$R1/R3$: vehicle k_{target} slower; vehicle k_{fol_2} slower
C3:1111	$R2$: vehicle k_{fol_2} slower; vehicle k_{fol_1} slower

continued

Condition	Control Strategies
C3:1111	$R1/R3$: vehicle k_{target} slower; vehicle k_{fol_2} slower; vehicle k_{fol_1} slower
C4:1110	$R2$: vehicle k_{fol_1} slower
	$R1/R3$: vehicle k_{target} slower; vehicle k_{fol_1} slower
C5:11NN	$R1$: vehicle k_{leader} faster
C6:110N	$R1$: vehicle k_{leader} faster
	$R2$: vehicle k_{target} faster
	$R3$: vehicle k_{target} undetermined
C7:11N0	$R1$: vehicle k_{leader} faster
	$R2$: vehicle k_{target} faster
	$R3$: vehicle k_{target} undetermined
C8:111N	$R1$: vehicle k_{leader} faster
	$R2$: vehicle k_{fol_1} slower
	$R3$: vehicle k_{target} slower; vehicle k_{fol_1} slower
C9:11N1	$R1$: vehicle k_{leader} faster
	$R2$: vehicle k_{fol_2} slower
	$R3$: vehicle k_{leader} slower; vehicle k_{fol_2} slower
C10:0101	$R2$: vehicle k_{fol_2} slower
	$R1/R3$: vehicle k_{target} slower; vehicle k_{fol_2} slower
C11:0111	$R2$: vehicle k_{fol_2} slower; vehicle k_{fol_1} slower
	$R1/R3$: vehicle k_{target} slower; vehicle k_{fol_2} slower; vehicle k_{fol_1} slower
C12:0110	$R2$: vehicle k_{fol_1} slower
	$R1/R3$: vehicle k_{target} slower; vehicle k_{fol_1} slower
C13:01NN	$R1$: vehicle k_{target} slower
C14:010N	$R1$: vehicle k_{target} slower
	$R2$: vehicle k_{target} faster
	$R3$: vehicle k_{target} undetermined
C15:01N0	$R1$: vehicle k_{target} slower
	$R2$: vehicle k_{target} faster
	$R3$: vehicle k_{target} undetermined
C16:011N	$R1$: vehicle k_{target} slower
	$R2$: vehicle k_{fol_1} slower
	$R3$: vehicle k_{enter} slower; vehicle k_{fol_1} slower
C17:01N1	$R1$: vehicle k_{enter} slower
	$R2$: vehicle k_{fol_2} slower
	$R3$: vehicle k_{enter} slower; vehicle k_{fol_2} slower
C18:N100	$R2$: vehicle k_{enter} faster
C19:N101	$R2$: vehicle k_{enter} faster
C20:N111	$R2$: vehicle k_{enter} faster
C21:N110	$R2$: vehicle k_{enter} faster

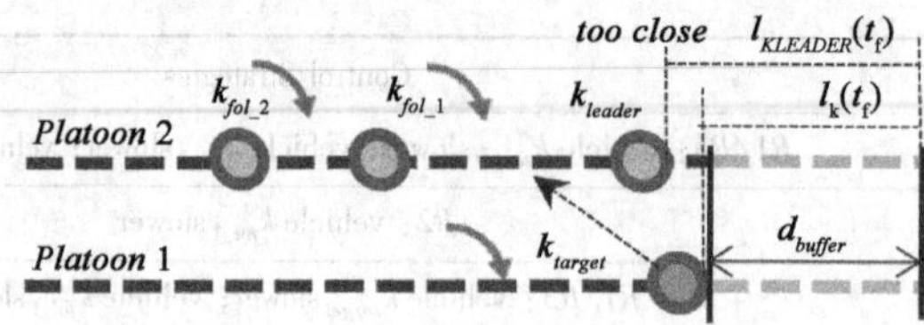

Fig. 4 Illustration for one cooperative scenario (C11)

After determining a specific vehicle acceleration/deceleration strategy, similar to the upper-level, the lower-level problem can also be written in recursive formulations and solved using a dynamic programming-based approach. The approach is able to decompose the original problem into a few simpler sub-problems. The recursive equation is expressed as Equation. (13).

$$J^k(t_0+n\tau)=\min\{J^k(t_0+(n-1)\tau)+c^k(p^k_{t_0+n\tau},q^k_{t_0+n\tau})\} \tag{13}$$

$$pk_{t_0+n\tau}=\{l^k(t_0+n\tau),v^k(t_0+n\tau)\mid k\in K\} \tag{14}$$

$$K=\{k_{leader},k_{fol\_1},k_{fol\_2},k_{target}\} \tag{15}$$

$$q^k_{t_0+n\tau}\in\{V^k_{t_0+n\tau}\mid k\in K\} \tag{16}$$

$$V^k_{t_0+n\tau}=[v^k_{lower},v^k_{upper}] \tag{17}$$

$$c^k(p^k_{t_0+n\tau},q^k_{t_0+n\tau})=\sum(v^i(t_0+n\tau)\text{-}v^e)2 \tag{18}$$

The stages $(t=t_0,t_0+\tau,\cdots,t_f)$ are defined as the time stamps when control decisions are made, τ is the control interval. So $J^k(t_0+n\tau)$ is the minimum cost of nth stage. $p^k_{t_0+n\tau}$ is the state of vehicles in the n th stage, expressed in terms of position and speed, as shown in Equation. (14) ~ (16). $V^k_{t_0+n\tau}$ represents the set of speeds that vehicle k can select in the n th stage of trajectory planning, represented by Equation. (17).

If the vehicle to be optimized needs to be slowed down, $v^k_{upper}=v^k(t_0+(n\text{-}1)\tau)$ and $v^k_{lower}=max\{0,v^k_{upper}-\Delta v\}$. If the vehicle to be optimized needs to be accelerated, $v^k_{lower}=v^k(t_0+(n\text{-}1)\tau)$ and $v^k_{upper}=\min\{v_{max},v^k_{lower}+\Delta v\}$. c^k is the selection cost from the n th stage to the $n+1$ stage, where the selection variable depends on the state of the vehicle in the nth stage, represented by Equation. (18).

Dynamic programming can obtain the optimal solution by solving the discrete optimal control problem. However, if more than one vehicle is controlled at the same time, Bang-Bang control is introduced. Bang-Bang control is the most common form of integrated control in engineering field. In this kind of control form, according to the motion state of the system, each control variable is taken as the positive maximum or negative maximum of the allowable control range in the whole process. In this problem, the decision variables are no longer discretized with Δv, but use v^k_{lower} and v^k_{upper} as an optional decision variable. Taking "C11" as an example, Fig. 5 shows its cooperative control strategy and specific implementation steps.

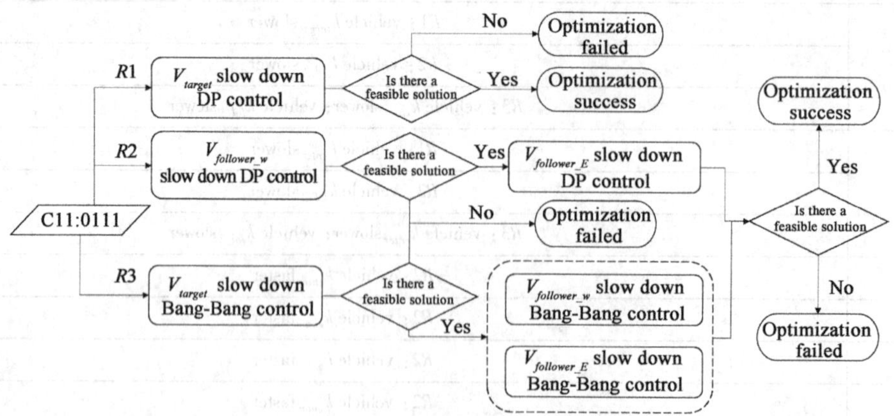

Fig. 5 Cooperative strategy and specific steps (C11)

3 Simulation and results

The overall simulation scene is set as a city intersection. Fig. 1 shows the layout of the simulated city intersection. Vehicles are randomly generated 250m before the stop line, using a negative exponential distribution, and the initial speed of the vehicle is a normal distribution $N(20, 1.52)$. Other parameters in the simulation are listed in Tab. 2.

The longitudinal dynamics $\{l_i(t), v_i(t), u_i(t)\}$ was modeled by Gipps car-following model. In this model, the speed of time $t+\tau$ was described as Equation. (19). Assume that the vehicle accelerates with a constant acceleration a and maintains a "safe speed" to ensure that the gap between the leader and the follower is not less than the minimum gap even in the worst case. v_{safe} is represented as Equation. (20). l_a represents the minimum gap between the leader and the follower, L_0 is the vehicle length.

$$v_i(t+\tau) = \min\left[v_i(t) + a\tau, v_{desire}, v_{safe}\right] \quad (19)$$

$$v_{safe} = -b\tau + \sqrt{(b\tau)^2 + v^2_{i-1}(t) + 2b[l_i(t) - l_{i-1}(t) - l_v - l_a]} \quad (20)$$

Simulation parameters Tab. 2

Parameter Meaning	Notation	Value
Desire speed	v_{desire}	50km/h
Flow ofeach approach lane	q	400-800veh/h
Vehicle length	L_0	4.5m
Minimum gap forvehicles	l_a	1.5m
Maximum acceleration	u_{max}	2m/s^2
Maximum deceleration	b_{safe}	6.5m/s^2
Simulation duration	T	300s
Simulation step size	c	1s
Intersection width	w	20m
Buffer area length	d_{buffer}	50m
Control area length	$d_{control}$	200m
Constant acceleration rate in Gipps	a	2m/s^2
Constant deceleration rate in Gipps	b	2m/s^2

Firstly we use FCFS-based intersection traffic rule simulation to obtain the driving trajectory of all vehicles in the simulation period, and then use the bi-level programming model proposed in this paper to optimize the vehicle driving trajectory and scheduling strategy. The FCFS sequence is determined by the arrival time of the communication boundary (stop line). In addition, we design a batch rule schedule policy. That is, vehicles coming from four approach lanes are grouped into several batches according to headway. It follows FCFS, and batches come to a stop and is not granted clearance until the intersection is free. The size of batch is decided by headway of each vehicle. In this experiment, threshold of headway is 5s, and if the headway is smaller than 5s, this vehicle can pass through intersection with front vehicle. The computational times with the optimization horizon of 300s are about 21s and 0.23s per vehicle, using a regular office laptop (Intel Core i5-10210U CPU, 1.60 GHz processor frequency, and 16 GB RAM).

The vehicle time-spacegraph from North and South lanes before and after optimization is shown in Fig. 6. The curve that eases and tends to level in the figure indicates that the vehicle has stopped and waited before the stop line. Through observation and comparison, it is found that after optimizing the trajectory of two vehicles in the traffic flow, the scheduling sequence of vehicles has been adjusted a lot, and the overall system cost of the intersection has been reduced by nearly 50%. Fig. 7 shows the distribution of travel time. Without optimization, travel time is distributed from 20 ~ 70 s in FCFS rule, but 20 ~ 90 s in batch rule which shows polarization. After optimization with bi-level programming, most vehicles can pass through the intersection within 12 ~ 30 s, and only a few vehicles spend more than 40 s.

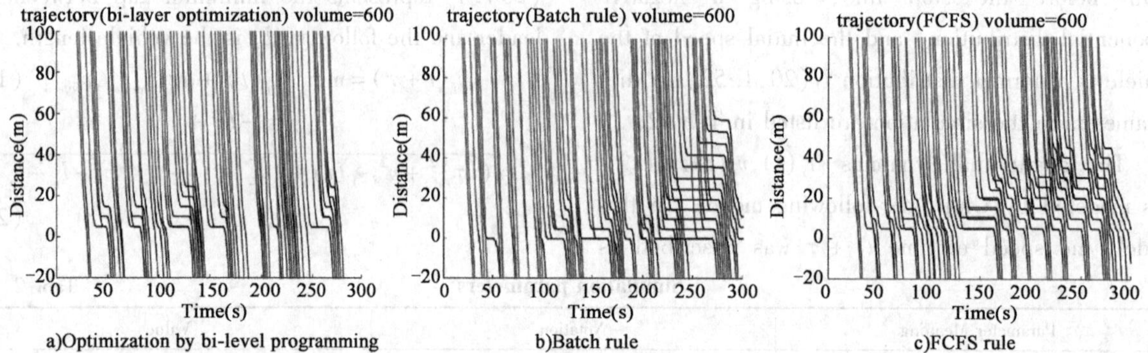

Fig. 6　Time-space graph under different methods

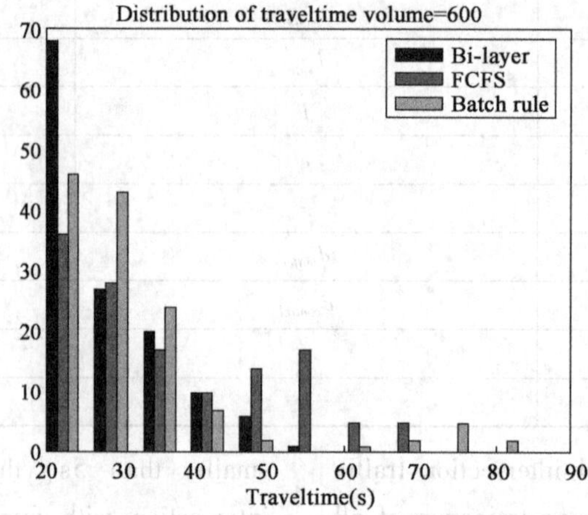

Fig. 7　Distribution of travel time (Flow of each approach lane = 600 veh/h)

To verify the optimization effect of the model for the driving stability of the vehicle, we collect and compare the micro characteristics of the vehicle (Fig. 8), trajectory of the optimized vehicle becomes more stable than that before optimization, and the speed change range is also smaller than that before optimization. Fig. 9 shows the simulation results when the traffic flow in all entrance lanes is 1600 ~ 3200 respectively, including average delay, average travel time, average speed and average stop times. When the demand is small (such as 1600veh/h and 2000veh/h), the optimization of the bi-level programming is not obvious, but with the increase of demand, the delay and stop time based on FCFS increases and the traffic efficiency decreases sharply, and performance of bi-level optimization model can improve up to 35% and 38% compared with FCFS rule and batch rule respectively.

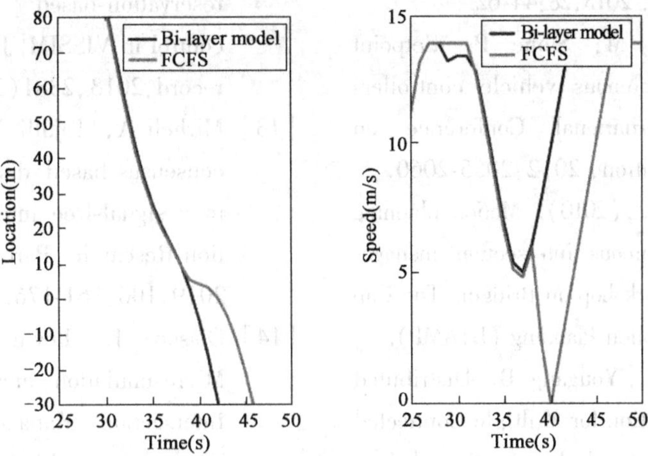

Fig. 8 Illustration of single vehicle trajectory and speed profile

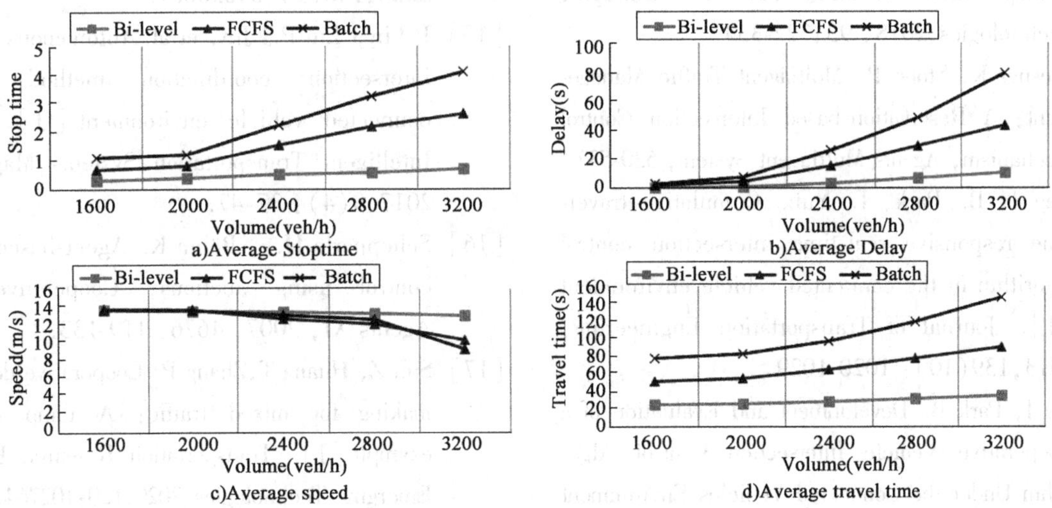

Fig. 9 Performance of different demands in different measurements

4 Concluding remarks

This paper proposes a centralized control framework for automated intersection management, and refers to Sun et al. to build a bi-level dynamic programming model. The optimal control problem for controlling CAVs is embedded in the scheduling problem as subproblem. Potential conflicts are predicted and finely modeled, so as to obtain the comprehensive optimal performance in efficiency and safety. Results show that the bi-level programming model has feasible calculation time and optimal solution performance, which enables the model to be applied to actual real-time scenarios. The simulation shows that all solutions are significantly better than the intersection case based on FCFS rules in all performance measures. This research reveals the great potential of combining vehicle scheduling and trajectory optimization, and can be further expanded in several aspects. The situation of signal-free intersection used in this research is relatively simple, and the complex scenarios of mixed traffic, turning flows need to be further considered. Secondly, this paper focuses on isolated intersections. It would be interesting to apply this method to control urban intersection corridors.

References

[1] Abbas-Turki A, Ahmane M, Gao F, et al. On the Conflict with Dioid Algebra: Autonomous Intersection Management. Industrial Electronics and Applications, 1018-1023.

[2] Ahmane M. (2013) Modeling and Controlling an Isolated Urban Intersection Based on Cooperative Vehicles [J]. Transport Research Part C:

Emerging Technology, 2013,28:44-62.

[3] Au T C, Quinlan M, Stone P. Setpoint scheduling for autonomous vehicle controllers [C]. EEE International Conference on Robotics and Automation, 2012:2055-2060.

[4] Au, T.-C., Stone, P., (2010). Motion planning algorithms for autonomous intersection management, AAAI 2010 Workshop on Bridging The Gap Between Task And Motion Planning (BTAMP).

[5] Biao X, Eben L S, Yougang B. Distributed Conflict-free Cooperation for Multiple Connected Vehicles at Unsignalized Intersections [J]. Transportation Research Part C: Emerging Technologies,2018, 93:322-334.

[6] Dresner K, Stone P. Multiagent Traffic Management: A Reservation-based Intersection Control Mechanism, Agents Multiagent System, 530-537.

[7] Lee J, B. Park, I. Yun. Cumulative travel-time responsive real-time intersection control algorithm in the connected vehicle environment [J]. Journal of Transportation Engineering, 2013,139(10): 1020-1029.

[8] Lee J, Park B. Development and Evaluation of a Cooperative Vehicle Intersection Control Algorithm Under the Connected Vehicles Environment [J]. IEEE Transactions on Intelligent Transportation Systems, 2012,13(1): 81-90.

[9] Levin M. W Boyles Stephen D, Patel Rahul. Paradoxes of reservation-based intersection controls in traffic networks[J]. Transportation Research Part A:Policy and Practice,2016,90:14-25.

[10] Levin M. W, Rey David. Conflict-point formulation of intersection control for autonomous vehicles [J]. Transportation Research Part C: Emerging Technologies, 2017,85:528-547.

[11] Li Z, Wu Q, Yu H, et al. Temporal-spatial dimension extension-based intersection control formulation for connected and autonomous vehicle systems [J]. Transportation Research Part C: Emerging Technologies, 2019, 104: 234-248.

[12] Li Z, Chitturi M, Zheng D, et al. Modeling reservation-based autonomous intersection control in VISSIM[J]. Transportation research record,2013,2381(2381):81-90.

[13] Mirheli A, Tajalli M, Hajibabai L, et al. A consensus-based distributed trajectory control in a signal-free intersection[J]. Transportation Research: Part C:Emerging Techologies, 2019,100:161-176.

[14] Olsson J, Levin M W. Integration of Microsimulation and Optimized Autonomous Intersection Management [J]. Journal of Transportation Engineering Part A: Systems, 2020,146(9):04020087.

[15] P Lin J Liu P J Jin, et al. Autonomous vehicle intersection coordination method in a connected vehicle environment [J]. IEEE Intelligent Transportation Systems Magazine, 2017,9(4): 37-47.

[16] Schepperle H., Böhm K. Agent-based traffic control using auctions, Cooperative Inf. Agents XI, 2007, 4676: 119-133.

[17] Sun Z, Huang T,Zhang P. Cooperative decision-making for mixed traffic: A ramp merging example[J]. Transportation Research Part C: Emerging Technologies,2020,120:102764.

[18] Wu Y, Chen H, Zhu F. DCL-AIM: Decentralized coordination learning of autonomous intersection management for connected and automated vehicles [J]. Transportation Research Part C: Emerging Techologies,2019,103:246-260.

[19] Yang K, Guler S. I, Menendez M. Isolated Intersection Control for Various Levels of Vehicle Technology: Conventional, Connected, and Automated Vehicles [J]. Transportation Research Part C: Emerging. Technolo gies, 2016. 72: 109-129.

[20] Zhu F, Ukkusuri S. A linear programming formulation for autonomous intersection control within a dynamic traffic assignment and connected vehicle environment [J]. Transportation Research Part C: Emerging Technolo, gies, 2015,55:363-378.

An Estimation Method of the Vehicle Centre-of-gravity Position in the Intelligent Network Environment

Guisheng Li[1,3] Chuan Sun*[2,3] Sifa Zheng[3,4] Mei Li[1]
Jingliang Ming[5,3] Yujun Yue[1,3] Haoran Li[3]
(1. Hainan University; 2. The Hong Kong Polytechnic University; 3. Tsinghua University;
4. Tsinghua University; 5. Ocean University of China)

Abstract For intelligent networked vehicle, the key to the effective operation of vehicle early warning and active control system is to accurately obtain the vehicle center of gravity. In this paper, combining with the longitudinal dynamic model, the hybrid approach of estimating the vehicle center of gravity based on Huber Extended Kalman Filter-Extended Kalman Filter (HEKF-EKF) is proposed. Two algorithms are used to weight the estimation result of the center of gravity height, so as to achieve accurate estimation of the longitudinal and vertical positions of the vehicle center of gravity. The results of Trucksim and MATLAB/Simulink simulation studies show that the estimation results converge after 2s. The estimated error of the distance from the center of gravity to the front axis is less than 2%, and the estimated error of the center of gravity height is 3%. Compared with the existing estimation algorithm, it is more widely used, with higher accuracy and faster convergence.

Keywords Interdisciplinary Estimation method Hybrid algorithm Huber extended kalman filter Intelligent network environment

0 Introduction

Industrialization, informatization, urbanization and agricultural modernization represented by intelligence, electrification, networking, and sharing have become a development trend of the frontier technology of the automotive industry in recent years as sensor technology, chip hashrate and artificial intelligence technology are booming (Ma et al., 2020). In such a context, researches on the active safety control system and the early warning system of intelligent connected-vehicles have been highly concerned by researchers. Particularly, great achievements have been made on anti-rollover stability control (RSC), electronic stability program (ESP) and electronic control braking system (EBS) (Shen et al., 2018). Most of these control systems control some key state variable parameters in the driving process of intelligent connected-vehicles. In that case, accurately obtaining the vehicle state parameters that reflect the control process is essential for achieving these controls (Rodríguez et al., 2021). It is imperative to accurately estimate the vehicle state parameters for improving the control accuracy of intelligent networked vehicles and ensuring the safety performance of the active control system. It is worth noting that intelligent networked vehicles with a high center of gravity might result in rollover accidents easily, and the longitudinal position of the center of gravity of the vehicle also exerts a significant impact on the driving and braking effects of the vehicle. Also, the centre-of-gravity position cannot be measured directly by the sensor, which is also very susceptible to remarkable changes due to the load (Huang et al., 2014, Qu et al., 2019). Acquiring the center of gravity of the intelligent networked-vehicle in a real-time and accurate manner is a prerequisite for effective system operation. Hence, the safety performance of the active control system of the intelligent networked-vehicle will be maximized if the centre-of-gravity position of the intelligent networked-vehicle can be accurately estimated together with the adjustment of the corresponding control algorithm.

Various researches have been performed on the estimation of the centre-of-gravity position of intelligent networked vehicles at home and abroad. The joint estimation method composed of multiple algorithms and the multi-level combination has also become a new development trend (Huang et al., 2014, Lin et al., 2017), which has higher estimating accuracy than traditional methods. Wenzel et al. estimated the vehicle mass, the vehicle yaw moment of inertia, and the longitudinal position of the center of gravity through proposing the vehicle state estimation method based on Dual Extended Kalman Filtering (DEKF) in combination with a four-degree-of-freedom vehicle model with the magic tire formula (Wenzel et al., 2006). Rozyn et al. estimated the mass, moment of inertia, and centre-of-gravity position of the vehicle using RLS in combination with the lateral vehicle dynamics model (Rozyn et al., 2010). But the algorithm shall obtain the stiffness characteristics of the suspension through performing preliminary experiments. Cheng et al established a DEKF-based parameter estimation algorithm consisting of two levels for semi-trailers. (Cheng et al., 2011). The first level is to estimate tire cornering stiffness and yaw moment of inertia, while the second level is to obtain the height of the center of gravity with the estimated results of the previous level. Huang et al. designed an estimator based on the combination of adaptive Kalman filter and extended Kalman filter (AKF-EKF) taking advantage of the controllable four-wheel torque of a distributed drive vehicle (Huang et al., 2014). More precisely, AKF is adopted to filter out the noise of state variables, while EKF is to estimate the centre-of-gravity position of the vehicle. The vehicle experiment results prove that the algorithm can estimate the height and the longitudinal position of the center of gravity. Considering the effects of suspension and tire deformation, Yue et al. proposed a method for detecting the height of the vehicle's center of gravity under the braking condition with the vehicle's longitudinal and vertical dynamics equations (Yue et al., 2015). The proposed is superior to the static lifting weighing method over simple implementation conditions and fast response speed. Like the literature (Huang et al., 2014), Lin et al. also studied the joint estimation method based on H_∞-EKF for distributed driving vehicles with the overall estimation error being within 4% (Lin et al., 2017). Zheng et al. designed a centre-of-gravity position estimation method based on RLS making use of the characteristics of the vehicle-mounted axle load sensor detecting the vertical load of the rear axle (Zheng et al., 2018). Evidently, the model also ignored the influence of slope.

Three deficiencies can be found from the above researches. First, the centre-of-gravity position of the heavy-duty intelligent networked-vehicle mostly relies on excitation generated from yaw or rolling motion. The vehicle's low ratio between wheelbase and the height of the center of gravity, however, might lead to rollover accidents easily. Moreover, preliminary experiments required for obtaining the stiffness coefficient and moment of inertia of the suspension are cumbersome (Rozyn et al., 2010, Cheng et al., 2011, Solmaz et al., 2008, Reineh et al., 2014,

Fu et al., 2021). Besides, considering the influence of slope in the vertical dynamics model, the vehicle shall perform emergency braking under great deceleration. These are slanted against practical applications (Yue et al., 2015, Imine et al., 2015, Yu et al., 2017). Second, a few pieces of literature that estimated the centre-of-gravity position using longitudinal motion conditions to avoid lateral instability accidents are not suitable for the widespread use of rear-wheel drive trucks for they are applicable only for four-wheel drive vehicles (Huang et al., 2014, Lin et al., 2017, Deng et al., 2017). Third, apparent curve fluctuations, low accuracy of the results, and slow convergence speed can be observed in the estimation process due to the large body structure and mass of the vehicle (Rajamani et al., 2011).

Focusing on a 2-axle heavy-duty vehicle that is equipped with a rear axle load sensor, an intelligent connected-vehicles based on a mixture of Huber extended Kalman filter and extended Kalman filter was proposed in response to the limitations of the existing research on the estimation of the centre-of-gravity position of heavy-duty intelligent networked-vehicles. The method proposed in this paper is better than the existing estimation algorithms for it has a wider application range with consideration in the influence of slope and is applicable to both four-wheel drive and rear-wheel drive models with estimation results in higher accuracy, stronger anti-interference performance and faster convergence rate.

1 Structure

1.1 Key Components of Heavy-duty Intelligent Networked Vehicles

Multi-source perceptin information provides a new option for the estimation of important parameters of vehicle dynamics. Through fully utilizing the environment, road and traffic information, a parameter estimation system suitable for intelligent networked-vehicles can be developed to acquire more accurate dynamic real-time parameters and improve the control performance of vehicle dynamics (González et al., 2015). Based on the intelligent network conditions, the control center can obtain the driving state information of the intelligent networked-vehicle in real time via the wireless communication technology to share information such as traffic information and vehicle state parameters by means of vehicle-vehicle (V2V), infrastructure-vehicle (I2V), vehicle-infrastructure (V2I) and V2X communications. The heavy-duty intelligent networked vehicle can upload the vehicle states to the facilities such as the intelligent roadside unit in real time through dedicated communication technology and also to the control center. In this way, real-time data acquisition can be achieved and all heavy-duty intelligent networked vehicles can communicate with the control center in real time to achieve real-time information interaction.

The parameter estimation system of the heavy-duty intelligent networked vehicle is comprised of control and communication of the vehicle parameter estimation system of the bottom layer, the path and tracking control of the upper layer, and the environment perception and high-precision positioning of the top layer, as shown in Fig. 1. The heavy-duty intelligent networked vehicle processes and integrates data collected by the sensor system, and the decision planning module can accurately control the driving behavior of the vehicle of the next stage as per the vehicle state information obtained from the comprehensive perception and vehicle parameter estimation system data. Based on the vehicle model, parameter estimation of the heavy-duty intelligent networked vehicle has a vital effect on the safety of intelligent networked vehicles and traffic safety since the accurate estimation results can directly determine the control effect of the active safety control system of the vehicle.

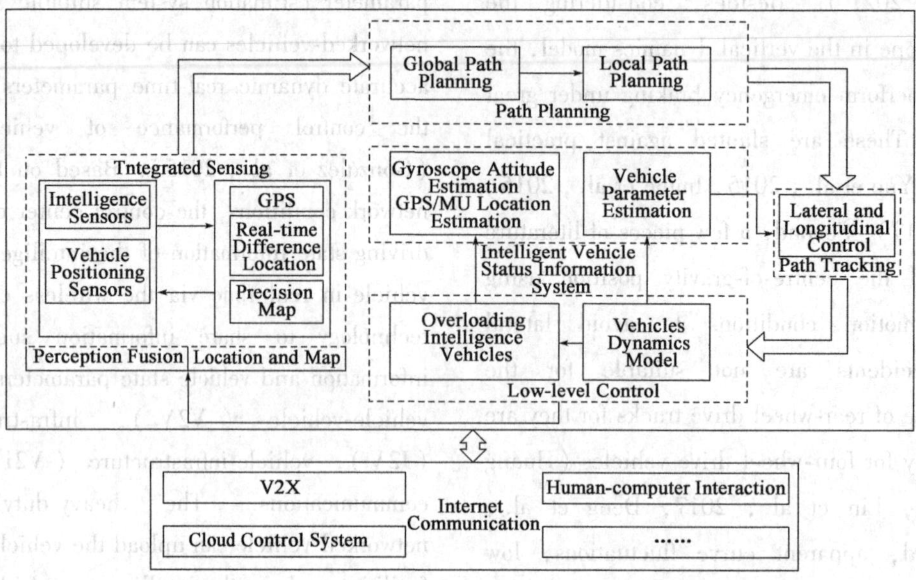

Fig. 1 Parameter estimation system of cargo intelligent vehicle

1.2 Longitudinal Vehicle Dynamic Model

The load is shifted during longitudinal acceleration and deceleration of the vehicle. The centre-of-gravity position of the vehicle can be estimated by detecting the load change of the front and rear axles. As can be observed from Fig. 2, a vehicle longitudinal dynamics model was established with the following assumptions made: (1) The vehicle travels in a straight line without a lateral load while not considering lateral and roll motions; (2) air resistance, deformation of vehicle suspension and pitch angle change are ignored; (3) The vehicle is symmetrical with the four wheels simplified into two front and rear axles.

The vertical load of the front and rear axles of the vehicle can be expressed as:

$$F_{z1} \cdot L = mgb\cos\theta - mgh\sin\theta - m\dot{v}h - mgrf\cos\theta \tag{1}$$

$$F_{z2} \cdot L = mga\cos\theta - mgh\sin\theta - m\dot{v}h - mgrf\cos\theta \tag{2}$$

where, F_{z1} and F_{z2} are the front and rear axle vertical forces (N); L is the vehicle wheelbase (m); m is the vehicle mass (kg); a and b are the distances from the center of gravity of the vehicle to the front and rear axles (M); h is the height of the center of gravity (m); θ is the road gradient angle (rad); r is the wheel radius (m); and f is the rolling resistance coefficient.

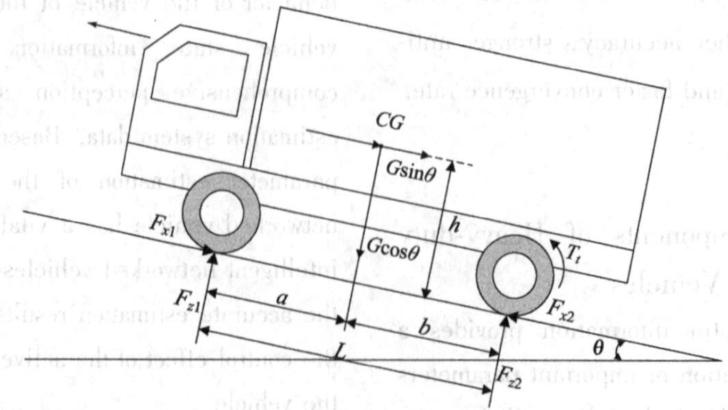

Fig. 2 Vehicle model

1.3 State Space Model for Estimation of Barycentric Position

According to Eq. (2), the vehicle speed v, the height of the center of gravity h and the distance a from the center of gravity to the front axle are regarded as the state variables. The height and the longitudinal position of the center of gravity can be considered as constants, and their derivatives with respect to time can be seen as zero. In that case, the differential equation can be expressed as:

$$\begin{cases} \dot{v}(t) = \dfrac{1}{mh}(F_{z2} \times L - mga\cos\theta - mgh\sin\theta - mgrf\cos\theta) \\ \dot{h}(t) = 0 \\ \dot{a}(t) = 0 \end{cases} \tag{3}$$

The discretization of Eq. (3) can be expressed as:

$$\begin{cases} v_k = v_{k-1} + \dfrac{\Delta t}{mh}(F_{z2} \times L - mga\cos\theta - mgh\sin\theta - mgrf\cos\theta) \\ h_k = h_{k-1} \\ a_k = a_{k-1} \end{cases} \tag{4}$$

where, Δt is the sampling period; v_k, and v_{k-1} represent the vehicle speed at $t = k$ and $t = k-1$, respectively; h_k, and h_{k-1} represent the heights of the center of gravity at $t = k$ and $t = k-1$, respectively; a_k and a_{k-1} are the distance between the center of gravity at $t = k$ and $t = k-1$ from the front axle, respectively.

2 Method

2.1 Overall Framework of Hybrid Estimation Algorithm

According to the vehicle dynamics model, a deep coupling effect can be observed between the longitudinal position and the vertical height of the center of gravity in the estimation process. Hence, an estimation algorithm combining HEKF and EKF was proposed by means of coefficient weighting. The flow chart of the algorithm is shown in Fig. 3. The specific steps are as follows: Firstly, set the initial state information and estimate the distance from the center of gravity to the front axle at the current moment using the HEKF algorithm. Secondly, the height of the center of gravity is estimated twice, of which, one was through HEKF, and the other was the estimation result of EKF together with the longitudinal position of the center of gravity. Moreover, weighting was performed on the height of the center of gravity obtained by the two algorithms to obtain the optimal estimation value of the height of the center of gravity at the current moment. Weighting is aimed at reducing the influence caused by the inaccurate estimation of the longitudinal position of the center of gravity at the previous moment. At last, the distance from the center of gravity to the front axle and the height of the center of gravity at the current moment are considered as the initial state at the next moment. The above steps are repeated. Two variables were decoupled from the nonlinear vehicle dynamics equation through repeated iteration.

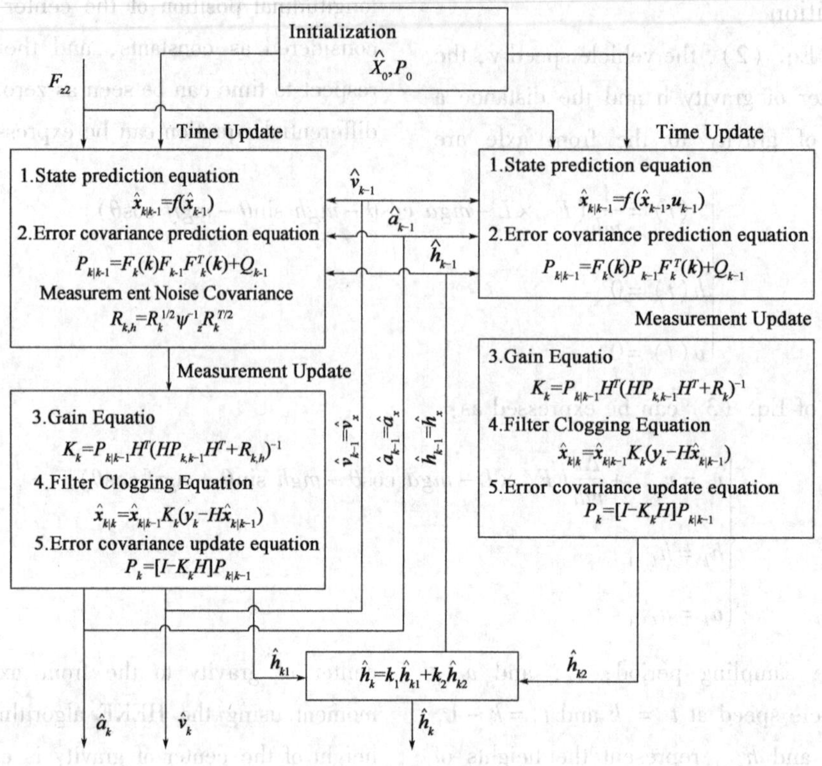

Fig. 3　The Flow Chat of Hybrid Algorithm Estimation

2.2　Extended Kalman Filter Based on Huber (HEKF)

HEKF was rarely applied to vehicle parameter estimation in the study although it was proposed early in the related literature (Boncelet et al., 1983, Karlgaard et al., 2007). By Eq. (4), the state equation can be obtained as:

$$\begin{bmatrix} v_k \\ h_k \\ a_k \end{bmatrix} = \begin{bmatrix} v_{k-1} + \Delta t(\dot{v}(t_{k-1})) \\ h_{k-1} \\ a_{k-1} \end{bmatrix} + W_{k-1} \tag{5}$$

where,

$$\dot{v}(t_{k-1}) = \frac{1}{mh_{k-1}}(F_{z2}(t_{k-1}) \cdot L - mga_{k-1}\cos\alpha - mgh_{k-1}\sin\alpha - mgrf\cos\alpha) \tag{6}$$

The observation equation is presented below:

$$y_k = [1 \quad 0 \quad 0]\begin{bmatrix} v_k \\ h_k \\ a_k \end{bmatrix} + V_k \tag{7}$$

State and observation equations of the system constituted jointly by Eq. (5) and Eq. (7) are:

$$\begin{cases} x_k = f(x_{k-1}) + W_{k-1} \\ y_k = Hx_k + V_k \end{cases} \tag{8}$$

where, x and y stand for the state variable and the observation variable, respectively; f and H are the vector function and the measurement matrix of the process equation, respectively; W and V are the process noise and measurement noise, respectively.

The standard EKF filtering process is:

$$\hat{x}_{k|k-1} = f(\hat{x}_{k-1}) \tag{9}$$

$$P_{k|k-1} = F_k(k)P_{k-1}F_k^T(k) + Q_{k-1} \tag{10}$$

$$K_k = P_{k|k-1}H^T(HP_{k|k-1}H^T + R_k)^{-1} \tag{11}$$

$$\hat{x}_{k|k} = \hat{x}_{k|k-1} + K_k(y_k - H\hat{x}_{k|k-1}) \tag{12}$$

$$P_k = [I - K_kH]P_{k|k-1} \tag{13}$$

where,

$$F_k = \frac{\partial f_k}{\partial x}(\hat{x}_{k-1}) \tag{14}$$

where, Q and R are the covariance matrices of process noise and measurement noise, respectively; P is the error covariance; and K is the Kalman gain.

Though EKF has been used in a great number of

studies as a vehicle parameter estimation algorithm, it presents a frustrating flaw that the filtering performance will be severely degraded when the measurement noise exists an outlier observation with a high pollution rate rather than complying with the single Gaussian distribution (Agamennoni et al., 2011). Sensor measurement noise with a single Gaussian distribution is an ideal condition, since a mass of measurement outliers might exist due to electromagnetic interference, equipment aging, and data transmission errors in engineering applications. EKF based on Huber's estimation is a robust filter that can effectively improve the filter's ability to restrain outliers, which is different from the standard EKF in terms of the filter gain:

$$K_k = P_{k|k-1} H^T (H P_{k|k-1} H^T + R_k)^{-1} \tag{15}$$

where,

$$R_{k,h} = R_k^{1/2} \Psi_z^{-1} R_k^{T/2} \tag{16}$$

where, Ψ_z is the robustness factor.

The performances of HKF and KF are compared in a simulation environment, as shown in Fig. 3. When the vehicle travels at a constant speed of approximately 15m/s, the mixture probability density function of random measurement errors can be expressed by Eq. (17) (Karlgaard et al., 2008):

$$p(\zeta) = \frac{1-\varepsilon}{\sqrt{2\pi}} \exp\left(-\frac{\zeta^2}{2}\right) + \frac{\varepsilon}{2b} \exp\left(-\frac{|\zeta|}{b}\right) \tag{17}$$

where, b is set to $\frac{5}{\sqrt{2}}$. e is the perturbation coefficient, being 0.5. At this time, the measurement noise is a strong non-Gaussian distribution. The vehicle speeds estimated using HKF and KF are shown in Fig. 4a). And the errors between the two filtering algorithms and the true value are presented in Fig. 4b).

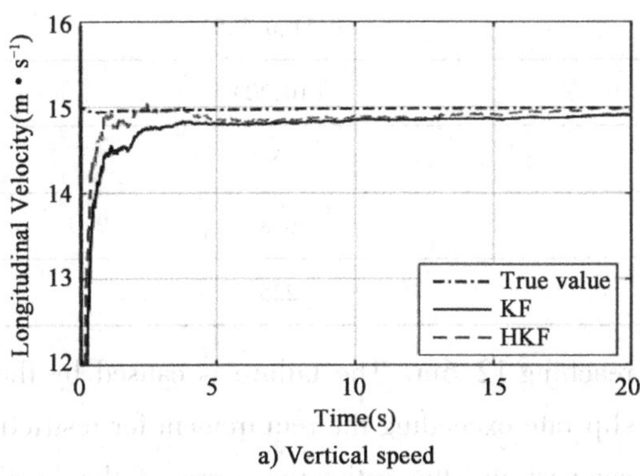

a) Vertical speed

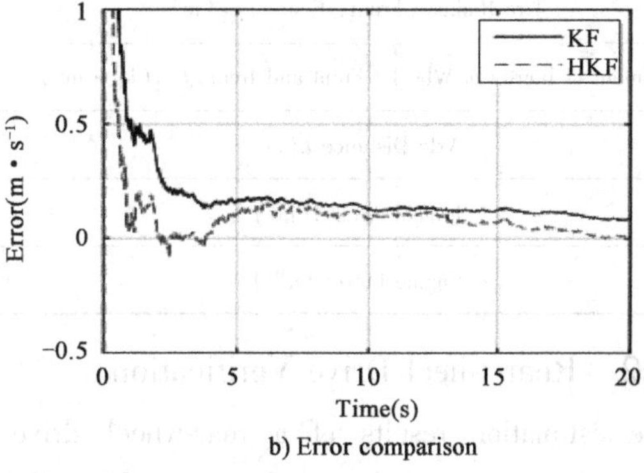

b) Error comparison

Fig. 4 Comparison of HKF and KF

It can be seen that HKF is superior to KF in terms of robustness and filtering accuracy when the measurement noise is interfered with by large outliers. The mean square error (MSE) is an important indicator to measure the error between the estimated value and the measured value. The results of the two algorithms under the working condition are shown in Tab. 1.

MSE comparison of HKF and KF Tab. 1

Filter	HKF	KF
MSE	0.4869	0.9650

2.3 Extended Kalman Filter (EKF)

The EKF in this study estimated the height of the center of gravity making use of the longitudinal position of the center of gravity of the HEKF at the previous moment. Then, the heights of the center of gravity obtained by the two algorithms were weighted to obtain the optimal estimation value of the height of the center of gravity at the current moment. In that case, the vehicle speed v and the height of the center of gravity h are selected as state variables. With the longitudinal position information of the center of gravity a as an input, after discretization, it can be expressed as:

$$\begin{cases} v_k = v_{k-1} + \frac{\Delta t}{mh}(F_{z2} \times L - mga\cos\theta - mgh\sin\theta \\ \quad - mgrf\cos\theta) \\ h_k = h_{k-1} \end{cases} \tag{18}$$

Through constructing the state and observation

equations of the system, the flow of the EKF algorithm is shown in Eq. (9) to Eq. (13). The final result is obtained through continuous iteration.

3 Test

To verify the effectiveness of the algorithm, a joint simulation experiment was conducted with the vehicle dynamics software TruckSim and Matlab/Simulink. The proposed HEKF-EKF joint estimation method and the existing center of gravity estimation method, or Huang model (Huang et al., 2014), were comparatively analyzed. Meanwhile, the weight coefficients of the HEKF and EKF center of gravity estimation results were 0.5.

3.1 Model

TruckSim was employed to set the vehicle parameters and road environment used in the simulation experiment, while Matlab/Simulink was to implement the written algorithm. A van truck LCF Van 5.5T/8.5T (s_s) with an air brake was selected. The main parameters are shown in Tab. 2.

Basic Parameters of the Vehicle Tab. 2

Parameters	Value
Mass m/kg	5762
Height of Center of Gravity h(m)	1.03
Distance between Center of Gravity and Front Axle a(m)	1.5
Distance between Center of Gravity and Rear Axle b(m)	3.5
Tire Radius (Front, Rear) $r_{1,2}$(m)	(0.51,0.528)
Moment of Inertia of Wheel (Front and Rear) $J_{1,2}$($kg \cdot m^2$)	(10,20)
Axle Distance L(m)	5
Frontal Area A(m^2)	6.8
Engine Power (kW)	225

3.2 Rear-wheel Drive Verification

The estimation results of a rear-wheel drive vehicle on a sloped road are shown in Fig. 5. Evidently, the distance between the center of gravity and the front axle in the Huang model is estimated to be 1.2m, with the height of the center of gravity reaching 12.6m. The failure is caused by the wheel slip rate exceeding the requirement for restriction. By comparison, the estimation error of the longitudinal position of the center of gravity and the vertical height of the model in this paper were both 2%, which were converged after 2s and 1.5s, respectively.

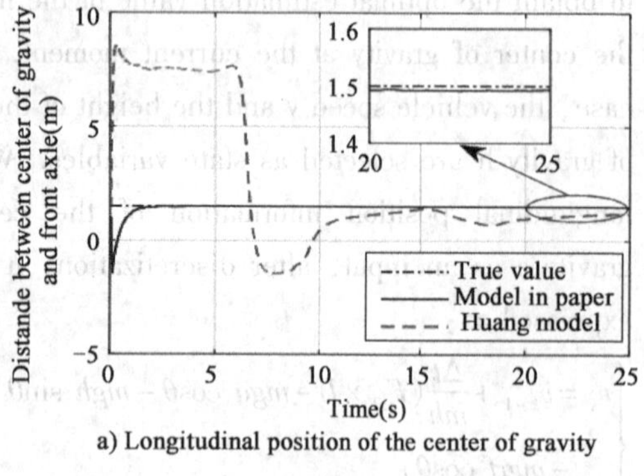

a) Longitudinal position of the center of gravity

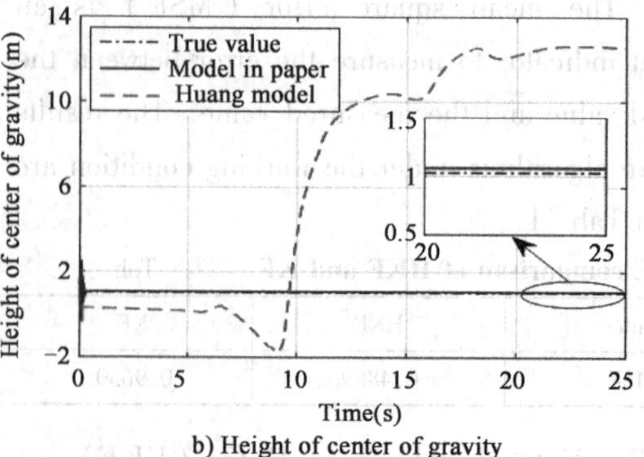

b) Height of center of gravity

Fig. 5 Estimation results of the RWD vehicle on the sloping ground

3.3 Verification of Four-wheel Drive Mode

The estimation result of the centre-of-gravity position of the four-wheel drive vehicle on a sloped road is shown in Fig. 6. In Huang ' s model, the estimation result of the center-of-gravity position from the front axle position can reach the true value faster than that in the proposed model under the action of a large excitation signal. It is because the acceleration and wheel slip rate signals were changed abruptly at 2. 5s, 8s and 16s, respectively. As a result, the estimation results also fluctuated at the corresponding position. And the proposed model witnessed a stable curve of estimated result although it was 1s slower than the Huang model over the convergence speed. Similar results can be found in the estimation of the height of the center of gravity. Compared with a flat road, the curve of the estimated value of the Huang model was fluctuated significantly with a maximum deviation of 0. 6m, though, its accuracy was improved. The estimation result of the proposed model will not be impacted by the sudden change of acceleration for it has a strong anti-interference ability.

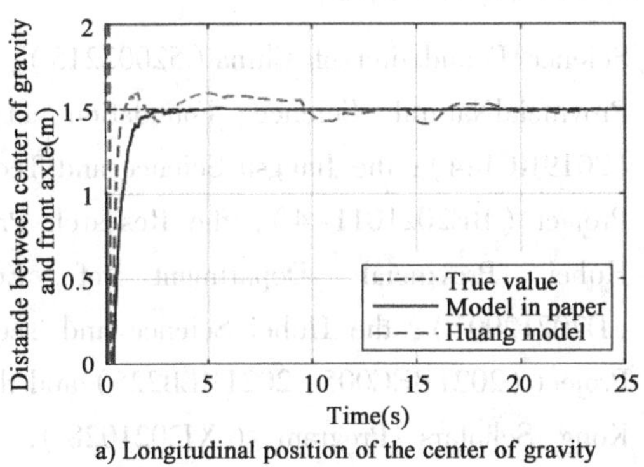

a) Longitudinal position of the center of gravity

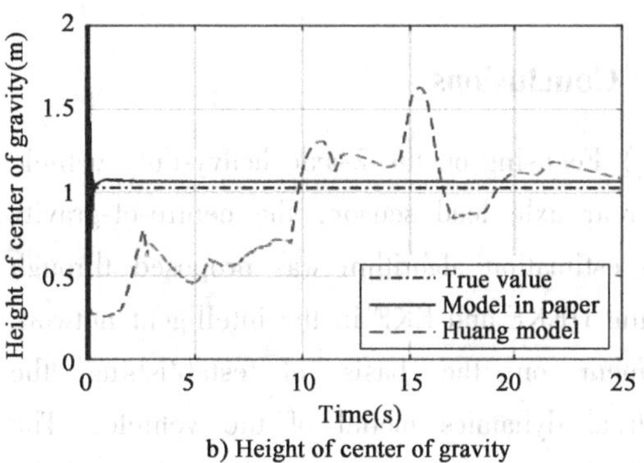

b) Height of center of gravity

Fig. 6 Estimation results of the 4WD vehicle on the sloping ground

To sum up, according to the hybrid method of HEKF-EKF, the longitudinal and vertical positions of the vehicle ' s center of gravity can be estimated effectively. The estimated error of the distance of the center of gravity to the front axle was less than 2% , and the estimated error of the height of the center of gravity was 3% with the convergence time of 2s and 1. 5s, respectively. The method proposed in this paper is superior to the existing estimation algorithms for it has a wider application range and is applicable to varied road conditions and driving methods with estimation results in higher accuracy, stronger anti-interference performance and faster convergence rate, contributing to the safety of road traffic. In the intelligent network environment, GPS information is sent through the roadside equipment, and the vehicle GPS can obtain high precision dynamic position of the vehicle speed and heading Angle information, the vehicle intelligent sensor to collect the driving state information of heavy vehicles, HEKF-EKF hybrid center of gravity position estimation method is used in the lateral instability warning problem of vehicles, lateral instability probability is calculated through the lateral instability probability model, through the cloud control system to share data with other vehicles The lateral instability probability of other vehicles can be calculated on the cloud control system to reduce the calculation force and help other vehicles to decide the most comfortable driving behavior on the premise of ensuring safety, as shown in Fig. 7.

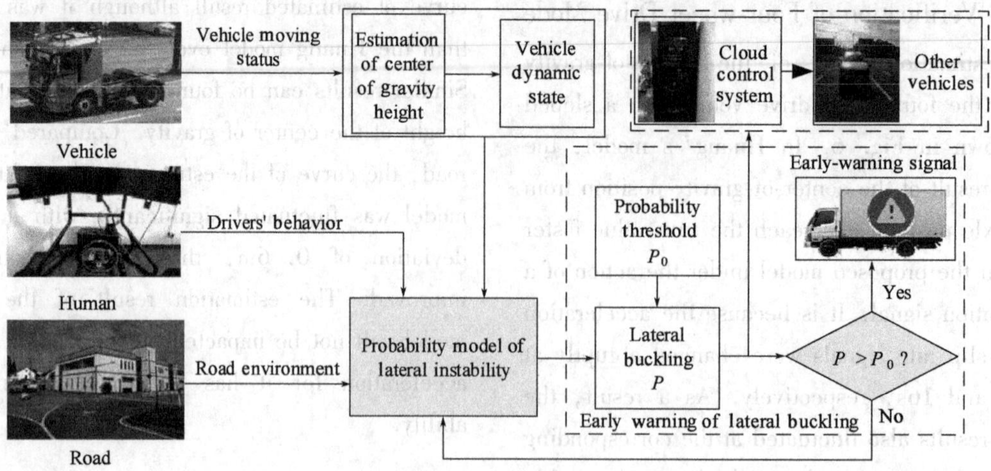

Fig. 7 Cloud control system and early warning of lateral buckling

4 Conclusions

(1) Focusing on the 2-axle heavy-duty vehicle with a rear axle load sensor, the centre-of-gravity position estimation algorithm was proposed through combining HEKF and EKF in the intelligent network environment on the basis of establishing the longitudinal dynamics model of the vehicle. The longitudinal position of the center of gravity and the vertical height can be accurately estimated through detecting the longitudinal speed and the vertical load signal of the rear axle.

(2) The HEKF-EKF estimation algorithm proposed in the intelligent network environment has an estimation error of less than 2% for the longitudinal position of the center of gravity and an estimation error of 3% for the height of the center of gravity with the convergence time of 2s and 1. 5s, respectively, according to the result of the joint simulation experiment of TruckSim and Simulink. It is characterized by higher accuracy and faster convergence speed in comparison to the existing estimation algorithm.

(3) More tests will be performed on the actual vehicle platform under varied conditions in the follow-up study to better verify the reliability and effectiveness of the proposed algorithm.

5 Acknowledgements

This work is supported by theNational Natural Science Foundation of China (52002215); Hainan ProvincialNatural Science Foundation of China (2019RC144); the Jiangsu Science and Technology Project (BE2021011-4); the Research Project of Hubei Provincial Department of Education (D20212901); the Hubei Science and Technology Project (2021BEC005, 2021BLB225) and the Hong Kong Scholars Program (XJ2021028). Special thanks go to the lion team of TSARI for providing field test data.

References

[1] Agamennoni, G., Nieto, J. I., &Nebot, E. M. (2011, May). An outlier-robust Kalman filter. In 2011 IEEE International Conference on Robotics and Automation, IEEE, 1551-1558.

[2] Boncelet, C. G., & Dickinson, B. W. (1983, December). An approach to robust Kalman filtering. In The 22nd IEEE Conference on Decision and Control, IEEE:304-305.

[3] Cheng, C., & Cebon, D. (2011). Parameter and state estimation for articulated heavy vehicles. Vehicle System Dynamics, 49(1-2): 399-418.

[4] Deng, Z., Chu, D., Tian, F., He, Y., Wu, C., Hu, Z., & Pei, X. (2017, August). Online estimation for vehicle center of gravity height based on unscented Kalman filter. In 2017 4th International Conference on Transportation

Information and Safety (ICTIS),IEEE:33-36.

[5] Fu, Z., Hu, Q., & Li, B. (2021). Adaptive online estimation of centre of gravity height for commercial vehicles. International Journal of Heavy Vehicle Systems, 28(2):206-225.

[6] González, D., Pérez, J., Milanés, V., &Nashashibi, F. (2015). A review of motion planning techniques for automated vehicles. IEEE Transactions on Intelligent Transportation Systems, 17(4):1135-1145.

[7] Huang, X., & Wang, J. (2014). Real-time estimation of center of gravity position for lightweight vehicles using combined AKF-EKF method. IEEE Transactions on Vehicular Technology, 63(9):4221-4231.

[8] Imine, H., Fridman, L., & Madani, T. (2015). Identification of vehicle parameters and estimation of vertical forces. International Journal of Systems Science, 46 (16): 2996-3009.

[9] Karlgaard, C. D., & Schaub, H. (2007). Huber-based divided difference filtering. Journal of guidance, control, and dynamics, 30 (3):885-891.

[10] Karlgaard, C., & Schaub, H. (2008, August). Adaptive huber-based filtering using projection statistics: Application to spacecraft attitude estimation. In AIAA Guidance, Navigation and Control Conference and Exhibit (p. 7389).

[11] Lin, C., Gong, X., Xiong, R., & Cheng, X. (2017). A novel H ∞ and EKF joint estimation method for determining the center of gravity position of electric vehicles. Applied energy, 194, 609-616.

[12] Ma, Y., Wang, Z., Yang, H., & Yang, L. (2020). Artificial intelligence applications in the development of autonomous vehicles: a survey. IEEE/CAA Journal of Automatica Sinica, 7(2):315-329.

[13] Qu, S., Wang, W., Wan, J., Gu, Z., Yang, J., & Chu, D. (2019, July). Curve Speed Modeling and Factor Analysis Considering Vehicle-road Coupling Effect. In 2019 5th International Conference on Transportation Information and Safety (ICTIS), IEEE: 1127-1131.

[14] Rajamani, R., Piyabongkarn, D., Tsourapas, V., & Lew, J. Y. (2011). Parameter and state estimation in vehicle roll dynamics. IEEE Transactions on Intelligent Transportation Systems, 12(4):1558-1567.

[15] Reineh, M. S., Enqvist, M., & Gustafsson, F. (2014, December). IMU-based vehicle load estimation under normal driving conditions. In 53rd IEEE Conference on Decision and Control,IEEE:3376-3381.

[16] Rodríguez, A. J., Sanjurjo, E., Pastorino, R., &Naya, M. Á. (2021). State, parameter and input observers based on multibody models and Kalman filters for vehicle dynamics. Mechanical Systems and Signal Processing, 155, 107544.

[17] Rozyn, M., & Zhang, N. (2010). A method for estimation of vehicle inertial parameters. Vehicle system dynamics, 48(5):547-565.

[18] Shen, B. , Zhang, Z. , Liu, H. , Li, S. , & Zhao, L. (2018). Research on a conflict early warning system based on the active safety concept. Journal of advanced transportation, 2018(PT.4):1-11.

[19] Solmaz, S., Akar, M., Shorten, R., & Kalkkuhl, J. (2008). Real-time multiple-model estimation of centre of gravity position in automotive vehicles. Vehicle System Dynamics, 46(9):763-788.

[20] Wenzel, T. A., Burnham, K. J., Blundell, M. V., & Williams, R. A. (2006). Dual extended Kalman filter for vehicle state and parameter estimation. Vehicle system dynamics, 44(2):153-171.

[21] Yu, Z., & Wang, J. (2017). Simultaneous

estimation of vehicle's center of gravity and inertial parameters based on Ackermann's steering geometry. Journal of Dynamic Systems, Measurement, and Control, 139 (3).

[22] Yue, H., Zhang, L., Shan, H., Liu, H., & Liu, Y. (2015). Estimation of the vehicle's centre of gravity based on a braking model. Vehicle System Dynamics, 53 (10): 1520-1533.

[23] Zheng, H., Ma, S., & Liu, Y. (2018). Vehicle braking force distribution with electronic pneumatic braking and hierarchical structure for commercial vehicle. Proceedings of the Institution of Mechanical Engineers, Part I: Journal of Systems and Control Engineering, 232(4):481-493.

基于前车状态预测的自适应巡航预测控制策略

谷 淦* 田 彬 徐志刚

(长安大学信息工程学院)

摘 要 自适应巡航控制(ACC)系统在提高交通安全、增加交通吞吐量和节约能源等方面展示出了巨大优势,模型预测控制(MPC)也成功地应用于多目标车辆 ACC 的控制中。传统 MPC 方法通常假设预测时域内的前车加速度不变,将其设为与现实情况不符的固定值,这会造成模型失配问题并会对 ACC 车辆的跟驰性能造成一定影响。为此,本文提出了一种基于前车状态预测的自适应巡航预测控制策略。首先基于前车的历史加速度信息,利用长短时记忆(LSTM)网络预测前车的未来加速度轨迹,然后将预测轨迹应用到自适应巡航系统的 MPC 框架中作为扰动,充分利用了模型预测阶段的算法自由度。最后,通过 Matlab 数值分析平台,将本方法与传统 MPC 方法在 NGSIM 真实驾驶工况下进行对比仿真实验。仿真测试结果表明,本文方法使跟驰车辆的加速度和加加速度曲线更加平缓,在保证车辆跟驰安全的前提下提高了车辆的舒适性和燃油经济性。

关键词 自适应巡航控制系统 模型预测控制 LSTM 加速度轨迹预测 优化控制

0 引言

先进的驾驶辅助系统(ADAS)不仅有潜力提高交通安全和驾驶安全,而且可以减少交通拥堵[1]。随着新的传感器技术和控制算法的发展,ADAS 系统中的自适应巡航控制(ACC)系统已经被开发出来,以提高驾驶的安全性和效率[2]。根据雷达或激光雷达测量的距离和速度差[3],ACC 系统通过调整车辆的纵向速度从而与前一辆车保持一个预期的跟随距离或保持恒定的速度。在多数跟驰场景下,ACC 系统可以很好地充当驾驶员角色,在较大程度上减少驾驶员的工作量并提高车辆使用的便捷性[4]。

ACC 的体系结构通常是分层控制结构,由上层系统和下层系统组成[5]。上层算法计算所期望的纵向加速度或速度,下层控制系统通过控制油门和车辆制动来跟踪所期望的数值[6]。ACC 系统的上层控制系统已经得到了 PID[7]、SMC[8]、MPC[9] 等许多经典控制算法的成功应用和实现,其中模型预测控制(MPC)是一种有效处理约束条件的最优控制方法,它具有预测和约束处理的优点,其中预测允许算法考虑系统的未来动态,而约束处理则使输出更平滑。Li 等[10]提出了基于 MPC 的多目标 ACC 系统,该系统同时考虑了跟驰能力、驾驶员的期望响应和燃油等多项因素,并采用"约束软化"方法对可行域进行了扩展。Munir 和 Junzhi[11]

1. 基金项目:国家重点研发计划课题,高速公路车路协同系统架构与测试关键技术(2019YFB1600100)。

改变了 MPC 的加权参数，以适应多种驾驶工况。

然而，传统 MPC 方法通常假设预测时域内的前车加速度不变，将其设为与现实情况不符的固定值，这会造成模型失配问题，使传统模型预测控制算法求取的最优解产生一定程度的偏差，从而对 ACC 车辆的跟驰性能造成影响。对此，文献[12]采取最小二乘的方法预测了前车未来加速度的变化规律，文献[13]采取高斯过程回归方法对前车未来加速度进行预测，通过将预测轨迹应用到自适应巡航系统的 MPC 框架中作为扰动，改善了控制效果.

为此，本文提出了一种基于前车状态预测的自适应巡航预测控制策略。首先基于前车的历史加速度信息，利用长短时记忆（LSTM）网络预测前车的未来加速度轨迹。然后将预测轨迹应用到自适应巡航系统的 MPC 框架中作为扰动，充分利用了模型预测阶段的算法自由度。最后，通过 Matlab 数值分析平台，将本方法与传统 MPC 方法在 NGSIM 真实驾驶工况下进行对比仿真实验。仿真测试结果表明，本文方法使跟驰车辆的加速度和加加速度曲线更加平缓，在保证车辆跟驰安全的前提下提高了车辆的舒适性和燃油经济性。

1 自适应巡航控制系统建模

1.1 跟驰模型

图 1 所示为自适应巡航系统中领导-跟随式跟驰模型的纵向运动学关系。本文采用恒车头时距作为间距策略，其定义为跟驰车辆根据自身速度 v_f 的不同始终与前车保持恒定的车头时距 t_d。由此，车辆间的理想间距 d_{des} 可由式(1)表示：

$$d_{des} = t_d v_f + d_0 \tag{1}$$

式中：d_0——停车安全距离。

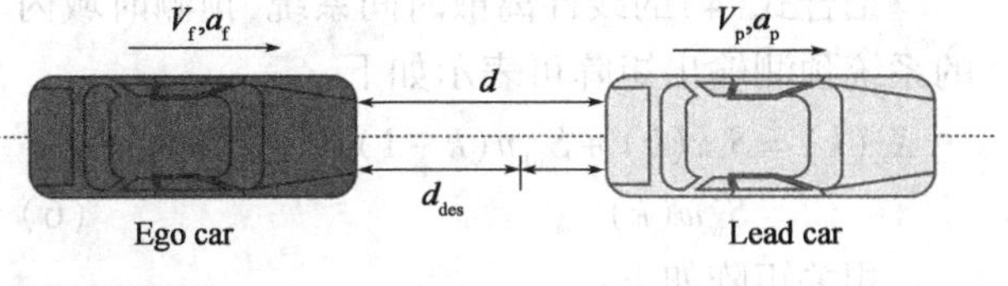

图 1　跟车模型示意图

在车辆跟驰期间，由于前车的动态变化，实际距离 d 时常在理想间距 d_{des} 附近变化，其变化幅度称为间距误差。则车间动力学关系可由式(2)表达：

$$\begin{cases} \Delta d = d_{des} - d \\ \Delta v = v_p - v_f \end{cases} \tag{2}$$

式中：v_p——前车速度；

Δv——速度误差。

车辆的纵向动力学关系由以下线性微分方程描述：

$$\tau \dot{a} + a = a_{des} \tag{3}$$

式中：τ——发动机时间常数；

a_{des}——本车当前时刻控制器求取的理想加速度。

结合式(1)～式(3)，车辆自适应巡航控制系统的三态状态空间模型描述如下：

$$\dot{x} = A^* \cdot x + B_u^* \cdot u + B_d^* \cdot \omega \tag{4}$$

其中，各参数矩阵为：$A* = \begin{pmatrix} 0 & 1 & -t_d \\ 0 & 0 & -1 \\ 0 & 0 & -1/\tau \end{pmatrix}$，

$B_u^* = \begin{pmatrix} 0 \\ 0 \\ 1/\tau \end{pmatrix}$，$B_d^* = \begin{pmatrix} 0 \\ 1 \\ 0 \end{pmatrix}$，

其中，$x = [\Delta d \Delta v a]T$、$u = a_{des}$ 和 $\omega = a_p$ 分别为状态量、控制输入量及外部干扰。

采用前向欧拉法离散化上式可得跟车模型的离散化形式：

$$x(k+1) = Ax(k) + B_u u(k) + B_d \omega(k) \tag{5}$$

其中，$A = T_s A^* + I$；$B_u = T_s B_u{}^*$；$B_d = T_s B_d{}^*$。

2.1 自适应巡航系统控制结构

如图 2 所示，ACC 系统的整个控制体系结构为分层结构，由三部分组成：

(1)利用 LSTM 预测前车加速度轨迹；

(2)将预测轨迹应用到自适应巡航系统的 MPC 框架中作为扰动，计算期望纵向加速度；

(3)下层加速度跟踪器跟踪期望加速度。本文主要研究 ACC 上层控制器的设计。

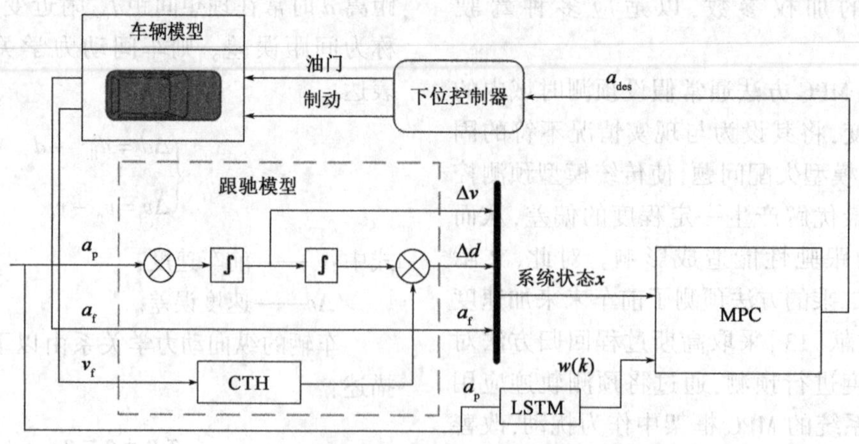

图 2　ACC 系统结构图

2　前车加速度 LSTM 预测

LSTM 在应对时序问题时展现出强大的信息挖掘能力和深度表征能力，在处理轨迹序列方面得到了许多研究者的关注与肯定。本文以加速度作为车辆的行驶特征来构建行驶预测模型，建立历史车辆加速度轨迹与未来车辆加速度轨迹特征数据之间的映射关系。如图 3 所示，为了实现车辆的加速度轨迹预测，将 $t\in[t\text{-}n,t)$ 连续 n 个时刻的车辆加速度轨迹 $X_{\mathrm{LSTM}}(t)$ 作为网络输入特征，模型输出为 $t\in[t+1,t+p\text{-}1)$ 连续 p-1 时刻的车辆未来加速度轨迹 $Y_{\mathrm{LSTM}}(t)$。

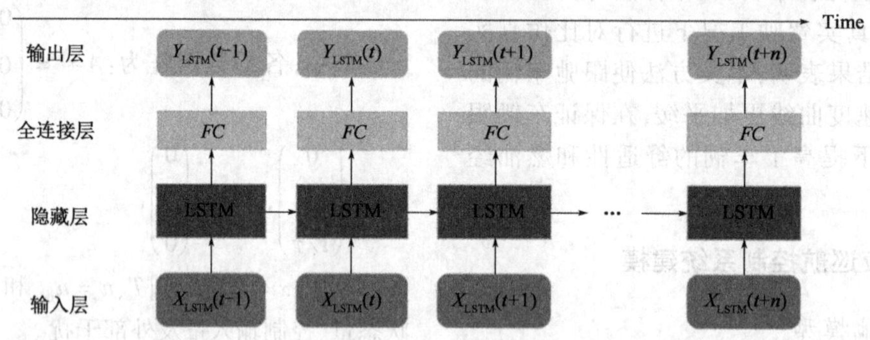

图 3　LSTM 预测结构图

综上所示，整个车辆加速度轨迹预测模型的表达过程为：

$$\begin{cases} Y_{\mathrm{LSTM}}(t)=f_{\mathrm{LSTM}}(X_{\mathrm{LSTM}}(t)) \\ X_{\mathrm{LSTM}}(t)=\{a(t-n+1)\cdots a(t-1),a(t)\} \\ Y_{\mathrm{LSTM}}(t)=\{a(t+1)\cdots a(t+p-2),a(t+p-1)\} \end{cases} \tag{5}$$

将当前时刻的加速度 $a(t)$ 与 p-1 个时刻的车辆未来加速度轨迹 $Y_{\mathrm{LSTM}}(t)$ 组合为预测时域 p 内的前车加速度轨迹矩阵 $W(k)$。

3　基于前车状态预测的模型预测控制算法

本文 MPC 与传统 MPC 的主要区别在于：在模型预测阶段，传统 MPC 使用的是前车的恒定加速度信息，而本文 MPC 利用的是 LSTM 预测的前车加速度轨迹 。

结合式(4)的线性离散时间系统，预测时域内的系统预测输出矩阵可表示如下：

$$X_p(k)=S_x x(k)+S_{u1}u(k-1)+S_{u2}\Delta U(k)+S_w w(k) \tag{6}$$

相关矩阵如下：

$$X_p(k)=\begin{bmatrix}x(k+1)\\x(k+2)\\\cdots\\x(k+p)\end{bmatrix}_{p\times1};\Delta U(K)=\begin{bmatrix}\Delta u(k)\\\Delta u(k+1)\\\cdots\\\Delta u(k+m-1)\end{bmatrix}_{m\times1};W(k)=\begin{bmatrix}a(k)\\a_{\mathrm{LSTM}}(k+1)\\\cdots\\a_{\mathrm{LSTM}}(k+p-1)\end{bmatrix}_{p\times1}$$

$$S_x=\begin{bmatrix}A\\A^2\\\cdots\\A^p\end{bmatrix}_{p\times1};S_{u1}=\begin{bmatrix}B\\B+AB\\\cdots\\\sum_{i=1}^{p}A^{i-1}B\end{bmatrix}_{p\times1};S_w=\begin{bmatrix}B_d&0&0&\cdots&0\\AB_d&B_d&0&\cdots&0\\\cdots&\cdots&\cdots&&\cdots\\A^{p-1}B_d&A^{p-2}B_d&A^{p-3}B_d&\cdots&B_d\end{bmatrix}_{p\times p}$$

$$S_{u2}=\begin{bmatrix}B_u&0&0&\cdots&0\\\sum_{i=1}^{2}A^{i-1}B_u&B&0&\cdots&0\\\cdots&\cdots&\cdots&\cdots&\cdots\\\sum_{i=1}^{m}A^{i-1}B_u&\sum_{i=1}^{m-1}A^{i-1}B_u&\cdots&\cdots&B_u\\\cdots&&\cdots&\cdots&\cdots\\\sum_{i=1}^{p}A^{i-1}B_u&\sum_{i=1}^{p-1}A^{i-1}B_u&\cdots&\cdots&\sum_{i=1}^{p-m+1}A^{i-1}B_u\end{bmatrix}_{p\times m}$$

在时刻 k,以 $x(k)$ 作为初始系统状态,由上式可以预测出 $k+1$ 至 $k+p$ 时刻的系统状态。

3.1 性能指标函数

考虑安全、燃油和舒适三项因素,系统的性能指标可定义为:

$$J=J_1+J_2+J_3 \tag{7}$$

式中,J、J_1、J_2、J_3 分别为综合指标、安全性能指标、燃油经济性指标和乘客舒适性指标。

3.1.1 安全性能指标

$$J_1=\omega_{\Delta d}\Delta d^2+\omega_{\Delta v}\Delta v^2 \tag{8}$$

式中:$\omega_{\Delta d}$——距离误差权重系数;

$\omega_{\Delta v}$——速度误差权重系数。

3.1.2 燃油经济性指标

$$J_2=\omega_{a_f}a_f^{\,2}+\omega_u u^2 \tag{9}$$

式中:ω_{a_f}——车辆加速度的权重系数;

ω_u——系统控制量的权重系数。

3.1.3 乘客舒适性目标

$$J_3=\omega_{\Delta u}\Delta u^2 \tag{10}$$

式中:$\omega_{\Delta u}$——控制量的变化率 Δu 的权重系数。

将优化问题转化为加权形式的值函数:

$$\begin{aligned}J(x(k),u(k-1),\Delta U(k),p,m)&=J_1+J_2+J_3\\&=\sum_{i=1}^{P}\|\Delta d(k+i\mid k)\|^2_{\omega_{\Delta d}}+\sum_{i=1}^{P}\|\Delta v(k+i\mid k)\|^2_{\omega_{\Delta v}}+\\&\quad\sum_{i=1}^{P}\|a_f(k+i\mid k)\|^2_{\omega_{af}}+\sum_{i=1}^{m}\|u(k+i-1\mid k)\|^2_{\omega_u}+\sum_{i=1}^{m}\|\Delta u(k+i-1\mid k)\|^2_{\omega_{\Delta u}}\\&=\sum_{i=1}^{P}\|\boldsymbol{x}(k+i\mid k)\|^2_{\omega_x}+\sum_{i=1}^{m}\|u(k+i-1\mid k)\|^2_{\omega_u}+\sum_{i=1}^{m}\|\Delta u(k+i-1\mid k)\|^2_{\omega_{\Delta u}}\end{aligned} \tag{11}$$

式中:ω_x、$\omega_{\Delta u}$——加权矩阵;

p、m——分别为预测时域长度和控制时域长度。

3.2 系统约束及其软化处理

引入参数约束保证系统性能的同时,也需要引入松弛变量保证目标函数有解。如前车处于急加减速的恶劣工况时,部分约束条件无法得到满足,此时应该扩大系统输入变化范围以保证函数有解,避免出现求解失败的现象。

引入松弛变量作为罚函数得到新的目标优化函数：

$$J(x(k),u(k-1),\Delta U(k),p,m,\varepsilon)$$
$$=J(x(k),u(k-1),\Delta U(k),p,m)+\varepsilon^{\mathrm{T}}\rho\varepsilon$$

式中：ρ——惩罚因子；

ε——松弛变量。

至此，目标函数可以写成带约束的二次规划问题：

$$\min_{\Delta U(k)} J(x(k),u(k-1),\Delta U(k),p,m,\varepsilon)$$

$$subj.\ to:$$

$$\begin{cases}\Delta v_{\min}+\varepsilon v_{\min}^{\Delta v}\leqslant\Delta v(k)\leqslant\Delta v_{\max}+\varepsilon v_{\max}^{\Delta v}\\ a_{\min}+\varepsilon v_{\min}^{a}\leqslant a(k)\leqslant a_{\max}+\varepsilon v_{\max}^{a}\\ u_{\min}+\varepsilon v_{\min}^{u}\leqslant u(k)\leqslant u_{\max}+\varepsilon v_{\max}^{u}\\ \Delta u_{\min}+\varepsilon v_{\min}^{\Delta u}\leqslant\Delta u(k)\leqslant\Delta u_{\max}+\varepsilon v_{\max}^{\Delta u}\end{cases} \tag{12}$$

式中：$v_{\min}^{\Delta v}$、$v_{\max}^{\Delta v}$、$v_{\min}^{a}$、$v_{\max}^{a}$、$v_{\min}^{u}$、$v_{\max}^{u}$、$v_{\min}^{\Delta u}$、$v_{\max}^{\Delta u}$——分别为硬约束上限的松弛系数。

4 实验及结果分析

4.1 数据源及预处理

从NGSIM数据(US1010805am ~ 0820am)中选取了一个实际的动态剖面来评估所提出的方法与实际交通的关系。在NGSIM数据中选择了ID为513的车辆加速度作为前车的加速度曲线，该车辆具有加速、巡航、减速、扰动等各种典型动力学特性，可以充分测试纵向控制器的性能。该车辆共1019个数据点，记录时间步长0.1s。因此，总时长约为100s。

在实验中，我们使用Savitzkg-Golag平滑算法对车辆加速度轨迹进行平滑处理，消除噪声。取前80%的数据作为训练集，后20%的数据作为测试集。由于NGSIM的数据点有限，训练数据的数量明显低于正常需求(约10000点)。然而，LSTM预测仍然可以提高ACC系统的性能。

4.2 结果分析

仿真测试环境选择MATLAB实现车辆自适应巡航的三阶车辆动力学模型、间距策略以及相应的控制策略。仿真对象由两辆自动驾驶智能网联汽组成，包含一辆头车和一辆跟驰车辆。其中，头车加速度曲线取自NGSIM的真实驾驶工况数据。在起始阶段，各车辆以23.75m·s−1的初始速度行驶，并保持理想间距。仿真采样时间为0.1s。选取传统MPC作对比，实验仿真参数设置见表1。

仿真参数列表 表1

名称	参数设置	名称	参数设置
t_d	0.8	τ	0.5
p	10	m	5
w_x	diag(10,8,3)	w_u	3
$w_{\Delta u}$	0.1	ρ	0.8
$x_{\min}$	(0, −5, −8)	$x_{\max}$	(10,5,8)
$u_{\min}$	−8	$u_{\max}$	8
$\Delta u_{\min}$	−10	$\Delta u_{\max}$	10
$v^{\Delta v}{}_{\min}$	−0.8	$v^{\Delta v}{}_{\max}$	0.8
$v^{a}{}_{\min}$	−0.1	$v^{a}{}_{\min}$	0.1
$v^{u}{}_{\min}$	−0.01	$v^{u}{}_{\max}$	0.01
$v^{\Delta u}{}_{\min}$	0	$v^{\Delta u}{}_{\max}$	0

由图4、图5可以看出，本文改进MPC和传统MPC方法下的自车速度、加速度变化趋势大致一样。由于传统MPC方法假定在预测时域内前车加速度为恒定值，所以预测输出会出现偏差。当前车频繁进行加减速时，其加速度形成一个个波峰和波谷构成的曲线。在波峰处，例如11 ~ 12s的波峰，传统MPC假定预测时域内前车仍以较大的加速度加速行驶，导致自车加速度偏大，而基于前车状态预测的MPC方法能预知波峰右半侧的加速度下降趋势，故其车速会比传统MPC方法的车

速慢。在波谷处，例如 4 ~ 5s 处的波谷，传统 MPC 假定预测时域内前车仍以较大的减速度加速行驶，导致自车减速度偏大，车速下降更剧烈，而基于前车状态预测的 MPC 方法能预知波峰右半侧的加速度上升趋势，故其车速会比传统 MPC 方法的车速下降更平缓。在 6 ~ 10s 段的定速巡航状态下，LSTM 能通过预测前车加速度的变化，让较小加速度的正负扰动能在预测时域内进行一定程度的抵消，从而使巡航曲线更平滑。综合来看，LSTM 能有效地预测前车加速度变化，帮助自车避免不必要的加减速行为，使速度和加速度变化更加平缓，在保证车辆跟驰安全的前提下提高了车辆的燃油经济性。

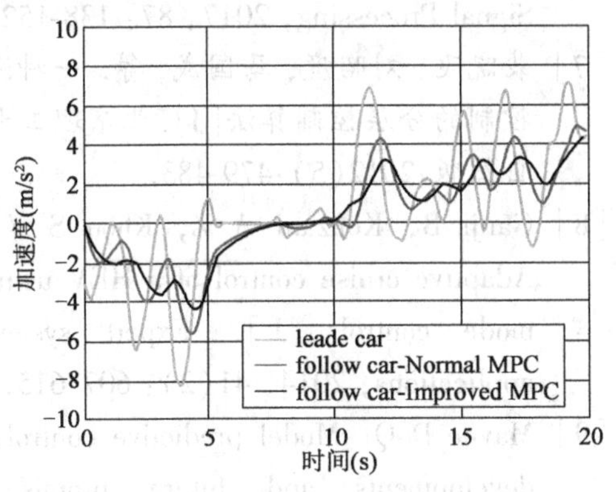

图 4　车辆加速度变化曲线图

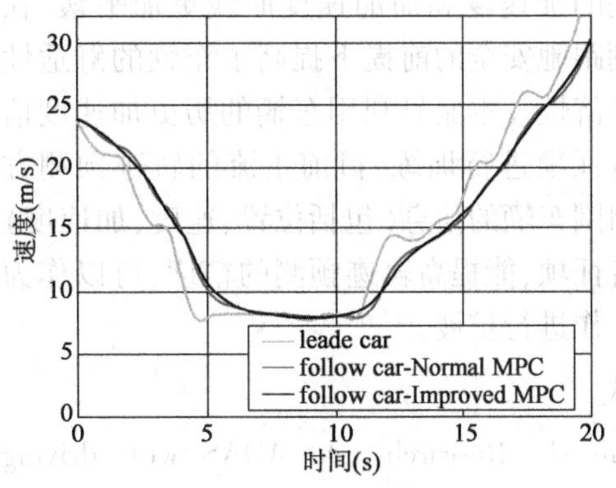

图 5　车辆速度变化曲线

车辆加速度变化率曲线如图 6 所示，改进 MPC 下的自车，其加加速度峰值降低了 45.40%，而且变化更加平滑。过大纵向加加速度会让驾驶员感到不适。因此，改进模型预测制算法更具有舒适性。

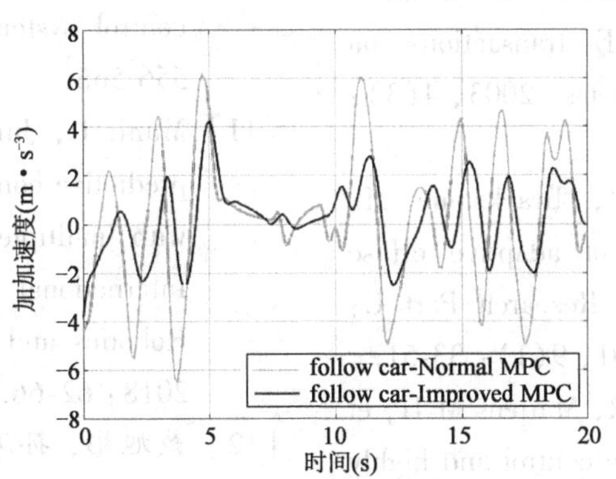

图 6　车辆加加速度变化曲线

两种 MPC 关于峰值加速度和峰值加加速度的具体对比见表 2。

MPC 性能对比　　表 2

项　目	传统 MPC	改进 MPC	改善
峰值加速度(m/s^2)	4.9143	4.2188	16.48%
峰值加加速度(m/s^3)	6.1465	4.2274	45.40%

由表分析可知：改进 MPC 在峰值加速度和峰值加加速度 2 项指标中均比传统 MPC 有所改善，其中峰值加加速度改善达到了 45.40%。

5　结语

针对自适应巡航系统中前车加速度设为定值造成的模型失配问题，以及考虑安全、燃油、舒适等多目标，提出了一种基于前车状态预测的自适应巡航预测控制策略。首先基于前车的历史加速度信息,利用长短时记忆(LSTM)网络预测前车的未来加速度轨迹,然后将预测轨迹应用到自适应巡航系统的MPC框架中作为扰动,充分利用了模型预测阶段的算法自由度。最后,通过Matlab数值分析平台,将本方法与传统MPC方法在NGSIM真实驾驶工况下进行对比仿真实验。本文方法使跟驰车辆的加速度和加加速度曲线更加平缓,在保证车辆跟驰安全的前提下提高了车辆的舒适性和燃油经济性。本文只利用车辆的历史加速度信息作为特征项进行训练,目前主流的轨迹预测方法会将周围车辆的信息(包括位置、速度、加速度)等作为特征项,能提高轨迹预测的精度,可以作为下一步工作进行扩展。

参考文献

[1] Inoue H. Research into ADAS with driving intelligence for future innovation [C]//2014 IEEE International Electron Devices Meeting. IEEE, 2014: 1.3. 1-1.3. 7.

[2] Vahidi A, Eskandarian A. Research advances in intelligent collision avoidance and adaptive cruise control [J]. IEEE transactions on intelligent transportation systems, 2003, 4(3): 143-153.

[3] Marsden G, McDonald M, Brackstone M. Towards an understanding of adaptive cruise control[J]. Transportation Research Part C: Emerging Technologies, 2001, 9(1): 33-51.

[4] De Winter J C F, Happee R, Martens M H, et al. Effects of adaptive cruise control and highly automated driving on workload and situation awareness: A review of the empirical evidence [J]. Transportation research part F: traffic psychology and behaviour, 2014, 27: 196-217.

[5] Li S E, Jia Z, Li K, et al. Fast online computation of a model predictive controller and its application to fuel economy-oriented adaptive cruise control [J]. IEEE Transactions on Intelligent Transportation Systems, 2014, 16 (3): 1199-1209.

[6] Zhu M, Chen H, Xiong G. A model predictive speed tracking control approach for autonomous ground vehicles [J]. Mechanical Systems and Signal Processing, 2017, 87: 138-152.

[7] 裴晓飞, 刘昭度, 马国成, 等. 一种汽车巡航控制的分层控制算法[J]. 北京理工大学学报自然版,2012(5):479-483.

[8] Ganji B, Kouzani A Z, Khoo S Y, et al. Adaptive cruise control of a HEV using sliding mode control [J]. Expert systems with applications, 2014, 41(2): 607-615.

[9] Mayne D Q. Model predictive control: Recent developments and future promise [J]. Automatica, 2014, 50(12): 2967-2986.

[10] Li S, Li K, Rajamani R, et al. Model predictive multi-objective vehicular adaptive cruise control [J]. IEEE Transactions on control systems technology, 2010, 19 (3): 556-566.

[11] Munir U, Junzhi Z. Weight changing model predictive controller for adaptive cruise control with multiple objectives [C]//2018 IEEE International Conference on Mechat-ronics, Robotics and Automation (ICMRA). IEEE, 2018: 62-66.

[12] 戴旭彬, 孙涛, 夏维. 基于MPC的自适应巡航算法改进研究 [J]. Journal of Mechanical & Electrical Engineering, 2018, 35(6).

[13] 何德峰, 彭彬彬, 顾煜佳, 等. 基于高斯过程回归的车辆巡航系统学习预测控制[J]. 上海交通大学学报, 2020, 54 (9): 904-909.

通过匝道段的高速公路货车编队控制策略优化与仿真实现

常云涛*[1] 孙 垚[2] 曹 阳[1] 唐依婷[1]
(1. 同济大学交通运输工程学院;2. 浙江数智交院科技股份有限公司)

摘 要 高速公路通过匝道区段时的交通条件有别于基本路段,货车编队通过时需要有相应的控制策略。本文分析了高速公路上下匝道区段的环境车辆与编队车辆之间的相互影响,以编队长度和追赶组队距离作为控制变量,以匝道区段所有车辆的延误最优为目标构建货车编队控制模型,并在SUMO仿真环境下设计实现相应的场景测试。仿真结果显示:货车编队能降低货运车延误58%以上,而综合平均延误降低10% ~20%。这表明在不同的流量水平下合理地控制编队长度和追赶组队距离能够有效实现货车编队效率和车辆上下匝道效率之间的平衡。

关键词 CAV仿真与测试 货车编队 控制策略 高速公路 匝道区段 SUMO仿真

0 引言

陆路货运是我国货运系统的重要组成部分,其中高速公路作为陆路货运的重要载体,承担了公路货运总量的49.94%[1]。近年来车联网(Connected Vehicle Technology, CVT; Internet of Vehicles, IOV)成为智能交通发展的新方向。在这之中,由于能够提升燃油经济性、长途行进的平稳性及道路交通利用率等优点,高速公路货车编队的控制策略成为一个重要的研究方向。

近年来,针对货车编队的先进控制方法不断被提出。Turri等[2]提出一种具有分层结构的货车编队控制系统,使得每辆车都获得最佳燃油经济性,且整体的燃油经济性提升12%;Calvert等[3]将货车编队与周边交通的相互影响分成纵向效应和车辆相互作用效应,前者包括交通稳定性等直接影响纵向交通的因素,后者指对车辆之间相互作用产生的影响,对于货车编队主要指扰流和对交织区的影响;Margreiter等[4-5]指出:货车编队车辆的同质性越高,对交通的正面影响越高,即货车的型号、编队策略越相似,编队越能带来交通能力的提升;Wang等[6]通过仿真研究发现,当货车编队的合并策略较为松散(车间距适当增大以让换道车辆顺利通行)时,对周边交通的影响较小。

但是,现有大部分研究聚焦于货车编队本身或者单辆货车在安全性、效率性和燃油经济性的表现,对货车编队与周边交通的相互影响的研究相对有限。由于货车编队在高速公路上运行,与周边交通环境会产生相互影响作用,尤其是当车队通过上下匝道区段时,有主线分流驶出高速公路和匝道汇流进入高速公路的的情景。这样的交通环境对货车编队策略优化产生怎样的影响,正是本文研究的主要内容。

1 上下匝道交通对主线货车编队的影响

首先,货车编队行驶在不同车道上,将会对高速公路的交通产生不同影响。当编队行驶在外侧车道时,由于编队较长,且内部间距很小,导致上下匝道车辆无法穿越,对上下匝道交通影响较大。目前大多数国家法律规定货车不能行驶在内侧车道,因此,本文只考虑货车专用车道在外侧的情况,且规定专用车道在上下匝道前后500m向其他车辆开放,以便其他车辆上下高速公路匝道。

其次,货车编队长度与匝道交通也有相互影响作用。从货车本身的通行效率看,编队越长则

1. 基金项目:①智慧高速关键技术研究及应用示范——智慧高速人车路协同信息交互关键技术研究及应用示范(浙江省科技厅课题编号:2020C01057);②城市道路车辆空间行驶工况机理解析与建模(上海科委基金项目:17ZR1431800)。

通行能力越大;且车辆数越多,队列的平均阻力系数越小,燃油消耗和废弃排放越少[7]。但编队越长,对生态效益、成本效益及合流区通行能力的有益影响减弱,反而对车间通信和算力提出更高的要求[8-9]。编队过长时对邻近车道的交通也会产生明显影响,周围车辆难以借道超车,当头车与车队前方插入的换道车辆距离较小时易发生危险[10]。对于匝道交通,影响则更为明显:当货车编队过长时,上、下匝道的车辆都可能需要减速等待货车通过。货车编队越长,对匝道上下交通造成阻挡干扰的概率越大,从而影响上下匝道交通的通行效率。

2　考虑匝道交通影响的货车编队控制模型

2.1　基于CACC控制的货车编队策略框架

货车编队控制系统即协作式自适应巡航控制系统(CACC),能够使2辆或以上的货车像整体一样较为紧密地实现协同驾驶行为。在相关研究中,位于货车编队第一位置的车辆(头车)一般由人工驾驶,而编队中其余位置的货车会根据前货车的动作自动制动,转向和减速[11]。

在道路上,若干货车在以编队形式行驶时,会根据不同情况做出如拆分、追赶和保持编队等的操作,具体控制框架参考Xiao等[12]的研究并加以修改,如图1所示。其中,V_i、X_i分别表示第i辆车的速度和位置,V_{i-1}、X_{i-1}分别表示第$i-1$辆车的速度和位置。

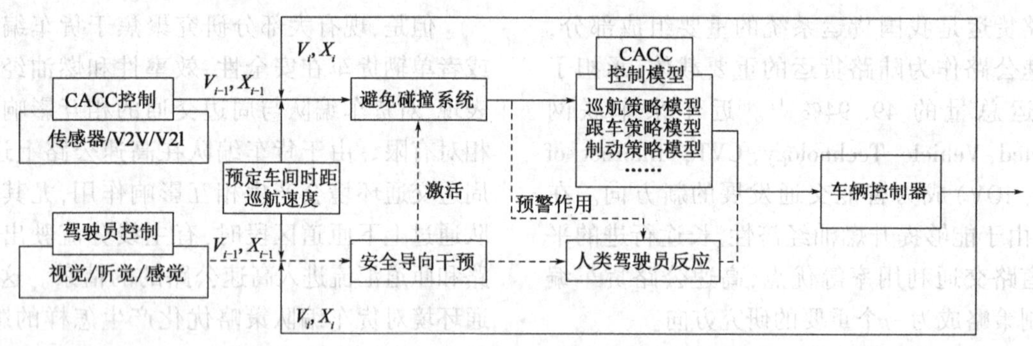

图1　货车编队控制框架

2.2　基于CACC的高速公路货车编队控制策略模型

根据仿真环境下货车编队控制模型,货车编队内各位置的货车有两种车辆控制模式:人工控制模式和CACC控制模式,它们分别对应不同的车辆动力学模型。

2.2.1　货车编队头车控制模型

头车为人工驾驶,采用人工控制模型,典型模型有GM模型、GIPPS模型和IDM(Intelligent Driver Model)模型3种。本文采用的IDM模型由Treiber等[13]在2000年提出,如式(1)所示。该模型引入了车间时距的概念,在传统跟驰模型的基础上考虑了驾驶员较精确地感知前方车辆行驶状态的智能驾驶行为。

$$\begin{cases} a_i(t) = a\left[1-\left(\dfrac{v_i(t)}{v_0}\right)^4-\left(\dfrac{s^*(v_i(t),\Delta v(t))}{s_i(t)}\right)^2\right] \\ s^*(v_i(t),\Delta v(t)) = s_0 + v_i(t)T + \dfrac{v_i(t)\Delta v(t)}{2\sqrt{ab}} \end{cases} \tag{1}$$

式中:$a_i(t)$——t时刻车辆i的加速度;

b——舒适减速度;

v_0——初始速度;

$v_i(t)$——t时刻第i辆车的速度;

$\Delta v(t)$——t时刻第$i-1$辆车与第i辆车之间的速度差;

$s^*(t)$——驾驶员期望间距;

s_0——静止安全距离参数;

T——安全车头时距。

2.2.2 货车编队跟随车辆控制模型

文中,货车编队内头车以外的车辆都基于Milan等[14]的研究采用CACC控制模式,包括三个子控制模式:巡航控制、跟车保持控制和间距缩进控制。

(1)巡航控制模式:货车以保持一个恒定的设定速度行驶为目标进行巡航操作,其触发条件是车辆前方无车或前方车辆非常远而没有必要进行追赶组队,其数学表达如式(2)所示:

$$a_{i,t}=k_0(v_{\text{set}}-v_{i,t-1}) \tag{2}$$

式中:$a_{i,t}$——t时刻车辆i的加速度;

v_{set}——预设的期望速度;

$v_{i,t}$——t时刻车辆i的速度;

k_0——常数,代表加速度控制的误差率。

(2)跟车保持模式:该模式下,各货车为维持编队形态,会根据前车的行驶状态调整自身行驶状态,其车速根据上一时刻的速度与间距确定,其数学表达式如式(3)所示:

$$\begin{cases} v_{i,t}=v_{i,t-1}+k_p\mathrm{e}_{i,t-1}+k_d\dfrac{(\mathrm{e}_{i,t-1}-\mathrm{e}_{i,t-2})}{\Delta t} \\ e_{i,t}=x_{i-1,t-1}-x_{i,t-1}-L-t_{\text{des}}v_{i,t-1}-d_0 \\ d_0=\begin{cases} 0 & v\geqslant 10\text{m/s} \\ -0.125v & v<10\text{m/s} \end{cases} \end{cases} \tag{3}$$

式中:$e_{i,t}$——t时刻车辆i与车辆$i-1$的间距;

$x_{i,t}$——t时刻车辆i的位置;

L——车身长度;

d_0——间距安全余量;

k_p、k_d——为常数,代表控制误差。

(3)间距控制模式:货车编队试图追赶前一辆货车或试图保持距离的这种缩进/拉长与前车间距的过程。其数学模型类似跟车保持控制模式,两者考虑的因素和参数是相同的,不同点在于在缩进控制中减小了间隙控制误差,并增加了速度控制误差。

不同行驶目的下将执行不同控制模式:当前方没有车辆且车辆保持期望速度时,执行巡航控制模式;当前方有编队成员车辆,则根据二者之间的时间距离,执行跟车保持或间距控制模式。

2.2.3 基于CACC的货车编队策略研究

本文为使仿真环境尽可能接近现实环境,且使货车编队与周边交通的相互影响有直观的可视化效果,对上述货车编队模型进行一定改变、整合后得到满足研究需求的货车编队策略。

对于头车控制模型,对比三个跟驰模型优缺点后,发现IDM模型的仿真性较好,最贴近真实环境人类驾驶员,因此本文的仿真研究中将IDM模型作为货车编队的头车控制模型。

对于跟随车辆控制模型,其仿真场景需要引入新参数。为研究货车编队与周边交通的相互影响,本文对货车编队车辆数(编队长度)和最大追赶组队距离进行限制,如图2所示。

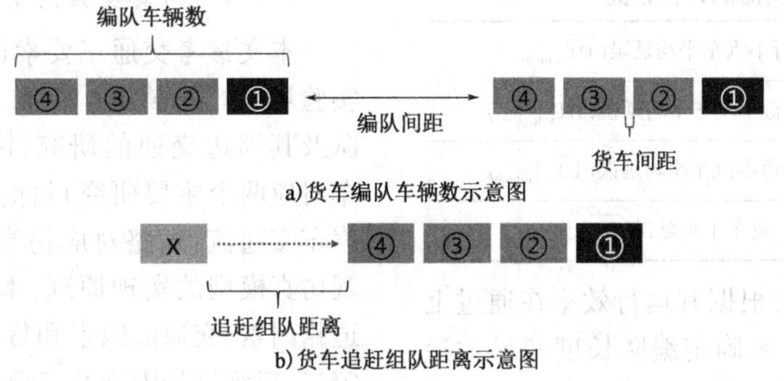

图2 货车编队策略示意图

为了控制货车编队车辆数和最大追赶组队距离,引入式(4)和式(5):

$$E_0\leqslant e_0+t_{\text{gap}}\frac{v_{\text{set}}}{3.6} \tag{4}$$

$$S_t\leqslant S_0, S_t\text{为整数} \tag{5}$$

式中:E_0——两辆货车间的初始距离;

t_{gap}——两辆货车的时间间隔;

S_t——t时刻货车编队的车辆数。

综上所述,基于CACC控制的高速公路货车编队策略如式(6)所示:

$$\begin{cases}\begin{cases}a_{i,t}=a\left[1-\left(\dfrac{v_{i,t}}{v_{\text{set}}}\right)^{\delta}-\left(\dfrac{s^{*}(v_{i,t},\Delta v_{t})}{s_{i,t}}\right)^{2}\right] \\ s^{*}(v_{i,t},\Delta v_{t})=s_{0}+v_{i,t}T+\dfrac{v_{i,t}\Delta v_{t}}{2\sqrt{ab}}\end{cases} & \text{,目标车辆为头部车辆} \\ \begin{cases}a_{i,t}=k_{0}(v_{\text{set}}-v_{i,t-1}) & ,t_{\text{gap}}\geqslant 2\text{s} \\ \begin{cases}v_{i,t}=v_{i,t-1}+k_{p}e_{i,t-1}+k_{d}\dfrac{(e_{i,t-1}-e_{i,t-2})}{\Delta t} \\ e_{i,t}=x_{i-1,t-1}-x_{i,t-1}-L-\Delta t v_{i,t-1}-d_{0} \\ d_{0}=\begin{cases}0 & v_{i,t}\geqslant 10\text{m/s} \\ -0.125v_{i,t} & v_{i,t}<10\text{m/s}\end{cases}\end{cases} & ,t_{\text{gap}}<2\text{s}\end{cases} & \text{,目标车辆为跟随车辆} \\ \begin{cases}E_{0}\leqslant e_{0}+t_{\text{gap}}\dfrac{v_{\text{set}}}{3.6} \\ S_{t}\leqslant S_{0}\end{cases} & \text{,目标为编队整体}\end{cases} \tag{6}$$

式中：t_{gap}——阈值的定义参考自 Milan 等[19]的研究，其余参数含义与式(1)~式(5)相关参数一致。

2.3　货车编队策略目标的选择

通常对货车进行编队的重要目的是提高车队的运行效率，因此本文将优化交通效率作为控制策略的优化目标。结合 SUMO 仿真输出数据和货车编队策略的评价目标和原则，本文选取评价参数见表1。

货车编队策略的评价参数　　表1

效率性评价	直行小汽车平均延误($\overline{DT}_{\text{vehicle-s}}$)
	上匝道小汽车平均延误($\overline{DT}_{\text{vehicle-o}}$)
	下匝道小汽车平均延误($\overline{DT}_{\text{vehicle-f}}$)
	货车平均延误($\overline{DT}_{\text{truck}}$)

货车编队策略需要根据其运行效率在通过上下匝道区间时的表现，来确定编队长度和最大追赶组队距离组合。但货车编队的表现不仅受二者的影响，还受不同的道路服务水平、上下匝道车辆数和货车所占比例等因素的影响。因此，需要设计若干实验场景来引入其他限制条件，通过对比分析选出表现最好的货车编队策略，从而实现优化目的。

3　考虑匝道交通影响的 SUMO 仿真实验分析

3.1　仿真实验因素和水平选取及场景设计

3.1.1　仿真实验因素及水平选取

本文参考交通三要素(人、车、道路)，将仿真实验场景的因素分为三级。由于本文倾向货车编队及其周边交通的研究，因此不考虑人类要素。车对应两个主要研究目标：货车编队交通流和小汽车交通流；道路对应仿真模型的载体。结合微观仿真模型的实现原理，本文将一级因素定义为道路因素、交通流因素和货车编队因素，并相应选定二、三级场景因素及三级场景因素水平，见表2。

仿真场景因素表　　表2

一级因素	二级因素	三级因素	单位	三级因素水平
道路因素	道路长度	上游道路长度	m	2000
		交织区长度		1000
		下游道路长度		1500
	车道属性	车道数	条	3
		是否设置专用道	(是否/类型/位置)	是/货车专用/最外侧

续上表

一级因素	二级因素	三级因素	单位	三级因素水平
交通流因素	车速限制	小汽车速度限制	km/h	100
		货车速度限制		80
	车流量	基本交通量	pcu/(h·ln)	730/1,150/1,600/1,850
		上匝道车辆比例	%	10%
		下匝道车辆比例		10%
		货车比例		15%
货车编队因素	编队属性	编队车辆数	辆	4/6/8/10
		最大追赶组队距离	m	75/100/125/150

为简化实验组合数量，仅将上表中部分因素不加限制地选取不同水平，其余只取一个具有代表性的水平，得到固定水平和非固定水平两类因素。其中，非固定水平因素中的基本交通量、编队车辆数和最大追赶组队距离即为仿真实验场景设计的目标因素。对所选取的因素及其水平进行正交设计，得出本文的仿真场景设计方案，见表3。

仿真场景正交设计因素及水平 表3

正交实验设计因素	对应水平
基本交通量[pcu/(h·ln)]	730/1150/1600/1850
编队车辆数(辆)	4/6/8/10
最大追赶组队距离(m)	75/100/125/150

3.2 实验场景设计研究

综上，本文仿真实验场景的设计分别有3种因素和4种对应水平，因此基于 $L_{16}(4^3)$ 正交表设计进行试验方案设计。此外，为完善针对编队策略有效性和评价指标的打分机制，对基本交通量额外设置了4个对照组，定义为同等交通量下无编队行为的交通场景，见表4。

货车编队仿真实验场景方案 表4

场景编号	基本交通量[pcu/(h·ln)]	编队车辆数(辆)	最大追赶组队距离(m)
1	730	4	75
2	730	6	100
3	730	8	125
4	730	10	150
5	1,150	4	100
6	1,150	6	75
7	1,150	8	150
8	1,150	10	125
9	1,600	4	125
10	1,600	6	150
11	1,600	8	75
12	1,600	10	100
13	1,850	4	150
14	1,850	6	125
15	1,850	8	100
16	1,850	10	75

续上表

场景编号	基本交通量[pcu/(h·ln)]	编队车辆数(辆)	最大追赶组队距离(m)
a	730	—	—
b	1,150	—	—
c	1,600	—	—
d	1,850	—	—

3.3　基于SUMO的仿真场景实现

SUMO是一款开源的、高度可移植的微观交通模拟程序包。本文要实现的除常规的高速公路道路建模等常规的仿真功能外,还有不同的货车编队策略。因此,在仿真中还需使用SUMO的一个重要功能——TraCI接口,它是“交通控制接口”的简称,通过访问正在运行的道路交通模拟,可以检索模拟对象的值并“在线”操纵其行为。

3.3.1　基本参数设定

3.3.1.1　仿真环境参数

考虑到模型计算及数据分析的前后一致性和简洁性,将仿真步长设置为1s,仿真时间设置为3600s,车辆位置更新方法设置为“Ballistic-update”。

3.3.1.2　道路模型及路线参数

如前文所述,道路模型参数包括道路长度、车道数和车道属性,其设定如表5左栏所示。路线参数确定了路段的基本交通环境:目标车辆规定了该路线的主要载体;出发速度和出发车道明确了车辆在仿真开始时的状态和位置;基本交通量给定了路段的大致交通状况;行驶路径规定了车辆运行轨迹,如表5右栏所示。

道路模型及路线参数设定　　表5

参数名称	设定	参数名称	设定
上游道路长度(m)	2000	目标车辆	具体车辆名称
交织区道路长度(m)	1000	车辆出发速度(km/h)	80/100
下游道路长度(m)	2000	车辆出发车道	1/2/3
车道数(条)	3	基本交通量[pcu/(h·ln)]	730/1,150/1,600/1,850
车道属性	货车专用/货车禁用	车辆行驶路径	直行/上匝道/下匝道

3.3.1.3　车辆类型参数

车辆类型参数定义了车辆运行机制和可视化效果,见表6。

路线参数设定　　表6

参数名称	设定
车辆类型名称	货车/小汽车
车身长度(m)	10/4.8
车辆颜色	红/黄/随机
车辆最高运行速度(km/h)	80/100
最小车间距(m)	2.5
车辆跟车模型	IDM/CACC/Krauss(D)
车辆换道模型	LC2013

式(7)为小汽车的跟车模型中的Krauss(D)模型,基于原始Krauss模型作出优化,有安全高效和接近真实驾驶行为的优点。

$$\begin{cases} v_{\text{safe}} = -\Gamma b_{\max} + \sqrt{(\Gamma b_{\max})^2 + v_{i,t-1}^2 + 2b_{\max}t_{\text{gap}}} \\ v_{\text{des}} = \min[v_{\max}, v_{i,t-1} + a_{\max}\Delta t, v_{\text{safe}}] \\ v_{i,t} = \max[0, v_{\text{des}} - c \cdot a_{\max} \cdot \text{rand}] \end{cases} \tag{7}$$

式中:　Γ——驾驶员反应时间;

b_{max}——最大减速度；

v_{safe}——车辆安全行驶速度；

v_{des}——车辆期望速度；

c、a_{max}、rand——分别指驾驶员不完美程度、最大加速度和随机数。

3.3.1.4 模型控制参数

(1)跟车模型参数。

本仿真所用跟车模型为头车的 IDM 模型、其他车辆的 CACC 模型和普通小汽车的 Krauss 模型。三模型需要确定的参数与式(6)和式(7)一致,IDM 模型参数设定见表7。

IDM 模型参数设定 表7

参数	含义	数值
a(m/s^2)	最大加速度	1.3
b(m/s^2)	舒适减速度	4
v_{set}(km/h)	理想速度	80
δ	速度幂系数	4
s_0(m)	静止安全车距	2.5
T(s)	安全车头时距	1

其中,参数 a、b、s_0 和 T 采用货车车型内置默认参数,经相关文献[15-16]确保其在合理范围内;参数 v_{set} 设为 80km/h;速度幂系数 δ 参考 Kesting 等[17-18]的研究设定为4。

CACC 模型参数则根据第2节内容,按照三种控制模式分别设定,见表8。

CACC 模型参数设定 表8

控制模式	参数	含义	数值
巡航控制模式	k_0	速度偏差率系数	-0.4
	v_{set}(km/h)	理想速度	80
跟车保持模式	k_p	间隙控制误差	0.45
	k_d	速度控制误差	0.0125
间距控制模式	k_p	间隙控制误差	0.005
	k_d	速度控制误差	0.05

三种控制模式下的 k_0、k_p、k_d 的设定主要参考了 Xiao 等人的研究:跟车保持模式的 k_p,k_d 分别取 0.45[19]和0.0125[20];间隙控制模式的 k_p,k_d 分别取0.005 和0.05[12]。

Krauss(D)模型参数具体设定见表9。

Krauss(D)模型参数设定 表9

参数	含义	数值
Γ(s)	驾驶员反应速度	1
a_{max}(m/s^2)	最大加速度	2.9
b_{max}(m/s^2)	最大减速度	9
c	驾驶员不完美程度	0.5
v_{set}(km/h)	理想速度	100
s_0(m)	静止安全车距	2.5

其中,a_{max}、b_{max}、v_{set} 和 s_0 的设定是基于车型默认参数和研究的需要,在合理的范围内确定的;Γ 和 c 为内置默认参数,期望其在保证安全行驶的前提下,更接近真实驾驶环境。

(2)换道模型参数。

LC2013 换道模型中的5种参数定义了目标车辆对换道倾向性的程度,包括对提前换道或合作换道的接受程度、对提高车速的渴望程度和违反规则的概率等,见表10。

LC2013模型参数设定　　表10

参　数	含　义	值
lcStrategic	前瞻性变道的意愿	1
lcCooperative	进行协作变道的意愿	1
lcSpeedGain	通过换道来加速的意愿	1
lcOvertakeRight	违反规则超车的概率	0
lcAssertive	愿意接受目标车道较低车间据的意愿	1

注意,换道模型中大部分参数都采用默认值,这是由于默认值对于车辆行驶的安全性和仿真程度都有一定保障,使换道车辆和货车编队相互影响的现象更加有现实意义和研究价值。

(3)编队控制参数。

本文中,货车编队策略的主要决定因素是编队长度和间距,前者可以通过发车间隔实现,后者则要由编队控制器实现。编队控制参数主要包含对编队的确定和分离的定义,见表11。

编队控制参数设定　　表11

参　数	含　义	值
max Platoon Gap(m)	视为编队的最大车间距	30
Platoon Split Time(s)	执行编队分离时的与头车时间差	6/7/8/9

在不同的编队策略下,编队确定取定值30m,而编队分离取不同值:编队长度为4车时、6车、8车、10车时,编队分离参数分别设置为6s、7s、8s、9s。

3.3.2　仿真场景实现

实现过程包括对道路及车辆模型、货车编队策略和数据输出的实现,具体内容如下:

3.3.2.1　道路模型实现

以3.3.1节的参数为基础,通过SUMO自带软件NET建立总长5km的高速公路,将货车专用道设置为灰色,对各道路和车道的连接和全局限速等进行修改,如图3所示。

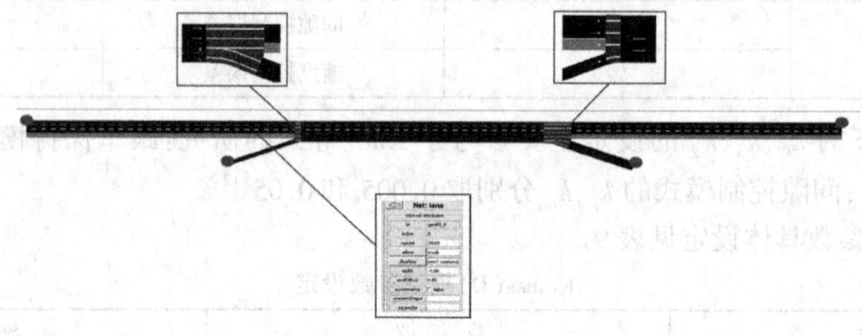

图3　道路模型的实现示意图

3.3.2.2　车辆模型实现

除了按照前文中关于车辆参数的设定来建立车辆模型,在仿真运行时为了提高可观测性,对车辆的建模进行了改观,头车为红色,其余编队货车为黄色,如图4所示。

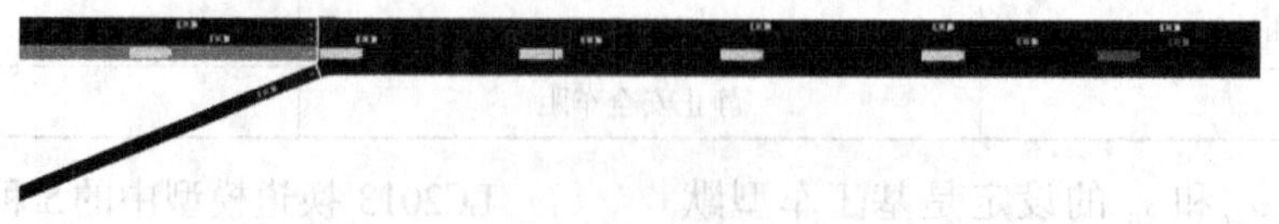

图4　车辆模型的实现示意图

3.3.2.3　货车编队策略实现

示例场景的货车编队策略为最大追赶组队距离150m的6辆编组车队,与对照场景c的对比如图5所示。

a) 货车不受编队控制场景

b) 货车受编队控制场景

图5 货车编队策略的实现示意图

通过与对照组对比可见，在第713仿真步长，后者货车的编队行为比较明显，其对编队策略的执行也较为准确。

3.4 货车编队运行效率的评价与分析

本文中，货车编队策略的效率性主要体现在各类车辆平均延误的表现，包括直行、上匝道和下匝道小汽车以及货车的平均延误。对于任意车辆的延误时间计算依据为实际行程时间与理想行程时间的差值，具体如式(8)所示。

$$DT_i = \begin{cases} D_i - D_0 & ,D_i \geqslant D_0 \\ 0 & ,D_i < D_0 \end{cases} \tag{8}$$

式中：DT_i——车辆 i 的延误时间；

D_i——车辆 i 行驶完仿真路段的实际行程时间；

D_0——车辆的理想行程时间，各车辆种类的理想行程时间见表12。

各车辆种类的理想行程时间　　表12

车辆种类	理想速度(km/h)	理想行程时间(s)
直行小汽车	100	180
上匝道小汽车	60、100	138
下匝道小汽车	100、60	138
货车	80	225

根据各场景仿真输出的相关文件，得到各种类车辆的平均延误时间。场景a、b、c和d作为各基本交通量下的无编队场景，起到对照参考作用，见表13。

各场景不同车辆种类的效率性指标　　表13

场景	直行小汽车平均延误(s)	上匝道小汽车平均延误(s)	下匝道小汽车平均延误(s)	货车平均延误(s)	综合平均延误(s)
占比	50%	10%	25%	25%	
a	12.05	13.43	12.13	5.07	10.46
1	11.89	11.39	13.58	1.12	9.57
2	12.12	14.01	12.17	0.66	9.46
3	11.49	14.24	12.88	0.71	9.42
4	11.85	11.76	11.93	0.48	9.02
b	13.08	13.24	13.21	12.57	13
5	12.72	13.99	14.62	1.42	10.5
6	12.66	13.96	13.62	2.3	10.44
7	12.72	13.94	13.48	1.12	10.13
8	12.72	14.99	13.69	1.09	10.28
c	15.31	18.3	15.81	15.65	15.82
9	14.85	15.43	15.85	2.46	12.06
10	15.3	17.56	17.08	1.84	12.61
11	14.56	17.08	17.31	3.63	12.77

续上表

场景	直行小汽车 平均延误(s)	上匝道小汽车 平均延误(s)	下匝道小汽车 平均延误(s)	货车 平均延误(s)	综合 平均延误(s)
12	14.76	19.22	17.31	2.91	12.88
d	17.58	20.75	19.09	13.01	17.13
13	17.24	19.17	18.33	3.01	14.15
14	17.14	20.03	18.56	2.57	14.14
15	17.51	19.93	18.91	3.06	14.49
16	15.97	21.08	19.6	5.42	14.75

为更直观地观察和了解,对数据进行可视化,各场景不同车辆种类的效率性指标如图 6 所示。

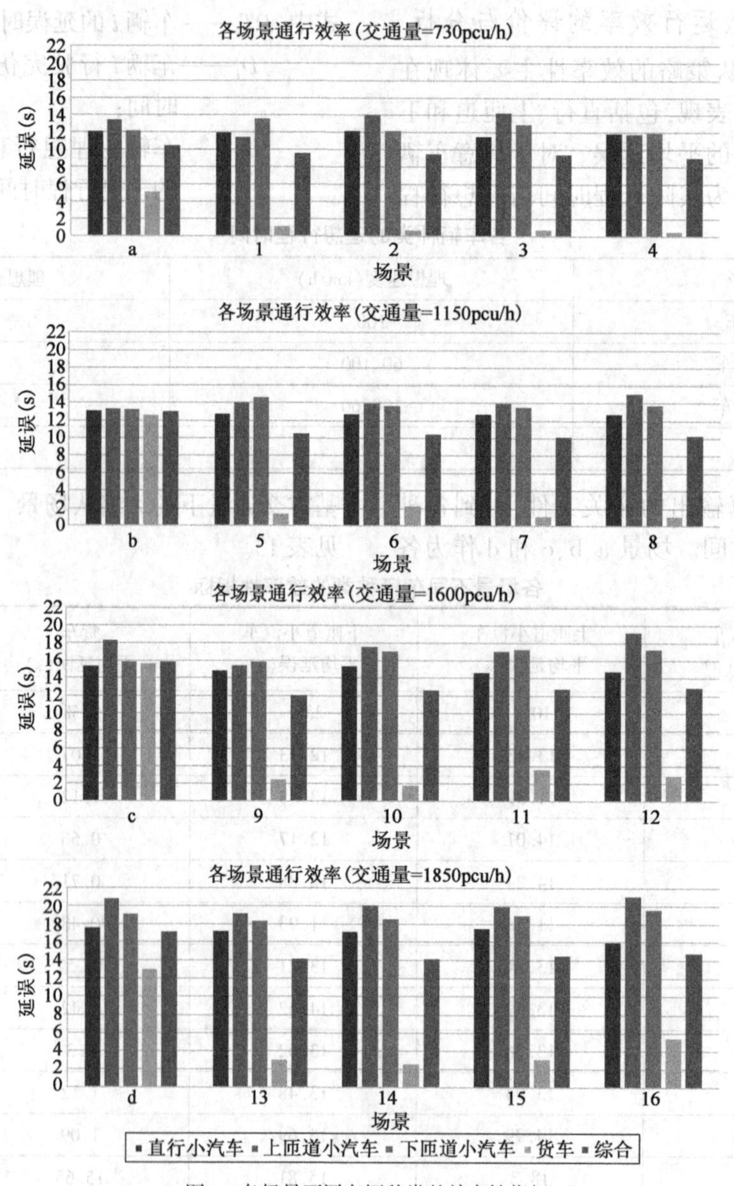

图 6 各场景不同车辆种类的效率性指标

表 13 和图 6 显示:

(1)随着基本交通量的增加,各效率性指标大致呈增长趋势;

(2)每个基本交通量条件下,相较于无编队控制的对照场景,所有场景中货车平均延误都降低了 58%及以上,而综合平均延误降低区间主要在

10%~20%,这表明货车进行编队控制具有明显的效率优越性;

(3)每个基本交通量条件下,相较于没有编队控制的对照场景,除了货车平均延误,其余针对小汽车的效率性指标并没有绝对的趋势性,说明在货车编队形成后,对周边交通既有正面影响也有负面影响。

进一步分析综合延误,案例中四级交通量水平对应的最优策略的编队数量与最大追赶组队距离组合分别为:(10,150)、(8,150)、(4,125)、(6,125)。这一结果表明,随着交通量水平从730pcu/h/ln增加到1850pcu/h/ln,车队总体趋势是变短,从10辆减少到4~6辆;相应的最大追赶组队距离也从150m减少到125m。这表明随着流量增加,上下匝道的其他交通需求增大,货车编队应当减小规模,提供更多车队间隔,以方便上下匝道车辆穿越。

4 结语

本文以通过上下匝道区段且建有货车专用道的高速公路为主要研究场景,以运行于交织区的货车编队为主要研究对象,以微观交通仿真及其应用分析为主要研究方法,确定了基于编队长度和追赶组队距离的货车编队策略;以货车编队控制模型为基础,对相关重要参数进行选取和标定,得到不同货车编队策略,通过仿真实验对引入各货车编队策略的交通仿真场景进行模拟。

以往货车编队研究大多聚焦于货车编队本身,本文置货车编队于设定的交通环境中,对货车编队本身以及直行、上匝道和下匝道小汽车的综合表现进行评价和分析。同时,不仅对货车编队内部车辆的跟驰行为进行了控制,还对货车编队整体的策略进行了控制,引入编队车辆数和最大追赶组队距离这两个控制参数,为货车编队控制研究提供了更为具体的参考。由于篇幅限制,本文只选择了主线单向3车道、匝道交织区长度为1000m、有附加车道并且编队车辆在主线第3车道上行驶的典型组合作为研究对象,该对象的覆盖性和代表性还有待商讨,并且本文也只是以延误作为控制策略的唯一优化指标,对车队行驶过程中的安全性等其他因素考虑尚不充分。上述这些不足,有待进一步研究。

参考文献

[1] 毛盛勇,叶植材.中国统计年鉴[R].国家统计局,2020.

[2] TURRI V, BESSELINK B, JOHANSSON K H. Cooperative look-ahead control for fuel-efficient and safe heavy-duty vehicle platooning[J]. IEEE Transactions on Control Systems Technology, USA: 2017, 25(1): 12-28.

[3] CALVERT S C, SCHAKEL W J, VAN AREM B. Evaluation and modelling of the traffic flow effects of truck platooning[J]. Transportation Research Part C: Emerging Technologies, 2019, 105: 1-22.

[4] NIEUWENHUIJZE M R I, VAN KEULEN T, ONCU S, et al. Cooperative Driving With a Heavy-duty Truck in Mixed Traffic: Experimental Results[J]. IEEE Transactions on Intelligent Transportation Systems, USA: 2012, 13(3): 1026-32.

[5] MOTAMEDIDEHKORDIN, MARGREITER M, BENZ T. Effects of Connected Highly Automated Vehicles on the Propagation of Congested Patterns on Freeways [C]// Transportation Research Board Meeting. 2016.

[6] WANG M, VAN MAARSEVEEN S, HAPPEE R,等. Benefits and Risks of Truck Platooning on Freeway OperationsNear Entrance Ramp [J]. Transportation Research Record, 2019, 2673(8): 588-602.

[7] 傅立敏,吴允柱,贺宝琴.队列行驶车辆的空气动力特性[J].吉林大学学报(工学版),2006(06):871-875.

[8] 邵炳智.车联网下考虑生态效益的货车列队调度优化研究[D].北京:北京交通大学,2020.

[9] 胡笳,安连华,李欣.面向新型混合交通流的快速路合流区通行能力建模[J].交通信息与安全,2021,39(01):137-144.

[10] 覃频频,裴世康,侯晓磊,等.不同车辆工况对协同自适应巡航控制车队行驶安全的影响[J].交通运输系统工程与信息,2019,19(04):33-42.

[11] BHOOPALAM A K, AGATZN, ZUIDWIJK

R. Planning of truck platoons: A literature review and directions for future research[J]. Transportation Research Part B: Methodological, 2018, 107: 212-228.

[12] Xiao L, Wang M, Van Arem B. Realistic Car-Following Models for Microscopic Simula-tion of Adaptive and Cooperative Adaptive Cruise Control Vehicles[J]. Transpor-tation Research Record: Journal of the Transportation Research Board, 2017, 2623(1): 1-9.

[13] Treiber M, Hennecke A, Helbing D. Congested Traffic States in Empirical Observations and Microscopic Simulations [J]. Physical Review E, 2000, 62: 1805-1824.

[14] Milanés V, Shladover S E. Handling Cut-In Vehicles in Strings of Cooperative Adaptive Cruise Control Vehicles [J]. Journal of Intelligent Transportation Systems, 2016, 20 (2): 178-191.

[15] Kesting A, Treiber M, Sch? Nhof M, 等. Extending Adaptive Cruise Control to Adaptive Driving Strategies [J]. Transportation Research Record Journal of the Transportation Research Board, 2007, 2000: 16-24.

[16] MilanéS V, Shladover S E. Modeling cooperative and autonomous adaptive cruise control dynamic responses using experimental data [J]. Transportation Research Part C: Emerging Technologies, 2014, 48: 285-300.

[17] Kesting A, Treiber M, Helbing D. Enhanced intelligent driver model to access the impact of driving strategies on traffic capacity [J]. Philosophical Transactions of the Royal Society A, 2010, 368(1928): 4585-4605.

[18] Li Z, Li W, Xu S, et al. Stability analysis of an extended intelligent driver model and its simulations under open boundary condition [J]. Physica A: Statistical Mechanics and its Applications, 2015, 419: 526-536.

[19] MilanéS V, Shladover S E. Modeling cooperative and autonomous adaptive cruise control dynamic responses using experimental data [J]. Transportation Research Part C: Emerging Technologies, 2014, 48: 285-300.

[20] Lu X-Y, Liu H, Kan X, 等. Impact of Cooperative Adaptive Cruise Control (CACC) on Multilane Freeway Merge Capacity [C]//2018.

面向自动驾驶虚实结合测试的虚实交互系统设计与验证

朱　宇　赵祥模*　李春银　李　妍　王润民

(长安大学信息工程学院)

摘　要　科学完善的测试是自动驾驶汽车安全可靠运行的必要前提。应用虚实结合的测试方法,可以克服虚拟测试、场地测试和道路测试的不足。虚拟与实体间的信息交互是自动驾驶虚实结合测试的必要执行过程。如何设计虚实信息交互系统,成为自动驾驶虚实结合测试研究的重要内容。本文围绕虚实交互需求,首先设计虚实交互系统基本架构;然后利用试验场LTE-V和EUHT网络建立传输链路,结合基于PreScan的虚拟测试环境,构建了虚实交互系统原型;最后总结五类虚实交互信息,设计对应的四种应用层数据包。通过在试验场内对信息交互中的数据包投递率、传输时延和吞吐量等指标进行动静态。

1. 基金项目:国家重点研发计划(2018YFB0105104)。

实车测试,验证虚实交互系统信息传输性能。测试结果表明:①虚拟车路协同信息包可通过 LTE-V 车路交互链路实现模拟高速公路场景中 125m 范围内、模拟城市交叉口场景中 75m 范围内双向高可靠性和低时延传输;②真实测试车状态数据包和虚拟感知结果数据包可利用 EUHT 车云交互链路实现高可靠性和低时延传输;③EUHT 车云交互链路承载的真实/虚拟感知数据包可满足双向两路激光雷达或视频数据的传输需求。

关键词 自动驾驶汽车测试 虚实交互系统 设计与验证 虚实结合测试

0 引言

自动驾驶汽车是集环境感知、决策规划、控制执行于一体的智能交通工具。如何保证自动驾驶汽车在复杂交通环境中安全可靠运行,成为自动驾驶汽车大规模应用前需要解决的首要问题。实施科学完善的测试评价是解决这一问题的有效方法。

自动驾驶汽车测试通常采用基于场景的测试方法包括虚拟测试、实际道路测试和场地测试。虚拟测试具有测试灵活性好,测试场景构建成本低的优点,但测试场景依赖数学模型,真实性不足。实际道路测试具有完全真实的测试场景,但测试安全风险高。场地测试利用封闭试验场搭建测试场景,可提供近似真实的测试场景,并确保测试安全性,但受空间和成本限制,存在测试场景单一、场景元素固定等问题。

为克服不同测试方法的不足,Leathrum 等将增强虚拟和增强现实引入自动驾驶测试场景中,作为虚拟场景和真实场景之间的过渡,形成虚拟、真实相融合的测试场景和虚实结合的测试方法。在实际应用中,王润民等建立自动驾驶整车在环虚拟仿真测试平台,利用转鼓平台模拟真实测试道路,增强虚拟场景真实性。Zofka 等设计基于混合现实的自动驾驶测试平台,构建虚实体联合仿真系统。Baruffa 等利用模型车实现基于增强现实的自动驾驶虚实结合测试系统,完成跟车场景中的虚实结合测试。

虚实结合测试系统由虚拟环境、真实环境和虚实交互系统组成。在相关研究中,Tonka 等将虚实交互分为虚拟与真实(V2P, virtual-to-physical)交互以及真实与虚拟(P2V, physical-to-virtual)交互。Jiang 等构建了 V2P 和 P2V 交互系统模型。Wu 等提出虚实交互系统应具备低时延、高可靠性和较大吞吐量等特点。Zofka 等在虚实结合测试平台中运用 DSRC 技术实现虚实交互。Ma 等构建了 DSRC 模拟测试系统,测试了不同时延和丢包率条件下的虚实交互系统性能。

现有面向自动驾驶虚实结合测试的虚实交互系统多基于实验室或小范围室外环境构建,较少涉及封闭试验场。本文基于交通运输部自动驾驶封闭测试场地(西安),为基于封闭试验场的虚实结合测试设计了虚实交互系统架构,提出了虚实交互系统对传输时延、丢包率和吞吐量等性能指标的要求;利用试验场 EUHT 和 LTE-V 通信网络,建立了虚实交互系统原型;通过对试验场内高速直线道路场景和城市交叉口场景下的传输时延、丢包率和吞吐量测试,验证基于封闭试验场的虚实交互系统性能。

1 虚实交互系统设计与构建

1.1 虚实交互系统架构

基于封闭试验场的虚实交互系统由真实交互单元、虚拟交互单元与虚实交互链路组成,如图 1 所示。在自动驾驶虚实结合测试中,待测车行驶于真实测试道路中,利用自身传感器感知周围真实道路环境,将真实场景感知结果与通过虚实交互系统获取的虚拟感知信息共同作为测试场景感知结果。同时,真实测试车实时状态信息通过虚实交互系统传递至虚拟测试车。真实交互单元搭载于真实测试车,由 OBU(On Board Unit)和加载于车辆自动控制系统的软硬件模块组成,完成虚拟感知信息获取和测试车实时状态发送。在车路协同场景中,真实交互单元同时搭载于 RSU(Road Side Unit),由嵌入式软硬件模块构成,实现车路信息交互。

虚拟测试环境利用仿真软件中的道路模型、交通参与者模型和模拟通信模块构建测试场景。在虚拟场景中,测试车配置虚拟传感器,对场景中的道路环境和交通参与者进行感知。虚拟感知结果通过虚实交互系统传输至真实测试车,作为真实测试车场景感知的一部分,实现虚拟场景与真实场景的融合。同时,作为真实测试车的数字孪生体,虚拟测试车通过接收真实测试车实时状态信息,更新虚拟环境中的实时状态。虚拟交互单元由仿真软件模块组成,配合模拟通信系统,向真实环境发送虚拟感知数据和虚拟车路系统信息,接收真实测试车发送的实时状态信息。

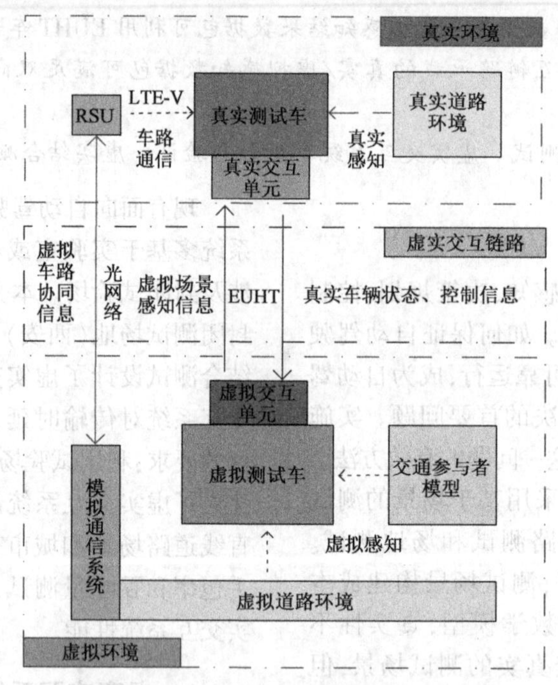

图 1　虚实交互系统架构

虚实交互链路由车路、车云通信链路组成。车路通信链路完成真实测试车与试验场 RSU 之间的虚拟车路协同信息传递,RSU 与虚拟服务器通过光网络传输信息。车云通信链路在真实测试车与虚拟服务器之间传递虚拟场景感知信息与真实车辆状态,实现虚实融合感知和虚拟环境实时数字孪生。

1.2　虚实交互系统构建

在虚实结合测试中,真实测试环境以交通运输部自动驾驶封闭测试场地(西安)为测试道路,具备模拟高速道路和模拟城市交叉口等多种测试道路以及龙门架、路侧立杆等路侧设施。为构建虚实交互系统,试验场设置如图 2 所示的 LTE-V 车路通信 RSU、EUHT 车云通信基站和光纤环网等多种通信网络。测试车搭载由 LTE-V 和 EUHT 车载 OBU 组成的真实交互单元。

如图 3 所示,虚拟测试环境利用 PreScan 仿真软件建立测试道路,以及虚拟测试车、交通参与者和模拟通信模块,并在 Simulink 环境中实例化虚拟交互单元。

图 2　真实测试环境

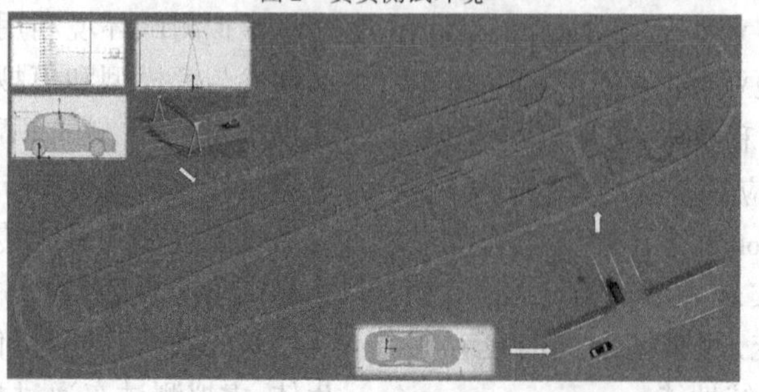

图 3　虚拟测试环境

虚实交互链路由 LTE-V 车路通信和 EUHT 车云通信组成。LTE-V 车路通信技术有效距离远、通信时延低，在遮挡条件下仍具有不少于 100m 的有效通信范围。EUHT 能够支持运动中最大 190Mbps 的高吞吐量和不高于 20ms 的低时延通信。

在自动驾驶虚实结合测试系统构建中，考虑 PreScan 仿真软件运行速度，系统刷新率设定为 20Hz。由于仿真系统运行中仿真步长波动不超过 5ms，要求虚实交互系统车云单向传输时延不超过最大仿真步长波动时系统刷新间隔的一半，即 20ms。在测试系统中，车路协同数据交互频率为 50Hz，要求车路传输时延不超过信息发送间隔的一半，即 10ms。在虚实信息交互中，本文考虑以下五类交互信息：

（1）真实测试车状态数据，包括真实测试位置、速度等信息，由 EUHT 网络上传至虚拟环境，用于驱动虚拟环境实时数字孪生。

（2）虚拟感知结果数据，即虚拟车载传感器获取的虚拟场景感知结果，如目标速度、距离，由 EUHT 网络传输至真实测试车，用于虚拟与真实场景融合感知。

（3）虚拟感知数据，即虚拟车载传感器获得的虚拟场景感知原始数据，如点云传感器获取的点云数据，由 EUHT 网络传输至真实测试车，可用于测试场景融合感知。

（4）真实感知数据，即真实车载传感器获取的真实测试场景感知原始数据，如摄像机采集的视频数据，由 EUHT 网络上传至测试中心，可用于测试过程分析等。

（5）虚拟车路协同信息，分为路车（R2O）和车路（O2R）传输信息。R2O 信息由仿真软件生成，通过 LTE-V 链路传输至测试车。O2R 信息包含测试车信息，通过 LTE-V 链路传输至 RSU，进一步上传至仿真软件。

为传输上述交互信息，本文设计四类应用层数据包，通过 UDP 协议发送。数据包格式如图 4 所示，长度单位为 Byte。数据包序号从 0 开始循环递增，表明数据包发送的顺序，可用于丢包率测试。数据包类型字段中 A0 表示真实测试车状态数据包，B0 表示虚拟车路协同信息包（R2O），B1 表示虚拟测试协同信息包（O2R），C0 表示真实感知数据包，C1 表示虚拟感知数据包，D0 表示虚拟感知结果数据包。时间戳精确到毫秒，可用于数据包时延测试。真实测试车状态数据包向虚拟环境传输测试车状态信息，虚拟车路协同信息包传输车路协同信息，虚拟感知结果包传输虚拟场景感知结果，原始感知数据通过真实/虚拟感知数据包进行传输。为降低网络层 IP 协议分片导致的丢包风险，每个数据包承载的原始感知数据长度不超过 1443Byte。

0 3 7 15

<table>
<tr><td colspan="2">帧开始位</td><td colspan="2">帧序号</td><td colspan="2">帧类型</td><td colspan="2">帧状态</td><td colspan="2">帧长度</td><td colspan="2">帧头预留</td><td colspan="4">时间戳</td></tr>
<tr><td colspan="4">时间戳</td><td colspan="2">车辆ID</td><td colspan="4">车辆GPS数据（纬度）</td><td colspan="4">车辆GPS数据（经度）</td><td colspan="2">车辆GPS数据（海拔）</td></tr>
<tr><td colspan="2">行驶速度</td><td colspan="2">行驶方向</td><td colspan="2">车辆仰角</td><td colspan="2">车辆横滚角</td><td colspan="2">车轮转角</td><td colspan="2">方向盘转角</td><td colspan="2">油门开度</td><td colspan="2">制动力</td></tr>
<tr><td colspan="2">测试车型</td><td colspan="10">车辆信息预留</td><td colspan="2">帧尾预留</td><td>校验位</td><td>结束位</td></tr>
</table>

a）真实测试车状态数据包

0 3 7 15

<table>
<tr><td colspan="2">帧开始位</td><td colspan="2">帧序号</td><td colspan="2">帧类型</td><td colspan="2">帧状态</td><td colspan="2">帧长度</td><td colspan="2">帧头预留</td><td colspan="4">时间戳</td></tr>
<tr><td colspan="4">时间戳</td><td>目标类型</td><td>数据来源</td><td colspan="2">目标速度</td><td colspan="2">目标航向角</td><td colspan="4">RSU位置（经度）</td><td colspan="2">RSU位置（纬度）</td></tr>
<tr><td colspan="2">RSU位置（纬度）</td><td colspan="2">RSU位置（海拔）</td><td colspan="4">目标位置（纬度）</td><td colspan="4">目标位置（经度）</td><td colspan="2">目标位置（海拔）</td><td colspan="2">目标X坐标</td></tr>
<tr><td colspan="2">目标Y坐标</td><td colspan="2">目标Z坐标</td><td colspan="8">协同信息预留</td><td colspan="2">帧尾预留</td><td>校验位</td><td>结束位</td></tr>
</table>

b）虚拟车路协同信息包

0 3 7 15

<table>
<tr><td colspan="2">帧开始位</td><td colspan="6">帧序号</td><td colspan="2">帧类型</td><td colspan="2">帧状态</td><td colspan="2">帧长度</td><td colspan="2">帧头预留</td></tr>
<tr><td colspan="8">时间戳</td><td>数据来源</td><td colspan="7">数据</td></tr>
<tr><td colspan="16">数据</td></tr>
<tr><td colspan="16">[illegible]</td></tr>
<tr><td colspan="12">数据</td><td colspan="2">帧尾预留</td><td>校验位</td><td>结束位</td></tr>
</table>

c）真实/虚拟感知数据包

0 3 7 15

<table>
<tr><td colspan="2">帧开始位</td><td colspan="2">帧序号</td><td colspan="2">帧类型</td><td colspan="2">帧状态</td><td colspan="2">帧长度</td><td colspan="2">帧头预留</td><td colspan="4">时间戳</td></tr>
<tr><td colspan="4">时间戳</td><td colspan="2">参与者ID</td><td colspan="2">参与者数量</td><td colspan="2">参与者类型</td><td>颜色</td><td>数据来源</td><td colspan="4">感知距离</td></tr>
<tr><td colspan="2">感知速度</td><td colspan="2">目标方位角</td><td colspan="2">目标仰角</td><td colspan="4">参与者位置经度</td><td colspan="4">参与者位置纬度</td><td colspan="2">参与者位置海拔</td></tr>
<tr><td colspan="2">参与者速度</td><td colspan="2">参与者航向角</td><td colspan="2">参与者俯仰角</td><td colspan="2">参与者横滚角</td><td colspan="2">参与者车轮转角</td><td colspan="2">参与者长度</td><td colspan="2">参与者宽度</td><td colspan="2">参与者高度</td></tr>
<tr><td colspan="2">参与者X坐标</td><td colspan="2">参与者Y坐标</td><td colspan="2">参与者Z坐标</td><td colspan="6">参与者消息预留</td><td colspan="2">帧尾预留</td><td>结束位</td><td>校验位</td></tr>
</table>

d）虚拟感知结果包

图 4 虚实交互数据包格式

2　基于封闭试验场的虚实交互系统测试验证

2.1　测试评价指标选择

本文选用数据包投递率和传输时延作为车路通信测试评价指标,选用吞吐量、数据包投递率和通信时延作为车云通信测试评价标准。

数据包投递率 PDR 是接收端应用层收到数据包数量 N_r 与发送端应用层发送数据包数量 N_s 的比值。为保证虚实结合测试可靠运行,参考车联网应用规定,要求系统数据包投递率不低于 90%。

$$PDR = N_r / N_s \tag{1}$$

传输时延是发送端发送数据包到接收端收到数据包所需的时间。在本文应用的车路和路车传输中,交互双方均同时发送和接收数据包,因此选用往返时延同时测试发送和接收时延。发送端在包头加时间戳 T_1,发往接收端,接收端收到该数据包后立即将其重新发往发送端。发送端在时刻 T_2 收到返回数据包,则往返传输时延。

$$T_{RTT} = T_2 - T_1 \tag{2}$$

由于交互链路为上下行独立信道,可以认为单向传输时延 T_D 为往返传输时延 T_{RTT} 的一半。

$$T_D = T_{RTT}/2 \tag{3}$$

吞吐量表示在没有丢包的前提下,从发送端到接收端所能达到的最大数据传输量,本文中用于测试车云通信网络能否满足真实/虚拟感知数据包的传输需求。

2.2　测试方案设计

2.2.1　静态条件 LTE-V 车路通信测试

(1)模拟高速公路场景车路通信测试。

RSU 安装于路侧立杆上,测试车搭载 OBU 停放在立杆下方,此时 OBU 与 RSU 距离为 0m。测试车以 50Hz 频率执行 2000 次虚拟车路协同信息包往返传输,测试数据包投递率和传输时延。在相同地点完成 3 次测试后,将 OBU 与 RSU 距离分别增加至 25m、50m、75m、100m、125m、150m、175m、200m、225m,重复往返传输测试。

(2)模拟城市交叉口场景车路通信测试。

RSU 安装于交叉口红绿灯立杆上,测试车搭载 OBU 停放在立杆下方,以 50Hz 频率执行 2000 次往返传输。完成 3 次测试后,将距离增加至 25m、50m、75m、100m、125m,重复测试。

2.2.2　静态条件 EUHT 车云通信测试

测试车搭载 OBU 停放在模拟高速直线道路中 3 个等距选取的位置上,测试车首先以 20Hz 频率执行 1000 次真实测试车状态数据包往返传输,测试数据包投递率和传输时延。完成测试后,使用 IXIA Chariot 软件进行车云通信双向吞吐量测试,模拟通信链路传输真实/虚拟感知数据包场景。在相同地点完成 3 次测试后,将测试车停放在高速道路龙门架下和模拟城市环境交叉口中央,测试在遮挡条件下的车云通信。

2.2.3　动态条件 LTE-V 车路通信测试

(1)模拟高速公路场景车路通信测试。

RSU 安装于模拟高速直线车道路侧立杆上,测试车辆以 10km/h 的速度从距离 RSU250m 处沿直线道路匀速行驶,通过 RSU 所在位置后再行驶 250m,以 50Hz 频率执行虚拟车路协同信息包往返传输测试。以相同速度完成 3 次测试后,改变车辆速度为 20km/h、40km/h 重复测试。

(2)模拟城市交叉口场景车路通信测试。

在模拟城市环境交叉口路段,RSU 安装于交叉口红绿灯立杆上,测试车辆以 10km/h 的速度从距离 RSU150m 处沿直线道路匀速行驶,通过 RSU 所在位置后再行驶 150m,以 50Hz 频率执行虚拟车路协同信息包往返传输测试。以相同速度完成 3 次测试后,改变车辆速度为 20km/h 重复测试。

2.2.4　动态条件 EUHT 车云通信测试

(1)模拟高速公路场景车云通信测试。

测试车搭载 OBU 沿模拟高速直线道路以 10km/h 的速度行驶 900m,以 20Hz 频率执行真实测试车状态数据包往返传输,测试数据包投递率和传输时延。完成测试后,在相同速度下使用 IXIA Chariot 软件测试车云通信链路双向传输平均吞吐量。以相同速度完成 3 次测试后,改变车辆速度为 20km/h、40km/h、60km/h 重复测试。

(2)模拟城市交叉口场景车云通信测试。

测试车搭载 OBU 从距交叉口 150m 处以 10km/h 的速度驶入交叉口,穿过交叉口后继续行驶 150m,先后执行真实测试车状态数据包往返传输测试和平均网络吞吐量测试。以相同速度完成 3 次测试后,改变车辆速度为 20km/h 重复测试。

3 结果与分析

3.1 静态条件交互测试结果

车路通信数据包投递率 PDR 和传输时延 T_D 测试结果如图 5 所示。在高速公路场景中，车路通信数据包投递率随 RSU 与 OBU 距离增加而减小。当两者距离不大于 125m 时，数据包投递率保持在 93% 以上；当距离大于 175m 时，数据包投递率从 80% 迅速下降到 0.7%。传输时延 T_D 随 RSU 与 OBU 距离增加而增大。当两者距离不大于 175m 时，传输时延保持在 10ms 以下；当距离大于 175m 时，传输时延随距离增加而明显增大，最终接近 90ms。在 125m 范围内车路通信链路能够满足虚实交互系统虚拟车路协同信息包双向交互的可靠性和时延要求。

在城市交叉口场景中，RSU 与 OBU 距离小于 75m 时，数据包投递率保持在 92% 以上；距离增加到 125m 后，数据包投递率降低到 86%，低于高速公路场景中相同距离时的数据包投递率。传输时延随距离增加逐渐增大，距离为 125m 时，时延增大到 7.9ms，大于高速公路场景中相同距离时的时延，表明受交叉口处立杆和建筑影响，车路通信性能相比无遮挡直线道路有所降低。在 75m 范围内车路通信链路能够满足虚拟车路协同信息包的双向交互可靠性和时延要求。

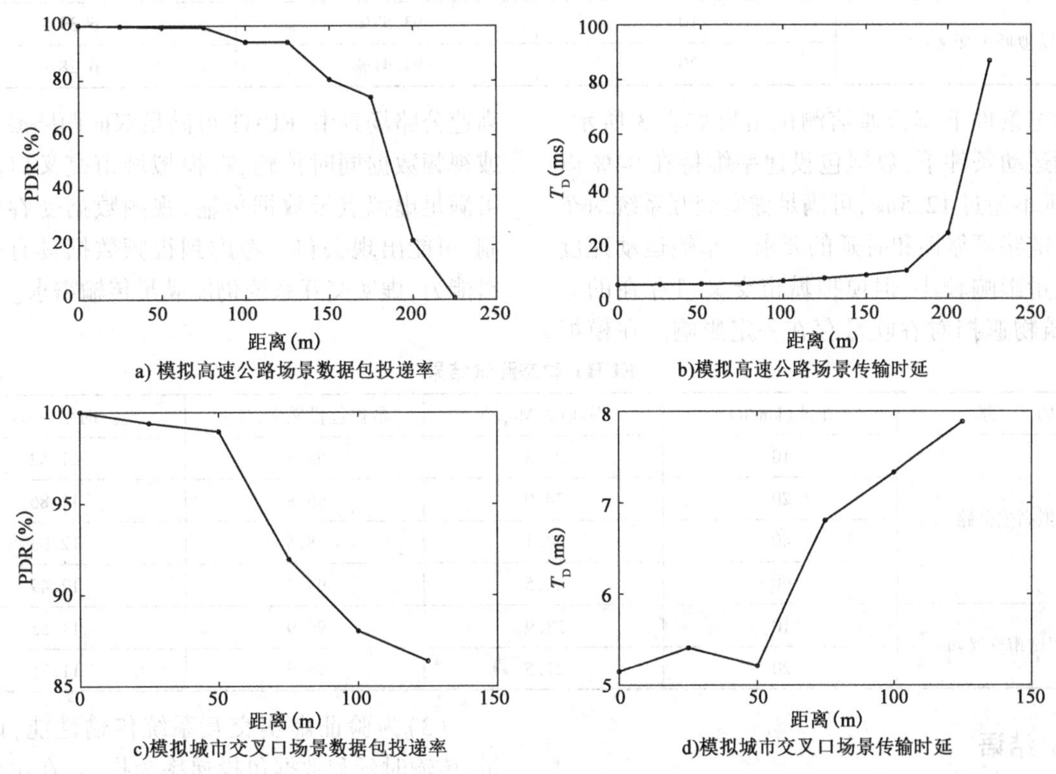

图 5 LTE-V 静态测试结果

车云通信数据包投递率、传输时延和吞吐量测试结果如表 1 所示。在各类场景中 EUHT 车云通信的链路可靠性、传输时延均能满足交互系统需求。有遮挡场景中吞吐量相比无遮挡场景有所下降，龙门架遮挡对吞吐量有较大影响。在 PreScan 点云传感器默认 320 × 160 分辨率、20Hz 帧率和 16bit 精度条件下，传输一路点云数据的带宽需求为 16.4Mbps；在虚拟摄像头默认 320 × 240 分辨率、20Hz 帧率条件下，传输一路视频数据带宽需求为 24.5Mbps。传输真实 32 线激光雷达数据带宽需求约为 20.8Mbps，传输经压缩的 1080P 视频数据带宽需求约为 14.9Mbps。因此，在非龙门架遮挡条件下 EUHT 车云通信网络可满足双向两路激光雷达或视频数据同时传输。

EUHT 静态测试结果　　表 1

场　　景	吞吐量(Mbps)	数据包投递率	时延(ms)
模拟高速公路(无遮挡)	25.2	100%	11.7
模拟高速公路(龙门架下)	16.60	100%	12.1
模拟城市交叉口	24.80	100%	12.5

3.2　动态条件交互测试结果

动态条件下车路通信测试结果如表 2 所示。LTE-V 链路数据包投递率和时延受车辆运动速度影响较小,在不同场景和不同车速下均能满足虚实交互系统对车路传输可靠性和时延的要求。

LTE-V 动态测试结果　　表 2

场　　景	车速(km/h)	数据包投递率	时延(ms)
模拟高速公路	10	97.36%	7.03
	20	94.65%	5.95
	40	95.55%	6.63
模拟城市交叉口	10	93.53%	6.39
	20	94.41%	6.28

动态条件下车云通信测试结果如表 3 所示。在车辆运动条件下,数据包投递率维持在 94% 以上,时延不超过 12.5ms,可满足虚实交互系统对车云通信链路可靠性和时延的要求。车辆运动速度对吞吐量影响较小,但模拟城市交叉口存在的立杆、建筑物遮挡对吞吐量存在一定影响。在模拟高速公路场景中,EUHT 可满足双向两路激光雷达或视频数据同时传输,在模拟城市交叉口场景中可满足虚拟点云数据传输,视频数据受吞吐量限制,可能出现丢包。考虑到视频数据具有一定容错能力,虚实交互系统仍能满足传输需求。

EUHT 动态测试结果　　表 3

场　　景	车速(km/h)	吞吐量(Mbps)	数据包投递率(%)	时延(ms)
模拟高速公路	10	25.3	98.1	11.52
	20	24.9	95.8	11.86
	40	24.1	98.5	12.03
	60	24.5	94.2	12.49
模拟城市交叉口	10	22.9	94.9	11.55
	20	21.5	94.6	11.71

4　结语

为开展基于封闭试验场的自动驾驶虚实结合测试,本文构建了基于封闭试验场的虚实交互系统,并对系统性能进行了实车测试验证。

(1)通过对自动驾驶虚实结合测试需求的分析,设计了虚实交互系统基本架构,利用 PreScan 仿真软件和试验场内 LTE-V 和 EUHT 通信链路,构建了虚实交互系统原型。

(2)针对自动驾驶虚实结合测试需求,总结出五类虚实交互信息,并设计了四种应用层数据包协议。

(3)为验证虚实交互系统传输性能,以吞吐量、传输时延和数据包投递率为指标,在试验场内进行了动静态条件下的虚实信息交互测试。

通过测试,可得出以下结论:

(1)LTE-V 车路通信可满足模拟高速公路场景中 RSU 周围 125m 范围内、模拟城市交叉口场景中 75m 范围内虚拟车路协同信息包双向传输的可靠性和时延要求。

(2)EUHT 车云通信可满足模拟高速道路和模拟城市交叉口道路内真实测试车状态数据包和虚拟感知结果包双向传输的可靠性和时延要求,可满足承载双向两路激光雷达或视频数据的真实/虚拟感知数据包传输需求。

本文采用EUHT网络建立车云信息传输链路,若采用5G网络,实测可在时延相同的条件下实现不小于60Mbps的吞吐量,大幅增加数据传输能力。在后期构建虚实结合测试系统时,将根据系统数据交互需求考虑不同承载网路。

参考文献

[1] 刘天洋,余卓平,熊璐,等.智能网联汽车试验场发展现状与建设建议[J].汽车技术,2017(1):7-11.

[2] Menzel T, Bagschik G, Maurer M. Scenarios for development, test and validation of automated vehicles[C]. IEEE. 2018 IEEE Intelligent Vehicles Symposium(IV). Piscataway, NJ: IEEE, 2018: 1821-1827.

[3] Krajewsli R, Moers T, Nerger D, et al. Data-driven maneuver modeling using generative adversarial networks and variational autoencoders for safety validation of highly automated vehicles [C]. IEEE. 2018 21st International Conference on Intelligent Transportation Systems (ITSC). Piscataway, NJ:IEEE, 2018: 2383-2390.

[4] Riedmaier S, Schneider D, Watzenig D, et al. Model validation and scenario selection for virtual-based homologation of automated vehicles[J]. Applied Sciences, Multidisciplinary Digital Publishing Institute, 2021, 11(1): 35.

[5] 中国电子信息产业发展研究院.智能网联汽车测试与评价技术[M].北京:人民邮电出版社,2017.

[6] Huang W, Lv Y, Chen L, et al. Accelerate the autonomous vehicles reliability testing in parallel paradigm[C]. IEEE. 2017 IEEE 20th International Conference on Intelligent Transportation Systems (ITSC). Piscataway, NJ: IEEE, 2018:922-927.

[7] Huand W L, Wang K, Lv Y, et al. Autonomous vehicles testing methods review[C]. IEEE. 2016 IEEE 19th International Conference on Intelligent Transportation Systems (ITSC). Piscataway, NJ: IEEE, 2016: 163-168.

[8] Xu Z, Wang M, Zhang F, et al. PaTAVTT: A Hardware-in-the-Loop Scaled Platform for Testing Autonomous Vehicle Trajectory Tracking [J]. Journal of Advanced Transportation, 2017 (6):1-11.

[9] Leathrum J, Shen Y, Mielke R, et al. Integrating virtual and augmented reality based testing into the development of autonomous vehicles[C]// MODSIM. 2018, MODSIM World 2018. Norfolk, VA: MODSIM World: 1-11.

[10] Kent L, Snider C, Gopsiil J, et al. Mixed reality in design prototyping: A systematic review[J]. Design Studies, 2021, 77: 101046.

[11] 王润民,赵祥模,徐志刚,等. 一种自动驾驶整车在环虚拟仿真测试平台设计[J/OL].汽车技术:1-7[2021-12-25]. DOI:10.19620/j.cnki.1000-3703.20210130.

[12] 赵祥模,承靖钧,徐志刚,等. 基于整车在环仿真的自动驾驶汽车室内快速测试平台[J].中国公路学报,2019,32(6):124-136.

[13] Zofka M R, Ulbrich S, Karl D, et al. Traffic Participants in the Loop: A Mixed Reality-Based Interaction Testbed for the Verification and Validation of Autonomous Vehicles[C]// 2018 21st International Conference on Intelligent Transportation Systems (ITSC). Piscataway, NJ: IEEE, 2018: 3583-3590.

[14] Zofka M R, Tottel L, Zipel M, et al. Pushing ROS towards the Dark Side: A ROS-based Co-Simulation Architecture for Mixed-Reality Test Systems for Autonomous Vehicles[C]//IEEE. 2020 IEEE International Conference on Multisensor Fusion and Integration for Intelligent Systems (MFI). Piscataway, NJ: IEEE, 2020: 204-211.

[15] Baruffa R, Pereira J, Romet P, et al. Mixed Reality Autonomous Vehicle Simulation: Implementation of a Hardware-In-the-Loop Architecture at a Miniature Scale [C]// IARIA. Simul 2020. Wilmington, DE: IARIA XPS Press, 2020: 59-63.

[16] Mz J, Zhou F, Huang Z, et al. Hardware-In-The-Loop Testing of Connected and Automated Vehicle Applications: A Use Case For Cooperative Adaptive Cruise Control [C]// IEEE 2018 21st International Conference on Intelligent Transportation Systems (ITSC). Piscataway, NJ: IEEE, 2018: 2878-2883.
[17] Li L, Wang X, Wang K, et al. Parallel testing of vehicle intelligence via virtual-real interaction [J]. Science Robotics, 2019, 4 (28): eaaw4106.
[18] Tonka J, Schyns M. The digital twin concept: A definition attempt [EB/OL]. 2021 [2021. 12. 25]..
[19] Jiang H, Qin S, Fu J, et al. How to model and implement connections between physical and virtual models for digital twin application [J]. Journal of Manufacturing Systems, 2021, 58: 36-51.
[20] Wu Y, Zhang K, Zhang Y. Digital Twin Networks: A Survey [J]. IEEE Internet of Things Journal, 2021, 8(18): 13789-13804.
[21] 张心睿,赵祥模,王润民,等. 基于封闭测试场的 DSRC 与 LTE-V 通信性能测试研究[J]. 汽车技术,2020(9):14-20.
[22] 李哲. 基于 V2X 的无线通信网络性能测量与评价[D]. 重庆:重庆邮电大学,2018.
[23] 张心睿,王润民,石娟,等. 典型 V2X 通信技术标准化进展及对比分析研究[C]//2020 中国汽车工程学会年会论文集(1),2020: 155-160.
[24] 林磊,许瑞琛,房骥. LTE-V2X 高速场景性能测试方法研究[J]. 数字通信世界,2018 (2):8-9,12.
[25] Xiaoxuan Wang, Hailin Jiang, Tao Tang, et al. The QoS Indicators Analysis of Integrated EUHT Wireless Communication System Based on Urban Rail Transit in High-Speed Scenario [J]. Wireless Communications and Mobile Computing, 2018:1-9.

基于十字路口场景的 AEB 系统测试评价方法

李　妍[1]　赵祥模[*1]　周文帅[2]　朱　宇[1]　承靖钧[1]
(1. 长安大学信息工程学院;2. 河南中天高新智能科技股份有限公司)

摘　要　自动紧急制动系统(Automatic Emergency Braking System, AEB)是当前应用最广泛的辅助驾驶系统。真实交通环境复杂多变,针对 AEB 系统安全性、有效性的测试评价是其大规模应用的必要前提。目前国内外 AEB 测试标准法规和测试方法多面向直道测试场景,测试结果多采用单一安全性评价。缺少适应十字路口场景的 AEB 测试方法和面向 AEB 系统的安全性、有效性的综合评价方法。本文设计一种 AEB 夜间十字路口左转测试场景,并利用 PreScan 仿真环境构建测试场景,实现 3 种 AEB 控制算法。以相对距离、碰撞时间、制动减速度为评价指标,通过层次分析法确定各指标权重,利用模糊变化原理和最大隶属度原则,建立 AEB 系统综合评价方法,对十字路口测试场景下 AEB 仿真测试结果进行综合评价。仿真测试结果表明,十字路口左转测试场景下 TTC 控制算法在安全性和有效性方面具有优势,综合评价结果最优。

关键词　自动驾驶汽车测试　测试评价方法　层次分析法　自动驾驶汽车　仿真测试

1. 基金项目:国家重点研发计划(2018YFB0105104)。

0 引言

AEB 作为高级驾驶辅助系统(Advanced Driving Assistant System, ADAS)的重要功能之一,是自动驾驶汽车技术的研究热点[1-3]。对 AEB 系统安全性、有效性的测试评价是其应用的必要前提[4]。相关资料显示我国道路交通事故的主要特点表现为道路交通事故形式多样,事故时空分布不均衡,早、晚高峰多直道追尾事故,凌晨时段十字路口事故比例较高[5]。

然而,目前国内外现有 AEB 测试规范[6-8]多面向直道测试场景,能够覆盖追尾、跟车等工况,但缺少夜间和十字路口等复杂城市场景中的测试方法。此外,现有 AEB 系统评价方法以单一安全性评价为主,缺少面向 AEB 系统安全性、有效性的综合评价。

针对现有 AEB 测试场景和测试方法的不足,本文从中国道路交通场景实际出发,设计了夜间十字路口环境中的 AEB 测试场景,覆盖了车辆在十字路口左转时路径冲突工况,结合 PreScan 仿真测试软件建立了虚拟测试环境,提出 AEB 夜间十字路口场景中的仿真测试方法,并在 PreScan 环境中开展了虚拟仿真测试。在评价方法方面,本文将两车相对距离、碰撞时间 TTC(Time to Collision)和制动减速度作为 AEB 系统安全性、有效性和舒适性的评价指标[9],同时基于模糊层次分析法提出了 AEB 多指标综合评价方法,实现对仿真测试结果进行综合量化评价。

1 测试场景与测试方法

参考 ENCAP 法规场景,设计了 AEB 夜间 CCFtap(Car-to-Car Front turn-across-path)测试场景。

1.1 测试场景设计

如图 1 所示,测试场景为夜间低照度环境,测试道路为包含双向两车道的十字交叉口。测试车辆从测试起点出发,沿预设路径行驶,达到测试速度后保持匀速行驶,左转弯通过十字路口进入左侧道路。目标车辆沿对向道路匀速直行通过十字路口,与左转车辆存在路径冲突,两车在通过十字路口时存在碰撞风险。预期测试车辆能及时识别到与其存在轨迹冲突的目标车辆,紧急制动避撞。

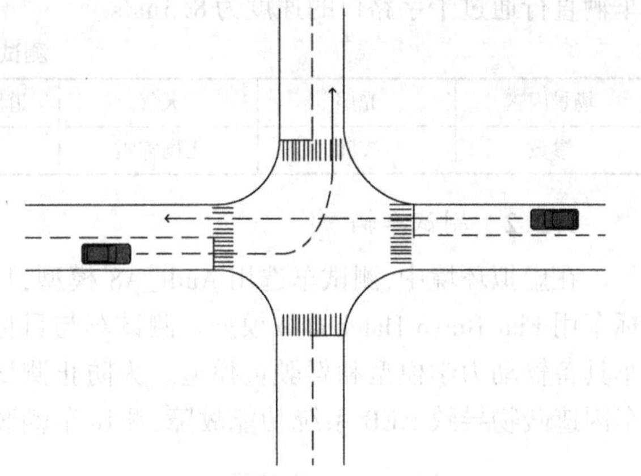

图 1 CCFtap 测试场景示意图

1.2 测试方法设计

1.2.1 虚拟测试环境构建

在 PreScan 仿真软件中搭建虚拟场景,如图 2 所示。

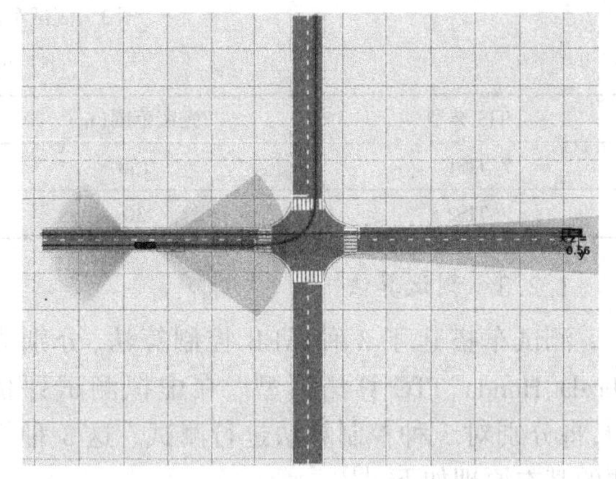

图 2 虚拟场景模型 GUI 界面

虚拟测试场景为晴天夜间场景,没有降水、降雪和道路结冰。测试道路为双向两车道十字交叉口,两侧车道线为实线,中间车道线为虚线,每个方向的车道长度为 100m,车道宽度为 3.75m。路面为水平沥青模拟道路,不存在除目标车辆外影响测试结果的其他物体。场景参数如表 1 所示。测试车辆沿预设路径行驶,行驶速度为 v_1。目标车辆沿对向道路匀速直行通过十字路口,行驶速度为 v_2。两车在通过十字路口时存在路径冲突。仿真核心频率设置为 100Hz,Simulink 的更新频率设置为 100Hz,Visualize 的更新频率设置为 25Hz。根据相关规定,车辆在十字路口转弯的速度应低于 5.5m/s,直行通过十字路口的速度应低于 8.3m/s,因此本文设计测试车辆的初始速度为 5.8m/s,到达十字路口转弯速度为 5.4m/s,目标车辆直行通过十字路口的速度为 8.3m/s。

测试场景参数表　表 1

场景因素	光照	天气	道路长度(m)	道路宽度(m)	道路高度	道路材质
参数	夜间	无雨雾雪	200	3.75	0	水平沥青

1.2.2　测试车辆

在虚拟环境中,测试车选用 Audi_A8 模型,目标车用 Fiat Bravo Hatchback 模型。测试车与目标车具备辆动力学模型和驾驶员模型。为防止测试车因遮蔽物导致 AEB 系统功能故障,测试车辆装载近距离和远距离两种传感器,近距离传感器感知视野较宽,远距离传感器感知视野较窄。在仿真软件中,选择不同光束配置的 TIS(Technology Independent Sensor)传感器,装载示意图如图 3 所示,参数配置见表 2。

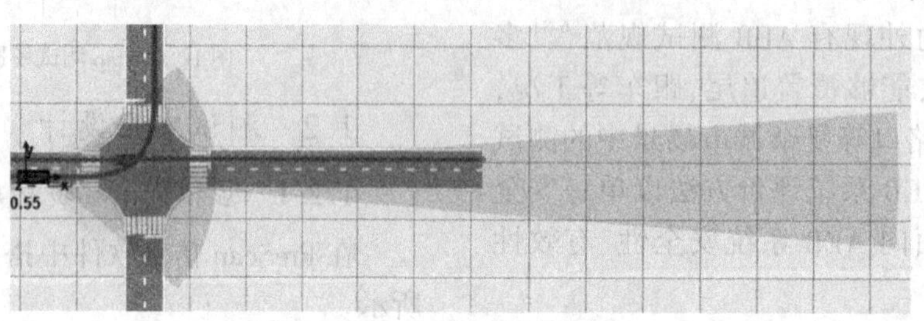

图 3　测试车模型(搭载 TIS 传感器)

TIS 参数　表 2

TIS 类型	光束范围(m)	水平角度范围(°)	垂直角度范围(°)
TIS1	150	9	9
TIS2	30	80	9

1.2.3　测试算法

测试车搭建了 3 种 AEB 控制算法,分别为 Mazda、Honda、TTC 算法模型。在虚拟测试评价中,将分别对 3 种控制算法进行测试。这 3 种算法的基本原理如下[11-15]:

1.2.3.1　Mazda 模型

$$d_{br}=\frac{1}{2}\left[\frac{v^2}{a_1}-\frac{(v-v_{rel})^2}{a_2}\right]+vt_1+v_{rel}t_2+d_0 \quad (1)$$

式中:d_{br}——触发制动时的两车间距;

v——测试车车速;

v_{rel}——相对车速;

a_1——测试车最大减速度;

a_2——前车最大减速度;

t_1——驾驶员反应延迟时间;

t_2——制动器延迟时间;

d_0——最小停车距离。

当两车使用全力制动时,d_0 能够确保两车不发生碰撞。增加延迟时间 t_1、t_2 能够使系统更加保守。

1.2.3.2　Honda 模型

$$d_{br}=v_{rel}t_2+t_1t_2a_2-0.5a_1t_1^{\ 2},t_2\leqslant\frac{v_2}{a_2}$$

$$d_{br}=vt_2+0.5(t_2-t_1)^2a_1-\frac{v_2^{\ 2}}{2a_2},t_2>\frac{v_2}{a_2} \quad (2)$$

式中:d_{br}——触发制动时的两车间距;

v——测试车车速;

v_2——前车车速;

v_{rel}——相对车速;

a_1——测试车最大减速度;

a_2——前车最大减速度;

t_1——驾驶员反应延迟时间;

t_2——制动器延迟时间。

1.2.3.3　TTC 模型

$$TTC=\frac{d_{rel}}{v_{rel}} \quad (3)$$

式中:d_{rel}——当前时刻两车的相对距离;

v_{rel}——两车当前时刻的相对车速。

AEB 控制算法在 Simulink 软件中进行实例化如图 4 所示。

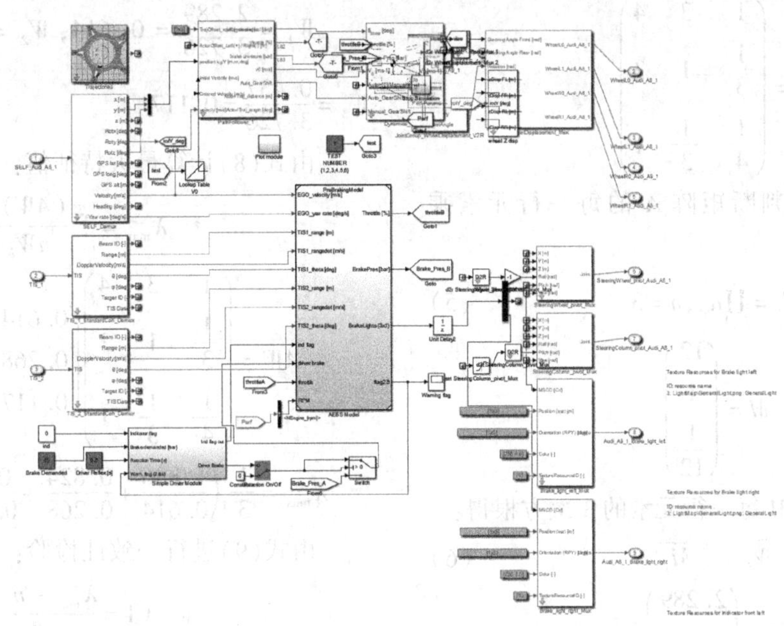

图4 Simulink 中模块示意图

2 基于模糊层次分析法的 AEB 综合评价方法

为从安全性、有效性和舒适性角度对 AEB 系统进行评价，分别采用目标物相对距离、碰撞时间、和制动减速度 3 种评价指标。利用层次分析法建立综合评价体系，实现评价 AEB 的性能综合评价。

2.1 确定评价指标权重

层次分析法可以将不同评价指标定量从而进行决策。AEB 系统评价指标分别为目标物的相对距离 A_1，碰撞时间 A_2 和制动减速度 A_3。其中碰撞时间指示 AEB 系统介入的时间。通过分析 3 个因素的相互重要度关系，对照比例标度表 3 的标度，总结 30 名专家对 AEB 系统各指标之间的重要度进行比较，得到如表 4 所示的重要度关系表。

比例标度表 表3

比例标度	含义
1	表示两个因素比较，具有相同的重要性
3	表示相对因素比较，一个因素比另外一个因素稍微重要
5	表示相对因素比较，一个因素比另外一个因素明显重要
7	表示相对因素比较，一个因素比另外一个因素非常重要
9	表示相对因素比较，一个因素比另外一个因素极为重要
2,4,6,8	表示介于上述两相邻判断的中值
倒数	因素 x 与因素 y 的重要性之比为 a_{xy}，则因素 y 与因素 x 的重要性之比为 $a_{xy}=1/a_{yx}$

AEB 系统各因素重要度关系表 表4

因素	A_1	A_2	A_3
A_1	1	3	4
A_2	1/3	1	3
A_3	1/4	1/3	1

结合表 4 和式(4)得构造判断矩阵 $\boldsymbol{A}$ 为：

$$\boldsymbol{A}=[a_{ij}]_{km} \tag{4}$$

式中：$i=\{1,2,3\}$；

$j=\{1,2,3\}$；

$m=\{1,2,3\}$；

$k=\{1,2,3\}$。

$$A=\begin{pmatrix}1 & 3 & 4\\ \frac{1}{3} & 1 & 3\\ \frac{1}{4} & \frac{1}{3} & 1\end{pmatrix}$$

由式(5)计算判断矩阵 A 的每一行元素乘积为:

$$M_i=\prod_{j=1}^{n}a_{ij},n=3 \tag{5}$$

$$M=\begin{pmatrix}12\\ 1\\ \frac{1}{12}\end{pmatrix}$$

由式(6)计算 M 每一行元素的3次方根得:

$$\overline{W}_i=\sqrt[n]{M_i} \tag{6}$$

$$\overline{W}=\begin{pmatrix}2.289\\ 1\\ 0.437\end{pmatrix}$$

由式(7)将 $\overline{W}$ 标准化,即得到权重向量:

$$W_i=\frac{\overline{w}_i}{\sum_{i=1}^{n}\overline{w}_i} \tag{7}$$

$$W_1=\frac{2.289}{3.726}=0.614,W_2=\frac{1}{3.726}=0.268,$$

$$W_3=\frac{0.437}{3.726}=0.117$$

由式(8)计算最大特征值:

$$\lambda_{\max}=\sum_{i=1}^{n}\frac{(AW)_i}{nW_i} \tag{8}$$

$$AW=\begin{pmatrix}1 & 3 & 4\\ \frac{1}{3} & 1 & 3\\ \frac{1}{4} & \frac{1}{3} & 1\end{pmatrix}\begin{pmatrix}0.614\\ 0.268\\ 0.117\end{pmatrix}=\begin{pmatrix}1.886\\ 0.824\\ 0.36\end{pmatrix}$$

$$\lambda_{\max}=\frac{1}{3}\left(\frac{1.886}{0.614}+\frac{0.824}{0.268}+\frac{0.36}{0.117}\right)=3.074$$

由式(9)进行一致性检验:

$$\mathrm{CI}=\frac{\lambda_{\max}-n}{n-1} \tag{9}$$

$$\mathrm{CI}=\frac{3.074-3}{3-1}=0.037$$

为了衡量 CI 的大小,引入随机一致性指标 RI,见表5。

随机一致性指标 RI 取值　　表5

n	1	2	3	4	5	6	7	8	9	10	11	12
RI	0	0	0.58	0.9	1.12	1.24	1.32	1.41	1.45	1.49	1.51	1.54

由式(10)建立一致性比率 CR:

$$\mathrm{CR}=\frac{\mathrm{CI}}{\mathrm{RI}} \tag{10}$$

只要满足 $\mathrm{CR}<1$ 时,就认为判断矩阵 A 的不一定程度在允许范围内,有满意的一致性。

$$\mathrm{CR}=\frac{0.037}{0.58}=0.064<0.1$$

因此,可以认为判断矩阵 A 具有满意的一致性,各因素的权重具有可信性。

AEB系统评价体系中目标物的相对距离、碰撞时间和制动减速度3个指标的权重系数见表6。

各评价因素的权　　表6

评价指标	目标物的相对距离	碰撞时间	制动减速度
权重	0.614	0.268	0.117

2.2　基于模糊综合评价法的定量评价

由于应用层次分析法过程中定量数据较少,定性成分多,为了对AEB系统做出一个综合性的量化评价,本文通过用隶属函数描述方案的得分来量化指标实测值,可以较好地解决综合评价中的模糊性,以合理、科学、贴近实际的方法做出综合性的评价,最大限度地减少人为因素。

根据表6,建立基于AEB算法模型的综合评价的因素集 $\boldsymbol{U}$:$\boldsymbol{U}=\{$目标物的相对距离 u_1,AEB系统介入时刻 u_2,制动减速度 $u_3\}$

通过专家打分对每个指标进行评价,确定综合评价的评价集 $\boldsymbol{V}$:$\boldsymbol{V}=\{$好 v_1,较好 v_2,一般 v_3,较差 v_4,差 $v_5\}$

邀请专家对AEB系统的性能进行评价,评分表如表7所示:

AEB 系统评价指标评分表 表 7

评价指标	好	较好	一般	较差	差
与目标物相对距离					
碰撞时间					
制动减速度					

对 30 名专家的评价表进行统计，每个指标的得分为相应评价集的个数除以专家人数，然后通过模糊隶属度表示评价矩阵。若因素集 U 中 u_f 对评价集 V 中 v_g 的隶属度为 r_{fg}，$f=\{1,2,3\}$，$g=\{1,2,3,4,5\}$，则评价矩阵 $\boldsymbol{R}$ 为：

$$\boldsymbol{R}=\begin{bmatrix} r_{11} & r_{12} & \cdots & r_{1g} \\ r_{21} & r_{22} & \cdots & r_{2g} \\ \cdots & \cdots & \cdots & \cdots \\ r_{f1} & r_{f2} & \cdots & r_{fg} \end{bmatrix} \tag{11}$$

结合表 6 确定“十字路口 AEB 测试场景”评价要素的权重向量 $\boldsymbol{W}$：

$$\boldsymbol{W}=(0.614 \quad 0.268 \quad 0.117)$$

计算“十字路口 AEB 测试场景”模糊综合评价矩阵 $\boldsymbol{B}$：

$$\boldsymbol{B}=\boldsymbol{W}\cdot\boldsymbol{R} \tag{12}$$

此结果为评级因素“十字路口 AEB 测试场景”的综合评价结果。

若以分数来表示系统各评价指标的结果，可取评价标准的隶属度集 $\boldsymbol{S}=\{$好，较好，一般，较差，差$\}$，并赋予相应的分值，即为 $S=(100,80,60,40,20)$，则十字路口 AEB 测试场景各评价因素的得分为：

$$\boldsymbol{F}=\boldsymbol{B}\cdot\boldsymbol{S} \tag{13}$$

3 测试结果分析

在 PreScan 虚拟测试场景中对搭载 3 种不同控制模型的测试车辆进行测试，结果如图 5 所示。

a) 相对距离变化曲线

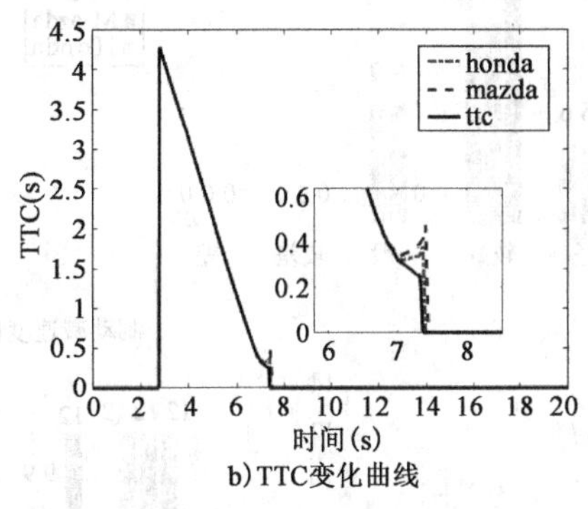

b) TTC变化曲线

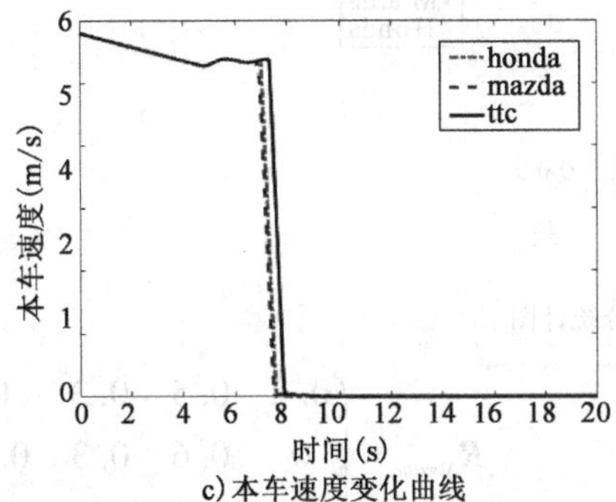

c) 本车速度变化曲线

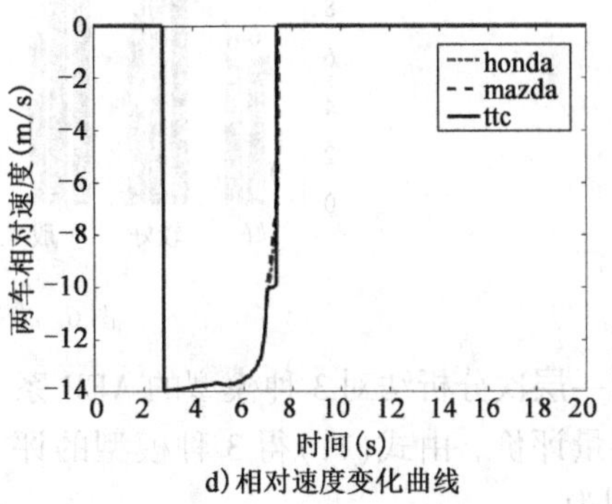

d) 相对速度变化曲线

图 5

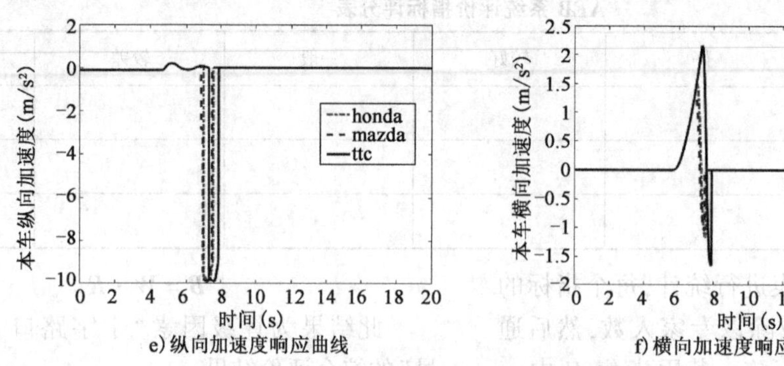

图5　CCFtap 场景仿真结果对比图

若测试车辆与目标车辆相对距离大于 0,则表明避撞成功。从图 5a)可以看出,3 种模型均能成功避免碰撞,若测试车辆与目标车辆碰撞时间较大,则表明算法过早的介入进行了制动。从图 5b)~d)中可知,TTC 模型在避撞后和目标物的距离较为合适,Mazda、Honda 模型相较于 TTC 模型更早进行制动,Mazda 模型在避撞后和目标物的距离较远,相对其他两种算法较差。由图 5e)、f)可以看出,3 种模型的纵向加速度相同,但在横向加速度方面,TTC 模型的横向加速度高于其他两种模型,可能会影响驾乘舒适性。

由 30 位专家根据测试结果通过填写评分表 7 对 AEB 性能进行评分,汇总评分表得到统计结果如图 6 所示。

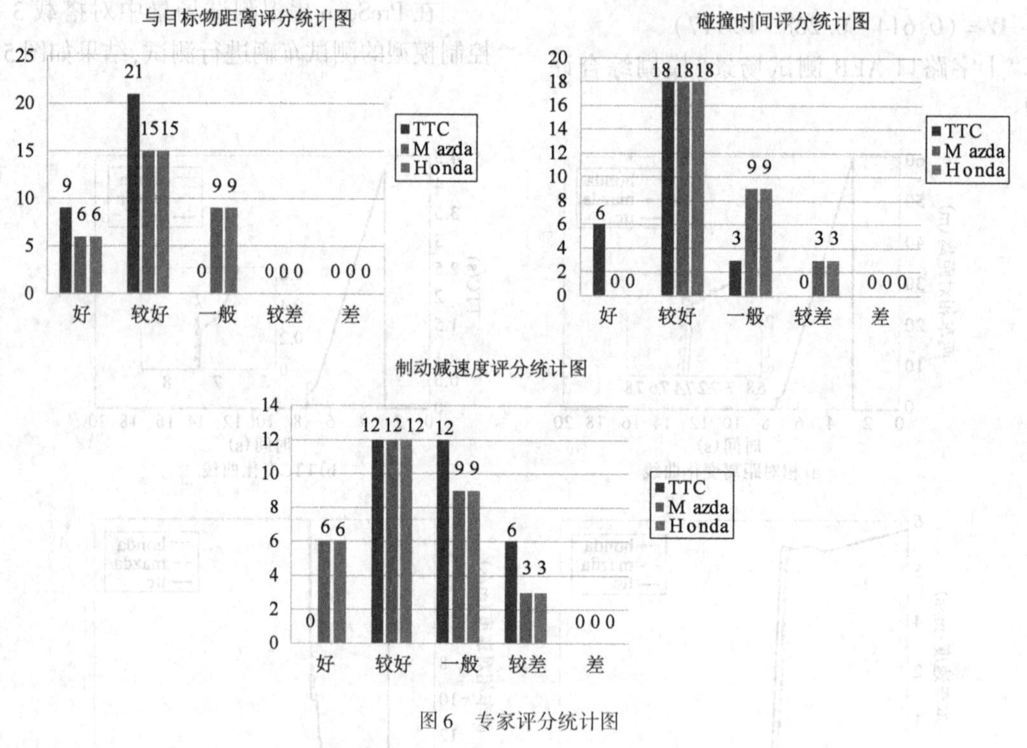

图6　专家评分统计图

运用模糊—层次分析法对 3 种模型的 AEB 系统表现进行定量评价。由式(11)得 3 种模型的评价矩阵 $\boldsymbol{R}$ 分别为:

$$\boldsymbol{R}_{\mathrm{TTC}}=\begin{pmatrix}0.3 & 0.7 & 0 & 0 & 0\\ 0.2 & 0.6 & 0.1 & 0 & 0\\ 0 & 0.4 & 0.4 & 0.2 & 0\end{pmatrix}$$

$$\boldsymbol{R}_{\mathrm{Mazda}}=\begin{pmatrix}0.2 & 0.5 & 0.3 & 0 & 0\\ 0 & 0.6 & 0.3 & 0.1 & 0\\ 0.2 & 0.4 & 0.3 & 0.1 & 0\end{pmatrix}$$

$$\boldsymbol{R}_{\mathrm{Honda}}=\begin{pmatrix}0.2 & 0.5 & 0.3 & 0 & 0\\ 0 & 0.6 & 0.3 & 0.1 & 0\\ 0.2 & 0.4 & 0.3 & 0.1 & 0\end{pmatrix}$$

由式(12)得 3 种模型的模糊综合评价矩阵 $\boldsymbol{B}$

分别为：

$$B_{TTC}=(0.1764\quad 0.6374\quad 0.0736\quad 0.0234\quad 0)$$

$$B_{Mazda}=(0.1462\quad 0.5146\quad 0.2997\quad 0.0385\quad 0)$$

$$B_{Honda}=(0.1462\quad 0.5146\quad 0.2997\quad 0.0385\quad 0)$$

由式(13)得三种模型的综合评价得分分别为：

$$F_{TTC}=76.996\quad F_{Mazda}=75.31\quad F_{Honda}=75.31$$

对比3种算法的综合得分,TTC模型得分最高。由图6知,3种算法均能避免与目标车发生碰撞,安全性较好。虽TTC模型横向加速度较其他两种模型略高,影响舒适度,但有效性方面,TTC模型与目标车辆的相对距离最合适。避免了其他两种模型存在制动过早的问题,一方面对测试车后方其他车辆行驶安全性存在一定影响,另一方面可能导致在部分低风险场景中触发紧急制动,导致误操作。因此,TTC算法有效性更好。

4 结语

本文设计了十字路口左转的测试场景,基于PreScan仿真测试环境,形成了AEB十字路口左转场景下的虚拟测试方法,提出了AEB综合评价方法,并通过仿真测试对3种AEB控制算法进行测试评价。为下一步实现复杂场景的AEB系统测试评价打下了良好的基础。在进一步研究中,将考虑环岛等其他复杂城市道路环境中的AEB测试,并考虑利用长安大学车联网与智能汽车试验场进行实车测试。

参考文献

[1] Sui Bo and LubbeNils andBärgman Jonas. Evaluating automated emergency braking performance in simulated car-to-two-wheeler crashes in China: A comparison between C-NCAP tests and in-depth crash data [J]. Accident Analysis and Prevention, 2021, 159 : 106229-106229.

[2] Shuai Zhang et al. Research on subjective evaluation method of automatic emergency braking (AEB) for passenger car [J]. E3S Web of Conferences, 2021, 268 : 01037-.

[3] 孙勇,郭魁元,高明秋. 自主紧急制动系统在新车评价规程中的现状与发展[J]. 汽车技术,2016(02):1-6.

[4] 贺海宁. 我国道路交通事故的特点及交通安全体制的研究[J]. 科学与财富, 2014(1):1.

[5] Zeng Yong, Zhang Rui, Lim Teng Joon. Wireless Communications with Unmanned Aerial Vehicles: Opportunities and Challenges [J]. IEEE Communications Magazine, 2016, 54(5): 36-42.

[6] E. de Gelder and J. Paardekooper, Assessment of Automated Driving Systems using real-life scenarios[J]. 2017 IEEE Intelligent Vehicles Symposium. 2017, 589-594.

[7] Ding Z, Lam H, Peng H, et al. Accelerated Evaluation of Automated Vehicles Safety in Lane-Change Scenarios Based on Importance Sampling Techniques[J]. IEEE Transactions on Intelligent Transportation Systems, 2016, 18(3):595-607.

[8] Edwards M, Nathanson A, Carroll J, et al. Assessment of Integrated Pedestrian Protection Systems with Autonomous Emergency Braking (AEB) and Passive Safety Components[J]. Journal of Crash Prevention & Injury Control, 2015, 16(sup1): S2-S11.

[9] PENG Y, YU W, WANG X, et al. AEB effectiveness research methods based on reconstruction results of truth vehicle-to-TW accidents in China[J]. Proceedings of the Institution of Mechanical Engineers, Part D: Journal of Automobile Engineering, 2021, 235(7): 2029-2039.

[10] WangX, Wang S, Qi J. Open channel landslide hazard assessment based on AHP and fuzzy comprehensive evaluation[J]. Water Science & Technology Water Supply, 2020, 20 (8): 3687-3696.

[11] Fujita Y, Akuzawa K, Sato M. Radar Brake System[J]. Jsae Review, 1995, 16(2): 219-219.

[12] Peter Seiler, Bongsob Song, J. Karl Hedrick. Development of a Collision Avoidance System [J]. Neurosurgery, 1998, 46(2):492-492.

[13] Seungwuk Moon, Kyongsu Yi. Human driving data-based design of a vehicle adaptive cruise

control algorithm [J]. Vehicle System Dynamics, 2008, 46(8):661-690.

[14] Aoki H, Nguyen Van Q H, Yasuda H. Perceptual risk estimate (PRE): an index of the longitudinal risk estimate [C]//Proc. 22nd Enhanced Safety of Vehicles Conference, Paper. 2011(11-0121).

[15] Vogel K. A comparison of headway and time to collision as safety indicators[J]. Accident; analysis and prevention, 2003, 35(3):427.

基于 DBSCAN 的信息传播算法及评估

张　鑫* 赵祥模 田　彬 姚　柯

(长安大学"车联网"教育部—中国移动联合实验室)

摘　要　近些年,我国在高速公路领域取得了较为显著的成果。然而,对于高速公路上高精度地图(大文件)的数据信息下载问题,一直是人们关注的重点内容。为了缓解高速公路条件下,大文件数据下载难的问题,本文提出了一种基于DBSCAN的改进算法。通过对该改进算法进行仿真验证,结果表明,针对高速公路条件下的高精度地图(大文件)的数据下载问题,RSU通过基于DBSCAN的信息传播算法,与普通的消息分发方式相比,驾驶员对接收到期望数据结果的满意程度提高了33%,且在整个RSU根据需求发送消息的过程中,绝大部分用户都能获得较为满意的数据结果,用户整体的满意情况较为稳定。

关键词　智能交通　通信算法　聚类分析　DBSCAN

0 引言

当前,随着经济和科技的快速发展,世界各国的车辆保有量迅速增加。交通系统中的车流量也在急剧增加。从而导致交通拥堵、交通事故、环境污染等问题发生。智能交通系统(ITS)的核心之一的无线自组织网络(VANETs),旨在基于车对车(V2V)和车对路(V2R)通信模式,提高乘客安全性,提高运输效率,并提供商业和娱乐服务[1-2]。所有类型的车辆导航系统的应用都需要大量的信息才能在旅途中提供服务[3]。因此,数据传播对自组织网络非常重要[4-6]。

余翔等[7]针对在高速公路场景的 LTE-V2X 环境下,提出了一种基于行车方向的 SPS 算法,以降低 SPS 算法中资源重选时碰撞的概率。赖晨彬[8]利用现有 LTE 网络,采用 C-V2X 技术,提高频谱利用率,提升网络能效,满足 5G 车联网超可靠低时延场景的要求。田彬等[9]等提出一种基于 V2V 和 V2I 融合的自适应数据分发协议 NRT-V2X,从而在保证 ROI 中车辆信息全覆盖的前提下,降低 RSU 发送信息开销,抑制 ROI 内车辆的接收信息冗余。Liu 等[10]为了保证节点间通信的稳定可靠,提出了一种基于车辆行驶方向的聚类算法,使车辆以聚类的方式进行数据交换,且具有足够的连接持续时间。作为车载网络中的一项关键服务,一种通过路侧单元向经过其通信范围中的所有车载单元发送非安全数据传播服务的方法受到大家广泛关注。Huang 等[11]提出一种城市车载网络中流行内容分发的高效协同下载方案,在 RSU 覆盖范围外构建 P2P 网络,以解决由于带宽限制,车载单元在经过 RSU 的时候只能下载流行内容的一部分的问题。Wang 等[12]提出了一种基于联盟形成游戏的合作方法,其中 OBU 通过向邻居广播和从邻居接收来交换他们在经过 RSU 后接收到的信息。据报道,70% 的无线流量来自通常是大文件的视频,大约 5% ~10% 的无线流量是被大

1. 基金项目:国家重点研发计划课题,高速公路车路协同系统架构与测试关键技术(National key research and development program, No. 2019YFB1600100);国家自然科学基金面上项目,考虑通信延时的重型货车队列纵向控制策略优化与测试(National Natural Science Foundation of China , No. 61973045);中国博士后科学基金面上项目,通信延时条件下重型货车队列纵向模型预测控制器优化设计与测试(2020M673323)。

多数移动用户消费的流行内容[13]。一般来说,大文件分发服务是一种与位置相关的大文件下载服务。然而,VANETs 的拓扑结构是高度动态和不可预测的,且 RSU 的覆盖面相当有限。因此,针对高速公路上 RSU 向经过其覆盖范围中车载单元完整传输大文件的问题,本文分析了现有技术的优缺点,并结合高速公路的车流特点,采用基于聚类的方式对 RSU 覆盖范围中的车载单元进行聚类操作,并根据聚类结果以及 RSU 通信范围中车载单元对大文件的需求程度,RSU 选择性的将大文件数据信息给其通信范围中有需求的车载单元。并通过仿真实验的方式,验证该实验的采用方法的有效性。

1 聚类算法选择与描述

当前,高速公路中大文件的下载问题是被广泛关注的。而 RSU 的覆盖面相当有限。一旦车载单元超出 RSU 的覆盖范围,信息传输工作将被中断[14]。因此,我们拟采用将大文件数据进行分割(此次研究中,我们对大文件的研究采用高精度地图数据),根据车载单元对不同地段高精度地图文件的需求,我们将有同一种需求的车载单元进行聚类操作。

目前常见的聚类方法主要分为三类:基于划分的聚类算法,基于层次的聚类算法和基于密度的聚类算法。我们对高速公路现实场地进行调研,发现尤其在节假日中,高速公路具有密度高,流动性差的特点。在学习以上算法的同时,结合高速公路的实际情况,以及我们的现实需求,我们发现采用密度的方法进行聚类操作,这种方法是可行,且有意义的。

聚类算法(Density-Based Spatial Clustering of Applications with Noise,DBSCAN)是一种较为典型的基于密度的聚类方法(图1)。与其他类型的聚类方法进行比较,该聚类方法并不是对样本数据中的所有数据对象进行聚类,而是过滤掉低密度区域,对稠密度样本点进行聚类。该算法最大的特点是可以发现不规则形状的簇。该算法的核心思想是先从数据样本中发现密度较高的点,然后把相近的高密度点逐步连成一片,进而生成各种不同大小和形状的簇。

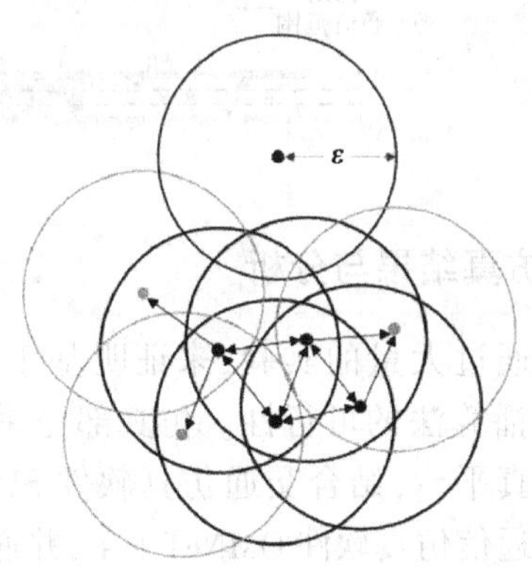

图1 DBSCAN 聚类示意图

2 基于 DBSCAN 聚类算法的信息传播算法

2.1 特定场景下的算法缺点

基于对第一部分算法的学习和研究,以及根据实际情景的需求,发现仅通过传统的 DBSCAN 聚类算法并不能满足现实需求。通过 DBSCAN 方法进行聚类算法之前,需要对该算法设置密度阈值,而设置合适的密度阈值并不容易,往往需要通过多次实验才能寻找到较为合适的阈值。如果当高速公路上车辆较少,RSU 通信范围中的车辆数不能达到开始设定的阈值时,该聚类算法无法对这些车辆进行聚类,以及 RSU 不会对车辆发送消息。从而导致时常有 RSU 通信范围中的车辆收不到消息的情况发生。高速公路示意图如图 2 所示。

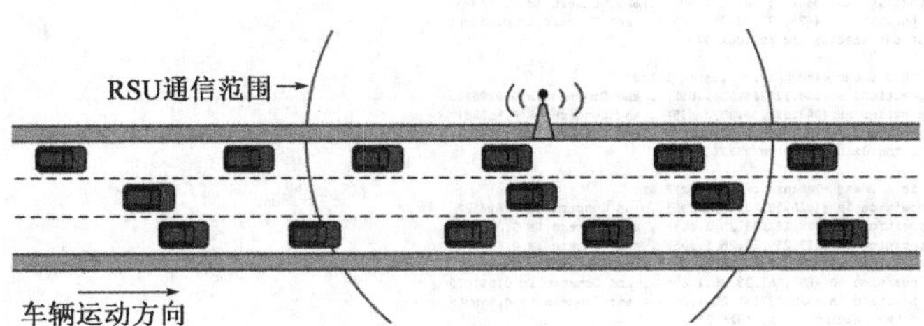

图2 高速公路示意图

2.2　算法改进

通过上述问题分析，我们发现传统的 DBSCAN 聚类算法并不适用于高速公路的场景。因此，我们需要在基于 DBSCAN 算法的基础上，针对高速公路中 RSU 给车载单元发送信息的策略进行调整。我们拟将下一路段所需要发送的高精度地图文件拆分为 3 个片段，具体拆分示意图如图 3 所示。这样设置的好处是可以降低车载单元在驶离 RSU 覆盖范围前，没有接收完数据信息的概率。例如，车载单元在驶离最左侧 RSU 覆盖范围前，提前接收了 B 段路程的高精度地图信息，降低了车载单元无法接收完 B 段高精度地图的可能。

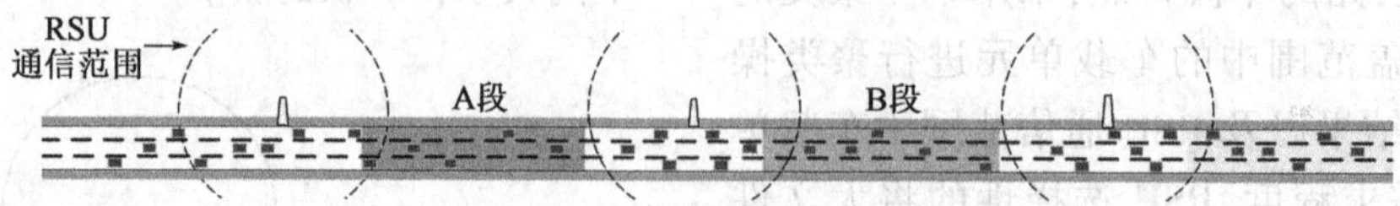

图 3　高精度地图分发示意图

3　仿真结果与分析

我们通过大量的实验，来证明基于 DBSCAN 的信息传播算法的可行性。仿真部分采用 Veins 车联网仿真平台，结合交通仿真软件 SUMO 和开源的无线通信仿真软件 OMNeT + +，并通过 TCP/IP 协议进行信息实时交互。为了对基于 DBSCAN 聚类算法的信息传播算法进行深入分析，我们将该算法与 NRT-V2X 方法[9]进行对比。

3.1　仿真场景描述及参数设置

本场景模拟高速公路某路段，该路段全长 5000m，在高速公路某段车流下游的边缘部分设置路侧单元 RSU，如图 2 所示。RSU 用来接收通信范围中车辆节点的信息，并将车辆节点所需要的信息发送给其他车辆节点。本实验场景中，通过车辆交通状况模拟仿真器 SUMO 随机产生 100 个车辆节点，用来模拟高速公路上的随机车流。

3.2　实验结果

本文通过对车辆节点的位置信息进行聚类，然后统计 RSU 通信范围中的车辆对之后三个路段高精度地图的需求。根据统计结果，判断 RSU 应优先发送哪个路段的高精度地图信息。当 RSU 根据聚类结果，发送相应的高精度地图数据文件给车辆后，我们统计 RSU 通信范围中车载单元的接收情况。驾驶员的满意程度 S 表示方式如式(1)所示。

$$S = \frac{\text{concern} - \text{count}}{N} \tag{1}$$

其中，表示在 RSU 通信范围中，接收到期望路段的高精度地图的车辆数，表示 RSU 通信范围中，某路段的高精度地图的需求数。

基于 DBSCAN 改进算法的数据分发结果如图 4所示。

```
==========Identify Cars and RSUs==========
I am rsu, and my position is (1000,70,50)
Kernel Point
kernel point name is node[0], and Position is (980.011,33.25,1.895) , and Concern 0 is 0.421247 , and Concern 1 is 0.141179 , and Concern 2 is 0.0823389
kernel point name is node[1], and Position is (1061.07,33.25,1.895) , and Concern 0 is 0.601062 , and Concern 1 is 0.39021 , and Concern 2 is 0.488388
kernel point name is node[2], and Position is (1025.58,29.95,1.895) , and Concern 0 is 0.123356 , and Concern 1 is 0.576556 , and Concern 2 is 0.696127
kernel point name is node[3], and Position is (976.313,29.95,1.895) , and Concern 0 is 0.726218 , and Concern 1 is 0.418195 , and Concern 2 is 0.44203
kernel point name is node[4], and Position is (938.123,33.25,1.895) , and Concern 0 is 0.481796 , and Concern 1 is 0.979278 , and Concern 2 is 0.880154
kernel point name is node[5], and Position is (903.239,33.25,1.895) , and Concern 0 is 0.884152 , and Concern 1 is 0.855281 , and Concern 2 is 0.677694
kernel point name is node[6], and Position is (861.075,33.25,1.895) , and Concern 0 is 0.968993 , and Concern 1 is 0.294809 , and Concern 2 is 0.20954
kernel point name is node[7], and Position is (833.102,33.25,1.895) , and Concern 0 is 0.0302133 , and Concern 1 is 0.311258 , and Concern 2 is 0.437452
kernel point name is node[8], and Position is (783.564,33.25,1.895) , and Concern 0 is 0.453902 , and Concern 1 is 0.974364 , and Concern 2 is 0.656697
kernel point name is node[9], and Position is (746.463,33.25,1.895) , and Concern 0 is 0.441389 , and Concern 1 is 0.31431 , and Concern 2 is 0.560442
kernel point name is node[10], and Position is (705.546,33.25,1.895) , and Concern 0 is 0.0682089 , and Concern 1 is 0.25135 , and Concern 2 is 0.135716
kernel point name is node[11], and Position is (651.787,33.25,1.895) , and Concern 0 is 0.344951 , and Concern 1 is 0.299264 , and Concern 2 is 0.891873
kernel point name is node[12], and Position is (625.077,33.25,1.895) , and Concern 0 is 0.839869 , and Concern 1 is 0.115757 , and Concern 2 is 0.955748

The cluster 1 size is 5 , and elements in cluster 1 are
name is node[1] , position is (1061.07,33.25,1.895) , and Concern is 0.601062
name is node[3] , position is (976.313,29.95,1.895) , and Concern is 0.726218
name is node[5] , position is (903.239,33.25,1.895) , and Concern is 0.884152
name is node[6] , position is (861.075,33.25,1.895) , and Concern is 0.968993
name is node[12] , position is (625.077,33.25,1.895) , and Concern is 0.839869
 and the position of the leading car is 1061.07

The cluster 2 size is 3 , and elements in cluster 2 are
name is node[4] , position is (938.123,33.25,1.895) , and Concern is 0.979278
name is node[5] , position is (903.239,33.25,1.895) , and Concern is 0.855281
name is node[8] , position is (783.564,33.25,1.895) , and Concern is 0.974364
 and the position of the leading car is 938.123

The cluster 3 size is 6 , and elements in cluster 3 are
name is node[2] , position is (1025.58,29.95,1.895) , and Concern is 0.696127
name is node[4] , position is (938.123,33.25,1.895) , and Concern is 0.880154
name is node[5] , position is (903.239,33.25,1.895) , and Concern is 0.677694
name is node[8] , position is (783.564,33.25,1.895) , and Concern is 0.656697
name is node[11] , position is (651.787,33.25,1.895) , and Concern is 0.891873
name is node[12] , position is (625.077,33.25,1.895) , and Concern is 0.955748
 and the position of the leading car is 1025.58
rsu[0]: populate ADD Beacon.
sending down a wsm
rsu[0]: populate ADD Beacon.
sending down a wsm
Send Message to Cluster_3!
```

图 4　RSU 聚类后的结果

为了确保数据的有效性,我们分别对两种方法进行大量的仿真实验。将得到的仿真数据进行统计,最终结果如表1所示。将两种方法的结果进行可视化操作,结果如图5所示。其中,图像纵坐标表示用户的满意程度,横坐标表示RSU通信范围中的车辆数。

仿真实验结果对比 表1

NRT-V2X 协议		基于 DBSCAN 的信息传播算法	
车辆数	平均满意程度	车辆数	平均满意程度
2	0.666667	2	0.888888
5	0.4	5	0.8
7	0.47619	7	0.813492
9	0.481481	9	0.79332
10	0.409091	10	0.816667
总平均满意程度	0.486686	总平均满意程度	0.816667

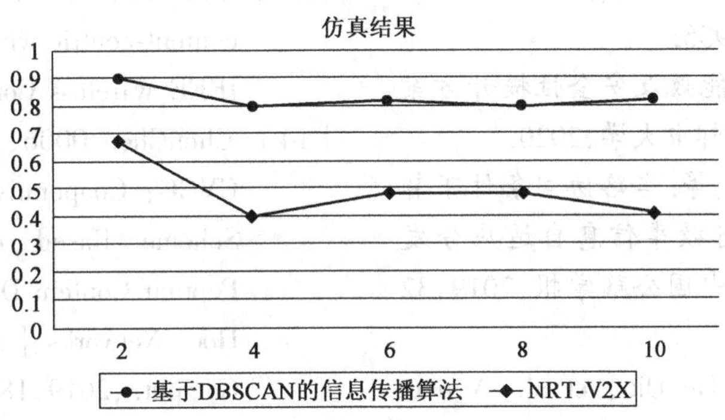

图5 仿真实验结果

通过图5的仿真实验结果,我们可以直观的看出,RSU通过基于DBSCAN的改进算法进行大文件的消息分发,驾驶员对接收到期望数据结果的满意程度显著高于NRT-V2X方式,且在整个RSU根据需求发送消息的过程中,绝大部分用户都能获得较为满意的数据结果,用户整体的满意情况较为稳定。

4 结语

本文针对在高速公路环境下,如何能够将高精度地图(大文件)的信息完整地发送给车载单元的问题,提出了一种基于DBSCAN算法进行改进算法。我们采用了将高精度地图的数据信息拆分成小片段,RSU根据接收到的需求情况,以及其通信范围中的头车的位置,进行数据信息的分发工作。通过仿真实验的结果表明,本文提出的基于DBSCAN的信息传播算法能够大幅度提升用户接收完整信息的概率,且整个过程用户的满意情况较为稳定。

整体而言,该算法较为符合当前的实际情景,但该算法还可以进行进一步优化。可以对当前改进算法进行进一步改进优化,使得基于DBSCAN的信息传播算法能够更快速的提高用户的感兴趣程度,并且提高整体的感兴趣程度。

参考文献

[1] T. Qiu, R. Qiao, D. Wu. Eabs: An event-aware backpressure scheduling scheme for emergency internet of things[J]. IEEE Trans. Mobile Comput., 2018,17:72-84 2018.

[2] C. Chen, X. Liu, H. Chen, et al. A rear-end collision risk evaluation and control scheme using a bayesian network model[J]. IEEE Trans. Intell. T ransp. Syst., 2018:1-21.

[3] C. Chen, T. Qiu, J. Hu, et al. A congestion avoidance game for information exchange on intersections in heterogeneous vehicular networks[J]. J. Netw. Comput. Appl., 2017, 85:116-126.

[4] C. Chen, L. Liu, T. Qiu, et al. ASGR: An artificial spider-web-based geographic routing

in heterogeneous vehicular networks[J]. IEEE Trans. Intell. Transp. Syst., 2018:1-17.

[5] S. Basagni, M. Conti, S. Giordano, et al. Mobile Ad Hoc Networking: The Cutting Edge Directions[J]. Wiley-IEEE Press, 2013, 12: 453-490.

[6] L. Liu, C. Chen, T. Qiu, et al. A data dissemination scheme based on clustering and probabilistic broadcasting in vanets[J]. Veh. Commun., 2018 13:78-88.

[7] 余翔,陈晓东,王政,等.基于LTE-V2X的车联网资源分配算法[J/OL].计算机工程:1-7[2020-12-27]. https://doi.org/10.19678/j.issn.1000-3428.0056935.

[8] 赖晨彬.蜂窝车联网能效及安全性提升方案研究[D].重庆.重庆邮电大学,2020.

[9] 田彬,赵祥模,徐志刚,等.车路协同条件下智能网联高速公路通行效率信息自适应分发协议:NRT-V2X[J].中国公路学报,2019,32(06):293-307.

[10] LeiLiu, Chen Chen, Tie Qiu, et al. A data dissemination scheme based on clustering and probabilistic broadcasting in VANETs[J]. Vehicular Communications,2018,13.

[11] Huang W, Wang L. ECDS: Efficient collaborative downloading scheme for popular content distribution in urban vehicular networks[J]. Computer Networks, 2016, 101(5):90-103.

[12] T. Wang, L. Song, Z. Han, et al. Dynamic Popular Content Distribution in Vehicular Networks using Coalition Formation Games[J]. in IEEE Journal on Selected Areas in Communications, 2013,31:538-547.

[13] H. Liu, Z. Chen, X. Tian, et al. On content-centric wireless delivery networks[J]. IEEE Wireless Commun, 2014,21:118-125.

[14] ChenChen 0006, Jinna Hu, Tie Qiu, et al. CVCG: Cooperative V2V-Aided Transmission Scheme Based on Coalitional Game for Popular Content Distribution in Vehicular Ad-Hoc Networks[J]. IEEE Trans. Mob. Comput.,2019,18(12).

Evaluation Index System and Method for the Rationality of the Road Layout in New-type Service Area of Expressway under the Background of Traffic and Tourism Integration

Xunjiang Huang[1] Jinliang Xu[*,1] Yanwei Liu[2] Xiaohui Tong[3]
(1. Chang'an University;2. Yellow River Engineering Consulting Co., Ltd;
3. CCCC First Highway Consultants Co., Ltd)

Abstract In the context of the integration of traffic and tourism, the new-type service area not only has the basic functions of the traditional service area, but also expands the tourism function. In order to scientifically and systematically evaluate the rationality of the road layout in new-type service area of expressway, this paper researches the evaluation index system and method. Starting from the perspective of traffic service level, experience of drivers and passengers and functional features of new-type service area, the evaluation index system was constructed by using analytic hierarchy process. And the quantitative methods of each index were given. By means of questionnaire survey and statistical analysis, the importance of each evaluation index was quantified. On this basis, the evaluation method based on grey weighted relational analysis method was put forward. Taking the north area of Yang Cheng Hu Service Area as an example, two road layout schemes before and after reconstruction were evaluated. The results show that the road layout scheme of Yang Cheng Hu Service Area after reconstruction is better and the evaluation index system and method proposed in this paper are feasible and effective in evaluating the rationality of the road layout in new-type service area of expressway.

Keywords The synergetic development of traffic and tourism Evaluation index system and method Grey weighted relational analysis method The road layout in new-type service area

0 Introduction

As an important carrier to promote the integrated development of traffic and tourism, the new-type service area of expressway not only has the function of meeting the basic needs of drivers and passengers as in the traditional service area, but also expands the function of tourism service. The unreasonable design and construction may easily lead to problems such as the mismatch between the needs of service area users and the layout of service facilities, traffic chaos and vehicle congestion within the service area, resulting in potential traffic dangers and seriously restricting the sustainable development of new-type service area (Chen, 2017). As the framework of the facilities, the layout of roads in new-type service area directly affects the layout of various facilities. The unreasonable road layout will lead to the disorganized distribution of service facilities, which further causes the above-mentioned problems and affects the internal traffic organization. Moreover, compared with the traditional service area, the new-type service area has a large passenger flow and complex traffic flow lines, and the drivers and passengers have higher requirements for service quality, which undoubtedly puts forward higher requirements to the internal road layout of service area (Zhang, 2017). Thus, as an important basis to improve the rationality of the road layout in new-type service area, it is very necessary to evaluate it scientifically and systematically.

Based on the rapid development of new-type service area, the research on its design and construction has attracted extensive attention. Zhang (2017) carried out related research on the tourism service area and its design. Li (2018) researched the design and construction of parking lots in the tourism service area. Wang et al. (2020) researched the site selection, industrial structure, industrial layout and marketing mode of the traffic and tourism integration service area. Zhang et al. (2020) introduced the basic principles, main objectives, overall framework and construction contents of the construction of Yunnan expressway intelligent service area, so as to promote the in-depth development of the integration of traffic and tourism. Although a lot of work has been done on the research of new-type service areas, it is a pity that the research on the rationality evaluation of the road layout in new-type service areas has not received the same level of attention. Therefore, it is very urgent to use scientific theories and methods to objectively and accurately evaluate the rationality of the road layout in new-type service area. Thus, in this paper, the rationality evaluation index system of road layout in new-type service area is constructed. On the basis of quantifying the importance of different indexes, an evaluation method based on grey weighted relational analysis method is put forward. Finally, the feasibility and effectiveness of the evaluation index system and evaluation method proposed in this paper are verified by taking two road layout schemes before and after the reconstruction of the north area of Yang Cheng Hu Service Area as examples. It is expected to provide reference for the rationality evaluation and scheme selection of the road layout in new-type service area.

1. Corresponding author: Jinliang Xu, xujinliang@ chd. edu. cn.

1 Methods

1.1 Evaluation Index System

1.1.1 Selection of Evaluation Indexes

Compared with the traditional service area, the new-type service area involves more factors, and the importance of each factor to the layout rationality evaluation is different. The evaluation needs to be carried out from many aspects, which brings challenges to the selection of evaluation indexes. In order to solve this problem, this paper starts from the perspective of analytic hierarchy process and follows the principles of comprehensiveness, pertinence, feasibility and comparability, according to the road function, the basic function of service area, and the characteristics of new-type service area, and referring to the evaluation index system of general road network (Yao, 2013) and traffic microcirculation of residential area (Luo, 2017), a multi-level and multi-index evaluation index system is constructed, as shown in Fig. 1. The indexes of the traffic service level reflect the adaptability of the road layout to the traffic demand in the new-type service area. The indexes of the experience of drivers and passengers represent the friendliness of road layout to the pedestrian experience. And the indexes of the functional features of new-type service area show the correlation between the road structure and the tourism functions. As each index is quantifiable, the objectivity and scientificity of the evaluation results can be improved.

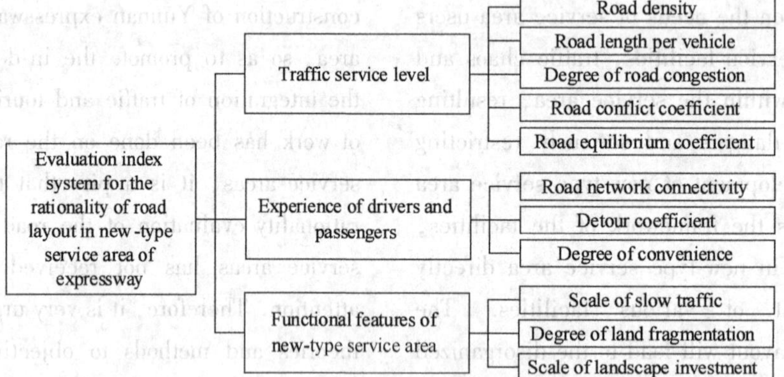

Fig. 1 Evaluation index system

1.1.2 Calculation of Evaluation Indexes

Indexes of traffic service level are mainly composed of road density, road length per vehicle, degree of road congestion, road conflict coefficient and road equilibrium coefficient.

(1) Road Density.

Road density is the ratio of total road length to total land area in service area. The calculation formula is as follows.

$$X_1 = \frac{L}{A} \tag{1}$$

$$L = \sum_{i=1}^{n} lane_i l_i \tag{2}$$

Where X_1 is road density in m/m^2; L is total road length in service area in meters; $lane_i$ is the number of lanes of road i; l_i is the length of road i in meters; A is the total land area of service area in m^2; n is the number of roads in service area.

(2) Road Length per Vehicle.

Road length per vehicle is the ratio of total road length in service area to the predicted average number of vehicles. The calculation formula is as follows.

$$X_2 = \frac{L}{C} \tag{3}$$

$$C = \sum_{i=1}^{n} \varepsilon_i N_i \chi_i \tag{4}$$

Where X_2 is road length per vehicle in m/pcu; C is the predicted average number of vehicles in new-type service area in pcu; ε_i is the parking turnover rate of class i vehicles; N_i is the number of parking space of class i vehicles; χ_i is vehicle conversion coefficient, take the passenger car as 1, according to the regulations on the design size of various types of vehicles in the *Technical Standard of Highway Engineering*, the conversion coefficients are calculated as shown in Tab. 1.

Conversion coefficient of various types of vehicles Tab. 1

Vehicle type	Vehicle length(m)	Vehicle Width(m)	Projected area(m^2)	Conversion coefficient
Passenger car	6	1.8	10.8	1
Large bus	13.7	2.55	34.935	3.2
Motor truck	12	2.5	30	2.8

(3) Degree of Road Congestion.

The degree of road congestion is used to evaluate the matching degree between the predicted traffic volume of new-type service area and the road design traffic capacity. The calculation formula is as follows.

$$X_3 = (\sum_{i=1}^{n} l_i \times k_i)/L \tag{5}$$

Where X_3 is the degree of road congestion; k_i is the degree of road congestion of road i, when its value is less than 1, it means that the road design capacity can no longer meet the requirements. The calculation formula is as follows.

$$k_i = \frac{c_i' \theta_i \beta_i}{c_i} \tag{6}$$

Where c_i' is the single lane design traffic volume of road i; θ_i is the lane modificatory coefficient of road i. And values are as shown in Tab. 2.

The lane modificatory coefficient value (Xu, 2017) Tab. 2

The Number of lanes	1	2	3	4
Lane modificatory coefficients	1	1.87	2.6	3.2

β_i is non-motor vehicle modificatory coefficient, set 0.8 for the conditions of mixed traffic flow and 1.0 for the isolation conditions between motor vehicles and non-motor vehicles (Xu, 2017); c_i is the predicted traffic volume of road i, when the traffic volume between nodes of the new-type service area is determined, it is calculated as follows.

①When road i is the only passable road between node A and B, the predicted traffic volume of it is the traffic volume between node A and B.

②When there are multiple feasible roads between node A and B, the traffic volume of each road is distributed according to the principle of travel cost. Where c_i is the traffic volume distributed to road i; l_i is the length of road i. The calculation is as follows.

$$l_1 \cdot c_1 = l_2 \cdot c_2 = \cdots = l_i \cdot c_i \tag{7}$$

③When road M connects multiple roads, the traffic volume distributed to road M by each road is first calculated according to the above distribution method. And the predicted traffic volume of M is the sum of the traffic volume distributed to road M by each road.

(4) Road Conflict Coefficient.

In order to evaluate the influence of conflict behavior on traffic efficiency in different road layout schemes, road conflict coefficientis introduced. The calculation formula is as follows.

$$X_4 = \sum_{i=1}^{n} \frac{c_i}{c}(K_1\omega_{1,i} + K_2\omega_{2,i} + K_3\omega_{3,i}) \tag{8}$$

Where X_4 is road conflict coefficient; c is the predicted traffic volume of all roads in the new-type service area; $\omega_{1,i}$ is the number of diverging points of road i; $\omega_{2,i}$ is the number of merging points of road i; $\omega_{3,i}$ is the number of conflict points of road i; K_1, K_2, K_3 is the conversion coefficients for different conflict types, $K_1=1, K_2=3, K_3=5$ (Gong, 2013).

(5) Road Equilibrium Coefficient.

This index reflects theequilibrium level of the traffic volume of each connected road at the road nodes in new-type service area. And it can be used to evaluate the efficiency of road nodes. The calculation formula is as follows.

$$X_5 = 1 - \frac{\sqrt{\sum_{i=1}^{N_1}\sum_{j=1}^{r_i}[c_{ij}(k_{ij} - k_{\text{ave}})/\sum_{i=1}^{N_1}\sum_{j=1}^{r_i}c_{ij}]^2}}{k_{\text{ave}}} \quad (9)$$

Where X_5 is road equilibrium coefficient; N_1 is the number of road nodes in service area; r_i is the number of roads connected with the node i; c_{ij} is the peak hour traffic volume on road j connected to node i; k_{ij} is the peak hour saturation of road j connected to node i; k_{ave} is the average hour saturation of road j connected to node i.

1.1.3 Experience of Drivers and Passengers

Indexes of experience of drivers and passengers are mainly composed of road network connectivity, detour coefficient and the degree of convenience.

(1) Road Network Connectivity.

The road network connectivity is introduced into the evaluation system to reflect the convenience of drivers and passengers moving among various functional facilities in new-type service area. The calculation formula is as follows.

$$Y_1 = \frac{1}{O_1}\sum_{i=1}^{O_1}\rho_i \quad (10)$$

Where Y_1 is road network connectivity; ρ_i is the number of roads connected to facility i; O_1 is the total number of facilities in the new-type service area. When multiple facilities are located in one location, they should also be counted independently.

(2) Detour Coefficient.

Detour coefficient refers to the ratio of the shortest traffic distance between two facilities in the new-type service area to the straight-line distance directly connected to the two facilities. The calculation formula is as follows.

$$Y_2 = \left[2\left(\sum_{i=1}^{O_1}\sum_{j=i+1}^{O_1}\frac{L_{ij}}{D_{ij}}\right)\right] / [O_1(O_1 - 1)] \quad (11)$$

Where Y_2 is detour coefficient; L_{ij} is the minimum traffic distance from facility i to facility j in meters; D_{ij} is the straight-line distance between facility i and facility j in meters.

(3) Degree of Convenience.

The degree of convenience represents the convenient level that drivers and passengers can move from the entrance of the service area to the first facility. The calculation formula is as follows.

$$Y_3 = \frac{1}{O_1 M_1}\left(\sum_{i=1}^{O_1}\sum_{j=1}^{M_1}\frac{P_{ij}L'_{ij}}{P_j D'_{ij}}\right) \quad (12)$$

Where Y_3 is the degree of convenience; M_1 is the number of entrances in the new-type service area; P_{ij} is the passenger flow volume entering the service area from entrance j and using facility i as the first destination; P_j is the predicted passenger flow volume at entrance j of the new-type service area; L'_{ij} is the minimum traffic distance from entrance j to facility i in meters; D'_{ij} is the straight-line distance from entrance j to facility i in meters.

1.1.4 Functional Features of New-type Service Area

Indexes of functional features of new-type service area are mainly composed of the scale of slow traffic, the degree of land fragmentation and the scale of landscape investment.

(1) Scale of Slow Traffic

Slow traffic mainly includes pedestrians, non-motor vehicles, scenic buses and other traffic with great speed difference from motor vehicles innew-type service areas. The calculation formula is as follows.

$$Z_1 = \frac{1}{A_1}\sum_{i=1}^{m}\sigma_i a'_i \quad (13)$$

Where Z_1 is the adaptability coefficient of slow traffic; a'_i is the area of slow road in functional zone i in m^2; m is the number of functional zones; σ_i is the importance factor of slow traffic of functional zone i. It is the ratio of the slow traffic volume in functional zone i to the total slow traffic volume in the service area, which is $\sigma_i = p_i/p$; A_1 is the total road area in m^2.

(2) Degree of Land Fragmentation

After the construction ofa new-type service area is completed, the land will be divided into blocks of varying sizes by roads. The calculation formula of degree of land fragmentation is as follows.

$$Z_2 = \frac{A}{N_2} \quad (14)$$

Where Z_2 is the degree of land fragmentation in m^2; N_2 is the number of plots of land divided by roads.

(3) Scale of Landscape Investment.

The scale of landscape investment refers to the ratio of the sum of landscape cost of direct investment and indirect investment to the road construction cost of the new-type service area and it is used as a quantitative index for the construction of the tourism environment in the new-type service area. The calculation formula is as follows.

$$Z_3 = \frac{e_1 + e_2}{e} \tag{15}$$

Where Z_3 is the scale of landscape investment; e is the cost of road construction in new-type service area in ten thousand yuan; e_1 is the direct investment of landscape cost in ten thousand yuan, such as landscape sculpture, green vegetation and so on; e_2 is the indirect investment of landscape cost in ten thousand yuan, such as the cost of increasing the road length caused by the installation of landscape and so on.

1.2 Evaluation Method

At present, thewidely used comprehensive evaluation methods include grey relational analysis (Zeng, Zeng, 2012), fuzzy comprehensive evaluation (Cui et al., 2018), TOPSIS method (Wang, 2016) and so on. Each index in the evaluation index system affects the pros and cons of the road layout scheme together, and the importance of each index to the evaluation of the rationality of road layout is different and can be quantified. Therefore, the grey weighted relational analysis method is adopted for evaluation. Compared with other multi-factor analysis methods, grey weighted relational analysis method has the advantages of less computation, easier operation and higher reliability, and is convenient for quantitative index analysis and evaluation.

1.2.1 Calculation of Evaluation Index Weights

The core of grey relational analysis is to calculate the relational degree, while the traditional formula for calculating the relational degree adopts equal treatment for all indexes, which is not consistent with the actual situation because each evaluation index is not divided into primary and secondary (Wang et al., 2005). Therefore, this paper gives weight to each evaluation index according to the actual situation in order to improve the objectivity of grey relational analysis. At present, the commonly used methods to determine the weight of indexes include maximizing deviations (Zeng, Zeng, 2012), statistical method of frequency (Guo et al., 2003), entropy method (Liu, Yan, 2005) and so on. In order to comprehensively consider and objectively reflect the importance of each evaluation index, and improve the representativeness and credibility of the results, this study adopts the method of questionnaire survey. Through the questionnaire independently filled by the respondents, people' s views on the importance of the rationality evaluation index are obtained. Quantitative statistical method is used to analyze the survey results and calculate the weight. The specific process is as follows.

1) Data Acquisition

Indexes are divided into five levels according to the importance, which are not important at all, not too important, unclear in importance, relatively important and very important, and corresponding scores are 1, 2, 3, 4 and 5 points. The total number of indexes is l. The number of people in the level j' of the index i', $m_{i'j'}$, is obtained through questionnaires.

2) Calculation of the weight of each index

$$q_{i'} = \sum_{j'=1}^{5} n_{j'} m_{i'j'} / \sum_{j'=1}^{5} m_{i'j'} \tag{16}$$

$$\omega_{i'} = q_{i'} / \sum_{i'=1}^{l} q_{i'} \tag{17}$$

According to the properties of the weights, $\sum \omega_{i'} = 1$. The weight vector of each index in the evaluation system of road layout scheme is $\boldsymbol{\omega} = (\omega_1, \omega_2, \cdots, \omega_l)$.

1.2.2 Introduction of Evaluation Method

The basic idea of grey relational analysis is to reflect the proximity between the comparison sequence and the reference sequence by using the relational coefficient and relational degree, and to judge whether the relationship is close between the comparison sequence and the reference sequence according to the proximity (Xiao et al., 2006). The greater the relational degree between the comparison sequence and the reference sequence, the closer the comparison sequence is to the reference sequence, the better the scheme will be. The concrete analysis steps are as follows.

1) Standardization of Index Values

In order to bring all indexes into the same evaluation system, it is necessary to standardize them and convert the values of different indexes into dimensionless numbers within the range of 0 ~ 1. According to the influence trend of the evaluation indexes on the target, the evaluation indexes can be divided into positive correlation index and negative correlation index. $g_{i'}$ represents the original value of index i', and $\gamma_{i'}$ represents the value of index i' after standardization.

$$\gamma_{i'} = F(g_{i'}) \tag{18}$$

$\gamma_{i'} \in [0,1]$, $g_{i'} \in [\min(g_{i'}), \max(g_{i'})]$. F is the standardized processing function, whose function form is as follows according to different index types.

① Positive correlation index.

$$\gamma_{i'} = F(g_{i'}) = \begin{cases} 1 & g_{i'} \geqslant \max(g_{i'}) \\ \dfrac{g_{i'} - \min(g_{i'})}{\max(g_{i'}) - \min(g_{i'})}, & \min(g_{i'}) < g_{i'} < \max(g_{i'}) \\ 0 & g_{i'} \leqslant \min(g_{i'}) \end{cases} \tag{19}$$

②Negative correlation index.

$$\gamma_{i'} = F(g_{i'}) = \begin{cases} 1 & g_{i'} \leqslant \min(g_{i'}) \\ \dfrac{\max(g_{i'}) - g_{i'}}{\max(g_{i'}) - \min(g_{i'})}, & \min(g_{i'}) < g_{i'} < \max(g_{i'}) \\ 0 & g_{i'} \geqslant \max(g_{i'}) \end{cases} \tag{20}$$

2) Construction of relational Matrix

Assume that the road layout scheme of the new-type service area is $\boldsymbol{\mu}(\boldsymbol{i})$ ($i = 0, 1, \cdots, s$), s is the total number of schemes. Then, the scheme is expressed in the form of sequence as $\boldsymbol{\mu}(\boldsymbol{i}) = (\gamma_{i1}, \gamma_{i2}, \cdots, \gamma_{il})$. Let $\boldsymbol{\mu}(\boldsymbol{i})$ be the optimal scheme when $i=0$, $\boldsymbol{\mu}(\boldsymbol{0}) = (\gamma_{01}, \gamma_{02}, \cdots, \gamma_{0l})$. Other values of i represent different schemes to be evaluated.

According to thegrey relational analysis theory, the grey relational coefficient of the scheme i and the optimal scheme at the index i' is calculated by the following formula.

$$\xi_{ii'} = \frac{\min_{1\leqslant i\leqslant s}\min_{1\leqslant i'\leqslant l}|\gamma ii' - \gamma i0'| + \delta \max_{1\leqslant i\leqslant s}\max_{1\leqslant i'\leqslant l}|\gamma ii' - \gamma i0'|}{|\gamma_{ii'} - \gamma_{i0'}| + \delta \max_{1\leqslant i\leqslant s}\max_{1\leqslant i'\leqslant l}|\gamma_{ii'} - \gamma_{i0'}|} \tag{21}$$

Where δ is the identification coefficient, $\delta \in (0, 1)$. It is used to prevent the influence of excessive maximum second-order difference value on the evaluation accuracy, generally take 0.5. According to the meaning of standardized processing function, $\gamma_{01} = \gamma_{02} = \cdots = \gamma_{0l} = 1$.

The evaluation matrix composed of grey relational coefficient is as follows.

$$\boldsymbol{E} = \begin{bmatrix} \xi_{11} & \xi_{12} & \cdots & \xi_{1l} \\ \xi_{21} & \xi_{22} & \cdots & \xi_{2l} \\ \vdots & \vdots & \vdots & \vdots \\ \xi_{s1} & \xi_{s2} & \cdots & \xi_{sl} \end{bmatrix} \tag{22}$$

3) Evaluation Matrix with Weights

The comprehensive evaluation matrix based on thegrey weighted relational analysis method can be obtained by multiplying the weight sequence of the evaluation index with the evaluation matrix composed of the grey relational coefficient.

$$\boldsymbol{H}_{ii'} = \boldsymbol{E} \times \boldsymbol{\omega}^{\mathrm{T}} = \begin{bmatrix} \xi_{11} & \xi_{12} & \cdots & \xi_{1l} \\ \xi_{21} & \xi_{22} & \cdots & \xi_{2l} \\ \vdots & \vdots & \vdots & \vdots \\ \xi_{s1} & \xi_{s2} & \cdots & \xi_{sl} \end{bmatrix} [\omega_1, \omega_2, \cdots, \omega_l]^T = \begin{bmatrix} h_{11} & h_{12} & \cdots & h_{1l} \\ h_{21} & h_{22} & \cdots & h_{2l} \\ \vdots & \vdots & \vdots & \vdots \\ h_{s1} & h_{s2} & \cdots & h_{sl} \end{bmatrix} \tag{23}$$

The quantitative values ofpros and cons degree of different schemes are shown as follows.

$$H'_i = \sum_{i'=1}^{l} h'_{ii} \tag{24}$$

According to the meaning of therelational degree, the larger the H'_i value is, the better the corresponding scheme is. Let

$$I = \max(H'_1, H'_2, \cdots, H'_s) \tag{25}$$

Therefore, the road layout scheme of the new-type service area corresponding to I is the optimal scheme.

2 Example Calculation

The north area of Yang Cheng Hu Service Area is located besideYangcheng Lake of Shanghai-Nanjing Expressway. In order to fully tap the development potential of the service area, the management company renovated the service area in 2018 and put it into use in 2019. Based on the development concept of "traffic + tourism" and "traffic + culture", the north area of Yang Cheng Hu Service Area after reconstruction combines the service area with tourism and creates a large-scale garden-themed service area. In this section, it is taken as an example to calculate the scores of internal road layout before and after the reconstruction of the service area based on the evaluation index system and evaluation method constructed above. Tab. 3 shows the data of Yang Cheng Hu Service Area, mainly from the service area design documents and satellite map, and the traffic flow distribution is obtained from field investigation.

2.1 Calculation of Index Weights

In order to improve the objectivity and representativeness of the results, thisresearch randomly distributed questionnaires to social personnel to obtain people's views on the importance of each evaluation index. A total of 63 valid questionnaires were received. The scoring results of the questionnaires are shown in Tab. 4.

Data table of yang cheng hu service area Tab. 3

Items	Before reconstruction	After reconstruction	Items	Before reconstruction	After reconstruction
Floor space	170000 m^2	170000 m^2	The total number of buildings	7	4
Average daily traffic volume	14000 veh	14000 veh	The area of slow traffic	0	0
Road length	5400 m	8800 m	The number of lands	9	10
Road density	0.0318 m/m^2	0.0518 m/m^2	Road length per vehicle	0.386 m/pcu	0.629 m/pcu
Road network connectivity	1.286	1.500	Detour coefficient	1.191	1.135
Degree of convenience	3.843	3.742	Degree of road congestion	0.806	0.741
Road conflict coefficient	10.950	9.356	Road equilibrium coefficient	0.9	0.9
Scale of slow traffic	0	0	Scale of landscape investment	0.10	0.25
Degree of land fragmentation	18889 m^2	17000 m^2	—	—	—

Scoring results of the importance of each evaluation index Tab. 4

Evaluation index	1	2	3	4	5
Road density	14	9	21	13	6
Road length per vehicle	0	3	10	34	16
Degree of road congestion	14	20	8	15	6
Road conflict coefficient	0	0	3	38	22
Road equilibrium coefficient	10	8	26	12	7
Road network connectivity	5	9	16	20	13
Detour coefficient	0	5	11	33	14
Degree of convenience	0	4	8	21	30
Scale of slow traffic	0	0	4	38	21
Degree of land fragmentation	0	8	36	18	1
Scale of landscape investment	1	5	8	30	19

2.2 Calculation of relational coefficient

After processing the values of each index according to Equations 21, the relational coefficients with weights are calculated. The results are shown in Tab. 5.

2.3 Analysis of evaluation results

It can be seen from the calculation that the road conflict coefficient, the scale of slow traffic and the degree of convenience have higher weights, and are more important to the evaluation of the rationality of road layout, while the degree of road congestion and road density have less importance. The score of the north area of Yang Cheng Hu Service Area before reconstruction is 0.55, and that after reconstruction is 0.90. It can be seen that the road layout after reconstruction is better. From the analysis of single index, after the reconstruction, the number of roads in the service area decreases, but the number of lanes of each road increases. Therefore, the overall road area, road density and road length per vehicle in the service area increase, and the degree of road conflict is improved. Shops, hotels and other facilities are scattered in the service area before reconstruction. Therefore, drivers and passengers need to move frequently, which increases the detour distance. After the reconstruction, multiple facilities in the service area are arranged centrally, which allows most drivers and passengers can receive more services at one time. Therefore, the road network has good connectivity and convenience. However, the degree of road congestion and the degree of land fragmentation become worse after the reconstruction. Thus, it can be seen that the rationality of the road layout scheme in the service area is not controlled by a single index, and the efficiency of other aspects may be sacrificed when some indexes are better. Therefore, comprehensive evaluation should be carried out from multiple perspectives and all-round considerations.

Calculation of road layout evaluation index of yang cheng hu service area Tab. 5

Evaluation index	Relational coefficient		Index weight	Relational coefficient with weights	
	Before reconstruction	After reconstruction		Before reconstruction	After reconstruction
Road density	0.33	1.00	0.071	0.023	0.071
Road length per vehicle	0.33	1.00	0.101	0.033	0.101
Degree of road congestion	1.00	0.33	0.067	0.067	0.022
Road conflict coefficient	0.33	1.00	0.108	0.036	0.108
Road equilibrium coefficient	1.00	1.00	0.075	0.075	0.075

continued

Evaluation index	Relational coefficient		Index weight	Relational coefficient with weights	
	Before reconstruction	After reconstruction		Before reconstruction	After reconstruction
Road network connectivity	0.33	1.00	0.086	0.028	0.086
Detour coefficient	0.33	1.00	0.098	0.032	0.098
Degree of convenience	0.33	1.00	0.106	0.035	0.106
Scale of slow traffic	1.00	1.00	0.108	0.108	0.108
Degree of land fragmentation	1.00	0.33	0.080	0.080	0.027
Scale of landscape investment	0.33	1.00	0.100	0.033	0.100

3 Conclusions

(1) In order to evaluate the overall influence of the rationality of internal road layout on the service level of new-type service area, road density, road length per vehicle, degree of road congestion, road conflict coefficient and road equilibrium coefficient are put forward as indexes to reflect the traffic service level in new-type service area, road network connectivity, detour coefficient and the degree of convenience are determined as indexes to represent the experience of drivers and passengers, and the scale of slow traffic, the degree of land fragmentation and the scale of landscape investment are selected as the indexes to evaluate the functional features of new-type service area. The quantitative methods of each evaluation index are analyzed and the evaluation index system is constructed.

(2) Combined with the questionnaire survey and statistical analysis, the weight of each evaluation index is obtained, and the importance of each index is quantified. The grey weighted relational analysis method is selected as the theoretical basis for the rationality evaluation. By calculating the relational coefficient, constructing the relational matrix and substituting the weight influence, the rationality evaluation method based on the grey weighted relational analysis method is constructed.

(3) Taking the north area of Yang Cheng Hu Service Area as an example, the pros and cons of the two road layout schemes before and after reconstruction are evaluated. It is concluded that the road layout of the north area of Yang Cheng Hu Service Area after reconstruction is more conducive to the efficient operation of internal traffic. The results show that the evaluation system and method constructed in this paper are feasible and effective in rationality evaluation and scheme selection of the road layout in new-type service area.

(4) Due to the impact of COVID-19, the investigation was restricted, and the number of questionnaires collected was small. In the follow-up research, it is necessary to further expand the scope of investigation and accumulate the number of investigation samples. Besides, on account of the limitation of survey samples, when determining the weights of evaluation indexes, the method proposed in this paper is greatly influenced by the samples that participate in filling in the questionnaires. Therefore, in our future research, we will focus on how to improve the representativeness and reliability of the evaluation results by improving the evaluation method.

4 Acknowledgments

This paper is one of the stage achievements of the 2018 annual Traffic scientific research project "Research onNew-type Service Area of Expressway Based on the Concept of 'Traffic and Tourism Integration'-Take Meitai Expressway as an Example" (GrantNo. 18-23R) of Department of Transport of Shaanxi Province.

References

[1] Chen, G. M. (2017) A Study on the Planning of Open Expressway Service Areas. Chongqing Jiaotong University, Chongqing.

[2] Cui, H. J., Yu, J. L., Li, X., Li, S. P., Liu, S. S. (2018) Comprehensive Evaluation Index System of Regional Road Network Integration. Science Technology and Engineering, 18: 299-304.

[3] Gong, Y. X. (2013) Feasibility Study of One-way Traffic in the Checkerboard Road Network. Chang'an University, Xi'an.

[4] Guo, X. C., Xiao, S., Zhang, L. Z., Song, H. (2003) Application of Multilevel Fuzzy Model in Plan Scheme Assessment in Highway Network Planning. Journal of Highway and Transportation Research and Development, 20: 45-48.

[5] Li, C. E. (2018) Research on Parking Reasonable Scale of Travelling Service Area of Expressway. Chongqing Jiaotong University, Chongqing.

[6] Liu, Q., Yan, K. F. (2005) Study on Comprehensive Evaluation Method for Layout of Highway Terminals. Journal of Highway and Transportation Research and Development, 22: 159-162.

[7] Luo, D. (2017) Research on Residential Street-Network Based on Traffic Microcirculation-for Example in Chengdu. SouthwestJiaotong University, Chengdu.

[8] Wang, F. H., Yan, C. K., Zhao, G. H., Zhong, P., Zhang, F., Zhang, C. C. (2020) Discussions on the Construction of Service Areas of Pubei-Beiliu Highway in Guangxi Based on Growing Demand of Transportation and Tourism Integration Development. Highway, 65: 237-244.

[9] Wang, J. M., Guo, J. W., Lian, X. J. (2005) Comparative Study on Two Improved Grey Relational Analysis. Journal of North China Electric Power University, 32: 72-76.

[10] Wang, S. (2016) Research of Comprehensive Evaluation of User-oriented Expressway Service Area. Journal of Highway and Transportation Research and Development, 33: 125-129.

[11] Xiao, X. P., Li, F. Q., Tu, J. Z. (2006) Application of Grey Relational Analysis Based on Maximizing Deviations to Comprehensive Evaluation for Highway Network. Highway: 122-126.

[12] Xu, F. J. (2017) Calculation and Analysis of Urban Road Capacity under Rainfall Condition. Chang'an University, Xi'an.

[13] Yao, F. (2013) Research on Evaluation of Urban RoadNetwork Planning Project. Shijiazhuang Tiedao University, Shijiazhuang.

[14] Zhang, J. Y., Li, X. L., Wang, S. F., Yu, S. C. (2020) Overall Framework for Construction of Expressway Intelligent Service Area in Yunnan Province. Highway, 65: 141-146.

[15] Zhang, L. (2017) Study on the Design of Expressway Tourism Service Area. China Architecture Design & Research Group, Beijing.

[16] Zeng, K., Zeng, S. (2012) Application of Gray Weighted Incidence Analysis in Highway Network Evaluation. Journal of Chongqing Jiaotong University (Natural Science), 31: 432-434.

Appendix

parameter interpretation　　Tab. A

Parameter	Parameter interpretation
X_1	road density (m/m^2)
X_2	road length per vehicle (m/pcu)
X_3	the degree of road congestion
X_4	road conflict coefficient
X_5	road equilibrium coefficient

continued

Parameter	Parameter interpretation
Y_1	road network connectivity
Y_2	detour coefficient
Y_3	the degree of convenience
Z_1	the adaptability coefficient of slow traffic
Z_2	the degree of land fragmentation (m^2)
Z_3	the scale of landscape investment
$g_{i'}$	the original value of index i'
$\gamma_{i'}$	the value of index i' after standardization
$\xi'_{i,i}$	the grey relational coefficient of the scheme i and the optimal scheme at the index i'

南山胜境 S103 旅游公路策划文化人类学实践

朱立河*[1]　李思建[1]　周　剑[2]　江坦坦[3]
(1.济南市交通运输事业发展中心;2.交科院环境科技(北京)有限公司;
3.济南金衢公路勘察设计研究有限公司)

摘　要　为实现南山胜境 S103 交通强国山东试点的创新路、普通国省道高质量发展的示范路、多业融合的旅游路、自然风景紧密结合的生态路、济南泰安互动发展的双赢路的目标。策划者认真分析该项目存在的优劣势和机会威胁,定位于服务六个群体,把握住了旅游消费者对旅行目的地异质、吸引、神秘本质期望,受现象学的启发提出了诗意旅行、吸取人类学"异文化、他者历史、地方性知识、民族志"研究成果,创新性地揭示了旅游公路"唯一性、独特性、地方性"特征,提出了打造诗意旅行的目的地、人性精神场所旅游公路的方案。

关键词　南山胜境 S103　旅游公路　人类学　实践

0　引言

随着人民生活水平的提高,轿车进入家庭,大众交通已到来。运输经济学认为,人们对交通需求无非两个方面:一是低层次或基本需求,二是高层次需求。前者称派生性需求,后者称本源性需求[1]。所谓派生性需求,是由其他活动引起的,并且可以由他人代替的。例如,异地业务工作。本源性需求,是由他人难以代替的。例如,上学、访友、旅游、度假、就医。人民生活水平的提高和闲暇时间的增多,旅游日益受到人们的青睐,特别是在我国实行"节假日长假"制度以来,本源性需求更加旺盛,交通与旅游融合已成为发展趋势。如何打造具有唯一性、独特性旅游公路,是当前交通公路部门面临的课题,本文拟从文化人类学的角度、结合南山胜境 S103 旅游公路策划建设实践,谈谈自己的一家之言。

1　省道 103 旅游公路设计策划形成过程

1.1　项目介绍

省道 103 贯穿山东省济南市中区、南山管委会辖区,是通往泰山北麓的主要通道。沿途有柳埠国家森林公园自然风景区、四门塔隋朝宗教建筑、九顶塔中华民俗欢乐园等景点,河流伴路而下、路在山中穿行。济南市抓住国家旅游业发展的先机,依托沿线丰富的旅游资源,全力打造道路主体、慢行系统、服务设施、景观文化及智慧交通五大系统组成的山东省首个服务完善的综合旅游公路——南山胜境 S103。

1.2　策划思路

济南交通公路部门利用SWOT分析，从“优势、劣势、机会、威胁”进行了认真研判(图1)，提出了总的策划思路。定位少年儿童、青年、旅行发烧友、体育爱好者，康养、研学等六大消费群体，借鉴以往旅游公路策划建设经验，吸取现象学、旅游学、文化人类学理论最新研究成果，深度挖掘博大精深的中华文化，抓住“地方性，唯一性、独特性”旅游公路特征，树立“心理、伦理、哲理”三理设计理念，力争把省道103打造成旅游目的地，实现人们诗意的旅行，成为人性精神的场所。为打造“大美泰山”生态文化共同体，把南部山区建成“大美南山、山水南山、诗画南山、田园南山”做好引领。

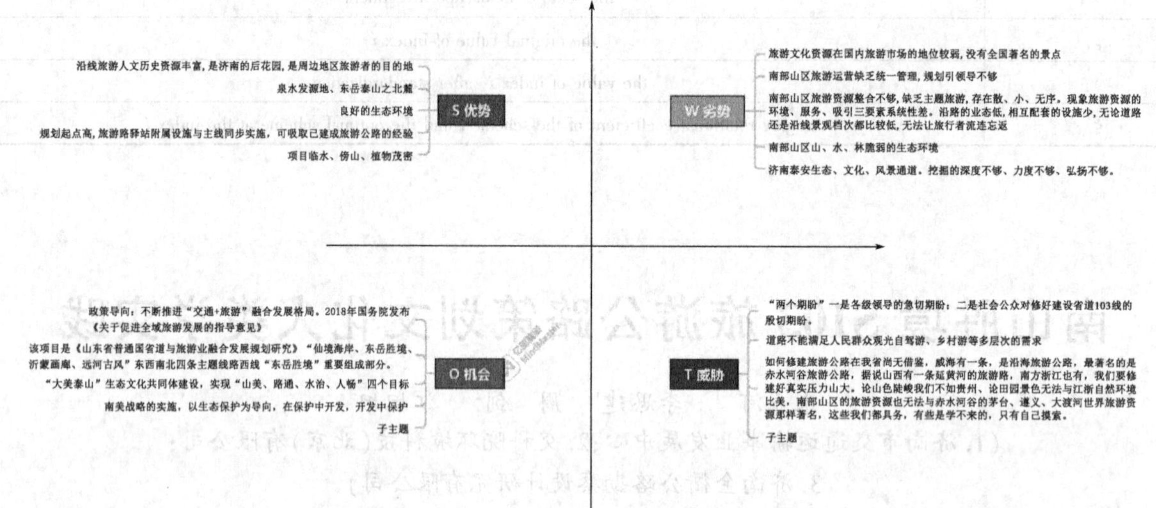

图1　南山胜境S103 SWOT分析图

1.3　发展历史与理论基础

从公路史上看，我国旅游公路发展大致经历了三个阶段。第一阶段也可称起步阶段，解决了进出景区景点交通问题。时间跨度为20世纪80年代至20世纪末。例如，山东的104国道济南—泰安—曲阜段，威海成山头景区、青岛崂山景区、北京八达岭段等旅游公路。第二阶段也是全面发展阶段，旅游公路融入了景区，是景区的不可分割部分。时间大致为2000—2015年。横跨“十五”“十一五”“十二五”三个五年规划。例如，福建的武当山旅游公路。第三阶段，高质量交旅融合发展阶段，即旅游公路自身就是景观、旅游资源。大致从“十三五”时期至今。公路实体成为独特景观为主的旅游目的地，例如2014年贵州省遵义市打造的全国第一个服务设施齐全的赤水河谷快慢综合交通旅游廊道。

借用德国哲学家、现象学家海德格尔的一句话“诗意的栖居”[2]，笔者认为未来旅游公路发展目标——是实现人们诗意的旅行，把旅游路建成人性精神的场所[3]。诗意的旅行应突出其“诗意”一词，诗意就是“像诗里表达的那样给人以美感的意境”。意境就是意蕴和境界，带有文艺范，诗人有诗人之意境，常人有常人之意境，不同的旅游者的也有不同的意境，而唯一相通的就是美感。奇山险川、沼泽河流、大漠草原无不体现大自然之美；而江南水乡、碉楼民居、黄土窑洞更体现人文建筑之美；三星堆、曲阜三孔、杭州渚良历史遗存之美，美有共性、有差异，不同的自然、人文、历史造就了意境，吸引人们探寻、体验、游览。

旅游目的地是旅游者停留活动的地方，是指附着一定地理空间的旅游资源，并且将其相关设施联在一起，拥有统一整体形象旅游吸引物的开放系统。坎恩[4]认为旅游目的地的五要素即旅游信息推广、吸引力、服务、交通、旅行者。库珀[5]认为吸引物是关键要素。旅游目的地理论认为一个好的景区应包括环境、服务、吸引三要素。吸引是旅游目的地最关键的，包括有形山脉、河流、湿地、建筑；泰山、少林寺等自然实体或人文构筑物；无形的如节庆事件人文资源。旅行者所追求的是物有所值的消费。消费者是具有理性的，其消费产品和劳务必须满足其消费欲望，否则，每一个景区都千篇一律地复制拷贝、雷同，既吸引不了消费者也无法刺激其兴趣，因此与众不同、标新立异是激发消费者欲望的潜在因素。差异化、文化多样性、独特性是吸引因素的关键，康乐附属等设施都要赋予吸引力，这也是规划设计旅游目的地的灵魂。将旅游公路打造成诗意的旅行载体或条件，就要依靠现象学的想象；文化人类学理论方法来实现。人类学简单讲就是关于人的科学。异文化、他者历史、地方性知识、民族志，是人类学研究的主要特征和方向[6]。尤其是民族志方法是最值得借鉴的，是文化人类学家对于被研究的民族、部落、区域的人之生活等文化的描述与解释[7]。地方志，是民族志的一个重要组成部分，也是旅游公路文化创意的重要来源，并可以从中吸取其独特的营养。如元代于钦编撰山东史志《齐乘》、明朝刘敕撰历城县的《历乘》等都反映不同朝代、当地的自然环境、人文风俗等内容。总之，从人类学“异文化、他者历史、地方性知识、民族志”这四个方面作为切入点，达到两个方面的契合，即通过运用人类学理论方法实现旅游公路唯一性或独特性、地方性的契合；实现旅游目的地理论吸引要素的契合。

人类学是研究旅游公路唯一性、独特性、地方性的一个工具箱、万宝囊。对建筑结构物的设计可充分挖掘建筑（空间）人类学的内容，而对沿线景观的打造则要求助于景观人类学助一臂之力了，如何与自然和谐共生则要从生态人类学寻找思路，让游者留恋往返，则要借助心理人类学法术了。而对“异文化”即本土地方性文化深度挖掘则要从传统的地方志寻找答案。而诗意栖居、诗意旅行则要从哲学现象学中寻找灵感了。

2 策划具体内容——“12345”

在前期研究的基础上，按照总体思路，集思广益最终形成“一个胜境、两个唯一、三个段落、四个文化、五路目标”方案。

图2 南山胜境S103标识

“一个胜境”。即南山胜境S103。《山东省普通国省道与旅游业融合发展规划研究》指出“东岳胜境”旅游公路主题是“位于世界自然与文化双重遗产——泰山东北侧，突出山地景观、泰山文化旅游特色，依托济南南部山区生态旅游区、泰山风景区内丰富的旅游资源，利用S103济枣线卧虎山水库至泰安段，并依托上述资源打造全省主题差异化的旅游漫游系统。”省道103济南段是该主题的一部分，“胜境”一词体现按照该规划的落实，“南山”则突出济南的地方特色，统一中有差异，特色中有全局，与规划提出的“东岳胜境”实现了无缝衔接。

“两个唯一”。分析该项目所处独特地理位置，借助文化人类学“异文化”理念，挖掘、提炼出了“泉之源、岱之北”的文化主题，即“泉源之地，岱北之路”（图2）。设计了代表上述寓意的标识。济南因泉而闻名天下，城市因泉而生。泉水是泉城之魂，泉水之脉来自于南部山区山脉的地下水，顺着地势，由南往北径流，在济南城区一带，遇到隔水岩体阻挡，涌出地表，形成趵突泉等七十二名泉，最终汇集到大明湖；南山丰沛的水脉是泉的发源地，神圣之地。岱之北，济南南部山区位于东岳泰山的北侧，沿着省道103即可到达，是北麓唯一上山道路。六个字高度概括，指向明确，有寻泉、探水、登泰山之寓意，充分突出了“三性。”在三个段落策划上，秉持“心理、伦理、哲理”三理设计理念。即知晓、分清旅游骚客的消费者心理，在“神秘感、参与感、场所感、仪式感、获得感、审美感”六感上下功夫，让旅行者获得深度体验。打造“视、触、听、嗅”四觉空间。按照“轻轻松松将公路放入环境”[1]思路，在主线设计把握住“串、保、增、遮”四个字。“串”就是利用主线，将沿途玉带河、临水画廊、柳埠国家森林公园、四门塔古建筑群连接起来，线路与景点，若即若离，忽隐忽现，既靠近各个景点，又能保持深山庭院的幽静。“保”就是线路与上述景观保持协调，不让风景、地貌因筑路而遭受破坏，尽量减少对自然扰动。“增”就是通过筑路给景区增添色彩,取得步移景添的效果。"遮"对路域两侧一些残墙断壁在整治的同时,适当通过景观绿化进行遮挡。充分彰显尊重自然的伦理、孕育天人合一之哲理。全线共设置启程、二仙石拱桥、并渡口、门牙、四门塔等八个驿站(服务区)。设计秉承了"反规划"理念,遵循我国著名园林专家陈从周先生提出的"宜隐不宜显;宜低不宜高;宜麓不宜顶;宜散不宜聚。[8]"二十字口诀。"宜隐不宜显"。体现在驿站建设与自然环境关系,正如有一位建筑学家指出的,好的建筑物就像从地里长出来的。如何"隐",一是建筑外型不突兀,与环境互补、浑然一体,二是建筑外立面颜色与周围环境自然色彩的统一。"宜低不宜高",是指驿站建筑物的空间高度,充分考虑基地群山的自然环境,郭熙认为山是大物,水是活物,石是骨物,那林就是灵物了。人造物,是依附他们的。不能楼高山低、楼大山小、不东不西、不伦不类。"宜麓不宜顶",是指建筑物的选址。驿站应选择在"麓"山脚下,不易在山顶。"宜散不宜聚",是指整体驿站的布局。小的驿站宜聚,而大的,则宜散了,起到点缀的作用。中国园林理论认为,大园景色可泄,小园则聚而纳气。打造具有神秘感、低容积率"隐、低、散"点缀于自然并融入一体的建筑群。绝不能破坏"春山澹冶而如笑,夏山苍翠而如滴,秋山明净而如妆,冬山惨淡而如睡。"[9]的四季山色。

"三个段落",是以"南山胜境103——泉之源、岱之北"自然景观与地方人文主题文化脉络,由北向东南路线。第一段离城觅趣,悠然见南山。起点至金宫山庄段长6.8km,拓宽改建为双向六车道一级公路。双侧布设骑行道与主线伴行;人行路面上镌刻古人诗句;枫叶元素的彩绘点缀骑行道;路外两侧的建筑适当装饰整治、种植银杏、西府海棠等树木,展现春花秋叶景观。零点启程驿站位于项目起点右侧,设有停车、观景平台等设施,在路侧入口设计一座Logo标志性建筑,以强化纪念性和吸引力、感染力,寓意着南山胜境旅行的开始。高度重视二仙石拱桥交通遗产的保护和传承,在驿站设置石拱桥的DIY组装模型,儿童游人等参与、亲身体验建桥过程,在不知不觉中感受中华文化遗产的魅力。第二段临流听溪,清泉石上流。金宫山庄到榭疃段长15km,拓宽改造为双向四车道一级公路。自行车道布设在主线右侧,临水而行。提取水元素,采用流水性的线条图案装饰骑行道路面。沿线绿化景观以樱花为主,形成具有冲击力的网红打卡地。巧妙利用并渡口驿站基地的条件、民国时期梁思成、林徽因夫妇对四门塔的考察故事,借助"百年修得同船渡",打造一个年轻人喜欢的爱情驿站,设置"爱情信锁",增加游人的仪式感。建造门牙停车休憩驿站,设置亲水游乐体验场所,打造独特的听觉空间,小流溪水、淅淅细雨、风吹叶响、驿站的背景音乐,营造"人在亭下静坐,亲水远眺山景"意境,让旅行者享受大自然的声景[2]。四门塔驿站附近山清水秀,在建造功能齐全的停车、休闲、房车营地等设施同时,更加注意其深厚的古文化背景,场区铺面嵌入隋朝建筑图案,临水画廊浑然一体,为研学考古学者、临摹写生的需求者提供一个具有学术氛围的交流场所。第三段登高望岳,齐鲁青未了。主线长7.7km,公路不加宽改造,仅实施路面维修、慢行系统,打造临近山区,山林幽静,树林层叠,主打穿越瓜果秋叶林,远眺岱岳,心境淡然的意境。

"四个文化"。"一山一水一圣人"的儒家齐鲁文化;滋养舜、辛弃疾、李清照,习尚敦厚、民皆务本的泉水文化;围绕华东野战军山东兵团遗址展示围济打援历城人民抗击日寇的红色文化;以二仙石拱桥保护、柳埠漫水桥再现为代表的交通遗产文化。应从三个方面着手:一是利用雕塑等手段,打造差异化的驿站;二是在有条件驿站中引入泉城书房、让人们静静的阅读体验;三是讲故事。一个驿站,就是一个景观、名片、公园、有一个娓娓道来的故事,利用南山的子房峒遗址,讲述张良虔诚拜师黄石公求《素书》的故事,两少年在二仙山观棋"山中方一日,世上已千年"时空穿越的故事,让游客增加神秘感,好奇心。让旅游路成为一条会讲故事的道路。形成"一站一景一故事,园林公园庭院风"。以驿站公园为节点,以故事为主线,亲水、品泉、赏自然;观山、探幽、登泰山;寻源、寻情、升境界的人性精神场所。

"五路目标"。就是精心打造"快进"系统,高标准打磨"漫游"系统,驿站特色突显,绿化、亲水、人文景观融为一体,建成"车在林中行,人在画中游"、满足人民群众不同需求的普通国省道高质量发展示范路。济泰一体,联合举办高水平体育、旅游节事,省会都市圈互融互合旅游路;济泰互动发展共赢路;石拱桥的加固保护、路缘石等原有路用材料的循环利用、与自然风景紧密结合的生态路;

新工艺、新技术广泛应用交通强国创新路。

3 为全域旅游打造好"三带一联络"的路域环境

旅游公路是承载乡愁、寄托乡思、展示乡村文明的最佳载体。要按照交通、地方政府各自责任，引导地方政府打造可持续、精细化的"生态、生产、生活"三生景观带。立足还原自然景观风貌，保存和维护是首要目标，不扰动就是对自然生态景观的最大保护；结合农业生产，引导当地农民，按照山区特点，规模种植核桃、桃、杏、樱桃等经济作物，打造春季花期观赏、秋季果期采摘双赢闻到花香的嗅觉空间、生产性景观。不讲究大草坪，坚决杜绝种植纯观赏性大片花海；要保护好原住民的生产和生活"活态博物馆"，生活景观整治应遵循"以洁齐平为主，不讲究上档次、上规模"，要限制花费高、维护难、村口设置景观小品等不可持续的做法。坚持多用心，少花钱，要做到"看得美、养得起、留得住、管得牢"。最终让"乡村回归乡村"，让"旅游公路宛如镶嵌在大地上的金丝带，做到不突兀、不彰显，且有浓浓的烟火气"[10]。重视"人"的参与，打造"入村、栖居、去采摘"触觉空间、高品质的游憩空间；供外来游客、康养设施和当地居民共同使用，使他们能够充分参与到当地百姓的生产生活中，实现主客共享的旅游发展新理念。打造与主线周边景点的联络支路，增强曲径探幽的神秘感，形成由串联点线、延伸到带、带扩展成片全域旅游新业态。充分考虑手机和无人机等智慧工具的大众化、以及人们随手拍照的时潮，打造空间+夜晚+季候，"路在群山伴水而建，玉带河水曲折蜿蜒；垂柳栾树青桐点缀，村落驿站若隐若现；夜晚晴朗星空呼应，高科技术夜光漫道；春雨淅淅夏风宜人；攀山骑行康养健身。"全天候视觉空间、全时段旅游胜地。满足人们对视觉审美感，山水林亲和感、获得感。让南山胜境103真正成为具有地方特色的"可行可望，可游可居"[11]、让"居之者忘老，寓之者忘归，游之者忘倦"[12]的人性精神场所，成为最佳旅行目的地。

4 结语

交通运输部、国家旅游局等六部门《关于促进交通运输与旅游融合发展的若干意见》"提出构建"快进慢游"的旅游交通网络。因地制宜建设旅游风景道。根据景区旅游规模科学确定公路建设标准；提升高速公路服务设施的旅游功能；支持通往少数民族特色村寨、风情小镇等旅游景点的乡村旅游公路建设。"《交通部"十四五"公路养护规划》[13]指出"以普通国道为体，打造全国美丽公路示范工程网络。每个省(区、市)至少创建2条普通国道美丽公路示范路……"。《山东省公路养护与管理"十四五"发展规划(征求意见稿)》指出"我省具有代表性的旅游公路项目较少，挖掘开发的尚不够深入……"。探索"公路+旅游"模式，打造美丽路网，建设旅游路等品质提升工程。笔者认为旅游公路属于轻载交通，应建在农村公路或以轻载为主的公路上，原则上不易建设在重载交通的国省道上，即使要建设，也要分流重载交通，确实无法分流的也要对过往重载车辆限时通行，严禁同一时段与轻载混行。旅游公路要突出差异化，按照"一路一景一文化"方式，打造"独特性、唯一性、地方性"旅游公路，充分发挥政府和社会的积极性、重视路域环境"三生"景观的整体打造和治理，形成旅游路网络，打造最美路网。将旅游公路网打造成全域旅游载体和目的地。

参考文献

[1] 马歇尔.经济学原理[M].北京.中国城市出版社,2010.

[2] 海德格尔.演讲与论文集[M].孙周兴,译.北京:三联书店,2005.

[3] 克莱尔·库珀·马库斯,卡罗琳·弗朗西斯.人性场所-城市开放空间设计导则[M].俞孔坚,孙鹏,译.北京.中国建筑工业出版社,2001.

[4] 陈从周.陈从周讲园林.长沙:湖南大学出版社,2009.

[5] 斯蒂芬L.申苏尔,等.民族志方法要义:观察、访谈与调查问卷[M].康敏,李荣荣,译.重庆:重庆大学出版社,2012.

[6] 文震亨.中华生活经典——长物志[M].北京:中华书局,2012.

[7] 郭思.中华生活经典——林泉高致[M].北京:中华书局,2010.

[8] 杨星.还原旅游公路的本意[J].中国公路,2020,1.

[9] 中国社会科学杂志社编.人类学的趋势[M].北京:社会科学文献出版社,2000.

丝路核心区山岭荒漠条件下交旅融合发展探索

朱玉萍[1]　员　兰[1]　朱春生*[2]　赵峰逸[2]
(1.新疆维吾尔自治区公路工程造价管理局;2.新疆交通规划勘察设计研究院有限公司)

摘　要　本文基于新疆丝绸之路经济带核心区交通枢纽的战略地位,针对其在独特的山岭荒漠区地理条件下推进交旅融合发展的实际需求,分析了当前存在的问题,提出交旅融合基础设施快进网络的布局思路和漫游线路的设计方案两大体系,结合典型交旅融合项目案例经验,梳理出推动山岭荒漠区交旅融合发展的关键技术要点,在交旅融合发展方面为丝路经济带沿线国家尤其是条件相似的中亚国家提供参考。

关键词　公路　交旅融合　探索　山岭荒漠区

0　引言

随着我国国民旅游消费需求的持续增长,旅游休闲度假消费量价齐升,旅游业已融入经济社会发展全局,是新常态经济形势下国民经济新的增长点。新疆地处丝绸之路经济带核心区,在"一带一路"建设中发挥着独特的区位优势和重要的窗口作用,是丝绸之路经济带核心区交通枢纽。新疆拥有166万平方公里的土地面积,地域空旷辽阔、风光雄奇优美,浩瀚荒漠、逶迤雪山、高原山地等构成了新疆独特的山岭荒漠区旅游资源,为旅游业发展创造了得天独厚的条件。

2017年2月,交通运输部、原国家旅游局等六部门发布《关于促进交通运输与旅游融合发展的若干意见》,提出"着力完善旅游交通网络设施,创新旅游交通产品,提升旅游交通服务品质,更好地适应经济社会发展和人民群众旅游需求新变化"。2019年12月,新疆被列为首批13个交通强国建设试点地区之一。2020年6月,《新疆维吾尔自治区交通强国建设试点工作实施方案》获批,"交通和旅游等产业融合发展"被列为交通强国试点建设的四大任务之一。国家相关政策的发布为新疆作为丝路经济带核心区实现交旅融合高质量发展提供了重要指引。

本文基于新疆在山岭荒漠区地理条件下推进交旅融合发展的实际需求,提出交旅融合基础设施快进网络的布局思路和漫游线路的设计方案两大体系,结合新疆山岭荒漠区地理条件下的典型交旅融合项目经验,探索性梳理出推动山岭荒漠区交旅融合发展的关键技术要点,为丝绸之路经济带沿线尤其是中亚国家在类似条件下推动交旅融合发展提供参考。

1　存在的问题

新疆因地域辽阔,旅游资源分布相对分散,"旅长游短"特征突出,旅游耗费时间长,花费多,旅游活动对交通运输的依赖程度较高。交旅融合高质量发展存在不可忽视的问题:一是公路网络总量不足,旅游资源可达性差;二是技术等级总体偏低,旅游通行能力有待提升;三是旅游服务设施不足,旅游服务水平较低。上述三个问题在山岭荒漠区更加突出。对此,本文研究如何利用独特的区位优势和自然资源特色,从"快进"和"慢游"两方面发力,注重顶层设计、突出示范引领,大力实施"交旅融合"示范工程,着力提高交通运输支撑旅游发展的能力和综合服务水平。

2　对策方案

2.1　快进网络顶层布局

新疆应综合考虑区域资源空间分布和旅游服务需求,围绕"疆内环起来、进出疆快起来"发展目标,依托综合交通体系构建"快进"交通网络,以

"快进"克服"旅长游短"困扰,提高旅游目的地的通达性和便捷性,推进一种及以上"快进"交通方式通达4A级景区,两种及以上通达5A级景区,加快干线公路与景区公路连接线以及相邻区域景区之间公路建设。

截至2020年年底,全区公路通车里程达到20.9万km(含兵团),高速公路运营里程突破5500km,107个县(市、区)全部实现二级及以上公路连通,其中80个已通高速或一级公路,所有地州市迈入高速公路时代,普通干线公路对重要工业园区、旅游景区的衔接水平进一步提升。新疆"十四五"交通规划提出,到2025年,全区高速(一级)公路里程达到1万km,基本实现高速(一级)公路"县县通"以及重点区域城镇和具备条件的重要景区全覆盖。本文依托高速公路及国道干线的现状及规划,结合铁路民航等其他交通方式基础设施分布和旅游资源价值分析,提出构建"四横四纵"旅游公路快进体系网络布局。

2.2 慢游线路品质方案

本文依托普通国道以及重要农村公路,构建了"一轴两翼多支线"的旅游公路慢游体系。旅游公路慢游体系意在构成全域畅游交通网络,实现旅游片区间的快速通达,协调城市交通和旅游交通的关系,是自治区旅游线路的核心载体,也是串联各大旅游区域、重点旅游集镇的骨架网络,引领性提升旅游公路服务功能,主要由二级路、三级路组成。"一轴两翼多支线"旅游公路慢游体系网络布局。

2.2.1 因地制宜建设旅游公路,培育精品旅游线路

按照"一路一主题"的理念,结合环境特色,策划旅游精品线路,着力提升旅游产品的供给质量,实现区域内快进慢游系统的协调融通、便捷联通。开展旅游风景道、美丽公路规划建设,打造S101乌鲁木齐—巴音沟等4条重点精品旅游线路;实施G217线独库公路病害处治及服务品质提升工程;推进S21阿勒泰—乌鲁木齐公路交旅融合示范工程,形成多条精品旅游线路。

2.2.2 不断提升公路服务设施保障能力,推进建设集"吃住行游购娱"于一体的慢游交通网络

开展"服务区+"行动,探索高速公路服务区与旅游、文化、新能源等产业的融合发展,实施一站式休闲度假服务区项目,开展服务区(停车区)充电桩、加气站等新能源设施建设,打造主题特色服务区;普通公路沿线因地制宜地建设规模适度、功能合理、环境整洁、经济适用的观景台、驿站、简易自驾车房车营地、观景台、厕所等设施;在停车区、观景台或服务区预留接口,与步行道等慢行系统做好交通与旅游设施的功能衔接,更好地适应经济社会发展和人民群众旅游需求新变化。

2.2.3 着力改善旅游交通服务品质,提高运营效率

升级改造盐湖、小草湖等高速公路服务区及普通国省干线服务设施,精心打造"司机之家",提高司乘人员满意度;大力开展ETC专项行动,实现收费站车道ETC和移动支付全覆盖,提高通行效率;积极开展"微笑新疆"旅游服务质量提升行动,持续打造"微笑新疆"交通服务窗口品牌,提升公路交通运输综合服务水平;开展"全国百佳示范服务区""全国优秀服务区"评选活动。

2.2.4 积极拓展旅游运输发展新业态,提升旅游交通服务质量

全面开放旅游客运市场,推进自驾游、包车游等蓬勃发展;有序开通班线客运、景区区间车、观光车客运,有效增强运力供给,提高游客集疏运能力;积极推广"新疆道路客运联网售票"网站、手机APP、微信等多种售票方式,不断提高线上售票比率,有效构建交通与旅游融合发展新路径、新模式,降低游客出行时间成本,实现售票、检票服务升级,给游客带来方便快捷的出行体验,提高旅游客运服务水平。

2.2.5 全面提高旅游交通安全保障能力

安全出行是旅游发展的基石。近年来,自治区进一步规范国省干线公路标志标牌设置管理,完善旅游标志指引体系,提升公路旅游整体形象;开展桥梁防护设施改善、连续长陡下坡路段交通安全工程、公路隧道土建结构改造三个专项行动,持续推进安全生命防护和灾害防治工程,进一步

完善公路交通安全设施,筑好公路安全防线,不断提高旅游交通安全保障能力。

3　案例分析:交旅融合精品示范项目

3.1　探索形成可复制、可借鉴、可推广的“独库经验”

G217 线独山子至库车公路,自北向南贯通天山山脉,全线里程近 561km,是典型的山岭区公路项目。新疆通过实施 G217 线独库公路病害处治及服务品质提升工程,构建“一轴两翼七大系统”(“217”体系),以路为载,实现交旅融合双赢发展,将独库公路打造为一条全国的“网红公路”。

“217”体系即以独库公路为轴线,以天山南北坡不同的自然景观为两翼,完善安全保畅、旅游串联、路域景观、服务配套、引导指示、应急保障、宣传推广七大系统,形成一条从冰山到草原,展现交通精神、自然景观、历史传承和民族风情的旅游廊道。通过在安全条件和服务品质方面进行改造提升,独库公路从既有单一的交通功能向交通、生态、游憩和环境保护等复合功能转变。

该项目在实施过程中形成了厅地联合创建的新模式,厘清了各方权责:由交通运输厅负责相关设施的建设,建立服务规范和考核评价标准,地方政府做好公路沿线新增设施运营维护及服务监督管理等工作;建立长效机制,营造安全便捷、健康有序的公路通行服务环境;建立统一的“交通 + 旅游”公路项目服务创建标准,撬动和引导社会其他行业和资本参与“交通 + 旅游”产品开发,实现交通运输和旅游业的双赢发展。

独库公路服务品质提升工程完成后,通行服务能力明显提高,恢复季节性通车以来,独山子、库车以及那拉提、巴音布鲁克等地的旅游吸引度大大提高,形成了乌鲁木齐—独山子—乔尔玛—新源—伊宁—精河—乌鲁木齐的旅游大环线,掀起了新疆自驾旅游的新高潮,促进了交旅融合新业态的发展。

3.2　“山—景—路—城”联动开发,形成全域旅游发展格局——S101 线雀儿沟镇至玛纳斯交通旅游线品质提升工程

S101 线东起乌鲁木齐东南,西至巴音沟,沿天山山脉北坡伴行分布,全长约 301km。通过品质提升和路域整治,S101 线被打造为交通旅游线和百里丹霞景区的交通脉搏,带动了沿线城镇发展及居民增收。

该项目在总体设计中统筹考虑了全线服务设施整体功能,结合周边景观、地形、生态、特产、矿产、村镇、文化旅游等资源,设置多功能于一体的“点”(观光停靠点、生态观景台、节点驿站、中心驿站)和“线”(风景道和慢行栈道),以点线串联各景区集散中心和服务基地,形成“山—景—路—城”联动开发的全域旅游发展格局。

在建设程序上,针对沿线生态环境敏感、环水保要求高等特点,该项目首创了沿线设施属地碎片化分工实施模式。交通部门负责在原公路用地范围内对公路主体进行提升改造,各属地将所辖范围内的服务设施、联络设施作为独立项目各自立项,并完成环保、水保及各项用地审批,在总体设计层面进行功能上的无缝拼接。新模式大大提高了项目建设效率,保证了在环境敏感区既有设施改造中所有建设手续的合规性,实现了 6 个月有效工期内完工的奇迹。

S101 线品质提升工程紧紧围绕交通旅游相互融合、相互促进的目的,统筹交通部门、旅游部门、地方政府、沿线乡村、矿业企业等各主体的需求整合、规划衔接、分工配合、资金筹措、界面衔接等问题,有力推动交旅融合资源的统筹、协调、共享,取得了良好的效果。

3.3　全国首条交旅深度融合的沙漠探险旅游高速公路——S21 线阿勒泰至乌鲁木齐公路

S21 线起于乌鲁木齐市,止于阿勒泰市,纵穿中国“最美五大沙漠”之一的古尔班通古特沙漠。浩瀚的沙漠和植被的点缀形成了独特的沙漠景观,

该公路连接了阿勒泰和乌鲁木齐两大经济片区和两大旅游富集区,全长395km。该项目致力于构建"践行绿色环保公路新理念,探索交旅融合新业态,谋求兵地联动新发展,提供智慧出行服务新体验,拓展超级高速技术新领域"五大创新体系。

在探索交旅融合新业态方面,该项目建立了"交通+旅游"两种资源一体化开发的发展模式。依托公路配套设施串联,开拓"路、景、产"融合发展联营新模式;增设"旅游+交通"信息咨询、宣传营销、票务等服务功能,引进培育并发展壮大"交通+旅游"开发主体,形成联管联控体系。增加沿线旅游服务设施,吸引客流,深度运营沿线旅游产业,提升基础设施建设效益,获得增值收益,弥补公路运营管理资金缺口;以特许经营的方式,开展特色餐饮、农副特产和民族工艺品展卖等多样化、高品质服务。通过提高公路服务品质和收益,探索交通支撑旅游发展、旅游反哺交通发展新模式。

4 结语

(1)分析了新疆作为丝绸之路经济带核心区交通枢纽,在独特山岭荒漠区地理条件下推进交旅融合发展的过程中存在公路网络总量不足、技术等级总体偏低、服务设施不足等三方面问题。

(2)针对性地提出了交旅融合基础设施快进网络的布局思路和漫游线路的设计方案两大体系。

(3)结合典型交旅融合项目经验,梳理出推动山岭荒漠区交旅融合发展的关键技术要点:提出"一路一主题"理念、开展"服务区+"行动、改善旅游交通服务、拓展旅游运输发展新业态、强化安全保障等。

参考文献

[1] 邱巧,全利,李丽华.交旅融合背景下重庆特色高速公路服务区的主题建设研究[J].公路,2021,66(10):270-274.

[2] 曾宪堂,严宏伟.海南省环岛旅游公路交旅融合与智慧提升设计探讨[J].公路,2021,66(7):382-387.

[3] 苏斌,熊春燕.丝绸之路经济带文旅融合发展水平与优化策略[J].华北水利水电大学学报(社会科学版),2020,36(5):35-41.

[4] 朱春生,员兰.新疆旅游公路交通发展现状分析及规划布局研究[J].公路交通科技(应用技术版),2018,14(12):266-269.

邮轮旅游游客相容性管理研究

——以携程网负面在线评论为例

丁刘华[1] 叶欣梁[2] 孙瑞红*[2]

(1.上海工程技术大学管理学院;2.上海工程技术大学)

摘 要 随着邮轮旅游产业和网络技术的发展,在线评论尤其是负面在线评论对邮轮游客消费决策的影响日益增大。本研究尝试探究邮轮游客相容性管理问题,以期为邮轮旅游企业改善游客体验提供参考。与过去以正面在线评论为主的研究不同,本研究使用爬虫工具收集携程网负面在线评论作为研究样本,采用扎根理论对其进行定性分析。结果发现,影响邮轮游客相容性的主要因素包括游客空间密度、邮轮管理准则、游客相似性,相应的管理对策包括游客密度管理、制订行为准则、游客分类管理、目标游客定位、游客互动管理、服务补救等。邮轮旅途中游客相容性管理问题深刻影响着游客的体验,邮轮旅游企业可以据此采取针对性措施,持续完善自身以提高竞争力。

关键词 流动性与旅途体验 相容性管理 扎根理论 邮轮旅游游客 负面在线评论

0 引言

随着邮轮旅游产业的持续发展,游客旅途体验问题日益严峻。旅途体验是衡量旅游服务质量的重要依据,改善游客服务体验,已成为旅游产业持续健康发展的重要任务。游客相容性是游客在同一服务或服务场景中的匹配程度,即游客之间是相互冲突或摩擦,还是相互共存或协调;它是一个重要的游客旅途体验问题。目前对于游客相容性管理的研究很少,且大多是进行局部探讨,缺乏整体性的理论基础支撑;研究内容分为两个部分:游客相容性内涵研究、游客相容性影响研究;研究方法多采用定性分析方法——关键事件技术法;研究结论有较强的情景特征,普遍性较弱,难以给予邮轮企业相应的指导[1]。因此,研究以携程网邮轮游客的负面在线评论为样本,进行扎根分析,探究游客相容性的影响因素,最后提出游客相容性管理的方法。

1 研究设计

1.1 数据获取

根据2019年和2020年的《中国邮轮绿皮书》,近五年在中国运营的母港邮轮共有31艘。携程网是中国最大的在线旅游运营商,针对这31艘邮轮,从携程网选取总评数量大于400条的邮轮,爬取其负面在线评论。消费者对于在线评论中的负面信息会更加敏感,负面在线评论对消费者消费意愿的影响比正面在线评论更大[2];因此通过负面在线评论更有利于研究游客相容性管理问题。对数据进行预处理,删掉重复评论,如同一用户的多条相似评论只保留一条、"差差差……"改为"差"等等;删掉无效评论,如英文字母、表情符号等;修改错误语句、错别字以及繁体字改为简体字、英文改为中文等。最终筛选出2021年12月1日之前的评论共1783条,以此作为研究样本。

1.基金项目:后疫情时代我国邮轮产业重启与转型升级研究(21BGL281);生态经济视角下我国邮轮产业环境外部性与绿色治理路径研究教育部青年规划课题(19YJC790117);全域旅游视域下我国邮轮产业结构优化研究国家哲社一般课题(17BJY148)。

1.2 研究方法

本研究旨在基于负面在线评论探讨游客相容性问题，比较适合采用质性研究方法。扎根理论通过归纳总结原始资料，设立相关研究理论和模型，是一种由下及上的理论研究方法；包括开放性编码、选择性编码和理论性编码三重分析过程，可以避免传统实证研究范式下经验性观念或预设性理论模式对所用资料和所得结论范围的“程式化”限制，是公认的比较科学的定性研究方法；适合探索微观的、以行动为导向的以及过程类的问题[3]。本文旨在探究邮轮旅途中游客的相容性问题，采用扎根理论进行研究。

2 扎根分析

对样本数据进行开放式编码、主轴式编码、选择式编码，共建立了八个主范畴：邮轮自身、基础设施、服务、管理、活动、行程、游客环境、自然环境。受限于篇幅，以下仅列举游客环境的扎根分析内容（表1）。

扎根分析过程

表1

评论原文		概念		范畴		主范畴
饭点时人拥挤，人真的是超级多，几乎每趟航程都是满员	概念化举例	游客数量多	范畴化	游客空间密度	主轴编码	游客环境
船上收费设施和套房专属区域占了很大公共空间，实际人均空间很小。		人均空间小				
娱乐水域面积小，饮食差，自助餐厅拥挤，限时用餐加剧了拥挤……		生活空间小				
……		……				
暑假都是孩子和老人家庭，拥挤、混乱、占座、插队，乱成一团，没人有效管理！		管理不力		邮轮管理准则		
这是怎样的一个烂行程啊，拥挤不堪，乱糟糟没有秩序。		秩序混乱				
登船游客比正常游客量多出80%以上，造成拥挤不堪、邮轮服务环境和服务质量大跌、邮轮上外国服务人员轻视中国客人以及客人的体验与要求！		服务不到位				
……		……				
真是一般、适合老人，年轻人就尽量不要去了，生活总体比较单调。		年龄差别		游客相似性		
船上人员的素质相差太大了，大部分人都大声叫喊，像菜市场。		素质差别				
餐饮与服务偏“洋”，多数服务员不懂中文，这与清一色的中国游客不搭配。		背景不同				
……		……				

3 邮轮游客相容性的影响因素

通过上述扎根分析，可知影响游客相容性的主要因素包括：游客空间密度、邮轮管理准则、游客相似性。

游客空间密度是指单位空间内的游客数量。它是服务场景中游客数量与物理空间的比率。游客在服务现场不仅需要一定的固定空间，而且对身体周围的空间距离也有一定程度的要求。霍尔认为空间距离分为四种类型：一是亲密距离，即伴侣、父母、子女可以进入的范围，一般不超过4cm；二是个人距离，即好朋友可以进入的范围，一般不超过10cm；三是社交距离，即各种社会交往所保持的距离，一般是10～25cm；四是公共距离，即同陌生个体的距离，一般超过30cm[4]。大多数邮轮游客之间不熟识，应保持社交距离或公共距离。因此，当游客密度过大时，会引起游客不满。

邮轮管理准则是人们共同遵守的对特定环境

中人的正当行为方式的规定,是社会群体的自觉产物,是保障人们和谐生活的工具[5]。人们在社会实践中共同创造,旨在建立稳定有序的社会生活的公认价值基础,包括制度、法律、道德、习俗、礼仪等;不同的社会场景有相应的特点。因此,行为准则在具体社会场景中的内容因其针对性而不同。一些邮轮的游客吸烟、插队、喧哗等行为会给其他游客带来不良的体验。

游客相似性包括年龄、兴趣、价值观、态度、信仰等,在这些方面有相似性的人们更容易和谐相处。相似的价值观念和社会文化背景对人际吸引力有重要影响,比如人们喜欢与有共同兴趣的人在一起;同一宗教或行业的人,容易对对方产生好感等。生活方式和社会背景相似的邮轮游客聚在一起,容易引起较高的满意度;生活方式和社会背景不同的邮轮游客聚在一起,容易引起各种矛盾。

4　邮轮游客相容性的管理对策

通过上文的分析,本研究提出邮轮游客相容性的管理对策如下。

(1)游客密度管理。根据上文的评论和分析,排队过久、过于拥挤等是游客差评的主要原因。游客密度过大或过小都会影响邮轮游客的满意度,邮轮工作人员应合理规划服务场景的空间布局,这不仅可以改变游客对空间大小的感知,还可以从整体上协调各部分游客密度,尽量减少游客之间的相互干扰。此外,邮轮工作人员应控制和管理客流量。如果大量游客同时涌入,即可能造成安全隐患,也可能给游客带来不良的旅途体验。

(2)制定行为准则。根据游客评论和上文分析知,管理的疏忽是造成游客不满的重要原因。为了约束游客的行为,给游客带来更好的旅途体验,邮轮企业应制订明确的行为准则。设计的规范和准则要具有惩罚和激励的双重作用,既能够防止游客的不良行为,又能够强化游客的积极行为。此外,应配备相关工作人员,以增强行为准则的执行力,加强对游客的管理。对于游客的不当行为,相关工作人员应当及时制止,比如粗鲁或不雅的行为、影响其他游客健康或安全的行为等。

(3)游客分类管理。邮轮企业在游客之间发挥着"桥梁"作用,为具有相似特征的游客提供一个交流合作的平台,并促进游客团体的形成。在游客有共同需求的情况下,游客的交往意愿更强,建立友谊的可能性更高,所以对游客进行分类管理是邮轮企业的理想选择,可以调整不同类型游客的空间和时间分布,为同类游客群体创造服务体验,减少游客不协调的概率。此外,邮轮企业应合理安排服务场所,为特征差异明显的游客创造相对独立的空间,可以划分不同类型的舱位,提供给相应特征的游客,如建立儿童活动中心、老年人健身中心等。

(4)目标游客定位。具有相似特征的游客,如行为习性、宗教信仰、兴趣爱好等,更容易表现出相同的消费倾向。一个邮轮企业难以满足所有类型游客的需求,可以采取目标集中策略,针对特定的游客群体,提供相应的产品和服务。邮轮企业需要结合市场需求情况,对自身进行 SWOT 分析,找准自身市场定位,确定自身目标群体。

(5)游客互动管理。曾有学者认为游客之间互动会影响游客满意度、旅途体验以及行为意愿。游客之间的友好互动能够增强其满意度,加大其感知相容性。虽然游客之间会自发形成良性的互动,但是在很多情况下游客之间不会自发互动,甚至互动不是良性的,这就需要邮轮企业积极引导游客。邮轮企业可以增加一些团队合作式的娱乐设施和活动,助力游客消除彼此之间的隔阂;根据游客群体的相似爱好组织活动,营造融洽的互动氛围,如为了使团队成员相互熟悉,导游组织团队发起互助活动。此外,加强对员工的培训,增强他们提高游客互动性的意识和能力,引领游客相互分享和合作,如为了增加游客的交流机会,以及减少因排队等待而产生的摩擦,带领游客站成圆圈形队伍。

(6)服务补救。邮轮企业在面对游客管理问题时,服务失误是无法完全避免的。当邮轮企业实施相应的管理和服务措施时,如果出现游客不配合的事件,就需要积极补救以消除可能出现的不利影响。服务补救是指在服务失败发生时或发生后,工作者及时采取措施处理游客投诉等问题。服务补救是商家在顾客产生不满前,提前对顾客进行弥补的行为,通过使用这种社会行为进行弥补过错,挽回顾客,重设顾客满意和忠诚[6]。邮轮企业通过游客相容性管理的服务恢复,既可以向游客展示自己对游客管理的态度,又可以说明原因、消除误会、争取理解。邮轮企业应引导员工重视游客不相容问题,并对员工进行有针对性的培训,提升员工处理游客不相容事件所需的技能。

5 结语

本研究基于负面在线评论,采用扎根理论探究邮轮游客相容性问题,具有重要的理论和实践意义。学界对邮轮游客相容性问题的认识不足,目前国内的相关研究很少,并且主要探讨特定服务场景中的游客感知相容性问题,具有很强的情景性,缺乏普遍适用性。本文采用扎根理论分析携程网负面在线评论,探究游客相容性问题,为邮轮游客相容性的研究提供了一个新的视角,具有一定的理论意义。此外,通过本研究,学界和业界可以了解我国邮轮旅游中的游客相容性问题,对这便于邮轮旅游企业了解行业发展状况和市场真实情况,引发业界对自身的促销方式进行反思,用数据启发业界对邮轮游客进行管理,从而积极主动把控发展方向。因此,本研究有利于帮助邮轮旅游企业认识到游客相容性管理问题的重要性,并促进其积极采取相应对策,具有一定的实践意义。然而,本研究选取具有代表性的部分负面在线评论作为研究样本,样本容量有限,研究结论可能会受到一定影响。此外,目前学界对邮轮游客相容性管理的研究很少,本研究缺乏可供借鉴的相关研究成果,研究方法单一,难以进行更进一步的研究。因此,日后邮轮游客相容性管理的研究可以减少样本量对研究结论的影响,并探索采用多种方法进行更加透彻的探究。

参考文献

[1] 吴梅. 顾客相容性管理研究[D]. 厦门:厦门大学,2014.

[2] 黄华,毛海帆. 负面在线评论对消费者购买意愿的影响研究[J]. 经济问题,2019(11):71-80,88.

[3] 苗学玲,解佳. 扎根理论在国内旅游研究中应用的反思:以旅游体验为例[J]. 旅游学刊,2021,36(04):122-135.

[4] 顾凡. 人际空间跑离的实验研究[J]. 心理科学,1993,5:311-313.

[5] 杜玉华. 社会结构:一个概念的再考评[J]. 社会科学,2013(08):90-98.

[6] 陈海啸. "不满意就退费"与服务补救管理[J]. 中国卫生人才,2019(1):32-33.

邮轮旅游形象感知研究

——以皇家加勒比和歌诗达负面在线评论为例

丁刘华[1] 叶欣梁[2],孙瑞红[*2]

(1. 上海工程技术大学管理学院;2. 上海工程技术大学)

摘 要 随着邮轮旅游产业和网络技术的发展,负面在线评论对游客消费决策的影响日益增大。本研究探究邮轮旅游形象感知问题,以期为邮轮旅游企业改善游客体验提供参考。不同于过去以正面在线评论为主和以定性分析为主的研究,本研究使用爬虫工具收集皇家加勒比和歌诗达的负面在线评论作为研究样本,采用扎根理论和社会网络分析法进行定性和定量结合分析。结果发现,两个品牌的形象感知,均以客服、行程安排及邮轮环境为主,最大差异是餐饮领域皇家加勒比占比高于歌诗达,行程安排领域皇家加勒比占比则低于歌诗达。综合来看,邮轮旅游形象感知可分为8个子范畴(客服、管理、餐饮、住宿、邮轮环境、人文和自然环境、行程安排、旅行活动),4个主范畴(服务、设施、环境、活动)。其中,客服、行程安排、邮轮环境是游客关注的焦点。

关键词 流动性与旅途体验 形象感知 扎根理论 社会网络分析法 邮轮旅游 负面在线评论

1. 基金项目:后疫情时代我国邮轮产业重启与转型升级研究(21BGL281);生态经济视角下我国邮轮产业环境外部性与绿色治理路径研究教育部青年规划课题(19YJC790117);全域旅游视域下我国邮轮产业结构优化研究国家哲社一般课题(17BJY148)。

0　引言

在邮轮旅游逐渐发展成为中国旅游新兴业态的背景下，研究邮轮旅游形象感知具有现实意义。邮轮旅游形象感知是游客将感知到的利益与付出的成本对比后做出的评价。在邮轮旅游研究领域上，国内侧重产业特征和发展、母港建设、游客满意度等，国外侧重游客满意度、旅游影响、产业发展与管理、公司与港口等[1]；在邮轮旅游研究方法上，研究方法比较单一，以定性分析为主。整体而言，学界对邮轮旅游形象感知不够重视，相关研究较少且深度不足。此外，负面在线评论更能反映游客的体验和邮轮企业的问题，但尚无学者基于游客负面在线评论研究邮轮旅游形象感知。因此，本研究以游客的负面在线评论为样本，通过扎根理论和社会网络分析法进行定性和定量结合分析，多角度深入挖掘游客邮轮旅游形象感知特性，以期为邮轮旅游企业的发展提供参考。

1　研究设计

1.1　选取样本

消费者对负面信息更加敏感，负面在线评论对消费者的影响比正面在线评论更大[2]；故负面在线评论更有助于研究邮轮旅游形象感知问题。携程网是中国最大的在线旅游运营商，而皇家加勒比国际游轮和歌诗达邮轮是对中国邮轮市场有重大影响力的世界知名品牌。根据2019年和2020年《中国邮轮绿皮书》，皇家加勒比和歌诗达近五年布局在中国邮轮母港的邮轮有12艘，在携程网总评数量大于400条的邮轮有10艘，爬取这10艘邮轮的负面在线评论作为数据来源。对数据进行预处理，删掉重复评论，如同一用户的多条相似评论只保留一条、“差差差…”改为“差”等；删掉无效评论，如英文字母、表情符等；修改错误语句、错别字以及繁体字改为简体字等。最终筛选出2021年12月1日之前的评论共1034条，约22.7万字，作为研究样本。

1.2　研究方法

本研究主要研究方法为扎根理论和社会网络分析法。扎根理论通过归纳总结原始资料设立相关研究理论和模型，包括开放性编码、选择性编码和理论性编码三重分析过程，是公认的比较科学的定性研究方法；适合探索微观的、以行动为导向的及过程类的问题[3]。此外，社会网络分析法可以分析社会网络的关系结构及其属性，能精确量化各种关系，计算网络密度、中心度、派系关系等网络指标，是近年来被广泛应用的新研究范式[4]。本研究通过Gephi测算相关网络结构指标和制作可视化网络图，探究负面在线评论的语义网络结构特征，并验证扎根理论的分析结果。

2　邮轮旅游形象感知统计分析

通过ROST CM6.0制作文本语义网络图(图1)；并统计高频词共词矩阵的共现词组，得到二元共现词组统计表(表1)。在图1中，词语节点的距离越短代表联系越紧密，词语节点周围线条越密代表同其他词语共现次数越多，整体具有“核心—过渡—边缘”的结构，直观展示了游客邮轮旅游形象感知的特性。核心层在中心位置，内容主要与服务管理、行程安排、邮轮环境及餐饮等相关，其中服务、邮轮、领队是核心节点，反映了游客主要的邮轮旅游感知形象。两个品牌网络图的内容在核心层整体一致，在过渡层和边缘层则有所差异，表明两个品牌的邮轮旅游形象感知既有相似性又有差异性。而在表1中，共现词组的频数越大表明两词语共现的次数越多，该表以量化的方式更精确地展示了高频词语之间的关系。通过对比分析语义网络图和共现词组统计表，可知两个品牌的共现词组统计表同其语义网络图内容均相符，且能相互补充。整体来看，两个品牌邮轮旅游形象感知的相似性较强。

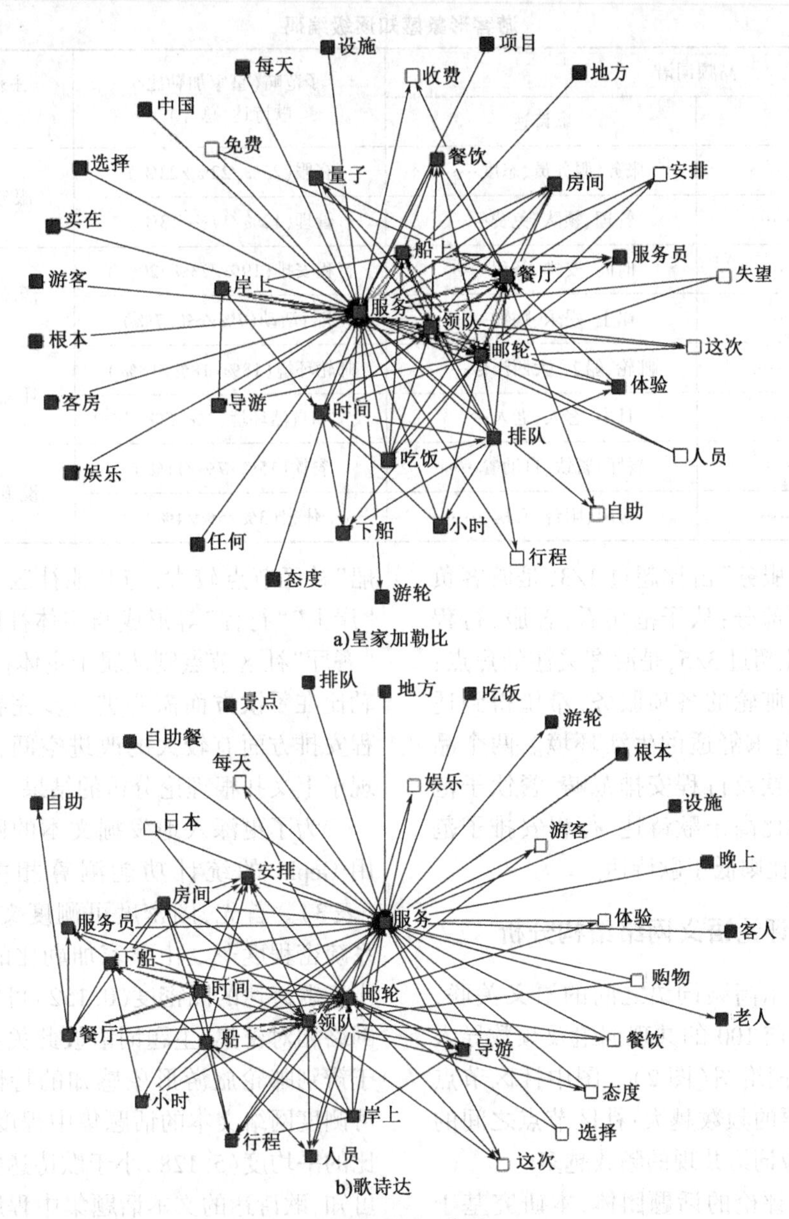

图1 语义网络图

二元共现词组统计表(部分) 表1

皇家加勒比		歌诗达	
共现词组	频数	共现词组	频数
领队—服务	151	领队—服务	201
邮轮—服务	109	邮轮—服务	169
餐厅—服务	91	船上—服务	108
船上—服务	71	邮轮—领队	105
邮轮—领队	71	餐厅—服务	92

根据上述语义网络图和共现词组统计表,结合 ROST CM6.0 导出的高频词,使用扎根理论归纳邮轮旅游形象感知范畴。首先,剔除与研究主题无关的词语,如实在、任何、根本等等;并结合词语在文本中的语言情境,分析其属性特征;其次,遵循词语的相互关系和逻辑次序持续进行分类,归纳游客形象感知子范畴;然后,将游客形象感知子范畴进一步归纳分类,形成游客形象感知主范畴;最后,根据各范畴所含词语的频数之和确定各范畴比重(表2)。

游客形象感知逐级编码　　表2

高频词语		子范畴(皇家加勒比/歌诗达/总计)	主范畴(皇家加勒比/歌诗达/总计)
皇家加勒比	歌诗达		
服务、服务员、态度……	服务、服务员、态度……	客服(23%/22%/23%)	服务(35%/36%36%)
管理、领队、预约……	管理、领队、免费……	管理(12%/14%/13%)	
时间、下船、安排……	时间、安排、行程……	行程安排(19%/23%/20%)	活动(26%/29%/27%)
岸上、购物、活动……	岸上、娱乐、购物……	旅行活动(7%/6%/7%)	
邮轮、船上、量子号……	邮轮、船上、大西洋号……	邮轮环境(18%/18%/18%)	环境(21%/23%/22%)
中国、游客、景点……	日本、客人、老人……	人文和自然环境(3%/5%/4%)	
餐厅、餐饮、吃饭……	餐厅、餐饮、自助餐……	餐饮(15%/7%/11%)	设施(18%/12%/15%)
房间、客房、阳台……	房间、阳台、套房……	住宿(3%/5%/4%)	

从主范畴看,“服务”占比超过1/3,是游客负面在线评论的主要部分;从子范畴看,客服、行程安排、邮轮环境占比超过3/5,是游客关注的焦点;表明游客非常注重邮轮的各项服务,希望得到适当的行程安排,并追求舒适的生活环境。两个品牌的差异主要是餐饮及行程安排范畴,餐饮子范畴的占比皇家加勒比高于歌诗达,行程安排子范畴的占比皇家加勒比则低于歌诗达。

3　负面在线评论语义网络结构分析

为了更直观展示高频词语之间的语义关联,本研究将表1排名前100的共现词组及频数导入Gephi,生成可视化网络图(图2)。图中社区节点越大,代表相应词语的频数越大;社区节点之间的连线越粗,代表相应词语共现的频数越多。

为了便于识别评论的话题团体,本研究基于模块化以不同颜色区别各社区节点。通常认为,如果模块化指数超过0.44,那么网络社区独立[5]。皇家加勒比和歌诗达模块化指数分别为0.047与0.023,表明各社区不独立、联系紧密;社区个数都是2,个数少,则评论的内容集中,话题具有明显的集聚性。

整体来看,“服务”社区均是两个网络的主体社区,也验证了服务是游客负面邮轮旅游形象感知的主要范畴。对比来看,在皇家加勒比网络图中,“餐厅”社区节点较大,与其他社区节点的连线较粗,且同“服务员”“免费”等形成了与主体社区相对应的社区。而在歌诗达网络图中,“安排”“下船”社区节点较大,与其他社区节点的连线较粗;“岸上”“行程”等形成与主体社区相对应的社区,“餐厅”社区节点则从属于主体社区。表明皇家加勒比在餐饮方面需要进一步完善,歌诗达则在行程安排方面有较大的改进空间,这验证并直观展现了上文扎根理论分析的结果。

为了更深入地发掘文本的网络结构关系,运用Gephi的统计功能测算相关网络结构指数(表3)。首先,图密度可测度文本的网络主题关系疏密程度[6]。由皇家加勒比的图密度(0.135)小于歌诗达的图密度(0.152)可知,歌诗达的文本网络相对密集、主题词语彼此关系相对密切,有利于辨别邮轮旅游形象感知的特性。其次,平均度可测度网络文本的话题集中程度[6]。由皇家加勒比的平均度(5.128)小于歌诗达的图密度(5.459)可知,歌诗达的文本话题集中程度相对较高,有利于挖掘引起游客负面评论的因素。最后,平均路径长度可测度网络的连通性;聚类系数可测度主题的聚集程度及抱团现象;当平均路径长度在6以下、平均聚类系数趋向1时,网络有小世界属性[7]。二者的平均路径长度分别是1.865、1.889,均未达到6,意味着网络信息传播效率较高;二者的聚类系数分别是0.845、0.858,均接近1,意味着主题词集聚性明显。由此可知,皇家加勒比和歌诗达的文本网络均有小世界特性,游客在某一方面的负面形象感知可以影响整体的形象感知,且某一游客的形象感知容易被其他游客负面评论影响。

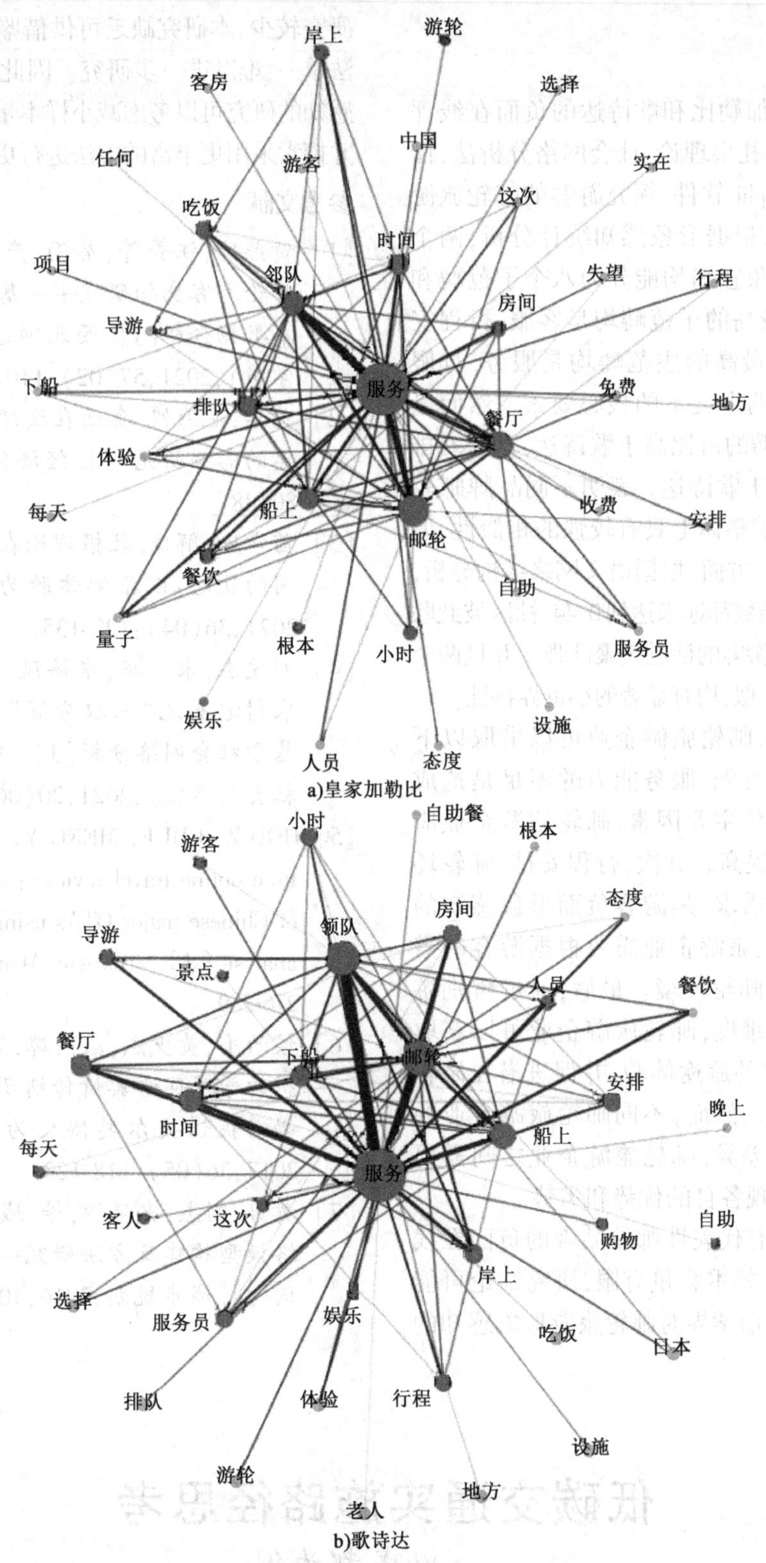

a)皇家加勒比

b)歌诗达

图2　可视化网络图

整体网络结构特征指标　表3

邮轮品牌	图密度	平均度	平均路径长度	聚类系数
皇家加勒比	0.135	5.128	1.865	0.845
歌诗达	0.152	5.459	1.889	0.858

4　结语

本研究以皇家加勒比和歌诗达的负面在线评论为样本数据,使用扎根理论、社会网络分析法,借助 ROST CM6.0、Gephi 软件,探究游客的邮轮旅游形象感知。一方面,根据形象感知统计分析,两个文本的邮轮旅游形象感知均能分为八个子范畴和四个主范畴,占比较高的子范畴均是客服、行程安排、邮轮环境,占比最高的主范畴均是服务,且服务、邮轮、领队均是两个文本的核心要素。然而皇家加勒比餐饮子范畴的占比高于歌诗达,行程安排子范畴的占比则低于歌诗达。表明不同品牌邮轮游客的形象感知虽然整体上具有较强的相似性,但仍有一定差异。另一方面,根据语义网络结构分析,两个网络的模块化指数都远未达到0.44,社区彼此联系紧密且个数较少,游客的话题集聚性强。并且两个网络在整体上非常相似,均有显著的小世界特性。

基于上述结论,邮轮旅游企业可以采取以下策略提高竞争力。首先,服务能力的不足是造成游客负面形象感知的主要因素,邮轮旅游企业应当重视服务水平的提高。其次,行程安排、邮轮环境等未能满足游客需求,是游客负面形象感知的重要组成部分,邮轮旅游企业需要根据游客的需求安排行程和创造邮轮环境。最后,通过辨别游客的核心形象感知维度,邮轮旅游企业可以获取决策信息,改善游客的旅途体验,并促进潜在游客向现实游客的转换。然而,不同邮轮旅游企业的形象感知具有较大差异,邮轮旅游企业之间需要通过相互比较来发现各自的优势和劣势。

本研究选取具有代表性邮轮品牌的负面在线评论作为研究样本,样本容量有限,研究结论可能受到一定影响;且目前学界对邮轮旅游形象感知的研究较少,本研究缺乏可供借鉴的研究成果,研究方法单一,难以进一步研究。因此,日后邮轮旅游形象感知的研究可以考虑减小样本量对研究结论的影响,并探索采用更丰富的方法进行更透彻的研究。

参考文献

[1] 黄燕玲,汪菁菁,秦雨. 产业转型背景下中国邮轮游客感知研究——基于27126条网络文本数据分析[J]. 西北师范大学学报(自然科学版),2021,57(02):110-117,126.

[2] 黄华,毛海帆. 负面在线评论对消费者购买意愿的影响研究[J]. 经济问题,2019(11):71-80,88.

[3] 苗学玲,解佳. 扎根理论在国内旅游研究中应用的反思:以旅游体验为例[J]. 旅游学刊,2021,36(04):122-135.

[4] 刘俊杰,朱新华,张培风. 利益相关者视角下农村宅基地"三权分置"改革效果研究——基于社会网络分析[J]. 江南大学学报(人文社会科学版),2021,20(06):38-46.

[5] HOU Z, CUI F, MENG Y, et al. Opinion mining from online travel reviews: a comparative analysis of Chinese major OTAs using semantic association analysis[J]. Tourism Management, 2019, 74: 276-289.

[6] 侯治平,黄少杰,廉同辉,等. 基于语义关联分析的学术网络舆情传播研究——以科学网屠呦呦获诺贝尔奖博文为例[J]. 情报杂志,2017,36(05):118-123.

[7] 黄勇,刘杰,史靖塬,等. 城镇商业街道空间网络模型构建及方法研究——以重庆磁器口为例[J]. 城市规划,2016,40(06):67-73.

低碳交通实施路径思考
——以成都为例

罗　斌*　敬亭婷　陈　兰　许伊虹　谢雨梅

(成都市交通规划设计研究院)

摘　要　2020 年成都交通运输领域碳排放占全市碳排放总量32%,已成为城市碳达峰碳中和的重点攻坚领域。本文通过大数据分析,梳理成都交通发展与碳排放现状,剖析关键源头、问题与症结;通过学习借鉴先进经验,提出成都交通"人、车、油、路""加减结合"实施路径;结合场景剖析及成效评估,明确关键措施,切实助力成都成为"交通脱碳先锋"。

关键词 低碳交通 排放清单 生活低碳化 车辆电气化 排放高标化 运输绿色化 碳汇制度化

0 引言

交通运输是城市经济社会发展和运行的重要支撑基础,伴随城市化、机动化发展和人们生活水平不断发展。数据表明,化石燃料依然是全球交通运输领域的主要能源,交通运输领域石油消费量已占全球总消费量的2/3,其消耗过程还排放大量二氧化碳等温室气体,2020 年全球交通运输领域碳排放量占碳排放总量的 24.6%,成为全球三大碳排放源之一[1]。城市是一个国家或地区经济发展的牵引力量,由于产业、能耗和人口在城市空间高度集聚,其碳排放影响更加明显。根据统计,目前国内外主要城市交通碳排放占城市总量的20% ~60%,奥斯陆、西雅图等机动化程度高的城市交通碳排放占比高达 60%,我国北京、上海、深圳等城市交通碳排放占比已达 25% 以上,交通运输领域已成为影响城市碳达峰碳中和、改善空气质量和保障能源安全的重点领域。

作为国家中心城市,随着城市化、区域化、机动化快速发展,2020 年成都交通运输领域化石消费量已占总消费量的 20%,交通碳排放总量占比高达 32%。若延续既有交通政策(能源结构、运输结构等),随着城市空间不断拓展、人口持续增长、机动化水平继续提高,预计至 2030 年交通领域化石能源消耗量占比将超 50%,交通碳排放总量占比将高达 37%,城市"3060"碳达峰碳中和目标无法完成,形势十分严峻。因此,迫切需要通过研究,梳理成都交通发展与碳排放现状,剖析关键源头、问题与症结,提出成都交通脱碳实施路径,为建设践行新发展理念的公园城市示范区、打造可持续发展的世界城市提供保障。

1 发展现状

1.1 交通行业碳排放持续增长,是城市碳排放主要领域,达峰形势严峻

近年来,随着社会经济高速发展,成都综合交通运输发展迅猛,国际性综合交通枢纽建设加快,出行服务能力不断提升,随之而来的是大量能源消耗和碳排放。如图 1 所示,2015—2020 年,城市碳排放总量从 5163 万 t 增长到 5756 万 t,其中交通行业碳排放(不含电力)持续增长、占比居高不下,从 1336 万 t(占比 28%)增长至 1625 万 t(占比 32%,2019 年占比 30.77%),同时交通领域石油等化石消费量已突破全市总消费量 20%,交通成为城市能源消耗和碳排放的主要领域。通过分析关键因素发展趋势,对基准场景下(即按既有交通政策自然增长)成都交通行业碳排放趋势进行预测[2]:到 2025 年,交通碳排放预计将达 1910 万 t,占城市总碳排放量 33.8%;到 2030 年,交通碳排放预计将达 2059 万 t,占城市总碳排放量 37%,持续增长趋势不变,达峰形势十分严峻。

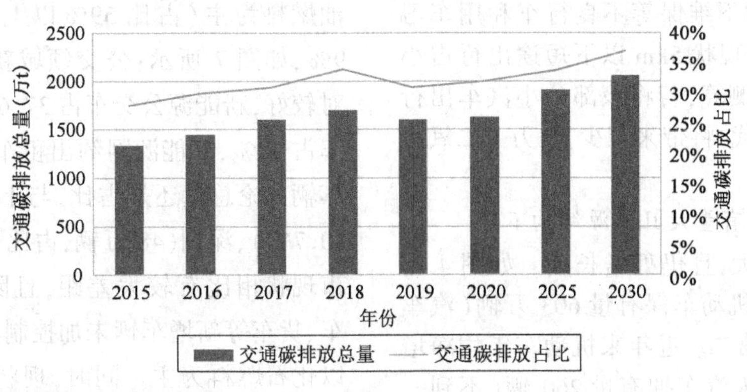

图 1 交通碳排放总量趋势

1.2　私家车出行、公路货运、民航运输是交通碳排放主要源头

基于交通工具数量、交通活动水平、能源效率、排放因子等数据，使用交通排放指南和工具[3]，对2020年成都主要交通排放清单进行核算，如图2、图3所示，私家车出行(40%)、公路货运(27%)与民航运输(25%)是目前交通领域碳排放占比最大的三种方式。

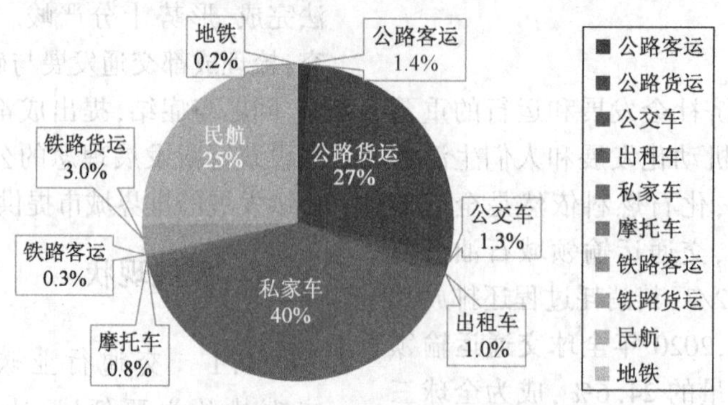

图2　2020年分交通方式碳排放清单

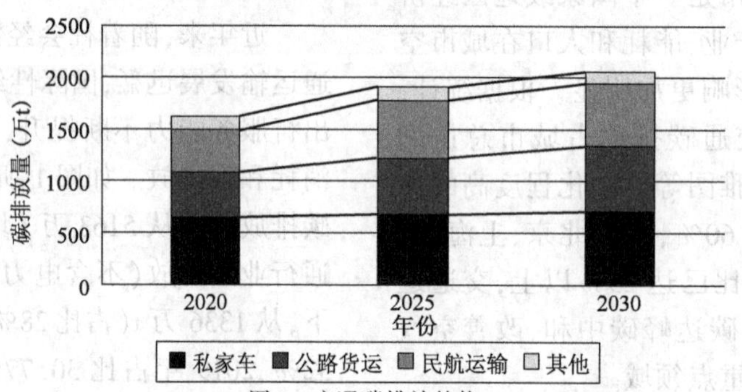

图3　交通碳排放趋势

1.3　“人、车、油、路”“四不”成为交通高碳排主要诱因

1.3.1　绿色出行意识不足

目前成都绿色出行的大环境尚未完全形成，对绿色出行的宣传和政策引导有待加强，市民普遍“知而未行”，习惯优先选择小汽车出行，对小汽车的依赖程度高，且偏好大排量车辆，存在长时停车不熄火、车辆长时不维保等不良行车和用车习惯。根据调查，成都现状5km以下短途出行占小汽车出行20%。经测算，若将该部分小汽车出行用绿色出行方式替代，将带来至少50万t二氧化碳的减排潜力。

1.3.2　车辆保有量大且能源结构不佳

机动车保有量大，且仍处增长期。如图4所示，2020年底，全市机动车保有量603万辆(汽车545万辆)，居全国第二。近年来机动车年均净增长约30万辆，但千人汽车拥有量260辆(不到一户一辆)，不足美国的1/3、不足欧洲的1/2，若延续既有车辆政策，机动车仍将维持增长态势，预计2030年机动车总量将突破750万辆、汽车达到一户一辆以上水平。

机动车能源结构不优，新能源占比低，且配套设施不足。如图5所示，2020年，成都机动车仍以化石燃料为主，新能源机动车13.9万辆，占比不足2.3%。其中，小汽车以汽油为主(占比95%以上)，新能源占比仅1.5%，如图6所示；货车以柴油燃料为主(占比59%以上)，新能源比例不足9%，如图7所示；公交领域新能源车拥有情况相对较好，新能源公交车占37.6%，新能源巡游出租车占40%，新能源网约出租车占28.3%。新能源车辆无论总量还是占比，与上海(51.3万辆，占比10.7%)、深圳(48万辆，占比14%)等国内先进城市现状相比有较大差距，且除公交领域外，小汽车、货车等新增车辆未加控制，近90%以上增量仍以化石燃料为主。同时，现状新能源汽车和配套充电设施比例近6:1，远低于国内先进城市(上海为1.1:1)。

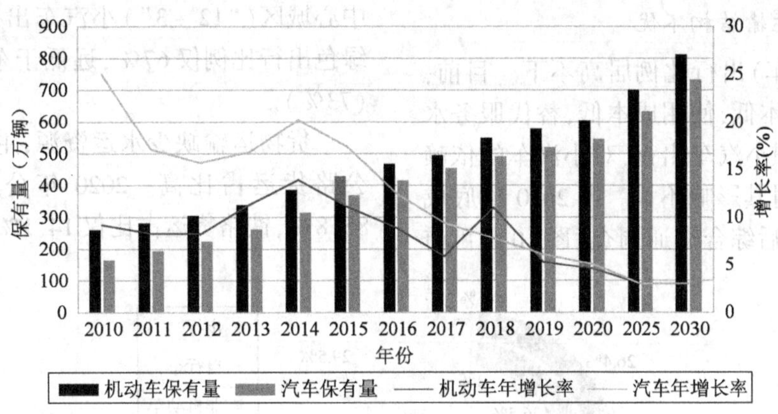

图4　机动车保有量趋势

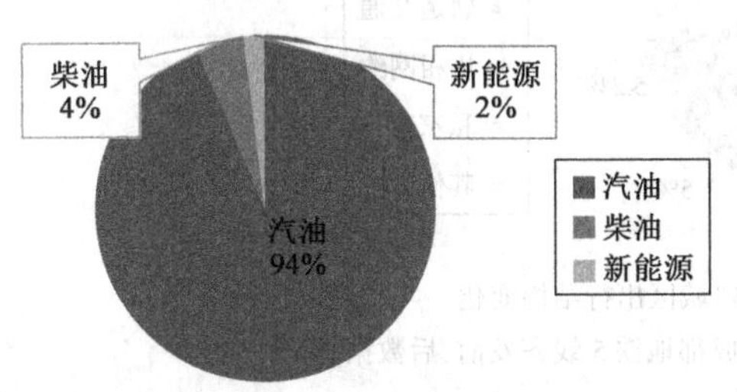

图5　分燃料类型机动车保有量占比

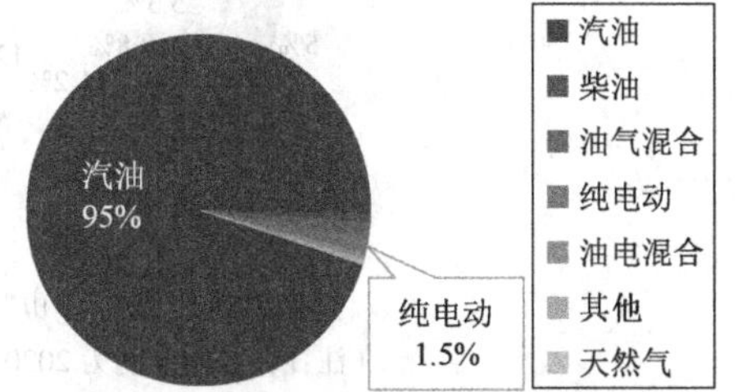

图6　分燃料类型小汽车保有量占比

1.3.3　油品质量及车辆排放标准不高

油品质量不高。目前，成都开始供应国Ⅵb，尚需加强监管；航空燃料主要使用航空汽油和煤油，产生相同热量的能耗为清洁燃料的3倍。

车辆排放标准不高，存在大量老旧车。如图8、图9所示，成都客货车新车排放标准执行国Ⅵa，与国家、四川省国Ⅵb标准要求仍有差距；而存量机动车以国Ⅴ（含）以下为主（占比90%），国Ⅳ（含）以下超过55%，存在近40万辆国Ⅱ（含）以下老旧车，也未对外地转入机动车实行排放标准限制。

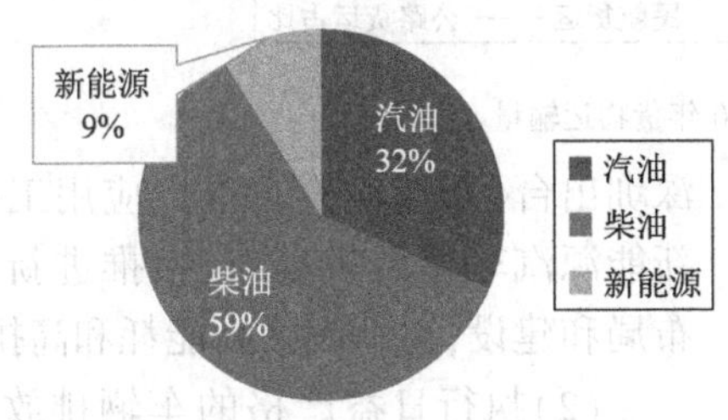

图7　分燃料类型货车保有量占比

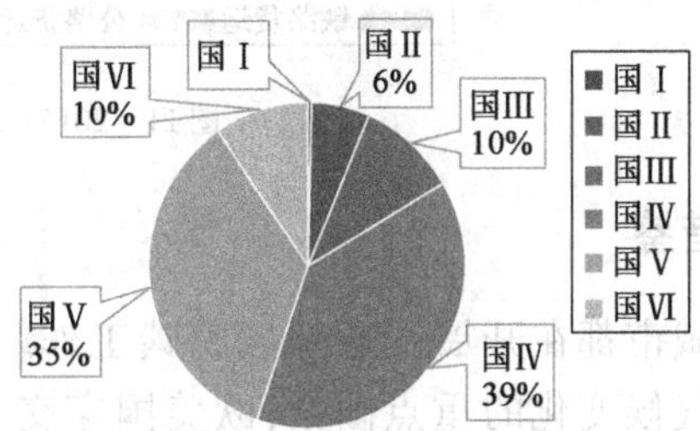

图8　分排放标准机动车保有量占比

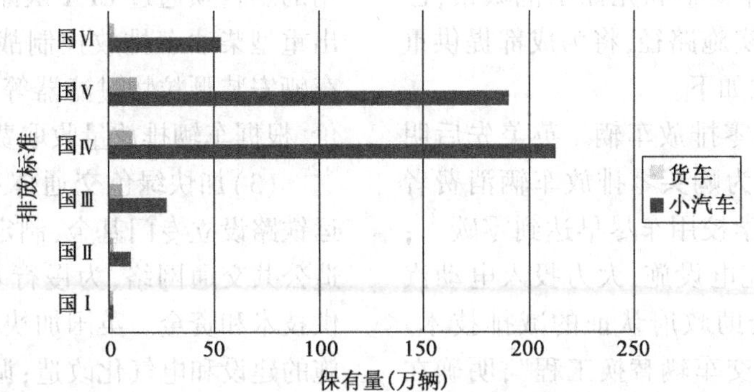

图9　分排放标准小汽车和货车保有量占比

1.3.4　交通运输结构不优

小汽车(私家车)出行比例居高不下。目前,由于小汽车拥车成本低,使用成本低,替代服务水平低,导致居民习惯小汽车出行,对小汽车的依赖程度高,轨道成网对其影响不大。据 2020 年底成都地铁 5 线齐发前后综合交通调查(图 10),目前中心城区("12 + 3")小汽车出行分担率超 26%,绿色出行比例仅 67%,远低于东京(92%)和上海(73%)。

货物运输缺少水运资源,主要依靠陆路运输,公路货运占比高。2020 年公路货运占比超过 85.8%,铁路货运占比仅 14.1%(图 11)。

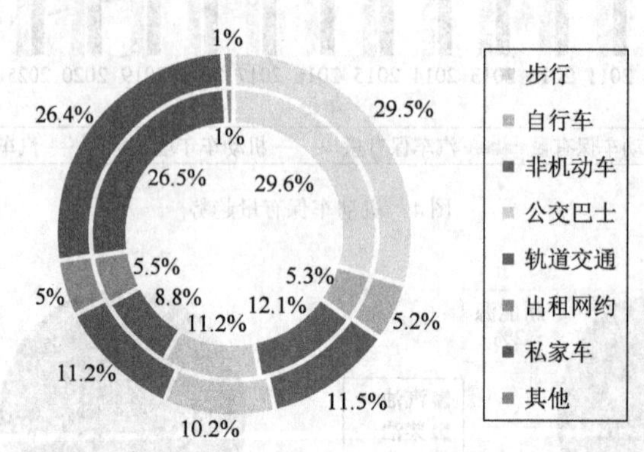

图 10　成都市"12 + 3"城区出行结构变化

(注:内、外环分别为 2020 年底成都地铁 5 线齐发前、后数据)

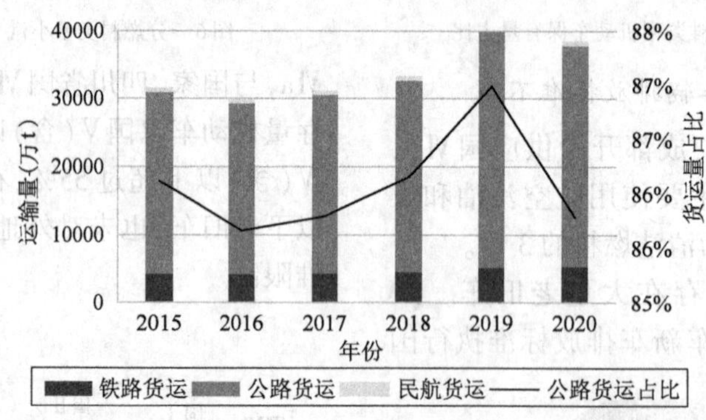

图 11　2015—2020 年货物运输量

2　经验借鉴

国内外各城市都在开展交通领域脱碳工作。作为全球应对气候变化的重点国家,欧美国家交通脱碳手段系统且全面,并已取得阶段成效;深圳和武汉作为国内碳达峰碳中和先锋示范城市,已制定明确的政策方针、实施路径,将为成都提供重要参考。主要经验做法如下:

(1)加快推广应用零排放车辆。英美先后明确燃油车退市时间表,为购买零排放车辆消费者提供补贴,确保政府和学校用车尽早达到零碳[4];扩建和改善电动汽车充电设施,大力投入电动汽车电池研发和生产,资助政府认证的减排技术。武汉已实施"新能源公交车辆替换工程",明确在港口装卸机械和运输装备中优先使用清洁能源。深圳出台《新能源汽车推广应用工作方案》,明确新能源汽车发展规划,包括推进新能源基础设施布局和建设,逐渐淘汰高能耗和高排放运输设备。

(2)执行日益严格的车辆排放标准。美国出台严格的碳排放和燃油经济性标准,要求车辆使用的燃料须通过 EPA 认证,否则需缴纳燃油税;提出重型柴油车排放控制战略和黑烟监测计划;为车辆安装颗粒物过滤器等。英国对交通进行碳定价,根据车辆排放量收取费用。

(3)加快绿色交通体系构建。美国为城际客运铁路设立专门基金,制定 6 年改善计划;全面改造公共交通网络,为慢行基础设施建设和改造提供技术和资金。英国加快公交系统和公共服务设施的建设和电气化改造;调整货运结构,鼓励公转水、公转铁。武汉优先发展绿色公交,打造"地铁城市”,增加公交专用道,完善公交、出租智能调度系统。深圳加快建立低碳客货运输体系,优化客运组织;大力建设低碳公共交通系统;推进绿色货运发展等[5]。

(4)实行小汽车出行需求管理。建立“碳普惠”机制,激励市民参与减排活动。美国重视对小汽车需求的调控,推行 HOV 制度;提高中心区停车收费标准;对部分道路进行拥堵收费;实施外围停车换乘(P&R)。英国设置超低排放区,对中心区汽车采取严格管控措施,要求进入区域的车辆须符合欧Ⅵ排放标准;实施拥堵收费;打造“净零排放区”。武汉建立“碳积分平台”。

(5)健全法律法规保障体系。美国出台《能源政策与保护法》及《清洁能源革命与环境正义计划》,确保美国实现 100% 的清洁能源经济并在 2050 年之前达到净零碳排放。英国发布《气候变化法案》,承诺将于 2050 年实现碳中和。武汉建立“碳积分平台”和碳交易市场。深圳启动碳交易市场,形成完整的碳交易法律法规体系等。

3 路径与成效

借鉴先进经验,结合成都实际,重点聚焦私家车出行、公路货运两大领域(民航运输碳排放由国家统筹),围绕“人、车、油、路”四个方面,通过“加减结合”综合施策,开展“五化”实施路径,结合政策效果评估,明确三大减排关键措施,切实促进交通领域加快脱碳,助力成都脱碳先锋之路。

3.1 实施路径

3.1.1 积极引导生活低碳化,源头削减碳排放

实施城市 TOD①工程,打造职住平衡体系。促进和引导轨道、公交等交通枢纽与城市用地空间协调发展,提升轨道、公交对人口、岗位覆盖,打造职住平衡新格局,从源头有效减少交通需求,削减碳排放。到 2023 年,全面建成地铁陆肖、三岔、双凤桥等 16 个 TOD 示范项目首期工程;到 2025 年,完整形成高品质居住中心和多元化消费极核;到 2028 年,树立轨道交通引领产城融合发展的国际典范。

建设绿色示范工程,倡导绿色低碳出行习惯。积极践行“135”低碳出行(1km 内步行,3km 内骑行,5km 内公交、地铁),减少不合理私家车出行。引导市民停车超 3min 即熄火、定期对车辆进行检查维护等习惯,形成低碳用车意识。加强引导购买小型化、轻型化、电动化汽车。根据新老区特征需求,打造因地制宜的低碳示范区,一方面在绕城高速公路内、高新区等建成区,分析设立低排放区的可行性,实施交通需求管理;另一方面,在东部新区等新建区按照零碳社区建设要求完善基础设施、体制机制,形成示范。

健全完善碳惠制度,提高低碳生活吸引力。将共享单车、公共汽(电)车、地铁等绿色出行方式与“碳惠”结合,实现碳积分换购骑行、公共汽(电)车票、地铁票,甚至是话费充值和其他品牌认可的积分制度等,以碳普惠制度增加居民低碳出行的动力。强化“蓉 e 行”共享单车、健身运动等互联网平台数据收集,及时反馈用户碳积分,通过市场驱动减排。

3.1.2 加快推动车辆电气化,降低车辆碳排放

推进公车电力示范工程,发挥公用车引领作用。发挥城市公共交通引领作用,加大纯电动车在城市公交车、出租车行业的应用,率先实现公共交通全面电动化。系统推进城市网约车、环卫、邮政、轻型物流配送等车辆使用新能源或清洁能源汽车,机场、铁路货场等重点区域新增或更换作业车辆使用新能源或清洁能源汽车。到“十四五”末,实现公交巴士、出租网约、城市保障用车及政府公务用车新能源占比 100%。

推广应用新能源小汽车,提高新能源私家车比例。健全完善新能源汽车购买、使用等激励政策,切实提高新能源车吸引力。建立长期稳定的新能源汽车发展政策体系,加快培育市场,创造良好发展环境,促进新能源汽车产业健康快速发展。力争在“十四五”末私家车增量实现全部新能源化,新能源车总量占比 20% 以上。

探索氢能源客货车应用,实现公路客货运绿色转型。推动氢能产业创新中心建设,编制修订一批氢能产业地方、行业和企业标准,加快氢燃料电池技术研发、关键设备制造和加氢站建设等全产业链发展,推广氢燃料电池车在长途客货车上

①TOD:以公共交通为导向的开发。

应用,弥补电动车的里程缺陷。

加速老旧车淘汰退市工程,减少燃油车保有量。发布与碳排放挂钩的税费政策,针对传统燃油车附加高额的"污染税"或"基于里程的收费",让新能源车在全生命周期成本上比传统燃油车更具优势;优化老旧车和黄标车禁行区域管理政策,划定更大范围禁行区域,研究燃油车退市计划,加快淘汰黄标车和老旧高耗能机动车速度,逐步减少直至停止燃油车的销售与使用。

加快电桩配套攻坚工程,完善新能源车配套设施。在物流园、产业园、工业园、大型商业购物中心、停车场等地建设集中式充电桩和快速充电桩,为新能源车辆提供便利,营造电动汽车良好发展环境。

3.1.3　实行排放高标化,减少排放污染物

开展机动车排放标准提升工程,提升排放品质。尽快全面实施国Ⅵb 及以上标准(含外地转入机动车),研究分车型设置排放限值,降低温室气体单位排放量,实现常规污染物削减。

强化成品油质量检查,避免低标准油入市。建立成熟多元的检测技术设备和监管技术体系,加强民营加油站成品油流通领域的质量监督检查,加大对各加油站油品的抽查力度及违法行为的处罚力度,避免低标准油入市。

开展新型燃料创新工程,提升燃油品质。引导鼓励成都航空企业参与飞机氢能技术研究,加强可持续航空燃料技术研究,加强航空燃料容器、燃料发动机、燃料电池系统等技术的开发和应用,发展绿色航空,优先在通用航空上进行新能源航空尝试,减少航空碳排放。

3.1.4　促进运输绿色化,构建低碳交通体系

加快构建"轨道 + 公交 + 慢行"绿色交通体系,提高绿色交通分担率。一是完善轨道、公交和慢行基础设施建设,加快推进轨道四期建设、公交专用道网络化建设、天府绿道等建设。二是推进多网融合设施体系建设,完善以轨道交通站点为核心的接驳换乘配套设施。三是提升一体化运营和服务能力,建立换乘优惠和补贴机制,实现"十四五"末公交占机动化出行比例超 60%,绿色出行比例达 70% 以上。

实行小汽车需求调控工程,削减小汽车不合理出行。一是提高拥车成本,通过经济和行政手段控制小汽车(尤其非新能源车)增量和出行总量。二是增加小汽车使用成本,将交通需求管理和环境管理相结合,根据道路拥堵和大气情况,健全完善停车收费、拥堵收费、汽车限行、低排放区设定等交通需求管理政策,实现对蓉牌、郊区号牌和外省市长期驻蓉使用车辆的全覆盖管理。三是根据区域道路交通设施容量及道路功能分级,差别化实行道路通行调控,设置合乘车道(HOV)。实现小汽车出行占比降至 20% 以下。

大力发展公转铁转化工程,降低公路货运占比。制定成都货物运输"公转铁"激励政策,设立财政专项资金用于优化铁路货运组织及推动铁路专用线等货运基础设施建设,引导大宗货物"公转铁";支持不同运输方式发挥比较优势和组合效率,积极推动公铁多式联运发展,提高铁路集装箱货运量;取缔公路货运非法源头及二次装载点,创建路警联动和成德眉资治超一体化机制。到 2025 年,实现铁路货物到发量同比 2020 年增长 30% 以上,国际铁路港集装箱吞吐量突破 120 万标准箱,铁路单元化、集装化运输比重超过 70%。

推动交通数慧化,提高出行效率。以数据流程整合为核心,以物联感应、人工智能等技术为支撑,构建实时感知、瞬时响应、智能决策的新型智能交通体系。发展交通网、信息网、能源网"三网合一",基于新型载运工具,实现车车、车路智能协同,采用交叉口通行权智能分配,保障交通运行安全。推进智能驾驶的示范应用,发展定制化公共交通系统。

3.1.5　推进碳汇制度化,提升城市碳汇能力

建立交通碳排放监测平台,形成交通碳排放核算基础。通过推进全市层面移动源实时数据采集和联网共享,加快建立道路运输领域能耗与排放监测平台。完善交通碳排放核算平台建设,结合交通行业特殊性和新技术,编制道路运输业碳排放核算方法指南等。

建立综合交通碳汇机制,调节交通碳排放。研究将营运车辆和个人车辆纳入小汽车排放权交易。通过给予运营企业、个人一定的交通排放配额,加快燃油车退市,建立排放权交易机制,运用市场化手段调节交通出行和排放。

3.2　成效评估

依托世界资源研究所的交通排放测算工具,

综合考虑交通工具数量(保有量等)、交通活动水平(货物运输量等)、能源效率、排放因子等,对各项措施碳排放贡献率进行对比分析,结果显示新能源车占比提高、小汽车及公路货运运输结构优化对碳减排的效果最为明显,是实现碳达峰、碳先锋的关键措施,且力度不一,达峰日期也不一样。其中,基准场景下(即按照现有政策自然增长),2030 年未出现达峰迹象;达峰场景下(即在基准情境基础上做出更大力度的改进),交通碳排放将于 2030 年前达峰;蓝图场景下(即为了尽早实现碳达峰而挖掘最大限度地减排潜力),交通碳排放将于 2025 年前达峰,实现碳先锋。

各场景交通关键计算指标表　表 1

参　数	基准场景	达峰场景	蓝图场景
新能源车占比	10%	15%	20%
小汽车出行占比	25%	20%	15%
公路货运占比	85%	80%	75%

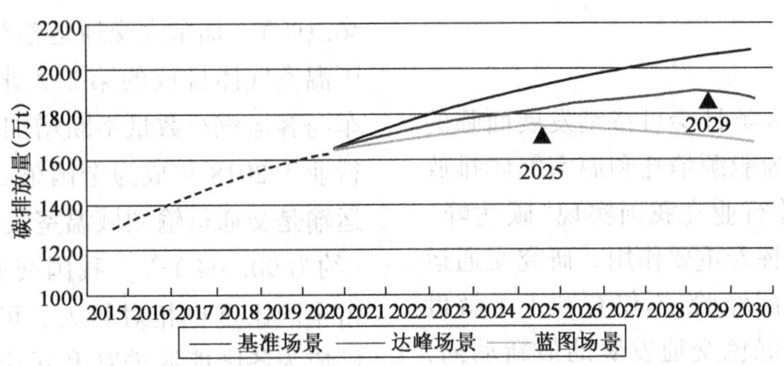

图 12　各场景交通碳排放趋势

4　结语

城市是实现碳达峰、碳中和的主战场,交通是城市实现碳达峰的最重要抓手。目前私家车出行、公路货运、民航运输是成都交通碳排放主要源头,且形势十分严峻。亟须统一思想、克难攻坚,实施"人、车、油、路""加减结合"策略,全力推进生活低碳化、车辆电气化、排放高标化、运输绿色化、碳汇制度化实施路径,重点攻坚新能源车占比提高、小汽车及公路货运运输结构优化等关键举措,辅以政策、法规、资金、技术、组织、机制等方面保障,切实助力成都打造"交通脱碳先锋"之路。

参考文献

[1] 薛露露,靳雅娜,禹如杰,等.中国道路交通领域排放[R].北京:世界资源研究所, 2019.

[2] 世界资源研究所.发展与减排并举　碳达峰即刻行动——成都市二氧化碳达峰研究政策报告[R].北京:世界资源研究所,2016.

[3] 雷红鹏,袁敏,毛紫薇,等.成都市低碳发展蓝图研究[R].北京:世界资源研究所,2014.

[4] 姜欢欢,李媛媛,李丽平,等.美国机动车碳减排经验及对我国的启示[R].北京:中国环境报,2021.

[5] 自然资源保护协会.中国城市低碳与达峰行动案例集[R].北京:自然资源保护协会,2018.

交通运输应对气候变化的国际经验与启示

张翠婷　李孟芜*
(交通国际合作事务中心)

摘　要　以美国、加拿大、欧盟、英国、日本、新加坡等国家和地区为重点,梳理各国和地区出台的涉及交通运输领域的战略文件,从设施、服务、管理、技术四个维度,归纳总结绿色交通领域的国际先进经验和典型措施,从创新城市交通规划理念、构建低碳环保财税机制、提升基础设施绿色化水平、提升交通数字化水平等方面提出具体建议,为国内推动交通绿色转型、实现"双碳"目标提供决策参考。

关键词　经验总结　减排举措　国际经验借鉴　绿色交通　气候变化

0　引言

气候变化已成为人类社会可持续发展面临的最严峻挑战之一。作为能源消耗和温室气体排放的重点领域,交通运输行业在我国实现"碳达峰"和"碳中和"愿景中发挥着重要作用。研究交通运输应对气候变化的国际经验,不仅有利于了解世界主要发达国家关于绿色交通发展的最新动向,从而推动全球交通合作;也有利于掌握世界主要发达国家推动绿色交通转型的典型措施,从而总结出有益做法,为推动绿色交通转型、交通强国建设提供参考借鉴。

1　全球交通运输行业碳排放的主要情况

随着世界各国工业化和城镇化进程不断加快,全球交通运输行业温室气体排放呈现快速增长态势,在各国碳排放总量中占有较大比重。根据世界资源研究所统计,全球温室气体排放量从1990年到2017年增加了51.9%,其中交通运输行业排放量增长率为75%[1]。具体来说,美国交通运输行业于2016年首次超越电力行业,成为该国温室气体排放的最主要来源,其中乘用车和轻型卡车是最主要的排放源[2]。欧盟2018年交通运输温室气体排放量为9.57亿t碳当量,其中道路运输占比最高(约为3/4)、国际航空运输增长最多[3]。英国交通运输行业于2016年成为该国温室气体排放的最主要来源,其中道路运输产生的温室气体排放量最大[4]。日本交通运输行业碳排放量自20世纪70年代以来位居全国第三,其中私家车是碳排放占比最大的出行方式(约为46.1%)。加拿大交通运输行业于2018年成为全国温室气体排放的第二大来源,主要由于货运卡车与客运汽车数量不断增加[5]。新西兰交通运输行业于2018年成为全国第二大排放源,其中道路运输是交通运输领域温室气体排放的第一大来源(约为90.5%)[6]。我国交通运输行业能源消耗占全国比重也相对较大。可以说,交通运输行业已成为各国能源消耗和污染排放的重要来源,将是全球推动绿色发展、形成绿色生产生活方式的关键领域。

2　世界各国实现"碳中和"目标的交通举措

2.1　加快调整客货运输结构

欧盟提出将有力促进多式联运发展,并计划将75%的道路货运转为内河航运和短途海运,同时提出将着重提升铁路货运分担率,实现到2030年高速铁路交通量增加一倍。德国政府正在大力支持"公转铁""公转水"项目,预计在2010至2030年间铁路运输货运量增长42.9%,内河航运货运量增长22.8%。韩国在国家级战略文件中将推动"公转铁""公转水"等低碳运输模式作为主要任务之一。法国计划提高铁路交通网络的性能,鼓励更多民众出行从航空运输转向铁路运输。西班牙提出将旅客和货物从效率最低的运输方式转移到其他效率更高的运输方式,并在地中海走廊建设中开展了公铁海联运设施数字化转型项目。比利时建立了多式联运政策决策支持系统(DSSITP),用于提高多式联运效率。

2.2 大力推广"零排放"交通工具

目前,美国政府正在积极推广使用电动汽车,计划将规模为近65万辆的政府车队全部替换为电动汽车,并提出了发放旧车置换金、延长电动汽车税收抵免、加快公共领域车辆电动化、部署充电基础设施等激励措施。欧盟27国中的26个国家已设置了力度空前的新能源购置补贴,计划在欧洲形成客货两用、密集广泛的综合充电/燃料补充网络。英国提出拨款15亿英镑用于提高超低排放车辆的使用率,同时建立"充电基建投资基金"用于拓展快速充电的基础设施布局。韩国采用"环保汽车购入目标制",强制大型企业和汽车租赁公司购买环保汽车,并要求到2022年所有公务用车更换为电动车。此外,欧盟、英国、日本也正在积极推广零排放船舶和飞机等交通工具,并推动建造零排放的机场和港口。

2.3 限制传统能源燃料应用

欧盟计划取消化石燃料补贴,考虑在公路运输和海上运输领域开展碳排放权交易,并减少分配给航空公司的免费碳排放配额。加拿大政府要求各省灵活设计碳定价系统,确保碳价从2018年的每吨10美元逐渐提升至2022年的每吨50美元。日本经济产业省和国土交通省联合发布了新燃油效率标准,并将其纳入《节约能源法》。日本、英国、法国均提出了涉及"淘汰传统燃油车辆、销售电动化车辆"的发展要求,特别是德国正在开展机动车税改革,提出2021年起将提高高油耗新车税率,对新注册的车辆(二氧化碳排放量超过95g/km)额外征税。

此外,针对国际海事组织(IMO)提出的限硫令(Sulphur Cap),日本船级社制定了从2020年起船上使用合规燃油的指南和有关转换为合规燃油的实施计划样本;新加坡政府提出靠港船舶在港口国监督(PSC)以及船旗国监督(FSC)检查期间可能需要接受限硫令合规性测试;英国推行2020年全球船用燃油含硫量条款,并将在2021年对北海和英吉利海峡范围内实行氮氧化物区域排放控制等污染物管控措施;韩国政府提出在主要港口和区域抛锚或停泊的所有船舶,必须使用含硫量不超过0.10%的燃料。

2.4 研发"氢燃料"等替代燃料技术

欧盟正在积极研发小汽车、商用车队、重型卡车、公交车等不同类型电动车辆的电池技术,尤其是氢燃料技术。同时,考虑到船舶和飞机在短期内不具备完全电动化的条件,欧盟正计划通过"ReFuelEU""FuelEU Maritime"等项目,以优先考虑此类运输方式的新能源研发、生产和供应需要。英国拨款2.46亿英镑支持下一代电池研发,积极研发和推广氢气、蓄电池、燃料电池系统等"未来燃料"以及碳捕捉封存技术,并于2017年修订了《可再生运输燃料义务法》。日本将发展氢燃料电池动力汽车、船舶和飞机、开展长距离远洋氢气运输示范项目、参与制定氢气运输技术国际标准等作为国家级战略文件中的重点任务。

2.5 鼓励人力交通等新兴出行方式

近年来,素有"车轮上的国家"之称的美国积极反思"车本位"的发展模式,正逐步重视慢行交通系统规划,提出了"完整街道"的规划理念,鼓励城市居民采用"步行+公交"的出行方式。欧盟正在积极推动人力交通基础设施建设,计划在未来十年扩建安全骑行道,使骑行道总长度从2300km增长到5000km;同时其计划修订《城市出行一揽子法案》,敦促各成员国及处于全欧交通网络节点上的大、中型城市尽快制定自身的《2030年可持续城镇计划》。英国政府公布了第一部具有法律效力的《自行车和步行投资战略》,特别是伦敦市正在推动建设世界最大的首都无车区,零排放出租车将可能成为唯一能够驶入限行区域的小汽车。德国政府发布了《国家自行车计划3.0》,支持地方当局建立适当的监管框架并提供财政资金支持。除人力交通外,欧盟、日本、韩国也将共享交通作为绿色交通发展的重要任务之一。

2.6 开发应用智能领域颠覆性技术

日本提出大力发展智能网联汽车和自动驾驶汽车,并对零排放无人船的研发进行补贴。欧盟正在积极营造适宜的法律环境,搭建灵活的法律体系,为无人机、自动驾驶汽车、超级高铁、氢动力飞机、电动私人飞行器等的合法使用做好准备。韩国明确将推动自动驾驶车辆商业化列为降低交通能耗的一项重点任务。德国政府在绿色发展战略中制定了专门的数字化战略,主要包括探索降低温室气体排放的交通技术。美国政府虽然还未出台明确的碳减排战略,但新任运输部部长皮特·布蒂吉格表示将全力支持拜登总统提出的碳中和目标,制定自动驾驶汽车的发展计划。

3　有关建议

3.1　创新城市交通规划理念,形成绿色生产生活方式

建议学习借鉴先进的城市交通规划理念,重新审视我国城市规划发展路径,创新城市交通规划理念,广泛形成绿色生产生活方式。在未来城市交通建设中,应坚持低碳出行的规划理念,可采取"合乘车道(HOV车道)+公交车专用道"的新型组织方式,在满足日益增长的城市交通出行需求同时,降低机动车污染物排放量,实现城市空间布局、土地利用与交通系统的协同优化。特别是,对于特大型城市的中央商务区,可学习借鉴"完整道路"的设计理念,考虑设置"无车区",增设步行和自行车专用道,建立"以人为本"的慢行交通系统。此外,也可将"出行即服务(MaaS)"作为"智能+绿色"的重要工具,通过建立出行一体化的出行平台,引导城市交通出行结构更加符合绿色出行需要。

3.2　构建低碳环保财税机制,全方位拓宽资金筹措渠道

当前,英国、法国、日本等已相继宣布了全面禁售燃油车计划,美国正在积极研究"道路里程税",欧盟、加拿大也提出了建立碳排放交易的定价机制。为此,建议我国适时开展机动车燃油税制改革,建立适应行业发展需要的"道路里程税""交通拥堵税""环境保护税"等税收机制,探索在不同运输领域实施"碳排放交易系统",通过价格和税收手段抑制交通运输工具的燃油消耗,从而鼓励和支持低碳运输方式发展。同时,也可坚持"政府引导、企业主导"的原则,研究建立"新能源基建投资基金"或"绿色交通发展基金"等,为交通基础设施绿色化发展提供多元化的资金保障。

3.3　建立绿色低碳流通体系,提升基础设施绿色化水平

建议大力推动绿色低碳流通体系建设工作,持续推进大宗货物和中长途货运"公转铁""公转水",特别是考虑到航空运输正处于"客转货"的发展阶段,我国应汲取欧盟航空运输碳排放增量较快的经验教训,加快研究制定航空领域的净零碳排放计划和可持续燃料的先进技术,提早规避碳排放激增的风险和隐患。同时,也应将绿色低碳的理念贯穿于交通基础设施规划、建设、运营和维护全过程中,大力推动零排放机场、港口等大型基础设施建设,着力提升交通基础设施绿色化水平。

3.4　聚焦交通智能制造领域,抢占绿色发展"新高地"

纵观世界,欧盟、德国、日本、韩国均将"智能交通"作为实现"碳中和"目标的重点任务之一,特别是欧委会明确将《可持续和智能出行战略》列为《绿色协议》的首要举措。对于我国来说,也应高度重视智能交通在绿色低碳循环发展经济体系中的重要作用,聚焦自动驾驶汽车、超级高铁、无人机、无人船等新兴颠覆性技术,加快攻关氢能源、纯电动、天然气等替代燃料的关键性核心技术,不断提升交通运输系统的管理效能。同时,考虑到通用、戴姆勒、福特等车企已相继提出关于净零排放的企业目标,建议我国塑造本土化的一流新能源品牌,引导国内传统车企进行绿色转型升级,抢占新能源汽车领域的国际竞争高地。

参考文献

[1] World Resources Institute. Climate Watch [EB/OL]. https://www.climatewatchdata.org/.

[2] 全球碳排放增速最快竞[EB/OL]. https://huanbao.bjx.com.cn/news/20200219/1045028.shtml.

[3] European Commission. Sustainable and Smart Mobility Strategy [EB/OL]. https://ec.europa.eu/transport/themes/mobilitystrategy_en, 2020-12-09.

[4] Department for Transport. Decarbonising transport: setting the challenge [EB/OL]. https://assets.publishing.service.gov.uk/government/uploads/system/uploads/attachment_data/file/932122/decarbonising-transport-setting-the-challenge.pdf, 2020-03

[5] Environment and Climate Change Canada. Canadian Environmental Sustainability Indicators: Greenhouse gas emissions [EB/OL]. https://publications.gc.ca/collections/collection_2021/eccc/en4-144/En4-144-18-2020-eng.pdf, 2020-04.

[6] Ministry for the Environment NZ. New Zealand's Greenhouse Gas Inventory [EB/OL]. https://environment.govt.nz/publications/new-zealands-greenhouse-gas-inventory-1990-2018/, 2020-04.

Evaluating the Environmental Benefits of Dry and Wet Construction of SBS Modified Asphalt Pavement

Cao Shenyang [1,2] Li Ping [*1] Wang Meng[1] Zhao Ruirui[1] Li Zhanghui[1] Yang Meng[1]

(1. School of civil engineering, Lanzhou University of Technology, and the Address Information;

2. Gansu Provincial Highway Development Group Co., LTD)

Abstract Taking as its research object the maintenance project of the Tujiawan tunnel to the Tianshui interchange section of the G22 Qinglan Expressway, we compared and analyzed the energy consumption and GHG emissions of the five stages of production of "dry" and "wet" modified asphalt pavement, using the life cycle evaluation method and the upper layer of SMA-13 as an example. The results show that the total energy consumption generated by the dry modified asphalt method was 149346.1MJ and the emission volume was 22×10^3kg. The total energy consumption of the wet modified asphalt technology was 163430.1MJ and the emission volume was 29×10^3kg. Thus, the dry method reduced energy consumption by 8.6% compared with the wet method and decreased emissions by 24.1%. The two values for energy consumption and environmental emissions differed chiefly during the raw material production stage, where the dry method reduced energy consumption by 28.3% and reduced emissions by 34.8% compared to the wet method. The difference in energy consumption and environmental emissions between the other production stages was minimal. Overall analysis shows that the dry method offers better environmental benefits.

Keywords SBS modified asphalt full life cycle total energy consumption total emissions

0 Introduction

With non-renewable resources declining and global warming rising, controlling energy consumption and pollution has become a major concern for developers (Yao et al. 2019). It is expected that by the end of 2026, China's total highway mileage will reach 5.74 million kilometers. With the increase of total mileage of highways, maintenance projects will also increase. By the end of 2020, maintenance mileage has reached 99% of the total mileage. (China Highway 2021) Because energy consumption and greenhouse gas emissions caused by road surface maintenance are significant contributors to climate change, emission reduction technologies are urgently needed. At present, the method most often used to improve the performance of asphalt mixture is to modify it by using either wet or dry modification technology. The optimal dosage of SBS and SBS-T is 4% and 8%, respectively. The road performance of the mixture was studied on the basis of the optimal dosage of modifier. The results showed that the dry SBS-T mixture had better high and low temperature performance, and the wet SBS mixture had better water damage resistance. (Yue et al. 2019 and Fu et al. 2017) The road performance of waste polymer modified asphalt mixture produced by wet process and dry process is studied through experiments. It is pointed out that dry process is a good choice to produce polymer modified asphalt mixture, which has flexible implementation and low cost, and can get mixture with similar performance to wet process. (Ranieri et al. 2017) SBS has a high fineness requirement when adding high temperature asphalt. At present, the main processing and production equipment of SBS modified asphalt is colloid mill or high-speed shear machine. When these equipment runs at high speed, the temperature in the working chamber is generally greater than 240 ℃, which seriously affects the service life of the equipment. Wet production of modified asphalt is more expensive than dry process. (Fu et al. 2017) The carbon emission and energy consumption of Rubber-modified asphalt and SBS modified asphalt are compared with Matrix bitumen. Among the asphalt of the same unit quality, the carbon dioxide equivalent ratio of Matrix bitumen: rubber-modified asphalt: SBS modified asphalt is 187:220:321, and the energy consumption ratio is 277:3203:4794. (Zhang et al. 2021) The comparison of SBS modified asphalt dry and wet process is analyzed. The wet process requires a specific modified asphalt processing plant, which will occupy more land, consume more energy, have a certain impact on the environment and increase unnecessary social costs and indirect costs compared with the dry process. Compared with wet method, dry method has the characteristics of environmental protection in transportation, use and land resource protection, and has high efficiency in energy saving and emission reduction. (Xu. 2019)

Exploring energy consumption and emissions of asphalt pavement began in Europe and theU. S. in the early 21st century. Their research comprehensively analyzed energy consumption during the various construction stages using appropriate models(Zhu et al. 2014). The Life Cycle Assessment (LCA) method is widely used to evaluate the potential environmental impact of a product or product system (Yao et al. 2019) and many researchers at home and abroad have evaluated road life cycles (Wang et al. 2012; White et al. 2010; Pan 2011). Using the life cycle evaluation method, the present study analyzed the energy consumption and greenhouse gas emissions during the maintenance and repair of asphalt pavement and cement pavement and calculated their respective gas emissions. The study used the Tatari (2012) mixed life cycle method to analyze the environmental impact of asphalt pavement mixed with different adhesive reduction technologies and compared them with the environmental impact of hot mixed asphalt pavement.

To summarize, although many scholars have done a lot of research on the performance, economic benefit and environmental benefit of SBS modified asphalt road, there is still a lack of quantitative research on environmental benefit. In this paper, the differences between the two methods are calculated and explained in detail in the study of whole-process energy consumption and carbon emission. Taking the upper layer of SBS modified asphalt pavement SMA-13, which was constructed by the wet and the dry methods in the maintenance engineering of G22 Qing Lan Expressway Tu Jiawan Tunnel to Tian Shui Overpass, as the object(In order to provide sufficient viscous flow time for the modifier to coat evenly on the aggregate surface, the mixing time of 180℃ aggregate and SBS ZT modifier should be extended by 10s before adding base asphalt in the dry process.), Adopted by the wet method and the dry method of SBS modified asphalt SMA - 13 top layer construction as the object, its main purpose is to make the dry process is better than that of the consensus of wet method not only based on the mentioned above, but also based on the current highway traffic industry "Emission peak", "Carbon neutral" research present situation, through a one-time molding road "product approach" to reflect the superiority of the dry, For the highway industry to seek a "carbon neutral" possibility, from the Angle of environmental protection, to provide data support for asphalt mixture pavement construction.

1 Quantification of the Analysis Method

1.1 Sbs full life cycle evaluation system boundary of modified asphalt pavement

Because the construction process of asphalt mixture produced by the dry and wet methods and the indicators of environmental benefit are the same, both environmental benefits can be evaluated with the same system boundary, see Fig. 1.

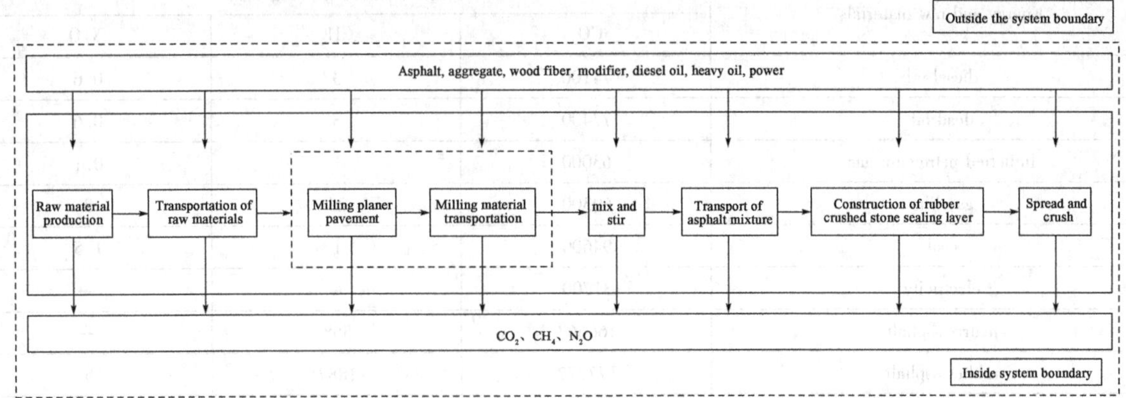

Fig. 1 Boundary of full life cycle evaluation system of SBS modified asphalt pavement

1.2 Eindicators and calculation methods

The present study analyzes the environmental benefits of both wet and dry asphalt mixture construction by measuring energy consumption and greenhouse gas emissions.

1.2.1 Tables and Figujres

At all stages of the life cycle of the modified asphalt mixture, the energy consumed during production, transportation, and construction comes chiefly from diesel, gasoline, LPG, heavy oil, and other fuels. In this study, the energy consumption index is calculated using the net heating value, see equation (1) (Zhang et al. 2015).

$$E = \sum_{i=1}^{n} (QNCV_i) \tag{1}$$

Where E is the energy consumption of each stage of the life cycle, Q is the consumption of the mechanical equipment in each stage, and NCV_i is the net heating value of the i-energy source.

For the net heating value of energy, see Tab. 1: General Rules for Calculation of Comprehensive Energy Consumption (GB/T 2589—2008).

Net Heat Value (MJ/kg¹) Tab. 1

Energy type	Diesel oil	Dead oil	Liquefied petroleum gas	Gasoline	Electricity	Water	Wood	Coal
Net heating value	43.0	40.4	47.3	44.3	3.6	2.4	12.6	20.9

To calculate the sum of the energy consumption for each life cycle, see Equation (2) (Zhang et al. 2015). We analyzed the proportion of energy consumption generated by each stage of the life cycle, as shown in Equation (3) (Zhang et al. 2015).

$$E_c = \sum_{i=1}^{n} E_i \tag{2}$$

$$ER_i = \frac{E_i}{E_c} \tag{3}$$

Where E_c is the full life-cycle energy consumption, E_i is the energy consumption generated at stage i, and ER_i is the energy consumption proportion.

1.2.2 Greenhouse Gas Emissions

Greenhouse gases produced directly or indirectly at each stage of the asphalt mixture life cycle consist chiefly of CO_2, CH_4, and N_2O. We calculated the amount of greenhouse gas emissions based on the emission factors of specific fuels. Common emission factor values are provided by the United Nations Intergovernmental Panel on Climate Change (IPCC), see Tab. 2 (Zhu et al. 2018).

Emission factors Tab. 2

Energy and raw materials	Emission factors (mg/MJ)		
	CO_2	CH_4	N_2O
diesel oil	74100	3	0.6
dead oil	77400	3	0.6
liquefied petroleum gas	63000	1	0.1
gasoline	69300	25	8
coal	94600	1	1.5
electricity	31700	—	—
matrix asphalt	166667	568	—
rubber asphalt	177772	1887	5
aggregate	2323530	30	40
if the SBS-ZT modifier was used	113169	418	16
SBS modified asphalt	294239	1008	16

1.2.3 List analysis and classification

The influence factors and characteristic factors of the global warming environmental impact category are equivalent to the quantity of CO_2, see Tab. 3.

Global warming environmental impact category's impacting factors and characteristic factors Tab. 3

Effluent	Characterization factor
CO_2	1
CH_4	25
N_2O	298

2 Quantitative Analysis

This study uses the Lanzhou section of the G22 Qinglan Expressway (XK1850 + 000-1850 + 850) as a test section for quantitatively analyzing the environmental benefits of dry and wet SBS modified asphalt pavement. The upper layer of the original pavement structure is 4cm medium grain asphalt concrete; the pavement performance recovery maintenance scheme is 5cm SMA-13 asphalt mixture; the bonding layer is hot melt rubber asphalt gravel sealing, wood fiber stabilizer using asphalt particle wood fiber VIATOP premium produced by JRS, with 0.4% (external) and an asphalt ratio of 6.2%. The modified asphalt for wet SMA-13 asphalt mixture is SBS I-C, with a mixture of 4.5% (inner); the matrix asphalt for dry SMA-13 asphalt mixture is Class A 70, and SBS-ZT direct injection, with a mixing ratio of 6.0% (inner). Tab. 4 shows the production mix ratio.

Production mix ratio Tab. 4

Mineral aggregate	11-18mm gravel	6-11mm gravel	4-6mm gravel	0-4mm	breeze
Mineral material ratio is(%)	41	32	6	10	11

2.1 Quantitative Calculation of Energy Consumption

(1) Production stage of raw materials

The raw materials for modified asphalt pavement maintenance consist of matrix asphalt, rubber asphalt, SBS modified asphalt, aggregate production, SBS-ZT modifier and coal. The energy consumption during production and the greenhouse gas emissions data are obtained from the European Asphalt Pavement Association (EAPA) (Blomberg et al. 2012) and China's Life Cycle Database (CLCD) (2014), respectively. Tab. 5 shows the consumption of raw materials in the production stage.

Energy consumption and consumption of raw material production Tab. 5

Raw and processed material	Unit energy consumption (MJ/t)	Dry process	Wet process
		wastage (t)	wastage (t)
matrix asphalt	2830.8	6.8	0.0
aggregate	32.0	126.9	126.2
rubber asphalt	3203.0	2.2	2.2
if the SBS-ZT modifier was used	2073.0	0.4	0.0
SBS modified asphalt	4794.0	0.0	7.2
coal	20908.0	0.2	0.2

Note: Since the wood fibers are identical in the dry and wet construction, they are not included in the table. The rubber asphalt described in the table is mainly applied to the rubber crushed stone seal (between the upper layer and the middle layer), while the dry and wet processes are mainly applied to the modified asphalt upper layer. For both dry and wet processes, the rubber crushed stone sealing layer belongs to the common adhesive layer of both processes, so the energy required to produce rubber asphalt is the same.

Using the data in Tab. 5, we calculated the energy consumption of each raw material during production under the dry and wet construction processes according to equation (1), see Fig. 2.

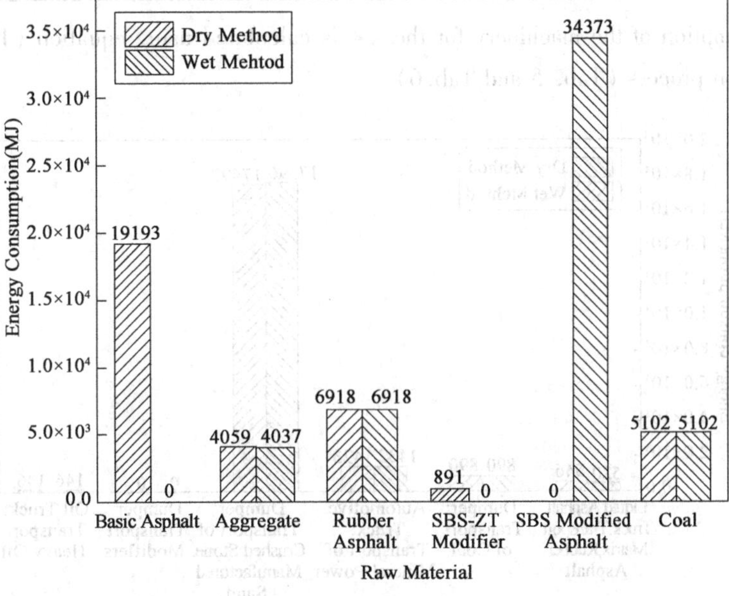

Fig. 2 Comparison of raw material energy consumptionduring production

As Fig. 2 shows, the energy consumption required to produce asphalt differs most during the raw material production stage, while the energy needed to produce the aggregate, rubber asphalt and coal is the same. The energy consumption required for wet modified asphalt production is 71.1% higher than that required for dry modified asphalt (matrix asphalt + SBS-ZT modifier). Thus, the production and processing of asphalt is the main influencing factor for determining energy consumption.

(2) Transportation raw materials stage

Using the Highway Engineering Budget Quota issued by the Ministry of Transport of the People's Republic of China in 2018 (JTG/T 3831—2018), Cost Quota of Highway Construction Machinery Platform Class (JTG/T 3833—2018), we can calculate the mechanical shift and consumption used in the corresponding dry and wet construction processes according to the distance of transporting the raw materials, see Tab. 6 and Tab. 7.

Machinery and consumption of raw material during the transportation stage-dry method　　Tab. 6

Mechanical equipment	Use	Mechanical classes	Fuel class	Fuel consumption(kg)
liquid asphalt transporter	transportation of substrate, rubber asphalt	53.94	diesel oil	12.1
dumper	transportation of coal	77.11	diesel oil	20.7
lorry	transportation of mineral powder	81.14	diesel oil	33.3
dumper	transportation of gravel, mechanism sand	90.1	diesel oil	409.2
dumper	transportation modifier	77.11	diesel oil	0.0013
oil transport car	transportation of heavy oil	87.62	diesel oil	3.4

Machinery and consumption of raw material transportation stage-wet method　　Tab. 7

Mechanical equipment	Use	Mechanical classes	Fuel class	Fuel consumption(kg)
liquid asphalt transporter	transportation modification, rubber asphalt	53.94	diesel oil	12.7
dumper	coal transport (rubber-asphalt seal)	77.11	diesel oil	20.7
lorry	transportation of mineral powder	81.14	diesel oil	33.1
dumper	transportation of gravel, mechanism sand	90.10	diesel oil	406.9
oil transport car	transportation of heavy oil	87.62	diesel oil	3.4

The energy consumption of the machinery for the dry and wet construction process (Tab. 5 and Tab.6) is calculated using equation (1), see Fig. 3.

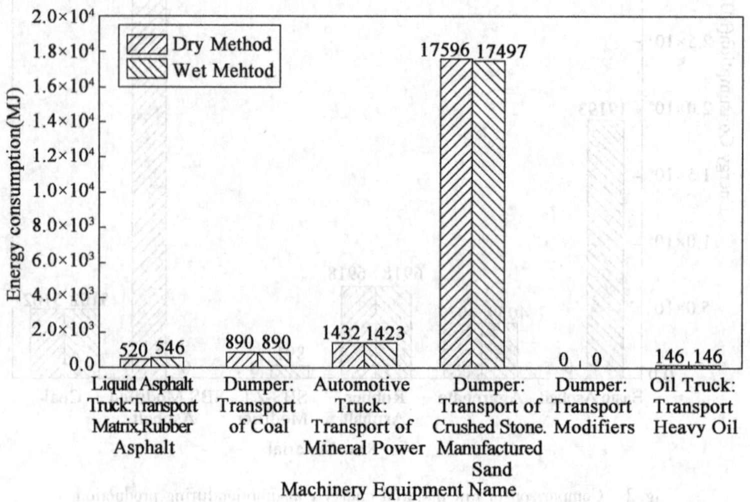

Fig. 3　Comparing the energy consumption of transporting the raw material-wet and dry methods

As Fig. 3 shows, the transportation aggregate energy consumption is highest due to the distance covered. With the addition of the SBS-ZT modifier, the energy consumption is slightly higher than for the wet modification method. The dry method has the same wet consumption of coal, heavy oil and fiber stabilizer (low consumption and low transport cost, which are not listed separately), so the transportation energy consumption is the same.

(3) RAP milling and plane recovery stage

The RAP milling recovery stage consists of transporting pavement milling and milling material. The asphalt concrete pavement milling depth is 5cm and 3.75m in width, over a distance of 45km. Due to the same type and quantity of machinery used at this stage—for both dry and wet processes—according to the Highway Engineering Budget quota issued by the Ministry of Transport of the People's Republic of China in 2018 (JTG/T 3831—2018), Cost Quota of Highway Construction Machinery

Platform Class (JTG/T 3833—2018), the medium milling plane is 1000m^2. The amount of mechanical shift and fuel consumption involved in asphalt pavement is 33638.0MJ. The energy consumption generated by the milling and recycling vehicles reached 71%, so distance is the most important factor affecting energy consumption during this stage.

(4) Rubber and asphalt gravel sealing stage

Dry and wet technologies use the same machinery class as the construction stage. According to the Highway Engineering Budget quota issued by the Ministry of Transport of the People's Republic of China in 2018 (JTG/T 3831—2018), Cost Quota of Highway Construction Machinery Platform Class (JTG/T 3833—2018) Construction is 1000m^2. The amount of machine shift and fuel consumption used in the synchronous gravel seal (within 1 cm) and the calculated energy consumption at the construction stage is 2715.9MJ. Of this, the transport energy consumption of the sand dump truck accounts for 27.2%, which can be reduced by shortening the transported distance.

(5) Mix, transportation, paving and rolling of modified asphalt mixture

For the modified asphalt mixture, transport, paving and rolling, according to the Highway Engineering Budget Quota issued by the Ministry of Transport of the People's Republic of China in 2018 (JTG/T 3831—2018), Cost Quota of Highway Construction Machinery Platform Class (JTG/T 3833—2018) Medium is 1000m^2. The modified asphalt hoof tar gravel mixture is transported over a distance of 45km, which involves several stations, see Tab. 8 for fuel and energy consumption. Compared with the wet method, the dry method needs to extend the mixing by 10s; that is, the energy consumption of dry mixing consumes 10s more energy than the quota. The power consumption of dry mixing is 396.1535kg and the energy consumption is 1426.153MJ.

Energy consumption during mixing, transport, spreading and rolling Tab. 8

Equipment	Use	Mechanical classes	Fuel class	Fuel consumption(kg)
tire-type loader (2.0m^3)	shovel	92.86	diesel oil	28.2
SMA asphalt concrete mixing equipment (240t / h)	mixing asphalt mixture	10340.35	heavy oil	977.2
		3895.09	electricity	368.1
paver	asphalt mixture paving	46.63	diesel oil	9.6
vibrating circuit roller (10t)	roller compaction	54.40	diesel oil	31.3
flat wheel roller	roller compaction	40.00	diesel oil	16.3
vibrating circuit roller (15t)	roller compaction	80.80	diesel oil	21.7
truck (3t)	carry cargo	25.96	diesel oil	6.5
platform truck	trailer transport equipment	50.40	diesel oil	2.2
dump truck (5t)	dump loading truck transportation	41.63	steam oil	9.1
sprinkler car	watering	52.80	diesel oil	1.1
dump truck (12t)	transport the asphalt mixture	61.60	diesel oil	230.5

From the data in Tab. 7, we calculated the energy consumption and energy consumption ratio of the mechanical equipment for asphalt mixing, transport, spreading and rolling, using equations (1) and (3). Fig. 4 shows the results. (There were negligible energy consumption differences at this stage, to clarify the proportion of energy consumption generated by the machinery, taking the wet method as an example).

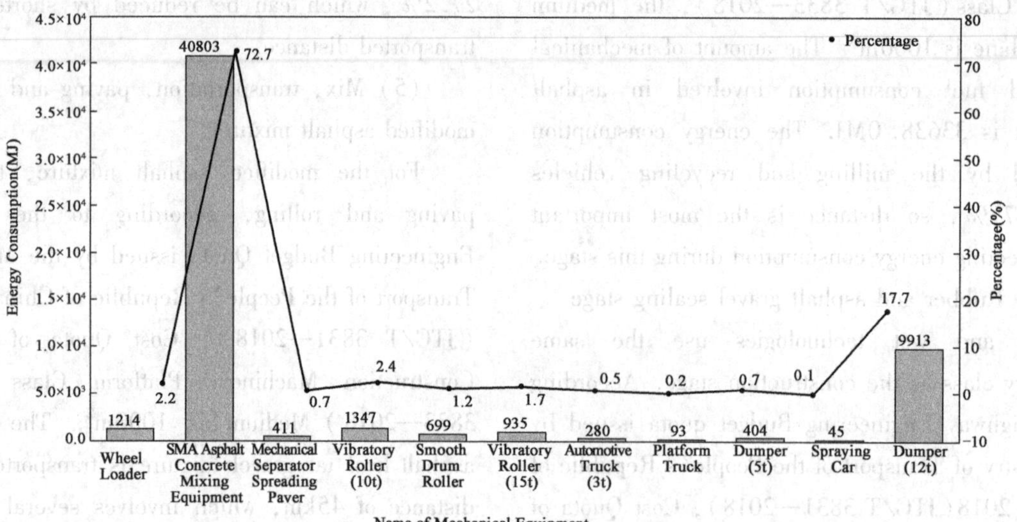

Fig. 4 Energy consumption and energy consumption ratio of the mechanical equipment during rubber asphalt gravel sealing

As shown in Fig. 4, the largest energy consumption of the asphalt mixing equipment at this stage is 73% of total energy consumption, followed by dump truck transport at 17.7%. Therefore, shortening the distance between the mixing equipment and the construction site will reduce transport energy consumption, and lowering the factory temperature of the asphalt mixture will reduce overall energy consumption.

2.2 Quantitative Analysis of Energy Consumption

Fig. 5 shows the total energy consumption of each stage of the life cycle of the dry and wet construction process. Fig. 6 and Fig. 7 show the energy consumption ratio.

As shown in Fig. 5, Fig. 6 and Fig. 7, the total energy consumption over the life cycle of dry and wet modified asphalt technology was 8.6% lower. The dry construction process was 14266.8MJ. Total energy consumption was 24.2% and 30.9% respectively, and 28.3% during the raw material production stage. In other stages, the energy consumption was essentially the same.

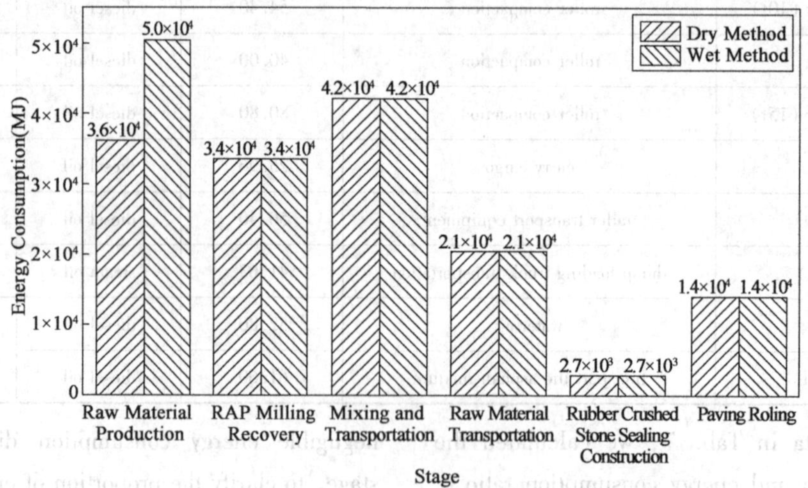

Fig. 5 Comparison of the total energy consumption at each stage in the dry and wet life cycle

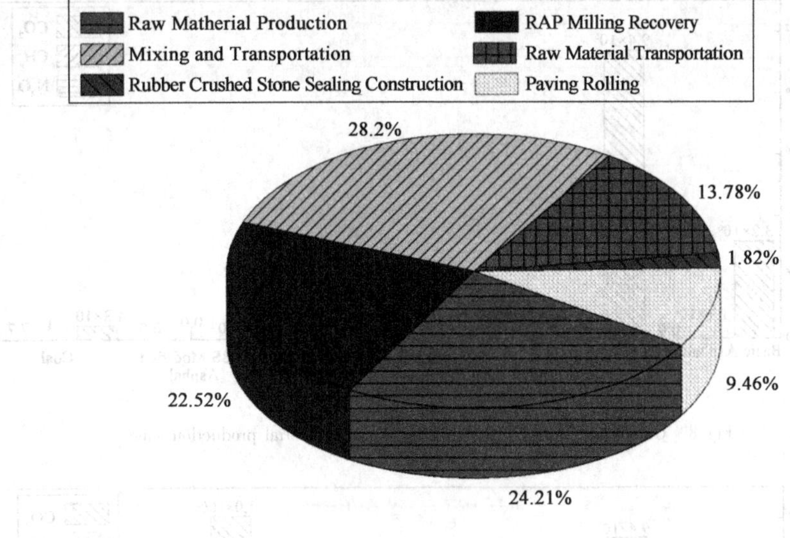

Fig. 6 Energy consumption ratio for each stage in the dry life cycle

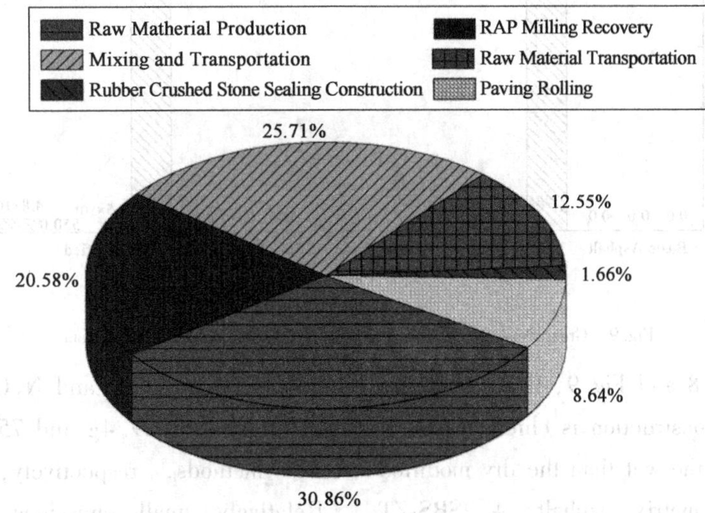

Fig. 7 Energy consumption ratio for each stage in the wet life cycle

2.3 Calculation of Environmental Emissions Quantification

(1) Raw material production stage

For the energy consumption of mechanical equipment using raw materials, see Tab. 9.

Energy consumption of all equipments in the raw material production stage (MJ) Tab. 9

Construction technology	Raw and Processed Material					
	matrix asphalt	aggregate	rubber asphalt	the SBS-ZT modifier was used	SBS modified asphalt	coal
dry process	19192.55	4059.53	6918.48	891.39	0	5101.552
wet process	0	4037.14	6918.48	0	34372.98	5101.552

The greenhouse gas emissions of the wet and dry modification technologies were calculated and produced the characterization results in Fig. 8, Fig. 9, Fig. 10 and Fig. 11.

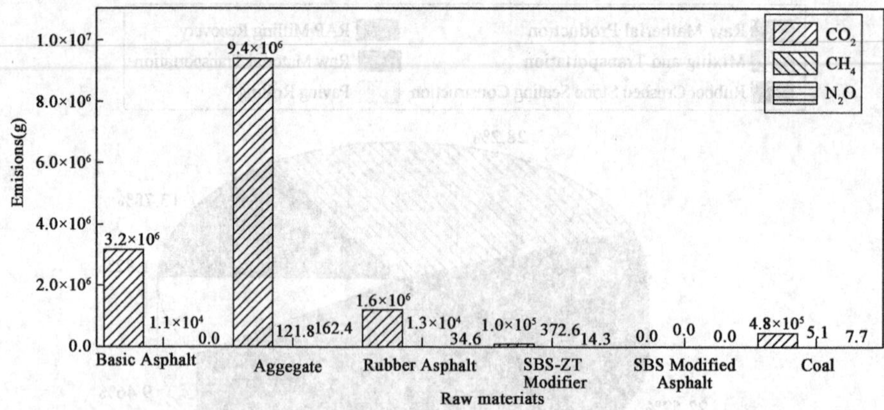

Fig. 8　Greenhouse gas emissions of the dry raw material production stage

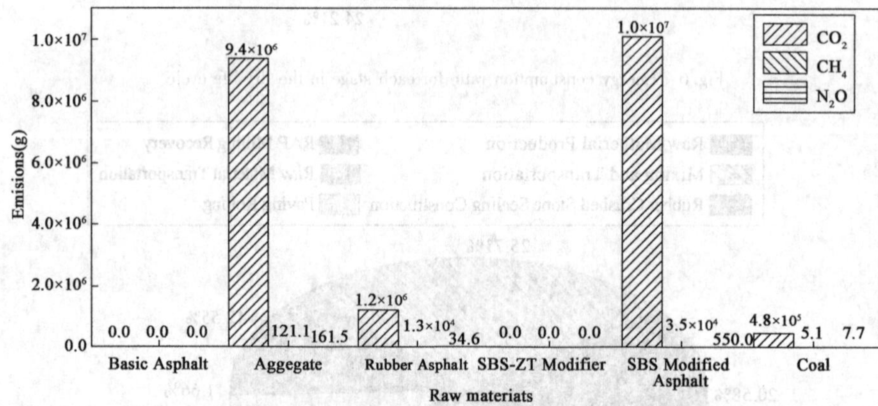

Fig. 9　Greenhouse gas emissions of the wet raw material production stage

As shown in Fig. 8 and Fig. 9, the greenhouse gas generated during construction is chiefly CO_2. It was 52.5% higher for the wet than the dry modified asphalt technology (matrix asphalt + SBS-ZT modifier). The emissions of other greenhouse gases—notably CH_4 and N_2O—were 24456.1g and 219g, and 47829.4g and 753.8g, for the dry and wet methods, respectively, compared to CO_2. Relatively small emissions are not apparent in Fig. 10.

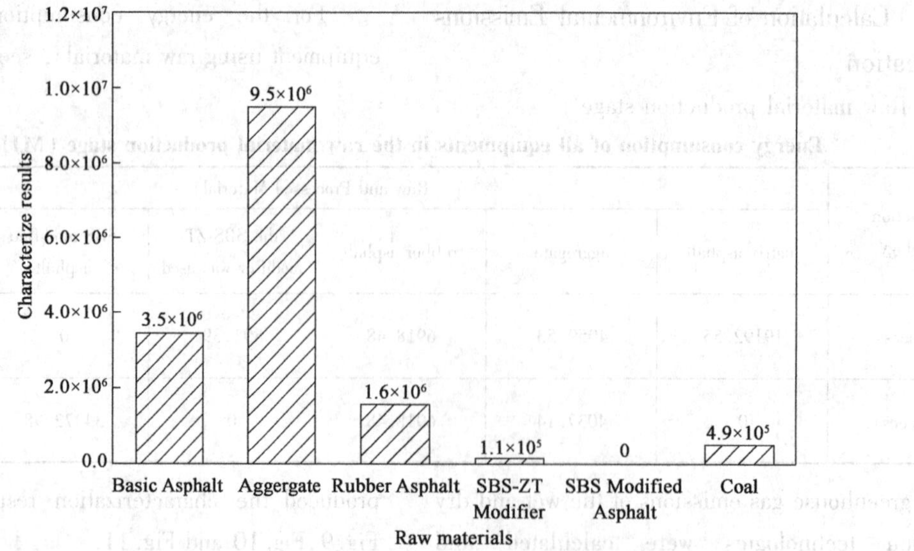

Fig. 10　Characterization results of the dry raw materials production stage

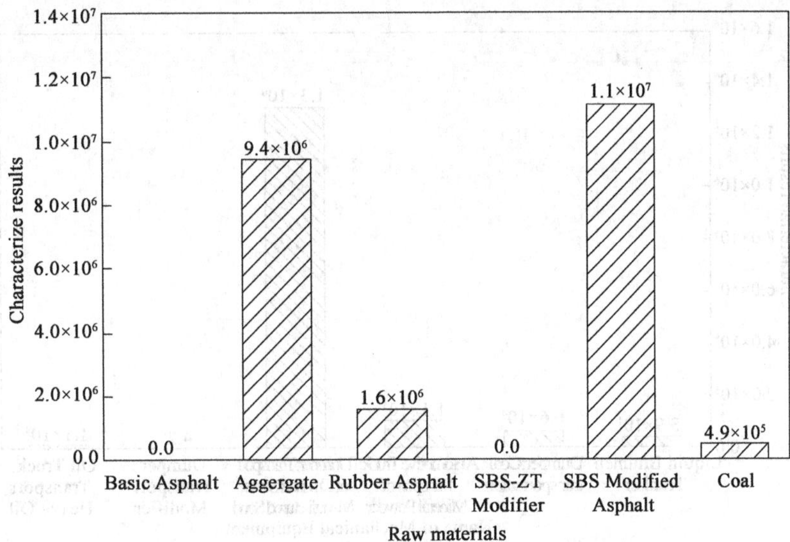

Fig. 11 Characterization results of the wet raw materials production stage

From Fig. 10 and Fig. 11, we see that dry greenhouse gas emissions come primarily from matrix asphalt, aggregate and rubber asphalt. The wet greenhouse gas emissions come primarily from SBS modified asphalt, aggregate and rubber asphalt. Compared with the wet technique, the total amount of the dry emission characterization result is reduced by 33%, which shows that the dry technology is better for the environment.

(2) Transportation stage of raw materials

Tab. 10 shows the energy consumption of the mechanical equipment during the raw material transporting stage.

Energy consumption of the equipments during the raw material transporting stage of dry and wet technology Tab. 10

Modified technique	Mechanical Equipment Name and Energy Consumption (MJ)					
dry process	liquid asphalt transporter	dumper	lorry	dumper	dumper	oil transport car
	520.3	890.1	1431.9	17595.6	0.0559	146.2
wet process	liquid asphalt transporter	dumper	lorry	dumper	oil transport car	—
	546.1	890.1	1423.3	17496.7	146.2	—

The greenhouse gas emissions of dry and wet raw material during the transport stages are calculated and characterized. The latter are shown in Fig. 12 and Fig. 13.

As shown in Fig. 12 and Fig. 13, the characteristic results of the dry and wet processes are small. The wet method is slightly smaller than the dry. The difference (2614g) is chiefly due to the difference in the amount of asphalt and mineral powder between the two.

(3) RAP milling and plane recovery stage

Dry modification and wet modification technologies have the same energy consumption of machinery and equipment in the RAP milling recovery stage. The greenhouse gas emission calculation and characteristic treatment are the same as the raw material production stage, with the same characteristic results, and the same value of 1.5Mg. Of these, the greenhouse gas emissions of transporting the recovery milling material are the largest, accounting for 73.2% of this stage.

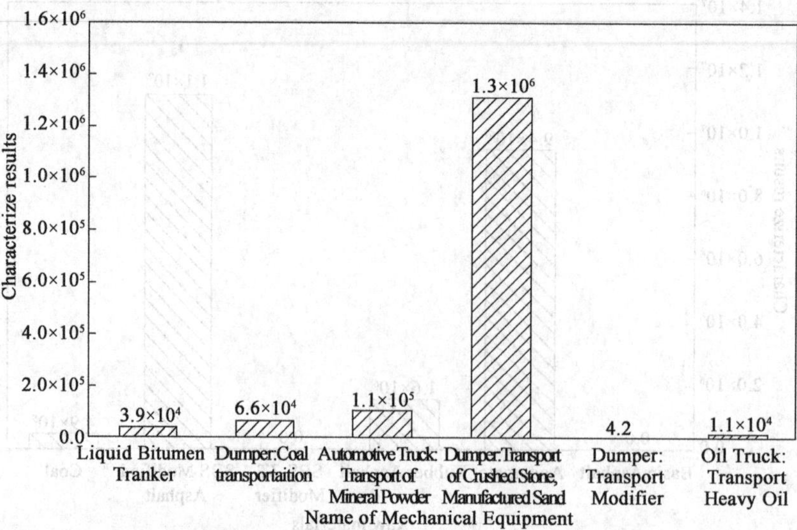

Fig. 12 Greenhouse gas emissions of the dry raw material during the transport stage

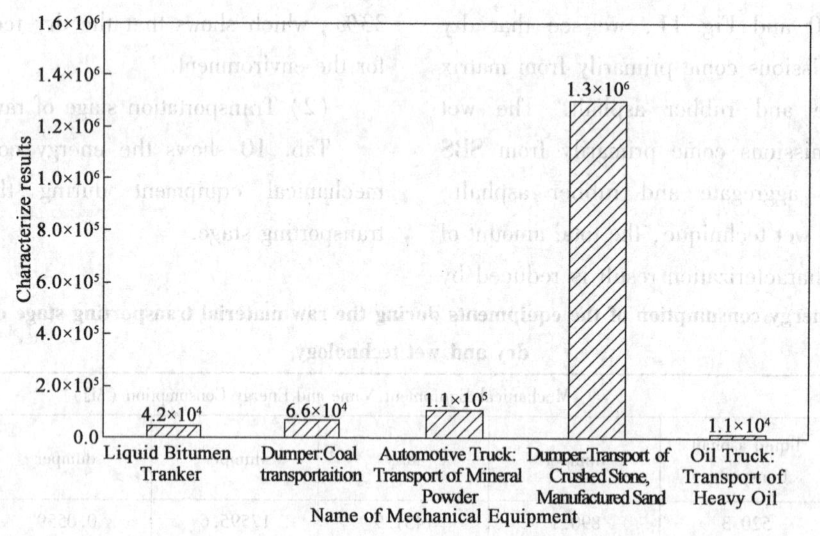

Fig. 13 Characterization results of the wet raw material during the transport stage

(4) Rubber and asphalt gravel sealing stage

The calculation and characteristic treatment of greenhouse gas emissions in the rubber asphalt gravel sealing stage of the dry modification technology are the same for the raw material production, as are the characteristic results. The values are 5131.6g.

(5) Mix, transportation, paving and rolling stage of modified asphalt mixture

Tab. 11 shows the energy consumption of the mechanical equipment in this stage.

Energy consumption of all mechanical equipment used in mixing, transporting, spreading and rolling of the modified asphalt mixture Tab. 11

Equipment	Energy consumption(MJ)
tire-type loader (2.0m^3)	1214.00
SMA asphalt concrete mixing equipment (240t / h)	40802.00
paver	411.00
vibrating circuit roller (10t)	1347.00
flat wheel roller	699.00

continued

Equipment	Energy consumption(MJ)
vibrating circuit roller (15t)	935.00
truck (3t)	280.00
platform truck	93.00
dump truck (5t)	404.00
sprinkler car	45.41
dump truck (12t)	9912.88

Greenhouse gas emissions produced during mixing, transporting, spreading, and rolling (the same raw material stage) and the characteristic results were obtained, see Fig. 14. There is a slight difference between the emissions of the dry and wet methods in the mixing stage. Fig. 14 shows the wet method. Since the power energy consumption of dry SMA asphalt concrete mixing equipment is 1426.153MJ, the characteristic result of mixing and transporting the modified asphalt mixture using dry construction is 3417kg.

Fig. 14 shows the CO_2 gas emissions of the dry and wet processes during mixing, transporting, spreading, and rolling. Emissions from the SMA asphalt concrete mixing equipment are the highest (3.1Mg) and account for more than 70% of total emissions.

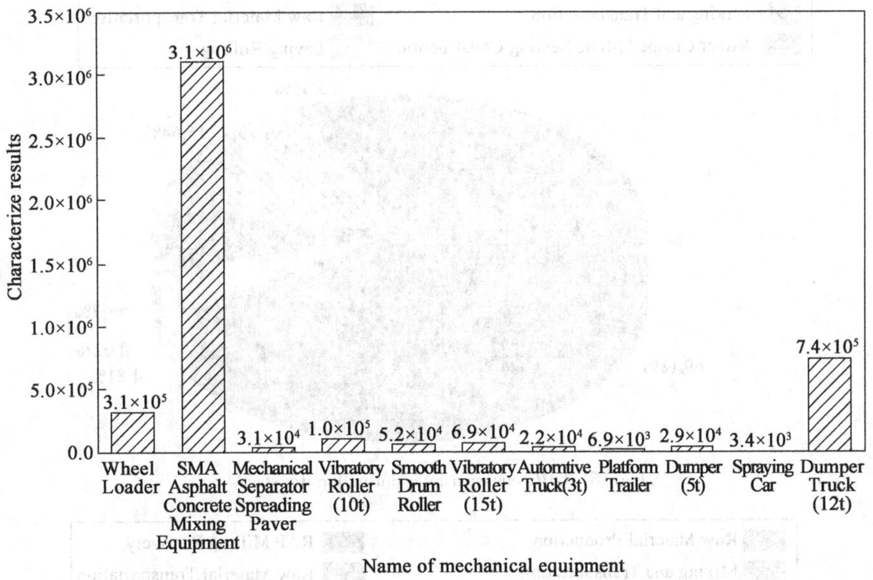

Fig. 14 Characterization results of mixing, transporting, spreading and rolling

2.4 Environmental Emission Quantification Analysis

As shown in Fig. 15, Fig. 16 and Fig. 17, using quantitative analysis and calculating the whole life cycle of the dry and wet modified asphalt technology, we found that dry emissions were reduced by 24.1% compared with wet emissions. Both environmental emissions in the raw material production stage account for a large proportion of total environmental emissions, 69.2% and 77.1% respectively. During the raw material production stage, both environmental emission values differ. Compared with the wet method, the dry reduces environmental emissions by 34.8%. Thus, in the raw material production stage companies should pay attention to improvements in production process technology, equipment energy conservation, and emission reductions, to improve environmental efficiency. Differences in environmental emissions during other production stages are minimal.

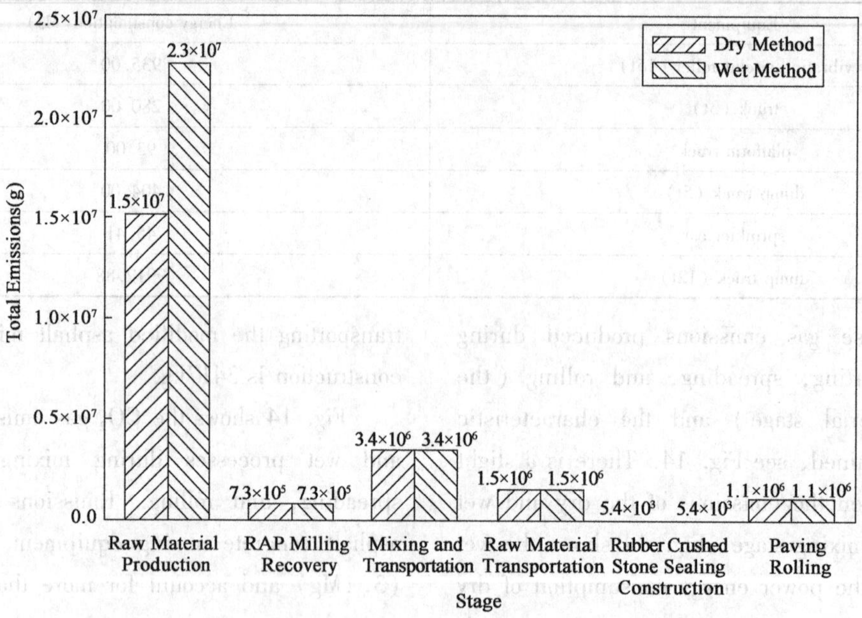

Fig. 15　Total greenhouse gas emissions at each stage of the life cycle

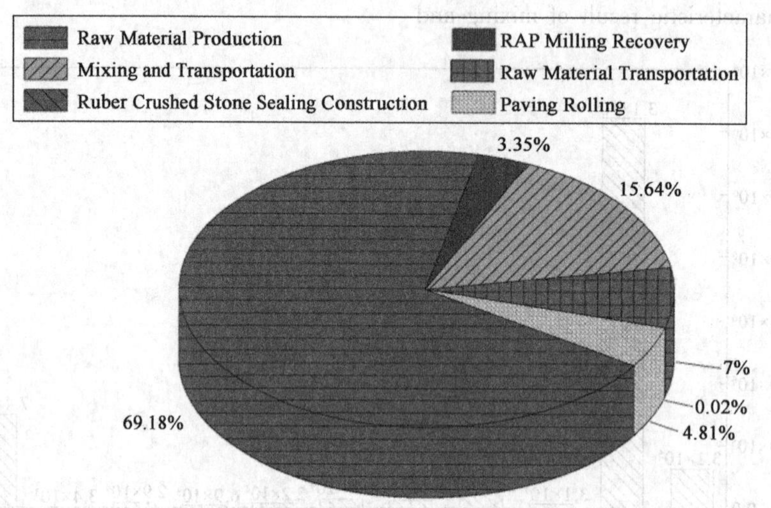

Fig. 16　GHG emission ratio during the dry stages

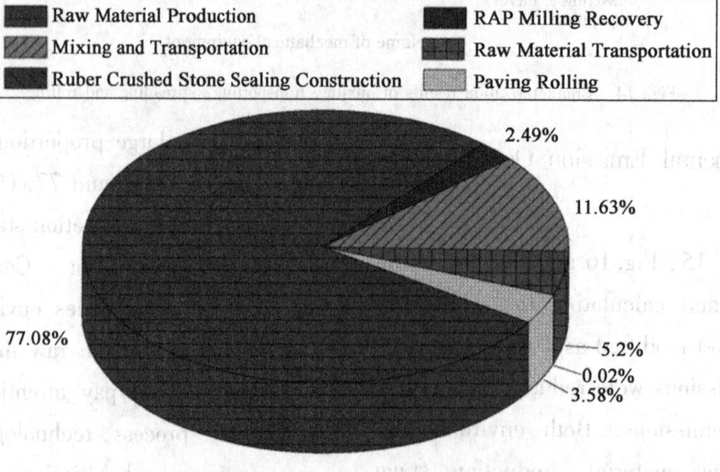

Fig. 17　GHG emission ratio during the wet stages

2.5 Evaluation of the environmental benefits of dry and wet construction

Total energy consumption and total emissions of greenhouse gases during the dry and wet construction process are shown in Tab. 12.

Comparison of total energy consumption and total greenhouse gas emissions Tab. 12

Modified technique	Total energy consumption(MJ)	Total release(g)
dry process	149346.1	2.2×10^{7}
wet process	163430.1	2.9×10^{7}

According to the above data, we can predict the environmental benefit of the maintenance project of Tujiawan tunnel to Tianshui way interchange of G22 Qinglan Expressway, which has 588398m2 of asphalt SMA-13 (5cm) pavement. Every 1000m2 SMA-13 (5cm) saves 14084MJ using the dry method. Overall, dry construction can save 8287026MJ. Therefore, this technology should be promoted to help achieve China's goal of "carbon neutrality" by 2060.

3 Conclusions

By quantitatively analyzing the environmental benefits of the two modification technologies, we draw the following conclusions:

(1) The total energy consumption of the dry process is 8.6% better than the wet, and total emissions improve by 24.1%.

(2) Using quantitative analysis and calculating the energy consumption in the production stage of both raw materials, we found that both energy consumptions account for a large proportion of total energy use: 24.2% for the dry method and 30.9% for the wet method. The difference is significant, being 28.3% better for the former. Differences in energy consumption during other production stages are minimal.

(3) Using quantitative analysis and calculating the environmental emissions of the two raw material production stages, we found that both environmental emissions account for a large proportion of total emissions: 69.2% and 77.1% for the dry and wet methods, respectively. The environmental emission values of the two differed significantly: the dry method decreased by 34.8% compared with the wet method. Differences in the environmental emissions in other production stages are minimal.

(4) Significant factors affecting both energy consumption and greenhouse gas emissions include the production of the raw materials, transporting the materials by road, and mixing the asphalt mixture.

References

[1] Blomberg, Timo, Frédérick Bernard and Mike Southern. "LIFE CYCLE INVENTORY: BITUMEN." (2012).

[2] China Highway. This magazine comprehensive. How are the highway achievements in 2020-"2020 Transportation Industry Development Statistical Bulletin" interpretation [J]. China Highway, 2021(12): 18-19. DOI: 10.13468/j.cnki.chw.2021.12.002.

[3] Fu Chao, Zhou Xiong, Wu Linsheng. Comparative study on wet and dry SBS modified asphalt mixture [J]. Highway engineering, 2018, 43(06): 212-215 + 293.

[4] GB / T 2589-2008. State Administration of Quality Supervision, Inspection and Quarantine, People's Republic of China, National Standardization Administration of China. General rules for comprehensive energy consumption calculation: GB / T 2589—2008 [s], 2008

[5] Ministry of Transport, PRC. JTG / T 3831-2018 highway project budget estimate quota [S].

[6] PAN H P. Research and Application of the Highway Energy Consumption and Carbon Reduction Computing Method Based on LCA[D].

South China University of Tech-nology, 2011.

[7] Ranieri, M., Liliana M. B., Costa, Joel Oliveira, et al. "Asphalt Surface Mixtures with Improved Performance Using Waste Polymers via Dry and Wet Processes." Journal of Materials in Civil Engineering 29 (2017): 04017169.

[8] Ranieri, L Costa, JRM Oliveira, et al. Asphalt Surface Mixtures with Improved Performance Using Waste Polymers via Dry and Wet Processes [J]. Journal of Materials in Civil Engineering, 2017,29(10) ;201-208.

[9] Tatari, Omer, Munir D. Nazzal and Murat Kucukvar. "Comparative sustainability assessment of warm-mix asphalts: A thermodynamic based hybrid life cycle analysis." Resources Conservation and Recycling 58 (2012): 18-24.

[10] WANG T, Insung Lee, Alissa Kendall, et al. "Life cycle energy consumption and GHG emission from pavement rehabilitation with different rolling resistance." Journal of Cleaner Production 33 (2012): 86-96.

[11] White, Philip, Jay S. Golden, et al. "Modeling climate change impacts of pavement production and construction." Resources Conservation and Recycling 54 (2010): 776-782.

[12] Xu Ning. Comparative study on Road Performance and modification mechanism of WET and dry SBS Modified Asphalt Mixture [D]. Chang'an University, 2019.

[13] YAO Y Q, YANG J G, JIANG Y. Calculation and analysis of environmental efficiency based on LCA plant. Traffic Energy Conservation and Environmental Protection [J]. 2019, 15(01): 64-68.

[14] Yiko Environment. China Life Cycle Basic Database (Chinese Life Cycle Database, CLCD) [DB/OL]. (2012-09-05)[2014-10-30].

[15] Yue Chongyang, Li Siyao, Gu Kun. Henan Science and Technology, 2021, 40(21):3.

[16] Zhang Hongbo, Chen Haitao, Xu Sheng, et al. Evaluation on Energy Consumption and Carbon Emission of rubber-modified asphalt Pavement Construction [J]. Highway Engineering, 2021, 46(3):11.

[17] ZHANG Z Q, ZHANG J, YAO X G, et al. Plant energy consumption and emission quantification analysis of heat mixing and regeneration technology. Journal of Jiangsu University (Natural Science Edition) [J]. 2015, 36(05): 615-620.

[18] ZHU H R, CAI H Q, LU Y, et al. Maintenance energy consumption calculation and software development of asphalt pavement based on LCA. Traffic Construction and Management [J]. 2014, (22): 293-298.

[19] ZHU S L, CAI B F, ZHU J H, et al. Main contents and revelations of the refined IPCC National Greenhouse Gas List Guide [J]. Progress in climate change research, 2018, 14 (1): 86-94.

法国绿色物流政策对我国的启示

赵子仪*

(交通运输部职业资格中心)

摘 要 法国物流部际委员会第一次会议提出推进货运无碳化、实施可持续的城市物流战略等措施,旨在提升法国物流绿色化水平和绩效水平。本次会议提出的多项举措对于我国推进物流绿色化发展,落实碳达峰、碳中和重大决策部署具有借鉴意义。本文基于对法国最新物流政策的研究,总结发展绿色物流的相关建议。

关键词 交叉学科 绿色物流 "双碳" 法国

0 法国物流行业基本情况

物流业对法国的经济、就业和地区发展具有重要战略意义。2019 年法国物流业实现增加值 2000 亿欧元,占法国 GDP 比重 10%,吸纳就业 180 万人。在世界银行最新的物流绩效指数(LPI)排名中,法国得分 3.84,位列第 16 名。

近年来,法国物流业面临减排压力大、物流链缺乏韧性等问题。法国政府高度重视物流行业转型升级,相继推出一系列政策,促进物流行业发展:2016 年 3 月,法国发布《物流战略 2025》,意图通过数字化和生态转型,到 2025 年成为世界物流强国。2020 年 1 月,法国成立物流协会,旨在提高法国物流行业竞争力、加快行业生态转型。2020 年 9 月,推出"法国复兴"计划,旨在通过工业、农业、交通物流等领域的改革,推动法国生态转型、提高竞争力与吸引力、促进区域协调发展。

1 政策主要内容

2020 年 12 月 7 日,法国物流部际委员会第一次会议发布的行动计划提出三个优先事项:推进货运无碳化和支持物流企业复苏(投资 8.05 亿欧元)、建设富有竞争力和绿色环保的物流仓库(投资 8 亿欧元)、畅通货物出入境口岸(投资 6500 万欧元)。具体措施如表 1 所示。

法国物流部际委员会第一次会议提出的具体措施 表 1

序号	优先事项	措施
1	推进货运无碳化	支持、协助铁路货运服务发展
		支持内河航运生态转型
		支持研发新能源汽车发动机和更换环保车辆
		提升物流从业人员专业技能,匹配岗位需求
		落实可持续的城市物流战略部署
		引导对物流行业的投资,推动技术创新
2	增强法国本土吸引力,建设有竞争力和绿色环保的仓库	简化在已开发土地或原工业荒地新建仓库的手续
		简化交钥匙场地的建设手续
		促进物流设施集约化和现代化
		仓库建筑屋顶安装太阳能光伏发电板
		更加优惠的财政政策
		进一步明确仓库相关房产税制度
3	支持法国货物出入境口岸发展	创建物流流量生态标签
		在边境建立数字和实体的单一联络点
		暂时减免主要海港的相关税费
		加强边境口岸相关设施建设,应对英国脱欧

其中,值得重点关注的措施有:

(1)对铁路货运的大力支持。在"法国复兴"计划框架下,政府推出了铁路货运支持计划,预计 2030 年铁路货运的市场份额较 2020 年翻一番,即达到 18%。"法国复兴"计划将提供共计 2.5 亿欧元的货运专项投资。考虑到已经纳入《出行指导法》的资金(2.5 亿欧元)和预期的共同融资,到 2022 年,法国政府承诺为铁路货运提供的投资将达到 10 亿欧元。此外,2021 年财政法草案还规定了将对铁路货运服务运营补贴 1.7 亿欧元,用于提高铁路的竞争力,提高铁路运输的市场份额。其中一部分资金将用于资助开发铁路零担运输服务,并将多式联运(铁路运输/内河航运)的扶持资金增加 2000 万欧元。法国国家政府、地方政府和托运企业还将加大支持力度,恢复极小货运线路(连接生产基地)、多式联运站的使用,以及大力建设铁路货运基础设施。

(2)大力推动内河航运生态转型。2013年起,法国航道局(VNF)提出了"内河船队现代化和创新援助计划"(PAMI)。该计划由法国航道局和法国政府共同出资,支持内河货运船队的能源转型和适应新的物流需求。该计划分为四个部分:改善船队的环保性能;将航道网纳入物流链;支持更新该领域的参与者;支持提出创新解决方案。为实现内河航运业生态转型,计划将采用"绿色增长承诺"(ECV)的方式,其目标有三:促进船队的绿色化和内河航运领域的能源转型;鼓励法国内河航运从业者的积极参与;激励该领域积极参与生态转型。

(3)创建物流流量生态标签。法国推广物流流量生态标签,引导货物通过法国港口流向碳密集度低的物流链,特别是内河航运和铁路运输。生态标签将覆盖经过法国海港和河港的所有物流链和联运链,有助于提升物流链价值,对环境友好型物流链进行奖励。设立生态标签是法国国家港口战略的关键举措之一,旨在推动形成环境友好型运输链,将法国港口打造为"生态转型中心"。

(4)实施可持续的城市物流战略。城市物流是物流链中的最后一环。结合生态转型和绩效,法国正在擘画"可持续的城市物流战略"(LUD)愿景,确定了三个行动领域:送货条件(行驶和停车)、规划工具和对市区商业的贡献。该愿景将在全法国范围内实施。在节能证书(CEE)系统的框架内,生态转型部将在地方一级实施"领土创新和可持续的城市物流计划"(InTerLUD)。这项计划投资共计820万欧元,旨在通过公共协商来促进城市货物运输朝着无碳节能发展。

(5)推进物流创新。物流某些环节的数字化和自动化,有助于提高人工操作安全性、提高物流链效率。目前,法国正在《2021—2025年未来投资方案》框架内制定一项战略,意图加快创新,将低碳化和数字化出行融入物流领域。该战略已被确定为适合征集创新方案的项目是:用于保障"工作区"(转运、装载、仓储)货运业务安全的自动化系统和"最后一公里"的自动化、智能化物流。

2　相关建议

法国物流部际委员会提出的措施源于相关企业、专家的建议,具有较强的针对性,有力促进了行业发展。我国物流行业在绿色发展的过程中,可以借鉴其相关经验措施,重点关注绿色化、数字化、智能化发展。为此,结合我国物流行业发展现状与特点,提出以下建议:

2.1　完善绿色物流体制机制,加强对物流企业进行引导

目前,中央及部分地方政府认识到可持续发展的重要性,并且出台了一些促进物流行业绿色发展的法律法规,但针对绿色物流发展的政策还有待建立完善。建议:一是建立健全绿色物流相关法律法规,明确物流企业对环境和消费者的法律责任,行政部门作为绿色物流的监督主体,应当以统一的绿色物流技术标准对企业进行衡量与监管,职权分工明确、监管公正透明;二是通过引入物流流量生态标签,构建物流流量管理体系,以各种运输方式的碳排放量作为衡量依据,建立和完善碳排放评估体系和奖惩制度,将各大物流企业纳入体系,每年对各物流企业的碳排放量进行测算,引导货物运输向内河航运和铁路运输等碳密集度低的物流链转移。

2.2　加强规划和体系建设,推进城市绿色物流发展

针对目前国内绿色物流相关政策体制不完善的问题,建议:一是从宏观层面制定城市绿色物流规划,做好顶层设计,系统推进绿色物流在各城市的发展,具体来说,设定城市绿色物流发展战略和减排目标;二是构建城市绿色物流评估体系,从物流基础设施、运输工具、运输耗能、仓库耗能、包装回收利用等维度评估各城市绿色物流发展情况,推进物流行业在低碳环保方面不断整改优化。

2.3　加强对技术创新的支持,推广物流新兴技术的应用

针对目前我国物流行业基础设施陈旧、信息技术落后的问题,建议:一是建立科技创新项目支持平台,设立科技创新基金,针对发展绿色物流的痛点、难点,向科研团队、相关企业征集创新方案,并提供资金支持,促进基础设施绿色化、物流作业绿色化、货物运输绿色化、物流包装绿色化;二是强化大数据、云计算、人工智能、区块链等信息技术在物流中的推广应用,大力发展"互联网+车货

匹配”“互联网+合同物流”“互联网+库存管理”等新模式、新业态,实现物流系统的资源整合、信息共享,降低成本、节能降耗。

2.4 加强绿色物流专业人才培养,提升民众的参与意识

推进物流业绿色发展,需要高质量人才和具备专业素养的从业人员,同样也离不开全民的共同参与。针对目前我国缺乏绿色物流人才的现状,建议:一是交通运输部联合人社部、教育部,结合物流行业逐步推广应用的新技术,制定针对物流行业就业技能的培训计划,将绿色物流相关内容作为培训的重点之一;二是各地交通运输主管部门要指导当地驾驶培训机构和物流企业为货车驾驶员、配送员等开展规范节能驾驶培训,倡导“绿色驾驶”;三是加大绿色物流宣传力度,提升人民群众的参与意识,形成社会合力促进绿色物流发展。

参考文献

[1] 曹暨慧. 电子商务环境下我国绿色物流的发展现状及趋势[J]. 经济研究导刊,2021,7:31-33.

[2] 张奕.现代绿色物流管理及其策略研究[J].商讯,2021,4:156-157.

[3] 孙靖.物流绿色化改造的战略选择[J].物流工程与管理.2021,43(01):35-37.